U1051483

中国历史故事

珍藏版

吴姐姐◎著

1

先秦·秦

远古—前206年

江西教育出版社
JIANGXI EDUCATION PUBLISHING HOUSE
·南昌·

赣版权登字-02-2024-457
版权登记号：14-2023-0098
版权所有 侵权必究

本书由皇冠文化集团授权。
本书限于中国大陆出版发行。

图书在版编目（CIP）数据
中国历史故事 : 珍藏版 / 吴姐姐著. -- 南昌 : 江西教育出版社，2024.10. -- ISBN 978-7-5705-4334-2
Ⅰ. I247.8
中国国家版本馆CIP数据核字第20243VQ580号

中国历史故事　珍藏版
ZHONGGUO LISHI GUSHI　ZHENCANG BAN
吴姐姐　著

江西教育出版社出版
（南昌市学府大道 299 号　邮编：330038）

出 品 人：熊　炽
丛书策划：郑利强
责任编辑：李永山　黄　帆
特约编辑：于惠平　李安民
封面设计：黄　浪

各地新华书店经销
艺堂印刷（天津）有限公司印刷
开本 710 毫米 ×1000 毫米　1/16　印张 234.25　插页 90　字数 3183 千字
2024 年 10 月第 1 版　　2024 年 10 月第 1 次印刷

ISBN　978-7-5705-4334-2
定价：598.00 元（全 15 册）
审图号：GS（2023）3888 号

赣教版图书如有印装质量问题，请向我社调换　电话：0791-86710427
总编室电话：0791-86705643　　编辑部电话：0791-86706054
投稿邮箱：JXJYCBS@163.com　　网址：http://www.jxeph.com

管仲（？—前645年），名夷吾，字仲，颍上（颍水之滨）人，春秋时杰出的政治家。少时贫微，与鲍叔牙定交，初时诸事不顺，任官屡次被免，从征屡次逃亡。鲍叔牙毫不介意，仍然推崇他的才能，待他一如往昔。管仲协助公子纠与公子小白争位，公子纠败死，管仲自负才华，宁做俘虏，不肯自死殉主，由于鲍叔牙向小白力荐，终于助小白成就大业。小白就是春秋第一位霸主齐桓公。管仲给后人留下的“管鲍之交”与他主导下的齐国霸业，一样光焰迫人，照耀千古。

——见《管鲍之交》

孔子讲学图，清黎明绘《仿金廷标孝经图》。孔子一生的成就在教育，“有教无类”是他所提出的空前主张。中国人的政治组织、社会形态、道德观念、人生理想，都深深受到孔子学说的影响。因此我们尊称孔子为“至圣先师”。

——见《孔子不屑与阳货为伍》

秦始皇（前 259—前 210 年），嬴姓，赵氏，名政。秦并六国后，秦王政声称自己功过三皇五帝，称“始皇帝”，实行高度的中央集权，以严苛之政待百姓：将天下分为三十六郡；迫富户内迁咸阳；收天下之兵，铸十二金人；坑杀儒生，焚烧诗书；贯连万里长城以备强胡。这些政策大都给百姓造成极大痛苦。

——见《秦始皇与万里长城》

刘邦（前 256 或前 247—前 195 年），选自《乾隆年制历代帝王像真迹》。字季，西汉开国君主。初年放荡无行，有大志，见秦始皇车仗煊赫，喟然叹息：“大丈夫就当如此。”秦末大乱，刘邦趁机而起，历尽艰辛，平灭强秦、项羽，建立西汉。刘邦出身草泽，夺得大位，后世杰士常以为榜样。刘邦不计自身微寒，而奋力建立功业，是中华民族平民英雄的杰出代表。

——见《刘邦生有异相》

纪信与刘邦等人定计逃出荥阳，选自清《戏剧图册》。楚汉战争中，项羽猛攻荥阳，刘邦所率汉军粮尽力竭，危在旦夕，大将纪信愿假扮刘邦出降。刘邦不愿部下涉险，纪信以剑加颈上，说：“那我现在就死给你看！”刘邦被迫同意，最后纪信死于项羽之手，刘邦却因此得到机会逃出荥阳。

——见《真假刘邦与娘子军》

项羽乌江自刎，选自《画给儿童的孙子兵法故事》。项羽在垓下中伏，张良又使军中楚人作楚歌，楚军斗志尽失，离散殆尽，项羽见势已穷尽，慷慨悲歌：“力拔山兮气盖世，时不利兮骓不逝！骓不逝兮可奈何，虞兮虞兮奈若何？”虞姬凄然相和，随即拔剑自刎。项羽葬了虞姬后，被汉军逼至乌江边，最终亦拔剑自刎。

——见《虞美人》

出版前言

当下世界，节奏快极，全球联系如一村庄，世事纷繁逾百年前十倍百倍，人置身其中，机会与灾祸此来彼往，瞻之在前，忽焉在后，判断与执行，极需智慧。智慧何来？一为“故智”，一为“当下之智”，前者深埋于历代典籍，后者浮现于当下时势。紧握大地者，方能枝叶参天，读史以求得“故智”，实有非凡意义。对此，成人固然，对于少年儿童，用“故智”开启他们的心智，培养他们读史的兴趣，对于他们的将来，影响尤为深远。

历代典籍都是文言作品，当代人难以看懂，而且古籍所论，脱胎于古代专制社会，若非经过对思辨能力的训练和对古代文化常识的积累，读者难免陷于困惑。更重要的是，越来越多的孩子在家人师长的熏陶和引导下，开始捧起历史读物，我们不但要让他们获得干净的历史智慧，更要像保护宝剑锋锐一样，保护他们的阅读兴趣！这一切，需要历史读物的形式，在历代史籍的基础上有相当程度的变易；要求写作者不但要极有爱心，更要富于才华和坚忍不拔的耐心！之前亦有众多学者在这方面做了一些工作，其中，把这项工作做得很完备、很成功的人之一，莫如学者吴涵碧（吴姐姐）。

吴姐姐的《中国历史故事》（原书名为《吴姐姐讲历史故事》）内容上起远古，下终明代中叶，作者选取这段漫长历史中富于教益的人和事，以此为中心，写成一系列轻松而富于情致的短篇故事。全书凡1075篇，200

万言，故事之间相互钩连，前后贯通，连缀起来，即成一部规模颇大的中国历史故事。

吴姐姐认为，每个中国人都应当了解中国的历史，尤其是孩子们，应当从小就接受正确的历史教育，故全书所采史实，皆出自信史，对流传甚广的野史及民间传说，虽偶有采择，然皆指明其非为史实，并以信史与之相对照。吴姐姐一直埋首典籍，深知历史的严肃性和学术性，讲历史故事时，不曾妄开言论，不曾逞才使气。而见解之持正，论史之谨慎，与中国历代史家所恪守准则一脉相承。所讲故事当中，即使是对残暴的统治者，也不吝列举他们的善政和善行。指责与激赏、恶行与善政，并行不悖——吴姐姐希望读者能放下成见，懂得正确全面地认识人和事物。

吴姐姐讲历史故事，目的并不是让读者成为历史学家，而是以历史开启智慧，使孩子变得聪明，让大人变得豁达。故所选史材避开艰深的历史问题，而取其中意义浅白易懂，而又富于情趣的情节，务使大小读者读了便能明白其中的要义。

为了让读者易于走进来，吴姐姐的历史故事，标题皆富于意趣、亲切可观，内容富于情致、浅易畅晓，不以森然面目待读者。每篇故事皆两千字以内，读者略有空闲即可进入，开卷即有收获。

历史是一种智慧，更是一种情怀。只有在真情怀的指示下，智慧才可能到达它应该到达的地方。吴姐姐认为，每个中国人应当得到历史的真情怀与真智慧，应当懂得热爱自己的民族，懂得本民族杰士的苦境与成就。在故事当中，吴姐姐一再展示专制社会造成的苦难，晓示受迫害者固然失去生命，而最高权力者皇帝，也不能成为其中的胜者；当秦桧狡计得逞时，吴姐姐教诲读者，历史的评判从来都是公正的，坏人终将被钉在耻辱柱上；当岳飞含冤负屈，死于风波亭时，吴姐姐更是充满感情地告诫读者，中国人不以最终的成败论英雄，而是重视他们“富贵不能淫，贫贱不能移，威武不能屈”的奋斗精神与节操。这样的论言，穿行文中，皆自然流出，不但极有见地，亦亲切可观。

吴姐姐的最大目的，是希望本套书能成为全家共读的好书。全书行文之中，一叙一议，非惟富于趣味，亦极讲求情致与见地，风流蕴藉，埋伏于轻松的历史故事当中，抹平成人与孩子阅读兴趣的沟壑。本套书畅销二十多年，让读者获得历史的“故智”，让众多的家庭，在轻松愉悦的共读之中，获得家庭的温爱。

我社引进后，做了如下改动：

一、将全书依朝代先后，不改变原文次序，分成十五册。

二、将书中所提年号加了公元年予以对照，比如“洪武元年”改为“洪武元年（1368 年）”，以方便读者准确把握年代。

三、给书中部分疑难字加了汉语拼音，以方便读者准确把握读音。

四、为全书选配了近千幅插图，以方便读者理解原文。

本书篇幅宏大，编辑时间有限，其间错漏，在所难免，恳请读者朋友不吝批评指正。

江西教育出版社

历史教人聪明

——《吴姐姐讲历史故事》* 序

一般人常认为历史就是一大堆人名、地名、年代的累积，其实历史绝对不是堆砌，也不是呆板、单调、背诵式的学问。历史是人类活动的记录，包括了人做的事、人的思想、人说的话，这些记录是生动活泼、多彩多姿的，只是有的历史书把历史写成僵硬的、冷冰的报道，让读者只看到一大堆人名、地名、年代，弄得读者头昏脑涨，感到索然无味。

相信每一个人从小都喜欢听大人讲故事，大人讲的故事中有一些是编造出来的童话和寓言，大多数则是历史上的人和事，可见历史原本是有趣的。年龄稍长，人们无论是写文章或说话，常常喜欢用成语，这些成语其实就是历史，像“望梅止渴”“负荆请罪”“尽忠报国”等，每个成语都有一个精彩的历史故事做背景，所以用成语就在讲历史。

历史是从前的人所做的事和所说的话，与我们现在的生活有什么关联呢？有极密切的关联。虽然从前的人的衣、食、住、行等生活环境也许和今天有很大的差异，但人性是不变的，以前人的人性和今天人们的人性是

---

*《吴姐姐讲历史故事》为吴姐姐 20 世纪 80 年代在报纸上开辟的专栏，后结集成同名图书出版。本版重新修订，现书名为《中国历史故事》。——编者注

一样的，所以前人成功或失败的经验应该是后人可以学习的。前人的经验就是历史，从历史中学到如何迈向成功，如何避免失败，因此，历史是教人聪明的学问。

我的妻子吴涵碧毕业于新闻学系，她的父亲是大学历史系教授，她自幼受到父亲的熏陶，就喜欢历史。她感觉到中国古代史籍十分艰深，极少人会去阅读二十五史、《资治通鉴》等史书，历史学者的研究论文固然很有价值，但那种学术论文令人感到生涩僵硬，除了专业人士，很少人会去阅读学术论文。涵碧大学毕业后，在报馆担任编辑，心想如果能把历史和新闻结合起来，一定会让历史变得活泼有趣，于是开始写历史故事，每周一篇在报纸上刊出。

涵碧写历史故事绝对不是从《史记》《汉书》或《资治通鉴》等古籍中找一篇来改写成白话文，她除了阅读正史和各种可信的史料之外，还参考现代学者的专门著作，她将所有的资料融会贯通、取真去伪，再下笔撰写。所以涵碧的历史故事绝非杜撰的小说，而是可信的历史。有时，一些故事传说早已脍炙人口，不可不提，她在书中就会说明这是传说的故事。例如唐伯虎的风流故事在古代小说、戏剧里都有，那只是虚构的故事，她在书中就会分别叙述传说中的唐伯虎和真实的唐伯虎的故事。

《吴姐姐讲历史故事》畅销二十多年，许多早期读这部书的中小学生，现在已经长大成人，他们之中，有大学教授、中小学教师、工程师、医生、会计师、律师、公司高级主管、作家等，各有成就。这显现出来一个现象，让孩子读《吴姐姐讲历史故事》不是培养孩子成为历史学家，而是这部书启发了孩子的智慧，使孩子变得更聪明，凭着智慧和聪明，在各行各业中总能成为优秀的人才。

然而，不要因为这部书对孩子有益，就认为《吴姐姐讲历史故事》是儿童书，其实，这部书对大人们同样也是有益处的。秦孝仪先生是一位在中国文史研究上有精深素养的人，秦先生曾经公开对工作人员说：“你们不要因为有高学历而自负，你们该去读《吴姐姐讲历史故事》，读了这部书，你才会发觉你对中国历史有那么多不知道的事。”可见《吴姐姐讲历史故事》不是限于小朋友才读的书。事实上，连八九十岁的李国鼎先生，也是《吴姐姐讲历史故事》的读者，许多大学教授、中小学老师，他们的家里都有一部《吴姐姐讲历史故事》，可见《吴姐姐讲历史故事》是一部老少咸宜、适合全家人一同阅读的书。

《吴姐姐讲历史故事》受到大家欢迎，绝对不是偶然之事，涵碧所写的“故事”一定合于史实，用浅显流畅的文笔，把历史上的人与事生动活泼地描述出来，不自觉一本书就读完了，毫不费力，而且兴趣盎然，又获得许多历史知识。凡读过《吴姐姐讲历史故事》的人都会有一个共同的感觉：原来历史并不枯燥，历史是那样有趣好玩。

历史是宝藏，中国历史更是蕴藏丰富的宝藏。中国人如果不了解中国的历史，就好像一个人置身于珍宝库藏之中却不知道珍宝库藏的可贵一样。身边四周都是财富，他却端着一个空碗外出去乞讨。

历史的宝藏里有聪明、智慧、良知、爱心……想要在历史宝藏里找到珍宝的人，请读读《吴姐姐讲历史故事》。

王寿南

蘸满感恩的一支笔

从小，我就喜欢听故事，看故事书。

记得童年晚饭后，当时教东南亚史的父亲，经常编一段董胖胖的故事。董胖胖长得胖嘟嘟，英俊又可爱，因为人长得胖，写字也总是胖到格子外面去。董胖胖最爱戴着草帽，荷着长枪，牵着董爸爸的大手，到山里去打猎，满载而归之后，还要吃好多好多巧克力糖。

对于刚刚开始学写名字，只能拥有玩具枪，也没有太多巧克力糖可吃的玉山弟弟而言，董胖胖具有强烈的吸引力，百听而不厌。每次讲完董胖胖之后，父亲总会随手抽出二十五史中的一本，说一段历史故事，他的口才是出了名的，我总嫌听得不过瘾。

当时，我已读小学，决定自己找书来看。我记得很清楚，那是启明书局出版的二十五史中的一本。我兴奋莫名地翻开书却傻了眼：字体极小，没有标点，无法断句，不知所云。我颓然地把书本放回，一个人坐在小椅子上发呆，完全不能理解，这么难看的书，如何能变为引人入胜的故事？做梦也猜不着，有一天我会早晚浸淫在二十五史之中。

感谢我亲爱的父亲吴俊才先生，在我幼小的心灵里，种下第一颗热恋国家民族的种子。

多少年像云一样飘过去了。

曾经认同董胖胖的小男孩，已经学成归来，在大学政治系任教。轮到他搂着他的心肝宝贝小安琪，编一段童话，并且试图让她了解，岳母为什么在岳飞背上刺字，玉山告诉我："许多学生都说，他们是看《吴姐姐讲历史故事》长大的。"姐弟二人相视而欢，异口同声："哇，听起来好可怕啊！"悚然而惊岁月流逝的背后，我有太多的感恩与激动。

中国人常说："一部二十五史，不知从何说起。"因此，深入浅出，用趣味化的方式，介绍中国历史，绝对是一件有意义的事。可是，上天为什么挑中了我？我自知并非博学专精的历史学者，我实在不够资格写这么一部大书，只是因缘际会凑巧碰上了。

正因为才疏学浅，不得不全力以赴。过去十多年来，我每周交稿一回，从未间断迟延，这不得不感谢上天厚赐健康，并且在我灰心丧志，委屈哭泣的时候，总能峰回路转，扶我向前；感谢许多好朋友的痴情包容，加油打气，鼓励我撑下去；甚且朝夕相伴的历史人物，仿佛也在鞭策我，继续写下去。

当然，我最后要感谢的是长期热烈支持我的读者们，自小学生到大学教授都有。出书多年，羞怯依然，我永远没有外出宣传的勇气，读者也从不以为怪。我多么想让大家明白，我一直怀有一份歉疚，一片希望写得更好以求图报的忠心。虽然我们咫尺天涯，《吴姐姐讲历史故事》这套书却与读者的头靠得那么近，因为你、我与书中的祖先全是血肉相连的中华儿女。我深信，假如书中不是苏东坡、李清照，换成了乔治、玛丽，我们不会有如此深刻的共鸣。

许多人常问我，书中所写的都是真实的吗？是的，《吴姐姐讲历史故事》取材于可靠史料，如系野史、传说，必加注明，我知道许多中学用以课外补充，甚且有的大学当作入门指导，所以战战兢兢，查访资料，小心落笔，读者大可放心阅读。

此次推出的珍藏版希望能成为全家共同阅读的好书。中国人一向重视"忠厚传家，读书继世"。我就像一个串珠的人，把历史上的细珠碎玉连成一串，亟盼家庭里老老小小，共同寻根探源，在轻松愉快的阅读之中，紧密了家庭的温爱。

希望《吴姐姐讲历史故事》能在每一个读者心中埋下一颗种子，更愿这颗种子长出对中国历史的温情与敬意。

吴涵碧

全套书总篇目

第一册

（先秦·秦　远古—前206年）

第二册

（西汉·东汉·魏　前206—265年）

第三册

（西晋·东晋·南北朝　265—589 年）

第四册

（隋·唐　581—907 年）

第五册

（唐　618—907 年）

第六册

（唐·五代　618—960 年）

第七册

（北宋　960—1127 年）

第八册

（北宋·南宋　960—1279 年）

第九册

（南宋　1127—1279 年）

第十册

（元　1206—1368 年）

第十一册

（明　1368—1644年）

第十二册

（明　1368—1644 年）

第十三册

（明　1368—1644 年）

第十四册

（明　1368—1644 年）

第十五册

（明　1368—1644 年）

目　录

中国人故事的开始

人们常说中国有五千年悠久的历史。五千年确实是很长的岁月，但是中国人的故事并不是从五千年前开始的，也不是从五万年前开始的，而是从五六十万年前开始的。

在五六十万年以前，中国的土地上就有原始人类的出现。一九六三年，考古学家们在陕西省蓝田县发现了两块头骨，用科学方法鉴定后，认为是原始人类的头骨，年代距离现在约六十万年，考古学家们把这一原始人类称为“蓝田猿人”。所谓“猿人”，就是介于猿与人之间的动物，许多科学家认为猿人是人类由猿形演进成为人形的一个中间型，所以猿人可看成是原始人类。

不过，我们只发现蓝田猿人两块头骨，对于蓝田猿人的形态和生活都不太了解。我们了解得比较多一些的是“北京猿人”。

在清朝末年，上海和北京的中药铺里就出现一种叫“龙骨”的药物，中医的药方里有时也就加上这味药，但不知道这“龙骨”究竟是什么动物的骨（因为我们还没有人看过“龙”，我们中国人画的龙只是想象中的一种动物形象）。有位德国教授把“龙骨”带回德国去，用各种科学方法来分析，才发现“龙骨”实际是远古时代哺乳类动物的骨骼化石。从此，许多外国的科学家和中国的考古学家合作，共同去追寻“龙骨”是从哪里发掘出来的。

考古学家的努力终于有了收获，在北京的房山区有个叫“周口店”的小村子，有很多村民都收藏了不少“龙骨”，考古学家们在周口店附近的龙骨山发掘出许多原始人类的化石。这些化石中有头骨、大腿骨、手臂骨、手腕骨和牙齿等。经过详细的科学鉴定，考古学家们宣布这是五十万年前原始人类的骨骼，并将这群原始人类命名为“北京猿人”，又称其为“中国猿人”，简称为“北京人”。

在周口店，除挖掘出来骨骼之外，还有许多不同种类的兽骨、石器、木灰、果核、植物种子等，让我们可以推测出北京人的生活情形。

北京人的个子不高，男性身高大约一百五十六厘米，女性大约一百四十四厘米。他们的前额向后倾斜，眉棱突出，鼻子宽阔，颧（quán）骨宽大，嘴巴前突，颈部肌肉发达。

北京人以打猎为生，最主要的猎物是鹿，此外还有牛、马、野猪、虎、熊、狼等。北京人当然不能仅靠赤手空拳和那些凶猛的野兽搏斗，他们已经知道用石器当做武器，他们使用的石器并非原始的石块，而是用敲击的方法制成的像刀的片器、像斧的砍器和像镖的核器。这些石制武器有很大的杀伤力，所以北京人才能猎杀许多凶猛的野兽。

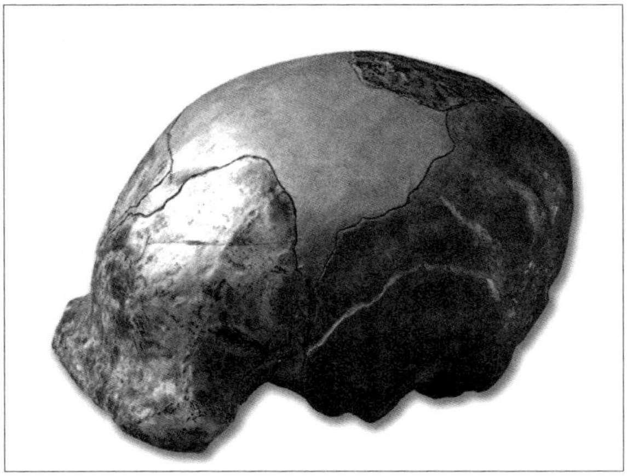

北京人头盖骨化石，旧石器时代早期，北京市房山区周口店第一地点出土。

北京人虽然不是我们现代的人类，但他们已经知道用火和制作工具，这是其他动物所做不到的，可见他们已开始具有人类的智慧。

一九三〇年，考古学家在发现北京人的同一座山的山顶上又发现了一个洞穴。从这个洞穴中，发掘出很多骨骼和器物，考古学家们鉴定这是大约两万年前的人类，而且已经是真正的人类，不是猿人，于是称这一批发掘出来的遗骸为“山顶洞人”。

北京人所使用的石锤、石砧，距今约50万年，旧石器时代早期，北京市房山县周口店第一地点出土。

山顶洞人已经有了家庭组织，过着群体的生活，死后有埋葬的习惯，而且还会把死者生前的衣服、饰物和用过的工具一并殉葬。

山顶洞人过的是渔猎生活，他们狩猎的目标最主要是梅花鹿、赤鹿和羚羊，他们也开始会捕鱼。

山顶洞人已知道爱美，他们会缝制衣服，还佩戴一些饰物。此外，他们使用的器具以石器和骨器为主，石器多用燧（suì）石、火石、砾石和石英制成，除了片器、砍器、核器之外，还有石珠，似乎是用来作为装饰品。他们制作石器的方法比北京人进步，先把石头敲击成一个粗略的模型，再加以琢磨，所以，山顶洞人制作的石器看起来比北京人的精致多了。他们也使用骨器，常用的骨材是牛骨、鹿骨和鹿角，有些骨器不但表面刮削光滑，而且还有雕刻的纹饰，这似乎是中国人最早的艺术品了。

我们虽然不能肯定说北京人是中国人的祖先，但是，北京人这种原始人类的确在中国的土地上活动。山顶洞人已经是真人——就是真正的人类，有了初步的文化，同样也在中国的土地上活动。所以，我们可以把北京人和山顶洞人当做中国人故事的开始。

开天辟地的故事

北京人和山顶洞人是考古学家对从地下挖掘出来的遗物加以研究的结果。这些研究是很科学的，所以没有什么神奇的故事。古代中国人对于开天辟地却另有一些奇怪的神话，这些神话中以盘古开天与女娲补天最为著名。

盘古开天辟地的故事最初出现于三国时代吴国的徐整所著的《三五历纪》中，故事是这样的：

在很久以前，还没有天地之分，整个宇宙浑然为一体，就像一个大鸡蛋，有个叫盘古的人，就生在这个大鸡蛋中。不知道过了多长时间，这个大鸡蛋开始逐渐起了变化，清纯明亮的部分慢慢上升，变成“天”，混浊阴暗的部分慢慢下降，变成“地”，盘古则在“天”和“地”之间。

“天”每日高一丈，“地”每日厚一丈，盘古也每日增长一丈。这样经过了一万八千年，天已经非常高，地也已经非常厚，当然盘古的身体也和天一样高。

在这一万八千年中，盘古真是“顶天立地”，他为什么要和天一样地长高呢？因为他怕天会塌下来，所以他要随时顶着天。经过了一万八千年，盘古觉得天已经很高了，应该不会塌下来了，自己完成了任务，可以不用再顶着天，心里放松，就倒了下去，竟然死了。

盘古快要死的时候，身体起了变化，身体各部分分散开来，他的气变成了风云，他的声音变成了雷霆，他的左眼变成太阳，他的右眼变成月亮，他的四肢变成了东南西北四极，他的骨骼变成了山脉，他的血液变成了河流，他的肌肉变成了土壤，他的发须变成了星星，他的寒毛变成了草木，他的牙齿变成了金石，他的汗水变成了雨露。

盘古开天辟地的故事当然不能相信是真的，这个故事只是古代中国人对宇宙起源的一种想象而已。不过，这个故事却有着很深的涵义，那便是人类是用自己的力量来创造世界的。

至于女娲补天的故事，出现在汉代。女娲是中国古老传说中的第一位女性，根据汉朝的石刻像，女娲的形象是人的头，蛇的身。这当然不是真的。女娲本来就是一个传说的人物，谁又真的知道她的相貌呢?

女娲补天的故事是这样的：

据说天地初开辟的时候，只有女娲一个人，还没有其他的人类，于是女娲用黄土捏塑成人的形状，吹一口气，这个黄土做的泥人就变成能跑能跳的活人了。

捏塑泥人的工作又慢又辛苦，女娲感到有些不耐烦，忽然灵机一动，拿了一根绳子，到泥淖（nào）中滚了一圈，再把绳子拉出泥淖，绳子上沾满了黏湿的泥土，女娲用手轻轻一抖绳子，附着在绳子上的泥土便飞溅满地。说也奇怪，那一团团的泥土落地后竟化为人身，于是人类的数量就多起来了。不过，这时的人类有两种，那用黄土捏塑而成的人成为富贵之人，那泥淖里出来的人则成为贫贱之人。

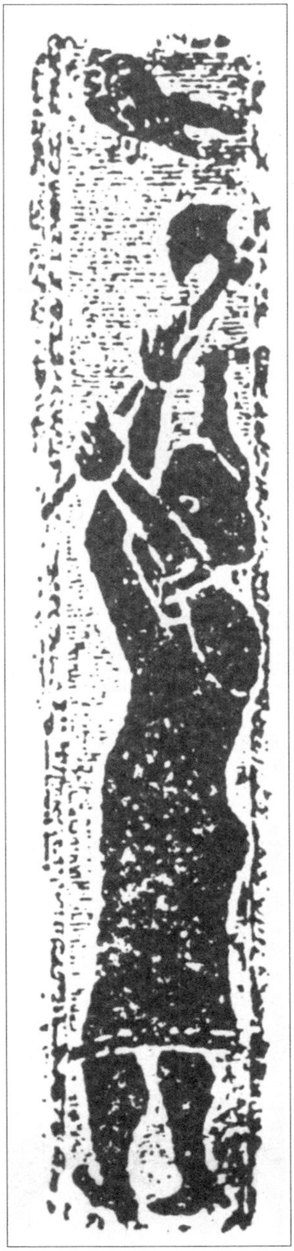

盘古开天辟地，南阳汉画像石。

女娲，汉画像石，陕西绥德。

当女娲在制造人类的时候就想到，人是会死的，所以要不断增添新的人，那么自己的造人工作岂不是永不能停止？那实在太辛苦了。于是，女娲在造人时把人类分为男女两种，使男与女可以结婚生子，这样人类就可以自己来延续后代，而不必女娲不断地造人了。由于这种安排，女娲成了最早的媒人。后世的人们便把女娲奉为“高媒”或“神媒”，也就是婚姻之神。

在女娲晚年的时候，有个水神共工，是个力大无穷的巨无霸，又有一个火神名叫祝融，两人关系不睦，终于爆发了一场大冲突，最后的结果是共工失败了。

共工不能接受失败的结果，自觉羞愧难当，便想要自杀。他来到西方的一座大山——那是顶着天、支着地的不周山——在情绪激动之下，一头便撞向不周山。没想到，共工并没有撞死，反是那不周山被共工一撞却崩塌了。

不周山塌了，天也就随之塌下来。于是森林发生了大火，河里的洪水暴涨起来，深山里的猛兽纷纷出来吃人，天空中有许多巨鸟飞下来啄食老弱妇孺，这真是人间的一场大灾难。

女娲看到人类遭到如此浩劫，心里十分难过，于是找到了五色的石头，跑到不周山山顶，把被毁的天补起来。

然而，在人们心目中，女娲的地位远不及天。天是主宰，掌握命运，赐予权柄，执行生前死后的审判。

黄帝大破蚩尤迷魂阵

黄帝是华夏民族的共同始祖，姓公孙，又姓姬，生于轩辕之丘，故曰轩辕氏，距今约四千六百年。有人说，因为他出生于黄土高原，又因为是黄种人，所以我们称呼他为黄帝。

他的母亲名叫附宝。有一天附宝看到天上雷光闪烁，而且环绕着北斗枢星，她受此感召不久便怀孕了。经过二十四个月，她在一个叫“寿丘”的地方生下了一个聪明可爱的小宝宝——黄帝。

黄帝出生不到七十天便能说话，长大之后聪敏敦厚，又特别具有领导能力，附近的人民都纷纷归附他，拥护他为领袖。黄帝治理人民很有办法，又教大家种植黍（shǔ）、稷、菽（shū）、稻、麦五种谷物（就是我们称的五谷），解决粮食问题。

黄帝，选自《历代帝王名臣相》。

那个时候到处不安宁，部落首领们互相侵略攻击，老百姓痛苦万分。黄帝看到这种现象，心里非常难过，于是整军经武，想要使天下太平。部落首领当中有一个叫炎帝（也就是神农氏）的力量很强，非但治理得法，而且教民耕种，很得民心。可惜后来他年老力衰，无法掌理政事。他的子孙不肖，做出许多违背他旨意的事，时常欺凌附近的小部落首领，那些被欺侮的部落首领都跑到黄帝这儿求救。黄帝除加强战备外，还暗暗使了一记绝招——他悄悄地训练了“熊、罴（pí）、貔（pí）、貅（xiū）、貙（chū）、虎”六种凶狠无比的猛兽。当黄帝的军队和炎帝的军队相遇于阪（bǎn）泉，双方打得难分难解时，忽然，从四面八方冲出成群结队、张牙舞爪、一路咆哮而来的怪物猛兽。炎帝的部队都看傻了，吓得手脚发软，只有乖乖投降。

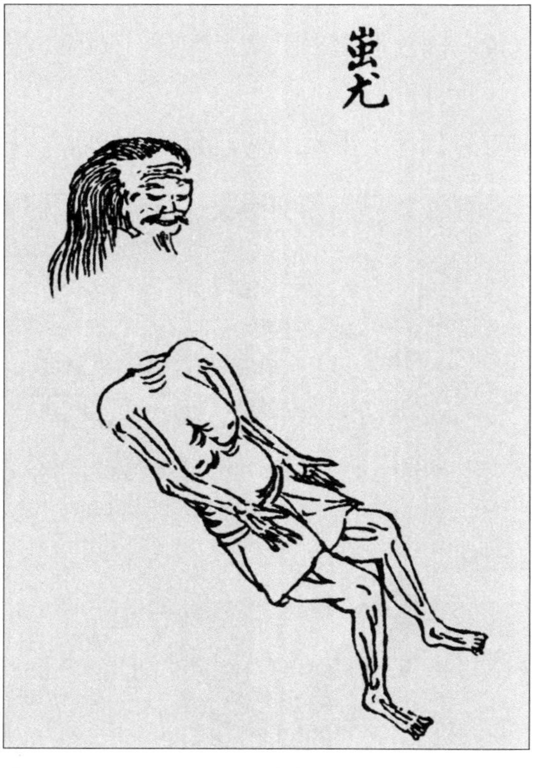

蚩尤，选自清汪绂图本，黄帝杀死蚩尤后，怕他复活，便把他的头和身子分开，葬在不同的地方，所以我们看到的蚩尤身首异处。

讨平炎帝的不肖子孙后，黄帝并没有心安，因为还有一个扰民的部落首领——蚩尤没有除掉。蚩尤的长相真是恐怖极了：铜头铁额，兽身人语，还可以吞下大把大把的沙子石头呢！又有人说他是人身牛蹄，四目六首，牙齿足足有两寸长，尖锐无比，头上长有两个能触人致命的尖角，大家都怕透了他。

黄帝与蚩尤战了九个回合都未分胜败。因为蚩尤有一个通天本领叫人无可奈何，他

“呼”地一吹，满天起了浓浓的云雾，伸手不见五指，人人昏头转向不知身在何处。黄帝的士兵最怕这一招，怎么能打仗呢？聪明的黄帝几经研究，做成指南车。有一次在涿（zhuō）鹿，蚩尤又利用大雾掩人耳目，正在得意之时，冷不防黄帝的指南车指出方位，兵马一阵冲杀，蚩尤终于束手就擒了。

经过这场漂亮的涿鹿大捷，黄帝的声威愈来愈响，所有民族都尊他为“天子”。天子勤政爱民，砍伐山林草木，修筑道路桥梁，东奔西跑，处处为大家改善生活。他手下的官员都以云的颜色为别，春官叫青云，秋官为白云。黄帝擅长推算历数，明了节气日辰，对人民耕种田地大有帮助。

他手下有个大臣名叫“仓颉（jié）”，很有头脑。看到马的足迹、鸟的爪印触发灵感，做成象形文字。黄帝的妻子嫘（léi）祖，发明养蚕取丝的方法，教人民织布、缝衣。此外，黄帝还建筑宫室，从此，大家免受日晒雨淋之苦。

把死人放入棺材，埋在地底下，也是黄帝时代开始的事。他又想到砍一根木头把中间挖空了，人坐在其中可漂浮水面——这便是舟；再砍几根木头，稍加削改又成为桨。在陆地上又利用马拉车子、驮重物，生活就方便多了。

有关黄帝的传说故事，带有浓厚的神话色彩。中华民族是最有智慧的民族，由于时代久远，许多事物的根源不可考，于是后人便把远古时代所有的发明，都归于黄帝一人。黄帝生了二十五个儿子，颛顼（zhuān xū）、帝喾（kù）、尧、舜，都是他的子孙；甚至后来的夏、商、周、秦朝的祖先，也都是由黄帝子孙分衍（yǎn）出来的，所以我们尊称黄帝为华夏民族的始祖。

尧偷了后羿的一支箭

尧的母亲庆都是个很神奇的人，常常有朵朵黄云环绕在她头顶。当她嫁给黄帝的曾孙喾（kù）以后，黄云愈堆愈多。有一天，庆都到河边去游玩，忽然见到赤龙自天而降，风吼雨号，回到宫中不久便怀孕，经过十四个月后生下尧。尧相貌不凡，有十尺之高，粗眉大眼，目光炯炯有神。他曾梦见自己是条龙，威风凛凛地盘旋在天上。二十岁时，尧登上了帝位。

尧以节俭爱民为人所称颂，孔子非常钦佩这位古代的贤君。尧吃粗米饭，喝野菜汤，穿粗麻衣，住茅草房，辛辛苦苦地为民服务。民众听说堂堂一国之君如此刻苦，不禁叹息道："现在啊，恐怕一个守门的小小官吏过的生活也比尧好多了！"

相传那时天上有十个太阳，大地河湖被烤得滚烫沸腾，处处干旱龟裂，百姓个个奄奄一息，所有生物都笼罩在死神的魔掌下。尧有一天做梦，梦到上天特派一个叫"后羿"的使者来解救大家。第二天一大早，尧就恭恭敬敬守在宫门口。不多时，远远走来一个彪形大汉，手上提着一张红色大弓。这大弓可不是平常的弓，恐怕两个人都扛不动哩。可是，大汉轻轻松松就举起了弓，笑起来"哈哈哈"，声震天地。尧知道这就是后羿无疑了。

后羿挑选了十支细长尖锐的铜箭，接着，屏息静气慢慢拉开了弓，只听"嗖——"一声，一只又黑又丑的乌鸦坠落在地（古人以为太阳是乌鸦变的）。民众见到后羿射落了一个太阳，立刻拍手叫好，乐不可支，后羿得意地又射出了第二支、第三支……尧知道后羿射得起劲准会把十个太阳射光，可是天上没有太阳也不行啊，赶快从旁偷偷藏起一支箭。如此，大地才免于冰冷黑暗，也解除了干旱的威胁。

尧，选自《乾隆年制历代帝王像真迹》。

尧又推定时日，教人民按时耕种。尧的宫前有一种奇特的植物，名叫“蓂（míng）荚”，从初一到十五每天长一颗豆荚，从十六到三十每天落下一颗豆荚，尧因此把一个循环三十天定为一个月。

尧是个仁慈宽厚的君主，听说有人饿得没饭吃，或有人穷得没衣穿，便痛心地责怪自己：“唉，唉，都是我害的！”他如此爱民，更获得百姓的敬爱拥戴。

尧渐渐老了，他想找一位继承人，有人建议尧的儿子——丹朱作为继承人。尧晓得丹朱狂妄嚣张顽劣，不是担任天子的材料，所以不肯答应。接着有人建议让人缘很好的共工来继承，尧还是不答应，并且告诫大家说：“你们可别被他的甜言蜜语蒙骗啊！”

尧听说有个名叫许由的十分贤明，正准备出发探访，许由得到消息后，连夜赶到箕山下的颍水边躲起来。尧看他无意为君，派人邀他出山当“九州长”。许由听了更觉讨厌，急急奔到水边去洗耳朵。他的朋友巢父刚好经过看见了，问明原因，不屑地撇撇嘴：“算了吧！你故意让别人知道自己贤明，这会儿又自命清高洗耳朵，可别把水弄脏了，害我的小牛不好喝水。”

许由洗耳，任熊版画。

后来，四方百姓又推举舜为继承人。舜的父亲是盲人，母亲早死，后母阴狠，常常想害死这前妻的儿子，曾命舜修理仓库，然后点火烧房子。舜拿着两顶斗笠从屋顶跳下没死；后母又命舜挖井，当舜在井底工作时，后母便往井里丢石头扔砂子，舜自井边挖了小洞逃出，又没有死。舜虽饱受欺凌，但仍然非常孝顺。他曾在历山种田，在雷泽捕鱼。由于舜有高超品德，又能勤劳工作，所以深受人们的爱戴。舜走到哪儿，人民就跟到哪儿，哪儿就成为热闹繁荣的地方。

尧为进一步了解舜，把娥皇、女英两个女儿嫁给他，以便就近观察。又派舜担任一些工作，舜都顺利达成使命。在经过许多观察和考验之后，尧十分开心道："我终于找到你这个君主的人选了！"然后，尧就让舜登上天子之位——这正是我国几千年来为人称颂的"禅让政治"。

那时槐山有个仙子韩仕，看到尧帝日夜为国事操劳，特地采了长生不死的仙药送给尧。尧因为太忙，根本忘记仙药，最后，尧还是死了，据说尧活了一百多岁。

夏桀的荒淫无道

汤是我国历史上第一位革命成功的人，他是契（xiè）的十四代后裔。关于契的出生有段神话，据说契的母亲简狄长得非常漂亮，被帝喾（kù）选为妃子。有一天简狄在河中沐浴时，天上飞过一只燕子，口里还衔了一枚鸟蛋，忽然蛋落在地上。简狄把蛋拾起来，一口吞了，不久简狄便怀了孕，很快产下了契。因为契帮助大禹治水有功，于是舜把商这块土地封给他。

汤从小就聪明，长大后因为领导能力强，为人又非常宽厚，很受人民的欢迎。有次他看到野外有个人在四面张网，并且双手合十念念有词道：“天灵灵，地灵灵，希望所有的鸟儿统统飞进来。”汤听到后说：“那怎么可以，所有的鸟不都被你捕光了？”于是，他走过去，告诉那个猎人只准张一面网，同时祈祷词也得改为：“鸟啊，你想往左边飞就往左边飞，想往右边飞便往右边飞，要小心点儿可别自己寻死，掉到我的网中啊。”大家听说这件事后，都跷起大拇指夸他：“汤这个人真是善良，连对禽兽都那么仁慈！”

这时天下由夏朝的桀（jié）在统治。桀是有名的坏君主，力气倒是不小，一个人能赤手空拳和老虎搏斗；桀贪图享受，对盖皇宫造花园最有兴趣，而且到处搜集名花异草来观赏。他又以好色著名，后宫中已有三千佳丽仍嫌不够，派人到处寻访美女，结果真被他找到绝世佳人——妹喜。桀第一次看到妹喜楚楚动人的模样，完全被迷住了。可是很糟糕，这个美人不喜欢笑，一天到晚绷着脸。桀用尽办法逗她，但妹喜似乎无动于衷。在一个偶然的机会中，桀发现她听到撕布的声音会露出美丽的笑容；桀立刻下令每天搬来一万匹帛撕给妹喜听，以博取她的一笑。于是人们走过宫前就听到撕裂布帛的声音。

对于人民的生活，桀一点儿都不关心；相反地，他以虐待人民为乐。他有时会命令一个倒霉鬼当马拉车，自己坐在车上过瘾，还挥着马鞭叫："快跑！快跑！"有时又在人群中偷偷放出一只凶猛的老虎，看到人们惊慌逃命，哭喊奔走，他乐得哈哈大笑。他还建了一个酒池，划着小舟荡漾酒上，边喝边玩；并且要许多美女脱掉衣服排成队跳舞。他这样的荒唐享受，弄得天怒人怨，民不聊生。

夏桀，汉画像石，山东嘉祥武氏祠。

老百姓对桀的作为十分痛恨，桀却毫不引以为意。他口出狂言道："大家听着，我就是太阳，你们没有太阳就活不了！谁敢反抗太阳？"百姓听到桀的狂言，恨到极点，便群起回应道："哎呀，你这个太阳究竟等到什么时候才可以死亡，我们真想早一天和你同归于尽！"

汤是当时的一个诸侯，他在各国间主持正义，主张公道，很得人民的爱戴。但是桀的力量太强，汤不敢马上和桀发生冲突，于是，汤先一步步发展国力再说。刚巧，此时他找到一位很有才能的人——伊尹（yǐn）为宰相。伊尹告诉汤，做天子就好比厨子烧菜，要摸清楚大家的胃口，满足一般人的欲望，然后才能做出色香味俱全令人流口水的好菜。汤得到伊尹的辅佐，事事为人民设想，国力也一天天雄厚。

商汤，佚名绘，台北“故宫博物院”藏。

汤曾先后讨葛国、顾国、昆吾国等政治不修明的国家，每次他先打东边的国，西边的人民就会埋怨：“我们运气真坏！为什么汤不先打我们这里呢？他一来，大家就得救了。”依常理，没有人民会喜欢战争，但是，当时大家还准备了香喷喷的饭菜迎接汤的军队呢！

经过多年的准备，汤已逐渐强大，最后决定与桀决一死战。两军主力在鸣条相遇。这真是一场惊天动地的大战，双方打得天昏地暗，好不惨烈。汤的军队虽然士气高昂，但武器军备方面还是较桀的军队差了一截，所以很难取得胜利，甚至几度陷入濒（bīn）于落败的险境。最后在大多数百姓的响应、拥护、协助下，再加上将士用命，终于一举击败桀的军队，而且打得桀落花流水，桀本人也被俘。汤便把桀流放到南巢去。这件事显示出暴政必亡是古今不易的道理。

纣王怒烹伯邑考

周人的始祖是弃，他的出生有个神奇的传说：弃的母亲姜嫄（yuán）是有邰（tái）氏的女儿。有一天她到野外去游玩，发现地上有个巨大的脚印，她觉得很有趣，就把自己的脚也踩在上面。刹那间，姜嫄忽然感到肚子里有什么东西在动，好像是个小孩在挥舞手足。回家后过了十个月，果然生了一个男婴。人们奔走相告，认为这个男婴是个不祥的怪物，一把从姜嫄怀里抢过来丢在路旁。

可是，说也奇怪，牛啊、马啊，看到丢在地上的小宝宝纷纷让路，而且还抢着照顾他、喂他奶。人们看到弃婴没死，就把他扔在深山丛林里。结果，刚好有一群猎人路过，看到白胖可爱的小娃娃，欢天喜地地把他抱下山去。

听说他又没死，人们悄悄地把小婴儿偷回来。这一次想了一个更坏的主意：把小婴儿丢在厚达三尺的雪地上，让他冻死。没想到成群的小鸟飞下，把鸟翼覆盖在宝宝身上，温暖他、看顾他。人们这时候觉悟了，也很后悔自己的残忍，于是把小男孩送还给正在伤心的妈妈。因为他曾三次被抛弃，所以取名为“弃”。

弃小时候最喜欢玩的游戏就是“种树”；长大以后，成为农师，又助禹治水很有功绩，帝舜便把邰这块地方封给他，姓姬氏。以后传了几代传到姬昌，正是历史上鼎鼎有名的周文王。

此时天下是由商朝的纣王统治。纣力大如牛，而且很聪明，又善于狡辩。有一次，他把六条牛的尾巴绑在一起，和它们“角力”，结果纣居然赢了。

纣王好大喜功，贪图享受，生性残暴，还想出许多可怕的刑罚。他曾用铜片制成一个个的格子，下面烧起炽（chì）旺的炭火，让有罪的人在上面走，像烤肉一般把人烤熟。

纣听说姬昌很贤明，心中不安，所以想了一个鬼主意，把姬昌关在羑（yǒu）里，一关就是七年。

姬昌的大儿子伯邑考非常孝顺，日夜思念父亲，最后便决定去向纣王求情。当伯邑考到了朝歌（商朝的国都）的宫殿时，纣王正与最宠爱的绝色美人妲己饮酒作乐。纣王听完伯邑考的一番话后，顺口问搂在怀里的妲己：“你说该如何呢？”

妲己见伯邑考年轻、英俊，心中喜爱，于是对纣王道：“这样吧，听说伯邑考琴弹得很出色，何不让他弹来听听。如果真是不错，就答应他如何？”纣马上命令左右抬出琴来一试，伯邑考恭恭敬敬坐了下来，捻指弹琴，果然名不虚传，弹得好极了。

妲己转脸儿向纣王撒娇：“大王，把他留下教我弹琴好不好嘛！”纣王对妲己的请求向来是有求必应的，这次当然也不例外。妲己等纣王酒醉回后宫去睡觉了，便使尽媚力诱

周文王，选自《历代古人像赞》。

惑伯邑考。岂知伯邑考不吃这一套，反而破口大骂妲己“无耻”。妲己恼羞成怒，气得大声呼喊，说伯邑考欺负她。纣王听到大怒，下令把伯邑考“剁成肉酱”泄愤。这时伯邑考的父亲姬昌正在弹琴，忽然琴弦断了一根，心知不妙。果然不久，纣王派人端来一碗肉羹。姬昌知道是自己爱子的肉，心中伤痛难言，但为了大局着想，只得和着眼泪硬吞下去。

消息传到了周人耳中，人人悲伤不已，尤其是姬昌二儿子姬发，恨不得马上找纣王决一死战。但是姬昌还在敌人手中，怎能轻举妄动呢？只好用“利”来诱惑。

于是，他们在有莘（shēn）找了几个难得一见的美女，在骊戎挑了几匹毛色鲜红发亮、双眼亮如黄金的宝马，以及很多稀奇古怪的玩物，买通了纣王的手下献上去。纣王果然为利所诱，把姬昌给放了。

姬昌回去后，更加勤政爱民，国力一天比一天壮大，先后打败密须、耆（qí）国，天下九州中归向他的有六州。但他对纣王还是恭恭敬敬地叩头称臣。因为他知道自己力量还不够，不能轻举妄动。他死后，儿子姬发继续加强国力，训练军队。

在公元前1122年，姬发看时机成熟了，商纣王又刚刚讨伐东夷归来，国力未复。于是姬发率领大军集合于孟津，公开责备纣：听信妇人，不祭祖先，不用宗室，对人民暴虐，等等。纣王的军队虽然声势浩大，然而没有斗志，甚至起义反正或暗作姬发先锋。同时，周人又知道使用铁制的长矛去对付商人铜打的短刀。在牧野一战，纣兵惨败；纣王自焚而死，商朝灭亡，中国历史进入一个新的纪元——西周。而姬发便是西周的创业君王——周武王。

周幽王烽火戏弄诸侯

周宣王是西周中兴的名主，有一天，他走在街上听到几个小孩子在唱一首歌谣：

> 叮叮当，当当叮，
> 月将升，日将没；
> 桑木制作的弓，
> 箕木制作的箭，
> 将把周朝戳个大洞。

周宣王听了心里非常不痛快，马上下命令：“以后谁敢再卖桑木制作的弓、箕木制作的箭，一律处死！”宣王气呼呼地回到宫中，又听到一件怪事：有个老宫女怀孕四十多年，昨夜产下一女婴。他立刻召老宫女来问原因。

老宫女跪答道：“婢子听说夏桀王末年，褒城有神人化为二龙，降于王庭，口流涎沫，能说人语。忽然风雨大作，二龙飞去，桀忙搜取龙口水放置在赤盒中。到先王时，赤盒突然出现亮光，先王正要打开，失手落地，我踩到龙涎，从此肚子渐大，仿佛怀孕。”王后一听，便把新生女婴用草席裹起扔到河边。

这一天，一对乡下夫妇，带着桑木弓和箕木箭进城兜售。刚走到城门，守门的官兵要来抓他们，夫妻俩吓得扔了东西就往城外跑。跑到河边，听到婴儿的哭声，发现了一个弃婴。哇！是个漂亮的女婴。他们连忙抱着女婴继续逃亡，最后逃到褒城。

这个小女婴被取名为褒姒（bāo sì），到十四岁时已出落得很成熟，而且非常美丽，人见人夸。此时周宣王已死，儿子幽王即位。幽王残暴，贪爱女色，下令到处搜寻美女。大臣褒珦（xiàng）劝谏（jiàn），幽王一气之下把褒珦关起来。褒珦的儿子洪德偶然到乡间收租，看到正在打水的褒姒惊为天人。洪德心想："天子要看到她，一定会把我父亲释放了。"于是用三百匹布买了褒姒带回家，教她礼仪，帮她打扮，然后带到镐（hào）京去见幽王，幽王大喜，立刻释放了褒珦。

幽王自从得到褒姒，就和她一起住在琼台，整整三个月没进王后正宫，公开宣称褒姒是最迷人的新妃子，完全不把王后放在眼里，王后气得大哭大闹。太子宜臼，想出了一个报仇的方法：他率领十几名宫女跑到琼台宫旁，乱摘花朵，琼台宫中人出来拦阻。褒姒听到争吵声出来一看，太子宜臼赶上一步，扯着褒姒的头发，就是一顿毒打。

幽王退朝后，看到美人儿被打得遍体鳞伤，心疼不已。褒姒一边掉眼泪，一边抽抽搭搭地说："太子为母报仇，我死不足惜，可是我肚子里已怀有两个月的身孕，求大王放我出去。"幽王气得立刻传旨："太子无礼，暂时送到申国去。"原来王后是申国的公主，申国的侯爷便是太子的外公。

王后听说太子被逐，终日流泪。有个宫女建议道："娘娘何不假装生病，召温媪入宫看脉，然后托她带信到申国，请太子上表说自己已悔悟自新，这样也许天子会召太子回国。"不幸，事情被褒姒的手下知道，温媪一出宫，马上被褒姒手下拦截。因为信中有许多地方责骂幽王，幽王看了很不开心，再加上褒姒刚生了个儿子伯服，幽王便立刻决定：王后打入冷宫，太子废为庶人；立褒姒为后，伯服为太子，谁敢说情，一律处死。许多大臣气得纷纷辞职告老回乡。幽王干脆不上朝了，天天和褒姒饮酒作乐。

烽火戏诸侯，选自明刊本《新镌绣像列国志》。

褒姒虽当上了王后，还是一天到晚愁眉苦脸，幽王想尽方法都难博一笑。于是下令："谁能使褒姒一笑，赏千金!"有个奸臣献计："以前西戎强大，怕他们入侵，曾在骊山下放了二十个烽火台，几十面大鼓，作为召集诸侯来援救的警报，也许王后会对假警报有兴趣。"

当天晚上，幽王就命烽火台点燃烟火，黑烟直冲云霄，同时又敲起大鼓，声动天地。诸侯们以为出了乱子，一个个率领兵马，连夜赶到骊山下，却只听见管乐之声。诸侯们始知上当，彼此苦笑，一个个卷起旗子回去了，当然心中怨怒不已。褒姒看到他们狼狈和受骗的样子，忍不住拍手大笑，幽王大为高兴。

前面所说太子被逐到申国，王后的父亲就是申侯。申侯看到女儿、外孙被欺负很是愤怒，派人去向犬戎借了一万五千名兵卒，加上自己的军队，闪电出击，把都城团团围住。幽王急得举起烽烟，但诸侯以为又是幽王为褒姒寻开心，没有人愿意再做傻瓜发兵前来。幽王兵力单薄，不敌犬戎大军，便死在乱箭中。

管鲍之交

春秋时代有“五霸”，就是五个政治上称霸的君主。五霸中的第一人是齐桓公，可是齐桓公能够称霸是靠管仲的辅佐，如果没有管仲，齐桓公就成不了霸业；不过，管仲如果没有他的朋友鲍叔牙，也无法建立他的事业，管鲍之交是历史上的一件美谈。

管仲是齐国人，字夷吾，少年时结交了一个好朋友名叫鲍叔牙，两人一同做生意。管仲家里比较贫穷，每次做完生意，结账时，管仲都会偷偷地自己多分一点钱。鲍叔牙知道管仲的行为，但一想管仲家里贫穷，又有母亲要奉养，需要多一点钱，也就不计较了。

后来管仲和鲍叔牙都弃商从政，管仲跟随齐国的一个贵族——公子纠。鲍叔牙则在齐国另一个贵族——公子小白的身边做事。当时齐襄公在位，襄公荒淫无道，引起了内乱，襄公被杀，齐国一片混乱，公孙无知自立为君。

当齐国大乱之时，管仲和召忽陪伴公子纠逃往鲁国避乱，鲍叔牙则陪伴公子小白逃往莒（jǔ）城。不久，公孙无知被杀，齐国无主，齐国的正卿高傒迎接公子小白回去担任齐国的国君。

鲁国听到这个消息，立刻准备送公子纠回齐国。同时，为了防止公子小白先回到齐国，便叫管仲带领人马去拦截公子小白。果然，在从莒城到齐国的大路上，管仲的军队遇到了公子小白。管仲在很远的地方，拉开了弓，对准公子小白射了一箭。这一箭正射在公子小白的金属制的腰带上，

管仲箭射小白，小白假装中箭倒下，汉画像石。

所以公子小白并没有受伤。然而，公子小白却机警地倒下去，假装被射死，让随从的人将他抬入军中，立刻撤退。

管仲以为公子小白已经被射死，立刻派人到鲁国去送信，要公子纠从从容容回到齐国，齐国的王位非公子纠莫属了。

但是，公子小白却早已悄悄地从小路赶回齐国，被齐国的大臣们拥立为齐王，就是历史上有名的齐桓公。等到公子纠带领鲁国的军队到达齐国边境的时候，才知道公子小白已经取得齐国国君之位，而且齐国派了军队来抵御公子纠。于是齐兵和鲁兵在齐国的乾时（今山东淄博一带）打了一仗，鲁兵大败。

齐桓公得胜以后，立刻逼迫鲁国杀了公子纠，召忽见大势已去，也就自杀而死。但是，管仲却不肯死，鲁国便把管仲捆绑起来，用囚车将其送到齐国。

管仲被押解到齐国，齐桓公下令将管仲处死。

“且慢，”鲍叔牙阻止齐桓公下达处死的命令，“大王不能杀掉管仲。”

“那一天管仲用箭射我，如果不是我命大，箭正好射在腰带上，恐怕我早已经死了，所以管仲是我的仇人，我怎能放过他？”齐桓公生气地说。

“人都各为其主，管仲也不过是忠于其主罢了。”鲍叔牙说，“如果大王只想平平凡凡做个国君，那么就杀掉管仲吧；如果大王想做一番大事业，那么便要重用管仲。”

“难道你不能辅佐我做一番大事业吗？”

“我自知才能比管仲差远了，希望大王能重用管仲，管仲必能帮助大王创造许多大事业。”鲍叔牙诚恳地说。

管仲，选自《历代名臣像解》。

齐桓公是个心胸宽大的人，听从了鲍叔牙的话，不念旧日的仇恨，反而任用管仲为相，鲍叔牙则自愿在管仲的手下做事。

管仲为相之后，积极提出许多富国强兵的计划，使得齐国的经济繁荣、政治清明、军力强盛，于是齐国连续讨伐许多外族，并且要求各国诸侯尊重周天子，这就是齐桓公和管仲提出的"尊王攘夷"的口号。齐桓公受到许多诸侯的推戴，多次主持诸侯间的盟会，维持国与国之间的和平秩序，俨然是诸侯的领袖。

有一次，管仲和朋友们聊天，朋友们都在称赞管仲的才能和功勋，管仲深叹一口气，对朋友们说道："我今天能有这点成绩，最要感激的人是鲍叔牙。我年轻的时候，由于家境贫寒，和鲍叔牙一起做生意，赚了钱，我总是自己多分一些，给鲍叔牙少一些，可是鲍叔牙不以我为贪，他知道我穷啊！我曾帮鲍叔牙办事，总是没办成，鲍叔牙不认为我愚笨，他知道那是时机不对。

"我曾经三次出来做官，三次被国君免职，鲍叔牙从不讥笑我无能。他知道那是我没有遇上好的国君。我曾经三次参加战争，三次因为战败而逃亡，鲍叔牙不认为我怯懦，他知道我还有老母，不能轻易牺牲生命。

"公子纠失败了，召忽殉了节，我却不肯死，宁愿被囚禁受辱，鲍叔牙不认为我无耻，他知道我不介意小节，却恨不能成大功立大业，扬名于天下。所以我要感激鲍叔牙，生我者父母，知我者鲍子也。"

朋友们听了管仲的话深受感动，大家都觉得管仲之贤固然难得，鲍叔牙的知人才是更难得啊！

郑庄公掘地洞见母亲

郑国是春秋初期的强国。郑庄公是奠定霸业的明主，他的名字叫寤（wù）生。据《左传》记载：因为他母亲武姜在生他时难产，受到惊吓，所以给他取名寤生，并从此很讨厌他。

不久，武姜又生了个小儿子——段。段长得一表人才，面如傅粉，唇若涂朱，武功高强。武姜很偏爱他，一心想由段继承王位，可是只争到一个小小的共城。

郑庄公正式登上王位后，答应母亲的请求，把京城封给弟弟段。段又侵占了西鄙、北鄙、鄢和廪（lǐn）延等好几个城市，一步步发展军力，招练兵马；同时，段与母亲约好日期，请她做内应，想一举攻入郑城，抢夺王位。

郑庄公看在眼里，却始终不吭声儿。他下面的臣子忍不住了，劝他出兵，郑庄公摇摇头说："段是我的亲弟弟，母亲又宠他。他虽占了一些土地，可也没有公开造反，如果我出兵，母亲一定不高兴，人民也会嫌我气量小。"他的臣子当场献上一计，于是：

第二天，庄公造了一个假命令，说自己要去洛阳朝拜周天子，到周朝朝廷去。武姜一听到这个消息大为高兴，心想，这是造反的好机会，马上写了一封信派人送到京城，准备约小儿子段在五月出兵。信差刚出门，半路就被庄公手下拦截，捉住杀了。庄公再派人冒充信差送信给段，并且向段要了回信。这一下子，庄公拿到段造反的证据了。

段仍然被蒙在鼓里，在接到信后，他即刻派人到卫国去借兵，一方面亲率所有军队出发。谁知刚出城门没有多久，郑庄公派人占领京城，段兵败自杀身亡。郑庄公在段身上找出母亲武姜约段起兵的信，以及段的回信，一同封好，送给他母亲看，并把母亲送到颍城居住，很气愤地向她发誓："我不到地下，一辈子再也不见你这个坏母亲！"话说完了，事后，心中却有点后悔，可是君主说过的话又不能不算数啊。有一个孝子名叫颍考叔的，知道这件事后，找了几只猫头鹰，假装说是献野味去求见庄公。颍考叔说："这种鸟儿叫猫头鹰，小的时候妈妈喂它吃东西，长大后，它反吃掉母亲，这种鸟太不孝顺，因此我抓来给你吃。"庄公知道他是存心讽刺自己，默默不说话。

郑庄公拜见母亲，选自明刊本《新镌绣像列国志》。

此时，厨子送上来一大盘香喷喷的羊肉，郑庄公叫人割一块肩膀肉给颍考叔。哪知他不吃，却拣最香嫩的肉包好，藏在袖子里。郑庄公问他为什么这样，颍考叔回答："我有母亲，我孝敬她的食物她都已尝过，就是没有尝过您赏赐的肉汤，请求您让我带给她吃。"

郑庄公惭愧地低下头，说："你真孝顺。"颍考叔乘机说："你也有母亲啊！"庄公就把母亲偏心、弟弟造反的事讲了一遍，然后说："我现在很后悔，可是我已发过誓，不到地下，不见母亲。君子一言出口，驷马难追，尤其我是一国的君主，怎能说话不算数呢？”颍考叔便告诉他一个办法：“你在地下挖个洞，造间房子，把你母亲接去住，然后你就可到地下去见母亲了！”

于是，庄公派了五百名壮士，在牛脾山下面掘了十多丈深，建了一座新房子，并准备一个长梯子与地面相通。然后颍考叔先去见武姜，告诉她庄公悔恨之意，迎武姜住进地下房中，庄公接着从梯而下，拜倒在地向母亲赔罪。武姜扶起庄公，母子二人抱头痛哭，互相搀扶，欢欢喜喜上来。庄公扶着母亲上车，由自己驾车。人民看到太后、国君一起入宫，拍着手称庄公孝顺，还不知是颍考叔的功劳哩！

孔子不屑与阳货为伍

孔子生于周灵王二十一年（前 551 年），是宋国贵族的后裔。他的父亲名叫“叔梁纥（hé）”，是鲁国的一位军官，原有一个儿子，可是那个儿子是个跛子。为了再得一个儿子，叔梁纥到鄹（zōu）邑附近的尼山去求神。

后来，他真的又得到一个儿子。叔梁纥为了感谢尼山的山神，便为这儿子取名“丘”，字“仲尼”。“丘”是小山，“仲”代表次子，“尼”为纪念尼山。这个小孩，就是中国古代最伟大的思想家——孔子。

孔子家境清苦，二十岁时，在鲁国做过“委吏”，那是管理粮食仓库的小官；第二年，又改做“乘田”，也是小官，专门管理牧牛、牧羊。

他从十五岁时，开始发愤读书，到了三十岁，便以博学知礼闻名于当时，许多人向他求学。

当时周天子的声望一天不如一天，孔子非常热切地想改善时局，为社会做点事。他周游列国，想得到机会一展抱负。孔子把自己比喻为一块美玉，要找个识货的好主顾卖一个好价钱。

孔子的真正目的不在求做官，他也不贪图富贵。因此，虽然许多国君想以高官厚禄留住孔子，然而，当孔子发现他们没有倡导“仁”的诚意时，他非但不接受馈赠，而且立刻就离去。有一回，孔子在去陈国的路上几乎饿死，但他仍不改变原则。

那个时候，鲁国的政权落在鲁国三家贵族的手中，他们是“孟孙

孔子讲学图，清黎明绘《仿金廷标孝经图》。

氏”“叔孙氏”“季孙氏”，历史上合称“三桓”，国君毫无实际的权力。不久，季孙氏的家臣阳货（一名阳虎）发动了一次政变，成为鲁国的独裁者。阳货很早以前就听说孔子的大名，想拉孔子来做官，以抬高自身的威望。然而阳货心里也明白，孔子是不屑与自己为伍的。于是，阳货便想了一个法子。

他先派人去找孔子，说阳货想见他，孔子当然不理会。接着，阳货又送来一大盘“蒸豚”（煮熟的美味猪肉）给孔子。

根据礼俗，别人送来东西应该要登门道谢。阳货心想，孔子以知礼闻名，该不会连这点人情道理都不懂吧，于是安安心心在家里等孔子上门。

孔子不愿中计，也不想失礼，于是他派了几个学生日夜守候在阳货家门口。趁阳货外出时，赶紧登门拜访，留下一张名片后立刻告退。阳货回家看到孔子的名片，气得半死，却也无可奈何。孔子为了阳货，还发生过一件倒霉事。因为他们二人长得很像，当孔子周游列国，到达匡国的时候，匡人憎恨阳货，曾把孔子关了五天，以为是抓到了阳货。

后来，阳货又与三桓进行一场火并，阳货失败了，季桓子重掌政权。他为了收拾大变动之后的人心，同时也敬佩孔子不肯依附阳货的高尚人格，就向鲁定公推介孔子。鲁定公任命孔子为中部地方行政官，孔子任职一年，极有表现。在各方推崇之下，孔子转任鲁国的司空（管建设的官），不久又转任司寇（管全国司法和治安的官）。他用德去感化人民，用礼去教导人民，结果鲁国的社会非常安宁，做到路不拾遗的地步。

但是，孔子的政治生涯很短暂，因为鲁定公贪爱女色，荒废政事，孔子又求去了。孔子一生的成就在教育上面，他的学生不限于贵族子弟，他对所有一般平民子弟也乐于教导。“有教无类”是孔子所提出的空前主张，对中国文化具有深远的影响。

孔子离开我们已经两千五百多年了，但中国人的政治组织、社会形态、道德观念、人生理想，都深深受到孔子学说的影响。他真是全中国人的老师，因此我们尊称孔子为至圣先师。

墨子用带子打了一场胜仗

墨子名翟（dí），战国初年鲁国人。他出身贫贱，从小学习工匠手艺，善于制造车辆、机械等器物。

他年少时勤读儒家学说，每读完一部书，总要找别人讨论研究。渐渐发展出一种自己的理论，倡导兼爱、非攻、节用、节葬。墨翟门下有许多信徒，形成一种严密的组织，共同为理想而奋斗。

在楚惠王时，有个脑筋很好的工匠，叫公输般，制造了一座攻城的利器云梯献给楚王，并且怂恿楚惠王道：“你不妨利用它来攻打宋国，我保证你一定可把宋人打得跪地求饶。”

墨子听了心想：“这一下又不晓得有多少无辜的百姓要遭殃了。”于是，他立

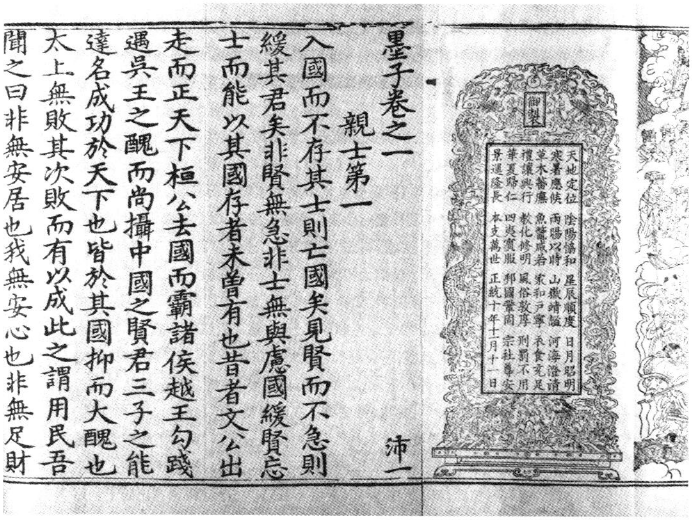

墨子卷之一 沛一
親士第一
入國而不存其士則亡國矣見賢而不急則
緩其君矣非賢無急非士無與慮國緩賢忘
士而能以其國存者未曾有也昔者文公出
走而正天下桓公去國而霸諸侯越王勾踐
遇吳王之醜而尚攝中國之賢君三子之能
達名成功於天下也皆於其國抑而大醜也
太上無敗其次敗而有以成此之謂用民吾
聞之曰非無安居也我無安心也非無足財

《墨子》书影，明《正统道藏》本。

刻动身前往楚国，希望能劝阻楚王的侵略。

他没有钱，买不起车马，只有靠着双腿一步步向前走。太阳很大，他全身黏糊糊的，脚底全磨起了水泡。就这样走了十天十夜的路，他终于在楚王出兵之前赶到了楚国。

墨子虽然是个平民，然而名气不小，立刻就见到了楚王。

在楚王的宫殿里，两人客套了一番。然后，墨子一欠身道："王啊，我碰到一件怪事：有个富翁很有钱，但他放着自己家里漂亮神气的车子不用，反而去偷隔壁人家坏掉的破车；他把绫罗绸缎的衣裳锁在箱里，然后去偷隔壁人家的粗布衣；他家饭桌上每天摆着大鱼大肉不吃，反而去偷人家吃剩了要喂猪的馊饭，你看这人是不是有问题？"

"我想啊，他八成有偷窃癖！"楚王马上下了断语。

墨子瞄了楚王一眼，接着说："那么，现在楚国有五千里土地，宋国只有小小的五百里；楚国盛产丝绸，宋国连粗布都少见；楚国是鱼米之乡，宋国天天闹饥荒。那么，陛下要去攻打宋国，是不是……"说着，墨子偏着头看着楚王。

"这个嘛……"楚王不好意思地笑了起来，说，"当然，你讲得也有道理，但是，"楚王又正色表示，"公输般已经为我造好了云梯，花了那么多钱，总不能不试试看啊！"楚王想起可把宋国完全吃掉的远景，脸上浮起了贪婪的笑容。

古代攻城的云梯，选自《武经总要前集》。

墨子这时换了一种口气道："王上认为楚国一定能赢？那么有把握？"

楚王笑嘻嘻摸着大肚皮道："哈哈，当然。"

墨子说：“好，那么让我和公输般在王上面前表演一下，看看云梯是不是真的那么厉害，如何？”

楚王说：“好啊，真是太有意思了。”

于是，墨子和公输般用带子作城，用小竹片当云梯，在楚王面前展开“大战”。

开始时，公输般满脸骄傲；接着，当一种种他自以为得意的战术被墨子击破，他的脸色慢慢暗了下来；最后，公输般两手一摊，无可奈何地笑道：“九种战术都用完了。”

墨子便推开竹片站起来说：“可是，我还有许多守城妙法没有用呢！”然后，墨子转身告诉楚王：“王上，我已派了子弟三百人，依照我的守城方法，在宋国等着楚兵呢。”

云梯不如想象中的神奇，楚王觉得很失望，而且很没有面子，当下决定停止出兵。墨子靠着他的机智，加上以实力作为后盾，阻止了这场即将爆发的战争。

孟子见梁惠王

孟子，是孔子以后最有名的儒家代表人物。他名轲（kē），字子舆（yú），山东邹县人。

孟子三岁的时候，父亲就去世了，他的母亲仉（zhǎng）氏，是历史上一位伟大的贤母。最早，孟子家住在坟墓旁边，孟子和邻居小孩天天哭哭啼啼学埋死人的游戏，孟母觉得这样不好，便把家迁到市场附近。哪知孟子又学着商人、顾客讨价还价斤斤计较的样子，孟母认为也不妥，再一次搬家。最后搬到学校附近，孟子果然也学着同学们读书、朗诵诗歌，而且举止彬彬有礼，孟母于是高兴地安居下来。这就是“孟母三迁”的故事。

孟子模仿力强，好奇又好学，曾拜在子思的门下求学。他对孔子最为仰慕，也是最能发扬孔子思想的人。由于孟子学问好，口才更好，所以名声很大。

他和孔子一样，终生在求官做，然而并非求取功名利禄，而是求取施展抱负的机会，实行仁政，为天下百姓造福。当时梁惠王（魏惠王）用厚重的奖赏，征召天下的贤士，并且保证采纳他们的建议。孟子便率领一批学生，到魏国的都城去。

梁惠王一见孟子，直率地问：“先生啊，您不远千里而来，用什么方法能为我们魏国谋取利益呢？”

孟母择邻，民国初年杨柳青年画。图中孟母带着孟子离开旧居，去寻找有好邻居的新居。

孟子一听就摇摇头道："王啊，何必一开口就说利呢！"他很痛心战国时代人人只为自己，不顾别人，好像率领了一个名叫"土地"的怪兽，吃人民的肉，喝人民的血。因此，他力劝梁惠王实行"仁政"，不要尽在"利"上动脑筋。梁惠王认为孟子不切实际，虽然对他非常礼遇，却没有实现诺言，让他施展抱负。孟子只好离开魏国到齐国去。齐国的人，久仰孟子的大名，对他很有兴趣；齐宣王居然派人偷看孟子，想要知道他长得到底有什么与众不同。孟子晓得了啼笑皆非地说："怎么会有什么不一样？就是尧舜也长得和众人一般啊。"可惜齐宣王只对他好奇，没有请孟子当政的意思。

有一天，齐宣王在朝廷上看到一只正要用来祭祀的牛，缩着头，流着泪，全身发抖。齐宣王觉得它怪可怜的，便下令"用羊代替"。孟子认为齐宣王天良未泯，乘机开导他："其实，羊还不是挺可怜吗？"并且以此为例，希望齐宣王怜悯天下百姓，多替百姓做些事。然而，齐宣王却听不进去。

不论孔子或孟子，都有一股“明明知道做不成功，但因为这件事是正确的，便努力做去”的“傻劲”。孟子虽然一心想谋发展，但要他用卑鄙的手段去骗个一官半职，他是绝不肯的。所以，孟子一生未曾做过高官。

《孟子》这本书的内容共分为七篇，篇名是《梁惠王》《公孙丑》《滕文公》《离娄》《万章》《告子》《尽心》。这七篇的篇名很奇怪，其实，并没有什么意思，只是把每一篇的第一句拿来做篇名而已。例如《孟子》的第一篇的第一句是“孟子见梁惠王”，于是，便把“梁惠王”当作第一篇的篇名。其他每篇都是如此。

在每一篇中又分为许多章，例如《梁惠王》篇有二十三章，《公孙丑》篇也有二十三章，“章”就是“段”，每一章叙述一件事。

南宋有一个很有学问的人，名叫朱熹（xī），他把《孟子》《论语》《大学》《中庸》合称为四书，明清的考试都以考四书为主，所以，《孟子》便成为当时人人必读的书了。

《孟子》这本书是记载孟子对人性、政治、教育、行为标准的看法，书中最重要的思想是“性善”。在战国时代，有个名叫荀况的人主张“性恶”，必须用后天的教育来匡正。

孟子曾经举过一个小例子，用来证明人性本善：假如你看见一个小孩子在井旁边玩，一不小心，那小孩几乎就要跌到井里去了，你心里会感觉怎样呢？你一定会替小孩担心，赶快跑过去，把他抱起来，放到安全的地方。你不认识小孩的父母，也不是为了得到他父母的感谢，更非为了博取朋友的称赞，只不过因为你本心是善的。这证明了人性本善。

孟子说故事

在《孟子》这部书里，记载了好几个孟子讲的故事，都寓意深刻，且十分有趣。下面介绍三则孟子讲的故事：

（一）子濯（zhuó）孺子的故事

在中国历史上的春秋时代，黄河流域与长江流域一带分立着许多小国，常常发生战争。

有一次，郑国准备侵略卫国，郑国便派大夫子濯孺子领兵去攻打卫国。

不久，郑国的军队吃了败仗，子濯孺子匆匆忙忙带着郑国军队向后撤退，卫国的大军在后面追赶，情势相当危急。

更不幸的是，子濯孺子偏巧在这时生了病，眼看着卫军就要追上郑军了，子濯孺子一个人坐在车子里，忧虑万分地自言自语：“唉，真是不幸，我手脚发软，连弓都拿不动，这一回是死定了。”

从车中望着卫国的追兵愈来愈近，子濯孺子哀伤地问马车夫：“你可看得见是谁在追我们吗？”

“是卫国的大夫庾（yǔ）公之斯。”

子濯孺子一听之下，立刻转忧为喜道：“我们得救了。”

马车夫以为他神志不清了，转回头说：“庾公之斯乃是卫国著名的弓箭手，本领高超，万无一失，你难道没听说过吗？”

子濯孺子有把握地说：“庾公之斯的射箭本领是向尹公之他学的，尹公之他的本领又是向我学的。尹公之他是个很正直的人，他的朋友必然也是一个很正直的人，一定不会忘记他的射箭本领是传授自我的，怎会乘我之危来害我呢？”

一会儿，庾公之斯果然追到了郑军，看见子濯孺子坐在车里，便恭敬地问：“老师为什么不拿出弓箭来?”

子濯孺子回答：“我今天病了，拿不起弓，也射不动箭。”

庾公之斯很礼貌地说：“我的射箭本领是向尹公之他学的，尹公之他的射箭本领是向老师您学的，我怎么忍心用您老传授的技艺来害您。但是，我今天奉了国君之命前来追赶您，我又不能违背国君的命令。”

于是，庾公之斯把箭扣在弦上，却把箭头给取了下来，向子濯孺子射了四箭，然后，便领兵回去了。

因为庾公之斯的箭没有箭头，子濯孺子没有受伤，平平安安回到了郑国。

（二）王良驾车

赵国有一个驾马车技术极好的人，名叫王良。有一天，赵国国君赵简子叫王良替他宠爱的臣子奚驾车打猎。

奚的技术不佳，耗了一整天，连一只鸟也没打着。奚很生气，向赵简子怪罪王良：“王良的驾车技术真是天底下最坏的了，害得我白白浪费了一整天。”

有人把奚的话告诉王良，王良很不服气，要求奚再乘他的车打一次猎。奚其实知道自己打猎技术不佳，不肯再试。拗（niù）不过王良再三恳求，奚才勉强答应再来一次。

这一次打猎，出乎意料的成功，一天就射到十只鸟，奚向赵简子说：“王良的的确确是天下驾车技术最好的人。”

赵简子说：“那么以后，我就叫王良专门替你驾车好了。”

但是，说也奇怪，王良不肯答应。他解释道：“我驾车有一定的规矩，我和奚第一次去打猎，奚的技术不佳，空手而归，却怪我驾车的技术不好。第二次打猎，我放弃驾车的规矩，帮助奚找鸟兽，这才打到十只鸟，于是，奚称赞我驾车的技术优良。像奚这种人，做事不依靠自己的本领，要别人帮才行，实在不是一个正直的人，所以，我不愿意为他驾车。”

（三）齐人的故事

齐国有一男子，娶了一妻一妾，住在一起。齐人每次出去，总是喝了许多酒，满嘴油腻地回家，夸说又跟了什么富贵之人一块儿大吃大喝。

妻子有一回对妾说：“我们的丈夫每次出去都是酒醉饭饱归来，我问他和哪些人一块儿吃饭喝酒，他所说的都是有钱有地位的人，可是，我们从没有看见什么显赫的人到家里来，我想找个机会，悄悄地跟在他后面，看他究竟到哪里去。”

于是，有一天，妻子一早起来，暗中跟在丈夫身后。她跟着丈夫走了不少的路，可是，走遍全城，竟没有一人与她丈夫打招呼。

最后，她丈夫走到东门外的墓地，墓地里有许多人正在供着酒肉祭祀祖先。她看见丈夫向一家祭祖的人乞讨一些吃剩的饭菜，吃完了又向另一家去讨。她这才恍然大悟，原来丈夫所说的都是谎话。她回家告诉妾：“我们是要一辈子依靠丈夫过活的，哪知道他竟是这样的人。”于是，两人把丈夫痛骂一顿，并且在庭院内相对流泪。

不久，齐人回来了，因为他不知道自己的谎话被拆穿了，所以仍旧得意洋洋地自我夸耀。

上面三个故事都有很深的意义。“子濯孺子的故事”是说学生对老师应当尊敬；“王良驾车”是告诉我们要依靠自己的能力做事；“齐人的故事”是奉劝人们不要假充面子。

汉代《御车图》，佚名绘，洛阳朱村壁画。

孟子周游列国

孟子被尊称为亚圣，是儒家的代表人物。他和孔子一样周游列国，想一展抱负实行仁政。

孟子到齐国不久，齐宣王的父亲死了。齐宣王是个贪好酒色的人，想缩短三年的丧期。孟子的学生公孙丑问：“我想劝齐宣王改服一年的丧，总比不服好些吧。”孟子不以为然，他说：“这就像有人想拗（ǎo）扭他哥哥的手臂，你劝他轻轻拗一样，还不都是拗扭了吗？算了，不劝也罢，还不如教他一点孝悌的道理。”

这个时候，齐国伐燕得胜，齐宣王跑去请教孟子道：“你看，我不到五十天就把燕国打垮了；如果单靠兵力，不至于这样快，一定是老天帮忙。如果我不占领燕国，老天一定会处罚我。”

孟子见他如此胡言，真是不可理喻，知道劝阻也没有用。其他诸侯惟恐齐国力量太大，便联合救燕。这下子齐宣王慌了，又来找孟子想办法。孟子建议他，趁各国诸侯未行动，赶紧释放燕国老少百姓，留下燕国的金银财宝，替燕人立一贤君，然后班师回国。

齐宣王想想不甘心，正在犹疑不决的时候，燕国人奉太子平为王，起兵叛齐。齐宣王这时很后悔，对左右说：“我从来不听孟子的话，想起来真是太惭愧了。”然而左右却替齐宣王掩饰，反说这不是齐宣王的错。孟子晓得齐国不能行大道，他留在齐国迟早会被这批小人排挤，于是就辞去客卿的职位，准备离开。

孟子，佚名绘。

要走之前，齐宣王赶来送行，表示愿意拨一栋大房子给孟子，并且每月送他许多钱，供他和学生们使用。孟子知道，齐宣王表面上说得很动听："使齐国人能上下都尊敬你、效法你。"其实呢？他不过想借孟子的名声来增加自己的威望，孟子当然不会答应。

孟子离开齐国以后，就有人传播孟子的坏话："孟子如果不晓得齐王当不成商汤、武王，就是个笨蛋；他晓得齐王是块什么料，居然还不远千里而来，可见是贪图富贵。后来因为意见不合离去，又不马上走，在昼邑住了三天三晚才离去，这样难舍富贵，真叫人恶心。"

孟子听了叹口气道："这些人哪里能了解我呢？去见齐王，是我自愿的；离开齐王，却是被迫的啊！我拖了三天才走，是希望齐王能悔悟赶来挽留我。齐王本性还算善良，如果他肯用我行仁政，天下百姓都有福了，我哪是为图名利呢？"

接着，孟子又转往宋国求机会。他不计较外界的误解，也不因再三的失败而气馁（něi），该做的，他尽力去做；当说的，也勇敢地说。此时宋国有个大夫准备向宋王建议，"免除关卡和市场上的捐税，今年还办不到，那就把旧税先减轻一点，明年再正式废除"，并请教孟子的看法。

孟子的回答是："这就像有个人每天偷邻居的一只鸡，有人告诉他这件事不应该，他说：'这样吧，我每月偷一只鸡，明年就洗手不干了。'既然明明知道错了，干吗要等到明年？"

之后，孟子又到了滕国、鲁国，都没有得到发展的机会，因为当时的国君都欢喜用纵横家。孟子曾批评张仪等只知谄（chǎn）媚君王，讨好君王，不顾人民的福利，十分无耻。因此一有机会，孟子就和这些人辩论。他口才好，雄辩滔滔，当时有人就说：“孟子这个人啊，就是欢喜和别人争个没完。”孟子听了，哭笑不得，他有一句名言：“我哪里是喜欢辩论呢？我是不得已的啊。”但是，又有几个人了解他的苦心呢？

并且他认为，做君主的人该任用专门人才，让他们发挥才干，不要干涉太多。他曾举了一个例：“假如君王有一块璞玉，虽然价值万两黄金，也一定会命玉工去雕琢；而治理国家，却告诉专家‘暂且把你所学的丢开，统统照我的意思做’，这不是很奇怪吗？”

孟子主张仁政，仁政就是爱护老百姓的政治。有一回邹国和鲁国打仗，邹穆公问孟子道：“我的官吏在这次战争中死了三十三个，老百姓却不肯拼死作战。如果把那些老百姓杀掉，人实在太多了，没法全杀；如果不杀，那些老百姓眼见他们的长官死去而不救。这要怎么办才好呢？”孟子回答：“当收成不好的时候，你的老百姓中那些老弱的人死得太多，连沟壑（hè）里都是尸体；年轻的人逃到别处去，已经有几千人了。但是你的仓廪（lǐn）中储满了粮食，你的府库中堆满了金银兵器，官吏却不肯告诉你老百姓困苦的情形。上面的官吏骄傲，于是残害了下面的老百姓。曾子说过：‘你要警戒，一件事从你身上做出来，也一定会还报到你身上的。’老百姓今天才有机会把官吏的残忍毒害还报给官吏，你不要责备老百姓。如果你实行了爱护人民的政治，老百姓就会亲近官吏，肯为长官卖命了。”

由于仁政是崇高的理想，实行起来不容易，所以，当时各国国君都不愿奉行孟子的主张，当然也就不肯重用孟子了。

庄子不屑做官

庄子名周，宋国人，大约与孟子同时。他各种学问都研究过，口才又锋利，要取得富贵易如反掌。然而，庄子对功名利禄毫不动心，他厌恶战国时代诸侯彼此攻伐，也看不惯逢迎吹拍去谋一官半职的读书人；加上连年荒旱，百姓流离失所，庄子更向往超脱现实世界。但他家里很贫苦，不得不在家乡做个“漆园吏”，就是管理林园的小官。

他有一个老朋友——惠施，当时在梁惠王（魏惠王）身旁当宰相。梁惠王是个野心勃勃的诸侯，网罗了许多贤人作为发展势力的顾问。因此，当庄子要去看惠施时，就有人提醒惠施：“庄子一切都比你强，你的宰相恐怕做不成了。”

惠施自知比不上庄子，所以急忙先在魏国搜查，捉拿庄子。没想到，庄子优哉游哉自己送上门来了，他对惠施笑道：“听说你下令逮捕我？”

惠施不好意思地忙作揖：“哪里，我是怕你到了魏国不肯见我。”

庄子问他：“你知道南方有一种叫鹓鸰（yuān chú）的鸟吗？它时常在南北方之间飞来飞去。这种鸟很特别，在漫长的旅途中，它不遇到梧桐树，再累也不肯休息；找不着甜的泉水，便不喝水；没有楝（liàn）果，饿死也不吃东西。有一天，它飞了一半，看到一只难看的猫头鹰，口里衔着一只臭烂的死老鼠，那猫头鹰以为它要抢自己的食物，急得要死，想把鹓鸰赶跑。其实，鹓鸰根本对死老鼠不屑一顾！”

庄子，选自《历代名臣像解》。

惠施知道庄子在讽刺自己是猫头鹰，觉得怪不好意思的；可是想到庄子认为宰相的高位就像死老鼠，心情又愉快了。因此，他便放心地带庄子去见梁惠王。

梁惠王看到庄子穿了一件全身缝补丁的大褂，拖着没有跟的破鞋，同情地说："先生怎么这样狼狈潦倒？"

"大王，"庄子抬起头正色说，"我是贫穷，不是狼狈。人有了道德不能实行抱负才是潦倒。您看过猴子吗？当它在大树上面，手拉着树枝活蹦乱跳，真是神气，连后羿都射不到它。但当它在腐朽的坏树上，它便缩着身子，怕得发抖，担心一不小心掉下来。这不是猴子筋骨出了毛病，而是环境太坏，就像我处在国君臣子上下昏庸的时代里，怎么不狼狈？"

梁惠王被抢白一顿，气得不再见他。庄子本来没做官的意思，就回宋国去了。没想到楚国使者却来请他。庄子当时正在钓鱼，也不理会人家，一个劲儿地拨弄鱼饵，慢吞吞地说："听说贵国有只大神龟死了三千年，楚国用锦缎把它包着，供在太庙，遇国家有要事，便占卜问吉凶。请问：神龟是愿意死了被人当国宝，还是想活着拖着尾巴在烂泥里爬行？"楚国使者知道庄子自比神龟，无意做官，也只好匆匆告别。

从此，他更鄙视富贵，靠编草鞋为生。就在此时，他另一个朋友，奉宋王命去出使秦国回来，领着秦王赏的一百辆车子，到庄子面前显威风道：

“哎，我这人要是住在破巷，靠着编几只草鞋过日子，我没这份能耐；要我用三言两语打动国君的心，倒也不难！嘻……嘻……”

庄子冷笑道：“听说秦王病了，下令求良医，凡能替他洗烂疮口、消除肿脓的，赏车一乘（shèng）；替他用舌头舐痔疮的，赏车五乘。敢问，你舔了多少痔疮?”

他这话当然是讽刺、反击那位自大的朋友。也许庄子的言语过于刻薄，然而对战国时代那些忘恩负义、惟利是图的人来说，实在也不算过分了。

庄子的寓言

庄子是战国时代的大思想家，他对于世俗的荣华富贵和功名事业毫不动心。他的个性，和当时的功利社会距离很远，所说的话，人家也不欣赏，所以他只好用寓言把思想表达出来。

庄子放浪不羁（jī），他自己倒无所谓，可是不忍心家里的人跟着一起挨饿。不得已，庄子赖着脸皮到地主家中借点儿米救急，没料到那个吝啬的地主说："这样吧，等过几个月，我收到田租以后，借你两百两黄金。"

庄子听了，脸色一变说："我刚才到这儿来的时候，听到救命的声音，原来是一条小鲫鱼掉在干涸（hé）的小沟中，我问它：'你要干什么？'

"小鲫鱼淌着眼泪告诉我：'我是东海龙王宫里的大臣，不幸流落到这里，麻烦你给我一盆水救我一命。'我说：'这样吧，我到南方游说吴王和越王，请他们发动全国民众，引导长江的水来救你。'

"小鱼说：'我只要一盆水就可以活命了，而你用这种鬼话敷衍我。等你去了吴国、越国一趟，我早就挂在市场的干鱼铺中了。'"说完，庄子就头也不回地走了。

他的妻子就在这种营养不良的状况下去世了。惠施跑来，看到庄子坐在地上，敲着瓦盆大声唱歌，惠施忍不住大骂："她跟了你老兄一辈子，为你生儿育女。现在她死了，你不哭也就算了，居然还唱歌，未免太没心肝！"

庄子摇摇头道："你不晓得，她刚死的时候，我非常哀伤。后来一想，

敲碎瓦盆不再鼓，伊是何人我是谁。中国古代版画。

她本来是没有生命的，非但没有生命，而且没有形体；偶然投胎在世界上，现在又死了，也许又回到她出生以前的地方，就像春夏秋冬轮回转换一般。古代有个美女丽姬，晋国人要迎娶她的时候，她哭着要上吊；等她进入宫中，睡舒适柔软的床，吃美味多汁的羊肉，十分后悔当初哭哭啼啼。所以我妻子说不定死后很快乐，我却坐在她身旁为她大哭，真不知为何。”

他把一切都看得很开，认为人生就像梦一般，不必刻意追求什么。有一天，他自己做梦，梦中变成一只蝴蝶，很快乐地飞舞着。突然间醒了，一时之间，他搞不清自己是蝴蝶还是庄子，是梦境还是真实。他因而觉悟，没有人敢说生存是否快乐。在梦中饮酒作乐的，早晨起来碰到伤心事；在梦中痛苦的，早晨起来却有打猎的快乐，所以他主张知足常乐。

他像浮云，像流水，反对干涉，崇尚自由，主张一切放任。就如同水鸭脚短，它不觉得短，哪一天把脚接长了，反而痛苦；鹤鸟脚长，它不觉得太长，万一砍短了，它要悲哀了。像古代有三个帝王：南海、北海和中央王。中央王叫浑沌（dùn），浑沌待人很不错，所以南海、北海就商量：“人都有七窍，用来听、看、呼吸，浑沌真可怜，一样都没有，让我们替他凿开。”于是一天为他开一个窍，到了第七天，窍开好了，浑沌也一命呜呼了。

在庄子的脑海中，一切都是相对的，他常对弟子说下面这个故事：

庄子梦蝶，元刘贯道绘。

有一回，他到果园里去玩，看到一只鸟儿远远飞来，就拿着弹弓悄悄躲在一旁。这时有只螳螂正准备捕杀藏在树叶中的蝉，而那只鸟儿又刚好对螳螂虎视眈眈。庄子心想："鸟儿还不知它背后有我的弹弓。"由此他领悟到"万物本就是相互牵累，彼此两两相互招引"。螳螂如果不贪心抓蝉，鸟儿就不能乘机去捉螳螂；鸟儿如果不是贪心想抓螳螂而飞下来，庄子也没法去射它。因此他推出一个结论——利与害本来是相对又相依的。

战国时代学术兴起，诸子百家也相互攻击，庄子认为这种争论太无聊，如同猴子般可笑：主人告诉猴子，早晨吃三升果子，晚上吃四升果子，猴子生气，吱吱喳喳乱嚷；于是主人便让猴子早晨吃四升，晚上吃三升，猴子以为占了便宜，便快乐极了。那些争辩不休的人就像那无知的猴子。以树木为例，被砍下来是破坏，破坏的反面是造成桌子，这又是成功；就看你是从树木还是从桌子的角度来看事情了。

庄子到了要死的时候，听到弟子们商量如何好好办后事，便把弟子们统统叫到跟前："我有天地作棺材、日月当油灯、星辰当珍珠，这些美丽的装饰都是我的陪葬品。丧葬用品很完备了，你们甭操这个心。"

他学生问："没有棺材，我们怕乌鸦和老鹰吃掉你的尸体。"

"抛在露天，送给乌鸦老鹰吃；埋在地下，送给蝼蛄（lóu gū）蚂蚁吃。你们一定要抢老鹰、蚂蚁的食物，是不是太偏心了？哈哈！"

庄子一辈子过着穷日子，把生命注入宇宙万物中自以为乐。他和他的后学把他们的思想写成一部《庄子》。后来《庄子》和老子的《道德经》成为两本代表道家思想的伟大巨著。

荀子的小故事

春秋战国时代是我国学术史上的黄金时代，这期间出了许多伟大的思想家，像孔子、孟子都是大家所熟悉的。但是还有许多学者如荀子、庄子、老子、韩非子等，也在学术界占有重要地位。

荀子从小就非常聪明，十岁已有神童美誉，学问很好，长大后曾北游燕国，但是很可惜，没被燕王赏识。到他五十岁时，由于齐襄王招纳贤士，许多学者都前往齐国讲学，加上齐国以藏书丰富出名，所以荀子也被吸引前往齐国。

荀子在齐国待了几年，很受齐王尊敬，被封为“列大夫”，当了齐国的顾问。因为他年纪比较大，学问又好，因此他在五十三岁到七八十岁间，曾三度被众人推选为“祭酒”。每当国家有重要的宴会或祭典时，就由祭酒出面先举酒以祭（所以现在形容文坛、文化界有领导地位的人为“祭酒”）。有些气量狭小的人，眼看次次都是荀子当祭酒，不免眼红，到处说荀子的坏话。齐王听信谗言后，渐渐和荀子疏远。荀子是个有骨气的人，不愿再留下去，就决定离开齐国。

这时，他已是八十一岁的老翁了，不知往哪儿去，心情沉重万分。听说楚国春申君爱好贤士，他决定到楚国去。春申君仰慕荀子美名，决定请他担任“兰陵令”。荀子年纪大了，不想再过飘泊的生活，便答应了。

没想到荀子运气坏得很，春申君有位门客进谗言说：“商汤以亳（bó）

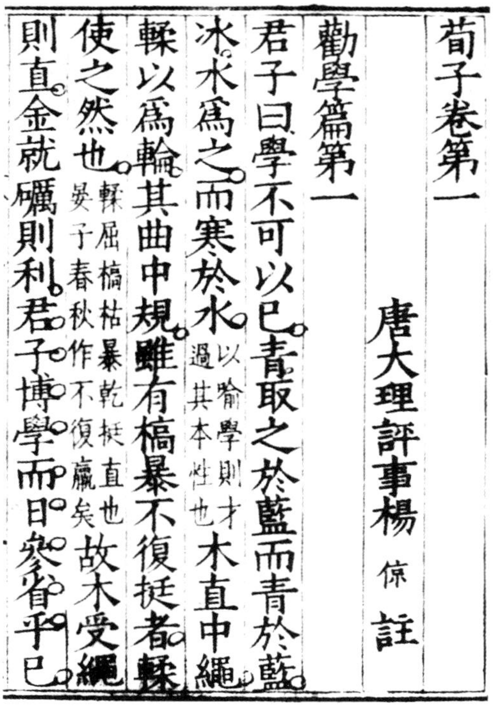
荀子卷第一
唐大理評事楊倞註
勸學篇第一
君子曰學不可以已青取之於藍而青於藍冰水爲之而寒於水以喻學則才過其本性也木直中繩輮以爲輪其曲中規雖有槁暴不復挺者輮使之然也輮屈槁枯暴乾挺直也晏子春秋作不復贏矣故木受繩則直金就礪則利君子博學而日參省乎已

《荀子》书影

为根据地，周武王以镐（hào）起家，都不过拥有百里之地，结果统一天下。现在你给荀子一百里地，他又是天下有名的贤人，你不怕吗？”春申君考虑之下，终于辞退荀子，荀子也懒得去解释，拖着蹒跚（pán shān）的步伐又上路了。

他经过秦国，拜见了秦昭王。此时秦昭王正和范雎（jū）设计“远交近攻”的阴谋攻伐天下，对荀子讲的大道理提不起一点兴趣，荀子只好回到赵国。

春申君赶走了荀子又后悔，加上有人责备他：“从前，伊尹去夏入商，不久夏朝灭亡，商朝兴起；管仲去鲁入齐，于是，鲁国衰弱，齐国高强，能干的封君应该懂得任用贤人。”春申君派人到赵国三请四请荀子，并且再三赔不是，最后拗不过春申君的好意，荀子又回到楚国当兰陵令。后来春申君死了，荀子也九十八岁了，就辞了官，写了三十二篇文章，这就是传留后世的儒家名著——《荀子》。

孟子主张性善，荀子主张性恶，因此有人误会荀子不是好人，其实绝对不是如此。他们两者都是发扬孔子思想的大儒，只是看法有异。

荀子认为：一个人眼睛贪图美色，耳朵喜欢好听的音乐，舌头爱好美味。想吃、想玩、好逸恶劳，这都是人的天性，所以人才有七情六欲。这些天赋自然的本能并不是不好，可是如果依人天性顺其发展，必然会引起争夺暴虐，这个世界便成为自私恐怖的世界了。

所以人们要想办法压抑这些本性，提倡礼让、仁爱等道德标准，否则就会像挤在一起的刺猬般彼此刺戳。所以一切的善都出于“伪”，伪的意思就是“人为”，也就是后天的改造。所以他最重视“教育”和“礼乐”，认为只有如此才能矫正先天的坏习性，培养好品行。

荀子认为：礼是社会上自然形成的公共法则，每个人都得遵守，不能选择，不许怀疑。在他担任兰陵令时，李斯、韩非都曾拜在门下，以后这两个学生把荀子学说发扬光大成为法家思想。

石碏杀子大义灭亲

春秋时代卫庄公有个小儿子州吁（yù），性情暴烈，喜欢动刀耍枪，但庄公很宠爱这个宝贝儿子。卫国大夫石碏（què）也有个儿子叫石厚，和州吁是好朋友，两个人常常结伴出游，专门找老百姓的麻烦，弄得怨声载道。石碏气坏了，狠狠打了石厚五十大板并关在空房里。没想到石厚偷偷爬墙出去，躲到州吁房中，吃住在一块儿，干脆不回家了，石碏也无可奈何。

卫庄公死了，太子完（史称“卫桓公”）即位，州吁不服气想抢王位。这时刚好周平王去世，卫桓公要去吊丧，石厚便建议州吁利用这个机会行刺。

第二天，州吁在西门设宴为哥哥卫桓公饯行，暗地里却派石厚率领五百名兵士埋伏一旁，然后虚情假意地亲自驾车来迎卫桓公。酒宴开始，州吁起身向卫桓公敬酒。州吁装作不小心失手使酒杯落地。卫桓公不知其中有诈，正想叫人换个干净的酒杯时，州吁快步闪到卫桓公身后，抽出短剑用力猛刺，卫桓公当场一命呜呼，埋伏的兵士也乘机制伏卫桓公的卫士。州吁却对外宣布卫桓公是饮酒时暴病而死。

州吁继位做国君，但是百姓们议论纷纷，都在传他杀兄夺王位的事。州吁心中很不安，和石厚商量决定讨伐邻近弱小的郑国，转移百姓的注意力，并加强百姓们的向心力。谁知当州吁把郑国打败，得意洋洋回国后，人民依旧讨厌他，并且埋怨州吁出兵打仗，使国内不太平，增加老百姓的负担，真是个坏君主。诡计仍未收到预期效果，州吁因此大伤脑筋。

石厚说：“我父亲石碏以前是卫国的上卿，老百姓都信服他。你要是有办法邀他出来做官就好了。”州吁派人带了一双白璧（平圆形中间有孔的白玉），五百钟白粟［稻麦等果实，未舂（chōng）之前称粟］，请石碏入朝议事。石碏不肯，推说自己年老体弱。石厚也回家帮忙游说（shuì），请父亲一定要帮忙，石碏就说：“如果州吁能见到周天子，由周天子正式册命为国君，人民还有什么话说？”

石厚认为这个主意很不错，可是，无缘无故入朝，周天子会起疑心。石碏道：“不妨请陈国代为疏通一下。陈侯现在很得周天子信任，前阵子又帮我们出兵打郑国，不妨一试。”州吁知道了，马上准备厚礼，命石厚护驾，自己亲自起程前往陈国进行计划。

石碏其实并不想帮州吁的忙，他割破手指，写了一封血书，派了个心腹，连夜把信送到陈国大夫手中。信上说：“卫国不幸有杀君之祸，这是州吁和我的坏儿子石厚干的，请你帮忙杀掉乱臣贼子。”陈侯接信后，立即制订抓这两个坏人的计划。

州吁和石厚到了陈国，昂然神气大摇大摆地进城，陈侯也命公子出迎，把他们安置在宾馆中，盛意招待。州吁看到陈国多礼殷勤，非常高兴。

第二天，石厚先去参拜陈国的太庙，一进门，发现门口钉了一块牌子，写着：“为臣不忠，为子不孝者，不许入庙。”石厚看了心虚，吓得心怦怦乱跳，州吁跟着也来了，相偕入庙。突然，陈侯手下把州吁抓住绑起，石厚急忙拔剑，心慌拔不出剑，也被捕。陈侯当场宣读石碏的血书，他们两人才知道怎么回事。

陈侯打算立刻杀掉二人，他的臣子力阻：“石厚是石碏的亲生儿子，他舍得吗？最好请卫国派人来处理，免得将来又怪咱们。”于是，陈侯送了个口信给石碏。

石碏接信，立刻请大夫们共同讨论，如何议罪，许多大臣都说：“杀州吁就可以了，石厚是帮凶，可从轻发落。”石碏大喝道：“州吁干的坏事，全是我儿子出的主意！你们是不是怕我偏私舍不得？我要亲自去宰了这个贼，否则我有什么面目去见九泉下的祖先？”于是，石碏一面派人杀州吁、石厚，一面迎接在邢国的公子晋回来做国君。这就是“大义灭亲”这个成语的起源。

程婴义救赵氏孤儿

在京剧里有一出戏叫《八义图》，又名《搜孤救孤》，是讲程婴义救赵氏孤儿的故事，这个故事并非虚构，在《史记》中有相当详细的记载，这个故事表现了中国人重“义”的精神。故事是这样的：

春秋时代，晋国的国君晋灵公骄恣（zì）无道，大夫赵盾屡次劝谏，灵公非但不听，反而要杀赵盾。赵盾赶忙逃出京师，还没有逃出晋国的国境，赵穿便杀死了晋灵公。赵盾得到消息，立即赶回京师，另立姬黑臀（史称“晋成公”）继位。当时晋国几位大夫一起商议赵盾是否要负灵公之死的责任，最后认为赵盾当时不在京师，灵公被杀应与赵盾无关，所以赵盾没有罪。

不久，晋成公薨（hōng），子姬獳（史称“晋景公”）继位。赵盾也去世，其子赵朔袭大夫之位。由于有战功，赵朔娶了晋成公的姊姊（也就是晋国的公主）为妻。

晋景公三年（前 597 年），晋国另一个大夫屠岸贾（gǔ）当权。屠岸贾最初受到晋灵公的宠爱，权势渐大，到景公时，屠岸贾担任晋国的司寇。他很想消灭大夫赵氏的势力，于是召集晋国的主要将领宣布道：“灵公被杀，赵盾虽不知情，但是，赵穿也是赵家的人，赵盾仍要负责。以臣弑（shì）君，赵氏的子孙怎么还能立于晋国的朝廷？我们应该诛杀赵家的人。”

有位叫韩厥的大夫不同意屠岸贾的说法，韩厥说：“灵公被杀，赵盾在外，不知其情，当年我的父亲认为赵盾无罪，所以不处死。现在各位将军要杀赵盾的后代子孙，这和先父的意思相反，各位要杀无罪之人便是乱臣，各位做如此重大的事，竟然不报告国君，这是目中无君。”

屠岸贾不理会韩厥的反对，率领诸将准备去诛杀赵朔。

韩厥抢先一步来到赵朔家里，要赵朔赶快逃走，赵朔不肯，对韩厥说：“生死有命，我感谢你的好意，但我有个请求，求你无论如何要为赵家保全后根。”韩厥答应了。

屠岸贾带领诸将攻入赵氏的城邑——下宫，杀了赵朔和赵家所有的族人。当时赵朔的妻子正怀着孕，事先躲到晋景公的宫里，成为赵家唯一的活口。不久，赵朔的妻子在宫中生下一个男婴，屠岸贾听到消息，立刻入宫搜索。

屠岸贾不能杀赵朔的妻子，因为她是晋景公的姑姑，但是，他想要杀掉那男婴，斩草除根，以绝后患。

赵朔的妻子得知屠岸贾进宫来搜孤儿，焦急万分，但是，找不到隐密处藏孤儿，在紧急之中，只好把男婴藏在自己的裤裆内，心里默默地祷告：“如果老天爷保佑赵家不灭种断根，请千万别让孩子啼哭啊。”

屠岸贾走进赵朔妻子的房间，婴儿竟没有啼哭，屠岸贾没有搜到孤儿，只得恨恨而返。

赵朔有两个朋友，一个叫公孙杵（chǔ）臼，一个叫程婴。有一天，两人在一起聊天，公孙杵臼问程婴道：“下宫之难，你为什么不跟从赵朔殉难？”

“我听说赵朔的妻子生下一个儿子，我想，救他，比单纯去殉难更加重要。”程婴回答道。

“听说屠岸贾进宫去搜过，但是没有搜到孤儿。”公孙杵臼说。

“一次没搜到，屠岸贾会再去搜的，我们应该怎么办?”程婴忧虑地说。

“抚养孤儿和死，哪一种较难？”公孙杵臼问。

“一死百了，当然比较容易，抚养孤儿，把小孩带大却难了。”程婴用怀疑的眼光看着公孙杵臼。

赵氏孤儿大报仇，黄吉甫镌刻。

公孙杵臼用冷静而坚定的语调说：“赵朔在世之时对你很好，你就勉强接受较难的任务吧！我就选择比较容易做到的——死。我先死，我在九泉之下静静地等候你完成任务。”

于是，两人着手安排救孤的计谋。

先是公孙杵臼设法找到一个婴儿，抱到山中的一个木屋中躲了起来。

接着，程婴进宫向赵朔的妻子表示自己愿意救孤儿。赵朔妻子知道屠岸贾随时都会再进宫搜索，孤儿在宫中随时都有危险，将孤儿交给程婴虽然不放心，可是，总比被屠岸贾搜去好些，于是，忍痛把孤儿交给程婴，偷偷带出宫去。

屠岸贾听说孤儿已出宫，但不知被何人所救，立刻下令全国搜索。

程婴随后对诸将说，他知道赵氏孤儿的下落，如果给他千金，他就透露这个秘密。诸将大喜，立刻给程婴千金。程婴便带诸将到山中，寻到公孙杵臼的住处，果然搜出一个婴儿。

“程婴啊！”公孙杵臼假装愤怒，大骂道，“你这个畜生，赵朔待你不薄，你竟然做出这种出卖朋友的事。”

公孙杵臼转过头来向诸将求情：“各位将军，赵氏孤儿没罪，就请各位高抬贵手，放他一条生路，各位要杀，就杀我好了……”

诸将不肯，就将公孙杵臼与婴儿一起杀死。

屠岸贾得到报告赵氏孤儿已死，便放了心。其实，赵氏孤儿仍然活着，程婴正细心地抚养孤儿。

十五年过去了，韩厥知道孤儿仍在，已取名赵武，长得强壮英勇。于是，韩厥悄悄地会见了赵武，并且决定为赵氏报仇。

在韩厥的安排下，赵武率领军队攻打屠岸贾，将屠岸贾杀死。晋景公得到报告，知道赵朔冤死，便任命赵武为大夫，继承赵朔的爵位。

眼看着赵武长大成人，又报了大仇，程婴便对赵武说："当年屠岸贾杀害你全家的时候，你父亲的许多朋友都殉难，我却没有死，这不是我怕死，而是我觉得我要负起救赵家孤儿的责任。现在，你已长大，又报了大仇，继承了你父亲的爵位，我的任务已经完成，我要到九泉去向你父亲和公孙杵臼报告了。"

"不要！"赵武跪在程婴的脚下，痛哭流涕，"我愿意侍奉你一辈子，你难道舍得下我吗？"

"孩子，你不知道。"程婴眼中含着泪水，脸上却露着微笑，"当年公孙杵臼认为我能完成任务，所以先我而死。现在，我忍死十几年，终于完成任务，没有辜负他的托付，如果我不到九泉去向公孙杵臼报告，他还以为我没把事办成呢！"最后程婴还是自杀了。

伍子胥急白了胡子

楚平王是春秋时代以好色著名的君主。有一次他发现儿子要娶的媳妇是一位绝色美人时，竟然偷偷掉包，纳为己有，并且准备把儿子远派到北方去。忠臣伍奢（shē）苦苦劝谏，楚平王恼羞成怒，反指伍奢有谋叛之心。伍奢的两个儿子——伍尚、伍员都是一等人才，平王担心他们会报父仇，因而不敢马上杀伍奢。

于是，楚平王骗伍奢道："你教太子谋反，本当斩首示众，我念及你祖父有功于楚国，不忍杀你，你写信把两个儿子召回，我赐你归田，授子官职。"伍奢明知是鬼话连篇，也不敢违命。平王派的使者带着信赶到伍家大叫："恭喜！恭喜！"正为父亲入狱而忧心的伍尚，看到信更加快乐不起来，连忙告诉弟弟伍员。

伍员字子胥（xū），长得一表人才，文能安邦，武能定国。他看完了信，冷冷地说："父亲能免于一死已属万幸，你我何功，为何授官？楚王怕我们，因此不敢杀父；你若贸然跑去，只会使父亲早点死，千万别上当！"伍尚不肯，说："就是见了一面，父子死在一起也甘心。这样吧，我以殉父为孝，你以复仇为孝如何？"兄弟二人抱头痛哭后，伍尚就上路了。

果然，当伍尚到了楚国王宫后，楚王把伍尚逮捕，并且下令捉拿伍员。

伍员（子胥）听说父兄同时被囚，便急忙收拾行李，挂弓佩剑逃走。楚兵果然随后赶来，搜捕不得，即刻追去。走了快三百里，到达一个旷野无人之处，武功高强的伍子胥忽然绕到追兵的头目之后，捉住了他，警告："我留下你一条小命回去告诉楚王，留下我父兄之命，否则，我一定亲斩楚王的脑袋。"头目拾回一命，哪敢再追，率众归报平王。平王大怒，马上斩了伍奢、伍尚，同时四处悬挂告示："凡能捕伍子胥者，赐粟五万石（dàn），爵上大夫；容留纵放者，全家处斩。"

伍子胥沿江东下，一心想投奔吴国，奈何路途遥远，忽然想起太子建逃奔郑国，也就去了郑国。到那里不久，太子建竟不听伍子胥的话，帮晋国做间谍，郑王气得在酒席上当场杀了建。伍子胥只好再逃亡吴国，昼伏夜出，千辛万苦。经过陈国，再往下走便是通吴的大江了。可是这中间险要地带昭关有重兵把守，盘诘（jié）得很紧，如何过得去呢？

就在此时，闪出一位白眉老公公东皋（gāo）公。他认出伍子胥，迎伍子胥到一小茅屋暂时安憩（qì）。一连过了七天，伍子胥心乱如麻，急得坐立不安，觉也不睡，几乎彻夜踱（duó）步不停。东皋公推门进来看到伍子胥，大吃一惊，连忙取来镜子。哇！伍子胥的胡子一夜之间全愁白了。伍子胥伤心得把镜子摔在地上，东皋公却捻着长眉笑道："有办法了！"

伍子胥将宝剑赠予渔翁，渔翁坚辞不受，选自《马骀画宝》。

原来伍子胥状貌雄伟很容易被认出，现在胡子白了，样子也变了。刚好东皋公有个朋友，名叫皇甫讷，身高九尺，眉宽八寸，相貌酷似伍子胥。于是皇甫讷改穿伍子胥的衣服，而伍子胥把脸涂黑，换过衣裳。两人趁着天色蒙蒙，前往昭关关口。

昭关的守门人远远见主仆二人，那主人状貌与伍子胥相似，而且满脸害怕的模样，连忙拥上拿下。守关将士及过往行人听说抓到伍子胥了，争先恐后挤着去看，伍子胥趁着哄闹之时偷偷混出城门。等到守门人发现抓错了人，伍子胥早已走远了。

他惊险万分地闯过昭关，遥望大水，浩浩茫茫，无船可渡。正在担心后面追兵时，忽有一渔舟出现，渔翁迎伍子胥上船，轻轻一点桨，小舟飘然而去。渔翁说："我梦到有颗亮星掉到舟内，知道有异人要来，果然不出所料。"伍子胥告诉他姓名后，渔翁忙把小舟系在杨柳树下，入村为伍子胥找食物。伍子胥暗想"人心难测"，谁晓得他是否会去报信？于是他忙隐入芦花丛中。一会儿，渔翁端来一碗肉嫩汤鲜的鲍鱼羹。伍子胥吃饱后，取出七星宝剑相赠。渔翁笑笑说："楚王有令，捉到你赐五万石，我都不要，又哪在乎此？"伍子胥千恩万谢后，又叮咛渔翁："如有追兵，勿泄天机。"渔翁仰天长叹："啊，我有恩于你，你还怀疑我，不如一死好让你放心！"乃投江而死。伍子胥眼见渔翁的尸身在水上漂流，悲痛不已。

鱼肚里藏一把剑

伍子胥渡江来到吴国，继续走了三百多里，到达吴趋（qū）街上，看见一个大汉把另一人推倒在地上猛揍，样子又凶又狠，像只饿坏了的老虎，而且喊叫起来轰隆隆的像在打雷，旁人怎么劝都没有用。眼看着就要打死人了，忽然一家门内传来妇人的声音："专诸（zhū）啊，你又在打架了？"说也奇怪，那大汉打得正起劲，竟然马上住手缩着头，弓着腰，急忙赶回家去，而且满脸害怕的表情。

伍子胥觉得奇怪，这么一个凶猛的大男人难道还怕女人不成？旁人解释道："他名叫专诸，是咱们乡里第一条好汉，体强力壮，更有一身好武艺，最看不惯不平的事，但凡被他遇上了，他非替别人出气不可。他很孝顺，最听母亲的话。生再大的气，只要母亲一喝，专诸连气都不敢吭。刚才喊他的就是他的母亲。"伍子胥认为专诸真是个奇男子，第二天特地登门拜访。两人一见如故，可说是英雄识英雄，当下八拜结交为义兄弟，然后伍子胥便上路了。

当时吴国的国君是王僚（liáo），他是从公子光的手中把王位抢过去的。光为了抢回王位，到处招募贤士集合力量。伍子胥的才能远近驰名，光迫不及待延为上宾，并且拍着胸脯向他保证，将来夺回王位，第一件事便是讨伐楚国，替伍子胥报杀父杀兄之仇。伍子胥为报答光，同时把义弟专诸也介绍给光。

光马上去拜见专诸。光除了天天给专诸送酒肉布帛外，他知道专诸孝顺，还时时亲自向老夫人请安，专诸非常感激。这时，光才讲出想请他刺杀王僚的事。专诸说：“我老母还在，需要我照顾，恐怕暂时不能为你卖命。”光急得流泪，说：“你孝顺我知道，可是除你以外，没有任何人可做此事了。只要你帮我去掉王僚，你的母亲就是我的母亲，我一定好好孝敬她，奉养她。”

专诸想了想说：“做任何一件事，都不能轻举妄动，要杀王僚，得先想法接近他，他喜欢什么？”光说：“他顶贪吃，尤其喜欢吃烤鱼。”于是，专诸便到太湖去学烹调。三个月下来，他烤的鱼香嫩鲜美，任何人尝过，都赞不绝口。但是，时机还未成熟，只好慢慢等。

三四年后，忽传来消息，楚平王去世，伍子胥一拍大腿：“这是个大好机会，说动王僚此时派兵攻楚，然后当王僚手下兵力单薄时，便可动手干掉王僚了。”光也同意这个计谋，他拿出一把短剑，一面抚摸剑锋，一面得意地笑着说：“这把短剑叫鱼肠，异常锋利，削（xiāo）起铁块如同剁泥巴。这几天晚上，时常在闪闪发光，敢情是想喝王僚的鲜血！哈哈！”于是他

专诸刺吴王僚，汉代画像石，山东嘉祥武氏祠。

便把鱼肠交给了专诸。

专诸要求先回家去拜别母亲，回到家后，难过得一句话也不说。他母亲心中已知怎么回事，说："儿啊，别伤心，这几年来公子光对我们太好了，应该报答他。忠孝不能两全，你把事情办妥扬名后世，我死了也高兴。"专诸不作声，只是哭，他母亲说："我想喝水，你去打点水来。"专诸打水回来不见母亲，他妻子说："母亲刚才说累了，想躺一会儿，叫我们别打扰她。"专诸心知不妙，打开卧室门一看，哎呀！母亲已上吊而死。专诸惊呼昏倒，醒来大哭一场。埋葬母亲后，专诸怀着悲壮的心情，准备慷慨赴义。

如今万事俱备，公子光便发出请帖，邀请王僚来尝太湖名厨的拿手烤鱼。王僚生怕光没安好心，然而又不愿表示自己害怕，于是穿上三层用狻猊（suān ní）皮制的背心赴宴，并且从王宫门口到公子光家中，一路站满了卫兵保护着。

还不只此呢！凡厨子送食物上来时，先要搜身，然后跪地膝行，并由十来个拿着剑的卫兵像老鹰抓小鸡般挟着走。放菜盘时得低下头，眼睛不可抬起来，盘子一放好又得爬着出去。当然专诸也不能例外，没想到那鱼肠短剑却是暗藏在鱼腹中，搜身当然通过。当跪到王僚面前，专诸趁着把鱼剖开的当儿，抽出短剑，拼着全身力气，直往王僚胸前刺去，直透过三层坚甲背心，穿透背脊，王僚大呼一声，当场气绝。

两旁的卫士一拥而上，把专诸剁成肉泥，大厅上乱成一团。席间以脚痛为借口躲在地下室的公子光，听说王僚已死，率兵杀出，把卫士解决掉，乘胜追击，夺回王位。公子光做了国君，厚葬专诸，封他的儿子专毅为上卿，并且兑现对伍子胥的诺言，派兵攻占楚国。伍子胥把楚平王尸体从坟中挖出来鞭打泄愤，报了杀父杀兄之仇。

勾践亲尝粪便

战国时代，吴越相攻，越兵大败，越国大臣文种建议越王勾践说：“现在情势危急，我们只有马上请求吴国讲和。”

勾践说：“万一吴国不肯讲和，怎么办呢？”

文种说：“吴国的太宰伯嚭（pǐ）贪财又好色，可以请他帮帮忙，多说几句好话。”

吴王夫差（chāi）被伯嚭说动了，答应与越王讲和，条件是勾践和他的妻子一块儿到吴国去当夫差的仆人。于是，勾践装了一车的宝物，挑选了三百多个美女，流着眼泪前往吴国。

临行前，文种安慰勾践：“以前汤被关在夏台，文王被关在羑（yǒu）里，后来都成了王业；齐桓公曾逃亡莒（jǔ）国，晋文公曾逃往翟国，之后也都成了霸业。一个人不怕吃苦，怕的是没有志向，你暂且忍耐，国内我会代你治理的。”

勾践到了吴国，光着上身，跪在台阶上觐见夫差，他的妻子也跪在后面。勾践向吴王讨饶说：“臣子勾践，不自量力，得罪大王，罪该万死，谢谢您肯赦免我，使我有机会当您的奴隶，我心中十分感激。”

吴国的老臣伍子胥，知道不能留勾践，否则一定有后患，但是夫差不听。他盖了一栋破烂石屋，叫勾践夫妇住在里头，专门去管养马的贱事。

从此，勾践换上马夫穿的衣服，一天到晚锄草、养马。他妻子也整天蓬头垢面，做打水、除粪、扫地、清理垃圾等工作。他们生活很苦，饿得只剩下皮包骨，却从没有一句埋怨的话，因此夫差很满意。

夫差为了显示自己的功业，每次坐车去玩，总叫勾践拿着马鞭，在车子前头奔跑。吴国的老百姓就指指点点地说：“大家快来看，这个人就是越王，真丢脸啊！”勾践惭愧得恨不得有个洞可以钻进去。

有一天，夫差看到勾践夫妇坐在马粪边喘气，从越国跟来的臣子范蠡（lǐ）拿着马鞭站在一旁。夫差说：“他们真了不起，到了这步田地，还保持君臣的礼节，实在是难得！”

伯嚭连忙说：“他们也够可怜的。”接着，伯嚭又怂恿夫差放勾践回去。然而，不久以后，夫差却得了重病。

范蠡对勾践说：“这是个好机会，你去探望夫差，然后请求尝他的大便，告诉他病马上会好转，这样一来，夫差一定放你回去。”

勾践很为难，说：“我虽然窝囊，好歹也是一国之君，怎么能去尝人家的大便？这太不像话了！”

范蠡劝他说：“以前纣王把文王关在牢里，杀掉文王的儿子熬成汤，叫人送去给文王吃，文王还不是只有吃了？要做大事的人，不能计较小地方。”

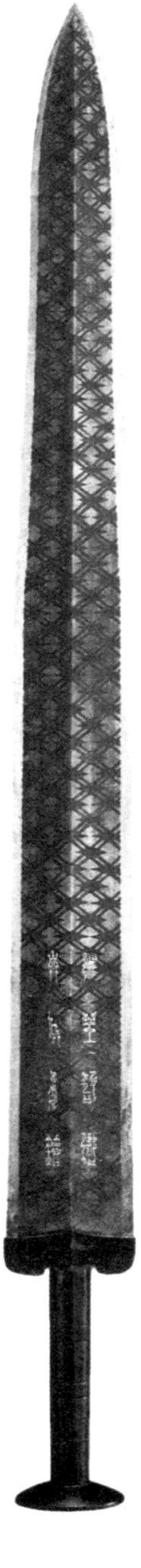

越王勾践剑，湖北省荆州市江陵县望山楚墓群1号墓出土，为中国古代兵器中的奇宝，两千多年后的今天依然寒光四射，发丝触锋立断。剑身铭刻“越王鸠（勾）浅（践），自作用剑”字样。

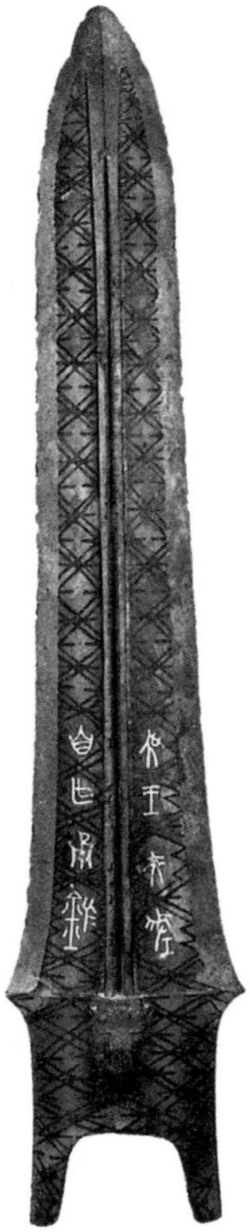

吴王夫差矛，湖北江陵马山出土，做工精美，锋利无比，有八字错金铭文：“吴王夫差自作用鈼。”

勾践便去探望夫差。勾践跪在床前，一边哭一边说：“听说您生病了，我难过得心肺都要烂了……”话没说完，夫差一扬手说：“等等！”原来夫差要拉肚子了。

勾践急忙说：“我以前学过看病，只要一看粪便的颜色，就可以知道病情如何。”说完，他就站在一旁，等夫差大便。

夫差解完大便，侍卫正要把便盆端出，勾践一个箭步向前，跪下来，掀起盖子，用手抓了一点夫差的大便，还放到嘴里尝一尝。侍卫们都掩着鼻子，臭得想吐。

勾践又回到夫差床前，跪下来猛叩头：“恭喜大王，贺喜大王，您的大便又苦又酸，表示跟春夏的气味相调和，这就是很好的征候。”

夫差很感动地说：“连亲生儿子都不肯为父亲尝大便，而勾践竟然肯，可见得他对我的忠心。”因此，当夫差病好之后，就释放勾践回越国。

勾践回国后，卧薪尝胆，冬天抱冰，夏天烤火，又送了美女西施去迷惑夫差，最后果然打败了吴国，获得了最后的胜利。

豫让为荀瑶报仇

豫让是春秋末期晋国人，在大臣荀瑶手下做事。荀瑶和另一大臣赵无恤有仇，有一次两军相战，荀瑶被赵无恤杀掉。赵无恤把他的头颅涂上油漆当做尿壶，天天对着他的头撒尿泄愤。豫让伤心极了，哭着说："荀瑶待我这么好，他死后受到如此难堪的侮辱，我哪有脸活下去？"

于是，他更改了姓名，假扮成做粗工的囚犯，身边藏着一把利刃，偷偷摸进赵家的厕所中，准备等赵无恤上厕所时刺杀他。没想到赵无恤正要上厕所，忽然心惊肉跳，派人一搜，果然发现了豫让，并且查出他身上的武器。豫让一点也不害怕，昂首严肃地回答："我是荀瑶的部下，要为荀瑶报仇。"

赵无恤的手下道："这是危险的刺客，不必多问杀掉算了。"赵无恤对豫让忠心的行为非常赞赏，决定把他放了。豫让临走前，赵无恤叫住他："你现在该不会想杀我了吧？"谁知道豫让摇摇头："你对我有恩，可是我绝不放弃该做的事。"赵无恤叹了一口气："我不能失信，你走吧。"当天，赵无恤就躲到晋阳城去避祸。

豫让回到家里，仍然一天到晚在想如何刺杀赵无恤，他的妻子看不过去，劝他不如为赵家做事谋取荣华富贵，豫让气得不理他的妻子。豫让一心一意要赶去晋阳，又恐怕被别人认出来，所以剃掉胡子拔去眉毛，把身子漆得和癞子一样，在街上讨饭。他的妻子出去找他，听出他的声音，急

豫让杀身报知己，汉画像石，山东嘉祥武氏祠。

忙上前去看，然后放心地拍拍胸脯："这叫化子声音很像，幸好人不是！"豫让对自己的化装不满意，就吞下大量木炭变成哑喉咙。这么一来，连他妻子也认不出来了。

豫让有一个好朋友，知道豫让要为荀瑶报仇的计划。他在街上碰到豫让，虽然豫让外表声音都变了，但他仍旧怀疑是豫让，就悄悄地在身后轻呼一声："喂，豫让！"豫让果然猛一回头。他的朋友看到豫让狼狈的模样，便劝道："我知道你已下定决心为荀瑶报仇，可是，你这种方式太笨！凭你的才华，如投到赵家旗下，他一定会重用你。那时，再随便找一个机会下手不好吗！何必把自己折磨得三分像人七分像鬼？"豫让说："你叫我去为赵无恤做事，却又害死他，这是对他不忠。我豫让宁肯毁坏容貌，烫伤喉咙为荀瑶报仇，就是要天下那些不忠不义的人惭愧。你滚吧，你不配做我的朋友！"

豫让到了晋阳城，仍在街上讨饭，没有人认得出他。当时，晋阳城有一座赤桥刚刚筑好，据说赵无恤准备在通车的那天亲自去视察。因此，豫让带了一把快刀，假扮成死人，直挺挺地躺在桥底下。

赵无恤的车子快走到赤桥时，拉车的马忽然举起前蹄嘶叫不已。那声音十分悲伤。马夫怎么样用力鞭打，马儿硬是不动一步。有个谋士就站出来说：“好的马儿能预知前头的危险，你要小心！”

接着，有个兵士上来回报：“桥下没有奸细，只有一具死尸。”赵无恤说：“胡闹，新筑的桥哪来的死尸，一定是豫让，把他拖出来。”豫让的外貌虽改，赵无恤仍看得出，就破口大骂，“没良心的家伙呀，这次非杀你不可了。”豫让一听就大哭，哭到后来眼睛都流出血来了，左右的人问：“你怕死吗？”豫让哭说：“我只是伤心以后再也没有人为荀瑶报仇了。”

赵无恤说：“你的心像铁石般坚硬，我没法子再放你了。”说着他解下佩剑，要豫让自杀。豫让说：“死，我不怕，我只难过不能报仇。请你把衣裳脱下来，借我打几下，我死也瞑目了。”赵无恤答应了，脱下外衣。豫让挥着长剑，眼中喷火，把衣服放在地上，用力踩了三下，又用剑砍了三次，算是刺杀赵无恤，然后刎颈而死。后人为了纪念他，特别把赤桥改名为豫让桥，以表扬他的忠烈。

吴起的故事

吴起生于战国时代初期，卫国人，家境富有，少年时就渴望做官，因此到处交友找机会。然而官始终没做到，家产却被他挥霍殆尽。他的亲戚邻居都讥笑他，吴起一怒之下，拔剑杀了三十几个讥笑他的人。

吴起杀了人，自知犯了法，便开始逃亡。吴起的母亲舍不得儿子从此漂泊天涯，偷偷地送吴起到东城门外，心里感到无限的悲痛。吴起见母亲如此悲伤，便对母亲说：“我不是不成材的人，我发誓如果不能做到卿相，绝不回卫国。”

吴起离开卫国，便投拜到曾子门下求学。不久，吴起的母亲在卫国病死。吴起想到和母亲临别时的誓言，竟不肯回卫国奔丧。这件事不但吴起的朋友们不谅解，连曾子也大不高兴，认为吴起不孝，不许吴起在自己门下继续求学。

吴起被曾子开除以后，便到鲁国学习兵法，同时在鲁国谋到一官职。有一年，齐国要攻打鲁国，鲁国的国君想用吴起做大将以抵抗齐国。这时，有个鲁国人向鲁君告密，说吴起的妻子是齐国人，恐怕吴起会暗中勾结齐国。鲁君听到了这个消息，心里也狐疑起来，便把任命吴起为大将的事拖延下来。

吴起在家里左等右等，不见鲁君发布任命大将的命令，十分着急。一打听之下，才知道鲁君怀疑自己会和齐国勾结。为了表明自己对鲁国忠心不二，和齐国绝无瓜葛，吴起竟然杀了自己的妻子。

鲁君看到吴起杀了妻子，任命吴起为大将，领兵和齐国作战。由于吴起善于用兵，竟把齐国打得大败。

鲁国刚获得胜利，便有人向鲁君报告说："鲁国是一个小国，现在竟然打了胜仗，名声高起来以后，我怕其他各国合起来谋鲁国。"鲁君是个懦弱无用之人，听了也很害怕，就告诉得胜回来的吴起，鲁国不想再打仗，也不想重用吴起。

吴起为鲁国效劳，换来的却是免去官职。吴起伤心地离开鲁国，听说魏文侯礼贤下士，便投靠魏文侯去了。

魏文侯正在积极地整军经武，立刻任命吴起为将。吴起受命以后，一方面训练士卒，一方面策划战略，不久，便发动了攻击秦国的战争，不但击败秦国，还夺得五座秦国的城邑。

吴起善于带兵，他身为大将，却和最低级的士兵一同吃饭，穿同样质料的衣服，晚上睡觉不

吴起为士卒吸吮伤口的脓汁，选自《清刻历代画像传》。

用床，平时行走不骑马，行军时也亲自带干粮，这种和士兵共甘苦的生活，让士兵感动得自愿以死效命。

有一个士兵身上长了疮，生了脓，吴起亲自去看这个士兵，还用嘴巴为这个士兵吸脓。这个士兵的朋友把这件事告诉了士兵的母亲。士兵的母亲听完之后，便嚎啕大哭起来，朋友感到很奇怪，问道："你的儿子只是一个小兵，将军肯亲自为他吸脓，这是光荣的事，你哭什么？"

"你不知道啊！"士兵的母亲边哭边说，"从前我的丈夫在军中也生过疮，吴将军也曾为我丈夫吸过脓，我丈夫感激得不得了，等到病好了，每次打仗都不顾生命，他是要报答吴将军，后来我丈夫果然就死在战场上。

"现在，吴将军又替我儿子吸脓，我儿子一定也会肝脑涂地报答吴将军，看来我儿子是死定了，我怎能不哭呢？"

由于吴起善于用兵，魏文侯便任用吴起为西河守（西河是地名，守是官职，类似司令长官），阻挡秦国的东侵。

不久，魏文侯死，他的儿子武侯继位。武侯用公叔为宰相，公叔没有什么才能，因为娶了魏文侯的女儿（公主）为妻，所以才做到高官。公叔对吴起又怕又妒，便设计要害吴起。

有一天，公叔对魏武侯说："吴起有了不起的才干，我们魏国靠了他才能挡住秦国的侵略。可是，我们魏国国土太小，我怕吴起没有长久留在魏国之心。"

"不错。不过，那又有什么办法呢？"魏武侯忧郁地说。

"我有一个主意，"公叔说，"大王不妨告诉吴起，愿意把另一个公主嫁给他，他如果接受，就表示有意长久留在魏国，如果不答应婚事，就表示他无意留在魏国。"

"你的主意很好，你就召吴起入京吧！"魏武侯说。

公叔立刻写信召吴起入京。吴起一到京，公叔便把吴起请到自己家里吃饭。在吴起来到之前，公叔先激怒了妻子（公主），所以当吴起到公叔家时，公主盛怒未息，当着吴起的面，羞辱公叔，吴起看了，心里很难过。

第二天，吴起进宫，魏武侯向吴起表示想把公主嫁给吴起。吴起想起了昨天的一幕——公叔身为魏国宰相，公主竟敢当众羞辱他，可见公主的气焰实在太高，魏武侯要嫁给自己的，虽然是另一位公主，但是高傲泼辣的性格恐怕是一样的，娶公主自己岂不是活受罪?

于是，吴起便婉拒了婚事，魏武侯也对吴起产生猜疑之心。吴起感觉到武侯对他愈来愈不信任，心里很害怕，便离开魏国，投奔楚国。

楚悼（dào）王早就听说吴起的才能，任命吴起为宰相。吴起担任楚国宰相以后，立刻进行改革，把法令修改得更合理，裁减许多闲着没事干的官吏，训练军队，安抚百姓，经过几年，楚国便强盛起来。然而，楚国许多贵族却十分厌恶吴起，因为吴起把他们许多既得的利益剥夺了。不久，楚悼王去世，楚国的贵族们联合起来作乱。在战乱中，吴起被杀了。

庞涓毒计陷害孙膑

战国时代阳城附近有处地方，山谷僻静幽深恐怖，不像是人住的，因此被人们称为鬼谷。山里面住了个隐士，学问很好，人称鬼谷子。他收了几个门徒，后来都成了大大有名的人物。

例如孙膑（bìn）、庞涓都是鬼谷子的门徒。孙膑是齐国人，是著有《孙子兵法》的中国伟大的军事家孙武的后代。孙膑才气高，很得老师鬼谷子的欢喜。他有一个同学庞涓，魏国人，两人很要好，并且拜了把兄弟。

三年学成后，魏惠王马上召庞涓回国做官。孙膑送庞涓下山时，庞涓一直说："将来有机会我一定向魏王推荐你。"其实，庞涓向来嫉妒孙膑的才华，怎会帮他呢?

但鬼谷子的一个朋友却向魏惠王大力推荐孙膑。魏王就用驷（sì）马高车、黄金白璧恭敬地迎孙膑下山，准备请他担任副军师。刚好这时庞涓是军师，他害怕孙膑会抢走兵权，便建议改请孙膑做顾问，还假惺惺地说："如果孙膑有功绩，我一定把军师的位子让出，做他的部下。"

孙膑来了以后，魏惠王想比较一下两人的本事，叫他们各排演一套阵法。庞涓的阵法，孙膑一看便知，而且立刻说出破阵之法。孙膑排的呢?庞涓完全看不懂，偷偷先问孙膑。孙膑为人忠厚，跟他说："这叫颠倒八门阵，一进攻就成长蛇阵。"因此，等魏惠王问庞涓时，他也能很快答出。可是庞涓自知差一截，于是想出一条毒计。

他知道孙膑四岁丧母，九岁丧父，由在外地的叔父一手带大，身世凄凉，对家乡事不太清楚。于是庞涓派了一个人，操着齐国口音，哭哭啼啼来找孙膑，说是孙膑的哥哥孙平、孙卓很想念他，希望他回齐国去，说着还掏出他哥哥的信。孙膑伤心地回了信，表明自己现在在魏国做官，暂时不能离开。

庞涓骗到这信后，模仿孙膑笔迹，在信后加了一句“如果齐王肯用我，我一定马上回国”，然后拿去给魏王看，诬赖孙膑私通齐国。没想到魏王竟说：“也许孙膑怪我没有重用他。”庞涓见毒计未收效，又心生一计。

他跑到孙膑那儿问：“听说你有个老乡来？”孙膑说：“对啊！”庞涓就虚情假意地道：“离家久了，是该回去看看，何不请一两个月假？”孙膑坦白说出担心魏王误会，庞涓忙拍胸脯：“有我呀，你放心吧！”第二天，孙膑果然上了一个请假的报告。魏王看了大怒，认为孙膑私通齐国，即刻发给军师处分，打入大牢。

庞涓知道了，假装吓了一跳，他到牢房里去安慰孙膑，并且说，一定设法保住他的性命。

孙膑对庞涓的义气，真是感激万分。然后，庞涓又建议魏王对孙膑施以最残酷的刑罚——剐掉膝盖骨，用针在脸上刺“私通外国”，

孙膑在猪圈里假装发疯，选自明刊本《新镌绣像列国志》。

并用墨涂黑。从此，可怜的孙膑，只有盘着腿坐，不能行动。

有一天，庞涓又到牢房来看孙膑，脸上有些忧郁的表情，孙膑发现了，便问庞涓道：“你有什么心事？”

庞涓叹了一口气：“你比我晚下山，所以你在老师那儿学到的东西比我多，我真想再回山上去，只可惜我这儿离不开，何况若是我离开了，谁来保护你呢？”

孙膑听了庞涓的话，立刻接口道：“我知道你离不开这儿，你也用不着再回山上去，我可以把老师传授给我的兵法写出来给你。”

庞涓大喜，但是表面上却装出一副谦辞的样子：“那怎么好意思让你这么辛苦！”

孙膑握着庞涓的手，诚挚地说：“你救了我的命，对我实在太好了，这就算是我报你的恩吧。”

从此以后，孙膑除了睡觉，便整日埋首写作，把鬼谷子传给他的兵法，仔仔细细写了出来。

孙膑认真的态度，影响了看守他的牢头。有一天，牢头把午饭送到孙膑的桌上，孙膑一看，午餐又加了一个煎蛋，便抬起头来对牢头说：“午餐又加一个蛋，一定是庞军师关照的，庞军师对我真好。”

“真好？”牢头的声音有些颤抖，“我劝你最好别吃。”

“为什么别吃？”孙膑感到奇怪。

“因为——”牢头似乎在犹豫，最后，终于下了决定，蹲下身子，附在孙膑的耳边悄悄说，“庞军师是要你养足精神，赶快把兵法写完，等你写完兵法的那一天，就把你毒死。”

“真的吗？”像是晴天霹雳，孙膑几乎昏倒。

“我用不着骗你。”牢头说，“我是看你拼命为庞涓写兵法，而庞涓却想要害死你，实在看不过去，所以才告诉你，千万别做傻事了。”

孙膑整个人呆住了，他对兵法十分熟悉，但对“人”则了解太少，所以，把庞涓当作了好人。可是，现在该怎么办呢？

忽然，他想起下山之前，老师鬼谷子交给他一个小布袋，嘱咐他在最危险的时候才能打开。

孙膑想，现在应该是最危险的时候了。于是他匆忙打开贴身收藏的小布袋，只见里面有一块黄绢，上面写着“假装发疯”四个字。

当天晚餐时，孙膑就开始发疯了，把筷子盆子扔在地上，把写过的竹片放在火上烧，口中含糊地骂个没完。牢头吓死了，慌慌忙忙扯来庞涓。庞涓一看，孙膑满脸鼻涕口水，一下伏地哈哈大笑，忽然又放声大哭，又抱着庞涓哭喊“鬼谷老师！鬼谷老师！”，真像神志不清的样子。

庞涓中计树下自刎

孙膑和庞涓都是鬼谷子的学生，一同在魏国做官。庞涓因为嫉妒孙膑的才华，便用毒计陷害好朋友，使孙膑不能走路，并且在他脸上刺了“私通外国”四个字。孙膑惟恐庞涓更进一步害自己，于是便开始装疯。

庞涓是个聪明人，怀疑孙膑在演戏，就叫手下把他拖到猪圈里去。猪圈里恶臭难闻，孙膑倒头便躺在猪粪中。有人拿狗粪混着泥巴喂他，他也照吃不误，有时还饮些尿、吃些屎。庞涓心想孙膑八成是真的疯了，于是把他赶出牢笼，让他去沿街爬行乞讨。

孙膑经常白天出去，晚上回来仍旧睡在猪圈中，偶尔不回来，就睡在大街上；有时又说又笑，有时哭闹不停，街上的人可怜他，丢给他一些食物，没有人看得出孙膑在假装发疯。然而，庞涓心中仍不太放心，每天都派密探去侦察孙膑的行踪。

庞涓如此毒害同窗好友，许多人都看不过去。有个叫禽滑的人决定行侠仗义。他以献茶给魏惠王为名到魏国，看到孙膑沿街跪爬乞食的可怜相，心里非常难过。等到半夜，禽滑悄悄地来到猪圈，告诉孙膑准备救他出去。孙膑泪如雨下道：“庞涓监视得这么紧，恐怕很困难啊！”

禽滑找了一个佣人，身材很像孙膑，扮成孙膑的模样，涂了满脸的脏泥巴，披头散发装疯，另外把孙膑藏在车里，趁着庞涓和魏惠王饮酒作乐的时候，偷偷出了城。过了几天，庞涓手下的人发现孙膑失踪了，只留下一堆脏衣服，赶紧跑来告诉庞涓。庞涓以为孙膑发疯投井而死，捞了半天都没捞到尸首，又担心魏王怪罪，只好向外宣布：孙膑溺水而死。没料到，孙膑早已逃到齐国准备报仇。

不久，魏国派兵侵略赵国；赵国向齐国求援，齐国便以孙膑为军师对付庞涓的军队。庞涓到了桂陵，远远看到齐兵排成的阵势，正是当年孙膑在魏国摆出，而自己当时看不出的“颠倒八门阵”。他大吃一惊想道：“莫不是孙膑跑到齐国去了？”但他仍嘴硬，破口大骂齐兵：“你们摆的颠倒八门阵，是向鬼谷子学过的，没什么了不起，你们是从哪儿偷来的？我们魏国三岁小孩子也能破这个阵法。”

事实上，庞涓完全被这阵法弄昏了。他亲自挑选五千人冲入阵中，只见八方色旗，纷纷转换，他东冲西撞找不到出路，加上四方呐喊声、鸣鼓声，庞涓心中大乱。更糟糕的是，他一抬头发现每面军旗上都写了大大的“孙”字，几乎当场昏倒，差一点命都丢了，连夜赶回魏国去。

过了几年，魏国攻打韩国，由庞涓领兵。韩国自知力弱，不能抵抗，赶紧向齐国求救，齐国便派孙膑率军救韩。

孙膑面对魏军，首先使用了示弱计。当齐军和魏军相隔五十里时，便连夜向后撤退。魏军第二天赶到齐军的扎营地，发现地上留了十万个煮饭的灶，于是继续向前追赶。第三天，魏军赶到了前一夜齐军的扎营地，齐军已经先跑了，魏军数一数地上留下来的灶，只有五万个。魏军休息了一夜，继续追赶，不久，到了前一天齐军的扎营地，当然齐军早就撤退了，魏军再数一数地上的灶，只有三万个。庞涓便向魏军宣布：“齐军的灶一天比一天少，表示士兵逃亡很多。齐兵都是胆小鬼，还没打就先跑，如果让齐军一直跑回齐国，实在太可惜。我要挑选三千骑兵，连夜追赶，让齐兵逃脱不掉。”

其实，齐国军队并没有人逃亡，灶的数目不断减少，只不过是骗魏军，让庞涓误以为齐军的士兵大量逃亡，士气低落。齐军自动撤退也不是畏惧魏军，只不过是装成畏惧的样子，引诱庞涓前来追赶。

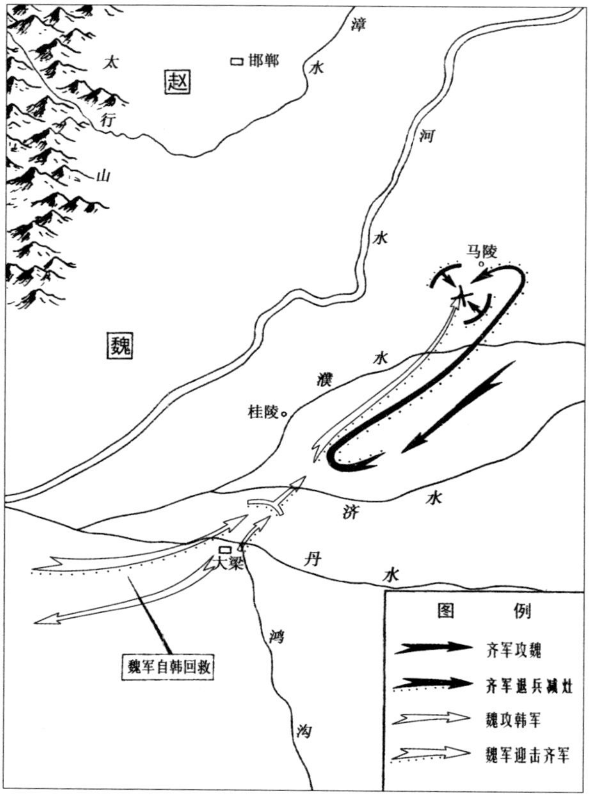

齐魏马陵之战作战经过示意图。前 341 年，魏派庞涓联赵伐韩，韩求救于齐。齐国以田忌、孙膑率军进逼魏国都城大梁附近的外黄（治今河南民权西北），庞涓只好回师攻齐。孙膑命齐军向马陵方向撤退，用减灶计诱庞涓率领轻骑兵突进追击。到马陵时，齐军伏兵发动，魏军大败，庞涓自刎而死。此战后，魏由盛转衰，转而向齐屈服。

果然，庞涓中了计，对齐军产生了轻敌之心，率领少数骑兵，轻率地快速追赶，和后面的魏国大军脱了节。

于是，孙膑在马陵设下了埋伏。马陵有一段险要的路，道路的两旁是山，好像一个峡谷。孙膑将齐兵分散到路旁山上的树林中，埋伏起来，并且告诉齐兵，在夜晚时，只要看到火光，就对着火光一起射箭。

庞涓带着骑兵来到马陵时已是夜晚，忽略了前方峡谷似的道路可能存在的危险性，直接冲了进去。这时有前军报告："前面有断木阻路不能前进。"庞涓叱道："这还不是齐军怕我，故意安置的吗？"正在指挥军士搬开木头时，他忽然看到树干上的树皮被剥光了，上面隐隐约约有字迹，就叫军士举起火把，一看刻的是"庞涓死此树下"，大叫："中计了！"话还没完，一时万箭齐发，如大雨倾盆射来，庞涓叹道："我真恨我当时没把孙膑斩了。若是斩了，这小子今天也不能成名了。"他心知已命该绝，接着便使用佩剑自刎而死。

田单的连环计

战国时代，燕齐相攻，燕国的大将军乐毅，连下齐国七十多个城市，齐人能守住的只有莒（jǔ）和即墨两个地方。

齐湣（mǐn）王吓得出奔，老百姓也争先恐后地逃难。田单预料到兵荒马乱中，人与车一定非常拥挤混乱，行动很不方便。因此，出发前，他要他的族人把大车之轴的突出部分锯掉，锯得与车毂（gǔ）一般齐，并且外头罩上一个铁笼，使车轴巩固不致散开。

果然，逃难的时候乱成一团。只有田氏宗族的人因为车身狭窄，轻动灵巧，又不致车轴与车轴相撞，所以很顺利地逃出，大家都很钦佩田单的智谋。

齐人知道田单有领导才能。因此，当燕军攻打即墨，城中无主时，齐人共推田单为将。

当时，乐毅的计策是，对齐国仅余的两个城市，采取“缓攻”的方法，慢慢消化，使二城不战而下。这本来是个好主意，但碰到田单却行不通了。

田单派了间谍到燕国去散布谣言，说乐毅已打下了七十多个城市，难道还攻不破莒和即墨两个城？这明明是乐毅想偷偷与齐国讲和，自己当大王；齐国人最担心燕国换了一个将军，齐国就连莒和即墨两个城也保不住了。

燕国此时刚好新君即位，是个大草包。他一听到这个谣言信以为真，立刻换下了乐毅，改由骑劫这个无能的人当大将军，整个燕军都很愤怒。

田单晓得两国兵力悬殊，他必须使百姓认为自己有超人能力才行。于是他想出一个办法：命令即墨城里的老百姓，每天吃饭时，必须祭祖，祭祖时当然把供品陈放在庭院。天上的乌鸦看到了美食，成群飞下啄食。燕兵远远看到这个景象很奇怪，田单乘机放出消息说是，“这表示不久之后有神人下凡为齐国军师。”

不久，果然有一位神人出现，大模大样，田单尊他为“神师”。神师所到之处，齐兵都恭敬地下拜。其实，这个神师是田单找来的一个小兵装扮的。齐人不知道，还以为真是仙人下凡哩。接着，田单派人在燕军中扬言，若燕人把齐兵的鼻子割了，放在队伍前面，齐国人一定马上投降。骑劫一听就这么干了。齐国人一看被俘虏后，连鼻子都没有了，只剩下一个黑黑的洞，吓得大叫：“妈呀！”从此，齐兵个个奋勇作战，惟恐鼻子不保。

田单为了激励民心士气，使大家增加杀敌的决心，又向燕军传出谣言：齐国人最担心祖坟被挖，祖骨被毁，倘若燕军真的开始挖坟，齐人为保全先人骨骸，一定会开门投降。

骑劫又相信了这个谣言。不久，齐国人在即墨城内望见烟火上升，闻到从城外传来阵阵腥臭味，打听之下，发现原来是燕军在烧城外齐人的祖坟。城内齐人气得痛哭流涕，恨不得冲出城门，把燕兵砍光，以报不共戴天之仇。

田单知道民心士气已经提高，可以一战了。他发布命令：由老弱妇孺在城墙上巡逻，壮丁都藏起来，让城外的燕国将士误以为即墨的男子都死光了。同时，田单又在民间搜集金银财宝，送到燕军的军营之中，作为贿赂之用，表示希望城降的时候，得以保全一条命。

骑劫得到了这些消息，很高兴地等着即墨守将来投降，无形之中，军备逐渐松懈了。

田单把城里所有的一千多头牛集中在一起，然后用五颜六色的长布披在牛身上，好像牛穿上了花衣裳。此外，在每一头牛的角上绑上刀子，用麻和芦花浸油，扎在牛尾巴上，拖在后面，像个大扫把。

在约好的投降日子的前一天晚上，田单召集了五千名壮士，在他们脸上抹上油彩，画成大花脸，并让他们各自带好兵器，跟在牛后面，然后，用火点着牛尾巴。牛痛得奔出城门，好戏上演了：

田单指挥士兵在牛角上绑尖刀，选自《马骀画宝》。

燕兵睡到半夜，忽然听到山崩地裂般的震动，大群怪物猛扑而来，角上还有利刃，碰到非死即伤。燕兵早听说齐军中有“神师”，都以为这会儿真的碰到鬼了。

那五千花脸齐兵闷声不响地见到人就砍，燕兵一看牛头马面，好像到了地狱，手脚发软；加上田单率齐国百姓在城楼上敲打铜锣，燕兵睡梦中真以为被阎王爷召到地狱，连逃的勇气都没有了。在糊里糊涂的情形之下，燕兵不是死在牛角利刃上，就是命丧齐兵之手。

这场战争，齐军大获全胜，并且乘机收复了失地。

和氏璧的故事

在战国时代，秦国国势强盛，常常侵略邻国，赵国经常受到秦国的欺侮，所以，赵国对秦国既仇视又畏惧。

赵惠文王得到一件稀世珍宝——和氏璧。和氏璧是一块美玉，被认为是无价之宝。这和氏璧有一段悲惨的故事：

据说有一个姓和的楚国人，偶然在山中发现一块品质极好的大玉石，内心十分兴奋，便带了这块玉去见楚厉王，表示要献给厉王。厉王命一个玉匠来鉴定这块玉的价值。

不料，玉匠在鉴定后说："这不是玉，这只是一块普通的石头。"

厉王听到玉匠的鉴定后大为生气，认为这是和氏在戏弄他，把石头当美玉献给他，于是，下令把和氏的左脚砍掉，以示惩罚。

过了几年，楚厉王死，武王继位，和氏又捧着那块玉去献给武王。武王也把玉交给一个玉匠去鉴定，这玉匠鉴定后也认为那是石头而不是玉。武王非常生气，认为和氏在欺骗他，命人把和氏的右脚砍掉。

又过了几年，武王去世，文王即位，和氏抱了那块玉跑到楚山之下，嚎啕大哭，哭了三天三夜，眼泪都哭干了，眼眶里流出了血。

和氏在楚山下痛哭的消息传到楚文王耳朵里，文王便派人去问和氏为什么痛哭，和氏回答说："我不是为自己双足被砍而痛哭，我是因为宝玉被人指为石头而哭，我是诚心诚意把玉献给大王，却被大王指为骗子，这就是为什么我要痛哭啊。”

于是，文王召集了全国一流的玉匠共同来鉴定，经过慎重而仔细的鉴定，结论是：这确是一块美玉，只因未被雕刻琢磨，很容易被误以为是一块石头。

文王知道了结论以后，便向和氏道歉，收下了这块美玉，同时把这块美玉命名为“和氏璧”。后来，这块玉辗转到了赵惠文王手中。

赵惠文王获得和氏璧的消息传到了秦国，秦昭王马上写信给赵王，表示愿意以十五座秦国的城来换取和氏璧。

赵王对秦国的这个要求大伤脑筋，召集了大臣们来商量。大家觉得秦国是强国，却不大讲信用，如果把和氏璧送给秦王，而秦国不肯给十五座城，那岂不是平白受秦国的欺骗？如果不把和氏璧送给秦王，又怕秦国兴兵问罪，赵国恐怕不容易抵挡。这真是一件左右为难的事。

大家商量很久还是得不到结论，最后一致认为最好派一个使者到秦国去交涉，希望能保住和氏璧却又不致让秦国有借口攻打赵国，可是这种弱国对强国的外交任务是极为艰难的，谁能担当这个任务呢？

正当群臣面面相对无计可施的时候，有一个叫缪（miào）贤的宦官站出来，推荐一个可以出使秦国的人选——蔺相如。

没有人听过蔺相如的名字，赵王也怀疑，一个默默无闻的人怎能担负起如此重大的任务？

“我相信蔺相如有能力完成任务。”缪贤说，“我把我自己的故事说给各位听。有一次，我犯了法，想逃到燕国去躲避，蔺相如问我怎么知道燕王会保护我？我说：‘有一次燕王和赵王相会，我在旁侍候，燕王在背着赵王的时候，握着我的手，要和我结交为朋友，所以，我认为燕王会庇护我。’

“蔺相如说：‘燕王之所以对你这样好，是因为赵强而燕弱，同时，你又是赵王相信的人，他和你结交，是想和赵国亲近。现在你犯了法逃到燕国去，燕王一定怕赵国向他要人，就会把你送回赵国来，他怎么会庇护

你？到那时你后悔都来不及了。所以，你不如坦白地向赵王认罪，也许赵王会原谅你的。'

"我听了蔺相如的话，就向大王认罪，果然大王赦免了我的罪。从我自己经历的这件事来看，蔺相如实在是一个智勇双全的人。"

赵王听了缪贤的话，便下令召见蔺相如。赵王告诉蔺相如秦国索取和氏璧的事，问蔺相如有什么计谋。

"秦强而赵弱，所以我们不能不答应。"蔺相如说。

"如果秦王得到和氏璧，却不肯给十五座城，那怎么办？"赵王问。

"秦王答应用城来换和氏璧，如果赵国不答应，是赵国理屈。赵国答应给和氏璧而秦国不给城，那便是秦国理屈。以两者衡量，宁可让秦国理屈。"蔺相如回答道。

"可是，谁能出使秦国呢？"赵王用期待的眼光看着蔺相如。

"如果大王没有适当的人可派，我愿意为国效劳。"蔺相如的口气缓慢而有自信，"如果秦国给城，我便把和氏璧给秦国，如果秦国不给城，我一定会把和氏璧完整地送归赵国。"

赵王高兴得站起来，握着蔺相如的手，诚恳地说道："这个重责大任就托付给你了，如果你能完成任务，我一定会重重谢你。"

于是，赵王正式任命蔺相如为赵国特使，带着和氏璧和几个随身侍从，出发到秦国去。

蔺相如完璧归赵

蔺相如带着和氏璧到了秦国，秦王十分高兴，在王宫里接见蔺相如。蔺相如捧着和氏璧，踏着稳健的步伐走进了王宫，知道自己正身处龙潭虎穴，必须谨慎而勇敢地面对这个危险的局面。

蔺相如终于走到秦王面前，很恭敬地双手奉上和氏璧。秦王接过这块美玉，高兴得大笑起来，把和氏璧给左右大臣和后宫美人传看，左右的人都高呼万岁。

蔺相如默默地观察秦王的举动，知道秦王只想霸占和氏璧，而没有割让十五城的诚意。于是，蔺相如走上前去，对秦王说："和氏璧有一点小小瑕疵，让我指给大王看。"

秦王不知道蔺相如的用意，以为和氏璧真的有瑕疵，便把璧交还给蔺相如。蔺相如拿着璧，靠着一根大柱子站立，愤怒地对秦王说："大王向赵国要求以十五座城换和氏璧，赵王和群臣商量，大家都说，秦国贪而无厌，不会让出十五座城，所以认为不能把璧给秦国。

"我却以为老百姓交往还讲究诚实不欺，何况秦是一个大国呢，而且因为一块和氏璧而损害秦赵的友好关系，那是不合算的。赵王同意了我的看法，于是，斋戒五天，派我带和氏璧来献给秦国，表示对秦国的尊敬。

"现在，我来到秦国，大王对我很傲慢，又把璧传给美人，分明是戏弄我。我看大王没有诚意交换十五座城，所以我现在把和氏璧要回来，如果

完璧归赵，清吴历绘。图中右侧蔺相如靠近柱子，手里举着和氏璧；左侧秦王打开地图，向蔺相如指示用来换璧的十五座城池。

大王逼我，我就把和氏璧撞碎，我也会撞这柱子而死。”

蔺相如说着，就拿起和氏璧靠近柱子，作出要把和氏璧撞向柱子的样子。秦王怕蔺相如真的把璧给打碎，立刻劝蔺相如不必如此，而且立刻召集主管地图的官员来，在地图上指了十五座城，答应让给赵国。

蔺相如知道秦王只是在虚情假意，等拿到了和氏璧以后，一定不会把城让给赵国。于是，蔺相如提出一个条件，要求秦王和赵王一样，也斋戒五天，然后召集群臣观礼，接受和氏璧，以表示郑重。

秦王眼见蔺相如态度坚决，如果强夺，蔺相如一定会把和氏璧打破，秦王想蔺相如既已在秦国，便不怕他逃掉，于是，答应斋戒五天。

蔺相如被安置在一个叫“广成传舍”的招待所里住宿，蔺相如预料秦王绝无割让城邑的诚意，便嘱咐跟他一同来秦国的同伴，改扮成为老百姓，带着和氏璧，偷偷走小路逃回赵国，把和氏璧归还赵王。

到了第六天，秦王宫中热闹非凡，乐队不断地演奏，群臣奉召一早就集合在大殿外，还有各国到秦国来的使者，也接到通知一起入宫，大家参加赵国把和氏璧赠送给秦国的典礼，同时也想看一看稀世珍宝和氏璧究竟是怎样的宝贝。

穿过群臣和各国使者的行列，蔺相如步入秦王的大殿，对秦王行了礼，然后朗声说道：“秦国向来不重信用，我恐怕被大王欺骗而对不起赵国，所以已经命人将和氏璧送回赵国了。秦国是强国，大王只要派一个使者到赵国，赵国立刻就会把璧送来。现在，只要秦国先割十五座城给赵国，赵国岂敢不送和氏璧来？我知道我的行为有欺骗大王的罪嫌，如果大王要处我死罪，我也愿意接受，请大王仔细考虑一下，再作决定吧！”

蔺相如的话让秦王宫廷中所有的人都呆住了。秦国君臣没有料到蔺相如有这一步棋，一时竟不知所措。

秦王招一招手，把几个大臣召到身边，低声商量如何应付蔺相如所下的怪棋。

“我原想从蔺相如手里把和氏璧先骗来，再用别的理由不肯交出那十五座城，没想到蔺相如竟把璧送回赵国，这个人胆子真大，命都不要了。”秦王摇着头说。

“不如杀了蔺相如，指责赵国无礼失信，然后，我们出兵攻打赵国。”有位大臣说。

“不太好吧！”另一位大臣表示反对，“蔺相如没有说不把和氏璧给我们，他只是提出条件要我们先给十五座城，赵国一定给和氏璧。”

其他的大臣有人主张用强硬手段对付赵国，有人主张别把事情闹大。最后，秦王得出结论：“如今如果杀了蔺相如，也得不到和氏璧，反而伤了秦赵两国的友好关系，我原本就无意割让十五座城给赵国，纵然没有得到和氏璧，我们秦国也没什么损失。我看，放了蔺相如算了。”

秦王回到王座，下令召见蔺相如，用温和的语气对蔺相如说：“你的行为的确很让我生气，我本来可以杀了你，但也于事无补，我想了很久，我觉得你这个人颇有机智，又有勇气，是个人才，我也不为难你，你回赵国去吧!”

蔺相如恭恭敬敬向秦王行了礼，很诚挚地说：“万分感谢大王的恩惠，我知道大王是明理的人，所以才敢作出冒险的举动。我相信以大王的睿智，一定能使秦赵两国维持友好的关系。”

蔺相如终于平安地回到赵国，和氏璧仍旧保存在赵国，历史上把这件事称为“完璧归赵”。

廉颇负荆请罪

蔺相如从秦国回到赵国，赵王欣喜万分。由于蔺相如的机智和勇敢，使赵国没有丢掉和氏璧，也没有受到屈辱，更没有引起秦赵两国的战争，所以赵王对蔺相如给予极高的奖励，封蔺相如为上大夫。

赵惠文王二十年（前 279 年），秦王约赵王在叫渑池的地方相会，表示两国和好。对这个约会，赵王心里有些害怕，不知道秦王会玩什么把戏，所以不想赴约。

但是，赵国的名将廉颇和蔺相如都主张要去，否则便是示弱。于是，君臣们商量妥当，由蔺相如陪同赵王赴约，廉颇则调重兵驻守赵国边境，并且约定如果赵王三十天还没回国，廉颇就在国内拥立太子为王，以免秦国挟持赵王，向赵国勒索。

渑池之会，秦国倚仗着强大的兵力，对赵王十分轻视。酒至半酣（hān），秦王忽然请赵王鼓瑟。瑟是一种乐器，赵王不敢得罪秦王，只好鼓瑟。

当时站在旁边的秦国史官便写道："某年某月某日，秦王命令赵王鼓瑟。"这条记录分明是侮辱赵国。蔺相如立刻拿了一个盛酒的瓦盆，走到秦王面前，对秦王说："赵王听说秦王也懂音乐，现在就奉上一个瓦盆。请秦王敲击，以为娱乐。"

秦王看到蔺相如的举动，大为生气，当然不肯敲击。蔺相如手捧瓦盆，跪在秦王面前，严肃地说："五步之内，我蔺相如愿意以头颈上的血溅到大王身上。”

蔺相如的话，充满了威胁，很明显地，如果秦王不肯敲击瓦盆，蔺相如就要行刺秦王，和秦王同归于尽。秦王的左右拔出刀来，蔺相如用愤怒的眼神扫射过去，秦王的左右吓得不敢动。

秦王眼见情势不妙，蔺相如距离自己太近，如果动起手来，左右的人恐怕来不及救援，自己非死即伤，于是，只得勉强对瓦盆敲击一下。

蔺相如马上召来赵国的史官，叫史官写下来：“某年某月某日，秦王为赵王击瓦盆。”这算是对秦国的回敬。

渑池之会，秦赵两国针锋相对，由于蔺相如的机智勇敢，秦国一点便宜也没占到。秦国又想以武力劫持赵王，却怕廉颇屯集在边境上的精兵，最后只好作罢，放赵王回去。

赵王对蔺相如的表现万分激赏，回国以后，论功行赏，封蔺相如为上卿，也就是宰相，蔺相如成为群臣中官位最高的人。

廉颇是赵国的名将，战功彪炳，他十分不服气蔺相如竟然官位比他高，于是对朋友们说：“我有战场上的大功，而蔺相如不过有口舌之劳，他凭什么官位比我高？我不愿意居他之下，我如果见到蔺相如，非羞辱他不可。”

蔺相如听到廉颇对他不满意的消息，便设法躲避，不肯和廉颇见面。上朝的时候，如果廉颇来了，蔺相如就请病假。

有一次，蔺相如坐车上街，远远望见廉颇迎面而来，立刻命令车夫把马车驶入另一条街，躲避起来。蔺相如的随从人员看到这种情形，心里大不为然，就向蔺相如说：“我们跟随你，是佩服你的勇敢。现在你的地位和廉颇相等，你却那么害怕廉颇，见了廉颇竟要躲起来，连平常的人这样做都会觉得没有面子，何况你身为宰相啊！我们实在看不惯，感觉到真是丢脸，我们不想再跟随你了！”

“慢着！”蔺相如举手阻止那些准备离去的部下，“你们看廉将军和秦王哪一个比较厉害？”

“当然是秦王比较厉害。”部下们异口同声地说。

廉颇负荆请罪，选自《马骀画宝》。

蔺相如点点头，用爽朗而坚定的语调说："以秦王那么大的威势，我蔺相如竟敢在宫殿上指责他，而且没有把秦国的群臣放在眼里。我虽然笨，但怎会单单只害怕廉将军呢？我只是想到，强大的秦国为什么最近不敢来侵犯赵国？那是因为害怕廉将军和我两个人。如果我和廉将军互斗起来，造成两败俱伤，甚至两个人都死了，这正是秦国求之不得的事。我要躲廉将军不是怕廉将军，而是怕万一和廉将军冲突起来，对国家不利。我觉得一切事情要先以国家为重，私人的怨恨要放在后面慢慢解决啊！"

"先公而后私，多伟大的胸襟啊，请原谅我们的无知吧！"随从的人都跪在蔺相如的脚下，他们现在才真正了解，蔺相如是一个多么令人敬佩的大丈夫。

蔺相如的话很快传到廉颇的耳朵里，廉颇深受感动，立刻跑到蔺相如的家里，肉袒负荆（肉袒就是把衣服脱下，露出肌肤；负是背的意思；荆是一种灌木，可以削来做成鞭子打人。肉袒负荆就是裸露上身，背上背着一根鞭子）向蔺相如请罪。

"我是一个鄙贱的人，不知道你是如此宽大，请原谅我吧！"廉颇在蔺相如面前跪下来。

"请起，请起！"蔺相如连忙扶起了廉颇，"只有我们内部团结，敌人才不敢前来侵犯，如果我们内部相争，秦国很容易就会消灭掉我们。"

"是的，我们要团结，为了国家而团结！"廉颇紧紧地握住蔺相如的双手。

这两个赵国的将相从此结为生死之交，是赵国之幸。同时，廉颇的"负荆请罪"也成为一段历史佳话。

养士装狗救了孟尝君

战国时代养士风气盛行，王公贵族和当权大臣都争着养士。这些士，有些是文人，也有江湖客，三教九流，各色人物都有。有的贵族门下养了几千名食客，供吃供穿供住。他们养这么多士是有用处的。

孟尝君名叫田文，他父亲田婴是齐国的贵族，曾经担任宰相。田文是五月初五出生的，根据迷信，这天生的小孩长大了会克父母，田婴主张杀掉，可是田文的母亲舍不得，偷偷把他抚养长大。到了五岁时，田婴有天发现自己的儿子没死，大发脾气。

田文毫不畏惧，仰着小脸问田婴："父亲，你为什么讨厌我？"田婴说："五月五日不吉利，这天生的儿子长大后，会长得和大门一样高，会克父母。"田文说："咦，把门加高不就行了？"他父亲被这句话问住了，心中对田文的聪慧非常赞赏，当然也就不再杀儿子了。

等到田文十几岁时，擅长交际应酬，宾客们都喜欢和他亲近，连外国使者到了齐国也纷纷要求见田文。他父亲死后，田文就继承爵位号为孟尝君。

孟尝君这个人最好交朋友，他继位后大兴土木盖馆舍，招待天下宾客。凡是到他那儿的，不管有没有才干统统收留。若是某人惹了麻烦找孟尝君帮忙，他也从来不会拒绝。

孟尝君虽然地位高，但他的生活和宾客完全一样。有一次，他和宾客们一块儿用晚餐，有人用手遮住了他面前的烛光。有个客人说，“啊，一定是孟尝君的碗里有好菜怕咱们看见”，当场摔了筷子就走。孟尝君知道原因后，赶快捧着菜去让他看，果然菜是一样的。那个客人羞得面红耳赤，拿出佩刀就自杀了。孟尝君亲自为他办丧事，而且哭得泪如雨下，其他宾客看了深受感动。以后去投奔孟尝君的人愈来愈多，每次开饭常有三千人用餐。别的国家听说齐国有如此贤人，对齐国也敬畏三分。

秦王特别派人去见齐王，表示想见孟尝君的庐山真面目。秦国是虎狼之国，齐王不敢得罪，于是孟尝君便率领一千多名宾客到了秦都。

秦王看到他，高兴得走下台阶拉着他的手问好，孟尝君立刻献上厚礼——一件白狐裘，毛有二寸长，又细又软，像雪一般耀眼，价值连城，天下无双。秦王高兴得马上穿起来，跑到后宫向宠妃燕姬夸耀。

狐裘，选自《三才图会》。

燕姬一撇嘴一扭腰：“这种皮袍多的是，有什么神气？”

秦王摸着衣裘叫道：“狐狸要长到几千岁，毛的颜色才会变白，这件皮袍，是用狐狸腋下一片小毛连成的，你看要多少老狐狸的毛？还说不名贵！”接着，他小心翼翼脱下收起来。

秦王很欣赏孟尝君，想请他当秦宰相。秦国宰相吓得托人去告诉秦王：“当心孟尝君当了宰相后出卖秦国。”

秦王说：“那么让他回去吧。”手下人却说：“不行，他和他的一千多名客人在这儿住了一个多月，把秦国摸得一清二楚，如果放他回国太危险，不如杀了以去后患。”秦王一时还下不了决心。

孟尝君得到消息，不知怎么办才好。秦王的弟弟与他私交不错，建议道：“我哥哥最听燕姬的话，你不如找她说说看。”孟尝君马上带着白璧去求见，没想到燕姬说：“白璧不稀罕，我喜欢白裘，你送我一件吧。”

可是，唯一的一件白裘已送给秦王了，怎么办呢？孟尝君焦急地踱来踱去，这时有个宾客站出来说：“我有办法，我会学狗叫，可以混进宫，把白裘偷来。”孟尝君回头一看，原来是个以前当小偷的，他高兴地说：“真是天不绝我。”

到了晚上，那宾客披了一件狗皮，偷偷爬进宝库，“汪汪”地叫着，守卫们毫不理会。等到守门的睡了，这妙贼就用钥匙打开柜子，偷到白狐袍。孟尝君立刻将它又送给燕姬，燕姬十分开心，便劝秦王：“孟尝君到我国来友好访问，你竟然要砍人家的脑袋，以后有才能的人谁敢来秦国？”秦王想想有理，下令发还孟尝君的马车，放他回国。

冯驩替主人买得仁义

孟尝君带领许多宾客到秦国访问，送给秦王一件珍贵的白裘。秦王听了宰相的话，觉得留着孟尝君对秦国不利，准备杀了他。孟尝君向秦王宠妃燕姬求情，燕姬要求以白裘为代价。孟尝君的宾客把送秦王的白裘偷回转送燕姬，如此秦王才放了孟尝君。

话说孟尝君等一行连夜赶到函谷关，这是离开秦国的关口，出了关，秦国就没法管了，可是，函谷关规定，天亮开门，天黑关门，孟尝君等人来到函谷关时，天还未亮，城门尚未开。他正怕秦王忽然反悔派兵追来，不知如何是好时，忽然间，“喔！喔！喔！”，公鸡叫了。原来又是孟尝君的宾客搞鬼，用口技装鸡叫；别的鸡以为天亮了，也跟着啼叫不已。守门的士兵急忙揉着眼睛来开城门，孟尝君乘机溜出城。靠着这些“鸡鸣狗盗”的宾客，孟尝君总算逃出了魔掌。

秦国宰相听说秦王放走了孟尝君，大惊失色道：“大王啊，你就是不杀孟尝君，也该留着做人质，怎么可以让他走呢?”于是秦王马上派兵去追，早就追不上了。正在这时，又看到燕姬披着白裘走过来，秦王立刻明白怎么回事，不由得长叹一声：“孟尝君有鬼神难测的天机，果然是天下贤士啊!”

因此，孟尝君的名声更响亮了。他经过赵国时，赵国人纷纷跑出来瞻仰他的风采。一看之下，一些人大失所望笑道：“原以为他是个魁梧的伟丈夫，没想到又小又矮，真不像样。”到了当天晚上，所有嘲笑孟尝君的人的脑袋都搬了家，人们知道准是孟尝君宾客干的事，就都不敢吭声了。

孟尝君回到齐国，齐王对他更加重用，来投奔他的宾客愈来愈多。他把宾客的待遇分为上中下三等。一天，有个穿得破破烂烂的彪形大汉来见，说自己叫冯驩（huān），是齐国人。他说：“听说你喜欢宾客，不论贵贱都收，所以我就来啦。”孟尝君便打发他住在下舍。过了几天，孟尝君问下舍长（管理下舍的人）：“新来的宾客平常做些什么？”舍长说：“那位冯先生很穷，只有一把长剑。每次吃完饭便舞着剑唱：

冯驩弹剑客孟尝。选自《东周列国志》。

‘长剑啊，我们回去吧！这儿没有鱼吃。’”孟尝君笑道：“这是嫌菜不好。”于是他把冯驩迁到中舍。过了五天，中舍长报告：“冯驩仍舞剑唱歌，只是歌词改为‘长剑啊，我们回去吧！这儿没车。’”孟尝君立刻把冯驩搬到上舍，冯驩每天乘车日出夜归，又唱：“长剑啊，我们回去吧！这儿无以为家。”孟尝君皱眉说：“真是贪得无厌。”但他还是派人伺候冯驩，从此冯驩不再唱了。

过了一年多，管家的来报告：“钱和粮食只够一个月用了。”原来孟尝君是靠收薛城的租税和利息来养宾客的。孟尝君一查借据，发现欠他钱的人很多，就问左右：“有谁能替我收薛城的债？”下舍长说：“那位冯先生没有什么长处，人倒还忠厚老实。”于是，孟尝君征询冯驩的意见，冯驩果然满口应诺。

薛城一万多家几乎都借了孟尝君的钱，听说孟尝君派人来收利息，去缴钱的很多，共有十万息钱。冯驩用这笔钱买进大量牛肉、美酒，贴出告示："凡欠利息的，无论能否偿还，请明天来核对借据。"

因为有酒有肉，第二天，欠债的大都赶来了。冯驩让他们大吃大喝，自己在一旁观察，看看是不是真的穷苦。吃完后借据逐一核对，生活还过得去的，便约定写明偿还日期；真正贫困的都跪在地上恳求宽限几天。冯驩一言不发，把一叠穷人的借据统统用火烧光了，并说："孟尝君借钱给你们不是为求利，是担心你们不能过日子。可是他养了几千宾客，收入不够开支，你们还得起的，请一定在约定日期还来，实在还不起的也就算了。"百姓都磕头欢呼："孟尝君真是我们的再生父母。"

早有人把冯驩"发神经"的事飞快禀告孟尝君了，孟尝君气得半死，派人催冯驩回去。冯驩空着双手笑嘻嘻进来，孟尝君故意说："你辛苦了，账都收来了吧？"冯驩说："不但收了账，还收了人心！"孟尝君立刻脸色大变，冯驩赶忙解释："我不请酒肉，欠债的根本不会来，能还的已定下还钱日期；还不起的，把他们逼急了只有逃亡；薛城是封给你的，他们不安居，你如何能安心？我帮你赢得仁义之名还不好吗？"孟尝君心中大不为然，但借据被烧掉了，也只好无可奈何地苦笑谢谢冯驩。

因为孟尝君离开秦国，秦王很不开心，就散布谣言说："天下只知孟尝君，不知齐王。"齐王中了计，罢孟尝君相位，贬归薛城。孟尝君的宾客见他不得志，统统走光了，只有冯驩不忍离去，并为他驾车。还没走到薛城，薛城的百姓便扶老携幼争着献酒献肉。孟尝君叹道："这都是冯先生为我收得的效果。"冯驩说："还不止此呢，你借我一辆车更有得瞧！"

冯驩拿到了车，先去见秦王，建议秦王用孟尝君，然后又去见齐王，警告他："倘不用孟尝君，就要被敌国抢走了。"齐王起初不信，派人到边境一看，果然秦国派了十辆马车，载着百镒（yì）黄金来了，赶忙恢复孟尝君相位，再加封食邑千户，当然散去的食客又一个个奔回了。

战国时代养士风气盛行，是因为能提高自己及国家的威望，有时所养的宾客确能尽忠效命。可惜他们多半过分看重财利，未必是道义之交。像冯驩这种人并不多。

信陵君救赵

战国时代有四大公子：齐国的孟尝君、魏国的信陵君、楚国的春申君及赵国的平原君。他们都是以养士而著名的人物。上次我们介绍了孟尝君，现在再讲一个信陵君的故事。

信陵君是魏昭王的小儿子，名叫无忌，对人有礼貌，又非常谦虚，最喜欢交朋友。他和孟尝君差不多，也养了三千食客。

魏国有个叫侯嬴（yíng）的老人，七十多岁了，仍在做守门的小官。他学问道德都很好，人们尊称他为侯生。无忌亲自驾车去拜见他，还带了四百八十金作见面礼。没想到侯生把钱统统退还道："我从来不平白无故拿别人的钱，对你也不能例外。"无忌很失望，不敢勉强，心中对他却更钦佩。

有一天，无忌请客，魏国所有的贵族大官都到齐了。大家坐定后，只留下左边的首席是空的，公子无忌亲自驾车去迎这位贵客——侯生。侯生也不客气，大摇大摆坐上车，而且对驾车的人说："等一下，我要先绕道去看个老朋友。"

到了一家肉店门口，侯生便下车去找屠夫朱亥聊天，两个人站在肉案子前谈得很起劲。侯生还不时斜眼偷看无忌，看看他是否有不耐烦的表情。无忌脸色倒很平和。无忌手下的几十个人见侯生唠叨个没完，讨厌极了，有的甚且偷偷咒骂他。

信陵君驾车请侯嬴赴宴，清吴历绘。

等到侯生谈够了，已是下午时分。在无忌家等待吃中饭的客人，肚子都饿极了，以为一定是在等了不起的贵人。听说“回来了”，他们连忙都赶到门口去迎接，结果一看，竟然是个邋邋遢遢的糟老头，不禁愣住了！等到客人们知道侯生是个小小的守门官，心中很不以为然。侯生也不管这些，神气地坐在首席，大嚼大吃起来，并对无忌说：“我不跟你客气，就是要大家因此更钦佩你。”客人们听了都掩着嘴暗笑。

席散后，侯生成为无忌的上客。侯生向无忌推介肉贩朱亥，无忌就常常去肉铺看朱亥。朱亥从不回拜，无忌也不怪他。

无忌的姊姊嫁给赵国的平原君，刚好魏王又任命无忌当宰相，因此魏赵两国关系很好。有一年，秦王出兵打赵国，魏王派大将晋鄙去救赵国，秦王马上威胁魏王：“谁敢救赵，我就先攻打谁。”吓得魏王叫晋鄙不要出兵，驻扎在邺下。

无忌急得要命，轮流派会说话的宾客去劝魏王出兵，魏王总是不答应。最后，无忌决定率领一千多宾客去对抗秦军，为平原君牺牲。经过城门时，侯生只淡淡地对无忌说：“公子多保重，我年纪大了，无法跟你去，别见怪！”无忌很难过地走了十几里，心中嘀咕着：“我对侯生不错呀，这次显然是一去不回了，侯生竟然不劝阻我，也不出计谋，真是十分奇怪。”于是，就让大家暂等一会儿，他独自回去找侯生，宾客们都说：“这种半死老翁，你找他有何用？”

侯生站在城门口，看到无忌的车骑笑道：“我早猜到你一定会回来。”无忌问：“为什么？”侯生说：“你待我很不错，现在你去冒险，我居然不送你，你一定恨我，所以我晓得你会回来。”无忌不好意思地笑笑：“我怕有什么地方对不起你，特地回来问问。”

侯生说：“你养宾客几十年，没听说谁出过好主意。你去碰秦兵，有如用肥肉喂饿虎，有什么用？”接着，侯生便献上一条妙计：魏王的宠妃如姬的父亲被人害死，无忌的宾客帮她报了仇，因此她对无忌非常感激。现在晋鄙的兵符挂在魏王的卧房里，不如拜托如姬把兵符偷出来。无忌一听非常开心，马上照着去做。第二天，如姬就把兵符偷来，交给无忌，侯生又建议由大力士肉贩朱亥陪同一起前去，以备万一。然后侯生说：“按道理我当随行，可是老夫老了，让我的灵魂陪你去吧！”说罢自刎而死，无忌想阻止也来不及，

如姬偷出兵符，信陵君的手下在门外等候，选自明刊本《新镌绣像列国志》。

只能悲痛地对侯生的尸体下拜。

无忌赶到邺下，见了晋鄙说：“国君怕你太累，叫我来代替你。”然后无忌掏出兵符给他看。晋鄙觉得很奇怪，心想，“我又没犯错啊！”，口上说：“实不瞒你，这是军机大事，我还要奏请王上问个清楚。”话没说完，杀猪的朱亥大喝一声：“你不听从王命，想造反吗？”朱亥抡出袖中四十斤重的铁锤，对着晋鄙的头便是一击。晋鄙脑浆迸溢，当场气绝。

晋鄙的手下都看呆了，谁也不敢吭声儿，乖乖接受无忌指挥。无忌一鼓作气，率领宾客打前锋，魏国大军殿后，向秦军进攻。秦军没有想到魏兵会突然来进攻，惊惶失措，吃了一次败仗，赵国的危机也随之解除了。无忌便靠着宾客的帮忙，漂亮地打了一场大胜仗。

苏秦做了六国宰相

战国时代七雄（七个强国，齐、楚、燕、赵、韩、魏、秦）并起，到了后来秦国最为强大，尤其秦国打败魏国后，就像是猛虎出了兽笼。于是，苏秦提倡“合纵”政策，就是联合其他六国来共同抵抗秦国。

苏秦是洛阳（在今河南省西部）人，他和张仪曾一同拜鬼谷子为老师，学成以后下山回家。在家里待了几天后，苏秦想到各国去活动一下，谋个一官半职，于是请求父母变卖家财充当路费。他母亲、嫂子、妻子都不赞成，反复劝他：“你种田或是做生意赚钱都可以，却想凭着一张嘴巴求取富贵，这不是开玩笑吗？将来连饭都会没得吃！”

他两个弟弟也劝他：“你还不如求周天子，在本乡也可以出名，为什么要到外国去呢？”原来洛阳是周天子直接管辖的地区。苏秦遭到全家反对，只好去见周天子。周天子的手下知道苏秦家里穷，认为他不会有什么本领，没有人肯在周天子面前推荐他。结果苏秦在宾馆里待了一年，连周天子的宫门都从未踏进一步，气得他回家卖了家产，换了两千四百金，做了一件昂贵的黑貂皮大衣，买了豪华的马车，雇了几个佣人，然后，周游列国，考察山川地形、人物风土。旅行了几年，却没有一个君主肯用他。

这时商鞅在秦国变法，很得秦王重用，苏秦准备也到秦国求发展，没想到等他到了秦国，商鞅已死。新即位的秦惠文王最讨厌献计的谋士，不愿意接见苏秦。可怜的苏秦钱用光了，黑貂皮大衣穿破了，折腾几年仍旧是个无业游民，只有把车马卖掉作为路费，一个人扛着行李颠颠簸簸地走回家，面容憔悴、乌黑，看起来像个病人。

苏秦回到家，他妻子正在织布，见苏秦回来，连眼皮都懒得抬起来；他的父母绷着脸不理他。苏秦饿得受不住，请嫂嫂做点吃的东西，他嫂嫂一翻白眼喝道："家里没柴啦。"苏秦难过得眼泪直流，现在他知道没有真才实学，光凭口才好是没有用的，从此痛下苦功求学问。

苏秦从外面失意归来，妻子仍然织布。明谢时臣绘。

读书本来是一件苦事，苏秦发愤读书，怕自己偷懒贪睡，想了一个法子。他一瞌睡，就用尖尖的锥子猛刺自己的大腿，鲜血直流，痛得睡不着，只有继续苦读。同时，他仔细研究天下大势，对列国局势有了深切的了解。如此过了一年，然后他向弟弟借了路费，告别家人，又上路了。

此时战国七雄之中，仍以秦国最强大。但是上回苏秦已在秦国碰了壁，不敢再去冒险。于是他日夜苦思，想出一个伟大计划——"合纵"。那就是联合韩、赵、魏、楚、燕、齐六个国家同一阵线对付秦国，孤立秦国。可是六国之间，仍然明争暗斗，彼此不合，亏得苏秦凭着三寸不烂之舌到各国去游说，才使合纵计划能够完成，而且这其中有部分

六国封相。清代年画。

是靠了他利用老同学张仪的关系。其中有段有趣的故事在这儿先卖个关子，大家看了张仪的故事就明白了。

六国联合的阵线结成了，六国同时请苏秦当宰相，苏秦佩六国的相印，可够神气了。他的车队走在路上，前前后后有二十里长，各国的官员远远望着车子扬起的尘土下拜。以前不屑见苏秦的周天子，现在听说他要回洛阳，居然先派人清扫道路，在郊外为他搭了帐篷，里面摆满了好吃的大菜供他享用。

苏秦的老母亲扶着拐杖站在路旁观看，嘴里赞个不停；他的两个弟弟、妻子及嫂嫂跪在道路旁迎接，头不敢抬，眼睛也不敢向上望。苏秦在车里斜着眼对他嫂嫂说：“咦，你以前不是不肯做饭给我吃吗？现在又何必这么客气？”苏秦的嫂嫂说：“你现在有钱又有势，和从前不一样了。”

苏秦叹了一口气，把家里的人接上车，共享荣华富贵。像苏家这般实在太势利了，不值得效法。但也要记着：人要有本事，才抬得起头！

张仪的舌头

上篇故事中，说到苏秦当了六国宰相用“合纵”政策对抗秦国的故事。我们再看看秦国方面的主要人物——张仪的故事，而且跟苏秦还有很微妙的关系哩。

张仪是魏国人，和苏秦一同拜在鬼谷子门下学外交。学成以后，本来想在魏国找事做，可是因为家里穷，没有办法用红包买通魏王的手下，因此见不到魏王，只好到楚国，在宰相昭阳家中当门客。

昭阳带军攻打魏国，连下七城。楚王很高兴，就把最宝贵的和氏璧（一块无瑕疵的玉）赏给他，昭阳也觉得非常光荣。因为担心被人偷走，他时时刻刻把它揣在怀中，常常摸一摸，看一看，爱得不得了。

有一天，昭阳带着一百多个宾客到赤山去玩。那儿风景美丽极了，尤其是赤山下的深潭，相传姜子牙曾在此钓鱼，更增加了它的传奇性。大家饮酒作乐，喝得醉醺醺时，几个客人一起央求昭阳把和氏璧拿出来，让大伙也开开眼界。

昭阳答应了，很慎重、小心地把这无价之宝捧出来。哇！这和氏璧真是美极了。大家一个个传观，每个人都不停地点头，赞不绝口。正在此时，忽然有人叫：“潭中有大鱼跃起！”昭阳连忙跑过去依着栏杆观看，其他宾客也纷纷靠过来看。那大鱼跳起来有一丈多高，惊得许多小鱼也跟着跳跃不已。正看得起劲时，忽然雷声轰轰，似乎马上要下大雨了。昭阳便吩咐：

新石器时代玉璧。

“回去吧！”可是在这一阵混乱中和氏璧竟不见了。谁也记不得刚才传到哪个人手中。乱了一阵子仍找不到，昭阳十分愤怒，只好回府。

有一个手下人说：“张仪那个穷小子，品行向来不好，这玉璧一定是他偷的。”刚好昭阳心里也怀疑张仪，就叫人把张仪五花大绑，狠狠用竹子猛抽拷问，打得遍体鳞伤，奄奄一息。但是张仪确实没有偷，怎么交得出和氏璧呢？张仪当然抵死不肯承认。毒打一番后，昭阳便一脚把张仪踢出大门。

张仪一拐一拐地回到家，他妻子看见心疼死了，一面帮他敷伤，一面忍不住埋怨：“哎，要是你安分守己种田过日子，怎么会碰到这种倒霉事？”张仪张开大口，很紧张地问：“我舌头还在吗？”他妻子笑道：“还在。”张仪说：“舌头在，就是我的本钱，你等着看吧。”休息一段日子后，张仪就回魏国去了。

过了半年多，张仪听说老同学苏秦在赵国很得意，打算去拜访他。正准备出门，在门口遇到从赵国来的贾舍人，便再求证道：“苏秦真的当了赵国的宰相吗？”贾舍人说：“当然。”而且还邀张仪同往赵国。到了赵国边境，贾舍人说另有他事，两人便分手了。

第二天，张仪带了名帖去见苏秦，到了相府门口就被门房一口回绝，说是苏秦不见。第三天还是不见。到了第五天，名帖总算送进去了，相府的人却说宰相忙，改天再来吧。张仪气得要回魏国，但旅馆老板说：“你的名帖已给了宰相，万一有一天他来这儿要人怎么办？”硬不准张仪走。张仪又烦又闷，最后决定去向苏秦告别。这次，苏秦虽然没有接见，但告诉看门的：“叫他明日再来。”

张仪简直气坏了，但也无可奈何。为了追求富贵荣华，他也只好耐着性子等待。

苏秦和张仪斗法

魏国人张仪在楚国宰相昭阳门下为宾客，昭阳的宝贝和氏璧在传观的时候被人摸走了。因为张仪贫穷，昭阳便怀疑是他偷的，把他打得死去活来。张仪倒看得开，他认为“舌头还在，就有办法”。后来他听说老同学苏秦在赵国做到宰相，有意去赵国求发展，刚好碰到贾舍人，两人便一起到赵国去。没料到，到了赵国以后，他屡次求见苏秦，苏秦都不理睬，尽给他吃闭门羹。张仪正气得想回国时，苏秦却又说可以见他了。

隔日清晨，张仪便在相府门下守候，苏秦命人关紧大门，叫张仪自旁边小门钻入。他正要踏上台阶，卫兵又喊住他：“相国还在办公，你等一等。”张仪等了又等，快到中午才有人唤他进入。一进去，发现苏秦大模大样高坐上面也不起身相迎，很轻蔑地招呼着：“饿了吧，吃完饭再说好了！”说着，苏秦命人摆张桌子在厅堂下面。苏秦自己的饭桌上，山珍海味应有尽有，而张仪桌前的呢？一点肥肉，一盘青菜，一碗粗米饭罢了。张仪气得不想吃，可是肚子实在太饿了，只好低着头扒饭，一抬头，却看见苏秦给手下的剩菜比自己的丰盛得多，真是又羞又恼，勉强吃完了饭。这时苏秦才传言“请客上堂”。张仪一看，苏秦仍坐着不动，气得跳起来大骂：“混蛋苏秦，我以为你不忘老朋友，才来投靠你，你为何如此侮辱我？”

苏秦慢条斯理地说："你比我能干，一定会比我有办法，没想到你如此狼狈！万一我推荐你，你又不振作，我岂不倒霉？"张仪怒吼："噢？我非你推荐不可？"苏秦冷笑道："不然，你来找我干吗？"说完，他丢了一些金子给张仪打发他上路。张仪气得把金子用力摔在地上，气汹汹出了相府。回到旅店，却看到自己铺盖已被搬到外头。老板说："宰相一定请你搬到宾馆去了吧。"他既付不出房钱，又有口难言。

这时，贾舍人从远处走来问："看到相国了？"

张仪越发火冒三丈，大骂道："休提那无情无义的贼！"接着把经过叙说了一遍。贾舍人说："我替你付了房钱，送你回魏国吧。"张仪说："我没有脸回魏，七国中只有秦可对付赵，我想到秦去，只恨没路费。"贾舍人说："我正要去秦看朋友，咱们一起做个伴吧。"张仪感动得紧紧握着贾舍人的手："世界上有你这么好的人，苏秦听到了该羞得去自杀。"两人并八拜为交，结为兄弟。一路上，贾舍人为张仪买衣服、雇仆人，阔气得很，到了秦国，又拿出一大笔钱做红包，买通秦王手下为张仪铺路，使张仪有机会在秦王面前表现才能。

经过一席商谈，张仪马上被秦王请作顾问，这会儿张仪可扬眉吐气了。

此时，贾舍人急急求去，张仪真舍不得："以前我倒霉得要命，全是靠你帮忙，现在我出头了，正准备报答你，干吗非走不可呢？"贾舍人笑道："其实帮你忙的是苏秦。他派我假冒商人到魏国去接你，然后又故意待你不客气，刺激你投奔秦国向他报仇，并拿了一大笔钱，告诉我，随便你花多少都可以。你才华高，迟早会被秦王发现的。苏秦正用'合纵'抗秦，能破坏他计划的就只有你了。请你多帮他的忙。"

张仪感叹道："我这个老同学真有一手，请你代我向他道谢。请他放心，他在赵国一天，我绝不攻赵国。"

后来，苏秦联合齐、楚、燕、赵、韩、魏六国抵抗秦，秦王准备出兵打赵，破坏"合纵"。因有约在先，张仪便劝秦王："六国刚刚联在一起，我们一出兵打赵，其他五国一定合力攻我们。不如把公主嫁给燕国，和魏讲和，先实行分化，再各个击破，这样就能破坏他们的团结了。”这就是“连横”计划。

果然，魏国上当了。别的国家看见魏国和秦国联好，心中很气，开始自相残杀，姑息共同的敌人。“合纵”政策便无形中瓦解了，秦国也就轻轻松松地把六国一个个吃掉。

屈原·张仪·楚怀王

每年到了端午节，家家户户都要吃粽子，人人都晓得粽子是纪念屈原，也晓得屈原是因楚怀王的缘故去投汨罗江而死的。但是其中还牵涉到张仪，恐怕很少听说过吧。

屈原是个有学识、有操守、忠君爱国的贤臣，然而楚怀王是个愚蠢的君主，不能重用他。当时，齐楚联合对付秦，原是一条好计策，秦王很担心，不知怎么办。张仪对秦王说："我凭三寸不烂之舌，一定能使楚怀王断绝与齐国的关系。"秦王就派张仪去做破坏工作。

楚怀王久闻张仪大名，认为秦国派张仪出使楚国，他脸上很有光彩，因此亲自到郊外去迎接，很客气地请问张仪："有何见教？"

张仪就说了："现在天下只有齐、秦、楚三国最为强大，秦和齐联合，齐就强大；秦和楚相和，楚便兴盛。现在秦王愿意以秦女为楚妾，秦楚结为姻亲，而且答应把商鞅占领楚国的六百里地，归还给楚，你看如何？"

楚怀王乐得猛点头道："哎，不好意思，不好意思，秦王怎么对我这么好呢？"底下的群臣也都开心万分，这时有个大臣陈轸（zhěn）却站出来说："不可，不可，这件事该哀悼不该庆贺。"楚怀王瞪眼道："平白无故得六百里地还不高兴？"陈轸说："你以为张仪这个人可以相信吗？"

屈原在一旁已忍了很久，这时也开口了："张仪是个反复无常的小人，绝对不可听他的鬼话！"楚怀王认为屈原得罪张仪大为不该，忙向张仪赔罪，同时派人随同张仪前往秦国接收六百里地。

张仪带领了楚国使者到了秦国。快到秦国都城咸阳城时，他忽然假装酒醉，失足落到车下。左右把他扶起后，张仪唉声叹气：“糟了，我足胫（jìng）扭伤了，要赶快看医生。”于是他把楚国使者留在旅馆，自己回家养伤，一养就是三个月，不出门也不上朝。

楚国的使者等得不耐烦了，就上书秦王，请他赶快交出六百里土地。秦王回答：“既然张仪和楚王有约，我一定守约。只是现在张仪在养伤，我怕被楚王诈骗，还是等张仪上朝问清楚再谈吧！”

这时，屈原又劝楚怀王别上当了，但楚怀王不理，反以为秦王不明白自己与齐断交的决心，竟然派一个人去齐国，把齐王大大辱骂一番。

屈原，选自《历代名臣像解》。

齐王没头没脑受了侮辱，一怒之下，和楚国翻脸，反过来低声下气地同秦国结交。张仪一看齐、楚两国的关系，果然被他的诡计破坏了，病马上痊愈。张仪召见楚国使者说：“可赐你们六里地。”

明明讲好是六百里，怎么变成了六里？楚国使者当然抗议，然而张仪毫不理会，还装模作样地说：“楚王恐怕听错了吧，这些领土是好不容易才攻下的，哪里会随便送人？”楚怀王知道中计了，恼羞成怒，发兵攻秦，但楚军又打不赢，不得已只好跟秦议和。楚怀王的唯一要求是得到张仪，甚且愿意白白献上黔中这个地方。

秦王知道楚怀王想杀张仪泄恨，认为绝不可送张仪入虎口。没想到，张仪竟自告奋勇去楚国，他相信自己不会有危险。

张仪到了楚国，他买通奸臣靳尚帮忙说话，又跑到楚怀王宠姬郑袖面前说道："秦王不知楚怀王生我气，才派我出使楚国。现在听说楚怀王要杀我，秦王将还给楚失地，并派一个会唱歌的美人来赎我的罪。美人一到，你就得打入冷宫了！"

郑袖急死了，这时奸臣靳尚献上一计。郑袖哭哭啼啼地去见楚怀王，表示要离开他，因为如果楚国把张仪杀了，秦一定会来攻打楚，那她自己的命也不保了。靳尚又在旁添油加醋，劝楚怀王别轻易丢弃黔中这个地方。楚怀王被美人冲昏了头，竟然放张仪走了。

屈原当时不在国内，回国后听说了这一件荒唐事，乃上谏怀王："以前大王被张仪骗得团团转，这回张仪自投罗网，你不吃他的肉，反而听他一派胡言，准备事秦，将遭天下共愤。"楚怀王这时才醒过来，派人去追张仪，早就追不到了。

但是昏庸的楚怀王一会儿又上当了。秦王骗楚怀王说："秦国美女天下无双，请到秦国面谈。"好色的楚怀王一听就心动，起身到秦国去，屈原怎么劝都没有用，楚怀王后来果然就在秦国被害死。其子芈横继位，哪知竟然比怀王还要昏庸愚蠢。

屈原活在君王昏庸、小人当道的环境中，满腔爱国情思不能发挥，怎不伤心失望呢？悲愤之下，屈原投江而死。楚国百姓一向敬仰屈原是爱国的大忠臣，为了不让鱼吃他的尸体，特把米放在竹筒内丢在江内给鱼吃，后来演变成包粽子的风俗。这种对忠臣表达敬意的习俗，也就流传至今。

范雎“死”而复生

春秋以前，社会阶层划分得很严，平民没有接受教育的机会。到了战国时代，由于贵族没落，学术渐渐普及民间。从此以后，只要肯努力，一定能出头。范雎，就是从穷苦中熬出来的。

范雎是魏国人，学问很好，因为家中贫苦，没有人肯向魏王推荐，只好在中大夫须贾手下做事。由于范雎口才不错，所以须贾被派去齐国谈判的时候，便把范雎带在身边。

到了齐国，齐王想起以前燕国攻齐时，魏国曾帮助燕国，十分愤怒，不肯谈判。须贾愣在一旁，呆呆地不知怎么办。范雎一步向前，指正齐王，是齐先侵略燕国，魏国看不过去才仗义出兵的……齐王自知有愧，不断道歉，对范雎的勇敢，佩服不已。

齐王派了人偷偷去拉拢范雎道：“我们国君很欣赏你，想留你在这儿当顾问，请你千万别推辞！”范雎摇摇手说：“这不可以，一个人不忠心，还算个人吗？”齐王知道了，更加钦佩，送来十斤金子及大批酒肉，范雎怎样也不肯收，最后勉强把酒肉留下。

早有人在须贾面前打范雎的小报告，所以须贾连忙找他来问话。范雎告诉须贾经过情形，须贾冷笑道：“他干吗不送我礼物，偏偏一心一意讨好你？八成有问题！”回到魏国，须贾报告魏国宰相魏齐，魏齐立刻派人捉拿范雎，审问他：“说！你泄露了什么秘密？”范雎说：“没有。”魏齐不相信，命手下把范雎的牙齿打碎，肋骨折断，扔到厕所，叫大家在他身上大便、撒尿，说是处罚卖国贼。

到了晚上，范雎夜中痛醒，哀求守卫：“请你让我回去，死在家里。我会重重谢你！”那守卫看在钱的份上，跑去告诉魏齐：“范雎的尸首躺在厕所，又臭又不卫生，不如扔到野外喂鸟。”魏齐没有反对，于是那守卫便放了范雎，如此，范雎总算死里逃生，回到家里。但范雎又怕不安全，趁着夜晚，躲到一个结拜弟兄郑安平的家中。

第二天，魏齐打发手下去看尸体，手下人说：“卷尸体的草席丢在野外，八成被野狗吃了。”又见范雎家人在办丧事，哭得死去活来，这才放心。

范雎在郑安平家中疗伤，秦王正派人四处访贤。范雎伤已逐渐好转，改名为张禄，到了秦国后，他向秦王建议：“一个国家要和所有国家对抗太难了，离我们远的国家，不如先和他们和好；离我们近的，先去攻击，就像蚕吃桑叶一般，由里到外，一步步啃个精光。”这个狠毒的计策，就是秦国统一天下的法宝——远交近攻。秦王拍手赞妙，立刻派范雎当宰相。

因为魏国靠近秦国，秦王准备先伐魏。魏王听说秦国新宰相是魏国人，派须贾去说个人情。范雎知道了，打扮成一个下人的模样去见须贾。

范雎端坐在大堂上，须贾跪趴在台阶下，拜见范雎，选自明刊本《新镌绣像列国志》。

须贾一看之下，以为碰到鬼，吓得几乎昏倒。范雎解释："我被扔在郊外时，有个秦国商人路过救了我，我就到这儿当佣人，混口饭吃。"须贾看见范雎只穿了件破单衣，冷得发抖，外边正是大雪纷飞，就拿了件棉袍为他披上，接着说："我想见秦宰相张禄，可是没有门路。"

范雎就回答："我家主人常去见宰相的，这样吧，我去借主人的车子来，送你进去。"一会儿工夫后，须贾就坐上了范雎驾驶的马车。路上的行人不是恭敬地行礼，便是谦让地闪开。须贾很开心，认为太风光了。

到了宰相府，范雎说："我进去问问看能不能接见你。"须贾说："好，拜托，拜托。"没想到等了半天，不见范雎影子，忍不住向守门人打听"马夫"到哪里去了。守门的大叫道："你八成是疯子，刚才走进去的就是宰相。"须贾一听，眼前发黑，默默地脱下衣帽鞋袜，跪在门外，自称是罪人，要见宰相。

范雎威风八面地坐在堂上，怒声责问跪在下头的须贾："你犯了什么罪，自己知不知道？"须贾吓得屁滚尿流，不停地打自己耳光。范雎说："幸亏你今天在宾馆招待我吃饭，送我一件棉袍，可见你这奴才还有点良心。滚出去吧，饶你一命。"至于魏齐呢？听说范雎就是张禄后，十分后悔自己不分青红皂白，随便置人于死地。他知道范雎是不会饶过他的，于是便自杀了。

赵国重用赵括抗秦

距今二千二百多年，我国历史上的战国时代，真是名副其实的战争时代。不但经常打仗，而且战争规模之大、手段之狠，也是令人咋舌的。现在我们来讲个战国史上最惨烈的大战争——长平之战。

大家也许还记得，上一回《范雎“死”而复生》中，我们曾提到他主张秦国用“远交近攻”的方式，先结交好离自己远的国家，然后攻打近边的国家，像蚕食桑叶般一个个啃光。好了，现在秦王就照着这个计划，第一步先与远方的齐国修好，使他们不会干涉秦国的侵略，然后派大将军白起攻打韩国。

韩国哪里是秦军的敌手？三两下就竖了白旗。秦王很开心，派遣王龁（hé）去接收韩国的上党。上党的守将冯亭和将领们等商议：“与其降秦，不如降赵，那时秦王一怒，必定攻赵，那么韩赵两个便可联合抵御秦国。”果然，赵王听说不费寸兵斗粮，就可平白得到韩国的十七城，真是捡了大便宜，马上答应。

冯亭在上党坚守了两个月，赵国的援兵还未赶到，只好亲往求救。历史上鼎鼎大名的廉颇大将军奉赵王之命，率二十万大军浩浩荡荡翻山越岭而来。他一到，先勘察地形，决定在险要山头，列营筑垒，东西各数十，排列像天上的星状，并派先锋赵茄去打探秦兵消息。

赵茄带了五千兄弟出长平关，走了二十多里，远远看到秦将司马梗领

古代激烈的战争场面，东汉画像砖，河南新野县樊集出土。

兵迎面而来。赵茄看司马梗带的兵不多，便挥兵扑上前去。正在拼斗激烈，忽有大队秦兵前来增援，赵茄心慌手慢，便被司马梗一刀劈下马来。

廉颇接到报告后，立刻传令各垒用心把守，勿与秦战，并且命军士掘地数丈灌满了水，没有人晓得廉颇为何如此做。同时廉颇又传令："谁再擅自与秦交战，虽胜亦斩。"真是军令如山。

秦将王龁的兵不断前来挑战，赵军却相应不理，秦军气得大骂赵军："懦弱、胆小，有种就出来！"还是没人出来。秦军又攻不进坚强的堡垒，情急之下，想出一个方法：截断水源，使水不东流，想把赵军弄得没水喝。可是廉颇早就贮藏了大量的水，不理会这一套。

如此相持了四个月之久，范雎这个老狐狸就去见秦王道："廉颇将军很厉害，知道秦军很强，不轻易出战。他用坚壁政策，以逸待劳，这样耗下去不得了。"然后屏退左右，悄悄地贴着秦王耳朵道，"只有用反间计。"

于是秦王用重金贿赂赵王手下，到处放谣言说："秦兵只是怕赵括，廉颇老了，不中用啦，连战连败，几天之内就要投降。"赵王先前听说赵茄被杀，已派人去催廉颇出战，廉颇不肯，赵王早已怀疑他懦弱，又听到大家这么一传，更深信不疑，觉得廉颇真替赵国丢脸，决定用赵括代替。

赵王问赵括："你能为我击败秦军吗？"赵括一昂头一挑眉，自大地说："如果秦派白起，我还得想一想对付的方法，现在这么个王龁，算什么玩意嘛？他啊，欺负廉颇老弱才敢深入；碰到我……哼！"说着一拍胸脯，"定叫他有来无回！"

赵国重用赵括抗秦

赵括是赵国大将赵奢的儿子，是个公子哥儿型的人物，好战贪功，有夸大狂却没真本领。赵括的母亲很了解赵括的为人，上书报告赵王：“我儿子虽熟读他父亲的兵书，可惜只是个书呆子，不是大将之才，请王不要派他去。”赵王把赵母召去，赵母又说：“赵奢以军为家，不问家事，与士兵同甘苦，有事必与众人商量，得到赏赐与伙伴同分。赵括趾高气扬，骄傲又专横，小兵不敢仰着头看他；他得到王上所赐的金银，统统搬回家，做将军岂可如此？赵奢临终时，亲自交代我：‘我这个儿子若是为将，赵兵完矣！’知子莫若父，请王上三思。”赵母讲得十分恳切，可是赵王似乎并不重视，仍然任命赵括为大将。

长平之战大屠杀

赵王没有听信赵母的话，终于把廉颇换下，而以没有作战才能的赵括代替。

赵括率大军来到前线，首先把廉颇辛辛苦苦布置的星状小营全部集拢，然后宣布，今后赵军要改守势为攻势，要还点颜色给秦军瞧瞧。

秦国方面却悄悄地把最佳将领白起任为大将，原来的王龁为副将，通令全军："有泄露武安君为大将的消息者斩！"武安君是白起的封号。哪一个士兵敢透露一点儿风声，脑袋非搬家不可。秦国本来是个严刑峻法的国家，士兵当然晓得这道军令的厉害。

白起先派了少数部队去向赵括军队挑战，打了一两回合就假装兵败，拔腿开溜。赵括胜了第一阵哪肯罢休，大喊："追啊！"于是他派了一队赵军前去。到了秦军壁垒之前，秦军阵地坚如铁石，他们只好留在原处。

此时，白起便按照原先计划，兵分两路：一路秦军（五千骑兵）突击割断了攻秦赵军和赵括本军的通路；二路秦军（二万五千人）则绕道攻击赵军后方的粮道并占领了这地区，使赵军不能退后。于是，赵军前后不相连，后方无退路，等于腹背受敌。

赵括这时才听说是大将白起在秦军中指挥，吓得屁滚尿流，不敢再嚷着要进攻，只好不吭声地在原地筑垒固守，也不想办法解决问题。于是双方就只能按照当时形势彼此耗着。秦王知道这样相互包围，是一场马拉松

秦赵长平之战。佚名绘。

式的耐力战，所以亲至河内，不但调出所有壮丁，凡年满十五岁的大男孩也一起调到前线，把秦国的包围圈一层一层加多。

攻秦赵军在临时营垒中困守了四十六天，既无援军又无粮食，到了后来陷入人吃人的悲惨状况，非突围不可，否则活活饿死。这时，他们如果向后突击，猛攻一路秦军，和赵括本军取得联络，或许还有一线希望；然而，秦军十分强大，当初一鼓作气时尚且攻它不下，如今饿得半死时再攻秦军，怎可能胜利？难怪连攻四次都败下阵来。

赵括本军这时倘若向后攻二路秦军，取得粮食，即使牺牲攻秦赵军，也算是破釜沉舟，能取得一线生机。尤其当初秦军二路在增援到达前只有二万五千人，凭赵军四十万人的部队该打得过。但赵括吓傻了，乱了方寸，坐失良机，真是可惜。

好了，现在攻秦赵军四次吃败仗，第五次攻本垒时，赵括率大军准备攻秦一路，和攻秦赵军前后夹击。他精选五千士卒，穿上重甲，骑着骏马，夺路杀出，没想到一个不小心，马失前蹄，当场中箭而死。主帅阵亡，四十万赵国大军便只有投降秦国。

因为秦国倡“首功”制，杀敌杀得愈多，功劳愈大。当天夜晚白起下了一道命令：“所有秦军，明天都用白布裹头。”第二天清晨，投降的赵兵没料到会有此一招，手上又没武器，秦军见到没有白布包头的捉住就砍。

四十万大军一天之内杀光，鲜血汇成河川，而且血流淙淙有声，真是恐怖极了，残忍透顶。

秦军大胜，白起功劳最大，但也因此遭范睢嫉妒。范睢在秦王面前破坏白起名声，秦王误信谗言，决定杀了他；但念白起有功，只赐了一把剑，要他自杀。白起临死前，不禁慨叹道："天啊，我有什么罪竟至于死？"后来他想起长平之战那四十万白骨又说："啊，我真该死，这是报应。"

商鞅自食恶果

战国时代七雄并起，最后由秦统一天下，到底秦为什么特别厉害？这不能不归功于商鞅。

商鞅是卫国人，姓公孙，名鞅。因为卫国太小太弱，没有办法发挥他的才能，刚好秦孝公即位以后，发愤图强，公孙鞅便投奔秦国。因为他确实有本事，一去就当了宰相。后来因有功被封于商，后人便叫他商鞅。

他有一套使国家富强的办法，在正式公布以前，怕人民不相信，就准备了三丈长的木头摆在南门，下了一道命令："有谁能把这根木头移到北门去，赏十金。"移一根木头是多么容易的事，竟然会有赏金。老百姓不晓得官府搞什么名堂，没有人敢动这根木头。

过了几天毫无动静，商鞅又把赏额加到五十金，大家觉得更奇怪了。这个时候有个年轻人忽然站出来道："管他的，我去试试看，就算没有五十金吧，也不能因此判我有罪啊。"于是他扛了木头就走，后头跟着一大堆看热闹的民众。

年轻人把木头搬到北门以后，商鞅亲自召见，夸奖道："你真是好国民，来，赏你五十金。"并且说，"我是顶有信用的。"等大家知道这个新宰相说到一定做到之后，新命令便颁布了。

大家一看新命令，吓得伸出舌头说不出话。例如耕田多的不必服劳役；偷懒的到官家去当佣人；杀一个敌人升一级，退一步的，立刻砍头；一家人犯错，其他九家如果不检举，一同受处罚；打仗有功的，可做官，坐漂亮车子；没功劳的就是有钱，也只能坐牛车、穿破衣。

新法令公布后，老百姓看了有的说好，有的说不方便。商鞅把他们统统关起来大骂：“你们只要遵守就行了，啰唆什么？是想阻止法令推行，还是想讨好官府？不如一起送到边境当兵算了。”从此，大家在街上遇到，只敢用眼睛问好，再没有人敢谈论是非。

商鞅认为咸阳披山带河，最适宜建都，偏偏太子驷不肯搬到咸阳。商鞅大发脾气：“太子也不可以不遵守法令啊。”由于不能处罚太子，商鞅就说：“这一定是太子的老师没把学生教好。”结果太子的两位老师，一个脸上被刺了字，另一个鼻子被割掉了。

现在大家都领教过商鞅的厉害了。所以，路上丢了东西，没有人敢把它拾起当成自己的，国内没有一个小偷；仓库中粮食堆积如山，人人愿为国家打仗。秦国因此变得有组织、有实力、富强壮大，没有一个国家比得上。

秦孝公去世后，太子即位。太子的两位老师，一个脸上有字，另一个没鼻子的，可逮着

城门立木。选自明刊本《新镌绣像列国志》。

报仇的机会了。他们一起怂恿道：“这家伙从不把你看在眼里，权力一天比一天大，总会造反的。”惠文王本来就恨商鞅，便决定干掉他。

商鞅听到这个消息，赶紧打扮成小兵模样逃走，走到函谷关时，天暗了，到旅舍投宿，老板说：“我们宰相公布的法令说，不许收留没有身份证的，谁敢违背，谁就丢脑袋！”商鞅叹口气道：“哎，没想到我制定的法律要害死我自己了。”他只好连夜混出关外，逃到魏国。魏王正气商鞅帮助秦国打败魏国，所以拒绝接纳他。

商鞅只好回到封邑，又带领邑兵去攻打郑县。秦惠文王知道了，发兵在郑地杀死商鞅，并将尸首带了回去，下令处以车裂的刑罚。商鞅的头、两只手、两只脚分别拴在五头牛的身上，五头牛往五个方向一跑，尸体就这样被拉成数段，情境十分凄惨可怖。但百姓因为恨透了商鞅，所以没人怜悯他的下场。

秦国如果没有商鞅变法，绝不可能如此富强。可是，他的手段过于残酷，所以不得民心，不得好死。

秦国的离间计

李斯是楚国人，到秦国去寻找做官的机会，不巧正遇上吕不韦自杀，秦王政下了一道命令，要把所有从外国来的宾客，全部逐出秦国。

李斯立刻写了一封信给秦王，这封信的大意是说，秦孝公用商鞅，惠文王用张仪，昭王用范雎，都使秦国强大起来。而商鞅、张仪、范雎都不是秦国人，都是外来的宾客，对秦国却有极大的功劳，外国的宾客有什么地方对不起秦国？如果秦国对许多有才能的人，因为他们不是秦国人而驱逐出去，这许多有才能的人投向别国，帮助别国对付秦国，这等于把自己的粮食和武器送给敌人，秦国必定完全陷于危险之中。

秦王政看了李斯的信，觉得李斯的话很有道理，于是，立刻取消了驱逐宾客的命令。

李斯在秦国任官以后，向秦王提出的第一个计策便是离间计。李斯建议：

秦国暗中派一大批间谍，渗透到东方六国的官府之中，先用金钱勾结各国有名的人物，希望他们不反对秦国。如果有不贪金钱不肯归顺秦国的人，就派刺客去暗杀他们。

如此一来，东方六国的忠臣渐渐被秦国消除了，剩下一些贪钱又怕死的臣子，又受到秦国的威胁利诱，不敢反对秦国，东方六国就一天一天衰弱下去。

赵国名将李牧，选自《马骀画宝》。

不久，有一个名叫尉缭的魏国人也向秦王政建议："以秦国强大的兵力，是不怕东方任何一个国家的。但是，却要防备东方六国联手，突然攻击秦国。

"如果秦国能用大量金钱，收买六国的大臣，使他们不能联合一致对付秦国，再使用离间计，使他们大臣自相残杀。秦国只要花三十万金，六国就会自己衰败了。"

秦王政对李斯、尉缭的计策都很赞同，于是，离间计便实行了。其中，最成功的一次，该算是对赵国的离间计。

原来，秦王政十三年（前 234 年），秦王派桓齮（yǐ）领兵攻击赵国的平阳，大破赵军，赵国的将军扈辄（hù zhé）战死，赵军死伤达十万人。

这时，赵国的名将李牧正在北方抵挡匈奴，他曾经打败匈奴的十几万骑兵，使匈奴不敢再犯赵国。

赵王得到秦军在平阳把赵军打得大败的消息，立刻把李牧调去抵抗秦军。李牧接到消息以后，带领人马南下，在宜安和秦军相遇，李牧勇敢地打败了秦军，逼使秦国退出赵国。

秦王政十五年（前 232 年），秦王又派大军攻赵，但是，又被李牧打败。秦王政十八年（前 229 年），秦王政派大将王翦（jiǎn）、杨端和、桓齮等大举攻赵，但是，又为李牧所败，且桓齮为李牧所杀。这时，秦军对李牧真是畏惧万分。王翦见李牧是如此勇敢善战，自己很难凭兵力取胜，于是，便使用秦王传授的锦囊妙计——离间计。

在赵国国都邯郸的一所高大住宅之中，秦将王翦派出的使者正把一袋一袋的金子交给赵王的宠臣郭开，请郭开在赵王面前说李牧的坏话。郭开是个贪财无耻的人，看到堆积在桌上的黄金，便满口答应王翦使者的要求。

郭开收起了黄金，匆忙赶到赵王的宫中，假装成很紧张的样子，对赵王说："大王，你知道李牧要背叛我们赵国吗？"

"什么？李牧要叛变？"赵王惊愕地望着郭开。

"是啊，大王不知道吗？"郭开故作正经地说。

"可是……"赵王有些不相信，"李牧不是老打胜仗吗？"

"没错。"郭开说，"李牧为什么不干脆把秦军赶出赵国？"

"嗯……"赵王没有直接回答，表示对李牧已经有些怀疑，他没有想到，谁也没办法把庞大的秦国军队赶出赵国去。

"大王，你可不能太相信李牧。"郭开装成很认真的样子说，"我可是听说，李牧正在和秦军谈条件，李牧想投降秦国，但是要求秦王立他为王。"

"真是岂有此理。该杀！该杀！"赵王大发脾气，他一向宠爱郭开，根本没想到郭开说的全是谎话。

于是，李牧被杀。王翦挥军前进，没有任何一个赵国将军能抵挡得住，不久，秦军攻入邯郸，赵国就灭亡了。

韩非遇到坏心的同学

韩非是历史上了不起的思想家，是集法家大成的人物。

韩非是韩国的公子，出身贵族世家。在荀子的学生当中，以他和李斯最为出名。但是论起成绩，韩非又高出一等，李斯很嫉妒他。

韩非有一个大缺陷——口吃，讲起话来期期艾艾、结结巴巴，叫人着急。而在战国时代，口才是非常要紧的。有一位著名的纵横家，名叫张仪，有一次受人诬赖，被打得鼻青眼肿，回到家第一件事就是张开嘴巴问："舌头在吗？"他知道只要舌头没丢就是他的本钱。因为如果不能雄辩滔滔，君主怎能晓得你有学问?

韩非因为口才太坏，只有靠写书宣扬自己的学说。韩非文笔流畅，深入浅出，他写的这部书《韩非子》，是以后法家思想中最宝贵的经典。

韩非是荀子的学生，承袭了"性恶"的看法。他以为，人的本性都是自私自利的。譬（pì）如说，制作轿子的人，希望人人都富贵，能坐得起轿子；卖棺材的人，希望大家都早点死，他的棺材店生意才兴隆。这并不表示做轿子的人心地善良，卖棺材的就心黑不仁，而是人人都以自己的利益为出发点。人人都喜欢名利，讨厌刑罚，这也就是人性。

因此韩非主张，要想把国家治理得好，首先必须制定完整、有系统的法律和政治制度。然后国君利用人们自私自利的心理来控制臣下，使臣下不敢为非作歹，国家才能够富强。

韩国在战国时代是个小国，韩非相信自己的办法能使韩国转弱为强。可惜，韩王是个昏聩（kuì）的君主，不相信这一套，使韩非一片忠心没法施展。

倒是秦王偶然间看到韩非的书却着了迷，天天捧读，甚至舍不得上床。看完后，召宰相李斯进宫。

“你去打听一下这部书是谁写的！”秦王命令道。

李斯翻了一下，恭恭敬敬地回答：“这是我的同学写的嘛！”

“哦！”秦王大喜，忙追问，“他是谁？哪里人？”

李斯回答：“他叫韩非，是韩国人。”

秦王长叹了一声：“这么有才华的人，我要是能够见他一面，死了也甘心！”

不久，秦国攻打韩国，韩国又小又弱，很快就竖起白旗。秦王答应韩王的求和，也不索求割地赔款，只有一个小小的条件，要韩非到秦国去。这大出韩国国君意料，他当然马上派韩非出使秦国。

秦王见到韩非高兴极了，既然早已仰慕韩非学问，自然也不嫌他结巴，耐着性子听他慢慢地、吃力地说话。听完韩非的话，秦王对韩非更是钦佩万分，忍不住在李斯面前再三夸赞他，李斯听了则背上发凉、脸上冒汗，恐惧万分。

李斯想，秦王如此欣赏韩非，我这个宰相的职位迟早不保，不如先下手为强。于是他暗中收买了秦国大臣姚贾，唆使他在秦王面前进谗言，说韩非其实是韩国派来的间谍。秦王是个猜疑心很重的人，竟然轻信谗言，就把韩非拘押起来。

李斯依然放心不下，他惟恐有一天秦王回心转意，又把韩非放出来做官，那他不是完了吗？于是，他偷偷派人拿了一包毒药，强迫韩非自杀。韩非也只有满腔悲愤痛苦地吞下毒药，结束一生。后来秦王果然后悔了，想要赦免他，不过为时已晚！

吕不韦由商人变为相国

吕不韦是战国时期的大商人，家财万贯，后来，成为秦国的宰相。这是一段曲折的故事，同时，也牵扯到秦始皇的身世。

距今二千二百多年，周赧（nǎn）王五十六年（前259年）的元旦，在赵国邯郸，人们都在热烈庆祝新年来临，街头巷尾人声嘈杂，到处洋溢着新春的欢乐。

在一所破旧的房舍里，传出婴儿的啼哭声，婴儿的父亲姓“嬴”名“异人”，他是秦昭王的孙子，安国君的儿子。安国君是秦国的太子，未来要继承秦昭王的王位。

安国君有二十多个儿子，不过，都不是太子妃华阳夫人所生，异人的母亲夏姬并没有得到安国君的宠爱。

异人之所以住在邯郸，那是因为战国七雄互相不信任，恐惧他国会入侵，于是，互相要求别国派一个王子住在本国，作为人质之用。异人便是替秦国在赵国当人质。

为了纪念儿子在正月出生，异人把他取名为政（古代“政”与“正”相通）。政的母亲擅长舞蹈，她原本是富商吕不韦的侍女。

吕不韦是个很有心机的人，他觉得自己虽然有钱，却没有政治上的力量，当他在邯郸见到异人的时候，就打定主意，要在异人身上牟取利益。

当时异人既穷困，又得不到安国君的宠爱，内心十分苦闷。

于是吕不韦想利用他庞大的财富来帮助异人。异人感激涕零："如果有一天，我能坐上秦王的宝座，我一定要重重报答你的大恩。"

吕不韦拿出五百金，买了许多珍奇宝物到秦国去。他想尽办法，终于见到华阳夫人的姐姐，送上一份丰厚的礼物。同时，捧出另一份更丰厚的礼物，拜托华阳夫人的姐姐，转交给华阳夫人。

吕不韦对华阳夫人的姐姐说："你不知道异人在赵国，如何深得人心，受到敬重。同时，他日夜哭泣，就因为想念华阳夫人。"

华阳夫人的姐姐拿了礼物，就把吕不韦的话转告给华阳夫人，并且献计："你不如把异人当做亲生儿子，立为太子，将来好孝敬你。"

吕不韦到秦宫游说华阳夫人，选自明刊本《新镌绣像列国志》。

华阳夫人正为没有儿子烦恼，很高兴地接受了姐姐的建议。

秦昭王五十年（前257年），政三岁之时，秦国大将王龁率领军队，把邯郸团团围起来。赵王气坏了，想把秦国人质——异人杀掉。

吕不韦用六百金，买通了看门的人。异人逃出邯郸，回到秦国。政与母亲则藏在吕不韦家里，保住了性命。

异人回到秦国，华阳夫人正在担心他的安危，一时之间，悲喜交集，要异人改名为子楚，跟在自己身边。

六年之后，秦昭王去世，安国君即位，立子楚为太子。

这时，赵王见子楚成为秦国太子，便把子楚的妻儿，一起送回秦国，表示友善之意。

安国君在位不到一年便死了，子楚即秦王位，便是秦庄襄王。当然，政便成为秦国的太子了。

吕不韦如愿以偿，位居丞相，封文信侯，食邑河南洛阳十万户。

庄襄王在位三年，也去世了，太子政便继承了秦王的大位。那时，他只有十三岁。十三岁的小国王虽然聪明伶俐，毕竟只有十三岁，国家大事就一切交由吕不韦来掌理。

秦王政尊他为相国，号称“仲父”。吕不韦显赫一时。

十年过去了，小国王已经二十三岁，他可以亲自过问政事了。他所做的第一件事便惊动全国——他不仅要当秦国国王，他还要完成祖先未完成的霸业，那就是并吞东方六国。

当时，秦国大权完全操在吕不韦手中，这当然不是野心勃勃的秦王政所能忍受的。他查出吕不韦有谋反的嫌疑，免去吕不韦相国的职务，并且把吕不韦驱逐到四川去。当时四川是个荒凉不毛之地，吕不韦大为惶恐，自知不免一死，就服毒自杀了。

小小外交官——甘罗

在战国时代，学术流布，教育普及，只要有才华，一定会被赏识重用，就算你是个小孩儿也没关系。甘罗，正是最好的例子。

甘罗是甘茂的孙子，甘茂在秦宰相吕不韦门下做宾客。甘罗那时十二岁，眼睛亮亮的，脸蛋儿红喷喷的，一脸聪明相，可爱又伶俐，大家都喜欢他。

有一天，甘罗一个人在大厅上玩耍，看见吕不韦用手撑着下巴，连连唉声叹气，他就跑过去，扯扯吕不韦的衣裳问："咦，你有什么心事吗？"

吕不韦白了他一眼道："小孩子懂什么？"

甘罗不服气地仰着小脸说："我是你的宾客，你有心事不让别人知道，那我如何为你效劳呢？"

吕不韦说："哎，我想派张唐到燕国去做宰相，孤立赵国。但是张唐怕路上经过赵国时，被赵国人杀掉，不敢去。我怎么劝，都没有用。"

甘罗说："原来就这么点小事，干吗不早说，我去帮你讲。"

吕不韦烦透了，大吼："去，去，去！小孩子懂什么！"甘罗又振振有词道："以前啊，项橐（tuó）不过七岁，就当孔子的老师。我今年都十二岁了，比项橐大五岁，等我办不成时你再骂我还不晚啊！"

吕不韦没想到他小小年纪，说得挺有道理的，郑重地向他道歉，并且说："这件事要是办成功了，我保你在朝廷当官。"

甘罗听了很开心，马上就去找张唐。张唐看到一个小男孩气喘吁吁地来求见，又好笑又生气，拍拍他的小脑袋问："你来做什么？"

甘罗很正经地回答："我来吊你的丧！"

"吊唁（yàn）我？"张唐生气道，"我又没死，要小孩子吊丧？"

甘罗不理会，继续问："你认为自己的功劳比白起如何？"

张唐老老实实地答道："不及他十分之一。"

甘罗继续问："秦国以前的宰相范雎权力大，还是现在的宰相吕不韦权力大？"

张唐说："那还用问，当然是吕不韦大。"

"所以啊，"甘罗挺胸抬头从从容容道，"在长平之战以后，范雎要白起再一次去打赵国，白起不肯，范雎就设法害死了白起。如今，吕不韦请你到燕国当宰相，你推三阻四的，吕不韦迟早会要阁下脑袋的。我看你快死了，所以来吊唁你。"

张唐一听这话，再一想想，不禁吓得浑身发抖，赶紧向甘罗道谢："谢谢你提醒。"说着，他连奔带跑地去见吕不韦，当天便急急动身。但张唐心里还是怕得要命，甘罗就请求吕不韦给五辆车子，准备跟张唐一块儿先去赵国。

少年甘罗出使赵国，拜见赵王，选自明刊本《新镌绣像列国志》。

秦王听说有个小神童，很好奇，派人把他找来。见甘罗眉清目秀，口齿伶俐，秦王心中疼爱不已，派给他十辆车子，一百个随从，浩浩荡荡去了赵国。

赵王听说秦国有使者前来，亲自到二十里外的道路上去迎接，没想到下车的竟是个漂亮的小男孩，就问甘罗："以前为秦打通三川的也姓甘，是你什么人?"甘罗说："我祖父。"赵王说："你多大?"甘罗回答："十二岁。"赵王摇摇头笑道："难道秦国没有人才了，怎会派个小娃娃来呢?"

甘罗说："秦王做事有计划，年纪大的做大事，年纪小的做小事。我最小，所以派我到赵国。"赵王被抢白一顿，自讨没趣，可是也吃惊不小。他看甘罗口才、风度、仪态，绝不逊于一流的外交人员，因此不敢轻视，很有礼貌地问："你来这儿有何贵干？"

甘罗说："你有没有听说燕国的太子丹被扣押在秦国？"赵王说："我听说了。"甘罗又问："你知不知道张唐正要去燕国当宰相？"赵王回答："这个我也知道。"甘罗叹口气道："秦燕和好，那你赵国不是危险了吗？你最好割五座城池给秦国，我就回去告诉秦王，不派张唐去燕国。那时你赵王攻打燕国，秦国不会出兵干涉。赵国本来比燕国强，你将来从燕国取回的土地何止五座城池？"

赵王很欣赏这个主意，赐甘罗两千四百金，两双白璧，把五座城池的地图交给他。甘罗快乐地跑回去上报秦王，秦王平白得了五座城池，直夸甘罗聪明；张唐当然也就不去燕国，对甘罗也感激万分。

后来赵王果然去攻燕国，占了三十座城池，送给秦国十一座，秦王更高兴了，封甘罗为上卿，可惜没过多久，甘罗就死了。

荆轲飞刀刺秦王

战国末期，秦国的力量一天比一天壮大，尤其到了秦王政时，更是威赫无比，各国诸侯都不满秦国。其中，燕国的太子丹，更恨透了秦王政，日日夜夜想要除掉他。

太子丹听说有个贤人叫田光，为人勇敢而深沉，决定聘他。可是田光推说自己年纪太大了，没法帮忙，而大力推介荆轲。

荆轲是齐国官员庆封的后代，他爱好读书，剑术高超，很喜欢喝酒，和一个会敲“筑”（一种乐器）的人——高渐离感情很好。两个人常在酒店里喝得酩酊大醉，然后，高渐离敲筑，荆轲和着音乐高歌。唱完以后，荆轲便痛哭流泪，叹息没人赏识。

田光把荆轲介绍给太子丹后，太子丹立刻尊荆轲为上卿，还特别筑了一座“荆馆”供他居住，送车骑、献美女，伺候得无微不至。有一天荆轲和太子丹骑马出游，荆轲无意中说了一句：“马肝味道不坏。”一会儿，太子丹就把最心爱的千里马宰了，为荆轲做菜。

又有一次，太子丹请荆轲喝酒，特派自己最宠爱的美女在一旁伺候。荆轲看她两手柔细白嫩，忍不住赞道：“真是玉手。”宴席散后，太子丹送来礼物，荆轲打开一看，哇！竟然是美女的双手。荆轲心里非常感动，决心以死报答太子丹。

荆轲待了很久，一直没有出发的意思，因为他在找大力士盖聂，想和盖聂一起行动，偏偏找了很久都找不到。这时，秦国的大军已经到达燕国的南界了，太子丹急坏了，猛催荆轲早日行动。

“哎，我就是到了秦国也见不到秦王啊。”荆轲两手一摊，无可奈何地说，“除非……”太子丹追问：“除非什么？”荆轲道：“现在樊於（wū）期（jī）将军得罪了秦王，秦王悬赏千金要他的脑袋。如今，樊将军逃到了燕国，若能带着他的头，再加上燕国督亢的地图献给秦王，秦王一定愿意接见我，那就有办法了。”

太子丹连连摇手：“不行，人家樊将军没有路走了，才来投靠我，我怎能向他要脑袋？不好不好。”

荆轲知道太子丹不忍心，就私下去见樊於期说：“秦王对你也太过分了，不但杀了你父母宗族，还要重金购买阁下的脑袋，你想不想报仇？”

“怎么不想？”樊於期咬牙切齿地说，“但是想不出办法。”荆轲说：“我有一个法子，可以解燕国忧患，还可以替你报仇，想不想听？”樊於期急急道：“你说说看。”

慷慨豪迈的荆轲，选自《清刻历代画像传》。

等荆轲把计谋说出来以后，樊於期没有第二句话，拔出利剑当场自杀。太子丹听说这件事，赶来阻止，但已晚了一步，也无可奈何了，伏在樊於期的尸体上痛哭失声。

然后，太子丹把国书、督亢的地图、樊於期的头以及一把锋利、染有剧毒的匕首一并交给了荆轲，并为他设宴送行。喝过酒，高渐离敲筑，荆轲又唱起来：“风萧萧兮易水寒，壮士一去兮不复还！”歌声悲壮，人人流泪，像出殡一般。荆轲唱完了，跳上马鞍，挥舞马鞭，头也不回地上路了。

荆轲刺秦王，汉画像石，山东沂南北寨村。

到了秦国以后，秦王政听说樊於期的脑袋来了，非常高兴，下令在咸阳宫召见燕国来使。

这一刻终于到来了，荆轲捧着樊於期的头颅走在前，他的助手秦舞阳拿着地图跟在后，两人一步一步走上宫殿。秦舞阳脸色白得像死人，手在发抖。秦王左右的人看着奇怪，问："他有什么毛病？"荆轲很机警地上前一步叩首："他是北番蛮夷之人，没有看过君王，请原谅。"

秦王政传令只许荆轲一个人上殿。荆轲只好自秦舞阳手中拿过地图，走到秦王的桌前，展开给秦王看。地图一寸一寸慢慢展开，当地图整个展开时，荆轲迅速地拿起藏在图中的匕首，就朝秦王胸口刺去。秦王大惊，立刻站起来向后躲闪，这一退，袖子就拉断了，却躲过了匕首。秦王碰倒了屏风，想拔出剑，剑太长，一紧张，拔不出。于是秦王绕着大厅的柱子跑，荆轲拿着匕首在后追赶。

秦法律规定，皇宫大殿上不准带武器，同时，没有秦王的召唤是不能任意向前的。因此，朝臣们眼见秦王的危急，既无法又不敢向前解救。秦王的一个太医情急之下，用药袋打荆轲，臣子赵高趁此大叫："快把剑推到背后再拔。"果然，秦王把剑鞘向后推，剑一下就拔出来了，马上用长剑砍断了荆轲的大腿。荆轲不能动，跌坐在地上，把匕首掷向秦王。秦王一闪，匕首擦过耳边，插入铜柱。荆轲知道完了，斜靠在铜柱旁大骂："罢了，罢了，这也许是天意吧，但你也维持不长的。"秦王赶快召唤卫兵上殿，侍卫们纷纷向前，乱刀杀死了荆轲。

残暴的秦始皇

自公元前221年秦王政灭六国以后，中国真正成为统一的国家，正式建立了中央集权的君主政体。

按照秦王政自己大言不惭的说法，他的道德与功劳都超过三皇五帝，因此，应该被尊为皇帝。以前的天子有的称“皇”，有的称“帝”，他便把这两个字连起来，从此以后，中国的天子才称为“皇帝”。又因为他自以为他的君位将由二世、三世传到千万世，所以他是始皇帝（第一任皇帝），后人便称他为秦始皇。

秦始皇因为吞灭六国颇不容易，特别加强对地方的控制，但又不愿意派子弟前往镇守，以免他们彼此侵伐。于是，秦始皇就想了一个办法——实行郡县制度。

他把全国分为三十六郡，郡设郡守，由中央派遣，管得牢牢的。但是秦始皇还是不放心，于是命令全国有钱的富豪，统统搬到咸阳城去，以便就近监视。

这些倒霉的百姓只有忍痛抛弃田园家产，被残酷的地方官赶着上路，一路上吃尽苦头，到达咸阳。秦始皇想：“这下子你们就不能造反了吧？不由你不服。”然而，他还是心里有疙瘩——因为百姓手中有兵器。

所以秦始皇下令把各地城墙削平，撤去防备，并且没收民间所有兵器。刚好这时，临洮（táo）县报告，有人看见十二个怪物出现，长五丈，脚六尺长，穿着夷人的衣服。秦始皇认为这表示祥瑞，很有意思。因此，他就把所有搜集的兵器熔化成几百万斤的铜，然后照夷人模样，铸了十二个铜人，每个净重二十四万斤，很威武地摆在宫门口。

秦始皇曾派大将征服岩南，平定以后在咸阳宫遍宴群臣。没想到正在举杯畅饮时，有个大臣冒失地站起来数说郡县制度的弊病，使得秦始皇大为扫兴。因此他认为，这些读书人多懂得一点事，便到处批评，太讨厌了，而且有损皇上的威严。于是秦始皇采用李斯的建议：把各国史书、诗书及百家著作一律烧光，免得人民书看多了麻烦就多了。哪个人有胆谈论诗书，或是说什么“现在不如以前”的，就把他杀掉。只准人民读些医药、卜筮、种树等没有深刻政治思想的书籍。

俗语说：“皇帝好登仙。”这就是秦始皇的故事。他想，自己虽贵为天子，但不免一死，总比不上神仙，能够永远不死。刚好有个方士徐市（fú）（有人称为“徐福”）上书，说是在海上有一座仙山，山上有不死的灵药，如果让他带领童男童女若干名，便可到达仙山寻找灵药，献给皇帝。秦始皇相信了，就派徐市带了三千童男童女前往，没想到一去不复返。有人说，那三千童男童女以后结成夫妻，成为日本人的祖先。

秦始皇焚书坑儒，佚名绘。

秦始皇正在为徐市一去便无影踪的事情发火时，又听说许多儒生在暗地里说他的坏话，一气之下，在咸阳市上抓了几百个儒生审问：“你们赶紧招来，有没有妖言惑众？”又叫人把他们拖翻在地，打得皮开肉烂，鲜血直喷；揍完之后，更把这四百六十名儒生赶到深谷之中，在上面抛掷泥块沙石。可怜这批读书人就被活埋死了。

当时，民间流传着一首歌谣，歌谣中有“亡秦者胡”。这歌谣传入了秦始皇耳中，他暗暗大惊，“亡秦者胡”，“胡”不就是塞外胡人吗？于是，他一面派蒙恬率三十万大军北伐匈奴，一面修筑长城，以防胡人。长城西起临洮，东到辽东，号为“万里长城”，耗费无数人力。脍炙人口的孟姜女故事，就是讲孟姜女的丈夫万喜良被抓去筑长城，她万里寻夫的事情。

秦始皇因为做了太多的亏心事，所以到了晚年，天天担心被人暗杀，夜夜更换居所。他的居处只有宰相李斯及内监赵高知道，凡泄漏行踪者，满门抄斩。

秦始皇是一个喜欢到处游历的人，中国的名胜地区他几乎都去过。有一年，他由大臣和卫队陪同出游，走到平原津时，忽然生起病来，病势愈来愈严重，到了沙丘（今河北广宗大平台），不幸死了。

秦始皇生前没有立太子，在临终的时候，要宰相李斯传令长子扶苏赶回京城咸阳，继承皇帝位。原来扶苏是个仁慈的人，他曾劝谏秦始皇不要太暴虐，秦始皇大为生气，便把扶苏赶到长城去，监督大将蒙恬。可是秦始皇最宠信的宦官赵高因为不喜欢扶苏和蒙恬，便和李斯商量，改变了秦始皇的遗嘱，以皇帝的名义下了一道诏令给扶苏，赐扶苏死，而让秦始皇的小儿子胡亥继承皇帝位，胡亥就是秦二世皇帝。

秦始皇与万里长城

提起万里长城，人们一定会想到秦始皇。其实，始皇统一中国之后，只不过做了短短八年的皇帝就去世了。八年之中，无论如何，不可能完成如此震惊世界的大工程。

事实上，在秦始皇出生之前六七十年，就有人开始修筑长城了。

战国时代，齐、楚、燕、赵、韩、魏、秦七雄并立。这七个国家，都害怕其他国家前来侵略，于是，在与邻国交界之处，模仿城墙的模样，筑起一道高墙，这高墙被称为“长城”。最早建筑长城的国家是齐国，齐国的长城是用来防御楚、魏、赵、燕四个国家的。

赵国在赵武灵王时代，为了防备匈奴入侵，特别在赵国北方的边境上，兴建了一条长城，从代县（今山西省北部）到高阙（在今内蒙古杭锦后旗东北），全长一千多里，经过崇山峻岭，工程相当伟大。

长城原本是战国七雄之间互相防御的工事。赵武灵王的长城，却是用来防御外族侵略的。

赵武灵王所建筑的长城，就是后来万里长城的一部分。

秦国的领土，原在今日陕西一带，秦国的北方，正是胡人活动地区。秦昭王便学赵武灵王，也在北边建筑了一条长城。

燕国位于现今河北省北部。当时，燕国有一个大将军——秦开。秦开自小在胡人的部落里长大，对胡人的优点缺点都十分了解。

秦始皇，佚名绘。

由于知彼知己，所以，秦开做了燕国大将之后，就训练军队，打败了东边的胡人，把胡人向北边驱逐了一千多里。秦开也建筑了一条长城，从造阳（今河北独石口以北、滦河上游闪电河一带）到襄平（治今辽宁省辽阳市），防止胡人南下。

秦国、赵国、燕国在北方边境上所建筑的三条长城，就是日后秦始皇时所完成的万里长城的骨干。

秦始皇统一全国之后，民间流传一句话："亡秦者胡。"秦始皇是个很迷信的人，他认为胡就是胡人，胡人是北方的游牧民族。

秦始皇不能容许预言成真，他派大将蒙恬率领三十万兵马北伐胡人。当时，北方的胡人主要是匈奴，散居在今山西北部、内蒙古南部一带。蒙恬很有本事，他把匈奴驱出黄河以北，收复河套，并且占据了阴山。

匈奴虽然暂时被打败，过了几年，兵强马壮，会再度南下。秦始皇为了使匈奴断绝后路，便想起不如把秦、赵、燕三国长城相接。

战国时代这三条长城相距很远，秦始皇下令蒙恬把长城连成一气，这就是后世闻名的"万里长城"。

不论筑长城、守长城，还是运粮食到长城，都是一件万分辛苦的事，成千上万的人死于长城。当时的人，只要接到这一纸命令，仿佛接到死亡通知书，既绝望又恐惧，可是，秦朝法律如此严苛，不去，行吗?

在全国人民的水深火热之中，万里长城完成了，西起临洮（甘肃岷县），东至辽东，这是世界著名的伟大工程。

孟姜女的故事

讲到秦始皇修筑万里长城，马上会让人想到孟姜女哭倒长城的故事。这个故事反映一般人把秦始皇修长城视为恐怖的暴政。

孟姜女的故事，正史上并没有记载，是流传在民间的虚构故事，故事是这样的：

据说，在秦始皇之时，江南苏州有一位万员外，年已半百，膝下只有一独生子，名叫万喜良。万喜良天资聪颖，二十岁已极有名气。

当秦始皇修筑万里长城的征调命令到达苏州，万员外十分着急，舍不得文弱书生的万喜良去做苦工。于是，万员外催促万喜良连夜逃走。

过了几天，差人到万员外家来要人，搜遍全屋，也不见人影。因此，布告全国，全面通缉万喜良。

万喜良自幼养尊处优，从来也没有一个人出过远门。逃亡在外，餐风露宿，躲躲藏藏，日夜不安，整个人被恐惧所笼罩。

有一天晚上，天色已黑，万喜良不敢去投宿，又找不到遮风避雨之处，心里七上八下，忽见前面一座大花园，景色宜人，环境优美，恰好大门未关，万喜良便信步走了进去，准备躲在大树之下，暂过一夜。

这花园的主人姓孟，名隆德，乃松江府华亭县孟家庄的大地主，家财万贯，只有一个掌上明珠——孟姜女。

孟姜女容貌秀丽，知书达礼。这天晚上，孟姜女独自到花园玩耍，看到池中荷花盛开，娇艳动人，忍不住动手去摘，一个不留神，“扑通”一下落入荷花池中。

幸而荷花池很浅，孟姜女马上就爬了上来，只是衣裳尽湿。她趁着夜色，把衣裳脱下，用手拧干。

忽地，她听到树上有声音，一回头，不得了，竟然有个男子正直直望着她。孟姜女羞红了脸，着急得放声大哭，想要自杀，又为顾念二老，想来想去，只有嫁给他才行。

孟隆德夫妇知道了，当然不开心，可是，总比女儿自杀要好，只好无可奈何地同意了。等到孟家夫妇把满面尴尬的万喜良找来，一见小生斯文有礼，温文儒雅，并非偷窥妇女的无聊男子，倒也宽慰不少。

孟家夫妇很同情万喜良的遭遇，把他改名为万世良，挑选了一个黄道吉日，让他与宝贝女儿正式成亲。

孟隆德夫妇在地方上是有头有脸的人物，独生娇女出嫁，自不免大事铺张，亲朋好友纷纷前来贺喜。

华亭县县长正在怀疑新郎的身份，孟府中小丫头不知道轻重，大嘴巴地把万世良就是万喜良的事轻轻松松泄漏了。因此，婚礼进行了一半，县里的差人硬是闯了进来，把穿着新郎服装的万喜良给绑走了。

万喜良到了长城，不堪折磨，短短三天就死了。孟家完全不知消息，孟隆德对女婿也十分牵挂，派了仆人孟兴到万里长城的工地去打听万喜良的消息。孟姜女亲自做了一大包冬衣，交给孟兴带去。

孟兴把衣服原封不动地带了回来，也捎回不幸的死讯。孟姜女哭昏了过去。当天晚上，孟姜女做了一个梦，梦见万喜良告诉她，尸体埋葬在长城墙基底下，埋葬的地方，有一个六角亭。

这个梦让孟姜女惊醒过来，她觉得她还有一件要紧的事没做，那就是把万喜良的尸体挖掘出来，好好地安葬。

经过长途跋涉，吃尽千辛万苦，孟姜女终于来到了万里长城，也找到了梦中的六角亭，不觉悲从中来，伏地大哭特哭。忽然间，一声“轰隆”

孟姜女哭长城，佚名绘。

的巨响，长城倒塌了，墙基下露出尸体。

秦始皇听说孟姜女哭倒长城，大为震怒，派人把孟姜女抓来，准备重重处罚。

可是，秦始皇一见孟姜女，惊为天人，要求孟姜女做他的妃子。

孟姜女答应了，可是提出一个要求："请求陛下先造一座大坟安葬万喜良的尸骨，并且，在鸭绿江边，举行大规模的祭典。"

秦始皇含笑道："这个好办。"

于是，在鸭绿江边，孟姜女跪在万喜良的新墓之前哭泣。那悲惨的哀号，使得旁观者的眼睛都湿润了。

哭祭完毕，孟姜女转身走到江边，望着波涛汹涌的江水，纵身一跃，旁观者都惊呆了。虽然大家七手八脚忙着救人，却连尸体也找不着，秦始皇想娶孟姜女为妃的美梦也碎了。

赵高指鹿为马

秦始皇死后，李斯和赵高不发丧，心怀鬼胎，一手遮天。

赵高是什么人？他本来是一个小太监（宦官），因为熟悉秦朝法律，又懂得吹牛拍马，很得秦始皇的宠爱，秦始皇便派赵高教小儿子胡亥审判法案。胡亥只知道玩乐，不喜欢用脑筋，赵高就领着胡亥饮酒作乐，自己代替胡亥审问案件。

赵高胡作非为、要拿红包的事儿慢慢闹开了，秦始皇派大臣蒙毅（大将军蒙恬的弟弟）审讯，蒙毅一下子把赵高判个死罪。没想到秦始皇又释放了赵高，赵高从此对蒙家恨到了极点。

秦始皇出巡去世时，赵高、李斯、胡亥都在一旁。赵高串通李斯，假借秦始皇的名义，写了一封信给在边境的长子扶苏，要他和大将军蒙恬双双自杀。

接着，他们把秦始皇的尸体运回咸阳，但对外绝不发布秦始皇已死的消息，沿途之中，文武百官仍照常奏事。由于秦始皇怕被暗杀，一向也是在卧车中接见群臣，于是赵高躲在车中随口乱扯一番敷衍过去。可是到咸阳的路程很远，日子久了，尸体发出的臭气很难瞒过去，赵高便假传圣旨，向地方官要了许多鲍鱼（古代称“腌鱼”为鲍鱼），命令每个官员车上分装一石，大家都莫名其妙。但秦始皇一向专制不讲理，官员也习惯了，不敢多问。鲍鱼一向是有臭味的，就这样遮盖比死老鼠还难闻的尸臭。

扶苏接到信，痛哭一场后，挥出长剑准备自尽。蒙恬认为其中有问题，劝扶苏打听清楚后再死不迟。扶苏不肯，他说："父要子死，子不得不死。"说着，剑往颈上一抹，鲜血狂喷便死了。

赵高、李斯等一行人回到咸阳，便宣布秦始皇的死讯，并假传遗诏，立胡亥为皇帝。

胡亥本来想放了蒙恬的，因为蒙恬有赫赫战功，没有任何理由要杀他。赵高欺骗胡亥说，蒙氏兄弟会造反，于是蒙毅被处死，蒙恬也服毒自杀。

胡亥又下令继续建筑阿房宫，选了五万名武士加上无数役夫。因人太多，粮食不够吃，胡亥竟想了个妙法，命令各郡县随时送粮食到咸阳，但送粮食的人自己得携带粮食在路上吃，不准在咸阳三百里内买东西食用。这是只有像胡亥这种颟顸（mān hān）的暴君才想得出来的办法。

赵高对李斯心怀戒惧，李斯的儿子在战场上为国牺牲了，赵高反诬李斯想谋反，李斯当然不承认。但不承认也没用，胡亥一切都听赵高的，于是李斯被杀掉，赵高当上了宰相。赵高告诉胡亥："天子自称'朕'，'朕'的意思是有声无形，使人可望不可近。因此陛下应深居后宫，才不愧为圣主。"胡亥也就轻易被哄骗，不理政事了。

朝廷臣子都对赵高不满，赵高便设计一项毒计制伏他们。

有一天，他告诉胡亥要送他一匹马，胡亥很是兴奋，感激地道："你送的马一定是好马。"

等到"马"牵进来，原来是只鹿，胡亥就大笑："是鹿嘛。"赵高正色道："明明是马。不信，问问群臣。"大臣们你看我，我看你，没人敢出声。后来终于有几个老臣，看不过赵高这样愚弄君主，挺身而出，表示"这是鹿"。不久，这几个老臣脑袋便搬家了。从此，朝廷官员们都不敢发表意见，只有赵高"指鹿为马"，一派胡言。

秦朝的法律严苛，本来就难忍，加上胡亥的暴虐，比秦始皇有过之无不及，因而人民纷纷起义。赵高到后来逼着胡亥自杀，想以此来跟义军和

指鹿为马，清周慕桥绘。

谈。可怜又可恨的胡亥只做了三年皇帝，二十三岁便死了。赵高继立子婴为帝，子婴看赵高能杀胡亥，将来一定能杀自己，先下手为强，也就把赵高给杀了。但秦朝不久也被老百姓给推翻了。

陈胜、吴广起兵抗秦

中国人的民族性是善良、宽厚而且能容忍的，爱好和平更是自古就有的美德。然而，当压迫过分时，也会一怒而起加以反抗。

秦二世元年（前209年）七月，胡亥下令要征调阳城一部分人去渔阳当兵，称为“戍（shù）卒”。有钱有势的人，只要拿得出钱就可免役。一般穷苦的老百姓是非去不可的。

阳城的地方官共征调了九百多人当戍卒，其中有个叫陈胜的，原来是帮人做长工的庄稼汉，身材高大，挺有气派，便被选作队长；他和另外一个队长吴广，分领两个大队到渔阳去报到。两个武官随队监督。

走了几天，他们到了大泽乡，距离渔阳城还有几千里路。没想到天公不作美，哗啦哗啦地下起大雨，一连下了好几天雨都不停。偏偏大泽乡地势过低，积水愈涨愈高，道路也泥泞不堪，压根儿就没法通行。

陈胜找来了吴广商量说：“老兄，糟啦，去渔阳的路还远得很，至少要走一两个月才到，可是期限快到了。根据秦朝的法律，过期要杀头的，难道我们就白白送死吗？”

吴广也很着急，他叹了一口气道：“干脆，逃走算了。”

陈胜摇了摇头说：“没有用，你想想看，有什么地方可逃避？到处都有官兵追捕，倒不如共同做一番大事。将相本无种，男儿当自强。”接着，陈胜又说出一大套计划，他想用秦公子扶苏和楚将项燕的名义作号召，鼓动大家起来反秦。

吴广也认为他的话有道理，但是，以陈胜一个不起眼的长工，如何叫众人心服呢？不急，他有一条妙计。

第二天，陈胜派兵士去买鱼做菜。其中有一条鱼的肚子特别大，剖开来一看，兵士发现其中有块丝绸，吃惊得大叫起来。更怪的是丝绸上居然有“陈胜王”三个大字。兵士吓得把菜刀一扔，叫叫嚷嚷。其他的兵士闻声赶来一看，也觉得很奇怪，有人赶去告诉陈胜。

陈胜听了，板着脸道：“鱼肚子里怎么会有字，你们不知朝廷法度吗？竟如此胡说八道，去！”大家口上不敢讲，背地里谈论不休，此后人人忍

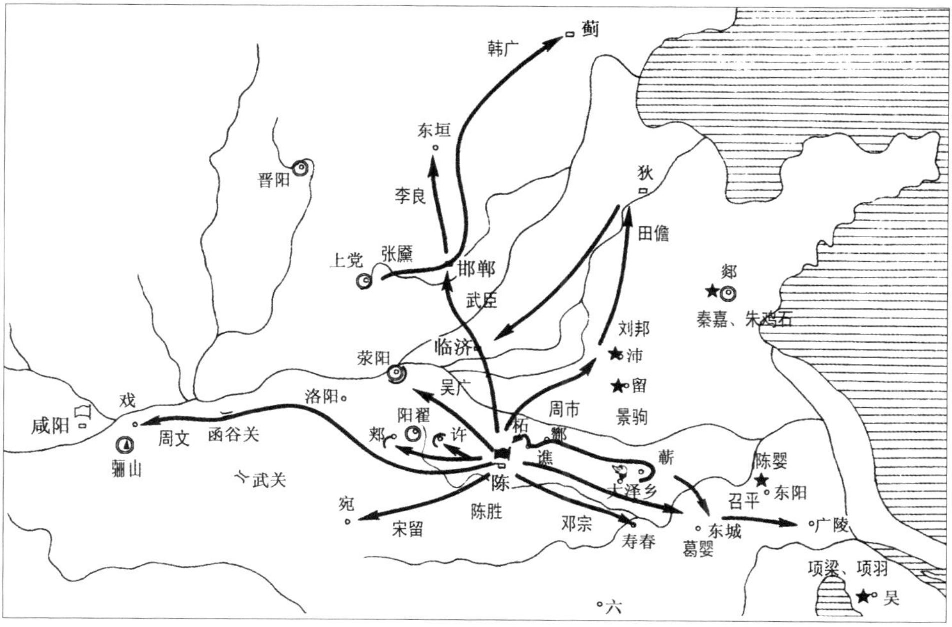

陈胜、吴广进军路线图。陈胜从大泽乡起事后，随后立都于陈，先后六路分兵攻秦：一、主力由吴广指挥攻打坚城荥阳，并分兵许、郏，以主力掩护周文径直西进函谷关，直逼咸阳；二、武臣向北攻取赵地，入邯郸后，继续北进，掠取燕地；三、周市攻取原魏国地区；四、召平攻取广陵；五、邓宗攻取九江郡；六、宋留率兵攻南阳，企图通过武关由南面迂回进入咸阳。陈胜一经揭竿而起，便迅速出现了胜利发展的大好形势，但领导者只顾迅速进攻，而不知及时巩固胜利，对敌我双方实力缺乏分析，贸然分散兵力进攻秦王朝的坚城雄关，陷于被动，终难逃失败命运。

不住对陈胜多看上两眼。

到了晚上更奇怪了，睡觉睡到一半，远远传来像狐狸叫的声音，把大家都惊醒了。起初声浪模糊，慢慢比较清楚，有一个士兵大叫道："我听懂了，是'大楚兴，陈胜王'。"仔细一听，果然就是这几个字。这种奇怪的事传得最快，一会儿人人都晓得了。

仗着人多势旺，大家便起身察看究竟。由于营外是一片荒野，只有西北角上有几株树，树后有一座古祠，声音是从古祠中传出来的，分明就是"大楚兴，陈胜王"这句话。更怪的是，树丛间隐隐透着火光，像灯又像磷火；一会儿移到这边，一会儿移到另一边，变幻离奇；又过了一阵子，一切归于沉寂。大家本想再去看看，因为路上泥滑难行，再加上规定夜晚不准外出，就回去睡觉。

其实呢，这绝不是什么天上的预兆，陈胜玩的是乩（jī）童常用的伎俩。他趁着黑夜跑到渔家把丝绸塞入鱼口，又叫吴广躲在古祠中装狐狸叫。但是一般士兵不知真相，反而添油加醋说什么鱼将化成龙，又说狐狸是神仙托语，交头接耳地把陈胜捧得像仙人下凡一般。

刚好监督军队的两个武官，一天到晚只晓得喝酒睡觉。陈胜眼看时机成熟，偷偷地把两个武官杀了，然后召集众人说："各位，我们等到天晴赶去也不能赶上期限，与其被斩不如造反，说不定还可封王拜相哩。"由于兵士们早以为陈胜非凡人，加上他说得也有道理，一致答应了。于是，陈胜、吴广成为第一支反秦的武装。

张良与神秘老人

张良是反抗秦朝的重要人物。他的祖父和父亲先后当过韩国的宰相，在秦灭韩的那一年，他的父亲因忧国忧时而去世，接着张良的弟弟也死了。

国破家亡同时加到这个年轻人身上，他难过得无法为弟弟办丧事，也懒得管理家中的三百童奴。张良把全部家产都拿出来，到处结交英雄豪杰，想找个刺客杀秦王，以报国恨家仇。

当时秦已统一天下，声势浩大，到哪儿去找一个敢拔老虎须的刺客呢？张良找了很久没有找着，最后，听说有个大力士，名叫仓海君，能举得起一百二十斤重的铁锤，为了逃避秦的暴政统治而隐居在现在的朝鲜半岛。张良不辞千辛万苦找到了这位大力士，仓海君也答应了。

机会来了。秦始皇要去东巡，他们就埋伏在半途，没想到仓海君的铁锤没打中秦始皇，只打中一辆空车。秦始皇大为愤怒，下令严厉搜捕刺客。

这件事很快轰动全国，张良的勇敢侠行很得一般人赞赏。他长得眉清目秀，和蔼可亲，所以百姓们乐于帮助他。因而张良流亡在徐州一带，反而很安全，声望也渐渐高起来。

有个深通兵法的老人很欣赏张良，又担心他从小娇生惯养，是优渥（wò）环境中的贵族青年，恐怕缺乏忍耐功夫，成不了大事，便想考验一下张良。

有一天，张良到经常去散步的桥上游玩，忽然看见一个邋遢的老头儿

张良与大力士仓海君在博浪沙，选自《清刻历代画像传》。

慢慢走上桥来，经过张良的身边，故意把脚一抖，鞋子就滚到桥下去了。老头儿转过脸来很不客气地说：“年轻人，去把我的鞋子捡起来！”

张良一听很不开心，心想：“我又不认识你，你凭什么对我这样凶？”气得想挥老头儿一拳，但是这老头儿头发花白，走路一拐一拐的，看起来很可怜。张良终于忍下这口气，走下桥去，替他把鞋子捡上来。

这时老头儿端坐在桥头，见张良上来便把脚一伸，很神气地说：“喱，穿上。”张良看看那只脏兮兮的臭脚，又好气又好笑，心想好人做到底吧，就跪在地上帮他穿上。

这回，老头儿很满意，捻着胡子慢慢站起来，也不道谢便下桥去了。张良觉得很奇怪，跟着老头儿走了一里多路，老头儿忽然回头，笑嘻嘻道：“孺子可教矣，五天之后天快亮时，你到这儿来与我相会。”

五天到了，一大早张良赶到，老头儿已先到了，很生气地责备张良：“你年轻人跟老年人约会，竟然要我等你？太不像话，过五天再来。”过了五天，鸡一叫，张良就赶去，没料到老头儿又已坐在那儿等了，当然又训了张良一顿。

圯桥授书，选自《吴友如画宝》。

张良心中很火，但不便发作，想想还是勉强忍了下来。又过了五天，他连觉都不敢睡，在月光下摸到了约会地点。这次老头儿没在，过了一会儿，老头儿拄着拐杖一步一步走来，笑着说：“好孩子，有出息！”说完，老头儿就自衣袖中抽出一部书，交给张良说：“你读了这部书，将来可当帝王的军师。”

接着老头儿又一摆手说：“不必多问，十三年后你再到此来，如看见一块黄石头，那就是我。”

张良从老人那里拿到的是一部兵法，熟读研究后，有了不少心得，后来终于帮助刘邦夺得天下。十三年后他回到桥头，果然看见一块黄石头，就把黄石头带回去供奉。张良很感激这位老人家使他了解“忍耐”的重要。可见得要想做大事，请注意从小培养自己的忍耐功夫，一辈子将受益无穷。

刘邦生有异相

刘邦是中国历史上第一位平民出身而做到皇帝的人。

刘邦生下来的时候，额头很高，鼻子很长，左边的大腿上有七十二颗黑痣，据说是贵人之相。

他有两个哥哥，都跟着父亲种田，刘邦渐渐长大，却不喜欢农事，整天到处游荡，父亲常常训斥他，但也拿他没办法。刘邦因为怕父亲骂，不肯回家，轮流到两个哥哥家去住。

刘邦的大哥不久就死了，他大嫂本来就讨厌这个小叔，这下当然更不愿供食住了。刘邦也不识相，照样去大吃大喝，不但如此，还常常邀一大群朋友去打扰。

有一回，他大嫂实在烦死了，跑回厨房，用锅瓢大声地刮锅底，发出难听的沙沙声，好像在说："没饭了，你们请走吧。"等到刘邦的朋友们讪（shàn）讪地走了，他走到厨房一看，见锅上热腾腾的，还有大半锅的饭菜，才知道大嫂在赶人，脸一红，从此再也不来了。

于是，刘邦就转移阵地，到隔壁的酒店里去吃东西。他没钱只好赊账，但是因为刘邦够义气，朋友一大堆，他一进酒店，酒店就生意兴隆，所以酒店老板也就让他白吃白喝了。

但刘邦并不是真的没有出息，他很聪明，也想做一番事业，便学了一些法律，不久，便得到一个沛县泗水亭亭长的差事，做得很不错，也结交了几个像萧何之类的好朋友。

有一次，刘邦到咸阳去办事，秦始皇的御驾正经过，声威赫赫，气吞山河。他看了非常羡慕，叹息道：“大丈夫就应该如此！”

过了几天，萧何来找刘邦聊天，说县里来了一位吕公，是县令的好朋友，凡是县里的官员都要去参加欢宴。第二天，刘邦到了县衙门大厅，萧何看见他，故意开玩笑高声喊道：“送礼不满一千钱者，只能坐在堂下。”

汉高祖刘邦，选自《晚笑堂画传》，清上官周绘。

没料到刘邦在礼簿上竟写送礼一万钱，然后走进去高坐首席，举杯痛饮。散席后，吕公特别留下刘邦道：“我想把小女嫁给你。”刘邦一听，马上下跪叫岳父，娶吕公的女儿吕雉为妻。

秦二世元年，胡亥下令各郡县，把罪犯押往骊山，修筑秦始皇的陵墓，刘邦也押了一批犯人上路，一出县境，溜走了好几个；再往前走几十里，又不见了几个；在旅馆睡了一晚，醒来又少了人。刘邦一个人管不住，心中烦得慌，便喝酒，喝到太阳都下山了，还没有动身。

忽然他一跃而起说：“各位到骊山做苦工，将来也不免一死，我放了你们如何？”大家都喜出望外，有个囚犯问刘邦：“那你如何交差？”刘邦拍拍胸脯说：“那我也只有逃了，还回去送死不成？”似乎是刘邦的“义气”感动了大家，立刻有十多个人说：“我们愿意跟你走。”

刘邦断蛇，选自《清刻历代画像传》。

于是，刘邦趁着酒兴，踏着月色，带着十多个人走进荒山。走到半路发现一条大蛇，大家都吓得缩腿，刘邦胆子很大，一刀就砍断大蛇，进入芒砀（dàng）山上避难。

大家还记得陈胜吗？陈胜这时想攻打沛县，萧何向县令建议找刘邦来防守，这时刘邦的手下已有一百多人。沛县县令接受了萧何的建议，召刘邦前来，可是，当刘邦到了沛县城下，县令却反悔了，不准刘邦入城。于是刘邦写了一封信，大意是说："天下苦秦已经很久了，希望大家杀掉县令，开门投降。"然后，他把信绑在箭头上射到城里去。城中父老早就想解脱秦的苛法统治，便听从刘邦的主意，把县令杀了，迎接刘邦进城。大家推举刘邦主持沛县的政务，所以史书称刘邦初起之时为"沛公"。

有人说刘邦在路上砍的蛇是天上天帝的儿子，也有人说刘邦的头上有云气围绕。其实，这和说他生有异相一般，都是为增加他的威望编造出来的。事实上刘邦因为意气豪迈，有义气、有胆识，所以在秦末角逐天下的群雄中能够脱颖而出，并不是生有异相，所以用不着迷信相术。

项羽破釜沉舟大战巨鹿

在秦末诸雄之中，兵力最强的是项羽。

项羽是楚国人，他的身世很可怜，从小是个孤儿，跟着叔父项梁过日子。项梁教项羽读书，项羽读了好几年，没有一点儿成绩；改教他学习剑术，还是一窍不通。项梁很生气，把他狠狠骂了一顿。他却说："念书没有什么大用处，不过会写字罢了；学剑也只能保护自己，对付一个人；我要学就学能对付一万个人的本领！"

项梁便说："好，你既然有这种志气，我就教你练兵法。"项羽一开始学得很认真，过了几天又没有兴趣了，项梁也懒得再管他。

秦始皇东巡时，项梁带着项羽去看热闹，大家都啧啧称赞天子的威风，只有项羽指着銮（luán）驾道："我看我可以取代他的地位。"项梁听了，赶紧用手捂住他的嘴道："你想害死全家不成？"

这时，项羽已经二十岁了，身高八尺，眼睛里有两个瞳仁，力气大得能够扛鼎。项梁待在家里偷偷制造兵器，蓄养了一些壮士，准备大干一番。

陈胜、吴广起事以后，他们叔侄二人杀了郡守，自组武力，之后与刘邦共尊楚怀王为天子，共同抗秦。项梁在一场战役中不幸被杀，项羽非常悲痛。

当时，秦军包围了巨鹿（治今河北平乡西南），楚怀王问谁愿意去救赵，被立为赵王的赵歇与将领陈馀、丞相张耳都被困在巨鹿城里。项羽要

霸王项羽，选自《清刻历代画像传》。

为叔父报仇，首先响应，被任命为次将。主将宋义带了大军前往，走到半路，听说秦兵强盛，便有些害怕，下令停止前进，宋义的理由是："等到秦赵先打一仗，消耗些兵力再说，现在就发兵，岂非拿肉喂老虎？"

项羽一怒之下，先杀了宋义，然后下令前进。到了河对岸，他命令把船沉掉，饭锅敲烂，只准带三天干粮，表示决一死战，决不后退。

到了巨鹿附近，两军逐渐接近了，只见秦军阵容整齐，人马精壮，看起来像泰山般矗立眼前。而项羽带领的楚兵呢？衣服破烂，三三两两，凌乱没有阵式，也看不出一点纪律。

哪里晓得项羽似乎是煞星下凡一般，率领兵士就往前猛冲，根本不理会什么阵法，见人就砍。因为楚兵少，秦兵多，一对一分配不过来，所以都是以一当十，奋勇上前冲杀，就像是一头头挣出栅栏的野兽，发疯似的猛冲，而且发出了愤怒的吼声。不但秦兵吓傻了，在巨鹿附近的其他反秦军，也都目瞪口呆。

项羽眼见秦军大将章邯吓得像狗夹着尾巴逃远了，才下令扎营休息。第二天早上，他告诉士兵们说："各位今天要是不把秦兵杀光，咱们就没有粮食可吃了。不是他们死，就是我们亡。弟兄们，干吧！"

于是，一大群士兵像黄河的水一般涌出，直奔秦军。一共打了九个回巨鹿之战作战经过图。秦大将章邯命王离、涉间围赵军于巨鹿，章邯驻军巨鹿城南之棘原，以为后援。赵向楚军求救，楚怀王派宋义率领项羽等人北上救赵。宋义至安阳停而不发，当时，齐、燕、赵等国军队也来到巨鹿以北，见章邯势大，都不敢南下和秦军作战。项羽怒杀宋义，率军北进，先截断章邯和王离之间的联系，后灭王离军，章邯向南败退。项羽跟踪南下，又派蒲将军先行南下到三户津，切断秦军的归路。在洹（huán）水大败秦军后，章邯降。

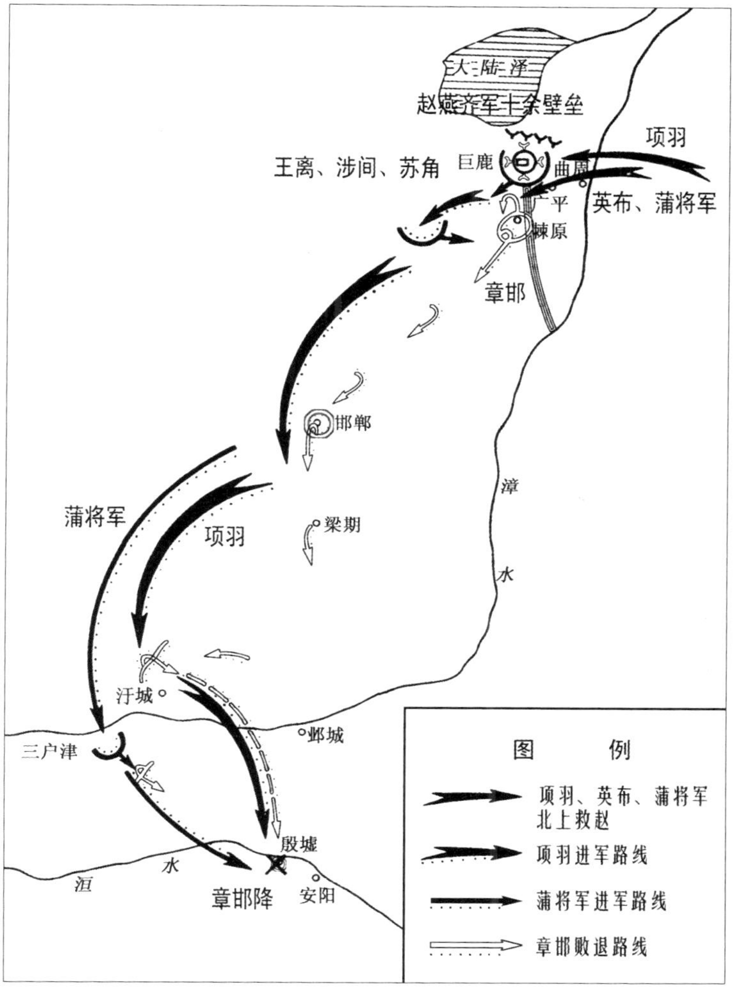

合，每次都是打得秦军大败而逃。

各反秦军的将领，看到秦营已成一片焦土，秦兵死的死，降的降，纷纷拜见项羽，跪在地上说：“上将神威，天下少有，我们愿意接受你的指挥。”项羽也不推辞，笑笑说：“你们先回去吧，有需要的时候，我会通知大家的。”已是一派首领的口吻了。

经过巨鹿之战，他的声威已经建立起来了。

汉高祖知过能改

汉高祖刘邦到底有什么本领，使得天下信服呢？请看下面的故事。

话说有个叫郦食其（lì yì jī）的人，喜好读书，家贫落魄，在里中当个监门吏的小官，年纪很大了，抱负还不小，县里头的人管他叫“狂生”，认为他很狂妄自大。

刘邦来到县中后，郦食其准备去求见，有人劝道：“您免了吧，刘邦最不喜欢读书人了。遇到这般人来，刘邦就叫他们把帽子脱下来，拿帽子当尿盆，平时言谈之间，也常常笑读书人迂腐，骂读书人浅陋。”

郦食其不听，决定去闯闯看。

等他进去一看，刘邦正舒舒服服坐在床上，两个侍女跪在地上帮他洗脚、捏腿，看到郦食其来了，理都不理，好像没见到人一般。郦食其一看火冒三丈，大声骂道：

“引兵到此，是想帮秦国攻打诸侯吗？”

刘邦白了他一眼，看他穿着儒衣儒冠已惹人厌烦，又看他举动粗野，不免发了脾气：“笨老头，你没看到天下苦秦，怎会有人愿意帮秦国？”

“好，你以这种态度对待长者，看以后还有什么贤人为你献计。”说完，郦食其转身就走。

刘邦听了，立刻从床上跳起，擦干脚，换上正式衣服，恭恭敬敬请郦食其上座。

郦食其便说："以你这一点兵力，想对付秦国，那真是羊入虎口，还不如先打下陈留。陈留是交通要冲（chōng），城中粮多马足，我可以助你一臂之力。"

原来郦食其是县令的老朋友，当天晚上他把县令灌得烂醉如泥，偷偷打开城门，刘邦率领军队轻易攻下了陈留，之后继续西进，并且得到张良的帮助，攻进了咸阳。子婴驾着素车，乘坐着白马，脖子上套着绳子，手上捧着国玺，流着眼泪出城投降，结束了秦朝短短十五年的寿命。

刘邦的部队进入宫殿后，大家抢入府库，搬出金银财宝拼命往衣袋中塞，一个个眼睛都鼓出来了。只有萧何一人到丞相府去，把秦朝的图籍找到，检查好关塞险要，户口多寡，以便于日后用兵。

秦朝的宫殿雕梁画栋，引人入胜，花花绿绿的帘帐，奇奇怪怪的古董、珠宝，刘邦真是兴奋极了。尤其是后宫佳丽全体涌上，一个比一个美。刘邦本是好色之人，在这个脸上摸一把，那个手上捏一下，乐得昏陶陶。

刘邦入咸阳，与关中百姓约法三章："杀人者死，伤人及盗抵罪。"宋赵伯驹绘。

这时，樊哙（kuài）闯进来说："你是想要天下，还是只想当个富翁呢？怎么像中了魔似的？"刘邦仍不动，慢吞吞地说："我累了，便在这儿睡一觉吧。"说着，他笑嘻嘻地环顾身旁的美女。

此时，张良进来对刘邦说："因为秦无道，你才能进到这里。你不设法除去秦的暴政，一来就要享受，恐怕明天就得完蛋！"这些话真是一针见血，刘邦如大梦初醒，立即下令封闭府库，退出宫殿。

第二天，刘邦召集地方父老，对他们宣布："秦朝的法令太严，使你们受苦了，现在我已入关，与大家约法三章：杀人者死，伤人及盗抵罪。苛令全部取消，你们可以安心过日子了。"百姓们都欢天喜地地走了，刘邦又传令三军，不得骚扰民众，违令者立斩，人们对刘邦的印象更好了。

刘邦的长处就在此。他犯了错，旁人指正时，他能接受并且马上改过，所以能成就大业。

鸿门宴

刘邦入关，子婴投降不久，项羽也击溃（kuì）了二十万秦军，率领大队人马赶到函谷关。他一看，随风飘荡的大旗上都写着“刘”字，想起在路上听到刘邦已抢先一步的消息，心里很紧张，便昂着头说：“我率领大军来此，你们赶快开门啊。”

守卒说：“刘邦有令，无论何军不准放入！”项羽听了勃然大怒：“刘邦是什么东西？竟敢不放我进去？哼！”他立刻命人架起云梯，冲破城门，在鸿门驻扎下来，商讨对付刘邦的计策。

项羽的谋士范增站出来说：“刘邦以前在山东时贪财又好色，现在进入秦关，不拿财物，不近女人，作风大不相同，这是具有大志，咱们不能小看刘邦。”

项羽说：“打刘邦有什么困难？现在天晚了，就让他多活一夜，明天再拿下他的脑袋！”

此时项羽大军号称百万，气焰万丈，刘邦只有区区十万人，看来完全不是对手。项羽有个叔父名叫项伯，以前得过张良的恩惠，现在听到项羽的话，很为张良捏一把汗。

于是，项伯偷偷溜出营外，骑了一匹快马急急忙忙去见张良。他扯着张良的衣袖说：“你留在这儿等死有什么用，还不赶快跟我走。”

张良说：“刘邦待我不错，不好意思一走了之。”他坚持要告诉刘邦一声再走，项伯只有依他。

张良进去和刘邦商量的结果，是想请项伯帮忙。项伯说："这不太好吧，我来通知你，完全是私人交情，怎能去见刘邦？"张良说："你救刘邦，等于是救我，何况天下未定，刘项不该自相残杀。"

项伯无法拒绝，只好去见刘邦。刘邦口口声声叫哥哥，并且表示独生女可以联姻通婚。项伯难以推辞便答应说情，然后，又快马赶回军营去见项羽说："我劝张良投降去了。"

项羽急着问："人呢？"项伯说："张良认为你不合情理，不来了。想人家刘邦入关后，对秦宫财宝碰都不敢碰，就等着你来处理，你还要攻打刘邦，太过分了！明天刘邦会来谢罪，你该好好待他，争取天下人心。"项羽想想有理，也就答应了。

第二天，项羽的部队装备整齐，等着去打刘邦，没想到命令一直未下，而刘邦带着张良、樊哙乘车而来。刘邦下了车，见两旁武士环列，杀气腾腾，心中直打哆嗦，只有张良神情自若，不慌不忙。

刘邦像是羊入虎口，提心吊胆地下拜说："刘邦不知将军入关，没去迎接，罪过罪过。"项羽哼了一声道："原来你还知道自己有罪。"

刘邦说："我们约好了，你从北路攻咸阳，我从南路攻咸阳。我侥幸先入关，什么也不敢动，专候你来，有何不对？倒是有人挑拨离间，太不应该。"

项羽本是胸无城府的粗人，一听之下，觉得自己确是理亏，连忙下去握紧刘邦的手，请刘邦入上座，频频为刘邦布菜倒酒。

范增一心想把刘邦杀掉，一连三次举起身上玉玦，用眼光暗示项羽赶快下手，没想到项羽竟视若无睹。范增急了，把项羽堂弟项庄叫了进来说："主公外刚内柔，刘邦来送死，他还不下手。你去敬酒，借舞剑的机会把刘邦刺死，永除后患。"

项庄就前去斟酒，然后说："让我舞剑助兴。"说完他拔剑出鞘，剑锋每每接近刘邦。张良急得拼命向项伯使眼色，项伯便离席道："要对舞才好看。”剑来剑往，一个要杀刘邦，另一个要保护刘邦，刘邦早已吓得脸上一阵青一阵白。

樊哙在军门外听张良说情况危急，左手持盾右手拿剑便闯了进去，卫士也拦不住他。樊哙乱撞乱推地闯到项羽前面，眼睛瞪得快要裂开，头发竖起，像是要吃人，大家都看呆了。张良说：“这是刘邦的车夫。”项羽随口赞道：“好一个壮士，拿些酒肉给他吃！”

鸿门宴，今人刘凌沧绘。

手下人便拿了一斗好酒、一只猪蹄给他。樊哙接过酒壶一口喝光，然后用刀切肉送入口中。项羽问：“能不能再喝？”樊哙说：“笑话，死都不怕，还在乎一点酒？”并骂了项羽一顿。

而刘邦趁着项羽酒醉，以上厕所为名，悄悄溜了。等项羽醒了，张良立刻献上白璧一双，说尽好话，项羽也就息怒了。靠着张良的机智，刘邦总算逃过了这场惊险的鸿门宴。

韩信受胯下之辱

韩信是淮（huái）阴人，很小的时候父亲就去世了，家里很穷苦。他不会种田，又不懂做生意，整天游游荡荡，饿了就到朋友家去吃一顿。老母没人供养，不久愁病而死。

南昌亭长和韩信交情不错，韩信常去他家蹭饭。亭长的妻子大为不高兴，故意把开饭时间提前或挪后。韩信等了半天吃不到东西，知道自己惹人生厌，不好意思再去亭长家了。

于是，他到淮阴城下钓鱼为生。钓得几尾鱼，拿到市场上去卖，勉强糊口；有时钓不到鱼，只有饿肚子。

钓鱼的河边每天都有许多女子在洗衣服，其中有个老婆婆常把午饭分一半给韩信。韩信很感激，便对老婆婆说："真谢谢您，将来我有办法时，一定要好好报答您。"

话还没说完，老婆婆瞪着眼睛骂人了："大丈夫不能谋生，潦倒成这个模样。我看你七尺须眉，像个王孙公子，不忍心才给你饭吃，哪想要你报答？"说完她就走了。

韩信望着老婆婆渐渐消逝的背影，暗暗立誓，日后发迹时，要重重地谢谢她。

韩信家里没有什么值钱的东西，只有一把宝剑。韩信外出时，总爱把剑挂在腰间。有一天，他在街上闲逛，碰到一个小流氓，叉着腰，当面侮辱韩信说："小子，我看你老挂着一把宝剑干什么的？瞧你，块头蛮大的，胆子怎么像老鼠？"

街上的人都围拢过来看热闹，小流氓更猖狂了。他接着又挖苦韩信："你如果有种，不妨拔出剑来和我一拼。不然的话，嘻嘻！你就得从老子裤裆下爬过去！"说着他便撑开两腿，用手指一指胯下。

韩信盯着他看了好一会儿，便一语不发地趴在地上，从流氓的裤裆下爬了过去，旁观的人笑得眼泪都流出来了。韩信站起来沉默地离开了闹市。

漂母分饭给韩信，选自《马骀画宝》。

之后他投在项羽麾（huī）下，但项羽不重视他，他又转在刘邦旗下，依旧只做个"连敖"的小官。

有一回，韩信和同事们酒后发牢骚，被刘邦知道了，以为这些人想造反，把他们抓来后就准备砍掉，一连砍了十三个人的脑袋，轮到韩信时，他大喊："汉王不是想要得到天下吗？为什么又要杀死壮士？"

刘邦听到监斩官报告这件事，不仅免了韩信的死罪，还把他的官往上升了一级，但韩信终究还是个不起眼的小官吏。

刘邦的谋士萧何倒是随时在留意人才，他看准了韩信将来有出息，向刘邦保荐韩信。韩信看到萧何能够赏识自己，就安心等好消息。

萧何月下追韩信，清代年画。

天天等、天天盼，过了一个月毫无动静，韩信觉得没指望了，悄悄地收拾行李便上路，想离开刘邦，另谋发展。萧何听到消息，如失至宝，选了一匹快马就追上去，一直追了一百多里路才追上韩信，然后说尽好话，韩信才答应回去。

刘邦在宫里听说萧何出走，急得发狂，他觉得萧何一走，自己好像断了两条手臂一般难过。所以一看见萧何回来，他又高兴又生气地说："你怎么背着我逃走呢？"

萧何回答道："我哪里是逃走，我是去追逃走的人啊！"

等到刘邦问明白是怎么一回事，也就答应任命韩信为大将，并且造一大坛，选一个黄道吉日，隆重举行拜将典礼。

刘邦还一连吃了三天素，这是古人表示隆重的方式。到了当天，坛前悬着大旗，随风飘荡，坛下四周，兵士环列，真是威风极了。从此，韩信正式成为刘邦手下一名大将。

一个人要能忍，才能成大事。韩信如果不能忍耐，和那些小流氓打起来，韩信也许会把小流氓杀了，那么韩信就会因杀人罪入狱被处死，哪里还能成就后来的一番事业呢！

张良烧掉栈道

项羽占领咸阳之后，开始分封诸王，他自封为西楚霸王，地位最高，实力也最强；封刘邦为蜀王，仅有小小的一块地方。

刘邦心里很不痛快，手下的将领也怒气冲天，个个摩拳擦掌，准备去找项羽算账。张良劝刘邦先别发作，忍耐一会儿，然后带了金银财宝去找项伯帮忙。

项伯的话挺管用的，项羽果然答应把汉中也给刘邦，改封他为汉王，建都南郑。

于是，刘邦率领人马，浩浩荡荡向南郑进发。走到一半，后队的人马喧嚷起来，原来栈道被烧断了。刘邦不理会这件事，只一个劲儿催着：“快走！快走！”

到了南郑后，大家听说是张良烧掉栈道的，异口同声地骂他混蛋，断了回去的后路，真没有良心。

其实呢，这是张良的一条妙计。他这么做有三个用意：第一，暗示项羽，刘邦没有东归的意思，敬请放心；第二，断了各国进犯的通路；第三，将来兵练成了，还可利用栈道达到另一个目的。

自韩信被任命为大将军后，他日夜操练兵马，使得军容一新，士气旺盛，择定汉王元年八月出师东征。这时对外交通的栈道已烧掉了，怎么办呢？

蜀栈道，明谢时臣绘。

韩信说："没关系，烧得好，我们可以明修栈道，却暗度陈仓。"刘邦一听这话，恰好与张良的计谋相同，高兴地鼓掌说："英雄所见略同。"于是，他派了很少的兵士假装去修栈道，暗地里由韩信率领三军，悄悄从南郑出发。

此时，正是秋高气爽，兵士都想早日返回家乡，所以，日夜赶路，很快便到达了陈仓。

项羽曾命令秦朝降将章邯好好地守住汉中。因此，章邯每天都派有兵士巡逻，这一会儿，栈道有动静了，自然马上便有消息。章邯听说只有几百个兵在修栈道，很放心地说："别紧张，栈道长着呢，烧掉很容易，要修起来却很困难，几百个人哪里够？汉王既想出兵，当初又何必烧掉？真是一个大笨瓜！"

不久，章邯又听说汉王已命韩信为东征将领，他没有听说过韩信的名字，派人去打听。那人告诉章邯，韩信是个曾经从人家裤裆下爬过去的懦夫。章邯忍不住大笑："这种人也配当大将？汉王真是发神经了。也难怪他，如果不是糊涂，当初也不会烧栈道了。"章邯愈想愈好笑，笑得肚子都痛了。

到了八月，忽然有急报传来，说是汉兵已到达陈仓，章邯还不相信。他自言自语道：“奇怪，栈道还没有修好，汉兵打哪儿冒了出来？莫非他们会飞不成？”这时他才着急起来。

可是已经来不及了，汉兵因为有备而来，像猛虎出柙（xiá）一般，势如潮水，人人奋勇，只管往前冲。而章邯呢？因为以前是秦大将，本来就不孚（fú）众望，又疏于防范，交兵不久，章邯便被打得落花流水。

经过这次大仗，韩信的威名传布四方，刘邦的声势也逐渐盖过项羽了。

陈平的离间计

陈平从小父母就去世了，跟着兄嫂过活。由于他喜欢念书，所以虽然家里很穷，陈平的哥哥还是拿出钱来让他读书，这件事使得陈平的嫂子很不高兴。

陈平生得眉清目秀，唇红齿白，是个相当帅的少年郎。有一回，隔壁的邻居来串门子，看到陈平就开他的玩笑："瞧你，脸蛋白里透红，好像掐得出水似的，你是吃了什么东西，把皮肤养得这么好？"

他嫂子在一旁听到，冷冷地说："像我们这种人家，能吃什么好东西，只能吃米糠。"接着，又白了陈平一眼道，"有这种小白脸的小叔子，还不如没有来得好。"

陈平的哥哥刚好自外面回来，听到妻子的刻薄话，气得立刻要和她离婚。陈平的心中很过意不去，心里想，将来一定得干出一番成绩报答兄长。

他们村子里有个富翁叫张负，张负的孙女是有名的大美人，可是命太硬，一连许配五个人家，还没有嫁过去男方就一命归天了。因此，媒人不敢再上门，张负心中很着急。

恰好附近有人办丧事，张负去吊祭时，发现有个帮忙的小伙子，英气逼人，又精明干练，打听之下，原来就是陈平，于是便把孙女许配给他，也不在乎陈平穷得一文不名。

陈平大喜过望，娶了漂亮的妻子，又得到一大笔钱，从此便得意起来

陈平分肉，明陈洪绶绘。

了。村子里的人对他也另眼相看，连祭祀分肉时也推他当社宰。陈平一刀下去分得公平极了，大家都称赞他。陈平很得意地说："如果要我宰天下，我也会像割肉一般，分得清清楚楚，秉公办事。"

后来，陈平投奔到项羽麾下。为了一点小事，项羽想杀他。陈平知道了吓得逃出来，看到一艘船，就急忙跳上去。船上几名船员长得横眉竖眼，不断对陈平狞笑，想要谋财害命。陈平急中生智，自动把衣服脱下，表示一无所有，并且帮他们划船，这才捡回了一命，后投奔到刘邦麾下。

刘邦知道硬碰硬是打不过项羽的，陈平就帮刘邦想了一条妙计：他先买通了人到楚营中散布谣言，说项羽的谋士范增有谋反迹象。项羽虽然一向对人猜疑，但未中计，因为范增素来是忠心不二的。

接着，陈平又派人去跟项羽讲和，愿意把荥阳东面的土地分给楚，请项羽派一个使者来商量。项羽也正想找个人去探查刘邦城中的虚实，也就答应了。

楚使到了以后，便被招待住进了最好的上房。不一会儿，看到仆人们把一盘盘山珍海味捧过去，那阵阵香味馋得楚使的口水都淌到了嘴边，他摸着饥肠辘辘的肚子道："等会可以大吃一顿了。"

接着陈平进来了，问起范增的近况，并且问有没有他的信。楚使说："我是奉楚王项羽之命而来的。"陈平忽然脸色发白，匆匆忙忙地走了。一会儿，菜也一盘盘端走了，有人悄声在说："白忙一阵，他不是范增派来的，配吃酒席吗？"

等到天都黑了，楚使的肚子都饿扁了，才有人来招呼他吃饭。他满怀欣喜地一揭开盖子，一股腐臭味冲出，饭是馊的，酒是酸的，再尝一口菜，"哗啦，哗啦"全吐出来了。楚使恨恨地说："再吃下去，非食物中毒不可。"

楚使立刻跑回楚营，一五一十报告了项羽。项羽很生气地说："范增这个老家伙，是不是活得不耐烦了？"心中疑云大起。

其实，范增毫不知情，还跑来说："以前鸿门宴时，我请大王杀掉刘邦，大王不肯，遗祸至今，现在再不杀就惨了。"

项羽说："你这个混蛋，只怕我还没有杀掉刘邦，我这条命就要送在你手上！"

范增一片忠心，落得如此下场，他伤心地离开了项羽，在返乡途中忧病而死。等项羽知道中了陈平的离间计时，后悔已经来不及了。

真假刘邦与娘子军

陈平耍了项羽一招，害他把最能干的谋士范增赶回家乡。

范增由于受不了不白之冤，在又气又急又伤心的情况下，病死在半路。项羽得到消息，想起范增的一片忠心，懊悔难过得要命，恨不得一脚把刘邦踏死报仇才甘心。

于是，项羽指挥大军猛攻荥阳城，刘邦的将士们渐渐守不住，粮食眼看着也吃得差不多了。平日计谋甚多的张良和陈平，这会儿也拿不出办法来，只有不断地激励士兵们苦撑下去。

刘邦的军营里有个将士纪信，非常忠心，愿意用死来报答刘邦的知遇之恩。

纪信找了一个机会对刘邦说："城里头兵少粮缺，再拖下去也只有死路一条，非想办法冲出去不可。我想打扮成大王的模样，假装出门投降，你就趁这个机会逃走吧！"

刘邦说："这样的话，我虽然可以出去，你不是太危险了吗？"

纪信说："倘若不听我的话，等城一攻破，大家一起完蛋又有什么好处？如果照我的话做，不但你可以逃出城去，其他人也可以逃出去。我一个人的命能抵许多人的命，也很值得了。"

刘邦一时还不能决定，纪信抽出佩剑就要往脖子上抹，说："你不忍心让我死，那我现在就死给你看！"吓得刘邦赶紧下来拦住纪信哭道："你的忠贞，古今都没有一个比得上，希望上天保佑你。”纪信这才收回剑，慢悠悠地下拜说：“我死得其所了。”

接着，刘邦便召来智多星陈平，告诉他这件事，陈平说：“纪将军肯替你死，还有什么话好说。不过，最好再加上一计，那才万无一失。”陈平附在刘邦耳旁低语一番，刘邦一面点头，一面微笑，到后来，更是大笑不已。

陈平立刻磨墨写降书，派人出城交给项羽。

项羽看完了降书，便问：“刘邦什么时候来投降？”

使者回答道：“就在今天晚上。”

项羽很满意，并叫使者回去通知刘邦，不得误约。否则，项羽准备明天屠城，杀光所有的人。

到了半夜，荥阳城的东城门打开了，放出许多人来。项羽的兵士们惟恐有诈，很紧张地准备好武器，却听到传来娇滴滴、软绵绵的声音：“我们都是妇女，城里面没得吃没得穿，只好趁开门的时候，逃出来求生，希望各位将军们放我们一条生路。”

纪信与刘邦、张良等人定计逃出荥阳，选自清《戏剧图册》。

项羽的士兵用火把一照，嗄（á）！果然是女的，有的年纪很老了，也有很年轻的，只是身上都穿着军装，走起路来忸忸怩怩。大家觉得很奇怪，问她们为什么以这种打扮出现？她们说：“哎，我们可怜噢，没有衣服穿，只有借军人旧的甲衣御寒。”

听说来了一批娘子军，楚兵都好奇得很，围拢过来看热闹，分站两旁，好让她们通过。见到年轻貌美的，更指指点点，品头论足，看得不亦乐乎。

奇怪的是，她们走了一批又一批，好像永远走不完。楚将以为刘邦是跟在这些女子后头出来投降，因此其他西、南、北三个方面的楚兵知道这种新鲜事，也纷纷赶来一饱眼福，像看选美似的起劲。

刘邦趁着这个机会，脚底抹油，带着将领们开了西门逃之夭夭。

妇女们走路慢，楚兵也舍不得催她们。因此到了快天亮，大家才看到汉王刘邦坐着车子出城，赶紧请项羽出来。

项羽威风八面地在刘邦的车前一站，大喝道：“刘邦别装死，见我亲自出来，还想坐在里面当木偶吗？”说完，他命左右拿着火把，将车内照个通亮，却发现坐在车中的，不是刘邦，而是别人穿了刘邦的衣服冒充的。项羽气得直跳脚：“哪个混蛋，冒充刘邦？”

纪信不慌不忙地答道：“大汉将军纪信是也。”并得意洋洋地告诉他，刘邦早就走了！项羽一气之下，把车烧掉。舍己为人的纪信，也就活活被烧死了。

讲义气的夏侯婴

夏侯婴是刘邦的小同乡，也是沛县人，两人从小就很要好。当刘邦担任泗水亭亭长的时候，夏侯婴也在沛县当司马，专门替县府的官员赶马车、送客人。

他每次送客人经过泗水亭时，一定去找刘邦聊天。两人对喝一壶老酒，谈得津津有味，往往谈到太阳都快落山了，还一点也不察觉。

夏侯婴是个很上进的年轻人，平日除了驾车外，时时不忘读书充实自己。因此有一天，他接到命令——升为县吏。夏侯婴高兴得立刻驾马车赶到泗水亭，告诉刘邦这个天大的好消息。

刘邦也很为好朋友开心，他笑着推夏侯婴一把道："好小子，有你的！"由于用力过猛，竟使夏侯婴后退几步，撞到重物，而且还受了轻伤。

有个热心的过路人看到了，一状就告到县老爷那儿，说刘邦打人。刘邦平日品行不端，早有伤人的前科，如果再以殴人获罪，一定要判很重的刑罚，所以夏侯婴极力为他脱罪，使刘邦免受牢狱之灾。

可是，原检举人不服气，明明刘邦是打人嘛，于是又一状再告上去。而查清楚了夏侯婴确实有受伤，这等于说夏侯婴是做了伪证，夏侯婴因而受到重罚，挨了一百大板，被关了一年牢，县吏的官也丢了。然而，夏侯婴始终没说过一句不利于刘邦的供词，可见得此人颇有侠义风骨。

后来，刘邦起事反秦，夏侯婴始终跟着他，每战必胜。由于驾车是夏侯婴的看家本领，所以他也经常亲自为刘邦赶车。

彭城之役，项羽大获全胜，刘邦落荒而逃，远远看到一队兵马，以为是楚兵追上来了，赶紧闪到树林里去。等到兵马走近，仔细一看，原来是夏侯婴，刘邦便高兴地跳上了车子。

一路上，许多人狼狈逃难。忽然间，眼尖的夏侯婴嚷道："咦，难民中有两个小孩，好像是大王的孩子。"

夏侯婴，选自《桂林夏氏家谱》，清刊本。

刘邦一看，果然就是，夏侯婴急忙停车，把两个小孩抱上来。原来他俩是跟着祖父、母亲一块儿逃命，不幸半路被冲散了，幸亏遇上了刘邦，刘邦和两个小孩又惊又喜。

就在这时刻，大队楚兵赶上来。

刘邦大叫："快跑！"

于是，夏侯婴一挥马鞭往前奔去，眼看着楚兵快要追上了，刘邦惟恐车重走不快，狠下心就把两个孩子推下车。夏侯婴见了，立刻停车把他们抱回车上。

刘邦再一脚把小孩踢下去，夏侯婴又把他们抱上来，让他们一左一右抱着自己，像合抱一棵大树一般。刘邦气极了，大骂夏侯婴道："现在是什么时候了，难道还要管小孩吗？这不是找死！"

夏侯婴说："这是你的亲骨肉，怎么可以扔掉呢？"

刘邦懊恼极了，说："你再抗命，我就杀了你。"

夏侯婴还是不理会，刘邦更气了，拔出剑来挥了过去，夏侯婴躲闪开来，却发现两个小孩又被踢下去，索性叫别人来驾车，他自己抱着两个吓得半死的小孩跳上一匹马，捡回了两条小生命，一起逃出了楚兵的重围。

真齐王与假齐王

话说有次韩信接到刘邦的命令，要他在赵国召募军队攻打齐国。韩信动身不久，郦食其觉得这是一个立功的大好时机，便去见刘邦，说自己有办法不用一兵一卒，说动齐王投降。刘邦答应了。

郦食其对齐王说："现在大势已定，天下归汉，名正言顺，如今各地诸侯纷纷归附刘邦，你呢？有没有什么打算？"

齐王想想，既不可能一霸天下，还不如趁早投降，免得日后危险，于是问道："如果我投降，汉兵还来不来？"

郦食其一面摇头一面说："绝不会来，你放心吧！"说完，他立刻写了封信给韩信，叫他停止用兵。齐国也就正式撤防，齐王天天陪着郦食其喝酒，日子过得很快乐。

韩信手下的谋士蒯（kuǎi）彻（《史记》《汉书》为避讳称"蒯通"）跟韩信说："你带兵打了一年多，才平赵国五十多城，而郦食其张张口，就拿下了齐国七十多城，你再不趁齐国边防空虚时进攻，还待何时？"

韩信说："我一出兵，郦食其的老命不就丢了？"

蒯彻笑道："他啊？活该！汉王本来是叫你去打齐国的，他干什么要去抢功劳？"

韩信本也是个贪功之人，听了这话，点齐人马，一会儿工夫便杀进齐国，齐兵莫名其妙吃了个大败仗。

齐王正与郦食其对饮下棋，听到消息，气得命人烧滚了一锅油，把郦食其丢进锅内活活炸死，然后，派人去求项羽帮忙。

但是项羽的军队也不是韩信的对手，三两下就被打得落花流水。

韩信平定齐地后，志得意满，想当齐王，派人禀告刘邦，要求给他假齐王（“假”是代理的意思，假齐王就是代理齐王）的封号。

看到韩信的使者，刘邦很生气地说：“我困守广武，日日夜夜盼他来帮忙，他老不来，居然还想做齐王？”

这时候，张良、陈平在一旁赶紧使眼色，又用力踩了一下汉王的脚。张良凑在刘邦耳边说：“现在大局不好，军队大权又都握在韩信手中，你禁止韩信称王，莫非想逼他造反？不如顺了他吧！”

刘邦马上会意过来，依然绷着脸对韩信的使者说：“干什么做假王，要做就做真王！”接着，他命令张良去齐国，爽快地封韩信为齐王。

韩信央求当假齐王，没有料到竟当上了真齐王，对刘邦感激得五体投地。因此，张良劝他攻打楚国（项羽），他就满口答应了。

此时，楚使者来求见韩信，希望他联楚攻汉，否则就保持中立，

韩信，选自《历代名臣像解》。

三分天下。以韩信的实力，不论刘邦、项羽，都得让他三分。

韩信不愿意，他说："以前我在项羽手下，他一直瞧不起我；刘邦待我恩重如山，我不能背弃主人。"

蒯彻则劝韩信不妨多考虑，因为"刘邦为人与勾践一般，可与共患难，不可共富贵；文种为越王立了大功劳，结果仍被杀。狡兔死，走狗烹，是千古不移的道理，要为自己留个余步"。

韩信始终不忍心背叛，蒯彻恐怕日后遭祸，就假装发疯，离开了韩信。

虞美人

楚汉相争的最后一个故事，也就是历史上大大有名的“霸王别姬”。

项羽有一个宠姬——虞（yú）氏，长得非常美丽，而且知书达礼，温柔体贴。项羽不管到哪儿都带着她，就连出兵打仗也不例外。

这天，虞姬在军营中等候项羽，同时在厨房张罗酒菜准备为他庆功。忽然间项羽进来了，神色匆忙，满脸疲惫。项羽平日都是大笑大叫、志得意满的神情。虞姬从没有看过项羽这样颓丧过，扶他坐下来，才问：“怎么一回事？”

项羽万分懊丧地说：“败了，败了！”眼眶中饱涨着泪水。虞姬安慰他说：“胜败是兵家常事，你也不要太难过了。”项羽说：“我真是从来没见过这种恶仗。”

原来，项羽轻敌，中了韩信的计，遭到十面埋伏，在垓（gāi）下吃了一个大败仗。手下的十万楚兵被打死了三四万，逃散了三四万，只剩下两三万残兵，狼狈逃回营中。

面对着满桌酒菜，项羽哪里咽得下去？又不忍心拂却虞姬的情意，就坐下来，一杯一杯喝着闷酒。

喝了三五杯之后，有个兵士进来报告：“汉兵已围住营寨了。”项羽不想再烦这件事，摆手道：“小心坚守，明天再决一死战。”

项羽越喝越愁，越愁越困，睡眼模糊，头昏脑胀，虞姬便伺候他睡下，自己在榻旁陪着。

项羽乌江自刎，选自《画给儿童的孙子兵法故事》。

她一会儿听见“哒、哒……”的车马声，一会儿听见“呼、呼……”的风声，接着又有一片歌声传进来，一声高，一声低，一声长，一声短，如怨如慕，如泣如诉，悲凉极了。

虞姬回头看项羽，早已鼾声如雷。这歌声打哪儿来的呢？原来是张良编了一曲楚歌，教兵士在军营附近唱，句句悲哀，字字凄惨。楚兵们听到家乡的歌曲，想到年迈的双亲，远隔的妻儿，心酸酸的，到后来，竟一个一个散去，只剩下八百个亲兵还守在项羽门外。

项羽大梦初醒，听到四面楚歌，奇怪地走出帐外细听，发现歌声起自汉营，更是惊奇无比。这时士兵前来报告：“只剩下八百亲兵。”项羽大感惊异：“一个晚上竟有这么大的变化！”回身进帐，看见虞姬已哭得像个泪人儿，也不由得泪珠滚滚。

他吩咐厨房重新烫酒后，与虞姬共饮数杯，随口唱道：

力拔山兮气盖世！时不利兮骓不逝！
骓不逝兮可奈何！虞兮虞兮奈若何！

项羽生平最爱的，一是乌骓马，一是虞姬。这次兵围垓下，英雄末路，最舍不得这两样。

虞姬也跟着唱了一首：

汉兵已略地，四方楚歌声。

大王意气尽，贱妾何聊生。

唱完，两人抱头痛哭，在旁的侍者也为之鼻酸！最后项羽说：“你这么娇弱，怎能跟我冲出重围？我看你不妨自找生路，我要与你永别了。”

虞姬突然起立，竖起双眉：“我死也要跟着你，望大王多保重。”接着她拔剑自刎，项羽泣不成声。后人为了凭吊虞姬，特别为她谱曲，曲名《虞美人》。

项羽葬了虞姬，率八百亲兵在拂晓逃出，等他匆匆赶到淮水边，只剩下一两百人。这时前有岔路，项羽便问路旁老农：“哪儿可到彭城？”老农恨项羽残暴，故意指引了他一条错路。

等项羽发现受骗再转回头时，这一耽误，便被汉兵追上。四面的金鼓声、呐喊声，愈逼愈近，而剩下的仅有二十八人。

项羽知道逃走很难了，便率二十八个人摆成圆阵，对骑兵们说：“我领兵八年，转战七十多回，从来没打败仗。今日是天要亡我，但是我要你们知道我能战。”他把二十八人分为四队，叫他们从四面冲下山去，周而复始，自山上杀下九回，汉兵一见便逃散，证明了他确能打仗。

最后，他冲到了乌江边，乌江亭长对项羽道：“江东虽小，仍有千里，足可称王，现在只有这一条船了，你赶紧过江吧。”

项羽凄惨地笑道：“天要亡我，何必再渡江？我与江东子弟八千过江西征，现无一人东还，我有何面目再见江东父老？”说完，便把乌骓马送给亭长，表示谢意。

汉兵赶到，项羽又连杀数十人。最后，他见到一个旧识的吕马童道：“听说能得我头者，汉王将赏千金，封万户侯，我卖你这个情面吧。”说完，自杀而死。汉兵纷纷上去抢尸体，甚至自相残杀。一代霸王，死时才三十一岁。

项羽死后，刘邦统一天下，建立汉朝，中国的历史也有了另一番新气象。

田横与五百义士

自从刘邦打败了项羽，登上了帝位，定都长安，国号汉，他就是汉高祖，中国历史上第一位平民出身的皇帝。他虽然统一了全国，依旧有人不服气，不愿意拥戴他为皇帝，其中之一，便是田横。

楚汉相争之时，田横是齐国的相，后来，齐国被汉将韩信攻破，齐王死，田横便自立为齐王，继续与汉军作战。

不久，田横被汉将灌婴打败，逃到河南开封，依附彭越。当时彭越既不归顺项羽，也不听命刘邦，保持中立的姿态。过了一年多，项羽失败，在乌江边自杀，刘邦做了皇帝，任命彭越为梁王。田横眼见彭越已归顺汉朝，心里害怕刘邦会杀他，彭越已经不能保护他，因此，便偷偷溜到东海的一个岛中。

刘邦知道了这件事，心中很忧虑，害怕田横会造反，派人去劝他投降。使者到了岛上，把刘邦的信交给田横，表示赦免田横的罪。

田横看完信，对使者说："以前郦食其到齐国来劝降，齐王答应了，没想到后来韩信又攻打过来，我建议把郦食其丢到锅中炸死。如今听说郦食其的弟弟郦商，在刘邦手下当大将军，他一定会为哥哥报仇。因此，我不能接受你的好意，请皇上准许我在海岛上做一个老百姓吧。"

使者回去把这番话转告了刘邦。

刘邦说："过去的事，不要再算老账，田横也未免太多虑了。"接着，刘邦立刻把郦商找了来，对他说："田横要来了，你如果私下陷害他，当心我灭你的族。"

郦商心里很不服气，但也不敢辩驳，只好闷声不响地告退。

刘邦又派使者到了田横那儿，告诉他不必害怕，并且说："你到了洛阳，大者可封王，小者可封侯。若要存心抗命，我现在就可派兵打你。"

田横不再说什么，带了两个随从，跟着使者，航海登岸，乘驿车前往洛阳，快到目的地时，田横对随从说："我和刘邦一样，也曾南面称王，现在成了亡虏，要跪在地上喊他皇帝，岂不可耻？况且我曾烹郦商的哥哥，就算他畏惧皇帝的命令，不敢对我报仇，我心中能不惭愧吗？汉朝皇帝坚持要见我，无非是想看一看我的面貌，现在皇帝就近在洛阳，你们割下我的脑袋，即刻送往洛阳，我的面貌大概还不会怎么改变。"

在门外的使者听到哭声进来一看，两个随从正伏在田横的尸体上痛哭，很是懊恼，却也没法子挽救。

当田横的脑袋被捧到刘邦面前时，面目如生，刘邦连连叹道："可惜，可惜。"刘邦封两个随从为都尉，然而他们的心里一直郁郁不乐。

田横告别五百壮士，徐悲鸿绘。

刘邦派了两千人为田横修筑坟墓，收殓田横的尸体，吩咐把头和尸体缝起来，用王礼安葬。田横手下的两个随从送殡到坟场，大哭一场，就在坟墓旁边刨了两个坑，然后拔剑自杀在坑中。刘邦听了大吃一惊，只得又派人安葬了这两个人。

“田横死了，他手下两个人也自杀了。真是奇怪，海岛上还有五百个人，如果都像这样，那还了得吗？”刘邦愈想愈着急，赶紧派人到海岛去造谣，说田横已当了官，请大家都去享福。

岛上的五百人以为是真的，一块儿到了洛阳，才晓得田横等三人都自杀了，大家聚在田横坟墓旁边，一面哭一面拜，并且合唱了一曲《薤（xiè）露歌》，唱完以后集体自杀。

薤露的意思是，人生像薤上的露珠，很容易便消逝。这首哀怨动人的歌流传千古，后代人称为挽歌，在葬礼中演唱，也是为了纪念五百义士的忠勇精神。

兔死狗烹

刘邦曾说过："率领百万大军，战必胜、攻必克的本领，我不如韩信。"汉朝建立以后，韩信的下场如何呢？

话说刘邦统一天下之后，有一年，他忽然想起项羽手下有个大将军，名叫钟离眛的，到现在还没找着，很叫人忧虑，立刻下令通缉。

不久，有人通风报信，说是钟离眛窝藏在韩信的家里。刘邦对韩信早有戒心，听到这个消息，好像背上长了一根刺，坐立难安，立刻派人通知韩信把钟离眛将军交出来。

钟离眛和韩信一样，都是楚国人，项羽败亡后，钟离眛走投无路，不得已投靠韩信。韩信顾念旧情，也就把他收留下来。如今，刘邦要他交出钟离眛，韩信考虑再三，终究不忍心，推说没有这回事。

刘邦自然不相信，派人来探虚实。结果发现韩信每回外出，前后护卫有三五千人，声势烜（xuǎn）赫，大有凌驾帝王之势，使得刘邦更加确定韩信想要造反。

当时，韩信受封为楚王，封地是在今日的湖北南部一带。足智多谋的陈平建议刘邦以到云梦（在今湖北省中东部）去巡狩为名，在楚国大会诸侯，乘机削夺韩信的兵权，刘邦同意陈平的计谋。

韩信接到诸侯会集的命令，心知不妙，因此，对钟离眛的脸色也难免变得很难看。钟离眛很愤怒地对韩信说："你是个反复无常的小人，我真瞎了眼睛才投靠你！”说完他便自杀了。

韩信虽然把钟离眜的脑袋交出，刘邦还是把他降为淮阴侯，送到京城长安，一切生活都加以监视。韩信叹了一口气道：“有人说，兔子逮着了，猎人便把猎狗煮了吃；鸟被射光了，猎人也就把良弓收藏起来；敌国被消灭了，功臣也免不了被杀。现在天下已定，看来我也该死了。”（原文是：“果若人言，‘狡兔死，良狗烹；高鸟尽，良弓藏；敌国破，谋臣亡’。天下已定，我固当烹。”）

从此，韩信怏（yàng）怏不乐，时时托病不上朝。有一年，北方的代国丞相陈豨（xī）造反，刘邦亲自带兵去讨伐，也不用韩信为大将，表示对韩信越来越不放心。

出发前有一天，刘邦与韩信谈论将官们的才干时，刘邦忽然问：“你看我可领多少兵马？”韩信说：“最多不超过十万。”

刘邦问：“你呢？”韩信答：“愈多愈好。”

刘邦笑道：“既然如此，你为什么做我的部下？”

韩信说：“你虽不会带兵，但却能指挥将领。”

刘邦不再说什么，但对韩信又添了一层疑惧。

在刘邦领兵到北方打仗期间，国事由吕后掌管。

韩信和陈豨是老朋友，他与陈豨相约造反，准备发动京城里的奴隶，去袭击吕后和太子。韩信的计谋大致决定，不巧发生了一个意外。原来，韩信家里的一个小吏得罪了韩信，韩信要把小吏关起来处死，小吏的弟弟知道了，为了救哥哥，立刻跑到宫里，去向吕后报告韩信谋反的计划。

吕后得到了密报，不敢轻举妄动，因为她不知道韩信发动了多少人马。于是召萧何入宫密商。吕后与萧何就设下一个圈套。

第二天清晨，萧何暗中派了一个人，骑了一匹快马从城外飞奔回长安，这个人伪装是刘邦从前线派来的，带来一个消息：“陈豨已被杀。”这个假消息立刻传布开来，萧何立刻召集在长安的群臣，入宫向吕后致贺。

萧何特别跑到韩信家里，告诉韩信这个消息，并且强拉韩信一同入宫。

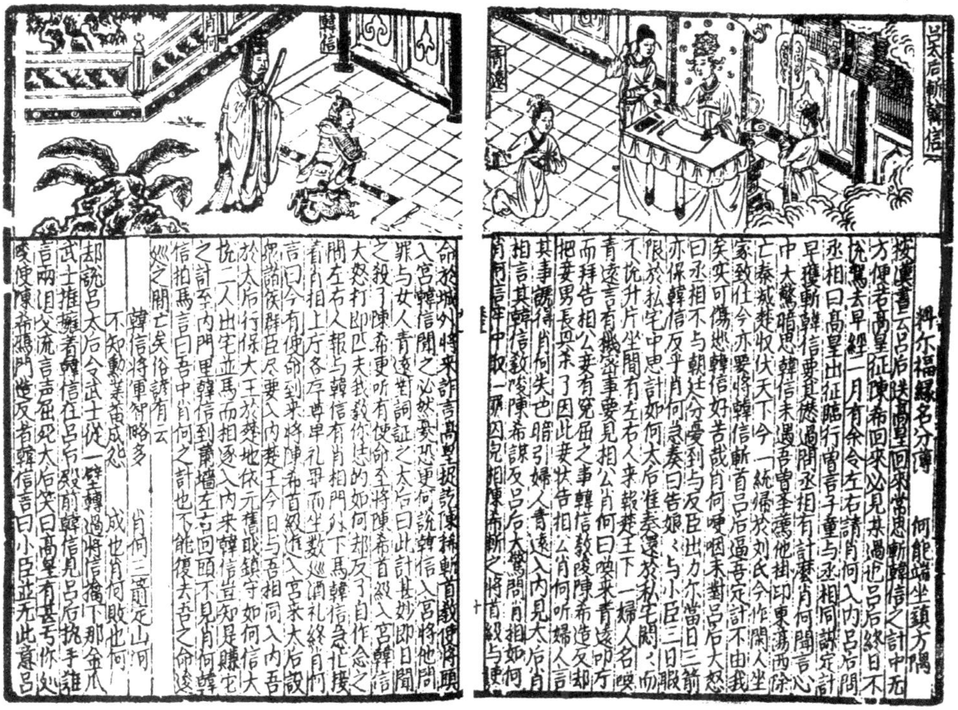

吕后定计杀韩信，中国明代版画。

萧何和韩信一同到了长乐宫，埋伏在宫内的数十名武士一拥而上，立刻把赤手空拳的韩信捉住，并且就地斩首。

本书前面，我们曾说到韩信是靠萧何才发迹的，现在却又是萧何把他送到西天去的。所以后人叹“成也萧何，败也萧何”就是指成败都因一人而造成。

冒顿单于的鸣镝

秦末大乱，楚汉相争，匈奴的旷世雄主冒顿（mò dú）单（chán）于乘机崛起。他的崛起，中间有一段曲折的故事。

冒顿是头曼单于的太子，由于头曼单于另有新欢，也生下了一个儿子，他很想把冒顿太子废了，立小儿子为太子，但是又找不到借口。于是，头曼单于派遣冒顿为匈奴驻祁连山区的大月氏的代表。其实，就是当人质。

不久，头曼单于率领大军攻打大月氏，他满以为大月氏一定会把冒顿杀了，完成他借刀杀人的计谋。没有料到冒顿机灵得很，偷了一匹大月氏的快马，不分昼夜地赶回匈奴。

头曼单于看到冒顿竟然溜回来了，心中暗暗叫苦，表面上还是称赞他勇敢，并且派他担任一万骑兵的指挥官。冒顿心里明白父亲的计谋，却假装不知情。

冒顿是个工于心计又阴狠的人，他养了一批听命的死党，又设计了一种射出去有“呜呜”声响的箭，叫做鸣镝（dí）。冒顿告诉部下说：“打猎的时候，鸣镝所射的方向，大家都得照着射，哪个不射，就砍他的脑袋。”

为了训练部下，冒顿有一天把自己心爱的宝马牵出，自己用鸣镝射马，左右也纷纷竞射，冒顿很高兴，大大奖励一番。又一回，他看见自己的爱妻走出来，竟然也拔箭就射，有些部下以为冒顿一时丧心病狂，没有动手，结果这些人的脑袋立刻搬了家。从此，部下被训练成了机械式反应，只要鸣镝一响，莫不追随目标接连放箭，不管那目标是什么。

有一天，头曼单于外出打猎，冒顿尾随在后，忽然他把鸣镝向头曼射去，冒顿的部下随着一起射箭，顷刻间，头曼单于全身插满了箭，像只刺猬一般，就这样糊里糊涂地死了。冒顿随即抢夺了单于的位子。

鸣镝，赤峰市大营子辽墓出土。镝，就是箭头。鸣镝用骨制成，中部凿空，射出后，会发出“呜呜”的响声，又称响箭。

在汉高祖七年（前200年）时，冒顿单于进攻太原，刘邦亲率三十万大军迎战，到了平城（治今山西大同市东北），因为轻敌被困了七天，一筹莫展。汉兵耐不住寒冷，个个冻得皮开肉裂手缩脚僵，甚至连手指头都因为太冷而断了，困在白登山动弹不得。

幸好，智多星陈平及时献上一计：

他派了一个有胆识的使者，带着金银财宝和一幅图画，到了匈奴的兵营，只说要见单于妻子——阏氏（yān zhī）。

阏氏看到光闪闪的黄金，亮晃晃的珍珠，非常欢喜，赶紧收下了。一抬头，看见一幅画，画的是一个美人儿，心中起了妒意：“这是谁？”

汉使回答道：“汉帝为单于所困，愿意罢兵修好，所以派我送上金银财宝，又准备把朝中第一美人献给单于，不久即可送来。”

阏氏酸溜溜地瞪着画上的美人说：“这倒不必了，你把画带回去。”

汉使说："汉帝也舍不得把美女送给人，如果你肯帮忙，那还有什么话说？"

阏氏不耐烦地说："我知道了，你放心吧。"

送走汉使后，阏氏立刻一把眼泪一把鼻涕地跑去找冒顿说："汉朝皇帝刚即位不久，我听说汉朝皇帝是真命天子，他能做皇帝是天意，你如果捉住汉天子杀掉，便是违背天意，恐怕老天爷会谴责你。你如果捉住汉天子不杀，那么，草原各部又一定会责怪你。"

冒顿问："你看，该怎么办呢？"

阏氏说："依我看，放走汉天子算了。"

冒顿单于原先约定匈奴其他两部同来平城，那两部迟迟未到，冒顿单于正怀疑那两部是否和汉朝勾结，所以，内心也有些不安，听了阏氏的话，便同意放松白登山的包围圈，让刘邦从一条缝隙之中冲出去。

就这样，靠着陈平的奇计，刘邦狼狈地逃回来，从此再也不敢出兵打匈奴，而汉朝的边境也就从此不安宁了。

萧何费尽心机保住性命

萧何和刘邦是同乡，刘邦打进咸阳的时候，萧何搜集了大量的秦朝图籍档案，把秦朝的土地、户口调查得一清二楚。刘邦能打败项羽，萧何功居第一，因此在天下统一、大封功臣的时候，萧何官拜丞相，被封为酂（zàn）侯，在列侯中占第一位。

萧何帮助吕后设计除掉韩信以后，他的功劳更大了，刘邦再加封萧何五千户，得养卫士五百人，并尊为相国（相国就是丞相，给予相国的名号是表示特别崇敬）。

他认为自己劳苦功高，理该如此，也并不辞谢。当大家都来向萧何祝贺时，只有一个手下叫召平的，对他说："你恐怕要惹祸上身了。"召平接着解释道，"你别看皇上表面看重你，其实已经在怀疑你了。你想想看，连韩信到头来都免不了一死啊……"

萧何听了，怕得发抖，坚持不肯接受加封，并且把钱捐出来充作军饷。刘邦知道了萧何的做法，对他很是夸奖。

不久，刘邦领兵去攻打英布，萧何派人运输军粮，刘邦老爱问押运军粮的人说："萧何最近怎么样啊？做了什么事啊？"押运军粮的人回答说："萧何勤政爱民，常常抚慰百姓。"刘邦听了，皱皱眉头不吭声。

押粮的人回来报告，萧何也没有在意。有一次，无意间和朋友谈起，那个朋友立刻对萧何警告："你一家大小不久以后都要完蛋了。"

萧何听了这话呆住了，搞不清楚为什么。

这个朋友继续说："你已经做到宰相，没法再升上去。皇上经常问你在做什么，是害怕你太得民心，逮住机会起来造反。你最好多收买些田地，强迫老百姓以最便宜的价钱卖给你，这样老百姓一定恨透了你，你得不到百姓的爱戴，皇上才会放心的。"萧何听了深感有道理，于是假装出很贪婪的样子，到处去搜刮民田。

萧何仗势强占民田，自然引起老百姓的抱怨，有几千人联名上书告发萧何的罪状。

萧何，选自《历代名臣像解》。

刘邦得胜回来，就得到老百姓告状的消息，他亲自责问萧何，要他自己向百姓谢罪，并且把萧何关进了监狱。

有个朋友到监狱去探望萧何，很为萧何担心，萧何却轻松地说："不要为我担心，要为我庆贺，因为我逃过了被杀的一关啊！"

其实，刘邦对萧何强占民田的事很高兴，因为这是萧何自毁形象，老百姓不会拥护萧何了，纵使萧何造反，也不会有人追随他。不久，刘邦对萧何猜忌恐惧之心便减低了。于是，刘邦命人把萧何从监狱中召来。

“我想不通，你为什么要强占老百姓的田地？”刘邦在试探萧何。

萧何跪在地上，低下头说：“老臣年纪大了，儿孙都没有什么本事，我想多留一点遗产给儿孙，以免他们将来冻饿。”

听了萧何的解释，刘邦心中大乐，原来萧何的志气如此小，只想留些田地给儿孙，这种人是一定不会造反的，不必提防了，于是，刘邦装成很慈祥的样子说：“你不要强占民田，我会给你一些土地的，你回家去休养几天，然后继续当职，还是做你的丞相吧！”

萧何立刻千谢万谢，高兴地回家去了。

到了萧何临终时，惠帝去看他（这时高祖已死），问他：“谁可以继你为丞相？”

萧何知道言多必失，故意说：“我想你一定清楚。”

汉惠帝想起了高祖的遗嘱问道：“曹参可以吗？”

萧何在病榻上叩头说：“你的眼光很对。”说完话萧何含笑而死。他处处提防，用尽心机应付皇上，才能保得住一条老命。

奇耻大辱的和亲政策

刘邦被匈奴围困在平城七天，靠着陈平用美人图画骗了冒顿的阏氏，才捡回一条老命。

刘邦心有余悸地回到了长安，才过了没几天，一连接到了北方的好几件快报，说是匈奴又来攻打边境了。

刘邦因为晓得匈奴冒顿的厉害，心里着急得不得了，找到几个大臣前来商量对策，却都束手无策，这时有个叫刘敬的大臣开了口："现在天下刚刚安定下来，再要大动干戈远征，恐怕不是容易的事，看来匈奴不是用武力可以征服的！"

"那莫非要用仁义感化吗？"刘邦急忙追问。

刘敬说："当然不是，冒顿心比豺狼，您忘了吗？他能用鸣镝诡计杀害自己的父亲，哪里吃仁义这一套？我倒有一个方法，就怕您不肯。"

刘邦说："只要能使匈奴臣服，我什么都肯干。"

刘敬便说："那就好，我的意思是把陛下的公主嫁给冒顿单于，立为冒顿的阏氏，他一定很感激陛下。等公主生了小孩立为太子，这样，便成为陛下的外孙，天下哪有外孙来攻打外祖父的？我们再每年送些宝贝珍玩去，不怕匈奴不服。"

刘邦一拍大腿，兴奋地说："这个计谋很不错，有什么舍不得的？"接着，刘邦进入后宫找吕后商量。

吕后听了立刻破口大骂："我只生一儿一女相依终生，你竟然要把我的宝贝送到番邦吃苦受罪，这绝不可以。况且女儿已经订了亲，你做皇帝的，讲话可以不算数吗？"

不久，吕后偷偷把公主嫁掉了。刘邦知道了，大为不悦，但是也无可奈何，只好找了一个宗室的女孩，冒充公主外嫁番邦，保住了一时的安宁。

除了匈奴之外，汉朝也把几位假公主嫁给其他外族的酋长，以求维持友好邦交。这种用嫁公主来换取友好关系的办法，称为"和亲政策"。这种和亲政策从汉高祖开始，汉朝一直采用下去。

外族酋长娶到公主当然很高兴，不但得到漂亮的妻子，而且有大量的陪嫁珍宝，可说是人财两得。但是，对汉朝而言，既赔了夫人（公主），又赔了钱（嫁妆），实在不划算，所以，和亲政策是很耻辱的。

刘敬对刘邦说："当心有一天冒顿发现就不好了，陛下还是要多注意边防，不能疏忽。"

西汉时期匈奴人牧羊图，汉墓壁画。

刘邦也认为刘敬讲得有道理，但是汉朝刚建立不久，基础不够，况且人都是有惰性的，能暂时逃避现实就逃避一阵吧，也就不去管他。

平平安安过了几年以后，刘邦驾崩，冒顿打听到惠帝软弱，吕后掌权，存心藐视汉室，写了一封历史上有名的“国书”送给吕后。

上面写着：“我生于沮（jù）泽之中，长于平野牛马之城，几次到边境，想到中原去玩一玩。你死了丈夫，我的妻子最近也死了，两个君主都闷闷不乐，非常寂寞，愿意以我有的，换取你没有的。”

吕后看了，眼冒金星，当场把“国书”丢到地上，召集文武百官，准备把来使斩首，马上出兵算账。

这种践踏皇室尊严的信，实在令人无法容忍。但是汉朝的国势衰弱，凭什么跟人家打仗呢？

最后，吕后只有发挥“忍”的功夫，假装看不懂冒顿单于书信的意思，写了一封信回单于：“承蒙单于看得起我，我真是既感激又恐惧。你们所有的是马，我们所有的是车，我愿意送你几辆车，配合你的马。”又拿了许多金银财宝叫使者送回去，并且挑了一个倒霉的宫女嫁过去。

中国历史故事

珍藏版

吴姐姐◎著

2

西汉·东汉·魏

前 206—265 年

江西教育出版社
JIANGXI EDUCATION PUBLISHING HOUSE
·南昌·

东方朔（前154—前93年），字曼倩，汉武帝时汉赋大家，却以滑稽多智名垂青史。他以炫目的自介获得汉武帝接见，又以恶作剧得到汉武帝另眼相看，并因此位列朝班。一次朝廷分肉，分肉官员久久未至，东方朔就自顾自割肉回家，武帝命他自辩，东方朔声称："我拔剑割肉，如此豪壮；割肉不多，何其清廉；以肉奉妻子，多有情义。"武帝大悦。图为东方朔拔剑割肉，清任熊绘。

——见《滑稽有趣的东方朔》

苏武牧羊，清代年画。苏武奉汉武帝命出使匈奴，匈奴见他忠勇，派人劝降，苏武抵死不从，匈奴便让他在北海牧羊，称“公羊生小羊”，才放他回汉。后来李陵兵败降匈奴，告诉他已然家破人亡，又对他说：“人生如朝露，何必如此自苦？”苏武也不为所动。后来终于回到汉朝。苏武在匈奴前后凡十九年，去时方当壮盛，归时白发苍然。苏武并不知自己会名垂青史，他只是本着自己的良知，去爱自己的国家。

——见《苏武的故事》

昭君出塞，清倪田绘。王昭君，名嫱，汉元帝宫人，生性高傲，不愿以财货贿画工，画工毛延寿为昭君画像时，故意丑化，昭君因此未能得到元帝宠幸。匈奴请求和亲，昭君自请嫁匈奴，临行时，元帝召见，见到昭君绝代风华，又悔又怒，杀毛延寿泄愤，但昭君出塞已然不能挽回。此图题为“一望关河萧索”：一身胡服穿戴的昭君，伫立旷野，举首凝望南归雁阵，神态黯然。此一去，昭君终老匈奴，再未能回到故里。

——见《正史中的王昭君》

刘秀（前 5—57 年），佚名绘。字文叔，东汉开国皇帝，汉高祖九世孙，南阳郡蔡阳县（今湖北枣阳）人。刘秀才兼文武，豁达又大度，长于用兵，每能以少胜多，出奇制胜。王莽末年，与长兄在家乡起兵，后加入绿林军，在昆阳之战中以弱当强，尽破王莽主力。后奉绿林军首领更始帝命，巡行河北，破河北各路势力，废王莽苛政，河北因之粗定。更始三年（25 年）称帝，定都洛阳，平灭绿林、赤眉及各路豪强，于建武十二年（36 年）统一中国。

——见《更始皇帝刘玄》

文姬归汉，南宋陈居中绘。蔡文姬即蔡琰，东汉著名学者蔡邕的女儿，幼聪敏，通音律。蔡琰所处年代正值东汉末年，中原大乱，蔡琰为匈奴所掳，在胡地十二年，嫁胡人，育胡儿，后被曹操重金赎回。蔡琰归中原后，作《悲愤诗》，将生平悲苦幽愤，注于其中，言辞感人至深，是中国文学史上了不起的叙事诗。蔡琰是大纷乱时代悲惨的牺牲者，是“覆巢之下无完卵”的沉痛注脚。图为蔡琰回到中原时的情形。

——见《一代才女蔡文姬》

三顾草庐，明戴进绘。东汉末，刘备驻兵新野，听当地士人说诸葛孔明有经天纬地之才，便与关羽、张飞前往探访，直到第三次方才见到。见面后，刘备恳切求教，诸葛亮也以平生所学，为刘备廓开大计，给他后来的发展指明方向，并在刘备再三恳请之下，出山相助，终于助刘备开一代帝业，也成就一段君臣奇缘。图为刘、关、张三人第三次探访诸葛亮的情形。

——见《诸葛孔明“隆中对”》

目 录

吕后吓傻了自己的儿子

吕后是汉高祖刘邦的皇后，汉高祖平定天下之后，这时的吕后年老色衰，而且性情刚烈，脾气暴躁，渐渐得不到高祖的宠爱了。

碰巧这时的汉高祖，找到一位新的妃子——戚姬，她不但年轻貌美，而且知书达礼，歌唱得动听，舞姿也特别曼妙，很得汉高祖的欢心。

戚姬为汉高祖生了一个儿子，名叫如意，被封为赵王，非常聪明。汉高祖很疼他，也很想让如意代替吕后所生的刘盈成为太子——汉高祖认为太子盈太过软弱，将来不能做个好皇帝。然而，朝廷的群臣都反对无缘无故更换太子，此事只好作罢。吕后固然松了一口气，但从此对戚姬更加愤恨。

戚姬知道更换太子不成的事后，哭得眼泪汪汪，她一边抹泪一边哽咽地说：“我并不是一定想这么做，完全是因为我们母子的性命都捏在皇后的手里。”

汉高祖也很难过，他安慰戚姬：“朝臣全都反对，就是勉强更换太子，对如意来说更加危险，我慢慢再想办法，绝不会让你吃亏。”

事实上，汉高祖也想不出什么妥当的办法，烦闷的时候，与戚姬一起抱头痛哭。汉高祖虽然贵为皇帝，有许多事情也没有办法控制啊。当他在世时，吕后当然不敢怎么样，可是一旦汉高祖归天了，吕后岂能放过戚姬？

汉代舞女俑，西安市白家口出土。

不久，汉高祖死了，太子盈即位，是为汉惠帝。吕后当然做了太后，惠帝软弱无能，政治大权都被操控在吕太后手里。

汉高祖过世不久，吕后立刻派人把戚姬漂亮的满头乌发拔光，让她穿上囚犯穿的红色囚衣，把她关在一个小房间里，强迫她舂（chōng）米。娇滴滴的戚姬，哪里吃得了这种苦，她一面舂米，一面哭着，并且唱道："子为王，母为虏。终日舂薄暮（傍晚），常与死为伍。相隔三千里，谁当使告女（汝）。"

意思是说，希望她远在赵国的儿子如意，能知道母亲正在遭受折磨。

戚姬自怨自艾的低唱传到了吕后耳里，吕后大为不高兴，她冷笑道："这死人还想靠儿子吗？呸！"于是，用计把赵王如意骗到了京城。

汉惠帝心肠好，性情仁厚，和吕后大不相同，看见戚姬日夜舂米受苦，非常同情。他心里想，赵王如意到了京城，还有命吗？因此，惠帝不等吕后的命令，亲自乘车到郊外接这同父异母的弟弟。

吕后看到了赵王，恨不得立刻下个命令："推出去斩了！"但是碍于惠帝在旁，不便当场发作，只好等机会再下毒手。

到了惠帝元年（前 194 年）十二月的一天，惠帝早上起来想去打猎，看到如意睡得正甜，嘴旁还有一丝笑意，想来正在做好梦。惠帝不忍心叫醒弟弟，一个人独自去了。回来一看，如意已死在床上。

惠帝抱着尸体哭得天昏地暗，有人说如意是被勒死的，也有人说是被灌了毒药。惠帝心里有数，这幕后主使人正是母后，所以也不能调查追究。

吕后为了要惠帝晓得自己的厉害，有一天，她派一个太监带惠帝去看人彘（zhì）（彘，猪的别名）。太监领他到厕所一看，哇！好恐怖！只见一个人的身体，没有手，没有脚，眼睛里也没有眼珠，剩下两个血肉模糊的黑窟窿，身子还能动，嘴张得大大的，却发不出声音。

惠帝看了，吓得用手蒙住眼睛缩回来，他问太监："这是什么？"

原来是戚姬被吕后斩掉了手脚，挑出了眼珠，熏聋了耳朵，用药弄哑了喉咙以后丢进厕所的半死的躯体，就是所谓的"人彘"。

惠帝不禁失声叫道："好一位狠心的母后！"说完，泪珠点点滴下，默默走入卧房，躺在床上，从此不吃不睡，又哭又笑，后来吃了许多药才清醒过来。自此，惠帝的身体一天比一天虚弱。吕后很后悔派人带他看人彘，但她认为害死戚姬母子的事，是理所当然的，因此后世的人都骂吕后阴狠。

“萧规曹随”的由来

汉朝初年，萧何为相，他在临死以前，推荐曹参继任为丞相。

曹参和萧何一般，同样是汉高祖刘邦在沛县的老部下，作战很英勇，曾经受伤七十多次。因此，在汉高祖平定天下以后，许多将领都以为曹参该居功首位，但是汉高祖却把萧何的位置排在曹参上面。曹参心里酸溜溜的，很不是味道，极不情愿地去当齐相。

他听到萧何去世的消息，立刻教手下人收拾行李，定做新衣。手下人问他要去哪里，他自信地说：“我要到京城当丞相去了。”

手下人都不相信，因为人人都知萧何与曹参不合，但也不敢不为他准备。果然过了不久，朝廷派使者来了，大家都很惊异曹参料事如神，同时也为萧何顾全大局，不计较个人恩怨而赞美不已。

曹参当初为齐相时，就把齐国治理得井井有条，他还曾特别召集齐国一百多位儒生，询问他们对治理政事的看法，结果各说各话，叫他大伤脑筋。

后来听说在胶西地方，有个叫盖公的老先生，学问很好，曹参差人备了一份厚礼去请盖公。盖公平日专门研究黄帝、老子的思想，他认为治国要采用黄老学说，以清静无为，不扰百姓为原则。

曹参非常佩服盖公，把家中的正房大厅让给盖公住，自己退到一旁的厢房，任何大事都找盖公商量。果然，他做了九年的齐相，个个都夸他是贤相。这会儿他接任全国之相，也依旧准备采用黄老治术。

当时朝臣们都惶惶不安，在他们看来，萧何、曹参既有前怨，曹参一上任，一定会有人事上的大变动，换上一些他自己的心腹。没有想到曹参上任后，一点儿也没有更动，而且还张贴布告说：“一切概照前相国旧事办理。”朝臣们看了都宽心不少，纷纷赞扬曹参的度量大。

过了不久，曹参把一些欢喜惹是生非的人免职，调派老成持重，不喜多言的人担任，他自己则一天到晚喝酒作乐不理政事。

有几个部下看不顺眼，想提出建议，曹参便拉着他们喝酒，把他们灌醉，一提到政治，他就巧妙地闪开话题，不肯再谈下去，久而久之，朝臣们也学他的样儿，成天饮酒作乐，喝得醉了，又跳又唱，嘻嘻哈哈的。

从此，丞相府的后花园时时传出阵阵的酒香。曹参非但不禁止，还带头喝酒。

汉惠帝晓得了这件事，当然气得不得了。他正因为母亲吕后干涉过多，凡事不能做主而闷闷不乐，便对曹参的儿子曹窋（zhú）说：“你父亲天天喝酒，是不是故意讽刺我这个做皇帝的无能，天天只晓得喝酒。你问问你父亲，他成天半醉半醒的，如何处理国家大事？

曹参，选自《历代名臣像解》。

可别说是我要你去问的。”

曹窋问了曹参之后，曹参大发雷霆，拿起板子便狠狠打了他两百大板说：“你晓得什么？要你多嘴。”

曹窋挨打了，立刻跑去报告汉惠帝，惠帝第二天便问曹参：“你为什么要打曹窋，是我叫他去问你的。”

曹参跪在地上一再谢罪，然后仰起脸问：“陛下自觉比得上先帝（汉高祖）吗？”

汉惠帝说：“我哪儿敢比？”

曹参又问：“陛下看我比萧何如何？”

汉惠帝说：“你似乎差远了！”曹参接着说：“既然如此，我们只要依照前人的规章去做便可以了，何必想其他的花样。”汉惠帝这才了解曹参的用心。

一个有为的政府，绝不可存着“多做多错，少做少错，不做不错”的消极态度，正如一个有出息的人也要时时求进步。然而，汉初人民久经战乱，很想过平安无事的生活，只要政府不找麻烦，便千谢万谢感恩不尽了。所以，曹参当了三年丞相，没有丝毫建树，民众却很称赞他，这就是成语“萧规曹随”的出典，却不是做事应有的态度。

杰出的外交家——陆贾

陆贾是西汉时代的外交家，也是一个大思想家。

陆贾是楚国人，他是汉高祖刘邦手下一名年轻的将官。汉朝建立不久，南越王赵佗起兵作乱。由于老百姓连年苦于战乱，刘邦不想再出兵，便派遣陆贾到南越去谈判。

南越王赵佗原本是河北真定（治今河北石家庄北）人，担任南海郡的龙川令，趁着秦末大乱，赵佗造反，并吞了桂林郡、象郡，自立为南越武王，嚣（xiāo）张得不得了。

赵佗对汉使陆贾的到来，虽然没有公开拒绝，却也不多加理睬。他大模大样地坐在堂上，头上不戴冠，身上不系腰带，叉开两只脚，像个粗人般怒视着陆贾。

陆贾也不跟他行礼，劈头便骂道：“你本来是中原人，祖先的坟墓都还在真定。现在你竟然昧了良心，丢下了上国衣冠，还想拿小小的南越与大汉天子为敌，我看你啊，要大祸临头了。”

他一边说，一边摇着头，表示不屑（xiè）的态度，丝毫无畏于赵佗身旁一个个杀气腾腾的侍卫，而且越骂越有劲：“你想想看，皇帝在五年之间，平定天下，完全是老天帮忙，你小子自不量力，还自称为南越武王，皇上一火起来，一定派人挖你的祖坟，杀尽你的亲族好友，再派十万大军镇压南越，看你怎么办？”

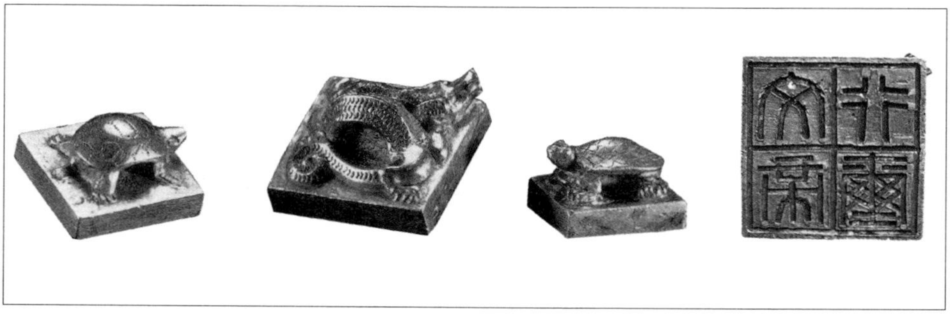

南越王赵眜印玺，广州市南越王墓出土，刻“文帝行玺”四字。

赵佗一开始就被陆贾的声势吓住了，再听他的话也不无道理，因此，乖乖接受刘邦封给他的“南越王”印信，向汉朝称臣纳贡了。

陆贾外交的成功，除了伶牙俐齿之外，最重要的是他有深厚的学问基础。有一次，陆贾在汉高祖面前谈到诗书。汉高祖听得很烦，便斥责他：“老子是马背上得到的天下，根本用不到什么狗屁诗书。”

陆贾立刻顶上一句：“马背上得到天下，难道你也要在马背上治理天下吗？”

汉高祖一想也有理，由于汉朝的开国功臣多半是屠狗卖布的生意人，缺少学问涵养，时时在朝廷上大吵大闹，发起酒疯来还拔剑砍柱子，简直不成体统。因此，汉高祖就命陆贾记述治乱兴亡的道理，共十二篇。陆贾每奏一篇，汉高祖便连声赞说：“妙！”左右大臣也群呼：“万岁！”这本书就是历史上有名的《新语》。

以后，高祖、惠帝相继死亡，吕后专政，陆贾不问政事，整天与昔日老友饮酒谈天。其实，他仍密切注意朝廷的一举一动。

有一天，他去看丞相陈平。由于陆贾是熟客，守门的也未通报，陆贾一直进了内室，发现陈平在低头叹气，他开口问道：“丞相有何忧思？”

陈平突然惊起，抬头一看是老朋友，才放心地请陆贾坐下道：“你说我有什么心事啊？”

陆贾不慌不忙地答道：“你位居上相，食邑三万户，享尽了富贵，还不免于忧愁，恐怕是为了太后专政吧！”

陈平急忙用食指在唇上比划道：“嘘，小声一点！”然后说，“你猜得不错，敢问有何妙计能使天下转危为安？”

陆贾答道：“天下安，注意相；天下危，注意将。只要将相和，何事不成？”

陈平面有难色，原来这时朝廷的大将绛侯周勃与他有前怨，两人不和已久。现在听了陆贾的话，陈平决意与绛侯重新修好。陈平又命人准备了车马五十乘，奴婢百人，钱五百万缗（mín）送给陆贾，使他能在公卿间活动，秘密结合。凭着陆贾的游说，果然策动了许多朝臣，共同为保卫汉朝政权而努力。

吕后死后，外戚吕氏家族的败亡，陆贾也有很大的功劳。

汉文帝仁孝英明

吕后病死后，陈平与周勃发动兵变，扫除了吕家的势力。那么，应该由谁来继承王位呢?

由于吕后所立的王，都不是汉高祖的后代，没有资格做皇帝，最后大家公推代王刘恒。因为：一、他是汉高祖的儿子，年纪虽然比较大，但为人十分宽厚；二、他的母亲薄氏一家人都很善良，对政治没有兴趣，不会发生类似吕后干政的祸事。

代王恒接到消息以后，虽然觉得是一件自天而降的大喜事，却也不敢急忙动身。他先召集手下商量后，又去拜见母亲薄氏。薄氏当年在宫里吃过很多苦，深知宫廷内幕黑暗重重，不怎么赞成儿子当皇帝，但也不便阻碍儿子的前程，于是答应了。

薄氏并非汉高祖宠爱的妃子，竟然老来交运，母以子贵。尤其代王特别孝顺，母亲生病时，亲自侍奉汤药，日夜不眠，大家都夸薄氏苦尽甘来。

代王入宫以后继位为汉文帝。说也奇怪，薄太后的遭遇是出于意外，而汉文帝的继后——窦氏也是反祸为福。

窦氏是赵地观津（治今河北武邑东）人，父母很早便去世了，只有两个兄弟相依为命，哥哥叫长君，弟弟叫少君。由于受到兵灾，没法维生，正好朝廷挑选秀女，窦氏长得很美，一应征立即入选，被召进皇宫伺候吕后。

不久，吕后分发宫女给各诸侯国国王，一国派五个。窦氏家乡在观津，因此她希望被分到附近的赵国，于是拜托太监帮忙。太监答应，没想到临时忘掉了，把她改派到代国去。窦氏上路后才知道，一路上哭得天昏地暗。

没想到窦氏到了代国以后，却很受代王宠爱。后来代王王妃去世，她就继为王妃；代王这会儿又当了皇帝，立窦氏的儿子启为太子，窦氏便成为正宫皇后娘娘了，还把哥哥长君接到长安来。

窦氏与长君谈起小弟少君的事，长君哽咽地说小弟逃难时被人抢走，生死不明，兄妹两人都很难过。没料到，有一天她忽然收到一封信，是少君写来的，信中提到小时候和姊姊一起去采桑叶，不小心从树上跌下来的往事。

窦氏一回想，果有此事，连忙请求文帝派人把少君找来。文帝仔细盘问他的身世，当他说到“我和姊姊分手的时候，姊姊向邻舍讨了一点米汤，自己舍不得吃，一匙一匙地喂我，又帮我洗了个头”，窦氏一把抱住了少君说：“你真是我的弟弟，可怜啊可怜，竟被人卖了当奴隶。”

汉文帝心地善良，看到他们姊弟抱头痛哭的景象，鼻子也酸酸的，赐给他们一家人许多钱财好好过日子，又为他们请了好师长，教导做人处事的道理。由于文帝一家人都是好心肠，因此对老百姓特别的好，而且处事公平。

汉文帝，选自《历代古人像赞》。

有一回，汉文帝到花园里去玩，看到园子里有许多禽兽，他把园子里的管理人员找来，问他："这儿共有多少禽兽？"管理员一下被问住了，答不上来，倒是旁边一个小吏对答如流。汉文帝称赞道："这才叫负责任。"

回去以后，汉文帝便把那个小吏提升为上林令。有个侍从告诉汉文帝："能做事的不一定会讲话，会讲话的不一定能办事。"汉文帝听了觉得很有道理，就撤销了提升的命令。

由于汉文帝勤政爱民，又能采纳忠言，因此形成了后世所称道的"文景之治"。

少年才子——贾谊

贾谊是洛阳人，从小就有天才儿童的美誉，十八岁的时候他写的文章就已经远近知名了。汉文帝听说贾谊读书多，有才干，特意请他到京都去担任博士。

这个时候，贾谊才二十余岁，朝廷的官员中数他最年轻。当时随同汉高祖起兵的老臣都是草莽（mǎng）粗人，长于上马杀敌，叫他们在朝堂上文绉绉地讲话应对，还真是困难。因此，每当上朝商讨国事，老先生们难以开口时，贾谊便为他们一一写奏章，满朝文武都夸贾谊是青年才俊，汉文帝更是赏识他，不过一年的工夫，提升他为太中大夫。

贾谊又向汉文帝提议了许多事情，文帝也很赞成，本来还想拔擢（zhuó）他为公卿的，没想到丞相周勃强烈反对，他曾批评贾谊“年少初学，经验不够，专想弄权，挑拨是非”，对贾谊的才能很嫉妒，更不能忍受贾谊的风头太健。文帝只好把贾谊派到长沙去当长沙王的太傅。

文帝派贾谊到长沙还有一个用意，他不能让诸侯们发现他想实施贾谊的“强干弱枝政策”，所以故意谪贬贾谊的官。

当时的汉朝建立了很多的藩国，这些藩国的力量都相当强大，时时准备造反，贾谊认为这种现象，是“汉朝像个生重病的病人，躯体衰弱，四肢浮肿，肿得脚胫（jìng）和腰一般大，手指和大腿一般粗”。四肢、手指比喻诸侯藩国，身体比喻汉天子。必须“强干弱枝”，国家才有希望，因此他主张削

贾谊，选自《历代名臣像解》。

弱地方的力量。

贾谊不晓得这是汉文帝为用他的政策而放的烟幕弹，他很伤心地到了长沙，一直郁郁不乐。有一天，贾谊在书房里看书，忽然一只鵩（fú）鸟（小如鸡，像猫头鹰，古时认为是不祥之鸟）飞进了他的寓所，瞪着贾谊，样子十分安闲自在。江南人的迷信，认为这是一个不吉祥的征兆。从此，贾谊更不开心，觉得寿命将尽，写了一篇《鵩鸟赋》宽慰自己。

直到他被贬以后的第五年，汉文帝由于想念他，才把他从长沙召回。

贾谊到了首都，恰好汉文帝祭过神，静静坐在宫室之中，等贾谊行过礼以后，就跟他谈起有关鬼神的事情。贾谊一开口便滔滔不绝，说得头头是道，汉文帝听得入神了，直到三更半夜才回宫歇息。回到寝宫后，汉文帝自言自语道：“好久没看到贾谊了，以为他的学问不及我，现在才晓得我还是差得远哩！”过了两天，派贾谊为少子梁王的老师。

贾谊满腔爱国的热忱，满肚子国计民生的大计，但是汉文帝一点儿也没问到，只谈些祭鬼神的事，贾谊很是失望。一直到千百年以后，唐朝的大诗人李商隐还为他叹息道：“可怜夜半虚前席，不问苍生问鬼神。”

一个有责任感的知识分子，不论是否有机会施展抱负，总是想为国家贡献一份心力的。贾谊虽然没有被重用，仍然很恳切地写了一篇《治安策》（又名《陈政事疏》）献上去，说国家现在诸侯难制、匈奴侵略是应该流泪的两件事；太过奢华，上下没有礼节，不重礼义廉耻等，是应该叹息的大事。这一篇《治安策》，写得有内容，又有感情，是我国文学史上古今传诵的宝典。

文帝的第十一年，梁王入朝拜见文帝，不小心从马上摔下来而死。贾谊身为梁王的老师，自怨没有尽到职责，整天以泪洗面，不久便去世了，死时才三十三岁哩。贾谊虽然很早便死了，但他的爱国热情永远值得青少年们学习。

缇萦救父

在汉朝初年的时候，有个很有名的医生叫淳（chún）于意。他住在临淄（zī）城里，曾经跟一个叫做阳庆的人学医，把黄帝、扁鹊脉书及五色诊病诸法，都了解得一清二楚。由于医术高明，无论什么疑难杂症，经他一治，都很快痊愈。因此，前来求诊的人愈来愈多。

淳于意当初学医的时候，打定了主意悬壶济世，他不但不会乱敲病人竹杠，甚且有时遇到贫苦的病人，连医药费都全免了，所以日子过得很清苦。

他也曾做过一任太仓令，因为生性淡泊，不习惯官场生活，没过多久便退隐，依旧过着朴实的生活。

由于他医术高超，收费又很低廉，附近的民众都称他为神医，而且到处宣传，因此，很远地方的患者也千里迢迢来求医。可是，淳于意的诊所太小，人手也不够，他从早到晚忙得饭也不能吃，觉也没有办法睡，还是应付不了络绎不绝的病人。

淳于意的小女儿缇萦（tí yíng），眼看着父亲再忙下去就要病倒了，好心地劝淳于意说："爸爸，你出去几天散散心吧，否则真要累垮了。"淳于意也实在吃不消繁重的工作了，于是出门去旅行。

没想到就在淳于意外出的时候，有个病人大老远地前来治病，没碰到医生，不幸病重死掉了。

病人的家属心情恶劣，也很不讲理，硬说是淳于意不肯医治，延误病情，一状告上去，说他“借医欺人，轻视生命”。地方官是一个糊涂的县太爷，也没有问清楚案情，就判他一个“肉刑”。

由于淳于意做过县令，依法不能随便判刑，一定要上报皇帝，汉文帝便下令把他押往长安审讯。

淳于意受了不白之冤，心里难过极了。他沉痛地说：“这年头，真是好人难做，也怪我倒霉，一连生了五个女儿，没一个儿子，到了紧要关头，拿不出一点办法。”他的五个女儿听了非常难过，忍不住泪如雨下，尤其是平时淳于意最疼的小女儿——缇萦，更是哭得眼睛都睁不开了。

缇萦陪着父亲到了长安，她一路上都在想淳于意的这句伤心话，也在

缇萦上书救父，选自《吴友如画宝》。

想可怕的“肉刑”。

根据汉朝的法律，肉刑有三种：第一种叫“黥（qíng）”——在脸上刺字，让别人一看便知道这是犯人；第二种叫“劓（yì）”——割掉鼻子；还有一种叫“断左右趾”——把足趾割去。不论哪一种都相当恐怖。有一天晚上，缇萦梦见父亲被割去了鼻子，哭丧着脸拖着脚步走来，吓得她跳起来大喊救命。

于是缇萦在情急之下，冒着生命的危险上书汉文帝，信上说：“我父亲当过县令，齐国人都称赞他廉洁、公平。现在，因为被判犯了法，要受到肉刑的处分。我很痛心，人死了不能复生，受刑人不能再恢复原来的模样，就是想改过自新，也没有法子。我愿意做你的官婢，使我父亲有自新的机会。”

汉文帝看了后非常感动，不但免了淳于意的罪，召他到宫中问医道，更从此废去了残酷的肉刑。一个弱小的女子，凭着她的孝心，竟使天下人蒙利，而她的事迹也流传万古。

汉文帝中了新垣平的诡计

我们时常听到人家说，某一个乩（jī）童很灵验，或是某个算命的特别准。其实，这种事一点儿也不稀奇，都是骗人的把戏，远在古代便有了。

汉朝采用黄老学说，以清静无为，不扰百姓为原则。汉文帝一生都抱持这个主张，却也使一些骗子有了可乘之机。

在鲁国地方有个叫公孙臣的，他给汉文帝上了一篇报告，说依照金木水火土五行来看，汉朝是土德，不久会有黄龙出现。因此，请求改正朔，更换衣服的颜色为黄色。

汉文帝接到报告，拿给丞相张苍看。张苍说："不对，不对，汉朝应该是水德。"汉文帝也就没有再提。

不料到了汉文帝十五年（前 165 年），陇西地方纷纷传说有黄龙出现，虽然谁也没有亲眼看见，但传说得很厉害，一直传到了京城。

汉文帝竟然信以为真，把公孙臣看做异人，说他能够预知未来，实在太了不起了。马上召他为博士，并且更换衣服的颜色，还命令礼官准备郊祀大典，办得轰轰烈烈。从此，丞相张苍被冷落一旁，公孙臣愈来愈得宠。

出了一个公孙臣，自然有人看得眼红，不多久，第二个"公孙臣"出现了。

当时，赵国有个叫新垣（yuán）平的人，非常乖异，专门骗人，听说公孙臣正走红，也想去凑上一脚。他去学了几句术语，跑到长安城，求见汉文帝。

汉文帝已经被这种事迷得昏昏沉沉，听说又有方士到了，马上请入皇宫。新垣平见过礼后，眼睛瞪着前方很严肃地胡扯："我远远看见一股瑞气，特地来向陛下道贺的。"

"噢，你看见了什么？"汉文帝听说有喜事，立刻很有兴趣地追问。

新垣平假装正经地回答："长安东北角的上空，听说是东北神明居住的地方。现在忽然有五色云彩出现，一定是五帝显灵保护，陛下应该在东北方造一座庙宇，让五帝居住，这样就可常保瑞气。"

汉文帝立刻派新垣平主持办理这件事。庙宇建在哪儿才合适呢？无所谓，反正是新垣平自己胡乱编造的。他出了东北门，走到了渭阳，装神弄鬼，装模作样地对天上望了半天，又对着天空自言自语讲了许多莫名其妙的话。然后，突然跳起来，朝空地一指："就是这里！"

庙盖好了以后，汉文帝亲自前往五帝庙祭祀。祭祀时，举起烟火，直冲云霄，新垣平就喊着说："你们看，瑞气！瑞气！"

汉文帝听了龙心大悦，回宫以后，请新垣平担任上大夫，并且还有优厚的赏赐哩！有一天，汉文帝坐车子经过长安门时，远远看到有五个人站在道路的北边。他正想看个仔细，忽然这五个人从五个不同方向走远消失了，他们穿的衣服是青、黄、红、赤、白五种颜色。汉文帝暗吃一惊："老天爷，我该不是遇见五帝了吧？"连忙把新垣平喊来问话。新垣平一听马上下跪："恭喜皇上，贺喜皇上。"对自己的计策得意极了。

文帝立刻赶工建筑五帝坛，对空遥祭。新垣平又怪里怪气地嚷道："有宝玉之气。"果然，话没有说完，便有一个人捧着玉杯前来，上面刻有"人主延寿"四个字，说是上天赐下给皇帝的。文帝看了高兴得不得了，很小心地捧回宫中藏好。

正在兴奋的时候，有人上奏新垣平弄神捣鬼，欺骗皇上。汉文帝倒也不是个昏君，派人日夜跟踪，发现新垣平果然是个骗子。查明以后，立刻砍了他的脑袋瓜子，从此再也不迷信了。

下棋竟酿成了大战

你喜欢下棋吗？下输了会不会生气？以下我们要讲一个跟下棋有关的故事。

汉高祖曾封功臣为王，但又怕他们各据土地，势力太强，因而在国基稳定以后，陆续诛（zhū）除异姓诸王，只封刘姓子弟为王。但是不久以后，刘姓诸王也渐渐跋扈（bá hù）起来，形成对中央的威胁。

其中有个叫刘濞（bì）的被封为吴王，是汉文帝的堂兄弟，镇守东南地方好些年。吴国有铜山可以铸钱，有海水可以煮盐，因此国家非常的富强。汉文帝当了十年皇帝，吴王还没有入朝去觐（jìn）见过一次。

有一回，吴王的太子贤到京师去。汉文帝唤出太子启与他相见，两个堂兄弟年纪都不大，一见面便玩得很开心。玩了几天以后，愈来愈熟悉，也就渐渐随便了。

作为一个太子是很寂寞的，难得有了玩伴，太子启很兴奋，拉着贤东奔西跑：喝酒、赌博、下棋，玩得最多的便是下棋了。

有一次，两个人又在一块儿下围棋，皇太子启的侍臣和陪吴王太子贤来京的师傅在一旁观看，帮忙出主意。

下了几盘以后，双方各有胜负，两个人心里都不痛快。皇太子启是堂堂太子，从小备受父皇的宠爱，平时读书没有同学竞争，连作业写错了，也是由太监代他受罚，这辈子还没有输过，因此气呼呼地说："不好玩，我不玩了！"

"再来一盘吧！你是不是怕了？"吴国太子贤还要下，他看不出皇太子启不高兴，就是看出了，他也不晓得皇太子是不能得罪的，因为在吴国谁看到太子贤不畏惧三分？

"好，下就下，我还怕你不成。哼！"皇太子启不甘示弱，卷起袖子便落子。两个人越下越紧张，到了生死关头，皇太子启误下了一着（zhāo）棋，牵动全局，眼看着便要输了。

皇太子启立刻把棋抽回来说："这一着不算。"

"怎么可以不算？"吴国太子贤气得大叫，他的师傅脾气暴烈，打抱不平地说："你将来要当皇帝的人，怎么可以赖账？"非要把棋子抢回来，拉

下围棋，选自《吴友如画宝》。

拉拉扯扯纠缠不清。

皇太子启是储君，从小就没受过委屈，心里一火，顺手提起棋盘，便往吴国太子贤掷去，贤没有防备，闪避不及，立刻脑袋开花，小命归天。

汉文帝得知后大吃一惊，但也不好加罪皇太子，只是把他狠狠训了一顿。然后，把吴国太子的师傅传去，一面用好话劝慰，一面厚殓吴国太子贤，命吴国太子的师傅护送灵柩（jiù）回到吴国。

吴王濞看到爱子竟躺在棺木里被运回来，问清楚事实后，悲愤极了。他不肯收下棺木，生气地说：“他既然死在长安，就把他埋在长安算了，干什么又搬回来？”于是，派人把棺木又运回长安。汉文帝无可奈何，只好把吴国太子贤埋葬了。

从此以后，吴王濞对汉朝中央政府极为不满，每次朝廷派使者到吴国来，他都是爱理不理的，既骄傲又无理。汉文帝知道他是因为死了儿子难过，也就原谅他三分，并且派人请他到京师，打算当面劝劝他，重修旧好。

哪知吴王濞不领这个情，说什么也不肯到长安去，推说自己病重无法远行。等到汉文帝打发人探病时发现，吴王濞精神健旺，毫无病容。汉文帝简直气坏了，但因为怕吴王造反，还是采取安抚政策，并且赐给吴王一根拐杖，说吴王年纪大了，走路不方便，特准他不必入京朝见。

后来，汉文帝去世了，皇太子启即位，是为汉景帝。汉景帝听信晁错的话，准备消灭各诸侯国的兵力，吴王濞首先发难，这便是历史上有名的吴楚七国之乱。

其实，下棋难免有输有赢，人生的战场上也一样，要输得起才打得赢，可不能学汉景帝。

皇帝也会被挡驾？

在我国古时候，皇帝握有无限权力，他们除了受到自己的观念、想法与良心限制之外，几乎不受任何拘束。同时，中国自古也从没有听说过任何法律是用来约束帝王的。但是，汉文帝有一回竟然接二连三遭到部下呵斥，这究竟是怎么一回事?

在汉文帝时代，汉朝仍然采取和亲政策对付匈奴，每年送给匈奴大批金帛，并且派遣宗室女子下嫁单（chán）于。本来倒也相安无事，后来有人从中挑拨，向单于说汉朝的女子个个长得娇美如花，而且汉朝地大物博，要什么有什么，汉朝送上来的，实在比不上自己抢来的丰盛。单于听得垂涎（xián）三尺，便在汉文帝后元六年（前 158 年），分两路出兵进攻。

边防的将领已多年未用兵，过着逍遥自在的清闲日子，忽然听说匈奴大举进犯，惊慌得举起烟火，忙乱地开始准备，一个个晕头转向，以为自己在做噩梦。

汉文帝接到报告，大吃一惊，立刻派了三名大将，分作三路去抵抗。又派了河内太守周亚夫驻兵细柳，宗正刘礼驻兵灞上，祝兹侯徐厉驻兵棘门。

由于汉文帝很不放心，过了几天，他亲自出马去劳军。他先到了灞上，然后又到了棘门。两次都是直入军营，没有预先通报，所以刘礼和徐厉都是直到汉文帝进了营门，才慌慌张张率领部下赶来，“扑通”一声跪倒在地：“未曾远迎，请陛下恕罪。”汉文帝随便慰问他们几句便离开了。

这一次，汉文帝来到了细柳营，还没有进门，已经发现气氛大不相同：守营的甲士无论是持刀的、拿戟（jǐ）的、张弓的，都是表情严肃，仿佛随时要与敌人一决生死似的。

汉文帝从没有看过这种情形，心中觉得很奇怪，便差人传令：“皇帝驾到！”

可是，那些卫士竟然毫无动静，既没有急忙迎接，也没有派人通报，甚且汉文帝正要驱车进入时，有个卫士大吼一声：“站住！”汉文帝一时之间，简直不相信自己的耳朵。那卫士接着说：“军营之中只听将军的命令，不听皇帝的命令。”

汉文帝只好拿出符节（皇帝的信物），交给守营门的卫士，叫他进营去通报。

周亚夫得到消息，下令打开营门欢迎皇帝，汉文帝的车子才刚刚驶入，没有想到没走多远，又冲出一个卫士喝道：“停住。”

汉文帝有点冒火，他问：“又是哪儿不对啦？”

原来，周亚夫规定：“军营之中车子不能快驶。”于是，车夫只好拉着马缓缓前进。

周亚夫在军营给汉文帝行军礼，选自《马骀画宝》。

进了军营大门，这才见到了周亚夫。他全副武装，披甲佩剑，看到汉文帝也不下跪，只长长作了一揖，从容不迫地说："末将着军装不能跪拜，只行军礼，请陛下勿责。"

汉文帝微微点头答礼。左右的人说："皇帝是特地前来慰劳将军的。"周亚夫便率领兵士，恭敬地站立两旁鞠躬（jū gōng）答谢。

道谢完毕，汉文帝要回去了，周亚夫也不送文帝出营门，汉文帝的车子刚走，"咔嚓"一声，军营大门立刻关上，森严极了。

马车"吱呀吱呀"往前走，汉文帝回头看看细柳营，深深地叹了一口气道："这才是真将军！灞上和棘门的将士，简直像儿戏，敌人摸进来砍了主将的脑袋，恐怕他们还在睡大觉哩。"

过了些时日，汉文帝年纪大了，他临死以前，拉着太子启的手说："儿啊，周亚夫很不错。将来如果遇到变乱，可以叫他掌兵权，不必多疑。"

后来太子启即位，就是汉景帝，他平定吴楚七国之乱所用的大将，便是周亚夫。

周亚夫找不到筷子

上一篇说到汉文帝临终时，告诉儿子景帝：“万一国家有乱时，要重用周亚夫，他是真正的大将军！”

果然，在汉景帝即位不久，由于他削夺各个王侯的封地，引起吴楚等七国的叛乱，幸亏靠着太尉（官名）周亚夫的神机妙算，乱事很快便被平定了。

从此以后，中央的权力加强，汉代政治逐渐形成中央集权的局面，这很大一部分功劳要归于周亚夫。因此，丞相退休后，周亚夫当上了丞相。

这个时候，汉景帝和新得宠的妃子——王夫人感情好得不得了，因此他想把太子废掉，改立王夫人的儿子为太子。周亚夫听说这件事，立刻去劝景帝：“千万不可以随便更换太子。”景帝不理会，反而觉得周亚夫自以为有功劳，什么事都要管，十分讨厌。

王夫人的儿子当上了太子，她也摇身一变成为皇后。哇！这下可神气了，走到哪儿都有人巴结。只有周亚夫不理这一套，甚且当王皇后想封哥哥王信为侯时，周亚夫马上站出来说：“不可以，不可以！当年汉高祖立下了规矩，不是姓刘的不可以为王，没有功劳的人不可以封侯。如果有人违反，全天下的人都能攻击他。”

当初汉高祖为了避免大权落入外人手中，确实曾说过这样的话。汉景帝无可奈何，只好不封王信为侯，心里却气得痒痒的，直怪周亚夫多事。

恰好这时匈奴有六个人来投降汉朝，汉景帝很高兴，准备给他们官做。周亚夫又有意见了，他的看法是："这些人背叛他们的主人投降陛下，这根本就是不忠。这种不忠的人陛下不处罚，反而奖励他们，那么，将来陛下如何能要求朝廷的臣子对您忠心？"

汉景帝被他顶得哑口无言，又想起周亚夫当年把他父亲挡在军营外的事，以及以后种种烦人的举动，再也不能忍耐了！火冒三丈地说："丞相的意见不合时宜，不能采用。"

周亚夫碰上了一个大钉子，知道自己不受欢迎了，第二天便提出辞呈，不干丞相，景帝也不挽留。

周亚夫，选自《历代名臣像解》。

周亚夫性情耿直，凡事只问是否对国家有利，其他一概不管，所以得罪了很多人。这些人跑到景帝身旁咬耳朵，说他骄傲、自大、跋扈，不把皇帝放在眼里。

古时候的皇帝自命为天子，就是上天的儿子，最怕别人看不起他，尤其对周亚夫这种会带兵的将领，又爱又怕，既要将领保卫国家，又担心他们会造反，那种感觉像背上长了一根刺，非常不舒服。

于是有一天，汉景帝想试探一下周亚夫的忠心，便请周亚夫进宫吃饭，桌上摆了一壶酒，盘子里有一大块肉，却没有筷子。周亚夫心里想，这八成是汉景帝故意戏弄他，火大极了，向旁边的侍卫喊道：“拿筷子来！”

摆酒席的人早已受过嘱咐，一动也不动，呆若木鸡。

周亚夫很愤怒地瞪着侍卫，正要再喊。

汉景帝说：“怎么，这样子你还不满意？”

周亚夫听了皇帝的口气，知道是不满意自己，便不敢再说话，不得已离开座位下跪道谢。景帝目送他离去时，恨恨地说：“哼！瞧他还不服气似的。”

后来，周亚夫的儿子拜托主管皇帝用品的官员，买了五百副甲盾，准备在周亚夫死后出殡时护丧用。周亚夫的儿子想省点钱，没付工人搬运费，工人一气之下打了小报告，说周亚夫偷买违禁品，有造反的嫌疑。

周亚夫不晓得这件事，因此不能答辩，被关入大牢。在开庭审问时，法官问他：“你为什么要造反？”

“这是我儿子买来给我出殡用的，怎可诬赖我造反？”

“你就是不想在地上造反，也想到地下造反，你不必多说了。”

“人死了还能造反吗？”周亚夫闭起眼睛，懒得再说。直到他死，他都心安理得，而且千秋万世都景仰他的一片忠心。

滑稽有趣的东方朔

我国的文学自古便非常优美，《诗经》就是一部上乘的文学作品。到了汉朝，有一种半诗半文的混合体——汉赋出现，与后代的唐诗、宋词并称。这一回，我们讲个很有趣的汉赋大家——东方朔的故事。

东方朔，字曼倩，平原人，小时候就喜欢读书，爱讲笑话。他二十二岁的时候，听说汉武帝在征求人才，也想去试试看，便到了长安。

长安城里有个机关叫公车，由卫尉管理，凡是四方征求的名士，都可以乘坐公家车子来往，用不着自己出车钱，读书人如果要上报告给皇帝，也由公车转送。东方朔就写了个报告，请公车令转呈汉武帝。

这个报告写得相当自负，他说："我从小没有父母，由兄嫂抚养长大，十二岁学书，十五岁学剑，十六岁学诗书，背了二十二万言；十九岁学孙子兵法，也背了二十二万言。我今年二十二岁，眼睛像明珠般闪亮，牙齿像贝壳般漂亮，勇敢如孟贲（bēn），敏捷如庆忌，廉洁如鲍叔，守信如尾生，我这么优秀的人才，可以为天子大臣也。"

倘若遇到老成持重的皇帝，看到这种报告，一定会说："胡闹！"然后把它扔掉。但是，汉武帝是个有雄才大略的君主，很欣赏东方朔的才气，教他在公车等候命令。

东方朔知道皇帝有意重用他，很高兴地在公车等消息。谁知道等了很久，却没有下文，从公车领的米钱，只够一宿三餐，他眼巴巴看着带来的钱快用光了，心里很着急。

有一天，他出外游玩，看见一群武帝养的侏儒（发育不全的小矮人），东方朔吓唬道：“你们死到临头，还在玩？”

侏儒们大惊，问：“为什么？”

“我听说朝廷找你们去，名义上是要你们伺候天子，其实是要找个机会把你们杀掉。你们不能做官，不能做农夫，不能当兵，白白浪费国家的粮食，留着干吗？不如杀掉，节省粮食。”东方朔说着，还比划了一个砍头的手势。

侏儒们吓得嚎啕大哭，东方朔说：“等会儿皇上出来，你们赶快磕头赔罪，若是皇上问起来，尽管往我身上推。”

一会儿，武帝来了，一群侏儒抱着皇帝的脚又哭又喊，把武帝搞得莫名其妙，因为他根本没有杀小矮人的意思啊！他立刻派人传见东方朔。

东方朔耍了一计便能见到皇上，自然很开心，他不慌不忙地说：“我活着要讲，死了也要讲。矮人们不过三尺高，一进京便向公车令领一袋米，两百四十钱；我呢？堂堂九尺高，也领一袋米，两百四十钱，侏儒饱得要胀死，我是活活要饿死，你要是不用我，放我回家乡吧！”

武帝一看，东方朔果然有三个侏儒高，觉得很好

东方朔拔剑割肉，清任熊绘。

笑，就给他一个官做。由于东方朔聪明绝顶，讲话幽默，善于猜谜语，文章更是写得呱呱叫，武帝对他很有好感。

在夏天时，照规矩朝廷要分肉给大臣们，负责分肉的是大官丞，大官丞摆臭架子，害得大家在太阳下等到了黄昏还不见人影。东方朔不耐烦，拔出佩剑，割了一块肉说："天气这么热，该早点回家去。况且再不拿走，肉都要发臭了。"

其他的人没有这么大胆，依旧不敢动手。一直等到晚上，大官丞来了才分肉。大官丞发现肉少了一块，问明是东方朔割的，认为这是东方朔存心不把他看在眼里，立刻到武帝面前告了东方朔一状。

汉武帝对东方朔说："你自己责备自己吧！"

东方朔站起来，敲自己的脑袋说："东方朔啊，东方朔，你不等皇上下命令便私自把肉拿走，为何如此无礼？你拔剑割肉，实在豪壮！割肉不多，何其廉洁！拿回去给老婆，真有情义！你敢说你有罪吗？"

武帝一面听，一面笑："我叫你责备自己，怎么全在夸自己？"便赐东方朔酒一石、肉百斤。由于他才思敏捷、机智，文章也写得快、写得好，而且滑稽有趣，很能代表他的个性。他在中国文学史上有一席之地。

司马相如与卓文君

司马相如与卓文君，是我国历史上有名的一对夫妻。

司马相如字长卿，蜀郡成都人，从小喜欢读书，也学过剑术，他因为景仰战国时代的蔺相如，所以改名为相如。

蜀郡太守文翁为了普及教育，把地方上天资聪敏的孩童送到长安去念书，司马相如便这样到了长安。长大以后做了武骑常侍，由于他兴趣不在武职，不久托病辞职。

司马相如很有才气，他写的《子虚赋》全国轰动，人人争读。虽然他名声日渐响亮，他的生活却大成问题。

有一天，司马相如想起可以去找老朋友王吉。王吉在临邛（qióng）县当县令，曾经对司马相如拍着胸脯说过："小兄弟，哪一天你混不下去了，来找我！"

司马相如来到临邛找到了王吉。王吉想了一着妙计，司马相如听了频频点头称妙。

从此以后，王吉天天到客栈找司马相如，而相如总是称病拒不接见。好事之徒纷纷传言："一定是来了贵客，否则县太爷何必这样费神？"一时之间全县都在哄传这件怪事。

临邛县里的有钱人很多，而其中最有钱的一个要算是卓王孙了，他非常好面子。卓家在战国时代便以冶铁致富，是汉初的一个大财主。他也听说了这件怪事，就通过县令说，无论如何要请到司马相如这位远道稀客。

王吉知道计策奏效了，赶着去告诉司马相如，并且要他穿上贵重的“鹔鹴（sù shuāng）裘”，换上簇新的鞋帽，好好打扮了一番。

一会儿，王吉派了马车、佣人来为司马相如装阔，司马相如还左推右推，一直等到卓家三催四请才慢吞吞地出发。

文君听琴，刘凌沧绘。图中司马相如在堂上奏琴，卓文君在帷幕后偷听。

到了卓家门口，早有一大群人伸长脖子等着看热闹。见到司马相如生得唇红齿白，英俊潇洒，风度翩翩，大家赞不绝口。

这一顿饭菜肴非常丰富，主人客人都吃得很开怀。当大家都有三分酒意时，王吉对司马相如说：“你何不弹一曲助兴？”

相如谦逊一番后，接过琴来轻轻拨弄，盈盈的琴声缓缓泻出，音韵铿锵（kēng qiāng），好听极了。一曲弹完，全堂喝彩。正准备再弹一曲时，忽然听到有佩玉的响声，司马相如回头一看，嗬！屏风后面躲了一位好漂亮的美人。

她是谁？原来是卓王孙的女儿卓文君，年方十七岁，美貌娇艳，聪明伶俐，琴棋诗画样样精通，不幸新婚未久丈夫便死了，只好回娘家守寡。这一天，听说家里来了一个少年贵客，正在偷看时，不巧被司马相如瞧见，脸一红急急跑开。

虽然惊鸿一瞥（piē），司马相如却一见钟情，原已有几分酒意，此时更加醉了。当下便弹了一曲《凤求凰》表达自己的爱慕之情。卓文君早就仰慕司马相如的才华，今日一见，果然一表人才，经他的琴声一挑，芳心动了。

当天晚上，卓文君打了一个小包包，带着侍女去叩司马相如的房门，两个人趁着夜色溜走了。

第二天清早，卓王孙发现女儿失踪，贵客也一起不见了，大发脾气。王吉原来的意思是想帮司马相如做媒，让他入赘（zhuì）卓家，没有想到他竟会私奔，心里也很不高兴。

司马相如和卓文君逃到成都。相如原本很穷，文君走得仓促，没带什

卓文君和司马相如在临邛开酒店，选自《吴友如画宝》。

么值钱的东西，两个人只能靠典当过日子。到后来连皮袍也当掉了，没有办法，只好再回临邛打听消息。

旅馆的人不认识司马相如，老实地告诉他们说："卓王孙几乎气死了，有人劝卓王孙接济女儿一点，卓王孙说，女儿不肖，我不忍心杀死她，让她饿死好了！"

司马相如心想："好，你既然这么绝情，我已走投无路了，索性与你女儿去开个酒店，丢你的脸。"

一不做二不休，司马相如真的穿起店小二的衣服去卖酒了，卓文君也在店里招呼客人。有的酒客认识他们，幸灾乐祸地到处传笑话，吓得卓王孙连门都不敢出。

卓家的亲戚纷纷怪罪卓王孙："你何苦让女儿出丑？况且司马相如也是个人才，只是时运不济。"

卓王孙丢不起这个脸，拨给卓文君一百万钱，一百个仆人，司马相如便回到成都，买田地，盖房子，当起富翁来了。

有一天，汉武帝看到《子虚赋》，非常非常地欣赏，叹口气说："唉，我真恨不能与写这篇赋的人同时。"等到听说是司马相如写的，立刻召他入京，派他做郎官。

以后，司马相如又被派往西南夷，立了不少功劳，卓王孙也觉得很有面子，直夸卓文君有眼光，挑了一个好夫婿。

朱买臣的故事

中国自古至今，任何人只要肯上进、肯努力，一定会有所成就，朱买臣便是一个好例子。

朱买臣是汉朝初年会稽（kuài jī）人，很喜欢念书，对其他事情都没有什么兴趣。他家里十分穷苦，每天到山上砍些木柴，挑到市场上去卖，勉强过日子。

他很会利用时间用功，挑柴的时候，口里仍不断背诵诗文，咿咿唔唔念个不停。他的妻子跟在后面，一句也听不懂，而且越听越心烦，忍不住阻止道："你不要再念了，好不好？"

而朱买臣越念越起劲，越读越响，像唱歌一般，快乐得不得了，一提起嗓子，便嗯嗯啊啊没有个完，大老远都能听到他在背诵古书。

他的妻子说了又说，始终没有效果，家里头经常有了早餐，就没有了晚餐，到后来实在受不了，吵着要离婚。

朱买臣知道他的妻子是个无知的女人，永远不可能了解读书报国的道理，便赔着笑脸安慰道："我到五十岁时一定有出息，现在我已经四十多岁，不久便可发迹了，你已经跟我吃了二十多年的苦了，只剩下短短的几年竟会忍耐不下去吗？等我大富大贵的时候，一定不忘记你的功劳。"

他话还没有说完，他的妻子劈头骂道："我跟你吃的苦还不够多吗？你原是个书生，弄到现在靠砍柴为生，也该知道读书无用，为何至今仍不觉悟？还要到处吟唱，惹人心烦。再下去，我非要饿死在阴沟里了！”接着又大哭大叫，闹得不成个样子，朱买臣只好答应离婚。

朱买臣依旧砍他的柴，背他的书。有一回，刚好碰到清明时节的天气，成天阴阴湿湿不见阳光，他背了一捆柴赶下山，忽然遇着一阵风雨，又冻又饿，全身发抖，躲到墓旁去避雨，刚好来了一男一女祭扫坟墓，那个女子不是别人，正是朱买臣的前妻。

这种场面多叫人难堪。因此，朱买臣装成不认识的样子。但是，当他的前妻把祭祀过的酒菜，分给他一点儿的时候，为了要保命，朱买臣也只有含着眼泪吞下去了。

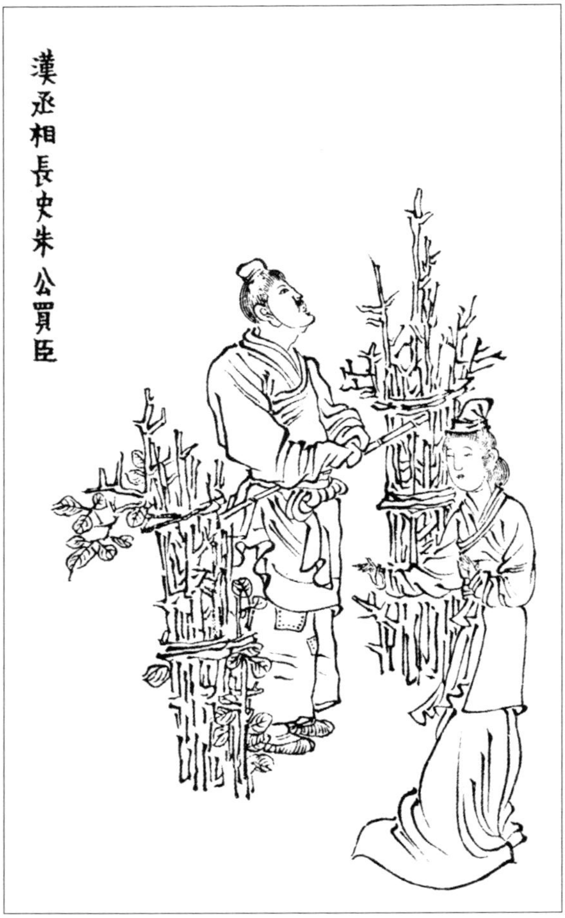

朱买臣打柴晚归，清任熊绘。

转眼之间，又过了几年，朱买臣快五十岁了。

有一次，会稽郡有一位太守要到长安去，朱买臣便以运卒的名义跟了去。

到了长安以后，朱买臣抓住一个机会，见到了汉武帝。汉武帝很赏识他在《春秋》《楚辞》方面的见解，派他做中大夫。以后，他又上了一个对付东越的报告，汉武帝十分高兴，派他回会稽当太守，并且笑着说：“富贵不回故乡，就如同穿了漂亮的衣服在黑夜里走，太可惜了，你如今可以衣锦荣归。”

当年被人瞧不起的樵夫，如今可神气了！乡民们夹道欢迎，争看新太守的风采。他远远看到人丛中有一个女子，正是他的前妻，想起在坟墓前的一幕恩情，便把她叫来。

他的前妻又羞又恼又怒又悔，呆若木鸡，说不出一句话。朱买臣顾念旧情，把她和她正在郡太守府当工役的丈夫一块接来，在后花园居住。

这时候，他的前妻真是懊悔到了极点，尤其朱买臣娶了新妻子，穿的是漂亮的新衣服，吃的是山珍海味，她觉得这些都该是自己享受的。最后她实在忍不下这口气，厚着脸皮要求朱买臣再收留她。朱买臣叫人把一盆水泼到地上，对她说："你能把水再收回盆子里，我们便可以再做夫妻。"

他的前妻听了之后，"哇"的一声哭着跑了，不久便上吊自尽了。

李广一箭射进了石头

李广是汉朝初年的大将军，后代的文学家常以他为题材写文章，因为他的一生多彩多姿，真可算是英雄豪杰的代表人物。

李广，选自《历代名臣像解》。

李广是陇西人，武功高强，长于骑射，担任武骑常侍，常跟着汉文帝出外打猎。汉文帝很欣赏他矫健的身手，不止一次地称赞道：“你可惜生在太平盛世，没有立功的机会，否则，起码也是个万户侯。”

汉景帝时代，李广在周亚夫旗下出力，平定了吴楚七国之乱，又曾经担任陇西、雁门、代郡等地太守。这些地方都是边区，靠近匈奴，匈奴人很惧怕他。

景帝中元六年（前144年），匈奴入侵，景帝派了使者到前线视察，使者在巡逻的时候，遇到三个匈奴人，这三个匈奴人非常厉害，一箭射中使者，把使者带来的骑兵打得七零八落。

李广接到消息，告诉左右说：“这三个匈奴人一定是出来射雕的，所以箭法极佳。”说着，一跃上马。一会儿工夫以后，这三个匈奴人都败在他的手下。正准备回营的时候，忽然间，李广发现四周山头聚满了匈奴兵，少说也有好几千人。

匈奴以为他们是汉朝派来诱敌的骑兵，不敢轻举妄动，拉住马儿的缰绳，远远在山上布好阵势，密切注视着李广。李广的手下们吓得脸色死白，发抖地说：“赶快溜吧！”

“走？那么这儿便是你的葬身之地。”李广很沉着地交代，“去，解下鞍来，放轻松点儿。”如此一来，匈奴更认定其中有诈，便按兵不敢动。

呆呆耗在这里也不是个办法啊。不久，李广看到一个骑着白马的匈奴首领出来检阅军队，他立刻跳上马，飞也似的冲出去，一箭直穿匈奴首领的胸膛。然后，回到原地，又解下马鞍，开始休息。匈奴兵对他百步穿杨的本事吃惊不已，更不明白他到底在耍什么花招，一动也不敢动，猜想一定有大批汉兵埋伏在附近，到了半夜

李广射石，选自《马骀画宝》。

来发动猛烈攻击，还是早走为妙。于是匈奴撤军了，李广也潇潇洒洒返回汉营地。

汉武帝元光六年（前129年），匈奴再次入侵，皇帝命李广出驻朔方。这时候他已五十多岁了，是将领中资格最老的一个，这一带地方他又是熟门熟路，总以为没有问题，保证旗开得胜。

哪里晓得匈奴人早领教过他的厉害，这一回派了大队人马沿途埋伏。李广就是有天大的本领，也逃不过天罗地网，终于被逮着了。匈奴人抓到李广，开心得不得了，把他缚在马上，哼着凯歌押回去献功。

李广偷眼一瞧，发现身旁的小胡儿骑的是匹好马，便用力一挣脚，扯断绳索，一跳就跳到小胡儿的马背上，把小胡儿推下马，夺得弓箭，一挥马鞭溜之夭夭。匈奴兵掉转马头追上来，却都被李广一一射死，他又一次死里逃生。

以后，匈奴人给李广取了一个外号，叫“飞将军”，一听到“飞将军”莫不闻风丧胆，何况他不久又干了一件大事。

话说右北平郡一带多老虎，李广日日巡逻，一面瞭敌，一面打虎，他凭着独到的箭术，一连射死了好几只老虎。有一回，走到山麓（lù），远远望见草丛之间，有一只老虎蹲在那儿，他急忙张弓搭箭，凭着他的功夫，果然又一箭命中。

可是，当他走进草丛一看，咦！并不是老虎，而是一块大石头。最叫人奇怪的是，那箭透入石中，约有数寸，上面露出箭羽，手下人要去拔，却跌个四脚朝天。李广再射，却也射不进去了。

从此，他更声名远播，人人都说他的箭有入石的神力，血肉之躯还想跟石头拼吗？所以他在任五年，匈奴不敢蠢动。

张骞出使西域

汉初，匈奴强大，汉朝无法对抗，只好处处忍辱求和，汉高祖去世以后，匈奴的单于故意写信向吕后求婚，把她大大羞辱一番。这真是国家的耻辱！

经过了几十年的隐忍和休养，汉朝的基础稳固，财力有余，士马强盛，汉武帝决心雪清耻辱，消除国家的大患。

据汉武帝所知，在西域有个叫大月氏的国家和匈奴有深仇大恨，匈奴曾把大月氏的国王杀掉，把他的脑袋当做溺（niào）盆，作为胜利的象征。武帝心生一计：何不联络大月氏夹攻匈奴？

但是，大月氏远在西域，和汉朝从来没有来往，如何联络呢？汉武帝下令征求出使番邦的人才。

一听说要远赴蛮夷之邦和杀人不眨眼的酋长打交道，朝廷的官员个个缩着头，生怕被选中。

却在此时，有个不怕死的英雄好汉挺身而出，他便是张骞（qiān）。汉武帝见张骞仪表堂堂，口才锋利，讲起话来有条有理，很赞赏地说："嗯，派这样的外交官出去，正可代表泱（yāng）泱大国之风。"

在汉武帝建元二年（前 139 年），张骞带了一百多人上路了。不幸的是，刚到陇西，张骞一行人便被匈奴逮住了，而且他的汉节（节是代表政府的信物）以及给大月氏的玺书都一并被搜出。匈奴单于讥嘲地说："大月

《张骞出使西域图》，初唐壁画。画中汉武帝为张骞出使西域送行，右侧汉武帝坐于马上，左侧张骞跪拜辞行，张骞身后是持节的随从。

氏在我们的北方，你们怎么会笨到想经过我们去联络他们呢？如果我想穿过汉朝领土联络南方的越国，你们会答应吗？真是笑死人了。”

从此以后，张骞在匈奴一住便住了十几年，娶了匈奴女子为妻，还生了一个小孩子，衣食不缺，单于对他也很礼遇。张骞表面不动声色，似乎颇满意眼前的生活，内心却从来没有忘记国家交付的使命。

机会终于来了，有一天早上，张骞趁着匈奴守卫在打瞌睡，骑上快马便往北方奔去，在沙漠里走了十几天，白天热得发昏，夜晚冷得颤抖，又饿又渴又累，吃尽了千辛万苦，好不容易到了西域的大宛（yuān）。

大宛国王早就仰慕汉朝的富庶繁荣，现在听说汉朝特使远来，受宠若惊。张骞告诉国王：“如果你帮助我到大月氏，汉朝皇帝一定会重重酬谢你。”大宛国王满口允诺。

张骞历经艰难终于到了大月氏。这时候，大月氏的太子已即位，并且吞并了肥沃的大夏，没有兴趣报仇，而且抱着一种“只要我表明立场不与匈奴为敌，匈奴应该不会与我开战”的鸵鸟想法。完全是逃避现实的苟安心理。

张骞没有办法，只好束装回国。回国途中，很倒霉地，又被匈奴逮着，再关了一年多。后来，匈奴发生内乱，他才带了妻、子逃回长安。

汉武帝听说张骞回来，十分高兴，任命他为中大夫。张骞虽然没有完成结交大月氏攻打匈奴的使命，但他带回许多有关西域的资料。他说，西域有一种水果，甜甜的，酸酸的，芳香扑鼻，好吃得不得了，叫葡萄；有一种草，叫苜蓿（mù xu），青翠美丽。大宛有一种千里马，全身红得发亮，有一丈多长，两丈多高，跑起来像飞一般快。听了这些个新奇事，汉武帝心动不已，封张骞为博望侯，开始注重西方边疆的开发。

到了元鼎元年（前 116 年），张骞再度西使，率领随从三百余人，分赴大宛、乌孙、康居、大月氏、大夏、安息等国，为汉朝打通了西域的外交、经济、文化的关系。由于张骞的努力，西域的东西如石榴、胡瓜、胡豆、胡琴等陆续传入中原，中原文化因而更为光辉灿烂。

主仆变成夫妇——卫青不平凡的经历

西汉时因攻打匈奴立下大功而名垂千古的两个大将军是卫青和霍去病，卫青正是霍去病的舅舅哩！卫青其实应该叫郑青，这句话怎么说？

卫青的母亲卫媪（ǎo），本来是给汉武帝的姊姊——平阳公主当婢女。后来嫁给了卫氏，生下一男三女。卫氏短命，很早就去世了，卫媪只好再到平阳府里当佣人，她的小女儿卫子夫长得很漂亮，歌声更是如出谷黄莺，在平阳公主家中当歌女。

有一次，汉武帝突然游兴大发，痛痛快快出去玩了一天，回宫的时候，路过平阳府，顺道进去休息休息。

平阳公主看见贵客临门，慌慌忙忙搬出家中最上等的酒菜，并且召来一班歌女陪酒。汉武帝一眼便看上了妩媚动人的卫子夫，尤其对她那把黑油油、光滑滑的秀发梳拢成的发髻着迷不已，直盯着不放。

弟弟的心事，姊姊当然知道，平阳公主当场就把卫子夫送给了汉武帝。汉武帝笑得开心极了。

汉武帝本来有个很得宠的皇后陈阿娇，他曾对人说过："我要是能娶阿娇为妻，要为她盖一个金屋。""金屋藏娇"的成语，就是这么来的。现在有了卫子夫，陈阿娇便失宠了。后来阿娇被废，生病死了，卫子夫当上了皇后。

卫子夫就是卫青同母异父的姊姊。她母亲卫媪和平阳府中一名工人郑季要好，生下了一个小男孩，取名郑青，他被带回郑季老家抚养。

郑季的妻儿非常愤怒，合力对付郑青，可怜的郑青小小年纪饱受虐待，身上经常青一块紫一块的，遍体鳞伤。

受老天爷保佑，郑青居然还能长大成人，没有被郑家欺负死，真是幸运。他实在没有办法再忍下去了，跑去找生母，请她想个办法。

卫媪领着郑青去求平阳公主，平阳公主回头一看，发现这个彪形大汉倒是相貌堂堂，就派他去当骑奴。每当公主出门，他就骑马跟在后头。

如此，虽然还是佣人，可比在郑家强多了。所以郑青改名为卫青，表明与郑家一刀两断。

卫青很知上进，平阳公主家中的差事非常轻松，空下来的时间他勤读书，练身体，一心一意研究兵法。

他当了两年的骑奴，认识了几个朋友，朋友介绍他到建章宫做事。

武帝建元二年（前139年），张骞出使西域、夹攻匈奴的计划失败后，双方关系正式破裂，此后四十年间，汉军采取主动攻击策略，九次出塞，都予匈奴以重大的打击，汉朝的主帅正是卫青。自从李广失败，卫青反而胜利

卫青，选自《历代名臣像解》。

后，他一路扶摇直上，河南的收复，河西的经略，漠北的远征，都有辉煌的战果，达成了雪耻的愿望，巩固了北部的边防，扩大了汉朝的领域。

卫青过去的女主人平阳公主，因为丈夫死了，想再嫁人，问手下："列侯之中谁最贤？"下人们齐声道："当然是卫大将军了。"平阳公主说："这怎么可以呢？他以前是我的骑奴，是伺候我骑马的佣人。"手下又回答道："如今比不得从前了，他已身为大将，他的姊姊又是皇后娘娘，除了皇帝以外，谁能比他更尊贵？"

平阳公主想想也有道理，就央求卫子夫做媒，和卫青欢欢喜喜结成了夫妻。

卫青出身卑贱，但他并没有因此而自暴自弃，勇敢地闯出了锦绣前程，英雄不怕出身低，卫青是个好例子。

青年才俊霍去病

卫青原是平阳公主的骑奴，后来成了她的夫婿，而卫青的同母三姊卫子夫嫁了汉武帝，成为卫皇后。

霍去病的父亲霍仲（zhòng）孺（rú），是平阳公主家中的小职员，和卫青的同母二姊卫少儿感情很好，生下了霍去病。

因此霍去病的舅舅是卫青，他的三姨妈是皇后，姨父便是汉武帝。这个关系似乎很复杂，静下来想一想便明白了。总而言之，由于有了这层亲戚关系，霍去病十八岁的时候，便开始担任侍中的官，做了汉武帝的侍卫。

霍去病固然因为得天独厚的国戚关系，年纪轻轻登上了高位，但他的本事也的确不含糊。在元朔六年（前123年），卫青出兵攻打匈奴时，霍去病要求跟着去。卫青让他担任校尉，选了八百名壮士。到了塞外，霍去病率领部下往北攻去，一路上看不到一个胡人，他继续向北深入，丝毫都不害怕。

一直走了好几百里，霍去病看到匈奴的营帐了，一挥手杀了过去。匈奴怎么想也想不到汉人会跑这么远，由于没有一点儿防备，两个大头目被抓。霍去病得到了“冠军侯”的美誉。

从此以后，他不再跟在舅舅卫青的身后，开始独当一面了。

元狩（shòu）二年（前121年），霍去病十九岁，他以骠（piào）骑将军的名义，率领了一万骑兵，从陇西出发，获得大捷，把从金城（兰州）

到盐泽（罗布泊）一带四万多匈奴人完全肃清。汉武帝在这儿设了武威、张掖、酒泉、敦煌四个郡，隔断了匈奴与羌（qiāng）人的联络，打通了西域的道路，解除了来自西北的威胁。

经过了这一场战役，匈奴人领教了霍去病的厉害，不敢与他交手。在祁（qí）连山与焉支山一役后，匈奴人编了一首歌谣：

亡我祁连山，使我六畜不蕃（fán）息；
失我胭脂山，使我妇女无颜色。

焉支山又名胭脂山，所以匈奴人这么说。这首歌翻山越岭传到内地，霍去病的名声更响亮了。

霍去病为人沉默寡言，成熟稳重，有勇气，敢担当。汉武帝曾经叫他去研读孙吴兵法，他回答："做大将军的要随时用计谋，何必受古法的约束？"武帝要为他盖个漂亮的大房子，他笑着推辞道："匈奴未灭，无以家

霍去病，选自《马骀画宝》。

为也。”这句话的意思是说，匈奴还没有消灭，成什么家？直到今天，我们还时常沿用霍去病的话，表示一个好男儿在国家未太平之前，没有工夫考虑自身的事。

霍去病小时候不晓得父亲的名字。因为霍仲孺早已离开平阳公主家，回到家乡河东，另外娶妻生了一个儿子名叫霍光，与平阳公主不再联络。等到霍去病长大成人，当了官，才知道父亲的名字。他在北伐回京的路上，经过河东，查出霍仲孺还健在，派人去迎接，父子团圆。

霍光年纪虽小，但聪明伶俐，霍去病很喜欢，待他像亲弟弟一般，把他带到长安，找老师仔细教导。以后，霍光辅佐昭帝、宣帝，成为历史上有名的一代贤臣，这也算得上霍去病在沙场以外的另一贡献。

苏武的故事

在汉武帝天汉元年（前 100 年）的春天，日暖草肥，武帝正想北伐匈奴时，忽然有人报告，路充国从匈奴回来了。

路充国是汉朝的使者，被匈奴扣留了相当长一段时间。他告诉汉武帝，现在匈奴新君且鞮（dī）侯单于继位，对汉朝十分恭顺，且鞮侯单于曾经说过："我是汉朝的儿子，汉天子是我的长辈。"不但把汉朝的俘虏一律放回，而且求和。

原来在这以前，匈奴经常扣留汉朝的使者，汉朝也时常把匈奴的使者关起来以为报复。如今，既然匈奴有心求和，汉武帝也就本着宽大为怀的精神把匈奴的使者放回去，并且指派苏武护送。

苏武带着大批绫罗绸缎、金银财宝到了匈奴。没有料到且鞮侯单于并不是真心讲和，尤其是看到大批金帛以后，认为汉朝惧怕匈奴，不由得骄傲起来，对待苏武等人十分不客气，苏武也不便斥责且鞮侯单于礼貌不周，反正他的任务已完成，收拾行装就准备回朝了。没有想到这时候发生一件意外的事。

当时在匈奴，有两个汉朝的降臣卫律、虞常，相处得很不融洽，虞常想暗杀卫律，同时把单于的母亲阏氏抢过来，投奔汉朝。刚好苏武一行到此，虞常央求苏武的副使——张胜参与阴谋，张胜瞒着苏武秘密筹划起事。

有一天，且鞮侯单于外出打猎，虞常等人以为有机可乘，集合党羽七十多人发难，偏偏其中一个人竟然偷偷地跑去告密，结果虞常等人被捉下狱。

后来，单于追查这件事，派人下令不准苏武回国，并且传他接受审讯。苏武悲痛地说："我们奉皇上的命令出使匈奴，如今受到这种耻辱，还有什么面目回汉朝？"拿起佩剑便往脖颈子上抹，卫律慌忙抢救，但苏武的颈上已经刺了一个洞，鲜血流了一身。医生赶来时，苏武已昏过去。幸好匈奴的医生本领不错，把苏武一条命捡了回来。单于也很钦佩苏武的忠勇。

当苏武痊愈后，单于不肯放他走，反而派卫律劝他投降。

卫律讨好地说："苏武，你看我，自从背弃汉朝来到匈奴，不但封了王，拥有几万部众，而且漫山遍野尽是我的牲畜，有享不尽的荣华富贵。你今天投降，明天便和我一样了，多好！"

苏武牧羊，清代年画。

苏武紧闭着嘴，咬着牙，默不作声。卫律又换了一副脸孔。这次他恶狠狠地说：“你不听我的话，明天你想看我都看不到了。”

无论卫律用软的，来硬的，苏武都不动心，反而骂道：“你不顾道义，背叛国家，甘心投降夷狄，简直无耻！我根本不屑见你。你明明晓得我不会投降，却故意来威胁我，存心在匈奴惹出大祸，你以为你还活得下去吗？”

卫律被骂得抬不起头，把这一番话原原本本地告诉了单于。单于大为赞赏，更想使苏武投降。单于下令把苏武关在地窖中，不给他食物，只给他一条毛毯。苏武饿得发抖，将毛毯混着冰雪吞下肚去，竟然没死。单于以为苏武有神助，就派苏武去北海牧羊，放的都是公羊，却对他说：“等你的公羊生了小羊，你便可以回去了。”

北海气候严寒，苏武冻得皮肤皲裂，淌出鲜血。没有食物，只捉点野鼠充饥，被折磨得不像个人样。然而，他始终带着那支代表汉朝使者的汉节。

如此过了一段时间，武帝派李陵攻打匈奴，李陵兵败，被迫投降匈奴，被封为王。李陵和苏武原来认识，他来探望苏武，对苏武说：“我来的时候，你母亲、大哥、三哥都死了，嫂夫人已改嫁，你妹妹、儿子、女儿下落不明。哎，人生有如朝露，何必如此自苦？你哪一天死掉了，别人也不晓得你的忠心。”

苏武摇摇头：“为国牺牲，我死也甘心。”

以后，汉朝与匈奴讲和，汉朝要求把苏武放回，匈奴人骗说苏武早死了。幸亏有个叫常惠的想了一个计谋，对匈奴人说：“有一回汉天子打猎时，射到一只北方飞来的雁，雁脚上绑有苏武写的信。”这是一句谎话，匈奴人却信以为真，同意释放苏武，苏武才得以返回汉朝。

苏武去国十九年，回来时已成了白发苍苍、蹒跚跛行的老翁。其实，他做梦也没有想到可以回国，更没有想到会名垂青史。他只是本着良知，勇敢地、坚决地在做自己应该做的事——爱自己的国家。

可敬的牧羊人——卜式

在汉武帝时代，河南山区里，住着一位牧羊人——卜（bǔ）式。

卜式原先住在山脚下，家里有一大片田，还畜（xù）养了不少牛羊。后来，卜式的父母亲相继去世，留下了卜式与卜式的弟弟。

卜式是个好哥哥，他为了帮助弟弟成家立业，把卜家所有的田产完全给了弟弟。自己仅仅带了一百多头羊，迁居到山里。

养羊也是一门大学问，卜式研究方法，给羊群最好的照料，没过多久，一百多头羊已经繁殖到千头以上，附近的牧羊人家，无不钦佩卜式，称他为养羊专家。

卜式卖了一部分羊，在山里盖了一栋小房子，准备常隐山中，过着单纯而宁静的牧羊生活。

不料，卜式的弟弟不成才，与哥哥完全不像，贪吃懒做，游手好闲，没过几年，竟然把家财挥霍得干干净净。听人家说，卜式这几年经营得有声有色，于是，卜式的弟弟赶到山上向哥哥求援。

卜式见到弟弟的狼狈模样，心里十分生气，他愠（yùn）怒道："当年我上山之前，交给你的家产足够你吃一辈子的。"

弟弟不吭声，低着头，一脸惭愧的表情。卜式心肠软，也不忍心多说，不但用丰盛的一顿饭菜好好招待他，并且大方地把财产分了一部分给弟弟，同时叮咛道："这一回你可得用点心。"

“我一定不辜负兄长的教诲。”

弟弟捧着钱，千恩万谢地下了山。

话是说得漂亮，奈何江山易改本性难移。弟弟拿了白花花的银子，出手更加阔绰（chuò），挥金如土。

没过多久，弟弟又宣告破产，又厚着脸皮往山上跑。

这日，旁边的邻人见到，不以为然地对卜式说：“你的钱赚得不容易，风吹雨打，日晒雨淋，人都变得如黑炭一般。你老弟却吃香喝辣，只晓得伸手要钱，莫非把你这个哥哥当摇钱树不成？”

卜式叹一口气：“没把弟弟教育成才，我这个哥哥也有责任。我总不能眼睁睁见死不救，毕竟手足情深。”

于是，卜式又分了一些财产给弟弟。乡里的人都看不起弟弟的厚颜贪财，也不约而同赞美卜式的大度大量。

卜式虽然身居深山，对国家大事却十分关心，他一直是忧国忧民的爱国人士。当时，汉武帝派遣卫青、霍去病率领大军讨伐匈奴，卜式心想，打仗要花不少金钱，覆（fù）巢之下无完卵，他愿意尽一分力量。

因此，卜式上书汉武帝，愿意把自己财产的一半捐出来，让政府拿来抵御外侮。

汉武帝看了卜式的上书傻了眼。天下竟然还有这样热心的人吗？当时的人不习惯纳税，尤其是商人，总是想出种种办法，能逃则逃，哪有如卜式一般的？何况，卜式一半的财产，一千多头羊再加上房屋四座，虽算不上大富，数目也颇可观。钱总是不嫌多的，莫非卜式有什么要求，不方便在上书之中讲明白？

汉武帝相当好奇，他马上派了使者，前往卜式家中，一探究竟。

使者到了卜式住处，发现卜式家中十分俭朴，里里外外都收拾得干干净净。

使者打开天窗说亮话，他问：“卜式，你捐献的数目不少，莫不是希望皇上派你一个官职？”

“不！”卜式笑道，“我一个牧羊人，要官职有什么用？我自小牧羊，也欢喜与羊相处，对畜牧事业，多少也有点心得，我不想当官。”

“噢，这样的话，你一定是蒙受什么不白之冤，希望朝廷为你平反？”使者自以为聪明地推测。

卜式笑了起来：“我这个人生性淡泊，凡事不与人争，欢喜赒（zhōu）济乡里，与朋友都相处和乐，哪有什么不白之冤？”

使者清一清喉咙：“这也不是，那也不是，你倒是说说看，你平白无故捐出这许多钱，到底希望得到什么报偿？”

卜式助边，选自《马骀画宝》。

“什么报偿我都不需要。”卜式正色道，“皇帝讨伐匈奴，我认为全国上下，应当有钱出钱，有力出力，我希望我们大汉朝繁荣兴盛，其他，我一无所求。”

“我会把你的想法报告给皇上。”使者告退，对卜式深深一鞠躬，“我钦佩你的无私，希望国家能有更多像你一样的人。”

卜式捐出了一半的财产，仍然牧他的羊，他似乎是傻，不过，他想到他也尽了一分力量，觉得自己是个有用的人，有能力回馈（kuì）社会，他忙得更起劲了。

司马迁忍辱发愤写《史记》

中华民族是一个最重视历史的民族，远在西周以前，中国人就懂得历史记载的重要性，常由政府特置的史官来专管这项工作。那些史官是专业的，同时也是世袭的。司马氏一家，便一直担任史官的职位。而司马迁更是中国历史上最伟大的历史学家之一。

司马迁的父亲——司马谈也是一位渊博的学者，他很重视小孩子的教育，希望司马迁将来能继承自己的工作与理想，完成一部比孔子的《春秋》更伟大的历史巨著。因此，当司马迁十岁的时候，司马谈就请当时的名学者孔安国教他《尚书》，董仲舒教他《春秋》。

除了“读万卷书”，司马迁又在父亲的鼓励下“行万里路”。他在二十岁那年，骑马乘舟游历各地，考察史迹，访问遗老，搜集历史资料。

在江苏淮（huái）阴，他听当地父老讲着韩信从一个无赖的胯下爬过去，惹得众人耻笑；到沛丰听说刘邦曾一文不名去赴宴，在酒席上却嚷着自己出一万钱，这种阔气，使得主人吕公当场把刘邦收为女婿。

往西走到了湖南，在沅（yuán）湘之间，这里的土人祭神时仍唱着屈原作的《九歌》，司马迁特地去看了看屈原投水的汨（mì）罗江，他伤感地哭了；同时长沙也是天才少年贾谊不得志作《鹏鸟赋》的地方，司马迁忍不住又叹息起来。

再往北走，他到了山东孔子讲学的地方，参观孔庙里摆列的各种车服礼器，以及儒生们讲礼习乐的情形，他尽情地感受着文化的遗泽。这些对他历史知识的充实，文章气势的培养，都有很大的帮助。

司马迁从远方游历回来，先补为博士弟子员（优等的成绩），第二年因岁试得中高第，做到郎中。

这时，他的父亲司马谈病重，临死之前，司马谈握紧儿子的手，流着泪说：“我希望你能完成一部伟大的史书，扬名后世，那我这做父亲的也会感到无比的光荣。”

三十二岁的司马迁，正一心一意完成不朽的著述——《史记》时，发生了一件大事，扭转了他一生的命运。

读者们还记得射箭穿石的“飞将军”李广吗？这时他的孙子李陵已长大成人，也长于骑射，谦和仁爱，汉武帝很喜欢他，派李陵出兵攻打匈奴。

司马迁，选自《历代名臣像解》。

李陵率五千步兵，深入匈奴一万多里，杀伤敌人数万。朝廷的大臣们争相举起酒杯，向汉武帝祝贺，个个都说：“李陵勇敢！”“李陵就和他祖父一样神奇！”

没过几天，李陵被部下出卖，中了匈奴的计，兵败如山倒，最后投降了。满朝大臣们看到汉武帝铁青的脸，大家嚷着：“李陵有罪！”“李陵该下地狱！”“灭他的族！”

司马迁晓得李陵勇敢、善战、爱部下，只要李陵一句话，士兵们都愿流着泪，带着伤，拿着没有箭的弓，去和敌人拼命的。因此，虽然他和李陵没有深交，很少来往，当汉武帝问他的意见时，司马迁很坦诚地说："现在许多人讲李陵的坏话，只是因为他平日少与人应酬，做人不周到，不会巴结。其实，李陵绝不会输于古代任何名将，他现在虽然失败了，但一定是想将来找机会报仇。况且，无论如何，他已杀了那么多匈奴人，对国家很有贡献。"

没有想到，汉武帝大发脾气，认为司马迁不但在为李陵讲情，更在讽刺这次功少的李广利（李广利是武帝所爱的李夫人的哥哥）。因此，立刻把太多情、太热心、太有正义感的司马迁关到牢里去了。

照当时的规矩，出钱可以赎罪，但是司马迁为人正直廉洁，怎么拿得出五斤黄金呢？又因为骨头硬，一向不屑逢迎有钱有势的大官；而和他要好的人，又怕惹麻烦，不敢出面援救。武帝误信谣言，以为李陵（其实是李绪）在帮匈奴练兵，一怒之下，把李陵的母亲、太太、儿子全杀光了。同时，使司马迁受了腐刑——便是和太监一般。

司马迁受到这种奇耻大辱，悲愤得想要自杀。这时候，他父亲司马谈的遗言在他耳边响起，他跳起来说："对啊，死有重于泰山，有轻于鸿毛。自古以来，只有最不凡的人，才能忍辱偷生，发愤著作，永垂不朽。周文王被关在羑（yǒu）里推演了《周易》；孔子在陈蔡绝粮写成《春秋》；屈原在被放逐而作《离骚》；左丘明瞎了眼睛而写成《国语》；孙膑被弄残双腿而写成《孙膑兵法》。"

从此他发愤写作，以广博的学识，锐利的眼光，丰富的体验，雄伟的气魄，写下了一百三十卷的《史记》。这是中国历史上最伟大的史书之一，也是后代正史的蓝本，更是了不起的文学著作。这是祖先留给我们的宝贵遗产。

汉武帝与巫蛊案

西汉初年是中国历史上光辉灿烂的大时代，文治武功都十分兴盛，像司马迁、司马相如的文章；卫青、霍去病的功业；苏武、张骞的外交，都是千古流传的不朽盛事。而促成这一切的，是汉朝的象征人物——汉武帝。

汉武帝是汉景帝的儿子，十几岁开始执政，统治汉朝超过半个世纪。他从小好奇、浪漫、爱冒险。在即位三年后，经常穿着平民服装出外打猎，自称为平阳侯。有一回住在别人家里，被人误以为是小偷，差一点儿被灌了一嘴的尿。

在汉武帝以前，汉朝一直采用屈辱的和亲政策，送财物、嫁公主以讨好匈奴。他即位以后，积极消除外患，开拓疆土，使大汉声威远播各地。同时，采纳董仲舒的建议，崇（chóng）尚儒学，设置五经博士。

打仗要花很多钱，因此，汉武帝十分重视经济，设立均输和平准法，避免不法商人操纵市场和做投机买卖。可以说，汉武帝对付汉朝的“经济犯”很有一套办法。

雄才大略的汉武帝，在求仙炼丹方面颇受后世的批评。在汉武帝二十五岁的时候，有一个叫李少君的，说自己通长生不老之术，曾经吃过一种枣，枣大如瓜，灵得不得了。

有人问李少君：“您多大了？”

李少君永远慢吞吞地回答：“七十。”别人也猜不透他到底多大年纪。

有一次，在大庭广众之下，李少君和一位九十岁的老头儿谈起老头儿祖父的事，大家都惊奇万分，算算看，李少君起码有好几百岁了。

从此以后，汉武帝开始向东海求仙，希望和李少君一般长生不老，永远享受当皇帝的荣华富贵。

元狩四年（前 119 年），有个文成将军，自夸能招鬼神，武帝信以为真。文成将军说杀牛可得奇书，书上会有长生不老的方法。武帝把牛宰了，果然看见牛肚子里有书，书上有字，但汉武帝一眼认出这是文成将军的字迹，知道受骗，当场把文成将军杀了。这样，武帝应该觉悟了吧。可是偏不，他像上瘾一般，时时会瘾发。由于武帝的迷信，到了他的晚年，爆发了一宗悲惨的巫蛊（gǔ）（毒害人的东西叫蛊）案。

汉武帝，选自《三才图会》。

征和元年（前 92 年），有一天，汉武帝在睡午觉，忽然梦见有无数个木头人，手里拿着木棒，从四面八方向他打来，汉武帝吓得从梦中醒来，出了一身冷汗，衣服都湿透了。刚好江充来问安，汉武帝便把这个梦告诉了江充。

江充一听，马上脸色一变，很严肃地说：“糟糕，这是宫中有蛊气，非常危险，恐怕对皇上不利。”

“噢，有这种事？那你赶快去查，要快、快、快！”武帝吓得心惊肉跳，气喘不停。

原来，汉代社会里，流行一种巫术，那些巫师们教人埋木偶，当做报仇消恨的方法。武帝最怕被人暗算，因此时时担心有人用邪术诅咒他，闹得身体非常虚弱。

江充呢，是个大坏蛋，他派人到处埋木偶，然后再派人把木偶掘出，诬赖屋主，强迫屋主认罪。武帝很相信他，官民因而被害的，有数万人之多。

江充和太子刘据感情很差，太子据为人宽厚，看不惯江充的胡作非为，江充害怕将来太子即位，对他不利，决定利用巫蛊加害太子。

汉武帝既然叫江充负责查巫蛊，江充带领一批人到处刨木偶，他跑到皇后和太子的宫中去掘地，刨到后来，连放床的位置都没有了。他告诉汉武帝说，木偶最多的不是别人，就是太子，并且他还拿出刨到的帛书，上面尽是骂武帝的词句。

太子据吓坏了，先发制人，领兵把江充杀掉了。江充被杀以后，武帝更一口咬定太子据有心造反，派兵攻打太子据，太子据被杀。

以后，武帝查明此事，心里很是难过，造了一座思子宫，里面有望思台，以凭吊太子。

汉武帝是一代名主，尚且免不了被神棍欺瞒，可见迷信的可怕，不可不慎。

汉武帝的爱情故事

中国古代的皇帝后宫都有三千粉黛、七十二妃嫔，这些美人虽然享尽人间的荣华富贵，受到天下人的羡慕，其实过得并不快乐。

大家也许还记得，汉武帝曾娶陈阿娇为皇后，这是“金屋藏娇”成语的由来，以后爱上卫青的姊姊卫子夫。美人禁不起老，因此汉武帝到了晚年，又有几件有名的风流韵事。

有个戏子李延年，音乐的造诣很高，他的妹妹也喜欢歌舞，生得姿容秀美，而且举手投足，体态轻盈。汉武帝一见就爱上了她，纳为妃子，称为李夫人。

汉武帝与李夫人过了一段快乐的日子，可惜红颜薄命，李夫人不幸染上重病，武帝召遍了名医诊治，还是挽不回她的生命。

到了病危的时候，汉武帝殷勤地再三探病，李夫人却用枕头、被子挡住脸，不肯见皇帝的面，推说：“我容貌未修饰，不敢见皇上。”

汉武帝坚持要见李夫人，动手就要揭被子，没想到李夫人竟然扭转身，硬是不肯见皇帝，汉武帝气得一甩袖子便走了。

武帝走后，李夫人的姊妹们纷纷责怪她太固执，惹得汉武帝不高兴。

李夫人抽噎（yē）地哭道：“皇帝爱我，是因为我长得漂亮；我现在快死了，既丑又难看，皇帝见了必然嫌恶（wù），还不如让他留下一个完美的印象，也会对你们好一些。”

众人一听，方才了解李夫人用心之苦。不久李夫人死了，汉武帝哀痛不已，时时在梦中恍恍惚惚见她在跳舞。

汉武帝伤心过一阵子以后，马上又找到尹夫人、邢夫人两位美女。

古代后宫一向争宠争得很厉害，常常因此发生惨案，彼此明争暗斗，互不相让。汉武帝为免得麻烦，不叫她们相见。

然而，尹夫人很是好奇，不断吵着要见邢夫人。汉武帝拗不过她，找了一位宫女假扮成邢夫人。

尹夫人一见便摇摇头：“这是假的。”因为武帝的标准很高，普普通通的宫女根本看不上眼。

武帝只好把真的邢夫人找来，邢夫人的衣着（zhuó）很普通，但是气质脱俗，惹人怜爱。尹夫人一见之下，先是目瞪口呆，然后，头一低，两行泪水缓缓流下。原来她自知比不过，心酸加上怄气，只有眼泪汪汪了。

邢夫人笑笑，胜利地走了。尹夫人哭得是肝肠寸断，从此两人避不相见。所谓“尹邢避面”的成语，便出自此处。

后来，有一回汉武帝北巡通河，听说一件怪事。

有个赵家少女，生得美艳绝伦，叫人不敢正视，却生了一种怪病，两只手始终紧紧握着拳头，怎么也打不开。

汉武帝觉得很有趣，派人

邢夫人，选自《马骀画宝》。图中题款为：六宫粉黛总如尘，宠爱端宜在一身。谁道靓妆能夺目，故衣还愧尹夫人。

钩弋夫人，选自《马骀画宝》。

去帮她张开，费了很大力气，依旧徒劳无功。于是汉武帝亲自召见，奇怪的是，赵家少女一碰汉武帝的手，拳头自然伸开来，里头握着一支玉钩。汉武帝大为惊奇，就把她带入皇宫，为她建了一座钩弋（yì）宫，封为钩弋夫人，也叫拳夫人。不多时，生下一子取名弗陵。

自从太子刘据被害死以后，武帝一直在积极找寻适当的继任太子人选，弗陵聪明伶俐，武帝十分疼爱这个小儿子，有意立为太子。

有一天，汉武帝与钩弋夫人正在有说有笑，武帝忽然脸色一沉，大发雷霆，钩弋夫人莫名其妙，不知哪儿得罪了皇帝，慌慌忙忙摘下发簪谢罪，没有想到汉武帝竟然说："去！去！你休想活了！"当天晚上就下诏赐死。

一代红颜便这样去了！武帝问手下："外边的人对此有什么看法？"左右道："大家都说，陛下要立钩弋夫人的儿子为太子。何苦先杀掉她？"武帝回答："主少母壮，是祸乱的开始，你没听过吕后的故事吗？"

原来汉武帝唯恐自己去世后，钩弋夫人扶植娘家势力，大权旁落外戚之手，才出此下策。

上面的故事虽有些残酷，然而武帝不过贪图后宫佳丽的美色，彼此之间并没有真正的感情，所以也不足为奇。这真是"以色事人"的悲哀。

五岁大的皇后

在上一篇《汉武帝的爱情故事》中，说到武帝生怕钩弋夫人太年轻，当了太后会专权，便先赐死她，再立弗陵为太子。

不久，汉武帝便去世了。太子弗陵即位，是为汉昭帝。武帝临死之前，把八岁大的昭帝托付给霍光，所有的政事由霍光代理。

霍光是大将军霍去病的弟弟，很有才干而且忠心耿耿。由于汉昭帝年纪太小，饮食起居要人照料，霍光请了昭帝的姊姊——盖长公主入宫帮忙，顺便处理后宫中琐碎的杂事。

盖长公主年纪轻轻就当了寡妇，她有一个情人丁外人时常入宫，这件事霍光也晓得，但又不便干涉，只希望她一心一意照顾昭帝。

昭帝始元四年（前 83 年），昭帝十二岁时，霍光的女儿嫁给上官桀（jié）的儿子上官安，生了一个女儿，模样挺逗人喜爱的，刚刚满五岁。上官安突发奇想，希望把女儿送入后宫，成为汉昭帝的皇后。

上官安很得意自己的奇妙安排，但是霍光却浇了一盆冷水："不可以，不可以！她才五岁，怎么可以进宫？真是开玩笑。"

上官安依旧不死心，他认为反正皇帝也是个小皇帝，配一个小皇后有何不可？而且如果事情成功，自己便成为皇帝的岳父，那该有多么神气！

于是，上官安便跑去央求丁外人，丁外人也乐得卖个顺水人情。不多时，由盖长公主出面，宣召上官安的女儿入宫为婕妤（yú），紧接着，立为皇后。

五岁的小女孩，什么也不懂，竟然成为皇后娘娘，这也是天下少见的怪事。霍光虽然觉得不安，但外孙女当了皇后，也蛮光彩的，便也不再反对。

上官安对丁外人的大力助成，心里非常感激，总想找个机会好好地谢一谢他，于是积极活动，好让丁外人封个侯什么的。

然而，任凭上官安在霍光面前把丁外人捧到天上，说得天花乱坠，霍光始终打定主意，不肯就是不肯。

上官安回家请父亲上官桀以亲家的身份说情。上官桀对霍光说："这样吧，封侯你不愿意，就封个光禄大夫如何？做人也不要做得太绝了，是不是呢？"

霍光一听这话，拍着桌子大骂道："丁外人无功无德，凭哪一点可以封官爵？这件事，以后不必再谈了。"

汉昭帝弗陵，唐阎立本绘。

上官桀碰了一鼻子灰，气得直跳脚。自从上官安的女儿当上皇后，他神气活现，有时入宫喝酒归来便大吹法螺（说大话）："今天和我孙女婿喝酒，非常快乐，我孙女婿的服饰可漂亮哩，可惜我家里的器物太寒酸了。"说着动手就要烧房子。像这样一个得意忘形的人当然不能体会霍光公正无私的胸怀。

于是，以上官桀为首，纠合盖长公主、丁外人及一批不满霍光铁腕作风的人，酝酿一次阴谋。他们以燕（yān）王的名义弹劾（hé）霍光。

但是，昭帝看到报告只是笑笑，没有表示。

霍光有些害怕，跪在地上等候发落。

昭帝说：“你放心吧，朕知你无罪。”

“陛下怎么知道？”

“报告是趁你去广明校（jiào）阅时送上来的，你一来一去不过十天，燕王怎么算得这么准？可见得有人搞鬼。我虽然只有十四岁，还不至于这么愚笨。”

霍光一听此话，两行热泪滚滚而下，一片忠心总算皇帝知道。从此，更是一心为国，造就了太平盛世。

后来，上官桀一不做二不休，竟然企图先干掉霍光，再废去昭帝，然而事迹败露，没有成功。

由此可见，一个正直的人要面面俱到，是绝不可能的，霍光固守原则，不肯袒护丁外人，甚至得罪亲人亦在所不惜。这种识大体、不苟且的精神，值得我们效法。

荒唐的刘贺

汉昭帝在元平元年（前 74 年），忽然得了一种怪病，不多久便去世了。死时只有二十一岁而已。才十五岁的上官皇后没有生孩子，大汉江山的帝位该由谁来继承呢?

霍光和大臣们商议的结果是，决定由昌邑王刘贺继立。刘贺是汉武帝的孙子，算起来是昭帝的侄儿，便作为昭帝的过继儿子。

刘贺五岁便继承了他父亲昌邑王的爵位，平日最喜欢打猎、沉迷酒色，中尉王吉、郎中令龚遂经常劝他，他不听，总是用双手掩着耳朵逃到房间里去，照旧我行我素。

当朝廷的使者前来之时，已是三更半夜，因为事关重大，使者直接进入王宫，宫中的侍臣把刘贺叫醒，刘贺起来接过上官皇后的命令，才看了几行，马上手舞足蹈地大叫:“哇！我要当皇帝了，我要当皇帝了！”高兴得快要发疯了。

他这么一喊，把宫里的厨子、看门的全部吵醒了，大家纷纷跪在地上磕头、道喜、喊万岁，并且要求刘贺带他们入皇宫。刘贺正在兴头上，一概答应:“好，好，没有问题。”便忙着上路了。

刘贺自己骑了一匹马走在前头，人逢喜事精神爽，他猛挥马鞭向前奔驰，追风逐电，一口气跑了一百三十多里。

到了定陶，刘贺往背后一看:“怎么人都不见了？”只好在驿站等候。

等了好一会儿，他手下的三百人才气喘吁吁地赶到，个个都说："马不行，马太糟了，根本跑不动。"

原来，各驿站的马匹有限，都以为王爷进都，了不起带个几十人，谁晓得刘贺竟然带了三百人之多，哪儿有这么多好马呢？只好以坏马充数，坏马不耐长途跋涉，纷纷倒地死去，龚遂看不过去，建议削去一半随从，刘贺也赞成。然而，那些随从个个都想攀龙附凤，都说自己是亲信，不肯折回，弄得刘贺左右为难，折腾了半天才挑了五十个人上路。

第一天到了济南，济南有两样土产大大有名，一种是叫起来声音拉得长长的长鸣鸡，一种是竹子做的拐杖——积竹杖。刘贺对此很有兴趣，嚷着："停下来，停下来，多买一些。"其实，他到宫中以后，根本不需要这两样东西，但是他不管，一买就是一大堆。

过了不久到了弘农，刘贺发现沿途有许多美女，兴奋极了，暗地里派人把漂亮的女子送到驿站里去。手下为了讨好新皇帝，沿街搜索，凡是略有姿色的都难逃厄运，一把抢拉上车，送往驿站。

龚遂听说这件荒唐事，连忙去问刘贺，刘贺死也不肯承认，龚遂于是做主把这些吓坏了的女子放掉。

一路上吵吵闹闹，做尽了荒唐事，终于到了长安门外。根据礼节，奔丧时望见城门便应该痛哭流涕。刘贺

霍光，选自《历代名臣像解》。

想着马上就要当皇帝了，一颗心高兴得发抖，哪儿挤得出眼泪呢？推说："我喉咙痛，没有办法哭。"勉强干嚎了两声，意思意思。

霍光接到沿途官员上的报告，知道皇帝是这样一个花花大少爷，十分忧虑。他和大司农田延年商量这件棘手的事。

田延年说："你既然知道刘贺不配当皇帝，何不告诉太后，换一位皇帝，总不能让汉朝败在他手上。"

霍光有些为难地说："古代有没有这样做过？"

"有啊，以前伊尹当宰相的时候，曾把太甲软禁在桐宫，后代称之为圣人。"

霍光把刘贺的种种劣迹告诉了上官太后，刘贺到手的帝位便这样飞了。

据史书记载，昌邑王刘贺只当了二十几天皇帝，但在这二十几天中，竟做了一千一百二十七件错事，这个记录实在惊人，他几乎每分钟都在做错事。可惜，史书中并没有把这些错事的内容记下来，所以我们不知道昌邑王怎么做了那么多错事。

上官太后本是霍光的外孙女，当然同意外公的主意，于是，用太后的名义，下令废昌邑王的皇位。

在监狱里长大的皇帝

汉昭帝去世以后，新任的皇帝刘贺荒唐无知，被霍光做主给废了。那么，由谁来继承皇位呢?

朝廷里的文武百官为这件事伤透了脑筋，大家讨论来又讨论去，始终提不出适当的人选，足以挑起领导全国人民的重担。

这个时候，光禄大夫丙吉向霍光提出了一个建议。他说，汉武帝的曾孙病已，由宫廷抚养，如今已有十八岁了，从小研读《诗》《书》《论语》《孝经》，节俭朴素，仁慈爱人，可以立为皇帝。

霍光听了以后，询问大家的意见，太仆卿杜延年说:“对，我也听说病已人品不错。”其他人也没有反对，病已正式继任为汉朝的皇帝，是为汉宣帝。

病已的童年，有一段曲折离奇的故事。

他是汉武帝太子刘据的孙子，刘据起兵杀江充，武帝派兵杀死刘据，家里的人受到了牵累都被处死，当时病已刚刚出生不久，还在襁褓（qiǎng bǎo）之中，虽然免去一死，却也被关进了监狱。

那个时候，恰好廷尉丙吉奉命查监，他看到这个尚在襁褓中的小男孩，蜷缩在牢中一角，哭个不停，眼睛里涌满了泪水，伤心又无助地望着四周，可怜得要命。

丙吉走过去，一把抱起了病已，哄着他:“乖乖，不要哭，不要哭。”

说也奇怪，这小婴儿竟然破涕为笑，机灵灵地望着丙吉，也不怕生。

丙吉摸摸病已的嫩脸孔笑说：“这个娃娃长得好可爱，你们看看，眼睛多亮啊。”说完，又长叹一声，“真可怜，没有爸爸，没有妈妈，又关在牢里，怎么活下去？”仁慈的丙吉，命令两个女犯，一个姓赵，一个姓胡，轮流喂病已奶，他自己每天还亲自去察看一下。如此，病已这条小命才保住了。

后元二年（前 87 年），汉武帝在五柞（zuò）宫养病，听术士说，长安的监牢里有天子气，非常危险。古代皇帝最害怕有人篡（cuàn）位，因此，武帝下了一道命令，把长安监牢里的犯人，不论年纪大小，一律处死，以绝后患。

丙吉，选自《历代名臣像解》。

使者奉了命令来到监牢，丙吉不让使者进去，对他说：“怎么可以滥杀无辜呢？何况牢里还关有皇帝的曾孙。”使者跑去告诉汉武帝，武帝说：“这真是天命了。”接着下了一道赦（shè）免的命令，所有狱中的罪犯，一律免死。

病已渐渐长大了，但他身子弱，时常闹病，每次都是丙吉请医生诊治，才没有事。丙吉觉得，一个小孩子在牢里长大，实在不适宜。

在病已八岁的时候，丙吉把病已送到他的外祖母史贞君处抚养。史贞君年纪虽然大了些，但是看到外孙，又怜惜又爱宠，就小心翼翼抚养他长大。汉武帝临终时，想起还有这么一个曾孙，遗命交给朝廷收养，病已又回到了京师，由掖庭令张贺照顾。

谁也没想到当年在监牢里嗷嗷待哺的孤儿，有朝一日竟然当上了皇帝，这不能不归功于丙吉当年的救命之恩。但是丙吉为人深沉敦厚，从来不提这件事，病已当时年幼，也不记得丙吉，只对张贺有印象。

这时，有个叫则的女人，曾在宫里当女佣，后来嫁给一个老百姓，上书给宣帝，说自己有抱养宣帝的功劳，并且说御史大夫丙吉知道得很详细。

掖庭令带着则与丙吉当面对质。丙吉说："不错，我还记得你，你是抱过皇帝，不过当时你粗心大意，笨手笨脚，常挨我的责骂，怎么能算有功呢？真正有功的，是给皇帝喂奶的渭城胡组、淮阳赵征卿。"

宣帝这才知道丙吉是大恩人，以及其行善不欲人知的德行，拔举他当丞相，并且赐钱给姓胡的及姓赵的两个女子的后代。

由于宣帝自幼生长在民间，身世坎坷，深深了解百姓的疾苦；即位以后，信赏必罚，增加国家力量，尤其重视地方吏治，地方官吏政风良好的，不轻易更换官吏。宣帝在位期间，国家太平，人民幸福，是汉朝的黄金时代。

许皇后遇害

自从宣布病已为皇帝以后，霍光的太太霍显一心一意想把女儿成君送入宫中，做一个现成的皇后。在霍显看来，霍家财大势大，连汉宣帝也是霍光一手扶上帝位的，谁还比成君更够资格当皇后？何况成君长得楚楚动人，人见人夸。

偏偏天不从人愿，汉宣帝竟然立他在做平民时就结婚的妻子许平君为皇后。平君是个织染工的女儿，曾和别人定过亲，没想到对方病死了，改嫁给宣帝。而她的父亲还犯过罪，被判了刑。霍显认为，这样的一个女子，实在不配当皇后，因此非常失望，成天长吁短叹，满怀不平。

汉宣帝本始三年（前 71 年）的春天，许皇后怀孕了，眼看着就要分娩，忽然身体不舒服，吃不下饭，也睡不好觉。

汉宣帝非常着急，找了许多御医会诊，并且宣召女医生入宫，以便日夜在旁照顾。

其中，有一个掖庭户卫淳于赏的妻子淳于衍，略通一些医道，被征召入宫。衍常去霍家走动，和霍显的私交不错。

赏曾对衍说："你有便就去求求霍显，请她帮忙在霍光面前说一说，让我换一个安池监（jiàn）做，那可比现在的掖庭户卫要强得多。"

衍趁着要入宫伺候许皇后之前，把丈夫的请求转告了霍显。霍显一听，眉毛一挑，努努嘴，左右都知趣地离开了。

“来！”霍显亲热地拉着衍的手，走到了一个秘密的小房间，说，“坐下，我们慢慢儿谈。你丈夫的事情，绝没有问题，你放心好了。不过，我也有一件事想麻烦你，不知道你肯不肯。”

衍没有料到这么容易便办妥了丈夫交代的事，正想着回去以后，一家人不晓得有多欢喜，感激地笑道：“夫人的命令，哪儿有不肯的呢？”

“那就好！”霍显满意地点点头正色道，“霍光大将军最疼四女儿成君，希望她享受荣华富贵。”

衍心想，每一个做父母的，都希望儿女过得好，这是人之常情，但和自己有什么关系呢？衍狐疑地望着霍显，不好意思地笑笑：“我不懂夫人的意思。”

霍显附在衍的耳旁悄悄地说：“女人生产很危险，九死一生，现在皇后要生产了，你正好可乘机把她毒死。她一死，成君便有希望了。到时候，我会好好报答你的。”

衍一听，呆若木鸡，脸色死白，愣了好一会儿以后，才双手乱摇道：“药是医生配好的，吃药之前，还要先经别人品尝，我恐怕帮不上忙。”

“哼，只要你肯，怎么会没有办法？现在霍将军掌管天下，谁敢多言？除非是你不愿意帮忙。”说着，霍显塞了一包毒药在衍的手里。

不多时，许皇后顺利生下一个女孩子，只是产后身体虚弱，需要调养，御医配了一服药，衍乘机把毒药掺进去。许皇后吞下后气喘如牛，转身问衍：“我头好疼，好疼！快要裂了，莫非药里有毒？”衍答道：“怎么会呢？”问御医，御医也不知什么原因。只见许皇后额上直冒冷汗，两眼一翻，一命归天了。幸好，她在此前已生下一个儿子奭（shì），就是后来的汉元帝。

霍显母女狼狈为奸

汉宣帝听说许皇后死了，大为震怒，下令彻查。

刚做过亏心事的淳于赏的妻子淳于衍一进家门，就被捕吏逮个正着，关进了大牢，眼看着要供出背后的主使者。

霍显接到消息，吓得花容失色，手心直冒冷汗，硬着头皮把事情的经过告诉了霍光。

“什么，竟然是你派人干的？”霍光一听又气又怒，狠狠地把霍显臭骂了一番。为了保全身家性命，霍光跑去找汉宣帝。

“陛下，许皇后崩逝，一定是命中注定的，如果一定要把过失加在医生头上，未免有伤皇帝的仁慈，谁有这个胆子毒害皇后呢？”

汉宣帝认为霍光分析得有理，下令将医生们一律释放，赏的妻子衍被放出来以后，以泄漏此一秘密为要挟，不断地勒索霍显：盖房子，雇佣人，买田产，霍显也只有依着她。

许皇后过世后，霍显立刻着手为女儿成君拉拢的事，宣帝也答应了，封她为霍皇后，小两口非常恩爱，霍显总算如愿以偿。

宣帝地节二年（前 68 年），此时霍光已年老病死。宣帝以为储君未立，有碍国本，下令立许皇后所生的儿子奭为太子。

泼辣的霍显为此气得吐血，滴水不进，她叉着腰骂道：“呸！这个小孩是皇上在没有当皇帝以前在民间生的，怎么可以当皇帝？而且他当了皇帝，那以后我女儿生的儿子岂不是只能封王了吗！天下哪有比这个更不公平的事？我费尽心机才为女儿抢到皇后的位置啊，天啊！”

于是，残忍的霍显又重施下毒的伎俩，她塞了一包毒药给霍皇后，悄悄地说：“找个机会把太子干掉，知道吗？”

从此，霍皇后对太子奭疼爱得不得了，不是喂他吃饭，便是命令厨房做小点心，准备把毒药掺在里头，拔除自个儿的眼中钉。

怪的是汉宣帝似乎早有预感，他派了一个保姆跟在小太子的身后，寸步不离。太子喝的每一滴水，吃的每一口饭，都要先由保姆尝过以后，太子才吃。霍皇后没有法子下手，气得牙齿吱吱咯咯作响，恨不得下个命令把保姆杀了。

汉宣帝冷眼旁观，发现霍皇后虽然表面上疼爱太子，其实呢，只要宣帝一走，霍皇后立刻换了一副嫌恶的脸色。他心中疑云大起，开始回忆许皇后去世时的细节，如今想来，不无可疑之处……

经过汉宣帝的仔细调查，发现霍显嫌疑最大，难脱关系。

于是，宣帝渐渐疏远霍家的人，当时霍光的儿子霍禹，霍光的侄孙霍山、霍云都在朝廷担任要职，他们也感到宣帝开始不信任他们。

不久，宣帝把霍家的子弟们逐渐调离中央去做地方官，霍显和霍禹、霍山、霍云见霍家的权势日渐没落，常常相对哭泣。

有一天，霍显等人又聚在一起，霍山说：“最近朝廷上许多人都在指摘大将军（霍光）的过失，批评我们霍家，皇上显然渐渐相信他们的话，更可怕的是近来民间传说我们霍家的人毒杀了许皇后，哪有这种事？真是胡说八道，岂有此理。”

听了霍山的话，霍显脸色惨白，知道事态严重，便把自己如何主使女医毒杀许皇后的事全部说了出来。霍禹、霍山、霍云听到霍显的自白，一个个大惊失色。

“竟有这样的事，为何不早告诉我们？”霍禹说，“这是大事，如果被揭发出来，那我们霍家就完蛋了，该怎么办？”

大家商量的结果是：准备谋反。

这时，霍禹、霍山家里常闹鬼怪，霍家的人都很忧虑。霍山设计，欲让太后设宴邀丞相与大臣入宫，乘机埋伏军队杀掉丞相与重要大臣，并且废去皇帝，立霍禹为皇帝。

霍家的计划被家奴听到，家奴立刻告密，宣帝下诏逮捕霍家的人，霍显、霍禹被处死，霍山、霍云自杀，霍家的亲戚朋友受到牵连的多达一千多人，有些被杀，有些坐监牢，有些被免官。霍皇后也被废，打入冷宫，十多年以后，霍皇后在冷宫中自杀身亡。

正史中的王昭君

“王昭君……闷坐在雕鞍（diāo ān）……思忆汉皇……”一听到这首哀怨动人的歌曲，我们眼前立刻会浮现王昭君抱着琵琶边唱边哭的情景。但是，事实上王昭君的故事和一般传闻的并不完全相同。吴姐姐要告诉大家王昭君真正的故事：

汉宣帝在位二十五年去世，由太子奭即位，是为汉元帝，国势逐渐衰弱。像任何一个朝代一样，国力弱的时候，四夷外族渐渐不服，蠢蠢欲动。

元帝竟宁元年（前 33 年），匈奴王呼韩邪自请入朝，要求做汉朝的女婿。元帝当然不敢不答应。

和亲政策始创于西汉初年，刘敬向汉高祖建议，让皇帝的亲生女儿嫁给匈奴单于，并备有丰厚的嫁妆，使匈奴单于在“名分”上成为皇帝的女婿，又有嫁妆之“利”可得。在名利双重诱惑之下，不致与汉朝敌对。不过，汉高祖并没有把真正的公主嫁给单于，以后成为一种惯例，将宗室女子嫁给单于，求取短暂的和平。

在汉武帝时代，汉武帝东征西讨，扬威异域，没有所谓的和亲政策。到了汉元帝，他是一个比较差劲无能的君主，为了讨好呼韩邪单于，准备找一个后宫女子嫁过去。

主意已定，汉元帝便吩咐：“来啊，把宫女图给我取来。”拿来以后，他随意翻了一下，提起御笔点选了一人，然后拣选吉日，采办嫁妆。

等到佳期已到，宫女前来辞行，汉元帝不看还好，一看之下，发现竟是一个绝代美人，削肩细腰，粉颊绯红，体态身材无不动人，尤其是双眉微蹙（cù），眼中似有无限哀怨，只见她轻轻拜倒，娇滴滴地说道：“臣女王嫱（qiáng）见驾。”

昭君出塞，清倪田绘。

王嫱字昭君。王昭君这么一呼唤，把汉元帝的魂都勾住了！他停了好一会儿，倒抽了一口气才结结巴巴地问：“你，你什么时候进宫的？”

一问之下，才知道原来王昭君已进宫好几年。“奇怪，宫中有这么一个美人儿，我竟然不知道，白白便宜了胡人，哼！”

汉元帝赶忙把宫女图拿来一一核对，只见图上的王昭君是草草描成的，毫无生气，看起来是个呆头呆脑的笨女人。再把以前选中的宫女的图画打开来看，倒是花容月貌，比本人要强上三分。汉元帝大发雷霆，在朝廷上咆哮：“这到底是怎么一回事？”说着，把宫女图狠狠摔在地上。

原来，这是画工毛延寿搞的鬼，他是历史上极有名的画家，善于写生，只是为人卑鄙，看准了每个宫女都巴望能得到皇上的宠幸。因此，只要是送了红包的，毛延寿从画笔上添加几分风韵，丑女也能变成美人儿。

至于王昭君，她知道自个儿长得美，又生性奇傲，不屑去贿赂毛延寿，因此一直被冷落在后宫。

汉元帝自从见过王昭君以后，日夜难安，连做梦也都是王昭君的俏模样。王昭君也看得出皇帝对她有情，但是势已至此，又能如何呢?

于是，王昭君满心不愿意地上路了。她走的时候，其实并没有怀抱琵琶；抱着琵琶在马背上唱歌的，是在王昭君之前的乌孙公主。这一段故事，只是后人因怜惜她而加上去的。

不过，据说王昭君在去匈奴的路上作了一首怨歌，这首歌流传至今，内容描述途中景色和思念父母的心情，相当凄凉，但不是我们今天熟悉的《王昭君》这首流行歌曲。

匈奴呼韩邪单于迎得美人归，欣喜欲狂，称王昭君为宁胡阏氏，对昭君十分宠爱。由于爱昭君，呼韩邪单于对汉朝特别恭顺，上书给元帝表示愿意为朝廷看守北方疆土。从此，匈奴成为汉朝的附庸。

王昭君到了匈奴以后，也并没有因为思念汉皇，不从胡礼，服毒自尽。这都是后人凭空臆造的。根据正史记载，王昭君生了一个儿子，叫伊屠智牙师。呼韩邪单于死后，她被呼韩邪单于的大儿子（不是王昭君所生）强占，生下两个女儿须卜居次、当于居次。在匈奴，做儿子的在父亲死后，娶后母为妻是很平常的事，叫做“烝（zhēng）报”，已成为一种习惯。

王昭君一生坎坷，老死塞外，成为和亲政策之下的牺牲品，而和亲政策只是一剂短暂的止痛剂，并没有实质上的效果。不论古今中外，国家弱小，注定要受外人欺负。

赵飞燕与温柔乡

从汉元帝开始，汉朝的国运一天不如一天，元帝懦弱无能，没有魄力，因此大权旁落，朝廷之中全是宦（huàn）官、小人用事。他在位十六年去世，由太子刘骜（ào）即位，是为汉成帝。

成帝十九岁登上帝位，他是一个糟糕的新君。翻开中国的历史，我们

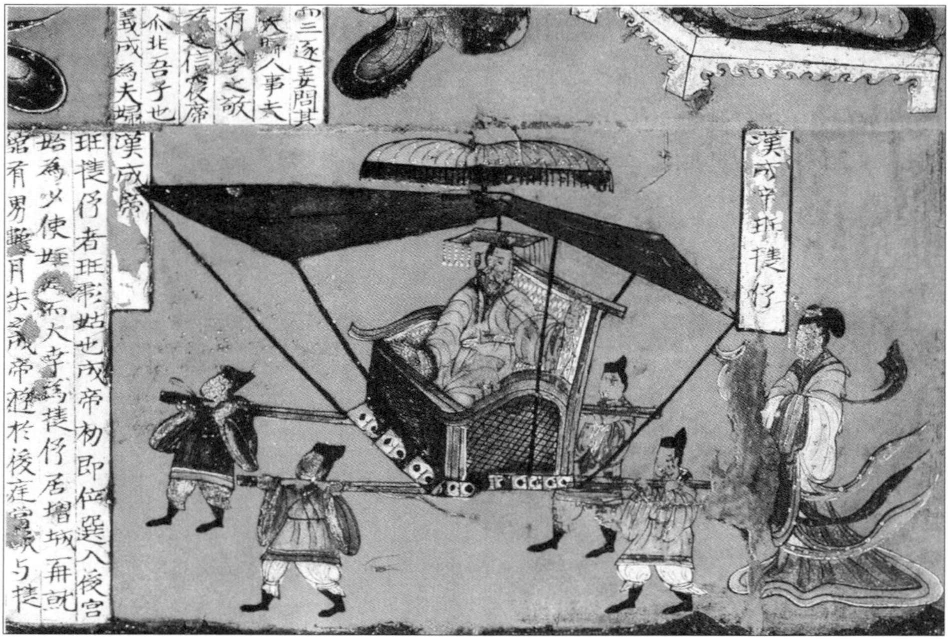

汉成帝，佚名绘。

可以发现，创业帝王都奋发有为，励精图治，而愈到朝代末期，愈多昏庸的君王。这是因为：一方面后代子孙未必继承先辈的聪明才智；另一方面，自小生长在宫中，养尊处优，难以了解民间疾苦，成天吃喝玩乐，不好好读书，也没有远大的理想，国势就衰弱了。

同时，宫中总难免有些不务正业的王公贵族引诱着皇帝去做坏事。汉成帝喜爱玩乐，禁不起怂恿，时常偷偷换上轻衣小帽，骑着一匹快马出去找乐子：斗鸡、走狗，当然也不免找漂亮的女子。

有一天，他到了阳阿公主家，发现了一个女郎，身材纤瘦，弱不胜衣，跳起舞来，裙带飘扬，好像要乘风飞去，仿佛凌波仙子下凡来。

汉成帝看呆了，一问之下，知此女名叫宜主，由于身轻如燕，体态轻盈，当时的人都称她为飞燕。后人有一个成语“环肥燕瘦”，形容美女体态不一，各有千秋。“环肥”指的是唐明皇（玄宗）的宠妃杨贵妃（玉环），她是个胖美人；“燕瘦”指的就是赵飞燕。

赵飞燕有一个妹妹赵合德，也是个绝代美人，很得汉成帝的欢喜，还封她一个号——温柔乡。汉成帝曾经叹息道：“我愿意终老此乡，何必去学什么汉武帝？”

赵飞燕，选自《马骀画宝》。

为了讨好美人，成帝不惜花费巨金装修宫殿，他以黄金为槛，白玉为阶，墙壁的横木之中，嵌入蓝田璧玉，再镶上明珠翡翠，此外，一切布置都玲珑巧妙，光怪陆离，还有奢丽的百宝床、九龙帐、象牙箪（dān）、绿熊席，全都是世间罕有的珍奇。

汉成帝自从得到这对姊妹花以后，事事听她们摆布。赵氏姊妹品德不好，贪婪奢侈，弄得人们怨声载道，汉成帝倒很快乐地沉醉在温柔乡之中，封赵飞燕为皇后，赵合德为昭仪。

光禄大夫刘向看得忧心忡忡，搜集古代诗书中所记载的贤妃贞女的资料写成《列女传》，献给汉成帝，希望成帝轻色重德。成帝看了，连连点头称“写得好”，但是看完以后，顺手一扔，仍旧过着骄奢淫逸的放荡生活。

由于汉成帝不问政事，因此，国家大权都落到太后王政君娘家的人手里。他把一切政事托给舅舅王凤，更在一天之内连着把五个舅舅——王谭、王商、王立、王根、王逢时，一股脑儿统统封为侯爵，人称“王氏五侯”。以后王莽能够篡汉，实在是成帝一手造成的后果。

在汉成帝在位的二十六年之中，黄河泛滥，盗贼四起，朝廷之中反对王氏当权的一概被陷害，汉成帝却始终沉醉在奢靡（mí）的、腐化的温柔乡里。

以后，汉成帝去世，因为没有儿子继承皇位，迎立侄儿刘欣继位，是为汉哀帝。

王莽的故事

在汉成帝时代，政权逐渐地落入成帝的母亲——王政君娘家的人手里。

成帝的舅舅王凤做到大司马大将军，成为朝廷中最有权力的人物。王凤有兄弟八人，河平二年（前 27 年），成帝在同一天内封王凤的弟弟王谭为平阿侯、王商为成都侯、王立为红阳侯、王根为曲阳侯、王逢时为高平侯，世人称之为一日五侯，可见王家的权势真是显赫极了。

由于王家财大势大，因此，王姓子弟个个衣着光鲜照人，出手大方，常常彼此竞争谁最够排场，最花得起钱。

在一众奢侈豪华的王姓子侄之中，只有一个人最为俭朴，他便是王莽，王政君哥哥王曼的儿子。

王莽的父亲很早就去世了，他侍奉母亲及守寡的嫂嫂非常孝顺，对待叔叔、伯伯、亲戚朋友礼貌周到，勤俭而好学，很得乡里的称赞。

由于王莽的父亲去世得早，所以王莽没能封侯。对于这件事，王政君太后及当时辅政大臣王凤（王莽的伯父）都非常难过，一直觉得对不起王莽。

刚好这个时候，王凤生了一场大病，王莽日夜守候病榻（tà）旁，不眠不休，亲尝汤药，一连几个月下来，王莽形容憔悴，满脸胡子，蓬首垢（gòu）面，看来比亲生儿子还要孝顺，还要体贴。王凤感动极了，在临终之前，哽咽地叮嘱王太后及汉成帝：“千万要照顾王莽，他太好了！”

在王凤的大力推荐，以及许多读书人的共同赞扬之下，王莽被封为新都侯，不久，官拜骑都尉，紧接着升为光禄大夫，官位节节升高，继而成为辅政大臣。地位愈高，他表现得愈谦虚恭谨，而且经常捐钱、献田，周济贫民，博得朝廷内外一致的赞美。

有一次，王莽的母亲病了，公卿大夫们都派自己的夫人前去慰问，这些官太太平日穿着很讲究，彼此争奇斗妍，她们到了王莽家，王莽的妻子出来接待客人，竟然衣不着地，破破烂烂。要知道，当时一般女子都是衣裙长得可以曳（yè）地的，难怪她们都误以为王莽太太是王家的一个女佣呀。

同时，王莽家中待客的茶点，只有寒酸的一两色，似乎也和王莽的身份不太配。所以，这些夫人们回去以后，当做一件大新闻似的到处传播，都说大司马家里节俭极了。

不久，汉成帝去世，哀帝即位。哀帝是个昏庸的君主，他用母亲（丁氏）、祖母（傅氏）的亲戚主政，王莽和傅家的人有过冲突，所以辞职回到了乡里。

长裙曳地的西汉贵族妇女，陶俑，陕西兴平县西吴乡齐家坡出土。

汉哀帝真是悲哀，在位仅仅六年便一命归天。这时候王政君已当了太皇太后，她又把王莽召回宫。

王莽的所作所为真像个君子，王政君对他非常欣赏，事事委托于他，王莽复职后第一件大事，就是迎立汉平帝为帝。为什么挑中汉平帝呢？

因为他才九岁，不能亲政，国家内外大权，都由王莽一手包揽。

王莽为了巩固大权，演了许多把戏，他靠着太皇太后王政君的帮忙，官爵步步高升，最后，被封为安汉公。王莽的许多举动，让人们觉得他像是一个圣人。

王莽为了拉拢读书人，特别注重学校教育，京师里的太学办得很好，让全国的士人都觉得王莽是他们的导师。

汉代是一个迷信的时代，人们十分相信鬼神和符瑞。所谓符瑞就是平时很少见到的事物，而这事物被认为代表吉祥。王莽掌权之时，出现了大量的符瑞，人们相信那是王莽的恩德感动了天地。于是上自王公大臣，下至贩夫走卒，纷纷上书给皇帝，歌颂王莽的功德。有一年，朝廷要赐田给王莽，王莽不肯接受，就有四十八万七千五百七十二人上书给朝廷，请求朝廷要赏给王莽更多的田地。

平帝十二岁时，有人建议可以为皇帝立皇后了。王莽想维持自己的权位，在大臣们的安排之下，把自己的女儿嫁给平帝。

皇帝结婚是一件大事，朝廷送了大量的聘礼给王莽，王莽退回了大部分，只收了五分之一，而且把收下的聘礼转送给贫困的人，这更让人们感觉到王莽的高超人格。

王莽的改革和失败

平帝渐渐长大了，对王莽的作风很不满意，也逐渐露出“不想再当傀儡（kuǐ lěi）”的态度，王莽也感觉到了，于是“怒从心上起，恶向胆边生”……

在冬季腊月里，王莽趁着一次宴会上酒的时候，偷偷把毒药羼（chàn）在酒中，献给平帝。平帝一喝下去，立刻肚子疼得像火烧一般！他大声地喊叫：“王莽要杀我了！”

王莽立刻用别的话岔开，而且故意讲得很大声，好让别人听不到平帝的哀嚎。不久，可怜的平帝，咽下了最后的一口气。

毒死平帝以后，王莽发现，九岁的皇帝还是太大，以后该找一个更小的。他千挑万选，居然选了两岁大的刘婴。他还装腔作势地抱着两岁大的孺子婴举行郊祭，祈祷国家太平。

两岁的小皇帝当然不能掌理朝政，于是文武大臣和百姓们又纷纷上书，请求王莽代理皇帝。这时，在陕西武功县发现了一件符瑞——在一口井中吊出了一块白色的石头，石头上有几个红色的字——“告安汉公莽为皇帝”，当然，这块石头很快被送到长安。

王太皇太后并不相信这块白石是符瑞，她想到那是有人故意刻的。但在当时强大的民意要求之下，真是左右为难。

太保王舜对王太皇太后说：“事已如此，无可奈何，你要挡也挡不住。

幸好王莽没有太大的野心，他只是要代理皇帝，来加重权势而已。”王太皇太后不得已，只好下诏书任命王莽代理皇帝。王莽在祭祀天地宗庙时自称“假皇帝”，“假”就是代理之意；臣民称王莽为“摄（shè）皇帝”，“摄”也是代理的意思。

不久，王莽利用政治权力与民意，强迫小皇帝让位给自己，王莽还表示谦让，小皇帝则一再歌颂王莽的功德，一定要让位。最后，王莽只好接受小皇帝的禅让，登基成了真正的皇帝，改国号为“新”。

王莽接受小皇帝的让位，在形式上好像是尧舜的禅让，但是，实际上，小皇帝不过是四五岁的幼童，哪里懂得“让贤”？这明明是王莽在抢皇位，但是，王莽不肯背上“抢夺”的恶名，才自导自演地演了一出“禅让”的戏。

王莽即位做皇帝以后，便推行一连串的改革，许多官名改了，许多地名改了，更重要的是将土地收归国有，称为“王田”，不准私人买卖；已有的奴婢制度仍然保存，称为“私属”，但是，不准买卖；把汉朝通行的五铢（zhū）钱改为新货币，这新货币定为钱、金、银、龟、贝、布六类，每类货币又分为几个等级。

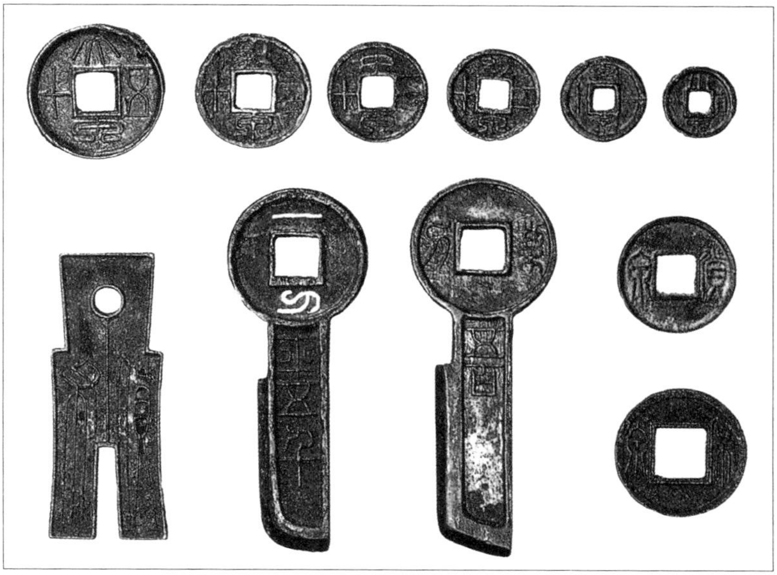

王莽统治时期的新朝钱币。

例如，钱这类货币也称泉，又可分为六种，小泉、幺泉、幼泉、中泉、壮泉、大泉。这六种泉以小泉为基本单位，假如小泉的价值是一，幺泉便是十，幼泉是二十，中泉是三十，壮泉是四十，大泉是五十。贝这类货币分为五种，按照贝的长短大小而有不同的价值，也可以与泉、布互换。

王莽的改革，最后是失败的。最主要的原因是不合时宜。王莽的改革用意也许是很好的，可是由于不合时宜，人们不但不感激他，反而全怨恨他。

譬（pì）如王莽规定土地全部归国有，不得私自买卖，用意是要防止有钱人兼并土地，但是许多有土地的人有时家里有急用，想卖掉一块土地来应急。结果，王莽规定不许卖，真不知道怎么办。又有些人辛勤工作赚到一些钱，想买块土地作为家产，却买不到，当然也会抱怨。

又譬如王莽规定不准买卖奴婢，这是尊重人权，但是王莽没有设置救济机构，也没有给（jǐ）予人民职业训练，如有一个人穷得走投无路，在古代社会最后一条路就是卖身为奴，还可以活下去。但是，王莽规定不准买卖奴婢，这些穷人既得不到政府救济，又无谋生的一技之长，连卖身为奴的路子都断了，要他们怎么活下去呢？他们非但不会感激王莽，反而会咒骂王莽绝了他们的生路。

再说王莽的货币改革更是一大失败，货币愈简单明了愈好。但是，王莽的新货币有五类，每一类又有好几种，人们除非拿着各类货币换算对照表，否则，一定弄不清，这样的货币怎能使用，所以人们怨声载道。

王莽做了几年皇帝，首先是匈奴不服，时常出兵骚扰边境。原来，王莽即位以后，遣使到匈奴和四夷去收回汉朝赐给那些四夷的印绶（shòu），更换新印。匈奴的文化水准较高，匈奴单于发现汉朝原先给他们印刻的文字是“匈奴单于玺”，而王莽给的新印所刻的文字是“新匈奴单于印”。“玺”与“印”含义不同，玺是天子诸侯用的，印是文武百官所用的，匈奴单于认为王莽无异把他降了级，心中大为愤怒，便起而作乱，其他外族也就跟着作乱，于是王莽自己招来了外患。

更始皇帝刘玄

王莽灭掉西汉，建立新朝以后，由于好大喜功，加上不择手段地变法改制，天灾人祸相继而来。在地皇二年（21 年），发生大规模的蝗虫灾害，王莽派了使者前往灾区，教老百姓把草根、树皮剁一剁煮来吃，名叫“酪（lào）”。

老百姓吃了这种难吃得要命的酪以后，非但不能充饥，反而一个个都生了病，加上兵役的残酷，刑法的迫害，逼得饥民们只有一个办法——造反。

当时，有两股最大的势力：绿（lù）林与赤眉。

在绿林山上（治今湖北当阳县）的一支，当时被称为“绿林贼”。后来通常称土匪为绿林好汉，正是出自这个典故。

另外一股叫赤眉，他们为了与官兵区别，把自己的眉毛染得红红的。

同时在舂陵（治今湖北枣阳市）有刘縯（yǎn）、刘秀（刘秀正是日后的东汉光武帝）兄弟揭竿起事。刘秀本是一个读书人，出身于太学生，当他哥哥刘縯准备起事以后，他也换上了军装，戴上了大冠，左右街坊看了都很惊异：“咦，他是拘谨敦厚的人，怎么也这般装束？”于是人们领悟到，如果再不起来反抗，只有死路一条，纷纷加入了军营。

势单力薄难以成事，所以刘氏兄弟与绿林联合在一块儿共同起事。起事以后，一连打了好几场大胜仗，其中就以刘縯的功劳最大。

这十几万人的乌合之众，军队系统复杂，群龙无首，乱成一团，纪律很差，于是大家都认为，非要选举一位领袖不可，而且要是姓刘的。因为当时经过王莽的暴政，普天之下人心思汉，而汉朝姓刘。但又不能选一个太能干的，最好是个庸庸碌碌的笨蛋。

这是为什么呢？因为王莽失去了民心，就像丢掉了一只鹿在原野上奔窜，每个英雄好汉都想夺得这只鹿，登上皇帝的宝座，这便是“逐鹿中原”。

可是，在天下大势未定，“鹿死谁手”还未知，人人有机会掌握政权之时，倘若推选了一个最厉害的，那旁人岂不没有出头的机会了吗？所以刘缜不可能被推为首领。

选来选去的结果，找到一个胆子很小的刘玄当皇帝，改元更始，称为更始帝。他坐上了皇帝位，面对着群臣，吓得满头大汗，只会举起手来“啊，啊啊”，一句话都说不出口。

刘秀，佚名绘。

刘缜、刘秀兄弟的威名一天比一天盛，绿林诸将心怀猜忌，向刘玄进言道：“此二人一日不除，必为后患！”刘玄本是个不识好歹的人，听他们一说也就心动了。

一天，刘玄看到刘缜身上挂着一把佩剑，故意说：“咦，这剑看来十分奇特，借我仔细瞧瞧。”

刘缜是一个性情豪爽的人，立刻拔剑出鞘交给刘玄，刘玄拿着剑在手中玩了半天。按照预谋，刘玄应该一剑刺入刘缜胸膛的，但是刘玄怕得发抖，又把剑交还了刘缜。

左右绿林诸将不肯就此罢休，又设计了一个圈套。

那时，刘缜手下有个大将刘稷（jì），勇冠三军，当刘玄称帝时，他曾愤怒地说："哼，这次起兵讨莽贼，全是刘缜、刘秀兄弟的功劳，更始算什么，凭什么可以称帝?"刘玄听说了，特别授刘稷为抗威将军，刘稷不肯受命，惹怒了刘玄，派了几千人把刘稷捉来，不待他开口便喝道："推出去斩了!"

刘缜为了保全爱将，便挺身力争，刘玄又没有了主意，低着头跌坐在帝位上。

绿林诸将走到刘玄附近，左牵右扯，暗中示意，逼着刘玄说出两个字："拿下！"然后十余名武士绑住了刘缜，把他和刘稷一同斩首。

此时，刘秀正在昆阳大破莽军，他胜利而归后，竟然没有去找刘玄理论为何杀刘缜。官员们去迎接吊丧，刘秀也没有表示对刘玄的不满，只淡淡地说："原是我哥哥的不对。"甚且不为刘缜服丧，谈笑风生，一如往常。有人问起昆阳战事，他也不自夸，只谦虚地说："这都是将士们通力合作的结果。"

刘玄原本以为刘秀归来后，一定会怒气冲天跑来算账，没想到竟这般不动声色，心里觉得怪不好意思的，特拜刘秀为破虏大将军，封武信侯。

其实呢，刘秀每天晚上哭得枕头湿了一大片，但他知道轻举妄动只会坏事，含着眼泪忍了下来，以后他能创建东汉，都是靠着"忍"的功夫。

坐失皇位的刘玄与刘盆子

王莽末年天下大乱，各地势力纷纷起来造反，经过昆阳之战，刘秀把王莽的主力击溃，使得刘秀等拥立的更始帝能一路势如破竹，攻进了长安。王莽被汉兵杀死，刘玄登上帝位，海内豪杰都响应来归。

刘玄本来是一个懦弱无能的人，一旦即帝位，住进了长乐宫，上朝的时候，文武百官整整齐齐排列在下，他一看："哇，这么多人！"吓得低着头说不出话。

后来几个将领跟着进宫，刘玄鼓足了勇气，迸出的第一句话是："大家好，你们抢了多少东西啊？"到底是土匪出身。左右侍官很多都是老资格的官吏，听得目瞪口呆，彼此面面相觑（qù），惊奇万分。

对于这一批强盗出身的将领，刘玄没法子驾驭（yù），朝廷中的新贵，大半是不学无术的市井流氓，许多厨子屠夫也都穿起锦服绣衣，大摇大摆。长安城中的父老，看得又好气又好笑，就编了一首歌谣讽刺他们："灶下养，中郎将；烂羊胃，骑都尉；烂羊头，关内侯。"形容这些不像样的新官儿。

更始帝刘玄日日夜夜都在后宫与宫女们鬼混，喝得醉醺（xūn）醺东倒西歪的，臣子们有事要禀报皇帝，更始帝就派了一个人坐在帷（wéi）后装成自己下圣旨，臣子们听出这不是更始帝的声音，也拿他没办法。

因为更始帝的无能，这个新起的政权又立刻被推翻了，取而代之的是赤眉。赤眉由琅邪（láng yá）人樊崇在莒地起兵，拥立了刘盆子为帝。刘盆子是何许人也？这儿也有一段有趣的故事。

刘盆子本来是一个放牛的牧童，当赤眉大军过式县时，把刘盆子和他的两个哥哥刘恭、刘茂捉进了军营中，刘恭以后投奔了更始帝，刘茂和刘盆子则当了牛吏，专门管牧牛的事。

因为当时人心思汉，所有起事的都要设法和汉朝本姓——刘姓攀点儿关系，用以号召人心，有人不姓刘，也假冒姓刘。赤眉在军队之中逐一检点之后，发现只有刘茂、刘盆子以及一个叫刘孝的人和皇帝血缘最近。

于是赤眉弄来一个竹筒，做了几根签当符命，按年龄的大小分别去抽，刘盆子年纪最小，才十五岁，轮到最后一个抽，他一抽之下竟然得中，赤眉的将领全体下拜高喊："皇帝！"

刘盆子披头散发，光着脚丫子，衣服敞开着，满身臭汗，一副狼狈相，他看到人人都跪在地上向他朝拜，吓得要哭。刘茂对他说："你要好好藏着这个符命。"

"什么符命，我不要当皇帝！"刘盆子把符命咬烂，丢在地上，一溜烟似的跑了。

跑了也没有用，这事由不得他；刘盆子只有很痛苦地被赤眉加上了黄袍，当起了皇帝。他始终不习惯，时时换了服装，偷偷跑去跟牧童玩儿，觉得这样倒自在些。

后来，赤眉兵攻占了长安城，打倒了更始，控制了中央政府，他们个个自以为有大功，常常在宫殿上为争功而起冲突，甚且动刀弄枪闹个不停。刘盆子坐在皇帝宝座上吓得魂不附体，晚上连睡觉都要拉着一个小太监壮胆才能入睡，根本就没有能力处理政事。

此时的刘秀，在河北逐渐建立了自己的力量，他的军队纪律严明，一举一动合乎礼节，制服整齐，当时的人看了，都啧啧称奇道："没想到今天我们还能看到汉官威仪。"不久，刘秀进兵长安，刘盆子投降。刘秀是个宽厚的君主，他封刘盆子为赵王郎中。甚至对有杀兄之仇的刘玄，刘秀也封他为侯。

刘玄、刘盆子相继被拥立为皇帝，但因为没有能力，白白丧失了机会。

董宣的脖子很硬

东汉光武皇帝刘秀，讨平群雄，重建了汉朝，是为东汉。史称“光武中兴”。

经过了王莽的苛政，加上近二十年的动乱，老百姓亟（jí）需舒一口气。光武帝来自田间，了解民生疾苦，非常爱护人民。他重视地方官吏，也注意法治精神。

光武帝的姊姊湖阳公主家里有个奴才，大白天杀了人，然后逃回湖阳公主家里。

当时的洛阳令董宣到处捉拿凶手都找不到人，心里很气愤。而这个奴才自以为有公主在背后撑腰，胆子非常大，公主出门，他也肆无忌惮（dàn）跟着去。

碰巧，董宣在路上看到了那个奴才，他“嘿”地大喝一声，率领一批卫士涌上，狠狠地用刀划来划去，发出难听刺耳的声音，并且严厉地指责公主：“怎么可以窝藏要犯？”

公主被他突如其来的举动吓呆了，满脸通红说不出话来，眼泪一滴滴地流下来，心里一遍又一遍地说：“哼，看你这个凶狠样子，待会儿告诉我弟弟去！”

于是，湖阳公主快马加鞭赶到了汉光武帝处，一把鼻涕一把眼泪地哭诉。因为她哭得太伤心了，光武帝也听不清楚怎么回事，只知道公主受到了董宣的侮辱，便把董宣叫来问话。

问明始末之后，光武帝“哈哈”仰天一笑：“你做得好，赏你三十万钱奖励你的执法精神。”

“不过，你用这种态度对公主是不对的，来来来，向公主叩个头，道个歉，便没有事了。”说着，便向公主招手。

公主满怀委屈地坐下，等着董宣叩头。没想到，董宣脾气很硬，怎么都不肯磕头。光武帝只好叫宦官去按他的头。董宣看到宦官走近了，把头抬得更高，满脸不屈服的神情。

“好了，算了！算了！”光武也不想为难董宣，笑着说，“你真是个强项令！”项，便是脖子。

光武帝最为人所称道的是他表彰气节，敬重读书人。他本身就是个太学生，有鉴（jiàn）于王莽时代阿谀（ē yú）拍马的不良风气盛行，光武帝特别注重人格的培养。许多在王莽时代不屑为官，托病辞职的风骨人士，光武帝都特别予以褒（bāo）赏。

他在求学时，有个好朋友名叫严光，学问品德都很好，光武帝非常敬重他。因此，光武帝在得到天下以后，想请严光出来做事。然而，严光对做官没兴趣，隐姓埋名，和光武帝大玩捉迷藏，光武帝遍访海内，始终没有找着严光。

“天下无难事，只怕有心人。”光武帝凭着记忆，命画工绘成了

董宣宁死不肯向湖阳公主磕头认罪，选自明刊本《帝鉴图说》。

严光的肖像，到处寻访。

不多时，果然有人奏报，在齐国境内发现有个身披羊裘的男子，常在泽中钓鱼，面貌看来与肖像相似。光武帝大喜过望，立刻派人前往齐国礼聘。

严光还是不肯承认身份，他对使者说：“朝廷误征，你们弄错了。”这二三十名使者，不由分说地把严光拥进车中飞驰洛阳。

严光，选自《历代名臣像解》。

光武帝听说严光来了，高兴万分，一大早赶到严光住处，而严光明明醒来了，故意赖在床上不肯起来。光武帝走进卧房，拍拍严光露出来的肚子说：“老朋友了，不肯帮我治理天下吗？”严光仍闭着眼睛不吭声。

过了半晌，严光才张开眼睛道：“以前，唐尧时代，尧请许由出来做官，许由听说了，急忙到水边洗耳朵，怕这话沾染了自己。人各有志，你何苦为难我呢？”

光武帝拍着手大笑说：“好，好！”晚上，与严光共眠，严光睡到半夜，把腿压在光武帝的肚子上，鼾声如雷，光武帝也不介意。以后，严光始终没有做官，依旧耕田、钓鱼，终老山中。

光武帝重视读书人的美德，也就流传千古。不过像严光这种隐士，不问世事，自以为超人一等，充其量只能“独善其身”。一个有抱负的知识分子，无论做不做官，本应当贡献所学，造福大众，发光发热，“兼善天下”。这才是我们读书求学的真正目的！

老当益壮的马援

中国历史上有几个相当有名的成语，“聚米为山”“马革裹尸”“穷当益坚”“老当益壮”，都是马援留下来的。马援是襄助汉光武帝建立中兴大业的功臣。

马援字文渊，他是战国中期名将赵奢的后代，由于赵奢被封为马服君，所以一部分子孙姓马。虽然他的祖先是西汉世家，但世代清廉，家中并不富有，尤其马援自十二岁时父亲去世之后，生活更显得拮（jié）据。

少有大志的马援，曾经想放弃学业去边疆开垦，他的大哥也答应了，并且对他说：“你是我们马家最有希望的人，当会大器晚成。”可是不久，马援的大哥因病而死，马援为哥哥服孝而留下来，他对寡嫂非常孝顺，很得乡里的称赞。

后来王莽当政，马援到了边区垦田、畜牧，拥有牛、马、羊数千头，有几百户人家受他指挥，算是个创业有成的大商人了。但马援不以此为满足，他常常说：“丈夫为志，穷当益坚，老当益壮。”意思是说：一个男子汉大丈夫，愈穷愈要有骨气，愈老愈要强壮勇敢。他可不愿做个守财奴，因此把赚来的钱统统散给兄弟故旧，自己依旧穿羊裘着皮裤，两袖清风地在田野垦牧。

后来马援投效光武帝刘秀，协助他平定群雄。此时，羌人作乱，朝中大臣多半主张放弃羌县以西，免得朝廷为了辽阔的边区耗损国力。

马援却独排众议，认为不可轻言放弃国土，畏首畏尾将遭致更大的祸患，因而率领大军，猛扑羌人，赢得光荣的胜利。然后，劝导农耕、兴办水利，人民得以安居乐业。

有一回，邻县的百姓听说羌人又在作乱，也不管消息真假，急急忙忙请求马援关闭城门，发兵平乱。马援正在与宾客喝酒，接到消息大笑道："你们回去好好把官舍守住就是了，要是害怕的话，可以躲到床底下去。"果然，地方上平静如昔。

马援当了六年太守，回到了京里官拜虎贲中郎将。他在京里，欢喜讲故事给人家听。由于他须发清朗，眉目如画，身长七尺五寸，蔼然可观，口才出色，因此上自皇太子，下至闾（lǘ）里少年，都爱听马援讲故事，个个听得聚精会神，津津有味，从故事中学到许多做人做事的道理。马援还精通兵法，每回论起调兵遣将的道理，汉光武帝都很佩服，常常说："伏波［建武十七年（41年），光武帝封马援为伏波将军］论兵，与我意合。"

马援，选自《历代名臣像解》。

此后，马援南征越南，大获全胜，回都以后，匈奴正在边境为患。这位报国心切的英雄，又不顾一切地请求出征，他拍着胸脯说："男儿要当死于边野，以马革裹尸还葬耳，何能卧床在儿女手中耶？"他始终认为，男子汉大丈夫要死在战场才光荣，躺在病床上靠儿女服侍算什么！

马援最后一次出征，是建武二十四年（48 年），他听说汉军深入蛮夷很久不得平定，又跃跃欲试，请求光武帝派他出征。光武帝看着他，不忍心让他再去打仗，摇摇头，正准备说话，马援已穿戴起甲胄（zhòu），一跃登上马鞍，雄赳赳，气昂昂，顾盼自得，双目炯炯有神，虽然头发已花白，但那雄伟的气势，那威武的精神，使人一看便要敬畏三分。光武帝也不禁赞道："好一个矍铄（jué shuò）的老翁！"还是让他去了。

不服老的马援又亲领大军去攻五溪蛮人去了。他冲锋陷阵，战绩辉煌，最后不幸染上疫疠（lì），病死于军中，完成了马革裹尸的壮志。

由于马援性情耿直，得罪了小人，所以他自交趾带回的一车薏（yì）米被说成了一车明珠宝贝，而朝廷一般大臣认为："好啊，你带回一车珠宝，竟然也不分给我们一点，太小气了。"于是纷纷举发马援贪污，使得光武帝大怒。马援的家人不敢把他迎归埋葬，许多宾客故人连吊丧都不敢去哩。

马援一生光明磊落，国家太平时，他垦荒畜牧，厚植国力；国家动乱时，效命沙场，保国卫民。他永远积极、乐观、奋斗、进取，为国家献出一切。尽管最后被人诬陷，倘使他地下有知，当也不以为意。因为真正的英雄豪杰，是对自己的良心负责的！

班超深入虎穴

班超是中国历史上了不起的英雄。他的父亲班彪，哥哥班固，妹妹班昭，都是著名的文学家、史学家，可以说得上是一门四杰。班彪晚年，想效法司马迁撰写一部前汉史，可惜不久便去世了。班固继承父亲遗志继续写下去，是为《汉书》。

在班固撰（zhuàn）写《汉书》期间，家里一贫如洗，班超只好在官署里补了一名书记的缺，替公家写文书，维持全家人的生活。

官署里的同事都是胸无大志的小职员，每天不是东家长便是西家短，以搬弄口舌、挑拨是非为乐。班超最看不起他们，而这些同事愤恨班超不与之为伍，经常在背后批评班超："哼！摆什么臭架子，有什么了不起！"然后，哄堂大笑。

有一回，班超抄写了一整天，对这"机械式"的工作厌烦不已，摔掉毛笔叹气道："大丈夫应该效法张骞，扬名异域，为国效命，哪里能够长久在笔砚中讨生活呢？"旁边的同事听到了，马上交头接耳，窃窃私语，一面用眼睛斜看着班超，一面嗤嗤地笑，不怀好意地说："凭他，也想学张骞？哼，做梦！"

班超实在按捺不住了，推开桌子，大声地说："小子安知壮士志哉？"（你们这群庸庸碌碌的小人，哪里能够了解我的大志呢？）说着，大踏步走了出去。

后来，在永平十六年（73年），班超随窦固出击匈奴，窦固见班超有勇有谋，派他为假司马，率三十六名随从，前往西域，要从匈奴手中夺回这片地带的控制权。

班超投笔从戎，选自《马骀画宝》。

班超第一站到了鄯（shàn）善，鄯善王看到大汉使者驾临，客气得不得了，给予最优厚的待遇，每天还亲自前来请安。

过不了几天，鄯善王的态度忽然转变，爱理不理的，班超觉得很奇怪，怀疑是不是匈奴的使者也来了。

于是，班超召来一个鄯善的侍者，劈头便问："匈奴的使者来了好久了，怎么没有看见人？"那侍者冷不防班超有此一问，吓住了，眼睛睁得大大的呆在那儿。

"快说！"班超声色俱厉地大吼，侍者乖乖地一五一十全讲出来了。班超怕侍者泄漏消息，先把他关起来，然后赶紧找三十六个随从共谋大计。

班超说："鄯善王畏惧匈奴，很可能把我们送给匈奴，这样我们就只能当豺狼的食物了，怎么办？"

大家听了都异口同声地说："现在生死都听司马的了。"

"好！不入虎穴，焉得虎子。"班超一咬牙道。这句名言也就流传千古，表示要想成功，先得要冒险。

当天晚上，北风吹得人毛骨悚然，班超顺风点火，趁夜摸营，匈奴兵梦中惊醒，乱成一团。班超首先摸进了一个帐篷，一下就砍掉三个脑袋瓜

班超率部下袭杀匈奴使者，选自明刊本《全汉志传》。

子。不多时，一百多个匈奴使者全部命归西天。

鄯善王吓得连忙伏地磕头，唯唯听命。班超顺利完成第一次任务。

不久，班超到了于阗（tián）（新疆和田），于阗王虽没有当面拒绝班超，但是态度很傲慢。

于阗王信奉巫师，一举一动都听他的话。巫师害怕班超对他构成威胁，故意假装神附身上，咿咿呀呀地鬼叫："你为何要款待汉朝使者？神要发脾气了，汉朝使者骑的一匹马很不吉利，把它牵来宰了祭我，就可以恕你无罪。"

班超丝毫不惊慌，淡淡地说："这匹浅黑色的骏马很名贵，要巫师亲自来取。"

等巫师一到，班超也不多言，拿起佩刀便把巫师的头割下来，然后拎着这颗脑袋去见于阗王。

于阗王这时已听说班超在鄯善的威风，又看到了巫师的脑袋搬了家，只有乖乖称臣。

以后班超抚疏勒，联乌孙，破莎车，最后，自葱岭以东到葱岭以西，五十多个国家完全内附，更打开了东西交通，条支（叙利亚）、安息（波斯）都远来朝贡，甚且中国的丝织品都因而传到大秦（罗马），西方人称这条道路为“丝绸之路”。

从此，西域与中原断绝了四十一年的外交关系，乃因班超的深入虎穴，又重新建立起来了。

班超虽有赫赫功绩，却遭李邑等小人眼红，上书皇帝说班超“拥爱妻，抱爱子，在外国享受，不顾朝廷”。英明的汉明帝看了从不生气，下令让班超处置李邑。班超只是哈哈一笑，反而派李邑回京城。他说：“我光明磊落，不怕别人讲闲话。”

外戚宦官小皇帝

班超征服西域以后，大汉声威盛极一时。但是，在此之后一直到东汉灭亡的一百四十七年之中，汉朝的国势始终非常衰弱。这是什么原因？让我们来看一看究竟。

在汉章帝的时候，他立窦氏为皇后，窦皇后引荐她娘家的许多亲戚在朝廷当政。由于皇后在背后为他们撑腰，窦家子弟大造房舍，家中养了好几百名的食客，仆役奴婢多得不能计算；大量搜刮洛阳城中的良田，骄奢跋扈达到了极点，引起一般民众的不满。

于是，有人上报告给章帝，章帝看了很生气，但碍着窦皇后的情面，也不忍心苛责，只是再三交代这些外戚要多加检点。既然皇帝都不责罚，他们就更肆无忌惮，尤其是窦皇后的哥哥窦宪竟骑到公主的头上去了。

窦宪看上了沁水公主家中的一块园田，一定要买，公主不敢和窦宪争执计较，只好忍气吞声把田卖了。

章帝晓得了这回事，心里很不痛快。有一天他与窦宪出去的时候，正好路过沁水公主的园田，故意问道："这大概就是你强迫公主卖出的田地吧？嗯？"章帝提高了声音又问，"是不是啊？"

窦宪支支吾吾答不出话，章帝气得把窦宪狠狠地大骂一顿："今天连公主的地都被你抢过去了，那一般平民就更不用说了。其实国家杀掉你，就像丢掉一只臭老鼠，没什么可惜的，你说是不是？"

窦宪吓得灵魂出窍，慌慌忙忙匍匐在地上，把头磕得像捣蒜一般。正在此时，后面来了袅袅婷婷的窦皇后，冉冉地走到章帝面前，双膝（xī）一跪，代为求情。章帝只好又放过了窦宪一马。

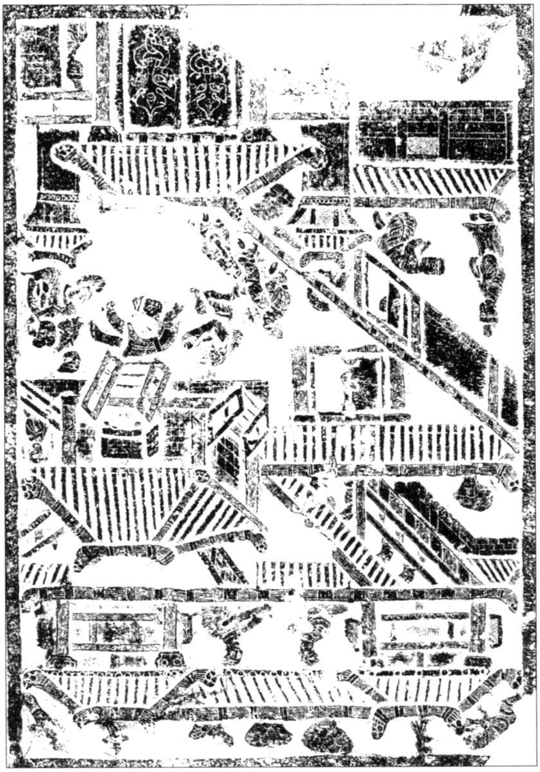

汉代贵族宏大的家居场面，汉画像石，山东曲阜城关。

章帝在位十三年去世，和帝即位时才十岁，还是个小孩子。因此，和帝即位初年，由窦太后临朝，窦宪辅政。后来，窦宪北伐匈奴有功，权势愈来愈盛。于是，东汉的外戚用事，从此开始。

由于和帝是个小皇帝，窦宪根本不把他放在眼里，总认为皇帝还小，只要念书、玩耍、吃糖便够了，国家大事哪有去问小孩子的道理。

和帝看着自己的大权完全落在外戚手里，心中很不甘，时常气得睡不着觉，也吃不下东西，连做梦都在想：“杀掉窦宪，杀掉窦宪！”

但是，和帝又没有人可以商量对策，只有拉着在身边伺候他的太监郑众商量计谋。

有一天，和帝利用窦宪自凉州回家的时机，密发圣旨，调动大批守军，关闭了城门，迅雷不及掩耳地把窦氏亲党捉拿下狱，逼迫窦宪自杀。

太监郑众协助政变有功，升为大长秋（大长秋是宫中宦官的头）。从此，宦官也在东汉政治上插上一脚。

和帝在位十七年去世，去世时年纪很轻，只有二十七岁。而即位的殇帝才满一百天哩。

所以东汉末年的政治很奇怪，总是一个小皇帝即位（在殇帝以后的安帝十三岁，顺帝十一岁，冲帝两岁，质帝八岁，桓帝十六岁，献帝九岁），而小皇帝即位不能管事，就由太后当政，重用娘家父兄，外戚当权；小皇帝长大以后，不甘心当傀儡，联合宦官，除掉外戚。

皇帝亲政以后，不久便去世了（奇怪，东汉末期的皇帝都很短命）。于是又一个幼主即位，再一次地恶性循环。外戚宦官的斗争，成为一个公式，汉朝也就一蹶（jué）不振了。

不怕死的士大夫

东汉从和帝以后，朝廷上形成一种很奇怪的局面，就是小皇帝即位，太后临朝，重用娘家外戚。小皇帝长大了，联合宦官，除掉外戚；不久，皇帝去世，又一个小皇帝即位，再一次宦官外戚夺权，成为一种恶性循环。

每一次外戚宦官斗争的结果，总是宦官获得胜利，尤其到了汉桓帝的时候，这一班宦官更是无法无天。当时京都流行一首歌谣："左回天，具独坐，徐卧虎，唐雨堕。"形容左悺（guàn）、具瑗（yuàn）、徐璜（huáng）、唐衡这几个太监的厉害与跋扈，简直像老虎一般凶猛，又仿佛有通天本领。

宦官（太监）者，本来是在后宫里面伺候皇帝打水、洗脸、吃饭、穿衣的小奴才，大部分没有学识，没有品德，更没有办事才能。因此，国家大事一旦交到这批家伙手里，结果可想而知了。尤其太监身份低贱，有强烈的自卑感，因为怕别人看他不起，一旦得势只会作威作福。

由于宦官专权，把朝廷弄得乌烟瘴（zhàng）气，鸡犬不宁，东汉的士大夫们非常反感，尤其是东汉的读书人，受到光武帝表彰气节的影响，特别看重志节，怎么忍心眼睁睁看着国家断送在这帮奴才手里？

因此，到了汉桓帝延熹（xī）八年（165 年）的时候，陈蕃当太尉，李膺（yīng）当司隶校尉，这两个人都是刚毅正直，平素顶痛恨宦官的，他们决定联手狠狠地压制宦官。

当时桓帝有一个亲信的太监叫张让，张让的弟弟张朔为野王令（野王县的县令），张朔性格暴虐，有一回竟把一名孕妇连她肚子里的小孩子一起杀死了。命案发生以后，张朔就躲到京里张让的家中。

李膺接到消息，带着人马赶到张让家里搜寻，上上下下都找遍了，就是不见张朔人影。忽然，他发现房间里有一面墙壁看起来有问题，当下一砍，嘀，果然是个复壁，里头有夹室，张朔正好端端坐在那儿。

这下子张朔只有乖乖就擒，被带到了洛阳狱中。问明口供以后，李膺便做主把张朔干掉了。

桓帝知道了这件事，很不高兴，但是李膺有理，桓帝也没有办法。从此以后，太监们个个都闭上口，不敢多言，连走路也都轻声蹑（niè）足，一副怕兮兮的模样。桓帝看了很奇怪，问道："你们最近怎么搞的？"太监们一起叩头道："我们怕李校尉，我们怕！"说着，齐声痛哭。

李膺，选自《历代名臣像解》。

李膺痛宰太监一事传了出去，士大夫们都有大快人心之感，认为李膺是中流砥（dǐ）柱的代表，因此能被李膺接见者都觉得无上光荣，别的读书人也会来恭喜他，称为"登龙门"。

可惜不久，这条"龙"的尾巴被夹住了。

原来当时河内有个人叫张成，他善于推算，算出国家将有大赦（赦就是放掉犯人的意思）令，于是叫他的儿子乘机杀人。不久，朝廷果然颁发大赦令，李膺对张成平日与宦官勾结早已不满，如今张成又滥杀无辜更是可恨，李膺就不理会大赦，把张成的儿子处决了。

张成为了报仇，派弟子上书朝廷，他说，朝廷里的大臣与读书人相勾结，一天到晚造谣生事，结成朋党，有反动思想。宦官们也在桓帝旁边起哄煽动，于是桓帝在延熹九年（166 年）下诏捉拿党人（就是那些被宦官指为结党的人）。

后来，由于桓帝的岳父说情，桓帝下令把党人全放掉，但是这些名流君子的名字却上了黑名单，终生不得为官，这就是历史上有名的“党锢（gù）之祸”。锢是禁锢终生，被褫（chǐ）夺公权，一辈子不能出任公职的意思。

由于这些人都是爱国的风骨之士，因此他们虽然入过牢，又被判终生不得为官，社会上一般读书人对他们仍然尊敬得不得了，称李膺等人为“八俊”（人中英俊），郭泰等人为“八顾”（德行相勉）……加给他们许多响亮的美誉，还为他们大开欢迎会，请他们演讲，把他们当成英雄般崇拜、赞扬。这些读书人不怕死、有操守的佳话，也就流传千古。

孔融“让梨”以外的故事

“孔融让梨”是大家所熟悉的故事。今天，我们要讲一点孔融其他的故事。

孔融是孔子的二十世孙，从小聪明伶俐，惹人疼爱，他有兄弟七人，他排行老六，是个很可爱的小男孩。

孔融四岁的时候，他家里经常有人送梨来，这种梨是山东莱阳的特产，皮薄、肉多、核小，轻轻一咬，满嘴都是甜汁，好吃得不得了。他的哥哥每回都先瞄准一个大的，然后等到“开动”的口令一下，马上抢过来塞进口里。

孔融从来不去抢，他总是默默地拣一个小的就离开。一次、两次，孔融的妈妈还以为他肚子疼不敢多吃。次数多了，妈妈便奇怪了，她把孔融拉到怀里温柔地问着:“融儿，你不喜欢吃梨对不对？不然，为什么每次都挑小的呢?”

“没有啊，妈妈，我年纪小，当然应该吃小的嘛，大的留给哥哥吃。”

人们听了，都大吃一惊，对孔融这种敬爱兄长的精神赞不绝口。

孔融十岁的时候，随父亲到京城去游玩，当时李膺为河南尹（李膺便是上篇讲的力除宦官的名流），是东汉读书人的精神领袖，他的门禁很严，除了当代名士及通家之好以外，一律不接见。

孔融很景仰李膺，决定去闯闯看。孔融到了李膺家门口，对门吏深深一鞠躬道:“我是李公的通家子弟，特地前来求见，麻烦你通报一声。”

那个门吏从未见过孔融，但见他彬彬有礼，举止大方，也就让他进去了。

李膺见到孔融，摸摸他的头道：“是不是你祖父认识我？”

孔融说：“没有，但是先祖孔子与你的先祖老聃（dān）是好朋友，也算得上是通家世交了。”

李膺大笑不已，连连叫：“好，好，有道理！”

这时，刚好太中大夫陈炜（wěi）也来了，李膺笑着告诉陈炜这件事，并且说：“你瞧，这孩子多聪明啊！”

孔融让梨，选自明刊本《养蒙图说》。

陈炜顺口便说：“小时了了，大未必佳。”意思是说小时候聪明，长大了不见得成材。

孔融转着机灵的眼睛说：“噢，那依你的看法，小时候宁可呆笨，对不对？那么，你小时候一定很聪明！”

这等于是说陈炜现在很笨，李膺听了大笑不已：“高明，高明，将来定有一番作为。”

孔融回到家乡以后，过了三年，父亲去世，孔融哀痛万分，邻里都称孔融孝顺。

过了不久，党锢之祸发生，孔融是个有气节的读书人，他对宦官的作为非常不齿。因此：

有一天，党人张俭被官吏捉拿，他和孔融的哥哥孔褒相识，情急之下逃到孔家，正好是孔融应门，孔融告诉张俭：“哥哥不在家。”张俭转身就要走了。

“等一下！”孔融呼唤道，“我哥哥不在家，难道我就不能做主吗？快进来吧。”于是，张俭在孔家逗留了几天才走。

地方官闻风赶去，张俭已经逃之夭夭了，便把孔褒、孔融两兄弟关了起来。

孔融首先认罪：“张俭是我藏起来的，应该抓我。”

“不行，张俭是来找我的，他根本不认识我弟弟，要抓应该抓我。”孔褒抗议道。

地方官看得糊涂了，不知如何是好，偏偏这时孔母也来了，她老人家气势汹汹道：“我丈夫已死，我是家长，一切由我负责，你们怎么可以乱抓小孩呢？”

孔融，选自清皇家珍藏手抄善本绘图描金银《三国志演义》。

天下竟有这等怪事，地方官只有报到朝廷，最后朝廷决定由孔褒坐牢，释放孔母及孔融。他们全家争死的义行传遍天下。

以后孔融当了北军中侯、虎贲中郎将、太中大夫，尤其文学修养深厚，被誉为建安七子之一，学问、道德、文章都很有名。现在有的人怀疑孔融让梨的真实性，其实，只要晓得孔融愿意代兄而死，也就不会“以小人之心，度（duó）君子之腹”了。

硬汉虞诩

东汉光武帝表彰气节，使得东汉一代的读书人有风骨、有担当。虞诩（xǔ），便是一个不畏恶势力的硬汉。

汉安帝永初四年（110 年），羌人作乱，虞诩主张用强硬态度应对，得罪了朝廷当权的大臣。这时朝歌地方正在闹盗贼，一连乱了好些年，地方官吏没法镇压，权臣为了“整”虞诩，就派他去当朝歌长（朝歌县的县长）。

虞诩的朋友听说他碰上了这件倒霉的差事，都纷纷前来安慰，为他打抱不平。虞诩却笑嘻嘻地说：“没有你们想象的那么严重吧，为国家做事不能怕困难。”

他到了朝歌，拜见河内太守，太守满以为会来一个孔武有力的大将军，没有想到竟是个斯斯文文的读书人，就叹了一口气道：“哎，读书人应该在朝廷贡献意见，怎么跑到朝歌这个强盗窝来呢？”

虞诩笑笑，默不作声。他暗地里招募（mù）了一批壮士，分为三等，上等是横行霸道的流氓，中等是专门偷人家东西的梁上君子，下等是不事生产、游手好闲的无赖。虞诩把他们的罪都赦免了，嘱咐他们混到强盗里捣蛋。不久，果然，土匪窝内乱了阵脚。

虞诩又找了一些穷人，派他们到强盗窝里当裁缝，叫他们缝衣服时多缝一道五彩的花边儿。强盗们不知情，因此当强盗穿上新衣，在城里三三

虞诩，选自《马骀画宝》。

两两游荡时，立刻被官兵一把捉住。强盗心想：“咦，我脸上又没有刺字，他怎么晓得我是土匪。太奇怪了！虞诩一定是神仙！凡人怎么斗得过神仙呢？”没多久，盗贼纷纷自动竖了白旗。

后来，虞诩被调回京里当司隶校尉，他一口气先免掉了太傅冯石、太尉刘熹两个贪官，接着，又要动手办几个无法无天的宦官。

由于汉顺帝宠任宦官，所以没有严办。尤其是有个叫张防的太监，从中舞弊，每回虞诩上书，他便从中扣发，不交给皇帝，运用职权，一手遮天。

虞诩气得血往上冒，他先跑到廷狱说自己有罪前来自首，然后写了一封措辞相当激烈的报告叫廷尉送上去，上面说：“以前安帝任用太监樊丰，几乎把国家整垮，现在皇上又重用张防，国家又将面临大祸……”

张防知道了，一把眼泪一把鼻涕地跑到顺帝前面哭诉，直呼委屈，并且说：“虞诩一定是自知有罪，否则为什么先去廷狱投案？”

顺帝是个糊涂皇帝，竟然听信了张防的话，把虞诩关到监牢里，派狱吏严加拷打。古代监狱是很可怕的，各种严酷的刑具，样样都来。虞诩本是一个白面书生，几天下来，被打得死去活来，奄奄一息。

有人劝虞诩想办法找一条白绫上吊算了，免得受皮肉之苦，虞诩不肯。

他说：“我宁可在市场中就地被砍头，绝对不偷偷摸摸自杀。”这是硬汉作风，绝不低头。

这时，另一个当权的宦官孙程，因与张防不合，便在朝廷为虞诩说情：“皇上怎可把忠臣逮捕下狱，反而重用奸臣张防？”

这时，躲在顺帝身后的张防，吓得瑟瑟发抖，孙程见了大叫：“奸臣张防，还不滚下殿去。”张防吓得屁滚尿流夹着尾巴跑了。

虞诩被捕的消息传出以后，他门下的一百名学生扛着大旗，赶到京城，为老师申冤，每当有人出宫，便跪在地上痛哭，有的学生还用头叩地，叩得额头破裂，鲜血直流，顺帝这才知道虞诩是天下所仰望的名士，而张防是人人怨恨的小人。

虞诩被放出来以后，很感慨地说：“现在国家一天比一天衰弱，有一个原因，就是朝廷里的大臣太为自己打算，不肯与宦官抗争，总是说：‘我不屑与小人一争长短。’其实呢，是想做好人，享老福，太自私自利了。”

虞诩的话一点不错，大臣们都想做不得罪宦官的好人，使得东汉宦官的气焰愈来愈盛。

梁冀毒死汉质帝

东汉末年一直是外戚宦官互相夺权的局面，国家元气大伤。顺帝本信任宦官，到了永建六年（131 年），顺帝十七岁，册立皇后，大权又落到外戚手中。

顺帝选中的皇后姓梁，是个才貌双全的名门闺秀，她的父亲梁商也是忠厚谦虚的君子，糟糕的是梁皇后的哥哥——梁冀，是个不折不扣的大坏蛋。

梁冀长得就是一副歹相，肩膀像鸢（yuān）鸟一般高高地耸起，眼睛像豺狼一般直勾勾地凸出，喜欢喝酒、赌博、斗鸡、走马，靠着父亲与妹妹的关系，官位步步高升。

梁冀的生活奢侈放荡不在话下，他喜欢养兔子，在洛阳城的西边，开山辟地，建立了一个富丽堂皇的兔苑，里面养了无数只兔子，兔子的毛上都烙了印，附近还贴了一个榜示："有杀兔者与杀人同罪。"实际上，这些兔子的待遇比一般百姓要好得太多。

有一次，从西域来了一个商人，不晓得梁冀定的怪规矩，无意中伤害了一只兔子，便马上被官兵捉住，不但自己脑袋搬家，和这个商人一同前来的几十个人，一起都被杀了头。

梁冀又在兔苑的旁边盖了一座别墅，专门收容作奸犯科的通缉犯，以及被梁冀看上的良家妇女。这数千人都被他称为"自卖人"。

梁冀毒死汉质帝

由于政治秽（huì）乱，民间盗贼群起，顺帝在汉安元年（142 年）派了八位特使去考察地方官的优劣，纠举不负责任的贪官污吏。

其中，有一位年纪最轻的张纲，居然不肯出巡。

更怪的还在后头哩！他竟然把所乘传车的车轮拆下来，当着众人的面，埋在洛阳亭下，感慨地说："现在啊，大豺狼当道，何必去民间找小狐狸？"立刻奏上一本，弹劾豺狼——梁冀，他列举了整整十五条罪状炮轰梁冀。

顺帝知道张纲所讲的都是事实，但是因为天性懦弱，又碍着梁皇后的面子，便把报告摆在一边，继续容忍梁冀的恶行。

张纲的朋友劝他道："现在整个的风气是如此，你一个人喊破了喉咙有什么用呢？还是容忍一点吧！"

"哎，哪里是我没有容人的气量呢？"张纲长叹了一口气说，"其实，梁冀与我无冤无仇，我犯不着得罪他，只是不忍心国家坏在这家伙手里。"说着说着，他眼睛里充满了泪水。

由于顺帝的姑息养奸，梁冀的气焰一天比一天盛，根本不把皇帝看在眼里。

顺帝只活了短短三十年。太子炳即位，炳即位时才两岁，在任只有六个月就死了，是为汉冲帝。接着，由八岁的刘缵（zuǎn）即位，是为汉质帝。在这段时间内，朝廷一直由梁冀掌权，梁太后听政。

汉质帝虽然只有八岁，却非常聪明伶俐。

有一次上朝时，质帝突然间指着梁冀对大家说："这真是一个跋扈将军啊！"

梁冀听了，怀恨在心，就命令下人在蒸饼时，偷偷掺进毒药拿给小皇帝质帝吃。

质帝吃了，立刻抱着肚子在床上翻滚，疼得全身冒冷汗。梁冀听到呼喊声，赶进来问："怎么回事？"

质帝虚弱地喊着："水，水，我要水！肚子里有火在烧。"梁冀在旁冷冷道："喝不得水，要是呕吐怎么办？"话没有说完，质帝已气绝身亡。

顺帝容忍梁冀的结果是梁冀容忍不了质帝。顺帝要是地下有知，一定后悔万分。

容忍是一种美德，尤其在民主社会的今天，我们更要有容忍别人的雅量。但是要弄清楚，一件事值不值得容忍，容忍的结果是什么。不该容忍的事也强加容忍，便是懦弱，便是不辨是非。

蔡伯喈被赵五娘的故事害惨了

《赵五娘寻夫》是个很有名的民间故事，在电影、电视、京剧中也曾一再演出。

故事的大意是说，汉朝有个穷读书人蔡伯喈（jiē），娶了一个贤惠的妻子赵五娘。婚后，蔡伯喈进京赶考，高中状元，而且被选中当了驸马爷。赵五娘三番两次写信到京里去打听，蔡伯喈都不闻不问。

后来，家乡闹饥荒，蔡伯喈的父亲饿死，母亲上吊，赵五娘只好带着儿女到京里去找蔡伯喈。蔡伯喈不但不见赵五娘，反而派人加以暗杀，幸而赵五娘遇到了贵人，讲出了冤屈，最后蔡伯喈迫于情势，接回了赵五娘，全家大团圆。

在这个流传甚广的民间故事中，蔡伯喈被描写成一个不忠、不孝、不仁、不义的恶棍。其实，根本不是这么一回事。

蔡伯喈的本名叫蔡邕（yōng），是东汉末年的一位大儒，为人敦厚善良，而且非常孝顺。他母亲病了三年，蔡邕伺候了三年。三年中连睡觉都不敢上床，只在母亲的病榻前闭一下眼睛养养神。

蔡邕不但学问好，而且多才多艺，精通天文，尤擅长音律。

有一次，有个吴人在烧桐树取火做饭吃，蔡邕闻到树木飘出的味道，连忙说："嗯，这是难得的良木，应该锯下来做琴，烧掉了太可惜。"那人听了蔡邕的话，把这截木头熄了火，把没烧的部分制成了琴，一弹之下，

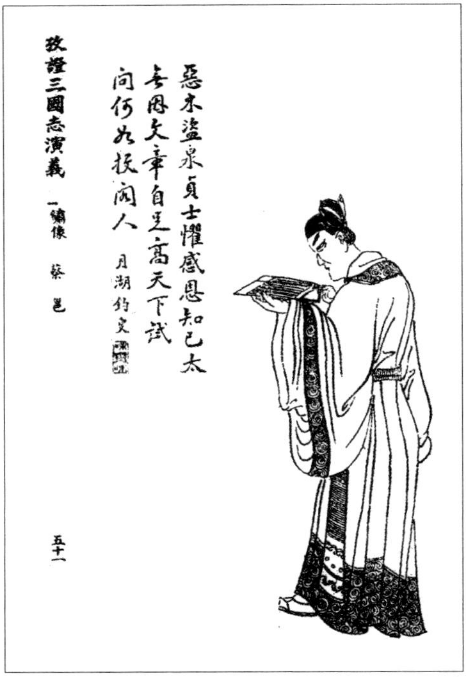

蔡邕，选自清刊本《三国演义》。

果然音韵悠扬，不同凡响。由于琴尾已不幸被烧焦了，当时人称这把琴为“焦尾琴”。

又有一次，邻人请蔡邕过去吃饭，蔡邕去迟了，酒宴已开始了。蔡邕走到邻人家门外，忽然听到里面有琴音，他仔细一听，不禁大吃一惊道：“糟糕，此音中有杀心，他请我吃饭，难道……”正转身要走，邻人刚好出来道：“请进，请进，大家都在等你！”硬把蔡邕拖了进去。

进去之后，邻人问：“你老兄刚才怎么一副要走的姿态？”

蔡邕隐瞒不住，只好照实说出，邻人一拍脑袋道：“方才我弹琴时，发现窗前有一只螳螂正在捕蝉，蝉要飞而未飞，蝉在前，螳螂在后，我心里头好紧张，莫非这一念的杀心，就表现在琴音之中？”

“对，就是这件事。”蔡邕莞（wǎn）尔一笑，大家都拍手说蔡邕对音乐的感触真敏锐。

由于蔡邕以博学闻名，朝廷命他在东观（中央的图书馆）担任校书（校勘图书的工作）。蔡邕发现经书之中的错误很多，唯恐贻（yí）误后来的读书人，便在熹平四年（175 年）奏请校订《尚书》《周易》《论语》《礼记》《公羊传》等五经文字，而且用隶书写成，刻为四十六块石碑，历史上称为“熹平石经”。

熹平石经完成以后，全国各地的读书人，纷纷跋涉千里跑到洛阳来抄写正确的五经，一时之间，车水马龙，热闹极了。这是中国历史上辉煌的一件大事。

刻熹平石经是汉灵帝所做的唯一善事了。当时，灵帝整日被小人包围，朝廷里一塌糊涂。他耽（dān）于淫乐，喜欢玩狗，竟然为狗封“狗爵”，官位高的狗，头戴进贤冠，腰佩彩绶带，神气活现，简直荒唐透顶。这自然又是宦官的主意。

“熹平石经”残石。

蔡邕写了一个奏章呈给灵帝，检举太监。灵帝对蔡邕很尊重，边看边叹息。太监曹节躲在屏风后，早就虎视眈眈，只恨距离太远，一时看不清楚，又不方便抢过来看，心里很着急。刚好灵帝入室更衣，曹节赶快拿来一看，发现蔡邕纠举的都是自己的同党人。

于是，曹节先下手为强，发动小人写了一个匿名的奏章，说蔡邕以私害公。灵帝竟然将这件事交给尚书查办，尚书碍着宦官的情面竟判“斩首”，要不是灵帝体念蔡邕对国家有功，为他减刑，蔡邕便上了断头台。

从上可知，蔡邕是个孝顺父母、有为有守的读书人，对文化极有贡献，怎么会和赵五娘的事混在一起？真是奇怪，想来是有些好事之徒乱造谣言所引起的。

昏君·奸宦·“黄巾”

东汉末年的汉灵帝，是历史上有名的昏君，他宠信宦官无以复加，曾经说过“张常侍是我公，赵常侍是我母”（张常侍、赵常侍都是宦官），简直把太监当成亲爹娘。所以当时宫中最嚣张的十个太监，号称“十常侍”，人人畏之。

这十常侍为灵帝出了许多莫名其妙的主意，譬如公开地贩卖官爵，两千石（dàn）的官（相当于现在的部长）两千万钱，四百石的官（相当于现在的科长）四百万钱，如果钱不够，没有关系，可以分期付款，但是要加倍还利息！这可以说是由皇帝倡导的“红包政策”。于是，地方上充斥着买来的官儿。

收了红包，自然要大大享受一番，修园子，建宝殿，都嫌不过瘾，灵帝建了一个特大号的浴池，将西域进贡来的香草浸泡在池中，与美女共浴。浴后的水，从沟渠中流过，那芬芳扑鼻的香味儿可传到数里之外，人称“流香渠”。

宦官又教灵帝打扮成商人模样，在后宫中和宫女玩买卖的游戏，讨价还价，打打闹闹。由于灵帝不够精明，到头来，这个假商人的货物全被宫女骗光了。但是灵帝觉得很有趣，乐此不疲，成日与美女打情骂俏，把国家大事抛在脑后，常常快乐地说：“能万岁如此，真神仙也。”

由于政治腐败，老百姓苦不堪言，人在痛苦的时候，最容易产生迷信心理，求取心灵上的慰藉（jiè）。“黄巾”便这样出现了！

话说有个名叫张角的巨鹿人，读过几天书，自称为大贤良师，他供奉一些神，号称太平道。

当时民间流行传染病，死者不计其数。张角找到了几个治病的古方子，到药店抓了药，用水煎成汁，放在瓶子里，自称能为病人驱魔。

等到病人上了门，张角把药水取出，叫病人跪拜在坛前祈祷，他自己就假装在烧符，口中念着一些别人听不懂的话，装模作样地搞了半天，再慎重无比地把药拿出，让病人服下。

有的病人吃药以后，依旧一命归天，但也有几个命不该绝的，竟然活转过来，感激涕零之余，把张角当成了神。十年下来，凡青、徐、幽、冀、荆、扬、兖（yǎn）、豫等八州，没有不知大贤良师者，甚且有人变卖家财，万里跋涉以求见一面。他的信徒加起来竟有数十万之多。

司徒刘陶深以为忧，上书请求朝廷加以取缔（dì），灵帝正忙着斗鸡走狗，没有工夫管这些，置之不理。

张角眼看时机已成熟，把部下组织为三十六方，每方派一个“渠帅”带领，大方有一万多人，小方也有六七千人之多，并且说：“苍天已死，黄天当立，岁在甲子，天下大吉。”意思便是说改朝换代的时机已来到，要由张角统一天下了。（张角的部下都以黄巾包头，所以这次起事被称为“黄巾之乱”）他派人混入京师，在夜晚，用白土在官员家的大门上写着“甲子”二字，官员们早上出门看到，吓得魂不附体，直打哆嗦。

灵帝张皇失措，不知如何是好，郎中张钧上书：“张角能作乱，全因十常侍鱼肉百姓所致，如果斩十常侍，则天下太平。”灵帝把上书拿给十常侍看，十常侍纷纷辞官，磕头请罪，而且捐献钱财劳军，装腔作势表演了一番。

灵帝大为感动，更认定太监们对他是一片忠心，倒是张钧口出狂言，太可恶了，下令把张钧逮捕入狱并将他拷打致死。

此时，有个凉州将军皇甫嵩，擅长骑马射箭，足智多谋，他看准当时正是盛夏，“黄巾”结草为营，就拟了一套火攻的办法，趁着黄昏起风时，命军士用火点燃了苇草，向“黄巾”营中抛去，草遇到火，立刻烧成一片，刹那间，火焰冲天，“黄巾”大惊！皇甫嵩又率领军士手持火炬，一路鼓噪而来，杀得“黄巾”尸横遍野。到了天亮，又有一支官兵，从外杀了进来。内外夹攻之下，“黄巾”失败，率领这支官兵的，不是别人，正是一世枭（xiāo）雄——曹操。

皇甫嵩平乱有功，理该升官，太监张让向皇甫嵩索要一个大红包——五千万钱。皇甫嵩不理会张让，张让恼羞成怒，跑到灵帝耳根旁说：“皇甫嵩虽然讨平‘黄巾’，但是官兵损失惨重，这是他办事不力。”昏庸的灵帝，竟将皇甫嵩削官降职。

“黄巾”起事虽然讨平，但国家元气大伤，因此而生的造反者，有张牛角、于毒、李大目等，不计其数。汉灵帝不辨是非，不明善恶，难怪把国家搞得一团糟。

袁绍屠杀宦官

糊涂的汉灵帝在中平六年（189 年）去世，只活了三十四岁。奇怪，东汉末期的皇帝全都短命。年仅十七岁的刘辩即位，是为汉少帝。

由于少帝年纪还小，由何太后听政，太后的哥哥何进掌权，政治的权力中心，又由宦官转到外戚身上。

何进一向痛恨宦官，尤其和统领西园八校尉的小黄门上军校尉蹇硕（jiǎn shuò）形同水火，他就和中军校尉袁绍商量，怎么可以除掉蹇硕。袁绍这个人仪表威武，相貌堂堂，以前在党锢之祸的时候，救了不少有气节的读书人，因此何进非常尊重袁绍。

不料，宦官蹇硕已听到了风声，悄悄地在暗中部署，逼得何进只能先下手，干掉了蹇硕，收回了兵权。

这时，袁绍劝告何进："以前窦武想杀宦官，因为事机不密，反而被宦官所杀，你现在统领禁兵，何不趁此机会，把宦官一网打尽，赢得千秋万世的美名？"

何进很赞成袁绍的看法，立刻进宫向太后禀告。

何太后想了半天，迟疑地说："这个不太好吧！宦官管理皇宫是自古以来就有的制度，而且我一个妇道人家，先帝又去世不久，和士人一起共事也不方便，还是得过且过算了。"

何进也不敢再争，缩着脑袋退出宫门，刚一出门，马上被袁绍一把拉住："怎么样？"

"太后不肯，没有办法。"何进皱紧了眉头。

袁绍神色凛然道："糟了，现在骑虎难下，一失机会，恐怕会被老虎给吞了。"

宦官张让等得到了消息，连忙用金珠玉帛买通左右，在何太后身上下功夫，久而久之，太后渐渐与何进疏远。何进本是个优柔寡断的人，这样一来，更不敢有所举动。袁绍在一旁干着急，又为何进献上一计：

写信给附近的四方猛将及各处将帅，请大家带兵进京，逼迫太后非杀宦官不可。

何进谋诛宦官，清朱芝轩绘。

何进深以为然，分头写信给各地豪杰。其中有个名叫董卓的将领驻守凉州，野心勃勃，唯恐天下不乱，接到信后即刻率领羌胡兵南下，并且写了一封信给太后，威胁太后杀尽宦官。

何太后看了信，大为不悦，何进也有点忐忑不安，想阻止董卓也来不及了。太后非常恐慌，下令罢免所有宦官，让他们各自回家乡。何进两手一摊，对着跪在地上求饶的太监们说：

“并非我想和各位为难，现在天下滔滔，不肯就此干休，你们还是早点儿滚吧！”

不久，宦官假传圣旨，把何进骗入宫内，一入宫，门“砰”的一声关上，宦官张让指着何进的鼻子大骂：“好啊，现在天下大乱都怪到我们头上来啦！想当年先帝和太后为了王美人的事闹得感情不睦，要不是咱们哭哭啼啼为你们兄妹说情，你们有今天吗？哼！”说着，大小宦官都围了上来，何进手无寸铁，只能任凭宰割。

在外头等待的尚书，发觉有些不对劲，于是大呼：“请大将军出来宣诏。”不料宫内有人嚷道：“何进谋反，已经被斩首。”话还没说完，隔墙掷出一个鲜血淋淋的头颅，眼睛睁得大大的，正是何进的脑袋，说有多恐怖就有多恐怖！

袁绍接到消息，率兵攻进了皇宫，四处搜寻宦官，见一个，杀一个，见十个，杀十个，无论老少长幼，只要是没有胡子的男人一概杀。杀！杀！杀！一口气杀了三千多人。有许多宫女被士兵误认为是宦官，也惨遭杀害。

宦官张让、段珪（guī）在一片混乱中，挟持着小皇帝及皇弟陈留王出宫逃亡，这是东汉外戚宦官争权的最高峰。其结果是：少帝只做了六个月的皇帝，后来被董卓所废，并被毒死。这真的是两败俱伤，同归于尽，也断送了国家的命运。

董卓乱政

袁绍带兵进宫杀光了没长胡子的男人，太监张让、段珪等在乱兵中，挟持十七岁的少帝，以及九岁的陈留王逃出皇宫……

一行人走到小平津时已经深夜了，正茫茫然不知所措，忽然听到背后传来声音，原来是尚书卢植以及河南中部掾（yuàn）闵（mǐn）贡赶来了。闵贡叱责张让道："乱臣贼子还想逃命，看我今天不宰了你。"说着，拔剑出鞘，信手一挥，便把张让身旁几个小太监劈倒了。

无恶不作的张让，如今死期已到，跪在汉少帝面前哭哭啼啼："臣等死了，望陛下自爱！"说完话，他便一跃入水自尽了。

于是卢植、闵贡搀着少帝和陈留王转回宫中。由于少帝及陈留王年龄很小，而且自幼在皇宫中娇生惯养，从来没有走过夜路，加上天色黑暗，凉风飒（sà）飒，又满地荆棘，七高八低的，还真不好走哩，只有借着萤火虫发出的微光，慢慢地向前挪动。

走啊走，走了半天，闵贡发现了一户人家，门前停着一辆板车，他就把少帝兄弟抱到车上，推到了驿站。

第二天一早，闵贡雇了两匹马，少帝独自骑一匹，他抱着陈留王骑着另一匹。其他随员步行在后。

他们正在缓缓向前，忽然之间，尘土冲天，旌（jīng）旗招展，大队人马呼喊而来！大家都吓了一跳，尤其是少帝，"哇"的一声哭了起来。

这时，有个长得浓眉大眼、腰壮体肥的大将军走了出来，他不是别人，正是准备派兵入宫帮何进、袁绍铲除宦官的董卓。董卓本来驻军在城外，远远看到宫中大火，知道发生了政变，连忙带兵进城，没有想到在这儿遇上了皇帝。

董卓上前来和少帝谈话，少帝已被一连串的事故吓呆了！只是一个劲儿地揩（kāi）眼泪，半句话也说不出。

问了半天问不出个道理来，董卓只好转身去问陈留王，没有想到这个年仅九岁的小王弟很沉得住气，不慌不忙地把事情的前前后后交代得一清二楚，董卓大为惊异。再一询问才发现，陈留王从小由董太后抚养长大，董太后姓董，和董卓同宗，如此一来，董卓对陈留王又多了一分好感。

一行人回宫以后，少帝与陈留王到处找传国国玺却找不着，这也是一件怪事，更是一个不祥的预兆。

董卓带兵入京，匆匆忙忙之间，只带了三千人马，他恐怕兵少力薄，不足以服众，就每隔个四五天，将一部分人马调出城外。到第二天清晨，再敲锣打鼓地返回营中，不明就里的人，还以为他有多少兵马呢。

董卓，选自清皇家珍藏手抄善本绘图描金银《三国志演义》。

自从掌握兵权，董卓的气焰一天比一天盛。有一天他对袁绍说："现在的少帝太过软弱，不配为君，陈留王年纪虽小，非常聪颖，我想立他为君，你看如何？"

袁绍说："不可以，不可以，君上年纪还小，又没有犯什么过错，为什么要废君？如此一来，天下一定也会不服的。"

董卓听了，勃然大怒："你小子胆子可真大，现在天下的事，谁敢不听我的？嘿嘿，莫非你以为我董卓的刀不利，对不对？"

袁绍也火了："你以为天下的势力，都在你姓董的混蛋手上吗？"说完，提着刀，骑上马，逃奔到冀州去了。

紧接着，董卓就提出了他的主张，文武百官个个大惊失色，也不敢作声，只有卢植站出来反对。董卓恶狠狠地瞪着卢植，拔起剑，猛烈地向卢植扑去，众人急忙向董卓劝说道："卢植是海内大儒，很有人望，你杀了他，会使天下不安的！"董卓才不甘心地把剑收回。

就这样，少帝被废，陈留王继任为帝。这个新立的小皇帝刘协，就是东汉最后，也是命运最为坎坷的汉献帝。然而，令人不可思议的是，他却是在群雄虎视之下，自有东汉以来，仅次于光武帝，在位时间最长的一位皇帝。光武帝扬眉吐气在位三十三年，献帝则是忍气吞声在位三十二年。最后，终为曹操的儿子曹丕所篡灭。

一代才女蔡文姬

《蔡伯喈被赵五娘的故事害惨了》的那篇故事中，曾介绍了旷世逸才蔡邕，现在再讲一个蔡邕的女儿——蔡琰（yǎn）的故事。

蔡琰字文姬，是蔡邕的独生女。由于蔡邕是个有名的经学家、辞赋家，擅长音律，家中又有四五千卷的藏书，文姬在父亲的熏陶之下，博学而多才，琴棋书画样样在行。

有一天，蔡邕夜间弹琴，忽然之间，琴弦“嗒”的一声绷断了。文姬在旁说：“这是第二弦。”蔡邕说：“你猜对了。”又继续弹下去。

弹了一半，蔡邕故意用手指弄断另一根弦。文姬笑笑说：“这次断的是第四根弦。”蔡邕高兴极了，直夸文姬聪明。父女二人研究诗歌，共享音乐，日子过得很美。

文姬十七岁那年，嫁给河东地方的卫仲道，可惜卫仲道没有福气消受美人恩，新婚不久卫仲道因病去世，也没有留下一男半女，文姬只好回娘家，陪着父亲吟诗弹琴，倒也悠闲自在。

不久，董卓乱政专权天下，他想要收买天下，沽名钓誉，打听到主持完成熹平石经的蔡邕，是大众敬慕的读书人，准备召他为官。

蔡邕不愿意为老奸贼效命，托说身体有病。董卓生气了，对蔡邕说：“我能用你这个人，我也能灭你蔡家的族。”

蔡邕没有办法，只好应诏入京。临走之前，蔡邕拍拍文姬的肩膀道：

“我实在不想去，可是命令不能违抗。到了洛阳以后，我虽然不能扭转情势，但至少要竭尽所能伸张正义，点亮每个人心中的一丝亮光。我走了，你要好好照顾自己。”说完，蔡邕低着头上路了。

不久，吕布把董卓杀了，董卓的部下带着匈奴兵打家劫舍。初平三年（192 年），文姬不幸被匈奴兵掳（lǔ）去。同年四月，蔡邕因为董卓案的牵累，被王允杀死。可怜的文姬，还不知道这个消息。

到了兴平二年（195 年），文姬被辗转带入南匈奴，被迫嫁给胡人，生了两个儿子。她听不懂胡人的话，吃不惯胡人的食物，住不惯胡人的帐篷，最叫她不能忍受的是，胡人不讲礼仪。而文姬自小家教谨严，知书达礼，所以她只有对着皑皑白雪，暗自垂泪。

蔡文姬，选自《吴友如画宝》。

之后，曹操夺到了天下大权，想起蔡邕有个女儿，千方百计打听出文姬在南匈奴，用重金将她赎回。

回到汉地以后，文姬又嫁给了同乡董祀。后来董祀犯了法，文姬到曹操那儿苦苦哀求，董祀才免于一死。文姬到此，真是历尽沧桑。

文姬归汉，南宋陈居中绘。

她把这股抑郁宣泄在《胡笳十八拍》以及《悲愤诗》中。在《悲愤诗》中，文姬从董卓作乱被掳入胡写起，一直写到还乡再嫁为止，条理严谨，将十二年间流离转徙的生活，悲伤痛苦的心情，以及当时政治的紊乱，一起在诗里反映出来，成为一部最有社会性及历史性的作品。中间描写胡人对汉人的虐待，例如“马边悬男头，马后载妇女”，形容离开胡地，不忍与儿子别离，“儿前抱我颈，问母欲何之”（欲何之，就是“到哪儿去”的意思），以及回家后所看见的那种荒凉凄惨的景象和隐伏在心中沉痛的悲哀，写得深刻感人，是中国文学史上了不起的叙事诗。

文姬一生坎坷多难，可以说得上是纷乱的大时代之中，一个悲惨的牺牲者。所以说，“覆巢之下无完卵”。国家衰亡的话，管你是老，是少，是男，是女，都免不了厄运。

神医华佗

当我们生了病去看医生的时候，经常会发现医院的墙上，挂了许多“华佗再世”的匾额。这是病人痊愈后，为了感谢医生的仁心仁术，特别推崇他医术高明，可以媲（pì）美华佗的意思。今天，就要讲神医华佗的小故事：

华佗是东汉末年的读书人，当时天下大乱，加上灾疫流行，老百姓苦不堪言。华佗看到这种悲惨的情形，从小就抱定主意，做一个良医，为大众解除痛苦。

他刻苦好学，认真研究春秋战国的扁鹊和东汉张仲景所遗留下来的医书，并且加以创造，对内科、外科、妇科、小儿科、针灸都很在行，尤其擅长外科手术，可以算得上是中国外科医学的鼻祖。

远在汉代以前，人们已经发现若干药物具有麻醉的功效，华佗利用这些物质，配成“麻沸散”，用于摘除肿瘤、缝合肠胃的手术。他先叫病人用酒服下麻沸散，等到病人昏迷之后，开腔剖腹，把疾秽之处割掉、缝合，敷上药膏（gāo），过了四五天，伤口愈合，一个月之后，就完全康复了。

《三国演义》这部小说里，记载关公守襄阳的时候，右臂中了毒箭，华佗前来医治，他说最好是把手臂套在锁环中用绳子捆紧，再用棉被蒙住脑袋，然后开刀动手术。可是关公表示：“用不着这样麻烦，我不怕痛。”于是，华佗动手操刀，割开皮肉，一直割到了骨头，发现骨头已被剧毒染成青色，便用刀刮毒，刮得窸窣（xī sū）有声，听起来相当恐怖！其实，开刀不用麻醉，不太可能，正史上也没有记载这一段，但是华佗能动手术，应该是没有疑问的。

有一天，华佗上街碰到一个人，咽喉阻塞吃不下任何食物，华佗建议他去买三两蒜，调上半碗醋喝下去。病人喝下以后，不一会儿，吐出一条大寄生虫来，病就不药而愈了。病人欢天喜地拿着寄生虫去见华佗，却见华佗家里的墙上挂了十几条同样的大虫。

又有一次，有个李将军来找华佗，说他妻子生产后病了，请华佗过去看看。

华佗，选自清皇家珍藏手抄善本绘图描金银《三国志演义》。

华佗诊断的结果是这个妇人受了伤，胎儿还未下来。李将军大为不悦："在你来之前，明明胎儿已生下来了。"不但不相信华佗的说法，还把他赶出门外。

过了三个多月，这妇人的病愈来愈严重了，李将军只好再去找华佗，华佗也不计较李将军先前的无礼，立刻赶来，诊断的结果还是和上回一样，有个胎儿在里面，原来是双胞胎。因为第一个胎儿生下时，产妇失血过多，影响第二胎，经过扎针，服药，这个死胎儿才被取出。

有一个人，得了一种头晕的毛病，日子一久，不但头会晕，最后连头都抬不起来，眼睛也看不见了。这病一拖就是一两年，群医束手无策，后来，病人听说华佗的大名，赶快去找华佗求治。

华佗检查之后，命病人把身上的衣服脱光，双脚足踝（huái）绑上绳子，头下脚上倒挂在屋梁下，头离地约一两寸。接着，用湿布擦拭全身，并且使倒挂的病人悬空旋转，过了一会儿，发现病人的经脉都呈现五色。

华佗叫几名徒弟用刀割开经脉，血立刻流出来，奇怪的是，血是五色的。等到五色血流完，流出鲜红的血时，华佗便把病人放下来，涂上止血药，再用药膏擦皮肤，又调配了药水给病人喝，过了几天，病人的怪病就痊愈了。

又有一个郡太守，长期重病，请华佗来医治。华佗诊视以后，表示药很贵，郡太守为了治好病，只得忍痛付了一大笔钱给华佗，没想到华佗收了钱并不开药，只在客房里呼呼大睡。

郡太守很不高兴，却也无可奈何。

第二天早上，佣人报告郡太守，华佗趁夜晚逃走了，郡太守急急赶到客房，只见房内空空如也，华佗早已不在了。

书桌上倒是留了一封信，原来是华佗写的。信中大骂郡太守，郡太守大怒，立刻派人去追杀华佗，结果，又找不到华佗。

郡太守自觉被华佗骗去巨款，又挨了臭骂，愈想愈气，一时之间，胸口翻腾，竟吐出几升黑血。

不料，这几升黑血吐出之后，精神大振，病竟然好了。过了几天，华佗登门拜访，把钱还给郡太守说："你的病是淤（yū）积的黑血造成的，

华佗五禽戏，佚名绘。

故意激怒你，就是要让你气得吐血，现在，你的病已经好了，我把钱还给你。”

曹操也是华佗的病人，据说他常患头风眩，华佗为曹操扎了一针，病就好了。因此，曹操很喜欢华佗。但是华佗不齿曹操为人，又急于返家为乡里服务，假托妻子病重告假。

曹操事后知道此事，大为震怒，下令赐死华佗。华佗临死之前，拿出一卷书交给狱吏，对他说：“这本书可以救人的……”狱吏摇摇头，不敢接受。华佗只有叹口气，便把这本伟大的医学宝典给烧了，真是可惜！

华佗曾发明了一套可以延年益寿的妙法——“五禽戏”。那就是模仿虎的扑动前肢，鹿的伸转头颈，熊的伏倒站立，猿的脚尖纵跳，以及鸟的展翅飞翔等动作。他曾在许昌指导很多人做过这种体操，颇受欢迎。华佗的学生吴普，天天做五禽戏的体操，活到九十岁，还是耳聪目明，齿牙完整。

华佗距今有一千八百多年，他当时就有如此成就，足以证明，中国人的智慧绝对是一流的！

可惜华佗的医学没有传下来，否则，中国医术的成就就更大了。

董卓与吕布

奸雄董卓废掉少帝后，迎立了九岁的小皇帝——汉献帝。

这时候，各路人马纷纷起兵攻讨董卓，董卓决定劫持着汉献帝，把国都自洛阳迁移到长安去。

宫廷内没有一个人情愿迁都的，但是为董卓所迫，只好草草收拾行装。董卓又下了一道命令——不准挨延时日。一些富豪人家，仓促之间来不及安排，请求宽限几天，董卓正好利用这个机会，把富豪的财产吞没，并将他们斩首示众。

洛阳上百万的老百姓，含泪忍痛离开故乡，抛弃田园庐舍，带着些细软物件，扶老携幼地上路了，一路上人踩人踏死人，沿途又有小偷强盗趁火打劫，死伤不计其数。董卓自己留在洛阳毕圭（guī）苑中，一把火烧光了宫殿、官府、住宅，整整方圆两百里内，都成为断垣残壁的荒芜之地，连一只鸡、一条狗都找不着。他又命令亲信吕布，把以前皇帝贵族的坟刨开，收取墓中的珍珠宝贝纳入自己的荷包中。

残忍的董卓掳获一批山东兵后，拿了几十匹布，把山东兵一个一个用布缠紧，再用膏油淋在布上，然后在脚上点火焚（fén）身，那种哀嚎的哭声，真叫人耳不忍听。

董卓到了长安后，政事大半由大臣王允处理，王允非常忠心于汉室，但是表面不动声色，假意奉承董卓。

不过董卓最信任的人还是吕布，吕布擅长射箭骑马，臂力过人，武功高强，是董卓的贴身侍卫。董卓非常喜爱吕布，把他收为干儿子，然而董卓这个人性子太刚烈，有一次，吕布有件小事不合董卓的意，董卓抽出小戟（古代一种兵器，将戈与矛合一，可以直刺与横出）就朝吕布掷过去，幸亏吕布身手矫捷，一下就避开了，但他心里从此埋下了仇恨的种子。

后来，吕布偷偷和董卓宫内的一个婢女相好，他很害怕这件事被董卓知道，心里益发不安。（在《三国演义》这部小说中，描写王允利用养女貂蝉，制造董卓、吕布的不和，然而正史上没有这一段美人计，也没有貂蝉这个人。）

王允看出吕布对董卓的不满，意图拉拢吕布为内应，找个机会杀掉董卓，因为董卓时时害怕被暗杀，走到哪儿都有严密的保护，一般人是绝对近不了他身的。

吕布考虑了半晌说：“这不太好吧，我们是父子。”

“什么父子？你姓吕，他姓董。”王允又接着说，“你念及父子之情，那

凤仪亭，清代年画。据《三国演义》：王允有义女貂蝉，美貌异常，王允将貂蝉分别许给董卓与吕布，最后献于董卓，却命貂蝉与吕布欢好。一日，吕布与貂蝉在凤仪亭相会，董卓撞见，大怒，用戟掷吕布。

吕布刺死董卓，清朱芝轩绘。

董卓用小戟刺你的时候，他怎么不考虑父子之情？”

吕布被王允说得心动了。献帝初平三年（192年）四月，恶贯满盈的董卓自未央殿走出，他内穿防身铁甲，外罩上朝官服，大摇大摆，一步一步地走出来，骑上马，两旁兵士夹道，层层护卫，吕布骑着赤兔马紧跟在后头。

走到水掖门时，董卓的马忽然停止，昂首长嘶，郡骑都尉李肃自马旁冲出来，拿着戟往董卓胸前搠（shuò）去，董卓身穿革甲，因此刺不进去，手臂上却被划了一刀，跌倒在车上，董卓大叫：“吕布，吕布，快来啊！”

吕布在后严厉地说：“朝廷有诏书，要杀老奸贼！”

“你，你这笨狗也做这种事？”董卓话还没说完，吕布的戟已刺入董卓的咽喉。在旁的官兵都大呼：“万岁，万岁！”老百姓听到董卓已死的大好消息，在长安街上歌舞狂欢，比过新年还热闹。此时，天气转热，董卓本是大胖子，脂肪淌流出来，守尸的人在董卓肚脐里插了一根灯芯点起来，竟然光亮如昼，一连烧了好几天。

由于董卓之乱，地方上许多英雄好汉起兵讨董，后来演变成为三国鼎立的局面，汉朝此时已名存实亡。

曹操从小奸诈

我们骂某人很阴险，常常会说他“像曹操一样”。以下是这个大奸雄未发迹以前的几个小故事。

曹操字孟德，小名叫阿瞒，他小的时候非常机警，喜欢飞鹰走狗，任侠放荡，游手好闲。

曹操的叔父很讨厌他这种德行，时常在曹操的父亲曹嵩耳边数说：“你这个宝贝儿子，要好好管教管教！”曹嵩听了，便把曹操喊来教训一顿。曹操挨了揍，对叔父深为不满。

有一天，曹操在路上碰见了叔父，立刻仆身倒地，脸色发青，直翻眼珠，嘴里不断地吐着白沫儿。他叔父吓得问：“怎么了？怎么了？”曹操回答：“我中风了！”

一听中风，非同小可，曹操的叔父赶紧去跟曹嵩说，等曹嵩赶来一看，曹操好好地站在那儿，曹嵩着急地问：“你中风了，现在好一些没有？”

“哎，孩儿哪有中风，只是叔父不疼我，故意说我中风。”曹操委委屈屈地告诉了父亲，曹嵩看曹操没有一点儿不舒服的样子，信以为真。

从此以后，叔父每次好心跑来告诉曹嵩，说曹操的种种败德坏行，曹嵩都当做没有听见，曹操为自己的诡计得逞，得意得要命。

曹操长大以后，博览群籍，特别爱好兵法，能文能武。当时有个人叫许子将，很会看相。曹操跑去问许子将：“你看看我怎么样?”

曹操，选自清皇家珍藏手抄善本绘图描金银《三国志演义》。

许子将只是微微笑着，默不作声，曹操很愤怒：“好就是好，不好就是不好，你赶快说啊。”许子将被曹操逼急了，只好回答：“你啊，在天下太平时是个能臣，在世局动荡时是个奸雄。”曹操听了也不生气，哈哈大笑，推了许子将一把说：“你真算准了！”

以后，“黄巾”起事，曹操被任命为骑都尉，因讨伐颍（yǐng）川义兵有功，又升为济南相，不久，又改为东都太守。

这个时候，大将军何进与袁绍密谋杀光宦官，写信给各地将领派兵相助，也写了信给曹操。

曹操看到了信，哑声失笑道：“宦官是古来便有的，如果皇帝不交给他们权力，他们有什么本事可以为非作歹，所以要杀，杀掉宦官首领就可以了，何必劳师动众。我看，袁绍、何进是非败不可。”因此曹操按兵不动。

果然，曹操的眼光独到，袁绍杀光了宫中没有胡子的男子后，大权被董卓夺去，董卓废掉了少帝，迎立了献帝，京都洛阳大乱。董卓任命曹操做骁（xiāo）骑校尉，准备与他共谋大计。曹操看准董卓必败无疑，不愿与董卓共事，董卓下令逮捕曹操，曹操赶紧连夜化装改名换姓逃离洛阳。

走了三天三夜，到了成皋地方，曹操想起来他父亲有个朋友吕伯奢住在这儿，决定在吕家住一宿。

吕伯奢见到曹操，非常高兴，客气万分，他请曹操用过茶后，又留曹操在家吃晚饭，然后就独自出去了。

曹操生性多疑，他心中暗想：“吕伯奢也不是我的至亲，他会不会去通风报信了。”于是，曹操偷偷走到草堂后，忽然听到沙沙磨刀的声音，心里大吃一惊。

“咱们把它绑起来宰了吧！”曹操听到有两人在后堂说话，他想，这下不会错了。吕伯奢的家人一定在设计害他，于是，曹操拔剑直入后堂，一口气杀光了吕伯奢家中大大小小八个人。杀完了人以后，到厨房一看，一头大猪拴在那儿，原来曹操误会了吕伯奢，人家杀猪待客，一片好心却落得全家被灭口的下场。

曹操逃出了吕家，远远看见吕伯奢骑着马过来，手上提着又是酒又是菜，才知道吕伯奢不是去报告官府，而是去买酒菜。曹操唯恐他回来看见尸首，不由分说地把吕伯奢砍成了两半，然后逃之夭夭。

一口气误杀九个人，曹操也不后悔，他说：“宁可我对不起别人，不能让别人对不起我。”这是曹操最受后世批评的地方——阴险狡诈。

兵变·人质·汉献帝

东汉末年，吕布杀掉老奸贼董卓后，大权就由发动政变的王允控制着。政变成功后，吕布劝王允把董卓剩下的残余部队杀光，以免留下祸患，王允不答应。董卓的部下请求赦免，王允回答："今年已经大赦过了。"迟迟不肯再发大赦令。

究竟王允心里怎么打算，谁也不知道。再加上政变之后，谣言四起，老百姓纷纷猜测董卓的凉州兵难逃一死。于是，董卓的部将个个不安。

其中有一个叫李傕（jué）的，率先发动闪电兵变，攻进了长安城，见人就杀，城里哭声震天，乱成一团。李傕等在墙下高呼："交出王允！""我们要为董卓报仇！"

王允没有办法，只得步下城门，想到街上去安抚乱兵。不料他刚走到城门口，就被乱兵所杀。由于他缺乏果断力，不但自己赔上了性命，连累百姓遭到残杀，也害得汉献帝落入贪暴的李傕手中。

李傕等人本是土匪，没有治理政事的能力，更糟糕的是从兴平元年（194 年）的四月到七月，整整三个月，没有下一滴雨，旱灾加上缺粮，最后落到人吃人的悲惨地步。将领们彼此争权，互相战斗，李傕挟持着献帝当人质，烧宫殿，劫官舍，闹得一塌糊涂。

由于李傕没法子服众，他便用"下毒"的方式除去有野心的同僚。

有一次，李傕在会议上杀掉樊稠，又邀请郭汜（sì）赴宴，郭汜回到家，腹痛如绞，郭汜的太太道：“糟了，一定是中了毒，赶快，赶快拿粪汁来灌。”灌得郭汜吐了一地，气得带兵去找李傕算账，两人就在长安城中厮杀起来。

此时，献帝左右的宫人饿得直不起腰来，献帝只好向李傕索要五斗白米、五副牛骨给下人充饥，李傕粗里粗气地说：“这个时候哪有白米？”派人搬来五副腐烂的牛骨，那牛骨臭得要命，献帝捏着鼻子要发脾气，看看李傕凶狠的模样，不敢吭声，只有把眼泪往肚子里吞。

李傕、郭汜大交兵，选自清刊本《三国演义》。

后来，李傕认为扣留着献帝没多大作用，不如放献帝回洛阳。献帝正满怀欣喜离开虎口，李傕马上后悔了，觉得挟持着天子能增加自己的威望，又派大军来追。

献帝危在旦夕，有人建议：“渡过黄河，到河东去避难吧！”可是，河岸有十多丈高，无法下去登船。情急之下，国舅伏德拿着一匹白绢，叫人背着献帝，用绢兜着，慢慢地自岸上放下去。

许多侍从连滚带爬也掉进了河里，都想爬进船只，因为怕船超载，献帝的侍卫拿刀猛挥。许多正扒着船沿准备翻进船身的侍从，手指都被剁掉了，一时之间，河中漂浮着无数的手指头，悲惨极了。

献帝一行，千辛万苦到了河东，河东太守差人送了点食物来，这才暂时歇一口气。献帝为了答谢他的美意，封河东太守为侯爵，当然这只是一个空头衔。

听说皇帝驾到，许多土匪盗贼争先恐后前来求官，献帝不能不答应，问题是官有官印，在匆忙之间，却又来不及刻印，于是临时找了许多石头，用锥子刻了一些官名应付过去。一时之间，厨师、走卒也都成了官儿。

因为找不到像样的房舍，献帝住在一间由篱笆围起来的破房子里面，连扇大门都没有，就在院中的空地上举行上朝仪式。朝会的时候，士兵们围坐在篱笆前面，你推我挤，嘻嘻哈哈，不时有人被推倒，又惹得一场大笑，丝毫没有庄严肃穆的气氛。

献帝在河东地方待了两年，直到建安元年（196 年）二月，才由河内太守张杨派人迎接回到洛阳。

献帝进入洛阳一看：宫室都被烧得差不多了，街屋全毁，一片瓦砾，洛阳只剩下几百户人家。他走进一间尚书郎的房舍，赫然发现墙壁间“咚”地跌出一具尸体，原来尚书郎是被活活饿死的！真是“覆巢之下无完卵”。

献帝在洛阳的生活十分困苦，皇宫残破，宫内野草长得比人还高，到了夜晚，有狼和狐狸出没，真是鬼哭狼嚎，恐怖极了。然而，这只是心理上的压力，更严重的是没有食物。洛阳被董卓放火焚烧，简直成了废墟，人烟稀少，没有粮食生产，各地的地方官又不把税收的粮食送来，所以献帝和随从的官吏们每天都面临断粮的恐惧。

面对这种困境，献帝只有一个办法——发诏书给各地的刺史（刺史是东汉末年最高的地方行政长官），要各地刺史赶快到洛阳来援救。

可惜献帝已经是一个没有权威的皇帝，献帝的诏书送到各地，刺史们都不加以理会，也不肯派人送粮食到洛阳。他们已经割据一方，希望汉朝皇帝早一点死掉，后继无人，汉朝便自然结束，他们就可以据地称王了。

不过，汉献帝左盼右盼总算没有绝望，还是有一队救兵来了，那就是兖州刺史曹操。

还记得被董卓捉拿，连夜逃出长安的曹操吗？如今他统治了兖州，驻兵许昌。接到献帝的诏书，曹操立刻领兵到洛阳，曹操以洛阳残破无法建都为名，把汉献帝挟持到了许昌，自封为武平侯，从此曹操挟天子以令诸侯，好不威风！

刘备怒打督邮

三国中大家最熟悉的人物应该是：刘备、关羽、张飞等。

刘备，字玄德，是汉景帝中山靖王的后裔（yì），因为父亲去世得早，家道中落，跟着母亲靠贩卖草席过活。

刘备家的房舍东南角长了一棵桑树，有五丈多高，远远望去，树顶像个车盖，非常阴凉。刘备小时候，经常和小朋友在树下玩耍嬉戏。由于他很有领导才能，每次玩游戏，大家总推选他带头。

蜀主刘备，唐阎立本绘。

有一回游戏时，刘备仰着头指着桑树说："哼，我将来长大以后，要当天子，乘这种有车盖的大车。"他的叔父在旁听见了，连忙呵斥道："小孩子不要乱讲话，说这种话可是要杀头的。"

刘备不太喜欢念书，爱好狗、马、音乐，也喜欢把自己打扮得漂漂亮亮的，衣着光鲜，引人注目。他个儿很高，有七尺五寸，手长得特别长，直到膝盖；耳朵很大，直垂到肩，一转头便能看到自个儿的耳垂；沉默寡言，不喜欢多说话，喜怒不形于色，脸上没有什么表情。他为人讲义气，够朋友，最爱结交英雄豪杰。

汉灵帝末年，“黄巾”起事，各州郡招募义兵平乱。刘备的家乡张贴榜示，招募义军，刘备也加入了这支队伍，因而结识了关羽、张飞。

关羽，字云长，传说他髯（rán）长二尺，脸色如枣，丹凤眼，卧蚕眉，相貌堂堂，威风凛凛。因为地方上土豪欺压善良，他看不过去，一怒之下把土豪给杀了，所以只有逃离家乡，亡命天涯，正好遇上机会，投效军旅。

至于张飞，原本是个杀猪的屠夫，长得豹头环眼，燕颔（hàn）虎须，声若巨雷，势如奔马。他也想破贼安民，为地方尽一分力。

他们三人志趣相投，一见如故，马上成为最要好的朋友，简直比亲兄弟还要亲密。这时，刚好碰到自中山地方来的两个大商人，一个叫张世平，

关羽、张飞，选自清皇家珍藏手抄善本绘图描金银《三国志演义》。

一个叫苏双，他们每年都赶着一批马到北方去售卖，如今碰到“黄巾”起事，不得已只好折回。

这两个商人深深了解国家不太平，人民无法安居乐业的道理。遇到了刘、关、张，对他们想为国效力的志愿非常嘉许，他们慷慨地赠送了刘、关、张五十匹良马、五百两金银以壮声势。

不久，“黄巾”来犯，这些披头散发，以黄巾包头的人拍马舞刀地来犯涿（zhuō）郡，刘备率领的一支军队，士气旺盛，立刻将“黄巾”驱出境外。因为刘备有军功，朝廷派他担任安喜县尉。

由于灵帝宠信太监，有十个宦官擅权乱政，号称“十常侍之乱”，十常侍用“卖官”的方式索取红包，因此没有送红包的官员都受到排挤。果然朝廷下了一道命令：凡是因为军功而做官的，一律淘汰。

刘备在安喜当了一个月的县尉，勤政爱民。这时，突然听到朝廷这项命令，心中忐忑不安，担心自己也在淘汰之列。不久，督邮（地方监察官）因事到县城里来，刘备求见督邮，督邮托病不肯见，刘备气得牙痒痒的，关羽、张飞都性烈如火，当然更是气不过。

刘备冲了进去，一把揪住了督邮的脑袋，乱打乱捶，直打得督邮灵魂出窍，喘息着说：“你，你……你怎么可以打我，我正奉了命令要免你的职，你小子竟敢动手，该当何罪？”

“很好，我也正奉了朝廷的命令要捉拿你这个贪官污吏。”接着，刘备不由分说把督邮拖了出去，用柳条当绳索，把督邮给绑了起来。并且拿起柳条就开始猛抽督邮，一连打断了好几根柳树枝。

督邮吓得浑身发抖，哀声讨饶。

刘备打了一阵，气消了大半，拍拍手道：“好吧，饶你一条狗命。”于是，刘备把安喜县尉的印绶往督邮的脖子上一挂说：“这印绶拜托你交还。”说罢扬长而去。

刘备出了一口气，但自知打了督邮，长官必要追究，于是他开始了亡命生涯。

诸葛孔明“隆中对”

刘备把督邮结结实实地揍了一顿，将印绶往督邮脖子上一挂后开始亡命天涯。他曾奔往公孙瓒处，做了平原相。建安六年（201 年）公孙瓒被曹操打败后，刘备再投奔荆州刺史刘表，寄居新野。

刘备在新野一晃便过了六年，壮志难伸，非常不如意。有一天，刘备去上厕所，回到座位上时，满面泪痕，刘表惊讶地问道：“咦，你怎么啦?”

“哎，我生平不离鞍马，一向筋骨强壮，如今腿上的肥肉已松松垮垮的，老喽！老喽！”刘备有说不出的垂头丧气。（这便是成语“髀（bì）肉复生”的出处，形容很久不骑鞍马，长出许多赘肉。）

刘表安慰他道：“贤弟快不要这么说。还记得在许昌的时候，你与曹操煮酒论英雄，曹操曾说过，现在天下当得上英雄二字的只有你们两人，你难道忘了吗？”

其实，刘备哪里会忘了呢？只是年过四十七，一无所成，不免有惆怅失意之感。在内心深处，他还是想大展宏图，轰轰烈烈为国家做一番事业的。因此明察暗访，到处探听贤人。

有一天刘备碰到一位襄阳名士司马徽，人称水鉴先生，博学多才。他告诉刘备，当地有两位奇才，号称“伏龙凤雏”。所谓“伏龙”，指的是诸葛孔明，所谓“凤雏”呢，指的是庞士元。

后来，刘备又遇到一位贤人徐元直，刘备很欣赏他。徐元直却谦虚地说：“我的学问，比起诸葛孔明，差得太远太远了。”

一连听到两个不轻易夸人的贤者夸奖孔明，这让刘备心动不已，连忙请求徐元直帮忙介绍，徐元直正色地说：“孔明先生怎么可能来找你，要请，得你自己去请才行。”

这孔明先生便是历史上受人敬仰的诸葛亮，孔明是他的字。他当时不过二十来岁，年少英俊，有学问，有抱负，更想为天下百姓谋福利，可惜没有机会出来做事。他买了几亩薄田，盖了一间草庐，隐居在隆中这个地方，耕田读书，倒也悠闲自在。

对于从政的荣华富贵，孔明是一点儿也不羡慕。然而看到国家衰亡，百姓流离，孔明心中有说不出的难过。他常常席地而坐，抱着膝盖大谈理想及抱负，自比管仲、乐毅。旁人都笑孔明狂妄自大，目中无人，孔明只是笑笑，懒得辩白。

刘备准备了几样厚礼去拜访孔明，一连去了两回都扑了个空。第三次要出发的时候，张飞不高兴了，他说：“我看，今日不用大哥去了，我只要一条麻绳就可以把这个烦人的村夫绑来。”

“胡说，不可无礼。”刘备斥责着张飞，依旧恭恭敬敬地去拜见孔明。

他们一行人到了草庐，这一回，运气不错，孔明在家。然而应门的小童说：“对不起，先生在睡午觉。”

“什么，在睡午觉？”张飞一听，火大极了，“这家伙如此傲慢，待我到草堂后放一把火，看他起来不起来？”张飞的吼叫立刻被刘备阻止，张飞没办法，只有耐心地等。

孔明这个午觉睡得真长，足足睡了一个时辰。他并非有意怠（dài）慢来客，只是想试一试刘备的诚意。中国自古有一个优良的传统，那便是“礼贤下士”，对有学问的读书人一定要尊敬他，绝对不可吆来喝去的。

等了半天，孔明终于出来了，他身长八尺，面如冠玉。因为满腹诗书，气质好，风度佳，有神仙之概。刘备一见便为孔明的风采所吸引，深深下拜道：“现在汉室倾危，小人当道，我不自量力，有心为国效力，请问先生

三顾茅庐，现代年画，私人藏。

有何计策？”

孔明道：“自从董卓造反以来，天下豪杰并起。曹操力量比不上袁绍，竟能打败袁绍，不但是天时之故，更因为曹操善用计谋。现在曹操已有百万大军，而且挟持着汉献帝，力量无与伦比，你不要在这时与他争风头。孙权据有的江东，地势好，人民又拥戴他，你也不要想夺他的地盘。至于你现在暂住的荆州之地，北据汉沔（miǎn），东连吴会，西通巴蜀，这正是天下英雄的必争之地，但是它的主人刘表才能不够，不能安守，这是上天用来资助将军你的啊！不知道将军你有意于此吗？”

这番话说得刘备的眼睛都亮了，似乎看到一线生机。孔明又继续说：“至于在蜀的刘璋，太过软弱，在汉中的张鲁不知体恤百姓，将军你既是汉室后裔，声望又很高，求才若渴，如果你能占有荆（湖北）、益（四川）二州，安抚四周夷人，和孙权结好，等待时机成熟，那老百姓还有不备好酒菜欢迎将军的吗？果真如此，则霸业可成，汉室可兴。”

诸葛孔明的这一番话，把天下大势分析得头头是道，并且为刘备指出了未来发展的几个步骤：

首先是设法夺取荆州，再夺取益州，以荆州和益州作为基地，进而攻取汉中，安抚四周的外夷，和东吴的孙权联合结盟，共同对抗北方的曹操，等到时机成熟，北伐中原，完成统一大业。

刘备对诸葛亮的分析，不但佩服得五体投地，而且好像黑暗中出现了一盏明灯，使自己有了目标，不再像没头苍蝇般乱闯，所以刘备常说："我得到孔明，仿佛鱼得到水。"

诸葛孔明对刘备所说的一番话，历史上称之为"隆中对"。此后，刘备事业的发展就是依照"隆中对"提出的步骤去做的。

祢衡击鼓骂曹操

大家都听过孔融让梨的故事，这一回，还要说一个与孔融有关的故事：话说曹操挟持着汉献帝，威震天下，朝廷里文武百官无不唯命是从，只有一个人不肯向曹操屈服，这个人就是孔融。

曹操当时礼聘孔融为官，他的目的是想博得一个“敬重读书人”的美名。不料孔融入朝以后，处处与曹操为难，使得曹操大为不悦。

孔融对待朋友热情而诚恳，他的好友蔡邕（蔡伯喈）被王允杀死以后，孔融日夜思念不已。一次，偶然发现有位卫士长得与蔡邕一般无二，他每次宴会都邀请这位卫士加入，向人称道“虽无老成人，且有典型在”。

孔融最反对在背后道人长短，他看到朋友有过错，总是当面指正“你这样做很不对……”绝不乱给人戴高帽子。看到朋友做了好事，孔融比自己做了好事还要兴奋。虽然孔融的做法才是真正的“够朋友”，但是一般庸俗的人却不能接受孔融的做法。他们喜欢听恭维的话，讨厌别人的批评。因此孔融的好朋友不多，但都是真正的知己，并且和孔融一样博学多才，嫉恶如仇。

在孔融四十岁的时候，认识了一个二十四岁的青年人祢（mí）衡。祢衡聪明绝顶，文章好，口才佳，孔融很爱他的才华，特别把他推荐给曹操。

祢衡向来看不起曹操，自称有“狂病”，不肯前往。祢衡在外面常常说一些看不起曹操的话，这些话传到曹操的耳朵里，曹操气不过，想杀掉祢衡，又怕遭天下人非议，不敢动手。

后来，曹操听说祢衡善于击鼓，于是曹操大宴宾客，在筵席上命祢衡为鼓吏，击鼓为大家助兴，好来羞辱祢衡。

原来的鼓吏对祢衡说：“按照规矩，击鼓之前要先换上黄色的紧身衣服，表示尊敬。”

祢衡听了，眼皮也不抬。穿着旧衣，拿起鼓槌便唱起了《渔阳三挝（zhuā）》，他唱得苍凉悲壮，客人们听了都痛哭流涕。唱着，唱着，他走到了曹操跟前。

左右的人都叫道：“鼓吏怎可不换上击鼓时应当穿的衣服？”

祢衡大声地叫：“好！”一边动手把自己身上的衣服一件一件脱下来，脱得一丝不挂站在众人面前，宾客们吓得纷纷用衣袖遮面。

“庙堂之上，何故无礼？”曹操叱责道。

祢衡冷笑道：“欺君罔（wǎng）上才叫无礼，我不过表现我的清白之身罢了！”说着，眼光往曹操身上上下这么一扫，有说不出的轻视。

曹操气昏了：“你清白，那么谁污浊？”

祢衡击鼓骂曹，清末年画。

祢衡正气凛然道：“你不识贤愚，是眼睛污浊；你不读诗书，是嘴巴污浊；你不接纳忠言，是耳朵污浊；你不通古今，是身体污浊；至于你一心一意想篡汉，嘿嘿，是你心地污浊！”

祢衡的话一字一句像枪炮般直射人心，曹操仿佛被毒蛇咬了一口，全身痉挛（jìng luán）。因为曹操妄想篡汉的野心，虽然人人皆知，却还没有任何人敢公然批评曹操的。

曹操很想把无礼的祢衡杀掉，考虑了半天，回过头来对孔融说：“杀掉祢衡这混账小子，对我来说，比杀一只麻雀、一只老鼠还要简单。但此人在社会上还有一些名气，杀他对我不利，我把他送给刘表算了！”

于是，祢衡便到了刘表所在地——荆州。

祢衡出发的那一天，许多文人雅士相约在许昌的城南路旁安排酒菜，为祢衡送行。

但是，这些人深知祢衡的脾气，他常常目中无人，不给人面子，他们很怕祢衡会做出什么令人难堪的事。他们等了又等，发现祢衡还没有来。有人说：“祢衡迟到，等一会儿他来了，我们每个人都坐着，别站起来，杀一杀他的傲气。”

不久，祢衡来了，众人都故意不站起来，祢衡望望大家，坐下来，开始嚎啕大哭，大家被祢衡的举动吓了一大跳，问祢衡怎么一回事，祢衡说：“坐着的是坟墓，躺着的是尸体，我处在坟墓与尸体之间，怎能不悲伤痛哭呢?”

众人被祢衡一说，心里十分懊恼，可是，对这位名士也真是无可奈何。

曹操本想羞辱祢衡，却反被祢衡羞辱了一番，心中懊恼不已，于是把这股怨气都发在孔融身上，编了一套罪名把孔融处死，为了斩草除根，他下令把孔融全家都斩首。

孔融有两个小孩，哥哥九岁，妹妹七岁，寄居在友人家里，有一天，兄妹俩正在下棋，也被曹操的手下杀掉了。

重义气的张飞与赵子龙

自从曹操杀了孔融以后，朝廷里没有人敢和他意见相左。曹操便在献帝建安十三年（208 年），大举南征荆州，渴望实现他统一天下的野心。

荆州地势险要，是兵家必争之地，当时据有荆州的刘表，没有积极的进取心，只知按兵不动。曹操的军队七月出发，八月间刘表因病暴卒，刘表的部下拥立刘表的儿子——刘琮（cóng）为领袖。

九月间，曹操的十万大军浩浩荡荡抵达了荆州边境，荆州的军民慌成一团。刘琮召开紧急军事会议，将领们一致认为，敌我强弱悬殊，只有投降。

刘琮立刻竖起了白旗，便宜了曹操大军，使得他们不费一兵一卒，轻松地开进了荆州。

直到曹操大军迫近，寄居在荆州的刘备才得到这个坏消息，匆匆忙忙领着自己的部队逃亡。

由于曹操以前在徐州杀了不少百姓，手段残酷，而刘备以仁爱著名，荆州的人民都哭泣着说："我们就是死，也愿意跟着您死。"于是众人扶老携幼，将男带女，哭哭啼啼随着刘备渡过汉水。

刘备带领着十多万军民，数千辆车，逃难的人群中有挑担的，有背包袱的，队伍行进得非常缓慢。

路过襄阳时，刘备跪在刘表的墓前，哭哭啼啼地哀号："弟无德无才，辜负了您的期望，这全是我刘备的过错，和老百姓无关，但愿您在天英灵，拯救荆州可怜的人民。”在旁的军民也一起嚎啕大哭。

这时，传来军报，曹操大军已到了樊城。将领们苦劝刘备：“您带着几万难民，拖拖拉拉，一天只能走十几里，曹操的军队马上要到了，先暂时抛弃百姓为上。”

刘备长长叹了一口气：“老百姓相信我，归附我，我怎么忍心丢弃他们？”百姓们听了，无不感动得哽咽流涕。

曹操到了襄阳，听说刘备已经逃了，急忙亲自率领精兵五千，一天一夜行了三百余里，赶上了刘备。

当时正是秋末冬初，凉风刺骨，只听得西北方喊声惊天动地而来，转眼间，曹操追杀而至，刘备全无招架之力，完全溃败，十多万的军民，几乎都成了俘虏。

张飞立于当阳桥头，独挡曹兵，选自《马骀画宝》。

刘备的妻儿被乱军冲散，刘备与诸葛亮等抄小路逃亡，张飞在后压阵，经过长坂溪，曹操的军队追上了，只见张飞倒竖虎须，圆睁环眼，手拿着蛇矛，骑在马上大吼：“我是燕人张翼德（张飞字翼德），哪个敢与我决一死战？”

张飞的声音特大，听来恐怖万分。又见桥东似隐隐约约有人头攒（cuán）动。曹操生性多疑，迟迟不敢前进。

“来啊，我张翼德在此，哪个敢放马过来？”曹操见张飞胸有成竹，心中有些害怕。

张飞发现曹操大军有后退的趋向，故意把矛一挥，睁目怒喝：“战又不战，退又不退，什么意思？”话没说完，曹操大军已吓得肝胆碎裂，往西逃奔。

长坂坡赵子龙怀抱阿斗，冲出曹兵重围，清末年画。

靠着张飞的勇猛，刘备得以逃脱，直到喊声逐渐消失，刘备才松了口气，清点人马。一看之下，赵子龙不见了。

此时，有个小兵身上插了数箭，踉（liàng）踉跄（qiàng）跄地赶来，口中道：“赵子龙投奔曹操去了！”

“胡说，子龙是我的好朋友，他不会的！”刘备叱责道。

小兵又说：“怎么不会，他见我们穷途末路，也许投奔曹操，求取荣华富贵去了！”

刘备还是不相信，他坚定地说：“子龙与我共患难，心如铁石，绝非富贵所能动摇。”

正说话间，只见赵子龙怀抱着刘备的幼子——阿斗，身上的袍衣染透了血渍，一拐一拐地走到刘备面前，刘备的夫人也被赵子龙救出。刘备扶着赵子龙，忍不住流下感激的泪来。

张飞与赵子龙倘若改投曹操，准有享不尽的荣华富贵，在现代人现实的眼光看来，那才是“划算”，才“不吃亏”，但人的行为常受观念的影响，中国古人提倡“义”而贬低“利”。一旦要从“义”与“利”中选择时，宁可取“义”而舍“利”，所以“见义忘利”被公认为美德，“见利忘义”被公认为罪恶，这是我们中国人最了不起的精神。

孔明的激将法

刘备自从被曹操打得落花流水之后，退到了夏口。此时，在江东地方的孙权，听说荆州的刘表去世，特派大将鲁肃前去吊丧，恰好与刘备等相遇。

鲁肃对刘备说："现在曹操的大军马上就要南下，孙权将军拥有江东六郡，兵精粮足，你不妨派人结好孙权，共图大业。"

联合孙权抗拒曹操，正是诸葛亮的计谋，于是诸葛亮跟着鲁肃到了东吴。

两人上岸时，鲁肃扯着诸葛亮的袖子道："待会儿见了孙将军，你可不能老老实实地告诉他曹操兵多将广，免得他害怕。"

诸葛亮抱一抱拳道："谢谢提醒。"

鲁肃把诸葛亮接到馆驿安歇以后，就去找孙权。他到了堂上一看，大家正议论纷纷，原来，曹操的挑战书刚到，书中说："我最近南征，刘琮不战而降，现在我准备了八十万大军，想与将军会一会。"

挑战书的口气相当狂妄，孙权看了，非常生气。朝廷大臣都很紧张，其中一个长史张昭说："曹操是豺狼，现在汉献帝在曹操手里，他最近又新得了荆州，我们哪里是曹操的对手呢？不如投降算了。"

"对，对，对。"大伙儿七嘴八舌地都赞成投降，只有鲁肃紧闭着嘴不说话。

第二天，诸葛亮去见孙权之时，鲁肃又再三叮咛："大家都怕曹操，你千万不要说曹操厉害。”

到了朝廷，东吴的文武大臣都已端坐在那儿了，他们早猜到诸葛亮是来当说客的，心里头很反感，不约而同以刘备最近吃了一个败仗为借口，用尖刻的话讽刺诸葛亮。

诸葛亮也不生气，不卑不亢地把话顶了回去，口若悬河，对答如流。他一面说话，一面看孙权，见孙权生得堂堂威武，心中暗暗在想：“此人相貌非常，只能用激将法。”

当孙权问起曹操的兵力时，诸葛亮毫不掩饰，一五一十地回答：“海内大乱，将军起兵江东，刘备起兵汉南，与曹操共争天下。如今曹操已平定中原，南破荆州，威震四海，将军若认为可以与曹操抗衡，就与曹操绝交，否则不如早日投降，免得大祸临头。”

“照你这么一说，那刘备为什么不投降曹操？”孙权眉毛一挑，颇为不悦。

诸葛亮立刻正色道：“人各有志，田横不过齐国一壮士，还能守义不屈。何况刘备是皇室后裔，英才盖世，人所仰慕，人民对他，仿佛大水之归海，他怎么可以和你一样随便投降？”

诸葛亮，明朱瞻基绘。

这番话把孙权气得直跳脚，大声地说："哼，我孙权哪里会投降，但若要抵抗曹操，非和刘备合作不可，不知刘备还有多少兵力？"

诸葛亮说："关羽的水师不下万人，曹操的军队远来旅途劳累，加上北方人不习惯打水战，只要精诚团结，我们可以打胜这一仗。"

孙权听了，颇为心动，急着去找周瑜商量。

周瑜是孙权的爱将，年少英俊，风流倜傥，而且对音乐很在行，每次宴会，他只要听到音乐奏错了，一定频频回头，因此当时的人说："曲有误，周郎顾。"顾就是回头看，以后听歌的人们称之为"顾曲"。"顾曲周郎"的成语就是这么来的。

东吴有一对出色的姊妹花——大乔、小乔。大乔嫁给孙权的哥哥孙策，小乔嫁给周瑜，风流才子配上绝色佳人，这段英雄美人的故事是后代文学家最喜欢引用的题材之一。

周瑜的看法与诸葛亮相同，他很有把握地说："曹操是来送死的。"

孙权一听，信心大增，拔出佩刀，"咔"的一声，把案几砍成两段："谁敢再说投降曹操的混账话，有如此案！"

在东吴的一片投降声中，诸葛亮竟能扭转情势，这是他富于机智、善于利用孙权心理的结果。

精彩激烈的赤壁之战

曹操自从向孙权下了挑战书，立即率领大批舰队，浩浩荡荡顺江而下，与周瑜的水师相遇于赤壁（湖北嘉鱼县境）。

他的军队和周瑜的兵舰一交锋便吃了一个小败仗，原来北方的军士不习惯坐船，一路上潮起潮落，波涛翻滚，被颠簸得呕吐不已，站都站不稳，哪儿有力气打仗呢?

为了“治疗”军士们的“晕船病”，曹操想了一个办法，他将大船、小船搭配起来，首尾以铁环相连，上面铺着宽木板，不但可以走人，连马都可以在甲板上昂首阔步，再大的风浪也不怕了。

曹操看到军威大盛，得意得哈哈大笑。这天晚上，月色皎洁，明亮如昼，曹操率领着文武百官在甲板上饮酒作乐，喝得酩酊（mǐng dǐng）大醉，他走到船边，斟满了酒，洒入江中，昂头道:“我破黄巾、灭袁术、收袁绍，也没辜负堂堂大丈夫的志向!”

忽然，一只乌鹊从岸上惊起，绕着树转了几圈，“啪啪啪”向南飞去，曹操触景生情，叹了一口气道:“我作一首歌，你们和着唱。”

歌词是:“对酒当歌，人生几何？譬如朝露，去日苦多……”形容人生的富贵如朝露般短暂，不如及时行乐。这首《短歌行》气魄雄伟，是魏晋浪漫文学代表作之一。曹操虽是个阴险的大枭雄，他的文才却也是历史上公认的。

曹操横槊赋诗，选自《马骀画宝》。

周瑜的军队在南岸，远远看到曹操“示威”的军容，内心十分忧虑。周瑜手下的大将黄盖建议道：“如今敌众我寡，难以久战。曹操的军队首尾相连，正好可以用火攻。”

“对，这是条妙计！”周瑜不禁大声叫好。接着周瑜、黄盖又交头接耳，商量了一个诈降的办法。

黄盖派了一个密使，偷渡到北岸，说自己想投降曹操并且献上粮草车仗，表示效忠。

曹操原是个多疑的人，但是此番前来攻打孙权，曹操有十足的把握，又风闻孙权的部将早已吓得屁滚尿流，只是周瑜等少数几个人自不量力，硬要以鸡蛋碰石头，这样看来，军中发生兵变，黄盖转投曹操，当然不是没有可能。

在建安十三年（208 年）的冬天，西北风刮得冷冽刺骨，却正巧有一天东南风大作，波涛汹涌，曹操看着江水，有如万道金蛇，翻波戏浪，黄盖的船正快速地飞驶过来，曹操笑嘻嘻地说：“黄盖正好来降，真是老天爷帮忙。”

正当曹操拍手欢呼、鼓掌叫好之时，突然，黄盖率领的二十艘战斗舰，转眼之间，成了火船。原来，黄盖的船装满了干燥的稻草，遇火即燃，像是一只只火船。黄盖一招手，这二十艘火船趁着东南风，如箭般冲入西北方曹军的舰队之中。

曹军将士们挤满了兵舰甲板，准备欢迎黄盖来降，忽然看到这个情景，都惊愕（è）地问：“怎么一回事？”

顷刻之间，船中大乱，黄盖的火船撞上了曹军兵舰，使曹军兵舰也烧起来了，烈焰漫天。又因为曹操的船都被铁环紧紧锁住，无处分散逃躲，只见江面上，火逐风飞一片通红，曹军军营中不断传来惨叫声、马嘶声，船上几十万甲兵完全溃败，刘备与周瑜又率精锐部队追赶而来。

周瑜火攻，曹操仓皇下船避难，选自清刊本《三国演义》。

曹操率领着一些残兵败将，绕路从华容道逃命，偏偏道路泥泞不堪，加上大雨倾盆，湿透了衣甲，曹操便命老弱残兵用草填路，然后骑马踏过，可怜的老弱残兵，被马践踏，溺死在泥中的不计其数。

赤壁之战，曹军大败，威势受挫，曹操不敢再南下，这奠定了日后曹操、孙权、刘备三分天下的局面。这是历史上有名的一场大战役，也可见得，只要善于利用天时、地利、人和，以少胜多是绝对有可能的。

（各位读者或许会发现，我们平常所熟知的“周瑜打黄盖的苦肉计”“草船借箭”“孔明借东风”“华容道上曹操、关羽相见”等情节，吴姐姐都没有写，因为这些在正史上都没有记载。当然野史上记载的、《三国演义》所描绘的不是完全没有可能，不过这些都太玄奇了，为使各位读者有一个正确的历史观念，不得不略去。）

周瑜绝对不小气

读过一点儿三国故事的人大概都知道周瑜气量很小，他容不下孔明，最后竟然活活被气死，临死之前还仰天长叹：“既生瑜，何生亮？”连叫数声而亡。埋怨老天爷既然生下了聪明绝顶的周瑜，就不该再来个比周瑜还要聪明的诸葛亮。

其实呢，周瑜不但不小气，而且气度宽宏，甚且可以与蔺相如媲美哩！那些酸溜溜的话都是小说家编造的。

周瑜字公瑾，英俊潇洒，风流倜傥，文武全才，口才锋利，又娶了江南第一美人小乔；英雄美人相得益彰，东吴的人都以周瑜为荣，称他为“周郎”。后世的大文学家苏东坡赞美周瑜为“千古风流人物”。

赤壁之战后，周瑜的名声如日中天。曹操虽然惨败，却败得非常服气，对周瑜的才气钦佩不已，特派最能说善道的蒋干来劝降周瑜。

周瑜听说蒋干来了，连忙出营帐欢迎：“辛苦，辛苦，你远涉江湖而来，是来为曹操当说客的吧，哈哈！”

接着周瑜笑嘻嘻地挽着蒋干到处走一走，巡仓库，看珍玩，摆上最丰盛的酒菜款待他。然后，在席上，周瑜认真地说：“大丈夫立身处世，遇到知己之主，结下君臣之义，骨肉之恩，就该有福同享，有难同当，就是苏秦、张仪复生，也不能动摇我的意志。”

蒋干知道周瑜意志坚定，说了也是白说，就识趣地闭上嘴。两人饮酒作乐，直到夜深人静，蒋干回去，禀报曹操道：“周郎的雅量，哪里是言辞所能打动的？”

当时，孙权、刘备联手打败曹操后不久，孙权就派刘备为荆州牧，使刘备、周瑜分头管理荆州。

孙权为了表示友好，特别把亲妹妹嫁给刘备，结为姻亲。

刘备很高兴，欢天喜地和孙夫人拜过天地。到了晚上，刘备满腔兴奋走入洞房，竟发现昏黄的灯光下排满了刀枪。仔细一看，乖乖，两旁侍婢个个佩剑悬刀，新郎官这一吓非同小可，就差没有当场昏倒过去。

周瑜，选自清皇家珍藏手抄善本绘图描金银《三国志演义》。

原来孙夫人自幼习武，性情刚烈，颇有乃兄之风，她手下的“娘子军”也都身手不弱，使得刘备每入内室，看到那刀枪森列的气象，都心惊肉跳。这种“政治婚姻”真是痛苦。

刘备虽名为荆州牧，但不能领有全部荆州之地，这使他很受压迫，想以“妹夫”的身份去向孙权多要一些土地。诸葛亮告诉刘备，去京口找孙权不但无用，而且危险，但是刘备不听，硬是要去闯闯看。

刘备去找孙权理论了许久，谈不出结果。此时，孙权接到周瑜的一封密报，信上说：“刘备是个危险人物，他手下又有关羽、张飞等大将，都不是肯长久屈就的人。你该把刘备留在吴国，为他筑宫室，找美女，瓦解他的壮志。否则，此三人得到土地，等于蛟龙得到云雨，会惹来无穷的麻烦。”

刘备东吴招亲，清代上海年画。

孙权当时认为，在合力抗曹操时，内部不能再火并，还是放刘备回去了。刘备日后知道这个密报，吓出了一身冷汗。

周瑜又建议，在曹操力量还未恢复时，发兵西上。孙权也很赞成，没有想到周瑜在西行之时，忽然一病不起，在建安十五年（210 年）去世（距赤壁之战不过两年），死时才三十六岁。倘若不是周瑜早死，三国的局势又会不同。

《三国演义》为了加强戏剧上的效果，把周瑜描写得小气不堪，其实绝无此事。只是他与诸葛亮各为其主罢了。

例如东吴有个老臣程普，自以为年高德劭，看到周瑜年纪轻轻的相当有作为，心中有些酸味儿，每遇周瑜总不忘讽刺几句，挖苦一番。周瑜也不跟程普计较，始终对程普非常恭敬。久而久之，程普被感动了，他说：“与周公瑾交朋友，如同饮美酒，不知不觉便醉了。”

周瑜少年得志还能有如此谦让的风度令人钦佩，因此他死后，东吴的人都伤心痛哭。尤其是孙权流着泪说：“你短命而死，我以后依赖谁呢？”在正史上，周瑜与诸葛亮并没有什么过节，周瑜更不是一位小气鬼。

诸葛亮的小故事

在中国历史上，诸葛亮是光芒万丈的伟人，他集优秀的政治家、军略家、外交家于一身，学问、道德、文章都首屈一指，他的一生足以代表中国人不屈不挠的奋斗精神。

我国民间自古都很崇拜诸葛亮，甚且为他盖了庙，然而一般人看多了戏剧，一想起诸葛亮，总以为他是不分寒暑穿着八卦袍，手中摇着鹅毛扇的“半神仙”：他能呼风唤雨借东风，会制造自动的木牛流马，口袋中一掏就是锦囊妙计，可以活活气死周瑜，也能骂死王朗。这都是受了《三国演义》的影响。

真正的诸葛亮虽然足智多谋，可没有如此玄妙，而且如果以为诸葛亮代表神机妙算，实在大大抹杀了他的可贵之处。诸葛亮有学问、有办法、有理想，是一个标准的古代中国知识分子，这才是诸葛亮了不起的地方啊!

刘备三访诸葛亮请他出山时，诸葛亮只有二十六七岁。刘备对诸葛亮非常器重，天天向他虚心求教，食则同桌，寝则同榻。关羽、张飞愈看眼睛愈冒火。

关羽、张飞都是沙场猛将，论年龄比诸葛亮大上一截，论学问，关羽曾读《左传》，张飞写得一手好字，难怪他们不服气一个年轻小伙子后来居上。然而没有多久，关羽、张飞就对诸葛亮佩服得不得了。

诸葛亮不但有学问，而且能活学活用，分析问题头头是道，布置作战攻势，别有一套，最重要的是诸葛亮有原则、有道德。

刘表的长子刘琦（qí）也很器重诸葛亮，刘表受了后妻的影响，比较偏爱小儿子刘琮。刘琦三番两次地来找诸葛亮，请他帮忙代定计策，诸葛亮总是搪（táng）塞过去。

一天晚上，刘琦请诸葛亮来到了后花园，共同登上了小阁楼，然后命令仆役把楼梯搬走。

刘琦拍拍手道："好了，现在上不着天、下不接地，你的话直接进入我的耳中，你可以放心地说了吧。"

诸葛亮不愿干预旁人的家务事，只淡淡地说："以前申生留在国内被骊（lí）姬害死，公子重耳出奔外国反而安全。"申生、重耳都是被后母迫害的例子。刘琦一听，顿然领悟，早早离开襄阳去当江夏太守，保住了一条命。

诸葛亮生得一表人才，风度翩翩，他娶的妻子黄氏，传说中却是个黄头发、黑脸孔的丑妇人。黄氏知书达礼，学问很好，因此不管旁人怎么评论，他们夫妻始终很恩爱，这也是诸葛亮的过人之处。

他的哥哥诸葛瑾在孙权的手下做事，孙权想通过诸葛瑾拉拢诸葛亮，诸葛亮与诸葛瑾却天各一方，在公事上远远保持距离，私下却有浓厚的骨肉感情，这也是一般人难以做到的。从这些小事，我们可以看出诸葛亮为人正直忠厚。

刘备一方在三国之中是最弱小的，完全靠了诸葛亮的苦心经营，才能够联络孙权，打赢赤壁之战，据有巴蜀地方，使刘备能在建安二十四年（219 年）登位汉中王。

以后，关羽战败而死，刘备痛失爱将，立志为关羽报仇，大举攻吴，诸葛亮怎么也劝不住刘备。刘备果然败了，败得非常惨。

回师之后，刘备一病不起，临死前，他把诸葛亮叫到床前，拍着他的肩膀，哀伤地说："我何等有幸能得到你的辅佐，建立了帝业，可惜没听你的话！"

“希望陛下保重身体，为百姓谋福。”诸葛亮的喉头也仿佛被堵住，哽咽得说不出话。

刘备一手擦眼泪，一手拉着诸葛亮的手：“你的才能超出曹丕十倍，一定能安定国家，建立伟业，我的笨儿子阿斗如果还能辅佐，就麻烦你教导；倘若实在不成材，你不如自己当成都王。”

诸葛亮一听跳了起来，手足失措，遍体流汗，在床前叩头说：“臣将尽力辅佐幼主直到我断气那一刻。”直把头磕得迸出鲜血。

刘备白帝城托孤，选自清刊本《三国演义》。

刘备留了一个遗诏给后主阿斗：“你要好好听丞相的话，把他当成你的父亲。”不久，刘备去世，享年六十三岁。

孟获服气了

自从刘备去世后，诸葛亮忍住悲痛，更加努力建设蜀国，想以此来报答刘备对他的知遇之恩。

朝廷中的大小事件诸葛亮都亲自处理，经常到了三更半夜，他还在挑灯批阅那堆积如山的公文。

主簿杨颙（yóng）看诸葛亮太辛苦了，频频劝他道："治理国家要层层负责，不要把每件事都扛在自己的肩膀上，例如以前西汉的宰相丙吉走在街上，看到路旁有民众互殴打死了人，他不加理睬；看到一头牛吐着舌头喘气，却立刻很着急地问：'这头牛走了多少里路，怎么喘得这般厉害？'旁人很诧异丙吉关心耕牛不关心百姓，丙吉解释道：'人民打架自有长安县令处理，现在天气还不太热，牛喘成这个样子，我唯恐气候失调有碍农作物生长。'人们这才赞扬丙吉懂得事情的轻重。如今您天天校阅簿书，汗流终日，岂不太辛苦了？"

诸葛亮当然也晓得丙吉的故事，只是蜀国人才缺乏，国事艰难，不得不辛劳些。当然他还是很感谢杨颙，后来杨颙去世，诸葛亮整整哭了三天。

诸葛亮虽然善良仁厚，执法却相当严厉，信赏必罚。有人不以为然，提出汉高祖刘邦的例子，汉高祖入兵关中，与人民约法三章，使人民大为拥戴。诸葛亮摇摇头："那是因为人民受秦朝苛政太久了，今天，我们的国家必须厉行法治才有希望，才能壮大。"

果然，本来是人心消沉、懒惰的蜀地（今四川）在诸葛亮大刀阔斧的整顿下完全变了，变为物产富饶、人民彬彬有礼的天府之国。诸葛亮最反对赦免罪犯，收买人心，他说：“对人民要有大恩德，不必施以小恩惠，我的心像秤一般公平，不能为任何人倒向一边。”

蜀国的四邻云南、西康、贵州一带住了许多蛮人，时常作乱，其中有个叫孟获的首领最为强悍，他到处造谣：“官府要你们缴纳贡品，要缴三百条黑狗，这些黑狗必须胸部以上全黑，要三千根断木，每根不能短于三丈。”事实上，当地产的断木根本就没有三丈高的。于是，蛮人对这些要求很反感，纷纷造反。

诸葛亮倒不惊慌，略施小计，就把孟获擒来，问道：“我今天捉了你，你服不服气？”

“山野荒僻，道路狭窄，误被官兵捉到，这如何服？”孟获忿忿不平地埋怨个不休。

诸葛亮微笑地看着孟获：“既然不服，我放你回去好不好？”

孟获没有料到诸葛亮会放他走，大喜过望，立刻回答说：“你放我回

诸葛亮七擒孟获，清代年画。

去，我去准备兵马，咱们再战一场，一决雌雄！”

“好！”诸葛亮爽快地答应，命令人给孟获松绑，请孟获舒舒服服吃一顿大餐，再差人把他好好地送了回去。

孟获回到番地，在部下面前编了一套谎话，说自己如何英勇逃出重围，部下都拍手欢呼：“大王真了得。”然而没多久，孟获又被诸葛亮给逮着了。

这一回，诸葛亮请孟获参观营阵，孟获不屑地说：“以前我不知虚实才运气不佳，今天看了营阵，原来不过如此，我若有机会，不把你们打得惨败才怪哩。”

诸葛亮没说什么，笑嘻嘻地依旧把孟获放了。如此这般，捉了又放，放了再捉，一直到第七次，诸葛亮正准备再放孟获走，这一回孟获不走了，他跪在地上，噙着眼泪道：“丞相天威，我不走了。”

“服不服？”诸葛亮仍是那般和蔼。

“我子子孙孙世世代代都感念您的恩德，怎会不服？”

诸葛亮又教导孟获，使他成为有用的人才，并且把以前所夺的土地，全部还给当地人，也不派兵镇压，使当地人感念不已。

诸葛亮不滥用宽容

诸葛亮率军平服南蛮孟获以后，积极整军经武。虽然蜀国在魏、蜀、吴三国中最弱，他仍不顾一切地奋斗，想要统一天下，报答刘备对他的知遇之恩。

黄初七年（226年），魏文帝曹丕去世，明帝曹叡（ruì）即位，国势不稳，诸葛亮认为良机不可失，毅然决定北伐。

出师之前，诸葛亮上书蜀后主刘禅（阿斗），苦口婆心劝后主要自信，要振作，要亲近贤臣，远离小人。而且

诸葛亮向蜀主刘禅上《出师表》，选自清刊本《三国演义》。

他一再表示，绝对尽心尽力为国家效命。诸葛亮的这一篇奏章被后人称为《出师表》。

这篇《出师表》，没有用什么形容词，然而字字血泪，使人看了不知不觉泪珠滚滚而下，确是千古流传的好文章。因此古人说“读《出师表》不哭的人，就是不忠”。

此次北伐，蜀、魏双方都排出了最佳阵容，诸葛亮派遣的是他的好友——蜀中大将马谡（sù）。

马谡有才干，有气度，喜欢谈论军事，和诸葛亮的交情很好，两人经常一谈就是一个晚上。诸葛亮攻打孟获前，马谡建议：“用兵之道，攻心为上，攻城为下；心战为上，兵战为下。”后来，诸葛亮果然用七擒七纵之法把孟获整得心服口服，死心塌地，马谡功不可没。

诸葛亮挥泪斩马谡，选自清刊本《三国演义》。

此次北伐魏国，诸葛亮本来已有万全的部署。谁知道马谡自以为才高一等，不听诸葛亮的调度，把军队驻扎在山上。

大将王平劝马谡：“不行啊，我们不可以舍水上山，这样会惹出麻烦的。”

马谡固执得很，根本不理，结果被魏军围困在山上，切断了水道，士兵们没有水喝，只有投降。而所有已经归降的郡县，又纷纷叛变。

诸葛亮非常生气，把马谡逮捕下狱。这时，诸葛亮想起刘备生前常说：“马谡这个人言过其实，不可以重用。”这是有道理的。

许多将领为马谡说情，马谡却自知非死不可，他在监狱里写了一封信给诸葛亮：“明公（指诸葛亮）待我像儿子，我看明公有如父亲，但愿我们的交情仍在，我就是死了，在黄泉路上都感激您。”

马谡出殡时，十万多民众痛哭流涕，诸葛亮亲临主祭，哭得比谁都伤心、都难过。他还为马谡照料遗孤，办理后事，凡是做得到的，无不尽心去做。

此时，大将蒋琬见诸葛亮哭得两眼通红，很不以为然地说：“天下还没有安定，倒先把功臣杀掉了，这算什么？为什么不宽容些？”

“唉，”诸葛亮悄悄揩去眼泪道，“正因为天下未定，四海分裂，如果随便宽容，不理会法令，拿什么维系人心？”

诸葛亮不但处罚了马谡，而且坚持要处罚自己，上书请求贬职三等。

在旁人看来，诸葛亮连性命都不顾，日日夜夜为国家操劳，马谡不听命令，这是马谡的错，与诸葛亮有什么关系？

但是，诸葛亮认为，马谡是他的下属，他有责任。后主刘禅拗不过诸葛亮，把他降为右将军。将士们都为诸葛亮的守法精神所感动，个个奋勉，不久，蜀国又士气大振。

由于诸葛亮赏罚公平，所以许多被他治罪的人，非但不怨恨，反而心存感激。

一个国家一定要上上下下有法治精神，才能保持社会的安定。法律并不是口袋里的皮球，高兴用的时候玩两下，不高兴的时候可以把它收回袋子里摆着。

鞠躬尽瘁，死而后已

从魏明帝太和二年（228 年）到太和五年（231 年），诸葛亮曾经四次北伐，在人力、物力缺乏，粮运不继的情况下，又刚好碰到厉害的劲敌：魏国大将司马懿（yì）。

当诸葛亮屯驻在阳平时，他派了大将魏延率兵南下押运粮草，这个消息不知怎么走漏了，司马懿趁着蜀军空虚，引了十五万大军蜂拥而来，准备一举消灭诸葛亮的军队。

“糟了，魏军来了，司马懿率大军来了！”

一天之中，收到了十几次飞马传来的消息，大家都吓得惊慌失措。此时诸葛亮身旁没有一员大将，只有一些文武官员，加上两千五百名士兵，眼看着就要完蛋。

诸葛亮登上城门，远远望见沙石滚滚、尘土冲天，魏兵分左右两路冲杀而来。他立刻传令把所有旌旗藏好，敢妄出城门、高声言语的，立刻斩首示众。

然后把城门大开，命令二十个兵士打扮成百姓模样，拿着扫把扫马路。

司马懿率领着大军到了城门下，见此光景吓了一跳，收住缰绳，不敢贸然闯入。他骑着马看这二十多名士兵，个个低头洒扫，好像没看见自己似的，一言不发，透着让人害怕的神秘。

“嗯，其中有诈，想诸葛亮平生谨慎，不会冒这个险，我别上他的当。”

司马懿愈想愈感到背脊发凉，一声令下，左右两路兵都快马加鞭地撤退。

等到退远了，再一打听，诸葛亮确实只有两千五百名士兵守在城中，根本没有什么埋伏，司马懿懊恼万分。诸葛亮靠着过人的机警免去了一场大灾难。

空城计，选自《戏剧图册》。

诸葛亮在建兴九年（231 年）撤兵后，中间经过了三年的休养，到建兴十二年（234 年）再次率大军北伐。这一次，他先用一种自己发明的木牛流马（木牛流马，是木头制的简单运输工具，有四只脚，头插在颈子里面，还有一个舌头的机关）搬运粮食，以免再因粮运不继被迫撤退。

诸葛亮进驻五丈原之后，不断地向司马懿挑战，司马懿则引兵渡过渭水，无论诸葛亮如何挑衅（xìn），总是闭门不出坚决不理。诸葛亮心里也急，因为蜀军远道而来，利于速战速决，拖延战术，会使蜀国兵粮不继。

于是，诸葛亮派人拿了女人穿的大红大绿的衣裙和书信去羞辱司马懿，意思是说：“你这个人胆小怕事，算不上英雄好汉，只配穿女人的衣裤。”

魏国的将领知道诸葛亮大大羞辱了司马懿，怒气冲天，都纷纷要求出战雪耻，司马懿被闹得没有办法，只好上表请示魏明帝。魏明帝派了老臣

司马懿，选自清皇家珍藏手抄善本绘图描金银《三国志演义》。

拿着天子的节杖到了战地，坐在营门外面把守着，谁要不服命令就砍谁的脑袋。

诸葛亮听说这件事，笑着摇摇头：“哎，这分明是司马懿不肯出战，故意上表以维系军心，俗话说得好，将在外，君命有所不受，哪里有上表请示的道理？”

由于几次北伐都败在粮运上面，诸葛亮此次特别拨了一部分士兵下乡耕田，蜀军在诸葛亮的教导下，纪律异常严整，军民相处有如一家人，诸葛亮十分欣慰。另一方面，司马懿怎么也不肯应战，干耗在那儿拖着，诸葛亮心中不免焦虑。

有一次，司马懿派人打听诸葛亮的近况，那人回报道：“诸葛亮起得早，睡得晚，事必躬亲，凡打二十大板以上的责罚，都要亲自处决，而所食不过数升。”

司马懿道：“食少事烦，岂能久乎？”这句话是讲，诸葛亮吃得少，事情又烦，恐怕活不久了。果然，不久，诸葛亮旧病复发，卧倒在床，一代伟人与世长辞，享年不过五十四岁。

诸葛亮，选自清皇家珍藏手抄善本绘图描金银《三国志演义》。

蜀国军队听从诸葛亮临死前最后一道命令，密不发丧。

司马懿听说诸葛亮已死，大喜过望，发动大军前来攻击，没想到蜀军反而摇旗呐喊，高声迎战，司马懿又赶紧退兵，一边道：“嗯，诸葛亮老谋深算，想用假死骗我出兵，我偏不出兵，不上他的当！”

等到蜀军从容撤回秦岭，全军才戴孝为诸葛亮办丧事，老百姓编了一首歌谣“死诸葛吓走生仲达”，仲达是司马懿的字，司马懿不好意思地干笑着说：“我只能料他生，怎能够料他死？”蜀兵退走后，司马懿察看诸葛亮生前的营垒布置，跷起大拇指说：“真是天下奇才啊！”

“鞠躬尽瘁，死而后已。”这是诸葛亮《出师表》中的名言，也是他一生的写照，他直到咽下最后一口气前，仍在为国奋斗，他代表的正是中国人不屈不挠的奋斗精神。

关云长义薄云天

关公，名羽，字云长，河东解县人，力气大，武功强。因为地方上土豪劣绅仗势欺人，关羽路见不平，拔刀相助，不小心把人给捅死了，只有逃难江湖。刚好刘备为了对抗“黄巾”，招兵买马，关羽前来应募，成为刘备手下的一员大将。

汉献帝建安五年（200 年），曹操东征，刘备投奔袁绍，关羽在一场战役之中被曹操逮着了。

此时的曹操声势如日中天，连汉献帝都在他的掌握之中，他很欣赏关羽的本事及不畏艰险的勇气，就在上朝的时候把关羽推荐给汉献帝。

献帝既然是曹操的傀儡，曹操说关羽好，他也就下诏任命关羽为“偏将军”。

接着曹操摆下了豪华酒席，请来谋臣武士当陪客，把关羽捧上了天，还送来大批的绫罗绸缎、金银器皿。

从此以后，曹操三天一次小宴，五天一次大宴，又挑选了十名美女送上门去，把关羽伺候得无微不至，唯恐有一点小地方疏忽得罪了他。

但是，不论曹操如何笑脸待客，关羽总是闷闷不乐；曹操差人送来好东西，关羽恭敬地说声“谢谢”，却没有兴趣打开来看。

曹操沉不住气了，派了张辽去探测关羽的心意：“曹公待你不够好吗？你留在这儿为曹公效劳，日后有享不尽的荣华富贵，刘备算什么？又何必念念不忘？”

“哎，我知道曹公对我的厚爱，但我受刘备将军的大恩，生死与共，绝对不背叛他，我在这儿不会长久的，等到我有机会报答曹公的恩惠之后，立刻离开。”关羽说得斩钉截铁。

不久，袁绍派了大将颜良来攻曹操，关羽奋然跳上马鞍，直冲颜良阵地。颜良措手不及，被关羽手起一刀，斩于马下，关羽利落地割了颜良的脑袋，拴在马颈之上，然后飞也似的冲进了河北军中，如入无人之境，赢得漂亮干脆。

关羽擒将图，明商喜绘。图中关公当中而坐，左下角执青龙偃月刀者为周仓，右上角是关羽义子关平。

曹操心里有数，关羽是留不住了。因此特别重加赏赐，企图多挽留他一段日子。关羽依旧不改初衷，潇潇洒洒地跳上了马扬长而去，留下了让人眼睛冒火儿的金银财宝。

“糟了，关羽逃了，快追啊！”

曹操的手下急得前来报告：“不追回来对我们不利。”个个气急败坏地喊着。

“不必追了。”曹操挥挥手，心中暗暗钦佩关羽的义气。

以后，关羽回到刘备军中，立下了不少汗

马功劳。他因为曾经被流矢击中，后来虽然创伤愈合，但每到阴雨季节，骨头时常隐隐酸痛。

名医华佗说：“这是矢镞（zú）有毒，直透入骨，如不早点医治，此条手臂就没有用了！”

关羽面不改色伸出手臂，华佗取了尖刀割开皮肉，用刀刮骨，刮得窸窣有声，旁边的人都吓得不敢看，关羽仍旧饮酒吃肉，谈笑下棋，脸上没有一点痛苦的表情。不久血流了满满一盆，华佗敷上药，缝好线，关公站起来大笑，继续饮酒作乐。

这段记载虽嫌夸大，却也表现了关羽的勇敢，但关羽为人过于高傲，不善权谋，当他守荆州时，鲁肃三番两次想为吴国和蜀国拉线互结盟好，关羽总是不理不睬。

不久，孙权派人向关羽提亲，想娶关羽的女儿当媳妇，关羽不答应也就算了，他竟然怒眼圆睁，推开桌子大骂道：“我的女儿是虎女，怎么可以配犬子？”把使者轰出门外。孙权碰了一鼻子的灰，气得要命，从此吴蜀关系破裂，也坏了诸葛亮想联吴制魏（曹操）的大计。

以后，关羽被吴国的大将吕蒙打败并遇害。纵观关羽的一生，他并没有建立什么赫赫伟业，为什么中国人如此崇拜关公，处处建有关帝庙呢？因为关公固守原则，忠心耿耿，不为利诱，“富贵不能淫”，代表中国人的重义气。

华歆从小受不住诱惑

赤壁之战曹操大败，这一战打破了曹操统一天下的计划，决定了魏（曹操）、蜀（刘备）、吴（孙权）鼎足三分的形势，使国家陷入长期的分裂。

现在我们再掉转头看看被曹操挟持的汉献帝。可怜的汉献帝虽然名为天子，其实过得比囚犯还不如，宫廷内外全是曹操的鹰犬。有一回，汉献帝不过和议郎赵彦多说了几句话，没多久，赵彦就不明不白丢了性命。

汉献帝知道刘备是个忠义之士，偷偷地写了一封秘密的诏书，夹藏在衣带之中，托人带出宫廷交给老臣董承，叫董承转交给刘备，请刘备除掉曹操。

刘备没有力量击败曹操，这件事却不幸被曹操知道了，气得杀掉了董承。董承的女儿嫁给了献帝当贵人，董贵人当时怀了孕，大着肚子，虽献帝苦苦哀求，董贵人依旧免不了一死。

献帝的皇后伏皇后看了胆战心惊，却也没有办法。伏皇后曾经把曹操杀人的残暴经过，详详细细写了一封信给她的父亲伏完，请伏完“找个机会去掉曹操以解救女儿及女婿的苦难”。

伏完是个小心谨慎的人，一直到他死，丝毫不动声色。却不知怎么搞的，在伏完去世之后五年（献帝建安十九年，即 214 年），事情却泄漏了出来。

曹操大发雷霆，带着副使华歆（xīn）就往宫里闯。

伏皇后吓得匆匆躲入墙壁的夹室中，华歆找不着人，大喝：“把墙壁给我拆了！”

兵士们把墙推倒以后，华歆大步地走进去，扯着伏皇后的头发拖其出来。

伏皇后连鞋也没穿，哭哭啼啼地被揪出来，肿着比桃子还红的眼睛问献帝：“不能救我一命吗？”

献帝和伏皇后是患难夫妻，感情特别深厚，身为皇帝，却保不了妻子，他哽咽地说：“我自己的命也不知在哪里。”又回头对着身旁的人道，“想不到天下竟有这种事。”

伏皇后被华歆从夹室中揪出，与汉献帝死别，选自清刊本《三国演义》。

可怜的伏皇后就这样一命归天，然后，曹操硬把他的二女儿——曹节嫁给献帝当皇后，以便牢牢控制他。

这个捕杀皇后的华歆，是个有名气的读书人，被曹操延揽之后，因为臭味相投，很快就成为曹操的心腹。

华歆素有文名，他小时候与邴原、管宁是好朋友，都以才气纵横出名，当时人称他们三人为“一条龙”：华歆为龙头，邴原为龙腹，管宁为龙尾。

相传有一天，管宁与华歆两个人在园子里种菜。

忽然之间，土里冒出黄澄澄的亮光，再锄下去，竟然是一大块黄金。

管宁照旧挥舞着锄头，似乎根本没有看见这地底掘出来的财富。

华歆忍不住把黄金拾起来，拍去上面的尘土，看了又看，摸了又摸，一副爱不释手的模样。但又碍着管宁在旁边看着，不好意思让人家见到自己“见钱眼开”的丑态，只好怏（yàng）怏地又把黄金放下。

又有一回，管宁和华歆一同在看书，忽然窗外传来敲锣打鼓的声音，原来是有贵人经过，许多人都挤到外头去看热闹。

管宁全心全意看书，眼皮也没抬。

华歆开始的时候还假装不理，勉强用功，又过了一会儿，外头的声音愈来愈大，他再也受不了诱惑，把书一扔，飞也似的跑了出去，好好地看了个够，等到贵人走了，华歆回来看书，还满脑子都是车马喧哗，羡慕得要命。

华歆这一切，管宁看在眼里，相当不以为然，最后管宁拿出刀子把席子分为两半，义正词严地说：“对不起，你不是我的朋友。”两人正式绝交了。

以后，管宁一直有为有守，是个受人敬重的读书人。华歆呢，先投靠袁术，后又做了曹操的走狗，得到了他追求的荣华富贵，却也为天下人所不齿。

中国人有一句话“三岁看到大”，意思是说小时候是什么样子，长大了也差不多。管宁、华歆就是最好的例子。

刮目相看吴下阿蒙

中国许多成语的背后都有一段历史故事，如果我们知道这个典故与出处，不但对成语本身有更进一步的认识，而且运用起来会更得心应手。以下要讲的就是三国时流传下来的一个相当有名的成语。

吕蒙字子明，汝南人，自小依靠姐夫邓当，邓当是孙权的哥哥孙策手下的一员大将，经常讨伐山越贼寇。

在吕蒙十五岁的时候，有一回，他趁着别人没有注意，偷偷混进军队中去打盗贼，邓当发现了吕蒙，着急得大叫："哎呀，你怎么跟来了，赶快回家去，这儿危险。"

吕蒙不答应，邓当拿他没办法，只好依他。回去后，邓当立刻向吕蒙的母亲告了一状。母亲本来要责罚他，但吕蒙理直气壮地说："不入虎穴，焉得虎子。"母亲也就算了。

倒是邓当身旁的一个职员讽刺道："小孩子能做什么？去了还不是喂老虎。"过几天，吕蒙碰到这位职员，职员又以同样的话讽刺吕蒙，吕蒙气得拔出刀就杀掉了职员，然后向孙策自首。

孙策却很欣赏这个鲁莽的小子，留吕蒙在身边。吕蒙凭着一身好武功，立下了许多辉煌的战绩，最后做到了偏将军，领浔（xún）阳令。

这时孙策已死，吴国由孙权领导。孙权有一天对吕蒙说："你现在身当重任，不可以没有学问。"

吕蒙，选自清皇家珍藏手抄善本绘图描金银《三国志演义》。

吕蒙尴尬地搓着手：“嘿嘿，在军队里兵务繁忙，哪儿有时间看书呢？”说着低下头。

孙权正色地说：“我不是要你研究经史当饱学之士，但你总要多读点书才会有进步。孔子曾经说过，一个人整天不吃饭，不睡觉，光在那儿空想，是想不出什么道理来的，不如多看点书增进智慧；汉光武帝在兵荒马乱时，不也仍旧手不释卷吗？”

吕蒙听了孙权的一番话，面红耳赤，从此以后，抓住一点儿时间就埋头读书，果然大有心得。

周瑜死后，鲁肃代替了周瑜的位置；本来他和吴国大多数的人一样瞧不起吕蒙，认为吕蒙除了会打仗以外，是个胸无点墨的大草包。然而一日鲁肃经过浔阳和吕蒙谈起国事，发现吕蒙说得头头是道，见解不凡。

鲁肃拍着吕蒙的肩道：“老弟啊！我本来以为你只会武功，没想到现在学识渊博，不是以前的吴下阿蒙了。”

吕蒙高兴得哈哈大笑：“士别三日，刮目相看，你怎么现在才看出来？”这句话相沿至今，形容不可以用旧时的眼光看待别人。

多读了一些书后，吕蒙考虑问题日渐审慎周密，不再只凭意气用事了。

他探勘长江下游的地理位置，发现要抗拒曹操，应该在两岸建坞（wù），用来掩护陆上的兵马，水中的舟舰。许多将士都反对："咱们上岸去击贼，洗洗脚又回到船上，干什么建坞？"

"不然，不然。"吕蒙解释道，"兵家胜败无常，如此，进可攻，退可守。"孙权采纳了吕蒙的建议，果然筑成了一道坚固的国防线，使曹操军队无法南攻。

以后，吕蒙屡建奇功，成为吴国旗下一名智勇双全的大将军。

在建安二十四年（219年），孙权以吕蒙为大都督攻打江陵，吕蒙派精兵打扮成商人模样，三三五五化整为零，乘坐小舟浮江而上，一举攻克了江陵，且下令不准骚扰百姓，为生病的百姓提供免费医药治疗，向饥寒的百姓供以食品、衣物，因此江陵的父老都很感激吕蒙的仁德。

有一个士兵拿了百姓家一顶斗笠，按照规定，应该杀头。

许多人前来为这个士兵求情，希望看在偷斗笠的士兵是小同乡的分上特别"宽容"，吕蒙流着眼泪道："小同乡也不能有特权，我不能顾念乡情，破坏军法。"依旧将士兵斩首示众，从此吕蒙的军队成为最有纪律的一支队伍。

吕蒙当年不学无术，没法子呈报奏章，只能用嘴巴讲，经常被蔡遗笑话，后来豫章太守出缺，吕蒙竟然推荐蔡遗，孙权笑道："不简单，不简单，你莫非想效法古人祁奚不念旧仇？"可见吕蒙的涵养有多深了。比起当初糊里糊涂杀掉职员，实有天壤之别。

有人常埋怨大家看不起自己，愤恨不平。其实一个人只要多读书，求进步，像吕蒙一样，假以时日，别人一定会跷起大拇指道："士别三日，刮目相看，老兄已非昔日吴下阿蒙！"

曹丕、曹植兄弟争宠

在中国古代，皇帝的权力是无限的。因此，为了争夺人人羡慕的王位，历朝历代发生了不少悲剧。

曹丕、曹植是曹操的儿子。曹操的长子曹昂很早就死于战乱，按理应该由次子曹丕继承王位。然而，曹操较为偏爱四子曹植，所以迟迟没有立太子。

曹植在十岁的时候已诵读了数十万言的诗、论及辞赋。有一天，曹操看到了曹植手里拿着一篇文章，曹操接过来一看，不断点头，他问："这是你请谁写的？"曹植跪答道："孩儿下笔成章，哪儿用得着请人代劳？"曹操半信半疑。

刚好此时铜雀台（铜雀台是曹操为了炫耀权势新盖的宫殿，富丽宏伟，直入云霄，有一百多个房间，在楼顶，铸着一只振翅欲飞的大铜雀，故称为铜雀台）落成，曹操带领着曹植在铜雀台游玩观赏，然后他就要大家以此为题写篇赋。曹植一挥立成，曹操看了连连称好。

曹植是个文学天才，反应灵敏，口齿伶俐，曹操每次与曹植谈论起来，曹植总是对答如流，所以曹操特别疼曹植，有意立曹植为太子。

消息传出以后，曹丕非常不安，他着急地去请教中大夫贾诩："怎么办？怎么办？"贾诩告诉曹丕："目前也没有什么办法，你只有安安分分，做一个为人子所该做的就是了。"

魏文帝曹丕，唐阎立本绘。

有一次，曹操出征，曹丕、曹植都来送行。曹植称颂曹操的功德，句句动听，曹操乐得心花怒放，旁边的人都拍手叫好。曹丕虽然文学修养也很深厚，但一时之间不知该说些什么，愁眉苦脸愣在那里发呆。

此时，朝歌令吴质附在曹丕的耳朵旁悄悄道："父王要走了，你就哭吧。"曹丕正好满肚子的酸水，眼泪立刻扑簌簌地流下，哭得伤心极了。告别的时候，曹操和两旁看热闹的人都非常感动，认为曹植只是言辞华丽，远不及曹丕诚恳孝顺。曹丕又买通了宫内外的臣子帮他说话，于是，在建安二十二年（217 年），曹操正式立曹丕为太子。

曹植本来就是个风流才子型的人物，不拘小节，如今既然当不成太子，更加随随便便。他曾冒犯禁令从司马门乘车出游。根据规定，司马门只有当天子的车子经过才可以打开，曹操为此气得发火。

再说曹操正在倡导节约，不准贵族妇女穿绣花的衣服。有一次，他站在铜雀台上眺望，赫然发现有一位女子穿戴得珠光宝气，大模大样地招摇过市，惹来许多人的指指点点，曹操很不开心，一查之下，这位爱出风头的女子不是别人，竟然是曹植的妻子，立刻下令将她处死。从此，曹操对曹植的印象更加恶劣了。

曹植失宠后，心里很害怕，他悄悄去找杨修商量。

杨修是三国时期有名的聪明人物，博学多才，最能猜到曹操的心事。在曹操攻打刘备的战役中，曹操进退两难，某天晚上在吃饭时，有个士兵进来请示晚上站哨的口令，曹操看了看盘中剩下的鸡肋，随口说出：“鸡肋，鸡肋。”

第二天，杨修开始收拾行李，他说：“我们要撤退了。”果然不久后曹操传令班师。旁人问杨修怎么一猜便中。杨修回答：“鸡肋，食之无味，丢之可惜，主公用鸡肋做口令，我就知道要撤退了。”

就凭着善解人意的本事，杨修一步步教导曹植，该如何如何讨曹操的欢喜，又为曹植准备了许多“模拟猜题”，如果怎么问，便该怎么回答。

“模拟考”考多了，曹植果然一答就中。因为答得太好了，每次曹植上的报告正好合乎曹操的心意，多疑的曹操觉得其中大有问题，派人调查，发现是杨修在搞鬼。

糟糕的是杨修这人聪明外露，藏不住话，常能一语道破曹操的隐私，曹操很讨厌比自己更聪明的人。利用这个机会便把杨修杀了。

杨修死后，曹植更

曹植七步赋诗，选自清刊本《三国演义》。

加郁闷消沉，经常借酒消愁。

不久，曹操去世，曹丕正式篡汉当上了皇帝，是为魏文帝。他对曹植始终心里存有疙瘩。一天，曹植上朝，曹丕故意半开玩笑，酸味十足地说：“大家都夸你文思敏捷，现在我命你走七步后成诗一首，若是作不出来，当心我处罚你喔！”

七步后，曹植抬起头道：“煮豆燃豆萁（qí），豆在釜（fǔ）中泣，本是同根生，相煎何太急？”意思是说用豆枝杆烧火煮豆子，豆子在锅里哀号，我们是同样的根长出来的，你何苦逼我逼得这么急迫？曹丕听了很惭愧，不好意思下手害曹植了。

这首《七步诗》自此流传千古，后人劝诫不顾手足之情，互争利害的同胞兄弟，常常引用曹丕、曹植的这段故事。

曹植·甄后·《洛神赋》

自从曹植在曹丕的逼迫下完成了《七步诗》:“煮豆燃豆萁，豆在釜中泣，本是同根生，相煎何太急?”提醒曹丕顾念手足之情，不要苦苦相逼以后，曹丕有些惭愧，没有再下毒手。

曹植虽然保住了一条命，心里却异常苦闷，他从小所受的教育就是指导他将来如何成为一个好君主，为国家为人民谋福利；然而曹植虽然有心做事，曹丕却不肯给曹植任何施展才能的机会。曹植在黄初三年（222年）被封为鄄（juàn）城王，四年（223年）改为雍丘王，太和元年（227年）封为浚（jùn）仪王……六年（232年）为陈王，短短的十一年之间竟改封了六次。

曹丕的用意非常明显，他存心要曹植永远像浮萍一般，东飘西荡，居无定所。

其实，曹植虽被封为王，却很少行动自由。原来，曹丕即位以后，虽然分封兄弟子侄为王，但是，却严格规定，未经皇帝批准，不得随意外出到封地之外，所以，诸王连游山玩水都受到限制。

当然，诸王不能过问政治事务，随身卫队两三百人都由皇帝派遣，卫队队长经常要向皇帝报告诸王的动态，所以，这些卫队名为保卫诸王，事实上是皇帝派来监视诸王的人。因此，魏朝的宗室形同高级囚犯，并没有政治势力。

曹植，选自清刊本《三国演义》。

曹植更加忧郁了。有一天，他走出了洛阳城，来到了洛水旁边，只见夕阳西下，烟波荡漾，两岸景物如画。在迷茫的黄昏暮色中，他文思大发，回去以后立刻写下了《洛神赋》。在这篇文章中，曹植借着宓（mì）妃（相传是古代美丽的水神，为河伯的妻子），说明天上人间的相隔，写出了他高远的意境及热烈的感情。

或许这篇赋写得太感动人了，后人由此编出了一个美丽又凄惨的爱情故事。

这个故事的女主角甄后，是三国时代出色的绝代佳人。

甄氏本为袁绍的儿子袁熙的妻子，她的美丽脱俗远近驰名，因此，当曹操一攻进邺城便急着找甄氏，不巧被儿子曹丕抢先了一步。

曹丕攻进了袁府，看见一妇人披头散发地躲在袁绍夫人的背后哭泣，曹丕问："这是什么人？抬起头来答话。"

等甄氏一仰脸，曹丕立刻为她流波四射的美丽眸子所迷住，将其纳为夫人。

据说远在甄氏下嫁袁熙之前，她和曹植有过一段情，虽然甄氏的年龄比曹植大了十多岁，但真正的爱情又怎会在乎年龄的限制，他们两人恩恩爱爱，比蜜还要甜。

后来，甄氏先嫁给了袁熙，又为曹丕所夺，曹植伤心得害了相思病，终日长吁短叹。

黄初四年（223年），曹植入朝，此时甄后因年老色衰已为曹丕害死。曹丕在宴会过后，取出一个甄后用过的缕金带玉枕送给曹植，曹植抱着枕头，恍恍惚惚来到洛水之旁，忽然听到清丽悠远的乐声自远而近，在四面八方飘忽着。音乐停了。此时水面霞光万道，水中站着的正是甄后，她像凌波仙子般衣裙飘飘，冉冉而起，看起来比以前更漂亮，更动人，她幽幽地说："我本来已把一片心都托付给你，无奈天不从人愿，这个枕头是我未出嫁前用的，送给你吧。"

说完话，甄氏便如一缕烟般消失了。曹植醒来，紧紧地抱着枕头，既高兴能得到一解相思情的信物，又悲哀从此再也见不到甄氏，不知不觉中

洛神，选自《吴友如画宝》。

枕头已被泪水浸湿了一大片，他感慨万千，提起笔来写下了《感甄赋》，后为魏明帝改为《洛神赋》。

从此，《洛神赋》成为家喻户晓的民间故事，曹植与甄氏的遭遇也让后人一洒同情之泪。不过，历史上并没有记载这个故事，有许多学者考证此为无稽之谈。

有没有这段爱情故事并不重要，重要的是这篇伟大的文章——《洛神赋》，表现出曹植高超的文学修养，以及诗人特有的、多情的、浪漫的性格。可惜的是曹植死得太早，去世时才四十岁。

曹植字子建，因为封于陈，后世称为陈思王，所以曹植、曹子建、陈思王指的都是同一个人。东晋的大诗人谢灵运赞美曹植，天下才华一共只有一石，子建独得八斗，因此我们现在用“才高八斗”形容一个人才华盖世。

甄后为曹丕生下一个儿子曹叡，为日后的魏明帝。有一次曹叡随同父亲曹丕去野外打猎，发现了母子二鹿，曹丕的箭法准，一箭就射中了母鹿，他转过头说：“儿啊，快射那头小鹿。”曹叡啜泣着说：“陛下已经杀其母，我不忍再杀其子。”曹丕听了，放下弓箭，他明白曹叡的话中有话，责备他不该杀掉甄后，不禁面红耳赤说不出话来。

刘晔善于两面讨好

刘晔（yè）是三国时期的人，他的学问不错，口才很好。因此，被曹操看中，请他到朝廷中参与谋略。

和刘晔一块儿被征召的还有蒋济等五个人，人人都很兴奋，路上叽叽喳喳谈论个不休。从国家的用人方式，论到行军进退的调度，谈得口沫横飞，在车上谈，晚上在旅馆里也谈个通宵。只有刘晔，不管别人吵翻了，他总是在睡觉。

“怎么从来没见你开腔？”同行的蒋济终于忍不住问道，其他四人也投来疑惑的眼光。

“待会儿见了曹操，怕万一精神不济应付不过来，所以我要先睡饱觉，养足体力。”

等到见了曹操，曹操问起扬州的贤人、敌人的形势，四个人争先恐后地发言，曹操笑着说：“别急，别急，一个一个慢慢儿来。”第二次见了曹操，四个人依旧抢着说话，只有刘晔，从头到尾没有开口。

蒋济等偷偷暗笑：“我说他不是什么养精蓄锐，根本是肚子里没有货，不然为什么见了曹操也不开口，哈！”

只有聪明的曹操看出来，刘晔不是开不了口，而是不愿当着众人的面表达自己的意见。于是私下里找刘晔详谈，一谈之下大为欢喜。不久，派了蒋济等四人为县令，特别把刘晔当心腹留在身边，每遇到疑难，立刻去问刘晔，甚且一夜之中去找刘晔数十回，刘晔摸准了曹操的心意，次次都能让曹操笑逐颜开。

以后，曹操、曹丕相继去世，魏明帝曹叡即位，刘晔在朝廷里始终很受宠。

魏明帝太和六年（232 年），诸葛亮屡次进攻，魏国损失不小，大将张郃（hé）也战败而死，明帝相当懊恼，想要大举进攻蜀国，以泄心头之恨。

朝廷内外大臣知道诸葛亮的厉害，都说："不可以，不可以。"

刘晔却说："行，行，行，怎么不行，而且我们一定把诸葛亮打得落花流水。"刘晔的口才很好，讲话活灵活现，就像诸葛亮已被绑在眼前。

刘晔的一番说辞，点燃了明帝的野心，明帝恨不得立刻开拔，大大地干他一场。

中领将军杨暨（jì）向来反对开战，听说明帝准备不顾一切拼上去，气急败坏赶了来，喉咙都讲干了，明帝还是坚持要打，杨暨仍旧苦苦劝说着不肯离去。

"哎，你是书生，不懂兵事。"明帝脸一沉。

"对，我是不懂，但是，刘晔是先帝的谋臣，他也坚持不可攻打蜀国。"

原来，杨暨和刘晔的私交很好，常常谈起伐蜀的事，刘晔总是反对。

"那就奇怪了。"明帝把眉毛一挑，笑着说，"劝我去打蜀国的也是刘晔啊。"

于是，明帝找了刘晔来对质。在朝廷上，明帝再三问道："你是赞成攻打蜀国的，对不对？"

杨暨也频频催促："快把不可攻打蜀国的道理禀报皇上！"

奇怪的是，不管明帝责问也好，杨暨追问也罢，刘晔一直紧闭着嘴，脸上没有一丝表情，让人觉得莫测高深。

因为逼不出半句话，明帝只好让刘晔告退。紧接着，刘晔溜到明帝跟前，挤眉弄眼道："这个军国大计，是何等的大事，我身受皇上恩宠，从不敢对外泄漏只字片语，皇上方才怎好再三追问？如果还未动兵，倒让那足智多谋的诸葛亮知道了，岂不糟糕？"

“对啊！怎么我没有想到。”明帝宽慰地拍着刘晔道，“幸亏你刚才守口如瓶。”

刘晔出了皇宫，见到杨暨，还不等他开口，就半带责备地说：“你懂得钓鱼的道理吗？钓一尾小鱼，一下子就上钩了。钓大鱼，就要放长线，耐着性子等它上钩。皇上是天子，比大鱼还大，你只能尽自己的心力去劝他，他不听，你就要识趣，免得皇上不高兴。”

杨暨说：“对啊，我怎么没想到啊，谢谢你刚才救了我。”

日子久了，刘晔两面讨好的事被人发现，有人偷偷跑去见明帝说：“刘晔为人善于投机，不是真的忠心，皇上不妨用相反的计划去试试他。”

果然，明帝发现，不论意见正反，只要明帝约略透露一点，刘晔便顺着心意去迎合，他永远没有自己的主张、自己的看法，更不会为了国家的利益力争到底。从此，明帝渐渐疏远刘晔。

明帝的态度一天天冷淡，刘晔的心里一天天不安，最后，竟然发了神经病，忧郁而死。

泥土夹心门

上回讲了一个最会拍马屁逢迎，嘴巴最甜的刘晔的故事，今天再说一个最不懂得拍马屁的人——张昭的故事。

张昭是三国时期吴国的老臣，曾为孙策所重。孙策去世以后，孙权即位，张昭以年老多病退休，然而遇到军国大事，仍然被请上朝廷。

孙权身材魁伟，力大无穷，喜欢打猎，骑马追射老虎，老虎经常猛扑而来，攀持马鞍，张牙舞爪，似乎要一口把孙权吞下。孙权认为这个游戏紧张、刺激、冒险又过瘾，乐此不疲。

有一天，张昭看到孙权与老虎缠斗的惊险情景，吓得拍着胸，喘着气道："一个为人君者，要能够驾驭群雄，驱使贤臣，才算是有本事。像你这样在原野上与老虎驰逐算什么，万一出了什么意外，反而为天下人所耻笑。"

孙权尴尬地笑着道："我年纪轻不懂事，深深感到羞愧。"

话虽如此说，这个游戏太好玩了，孙权可舍不得放弃。他设计了一部"射虎车"，车上开了一个四四方方的洞，中间不加盖子，他一个人驾着射虎车到处跑。时而有离群的野兽突击这部车，孙权就赤手空拳与野兽搏斗。

张昭再三劝阻："太危险了。"

孙权笑笑不答，但孙权心里对张昭仍然是敬畏三分。

一次，孙权在武昌，登钓台，喝酒喝得酩酊大醉，歪歪倒倒笑呵呵地说："大家今天要喝个痛快，只有醉倒钓台中，才可以停止！"

说着，孙权派人用水泼群臣，胡闹成一团。张昭看了，一句话不说，铁青着脸走出去，冷冷地坐在车中生闷气。

孙权派人把张昭找回问道:“大家乐乐无妨，干什么发这么大的脾气?”

“以前纣王制酒池肉林，长夜痛饮，当时也觉得没什么不对啊。”张昭毫不留情地指责着。孙权答不上话，面红耳赤，停止了酒会。张昭每次上朝，辞气壮厉，脸上透着一股正义之气，使人不敢侵犯。

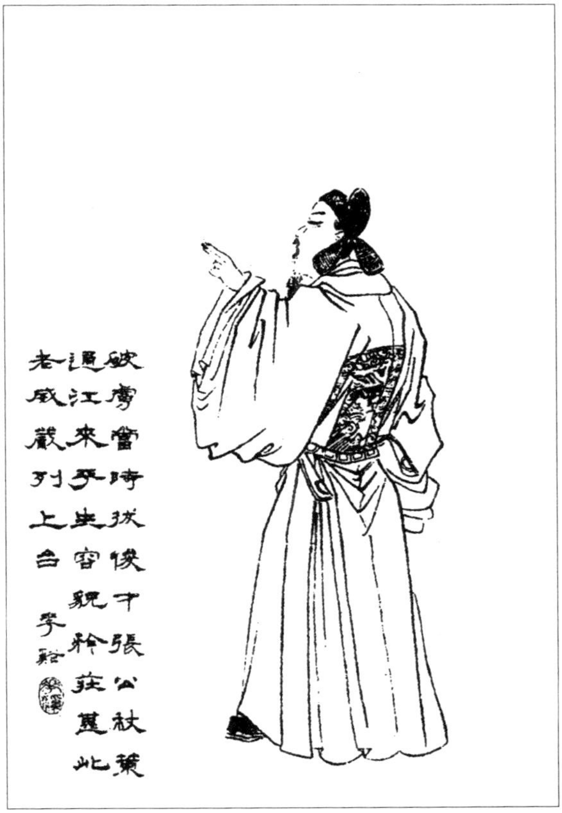

张昭，选自清刊本《三国演义》。

有段时间，张昭因为顶撞孙权，宦官不许他上朝。

蜀国的使臣来吴国，称扬蜀国，大吹大擂了半天，吴国的臣子只有乖乖听训。孙权叹气道:“假使张公坐在堂上，蜀使只能垂头丧气，哪还有他自夸的份儿?”于是又请张昭上朝。

这个时候，辽东地方的公孙渊派了一个代表到吴国来，说要奉表称臣，信里写得非常客气。孙权高兴得不得了，即刻派人备厚礼前往辽东，封公孙渊为燕王。

张昭接到消息，拄着拐杖上朝，反对孙权的计划，认为公孙渊不可靠，万勿上当，和孙权在朝廷上辩论起来。

孙权按剑大吼:“吴国的士人入宫则向我下跪，出了宫门则拜见你，我对你的尊敬可以说到了顶点，而你竟然三番两次在群臣前侮辱我，我忍无可忍了啊！”

张昭听了，脸色发白，睁大了眼睛瞪着孙权，过了许久，才颤抖着说：“我知道我的话不中听不被采纳，但我还是尽心竭力效愚忠，实在是因为太后去世前，把我叫到床前遗诏托命啊。”这段话讲得披肝沥胆，张昭老泪纵横，孙权也放声大哭，把剑摔在地上。

可是孙权到底没有接受张昭的意见，派了两个使者去辽东。张昭气愤之下，托病回家。

孙权恨死了这个老顽固，派人用泥土堵塞了他家的大门，意思是说：“你这老骨头死在里面也罢。”

吴主孙权，唐阎立本绘。

张昭的脾气也大，他找了泥水匠来，在自己门内又加了一道泥土，把整个门涂得像夹心饼干，怒气冲天指着门发誓：“我就是死在家里也绝不上朝。”

以后，不出张昭所料，公孙渊非但没有诚意，而且把孙权派去的两个使者杀掉了。孙权才明白张昭的一片忠诚，心中非常懊恼，派人去向张昭道歉、慰问。

张昭赖在床上就是不理。

孙权亲自拜访，张

昭还是不肯下床。

“好，你不出来，我有办法。”孙权禁不住心头火起，派人在张昭门口堆了柴草，放火烧门。

张昭却依然不肯动一步。孙权又差人灭了火，再次慰问，张昭的家人怕张昭做得太过分，子子孙孙把张昭前呼后拥地扶了出来，君臣相见，一场误会才算冰释。

张昭的做法也许太过激烈，但他为了争原则，争国家的光荣，拼着脑袋搬家的危险仍然坚持不改，这种择善固执、嫉恶如仇的态度值得我们效法。

神童王粲

在三国时期，由于曹操父子喜欢诗歌创作，而大加奖励提倡，因此当时虽然政治上一片紊乱，文学上却非常繁荣，有所谓“建安七子”（在汉献帝建安年间的七个文学领袖），王粲（càn）就是七人之中拔尖的。

王粲的家世显赫，大将军何进想高攀这门亲事，选王粲做女婿，王粲的父亲不肯答应，因而辞官，把王粲带到了长安，那一年他十四岁。

王粲是个天才儿童，文学修养深厚，当时的文坛领袖蔡邕对他相当器重。

蔡邕的名声很大，家中车水马龙，天天宾客盈门。

有一天，大家正恭敬地聆听蔡邕批评某篇文章的优劣，忽然，门外有人说：“王粲来了。”

“真的？太好了！”

蔡邕慌慌忙忙站起来，连鞋子也没有穿好就直往前撞。

大家不知来了什么稀客，值得蔡邕如此器重，也纷纷顾不得穿鞋，一窝蜂挤去看热闹。

“就是这个小子啊！”

王粲走了进来，矮小瘦弱，相当难看。三国的风气，很注重男子的容貌，宾客们心里不免失望。尤其王粲的态度随随便便，更让人看不顺眼，不自觉露出鄙夷的眼光。

蔡邕也看出众人心里的想法，他把王粲拉近身旁，用兴奋的语气向大家宣布："各位，这就是王粲，我的才华都比不上他呢。"

喔？众人的目光一起向王粲上上下下打量着，怎么也看不出其貌不扬的王粲有何特异之处。

这段故事就是我们常见的成语"倒屣（xǐ）迎之"的出处，屣是鞋子。用来形容贵客来拜访，连鞋子都来不及穿，急急忙忙跑去相迎。

王粲有一个特殊的本领——过目不忘。

一天，他和朋友到野外散步，看到道旁有块碑文，走了几步以后，王粲的朋友问道："你记得刚才我们看到的碑上写些什么吗？"

"当然！"

他的朋友不相信，拉着王粲跑回碑前，王粲仰着头，一口气滔滔汩汩背了出来，竟然一个字也没错。

又有一次，王粲背着手看人家下围棋，其中一方不小心把棋盘碰乱了，说道："抱歉，这一局没法子玩下去了。"

"没关系，我帮你们摆回原来的样子。"王粲热心地说。

下棋的二人同时抛来白眼道："别开玩笑了，你有本事就在另一张桌上摆一盘和现在一模一样的。"说着，用手帕蒙住了棋盘，存心捉弄王粲。

王粲抓起白子、黑子，一会儿工夫就摆好了，等到两位朋友掀开手帕，互相一对照，惊得嘴巴张得大大的，一句话也说不出。

他在十七岁那年受命为黄门侍郎。然而因为时局太乱，辗转逃出了长安，投奔荆州的刘表，原因是听说刘表十分欣赏有才学的人。

刘表虽拥有爱才的美名，却并不能任用贤人，他先前由于蔡邕的大力推崇，对王粲抱以厚望，等到发现王粲竟是这般不起眼，马上兴趣全失，脸色阴沉了下来。

王粲满怀希望而来，却被浇了一盆冷水，待了许久，一官半职都没有等着，忧郁烦闷之下，信步走到楼上，眺望远处，想起了种种失意的悲痛，写下了生平的代表作《登楼赋》。

在《登楼赋》中，王粲道尽了游子的心声，写出了有家归不得的痛苦，深刻而细腻，即使在今天，人们看了仍会勾起一阵乡愁。

后来，刘表去世，其子刘琮继为领袖。刘琮是个软弱无用的人，王粲劝他降曹操，刘琮果然降曹，使得曹操不费一兵一卒占有了荆州。

曹操为了奖励王粲，立刻赐以他关内侯的爵位，曹操在汉水之滨设宴庆功，王粲站起来敬酒，献媚地说："您真是英雄啊，真是三国的开国之君啊！"猛拍马屁，肉麻极了。

王粲虽然长相不讨人喜欢，但他在文学上的成就是有目共睹的。然而王粲巴结曹操颇为后人所不齿，因为我们中国人讲究的是言行合一，一个人如果没有道德，文章写得再出色也会为人所轻。

司马懿演技精湛

自从诸葛亮去世以后，魏明帝曹叡去除了一个心头大患，加上吴国连连吃败仗，明帝得以高枕无忧，尽情享受。

明帝找来了一个叫马钧的，在九龙池中做水转百戏（就是用木偶做成的各种人物禽兽，女乐吹箫，优伶击鼓，斗鸡舞象，利用水力开动，使各种木偶做出优美的姿态，栩栩如生，好看极了）。明帝贪色，宫中从妃嫔到洒扫的女工，个个貌美如花，共有数千人之多。

明帝因为沉迷于逸乐，弄得身体很坏，才三十多岁已经病得很严重，到景初三年（239年），益发不能支撑。由于明帝没有儿子，抱养了八岁的齐王曹芳为儿子。

明帝是一天比一天衰弱，他把平日最亲信的两个臣子刘放、孙资叫到床前："依你们看，有谁可以为幼主辅佐政务的？"

此时，曹爽（曹操的族子）正低着头伺候在一旁，刘放、孙资互相使了一个眼色，刘放就上前一步道："曹爽。"

"我？"曹爽吓了一大跳。

曹爽头上的汗珠一滴一滴沿着鼻梁流下，呆若木鸡，刘放蹑着脚走到曹爽耳旁："请放心，我们会拼死帮助你的。"孙资又在旁边帮腔："如果陛下觉得曹爽太年轻，司马太尉老成谋国，可以与曹爽共担大任。"

司马太尉指的是魏国的大将军司马懿，明帝对他很有信心，于是，拜

（拜是古时候任官的意思）曹爽为大将军，并且紧急飞传司马懿进京。

司马懿快马加鞭赶到京城，明帝只剩下最后的一口气了，他望见司马懿，眼泪立刻像断了线的珠子般流下："我希望你和曹爽共同辅佐少子，唉，我忍死拖在这里，就等着和你见最后一面，现在总算见着了，我可以去了。"说着唤人把曹芳找了来，曹芳搂着司马懿的脖子亲热一番，司马懿跪在床前，哭得抬不起头，明帝就一命呜呼了。

司马懿乃曹操手下的一员大将，足智多谋，立过许多战功，可是，曹操不让司马懿升迁到很高的官位，这是因为司马懿长了一副"狼顾"之相。所谓"狼顾"之相，就是一个人能把自己的脑袋向后转一百八十度，像狼的头向后转时，鼻子可以和尾巴在同一个方向。

中国人的相书里认为，有"狼顾"之相的人会反复无常，不可信赖。曹操相信相人之术，所以不敢重用司马懿，等到曹操死后，曹丕才重用司马懿，到魏明帝时，司马懿成了魏国官职最高的武将。

曹芳即位，他还是八岁的小孩子，什么都不懂，政权落入了曹爽及他身边一批人手中，司马懿只有太傅的空名，没有实权。为了避免和曹爽起冲突，司马懿便请病假在家中休养，足不出户，曹爽摸不透司马懿在弄什么玄虚，见不到司马懿的面，也不知司马懿是真的病了还是装病。

过了好几年，曹爽的心腹李胜升为荆州刺史，临走之前去司马懿府上辞行，他发现曾经叱咤一时的司马懿真的是老了，白发苍苍，面色死白，喉头的痰"呼噜、呼噜"响个不停。

司马懿见到李胜来了，命两个婢女帮忙穿衣，衣服才披上，又掉落在地，司马懿连扶住衣服的力气都没有，神色沮丧地说："我口渴了。"两个婢女捧着一碗粥喂司马懿喝，他在碗边啜了一下，不但未曾下咽，反而从嘴角流了出来，一直流到胸前，李胜看了，想起司马懿当年在沙场上的英勇，如今落到这般光景，心一酸，眼眶也湿润了，叹着气道："我听说你的旧病复发，没想到如此严重。"

司马懿挣扎了半天，才气喘吁吁道："老喽，活得过今天，拖不到明天，听说你要去并州，并州那儿胡人多，要当心啊，咱们今天是最后一次相见了。”说着，眼泪爬满了脸。

“我很幸运地担任荆州刺史，不是并州。”李胜急急忙忙地解释。

“什么？”司马懿侧着耳，不解地问。一连听了好几遍才弄清楚是荆州，不免摇头叹息，“人老了，耳朵也不中用了。”

接着，司马懿又说道：“我有两个儿子，司马师、司马昭还要请你以后多多关照，我恐怕不成了。”说着，又流下眼泪，真像是临终托孤一般，李胜看了，心里也很难过，安慰了司马懿几句，便匆匆告辞了。

李胜辞别了司马懿，立刻禀报曹爽：“司马懿病得厉害，老迈不堪，早晚就要断气了。”听到李胜的报告，曹爽便放松了对司马懿的警戒。

魏正始十年（249 年），曹爽带着曹芳离开京城去扫墓，回到洛阳城，突然发现城门紧紧地闭着，听到整个洛阳城已经被司马懿父子占领了。

“怎么可能？”曹爽着急地拍着头，“他不是快死了吗？”后边那句话声音很低，因为曹爽已经恍然大悟，司马懿以前的行为是为了让曹爽对他放松戒备啊。

司马懿诈病赚曹爽，选自清刊本《三国演义》。

原来，司马懿听说曹爽出城去扫墓，城内只留下一些守备的军队，这些军队的将领都是司马懿的旧部下，司马懿立刻召集将领们，宣布将城门紧闭，然后，亲自去皇宫里见太后。

这时，司马懿一点病态都没有了，李胜所看到的一幕，其实是司马懿在演戏，李胜竟中了计，以为司马懿真的老病不堪。

在司马懿的威胁之下，太后下了一道命令，指出曹爽许多罪状。司马懿派人将太后的命令送到城外。

曹爽接到太后的命令，吓得手足无措，这时，司马懿又派了一个心腹来见曹爽说："只要大将军（曹爽）自动辞去所有的官职，放弃一切权力，太傅（司马懿）保证大将军可以做一个富家翁。"

此时，大司农桓范建议曹爽："怕司马懿干什么？别忘了，天子还在你的手里，你可以保护天子到许昌，然后号召天下共同对抗司马懿啊！"曹爽踱着方步，走来走去，走了一天，终于下定决心道："我的家眷都在京城里，他们会被司马懿杀掉啊！算了，我把所有的权位都让给司马懿罢！纵使不做官，反正我总还是个富家翁。"

回到京城，曹爽把所有官职都放弃，政权由司马懿控制，曹爽做了无官的"富家翁"。但曹爽这个"富家翁"日子很难过，司马懿在曹爽家中四个角落，搭起了四座高楼，每座高楼上驻了两百名兵士，严密地监视着一切。

曹爽有一天闷得发慌，百无聊赖地走到后花园散步，楼上的兵士便一起高声地叫道："前大将军东南行！"他一抬头，发现兵士们都虎视眈眈盯住他。曹爽转身向东北走，东北角高楼上的士兵便大叫："前大将军东北行！"曹爽气得不得了，但是，高楼搭在围墙之外，自己又是一个没有官职的老百姓，怎有权力把高楼拆掉？想来想去，只好忍着气回到屋里。

司马懿的用意，原是想给曹爽精神压力，曹爽承受不住，也许会自杀了事。不料，曹爽真能忍耐，始终未曾自杀。司马懿决心除掉曹爽，便翻出了曹爽以前的过失，处以死刑。

曹爽死后，司马懿大权独揽，埋下了司马氏篡魏的种子。

中国历史故事

珍藏版

吴姐姐◎著

3

西晋·东晋·南北朝

265—589年

江西教育出版社
JIANGXI EDUCATION PUBLISHING HOUSE
·南昌·

司马炎（236—290 年），唐阎立本绘。字安世，河内温县（今河南温县）人，曹魏相国司马昭长子。咸熙二年（265 年）袭相国、晋王位，同年十二月代魏称帝，建立西晋。咸宁六年（280 年）灭东吴，统一全国。在位期间，采用一系列利民利农政策，国家一度繁荣，但他大封宗族，以郡为国，形成了“门阀制度”，使奢侈之风泛滥，也为自己去世后的八王之乱埋下伏笔。

——见《杨皇后与小杨皇后》

王导（276—339年），选自《历代名臣像解》。字茂弘，东晋时一流政治家。西晋灭亡后，助晋元帝在江东称帝，在他的主导之下，维持了东晋初年偏安江南的小康局面。王导本人权势显赫，堂兄王敦控制国家上游军事力量，王家亲族子弟多有高官显爵，势力之大，足与皇室分庭抗礼，江东人称“王与马共天下”。这也造成日后东晋天子无权，权在豪门大族的畸形政治。

——见《王与马共天下》

东山报捷图，清苏六朋绘。东晋谢安执政时，氐族豪杰苻坚与名臣王猛君臣合力，扫平北方，后王猛虽死，前秦军力仍处于巅峰。前秦建元十八年（382年），苻坚不顾臣下极力反对和国内诸多不稳定因素，举八十七万大军南下伐晋。东晋虽弱，犹有谢安早些年训练的“北府兵”数万精锐，谢安即以此为凭借，在淝水力挫苻坚前锋，致前秦全面溃退，东晋转危为安。图中所绘为谢安布置好前线事宜后，在东山松树下与宾客下棋，等候前方消息，远处山间有一骑兵急驰前来报捷。

——见《淝水之战》

刘裕（363—422年），佚名绘。小名寄奴，刘宋政权开创者，南朝第一雄主，彭城（今江苏徐州）人。东晋末年，平孙恩、卢循之叛有功，跻身虎将之列。元兴三年（404年），起兵讨平废晋自立的权臣桓玄，遂总揽大权。随后统兵平灭南燕、巴蜀。义熙十三年（417年），灭后秦，东晋光复沦陷百年的关中之地，刘裕权倾朝野。元熙二年（420年），以不赏之功、震主之威，代晋自立，建立刘宋，改元永初，中国历史从此进入南北朝时期。

——见《刘裕做了皇帝》

梁武帝萧衍（464—549 年），选自《乾隆年制历代帝王像真迹》。字叔达，南兰陵（今江苏常州西北）人，南朝梁开国君主。南齐时，任雍州刺史，后篡齐自立，建立南梁。初年勤于政事，南梁一度繁荣，晚岁崇佛，政事紊乱，对待叛将侯景处置不当，引发叛乱，最后被侯景攻破台城，饿死宫中。萧衍极有学问修养，骑射、乐律、书法、围棋，无一不精，是南朝颇具才能的君主。

——见《侯景之乱》

周武帝宇文邕（543—578年），唐阎立本绘。鲜卑族，小字祢罗突，宇文泰四子，北周雄主，代郡武川（今内蒙古武川）人。武成二年（560年）即帝位，天和七年（572年）诛权臣宇文护，亲临政事，改元建德，建德六年（577年）灭齐，统一北方，次年率军北伐突厥时，未成行而病卒。宇文邕持政崇简抑奢，贬抑佛道，又果断明决，耐劳苦，躬亲行阵，得士卒死力，北周国力日强，出兵四伐，屡克强敌，惜天不假年，统一之志不能遂，北周政权亦落入权臣杨坚之手。

——见《第二次“三武之祸”》

目　录

阿斗乐不思蜀

蜀国自从诸葛亮去世以后，国势一落千丈，臣子们互相猜忌，谁也不服气谁，最糟糕的是刘备的继承人刘禅（小名叫阿斗）真是一个“扶不起的阿斗”。

诸葛亮在世时，阿斗对他又敬又怕，一切由诸葛亮包办，朝廷上倒还是一片祥和。诸葛亮去世后，阿斗逐渐宠着太监黄皓（hào）。

黄皓是个鬼灵精，会拍马屁，会察言观色，看到阿斗有些不高兴了，马上“扑通”一声直挺挺地跪在地上，一边打自己的嘴巴，一边骂自己“都是奴才该死，惹得皇上生气”，然后装出各种嬉皮笑脸的模样当小丑。阿斗认为黄皓对他很忠心，特别喜欢黄皓。

由于黄皓在皇上面前走红，巴结他的人自然多了。因此宫廷大权几乎都被这个小太监掌握住，许多厚脸皮的士大夫，为了保全自己的官位，也不惜用各种方法讨好黄皓。黄皓本来是个没有学问的奴才，竟然管起军国大事，这实在是件可怕的事。

诸葛亮在世时颇为赏识的年轻将领姜维，看到黄皓实在太不像话了，忍不住禀（bǐng）告皇帝刘禅，请求杀掉黄皓以维系人心。

“哎，他不过是个供（gōng）奔走的小奴才，你干什么这般介意。”阿斗护短得厉害，姜维也没有办法，只能看着黄皓扬着脸，大摇大摆，一窍不通地胡乱指挥一番。

该来的总是会来的，魏国大将邓艾率领着趾高气扬的士兵，迎风招展着绣有“魏”字的旗子，嘚嘚嗒嗒骑着马，一路敲锣打鼓地直入成都北门。

成都是蜀国的都城，是诸葛亮用一生的心血，辛辛苦苦、全心全意维护的据点，他还准备从此据点统一全国哩，如今，被邓艾的马蹄无情地碾（niǎn）了过去。

阿斗用绳子把自己五花大绑捆好，旁边停了一辆车，车中连自个儿的棺木都已安放妥当，他率领着文武百官六十余人流着泪跪在道旁，迎接邓艾的到来。

刘禅，选自清刊本《三国演义》。

邓艾看到跪在地上的阿斗，那一脸彷徨无助又害怕的蠢相，再看看那口阿斗准备躺进去的棺材，心里头真是鄙视，又可怜这个无用的君主。他下马，亲自把阿斗的绑给松了，然后用一把火将棺材烧掉。阿斗看到棺材烧了，心想“小命总算捡回来了”，忍不住心花怒放，脸上满是笑意。蜀国有些旧臣，看着阿斗的丑态，想起诸葛亮，五脏六腑像被火燃着一般，又热又痛。魏国大概是故意讽刺阿斗，封他为安乐公，并且命令阿斗举家迁到洛阳。蜀国的旧臣对这位君主十分恼怒，又觉得丢人，没有人肯随行。

只有一个叫郤（xì）正的老臣，顾念诸葛亮及刘备当年的一片恩情，狠着心，抛弃了家小，随着阿斗上路。阿斗一路上不晓得闹了多少笑话，都靠着郤正指点，才勉勉强强到达了洛阳。

阿斗刚到洛阳时，终日惴惴不安。这时司马懿（yì）已死，司马昭当权。司马昭的原意是唯恐蜀国再次复兴，因此把阿斗逮来就近监督，如今看到阿斗这不成材的样子，放心不少，就盖了一座漂亮的官舍，让阿斗搬进去每天吃香的、喝辣的。

阿斗天天过得逍遥自在，真像是个"安乐"公。有一天，司马昭为了羞辱阿斗，故意在宴会中表演蜀技，阿斗的家人触景伤情，仿佛胸口被插进了一块冰，只有阿斗谈笑自若。

"你想不想念蜀国呢?"司马昭试探地问。

"嗯，"阿斗用手塞了一块鸡肉到嘴里，含糊地说，"这里好得很，我不想念蜀国。"

郤正在旁边听了，脸色发白，难堪到了极点。酒席完后，他立刻跑去找阿斗："以后晋王再问起时，你要流着眼泪说，我先人的坟墓远在蜀国，没有一天心里是不想念的。"

"知道了。"阿斗爽快地答应着。

不久以后，司马昭又问起阿斗："你想不想念蜀国呢？"

阿斗记起郤正的话，原样儿背了出来，然后死命地闭着眼睛，企图挤出几滴眼泪来。

司马昭奇怪地问："这话不像你讲的，倒有点像郤正的口吻嘛！"

"啊，本来就是他要我这么说的嘛。"阿斗睁开了眼睛，委屈万分地辩白道。旁边的人实在忍不住了，笑个不停，阿斗看着大家笑，也跟着一块傻笑，害得大家更笑得直不起腰。

这便是成语"乐不思蜀"的典故，形容一个没有志气的人，在优裕（yù）的环境里就快乐得忘记故国与本土，为人所不齿。

司马昭之心，路人皆知

司马懿掌握魏的政权不久便去世了，他的大儿子司马师继承了权位。司马师死后，他的弟弟司马昭掌权。司马昭比他哥哥更嚣（xiāo）张，而且一心一意想篡（cuàn）取帝位。本为高贵乡公而做了魏国皇帝的曹髦（máo），年纪虽小，却气不过司马昭的跋扈（bá hù），愤怒地对左右的人说："司马昭之心，路人皆知，我不能坐受废辱！"这就是成语"司马昭之心，路人皆知"的典故，形容一个人的野心企图，连过路人都看得一清二楚。

于是，就在甘露五年（260 年），小皇帝曹髦拿着剑，率领着宫里的仆役冲杀出宫，讨伐司马昭。

小皇帝带着没有受过军事训练的仆役来到司马昭的丞相府门口，这可把丞相府的卫队吓坏了，不知道该不该遵照小皇帝的命令，开门让小皇帝进府里去。

丞相府卫队里有个名叫成济的小官，急忙跑去见贾充，贾充是丞相府里的总管。成济把小皇帝杀到丞相府里来的事报告一遍，同时请示如何处理。

"这个嘛！"贾充老奸巨猾地摸着胡子，"丞相养你们这么久，为的就是今天，你还不会处理吗？"

贾充的话并没有明白指示该如何应付小皇帝。但是，成济自以为听懂了贾充的话，立刻跑到丞相府的门口，拿了一把利剑，和小皇帝对打起来。小皇帝根本不是成济的对手，只三两下，成济便一剑刺入小皇帝的胸膛，小皇帝大叫一声，鲜血直喷，倒地身亡。

皇帝在丞相府门口被人杀死，这是历史上从未有过的事。当时，立刻有人飞报司马昭。

司马昭听说小皇帝在众目睽（kuí）睽之下竟被人杀死在丞相府门口，吓得倒在地上大骂："岂有此理，皇帝死在我家门口，全天下的人都会指责我，我岂不是成了弑（shì）君的凶手！"

"相爷别紧张，我有一个主意。"贾充在一旁说，"杀皇上的是成济，相爷何不立刻进宫，向太后报告成济弑君，应处以极刑？"

曹髦提剑领众出宫讨司马昭，选自清刊本《三国演义》。

于是，司马昭立刻进宫，用太后的命令，一面指责曹髦不该率众杀到丞相府，这种行为不配当皇帝，应该废为庶人，一面又指责成济弑君，应诛杀成济本人及其家族。

成济自以为立了大功，没想到竟惹来灭门之祸。

小皇帝曹髦在准备攻打丞相府之前，曾经召集大臣王沈、王业、王经商量，王经不赞成小皇帝的计划。

王经说："现在大权操在司马氏手中很久了，司马氏的死党布满了朝廷与地方，他的威势旺盛。可是，陛下这一方面正好相反，皇宫的卫队不但人少，而且素质差，也没有精良的武器，陛下拿什么去对抗司马昭？如果你要亲自去讨伐司马昭，我怕事情会僵到不可收拾，祸不可测，我希望陛下再慎重考虑。”

小皇帝根本听不进去，他从口袋里掏出一块黄绸布，那是小皇帝自己写的一份诏书，宣布讨伐司马昭。小皇帝说：“我决定干了，死就死吧，怕什么？何况还不一定会死！”说完，气呼呼地把黄布诏书掷在地上。

王沈、王业立刻奔往丞相府，把事情报告司马昭，王经则不肯去，但也不随从小皇帝去攻打丞相府。

小皇帝被杀以后，司马昭认为王经不肯依归自己，便以太后的命令，逮捕王经。王经在入狱前，叩见母亲，说明被捕的原因。王经的母亲脸色不变，微笑着对王经说：“哪一个人不会死，只怕死不得其所。孩子，你在皇上面前说真话，又不阿（ē）附司马昭，算是个正直的好人，因此而牺牲生命，也没有什么可遗憾的了。”

王经最终被判死刑，王沈则因为向司马昭通风报信有功，被封为安平侯。

小皇帝曹髦既死，又没有儿子，在司马昭安排之下，常道乡公曹奂被拥立为皇帝，史称魏元帝。曹奂年仅十五岁，一切政治大权仍操在司马昭的手中，司马昭被封为晋王。

司马昭虽然跋扈，但是，对有风骨的人十分敬重。

有一次，太尉王祥、司徒何曾、司空荀顗（yǐ）三人共同去见司马昭。在进入丞相府之前，荀顗对王祥、何曾说：“晋王地位崇高，满朝文武大臣都向晋王行最恭敬的礼节，我们三人今天进府里去，一定要行跪拜大礼。”

王祥立刻反对道：“晋王虽然尊贵，但仍然是魏国的宰相，我们是魏的三公，晋王和三公的阶位只差一级而已，哪有三公跪拜王爷的道理？如果我们跪拜，不但有损魏的威严，也让晋王的品德有亏，君子爱人以礼，我不干这种事。”

三人进了府，荀顗、何曾都行跪拜之礼，王祥却独自作了一个长揖。司马昭对荀顗和何曾的大礼当然很高兴，对王祥能固守身份、不肯随便讨好别人，更是大为欣赏。司马昭非但没有责备王祥，反而对王祥说：“今日我才体会到你是多么尊重我啊！”

阮籍的故事

自东汉末年的外戚宦官之祸，到三国的一片混乱，老百姓死伤无数，生活苦不堪言。人们对现实感到寒心失望，精神寂寞空虚，有的人尽情享受，追求短暂的快乐，也有的人任性胡为，把生命当成一种可笑的游戏。

阮籍（jí）是“建安七子”之一阮瑀（yǔ）的儿子，相貌堂堂，学问很好。他为了逃避当时的环境，和王戎、阮咸等七个人隐居在山阳县的竹林里面，徜徉于青山绿水之间，疯疯癫癫。社会上一般读书人很羡慕他们这种肆意的生活，尊称他们为“竹林七贤”。

阮籍很少开口讲话，整天都紧闭着一张嘴，有的时候又大发议论，讲个不休，他的眼睛长得怪怪的，能做青白眼，看着顺眼的人他才用青眼看人。一天，嵇（jī）喜来家里，阮籍认为嵇喜为人俗不可耐，令人讨厌到了极点，就翻着一双死鱼眼般的白眼瞅着嵇喜，嵇喜又羞又恼，却又无可奈何。

兖（yǎn）州刺史王昶（chǎng）听说阮籍风度翩翩学问不错，费尽心思与阮籍相见，阮籍冷冷地不说一个字，脸上也没有一丝表情。王昶拿他没有办法，却益发觉得此人有意思、有个性，更加敬重他。

太尉蒋济也推荐阮籍出来做官，他又一口回绝了。蒋济很不开心，气咻（xiū）咻骂着“这小子不识抬举，混账东西”，准备好好修理阮籍。阮家的亲友苦苦相劝，他才勉强就职，然而做了没有多久，就自称有病辞归乡里。

司马昭十分仰慕阮籍的才名，很想和阮籍结为儿女亲家，阮籍向来讨厌政治人物，所以不愿意接受。

有一次，司马昭请阮籍喝酒吃饭。酒席之中，司马昭稍微表示结亲的意思，阮籍不等司马昭说完，立刻向司马昭敬酒，自己则一饮而尽，一杯接一杯，不久就酩酊（mǐng dǐng）大醉。司马昭没把结亲的事说完，只好派人送阮籍回去。

后来，司马昭又请阮籍吃饭，再度提到儿女的事，阮籍重施故伎，自己灌醉了自己。司马昭也是聪明人，知道阮籍不愿意结亲，只得作罢。

阮籍，唐孙位绘。

有一天，阮籍向司马昭请求任命自己为东平太守，这大出司马昭意料，因为阮籍一向是不屑为官的。既然阮籍开了口，司马昭立刻同意，任命阮籍为东平太守。

其实，阮籍不是真的想做官，他只是听说东平的风景美丽，想去游览一番，受命为东平太守，等于是一次免费的观光旅游。

阮籍独自一人骑了一只小毛驴去上任，到了东平，也不处理公务，只命木匠把太守官邸（dǐ）四周的墙壁拆除，木匠弄不清楚阮籍的用意。阮籍笑着说：“你看，外面的风景多好，我把墙壁拆掉，躺在床上，也可以欣赏到美景，那才是乐事哩！”

阮籍每天游山玩水，当他把东平的山水都玩遍后，便又回到洛阳，向司马昭辞官不干了。

不久，阮籍又主动向司马昭要求担任步兵校尉，司马昭总是顺着阮籍，立刻任命阮籍为步兵校尉。当然，阮籍并非真想投效军旅，原来他听说步兵营厨房的大师傅善于酿造美酒，贮（zhù）有陈年美酒三百斛（hú），就咽着口水去上任了。

阮籍到任的当天，一大群将领、士兵和官员列队欢迎，等候了半天都没有等着他。最后有人发现，阮籍早进了酒窖，喝得酩酊大醉，头歪在一旁呼呼大睡。

步兵校尉的职务理该繁忙，但阮籍依旧我行我素，不好好办公，成天游游荡荡。只是但凡有宴会，阮籍一定不请自到，而且喝得醉醺醺，不省人事。

虽然不守常理，阮籍平日对母亲倒是一直很孝顺。一天，他正与人下围棋下得紧张时，忽然有家人来报告，说是阮母已在后堂病逝了，与他对弈的人立刻站起来，慌慌忙忙长长一揖，准备告退。

“急什么，下完这一盘再走！”

不由分说，阮籍硬拉着人家决了胜负，然后放声痛哭，哭完了，吐血数升。在居丧期间，照样每日非酒不可。

朋友前来吊丧，阮籍披头散发，呆呆地蹲在一旁，依丧礼，有人吊丧，家属应答礼，一直到今天我们在殡仪馆仍是如此。阮籍不哭，也不跪，他的朋友告退后，外边有人批评道：“主人如此无理，你何必哭得这般伤心？”阮籍的朋友说：“他是方外之士，我是俗中之人，不可无礼。”而当时竟然还有人赞美阮籍与他的朋友都“相当难得”。

阮籍家隔壁有个卖酒的少妇，面貌十分艳丽，阮籍天天去买酒。醉了，就躺在少妇身旁呼噜呼噜睡着了。

“喂，你这是干什么？”少妇的丈夫起初看到，大为不悦，卷起袖子就要揍人，后来发现阮籍没有恶意，也就任凭他去。他当步兵校尉时，手下一个军士的女儿，色艺双全，不幸忽然得了急病死去了。阮籍并不认识他们家里任何一个人，听说了这件事，备了几份厚礼，亲自去致哀，哭得昏天黑地，趴在坟前不肯站起来，旁人讥诮（qiào）他不懂礼法，神经不正常，阮籍扬着脸道：“笑话，礼教岂是为我阮籍所设？”

阮籍常常驾着一辆小马车，毫无目标地在野外乱闯，哭哭笑笑，举止怪异，然而脑筋却十分清楚，提起笔来就是一篇佳作，连一个字都用不着改。

阮籍的种种行为，都是一种消极的逃避心理，他不满现实，借酒装疯，麻痹神经，其实心里非常痛苦。

由于当世人对现实不满，看到阮籍这种违反传统的叛逆行为，起初看不过去，慢慢地却形成一种风气，认为就是要像阮籍这样玩世不恭，凡事都不在乎，才时髦，才脱俗。谁要是再讲救国救民的大道理，真是“俗气”，于是社会上形成一片衰靡（mí）之气。

阮咸与猪同醉

说到三国历史，不能不提到正始玄风，因为正始玄风对三国以后的魏晋南北朝有很大的影响：风俗败坏，礼教崩溃，国家分裂，民生涂炭，长达三百余年，是中国历史上的黑暗时期。

什么叫正始？正始是魏明帝去世以后，魏少帝曹芳即位后的年号。这期间，士大夫们恣（zì）情放纵，排弃礼教，每日高谈玄理而不求踏实的学问。

为什么会产生正始玄风呢？原来自从曹操揽权以后，一方面他看不惯东汉有些伪君子沽名钓誉，另一方面曹操讲究实利，曾三次下诏书征求人才，内容强调注重才能，不考虑品德，使得社会上一般人道德观念一天比一天淡。

后来，魏文帝曹丕即位，臣子陈群建议用“九品中正法”选拔人才。九品中正法，简单地说就是州设“大中正”，郡县设“小中正”，由这些中正官来评定人物的优劣，把人分为“上上、上中、上下、中上、中中、中下、下上、下中、下下”九等，作为政府用人的标准。久而久之，选拔人才日渐不公平，豪门大族担任中正官后彼此勾结，造成了“上品无寒门（出身门第清寒之人），下品无世族（世家大族的子弟）”，家里穷的，永远挤不入上品，而下品官内也不会有世族子弟。这种不公平的选举办法，使人们有前途黯（àn）淡悲观的凄凉之感，人心日趋萎靡。阮咸的放荡行为正好对此作一个说明。

阮咸是阮籍的侄儿，性情放达不受拘束，他很崇拜叔父阮籍，时常跟着叔父一块儿游山玩水。

在阮籍的家乡，阮是一个大姓，北边的阮族——北阮个个衣着光鲜，都是有钱人；南边住的都是阮姓的贫户，人们称之为南阮。

每年到了七月七日，北阮的富户就把家中的绫罗绸缎统统晾了出来，彼此赞叹，也显一显家里的阔气。否则，这些绫罗绸缎成年压在箱底，没有机会“亮相”，实在太可惜了。

阮咸属于南阮，对于北阮的作为大为不满。“你挂，我也挂”，阮咸不甘示弱，立刻找了根竹竿在大街上撑了起来，他家中哪有什么锦绣罗绮呢？阮咸把些粗布衣、臭裤子、烂了一半的短衣全都亮出来献宝。

南阮的穷户觉得丢人，纷纷要阮咸把竹竿收起来，忿忿地说：“丢人现眼。”

“嘻嘻，不能免俗，有总比没有好。”阮咸嬉皮笑脸地回答。

阮咸的姑母有个婢女，人长得挺标致，阮咸每次去姑母家，总要借机会去逗逗她玩，胡闹一阵子。

有一天，阮咸家中有贵客降临，正在招待着，忽然听见家人说：“姑母要搬到远处去了。”

阮咸一听此话，觉得非同小可，也顾不得贵宾在座，夺门而出。更过分的是，阮咸竟然抢了宾客的快马直往姑母家中奔去。

一路上策马扬鞭，尘土遮天，惹得路人侧目而视，阮咸也不管，追上了姑母的车后，硬把婢女自车上夺下，搂抱着婢女，亲亲热热，双双而归。

许多人都涌过来看热闹，指指点点，窃窃私语。阮咸也不在乎，高声地“哈哈哈”大笑，猛地用鞭子一抽，马儿立刻嘶鸣着急奔而去，远处传来阮咸更加狂妄自大的笑声。

阮咸自命为不守礼法的时髦人士，因此，他请族人喝酒，不用杯子，大家围在酒缸旁，有的随便用容器，有的直接用手掬起来便喝。

“好酒，好酒！”喝得微醉了，有位族人把头伸进酒缸里喝个痛快，其他人跟着效法，脸上、发上，全沾满了酒，酒缸中也沾了不少人的污垢、头发、汗水，大伙也不以为忤（wǔ），喝喝笑笑，手舞足蹈，快乐似神仙。

也许这些名士崇尚自由吧，将人心比“猪心”，他们想猪大概也不喜欢受拘束，所以阮咸家里的猪可以自由地走来走去。

“嗯，嗯。”猪也闻到了酒香，拖着笨重的身躯，蹒跚地爬了过来，靠近了酒缸。

“砰”的一声，猪也学着阮咸，把脑袋浸入了酒缸，“呼噜呼噜”大口地吸着，阮咸等既不生气，也不嫌猪臭，反而认为人猪共饮，倒也别开生面，觉得新鲜而有趣。

酒鬼刘伶

竹林七贤是魏晋时期的所谓名人雅士，他们自命清高，喜欢谈论老庄，即使居高位，对国家治乱仍漠不关心。下面再讲一个七贤之一刘伶的故事，让大家更进一步了解他们的作风。

刘伶，字伯伦，西晋沛国人，容貌丑陋，他的人生哲学是世间一切得失都是相对的，富与穷、生与死都差不多，宇宙极小，万物一般，没有任何事物值得去奋斗、去追求，除了一桩——酒。

刘伶因为自命脱俗，不屑与平常人往来，只与阮籍、嵇（jī）康等相交，时常携手在竹林遨游，当然也少不了以酒助兴。

刘伶平常不做事，靠祖宗的田产过活，他喜欢乘着一辆鹿车，带着一壶酒，优哉游哉到处游山玩水。

他出去玩的时候，总叫一个小童扛着锄头跟在后面。刘伶拿起酒壶“咕噜咕噜”往喉咙里灌，对小童说：“随时随地，死便埋我，死在哪儿，就葬在哪儿。”交代完后事，他便提着一壶酒上路了。当时士大夫对于刘伶这种把生命看得毫不在乎的作风，佩服得不得了，纷纷仿效，称之为“放达”。

刘伶的太太最怕听他讲这种不吉利的话，但是，看他那副要酒不要命的德行，有一天死在路上也不是没有可能。因此每回刘伶驾着鹿车出游，她就心里七上八下，着急万分，一直要等刘伶歪歪倒倒醉醺醺地回到了家才安心。

“我们家里穷，你又不肯做事，也就算了。身体不好，又天天喝酒，这样下去怎么办？”刘伶的太太一天到晚嘀嘀咕咕，他一句也没听进去。

刘伶，唐孙位绘。

有一天，刘伶的太太大发脾气，把他的美酒、酒器统统一起砸得稀烂，强迫刘伶戒酒。

刘伶叹了一口气道：“也不是我不肯，只是个性如此，要戒酒，除非祷告鬼神助我断酒。”

“真的？”刘伶的太太看他终于有悔悟之心，十分欣慰，连忙杀鸡宰羊，张罗酒菜，在庭前布置起香案，先毕恭毕敬拜了几下，然后满怀兴奋把刘伶拉来。

刘伶“扑通”一声直挺挺下跪，大声祷告道：“天生刘伶，以酒为名，一饮非一斛不可，要五斗才能尽兴，妇人之言，慎不可听！”说着扯下一只鸡腿大嚼，“哈，妇人之言，慎不可听！”捧起祭祀的美酒便喝。

刘伶的太太被气得脸儿一阵白，一阵红，又羞又恼，啼笑皆非。

过了几天，刘伶在外面又因为喝酒和一个粗人起了冲突。那个粗人野蛮得很，卷起袖子抡着拳头就要揍刘伶。

“慢着，慢着。”刘伶倒退了几步，用手护着前胸道，“我这几根鸡肋禁不起你的拳头。”那粗人看看刘伶的几根肋骨，的确有点儿像鸡肋，笑得上气不接下气捧着肚子走了。

刘伶还有一个怪毛病，喝酒喝得酒酣耳热了，就开始动手脱衣服。一直脱到一丝不挂为止。

一次，他又喝醉了酒，脱光了衣服，坐在书桌前读书。忽然有一个客人闯入，发现刘伶赤身裸体，大吃一惊，面红耳赤。

客人把脸别过一旁，怒声责备："你这个人怎么这般无礼？"

刘伶昂然答道："我以天地为房舍，屋宇为衣裤，你莫名其妙走到我裤子里，是自讨没趣，少见多怪。"

竹林七贤果真像他们自己所说，与天地万物合一，淡泊寡欲吗？当然不是，他们是以唾弃礼教而求名，把世人不齿之事，看作是风流雅事，用来沽名钓誉。前些年，欧美有些青年在大街上裸奔，惹得路人尖声怪叫，他们自己觉得十分过瘾，这和魏晋之时的刘伶差不多，都很无聊。

竹林七贤潇洒的另一面

嵇康是竹林七贤中被公认为最多才多艺的。他少有奇才，读书的悟性很高，身长七尺，挺拔潇洒，有仙风道骨的风采，当时人称赞他“龙章凤姿”。

魏晋时期的人对外貌非常注重，嵇康俊美，文章又写得好，很受一般民众崇拜。有次他在山林中采药，一位樵夫看见他那飘逸的身影竟然以为是仙人下凡。正因如此，魏国宗室急着把女儿嫁给嵇康。

嵇康曾担任过短期的中散大夫，对做官没有兴趣，也不愿尽力。不久，他就隐居山林，与阮籍、刘伶等结为好友。嵇康也喝酒，更喜服药，当时人喜欢服食据说有长生不老功效的丹药，丹药中有铅和砷（shēn），或许是铅中毒吧，所以服食之人会变得愈来愈疏懒。

竹林七贤表面上看不起俗物、礼教，好谈玄妙虚幻的道理。其实，多半人对名利非常向往，不多时，竹林七贤之一的山涛，首先逃离了隐士生活，靠着与司马昭有表亲的关系，攀上了高位，而且一再升迁，他又推荐嵇康继任自己原来的职位。

嵇康写了一封信与山涛绝交，这是一篇极为有名的文章，说明他野性难改，不耐流俗。他说：“我幼年丧父，因为母亲娇惯，没读什么经书，性情疏懒，肌肉松弛，经常半个月不洗脸，不到痒得难受绝不沐浴；连上厕所也懒得去，一直忍着，不到尿要胀出来，我不起床……除非你我有深仇

竹林七贤，清代杨柳青年画。

大恨，否则你不要拉我去做官。”信中还对官场大大讽刺一番。

山涛一向看不起做官的，自己当了官，处处不负责任，表示“仍然不稀罕此职位”。山涛后来担任选拔人才的职务，也就是向皇帝推荐某人任某一职位。每一回有一个官出缺了，山涛就拟了十几个人让晋武帝司马炎选，先试探晋武帝的意思，然后再上奏。

晋武帝不了解外情，挑中的人经常不是众望所归的优秀人才。一般人不清楚，以为山涛很走红，他说谁好，谁便可以出头，哪个人得罪了山涛，也就堵住了自己的官路，对山涛十分巴结。山涛也就大大方方收取贿款。

山涛还有一个本领——以退为进。每次升官，他就苦苦上表，说自己“老了、病了，实在不能再做了”，逼得武帝又用更高的职位挽留他。然后山涛再假惺惺地故意谦让一番，才“勉勉强强”去上任。

让我们再回过头来看嵇康。

嵇康因为家贫，以锻铁维持生计。他家门口有一棵大树，十分阴凉。嵇康常与向秀（也是竹林七贤之一）在树下敲敲打打。

此时，大将军钟会正春风得意。他撰（zhuàn）了一篇文章，自以为见解独到，因仰慕嵇康之名，特地怀揣着新作，邀集了贤士名人来拜访嵇康。

嵇康正和向秀在铿（kēng）铿锵（qiāng）锵地打铁，看到钟会来了，连招呼都不打，依旧埋头打着。

嵇康与向秀两人说说笑笑，仿佛没见到钟会一般。

钟会在带来的名士前丢尽了颜面，脸孔涨得通红，气得拔脚要走。

“待会儿，”嵇康叫住了钟会，“你听到什么而来？看到什么而去？”

“我听到所听的而来，看到所看的而去。”钟会气愤地回答。

回去以后，钟会立刻在司马昭面前参了一本，说嵇康言论放荡，有害社会风俗教化，这种人不该留着。于是，司马昭下令把嵇康处死了。

稽康的朋友向秀恐怕受到牵累，胆战心惊。正好地方上要推举人才，素来鄙视官场的向秀急忙去应征，来到了京城洛阳。

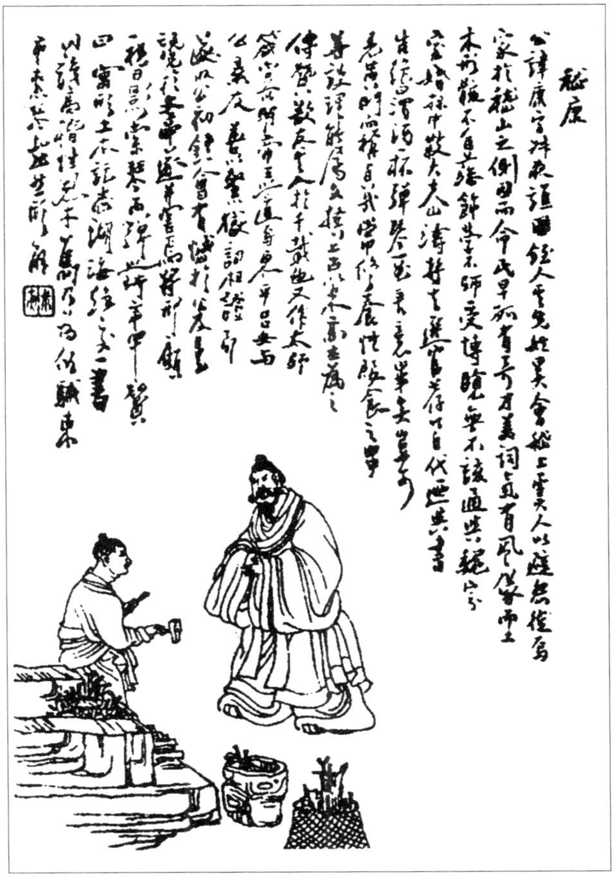

嵇康打铁，钟会在一旁观看，明陈洪绶绘。

司马昭看到向秀来了，笑着讽刺道："听说你有箕（jī）山之志，你怎么来了？"

向秀回答："像许由、巢父那种人，不了解尧、舜安邦治国的苦心，哪值得羡慕？"

许由、巢父是尧舜时代的隐士。许由听到要他做官的消息，就到河边洗耳朵，说："别让这些话玷污了我的耳朵。"巢父为了逃避官场，干脆住在树上。这两人隐居在箕山，所以后代用"箕山之志"代表隐居。竹林七贤自命为隐士，所以司马昭用箕山之志讥刺向秀。而向秀也居然好意思自打耳光，难怪后来官做到了散骑常侍。

可见得竹林七贤故作潇洒，为的是沽名钓誉，口中批评官场，却又厚颜无耻去求官，一旦当上了官，还是以"玄虚"为幌子，不肯好好做事，甚且想尽办法拿好处。

竹林七贤这批人代表的人生观，表面上看来清高脱俗，其实只是自我麻醉，而且造成魏晋南北朝的糜烂风气。

王戎与李树

竹林七贤七个人已讲了六个，这回要说最后一个人——王戎的故事。

王戎小时候非常聪颖，悟性极高，他有一个本领，面对着灼灼的太阳光，眼睛不会眨，也不会眯起来，有人形容王戎的眼睛灿烂犹如闪电。

王戎六七岁的时候，胆量已经很大。一天，大伙在宣武场观杂戏，看得有趣，都走近瞧瞧，忽然老虎在槛（jiàn）中发起威来，大声一吼，声震天地，吓得人们抱着头转身就跑，只有王戎直直地站在原地不动，神色自若。魏明帝在阁里看到惊奇万分，直夸："这个小孩子真勇敢。"

王戎不但胆量大，而且反应机敏。

一天，王戎和几个小朋友上街玩耍，发现道旁有一株李树，果实累累，李子一个个鲜艳欲滴，又大又红，大家口水都要掉下来了。小朋友们一拥而上，争先恐后爬上树去。

"咦，王戎快来啊！"小朋友发现王戎竟然没跟上来，觉得好奇怪。

"别去了吧，这些李子都是苦的。"王戎摇摇头道。

"哪有这种事，我不信！"一个馋嘴的小胖子抢先爬上树，摘下一个大的就咬。"哇！呸呸！"小胖子不断地吐着口水，生气地埋怨着，"从来没有吃过这么难吃的李子，不但苦而且酸得要命。"

一群人垂头丧气地爬下树，奇怪地问王戎："你又没有尝过，怎么知道李子是苦的呢？"

“这个嘛，很容易。”王戎从容不迫地回答，“你们想想看，李树长在道旁，又没有人管理，如果又香又甜，不早被摘光了，哪还会剩下这么多？”

大家听了都很钦佩王戎的观察力。

王戎长大了，与阮籍等六人成为好朋友，号称竹林七贤，很受社会人士的崇敬。

竹林七贤的作风是，官是要做的，责任却是不愿意负的。王戎也不例外，他历任吏部黄门郎、散骑常侍、河东太守、中书令等高官，却没有为民造福的意愿。

竹林七贤标榜“隐士”，认为不做官、隐居山林固然是“隐”，但是在朝廷也可以做隐士。王戎后来做到了司徒，虽然职位很高，他却把所有的事交给手下的幕僚，自己时常偷偷骑着小马，从边门悄悄溜出去玩儿，见到的人都不知道他是司徒，也没有想到本来应该忙得不可开交的司徒，竟然会在路上闲逛。

王戎十分贪财，广收八方田园，竭尽所能地攒钱。每天晚上，王戎自己拿着算筹（中国古代的计算工具），对着账簿，仔仔细细地核对。钱财滚滚而来，王戎还是不满意，他为人吝啬（lìn sè），小气万分，人家都说他是财迷心窍，病入膏肓（huāng）了。

王戎的女儿嫁给了裴頠（wěi），裴頠曾向岳父借过数万银钱，一直没有还，王戎每次想起这件事就像心里掉了一块肉般难受。

他女儿回娘家，上堂去禀见王戎。

“爹，女儿回来了。”

“哼！”王戎扭过脸去，仿佛没看见人似的踱着方步走开了。

王戎的女儿很清楚她父亲的脾气，急急忙忙把欠债全部还清，看到了钱，王戎的气也消了，父女和好如初。

王戎有个侄子快要结婚了，这次他倒很大方，送了一件小小的单衣作为贺礼。但是侄子完婚后，王戎竟然把侄子骂了一顿，把单衣又要了回来。

更叫人啼笑皆非的是王家有一株李树，结出的李子皮薄汁多，甜美无比，王戎把李子当宝贝，很舍不得吃。

一天，王戎灵机一动：“何不拿去卖钱？”主意打定，他就开始忙着摘果子。

摘了一半，王戎突然想到：“不好，我的李子是难得一见的好李，若被人买了去，用核栽植，岂不白白便宜了人家？不好，不好。”

不卖，恐怕李子都烂掉了，损失了金钱。

卖掉，又唯恐旁人得了好的李树。

王戎烦恼极了，最后，他竟想出一个妙法，先把李子中的核剔除，再加以出售，他也不嫌麻烦，拿着钻子一个一个地挑果核。

王戎，选自《清刻历代画像传》。

买了王家李子的人都好生奇怪，怎么这些李子竟没有核，等到打听清楚情况以后，不免啼笑皆非，都说没看过如此小气的人。

李密孝顺祖母

司马昭想要篡位，自立为皇帝，他的野心是当时人所共知的，这便是成语“司马昭之心，路人皆知”的由来。

等到司马昭灭了蜀国，把刘备不成材的儿子阿斗俘虏以后，司马氏的大权已经稳固。司马懿死后，把权位传给儿子司马师。不久，司马师去世，权位由弟弟司马昭接管。当司马昭去世，权位又传给儿子司马炎。司马炎一掌权，立刻就逼着魏元帝让位并搬出皇宫，自立为帝，改国号为晋，是为晋武帝。

晋武帝即位后的第二年，立杨氏为皇后。杨皇后美丽大方，聪明贤惠，不幸的是，杨皇后生下的太子司马衷却痴痴呆呆，连话都说不清楚，很让武帝操心。

武帝看着司马衷傻傻的样子，想到将来天下要交到他手里，实在不放心，便和杨皇后商量：“怎么办呢？不如另立太子。”

“不好。”杨皇后不赞成，“自古以来，立太子都是立长子，而不是立贤子，太子虽然不贤，然而名位已定，不可动摇。”

杨皇后说得也有道理，武帝只好打消了废太子的念头。这个太子正是日后的晋惠帝，也是中国历史上有名的笨皇帝，他可笑的事很多，以后我们会讲到。

既然太子换不成，武帝就积极为太子物色老师，希望能在良师的辅导下，化腐朽为神奇。

于是，武帝立刻下令征召犍为人李密为太子洗马（洗马是自秦代就有的官名，太子外出时洗马走在军队的最前面，晋朝以后掌管图书）。当大队人马不远千里赶到了犍为郡，传达了这个天大光荣的消息，李密却满脸哀愁，似乎有说不出的苦恼。

李密何以如此不识好歹？这要从头说起。

原来李密有一个极为悲惨的童年，他生下来，只有四个月大时，父亲就过世了；家里的环境很坏，到了四岁时，舅舅又逼着母亲改嫁，只剩下他一个人孤苦伶仃。

营养不良加上又受到刺激，不久李密生病了，而且病得很厉害，日夜啼哭吵着要妈妈。李密的祖母看他可怜，心里不忍，因此虽然年事已高，体力已衰，仍然收留了李密。由于先天体质虚弱，一直到了九岁，李密才会走路。

祖母的身体也不硬朗，每逢祖母生病，李密总是流着眼泪在病榻旁伺候，照顾得无微不至，只要祖母的病一天没有好转，李密就一天不肯上床睡觉。祖孙二人相依为命，感情好得不能再好。

李密的学问不错，而且善于辩论，曾在蜀国做到尚书郎，又曾以外交官的身份奉派到吴国，表现杰出，在江南一带享有盛名。蜀国亡后，李密隐居在家乡，除招收门徒传授学问外，其余的时间都在伺候祖母。

不料，突然接到了朝廷的诏书，李密相当为难。不说别的，单以他是个蜀国的旧臣，已一千个、一万个不想当晋朝的官，何况亲爱的祖母又染上了重病，随时都有生命危险，他更不愿赴京（洛阳）为官了。因此，李密总是一拖再拖，迟迟不肯动身。

但是，使者哪里肯放过他，看到李密一再延缓，脸色就不好看了，天天上门来催："还请早些上路吧，免得我们为难，况且去当太子洗马又不是坏事，你怎么……"说着，白眼扫了过来，大有指责李密"不识抬举"的意思。

李密只好打躬作揖，连连道歉，但他也知道事情是拖不下去了，等到武帝怪罪下来，全家都难逃厄（è）运，可是，撇下祖母远走京城，万一祖母有个三长两短，想到这里，李密的背脊一阵又一阵地发凉。

李密背着手在房间里转来转去，想不出任何办法，于是抹干眼泪，向武帝上了《陈情表》。在《陈情表》中，李密叙述了自己坎坷的童年遭遇、祖母病危的情形，最后婉转地请求："臣没有祖母，活不到今天，祖母没有我，也没法度过晚年，我们祖孙二人，相依为命，我实在不能离开祖母啊。我今年四十四岁，祖母今年已九十六高龄，我报答陛下的日子还很长，报养祖母的日子却没有几天了，我这种像乌鸦般反哺报恩的心情，希望陛下成全。"

晋武帝看了李密的《陈情表》，相当感动，特别准许李密等到祖母归天以后才到朝廷上任，并且赐给李密两名婢女帮忙伺候祖母。因此，当李密的祖母去世后，他纵使满心不愿，也不得不上任。

后来，李密被选为汉中太守，临上任前，武帝命他赋诗助兴，谁想到李密竟然坦白地写出"官中无人，不如归田"，意思是说，朝廷里没有人才，我还不如回家去耕田。这等于是在骂皇帝无能，武帝看了十分生气，不久李密被免职回乡，这也成全了他尽忠蜀国的心愿，果然"忠臣出于孝子之门"。

李密的这篇《陈情表》，文字浅显，一字一句从肺腑中流出，使人看了忍不住要掉眼泪，难怪有人说："读诸葛亮的《出师表》不哭的人是不忠，读李密的《陈情表》不哭的人是不孝。"

不讲理的孙皓

魏、蜀、吴三国之中，蜀国的阿斗向魏国投了降，魏又被晋所取代，剩下的吴国如何呢？

在晋武帝司马炎篡位的前一年，吴景帝去世，本来应该传位给太子，可是太子年龄太小，蜀国刚刚被灭，东南又有乱事，大臣们商议后认为，非要迎立一位有为的君主才能稳住局势。

于是，有位大臣提出了孙皓，夸奖这位孙权的孙子有才识，有判断力，聪明好学，奉守法度。就这样，二十三岁的孙皓正式即位为吴帝。

哪晓得孙皓即位以后，贪酒好色，骄傲粗暴，朝廷上下都失望极了。

一次，孙皓举行宴会，欢迎自晋回来的使者。这天，孙皓的兴致很高，传下命令："百官必须尽饮为欢。"许多没有酒量的官员都暗暗叫苦，却也不敢违抗旨意。

其中有位散骑常侍王蕃，一向严肃拘谨，不善饮酒，才饮了数盅，立刻满脸通红，走了没有两步路，"叭"的一声跌倒在地，醉得不省人事。

"扫兴，扫兴！"

孙皓看了，颇为不悦，大声叫道："把他给我抬出去。"

王蕃被侍卫七手八脚地抬出殿外，室外凉风习习，空气清新，没多久，王蕃悠悠地张开了眼睛，想起刚才在大殿前出丑，慌慌张张站了起来，一边扶正衣帽，一边往殿里面冲。

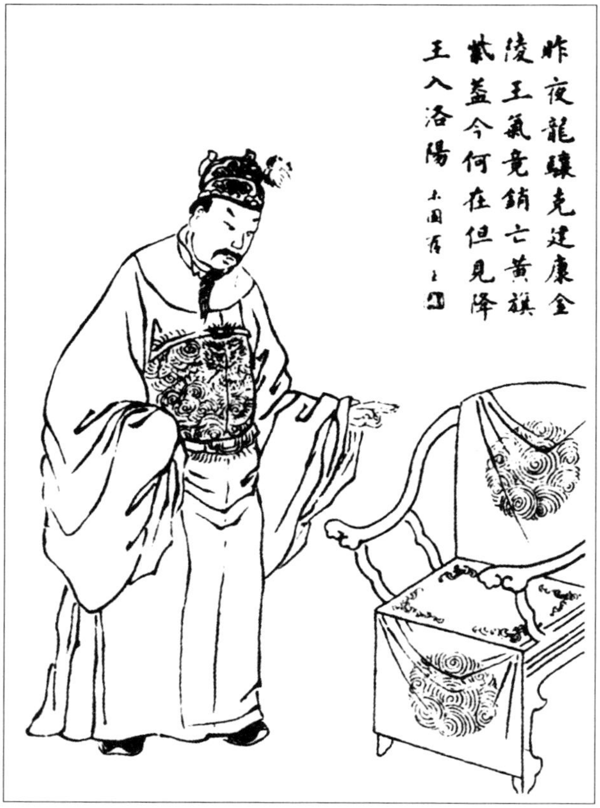

孙皓，选自清刊本《三国演义》。

王蕃一向是个循规蹈矩的正人君子，不免对自己的失态懊恼万分，因此特别打起精神，从容不迫地重新与人寒暄应酬。

孙皓转眼看到了王蕃竟然好端端地与人谈天，心头之火熊熊燃起，他认为王蕃方才一定是故意装痴卖傻，借酒装疯，欺君之罪岂可轻易放过？倒霉的王蕃就被喂了野狼。

孙皓除了脾气奇坏，还有一个毛病——不许别人看他，任何人一看他就要治罪。

因此上朝的时候，文武百官个个低着头，专心看着脚尖，没有人胆敢仰起脑袋，除非不要脑袋了。

陆抗是吴国的大将军，允文允武，为吴国立下了汗马功劳，他对孙皓不许臣子们注视不以为然，写了一篇奏章呈给孙皓："古今哪儿有君臣不许相视的道理？如此则臣子不晓得谁是天子，万一有一天，君主发生不测，臣子到底该救什么人呢？"

孙皓因此下诏，陆抗上朝可以上视天子，别人还是只许看脚尖。

孙皓虽然不喜欢臣子们注视，却喜欢窥视臣子们的一言一行。

所以在朝廷上，孙皓派了十名小宦官分立左右，瞪着眼观察每一位臣子的举动，称之为“司过”。

“司过”对文武百官真是一种酷刑，试想，穿着朝服大袍，一动也不能动，又得当心不要把头抬起来，以免不小心看到孙皓，这已经够受罪了，身旁还有虎视眈眈的太监等着在朝会后把自己的举动秘密报告给孙皓，只要有一点可疑，抽筋、剥皮、拔舌就随孙皓高兴了。因此人人上朝心里头就在打鼓。

“探人隐私”是最要不得的行为，孙皓对此却兴趣顶浓，他很喜欢在宴会上玩这种游戏，逼着甲大臣说出乙大臣的丑事，丙大臣透露乙大臣见不得人的秘密，然后，仰天大笑：“有趣，有趣！”把臣子们弄得尴尬万分，窘态百出。

后来，晋武帝发兵南下，幸而陆抗大将军运用奇兵才转危为安，孙皓却十分自得，自以为有天助，更加荒淫无道。终于在晋武帝咸宁六年（280年），吴国被晋军攻入，孙皓投降，吴国正式灭亡，存续五十九年，三国结束，晋朝统一了全国。

说到这儿，我们发现一个问题，中国古代君主专制政体，很容易走向君主独裁暴虐的路子，但是历史上像孙皓般暴虐的君主并不多见，而且这些暴虐的君主都逃不了被人民推翻的命运。为什么？

因为中国古代对政治有大同世界的理想，大同世界的理想像灯塔般照耀着君臣们，使实际政治朝向灯塔努力，所以再坏的君主也知道自己行为不合理。更有许多忠臣，宁肯冒着一死也要上谏皇帝，中国人有这种为理想而不惜牺牲性命的精神，这是古代政治不致过分专制之因，也是我们的宝贵资产——中国读书人的风骨。

堕泪碑的故事

在上一回《不讲理的孙皓》中说到，吴国传到最后一位君主——孙皓，他荒淫无道，终于被晋所灭，今天就要讲灭吴名将——羊祜（hù）的故事。

羊祜是汉末大学问家蔡邕（yōng）的外孙，出身于书香门第，从小就博学能文，安贫乐道，有人赞美他是“当代的颜子”。颜子指的是孔子的大弟子——颜回。

羊祜长大以后，在晋为官，泰始五年(269年)，被派到荆州管理军务。羊祜到了荆州一看，糟糕，军队里的粮食不够一百天食用了，而一开战，粮运中断经常是最大的问题，于是，羊祜下令拨一半巡逻兵去开垦荒田。

到了第三年，荆州整整开垦了八百顷荒田，足足存了十年的粮食。羊祜又在荆州地方办学校，很得当地人民的敬重。羊祜虽然官拜大将军，平常不穿戎装，总是一袭宽宽的儒衣，系上一条轻缓缓的带子，看来有说不出的舒服，他为人又是那么温文儒雅，因此人人都说羊将军倒像是个书生。

羊祜虽然看起来文雅，打起仗来可不含糊，他和吴国的大将陆抗，被人比喻为诸葛亮与周瑜。

由于两名大将都很厉害，谁也没法把谁打败，于是两人改用稳扎稳打的办法，对峙（zhì）在襄阳一带。羊祜首先决定用以德服人的方法。

每次羊祜与吴人交战，约定哪天交兵就是哪天，绝对不诱敌，也不偷袭。有兵士建议：“我们不如早一天出袭，杀得他措手不及。”羊祜说：“不可以。”然后用烈酒把那名兵士灌醉，免得兵士到处乱说。

羊祜的军队偶然进入了吴国境内，顺手偷割了不少稻谷，羊祜知道了，大为不悦，已经割下来的稻子也接不回去，因此他算算约值多少钱赶紧赔给人家。甚且双方兵士出外打猎，擒到的野兽，如果是吴国兵士先射的箭，羊祜一定命令送回吴人。晋兵虽然心头舍不得，也只好听从羊祜的嘱咐。

陆抗曾派人送来自酿的美酒，羊祜喝了一个痛快，旁边的兵士倒捏了一把冷汗。后来陆抗得了疾病，羊祜命人送来良药，陆抗也马上煎来服用，左右都反对，唯恐药中有毒，陆抗不以为然道：“羊祜哪里是会下毒的人呢？”果然，不久病愈。

送敌将治病的良药，这似乎不可思议，其实陆抗与羊祜是在比“德政”，比赛谁的道德更高，以赢得民心，这是中国战争史上一段难得的佳话，可惜以后很少看到。

羊祜有一个习惯，阅过的文件立刻焚毁，绝不外流，对公事守口如瓶，别人不论如何套他的话，他绝对不透露半个字。羊祜平生推荐的人很多，他从来没有告诉对方是自己推荐的，当然也不期望被推荐的人有所报答。

羊祜，选自《马骀画宝》。

羊祜与陆抗的“德政”，境界太高，吴国君主孙皓不能理解，当他听说陆抗竟然送酒给敌人喝，气得暴跳如雷，大骂陆抗“混账”。孙皓自作主张发动攻击，次次大败，陆抗就忧郁而死。没有多久，羊祜也病倒了，晋武帝来看他，羊祜有气无力地说：“现在孙皓暴虐无道，此时发动攻击，可以不战而胜，如果孙皓不幸死了，吴人另外拥了新主，那时就不容易了。”

晋武帝听从了羊祜的话，对吴国展开猛厉的攻势，果然孙皓一下子就被击溃且做了俘虏。

咸宁四年（278 年）冬天，羊祜去世。当他的死讯传到了荆州，荆州一片哭声，不但晋军哭，连吴军也痛哭流涕，老百姓没有心情做生意了，索性关上门，家家户户都似乎在办丧事。由于羊祜生前喜欢登岘（xiàn）山，后来襄阳人士就在岘山建造了一座巍峨的纪念碑，碑旁盖了一座庙，以纪念这位受人爱戴的大将军。襄阳人每次登山见碑，无不哭得满脸泪痕，因此称之为堕泪碑。一直到唐朝这项风俗仍流传不息，大诗人孟浩然有一首《与诸子登岘山诗》，其中说道：“羊公碑尚在，读罢泪沾襟。”意思是说，羊公碑还竖立在那儿，我读完碑上纪念的文字，哭得眼泪湿透了衣襟。

从堕泪碑的故事，我们可以发现中国人爱好和平，中国人所崇拜的英雄都是有学问有道德的君子，中国人瞧不起只会斗狠侵略的莽夫，这也是中国文化了不起的地方。

美男子潘岳

在前面讲竹林七贤时，曾提到当时的人很重视容貌，到了晋朝，这种爱美的风气日渐盛行。

依据晋朝人的审美标准，男子的美并不是雄赳赳、气昂昂、仰首伸眉的阳刚之美，而是白白嫩嫩、弱不禁风的病态美，其中潘岳正是一个世所公认的美男子。

潘岳的脸蛋十分俊俏，眼睛特别明亮，说话娇声娇气，走路扭扭捏捏，非常矫揉造作，充满了女人味道，晋朝的人迷他迷得要死，尤其是妇女们一听到“潘郎”二字，骨头都酥软了，魂儿都出了窍！

潘岳每回在洛阳上街，坐在车上，手上总挟着一个弹弓，那个模样既潇洒又英俊，妇女们简直为之疯狂，愈聚愈多，纷纷靠拢来看心目中的“白马王子”，到了后来，竟然手牵着手，围成一个圆圈儿，不让马车通行，以便好好看一个仔细。

除了看以外，这些妇女为了表达心中的爱慕之情，总是准备了许多水果，远远看到潘岳的车来了，就拿起水果纷纷往车里扔，因此，潘岳每回上街，无不满载水果而归，他自己也为此得意万分！

另外有一个人叫张载，容貌极为丑陋，大龅（bāo）牙、凸眼睛，既黑又矮，教人看了，作呕三日。他每回出去，妇女都掩面而过，不但如此，小孩子们还拿着瓦石，一路追打他：“这么难看还成吗？打死算了！”所以

潘岳，选自《萧山钱清北祠潘氏宗谱》。

可怜的张载次次上街，都是落荒而逃。天下竟有如此不讲理之事。

潘岳除了容貌长得漂亮，他笔下辞藻更是美丽，尤其擅长为死人写追悼的哀诔（lěi）文。但是他人美心不美，此人品德极差，热衷富贵，是个拍马屁的能手。晋武帝司马炎在泰始年间曾亲自下田，司马炎并不是一个好皇帝，偶尔下田只是装模作样，表示皇帝重视农业而已，潘岳却以此为题，写了一篇赋，吹嘘捧拍了一番。

此篇歌功颂德的大作写得文情并茂，为潘岳赢得了“才名冠世”的荣耀，也使得朝中大臣对他嫉恨不已。大臣们又不齿潘岳的为人，对他加以排挤，所以十年之中，他都没法弄到一个小官。

后来，总算让潘岳勉强挤上一个小官位，他心里非常不满意，于是和石崇等人结为二十四友，专门逢迎贾谧（mì）。

贾谧是何许人？原来是晋惠帝的皇后贾后的哥哥，当时惠帝无能，大权都握在贾家兄妹手中，所以潘岳和以豪俊出名的石崇动起了贾谧的脑筋。

为了拍马屁，以潘岳为首的一干人，每次听说贾谧要外出，就预先守候在道旁，远远看到车子来了就立刻跪下去，等到马车“吱呀吱呀”一路冲来，立刻迎着马蹄扬起的灰尘，恭恭敬敬在道旁磕头，一向最爱干净的美男子如今也顾不得肮脏了。

潘岳的母亲看到他撅着屁股望尘下拜的丑态实在恶心，屡次劝他："你其实用不着像奴才一般巴结贾谧。"潘岳不听，他有把握地说："这一跪下去，将来的荣华富贵就不用愁了。"

可惜，事与愿违，潘岳如此低声下气，结果并没有平步青云，因此他就写了一篇《闲居赋》，叹自己的无能，闲居在家。到了后代，我们常用"赋闲"二字代表一个人失去职业，没事做。

俗话说："偷鸡不着蚀把米。"潘岳正是如此，拍贾谧的马屁拍了半天，一点儿好处也没有捞着。不久，发生了"八王之乱"，等到赵王司马伦篡位以后，贾谧被杀，潘岳也因此连带获罪，被扣上了谋反的罪名。潘岳非常后悔，连连说："我辜负了母亲，我辜负了母亲。"

潘岳到了刑场一看，他的老朋友石崇也五花大绑跪在地上。石崇说："咦，怎么你也来了？"潘岳摇摇头，一颗泪珠滚了下来道："这才是白首同所归啊。"

原来，潘岳曾写了一首诗谄媚石崇，其中有一句"白首同所归"，形容他俩友情坚固，"到了年纪大了，死也要死在一起"。果然一语成谶（chèn），两人死在了一起。

说到这儿，我们发现一件有趣的事，在中国历史上，审美标准象征国运盛衰，像晋朝、宋朝标榜文弱，国势也一蹶（jué）不振。汉朝、唐朝讲究雄健之美，国威远播。

针灸专家皇甫谧

近年来，中国传统的医术针灸大行其道，尤其它竟然可以代替开刀前的麻醉，很受国际医学界的重视，皇甫谧正是我国历史上一位杰出的针灸专家。

皇甫谧的曾祖父皇甫嵩是东汉末年攻打“黄巾”的名将，曾经做到了冀州牧，传到皇甫谧时，家道中落。皇甫谧由叔父抚养长大，穷得连买米的钱都成问题。

皇甫谧小的时候不知学好，一直到了二十岁依然成天游游荡荡，邻居的小孩时常捉弄他，嘲笑他是个败家子，皇甫谧也不在意，扮个鬼脸又去玩儿了，因此左邻右舍常讥讽他，恐怕是个痴儿。

虽然喜欢游荡，皇甫谧倒还是个孝子。有一天，他偶尔得到一点瓜果，急忙捧回去孝敬叔母任氏，因为跑得太急，到门口时还摔了一大跤。

当皇甫谧满脸欣喜献上瓜果，兴奋地说：“尝尝看，您从来没有吃过这么甜的瓜果喔。”任氏的脸一沉，正眼也不瞧，伤心地说：“哎，你就是把牛、羊、猪三牲全搬了来，还是没有用，还是不孝顺。”说着说着，任氏的眼泪一滴滴地流下。

满心讨好，却挨了一顿骂，皇甫谧懊恼极了，也委屈极了，眼泪扑簌簌地流。这一哭，却把皇甫谧哭醒了，觉悟到一个人必须有能力才能受到尊敬。

于是，从来不肯摸书本的皇甫谧开始拜乡人席坦为师，因为家里穷，缴不起学费，他只好半工半读，一边读书，一边种田。

这一读，竟然读出兴味来了，他发现书本中的许多道理都是以前没有看过、没有想过的，值得好好地研究。每次耕田耕得累了，抽出一点空当，他就迫不及待掏出书本，愉快地吟哦着，脸上浮着满意的笑容。

“皇甫谧。”邻家的伯伯走过来叫他。皇甫谧一心一意沉浸在书本中，完全听不见。“皇甫谧。”伯伯狠狠拍了他一下肩，“怎么，没听见？”

皇甫谧“哦”的一下，抬起头来连忙道歉：“对不起，对不起，有什么事吗?”话没讲完，眼睛又溜回书本了，似乎书对他有无比的吸引力。伯伯看着他，叹口气走了，因为他太爱看书，邻居们给他一个外号——“书淫”。

“书淫”早也看书，晚也看书，连睡觉、吃饭的时间都舍不得。有人劝他：“你这样消耗精神会伤身体的。”皇甫谧也不管，笑着回答：“孔子说，一个人早上得道，懂得道理，晚上死了也甘心（朝闻道，夕死可矣），况且寿命长短本是天意！”

经过十年的苦读，皇甫谧已成为远近驰名的大学者，连晋武帝司马炎都久仰大名，派人请他到朝廷为官。皇甫谧上了一个奏章，婉谢武帝的好意，说明自己志在研究学问报效国家，并且请求皇帝把宫廷里收藏的书借给他。

武帝倒也不为难皇甫谧，赐了一车的书给他看。皇甫谧如获至宝，看得更起劲了，自号为玄晏先生，过着隐士般的生活。

或许是读书太用功了吧，皇甫谧在四十岁左右就得了痺（dān）湿症（中风），半身不遂，耳朵又重听，痛苦万分，他先是服寒食散，药性不合，总是医不好。

俗话说得好，久病厌世，病久了，心情日渐灰暗，每次病发，皇甫谧都是又悲哀，又烦躁，难过得直掉眼泪。

“算了，算了，还活着干什么，长痛不如短痛，不如早死早好！”皇甫谧一时想不开，拿起利刃就往脖子上抹，幸亏他的叔母看到，急忙奔来一

皇甫谧，佚名绘。

把抢过利刃："你这是干什么？"阻止他自杀。

后来，皇甫谧遇到一位医师，医术高超，而且医德很好，极有耐性，从不发脾气，总是和颜悦色为他治疗，皇甫谧感动得不得了，不知如何报答。

由于身受其苦，皇甫谧深深了解一个人生病时身心受到的煎熬，这引发了他对医学的兴趣，从此钻研医书。他对针灸——一种中国古传，按经脉用针刺，或是用艾叶熏灸的治病术大感好奇。原来人体中有许多穴道，针刺下去竟不会鲜血直流，也不会痛，而且能治病，简直妙透了，皇甫谧就以自己的病为例，写出了许多心得，是为《甲乙经》。

《甲乙经》是中国针灸术的宝典，书中记载了针灸的理论、经穴的正确部位、操作的方法等，是中国历史上最伟大的针灸专书之一。

周处除三害

周处原是魏晋时期义兴地方上的恶霸，好勇斗狠，臂力惊人，他很小的时候父亲就去世了，家境并不差，但他不务正业。每当周处大摇大摆地往街心一站，人们赶快缩着头急急避开，连商店也不声不响掩上了门。

周处最喜欢骑着快马在原野上驰骋（chěng），经常为了追逐野兔，践踏良田，破坏收成。如果谁向他索取赔偿，周处两脚一分，怒声一吼："你说什么？"吓得老实的农人回头就跑，因此，谁也不敢接近这个魔王。

在义兴这个地方，有些母亲哄孩子哭便吓道："周处来了！"小孩子一听到周处两个字，仿佛见到了鬼一般，大气也不敢出。周处对此得意万分，认为自己乃天下第一英雄也。

一天，周处打完了架，把一个不自量力的家伙摔在地上以后，信步走向街头，看到有个白头发的老公公正在长长地叹气："哎，我们义兴县好苦啊!"

"怎么会呢？"周处奇怪地问，"义兴县物产富饶，今年收成又好，苦什么？苦个屁！"

老头慢慢地一摇头道："啊，年轻人你不晓得，我们义兴县出了三害，就是收成再好，也快乐不起来。"

"有这种事!"周处搬了一块石头坐下，很有兴趣地问着，"哪三害啊?"

"嗯，第一害是南山有个白额头的老虎，第二害是长桥底下的大蛟，时常危害老百姓的生命，第三害嘛，第三害不是牲畜，是……"老公公咽了一口口水，很吃力地说，“是，是一个人，比猛虎、大蛟还要恐怖。”

“是谁？待我教训教训他。”周处说着抡起了拳头，摆出一个要揍人的姿势，“快说啊。”

“我不敢说，说了我会没命。”老公公说。

“有我在，谁敢欺侮你？你说那第三害的人是谁，我保证你的安全。”周处大声吼道。

“好，好，我说。”老公公东张西望，看看四周没有人，才对周处说，“他名叫周处。”

“什么？”周处听到老公公说第三害竟是自己，就像遭雷击一样，呆住了，动也不动。

“你也害怕了吧！”老公公拍拍周处的肩膀，安慰着，“别怕，没有人知道，我也不会说出去。”

周处很痛苦地摇着头，老公公诧异地问：“你怎么了？”

“没事。”周处做了几次深呼吸，慢慢地镇定下来。

“请问你贵姓大名？”老公公和蔼地问。

“我……”周处几乎说不出话来，他用从来没有过的细微声音，低着头说，“我就是周处。”

“哎呀！壮士饶命呀！”老公公脸色苍白，双膝一软就跪了下去，“是我多嘴，请壮士开恩饶命！”

周处只觉得遭到了电击，脑袋嗡嗡作响，他一直以为人家怕他，是尊敬他，把他当英雄崇拜，没想到自己竟和猛虎、大蛟般讨人厌。

“请快起来。”周处轻轻一提，就把老公公扶了起来。他握住了老公公的手，羞愧地说：“谢谢你告诉我，我一点儿也不怪你，我从小没有父母，家里有几个钱，却没有好好受过教育，也没有人告诉我怎么做人，我只觉得别人怕我，我就很神气，自己好像是个英雄。”

“英雄？”老公公神情严肃地对周处说，“年轻人，你错了，英雄是要为国家为社会做有益的事，让大家尊敬你。如果逞强好斗、仗势欺人，让大家怕你，那不是英雄，那是社会的害虫。”

“我从来没有想到这些，我也有羞耻之心，我不愿意成为三害之一，我一定要让大家改变对我的看法。”

于是，周处提起了弓箭，走向了南山，一箭射去，刚好射中了猛虎白色的前额，然后把死老虎拖下山来，放在大街展览，让人们知道一害已除。周处拍一拍手，脱去上衣，带着钢刀，纵身一跳，跳下长桥。庞大凶悍的水怪巨蛟相当厉害，张着锐利的钢牙扑向周处，周处一偏身，巨蛟扑了个空，愤怒地再向周处袭来。这一场生死之斗足足拼了三天三夜，长桥下的河水一片鲜红，人们猜想人蛟一定是同归于尽了，欢呼叫好声不绝于耳。

当周处满身伤痕从水中爬上来，远远听到有人高叫：“三害已除，周处已死，万岁。”周处心中难过极了，他颓丧地倒了下来，一遍又一遍地想着：“我拼了性命为百姓除害，却换来了百姓为我死而庆贺，这算什么呢？”如果在以前，他早就提着大刀，把这些忘恩负义的混蛋杀个精光，但现在，周处只觉得浑身乏力，只想痛哭一场。

周处入水杀蛟，选自《马骀画宝》。

“别难过，年轻人。”不知何时老公公又走到周处身旁，“原谅他们吧，他们不了解你的苦心，真正的英雄是为自己负责的，义兴的父老对你的成见太深，你还是离开吧。”

周处望着老公公叹了一口气说道：“老先生，我不会和他们计较，这是我以前做坏事的报应。不过，看这种情形，我不能留在义兴了。”

“离开义兴也好。”老公公站了起来，拍一拍周处的肩膀，“不过，年轻人，你千万不要气馁（něi），不要消沉，你还年轻，努力求学，好好做人。你要记住，一个人人害怕的人不是英雄，一个受人尊敬的人才是英雄。”

“谢谢你，老先生，我会永远记住你的话。”周处用感激的眼光看着老公公，深深地作了一个揖，迈开大步走向城外。

虽然起步迟了一些，但勤能补拙，几年下来，周处竟成为一位知名的学者，而且受了书本的熏陶，再也不是当年凶狠的流氓了。

不久，周处被任命为新平太守。新平当时是边疆地区，有许多羌人，他恩威并用、软硬兼施，使百姓心悦诚服，又捡郊外无主的死人骸骨加以埋葬，当年杀人不眨眼的魔王变成了菩萨心肠。后来，外族酋长齐万年作乱，朝廷臣子厌恶周处过分正直，建议派周处去讨伐，周处以五千兵马，力战七万敌军，终于寡不敌众，壮烈成仁。

周处除了武功高强，还写了《默语》三十篇及《风土记》，并且撰辑《吴书》，这是很少人知道的。一个恶霸地头蛇，转变为允文允武的国家栋梁，可见得“放下屠刀，立地成佛”不是做不到的事。

晋武帝君臣生活腐化

在中国历史上，开国创业的帝王大多是励精图治的君主，这样的人才能推翻前一个朝代，建立一个新的政权。同时因为他们生自民间，了解老百姓的痛苦，因此当上皇帝以后，能体恤一般大众，例如汉朝的开国君主刘邦。不过也有开国君主是荒唐的，例如晋武帝。

晋武帝司马炎虽说是晋朝的开国皇帝，然而他是继承祖父司马懿、伯父司马师和父亲司马昭已建立的权势，本人并没有多大才能，而且是我国历史上有名的好色奢侈的帝王，因此晋朝一开国马上出现根基不稳的现象。

武帝后宫的佳丽本来已经很多，但是他还不满足，想要一网打尽天下美女，供他一人享受。于是在泰始九年（273 年）、十年（274 年），大选嫔妃，下诏良家及小将吏女五千人入宫。

在中国古代，一般的妃嫔命运相当凄惨，虽然吃、穿等享受都是第一流的，可是住在后宫里，冷冷清清像冰窖般，没有亲人、没有朋友、没有任何感情生活，而且稍不小心卷入政争中，随时都有杀身之祸。

凡是被挑选入宫的美女，不但她自己伤心，家里的人更是痛心疾首。在入宫的那天，到处看见母女抱头痛哭，那一片哭声真是惊天动地，使人听了不禁泪下。

最后，管事的在赶人了："好了，好了，你们可以走了。"这些哀伤的母亲不得不忍痛离开，个个都是红肿着一双眼，频频回头，恋恋不舍，这一相别，很可能一辈子再也见不着女儿一面。

总共加起来，武帝后宫的佳丽近万人之多，一个人哪儿消受得了呢？就算他一天找一个，一年也不过三百六十多天，也只能找三百六十多个妃嫔啊！

所以大多数被选入宫的女子可能一辈子都见不到皇帝一面，只能孤孤单单老死于宫中。如果皇帝能来自己的住处，相聚一夜，或许讨得皇帝欢心，皇帝就会常来，成为皇帝的宠妃，那么身价就不一样了。这样，凡是进宫的女子莫不希望皇帝有一天会临幸自己的住处。

数以万计的美女，看得武帝眼花缭乱，各有各的风姿，每天晚上该到哪一位美女的住所去，常令武帝决定不下。终于，武帝想出一条妙计：“不如叫我这只羊儿来帮我选美人儿。”

晋武帝乘羊车游幸后宫，选自明刊本《帝鉴图说》。

于是，武帝闭目养神坐在羊车上，任凭羊儿在宫中乱走，走在谁的宫前，他就选中谁当玩伴，好像猜谜一般，武帝觉得好玩极了。

于是，有一个聪明的女子想出一个引诱羊儿的办法，她知道羊儿喜欢吃嫩嫩的竹叶，于是在自己住所的附近路上插竹枝。果然，羊儿就为了吃竹叶而到了这女子的住所。

不过，这个办法很快被其他宫人知道了，也就纷纷插起竹枝，一时之间，内宫到处是竹枝，于是，用竹条引诱羊儿的办法就失灵了。

另一个聪明的宫人又想到一个办法，她在自己住所的路上撒了细盐，羊儿喜欢盐味，低着头舔盐，这样就能把羊车引来。果然，这一招也有效，羊儿真的来了。不过，这办法并没有获得专利权，别的宫人也跟着撒盐，弄得内宫里到处都是盐。

武帝后宫财产丰积，室宇宏丽，厨房里的山珍海味，奢侈浪费，那是不在话下。他的大臣们也学着讲究铺张排场，而且彼此还以“富有”互相比赛，其中王恺（kǎi）、石崇两人比得最凶。王恺曾用紫纱布做了四十里长的屏障，炫耀他的富有。石崇不甘示弱，用上好的锦做了五十里长的屏障。

石崇每次请客，一道菜接着一道菜上个不停，王恺更过分，他派了许多美人劝酒，如果客人不喝一个痛快，王恺就要杀死在旁伺候的美人，为了救人一命，王恺的客人还非纵酒醉倒不可哩！

武帝对大臣们比着浪费的行为，非但不劝阻，反而凑上一脚起哄。他比较喜欢王恺，就送王恺一株二尺高的珊瑚树，枝叶扶疏，非常漂亮。王恺很高兴，自言自语道：“这是世上罕见的，待我拿去给石崇看，他看了恐怕眼珠都要掉出来喔！”

石崇一看那二尺高的珊瑚，拿起铁如意“当”的一下，把珊瑚敲成碎片。

王恺一下看呆了，又伤心，又气愤，厉声地指责：“你妒忌也不可如此！”话还没说完，石崇派人拿了四株珊瑚来，光彩耀目，红得发亮，神气地说：“没什么好遗憾的，这些还你！”果然，这几株比武帝赐的更胜三分。

武帝面前有一个叫何曾的大臣，也是家财万贯。何曾自家每天菜钱一万，他吃饭时还挑剔地说：“这些菜，简直没有让我下筷子的地方嘛！”可见得在上位的人，不能以身作则，下面的人一定跟着学坏，而且更坏。因此，晋朝一开国，就已隐含了重大的危机。

晋武帝选错儿媳妇

晋武帝司马炎对他的太子——司马衷头疼极了，司马衷呆呆傻傻，又騃（ái，傻）又痴，实在不适合作为一国之君。因此在司马衷十三岁的时候，武帝便积极为他物色媳妇，希望挑一位能干贤惠的内助，帮助司马衷治理天下。（司马衷是日后的晋惠帝）

太子要娶妻的消息传出后，朝廷里上上下下议论纷纷，许多家里有女儿的都跃跃欲试，希望能高攀这门亲事，其中最有兴趣又最热衷的，要数贾充了。这是有原因的……

贾充是晋朝朝廷里一个阴险狡猾的官儿，平素与任恺等不合，因而任恺等向武帝推荐贾充到西北出任秦、凉二州的都督。从汉朝以来，投降中原政权的胡人，散居在边境四周，他们一方面为中原所同化，另一方面仍保有强悍的本性。贾充很怕这些胡人，万分不想去就任。

临上任前，贾充的亲朋好友为他在夕阳亭举行饯别宴。贾充在宴席上唉声叹气不已，扯着中书监荀勖（xù）的衣袖道："我实在不想去，可是又不得不去，唉，真是痛苦万分。"

"你身为宰相，竟然被人玩弄于股掌之上，岂不可耻？"荀勖替贾充抱不平。

"难道你有什么妙计可以让我免掉这趟差事？"贾充一听十分喜悦，站起来向荀勖深深一作揖。

荀勖说：“如今皇帝正在为太子物色婚事，如果攀上这门亲事，要走也走不成了！”

“对啊！”贾充一听，茅塞顿开，积极展开提亲的事。

在众多的应选人中，武帝选中了两个女孩子——贾充的女儿和卫瓘（guàn）的女儿。那是因为这两个女孩的家世好，她们的父亲都是武帝信任的大臣。

但是，武帝派人打听的结果，贾充的女儿竟然有“五不可”：个性妒忌、命中少子、面貌丑陋、身材短小、皮肤粗黑，简直糟糕透顶。

倒是另外一位大将军卫瓘的女儿，颇能当得起“母仪天下”（古人以为皇后就是天下妇女的模范）的美名，她有“五可”，适于嫁给太子。个性贤惠、有宜男之相（预料会生儿子）、容貌秀美、身材修长、皮肤细白，是为“五可”。

以“五可”对抗“五不可”，理所当然应该是卫家女儿中选。不料贾充的太太郭氏相当厉害，运用金钱攻势，买通了皇帝左右，于是个个都夸贾充的女儿秀丽端庄，才貌兼备，再适合做皇后不过了。

这下子倒把武帝搅糊涂了，不晓得到底该听谁的话才好，于是他就把与贾家相熟的荀勖找来，一问究竟。

“贾家的女儿你是见过的，听说她不但长相难看，而且性情暴烈，气量狭小，有无此事？”

“哪有这话？”撮合贾氏与太子联姻本来是荀勖的主意，他当然不会在皇帝面前讲真话，少不得把贾氏大大赞美了一番，说她不但容貌好、气质好，而且知书达礼，贤淑能干。

武帝怀疑道：“那我派出的人怎么都说她有‘五不可’？”

“这还不是有人和贾充作对，故意和他为难吗？名门闺秀，怎么可能像他们所描述的这般不堪？”荀勖又加重语气道，“没想到谣言如此可怕！”

既然荀勖说“五不可”是谣言，于是武帝便选中了贾家的女孩，接着武帝就兴冲冲地开始办喜事。太子娶亲可比不得寻常百姓家，筹备就足足

贾后交际城中美少年，选自《东西晋演义》。

筹备了半年。贾氏被选为太子妻，贾充这个老丈人当然不能远离京师。不多久，朝廷下命令，命贾充暂留宫中，暂缓上任。这件事就不了了之。贾充果然逃过了赴西北这件差事。

第二年，泰始八年（272年）二月，红烛高悬，敲锣打鼓，热热闹闹把贾氏迎入宫中，等到拜过了天地，太子掀开盖头一看，吓得不得了，贾氏非但就像别人说的矮小短丑，而且皮肤黑得像给炭烤过一般。最可怕的还是贾氏那冷酷的眼神，仿佛要把人吃下去一样，是个不折不扣的母夜叉。

司马衷本来就愚笨胆小，一看到贾氏的庐山真面目，吓得拔腿就跑，大叫："救命！"贾氏一声："回来！"司马衷两腿发麻，瘫了下来，一回头看到贾氏的尊容，她生起气来脸孔愈发丑陋，而且扭曲成一团，再加上贾氏本来就比司马衷大了两岁，司马衷愈发不敢动弹，吓得像被捉住的蝉一般发抖。

从此，贾氏就牢牢控制了司马衷的一切。司马衷继位为皇帝后，贾氏成为皇后，日益泼辣，不仅凶悍，还在外乱交男朋友，更因为她的胡作非为，种下了八王之乱的祸根，造成了西晋的灭亡。

杨皇后与小杨皇后

晋武帝的皇后杨氏，聪慧善书，姿质美丽，而且长于针线女红（gōng），很得武帝的疼爱。她所生的太子司马衷却愚痴呆笨，武帝屡次想废太子，都被杨皇后阻止。后来，为了替太子找位贤内助，武帝提前为他完婚，又因为杨皇后等人的怂恿，让司马衷娶了貌丑心恶的贾氏，真是一错再错。

杨皇后的身体很差，时常生病，在泰始十年（274 年）的初秋，冷风一吹，她又病倒在明光殿中，延请了各方名医诊治，始终不见起色。杨皇后自宫女口中得知，武帝新宠一位美人胡夫人，她很担心自己死以后，武帝会立胡夫人为皇后，这样一来，太子衷的地位就不保了。

因此，当武帝到榻前慰问病情时，杨皇后虚弱地枕在武帝膝前，吃力地抬起头道："妾死不足以悲，只是有件事，希望陛下能答应妾的请求。"

武帝当时心乱如麻，眼看着一个娇艳的美人儿，病得两眼深凹，不要说是一件请求，就是十件、百件也都会答应，他含着泪不断点头。

杨皇后说："我叔叔杨骏的女儿，也就是我的堂妹，德容兼备，希望我死后，陛下立她为后，这样妾死也瞑目了。"说完，呜咽不止，武帝也不禁放声大哭，紧紧地握着杨皇后的手，表示绝不负约。杨皇后两眼一闭，死在武帝的膝上，死时才三十七岁。

杨皇后去世后，武帝果然把杨骏的女儿立为皇后，人称小杨皇后。小杨皇后非常漂亮，又德行婉顺，武帝就把对杨皇后的思念全投入对小杨皇后的宠爱中。

此时，太子妃贾氏渐渐露出了阴险的面目，由于她不能生育，非常嫉恨其他嫔妃怀孕。有一次贾氏发现太子宫中的一个宫女肚子很大，她一火，拿着斧戟（jǐ）就扔过去，那位怀了孕的宫女随刃倒地，肚子里的小孩当然也死了。如此这般，贾氏竟然一连杀了几个怀有身孕的宫女。

武帝听了消息大为震怒，立刻下令修筑金墉城冷宫，准备把贾氏打入冷宫。小杨皇后在一旁说情："贾氏的父亲对国家有贡献，请看贾充的面子原谅她吧，何况贾氏年轻，难免嫉妒心理重，长大一点，自然会懂事。"武帝一向优柔寡断，又宠爱小杨皇后，此时也不再坚持。

当然，小杨皇后少不得把贾氏训了一顿，贾氏非但不领小杨皇后为她开罪的恩情，反而把黑嘴唇翘得高高的，气愤不已，还以为是小杨皇后在武帝面前打的小报告哩。

晋武帝司马炎，唐阎立本绘。

小杨皇后虽然很有美德，她的父亲——杨骏可不一样了。自从女儿封后了以后，杨骏做到了车骑将军，被封为临晋侯。朝中一些有先见的大臣纷纷以为不可，但是武帝依旧让杨骏享高位，任凭杨骏作威作福。

不久，武帝染上重病，当年的佐命功臣都已去世。杨骏斥退群臣，一手遮天，朝中一切政令都出自杨骏的手，他又擅自更换公卿大臣，一个一个都换为自己的心腹。有人有意见，杨骏立刻怒喝一声：“这是皇帝交办的！”谁也没可奈何。

武帝成天都昏昏沉沉，不省人事。一天，武帝忽然回光返照睁开了眼睛，一看朝廷全换上了猥猥琐琐不像样的臣子，气得大骂杨骏：“你怎么可以如此胡来？”立刻下诏命汝南王司马亮入宫来辅佐王室。

杨骏一面叩头谢恩：“是，是，是。”一面退出门外。他很担心汝南王司马亮来了以后，他就没法控制一切，因此杨骏便对中书监华廙（yì）说：“刚才皇帝下的诏书，请拿来借我看一看。”

谁知华廙把诏书拿给他以后，杨骏竟带回家，把诏书偷偷藏起来。华廙着急得要命，第二天一大早亲自上门来索，杨骏居然说：“什么诏书？我没有看到啊！”

明明知道杨骏狡赖，华廙一点办法也没有，既不能用强力夺回，也不能到处嚷嚷杨骏抢了诏书，何况自己身为中书监，怎可如此不小心，华廙简直快急疯了。

正在此时，武帝不行了，勉强睁开眼皮道：“汝南王来了吗？”当然没有。于是，小杨皇后请奏以杨骏为辅政，武帝也只好点头答应。不久，武帝长叹一声而死，享年五十五岁。

国不可一日无君，傻呆的太子衷即位为皇帝——是为晋惠帝。阴险的贾氏正式成为贾皇后，三十三岁的小杨皇后升为皇太后。

贾后与八王之乱

在上一回《杨皇后与小杨皇后》之中，曾说到晋武帝临终时留下遗诏，由杨皇后的父亲杨骏和汝南王司马亮共同辅政。结果，杨骏故意隐藏了武帝的诏书，一手把持朝政。

杨骏也晓得自己无才无德，又没有威望，实在没什么人愿意信服他。他为了收买人心，就到处封官加爵。皇帝大崩，向来是全国戴孝的，于是有人劝阻杨骏："古来哪有帝王刚去世，臣下就论功加封的呢？"杨骏不听，朝廷上下乱成一团。

晋惠帝司马衷本来就傻傻愣愣的，当了皇帝，大权旁落，他不生气也不在意，可是他的妻子贾后却不能忍耐了。

贾后一向对政治抱有浓厚的兴趣，但上有杨太后，下有杨骏，她插不进手，因此把杨家父女视为眼中钉、肉中刺。最后，贾后的脑筋动到了楚王司马玮（wěi）的身上。

于是，年少气盛、暴戾（lì）凶狠、驻守荆州的楚王玮，勾结宦官，以杨骏谋反的名义，发动了政变。

杨骏得到宫廷内变的消息，十分紧张，召集同党开会讨论。有人建议："放火把宫中云龙门给烧了，然后趁闹哄哄的时候，拥立皇太子为帝，不怕对付不了。"

平常一向阴狠的杨骏迟疑了半天，嗫嚅（niè rú）地说："魏明帝造此宫，花了不少钱，烧掉不太好吧。”正在这时，大军涌入，杨骏府中烧起熊熊大火，各个阁楼上都站满了神射手，对准大门，拉满弓矢，等着杨家的人来送死。杨骏无处可逃，竟然躲入马厩（jiù），惨死在乱刀之下。

贾后怕杨太后会设法营救她父亲杨骏，便命人日夜守候在太后宫外。果然，不久贾后的心腹发现太后从宫中射出一卷帛书，上面写着“救太傅者有赏”，贾后就以此作为“太后与杨骏同谋反”的证据，把杨太后关入大牢，废为庶人（庶人是平常的百姓之意）。

当年，贾后善妒，晋武帝准备将她打入冷宫——金墉城，后来因为杨太后的说情才饶了贾后，贾后非但不知感恩，如今竟把杨太后打入了金墉城。

即便如此，心肠恶毒的贾后还不肯罢休，连杨太后的母亲庞氏也不肯放过。杨太后哭着跪下来向贾后求情，甚至以太后之尊称自己为“妾”，贾后依旧杀掉了白发皤（pó）然的庞氏。

杨太后被关进了金墉城，最初贾后还拨了十几个侍婢供她使唤。后来贾后撤去了侍女，连日常膳食也中断了，可怜的杨太后活活被饿死，死时才三十四岁。贾后坏事做多了，难免疑神疑鬼，她老是担心，杨太后会向阴间的晋武帝诉冤，那么，晋武帝的鬼魂会来找她算账。所以贾后从巫婆那儿弄来符咒、药物盖在杨太后的尸体上。

这一次贾后发动的政变死了数千人之多，当时有一个太学生听说恶媳妇逼死婆婆的事后，长叹一声：“哎！世界无道，怕要天下大乱了。”

果然，贾后前脚与楚王司马玮合谋杀了杨骏，一不做二不休，又合谋杀了汝南王司马亮，后脚就反过来把楚王司马玮杀掉。此时赵王司马伦不满意贾后，也出兵为乱，攻入京城，杀掉了贾后。

此后乱事愈牵扯愈多，从贾后杀掉杨骏（元康元年，291 年）到东海王司马越辅政（永嘉元年，307 年），整整十六年间司马氏兄弟互相砍杀，史称八王之乱，其实绝不止八王，这八个只是比较重要的。

为什么晋初的八王之乱会演变得这样惨呢？原来晋武帝初得天下的时候，东吴没有平定，再加上领土广大，交通不便，于是晋武帝大封同姓子弟为王，给他们土地、人口、甲兵，希望这些宗室能成为朝廷的屏障，万万没有料到兄弟们竟依仗着雄厚的实力火并。

八王之乱，选自《东西晋演义》。

自从八王之乱开始，西北的羌人也不安分，同时西晋又连年发生水灾，老百姓的生活痛苦不堪，晋惠帝还是不改他的昏愚。

有一天，一个臣子向他报告有百姓饿死，甚至发生人吃人的惨事，臣子摇着头说："可怜哟，许多人已好久没有尝过米饭的味道了。"

"哦？没有饭吃？"惠帝奇怪地问，"他们为什么不去吃肉糜（就是肉丸子）？"

惠帝平日最好吃肉糜，所以才有此一问。他哪里晓得，一般百姓逢年过节才有点肉丝可塞牙缝，现在闹饥荒，能活下去就不错了，怎么还敢想吃肉？这也说明惠帝生在深宫中，根本不明白百姓的疾苦。

惠帝就是如此昏愚。难怪晋朝才传到第二代，交到他手里，国家元气已大伤了。从八王之乱的故事里我们发现，中国人说"家齐而后国治"是很有道理的，晋朝皇帝的家事一塌糊涂，儿子呆笨，媳妇乱来，宗室跋扈，难怪国家一蹶不振。

小小女英雄——荀灌

八王之乱，晋惠帝一筹莫展，百姓痛苦万分，这些都是意料中的事，早在晋武帝选中司马衷（惠帝）为太子时，朝臣们已忧心忡忡，因为司马衷出奇的笨。

其中有个叫卫瓘的大臣几次想上奏废太子，话到嘴边又忍下来了，因为这不能随便乱讲的，搞得不好，脑袋可要搬家的啊。一次，武帝在凌云台赐宴，宴会完毕，卫瓘假装喝醉了，跪在武帝的床前说："臣有话禀奏。"

武帝问："你想说什么啊？""我……我……"卫瓘一连说了三次，还是不敢说。最后，他用手抚着龙床道："这张床可惜了。"

武帝一听，心里自然有数，担心卫瓘再讲下去不好看，连忙喝止道："你恐怕酒喝多了吧？"卫瓘从此不敢再提废太子的事。

惠帝即位以后，果然不是一块当君王的材料，再加上连年旱灾，蝗虫为虐，到处闹饥荒，到了人吃人的地步，许多父母养不起小孩，只有忍痛卖掉。惠帝元康七年（297 年）竟下了一道诏令："骨肉相卖者不禁。"意思就是准许父母出卖自己的子女。

一些灾荒特别严重的地区的居民，只有弃家逃难，可是邻近地区的光景也不好，他们只有逃亡到更远的地方。当他们初离本土之时，身上或许还带有少许钱财，经过几次逃亡以后，口袋里空空如也，老的、弱的禁不起辗转流离之苦，一个一个死了，留下年轻力壮的，他们没有了生路，加上满肚子的怨气，只有当土匪。

中国人向来爱好和平，在太平盛世谁都不愿当土匪。而且我们自古有个观念，看重“家世清白”，一个人再穷都没有关系，人穷志不穷。可是，万一哪家出了一个土匪，表明家世不清白，将会祸延子孙，被人瞧不起，这也是维系社会安定的一个力量。

当时，晋初的饥民可说是被逼上梁山，家里的人饿死了，自己也不容易活下去，于是，只好丢弃“祸延子孙”的想法，把心一横，当土匪去了。他们到处攻城剽（piāo）邑，杀人放火。

到了后来，土匪的势力愈来愈大，全国各地都不安宁。襄城是古来比较富庶之区，自然也是土匪心目中的好目标。有个姓曾的土匪带人把襄城团团围住。

当时襄城太守荀崧，是晋初有名望的读书人，他率领官员百姓死守城池已有数月之久，眼看着粮食马上要吃光了，城外的土匪仍虎视眈眈，荀崧心里头很着急。

于是，荀崧召集襄城的文武官员开会商讨，讨论来讨论去，大伙儿都皱着眉头，大眼瞪着小眼，一片茫然。

“有了！”荀崧说，“我有一个朋友，名叫石览，驻守在大约一百里外的地方，如果向他求援，我想他会答应的。”

“那么谁去送这个消息呢？”其中有一个官员发问道。

立刻有人接口道：“对啊，一出城门，外面就是土匪，岂不是死路一条，太危险了。”

“是啊，太危险了！”众人都缩着头，大厅上又一片死气沉沉。

“没有自告奋勇的人吗？”荀崧向大家发问。没有人回答，四周静悄悄的，襄城的命运实在危险。

忽然，从大厅后面窜出一个女孩，拉着荀崧的衣袖说：“爸爸，没有旁人去，不如我去！”

所有的文武官吏都瞪大了眼睛。

“灌儿，不许胡闹，我们在谈正经事。”荀崧严肃地呵斥。

“我才没有胡闹，我愿意出城向石伯父求援。”荀灌双手叉着腰，帅气十足。

文武官员交头接耳，议论纷纷。有一个人高声反对：“向石将军求援是件大事，我们岂能把全城性命交给一个十三岁的小女孩？”

“好，我不去。”荀灌也提高了声音，“你们谁愿意去，赶快站出来。你们个个都不敢去，又不相信我，那么，只有等土匪攻破襄阳，谁也活不了。”

“各位，”荀崧下了决定，“灌儿说得也有理，事到如今，我们不能束手待毙，只能让灌儿一试了。”

晋代女俑，江苏省南京市出土。

于是，这天夜晚，荀灌穿了紧身黑色劲装，带了刀箭，准备出发。荀崧交代：“这是给石览将军的信，千万藏妥，一切小心。我挑了几十名壮士随你突围，你好自为之。”

“爸爸放心。”荀灌叩了三个响头，坚毅地说，“等我的好消息。”

“灌儿，”荀崧眼眶湿了，“我真是舍不得让你去冒险，你要记着，别逞强，小心保护自己。”

“孩儿会牢牢记着。”

荀灌不敢再看父亲依依不舍的表情，快步上马，勇往直前。

她带领几十名勇士，希望趁着黑夜，避开土匪的包围。可惜，一出门，土匪立刻发现了他们，双方展开激战，战斗之中，荀灌带去的勇士牺牲了不少。

荀灌年纪小，行动快，由于她平日喜欢骑快马，又对附近地形十分熟悉，一溜烟地逃入鲁阳山，甩掉了土匪的跟踪。

荀灌翻山越岭，快马加鞭，终于到达石览将军的基地，呈递了求救信。

石览对荀灌说："我愿意帮忙，可是兵力不足，得请南中郎将周访协助。"

"我用家父的名义向周伯伯求援。"荀灌允文允武，立刻濡（rú）笔写信。

周访接到快信，命儿子周抚带三千人马与石览的兵力会合，共同营救襄城。

土匪听说了消息，自知不敌，没等到大军前来，自动撤回了襄城附近的队伍。

石览与荀灌神气地骑马入城，襄城百姓都围在城门附近，瞻仰这漂亮的小小女英雄。

荀崧热情地握着石览的手："谢谢石兄搭救。"

石览笑道："该谢谢你的宝贝女儿。"

荀崧嘉许地摸摸荀灌的头："灌儿真勇敢。"

永嘉之乱与祖逖

八王之乱，是中国历史上封建宗室之乱中规模最大、时间最久、牵涉最广的一次骨肉之祸，整整大闹了十六年，中央和地方的政治及社会秩序完全被破坏。其间，胡族势力乘机扩大。其中势力最大的是匈奴、鲜卑、羯（jié）、氐（dī）、羌等五族。

西晋政治败坏，壮大的胡人乘机作乱。永嘉五年（311 年），匈奴兵攻进了首都洛阳，俘虏了晋怀帝（惠帝已被东海王司马越毒死，怀帝是他的弟弟）。匈奴兵杀了太子、诸王、百官等三万多人，造成历史上的惨剧，历史上称之为“永嘉之乱”。

晋怀帝被俘虏了以后，有一天，匈奴王刘聪在光极殿请客，命怀帝穿着百姓的破旧青衣，一一为客人斟酒。晋朝的旧臣庾岷（yǔ mín）等看了心酸，悲愤得号啕大哭，这使得刘聪非常厌恶。哭声表示人们心目中还思念晋朝，万一日后他们再拥立怀帝就不妙了，因此刘聪一不做二不休，杀掉了怀帝及庾岷等人。

怀帝被杀以后，晋朝的臣子拥立愍（mǐn）帝在长安即位，不久也被匈奴击败，西晋就正式灭亡了。这时西晋大批的贵族、百姓纷纷迁往江东，形成一次民族大迁移，历史上称之为“衣冠南渡”。

竹林七贤的放荡作风是西晋人所羡慕的，虽然这七个人在西晋时代都已死去，但他们留下来的颓败风俗却随着名流渡江而南下。因此当琅邪王司马睿（晋元帝）在建邺（后改称建康，今江苏省南京市）建立东晋时，已注定了东晋失败的命运。

东晋的士大夫放荡纵欲，没有责任感，却自以为清高脱俗，但在乱世之中竟也有爱国的“俗人”——祖逖（tì）。

祖逖小时候家里环境很不错，祖上留有不少田财。他为人慷慨大方，极关心乡里贫苦的邻居，经常拿出稻谷衣帛周济贫苦，深得乡党同族的敬重。

长大以后，祖逖博览书籍，时常往来于京师之间，看到他的人都说他英气勃勃，日后当有一番作为。

祖逖和刘琨（kūn）都是司州主簿，两人很谈得来。当时的一些年轻人

祖逖，清周慕桥绘。

在一起都喜欢说些玄妙的怪理。祖逖和刘琨可不，他们具有男子气概，经常讨论国家大事，对时局的混乱非常忧心。

一天，他俩同被共寝，忽然听到荒野中传来“喔喔”鸡鸣，祖逖一脚踢开了棉被，叫醒刘琨：“起来吧，让我们来练练身体，以备日后报国之用。”

于是，他们二人拿着剑，对着寒风，起劲地舞起来。从此天还未亮，只要公鸡一叫，他们便闻鸡起舞，有人笑他们：“神经病，在被窝里多待一会儿不好吗？”庸碌凡俗的人怎能了解他们二人的雄心壮志？

过了不久，京师大乱，祖逖率领数百家亲戚朋友往淮泗避难，一路上祖逖把车马都让给同行老弱，自己徒步而行；药材、衣物、粮草也毫不吝啬地与众人分享，大家感激得说不出话来。逃难途中遇到不少土匪，祖逖都好心地收留他们，待他们像子弟一般亲切。许多人不以为然，警告祖逖：“当心这会损害你的名誉！”祖逖完全不以为意，他说：“土匪也是被逼的，他们又何尝愿意当土匪？”

这时候，琅邪王司马睿刚在江南即位。晋元帝的得位，完全是时势所造成的，依靠祖宗的门荫而得到的，能保命已经不错了，哪儿还想得到北伐统一全国？

祖逖本着一腔热忱对晋元帝说：“西晋的灭亡，并不是由于君主的暴虐引起人民的反叛，而是因为诸王彼此相斗，使得戎狄有机可乘。现在北方的人民都不满胡人的统治，如果皇上让我为统帅，率兵北伐，我相信一定可以一雪国耻！”

一方面晋元帝根本没有北伐心思，他只想偏安江南；另一方面过江的百姓没有报户口，政府没法子抽税，租税是随意乐捐，也找不到壮丁当兵。财政困难加上士兵缺乏，晋元帝只得任命祖逖为豫州刺史，勉强给了祖逖一千人的粮食，三千匹布，也不给铠仗，让他自己去设法取得。

换了别人可能会知难而退，但祖逖是一个有毅力的人，他率领了家乡部曲渡江北上，船开了一半，祖逖拿着楫（jí）敲击船舷发誓说：“祖逖要

陶坞堡，广州东郊东汉墓出土，中国历史博物馆藏。

是不能清中原得到胜利，那我便如江水一去不返。”表现了视死如归的精神。同伴们也知此去是明知不可能成功，还要拼死一战，个个都慨叹不已。

祖逖渡过长江，在黄河以南与羯族领袖石勒发生激烈战争，由于祖逖获得河南地区许多坞（wù）堡主人的拥护，他的势力逐渐扩大。

所谓坞堡是晋室南迁时，留在长江以北的汉人，为了自保，不被胡人杀戮，而建筑的防御性的城堡，坞堡内有自己训练的军队，也从事粮食生产，所以很有力量。

黄河以南的地区大部分被祖逖收复。石勒也很佩服祖逖的领导能力，特别下令替祖逖的母亲修墓（祖逖的老家被石勒控制）。

祖逖整军经武，安抚百姓，和胡族苦战了八年，战果辉煌，正准备挥兵渡过黄河，继续北伐，不料，晋元帝忽然派遣戴渊为都督，坐镇淮阴，命令祖逖接受戴渊指挥。戴渊在江南虽有名望，但完全没有军事能力，更没有积极进取的志向，祖逖觉得十分失望。同时，又听说京师（南京）之内大臣不和，明争暗斗，恐怕会变成内乱，祖逖身在前线，忧心忡忡。

在焦虑煎熬之下，祖逖生了重病。祖逖自知不久于人世，望天长叹：“我正准备渡过黄河，收复河北，老天爷却要我死，真是不保佑我们国家啊。”

不久，祖逖去世，年仅五十六岁。河南地区人民如丧考妣（bǐ），哀痛极了，还为祖逖建了祠堂，供后人瞻仰。

西晋亡于无耻

西晋仅仅传了短短五十二年就灭亡了，除了政治败坏以外，最主要的原因是风俗颓唐，士大夫毫无廉耻之心。

例如王衍是西晋时代响当当的人物，被人们仿效的对象，却是“男无气节”的代表。

王衍相貌清秀，风姿安详娴雅，是人们心目中的美男子。有次竹林七贤之一的山涛看到王衍，惊为天人，酸溜溜地说：“是什么人能生出这样的美人，但是误尽天下苍生的，未必就不是他！”

小杨皇后的父亲杨骏曾经想把他的一个女儿嫁给王衍，王衍竟然不肯。晋武帝曾问王戎：“当代之中谁可和王衍相比？”王戎答：“没有人能比得上他，要比只有从古人中去寻找了！”这一比把王衍的身价抬得更高了。

王衍有才名又有美貌，十分得意，自比为孔子的学生子贡。他喜欢谈一些虚幻的道理、老庄的哲学，也就是时髦的清谈。

王衍清谈，特别引人注目。为什么？因为他太俊美了。美到什么程度？据《晋书》上记载，西晋人清谈时，喜欢手上拿着一支拂尘，边说边甩，长长的流苏一晃一晃，把人衬托得有如神仙般飘逸。而王衍皮肤细白，和拂尘的玉柄是一个颜色，远看简直分辨不出玉柄和玉手。西晋人士最崇拜小白脸，王衍又白又嫩，所以广受欢迎。

清谈的人都口谈浮虚，不遵礼法，当然也没有什么做人做事的原则。

西晋名士手挥拂尘清谈，选自明刊本《樱桃梦》。

王衍就是这样，遇到情势不对，立刻见风转舵，投机讨好，绝对不坚持立场和原则，当然，更谈不上正直与正义。社会上一般青年都很羡慕王衍，也学他的浮华放荡。

王衍的妻子郭氏，是贾后的亲戚，借着这层关系，奢侈贪鄙，爱钱如命。王衍自命淡泊，从来不肯碰钱。

一天，郭氏为了试验王衍，趁他睡觉时，命婢女把钱绕着床围成一圈，让王衍通不过，要通过则非碰钱不可。王衍早晨起来看到钱，气得对婢女说："快把这些阿堵物拿走！"连"钱"这个字眼都不肯讲！王衍本身不贪污，但坐视妻子大收红包，似乎也说不过去。

后来，胡族来攻，洛阳城危在旦夕，大家纷纷避难。王衍却把车、牛统统卖掉，表示绝不远逃。王衍这不是要为晋朝尽忠，与洛阳共存亡，原来他另有安排：

胡人石勒一进洛阳，王衍不但没抵抗，反而立刻热情地迎接胡人军队入城，劝石勒称皇帝。

石勒把王衍叫到幕下问："你身为晋朝太尉，怎么使国家乱到这个地步？"

王衍胸有成竹，从容不迫地回答：“我不过备位而已，朝廷里大小政事都由亲王掌理。至于晋朝危乱，这是天意，天意要石将军当皇帝！”王衍自以为马屁拍到家，含笑望着石勒。

没料到石勒掀须狞笑道：“瞧，你年纪轻轻就在朝廷当官，到了年纪大时，身居重任，名扬四海，却说自己不过备位而已，天下大乱，就是你们这些混蛋搞出来的！”

这番话说得王衍哑口无言。他虽然身居要津，却从来不负责任，任由部下胡作非为，王衍引以为荣，没想到被石勒指为罪名。

石勒嫌王衍讨厌，无大丈夫之气，把王衍和一群俘虏赶到房间中监禁起来，然后叫兵士合力把墙推倒，所有的人都被活活压成肉饼。王衍在临死前后悔地说：“我们虽比不上古人，但如果不慕浮虚，实实在在治理天下，也不会到今天这个地步了。”

王衍是“男无气节”的代表，让我们再看看东晋时代“女无贞良”的风气：

八王之乱发生不久，赵王司马伦杀掉了贾后，惠帝另立羊氏为皇后。

永嘉五年（311年），胡人石勒打败十余万晋军，匈奴首领刘曜（yào）攻入了洛阳城，是为“永嘉之乱”。刘曜进入内宫，一眼便瞧见如花似玉的羊皇后，羊皇后也立刻笑嘻嘻地迎上前去。

不久，刘曜当了皇帝，羊皇后也做了刘曜的皇后，再次荣登皇后宝座。

一天，刘曜好奇地问：“我比你前任的丈夫，那个姓司马的如何？”

“皇上怎么好与那个司马蠢材相提并论？”羊皇后娇嗔地白了刘曜一眼，“陛下是开国圣王，那司马蠢材连他自己、儿子和我三人都保不住。乱事发生以后，我简直不想活下去了，哪晓得会有今天。哎呦，自从认识你以后，我才了解什么叫大丈夫！”说着，不胜娇羞地向刘曜靠去。

男无气节，女无贞良，国家怎能不亡？

王与马共天下

在讲到东晋初年的政治时，我们常会听到“王与马共天下”这句话，意思是说王家的亲族子弟和司马氏（晋朝的皇帝姓司马）共同掌有天下大权。王家的人如何能成为左右朝政的一股力量呢？这要从王导说起。

在晋元帝尚未称帝，还在当他的琅邪王之时，王导便是琅邪王的心腹谋臣。王导很有远见，他早看出西晋不保，天下已乱，劝琅邪王集结力量，兴复国家。

当西晋最后一位皇帝愍帝被害的消息传到江南以后，琅邪王听从王导的建议，改元称帝，是为晋元帝，建都于建邺。

元帝即位以后一个多月，江南地方的士人竟没有一个人上朝去拜见元帝，这使元帝万分尴尬。原来当地人早已习惯“天高皇帝远”的生活，拥有一股本身的实力，对新上任的元帝不怎么服气，也不愿意附和，王导为此十分忧愁。

正好这个时候，王导的堂兄王敦来了，王敦是个大将军，在江南一带很有名气。王导对王敦说：“皇上虽然有仁德之心，到底名望不够，分量嫌轻。你如今威风凛凛，想请你帮个忙。”

于是，王导安排了一次游行。这时刚好是阴历三月三日去观禊（xì）的日子，元帝神气地坐在轿子上，很有帝王威仪，王敦、王导各骑着一匹骏马，“嗒嗒嗒”紧紧跟着，后面还有一支长长的队伍沿路敲敲打打，许多江南人纷纷跑出来看热闹，街上挤成一团。

本来不肯去朝见皇帝的士绅纪瞻、顾荣这些有名的望族，看到元帝的风采，特别是后面那位王敦大将军，是人们所熟悉的，便跪拜在道路两旁。老百姓看到顾荣等人都如此尊敬元帝，也都纷纷拜倒在道旁。

王导又向元帝献计："古时的君王，莫不宾礼故老，虚心求教。现在天下丧乱，九州分裂，正是需要人才的时候，我们应该先争取当地的望族才是。"于是，元帝派人把士绅们请了来，晓以大义，从此百姓逐渐归附，勉强维持住偏安的小康局面。

不久，洛阳沦入胡人之手，中原地方大批人民南渡，王导积极抚辑流民，并且挑选其中贤人君子参与国事。

这时，有个叫恒彝（yí）的刚渡江，看到朝廷衰弱，不像可以匡济中原的样子，非常失望，对他的朋友道："我千方百计逃到这里，没想到就是如此局面，难成大事！"

可是，等到恒彝见过了王导，看到王导充满信心、奋发积极的样子，又改口道："我好像见到春秋时代帮忙齐桓（huán）公建立霸业的管仲了，我不再忧虑了！"

这些自中原避难到此处的人士，每逢佳节经常相邀在新亭饮酒聚餐，以叙愁闷。

王导，选自《历代名臣像解》。

一次宴饮时，坐在首位的周顗长叹一口气道："江南风景如画，仍然和以前一般美丽，只是中原河山却换了主人啊！"说着眼泪都掉了下来，在座者想起故国，也纷纷举起衣袖抹眼泪，心中都有说不出的悲哀。

其中只有王导立刻变了脸色，很生气地指责众人："我们应该各尽自己的力量，效忠国家，光复神州，如此'楚囚相对'是干什么？"

"楚囚相对"是《左传》中的一个故事：晋侯在军府，看到一群人戴着脚镣手铐，相对哭泣，满脸无可奈何的彷徨样儿，就问旁边的人："这些人是做什么的啊？"旁人回答："这是郑国献来的楚国囚犯啊！"以后，楚囚对泣被后人引用为窘迫无计的意思。王导责怪这些过江人士，国家还没有亡，倒像囚犯一般唉声叹气，实在骂得有理。

然而东晋受西晋清谈的影响太深，没有几个人像王导般有热情，有救国救民的理想，所以东晋始终国势衰弱。

王导在朝中握有大权，他的堂兄王敦又被任命为扬州刺史，更因讨平蜀贼有功，声威显赫，控制着武昌上游。一时之间，王家的亲族子弟，多半做到高官显爵，甚至可以和皇室分庭抗礼，所以当时江东人有句谚语"王与马共天下"。这造成日后天子无权，权在豪门大族的畸形政治局面。

王导与王敦

在晋元帝即位之初，他对王敦、王导兄弟非常信任，也因此江左才形成一个小康的局面。后来，王氏的威权日益升高，造成“王与马共天下”的局面，元帝逐渐起了猜疑之心，王敦也露出了谋反的意图。

王敦虽是中兴名臣王导的堂兄，但个性与老成持重的王导大不相同，王敦娶了晋武帝的女儿襄城公主，官拜驸马都尉、太子舍人，一向很有公子哥儿浪荡不羁（jī）的派头。

西晋末年，臣子们喜欢比阔，其中斗得最凶的是石崇和王恺。一次石崇请吃饭，王敦与王导兄弟都被邀请。酒宴之时，石崇命一群女伎在旁演奏音乐，以娱嘉宾，其中一名女伎不小心，吹的笛音稍稍走了调，石崇大发脾气，认为有失颜面，当场把女伎活活打死。在座的客人都看得心惊肉跳，很受不了如此待客之道，只有王敦依然笑声朗朗，完全不当一回事。

过了没几天，石崇又请客，王敦兄弟再次赴约。石崇这次想出了一个新主意：他派了许多美丽的婢女去向客人敬酒，如果客人不干杯，表示美女不够体贴，没有尽到责任，就要把美女杀掉。

由于有上次的例子，人们知道石崇说到会做到，为了怜惜美女，大家都是浮一大白，喝得杯底朝天，而且把杯子高高举起在头上绕一圈。

等到美女敬酒到王敦、王导的桌前，当美女笑盈盈地捧起金爵敬酒，王敦竟然故意把脸朝向别处，装成不懂的样子。

“大人，请。”美女一连敬了几回，王敦还是一脸傲然，动也不动。美女一急，眼圈红了，所有的人都很紧张地望着，为美女的性命捏一把冷汗。

坐在王敦身旁的王导着急万分，他因为自己向来不能喝酒，频频催王敦：“快干啊，快干啊！”王敦还是不理，似乎存心要美女去死。

“哎呀，没办法。”王导急坏了，一把抢过酒杯，咕噜咕噜一干而尽。喝完以后立刻醉得摇摇晃晃。

当王导踉踉跄跄回去以后，忍不住为王敦的刚愎（bì）残忍深深叹息。

王敦的眼睛阴狠狠的，远远望去像一个黑黑的洞。潘滔有次见到王敦的目光冷酷无情，说了一句评语：“王敦的蜂目已露，只是豺声未振，若不噬（shì）人，也当为人所噬。”

王敦聚兵谋反，东晋大臣温峤屡次好言相劝，《永乐大典》插图。

果然，当王敦做了荆州刺史，统率了六州军事，坐镇上游以后，逐渐显出了跋扈的本色。元帝为了对付王敦，就起用刘隗（wěi）作为镇北将军，以防止上游军队的叛变。

这个时候，祖逖正在北伐，急需要后方支援，哪知道朝廷非但不能共御外辱，反而处心积虑防止内变，祖逖因此忧愤而死。不久，晋元帝逝世，晋明帝即位。

明帝即位以后，内外大权几乎都落入王敦之手，所幸王敦不久病重，王导突然在京师宣布王敦已经去世，然后明帝下诏讨伐王敦，平定了这一场乱事。

东晋好不容易撑起的局面，因为一场王敦之乱，又走向衰败的命运。然而王敦其人在当时仍是人们所羡慕的对象，他口不言财利，尤其喜欢清谈，更能击鼓。当他振起衣袖打起鼓来，音节谐韵，神气自得，旁若无人，大家都夸一声："雄伟，爽利，好！"

由于东晋的风俗颓唐，对这些一挥千金的公子哥儿大家都很崇拜，所以谁有什么豪举无不津津乐道。

例如石崇喜欢以奢豪骄人，连厕所都布置得美轮美奂，撒上甲煎粉、沉香汁，到处都是香喷喷的，另外还有十几名国色天香的婢女伺候如厕。不但如此，每有客人上一回厕所，石崇就叫婢女帮忙换一套新衣，客人都觉得不太好意思。

这些都反映了当时社会的奢靡、腐化和没有朝气，东晋在这种社会风气之下，怎能够北伐中原，收复失土呢?

“八达”荒唐的故事

前面说过，竹林七贤的放荡作风，造成了社会颓废的风气，间接导致西晋的衰亡。到了东晋，清谈玄风愈演愈烈，从当时“八达”（八个放达的人）的小故事，我们可以看出东晋的社会风气。

谢鲲（kūn）是个好色之徒，他邻家有个姓高的女孩长得花容月貌，谢鲲对她很感兴趣，每次见到总要讲几句轻薄话儿。

姓高的女孩对谢鲲极为厌恶。一次谢鲲又死皮赖脸前去挑逗，嘴里讲些不干不净的话，把她惹火了，她回去拿了织布用的梭，对准谢鲲射了过来，不偏不倚敲掉了谢鲲的两颗门牙。

从此，“缺牙”成了谢鲲的标志，邻人都觉得好笑，谢鲲还骄傲地说：“这有什么？不妨碍我长啸高歌。”说着又唱起来，颇以风流自豪，以“无齿”自许。

“八达”之中有的好色，有的贪财，他们有一个相同的爱好，那就是喝酒。

毕卓是吏部郎，常因喝酒误事。有次晚上他又偷偷摸摸到了藏酒的瓮间开怀畅饮，或许是喝得太高兴了，咕噜咕噜声惊醒了看酒的人。掌酒者把毕卓五花大绑捆了起来，生气地说：“我说呢，瓮里的酒原来是你这小子偷的，难怪经常无缘无故地短少，明早再好好处置你。”

第二天一大早，天亮了，掌酒者也看清楚了，原来偷酒的梁上君子竟是毕吏部郎，吓得连忙松绑，再三赔罪。毕卓也不脸红，继续痛饮，直喝到酩酊大醉才离去。

毕卓曾经对人说：“我生平有一个大愿望，装满一船的美酒，船头船尾放上四时甘味，右手拿着酒杯，左手持着螃蟹大嚼，能够如此，死了也甘心……”

毕卓，选自《清刻历代画像传》。

毕卓的心愿赢得许多人的赞同，在他们看来，天下最值得追求的正是美酒。因为中国士大夫数百年来，受了礼教的拘束，没有办法一下子脱离礼教，变得浪漫狂放，而晋代的公卿大夫又非要得到狂放之名，表示自己不同流俗，只有借酒壮胆，饮酒乱性。

“八达”为了得到“放达”的美名，经常聚在一起喝酒，喝得昏天黑地，披头散发，然后脱光衣服，放浪形骸。

光逸有次去晚了，其他几个人已喝了几天几夜，他想要加入，偏偏守门的不让他进去。

急中生智，光逸在门外脱光了衣服，把头钻在狗洞中汪汪大叫。

胡毋（wú）辅之等听到声音，伸头一望，看到这种疯狂场景，胡毋辅之笑着拍手道：“这一定是光逸了，旁人绝对做不出这样的事。”赶快开门把光逸请入。

光逸一进门，大家都笑着称赞他：“真有你的，如果不是我们八达，还做不出这等妙事。”然后饮酒作乐，不舍昼夜。

因为当时的人都很羡慕“八达”的名声，于是也学着“八达”的样儿，希望打开知名度，王澄就是最好的例子。

“八达”动不动就喜欢脱光衣服，表示自己放达，而且自谓“复归于婴儿”，纯洁又返归自然。

王澄被任命为荆州刺史，上任之前，许多宾客前来道贺，王澄一看客人把房间塞得满满的，心想这个好机会不要轻易地放过了。

于是王澄到了门外，把上衣一件一件地脱去，脱光以后竟爬到树上去了。客人们都看得目瞪口呆，接着王澄又把头伸到鹊巢里去张望，玩弄着巢里的鸟蛋，一脸严肃的神情，好像自己在做一件了不起的大事，完全旁若无人。

王澄的举动实在是幼稚无聊，而且也不顾礼教。当时，凡是敢做不顾礼教之事的人，都受到人们的喝彩，所以，王澄裸体上树玩鸟蛋的举动可轰动了整个京师，人人争着传颂王澄脱衣上树的故事。后来，王澄到了荆州当刺史，也是日夜纵酒，不理政事，因为这样才称得上时髦，但其实是放荡和不负责任。

中原大乱，元帝建立东晋后，一般人不晓得卧薪尝胆一雪耻辱，依旧仰慕谢鲲、王澄等人的狂放，甚至自暴自弃，努力地去追求个人的享乐，东晋的人还认为贪污纳贿是应该的，是最好的致富之道。

在这种情况下，金钱成为测定价值的最高标准，人格的高低，学问的深浅，才干的有无都可以用金钱测定。当时有一个书生鲁褒看到风俗贪鄙的现象，写了一篇《钱神论》，讽刺人们的爱财如命。

鲁褒在文章中说：“钱之为体，有乾坤之象，内则其方，外则其圆……亲之如兄，字曰孔方。”古人的铜钱是一枚圆币，中间有一个方洞，因此他戏谑地称之为“孔方兄”，这也是今天我们把钱称为孔方兄的由来。

陶侃收集木屑

东晋的政风颓废，陶侃（kǎn）是晋代少数正直的官吏之一，今天我们来看看陶侃一些脍炙人口的小故事。

陶侃的父亲很早就去世了，他和母亲过着清苦的日子。和陶侃同郡的范逵（kuí）素来有名声，被选为孝廉。一天，范逵到陶家来投宿，当时大雪纷飞，陶侃家中一无所有，穷得像个空空荡荡的破瓶子，而范逵的侍从、仆人加上马车来了一大堆，拿什么待客呢?

范逵的车马近了，陶侃急得搓手叹息。陶母沉着地说："你只管放心去留客人，我自有法子。"

有什么办法呢?陶侃心里想着，又不能变魔术啊。没想到到了晚饭时，陶母果真变出一盘盘的珍馐（xiū）美味，而且一连几天，范逵和他的侍从都吃得眉开眼笑，摸着肚子叫好。

原来陶母情急之下，把她一头乌黑油亮、直拖到地的头发剪了，拿去卖掉换了酒菜；砍了台子作为柴火；割了席子作为马草，这才供得起贵客。

后来，范逵晓得了，极为感动，他称赞陶母的贤德，同时对陶侃的才思敏捷又万分佩服。到了范逵告别时，陶侃一路送了百里之遥，范逵说："已经很远了，你可以留步。"陶侃还是坚持再送一段。等范逵到了洛阳，就到处宣扬陶侃的美名。

因此，陶侃被举为孝廉，但因为他出身寒微，东晋人多半是势利眼，

陶侃母剪发买酒，招待贵客，选自明刊本《闺范》。

当陶侃到了洛阳去看张华，张华对他很不礼貌。他去拜望一位同乡，同乡竟羞辱道：“我怎么能和小人同车？”

但是陶侃不为恶劣环境所困，努力奋斗，曾为南蛮长史，破妖贼张昌之乱；继为江夏太守，平陈敏之乱，又为国家立了很大的功劳。他在广州之乱平定以后，政清无事，每天一大早起来，把一百块大砖搬运到斋内，到了晚上又把砖搬回去。

旁人看了好生奇怪，问道：“陶刺史要搬砖，随便派个小兵搬就可以了，何必如此费力，太辛苦了！”

陶侃笑着说：“你误会了，我搬砖是为了练身体，现在中原尚未平定，我恐怕自己生活优逸，精力懈弛，将来不能任事。”

他不但勤勉，而且俭朴，担任荆州刺史时，常命令造船的官吏把锯下的木屑，不论多少，全部搜藏放好。大家都莫名其妙，但因为长官有令，也不敢不照着做。

不久，积雪融化，天气放晴，厅堂前面的院落湿漉漉的一片满是烂泥，脚一踩便陷了下去，行走相当不便。陶侃派人用木屑覆在地上，如此一来，连车马都可以通过了，人们这才明白陶侃是有备而做的。

官府里平常用的竹子留下许多厚头（竹子的根部），陶侃下令不许扔，到了后来竟堆积如山，人们怨道：“小气过了头，自找麻烦。”

可是等到桓温要伐蜀时，这些厚头刚好用来作钉，大家又钦佩陶侃懂得利用废物。

一次，陶侃出外游玩，远远看到一个人持着一把未成熟的稻子，一边挥舞，一边哼着小曲。

陶侃叫住了行人：“你拿着这把稻干什么？”行人若无其事地回答：“没什么，路过嘛，好玩就摘了一把。”

“什么？好玩？”陶侃大怒，“你自己不种田，还偷人家的稻穗来玩！”便把行人捆起来，结结实实打了一顿屁股。因为他重视农事，所以军民勤于稼穑（sè），家给人足。

陶侃运砖，选自《马骀画宝》。

陶侃最恨赌钱，曾把赌具扔掉道：“民生在勤，大禹圣人，犹惜寸阴，至于我们凡俗，当惜分阴，怎可游玩荒逸，在世时无益当时，死后不留一点名声？这叫自暴自弃。作为君子，应该正正派派穿好衣裳，一举一动要有威仪，哪里可以乱头养望（头发蓬乱来博取声名），反而说自己宏达。”

陶侃这番话是讽刺当时东晋的士大夫王澄脱衣上树，光逸钻入狗洞的轻薄行为。

然而陶侃的话并不能使东晋人觉悟，他们仍然向往浮华，看重门第。陶侃刚出道时，固然受到种种奚落，就是到了后来陶侃做了征西大将军，因讨伐苏竣，立了大功，那时他已七十高龄，仍有人看不起陶侃的出身，还骂他为“溪狗”（因为陶侃的乡里正是溪族杂处区）哩。

佛图澄法力无边

佛教在汉代已经传入中国了，但直到魏晋时代才在中国盛行。此与当时的时代背景以及佛图澄的推行大有关系。

魏晋时代的老百姓天天过着悲惨的生活，又眼看着贵族名士过分的享受与奢靡，他们只会成为贵族娱乐的牺牲品，他们悲观而绝望，渴求一种新的人生观来抚慰心灵。

一个人在悲观痛苦时，常常产生神秘心理，此时人们发现国家不能拯救他们，皇帝不能拯救他们，官吏不能拯救他们，名士不能拯救他们，于是在水深火热的战乱中，他们很欢迎外国神，一种全新的宗教——佛教。尤其佛教是讲来世的，人们可以把希望寄托在下一辈子，以忍受今生今世的折磨。

佛教是由北方流行到南方的，其中有个叫佛图澄的和尚对推行佛教极有贡献。

据《晋书》的记载，佛图澄是天竺人［实为西域龟兹（今新疆库车一带）人］，本来姓帛。他在永嘉四年（310 年）来到了洛阳，自称活了一百多年，能够几天几夜不吃不喝。佛图澄的肚皮上有一块中间白色、四围黑圈的圆孔，很像是肚脐眼儿，里头塞了一团白棉絮，奇怪极了。

每天晚上，佛图澄念书时，他就把白棉絮慢慢拉出来，放在一旁。圆孔里竟然发出一闪一闪的亮光，照耀全室，佛图澄便就着“自来光”看书写字。

每当斋戒之时，佛图澄便从这个圆孔中，把热烘烘的五脏六腑全掏了出来，用水冲洗干净，然后逐一放回腹中，塞好棉絮。

后来永嘉之乱，匈奴攻入洛阳，杀戮极惨，许多和尚被害，佛图澄投奔到石勒手下大将郭黑略家里避祸。

从此郭黑略每次随石勒出外征战，总能事先预卜胜负。石勒觉得奇怪，把郭黑略找来问："我实在看不出你有什么出众智谋，为什么每次都能知道行军的吉凶？"

郭黑略回答石勒，有个和尚叫佛图澄，灵验得很。石勒立刻召来佛图澄，试验他的本事。佛图澄取来一钵（bō）清水，烧起一钵香，口中说了一些旁人听不懂的咒语。

说也奇怪，只见钵中冉冉生出一株青莲花，孤挺美丽，令人吃惊得说不出话来。石勒从此很听佛图澄的话。

不久，石勒从葛陂（bēi）撤军到河北，经过枋（fāng）头镇时，佛图澄对郭黑略说："待会儿敌军会摸黑偷营。"果然，到了三更半夜敌军偷偷潜至，因为石勒早有准备，打了一场大胜仗。

虽然如此，石勒还是想再试试佛图澄，看他到底能否"未卜先知"。石勒头戴钢盔，身披铠甲，手提大刀，派人告诉佛图澄说："石大将军不见了，不晓得跑到哪儿去了。"

佛图澄念动咒语，钵中生出青莲花，选自《马骀画宝》。

哪晓得来人还没开口，佛图澄就问道：“又没有敌寇来袭，石大将军为什么全副武装？”石勒知道了，对佛图澄更加信服。

但没有过多久，石勒大生和尚的气，连佛图澄也在内。佛图澄躲在郭黑略的家里，对别人说：“万一石将军问起，就说不晓得我到哪儿去了。”

石勒找佛图澄遍寻不着，心里懊悔万分，日夜不安。第二天，佛图澄竟登门拜访石勒。石勒问：“昨天你跑到哪里去了？”

“昨天你发脾气，我暂且避一下，昨晚你悔悟了，我才敢来。”佛图澄从容不迫地回答。

这句话一语道破石勒的心事，石勒不好意思承认，哈哈笑道：“和尚，你猜错了！”

以后，石勒当了皇帝，建立了后赵，对佛图澄更加恭敬。石勒有个堂兄石葱想谋反，被佛图澄看出了阴谋，出家人又舍不得害石葱丧命，他便对石勒说：“今年的葱里有虫子，吃了会中毒，赶快下令要人民不可食葱。”

“食葱”与“石葱”同音，石葱一听，心里有数，连夜逃了。因此石勒对佛图澄更为看重，尊称他为大和尚。

每次石勒召佛图澄上朝，佛图澄都乘坐四人抬的轿子直到大殿，那些王公大臣抢着去抬轿子，他们认为替佛图澄抬一抬轿会得到好运，石勒的儿子们则跟在轿子后面，高叫：“大和尚到。”佛图澄成为当时人人敬仰的人物。

石勒在五胡诸王之中，算是一个不平凡的枭雄，虽然出身微贱，却有过人才略，称赵王以后，置宗庙，营宫室，设经学史学祭酒，奖励农桑。

因为石勒很听佛图澄的话，石勒想杀人时，经常由于佛图澄的几句话就打消了主意。许多人的性命，都因佛图澄的一句话，得以保全，所以当时中原地区的人民都很信奉佛教。

当然，史书上所记载的种种，不免有许多夸大及附会的地方。但由此我们可以知道，当权者看上了和尚的法术，纷纷皈（guī）依，一般百姓为求精神上的安慰，以及希望借由佛门保护性命，也都纷纷信仰佛教，事实上，这是一种逃避，救不了当时困苦中的人们。

王羲之爱鹅

提起王羲之，大家都会立刻想到书法，不错，王羲之正是我国著名的大书法家。

王羲之，晋朝人，为人爽朗，以有骨气知名，是王导的侄子。

当时太尉郗鉴想要在王导家选女婿。东晋人重门第，谁和郗家结了亲家，身份自是不同。因此，王家的子弟有的故意表现得文质彬彬，也有的假装矜（jīn）持，总之都非常不自然。

只有王羲之不理这些，一个人坐在东床（此时胡床已传入）吃东西，吃得好开心。郗鉴说："这正是我要找的好女婿！"便把女儿嫁给了他。

王羲之以气宇高华当了郗家乘龙快婿，这也是成语"东床快婿"的由来。

王羲之的官位做到了右军将军，所以后人称他为"王右军"，有"书圣"的美誉。王羲之的笔势飘逸如浮云，矫健如惊龙，在东晋赫赫有名。

穆帝永和九年（353 年），王羲之和谢安等十一人宴集于会稽山阴的兰亭，饮酒赋诗。王羲之写了一篇序，记述盛会。

王羲之打开砚台，轻研香墨，提起鼠须笔，铺开蚕茧纸，趁着微微的酒意，写下了《兰亭集序》。序中二十个"之"字各有不同，都有不同的美感。他酒醒以后怎么都写不出这样好的字。他把《兰亭集序》妥善地珍藏起来。

到了唐朝，唐太宗对王羲之的字着迷不已，命令大书法家虞世南、欧阳询、褚遂良摹临数本，这些摹本成为日后人们学习书法的字帖。至于真

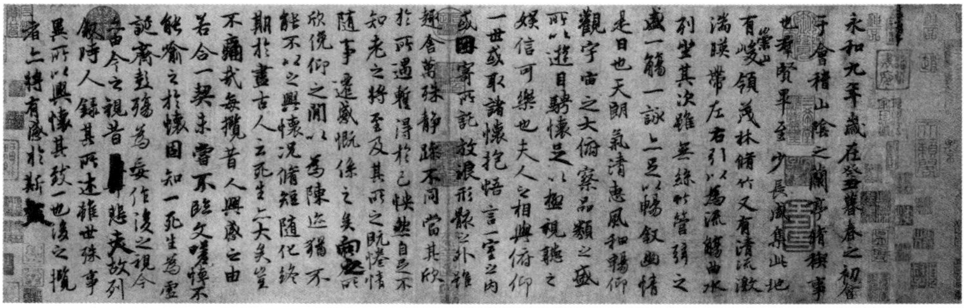

《兰亭集序》，晋王羲之书法。

迹，已随着唐太宗殉葬在昭陵。

鹅是王羲之的宠物。他听说会稽住了一个老婆婆，养有一只奇鹅，叫的声音特别悦耳，王羲之派人去购买，没有买成。

王羲之还是不死心，邀了几位亲友，驾着车子亲自前往交易。老婆婆看到王羲之如此重视，连忙殷勤接待。

到了中午，老婆婆留王羲之用午餐，她笑嘻嘻地自厨房小心翼翼捧出一个大碗，掀开碗一看，赫然是那只他梦寐以求的鹅。

“我知道将军爱鹅，特别炖了一上午，你瞧，肉都酥烂了，一定很好吃。”老婆婆讨好地说，把碗推到王羲之面前。

王羲之看了，眼泪都快掉下来，哪里有心情吃它的肉？他叹口气离开了，以后一连好几天都闷闷不乐。

还好，不久，他又听说山阴有一个道士养了一群好鹅，他急急忙忙跑去看，一看就相上了，再三请求道士卖给他，多少钱都在所不惜。

道士说：“卖，我是不卖，不过如果你为我抄写一部《道德经》，岂止一只，一群鹅全部送给你！”

“真的？”王羲之兴奋得很，立刻濡笔写字。写好了，道士很守信用地把整笼鹅一起送给他。王羲之满载而归，一路上又唱又笑，又忙着低头看鹅，快乐得像个小孩子。

有一天，王羲之在路上看到一个年纪大的姥姥在卖竹扇子，一把竹扇子仅卖六钱，行人来来往往，没有人停下来理会姥姥。

太阳愈来愈烈，王羲之看着于心不忍。他向姥姥要了所有的扇子，姥姥以为来了一个大主顾，立刻把所有的扇子全部奉上。

王羲之拿出笔，在每一把扇子上面写几个字，然后还给姥姥。姥姥以为王羲之要给她钱，没想到这位客人在每把扇子上乱涂一下，却把所有的扇子都还给她，气得姥姥指着王羲之的鼻子大骂：“你这个人真没道理，你不买扇子，还把我的扇子弄脏了，我卖给谁啊？”

右军书扇，清山寿绘。

王羲之笑嘻嘻地对姥姥说：“你别紧张，你只要对人说，这扇子上的字是王羲之写的，包管你每把扇子可以卖一百个钱。”

“弄脏”了的扇子还可卖钱？姥姥不相信。没料她一说是谁题的字，不到一会儿工夫，扇子立刻被抢购一空，姥姥感到莫名其妙。王羲之的书法在当时受喜爱的程度可见一斑。

王羲之除了书法好，志气也高，和东晋一般名士不相同。

一次王羲之与谢安共登冶城，王羲之对谢安说：“夏禹勤劳王事，手脚都起了厚茧；文王为了国事，连一餐饭都不能好好吃。现在四方都不太平，国家多难，每个人应该献出自己的才能，为国效力。如果只是清谈，把国家政治事务都荒废了，注重虚浮，不切实际，恐怕不太合适吧。”

可见得王羲之除了书法独步古今，在其他方面也值得人们尊敬，他是东晋时代极少数不尚清谈、不好虚浮的名士之一。

谢安的沉着稳健

“旧时王谢堂前燕，飞入寻常百姓家。”这是唐朝大诗人刘禹锡在《乌衣巷》诗中的两句，形容王家、谢家后代没落，连在檐上的燕子也另觅安身之处了。王指的是前面讲过的王导，谢便是今天故事的主角——谢安。

谢安的学问很好，当他年轻时，因为羡慕古代的隐士作风，虽然朝廷征召了几回，他总是不肯出来做官。

一天，谢安和孙绰等几个朋友雇了一条船出去玩儿。船开了一半。忽然天气变了，风起浪涌，孙绰等人都张皇失措，嚷着说：“回去吧，太危险了！”

谢安也不搭腔，昂起头来吟了一首诗，低头下来又斟起一杯酒，好像游兴很浓。诸人看他一派悠闲，也只得继续饮酒赋诗。

过了一会儿，风浪转猛，扑打得小船摇摇晃晃。大家都很害怕，坐立不安，在船上走来走去，口里嘀咕着：“糟了！”船身益加不稳，摇摇摆摆，好像随时可能翻船。

谢安说：“像你们这个样子，大家一辈子都别想回去了。”果然，大伙儿的心慌意乱，使得船夫也被搅得心神不宁，连桨也拿不稳。

大家这才了解现在是危险的时候，必须镇定下来，于是，一个个不再多嘴饶舌，安安静静回到座位。船夫也定下心来，沉着地控制着船桨，凭着经验与风浪搏斗，终于把船安全地驶了回来。

上岸以后，大家拍着胸口长吁道：“好险，这条命算是捡回来了。”也才省悟到，万一当时不镇静，在船上大呼小叫，奔来跑去，船夫也受到这种恐惧气氛感染，稍不留意，大家都成了水鬼。因此众人直夸谢安遇事不惊慌，能小心应付，有安邦定国的才能。

后来有人对谢安说：“你高卧东山，朝廷屡次请你都请不动，你怎么对得起天下百姓？”谢安心里很惭愧，也就应允出来做事，此时他已四十多岁了。

东晋简文帝得了重病，这时朝廷中的大权操在桓温手里。桓温为荆州刺史，手握重兵，曾两次北伐，都因军粮不足，大败而归。桓温有自己做皇帝的野心，可惜两次北伐都不成功，声名大挫，不敢贸然自立为帝。

他的幕僚郗超建议他废掉晋朝的皇帝以立威。太和六年（371 年），桓温便亲自带兵进京师建康，假传太后之命废去当时在位的皇帝司马奕（因为司马奕做皇帝之前任琅邪王，被废后在宗庙就没有牌位，所以有些书上称司马奕为废帝，也有的就称为琅邪王奕，就如同魏朝要杀司马昭的曹髦，历史上仍称他为高贵乡公），降为东海王，另立会稽王司马昱为皇帝，是为简文帝。

所以，简文帝在位之时，形同傀儡，一切大权操在桓温手里。咸安二年（372 年），简文帝病危，桓温在姑孰（今安徽省当涂县），很想简文帝在死前传位给他。不料，简文帝死得太快，并不知道桓温的心意，所以遗诏中仅命桓温辅政，而立自己的儿子司马昌明为皇帝，是为晋孝武帝。

谢安，明郭诩绘，台北“故宫博物院”藏。

桓温大失所望，孝武帝即位的第二年二月，桓温从姑孰入朝，京师里纷纷传说，桓温入京是准备来篡位的，并且要杀掉阻挠桓温篡位的王坦之和谢安。一时之间人心惶惶。

桓温在大军护卫之下到了建康，文武百官在城门口两旁恭迎，桓温在宾馆之中接见大臣，当时朝廷中最有名望的是吏部尚书谢安和侍中王坦之。桓温特别召见谢、王二人。当时虽值寒冬，王坦之紧张得汗流浃背，衣服都湿透了，谢安却神色自若，从从容容在客厅里坐下来，对桓温说："我听说诸侯有道，守在四邻，明公（对桓温的尊称）何须在墙壁后面布置人手？"

桓温笑道："我要自卫，不得不这样啊！"于是，命左右将墙壁后的人手撤去。桓温和谢安互相不再戒备，坦诚地谈起天来，没想到两人谈得很投机，不知不觉谈了两三个时辰。

在王坦之、谢安进来之前，桓温命心腹参谋郗超先躲在客厅的帐（布帘）中偷听，没想到谢安与桓温谈了这么久，一阵风来，把布帘吹开，谢安发现郗超躲在布帘之中，便笑着说："郗生可谓入幕之宾。"于是，主客大笑。

桓温和谢安的晤谈以和气收场，化解了京师人心的不安，这当然是靠着谢安委婉而沉着的应付。

桓温只在京师建康留了十四天，就因为生病而回姑孰去了。半年后，桓温病死，晋朝中央政府才算解除了一大威胁。

谢安为人持重，公忠体国，凡事能多听旁人的意见，深获人心。也只有在他主政期间，东晋的上下才能抛弃成见，互相协调。

一次，王羲之的三个儿子徽之、操之、献之上门拜见谢安。老大老二东家长，西家短，叽叽喳喳说了许多俗事，老三只寒暄几句便闭口不言。

等到他们三兄弟走了，旁的客人问道："刚才王家三个贤子弟之中谁最好？"

"小的最好。"谢安不假思索地说，继而解释道，"有才德的人话讲得少；浮躁的人废话多，这是可想而知的。"

正因为谢安懂得相人用人，东晋的政治为之一新。

淝水之战

八王之乱后，中国北方长期陷于割据分裂的局面，一直到氐族的苻（fú）坚才统一了北方，其他胡族和北方的汉人都接受苻坚的统治。

苻坚的国号是秦，由于五胡建立的政府还有氐族的姚苌（cháng）也把国号称为秦，所以后人为了区别两个秦，便把苻坚之国称为前秦，姚苌之国称为后秦。

苻坚虽是氐族，却任用汉人王猛担任丞相。苻坚本不认识王猛，听说王猛博学多才、精通兵法，便特别派使者邀请王猛前来见面。两人一见如故，谈得十分投缘，苻坚高兴地说："我见到王猛真是乐极了，就像是刘备遇到诸葛亮一样。"

王猛做了前秦的丞相，革新政风，选拔人才，劝课农桑，训练军队，整顿司法，使得国富兵强、老百姓安居乐业，国家有了极为难得的一段政治清明安定时期。

不幸，王猛生了重病，苻坚亲自到处求神保佑，又派使者到全国各地去求各种神，然而都没有效。王猛临终之时，苻坚亲自到王猛家中探病，并问王猛有没有什么事要嘱咐，王猛说："晋朝虽然偏安江南，但是，他们以正统相传，朝廷上下和谐团结。我死以后，希望陛下不要去打晋朝的主意。鲜卑人和羌人才是我们的仇敌，终是心腹之患，要慢慢消除，才能使国家基础巩固。"

不久，王猛便死了，苻坚痛哭流涕，三次亲自前来吊祭。

王猛劝苻坚不要伐晋，有人认为王猛是汉人，所以要保护晋朝，其实，王猛是忠于苻坚，他知道秦朝的内部有许多鲜卑人和羌人心里不服苻坚，随时会找机会独立。所以王猛劝苻坚注意内部的鲜卑人和羌人，是有道理的。

但是，苻坚的自信心太强了，他认为既能统一北方，又岂能坐视江南呢？

东晋孝武帝太元七年（382年）苻坚正式宣布伐晋，当时秦的大臣权翼、石越、苻融，甚至太子宏、苻坚的宠妃张夫人都反对，苻坚都不理会。苻坚说秦有九十七万大军，“投鞭于江，足以断流”，自信攻晋是轻而易举的事。

第二年八月，秦军出发，出动了步兵六十万、骑兵二十七万，分几路进兵。由于军队太多，队伍拉得很长，当苻坚到达项城（今河南项城县）时，后队的秦军才到达咸阳（今陕西咸阳市），前后距离很远。

秦八十万大军南下的消息，使得晋国举国震惊，人心惶惶。幸而，谢安早在几年之前，就命刘牢之在江北训练了一支军队，取名为“北府兵”，战斗力很强。谢安命侄儿谢玄领兵八万抗秦。

十月，苻融领三十万大军攻陷寿阳（今安徽寿县），已和晋军接触。苻坚也亲率八千骑兵赶到寿阳，准备和晋军正面厮杀。

苻坚的部下有个叫朱序的人，本是晋朝的将领，战败而降。苻坚对朱序说：“你知道晋军前线指挥官是谢安的弟弟谢石，你和谢石是好朋友，你可以溜到晋军，去劝谢石投降，事情办成之后，我有重赏。”

“遵命！”朱序回应道。

朱序偷偷来到晋营，见到谢石，他不但不劝谢石投降，反而把秦军的虚实全部报告出来，并且劝谢石不要等秦的八十万大军结集，立刻进攻，自己可以做晋朝的内应。

秦大军压境，谢玄急急忙忙跑来请示谢安御敌之方法。

谢安只说了一句:“已另有命令。”便不肯多言，谢玄也不敢再问，回营之后，想一想，不安心，派了张玄去请示。

这次的回答更妙，谢安竟说:“走，我们到山外的别墅去下围棋。”于是，谢安带着谢玄等一群人浩浩荡荡到了别墅，没有人有心思玩，只有谢安一个人下得最为起劲。谢安平时不是谢玄的敌手，这一天，谢玄心中不安，结果一连输了几盘棋。

到了半夜，谢安从别墅回到城内，这时，谢安才把各个将帅找来，面授机宜，各当其任，将帅们看谢安从容不迫的神情，也好像吞下一颗定心丸。

秦晋两军隔着淝水（今东淝河）对峙，谢玄派使者要求秦军稍作后退，待晋军渡过淝水决一死战。苻坚心想，何不趁着晋军渡河一半的时候，秦军出击，晋军必然无力还手，于是，同意秦军后退。

三十多万秦军看着晋军一船一船正在渡河，忽然之间，接到命令向后撤退，大家弄不清楚为什么要撤退，当时，既没有无线电，又没有扩音器，撤军的命令全靠着口耳相传，口耳相传就会失真。

东山报捷图，清苏六朋绘，广州美术馆藏。

秦军士兵以为是最前线的秦军吃了败仗，这时，朱序在秦军之中到处大叫："秦军已败。"那些奉命后退的秦军便失了秩序，没命地向后跑，结果互相推挤践踏，死了不少人，等谢玄的晋军渡过淝水，发现秦军竟自动后逃，便立刻挥刀舞剑，追杀上去，弄得秦军更加狼狈。到了晚上，秦军还在逃，旁边八公山上的草木被夜风吹得摇摆不定，再加上鸟叫的声音，秦军吓得以为是晋军，所以更加没命地逃亡，这就是"风声鹤唳（lì）"成语的由来。

淝水之战的捷报飞快地传到京师建康，谢安正在跟人下围棋，看完捷报，顺手往旁边一放，继续下棋。

"是不是前方的军情报告？"左右的人焦急地问。

"没有什么，不过是小儿辈打了胜仗而已。"谢安的脸上并没有得意的喜色，仍然专心下棋。

下完了棋，客人走了，谢安急忙回到内室，经过门槛子，绊了一下，连木屐都碰断了，原来谢安下棋只是强作镇静，其实内心是十分紧张的。

苻坚的失败印证了王猛的话，秦的最大敌人是内部的鲜卑、羌人，他们人数比氐族多，暂时屈服在苻坚领导之下，总想有一天能脱离氐族的控制而自立。淝水之战中，秦的军队实际上是由五胡军队拼凑而成，所以听到朱序放出"秦军败了"的谣言，便以起哄的心理四处逃散，以至于不可收拾，所以，淝水之战与其说是晋军打胜了，不如说是秦军自己败了。

刘裕做了皇帝

自从淝水之战苻坚战败以后，他所统一的北方再次分裂。五胡十六国之中，有十国都是在淝水之战以后建立的。同时，淝水之战以后，东晋得以偏安江南，维持了汉人在南方的政权。

虽然北方混乱，晋人却未能趁此机会光复中原，因为晋朝内部不安定。

东晋的老百姓受不了连年的剥削与压迫，终于在晋安帝隆安三年（399年）起兵造反，带头的是天师道的孙恩。不到十几天的工夫，就有十多万民众响应，孙恩的军队占领了八州之多。朝廷急忙派淝水之战的名将刘牢之出来镇压。

刘牢之手下的刘裕，在历次战役之中表现最为杰出。刘裕是平民出身，曾经当过农夫，他勇敢善战，而且很有智谋。

一次，孙恩派了大军来攻城，城里的兵力相当弱，根本不是对手。刘裕心生一计，挑选了数百名敢死队员，脱掉了铠甲，拿着短兵器，一路打鼓叫喊而出，来势汹汹，把孙恩的部将吓了一跳，纷纷丢下武器逃跑。

虽然敌人暂时远离，但晋军到底寡不敌众，困在城里也不是个办法。于是刘裕下令把旗子收好，士兵们藏起来，四下静悄悄的，好像已经逃走一般。

第二天清晨，孙恩的军队折返回来，只见几个老弱残兵在城门上走来走去，随便提了一个老头问道："刘裕呢？"

那老头翻一翻白眼，没好气地说道："在夜里早就走了！"

"哼，害我们昨天中了这小子的计！"贼兵叹了一口气，既然走都走了，仗也没什么好打了，自然而然放松了戒备。大家兴奋地放下武器，准备进城去痛快大抢一番。不料，就在此时，刘裕率了大军自城中杀出，贼兵措手不及，连队伍都没有排好，便被刘裕打得落花流水，抱头鼠窜。

虽然刘牢之的北府兵打败了孙恩，但官兵的纪律跟贼兵却是差不多，到处焚烧掳掠。人们原巴望官兵前来解救他们，没想到遭此浩劫，失望透顶。只有刘裕的部队法令明整，人民都争相欢迎。如此一来，刘裕的名气更响亮了。

接着，刘裕又平定了东晋的桓玄之乱。桓玄的父亲是桓温，桓温原是晋之大将，一直都想篡位当皇帝。桓温曾经三次北伐，希望借着战功增加威势，不幸败于枋头，没有达成心愿。所以他儿子意图再试试看，却被刘裕一举平定。

在中国古代平时安定的日子里，君臣之间的名分，像天与地一般不可以随便动摇，皇帝是全国的领袖。可是在战乱中，往往可以暴露出帝王的无能，不足以领导全国。于是，大多数的人民自然而然地想跟随一位有才能的领袖，以拯救自己。八王之乱后人民饱受痛苦，希望有人出来领导。有野心的臣子看到君王无能，也对王位起了觊觎（jì yú）之心。

桓温是这样的想法，刘裕也是。他首先灭了南燕，平定卢循之乱，再平后蜀；二次北伐，克复了洛阳，入长安，灭后秦、西秦，北凉请降。晋人竟然光复了沦陷一百零一年的关中之地。

忽然之间，刘裕听说他留在京师建康的大将死了。他唯恐后方发生兵变，匆匆忙忙班师回国，如此一来，关中又丢掉了。刘裕又羞又气，为着巩固权威，派人杀掉愚蠢得连冷热饥饱都不知道的晋安帝，迎立晋安帝的弟弟司马德文为皇帝，是为晋恭帝。这时，刘裕虽受封为宋王，但是并不满足，他急着想登上帝位，自己又不方便开口，非常苦恼。

有一天，刘裕在寿阳邀集朝臣宴饮，他站起来致辞道："我首先倡导大义，南征北伐，平定四海，功成名就。现在年纪大了，也应该奉还爵位，告老还乡，就像是一杯水装得太满也不好，满招损啊。”

于是，立刻有人站起来向刘裕敬酒，盛赞他功业彪炳。马上又有第二个人站起来，大大歌功颂德一番。

大家都猜不透刘裕心中真正的意思，他又不好意思说：“笨蛋们，我想等你们拥我为皇帝啊！”只有一个劲儿苦笑。

宴会散了以后，中书令傅亮走出大门，看到天上一颗流星飞逝而过，心中顿有所悟，他一拍脑袋，自言自语道：“哈，我说呢，他为什么今天晚上说了许多奇怪的话，什么要退休，什么要告老还乡，敢情是以退为进，想当皇帝，可惜，缺一个帮他开口说话的人。”

傅亮也顾不得大门紧闭，敲了门就进去求见刘裕。

“你有事吗？”刘裕问傅亮。

“我想暂时回京师建康去一下。”傅亮含蓄地说。

“嗯！”刘裕看着傅亮，心照不宣地说，“要派多少人送你？”

“数十人就够了。”傅亮说。

第二天，傅亮就从寿阳回到京师建康，觐（jìn）见了晋恭帝，对恭帝说：“现在全天下都仰慕宋王刘裕的威德，所谓众望所归，陛下应该禅位给宋王了。”说着，便从怀里掏出一份写好的让位诏书，请恭帝签字。

晋恭帝名义上虽然是皇帝，却毫无实权，不过是个傀儡而已，同时，又看到

刘裕，佚名绘。

哥哥（安帝）被杀，心里一天到晚恐惧不安，现在傅亮要他让位，他不但不以为忤（wǔ），反而很高兴地说："要我让位，我心甘情愿。"他立刻提起笔，用红纸把傅亮所拟的文稿照抄一遍，宣布禅位诏书。恭帝自以为让位以后，就可以避免像哥哥一样被杀的命运。

刘裕接受晋恭帝的禅让，即皇帝位，改国号为宋，是为宋武帝，这是南北朝时期南朝的开始。

从汉末到两晋，中国的社会极重门第，唯独刘裕出身平民，全凭战功当上了皇帝。所以刘裕深知民间疾苦，能破格任用人才，不重视豪门大族。

刘裕相当节俭，睡的是用铁钉制成的直角床，脚上踏的是连齿木屐，一改魏晋以来的浮华之风。他去世的时候，把自己以前耕田用过的耒耜（lěi sì）陈列在宫中做纪念。后来他的儿子宋文帝看到这项遗物，想起刘裕一再告诫自己刻苦朴实的话语，颇为羞愧。刘裕若非即帝位不满两年就死去，他的成就应该更大。

田园诗人陶渊明

我们常用“世外桃源”形容一个地方的美好似乎是世界上所不该有的。这是因为晋朝的大诗人陶渊明曾经写过《桃花源记》，叙述有个渔夫偶然间到了一个大家从来没有到过的地方，这个地方与世隔绝，风景美丽，人民安居乐业，原来这些居民的祖先是为逃避秦朝苛政迁来的，渔夫回去后再想重游旧地，却怎么也找不着了的虚构故事。这篇文章使人读了，对桃花源神往不已。

陶渊明是中国历史上最伟大的文学家之一。提起陶渊明三个字，中国人总是亲切而温暖地会心一笑，而且立刻会想起他所写的“采菊东篱下，悠然见南山”那种耕田、赏菊、饮酒、隐逸的生活境界。历代对陶渊明作品的研究数量之多，除了唐朝的杜甫以外，恐怕没有什么人赶得上他。

陶渊明，字元亮，东晋末年人，后来晋朝亡了，他改名为潜。前面说过的那位搬运砖头、搜集木屑的陶侃，就是陶渊明的曾祖父。

陶渊明少年的时候，家里非常穷困，但是他很乐观，自称“猛志逸四海”，想要轰轰烈烈为国家做番事业。后来看着国家一天天衰弱，人民流离失所，最后刘裕篡晋，他一介书生没有扭转国运的力量，心情苦闷，只有寄情于诗酒。

陶渊明家有高堂老母，娶妻生子以后家庭负担更重，只好出来当一个江州祭酒的小官。过了没多久，就因为受不了官场上的拘束，与小人不合，他便跑回家里种田了。可是他的收入不足以维持家中开销，只好又出来，做过几次参军之类的小官。他对亲戚朋友说：“我呢，也不求多的，只希望能有办法喝到酒便可。”

后来，陶渊明当了彭泽县令。

陶渊明到了彭泽县，命令县里的公田，全部改种秫（shú）稻（是一种可以酿酒的黏稻）。

他太太知道了，立刻劝阻：“全部种秫稻用来酿酒，这像什么话，让上级长官知道了，你好不容易得来的彭泽县令又要丢了！还是改种粳（jīng）稻吧。”

陶渊明不肯听，双方争执不休，最后采取了折中政策，一半种秫稻，一半种粳稻。

陶渊明性情纯真，讨厌一切虚伪和欺骗，更学不来对上司逢迎巴结。一天，郡里派了一个督邮来考察县里的政绩。按理，他应该立刻换上礼服，系上束带，恭恭敬敬去迎接督邮驾到。

陶渊明把束带一甩，叹口气道：“我怎么能为了区区五斗米的薪俸，低着头弯着腰，去侍候这种乡里小人，算了，我不干了！”说着，立刻辞职回家。

他还写了一篇《归去来兮辞》，表明“富贵非吾愿”的心迹，如今是“鸟倦飞而知还”，从此他一辈子再也没有做官。这篇《归去来兮辞》，是中国文学史上光芒万丈的好文章，写得好美、好丰富，又发自陶渊明坦荡无邪的心灵，难怪如此受人欢迎。

后来朝廷征他做著作佐郎，他不肯去。江州刺史王弘很赏识他的才华，他也不理。

有一天，王弘事先知道陶渊明要到庐山去，他就请陶渊明的老友庞通之在山道摆了酒，准备把陶渊明留下。

陶渊明的脚不好，不方便走山路，由两个门生抬着篮舆（yú）（一种像篮子般的轿子）前来。他遇到了庞通之，听说有好酒，便开心地到亭子里一杯又一杯地喝起来。

这时躲在后面的真正主人——王弘出来了，两人相谈甚欢。虽然陶渊

陶渊明，明陈洪绶绘。

明还是不愿出来做事，王弘却对陶渊明佩服万分，以后常差人送酒给他喝。陶渊明家里如果有客人来，只要有酒，一定拿出来待客。陶渊明自己醉了，也就不客气地说：“我醉了，想要睡觉，你可以走了。”他就是如此率真。

陶渊明虽然喜欢喝酒，可是常常穷得买不起酒，如果有人送了他几斗酒，他一定在酒里掺点水，凑合着多喝几天。他虽然家里穷苦，一度还乞食，却不改其乐，正如他在脍炙人口的《饮酒》诗中所说：“结庐在人境，而无车马喧。问君何能尔？心远地自偏。采菊东篱下，悠然见南山。山气日夕佳，飞鸟相与还。此中有真意，欲辨已忘言。”把一个清静恬淡、诗酒为乐、安贫乐道的陶渊明，生动地呈现在我们眼前。

魏晋南北朝的大多数文人奢侈、矫情，所以表现在文学上的，也是做作、浓艳。陶渊明可不，他是一个率真的文人，用浅显白话的文字，描写农村田园的日子，自然又充满了感情。陶渊明的这些诗，提高了魏晋浪漫文学的地位，建立了田园文学的典型。

总之，陶渊明那纯净的思想，高超的人格，优游而闲适的生活，完全与他的作品合而为一，构成了他永恒的生命。

刘彧被称为猪王

虽然中国历朝历代都有荒淫的君主，可是南北朝荒淫的君主似乎特别多，现在先讲刘裕建立的宋朝（史称刘宋）时期的荒淫君主。

由于刘裕是平民出身，又忙着以武力谋取天下，没有时间顾及家庭教育，也没有好好请师傅教导子侄，加上即帝位不满两年便去世了，因此宋朝的后代皇帝多不成材。

宋武帝刘裕去世以后，继位的宋少帝、宋文帝还算可以，到了宋孝武帝渐渐不行了。

前面说过，刘裕很俭朴，所以去世时特别把用过的耒耜留在宫中，希望子孙勿忘当年耕田的辛苦。

孝武帝一日翻修宫殿，看到了耒耜，群臣都夸赞武帝的勤俭美德。孝武帝“哼哼”地冷笑了两声：“这个乡巴佬，能得到这些，对他来说已经太好了！”

孝武帝已经相当不肖了，不料他的儿子刘子业更不像话。孝武帝死，子业继位，是为前废帝。

子业即位时，正是十六岁的年纪，他从小狂妄霸道，常常受到孝武帝的责备，骂他不长进。因此，孝武帝去世时，子业非但不哀伤，反而手舞足蹈。

不仅如此，子业想起当年做太子时很不得孝武帝的宠爱，一发脾气，立刻嚷着要去掘孝武帝的坟墓。

群臣急忙阻止这项疯狂的举动。太史劝他道：“这样做，将被天下耻笑，对皇上不利。”但子业一肚子的火气没处消，他就差人运来许多粪便浇在他父亲的坟墓景宁陵上面，算是他扫墓的方式。

子业对父亲不孝，对母亲也一样。

太后病危时，想要唤子业来见最后一面。差人去请了好多次，子业就是不肯来。

“病人的房间里有鬼，我才不要去哩。”子业对宫女解释道。

太后知道了，气得对宫女大叫道：“来啊，拿把刀子来把我的肚子剖开，看一看我肚子里有什么妖怪，害我生出这样的妖孽儿子。”

一天，子业到太庙去看画工画的画像。他指着武帝刘裕的画像说：“他是个大英雄，生擒了几个天子。”又指着文帝的画像说：“这个也还不错，可惜晚年被儿子干掉了。”再转到他父亲孝武帝的画像前，惊奇地说：“不对，不对，他有一个又红又大的酒糟鼻，怎么没有画出来？”立刻传令画工补上一个赤鼻子。

酒糟鼻是一种病症，又叫赤鼻症，因为消化不良，加上饮酒造成红红的大鼻疱，非常难看。子业存心羞辱他父亲，所以叫画工特别强调这个缺陷。

子业很讨厌宗室诸王，又怕他们造反作乱。于是，他将叔父始安王休仁、山阳王休祐、湘东王彧（yù）都拘禁在

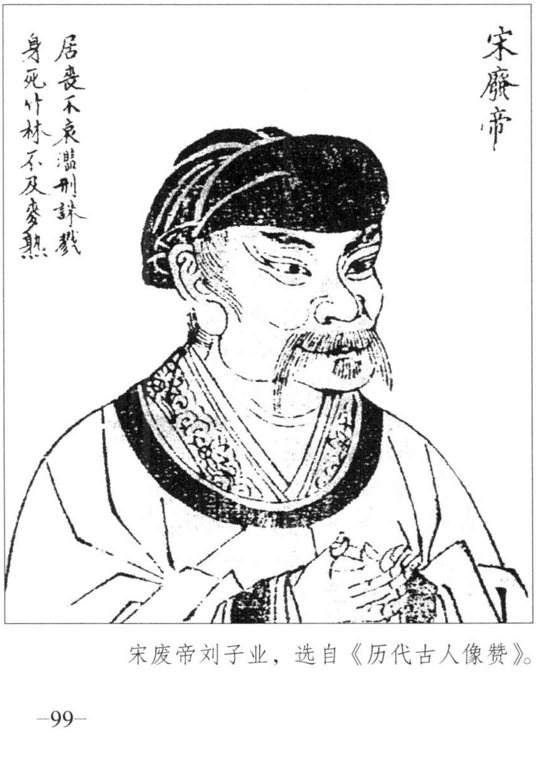

宋废帝刘子业，选自《历代古人像赞》。

建康，常常把三王押到殿上，用鞭子抽打，命令他们在地上打滚，施以种种凌辱。三王都很胖，子业把他们关在笼子里，称休仁为杀王，休祐为贼王，刘彧身体最胖，干脆就叫猪王。

子业用一个大木槽，里面装满了米饭与杂食搅拌在一起，再建了一个土坑，里面盛满了泥水，他要刘彧全身裸体，像猪一样，站在泥水坑里，学猪的样子，以口就食槽里的食物。子业看了刘彧的样子，乐得拍手大笑。

一次，倒霉的刘彧又忤逆了子业，子业派人把他像猪仔一般五花大绑起来，命令道："今天要宰猪。"

杀王休仁要救刘彧一命，知道直言劝诫是没有用的，弄不好自己一条命也赔了进去。于是他笑嘻嘻地说："不对，猪还不能宰。"

"噢，为什么？"子业问道。

"等到明年皇子生下来，再杀猪作为汤饼宴，这样不是更有趣吗？"

"有道理。"子业大笑着说。刘彧算是逃过了一劫。

子业又盖了一座竹林堂，命令宫女脱光衣服，在堂内互相追逐。有一个宫女觉得实在太羞耻，不肯脱衣。子业大怒，命令把那宫女给杀了。

当天晚上，子业做了一个梦，梦见一个女人对他大骂荒淫无耻。子业醒后，在宫里搜索那些和梦里见到的女人面孔相似的，一起都杀了，可怜不少宫女就做了冤死鬼。

晚上，子业又梦到那些冤死的宫女，指着他骂道："你冤杀我们，我们要告到老天爷那儿去。"

子业醒来，立刻召女巫来查，女巫说竹林堂有鬼，于是子业命令几百个宫女和自己一起去捉鬼。

鬼怎么捉？其实是胡闹。宫女们在竹林里跑来跑去，子业手执弓箭随便乱射，说是射鬼，有些倒霉的宫女被射中，没有捉到鬼，却真的变成了鬼。

子业荒淫残暴，不但宫女们人人自危，子业身边侍候的倖（xìng）臣也很恐惧，因为子业喜怒无常，高兴时会厚赏，可是一转眼，心里忽然不高兴，就会杀掉这些倖臣。当然，心里最恐惧的是号为猪王的刘彧，他时时刻刻都担心子业心血来潮就会“杀猪”。

有一天，子业宣布去洞庭湖游玩，同时出发前一天杀掉刘彧、刘休仁与刘休祐。刘彧心想，这次恐怕是逃不过了，当天夜晚与子业身边的侍者寿寂之、姜产之等十一人密谋，在宫中杀掉了子业。众人立刘彧为皇帝，是为宋明帝。

宋明帝当年受子业的种种羞辱，自己当上皇帝以后竟然也和子业差不多荒淫。明帝在位八年就死去了，他的儿子刘昱即位，是为后废帝。刘昱也有许多荒唐的故事。

肚皮当箭靶

上回说到，宋朝的前废帝被杀，号为猪王的刘彧即位，是为宋明帝。明帝不是一个好君王，宋朝不重视教育，使得明帝的儿子刘昱更加无法无天。

刘昱五六岁的时候，已经相当调皮捣蛋。他喜欢爬竿，一爬就爬了一丈之高，而且在上面做出种种危险的举动，谁也拦他不住。

渐渐长大以后，刘昱益加蛮横，喜怒无常，使得侍候他的宦官非常不幸。他稍不如意，伸手便“啪”的一记耳光。

古代皇帝出宫是一件少有的大事。刘昱贪玩，不理会这些，几乎每天都偷偷外出，半夜出了承明门，要到第二天清晨才返宫。有时清晨出宫，傍晚才回宫。

跟着刘昱出宫的侍从，手上都拿着刀矛。路上遇到的，不管是行人，是狗是马或是驴子，只要刘昱看不顺眼，当场一剑刺死。吓得老百姓听说是刘昱出宫，马上把大门掩上，也没有人敢上街。

一回，刘昱发现随从孙超口里蒜味很重，他竟下令“剖腹”，说要看看这股蒜气到底从哪儿冒出来的。

刘昱每天出游，不杀人不见血便不愉快。杀人当然是可怕的事，左右随从的人如果看到杀人时皱一皱眉头，刘昱就会立刻拿矛尖去刺那人的眉心，被刺的人当然也就一命呜呼了。

有时到了荒郊野外，看不到人可杀，刘昱也会去杀野狗，然后与左右随从大吃狗肉。

刘昱这种残暴的行径，实在是心理变态。

刘昱听说沈勃家里财宝很多，他想据为己有，便挥着大刀去沈勃家抢劫。

沈勃看见杀人魔王到来，自知难逃一死，怒由心生，一把揪着刘昱的耳朵，破口大骂："你这个该死的混账皇帝，你所犯的罪比起桀（jié）纣还要多！"当然，最后沈勃还是被宰了。

刘昱对读书、写字样样没有兴趣，可是说也奇怪，他没有学过缝纫，却裁衣做帽无不精通。他未尝吹奏过篪（chí，一种像笛的管乐），竟然一拿起来，就吹得抑扬顿挫，很有韵味。或许他真不该生在帝王之家。

这个时候，朝廷里有一位大臣，名叫萧道成。远在明帝时代，四方叛变，就是萧道成以辅国将军的名义平定乱事。

后来，明帝去世时，遗诏萧道成为"右卫将军，领卫尉，加兵五百人，与尚书令……共同掌机事，又别领东北选事，寻解卫尉，加侍中领石头戍（shù）军事"。从这一长串的官名，可以想见萧道成当时的权势之盛。

在古代帝王时代，政治的权力完全集中在帝王一人身上，因此古代最高政治权力具有强烈的排他性。萧道成的力量太大，刘昱自然心中不是滋味。

有一天，刘昱闯入萧道成家中，这时正是盛暑的中午，天气热得不得了。萧道成把上衣卷了起来，露出一个光光的肚皮，正在呼呼大睡。

萧道成听到声音，睁开眼睛一看，原来是皇帝驾到，连滚带爬翻身下来，哈着腰准备下跪。

"慢着，"刘昱瞪着萧道成圆圆大大的肚皮，忽然心生一计，呼道，"站好！"萧道成不知做错了什么事，挺着肚子呆立一旁。

"来啊，萧将军的肚子不错，正适合用来作为我的箭靶，快快去帮我画好。"

萧道成，选自《历代古人像赞》。

于是左右拿了颜料，在萧道成的肚皮上画上一圈又一圈的箭堋（péng），中间的肚脐眼就当成是靶心。

大家都知道刘昱是杀人有瘾，如果哪一天没杀到人，一整天都闷闷不乐。所以，谁也不敢上前劝阻，只好眼睁睁等着刘昱拉弓。

这时，有个聪明的侍从道："萧将军大腹便便，实在是难得一见的好箭靶。一箭射死，不能再用，岂不可惜，不如改用骨镞（zú）射之。"

"对，有理！"刘昱接受了这个建议，改用骨头制的箭矢射出去。一箭刚好射中萧道成的肚脐眼。

"哈哈！"刘昱大笑，把弓一抛，手往空中一扬，"怎么样，不愧为神射手吧！"

萧道成的肚脐挨了一箭，疼得要命。这还算好，要是没换上骨镞，早已一命呜呼了，因此，他冷汗直流。

隔了不久，又有人向刘昱打小报告，说萧道成威名太盛，不利皇上。刘昱气得磨着铁矛道："看我明天杀了萧道成！"

萧道成听说了，又直冒冷汗，于是决定先下手为强。

刘昱的左右随从对刘昱也是恐惧万分，因为弄不清楚什么时候刘昱一不高兴，他们就会遭殃了。有一个叫杨玉夫的人，很得刘昱的宠爱，常跟随刘昱左右。一天，刘昱忽然讨厌杨玉夫，指着杨玉夫骂道："明天杀你这个浑小子。”杨玉夫吓得不得了，萧道成便和杨玉夫勾结，当天晚上，趁刘昱喝得大醉，杨玉夫和几个同党便悄悄地杀了刘昱，然后以太后的旨意为名，废刘昱为苍梧王，并拥安成王刘准为帝，是为宋顺帝。

第三年，萧道成逼宋顺帝禅位，自己当上皇帝，建国号为齐，是为齐高帝。

刘裕建立的宋朝，只传了短短的五十九年。这期间纲纪败坏，道德没落，尤其在皇宫之中，骨肉相残之烈，是历代所少见的。例如孝武帝有九个儿子、四十多个孙子、六十七个曾孙竟然全被杀光。

刘宋朝之所以会落得如此下场，一方面是因为皇室不注重家庭教育，另一方面是因为从魏晋以来，风俗奢靡，道德败坏，多数人为达目的不择手段。

荒唐皇帝萧昭业

萧道成灭了宋朝，建立了齐朝，史称萧齐，是为齐高帝。

萧道成当了皇帝以后，曾对他的太子萧赜说："宋朝如果不是骨肉相残，怎么轮得到我们夺取天下当皇帝？"

当萧道成说这句话时，他和历史上所有开国的皇帝一样，希望齐能够世世代代永垂不朽。

却没有料到，宋朝还传了五十九年，齐朝只传二十三年就灭亡了。这是因为齐朝开国后的几位皇帝更加荒唐。

萧道成在位四年就去世了，他的太子萧赜继位，是为齐武帝。齐武帝在位十一年，政绩不错，史称"永明之治"（永明是齐武帝的年号）。齐武帝死后，皇太孙萧昭业继位，是为齐废帝（以后被废，所以称为废帝）。昭业颇有一些小聪明，狡猾又贪玩，在还没有做皇太孙时，常和无赖子弟在一起玩，可是父亲（齐武帝的太子）管得很严，不肯给钱，昭业便偷偷地向富人去借钱，那些富人不敢得罪昭业，只好照给。

昭业的那一批狐朋狗党陪着昭业吃喝玩乐，昭业许下诺言，如果自己做了皇帝，就一一预先封爵任官。昭业的父亲去世的时候，他在灵堂上哭得死去活来，来吊祭的人都十分感动，觉得昭业十分孝顺。

可是，昭业从灵堂一回到内室，立刻欢笑作乐。葬礼完毕，武帝到太子宫去，昭业跪在地上痛哭流涕，武帝觉得这个孙子真是有孝心，便决心立昭业为皇太孙，而不另外立太子。

昭业早就想做皇帝，要求女巫杨氏作法。父亲死了，自己被立为皇太孙，昭业认为是女巫灵验，又求杨氏祈祷武帝早死。不久，武帝病重，昭业一面在武帝床边假装照顾，一面给自己的妻子送一张字条，纸中央写了一个大大的喜字，周围绕着三十六个小喜字。

武帝死后，昭业即位，他每日迷于赌博、歌舞、斗鸡、和女子鬼混，不理会朝政。辅政大臣萧鸾（萧道成的侄子）有篡位的野心，见昭业如此荒唐，便派人入宫去杀掉昭业，废去他的帝位，改封为郁林王。

昭业被杀，萧鸾改立昭业的弟弟昭文为皇帝，不久，又废昭文为海陵王，萧鸾自立为帝，是为齐明帝。

因为齐明帝得位不正，所以他的心里惴惴不安，时常担心高帝、武帝的子孙会谋夺他的皇位。一不做二不休，他准备杀光一切可疑的宗室，以除后患。

有人说，这是金翅鸟（明帝名鸾，鸾是金翅鸟）下殿庭，要搏食小龙无数。

在明帝建武年中，人们只要看到他烧香火、拜佛，对天跪拜，呜咽流涕，泣不成声，这表示明帝准备今晚要动手杀人了。至于为什么要烧香又要哭，不晓得是猫哭耗子假慈悲呢，还是心里也有一点儿怕?

明帝每回杀人，总是选在三更半夜，率领大批兵马把要杀的对象的家宅团团围住，然后派人用斧头把墙砍倒，冲入宅院杀人。

当时高帝、武帝的子孙命运悲惨，朝不保夕，每天上朝，个个都是弯腰驼背，鞠躬俯偻（lǚ），不敢把脸扬起，生怕被明帝看上，性命就不保了。

有天，桂阳王萧铄（shuò）见了明帝后，出来对人说："我前天看到皇帝哭得好伤心，当天晚上邓阳王便遭殃了。今天皇帝又哭哭啼啼，面有愧色，我怕该轮到我了。"果然不幸言中，就在当天晚上，萧铄一命呜呼。

后来，明帝陆陆续续地把高帝、武帝的子孙都杀光了，像宋朝那样的骨肉之祸，又再次重演。这也是魏晋以来风气使然。

明帝去世，他的儿子宝卷即位，宝卷是一个更宝气的皇帝。

宝卷小时候不喜欢读书，他最爱玩的游戏是捕老鼠，经常晚上不睡觉，率领着大小太监在宫里捕鼠为乐，闹得通宵达旦，人人都不得安眠。

虽然宝卷不学无术，但他杀人的本领却很高明。明帝在临终前交代他：“做事不可落人之后。”所以宝卷杀人都是神不知鬼不觉，让人措手不及。

宝卷又大造宫室，穷极奢侈。他宠爱一个叫潘妃的，不惜耗费巨资为潘妃打扮，单单一个琥珀钏就用了一百七十万钱。他又把金子铺在地上，将金子凿成莲花状，命潘妃在金莲花上一路款摆而来，号称为“步步生莲花”。他还喜欢和潘妃玩买卖游戏，自己当屠夫，杀猪剁肉忙得不亦乐乎。

潘妃行于金莲花上，南齐皇帝萧宝卷号为“步步生莲花”，选自《吴友如画宝》。

百姓纷纷叹息，甚至编了一首歌谣《至尊屠肉》讽刺他。至尊是至高无上的意思，指皇帝。

买卖游戏玩久了也玩腻了，宝卷又想起一个新主意——种树。种树也不是一件简单的事，尤其在炎炎夏日。宝卷种的树，每次一早种下去，到了晚上就死了，把他气得要命，一肚子的火无处可消。

一天，宝卷出外游玩，远远看到有株大树，亭亭如盖，一片绿荫。宝卷很不服气道："我是皇帝，这样好的一株大树，当然应该是我的。"

于是，宝卷下了一道命令："把树给我搬回宫里去——"

那株大树是百年老树，根枝盘错，哪儿可以说搬就搬。宝卷不管，他差人把墙给毁了，屋拆了，硬是把这株合抱大树搬回宫里去。

大树刚刚移植下去，宝卷开心得很，找了一群宫女围着树又笑又唱。到了中午，太阳一晒，这株没有根的大树马上焦枯而死，宝卷觉得十分扫兴。

他不研究种树的方法，也不耐烦把种子撒下去，一天一天看它长大，仍旧用的是蛮干的方法，派兵去搜查，看看哪家有大树，便把大树给硬抢过来，弄得老百姓苦不堪言。

东昏侯萧宝卷的昏庸残暴

东昏侯萧宝卷荒唐的事还真不少，我们再继续说一些他的故事。

东昏侯宝卷的父亲齐明帝刚死，依照中国的规矩，要择吉日才能下葬。宝卷厌恶明帝的灵柩（jiù）停放在皇宫内太久，便想草草了事，赶快埋葬掉算了。

大臣徐孝嗣期期以为不可，据理力争，才算没有草率下葬。当明帝吊祭之日，依照礼节，孝子是要跪在灵柩旁边大哭，表示思念亡故的父母，可是，宝卷就是怎么样也不肯哭。

“陛下，”主持丧礼的官员悄悄地对宝卷说，“你坐在灵柩旁边，看到有人进来拜祭的时候才哭一两声，这样可以省一点力气，也同时顾到了礼节。”

宝卷点点头，不久，一位大臣入殿拜祭明帝，宝卷却一声不响，根本没哭。

“陛下，”主持丧礼的官员跑到宝卷身旁，小声地提醒道，“你该哭一两声。”

“不行，我喉咙痛，哭不出来。”宝卷大声地说，弄得主持丧礼的官员和前来拜祭的大臣惊愕地呆住了。

接着，有一位名叫羊阐（chǎn）的大臣前来拜祭，羊阐跪在明帝灵柩前痛哭流涕，不断叩头。忽然，羊阐的帽子在他叩头时掉到地上，羊阐是个秃头，就露出一个亮亮的光脑袋，宝卷看了，忍不住乐得大笑：“看啦，这个大秃头哭起来好好玩啰！”

左右的人对宝卷这种行为真是不知所措。

宝卷虽然做了皇帝，却不理政治事务。古代大臣们上朝时都在清晨，可是，宝卷每天夜晚要喝酒作乐，清晨当然起不了床，总要弄到中午时分才会见王公大臣，可怜那些王公大臣自清晨起一直等候皇帝，真是苦不堪言。

有一年春节，宝卷前一晚疯得一夜没睡，一大清早被宦官们逼到大殿前，接受大臣们拜年，一套拜年仪式刚完，宝卷觉得好困，他也没宣布散会，就独自跑到大殿西侧的一个房间，一侧头便呼呼大睡。那些参加拜年典礼的大臣，没得到皇帝下令散会，都呆呆站在原位不敢走动，这时，寒风凛冽、雪花飞舞，从清晨站到中午，许多人都当场冻僵昏倒。

中国古代皇帝大权在握，各机关的公文都得呈报皇帝，请皇帝批示。宝卷对那些公文毫无兴趣，经常将公文堆在宫里，不加以处理，时间一久，许多公文都找不到了。原来皇宫里的宦官常会把宫里的鱼肉，偷一些带回家去，当然不能明目张胆地把鱼肉拿在手上带出宫去，他们发现皇帝的书房里堆了许多纸，皇帝很久都没有动过。于是，有些宦官便把那些纸拿来，包了鱼肉带回家去。那些包鱼肉的纸，后来才被人发现竟然是政府各个机关呈报给皇帝的重要公文。

宝卷虽然不处理政治事务，对玩乐却是兴趣浓厚，而且天性残忍。宝卷喜欢骑马带着大批卫队出游，每次出游，不喜欢被老百姓看到，便规定出游之时，前导的卫队击鼓，人们听到了鼓声马上走避，如果走避不及，被卫队发现，便立刻格杀。

宝卷每次出游，没有固定的路线，没有一定的时间，所以弄得京城建康附近的居民每天恐慌不安。

最可怜的是一些病人，不能行动，听到鼓声，家属们赶快把病人扛到路边的草丛躲起来，扛得慢了，地方官吏会立刻追打，有些病人竟然当场被打死。

有一次，有个病人被家人扛到小溪旁边，也许是扛不动了，便把病人放在溪边，地方官吏怕被皇帝发现，会责怪下来，便一把将病人的头埋入水中，病人就给淹死了。

还有一个女人快要生产了，听到鼓声，在床上叫肚子痛，宝卷经过这个屋子，听到屋内有人声，进去一看，才知道这个女子快生产了。

“你们猜，她肚子里的孩子是男是女？”宝卷问。

“男的。”有人说。

“女的。”也有人说。

“我来看一看，究竟是男是女。”宝卷拿出长剑一剑刺下去。于是，那个可怜的女子便一命呜呼了。

有一个叫朱光尚的人，自称能够看到鬼，他向宝卷说：“我看到先帝面对皇宫，一副怒气冲冲的样子。”

“这个死鬼，看我怎么对付他。”宝卷说着，便用稻草扎成一个人形，背后写着齐明帝的名字，然后将稻草斩首，把头挂在皇宫的门口。

由于宝卷太过昏庸残暴，在雍州拥有重兵的萧衍便起兵作乱，进攻建康，宝卷便下令招募士兵，招募不到，就强迫征召，弄得民怨沸腾。

萧衍的军队到了建康城外，宝卷的军队屡战屡败，大将茹法珍请求宝卷赏赐士兵以激励士气，宝卷不肯，反而对茹法珍说：“萧衍是要来捉我，不是抢我的钱，你们为什么反而要我的钱？”

宝卷舍不得钱，不肯赏赐，士气十分低落。将军王珍国、张稷害怕宝卷会随时借战败的名义杀人，又怕萧衍进攻建康时对自己不利，真是焦虑万分。

于是，他们暗中勾结了宝卷身边的宠臣钱强、崔叔智，共同计谋。有一天晚上，钱强和崔叔智偷偷打开了皇宫大门，王珍国、张稷带兵入宫。这时，宝卷正在和一个妃子吹笙唱歌，尽兴欲睡，听到报告，说有军人入宫，宝卷赶快从床上跳起来想找一个地方躲一躲。

不料，身旁的宦官黄泰平竟然抽出一把小刀刺过来，宝卷一闪，小刀刺到宝卷的膝盖，宝卷痛得向后倒下去。更想不到，一个叫张齐的宠臣正好冲进来，大刀一挥，就把宝卷的头给砍了下来。这个昏庸残暴的皇帝就死在自己宠信的佞（nìng）臣手下。

萧衍顺利地进入建康，以太后的命令废去宝卷的皇帝名位，封宝卷为东昏侯，当然，这个封号是一种讽刺。

宝卷既死，齐和帝继位，萧衍被封为梁王，掌握政治大权。过了两年，萧衍篡位，自立为皇帝，以梁为国号，是为梁武帝。

梁武帝迷佛

萧衍灭掉了齐朝，建立了梁朝，是为梁武帝。梁武帝是南朝（宋、齐、梁、陈）之中在位时间最长的一位君主，即位有四十八年之久，是南朝最兴盛的时代。

前面说过，宋朝、齐朝两代的君主大都不学无术，没有家教，干尽了天下的荒唐事。梁武帝虽然也是用武力抢夺天下，倒是很有学问修养，骑射、声律、阴阳八卦无一不精。他经常到了半夜，还点燃了烛光，埋首研究学问。他制礼作乐，提倡儒术，正式建立国学，除了王公大臣子弟以外，皇室和宗室子弟也一律要入学读书。他又在京师建康设立士林馆，聘请学者来讲学。所以，梁武帝时代是南朝教育最为兴盛的一段日子。

同时，梁朝和北方的北魏时有战争，梁还打过大胜仗。天监五年（506年），梁将曹景宗大败北魏，北魏将士死于淮水中者达十余万人，另外，有数万魏兵被俘，这是南朝难得的大胜利，因此，梁武帝的前期，国势蒸蒸日上，历史上称之为“天监之治”（天监是梁武帝的年号）。

自从魏晋以来，社会风俗奢靡，梁武帝却是非常节俭。据说他穿的是粗布衣、破棉袄，一顶帽子戴了三年，一件衣裳穿了三年，还是舍不得换新的。他还规定，后宫的嫔妃衣裙不可拖到地上，免得浪费布料。

梁武帝不喜欢喝烈酒，也不爱听音乐，十分自律，即使一个人坐在暗室，衣服、帽子都穿戴得整整齐齐。

在大热天，旁人都把衣服松开，凉快凉快，梁武帝永远是穿得整整齐齐的，即使在卧房中。

在寒冷的冬天，人们都恨不得在温暖的被窝里多待一会儿，梁武帝却四更天起床批阅公文，以至于手指冻伤不能握笔。

梁武帝个人操守极佳，历代皇帝所喜欢的声色犬马他全不爱。但是，梁武帝有一个大毛病——优柔寡断，缺乏魄力，所以他不能重用大将之才，反而宠信败将，例如萧宏。

萧宏是梁武帝的弟弟，当他率军进攻洛口时，心中胆怯，数十万大军不战而逃。梁武帝不但没有处罚萧宏，反而还任命他为骠骑大将军。

萧宏虽无作战的本领，却有贪污的才干。他到处搜刮勒索，把敲诈来的货品满满地堆了一百多个房间，房间的门上都加了大锁。

有人看了奇怪，疑心房间里偷藏了武器，准备日后造反之用，秘密报告梁武帝："骠骑将军府后有一百多个房间，门户森严，看守极紧，恐怕有问题。"

梁武帝亲自前去察看，打开封条发现里面有三十个房间堆满了铜钱，其他七十多个房间中全是布帛、丝、绢等物。他看了好高兴，笑着对萧宏说："老六，你真有办法，我就知道你不会谋反。"从此对萧宏更加信任。至于萧宏贪污一事，竟丝毫不加以过问。

从这件事，可以看出梁武帝没有魄力，过分姑息、包容。到了梁武帝晚年，这种特性更加明显。

佛教虽然在汉朝时代已传入中国，但直到魏晋时代，才逐渐盛行。这是因为当时的人民天天过着悲惨的生活，悲观而绝望，他们渴求一种新的人生观来抚慰心灵。

梁武帝自从迷上了佛教以后，对于日理万机的政务感到无比厌恶，对佛教愈迷愈深。到了后来，他竟然穿着僧衣，升上法座，为僧尼讲解涅槃经。然后梁武帝说："朕不走了，朕要留在庙里……"

"什么，皇帝要留在庙里？这不成啊！国不可一日无君。"群臣纷纷跪

萧衍舍身佛寺，选自明刊本《帝鉴图说》。

在地上请求梁武帝打消主意。但是梁武帝意志坚决，自认为当年双手沾满血腥，现在要在佛寺中吃斋、拜佛、赎罪，作为寺中的奴隶。

于是，梁武帝竟真的留在庙里修行了，群臣一筹莫展，最后想出了一个办法：从国库里拿出了一亿钱给庙里，算是为梁武帝赎身。臣子们又跪在地上，三请四请，梁武帝才极不情愿地回到了皇宫。

从此以后，梁武帝经常前往同泰寺讲经。到了太清元年（547 年），他竟然又再次舍身同泰寺，要做和尚，最后还是用一亿钱赎了出来。

梁武帝本来已经很节俭，信佛教以后，更刻苦到近乎自虐。每天只吃一餐，鱼肉是绝对不进口，连吃素也吃的是极差的菜蔬。

他受了佛教“不杀生”的教义影响，慈悲为怀，每次碰到要判死刑，总是一天郁郁不乐，痛苦万分，以后他更干脆不判死刑。哪怕是部下犯了谋反的大罪，梁武帝也哭着原谅了他。

“皇帝是菩萨心肠，舍不得杀人”的消息传开以后，不得了，地方官吏任意侵害百姓，公然进行贪污纳贿，王侯贵族骄横淫暴，完全无法无天，反正皇帝不忍心处罚人。在这种心理下，国家一天比一天混乱，而梁武帝还在为自己的“修成正果”自鸣得意。

到了后来，竟然有人白天拿着刀子在街上杀人，更有那亡命之徒躲在王侯家里，官吏也不敢去逮捕，因为万一去了，反而被王侯杀了，也没有法律为之伸张正义。

有人去向梁武帝报告政治腐败、社会混乱的消息，梁武帝两眼一闭，跪在佛面前，口中喃喃念着："阿弥陀佛，善哉，善哉！"希望自己的诚意能使歹徒改邪归正，这种自欺欺人的结果是使梁朝走向了衰亡。所以，梁武帝晚年，国势大为衰落，和前半期简直不能够相比。

此外，中国和尚食素，也是起自梁武帝。在此之前，僧人是食用"三净肉"，所谓三净肉是"不见杀，不闻杀，不为我杀"。按释迦牟尼创建佛教之时，要求僧人过着简朴的生活，不准蓄积财货，只能沿门托钵，施主施舍什么僧人也就吃什么，施主施舍肉，当然也就吃肉。

梁武帝慈悲为怀，不忍食众生之肉，他曾撰写过《断酒肉文》《与周舍论断肉敕》等，规定僧人断食酒肉。梁武帝贵为皇帝，他的话是圣旨，所以，自此以后，僧人食素。

侯景之乱

自从梁武帝迷上佛法以后，政务废弛。朝廷里的一班小人，认为皇帝宽大仁慈，容易欺骗，重要大事都蒙蔽着梁武帝。

梁武帝心中并非完全不知道，但是没有心思顾及，他成天在担心自己会下地狱，担心子孙会因为他而食恶果。他早也拜佛，晚也拜佛，求菩萨原谅他当年杀了许多人的过失。

就在这种情况下，爆发了历史上著名的侯景之乱。

侯景本来是北方东魏丞相高欢的部下，为人阴险残忍，目空一切。他曾拍着胸脯对高欢说："只要给我三万兵将，我可以横行天下，看我把梁朝皇帝逮来。他不是喜欢拜佛吗？就让他当太平寺住持吧！"

由于侯景自命不凡，因此他很看不起高欢的儿子高澄，曾经对人道："高王（指高欢）在，我不敢有异心，没什么话好说。可是万一高王死了，我可不能与这个鲜卑小儿共事！"

因此，当高欢染上重病时，高澄十分忧虑。

高欢便对儿子高澄道："儿啊，虽然我生了重病，但此后你可以一个人独霸天下，你为何看起来如此忧心忡忡？"

高澄不回答。

"是不是担心侯景叛变？"高欢问道。

高澄点点头，说道："正是。"

高欢说：“侯景在河南地区专制已十四年，为人狡猾多计，反复难知，飞扬跋扈，我还能控制他的野心。可是等我离开后，他一定不会接受你的驾驭，你要小心啊！”

于是，高澄便假造了一道命令想把侯景召回，却被侯景发现命令是假的。侯景立刻率领所管的豫、鄂、荆、襄等十三州投降梁朝。

当时，梁朝和北方维持了一段和平相处的日子，侯景要来投降，梁朝的大臣们多半不主张接受，以免破坏双方和平友好的关系。可是，梁武帝不但接受侯景投降，马上封侯景为河南王，而且下令北伐，派遣侄子萧渊明为大将军。不幸，萧渊明被俘，梁军战败。不久，连侯景也被慕容绍宗打败，弄得梁朝人心惶惶。

这个时候，高欢刚刚去世，高澄地位未稳，他不想和梁朝开战，所以对萧渊明十分优待，并且放出话，说是如果两国恢复邦交，萧渊明可以放回。

梁武帝一向疼爱萧渊明这个侄子。听到高澄肯放回萧渊明的消息以后，梁武帝快乐得哭了起来，即刻派人前往东魏吊高欢的丧，表示愿意议和。

但是，侯景听到这个消息可火大了，他本是东魏的叛将，十分担心自己会成为两国议和的牺牲品，所以屡次上书，劝梁武帝不可与东魏议和。梁武帝不理会，侯景更加不安。

为了试验梁武帝的态度，侯景假造了一封东魏的书信，要求以贞阳侯（萧渊明）交换侯景。

梁武帝的答复是：“贞阳侯旦至，侯景夕返。”

侯景看到回信，气得跳脚：“我早就知道梁朝皇帝是个薄心肠的家伙。”他决定造反。

接着，侯景占据了梁朝在淮水的重镇，到了寿阳以后，开始向朝廷提出种种要求，朝廷却表示同意。

不久，侯景又要求娶王家或谢家的女子为婚，这可给梁武帝出了一个难题。前面说过，南北朝继承魏晋的遗风，门第观念很重，贵贱阶级通婚

梁武帝萧衍，选自《乾隆年制历代帝王像真迹》。

简直是不可能的事。一些世家大族，连皇帝都惹不起他们。

所以梁武帝只好对侯景说：“王、谢门高非偶（配偶），可以从朱家、张家以下寻访。”

除此之外，侯景还要求一万匹锦做军袍，要求冶炼新武器，梁武帝都一一答应了。

梁武帝的理由是：“就算是一个贫苦的老百姓，家里有十个、五个客人也都能让客人称心如意。朕只有一个客人，都不能让他满意，这是朕的过失。”于是又送了侯景许多锦彩钱布。

侯景看梁武帝好欺负，开始在寿阳起兵。梁武帝听说侯景造反，起先还不相信，笑着说：“侯景这小子能做什么？”不久，也就不由梁武帝不相信了。因为侯景的军队渡过长江，直逼京师建康。

梁武帝发现侯景真的造反，派遣他的侄儿临贺王萧正德领兵去抵抗。不料，萧正德竟然暗中和侯景勾结起来。当侯景军队到达建康，萧正德开了城门，迎接侯景入城。

梁武帝得到侯景入城的报告，赶紧派羊侃守卫皇宫。由于羊侃的英勇，侯景攻不进皇宫，于是，侯景拥立萧正德为皇帝，自己做了丞相。

梁朝各地为了声援皇帝，纷纷派军队赶来建康，这使得侯景心里害怕起来，他派使者与梁武帝商量，要求各地的援军回去，自己也不攻打皇宫了。

梁武帝信以为真，下令各地援军回去。不料，援军刚走，侯景便自毁盟约，向皇宫发动猛烈的攻击，皇宫终于被攻陷了。

梁武帝成了侯景的俘虏，侯景觉得萧正德已经没有利用的价值了，便杀了萧正德，自己做大丞相。

侯景逮住梁武帝以后，并没有立刻加以杀害，只是把梁武帝软禁在宫里，像个囚犯似的。

侯景的军士出入宫中，带着弓箭，骑着驴马，到处乱闯。梁武帝看着好奇怪，不晓得从哪儿冒出这些没有规矩的野蛮人。

直阁将军周石珍回答梁武帝说："这是侯丞相的甲士。"

"呸，什么侯丞相？他是侯景，哪里是什么丞相？"梁武帝气得发火。从此以后，梁武帝在宫中遭到非人的待遇，经常有了早餐没有午餐。不久，梁武帝气得生了一场大病。

在梁武帝太清三年（549年）五月，他睡在净居殿中，口干得要命，想喝蜜水，没人倒给他，连呼"嗬，嗬"，最后又渴又饿而死。

后来，侯景被王僧辩所杀，梁元帝即位，却已无法收拾残局。北方西魏率兵南下，梁元帝一气之下，竟把江南自古以来的七万多卷藏书用火烧尽，自称"文武之道，今日尽矣"。这在中国文籍史上，造成不可挽回的损失。

到了隋朝，牛弘曾说，自古以来书有五大厄难：一、秦之焚书；二、王莽之乱；三、董卓之乱；四、永嘉之乱；五、梁元帝江陵之倾覆。而以梁元帝时代的损失最重，可说是侯景之乱的后遗症。

昭明太子萧统

在南北朝时期，梁朝文风最盛。因为梁武帝本人极有文学修养，而他的儿子——昭明太子萧统，更是历史上有名的文学家。

昭明太子是梁武帝的长子，生下来就非常聪明。他三岁开始读《孝经》《论语》，五岁遍读五经，而且都能背诵。他看书数行并下，过目不忘，速读本领高超，是个难得一见的天才儿童。他九岁那年，在寿安殿讲解《孝经》，小小年纪，竟然将《孝经》的含义讲解得十分透彻，使得在座的臣子大为佩服，梁武帝更是心花怒放。

昭明太子从小跟随母亲丁贵嫔住在永福省（皇宫中一座宫殿名），当昭明太子六岁时，依照规定，要搬到太子所住的东宫去。昭明太子很依恋他的母亲丁贵嫔，心里闷闷不乐，却又不敢说出来。

梁武帝摸着昭明太子的头问："是不是想母亲？"

昭明太子用力地点点头："对。"眼中闪着希望。他长得极为清秀可爱，一举一动都很有教养，流露出高贵的气质。梁武帝愈看愈疼，便准许他每五日一朝，其余时间留在永福省陪母亲。

昭明太子为人宽厚，从不轻易责罚下人。譬如说，他看到食物里有苍蝇，非但没有大呼小叫，反而悄悄地捡起来放置一旁，免得厨子因此受罚。

渐渐长大以后，昭明太子笃信佛教，爱好山水。他在风景胜地建立了一个"玄圃"，常常邀集名人雅士在此小聚。据传说，玄圃是昆仑山上仙人所居住的地方，所以昭明太子以此命名。

一天，昭明太子又邀了一些人到玄圃游玩，众人皆陶醉在此人间仙境之中。昭明太子诗兴大发，立刻卷起袖子写了一篇《玄圃诗》。

这时，同行的侯轨叹了一口气道：“哎！可惜了，要是此处有几个美女吹奏丝竹之乐，岂不更妙？”

昭明太子微微皱了一下眉头，他也不批评侯轨“粗俗”，只随口吟了一句左思《招隐诗》中的一句：“非必丝与竹，山水有清音。”侯轨便惭愧得低下了头。

后来，有人送昭明太子女伎、声乐，他都全无兴趣。他整整二十年中不留声乐，这也是古代后宫少有的现象。

在梁武帝普通年间，因为大军北讨，京师的谷价贵得出奇，百姓个个吃不消。

昭明太子听说这件事，命令日常膳食缩减，减省布帛米粮。每逢刮风下雪，他就派遣心腹左右出宫，沿街巡行闾（lǘ）巷，周济贫困，若有蜷缩在道旁无家可归的流浪汉，就塞给他一大包粮食、衣服。

昭明太子还拿出自己省下的布料，裁制了大量冬衣，在寒冷腊月里，一家一家送给冻得发抖的贫户。若是穷苦百姓死了无力殓丧的，他还为其准备棺木。而这一切措施，都是暗地里进行，他并不是要博得人们夸赞“太子仁德”的美名。

梁武帝信佛，昭明太子的母亲丁贵嫔也跟着信佛。丁贵嫔因为过分刻苦，营养不良，长久下来，体力不支，病倒在床。

昭明太子一听说母亲病了，立刻赶到永福省照料。他朝夕侍候，真正做到衣不解带，每一碗药都是他亲自端给丁贵嫔，扶着她的肩喂下去的。

但是，昭明太子的一切努力，并没能挽救丁贵嫔的性命。当丁贵嫔过世以后，昭明太子一连昏倒数次，出殡以后，他更是连水都不肯喝一口，每天哭得昏天黑地。

梁武帝知道这个消息，派了中书舍人顾协宣旨道：“如果一个人不能忍受父母去世，以至于伤害了身体，这等于是不孝顺。你母亲去世了，但是我还健在，你这样做就是不孝顺。”

昭明太子接到命令，只好勉强进食，但也不过一天喝一碗麦粥而已。

梁武帝又再次下敕：“听说你吃得很少，身体衰弱，我本来没有什么病痛，因为你如此，胸里仿佛塞了一块东西，也开始不舒服了。你赶快多吃一些，不要让我为你挂心。”

尽管梁武帝一再下诏，但是昭明太子过于悲痛，毫无胃口，吃不下任何东西。他本来体格壮健，腰带十围，如今却瘦得连一半都不到。他上朝时，臣子们看了都不禁为之落泪。

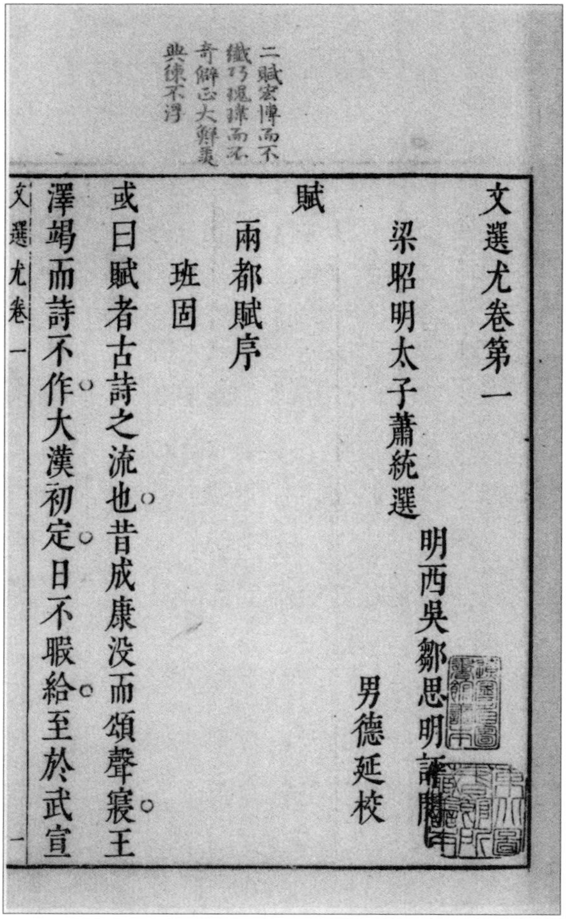

二賦宏博而不纖巧規摹而不奇僻正大鮮美典練不浮

文選尤卷第一

梁昭明太子蕭統選

明西吳鄒思明評閱

男德延校

賦

兩都賦序

班固

或曰賦者古詩之流也昔成康没而頌聲寢王澤竭而詩不作大漢初定日不暇給至於武宣

文選尤卷一　一

梁昭明太子《文选》书影，明代闵凌刻套印本。

昭明太子会读书，却并不是书呆子。梁武帝曾经要昭明太子代为处理国家政务，各机关的公文奏章都送给昭明太子批阅。昭明太子不慌不忙，每天把堆满办公桌上的公文一一细阅批示。

如果公文有错误或不妥当之处，昭明太子会指出错误之所在，或者分析哪些地方不妥当，要求承办人改正，却从不责罚任何人。重大刑案判决送到昭明太子面前，昭明太子总是从轻处罚，所以，人们都称赞昭明太子仁慈。

昭明太子在文学方面极有见地，为了纠正人们对纯文学的认识，特别搜集了有代表性的优良文章，编成一部书，共为三十卷，书名称为《文选》，后人则称之为《昭明文选》，表示这是昭明太子所编的。这部书是魏晋以后文章佳作的总汇，是中国古代文学的精华作品。

在梁武帝中大通三年（531 年），昭明太子三十一岁时，正是江南采莲季节，他乘坐小船在湖上采莲，一不小心小船翻倒，遂溺于水中。后来，虽被打捞救起，他却因此染上了重病。

昭明太子唯恐梁武帝知道了会挂心，不准左右把消息呈报上去，一直到病情转恶，还是坚持不让父亲知道。他哭着说："你们怎么忍心让父王知道我快死了？"不久便与世长辞了。

听说昭明太子英年早逝，京师的男男女女道路相告，街上处处可见人们哭成一团。虽然昭明太子只活了短短的三十一年，但他的《昭明文选》却永垂不朽。

最昂贵的瞌睡

自从苻坚在淝水之战失败以后，北方陷于长期的分裂。到了南方的刘裕篡晋，建立宋，北方鲜卑种族的拓（tuò）跋氏也统一北方，成为南北对峙的局面。

鲜卑的拓跋氏本来是个游牧民族，因为中原大乱，边境空虚，拓跋部族便由漠北移民到了边疆，定都平城，建立宗庙，营造宫室，自称为魏，历史上称为北魏。拓跋部族慢慢地由游牧民族变为农耕民族。

拓跋魏统一北方是在太武帝时期，太武帝拓跋焘具有雄才大略，很能打仗。他的母亲杜氏是汉人，所以他是胡汉混血；可是拓跋焘从小受鲜卑教育，且前前后后娶的三个皇后又都是胡人，因此自认为是胡人。

为了适应中原的环境，拓跋焘在始光三年（426 年）建太学，拜孔子，已开始有汉化的趋势。

前面说过，南北朝时期佛教盛行，而且是由北方往南方传的。拓跋焘初起兵时，对佛教十分尊敬，在他的军队经过佛寺时，他会大声地喊口令："敬礼！"所有的兵士都要向僧寺敬礼。但是后来他却排佛排得厉害。

为什么会有一百八十度的转变呢？原因之一，是许多人民借着出家逃避兵役，逃避赋税，反正当和尚不过念念经、扫扫地，十分轻松。如此一来，国家财政上少了赋税，军事上少了兵源。

其次，拓跋焘听了道士的话，道士尊称他为"承天应命的真君皇帝"，意思是说，他天生应该当皇帝，否则不合天意。拓跋焘听了心里很受用，也开始信道教，其实他并不懂道教的教义。

鲜卑人敕勒川狩猎图，乌盟和林格尔县北魏墓壁画。

自从拓跋焘迷上了道教以后，三天两头召集诸子及朝臣集会，说是“朕要为你们说道教的教义”。

拓跋焘每次一讲下来总是又臭又长，大家都听得很无趣，也不耐烦，可是谁敢表现出不耐烦的样子，那可是大不敬啊。于是有一次拓跋焘正在口沫横飞，讲得连自己都感动万分，却看见毗（pí）陵王拓跋顺竟然在打瞌睡，伸懒腰。

拓跋焘气坏了，恶狠狠地瞪着拓跋顺，拓跋顺浑然不觉，口水流在嘴边，还呼呼地打鼾（hān），看样子，睡得挺甜的，还伸长了一条腿哩。

听讲的朝臣们发现拓跋焘怒容满面，大家都望着拓跋顺，心里为他紧张，却又不敢叫醒他。拓跋焘清一清喉咙，特地把嗓门提高，希望惊醒拓跋顺，没有想到拓跋顺不但继续睡，嘴角的口水愈流愈长，似乎好梦正酣（hān）。

这下子，拓跋焘不能再忍耐了，他心想：“这简直没有把我这个皇帝放在眼里嘛。”大喝一声：“拓跋顺，你睡醒没有？从现在开始，你已不再是毗陵王了。”

就这样，毗陵王因一个瞌睡丢掉了王位，这恐怕是历史上最昂贵的一个瞌睡。

拓跋焘不但自己信仰道教，还要强迫全国人都信。他尊奉嵩山道士寇谦之为天师，并且在首都平城的东南设立了一个天师道场。道坛有五层之高，里面养了一百二十个道士，由国家每个月供给衣食。拓跋焘又盖了一个“静轮天宫”，直插云霄，它高到听不见地面鸡犬之声，拓跋焘认为如此可以上接天神。后来，他更改年号为太平真君，说这是“顺应天意”。至于佛教，拓跋焘下令禁止，称之为“夷狄之教”。其实此时的道教只是讲一些符箓（lù）、咒水、化金、长生之术，没多大道理。可是道教投拓跋焘之所好，于是，拓跋焘成为道教的虔诚信徒。

到了太平真君五年（444年），拓跋焘听说王公贵族家里奉了不少和尚，借此逃避兵役。当然，也不纳税。拓跋焘大怒，下令：“把这些和尚全部捉到官府里来，哪一个王公贵族敢抗命，朕要他的脑袋。”一时之间，许多和尚都遭殃。

北魏佛像，敦煌莫高窟彩塑。

到了太平真君七年（446年）时，关西地方胡人发生叛乱，拓跋焘派兵平乱。乱事平定以后，拓跋焘率军队经过西安，看见一座庙宇，他便走进去休息休息。

忽然间，拓跋焘在一个转角处，发现亮晃晃的金光。他走近一看，伸手一掏，赫然是一把利剑。拓跋焘奇怪道：“咦，出家人不杀生，要这些武器干什么，莫非这庙里还有其他刀剑？”

拓跋焘一声令下：“搜！”卫士们推开正在念经的和尚，在庙里大肆搜索，竟然被他们找到了许多密室，每一间密室中都堆满了刀剑利刃，还有几大箱的黄金。

“这些是干什么用的？”拓跋焘气坏了，大声地指责和尚，“明明是准备造反，哼！幸亏被我发现了。”

他本来就对佛教抱有反感，如此一来更认定佛寺藏奸，和尚有造反嫌疑，所有和尚都不是好东西。拓跋焘下旨禁佛教、毁寺塔、焚经像，杀光天下和尚，先在长安实施，而后推行各地。幸而太子拓跋晃是个佛教徒，事先暗中通知各地和尚，趁早逃亡藏匿，收好佛像。然而魏境之中的佛塔，全部都被毁弃，这成为佛教的一场空前浩劫。拓跋焘的消灭佛教，佛教界视为“三武之祸”的第一件事，另外两位企图消灭佛教的皇帝，是北周武帝与唐武宗，正好这三位灭佛的皇帝，他们的称号上都有“武”字，所以被称为“三武之祸”。

在拓跋焘去世以后，佛教又重新抬头，而且复兴后的佛教比以前更为兴盛。

北魏孝文帝巧计迁都

前面说过，北魏太武帝信仰道教，把佛教贬为“夷狄之教”。但是到了他的孙子拓跋濬（jùn）时，不但恢复了佛教，而且亲自拿起剪刀，把五个人的头发剃个精光，送到庙里去当和尚。各地的庙宇纷纷修复，我国历史上最著名的云冈石窟就是在这段时期内兴建的。

以后又传了几代，到了北魏孝文帝。孝文帝的祖母冯太后是个汉人，所以他汉化很深，自小立志要当一个汉人皇帝，他也是个佛教徒。

北魏孝文帝从小喜欢亲近书本，手不释卷，诸子百家都读得十分透彻，尤其对庄子很有研究，诗赋铭颂都作得极好。他作文章不是自己写，而是忽然灵感来了，马上口授，旁人用笔记下，记完以后，就是一篇妙文，连一个字都不必改。以前说过的曹操父子、梁武帝父子，都是以才学著名的君主，但他们都是汉人，北魏孝文帝本是鲜卑人，有这种成绩更是不容易。

在北魏孝文帝亲自听政以后，首建明堂太庙，议订礼乐，祭祀尧、舜、禹、汤、周公，并且尊称孔子是“文圣尼父”。

因为北魏孝文帝仰慕中原文化，深深以为现在的首都平城位置过于偏僻，不适合作为首都，最好搬到有深厚文化气息的洛阳。

同时，平城的气候寒冷，又没法通漕（cáo）运，实在不适合作为政治中心。

如果北魏孝文帝只想统一北方，也就可以勉强凑合，但是他很想进攻南朝的齐，这样，洛阳就适合得多。

北魏孝文帝想要迁都的主意一提出，马上遭到大家的反对。老臣们都认为平城住得好好的，为什么要迁移？一般的老百姓也不赞成，他们交头接耳道："我们的财产、帐篷什么的，都很难搬动，还有牛啊，羊啊，长途跋涉下来，恐怕要死了一半。有钱人还好，穷苦人家怎么办？"再加上大多数的人都是恋旧怀乡，因此很舍不得远离平城。

北魏"传祚无穷"瓦当，山西大同云冈出土。为北魏迁都洛阳前的建筑遗物。

但是，孝文帝非常向往洛阳，洛阳是我国历史名都，文化水准高，且经济丰厚，便于经略四方。这时，又有臣子上奏说："以前在明元帝（太武帝的父亲）时期，曾经想把首都从平城搬到邺城，结果崔浩反对，因而作罢，皇帝难道忘了这件事吗？"

崔浩当时劝明元帝道："国家迁都邺城，可以拯救今年的饥荒，却并非长久之计。我们鲜卑人居住在广大的沙漠之中，号称牛毛之众，到底有多少人，多少牲畜，谁也没有算过。总之，人数并不多。如果搬到邺城去，以有限的人口，必定住不满，而且水土不服，死伤大半，老百姓一定沮丧万分。北方的敌国如蠕（rú）蠕，也会乘机攻打咱们。"

而且，崔浩还说："如今居住在北方，万一山东有什么变化，我们骑上快马，驱驰如飞，老百姓望尘震服，谁还会去计算到底有多少人马？这才是定国安邦之道。"

孝文帝知道此时如果宣布迁都，一定会遭到阻力。于是，他和拓跋宏、拓跋澄定下一个计谋，宣称要大举南征。

太和十七年（493 年），北魏孝文帝亲自点了三十万兵骑，从平城出发南下。

北魏骑兵俑，陕西省西安市草厂村出土。

九月，军队开到了洛阳。将士们因为长久没有用兵，累得人仰马翻，对南征缺乏兴趣。

刚好这时洛阳天天大雨倾盆，军队开拔不得，窝在帐篷里又湿又烦，就更不愿意再前进了。于是一个个前来叩谏，央求孝文帝停止远征，回去算了。

孝文帝正好利用这个机会宣谕道：“兵行中途，哪里可以无功而还？如果不愿意南征，可以先迁都于此，以后再作平南之计。”

众人听到这个消息，拍手叫好，跪下来喊“万岁”。大伙实在懒得再动了，却不知中了孝文帝之计，就此定都洛阳。

孝文帝一面派人回平城告谕百姓，一面开始营建新都，自己则留在邺城指挥一切。到了第二年，北魏孝文帝把北魏的文武百官全部迁到了洛阳。

在这段时期，北魏有两个臣子穆泰、陆睿对迁都极不赞成。他们商议道：“如今迁都洛阳似乎已成定局，此为不智之举，我们不如废掉皇帝，另外拥立阳平王当皇帝，一了百了。”于是他们准备发动政变，结果被孝文帝发现，两人都赔了老命。

迁都到洛阳以后，许多鲜卑人还是怀念老家平城。太子拓跋恂正是其中之一。

拓跋恂奉命驻守金墉。有一天，忽然间，他骑上快马直奔北方，说是“河南夏天太热，简直受不了”，结果被拦阻下来。北魏孝文帝就以太子私自逃亡为理由，把太子废为庶人（庶人是平常百姓之意），不久，更将太子赐死。

胡儿变汉人

北魏孝文帝为了实行汉化政策，假装说要出征，把大家骗到了洛阳，然后迁都于此。

他费了好久工夫完成迁都以后，开始一步步实行他的汉化计划。

首先，北魏孝文帝自己先换上了汉人皇帝穿的衣着，然后命令臣下穿戴一般汉人的衣冠。原先胡人衣狭而短，汉衣宽而长，大不相同。

有一次，北魏孝文帝出宫巡查，远远望见妇女们穿的仍是用夹领小袖的胡衣，非常不高兴。第二天上朝他就发脾气道："前次已下诏革衣服之制，你们为何违背前诏？"

朝臣们看到北魏孝文帝光火的神态，知道他不是说着玩儿的，回去后立刻彻底实行改衣服的命令。

换了衣服还不成，要接受汉人文化，首先得要懂汉文汉语。北魏孝文帝在太和十九年（495年），禁止人民使用鲜卑语，一律改用汉语。

他也知道学习汉语不是一件简单的事，所以特别通融，"三十岁以上的人，年纪大了改不过来，可以原谅。三十岁以下的人，在朝廷为官者，如果再用鲜卑语，应当降爵黜（chù）官"。

这一招相当厉害，臣子们为了保持官位，不得不努力学习汉文汉语。在朝廷上朝时也彼此劝诫："小心啊，别漏了嘴说了鲜卑语。"

接着，北魏孝文帝又认为鲜卑姓不雅，不如汉姓好听。而且鲜卑人本

北魏着汉装妇女俑，河北省景县封氏墓群出土。

来是以自己所居的部落为姓，字数比较长，例如步六孤氏、勿忸氏等，一看便知是胡人。北魏孝文帝的目的是使胡人变为汉人，所以他把姓氏一齐改为单音。例如拓跋改为“元”，秃发改为“源”，以后胡人的姓氏与汉人变为同一个形式。

然后，北魏孝文帝又做了媒人，鼓励王室贵族和中原汉人的世家大族通婚。婚姻是血统融合最有效的方法。

他先以身作则，将许多汉人女子纳于后宫，像范阳卢氏、清河崔氏、荥阳郑氏、太原王氏四姓，为中原衣冠大族，北魏孝文帝特纳这四大家族的女子为妃。好在古来皇帝后宫的佳丽永远也不嫌多的。

在北魏孝文帝倡导娶汉女为妻的风气之下，他的弟弟咸阳王娶了颍川太守陇西李辅的女儿，另一个弟弟河南王娶了代郡魏明乐的女儿。以后胡汉通婚，就成为一件极为自然而普遍的事了。

虽然北魏孝文帝改衣冠、断北语、改姓氏、通婚姻，做了种种汉化的措施，然而，人心总是恋旧的，从前自北方迁来的胡人仍会想念老家；尤其北来之人，不习惯暑热，每到了酷热难熬的夏天，不免思念起一望无际的大漠，且有水土不服之苦。

同时，胡人也有落叶归根的观念。到了老去病死，仍要归葬在以前平城之地，总认为那儿才是他们的根之所在。

北魏孝文帝认为这种归葬老根的观念一日不除，汉化政策永远不能彻底实行。所以他在太和十九年（495 年）下诏：“迁移到洛阳的北人，不必归葬。”于是在洛阳替鲜卑人建立坟场。中国人一向把自己的祖坟所在地看成自己的故乡。鲜卑人在洛阳既然有了坟场，世代葬在洛阳，所以南迁的鲜卑人，以后都成了河南洛阳人。

此外，北魏的种种政治制度，无不模仿汉人，例如依汉法改订度量衡，仿效汉人的五铢钱制定太和五铢等等；并且搜求大量的遗书，研究中国的学术思想、典章制度。

北魏孝文帝的积极倡导加速了中华民族血缘文化的融合，使北魏由野蛮进入了文明，各方面都有了明显的进步，这是汉化成功之处。

任何事通常都是有利有弊，汉化政策的本身虽然成功了，却使得鲜卑人失去了壮悍之气。尤其北魏的贵族迁都到洛阳以后，学习了汉人奢靡的风气，国势就一天天弱了。

关于这一点，北魏以前的君主就想到过了。以前在道武帝时代，他曾经派了一个叫贺狄干的人到后秦去。结果贺狄干被秦王姚兴扣留下来，命他在长安读书，学《尚书》《论语》。

后来贺狄干回到北魏，动作斯文，举止有礼。道武帝看着不顺眼，很生气道：“这个家伙文绉绉的，像个读书人，说有多讨厌就有多讨厌。”然后把他杀了。

讲到这里，我们发现一个很有趣的现象，就是我们中国人一向认为“华夷之辨，辨在心”，这句话的意思是说，汉人和夷狄之分别不在于血统，而在于文化，只要有文化就是汉人，否则便是胡人。

北魏孝文帝汉化以后，这些在洛阳的鲜卑人受了文化的熏陶，变得知书达礼，由胡人变为汉人。而这时，还留在北方的胡人，依旧保持胡风。于是双方原先都是鲜卑人却彼此看不起，南人嫌北人野蛮，北人看南人文弱，这种文化上的冲突，便酿成了之后的六镇之乱。

北魏也有斗富的故事

在上一回《胡儿变汉人》之中，我们说到北魏孝文帝积极汉化，励精图治。很可惜，天不假年，北魏孝文帝还来不及进一步施展抱负，只活到三十三岁就去世了。由太子拓跋恪（kè）即位，是为北魏宣武帝。

宣武帝即位时才十四岁，不得不由他的叔父彭城王、北海王、咸阳王等共同辅政。这些王彼此不合，明争暗斗，都想要夺取更多的政权。

其中咸阳王的势力最大，位居群臣之上，是为上相，他不亲政务，骄奢贪淫，多为不法。宣武帝看到咸阳王就生气，而且咸阳王似乎也没有把小皇帝看在眼里。

有一次，咸阳王向领军于烈要求派些执兵翊（yì）卫给他，好跟着他进进出出，增加一些气派。

于烈说："我作为领军，责任是保卫皇宫的安全，没有皇帝下诏不可以将皇宫的卫队随便调派。"

咸阳王轻蔑地说："我，天子之叔父，身为上相，有些什么要求也是应该的，我的话与天子之诏有何不同？"

结果，于烈还是没有答应咸阳王，并且跑去告诉宣武帝："现在诸王专恣，难保以后会出什么差错，不如早日罢退诸王，自行亲政。"

同时，又有另一人对宣武帝说："听说彭城王很得人心，万一让他长久辅政，恐怕对皇上不利。"

于是，宣武帝接受了臣下们的建议，在一天上朝的时候，突然宣布亲政。咸阳王不服气，阴谋发动政变，宣武帝早料到他有这一招，很迅速地把乱事平定了。

糟糕的是把诸王罢退后，留在宣武帝左右的都是一些小人。他本人又没有多大才能，北魏国势一天比一天衰弱。其中有一个叫赵脩（xiū）的，尤其博得宣武帝的宠爱，在十天半月之中，一连升了好几次官，最后竟做到了光禄卿这样的大官。而每一次升官，宣武帝居然亲自到赵脩家中参加庆功宴，王公百官都跟在后头。

除了吏治不良，北魏的风气也日渐败坏。北魏本来是比较朴素的，一方面是胡人尚武而文化简陋，另外沦陷在胡地的汉人自然也比较刻苦。但是自从北魏迁都到了洛阳以后，国家富庶，一般鲜卑的王公贵族也染上了奢侈的风气。

当时，北魏的臣子们学到汉人贵族富豪比赛奢侈的坏风气。例如高阳王的财富冠于一国，他的宫室园圃，可以媲（pì）美皇宫禁苑，拥有六千僮仆，五百女伎。高阳王一出门，卫队塞满了道路，进退不得；一班歌伎通宵达旦地歌乐；吃一顿饭就花上几万钱。有人叹道："高阳一食，敌我千日。"意思是说高阳王吃一顿饭够他吃上一千日。

北魏骏马陶俑，河北省景县封氏墓群出土。

河间王最不服气高阳王，天天都在想办法斗倒高阳王。河间王养了十几匹难得一见的骏马，为了表示身价不凡，马槽竟然用银子打造，那比我们这儿有人夸马桶镶金更气派、更疯狂。此外，他家的窗户上面也嵌着金龙玉凤。

一次，河间王又邀请诸王宴饮，夸耀他的财富，酒席山珍海味，琳琅满目，那是不在话下，尤其他的那些个盛酒的酒壶酒杯真是稀世珍宝。

他缓缓站了起来，举起一个玲珑剔透的杯子道：“这叫水晶杯，产在大秦国，各位曾经看过吗？”

在座没有一个人看过如此晶莹可爱的酒器，纷纷投以羡慕的眼光。

“嗯，这个叫玛瑙碗，玛瑙非石非玉，有红、白、黑三种颜色，生在西国玉石间，我手上拿着的是最名贵的。”众人的眼睛更圆了。

河间王得意地举起第三个杯子道：“不过，最稀奇的还是赤玉卮（zhī），各位看，它红得像鸡冠吗？这种红色可不是调配得出来的。”

接着，大家都拥过来看，个个啧啧称奇，都说：“这样精巧的东西可一辈子也没有见过。”每个人都把头伸得长长的，唯恐看不仔细，却又不敢动手去碰，万一砸坏了可赔不起。

鎏金镶嵌高足铜杯，山西大同市南郊北魏遗址出土。

吃完了饭，河间王又领着大家去看名马、珠宝，样样美不胜收。他叹口气对章武王说：“我不恨我看不见石崇，只可惜石崇看不见我，否则他也要甘拜下风了。”

石崇是晋朝有名的奢侈的人，关于他和人家斗富的故事，我们前面已经讲过。

好，再说章武王听了这句话以后，回家就病倒了，脑子里翻来覆去想的都是水晶杯、玛瑙碗、赤玉卮，竟然为此失眠终日。

京兆王听说章武王病了，赶来看望，他安慰道：“你的资财不比河间王少，为什么要如此想不开呢？”

“哎，你有所不知。”章武王勉强坐起来道，“我原以为这个世界上比我有钱的只有高阳王，谁晓得竟又冒出一个河间王，怎不叫我伤心呢？”

在王公贵族竞相斗富之下，做皇帝的自然也不能寒碜，宣武帝更是大手笔。他建造了历史上著名的伊阙石窟，里面有数不尽的佛像；又修了永明、闲居两座大寺庙，免费供三千名和尚居住；更在永平到延昌年间，在北魏境内盖了一万三千个寺庙，所耗费的金钱真是难以计算。

胡太后乱政

北魏自从北魏孝文帝去世，宣武帝即位，国势一天比一天衰弱；不过，北魏真正开始动乱不安，是在胡太后临朝的时期。

胡太后本来是绝对当不成太后的，这话怎么说呢？原来，北魏自从道武帝以后，仿效汉武帝杀钩弋夫人的故事，凡立太子则杀其母。

有一次汉武帝北巡，遇见一位非常奇怪的美丽少女，她两只手始终紧握着拳头，怎么也打不开。可是汉武帝一摸到这位少女的玉手，她手便自动张开，里面握着一支玉钩，汉武帝大为惊奇，把她带回京里，收为自己的妃子，封为钩弋夫人。

后来，钩弋夫人生下一个儿子刘弗陵，立为太子（就是汉昭帝）。然而有一天，汉武帝忽然以一个莫须有的罪名，把钩弋夫人处死了，理由是“主少母壮，是祸乱开始”。他唯恐自己去世之后，钩弋夫人当了皇太后，可以控制小皇帝，夺得政权，因此，狠心地把钩弋夫人杀了。

北魏道武帝认为汉武帝的顾虑很有道理。因此，他立下家法，任何一个妃嫔生下男孩，孩子被立为太子以后，立即将太子的母亲处死。

因为这个理由，北魏的后宫佳丽怀孕以后，无不焚香祈祷，但愿生一个女孩。这也是历史上后宫中少有的事，竟然不求一举得男。非但如此，她们万一生下一个男孩子，有的还会叫宫女偷偷抱出去杀了以后扔掉，以保全自己一条性命。

所以，宣武帝的宫中妃嫔极少有养男孩的；而且，非常不幸，已长成的皇子又一个一个死了。宣武帝担忧无后，终日烦恼不已。

不久，宣武帝最宠爱的妃子胡氏怀孕了，他非常希望这一回生个男孩。果然，天从人愿，真的是个男的，宣武帝大喜过望，立刻封为太子。

根据家法，胡氏生下男孩，又立为太子，她应该立刻处死。但是宣武帝看到她那娇艳如花的容貌，实在下不了手；加上宣武帝又是信佛的，更起了慈悲心肠。宣武帝非但没有送她上西天，反而立胡氏为贵嫔。

以后宣武帝去世，经过一场政变之后，竟然真如道武帝所料，胡太后的儿子孝明帝即位，年仅六岁，胡太后总摄朝政。

胡太后为人奢侈贪婪，她掌权时期，是北朝贵族生活最糜烂的时候。因为在上位者起了带头作用，下面的百姓自然跟着仿效。

北魏因为世世代代强盛，东夷、西夷贡奉不绝；又设立互市制度，所以北朝也有南方的珍奇宝货，府库里满得都要溢出来了。

有一天，胡太后忽然兴起，要去看珍藏的丝绢。她率领了王公嫔主从行一百多人，浩浩荡荡到了府库前。胡太后对大家说："到了里面，你们能拿多少，便拿多少，看你究竟能搬多少，全是自己的，入得宝山可别空手而返啊！"

于是一群人鼓着贪婪的眼睛，兴奋地往前冲，看到了光滑细致、美不胜收的丝绢，拼命地抢。每个人的手上、脖子上，到处都挂满了一匹匹的绢，搬得少的，也不下百余匹。

尚书令、仪同三司李崇背得太多了，"哎哟"一声，扭伤了腰，跌倒在地；无巧不成书，章武王融接着也脚踝扭了筋，动弹不得。

胡太后看到李崇、章武王融跌跤了，一个箭步向前，把他两人的绢都夺了过来。旁人看到胡太后这种贪心的样儿，都忍不住掩嘴暗笑。

一群人各自背负着上百匹绢，弯着腰、驼着背，万分吃力地从府库中出来。忽然，胡太后发现侍中崔光只拿了两匹，无怪走得十分轻快。

"你怎么只拿了两匹呢？"胡太后讶异地问，为崔光惋惜不已。

红地云珠日天锦，北朝。

"我只有两只手，只拿得动两匹。"崔光讽刺地回答。众人看看自己，不由得羞赧（nǎn）地低了头。

胡太后很爱漂亮，每次出去之前，都要修饰化妆半天。脸上擦得红红白白，身上穿得珠光宝气，加上她本来长得娇滴滴的，因此相当惹人非议。

有一回，胡太后又打扮得花枝招展出宫，一路上遭到无数注目的眼光。太后知道自己出风头，十分得意，把头抬得高高的。

大臣元顺老早就看胡太后不顺眼，这回忍不住当面上谏道："根据礼节，妇人在丈夫过世之后自称为未亡人，头上不簪珠玉，衣上不绣文彩。陛下母临天下，年届不惑（四十岁），修饰过分，何以对后世？"

这番话说得太后脸上挂不住，急急忙忙返回宫中。然后，胡太后把元顺叫来责骂："你为何要当众指出我的错，是不是存心要我当众出丑，居心何在？"

元顺不慌不忙道："陛下不畏天下人之笑，而耻于臣之一言乎？"

胡太后无言以对。

胡太后修宝塔

北魏孝明帝即位，由母亲胡太后主持政局。胡太后是个花花太后，私行不检，骄奢淫逸。可是，说也奇怪，她竟然信佛，而且信得相当深。

这是什么原因呢？原来佛教专讲因果报应，胡太后虽然坏事做得多，但天良未泯。她唯恐恶有恶报，害怕自己死后坠入地狱，所以转向慈悲的佛，求其怜悯。这也是当时佛教流行于上层阶级的原因。其实，当时的佛教教义很浅，不为知识分子所重视，高阳王甚且斥责佛教为“鬼教”。

北魏皇后礼佛浮雕，河南洛阳龙门石窟宾阳洞。

北魏的人除了喜欢造佛寺以外，还喜爱建筑宝塔表示对佛的尊敬，称宝塔为浮屠。

修建佛寺需要大笔经费，国家没有这一笔预算，胡太后为了达成心愿，竟然下了一道命令——“削减百官俸禄十分之一”，然后，她拿了这克扣下来的钱建造永宁寺。

永宁寺的规模极大，有一个高一丈八的金像，还有十个如真人一般高矮的金像，两个玉像。最奇特的是建造了一座九层高的宝塔，高达九十丈，在京师每个地方都能看得见；宝塔四周都是金宝瓶，瓶子下面垂着金光闪闪的金铃铎（duó），浮屠有九层高，角角均悬金铃铎。每当夜深人静，微风吹过，铃声叮叮当当，声闻数十里。

此外，永宁寺中建有僧房一千余间，每一间都雕梁粉壁，珠玉锦绣，布置得富丽堂皇；而且建筑形式参考的是西域和印度的样式，非但中国人以前没有见过，就是波斯的胡人，一见之下也吓得吐出舌头道：“永宁寺的宏丽是世界上从来没有过的。”

虽然胡太后奢侈浪费，但在一千五百多年前，中国人已经能够建造如此伟大的工程，也证明了我们祖先的聪明才智。可惜这些华丽的塔寺，因为历经劫数，早已荡然无存。北魏的宝塔留到现在的只剩下嵩山嵩岳寺的一座十五层高的砖塔，供人凭吊了。

因为胡太后的好佛，她每次施舍僧侣财物，一出手就是数以万计。所以，许多人都剃发当和尚，一方面可享安逸，同时也逃去了兵役、赋税。其他王公贵族为了炫耀自己的财富，也都纷纷建庙造塔。还有人把个人的田宅捐出做寺庙。总之，胡太后当政的时代，是北朝佛教最盛的时候，也是贵族生活最为糜烂的时候。

当北魏朝政日益败坏之时，北方边疆的六镇也开始蠢蠢欲动。

六镇是北魏初为了防御柔然，在北方沿边设置的六个据点，屯驻重兵。柔然之所以叫柔然，说来很有意思，北魏太武帝仇视这支外患，轻视他们无知如虫，故命名为蠕蠕。所以柔然在《魏书》和《北史》上记载为蠕蠕，

北魏时期所建的嵩岳寺塔及其结构图。

宋、齐、梁书中作芮（ruì）芮，《隋书》则作洜（luò）洜，反正都是虫子。柔然是鲜卑与匈奴混合的血统，过着游牧生活，文化十分落后。

北魏初，驻扎六镇、防守柔然的将士可神气万分，极难入选；能够入选者，朝廷并配以高门女子为婚，所以六镇非常叫人羡慕。

自从北魏孝文帝迁都到洛阳以来，许多鲜卑人都迁到洛阳，政治重心也转移到了洛阳。

洛阳距离六镇十分遥远，古代交通又不方便，更没有电话、电报之类的通信设备，于是，在洛阳的中央政权和在六镇的军人逐渐疏远。同时，北魏孝文帝迁都以后，还有一件事也令六镇将士们大感不满，从前建都平城之时，六镇的将士常可以调到朝廷任官，有很好的升迁机会，可是，迁都洛阳以后，六镇将士便不再有到朝廷任职的机会，这使得六镇将士满腹怨恨。

再经过北魏孝文帝的汉化，洛阳的胡人汉化日深，看不起北方六镇的胡人，认为他们野蛮无知。六镇的胡人依旧保存胡人习俗，也看不惯洛阳的胡人，讥笑他们数（shǔ）典忘祖。

以后，驻在六镇的人都娶不到高门的女子为妻。南北朝的人是最看重婚宦、门第的，心里愤怒不平。在六镇的人不论婚姻或仕途都不及京师的人。洛阳的人似乎成为清流，六镇的人成为浊流；洛阳的人愈变愈有钱，而六镇的人一天比一天穷苦。所以，虽然是同一种族，已分裂为二。

同时，六镇荒芜以后，许多流氓土匪都窜扰到这个地带；再加上地方发生饥荒，六镇响应作乱，在北魏的大地上掀起一场惊天动地的乱事。从东边到今天的河北，西边到关中一带，一连乱了许多年，称之为“六镇之乱”。

六镇之乱加速了北魏的败亡。那么，北魏孝文帝的汉化是不是错了呢？没有，但是他的计划不够周详，只注意京师，而不管边防镇戍，使得两地之别有如隔世。可见得凡事不能偏废。

后来，北魏分裂为东魏、西魏，又分别为北周、北齐所篡。最后统一天下者为隋文帝，结束了近三百年南北朝的混乱局面。

南朝门第的故事

在《胡太后修宝塔》之后，我们暂时放下北朝，回过头来说说南朝的故事。自从魏晋以后，高门大族利用兼并土地为基础，再加上以九品中正为工具，巩固在政治上的地位。到了南北朝，他们已成为一种特权阶级，尤其是南朝的宋朝、齐朝、梁朝、陈朝。

什么叫做“九品中正”？那是魏文帝曹丕时代，陈群建议的方法，把人分为九等来打操行分数，作为政府用人的标准。

因为操行分数的高低，要靠乡党里有名望的人来品评高下；久而久之，高门大族互相标榜，互相提携，于是形成“上品无寒门，下品无世族”的局面，就是说，分数高的可没有寒门的份儿，分数差的却也落不到世族子弟。

于是，世族与寒门地位相差很远，生活方式也不相同。世族的子弟什么事情都不做，也可以爬到公卿之类的大官，十几岁就可以出来做官，到了二十七八岁，在从政的资历上已经“很老很老了”，不管他是否有学问有能力。

例如大书法家王羲之的儿子王凝之，娶了才女谢道韫（yùn）为妻子。结婚以后，谢道韫发现凝之虽为名流之子，实则是个草包，非常的失望。

她叹气说：“不意天壤之中，乃有王郎。”意思是说天下之间，怎么有王凝之这种笨蛋？偏偏王凝之后来平步青云，做到二千石的大官，很受人们尊敬。

贵妇出行，南朝画像砖，河南邓州市出土。

相反的，如果出身不好，即使再有学问，也被当时的人所瞧不起。

到溉（gài）是梁朝一个极有学问的读书人，很受梁武帝器重，做到了吏部尚书。到溉为人十分正直，经常有事和尚书令何敬容相执不下。

何敬容也不就事论事与到溉争论，他在私底下常对人说："到溉身上还有余臭，这小子竟然大模大样学着当起贵人来了。呸！"说着，掩着鼻子，皱着眉头，满脸恶心的样子。

旁人听了也哈哈大笑，讥笑到溉自不量力。原来，到溉的祖父曾经做过挑粪的。所以无论到溉如何优秀，人们总是看不起他。

再譬如章华，家中世世代代以农耕为生，他非常好学，对经史极有研究，在陈朝的时候，被任命为南海太守。

章华上任以后，本来想好好干一番事业。可是朝中臣子一打听："章华是什么门第？""他平日交往的是哪些个世家大族？"结果发现，章华家里原来仅仅是种田的。于是官员们十分轻视章华，处处排挤他，不与他合作。最后，章华只好托病辞官。

因为世族的力量太大，连当皇帝的也惹不起他们，所以万一皇帝要破格任用寒门为官，还要特别下一个诏令，以取得世族们的谅解。

在齐朝的时候，齐高帝萧道成就曾经下达过一个命令："寒士江谧，本来是没有资格与豪门一块竞争。但是江谧的确有才干，值得任用，可以派他做吏部的官。"

有时候，豪门大族硬是不肯赏皇帝这个颜面的话，皇帝也没可奈何。

在陈朝的时候，陈宣帝想任用钱肃作为黄门郎，又恐怕世族会排挤人家，就先找了蔡凝来商量商量。因为魏晋以后，大臣的子弟向来看不起郎中或中郎之类的小官，要做就是做黄门侍郎，或是散骑侍郎，两者并称为“黄散”。寒门可是沾不上边的。

陈宣帝和颜悦色地对世族出身的蔡凝说：“我有意思用义兴王的女婿钱肃作为黄门郎，你的看法如何？”

蔡凝一听，正色地说：“如果他是皇帝家乡的旧亲戚，圣旨颁下，特别开恩也就罢了。否则的话，像黄散这种职务，需要人地兼美。出身不佳，恐怕不太适合。”

陈宣帝说不出话来，也就只好打消了这个念头。可见得，帝王在当时的权势大减，对世家大族无可奈何。

当时的世族子弟爱好清谈，崇尚文学，自命风雅，以病弱的美男子相标榜，当然不乐于从军。然而，武力到底是政治上最重要的一环，谁握有军权，谁便掌有政权。世族既然不肯做军人，国家武事自然只有委托给寒门，所以，南朝四个朝代的四个创业的帝王——刘裕、萧道成、萧衍、陈霸先（即宋、齐、梁、陈的开国君王）都是出身寒贱，又都借着当兵打仗起家。所以他们当上皇帝以后，世族并不怎么看得起帝王。

这些帝王也不像其他朝代的帝王一般，说什么“王侯将相宁有种焉，好汉不怕出身低”，也不敢说自己“额头很高，鼻子很长，左边的大腿上有七十二颗痣，是天生的帝王之相”。

相反的，南朝的帝王似乎很自卑。宋武帝刘裕有一天在宴会中说：“我本来是一布衣，开始时怎么也想不到会有今天。”齐高帝萧道成也说：“我本来只是布衣素族，从来也没有把念头动到皇帝上面，只因为时来运转，才成立了大业。”自轻到如此地步。

总之，南朝重视门第的坏风气，使得社会不公平；做皇帝的非但不能改革，而且承认门第，自削权势。世族对皇帝既无恐惧之心，又缺乏尊敬之意，如此，造成政治上的混乱，所以南朝没有一个朝代国祚（zuò）长的。

贵贱不同坐

在上一回《南朝门第的故事》之中，我们说到，南北朝时期的人看重门第。当时的世族士人以身份与名位自豪，他们看不起寒门庶人（平民），也不屑与寒门庶人往来。反之，庶人则一心一意攀龙附凤，希望和士人沾到一点儿关系。

譬如当时有一个寒门出身的人蔡兴宗，发愤好学，做到了荆州刺史，很光荣地被征还都。到了京都，听说第二天晚上的宴席中有右军将军王道隆出席，兴奋得睡不着觉。

原来，当时王道隆掌管内政，权重一时，可说是朝廷里最有头有脸的人物。蔡兴宗想到可以当面拜见王道隆，在房间里一遍又一遍练习见面的应酬语，思考怎样才能把话说得漂亮、得体，让王道隆知道自己这些年来掌理荆、湘、雍、益、梁、宁、南秦、北秦八州军事的政绩。

等了又等，挨了又挨，终于熬到了晚宴的时刻。蔡兴宗欣然赴宴，到了那儿，冠（guān）盖云集，场面热闹非凡。经过一番推推让让的争执后，上坐的上坐，下坐的也下坐，当然，王道隆是高踞首席。

蔡兴宗站在一旁尴尬极了，没有人请他入座，他又不敢自己贸然坐上去，呆若木鸡，真不知如何才好。

蔡兴宗左顾右盼，希望有人注意到他，可是没有。其他的人坐下来以后，高谈阔论，好不开心，似乎根本没有注意到房间里还有他这个人。

南朝官员出行时的仪仗，画像砖，河南省邓州市出土。

“也罢，我上前走几步，也许他们就会看到我，请我坐下来。”蔡兴宗暗自盘算着，一小步、一小步，慢慢地，害怕地，踮着脚挪近了饭桌，几乎可以碰到王道隆了。

可是，桌上的人仍旧嘻嘻哈哈，好像蔡兴宗是个隐形人似的。最后，婢女们端着盘子要上菜了，蔡兴宗只好垂头丧气地走了。席上的人眼睁睁看着蔡兴宗远去，连喊都不喊一声，若无其事地开始大吃大喝。

再如南朝（宋朝）时，有一个中书舍人王宏，向来为宋武帝刘裕所宠爱。有一天，他向宋武帝禀报道：“臣有一个心愿，希望能与士人交往。”因为王宏虽然备受宠幸，到底不是士人出身，总觉得差人一截，希望能借着宋武帝的帮忙，结交几个士人朋友，抬高身价。

宋武帝就介绍王宏认识王球，王球在士人中说话向来很有分量的。于是，王宏欢天喜地地去拜见王球。

王球当然知道王宏是皇帝介绍来的，却也没多理睬。到了晚宴入席以后，王宏大模大样地一坐下，却发现王球竟缓缓地把扇子举起，那个态度，那个眼神，分明是在下逐客令。

王宏愣住了，心想，我是皇帝介绍来的，非比寻常，总不能这样一走了之，却见满座的人都用鄙夷的眼光冷冷地瞅着自己。王球的手仍高高举着扇子，眼睛望着门外，好像觉得，对王宏这种人说一声“滚”都有辱门风似的。

最后，王宏被逼得不得不站起来，气呼呼地冲出了门外。他肚子里一团怒火熊熊地燃烧着，愈想愈不甘心，决定去找皇上告状去。

王宏到了皇宫，委屈万分地把所受的羞辱陈述了一遍。他本想宋武帝应该有所处置的。

没有想到，宋武帝长长叹了一口气道："这件事，我也没可奈何啊。"

更过分的，甚且世族与寒门即使是同事，世族也不肯降低身份，与平民出身的同事坐在一起。

在宋朝时，狄当、周赳与张敷（fū）同为中书舍人，掌管要务。其中，张敷是新上任的，但他因为出身世族，显得格外神气。

狄当想邀请周赳去拜望张敷。周赳说："算了吧，他恐怕自以为了不起，不肯接待我们的。"

"这算什么话？"狄当胸有成竹地说，"我们现在和他一样，同样做中书舍人的官，难道你还怕他不肯和我们同坐？真是的！"

周赳想想这话也有道理，大家在办公室坐在一起做事，又有什么不能同坐的呢？于是，他们两人就通知张敷，某年某月的某一天，他二人将登门造访。

张敷没有说答应，也没有说不答应。在客人来临之前，他先摆了两张床榻，放在距离墙壁三四尺的地方。

等到狄当、周赳两位客人就席以后，张敷不跟他们谈话，仅仅淡淡地说了一句："把我这两位客人安排远一点。"意思是叫他两人坐到预先摆好的两张床榻上。吓得狄当、周赳两人大惊失色而去。

在当时，非但世族看不起一般平民，平民也看不起自己，具有很强烈的自卑感。

可是，当时的人并不认为王道隆、王球、张敷这些人矫（jiáo）情，反而认为世族们有风格、有原则，说他们不会为了权势，而与那低贱的平民同坐。

风气如此，南北朝又如何能不衰弱呢？

门不当户不对

中国古人论及婚姻，从来没有所谓“婚前恋爱”。婚后如果夫妻感情不和，男的反正可以置妾，娶小老婆，女的只有自怨命薄。当时人们最讲究的是门当户对，这种观念在南北朝时期尤其明显。

上一回说过，南北朝时期世族与平民不相往来，甚至到了贵贱不同坐的地步。当然要士庶（庶是平民之意）结发为夫妻，拜天地，入洞房，是一件不可能的事。

梁武帝时，大将侯景为了给梁武帝找麻烦，故意要梁武帝帮忙找王家或是谢家的女子为婚。梁武帝说：“王谢门高非偶，可于朱张以下访之。”意思是说：王家、谢家的门第太高，并非理想的配偶，你如果有意思，不妨在姓张的、姓朱的以下人家寻访理想的对象，我还可以为你帮点忙。可见得贵贱不通婚的观念，连皇帝都没有法子打破。

南朝是如此，北朝也是如此。例如北魏崔巨伦有一个姐姐，叫做崔明惠，极为贤惠，可惜瞎了一只眼睛，所以没有媒人上门提亲。

古代讲究女子无才便是德，一个女人除了做家庭主妇外，根本没有别的地方贡献智慧才力。所以，出嫁成为一件最为重要的事。眼看着明惠年纪一天比一天大了，她的家人都着急不已。

“我看这样吧，既然在世族中找不到合适的对象，恐怕只有把明惠嫁给平民。这样对明惠虽然委屈一些，总比待在家里要好！”最后，崔家的人想出下嫁给庶族的计策。

明惠的姑妈听到这个消息，立刻放声大哭道："想我哥哥道德学问首屈一指，不幸很早就过世了，留下他的宝贝女儿，竟要去侍奉卑族，可怜噢……"于是，姑妈决定为儿子纳聘，自己把明惠娶进门，当儿媳妇。

明惠终于不必与寒族为婚，大家都称赞她姑妈有义气。在当时看来，即使世族残废，也还是比寒门高上一级。

当时有没有世族寒门通婚的呢？也有。这是当寒门特别有钱，而世族特别穷困时。因为世族徒有高门第，好家世，然而养尊处优，不事生产，因此许多世族家中的境况并不太好。

南朝贵族女子陶俑，南京西善桥出土，南京博物馆藏。

例如齐朝世族王源因为家中贫苦，把女儿嫁给庶人满氏，为的是贪图甚大的聘礼。王满联姻的消息传出后，不得了，人人谈论这件惊世骇俗的社会新闻。而有一个叫沈约的竟然上了奏章去弹劾王源，认为此人"破坏士风"。

不久，看在金钱的份上，也有不少世族与寒门结姻缘，很为世人所瞧不起，这种都可以称之为"财婚"。而从那时开始，凡是婚嫁无不斤斤计较聘礼多少。

有一个叫封述的人比较吝啬，当他为第一个儿子娶媳妇时，一直到要成礼之时，仍在为聘礼多少争来吵去。当他为老二娶媳妇时，更是闹到衙门里去了，他气咻咻地说："送骡乃嫌脚是跛的，送田又嫌田咸薄，送铜器又嫌古废。”可见得聘礼多少成为南北朝时争论的话题，这种无聊的风俗习惯相沿至今。

因为高门看在利的份上也开始与寒门通婚，北魏文成帝在和平四年（463年）十二月特别下了一个诏书：“今制皇族师傅、王公侯伯及士民之家，不得与百工技巧卑姓为婚，犯者加罪。”

因为庶族以攀附高门为光荣，所以高门的女子吃香得很，甚至再嫁夫人都极受欢迎。

例如在北魏有个叫卢道虞的，他的女儿嫁给石衡将军郭琼的儿子，可说得上是门户相当，佳偶天成。后来，郭琼犯了罪，被判了死刑，他的儿子当然也被削了官，卢道虞的女儿就由朝廷做主，改嫁给陈元康为妻。

陈元康乃平民出身，听说可以娶一个世族的女儿，也不在乎她是否结过婚；事实上倘非如此，这种好事怎么会落到他陈某人头上？他兴奋得连话都说不出来。陈元康从未见过卢道虞的女儿，当然也谈不上感情。为了迎娶她，赶紧把原来的妻子李氏抛弃，真可谓标准的势利眼。

又如，有一个叫孙搴（qiān）的，出身寒微，然而作战有大功绩，皇帝特地将世族的女子韦氏嫁给孙搴，难得的是韦家也应允了。

韦氏非但没有缺手断腿，没有嫁过丈夫，而且长得相当秀丽动人，孙搴乐得快要疯了。当时的人也都羡慕万分叹息道：“这小子真有福气，我怎么没有这个命？”

另外，我们再讲一点南北朝婚姻的奇异现象：第一是奢侈、浪费，许多穷人因为没法负担这个排场，竟然终身不娶。另外为敛财而成亲的买卖式婚姻也不少。当时南北朝许多皇帝，例如南朝的南齐武帝、北朝的北魏文成帝都曾下诏昭示婚礼节约，不过没多大用处。

此外，南北朝有早婚的习俗，北魏献文帝生孝文帝时才十三岁。后周武帝下诏，竟然明白规定男年十五、女年十三皆须以时嫁娶，那真是娃娃新郎、新娘了。

保家不保国

“忠臣不事二主”，向来是中国人最看重的道德观念，但是在南北朝时期，读书人缺乏气节，保家不保国，造成了一百五十年的纷扰不安。

南北朝时期的世族，地位崇高，他们自命风雅，不喜欢动刀耍枪，看不起武人。所以国家的军权完全掌握在寒门手中，甚至南朝四个创业开国的帝王——宋朝的刘裕、齐朝的萧道成、梁朝的萧衍、陈朝的陈霸先，都是出身寒门。虽然朝代屡次更换，许多世族依然保持极高的社会地位，因为他们没有中国传统的忠君观念，改朝换代之时，并没有殉国之臣。

例如有个宋朝的人王俭，他母亲是武康公主，自己又娶了阳羡公主，算得上是宋朝的外戚。王俭眼看当时宋相萧道成很有野心，又被小皇帝刘昱所捉弄。于是，有一天，王俭去看萧道成。

“自古以来，经常功劳大反而得不到奖赏；以萧公您今天的地位，怎么能够长久当人家的臣子呢？”王俭巴结地说。

“胡说，这种话不能乱讲。”萧道成嘴里呵斥着王俭，神色之间却十分开心。

王俭又接着道：“这年头人情浇薄，以您的地位，万一有些什么小差错，不但权位丧失，恐怕这昂藏七尺之躯都难保啊。自古道，功劳太大了会使皇上不安的，所谓功高震主是也。”

“嗯，你这个话说得也有些道理。”萧道成笑眯眯地点点头。

当时，萧道成是辅政大臣，王俭建议不妨再加黄钺（yuè）（黄钺是一种仪仗队，古代权臣在篡位时常加黄钺，增加威望）。

有人说："这件大事，最好还应该让褚彦回知道。"

"褚彦回这个人恐怕不好对付吧！"萧道成沉吟着。

说起褚彦回的大名，在宋朝是谁人不知、无人不晓。他的家世很有来头，母亲是始安公主，继母是吴郡公主，娶的夫人又是巴西公主。

褚彦回生得十分俊美，一举一动，俯仰进退，都别有一番风采。当他上朝时，不但一般大臣对他频频注目，连西域使节也都对他行注目礼；一直到他离开了，人们的眼光仍然恋恋不舍盯着门外。

前面说过，南北朝时期的人非常重视容貌的，褚彦回的美，使得宋明帝叹口气道："就凭彦回这样迟行缓步，他就有当宰相的资格。"

因为褚彦回的英俊，挑起了山阴公主的兴趣，她常常偷看这位美男子。后来，山阴公主就央求皇帝把褚彦回召回。

山阴公主一连十天，天天想尽办法挑逗褚彦回，褚彦回一直是绷着脸不为所动。山阴公主屡试不成，气愤地说："看你，胡子倒长得像把小刀般锐利，怎么一点胆子都没有，还算是男子汉大丈夫吗？"

南朝人乘牛车出行，南朝画像砖，河南省邓州市学庄村南朝墓出土，中国历史博物馆藏。

褚彦回没有被激将法搅昏了头，他优雅地下拜道："我虽然不聪敏，却知道什么是该做的，什么是不该做的。"

后来，褚彦回的官位愈升愈高，做到了吏部尚书。一天夜晚，有个人鬼鬼祟祟来见褚彦回。

"一点点小意思，不成敬意。"这个人从宽大的衣袖中，掏出一个金饼塞到褚彦回的手里，黄澄澄的金光在晚上特别耀眼。

"这个我不能拿。"褚彦回生气地说。

"哎呀，反正没有人知道嘛。"来人不肯收回。

"什么叫做没有人知道。如果你本来应该做这个官，用不着拿来这个金饼。如果你非要送，那好，我马上禀报朝廷治你！"褚彦回斩钉截铁地说，把那个企图行贿的小人吓得落荒而逃。

因为褚彦回有柳下惠坐怀不乱的美德，再加上有不收红包的先例，所以萧道成认为要对付褚彦回十分困难，他一定不肯帮助自己夺取帝位。可是左右的人说："别急，褚彦回虽不爱财，但他要保妻子，爱性命，除非他有奇才异节，我不相信他敢违抗。"

结果，褚彦回还真是乖乖听萧道成的话，因为保家不保国，这是当时的风气。

再如齐朝有个叫马仙琕（pín）的人，当初梁武帝萧衍起兵讨伐齐朝时，他死命抵抗，一直到最后，慷慨激昂地对部将说："我受朝廷任命，在道义上说，不能投降，可是各位家中还有父母，你们去吧！去做一个孝子，不要再打仗了，我要当齐朝的忠臣。"

可是当梁武帝把他捉到了京城建康，他流着眼泪说："小的我像是丧家之犬，只要后来的主人肯饲养我，我会好好效忠的。"于是马仙琕又做了梁朝的将领。

南北朝时期的"忠臣"，就像马仙琕所说的："如失主犬，后主饲之，便复为用。"全然无廉耻之心，保家不保国，难怪当时宋、齐、梁、陈都是短命的朝代。

哭墓的报酬

在南北朝时期，任官有两种办法，一种是用九品中正来选举，另外一种是朝廷铨（quán）选。什么是九品中正，我们已一再解释过，那是把人分为九等来打操行分数，作为政府用人的标准。选举权完全被世族把持，所以并不公平。朝廷的铨选又如何呢？

在宋朝时，有一个人叫刘德愿，他粗鲁又莽撞，因为承袭了父亲的官爵才得以在朝廷任官。宋孝武帝看不起刘德愿，常常有意无意欺负他。

一次，宋孝武帝的宠妃殷贵妃不幸因病去世了。殷贵妃美丽又温柔，宋孝武帝最为宠爱她，因此非常伤心。

殷贵妃下葬以后，孝武帝带领群臣来到了墓地，想到娇艳的美人只成一抔黄土，心里酸酸的，转头对刘德愿说："贵妃死了，你怎不哭？哭得好，朕有赏。"

皇帝的话还没有说完，刘德愿已经一头栽倒在坟前，双手抱着墓碑，哭得惊天动地，不但用力地捶打自己的胸，而且又跳又叫，几度昏厥在墓前。那个光景，好像殷贵妃既然死了，我刘德愿活下去也没有意思了；其实他与殷贵妃非亲非故，连面都没有见过哩。

宋孝武帝看到刘德愿涕泗交流、唱作俱佳的表演，非常欣赏，当即任命刘德愿为豫州刺史。另外有一个叫羊志的，哭墓也哭得呼天抢地，以至于后来喉头哽住不能说话。孝武帝也相当欣赏他的表演。后来有人问羊志：

“你哪儿来这副急泪，说流就流了？”

羊志说：“实不相瞒，我刚死了爱姬，心里头一酸，眼泪自然泉涌而下了。”

这是利用自来水龙头升官的妙法，此外还有更加荒唐的——利用博来谋取官位。南北朝最普遍的博是樗（chū）蒲。

什么是樗蒲？樗蒲又称为五木之戏，玩的时候用五个骰（tóu）子，骰子上面是黑色，下面是白色，如果一扔出去，五个子全是黑色，称之为“卢”，表示中了头彩，如果两个白的三个黑的是第二彩，以下类推。玩樗蒲的时候，人们常嘴里吆喝着“卢”“雉”，所以俗称这种赌博为“呼卢喝雉”。在南北朝时期，无论君王贵族或是贩夫走卒，人人都爱好这种游戏，嗜（shì）之如狂。而且他们的赌注下得很大，经常一掷千金，因此后世也称掷骰赌博为“呼卢喝雉”。

在宋朝的时候，颜师伯家财万贯，他特别喜欢玩上两手樗蒲之戏。

有一天，颜师伯与宋孝武帝共玩一场。开始的时候，孝武帝的手气很顺，龙心大悦，笑逐颜开。

下面该轮到颜师伯掷了，他把五个骰子一甩出去，骰子在空中转了一会儿，面朝上的竟然全是黑的，也就是得到卢了。

这个时候，孝武帝的脸色一下阴暗了下来。颜师伯心想：“糟了，怎么可以赢皇上呢？莫非不要命了。”顺手把骰子全收了回来，若无其事地说：“哈，刚才差点儿作卢，可惜了。”

然后，颜师伯开始故意放水，存心让孝武帝赢个痛快。结果，一个游戏下来，颜师伯竟然足足输掉了一百万钱。不过，他这一场樗蒲之戏输得挺划得来，因为孝武帝一高兴，竟然把颜师伯迁为吏部尚书、右军将军。

南北朝时期不但朝廷选官如同儿戏，又因为政府财政困难，经常以出卖官职换取钱财。例如在北魏时期，官有定价，大郡的长官二千匹，次郡一千匹，下郡五百匹。但是到了后来，没有那么多州郡好卖，于是空立州郡，设置牧守。在太和年间，有官职而无事可干的官儿竟有一万多人。

什么人有钱买官职呢？一般百姓买不起，商人买得起。南北朝时期烽火遍地，通商困难，商人必须要靠地方官吏或将领的协助，官吏也刚好利用这个机会拿红包，官商勾结，无往不利。后来，商人自己花些银子买个官做，当然更加得心应手了。

捧奁侍女，南朝画像砖，江苏常州出土。

在这种政局不安、政风败坏的情况之下，最苦的当然是一般老百姓。中国以农立国，农民的生活一向辛苦，“乐岁终身饱，凶年不免于死亡”，再加上战乱屠杀以及连年饥荒，老百姓苦不堪言。为了缴纳重税，甚且有人卖妻卖子以纳税，真是“苛政猛于虎”。

从南北朝时奴婢特多，也可以显现人民的苦难，因为奴婢的产生主要是由于战争与贫穷。讲到这里，我们发现政治清明与否，与我们每个人的生活息息相关。

战争的俘虏成了奴婢，贫穷的人过不了日子也只好卖身为奴婢，奴婢愈多愈反映当时社会问题的严重。

高欢的奇骨异相

我们把南北朝的门第、婚姻、政风，做了一个简单的介绍之后，现在再回过头来看看，北魏自从胡太后荒淫乱政以后如何。

在《胡太后修宝塔》中说到，当北魏的朝政日益败坏，边疆为防御柔然而设置的六镇也开始造反。这场乱事出现了两位军事领袖，一是宇文泰，一是高欢，今天我们就要讲高欢的故事。

高欢是晋朝太守高隐的后代，传到他祖父高谧时，因为犯了法，充军到六镇，担任兵户。

前面说过，中国人分辨胡人、汉人，常是以文化为分野，而不是以血统为区别。高欢虽然是一个汉人，然而世代居住在北边，他的生活一切依照鲜卑的习俗，他为自己取了一个名字——贺六浑，完全是一个胡人的名字。

高欢长得长头高颧（quán）、齿白如玉、目有精光，一副厉害精干的模样。他小的时候家里很穷，后来因为娶了一个有钱的妻子才得到一匹马，得以在镇上当一名小小的队主。

因为北魏孝文帝迁都洛阳，洛阳到六镇距离遥远，需要许多信差传递公文。高欢得了一个机会就由队主转为函使。背着公文袋，由怀朔镇（六镇之一）到洛阳送公文，这一个工作他做了六年之久。

根据《北齐书》的记载，高欢担任函使的时候，一路上碰到许多奇怪的景象，而且好像有老天爷暗中庇佑他。最奇怪的是有一次：

高欢和一群朋友去打猎，在沃野这个地方看见一只赤兔。于是他们赶紧放出白鹰前去捕捉，谁知这只赤兔非常矫健，好几次几乎被他们给逮着了，却又一溜烟溜走了。

一群人跟着赤兔一路奔逐，到了一片沼泽地，沼泽的中央盖了一个破烂的茅屋。有只狗自茅屋中窜出，一下子就咬死了白鹰与赤兔。

看见自己的猎物竟然被该死的狗给咬了，高欢大怒，拿出鸣镝（dí）一箭射死了狗。这时，茅屋中有两个彪形大汉跑出来，揪住了高欢的衣襟，生气地说："你小子发什么神经？把我们的狗还回来！"

"孩儿，不得无礼。"正在此时，有个瞎眼的老婆婆拄着拐杖自屋中步出，她呵斥道，"不要为这件小事触怒大家。"

那两个彪形大汉虽然余怒未消，但碍于母命，也就不再和高欢争执了。

老婆婆道："来，到我家吃顿中饭吧，孩儿，把羊给宰了待客。"她转头命令两个儿子张罗菜肴，就牵着高欢的手来到了屋内。

老婆婆对这些访客似乎很感兴趣，不断问长问短，而且一一为他们摸骨看相。当她摸到高欢的脸时，不禁大呼："此乃贵人异相，世所罕见啊。"

吃完了饭，一行人告退。走了数里路，他们谈起老婆婆的看相，觉得挺有意思，再折回去寻访，竟然看不见茅屋，沼泽一带根本从来无人居住。看来他们不是见了鬼，便是遇到了神仙，因此对老婆婆的摸骨更加深信不疑，诸人对高欢不免另眼相看。

高欢究竟有没有遇到摸骨老婆婆，谁也不敢说。不过史书中对创业帝王总是有许多近乎神话的传说。这是因为想要推翻前代朝廷的统治，为了赢取民心，创业帝王经常编造一些神话，表示此乃天意也。

话说高欢在当了函使之后，每次从洛阳回到怀朔镇，总是拿出钱来大请特请，几乎是倾家荡产结交朋友。

高欢的亲友们看着奇怪，问他道："你这是干什么嘛？"

高欢笑笑道："自有道理。我当函使到了洛阳，看到了宿卫羽林相率焚烧领军张彝的住宅，朝廷害怕乱事扩大竟然不闻不问，可见得政治腐败到了什么地步了。”这句话隐含的意义是：高欢有野心夺取天下。

所以当六镇开始造反时，高欢毫不犹豫参加了拔陵的部队。拔陵失败，他又先后参加了杜洛周及葛荣的部队。当尔朱荣的势力抬头，高欢希望再转到尔朱荣手下。

尔朱荣起先看到高欢满脸风霜、面容憔悴，不怎么欣赏。

高欢回去后梳洗打扮一番，换上了新衣，再次求见尔朱荣。

尔朱荣一言不发，把高欢带到了马厩，牵出一匹恶马，冷言道：“你骑骑看。”

原来这是一匹顶顽劣的奇马，没有谁能驯服它。高欢一跃而上，狠狠地踢了几下马肚子，说来也奇怪，那匹马竟乖乖地被高欢骑着转了一圈。高欢神气地说：“御恶人亦如御恶马也。”然后，他从从容容、漂漂亮亮地转身下马。

尔朱荣大为佩服，把高欢请入密室商谈。

高欢说：“听说公在十二个山谷分别养了十二群马，用颜色区别之，这用来做什么呢？”

尔朱荣不答，反问一句：“依你的意思如何？”

高欢说：“现在天子愚弱，太后淫乱，朝政不行；以公之雄武，乘时夺取天下，霸业可成，这是我贺六浑的意思。”

这句话，说到尔朱荣的心坎里。以后，高欢成为尔朱荣手下一等一的红人。

后来，尔朱荣讨平六镇之乱，进攻洛阳，杀掉了胡太后等二千余人，然而尔朱荣也被杀。高欢遂取代尔朱荣成为一方霸主。

杜弼冒冷汗

在上一篇《高欢的奇骨异相》中说到，高欢代替尔朱荣，平定了北魏的乱事。

高欢当权以后，相当跋扈，北魏的皇帝孝武帝受不了高欢的跋扈，逃出洛阳，投奔关中，依附镇守长安的鲜卑人宇文泰。

因此，当高欢进军洛阳的时候，皇帝已经逃走了，他只好再立一个新君——孝静帝。于是，统一不到一百年的北魏分为东西两部分，东魏由高欢控制，西魏由宇文泰控制。

高欢封自己为大丞相、太师、天柱大将军、定州刺史，将儿子高澄封为侍中，神气活现。

他为了控制国内的情势，一手拉着汉人，一手拉着鲜卑人，希望能够和衷共济，共同为他效命。

所以他对鲜卑人说："汉人是你们的奴隶，男的为你们耕田，女的为你们织布，让你们吃得饱、穿得暖，为什么还要老是欺负汉人呢？"

同时他又用汉语对汉人说："鲜卑人是你们的客人，拿你们的一斛粟、一匹绢，为你们抵御外侮，保护你们的安全，为什么还要痛恨鲜卑人呢？"

事实上，当时东魏胡人对汉人的确不太公平，鲜卑人十分轻视汉人，除了一个人——高敖曹，因为他很能打仗，连高欢对他都敬畏三分。高欢号令将士，一向是用鲜卑语，但是当高敖曹在列，高欢一定说汉语。其实高欢自己本来是个不折不扣的汉人，只是胡化了，成为一个胡化的汉人。

有一天，高敖曹与刘贵在闲坐谈天，忽然一个士兵进来通报："糟了，外头治水的役夫被溺死好多，情况凄惨。"

刘贵连眼皮也不翻，径自喝着酒："汉人一条命也不值一个钱，随他们去死，大惊小怪干什么？"

高敖曹是汉人，一听之下，怒气冲天，拔出尖刀就对准了刘贵的喉头。刘贵吓了一跳，连着退后几步："你要做什么？"然后溜出了营外。

高敖曹也来到营外，开始鸣鼓会兵。于是隶属高敖曹旗下的士兵纷纷携刀带剑前来会合。一时之间，杀气腾腾，好像马上要开战了。这个时候，侯景等人纷纷前来劝解，说了半天，高敖曹决定不出兵，然而还是余怒未消。他一个人踏着大步来到了高欢的丞相府，求见高欢。

来人通报之后，久久却不见请入。原来高欢知道高敖曹满肚子的怒火，很难对付，干脆来一个不见。

高敖曹左等右等等了半天，仍然不见动静，气得拿起弓箭，对准相府的门射去。高欢相府中的仆役着急地禀报："不得了，高敖曹竟然对着相府射箭。"

高欢知道了，也不责备高敖曹，因为胡汉不平等，本来是一个没法子解决的大麻烦。此外，汉人对胡人的贪污暴虐也十分不满。

曾经有一个行台郎中杜弼（bì）认为文官贪污太过严重，希望高欢严加惩治，以维系人心。

高欢对杜弼说："我告诉你，天下贪污这个习俗由来已久。我也不是不知道拿红包是一个陋习。但是目前督将的家属多半住在关西，西边的宇文黑獭（就是宇文泰）正在多方利用家属引诱我的将领。南朝又有萧衍（梁武帝）那老头儿，讲什么衣冠礼乐，使得中原士大夫纷纷以为梁朝的萧衍才是正朔所在。我如果采纳你的建议，急于整饬（chì）纲纪，铁面无私，那好啦，督将都跑到黑獭那边去了，士子全部投奔到萧衍手下。人才都走光了，还成什么国家？你的话我记在心里，不过恐怕还要过一段时间才能实行。”杜弼也不敢多言。

过了不久，高欢准备要出兵，正在紧锣密鼓之时，杜弼又来求见。

杜弼说：“如果要出兵，必定得先除内贼。”

“谁是内贼？”高欢反问道。

“勋（xūn）贵掠夺百姓，无法无天，难道不是内贼？”杜弼痛心地说。

的确，那些个鲜卑将领们，仗势欺人，老百姓敢怒不敢言，相当悲惨。杜弼觉得十分奇怪，莫非高欢一点也不清楚外界的情形？

高欢不回答杜弼的问话，他“啪啪”一拍手，立刻之间，殿前聚集了许多军士，有的张着弓，有的举着矟（shuò），夹道罗列。然后，高欢命令杜弼从道间穿过。

一听此言，杜弼吓得满头大汗，但是他不敢违抗命令，只有硬着头皮往前走。

杜弼不敢抬头看那些亮晶晶的刀剑，又不知道高欢为什么要这样做，低着头，一步一步小心往前挪。稍不留神，臂膀碰到了冰凉的锋口，吓得他一哆嗦，这一惊又害得杜弼看到了这些军士的脸，个个目露凶光，实在怕人。

杜弼好容易走完了这一段路程，面色死白。高欢这才道：“矢虽注不射，刀虽举不击，矟虽按不刺，瞧你吓得亡魂失胆。要知道这些军士冲锋陷阵，百死一生，就算有点贪污，也是情有可原，不可以与一般人相提并论。”

杜弼连忙叩头道：“是是是，还是丞相高明。”

其实，高欢所讲的是不对的。每一个国家、社会，都有黑暗、错误的地方，如果一意姑息，为患更大。譬如说贪污，这当然不是一件好事，至少贪污者必受到适当的处罚。如果说像高欢一样，当政者对贪污行为不但不以为耻，而且想办法庇护贪污者，那将是什么样的情形呢？

高澄羞辱孝静帝

中国古代的皇帝享有绝对的权威，只要帝王自己愿意，他可以做任何他所要做的事，因此皇帝向来是人们所羡慕的对象。但是有的时候，皇帝的境遇也相当悲惨，譬如今天我们要讲的东魏孝静帝。

前面说过，高欢赶走孝武帝，另外立了一个傀儡皇帝孝静帝，高欢自己掌握一切政权。

孝静帝生得清秀文雅，爱好文学，当时的人认为他有魏孝文帝的风采。

因为高欢刚刚把孝武帝赶走，心中颇有几分惭愧，因此虽然大权在握，表面上对孝静帝还是客客气气，任何事情，无论大小，都要禀报孝静帝，听候他的旨意。

孝静帝信佛，经常举行法会。每次赴法会之时，高欢恭恭敬敬，捧着香炉，跟在孝静帝的车辇（辇，皇家坐的车子）旁边，鞠着躬，屏着气，小心翼翼地承望颜色。

其他的臣子看到高欢惶恐的样子，对孝静帝当然也是十分恭顺，生怕怠慢了孝静帝。

等到高欢去世，他的儿子高澄袭位，情况就大不相同了。高澄一向讨厌孝静帝，对孝静帝十分倨傲。他还派了中书黄门郎崔季舒，专门窥伺（sì）孝静帝的一举一动。

“那个痴人最近怎样了？”“痴人的病如何啦？”“你要小心看牢痴人！”

高澄时常向崔季舒叮咛着。孝静帝乃堂堂一国之君，竟然被臣子唤为痴人。

有一天，孝静帝到邺东地方去打猎，舒散身心；马鞭一挥驰逐如飞。这时，监卫都督赶紧骑了一匹快马自后面追来，一路赶，一路叫嚷着："天子莫走马，大将军会生气的。"

因为孝静帝万一骑马受了伤，有个三长两短，着实麻烦，所以孝静帝连骑马的权利也被剥夺了。

过了不久，高澄举行宴会，他举起酒杯对孝静帝说："臣澄劝陛下酒。"高澄的神情相当傲慢，完全不像一个臣子对待君王的态度。

孝静帝心里很不开心，冷冷地说："自古无不亡之国，又何必把朕摆在这儿？"

"呸，朕！朕！狗脚朕。"高澄怒斥道，然后命令崔季舒揍了孝静帝三拳，愤愤而出。

第二天，高澄又叫崔季舒去向孝静帝赔罪。孝静帝为着表示自己的大度，送给崔季舒四百匹彩。

回到后宫，孝静帝愈想愈觉得人生无趣，随口咏出谢灵运（南朝大诗人）的一首诗："韩亡子房奋，秦帝鲁连耻，本自江海人，忠义感君子。"他咏诗的含义是说，韩国灭亡了，张良（字子房）奋勇抗敌；秦朝称帝，鲁仲连觉得耻辱，他现在也正需要忠义君子来相助。

当孝静帝吟诗流涕的事情传出之后，有几个大臣合起来想帮助孝静帝。首先他们挖了一条地道从宫中通到千秋门。

看门的守卫觉得地下响动，好生奇怪，上告高澄，高澄派人把在地下挖地道者一网打尽。

然后，高澄带着一营兵，气冲冲地入宫道："陛下何必要造反？想我父子二人功在社稷，哪一点有负陛下？这一定是陛下左右嫔妃所干的好事，来人啊，快把胡夫人及李嫔给我绑起来！"

孝静帝气得脸孔涨得通红，他正色道："自古以来，只听说臣子造反，哪里有皇上造反的？你自己要造反，何必责备我？我杀掉你国家才能平安无事，不杀你则国家永无宁日。你如果要杀我，或早或晚看你的意思，何必怪罪于嫔妃？”

高澄一听，急忙跪下叩头，大呼谢罪。因为纵使他掌理一切权柄，但是在君臣伦理观念下，帝王仍然具有一种心理上的威力，使臣子战战兢兢。

东魏武定五年（547 年）间，梁朝有个将领兰钦的儿子兰京被东魏所俘虏，高澄把兰京派到厨房去当膳奴。兰钦屡次要求用钱把儿子赎回去，高澄总是不肯。

一次，兰京又前来恳求，把高澄惹烦了，他指着兰京的鼻子说道：“你要再来啰嗦，我就把你给宰了！”

不久，高澄有一次在进食时，兰京捧着食物上来，高澄立刻把他赶走，并且对左右说：“昨天晚上我梦到这个奴才拿刀砍我，我应该早点把他杀掉才好。”

兰京在门外听到这番话，偷偷把一把刀藏在盘子下面，再次走进来。

高澄一看到兰京，不由得发火道：“我并没有要食物，你又来干什么，快快滚出去！”

“我啊，我来杀你！”说着兰京一刀挥过去，高澄吓得躲到床底下。然而兰京的同党把床搬开，杀掉了高澄。

高澄的死讯传出之后，孝静帝连忙拜天谢地，并且对左右说：“大将军（指高澄）今日已死，这是天意，朝廷的威权又要收归皇帝了。”

孝静帝禅位

高澄被杀，高澄的弟弟高洋听到消息，很镇定地率领了一部分士兵，冲入高澄家中，把参与谋杀高澄的人一一灭口。然后他颜色不变地走了出来，对大家宣布：“一个奴才造反，高澄大将军受了一点轻伤，没有什么关系。”其实这个时候，高澄早已死去，高洋唯恐人心不安，故意秘不发丧。

过了不久，高澄去世的消息渐渐传出，被高澄当成奴隶、随意打骂的孝静帝高兴地说：“大将军今天已死，这是天意，哈！哈！”

孝静帝正在为高澄的死暗自欣喜之时，高洋已经率领八千武士，带着刀剑闯入宫中，神气地说：“臣有家事，须到晋阳走一遭。”然后旋风一般，率领着武士昂然出宫。

留下孝静帝一个人愣在那儿，他自言自语道：“又是一个不相容的角色，朕不知死在何日。”

高澄去世之后，高洋的表现可圈可点，他神采飞扬，言辞敏捷。臣子们都看呆了，因为在他们心目之中，高洋原是一个窝囊的小角色。高洋是高欢的第二个儿子，高澄的弟弟。当高欢尚未发达时，常常担心过不了寒冬，那个时候高洋年纪很小，还不会说话，忽然冒出一句“得活”，把家人吓了一大跳。因此，高欢很喜欢这个二儿子。因为这个，高澄对高洋心怀嫉恨。

高洋知道哥哥高澄不喜欢他，高澄又大权在握，因此处处让着高澄。只要是高澄喜欢的漂亮衣服、精致摆设，他都送给高澄。

高澄因此十分轻视高洋，对人们说："像他这种人也能得到富贵，相书中也不知道怎么说的。"

其实，高洋是故意装傻，明哲保身，他聪明厉害着哪！

高澄去世的第二年的春天，一天早上，高洋对别人说："昨天我做了一个梦，梦到有个仙人拿了一支毛笔在我额头上点了一下，我就惊醒了，这是什么意思啊？"

有个会拍马屁的臣子一听此言，连忙跪下叩头道："恭喜大王，大王现在是齐王，王字上加一点，这不就是主吗？表示大王应该当皇帝啊。"

接着不停有人陆陆续续进言，建议高洋接受禅让，自己做皇帝。什么叫做禅让呢？我们曾说到，尧把帝位让给舜，舜把帝位让给禹，称之为"禅让政治"。因为禅让是表示前一个朝代的帝王，自己愿意放弃权力让位给新的一个王朝的创业帝王，因此后代许多想篡位的臣子便借"禅让"的美名逼前一朝皇帝让位，表示是你看我是圣贤心甘情愿让位给我的。

高洋听了臣下的劝告，告诉他母亲。他母亲板着脸教训高洋："你父亲高欢如龙，你哥哥高澄如虎，他二人一辈子侍候皇上。你是什么人，噢，竟然想效法尧舜的故事吗？"

听了母亲的教诲，高洋有些儿垂头丧气，徐之才劝告高洋说："正因为你的才能比不上父兄，你更是非篡位不可。譬如曹操老早就想自己当皇帝，但是曹操不篡位没有关系，到了他的儿子曹丕就非要篡位不可；因为曹丕没有曹操能干，他如果不当皇帝，他自己这个独揽大权的职位迟早会被别人抢走。"

于是高洋开始积极进行禅让的事，首先他派了魏收起草"九锡"。什么叫做"九锡"呢？古时候天子赐给有功的诸侯衣物等共有九样东西，以前，在王莽篡汉之前，先自己假借皇帝的名义，颁给自己九锡，并且让皇帝颁给一篇九锡文，里面盛称王莽的丰功伟业。从此想要篡位的臣子总要先准备一篇九锡文，歌功颂德一番。

高洋的篡位，有的臣下不见得赞同，高隆之有一次就明知故问道："这些东西是要干什么啊？"高洋很不高兴地回答："我自有道理，你何必多问？是不是想要我灭你的族？"高隆之吓得不敢再问。

一切就绪之后，侍中张亮求见孝静帝，孝静帝在昭阳殿接见他。

张亮道："朝代的转换，如同金木水火土有始有终，现在的齐王圣德钦明，万方归仰，愿陛下效法尧舜。"

该来的总是会来，孝静帝正色道："此事拖延已久，谨当逊避，应该写一个诏书告示天下。"

"诏书早已写好。"张亮道。

既然一切都准备妥当，孝静帝苦笑道："那么以后朕住在哪儿呢？"

底下有人接口道："北城有一座馆宇。"

孝静帝默默地走下御座，步入东廊，长叹一声："我想到后宫话别。"

高隆之道："今日天下还是陛下之天下，何况是六宫呢？"他还在说风凉话。

后宫的嫔妃已听说了这个消息，个个哭成一团，当孝静帝进入后宫，更是一片哭泣之声。李嫔诵陈思王的诗云："王其爱玉体，俱享黄发期。"陈思王指的曹植，意思是说，希望皇帝保重身体，得以长寿。

孝静帝抹着眼泪，缓缓地攀登上车。有个臣子，一步一步向前，抱着孝静帝把他塞入车中，孝静帝生气道："你是什么人，何必逼人太甚。"

就这样，孝静帝禅位，高洋即皇帝位，建立了齐朝，史称北齐，以别于南朝萧道成建立的齐。至于孝静帝，高洋还是不放心，不久派人将他毒死了。

高洋发酒疯

高洋逼着孝静帝让位给他，建立了北齐，是为北齐文宣帝。

高洋刚刚开始当皇帝的时候，十分留心政治，法律森严，内外肃然；而且亲身上前线，勇破契丹、山胡、柔然的军队。

不久，高洋自认为功大业大，渐渐开始骄狂，他心想："这么辛辛苦苦做什么，有机会应该多玩玩。"

前面说过，魏晋南北朝的人沉迷于奢侈享受，尤其酷爱饮酒。一般人因为受物质环境的限制，往往不能够畅所欲为。做皇帝的人可不一样了，要什么有什么，要多少有多少。但是也因为如此，一般人的享受在高洋看来，已经不够过瘾。

高洋的酒瘾一天比一天凶，喝醉了酒，他便摇摇摆摆，且歌且舞，或者披散着头发，或者裸露着身体，或者把脸上涂得红红绿绿的。他有的时候骑驴，有的时候骑牛，甚且有的时候骑着白象，而且不加鞍勒，随意乱走，旁人看着捏一把汗，却也不敢加以阻止。

高洋不止在宫中出洋相，还大模大样骑上街去，他在夏天把衣服剥光，这可能是怕热，但是在严寒的冬天，旁人都缩头哆嗦时，他也照样脱光，就不能不说有点举止异常了。

皇宫中在造房子，高有二十七丈，两栋房子之间距离有两百多尺，即使是工匠也非常惧怕，施工时得把绳子系在身上，攀牢木架。高洋半句话也不说就上了工地，然后在屋梁之间走来走去，下面的人都看傻了眼。谁知高洋竟然在屋脊中间跳起舞来，还不时转个圆圈，真把大家给吓坏了。

玩够之后，高洋走下来，拉着道上的一个妇人问：“你看天子如何？”妇人顺口答道：“癫癫痴痴，何成天子？”不一会儿，高洋把妇人给杀了。

高洋的母亲娄太后见他如此疯狂，气得拿起拐杖敲他道：“怎么会生出这种儿子！”

“嘿，看来该把老母嫁给胡人算了，免得啰啰嗦嗦。”

听到儿子竟然说出这种忤逆的话，娄太后气得脸色铁青，一言不发。高洋大概也知道说错话了，连忙匍匐在地上，举起太后坐的胡床，想要引得太后一笑。没有想到，他用力过猛，反而把太后摔到地上。

酒醒之后，高洋也颇有悔意，他找来一堆木柴，把火烧得炽炽旺旺，然后准备往火中跳。太后吓坏了，赶快一步向前，阻止高洋，勉勉强强扮出一个苦得不能再苦的笑容：“别放在心上，你刚才喝醉了酒讲酒话。”

于是，高洋把上衣脱掉，对高归彦说：“你拿棍子打我，用力地打，如果打不出血，当心我斩了你。”

高归彦拿着棍子为难极了。娄太后一把抱住了高洋：“好了，不必打了，你晓得自己犯了错就够了，打在儿身痛在娘心啊！”

吵了半天，高洋还是坚持自己要挨打，最后在脚上打了五十下。从此以后，高洋发誓戒酒，可惜只戒了十天，高洋又破戒了。

高洋趁着酒兴，到处寻找美女，不论是王公大臣的妻子，或是任何稍有姿色的女孩，凡是被他看中的终究难逃其掌握。反正他也没有真正动过感情，玩过便算。

因为世界所有好玩的东西都玩过了，然而这些玩乐都是刺激感官的，过久之后，原来刺激的东西变得不再有趣，高洋心灵感到空虚。久而久之，玩鸡斗狗已不足发泄他的兽性，他日渐更加倾向于暴力。

高洋自己设计了大镬（huò）、长锯、锉碓（cuò duì）等刑具放在宫廷之上，每次喝醉了酒，就在廷上试用刑具杀人，以为娱乐。他杀了人之后

供御囚，选自明刊本《帝鉴图说》。

把尸体丢到火中或投入水中，丞相杨愔（yīn）劝之不听，只有挑选监狱中的死刑犯当做“供御囚”，以免高洋伤害无辜。连丞相本人都曾经被高洋装入棺木之中，让丧车拖着走，高洋认为这样很好玩。

因为高洋已失去理智，所以丞相杨愔处理政事格外困难。有一次开府参军裴谓之上书极谏，劝高洋切勿再如此狂暴。

高洋很不开心地对杨愔说：“这个愚蠢的家伙，他怎么敢这样上书！”

杨愔为着保全裴谓之一命，急中生智道：“他啊！想要陛下杀掉他，借以成名于后世。”

“噢？小人我都不屑杀，我偏不杀他，看他如何能得名？”高洋得意地说。裴谓之的小命才算得以保全。

一次，高洋趁着酒兴，骑着快马跳下悬崖，在急湍中奔驰。随从的大臣前去追赶把马拉回，扫了高洋的兴致，他气得要杀那大臣。

那大臣沉着应道：“臣死不恨，当于地下启奏先帝，谓此儿酗（xù）酒，不可教训。”

高洋不发一言，沉默地走了。

过了几天，高洋对那大臣说：“我如果饮酒过量，你可以狠狠地打我。”

可见得，高洋自己也知道喝得太猛了，但是意志力不够坚强。最后，他终于在北齐天保十年（559 年）因为酒精中毒而死，死时才三十四岁。

高洋虽然贵为天子，可是因为不知道节制，非但没有快乐，反而只有痛苦。这就是放纵的下场。

高洋有个不“肖”的儿子

北齐文宣帝高洋酒瘾极大，终日疯疯癫癫，喜怒无常。

高洋的弟弟，常山王高演，对此十分忧心。有一天，高洋在玩槊（槊，一种长一丈八尺的古兵器），他举着槊，往前一刺，都督尉子辉应手而毙。

“哈！”高洋高兴地一拍手，把槊放下，却一眼望见高演在旁边，皱着眉，叹着气，一脸哭相，忧伤与悲愤形于颜色。高洋也发觉了高演对自己的不满意，挑着眉毛道：“只要有你在就够了，我为何不能享乐享乐？”

高演也不吭声，只是跪在地上，哭了又哭，满地都是泪水。

悲哀凄凉的哭声连高洋也被感染到了，他把杯子一摔道：“哎，你是这样的嫌恶我。好，今后谁敢向我敬酒，我一定把他给斩了。”接着，他把御用的酒杯，一个一个摔在地上砸个稀烂。然而没有多久，高洋又故态复萌，大饮特饮。

不过，高洋对高演这个弟弟还是心存几分忌讳。譬如说，高洋在权贵亲戚家中，和大伙玩角力或是手击的游戏。每当高演来到，看到他那严肃的模样，高洋也就停止了嬉闹。

但是因为高洋到底是皇帝，古时候的皇帝具有生杀予夺之大权，高演的劝谏，经常为自己带来祸害。有一回，高演又因为上谏力争，被高洋派人毒打一顿。

回去之后，高演开始绝食，一粒饭也不肯吃。他的母亲，也正是高洋的母亲娄太后听说了，急得日夜哭泣。

高洋虽然昏醉如痴，却也还不能不顾母亲。他说："万一这个小儿死了，那我的老母怎么办？"于是高洋亲自去看了高演好几回，对他道："你努力勉强多吃一点东西，我把王晞还给你。"

王晞是高演的好朋友，也因为上谏之事被高洋关在大牢里，因而利用这次机会得以放出。两人相见，抱头痛哭。高演抱紧王晞说道："我的呼吸困难，气息衰弱，命若游丝，恐怕日后不能再相见了。"

王晞哭着说："天道神明啊，你怎么可以让殿下这样子死去。殿下啊！天子是你的哥哥，又是天下的皇帝，你怎么能够与他计较呢？你不肯食，弄得太后也不肯食，殿下就是不爱惜自己，也该为太后老人家着想啊。"

他的话还没有说完，高演已打起精神坐好，十分吃力又十分痛苦地和着眼泪把饭吞下。

过了没有多久，高演有一次又苦谏高洋，惹来高洋的不满。他把高演两只手抓住向后绑缚着，然后拿着刀抵住高演的喉咙道："你这个小子怎么知道？说，是谁叫你这么做的？"

高演长叹了一口气："现在天下闭口，除了臣，有谁敢多说。"

高洋气得拿棍子乱捶了高演数十下，方才消除心头之恨。

高洋和他的弟弟高演个性完全不同，甚且，高洋的儿子高殷也完全不"肖"其父。肖是像的意思，平常不肖之子是骂人的话，但这个不肖之子倒真可爱。

高洋的太子叫高殷，是李夫人所生的儿子。李夫人是汉人，当初高洋要立李夫人为皇后之时，曾经受到群臣的反对，说："汉妇人怎可为天下母？"高洋不顾一切，仍然立了李夫人为后。

高殷自小性情开朗温和，喜欢读书，虽然年纪很小，却已有人君的气度风范。他的进退应对流露出一股高贵的气质，是平常小孩身上所看不到的，博得众人的一致夸奖。

但是，高殷的父亲高洋却不喜欢这个儿子。高洋看不惯那文雅的风度，不止一次咆哮道：“这个小子得汉家气质，不像我！”

为了使太子高殷像自己，高洋决心训练调教一番。有一天，高洋登上金凤台，就派人把九岁的高殷召来。前面一篇中说过，高洋有许多“供御囚”是监狱中的死囚，专门用来让高洋杀人取乐的。

这下子，前边就五花大绑了一个“供御囚”供人宰割。“哪，拿去。”高洋把刀子交给高殷，高殷迟疑了半天才接过刀子。

“发什么呆，快杀啊！”高洋很瞧不起这个没出息的长子。

九岁的高殷拿着刀子，望着绑在地上的犯人，实在不敢下手。他抬头望着父亲高洋正虎视眈眈地瞪着，为难极了。最后，高殷闭着眼睛，使出吃奶的力气，勉勉强强砍了一刀。犯人发出“嗯嗯”的呻吟声，原来没有击中要害，脖子上流着一片鲜血，看着好不吓人。

为着早点解除犯人痛苦，实在应该早些砍断脖子，但是高殷又不忍心再砍下去。如此反复再三，还是不能把头砍掉。高洋在旁边，看得火大极了，亲自拿着马鞭去抽垂死犯人的脖子，高殷看着几乎要昏倒。以后，九岁的小太子经常气喘，说话也结结巴巴，言语滞塞，精神也有一些受了刺激，恍恍惚惚。

高洋一语成谶

自从高洋教他九岁的太子高殷杀人，高殷一连砍了三次，都没有办法砍断犯人的脖子以后，高洋就很不开心。高洋每次喝酒喝得醉醺醺就开始嘟嘟囔囔："太子性情懦弱，社稷事重，皇位终当被常山王抢走。"常山王正是高洋的弟弟高演。

早在高洋命令邢部为太子命名之时，高洋已经担心高演会夺高殷的皇位。原来高殷出生以后，高洋命邢部为太子取名，邢部奏请名殷，字正道。

高洋说："嗯，高殷，好。殷是殷商也，商朝人规定王位继承是兄终弟及，那表示说，我这个做哥哥的死掉了，就该轮到我弟弟高演当皇帝了。"

邢部一听，面色如土。

高洋又继续道："字为正道，更妙，正是一个'一'字下面一个'止'字，表示我死了以后就完了，我的儿子当不成皇帝的。"

为太子命名的邢部吓得在地上不断叩头，请求给一个机会，为太子更改名字。

高洋却不肯，他说："这是天命，改了也无用。"

从此以后，高洋每回见到高演就冷嘲热讽道："要夺皇位就尽管夺吧，但是你别把我儿子给杀了。"

没料到高洋一语成谶，后来，果然高演夺了高殷的皇位。

高洋虽然沉湎于酒，昏醉如痴，但清醒时，说些预言的话常常应验，所以当时人称之为神灵。譬如有一次，高洋问一个泰山道士："我能做几年天子？"泰山道士回答道："三十年。"高洋回宫以后，对李皇后说："那道士说我能做三十年天子，但是十年十月十日也是三十呀，那不是快到了吗？好可怕啊。"不幸，高洋又是一语成谶，在天保十年（559 年）十月十日，他真的死了。

当时，高洋嗜酒荒淫，行为乖张，只亏得丞相杨愔英明，处处为他补缺弥缝，使得国家还能常保安宁，人们称之为"主昏于上，政清于下"。

杨愔看到高洋一天到晚说高演要夺位，实在不像话，禀告高洋道："太子是国家之根本，不可动摇，皇帝在喝了三杯酒以后，就会说要传位给常山王。如果是真要如此，就该彻底实行，这话不是儿戏，随便说说恐怕会引起国家的不安。"于是，高洋才不把高演会夺位的事挂在口上。

高洋最后因为酒精中毒暴崩，去世时只有三十四岁。十岁的高殷即位于宣德殿。

因为高殷的年纪很小，奏章等都先由叔叔高演决断。杨愔一向是忠于高洋的，他很担心高演会如同高洋生前所料，夺高殷的皇位。

高演也发觉杨愔对他心存猜忌，为了免除不必要的误会，他悄悄地搬出了皇宫，回到自己常山王的宅第。从此，奏章诏敕也渐渐管不到了。

高演自己并不在意，他的朋友王晞却上门对高演说："鸷（zhì）鸟离开了窝巢，必然担心鸟蛋被偷，你怎么可以自皇宫搬出呢？"

另外，中山太守求见高演，高演知道必定又是责备他不应该搬离皇宫的事，干脆不接见中山太守。

王晞又对高演说："以前周公一口气见七十个宾客还嫌不够，你有什么值得嫌恶疑惧的呢？真的怕人家说你要夺皇位吗？"

这个时候，刚好杨愔有鉴于天保八年（557 年）以后，爵位赏赐发得太多太滥，有意加以整顿。首先他解除自己开府的职位，然后把王公之中，凡是不应该得到恩荣却又得到的，一律予以罢免。这样一来，他得罪了不少王侯，大家纷纷传言，皇帝年纪太轻，帝业恐怕会落入外人之手。

于是，一批王公贵族决意拥高演为皇帝，除掉杨愔的掌权。

其中长广王道：“这样吧，我们请杨愔喝酒。我说一声‘敬’，他一定不喝，我再说一遍‘敬’，杨愔一定还是辞谢，我最后说：‘你为什么不喝？’这个时候，你们便上前把杨愔给捆绑住。”

到了宴会的当晚，大家依计而行，在长广王一声怒喝“我敬你酒，你为什么不喝”之后，一大群人向前把杨愔给拉住。

杨愔十分愤怒道：“诸王要造反，要陷害忠良吗？我杨愔尊天子，斥诸侯，赤心保国，何罪之有？”

话还没有说完，一阵拳杖乱殴，杨愔被打得头破血流，奄奄一息。

高演并不见得赞同这场政变，然而事已至此，也只有他出面收拾残局。他叩着头对母亲娄太皇太后（高洋去世，皇太后升为太皇太后）哭着说：“臣与皇上，骨肉至亲，但是杨愔等独揽朝权，作威作福，王公大臣以下都不敢言，为着国家着想，臣把杨愔等绑来。”

太皇太后说：“杨郎现在在哪里？”

下人答道：“一只眼睛已经被挖出来了。”

“杨郎做了什么？你们要如此对待他？”太皇太后悲怆地说，然后转头问高殷，“皇帝，你怎么说？”

小皇帝也不敢多言，讷讷道：“任凭叔父处分。”

于是，杨愔等统统被杀。

杨愔出丧的时候，太皇太后哭得最为伤心。她抽泣地说：“杨郎忠心而被害。”于是她拿了一些金子，放在杨愔被挖出眼球的眼眶之中，伤心地说：“表示我的一点点心意。”

高演也很后悔杀掉杨愔，因为杨愔的忠心耿耿是人人皆知的，只是因为政权斗争成为牺牲品。于是他下诏：“罪止一身，家属不问。”意思是说罪过只限于杨愔一人，不牵连到家属。因为按照古时法律，凡犯重罪家属一并受罚。

接着，高演废去侄子高殷，自立为帝，是为北齐孝昭帝。

第二次“三武之祸”

六镇之乱以后，北魏分为西魏（由宇文泰控制）、东魏（由高欢控制）。关于高欢传到高洋，灭掉东魏建立北齐的故事，在上几篇中已经讲了不少，现在我们再看看西魏方面。

宇文泰拥立魏文帝以后，励精图治，创立府兵制，开始军事上的种种革新。到他的儿子宇文觉篡位，建立北周，是为北周孝闵帝。

宇文泰去世时，宇文觉仅有十五岁，政权都控制在他堂哥宇文护的手中。以后宇文护杀掉宇文觉，又杀掉宇文觉的哥哥宇文毓（yù）（北周明帝），最后轮到宇文泰第四个儿子——宇文邕即位，是为北周武帝。

武帝即位以后，仍旧由宇文护总揽大权，一切公文，非得要宇文护署名才算数。宇文护宅第中屯兵侍卫，简直比宫廷里还要多。他的儿子及僚属们个个都是贪残横暴，大家都敬而远之。

至于武帝心里头怎么想，因为他沉默寡言，面无表情，没有人猜得透他的心思。

有一天，宇文护请教大夫庾（yú）季才道：“最近天道有什么新的征象吗？”

庾季才恭敬地回答：“臣蒙恩深厚，不敢不尽言。从天象看起来，西近、文星两个星座最近有了变动。公应该归政天子，自己请求告老还家，如此才能如周公一般，享百年之高寿。同时，子孙也得以享有封邑，藩屏王室。否则的话，这个，臣就不敢预知了。”

宇文护听说此言，心中老大不高兴，却又不方便发脾气。他沉吟了半天才慢吞吞地说：“我本来就不想再干下去了。只是一连上了几个辞呈都没有准，只好勉为其难。”

他这一番谎言连自个儿听了都心虚，于是，对庾季才说：“你既为王官，以后只要注意天子的事，不必再为寡人担心。”从此，宇文护对庾季才日渐疏远，因为他讲的话不动听，不合宇文护的胃口。

表面上，武帝对宇文护还是恭恭谨谨，在宫里见到宇文护都是行家人礼，也就是说，因为宇文护是武帝的堂哥，辈分比较长，所以武帝向他行弟礼，而不是依照君臣之礼。在宫里面，两人陪着太后聊天时，也是宇文护坐着，武帝在一旁站着侍候。

周武帝宇文邕，唐阎立本绘。

有一天，武帝对宇文护说：“太后春秋已高，年岁已大。然而她非常爱喝酒，我屡次上谏，太后总是不肯接纳。兄今入朝，希望再劝一劝太后。”

说着，武帝自衣袖之中掏出一篇《酒诰》，说道：“兄到朝上后，可以照着宣读。”《酒诰》

是古代《尚书》中的一篇，由周成王所写的，内容是劝他母亲戒酒，写得十分委婉动人。

到达宫中以后，宇文护开始聚精会神朗诵《酒诰》。《酒诰》写得极长，全部读完还相当花时间。

宇文护念到一半，忽然之间，武帝自后面拿起笏（笏，是一种手板，写事备忘用），往宇文护的脑袋瓜子一敲，宇文护应声而倒，然后武帝派人把宇文护给斩了。

这一下子除掉宇文护，武帝正式掌权，治理国事。此时，他发现国家有一个很大的问题，那就是和尚、尼姑多得吓人。

从五胡十六国时代开始，自汉朝时传入的佛教开始大为鼎盛，魏晋时代的人，天天过着悲惨的生活，他们悲观而绝望，渴求一种新的人生观来抚慰心灵。一方面因为寻求安慰，另一方面出家是逃避租税、兵役最好的方法，所以和尚尼姑愈来愈多。到北魏末年，僧尼人数有二百万，寺院有三万多所。

此时北周的卫元嵩向武帝建议：和尚应该分为有德及无德两种，没有德行的僧侣不能逃避兵役。他的理由是佛家最讲求平等的。僧侣过多，国家的税收不够，只得向一般百姓征收更多的税来贴补，实在太不公平。

到武帝亲政的第二年，关中闹灾荒，他下了一道命令："囤有粮食的富户，除了留下自己需要的口粮以外，其余的一律拿出来卖。"

结果，富裕的寺庙非但不听话，反而借这个机会放高利贷，剥削百姓，这下子把雄才大略的武帝惹火了。他想，要是如此下去，以后处处成寺，到处全是和尚还像话吗？于是下诏灭佛。

同时，佛教教人出家，内不能尽孝于父母，外不能尽忠于君国，也引起极大的争论。武帝认为这与我国传统的儒家学说抵触，加强了武帝灭佛的决心。

他将僧侣的庙产，一律充公。将两百万僧侣还俗，分别编为军民。三万多所庙寺，改建为民房。如此一来，北周政府平添不少的人力、财力、军资、兵源。

在我国历史上，将北魏太武帝、北周武帝及唐武宗毁佛称为三武之祸，是为佛教之浩劫。

此外，武帝下诏，凡因战役俘获充作官奴婢者，全部释放为民；又娶了突厥公主当皇后，拓展外交及实行种种富国强兵的政策。

武帝即位时，北齐国势渐衰，高洋已死，继位的废帝高殷、昭帝高演、武成帝高湛、后主高纬都不是有才能的君主，内政日益腐败。

南方的陈朝正是陈宣帝在位，陈承继宋、齐、梁各朝的风气，社会上弥漫着文弱、奢靡的习尚，没有什么新气象。陈宣帝本身好大喜功，才干不足，所以陈的国势也很弱。在这种情形之下，以北周武帝的英明有为，颇有统一全国的可能。

高睿死谏

北齐孝昭帝高演在位十一年去世，由他的弟弟高湛即位，是为北齐武成帝。

武成帝在当上皇帝以前，就和国子寺学生和士开的感情最好。和士开为人机警，有几分小聪明，他的琵琶弹得极佳，尤其会玩握槊（握槊是古代一种赌博的游戏）之戏。刚好武成帝最好此道，因此两人十分投缘。

和士开嘴巴甜，擅长拍马屁。齐孝昭帝在世时，不准武成帝与和士开走得太近，因为和士开过于轻薄，是个标准的小人。等到孝昭帝去世，武成帝做的第一件事就是把和士开唤回身边。

武成帝一会儿工夫都离不开和士开，有时候和士开从宫里回家，刚回去，武成帝又派人把他召回。和士开喜欢做出许多鄙陋猥亵（wěi xiè）的动作取悦武成帝，武成帝对他的宠爱日甚，前前后后的赏赐，不可胜计。两人一天到晚黏在一块，早已不再有君臣之礼。

古代皇帝的责任极重，不但从小要接受比一般平民更重的教育，登位后日理万机也是一件繁重的工作。武成帝好逸恶劳，追求贪乐，对于繁重的政务感到十分不耐烦。

和士开对武成帝道："自古帝王到今日尽为灰土，贤君尧舜、昏君桀纣在死了以后又有什么差别？陛下趁着少壮之年，应该极意为乐，一日取快，可敌千年！"

“对，好一个一日取快，可敌千年。”武成帝很激赏和士开的说法。他把政权交给左右的奸臣，自己日夜作乐，使得齐国的政治大坏。

因为不知道节制，武成帝在三十二岁便一命归天了。临终之前，他紧握着和士开的手道：“勿负我也。”闭上了双眼。

和士开本来就是皇帝身边的红人，这下子武成帝临终托付于他，自然神气活现。朝廷里的臣子纷纷巴结他，自愿作为和士开的假子。

尤其和士开和武成帝的皇后胡后交情不错，胡后也喜欢握槊，和士开常陪着她玩，两人关系颇不寻常。因此，当武成帝去世，胡后升为胡太后以后，对和士开也是非常支持。

朝廷里面以高睿为首的一些忠臣看不过去，决定去向胡后建议，把和士开调离京城。

高睿是高欢的堂侄儿，由于父亲早死，从小由高欢抚养长大，高欢视高睿如同自己的儿子。高睿身长七尺，体貌宏伟，很有学识，又懂得治事之道，为人正直，受封为南赵郡王。他十七岁时就受命为定州刺史，他在任内，留心州内政治事务、整顿治安、注重农业和教育，政绩优良。

他曾率领数万士兵监筑万里长城。为表示与士兵同甘共苦，他不肯让别人帮他打扇，也拒绝饮用专车送来的冰水。

高睿说：“三军之中，人人都喝温烫的热水，人人都受不了炎夏，我凭什么一个人饮用冰水？我喝不下去。”因此兵士都肯为其效命。现在看到朝廷日非，高睿率先面陈和士开的罪过，他说：“士开是先帝弄臣，贪污纳贿，秽（huì）乱宫廷，臣冒死陈之。”

胡太后冷笑说：“先帝在时，你们为何不说？今日莫不是要欺负我孤儿寡妇？不必多言。”

高睿等仍然据理力争，不肯让步。胡太后也摆下脸来下逐客令：“改天再说吧，你们可以散去了。”高睿气得把乌纱帽丢在地上。

第二天，高睿又到云龙门求见胡太后。他请人通报三次，三次胡太后都不肯接见，最后派左丞相对高睿说：“现在先帝的棺木还未出殡，朝廷正在办丧事，以后再说。”

如此一来，高睿只有暂时告退。

因为高睿等在朝廷中还有相当力量，胡太后也不能完全不理他，于是派人找和士开来商量。和士开装出一脸忠贞的模样说：“先帝在群臣之中，待我最厚，我如果离开朝廷，不等于剪除陛下的羽翼，削弱王室的力量吗？”于是两人决定，谎称要派和士开为兖州刺史，只等丧事办完，立刻上任。

武成帝的葬礼一完，高睿马上要进宫，催促和士开上路。

宫内的宦官知道太后心意的，跑来对高睿说：“你这是何苦呢？太后既然一意袒（tǎn）护和士开，你又何必自讨没趣？”

“不成，现在幼主年纪还小，岂可容许奸臣在侧。我如果不去说，我有何面目对天？”高睿还是怒气冲天地去找太后理论。

胡太后听完高睿一番说辞后，没发表任何意见，只是命人为高睿斟酒。

高睿站起来正色道：“我今天是来论国家大事，不是来喝酒的。”说完话，高睿便离开了。

当天晚上，高睿做了一个噩梦。他梦到一个长一丈五尺的巨人，巨人的手臂有一丈长，直直地对高睿袭来，他吓得惊醒道：“恐怕是太后要杀我的预兆。”

第二天早上起来，高睿又要上朝劝太后。他的妻子哭着拉着他，不放他走。高睿甩开妻子的手说：“自古以来，忠臣都是不顾身家性命的，我不能容许胡太后危害朝廷，我宁可死着去见先帝。”

他走到殿门，旁人看着他又来送死，好心地扯着他的衣袖道：“希望殿下不要进去，恐怕会有危险。”

高睿还是不顾一切地往前冲道：“我上不负天，死亦无恨。”

高睿进了宫，又向胡太后力陈和士开的劣迹，要求除掉和士开。胡太后不听，命高睿出宫，高睿无奈，只好离开，还没有走出皇宫，在半途上便被埋伏在路旁的武士擒住杀了。高睿死时才三十六岁。高睿死后连续三天，京师大雾，这是少有的现象，人们都说这是老天爷痛惜高睿冤死。

无愁天子齐后主

高睿死后，琅琊王高俨（yǎn）更加厌恶和士开，便和领军库狄伏连、御史王子宜、都督冯永裕等合谋，设计杀了和士开。

大权归于北齐后主高纬。齐后主说起话来滞涩迟钝，结结巴巴。所以他十分不喜欢接见大臣，除非是他特别宠爱亲私、昵近狎（xiá）习的，否则一概不与之交谈。

同时，齐后主个性非常懦弱胆小，被人一看就害羞得满脸通红，因此他不准臣子看着他。哪怕是尚书令有事要禀奏，也不可以仰视他，只能够匆匆忙忙讲一个大概，然后快速地离开，不然他就要生气。

比起他的父亲武成帝，齐后主更加奢侈浪费。他的后宫姬妾，都是宝衣玉食，做一条裙子所花的费用，往往就值一万匹布的价钱。在他看来，这是理所当然之事。

齐后主很喜欢盖宫殿，可是却喜新厌旧，常常刚刚盖好，没有两天，觉得不满意，马上下令“拆掉”。于是辛辛苦苦造起来的宫殿被夷为平地，然后，他又要盖一座新的宫殿，并且催得十万火急。

在这种情况之下，百工土木，没有一时一刻休息的时候。白天固然是赶工，连夜晚也点着火照样工作，冬天寒冷，泥土都结冻了，竟然用热水搅拌泥土照常赶工。

中国古代认为君主是全国人民的大家长，君主常称其百姓为“子民”，但是君主要受天意的监督。所以古时候有了天灾、寇盗，当皇帝的常要责备自己，并且加以节制。但是齐后主却没有因为灾荒贬损自己，又为着求取良心上的安宁，开凿晋阳西山的大石雕刻成为大佛像。为着这个巨大的工程，一个晚上要用一万盆油照明，齐后主又到处设素斋，认为如此菩萨就会保佑他。

齐后主喜爱弹琵琶，而且自己作了一首《无愁曲》，命令臣子唱和。民间暗地里为他取了一个外号“无愁天子”。

无愁天子因为太快乐了，没有什么忧愁的事。他荣华富贵享受已极，一天突发奇想道：“当个乞丐多有意思呢！”于是他在华林园建立了一座贫儿村。齐后主换上破烂的衣服，携着篮子带着棍子，哭丧着脸跪在地上对着宫女哀求：“好心的太太啊，请你施舍一点儿吧，我已经三天三夜没有吃东西了。”他觉得有趣极了。西方有部文学名著《乞丐王子》，讲的是一个王子想当乞丐，与乞丐交换身份的一段故事。看来皇帝当久了，换个口味当乞丐的心理不足为奇。

北齐后主高纬在华林弹唱《无愁曲》，选自明刊本《帝鉴图说》。

在他主持之下的朝政，官吏爵位都是用钱买来的，衙门里判案子也是看受贿多少断其轻重。因为齐后主糊涂昏庸，不但他的一个旧仆人刘桃枝可以当上开府仪同三司（类似今天部长级官位），其他宦官、歌舞人、官奴婢也可以封王。

有一个人叫薛荣宗，自称能看到鬼，十分稀奇，人们称之为“见鬼人”，也当了官。

最为荒唐的是，当齐后主斗鸡走马玩得开心时，他随口就替这些狗啊，马啊，加上仪同、郎君的封号。所谓“赤彪仪同”“逍遥郎君”“凌霄郎君”都是非鹰即马，还有一只很可爱的波斯狗被封为“仪同郎君”，不但有封号，竟然还享有一份俸禄哩。

当他任性地挥霍之时，一些个佞臣小人也在旁陪着玩儿，动辄（zhé）数万。没有多久国家的府藏被掏光了，齐后主便用卖官的方式谋取金钱。当然买得起官位的，不会是穷读书人，有操守的读书人也不屑买官。富商大贾（gǔ）们一旦得到官位以后，当然贪污枉法，要在老百姓身上捞回成本，因此处处民不聊生。

齐后主自小养尊处优，要什么有什么，因此，养成他极为不耐烦的性格，脾气急躁。有一天晚上大家都快睡觉了，他忽然想要蝎子，说要就立刻要。

蝎子，是一种节足动物，和蜘蛛同类，尾巴弯曲有毒钩，会螫人注毒，现在用“蛇蝎”比喻狠毒的人，可见蝎子性毒。齐后主不晓得要拿蝎子去害哪个倒霉鬼，反正他急着想要。

三更半夜到哪儿去找毒蝎？但是皇帝有令，不得不办。整个宫中上上下下忙成一团，齐后主又不断在发脾气：“怎么还不快一点！”到了黎明，终于有人给后主弄来了毒蝎。

齐后主有一个毛病，什么东西不好找，他就偏偏要这个东西，而且性子急得不得了，早上才有此念头，晚上就非要到手不可。譬如说他在夏天要冬天的水果，到哪儿去找呢？却也只能上天下地为他找了来，经常把地方上的百姓搅得人仰马翻。

在齐后主的统治之下，北齐政治的败坏可想而知。相对地，这时正是北周武帝在位，他奋发图强，当时长江以北是北齐和北周两雄对峙，强弱对比，明眼人很容易看出来历史的发展几乎注定是北周灭亡北齐。

冯小怜观战

在《无愁天子齐后主》中，我们说到齐后主荒唐昏庸，使得民不聊生。

于是，精干的周武帝大举伐齐。齐兵大败，八千甲士被俘。

这个紧急的当儿，北齐后主正拥着冯淑妃在天池游玩，快活似神仙。

冯淑妃，本名叫小怜，长得确是楚楚可怜的动人模样儿。她原先是穆后的侍婢，因为能弹琵琶，刚好与擅长琵琶的后主兴趣相投，小怜又会轻歌妙舞，益发能讨后主欢心。因此，他二人坐则坐在一张席上，出则共骑一匹马，而且两人发誓要同生共死。

这一会儿，北周大军围攻晋州，晋州告急，从早上到中午，一连有三次驿马传来紧急快报（在古代，没有电话或电报，都是利用驿卒，骑着快马传递消息），说是前线告急，请朝廷赶快救援。

右丞相淡淡地说："天子正在作乐，边境小小的交兵，不算一回事，何必急急忙忙奏闻。"

到了傍晚时刻，驿卒带来一个坏消息："平阳已陷。"这个消息非同小可，丞相赶紧呈报上去。

听说平阳失陷之后，冯小怜还舍不得离开天池，她正与后主打猎，正玩在兴头上。于是她娇媚地对后主说："不急嘛，再杀一围嘛。"后主也正不想走，连忙答应："好。"

旁边的人都不敢相信自己的耳朵，却也没有办法。还有人说，后主名字叫高纬，纬与围同音，再杀一“围”，太不吉利了。

北齐的将领还算争气，平阳城陷之后，极力反攻，想要收复失地。他们暗地挖了一个地道，地道挖成之后，果然平阳城垣崩颓倒了一大段。

北齐的士兵高声欢呼：“冲啊！冲啊！城破了。”北齐军队正要冲锋，忽然，前来督战的北齐后主站在远远的高地大声一喊：“且慢，且慢。”

原来，齐后主认为这是难得一见的精彩镜头，连忙派人去叫冯小怜前来观战。小怜接到消息，也不马上赶来，换衣服，梳头发，然后慢吞吞地上粉，抹胭脂，折腾了老半天才袅袅婷婷地出来。

等冯小怜到来，北周人老早用木头塞住了北齐人挖的地道。北齐的军队眼睁睁看着辛辛苦苦挖的地道被毁，却又没有办法阻止，因为冯小怜的妆还没有化好，一个个都快气疯了，因此，士气大为低落。

冯小怜，选自《马骀画宝》。

北齐军队失去了收复城池的机会，北周军队也感到很意外，不敢轻举妄动，于是双方僵持着，冯小怜来到高地，并没有看到双方作战。

冯小怜不但不因此感到抱歉，反而气呼呼地埋怨：“把人家找了来，什么也看不到，真是扫兴极了。”

后主也觉得没有让小怜看到攻城十分抱歉，因此当小怜提议：“我听说晋州城的西边有块石头，上面有神仙来过的遗迹，我们去看一看吧。”后主一口便答应了。

但是，后主转念一想：“不好，不好，那儿靠近战区，万一被弓矢射中怎么办呢？还是别去吧。”

小怜仍然不死心，苦苦地央求

着。齐后主认为，难得有这个机会，若不寻幽访胜也是可惜。左思右想了半天，最后，齐后主灵机一动：“不如另外造一个桥，通往神仙遗迹，如此岂不妙哉？”他好像忘记了现在正在打仗，还以为是在观光。

齐后主的脾气向来是想要就要，他立刻传令造桥。下面的人回答：“没有木头怎么造桥？”

“谁说没有木头的？那儿不是摆了一大堆？”齐后主指着地下一堆堆圆滚滚的木头，怒声地指责着。

“可是，可是，这些是拿来准备撞击城门进攻之用的啊！”手下的人无限委屈又愤慨地抗辩。可是，后主说要挪用，谁也没有办法，而且，后主有一个毛病，性情急躁，说办就办。他不但传令赶工，而且亲自监工，把战争抛到一旁，还不断地威胁：“快点，快点，不然就要受罚！”

天下许多事都是急不来的，譬如造桥便是，泥土还没有干，后主已经迫不及待牵着小怜去看神仙遗迹了；两人的车马刚一上桥，桥立刻就垮了，跌得人仰马翻，一塌糊涂。直到半夜两人方才狼狈地回来。

但是，这些似乎没有给齐后主带来任何教训。不久，两军开战，他又拉着冯小怜前去观战。

小怜原来以为打仗挺有趣、挺新鲜的，等到真的上了战地，听到杀声震天，吓得花容失色。她忽然发现，东边的阵容似乎稍退，尖叫一声：“败了，败了。”旁边穆提婆跟着一喊：“大家退，大家退！”

其实，部队半进半退是作战中常有的现象。冯小怜一嚷嚷，拉着齐后主撤退，人情汹汹，一败不可收拾。仗也没打，军资器械扔了几百里之远，北齐整个溃败。

当北齐后主与冯小怜逃到洪洞，小怜还不知道自己闯下大祸，拿着镜子，施粉添妆，顾影自怜。一直到殿后的军士高喊：“贼兵来了！”才依依不舍放下镜子。

在这种一面倒的情况之下，周人以秋风扫落叶之势，在两年之内完全消灭了北齐。

周武帝管教太子

在上一篇《冯小怜观战》中，说到北周武帝大破北齐军队，威风极了。然而，武帝虽然文治武功都可称道，他却有一个大隐忧，武帝的太子宇文赟（yūn）不成材。他很担心太子没有承嗣皇位的能力。

因为这个，武帝管教太子十分严格。他不愿意太子有虚骄之气，所以对太子的态度和一般大臣相同，哪怕是隆寒盛暑，太子也同样上朝，不得偷懒。

太子没事时喜欢喝上两杯酒，武帝对他这种嗜好深恶痛绝，下了一道命令，禁止将酒运往东宫（东宫是古代太子所居住之地）。

有一次，太子又犯了过错，引得武帝大发雷霆。他拿起棍子狠狠地对太子抽来，一边用力地打，一边痛心地说："你啊，别以为你这个太子的位置是坐定了，从古以来太子被废的不晓得有多少，难道除你之外，我其他的儿子都不能做太子吗？"

太子最怕他的父亲，捂着屁股一句话也不敢说，转过身去，又照样吃喝玩乐。武帝国事忙，而且与太子也不住在一起，因此特别命令，把太子的一言一行、言语动作照实记录下来，每个月报告一次。太子竟买通了左右，所以送给武帝看的报告倒是表现成绩不坏。

但是，江山易改，本性难移，太子是块什么样的材料，武帝心里最为清楚不过。

有一日，武帝到同州考察，召见万年县丞乐运。武帝问乐运道："卿近来见过了太子，你觉得，太子是一个怎么样的人啊？"

"中人。"乐运简短地回答。

"哈哈。"武帝自我解嘲地干笑了几声，然后，回过头来对齐王宇文宪等人说，"那些个百官佞臣为着讨我欢心，都说太子聪明睿智，只有乐运一个人说太子是中人，这可证明乐运这个人是忠贞正直的。"

接着，武帝又问乐运道："你倒是说说看，什么样叫中人？"

乐运回答道："在《汉书》之中，作者班固批评古代的齐桓公为中人。因为当他任用管仲时，天下大治，成为春秋五霸之一；以后管仲去世了，齐桓公任用竖貂，一败涂地。所以中人就是可以为善，也可以为恶的人。"

乐运这话说得十分婉转，他不便直接批评太子，只点出了如果太子没有人好好辅佐，必定会造成国破家亡的悲剧。

聪明如武帝，当然听得出乐运话中的含义。回去后，他便有意在东宫中多找几个贤人好好教一教太子。

太子知道这件事，相当的恼火，他不但恨乐运，尤其痛恨齐王宇文宪。宇文宪是他的叔叔，常在武帝面前说他的缺点。

另外有一人，名叫宇文孝伯，他和武帝是同一天生日，长大以后又与武帝一块读书。

宇文孝伯的学问很好，因此，武帝派他伴太子读书。宇文孝伯眼看着太子一天天长大，既无德行，又好亲近小人，就对武帝禀告："皇太子四海所属，然而未闻德声。臣为东宫官属，理应受责。然而太子年纪尚小，志业未成，请妙选正人君子作为太子的师友。"

武帝笑嘻嘻地回答："哪有其他正人君子比得上你？"于是仍然用宇文孝伯为左宫正。

其实，宇文孝伯是有苦说不出，他早就不想担任教导太子的工作了。因为太子不能打也不能骂，完全不准体罚。太子不肯学好，做老师的实在一筹莫展。

但是，说也奇怪，自此以后，武帝每回问道：“我那个不肖的儿子，近来有点儿长进没有？”

宇文孝伯总是回答说：“太子畏惧天威，不再嗜酒，也没有什么重大的过失。”

“噢？”武帝高兴极了，他心想，也许太子真的痛改前非了。

可是，一次在宴会中，有个叫王轨的忠臣，凑近了武帝，捋（lǚ）着武帝的胡须，半开玩笑地说：“可爱的老公公，可惜后代太弱了。”

武帝很不高兴，吃完了酒，把宇文孝伯找来责备道：“你每次都告诉我说，太子无过，今天有王轨这番话，可见得你是在骗我。”

宇文孝伯也不申辩，他恭恭敬敬地下拜道：“我听说父子之间的事，外人是很难说什么的。臣知道陛下不肯割情忍爱，舍不得不让他当太子，我只好把舌头打个结，不敢多说。”

可不是吗？虽然太子无才，但太子的弟弟更糟，其他的儿子又太小。自古以来的皇帝，又没有舍得把皇位拱手让人的。武帝一时之间答不出话，沉默了好半天，对宇文孝伯道：“朕已经委托你管教太子，希望你勉力为之。”

武帝的意思是叫宇文孝伯把死马当活马医，希望能把太子引到正途上来。宇文孝伯能成功吗？

周宣帝诛杀忠良

中国人常说："虎父无犬子。"雄才大略的周武帝却有一个不成材的太子，真违背了这句话。虽然武帝严加管教，太子的老师宇文孝伯及叔父齐王宇文宪苦心教导，仍不能使太子改邪归正。

周武帝建德七年（578 年），武帝率领大队人马进攻突厥。走到一半，武帝忽然感觉身体不舒服，留在云阳宫休养。

过了几天，武帝病情仍旧没有好转，正式下诏军队暂停前进，而且快马召来宇文孝伯。

宇文孝伯与武帝同年同月同日生，两人自小感情很好，而且宇文孝伯又接受武帝的重托，管教太子，交情非比寻常。宇文孝伯匆匆赶到行在所，发现强壮的武帝一下子变得满脸憔悴。

武帝用虚弱的手拉着宇文孝伯说："我自己知道没有痊愈的希望了，以后的事请多费心。"

当晚，武帝授宇文孝伯司卫上大夫的官职，总领皇帝身边的禁卫卫兵，又派人入京镇守，免得敌人利用这个机会挑衅（xìn）。可见得武帝的英明能干，直到垂危，仍然如此果断。

过了不到一个月，武帝愈来愈不行了，勉强回到长安，当天晚上与世长辞，享年只有三十六岁。他做了十八年的皇帝，可以说是南北朝最有作为的君主，可惜天不假年，否则，他可能创造一段辉煌的历史。

北周彩绘重装骑兵陶俑，陕西咸阳北周孝武帝陵出土。

武帝一死，太子宇文赟即位，是为北周宣帝。武帝是明主，英年早逝，全国都一片悲哀，宫中更是一片嘤泣之声，只有宣帝没有一点儿忧伤。他摸着身上一条红一道紫的杖痕，想着武帝生前教训他的情景，破口大骂道：“老东西，死晚了。”

然后，他一跳而起，直奔武帝后宫，挑选美丽的宫人纳为己有，以宣泄对武帝的不满。

宣帝心想，好不容易终于让我当上皇帝，那些以前对不起我的，现在要他们好看。宣帝一思索，立刻想到了叔父齐王宇文宪一天到晚在武帝面前打小报告，说他这个不是，那个不是，害得他挨了不少鞭子，此仇不报非君子。而且宇文宪德高望重，为朝廷中人敬重，这也是叫人生气的事。

于是，宣帝把宇文孝伯找来，就对他说：“你若能为朕除去齐王，朕当把官位给你。”

宇文孝伯叩头道：“先帝留有遗诏，不许滥诛骨肉。齐王乃陛下叔父，功高德茂，社稷重臣。陛下若无故害之，则臣为不忠之臣，陛下为不孝之子矣。”反而把宣帝教训一番。

宣帝听了，心里很不高兴，从此与宇文孝伯逐渐疏远，秘密地与小人们商量谋害宇文宪。

首先，宣帝派宇文孝伯去告诉宇文宪，说是要以他为太师，宇文宪一再辞让不肯担任。

然后，又叫宇文孝伯通知宇文宪："今天晚上诸王们都请入宫。"

到了晚上，诸王们会集，只有宇文宪一人单独被请入内宫。他一进宫，立刻被两旁窜出的壮士捉住，他们一口咬定宇文宪叛变。因为是入宫，所以既没有随侍，又不能带武器，宇文宪只有乖乖被捆住。

接着，宣帝派宇智与宇文宪对质。宇智说，他偷偷在宇文宪家中看到的奇怪景象，桩桩都表示有异谋。却被宇文宪一一驳斥回去，而且宇文宪气壮如山，目光如炬，直直盯着宇智。宇智到后来辩得哑口无言，蛮不讲理道："以王今日的地位，是不是有异谋，还用得着多说吗？"

既然欲加之罪，何患无辞，宇文宪气得把朝用的象笏往地上一摔，沉痛地说："生死有命，我也不想活了。只是老母在堂，我害得她也要受牵连了，唉！"

就这样，宇文宪被吊死；没多久，宇文孝伯也步其后尘。朝廷里的忠臣，宣帝一概没法子相容。

不久，宣帝立皇子鲁王宇文阐为太子，并且传位太子，自称为天元皇帝，对臣下不称朕而称天。他每天戴着一个"通天冠"，到处去玩，羽仪仗卫跟随在后，晨出夜还。随侍的官吏，个个苦不堪言，对着月亮想打哈欠。

宣帝既然自称天，表示他自以为高高在上，非常的了不起。所以规定凡是要来看他的，得先吃三天斋，洁身沐浴而后前来。他看到"天、高、上、大"这几个字就有反感，认为是大不敬，所以官名中没有此四字。有人姓高怎么办呢？一律改为姓姜。同时他又禁止天下妇人抹粉擦胭脂，认为这是宫人的专利，此也是历史上所少见的规矩。

因为宣帝少时嗜酒，被武帝打过不少板子，怀恨在心，意图报复，所以自公卿以下的官吏都常常挨打，每次打板子至少要打一百二十板，称为天杖，苍天所制定之杖数也。后来他又把天杖提高为二百四十下，真是够受的。

不但公卿要挨打，连他所宠爱的后妃嫔御也是说打就打，而且狠狠地打在背上，痛彻心扉。宫中里里外外，人心不安。

中国历史故事

珍藏版

吴姐姐◎著

4

隋·唐

581—907年

江西教育出版社
JIANGXI EDUCATION PUBLISHING HOUSE
·南昌·

杨坚（541—604 年），唐阎立本绘。小名那罗延，隋开国皇帝，弘农华阴（今陕西华阴东）人。北周时任柱国大将军，封隋国公；大定元年（581 年），废北周静帝自立；开皇九年（589 年）南下灭陈，统一天下，结束中国近三百年的分裂局面。统治期间，勤奋政事，把原来淮南江北因战乱而荒芜的大片土地悉数开垦，又广设两仓，丰蓄歉济，国势大盛，史称“开皇之治”。但他限于才具，所理政事，未能及于宏远，加上立储不副，隋朝终极盛而衰，二代而亡。

——见《杨坚生有异相》

突厥锻奴图，古纸牌水彩画。突厥人入居金山（今阿尔泰山）时，部族弱小，充任柔然人的锻奴，臣服柔然。后来渐渐强大，向柔然提出通婚，柔然因其出身锻奴，严加拒绝，突厥大怒，与柔然作战。突厥人擅长锻炼，武器精良，竟然灭掉柔然。之后，突厥迅速强大，成为北方一极强大势力，北周、北齐、隋、唐都受其军事压力。图中为两个突厥锻奴正在打制铁器。

——见《不收费的酒食店》

隋炀帝乘龙船游幸江都，想象图。隋炀帝即杨广，隋文帝杨坚次子，弘农华阴（今陕西华阴东）人。大定元年（581 年）封晋王，开皇九年（589 年）统兵平南陈，开皇二十年（600 年）以阴谋获太子位，仁寿四年（604 年）即位。杨广少聪慧，美姿仪，多才气，但好大喜功，刚愎自用。即位后，外三征高丽，未能平服；内广通河渠，三幸江南，不惜民力，广费民财，天下因之鼎沸。大业十三年（617 年），李渊父子起兵晋阳，继陷关中。大业十四年（618 年），杨广进退失据，为臣下所弑，隋朝灭亡。隋建国三十八年，由极盛至亡，不出十年。

——见《隋炀帝游幸江都》

尉迟恭（585—658 年），字敬德，朔州善阳（今山西朔州）人。初从刘武周，后归李世民。尉迟恭擅避矟夺矟，敌军刀枪如云，亦能来去自如，李世民曾对他说：“你持矟，我执弓，敌军虽有百万，能奈我何？”天下初定，太子李建成以财货厚贿，希望他反叛李世民，遭严拒，建成乃派刺客刺杀，尉迟恭高卧以待，刺客惧他勇武，逡巡三晚，未敢下手；玄武之变，亲手射杀李元吉。是秦王府中武人之首，也是中国勇武善斗的杰出代表。图中为尉迟恭在京剧中的造型，出自清内府彩绘本《庆赏昇平》之《千秋岭》。

——见《建成和元吉联手对付李世民》

李世民（599—649 年），选自《乾隆年制历代帝王像真迹》。即唐太宗，武功人，唐高祖李渊次子。十八岁时乘隋大乱，力劝李渊举兵反隋。李渊称帝后，封秦王，在削平隋末群豪中，每亲率精锐突敌阵后，并征纳杰士，收揽人心。唐有天下，多赖世民。武德九年（626 年），发动玄武门之变，承继帝位。在位期间，他鉴于隋亡的教训，任用贤能，从善如流，闻过即改，视民不分华夷，开创“贞观之治”，是中国人万口传颂的千古英主。

——见《唐太宗不念旧仇》

房玄龄（579—648年），选自《历代名臣像解》。齐州临淄（今山东淄博东北）人，幼聪慧，曾随父至京师长安，当时隋声势浩大，天下安宁，人皆以为国祚绵长，玄龄独以为隋之亡，跷足可待；十八岁中进士，李渊父子举兵反隋，房玄龄出山自荐，与李世民相谈，一见如故，从世民征伐天下；人皆爱珍宝，房玄龄独爱图籍文件，结交豪杰，劝他们为唐效力，世民以萧何视之，为秦王府中文士第一人。贞观初年，房玄龄论功排第一；后出任宰相，知人善任，与杜如晦齐名，称“房杜”，是中国历代有名的良相。

——见《李纬的漂亮胡子》

目　录

目录

杨坚生有异相

自从周武帝英年早逝以后，便由周宣帝继位，他立杨妃为杨皇后，但是对杨皇后的父亲杨坚极为不满。

宣帝为什么如此讨厌他的老丈人呢？这是有原因的。杨坚在周武帝时代便极有威势，先后出任左小宫伯、隋州刺史、大将军等官，同时他长得相貌奇伟，不像人臣。根据《隋书》的记载，杨坚出生还有一段传说：

传说他生下来的那天夜晚，房间中弥漫着一片紫雾。突然，自紫雾之中出现一位穿着法衣的尼姑，说自己是从河东地方来的。她指着杨坚的母亲道："这个小孩长相十分奇特，不能在俗间抚养长大。"于是，尼姑在一间别馆之中，亲自抚养这个小婴儿。

有一天，杨母正抱着杨坚逗着他玩，发现他的额头上忽然冒出一个角，吓得杨母失手把杨坚摔落到地上。

这时，尼姑刚好自外头归来，看到此景着急地说："你已惊吓我儿，使得他晚成大器。"

杨坚除了额头上长着五个隆起的肉柱外，更奇特的是他的手掌一打开，其中的掌纹像是一个"王"字。

由于他长相奇特，所以有许多人在周武帝面前告状："杨坚的眼睛像黎明时的曙光，明亮又有神，让人一看就怕，手足无措。恐怕不是人臣之相，请早日将他除去。"

隋文帝杨坚，唐阎立本绘。

不过，另外又有人说："杨坚是个守节之人，而且可镇一方，若为将领，无阵不破。"

所以，周武帝起初也没对杨坚怎样，但是一再有人在武帝跟前说杨坚貌有反相。杨坚紧张得很，小心翼翼，惟恐出了什么差错。

杨坚的女儿嫁给了宣帝，这个老丈人也就被封为上柱国、大司马，声势更隆。

宣帝跟别的皇帝不一样，他除了有杨皇后之外，还有朱氏称为天皇后，元氏为天右皇后，陈氏为天左皇后，共称为四后。

有四个皇后在一起，四个皇后的家族彼此争宠，自然是一天到晚吵来吵去。但是杨皇后个性柔弱，不妒忌，又从来不与人争，所以每个妃嫔（pín）都喜欢她，愿意和她做朋友。

前面说过，周宣帝不晓得是不是因为小时候挨过父亲周武帝的揍，特别喜欢打人。而且还规定凡挨板子至少一百二十大板，称之为天杖，以后更增加到二百四十大板，连宫人妃嫔也是说打就打。

有一次，宣帝责打杨皇后，奇怪的是杨皇后非但没有鬼哭神嚎，反而依旧举止详闲，辞色不挠，保持一派大家闺秀的优雅风范。这可把宣帝惹火了，他竟然下令命杨皇后自尽。

杨皇后的母亲，也就是杨坚的太太，宣帝的丈母娘独孤氏听到消息，急忙跑到宫阁里来，跪在地上向宣帝求情。一面口中喃喃讨饶，一面用力地叩头，到后来，叩得满头鲜血，宣帝才说：“好吧，饶了她这一回。”这才捡回杨皇后一条小命。

这个时候，杨坚已被任命为大前疑（官名，是周宣帝时，辅佐君主的四个重要官员之一），德高望重。宣帝看着心里不是滋味，他愤愤地对杨皇后说：“我一定要杀死你父亲，灭你家族。”

过了没多久，宣帝召杨坚入宫。在杨坚未入宫门之前，宣帝对左右的人说：“他如果看起来不对劲，脸色变动，看我不杀了他才怪。”

大家都屏（bǐng）息以待杨坚进来送死。杨坚当然也听说了这个女婿想灭杨家家族之事，他虽然心存畏惧，仍然一步步进入。

杨坚迈着方步缓缓踏入，从容不迫，神色自若，一双曙眼仍然使人望而生惧，完全看不出来有任何不自然的神态。宣帝找不到破绽，只好放过这个老狐狸一马了。

虽然杨坚逃过这一次，难保下一次还能幸免，所以杨坚心中十分不安。他在宫中长巷悄悄地对内史上大夫郑译说：“我希望能早一点调到外藩去，这是你知道的，如果有机会，拜托代我留意一下。”

郑译是宣帝的亲信，说：“以公德望，天下归心，我哪儿敢忘记你所托的事，我这就准备去为你说情。”

郑译到了宫里，对宣帝说：“如果陛下想要平定江南，必须先派遣重臣前往镇压安抚，不如先把隋公杨坚派出去打前锋。”

宣帝接受了郑译的建议，派杨坚为扬州总管，前往寿阳。杨坚正要上路，忽然生了足疾，没法子动身，事情就搁置下来了。

就在不久后，荒唐的宣帝忽然得了一种怪病，讲不出话，喉头喑（yīn）哑，不得不托付后事，局势完全改观。

杨坚当了北周辅政大臣

北周宣帝的儿子宇文阐即位时年仅八岁，是为静帝。静帝即位不久宣帝就死了。

静帝年纪很小，必须有一个辅政的大臣。宣帝临终之前已不能说话，身旁只有宠信的臣子郑译和刘昉（fǎng），这两人和杨坚私交不错，他们替宣帝写遗诏时，便在遗诏中指定杨坚为辅政大臣，总管中外军政大权，还逼着御正中大夫颜之仪在诏书中连署。

颜之仪一看即知绝非宣帝的遗诏，拒绝签署。他厉声对郑译、刘昉说："主上升天，嗣（sì）主年幼，辅佐重任，应该是由宗室中才略过人者担任。现在宗室之中赵王招年岁最长，以亲以德，都应该推他辅政，怎么会轮到杨坚？公等备受朝廷厚恩，应当尽忠报国，怎么能够把神器假手外人！之仪惟有一死而已，不能够从命。"

杨坚等知道颜之仪是个硬骨头，没法子让他屈服。于是代颜之仪在遗诏中签了一个名字，杨坚便大摇大摆坐上辅政大臣的宝座。

然后，杨坚又向颜之仪索取天子的兵符六玺（xǐ），颜之仪不肯给，他正色地说："这是天子之物，自有主者，宰相何故索之？"

杨坚很生气颜之仪的不识好歹，恨不得马上把他推出去斩了。但是颜之仪极具声望，杨坚只好派他到西边荒地当郡守。

当时北周的群臣并没有完全归心于杨坚，杨坚派遣卢贲（bēn）率领臣子前往东宫。百官不知该何去何从，杨坚便召集公卿诱惑道：“想要得到富贵的跟我走。”可是臣子们还是低着头聚在一起耳语，不能决定去向。其中有个臣子真的要离开杨坚，杨坚立刻派兵阻拦。他就用这种利诱与胁迫的方法，暂时控制住局面。

当时汉王宇文赞住在后宫之中，常常与静帝同坐帐中。杨坚因为要控制静帝，嫌宇文赞讨厌。于是，杨坚派人找了许多年轻貌美的女伎送给宇文赞，宇文赞要与女伎同乐，自然远离了静帝。

接着，杨坚又派人告诉宇文赞：“大王为先帝的弟弟，众望所归。皇上年幼哪堪重任？现在先帝刚刚过世，人情纷扰不安，王暂且先归府第，等到过一阵子后再入宫为天子，此为万全之计。”

宇文赞年纪小，识见浅，傻傻呆呆地被赶出宫外，还以为自己将来会当皇帝。赶走宇文赞后，杨坚拔去眼中钉，更进一步着手篡（cuàn）夺政权。

宗室之中最有力量的赵王招，眼看着大势将去，准备一不做二不休，先杀了杨坚再说。

赵王招安排了一个宴会邀请杨坚参加，他左右都布满了壮士，帐帷中、案席下也暗暗放了利刃。杨坚呢，则被阻止带人进入，只有大将军元胄（zhòu）坐在门外。

宴会之中，双方虚情假意，谈笑风生。酒酣（hān）耳热之后，赵王招随手用佩刀刺起一块瓜果送到杨坚的嘴边；表面上是亲热地为他布菜，事实上是想一刀刺中杨坚的喉咙。

杨坚在这种危险的情况之下吃了几片瓜，这个时候，元胄忽地闯入禀报：“相府有事，不可久留。”

赵王招愤怒地抽回佩刀，呵叱（chì）道：“我正与丞相在谈话，你是什么人？去去去！”便派人把元胄赶走。

哪知元胄气息激愤，怒瞪双目，紧扣佩刀，一步也不肯离开。好像为着保卫主人杨坚，准备与赵王招一决生死似的。

北周彩绘武士俑。

赵王招只好堆着笑脸道："来来，来喝酒。我哪儿有什么恶意？你何必这样多疑猜忌呢？"

喝了几杯之后，赵王招假装要呕吐，准备回到后阁休息。元胄惟恐赵王招此去有诈，硬是把赵王招扶着坐上上座，连说："没关系，休息一会儿就好了。"一连三次，赵王招要回后阁，元胄都不让他离开。

赵王招眼看走不成了，开始说喉咙干，要元胄去厨房帮他拿一杯水来，元胄不肯去。

这时，滕王来赴宴，杨坚下石阶去迎接滕王。元胄利用此时机，凑在杨坚的耳旁道："情势十分怪异，咱们得赶快离开。"

杨坚不相信，他说："赵王没有兵马，他能做什么？"

元胄道："话不能这么说，他们若先发动，我们就死定了。"

等到杨坚回到座位，元胄听到屋后有铠甲相碰的窸窣（xī sū）之声，他确定背后有伏兵，一个箭步向前对杨坚道："相府的事情多，丞相不宜留此。"说着，扶着杨坚便往外闯。

赵王招要追来，元胄用身体掩护着杨坚，杨坚就在千钧一发时逃走了。赵王招虽布下天罗地网，但事出突然，一下呆住了，白白让杨坚逃走。赵王招恨得直弹手指，把指甲都弹出了血。

赵王招想害杨坚，没有成功，使得杨坚感觉到宗室诸王实在是一个威胁，于是展开了杀戮（lù）行动，大杀北周宗室诸王。

杨坚当了辅政大臣，北周的一些老臣内心不服，尤其是那些在外地担任“总管”官职的老臣，手握兵权，起来反抗杨坚。

首先是相州总管尉（yù）迟迥（jiǒng）举兵声讨杨坚，接着郑州总管司马消难、益州总管王谦起兵响应。杨坚派韦孝宽和王谊率领久经训练的府兵，把反对者一一消灭，杨坚的政治地位更加稳固了。

杨坚只做了八个来月的辅政大臣，便强迫北周静帝让位给他。杨坚在辅政时期被封为随王，登基做了皇帝，本想用“随”做国号，可是“随”字有“辵（chuò）”字旁（“随”字中的“辶”是由“辵”演化而来，“辵”原是乍行乍止之意），似乎不太吉利，于是，去掉“辵”而称“隋”，杨坚就是隋文帝。

一袋干姜

上一篇我们说到，处心积虑的杨坚终于抢到了皇位。在开皇元年（581年）改服纱帽黄袍，坐上临光殿中天子的宝座，是为隋文帝。

杨坚的女儿，也就是周朝宣帝的皇后，原本还很高兴杨坚假造遗诏，夺得辅政大权。因为自从她那荒唐丈夫过世后，继位的宇文阐年纪太小，需要有强人帮助。所以杨坚伪造遗诏，杨后虽未参与，内心却十分快慰。

等到杨坚辅政后，野心渐露。杨后知道父亲怀有异图时，相当愤愤不平，在言语态度上都表现出强烈的不满，每次看到杨坚，一张脸总是拉得好长，却也无法阻止杨坚篡夺周朝皇位的企图。

后来，杨坚终于“欺人孤儿寡妇”，灭掉了北周。杨后更为悲伤，觉得自己对不起夫家周朝，格外愤恨惋惜，终日以泪洗面。

杨坚利用女儿的关系抢到了皇位，心中有些惭愧，所以把杨后改封为乐平公主。不久，杨坚又想劝杨后改嫁，帮她另觅一条新路。

谁知杨后是个坚贞的烈女子，宁死不肯改嫁。杨坚怕逼急了杨后会寻短见，也就不敢再提这件事。

杨坚能够这么快地夺得天下，除了占宣帝老丈人的便宜之外，还有一个主要的原因——汉人力量的抬头。

自从鲜卑人统一北方，建立北魏之后，鲜卑人对汉民族文化极为仰慕；在北魏孝文帝时迁都洛阳，把胡儿变汉人。孝文帝改革的结果，提高了鲜卑人的文化水平和生活水准，却使得鲜卑人失去壮悍之气，染上许多毛病，例如奢侈、文弱等。久之，政权慢慢落入汉人手里，杨坚正是汉人的代表。再加上宣帝的胡搅、静帝的幼弱，以及一般人民希望脱离异族的控制，所以杨坚轻而易举夺下江山。

杨坚虽然对政敌手段严苛，对老百姓倒是颇为仁爱，大概是因为一般民众对他的政权不会有威胁吧。

他当上皇帝以后，首先修改刑律。废除了恐怖的枭（xiāo）首（把头割下来挂在高竿上示众）、轘（huàn）裂（在大街上分尸）的刑法，只留下斩、绞两种死刑；并且规定死刑犯，地方官吏不得擅（shàn）自处决，要报到中央政府办理。这一套较前朝精简的法律，称为《开皇律》。一共减去了死罪八十一条，流罪一百五十四条，徒（tú）杖之罪千余条，是法律上的一大进步。

杨坚每天很早就上朝处理政事；当他乘舆（yú）外出，路上逢有百姓告状，一定停下马来仔细垂问。他还派遣许多人到各地探听风俗习惯、吏治得失、人间疾苦。

有一年，关中地方闹了饥荒，他派遣左右去察看：“去看看老百姓都吃些什么？”

等到来人回报，百姓苦不堪言，吃的都是一些豆屑、杂糠等平时用来喂猪的食物，杨坚难过得当场流下眼泪，撤去满桌的山珍海味，而且以后将近一年之中不近酒肉。事实上，平时除去宴会以外，他桌上的菜只有一个是荤菜。

由于杨坚以身作则，所以朝臣之下都不得衣绫绮，不得有金玉之饰，衣服多用布制，装饰也不过是铜铁骨角而已。

隋文帝可能是中国古代最节俭的皇帝了，皇宫内后妃宫女的衣服都一再洗濯（zhuó），不许常换新衣，他自己的马车破旧了，命令随时修理，不许换新。

有一次，文帝要赏赐给大臣刘嵩的妻子一件衣领（类似今天妇女用的披肩），管理宫中衣物的宦官报告皇帝，宫中没有一件衣领是新的，弄得文帝很不好意思。

有一次，杨坚需要一剂止泻药止泻，这止泻药内需要用胡粉一两，竟然在宫中找不着这味胡粉，可见当时宫中的俭朴。

还有一回，杨坚看到宫中仆役扛着布袋往前走，走得气喘吁吁，满头大汗。杨坚便把仆役叫住，问道："你袋子里装的是什么？让朕看一看。"

"没有什么，不过是炒菜用的干姜罢了。"仆役恭恭敬敬跪在地上，回答杨坚的问话。

谁知杨坚一听之下，脸色一沉怒声道："干姜哪里用得了这许多，一盘菜里最多只要用一小片就够了，你们怎么如此浪费？"

姜可说是最便宜的东西了，许多家庭主妇上菜市场，菜贩经常会赠送一两块姜。然而杨坚为着这一袋姜，足足发了几天的脾气，吓得宫中上下个个吐舌头。彼此互相警告，节约省俭，免得皇上震怒。

但是有时候，杨坚未免小气过分。例如开皇十四年（594 年）关中大旱，民不聊生，而此时各地的仓库满得都快要溢出来了，杨坚却一直舍不得打开仓库周济饥民，所以后来唐太宗批评杨坚"不怜百姓而惜仓库"。

无论如何，由于杨坚的勤俭，使得南北朝以来奢侈浪费的风气为之一变。到杨坚晚年的时候，天下所储存的粮食，足足可供五六十年之用，不得不设立许多粮仓来储粮。据说洛口仓城周围二十里，城内有三千个窖，每窖可容八千石（dàn）。洛阳城内有个子罗仓，储盐达二十万石，仓西还有六十多个窖，每窖储粳（jīng）米八千石。从这些数字，我们可以想象"开皇之治"的盛况。

隔江犹唱后庭花

自从隋文帝篡周以后，统一北方。这个时候，南方只剩下一个由陈霸先建立的陈，传位到陈宣帝。隋文帝很想吞并陈朝，统一天下。

隋文帝刚刚即位，羽翼尚未丰满，在表面上蓄意讨好陈朝。他写了一封信给陈宣帝，写得十分客气谦虚，连书信后面署名也只写杨坚二字，不以北朝皇帝自夸。没有想到陈宣帝的回信却十分骄傲，使得文帝大为不悦。

文帝把手下的大将高颎（jiǒng）找来，问他可有取陈的良策。

高颎回答："江北地寒，农作物收成得晚；江南土热，水田早熟。我们趁江南收割之时，召集少数兵马，扬言攻击，如此陈朝必定屯兵御守，耽搁收获时节；等到他们的兵马聚集起来，我方立刻解甲。如此数次，陈朝习以为常，然后我们再调集军队正式进攻，陈朝必定措手不及。"

"此外，"高颎又接着说，"江南土地浇薄，房屋多用茅竹搭建，财物大半藏在地窖之中。我们不妨派人前去放火，等到他们修复，咱们再烧，不出数年，自然财力俱尽。"

"嗯，这倒是个好方法。"文帝颇为赞许高颎的计策，派人赴陈朝边境虚张声势，又派人去陈朝境内放火。果然使得陈朝疲于奔命，头痛万分。

同时，隋朝的大将杨素等倡议用水攻。文帝派杨素建造战船，最大的主力舰称为"五牙"，高百余尺，有五层楼，前后左右一共有六个高五十尺

隋五牙战船复原图。

的拍竿，用来攻击敌船。一共能容纳战士八百人，真是不简单。文帝便决定了用水陆并进的办法攻打陈朝。

至于陈朝这一方面呢？陈宣帝不久后去世，传位到陈后主陈叔宝手中，陈叔宝是历史上有名的昏君。他在光昭殿前建造临春、结绮、望仙三阁，每阁均高数十丈，连延数十间房。其中的窗户、横木、悬楣、栏槛（jiàn），全部采用最名贵的沉香木或是檀香木，饰以金玉，间以珠翠，外边还罩着一层珠帘。南北朝的人最喜爱的饰物即为真珠，要用真珠做成珠帘，可以想见其贵重。阁内并有宝床、宝帐。总之，服饰玩用的瑰丽奇特，古所未有，又杂植许多奇花异草，每当微风吹起，香闻数里，使人心旷神怡。

陈后主最为宠幸的贵妃叫作张丽华，张丽华本为军人之女，为龚贵嫔的侍儿，出身并不好。有一天，陈后主与龚贵嫔宴饮之时，讶然发现龚贵嫔身旁怎么有这样的一位美人儿，惊喜得说不出话来。

张丽华最美的地方是她的头发，有七尺之长，乌黑油亮像一匹黑缎，蔚为奇观。而且她性情敏慧，有一种特殊的神采。每当她转动双眸，瞻（zhān）视顾盼，光彩耀目，照映左右，美得人们要倒抽一口气。

单单是美貌还不够，张丽华很懂得狐媚之术，把个陈后主迷得神魂颠倒，晕头转向，一时一刻离不开她。陈后主干脆把张丽华抱在膝盖上听政事，一边抚弄张丽华的一头青丝，一边无精打采地听臣下奏事。

因为陈后主忙着享受美人恩，对政事心不在焉，于是坐在陈后主膝盖上的张丽华代为听政。张丽华再与娘家亲戚相勾结，卖官鬻（yù）爵（jué），货贿（huì）公行（xíng），朝廷里乌黑一片。

陈后主最相信的臣子是施文庆，此人书读得不少，诗史都在行，记忆力尤佳，非常会讲话，心算口占，一下就滔滔不绝涌出许多话来。他建议用阳惠朗为太市令，暨（jì）慧景为尚书金、仓都令史，陈后主都答应了。

姓阳和姓暨的两人本来就是管会计的小吏，算账对账倒是纤（xiān）毫不差，然而没有气度，不识大体，苛察加上琐碎，使得人民痛苦万分。因为“擅于”压榨，政府每年收入超过平常的数十倍。陈后主高兴得不得了，直夸施文庆能干会办事，以后人事的大权都操于施文庆之手，文武官员个个人心涣散。

张丽华，选自《吴友如画宝》。

既然一切交给施文庆，陈后主就可以开开心心大玩特玩了。他让张丽华张贵妃住在结绮阁，龚、孔二贵嫔住在望仙阁，三阁之间有复道相往返，陈后主愉快地在三阁之中穿梭。此外，陈后主还有王、李二美人，张、薛二淑媛，再加上袁昭仪、何婕（jié）妤（yú）、江修容等一并有宠。

宫女之中稍通文墨者，陈后主一律封为女学士。仆射江总虽然是宰相，却完全不亲政务，每天与都官尚书孔范等，率领一些个无耻的文人陪着皇帝游宴后庭。大伙在一起，嘻嘻哈哈，没有皇帝臣子的尊卑次序，这些陪伴权贵的人被称为狎（xiá）客。

陈后主每日席开数十桌，一大堆狎客、女学士及诸妃嫔，莺莺燕燕聚为一堂。大家边吃边饮边作诗，作的都是些风花雪月的艳诗，彼此题诗赠答。

如果有谁写了特别艳淫的好诗，陈后主立刻命令谱成新曲，挑选一千歌女学着唱。当时流传下来较为有名的曲子有《临春乐》《玉树后庭花》等，内容大都是描写妃嫔如何如何花容月貌。

君臣痛饮，通宵达旦，不知隋文帝已蠢蠢欲动，大兵已至长江。因此，今天我们讽刺人之不知死活为“隔江犹唱后庭花”。

新年的突袭

隋朝的大军已经到了长江边上，陈后主仍然左拥右抱，好一个“隔江犹唱后庭花”。

隋朝大军，面对着滚滚长江，高颎与行台吏部郎中薛道衡聊天。高颎说：“现在马上就要大举进攻了，依你看，江东可以拿下来吗？”

薛道衡不假思索道：“一定可以。我记得晋朝有一个预言家郭璞（pú）曾经说过，江东与中原地方分开三百年以后又会归于统一。算一算时间，自从晋元帝南渡即位于建康到今天，一共有二百七十二年，快满三百年了；加上我们皇上恭俭勤劳，陈叔宝荒淫骄奢，我有道而大，彼无德而小，我们一定可以席卷天下。”

高颎听了薛道衡的分析，眉开眼笑，对未来的这一仗更有信心。

此时，隋朝最厉害的大将杨素已经引舟师渡三峡，到了流头滩，前面正是以地势险峭著名的狼尾滩。隋朝人自北方来，未看过波涛汹涌，心中颇有几分畏惧。

杨素当机立断：“胜负大计，在此一举。如果我们白天登陆，军队之虚实将被陈军一览无遗，再加上滩头迅激，恐怕对我军不利，不如趁夜摸黑登陆。”于是在当天夜晚，杨素亲自率领着黄龙数千艘而下。

等到第二天，陈朝的军队看到舟舻（lú）布满长江，旌旗甲胄与日光相辉映。杨素安坐大船之上，容貌雄伟，气宇不凡，陈朝民众指指点点畏

杨素越过狼尾滩，兵临岐亭，选自《马骀画宝》。

惧地说：“哇，清河公就是江神嘛。”（按，清河公是杨素的封号。）

长江边上的领主戍（shù）主，听说隋朝军队浩浩荡荡开来了，相继上奏皇帝陈叔宝。但是施文庆把警报都压下来，不肯呈给陈后主批阅。

情况愈来愈危急了，朝廷里正直的大臣袁宪（xiàn）等，终于找着机会上报陈后主。而且前方战事连连失利，也不容许再继续瞒下去。

但是，陈朝该不该出兵反击，陈后主一直没法拿定主意。施文庆为人卑劣，为军士们所不齿，他知道一开战必然没法掌握大权。所以买通宰相，力劝陈后主宽心。

陈后主被众小人捧得晕陶陶，自大地说：“王气在此，我怕什么？想当初齐兵三次进攻，周师二次进讨，还不都是被打得落花流水，管他是谁，若想进攻就是前来送死。”

陈朝都官尚书孔范乘机大拍马屁，讨好陈后主道：“长江乃自古以来划分南北的天堑（qiàn）。今天这批虏军莫非想飞渡天堑不成？想我每因官位卑微引以为耻，等到这批不知死活的东西想要渡江，那我一定能因为痛斩隋军而升为太尉公了。”

此时又有人传言隋朝的军马死去不少，孔范连连唉声叹气："唉，等到我俘虏隋军，这些马本该归我所有，怎么竟然死了呢？真可惜。"

陈后主看到孔范骄狂的神态，以为陈军士气旺盛，笑得合不拢嘴。既不严密防备，亦不放在心上，仍然每天陪着长发美人张丽华饮酒作乐，快活胜神仙。

时间过得很快，转眼到了腊月里，快要准备过年了。这个当儿，隋朝另一名大将贺若弼（bì）悄悄自广陵率兵渡江。他先派人买了不少好船，偷偷藏匿（nì）起来，然后再打发人员买了五六十艘破败的烂船公开亮相。陈朝人看了都掩着嘴暗笑："到底是北方来的人不懂水战，原来隋朝人的船是这等模样，怎么能打仗嘛，太好笑了。"

贺若弼又交代下去，每次守卫换班的时候，必定大张旗鼓，所有人员都要集合。第一次换班的时候，只见大旗布满了天空，所有隋兵全副武装，陈军以为要进攻了，急急忙忙发兵防备。等到忙了半天，才知道只不过是军队例行换班。久而久之，习以为常，也不再加以防备。

贺若弼又命令军队沿江打猎。军士们骑着快马，呼啸而过。陈军又以为隋兵准备进攻，结果发现隋兵舍命追赶的竟然是一只野兔，失声而笑。以后，哪怕隋军闹得人马喧哗，也没有任何陈兵加以理会。

贺若弼看时机已成熟，挑了过年的日子挥军进攻。虽然陈朝人听到有整军、上马一片闹哄哄的声音，却懒得出外一查究竟，更何况正在过年，谁愿意冒着风寒出外打仗。

就这样，贺若弼轻轻松松，渡江成功，而陈朝人竟丝毫没有察觉。

另一员猛将韩擒虎渡过江来，到了采石（安徽省当涂县）。采石的守军都喝得酩酊（mǐng dǐng）大醉，隋军兵不血刃就占领了采石，立即向建康进逼。

胭脂井

在上一篇《新年的突袭》之中，我们说到，隋朝大军利用新年，渡过长江，陈军措手不及，只好纷纷投降。

陈后主陈叔宝接到军报时，隋军已渡过长江，到了建康城外，他吓得痛哭起来，不知所措。此时大将军任忠入宫，向陈叔宝禀报失败的惨状，他长叹一口气道:“隋军太厉害了，臣等实在无能为力。”

陈叔宝用颤抖的手拿出两串金子对任忠说:“拿这个钱去招募军士。”

任忠恭敬地接过金子道:“陛下只要准备舟船，等着赴上流会合军队，我会誓死保卫皇上的安全。”

陈叔宝听了这话，心中稍安，渐渐止住了哭声，命令宫人收拾行装，准备上路。等到大家都一切打点妥当，等了又等，却始终不见任忠派人来接陈叔宝。

原来这个时候，任忠已经率领数名骑兵，在石子岗等待韩擒虎的到来，准备投降隋朝。任忠带领着韩擒虎的军队直入朱雀门，有些陈军拿起武器正要抵抗，任忠连连挥手阻止，他在马上大声呼叫道:“连老夫都投降了，你们还打什么？还不赶快放下武器。”

任忠是陈朝的大将，于是，陈朝官兵一哄而散，城内的文武百官各自逃命去了，只有尚书仆射袁宪留在宫殿之中。陈叔宝看到人去楼空，与当初歌舞升平，一大群狎客饮酒赋诗的情景相对照，心中好不凄凉。陈叔宝对袁宪说：“我从来没有对你特别好过，今天想起来惭愧万分。这非但是朕无德，文武百官一个不见，难道不也是江东士绅道义已经扫地了？”

说着，说着，陈叔宝全身发抖，惊骇急迫地想找一个藏匿之地。

袁宪正色地告诉陈叔宝：“北兵入此，必定无所侵犯。事情已经演变到这个地步了，哪里还有什么可以安身之地！臣愿陛下端正衣冠，穿戴整齐，安安稳稳坐在大殿之上，效法当年梁武帝接见侯景的故事，也表现陈朝天子的威仪。”

梁武帝在侯景乱军攻入时，神色不变，处之泰然，倒使得侯景汗流满面，不敢仰视梁武帝。

陈叔宝吓得脸色惨白，死也不肯听袁宪的劝告，他说：“锋刃之下太过危险，我自有办法。”说时迟，那时快，陈叔宝急急忙忙找了十几个宫人奔出景阳殿，准备躲在一口枯井之中。

袁宪再三苦劝，陈叔宝不理。后阁舍人夏侯公韵用身体挡住井，不让陈叔宝跳下去，但是，拉拉扯扯半天之后，他还是下井了。

不久，隋军赶到宫殿，没有看到陈叔宝，一找就找着了这口井。趴在井上对底下喊着：“我们找着你了，快出来吧，你一定是躲在里面。”

喊话喊了半天，没有反应。隋军火大了，扬言：“你再不出来，我们就要把石头推下去了。”接着搬来一块巨石放在井旁。

“不要丢石头，我上来，我上来。”这时井内传出陈叔宝喊救命的声音。于是隋军放下绳子，想把陈叔宝吊上来。

奇怪的是，吊了半天竟然吊不上来，隋军不解道：“陈叔宝有多重啊？”最后挑了两个孔武有力的大力士来拉，才把陈叔宝吊上来。上来一看，哇！他左边捆着张丽华，右边捆着孔贵妃，三人合抱在一起，难怪如此之重。真是要死也风流，把隋军笑得直不起腰。

据说，当张丽华被拉出井时，脸上的胭脂染红了井的栏杆，所以这口井，后人称之为胭脂井，位于南京北极阁下，供人凭吊。井旁的茶座，即为景阳殿的旧址。

南陈后主陈叔宝，唐阎立本绘。

隋军攻克建康之后，隋文帝的儿子杨广（后来之炀帝）派人告诉大将高颎，务必留下美女张丽华。

没有料到高颎竟然不服从命令，高颎的理由是："以前周武王蒙面斩妲己，今天岂可留下张丽华这个祸水？"于是在青溪将张丽华问斩。

来人回报杨广，张丽华的脑袋被高颎砍掉了。害得杨广空欢喜一场，脸色大变道："古人说，无德不报。我一定会好好地回报高颎。"从此，杨广对高颎恨之入骨。

陈叔宝被押到长安以后，陈朝灭亡。四百年来分裂的中国，至此为隋文帝统一。

前面《一袋干姜》中，我们说过，隋文帝灭掉北周之后，杀光了宇文氏的子孙。但是，文帝灭陈朝之后却没有重下毒手，这是因为此时隋朝的基业已经稳固，而且，陈朝子孙孱（chán）弱，缺乏骨气。因此，文帝非但没有加害陈叔宝，反而在宴会的时候，规定不奏江南音乐，免得陈叔宝听着伤心。

不久，监视陈叔宝的人上奏，说叔宝想要一个官位，文帝气得大叫："叔宝全无心肝。"监守者又说："叔宝常醉，几乎没有清醒的时候。"

"他一天要喝多少？"文帝问道。

监守者道："他和他的子弟一天要喝掉一石。"

"哇！这么多，得节制一些。"文帝说，继而又回头改口，"不必了，让他喝，他不喝酒又如何过活？"

如果陈后主不是昏庸至此，"隔江犹唱后庭花"，又怎么会沦落到这种地步呢？

用锥子刺舌头

贺若弼是河南洛阳人，父亲贺若敦，以勇武英烈著名，曾经做过北周的金州总管。宇文护十分嫉恨贺若敦，利用机会将他逮捕下狱，且处以死刑。

贺若敦在临刑之前，对他的儿子贺若弼说："我一直有一个心愿，想要平定江南，统一全中国。可惜这辈子没法完成这个愿望了，你要设法继承父志。我被处死刑，主要是因为我这片舌头太爱说话，因而遭嫉，你可要牢记为父的教训。"

说着，贺若敦拿出一根尖尖的锥子，刺破贺若弼的舌头，再三告诫贺若弼"开口要谨慎"。

若弼从小有大志，擅长弓马，也会写文章，名重一时，后来做了北周的亭县公、小内史。

贺若弼，佚名绘。

隋文帝受禅，建立隋朝之后，颇想早日平定江南，到处寻访可堪重任的大将。高颎对文帝说："朝臣之内，文武才干，没有人比得上贺若弼。"

文帝很高兴，立刻任命贺若弼为吴州总管，负责平陈大事。平陈是他父亲的遗志，因此若弼欣然受命，献上平陈十策。文帝看后，颇为赞许，赐给贺若弼一把宝刀，表示予以重托。

开皇九年（589年），文帝大举伐陈。贺若弼腰佩宝刀，威武地站在渡船上，举起一杯酒对天发誓道："弼将远振国威，伐罪救民，除凶去暴。请上天与长江为我作证，大军远涉后，如果有不当之举，愿葬身鱼腹之中，死且不恨。"

韩擒虎，选自《历代名臣像解》。

接着，贺若弼买了些破船欺瞒陈军，又命令军队换班交接之时，大张旗鼓，使得陈军一再上当，以为隋朝大举进攻。然后趁着陈军疏于防备，又值新年狂欢之际，一举渡过长江攻下陈朝。

当贺若弼攻入建康北掖门之时，另一名隋朝大将韩擒虎已经把陈叔宝绑起来了，贺若弼落后一步，大为愤恨。于是，贺、韩两人在隋文帝面前互相争功。

贺若弼怒气冲天："臣在蒋山与敌人决一死战，破他的劲卒，擒他的大将，震扬武威，遂平陈国。韩擒虎不与敌人交锋，却抢了臣之功劳，太可恨了。”

韩擒虎也有一套说辞：“我奉御旨与若弼一起攻打伪都。贺若弼看到敌人立刻交锋，使得我方将士死伤甚多，远不及臣另率五百轻骑，兵不血刃，轻轻松松执陈叔宝，开陈朝府库。这时，贺若弼才慢吞吞自北方而来，他的功劳怎能与我相比？”

文帝看到此二人吹胡子、瞪眼睛，在庙堂之上闹得太不像话，急忙打圆场道：“两位将军都有功，都应该重赏。”

于是贺若弼被封为宋国公，食邑（yì）三千户（食邑三千户，就是指三千户的税收归贺若弼，古代常有这种赏赐），又赐以宝剑、宝带，金瓮、金盘等一大堆金银财宝。另外，文帝更把陈叔宝的妹妹送给他当妾，拜右武候大将军。他自认为在朝中功高一等，以宰相自许。

贺若弼的风光没有好久，听说另一员猛将杨素升为右仆射，而他仍然只是一个将军，心中咽不下这口气，到处发牢骚。话中暗指文帝没有脑袋，不会用人。文帝听说贺若弼竟然埋怨皇帝，一怒之下，立刻将他免官。

过了几年，更把贺若弼逮入狱中，文帝询问他：“我用高颎、杨素为宰相，你却到处对人说，这两个人只会吃饭罢了，你是什么用意？”

贺若弼的嘴巴仍然不饶人，他轻蔑地说：“颎是臣之故人，素乃臣之舅，我太知道他们的为人了，所以我说这两个人只能吃饭。”

文帝听了，十分厌恶贺若弼的骄狂，虽然看他功在国家，没有加害，却也不愿加以重用。

有一天，突厥派使入朝，在宫廷内表演射箭，一射中的，众人都拍手叫好。下面该轮到隋朝这边的人射箭了，文帝很担心万一没射准，岂不丢了隋之颜面，立刻下令：“除了贺若弼没有人能当此重任，快把他找来。”

贺若弼到了，对文帝深深一鞠躬道：“臣若是赤忱奉国，当一发中的，如果我不是对皇上忠心耿耿，发不中也。”

大家都屏息以待贺若弼拉弓。他动作敏捷，臂力强劲，轻轻松松一拉，一举射中红心，又快又准，比突厥使者更胜三分。众人纷纷鼓掌，欢声响彻天地。

文帝把面子挣回来了，十分得意。他拍着贺若弼的肩膀，对着突厥使者炫耀：“此人，天赐我也。”

虽然说他是天赐隋朝，文帝却始终未对贺若弼加以任用；甚且到炀帝时，因为他私下议论朝政得失，被处死刑，妻子为官奴婢，他步上了父亲的后尘。

贺若弼功成名就，坏就坏在他的一片舌头喜欢夸耀自己的功劳，更以挖苦批评他人为乐。锋芒毕露，难免招忌。如果他记得他父亲临终之前，用锥子刺他舌头的用心，何至于落此下场？

隋文帝性好猜忌

自从隋文帝建立隋朝以来，实行了许多良好的措施。例如：实行中央集权，加强地方控制；废止九品中正制，改用科举考试来选拔人才；实行均田制度；减免徭役以及免除盐酒税收；等等。从魏晋以来，历代君主，多半懒惰。隋文帝统一南北之后，能有这些措施，实在不容易。但是他有一个毛病，喜欢猜疑妒忌。

根据唐太宗的分析，文帝对朝政非常仔细，但是因为他是欺人孤儿寡妇而得到的天下，所以也时时怀疑臣下会暗算他或是欺骗他，成日疑神疑鬼。

文帝时常派人暗中窥（kuī）伺臣子，看看他们有没有私下搞鬼。甚且自己在殿庭之上捶人，一天捶人四次以上。

尚书左仆射高颎等，不只一次上谏，认为朝堂非杀人之所，殿庭也非行决处罚之地，隋文帝丝毫不加以理会。

在逼不得已的情形下，高颎等人到朝堂请罪，重提此事。文帝问左右都督田元：“我打人的杖太重吗？”

田元低着头回答：“重。”

“噢，”文帝颇为不悦，眉毛一挑，厉声问道，“什么原因？”

田元举着手说：“陛下杖大如指，捶人三十大板，比得上平常一百多板。所以，许多人一挨打，回去就没命了。”

文帝听了相当不开心，但是还算从善如流。从此庭中不设杖，如果要处罚人，各自交付到应该管理的机关去。

过了没多久，楚州李君才上谏说："陛下过分宠爱高颎。"

一听此言，文帝怒由心生，就想拿杖捶打李君才，可是殿中已无杖。于是，文帝拿起马鞭对准李君才抽来，直把他活活打死。

文帝喜怒无常，往往不按照法律行事。他最信任的大臣是杨素，而杨素刚好又是一个小人，擅长上下其手，不顾王法。

杨素和鸿胪（lú）少卿陈延有嫌隙，一直想找个机会整一整他。有一天，杨素走过蕃客馆（蕃客到长安时居住的旅馆），见到庭中有一堆马屎，而仆人们正趴在毛毡上大赌特赌，呼幺喝六，乐得都忘形了。蕃客馆正好是陈延所管的，杨素乘机报告文帝，文帝下令把所有赌博的仆人一律处死，陈延也被打得半死，奄奄一息。

凡是蒙骗文帝的臣子，很少逃得过这一关的。一次，文帝派遣屈突通到陇西地方去查看牧马。屈突通回来报告，说是他们偷偷隐匿了两万匹骏马。这还了得！文帝气得立刻要斩掌畜牧之政的太仆卿，以及监牧马之官，一共要杀掉一千五百人。

屈突通上谏曰："人命关天，陛下为何要因为几匹畜生，杀死一千多人。臣愿意冒死请求陛下重新考虑。"

文帝不说话，瞪着一双可怕的眼睛在冒火儿。

屈突通又在地上重重地叩了个响头道："臣本该死，乞求陛下赦免一千多条人命。"

大概是屈突通的诚意感动了天听，文帝终于觉悟了："朕之不明理，以至于此，今有赖于卿之忠言耳。"于是把一千五百罪犯减刑，更将屈突通拔擢（zhuó）为左武候将军。

当然，此事并不足以减少文帝的猜忌之心。他为了防止臣下贪污，想出一个好主意，他派人拿着大把钱帛去试探臣下，看看他们会不会收下红包。如果哪个人竟然收下了，立刻斩首，绝不宽贷，这简直是诱人犯罪。

屈突通，选自《历代名臣像解》。

以文帝这种性情，他对与他一起打天下，有过汗马功劳的臣子当然特别不放心，所以朝廷里人人自危。

其中有个功臣叫王世积，腰有十围，身材魁梧，作战极有功劳，被任命为上大将军。他知道文帝气量狭小，专好猜忌，眼看朝中功臣一个个不得好死，为求自保他开始纵酒，绝口不谈时事，想要置身事外。

没有想到，文帝听说王世积生了酒疾，竟然命令他搬到宫里来住，让御医为他治疗。王世积其实酒疾不深，他怕万一被御医看了出来，被文帝发现自己乃有心欺上，小命也就难保了，所以赶快奏称，业已不药而愈。

于是，王世积被任命为凉州总督。结果，不出其所料，也因为文帝的猜忌之心被杀。

因为文帝的猜疑心特别重，他底下的官吏不敢做任何决定，惟恐不合皇上的心意而被治罪。文帝也的确不放心手下人办事，事无大小，样样自己来。所以文帝每天忙到三更半夜，依旧忙不完。他虽然能干，毕竟不是全能，日理万机，难免有不少错误。

因此，房彦谦悄悄对人说："主上性多忌刻（kè），不肯接纳谏诤（zhèng），实行苛政，不识大体。目前天下虽安，我很忧虑危乱不远了。"

房彦谦是唐代名相房玄龄的父亲，他说此话不是没有道理的。

独孤皇后善妒

隋文帝的夫人独孤皇后是历史上有名的悍妻，文帝的惧内及独孤后的善妒是流传极广的故事！

独孤后是河南洛阳人，北周大司马、卫国公独孤信之女。独孤信见到隋文帝杨坚相貌不凡，生有奇表，因此把爱女独孤氏嫁给文帝。那一年，她才十四岁。

结婚以后，夫妻之间感情很好。古代的男人多有三妻四妾，尤其是官高位隆者。但是杨坚答应他的妻子，永远不与其他女子生下儿子。

独孤后的姊姊嫁给周明帝，她自己的长女又为周宣帝的皇后，一门显赫，无人比得上。但是独孤后谦卑柔顺，人人夸奖。

后来，杨坚正式想篡位北周，独孤后派人悄悄告诉他："大事已然，如骑虎难下，勉之，勉之。"杨坚受到鼓励，更加拿定主意，灭掉北周，建立隋朝，立夫人为皇后。

那时，隋朝声威远播，突厥想和中国做生意，派人送来一箧（qiè）明珠献给独孤后，每一颗都晶莹光润，闪闪耀目，共值八百万。但是独孤后却没有收下，她说："这些东西并不是我所需要的。当今戎狄作乱，侵犯边界，将士们十分辛苦，不如把此明珠赏给有功之人。"文武百官听说之后，都对独孤后钦佩感激不已。

文帝每次上朝，独孤后总是同乘车辇（niǎn）而来。他们两人对政事的看法总是一致，情投意合，宫中称之为“二圣”。

独孤后虽然受宠，却并不想把娘家的势力引入宫中。一次她的远房兄弟犯了罪，依法应斩首，文帝原想因为皇后的关系，赦免他的罪，但是独孤后竟说：“国家之事，岂可顾念私情。”这些都是独孤后的贤慧之处。但是她的嫉妒之心，却让文帝很难忍受。

由于宫中内外，人人知道独孤后的醋味重，没有谁敢为文帝献上美色。可是有一回，文帝在仁寿宫偶然发现一位年轻女子，又美又娇，可爱极了；打听之下，原来是大臣尉迟迥的孙女，立即纳入宫中。

独孤后一看，怎么来了如此一位美人儿，妒火上升，酸气冲天，一刻也不能忍耐。尤其看到文帝对着小美人笑眯眯的神情，更叫独孤后咽不下这口气，竟然趁着文帝去上朝的时候，偷偷派人把新宠杀了。

等到文帝退朝，回到宫中，讶然发现心爱的人香消玉殒（yǔn），气得说不出话来。人都死了，吵也没用。文帝像风一般冲向户外，骑着快马向山谷中奔去，一任快马在荆棘树林中奔驰。

大臣高颎、杨素在后面猛追，一直追了快二十里才把文帝追上。他们拉着文帝的马，苦苦劝谏。文帝颓然地叹了一口气：“吾贵为天子，不得自由。”

高颎正色地提醒文帝：“陛下岂能因为一个妇人而舍弃天下。”

文帝这才勒住马缰，坐在马上默默沉思。一直到三更半夜，才在高颎等的苦谏之下回宫。这时，独孤后跪在地上，一再流涕忏悔，文帝也就原谅了她。

当然，独孤后心里绝不会后悔杀了人。自此之后，在独孤后生前，文帝一直不敢亲近美色。

独孤后不但恨透了小妾，甚且连臣子、儿子的姬妾她也一起恨上。

大臣高颎年老丧妻。独孤后知道了，对文帝说：“高仆射垂垂老矣，而丧夫人，晚境乏人照料，陛下何不为他再娶一夫人？”

文帝把这层意思转告高颎，准备为高颎物色适合的人选。

不料，高颎婉拒了文帝的好意。他流着眼泪说：“臣今已老，退朝之后，只想一个人在斋居中念念佛经，图个清静。谢谢陛下的垂爱，另纳一妾，非臣所愿。”

文帝把这番话转述给独孤后听，独孤后大为赞赏，直夸高颎品德高洁，不是好色之徒。

过了没有多久，高颎的爱妾生下一个男孩。老年得子，高颎万分高兴，文帝也为他庆喜，连忙把好消息告诉独孤后。

哪知，独孤后一听，脸色马上阴沉下来，一连几天都拉长着一张脸，对高颎颇为不谅解。文帝觉得好奇怪，人家得了一个儿子，又何必因此生气。

独孤后翻了一个白眼道：“噢，陛下还准备继续信任高颎啊？这个老家伙，明明心疼爱妾，不想再娶，所以当初才欺骗皇上，说什么念佛经，现在诡计已经被揭穿了，你还相信他？”

从此，文帝逐渐疏远高颎。总之，独孤后恨透了妾，凡臣下纳妾生子，她都会河东狮吼大发脾气。妒心本亦为常情，但是管到别人家里去，未免过分。由于独孤后的奇妒，改写了隋朝的历史。

杨勇爱好奢侈

隋文帝的皇后独孤皇后生性奇妒。因此，文帝的五个儿子杨勇、杨广、杨俊、杨秀、杨谅，都是独孤后一人所生。我们要先讲大儿子杨勇的故事。

杨勇是文帝的长子。在文帝还没有篡周以前，他被封为博安侯。等到文帝当上皇帝，杨勇被立为皇太子。军国政事及会判死刑的大案，都由杨勇参决，他很得文帝的信任。

隋文帝认为山东流民太多，有意把他们迁移到北方充实边疆，防御外患。杨勇知道了，上谏文帝："恋土怀旧为人之本性。以前周朝时代，人民多有流亡，不是厌弃家乡，实在是迫不得已。加上去年三方逆乱，疮痍（chuāng yí）尚未平复，应让人民有休养生息的机会。"

隋文帝览后，十分嘉奖杨勇的仁厚，就照杨勇的意思办理。以后政治上有任何不便民之处，杨勇都会提出意见，而文帝每每接纳他的意见。

为此，文帝相当自得，他曾经对臣下夸耀道："前代君主，因为宠爱妃嫔，连带着常有废掉太子之事。朕别无其他姬侍，五个儿子都是一个母亲所生，可以说得上是同父同母的真正兄弟。哪里像前代的君主有许多宠姬，各为自己所生的儿子争来夺去，此为亡国之道也。"

言下不胜得意之至。但是五个亲兄弟是不是就此相安无事呢？倒也不见得。

杨勇颇为好学，辞赋都作得不错，性情宽仁和厚，自然而任情，不喜矫揉造作，结果毛病就出在这里。

在《一袋干姜》之中，我们说过，文帝是一个相当小气的君主，连炒菜用的姜片都舍不得用。有一次，他看到杨勇穿着一件铠甲，上面画了不少精细的花纹，漂亮又威武，文帝立刻皱紧了眉头。

原来蜀国人精于制造铠甲，蜀铠之精美天下闻名。而杨勇竟然在蜀铠上还再加以修饰，如此考究，使得俭朴的文帝非常看不顺眼。文帝把杨勇唤来教训一顿："自古以来，没有任何一个帝王性好奢侈而能国祚（zuò）长久者。你身为储君，应当以俭约为重，才能够奉承宗庙，知道吗？"

接着，文帝拿出一件破旧不堪的衣服，一把已经生锈的宝刀交给杨勇："这都是我以前用过的，你时时拿出来看一看，以自警戒。"

然后，文帝又拿出一小罐腌菜与豉（chǐ）酱，严肃地说："这可是你以前在周朝当兵时，经常下饭的小菜。不要因为当了皇太子，就把过去的日子忘得一干二净。"

过了不久，正逢冬至，百官纷纷到东宫去向杨勇道贺。文帝知道了问朝臣说："听说最近过冬至，内外百官，相率朝东宫，是何礼也？"

太常少卿辛亶对曰："到东宫是贺节，不能称之为朝。"

文帝火冒三丈道："过节道贺，二三十个人去即可，为什么要用征召的方式，百官云集，东宫简直毫无礼制。"于是颁（bān）下诏令："君是君，臣是臣，不可相杂。皇太子虽为储君，仍然只是个臣子，百官朝贺东宫等事，应该停断。"文帝认为自己还没有死，太子竟然如此嚣张，大为不该。

从此，文帝渐渐不喜欢杨勇，臣子们也看出父子之间有点不对头。

刚好，文帝正要挑选卫士侍候左右，把东宫一些强健有力的卫士都挑走了。大臣高颎上谏，认为太子所居之处宿卫太弱，恐怕不太好。

文帝的疑心病又犯了，他说："我常常需要外出行动，宿卫必须要雄强勇毅者，太子住在东宫，左右何必有好武功？"

糟糕的是，杨勇这位太子非但渐渐得不到父亲的宠爱，更为母亲独孤后所嫌恶。

杨勇 爱好奢侈

在上一篇《独孤皇后善妒》之中我们说过，这位皇后醋劲奇大，非但不准自己的丈夫宠妾，连臣子宠妾也要加以干涉。

偏偏杨勇生性风流，内宠甚多。独孤氏为他娶的正妃元氏，性情呆板，杨勇对她毫无感情，特别疼爱另一个叫云昭训的小妾，使得独孤皇后大为不悦。

过了没多久，元妃竟然因心脏病暴毙，独孤皇后更加不开心；她甚且怀疑其中有阴谋，对杨勇颇不谅解。

从此以后，东宫由云昭训掌权，生下长宁王俨、平原王裕、安成王筠。另有高良娣生下安平王嶷（yí）、襄城王恪。王良媛也生下高阳王该、建安王韶。成姬生下颍川王煚（jiǒng）。

独孤皇后最恨姬妾生儿子，大臣高颎妾生子，她尚且劝文帝不可再信任高颎，自己的亲生儿子竟然毫不体谅母心，一口气让内宠生下这么多的儿子，实在把独孤皇后气得吐血。

加上云昭训的父亲为拉近关系，经常出入东宫漫无节制，而且每次都携带奇服异器，以求悦媚杨勇。这类消息传入宫中，文帝气杨勇不知节俭，独孤皇后怨杨勇专宠内妾，因此父亲母亲都不满太子的作为，杨勇这个太子可就难当了。

杨广弄断琴弦

隋文帝的太子杨勇，因为性好奢侈，宠爱姬妾，惹得文帝夫妇极为不悦。

这个消息传出之后，文帝的第二个儿子晋王杨广大喜，认为机会来了。

杨广生得异常英俊，从小聪明伶俐，文帝及独孤皇后在五个儿子之中，一向偏爱他。我们在前面《胭脂井》那篇故事中说过，当隋军攻克建安以后，杨广派人指示务必留下长发美女张丽华。结果，性情耿直的大臣高颎以张丽华是祸水为理由，还是把她杀掉了。为此，杨广十分生气，直嚷有仇不报非君子。

从这件事看来，杨广实在是一个好色之徒。但是杨广知道其母独孤皇后最忌讳此，所以装着对女色没有兴趣，日夜只与萧妃一人在一块儿。

说起萧妃，这是文帝亲自帮他挑的王妃。萧妃性情婉顺，有智识，而且还会占卜吉凶祸福，所以文帝对这个儿媳妇满意极了。

独孤皇后看到杨广不近姬妾，正合她的心意，到处向人夸耀杨广的贤良。杨广工于心计，朝廷中的大臣，他无不倾心结交，争取旁人的好感。

不但如此，杨广知道底下奴才虽然没有地位，却最喜欢传递消息，搬弄口舌，所以杨广对仆人也十分客气。

每一次文帝或皇后派人到杨广处，不论来人是贵是贱，是宦官还是宫女，杨广总带着萧妃站在门口迎接。

下人们受到如此隆重的欢迎，受宠若惊，手足失措。然后，杨广又特别准备了美酒佳肴（yáo）款待，临走之前更送一份厚礼。宫人们拿了好处无以回报，只有到处广播宣传，赞扬杨广夫妇，当然一部分也是炫耀自己受到礼遇。这些赞扬的话，自然而然也传到了文帝的耳中。

有一次，文帝携独孤皇后到杨广住处造访。杨广赶紧预先布置，把长相娇美的姬妾藏匿起来，免得母亲大人看着美女不高兴；命令宫人换上没有花纹的衣服，甚且连屏帐也改用缣（jiān）素的布面。杨广还故意把琴弦拉断，再撒上一些尘埃，表示多时未用。

等到文帝夫妇进来之后，独孤皇后看到姬妾无不又老又丑，面孔漆黑，马上笑容满面，因为她最见不得美妾。文帝则发现房中布置朴素到近乎简陋，也露出了满意的笑容。回去以后，他俩见到臣子当然又是夸赞杨广不已，底下的人也纷纷拍马屁，说是皇帝的福气。

文帝这个人特别相信算命的，他悄悄地找了一位相士来观察五个儿子的面相，然后问道："怎么样？"

这位相士别的都不说，只道："晋王广眉上双骨隆起，贵不可言，贵不可言。"

听了相士的铁口直断，文帝又问上仪同三司韦鼎道："我五个儿子之中谁得嗣位？"

"至尊与皇后所最爱的是哪一个，当然就是他该嗣位，非臣所敢预知也。"韦鼎谨慎地回答。

文帝笑骂道："你是故意不肯明白地说出来。"

如今，上上下下都知道文帝夫妇钟爱杨广；加上杨广做人周到，长相英俊，学问又好，敬接朝士，卑躬万分，人人夸赞他仁孝。

此时，杨广被任命为扬州总管，当他要出任扬州之前，到宫中去拜别独孤后，伏在地上哭得两眼肿得像桃子，独孤皇后更是哭得肝肠寸断。

杨广哭声暂歇，对独孤皇后诉说着："臣才愚昧卑下，谨守着兄弟之间的情谊。但不知什么地方得罪了东宫太子，他对我常抱着盛怒，所以臣十分忧虑，担心哪一天会被杀害。"

说着，说着，杨广又呜咽地哭了，哭得全身发抖。

独孤皇后看着杨广又乖又可爱，而且不近声色，真是个好儿子。可惜不是太子，心中早已懊恼万分，现在听说太子竟然要加害她的心肝宝贝，这还了得吗？

“哼，太子未免越来越叫人不堪忍耐了。想以前我为他娶了元氏女，他竟然不以夫妇之礼相待，专宠阿云，对待元妃比对一条狗一只猪还不如。结果元妃被他们害死，我呢，也没办法深究此事。怎么他又想到要害你了！”

说到一半，独孤皇后的醋味又涌上来了：“我每次想到东宫没有正嫡，等到皇帝千秋万世之后，你们兄弟竟要向阿云那妾下拜问安。我的天啊，那是世界上最痛苦的事啊……”

杨广知道母后推己及人，恨透天下姬妾，立刻加油添醋挑拨一番，母子两人哭得昏天黑地。

至此，独孤皇后打定主意，想要废杨勇，立杨广为太子。

杨素暗助杨广

在上一节《杨广弄断琴弦》之中，我们说到杨广善于做作，工于心计，使得隋文帝以及独孤皇后误以为他不近声色。

但是，太子是国之储君，废太子乃国之大事也。杨广若想挤掉杨勇太子的位置，这不是一件容易的事。

杨广苦思许久，想不出什么好办法，于是杨广找来安州总管宇文述共谋对策。

宇文述沉思了一会儿道："皇太子失去宠爱已经有相当的一段日子，他有什么美德，天下都不知道。而大王您以仁孝著称，才能盖世，南平陈朝，北伐突厥，屡次建立大功，皇上及皇后都疼爱大王，四海之望，亦归大王。"这番话说得杨广眉飞色舞。

"不过，废旧立新，国家大事，不容易更改。今天能够改变皇上意志的，那只有杨素一人；而杨素不喜与他人交往，凡事只与其弟杨约商量。我和杨约的交情很深，也许能说动杨约。"宇文述小声地说。

杨广一听，大为高兴，马上搬出一箱金银珠宝，拜托宇文述："一切都仰仗述兄了。"

杨约当时担任大理少卿，他的哥哥杨素每次要有所行动，都先与杨约商量以后才决定。

宇文述常常请杨约到家里来玩，吃饭、喝酒。酒酣耳热之后，总以赌博消遣。

杨约的赌技不精，却连战皆胜。其实是宇文述假装不敌，故意放水，然后大呼："哎呀，又输了。"一次又一次，把杨广给他的一箱珠宝，全部都输给了杨约。

杨约得到了这许多稀世宝贝，乐得跟什么似的，再三向宇文述道谢。

"不必谢我，这都是晋王杨广所赐，他希望你玩得痛快。"至此，宇文述才亮出底牌。

"噢，晋王所赐，无功不受禄，他为什么要如此？"杨约大吃一惊。

宇文述把杨广希望杨素帮忙的意思透露给杨约，然后劝道："守行正道，固然是为人臣者的道理。然自古贤人君子，无不利用时机，以避祸患。你之兄弟执掌朝中政事已经好多年了，朝廷里上上下下因你们而受到屈辱的，数都数不清，连太子的要求都经常为令兄所打回。令兄虽然为今上所信任，可是痛恨令兄的不在少数。万一哪一天皇帝有所不幸，弃群臣而去，那个时候，又有谁能庇护令兄？现在的皇太子失爱于皇后，皇上也屡次有废太子之意，如果令兄请立晋王杨广为太子，建立了大功，晋王一定永铭骨髓，你家的家业当可稳如泰山。"

杨约听后，考虑了半天，想到他同父异母之兄杨素，在朝中确实结了不少仇，和太子勇也合不来，如果文帝一旦崩殂（cú），确实有担心的必要。当下即答应了宇文述的要求，立刻去见杨素。

由于杨约性情沉静，不喜多言，却又心怀谲诈，杨素一向对其言听计从。当杨素听完杨约所言，拊掌大笑道："我的智慧思虑还没有想到废立之事，要不是你点了我一下，我还在做梦哩。"

"如今皇后所说的话，皇帝无不听从，兄应利用机会，早日把此事办妥，则长保荣禄，传之子孙。兄若稍加迟疑，一旦有变，太子勇即位，恐怕就要大祸临头了。"杨约又跟着叮咛一番。

过了几天，杨素赴宫中宴会，故意用话套独孤皇后："晋王孝悌（tì）恭俭，恰似皇上。"

独孤皇后一听，立刻滚下泪珠，滔滔不绝道："你说得一点也不错，我那个广儿真是太孝顺了。每次我派婢女去，他都陪着婢女吃饭聊天。哪里像太子，成天只晓得与阿云对坐酣饮。"说到此，独孤皇后眼中升起一道怒火。她气量奇狭，非但痛恨文帝的姬妾，天下姬妾都在她痛恨之列。每次念及杨勇不理正妃，专宠姬妾，简直是心痛如绞。

"我还担心太子想杀广儿呢。"独孤皇后想起了杨广告的状。独孤皇后的心意既然表明了，杨素就加油添醋说了一大堆太子勇的坏话。独孤皇后掏出一些金子，交给杨素，命他想办法废去太子勇。

太子勇也听说此事，忧虑万状，又不知该如何是好。他知道父亲文帝不高兴他的奢侈，于是脱下了华服，在后边园子里盖了一座庶人村，房中布置极为简陋。杨勇时常在其中休息，希望用布衣、草褥（rù）来改变文帝对他的印象。

文帝也知道杨勇心中不安，特别派遣杨素到东宫去观察太子的言行，看看他是否改好了。

杨勇知道杨素是杨广那一边的，为了给父亲留一个好印象，杨勇穿戴整齐，在宫门口等待杨素。

谁知道杨素存心找麻烦，明明知道太子在等，故意迟到半天，想要激怒太子勇。

太子等了又等，实在火大了，心想堂堂太子之尊，杨素未免太过分了。因此当杨素终于进来时，太子的脸色不太好看。杨素就逮住这点回报文帝："太子心中充满了怨恨，恐怕会有变乱，需要防范生变。"

文帝知道杨素与太子不和，怀疑这是杨素毁谤，不怎么相信杨素的话。太子杨勇会不会被废呢？

杨勇上树呼救

自从杨素用计，诋毁太子杨勇以后，杨勇的地位更加地不稳。

懂得观察情势的人知道杨勇有被废的可能，纷纷乘机进言。太史令袁充便对文帝上言："臣观察最近的天象，皇太子当废。"

文帝从鼻孔里哼了一口气道："天象早已显现，只是群臣不敢言罢了。"

狡诈的杨广又派人买通了太子杨勇的宠臣姬威，命令他窥伺太子的动静，然后密告杨素，并且对姬威利诱与威胁兼施道："东宫太子的过失，皇上老早一清二楚，已经决定废掉太子了。你如果能多帮忙，必定能够大富大贵。否则，后果严重。"

姬威在软硬相逼的情况下，也顾不得什么忠诚，只要有任何芝麻绿豆般的小事，立刻飞报杨素。杨素又乱造谣言，四处传播，杨勇的名誉一天比一天坏。

到了秋天，文帝由外地返回京城，对左右侍臣说："我新还京师，应当开怀欢乐，不知道什么缘故，益发悲伤愁苦。"

臣子牛弘（hóng）磕了一个响头道："臣等不称职，使陛下愁劳，罪该万死。"

文帝狠狠瞪了牛弘一眼，不再吭声。文帝的意思是，希望臣子说出因为东宫太子不肖，使得他不悦，没想到牛弘不会察言观色，说的话风马牛不相及也。

于是，文帝长叹一口气："东宫离此不远，我每回返京师，他为何器仗宿卫戒备森严，好像如临大敌。昨天晚上我闹肚子，准备随时上厕所，住在后头的房间，却又害怕有紧急情况，又搬回前殿居住。你们看，这是不是东宫欲加害我的前兆？"

文帝的疑心病又犯了，把太子左右执事的人叫来审问。

然后，文帝把杨素找来，问他道："我派你去观察东宫，结果如何？"

杨素老早编造了一段陷害的话，他一清喉咙道："臣奉命要皇太子检校刘居士的余党，刘居士曾因造反被杀了，可是余党仍存。太子奉诏，竟然脸色大变，奋眉厉目，全身骨头都气得发抖地对臣道：'刘居士的余党早已伏法，要我到哪儿去穷讨。你身为右仆射，职位不轻，自己不会办事？这件事与我何干？'太子又抱怨道：'以前父亲受周朝禅让之时，万一事情不成，我这个做长子的一定第一个被杀。现在父亲当上天子，竟使我凡事不如诸弟。'"

杨素挑拨一番之后，果然，文帝气得脸红脖子粗，怒声骂道："这个小子不堪承嗣皇位也不只一天了，皇后早就劝我把他废掉。我呢，因为他是于我布衣时出生的，年龄又居长，总希望他能够改过，一直舍不得，隐忍到现在。以前他的元妃暴毙，我就怀疑其中大有问题，而他的儿子生下来以后，我和皇后疼孙子，抱回来几天，他竟派人来接，多气人啊。而且现在所宠的云

杨素，佚名绘。

昭训出身不好，也很糟糕。像以前晋太子娶了一个屠夫的女儿，生下的儿子就爱屠宰之事。唉！如果继承非其人，便会使国家大乱。”

文帝愈想愈觉得太子可恨到了极点，当下决定：“我虽然不如古代尧舜明君，却还不至于把天下交此不肖子，今欲废之，以安天下。”

左卫大将军元旻等纷纷上谏：“废立大事不可轻行，否则后悔莫及。”

文帝说：“噢，那么听听太子身边的臣子姬威所说的吧。”

姬威既已被杨广收买，立刻讲了许多太子杨勇的坏话，并且说：“皇太子常对我说，想从樊（fán）川到散关，方圆数百里，规划为御苑，尽情享乐。皇太子又说：‘从前汉武帝时建造上林苑，东方朔（shuò）谏诤，武帝赐东方朔黄金百斤，多么可笑，我才不会赐给这些家伙金钱，如果有谏诤的人，正好可以把他斩了，杀他个百多人，自然再也不会有人谏诤了。’太子东宫之内常有一些过分的要求，尚书多依据规定不给东宫，太子就怒骂道：‘仆射以下，我会杀一两个人，让大家知道不听我的话的后果。’”

姬威又接着说，太子还找了巫婆、姥姥占卜问卦，说皇上应当死在开皇十八年（598 年），没多少日子可活了。

文帝一听，泪珠滚滚而下道：“你们看看，谁非父母所生？竟有此忤（wǔ）逆子。我最近在看齐朝的历史，看到高欢纵容儿子的那一段，不胜悲愤，我可不能学他。”

在此以前，杨勇有一日散步，发现一株老槐树，盘根错节，十分巨大，太子问道：“这做何用？”

“古槐可以用来取火。”旁人答道。

当时的卫士都身佩火燧（suì，古代取火器材），既然古槐易于着火，杨勇命令左右造数千枚火燧，放置在太子东宫库房中。杨素奉命去查杨勇有心造反的证据，便把火燧算在内。杨素又发现太子杨勇养了一千多匹马，以此责问太子。杨勇颇不服气道：“我曾听说杨公你家里养了数万匹马，我忝（tiǎn）为太子，不过一千匹马，比你少多了，这也算造反吗？”

当然，杨素还是把此话转达给文帝，表示杨勇心怀不轨。更把东宫之中的服饰玩物全部陈列在庭上，拿给文武群臣观看，并以此刺激文帝及独孤皇后，因为这对夫妇最为俭省小气。

文帝盛怒之下，命令召太子勇来，自己则全身戎装，左右站满执刀卫士。到了武德殿，令文武百官立于殿东面，皇室亲戚立于殿西面，太子勇和其他儿子立于殿中，文帝命薛道衡当众宣读圣旨，宣布将太子勇废为庶人。

杨勇被废，杨广如愿以偿被立为皇太子。文帝囚杨勇于东宫，命杨广看管。杨勇无罪被废，满心委屈，屡次想到父亲面前申诉，都被杨广阻拦。有一天，杨勇爬到东宫的树顶上大声呼叫，声音传到内宫，凄惨无比。文帝惊讶地问："怎么一回事？"

杨广回答："杨勇发了神经病，大概是恶魔附身，不可救药。"文帝从此不加理会，可怜的杨勇仍然抱着大树哀哀痛哭。

杨俊杨秀，难兄难弟

隋文帝杨坚一共有五个儿子——杨勇、杨广、杨俊、杨秀和杨谅，五个儿子都是独孤皇后一人所生。因为她醋劲极大，把文帝管得很紧，所以文帝不敢亲近宫中美色。

文帝当初认为，五个儿子均为一母所生，应该相亲相爱。不料狡诈的杨广利用计谋，使文帝废掉太子杨勇，改立他为太子。文帝还沾沾自喜，庆幸皇位得人哩。这回我们要讲老三杨俊与老四杨秀的故事。

杨俊被封为秦王，自小心肠极软，充满慈悲心怀，崇信佛教，舍不得杀生。当他十三岁的时候，曾经有过一个念头，想要出家当和尚。

文帝认为这是小孩子胡闹，没有答应他的请求。或许是宫廷里优渥（wò）的环境容易使人腐化，等到杨俊渐渐长大，染上了奢侈的坏习惯，也不再考虑人民的疾苦了。

杨俊的宫室富丽堂皇，但他还是不满足。加上杨俊颇有艺术眼光，又有巧思，他每每抡起斤斧，东敲一下，西琢一番，便造成一件极为精巧之器具。他为心爱的妃子造了一座水上宫殿，四周墙壁涂满了香粉，玉砌金阶，奢侈豪华；每两座梁柱之间，铺上明镜，镶满珠宝，真是美丽极了。宫殿建成之后，杨俊时常率领着宾客女伎在水殿上通宵玩乐。

杨俊的妻子崔妃个性极妒，与独孤皇后不相上下，眼看杨俊如此宠爱内妾，心中愤愤不平。于是，当杨俊难得回宫时，崔妃进上一盆瓜果，瓜中染有剧毒。可是大概杨俊吃得不够多，竟然没有被毒死，只是病倒了。

文帝听说杨俊奢纵，十分不满，把杨俊的官位（当时杨俊担任并州总管）给免了。左武卫将军刘升上谏：“秦王并没有什么其他过错，只是浪费官物营建宫室而已，臣以为此可宽容。”

“法不可违背。”文帝冷冷地回答。

大臣杨素也为杨俊说情：“秦王的过错，不应该遭到如此的处罚，愿陛下详查。”

“我是五个儿子的父亲，用不着你们啰嗦，否则何不另外制订一个天子儿律？以古代周公的为人，尚且杀掉作乱的管叔、蔡叔两兄弟，我虽然不及周公，也不能违法。”文帝还是坚持要处罚杨俊。

杨俊被崔妃下了毒，身体日益亏损，文帝很生气地骂道：“我努力创此大业，希望臣下为我守之；你是我的儿子，竟然要败我家业，我简直不知该如何责备你才是。”

被父亲一吼，杨俊的病更重了，没多久就魂归西天。文帝余怒未消，把杨俊所有的侈丽物品统统烧得精光。杨俊王府里的僚佐呈请为杨俊立碑。文帝当场顶了回去：“想要求名，只一卷史书足矣，何必用碑。子孙若不能保家，此碑徒然给人用来当镇石。”

老四杨秀被封为蜀王，个性又和杨俊不相同，他胆识极大，容貌威武，长着一把漂亮的美髯（rán），武艺十分高强，朝廷里的臣子看到杨秀都心怀畏惧。文帝时常对独孤皇后道：“杨秀这个孩子，必然不得善终，我在位时当无虑，等到他兄弟在位时，一定会造反。”

等到太子杨勇因谗言被毁废，杨广被立为皇太子，杨秀十分清楚这是怎么一回事，很为太子杨勇打抱不平。

杨广惟恐老四杨秀坏事，偷偷做了一个木偶人，上面写着“请西岳慈父圣母神兵，收杨坚、杨谅（文帝第五个儿子）神魂”，并且把木偶埋在华山。

然后，杨广派人到华山把木偶挖了出来，呈献给文帝，说是杨秀干的。

文帝看了勃然大怒，亲生儿子竟然咒他早死，而且这个木偶缚其手，钉其心，一副可怕的形状，文帝看着寒毛直立。做皇帝的人，享尽荣华富贵，最为贪生怕死。因此，杨广这一招的确是心狠手辣，卑鄙已极。

紧接着，杨广又诬告杨秀造反，甚且假造了一张杨秀造反的檄（xí）文，上面写着："逆臣贼子，专弄威柄，陛下惟守虚器，一无所知。"这句话的意思是朝廷里乱臣贼子当权，而做皇帝的，像个笨蛋似的，只晓得呆呆守着皇位，丝毫不知情。

文帝看了，更是怒火冲天，他气呼呼地说："以前，杨俊浪费国家财物，我以为父之道教训他，现在杨秀蠹（dù）害生民，应该用君道加以制裁。"

开府庆整劝谏道："庶人杨勇已废，杨俊已死，陛下剩下的儿子已经不多，何必到此地步？何况蜀王性情耿介，今被重罚，恐怕不能保全性命。"

"哈，我要拔断你的舌头。"文帝大呼道，然后转头下达命令，"当斩秀于市场以谢天下百姓。"

可怜的杨秀莫名其妙被关了起来，上表给文帝说："臣以愚钝，误陷刑网，后悔莫及，惟希望与爪子相见一面。"

爪子是杨秀爱子之名，文帝答应他的请求，却又下诏将杨秀痛责一番，废为庶人，并且将杨秀终生禁锢（gù）。

杨谅是隋文帝第五个儿子，被封为汉王，开皇十七年（597 年）担任并州总管，从华山以东到海，南至黄河，共五十二州都受杨谅的管辖。由于文帝喜爱杨谅，诏令杨谅可以全权处理辖区内的事务，俨然像个小皇帝。

太子勇被废，杨谅知道他是被冤枉的，内心常有一种恐慌的感觉，杨谅掌管北方的边防，手下又有强大的军队，于是便暗中计划谋反。等到蜀王杨秀被废，杨谅也知道那是杨广设计陷害，内心更加不安，惟恐杨广下一个要陷害的人轮到自己。之后，便发兵反叛。炀帝派杨素率兵讨伐，杨谅大败，投降，炀帝不忍心杀杨谅，便下诏废为庶人，终身囚禁。

文帝生了五个儿子，到最后，除了杨广之外，四个儿子都被废为庶人，真是难兄难弟。

杨广露出了狐狸尾巴

自从太子杨勇被废，次子杨广登上太子宝座以后，隋文帝以及独孤皇后都很高兴，深庆国家以后得以有一位明君。在他们两人心目中，杨广不但节俭成性，酷似文帝，而且不近美色，深得独孤皇后的宠爱，实乃不可多得的继承人。

在文帝仁寿二年（602 年）八月间，独孤皇后因病去世。杨广听到消息，当场昏厥过去。以后在文帝及宫人面前，杨广数次因哀恸（tòng）过分，哭得过猛，气都喘不过来，看起来真是可怜极了。

每一个看到杨广如此悲痛的人，无不为其孝行深情感动。尤其是隋文帝觉得相当欣慰，总算广儿还有良心，独孤皇后到底没有白疼他。

事实上呢，像杨广这种工于心计者，冷酷而自私。他晓得如何在最恰当的时候做最合适的表演，但那只是做作，并非真情流露。所以杨广回到宫中，眼泪一抹，马上嘻嘻哈哈，恰似平常，没有一丝的哀痛。

因为哭丧表演得太过逼真，动了元气，因此杨广特别要求在这一段时间要吃得特别丰富，特别营养。旁人以为杨广此时一定没有胃口，结果刚好相反，他下令每天要进四十两白米，又要最鲜嫩的肥肉、酿鱼肉及肉干，用来补一补身体。

但是遭逢母丧，不仅不吃素，反而大吃大喝，此乃有违常理。而且万一消息走泄，让人家知道孝子的庐山真面目，不只是面子上不好看，惹怒了文帝，把他从太子的宝座上摘下来，这可不是一件好玩的事。

假如不吃这些美味，杨广又馋得慌。急中生智，杨广想出一个好办法：他把这些肉干等塞在竹筒之中，偷偷运进宫内，但是又怕油水太多，味道太香，让人看出破绽。于是，杨广用蜡把竹筒封死，以免油汁外溢。如此一来，杨广得以安心享受他的山珍海味。真是聪明之至。

独孤皇后去世了，没有人可以再管隋文帝，所以隋文帝得以放心大胆地去找宫中妃嫔。

然而，文帝左拥右抱的好日子没有多久，在独孤皇后去世以后的两年，也就是仁寿四年（604 年），文帝自己也染上重病，病倒在仁寿宫之中。尚书右仆射杨素及兵部尚书柳述、黄门侍郎元岩，都奉召入阁侍奉文帝。

因为文帝病得不轻，召太子杨广居住在宫中的大宝殿之中，许多重要的军国大事，均由杨广处理。

杨广知道文帝时日无多，着急地打算着文帝驾崩以后的大事，惟恐文帝一死，大局难以控制。他就亲笔写了一封信给杨素，商讨文帝归天以后的种种安排。

无巧不成书，杨素写给杨广的回信，竟然被一个不会办事的人送到了文帝的手中。

文帝打开信一看，满纸写的全是在他过世之后，杨广应当如何如何应付的事。文帝气得发抖，如今他才慢慢了解杨广是如何的“孝顺”。

过了不久，又发生一件“太子无礼”的大事！

话说杨广每天都要到仁寿宫中去探望文帝，侍奉汤药，表现自己的乖巧。这一天，他又来到了仁寿宫中。不巧正撞到文帝的宠妃宣华夫人更衣外出，露出白腻的颈子，美色当前，杨广心中一动，暗忖（cǔn）反正文帝已躺在病床上奄奄一息，用不着再扮演“不近声色”的假模样，立刻对宣华夫人扑了过去。

宣华夫人万万料不到貌似恭谨的太子有此一招，吓得花容失色，抓紧

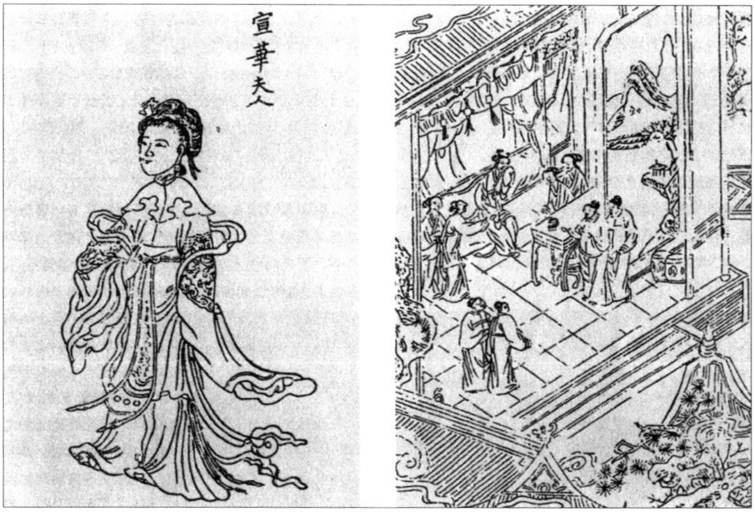

宣华夫人，选自清刊本《说唐演义全传》。右图为隋炀帝即位后，派人送给宣华夫人同心结。

了衣襟就往前奔，一路逃到了文帝的病床前面，头发散乱、气喘吁吁，脸上还在冒冷汗。

文帝看着好奇怪，宣华夫人怎如此地衣冠不整，像个惊慌的小鹿似的，心疼地问道："怎么回事？怎么回事？"

宣华夫人的眼泪夺眶而出，又气又羞地说："太子无礼。"

"什么？"文帝气得猛捶床沿，"这个畜生如此混蛋，岂能将大事托付给他？"接着又叹息道，"都是独孤后误我大事。"

说着，文帝立刻传令："召我儿来。"在旁伺候的柳述等，急忙差人去找杨广。

"不是广儿，是勇儿。"原来文帝大彻大悟，要把杨勇重新立为太子，废掉杨广。

柳述慌张地出阁写敕（chì）书，被杨广知道了消息。杨广立即下了一道假命令把柳述等逮捕入狱，派兵包围住仁寿宫，进出宫中都要详细盘查。

然后，杨广派出心腹张衡入宫侍疾。不一会儿，张衡拉杀文帝，血溅御屏，文帝就死在最疼爱的儿子杨广手中。杨广即位，是为历史上著名的隋炀（yáng）帝。

树枝上的缎带花

在上一篇，我们说到隋文帝发现杨广是个伪君子，乘着文帝病危，居然对文帝的宠妃宣华夫人露出狰狞的真面目。文帝气得想要换回原来的太子杨勇，却被杨广发现。杨广先下手为强，悄悄地解决了文帝。杨广终于得到觊觎（jì yú）已久的帝位，是为隋炀帝。

炀帝为着夺取帝位，长期以来假意为善。现在，一切约束都解除了，本性完全暴露出来。

当初，炀帝的母亲独孤皇后认为他不爱美色，温柔敦厚，力主废掉杨勇，改立炀帝。如今，炀帝即位以后的第一件事，竟然是把父亲的宠妾宣华夫人，以及另外一个绝色的大美人蔡氏纳为己有。在历史上，凡是此种事件称之为“蒸报”。

为除后患，在嗣位的同时，炀帝假造了一个命令，赐死他的哥哥杨勇。杨勇的十个儿子，也先后被遣发关外，有的在路中惨遭毒手，有的在到达目的地之后，再派人暗杀。总之，十个儿子全部杀光，不留一个活口。

至于帮助炀帝杀掉文帝的张衡，不久以后被削去官位，放还田里。炀帝并且派人时时监视张衡。后来，大概是长久窥伺颇嫌麻烦，竟然以张衡经常诽谤朝廷为名，赐死于家中。张衡临死以前，不服气地大声呼冤：“我为人家做了那种事，还妄想久活吗？”他到底为炀帝做了什么事，倒是不难想象的，无怪乎炀帝非要杀掉他灭口不可。

炀帝极有文才，加上自从开皇十一年（591 年）之后，他曾经担任过五年的扬州总管，受到江南文风的熏陶，笔下功夫不错。但是炀帝好名虚荣，而且心胸狭窄，如果旁人作了几句好诗，他立刻酸气冲天，视之为仇人。

薛道衡，选自《薛氏江阴宗谱》。隋朝大诗人，诗作《昔昔言》有佳句“暗牖悬蛛网，空梁落燕泥”，隋炀帝深为妒嫉，赐死家中。

例如朝中大臣薛道衡被处死，炀帝愤愤地道：“哼，看你死了以后还能作‘空梁落燕泥’这种好句子吗？”王胄死后，炀帝也道：“嗯，‘庭草无人随意绿’，这句诗倒不错，你以后还想再作更好的诗吗？”炀帝是绝对不愿意看到有人文采超过他的。

因为炀帝自认为乃才学之士，所以他曾对侍臣道：“天下人都以为朕乃承祖上余荫而有四海，其实，假如朕与士大夫较量文才，我还是应该当上天子。”事实上，炀帝当上天子是因为生在帝王之家，他能够当得上中国历史上数一数二的奢侈之君，除了浪费天性以外，也是由于隋文帝的“开皇之治”，使国家富裕，有足够的财产供他挥霍。

炀帝即位不久，听术士之劝，把京都从大兴（即长安）搬到洛阳，因为大兴与炀帝的命星相克。为了巩固洛阳的防务，他调集了几十万民夫，在洛阳的外围挖了一条很长的壕沟，从现在山西、陕西交界的龙门，到临清关（今河南新乡），南下黄河，再到陕西上洛。使得洛阳北、东、南三边都有深河围绕，沿边并设置重重关防，这条壕沟的长度在一千千米之上。

然后，炀帝派遣杨素及宇文恺（kǎi）主持营建东都洛阳。城中有东、南、北三个市场和一百零三个作为平民住宅区的“里”，大兴城和洛阳城可以说是中国历史上计划都市之始。

洛阳城建筑完成之后，成为隋帝国之东都。城既然造好了，里头不能够没有人住。于是，炀帝下命令，将旧洛阳城内的市民，以及各州的富商大贾（gǔ）搬到新洛阳城之内，用以繁荣市面。

根据《隋书》的记载，因为要赶建东都，有十分之四到十分之五的役夫过于劳苦，在工地里病死。如果说每个月要用两百万人力，就有一百万人魂归西天，实在相当残酷。

当然，营建东都还有政治上、国防上、经济上的用途。但是，炀帝大兴土木，修建宫殿，纯粹是为着个人的享受。

炀帝在大业三年（607 年）在洛水之上修建显仁宫，下令将大江以南、五岭以北的各式奇材异石，火速送往洛阳，又征求海内嘉木、异草、珍禽、奇兽用来充实园苑。

显仁宫刚刚造好不到两个月，炀帝又要修建西苑。西苑有两百里之广，其内为“海”，实际上是一个大湖，风景宜人，四周有蓬莱、方丈、瀛（yíng）洲三座人工造的假山，每座都有数百尺之高，耸立云霄。古代没有推土机，都是靠人一担又一担将土石挑上去的。

山上建筑的台观殿阁，无不穷极华丽。沿着渠旁更造了十六个宫院，每院派一位美女四品夫人为主管。洛阳的天气较冷，到了秋冬之际，枝叶凋落，光秃秃的一片十分萧瑟，炀帝即下令用鲜艳的锦绢做成人造花，点缀在枯枝之上，姹紫嫣红，比真的更好看。当然，人造花也有褪色的时候，所以派有专人照料，随时更新，难怪院中“常如阳春”。这大概是日后的缎带花、纸花的鼻祖了。

此后，炀帝几乎年年在修宫殿，耗费人力财力无数。例如洛阳乾元殿的梁柱，每一根都是由豫章（今江西南昌）运来的巨木，而一根木头要用两千人才拉得动，可见工程之浩大。

同时，每一座宫殿都有特殊的设计。例如，观文殿前垂着锦幔，上头有两个张着翅膀的小飞仙，户外地下装有机关，每当炀帝要进入，前头开导的两个宫人拿着香炉，脚上踩到机关，上头两个可爱的小飞仙立刻飞下，把锦幔拉开。其他如门窗与书橱都设有自动开关，炀帝着实会享受。

修建宫殿需要大笔金钱，农民必然要负担更重的租税；修建宫殿更需要大批人力，力役又非农民莫属。因此，炀帝大兴土木，使得全国怨声载道。

世界最长的运河——大运河

在上一篇《树枝上的缎带花》之中，我们说到，被他的父亲误以为节俭的杨广，自从当上皇帝之后，原形毕露，可以称得上是一个最会浪费金钱，最懂得享受的皇帝。

尽管炀帝将东都建造得美轮美奂，日久不免生腻。于是，他想起江南的美丽风光，江南的富庶繁华，乃至纸醉金迷的生活，日夜思念不已。

于是，炀帝对大臣说："朕想要到江都（今江苏省扬州市）去痛痛快快玩一玩，你们替我计划一下。"

"陛下，"一位大臣道，"江都距离此地甚远，来往不易，恐怕有困难。"

"这个我知道。"炀帝打断大臣的话，"我想利用淮河与长江的水，修筑一条人工河，从东都到达江都，再由江都向南延长，穿过长江到余杭。"

紧接着，炀帝以江南财物富足，要想巩固隋朝的国运，必须仰赖江南经济支持为名，正式下诏开凿运河。他所开凿的运河，一共分为三段：通济渠、永济渠、江南河。从大业元年（605 年）开始建造，到大业六年（610 年）完成。此为前所未有的巨大工程。

为着建这条运河，所用的人力无数，男丁不够，连妇女也派上工地。根据唐朝人所写的《开河记》记载，一共用了五百四十三万多人，当工程进行到徐州，已少了一百五十万人，可见得死伤之多。因为官吏催得急，所以工程益发危险，死人都是一车一车载着走。东自荥（xíng）阳，北到河

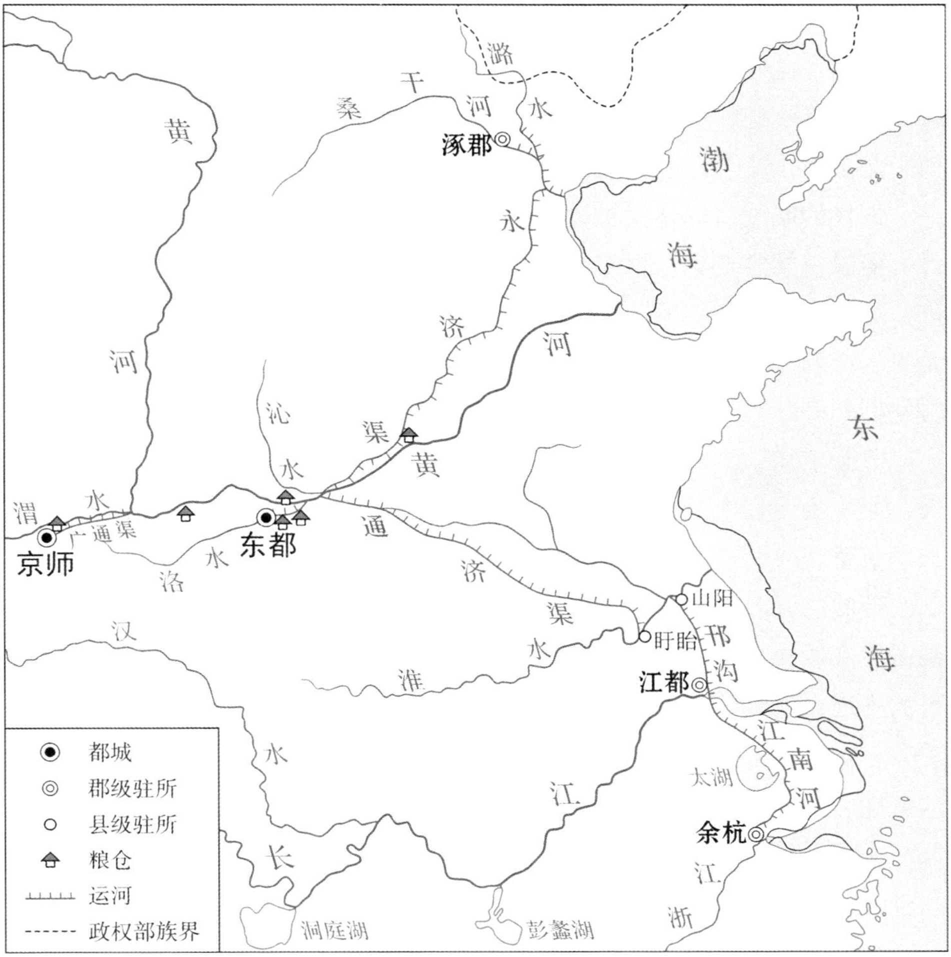

隋京杭大运河示意图。

阳，一眼望去，全是载死人的尸车，恐怖万状。

炀帝在大业六年（610 年）八月，通济渠建好之后，迫不及待地游幸江都。在出发以前，他先派遣官员到江南采办上好的木料，建造龙舟、凤船、赤舰、楼船等等。

龙舟有四层之高，共有四十五尺，长二百丈，中分正殿、内殿，东、西朝堂，中间的两层共有一百二十个房间，全都是金玉雕饰而成。下边的一层由内侍居住。皇后乘的船称为翔螭（chī）舟，规模比较小，内部的装饰则相同。这还不算，后面还跟着漾彩、朱鸟、苍螭、白虎、玄武、飞羽、陵波、道场、玄坛等数千艘船，载满了后宫、诸王、公主、百官、僧尼、道士、蕃客，及内外百司供奉之物，浩浩荡荡。

古代的船没有马达机械，全用人工摇桨，遇到逆水，大船是很难前进的。所以，常常要系一根粗绳索到岸上，由岸上的挽船夫拉着绳索使船前进，炀帝这样庞大的船队要用多少人拉呢？据说有八万人之多，如果是拉龙舟、漾彩等居住贵人的船的拉夫，个个都穿着五彩缤纷的锦袍，称之为“殿脚”。

皇帝出宫，不能没有人保护。所以又准备平乘、青龙等数千艘兵舰护驾，船上有兵器帐幕等精良配备，船头与另一船的船尾相接，总共长达二百余里。远远望去，旌旗蔽野，十分壮观。

带着这许多人南下，吃的用的从何而来？隋炀帝规定：沿途五百里内都得供奉饮食。皇帝驾到，地方官吏岂敢怠慢，自然纷纷献上当地最为名贵的土产，有的州竟然献上了一百车的食物，每一样都是水陆珍奇，人间美味。食物太多了，没法吃完，因此不免随地抛弃，或者是埋藏在地底下，这真是名副其实的暴殄（tiǎn）天物。

一路人马沿途“打劫”到达江都。到了第二年的二月，炀帝要从江都回到洛阳，此时改走陆路，自然也是要摆足皇帝的威仪。

为着要装饰车舆、旌旗及三万六千人的仪仗队，炀帝需要用大量华贵的羽毛。他下令各州各县进献羽毛，作为州县赋税的一部分。

地方官吏接到命令，不能不办，又把这一项艰难的任务，加到老百姓身上。上边逼得凶，官吏对百姓催得更急。

所以，天上、地下、山岭、河川，只要是羽毛可以拿来使用的禽兽，几乎被一网打尽。一只野雉（zhì）的尾巴，要用十匹绢才换得到。

当然，炀帝开凿运河，主要是为着游幸江都。然而，这条大运河的开建，确有其历史意义。

隋代统一中国之后，以关中为政治中心。然而经过战乱不已的魏晋南北朝，秦汉时代沃野千里的关中，早已残破不堪，一切物质需要仰赖江南的供给。

可是，自江淮地区到长安一带，路程要好几个月，无论牛运马驮，沿途费用都很可观。十石的米运到长安，可能其中有八石就消耗在运输途中，否则一路之上人马吃什么?

因此运河建成后，成为沟通南北之大动脉，沿岸的据点如杭州、镇江、扬州、开封成为繁荣的大都市。隋、唐、五代、宋、元、明、清各朝无不仰赖大运河，其对于促进国家政治、经济、文化发展，具有极大的贡献。到清朝末年铁路兴建之前，大运河始终为南北交通的大动脉。

因此，炀帝固然暴虐无道，他修建运河也是为着个人的享乐。然而，我们要知道，修建运河是一件极其艰巨的工程，需要精密的测量与高超的技术，单靠蛮力是不够的，我们在一千多年前能够修筑世界最长的运河（全长两千七百多公里），更是政治上最有影响力的运河，此足以证明中国人的智慧。

不收费的酒食店

隋炀帝好大喜功，除了大兴土木修筑宫室，开凿大运河之外，更热衷于对外发动战争，借以夸耀富强，譬如说炀帝对于突厥的经略。

突厥自称为狼种，是匈奴的一支。在北魏太武帝消灭北凉之时，突厥之鼻祖阿史那氏，率领五百家逃奔柔然，居住在今天阿尔泰山之南。这一群突厥人，专门为柔然部族从事冶铁的工作。以后，突厥渐渐强大，向柔然主要求通婚。

柔然的君长勃然大怒："突厥不过是我家锻铁的工奴，竟然自不量力，向我要求通婚，未免太不知轻重了吧。"突厥人受到了侮辱，一怒之下，发兵占领了柔然地，建立了国家。突厥因为善于锻铁，兵器精良，日渐壮大。佗钵可汗在位时，甚至口出狂言："我在南方有两个乖儿子（指北齐与北周），非常孝顺。"

后来，突厥分为东西两部分，东突厥的突利可汗被隋文帝封为启民可汗，与隋朝通使和好。

炀帝大业四年（608 年）正月，启民可汗穿戴中国衣冠来朝，炀帝大悦。同年六月，炀帝自榆林郡出塞北夸耀兵容，他选派武卫将军长孙晟（shèng）传谕旨。

启民可汗奉到诏令，召集所属诸国奚、室韦等酋长数十人聚在一块儿。长孙晟是个具有外交长才的官员，他看到启民可汗的牙帐之中，深

突厥锻奴，古纸牌水彩画。突厥人曾臣服于柔然，充当锻奴。

草芜秽（wú huì），想要叫启民可汗亲自除草，借以显示隋朝的天威。

于是长孙晟向前跨了一步，对着地上的草说：“这根草香得出奇。”

“噢？”启民可汗连忙蹲下来一嗅香味。一会儿，他捏着鼻子站起来道：“非常不香。”又做了一个恶心厌恶的表情。

长孙晟说：“天子所经过的地方，所在地的诸侯，必须躬自洒扫，清除御路，以表至敬之心。如今牙帐内长了这许多污秽的杂草，我还当它是留香草，不能割去呢。”

启民可汗中了计，恍然大悟曰：“这是奴才的罪过。奴才的骨肉都是天子所赐，得效筋骨，岂敢有辞，只是边疆之人不知法度，全赖将军教导。”

说着，启民可汗拿起佩刀，恭恭敬敬地亲自除草，他的部下及所属酋长也争着仿效。启民可汗甚且发动人民将自榆林北境，东达于蓟（jì），长三千里，宽百步的地方清除干净。举国参加役作，为炀帝开御道，炀帝因此高兴得不得了。

不久，启民可汗上表道："臣非昔日突厥可汗，乃是至尊臣民，愿意率领部落，变改衣服，一如华夏。"

但是，炀帝并没有答应，在他看来有边疆外族臣服于他，远较化为汉人有意思得多。为着在突厥面前夸耀，炀帝特别制作了一种可容纳数千人的大帐，在帐中宴请启民可汗，表演鱼龙百戏，胡人们看得又害怕又欢喜。在八月间，炀帝又率甲士五十余万，马十万匹，浩浩荡荡开往关外，车队绵亘（gèn）千里不绝，蔚为奇观。他又命令宇文恺造了一座活动宫殿叫风行殿，可以拆开，又可以合起来，殿中有侍卫数百人。风行殿下面用轮轴行进，忽前忽退，看得胡人们目瞪口呆，惊奇得张大了嘴，以为见到了神。因此，在离开炀帝御营之外十里，已不敢前进，跪在地上叩头不已。

隋炀帝到启民可汗的帐中巡幸，启民可汗立刻捧觞（shāng）敬酒，跪在地上十分恭敬。炀帝眼见胡人们一字排开，个个跪在地上不敢抬头仰视，心中真是得意非凡。

他把酒杯中的酒一饮而尽，随口吟了一首诗："呼韩顿颡（sǎng）至，屠耆（qí）接踵来……何如汉天子，空上单（chán）于台。"这首诗的意思是说：呼韩邪跪在地上不敢起身，夷狄各王接踵而来……汉武帝虽然兵震四海，当他打到匈奴之时，匈奴早已远逃，他只能登上空无一人的单于台，做个白日梦，哪里能够和我媲（pì）美呢？

炀帝愈想愈开心，立刻赐启民可汗及公主金瓮、衣服、被褥、锦彩等，表现一下他的出手阔绰，排场不凡。

大业六年（610年），隋炀帝邀请蕃酋长到洛阳过新年、贺元宵。在端门街前表演种种游戏。有人戴兽面具，有男扮女装者，嘻嘻哈哈，鸣鼓聒（guō）天，热闹非凡。在戏场外围五千步，奏乐者即达一万八千人之多，声闻数十里。从早到晚，灯火光烛天地，足足闹了一个月才罢休。

诸蕃眼见隋朝如此富强，请求与隋朝互市交易。炀帝答应之后，为着夸耀财富，先命店铺修理粉饰一番，檐宇如一，盛设帷帐，珍货充积，人物华丽盛多，连卖菜的也铺上了龙须席。只要胡人经过酒店门口，店主一定把客人拉进来，招待他又吃又喝，直到酒醉饭饱，却又不取分文。

胡人觉得好奇怪："为何不收钱呢？"

店主骗胡人道："隋朝丰饶，酒食向来不取分文。"胡人惊叹不已。

有一个狡黠（xiá）的胡人，看出其中有问题，指着一棵缠满绵帛的大树干讥讽地说："我看隋朝也有贫穷的百姓，衣不蔽体，这些布不给他们拿来做衣服，缠在树上干什么？"

店主面红耳赤说不出半句话。事实上，此时的隋朝在炀帝的浪费滥用之下，已经民穷财尽。天灾人祸相逼而来，老百姓苦不堪言，农业生产几乎已经停顿，炀帝却还在打肿脸充胖子，自欺欺人。

炀帝的政权至此已呈现不稳，中国的历史又将走向一段新的历程。

隋炀帝亲征高丽

在隋炀帝巡幸启民可汗营帐的时候，刚好高丽（lí）的使者，正在启民可汗的牙帐之中，启民可汗不敢隐瞒隋炀帝，把高丽使者带出来引见。

高丽在汉武帝时代称为朝鲜，汉元帝时朱蒙据有其地，建立了高句丽国，后来改名为高丽。隋代初年，朝鲜半岛有高丽、新罗、百济三个国家，其中以高丽最为强大。

高句丽人射猎图，南北朝时期，吉林省集安市洞沟舞踊墓壁画。

隋炀帝亲征高丽

在隋文帝时代，高丽王高元率领军队窜扰辽西，隋文帝乘机发动了东征，可是碰上飓（jù）风，船多沉没。虽然如此，高元已经领教了隋朝的厉害，上表向文帝谢罪，自称为“辽东粪土之臣元”。文帝一看“粪土之臣”，觉得极有面子，双方罢兵。

这一会儿，隋炀帝看到高丽使者前来朝见启民可汗，居然不去隋朝进贡，心里头酸溜溜的。黄门侍郎裴矩抓住隋炀帝好大喜功的心理进言道：“商纣王时代，纣王无道，他的叔父箕（jī）子因为劝谏不听，披头散发假装当疯子，以后周武王灭商朝，封箕子于朝鲜的旧地，所以朝鲜本来就是中国的，先帝老早就想攻下，可惜师出无功。现在陛下在位，岂可不取，使得过去一个衣裳楚楚，冠带整齐，文化颇高的国家，成为一个野蛮的地方？”

隋炀帝认为裴矩这番话很有道理，立刻宣旨道：“朕因为启民可汗诚心奉国，所以朕亲自到他的牙帐之中。你回国赶快告诉高丽王早日来朝，朕将待他一如启民可汗。倘不来朝，朕将率启民大军东征高丽。”

结果，高丽王硬是没有来朝。炀帝心想：好一个“粪土之臣元”，竟然不把隋朝看在眼里，是可忍，孰不可忍也。而且说了要去攻打的，如果不兑现，简直威信扫地。于是立刻准备战马武器，准备攻打高丽。

炀帝大业七年（611 年），他下诏命令幽州总管元弘嗣前往东莱海口造船三百艘，限期完成。官吏督责船工站在水中工作，从早到晚，一刻也不准休息。因为在水中浸泡过久，船工们自腰部以下都生了蛆，十个人之中就有四个人因而丧生。

然后，炀帝又命令运输黎阳及洛口的米到涿郡，舟车人伕达十万之多，使得道路阻塞，死者互相枕藉（jiè），整整一千多里的队伍，弥漫着恶臭的腐尸味，天下为之骚动。

看着这样的赫赫威势，炀帝更加得意忘形，他故意询问大臣庾（yǔ）质道：“高丽之众，不能当我一郡，今朕以此众伐之，卿以为克不？”（克不，意思是能够攻克吗？）

没有想到庾质个性耿直，竟然道：“如果攻打而未攻下，徒损皇上的威灵。”

炀帝十分火大：“你害怕，你可以留在这儿。”

隋炀帝自命为大元帅，他把军队分为三道，规定凡是“军事行止，皆须奏闻待报，毋（wú）得专擅”。就是军队一进一退，一举一动，都得问过皇帝，把军报传到御营之中，由他本人决定，其他将领不可擅自指挥。打仗乃瞬息万变之事，怎可由皇帝批示攻守，这不是开玩笑吗？但是炀帝不管。他独断专行的结果，是一连吃了三次败仗，然而始终不肯觉悟。

炀帝认为城攻不下是将士不肯尽力，他把将领统统召集到了跟前诘（jié）责：“你们自以为官高，又自恃家世好，懦弱昏暗，难怪都不主张我亲征，就怕我看见你们的毛病缺陷。我偏偏要来看你们，斩你们的脑袋，你们今天怕死不肯尽力打仗，以为我不敢杀人吗？”诸将都相顾失色，却更军心涣散。

炀帝又下了一个规定，每一个兵士发给百日粮，又发给排甲、枪槊（shuò）、衣服、战具、火幕，这些全部都要背在身上。

兵士背着三石的重物行军，实在苦不堪言，尤其正值盛夏，更是难以忍受。枪槊等武器不能任意抛弃，只有在粮食上动脑筋了，可是又碍于抛弃粮食会被杀头的命令。穷则变，变则通，大伙纷纷把粮食埋在地下。于是，军队才走了一半，粮食已经全部吃光了。

这个时候，隋朝大军粮食缺乏，人人面有饥色。高丽大将乙支文德发现这个情况，决定诱敌深入，每次一打就逃。隋军疲于追赶，甚且一日之中连败七阵。隋军个个追得气喘吁吁，满头大汗。

隋军来到平壤城郊三十里处，高丽伏兵突起，隋军早已疲惫不堪，一战便败，赶快撤退。当隋军逃到潼水，正在渡河之时，被高丽军从后袭击，全军覆没，三十万大军只剩下二千七百人逃回辽东，军资器械损失殆（dài）尽。

杨素不肯服药

大业七年（611 年），隋炀帝亲自讨伐高丽，志在必得，但最终竟然铩（shā）羽而归，使得炀帝异常恼怒。他不甘心地说："高丽小国，竟敢侮辱怠慢我上国，今天我要拔山移海，都不是一件难事，何况对付此一小虏？"

于是，隋炀帝又开始积极筹划第二次东征高丽。在中国的历史上，历代的皇帝很少做大规模的远征，因为打仗着实劳民伤财，中华民族又是一个爱好和平的民族。同时，古代极少有职业军人，每遇战事，总是要到农村去拉壮丁，荒废农事。再加上因为战争增加的税收，在在使得人民叫苦连天。

在汉武帝讨伐匈奴的时候，因为胡人经常南下，侵夺财物，所以人们有一种同仇敌忾（kài）的心理，非常支持汉武帝的远征。可是，隋炀帝讨伐高丽，除了满足其个人的虚荣心之外，实在没有多大道理。加上隋炀帝种种倒行逆施，普遍地引起人民的反感。

在隋炀帝第一次讨伐高丽之时，国内反对浪潮就很高。当然独断专行的炀帝不会理会这些。然而在大业九年（613 年），隋炀帝再次亲征之时，听说后方杨玄感叛变，炀帝大为恐慌，火速撤军。杨玄感为何许人也？为什么旁人作乱，炀帝全不当一回事，杨玄感起兵却使得炀帝大为震惊？

杨玄感就是杨素的儿子。隋炀帝杨广之所以能夺走杨勇太子的位置，荣登太子的宝座，主要是靠杨素的阴谋诡计才能成功。

杨素为杨广立下大功，非但官高爵显，而且前前后后所得的赏赐，不可胜计。然而，杨素为炀帝谋害父亲及兄弟的往事，永远使得炀帝觉得有一个把柄为杨素握住。所以，虽然表面上炀帝对杨素好到极点，骨子里却不是那么回事。

杨素老了，病倒在床，炀帝命令全国最好的医师为他诊治，并且不惜巨资购买最上等的药材，关怀又体贴。然而事实上，炀帝时时偷偷拉着医生问病情，一直希望杨素早日归天。

杨素是个何等聪明的人，他当然晓得炀帝肚子里的鬼胎，他自忖这辈子名誉、声望、财富都已经到达了顶点，别无所求。所以他不肯服药，也不听医生的话好好休养。杨素对他的弟弟杨约说："我何必再活下去？"果然没过多久，杨素死了。

杨玄感为杨素的儿子，他年纪小的时候略嫌呆笨，亲戚朋友都笑杨玄感是一个痴儿，杨素每次都分辩道："我的儿子并不痴。"

果然，长大以后，杨玄感不但不笨，而且聪明好学，擅长骑射。因为杨素的官位高，所以杨玄感出道没有多久，即拜郢（yǐng）州刺史（拜为古代任官之意）。他上任以后，立刻到处布置耳目，考察地方小官，哪个贤能，哪个贪污，杨玄感都知道得十分清楚，而且办起案来丝毫不留情面，官吏百姓，都对他又敬又怕。不久，他转任为宋州刺史。

杨玄感出身世家，体貌雄伟，风采翩翩，又自负才学，允文允武，集种种优良的条件于一身，不免性情有些骄倨（jù）。但是他好读书，喜宾客，爱好文学，大概是当时天下的第一青年才俊。所以海内的知名之士，多以能与杨玄感结交为荣。

在所有的宾客之中，杨玄感与李密的交情最好。（请注意：历史上有两个名人都叫李密。孝顺祖母的李密为晋武帝时代的人，以写《陈情表》著名；现在讲的李密乃日后反隋的重要人物。两个李密在历史上的名声都极为响亮。）

李密的曾祖父、祖父、父亲都是骁（xiāo）勇善战的英雄，李密家学渊源，少有才略，志气雄远，不看重钱财，专爱结交朋友。他在宫廷里面担任左亲侍（属左翊卫的官职）。

有一次，炀帝见到李密，看着很不顺眼，对宇文述说：“刚才左仪卫仗下，有一个脸孔黑黑的小儿，他的眼神视瞻异于常人，不要让他担任我的宿卫。”

于是，宇文述暗示李密快卷铺盖走路，李密便假托身体不适辞去官职，专心读书，研究学问。

李密挂角攻书，选自《马骀画宝》。

有一天，李密坐在黄牛背上，把一帙（zhì）《汉书》挂在牛角上，边翻边诵，另一只手捉紧缚在牛胸部的皮带，缓缓前行。那种专心致志的用功神情，刚好被杨素瞧见了。杨素对他用功的态度十分佩服，立刻把李密请到家中，奉若上宾。

到了家中，相谈之下，杨素对李密更加欣赏。他对儿子杨玄感道：“李密的见识与气度，都值得你学习学习。”以后，杨玄感与李密遂成为刎颈之交。

杨素在未死之前，自以为对炀帝有大恩，所以相当傲慢，在朝宴之际，时常失去为人臣子应有的礼节。炀帝心里相当衔恨，但是口上不提。杨素自己也知道，所以才有不肯服药，宁可早死的怪事。

等到杨素归天以后，炀帝对近臣说：“哼，假如杨素不死，迟早会走上灭族的命运。”杨玄感也晓得炀帝的心事，对于自家在朝廷之中的尊贵显赫也有些不安。

杨玄感之乱

在上一篇《杨素不肯服药》之中，我们说到隋朝大臣杨素自认为有辅助炀帝夺取皇位的功劳，跋扈（hù）而嚣张，因此在病危之际，坚持不肯服药。因为他心中十分清楚，炀帝终究是容不下他的。

事实上，杨素也的确是过于张狂，在他贵宠最隆之时，他的弟弟杨约，叔父文思、文纪，以及族父忌，竟然并为尚书列卿；他的儿子们毫无汗马功劳，也一个个位居柱国、刺史。杨素家中童仆数千，后庭内姬妾也数以千计，宅第的华侈，实在无异于宫中。

杨素的儿子杨玄感深知杨家招忌，尤其为炀帝所不满。同时，炀帝的种种倒行逆施，也使得杨玄感看不过去。所以杨玄感偷偷和弟弟们商量，想要废掉炀帝，改立秦王浩（炀帝的弟弟杨俊的儿子，也就是炀帝的侄儿）为君主。

正当杨玄感想要突袭皇宫，阴谋政变之时，他的叔父杨慎提出反对意见。杨慎的理由是：尽管满朝文武均为杨素当年所用的将吏，不过，此时士心仍然向着朝廷，未可轻易图谋也。杨玄感听了他叔父的话，才打消了政变的念头。

既然废立不成，杨玄感就准备先立威名，训练一批能为自己所用的将领。他对兵部尚书段文振说："玄感世荷国恩，宠锡远过他人，怎能够不效命边疆，敷衍塞责？"

段文振把此话转给炀帝，炀帝十分嘉许，对着群臣说：“将门必有将，相门必有相，此言不虚也。”说罢，哈哈大笑，从此对杨玄感十分礼遇。

后来，隋炀帝第二次远征高丽，特别任命杨玄感在后方主持补给运输工作，驻扎在黎阳（今河南浚县)。这时人心厌战，怨声载道，杨玄感知道机会到了，他登高一呼道：“如今皇上无道，不以百姓为念，天下骚动扰乱，在辽东死以万计。现在我与君等起兵，以拯救天下百姓于痛苦，你们看怎么样?”

群众都欢呼，甚且有人跪在地上喊万岁，各地响应者有十余万人，声势浩大。

许多投奔杨玄感的百姓都说：“以前天下富足时，我们的父兄前往征伐高丽，一半都回不了家；如今天下疲弊，皇帝还要我们去攻打高丽，这一去，我们还能想有命吗？”于是，响应者愈来愈多。

杨玄感本为杨素之子，身处天下第一望族，本来就容易争取人心，加上他当众宣誓：“我身为上柱国，家产巨万，对于富贵，已无所求。现在冒着毁家灭族杀头的危险，愿意起兵叛变，实在是为着解救天下人民如鸡头被倒悬一般的痛苦。”人们闻后，想想的确有理，益发尊敬杨玄感。

这个时候，杨玄感派了一个家童到长安，把李密找了来，问李密道：“你以解救天下万民为己任，如今正逢其时，请问你有什么计策？”

李密沉思一会儿答道：“有三个策略：如果我们趁着天子出征，长驱入蓟，扼（è）住咽喉，不过十天半个月，东征高丽的粮草必尽，天子即将不战而降，这是上策。其次是直取长安，收其豪杰，即使天子急返，也难收复失地，这是中策。”

玄感道：“请再问其次。”

“下策是利用精锐部队，袭取东都洛阳。不过，如此一来，战事可能要迁延数月，而且胜败未定。”

“不对，不对!”杨玄感摇头道，“现在东征高丽官兵的家属都在东都，如果能先攻下此城，军心必然动摇，更可以向天下示威。公之下计，乃上策也。”

这个时候，隋炀帝在辽东听说杨玄感造反，十分忧虑。又听说达官贵人的子弟纷纷投靠杨玄感，心中更加不安。

大业九年（613年）六月，炀帝火速撤军，密令前面诸军也连夜撤军。仓促之间，所有堆积如山的军资、器械、粮食，都委弃而去，营垒帐幕，也都留置不动，匆匆忙忙结束了第二次远征高丽。

再说，自从杨玄感到了东都，自以为天下响应，又因为和李密意见不能完全相和，转而信任一个叫作韦福嗣的小人。韦福嗣只是迎合杨玄感的心意而摇摆。李密看出韦福嗣是个没有原则的人，对杨玄感说："福嗣心存观望，如今初起大事，奸人在侧，听其混淆（xiáo）是非，必为所误，请速斩之。"

杨玄感不肯，他说："哪有你说的那么严重！"还以为李密吃醋哩。

结果，韦福嗣的意见果然不成，加上守东都的大将尚书樊子盍（hé）奋力抵抗，同时，炀帝又班师回朝，两方包抄，使得杨玄感军队大败。

到了最后，杨玄感和十余骑兵奔窜于山林之间。一会儿，后面的追兵快要追赶到了，他窘迫万分，与弟弟杨积善跳下马来步行。他对积善说："事情失败了，我不能够受人戮辱，你可以把我杀掉。"

积善掏出刀来自杀，未成。二人被追兵执住，在东都被磔（zhé，为古代分裂肢体的刑罚）尸。三天之后，尸体又被切成一块一块地烧掉。

杨玄感起兵黎阳，不到一年即被平定。然而，影响力甚大。因为过去大部分起兵作乱者均为饥寒交迫的百姓，虽然能够扰乱社会，却不容易变易王朝，可是名流世家加入以后，作用就不同了。

然而炀帝丝毫不觉悟，他说："杨玄感一呼，而从者十万，可知天下的人是太多了，多了就要成为贼，不尽情诛（zhū）杀，不能够惩其后者。"因此一口气杀了三万多人，其中一半以上是被冤枉的。杨玄感围东都时，曾经打开城外的粮仓，赈济没有饭吃的百姓。炀帝一发火，这些吃了粮的百姓都被活埋，死者不可计数。

炀帝杀人如麻，隋朝的气数亦将告尽。

隋炀帝游幸江都

自从杨玄感之乱以后，在大业十年（614 年），隋炀帝又第三次讨伐高丽，此时全国有若星火燎原，处处都有造反作乱之事。前往高丽的士卒，有一半在中途就溜之大吉。炀帝虽然屡次下令，逃兵一律斩杀，仍然不能阻止逃亡的浪潮。结果第三次远征高丽又是徒劳往返，高丽王高元依旧没有来朝。

大业十二年（616 年）四月里，一天晚上，大业殿西院忽然失火。炀帝睡到一半，被熊熊火光所惊醒，匆匆忙忙逃到西苑，躲入草丛之中，等到大火扑灭以后，方才气喘未定地返回内宫。

事实上，因为造反四起，从大业八年（612 年）以后，炀帝经常做着噩梦，自床上跳起喊捉贼，总要命令几位妇人为他按摩以后，才能徐徐睡去，精神极为困扰不安。

由于畏惧盗贼，炀帝性情较以往更为暴戾（lì）。有一天晚上，炀帝在景华宫又猛发脾气：“奇怪，怎么看不见萤火呢？”于是，三更半夜劳师动众，数千人为炀帝捉萤火虫，一共捉了五百车的萤火虫，在他游山时一起放出，光芒照遍岩谷，炀帝才稍稍满意。

过去秦朝二世皇帝，因为害怕乱事蜂起，所以掩住耳朵不肯听消息，如今隋炀帝讳言盗贼的情形也差不多。

炀帝询问宇文述大将军：“最近盗贼的情形如何？”

宇文述想也不想，马上回答："渐少。"

"比以前少了多少？"

"比不上十分之一。"

这时，苏威隐身在大柱后面，希望别给炀帝看见，结果还是被逮着问话。苏威只有站出来回答："臣非掌管这件事的，不知道盗贼有多少，我只是忧虑盗贼一天比一天更多了。"

炀帝不解道："这话是什么意思？"

苏威解释："过去盗贼盘踞长白山，今者近在汜（sì）水。而且，往日缴纳租赋的丁役，现在都到哪儿去了？莫非这些人全化为强盗了？最近报上来的有关盗贼的消息，恐怕均非实情实报，使得朝廷没有良好的对策。"

这番话，说得相当坦白，使得炀帝大为不悦。过了几天，到了五月五日，百官都献上珍奇玩物，独独苏威，什么精巧的宝物都没有送，只送给皇帝一本《尚书》。

有人向炀帝打小报告："《尚书》内有五子之歌，叙述夏朝太康亡国。苏威的用意是把陛下比为太康，只知道逸豫盘游，不知道为民着想。"

炀帝听了，益加不满意苏威。

又过了几天以后，隋炀帝问苏威关于讨伐高丽之事。

朝廷中的大臣多半为自保，故意隐瞒盗贼之事。忠心的苏威，为让炀帝了解事情的严重性，讽刺地说道："今天要攻打高丽简单得很，用不着发动部队，只要下个命令大赦群盗，一下子便有数十万人之多，然后我们派这些盗贼东征高丽，他们一方面喜于免罪，一方面又要争着立功，高丽就可灭了。"

炀帝当然听懂了苏威的意思，心里头益发不痛快。等到苏威走出宫后，最会察言观色拍马屁的裴蕴（yùn），立刻向前一步道："此人未免太不恭逊，天下哪里会有这许多的盗贼呢？"

"哼！"炀帝嗤（chī）之以鼻，"这个老头想用盗贼来威胁我，没有的事，我刚才恨不得打他的嘴巴，暂且忍耐一下吧。"

裴蕴摸清楚炀帝想整苏威的心意以后，找了一个白衣（白衣就是无官职的人。古时做官，什么官职穿何种衣服，戴何种帽子，规定得清清楚楚）张行本上了一个奏章，奏章中诬陷苏威以前在高阳滥授官职，炀帝因而下诏逮苏威入狱。几天之后，又有上奏谓苏威私通突厥，图谋不轨。

此案刚好由裴蕴审理，他为着讨好炀帝，把苏威判了一个死刑。苏威无法为自己辩白，只有不断在地上叩头，直叩得鲜血满地，炀帝遂免其一死，但是苏威子孙均被除名，永远不得录用。

炀帝在宫中正为此事愁闷不堪，正好江都新制的龙舟做成，送到东都洛阳献给炀帝。宇文述劝皇上去江都散散心，炀帝满口答应。

右候卫大将军赵才上谏曰："今天下百姓疲劳，府库空竭，盗贼蜂起，法令不行，愿陛下速还京师长安，以安民心。"

此话说得极为不动听，炀帝大怒，立刻把赵才交到官府去治罪。朝廷中的臣子没有一人赞成炀帝此时游江都的，但是炀帝的心意相当坚决，有

隋炀帝乘龙船游幸江都，想象图。

一个有骨气的建节尉任宗上书极谏，马上在朝堂之上被斩。

炀帝终于上路了。临走之前，还很风雅地写了一首诗留给宫人：“我梦江都好，征辽亦偶然。”这句诗的意思是：游江都乃我最爱之事，远征高丽乃属偶然之事，非所好也。

刚刚出宫，在建国门有一奉信郎崔民象上表，以天下盗贼充斥，谏请皇帝打消游兴，炀帝气得当场斩了崔民象。

当炀帝一行到达汜水，又有一个不怕死的王爱仁上表，谏请炀帝速还京师，炀帝也把他给斩了，仍然继续游程。

到了梁郡，郡人遮拦车驾上书：“陛下若要游幸江都，天下则非陛下所有。”再斩郡人之后，炀帝终于固执己见地到达了江都。

在中国古代，因为是君主专制时代，上谏乃成为臣民为百姓谋求福利的一条重要道路。拿今天民主的眼光看待固然不合理，然而我们不能用古人没有民主精神批评这些读书人。相反，他们不怕死，为真理而牺牲奋斗，代表着中国古代知识分子的一种道德精神，一种崇高的责任感。

隋炀帝对镜兴叹

隋炀帝不顾众人的反对，终于在大业十二年（616 年）第三次游幸江都。

皇帝驾到，江淮地区的郡官自然纷纷求见。炀帝不问地方民情，专门打听朝见者送的礼物。礼物送得丰厚者，超越阶层任命为郡丞郡守；礼物送得寒酸者，多半停职，甚且解职。有一个江都郡丞名叫王世充，献上珍贵的铜镜、屏风，立刻被升为江都通守；另外历阳人赵元楷献上美味，升任为江都郡丞。

既然炀帝有这个喜好，地方官吏为求讨好巴结，更加残暴地剥削百姓。可怜的广大人民，外为盗贼所抢掠，内为郡县父母官所压榨，实在活不下去了。

前面说过，炀帝不肯面对现实，最讨厌人家提到有关盗贼之事。

内史侍郎虞世基抓住皇帝这种不正常的心理，把一切将领及郡县官吏报上来的有关盗贼作乱，请求朝廷派兵支援的消息，或者压下，或者把军报大幅度地删减，使得炀帝看不出事态的严重。虞世基还上了一个奏章："鼠窃狗盗之辈，经过郡县的全力缉（jī）捕追逐，马上就要完全消灭了，愿陛下勿因此而耿耿于怀。"

炀帝看了，大为高兴，以后谁再禀报盗贼严重，立刻会挨上一顿揍。盗贼有皇帝撑腰，益发猖獗（chāng jué），甚且占据了郡县。这些情形，炀帝一概不知。

后来，有一位大将杨义臣十分英勇，打败了盘踞河北的数十万盗贼，他上了一个奏章给朝廷，一条一条详列经过情形。

“我以前没听说过有盗贼，怎么一会儿工夫，这许多的地方官全都降贼？”炀帝好生奇怪。

虞世基说：“小窃虽然多，不值得忧虑。倒是杨义臣把贼兵打败了，他平白多添了许多士兵，又远在国都之外，对朝廷而言，恐怕不是一件好事。”

炀帝不追问怎么平白冒出许多盗贼之事，也不彻查虞世基欺上瞒下之事，听了虞世基的挑拨以后，竟然下命令叫杨义臣把捉来的盗贼给放了，让他们回去重干偷鸡摸狗的勾当，就因为担心杨义臣力量太大。如此昏庸，怎能不使得天下离心！

盗贼一天比一天多，官吏抽税一天比一天抽得凶狠，再加上碰到荒年，人民没有东西可以吃。开始的时候，剥树皮、煮稻草、烧泥土果腹；到了后来，连这些东西都吃光了，只有互食人肉，惨不忍睹。

而这个时候，炀帝正在尽情地享受，他在皇宫里面布置了一百多个房间，每天命令一个美人值日。善于逢迎的王世充，在江南搜寻佳丽，送到宫中让炀帝享用。

赵元楷因为献上美味被任命为江都郡丞，既然他擅长于此，炀帝特别派他掌供酒馔（zhuàn），管理宫中膳食之事。炀帝是一个老饕（tāo），贪吃得厉害，如今享尽人间山珍海味，不亦快哉！酒杯不离口，不但他本人喝得酩酊大醉，与他同游的姬妾亦一个一个醉得东倒西歪。

表面上，炀帝吃喝玩乐十分惬（qiè）意，然而内心深处，聪明的炀帝当然知道事态一天比一天严重。自从杨玄感之乱以后，杜伏威、窦建德、徐圆朗、刘武周、李密、李渊、李轨、萧铣等在各地起兵，全国大乱！（关于隋末起兵的群雄故事，以后会一个一个地详细介绍。）

炀帝在下了朝以后，常常脱下皇冠龙袍，学着汉末王公的风雅模样，用一条缣巾把头发绾（wǎn）起，换上短衣，拄着拐杖，一个人慢慢散步，留恋在各个台榭和馆阁之间，不忍离去。

他一边张大着眼睛死命地看着各处景物，一边努力地深呼吸，走远了，又回过头，对着亭台楼阁再做一遍巡视，直到夜阑人静，才依依不舍地回宫。那个情景，仿佛这一秒钟不多看一眼，下一秒钟他就永远不能再看到眼前的景物了。

隋炀帝杨广，唐阎立本绘。

不久，炀帝迷上了占候卜相，常常在半夜里，烫了一壶酒，对着天上星斗，自己为自己算命。

他仰着头，对萧皇后道："外面很多人都想要朕的皇位，然而朕不失为长城公，卿不失为沈后。来，咱们共饮一杯吧!"

这句话的意思是说：即使我的皇帝宝座被人抢走，我还可以像陈叔宝一般，亡国以后，仍然做一个快乐逍遥的长城公；你呢？也可以像陈叔宝的沈后一般，两人都可共享富贵。

回到后宫以后，炀帝又想陈叔宝其笨如牛，所以炀帝的父亲文帝才会对他十分宽厚。今天，炀帝的敌手恐怕不会如此，况且炀帝所造的孽委实太多了。

因此，他对着镜子，摸着脑袋叹息道："好头颈，谁来砍？"

萧后听了大吃一惊，忙问："陛下何以说出如此不吉利的话呢？"

炀帝哈哈大笑："人生的贵贱苦乐，互相更迭交换，说上一说，却又何妨?"

这句话，表示炀帝自知已穷途末路了。炀帝的好脑袋真的会被人砍掉吗？

隋炀帝之死

隋炀帝的残暴，引起了全国民众的不满，纷纷揭竿起义。炀帝却在这个关头，逃避现实躲到江都去尽情享受。然而，在内心深处，炀帝也知道大事不妙，所以时常对着镜子，摸着脑袋叹道："好头颈，谁来砍？"

此时中原鼎沸，炀帝也无心北归了。他想把京城搬到丹阳，保住江东，以求偏安。于是，命令臣子们在朝廷之中各陈已见。

最会拍马屁的虞世基第一个赞成，但是也有那忠心保国的右候卫大将军李才表示反对。虞世基和李才两个人，就在大殿之上争吵了起来。李才说："请陛下车驾立刻返回长安。"然后，气愤地离开大殿。

另外，门下录事李桐客也认为江南不适合建都：江东地势低，湿气太重，土地险恶又狭小。人民内要侍奉万岁，外要补给三军的粮草，实在苦不堪言。这样子下去，终究是要叛乱的。

李桐客说的是实在话，不料，竟然因此被御史弹劾（hé），罪名是诽谤朝廷。

其他公卿看着都心里发毛，没有人敢再提出任何反对的意见，而且还编出许多好笑的理由赞同此事："江东人民，盼望陛下已久，陛下能够在此地安抚治理，简直和治水的大禹会合诸侯于会稽（kuài jī）一般伟大。"

然而，此时江都的粮食已经快要吃光了。随从炀帝到江都的骁果（英勇的武士）多半是关中人，久客外地，十分思念家乡。眼看着炀帝正在大兴土木，建筑丹阳宫，可见得炀帝没有北归的打算，只好纷纷逃亡。郎将窦贤率领所属的士兵西走之时，被炀帝及时发现，派人追回，斩首示众。虽然骁果们知道逃亡如不成功，一定会被杀头，可是仍然不断有人开溜。

虎贲郎将司马德戡（kān），向来是炀帝宠信的爱将，他向虎贲郎将元礼及直阁裴虔（qián）通诉苦说："今天的骁果，没有一个不想逃亡的，我如据实禀报皇帝，皇上一定会大发脾气，第一个就先把我斩了泄愤。我如果不说，等到事情闹到不可收拾的地步，我还是会遭到灭族的命运，我该怎么办呢？又听说关中已经沦陷覆没了，李孝常据华阴叛变，皇上已把他的两个弟弟关了起来准备杀掉。我们的家小都在关中，能够不顾虑吗？"

两人听了都很恐慌："那么，咱们究竟该如何是好呢？"

司马德戡道："既然骁果都想要逃亡，我等不如也跟了去。"

不久，司马德戡召集了虎牙郎将赵行枢（shū）、鹰扬郎将孟秉等人商量同谋，将作少监宇文智及（宇文述之子）反对逃亡，主张叛变，于是，司马德戡等人改变计划，他们日夜在大庭广众之间，公开讨论叛变的计划，毫无一丝忌讳。

有一个宫人听到他们的谈论，对萧后说："现在外面人人都想要造反。"

萧后说："任你奏明皇上。"

隋武士俑，河南省安阳市隋墓出土。

于是，宫人告诉炀帝，炀帝大发脾气："这些混账话岂是你能够说的？"便把宫人给斩了。

后来，又有一位宫人告诉萧后，外边有人想要阴谋叛变。萧后不想再让这位宫人送死，长叹一口气道："天下事已到了这种地步，无可挽救了，何必再去告诉皇上，徒然增加皇上的忧虑。"从此，没有人再提起此事。

此时，司马德戡说动了宇文智及的哥哥右屯卫将军宇文化及为首领，并且对所属的骁果们说："陛下听说骁果准备叛变，酿制了许多毒酒，要在宴会中分给大家喝。"骁果们听了都很害怕，加强了叛变的决心。

于是，某天晚上三更之时，司马德戡在东城调集兵马数万人。炀帝在宫中看到外面一片大火，不时有喧哗叫嚣之声传来，忙问："怎么回事？"

在宫中当内应的裴虔通道："没有什么，储草的草坊失火了，大家都在忙着救火。"炀帝信以为真。

这时，炀帝的守卫不是被司马德戡买通，就是被他假造命令，差遣了出去，所以叛军毫不费力地进入了内宫。

炀帝发觉有变，立刻准备乔装溜到西阁，校尉令（líng）狐行达拔刀直进逼迫，炀帝下阁问："你要杀我吗？"

"臣不敢，但请陛下西归。"说着，令狐行达扶着炀帝走下阁楼，走到一半，炀帝看到裴虔通。虔通本为炀帝最亲信的人，炀帝十分愤怒，责问道："你不是我的老部下吗？为什么要造反？"虔通对曰："臣不敢造反，然而将士们都想要返回关中，想要侍奉陛下速还京师罢了。"

炀帝说："这个好办，朕本来也正想回去，只是船只未到，朕与你们一块归去也就是了。"

"百官俱在庙堂，陛下必须亲自出面慰劳。"虔通说完，把炀帝强拉上马，左右环刀相侍。

刚走出宫门，门外叛军噪声如雷，宇文化及指着炀帝叱责："干什么把这个东西带出来？"炀帝见到众人都拔出利刃，恶狠狠地瞪着自己，不禁长叹一口气道："我犯了什么罪落到今天这种地步！"

马文举道:“哼!陛下外勤征伐,内极奢侈,使得壮丁都丧生在矢刃之下,妇女老弱都填塞于沟壑(hè)之中,人民失业,盗贼遍地,你还说没有罪吗?”

炀帝至此不悔道:“我是对不起天下的百姓,但是你们却享尽荣华富贵,为什么还要反叛?今天的叛变,是谁带头?”他还想用皇帝的威名扭转形势。

司马德戡说:“普天同怨,带头的何止一人。”

这时,炀帝的十二岁儿子赵王杨杲在旁,见到这种情形,吓得大哭,裴虔通一刀便把赵王杀死。

事已至此,炀帝曰:“天子有天子的死法,何用锋刃?去取毒酒来。”

结果,由令狐行达用炀帝的白巾把炀帝缢死。这位历史上有名的狡诈的、善于做作的皇帝杨广,就这样死了,结束了隋朝短短三十八年的命运。

李渊雀屏中选

在上一篇中，我们说到荒淫无道的隋炀帝，终于在大业十四年（618 年），被他的部下宇文化及等人杀死于江都，结束了隋朝昙花一现般的盛世。

在此之前，全国各地起义反隋的兵马有一百四十多路。现在，我们要介绍的，就是其中最有力量的一支——以李渊为首的太原军。

李渊自称为陇西旧族西凉武昭王李暠（hào）的七世孙，李暠为东晋时代十六国之中西凉国的创立者。

李渊的父亲李昞（bǐng）在北周时代，被任命为安州总管、柱国大将军，袭爵唐国公。李昞的妻子独孤氏与隋文帝杨坚的独孤皇后为姐妹。当时，杨坚为隋公，以后篡周，建立隋朝。

既然李昞与杨坚二人的妻子为姐妹，因此他俩为连襟，李渊当然是隋文帝的外甥了。事实上，李渊小的时候，与他这位皇帝姨父是十分亲近的，他在七岁时，就袭爵唐国公，以后做到谯（qiáo）、陇、岐三州刺史，极有才干。

成年以后，李渊娶了鲜卑望族隋朝定州总管窦毅的女儿为妻，关于这一段，还有一则故事。

窦毅这位女儿，品貌俱佳，因此他常常自夸道："我这个女儿生有奇相，而且见识不凡，怎么可以随随便便嫁人。"

于是，窦毅想了一个挑选女婿的好办法，他在屏风上面画了两只孔雀，对着前来请婚的男子说："每一个人射两箭，哪一个人能够射中孔雀的两只眼睛，我就把女儿许配给他。”

一连有数十个青年前去射箭，他们每一个人在拉弓之前，无不信心十足，可是孔雀的眼睛极小，身上的羽毛又色彩斑斓，稍一偏向就无法射中，因此一个一个都失败了。

窦后与孔雀屏，选自《马骀画宝》。

最后轮到李渊，他屏住呼吸，“咻（xiū）”地一箭射出去，不偏不倚（yǐ），正好射中孔雀的眼睛，围观的众人都拍手叫好。窦毅看着也十分欢喜，但是表面上仍喝止道：“不急，还有一箭。”

第二箭射出去，同样分毫不差，所以李渊就雀屏中选，成为窦毅的乘龙快婿。因此，后人挑中女婿，称之为“雀屏中选”。

窦氏一共为李渊生下四个男孩：建成、世民、玄霸、元吉。一个女孩，嫁给临汾（fén）人柴绍。因为他们都是胡汉混血，所以颇有胡人的骁勇之风。

在李渊的四个儿子之中，以次子李世民最得李渊的宠爱，他聪明勇敢，胆识过人。眼看着隋朝皇宫乱成一团，颇有安定天下，解救百姓之志。所以，他就结交士人宾客，暗中汇集一股力量。

当时的晋阳宫监裴寂，与晋阳令刘文静私交很好，经常两人同被共宿。有一天，裴寂见到城外烽火连天，对着刘文静叹息道：“我等如此贫贱，又逢乱离的时代，将何以自存？”

刘文静笑着说：“只要我们二人结交相得，何必为贫而忧虑。”他这句话中就隐含很深的意思。

接着，刘文静又特别向裴寂推荐李世民。他说：“此人绝非常人，他的胸襟豁达类似汉高祖，他的神奇威武类似曹操，年纪虽然很轻，才干却冠于当世。”

“喔，是吗？”裴寂只淡淡应了一声，内心却不以为然。心想小小的李世民，哪有如此能耐，未免吹捧过分。

这个时候，李密（为杨玄感定计谋的李密）据有瓦岗，威震关东。因为李密造反，而刘文静与李密是亲戚，因此也被牵连，被捕入狱，关在太原的大牢里。

李世民前往探监。刘文静对李世民叹一口气道：“现在天下大乱，非要有汉高祖和汉光武这样的人才，才能够安定天下。”

李世民一昂头道：“安知没有？只是一般人不知道罢了。”这句话很明显地表现出他的自视甚高。

说着，李世民拉着刘文静的手道：“我今天来看你，并不是为着小儿女般的感情，我是要与你共商大计。你有什么计策？”

刘文静至此也坦然说出心中的话：“现在主上（炀帝）南巡江都，李密围逼东都，各地的强盗数以万计。当此之际，如有真正英明之主起来抗隋，夺取天下，易如反掌。尊翁渊领兵数万，乘虚入关，谁敢不从，不过半年，就能当上皇帝。”

这番话，说得李世民频频点头，世民笑道：“君言正合我意。”

回去以后，李世民开始悄悄地招兵买马，但是李渊并不知情。李世民惟恐父亲李渊不肯，犹豫了半天，仍旧不敢对李渊当面表明。

此时，裴寂已自刘文静口中，渐渐了解了李世民的才干。而李渊与裴寂的私交不错，时常在一块宴会小酌。世民想要透过裴寂说动父亲，所以拿出了数百万钱，找人陪裴寂赌博，又故意输给裴寂，尽量讨裴寂的欢喜。

最后，裴寂答应为世民去向李渊说项，怂恿他反抗隋朝。李世民能够说动李渊吗？造反必是死罪。有杨玄感的例子在前，李渊会答应他吗？

李渊举棋不定

李世民随着父亲李渊，留守太原。李世民有意劝父亲李渊起兵反抗隋朝，却又不敢开口。于是，拜托晋阳宫监裴寂帮忙说说。

有一次，李渊与裴寂畅饮之后，裴寂乘机对李渊道："二郎（李世民排行第二，故以此称）偷偷在养士马，想要发动大军，现在人心已经完全一致，就等你的一句话了。你到底意下如何？"

"嗯，吾儿确有此一计谋，事已至此，我也无可奈何，只有听他的了。"李渊从容答道。可见得知子莫若父，做父亲的不会不知道世民的打算，只是装聋作哑。

这个时候，刚好突厥攻打马邑（山西省朔州市），李渊派遣高君雅协助马邑太守王仁恭合力抵抗。可惜，此二人出师不利，打了一场败仗。

李渊十分担心因此被朝廷处分，终日愁眉不展。世民眼看机会来了，找着一个机会对李渊说："现在主上无道，百姓困穷，晋阳城外皆为战场，大人若守小节，苦苦尽忠，下有寇盗，上有严刑，或早或晚，都会大祸临头。还不若顺从民心，发动义兵，转祸为福，这是天赐的良机。"

这番话说得十分露骨，明摆着想要造反了。李渊虽然知道内情，然而他是十分谨慎的人，因此，大吃一惊道："你怎么可以说出这种话，我要把你这个大逆不道的人绑起来，送到县官那儿去。"

说着，李渊拿起纸笔，准备书写告状。

唐高祖李渊，据南薰殿《历代帝王像》复制。

李世民沉住气，缓缓地说："孩儿观察天时与人事，觉得事情已到非举兵不可的地步，才敢对父亲说这种话。如果父亲一定要把我绑到衙门去治罪，儿子绝对不敢说不去。"

李渊把笔一掷，叹口气道："我哪儿舍得到官府里去告发你。只是这种杀头的事，你要小心开口。"

到了第二天，世民又去对李渊劝说："现在盗贼一天比一天多，大人受皇帝之诏，奉命讨贼，贼遍天下，哪里可以杀尽？因此，总不免因为讨贼不力而被治罪。就算大人能够把贼讨平，功劳太大，更容易引起皇帝的不满。所以，只有我昨天说的一番话，可以躲避灾祸。"

"对！"李渊点点头道，"我昨夜想了一夜你说的话，实在大有道理。现在家破人亡在于你，化家为国，据有天下当天子也在于你。"

可是，不久以后，隋炀帝从江都派了一个使者来，赦免了李渊的罪，让其仍然留守太原。李渊眼前火烧眉毛的危机解除，所以又不急着起兵。

可是，过了没多久，鹰扬府校尉刘武周在马邑起兵，勾结突厥，占据汾阳宫。李世民急忙奔告父亲道："大人作为太原留守，如今盗贼窃据离宫，如果再不早定大计，祸患即将临头。"

李渊听后，立即召集将领佐吏宣布道："刘武周据有汾阳宫，我等无法制止，罪应灭族，如何是好？朝廷规定用兵要先禀奏，这一来一往之间，必然延误军机。”

于是，李渊便借着这个理由，乘机叛变。朝廷派来监视李渊的王威与高君雅起了疑心，李渊不得不想个办法，先除掉这两个人。

一天早上，李渊与王威、高君雅正在处理政事，胙（zuò）城有刘政会前来，说有密报。李渊对王威使了一个眼色，命他打开来看。不料刘政会却不肯把密报交给王威，且正色地说：“上面所密告的，正是有关副留守王威的事，只有唐公（李渊）才能够看。”

李渊故作惊奇道：“有这种事吗？”急忙接过来一看，高声念道：“王威、高君雅，暗地勾引突厥入寇。”

高君雅一听，挽着袖子，举起手臂气得大骂：“这是有人想造反，故意诬陷我等。”

说来正是无巧不成书，突厥大军竟然不早不晚，刚好这个时候进犯晋阳。人们都认为绝对是王威与高君雅两人合干的好事。于是，李渊利用此一机会，就把他们两人给斩了。

突厥大举入寇，李渊等人没法阻挡，聪明的李世民竟然把城门大开。突厥看到四边城门大开，担心城中设有埋伏，不敢入城，只敢在城外地带大掠而去。

紧接着，李渊自号大将军，在大业十三年（617 年）三月，正式自太原起兵，表面上是帮隋平定乱事，实际上是准备夺取隋朝的天下。

“罄竹难书”成语的由来

李渊自从在太原起兵以后，自任为大将军，积极地向隋军进攻。

这个时候，突厥的力量很强，李渊一方面担心突厥坏事，一方面又想要借用胡人骠（piào）悍的胡马，所以听从刘文静的建议，向突厥的始毕可汗谈和，双方约定：“若得攻入长安，民众土地归于唐，金玉缯（zēng）帛归于突厥。”

李渊为争取人心，大开粮仓，救济灾民，并且乘机招募义兵。然而，这些义兵都是乌合之众，没有经过检阅练习，所以带领起来万分辛苦。

李世民及哥哥建成颇能与兵士同甘共苦，而且遇着危险，必定身先士卒，行军途中，看见临近道旁种植的菜蔬水果，一定向农民购买以后方才食用。这样的军纪严明，是一般队伍所做不到的。万一有一两个士兵，忍不住嘴馋，偷吃了瓜果，李世民也会找到主人，赔偿金钱，因此，一路下来，深得民心。李渊看着军纪严整，忍不住高兴道：“用这样的行兵方式，大可横行天下。”

此时，李密在现在的河南省东部，拥有极大的力量，而且发表了一篇著名的檄文声讨隋炀帝，其中的名句有“罄（qìng）南山之竹，书罪无穷；决东海之波，流恶难尽（这句话的意思是，用完南山的竹子做简策，也写不完炀帝的罪状。罄是用尽的意思。用东海的滔滔大水，也洗不完炀帝的罪恶。以后我们形容罪状之多，写都写不完，称之为“罄竹难书”，这就是此句成语的由来)”。

这一篇檄文一出，海内轰动，人人传阅，李密的声势如日中天，各地反隋的领袖如窦建德和徐圆朗等纷纷上表，劝请李密即天子位，李密却以为洛阳尚未拿下，还不必急在一时。

因为李密的声势浩大，所以李渊想要来拉拢他，遣使通书。李密自以为力量雄厚，要求李渊率领步骑数千到河南来，当面缔(dì)结盟约，由李密自任盟主。

李渊不敢得罪李密，却又不想跑到河南去。他笑着说：“李密这个人如此夸矜(jīn)自大，我正准备进兵关中，如果一口回绝他，等于平白又多了一个敌人，不如拍拍他的马屁，使他更为骄傲，然后再慢慢观看鹬蚌(yù bàng)相争，好来坐收渔利。”

于是，李渊就命令温大雅回了一封书信给李密，信上说：“天生万民，必有司牧，当今能为司牧，作为天子者，除了你还有什么人？老夫年逾知命(五十岁)，没有这个野心了，愿意跟着大弟你，攀鳞附翼。”

李密见到信，看得眉开眼笑，乐不可支。从此，乃对李渊深信不疑。

然而，日子总是不会一帆风顺的，李渊的西征军被阻在河东，渡不了黄河，又连逢大雨，军队里缺粮。隋朝派出的大将宋老生相当厉害，李渊的部队打不过他。然后，这时又听说刘武周与突厥联手，准备攻打李渊的后方太原。

一连串的坏消息，使得李渊愁眉不展！他常常踱着方步长叹：“老天爷如果要帮助我完成大业，怎么会落到今天这一种地步？”

裴寂等也有意打退堂鼓先回去守太原，他们对李渊道：“宋老生的军队据有险要，一时之间攻打不下。李密虽然表面上与我们相结合，但奸谋难测，不可不防。突厥与我们有约在先，但是突厥贪而无信，惟利是图，我们也不能相信突厥。太原是一个险要的都会，士兵们的家属都留在太原。如果刘武周真要勾结突厥拿下太原，该如何是好？我们不如先回去把太原守住，以后再慢慢图谋发展。”

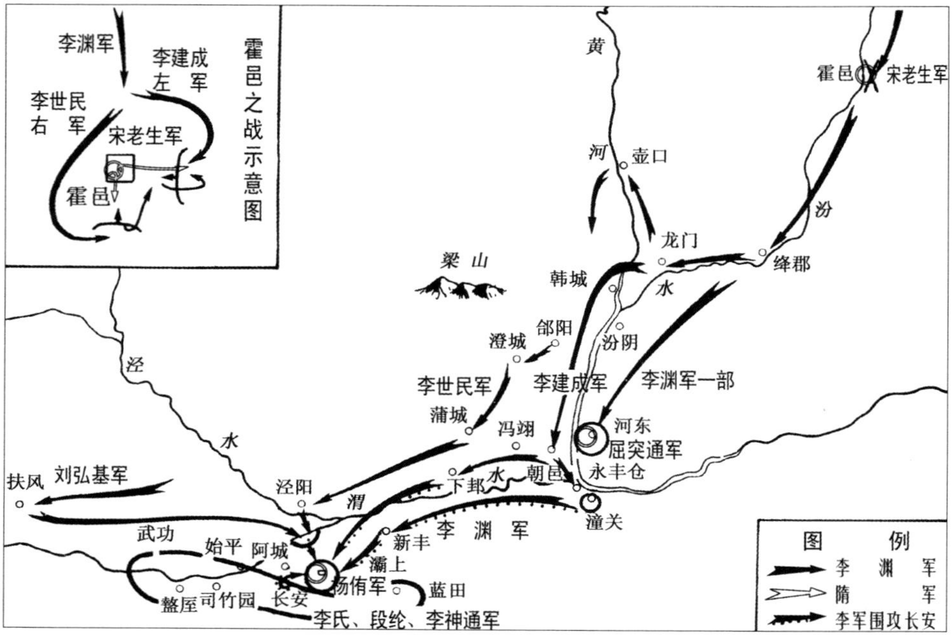

李渊进军关中示意图。隋炀帝大业十三年（617 年）六月，李渊自晋阳南下，到霍邑后，先以弱兵引诱宋老生出战，李渊在正面迎敌，世民、建成亲率精骑攻侧翼，斩宋老生，进据霍邑。乘胜南下，攻克临汾、绛郡后，李世民北上，自壶口渡黄河；李渊率主力自龙门渡黄河；留下一部攻打河东屈突通。李渊渡河后，命李建成南下，经朝邑，进占永丰仓，扼守潼关，切断长安、洛阳的联系，自领大军自潼关西行，从东面压迫长安。李世民军渡河后，进至泾阳，自北面进逼长安，并派刘弘基占领长安故城；李渊女儿李氏在鄠县起兵，占住武功，与李世民会合；段纶也在蓝田起兵，均属李世民指挥。此时，李建成部也进至灞上，长安合围。十一月，攻克长安。

裴寂这番话说得众人都点头称是。天气既坏，粮食又没有了，与其坐以待毙，不如先回老家，守住根本。隋朝大军不易征服，何况各地起兵反隋的有一百多路人马，想要据有天下，哪里是这么容易的事？还是不要异想天开做皇帝梦了吧。

大家都心存悲观的想法，李渊因为时运不济，也不免怨天尤人，只有他的二儿子李世民不以为然。

世民站起来说："如今一路上禾菽（shū）遍野，都可以采来食用，何必担心军队缺粮？宋老生这个人轻率浮躁，只要我们正式交兵，必定可以一战而擒；李密担心粮粟（sù），没有空做长远的打算；刘武周与突厥虽然暂时结合，骨子里却互相猜疑。我们的目的是奋不顾身解救天下苍生，应该首先进入咸阳，号令天下。现在不过碰到一个小敌人，稍稍遭遇一点挫折，就马上班师回老家，这样如何成得了大事呢？”

世民这一番分析，有条有理，极有气魄，表现出勇往直前的精神。可见得天下的任何事，如自悲观的角度看来，往往一筹莫展；可是，若用积极的眼光衡量，任何困难都可以克服。

但是，李渊听不进去李世民的意见，他有些心灰意懒，而且又不放心太原的根据地，因此他执意立刻班师后退。

李世民军营夜哭

李渊的西征部队，受挫于隋朝大将宋老生，被阻在河东地带，渡不过黄河，又连遭大雨，军队中粮食欠缺。此时，风闻刘武周要借助突厥的军队攻打太原。军中的将领如裴寂等，都主张先掉过头回到太原，以后再做出兵的打算。

李世民独排众议，他认为凡事自消极的眼光看来，无不困难重重；自积极的角度看来，困难都是可以克服的。但是，李渊不肯听儿子的劝告，他颁布了军队向后退的命令以后，径自回营去休息了。

世民还想要去说动父亲把部队留下，然而天色已晚，李渊上床睡觉去了，很不方便冒冒失失地闯进去。

如果是别人遇到这种情形，只有两手一摊，徒呼奈何，毕竟已经尽过力了，天意如此，难以挽回。

然而，李世民不一样，他仍旧不肯死心，急中生智，两腿一分，坐在营帐外，开始嚎啕（háo táo）大哭。起初只是断断续续地抽泣，到后来愈哭愈大声。在凄清的夜里，听得人寒毛直立。

正在梦会周公的李渊也被哭声惊醒了，他披上外衣到帐外看，发现世民哭得眼睛快要睁不开了，讶异地问道：“你干什么如此伤心？”

“现在军队往前作战会得到胜利，往后退就会到处逃散，敌人正好乘机攻击我们。如今死亡即在眼前，我如何能够不悲哀呢？”世民一边擦眼泪，一边陈述理由。

这时李渊也觉悟了，如此一后退，人心涣散，敌人也会乘虚而入，不禁长叹一口气：“可惜晚了一步，如今军队已开拔了，也没法子挽救了。”

“还来得及。”世民抢着说，“右军尚未出发，左军虽然已经开拔，想来还走得不远，请父亲立刻命令我去把他们追回来。”

李渊看着儿子如此锲（qiè）而不舍，忍不住笑道：“事情的成败，完全在你的身上了，我没有什么好说的，随你去吧！”

李世民一听此话，立刻飞奔上马，连夜将左军追到，把正在撤退的大军，硬是给截了回来。

说也奇怪，自此以后，运气逐渐好转。刘文静从太原运来了粮秣。八月以后，雨也渐渐停了，太阳露出了笑脸。李渊开始命令部下，把快发霉的铠甲行装，搬到太阳底下曝晒。

然而，李渊依旧忧心忡忡，他愁眉不展道：“万一宋老生不肯出来应战，僵在这儿，他没有关系，我们可没法子长期耗下去。”

“别急！”世民胸有成竹，拍着胸脯，“宋老生这个人有勇无谋，我们向他挑战，他不会不出来的。”

李渊摇摇头：“万一，他不肯上当，硬不出来，我们又攻不进去，怎么办？”

“这个很是容易，他要是固守不出，我们就开始造谣，说宋老生不肯出来应战，是因为他已暗中投降李渊大军。如此一来，必有多嘴多舌的人，把话传到皇帝耳中，他还敢不乖乖出来交兵吗？”李世民把一切都考虑妥了。

于是，世民和他的大哥建成率领着骑兵来到城下，然后破口大骂，用种种的话侮辱宋老生。正在叫嚷着“哈，果然没有种”时，宋老生气得大开城门，率军三万，扑将过来。

世民引兵直冲入宋老生的行阵之中。在宋老生背后，一口气杀了数十人，直杀得双手提着的两刀皆有缺损，袖子上沾满了鲜血。他用水洗去鲜血，又继续作战，并且放出谣言：“已经捉到宋老生啦！”

在一片混乱的情形下，隋军以为宋老生被擒，军心大失！而李渊的部队，得此鼓励，愈战愈勇，不一会儿的工夫，城门已被攻下。宋老生恼羞成怒，准备下马投入护城河内自杀，却被刘弘基一刀砍死。

以后，李渊的大军，一路上都极为顺利。前面说过，李渊除了四个儿子，还有一个女儿，嫁给柴绍。

早在李渊于太原起兵之时，柴绍也赶往太原。临行之前，柴绍对夫人李氏说：“岳父起兵，我们无法一块去，你留在此地，恐怕会有祸患，应该如何是好呢？”

李氏举兵响应父亲李渊，选自《马骀画宝》。

“你赶快走吧，我一个妇道人家，容易藏匿，我自己会有办法的。”李氏催促着。

等到柴绍一走，她回到鄠（hù）县的庄园，变卖家财，纠集徒众。这一会儿听说父亲李渊的大军已经渡过黄河，二哥李世民的部队也到达了渭北。她立刻率领一万多名勇士，浩浩荡荡开入渭北，与哥哥李世民会合，人们称之为“娘子军”，表示她不让须眉之意。

在娘子军的襄助之下，一路势如破竹。大业十三年（617年），李渊攻下隋都长安，立代王侑（yòu）

为帝（是为隋恭帝），遥尊炀帝为太上皇。（请注意：此时炀帝仍未被杀，只是为让读者便于阅读，我们把炀帝被杀的故事先交代在前面。）

第二年，大业十四年（618 年），炀帝被部下宇文化及所杀。李渊受禅称帝，改元武德，是为唐高祖。李渊立长子建成为太子，次子世民为秦王，开启了我国历史上最为光辉灿烂的大唐帝国。

如果李渊没有听从世民的建议，稍遇挫折即返回太原，怎么会有以后的唐朝？可见得天助自助，上天是帮助能够帮助自己的人的。人生到处充满了困难，我们应该要效法李世民的奋斗精神，才能建立成功的事业。

轻薄公子宇文化及

在隋炀帝大业十四年（618年），炀帝被部下宇文化及等缢死。消息传到长安，唐王李渊自立为皇帝，是为唐高祖，年号武德。所以，大业十四年（618年），也是唐朝武德元年。

唐高祖虽然即位为君主，然而此时全国并未统一。由于炀帝的荒淫暴虐自古少见，因此各地起兵反隋的义兵多达一百四十路人马。我们把重要的人物故事，逐一加以介绍。第一个开场的不是别人，正是弑（shì）炀帝的领袖——宇文化及。

宇文化及是左翊卫大将军宇文述的儿子，此人个性凶暴阴险，不喜欢尊重礼俗法规，年轻的时候，经常挟着弹弓，骑着快马，奔驰在长安道上。行人都在后面指指点点："喏，这就是咱们长安市上有名的轻薄公子。"

隋炀帝为太子时，也是一个好色贪玩的公子哥儿，与宇文化及臭味相投，只是炀帝善于伪装，一般人不知情罢了。他与宇文化及十分要好，甚至常常出入宇文化及的卧室之内。

因为家世显赫，宇文化及很轻易地做到了太子仆。然而他品行不端，有收红包的习惯，三番两次被免官，幸亏他与炀帝有交情才能复职。后来，宇文化及的弟弟宇文士及娶了南阳公主，有了坚硬的靠山，宇文化及更加张狂，出言不逊，看到人家有什么珍贵的狗马珍玩，一定要想办法弄上手。旁人也不敢得罪这位公子哥儿。

等到炀帝正式即位为皇帝，宇文化及更加有恃无恐，竟然违背法令，与突厥人做买卖，牟取厚利。结果被炀帝晓得了，大为光火，把宇文化及关了几个月，还准备杀头。若非南阳公主的面子大，宇文化及的脑袋就要搬家了。

一直到宇文述去世，炀帝想起他还有宇文化及这个儿子，又再起用他当右屯卫将军。

后来，炀帝三度游幸江都，此时全国已动乱不堪，李密的军队声势浩大，炀帝心里很害怕，不想回到关中，有意在江都留下。可是随行的官兵多半为关中人，思乡情切，纷纷开溜。

大将司马德戡很伤脑筋，他压不住士兵，又不敢把骁果逃亡的事情禀报炀帝。以炀帝那种火暴脾气，知道了消息，一定先斩司马德戡出气。但是不禀报炀帝，等到骁果都逃光了，炀帝一样会动怒。情急之下，司马德戡采用赵行枢的建议，说动宇文化及为首领，发动政变，杀掉了炀帝。

从此，宇文化及据有三宫六院，奢侈浪费一如炀帝，每天在牙帐之中高居南面（古时帝王之位向南，所以称君主为南面），以皇帝自居。有人向他禀奏事情，他都低着头不讲话，一副莫测高深的模样。下了牙帐之后，再回去找参谋研究对策。

当宇文化及率领十余万之众浩浩荡荡离开江都向西行之时，走到徐州，水路不通，他命令手下去抢了二千辆牛车（按隋唐时，官兵乘坐及运输多使用牛车，没有牛车的地方，才使用马驴）。他又载了大批的珍宝，再加上戈甲戎器，都要靠士兵背负，因此人人怨声载道。

司马德戡气得对赵行枢发牢骚：“都是你干的好事，推荐这样一个活宝，在拨乱反正的今天，正需要英明的贤主领导，宇文化及昏庸无能，如何能成大事？”

“对你我而言，废掉他有何难处？”赵行枢拍着胸脯回答。于是他两人积极策划除掉宇文化及之事。不料请神容易送神难，宇文化及先一步逮住了司马德戡。

宇文化及对司马德戡道：“与你合力去掉炀帝，共定海内，如今事情刚

宇文化及，选自清刊本《说唐演义全传》。

刚成功，正好可以共享富贵时，你又何必造反呢？真叫人想不通。”

司马德戡厌恶地瞪了宇文化及一眼道：“本来冒险杀掉昏君，是因为苦于炀帝的淫虐。没想到推立足下之后，比炀帝有过之而无不及。所以，不得不杀掉你，以服人心。”话还没说完，宇文化及已经派人缢死了司马德戡。

除掉司马德戡以后，宇文化及身边更没有富于谋略的人才，军事连番失利。李密知道宇文化及的军粮快吃光了，故意派人来与他联合。宇文化及以为救兵即来，命令饿了几天的士兵，痛痛快快地把剩下的粮食吃光，打过牙祭之后，才发现李密的诡计。原来，李密根本没有要援救宇文化及的意思，气得宇文化及直跺脚。

宇文化及的手下，眼看着穷途末路了，也都纷纷求去。他一筹莫展，只有沉醉在美人和醇酒之中，寻找片刻的麻醉。他醉醺醺地对弟弟宇文智及说：“当初我也不知道你们要杀炀帝，是你们强拉我参加的。现在一无所成，我又背了弑君的罪名，为天下所不容，难道不全都是你的过失？”

宇文智及冷笑道：“噢，当初事成之日，你为何不怪我？”

宇文化及自知必败，叹着气自语：“反正是会完蛋的，不如当个皇帝过瘾。”因而即帝位于魏县，国号许，改元天寿。

不过，他当这个皇帝没有太久，就被窦建德用牢车载到河间问斩。我们常谓“时势造英雄”，然而，空有时运，自己没有本事也是枉然。宇文化及虽有很好的机会，可惜终究是个不成材的轻薄公子，难成大事乃是意料中的事，又何必怪罪他人？

王世充伪装诚恳

在上一篇《轻薄公子宇文化及》之中，我们介绍了杀掉炀帝的宇文化及，现在再介绍一个反隋的代表人物王世充。

炀帝是一个贪婪好财的君主，特别喜欢下属奉送厚礼。当他在大业十二年（616 年）游幸江都时，有一个江都郡丞献上珍贵的铜镜和屏风，立刻被拔擢为江都通守。这位善于阿谀（ē yú）的大臣正是王世充。

王世充，本姓支，西域胡人，因为祖母改嫁霸城王氏，冒姓为王。在隋文帝开皇年间，因军功做到汴州长史。他生有一张能说善道的利口，又善于察言观色，马屁十足，官运颇为亨通。

有一回，突厥兵在雁门把炀帝团团围住，王世充发动江都人前往赴难。他在军队里，整日蓬头垢（gòu）面，哭哭啼啼。到了晚上，也不把笨重的铠甲换下，只在草堆上打个盹，表示时时刻刻不能忘怀炀帝的安危。后来雁门之危解除，炀帝听说他的忠心，感动得说不出话。哪怕炀帝平日是疑心病最重的皇帝，也被王世充的“诚恳”打动了他的铁石心肠。

以后，江都发生政变，宇文化及等杀掉了炀帝，率众西行，王世充正在东都洛阳留守。听到凶耗之后，拥立越王杨侗为皇帝，改元皇泰。

杨侗其实仅仅是一个傀儡，实际掌握政权的是王世充。王世充办起事情来，往往先斩后奏。杨侗相当不开心道：“擅自诛杀，不先禀奏，哪里是为臣之道，你想要扩充势力危害我吗？”

王世充立刻一头栽在地上，流着眼泪道："臣蒙先皇帝的提拔，粉身碎骨无以为报，如果内藏阴谋，违背陛下，让臣全家族一起消灭，不得好死。"他边哭边说，使得杨侗非常感动，拉着他的手去晋见皇太后，任命他为尚书左仆射，总督内外军事。

其实，王世充是个有野心的人，他最大的本事在于收买人心。他曾经立了一块牌子在府门口，牌子上写着：一、征求文学才干足以拯救时局者；二、征求武勇智略足以冲锋陷敌者；三、征求有冤枉不能伸张者。

这三块牌子一贴出来，吓，不得了！大批大批自以为有才略和自认有冤屈者络绎不绝地上门。王世充不厌其烦，逐一接见，亲切地垂询再三，殷勤地安慰告谕。每一个走出大门的人，无不面有喜色，而且夸奖道："他多诚恳啊！"

也有那自认有满腹才华的人，以为献上计策马上可以实行。可是，时间一天一天地过去，人们发现尽管王世充嘴上赞美不已："高见，高见！"其实没有一件事真正听进去了。他对身边的仆役、奴才，也都是装着一副笑脸，亲热非常，只是这一切都是表面功夫，他没有接纳善言的雅量，也舍不得给部下任何实惠。

除了做作的诚恳予人反感之外，王世充还有一项令人讨厌的毛病，说话啰啰嗦嗦，不得要领，一遍又一遍地重复。甚且当他篡夺了帝位，上朝登殿时，仍然千端万绪讲个不停。每次上朝，臣子们都听得极为不耐烦，恨不得用棉花把耳朵塞起来。御史大夫苏良曾经上谏道："陛下说话太多，又不得要领。指示宜在明确，何必费辞太多。"

王世充听了，低下头来沉思许久，他没有怪罪苏良的直言，但是这个多话的毛病，始终改不过来。

在军事上而言，王世充曾大有斩获，打败李密，对李密的降将也十分礼遇。其中有两位降将是大家所熟悉的：一个是秦琼，就是秦叔宝，京剧中有一出有名的戏叫《秦琼卖马》；另一位是程知节，也就是"半路杀出个程咬金"的程咬金。此二人的故事，并不一定如戏剧中所描写的，不过确有其人，而且是隋末唐初很有名气的大将。

他们两人都不喜欢王世充多诈的性格，程咬金对秦叔宝说：“王公这个人器度狭浅，喜欢吹牛，又爱呼神弄鬼，好为咒誓，简直像一个老巫婆，哪里是一位拨乱反正的人物呢？”

因而，在一次与唐朝军队交阵中，秦叔宝与程咬金下马对王世充说：“我们深受特殊礼遇，常常想要报效尽忠，然而你性喜猜忌，喜信谗言，不是我等能托身之人。因此，现在我们不得不告辞了。”

后来，他们两人投靠了李世民，成为唐朝玄甲（黑战衣）骑兵团的主力，一起出兵攻打王世充。

一回，李世民要去探查王世充军营的虚实，带了几十名精骑冲入敌阵之中。他身先士卒，所向披靡，却不料在一道长堤（dī）之上与军队走失了，只有将军丘行恭留在身边。这时被王世充骑兵发现，李世民的马被流矢射中，倒地而亡。

秦琼，清内府彩绘本《庆赏昇平》之《千秋岭》。

程咬金，选自《历代名臣像解》。

世民也被摔在马下。幸亏丘行恭把马让给世民骑，他一人手持大刀，连砍数人才突阵而去。

世民虽然险些送命，仍然毫不畏惧进攻洛阳城。城中王世充守备极严，大炮飞石，重五十斤，两百步内不断落下，世民一直攻不进去。士兵们经过十多天的苦战，也想休息。世民说："不可，如今大举而来，理当一劳永逸，洛阳不破，师必不还！有谁再敢言班师者斩。"

正在这个紧张的时刻，河北另一支反隋的大将窦建德的救兵已至，对王世充而言，援兵及时赶到实在太好了。

窦建德真够义气

王世充死守洛阳，唐朝的李世民猛攻不进，两人斗得天翻地覆之时，王世充搬来了另一名反隋大将——窦建德当救兵。

这时的洛阳城中一片凄凉，因为粮食不得运进，所以一匹布只能换得一斤盐，珍珠宝贝都没人想要了，填饱肚皮要紧。等到树叶草根都吃完以后，人们把浮泥与米屑和起来做饼，这种泥巴饼不仅难吃，而且不卫生，吃下去以后全身浮肿，更有不少人因而一命呜呼。所以窦建德的到来，实在是王世充的一大喜讯。

窦建德是何许人也？让我们先把围攻洛阳城的战事放下，为大家介绍一下。

窦建德是贝州漳南人氏，胆力过人，颇有任侠之风。他自小就以重视诺言、为人最有义气著名，很得乡里人的敬爱。

有一天，窦建德正在田中除草耕田，忽然远远听到有人在哭泣。他放下犁锄跑去一看，原来有一个乡人家里死了亲人，又因为家贫没法办理后事，所以哭得凄凄惨惨。

窦建德听了长叹一口气，心中暗想：生离死别已为人生最大憾事，再加上没有能力为亲人安葬，实在是令人同情。因此，他田也不耕了，径自做主为乡人的亲人风风光光办妥了后事。这种义行，博得众人一致的称扬，以及发自内心的赞佩。所以当窦建德父亲过世之时，前往吊丧送丧者有千余人之多。但是人们所送来的奠仪，窦建德都推辞不肯接受。

隋炀帝大业七年（611年），朝廷招募壮士前往讨伐高丽，窦建德因为十分勇敢，小有名气，被选为两百人长。他有一个同乡叫孙安祖，也是因为骁勇被选中。孙安祖不想去高丽，到县府对县令说："我家里最近被大水冲毁，妻子又活活饿死，情况特殊，能否暂缓这项差事？"

县令用鼻孔哼了一声："小子你不想去？"就命人把孙安祖打了一顿。孙安祖家中遭遇变故，心情极坏，盛怒之下，竟然把县令给杀死了。

这下子，孙安祖闯了大祸，他走投无路，来到了窦建德的家中，窦建德就收留了他，可是官兵挨家挨户地搜查，他迟早会被逮着。窦建德便对孙安祖说："以前文皇帝在位之时，天下富足，他发动百万军队前去讨伐高丽，尚为高丽所败；现在水灾过后，人民穷困，竟然又要发兵。我知道有个地方叫高鸡泊，地广数百里，深草及膝，便于藏匿。你不如带领一些人到那儿去，静观时变，或许能为天下百姓立功也不一定。"

孙安祖点头称是。于是，窦建德就帮他募来一些逃兵和无赖，一块儿到高鸡泊去当强盗，孙安祖自号为将军。

由于炀帝倒行逆施，加上山东地区又大闹饥荒，所以落草为寇、改行当强盗的人还真不少，例如张金称和高士达都是。因为窦建德这人很够义气，因此强盗来往于漳南之间，虽然打家劫舍，焚烧屋庄，单单不入窦宅。

地方官吏判断其中有问题，如果不是窦建德与强盗们暗中有来往，为何窦家每次都能幸免灾祸？一怒之下，便把建德家中的父母妻儿杀了个精光。

在外的窦建德听到噩耗，又气又恨，既然无家可归，他也只有领着一小队的人马，前往高鸡泊。由于他很会打仗，又不滥杀无辜，声威一天比一天壮大，拥有十余万之众。等到打下了乐寿，他宣布建立政权，自封为长乐王。

窦建德很能卑躬屈节接待士人，又能与士卒同甘共苦，平均劳役，很得下属们的拥戴。而且他每回打了胜仗，所得到的财物，统统分给将士，自己一无所取。并且他不爱吃肉，只吃一些简单的蔬菜及糙米饭，他的妻子曹氏穿着十分简陋，所用的婢妾也不过十来个。甚且当他得到隋朝的后宫佳丽千余人，都是为炀帝千挑万选的绝色美人，窦建德也很仁慈地把她们都放散回家。在隋末起义的大将之中，能和他一般不尚奢侈，保持农民俭朴美德的，倒还真不多见。

后来，宇文化及杀掉了炀帝，在魏县即帝位。窦建德知道了，难过得痛哭流涕，对内史侍郎孔德绍说："我作为隋朝的百姓已有数十年之久，隋朝为我等的君主也有两代了。现在宇文化及大逆无道，他是我们的仇人，我等去讨伐宇文化及如何？"

孔德绍说："现在海内无主，英雄角逐天下，大王你以一个布衣崛起，隋朝郡县官人无不争先归附。宇文化及这个小子与国有联姻的关系，父子兄弟都受隋朝的恩泽，竟然杀掉了皇帝，乃天下之贼也，这种人怎么能不讨伐呢？"

窦建德立刻率兵前往征伐宇文化及，只用三两下就把宇文化及打得落花流水，然后入城进谒（yè）炀帝的皇后萧后，自称为臣，并且用牢车把宇文化及和他两个儿子绑到大殿问斩。一些参与谋刺炀帝的，如宇文智及和杨士览等人，也一并斩首。

读者看到这儿或许会奇怪，窦建德是一个反隋领袖，为何又要为炀帝报仇，甚且还为炀帝素服发丧，哭得昏天黑地？这是因为在君主时代，皇帝乃是至高无上的。不论皇帝如何为恶，弑君之罪仍为不可饶恕。所以，窦建德认为反抗暴政是一回事，对君上还是要保持一种尊敬的态度。这种心理，反映了当时人民的思想，不足为奇。

窦建德自斩左右手

窦建德起兵后不久，碰到一个劲敌——隋朝河间郡丞王琮（cóng）。他死守城池，坚拒群盗，窦建德一连攻了一个多月还是攻不下。正在这时，听说炀帝被宇文化及等杀死，王琮命令全军戴孝，所有守城墙者都失声痛哭。窦建德还派了使者前去吊祭。（在上一篇中，我们说过，后来窦建德杀了宇文化及，为炀帝报仇，因为在当时的人心目中，皇帝仍然是神圣不可侵犯的。）

这时，王琮派人前来请降，窦建德为表示礼遇，把军队向后撤退了几里，准备了丰盛的酒食宴请王琮。王琮谈到炀帝一死，隋朝将亡，忍不住掩面而哭，窦建德也在一旁悄悄落泪。

将领们看着他二人谈得十分投机，不以为然道："王琮抗拒我军，杀伤无数，如今因为兵败力尽方才投降，我们请求把他给烹了。"

窦建德摇摇头，不以为然道："王琮是个忠臣，我正想要奖赏他，作为尽忠君主的榜样，怎么可以把他给杀了？以前我们在高鸡泊当强盗，或许还可以胡乱杀人，现在想要安百姓，定天下，岂得害忠良乎？"并且传令三军，"哪一个以前与王琮有过怨恨，想要轻举妄动者，先夷三族（指父族、母族与妻族）。"

同时，窦建德任命王琮为瀛州刺史。因为他善待隋朝官吏，河北郡县闻之，争相依附建德。

窦建德，选自《说唐演义全传》。

当窦建德攻陷景城时，逮住了户曹，因为这位户曹平日对老百姓十分宽厚，所以县民千余人悲泣不已，争着要代替户曹去死。窦建德不但把户曹给放了，更且任命他为治书侍御史。

在隋末起兵的将领之中，窦建德是一个比较有才有德，而且又有领袖精神的义兵领袖，也可以说是惟一能与唐朝李渊和李世民抗衡者。

不过，窦建德做错了一件大事：他有一位大将王伏宝，勇冠三军，所向无敌，几乎每一场重要的战役都是他打的，所以十分招嫉。军队中其他的将领便联合起来对付王伏宝，诬陷他谋反。窦建德不能明辨是非，竟然把他给杀了。临刑前，王伏宝伤心地哭诉："大王奈何听信谣言，自斩左右手。"此后，建德的兵力大不如前。

王世充被唐朝李世民围困在洛阳，城内弹尽粮绝，因此请求窦建德拔刀相助。于是，建德率领了三十万大军，水陆并进加入战场，并且写了一封信给李世民，请求："退军潼关，偿还王世充的土地，复修旧好，共订和约。"

李世民收到信以后，立刻召开紧急会议。许多人都认为窦建德来势凶猛，不如暂时撤退，以避风头。但是有一位薛收提出反对意见："现在王世充守着洛阳，他所带领的兵都是江淮精锐，所差的只是粮食，万一窦建德与王世充两军联合，这一场仗就有得打了。如果我们一方面派兵守在洛阳城外，筑起深沟高垒，不与王世充作战，活活把他饿死；另一方面先到虎牢关，以逸待劳，等着窦建德大军前来，那么，不过二十天，二王都会被我们擒住。”

李世民本来就是一个勇于面对挑战的人，他立刻采纳了薛收的建议，一面围困东都洛阳，一面自己率领了程咬金、秦叔宝、尉迟敬德（也是小说之中有名的尉迟恭）等大将东赴虎牢关。世民神气地对尉迟敬德道：“我执弓矢，你拿槊相随，就算有百万大军，咱们也不怕。”又接着说，“他们看到我，一定吓一跳。”

李世民一行到了窦建德的营外，遇到了巡逻兵，巡逻兵以为来者是唐

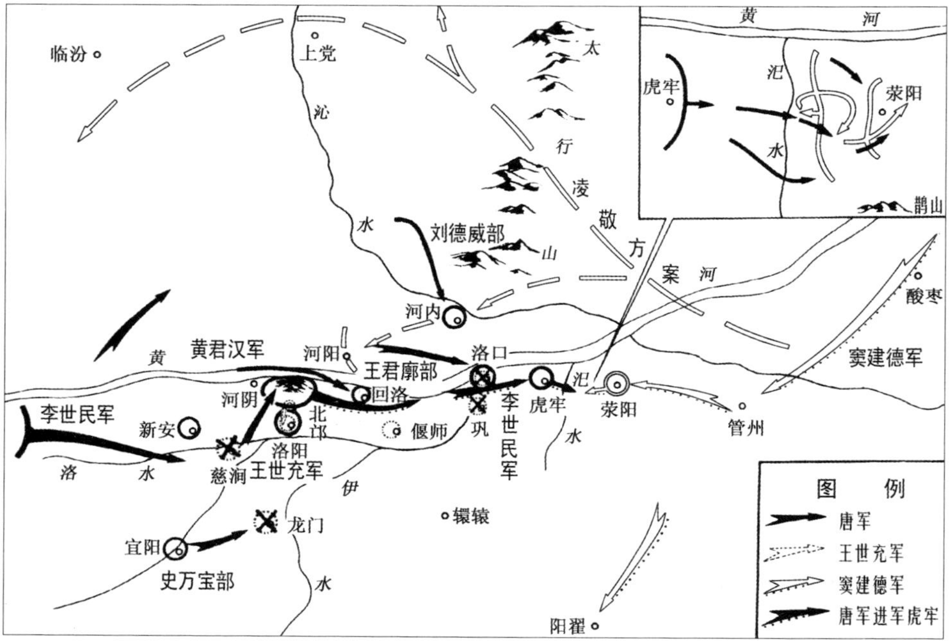

唐军于洛阳、虎牢败王世充、窦建德军之战示意图。唐高祖武德三年（620年）七月，李世民率军进攻洛阳王世充部，并相继占领洛阳外围要地龙门、河内、洛口、回洛、北邙。次年二月，开始围攻洛阳城。王世充困守，向窦建德乞援。窦建德于是率军西进，连下管州、荥阳、阳翟，屯于虎牢以东的东原。面对强敌，李世民留一部围困洛阳，自率军进驻虎牢，抵抗窦建德。不久，唐军用计破窦建德，王世充也被迫出降。

朝派来伺察的斥候，不料李世民大呼一声："我是秦王！"说着，引弓射之，射中窦军的一个将领。建德军中派出五六千骑兵追赶，世民带领的五百将士大惊。世民说："你们先退，我和尉迟将军殿后。"

于是，世民与敬德拉着马缰徐行。追兵将至，李世民引弓射之，每次都射中一个，使得追兵十分畏惧，不敢前来。过一会儿，追兵鼓起勇气向前几步，世民又射死几人，尉迟敬德也横槊连毙数人，李世民打了一个漂亮的胜仗。

但是，窦建德仍然看轻唐军，他派了三百骑兵渡过汜水，距离唐营只一里处停下，遣使对世民说："请派几名精锐的勇士，咱们玩一玩。"意思是比武。结果两军交手，互有胜负。这时，王世充手下王琬，骑着自炀帝那儿带来的战利品——一匹骏马在阵前耀武扬威。李世民爱马，是历史上有名的佳话，因而李世民透着羡慕的口气道："他所骑的真是一匹骏马。"尉迟敬德听了，便上前与之交锋，夺下了良马。

窦军因为轻敌，在神不知鬼不觉中，唐军已偷偷来到建德的阵营之后，前后夹击。建德急忙引兵击之，两军大战，尘埃弥天，建德中槊坠马，被俘虏入唐营帐幕之中。李世民生气地说："我自讨王世充，干你何事？为何越境，犯我兵锋？"

窦建德回答："我现在如果不来，等到你打败王世充之后，一样会来找我。"

救兵既败，王世充也只得请降。李世民对王世充笑道："你常笑我只是一个童子，现在见到童子，为何如此恭敬呢？"

凭着李世民的英勇，他一下子制伏了两名强悍对手。

刘黑闼杀牛待客

王世充与窦建德被押解到长安后，窦建德被斩于长安市集，王世充被废为庶人。唐朝平定天下的大业，又往前迈进了一大步。

不过，窦建德虽然兵败被杀，他的势力却没有完全削平。当他大军失利之时，手下的部将已经偷偷藏匿不少兵器、库物及钱财，等到窦建德被问斩之后，他们就利用手上的武器财货，在地方上继续活动。

唐朝的官吏依法予以拘捕，或者狠狠地用刑，打个几百下屁股。

因为窦建德的部将在乡里横暴，地方百姓引以为患，所以唐朝政府下令窦建德的部将高雅贤和范愿等前往长安，以便就近看管。范愿等不愿意到长安去，互相商量道："王世充在洛阳投降，他手下的骁将杨公卿和单雄信都被灭族。我辈如果前往长安，也没有保全老命之理。何况我们十年以来，身经百战，如果要死，早就应该上西天了，现在这条命是捡回来的，又有何珍惜？不如重新建立一番大事业。而且夏王窦建德以前捉到淮安王，用客人之礼对待他，可是唐朝得到窦建德，竟然不由分说地将其问斩。我们都是窦建德的爱将，今天如果不为他报仇，将无颜面见天下之士。"

"对！对！"他们几人七嘴八舌地附议着，一致表示赞同。他们在未入高鸡泊当强盗以前，本来也是无赖流氓，天生是亡命之徒，比较习惯刀下淌血的日子。不过这些人也有自知之明，晓得自己有勇无谋，不足以号召天下。于是，准备找一个领袖带头。找什么人才合适呢？求神问卜的结果，姓刘的为大吉大利，所以一行人积极地物色刘姓旧将。

窦建德有一位大将名叫刘雅，在军中名气不小。范愿等人遂即前往漳南，拜见刘雅，希望他能出面领导东山再起。

哪知道刘雅早已脱下戎装，不问世事。他坚定地摇摇头道：“现在天下刚刚安定，我将终老于耕桑，不愿意再起兵。”

刘雅这番话说得极有道理，以前起事为的是反抗隋炀帝的暴政，如今的唐朝政府清廉爱民，又何必要去动刀动枪骚扰百姓呢？他们听了刘雅的话，忠言逆耳，颇感不是滋味。满怀欣喜跑来，竟被浇了一盆冷水，愈想愈觉火大，又担心刘雅将会泄密。于是，一不做，二不休，竟把刘雅给杀了。

杀掉了刘雅之后，仍然缺少一个姓刘的领导者。范愿等人想了半天，终于想到了另一个合适的人选——刘黑闼（tà）。

刘黑闼是贝州漳南人，是个无赖，喜欢喝酒、赌博，不务正业。他的父兄都很厌恶这个不肖子弟。前面说过，窦建德这个人十分豪阔，喜欢结交三教九流的各色朋友，所以旁人都不屑理会刘黑闼，但窦建德与他的交情倒不坏。刘黑闼好吃懒做，家里又穷，时常厚着脸皮向窦建德要钱，窦建德也不以为忤，只要手头方便，没有不答应的。

后来，刘黑闼跟着郝孝德当强盗，又曾归李密当裨将，最后被王世充俘虏。因为看不惯王世充的作风，再度亡归窦建德。他与建德本为旧识，窦建德便任命他为将军，封为汉东郡公。

刘黑闼为人奸诈，加上跟过不少强盗混日子，见多识广，更加善观时变。窦建德利用他这个本领，每次打仗之前，总是派刘黑闼去当间谍，渗入敌人之中一察虚实，或者命令他带领一队骑兵，出其不意乘机奋击，常常能够大获全胜，因此在军中号为神勇。自从窦建德失败之后，刘黑闼隐姓埋名，回到漳南老家杜门不出。

因为刘雅不肯出山，范愿等人想起了刘黑闼。范愿对大家说：“汉东郡公刘黑闼，为人果敢，多有奇略，宽仁容众，对士卒有恩，我常听说将有

耕稼图，敦煌壁画。

姓刘的要当王，看来就是指他。我等如果要举大事，收服夏王窦建德的旧部，绝非此人不可。”

被范愿一说，大伙又心头热起来，兴冲冲地前往刘黑闼处。走了没多久，就看到他穿着短裤，戴着斗笠，正在田里浇水。

范愿等人把来访的经过告诉刘黑闼，并且又捧了他一番，说是问卜之后，姓刘者为大吉大利，可见乃天命刘黑闼应该为王如何如何。

刘黑闼本来是个无赖出身，虽然放下屠刀，改行当农夫，到底江山易改，本性难移，对于每天锄草、施肥、浇水的繁重农事，早已感到不耐，只是不得不尔；如今时来运转，有人登门拜访，邀请出山，岂有不答应之理。

“好！我答应你们！”刘黑闼把锄头一甩，丢到田里去，以后也不需要这个东西了。“来！我来请你们喝酒！”为表示老大的气派，刘黑闼拍着胸脯，邀请众人回家畅饮。

可是家中空空如也，拿什么待客？“对了，不如把老牛给杀了！”可怜的老牛刚才还为刘黑闼在田中卖命，一会儿就成了这群人下酒的美味。他们边吃边谈，商讨如何夺得天下的大计，不亦快哉！

李玄通舞剑

刘黑闼凭借多年的经验，很能打仗，他在漳南纠集了数万人开始起事。唐高祖李渊命令淮安王李神通率军讨伐，被刘黑闼打得大败，士马军资损失三分之二。

在高祖武德四年（621年）十一月，刘黑闼攻陷了定州，俘虏了定州总管李玄通。刘黑闼对李玄通的才干十分欣赏，舍不得杀他，有意拔擢李为大将军，但是李玄通说什么也不答应。刘黑闼只好派人先把他看守在牢里。

到了傍晚，李玄通的故交派人送了酒菜来。李玄通坐在监牢里，好好地吃了一顿，自言自语道："诸君哀怜我被幽囚，忍受着屈辱，特别带了酒菜以安慰我，我自然不能辜负诸君的美意，当为诸君一醉。"

于是，他把送来的菜一扫而光，又喝了不少酒，喝得醉醺醺时，对守卫说："我要舞剑，请把你的剑借给我用一用。"守卫见他情绪开朗，也吃了不少，更知道李玄通是刘黑闼所想重用的人，不敢怠慢，立刻把剑递了上去。

李玄通接过剑，舞了一番之后，叹息道："大丈夫受国之恩，在一方镇守，不能够保全领土，还有什么面目活在这个世界上呢？"说着，举起剑往腹中猛刺，肠破血流，当场毙命。

唐高祖听到李玄通殉国的消息，难过得哭了一场，为表扬李玄通的英

唐代贴金铠甲骑兵俑，陕西省乾县懿德太子墓出土，陕西历史博物馆藏。

烈，特任命李玄通的儿子为大将军。

刘黑闼乘胜追击，攻克洺州，正式成立政府，自号为汉东王，焚香告天，并且设坛祭拜窦建德。眼看着刘黑闼的声势日壮，唐高祖只有再派他勇敢善战的儿子李世民前去讨伐。

由于刘黑闼的运粮船车被唐军截击焚毁，因此他与李世民相持了六十多天，虽屡次打败唐军，依旧两军僵持不下。有一次，刘黑闼偷袭唐军营地，李世民率领一批人马正在营后掩护，结果被刘黑闼所困，动弹不得。

世民手下的爱将尉迟敬德率领壮士突围而入，历经万险，才把世民救出。李世民经过数次大难不死，依旧勇气十足，并没有因为一两次的挫折而丧失锐气。

他对手下说："刘黑闼虽然兵力威猛，但是他的粮草所剩无几。我猜想，在短期之内，他必定会来决一死战。"

然后，李世民前往洺水上游，对着守堤防的官吏说："当我与贼大战之时，你就把堤防打开。"

果然，不出李世民所料，过了没有多久，刘黑闼亲率步骑二万，南渡洺水，压唐营而过。李世民也挑选了精壮的勇士迎上阵去，一举大破刘黑闼的兵马。但是，刘黑闼也不是省油的灯，他率领部队作殊死战，从中午一直打到黄昏，打得昏天黑地，互有胜负。

眼看着刘黑闼的军队将要不支，黑闼手下的大将王小胡悄悄靠近了他身边，小声地说：“我们的力量差不多了，要走就要赶快。”

刘黑闼自忖，留得青山在，不怕没柴烧，眼前不如暂时告退。于是，拉着王小胡偷偷摸摸离开了战场。他手下的士兵还不知道将领已经开溜了，仍然在与唐军作最后的奋战。正在此时，忽然“哗啦”一声，堤防缺口放水了，洪水如万马奔腾般涌至，达一丈高，连人带马一块儿冲了下去，刘黑闼的部队淹死了几千人。

这个时候，山东完全平定，河北的属地完全归于大唐帝国的版图。李世民威风凛凛，高奏凯旋歌，返回长安。

俗话说：“擒贼要擒王。”虽然刘黑闼的大军被一举消灭，但是他本人成了漏网之鱼。刘黑闼愈想愈不甘心，可是手下仅余数百骑兵又能如何？他本是一个为达目的不择手段之人，灵机一动，把脑筋转到突厥上面，于是投奔突厥去了。

刘黑闼在突厥待了半年，率领突厥士兵再打回河北，一连攻破定州、瀛州、洺州、贝州等地，各州郡纷纷又归向刘黑闼。唐朝大为震惊，唐高祖派遣太子建成出兵抵御。

太子的参谋魏徵（zhēng）（历史上向唐太宗劝谏的有名大臣，此时为建成所用）对太子说：“过去我们打败刘黑闼的军队，他的将帅都被处死，妻子们都被俘虏，所以他的手下都不敢投降唐朝。现在，我们虽然下了诏书，赦免刘黑闼党羽的罪状，但他们都不敢相信，不如先放走一些关在牢里的俘虏。那么，我们就可以坐视他的手下纷纷离散了。”

魏徵的这一计十分有效，刘黑闼的手下看到唐朝对降将宽大为怀，不约而同地归顺了。

武德六年（623年）正月，刘黑闼被官军所逼，日夜奔走不得休息，率领最后几百随从，又饿又累地来到饶阳城外。饶州刺史诸葛德威原为刘的人，出城迎接刘黑闼。刘不肯进城，诸葛德威哭哭啼啼，硬要把刘拉入城内。他说：“难道还不相信我吗？”

刘黑闼看诸葛德威一片诚意，而且也的确走不动了，就答应入城内。诸葛德威宰了一头肥猪，又搬来一石酒，刘黑闼等人很高兴，正在大吃大喝，诸葛德威忽然派兵把刘黑闼给逮住了，送交太子建成。

临刑前，刘黑闼自叹：“我本来在家安分守己地种菜，哪想到今天落此下场，我是上了高雅贤等人的当了。”这时刘黑闼万分后悔利欲熏心，不该杀了老耕牛。

李密大逃亡

在隋朝末年反抗炀帝暴政的群雄之中，除了李渊、李世民父子以外，声势最大的、影响力最为深远的，应该算是李密了。

我们前面曾经提到过辅助炀帝夺得了帝位的杨素。有一次他在乡下发现一个年轻人，骑着黄牛，戴着斗笠，把一卷《汉书》挂在牛角上，边骑边读，杨素被他好学不倦的精神所感动，一问之下知道这个书生叫李密。

李密的祖父李曜（yào）是周朝的魏国公，父亲李宽为隋朝的上柱国、蒲山公，家世显赫。但是炀帝嫌李密的眼神有异常人，十分厌恶，所以不准李密当宿卫，李密便潜心读书。杨素很赞赏李密的才学，把他请到了家中，对儿子杨玄感说："我观察李密的才情、见识、风度，都是你所赶不上的，要好好跟人家学习。"

以后，杨素因为功高业大，引起了炀帝的疑心，所以连生病都不肯服药。杨素魂归西天以后，杨玄感深知杨家招嫉，又因为不满于隋炀帝的暴政，发动了历史上有名的"杨玄感之乱"，在这场乱事之中，李密是杨玄感重要的军师。

杨玄感兵败被杀，李密亡命四方，被人告发，送往东都洛阳问斩。

李密与同行的王仲伯等，想在中途开溜，遂生一计，他拿出许多金光闪闪的金子，对着押解的守卫道："等到我等伏法之后，这些钱咱们留着也没有用，不如留给你，请你为我们买几口棺木埋葬，剩下的就算我们报答你大恩大德的费用了。”

那个守卫看着黄晶晶、白花花的金银，眼睛都发直了，满口答应了李密的请求。拿人钱财，与人消灾，守卫自此以后对李密等人十分客气，看守也逐渐松懈。

一天，走过一家饭店，李密央求进去吃一顿，守卫的也嘴馋，而且反正花的是李密的金子，也就应允了。

进了饭店，李密叫了许多酒菜，守卫心想不吃白不吃，痛痛快快地大嚼一番，狠狠地灌下了几杯老酒。因为喝得太凶了，以至于守卫的头头和他手下的几个小跟班，到了魏郡石梁驿时，早已醉得不省人事，躺在床上像猪一般鼾（hān）睡着。李密等正好利用这个机会，挖穿了墙壁逃之夭夭。

李密开溜之后，跑去投靠郝孝德。郝孝德知道李密是朝廷通缉在案的重犯，不肯收留。李密又奔向王薄，王薄也不愿意因此而惹祸上身。李密走投无路，饿得没有饭吃，以至于只有削树皮充饥，然后埋名隐姓躲在淮阳村舍，靠着肚子里的墨水，教几个小孩子读书混日子。可是过了没有多久，郡县官接到密报，说是新来的一个外乡人行迹可疑，可能是李密。郡县官立刻准备拘捕，李密只好又赶紧逃亡。

在走投无路之下，他只有去找自己的亲妹妹。他妹妹嫁给一个叫丘君明的人，丘君明也不敢收留这个大舅子，却又不能见死不救。考虑了好一会儿说道：“这样吧，我们这儿有一个游侠王秀才，人很够义气，你不如先在他那儿躲一会儿。”

王秀才倒是一个血性汉子，又不满炀帝的倒行逆施，答应收留李密。

颠沛流离的李密，终于找到了一个可以暂时安身立命的地方。

丘君明有一个从侄，看到丘君明与李密鬼鬼祟（suì）祟的样子，他当然也知道李密的妹妹嫁给丘君明，心想这是一个向朝廷邀功的好机会，上书炀帝密告此事，炀帝要他自己与梁郡通守杨汪联络。

杨汪接了消息，立刻派兵围捕，包围王秀才家宅。这时，李密正好外出，幸免一死。但是妹夫丘君明及王秀才，都因此被判死刑。

翟让死里逃生

李密前往投奔妹妹和妹夫，却因此使得他夫妇牵累被杀。之后，他往来于各个反隋的将领之间，游说（shuì）自己有安天下的计策。

开始之时，没有人理会李密，过久了，稍稍以为然，他们彼此讨论道："李密这个人乃公卿子弟，十分有志气，现在人人都传说，杨氏将灭，李氏将兴。古人说得好，将要为王的人，绝不致中途死亡。你们看，李密三番两次死里逃生，莫非所谓李氏将兴，指的正是李密？"

于是，将领们渐渐敬重李密。李密观察当时反隋的领袖之中，以翟（zhái）让最强。所以请王伯当作为推荐人，想要投奔翟让。

翟让是什么人？为什么李密一心一意想去投靠他呢？

翟让原为东郡一个小官儿，因为受到别人的连累被判死刑，坐在牢里等着秋决问斩。

牢中的狱吏黄君汉看到翟让相貌堂堂，骁勇威武，到了半夜，偷偷地为翟让松了绑，对他说："世事多变，未来如何，谁也不能预知，像你这样一条汉子，死在狱中不是太可惜了吗？"

翟让本来心如槁（gǎo）木死灰，等着去见阎王爷。一听此话，惊喜万分！他跳了起来，拉着狱吏黄君汉的手道："翟让如果能够逃出这个养猪的圈牢，不论生死，都是您的大恩大德所赐。"

黄君汉点了一下头，立刻把刑具打开，对翟让道："快走吧！"

翟让几乎以为在做梦，正准备逃离牢房，转念一想，黄君汉放走了犯人，到了明天一早，他如何交代呢？这一迟疑，又不忍离去了。翟让长叹一口气道："翟让蒙再生之恩，实在太幸运太幸运了，但是黄曹主你怎么办呢？"说着，翟让流下了两行热泪。

"呸！"黄君汉朝地下吐了一口唾沫，愤怒地说，"本以为你是男子汉大丈夫，可救生民之命，所以我不顾生死也要解救你。没想到你反而哭哭啼啼，婆婆妈妈，和小儿女一般地辞谢。什么玩意嘛！你走吧！好好努力，别为我忧心。"

既然如此，翟让也不能辜负黄君汉这番美意，感激万千地逃离了监狱，来到了瓦岗寨，与单雄信等人一块当强盗。

瓦岗寨中有一名少年徐世勣（jì）对翟让说："东郡这个地方，对你我而言，都是乡里，人多相识，实在不好意思拉下脸来抢掠。隔邻的荥阳梁郡，为汴水所流经，来往的商旅很多，正可以大大地剽（piāo）劫一番。"

翟让认为徐世勣说的话有道理，便率领着一支人马来到荥阳，劫掠公私船只，果然大有斩获。因为隋朝末年，炀帝倒行逆施，人民生活困苦，许多民众不得已落草为寇。翟让混得不坏，为人又够义气。因此，依附他的人很多，这也是李密想要投靠翟让的原因。

李密找了王伯当做介绍，见到了翟让，对翟让私下说："刘邦、项羽起自布衣平民，也做到了帝王。现在主昏于上，民怒于下，能够打仗的精兵都在辽东之役中用尽了，和突厥的和亲政策也告断绝，而皇上仍在扬州游山玩水，这正是起兵的好机会。以足下的雄才大略，士马精锐，席卷天下，隋朝岂不可以亡在足下手中。"

翟让听了哈哈大笑，拍着李密的肩膀道："我们只是一群强盗土匪，在深草丛林之中苟且偷生，哪儿敢做梦当皇帝，你所说的，不是我能力所能及的。"

翟让推戴李密

翟让见李密为众豪杰所归附，有点儿想把李密留下来，却又犹豫不决，难下决定。李密却是一心一意想留在翟让身边。

此时，有一个名叫贾雄的出面了。贾雄通晓阴阳占卜之事，为翟让的军师。翟让十分迷信，对贾雄的话言无不从。李密利用机会结交贾雄，然后央托他在翟让面前美言几句。

贾军师是一个十分深沉的人，他知道如果专程为李密的事去请托，并不见得奏效，因此埋在心里，等候适当的机会。

过了不久，翟让自己去找贾雄，对他说："上回李密来找我，建议我席卷天下当皇帝，你看可行吗？"

"哈！吉不可言，吉不可言！"贾军师立刻拍手叫好，又说，"公如果自立来打天下，恐怕不见得会成功；如果立李密，事情没有办不通的。"

"噢？"翟让疑惑地问道，"如果正如卿所言，李密这般神通广大，他大可以自立，何必前来依靠我？"

粗中有细的翟让这句话倒反问得有理。当然，贾雄军师早有了应付之计："这是因为将军姓翟，翟乃是水泽的意思。李密沿袭父亲的爵号为蒲山公，蒲乃草也，非依水泽不能生存，所以必须仰赖将军。"

这样测字的推论，实在毫无道理。不过，翟让却深信不疑。自此以后，对李密一天比一天情意深厚。

李密对翟让建议道：“现在将军的人马一天比一天多，粮无所出，只靠抢劫过日不是办法，如此旷日持久，人马困顿，倘若碰到强劲的敌人，必定军心涣散，四处流离。不如先把荥阳给拿下来，占领了一个据点，然后等到士勇马肥，再去与人争夺天下。”

翟让很赞成这个建议，但是，初攻荥阳碰到了阻碍。原来隋朝派出的通守张须陀（tuó）勇猛善战，翟让曾经被他打得落荒而逃。因此，一听说张须陀要来，心中畏惧万分。

“不要害怕。”李密安慰道，“张须陀有勇无谋，过于骄傲，我们大可一战而擒之。公只要列好阵势，不愁不破敌军。”

翟让万分不情愿，却又不得已，只好勉强排出阵势，然后李密派遣了

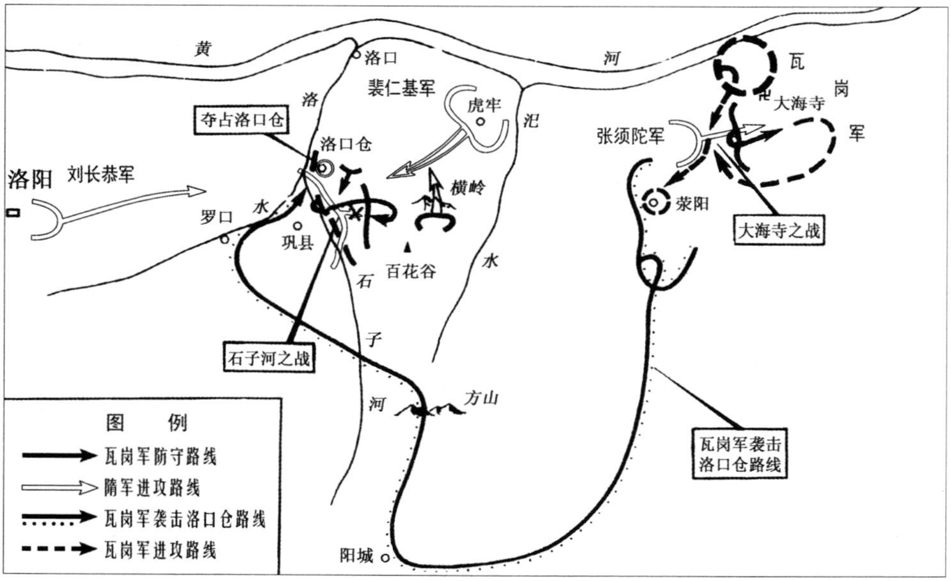

瓦岗军与隋军大海寺、石子河之战示意图。隋炀帝大业十二年（616年），隋将张须陀向瓦岗军发动进攻，瓦岗军一部于大海寺正面布防，一部伏于大海寺以北树林。接战后，正面部队后退，乘隋军追击时，伏兵骤起，与主力合击，毙张须陀，攻占荥阳。次年二月，瓦岗军经阳城，越方山，长途奔袭，夺占洛口粮仓。隋师大惊，刘长恭自洛阳，裴仁基自虎牢，预备东西夹击瓦岗军。瓦岗军以精锐分十队迎敌：四队伏于巩县东部横岭，六队于石子河东岸布阵。刘长恭先至，渡河攻击，瓦岗军先做退却，以伏兵攻敌侧翼，隋军大败。裴仁基见势不妙，退至百花谷筑营固守。

一千多精兵埋伏在树林之间。翟让与张须陀一交手，果然又打不过，退下阵来。这时，李密的伏兵一拥而上，张须陀未料到此招，在混战之中被杀。

此役之后，翟让命李密率领一支部队。李密带兵十分严格，他本人也异常节俭朴素，抢到的金银财宝都颁赐属下，所以属下也乐于为他效命。他的部下常常受到翟让部下的欺负凌辱，可是惧于威令，不敢反抗。

后来，李密又建议趁着炀帝赴江都游玩，东都空虚，拿下洛口仓库。

这时，翟让益发感到李密的才智在己之上，一抱拳道："此乃英雄之略，非我能力所及，我愿意听君之命，尽力而为，请君先开拔，我为殿后。"

李密率领精兵七千，一举而攻下洛口仓库，然后大开仓门，让民众任意取用。隋末民不聊生，已多日未见米饭，听说有此大好消息，争先恐后来背负米粮，把道路挤得水泄不通。

经此一战，李密势力如日中天，翟让自认为处处不如李密，甘心让位，把瓦岗军的最高领袖的位置让给李密，尊崇李密为魏公。李密的地位竟然在翟让之上了，这真是始料未及的事。

李密恩将仇报

李密因参加反抗隋朝的“杨玄感之乱”被通缉，四处大逃亡，最后投奔瓦岗寨的翟让，屡次建立大功之后，翟让自动让位，奉李密为首领。

翟让的哥哥翟宽对此颇不以为然。他生气地说：“天子的宝座，当然应该自己坐，你干什么发疯让给李密，你不愿意坐，不如由哥哥我来坐。”

翟宽本是一个性情粗愚的人，翟让听了，只是哈哈大笑，不以为意。但是，这话传到李密耳中，却大不是滋味，对翟让也起了猜嫌之心。

过了不久，又发生摩擦，有个隋朝的总管崔世枢从鄢（yān）陵来投降李密。翟让竟把崔世枢偷偷关在私府之中，要他的财货。从崔世枢身上捞不到油水，翟让派人去搜查也没找着，就狠狠打了崔世枢八十大板。

翟让又把长史房彦藻抓来盘问：“你上一次大破汝南，想必大得宝货，怎么只晓得献给魏公李密，完全不孝敬我？你要明白，魏公是我扶立的，将来如何，尚未可知。”

房彦藻受到恐吓，胆战心惊，生怕翟让将会对他不利，立刻就把这一段经过报告给李密，并且邀得郑颋（tǐng）一块儿进言道：“翟让贪暴爱财，刚愎（bì）自用，迟早会对你不利，不如先下手为强。”

李密心中对翟让也早有不满，但是，翟让毕竟是他在走投无路时伸出援手的恩人，而且在瓦岗群雄中威望不小。因而迟疑道：“安危未定，遽（jù）下毒手，何以昭告天下之人！”

郑颋道：“此话虽然不错，但是毒蛇咬到手，作为一个壮士，只好忍痛把手腕砍断，否则生命都不能保。一个人要能权衡轻重，万一让翟让先走了一步棋，后悔就要来不及了。”

李密认为郑颋的话很有见地，立刻准备酒菜，邀请翟让过来宴饮。等到人马到齐了，李密道：“今日与各位达官喝酒，不需要多人侍候，只要留几个支使的人就够了。”说着，李密的手下都散去，翟让的左右还留在身旁。

此时，李密的另一名大将站出来说话：“今天的天气很冷，应该请翟司徒的手下喝酒。”

李密故意表示此中无诈，板着脸呵斥：“这要听翟司徒的意思。”

翟让本是一个胸无城府的人，立刻挥手道：“这个主意很好，你们统统去喝个痛快吧。”于是，翟让的手下们，个个欢天喜地地去喝上一杯了。房间里只有李密的壮士蔡建德，拿着刀子侍立一旁。

宴会尚未开始，李密先拿出一把良弓，对翟让说：“我新觅得一把好弓箭，你试试看。”

翟让接过弓箭，正张满了弦，冷不防蔡建德拿着刀从后面砍来，翟让猛地跌倒在桌前，声若牛吼，跟着翟让一块来赴宴的几个大将，也被杀掉了。

这时，外头乱成一团，不知发生了什么事，李密大声地说：“各位不要慌张！我与大伙儿一块起兵，本来是想要除暴安良，没有料到翟司徒专行暴虐，凌辱群僚，毫无上下之礼，所以我把他杀了，和各位没有关系，请大家安心。”

翟让死了，他的部下很是难过，想要求去。李密派人前去慰问，又把这些人留了下来。

瓦岗群雄表面上和以前一样，然而大家心里都对李密有了嫌隙。虽然翟让有些残忍，到底是他收留了李密，而且还主动让位给李密，没有料到李密恩将仇报，竟把他给杀了，群雄不免对李密有了猜疑之心。果然，李密自此而后，连连失败，最后投降唐朝，唐高祖拜为光禄卿，封邢国公。

李密自认为以前据有关东，牵制隋朝的大军，使得唐高祖军队能够轻取长安，夺得天下，功劳实在不小，因此对于仅仅封到上柱国，十分不满。而且朝中大臣也不把他放在眼里，这使得李密郁闷不乐，又想叛变。

于是，李密对唐高祖道：“臣蒙受恩宠，安坐京师，无法为报，深以为耻，请派臣收抚王世充。”

此时，王世充仍不肯投降，唐高祖就准了李密的要求。李密找了老部下贾闰甫同行。

他刚出发，朝中的臣子纷纷上奏，都说李密狡猾，不可靠，此去必然会叛变。

唐高祖又急颁诏书，命令李密返回长安。

“我若返回长安，必然被杀，不如在此竖立反旗。”李密对贾闰甫说出自己的计划。

“不可！”贾闰甫冷冷地看了李密一眼道，“如今海内分崩，人人都想当皇帝，谁肯听受？况且从翟让被杀之后，人人都说你弃恩忘本，哪有人愿意束手听你指挥？”

李密被贾闰甫说中心内的疤痕，气得拿起刀来便要杀他，但被贾闰甫给逃脱掉了。李密依旧固执己见，坚持反叛，果然正如贾闰甫所料，在众叛亲离的情况下，李密中伏而亡。

我们中国人最讲究饮水思源：“受人点滴，泉涌以报。”虽然翟让也有不当之处，但是到底对李密有恩，李密竟然把翟让给杀了，难怪为人所不齿，一败涂地。

夏侯端杀马飨士

在唐朝扫灭群雄、统一宇内的过程中，出现了不少可歌可泣的故事。例如夏侯端就是一例。

夏侯端本来在隋朝当大理司直的官儿，和唐高祖李渊是好朋友。当李渊奉命讨平河东时，乃请夏侯端作为他的副手。

当时，炀帝游幸江都，盗贼一天比一天更多，凡是稍有国家民族责任感的，无不深深忧虑。夏侯端对相人很有一套，就对李渊说："现在金玉龙床摇动，皇帝宝座不安，天下方乱，能够安定天下者，只有你明公一人。但是主上为人猜忌残忍，特别对姓李的怀有怨恨，你应该早日为计。否则，迟早会被诛杀。"

李渊听了夏侯端的话，深以为然。以后，李渊接受儿子李世民的劝告，正式从太原起兵，反叛隋朝。

由于李渊与夏侯端是旧好，所以当李渊起事的消息传开以后，夏侯端立刻被牵累，被抓到长安的监狱之中。一直等到李渊的大军攻下了长安，夏侯端才被释放。他二人久别重逢，而且是在这样的状况下，真有说不出的欣喜。李渊把这位患难之交引入卧房之内，相谈甚欢，授以秘书监（jiàn）的职位。

当时，李渊虽即位为皇帝，然而天下仍然分崩离析，夏侯端自请带兵讨平群雄，李渊就命他为大将军，持节为河南道招慰使，从澶（chán）水渡河，一路之上，安抚了二十余州。可是到了谯州，因为亳（bó）州刺史及汴州刺史同时投降王世充，夏侯端的归路已被斩断。

夏侯端为人诚恳笃（dǔ）厚，很得部下的爱戴，所以虽然弹尽援绝，粮食也吃光了，他手下的二千人，依旧舍不得离去。夏侯端度（duó）量情势，知道大势绝难挽回，盘着腿坐在草泽之中，命令部下把马杀了，让大家饱餐一顿。

杀马飨士之后，夏侯端沉痛地说："现在王师已败，各位的乡里，都已沦入贼手，感谢各位眷恋同事之情，不忍心舍我而去。我奉有王命在身，无论如何，不能从敌。各位家中还有妻子、儿女，用不着效法我，你们可以拿着我的脑袋，归降于贼，必然可以大获富贵。"

唐贴金彩绘武官俑。

夏侯端一边说，围着他的二千士兵都窸窸窣窣在哽咽！到了后来，更有人忍不住放声大哭，怎么可能有人狠得下心去杀夏侯端，拿他的首级去求富贵呢！

夏侯端眼看无人动手，长叹一口气道："唉！你们不忍心杀我，还是我自个儿解决吧。"说着，拔出佩刀，就往脖子上抹。

在这千钧一发的时刻，众人一跃而起，大伙七手八脚，抱住了夏侯端的腿，制止他轻生，然后异口同声道："公对于唐家，并没有亲属的关系，你也不姓李，只是因为一腔忠义，不辞于死，我等与公共事如此久，共历艰危，甘苦共尝，哪有杀害我公而取富贵的道理呢！"

夏侯端固执地不让士兵们同行，士兵们却更固执地非要追随到底。他们在又累又饿的情况之下支持了五天，饿死了十分之三四；祸不单行，中途遇到贼兵，又损失了大半弟兄；到最后，只剩下区区五十二人，狼狈东行。

因为没有粮食，他们只有采些路边的野豆充饥果腹。即使在这样的处境之下，夏侯端的手中，仍时时刻刻拿着李渊交给他的持节，甚至睡觉和吃饭都放在身边。他准备效法苏武，苏武即使在北海，手中也始终离不开那支代表汉朝使者的汉节。

夏侯端拿着唐节道："平生不知这儿乃我丧命之地，然我受国恩，为国牺牲，理所当然，我当抱此一节，与之俱殒。"

由于夏侯端的确是个不可多得的人才，因此王世充极力地争取他。王世充派来一个使者求见夏侯端，送了一件衣服，并且带来任命他为淮南郡公及吏部尚书的官书。

夏侯端板着脸孔教训使者道："夏侯端乃天子大使，岂能接受王世充的官职？除非斩了我的头去见他，否则休想要我屈辱地投降贼人。"说着，取了蜡烛上的火把官书给烧了，又拿出刀把王世充的衣服戳成碎碎片片，吓得王世充的使者抱头鼠窜。

斥退王世充派遣的使者以后，夏侯端及其忠义的部下准备西归，返回长安。为逃避敌人，他们选择了险峻的山路。山中杂草丛生，根本没有道路可言，他们攀援着树枝，砍断荆棘，吃力地向前迈进，没有人抱怨，也没有人叫苦。他们知道只要一回头，答应王世充，马上可以舒舒服服地睡觉，痛痛快快地吃喝，有享不尽的荣华富贵。但是为着尽忠，宁可走上这条艰辛的路。

跟着夏侯端的五十二个人，有的坠崖，有的溺（nì）水，也有的被猛兽吃到肚子里去了。最后生还的几个人，都已须发秃落，狼狈不堪，三分像人，七分像鬼。夏侯端见到了唐高祖，没有一句夸耀自己的话，只是惭愧地表示"无功"。在他的心目之中，为国尽大忠乃应该之事，不值一提。以后这件事渐渐传开来，人们都钦佩他的忠义。

夏侯端当时并不能预知唐朝能统一天下，他只是为着尽忠，誓不为王世充所用，就是为此拼了老命也甘心。

李世民得罪后宫妃嫔

唐高祖李渊的皇后窦皇后一共生了四个儿子：建成、世民、玄霸、元吉，其中第三个儿子玄霸很早就去世了。建成和元吉在唐朝开国时当然也有战功，但是大唐帝国的天下，可以说绝大部分都是李世民打下的。

正因为从晋阳起兵以来，大部分都是秦王李世民的功劳，所以李渊曾经不止一次对李世民说："这件大事如果办成，天下都是你打下来的，应当立你为太子。"

但是，从西周以来传下的规矩，向来是由嫡长子作为太子。所以，李世民再三拜谢，不肯答应。于是，唐高祖立了长子建成为太子。

虽然李世民辞让太子，谦虚地不肯接受，然而，作为太子的李建成，不免对这个功劳盖世的老二起了嫉妒之心。

太子的老师、礼部尚书李纲很不满意太子建成猜忌世民，屡次劝诫，太子不听。一气之下，李纲准备告老还乡。

唐高祖李渊很不开心道："你以前为盗贼潘仁当长史，现在我请你为尚书，哪一点亏待你，而且正要你好好辅导建成，怎么可以一心求去呢？"

李纲在地上磕了一个响头道："潘仁是一个土匪盗贼，他每回凶性大发，想要胡乱杀人，我只要一劝，他就罢手了，因此，我无愧于长史一职。陛下你为创业的明主，臣不才，每回上谏太子，说了半天等于没说，臣何敢久留于尚书省，又何敢久辱于东宫（太子所居之地）？"

李渊道："我知道你是一个正直的人，请你勉强留下来吧。"

李纲留下来了，但是屡次上书谏太子饮食无节，听信谗言，离疏骨肉。太子相当不高兴，李纲也十分火大，坚称自己老病，终于辞职。

李纲对建成很不满意，李渊的妃嫔们却十分喜欢建成，常常在李渊面前为他美言。李渊晚年多内宠，这些妃嫔一共为他生了二十个儿子。建成因为恐惧世民会夺他的太子位置，与四弟元吉二人合谋，巴结妃嫔，谄（chǎn）媚贿赂，希望妃嫔们在父王面前多讲几句动听的话。

这个时候，东宫诸王，以及后宫妃嫔的亲戚，横行于长安市上。为非作歹，地方官吏也不敢诘问他们。只有李世民不齿于伺候妃嫔，妃嫔们争相在李渊面前，道尽建成和元吉之长、世民之短。

唐三彩女立俑，陕西省西安市唐墓出土。

李世民平定东都洛阳之后，李渊从长安派了几个贵妃到洛阳来，审阅选择隋朝后宫的佳丽，以及隋朝的府库珍物。

贵妃等央求世民私下送她们一些金银宝货，也有的代向自己娘家亲属求个一官半职的。李世民一概不许，而且训了她们一顿："宝货都已经登记在簿（bù）籍之上，不能随便乱给；官吏应当授给有功的人，更不能滥授。"李世民讲得合情入理，可是在这些妃嫔心目中，一大堆闪熠（yì）的宝货，拿走一点又有什么关系？只要世民不说，谁也不知道原来到底有多少。至于走裙带关系求个一官半职，更是常有之事，李世民也未免太不通人情，所以，妃嫔们对世民更加怨恨了。

过了不久，李世民因为淮安王李神通对国有功，给了他几十顷田地。后来唐高祖爱宠张婕妤，代向父亲要求赐田，高祖就亲手书写了诏敕，把这几十顷田地又赐给了张父。

李神通认为李世民答应在先，坚决不愿把这块美田让出，张婕妤立刻跑去向高祖哭诉："皇上赐给我父亲的田地，被秦王世民夺去交给李神通。"

高祖一听，不禁勃然大怒，把李世民叫来狠狠骂了一顿，生气地说："我手敕的诏命，还不如你的话管用。"并且对裴寂慨然叹息道："我这一个儿子，长期典兵在外，被一些无聊的读书人带坏了，不懂得尊敬父亲，不再是从前那个乖儿子了。"

除了张婕妤十分嚣张以外，另外一个尹德妃的气焰也是十分高涨。尹德妃的父亲阿鼠仗着女儿，在外头以骄横出名。

阿鼠眼看建成、元吉对尹德妃都十分笼络，只有李世民完全不把她放在眼里，决心耍个流氓，让世民知道他的不一样。

有一天，秦王府僚属杜如晦（huì）经过阿鼠家门口，阿鼠命令数名家童不由分说把杜如晦扯下马来，莫名其妙就是一顿痛殴（ōu），而且把杜如晦的一根指头给折断了。临了还丢下一句话："你是什么人，竟然敢经过我家门口而不下马？"

打了杜如晦之后，阿鼠惟恐李世民会向高祖报告，抢先一步，恶人先告状，要他的女儿尹德妃对唐高祖说："秦王世民的左右，跑到我家里去拳打脚踢找麻烦。"

高祖十分震惊，马上又把世民找来问话："我的妃嫔都被你的左右欺负，那么，一般小民还用说吗！"

尽管世民一再辩白，高祖仍然不相信。因为按照表面看来，的确世民是有欺负人的本钱，哪儿可能被侵凌呢？李世民很清楚如何收买这些妃嫔小人；但是，他不愿意为私害公，因而坚不行贿。

杨文干之变

秦王李世民功在国家，不免为太子建成所嫉妒。世民为人正直，不愿意向妃嫔们贿赂，因此妃嫔们十分不满世民。

后来，妃嫔们更组成联合阵线，一块儿去向唐高祖告状："海内平安无事，都是陛下的大功劳。如今陛下年岁已大，春秋已高，正应由我等伺候皇上，让陛下有所娱乐。而秦王却憎恨妾等，只待陛下千秋万岁以后，妾等母子必然不为秦王所容。"说着，个个都在掉眼泪，只听得一片嘤（yīng）泣之声。

妃嫔们又说："皇太子建成仁孝，如果陛下把我等母子托属给他，妾等必获保全。"

从此以后，高祖就逐渐疏离李世民，而与太子建成和老四元吉的关系日近，但是元吉仍然很不放心。

有一天，齐王元吉劝太子建成，一不做二不休，去把世民给干了，并且拍着胸脯道："我愿意为你亲手杀了世民。"元吉说干就干，当世民到元吉府上时，元吉把伏护军宇文宝偷偷藏在卧室里面，准备刺杀世民。

太子建成的性情比较仁厚，他不答应元吉遽下毒手。元吉哼了一声道："我是为你着想，其实，这件事和我又有什么关系？真是！"

建成虽然一度阻止元吉行凶，可是世民在旁，总觉有芒刺在背、坐立不安之感。虽然妃嫔们一再在高祖面前诋毁世民，可是李世民毕竟是有大功劳的，高祖心里当然还是疼爱这个二儿子。况且，朝廷中的文武大臣，也很推崇李世民，更叫他这个当太子的不是滋味。

为巩固自己的势力，建成擅自招募长安及四方勇士二千余人作为东宫卫士，分别屯卫左右长林门，号称长林兵，又命令可达志去找能够冲锋陷阵的三百精锐骑兵，用来防卫东宫的安全。

在古代君主专制时代，因为皇帝具有最大的权威，因此皇帝与太子之间，时常彼此猜疑，不能和民间的父子一般和睦相处，太子等不及父皇去世，抢先一步登基的大有人在。所以，当高祖接到密报，说是建成未得允许，竟然擅自招募兵士，非常的生气，把太子建成骂了一顿，并且把帮太子办事的可达志，流放到嶲州。

太子建成私募壮士的事情被高祖发现之后，益发坚定了建成除掉世民的决心。

为达到心愿，太子建成与曾经在东宫做过宿卫、与自己交情深厚的庆州都督杨文干商议，由杨文干在外头继续招募壮士，偷偷送入长安。因为如果要发动任何阴谋，手下没有可用的死士是绝对不成的。

不久，高祖准备离开长安，暂时到仁智宫去，命令世民及元吉随行，太子建成留守在长安宫中。

唐带刀侍卫，李贤墓壁画。

建成心想：这是一个大好时机，他人留在长安，高祖及世民都不会料到他有所行动。因此，临行之前，建成悄悄地拉住元吉，要他在半途之中就近图谋，并且郑重地对元吉说：“安危之计，决在今岁。”

另外一方面，建成命令郎将尔朱焕、校尉桥公山两人，快马加鞭赶到庆州，要杨文干配合起兵，以表里相合，一举消灭李世民。

谁知这两个传递秘密情报的信差，走到了豳（bīn）州，愈想愈觉得心慌。尔朱焕与桥公山商量道：太子建成此次万一成功，他二人当然是大功一件；可是如果失败呢？协助造反可是死罪，脑袋都要搬家的。此事太过冒险，不能拿自个儿的生命开玩笑。

所以他二人前去叩见高祖，把太子建成准备与庆州都督杨文干联合造反的事，一五一十地说得清清楚楚。

“果有此事？”高祖听了，勃然作色。不过，还不太敢相信建成有这样大的胆子。

正在这个时候，又有一个宁州人杜凤前来求见，密报杨文干与建成谋反的情状。这下，高祖不能不相信了。

高祖立刻亲手写草诏，命令建成立刻到行在（天子出外巡幸所在的地点）来见他。

正在宫中等待好消息的太子建成，接到诏书，吓得脸色死白，不知究该如何是好。

太子舍人徐师谟劝他，不如占据长安，正式发动政变。但是建成考虑再三，仍然不敢贸然起事。因为如此一来，等于公然抗旨，正式向父亲开战了。

詹事主簿赵弘智则劝太子摒（bìng）去随从，贬抑减损随行车辆，及早请罪。

太子建成接受了后者的建议，向仁智宫出发，走不到六十里，命令随行官属驻扎在毛鸿宾堡，他一个人带领了十余人马前往叩头谢罪。他见到了高祖，哭得死去活来，几乎要为之气绝。但是，高祖仍然极为不谅解，把太子建成关了起来，送给他吃的食物，也是极为粗劣的给犯人吃的东西。

此时，杨文干接到太子建成被捕的消息，在庆州发动乱事。高祖把世民叫来商量对策。世民说："文干这个卑鄙幼稚的小人，大胆狂逆，料想已为州府官司拿捕了。"

"不然。"高祖摇头道，"文干叛变的事与建成有关，恐怕附应他的人不少，这件事还是要交给你办才行。等你这趟回来，我将立你为太子。我不能效法隋文帝杀掉自己的儿子，当封建成为蜀王。蜀兵脆弱，他日建成如果能与你共事，你要成全他。不然以你的才能，你夺去他的地位也很容易。"

一场激烈的辩论

太子建成因为猜忌功高业大的老二李世民，勾结庆州都督杨文干造反，被唐高祖发现。高祖勃然大怒，派遣李世民前往平乱，并且答允李世民，平乱之后，改封世民为太子。

等到李世民出发之后，老四元吉及高祖的妃嫔们轮流为太子建成求情，高祖心肠又软下来，遂把太子这次的政变，归罪于太子左右的人。

经过杨文干之变，兄弟之间的芥蒂（jiè dì）更深一层了。

就在这一年，高祖武德七年（624 年），北方的突厥，屡次侵犯关中，使得唐朝政府大为头痛。

隋唐时代，北方最为强大的部族是突厥。隋文帝采用离间政策，使突厥分为东、西两部。隋末，突厥强盛起来，东突厥占领大漠南北之地，西突厥据有葱岭东西之地。

有人向唐高祖建议："突厥之所以屡次侵犯关中，乃是因为我们的子女、金银、玉帛都在长安的缘故。如果我们把长安用火烧光，只剩下一片焦土，那么，胡人的骚扰自然平息。"

焚烧国都，实在是一个疯狂的建议，但是，高祖被突厥整昏了头，竟然赞许这个计划。而且，积极地派遣中书侍郎宇文士及穿过南山，出商州，直至樊、邓，寻觅新的建都地点，准备搬家。

太子建成和元吉刚刚吃过高祖的排头，为了迎合父亲的心意，一个劲儿赞美迁都计划。大臣萧瑀（yǔ）等人明明知道这个计划不高明，却也不敢公开表示反对。

只有秦王李世民，为着国家安危，不顾一切地上殿劝谏道："戎狄边患，自古有之。陛下圣武龙兴，统一中原，精兵百万，所向无敌，何必要因为胡寇骚扰边境，立刻迁都躲避。这种懦弱的举动，将使四海为之蒙羞，为千秋万世后的人们所嘲笑。"这番话，说得慷慨激昂，有声有色。

站在一旁的太子建成，听到"精兵百万，所向无敌"，心中不禁大起反感。因为唐朝之所以能够平定天下，完全都是李世民率领百万大军，东征西讨而得到的。

李世民接着说："以前，霍去病以一个汉朝将领的身份，还能发下志愿，平定匈奴；我乃为唐朝天子家中一员，更应为国效力，请陛下给我数年的时间，我发誓把突厥首领颉（jié）利可汗的脑袋砍了来见父皇。如果我做不到，那么，我们到那时再迁都也还来得及。"

霍去病是我国汉朝时代的著名将领。他曾打败匈奴，建立大功，汉武帝要为他建立一座大房舍以为犒（kào）赏，霍去病拒绝了。他说："匈奴未灭，无以家为也。"这句豪气万千的回答，成为千古名言。

高祖见到世民许下宏愿，大为赞赏，频频点头说："好！"

建成一看，又让老二抢了风头，立刻也引经据典，讲一段历史。他哼了一声，嘲弄地说："以

摩羯纹金花银盘，内蒙古自治区赤峰市喀喇沁旗窑藏出土，唐代突厥人用具。

前啊，有一个叫樊哙（kuài）的，想要用十万的兵横行于匈奴之中，秦王世民之言，倒是挺相似的。”

在古代，每一个读书人都要熟读历史，因为中华民族本来就是一个读史和爱史的民族，人与人之间平时对话，也常拿历史上的事为例，如果不晓得，不免被嘲笑。建成的这个暗讽，精通历史的李世民，以及高祖本人，当然都清楚。

樊哙的这段典故，是出在汉惠帝三年（前 192 年）的事。

当时，汉高祖去世，软弱的惠帝即位，匈奴的冒顿单于知道汉朝疲弱，写了一封信给吕后，信中写得相当猥亵（wěi xiè）傲慢：“你死了丈夫，刚好我的太太也去世了，两个君主都闷闷不乐，非常寂寞，愿以我有的，换取你所没有的。”

吕后接到了信，堂堂皇太后受此侮辱，气得两眼冒金星，立刻召集将相大臣，并且准备把匈奴的使者杀掉泄愤。同时，出兵攻打匈奴。

樊哙，选自《马骀画宝》。

大臣樊哙站出来，拍着胸脯道：“臣愿得十万人马，横行于匈奴阵营之中。”

中郎将季布大步跨前，朗声道：“哙可斩也，以前匈奴围高祖于平城，樊哙当时被任命为上将军，不能够为高祖解围。现在国势不比当年，樊哙还妄想用十万兵甲攻打匈奴，简直是开玩笑。况且夷狄本来是禽兽，听到禽兽说好话不足以喜，听到禽兽恶言，也不必发怒。”

吕后听了季布的话，气虽未消，可是转念一想，如今匈奴强盛，汉朝拿什么和人家去拼？只有忍气吞声写了一封回信，说是自己容貌已衰，配不上冒顿单于。

太子建成举这一个例子，目的是讽刺秦王世民自不量力，与樊哙一般说大话。

世民懒得与建成分辩，只是坚持道：“现在与汉初形势各异，用兵不同，樊哙那个小子，怎能相比？我相信不出十年，必能平定漠北，绝非虚言。”

唐高祖当然清楚世民的才干，绝非樊哙可比。因此，停止了迁都计划。

太子建成又落下风，恼羞成怒之下，再与高祖的妃嫔联合进谗言：“突厥虽然屡次为边患，其实，只要稍加贿赂即可退兵。秦王世民口上说得好听，其实，不过假借御寇之名，实际上是想总揽兵权，进行篡夺的阴谋。”

李世民的离间计

武德七年（624 年）七月，唐高祖到城南郊外去打猎，太子建成、秦王世民及齐王元吉三个儿子随行，高祖命令他们三人骑马射箭，以定胜负。

太子建成养了一匹胡马，高大肥壮，任何人只要一骑上去，它一定撅（juē）起屁股把人跌死。建成不怀好意地把马牵了出来，对世民说："你不是向来喜欢骑马，而且以马术精湛引以为傲？我这一匹可是真正难得一见的骏马，它纵身一跃，可以跳过数丈宽的溪涧，你不妨试一试。"

李世民不发一言，跳上马背，往前追赶野鹿。这匹胡马一个弓背，立刻把世民颠仆下来。但是世民的身手奇好，竟然没有翻倒在地，轻身一跃之后，跳离马鞍，挺立在数步之外，好像在表演轻功。

旁人看着倒提一口气，李世民却一跃上马，又被马摔下，再度站得好好的。就是这样，胡马一共三次准备置世民于死地，世民又三次跃立于数步之外。

聪明的李世民，当然晓得这是谁的阴谋，但是他天性不服输，明明知道胡马危险，仍然以不入虎穴，焉得虎子的精神去冒险。三次冒险以后，他愤慨地说："有人想用这种卑鄙的方法来除掉我。可惜啊！死生有命，这种小玩意，哪儿能够伤害到我？"

太子建成眼看顽劣的胡马没法整死李世民，怒由心生，又指使高祖的妃嫔去向高祖进谗言："陛下，秦王世民对人说，自有天命，应当为天下主，不能随随便便死掉。”

唐白陶马，陕西省醴泉唐墓出土。

自古当皇帝的最怕有人篡位，所以高祖又火冒三丈，疑心世民不轨，他厉声地责备道：“古来天子自有天命，非智力可求，你为何如此疯狂地想当天子！”

世民知道，这又是建成和元吉在造谣，他难过地摘下衣冠，趴在地上，不断叩头，请求父皇派人调查一个水落石出。

不论世民如何哀求，高祖始终铁青着脸，抿紧了嘴，对他十分不谅解。

正在这时，外头有官员前来通报，说是突厥入寇。一闻此言，高祖立刻趋向前来，帮世民穿衣戴帽，要他去抵抗强敌。高祖每回都是如此，遇到盗贼，立刻命令世民去讨伐，等到事平以后，受到妃嫔挑拨，又疑心世民兵权太大。可是，孝顺的世民并不因此怀恨，也不会因此而迁怒。

突厥兵力强盛，就是高祖当初自太原起兵，也曾陪着笑脸，带着厚礼，去央求突厥借兵。难怪高祖怕死了突厥兵。

到了八月初，突厥的颉利可汗与侄儿突利可汗，联合率领大军入寇，直逼并州，首都长安紧急戒严。秦王世民引兵抗拒，不幸关中连日豪雨，粮运中断，士卒疲惫，带来的器械也都生锈了，朝廷及军中都深以为忧。

李世民的军队与敌军在豳州相遇。忽然，城西又杀出了一万人马的突厥军队，设阵在五陇坂。将士们大为震恐，尚未交手，军心已经动摇。

世民对齐王元吉说：“如今大批虏骑前来挑战，我们可不能表示胆怯，应当与他们好好打一仗，你能和我一块去吗？”

齐王元吉屡次勾结太子建成，设计除掉世民，好像很有办法。这会儿与世民一同前来抗敌，正是立功建威的好时机啊！可是，真正到了战场上，他又畏缩不前，一步都不肯再往前挪。他说："现在敌人声势如此浩大，我们怎可轻易出发，万一战场失利，后悔也来不及了。"

李世民早就知道元吉没有勇气，他冷笑道："你不敢去，我一个人去，你留在此地观看吧！"

于是，英勇的世民带着少数人马，直闯敌人的营阵，找到了颉利可汗，大声地说："我朝与可汗订友好盟约，你为什么违背誓约深入我地？我是秦王，可汗能斗，你就单独出来和我斗，你若要群打群斗，我只带了一百人马来和你拼。"

颉利可汗不置可否，只是笑一笑。

世民又再往前走，派人对突利可汗扬言道："你以前与我订立过盟约，说是彼此之间有急相救，如今你却引兵相攻，未免太不顾念香火之情了。"

这时，李世民再往前走，将要渡过沟水。颉利可汗看到他如此大胆轻闯阵营，已经觉得不对劲，又听到他与突利可汗说什么过去结盟的香火之情，疑心李世民与突利可汗有所计谋，准备不利于己。于是，颉利可汗立刻派人阻止世民前进，并且好言劝道："秦王不必渡过此河，我此番前来，没有其他的用意，不过是想要与王重申及加强盟约罢了。"

李世民制造了一个离间计，使两个突厥可汗分裂，让唐朝躲过了一场京师可能沦陷的浩劫。智勇双全的李世民，利用了颉利可汗与突利可汗间的猜嫌，真可谓外交上的大胜利。

陈叔达不吃葡萄

虽然颉利可汗往后退了兵，但危机并没有真正解除，只是暂缓火烧眉毛之急。

过了几天，雨势更猛，世民对诸将说：“虏敌所依靠的，不过是弓矢罢了，现在多日积雨，制造弓弦用的胶质都被雨淋得溶化松弛，弓既然不能用，他们就如同飞鸟折翼，我们住的不是帐篷，屋子里头气候比较干燥，刀槊一定依旧锋利，若不趁此良机，将待何时？”

于是，李世民半夜摸黑，率领大军，冒雨前进，突厥军大吃一惊。世民派遣使者，去向突利可汗说以利害，突利可汗决定不出兵了。

颉利可汗发现唐朝军队偷袭，十分生气，更懊悔当初误中李世民之计，把军队往后撤退。想要开战，突利可汗却不许。最后，突利可汗自己请求与世民结为兄弟，两国结盟，突厥撤军。

如果要打硬仗，此时的唐朝还无法打过突厥。可是，李世民凭着机智勇敢，化干戈为玉帛，表现了他过人的才华，唐朝上下众口交赞，更显得太子建成与齐王元吉皆是无能之辈。

武德九年（626 年）六月里一天傍晚，建成邀请世民过来喝酒。世民知道这顿饭可不是好吃的，兄长请客，却也不能不赴此鸿门宴。果然，建成悄悄在酒里下了毒药。他心想：世民福大命大，胡马摔不死，突厥也没有结束他的性命，反而因此立了大功回来，喝下毒酒，总该去向阎王爷报到了吧。

当晚，世民被灌了不少酒，席中，突然心脏绞痛，面色死白，一连吐了数升鲜血，吓得淮安王李神通赶紧扶着他回到所居住的西宫。所幸世民的身体强壮，呕吐之后，竟然还是好好地活着。

消息传到唐高祖的耳朵中，他应该心里有数，却又不便说破。高祖到西宫探视世民病情以后，对太子建成说："秦王向来没有酒量，以后绝不可以晚上再找他喝酒。"

高祖担心，此次不成，下一回迟早还要出事，因而对世民叹了一口气道："首建大谋，削平海内，这一切都是你的功劳。我本想立你为太子，你坚持不肯。同时，建成年长，当太子也有一段日子了，我也不忍心夺他太子之位。我看你们兄弟二人似乎水火不容，同在京师，必有纠纷竞争。不如让你回到洛阳，潼关以东之地由你掌管，我让你自建天子的旌旗。"

世民听了，难过得流下眼泪，因为太子建成意图谋害，反而要让他离开京城，想想真是委屈万分。所以，他一再流泪涕泣，表示很不愿意远离父亲大人膝下。

可是高祖认为：这是解决兄弟不和两全其美的办法。坚持道："天下都是一家人，东都洛阳，西都长安，距离十分近，我希望你即刻前往，不要再悲伤了。"

有道是父命难违，何况这个父亲不是别人，正是当今的皇上。李世民纵使有满心的不愿意，也只有悄悄回到秦王府，准备收拾行装，前往东都洛阳了。

没有料到中途又变了卦。原来太子建成与齐王元吉彼此商议道："秦王若到东都洛阳，有土地，有甲兵，他又会打仗，将来的局面将更无法控制，还不如把他留在长安，比较容易控制。"

于是，建成派人上了一个奏疏给高祖："秦王左右的人，听说将要前往洛阳，莫不雀跃万分！看他们的志趣，这一走，恐怕不准备再回来啰。"言下之意，李世民将会以东都为根据地进行造反。

高祖左右的妃嫔，也在高祖面前搬弄是非，把派遣世民去洛阳当成是一件危险的事。耳根子软的高祖，又改变了主意，不让世民去洛阳。

建成和元吉及后宫的妃嫔，日日夜夜在高祖面前批评秦王世民。久而久之，高祖也相信这些小人所说的谗言，准备惩治世民。

有一位忠臣陈叔达站出来说话了。他说："秦王有大功于天下，不可以罢黜（chù）。而且他性情刚烈，万一受到不合理的挫折，恐怕他会不胜忧愤，或者会因而发生重病，有所不测。到那时候，陛下后悔也来不及了。"

陈叔达，选自《东浦陈氏怀十房宗谱》。

因为陈叔达的上谏，才阻止了高祖治罪世民。

陈叔达是陈宣帝的第十六个儿子，颇有才学，善于辩论，每回上奏，朝臣们都屏息恭听。武德五年（622年）时，他被封为江国公，得以在御前赐食。（唐朝皇帝很喜欢请人吃东西，有时还会把好吃的送到臣子家里去。）陈叔达拿了一串葡萄，却一直没有吃。

高祖看着好生奇怪，问他为什么不吃，是不是不喜欢。

陈叔达恭恭敬敬回答道："我的老母亲患有口干症，听人家说吃葡萄最好。可是葡萄是西域的特产，十分名贵，找了许久仍然找不着。所以，这串葡萄我准备带回去孝敬母亲。"

高祖听了，十分感动，赐给陈叔达不少宝物。

由于陈叔达仗义执言，高祖免除了对世民的责罚。

太子建成展开挖角战

太子建成及元吉屡次谋害世民不成之后，齐王元吉跑到唐高祖那儿撒娇，要求父亲做主，杀掉秦王世民。

高祖不答应：“他对天下有大功劳，又没有什么显著的罪状，我拿什么借口把他给杀了？”

“谁说没有罪状呢？”元吉着急地分辩，“想当初秦王世民初抵洛阳，到处散播钱帛，用来树立私人恩惠。而且，再三违背敕命，这不是造反还是什么？应该马上把他杀掉，还管什么借口不借口的。”

我们前面说过，李世民平定东都洛阳之后，正是因为不肯散播钱财给高祖的妃嫔，又不愿意用公家的财货树立个人的威望，为小人们所痛恨，如今却被元吉以此理由告状，这叫欲加之罪，何患无辞。

高祖最后还是没有答应元吉的要求，他不肯把李世民处死。

这个消息传到秦王府，大家都忐忑不安，既忧愁又恐惧，不晓得何时会大祸临头。

建成与元吉日夜商量如何把世民除去，他俩一致以为：秦王府中骁将林立，对付不易，应该设法引诱过来才好。他们第一个意图拉拢的，乃是尉迟敬德。

尉迟敬德于隋朝大业末年在高阳从军，讨捕群贼，以勇武著称，官至朝散大夫，后来成为反隋将军刘武周部下，唐朝建立后，投降李世民。

后来，刘武周的部下降将接二连三地背叛唐朝，唐朝的将领都认为尉迟敬德早晚也会反叛，因此把他囚在军牢之中。行台左仆射屈突通对世民说："敬德归附国家未久，此人勇健非常，在牢中关久了，又被猜疑，必然心生怨恨，留下此人恐生祸端，请立刻把他杀掉。"

李世民不同意这个看法。他说："依我之见，不同于此，敬德如果怀着背叛之心，早就叛变，不会留到今日。"并且派人把尉迟敬德从牢中解出，赐给他许多珠宝，好言安慰："大丈夫彼此以意气相期许，希望你不要因为别人小小的怀疑而介意。我不愿意听信谗言，杀害像你这样的忠良之士，你要体谅我的苦心，这儿有一点东西送给你，表达我们曾经共事的一段情谊。"

就在这一天，尉迟敬德陪同李世民出外打猎，刚好碰到王世充前来攻击。王世充带领数万骑兵前来突袭，派遣大将军单雄信攻击李世民，被尉迟敬德发现了，跳上马背，一声大呼，把单雄信刺下马来。王世充的军队见此大吃一惊，纷纷后退。

然后，尉迟敬德护送世民冲出贼围，而且捕获王世充手下六千名士兵。世民好生高兴，笑着对敬德说："众人都说你必定叛变，老天爷保佑我，使我明白你的忠心，可是没有想到你这么快就证明了这一点。"立刻赏他一箱金银，从此对尉迟敬德恩宠有加。

敬德有一个大本领，善于闪避矟（shuò，即槊，是古代一种长一丈八尺的兵器）。他每回单枪匹马闯入敌阵，不论对方如何攒（cuán）刺，终不能伤害到他一根寒毛。而且还能把对方手中的矟夺取过来，还送给对方狠狠的一刀。

齐王元吉也以擅长在马上刺矟著名，他听说尉迟敬德的本事之后，表现得十分轻视，而且准备亲自去试他一试。

二人比武开始，齐王元吉命敬德把矟上的刃除掉，彼此只用光竿子过招，不必玩真的。

尉迟敬德一抱拳道："纵使矟上加刃，也不能伤害到我，齐王的刃不必除，不过，我的刃当然应该拿掉。"

尉迟敬德殿前夺矟，选自《马骀画宝》。

接着，一场紧张刺激的比赛开始了！齐王元吉用带有刃的矟去对抗敬德的空竿子。可是在这种情况之下，元吉竟然无论左刺右刺，都根本无法击中敬德，敬德一闪一挪，轻轻松松就躲过了利刃。

世民在旁边看得好乐，他问敬德：“夺矟，避矟，哪一种比较难？”

“当然是夺矟难。”敬德在马上回答。

世民接着说：“那你去把齐王手中的矟夺过来。”

“夺我的矟，哪有这样容易!”齐王元吉握紧了矟，直直地往敬德刺来。

说也奇怪，敬德身子一偏，躲过了迎面而来的一刃，接着一把就握住了元吉的矟，硬是给抢了过来。元吉大吃一惊，换上了一把新矟，居然又被敬德夺走。

如此，一共三回，元吉手中的兵器，都被徒手的敬德抢走了，元吉不得不甘拜下风。可是心中大不是滋味，深以为耻。

因为有这么一段过节在，所以当建成和元吉商量挖角时，第一个考虑的人选就是尉迟敬德。他二人秘密地送了他一车子的金器与银器，并且表示要封他为左二副护军。又写了一封信说：“愿烦长者的眷顾，与你厚结牢固的交情。”

建成和元吉联手对付李世民

太子建成及齐王元吉见秦王世民手下兵多将广，对付不易，有意把世民秦王府中的大将，一一拉拢过来。他们第一个选中的对象，是曾击败齐王元吉的尉迟敬德。

尉迟敬德对一车金器和银器，以及唾手可得的左二副护军的官职，都不屑一顾。他一口回绝道："敬德本是贫贱之人，遭遇隋朝末年离乱，久沦于刘武周属下，罪该万死。承蒙秦王赐以再生的大恩，今天我又得列名于秦王府邸之中，应该杀身以报秦王的恩泽。至于对殿下，我没有任何的功劳，不敢接受这样厚重的赏赐。如果我私下与殿下结交，为了私利，忘记忠义，这种人也太无耻了，不值得殿下所用。"尉迟敬德斩钉截铁地表示没有兴趣。

在上一篇中，我们说到曾经有人怀疑尉迟敬德的忠贞，建议把他杀了，亏得世民保全，捡回一命。由此可见，李世民的确知人善任，而尉迟敬德也没有辜负李世民的厚望。

太子建成碰了一鼻子灰，气得当场与尉迟敬德绝交。

尉迟敬德把这一段经过报告给秦王李世民，世民一方面赞佩他的忠心，一方面又为他的安全顾虑。他叹了一口气道："你心如山岳一般牢稳，就算是用再多的黄金，也不能动摇你的心志。因此，太子送来的宝物，不妨收下。同时可以借此了解他们暗藏的阴谋，岂非良策？像现在这样，恐怕会

尉迟敬德在京剧当中的造型，选自清内府彩绘本《庆赏昇平》之《千秋岭》。

有大祸降临到你的头上。”

按照道理来讲，李世民所说的，比较有助于大事。但是，尉迟敬德乃一性情爽朗耿直的武人，他可不管这样多，他听说齐王元吉派了刺客要来暗算，干脆，每晚睡觉，打开大门，等着刺客上门。

当刺客夜晚到了尉迟敬德家中，发现各层大门都敞开着，他老兄睡在里面安卧不动，鼾声如雷。这一下子，刺客反而不敢前进。尤其尉迟敬德以武功高强著称，谁晓得里面暗藏了什么机关。

刺客一连几个晚上准备去杀人，却又三番两次自己被自己给吓了回来。元吉杀不掉尉迟敬德，上了一个报告说是他要造反，尉迟敬德再度被捕，因为李世民的搭救，才幸免一死。

太子发现秦王府中的僚属个个都忠心耿耿，要用金钱收买不太可能，所以他改变策略，既然这些人不肯为太子所用，也不能让李世民用。他对齐王元吉说：“其实，秦王府中的谋略之士，真正可怕的，也不过是房玄龄和杜如晦两个人罢了。”

接着，太子建成又重施故伎，在唐高祖面前恶意毁谤房、杜二人。果然，建成如愿以偿，把这两位才大智大的谋略之士，赶出了秦王府。

正在这一时刻，突厥再度入侵，围住了乌城。往常，突厥入侵都是秦王李世民率军抵抗。这一次，太子建成向高祖建议，改由齐王元吉代替世民北征。

唐高祖采纳了建成的建议之后，元吉以麾下力量薄弱为理由，向李世民借调尉迟敬德、程知节、段志玄及秦王府右三统军等大将同行；并且检阅秦王世民帐下最精锐的部队，挑选能征善战的士兵，壮大自己的声势。

为抵抗突厥，李世民当然没有不肯借将的道理。可是，过了不久，有一个叫王晊（zhì）的人前来密报："我听说，太子告诉齐王元吉：'现在你得到了秦王的骁将精兵，拥有数万之众，力量雄厚。当你开拔之前，我与世民相约在昆明池为你饯（jiàn）行。这时候，我们派出两个壮士，把绳子系在世民的头颈上面。然后，两个人各拿着绳子的一端，这么用力一拉，世民的脑袋还能不完蛋吗？然后对皇上报告世民暴卒也就是了。'"

秦王府中的人，听说李建成又有新阴谋，心中都十分紧张。长孙无忌等劝李世民先下手为强。

李世民还是犹豫不决："骨肉相残，为古今第一大恶，我当然清楚祸在旦夕之间，可是，唉……"

太子建成三番两次意图谋害世民，秦王府中的人早已不满，纷纷劝世民举兵，可是世民总是硬不起心肠。

尉迟敬德看世民依旧进退两难，怒由心生："天下哪有人不怕死，现在我们这伙人冒着生命危险拥护大王，正是上天给你的

舜耕历山，选自《二十四孝图》。

大好机会。如今祸乱随时就要爆发，而你还不以为忧。好吧，就算大王自己看轻自己，也应该为国家社稷（jì）着想。”

世民依然未置可否，不发一言。武人出身的尉迟敬德可沉不住气了：“大王不肯听从敬德之言，敬德将逃奔到江湖之上，当一个亡命之徒，可不能再留在大王左右，像这样把自个儿的双手绑在一起等死。”

“对！不听敬德之言，事情一定会失败。我，也要走了。”长孙无忌也用激将法来刺激世民。

又有人问李世民：“大王以为舜是怎样的人？”

“圣人。”世民立刻回答。

“好！假如当舜的后母把他封在井里，舜不逃出，则为井中之泥；当舜在仓库上修屋顶，后母在下头放火，舜不逃出，则会被活活烧为灰烬（jìn），怎能安定天下？所以，孔子说：为人子女被父母用小杖鞭打不妨忍受，被大杖笞（chī）打时，应该要逃，否则是不孝，你还考虑什么呢？”

秦王府的文臣都纷纷主张该下手自卫，否则大祸即将来临，李世民也了解局势的危急，可是该如何自卫呢？

玄武门之变

太子建成以及齐王元吉三番两次意图杀害秦王李世民，因此秦王府中的僚属纷纷建议世民除患，李世民却一直犹豫不决……

“这样好了，我们用龟卜，来卜一卜是吉是凶。”李世民命令手下搬来了龟卜。

此时，僚属张公谨自外头走进来，拿起龟甲，摔到地上说：“有可疑的事，才要用卜，现在这事没有什么好犹疑了，何必用卜？如果卜而不吉，难道我们就不举事了吗？”张公谨的话一点不错，大家都点头称是，于是，世民下定决心，准备动手了。

一天晚上，尉迟敬德跑去对长孙无忌说：“王已决计起事，你赶快前去共谋大计。不过你我，以及房玄龄、杜如晦四个人，不可以一块儿去见秦王，免得在路上被发现，让太子和齐王起了疑心。”

于是，房玄龄和杜如晦两人换上了道士服，跟着长孙无忌悄悄进入了秦王府。另外，尉迟敬德也从另外一条小路赶了来，他们四人与李世民共同决定了起事的步骤。

第二天一大早，秦王李世民密奏唐高祖，建成和元吉私下与高祖妃嫔要好，淫乱后宫。并且说：“臣没有丝毫对不起太子和齐王，现在他们一心一意要杀掉儿臣，简直是要为王世充、窦建德报仇。儿臣如果今日冤枉而死，永远见不到父皇，魂归地下，连见到贼人都觉得羞耻。”

唐高祖听了大吃一惊，虽然太子建成与齐王元吉和妃嫔张婕妤、尹德妃之事大家都晓得，可是高祖并不知情。李世民为人厚道，也一向不愿意拆穿。所以高祖愣了好半天，方才说：“明天你早些上朝，我要把这件事问一个明白，我怕是你们兄弟之间误会太深了。”

高祖妃嫔张婕妤得到消息，赶紧密报东宫。太子建成立刻找来元吉商量对策。元吉说：“我们应该拥兵自卫，明天托病不进宫去，以观察情势的变化。”

“不，我们不能示弱，如果不进宫，父皇就会相信世民的话，何况，你别忘记，皇宫的禁卫军指挥官常何是我的老部下，他效忠于我，所以，皇宫是我的势力范围，我怕什么！”太子建成自信地说。

第二天，也就是武德九年（626年）六月四日，天还没亮，李世民率领长孙无忌、尉迟敬德等人悄悄进入皇宫北面的玄武门，人人手持刀剑，埋伏在玄武门大道两旁的树林中。

不久，建成和元吉也到了玄武门，依照规定，随从不得入宫，所以建成和元吉两人各骑一匹马进入玄武门，他们完全没有料到已经踏入了陷阱。

这玄武门为太极宫的北正门，乃天子禁卫军指挥部所在之地，谁要是能控制玄武门的禁卫军，就能控制皇宫。

玄武门的守将常何，原是太子建成的旧部属。因此，建成十分放心，殊不知常何投靠了秦王李世民。这才使世民能够带了人马进入玄武门，而且埋伏起来。

依照惯例，皇子们都是由玄武门入宫，所以李世民很笃定地在树林里等建成和元吉的到来。

天也渐渐亮了起来，玄武门大道上传来清脆的马蹄声，建成和元吉骑在马上，昂首前进。

等到建成和元吉到了临湖殿，发觉事态不对，两足猛蹬马腹，准备逃回东门时，李世民骑马赶来，元吉着急地想要拉开弓箭射杀世民，愈急愈拉不开了，一连拉了三次，都是徒劳无功，大惊之下，策马而逃。

李世民的箭比普通的箭大一倍，再加上箭法高超，一箭就把太子建成刺了一个穿心过，太子建成当场坠马毙命。

接着，尉迟敬德率领骑兵七十人赶来，乱箭之中把齐王元吉射下马来。世民的马跑入林中，人却被树枝牵缠，坠下马来，元吉这时正好赶到，举刀就要砍向世民。

正在这个千钧一发的当儿，尉迟敬德快马奔到，大吼一声，元吉吓了一跳，刀还没有砍下，尉迟敬德已经一箭射入，元吉立刻倒地身亡。

这时东宫和齐王府的将军冯立、副护军薛万彻等听说玄武门有变，立刻进攻玄武门，于是玄武门守军和东宫齐王府军队展开一场大混战，薛万彻等攻不进玄武门，鼓噪着要改攻秦王府。世民的部下大惧，尉迟敬德提着太子建成及齐王元吉两人的人头，站在玄武门上大呼："你们的太子和齐王都已经死了。"于是，东宫和齐王府军队因之溃散。

唐高祖此时正在皇宫内泛舟游湖，不晓得外头出了大事，一直到世民派尉迟敬德擐甲持矛，领兵前来拱卫，方才大惊问道："今日是谁为乱，卿来此为何？"

玄武门兵变，选自清刊本《隋唐演义》。

“秦王因为太子、齐王作乱，举兵制裁，恐怕惊动陛下，特派臣前来护卫。”尉迟敬德恭敬地回答。

唐高祖一听非同小可，吓得就差点掉落湖中。他叹了一口气，对船上的裴寂说：“没有想到竟然出了这种悲惨的事，你看怎么办呢？”

身旁的萧瑀、陈叔达道：“太子和齐王二人，本来就对建立唐朝没有太大功劳，又嫉恨秦王世民的功高望重，共为奸谋。现在，秦王已讨而诛杀。何况秦王功盖宇宙，天下归心，只要陛下让他当太子，委以国务也就没事了。”

唐高祖想了一想，也没有其他办法了。只好说：“好吧！这反正也是我原来的意思。”

此时，一部分建成和元吉的部下，与秦王世民的军队，仍在长安打得难分难解。尉迟敬德请求唐高祖下一道手诏，命令诸军俱受秦王的指挥，免得乱事继续扩大，更加不可收拾。于是，高祖下诏内外诸军皆受秦王指挥，并且派黄门侍郎裴矩到东宫去告知将士们，于是东宫才停止作战。

唐太宗不念旧仇

唐高祖正在泛舟游湖，忽然听到尉迟敬德传来消息，太子建成以及齐王元吉被杀，玄武门发生流血政变，大惊失色！

然而，事已至此，无可挽回。他只好派宇文士及向大家宣布：一切听命于秦王世民。然后召见世民。

世民来了，高祖拍拍他的肩膀道：“近日以来，我几乎有投杼（zhù）之惑，真是难为你了。”

何谓投杼之惑？原来在《战国策》之中有一段故事。孔子的学生曾参居住在费这个地方，刚好有同名同姓的另一个曾参杀了人。人们听到消息，立刻跑来告诉曾母说：“曾参杀了人。”

曾母不相信，可是一会儿连着有三个人来报告曾参杀人，曾母不由得相信了。她丢下杼（为古代织布的机器），跳墙而走。

唐高祖讲这段典故的意思是谎话说的次数多了，使人不得不相信，用此来解释自己当初听信建成和元吉的谗言，错怪了世民，是情非得已的。

世民不发一言，默默地跪下来，哀哀痛哭。高祖摸摸世民的头，表示谅解。

三天之后，唐高祖正式立世民为皇太子，同时下诏：“自今军国庶事，悉委太子处决。”这位新的太子，就是历史上赫赫有名的英主——唐太宗。

唐太宗的“玄武门之变”是他个人完美人生之中的污点。然而我们在

唐太宗，选自《乾隆年制历代帝王像真迹》。

前面，陆续地介绍了太子建成及齐王元吉如何三番两次陷害他。他发动玄武门之变，虽非好事，实在情不得已。古代的皇位是至高无上的，而且具有强烈的排他性。同时，宫中的王子们，各人有各人的宫殿，从小不生活在一块儿，没有什么手足之情。为争夺帝位，历代骨肉相残的例子很多。李世民的夺位，只不过是其中一个案例而已。

世民当上太子以后，秦王府中的功臣一一被他授予重要官职。然后，他突然想起以前太子建成的手下有一个很厉害的角色——魏徵，时常出主意，想要把他置于死地。

魏徵小的时候，家中贫苦，胸中有大志，不事生产，无以为生，只好出家当道士，钻研学问，尤其精通纵横之说。

到了隋朝大业末年，武阳郡丞元宝藏举兵响应李密。魏徵给元宝藏掌书记，做得十分出色，被李密看上了，留在身边。

魏徵曾上过十个策略，指点李密如何去用兵，可惜李密没有使用这些计谋。后来，李密失败了，魏徵随着李密投降唐朝。太子建成素闻魏徵的才能，请他担任洗马（洗马是太子东宫的一个属官，他的职务并不是洗刷马匹，在古书之中，“洗”与“先”常常互用，“洗马”其实是“先马”，也就是太子出行时，骑马在前面导引的人。后来，“洗马”这官职并不是真正要导引先行，而演变为参谋人员），对待他十分礼遇。

世民看了魏徵一眼，冷冷说道：“你以前为什么在我兄弟之间挑拨离间，制造事端？”

在旁的人都在猜想，这一会儿魏徵可要大祸临头了。没有料到魏徵竟然神态自若，丝毫不以为意地抬起头道：“先太子早听从魏徵之言，必无今日之祸。”

言下之意，他对于当初建议太子杀世民，非但没有悔意，甚且还暗示，如果不是建成未听忠言，哪儿轮得到世民当皇帝。

旁边的人听到魏徵的狂言，莫不目瞪口呆，心想魏徵这小子可死定了。没有想到世民对他十分嘉许，不仅没有处罚，反而任命他为詹事主簿。

世民的度量宽宏，这是一般人所赶不上的，可是其他人并不了解于此，不断有人密报某某，某某为建成、元吉的余党。虽然朝廷一再颁发赦令，但还是有人争为告发及捕拿，希望能够借此讨赏。

世民不胜其烦，下了一道命令：“谁再密告就要处罚谁。”同时，派遣魏徵前往山东、河北一带（山东、河北一带是太子建成的势力，余党很多）宣慰，并且准许任意处置。

魏徵走到磁州，刚好遇到州县捕快正在解送以前太子建成的千牛李志安，以及齐王元吉的护军李思行等人到京师。

“当我受命之日，以前太子及齐王府中的左右都被大赦，现在又在解送李思行等人到京师。这样的作为，民

魏徵，像载《凌烟阁功臣图》，清刘源绘，清刻本。

间怎能相信朝廷不准备惩办前太子的余党？那么，有关的人，必定内心不安！”魏徵一面摇头，一面叹息。

于是，魏徵自作主张，把这些犯人都给放了，并且说：“我不能为了担心自身的前程，而不顾虑国家的安危。既蒙太子世民用国士之礼相对待，我也要以国士之礼相报答！”

魏徵此举，的确有些儿冒险，他自己以前曾为建成的手下，如今又擅自放走建成的大将。如果换了其他的人，很可能怀疑魏徵的用心。可是，世民不但不怪罪，反而十分赞赏魏徵的作风。

“玄武门之变”后的两个月，唐高祖传位给世民，自己退为太上皇。世民即位，次年，改年号为贞观，他就是震古烁今的唐太宗。在他临朝的二十三年之中，是中国历史上最为辉煌的时代之一。君臣之和睦，民生之富裕，文治武功之鼎盛，为史乘（shèng）所罕见，史称“贞观之治”。一直到今天，中国人仍自称为唐人，海外有唐人街，也许就是怀念唐朝的丰功伟业。

唐初第一功臣房玄龄

从公元 627 年到公元 649 年，唐太宗临朝的二十三年，史称“贞观之治”。中国的国势如日中天，唐太宗可以称为历史上最伟大的一个皇帝。

有些史家认为：唐朝之所以享有盛名，不只是因为太宗个人的神文圣武，而是因为有那么多的贤臣良将。此话固然不错，但是为什么上天这样的不公平，把所有忠臣贤相都聚集在太宗一朝？其实，这是因为唐太宗知人善任，所以才能提拔出人才。

每一个人都有优点和缺点，唐太宗不挑剔人们的短处，尽是发掘其长处，所以人人乐于效命。太宗朝中用人极为复杂：有他的亲属，有他父亲的仇人，有他自己的敌人，还有不少与他争天下的群雄将领，以及隋朝的旧官吏，他把这一批来源不同的人合在一块，同心合力为国效力。在贞观十六年（642 年），唐太宗将二十四位功臣的图像画在凌烟阁之上。从这一篇起，我们逐个介绍治世能臣和安邦武将，大家可以由此窥知“贞观之治”的盛况，也学习太宗的领导艺术。第一个要介绍的就是被太宗命为第一功臣的房玄龄。

房玄龄，是历史上赫赫有名的贤相。他是齐州临淄（zī）人，家学渊源，父亲房彦谦对五经极有研究，曾经在隋朝担任过泾阳令。

房玄龄幼小的时候，十分聪敏好学，博览经史，一手草书和隶书写得相当漂亮。

他在幼年时代曾经随从他父亲到京师，当时隋朝声势浩大，天下安宁，人们都以为国祚能传得极久。可是，房玄龄却看出不对劲，他避开左右，悄悄对父亲说："目前虽然海内清平，但是隋朝的败亡，我们可以跷（qiāo）足而待（意思是说不要多久了）。"

房彦谦听了，惊讶得说不出话来。后来，果然不出房玄龄所料，隋朝只传了短短三十八年就短命而亡。

在十八岁那年，房玄龄考取了进士，吏部侍郎对他十分夸奖，一再对人说："我这辈子阅人多矣，没有见过像他这般杰出的，将来必定是国家的伟器。"

不久，房玄龄的父亲重病，躺在病榻之上拖了三个多月，在这一百天之中，他尽心侍候汤药，整个人都瘦了一圈，憔悴不堪。然而，还是没法把父亲从死神手上救回。当父亲过世之后，整整五天，他无法进食，不能喝水，真是忠臣必出于孝子之门。

因为房玄龄极为痛恨隋朝的暴虐，所以，当时李渊起兵，太宗李世民经过渭北之时，他就毛遂自荐。太宗与他相谈之下，一见如故，十分投机，马上命他担任渭北道行军记室参军（差不多是现在的机要秘书）。

房玄龄遇到知己，心里头感激万分，特别尽心尽力地去办事。每一回太宗带兵平定贼乱，大伙总是被珍珠宝贝迷花了眼，一心只求太宗世民多赏一些，或者乘机拿一些塞入口袋之中，发笔横财。

当众人捧着珠宝，啧啧称奇，把玩赞赏之时，房玄龄总是不声不响地先去找寻有关文件，再来探访当地人才，把他们纳入幕府之中。若是碰到能干的谋臣猛将，他一定想办法与之结交，要他们死心塌地地为世民效力。

后来，李世民因为功劳太大，引起太子建成及齐王的嫉恨，三番两次要被置于死地。有一次，李世民到建成那儿吃饭，竟然中毒而归，秦王府中十分震骇。

李世民扶着虚弱的身子召见房玄龄，房玄龄为他分析："为国者不顾小节，如今不能不起事。"太宗终于被说动了，遂发生玄武门之变。

在太宗还是秦王之时，曾在秦王府中设立了一个文学馆，里面都是贤良方正的文学家。除房玄龄外，还有杜如晦等十八人，被称为十八大学士，共分为三班，每天六个人值班。太宗对这些读书人非常尊重，每天批完公事，回到文学馆与这些学士畅谈军国大事和为政治国之道，往往到夜深人静，仍然不肯离去。

房玄龄是个文人，但是每回当太宗出兵打仗，他都跟着去，运筹帷幄（wéi wò），挺有一套。他尤其善于写军书，因为才思敏捷，一挥而就，从来也不必打草稿。

唐高祖曾对身边的侍臣说："此人深识机宜，足以堪当大任。每次为我儿子陈述事情，必定能够体会人心，即使是在千里之外，也好像当面耳语一般。"

贞观元年（627 年），唐太宗即皇帝位，论功行赏，以房玄龄、杜如晦、尉迟敬德、侯君集等人为首，而房玄龄排名第一，封为邢国公。

唐太宗知道：人人都自以为功高一等，如此分封必有人不赞同，于是

十八学士登瀛州，清代年画。十八学士指李世民为秦王时，于宫城西开文学馆，罗致四方文士，以杜如晦、房玄龄、陆德明等十八人，分为三番，每日六人值宿，讨论文献，商略古今，号为十八学士。

对诸功臣道：“朕叙公等勋（xūn）效，量定封邑，恐怕不能完全恰当，大家可以各自提出意见。”

太宗的叔父李神通，立刻跳了起来，气吁吁地说：“当义旗初起，臣率兵首先赶至，现在房玄龄、杜如晦不过动动刀笔，竟然功居第一，臣很不服气……”

“义旗初起，叔父虽然首先举兵，可是等到窦建德吞噬（shì）山东，叔父全军覆没；刘黑闼再起，叔父又望风奔北。玄龄筹谋帷幄，有定社稷之功。所以汉代的萧何，虽然没有汗马军功，却是功居第一。叔父虽为至亲，可是朕不得滥用私情。”太宗明快地加以解说。

旁边的丘师利将军等以为分封不公，正在指天画地，吵闹不休，听到太宗责备李神通的理由之后，互相告诫：“陛下如此公正，不私其亲，我们还有什么好争的！”

至此，房玄龄为唐初第一功臣，大家不再有任何异议。

李纬的漂亮胡子

在中国历史上，如果论起房、杜，唐朝以后的人莫不举起拇指，称太宗用房、杜二人为左右仆射，有如太宗的左右手，开创了“贞观之治”的盛世局面。

唐太宗最大的长处，是有容人之量，他手下的第一功臣房玄龄也是如此。在上篇之中，我们说过，房玄龄在帮助唐太宗打天下的时候，经常留意延揽人才。唐朝建立之后，他依旧如此，杜如晦就是他找来的好伙伴。

有的人很有智慧，可惜没有合作精神，尤其心胸狭窄，容不下旁人，见不得人家好。房玄龄就不是这样，他喜欢提拔人才，而且看到别人做了好事，就赞美不已，到处诉说宣传，真正具有成人之美的精神。

唐太宗最了解房玄龄愿意提拔才俊，却又没有胡乱吹捧的作风。

有一次，唐太宗离开京城，住在翠微宫之中，任命司农卿李纬为民部尚书。当时，房玄龄在京城留守。

过了一两天，有一个人从京城里到翠微宫来。唐太宗问道：“玄龄听说李纬拜尚书之后，有什么感想？”

来人想想，困惑地表示：“玄龄只一直在说，李纬有一把漂亮的好胡子。其他，什么也没说。”

“糟了！”太宗一听此言，立刻把李纬从民部尚书的职位上面摘了下来，改授为洛州刺史。因为太宗知道：房玄龄一向绝不吝啬夸奖新进，如果李纬是一个人才，他一定赞不绝口。如今他什么话也没有说，只道他有一把好看的胡子，是一个美髯公。意思是说，此人一无可取，虚有其表……

房玄龄为人宽厚，不愿意明言李纬无能。聪明的太宗，却能猜中他的心事。君臣二人的默契（qì）是第一流的。

房玄龄除了担任良相之外，更监修国史，修改法律。他认为：前代法律之中规定兄弟分开居住，如果有赐官爵等余荫，轮不到头上，万一谋反可要连坐一块处死，太不公平。应该改为不论祖先或是兄弟，凡是连坐牵连，只要流徙（xǐ）边疆，不用处死。因此，天下死刑减去大半。他又削去许多危害人民的不合理的法律，重新整理。因而唐朝的法律公正严明，是很有名的。

房玄龄不但自身显赫，而且他的女儿嫁给韩王，贵为王妃；他的儿子房遗爱，娶了太宗的女儿高阳公主，拜为驸马都尉。房玄龄在贞观十三年（639 年），加太子少师之后，他就屡次请辞相职。尤其皇太子要对老师行拜礼，他不敢当，躲回家中，时人都赞美他的谦让之风。

太宗在贞观十六年（642 年），又命房玄龄与姚士廉等一块儿撰写《文思博要》，写成之后，太宗重重予以赏赐，进拜司空，仍旧掌理朝政，也依然监修国史。房玄龄担心太过显贵，又再上表陈让。

太宗还是不肯答应。他说：“公知进能退，值得嘉奖，然而国家久相任使，一朝忽无良相，如失两手。公如果精力不衰，还是勉为其难吧。”

既然唐太宗如此诚恳，房玄龄也不好再推辞。到了贞观十七年（643 年），再加赠太子少傅之官。太宗对自己能用房玄龄十分得意。当他在亲征辽东之前，写了一个手诏给他：“公当萧何之任，朕无西顾的忧虑。”

萧何是汉高祖手下的能臣，太宗委以萧何之任以后，凡是军戎器械，战士粮草，一切后勤任务，完全交给了房玄龄。太宗能用人，也信任手下。房玄龄担任这项重责大任，把一切都办得妥妥帖帖。

到了贞观二十二年（648 年），房玄龄旧疾复发，无法上殿，只能坐在担架之上让人抬着走。快要到御座之前，才一步一步吃力地走下来。

太宗看到他那样老迈龙钟、步履艰危的模样，忍不住哭了起来。房玄龄也默默流下了眼泪，心中感触万千，却一个字也不能说。太宗立刻命令找最好的名医为他看病，而且每天供应御膳中的食品进补。

自此以后，太宗天天垂问病情，如果房玄龄的病情稍稍好转，唐太宗脸上马上露出笑容。如果听说病情转剧，脸色立刻黯淡凄怆（chuàng）。

房玄龄，选自《历代名臣像解》。

从古以来，很少有皇帝这样关怀臣下的。房玄龄感动万分，他对儿子们说："皇上如此对我，我如果辜负圣君，死有余责。现在国家一切得宜，只有东征高丽为国之大患，皇帝意志坚决，臣下没有人胆敢犯颜阻止，我如果不说出来，那真要抱着遗恨到九泉了。"

于是，他拖着病体，上表诤谏，家人都看着不忍，却没有人敢去阻止。太宗看到这张表，叹了一口气，对着高阳公主，也就是房玄龄的儿媳妇说："看这个人啊，病成这个样子，还在为国家大事忧心。"

房玄龄虽然家大业大，却从来不以此炫耀，而且再三告诫子孙，不可以骄奢沉溺，不能盛气凌人。他还搜集了许多圣贤的治家格言，书写于屏风上，命令各人取一具说："如果能够留意屏风上的字句，足以保身成名。"

由此可见，房玄龄不止是一代贤相，他的人格操守，也值得我们后世景仰。

唐太宗夜梦杜如晦

上两篇介绍过了房玄龄，就不能不接着讲杜如晦的故事。因房杜一体，房知杜能断大事，杜知房善建谋略。唐太宗善用房杜，乃中国历史上著名的一段佳话。

杜如晦从小聪明，悟性很高，喜欢和朋友谈论文章，评述历史。隋朝的吏部侍郎高孝基对他十分器重，一再夸誉："公有应变之才，当为栋梁之用。"的确，脑筋清楚，善于判断，正是杜如晦最大的长处。

唐太宗平定长安之后，将杜如晦引进秦王府担任兵曹参军。不久，杜如晦又被调为陕州总管府长史。当时，因为太子建成及齐王元吉妒忌唐太宗李世民，秦王府中的才俊之士被调开的很多。唐太宗心里头很是着急。

有一天，他对房玄龄发牢骚，抱怨秦王府中的人才远去。

房玄龄说："秦王府中的府僚离开的虽然很多，但不足以惋惜。只是其中一位叫杜如晦的，此人聪明识达，是个真正佐王之才。如果大王只想要守住藩位，他帮不上什么忙；可是如果想要经营四方，称霸天下，那就非用此人不可。"

太宗大吃一惊道："如果你不说，我差一点要失去此人了！"于是，立刻把杜如晦调为秦王府的府属。

以后，唐太宗讨伐刘武周、王世充、窦建德的战役，杜如晦都担任参谋。在军国多事之秋，杜如晦每次都能下定重要而正确的判断，深深为同辈所折服。

后来，唐太宗在秦王府中建立了一个文学馆，杜如晦也以陕东道大行台司勋郎中的本官兼任文学馆学士。唐太宗对文学馆之中十八位学士都非常敬重，曾经请了唐朝大画家阎立本为他们画像，名列第一的就是杜如晦。

秦王府中虽然人才济（jǐ）济，可是最有才能的就是房玄龄与杜如晦。因此，太子建成曾经气愤地对齐王元吉说："秦王府中最可怕的，就是这两个人。"又知道他二人对唐太宗忠心耿耿，收买不易，所以到唐高祖面前去搬弄是非，把房杜二人赶出了秦王府。

秦王府中十八学士论学问文章，佚名绘。

等到唐太宗发动玄武门之变，登上了皇帝宝位，房杜二人更发挥了合作精神。唐朝的台阁规模及典章文物的制定，大半皆出于此二人之手。

前面说过房玄龄心胸宽大，具有成人之美的德行。唐太宗每次与房玄龄谈问题谈到最后，房玄龄总是说："这件事还不能就此决定，要等到杜如晦来才能定案。"

等到杜如晦来了，又常采用房玄龄的策略。这是因为房玄龄的谋略多，构想也多。而杜如晦善于下定判断，权衡利害得失，决定一个最适合的方案。两人同心为国，深受太宗的重视，难怪有"贞观之治"的盛况。

有的人智慧超人一等，可是往往没有容人的雅量，最看不得别人出头，房杜二人可没有文人相轻的坏习气，走到哪儿都是彼此标榜，互相夸

杜如晦，选自《历代名臣像解》。

奖，都把功劳推给对方。因此，我们后代人论起贤相必先称赞房杜，其实房杜是指两个人。

贞观三年（629 年）的冬天，杜如晦忽然病倒了，上表请求解除职务，太宗准许请辞，不过俸禄等依旧供给。这也是唐太宗为属下爱戴之处，他处处为下面的人着想，难怪臣子们也都心甘情愿地为他效劳。

唐太宗广求天下名医为杜如晦治病，所用的都是最为名贵的药材，可是杜如晦的病况始终不见起色。到了贞观四年（630 年），病况更加重了，唐太宗先派太子慰问，又亲自前往探视病情，握着杜如晦干枯的手，流下了泪珠。事到如今，没有什么可以为杜如晦做的了，太宗只有又赐绢千段，再把杜如晦的儿子升为高官。

杜如晦死得很早，只有四十六岁就归天了。太宗哭得伤心极了，为此废朝三日，追赠杜如晦为司空，封莱国公。

唐太宗并且对著作郎虞世南说道："朕与如晦，君臣义重，追念勋旧，痛悼于怀，请你体察我的心意，作一篇碑文来纪念他。"

后来，有一次，唐太宗吃了一个上贡的瓜，甜美多汁，而且有一股说不出的芳香。他当时的第一个念头是：该切一半给杜如晦享用，让他尝尝人间美味。继而忆起：杜如晦已在九泉之下，如何能再共享瓜果。太宗一时悲从中来，胃中翻涌，喉头阻塞，一口也吃不下去了。只好派人把剩下的甜瓜，供到杜如晦的灵前。

过了几天，他赐给房玄龄一条黄银带，想起房杜本来就是都在一起的，叹了一口气道："想起往昔，如晦与公同心辅朕，今日所赐，惟独只见公一人。"说着，说着，声音都变了。

接着，太宗又说："不成，黄银带不可赐给杜如晦，听说黄银带为阴间鬼神所畏惧。"马上又派人改换一条黄金带，放在杜如晦的灵前。

有天夜晚，唐太宗又梦到杜如晦。第二天，他赶紧派人把房玄龄找了来，大谈梦中所见，君臣二人相对唏嘘不已！太宗又命人送上御食到杜如晦坟前祭悼。

看到唐初房杜之间的亲爱精诚，太宗与臣子之间的情深义重，君臣一体，上下合作，为天下服务，这样的同心合力，无怪乎有"贞观之治"。

李靖·红拂女·托塔天王

提起李靖（jìng），大家或许会觉得十分熟悉，因为在《虬（qiú）髯客传》《封神演义》《西游记》《薛仁贵征东》几部著名的小说之中，都有李靖。

《虬髯客传》是唐朝晚期杜光庭所写的一篇侠义小说，内容是讲隋朝末年杨素当权，有一天，李靖求见献策，发现杨素的身边，站着一位绝色美人，手执着红色拂尘，默默地注视着李靖，原来她是杨素的艺妓。

后来，李靖归去，到了晚上，红拂女夜访李靖。李靖得此佳丽，大喜过望，两人私奔而去。途中，有一天，红拂女正在床前梳那把拖到地的乌亮长发，忽然发现有一个赤髯如虬（虬原意为有两角的龙，后形容卷曲）的莽汉，骑着驴子而来。相谈之下，三人结拜为兄妹，本来准备起事，后因虬髯客听说“太原（指的是唐太宗）真英主也”，于是放弃了起事反隋的行动，远走东南，并且说：“今后十年之间，如果听说东南方面有什么奇异的事，那就是我虬髯客得意的时刻了。”然后，飘然而去。

由于杜光庭把李靖、红拂女、虬髯客三位主角写得分明又生动，《虬髯客传》成为家喻户晓的故事。以后戏剧中的《红拂夜奔》《风尘三侠》《太原三侠》，都是描述的这一段故事。事实上，杨素去世时，隋朝的江山尚未起变化，与史实不合。李靖的夫人是否为委身于杨家的艺妓红拂女，历史上没有记载。

红拂女、李靖与虬髯客，选自《吴友如画宝》。

在明朝人陆西星所著的小说《封神演义》之中，李靖由肉身成神。话说李靖夫人生下金吒、木吒二子，生活愉快。后来夫人又怀孕，梦见道人送子，生下一个如轮般的肉球怪胎。李靖拿刀一劈，肉球之中跳出一个男婴，手戴金镯，肚围红绫，满地到处乱跑。原来怪婴是乾元山金光洞太乙真人的弟子灵珠的化身，取名叫作哪吒。最后，李靖父子四人都成为神仙，这就是民间供奉李靖为托塔天王及哪吒三太子的由来。

至于在明朝吴承恩所写的《西游记》一书之中，李靖身居托塔天王的官职，成为武神的领袖。在《薛仁贵征东》一书之中，李靖又摇身一变为香山老祖的门人。

在民间的传说之中，李靖是一位极有法术的大道士，并且为太上老君嫡传第三十八代弟子李淳风的门人，真是愈扯愈离了谱。其实，李靖是人，不是神仙，把他渲染为有道行的道士，实在是侮蔑了他“才兼文武，出将入相”的功绩。正如同诸葛亮一般，许多人只知他会呼风唤雨，法术无边，反而不明白他“鞠躬尽瘁，死而后已”，对国家的一片忠诚，可以说得上是本末倒置。吴姐姐讲历史故事的目的，也就是希望与大家共同研究真正的中国历史，还历史人物的本来面目。

李靖本名为李药师，京兆三原（今陕西三原东北）人，他的祖父李崇义，是后魏殷州刺史；父亲李铨（quán），为隋朝郡守，家世十分显赫。李靖身材魁梧，相貌英挺，十分的帅气。他有文才，也有武功，李靖还是青少年时，就常对人说：“一个男子汉大丈夫，如果遇到赏识他的君主，遭逢到适当的时机，应当为天下立功绩，成事业，不能够做一个书呆子。”

李靖的舅舅是隋朝平定南方陈朝的大将军韩擒虎，韩擒虎在当时是首屈一指的大将军。他对这个小外甥十分欣赏，常常与李靖一块儿谈论军国大事，而且称赞道：“放眼望去，可和我谈论《孙子兵法》的，也就只有这个孩子了。”

长大之后，李靖在隋朝任长安县功曹，又做到驾部员外郎，因为他才学高人一等，又因为有一个韩擒虎舅舅的关系，与朝廷中的大臣都很熟悉。吏部尚书牛弘（他是隋朝最有名的文学大家），特别看重李靖。就连骄傲的杨素，也曾经半开玩笑地拍着座位道：“看来，这个位置迟早是你的了。”

在隋炀帝大业末年，李靖担任马邑郡丞，刚好这时唐高祖李渊正在塞外与突厥相抗。聪明的李靖观察形势，知道李渊已有造反的意思了，立刻前往炀帝所在的江都，准备前去告发。可是，他刚到长安，兵荒马乱，道路不通，只好留了下来。

等到唐高祖的军队攻占了长安，逮住了李靖，高祖李渊大为兴奋，马上就要斩了这个告密者。

正等着人头落地的一刹那，李靖大声呼道：“公起义兵，本意是为天下除去暴乱，现在大事尚未成功，就要因为私人的怨恨，杀掉一名壮士吗？这算是什么英雄好汉？”

唐太宗李世民也站出来为李靖讲话，再三陈情“此人是个人才，不宜杀害”，方才捡回李靖的一条命。由此，也可见太宗的度量宽广，殊非常人所及。

据说，唐高祖在隋朝做官时，就与李靖有过不愉快，再加上这件事，更打心底讨厌李靖。因此，当武德二年（619年），李靖去讨伐萧铣（xiǎn），途中受阻，军队不能前进，高祖悄悄命令硖州都督许绍就地把李靖给杀了。可是，许绍爱才，舍不得下手，李靖再度大难生还。

后来，李靖带领八百人，破萧铣营，俘获五千余人。唐高祖开心极了，下诏曰：“卿竭尽心力，功效特彰，特以嘉赏。”并写了一封信告诉李靖，“既往不咎（jiù），过去的事我早已忘了！”表示前仇一笔勾销，不必再提。

众君之长的天可汗

李靖打败萧铣，得到了唐高祖的信任。以后，他又安抚岭南，平定了辅公祏（shí）之乱，得到很大的战功。不过，李靖最大的成就，在于对抗东突厥方面。

唐高祖武德八年（625 年），突厥进犯太原，李靖担任行军总管，统率江淮兵一万余人。当时，各路人马都打不过突厥兵，只有李靖能够力抗。唐太宗经常夸耀："李靖是萧铣和辅公祏的克星，古代的名将白起、卫青、霍去病，哪儿可以比得上？"

到了第二年，突厥又趁着太子建成和齐王元吉与李世民不和，再度大举入侵。颉利可汗带领了大军，一路冲到长安附近，当时长安的兵力只有几万人，实在不是对手。李世民把李靖找来问对策，李靖的看法是："目前国家需要安定，暂时不宜于用兵。"

后来，靠着李世民过人的机智，亲自率领六位臣子，到达突厥阵地，隔着沟水责备颉利可汗，又利用颉利可汗与突利可汗的不和，挑拨离间，退了双方兵马，免去了一场浩劫。

唐太宗即位之后，念念不忘沟水这场惊险的战事，总想找机会报仇。贞观三年（629 年），听说突厥的许多部族造反，立刻任命李靖为兵部尚书兼代州道行军总管，率骑兵三千，出其不意直逼恶阳岭。颉利可汗没有料想到有此一着，吓得心惊肉跳，并且害怕地与部下商议道："唐朝军队如果

便桥会盟，辽陈及之绘。图中左侧为太宗李世民单骑至便桥桥头，与突厥军队说话，右侧为突厥人，拜服于地者为颉利可汗。

不是倾全国之师而来，李靖有几个胆子，竟然敢孤军深入我境。”

第二年，李靖再破定襄，颉利可汗狼狈逃脱，退保铁山，遣使入朝谢罪。

唐太宗对此，可真是得意万分。他说：“以前汉武帝时代，李陵率领步卒五千人，结果投降了匈奴，史书上还加以称扬。现在你仅以三千轻骑深入虏庭，克复定襄，威震北狄，这可是自古以来从来没有的事，足以报当年渭水之役的大仇。”

此时，颉利可汗虽然请降，内心依旧不情不愿。唐朝方面派遣鸿胪卿唐俭、将军安修仁，前往突厥慰抚。

李靖对张公谨将军道：“皇帝特使到达那儿谈和，虏敌必定心中放宽，缺乏戒备，我们选择一万精兵带二十天粮食前往突袭。”

张公谨不以为然道：“皇帝诏书准许他投降，怎么好去突击？何况我们还有两个特使在人家那儿。”

“兵机不可失，国家利益重于一切，颉利可汗又非真心归降，何必为了区区唐俭而误大事。”李靖当机立断之后，马上率军前进。到了阴山，一路上遇到一千多个颉利可汗派在前方的哨站，全部加以俘虏。因此，一直到李靖逼近颉利可汗帐篷之外十五里，可汗才发现事有蹊跷，可是已经来不及了。李靖斩了数万突厥兵，俘虏了男女共十余万人，又杀掉颉利可汗的妻子——隋朝的义成公主，生擒了颉利可汗的儿子叠罗施。

颉利可汗乘千里马逃走，想要投奔吐谷浑，半途中被唐朝的西道行军总管张宝相所擒。不久，突利可汗也来归顺，唐朝算是报了仇，大胜而归。

由于唐朝声威远播，四夷君长前来长安求见，请求唐太宗做天可汗。可汗是西域对君长的尊称，意思是众军之长。唐太宗笑嘻嘻地说：“我为大唐天子，还要下行可汗的事吗？”于是，群臣及四夷君长都在地上叩首：“万岁！万岁！万万岁！”欢呼声响彻云霄。从此以后，唐太宗对西北君长的玺书，一律自称为“天可汗”。

颉利可汗也被活捉到了长安，他伏地跪拜痛哭。太宗命他在长安住下，赐以优厚饮食。太上皇唐高祖听说这个大好消息，也乐不可支道：“以前，汉高祖在白登山受困却没有法子报仇。现在，我的儿子能灭掉突厥，我的王业托付得人，还有什么好忧虑的呢？”

唐高祖派人召来太宗，又找了十余名贵臣及诸王妃主在凌烟阁举行庆功宴。喝得酒酣耳热之际，唐高祖自己弹起琵琶，唐太宗闻乐翩然起舞，公卿们一个接一个站起来敬酒，一直闹到半夜，君臣依旧兴奋得不忍归去。

李靖，选自《历代古人像赞》。

李靖虽然建了大功，却遭到嫉妒。御史大夫温彦博奏上一本，说是“靖军缺乏纲纪，以至于突厥的珍宝，散于乱兵之手”。太宗大为不悦，但是还是忍着气道：“以前隋朝将领史万岁大破达头可汗，隋朝有功不赏，反而把他判了死刑。朕不是这样的人，我赦免你的罪，照样记载你的功勋。”后来，太宗又对李靖说：“以前是有人故意进谗言，你可别在意。”又赐白绢二千匹，拜为尚书右仆射。

太宗对李靖一直很尊敬，私下称其为“兄”。因为李靖患有足疾，不良于行，又特别赐给他一枝灵寿杖。李靖为了报答太宗恩情，六十五岁高龄仍然出兵吐谷浑，打了一场大胜仗。

贞观十四年（640 年），李靖的妻子去世。太宗为表彰李靖的功绩，特别下诏仿照汉朝卫青和霍去病的旧例，在坟墓之前，建筑起突厥境内铁山、吐谷浑境内积石山的模型，这也是难得的恩宠。

贞观十八年（644 年），李靖被封为卫国公。因此，李靖流传下来的兵书，称之为《唐太宗李卫公问对》，至今仍为人们所传诵，是我国的兵法宝典之一。

唐太宗的胡须灰

今天我们要介绍另一位英雄人物李勣的故事。李勣有三个名字——徐世勣、李世勣与李勣。在《薛仁贵征东》这部小说之中，有一个足智多谋，深通阴阳五行的牛鼻子老道徐茂公，就是暗指李勣。

李勣的本名叫徐世勣，唐高祖赐姓为李，后来又由于唐太宗李世民的名字中间有个“世”字，为求避讳，再次改名为李勣。

李勣是曹州离狐（今山东菏泽西北）人，他小的时候，家里十分富裕，童仆甚多。他的父亲徐盖，生性慷慨，喜欢周济邻里，在地方上颇有人望。

隋朝大业末年，李勣十七岁，时逢天下大乱。有一个名叫翟让的人，原为东都小官，受到旁人的牵累被判处死刑。牢中的狱吏黄君汉，不忍见此一血性汉子被杀，偷偷地把翟让放了出去。翟让逃到了瓦岗寨，与单雄信等人一块儿当了土匪强盗。李勣跑去跟从了他。

李勣对翟让说：“我们脚下所踩的这块土地，是公及勣的家乡，大家彼此都相识，在这儿当强盗实在不好意思。隔邻的荥阳为汴水所流经，商旅往还不绝，可以好好地拦截一番。”翟让听了，认为极有道理，迁地为盗。

于是，他们来到运河旁边，劫掠公私商船，大大捞了一票。因为财力雄厚，兵力强大，连李密也想加入这支队伍反抗隋朝。

隋朝派遣大将张须陀前来讨伐，反而被李勣用计给杀了。再派王世充来剿，又被李勣给打败了。李勣对李密说：“现在天下大乱，就是因为饥

李勣在京剧中的造型,选自清内府彩绘本《庆赏昇平》之《千秋岭》。在戏剧传说中，李勣常常被呼为徐茂公，和诸葛亮一样，是古代足智多谋、知过去将来的军师形象。

饿，如果我们能得到黎阳仓库，事情就好办了。”果然，当李勣攻下仓库，大开仓门，让饥饿的百姓吃个够饱。十天之间，就招募了二十万大军。

后来，唐高祖武德二年（619 年），李密率众投降了唐朝。李勣的义气，使得高祖十分欣赏，赐姓李，封曹国公。不久，唐朝讨平单雄信，依照惯例应该处死。李勣上表求情，说单雄信武艺绝伦，请免一死，并愿意用自己的官爵为他赎罪。

唐高祖没有答应他的要求，李勣难过得要命。当单雄信临刑之前，李勣忽然抽出一把锋利的小刀，把自己的股肉割下一块，送给单雄信吃，呜咽地对单雄信道：“生死永诀，此肉同归土矣。”并且收养了单雄信的儿子。当时的人，都很推崇李勣的念旧。

李勣曾追随太宗讨平窦建德、刘黑闼、徐圆朗等反隋兵马。但是，他最大的成就，在于与李靖并肩作战，消灭了唐朝最大的外患——突厥。

在上一篇《众君之长的天可汗》中，我们说到李靖给颉利可汗一个迅雷不及掩耳的突袭，把突厥打得落花流水。这个计谋，是李勣与李靖两人联合想出来的。李靖将兵连夜发动，李勣勒兵继进，使得颉利可汗没有退路，只有乖乖投降。

因为这场战役，李靖被封为卫国公，李勣也被封为英国公。从此以后，李勣留在并州戍守边疆，一守就是整整十六年。

唐太宗对侍臣道："隋炀帝不能够精选贤良将士，安抚边境，只好建筑长城防备突厥。今天，我用李勣一个人防守并州，就能够使得突厥畏惧威名远远逃走，边区安宁，你们说，这岂不是比建筑长城更有效吗？"可见得李勣真可以说得上是国之干城。

贞观十五年（641 年），李勣被任命为兵部尚书。这时，薛延陀大度设率众二十万南侵，太宗命李勣以朔州行军总管的名义，前往抗敌。

薛延陀的步兵相当厉害，他们有一套特殊的战法——以五个人为一小组，其中一个人管住五匹马，另外四个人在前面打仗。如果打胜了，回头骑上马再往前冲；万一临阵退缩，管马的那个人，就会将后退的士兵立斩处分。

刚开始交锋时，唐朝大军被薛延陀的箭矢打得极惨。后来，李勣想出了一个法子，他命令士兵们从马上下来，拿着矟往前猛冲。再派遣副总管薛万彻专门俘捉薛延陀管理马匹的士兵。

唐太宗剪须和药，以救李勣，选自明刊本《帝鉴图说》。

如此一来，薛延陀的军队前进受阻，后退又没有马匹，被李勣一路追杀，五万士兵被俘虏。

由于这一场战役打得太过辛苦，李勣忽然得了暴疾。唐太宗非常着急，请了最好的名医为他诊治。

医生按脉之后说："这

种病要治好，还需要一些男人的胡须灰作为药引子。”

医师的话还没有说完，唐太宗已经一剑割下了自己的胡须说：“就用这个烧成灰烬用来和药吧。”李勣吃药病好之后，才知道是太宗用自己的胡须做药引子，真是感激涕零，立刻进宫求见，李勣一见到太宗，连忙趴在地上叩头，一直磕到脑袋出血。

后来，李勣从马上跌下来伤了脚，太宗再三慰问，并把自己心爱的名马让给他去骑。有一次，李勣在宴会上喝多了酒昏昏睡去，太宗亲自把御服披在他身上，怕他着了凉。由于太宗如此恩宠，李勣格外感激。在高宗继位后又一次出征高丽，获得赫赫战功，真是为人尊敬的沙场老将。

高士廉母子同心

高士廉本名为高俭，他的祖父在北齐做过不小的官，父亲高励曾任北齐的乐安王、尚书左仆射，又任隋朝的洮（táo）州刺史。

士廉幼小时代，对文学历史极有兴趣，隋朝大业中担任治礼郎的官职。他有一个妹妹，嫁给隋朝右骁卫将军长孙晟，生了一个儿子长孙无忌及一个女儿。后来，长孙晟去世了，高士廉就把妹妹及外甥接回家中。

后来，高士廉看上了当时尚未发达的李世民，认为他是一条潜龙，日后必有发展。于是做主把外甥女嫁给了李世民，成为日后唐太宗的长孙文德皇后。长孙皇后母仪天下，是历史上有名的贤后。关于她的故事，我们以后会详细介绍。总之，高士廉是唐太宗皇后的舅舅。

在隋朝末年，大军讨伐高丽的时候，兵部尚书斛（hú）斯政投降了高丽，高士廉受到了牵累，被贬为朱鸢（yuān）主簿。

高士廉一向对父母十分孝顺，如今被贬到岭南去做官。岭南地方潮湿，蛊（gǔ）毒瘴疠（lì），容易得病，不适合老年人居住。所以，他不忍心父母同往，留下了妻子鲜（xiān）于氏照顾双亲，单身前往赴职。

安顿好了父母，他又放心不下守寡的妹妹，就把家里的大宅卖掉，拿了一些钱让妹妹留着用，然后轻装而去。

虽然他已尽全力，把家中大小安排妥当，可是正值兵荒马乱的时代，他每天依旧牵挂万分，对北方有无限的思念，却又不能动弹，真有莫可奈何的痛苦。

有一天，高士廉睡午觉，忽然之间，梦见他母亲走过来，和他亲亲热热地话家常，他依在母亲膝下有无限温暖。猛然之间惊醒了，发现不过是南柯一梦。母亲呢，母亲在哪儿？她过得好不好呢？高士廉想到母亲，心一酸，也顾不得自己已是一个大男人了，哭得满脸泪痕。

第二天，仿佛有老天保佑似的，他竟然得到久未有音讯的母亲托人捎来消息，说是家中安好，高士廉心中的一块大石头才算放了下来。人们都说这是高士廉的孝感动了天。

到了唐朝高祖武德五年（622 年），高士廉回到长安，受命为雍州治中。当时的唐太宗李世民以秦王身份任雍州牧，由于高士廉是自己妻子的舅舅，又素有才望，太宗对他十分信任。

在玄武门之变中，高士廉也担任了重要的角色。他在六月四日，率领官吏把关在牢房的犯人放出，并且发给犯人兵器，让他们将功赎罪，帮助太宗。在玄武门之变成功之后，高士廉因为有功被封为太子右庶子。

唐太宗正式即位以后，高士廉被任命为安州都督。不久，被任为益州大都督。不久，又被任为大都督府长史。

益州在今天的四川。四川开化比较晚，风俗浇薄，当地有一种奇怪的风俗，人们特别怕鬼，又畏惧疾病。所以，如果父母生了重病，多半不情愿侍奉汤药，甚且为躲避祸害，把食物挂在竹竿上，握着竹竿的一头，远远地为父母送食。

最为孝顺的高士廉，当然看不惯这种情形。他把养育之恩不能不报，以及百善孝为先的中国传统儒家观念，一点一滴地教导给当地人民，使他们也能渐渐了解孝的意义。

在秦朝时，曾有李冰在四川治水，所以住在水边的人的土地暴涨，富豪之家，彼此侵夺。高士廉解决了这个问题，又另外疏通了几条河道，使得蜀地的人民大获其利。他还找了一些儒生讲论经史，大兴文治，把地方带向富强康乐，人民知书达礼。

高士廉，选自《历代名臣像解》。

贞观五年（631 年），高士廉被命为吏部尚书。这时，山东、河南、河北一带的士族，仗着旧日门阀，十分嚣张，自以为是。如果嫁女儿，聘礼也要比别人拿得多。唐太宗对此十分厌恶，命令高士廉等搜集天下族谱家谱，重新整理。这也是他的另一贡献。

贞观二十一年（647 年），高士廉去世，享年七十二岁。唐太宗悲痛万分，立刻命令起驾吊丧。

房玄龄急忙阻止太宗前往。原来，唐太宗正在服食方士炼制的长生不老的仙丹，不适宜临丧。唐太宗很不高兴道：“朕此行，不单是为君臣之礼，更是故旧情深，姻戚义重，他还是皇后的舅舅呢！卿不要再多说了。”

唐太宗率领几百骑兵出了兴安门，到了延喜门。这时，高士廉的外甥长孙无忌，骑着一匹快马赶到太宗面前，向太宗谏道：“陛下正在服食丹药，千万不可临丧，这是经方上最为忌讳的事，陛下必须为国珍重啊！我舅舅在临终以前，曾经对我说：‘皇帝待我恩重如山，我很担心在死去之后，他会亲来临丧，我怎能在死亡之余，惊动圣驾。倘若如此，魂而有灵，亦将不安。’所以请陛下千万勿去。”

唐太宗听了长孙无忌一番话，想到高士廉临终之前，仍然一心一意为自己着想，又想起此后天人永诀，再也不能相会，一种莫可奈何的失意涌上心头，益发想去见高士廉最后一面。

“皇上！”长孙无忌不敢阻拦唐太宗，又不能不执行舅舅的遗言，更担心唐太宗此去有伤龙体。情急之下，伏于马前痛哭失声。太宗依旧想去，却又不能辜负这许多忠臣的好意，只好登上长安故城西北楼，遥遥对着高宅方向，哀哀恸哭。

服食仙丹是一件有伤身体又毫无用处的傻事，不过当时的人却不明白。可是，太宗君臣之间这种感情，即使在今天，上司与下属之间又有几人拥有？

贤德的长孙皇后

对任何一个人而言，能够虚心接受批评，都不是一件容易的事。尤其是古代的帝王，手中握有无限的权力，没有任何法律可以约束他们。所以，当皇帝的更难有接受批评的雅量。唐太宗却是例外，他的虚心纳谏，是历史上的一段佳话。

在隋炀帝时代，炀帝不但拒绝一切上谏，而且谁敢上奏地方上有造反的乱事，炀帝就要砍谁的脑袋。唐太宗亲眼看到隋炀帝的败亡，深深了解一个人的耳目有限，思虑难周，倘若拒绝臣下的上谏，等于自招巨祸。所以太宗即位之后，鼓励臣下上谏，公开批评朝政。在贞观年间，王珪（guī）、戴胄、马周、褚遂良等，都以敢谏知名。甚且在隋朝时代，以善于逢迎拍马的裴矩，到了太宗朝代，竟然也开始上谏。

在所有朝臣之中，上谏的次数最多，而且影响力最大的，首推魏徵。

魏徵原本是太子建成的谋士，玄武门之变后归于太宗门下。他曾建议太子建成早日除掉太宗，太宗问起这段往事，旁人都为魏徵捏把冷汗，魏徵丝毫不以为意，反而侃（kǎn）侃谈道："如果当时事成，陛下今天也登不上皇帝宝座。"言下之意，他的意见可没错，错的是太子建成没能听忠言。

太宗对魏徵择善固执的精神十分欣赏，不但没有治罪，反而升了他的官儿。魏徵也相当钦佩太宗的器量。从此，只要魏徵见到唐太宗有不当之处，他都能直言进谏，唐太宗也每能虚心接纳。

例如，有一次，唐太宗远赴九成宫，他的后宫宫室就在九成宫旁。后来，仆射李靖、侍中王珪相继而来。下面的人，就把宫室改为李王二人的公馆。

唐太宗有点不开心，他嘀咕道：“噢，这般的威风与享受，岂不存心轻视我的宫人？”正要准备下诏更改回来，魏徵说话了：“靖、珪，都是陛下的心腹大臣，宫人不过是后宫扫除的奴隶。李靖等的确需要一个像样的官舍，用来接见官吏，咨问民间疾苦。宫人除了供应皇上之需外，对国事一无参与。陛下若以官舍的理由查办，将会震惊天下耳目。”

唐太宗想想：魏徵说的很有道理，也就不再过问此事。

另一回，唐太宗得到一只名贵的小鹰，十分喜爱。他把小鹰拿在手上把玩着，并试着训练小鹰一些技能。玩得正在兴头上，忽然之间，外头通报，魏徵晋见。

敬贤怀鹞，选自明刊本《帝鉴图说》。

唐太宗心想：真是讨厌，什么时候不好来，偏偏这个时候来，待会儿见到了小鹰，又要啰嗦个半天。于是，顺手把小鹰藏在衣袖，准备早点打发魏徵走开。

不料魏徵眼尖，早就看到太宗的动作。因此，他故意说个没完，谈了一件又一件。太宗心里直发急，又不能把小鹰拿出来，只好耐着性子与魏徵磨，心中一直在催魏徵早走。

扯了半天，最后，魏徵终于告退了。唐太宗长长地吁了一口气，眼看着魏徵走远了，他迫不及待地把小鹰自袖中掏出，却发现小鹰闷死了，太宗心里懊恼万分。他不是不能斥退魏徵，他也不必避讳在魏徵面前玩鹰。可是唐太宗实在一心一意想做一个好君主，魏徵也一再夸耀太宗贤明，有纳谏美德，太宗更觉得自己应该表现出纳谏的度量，所以小鸟也玩不成了。

唐太宗的皇后长孙皇后，学问极佳，一举一动，必循礼法。当太宗与太子建成不和时，多亏长孙皇后孝事高祖，尽力弥缝；玄武门事变发生时，她又亲自慰问参与此事的将士，使得太宗对她更是敬爱有加。

当太宗即位，长孙当上皇后之后，太宗时常想与她商量对臣下的赏罚，长孙皇后总是不肯开口，并且说：“牝（pìn）鸡司晨，并不适合。”她认为女子干政，非国家之福，所以不愿参与政事。

长孙皇后的哥哥长孙无忌，与太宗是布衣之交，又是佐命王勋，太宗视之为心腹，可长孙皇后总认为不太妥当。她不止一次对太宗说：“妾托身紫宫，尊贵至极，实不愿兄弟子侄布列朝廷，汉朝的吕后之乱，可为切骨之戒。”

唐太宗不听，他自认有知人之明，所以大胆地任用长孙无忌为左武候大将军、吏部尚书和右仆射。

长孙皇后所生的女儿长乐公主，深得太宗的喜爱，因此出降（公主结婚）之时，太宗下令送的礼仪，要比过去永乐公主出嫁时多一倍。魏徵又说话了：“情虽有差，义无等别，不可失理。”太宗回去告诉皇后，以为皇后一定失望，不料

长孙皇后巧谏太宗，选自明刊本《帝鉴图说》。

长孙皇后叹了一口气道：“以前陛下敬重魏徵，妾未知其故，今闻其谏，方知其为社稷重臣。”至此，可知长孙皇后的深明大义。

有一天，太宗上朝归来怒气冲天道：“我非杀了那个乡巴佬不可！”长孙皇后忙问：“陛下在说谁？”

太宗委屈道：“那个老家伙魏徵啊，他总在朝廷上当众侮辱我，叫我把皇帝的尊严放在哪儿？”

长孙皇后一言不发，默默退下，换上了大礼服，站在庭阶之上。太宗觉得好生奇怪，长孙皇后说：“妾闻主明臣直，今天魏徵能够如此正直，全是因为陛下贤明的缘故，怎能不贺？”高帽子一戴，太宗立即哈哈大笑。

长孙皇后运用智慧，不但保住了丈夫的颜面（她如果与太宗辩论，太宗一定大怒），更保住了魏徵的老命。她的做人处事技巧，真是高人一等。

中国历史故事

珍藏版

吴姐姐◎著

5

唐

618—907年

江西教育出版社
JIANGXI EDUCATION PUBLISHING HOUSE
·南昌·

魏徵（580—643年），选自《历代名臣像解》。字玄成，魏郡馆陶（今属河北）人，幼贫苦，有大志，不事生产，精通纵横之学。初事李密，后归李建成，劝其早除李世民，玄武门之变后，世民爱他高才，不以旧事为念，魏徵遂悉心归于世民，除自己守正不阿外，每见有不当之事，都极力谏争，对“贞观之治”有莫大贡献，也成就一段君臣进谏纳谏的千古美谈。魏徵死后，李世民悲痛异常，慨言痛失镜鉴。

——见《守正不阿的魏徵》

文成公主进藏，青海省西宁市湟中区塔尔寺正月十五酥油花作品。吐蕃为唐西方强敌，据今西藏地区，贞观时，吐蕃松赞干布在位，向太宗请娶唐朝公主，太宗不许，引起兵争，后唐军获胜，但为了和平友好，应允了松赞干布的第二次请婚，遂以文成公主许之。文成公主进藏后，对西藏汉化和两国交好，均有极大贡献，是中国公主和亲的成功代表。

——见《文成公主》

武后行从图，唐张萱绘。武则天（624—705 年），名曌，唐高宗李治皇后，中国历史上唯一女皇帝，文水（今山西文水）人。少性格强直，不习女红，唯喜读书。十四岁入宫为太宗才人，太宗死，入感业寺为尼，旋为高宗李治接入宫中，永徽六年（655 年）封后，参与政事。高宗死后，武则天以皇太后名义临朝称制，天授元年（690 年）更改国号为“周”，自号圣神皇帝。至神龙元年（705 年）冬去世，去帝号，称则天大圣皇后。武则天执掌大权，前后近五十年。执政期间，重农桑，薄徭赋，宗室虽有残破，百姓却无侵扰。武则天知人善任，在位时君明臣贤，所治号称“贞观遗风”。但后世毁誉，见仁见智，不能定一。

——见《武后垂帘听政》

狄仁杰（630—700 年），选自《历代名臣像解》。字怀英，太原人。自幼专意于书籍，不暇他顾；高宗朝任大理丞，一年之中为一万七千人断案，且均是积压的案子，以公正公平闻名；武则天当权时，狄仁杰曾为酷吏诬为谋反，他机智应对，先一口认罪，使看守放松警惕，然后用棉衣传书，获得武后召见，既使冤情大白，又不致死于酷吏鞭笞之下。狄仁杰是武则天所重用名臣中的杰出代表。

——见《狄仁杰的棉衣》

张九龄（678—740 年），选自《历代名臣像解》。字子寿，自幼聪慧，九岁能文，闻名天下。唐玄宗做太子时，举天下文士，亲自策问，张九龄名列前茅。开元二十一年（733 年）任中书侍郎、同中书门下平章事（即宰相），因多谏诤，不中玄宗之意，后又与李林甫不合，因细故，被玄宗罢去相职。张九龄是玄宗朝最后一位贤相，有魏徵之风，无奈唐玄宗并无唐太宗雅量。史家以为，张九龄的罢相，是唐朝由盛而衰的一大关键。

——见《张九龄罢相职》

杨玉环（719—756 年），清康涛绘。号太真，蒲州永乐（今山西芮城西南）人。史传杨玉环“姿质丰艳，善歌舞，通音律”，初为玄宗子寿王李瑁妃，玄宗见后，招入宫做女官，天宝四载（745 年）册贵妃，专宠后宫，杨门富贵，因之并世无双。至德元载（756 年），因安史之乱，玄宗避兵锋入蜀，路过马嵬驿时，发生兵变，玉环被赐死。其事历代文人多有歌咏，以白居易《长恨歌》最为知名。后世将她与西施、王嫱、貂蝉并称古代四大美女。

——见《马嵬驿的悲剧》

目　录

守正不阿的魏徵

在上一篇之中，我们介绍了唐太宗的虚心纳谏，以及魏徵的敢于直言。

一次，唐太宗在丹霄殿宴饮，席中对长孙无忌道："魏徵、王珪（guī）以前是太子建成的老人，帮助算计朕，着（zhuó）实可恶。好在我能弃怨用才，如今都是我的好臣子了。可是魏徵每次上谏，我若不听从，要再与他说话，他就不应我了，这是什么意思呢？"

众人的眼光，一起朝向魏徵。

魏徵说："臣以为事情不可执行方才上谏，若是陛下不听从，我还答应，我害怕陛下会做不该做的事。"

"你就先答应我，再做陈论，难道不行？"太宗问道。

魏徵说："若是我当面应可，又再陈论，这可不是古代忠臣稷、契对舜的态度啊！"

唐太宗觉得魏徵这个人正直得可爱，哈哈大笑道："人家都说魏徵疏忽礼貌，举动傲慢，我怎么认为他很妩媚哩！"

魏徵听到太宗用"妩媚"二字形容自己，有点脸红，马上叩一个头道："这是因为陛下贤明，魏徵才敢放言。如果陛下不肯接受，臣哪有讲真话的胆子？"

有一天，唐太宗准备去打猎，传话下去，备好了马匹与猎犬，不知怎的，又被魏徵知道了，急急忙忙赶来，站在皇宫门口，想要等待太宗出来时，当面谏告为国珍重，少做危险的事。

魏徵一边在心中盘算如何开口，一边耐心地等着。奇怪的是，左等右等，就是不见太宗出来。魏徵觉得好奇怪，冲入宫中一探究竟。

结果，他发现唐太宗安坐在那儿，不像是要出门的神态。看太宗的打扮，却又是一身猎装，这是怎么一回事呢?

魏徵疑惑地请问："听说陛下要前往南山打猎，怎么还不动身？"

唐太宗看了一眼魏徵，笑着说："不错，我本来是要去打猎的，又担心被你知道了要唠叨个不停，所以现在不想去了。"

魏徵听到太宗如此一说，非常的感动。自古以来，还很少有皇帝如此敬畏臣下的事。他高兴得再三拜谢而去，更暗自庆幸遇到了一位明主。

前面说过，贞观年间上谏的臣子，并非魏徵一人，这是因为风气既开，做皇帝的有纳谏的度量，臣子们自然也就敢直言了。

不过有一点唐太宗始终想不通，他问魏徵道："为什么群臣的上书写得洋洋洒洒，可圈可点。然而真的召见他们，却又言语失次，其中的道理在哪儿呢？"

唐人出猎，陕西乾县唐墓壁画。

魏徵回答道："臣观百官奏事，往往在家中打了数日腹稿，等到上朝时，只能表达他的意见的三分之一。更何况，上谏所说的，一定都是有拂皇上心意的事，倘若陛下再一脸不肯假以辞色的模样，臣下当然害怕而不敢畅所欲言。"

自从魏徵说了这番话，唐太宗格外注意自己

的态度，尽量地和颜悦色，因此，君臣之间的感情更浓。这也是魏徵的过人之处。如果换了其他有私心的人，皇帝这般信任自己，正可以大权在握，又何必刻意去拉拢太宗与其他大臣的感情?

言路既开，当然也有坏处。譬如有的人乱开口，不近事实；也有的人专在鸡蛋里挑骨头。唐太宗不免觉得厌烦。魏徵又劝解道：“陛下是明君，因此惟恐不晓得自己哪儿犯了错，鼓励臣子们上谏，自然得让他们尽量陈述。如果其言可取，固然有益于国家；如果其言一无可取，也没有什么损失。”

魏徵，选自《历代名臣像解》。

听了魏徵的开导，太宗又释怀了。

有一回，太宗想将隋通事舍人郑仁基的女儿纳入后宫，诏令已经发下去了。魏徵听说，郑女已经许嫁士人陆爽，上表请太宗准许陆家这门婚事。

按理说，做皇帝的看上了谁，岂有得不到之理，何况郑女还未正式嫁给陆爽，可是唐太宗立刻命令停止派遣册使，而且下诏责备自己。

房玄龄等不以为然奏称：“许嫁陆氏，并无显状，大礼既行，不可中止。”太宗没有理会房玄龄的话。

陆爽本人更表示：他与郑氏二人之间并无婚姻之议。太宗奇怪地问道：“群臣固然希望我行礼完婚，陆爽又为何如此表白，我不是已经告诉大家停止这件婚事了吗？”

魏徵的回答是："他以为陛下表面上虽然放弃了，但私下会编派他的罪名，所以不得不这么做。"

"哦！朕讲的话，这般没有信用吗？"太宗开玩笑道。

唐太宗曾对侍臣说："贞观以前，跟从我平定天下，周旋艰难危险，这是玄龄的功劳。贞观之后，尽心于我，安国利民，犯颜正谏的，只有魏徵而已。"

贞观十七年（643年），魏徵病重而死。太宗亲临痛哭，停止上朝五日。为了给魏徵厚葬，他下令给羽葆（bǎo）鼓吹及班剑四十人，赙（fù）绢布千段，米粟千石，陪葬昭陵。没有想到，魏徵的夫人竟然婉拒。她说："徵平生节俭朴素，如今用一品礼葬，非亡者之志。"竟然只用一辆普通的马车载运棺材。

魏徵出殡之日，太宗登上苑西楼，望丧痛哭，下诏百官送出郊外。太宗对人说道："以铜为镜，可以正衣冠；以古人为一面镜子，可以知道往来兴替的道理；以人为镜，可以自镜中看出自己的得失。我常保有这三镜，以防止自己犯过错。魏徵走了，我丧失了最宝贵的一面镜子了。"

唐太宗吃蝗虫

在介绍唐代功臣之时，我们已陆陆续续介绍了唐太宗的许多丰功伟业。现在，我们再介绍几则有关唐太宗的小故事。

太宗在当秦王之时，就在秦王府中养了一批文人，和他们谈论诗书中的道理以及军国大事，彼此相处得十分融洽。到了他当上皇帝，依旧保持礼贤下士、与读书人交往的兴趣。

有一次，唐太宗在玄武门宴请三品以上的官员。酒过三巡之后，唐太宗忽然兴起，命人端来笔墨纸砚，表演一手书法。

太宗对晋朝王羲之的书法最为欣赏，尤其擅长于摹拟王羲之的飞白体。他卷起衣袖，开始露一手功夫，并表示准备把写好的字，送给与宴的群臣。

太宗这一宣布，大伙都非常兴奋！谁不想得到当今皇上的真迹，作为传家之宝呢？因此，太宗每写就一幅，群臣们立刻争着去抢。其中有一个叫刘洎（jì）的人更是过分，他竟然登上御座，站到太宗的背后，等太宗一写完，立刻伸手越过太宗的肩膀，一把抢到了太宗写的字，刘洎的样子真像骑到太宗的背上。

旁边的官员都吓得目瞪口呆，惊讶刘洎的放肆。站在一旁的御史很看不顺眼，便对太宗说："洎登御床，罪当死，请付法。"

没想到，太宗只是笑笑说："昔闻婕妤辞辇，今见常侍登床。"常侍是刘洎的官名，他当时的职务是散骑常侍。床即为天子御座。太宗非但不以为忤（wǔ），反而为大家抢他的字而得意哩。如果是明太祖，臣子如此不守礼法，脑袋非得搬家不可。

太宗不论对臣子还是对人民，都是宽大为怀。贞观六年（632年）十二月，他亲自录问关在牢里的重囚，其中有不少是等着问斩的死刑犯。唐太宗对他们表示十二万分的同情，又不能无缘无故大赦，损害国家的司法。因此，他决定先放这批犯人回家，要他们到第二年的秋天再回来。

当太宗把死刑犯放走之时，许多人都料定他们绝不会再回来，谁肯乖乖地回头就死呢？可是说来也奇怪，到了秋决之际，死囚竟然一个一个如期报到，这只能说是囚犯们感念太宗让他们回家一趟的恩德吧。

不过，此并不表示唐太宗不重法治，例如有一个人叫党仁弘，原来是隋朝的武勇郎将。唐高祖起兵之后，党仁弘率领了两千多人投奔高祖，做到了陕州总管。他极有才略，所到之处都声望极隆。可惜此人有个喜拿红包的嗜好，而且贪心不足。最后，在广州被人告发，搜出赃款达百余万，罪该问斩。

唐太宗想到党仁弘过去对国家所做的贡献，不忍取他性命，在贞观十六年（642年）十一月对侍臣们说："我昨天见到请诛党仁弘的奏章，哀怜他到了白首还要就戮（lù），想要撤销这个案子，为他求一条生路，想来想去想不出办法，请你们帮忙找一个让他获生不被诛杀的理由。"

十二月，唐太宗又召集五品以上的官员在太极殿前自责道："法律者，乃为人君者所受命于天者，不可以为着私心而丧失信用。今天朕私心偏爱党仁弘，希望把他赦免，是乱其法，上负于天，朕准备坐卧于草席之上三天，而且要吃三天素，表示谢罪。"

房玄龄等认为太宗不必如此，向前劝道："生杀之柄，本来是人君的权力，何必自我贬责如此！"在群臣的跪求之下，太宗最终将党仁弘贬为庶人，流放钦州。太宗明白君王手中握有生杀大权，所以他要提醒自己格外公正，以免损害国家大法。

唐太宗出身民间，特别了解贪官污吏危害百姓，所以不仅大公无私治了党仁弘的罪，而且平日最痛恨官员贪污。

为了试验官员们的廉洁，他派人去试行贿赂，结果有一个守门令史收了一匹绢布，太宗很生气，决心杀一儆百，要把守门的小官杀了。

民部尚书裴矩对此不以为然，他上谏道：“为吏受贿，罪诚当死，但是陛下诱人入罪，恐怕不合《论语》之中所说的道之以德、齐之以礼的原则。”

太宗觉得裴矩说得有理，当众承认错误，嘉勉裴矩。自从太宗厉行严禁贪污之后，唐朝的政治风气十分清廉。可是有一回，长孙皇后的叔叔长孙顺德，居然受人馈赠，事情败露之后，太宗不但没有治他的罪，反而在殿庭之上，赐了数十匹上好的绢布。

大理少卿胡演，看着不服气道：“顺德受了贿，罪不可赦，为何还要赐给他绢？”

唐太宗说：“长孙顺德如果有功于国家，朕可以把国库中的财富分给他，他又何必贪污？我现在故意当众赐绢给他，他如果有人性，应该视之为奇耻大辱，比受刑还要难过。”果然，长孙顺德在此之后，成为一个清廉的官吏。

唐太宗的虚心纳谏，是历史上有名的，可是有一回他不肯接受臣下的上谏。那是贞观二年（628 年），关中闹蝗灾，人民活不下去，有的人迫不得已只好卖儿女，太宗为此十分痛心。有一天，他在宫中见到数只蝗虫，用手掇起数只对天祷（dǎo）告：“民以谷为命，而你竟然吃掉谷子，不如来吃我的肺肠吧！”拿起蝗虫，就要往口中塞。左右急忙劝阻：“吃下去会生病的啊！”可是，太宗仍然吞了几只蝗虫。

吃蝗虫固然是一件很可笑的事，可是太宗能够勤政爱民，遵守礼法，才开创了贞观之治。

太子承乾想当突厥人

唐太宗一生英明果断，开创贞观之治的局面。可是晚年的太宗，却为了不能解决家庭儿女之间的纠纷，感到万分的痛苦与烦恼。

唐太宗的长子诞生于承乾殿之中，所以被命名为李承乾。武德三年（620年），被封为恒山王，七年（624年）又被封为中山王。等到太宗即位为皇帝，顺理成章被命为皇太子。当时承乾才八岁，聪明活泼，很得太宗的喜爱。

当承乾渐渐长大，染上声色犬马及畋（tián）猎的不良嗜好。他担心太宗知道自己奢靡的坏毛病，在宫臣（太子宫中的属官）面前总是一本正经论忠孝之道，不时还洒几滴眼泪，表示对于道德学问的感动。

万一有哪一个臣子想要上谏承乾的品行过失，被承乾知道了，他立刻装成诚惶诚恐的模样，正襟危坐，一而再再而三地谴责自己的过失。臣子们看到太子知过必改，态度谦逊，也就不便多说。因此，在承乾早期，他还以贤能闻名于外。

承乾太子的喜好与一般人不太相同，他向往塞外的游猎生活，曾经制作了一个八尺高的铜炉，又监工做了一个大鼎。然后命令一些亡命之徒，到民间盗取大批的马牛。承乾亲自在大鼎中烹煮马牛，与所宠幸的斯役一块儿吃喝。

他对于中原文化没有兴趣，对突厥语和突厥人的服饰倒十分偏好。承

唐太宗皇帝之真像，佚名绘。

乾亲自挑选了一批外貌长得像突厥人的手下，每五人为一落（一队），大家都像突厥人一般头发编起了辫子，身上穿着羊裘，并且制作了一面突厥大旗，旗子上画着五头狼为标帜。

等到这一切都布置妥当了，承乾太子设置了一个毡帐，和突厥王一般端坐在其中，自个儿现宰现烹羊只，然后抽出佩刀，割下羊肉送入口中。这种塞外般的生活，对承乾而言，真是乐在其中。

有一天，承乾又想出了一个新点子。他说："现在，我假装当可汗，可汗去世了，你们效法突厥的丧仪。"

说着，承乾一头栽到地上装死。然后左右嚎啕痛哭，骑在马上，对着"尸体"环绕着走。

这一群人在承乾身旁又哭，又叫，玩了好半天，承乾依旧兴趣未减，也丝毫不觉得不吉利。

最后，太子承乾忽然翻身而起道："等到有一天我拥有天下之时，我一定要率领数万骑兵到与突厥接壤之处去巡猎，然后和突厥人一般把头发解开，当一个突厥人。"

太子承乾好学突厥之事，终于传了出去，许多大臣纷纷上谏，惹得承乾十分的不悦。当承乾悄悄引突厥达哥支入宫之后，于志宁上书谏曰："……突厥达哥支等，人面兽心，岂得以礼教期，不可以仁义待。"

由于每次有臣子上谏承乾，太宗总会厚赐金帛，太宗本人就是最会纳谏，所以承乾十分恼怒，干脆派遣刺客张师政和纥干承基去刺杀于志宁。

当这两位刺客到了于志宁的宅第，赫然发现于志宁虽然位居相职，可是居处简陋，头枕着砖块，身上盖的是草席，竟然不忍心下手。

承乾太子有一个叔叔汉王元昌，由于时常兴起一些不法的勾当，经常被哥哥太宗责骂，心里头的怨恨甚深，刚好与侄子承乾臭味相投，可以玩在一块儿。

由于太子承乾的脚有点儿跛，不良于行，或许是自卑感作祟（suì），反而更好勇斗狠。他与汉王元昌两人朝夕同游戏，又想出一套新鲜的玩法。

太子承乾与汉王元昌各自带领一支队伍，披上毡甲，手上拿着竹矟（shuò），面对面互相冲杀，大呼交战，击刺流血，这真是既危险又残忍的娱乐。许多被编入队伍者都不太愿意参加，像这种不服从命令的，承乾就把他们绑在树上猛打一顿，甚至还有打死人的事情。

久而久之，承乾血液中的野性益发汹涌了。他说："假如今天是我当天子，明天我就要在苑中设置一个万人营，与汉王分别率领一队，然后观其战斗。那样，岂不乐哉！"又说："等到我当上皇帝，我可要极情纵欲玩一个痛快。谁敢上谏，就取谁的脑袋。这样，不过杀个数百人，就没有人再啰嗦了。"

承乾的作为，逐渐传到太宗的耳里，使得太宗为儿子的不肖异常伤心。过了没有多久，又发生一件让太宗动怒的事……

有一位太常寺乐童，长得眉清目秀，能歌善舞，承乾十分欣赏，特别为他取了一个名字叫"称心"，表示称心如意。两人来往密切。

有人把消息传到太宗耳中，太宗看承乾愈来愈不像话了。一气之下，把称心给杀了。承乾失去称心之后伤心不已，在宫中开辟了一个房间，立了一个称心的像，朝夕奠祭，徘徊流泪。更为称心做了一个冢（zhǒng），立了一块官碑。

太宗晓得了承乾的荒唐举动，十分的不高兴，太子也知道父王不满意，干脆称疾不上朝。父子之间，展开了冷战。

魏王泰的野心

唐太宗的太子承乾双脚不良于行，性格乖僻，不愿意做汉人，倒是一心一意学习突厥人的风格。他和一个太常寺乐童相交甚密，太宗赐死乐童之后，承乾哀伤不已，从此托病不上朝，动辄（zhé）数月之久。

想当初太子承乾倒还装模作样，假装当一个正人君子，如今被拆穿了，他也就不再隐瞒。他命令数百户奴隶学习胡人把头发束在头顶，盘挽成为锥形的髻，又学习胡人的歌舞。自此，鼓角之声，日日夜夜，从太子的宫中传了出来。

太子承乾任性胡为，他当然知道勤于政事的父皇太宗心中不悦，何况他还在一直怀疑，乐童称心的事被告发，恐怕是他的四弟魏王泰告的密。

魏王泰是唐太宗的第四个儿子，从小就擅长提笔写文章。武德三年（620 年），被封为宜都王，贞观十年（636 年）被封为魏王。太宗本人雅好文学，见魏王泰颇有自己之风，心中暗喜，特别准许魏王泰自己设立一个文学馆，任他自由召引学士，类似太宗当年在秦王府设立文学馆一般。

魏王泰不知是否营养太好，肚皮有点肥大，鞠躬下拜比较困难。唐太宗为了体恤他的腰腹宏大，举动不便，特别准许他乘坐小轿子入宫，可以见得太宗对他的宠爱。

贞观十二年（638 年），司马苏勖（xù）以古来帝王多半引用宾客著述，为世所称道，劝魏王泰向太宗请求撰写《括地志》，太宗答应了。当贞观十五年（641 年），《括地志》在魏王府中文学士的通力合作之下完成以后，太宗大为喜悦，赐给他许多宝物。此后，每月发给魏王泰的料物，竟然超过太子承乾。

谏议大夫褚遂良曾为此上谏，提醒唐太宗："当亲者疏，当尊者卑，将会私恩害国。"太宗接受了褚遂良的意见，减少了对魏王泰的供给。后来，太宗要魏王泰搬到武德殿去住，魏徵以为不妥，太宗也收回成命。尽管如此，明眼人都可以看出：太宗心里疼爱的是魏王泰。

魏王泰当然更能体察父亲的偏爱，再加上太子行为常常犯错，又有足疾，心中暗暗埋下争夺太子之位的种子。所以极力表现，折节下士，以争取名誉。黄门侍郎韦挺、工部尚书杜楚客两人，更为魏王泰到处活动，要结朝士，并且用金钱贿赂朝中权贵。一时之间，人人都夸魏王泰聪明好学，应该作为皇位的继承人。

在这种情况之下，两相对照，太子承乾益发显得不堪，所以太子心中很着急。

吏部尚书侯君集，看清楚了这个形势，准备乘机搅和一番。

侯君集这个人，性情矫饰，喜欢自夸，虽然会玩弓矢，但功夫不算到家。他是太宗当秦王的时代被延揽入府的，在诛杀建成和元吉的玄武门之变中，出了不少力，渐渐被太宗所重用。

贞观四年（630 年），李靖被任命为西海道行军大总管，奉命讨伐吐谷（yù）浑，侯君集做李靖的副手。吐谷浑被平定之后，侯君集也升了官，改封陈国公。侯君集是行（háng）伍出身，胸无点墨，如今才开始读书识字。

贞观十一年（637 年），高昌王麹（qū）文泰十分的自大，不肯入朝进贡。太宗屡次令召麹文泰入朝，他总是以有病相推托。最后，唐太宗派遣侯君集前往讨伐。

高昌王原先听到这个消息不以为意，他对国人说："唐国离此地有七千里，其中沙漠宽约二千里，地无水草，冬风冻寒，夏风如焚，风所吹过，

高昌仕女图，新疆维吾尔自治区吐鲁番市阿斯塔那古墓出土。描绘的是高昌贵族妇女，体态略胖，有唐人风格。

行人多死，怎能行走大军？就算大军到来，二十天之内，粮食必然吃光，我们又有什么值得忧虑的呢？”

没想到，侯君集竟然真的到了高昌国城外，他想出了一个奇怪的战法，用撞车的反弹力量，把大石头抛向城中，凡是被石头击中的，无不当场毙命。高昌国受不了凌厉的石头攻击，开门投降。

侯君集平定高昌国时，没有马上报奏朝廷，又私自取用高昌国的宝物。其他的将士晓得消息，也抢着来搜宝。侯君集惟恐部下举发他做的“好事”，只有容忍部下进一步的胡作非为。

后来，侯君集到了京城，被人举发，奉诏入狱。中书侍郎岑文本，以为有功的大臣不可轻加屈辱，为他求情，侯君集才被放出。

侯君集自认为在西域之间立了大功，竟然因为贪污被捕下狱，心中怏（yàng）怏不乐，言语之间对朝廷极为不满。唐太宗虽然仍把侯君集的画像列在凌烟阁之上，待他如初，但是，侯君集还是觉得郁郁不得志。他不检讨自己败德收红包，总认为是国家对不起他。

如今，满怀怨恨的侯君集，眼见太子昏暗庸劣，魏王泰又有夺取太子位之意，认为这是他翻身立功的大好机会。所以，他三番两次建议太子承乾造反，并且举起大手对承乾道："这只好手，正准备为殿下所用。"承乾等人遂决定了谋反的计划。

侯君集决心谋反之后，很担心秘密外泄，心中不安，常常半夜睡了一半，突然自床上惊醒，然后唉声叹气老半天。他的妻子知道其中有鬼，对他说："你为国之大臣，为什么每夜惊醒？必有不善之事，辜负国家，不如早日自首。"

唐太宗审问侯君集

唐太宗的太子承乾无能无德，老四魏王泰有意争夺太子之位。曾在西域平定了高昌国的侯君集，怂恿太子承乾造反。

虽然，侯君集的妻子看出他的神态有异，劝他悬崖勒马，可是，侯君集满肚子的怨愤及不满，促使他要孤注一掷。

侯君集不断在太子承乾面前煽风点火：“魏王为上所钟爱，我恐怕殿下会有庶人勇之祸，应该早日有所准备。”

庶人勇指的是隋文帝的太子杨勇，因为老二杨广善于讨好，赢得文帝的喜爱，最后文帝把太子杨勇废为庶人，立杨广为太子，是为以后的隋炀帝。关于这段故事，在前面讲得十分详细。

除了侯君集十分卖力地在策划政变外，汉王元昌也力劝太子造反。在前两篇介绍太子承乾想当突厥人中曾经说过，汉王元昌是唐太宗的弟弟，不学无术，经常受到太宗的责骂，与太子承乾是同一类型的人物，两人常拿着竹稍玩骑马打仗的游戏。

汉王元昌是个好色之徒，他眯着眼睛对太子承乾道：“上回我见到你身旁有个美人儿，善弹琵琶，事成之后，希望能把这个美人赐给我。”太子承乾一口答应。

于是，侯君集、汉王元昌以及洋州刺史开化公赵节、驸马都尉杜荷等，平日为太子承乾所亲昵的人，聚在一块儿，用刀在手臂上划了一道口子，流出鲜血，然后用一块干净的布沾上每一个人的鲜血，烧成灰烬，和酒一口吞下，表示誓同生死。

不料，尚未举事，太子承乾想要造反的消息已经走漏，在贞观十七年（643年）四月被捕下狱。

原来太子承乾和侯君集等人的计划是领兵直接攻入皇宫，挟持太宗。贞观十七年（643年）三月，太宗的第五个儿子齐王李祐在齐州反叛，太宗命李勣（jì）领兵讨伐，李祐失败被擒，追查李祐的同党，牵连到太子所养的刺客纥干承基，承基也被捕，关在大理寺的监狱内，将要处死刑。

四月初一，承基在狱中告太子承乾谋反，这是重大的告获，立刻送报太宗，太宗命长孙无忌、房玄龄、李勣、褚遂良等大臣共同审问，结果太子承乾谋反的证据确凿，谋反罪成立。

依照法律，造反一定要处死刑的。唐太宗问侍臣："将要如何处置承乾？"群臣都不敢吭声。

此时，通事舍人来济站出来讲话："让太子得尽天年，使陛下不失为慈父，能够这样处置就好了。"

唐太宗也舍不得杀掉儿子，下诏废太子承乾为庶人，流放到黔（qián）州（在今天的重庆境内）。

那一位希望造反成功后，可以得到美人儿的汉王元昌，唐太宗念在手足之情的分上，本来也想免他一死，可是朝中群臣都表示反对。大臣高士廉、李勣等，更上奏道："元昌包藏凶恶，图谋逆乱，天地之所不容，人臣之所切齿……"

太宗没有办法，赐他在家中自尽。

至于侯君集，他被收押之后，唐太宗亲自审问，太宗和颜悦色道："朕不愿意你受刀笔吏辱没，所以朕亲自鞫（jū）讯。"

侯君集不肯承认参与其事，等到唐太宗拿出侯君集与太子往来的书信，他才俯首认罪。

唐太宗叹了一口气道："君集对国家有功，可不可以免他一死？"群臣都不以为然。太宗对君集道："与公长诀矣！"说着，眼泪夺眶而出。

侯君集知道难逃一死，悲哀地跌倒在地。不久，就在市场上问斩。

当侯君集被绑上刑场时，市场四周围满了看热闹的民众。一代名将竟然落到此一田地，他几乎站不稳脚步。刽子手已经就位了，侯君集哭着对监刑将军哀求道："君集蹉（cuō）跌至此，罪该万死！然而侍奉陛下于藩邸（秦王府），并且击取高昌、吐谷浑两国，也算对国家具有少许贡献，请求保全我一个儿子，以奉祭祀。"

监刑将军把侯君集的请求报告唐太宗，太宗念在侯君集过去对国家的贡献，特别免他的妻子和儿子一死。按照唐朝法律，造反可是要刑及三族的，因此也不能完全开罪，所以，把侯君集的妻儿发配岭南，籍没其家。

想当初太宗命令李靖教授侯君集兵法的时候，侯君集曾经秘密上奏："李靖将要造反。"

太宗诧异地问："你有什么证据？"

侯君集道："李靖独教臣粗劣的兵法，不肯教臣精密的兵法，可见得他是想留下一手，作为造反夺取皇位之用。"

唐太宗把李靖找来，告诉他侯君集怀疑他要造反的事情，看看他的反应。

李靖的回答是："这是侯君集自己想要造反的证据，现在海内平定，臣所教予他的兵法，足够制服四夷，而君集一再要求学更多的兵法，这不是为着造反，又为着什么呢？"

他二人互告对方造反，在太宗看来，侯君集及李靖都是过于敏感，也就都不放在心上。

不久，江夏王道宗也上奏道："君集志向大而才智小，自认为建有奇功，对于官位在房玄龄、李靖之下愤愤不平，所以虽然贵为吏部尚书，仍然不能满足，以臣观之，必然迟早会要作乱。"

太宗喝斥道：“以侯君集的才干器量，无论担任什么职务都能胜任，朕哪儿会舍不得赐他重位，只是若按次序排等第，还轮不到他，你不要随便猜度（duó）。”

等到侯君集问斩，太宗想起李靖与道宗的话才觉有理。一个心胸狭窄的人，往往不愿意多尽力量，只是一心一意想爬高位，对旁人给予的好处不知感恩，稍有不顺就怀恨在心，侯君集就是这样可怕的人。

大书法家褚遂良

在上一篇之中，我们说到：太子承乾沾染恶习，品德败坏，他担心唐太宗日后会把王位传给魏王泰。于是，发动政变，结果尚未起事，就被人告发……

太子承乾既然被废，国不可一日无储君，野心勃勃的魏王泰，趁此大献殷勤，太宗想要把他立为太子，长孙无忌等老臣，则以为应该推长孙皇后所生的另外一个儿子——晋王李治为太子。

原来唐太宗共有十四个儿子，长子李承乾、四子李泰（封魏王）和九子李治（封晋王）是长孙皇后所生，所以，这三个儿子是“嫡子”。古人很重视嫡庶之分，所有的继承都是嫡子优先，因此，太子承乾被废之后，魏王泰和晋王治成为当然的递补人选。

唐太宗对侍臣们说：“昨天青雀（魏王泰的小名）投入我怀中对我说：‘臣今天才得为陛下子，真是臣的重生之日。臣只有一个儿子，当臣将死之时，我会为陛下把独生子杀死，好把皇位传给晋王。’朕见他如此忠厚，更加怜爱了。”

这时，谏议大夫褚遂良站出来反对。他铿锵有力地说：“陛下之言失矣！希望三思。哪里有说陛下千秋万岁之后，魏王泰据有天下之后，他肯杀掉爱子，传位给晋王的道理呢？”

褚遂良顿了一下，又继续指出太宗的错误：“过去陛下既立承乾为太子，又宠爱魏王，使得魏王在礼数上超过太子承乾，方才造成今天的祸害。前事不远，足以为鉴。陛下今天如果要立魏王为太子，则应该先杀掉晋王，始得安全。”

唐太宗被逼得掉下了眼泪：“这点我做不到。”

褚遂良为何许人？他讲话为何分量特别重？让我们放下太子之争，先介绍一下这个人。

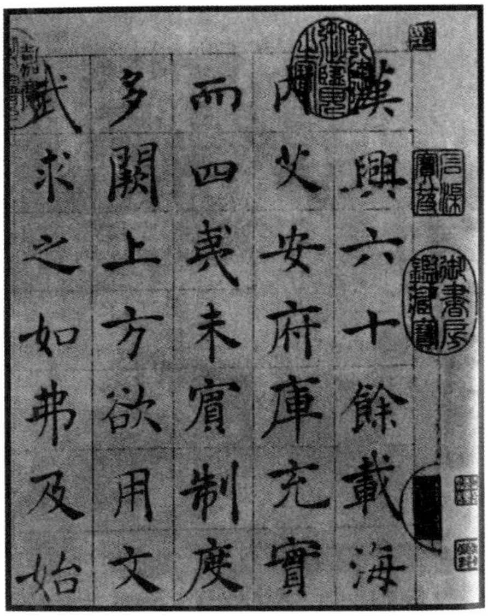

褚遂良书法《倪宽赞》，台北“故宫博物院”藏。

褚遂良是唐朝的大政治家，也是历史上有名的大书法家，现在市面上，我们经常可以看到褚遂良的字帖，它是学习书法的好范本。

唐太宗本人写得一手好字，尤其善于摹拟王羲之的书法。有一次，魏徵向他推荐道：“褚遂良下笔遒劲（qiú jìng），秀美又有力，很有王羲之的意境。”唐太宗立刻召见褚遂良，一试之下，果然下笔不凡，太宗万分欣赏。

由于唐太宗特别喜爱王羲之的书法，拿出不少御府金帛，购买搜求王羲之的真迹，天下人争着捧出家中藏字前来献宝。其中有的确是王羲之的墨宝，也有不少是人们所伪造的假字。这一件辨别真伪的工作，就落到褚遂良的身上。

唐太宗书法《温泉铭》，作于贞观二十二年（648 年），法国巴黎图书馆藏。

唐太宗贞观十五年（641 年），褚遂良担任谏议大夫兼知起居事的

褚遂良，选自《历代名臣像解》。

官职，这是诤谏的言官，兼任记载皇帝言行的史官。

有一天，唐太宗对褚遂良说：“卿担任起居，记录何事，人君可以观否？”

褚遂良对曰：“今之起居，就像古之左右史，皇帝的言行，不论好坏，都要记录下来，以为鉴诫，使得人君不为非法之事，没有听过帝王亲自阅览这种记载的。”

“朕有不善之事，卿也必须记下吗？”唐太宗又问道。

褚遂良恭敬地回答：“为臣的职责如此，凡是君主的一举一动都得记录下。”

这就是褚遂良，一位刚正不屈的正直大臣。太宗听了褚遂良反对立魏王泰为太子后，很难过地走回内宫。

魏王泰听说大臣们主张改立晋王治为太子，跑去对弟弟晋王治说：“你与汉王元昌交情不错，元昌今与太子承乾造反被杀，你难道不忧心吗？”

自从魏王泰说了这句话之后，晋王治果真忧心忡忡，天天愁眉苦脸，好像大祸临头一般张皇失措，魏王泰更是倍加小心伺候太宗。

唐太宗看着晋王治忧形于色的样子觉得好奇怪，一连询问了好几次。最后，老实的晋王治，把魏王泰的警告，一五一十地说了出来。

唐太宗听了，呆立了半晌说不出话。他心想：魏王泰还说什么以后愿意拥立晋王治为皇帝，不惜杀掉自个儿的亲生儿子。眼前，魏王泰就容不下晋王治，可见魏王泰非但不忠厚，而且相当阴险。太宗对立魏王为太子一事，开始心意动摇。

再加上太宗责备太子承乾造反时，承乾很委屈地哭诉道："我身为太子，还要求什么？但是魏王泰觊觎（jì yú）太子之位，才有不法的臣子教我谋反，倘若今天果然由泰继立为太子，岂不正好落入他的圈套？"

唐太宗被这件事搅得心烦意乱，缓缓步上两仪殿，殿中只留下长孙无忌、房玄龄、李勣、褚遂良几个重臣。太宗灰心地说："我的三个儿子，齐王祐、太子承乾、魏王泰，一个弟弟汉王元昌做出这种事，我也活得没有意思了。"说着，把头直挺挺地往床头撞去。长孙无忌等赶紧争着把太宗拦住。太宗又抽出佩刀，准备自刎，褚遂良眼明手快，一把夺下了佩刀。

然后，唐太宗缓缓地吐出一口气道："我欲立晋王。"

长孙无忌马上磕了一个响头道："谨奉诏，有异议者，臣请斩之。"

唐太宗于是对晋王治道："你得拜谢舅舅。"（长孙无忌是太宗长孙皇后的亲哥哥。）

不久之后，唐太宗亲临太极殿，召集六品以上的文武百官征询大家的意见谓："承乾悖（bèi）逆，泰亦凶恶阴险，朕欲选诸子为嗣（sì），谁可以当此大任?"

百官们齐声欢呼："晋王仁孝，理当为嗣。"

太子承乾与魏王泰鹬（yù）蚌相争的结果，就是晋王治渔翁得利被立为太子，是为日后的唐高宗。

唐高宗渔翁得利

贞观十七年（643 年）四月，唐太宗正式诏立晋王治为太子，在承天门楼大赦，宴饮三天。太宗对侍臣们说：“我若是立泰，等于告诉天下人：太子的位置可以用营求的手段得到。现在承乾与泰皆弃而不用，传诸子孙，可以作为一个榜样。”

太宗话是如此说，私心里总是不太欣赏晋王治。认为他过于仁弱，被魏王泰一吓唬，马上忧形于色（见上篇），未免胆识太小。

于是，唐太宗找来长孙无忌密谈：“你劝我立治，治懦弱胆小，恐怕不能守社稷，这如何是好？吴王恪（kè）英明果断，比较像我，我想立他为太子，你看怎么样？”

吴王恪为太宗第三个儿子，母亲杨妃是隋炀帝的女儿，出身很好。李恪善长骑射，文武全才，太宗十分钟爱他。可惜他不是正宫长孙皇后所生的嫡子。

长孙无忌马上摇头，表示绝不赞同。

唐太宗有点不高兴道：“他不是你的亲外甥，你就不肯同意？”

长孙无忌婉转地劝道：“太子仁厚，正为守文的良主。太子位重，怎么可以一而再、再而三地更易，祈望陛下三思。”

太宗这才打消更换太子的念头。

然而，对于李治的仁弱，唐太宗心中始终在嘀咕。有一天上朝，太子李治在旁伺候。唐太宗看看他，对群臣们说："太子的性情仁弱，民间可曾知道？"

长孙无忌道："太子虽不出宫门，天下无不钦仰圣德。"

唐太宗叹了一口气道："我像治这个年纪的时候，倜傥（tì tǎng）不羁（jī），不守法度，治却从小宽厚。俗话说得好，生下了一匹狼，惟恐他像只羊般软弱。以太子这种性格，真叫人不放心。不过，等到他长大以后，也许会有所不同。"

"陛下神武，是一位拨乱反正的创业帝王。太子仁恕，正为守文之君。这正是上天所赐给我大唐的福气啊。"长孙无忌设法宽慰唐太宗的心。

除了太子的懦弱，使得唐太宗不悦之外，太宗晚年还有一件事让他心烦。

左武卫将军李君羡，在贞观二十二年（648年）某天赴玄武门，却在大白天看见了太白金星。太史卜了一卦，说此表示"女主昌"。

又有民间盛传的《秘记》记载："唐朝三世以后，女主武王，代有天下。"唐太宗也听说了这个传说，十分厌恶。

不久，正好太宗在宫中赐宴武臣，行酒令，使他们一个一个说自己的小名。轮到李君羡，他的小名竟然是五娘。

唐太宗一听，立刻想到民间传说，当场愣住了。过了一会，才打趣地说："哪有像你这般勇健的女子啊！"

下朝之后，太宗一打听才知道，李君羡不但小名五娘，连他的官称、封邑中间，都带有一个"武"字。莫非传说之中的"女主武王"，正是李君羡？太宗益发地厌恶此人。

后来，李君羡出任为华州刺史，有一个叫员道信的跑来找李君羡，说是自己能够不食五谷，又能通晓佛法。李君羡对他相当佩服，两个人常常屏（bǐng）去左右，相与密谈。有个御史就向朝廷参了一本，说是李君羡与妖人交通，图谋不轨。

刚好，太宗正在担心李君羡会不会就是传说中的武王，于是，太宗乘机把他处死，籍没其家（籍录上所有的东西，全部没收）。

千古一帝李世民，唐阎立本绘。

李君羡虽然被解决了，可是《秘记》上所写的，到底是不是他，谁也不敢说。

唐太宗把太史令李淳风找来问话：“《秘记》中所说的，到底可不可信？”李淳风回答：“臣仰稽天象，观察历数，这个人已经在陛下宫中为亲属。从现在起三十年以后，将要据有天下，大杀唐朝子孙。此一征兆目前已在天象之中显现出来了。”

太宗大吃一惊道：“凡是有可疑的都杀掉，如何？”

“天之所命，人不能违也。且命中注定为王者不会死，徒然多杀无辜。而且从今以后三十年，其人必定年岁已大，或者心存慈心，为祸也许不大。假如今天滥杀很多，恐怕陛下子孙反而危险。”

太宗原本是个仁君，经过李淳风的分析之后，也就放弃了先下手为强的计划。

太子的仁弱，加上《秘记》的记载，使得唐太宗对他苦心经营的大唐帝国未来的命运忧心忡忡，他要多找一些人扶助李治才安心。于是，他想到了沙场老将李勣。

太宗对太子说：“李勣才智有余，可是你对他没有恩惠，他可能不服你。现在我罢黜他的官位，等到我死了以后，你再起用他做仆射，他一定感激你，必会对你忠心。”

于是，太宗一下子就把官居宰相的李勣，降为叠州都督。不久，太宗病重，在贞观二十三年（649 年）与世长辞。

药王孙思邈

中医是中国传统国粹（cuì），具有深奥的道理。近年以来，许多国外的科学家纷纷钻研中医之奥妙，孙思邈（miǎo）的《千金要方》在国外产生了深远影响，现在我们就来介绍孙思邈的故事。

孙思邈是唐朝京兆华原人（今陕西省耀州），家境清寒。他童年时代，营养不良，身体瘦弱，时常在疾病之中呻吟。

为了孙思邈的病，他的父亲伤透脑筋。一天到晚抱着他拜访医门，而且为了购买医药，简直耗尽家财。孙思邈小小年纪，饱受病魔摧残。他看到许多可怜病患，因为付不出医药费而死亡，心中颇有感慨。

孙思邈七岁就学之后，开始发愤努力，每天口诵千言，准备当一个济世活人的好医师。他曾说："救活一条人命是最重要的事，人的生命比黄金有价值得多；金子可以用钱买，生命可以买吗？"

他不但研读医学，而且精通庄子、老子等百家之言以及佛家的道理。中国古人认为，一个只懂医术的人不过是方士郎中，充满匠气；只有饱读诗书的读书人，精通医理，才是受人尊重的儒医。

洛州总管独孤信有一回见到孙思邈，与之详谈以后，大为佩服，大大夸奖他为神童。以孙思邈的学问，参加科举，当无问题，可是他已立志悬壶济世，不为时尚风气所动。

隋文帝曾经召他入朝担任"国子博士"，他称疾没有前往，并且对亲人说："过了五十年，当有圣人出，我要帮助他救人。"

后来，唐太宗即位，召见孙思邈，对他十分欣赏，道："看到孙思邈，可知有道者实在值得人们尊重。"然而孙思邈还是拒绝了官位，他宁愿在民间为贫苦大众医病。

孙思邈看病认真，而且关怀病人。他把每一位患者，看成自己的父兄，把病人的痛苦，视为自己的痛苦，他虽然成了名医，仍是虚怀若谷，全神贯注，没有一点名医的大牌作风。

行医本来就是要有牺牲忍耐的精神，孙思邈把这种奉献心怀发挥到了极致。非但是不计较"昼夜寒暑、饥渴疲劳"，而且对那些患"疮痍下痢，臭秽不可瞻视"，连家人都远远躲开的病人，依旧耐心予以治疗。因此，凡是被他医好的病人都对他万分感激。

孙思邈的病人之中，有一位是人们所熟悉的——卢照邻。

卢照邻是初唐四杰之一［另外三人是王勃、杨炯（jiǒng）、骆宾王］；他是四杰之中，身世最苦的人，一辈子贫病交困。

孙思邈煎药侍父母，杨柳青年画。

卢照邻曾任职邓王李元裕宫中；邓王十分器重他，对人说过："此人是我的司马相如。"可惜因为病体孱（chán）弱，只有辞官。

不巧，此时卢照邻的父亲去世。他悲痛万分，号啕大哭，哭得把药全吐了出来，病情一天比一天加重。除了病，他又穷，每天吃野菜汤，穿粗布衣。到了后来，双脚痉挛（jìng luán），一只手竟成为残废。自个儿干脆先挖好坟墓，还时常进去躺着。最后，跳颍水自杀而死。

卢照邻，选自《历代名臣像解》。

卢照邻这么一个悲剧人物，曾经拜孙思邈为师。他多愁善感，看到孙宅中有一棵病梨树，引起同病相怜的心理，为梨树赋诗一首。虽然孙思邈没能治好卢照邻的病，可是他的仁心仁术使得卢照邻十分感佩。或许一个人想要有强健的身体，除了生理健康，还要有心理健康。卢照邻把药吐了出来，难怪不易痊愈。

孙思邈除了勤研医学，又积极吸取民间偏方，经常跋山涉水去亲自请益。他曾说："读了三年书，便以为天下无病可治，自以为很懂了；可是治病三年，才知天下无方可用，不懂的还太多。"因此他极为重视临床经验。

有一天，他走在路上，看到四人抬着一口棺木，一位老婆婆在棺木后哭得痛不欲生。原来棺木中躺的是她的独生女儿，孙思邈发现棺木中滴出几滴鲜血，大为吃惊。问明病情之后，立刻呼叫"开棺"。

棺木打开之后，分明是个面无血色的死人。可是孙思邈选中部位，扎了一针；不久，妇人慢慢苏醒，而且生出一个小孩，母子平安，众人都呼他为活神仙。

这不是奇迹，而是孙思邈对妇产科极有研究。中国古代儒医，基于重男轻女的观念，大半不屑研究妇女病，孙思邈是医学上创建妇产科之第一人。

此外，孙思邈在综合治疗中，特别重视针灸；在他所著的《明堂针灸图》中特别介绍了针灸疗法。

有一天，一位病人腿疼，孙思邈为他扎针，那位病人被扎了好几针，还在喊痛。孙思邈心想，莫非除了三百六十五个穴道之外，还有新的穴位。

于是，他用大拇指慢慢地按捏病人，一直问："是不是这儿痛？"最后，他捏到某处，病人"啊，是……"地叫了起来。从此之后，痛在哪儿，就在哪儿针灸，随痛点所在而定的穴位，都称为"阿是穴"。

孙思邈不但精于医术，更精于药学。他经常上山采药，反复试验，他的著作《千金要方》流传千古，人们称之为药王。中国古代有许多医学贡献，可惜囿（yòu）于"祖传秘方"不能发扬光大，实在可惜。

白袍小将薛仁贵

说到薛平贵或是薛仁贵，中国人都会发出会心的微笑，因为这是人们最为熟悉不过的历史故事的要角。许多人分不清楚薛平贵与薛仁贵，也有人误以为两者为同一个人。其实，薛平贵乃一虚构的人物，薛仁贵则为正史之中有记载的唐朝名将。

在京剧《红鬃烈马》这出戏之中，薛平贵是个落魄潦倒的乞丐，正巧碰上王丞相的女儿王宝钏抛绣球招亲。他抢到了绣球，王丞相不愿意把宝贝女儿嫁给这个穷小子，可是王宝钏却毅然决然与薛平贵成亲。

他二人婚后，生活十分艰苦，王丞相设计把薛平贵骗去打西凉，希望王宝钏可以改嫁。然而，王宝钏苦守寒窑十八载不改初衷，仰赖母亲的暗中接济过活。

薛平贵在西凉国被代战公主给看上了，招为驸马爷，也忘记了苦守寒窑的王宝钏。有一天，薛平贵打下一只雁子，雁子脚上系着一封血书，原来是王宝钏写的，他才想到回转家乡。

到了家门口，薛平贵非但不知道反省十八载来对于妻子不闻不问，反而装成别的男人，故意调戏王宝钏，一试贞节。发现王宝钏果然秉守妇道，方才夫妻相认。最后，薛平贵打垮长安的军队，成为唐朝皇帝。

这一段故事，经过戏剧的流传，不少的人信以为真。尤其是苦守寒窑、忍受委屈、不怨不尤的王宝钏，成为中国妇女的典型象征。其实，史书之

薛平贵与王宝钏，选自《戏剧画册·赶三关》，清人绘。

中并没有这一段。唐朝是李家天下，从来没有一个皇帝姓薛的。

薛仁贵征东的故事，也是流传很广，不过与正史记载颇有出入。现在，我们就以新旧《唐书》为本，为大家介绍一下真实的薛仁贵。

薛仁贵，绛州龙门人，少年时代家中贫贱，仅靠几亩田为生。有一年，他正准备改葬祖先坟墓，他的妻子柳氏对他说："你有高世的才能，要碰到适当的机会才能够发达。现在天子亲征辽东，四方征求猛将，此为难得的时机，你何不前去求取功名？等到他日富贵还乡，改葬祖先坟墓，也不至于像眼前这般寒伧（chen）。"

薛仁贵觉得柳氏这番话，正好说中他的心坎儿里，当天就去投靠张士贵将军。

他随着张士贵的军队到了安地，这时刘郎将被贼兵围困，薛仁贵一马当先，把刘郎将自重重危机中抢救出来，而且杀了贼人首领，立下大功。从此，薛仁贵三个字渐渐被叫响了。

唐太宗亲征辽东，高丽（lí）大将高延寿率领大军二十万拒战，倚着山坡结屯。唐太宗发下命令："诸将分别击之。"

薛仁贵为着这个在皇上面前表功的机会，已等了许久了，他有把握可以打胜这一战，特意打扮一番，换上一件簇新发亮的白色战袍，手中拿着戟，腰旁挂着两弓，腰扎得紧紧的，年轻英俊，气宇轩昂。

唐太宗远远观战，只见一位白袍小将，大声呼叫向前奔冲，武功高强，身手矫健，一路上所向披靡（mǐ），贼人一溃（kuì）而散，忍不住暗暗叫好。

唐太宗在年轻时代，也以骁（xiāo）悍、勇猛、年少气盛著名。看到白袍小将正在马上奔驰，仿佛看到当年的自己，唐太宗顿生英雄识英雄的惺惺相惜之感。他立刻派人去打听："先锋白衣者为谁？""薛仁贵！"对方恭敬地回答。太宗马上亲自召见薛仁贵，赐马两匹，绢四十匹，大大夸奖了一番，而且破格拔擢（zhuó）为游击将军兼云泉府果毅。太宗一向懂得任用人才，鼓励人才，这又得到一次证明。

征讨辽东军将还之时，唐太宗更勉励薛仁贵道："朕旧有的将领都老了，急于拔擢骁勇英雄，选来选去，没有比卿更强的。朕不喜得辽东，喜得卿也。"又把薛仁贵升为右领军郎将。

因为太宗的信任，薛仁贵更加真心不贰。太宗去世之后，他又继续效忠高宗。一次，高宗住宿在万年宫，到了半夜，突然洪水暴涨，宿卫们都吓得抱头鼠窜，只有薛仁贵不肯走。他不满地说："作为宿卫之士，天子有急难，岂可贪生怕死。"说着，他站在门前横木之上大声呼叫，惊动了宫内的人，高宗得以从容逃难迁

薛仁贵三箭定天山，选自《马骀画宝》。

到高处。一会儿，洪水浸入了玄武门，冲死三千多人。高宗死里逃生，对薛仁贵十分感激，感叹道："赖卿惊呼，朕方能免于沦溺，始知天下有忠臣也。"

显庆二年（657年），薛仁贵大破高丽。第二年，他又将领兵攻击九姓突厥于天山。临行之前，唐高宗对他说："古代善于射箭者，曾有一箭射穿七重铠甲的纪录，千古传为神技。卿试射五重铠甲如何？"薛仁贵拉满了弓，一箭过去，五张甲皮都穿了孔。高宗大为赞赏，赐他一副最好的坚甲。

当时，九姓突厥有十余万之众，派出十多名骁勇前来挑战，还没有搞清楚怎么一回事，薛仁贵连发三矢，就射杀三人，其余的人都看呆了，一块儿下马请降。因此，军中流传着一首歌谣："将军三箭定天山，战士长歌入汉关。"

后来，薛仁贵受人牵累贬官。不久，高宗又思念其功，再度起用，令他率兵攻击突厥于云州。突厥问："唐将为谁？"唐兵回答："薛仁贵！"

突厥不相信道："听说薛将军流放到象州之后，不久就死了。"

薛仁贵摘下头盔，突厥们仔细一看，相顾失色，这场仗也就不必再打了。

薛仁贵子孙五代都为唐朝大将，不过他的儿子既非薛丁山，更没有薛刚和薛蛟等人，那些都是历史小说家所编造的。

小神童玄奘

提起玄奘（zàng），大家一定会想到家喻户晓的《西游记》，花果山中的孙悟空、好吃懒做的猪八戒以及摇着一把芭蕉扇的牛魔王。对于唐三藏一行往西天取经，沿途遇到的妖魔鬼怪也一定有深刻的印象。

不过，《西游记》只是一部神怪小说，玄奘则确有其人，也曾经往西天取经，遇到许多惊险。但是没有孙悟空、沙悟净相随，更没有妖女随时想吃他那一身细皮嫩肉。

至于“孙悟空的七十二变”这种神话是如何创造出来的呢？那是在明朝时代有一个人叫吴承恩，江苏人，从小聪敏机灵，十分有好奇心，喜欢偷看神怪传奇。他的父亲要他多读经书，每次看到吴承恩在看这类稗（bài）官野史，马上一把抢过书来，而且少不了一顿臭骂。

吴承恩为躲避父亲的干涉，每次弄到一本唐朝人或宋朝人写的传奇故事，立刻藏到一个隐秘的角落，一口气把它看完。看得是津津有味，满脑子都是神仙鬼怪。

后来，吴承恩渐渐长大了，在官场上颇为不得志，熬了好一阵子，只做到一个小小的长兴县丞。又受不了官场上逢迎拍马的腐朽风气，耻为五斗米折腰，一怒之下，拂袖回到乡里。

当时，正是明朝嘉靖年间，大奸臣严嵩当国，政治败坏，人民苦不堪言。吴承恩又老又穷，隐居在乡间，闲暇无事的时候，幼年的神怪故事浮

《西游记》插图之《大闹天宫》，清人绘。

上脑海。他不敢直言批评朝政，就创造出一个专打抱不平，怀有绝世武功的孙悟空对抗天兵、天神。这些无能的天兵、天神，就是影射明朝昏庸的官吏。

现在我们要介绍的是历史上的玄奘法师，他不是一个说着话便泪如雨落，动不动即魂飞魄散，“耳朵软”“信邪风”“听谗言”的唐三藏。他是伟大的宗教家与探险家。

玄奘的本名是陈祎（yī），一说生于隋文帝开皇二十年（600 年）。他的父亲陈慧，曾经担任过隋朝的江陵县令，因为不满意隋朝的政策辞官在家。

陈祎是陈慧第四个儿子，当他八岁的时候，父亲开始为他讲解《孝经》。当父亲说到“曾子避席”的时候，陈祎忽然从座位上猛然站了起来，把父亲吓了一跳。

“曾子在听老师说话的时候，一定避席站了起来。现在父亲为我讲书，我怎能不起立呢？”

他的父亲听了他的话，十分感动，更加严格指导他求学。因此，陈祎小小年纪就以博学赢得了“神童”的美誉。

隋文帝晚年，因为太子之争，情绪恶劣，大肆向人民搜括。所以陈祎很小的年纪，已经了解人间疾苦，他抱定志向，为众生解除苦难。

陈祎的二哥陈素，早在大业四年（608 年）就在洛阳净土寺出家，法名“长捷法师”。时常把陈祎带到庙里去住，使得陈祎对佛学产生了浓厚的兴趣，立志做一名和尚。

在当时，当和尚不是一件容易的事。隋朝政府规定，当和尚的人必须品格良好，学问渊博，经过考试，官方发给度牒（许可证）才可以出家当和尚。

陈祎十三岁那一年，炀帝下令招考二十七个和尚。有数百人应试，陈祎因为年纪太小，连参选的资格都没有。

放榜的那一天，陈祎在榜前徘徊流连。主考官郑善果看到这个眉清目秀的小孩，走过来问道："你是哪家的孩子？"

陈祎对郑善果鞠了一躬，很有礼貌地回答："我的父亲叫陈慧。"

郑善果又说："我问你，你小小年纪，为什么不立志做官，却要出家当和尚呢？"

陈祎清朗地回答："我希望当和尚，在佛经中启发人们的智慧，解除人与人之间的自私与残暴，希望每一个人珍惜自己的人生，更不要轻易毁灭别人的生命。"

郑善果一听之下，大为吃惊，更赞赏陈祎的抱负，他简直不敢相信这番话是出自一个十三岁的小孩子。

因此，郑善果破例录取陈祎，让他正式出家当和尚，法名"玄奘"。

郑善果对友人说："这孩子具有佛骨，日后会为佛门带来奇光的。"

玄奘跟着二哥，在净土寺住了下来。由于他只有十三岁，庙里的人都看不起这个小和尚。可是时间久了，人们才发现，小和尚对佛理的研究十分透彻。

在十年之中，玄奘读完寺中全部经典。可是"学然后知不足"，他看书看得愈多，愈有更多的疑问。于是，他瞒着二哥，来到湖北的天皇寺。

在天皇寺住了半年，他又到了长安大觉寺，请教过许多高僧。他发现，高僧们都是各说各话，而且许多与他自己的想法不一。玄奘以为，这是由于佛经都是由天竺（zhú）梵（fàn）文（天竺即今天的印度）翻译而来，不免有辞不达意、残缺不全之处。所以玄奘发下愿望——到天竺去取经，研究真正的佛经。

西游记

玄奘发现各个高僧对佛经的解释不一，因为佛经都是由天竺梵文翻译过来，残缺不全，他有意亲自前往天竺，彻底研究佛经。

此时唐朝刚刚建国，国内群雄尚未完全讨平，与外国也还没有正式建交。内外蒙古及新疆一带归服未久，所以严禁内外出入。

玄奘联络了几个志同道合的和尚，向皇帝上书，请求皇上破格允许他们一行前往天竺。可是朝廷中的一些官员把表章给压了下来，所以玄奘等人盼了又盼不见回音，其他的和尚都打消了这个念头。只有玄奘不死心，也不抱怨，利用时间猛读天竺及西域的语文。

机会来了。唐太宗贞观三年（629 年），长安城附近发生严重的虫灾雹灾，农作物受到严重的损失。太宗下了一道紧急命令，要饥民迅速离开灾区，往他地就食。玄奘混在饥民之中，悄悄溜到了河西走廊（武威、张掖、酒泉、敦煌一带）的门户——凉州。

玄奘在凉州的寺庙讲经，他学问渊博，口才生动。短短一个月之中，玄奘的名声已传到西域各地。

此时，李大亮任凉州都督。李大亮是唐朝大将，具有文武才干，为人忠心，唐太宗曾说："当李大亮守夜之时，我便通夜安卧。"唐太宗严禁人们出国，李大亮就严格把关。

有一天早上，守卫向李大亮报告："有一个从长安来的和尚，想要到西域去，不知用意何在？”

“噢，竟有这种事？”李大亮马上下令把玄奘送回长安。

幸亏玄奘得到慧威法师的暗中协助，昼伏夜行，好不容易到达瓜州（甘肃瓜州县），向玉门关前进。

唐玄奘西行求法图，安西榆林窟壁画。

瓜州刺史很好心地指点玄奘：“自此北走五十余里，有一条瓠（hù）卢河，上广下狭，水流很急，人马难渡。过了玉门关之后，有一连五座烽火台，各距一百里，途中没有水草。烽火台中有官兵日夜防守，如果你能走过五座烽火台，再穿过八百里的流沙，就可以到达伊吾国了。”

如此艰困的路程，旁人一听心就凉了大半，可是玄奘勇气十足地继续上路。

途中，玄奘碰到一个胡人，名叫“石槃（pán）陀”，很受玄奘的感动，愿意受戒，拜玄奘为师父，一同前往西天取经。（这大概就是吴承恩灵感的来源，从而创造了孙悟空、猪八戒、沙悟净等人物。）

玄奘与新收弟子石槃陀出了玉门关，发现沿途比他们想象之中还要困难百倍、千倍、万倍，尤其是沙漠之中的鬼魅热风，每每致人于死。难怪在玄奘之前，也有不少高僧有意前往天竺，遇到热风，想想保命要紧，犯不着在沙漠之中，当孤魂野鬼，又折返回去。

一天半夜，玄奘昏昏睡去。朦胧之中，仿佛看到有个人，拿着刀，正朝他一步一步走来。

等到走近了，才发现执刀者正是石槃陀。玄奘也不叫也不嚷，闭上眼睛，双手合十，默念“阿弥陀佛”。

石槃陀走过来又走过去，踱了半天又回去睡了。

第二天一早，玄奘起来，若无其事地整理行装，石槃陀没精打采地坐在石头上发呆。

过了许久，石槃陀鼓起勇气对玄奘说："再往前走，更加危险，没有水草不说，万一被烽火台的守卫发现怎么办呢？"

玄奘在昨晚早已看出石槃陀有意打退堂鼓，看出他已深深懊悔一时感情冲动，答应玄奘来到这不毛之地。

玄奘乃出家人，慈悲为怀。他也不责备石槃陀，挥挥手，让石槃陀回去，独自迈向艰苦的旅程。

走了八十里，烽火台终于在望。玄奘白天不敢行动，到了晚上，摸黑前往。忽然间，看到一条小溪，他已经太久没有见到水了，呼噜呼噜喝个痛快。正在把水灌满皮袋时，乐极生悲，一支快箭"咻"的一声闪过他的头顶。

"糟糕，被发现了，"玄奘急中生智，摇手大喊，"我是从长安来的和尚，请你们不要射杀我。"

于是，守卫把玄奘逮住，引他去见守将王祥。

王祥碰巧也是个佛教徒，对玄奘不怕死的精神深表佩服，指引他一条直往第四烽台的捷径。同时告诉他第四烽台的守将是王伯陇（lǒng），正是王祥的兄弟，不会为难他的。

玄奘顺利地到了第四烽台，王伯陇告诉他："第五烽台守将个性刚烈粗野，最好绕道野马泉到伊吾国去。"

他谢过了王伯陇，绕过了第五烽台，到达了戈壁大沙漠。风沙滚滚，一望无际，十分可怕。

玄奘四顾茫然，缓缓解下皮袋，准备喝一口宝贵的水，润一润干枯的喉头。没想到，一不小心，皮袋掉到地上，刹那间，滚烫的细沙把水吸干了。

这下真是完了，走了一天、两天、三天，没有喝一小滴水，舌燥唇枯，全身无力，肚子里像有一盆火熊熊地烧着，仿佛一张嘴，就可喷出火焰。走着走着，马也累了、渴了，走不动了，眼看着只有死路一条了。

曲女城大会

玄奘困在戈壁大沙漠之中，奄奄一息。他闭起眼睛，默默祈祷佛祖暗中保佑。

忽然之间，五天五夜滴水未进的老马“嘶”的一声站了起来。玄奘急忙跨上马背，任着马儿在沙漠中奔驰。不知道过了多久，眼前出现了一片绿油油的青翠草地，草地旁边有一池清水。幸亏老马识途，才捡回了一条命。

后来，玄奘经过了伊吾国，到达高昌国。高昌国的国王麹文泰是个佛教徒，老早就仰慕玄奘的名声，在皇宫之中布置了一间上房供他居住，希望他能在高昌国住下。

玄奘如果贪图安逸，根本就不必走上这条辛苦的道路，因此他婉拒了麹文泰的好意。

麹文泰看他不领情，冷笑道：“你如果不肯留下来，我就派人送你回长安。”

玄奘仍然表示非去天竺不可。麹文泰又改用“软功夫”，每天亲自捧着菜饭去伺候玄奘。玄奘无可奈何，用绝食作为抗议，低头诵经，不吃不喝。

双方僵持四天以后，国王很受感动，答应放他西行，不过有两个条件：一是当玄奘从天竺归国时，得在高昌国居住三年；一是现在先在高昌国讲法一个月后才能启程。

玄奘答应了这两个条件，先在高昌国传了一个月的佛理才启程。走了几百里之后到达凌山，凌山是葱岭的北端，葱岭高达七千尺，山顶终年积雪。玄奘咬紧牙关，奋斗了七天七夜，越过葱岭，又经过西域二十多个国家，才到达天竺。

当时的印度分为东、西、南、北、中五个部分，全境没有统一。印度人骑象，玄奘也挑选了一匹灰色的大象骑着到各地去拜访高僧。

其中最有名望的高僧是戒贤法师，居住在摩揭陀国中的那烂陀寺。那烂陀寺是印度最宏伟的寺庙，也是全印度的学术中心，寺中藏有佛经一百五十部，僧侣有一万多人。

戒贤法师是个一百零六岁的老和尚，他对玄奘不远千里前来求学的精神十分佩服，破例开讲，为玄奘亲自解说《瑜伽论》。《瑜伽论》是所有佛经之中最为难懂的。

玄奘在那烂陀寺待了五年，然后又骑着大象到印度各地访求高僧及佛理。一共游历了五十六个国家，足迹踏遍印度各地。

玄奘游历五十六国之后，又回到那烂陀寺，戒贤法师交代他一项任务。

原来当时印度的佛教分为大乘（chéng）、小乘两种，虽然两派都信奉释迦牟（móu）尼，可是对教义的解释却大不相同。玄奘经常挺身为大乘派辩护，由于他口才绝佳，佛理精深，闻者莫不佩服。

戒日王为弘扬大乘佛法，特别在曲女城举办一场佛学大会，邀请全印度的高僧出席，由玄奘主讲。并且欢迎小乘派的和尚提出质疑，更在大会门口贴上一张纸条：“如果有任何一字不合理，被人推翻，愿斩头相谢。”

玄奘的讲经一共举行了五天，大家对他的经义无不倾服。小乘派虽然意图反驳，竟然也提不出一个问题。因为玄奘的演说太精彩了，会期一延再延，前后整整十八天才结束。

根据传统，辩论胜利的人要骑在象背上绕城。当天，曲女城万人空巷，挤着一睹中国高僧的神采。

曲女城大会之后，玄奘认为这是学成归国的时候了。虽然戒日王及印度人民一再挽留，玄奘仍然坚持要走，因为他本来就是为取经而来的。临走之时，摩揭陀国的国王、大臣、百姓夹道欢送，流着眼泪，大声呼叫祝福，场面热烈极了。

回程时，他如约在高昌国住了一段时候。可惜在经过信渡河时，忽起狂风，五十箧（qiè）经卷及印度的奇花种子都落入河中，无法捞回。

这时，唐朝的威势已远超当年玄奘前往取经的时候，所以一路上西域各国对这位大唐高僧十分礼遇。除了地势险阻之外，不再有人为的阻挠。

玄奘在于阗（tián）国上了一个奏章给唐太宗，说明当日私自出国的经过，并且叙述冒险取经的情形。唐太宗十分高兴，立刻下诏书欢迎他回国，并且派敦煌官员前往迎接。玄奘出国十九年，回国时已近五十岁了。

回到长安之后，太宗请他在弘福寺翻译佛经，又为他开了一个印度经典、佛像等的展览会，更为玄奘建造一个塔，专门收藏他带回去的佛像。同时，太宗亲自写了一篇《大唐三藏圣教序》，长七百八十一字，说明玄奘西游及佛教东传的情形。大书法家褚遂良又用楷书抄了两篇，一篇刻在长安慈恩寺，一篇刻在同州，成为今日著名的书法字帖。

玄奘归来，长安僧侣和崇拜者在一座寺院前列队迎接，佚名绘。

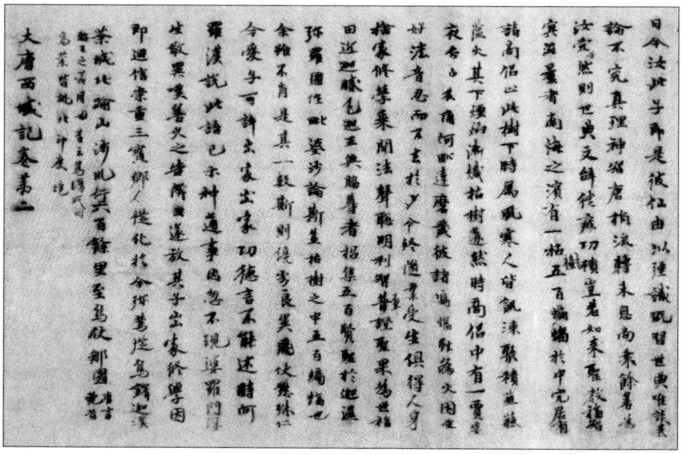
大唐西域記卷第二

《大唐西域记》，玄奘口述，辩机撰写，唐写本，发现于甘肃省敦煌莫高窟。

有一天，唐太宗对玄奘说：“天竺佛国路途遥远，从前的史书上也没有记载，你既然亲身去过，何不把所见之事，详细写下来。”于是，玄奘便与他的弟子辩机合作，把西行沿途所见所闻写出来，玄奘口述，辩机笔记，费时一年半，完成了《大唐西域记》十二卷，书中共记载了一百三十八个城邦、地区、国家的山川物产、风土习俗等，成为中外交通史上一部极重要的著作。

玄奘把西游的所见所闻，写成《大唐西域记》，这是中西交通史上珍贵的史料。他又把老子《道德经》译为梵文，流传到印度，真正做到文化交流。

唐高宗时，更把玉华宫拨给玄奘居住。玄奘共翻译了经论七十五部，一千三百卷。于麟德元年（664 年）去世，前来送葬的僧侣达一百万人之多。

1942 年，日本侵略者在南京中华门外大报恩寺，挖到玄奘法师顶骨，一共分为三块。他们把三块顶骨分藏于南京、北京、东京。1952 年，世界佛教徒联谊会在东京召开，中国代表团把玄奘法师灵骨带回中国，现安放在台湾的日月潭，并且建了一座灵骨塔。

玄奘可说是我国留学生最好的范本。他为着求学不辞劳苦，他在异国为国争光，但是他又不眷恋他乡，他奋斗乃是为着自己的同胞，当然受到中外崇敬。然而，中国古代人民大量信佛，可是他们仍常在水深火热之中。

刘仁轨大破日军

日本人厚颜无耻地篡改史实，引起我中华儿女强烈的悲愤与不满。在这个时候，让我们回溯（sù）一下历史上中日第一次大战，应该是很有意义的。首先为大家介绍中国方面派出的大将——刘仁轨。

刘仁轨生于隋朝末年兵荒马乱的时代，因为遍地烽火，家里又穷，没有法子专心求学。不过，他是一个很知道上进的好孩子，遇到机会就猛读书本。一个人经常用手指在沙上写字，或者是抬着头，对着天空，一笔一画努力练习。就这样地书天画地，渐渐地博览文学及历史。

在唐高祖武德初年，任瑰（guī）担任河南道大使。有一次刘仁轨看到任瑰写给皇帝的表章有几处不妥，拿起毛笔就更动了几个地方。

本来，没有经过人家的允许，随便修改他人的文章，是件很不礼貌的事。可是，任瑰颇为欣赏刘仁轨的才识与勇气，把他补为息州参军，不久，又改为陈仓尉。

当刘仁轨在担任陈仓尉（约等于一县中的警察局长）之时，他的部下有个叫鲁宁的折冲都尉，脾气暴躁，蛮横放纵，历届的县尉都拿他没有办法。刘仁轨很天真地想劝鲁宁改邪归正。

鲁宁非但不听刘仁轨的苦心劝导，反而比以前更加凶暴。刘仁轨年少气盛，一怒之下居然把鲁宁给打死了。唐太宗接到消息，十分不悦：“这是哪儿来的县尉，怎么可以把我的折冲给杀了？”

等到太宗深入调查之后，又非常赞赏刘仁轨的刚正。不但没有处罚他，反而升为栎（yuè）阳丞，这又是太宗知人善任的明证。

贞观十四年（640年），唐太宗将要前往同州打猎，舒散身心。刘仁轨上了一个表章，劝太宗晚个十天，等到农民收刈（yì）终了再出发，以免耽误收成。唐太宗是个很爱民的皇帝，特别降玺书嘉勉“卿职任虽卑，竭诚奉国，所陈之事，朕甚嘉之”，把他升为给事中。到了唐高宗时代，刘仁轨又做到青州刺史。

显庆五年（660年），高宗有意往讨辽东朝鲜半岛。南北朝时代，朝鲜半岛分为高丽、新罗与百济王国，其中以高丽为最强。隋炀帝、唐太宗都曾出师高丽，徒劳往返。

在这一年，唐朝大将苏定方平定了百济，把百济王俘虏到了京师。百济的王室扶余丰逃到了倭（wō）国，依倭国援助，再与中国为敌。此时，刘仁轨镇守百济。

当苏定方从百济凯旋之时，唐高宗见百济已灭，想要讨伐高丽，以雪前耻。不料，足足攻打了半年，高丽的平壤城依旧没有攻下。唐高宗命令苏定方返国，也要孤悬在百济的刘仁轨撤兵回国。

前往讨伐辽东的士兵都愿意西归，可是刘仁轨不肯。他召集了部下开军事会议道：“《春秋》之义，大夫出疆，有可以安社稷，便国家，专之可也。”这句话的意思是说：孔子在《春秋》一书中说得很清楚，大夫离开疆土，如果有利国家百姓，可以专权。他又分析道：“如果陛下想要灭高丽，不能不制住百济。如果此时西归，沿途危险重重，很可能做了敌人的俘虏。而且百济的扶余丰与下面的人不合，各怀猜忌，迟早内部会起变化。”

果然，不久之后，扶余丰因内部政变，只能求援于高丽及倭国。

倭国就是今天的日本。日本与中国的交往始于何时，各个学者有不同的说法。根据《山海经》的记载，远在周朝的时候，中国已知日本的存在。不过，在中国的古书之中，日本被称为“倭”或者为“倭奴”，日本人也自称为“倭”。

到了隋唐时代，日本不断有使者前来中国，吸收唐朝文化，促成大化革新。汉学兴起之后，他们发现“倭”字太不雅了，方才改称为日本。

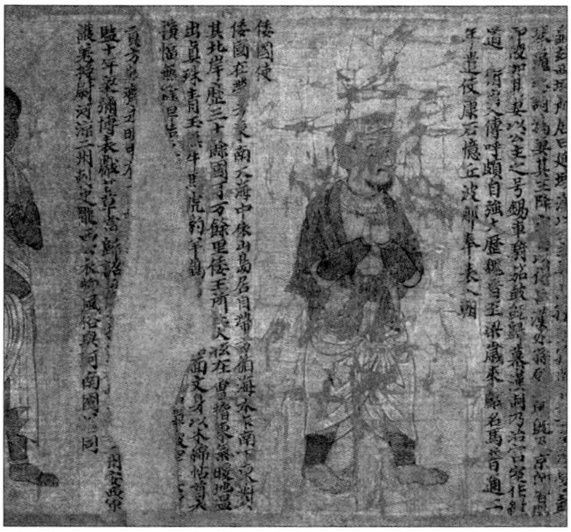

南朝时的倭国国使，选自南朝梁《职贡图》卷，宋摹本。

日本一方面大量吸收中华文化，一方面又因自卑感作祟，总是想打垮中国，更想伸张势力到韩国，所以与百济王互相勾结。

唐高宗命令刘仁轨离开转往新罗的消息，被百济王扶余丰知道了，他十分高兴，派遣使者对刘仁轨说：“大使等何时西还，当遣人相送。”

刘仁轨知道敌人此时一定放松了戒备，乘机出击，占领真岘城，打通了通往新罗运粮的道路，解除了孤悬的危险。

百济王扶余丰做梦也没有想到有此一招，急得赶紧向日本求援。日本派出海军，浩浩荡荡驶向百济。

双方交手了四次，日本准备三四年的兵力全部派出，可是仍然不是唐朝大军的对手。日本船在白江口足足被烧毁了四百多艘，死伤四万多人。整个白江口，放眼望去，烟焰漫天，海水皆赤。扶余丰脱身而逃，他的宝剑被唐军拾获，他的士兵一起归顺唐朝。

这次大战，日本被打得落花流水，不得不暂时放弃大陆政策。

刘仁轨打败百济之后，先收拾骸（hái）骨，予以祭悼，再修录户口，设置长官，再开通道路，建筑桥梁，兴办水利。百济平定后，唐高宗又派李勣、薛仁贵，讨伐高丽，高丽投降，唐朝在高丽的首都平壤设置安东都护府。中国在国势强大时，每每平服四方，可是并没有压榨当地百姓，反而帮助建设。唐朝如此，明朝郑和下西洋也是如此，这可以代表中国人爱好和平的天性。

文成公主

吐蕃是唐朝在西方的强敌，吐蕃的根据地就是今天的西藏。吐蕃能够汉化，和一位聪敏可爱的公主有关。现在，我们就要讲文成公主的一段故事。

吐蕃为何称之为吐蕃？说起来很好笑，其地本为汉代西羌之地，乃南凉秃发利鹿孤的后代。以后，用秃发为国号，吐蕃即为秃发语译错误而来。从北周到隋朝，吐蕃都与中原王朝没有往来。

当地的国王，被称为赞普，吐蕃没有文字，用刻木结绳记事，刑罚十分严峻，犯个小罪就要挖眼睛、削鼻子，或者拿皮鞭抽打，把人关在深达数丈的地牢之中，过个两三年才可见天日。因为没有法律明文规定，但随当时喜怒哀乐量刑。

吐蕃宴客时，赶出一大群青康藏高原特产的牦牛，让客人自己射杀之后再端上饭桌。每三年大结盟会一次，盟上杀犬马牛驴作为祭祀品，并且发咒：“尔等必须同心勠力，共保我家，天神地祇（qí），共知尔志，有负此盟，使尔身体屠裂，同此牲一般。”

西藏、西康一带天气太冷，不能种植稻米，以小麦为主粮，并有牦牛、猪、马等牲畜。还有一种天鼠，和猫一般大小，长有厚厚的毛，皮可用来做衣裘。盛产金银铜锡。

吐蕃人随着放牧生活到处居住，是典型的畜牧生活。都城中的房子都是平头屋，贵族人家住大毡帐。住处至为污秽，而且一辈子从来不洗澡，用手直接抓东西吃，其脏可知。

在这儿，没有人伦观念，母亲要向儿子下拜，做父亲的对儿子讲话要低声下气。出入都是年轻的走在前头，老者跟在后面，与中原敬老尊贤的观念大不相同。下拜时规定两手着地，做狗吠之声。总而言之，一切落后，没有开化。

贞观八年（634年），吐蕃赞普松赞干布开始遣使向唐朝朝贡。松赞干布是吐蕃少有的英明君主，二十岁即位，性情骁武。他听说突厥与吐谷浑都娶了唐朝的公主，心中很羡慕，也派了使者到达长安，奉表求婚，并且携带了大批珠宝表示诚意。

可是太宗拒绝了这门婚事。使者回来，禀报松赞干布："我刚到大国之时，皇上待我十分优厚。可是后来吐谷浑王入朝，不知说了些什么，唐朝对我的态度有所转变，连婚事也不准了。"

松赞干布大怒，立刻挥兵讨伐吐谷浑，吐谷浑打不过，只有远避青海。松赞干布又带领了二十多万群众，到达松州附近，遣使入贡金帛，并且扬

吐蕃松赞干布派禄东赞向唐太宗请求通婚，唐阎立本绘。

言，此来是接公主回去的，更对部下宣布：“如果大国不嫁公主给我，我就攻进去！”

唐太宗不高兴这种类似抢婚的行动，派五万步骑趁夜偷袭吐蕃营地，杀了一千多人。松赞干布领教了唐太宗的厉害，遣使谢罪，并且重新请婚。唐朝既然大胜，更为着双方日后和平相处，应允了他的求婚，让文成公主嫁给他。

据说，文成公主曾提出三个条件：一、须铸一释迦牟尼的佛像，入藏供奉；二、藏王婚后要宣扬文化；三、普惠文教，使民得润泽。文成公主真不是一个俗人，要的不是那绫罗珠宝等聘礼，松赞干布一口答应了。

贞观十五年（641 年），松赞干布亲自前来迎娶。他看到大国的衣冠文物、服饰礼仪，每一样都让他又羡慕又惭愧。等到文成公主到达吐蕃，松赞干布对亲友们说：“我的祖父、父亲，从来没有通婚上国的先例。今我得

文成公主进藏图，青海省西宁市湟中区塔尔寺正月十五酥油花。

大国公主，实在太幸运了，我要为公主建筑一城，用以夸示后代。”

于是，他仿照唐朝的建筑格式，为公主建筑了一座城邑，而且造了一座栋宇让公主住在里面，实在是不好意思带文成公主进入简陋的帐篷献丑。

文成公主很厌恶吐蕃的赭（zhě）面风俗（赭面就是把脸上涂得红红的），松赞干布下令全国不许赭面。他自己的服装，改用纨（wán）绮制成，一天一天地浸染华风。尤其文成公主知书达礼，端庄文雅。松赞干布对她又敬又爱，也希望吐蕃人民如公主一般有教养。于是大量派遣酋豪子弟，请求进入中国的国学，学习诗文，并且聘请中国文人为他办理许多文书工作。他对于中国的养蚕、造纸、酿酒、制墨等技术，无不具有浓厚的兴趣，也请求唐朝政府前来指导。

总之，松赞干布对中国礼乐典章，着迷万分，而且对唐太宗心悦诚服。当唐太宗攻下辽东，松赞干布特别遣使祝贺，还献上一只金鹅，这只金鹅用纯黄金制成，高达七尺，中间可以盛三斗酒。奉表中自称为“忝（tiǎn）预子婿”，这个女婿对唐朝这个老丈人可真是十分礼貌周到。

贞观二十二年（648 年），唐朝的使者王玄策前往西域，被中天竺所劫掠。松赞干布马上发精兵讨伐天竺，把王玄策救回，遣使献捷。

当太宗去世时，松赞干布十分伤心，献上金银珠宝十五种置于太宗灵前。更致书给长孙无忌道：“天子初即位，若臣下有不忠心者，当勒兵以赴国除讨！”真是够义气。

因为文成公主的爱情，激使松赞干布奋发向上，积极汉化。更因为中华文化博大精深，使得松赞干布心悦诚服。可惜，文成公主到达西藏之后第九年，松赞干布就去世了，否则文成公主还能发挥更大的作用。

感业寺中的邂逅

贞观二十三年（649 年）五月，一代英主唐太宗驾崩，太子李治即位，是为唐高宗，次年改元永徽。

永徽五年（654 年），太宗忌日，唐高宗赴感业寺上香。忽然之间，在众多女尼之中，他看到一个熟悉的身影。虽然她一张素脸，身披袈裟，头发也剃得精光，仍然不掩国色天香的容貌。她就是高宗朝思暮想的武才人。

武才人原为唐太宗的妃嫔，才人为官名。在高宗为太子之时，已经注意到父亲身边有这么一位美人儿。而且高宗在入侍太宗疾病之时，两人已经偷偷地建立起了感情。只是才人既为太宗的妃嫔，高宗只有把这份情感埋在心底。

唐太宗去世之后，武才人随着大众，一块儿到感业寺中削发为尼，也与高宗失去见面的机会。但却没有想到会在感业寺中，不期而遇。

武才人见到了高宗，怔怔地说不出话来。事实上，恪于礼数，也不能开口。她抬起头来，对高宗望了一眼，泪珠一滴一滴地滚下来。

高宗盯着武才人不放，心里有千言万语想要诉说，却一个字也不能，暗自埋怨造物者的安排，也不知不觉地流下了眼泪。

当今皇上与一个女尼相对而泣，这可是一件不寻常的事。在旁伺候的宫人当时固然一句话也不敢讲，回到宫中却迫不及待当成惊天动地的新闻到处传播。一会儿，消息已经传到了王皇后的耳中。

王皇后当时正在为失宠而烦心，她没有生儿子，同时高宗又宠爱萧淑妃，对她是一天比一天冷淡，使得王皇后一筹莫展，十分气恼。如今，听说高宗对一个小尼姑有情，忽然之间，心生一计，何不借此打击萧淑妃，杀一杀她的气焰。

唐代贵族妇女落发出家为尼，敦煌壁画。

王皇后对自己的这个计策十分得意，马上派人到感业寺去，命令武氏重新蓄起长发。

等到武氏的头发长了，换下袈裟，穿上华丽的衣服，实在是美若天仙。王皇后愈看愈开心，心想这下子把萧淑妃比下去了，欢天喜地把武氏带入宫中。武氏为人工巧聪慧，绝顶聪明，她当然明白皇后的用意。因此，尽量拉拢讨好王皇后，在王皇后面前数说萧淑妃的不是，并且再三表示为王皇后叫屈。王皇后认为武氏不但人长得漂亮，同时对自己忠心，于是竭力在唐高宗面前称赞武氏。

武氏本来是高宗的梦中情人，原本以为两人今生无缘，没想到竟然被王皇后弄进后宫。高宗心中真是大喜过望，兴奋得不晓得该用什么话来形容才好。所以王皇后建议纳武氏为宫人之事，立刻被批准，武氏被册封为昭仪。（唐朝制度，宫中后妃以下有三夫人和九嫔，九嫔依次为昭仪、昭容、昭媛、修仪、修容、修媛、充仪、充容、充媛。所以昭仪就是后宫的高级妃子。）

武氏为并州文水（山西省文水县）人，她的父亲武士彟（yuē），以前是一个贩卖木材的商人。他不但贩卖现成的木材，同时聚集了数万茎木材，建了一个大森林，发了一大笔财，他颇好交结四方人物。

唐高祖李渊，在隋朝末年担任太原留守，路过文水时，就住在武士彟家中。武士彟是个投机商人，他不愿意得罪隋朝政府，但同时也与李渊等猛拉关系。

当李渊在太原起兵的前夕，高君雅（太原的副留守，也是隋炀帝派来监视李渊的人）看出其中有蹊跷，因为太原招募的新兵之中，怎么竟有隋朝政府要追拿的亡命之徒刘弘基、长孙顺德?

武士彟对高君雅及王威说："刘弘基、长孙顺德都是唐公（李渊）的宾客，如果你要查究他二人逃避征辽之事，恐怕会惹起大乱。"

高君雅及王威听了劝告，虽然心中怀疑，却没有动手告发李渊。后来王威及高君雅，被李渊诬指为勾结突厥而斩首。

当李渊大军跨出山西，直入陕西，武士彟被李渊任命为大将军府铠曹。攻克长安之后，武士彟献媚地对李渊道："我曾经做过一个梦，梦到大王骑着龙飞上天。"

李渊忍不住笑了起来道："你本为王威的党羽，但是你能够说服王威，不追究刘弘基逃兵之罪，这一点很可取，所以我要给你官做。你又何必编出这套荒诞的故事，用来取媚呢？"

武士彟娶过两个妻子，第二个妻子，是隋朝观王杨雄的侄女，两人生下了三个女儿，被高宗立为昭仪的武氏是老二。

武氏十四岁时，因为貌美为太宗所知，被选入宫中，封为才人。她入宫之后，有一天，有人进了一匹叫狮子骢（cōng）的宝马给唐太宗。唐太宗爱骏马为历史上有名的佳话，可是这匹马十分顽劣，谁也驯服不了，武才人毛遂自荐要试上一试。

太宗说："你是一个弱女子，如何能够驾驭（yù）此马？"

武才人说："只要陛下给我三样东西即可，鞭子、铁檛（chuí）及匕首。我先用鞭子猛抽；不行，再用铁檛敲头；再不行，我用匕首割断它的喉咙。"

太宗听了此话，大为佩服。不过，史书中没有记载唐太宗是否喜爱武氏。没有想到，到了高宗时代，武氏竟然可以翻身，飞上枝头当凤凰了。

武昭仪的女婴

武才人成为了高宗的新宠——武昭仪之后，王皇后十分得意。可是她的高兴没有多久，马上悔不当初。原来是：高宗虽然因此而冷落了王皇后的眼中钉萧淑妃，可是，他把一颗心完完全全放在武昭仪的身上，对其他宫人不理不睬，其中也包括王皇后。

同时，武昭仪自从得到高宗的专宠之后，态度大变，不再对王皇后曲意巴结，而且颇有趾高气扬的味道。

王皇后真是气坏了，而且此时的气愤，较诸当时对萧淑妃的妒忌更胜三分。于是，拉着萧淑妃在高宗面前毁谤武昭仪，诉说她的不是。

可是，此时武昭仪已赢得高宗的全部信任，况且王皇后当初是媒人，说了不知道有多少箩筐武昭仪的好话。如今，王皇后与萧淑妃的告状，高宗非但一句话也听不进去，反而益发觉得此二人面目可憎，言语可厌。

武昭仪是一个工于心计的人，她小心观察，凡是在宫中被王皇后所喜爱的人，必定倾心相交，收买人心。久而久之，王皇后的一举一动，都在她的掌握之中。

永徽五年（654 年）冬天，武昭仪生下一个漂亮的女婴。王皇后前来探望，正巧武昭仪不在，王皇后把小女婴抱在手上，捏着她的脸蛋，逗着她玩了好一会儿才离去。

不久武昭仪回宫听说王皇后来过之后，立刻跑到女儿房间，活活扼（è）死了自己的女儿，然后用被子把尸体蒙上，蹑手蹑脚走出了房间。

一会儿，唐高宗前来探视，武昭仪仍然有说有笑地讨高宗开心。接着，一块儿前去看望刚生下不久的小宝宝。

等到高宗揭开被子，赫然发现小孩子已经被扼死了，死相极为恐怖。武昭仪高声痛哭，唐高宗大为震怒。

高宗怒不可遏（è），高声怒吼：“怎么回事？”

左右的人吓得直打哆嗦，异口同声道：“皇后刚才来过。”

“皇后杀了我的女儿！”高宗气得一个字一个字迸（bèng）出这句话之后，随即派人找王皇后来问话。

王皇后跪在地上哭着喊冤，可是没有人会相信她是无辜的。武昭仪在旁边哭得上气不接下气，又有谁会想到她亲手杀死了自己的女儿？

长孙无忌，选自《历代名臣像解》。

从此之后，唐高宗有意废掉王皇后，改立武昭仪为皇后。但是，废后不是一件简单的事，武昭仪得多费些心思安排一下。

第一个大阻碍，就是高宗的舅舅长孙无忌，高宗的得位仰赖长孙无忌的力争。他又是元老重臣，一言九鼎。所以，高宗心中对长孙无忌一向十分忌惮（dàn）。

高宗与武昭仪带了十车的金宝缯（zēng）锦拜访长孙无忌，而且在宴席上当场把长孙无忌三个由宠姬生的儿子，任命为朝散大夫，此时他最小的儿子才十岁哩。

酒过三巡之后，唐高宗从容不迫地谈到王皇后无子之事，暗示有意以武昭仪为皇后。长孙无忌顾左右而言他，使得高宗相当不悦，却又无可奈何。

武昭仪不死心，请了母亲杨氏去长孙无忌府上说情。一连去了几回，却碰了一鼻子的灰。许敬宗为着献媚，亦三番两次去劝长孙无忌，结果长孙无忌毫不客气地把许敬宗训了一顿。

有一个名叫李义府的中书舍人，向来被长孙无忌所嫌恶，乃被降官到壁州当司马。敕书还没有到门下省（隋唐时代中央政府最重要的机关为三省：中书省、门下省、尚书省。中书省草拟皇帝的命令，门下省审核命令，尚书省执行命令），李义府已经打听了左迁的消息（左迁为官吏降级），他企图挽回这个不幸的命运，去向中书舍人王德俭请教。

王德俭告诉他："皇上想要立武昭仪为皇后，只是还犹豫不决，惟恐大臣各有异议，你如果能够建议立武昭仪为皇后，则可转祸为福。"

李义府立刻返家，绞尽脑汁写成一篇奏章呈给皇帝，请求废除皇后王氏，改立武昭仪，以满足百姓们的心愿。

唐高宗正愁不知如何启齿，看到李义府的上书大为高兴，马上亲自召见慰勉，赐珍珠一斗，同时留任旧职。

武昭仪又秘密派遣使者前去慰劳李义府，更在高宗面前耳语一番之后，李义府竟然升为中书侍郎。曾经前往长孙无忌跟前美言的许敬宗，也被任命为礼部尚书。

永徽六年（655 年）九月间，废后之争已成为朝廷中人所瞩目的大事。高宗立意已决，召见长孙无忌、李勣、于志宁、褚遂良等进入内殿。

尚未入内殿之前，褚遂良说："今天皇上召见，一定是为着中宫废立之事。皇上的态度如此坚决，违背他意思的必死无疑。太尉（指长孙无忌）是皇上的元舅，司徒（指李勣）为国家的功臣，不可使皇帝有杀元舅及功臣的恶名。遂良起自草茅民间，也没有汗马功劳，且受先帝的顾托，如果我不挺身而出，以死争之，何以见先帝于地下？"

宫中不准养猫

永徽六年（655 年）九月里，唐高宗召见长孙无忌、李勣、于志宁、褚遂良等大臣，商讨废掉王皇后，改立武昭仪为皇后的事。

长孙无忌等一行人进入内殿之后，高宗清了一清喉咙，直截了当地说："皇后无子，武昭仪有子，今欲立昭仪为皇后，何如？"

褚遂良抱着死谏的态度，正色道："皇后乃名家之女，乃先帝为陛下所娶。先帝临崩之时，亲自拉着臣的手对臣说：'朕的好儿子好儿媳都托付给你了。'这句话，陛下也是亲耳听见的。皇后未曾犯过大错，岂可轻废！臣不敢曲从陛下，也不敢上违先帝的顾命！"

褚遂良抬出太宗的遗言劝谏高宗，高宗气得发抖，可是又不便反驳，因为太宗临终前，确曾如此交代褚遂良。中国人最重孝道，何况是帝王之家，只有一怒之下罢朝。

第二天上朝，高宗又重提此事。褚遂良仍然直言上谏："陛下如果一定要废王皇后，也应该好好选择一位天下大族名门之女，何必非要武氏。武氏曾经伺候过先帝，这是天下皆知之事，怎么样也不能掩盖过去。如果立武氏为后，万代之后的人们，将会怎样地笑话陛下，深愿陛下三思。"

这番话又尖锐又厉害，丝毫不留情面，一字字一句句直入要害。褚遂良一口气说完之后，将手上的笏（笏为古代人臣上朝时手中所执的板子，用来书写君王的命令以免遗忘），放在地上，解开头巾叩头流血道："还陛下笏，请将臣放遣归还故里。”

唐高宗认为褚遂良存心揭他的疮疤，不由得恼羞成怒，立刻命令左右把褚遂良引开。

正在此时，躲在帘后的武昭仪被褚遂良骂得又气又恨，大声地说：“何不扑杀这个该死的老家伙？”

长孙无忌叩了一个响头：“遂良为先帝的顾命大臣，即使有罪，也不应加刑。”

内殿中演变成这种难堪的局面，于志宁本来还想开口，也不敢再来多言了。

但是，还是有不怕死的大臣要讲话，这就是中国传统知识分子可爱的地方。他们有一种历史责任感，宁可脑袋搬家，也要直言。

《无双谱》当中写武则天的乐府诗，清刊本。

韩瑗（yuàn）流着眼泪向高宗上谏，高宗不听。韩瑗又再次上谏，哭得满面泪痕。高宗心烦极了，差人把他送出宫外。韩瑗不死心，又写了上疏道：“匹夫匹妇，犹相选择，何况贵为天子，岂可不慎重？皇后母仪天下，善恶由她而起。所以，黄帝娶了丑女嫫（mó）母，嫫母能辅佐黄帝。殷王宠妲己，因而亡国。臣每次读到《诗经》中所说的

‘赫赫宗周，褒姒（sì）灭之’，不由得掩卷太息，不料本朝亦将遭到女祸。”

另外一个不怕死的来济也上书道：“王者立后，必择礼教名家，幽雅令淑，例如汉成帝以婢女为后，果然使社稷倾沦，皇统亡绝。”

此时，高宗一心一意想把武昭仪扶为正位，对这些臣子们的上疏十分头大。可是，一个好皇帝应该要接受臣子的上谏，他的父亲唐太宗就是因为纳谏为人们所称扬。所以，高宗心中苦恼极了。

过了两天，大将军李勣入宫。唐高宗问他说：“朕欲立武昭仪为皇后，褚遂良固执己见，以为不可。褚遂良又是先帝的顾命大臣，这事情如何是好呢？”

李勣回答：“此乃陛下家务事，何必更问外人？”

其实，废后立后为朝廷大事，绝对不仅仅是高宗的家事。但是，李勣这么一说，高宗把心一横，做了历史性的决定，把武昭仪立为皇后。

善于谄（chǎn）媚的许敬宗，更在朝廷上说：“在民间一个田舍翁，因为多收十斛麦便更换妻子，都是常有的事，况且是天子立后，何必受外人干预？”

唐高宗益发觉得褚遂良多管闲事，可恶已极！当下，贬褚遂良为潭州都督。

永徽六年（655年）十月，乙卯，百官上表，请立中宫。皇帝下诏：“武氏门著勋庸……往以才行，选入后庭，誉重椒闱，德光兰掖……可立为皇后。”于是，武昭仪如愿以偿当上皇后。

王皇后及萧淑妃就被打入冷宫，加以囚禁。在十一月里，有一天，高宗想起她们两人，信步走到她俩住的地方，发现这间房子四处封闭，只在墙壁上凿有一个小孔，用来递送食物，不由得十分感伤，低声问道：“皇后淑妃在吗？”

王氏隔着小孔哭着说：“妾等得罪宫婢，哪儿还能得此皇后尊称？”又说，“陛下如果还念旧情，使妾等再见日月，请将此院改名为回心院。”意思是说，请高宗回心转意。

高宗长叹一口气道：“你们放心，朕自有处置。”

武后听说了这件事，派人把王皇后及萧淑妃打了一百板，削断她俩手足，然后丢入酒瓮中。武后说：“让这两个老太婆骨醉吧。”过了几天，她们两人都死了。

萧淑妃临死前狠狠发咒：“阿武狡猾，愿下辈子我为猫，她为鼠，生生世世扼她的喉咙。”从此，武后规定宫中不准养猫。武后做了亏心事，经常梦见王皇后、萧淑妃披发沥血变成鬼来找她报仇。所以武后多住在洛阳，不太愿意回长安居住。

御史王义方

在上一篇《宫中不准养猫》之中，我们说到：唐高宗要立武昭仪为皇后，遭到长孙无忌及褚遂良等老臣的反对，结果李勣说了一句“这本为陛下的家务事”，高宗终于把武昭仪抬上了皇后娘娘的位置。

为什么武氏当武昭仪没有人反对，当皇后却被群起而攻之呢？这是由于昭仪是众多妃子之一，就像臣民的妾法律地位低下，皇后却是母仪天下的代表。她曾经伺候过唐太宗，父子二人，同娶一妇，毕竟不太合适。

此外，武后的出身不算好，虽然她的父亲武士彟也在唐朝政府当过官，到底是个商人出身。何况我们曾一再提到过：从魏晋南北朝以来，门第观念很重。唐太宗曾经极力压制士家大族，这种观念却非一朝一夕可以改变。甚至太宗的大臣如魏徵、房玄龄、李勣等，虽然是素族出身，却也要与一位旧士族的名门闺秀结婚，认为这个样子才够面子。当今皇上如何能与门楣不高的素族女子结婚？难怪群臣都要反对了。

武昭仪顺利地坐上皇后的位置之后，原先赞成促成此事的奸臣许敬宗和李义府更加嚣张了。

当时，有一位洛州妇女淳于氏貌美如花，因为犯了罪，被关在大理寺狱之中。李义府垂涎这名女犯的美色，暗中收买大理寺丞毕正义，设法把淳于氏给弄了出来，准备纳之为妾。

结果这件事被抖了出来，唐高宗命令刘仁轨审问毕正义，这一审问之下，李义府的丑事一定会抖露出来。因此，李义府逼着毕正义在牢中上吊。

唐高宗知道此事的来龙去脉，可是，念在李义府带头请立武昭仪为皇后的份上，故意装聋作哑，不闻不问。

有一位名叫王义方的御史知道这件事，有意弹劾（hé）李义府的不法行为。虽然王义方知道李义府背后有皇帝撑腰，可是国家大法不可不顾，他还是要忠贞地执行御史的责任。

然而，王义方可以自己把命豁了出去，却不能不担心家中老母亲的安危，何去何从，使得王义方非常苦恼。

武则天，选自《百美新咏》。

于是，他来到母亲跟前，叹着气说道："孩儿身为御史，今见奸臣，如不加以纠举，则为不忠；纠举则身危而忧及于亲，则为不孝。忠孝二者，不能两全，孩儿不知如何是好？"

王母是个深明大义的妇人，她亲切地对王义方说："你能尽忠事君，我死必不有恨。"

有了母亲大人这番话，王义方勇气十足提出弹劾，要求彻查毕正义离奇自杀命案，并且严惩李义府的不法行为。

结果，唐高宗仍然偏袒（tǎn）撮合他与武后好事的李义府，对李义府纳女犯为妾一事不闻不问，反而安了王义方一个毁辱大臣、言辞不逊的罪，贬为莱州司户。

李义府因为懂得献媚，平步青云，连犯了国家的大法，也有皇帝包庇。在此同时，当初反对册立武昭仪为皇后者，可就有罪受了。

大书法家褚遂良被贬为潭州都督，刚刚到达任所，又被贬为桂州都督；到了桂州，再次贬为爱州刺史。褚遂良长途奔波，心力俱疲，上表给高宗，提到当初与长孙无忌共拥高宗的往事，哀哀乞怜。可是没有用处，高宗对褚遂良怀恨在心，不理不睬，最后褚遂良郁郁而死。

在所有反对册立武昭仪为皇后的大臣之中，武后最恨长孙无忌，气他收了重赐又不肯助一臂之力。

另外有个许敬宗，屡次自告奋勇去长孙无忌府上当说客，劝请长孙无忌回心转意，结果每一次都被长孙无忌骂得狗血喷头，狼狈夺门而出。所以，许敬宗也恨透了长孙无忌。

恰好在这个时刻，许敬宗出了一个纰（pī）漏：审问犯人太子洗马韦季方，问案问得太急，用刑过凶，韦季方受不住刑求而自杀。这下子，许敬宗惨了。

于是，许敬宗编出一套谎言，说是长孙无忌勾结韦季方等人谋反，事迹败露，所以韦季方自杀。这真不愧为一石二鸟之计。

唐高宗不相信，他吃惊地说："岂有此理！舅舅被小人离间阻隔或许可能，哪儿可能造反作乱？"

"不然。"许敬宗沉着地诬陷道，"臣从头到尾，详加推究，肯定他俩反相已露。陛下如果不相信，恐非国家之福。"

许敬宗一说，高宗就掉下了泪水说："唉！我家门不幸，永徽三年房玄龄的儿子房遗爱与高阳公主联合造反。如今，我亲舅舅也要作乱，真使朕愧见天下人。"

许敬宗见高宗中计了，连忙又加油添醋："房遗爱不过是乳臭未干的小子，能起什么作用？无忌与高祖先帝谋取天下，天下服其智，而且为宰相三十年之久，天下畏其威。一旦作乱，谁能抵挡？臣见以前宇文述为隋炀帝的亲信，宇文述的儿子宇文化及是炀帝御林军总管，结果，宇文化及杀掉了炀帝。前事不远，祈望陛下速决之。"

高宗深以为然，下诏削长孙无忌的太尉官职，降为扬州都督，最后长孙无忌被迫自杀。长孙无忌地下有知，一定很后悔当初主张拥立高宗为皇帝的。

长孙无忌与褚遂良均为一代忠臣，却因为不能逢迎皇上落此下场，善于拍马的李义府反而得势。表面上看来，很不合乎“善有善报，恶有恶报”的明训。不过，我们中国人向来不以成败论英雄，因为忠臣永远备受千秋万世的歌颂，奸臣永远受到后人的咒骂，这也是中国文化的精髓之所在。

武后铲除异己，逐渐取得政权。大唐帝国，又将走上另一条新的道路。

武后垂帘听政

武后终于如愿当上皇后。虽然她的品德为人们所非议，可是就事论事，武后不但聪明绝顶，才智过人，而且对文学历史相当精通，也能提笔写诗赋文章。在清朝编的《全唐诗》这部书中，收有武后所作的四十六首诗。

在唐高宗即位之初，有唐太宗遗留下来的长孙无忌、褚遂良、李勣等老臣共同辅政，政治上保持着安定繁荣，甚且完成了太宗未完成的武功，如西突厥的讨伐、高丽百济的征服等，因此人们称之为“永徽之治”（永徽是高宗第一个年号）。

经过了武后的立后之争，长孙无忌、褚遂良等都牺牲了。高宗本人无多大才能，而且又患了一种风眩症，经常头昏脑涨。可能是高血压，也可能是低血压，从现在的史料之中，我们不知道他到底生了什么病。

因为这个缘故，再加上武后英明果断，又有政治野心，所以该由皇帝批阅的有司奏章，经常由武后批阅处置。武后也有这个本领，把公事处理得井井有条，高宗也就乐得清闲。

武后对政务的权力野心愈来愈大，而且逐渐干涉起高宗的行动，使得高宗颇为不悦。在高宗麟德元年（664 年），爆发了所谓的“上官仪事件”。

有一个道士郭行真经常出入宫中，宦官王伏胜告发郭行真受武后之命，作法咒害高宗。

高宗大为生气，秘密召见西台侍郎同东西台三品上官仪讨论这件事。

上官仪回答："皇后专擅恣肆（zì sì），为海内外所不赞成，请废之。"

武后自从当了皇后之后，不再对高宗百依百顺，而且高宗想要做的事，常常会受到挟制，使得他相当不耐烦，也想把武后给废掉。于是高宗立刻命令上官仪草拟奏章。

结果，高宗左右的人飞报武后。武后马上赶了过来，找到了诏书的草稿，气得脸上发青。高宗看到此景，又缩了回去，不敢再提废后的事。

武后杏眼圆瞪，用充满着疑问的眼光瞅着高宗，等着他如何解释此事。高宗本来仁弱，害怕地低声回答："我本来没有这个意思，都是上官仪教我的。"

高宗把责任推给了上官仪。武后大发雷霆的结果，就是上官仪父子都下狱被处死。

从上官仪事件发生之后，武后认为高宗不可靠，不晓得在背地里搞些什么。所以，每次高宗上朝，武后就端坐在珠帘之后听政，国家大小之事，皆得与闻，天下大权，悉归中宫。升降官吏，一切决于武后之口，高宗这个天子不过拱手而已（拱手的意思是两只手互相握着，放都放不下来，表示根本不做事）。中外并称高宗、武后为"二圣"。

上元元年（674 年），皇帝称天皇，皇后称天后，大赦天下。就在这一年，天后提出了十二项政治主张，例如：奖励发展农业、蚕桑业，减轻百姓的赋税、徭役；由皇帝带头禁止浮华、淫巧；停止战争；广开言路，让大家对国事多提意见；提倡道教；规定父亲如果健在，而母逝，子女须为母亲服丧三年；增加官吏的薪水；等等。

就事论事，武后的政治主张相当不错，而且她不只是喊喊口号，做个表面文章，她一步又一步把政治主张次第实现。

由于武后的表现出色，高宗又苦于风眩，上元二年（675 年），高宗有意把国事完全交给武后摄知。在重男轻女的古代，提出这种建议的确是骇人听闻。在中国历史之上，从来没有一个天子把国事交付给皇后的先例。群臣大为恐慌，纷纷加以反对。

唐后行从图，唐张萱绘。图中伞盖下为武则天。

中书侍郎同东西台三品郝处俊说："天子理外，后理内，天子理阳道，后治阴德，为天地之间的常理。以前魏文帝时代规定，虽然幼主继承皇位，仍然不许皇后临朝，以杜祸乱之萌也。陛下奈何以高祖、太宗传下来的皇位，不传之子孙，而委托于天后呢？"

从史书上记载的郝处俊的这番话看来，唐高宗似乎不但有意把国事交给武后治理，连皇帝的宝座他也想让给武后。既然群臣坚决反对，也就作罢。

臣子们固然反对武后干政，事实上掌权的仍然还是武后。武后感到一些老臣对她不服，于是她开始不遗余力地提拔新人。

前面我们说过，武后的立后之争原因之一，是臣子们嫌她出身不佳，不是望族后代。所以她本人对于魏晋南北朝以来，凭借着门第华贵而能取得权位的政治措施，简直就深恶痛绝。现在轮到她掌权了，她可要把这个政治措施修改一番。

武后把唐太宗倡导的科举制度，又向前发展一步，偏重以诗赋文章取士，让更多的寒门书生可以进入庙堂为官。

武后命令著作郎元万顷、左史刘祎之等，编著《列女传》《臣轨》《玄览》等书，大大重用这批新起的文人。凡是朝廷奏议、百官表疏，多半找他们密商，以分担宰相之权。当时的人称这些个新贵为北门学士（北门是后宫门，通常朝廷里大臣上朝均走南门，而元万顷等，不从正门出入，抄捷径从后宫门上朝，所以称为北门学士）。

武后终于如愿以偿地取得政治大权。

章怀太子李贤

武后正式立为皇后，也掌握了政治大权。当武后为皇后之日，武后的长子李弘（唐高宗的第五个儿子）也顺理成章被立为皇太子。

李弘为人仁爱谦谨，很得高宗的宠爱。高宗于咸亨二年（671 年）前往东都洛阳，命李弘以太子留守京师长安。当时，关中闹旱灾，李弘命令兵士四下察看，分发米粮，从这一点看来，可以证明李弘的宅心仁厚。

可是，李弘的好心肠却为他惹来了麻烦。先是武后推行新政，李弘是站在守旧派的士大夫一边，屡次上奏反对，使得武后相当不悦，母子间的感情出现裂痕。

后来，又出了一件大事。李弘偶然地发现萧淑妃的两个女儿义阳公主及宣城公主，因为被萧淑妃所牵连，幽禁在后宫中，年过三十岁仍然没有出嫁，李弘既惊讶又难过。于是奏请父亲高宗，把这两个异母的姊姊出嫁。高宗答应了。

当初因为高宗宠爱萧淑妃，引起王皇后的不满，王皇后才从感业寺之中把正在做女尼的武后拉进了后宫，企图打击萧淑妃。算起来，萧淑妃还是武后的情敌，因此武后大怒。

据说，武后一方面把这两个公主分别出降（公主结婚出嫁称为出降）上翊卫权毅及王遂古两人，一方面暗暗派人把李弘毒死。关于李弘之死是一件千古疑案，《旧唐书》中仅仅记载他死了。《新唐书》中说他是被毒死的。司马光写的《资治通鉴》之中则记载“时人以为天后鸩（zhèn）之也”，意思是说，当时的人认为这是天后（即武后）下的毒。

李弘是否死于武后之手，难下定论，不过，从武后对付李弘的弟弟李贤的手段来看，武后杀李弘大有可能。

李贤是武后所生的第二个儿子，太子李弘既死（年方二十四），雍王李贤遂被立为太子，时为上元二年（675年）六月间。

李贤也同样为高宗所喜爱，他在年纪很小的时候就熟读《尚书》《礼记》《论语》等书及诵古诗赋十多篇。高宗曾经察问李贤的功课，发现他对《论语》极有心得。高宗这个做爸爸的十分得意，曾经在李勣面前，大大夸奖李贤“夙（sù）成聪敏”。

自从李贤被立为太子之后，宫中不断传出极为难听的谣言，说李贤不是武后的亲生儿子，而是高宗与武后的亲姊姊韩国夫人生的儿子，由于韩国夫人没有名分，才由武后认为子。这个传说使得李贤既尴尬又不安，既怀疑又害怕。

正在李贤担心惹武后讨厌之时，宫中出了一个道士明崇俨。他会施法作符咒，武后相当信任这个道士。

明崇俨曾经对武后说，太子李贤不配承继皇位，又说，倒是英王（武后的第三个儿子）的相貌类似太宗，相王（武后的第四个儿子）的脸相长得好，总之就是太子不适合当大唐帝国的太子。李贤听说这件事，内心七上八下，站也不是，坐也不是。

武后听了明崇俨的话之后，曾经命令北门学士写了一篇《少阳正范》（少阳为东宫的位置，少阳正范即太子的楷模）与《孝子传》赐给太子。这分明是斥责太子不孝顺，太子李贤接到之后，更加忐忑难安。

高宗永隆元年（680年），道士明崇俨忽然被人所杀。武后下令彻查，查了半天，查不出一个所以然来。武后知道太子李贤恨明崇俨搬弄是非，遂认定这件案子必然是李贤主谋，就有意对付李贤了。

李贤的为人不如他哥哥李弘正派，他颇好声色，与户奴赵道生等狎习亲昵，而且时常厚赐金帛。司议郎韦承庆上书诤谏之，李贤依然故我。武后知道这件事，马上命令薛元超、裴炎及御史大夫高智周，会同法官一块儿审问。

侍女图，陕西乾县章怀太子李贤墓壁画，陕西博物馆藏。

审问之下，户奴赵道生供出李贤派他去暗杀明崇俨。同时，在东宫之中又搜出几百副黑色的铠甲，正好作为太子有意造反的证据，因为如果不是准备造反，何必暗藏大批的军事用品？

既然造反，没有第二句话，只有死路一条。唐高宗刚刚死了一个儿子，实在不忍心再杀一个儿子，更何况李贤是他最疼爱的，迟疑了半天，有意原谅他这一回。

武后可不同意，她寒着脸说："为人子竟然怀有逆谋，天地所不容，大义灭亲，何可赦也？"于是派遣右监门中郎将令狐智通，把李贤押解到京师长安加以囚禁。

同时，东宫之中搜出的盔甲在天津桥南公开烧毁示众。天津桥是唐朝经常用来公开斩首要犯的场所，表示此事严重，不可等闲视之。

后来，武后当上皇帝，成为武则天之后，派了左金吾将军丘神勣逼着李贤自杀，在睿宗朝代，追赠为皇太子，谥（shì）曰章怀太子。章怀太子李贤一案是历史上有名的一件大事。

武后确有治理国事的长才，不过她也相当心狠手辣，毫无骨肉恩情。不但李弘、李贤两个儿子惨遭毒手，她的姊姊韩国夫人、族兄武惟良与武怀运、异母兄弟武元庆与武元爽，先后因不同原因被她害死。

唐高宗的风眩症

太子李贤被废以后，遂立武后的第三个儿子英王李哲为太子，改名为李显，大赦天下。

弘道元年（683年）十一月，唐高宗头痛的毛病愈来愈严重，连眼睛都看不清楚了，召来御医秦鸣鹤。御医想了一个办法，说是在高宗的头上划破一个洞流一点血就会减轻病情。不晓得这是不是民间所说的放血治病。

武后一听御医之言，板起了脸怒斥："此可斩也，竟然敢在天子的头上刺血。"

唐高宗深为病魔所苦，他倒不认为在头上刺血是对君主的大不敬，摇摇手道："让他刺吧，说不定有用。"

秦御医就用针刺了高宗脑上的两个穴道，流出一些鲜血，唐高宗说："我的眼睛好像看清楚一些了。"

武后立刻亲自搬来了一百匹彩赐给秦御医。

刺头出血之后，好像病情好转一些，但是，没过几天，高宗更加虚弱了，没法子上朝，宰相也见不到高宗的面。

十二月，大赦天下，高宗想要骑马到天门楼当众宣布这个消息，可是胸膈之间有股气堵住无法上马，只好宣召百姓入殿宣布。此时高宗已病入膏肓（gāo huāng）。

当天夜晚，高宗召见大臣裴炎入宫接受遗诏辅政，遗诏中曰："太子柩（jiù）前即位，军国大事有不决者，兼取天后进止。”意思是说，太子李显在灵柩之前就任大唐帝国的皇位。军国大事有不能决定的事，可听天后的意思。高宗于这天夜晚崩于贞观殿，享年五十六岁，在位三十四年，此时的武后大概是六十一岁。

于是，太子正式即位，是为唐中宗。次年改元嗣圣，大赦天下。

中宗即位以后，立刻立太子妃韦氏为后，擢拔韦后的父亲韦玄贞从普州参军升为豫州刺史。

由于中宗与韦后夫妻感情很好，他还想进一步把岳父大人升为侍中，这也就罢了，最荒唐的是中宗又授他奶妈的儿子为五品要员。

接受遗诏辅政的裴炎大不以为然，急忙上谏，中宗不理会，而且生气地说：“我就是把天下完全送给韦玄贞也没有什么不可以的，何况只不过是一个小小的侍中。”

裴炎大为吃惊，立刻飞报武后，武后乍闻之下，连脸色都变了。她心想中宗即位不过两个月，就干出这样昏庸的事，日久天长，以后更不知如何。

过了不到一个月，有一天，武后突然之间在乾元殿召集百官，然后裴炎与中书侍郎刘祎之、羽林将军程务挺、张虔勖一起勒兵入宫，宣太后令，废中宗为庐陵王。

中宗做梦也没有料到有此一着，他不服气地抗辩道：“我何罪？”

“你要把天下拱手让给韦玄贞，竟敢说无罪？”武后厉声地指责。接着，把庐陵王幽禁在别所，后来又改徙居在房州。

这一个青天霹雳，使得中宗领教了母亲的心狠手辣，简直是吓破了胆。因此，被废之后的中宗成天提心吊胆，惶惶不可终日。尤其每一次听说武后从京里派使者到房州来，他就认定是太后派人送毒药来逼他自杀。

“那还不如我自己先了断吧。”说着，中宗就准备自杀。韦皇后总是劝他：“不要这个样子，人生道路总是祸福相倚的。”幸好每次来的使者都不是来送毒药的，否则中宗的自杀就是白死了。由于他二人共尝艰危，情义甚笃（dǔ），所以中宗时常对韦后说：“假使我有朝一日重见天日，你要做任何事我都会答应你。”因为中宗有此承诺，以后又引出一段故事，这是后话，此处暂且不提。

既然中宗被废为庐陵王，国不可一日无君，武后便立她的第四个儿子相王李旦为皇帝，是为唐睿宗。

武后是一个政治型的女人，权力欲望很强，她一直想找一个毫无政治野心的儿子受她摆布。前面李弘、李贤、李显都不理想，所以不是被杀，就是被她给废了。如今的睿宗，没有什么政治欲望，为人谦让，武后大为高兴。

因此，睿宗只是一个傀儡皇帝，大小政务都不管。一切大权，牢牢掌握在武后一人手中。

武后掌权，朝中老一辈的大臣都不能心服，连武后一手提拔的北门学士刘祎之也在问，为何武后不还政睿宗。

朝中有人希望睿宗主政，也有一批人主张庐陵王（中宗）复位。反正不赞成由武后掌权。

有一天，有十几个飞骑在坊曲喝酒。飞骑是太宗在贞观十二年（638年）所创设的，分为左右飞骑，驻在玄武门，在皇帝出巡之时充当侍卫。坊曲是妓院，唐朝的文人雅士，很喜欢在坊曲聚会，许多诗人的作品都在坊曲之中写成。

唐代骑马人物图，陕西乾县章怀太子李贤墓壁画，陕西博物馆藏。

有一个飞骑多喝了两盅老酒，发了几句牢骚：“最近所得的赏赐太少，还不如改奉庐陵王复位。”

其中有个飞骑一闻此言，悄悄地溜出了坊曲，从北门前往告密。于是，当这伙飞骑正在酒酣耳热，猜拳行令之时，羽林军已把坊曲层层密密包围，全体飞骑落网下狱。说话口无遮拦的那个飞骑当场立斩，其余者以知情不报的罪名，统统处以绞刑，密报者升为五品官。

飞骑事件立刻传遍各地，人们对武后手段之厉害，不得不另眼相看，同时，这个事件也挑起了告密之风，为社会带来一阵腥风血雨。

骆宾王写“讨武后檄文”

唐高宗去世之后，中宗即位，不到两个月，就被武后废为庐陵王，流放于房州。另立幼子李旦为皇帝，是为睿宗。

睿宗是一个没有政治野心的人，而且他前面几个哥哥的下场也使得他胆战心惊，深深了解母亲毫无骨肉之情。所以睿宗虽然为天子，大权却操在武后之手。

由于李家的子孙，都不合武后的心意，她就开始重用娘家的人，例如武三思、武崇训、武承嗣等。

武承嗣是武后的侄儿。他请求武后追赠武家的祖先，建立一个武氏宗庙。武后认为这是一个很好的建议。

老臣裴炎不赞成，他上殿奏曰：“太后母临天下，当示大公无私，不可对所亲偏私，难道不见吕氏之败乎？”（吕氏指的是汉高祖时代的吕后。）

武后冷笑道：“吕后以权委托于活着的吕家人，所以最后失败了。我不过追尊逝去的祖先，又有什么关系？”

裴炎在地上叩了一个响头道：“事当防微杜渐，不能滋长成为风气。”

武后根本不理会裴炎，不多久，追赠了许多武氏先人。从五代祖起，一直到父亲武士護，一律封为王公。

由于武家的势力一天比一天雄厚，唐朝的李家子弟颇为不满。刚好此时大将军李勣的孙子眉州刺史徐敬业被贬为柳州司马，他的弟弟徐敬猷（yóu）

免官，给事中唐之奇被贬为括苍令，长安主簿（bù）骆宾王被贬为临海丞。这些人在扬州相会，彼此摇头叹息，内心充满了怨恨及不满。

大伙共推徐敬业为首领起兵，在短短十日之间召集了十多万兵马，并且由骆宾王草拟檄（xí）文，讨伐武后。

骆宾王所写的这篇《为徐敬业讨武曌（zhào）檄》气魄万千，把武后骂得狗血淋头，是千古流传的有名文字。一开头就斥责武后："伪临朝武氏者，人非温顺，地实寒微。"骂她以前是太宗的才人，到了太宗晚年，秽乱东宫（指高宗），使得太宗与高宗如禽兽一般共一女子。又曰："杀姊屠兄，弑（shì）君鸩母，人神之所同嫉，天地之所不容……"

这篇檄文骂得痛快，天下传诵。有人急忙拿给武后看，原以为武后看了，一定暴跳如雷。没想到她一面读，一面微笑，好像在欣赏一篇好文章。

等到武后看到"一抔（póu）之土未干，六尺之孤何托？"（意思是说，唐高宗坟上一抔黄土尚未干，他所遗留下来的太子中宗到哪儿去了呢？太子被武后废为庐陵王，幽禁在房州），她转过头问道："这篇檄文是谁写的？"

"骆宾王。"底下的人应声答道。

左右告诉武后，骆宾王的作品以豪侠英俊著名。他与王勃、杨炯、卢照邻号称为四大才子（我们今天称此四人为"初唐四杰"）。

骆宾王，选自《历代名臣像解》。

武后叹了一口气道："有才如此，使之流落不遇，此宰相之过也。"

在这篇檄文之中，武后受尽唾骂侮辱，却惋惜没有重用骆宾王，可见得她的爱才之心，以及超人一等的胸襟。

徐敬业为着扩大宣传效果，征求长得像太子李贤的人（李贤是武后第二个儿子，因为谋反被武后杀掉），然后，徐敬业欺骗百姓道："贤没有死，仍然活在人间，我们就是奉了他的命令起事的。"希望借此号召人心。

为着讨伐徐敬业，武后找了裴炎前来问计。裴炎对徐敬业为乱，似乎不以为意，也没有急着去讨平，反而对武后说："皇帝（睿宗）年长，不亲政事，所以卑贱无知的小人会以此为借口起事，如果太后还政，乱事不讨自平矣。"

这番话说得很不动听，武后颇为不悦。监察御史了解武后具有强烈的政治欲，所以上奏曰："裴炎受先皇顾托，大权在己，他如果不是别有意图，为何要请太后归政？"

武后拿着这个奏章，把裴炎逮捕下狱。

有人劝裴炎在受审时，尽量谦逊，也许能免得一场祸事。

裴炎不肯答应，他自认为是接受高宗遗诏辅政的老臣，依旧辞色不屈。而且他深深了解，这场祸事可不是求情可以逃得掉的，裴炎对朋友说："宰相下狱，岂有生还之理。"

凤阁侍郎胡元范等保证裴炎不会造反，联合上奏："炎社稷元臣，有功于国，悉心奉上，天下所知，臣敢证明他不会造反。"

武后回答："炎有造反的征兆，只是你们不知道。"

"如果连裴炎也会造反，臣等亦能谋反。"胡元范等不服气道。

武后肯定地说："朕知裴炎反，但也知道卿等不会反。"

朝廷中有许多臣子联合证明裴炎不会谋反，可是武后还是把裴炎杀了。裴炎死后被抄家，家中竟抄不出一石（dàn）米，可见其为官之清廉。

请君入瓮

徐敬业不满武后，在扬州起兵。骆宾王写了一篇传诵千古的檄文，暴露武后的罪状。徐敬业起兵不过三个月，就被武后派出的大将李孝逸完全平定。徐敬业被部下所杀，余党也均被荡平。

乱事平定之后，垂拱二年（686 年）春天正月，武后下诏，还归政事于皇帝睿宗。睿宗知道母亲大人又是故作姿态，他再三谦让，太后再次临朝称制。

自从徐敬业起兵，武后为了镇压反叛，开始采取高压的恐怖政策，大开告密之门。在三月间，有一个叫鱼保家的上书武后，请求用铜铸一个告密匦（guǐ），分为四隔，各有窍门，告密的信只可投入，旁人无法拿出。

鱼保家是一个很有手艺的巧匠，所以他制造的告密匦很合武后的心意，当时的人称之为鱼家匦。鱼家匦启用后没有多久，鱼保家的仇人就投了一封告密信，信上说鱼保家曾经为徐敬业打造刀车及弩。

武后立刻派兵搜查鱼宅，鱼保家被捕伏诛，没有料到自个儿先被鱼家匦所害。

自徐敬业之乱，武后了解朝廷之中许多人对她不满，颇有怨怼（duì），有意大杀特杀以树立威权，因此大开告密之门。

凡有人告密，臣子不得过问内情，朝廷供给车马，以及相当于五品官员的膳食。即使是农人樵夫，武后也亲自接见，还在客馆之中，好好接待这些告密者。

假使告密者所密告的确有其事，武后立刻赐官。假使是诬告，也不被处分。在这样的情形之下，四方告密者蜂起，为官者人人自危。

有一个胡人叫索元礼，摸清武后的心理，前去告密。被武后赏识，拔擢为游击将军，掌管狱讼之事。

索元礼生性残忍，每审判一人，必牵累数十百人。武后很欣赏他的作风，数次予以亲自召见，以扩张索元礼的权势。

索元礼的得宠，使得周兴、来俊臣等起而效尤。周兴被升为秋官侍郎，来俊臣则官至御史中丞。

来俊臣对于如何罗织下过一番研究功夫。罗织就是陷人于罪的意思，他还与党徒朱南山合起来写了一本书叫作《告密罗织经》。

来俊臣如果想诬陷某人，就在各个不同地方告发某人的罪状，所有告密者举发的事情都是一样，同时在告密信中加上一句："请付来俊臣推勘，必获实情。"如此网"罗"无辜，"织"成罪状，即所谓罗织。

他审判犯人，有一套独门功夫。不论囚犯情节轻重，先用酸醋灌鼻孔，再关入大牢，或者将人装在一个陶器里面，四周用火烧烤，并且不给犯人吃任何东西。有的囚犯实在饿得不能忍受，只好把衣服撕破嚼棉絮充饥。

此外，犯人身旁，必定堆了许多粪便，臭不可闻，除非一死，否则只有忍受非人待遇。

来俊臣与索元礼互切互磋，共同研究，制作了十种残酷的刑法：一为"定百脉"，二为"喘不得"，三为"突地吼"，四为"着即承"，五为"失魂胆"，六为"实同反"，七为"反是实"，八为"死猪愁"，九为"求即死"，十为"求破家"。所谓"死猪愁"等到底是如何折磨人，已不可考。不过光听这些名称就叫人害怕了。

中国菜经常有一些好听的名称，例如"全家福""百鸟朝凤"等。来俊臣也把他发明的刑罚加了许多好听的名称，例如：把犯人的手脚绑起来，四周倒转，称之为"凤凰晒翅"——像是凤凰在晒翅膀；或者命犯人跪下，捧着刑具，上面再一块一块地加砖块，称之为“仙人献果”，可见得来俊臣这人是虐待狂。

凡是被来俊臣逮住的人，无论贵贱，一入大门已胆战心惊。然后，来俊臣把枷棒往地上一摔，恶眼一瞪：“看，这就是刑具。”犯人早已魂飞胆丧。尤其久闻来俊臣的阎王恶名，往往不等审问，马上跪地求饶，承认有罪，也不管到底有没有犯案。

由于来俊臣会问案子，凡是他问案，没有不画押承认的，所以武后特别在宫中的“丽景门”中设置一个推事院，专门供他问案之用，也称之为“新开门”。由于一入新开门，等于进入太平间，所以有人称之为“例竟门”，这儿的“竟”作尽、完结解，也就是说进入此门者，照例皆要完蛋。

因为武后重用酷吏，所以酷吏们不断研究，发明更为不人道的刑罚。武后知道这些酷吏可不是什么好东西，也只是把他们视为工具，利用价值一完，酷吏也难逃一劫。

其中最有名的一件案子，是在天授二年（691年），酷吏周兴被人告发与丘神勣谋反，武后派来俊臣审问这个案子。两人相见，皮笑肉不笑地寒暄（xuān）了半天，面对面同桌共食（唐朝的官吏在衙署内办公时，在中午及晚间，都由官家供给膳食），互相敬酒。

请君入瓮，选自《清刻历代画像传》。

来俊臣叹了一口气道：“唉，最近囚犯都不肯认罪，不知如何是好？”

周兴立刻面有得色道：“很容易嘛，你先准备一个大瓮，然后把犯人放入，四周烧炭火，还怕他不肯承认？”

来俊臣马上找来一个大瓮，四周烧着旺火，对周兴说：“有人告发你，请兄入此瓮。”

周兴比任何人都了解这一招的恐怖，马上叩头伏罪。他想以此害人，反而被害，这就是成语“请君入瓮”的由来，形容以其人之道还治其人之身。

不识字的御史

武后为了镇压反叛，采取恐怖政策，大开告密之门，以高官厚赏奖励告密者。同时任用索元礼、周兴、来俊臣等酷吏，用种种不人道的酷刑与罗织方法来对付异己。

凤阁侍郎同凤阁鸾台三品刘祎之，因为曾经对凤阁舍人贾大隐说过：“太后既然废去昏君（中宗），拥立明君（睿宗），为什么还要莅（lì）临朝廷发号施令？不如仍迎中宗复位，以定天下人心。”

没有想到贾大隐竟然悄悄去告了密。武后勃然大怒，对左右说：“祎之乃我一手提拔，竟然敢背叛我。”

武后身旁的人，看她动了肝火，于是落井下石，说刘祎之拿了归州都督孙万荣的贿赂，又说刘祎之与许敬宗的侍妾有染。武后就命令肃州刺史王本立为审判官审判刘祎之。

睿宗为刘祎之向武后说情，旁人对刘祎之说：“这下好了，皇帝说情，你有救了。”亲戚朋友纷纷向刘祎之道贺。刘祎之愁容满面地苦笑：“这是加速我的死啊。”果然，不久赐死于家。

即使是讨平徐敬业的大将李孝逸，武后也不放过，他的罪名很可笑。有人诬告李孝逸，说他曾经自夸：“我的名字逸，逸中有一个兔字，兔是月亮中的月兔，月既近天，应该当天子。”就出于这一个莫名其妙的原因，流放儋（dān）州而死。

武后的侄儿武承嗣为着讨好姑母，找人刻了一块白玉，上面刻着“圣母临人，永昌帝业”八个字。然后，让一个雍州人唐同泰捧着这块玉石去见太后，说这块写了字的玉是在洛水发现的，表示上天显灵，才有此征兆。

武后得到这块玉石，十分高兴，给这块石头取了一个名字叫“宝图”，拔擢献玉的唐同泰为游击将军，并且命洛水改名为“永昌洛水”，禁止人们在这条神圣的水旁钓鱼，更改嵩山为神岳，并且大赦天下。

唐朝诸王看在眼中，心里更加惶恐不安。武后对祥瑞如此重视，岂不表示她想当皇帝，这还了得吗？于是握有兵权的唐王室，有意发动政变。

首先通州刺史李撰（zhuàn），写了一封信给越王李贞，信上说：“我内人的病一天比一天严重，应当要马上治疗，假使过了今年冬天还不治疗，将成为无法治疗的痼（gù）疾。”意思是说，假使不马上有所行动，唐朝天下将落入武后之手，想造反也不可能了。

正在此时，武后建造的明堂落成，召集唐宗室朝明堂。诸王都非常惊恐，互相告诫道：“完了，太后必趁此时，使人告密，我皇家子弟，将无遗种。”

一代女皇武则天，佚名绘。

李撰情急之下，伪造了睿宗的玺书给李冲说：“朕遭到幽锢（gù）囚絷（zhí），诸王请赶快发兵救我。”李冲又伪造睿宗玺书说：“神皇欲移李氏社稷，以授武氏。”八月，李冲在博州起兵，并且分告韩王、霍王、越王等于洛阳会师。

但是李冲起兵不久，立刻被神皇（即武后）的大军歼（jiān）灭。因为失败得太快，诸王还没来得及响应，戏已下台。

经过这场战争，武后对李家人益发不信任，大开杀戒。唐朝宗室几乎被杀光，剩下的也都流配岭南，同时，武后益发地重用酷吏。

有一个以卖饼为业的无赖侯思止，曾经因为告密被武后拔擢为游击将军。侯思止的胃口很大，他想要当御史。

武后冷笑道：“你不认识字，怎能当御史？”

侯思止不慌不忙地回答：“獬豸（xiè zhì）又哪里识字，还不是可以用角去撞坏人。”

原来，据说在东北有一种奇怪的野兽叫獬豸，它头上有一只尖锐的角，性情忠直。如果它看到两个人在打斗，它就用角去抵那个坏人。如果它看到两个人在争论，它会咬不讲理的那个。天下哪可能有这种事？

武后认为侯思止的话有道理，真的就任命他为朝散大夫、侍御史。过了一段日子，武后把没收来的房宅赐给侯思止，侯思止不肯接受，他说：

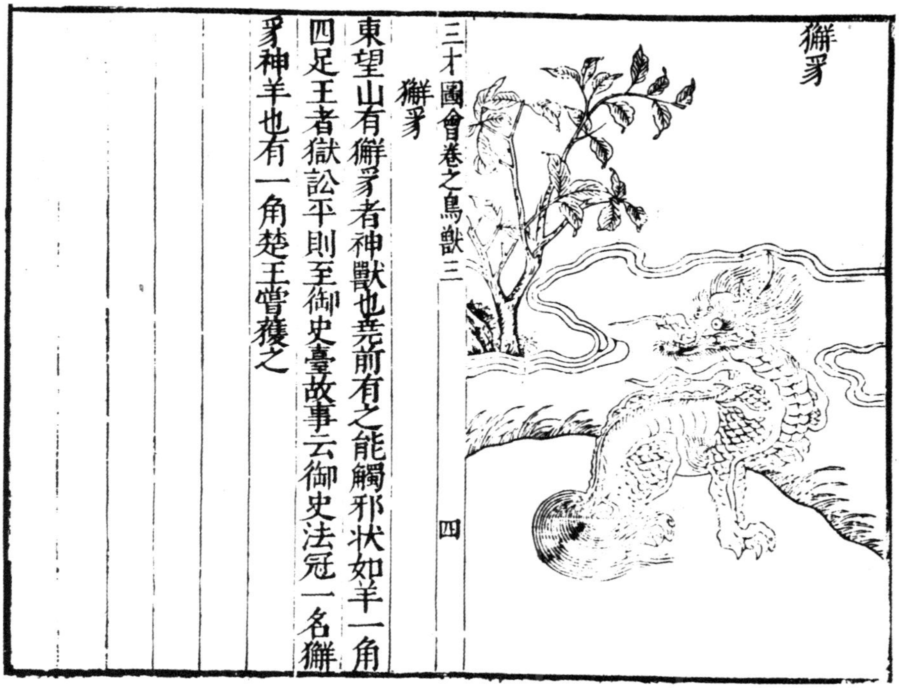

獬豸，选自《三才图会》。

"臣厌恶反叛的人，他们的房子我不要住。"

这话一说，武后对侯思止更加欣赏。

由于连侯思止这种目不识丁者也能当御史，朝廷之中人人自危。在路上遇见也不敢多交谈，每天早上上朝前与家人抱头痛哭，互相诀别道："不知还能相见否？"

天授元年（690年），东魏国寺的僧人献《大云经》给武后。经上说"太后乃弥勒佛下生，当代唐为阎浮提主"，佛家中把人世称为"阎浮提"，武后把《大云经》颁行天下。

在九月间，侍御史傅游艺率领关中百姓九百余人上表，请求改国号为周，赐皇帝姓武氏。

武后不好意思接受，没有答应。但是把傅游艺的官升到了给事中，表示奖励。在这种欲迎还拒的暗示之下，文武百官、帝室宗戚、远近百姓、四夷酋长，甚且和尚道士，一共六万多人都上表请求，正如同傅游艺请求一般。

睿宗看看苗头不对，也跟着上表，自请赐姓武氏。太后即位为皇帝，上尊号为神圣皇帝，国号为周，自己改名为武曌，成为中国历史上惟一的女皇帝。睿宗退位以后，武后命他为"皇嗣"，就是皇位继承人的意思。

后代史家，不肯接受这个事实，坚持唐朝未曾中断，其实，唐朝之中，确实有一段周朝。

狄仁杰的棉衣

在上两篇之中，我们讲了许多武后用酷吏对付异己的故事。在这儿要说明一下，武后用酷吏对付的是被她视为假想敌的臣子，不是一般老百姓。在武后当政的四十多年的岁月之中，唐朝百姓的生活倒是十分安乐。

睿宗是武后拥立的傀儡（kuǐ lěi）皇帝，虽然他没有什么政治野心，武后还是不很放心。有一次前尚方监裴匪躬、内侍范云仙两人私谒（yè）睿宗，被武后知道了，此二人均被腰斩。而且从此以后，凡公卿以下官吏，一律不许去见睿宗，免得他们与睿宗合谋。

尽管如此，依旧有人密告，指皇嗣睿宗有不轨的行动，武后特派酷吏来俊臣审问。前面《请君入瓮》之中说过，来俊臣是个杀人不眨眼，专会动大刑的恐怖人物，睿宗身旁的人都十分惧怕。

其中一个在太常寺当工人的安金藏一跃而出，对着来俊臣说："我可以证明皇嗣没有谋反意图！"安金藏看看来俊臣没有表示，又气急败坏地高声叫道："你不信金藏之言，请剖心以明皇嗣不反。"

说着，安金藏举起佩刀对着胸膛划下去，五脏迸出，流血满地，他躺在地上不能动弹。

立刻，有人飞报武后。武后派人用轿子把安金藏抬回宫中，命御医把他的五脏装回去，再加以缝合，敷上药。过了一个晚上，安金藏又活了回去。可见得中国古代的开刀手术挺高明的。

武后亲自前往探望安金藏，对他的赤胆忠心十分佩服。而且很惭愧自己不相信儿子，还要一个工人自剖明志。从此之后，武后不再对睿宗起疑心。

武后的朝廷虽然法网严密，但是她处理政治很有一手，能够起用人才，必要之时，也能虚心接受臣下的批评。其中最得武后信任的是狄仁杰，武后尊称他为国老。

狄仁杰是太原人，祖父曾在贞观年间担任尚书左丞，父亲曾任长史。狄仁杰小时候读书非常专心。有一次，邻人被杀害，县吏前来问案，大家都七嘴八舌地在提意见，只有狄仁杰仍然坐在桌前，埋首于书本之中。

县吏很不高兴地指责他，狄仁杰昂头回答："黄卷之中，圣贤备在，我还来不及接对圣贤，哪里有时间应付俗吏！"

狄仁杰，选自《历代名臣像解》。

后来他中了举人，担任汴州判佐，不久又改任并州都督府法曹。他不但对自己的双亲十分孝顺，更有老吾老以及人之老的美德。

狄仁杰的一个同事郑崇质，被任命出使远方。狄仁杰对他说："太夫人的病相当危险，你怎么可以远使？"于是他去拜见蔺（lìn）仁基长史，请求代替郑崇质远行。

此后，狄仁杰又在高宗朝廷里担任大理丞。一年之中解决了一万七千件悬而未决的案子，大家都认为他审判得很公平。当时，武卫大将军权善才因为误砍了唐太宗昭陵坟上的柏树，狄仁杰上奏说权善才罪当免职，高宗用御笔改为“即诛之”——马上处死刑。

狄仁杰再次上奏：“罪不当死。”

高宗变了脸色道：“善才砍陵上树，使朕不孝，必诛之。”

左右的人悄悄拉了拉狄仁杰的衣袖，暗示他可以告退了，狄仁杰还是不肯。他正色地表示：“今天陛下因为昭陵一株柏树，杀掉一个将军，千秋万世之后，人们将怎样看陛下？所以臣不敢奉制杀善才，以免陷陛下于不道。”

高宗仔细地想了一想，接受了狄仁杰的意见，善才因而免死。过了数日，高宗授狄仁杰为侍御史。

后来，在武后天授二年（691年），转任地官侍郎，判尚书，同凤阁鸾台平章事。武后问他：“你在汝南时候，很有政绩，不过也有人在暗中诬陷你，说你的坏话，你想知道是谁吗？”

狄仁杰谢过武后，然后从容道：“陛下假使以为臣有过，臣当改之，陛下明白臣无过，臣之幸也，臣不想知道是谁在破坏臣之名誉。”

狄仁杰的宽厚，使武后大为叹服。可是不久，来俊臣诬告狄仁杰造反。

来俊臣还没有动大刑，狄仁杰已一口承认。

判官王德寿对狄仁杰说：“尚书必定可以逃过一死，可否请求尚书把案子牵连到杨执荣身上。”

狄仁杰不解道：“怎样牵累？”

“很简单，就说尚书为春官时，杨执荣为司员外，不就可以了吗？”王德寿胸有成竹答道。

狄仁杰长长叹了一口气，痛苦地呻吟道：“皇天在上，后土在下，怎么要仁杰做这种伤天害理的事？”说着用头猛撞柱子，鲜血流了一脸，把王德寿吓坏了，也不敢逼了。

因为狄仁杰很爽快地承认谋反，来俊臣的看守比较松弛。狄仁杰就写了一封信，藏在衣服的棉絮之中，对王德寿说：“天气太热了，请把衣服交给我家人，把棉絮打掉。”

狄仁杰的儿子在棉衣中找到信，前去求见武后。武后找来俊臣来问话。来俊臣说："仁杰在狱中仍然不免冠带，住得相当舒服，假使没有图谋不轨，何必认罪。"

然后，来俊臣把狄仁杰打扮起来，让武后的使者回去报告，表示狄仁杰确实没有受到虐待。更为狄仁杰假造了一张谢死表（古时，大臣被皇帝赐死，还要叩谢皇恩浩荡，上表致谢）。

武后把狄仁杰召来询问："你为什么要承认造反？"

狄仁杰回答："如果不承认，早已死在鞭笞（chī）之下。"

"那你又为什么要写谢死表？"武后再问。

对质的结果，是发现狄仁杰根本没有写过谢死表，也没有谋反，武后知道狄仁杰不是她的敌人，从此对他十分礼遇，予以重用。

娄师德唾面自干

老臣狄仁杰险些被酷吏来俊臣害死。幸亏他的机智，才捡回一条性命。

被来俊臣陷害的，何止狄仁杰一人？来俊臣仗着有势力，不但贪污，而且爱美色。只要士民妻妾有殊色者，来俊臣就有办法弄上手。他通常是先派人诬告，然后假称敕旨，纳为己有。前前后后，多得不可胜计。

到了后来，来俊臣胆子愈来愈大，竟然告发武家的人及太平公主。太平公主是最受武后疼爱的女儿，武后对自己的儿子心狠手辣，可是对这个长得像自己的女儿宝贝得要命（关于太平公主的故事，我们以后再详细讲）。同时，来俊臣又告发睿宗，以及被废为庐陵王的中宗，企图一网打尽，然后盗取国权。

结果，诸武及太平公主一块儿告发来俊臣不法，来俊臣被关入大牢之中。经过审问，来俊臣被处死刑。

王及善面奏武后："俊臣凶恶狡猾贪心暴虐，是国家最大的恶人，不去之，必动摇朝廷。"

武后到苑中游玩，大臣吉顼为她执着马缰，顺便聊聊外面的情况。吉琐说："大家都在奇怪有关来俊臣的奏章为什么还不下来？"

武后沉吟了一会儿，慢慢地说："俊臣有功于国，朕方思之。"

吉项大不以为然地顶撞道："俊臣诬构良善，赃贿如山，冤魂塞路，国之贼也，何足惜哉？"

武后这才痛下决心，问斩来俊臣。当来俊臣被处死刑的那天，市场上挤满了被他陷害的仇家。

武后了解人们对来俊臣是恨之入骨，遂下诏书细数来俊臣的罪恶，并且说："应该灭他的族以雪天下苍生之愤怒。"

来俊臣死后，士民们在道路上互相庆贺道："从今以后，晚上可以好好睡一觉了。"

除了酷吏之外，武后最为人非议之处，是她和古代一般帝王一般，蓄有宠妾，当然她的内宠是男的。这些男妾的官名是内供奉，其中以张易之、张昌宗两兄弟最得她的欢心。

史书上说这两兄弟年少，美姿容，善解音律，而且与女人一般傅朱粉，衣锦绣，大家都捧着这两个小白脸。有一次张同休邀请公卿宴会，酒酣耳热之际，众人都夸张昌宗貌美，并且说："六郎面似莲花。"

杨再思摇摇头说："不然。"

张昌宗有点不开心，用询问的眼光盯着杨再思。

杨再思乃慢条斯理道："乃莲花似六郎也。"真是马屁拍到家了。

武后虽然有男宠，不过，她公私分明。她有一个宠爱的嬖（bì）幸薛怀义，是个小人，恃宠而骄，被宰相苏良嗣给掴（guó）了耳光。

薛怀义鼻青眼肿地跑到武后跟前哭诉，武后只说了一句："朝堂是宰相往来的地方，下回不去也就是了。"

武后当权的数十年中，社会安定。天授元年（690年），亲策试贡士于洛城殿，乡贡的科目很多，主要有秀才、明经、进士等科。因为武后本人极为喜爱文史，所以特别重视进士科，同时，进士科的考试完全着重于文章。自从弘道元年唐中宗称帝之后，朝中主要官吏，无不由文比进身，因此造成举国雅好文墨的风气，唐朝的文风鼎盛也与此有关系。

另一方面，武后也有纳谏的雅量，大臣上谏，她大都温言慰纳，并且加重赏赐，所以许多正人君子都乐意为朝廷效命。例如，魏元忠以公正著称，狄仁杰以忠厚著称，武后对狄仁杰十分看重，常常称呼他为"国老"，狄仁

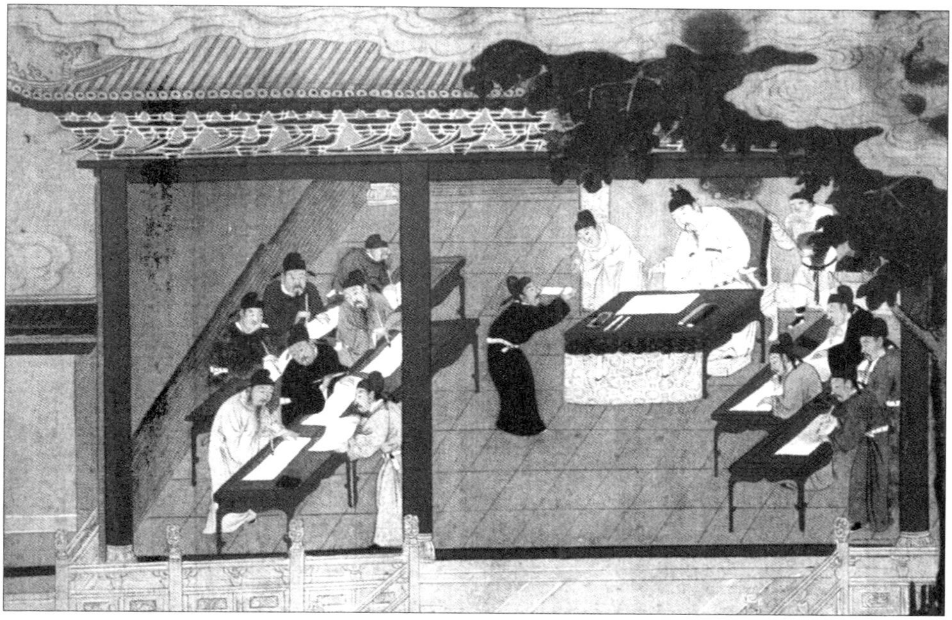

科举考试，佚名绘。

杰引用的姚崇、张柬之、桓彦范、敬晖，都是历史上有名的贤臣。

起初，狄仁杰还没有入相时，有一位以谨慎小心著名的娄师德，曾经向武后推荐狄仁杰的才能。等到狄仁杰当了宰相，他并不知道是谁推荐的。

可是，不知怎么回事，狄仁杰对娄师德老是看不顺眼，时常想排挤娄师德。

有一天，武后拿出娄师德推荐狄仁杰的旧奏章给他看，并且告诉他："娄师德人前人后都在夸奖你。"

狄仁杰一听，满脸绯红，惭愧万分，再三地说："吾不及娄公远矣。"对娄师德的宽厚大为赞佩，从此两人成为好朋友。

事实上，娄师德的气度大很有名，他与李昭德每天同时上朝，因为他身体肥胖，不免行动迟缓。李昭德等得不耐烦，气得破口大骂："田舍夫。"

娄师德也不生气，反而笑着说："对，师德不为田舍夫，谁是田舍夫？"唐朝人骂人喜欢用田舍夫，意思是粗里粗气的乡巴佬。

他有一个弟弟要去代州当刺史，临行前，娄师德对他弟弟说："我备位宰相，如今你又为州牧，我们当如何避免被人妒忌？"

弟弟想了一想说："今后有人朝我脸上吐口水，我也不发怒，只默默地洗脸擦干净。"

"不成，人家朝你吐口水，你拭干了，是违背人家的意思，会让他更愤怒；你应该笑而受之，令面自干。"娄师德教训道。这就是成语"唾面自干"的由来，形容忍辱容人。唾面自干，未免有些过分。但武后朝中有这些正士，难怪国富民安。

武承嗣的皇帝梦

自从武后建立了周朝以后，武家的人在朝廷里是威风八面。其中最有势力的，应该算是武承嗣了。

武承嗣是武后哥哥武元爽的儿子，算起来是武后的亲侄儿。他一直巴望着武后能把皇位传给他，又不方便自己开口请求。于是，在天授二年（691 年），怂恿洛阳人王庆之率领了数百民众上表，请求立武承嗣为太子。

文昌右相、同凤阁鸾台三品岑长倩，马上反对。并且义正辞严地上陈，皇嗣（指睿宗）在东宫，不宜有此奏议，奏请严切斥责上书的一干人。岑长倩得罪了武家，不久被派去打吐蕃，还没到达吐蕃，又给征召回来。最后，被诬谋反而处死。

王庆之蒙获武后召见，武后问他："皇嗣是我的儿子，奈何废之？"

"今天是谁据有天下？怎么可以以李氏为皇嗣？"王庆之仍在帮武承嗣的忙。

武后不发一言，命王庆之出殿。没料到他趴在地上撒赖，不肯走。哭着喊着要求立武承嗣为太子，否则将要去自杀。

王庆之的哭闹，惹得武后不悦。因为赶他不走，武后拿了一张纸给王庆之，对他说："以后要见我，拿着这张来就是了。"

从此之后，王庆之一而再、再而三上殿吵闹。因为万一武后决定了以武承嗣为皇嗣，那么，王庆之可是立了大功一件，所以他不厌其烦前来求见。

有一次，王庆之又来了。武后烦透了，命令凤阁侍郎李昭德用大板子打王庆之一顿。李昭德把王庆之带到光政门外面，对着朝士们说："此贼欲废我皇嗣，立武承嗣。"然后，毫不客气地命扑击王庆之。左右开弓的结果，就是王庆之的耳朵眼睛都大量出血，最后活活被打死了。外面那群跟着王庆之前来的"啦啦队"，听说王庆之被打死，立刻作鸟兽散。

李昭德杖杀王庆之以后，上奏武后曰："天皇（指高宗）为陛下的丈夫，皇嗣（指睿宗）为陛下的儿子。陛下身有天下，当传之子孙，为万代之基业，怎么可以以侄儿为皇嗣呢？自古未闻侄儿为天子，而为姑立庙也。"李昭德的意思是说：武承嗣是武后的侄儿，如果他承继皇位，那么在宗庙（宗庙即祭祀祖宗的庙宇）之中不会供奉武后。因为按照传统观念，嫁出去的女儿，是泼出去的水，武后已嫁到李家，当然不是武家的人了。

过了没有多久，李昭德又偷偷地对武后说："魏王承嗣权太重。"

武后道："他是我的侄儿，我当然拿他当心腹。"

"侄儿对姑姑的关系，难道会比儿子对父亲还要亲密吗？太子还有杀掉父皇的呢，何况只是个侄儿。今天承嗣既为陛下的侄儿，为亲王，又为宰相，权力与天子一般大，臣恐怕陛下不能久安于天子之位噢。"李昭德从容不迫地诉说一番。

李昭德说得武后颇为动容，眉毛一挑道："哦，这一点我倒还没有想到过。"

武承嗣听说李昭德在讲他的坏话，也赶快跑到武后面前毁谤李昭德。武后本来就是一个政治权力欲极强的女人，而且疑心病很重。加上李昭德言之有理，历朝历代为着争皇位，父子反目成仇多的是，区区一个侄儿又有什么地方值得信任？

所以，武后不理会武承嗣，并且说了叫武承嗣颇为伤心的话："我信任昭德，有他在，吾始安眠。他代我分劳，你就不必多说了。"

虽然碰了一鼻子灰，武承嗣依然不灰心，想要当皇嗣做天子，多吃点儿苦也应该。

尽管武承嗣千方百计讨好姑母，可是武后依然举棋不定，不知道应不应该立武承嗣为太子。老臣狄仁杰从容不迫地劝武后道：“太宗栉（zhì）风沐雨，亲冒锋镝（dí，箭镞）之险，以定天下，传之子孙，高宗将两个儿子（中宗、睿宗）托付给陛下，现在陛下要把李家天下传给武家，恐怕不是先帝的意思。而且姑侄与母子，哪一种关系比较亲近？陛下把皇位传给儿子，则陛下千秋万岁之后，仍然在太庙（即宗庙，皇帝祭祀祖先的祠堂）中受到祭拜，如果立侄儿为皇嗣，哪有听说过侄儿在太庙中拜姑母的呢？”

中国人一向对自己身后的事十分在乎，武后当了皇帝，她可不甘心在历史上被抹杀，更不愿意在太庙之中少了牌位。但是口中仍说：“此朕家务事，卿勿干预。”

狄仁杰又说：“君臣一体，何况臣备位宰相，岂得不预知？”同时更劝武后把流放在房州的中宗召回来。

过了几天，武后清晨对狄仁杰说：“朕昨晚梦见一只鹦鹉，两只翅膀都被打断了，这是什么意思？”

狄仁杰为武后解梦道：“武是陛下的姓，所以鹦鹉就是陛下，两翼是两个儿子，陛下起复两个儿子，则两翼振矣。”

从此以后，武后打消了立武家人为太子的念头。因此，有些史家认为，此乃狄仁杰对唐朝最大的贡献，使李家天下能延续下去。武承嗣的皇帝梦，只是南柯一梦，空欢喜一场，他心情大受打击，怏怏不乐，没有多久便魂归西天。此时皇嗣（睿宗），坚持把太子位让给哥哥（中宗），武后也答应了。

老年才俊张柬之

狄仁杰虽然曾经被武后视为假想敌，可是在弄清楚真相之后，武后对他是信任有加，直称之为国老。

有一天，武后问狄仁杰道："朕欲得一奇士，卿为朕推荐一人。"

狄仁杰稍微思索一下回答道："陛下如求文章资历，苏味道与李峤（qiáo）足可入选。倘若要拔卓越奇才，惟有荆州长史张柬之可用之。"武后立刻拔擢其为洛州司马。

过了没有多久，武后又要求狄仁杰保举人才。狄仁杰道："臣前荐张柬之，尚未擢用之。"

"朕已升迁他为洛州司马了。"

狄仁杰摇摇头道："柬之为宰相才，非司马也。"

遂再将张柬之升为秋官侍郎。当狄仁杰在久视元年（700年）去世，武后伤心痛哭道："天夺我国老，何太早邪（yé）？"于是听从狄仁杰的话，起用张柬之为宰相。这个时候的张柬之已经八十高寿，可称得上是一位老年才俊。

狄仁杰死了，武后也风烛残年，垂垂老矣。她长年居住在长生殿之中，一连几个月不见宰相，只有张易之、张昌宗在旁伺候汤药。

张易之、张昌宗两兄弟，无啥本领，只是貌美如花，为武后所宠爱。眼看武后气若游丝，很担心万一武后升天，后果堪虞（yú）。因此在外树立党羽，以求自固。

朝廷里里外外，看不惯这两兄弟的人很多。崔玄暐（wěi）就曾经上奏武后：“皇太子、相王，仁明孝友，足以侍奉汤药，宫禁事重，伏愿不令异姓出入。”所谓“异姓”指的就是张氏兄弟。

此时，无头帖子满街飞，都在谣传“易之兄弟谋反”。武后没有加以理会。

许州人杨元嗣又告发张昌宗，说是张昌宗曾经召见术士李弘泰看相，李弘泰说“昌宗有天子相”，劝张昌宗在定州造佛寺，“则天下归心”。

男侍图，陕西省咸阳市唐墓壁画。

事关谋逆，武后不能不审判，派了三位官员审案。其中御史中丞宋璟（jǐng）反应最为激烈，他严厉地说：“若昌宗不被处以极刑，何必要有国法？”

审判还没有告一个段落，武后已把张昌宗特赦，宋璟很失望，叹息道：“不先击此小子脑袋，乃终生遗恨也。”武后命张昌宗去拜谢宋璟，宋璟气得不肯接见。

武后的健康状况一天不如一天，张易之、张昌宗居中用事，使得唐朝的老臣很不放心。以宰相张柬之为首的五个人，准备秘密杀掉这两兄弟，拥护中宗复位。中宗答应了这件计谋。

于是，张柬之、崔玄暐、桓彦范及左威卫将军薛思行等，率领左右羽林军五百名，浩浩荡荡来到了玄武门，派遣李多祚（zuò）及驸马都尉王同皎，一起前往东宫迎接太子。

太子（中宗）生性懦弱，提不起，放不下，事到临头，又开始犹豫不决。尤其他心想，自己已为太子，武后即将驾崩，又何必多事搞一场政变？武家势力也许不会影响到他即皇帝位。所以中宗有意打退堂鼓，三请四催仍然不肯出来。

王同皎向前道："先帝（指高宗）以国家神器付托殿下，横遭幽废，人神同愤已达二十三年之久。如今羽林诸将与宰相，同心协力，以诛凶恶之竖子，恢复李氏社稷，愿殿下前往玄武门，以孚（fú）众望。"

中宗为什么被废？大家还记得吗？

中宗看王同皎等人杀气腾腾的样子，更加畏惧不前，期期艾艾道："凶竖固然应该夷平消灭，然而圣上身体不适，怎可能不为此而惊骇？希望诸公多加考虑。"

李湛看中宗畏首畏尾的模样，说了一句重话："我们诸将相不顾家族的生命，为唐朝的社稷而殉难，难道说殿下要置我们于死地吗？请殿下赶快出来吧。"

这番话的意思是说，政变既然已经开始，就不可能收回，假使就此罢手，所有参与者，以及家族都会为此而被判死刑。

中宗知道他们是非干不可了，只好万分不情愿地走了出来。王同皎扶抱太子上马，"嘚哒嘚哒"一群马队骑到了玄武门，进入武后所居住的迎仙宫。

张柬之等逮到了张易之、张昌宗，当场在廊下就把他们斩成两半。

一群人闯入了武后的寝宫长生殿，一时之间，环绕侍卫。武后吃惊地从床上坐了起来，不开心地问："是什么人在作乱？"

一干人马跪在地上回答："张易之、张昌宗谋反，臣等奉太子令诛之。恐有泄密，不敢上奏，在宫中举兵，罪该万死。"

两张人已死了，武后也没法挽救，她冷冷瞅了一眼跪在地上的中宗道："二小子既已伏诛，你可以回东宫去了。"

桓彦范在旁道："当年天皇以爱子付陛下，今太子年齿已长，久居东宫，且天意人心久思李氏，群臣不忘太宗高宗之德，愿陛下传位太子，以顺天下之望。"

武后生气地对崔玄玮说："你是我一手提拔的，怎么和他们在一起？"

"这正是我报答陛下大德最好的办法。"崔玄玮答道。

八十二岁高龄的武后不想放手政权，可是她实在老了，病了，累了。

她已经失去了对政治的控制力，想不退位也不成了。

韦后想学武则天

武后病重，老臣张柬之利用这个机会，发动政变，迎中宗复位，恢复了唐朝的国号。

中宗复位以后，尊称母亲大人为“则天大圣皇帝”，所以历史上称武后为武则天。不久，她便去世了。她一共做了十五年皇帝（690 ~ 705 年）。如果从武后称制（684 年）开始算起，则武后专政共二十年。如果自高宗显庆四年（659 年）武后以皇后身份干政算起，则武后掌权前后长达四十六年之久。

中宗是一个昏庸又懦弱的皇帝。他第一次当皇帝时，就要把宰相职位给岳父韦玄贞，又要授奶妈之子为五品要员，甚且说把皇位给了岳父，也没有什么不可以的，足可见其荒唐。

当中宗被武后废为庐陵王，贬到房州之后，内心极为害怕。每次武后派人到房州，他就吓得屁滚尿流，认为武后准备赐他死，着急得准备先行自杀。韦后总是安慰他，叫他不要太恐惧。

中宗很感激韦后的体贴，所以不止一次拉着韦后的手道：“假使我有一天重见天日，我发誓你要做什么我都让你做。”如今，中宗果然复位了，他要实现他的诺言，让韦后为所欲为。

韦后也是一个有政治野心的人，虽然武则天把他夫妻二人整得死去活来，在房州过了二十年艰难的岁月，可是韦后生平最佩服的人就是武则天，而且处处以她为榜样。

于是，当韦后再次为皇后，她便效法武则天当年辅助高宗一般，干预朝政。

唐朝的百官都大吃一惊，刚刚死了一个武则天，怎么又来了一个韦后。因此桓彦范上表："伏见陛下每临朝，皇后必垂帘坐在殿上，预闻政事，臣窃观自古帝王，没有与妇人共政而不破国亡身者，伏愿陛下以苍生为念，令皇后专居中宫。"

中宗心中想的是当年在房州时，他夫妻二人"艰苦备尝，情爱弥笃"的恩恩爱爱，根本不理会桓彦范的上表。

当中宗第一回当皇帝时，他曾封韦后的父亲为刺史，现在再度掌政，韦玄贞已死，更追封韦玄贞为上洛王，韦后的母亲崔氏为太妃。

左拾遗贾虚已上书，说："异姓不得为王，古今通制，今日唐朝中兴，百姓正仰着头观陛下之德政。结果第一件事竟是封后族，恐怕不是广大道德美政的办法，不如请皇后坚持不肯接受，让天下人知道皇后有谦冲美德。"

韦后才不想要什么谦冲的美德，她宁可要死去的父亲追加一个王爵封号。

韦后一共生了一个儿子、四个女儿；儿子重润因为讲张昌宗、张易之的坏话，被武则天赐死。四个女儿之中老幺安乐公主最为得宠，她是在房州生下的，呱呱坠地时，中宗亲自脱下衣服，把这个小女婴裹着，抱在怀里，所以安乐公主小名叫裹儿。夫妻二人对她是宠爱得不得了，就差没有把天上的月亮摘来让她玩。

中宗虽由张柬之等人拥立复位，可是中宗认为自己是太子，迟早会当上天子，用不着发动政变，所以对张柬之等人发动政变、恢复唐朝并不见得感激，反而重用武则天的侄儿武三思。武三思曾经对人说过："我不知道世间上什么人是善人，什么人是恶人。凡是对我好的，就是善人，对我坏的，则为恶人。"

根据武三思的看法，张柬之等五人当然是恶人了。所以他奏请中宗把张柬之流配泷州，崔玄時流配古州，敬晖流配琼州，桓彦范流配瀼州，袁恕已流配环州。这五家子弟凡年满十六岁者，皆流岭表。最后，除了张柬之、崔玄玮病死之外，其他三人都被武三思用残酷的手法害死。

武三思害了张柬之等人后，自己布置新的爪牙，当时的人称他五个新的耳目为“五狗”。

中宗既然信任武三思，就把最得宠的安乐公主嫁给了武三思的儿子——武崇训，封其为驸马都尉、左卫将军。

安乐公主颇有乃母韦后之风，很有政治野心。她一心一意想当皇太女，将来和武则天一样，做一个女皇帝，所以她对太子李重俊恨之入骨。

李重俊是唐中宗和妃子所生，韦后视之为眼中钉。她和安乐公主，以及公主驸马武崇训经常欺负太子，甚且直接称他为奴。

屏式仕女图，中唐，陕西省西安市南里王村唐墓壁画。

太子重俊一再受到侮辱，忍无可忍。他联络了左羽林大将军李多祚等，以迅雷不及掩耳的方式，发动政变，攻入武三思的府第之中，杀了武三思，以及其子武崇训。

唐中宗带着韦后、安乐公主等登上玄武门的门楼以避兵锋，并且急忙调派兵将守卫。

太子及李多祚的军队困在玄武门下，无法进入宫中。这时，中宗在玄武门上靠着廊槛俯下对着千骑们宣告："汝辈皆为朕之宿卫之士，奈何跟从李多祚造反？若能斩造反者，还愁得不到荣华富贵吗？"

这句话说得有道理，顷刻之间，千骑倒戈（军队叛变，自相攻杀称为倒戈）斩李多祚。太子仓皇而逃，在树林下小憩（qì）时，被左右杀了，首级献于京师。

于是，中宗拿着儿子重俊的脑袋，祭拜武三思、武崇训。父子之间为着夺权，竟然如此相残，令人叹息。

安乐公主卖官

安乐公主是中宗被贬为庐陵王，由均州迁房州时，韦后在途中生下来的女儿，深得唐中宗的喜爱。安乐公主便仗着父亲的宠爱而骄纵跋扈，目中无人，连太子重俊都受到她的当众凌辱。最后，太子重俊忍无可忍，举兵起事，杀掉了武三思及安乐公主的驸马武崇训。

太子重俊的乱事马上被平定了。安乐公主对于丈夫的被杀，并没有太过悲伤。因为在武崇训没有死以前，她已爱上了武延秀——武承嗣的第二个儿子。

武延秀是个美男子，风采翩翩，会讲突厥话，曾数度参加安乐公主的宴会。在宴会中唱突厥歌、跳胡族舞，抢尽风头，很得安乐公主的好感。

因此，武崇训过世之后，安乐公主改嫁给武延秀。大婚之日，用皇后的仪仗，分遣禁兵盛陈威仪，热闹非凡。婚后，中宗授武延秀太常卿兼右卫将军。

安乐公主和她的姊姊长宁公主比富。两人争着建造府第，看一看谁更奢侈，谁更豪华。她们两位公主的宅第，不但比得上皇宫，甚且比皇宫更加精巧。

安乐公主为着要压倒长宁公主，要修一个游湖的昆明池。中宗没有答应，因为昆明池中鱼虾太多，许多渔民赖以为生。

安乐公主受到了挫折，万分不悦。抢了许多民田，开了一个新湖，并且在湖中安置许多假石，看来就像华山，她把这座新池命名为“定昆池”，意思是胜过昆明池。

除了房舍侈丽、布置豪华要与长宁公主争风头以外，当然，打扮装饰更是非暗中较量不可的。据说，安乐公主有一件漂亮的裙子，值一亿钱之多。上头的织工之美，令人叹为观止，无论花卉还是鸟兽都像一粒粟子般细致。更奇妙的是，这件裙子的花色，正着看，旁着看，在日光之下，在阴影之中，都有不同的颜色。这种别出心裁的服装设计，恐怕今天的巴黎时装设计师，也要瞠乎其后。

安乐公主的生活浪费，开销很大，她想到一个赚钱的办法，那就是卖官。想做官而没有资格做官的人可以送钱给她，她根据钱的多少，分别任官。

在这儿，我们先简单说明一下唐朝一般任命官吏的程序。依照规定，一品到五品是较高级的官吏，都由宰相提名，请皇帝任命。

五品以下，六品到九品较为低级的官吏，则由吏部来提名。把要派任的官职征求被任命者的同意，同意以后，吏部用红笔把将被任命者的各种资料写在一份公文上，然后，送到门下省去。

门下省的官员仔细审核被任命者的资格是否符合规定（例如姓名、年龄、籍贯有无错误，考试有没有及格，过去经历如何，以及依照哪一条法令的规定来任官等等），审核通过以后，呈报皇帝，请皇帝发给“告身”（类似今日公务员的任命状），被任命者拿着“告身”就可以去上任了。

安乐公主出卖的官职当然是较为低级的官位。她用墨笔写了任命某人做某某官，然后把内容遮盖起来，让中宗在命令的末尾签名。

中宗说：“让我看一看这道命令写了些什么。”

安乐公主一扭腰，撒娇地道：“不要嘛，只要你签字就好了。”

中宗这个糊涂皇帝，竟然笑一笑就签了字，命令的内容是什么就不管了。在这种情形下，一些屠沽（屠是屠夫，沽是卖酒的，古人用屠沽表示执贱业者）之辈，花个三十万钱，也能买一个官位。

由于安乐公主假造的皇帝命令用墨笔所写（通常皇帝用红笔），称为墨敕（敕，就是皇帝的命令），然后把墨敕装在信封里，信封的口斜斜地封起来，送交给吏部。

斜封除官，选自明刊本《帝鉴图说》。

这种“墨敕”没有经过任官的正当手续（由吏部提名，经门下省的审核），当然是不合法的。所以当时的人嘲笑那些人用钱去买“斜封官”。在京师长安，这种斜封官有好几千人，其实根本没有工作可做，可以称得上是名副其实的黑官，弄得政府一塌糊涂，政风十分败坏。

安乐公主如此，她的母亲韦后更是淫乱，朝廷上下的臣子都深为不满，许州司兵参军燕钦融上言：“皇后淫乱，干预国政。宗族强盛，安乐公主、武延秀图危宗社。”中宗虽然没有追查这件事，神情却不大自然，韦后及其党羽开始坐立不安。

太平公主的婚姻

中宗的皇后韦后很有政治野心，想学武则天。中宗因为很爱韦后，也就让她为所欲为。

渐渐地，中宗对韦后的作为有些不满，他俩的掌上明珠安乐公主，也想有朝一日能当女皇帝，一心巴望着能做皇太女。于是韦后与安乐公主母女合谋，勾结着御医马秦客买毒药，又勾结着大厨师把毒药掺在饼中，中宗吃了饼，糊里糊涂命归西天。

韦后想要效法武则天，篡夺唐朝，建立韦家天下，但是因为顾忌着相王，迟迟未发丧。

相王就是曾经当过皇嗣的睿宗，武则天的第四个儿子，因为对皇位没有兴趣，把太子位让给了中宗，改封为相王。

相王本人十分窝囊，可是他有一个儿子李隆基，年少果敢，与太平公主合谋，发动政变杀了韦后与安乐公主，拥护睿宗复位。

太平公主是武则天的女儿，武则天害死亲生儿子李弘、李贤，可是对太平公主却十分宠爱。据说是因为太平公主体态丰硕，额头方方的，脸颊宽宽的，长得很像武则天，善于运用权略也正像武则天。因此，武则天对她百般疼爱。

开耀元年（681 年），吐蕃请求和亲，希望能娶到太平公主。武则天舍不得宝贝女儿去偏远之地受苦，又不想得罪吐蕃。她就建了一座太平观，

中国京剧当中的唐代公主形象，选自清内府彩绘本《庆赏昇平》之《太平桥》。

让太平公主当观主，于是，太平公主出家当了女道士，也因此谢绝这门婚事。观就是道观，唐朝有许多女道士。

从这次事件之后，武则天开始积极地为太平公主找一个驸马爷。千挑万选，选中了光禄卿薛曜的儿子薛绍，薛绍的母亲乃唐太宗的女儿城阳公主，算得上是显赫之家。

唐朝人不喜欢娶公主进门。有一出很有名的戏剧叫《打金枝》，里面就是描述代宗的女儿升平公主嫁给大将郭子仪的儿子郭暧（ài）。升平公主十分娇纵，不肯去向公婆拜寿，最后郭暧气不过，把公主狠狠揍了一顿。

《打金枝》虽然只是一出戏，不过，由此可以反映出当时社会一般想法，认为娶公主为妻是件可惧之事。尤其唐代的公主多半品德败坏，男朋友甚多，更使得人们敬而远之。

太平公主结婚的那一天，张灯结彩，吹吹打打，热闹非凡，开道的火炬挤满了自大明宫兴安门，一直到宣阳坊的路上。火炬之旺竟然把两旁夹路的树木都烧死了。

驸马爷薛绍的哥哥薛顗看到太平公主进门的场面，心中暗叫“不好”，悄悄地找了户部郎中薛克构商量。

薛克构先是说：“只要大家恭敬谨慎，娶了一个公主也没怎样。”继而又长叹一口气道：“然而俗谚说得好：‘娶妇得公主，无事取官府。’不得不让人害怕噢！”说罢两人愁眼相对。

“娶妇得公主，无事取官府。”这句话的意思是说，娶了一个公主当媳妇，就算没有事官府也会找上门来。中国古人最怕与衙门扯上关系，因此认为大不吉利。

薛颉的担心果然应验了。武则天嫌薛颉的妻子萧氏，以及驸马爷的弟弟薛绪的妻子成氏，两人都不是贵族，应该被休掉。亲家母武则天的理由是：“我女儿怎么可以和田舍夫的女儿为妯娌呢？”田舍夫是唐朝人骂人的常用语，意思是粗里粗气的乡巴佬，我们在前面曾解释过。

幸亏有人出来打圆场，举出萧氏是太宗名臣萧瑀（yǔ）的后人，萧瑀的儿子萧锐娶太宗女襄城公主，应该算是国家旧姻，武则天才勉强收回成命。

因为太平公主嫁给薛绍，几乎引起薛氏兄弟婚姻之破裂，可见娶公主将构成家族的大威胁。

后来，到了垂拱年间，薛绍的哥哥薛颉与琅琊王李冲合谋起兵造反。兵败之后，薛颉及弟弟薛绪都坐斩。按照道理，驸马薛绍也该一并问斩，但是因为他是太平公主的夫婿，免去了杀头之罪，被结结实实打了一百棍，饿死在大牢之中。

薛绍死了以后，武则天又在为太平公主的新对象发愁。

在这儿，我们要打岔一句，或许有读者奇怪，太平公主贵为公主，岂可事二夫？事实上古人所谓“饿死事小，失节事大”，是在宋朝以后的事。在唐代，妇女再嫁并非羞耻之事，并无再嫁公主受到社会或者夫家轻视的记载。例如上篇介绍的安乐公主，也是初嫁武崇训，再嫁武延秀。

再嫁并不失节，不过，武则天的手段有些毒辣。她看上了侄儿武攸暨（jì）。偏偏武攸暨又是有妻子的，一不做，二不休，武则天派人把他妻子杀死了，然后让他与太平公主成亲。

太平公主父亲为高宗皇帝，母亲为武后，丈夫被封为亲王，儿子被封为郡王，她可是贵盛到达了极点。

姑侄之争

武则天的女儿太平公主方额广硕，很像武则天，又性情沉敏，足智多谋，武则天以为“颇有乃母之风”，百般宠爱。

太平公主对于母亲大人晚年宠爱张易之、张昌宗深为不满，参与老臣张柬之谋诛二张的事件。所以中宗复位以后，中宗的皇后韦后、女儿安乐公主尽管跋扈，但都畏忌太平公主。

后来，太平公主又与睿宗之子李隆基联合发动政变，消灭韦后。甚至，睿宗当皇帝也是太平公主一手主持。故自睿宗即位以后，太平公主权倾朝野，声势日盛。

由于武则天权位欲甚强，不惜杀害亲生骨肉，睿宗对于妹妹太平公主的这份手足之情，看得比一般人更珍贵。即位以后，凡是重要事，都要与太平公主商量。

太平公主每上朝奏事，总是坐一会儿就走。有的时候，干脆不上朝，宰相只好移樽（zūn）就教，转到太平公主的府中相谈。

宰相若想要偷懒不去都不成。因为睿宗一定会问：“与太平商议过吗？与三郎（三郎就是李隆基，排行第三，称之为三郎）讨论过吗？”

只要是太平公主的意思，睿宗这个做哥哥的，几乎没有不照办的。所以从宰相以下官位的进退黜陟（chù zhì），就看太平公主一句话。想要在升官途中往前进一步者，自然争先恐后巴结太平公主。

太平公主的儿子薛崇行、崇敏、崇简皆封为王。公主的田园遍于近郊。府中的玩器，都是远自岭南、巴蜀千里迢迢地购来，而且不断有人将新的器物，络绎不断运来孝敬，她的一切生活起居，与宫廷毫无异样。

睿宗即位以后，按照旧例，应该立长子宋王李成器为太子，可是李隆基又建有大功，睿宗犹疑半天不能决定。

宋王李成器看到父皇苦恼的神情，上前奏称："国家安定时应该以嫡长子为先，国家危难时应以立大功者为太子，否则将四海失望。"

为着表明不为太子的决心，李成器一连哭了好几天。其他大臣也纷纷表示应由李隆基作为太子。最后，睿宗遂立李隆基为太子，李隆基固辞，睿宗下诏不准。

太平公主原先看不起李隆基，视之为少不更事的毛孩子，渐渐地发现他相当英武，不是庸碌之辈。惟恐李隆基当皇帝以后，自己的权势就要削弱，想要另外找一个太子。果真是"颇有乃母之风"。

于是，太平公主派人到处放谣言"太子不是长子，不该立为太子"，并且派出许多耳目，觇（chān）伺李隆基的一举一动，一点点芝麻大的小事，太平公主都要知道得很详细。太子李隆基周围左右，几乎全都是太平公主的密探，使得李隆基坐立不安。

太平公主与益州长史窦怀贞等结为朋党，准备不利于太子。并且邀请宰相前来，公开地表示要换太子之事。宰相宋璟大吃一惊道："东宫有大功于天下，真宗庙社稷之主，公主为什么忽然有这样的意见？"

宋璟离开后，愈想愈觉得不对劲，上奏睿宗："太平公主挑拨离间，将使东宫不安，请求将太平公主以及诸王放到东都安置。"

"不成！"睿宗阴下脸来道，"朕没有其他兄弟姊妹，只有太平公主这一个妹妹，怎么可以远远地把她放到东都去呢？"

睿宗景云二年（711 年）四月，睿宗召集三品以上的官员道："朕素来恬（tián）泊，不以做天子为贵，以前为皇嗣时，皆辞不受，今欲传位给太子，你们看如何？"

睿宗说自己素怀淡泊，这句话倒没错。当初武则天就是看上他没有政治野心，才立他为太子，之后他又把太子位让给了中宗。所以如今想让位了，倒也是真心话。

一些个依附太平公主的臣子立刻反对，上奏曰：“陛下春秋（年龄）未高，方为四海所依仰，岂可让位。”

太平公主眼见大势不妙，为着要激起睿宗对太子的不满，又再次暗遣术士对睿宗进言道：“皇帝的星座及太子的星座，最近两天都有明显的变化，显示皇太子当为天子。”

不料，太平公主弄巧反拙，睿宗听此一言后，下定决心道：“我将传位给有德的人远避灾祸，我的志向已经决定了。”

太平公主及其党羽大吃一惊，力谏反对，以为不可。睿宗坚决地表示：“以前中宗之时，群奸用事，天上的星象也屡次变化，朕当时建议中宗选择一个儿子让位避灾，中宗大为不悦。我能劝中宗，难道自己还做不到吗？”

太子李隆基闻说此事，急忙入宫，以首顿地道：“儿臣以微功，以不当立而立为太子，忧惧不克胜任，陛下又为何突然把皇位让给儿子呢？”

睿宗和颜悦色道：“社稷所以能够安定，我之所以能够得到天下，完全是你的功劳。如今星象中的帝座有变，我把皇位让给你，将祸为福，有何不好？”

李隆基跪在地上，不断地叩头，不肯接受。

“你是一个孝子，为什么一定要等我死后，在我灵柩旁边即位呢？”

睿宗既然如此说，再要拒绝就是不孝了。于是李隆基只有即立，这就是历史上大大有名的唐玄宗（唐明皇）。

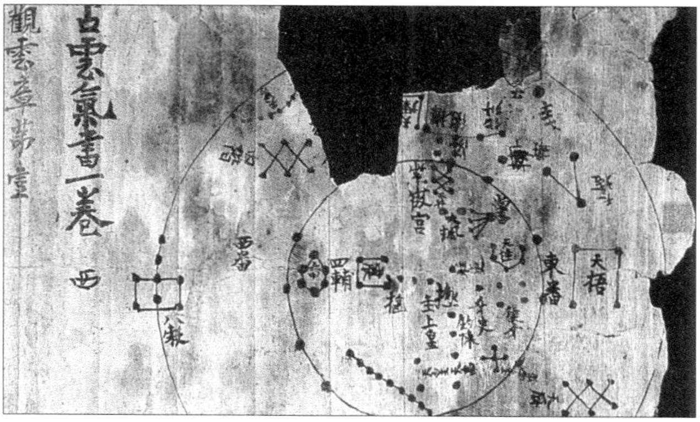

唐代星象图，敦煌卷子。

太平公主的下场

太平公主具有强烈的政治野心，挑拨睿宗与太子李隆基之不合，没有料到弄巧成拙，睿宗反而提早让位给太子，是为唐玄宗。

玄宗尊睿宗为太上皇，睿宗自称为“朕”，下的命令称为“诰”。玄宗自称为“予”，下的命令称之为“制”“敕”。

姑侄相争的结果，表面上玄宗似乎赢了，当上天子。可是，太平公主仗着哥哥睿宗的疼爱，依旧擅权用事，作威作福。当时一共有七个宰相，其中有五个出于她的门下；朝廷之中的文武百官，有一半是太平公主的党羽或心腹，很让玄宗头大。

太平公主有意毒死玄宗，她与宫人元氏等准备在赤箭粉中掺毒。赤箭粉是一种珍贵的补品，长久服用，可以增加气力，延年益寿，结果这条毒计没有成功。

大臣王琚（jū）眼看情势一天比一天危急，上奏玄宗曰：“事迫矣，不可不赶快起事。”

另外，左丞张说上奏，洛阳派人献上一把佩刀，意思是说，玄宗应该去除一切，当机立断。

荆州长史崔日用也上朝奏事：“太平公主谋逆已非一日，陛下以前在东宫，只是臣子，如果要讨伐她，还需要用计谋及兵力。如今陛下已登大宝，只要下一制书，谁敢不从；万一太平公主奸宄（guǐ）得志，后悔就来不及了。”

“哎，”玄宗长长叹了一口气道，“一切诚如卿言，但恐惊动太上皇。”因为睿宗再三表示，没有其他兄弟姊妹，因此对太平公主这份手足之情格外浓厚。

崔日用又进言道：“天子之孝，在于安四海。假设奸人得志，国家成为一片废墟，还能称得上孝吗？臣请求先定羽林军，再收逆党，则不惊动太上皇也。”

玄宗想想，崔日用的话果然有理，于是任命他为吏部侍郎。

到了秋天七月里，玄宗接获密报：“公主欲于是月四日作乱。”玄宗不得不大义灭亲了。

由于太平公主的手下不晓得事已外泄，所以轻而易举被玄宗的人一网打尽。首领窦怀贞逃入沟中，自尽而亡。

睿宗听说此事，赶到承天门楼，郭元振奏称：“窦怀贞怀有逆谋，皇帝发兵诛怀贞，别无他事。”

睿宗本来就对政治没有多大兴趣，早年目睹母亲大人武则天的残忍杀戮就寒了心。如今又见政争再起，实在无心再过问此事，何况玄宗又英明能干。于是他就下了一道命令：“自今军国政刑，一皆取皇帝处分，朕方无为养志，以达到一向之心愿。”并且立刻迁居百福殿，表示不再理政。

睿宗既然不再管事，玄宗得以有权赐死太平公主于家。

太平公主听到消息后，跑到深山寺庙之中躲了三天三夜，然后下山，在家中被赐死，她的党羽数十人一并被处以死刑。

太平公主的儿子薛崇简数次劝谏母亲，被母亲好好地打了一顿。所以在这次事件之中，特免一死，官爵如故，赠姓为李。

至于为太平公主定计谋的窦怀贞，虽然在大乱中逃入沟中，自缢而死，仍然不被放过。他的尸体被拖出来鞭打，而且，唐玄宗认为此人太过毒辣，干脆改姓为毒。

当时抄没太平公主的家产，财货堆如山积，珍物宝玩，虽御府宫廷也望尘莫及。田园所放的利息钱，一连收了几年都收不完，至于她所养的羊

唐玄宗李隆基，元任仁发绘。

马，更是数都数不清，像太平公主如此的穷奢极欲，难怪不得善终。

于是唐玄宗正式成为李唐王朝第六位皇帝。因为他有“至道大圣大明孝皇帝”的谥号，所以后人习惯称之为唐明皇。

唐玄宗可以说是历史上最为人们所熟悉的皇帝之一。他在先天元年（712年）即位，在位一共四十三年，包括了开元二十九年，天宝十四载。

开元年间，政治昌明，文治武功均盛，社会繁荣富裕。不仅是唐代的盛世，也可以说是中国历史上最辉煌的时代之一。唐玄宗所任用的姚崇、宋璟、张九龄等更是著名的贤相。

在这段时期之内，也是文学诗歌最璀璨（cuǐ càn）的时代。诗圣杜甫、诗仙李白，以及人们所熟悉的王维、孟浩然等都是赫赫的代表人物。

从贞观以来，一百多年储蓄下来的国力，在开元时期，像一朵鲜花般绽放了，历史上称之为“开元之治”。

到了天宝年间，姚崇、宋璟等老臣去世了，玄宗也进入中年。眼看天下安乐，朝政不大放在心上，开始耽于宴乐，渐渐不辨忠奸。任用李林甫、杨国忠等精明能干，却又卑鄙无耻的小人，政事日非。

同时，玄宗又宠着杨贵妃，日益骄奢，不理政事。最后，终于在天宝十四载（755年）爆发了安史之乱，使得唐朝的国势由极盛而衰。

唐玄宗六兄弟共枕同眠

唐玄宗是唐代在位最久的君主，他所开创的“开元之治”更是唐朝国势巅峰的表现。

玄宗即位之初，唐朝经历了韦后及太平公主两次大乱，唐玄宗以一股凌厉的锐气，积极地重整家声。

唐玄宗知道，如果要治国，必须先要齐家。从魏晋南北朝到唐初，我们已介绍过许多因为争夺皇位，骨肉相残的悲剧。即使如唐太宗之英明，仍然不可避免玄武门之变，亲手杀死了哥哥建成。

唐玄宗的得位，情况有些类似唐太宗。唐太宗是老二，唐玄宗是老三，同样不是长子，也同样建有奇功夺得天下，使得做父亲的左右为难，不晓得该把皇位传给谁。

或许就是因为有“玄武门之变”的前车之鉴，唐睿宗的机智，加上长子李成器的承让，才使得玄宗顺利登基。

玄宗与兄弟之间一向十分友爱，在一般民间，兄友弟恭本来是常见的事，没有什么特别。可是在皇宫之中就稀奇得很，因为每个王子生下来以后，都分别住在不同的宫室，由不同的乳母养育，平常甚少接触，谈不上什么感情，更由于为了争夺权力，骨肉相残是常有之事，所以唐玄宗的敦睦友谊值得大书特书。

唐玄宗对他的哥哥宋王李成器、申王李成义，两个弟弟岐（qí）王李

唐代宫廷马球图，佚名绘。

范、薛王李业，从兄豳（bīn）王李守礼，都十分照顾。

在他即位之初，特别吩咐下面，准备一张特大号的床，兄弟六人长枕大被睡在一块儿，抵足而眠，可见得亲热之一斑。退朝之后，兄弟们一块斗鸡或者是击球。击球就是打马球，骑在马上击球，这是唐朝贵族最喜爱的野外娱乐活动之一。这种运动，需要有高超的骑术、壮健的身体以及勇武的精神，唐玄宗是个中高手。

唐玄宗还喜欢邀兄弟们一块去打猎，晚上在别墅休息，彼此讲论赋诗、饮酒博弈（yì），甚至还举行家庭小小音乐会：李成器善于吹笛，李范喜弹琵琶，玄宗本人更是妙解音律。他曾选择三百伶人在梨园受教，因此我们把演剧班子称之为梨园，唱剧的优伶称为梨园子弟。

玄宗与兄弟们玩耍之时，彼此之间行家人礼，他从不摆出皇帝高高在上的威风。只要任何一个兄弟生了病，玄宗为之终日不食，终夜不寝。上朝理政也放不下心，不断地交代宦官们："去看看情况如何，赶紧前来通报。"

等到来人通报之后，没有隔多久，他又下令："再去看一看。"像这样，在短短的时间之中，竟然来往十次之多，但是玄宗仍然牵肠挂肚，恨不得自己前去照料。

有一次，李业病了，唐玄宗十分着急，亲自为这个弟弟煮药。忽然之间，刮来一阵大风，使烧药的火苗燃到玄宗的胡须，左右大惊失色，急忙营救。

唐玄宗对此并不后悔，他说："假使薛王（即李业）饮此药而愈，何足惜哉！"

其实，贵为帝王，哪用得着自个儿煎药，此不过表示他手足之情浓厚。

至于宋王李成器，本来是应即帝位之长子；他尤其恭敬谨慎，从来不谈论时政，而且李成器尽量避免与臣子交结，以免引起不必要的误会。

正因为李成器十分守本分，玄宗特别信重他。左右想要挑拨离间者，也没有办法下手。不但李成器是这样，其他几个兄弟，玄宗为着防范别人利用煽动，也严禁群臣与诸王秘密往来。

在玄宗还没有当皇帝之前，被赐藩邸于兴庆坊。在这儿，就时常与其他五王共聚一块。后来搬到皇宫当天子之后，改建藩邸称为兴庆宫，在宫的周围，他为五个兄弟各建了一座富丽堂皇的宅第，号为五王宅。更在兴庆宫之西南角，建造了两座楼台，一座题为"勤政务本"之楼，另一座题为"花萼相辉"之楼。意思是说一登此楼，即可见五王宅第像花与花萼一般相辉映。

由于玄宗与五兄弟手足情深，所以五王均得善终。开元十四年（726年），岐王李范因病去世时，玄宗为之痛哭三日，并且写《孝经》一部哀悼之。玄宗对兄弟之友爱，虽为私事，但是骨肉之祸，每每影响大局，所以这是他挽救政风的第一要务。

唐玄宗不但注意齐家，更重视修身。开元二年（714年）七月，他下了一道诏令："乘舆衣物、金银器玩，宜令有司销毁，以供军国之用，珠玉锦绣，焚于殿前，后妃以下，皆毋（wú）得服珠玉锦绣。"如果违反此令，"杖一百"——就是打一百板屁股。他更把专为皇宫供应上等衣料的两京织锦坊给关闭了。

在八月，他又听说民间盛传皇宫要挑选美女，充入后宫。玄宗为辟谣，把后宫中无用的佳丽载还其家，并且敕曰："燕寝之内的宫人，尚且罢遣，闾（lǘ）里之中，当知没有采择女子之事。"

子曰："修身、齐家、治国、平天下。"唐玄宗切实做好了修身、齐家，他如何进一步地治国、平天下？

开元之治

开元是唐玄宗初期的年号，共有二十九年，它是唐太宗贞观之治后唐朝第二个盛世，是初唐国势的巅峰表现。唐朝的大诗人杜甫曾经写一首诗《忆昔》，形容当时的物阜（fù）民丰：“忆昔开元全盛日，小邑犹藏万家室。稻米流脂粟米白，公私仓廪（lǐn）俱丰实。”

姚崇，选自《历代名臣像解》。

开元期间之所以能如此富足，除了唐玄宗谨慎从政之外，最主要的是他任用了姚崇、宋璟两位贤相。

姚崇是武则天时代的老臣，他的本名是姚元之，为着避“开元”的“元”字，改名为姚崇。在开元元年（713 年）受拜为宰相，就任之初，先向玄宗陈出武则天之后的十件积弊，以及改革政风的要图，这是历史上有名的一篇文章，称之为《十事要说》。

姚崇处事敏捷，善于应变，他自比为管仲、晏子，为官清廉。开元四年（716 年），姚崇工作辛劳，累得生病了，他因为没有自己的宅第，只有在罔（wǎng）极寺中养病。（在古代，因为是家族社会，往往一个人做了官，家族中所有大大小小都由一个人供养。所以为官清廉者，十分清苦，例如我们以前介绍的魏徵也是如此。）

宰相生病了，唐玄宗十分着急，派人去打听，才知道姚崇得了疟（nüè）疾，忽冷忽热。玄宗一天之中遣人问候不下数十回。

姚崇生病了，他的职务由黄门侍郎、同平章事源乾曜（yào）代理。每次源乾曜上前奏事，唐玄宗若是听着满意，顺口而出："此必姚崇之谋也。"

源乾曜急忙叩谢道："实在如此。"

万一玄宗皱起眉头不甚满意，他知道这八成是源乾曜自己的主意，于是下令："何不与姚崇议之。"

凡有大事，源乾曜就奉了圣旨往庙里跑，跑来跑去实在累坏了。于是他建议："何不迁崇于四方馆？"

玄宗马上答应，让姚崇搬到中书省的四方馆，由姚崇的家人照料病情。

姚崇不愿意搬入，因为四方馆是办公之地，怎可用来养病？再三辞谢。

"设四方馆，为官吏也，使卿居之，为社稷也，朕恨不使卿搬到禁中，你有什么好推辞的？"玄宗仍然坚持。

在这样盛情难却的情形下，姚崇只好搬入四方馆。

姚崇当了三年宰相之后，天下大治，宋璟继任为相。宋璟为人凝重，守法持正，喜欢直谏，作风有点儿像唐太宗时代的魏徵。除了姚崇、宋璟两人可以媲（pì）美房玄龄、杜如晦之外，尚有卢怀慎、张九龄、韩休等相臣都以清廉正直著名。因为正人君子当道，使得唐朝从高宗以来的奢淫贪纵的风气为之一变。

唐玄宗不但勤俭治国，而且好学不倦，他对宰相说："朕每读书，有所疑惑壅滞（yōng zhì）之处，无从质问，可选儒学之士，轮流入内侍读。"

于是，卢怀慎推荐了两位学者——马怀素、褚无量作为唐玄宗的老师。

马怀素是润州人，小时候家中很穷，点不起蜡烛，只好白天去捡一些人家不要的木柴屑，夜晚燃着读书。他博览经史，文章写得很好，一举高中进士。

褚无量也是苦学成名的大学问家，他是杭州人，幼孤贫，励志好学。家中附近有一个临平湖，湖中时常有龙斗，整个乡里都跑去看热闹，只有他一个人安坐在书桌之前，一动也不动，这时，他才只有十二岁，就有如此定力，难怪考取明经科。

考试制度是中国的良法美制，它鼓励有志的年轻人向学，所以有人批评我国古代为“封建”社会是不正确的。在中古欧洲，爸爸当鞋匠，儿子只能当鞋匠，这才是封建，而我国一向是将相本无种，男儿当自强。

自从这两位学者被请入宫中侍读以来，唐玄宗为着尊师重道，对他们非常礼遇，不但准许乘轿子入宫门，而且往来两馆之间，特准骑马，完全是对待师傅之礼。

尤其，褚无量年纪较大，玄宗体恤他行动不便，特别为他制造了腰舆。这种轿子抬起来，刚好与腰平，便利褚无量上下，可见玄宗的敬重读书人。

玄宗为防止科举选拔人多壅塞，造成钻营奔竞的风气，限定明经、进士两科，每岁不得超过一百人。安乐公主时代，她用撒娇方法，蒙蔽父皇中宗所封的斜封官，一概予以罢除。

此外，玄宗恐怕佛教过度盛行，影响华夏文教，在开元二年（714年），命令淘汰僧尼，勒令还俗，禁止建寺院、写佛经，又整理财经，清查户籍。据说米价便宜到一斗十三个钱，山东一带，更只要三钱，旅客行“千里不持尺兵”（尺兵就是短短的武器），不必怕有坏人抢劫。在贞观时代，全国人口约为两千余万，到了开元时期，则增加到将近为五千万人。

总之，在玄宗勤俭治国的努力下，国家呈现空前的繁荣，四方外族，争来朝贡。长安城里云集了各国的使臣商贾，热闹非凡，史称“开元之治”。

李林甫口蜜腹剑

唐玄宗即位之初，战战兢（jīng）兢，任用姚崇、宋璟等正直大臣，勤俭治国，开创中国历史上有名的太平盛世，史家称之为“开元之治”。

然而，到了开元末年，唐玄宗渐渐进入中年，眼看天下太平，丰衣足食，慢慢失却了戒慎之心，沦于享乐的生活，加上朝臣不断地在耳旁歌功颂德，使得唐玄宗飘飘然，产生一种狂妄自大的错觉。在志满意骄的情况之下，用人轻率，奢靡浪费，内宫妃嫔众多，朝政不太放在心上，于是不辨忠奸，历史上有名的奸臣李林甫应时得势。

李林甫是唐高祖从父弟长平王叔良的曾孙，开元初年，被任命为太子中允。当时，源乾曜为侍中，乾曜的儿子对父亲说：“李林甫求为司门郎中。”

源乾曜一口就回绝了：“郎官需要品德才能高的人才能担任，哥奴岂是郎官的料？”哥奴就是李林甫的小名。

源乾曜看出李林甫非善类，不愿意提拔他。可是李林甫有本事钻到刑部、吏部当侍郎，而且削尖了脑袋，准备向上蹿。

李林甫这个人柔佞（nìng）狡猾，一张笑脸，做人周到，讲起话来甜言蜜语，心里头是时时刻刻设计害人。口有蜜，腹有剑，当时的人称之为口蜜腹剑，这也就是“口蜜腹剑”成语的由来。

李林甫当上吏部侍郎以后，开始积极与宦官及妃嫔之家交往。由于宦官

唐代宫廷妃嫔，唐周昉绘。

及妃嫔是伺候皇上的，所以唐玄宗的一举一动，李林甫总是第一个知道，也了解皇上的心意，上朝奏对，总能揣摩到玄宗的心意。玄宗对他相当欣赏。

当时，唐玄宗最宠爱的妃子是武惠妃，而且想把她扶正为皇后。可是臣子们不同意，因为唐朝刚刚去掉一个武则天，对武家的人，心怀畏惧，纷纷上言："武氏乃不共戴天之仇，岂可为国母？"

唐玄宗不得已，只好打消此意。不过，武惠妃在宫中所受的礼遇，与皇后娘娘是一样的，由此可见唐玄宗对她的疼爱。

李林甫捉住这个机会走内线，他对武惠妃说，愿意尽量地保护惠妃的儿子寿王李瑁（mào），设法让寿王当皇帝，武惠妃心中很感激。于是在她的协助下，李林甫升到了黄门侍郎。

开元二十二年（734 年），李林甫与大文学家张九龄同时任相。张九龄是开元期间最后的一位贤相，有魏徵之风。可惜唐玄宗不是唐太宗，没有纳谏之美德，他听惯了阿谀之词，不能忍受唱反调的忠臣之士。

太子瑛（赵丽妃所生）、鄂（è）王瑶（皇甫德仪所生）、光王琚（刘才人所生）这三个人，因为母亲失宠，不免有些埋怨。武惠妃把这件事告诉唐玄宗，唐玄宗大为不高兴，想要废掉太子。

张九龄反对说："太子国本，奈何以一时之间喜怒废之。以前晋献公听骊姬之谗言，杀了公子申生，天下大乱；隋文帝纳独孤皇后之言，废太子勇，立炀帝，遂失天下；由此观之，不可不慎。陛下必为如此，臣不敢奉诏。"

这番话，说得极不动听，唐玄宗紧锁眉头。

李林甫在朝廷上没有开口，退朝之后，悄悄地对宦官说：“此皇上家事，何必问外人？”

当宦官把李林甫的话传到了唐玄宗耳中，唐玄宗自然发现李林甫之可爱与张九龄之可厌了。

自古以来，一心为国做事的和一心做官的向来意见相左。因为做事的，心中想的是如何为国为民，难免忠言逆耳；可是会做官，懂得官场手段的，却只会拍马屁，为自己的官途动脑筋。

不久，张九龄与李林甫又起了争执。

有一个叫牛仙客的朔方节度使，很有才能，在他的领导之下，仓库充实，器械精利，唐玄宗想要加牛仙客为尚书。

张九龄立刻曰：“不可！”他的理由是：“尚书就是古代的纳言，从唐朝建国以来，只有旧相及中外有德望者才可为之。牛仙客不过是河西节度使判官，忽然之间，列为清要之职，恐怕是朝廷之羞！”

“那么，加实封如何？”唐玄宗问道。加实封就是封爵位之意。

“还是不行，”张九龄又曰，“边将实仓库，修器械，不足为功，赐之金帛可也。”

李林甫在旁道：“仙客，乃宰相才也，尚书一职对他又有何难？九龄乃一书生，不识大体。”

这句话玄宗听了才开心，第二天，准备给牛仙客实封，不料，张九龄又固执地反对，玄宗变了脸色：“凡事都听卿的吗？”

张九龄叩了一个头道：“陛下不以臣愚，使臣为宰相，臣不能不言。”

唐玄宗叹了一口气：“卿嫌仙客出身寒微吗？”

“那倒不是，”张九龄解释道，“仙客目不识丁，若大任之，恐不合众望。”

原来，牛仙客不识字，李林甫还说他是相才，未免过分。可是李林甫仍然说：“苟有才识，何必识字，天子用人，有何不可？”最后，赐牛仙客为陇西县公。

张九龄罢相职

唐玄宗因为天下承平，百姓安乐，失去了开元初年兢兢业业的奋发心理，渐渐沉迷于享乐之中，而且任用了口有蜜、腹有剑的大奸臣李林甫为相。李林甫与另一位正直的宰相张九龄不合。

事实上，在唐玄宗准备用李林甫为相时，征询过张九龄的意见。他当时就反对："宰相系国家之安危，陛下用李林甫为相，臣恐将为宗庙社稷之忧。"玄宗不悦，仍然用李林甫为相。

唐玄宗本身原是一个很有才能的君主，但是，他又是一个喜欢分层负责的天子。当初，玄宗用姚崇、宋璟为相时，就是对宰相愿意付以重任。从一件小事即可证明。

在开元元年（713 年）十月，姚崇为郎吏之事请奏玄宗，玄宗只是望着殿堂的天花板，一句话也不开口。姚崇一问再问，玄宗还是不应声。

姚崇心想一定是哪儿冒犯天威了，吓得退朝而出。

下朝之后，唐玄宗最宠信的太监高力士上谏："陛下新总万机，宰相奏事，为何不理？"

"朕任他为宰相，如有大事当奏闻共议之，郎吏小事，何以一一烦朕？"

原来是这么一回事，高力士赶紧通报姚崇。姚崇松了一口气，也佩服玄宗的用人不疑。

正因为玄宗的想法是，小事皆委宰相，"何以一一烦朕"，因此他不愿意宰相之间有不合的现象，凡有不合，必罢相位。例如开元二十一年（733年），宰相萧嵩、韩休不合，玄宗把他俩一块罢去。如今，张九龄与李林甫又不合。

李林甫知道张九龄反对他当宰相，心里恨透了张九龄，可是表面上仍然曲意顺从。因为张九龄乃当时的大文豪，他在九岁就能作文章，天下闻名。唐玄宗在做太子之时，举天下文藻之士，亲自策问，张九龄高中第一。

唐朝是一个文学兴盛的朝代，据说当时“登高不能赋者，童子大笑”。就是说万一有个人登山到了高处，竟然不能赋一首诗形容心境，连小孩子都会笑你没学问，是一个草包。

再加上玄宗本身最敬慕文学家，张九龄的地位更高了。大家所熟悉的《唐诗三百首》，翻开来第一篇《感遇》就是张九龄的作品，所以李林甫表面仍得敷衍敷衍。

李林甫因为自己肚子里的墨水不多，当然不愿意用比他强的人。在上一篇，我们说过，李林甫坚持要用目不识丁的牛仙客，如今他又举用萧炅（jiǒng）为户部侍郎。

萧炅是个不学无术的人。有一次他与中书侍郎严挺之一同去应酬，在宴会中，拿起一本《礼记》，把伏腊念成了伏猎，伏日腊日乃冬夏之季节。

张九龄，选自《历代名臣像解》。

严挺之故意戏弄他："伏猎？"没想到萧炅还是读错，而且根本不知道自己错，严挺之不禁皱紧了眉头。

现在听说萧炅竟然要担任户部侍郎，严挺之大生反感，对张九龄一抱拳道："台阁之内，岂能容伏猎侍郎？"

于是，满口白字的萧炅被改任命为岐州刺史，做不到户部侍郎。李林甫觉得脸面无光，气恼不已。

严挺之娶了一个妻子，后来因故离婚了，又改嫁给蔚州刺史王元琰（yǎn）。元琰犯了罪，严挺之帮忙营救宽解，李林甫把这件事报告唐玄宗，唐玄宗要治严挺之的罪。

张九龄解释道："此乃挺之已离婚的妻子，两人已没有关系。"

"虽已离异，乃复有私情。"唐玄宗趁此机会罢去张九龄之相职。

张九龄既然得罪了李林甫，落此下场。从此之后，朝廷之中的大臣，个个明哲保身，不敢再直言。

唐立仗马，陕西省礼泉县贞墓出土。

因此，有些史家认为，开元二十四年（736年），张九龄罢相职，唐玄宗专任奸臣李林甫，是唐朝由盛而衰之一大关键。

去掉张九龄之后，李林甫为自尊大权，召集谏官，挑明了威胁："现在明主在上，群臣顺从还来不及，不必再多言，诸君不见立仗马吗？食三品料，一鸣则斥去，悔之何及？"

立仗马是站在宫殿门外仪队用的马，威风凛凛又神气，又没有什么事。可是不能乱吼，万一不该叫的时候长嘶一声，就没办法当立仗马了。

李林甫的意思是说，各位谏官应该像立仗马一般乖乖地站着别动，自有享不尽的荣华富贵，要是上谏皇上，那就只有走路了。

有一位补阙杜琎不信邪，上书向皇帝奏事，第二天，立刻被黜为下邽（guī）令。从此，没有人敢开口了。

自从张九龄被除去相职之后，牛仙客与李林甫搭档。牛仙客本来不是当宰相的料，又是李林甫一手提拔，只有唯唯诺诺，一切听命于李林甫，样样不敢裁决。

百官之中有奇才美德者，都终老于原职，巧谄奸邪者，则不次升迁。李林甫城府深，心思密，嘴巴甜得不得了，暗中却能不露痕迹狠狠来上一刀。他只要看出玄宗喜欢哪一个臣子，立刻前往巴结示好，等到这个人的地位渐渐抬头，稍微对他有一点儿威胁，马上想办法去掉，即使是老奸巨猾的，也斗不过他。

杨贵妃天生丽质

在《李林甫口蜜腹剑》一篇中，我们说到，唐玄宗对武惠妃百般宠爱，想要扶正她当皇后。可是武惠妃乃是武家的人，唐朝人被武则天吓坏了，反对武惠妃为后，因此作罢，但是惠妃在宫中之礼遇与皇后毫无差别。

惠妃在开元二十五年（737 年）去世，年仅四十余岁，追赠贞顺皇后。

唐玄宗对惠妃思念不已，长吁短叹，后宫虽然有数千佳丽，没有一个合意的。此时有臣子上报，说是寿王妃杨氏之美，举世无双，寿王是唐玄宗与武惠妃所生的儿子。于是，唐玄宗这个公公，就从儿子手中抢走了媳妇。

此位杨妃，从小是个孤儿，由叔父养大。她长得肌态丰艳，美若天仙，唐玄宗一眼就看中意了。于是先让她去当女道士，号太真，与寿王离婚，再把太真迎入宫中，这就是历史上天下有名的美女——杨贵妃。

唐朝大诗人白居易在《长恨歌》中这样形容着："汉皇重色思倾国，御宇多年求不得。杨家有女初长成，养在深闺人未识。天生丽质难自弃，一朝选在君王侧。回眸一笑百媚生，六宫粉黛无颜色……"

意思是说：唐明皇贪爱美色，治理天下多年，一直没有找到中意的。有一个姓杨的人家，正好有一个娇女方才长大，养在深闺之中，别人还没有发现她的绝色。可是她天生如此美貌，终究不会被舍弃的，所以有一天就被选入宫中，陪侍在君王身旁。她只要眼波一转，就千娇百媚，无比动人，使得后宫中三千佳丽，相比之下，黯然失色。

杨贵妃不但人生得美艳，而且擅长音律，与唐玄宗不谋而合，又懂得撒娇逢迎。不到一年之中，她所受到的宠爱已经超过当年的武惠妃，宫中上上下下称之为“娘子”。

杨贵妃上马图，团扇绢本设色，佚名绘，[美]波士顿艺术博物馆藏。

中唐以前，尚武之风盛行，女子也常常骑马。杨贵妃每次骑马，都由唐玄宗最宠爱的太监高力士执辔（pèi）授鞭，伺候她上下马，可见其神气。

为着不断供应杨贵妃的新衣裳，一共有七百个织绣工人，日夜为她裁制。有襦（rú）、衫、裤（kù）、裙、半臂、披帛、袍、袄、带等。杨贵妃还有一种新款式，称之为“鸳鸯并头莲锦裤袜”，又称为“藕覆”，类似今天流行的裤袜，乃当时时髦之物。她还有不少露背装，因为唐朝妇女有袒胸之习。这绝不是汉人固有服装，想必是受“胡服”的影响。

天下人都知道唐玄宗宠爱杨贵妃，因此争献器服珍玩巴结她，岭南经略使张九章、广陵长史王翼所孝敬的东西特别精美。一个加了三品官，一个做了户部侍郎，消息传出，天下人更抢着献宝了。

杨贵妃喜欢吃新鲜的荔枝，又香又甜又多汁，可是长安城里没有荔枝，荔枝是产在岭南地方的水果。唐玄宗为着讨她欢喜，命令快马从驿道为她赶运荔枝，运到长安之时，仍然是异常新鲜，色味不变。

从赶运荔枝，我们可以发现，唐朝的交通发达，往来便利，否则杨贵妃也吃不到新鲜的荔枝了。今天我们国内盛产的荔枝又大又红到处有得卖，可说得上比杨贵妃还要享受。

由于杨贵妃是三千宠爱在一身，“遂令天下父母心，不重生男重生女”。民间流行一首歌谣：“生男勿喜女勿悲，君今看女作门楣。”在古代，女子地位较低，所以生女能撑住门户很不简单。

杨贵妃对唐明皇的要求，从来没有打回票的，杨贵妃不免恃宠而骄，妒悍不逊。天宝五载（746 年）七月里，唐玄宗大发脾气，把杨贵妃赶回她堂哥杨铦（xiān）的家中。

第二天直到中午，唐玄宗仍然不开心，饭也不肯吃，在身边伺候他的，莫名其妙都挨了揍。

高力士为试探唐玄宗的意思，请求将贵妃之物送回去，一共运了一百多车。唐玄宗还分了一些御膳一块带去，这分明表示是想念她。

当天晚上，高力士奏请贵妃归院。唐玄宗答应了，杨贵妃又回来了，两人的感情比以前更浓。

唐明皇与杨贵妃，日本春信绘。

天宝九载（750 年）二月里，杨贵妃又因为忤旨，再次被唐明皇赶了回去。

户部郎中上奏道：“妇人识见思虑不远，违忤圣上心意，陛下在宫中赐死也就算了，何必把她赶出去在外面受辱？”

其实，刚刚赶走杨贵妃，唐玄宗马上就后悔了，又派了宦官赐以御膳。

杨贵妃对着送御膳来的太监哭着说：“妾罪当死，陛下不杀我，放我回家，今后当永离宫闱，我的金玉珍玩都是陛下所赐，不足为献，惟发者父母所与，敢以荐诚。”说着剪下一绺青丝，让使者带回去。

唐代骑健马女俑，唐墓出土。

唐玄宗抚弄着这一绺头发，往日百般恩爱浮现在眼前，他觉得一刻也不能再忍受相思之苦了，立刻命令高力士再把杨贵妃请回。毕竟唐玄宗与杨贵妃之间是有感情的。

我们后代用“环肥燕瘦”形容美人体态各有不同，各有千秋。燕是指赵飞燕，身轻如燕；环肥就是形容杨贵妃，她本名叫玉环。不过，所谓“肥”应作健美讲，并不是肥墩墩的，唐朝人喜欢高头大马健壮的女子，以此为审美标准，与宋朝之后林黛玉式弱不禁风完全不同。国势强的时候，连女子都是以丰腴（yú）为美，能够骑马射箭。今天我们的男子，流行戴项链，拿女用皮包，娘娘腔又脂粉气，实在不是国家之福。

丽人行

唐玄宗认为国家富饶，所以视金钱如粪土，好奢侈，爱享乐。在天宝六载（747 年），改温泉宫为华清宫。华清宫位于陕西省西安市临潼区南边的骊山，骊山之上有富丽堂皇的宫殿称为骊宫，他常与杨贵妃在此通宵达旦地狂欢。

大诗人白居易《长恨歌》中的“春寒赐浴华清池，温泉水滑洗凝脂……骊宫高处入青云，仙乐风飘处处闻”，就是形容这一段豪华绮丽的生活。除了杨贵妃本人备受恩宠之外，她的三个姊姊也并承恩泽，势倾天下。分别被封为韩国夫人、虢（guó）国夫人、秦国夫人，三人都是国色天香，才貌双全，唐明皇呼之为姨。

这三位夫人之中又以虢国夫人最为美丽，唐朝诗人张祜（hù）曾写了一首诗来形容——“虢国夫人承主恩，平明骑马入宫门。却嫌脂粉污颜色，淡扫蛾眉朝至尊。”——这首诗的意思是说，虢国夫人受到君主恩宠，她在天明时候，骑着马进入了宫门。她天生清丽，所以不施脂粉，以免损害了原来的容颜，只是用青黛在眉毛上轻轻刷了一下，就来见皇帝了。至尊就是天子的意思。如今我们就用“淡扫蛾眉”形容妇女化淡妆。

韩国、虢国、秦国三位夫人，凡是有所请托，府县中的官吏一刻也不敢怠慢，简直和领了圣旨差不多。要请求她们三姊妹帮忙者，都不约而同地挤到门上了。惟恐迟了一步，错过大好时机，因此门庭朝夕如市。

唐玄宗对她们颁赐之多，四方献遗之富，堪称天下第一。这三姊妹都极其奢侈，尤其喜欢比赛建造房舍，不造则已，一造定是动辄千万以上。

等到房子造好了，发现有别人的房子比自己的更大更美，一气之下，立刻把新房子夷为平地，重新再建。其中虢国夫人尤其任性，为着自个儿造新屋，有一天，突然带人闯入韦嗣立家中，把他的旧屋撤去，就地另建新厦。

如此阔绰的享受，唐玄宗怎么负担得起，倒霉的当然还是老百姓。税捐一天比一天更重，生活一天比一天更苦。大诗人杜甫同情被压榨的人民，因此写了不少反映当时生活的忠实纪录，所以我们称杜甫的诗为诗史。

杜甫曾经写过一篇流传千古的乐府诗——《丽人行》，就是讽刺这三位佳丽的。这首诗的意思是这样的："三月初三这一天，天气很好，在长安曲江的水边，有许多佳丽出来游玩。她们生得是姿态浓艳，情意悠远，品格既淑丽又贞静。她们是如此白嫩细腻，骨肉均匀。她们身上所穿着的绣罗衣裳，在暮春时分闪耀着金孔雀与银麒麟的光芒。

"她们头上戴的是什么呢？原来是用翡翠玉扎成的花环，巧妙地贴在鬓发旁边。从她们的背影可以看见，珍珠缀成的裙褶，衬出身材的曼妙。在这些云幕之中，我们看到几个皇亲国戚，那就是杨贵妃的姊姊虢国夫人与

虢国夫人游春图，唐张萱绘，辽宁省博物馆藏。

秦国夫人正在江边宴会。

“宴上都是些难得一见的山珍海味：有从翡翠锅中端出来的紫驼肉峰，水晶盘内端放着白银似的鲜鱼。可惜，虽然是人间美味，她们早已吃惯，早已训练得口愈来愈刁，所以拿起犀角制的筷子，竟然懒洋洋的不曾下箸（zhù）。徒然让这些佳肴堆放在筵席之上。

“突然之间，宫中的太监骑着快马从宫中赶到，连地上灰尘都不曾飞动。原来是唐玄宗送来御厨之中八样珍品，珍品陆续不断摆上筵席。

“席间笙箫的乐声，哀感的程度足可惊动鬼神，前来光临的宾客非常之多，而且都是位居要津的大官儿。

“这时，有一个人在后头骑马而来，他的行动为何如此迟缓，为何又如此神气？下马之后，直接走进去，坐在席中锦绣毯子上。

“在这美丽的春天里，杨花像白雪一般撒落在白蘋（pín）上面。青鸟飞入，衔走了一块妇女用的红巾。座上这一行皇亲国戚，炙手可热，除了花鸟可与他们接近外，你们要保持距离，可别惹恼了这位刚才来的丞相啊。”

杜甫诗中所说的丞相指的是杨国忠，杨贵妃的远房堂兄。

杨国忠与虢国夫人是邻居，往来密切，时常并辔走马上朝廷，虢国夫人脸上没有戴头纱，而按规矩，有身份的女人要戴面纱的，路人为之掩目，杨国忠却得意洋洋。

天宝十二载（753年），玄宗到华清宫，韩国夫人、秦国夫人、虢国夫人准备前往华清宫，先到杨国忠家中会合。车马仆从，充溢数坊，锦绣珠玉，鲜华夺目。

杨氏五家分为五队人马，每队各穿一种颜色的衣服以为识别。当五家合为一队前进之时，灿烂有如百花焕发。一路上所遗留下来的钗钿（diàn）、琴瑟、珠翠，灿烂芳馥。而杨国忠以剑南节度使的身份，引导在前，不可一世。

杨国忠曾经对人说：“我们本是寒家，因为后妃的关系才能到达如今的地位，然而终究不能得到什么好名声，还不如尽量寻欢。”

杨国忠是怎样的一个人？他怎么能做到宰相？

杨国忠利用裙带关系

杨国忠本来不叫杨国忠，他的本名是杨钊（zhāo），武则天宠爱的张易之正是杨钊的舅舅。

杨钊原本在乡里之间名声极坏，因为他是一个赌徒，不学无术，又爱喝酒，为宗党所鄙视。后来，杨钊发愤从军，在军队中依旧不得人望。益州长史张宽十分嫌恶杨钊的为人，曾经狠狠揍了他一顿。

杨钊从军期满，可是家中实在太穷，连回去的旅费都筹不出来。幸亏有一个大富豪鲜于仲通资助他，才得以返家。

当杨钊回到四川老家的时候，恰好杨贵妃的父亲杨玄琰病死，家中没有人照料。于是这位远房堂兄就帮忙处理上上下下的事，并且与杨贵妃的姊姊虢国夫人十分亲密。

后来，杨贵妃的三姊妹都出嫁了。秦国夫人嫁给柳家，韩国夫人嫁到崔家，虢国夫人嫁到裴家。杨贵妃则先嫁给了寿王，不久又成为唐明皇的新宠，都搬到长安去了。

此时，正是口蜜腹剑的李林甫大权在握的时候。剑南节度使章仇兼琼与李林甫向来不合，觉得极不安全。他看到杨贵妃被唐明皇给捧上了天，就有意走内线。

曾经资助过杨钊的鲜于仲通是章仇兼琼的心腹，章仇兼琼拜托鲜于仲通："我虽为主上所亲厚，但无内援，或早或晚必为李林甫所害。闻杨妃新得宠，人们还不敢依附，请你代为到长安，与杨家相结，我则无忧矣。”

鲜于仲通回答：“仲通蜀人，未尝到过京师，恐怕坏了你的事，今我为公求得一人。”

接着，鲜于仲通向章仇兼琼说起了杨钊，谈到杨钊与杨贵妃一家非比寻常的关系。章仇兼琼一听之下，大喜过望，立刻要求见杨钊。

杨钊虽然是个不学无术的混混，但是生得高头大马，仪观丰伟，说起话来又滔滔不绝，言辞敏捷。章仇兼琼十二万分的满意。

事不宜迟，章仇兼琼立刻采买了四川各种精美珍玩，交给杨钊，让他带到京师之中作为活动费用。

杨钊也认为这是一个千载难逢的大好机会，带了价值万缗（mín）的珍物，日夜赶路，来到了长安城。

他到了长安之后，没费多大劲儿先找到了虢国夫人。然后，利用虢国夫人的关系，把这些昂贵的礼物分赠给杨家大大小小的亲戚。

杨氏亲戚既然收了礼物，当然少不得在唐玄宗面前，极力夸赞章仇兼琼的能干，以及杨钊的善于赌博的本领。唐玄宗正沉迷于享受，是个老糊涂了，于是杨钊被任命为金吾兵曹参军。章仇兼琼的投资也得到报酬——内调为户部尚书。

此时，李林甫这个奸臣正红透半边天，唐玄宗样样事都对他深信不疑。李林甫知道唐玄宗厌倦于四方巡幸，尤其在天宝三载（744年）得到杨贵妃之后，耽于享乐，对于关怀民间，兴趣大为降低。他曾经对宦官高力士说：“朕欲高居无为，把所有政事委托李林甫办理，你看怎样？”

“天子巡狩，乃自古以来的传统，且天下大柄，不可假借于人，万一李林甫的威势太大，恐怕不太妥当。”高力士不太赞成唐玄宗的主张。

玄宗听了高力士的话之后，脸色大变，青一阵白一阵。高力士一向善于察言观色，立刻跪在地上叩头道：“我是发了疯疾才如此狂言，罪该万死，罪该万死！”

唐玄宗看高力士认了错，也就不再追究，并且亲自为高力士斟酒，左右皆呼万岁。高力士从此不敢再谈天下大事，不过，由此可见，唐玄宗对李林甫的信任。

杨钊是个何等聪明的角色，自然不敢得罪李林甫这位皇帝身边的红人，至于李林甫，也乐得结纳杨钊这个小人，免得让杨贵妃不悦，于是李林甫干脆推荐杨钊为御史。

唐代文官，陕西乾县章怀太子李贤墓壁画，陕西博物馆藏。

李林甫为了要彻底巩固地位，想要清除所有不依附他的人，把脑筋动到狱吏上面。京兆尹萧炅（即我们前面曾经提到过的“伏猎侍郎”，那个念白字的家伙）派了他的法曹吉温做审判官。吉温审判的办法，是先把李林甫所谓的“犯人”捆绑到前厅，同时吉温在后厅拷打死囚，一阵又一阵惨痛呼号的声音，不断从后厅传到前厅，在前厅的犯人只觉毛骨悚（sǒng）然，仿佛到了十八层地狱之中，等到提堂时，早已吓得魂不附体，立刻招供了。李林甫兴大狱，杨钊也从旁协助，陷害了一百多家不依附李林甫的人家。

杨钊表面上对李林甫言听计从，骨子里却想排除李林甫。例如为李林甫兴大狱的吉温，最后竟然被杨钊收买。

天宝九载（750年），杨钊已经做到了兵部侍郎兼御史中丞，得到玄宗的信任。事实上，玄宗因为太宠爱杨贵妃，当然对她的亲戚另眼相看了。

这一年，杨钊以“钊”为金刀二字不妥，奏请改名。唐玄宗赐名为国忠。杨国忠有没有对国家尽忠呢？

杨国忠当宰相

唐明皇对杨贵妃是“三千宠爱在一身”，连带着，杨贵妃的远房堂兄杨钊也平步青云，并由唐玄宗赐名为杨国忠。

杨国忠是一个具有谄媚功夫的标准小人，他看到当时唐玄宗信任的李林甫势如中天，千方百计予以巴结。口蜜腹剑的李林甫，也乐于结交这个与杨贵妃有关系的新贵。

杨国忠在得到唐玄宗信任之后，开始挖李林甫的墙脚，许多李林甫的心腹都暗中改投杨国忠。

天宝十一载（752 年），杨国忠兼京兆尹之职。他命令一个因为谋逆被关在牢中的犯人，供出李林甫暗中与逆党通谋，连李林甫一手提拔的陈希烈也出来作证，表示确有此事。

结果这条毒计没有扳倒李林甫。可是从此以后，唐玄宗渐渐疏远李林甫，杨国忠贵震天下，与李林甫成为仇敌。

过了半年左右，南诏数次进犯边境，蜀人请求杨国忠前往镇压。李林甫也催他上路，可是杨国忠不想去，他很担心李林甫又在耍阴谋。

直到杨国忠出发之前，向唐玄宗辞行之时，他还在流着眼泪哭泣道：“此行必为李林甫所陷害。”杨贵妃在一旁，也帮着求情，希望能免去此行。

唐玄宗再三安慰杨国忠道：“卿暂且赴蜀，处置军事，朕计算着日子，等待卿之归来，回来以后还要当宰相。”

既然唐玄宗如此承诺，杨国忠虽满心不愿意，也只有勉勉强强上路了。

杨国忠一去，李林甫的病情刚好转坏，心中十分烦闷。有一位巫师对李林甫说，只要见到皇上，就可以有痊愈的机会。

唐玄宗听说了，马上就要前往李府。左右都劝唐玄宗不要去。最后，唐玄宗想了一个办法：他要李林甫从病床中下来，走出庭中，然后唐玄宗站在华清宫的隆圣阁上，让李林甫可以远远地仰望圣颜。

于是，唐玄宗来到了降圣阁，拿出一条红巾和李林甫打招呼。李林甫看到了皇帝，却没有力气下跪，找了一个人代他向玄宗跪拜。

唐玄宗远远地看到李林甫满脸病容，身体软弱，不再是当年笑眯眯的、到处寒暄的模样。他知道李林甫是不行了，立刻派人到蜀，把杨国忠召了回来。

杨国忠回到长安，前往相府去拜望李林甫。

李林甫流着眼泪，看着拜在床下的杨国忠道："林甫死矣，公必为相，以后事累公矣。"

杨国忠谢不敢当。走出相府，发现自己已是满头大汗，因为杨国忠一向畏惧李林甫，所以吓出一身冷汗。

据说李林甫的病有一半是被自己吓出来的。因为他作恶多端，心中有数；到了晚年，沉溺于声妓之中，又害怕遭人刺杀，制作了许多重局复壁种种机关；而且，一个晚上搬好几个地方，连家人都不晓得他到底住哪个房间。

也许是疑神疑鬼，过分伤神，到了十一月，李林甫就归天了。

唐玄宗晚年以为天下承平，无复可忧，所以深居禁中，专以声乐女色自娱，把所有政事都交与李林甫。李林甫为迎合上意，杜绝谏官，妒贤嫉能，残害忠良，在任达十九年之久，号称太平宰相。虽然国家表面太平，其实内部已经腐败了，可是唐玄宗一点也不觉悟。

李林甫死了，杨国忠继任为宰相，杨国忠比李林甫还要糟糕。为人轻率、急躁、没有威仪，又喜欢强词夺理，对公卿以下，颐指气使，完全没有礼貌。可以说他的奸险，不在李林甫之下，而才干，却远不及李林甫，而且他比李林甫更为心胸狭小，完全容不下有才能者。

杨国忠从御史做到了宰相，一身兼领四十余使，大权在握，不可一世。

当时有人劝陕郡进士张彖去拜见杨国忠，并且好言相劝：“见之，富贵立可图。”

张彖冷笑道：“君辈倚重杨右相如泰山一般，吾以为他不过是冰山，若是太阳一出，浮在水面的冰山立刻融化。”于是隐居起来。

杨国忠倚仗着杨贵妃之势，与其姊妹韩国夫人、虢国夫人、秦国夫人的衣食住行，无不力求豪华，以为夸耀。在前面《丽人行》之中，我们曾经详细描述过。

奢靡的生活需要大量金钱供应，于是，贪污成为维持奢靡生活的必要手段。玄宗后期，上自宰相，下至地方官，贪污贿赂风气大为盛行。

杨国忠为要彻底掌握大权，一人兼了四十余使。兼使太多的结果是政务太繁，不克亲理，同时又使得原来主管的官吏失去原有的职权，政治一天比一天腐败。

天宝十三载（754 年），唐朝军队在南诏吃了一个大败仗，前后死了二十几万人。然而，杨国忠竟然向唐玄宗报告“大捷”，而唐玄宗还得意洋洋地说：“朕今老矣，朝廷事付之宰相，边境事付之诸将，我还有什么好忧虑的呢?”

《南诏图传》中的乌蛮形象，唐王奉宗、张顺绘制，此为宋摹本，现藏于日本京都藤井有邻馆。南诏是唐代西南一政权，全盛时辖有今云南全境、四川南部、贵州西部等地。

杨暄科举舞弊

在上一篇中我们说到，大奸臣李林甫去世以后，杨贵妃的远房堂兄杨国忠继任为相，小人得志，鸡犬升天。杨国忠为了炫耀自己在朝中的地位，有一次宴请亲友之时，突发奇想，制造噱（xué）头。他在席上叫名，叫到名者进中庭，由他当场封官，他不问资格、经历、才能，全凭一时高兴。

譬如说，杨国忠看到一个短短小小的亲朋，不假思索就说道："道州参军。"回过头看见另一个，长着胡子，灵机一动，指着胡子道："湖州文学。"在场的都忍不住哈哈大笑。杨国忠十分得意，觉得自己既幽默又风趣。

唐代宴饮图，陕西长安南里王村唐墓壁画，陕西博物馆藏。

在用人轻率的风气下，贵戚子弟乃能仗着势力得位，杨国忠的宝贝儿子更是如此。

杨国忠的儿子杨暄，学业荒陋，去考明经科没有及格，考试官礼部侍郎达奚珣知道杨国忠一向不讲理，所以不敢不录取。

达奚珣派了儿子达奚抚去向杨国忠报告，杨国忠认为杨暄一定考上了，达奚抚是来报捷的，他捻着胡子，含笑望着达奚抚，等着他开口报喜。不料，达奚抚竟然说："奉大人之命，相君之子试不中，然亦未敢落第也。"

"哼，我的儿子还愁得不到富贵吗？还不是被你们这群鼠辈所出卖了。"杨国忠气呼呼地跳上马背而去。

达奚抚看杨国忠发这么大的脾气，吓坏了，赶紧跑回去禀报父亲："杨国忠挟恃富贵，无法论其曲直。"

达奚珣没可奈何，只得把杨暄安排为上第，而杨暄还不满意哩。

杨国忠不但破坏了考试制度，同时又损害任官制度。他为着收服人心，建议吏部以后选任官员，不论贤或不肖，以资深者优先。如此一来，机关中的老人当然高兴，而且拥护杨国忠。事实上，有些资深者固然很有经验有贡献，却也有许多人只是仗着资格老，尸位素餐，占着位置不做事情，还要升他们的官，真是太说不过去。

除了生活奢靡，败坏社会风气之外，杨国忠当上宰相之后，还有一件麻烦事——他驾驭不住安禄山。

安禄山是营州柳城（辽宁省朝阳市）胡人，本姓康，名为轧荦（luò）山。他的母亲阿史德氏是突厥的巫师，突厥话中的轧荦山是古突厥战神的名字。

安禄山的父亲很早就死了，母亲改嫁给突厥安延偃（yǎn），他用后父的姓，取名为安禄山。

长大以后，安禄山仗着精通六种番语之便，在边界做互市郎，也就是做翻译的工作，以健壮骁勇而闻名。

当时，张守珪担任幽州节度使，安禄山因为盗羊而被捕。张守珪把安禄山剥光，准备活活用棒子打死，安禄山吓得大叫道："大夫不准备灭两番吗？为何要把安禄山这种人才打死？"

张守珪瞄了一眼安禄山，肥肥白白，看起来壮得像一头牛，于是把他给释放了，任命为偏将。

安禄山为人狡猾，诡计多端，所以每次执行任务，都有办法能活捉几十个契丹人而还。张守珪发现这小子还蛮不错的，干脆收了他当养子。不过，张守珪对安禄山肥胖的身材，总是看不顺眼。安禄山怕挨骂，常常忍着饥饿，不敢饱食，饿得相当难受。

开元二十九年（741 年），安禄山当上了平卢兵马使，因为他嘴巴灵巧，善于巴结人，赢得大家的赞美。而且凡是京城里有人到达平卢，安禄山不但热忱（chén）相待，同时一定送上一份厚礼，亲亲热热把来使送走。

拿了人家的厚利，当然不能不替安禄山多多美言。一个人说安禄山贤能不稀奇，两个人夸安禄山不稀奇，每一个到达平卢的，没有不夸安禄山的这才难得。久而久之，唐玄宗对安禄山印象深刻。

不久，御史中丞张利贞被命为河北采访使，到达平卢之后，安禄山又使出浑身解（xiè）数，曲意奉承，招待得无微不至，连跟张利贞同往的左右下人也统统有赏。公共关系做到这种地步，难怪张利贞见到唐玄宗，又把安禄山吹捧到了天上。

因此，在唐玄宗还没有见到安禄山之前，已经对他极有好感。

天宝元年（742 年），安禄山被任命为平卢节度使。在开元时期（713 ~ 741 年）唐朝在边境设立十个节度使，节度使乃节制调度也，也就是指挥的意思。最初节度使全部用的是汉人。虽然唐初有不少番将，却从来没有让胡人独当一面的，安禄山是第一个当节度使的番将。

初唐以来，唐朝将相无文武之别，文人出则为将，入则为相，所谓“出将入相”。例如武则天时代，就用姚崇、狄仁杰等名相专管兵权。玄宗时代张嘉贞、张说等因为担任节度使，有镇守边疆的功劳，入朝担任宰相。

李林甫不希望有一天被派到边疆，更不欢迎边将到朝廷任相，抢他的位置。所以上奏玄宗：“文臣为将，易于怯弱，胡人勇敢善战，陛下若能重用，彼必能为朝廷尽力。”玄宗听了李林甫之言，大胆起用安禄山为节度使。

安禄山跳胡旋舞

在上一篇之中，我们说到，胡人安禄山，性情巧黠（xiá），担任平卢兵马使期间，厚赂来往者，在银弹攻势之下，来使回到朝廷以后，无不向唐玄宗夸耀安禄山的贤能。再加上李林甫的建议，因此唐玄宗任用安禄山为平卢节度使。

天宝二年（743年）春天，安禄山入长安，拜见唐明皇，当然又少不了带来大批的宝物前来孝敬。安禄山虽然过去远在边境，可是他的好客，他的出手大方，早已名闻遐迩（xiá ěr），因此大家都争着前来观看。

唐玄宗没有见过安禄山之前，已经对他大有好感。相见之下，更是第一眼就喜欢了他，经常予以召见。

安禄山面奏唐玄宗："去年营州闹蝗虫之灾，臣为此焚香祈祷：'臣若是持心不正，事君不忠，愿使虫食臣心，若臣不负神祇，愿使虫散。'说也奇怪，臣祷告完毕，立刻有一群鸟自北方飞来，把蝗虫吃得一干二净，这件事情，希望陛下交付史官记载下来。"

唐玄宗一听，大为高兴，对安禄山的忠贞，万分感动，马上答应了他的要求。

安禄山长得肥肥胖胖，尤其是肚子特别大，大到盖过膝盖，弯下腰来，没法子系鞋带。他常常拍着自己的肚子说有三百斤重。

从外表看来，安禄山是个略带三分傻气的胖子，性情开朗，易与人接近。他还会跳一种胡旋舞，跳起来旋转如风，十分有趣，逗得人们哈哈大笑。唐玄宗最喜欢看安禄山跳舞助兴，只要有安禄山在的场合，总是一团热闹。

盛唐胡旋舞石刻，原刻于宁夏盐池苏步井乡唐墓墓门。两个胡旋舞者，头戴圆帽，着圆领窄袖紧身长袍，脚穿软靴，单足立于小圆毯上，一腿腾起，旋转灵动，翩翩起舞。

安禄山这次入朝，赢得了皇帝的喜爱。从此之后，他经常在边境与长安之间往返。当他人不在长安时，派了将领刘骆谷留在京师，朝廷中一切动静，安禄山了若指掌。同时，刘骆谷也是他派在京师的公共关系主任，专门为他打点上下，建立关系。

此外，安禄山是靠着送礼爬到高位的。他发现人都有贪便宜的心理，连皇帝也不例外。于是，大批大批的俘虏、杂畜、奇禽、异兽、珍珠、玩物，不断地送到长安城中，可以说他一年到头都在为送礼而忙碌。

在红包的诱惑下，安禄山除了担任平卢节度使外，又在天宝三载（744年）担任范阳节度使，十载（751年），再兼河东节度使，势力一天比一天大。

安禄山虽然目不识丁，却有许多鬼才。在唐玄宗面前，应对敏捷，又专拣好听的话奉承，还喜欢开玩笑，杂以诙谐，把唐玄宗伺候得笑口常开。

有一次，唐玄宗指着安禄山的大肚皮笑着问："你这个胡腹之中装了什么？大成这个规模？"

安禄山用手拍拍比孕妇还大的肚皮，一本正经地回答："里面什么都没有，只有对皇帝的一颗忠心。"这个马屁拍得真好，唐玄宗一开心，拉着安禄山去见太子，左右的人见到太子，自然而然地下拜。安禄山挺着大肚皮，一动也不动，大家都在想，安禄山这下要惨了。

安禄山拱拱手道："臣乃胡人，不习朝仪，不知太子是什么官？"

"太子就是国家的储君，朕千秋万世归天以后，他就代替朕为天子。"唐玄宗和婉地解释着。

"嗯，原来是这样。"安禄山说，"臣愚蠢，向来心中只知陛下一人，不知乃更有储君。"

唐三彩胡人骆驼载乐俑，唐墓出土。

这番话更叫唐玄宗心花怒放。按古代皇帝为至高无上的权威，最怕有人夺他的皇位。所以父子之间不甚和睦，父亲杀掉儿子，或是儿子干掉父亲是常有的事。总之，宫廷之中父子之情，绝对比不上民间父子。

安禄山岂会真不知道什么是太子？不过是故意借机会表示自己是忠心耿耿罢了。

然后，安禄山万分不得已地对太子拜了一拜。唐玄宗看在眼里，频频点头。

在皇宫之中，臣子一举一动，必然是合乎礼义法度，十分严肃。久而久之，做皇帝的对这种严肃的空气感到烦闷。安禄山比较随便，会讲笑话，把唐玄宗逗得乐不可支，愈发觉得这个胖子是可人儿。

为着欢迎安禄山远道而来，唐玄宗在勤政楼摆下盛宴。百官都坐在楼下，只有安禄山单独坐在御座东边，表示他特别受到恩宠。

唐玄宗不但自己宠爱安禄山，还把安禄山介绍给杨贵妃家中的兄弟姊妹，杨铦、杨锜（qí）以及韩国夫人、秦国夫人、虢国夫人等。并且安禄山与他们互认兄妹，使得安禄山得以出入宫中。后来，杨贵妃干脆收了他做义子。

唐明皇与杨贵妃并坐在一块，安禄山见了，先拜贵妃。唐玄宗看着奇怪，忙问为什么。

安禄山回答："胡人先母后父。"

唐明皇不料有此一答，忍不住哈哈大笑。原来，安禄山是胡人，开化未久。凡是比较原始的社会，都是母系社会，母亲在家族之中具有崇高之地位。然而中原汉人早已是父系社会，唐玄宗早已习惯男尊女卑的习俗，安禄山忽然来此一招，使得他为之开怀。

总而言之，安禄山做人周到，擅长逢迎，赢得了唐玄宗的信任。

安禄山过生日

安禄山会送礼，又懂得拍马屁，很得唐玄宗的宠信。天宝十载（751年），唐玄宗下令为安禄山在京师建造府第，并特别指示，不限财力，尽量求其壮丽。房子造好了，房内的装潢也是第一流的，连厨房里的用具，都是金银打造，有金饭缶、银淘盆，其他沥米的、取食的，也无不是金光闪闪，连皇宫之中的用品也没有如此考究。

唐明皇不放心，还特别派了宫中的太监去监工，再三告诫："胡眼大，勿使笑我。"意思是说，胡人的眼光高，普普通通的东西看不上眼，如果不能拿出最好的东西给他，会让他笑话。

房子造好了，装潢也妥当了，安禄山搬入新宅，请宰相入府吃酒。当日，唐玄宗正在和宰相击球，立刻停下来，命宰相赴宴，凡是好吃的、好玩的，唐玄宗都马上派人送去给安禄山。

过了几天，刚好安禄山生日，唐玄宗、杨贵妃颁赐了大量衣服宝器。三天之后，杨贵妃把安禄山召入内宫，用锦绣把义子安禄山包裹成一个襁褓（qiǎng bǎo）。然后命宫人把这个特大号的"婴儿"抬在轿子中四处巡游，宫女们吃吃地笑着，大家闹成一团。

唐明皇听到后宫一片嬉笑声，赶去一看，左右回答："贵妃在三日洗儿。"三日洗儿，是唐代风俗，小孩生下三天之后，放在澡盆之中，亲朋好友把钱散在盆中，称之为添盆。

唐玄宗听了，不但不认为是胡闹，反而喜滋滋赶去，赐给安禄山这个大宝贝洗儿金银钱。安禄山也装成个娃娃，逗着大伙笑得东倒西歪，揉着肚子喊疼。

玄宗和安禄山对坐宴饮，选自明刊本《帝鉴图说》。

从此之后，安禄山可以公然出入宫掖，连杨贵妃都与安禄山十分要好。某些史家认为史书上记载的不可靠，大美人杨贵妃怎么会喜欢大胖子安禄山呢？这未免是书生之见，有人喜欢瘦，也有人对胖有兴趣，何况唐朝人崇尚肥胖，杨贵妃也是丰满型的美女，所以她对安禄山有好感，没有什么奇怪。

安禄山善知人意，善揣人情，到处都吃得开。只有一个人，安禄山十分畏惧，那就是口蜜腹剑的李林甫。

安禄山本来对李林甫也是一派傲慢。李林甫不动声色，装着有事把王铁（hóng）大夫召来。王铁见到李林甫，诚惶诚恐，似乎十分害怕的样子。王铁是朝廷的红人，有权有势，安禄山早有所闻，可是王铁对李林甫竟然像老鼠遇到猫一样，这让安禄山不觉对李林甫另眼相看。

接着，安禄山发现李林甫确实是高人一等的老狐狸，不论安禄山葫芦里卖的什么药，李林甫总能一语道破，猜出安禄山真正的意思。安禄山貌似忠厚，装疯卖傻，连皇上都被瞒了过去，只有李林甫让安禄山又害怕又佩服。

此后，安禄山变得很怕见李林甫，只要与李林甫谈一次话，即使是隆冬之中，也吓得衣服都湿透了。李林甫看穿安禄山的恐惧，堆着满脸笑容，把他带入大厅，把自己的袍子解下来，披在安禄山身上。安禄山十分感激，呼李林甫为十郎（李林甫排行第十）。

当安禄山回到范阳节度使任上，每次手下刘骆谷从长安来，安禄山一定要问李林甫说他什么。万一李林甫有美言好话，安禄山就高兴得什么似的。如果李林甫只说："告诉安大夫，要检点一些。"安禄山就反手抵在床上，捂着胸口说："完了！完了！"

安禄山一人身兼平卢、范阳、河东三节度使，日益骄恣（zì）；他是骑马带兵打仗的，见唐玄宗年岁已老，又见中原武备堕弛，颇有看轻中原之意。

在开元天宝年间，虽然时有战争，但总体是太平无事，一般老百姓因为太平日子过久了，不知战事。猛将精兵都安置在西北边境，中央没有什么武备。同时，当时人心厌战，从李白、杜甫的诗中，可见厌战心理十分严重。

问题是，战争虽然不是一件好事，但是，你不要打，别人要打，只是把头埋在沙堆之中逃避现实是很危险的，当时的唐朝正是这种情形。

此外，在天宝末年还有两个问题十分严重，一是"内重外轻"，一是"重文轻武"。

内重外轻指的是玄宗朝的官吏希望留在京师，不愿意调到州县，更不愿意调到边疆，使得地方及边境异常空虚。

重文轻武的观念在睿宗时代已存在，到了唐玄宗朝，更成为风气。大家都以能作诗作赋为高，子弟若是担任武官，父兄都以为不齿，在这种情况之下，武备日渐废弛。

同时，孔目官严庄、掌书记高尚等人又在怂恿安禄山，说他有皇帝相，安禄山遂有并吞天下的野心。他在范阳北筑雄武城，聚兵积谷，养了同罗、奚、契丹降人八千为壮士，又蓄战马数万匹，更遣商人至诸道，贩卖珍货，每岁输入数百万，他有钱、有人、有战斗力，威势一天比一天强。

由于李林甫的狡猾更在安禄山之上，所以安禄山虽然有野心，仍然谨守本分。但是天宝十一载（752年），口蜜腹剑的李林甫去世了，杨国忠继任为相，情况又如何?

唐玄宗放虎归山

胡将安禄山眼见唐玄宗年纪已老，中央武备废弛，对朝廷有轻视之心，有意起兵造反。可是宰相李林甫的狡猾超过安禄山，安禄山最怕李林甫，所以不敢蠢动。李林甫去世之后，杨国忠继任为相。杨国忠的精干比不上李林甫，安禄山打心眼里瞧不起杨国忠。杨国忠素来骄傲，见安禄山看他不起，气得牙痒痒的。

由于两人有隙，杨国忠就常常在唐玄宗面前讲安禄山的坏话，说他会造反。唐玄宗对安禄山这个胖子非常宠爱，没当一回事。

杨国忠为了要对付安禄山，极力拉拢突厥将领哥舒翰（hàn），因为哥舒翰与安禄山是仇人。这些消息都由安禄山派在京师的人员把情报传了过来，安禄山甚为不开心。

虽然唐玄宗不理会杨国忠的挑拨，可是杨国忠不死心，依然说个不停，并且再三断言："陛下若是不信，可以召他来京师，他一定不敢来。"

"好，即传安禄山到长安。"于是，唐玄宗下令召安禄山入朝。

结果杨国忠猜错了，安禄山一接到诏令，立刻在天宝十三载（754年）赶到了长安，前往华清宫晋见皇帝。

安禄山哭着对玄宗道："臣本胡人，承蒙陛下宠爱拔擢，才有今天的地位，却也因此被杨国忠所嫉恨，臣死无日矣。"说着，眼泪不断地往下掉。

唐玄宗看安禄山哭得如此伤心，大为不忍，觉得自己竟然怀疑这么一个忠心耿耿的臣子，实在太不应该。特别赏赐巨万，表示爱怜之意。

狡猾的安禄山见此光景，立刻提出要求——他以讨伐奚、契丹为名，请求朝廷准许他不拘常格，提拔将士，写好告身（告身是封官之册书，类似今天的任命状），让他带回去。唐玄宗正因为“对不起”安禄山而难过，马上答应他的要求，如此一来，安禄山得以授将军五百余人，中郎将二千余人。

在京师里住了三个月，安禄山要回范阳节度使任上了。临行之前，唐玄宗特别解下御衣，披在他身上，安禄山又惊又喜地收下了。

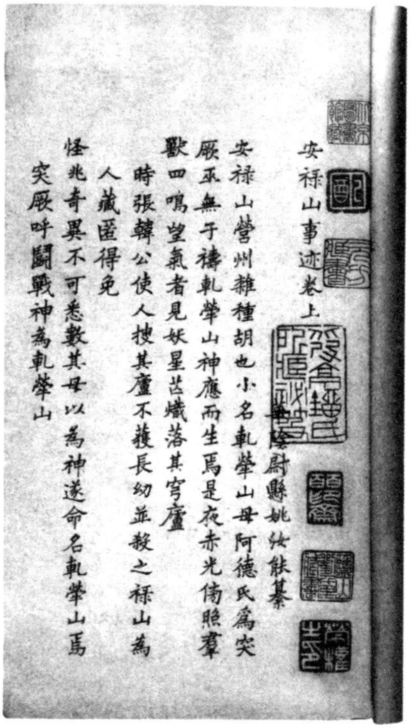

安祿山事迹卷上

陰尉縣姚汝能纂

安祿山營州雜種胡也小名軋犖山母阿德氏爲突厥巫無子禱軋犖山神應而生焉是夜赤光傍照羣獸四鳴望氣者見妖星芒熾落其穹廬

時張韓公使人捜其廬不獲長幼並殺之祿山爲人藏匿得免

怪兆奇異不可悉數其母以爲神遂命名軋犖山焉突厥呼鬭戰神爲軋犖山

安禄山事迹，唐姚汝能撰，清刻本。

拜别了玄宗，安禄山立刻出关，他很担心杨国忠又在玄宗面前讲些什么而把他留下。他昼夜兼行，日行百里，经过郡县，也不下船。人人都看得出此次放虎归山，安禄山必反，却也没人敢报告给唐玄宗。

到了第二年，天宝十四载（755 年）二月，安禄山的副将何千年入奏，要求把三十二名汉人将领改用番将代替。大臣韦见素上奏玄宗：“禄山已有造反迹象，所请不可许。”

唐玄宗经过上次事件，对安禄山更加信任，现在听到有人又在诋毁安禄山，十分生气，没有理会韦见素。

但是因为大家都说安禄山不可靠，唐玄宗决定再做一个小小的试探，他派遣宦官辅璆（qiú）琳携带大批珍果去慰劳安禄山，顺便探探虚实。聪明的安禄山当然知道来者不善，好好地对辅璆琳下了一番功夫。辅璆琳接受了安禄山的厚赂，回来之后，拼命为他说话：“禄山竭忠奉国，无有二心。”

唐玄宗听着相当满意，笑嘻嘻地对杨国忠道："朕对安禄山推心置腹，他必无异志，东北契丹与奚都要靠他镇遏（è）。朕可以担保安禄山没有问题，这件事就不必再提了。"

于是安禄山有意谋反这件事，也就暂时停止讨论。

自从安禄山回到范阳，态度作了一百八十度的转变，朝廷每次遣使前来，安禄山总是推托生病，不肯出迎。有一位使者裴士淹到范阳，足足等了二十多天，才见到安禄山。而且安禄山一派傲慢，没有一点儿人臣之礼。

杨国忠接到消息，大为兴奋，立刻派人包围安禄山在京师的宅第。他处心积虑想要激使安禄山早日造反，一方面是拔除眼中钉，一方面希望在玄宗面前露上一手，表示自己有先见之明。

紧接着，杨国忠逮捕了安禄山留在京师的人马李超等，送入御史台，没有经过审判暗中就给杀了。安禄山儿子安庆宗娶了荣义郡主，以太仆卿的身份在京师当差，马上密报安禄山。

安禄山一听大为恐慌，他本来念在唐玄宗待己不薄，准备等待玄宗归天以后再造反，如今情势所迫，逼得他不得不早日动手了。

天宝十四载（755年）六月里，唐玄宗为儿子完婚，发出诏书邀请安禄山前来观礼，安禄山又称病没有前来。

到了七月，安禄山忽然上表献马三千匹，每匹马派两名马童相随，遣番将二十二人带队。

河南尹达奚珣认为其中有蹊跷，上奏请示："通常禄山进献马匹应该等到冬天，现在才七月，而且何必他自带马童，本军自有马童可用。"

唐玄宗看了奏章，也觉得安禄山这一招有些奇怪，心中渐渐对他也起了一些疑心。

刚好，上次玄宗派宦官辅璆琳去侦查安禄山接受贿赂之事被告发，由此可证明辅璆琳所说安禄山忠心耿耿是谎言。于是，唐玄宗开始有点儿坐立不安。

安史之乱

天宝十四载（755 年），安禄山突然没来由地要献马，还要自备马童，一向信任安禄山的唐玄宗开始起了疑心。同时，安禄山贿赂宦官辅璆琳之事又东窗事发，使得唐玄宗有些儿不安。

于是，唐玄宗再派中使冯神威带着诏书去见安禄山，并且告诉安禄山："朕新为卿造一温泉池，在十月间，朕于华清宫待卿。"

安禄山挺胸凸肚坐在床上欠身微起，用不耐烦的口气道："马不献也可以，我十月里必然会去京师。"然后，命令左右安排冯神威住在馆舍中，不予理会。又过了几天，派人告诉冯神威："你可以走了。"

记得以前朝廷有使者前来，安禄山巴结逢迎到了极点，临走之时，还要塞上许多"小意思"贿赂一下，希望使者回去之后多多美言。而此番冯神威前来，看到安禄山冰冷的面孔，住在馆舍里，一颗心七上八下，日夜不安。

如今，听说可以回去了，冯神威飞也似的赶回京师。见到了唐玄宗，上气不接下气道："臣几乎不得再见皇上了。"两行热泪滚滚而下，他早已吓得魂不附体了。

本来，安禄山早有谋反的阴谋，而且计划了十年之久。因为唐玄宗待他不薄，准备等唐玄宗归天以后再下手。然而杨国忠与他不合，一天到晚在玄宗面前打小报告，说安禄山要造反，希望激起安禄山愤怒，及早起兵。现在，很明显的，唐玄宗已疑云大起。逼得安禄山不得不及早下手。

天宝十四载（755 年）八月之后，安禄山屡次犒（kào）赏三军，经常打牙祭，他的目的是收买人心。不久，安禄山伪造了一份皇帝的敕书，对将领们颁布：“我接到皇上的密旨，令禄山带兵入朝，讨伐杨国忠。”大家都愕然相顾，没有人相信安禄山的话，却也没有人敢有异言。

在十一月间，安禄山以讨伐杨国忠为名，率十五万大军，在范阳起兵，引兵向南。他步骑精锐，烟尘千里，一路鼓噪而来，这正是白居易《长恨歌》中的“渔阳鼙（pí）鼓动地来”。渔阳，在今天津市蓟州区一带，鼙鼓即为战鼓。

唐朝自开国之后，天下太平已久，老百姓累代不知兵事，不识兵革，突然听说范阳兵起，远近震骇。安禄山所经过的州县，望风瓦解，守令或者开门出迎，或者弃城窜匿，或者为敌人所俘虏，很少敢与之相抗者。

唐玄宗以为海内无事，一般人民也认为可以高枕无忧，安享太平，不料就出了大乱子。任何时代，如果毫无忧患意识，都是一件危险的事。

言归正传，话说安禄山造反的消息传到了长安，杨国忠可乐坏了。他洋洋得意禀报唐玄宗道：“今反者独禄山一人，将士皆不欲也，不过十日，必传他的首级到京师。”唐玄宗听了很高兴，大臣们都相顾失色。

杨国忠光会讲大话，安禄山的军队一口气打下了洛阳，因为潼关守有重兵，一时难破。安禄山遂在天宝十五载（756 年），在洛阳称帝，定国号为燕，改元圣武，自己当起皇帝来了。

六月间，安禄山攻下了潼关，唐玄宗仓皇之中逃难前往四川。在半途之中，军士们又饥饿又愤怒，发生了马嵬（wéi）驿兵变（关于马嵬驿兵变的故事将在后面说明）。

马嵬驿事变之后，唐玄宗继续西行，地方父老遮道不肯让行，都说：“宫阙为陛下家居，陵寝是陛下坟墓，今舍此欲何往？”坚持不肯放行。

唐玄宗没有办法，拉着马辔许久许久，决定把太子李亨留在马后，宣慰父老。

父老又说：“至尊（天子）既不肯留下，我等愿意率领子弟，从太子殿下

唐明皇幸蜀图，唐李昭道绘（传），台北“故宫博物院”藏。图中所绘，为唐玄宗李隆基为避安史之乱，行于蜀中的情景。

东征破贼，取回长安。若是殿下与皇上皆入蜀，还有谁肯为中原百姓之主？”

于是，唐玄宗前往蜀逃难，太子李亨带领一部分人马，到了灵武，在灵武即位，是为唐肃宗，改元至德，另一方面遣使上表，尊唐玄宗为太上皇。

安禄山自从攻入了长安城，展开一场大规模的屠杀与劫掠。他自起兵之后，也许是身躯肥胖，血压太高，眼睛渐渐看不见，身上又长疮，于洛阳称帝之后，便留在洛阳。当年他在长安，看到唐玄宗所享受的乐工、舞女、梨园子弟、舞马、大象，一股脑儿自长安搬到洛阳供他享用。

安禄山本来脾气就坏，因为身体不舒服，愈发暴躁，稍不如意，就对身边人动加棰挞（chuí tà），其中以阉臣李猪儿被打得最凶。李猪儿原本是安禄山最宠爱的人，从十岁开始伺候安禄山。安禄山到了晚年，肚皮愈来愈大，每次穿衣带，都要三四个人帮忙把肚皮抬起，然后，取裙裤系腰带都是李猪儿的事。

安禄山有意把长子安庆绪废去，安庆绪害怕之下与李猪儿合谋将安禄山一刀毙命，正中安禄山的大腹。因为安庆绪昏庸无能，手下史思明不服，把安庆绪杀了，乾元二年（759 年）在范阳自称为大燕皇帝，改元顺天，最后史思明也被儿子史朝义所杀。唐将郭子仪、李光弼（bì）向回纥（hé）借兵，将乱事平定。安（安禄山）史（史思明）之乱共八年结束，唐朝元气大伤。

哥舒翰守潼关

在上篇之中，我们大概介绍了安史之乱的来龙去脉。

事实上，在安禄山起兵之初，虽然他占领了洛阳，不可一世，却也受到唐朝大将郭子仪、李光弼等的反攻。通往幽州的后路被切断了，前方又受阻于潼关。安禄山曾一度想放弃洛阳，先回范阳老家再说。

当时守潼关的大将是哥舒翰，哥舒翰是个胡将，很会打仗，是安禄山的死对头。杨国忠为了气安禄山，在天宝十二载（753 年），封他为凉国公，加河西节度使。

到了天宝十三载（754 年），哥舒翰拜太子太保，又兼御史大夫。可是哥舒翰贪杯好酒，又恣情声色，有一天在浴室之内中风，变得半身不遂，以病废河西休养。

安史乱起，唐玄宗召哥舒翰为兵马副元帅，讨伐安禄山。哥舒翰半身不遂怎能打仗？再三固辞，可是唐玄宗不许，只好扶病前往。

哥舒翰到了潼关，决定先采取守势，他分析道："禄山久习用兵，必然不会无备，贼兵远来，希望速战。王师自在其地，利在坚守，不可轻易出关。"他的守关政策使得安禄山进退维谷，十分为难。

可是，正在此千钧一发之际，有人对杨国忠说："朝廷重兵，均在哥舒翰之手，一旦哥舒翰回师，对公岂不危险？"

杨国忠一向把自己的官、禄看成天地间第一等大事。一听之下，马上上报玄宗，命哥舒翰立刻出潼关，收复陕、洛。哥舒翰具奏，说明禄山兵盛，不可轻图。杨国忠就怪哥舒翰坐失良机，不安好心。

哥舒翰如果再不出兵，等于承认自己与安禄山一般，怀有企图。何况唐玄宗不断派中使宦官前来，命令立刻引师出关。

于是哥舒翰出关，与安禄山军队大战。一交手之下，兵败如山倒，有的弃甲逃窜，更有许多相挤坠河而死。最后，哥舒翰向安禄山投降，被解送到洛阳。

安禄山见到哥舒翰，十分得意，问道："你以前常轻视我，今天又如何呢？"哥舒翰立刻趴在地上讨饶："臣肉眼不识圣人。"安禄山大喜，不过，最后还是把哥舒翰杀了。

潼关失守，于是河东、华阴的防御使都先后弃郡远逃。消息传到长安，唐玄宗忧惧万分，召杨国忠共谋对策。

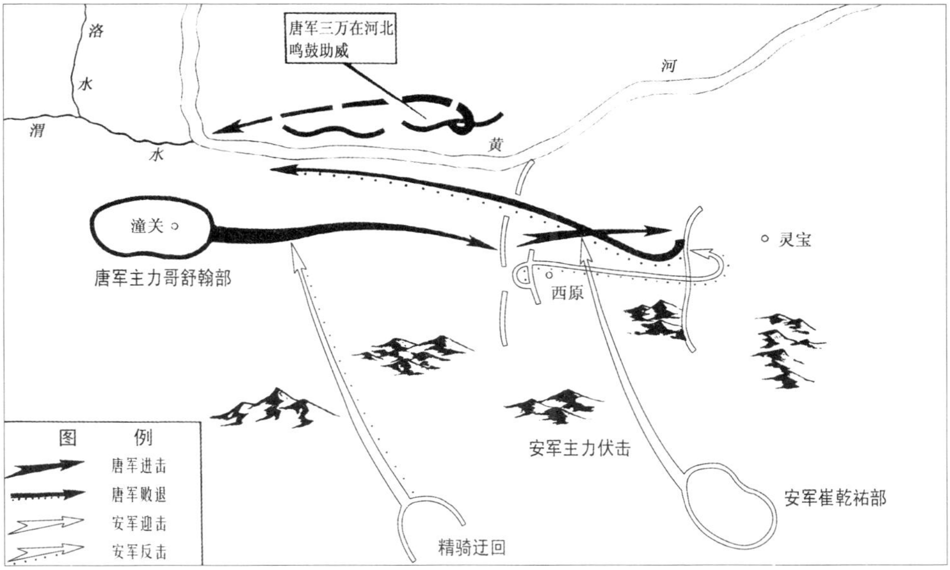

灵宝战役示意图。天宝十五载（756年）六月，唐玄宗强令潼关守将哥舒翰向敌攻击。哥舒翰力争未果，不得已领兵出关东进。初七，唐军前锋进至灵宝西南之西原。此处南面靠山，北临黄河，中间是狭长隘路。叛军首领崔乾祐以大兵伏山后，以散乱兵阵布于唐军阵前。唐军见有机可乘，除分兵三万于黄河北岸击鼓助攻外，其余十五万主力悉数攻击前进。当行至隘路，安军伏兵尽出，猛烈攻击，唐师大败，仅八千余人返回潼关。次日，叛军攻陷潼关。

杨国忠召集百官于朝堂，流着眼泪问大家有何良策。情势到这种地步还有何话可说，而且，若不是杨国忠执意要哥舒翰开关，也许情况有所不同。所以，百官们都垂着头，不敢开口，就是被点名问到了，也只有唯唯以对。

杨国忠幽幽地说："人言安禄山必反已十年，皇上不信，今天的事，非宰相我之过也。"

眼看安禄山就要追杀到京师来了，杨国忠建议玄宗逃到蜀（四川）去。因为四川是杨国忠的第二故乡，他又身兼剑南节度使，所以主张玄宗幸蜀。

此时，长安城内的老百姓，自相惊扰，东奔西走，不知所措。街市一片萧条，生意人把招牌也取下来了。杨国忠要韩国夫人、虢国夫人去劝玄宗，再不快逃，安禄山即将入城了。

可是，大敌当前，做皇帝的首先开溜，似乎说不过去，于是玄宗下诏伪称御驾亲征安禄山。话是说得漂亮，却没有一个人相信。

当天晚上，唐玄宗命令龙武大将军陈玄礼整编六军，厚赐金帛，挑选上好的马匹九百余匹，悄悄准备逃难，外人都不知道。

到了黎明之时，唐玄宗独自与杨贵妃姊妹、皇子、其他妃嫔、公主、皇孙、杨国忠、韦见素、陈玄礼及少数亲近的宦官、宫人，离开了延秋门。在此之外的妃、主、王孙都弃之不顾了。

一行人走过左藏库，杨国忠请求焚毁，以免落入贼兵之手。唐玄宗愀然道："贼来之后，必然赋敛百姓，不如把这些留给他们，免得百姓更加遭殃。"可见得，唐玄宗对于自己晚年昏庸，使百姓流离，心中不无后悔。

到了第二天早上，百官来朝，到了宫门之外，还听到击更报时的漏声，门口的守卫也还是站得笔挺的，一如往常。可是，宫门一开之后，就看到皇宫中的宫人着急乱走，内外扰攘，不晓得皇帝跑到哪儿去了。等到发现玄宗出奔之后，所有王公士民，四出逃窜，好像锅中的滚油炸开一般。

一些个小流氓，乘机出入宫禁与王公第舍，盗取珠宝。还有人骑着驴子上殿，焚烧左藏大盈库。昨天还是警卫森严的天子殿阁，今日已成为人人可践踏的马场。

新任的京兆尹崔光远见他们闹得太不像话，一方面派人救火，一方面动手捉人，一口气杀了十几个顽劣刁民，情况才稍稍稳定下来。同时，崔光远派了他的儿子到洛阳去见安禄山，请他早日接收长安。

于是，安禄山得以不费一兵一卒，轻易地占领了长安，大肆收捕百官、宦官、宫女送到洛阳。

马嵬驿的悲剧

安禄山攻下洛阳以后，打不进潼关，进退两难。可是杨国忠担心潼关守将哥舒翰势力太大，硬逼着哥舒翰放弃以逸待劳的守势，开关迎战。结果，哥舒翰兵败被俘。唐玄宗仓皇之间，从长安宫中逃亡而出，仅率领宰相韦见素、杨国忠与杨贵妃一家姊妹及太子等少数人，由禁卫军保护前进。

唐玄宗等一行人，在早上八点钟左右，来到了咸阳望贤宫。从黎明奔走到现在，已经两腿发麻，饥肠辘辘。原指望到了咸阳，可以饱食一顿歇歇脚，不料咸阳附近各县县令都逃走了。一路上半点儿吃的东西都没有，唐玄宗派中使召地方官，也没有任何官吏前来。

一直到了中午，玄宗还是饿着肚子，杨国忠在街上买来一些胡饼呈献。老百姓听说皇帝驾到，也争着献食物。不过，兵荒马乱之际，没有什么吃的，不过是粝（lì）饭，中间拌着几颗麦豆。

这些养在深宫中的皇子、皇孙，几时吃过这么粗劣的食物？但是逃难在外，有东西吃就不错了。用手抓了捧着就食，一会儿就抢得干干净净，却还没有填饱肚子。

唐玄宗看到这光景，难过得眼泪都掉下来了，频频用袖子拭泪。此时，有一个叫郭从谨的老人站了出来，对玄宗说："禄山包藏祸心，固非一日，也有人前来报告陛下，陛下往往诛之，使得禄山有机会逞其奸逆。臣记得以前宋璟为相时，数度进直言，天下赖以太平。如今在朝之臣只知阿谀谄媚，以求容身。我这个草野之臣，早知道会有这么一天的，可是九重（指天子所居之地）严邃，区区之心，无路上达。若不是皇帝今天到达这儿，臣怎可能见陛下之面，说这些话呢？”

唐玄宗被这个老人教训了一顿，心里头很惭愧。低下头，小声道：“此朕之不明，后悔也来不及了。”

稍做停留之后，唐玄宗等又急着赶路，半夜之时，才赶到金城。金城这地方不但县令逃了，县民也跑光了。还好，饮食器皿还在，士兵们自己动手，胡乱做了些东西果腹，当天晚上，大伙儿就在金城过夜。驿中找不着蜡烛，只有黑漆漆地躺在一块了，此时，也顾不得什么贵贱之别了。

第二天，玄宗等一行来到了马嵬（wéi）驿（今陕西省兴平市西），六军将士，又饥饿又疲倦，而且满肚子的怒火无处消。其中有一个叫陈玄礼的龙武大将军扬言，此祸由杨国忠而起，非杀杨国忠不可。

伺候太子的宦官李辅国刚把这个消息禀报了太子，正好有二十多个吐蕃使者拦住杨国忠的马，吵着要饭吃。杨国忠满脸不耐烦，还没有开口，军士就呼喊：“国忠与胡虏谋反。”鼓噪之下，有人拿起箭就对杨国忠射来，射中马鞍。

杨国忠吓得掉转马头往回走，军士们哪这么容易放过他，一拥而上。不但把他用乱箭射死，而且还把他的肢体一块一块地切割下来。但是，这还不足以平息众人的怒火，他们用枪把杨国忠的脑袋挑了起来，挂在马嵬驿的门外。

杀了杨国忠之后，军士们顺便把杨国忠那不学无术的宝贝儿子杨暄以及秦国夫人、韩国夫人都给杀了。

唐玄宗正在驿站内休息，不知道为什么外面一片喧哗之声，拄着拐杖出来一看，正好看到杨国忠的一颗脑袋迎风招展，大吃一惊。他慰劳军士，要求队伍回营。可是军士们不理，仍然手拿着武器，眼露着凶光。唐玄宗很生气，要宦官高力士去问他们是什么意思。

带头杀杨国忠的陈玄礼应声道："国忠谋反，贵妃不宜供奉，愿陛下割舍恩爱，正之于法。"

原来军士们要杨贵妃死，唐玄宗做梦也料不到此。他拄着拐杖，不发一言，觉得身子有点儿支持不住，喃喃地说："这件事，朕自会处置。"

京兆司录韦谔（è）上前道："今众怒难犯，安危在顷刻之间，愿陛下速决。"说着，叩头流血。

唐玄宗思索了半天才说："贵妃常居深宫，安知国忠谋反。"可是军士们认为，唐玄宗如果不是迷恋杨贵妃，不会荒废国事；杨国忠如果不是靠着杨贵妃的裙带关系，又怎么能平步青云。所以，非要杨贵妃一死以谢国人不可。

杨贵妃，清康涛绘，天津艺术博物馆藏。

高力士说："贵妃诚无罪，然而将士已杀国忠，焉能自安，愿陛下审思之。"事已至此，玄宗只有命高力士引贵妃入佛堂缢杀之，然后停尸于驿庭，军士们才息怒。唐朝大诗人白居易在《长恨歌》中形容这一段："九重城阙烟尘生，千乘万骑西南行；翠华摇摇行复止，西出都门百余里，六军不发无奈何，宛转蛾眉马前死；花钿委地无人收，翠翘金雀玉搔头，君王掩面救不得，回看血泪相和流。”意思是说：安禄山造反，把九重高的城阙，也扰乱得烟尘四起，唐玄宗带着成千上万的人马向西南逃难；驾前御用的翠华旗在路上飘摇一阵后，突然停止，在离京城百余里附近的马嵬坡，六军不肯前进了，非要赐死杨贵妃以谢天下；杨贵妃只有哭哭啼啼，紧锁蛾眉，在马前被勒死。她头上所插的花钿，抛弃了一地，没有人为她收拾，翠翘金雀等名贵的首饰也撒了一地，唐玄宗掩着衣袖，不忍见贵妃惨死，又无法相救，待再回首，眼中血泪交流。

白居易的《长恨歌》缠绵悱恻，千古传诵。唐玄宗若不是晚年过于荒淫，政治腐败，又怎会有马嵬驿的悲剧?

张巡死守国土

文天祥的《正气歌》是不朽的一篇文章，《正气歌》中有两句“为张睢（suī）阳齿，为颜常山舌”，与安史之乱有关……

张巡，蒲州河东人。博览群书，通晓军事，重义气，尚气节，朋友有危窘之时前来求救，张巡必然倾财抚恤之。

在唐玄宗开元末年，张巡中了进士，以通事舍人出为清河令，政绩很好。当时杨国忠当权，炙手可热，有人劝张巡走杨国忠的门路，他不肯，于是被调为真源令。

真源在今天的河南鹿邑县，不是个好地方，当地土豪劣绅特别多，尤其是一个叫华南金的恶势力最大。邻里的人都受过华南金的欺负，因此真源地方流行一首歌谣：“南金口，明府手。”

张巡到任之后，第一件事就是把华南金这个恶棍给杀了。真源地方的土豪劣绅看到新来县令这么厉害，也就不敢放肆，于是风气为之一变，歹徒改行迁善。

天宝十五载（756年）正月，安禄山起兵造反，谯（qiáo）郡太守杨万石投降了安禄山，也要逼着属下真源令张巡为长史，向安禄山投降。

张巡天生忠肝义胆，他不肯向贼人称臣，率领了县民到黄帝庙中痛哭流涕，宣誓死守国土，起兵讨贼。

此时，真源隔壁的雍丘县，已被杨万石献给安禄山，雍丘县县令令（líng）狐潮也一块投降了。张巡带着数千民兵气势汹汹前往收复失地。

张巡对大家说：“贼兵精锐，十分轻视我们，现在我等出其不意，一举击之，贼必惊溃。”果然，张巡派一千人分数队攻城，直冲敌阵，贼人措手不及，糊里糊涂被张巡攻退。

第二天，贼人不甘心，一大早就来攻城，把雍丘团团围住，而且架设了梯子往城门上爬。张巡命令军士们把一捆一捆的稻草浇了油，用火点燃，从城上往下头扔，贼兵上不去，只有暂缓进攻。

如此一共过了两个多月，双方激战三百多回，贼兵还是没有把城攻下。在这六十多天当中，军士们随时随地都戴着笨重的铠甲，负伤上阵。安禄山的军队败逃，张巡乘胜追击，虏获胡兵两千多人，军声大振。

到了第二年，雍丘原来的县令令狐潮又带领贼兵前来攻城。令狐潮过去与张巡有旧谊，他策马于护城河畔站在城下，与城门上的张巡和平常一般地话旧。

令狐潮仰着头对张巡说：“天下事大势已去，足下坚守危城，到底是为什么？还不如跟着我去追求富贵。”

张巡嗤之以鼻道：“足下平生以忠义自许，你今天的作为，忠义何在？”令狐潮想起以前两人发誓为国效忠的情景，自觉丢人，勒转马头，飞奔回营。

既然劝不动张巡，令狐潮只有再用兵，在雍丘城外又攻了四十多天，依然攻不进去。

这时，唐玄宗出奔西蜀的消息传来，令狐潮又写了一封信给张巡，劝他早日投降。张巡手下有六员大将沉不住气了，想想连皇帝都逃了，还打什么仗呢？他们向张巡建议道：“兵势不敌，而且皇上存亡不可知，不如降贼。”

张巡表面上答应了，第二天在堂上设立一个天子的画像，率领将士们对着画像朝谒，许多人想到国仇家恨，忍不住哭了起来。张巡把主张投降的六名将领叫了过来，责以大义，痛骂他等之不忠，然后当场立斩，此后军中再也没有主降的论调了。

尽管士气旺盛，可是城里面没有箭了。张巡效法诸葛亮借箭的方法，扎了一千多个草人，披上黑衣服，在半夜徐徐用绳子放下。令狐潮的兵发现了，立刻挽弓射箭，等到发现是草人，已经白白送了张巡数十万枝箭，后悔不已。

这天夜里，快天明了，张巡又垂了一些身着黑衣的人下来。令狐潮的手下都在彼此笑话："我们可不再上当啦！"岂料这一回放下的不是稻草人，是真人。贼人没有料到假人会走路，还会袭营哩。这五百名敢死队队员冲入令狐潮阵中又杀又砍，潮军大乱，吓得把营地烧掉，夹着尾巴逃窜。

令狐潮一连中计两次，十分恼火，又调派了军队前来猛攻。张巡派了手下大将雷万春在城上与令狐潮答话，贼兵用弩箭射之，雷万春脸上一连中了六箭还一动也不动，令狐潮生气地说："这八成又是一个木制的假人。"

次日，令狐潮派人去打听，才知道昨天确实是雷万春本人。令狐潮遂在城下对张巡喊话道："昨日见到雷将军，才知道足下军令如山，可惜天道不保佑你，你还是投降算了。"

"呸！你不知道人伦，又哪儿晓得什么天道！"没多久，开城出战，擒贼将十四人，使得令狐潮不敢再出来。

后来，安禄山再派河南节度使尹子奇攻睢阳，睢阳太守许远也是一个忠贞之士，不愿意投降敌人，就向张巡求救。张巡领兵入援睢阳，许远对张巡说："我是不懂一点兵事，公智勇兼备，今后我当为公守城，公即为我作战。"于是他们开始分工合作。

张巡的牙齿

安史之乱时，张巡苦守雍丘，又与许远共同死守睢阳，奋勇不屈……

肃宗至德二载（757 年），贼将尹子奇再围睢阳，情势愈发危急。张巡在城里头命令兵士们整晚大声击鼓，吵得尹子奇的军队通宵不安，而且随时担心张巡军队会追杀而出。

到了天亮了，张巡反而收兵息鼓，贼兵也累了，于是解甲休息。正在此时，张巡突然与大将南霁（jì）云、雷万春等十多位将官，每人各领五十骑，开门突出，直冲贼营，斩贼将五十余人，杀了贼兵五千多人。

张巡想要干掉尹子奇，可是贼兵如此之多，又怎么知道谁是尹子奇呢？他心生一计，把蒿草削尖当成箭射出去。被射中的贼兵发现身上有点儿痒，却并不痛，也没有流血，再一看，敢情是蒿草制的玩具箭，一个个大为兴奋，急着向尹子奇报告张巡的箭用光了。

张巡远远见到贼兵都涌向同一个人，心想，这准是尹子奇无疑了。立刻命令南霁云朝此方向射箭，把尹子奇的一只眼睛打瞎了。

尹子奇变成了独眼龙，简直气坏了，再率数万大军火攻睢阳，还是攻不下。可是睢阳城内的粮食快被吃完了，将士们每天只能分到一合米，米吃完了，只好改吃树皮草根，张巡、许远也吃树皮草根，还是不肯投降。甚且有两百名贼兵，被张巡的忠勇所感动，竟然弃贼来降，也加入睢阳死守行列。

南霁云，选自《马骀画宝》。

这时，张巡决定派遣南霁云冒险出城讨救兵，向将领贺兰进明乞援。

南霁云杀出城门，只带了三十骑，贼兵数万前来追杀。南霁云双臂驰射，左右开弓，竟然吓得贼兵不敢靠近。突出重围之后，他快马加鞭来到了临淮。

贺兰进明见南霁云满身伤痕，狼狈不堪，心中暗忖：“不愧为一条汉子。”可是，他不准备分散兵力去解救睢阳。贺兰进明慢条斯理地打着哈哈，用敷衍的口气道：“你出来之后，睢阳城是不是已经失陷了，谁也不知道，我就是派了兵去，又有什么用？”

南霁云没有料到千辛万苦赶了来，贺兰进明竟然是这副爱理不理的死样子。心中恼火万分，又不便发作，只有忍着气说：“睢阳若已陷，霁云以死谢大夫（指贺兰进明），况且睢阳若是失守，临淮也将不保，正如同皮毛相依一般，你怎可以见死不救！”

贺兰进明不再与南霁云讨论出兵的事，只一个劲儿问他累了没有，饿了没有，硬是把他留了下来，搬出最好的酒席、最好的乐队来招待他。贺兰进明见南霁云是个人才，希望他能为己效命。

南霁云的肚子咕噜咕噜地响，但是面对着香喷喷的山珍海味，他却吃不下去。拿起了筷子，又放了下来，流着眼泪说：“霁云此次前来之时，睢阳的人民已经有一个月没有东西吃了，我虽然想一个人饱食一顿，实在咽不下去。你坐拥强兵，坐观睢阳陷没，没有一丝分灾救患之意，岂是一个忠臣义士的所为？”

说着，南霁云把手指伸入口中，用力一咬，竟然啃下一个手指，鲜血淋漓，看着好吓人。他把手指往贺兰进明前面一摆：“霁云既然不能达成张巡主将之意，就留下这个手指，表示我确实来过这一遭。”

在座的人都为南霁云的义薄云天而流泪，接着南霁云又饿着肚子，忍着悲愤，头也不回地奔向睢阳。

睢阳城里的人，自从送南霁云出外讨救兵，日夜盼望他早日归来解围。早也盼，晚也盼，到了最后，终于等到了南霁云，却听到不好的消息，居民们不禁抱头痛哭，捶胸顿足。

城里面真是一丁点儿粮食也没有，有人建议弃城而走。可是张巡、许远商量了半天，认为睢阳一丢，江淮不保，贼人可以长驱直入，还是非守不可。

然而，靠什么守呢？树皮草根吃完了，开始吃马，马吃完了，又掘地鼠，最后地鼠也吃光了。

到了最后，只剩下四百多人了，贼兵又开始攻城，将士们又病又饿，实在不能再拼了。张巡扑通一声，向西边跪了下来，沉重地呼喊：“我已经力竭了，还是

张巡，选自《历代名臣像解》。

不能保住此城，生既无以报陛下，死当为魔鬼以杀贼。”

不久，睢阳城陷了，张巡、许远等都被活捉。

被张巡弄瞎一只眼睛的尹子奇问道：“听说你每次作战，眼睛都睁得大大的，好像要用力把眼珠子挤出来，奇怪，你牙齿格格作响，这是什么道理？”

“我啊，我恨不得一口吞了逆贼，可惜力量太小！”

尹子奇派兵用力抉开张巡的嘴，发现仅存三四颗牙齿，其他都被他咬碎了，这就是“为张睢阳齿”的由来。尹子奇想劝他投降，手下的人都说：“他绝对不会为我们效命的，留着是后患。”于是张巡、南霁云等一并被斩。

颜杲卿的舌头

“疾风知劲草，板荡识忠臣。”在安史之乱中，许多唐朝的大臣望风披靡，纷纷向安禄山投降。但是也有忠肝义胆之士，譬如说张巡、许远，以及我们要介绍的颜真卿与颜杲（gǎo）卿。

提起颜真卿大家都很熟悉，知道他是唐朝的大书法家，尤其是他写的《多宝塔感应碑》最为流行，是楷书的标准字体。后人把颜真卿和唐代的欧阳询、柳公权，再加上宋朝的赵孟頫（fǔ），合称为“欧、柳、颜、赵”四大家，凡是学书法，都要从此入手。

唐代的大书法家柳公权曾经说过“心正则笔正”，的确，颜真卿的字体挺拔端正，一如其人格之方正。

颜真卿生长在书香门第，他的远祖是孔子最钟爱的学生颜渊；他的五代祖，是南北朝时写《颜氏家训》的颜之推；他的从高祖，是唐朝初年著名的大学者颜师古。颜真卿的父亲很早就去世了，他是由母亲一手扶养长大的，对母亲十分孝顺，在开元年间中了进士。

中了进士之后，颜真卿被任命为监察御史，当时五原地方有冤狱，久久不能决，颜真卿到了之后，立刻予以平反。说起来也奇怪，五原地方正在苦旱，狱决之后天上哗啦哗啦下起大雨来了。当地人都高兴地呼喊，说这是“御史雨”。

后来，颜真卿被调为平原太守，他早就看出来安禄山会造反，为着预防战争，主动找机会修筑城池，疏浚（jùn）沟壕，充实仓库。安禄山知道颜真卿在防备，但看他不过一个书生，十分轻视，没有摆在心上。

过了没多久，安禄山果然造反，河朔地带尽陷，只有平原郡因为有防备，没有被攻下，并且积极准备抗贼。颜真卿派了一个代表李平到京城里向唐玄宗报告。唐玄宗正好接到河北郡县皆望风披靡的消息，把军报往地上一甩道：“河北二十四郡，难道就没有一个爱国义士？”

等到李平来了，唐玄宗大为高兴，他说：“朕连颜真卿长得是个什么样子都没有见过，没有想到他竟然会做得这么好！”啧啧赞叹不已。

颜真卿不但自己努力抗贼，还派遣亲信的宾客到临近的郡县去，共谋大局。许多郡县因此而响应，共同结成一股力量。

安禄山攻下洛阳之后，杀掉了留守李憕、御史中丞卢奕（yì）、判官蒋清，而且把这三个人的脑袋，让段子光带来见颜真卿，意思是要威胁颜真卿等，如果你们不趁早投降，也会落此下场。

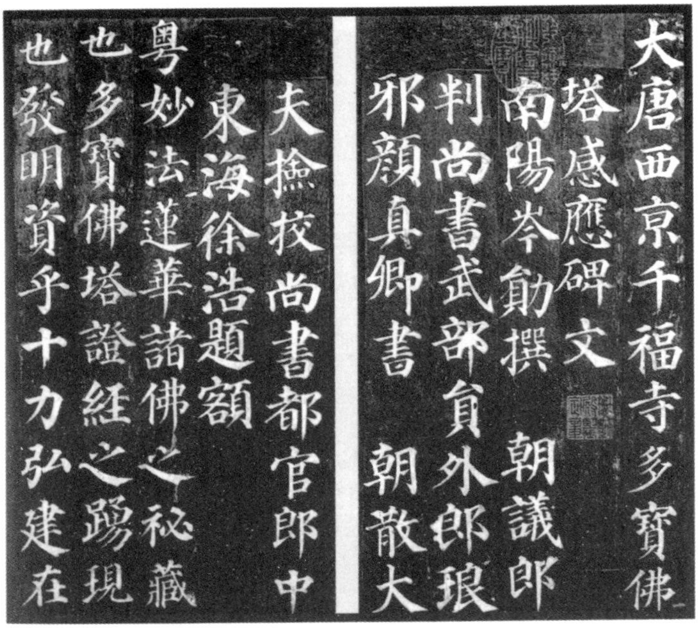

颜真卿楷书帖《多宝塔感应碑》（局部）。

颜真卿恐怕兵士们看了害怕，丧失了斗志，于是对诸将道：“我曾经见过这三个人，可不是这三颗脑袋的模样。”他又担心段子光散播谣言，动摇军心，把段子光给腰斩了。

过了几天，颜真卿再把那三

颗脑袋搬了出来，用蒲草帮他们三人扎了身体，勉强凑成一个完尸，好好放在棺材之中予以厚葬，表示对忠臣的尊敬。将士们看到颜真卿的祭哭情形，益发敬重他的为人，也更加同仇敌忾（kài）。

当时，颜真卿的从父（伯父的统称）兄颜杲卿担任常山（今河北正定）太守，也起兵反抗安禄山，两人暗中联络。颜杲卿发檄文通告河北诸县，说朝廷以荣王为河北兵马大元帅，率兵三十万而来。郡县将领闻之，士气大振，纷纷杀掉贼人守将。于是，一时之间，远近响应，共有十五郡重回唐朝麾下。

安禄山大为光火，懊恼颜杲卿惹事，在天宝十五载（756年）派大将史思明前往常山。常山兵少，众寡不敌，不到几天，就完全被攻陷了。

安禄山派人把颜杲卿提到洛阳，亲自审讯。

颜杲卿一路上吃尽了苦头，到了洛阳之时，早已遍体鳞伤，狼狈不堪，一拐一拐地走向前来。

安禄山见到颜杲卿，破口大骂道：“你这个小子好没有良心，你本来不过是范阳地方小小户曹，我向朝廷保举你为营田判官，过了没几年，你才能超拔当上常山太守。我有什么地方对不起你，你竟然要反叛我？”

“呸！”颜杲卿睁起铜铃般的眼睛怒声呵斥，“你呢？你本来是在营州地方牧羊的杂

颜杲卿，选自《历代名臣像解》。

种奴才，当今天子赏识你，拔你为平卢、范阳、河东三节度使，可说得上是恩幸无比，哪一点对不起你？我家世代为唐臣，禄位皆为唐朝所有。不错，我升官为你所保奏，但还是唐朝政府所授，我怎么会跟着你造反？”

颜杲卿一口气说了半天，安禄山气得浑身发抖。颜杲卿稍微一顿，又指着安禄山的鼻子，用更严厉的声音指责道：“我为国讨贼，只恨我不能斩了你，哪儿称得上造反？你这个满身羊臊气的羯狗为什么还不杀了我？”

安禄山更气了，嚯地站了起来，拍着桌子道：“把他拖出去，绑在桥柱上，一刀一刀割他的肉，看他这片烂舌头还敢不敢放肆？”

于是，颜杲卿被五花大绑捆在桥柱上，被一刀一刀割肉。一片一片的肉滴着鲜血而下。颜杲卿忍着刻骨铭心之痛，仍然骂个不停，一直到最后，一直到他咽下最后一口气，正像唐玄宗给颜真卿的诏书中所说：“卿之一门，义冠千古。”

无论颜杲卿的舌头、张巡的牙齿、南霁云的手指，都是让我们后人所敬佩的。所以文天祥的《正气歌》说：“为张睢阳齿，为颜常山舌……是气所磅礴，凛烈万古存。当其贯日月，生死安足论？”张巡守睢阳，齿牙皆碎，颜杲卿守常山，骂贼不绝口，这股广大充塞的正气，当它贯通日月，永存天地之间，生与死又何足挂齿？——这就是我们中华民族的浩然正气。

郭子仪单骑退敌

提起郭子仪郭令公，大家都很熟悉。许多历史上的名将如卫青、霍去病都是年少得志。可是郭子仪稍露头角之时，已经五十多岁快六十了。如果不是身体强健，怎能再在沙场上带兵打仗?

郭子仪身长六尺余，体貌秀杰。父亲郭敬之，历任四州刺史。郭子仪长大以后，参加武科举的考试，以高分录取，一直担任下级军官的职务。

天宝十四载（755 年），安禄山造反，朝廷命令郭子仪以朔方节度使的名义戡（kān）乱。郭子仪的人马不多，可是他斩贼将周万顷，又击败贼将高秀岩，声威大振。

第二年，安禄山的军队活捉颜杲卿，河北郡县都落入敌手。郭子仪率军反攻，他采用贼来则守，贼去则追，夜袭敌人的游击策略。一连几天下来，敌人已疲累不堪。然后，郭子仪发动大规模攻势，把贼将史思明打得披头散发，光着脚丫子，落荒而逃。于是，河北十余郡县都斩贼将迎接王师。

哥舒翰潼关失守之后，唐玄宗仓皇西奔，杨贵妃惨死于马嵬驿。玄宗逃到四川，其子肃宗在灵武即位，而安禄山也自建国号为燕国，大过皇帝瘾。肃宗即位后，收集残兵败马，重整旗鼓，其中最主要的一支力量就是郭子仪。他被任命为兵部尚书、同中书门下平章事，又兼灵州大都督府长史、朔方节度使，可见得朝廷对他的重视。

不久，肃宗又命郭子仪去收复长安及洛阳两京。正巧此时，安禄山被他的儿子安庆绪所杀，叛兵内部分裂。郭子仪请来了四千回纥兵帮忙，在长安城西边香积寺的北面，展开了生死大战。结果在一天之中，斩了贼兵六万多名，长安城的老百姓，夹道欢呼，流着眼泪道：“没想到这辈子还能见到官军……”

唐肃宗在灵武得到捷报，欣喜万分，亲自到灞（bà）上去宣慰郭子仪的军队，对他说：“虽吾之家国，实卿之再造。”郭子仪叩头谢恩。

自此以后，河东、河西为贼所陷的郡县，次第光复，只剩下安庆绪及史思明的残部了。本来这是轻而易举的事，偏偏唐肃宗表面上对郭子仪赞美不已，骨子里仍然不放心他手握大权。于是借口郭子仪与另外一位大将军李光弼都是国家元勋，地位都差不多，谁统属谁都不相宜，所以不设元帅，竟然还找了一个什么也不懂的太监鱼朝恩监督他二人。

太监宦官者，本来是在宫中担任扫除之类的家奴，可是从唐玄宗以后，宦官逐渐干涉起朝廷的政治。在唐朝的史料之中，宦官常奉皇帝差遣出外办事，称之为“中使”。

鱼朝恩不但得以干涉军政，命令郭子仪等大将，而且后来又被任命为判国子监事，专权使气，公卿不敢仰视，连宰相也要怕他三分。每次讨论军国大事，都得以他的意见为主，而且他还颇为张狂地说：“噢，天下事还有不由得我的吗？”

鱼朝恩十分嫉妒郭子仪的功劳，又愤恨郭子仪的威名当代无出其右。加上郭子仪是正人君子，不屑贿赂这种奴才，于是鱼朝恩在肃宗面前大进谗言。最后，肃宗竟然借故把郭子仪的兵权解除，把他的军队分交给李光弼及仆固怀恩两人。

郭子仪的军队都气坏了，甚且有人主张背叛朝廷，不必理会这个糊涂皇帝。可是郭子仪本人毫不在意，交出兵权之后，回到长安。

此时，唐朝军队发生一种很坏的现象，就是大将经常被部下所杀。肃宗非常忧虑，最后只有派郭子仪去镇压，肃宗对他说：“河东之事，一以委卿处理。”郭子仪一出马，各方拥护，一会儿叛乱自停，军纪恢复严整。

郭子仪不费一兵一卒，平定了乱事。回来之后，肃宗病死，代宗即位，除了信任原有的太监李辅国、鱼朝恩之外，还加了一个新的程元振，三个人连成一气，一块儿攻击郭子仪。

代宗也担心郭子仪功高难制，居然派他担任肃宗山陵使。让一代名将去守肃宗的坟墓，实在太过分了，可是郭子仪仍然平静地接受了任务。

此时，仆固怀恩勾结回纥起兵作乱。虽然仆固怀恩本人在半路上得病死了，这几十万叛军还是继续前进，朝廷大为恐慌，只有再请出郭子仪。郭子仪此时已六十八高龄，仍然不计前嫌，老将再度出马，一共只带一万多人马。

他的部属对兵力悬殊都十分着急。郭子仪却胸有成竹，率了三千骑兵一马当先。

回纥问："这是谁？"

"郭令公啊。"

"郭令公还活着？"回纥大为吃惊，"仆固怀恩告诉我等，天可汗已弃四海，令公亦谢世。"

郭子仪急着要去见回纥，诸将谏曰："戎狄之心，不可信也。"郭子仪不肯。诸将又谏："否则，请选铁骑五百卫从。"郭子仪还是不肯，他大手一挥道："此足以坏事。"

说着，郭子仪脱去盔甲，掷去枪矢，缓缓骑马而来。大家一看，果然是郭令公，争相舍兵下马齐拜曰："果吾父也。"

就这样，郭子仪又平定一场乱事，他真是中国忠勇精神的代表！

郭子仪单骑入敌营，选自《马骀画宝》。

中国历史故事

珍藏版

吴姐姐◎著

6

唐·五代

618—960年

江西教育出版社
JIANGXI EDUCATION PUBLISHING HOUSE
·南昌·

《清平调图》，清苏六朋绘。天宝二年（743 年），玄宗因宫中芍药花怒放，在沉香亭置酒饮宴，召梨园乐队奏乐助兴，见乐师所呈乐词不合眼前之景，命召李白写新词入乐。宫使找来醉醺醺的李白，李白张开醉眼，见杨玉环与芍药争艳沉香亭，信手写下《清平调》三首，盛赞贵妃与芍药“名花倾国两相欢”，玄宗与玉环读罢叹赏不已。图中所绘，即为李白在沉香亭中赋写绝妙乐府诗《清平乐》时的情形。

——见《谪仙诗人李白》

《兵车行》诗意图，今人徐燕孙绘。杜甫（712—770年），字子美，唐代著名诗人，与“诗仙”李白齐名，被称为“诗圣”。他忠于国家，同情穷苦人民，所写诗作，极大程度反映了他所处年代的境况，后世称为“诗史”。天宝末年，“安史”乱启，为抵抗叛军，朝廷大量征发良家子弟入伍，杜甫以此为题，写下了流传千古的《兵车行》。图中即为诗中描述的“车辚辚，马萧萧，行人弓箭各在腰。耶娘妻子走相送，尘埃不见咸阳桥。牵衣顿足拦道哭，哭声直上干云霄”的悲惨场景。

——见《杜甫名落孙山》

郭子仪（697—781年），选自《历代名臣像解》。华州郑县（今陕西渭南市华州区）人，武举出身，历玄宗、肃宗、代宗、德宗四朝，因平安史之乱立有极大功勋，身系天下安危二十余年。郭子仪不但长于军事，也极有涵养，宦官鱼朝恩妒郭子仪功大，为泄私愤，竟派人挖掘郭家祖坟，郭子仪为顾全大局，不但忍下怒气，还为鱼朝恩辩解，忍辱负重，与鱼朝恩合作。郭子仪功高权重，不免招致谗言，但皇帝每有征召，他都奉诏即行，不稍做停滞，常常令谣言不攻自破，不但保全了自己，也保全了国家，是万世景仰的一代名将。

——见《鱼朝恩陷害郭子仪》

裴度（765—839 年），选自《历代名臣像解》。字中立，进士出身，学问极好，喜仗义执言。安史乱后，唐朝政治日渐不堪，豪强欺压民众，藩镇欺凌朝廷。裴度为官之后，屡次向皇帝谏争，以压抑豪强，保护民众。宪宗时拜相，当时不法藩镇为震慑朝廷，竟派人刺杀宰相，裴度也几近死亡，但他不为所动，上书皇帝，请求讨伐作乱的藩镇。在他的主持下，朝廷一举平定淮西之乱，迫使其他藩镇望风归附，天下一度安定，史称“元和中兴”，是盛唐之后，支撑危局的良臣中的杰出人物，也是中国历史上一代良相。

——见《裴度仗义执言》

朱温（852—912 年），后梁太祖，曾被赐名朱全忠，称帝后改名朱晃。朱温少时懒惰，又自夸雄强，为乡人所不齿。唐末黄巢起事，朱温投于帐下，见事不济，转而投降朝廷，成为讨平黄巢的主力，封宣武节度使。见唐室不振，又积极阴谋篡唐，之后弑唐昭宗，立昭宗子，大杀士林重臣及宗室子弟，并于开平元年（907 年）篡唐自立，建立后梁，历史因之进入五代十国。图中为朱温在戏剧中的造型，出自清内府彩绘本《庆赏昇平》之《太平桥》。

——见《朱全忠篡唐》

李存勗（885—926年），即后唐庄宗，小字亚子，沙陀人，唐末晋王李克用长子，五代时后唐建立者，同光年间（923—926年）在位。李存勗十三岁时学习《春秋》、骑射，打仗勇猛无前，二十四岁时父死，袭晋王位，内清权臣，外敌后梁，屡克强敌，亲率孤军突袭大梁，大败梁军，后又大破契丹军，兼并河北、河南一带，于同光元年（923年）称帝，建立后唐。后来宠幸伶人，政事紊乱，导致兵变，死于乱军之中，是开国帝王当中善始而不能善终者。图为李存勗在戏剧中的造型，出自清内府彩绘本《庆赏昇平》之《太平桥》。

——见《李存勗处变不惊》

目　录

百代画圣吴道子

唐朝除了提倡诗书，并提倡绘画。唐初有大画家阎立本，专攻人物写生，为唐太宗所爱重。到了唐玄宗时代，宗室李思训，善画金碧山水，其子李昭道画得也很好，人们称之为大李将军、小李将军。此外，诗人王维是写意山水之宗师，还有，就是百代画圣吴道子。

吴道子，唐朝开元年间阳翟（今河南禹州）人，成年后改名吴道玄，被尊称“吴生”。他的身世凄凉，很小父母就过世了，家境清寒。一个人喜欢涂涂抹抹，不到十二岁就已经画得相当不错了。

他年轻时曾当过韦嗣立之家臣，又在山东担任过县尉。此时正是唐朝宗教壁画大行之际，吴道子对此产生强烈的兴趣。他到处认真观摩，然后自成一家。

唐玄宗是一个风雅之君主，玄宗听说吴道子的画名，特别任命他为宫廷画师，更提升他为宁王友。宁王是唐玄宗之长兄，“友”是唐朝的官名，意思是陪伴亲王的一个清闲之职位。

吴道子在长安城，声誉日隆。据说有一天，有个和尚要他乐捐，他大言不惭签下十万金。

和尚见吴道子两手空空，不敢相信。吴道子也不答辩，卷起衣袖开始在庙里画菩萨。等到佛像都画好了，和尚却发现这些佛像都没有眼睛。

“你到外头宣布一下，想看我为佛像开光的得捐钱。”吴道子胸有成竹地对和尚吩咐。

不一会儿，抢着开眼界的观众已凑足十万金，还有许多挤不进来的男女老幼把庙外堵得水泄不通。

吴道子拿起画笔，在每个佛像上轻轻这么一点，哇，所有的佛像仿佛活了起来，大家都拍手叫好。接着他以“立笔挥扫，势若风旋”之气魄为佛像画上圆光；他没有用尺，竟然画得这么圆，而且栩栩如生。每画一笔，观众就惊讶地大叫，喧呼之声响遍全城。

经过这场戏剧性的表演，吴道子声名大噪。据《历代名画记》记载，在当时，他的画已卖到屏风一片，值金两万。

吴道子成为宫廷画家之后，得以跟随唐玄宗行万里路，旅游各地，更开拓（tuò）了艺术的视野。

在洛阳，吴道子遇见了大书法家张旭及舞剑名手裴将军。

送子天王图（临摹），吴道子绘。

裴将军请吴道子送他一幅画。

“这个没问题，不过，我慕将军之名久矣，假如将军能为我舞一曲，可助我挥毫。”吴道子也顺便提出自己的要求。

于是裴将军舞了一曲，吴道子当场挥毫，然后张旭落款。这三种艺术之美结合在一块，旁观者大饱眼福，连连赞叹：“一日之中获观三绝。”

吴道子不但画人物有一套，山水、草木、台殿无不精妙。

天宝年间，唐玄宗听说四川嘉陵江风景优美，自己又不能去，于是派吴道子前往写生，命令他把沿途景物一一画下来。

江帆楼阁图，李思训绘。

吴道子回来之后，唐玄宗迫不及待想看画册，不料吴道子一张都没画。唐玄宗正要发脾气，吴道子微微一笑道：“臣无粉本（草稿底本），并记在心。”

于是，唐玄宗命令吴道子在大同殿上作壁画。吴道子真是天才，竟然在一天之间就把嘉陵江水的旖旎风光画了出来。

同时代的李思训也是画山水的名家，唐玄宗也曾请他在大同殿上作壁画，他仔仔细细画了六个月才完成。唐玄宗看了他俩的画，频频点头道：“李思训数月之功，吴道子一日之迹，皆极其妙。”

吴道子不但会画人，还擅长画鬼，他有一幅有名的画——《地狱变相》。

《地狱变相》之中并没有上刀山、下油锅，可是那阴阴惨惨的气氛表现得很好，让人看了腋汗毛耸，不寒而栗。相传当时有些坏人，看了他的画，很害怕死了以后会下地狱，晚上做梦都不安稳，从此放下屠刀，重新做人。可见吴道子的画还有警世作用。

宋朝的苏东坡曾经赞美吴道子的画："不论左面看、右面看，横面、斜面、平面、直面各方面的比例都很正确，画中的人简直与真人一样。这种熟练的技巧，只有他一个人。"

苏东坡的话，用现代术语来解释，就是吴道子素描基础好，所以比例正确。但是要做一个好画家，单单素描基础够，画得像还是没有用的。如果只求一模一样，有照相机就够了，何必还要画？正因为如此，吴道子到四川去，并不写生，而是把大自然之美纳入胸中，再把名山大川用画笔表现出来。

吴道子画中人物的衣服裙带，总像被风吹起，有"我欲乘风归去"之美，后人称为"吴带当风"。他又喜欢在着墨之画面上，用彩笔轻轻掠过，使得画中人仿佛要款款步出，后人称之为"吴装"。还有人形容，你瞪着大同殿的壁画看，看久了，耳中会自然响起淙淙流水声，云雾似乎也自壁中飞出。

总之，吴道子的画，气韵生动，浑然天成，大手笔，大气魄，甩开六朝以来美丽细致小家子气的时尚，使我国的绘画艺术向前大踏步，因此吴道子被尊为百代画圣。

王维巧扮乐工

唐朝诗风鼎盛，除了诗仙李白、诗圣杜甫之外，最负盛名的就是田园诗派的代表人物——诗佛王维。

王维字摩诘，山西太原人，小时是一个天才儿童，九岁就能写文章。王维十九岁时（开元七年，719 年）进京，打算参加京兆府的考试。到了京里，却听说公主已经把第一名许给了张九皋（gāo），张九皋是名相张九龄的弟弟，王维觉得十分泄气。

这时的王维年少风流，会作诗，会写曲，还会弹琵琶，京里的贵人都喜欢与他交往，唐玄宗的四弟岐王特别看重他。

王维对第一名内定张九皋一事甚感不平，他跑去找岐（qí）王为他说情。

岐王沉吟半天，十分为难，最后对王维说："公主的心意已定，不便与她相争。这样吧，你回去先抄录十首写得最好的旧诗，另外用琵琶再谱一阕哀怨的抒情曲，五天以后再回来找我。"

五天之后王维又来到官邸，岐王把他打扮成乐工的模样，带着琵琶尾随岐王，混在艺人之中，进宫见公主。

岐王带着一批乐师歌伶到了公主府第，客人们到齐了就开席。乐工们依次而上，公主一眼就发现了其中有位乐师面貌白皙，文质彬彬，又年轻又英俊，气质与一般伶工大不相同。

公主指着王维，转身问岐王："这是何许人？"

"一个琴师。"

"噢，弹一曲来听听。"

于是王维轻轻拨弄着琵琶，弦上流出哀切动人的乐章，大家听了都为之动容。

"快告诉我，这是什么新曲？"公主极有兴趣地问道。

王维恭谨地回答："这是我作的新曲《郁轮袍》。"

岐王赶紧在旁边加上一句："这位青年不但弹得一手好琴，而且诗词都写得很好。"

公主更有兴趣了："你可带来自己作的诗文？"

王维立刻把原先准备好的诗卷呈了上去。公主看了几遍，抬起头来，脸上充满了惊喜的表情："这些都是我平日最爱读的诗文，我一直以为是古人的佳作，想不到是你写的。"

兴奋异常的公主立刻命令宫女伺候王维换掉乐工的衣服，重新更衣，坐在公主身旁。

唐代宫廷乐舞图，陕西省西安市苏思勖墓壁画。画成于唐天宝四载（745 年）。

王维风流蕴藉，文采不凡，光芒震慑了全场。

公主说：“像王先生这样的人才，应该参加应试。”

岐王乘机说外传第一名已许给张九皋一事，公主笑笑：“那不过是旁人拜托的罢了。”

王维连忙站了起来，向公主自荐。果然在开元七年（719 年），王维以优异成绩被列为第一名。

当时有一位宁王，看上了王府附近一位卖饼的女子，塞了一笔钱给她的丈夫，硬是讨了回来，取名为息夫人。

过了一年之后，宁王问息夫人：“你还想念卖饼的丈夫吗？”息夫人低头饮泣，宁王把她丈夫带到宫中，两人相见之下，默默流泪，举座都为他俩伤感。

宁王命令各个宾客赋诗一首，王维的才情高，一挥而就：

莫以今时宠，能忘旧日恩；
看花满眼泪，不共楚王言。

王维的诗写好了，众人称赞不已，没人敢再献丑，宁王也因此让息夫人重回丈夫的怀抱。

两年之后，开元九年（721 年），王维中了进士，年纪轻轻就做了大乐丞的官，又历任中书舍人、左补阙，天宝末年又担任给事中一职。此时，他与弟弟王缙（侍御史）均为时人所景仰，可说得上是黄金岁月。

可惜，好景不常，安禄山起兵造反，渔阳鼙（pí）鼓，动地而来，潼关失守，叛军攻入长安，王维被俘。

王维不愿为安禄山做事，服药下痢，伪称有重疾，被拘禁在古寺之中。

可是，安禄山早已风闻王维的大名，派人把他送往洛阳，强迫他在伪政府中任职。这时，安禄山为效法玄宗，把自长安捉来的梨园弟子关在凝碧寺，强迫为他奏乐。其中有一个乐工雷海清，忍无可忍，把乐器一甩，西向痛哭，安禄山气极，当场把雷海清杀了，王维触景生情，写了一首诗：

万户伤心生野烟，百官何日再朝天？
秋槐叶落空宫里，凝碧池头奏管弦。

意思是说万民伤心欲绝，遍地都是野火狼烟，文武百官要到哪一天才能再朝见天子？秋天槐树树叶飘落在空无一人的皇宫之中，在凝碧池畔有贼兵在演奏音乐。因为这首诗表明心迹，因此后来收复长安之后，王维没有因为在伪政府做事而被判罪。

可是自此而后，他生活思想上大起变化，领悟到功名富贵之无味，转而倾向佛家，皈（guī）依于大自然，所以他晚年生活闲适，长年食素，不衣文采，退朝之后，焚香禅诵。

他不但能诗，而且能画，苏东坡赞美他“诗中有画，画中有诗”。他的山水画与田园诗相映成趣，诗乐图画无一不精，可以说是一位多才多艺的艺术家。

谪仙诗人李白

“床前明月光，疑是地上霜。举头望明月，低头思故乡。”这是一首几乎所有中国人都会背的唐诗。李白，也是炎黄子孙最熟悉的历史人物。在讲过唐玄宗、安禄山的故事之后，我们再来谈李白，可能大家对他的时代背景会有更深一层的认识。

李白到底是哪儿人？谁也不敢肯定，有人说他是蜀人，有人说他是山东人，比较可靠的说法应该是陇西（甘肃）人。在隋朝末年，李白的祖先被判了罪，被贬到西域去。

据说，在唐武后年间，有一位姓李的人的妻子，晚上做了一个奇怪的梦，梦到太白金星掉到怀里，她一吓，猛然惊醒。第二天，生下一个小宝宝，为着纪念这个奇怪的梦，就把刚出生的儿子取名为李白，字太白。以后的人附会李白是天上太白金星下凡，难怪文采不凡。

在李白五岁的时候（705 年），他父亲想到一家人长久留在异域不妥当，尤其不适合李白的成长，于是，悄悄地带着家小回到四川。

李白从小就聪明伶俐，又好学好问，十岁就通诗书。他在书里看到张良、荆轲等豪杰事迹十分羡慕，跑到外面找教武的老师，一面读书，一面学剑。他又学侠客道士在峨嵋山隐居，养成豪放豪侠的性格，饮酒赋诗的习惯也是在这段时间养成的。

到了二十五岁，天性豪迈的李白过腻了隐士生活，他要到外面去开开眼界。于是到了襄汉、金陵……最后到了扬州，此时正是开元年间最富庶的时代，扬州处处皆是歌台舞榭、茶楼酒馆，还有许多四夷商人。李白对眼前景物目瞪口呆，兴奋地与官员、富商相往来，一年之中，在扬州挥霍了三十万金。

不久，李白娶了许圉（yǔ）师的孙女为妻，许圉师做过唐高宗的宰相，为人宽厚。李白在并州救过大将郭子仪，又与孔巢父（孔子的三十七世孙，学问很好）等六人结交，一块儿纵酒酣歌，隐居在徂徕（cú lái）山之中，人们称之为竹溪六逸，此时李白的诗名逐渐传开了。

在天宝元年（742年），李白又回到江南，这时他已经四十二岁了，认识了道士吴筠（yún）。吴筠的诗也作得很好，两人惺惺相惜，成为好朋友。

后来，吴筠因为诗名远播，被召入京。吴筠向唐玄宗推荐李白，并且把李白的诗拿给玄宗看。玄宗自己也是一个文学修养十分深厚的皇帝，立刻也传李白入京。

唐朝是诗风鼎盛的时代，长安更是当时人文荟萃（huì cuì）之地，想要出人头地并不容易。可是大诗人贺知章一见到李白的诗，极为佩服，他对李白说："子，谪（zhé）仙人也。"意思是说李白简直是神仙下凡，飘然超世。

于是，八十多岁的贺知章马上也向玄宗推荐这位奇才。唐玄宗本来是位风流才子，一见李白倜傥不群、潇洒飘逸的模样，大为欣赏。立刻留他在宫里吃饭，并且封他为翰林。

从此，李白过着风流浪漫的生活，快乐似神仙。他后来回忆这段日子是："昔日长安醉花柳……风流肯落他人后。"杜甫《饮中八仙歌》形容他："李白一斗诗百篇，长安市上酒家眠，天子呼来不上船，自称臣是酒中仙。"这首诗不免夸大，不过唐玄宗每次找他，十之八九都在酒楼之中找到，倒也不假。

天宝二年（743年）春天里，唐玄宗的宫中，红、紫、粉、白四色的木芍药怒放着。玄宗下令在沉香亭中摆酒，把住在梨园中的乐队召来助兴，他挽着杨贵妃出来赏玩。

天子呼来不上船，自称臣是酒中仙。选自《吴友如画宝》。

梨园子弟来了，请奏皇上，该演奏哪首乐辞。唐玄宗想了一想，没有一首适合眼前景物。他呵斥道："那些个唱腻的俗曲不唱也罢，快，快去把李翰林找来。"

太监们赶紧分头去找，找来了醉醺醺的李白。李白张开了醉眼，看到了美丽的贵妃与花朵争艳，顺手写来，就是三首绝妙的乐府诗——《清平调》：

云想衣裳花想容，春风拂槛露华浓；
若非群玉山头见，会向瑶台月下逢。

一枝红艳露凝香，云雨巫山枉断肠；
借问汉宫谁得似？可怜飞燕倚新妆。

名花倾国两相欢，长得君王带笑看；
解释春风无限恨，沉香亭北倚阑干。

沉香亭，唐玄宗命李白赋《清平调》，清苏六朋绘。

第一首的意思是：看到了绚丽的云彩，就想到贵妃的衣裳，看到了美丽的花朵，就想到贵妃的容颜；当春风拂过窗槛，露水正浓时，更叫人惊叹贵妃的浓艳。这么美的人儿，若不是在西王母住的群玉山头，那就只有在仙女所居的瑶台的月光下才可能一见。

第二首的意思是：一枝艳丽的木芍药经过露水的滋润更芳香。有人说楚王曾梦见巫山上的仙女与他幽会，那是传说而已，在现实汉宫中只有赵飞燕才有这种荣幸。不过汉代的飞燕仍要靠新妆衬托，哪比得上贵妃丽质天生。

第三首的意思是：名贵的花、娇艳的美人都在君王身旁，难怪他笑容满面。当春风吹来无限怅恨时，倚着沉香亭的栏杆，久久不忍离去。

唐玄宗与杨贵妃读罢赞赏不已，而《清平调》却为李白惹来一场祸事。

千古《清平调》

李白这一位才华横溢、英气勃勃的大诗人，被玄宗皇帝所赏识。来到宫中写了三首《清平调》，用国色天香，称颂杨贵妃的美艳，玄宗看了高兴得不得了……

不但玄宗开心，杨贵妃更是心花怒放。杨贵妃对自己的美，具有绝对的自信，她也早听腻了旁人用陈腔滥调歌颂她的美，却从来没有一个人讲得像李白一般动听。

“云想衣裳花想容……会向瑶台月下逢。”杨贵妃一遍又一遍咀嚼，“看看窗外的木芍药（即牡丹花）就会想起贵妃我的容貌，当然只有在仙女所居的瑶台才有我这样的美人儿。”

在旁边的宦官高力士眼看杨贵妃如此陶醉，大为不悦。高力士有什么好生气的？

事情是这样的，唐朝在开国初年，高祖、太宗等对太监向来不加以庇护。唐玄宗时代，成为宦官权势由弱转强的关键时期。唐玄宗曾经说：“力士当上，我寝乃安。”意思是说，高力士在当班，我睡觉睡得才安心。

因为玄宗如此宠信高力士，当时李林甫、杨国忠、安禄山对他都十分巴结。唐肃宗在东宫当太子时，尊称他为兄，其他王公则呼为翁。我们的大诗人李白狂放不羁（jī），是标准的性情中人，哪儿会去拍高力士的马屁呢？所以高力士心中早就对李白不满意。

话说李白写《清平调》的那天，更叫高力士发火。玄宗召见，李白醉醺醺地被拉来，连走路都走不稳，用水浇了面，才稍微清醒一些。唐玄宗不但不恼李白酒气冲天，反而亲自为他调羹，又忙吩咐御膳房做菜。

唐玄宗如此宠李白，已经叫高力士不是滋味，更叫他发火的是有一日，李白醉了，上床靠下，也许是怕脚下的黄泥巴玷污了殿上如茵的绮席，他幽幽地睁开眼，刚好看见高力士杵（chǔ）在那儿，随口便呼："哪，替我脱下。"

老实说，叫一个太监小黄门脱个靴子也不算什么，可是如今的高力士地位不一样，在皇帝面前虽然鞠躬哈腰，不脱奴才本色，离开了玄宗，腰板儿一挺，口蜜腹剑的李林甫都不敢得罪他。李白在殿上这么一吼，简直把高力士的颜面都丢光了，他怒火直冲脑门，却又不能不来脱鞋。

于是，高力士忍着气，憋着李白的臭脚味儿，为他脱下赤皮履，换上一双软鞋。从此，高力士对李白恨之入骨，总想找机会报复。

高力士冷冷一笑，对杨贵妃道："这第二首，'借问汉宫谁得似？可怜飞燕倚新妆。'李白岂可用飞燕比贵妃，不是侮辱贵妃吗？"

力士脱靴，清代年画。图中所绘与吴姐姐所说略有不同，为川剧《太白醉写》当中一个情节：黑蛮国致书唐玄宗，文字无人能识，贺知章推荐李白。李白带醉应召，命权宦高力士为他脱靴，高力士迫于形势，只得照办。

杨贵妃听了一愣。赵飞燕是汉朝有名的瘦美人，贵妃是唐朝有名的肥美人，后代形容美女体态不一、各有千秋称为“环肥燕瘦”（杨贵妃名杨玉环）。李白用飞燕形容她，而且说飞燕还得倚靠新妆，她正在开心自己把飞燕比了下去，高力士这一提醒，倒叫贵妃大为紧张。

杨玉环晓妆图，明仇英绘。

汉成帝为宠赵飞燕，弄得民不聊生，再加上飞燕品德不好，人们称之为祸水。杨贵妃更是穷奢极欲，妖里妖气迷惑玄宗，但她可不以为自己是如此形象。

关于赵飞燕的故事在本书前面已经讲过。历史是连续的，中国人又最爱用历史典故，记得这一段故事的读者，读到高力士挑拨离间，马上就可知用心何在，而能发出会心一笑。

高力士这着毒计奏效，从此唐玄宗每次要任命李白为官，杨贵妃就出面阻挠。李白最后只有离开京师，继续流浪生涯。

当然李白对在长安的这一段日子仍然十分怀念。据传说，他有一次在华山游玩，骑驴过境华阴县，县令认为他不下驴过境是大不敬，要治他的罪，李白潇洒地写上供状：“曾令龙巾拭吐，御手调羹，贵妃捧砚，力士脱靴，天子门前，尚容走马，华阴县里，不得骑驴？”县令一看，大为恐慌，李白大手一挥，扬长而去。

李白离开京师以后，从四十四岁以后十年，穷困潦倒，漫无定迹。“万里无主人，一身独为客”（《淮南卧病书怀》），他想起家中的小女儿，十分的难过，写下“何年是归日，雨泪下孤舟”的诗句。

天宝十四载（755年），安禄山造反。第二年，唐玄宗避难入蜀，永王李璘（lín）是唐玄宗第十六个儿子，他也想做皇帝，擅自带兵东下，并且请孔巢父、李白等几位帮他的忙，结果永王起兵一年就失败了，帮忙的人都处了死刑，惟有李白，因为郭子仪帮忙说情才免一死。李白以前救过郭子仪，郭子仪如今是平安史之乱的名将，说话有分量，李白才得以改为流放夜郎（今贵州省西部）。

当李白走到巫山，刚好肃宗大赦放归，他心情轻松，写下了“朝辞白帝彩云间，千里江陵一日还，两岸猿声啼不住，轻舟已过万重山”的名诗。回来不久，死于当涂。有人说他是捉月而死，大概人们认为如此浪漫的死法才像谪仙诗人，其实这种说法没有根据。

李白的《将进酒》中有云：“君不见黄河之水天上来，奔流到海不复回。”李白的诗就像黄河之水，滚滚滔滔。他想象力丰富，情感热烈，他的诗是中国文化的瑰宝，也是我们每一个中国人的光荣！

杜甫名落孙山

介绍了谪仙诗人李白后，让我们再看看与李白齐名的大诗人——诗圣杜甫。

杜甫比李白小十一岁，他生于唐玄宗先天元年（712 年），湖北襄阳人。唐朝武后中宗时期有名的诗人杜审言是他的祖父，杜甫的父亲杜闲也做过官。不过，到了杜甫幼年，已经家道中落，相当困苦。

杜甫说自己“少小多病，贫穷好学”。或许，贫困环境容易激励人们成长，所以杜甫年纪很小就非常懂事，有一点“少年老成”的味道。他七岁作诗，九岁能写一手好书法，十四五岁便能与当时文人相酬答。

杜甫，佚名绘。

开元二十四年（736 年），杜甫赴京城考试，他一向非常用功，大家也都夸奖他的诗作得好，此番应试可说是胸有成竹。

不料，放榜之时，杜甫竟然名落孙山，他呆立在榜前，简直不敢相信这个事实，失望极了。为了排遣郁闷，杜甫前往山东、山西、河南一带游山玩水。就在这个时候，他认识了李白，两人成为很要好的朋友，一点也没有文人相轻的习性。

天宝十四载（755 年），杜甫上了三篇赋给唐玄宗。玄宗认为他才学不凡，把他召来考文章，让他担任京兆府的兵曹参军一官，但仍然非常贫穷。

这个时期，刚好是唐玄宗志得意满，宠信杨贵妃，杨国忠势如中天的当儿。杨家大小奢侈享受，这一切额外的开支都摊派到人民身上。杜甫目睹民众的困苦、君主的荒淫，心里悲痛极了，写下了讽刺杨氏兄妹的《丽人行》。

杨贵妃可能正在华清池享受温泉浴，穿着又轻又暖的袍子，饱啖（dàn）名贵的山珍海味，可是一般百姓又冷又饿缩成一团。杜甫难过极了，遂有“朱门酒肉臭，路有冻死骨”的名句。

回到家里，杜甫发现妻子哭得好伤心，原来他们的小儿子因为营养不良，活活地饿死了。杜甫望着儿子小小的尸体，不敢相信这个事实，他在《自京赴奉先县咏怀五百字》中写着：“入门闻号啕，幼子饿已卒……所愧为人父，无食致夭折。”可以想见杜甫为无力养活幼子的悲痛！

《兵车行》诗意图，今人徐燕孙绘。

唐玄宗的奢华，杨国忠的颟顸（mān hān），终于造成了安史之乱。偏偏杨国忠又不相信守潼关的哥舒翰，硬逼着他开关迎战，结果，潼关失守，玄宗逃难，杨贵妃在马嵬驿被逼而死。

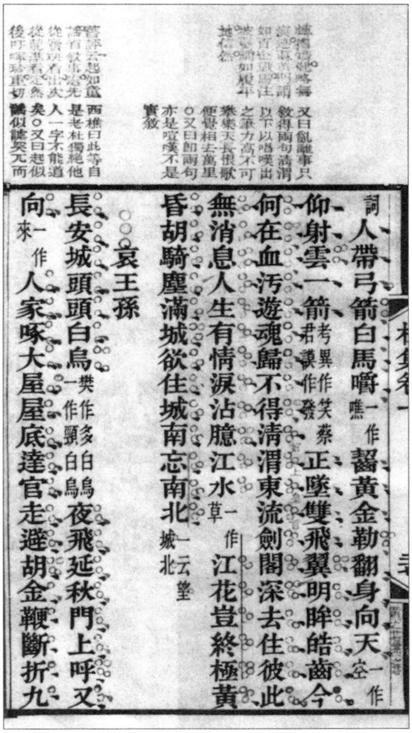
詞人帶弓箭白馬嚼（嚙一作）齧黃金勒翻身向天（空一作）
仰射雲一箭（考異作笑 蔡君謨作發）正墜雙飛翼明眸皓齒今
何在血污遊魂歸不得清渭東流劍閣深去住彼此
無消息人生有情淚沾臆江水（草一作）江花豈終極黃
昏胡騎塵滿城欲往城南忘南北（一云望城北）
哀王孫
長安城頭頭白烏（一作頭白烏 樊作多白烏）夜飛延秋門上呼又
向（一作來）人家啄大屋屋底達官走避胡金鞭斷折九

《杜工部集》，道光十四年六色套印本，中国人民大学图书馆藏。

杜甫眼看着天宝年间的太平盛世，成为眼前的天翻地覆，国破家亡，生离死别，满眼尽是一堆堆的白骨。他自己痛苦，也为成千成万受苦的人民而悲哀。他用敏锐的观察力以及深厚的同情心，记载了当时兵荒马乱的情景。

“车辚辚，马萧萧，行人弓箭各在腰，爷娘妻子走相送，尘埃不见咸阳桥，牵衣顿足拦道哭，哭声直上干云霄……”（《兵车行》）这是描写安史之乱前人民苦于战役的哀痛，意思是说：车声辚辚地响着，马儿萧萧地鸣着，出发征戍（shù）的人们把弓箭绑在腰边，他们的爷娘妻子都赶来送别，尘埃飞扬蒙住了偌大的咸阳桥。他们扯着出征人的衣服，跺着脚，拦在道上哭泣，那种悲哀的哭声直上云霄……

“戍鼓断人行，边秋一雁声；露从今夜白，月是故乡明。有弟皆分散，无家问死生；寄书长不达，况乃未休兵。”（《月夜忆舍弟》）这是描写战火之中，亲人分散的失落感：边地防军的鼓声中，四野已无行人，只有孤雁发出哀哀长鸣；从今夜开始，进入白露时节，此时正是故乡月色最明的时候。我的弟兄们都因为战事分散了，生死未卜，寄去的信总不能到达，况且此时战事未了。

此外，《哀王孙》《述怀》《羌村三首》等都像一面镜子，把安史之乱的情景反映出来。当时的人读了，固然觉得是己身的写照，我们今天读杜甫的诗，仍然可以感受到战争的恐怖，愤恨当时朝廷没有忧患意识，造成这么大的乱子，害得人民如此痛苦。

杜甫虽然名落孙山，际遇不佳，可他没走上偏激路线，他还是忠君，还是爱国。因此，在安史之乱初起之时，安禄山进兵潼关之际，急忙把家人送到了鄜（fū）州，自己又赶回长安，他非要共赴国难，否则心里会不安。

不料，杜甫刚回到长安，安禄山就占领了长安，他插翅难飞，心怀幽闷。

转眼之间，春暖花开，可是杜甫哪有心情观赏花朵呢，大家都会背的《春望》就是这段时间写的：

“国破山河在，城春草木深；感时花溅泪，恨别鸟惊心。烽火连三月，家书抵万金；白头搔更短，浑欲不胜簪。”（花白的头发愈搔愈短，快要插不上发簪了。）

一直到了夏天，杜甫才打扮成一个乞丐模样，逃出了长安，到达了肃宗即位的灵武地方。肃宗见他如此忠心，拜他为左拾遗。拜是任官的意思，左拾遗即为谏官，就是天子言行有什么不当，拾遗可以出面劝阻。

杜甫名落孙山，可是他不气馁（něi），更加用功，他说“读书破万卷，下笔如有神”。因为他的诗记载了唐朝安史之乱前后的历史，人们誉之为诗史。虽然他曾名落孙山，可是我们后代人却都在歌咏背诵杜甫伟大的诗篇。

安得广厦千万间

杜甫少有才学，可是考场失意。安史之乱爆发后，肃宗在灵武即位，他秉着一腔热血，从长安逃到灵武。肃宗见到这位白发苍苍、未老先衰的诗人，对他的忠贞十分欣慰，授他为左拾遗。从安史之乱，到他入蜀的四五年间，个人的流离转徙（xǐ），妻儿饥饿，加上目睹长安之残破、战争之可怕，杜甫写下了许多反映历史的诗篇，被誉为“诗史”。

杜甫刚到灵武不久，就出了一件事。当时的宰相房琯（guǎn）有位门客，拿了红包，唐肃宗把房琯免了职。杜甫立刻上疏言“罪细，不宜免大臣”，小小的罪过不该罢免宰相。

这句话把肃宗惹火了，传令三司（刑部、御史台、大理寺）联合调查杜甫。

幸亏这时宰相张镐出来打圆场，讲了许多好话，并且向肃宗求情：“假使把杜甫抵罪，从此没有臣子敢向皇帝谏诤，这等于是陛下自绝言路。”肃宗这才放过杜甫。把房琯改贬为豳（bīn）州刺史，贬杜甫为华州司功。

后来，肃宗准许杜甫回鄜州探望家人，那时兵乱未平，到处闹饥荒，他有几个儿女都饿死了。战火之中，家人团聚，真有说不出的百感交集。

在返家的旅途之中，来到石壕村，杜甫见到一幕拉伕的悲剧，官府拉人当伕，竟然逮到一位抱着孙儿的老太太，啼笑皆非。老婆婆三个儿子都死了，杜甫感慨之下，写了《石壕吏》这首名诗，叙述人民在战争中的惨痛。

回到鄜州，家人恍如隔世。妻子希望他不要再离开了，可是杜甫是请假返乡的，而且男子汉大丈夫在国家危难时，总该多出一些力。所以，杜甫又回到华州。

华州却在闹旱灾，酷热难熬，他只有弃官到同谷。他本来以为同谷情况会比较好，不料也在闹旱灾。杜甫又生了疟（nüè）疾，靠吃树皮、草根过活，简直糟糕得一塌胡涂。

同谷住不下去了，杜甫不得已，再卷铺盖上路，他想起老朋友裴冕（miǎn）在做剑南西川节度使。于是，杜甫带着家小，冒着十二月的风雪前往四川，到达成都以后，才稍微安定下来。

杜甫的遭遇一直十分坎坷，但是他始终崇拜圣贤，遵守礼法，忠君爱国，再穷、再苦，他都不失意。而且最为难能可贵的是杜甫有一颗同情心，他不是自顾自地发牢骚，而是从心底关怀每一位受苦受难的同胞，真正做到“老吾老以及人之老，幼吾幼以及人之幼”。

杜甫最有名的《茅屋为秋风所破歌》最足以表现他的伟大情操。在四川时，有一天，他的茅草屋的屋顶被风吹掉了，黑漆漆之中，又冷、又饿，又有说不出的恐怖与凄凉，杜甫的身上被雨淋得湿透了。他在如此倒霉的状况下，想的竟然是：

“安得广厦千万间，大庇天下寒士俱欢颜，风雨不动安如山。呜呼，何时眼前突兀见此屋，吾庐独破受冻死亦足。”

意思是说，我怎样能够得到千万间广阔的大厦，让天下寒士都能一展欢颜，在大风大雨的日子里能够安稳如山。呜呼，要是哪一天，眼前突兀见到这些房子，那我杜甫这栋破庐就是残破，让我受冻冻死都心甘情愿。

这是何等伟大的胸襟啊，杜甫“减米散同舟，路难思共济”的情怀，太叫人感动了。自己饿成那副样子，还时时记挂着穷人，他傻得可爱，是儒家思想的代表，因此我们后人尊称他为“诗圣”。

后来，剑南西川节度使换了严武，严武的父亲严挺之与杜甫为旧交，严武遂上表推荐杜甫为参谋检校工部员外郎。因为杜甫做了这个官，所以

杜甫诗意图，清吕焕成绘。

后人称他为杜工部。

严武傲慢无礼，穷奢极欲，脾气极坏，动不动就想杀人。不过，他对杜甫倒还不错，时常送一些酒菜给杜甫打牙祭。可是，有一天，严武也要动手杀杜甫了。

事情是这样的，严武是个粗人，当地人民都怕他，杜甫嘴上不说，心里头当然看不起这种粗鄙的武夫。

杜甫有次喝醉了酒，爬上严武的床，酒后吐真言，瞪大了眼睛对严武道：“严挺之竟然有这种儿子……”

严武气坏了，当场没有发作，却怀恨在心。有一回，他就叫部下在衙门口集合，准备去杀杜甫。奇怪的是，他一出门，帽子被勾在门帘上。

严武回转来，把帽子整理好，一跨出门，帽子又被挂在门帘上。严武气炸了，摘下帽子，咕噜咕噜骂个不停。第三回出发，帽子竟然又被缠住了。

这时，严武的部下知道他要杀杜甫，赶着去通报老夫人。严武的母亲赶来搭救，杜甫才免于一死。

严武在两年后去世，成都掀起一场大乱，杜甫只好去梓州避乱。

大历五年（770 年），杜甫五十九岁，他到耒（lěi）阳去，忽然河水暴涨，他被洪水所困，回不了家，整整十天没吃一点东西。

后来，县令派了一条小船来救杜甫，好好款待他一顿。杜甫十日未进食，饿得发昏，狼吞虎咽，吃了许多牛肉，又喝了不少白酒，结果当时暴卒。其实，一个人多日不食，消化器官脆弱不堪，应该热一点米粥进补，这样也不至于撑死了。

韩愈曾说“李杜文章在，光芒万丈长”，真是一点也不错。杜甫不但诗写得好，他的人格更受到千秋万世的景仰。

高力士修宝寿寺

在唐朝的政治史中，藩镇与宦官是被重视的两个大问题，尤其是宦官，毁坏了唐朝的根部。从这篇起，我们讲几个宦官的故事：

唐玄宗在位期间，是宦官的权势由弱转强的关键时期。在前面《千古〈清平调〉》之中，我们说到李白得罪了宦官高力士，以至于一辈子做不到官。现在就先讲这位唐玄宗面前一等一的大红人——高力士。

高力士，本姓冯，在小时候与同伴金刚二人一块到宫里当宦官。当时的武则天看高力士聪明伶俐、巧黠（xiá）过人，派他担任一些打杂的工作。

后来，力士犯了一些小错，被武则天赶出皇宫，有一个叫高延福的中人（宦官）收养了他，因此改名为高力士。

高延福出自武则天侄儿武三思之家，所以高力士也跟着常常在武三思家打转儿，得以有机会再度入宫，担任传诏令的工作。

当唐玄宗还没有当皇帝的时候，高力士就倾力侍奉他，巴结他。因此玄宗平定韦后及太平公主之乱，坐稳皇位以后，拔擢（zhuó）高力士为内给事，宦官权势开始变大。

由于玄宗信任宦官，往往赐宦官为三品将军（唐朝的宰相是三品官，所以三品官是很高的官位）。当宦官奉了皇上的使命到地方州县去时，官吏们都争先恐后地巴结，偷偷地塞红包，最小的红包也不能少于千缗（mín）。

内侍图，陕西乾县懿德太子墓壁画，陕西历史博物馆藏。图中绘有唐代宦官七人，均头戴幞头，着圆领紫、红、绿色长袍（分别代表三～七品官阶），反映出宦官力量的增强。

从此以后，京师附近的田园大半被宦官买去了，他们有钱嘛。

但是，开元之治初期，姚崇、宋璟贤相在位，尚不致依附宦官。有一位叫王毛仲的是玄宗做皇子时的旧部下，根本不把宦官放在眼里。尤其对一些低级的小宦官，简直不把他们当人看，开口就骂，动手便打，好像对待童仆一般。

宦官对王毛仲恨之入骨，可惜找不到报复的机会。因为王毛仲这个高丽（lí）人，被封为“唐元功臣”，他奉公正直，不避权贵，掌管皇帝卫队，大家都怕他。

可是，还是被高力士逮住了报仇机会。

王毛仲的妻子生下了一个小男孩，唐玄宗很开心，连忙命高力士带了大批酒食金帛去探望，而且封小宝宝为五品官。在唐朝，权贵生下小孩即赐官是常有之事。

当高力士回宫，唐玄宗连忙问长问短，他心里想，王毛仲得此赏赐，一定眉开眼笑，感激皇恩浩荡，顺口问道：“毛仲一定很高兴啰。”

高力士长长叹了一口气道：“毛仲抱着小孩对臣说：我这个儿子哪里不配做三品官？”

唐玄宗一听此言，勃然大怒："这个贼人，当初诛韦后时，对朕不够忠心，我是不好意思点破，现在竟然说出这种话！"

高力士一看，唐玄宗中计了，乘机煽风点火，力言王毛仲军力太强，不早除之，必生大患。最后王毛仲终于被宦官谗言所害死，王毛仲死后，宦官的力量又往前迈进一大步。

由于四方要给皇帝看的奏章，都要先经过高力士，才能转到唐玄宗的手上，高力士因此十分神气，有些小事他就自作主张了。唐玄宗曾经对人说："力士在旁边值夜，我睡觉才睡得安心。"玄宗本人又极少外出，朝廷臣子为着希望高力士在皇帝面前多多吹嘘，无不尽量逢迎。李林甫、杨国忠、安禄山，对高力士都得巴结。

开元初年，吕玄晤（wù）担任吏京师，为着讨好高力士，就把自己漂亮的女儿嫁给高力士。高力士这个宦官娶了如此如花美眷，大喜之下，帮吕玄晤升为少卿、刺史。

后来，吕玄晤的妻子去世了，葬在城东。大家都知道他与高力士的关系，纷纷赠送赙（fù）仪，出殡的当天，送葬的车子，从吕家大门一直排到墓地。

天宝初年，唐玄宗又加力士为冠军大将军，封渤海郡公，他的资产丰厚，可不是一般王侯所能比拟。唐朝有钱人家，常在自己家里盖一个庙拜拜，高力士便在来庭坊建了一座宏伟的宝寿佛寺。

宝寿佛寺落成启用当天，热闹非凡。几乎满朝文武都来道贺，而且赠送贺礼。高力士预备了上好的素食招待。

宝寿寺有一口大钟，文武大臣轮流前去敲钟，凡是敲一下，表示要送百千。百千是多少呢？根据唐制，一千钱为一贯，百千即百贯，亦即十万钱。

有些个善于揣摩高力士心意的，拿起槌（chuí）头"当当当"足足敲了二十下，旁人都拍手叫好。就是敲得少的，也敲个十杵左右，太少了，面子不好看。

敲一下钟，十万钱就飞掉了，大臣们哪来这许多钱？当然只有贪污。吏治不良，使得唐朝渐渐走上了衰路。

不但大臣们竭力笼络高力士，唐肃宗为皇子时，呼他为二兄，诸王公尊称他为“阿翁”，可知其显赫。

当太子瑛被玄宗废去时，李林甫与武惠妃勾结，大力推介惠妃的儿子寿王为太子，可是唐玄宗又顾虑肃宗年长，久久不能决定，连饭都吃不下去。高力士小心问道：“是不是菜不好？”

“你是我家老奴，你猜猜看我为什么食不下咽？”

“恐怕是嗣君未定吧？其实推长而立，谁敢争？”

就这样，肃宗顺理成章当上嗣君。宦官一言九鼎，难怪大臣如此看重。

李辅国数念珠

在上篇《高力士修宝寿寺》中，我们讲到，唐玄宗时代的宦官其气焰远非唐初可比。然而玄宗时代的宦官虽然品位提高，还很少干涉朝廷的政治，到了肃宗时代就大不相同了。

前面，《安史之乱》篇之中，曾经提到当安禄山攻下了潼关，唐玄宗仓皇之中逃往四川，走在半途，地方父老不肯放行，最后，玄宗决定把太子李亨留下来，宣慰父老。

后来，李亨在灵武即位，是为唐肃宗，改元至德。并遣使者上表，尊唐玄宗为太上皇。

据说，拦道的父老是宦官李辅国预先布置的，其目的就是让太子早日成为皇帝。这个功劳可真不小。

李辅国为何许人也？李辅国本名为静忠，是养马场中的小儿。很小的时候就当了小宦官，他的容貌相当丑陋，由于稍微懂一点文字及计算，高力士就派他担任马场中管理的工作。

天宝年间，由于李辅国精通畜牧之事，被推荐入东宫伺候太子。安史之乱，李辅国在逃难途中想到这条妙计。肃宗即位以后，立刻拔擢他为太子家令、元帅府行军司马，把他视为心腹。凡是四方奏事，御前符印军号，统统交给他掌管。

李辅国长年食素，不吃荤血食物，常常作和尚打扮，手里拿着一串念珠，一面走路，一面数着念珠，喃喃念着“阿弥陀佛”，装着慈悲的模样。其实，才不是这回事。

李辅国到凤翔之后，授太子詹事，改名为辅国。当安史之乱平定，唐肃宗回到京师，他一口气兼了殿中监、闲厩（马场）、五坊、宫苑、营田、总监等使，又兼陇右群牧、京畿（jī）铸钱等使，更专掌皇帝禁兵，常居禁中。皇帝的所有制敕都要经过李辅国的押署，然后实行。

甚且，李辅国自个儿就在大明宫的银台门决定天下大事，事无大小，李辅国开了口便等于皇上的制敕。他决定之后，再向肃宗报告一声便是。

另外，李辅国又设了“察事厅子”，就是所谓密探，到处打听消息，官吏犯了任何小过都逃不出他的耳目。地方与中央司法机关的重大案件，都由李辅国随意处分，而且全是假传圣旨，反正不会有人找肃宗对质。

李辅国每次外出，总有数百甲士卫从，一般小官官都尊称他为五郎。宰相李揆（kuí），出身山东望族，见了李辅国也乖乖喊一声五父，而且恭敬地执弟子礼。

太上皇唐玄宗从四川回到京城之后，居住在兴庆宫中。玄宗仍不改当

望贤迎驾图，南宋佚名绘。图中描述了安史之乱中，唐肃宗李亨在陕西望贤驿，迎接由四川归来的太上皇李隆基的场面。图中宝盖下的李隆基白发黄袍，老态龙钟，肃宗李亨则黑须朱袍，陪同接见民众。

年兴致，喜欢召伶官奏乐，与持盈公主时有往来。

由于李辅国出身微贱，唐玄宗左右的人都不怎么看得起他，特别是老宦官高力士更不把李辅国放在眼里。李辅国担心这样下去，他的地位会不稳。

于是，李辅国以持盈公主接待客人的理由，向肃宗奏称“兴庆宫内有阴谋”，假造命令把玄宗软禁在西内，又把持盈公主囚于玉真观之中，高力士则被流放到巫州。

到了至德二载（757 年），李辅国拜兵部尚书，比以前更加骄恣（zì）。他贪心不足，竟然要求做宰相。

此时唐肃宗对李辅国的跋扈（hù）已有一些反感，却又不敢得罪他，只好推托：“以公的勋（xūn）业才情，还有什么不能做的，只是不孚（fú）朝廷名望，如何是好？”

李辅国碰了一个钉子，跑去暗示仆射裴冕上奏章推荐。肃宗秘密对宰相萧华道：“辅国想要当宰相，听说你们要联名推荐他，有这回事吗？”

萧华没有回答，跑去问裴冕，裴冕斩钉截铁地道：“没有的事，我的手臂可能断，但是李辅国不能得到宰相之位。”

萧华回复肃宗，肃宗很开心，笑着夸奖：“裴冕这个人可堪大用。”

肃宗利用宰相萧华、仆射裴冕拒绝了李辅国当宰相的要求，李辅国气坏了，暗暗怀恨在心。

宝应元年（762 年）四月，肃宗病倒在床，而且病得不轻，宰相大臣都见不到皇帝的面。李辅国趁此机会诬奏萧华专权，请求予以罢黜，肃宗不许。

李辅国一而再、再而三地请求，肃宗烦极，终于罢萧华为礼部尚书。等到肃宗归天，萧华竟被斥逐，李辅国还是取得相位。他是唐代惟一当了宰相的宦官。

肃宗去世后，代宗即位，李辅国更加狂妄。他上奏代宗道：“大家（大家是皇宫中的人对皇帝之称呼）只要在皇宫里坐着，外事听老奴处置。”

这句话的意思是说，皇帝只有在里头凉快，外边的事由老奴我一手包办。这究竟是谁在当皇帝？代宗对他的出言不逊，十分不悦，但是李辅国手握禁军，不想惹火了他，表面上仍尊他为尚父。

此时有一个宦官程元振，有意夺李辅国之权。他密言代宗，请代宗对李辅国稍加制裁。代宗改用程元振为元帅行军司马，大家都庆幸不已。李辅国这才有点害怕，茫然失据，不知所措。不久，李辅国又被免除中书令（中书令是唐朝的宰相），进封博陆王。他要入中书修谢表，守门的阻止他："尚父罢相，不能再入此门。"李辅国气愤哽咽道："老奴死罪，事皇上不了，请于地下事先帝。"

向来老宦官与新皇帝总是不合的。最后，代宗派了一个刺客在半夜潜入李辅国宅，把他杀了，又砍了他的脑袋及一只手臂而去。

鱼朝恩陷害郭子仪

在上一篇《李辅国数念珠》之中，我们说到，唐肃宗信任宦官李辅国。肃宗去世之后，代宗即位，不满意李辅国的跋扈。据说，代宗派了人，偷偷溜入李宅，砍掉了李辅国的脑袋与手臂。

李辅国去世了，宦官的气焰却没有因而消减。唐代宗又信任程元振、鱼朝恩等宦官。其中，鱼朝恩是历史上有名的奸险宦官。

鱼朝恩在天宝年间入宫担任小黄门（黄门是宦官别名，因为东汉黄门令都是由宦官担任）。他为人阴险狡诈，很得君王喜爱。肃宗年间，鱼朝恩任观军容宣慰处置使。这个官名的意思是：表面上是宣慰军队，其实是代表皇帝监视军队，“使”是临时派遣的职务也。

原来当时正是安史之乱，唐肃宗以郭子仪、李光弼（bì）都是元勋，谁当谁的元帅都不好，干脆要鱼朝恩负起这个责任。

堂堂大将军竟受宦官的统治，岂不太可笑？但这是有道理的。因为中国古代皇帝，生活天地狭小，除了上朝之外，很少有与外界接触的机会，宫中除了妃嫔宫女只有宦官。久而久之，自然产生一种感情，何况，唐朝从玄武门之变以后，时有皇位之争。做君王的，对自己的儿子不敢信任，对手上握有军队的臣子不敢信任，而天下没有宦官当皇帝的。因此，代宗派鱼朝恩去监军，并不奇怪。

安史之乱一仗打下来，郭子仪有定天下之大功绩。鱼朝恩心中颇不是滋味，在肃宗面前不断诋（dǐ）毁郭子仪，唐肃宗没有采纳鱼朝恩的意见。可是最后还是解除了郭子仪的兵权。

到了代宗时代，广德元年（763 年），代宗为避乱吐蕃，逃到陕西，鱼朝恩正在陕西带神策军。以后，鱼朝恩以神策军入宫中，成为天子的禁军。

因为代宗信任鱼朝恩，在大历年间，一口气封了他判国子监（中国古代最高教育行政管理机构）事，兼鸿胪、礼宾、内飞龙、闲厩使，封郑国公。鱼朝恩为着表示自己才兼文武，不但会带兵，还能谈学术，平时总爱找一些轻浮的年轻人，聚集在门下，讲五经大义，作文章，俨然饱学之士的模样。

大历二年（767 年），鱼朝恩把皇帝赐给他的别墅改建为章敬寺，以供给章敬太后冥福之用。于是鱼朝恩以此为借口，穷壮极丽，大事整修。他把整个城中的木材搬来都不够使用，竟然把曲江诸馆及华清宫给拆了用为现成的栋梁，耗费金钱达数亿以上。

郭子仪，选自《历代名臣像解》。

卫州进士高鄂（è）上书皇帝：“先太后的圣德，不必以一个寺庙来增加她的光辉，为着国家长远着想，实在应以老百姓为基本，舍人就寺，恐怕不是一件福事。”当然这种奏章，都被鱼朝恩压了下来。

鱼朝恩最嫉恨的人就是郭子仪，可是无论他如何毁谤郭子仪，都伤害不了他的名望。郭子仪的涵养功夫更是一等一，他知道代宗信任宦官，为着国家大局着想，只有忍辱负重，勉强与鱼朝恩合作。

鱼朝恩非要把郭子仪激怒不可，他居然派了人去挖郭子仪的祖坟。在中国人眼中，挖祖坟是不共戴天之仇，可是，郭子仪还是硬把这口气忍了下来，还为鱼朝恩辩解。鱼朝恩很得意，认为这是郭子仪低头，更加狂妄嚣张。

因为大家都捧着鱼朝恩，使他更为跋扈，在与皇上大臣讨论军国政事时，势倾朝野，高谈阔论，对时政任意批评，而且凌侮宰相元载。元载其实是个雄辩滔滔的人才，碰到鱼朝恩，也只有不开口。

神策军都虞候刘希暹（xiān）为鱼朝恩想出一个敛财的妙法，在北军建一个监狱，然后唆使市场上不良少年，随便找一个罪名诬告富豪之家。把这些富人关入地牢，用严刑逼问，榨干他们的家财，一直到逼死为止，人们称之为“入地牢”，却不敢吭声。

鱼朝恩每次入朝奏事，总是满脸傲然的神色，非要以他的意见为意见不可。要是朝廷政事哪一样他没有参与，就立刻拍桌子大骂：“天下事有不由我的吗？”

代宗听说这些事，渐渐对他起了反感。接着又出了一件事，有关鱼朝恩的养子鱼令徽。宦官没有生育能力，无亲生子女。可是唐代宦官盛行养子制，使宦官的权势与财富可以借养子传递下去，同时，宦官可以娶妻，以发展其姻亲关系。

鱼令徽当时年纪很小，为内给使，衣绿（穿绿色官服，唐朝规定，六品服深绿，七品服浅绿，古代官服有一定颜色，不能乱穿）。有一天，他与同列吵架，回家告状。

第二天，鱼朝恩上朝，上奏代宗：“我儿子官位卑下，为同列欺凌，请上赐紫衣（贞观四年，即630年，规定三品以上着紫）。”

唐代宗默不作声。

此时，已有鱼朝恩安排的官吏捧了一件紫色官服来，鱼令徽换上新官服，跪地拜谢。鱼朝恩这一着，简直不把皇上放在眼中。唐代宗气在心里，表面还是苦笑道："你儿已服紫衣，应该称心如意了。"

回到宫中，代宗愈想愈窝囊。宰相元载乘机上奏，告以鱼朝恩不轨，天下共愤，遂定下除鱼朝恩之计谋。

在寒食节那天，代宗在禁中宴请权贵近幸。宴罢，代宗把鱼朝恩留下，责备他怀有异图。朝恩大声辩白，态度荒悖（bèi）傲慢。于是左右擒而缢之，结束了他的一生。

郭暧打金枝

在京剧或地方戏剧之中，《打金枝》是一出很受欢迎的戏剧，剧情热闹有趣。通常戏剧中的故事是虚构的，但《打金枝》却是有历史根据的。

郭暧（ài）是唐朝大将郭子仪第六个儿子，娶了唐代宗第四个女儿升平公主。升平公主颇为娇纵，郭暧也是从小被宠爱的小公子，两人年龄相若，时有争吵。

有一次，这小两口又因为细故吵了起来。郭暧火大极了，指着升平公主的鼻子怒叱（chì）："你有什么好神气的，还不是倚靠你父亲是天子。告诉你，我父亲是看不起天子的位置才不做的！"说着用力一推金枝玉叶的公主。

"嗯，是这样吗？"升平公主气得话都讲不出来，一扭头，驾着车子就奔回皇宫向父亲告状。

谁知唐代宗听完升平公主的哭诉后，非但没有发脾气，反而平静地说："这件事就不是你能知道的。郭暧说得没有错，假使郭子仪真的要当天子，天下哪儿是我们家所有？"

接着，代宗就把升平公主送了回去。郭子仪听说这件事，大惊失色。想他为朝廷立下汗马功劳，却一直韬（tāo）光养晦，诚惶诚恐，连鱼朝恩把他家的祖坟挖了都勉强忍耐着，为的就是顾全大局，担心代宗有误会，以为他功高震主。现在郭暧居然讲出这种该死的话，还欺负了公主，这还了得？

于是，郭子仪把郭暧五花大绑捆了起来，等待代宗降罪处罚。

没想到代宗只是轻描淡写道："俗话说得好，不痴不聋，不作家翁。儿女闺房之言，何足听也。"这句话的意思是说，要是不装痴装聋，凡事计较，则不能当一家之主人翁也。

郭子仪这才放了心，可是回家之后，还是狠狠打了郭暧一顿屁股。郭暧也是满心委屈，因为他当初根本就不想讨个公主进门。

事实上，唐朝人多半不愿意娶公主，这是一件很有意思的事。

先谈唐朝妇女地位。在唐代，妇女地位很高，与男子差不多。我们心目中古代女子"大门不出"的形象是宋朝理学兴起以后的现象。唐朝高祖自称为陇西旧族，有胡人血统。大凡游牧民族，妇女地位都比较高。因为在塞外大漠之中，妇女必须也要骑马射箭，才能适应艰困的环境。其次，游牧民族之中，小孩生长不易，一定要有强壮有力的母亲，孩子才能长大成人，这更加强了妇女的地位（例如元朝成吉思汗的成功就是得力于寡母的干练，这个故事，我们以后再详细讲）。

唐代女子乘骑俑，陕西省礼泉县唐墓出土。

在开元天宝之际，妇女有喜作男子装束者，短衫窄袖，穿靴戴帽，便于骑马，这成为流行风尚。一般女子尚且比较开放，公主当然有过之无不及，与旧日中原保守妇女大不相同。因此，史家曾评价过唐朝公主婚姻颇为困难。

从魏晋南北朝以来，士族自矜（jīn）门第之风，一直到唐初不衰，士族自矜于门第，所以特别重视婚姻的对象。社会上认为与皇帝结亲家不及与高门士族联姻。因此，在唐宪宗之前，还没有公主与士族联姻的。

在唐宪宗之后，一般士族还是不愿意娶公主。在唐宣宗时代，白敏中担任宰相，郑颢（hào）擢进士第。郑颢是士族子弟，白敏中上奏以颢娶万寿公主。结果事情成功了，郑颢却恨透了白敏中的多事。

公主议婚，不但士族子弟没有兴趣，一般人也敬而远之。例如宣宗时代，王徽考中了进士，宣宗正好颁（bān）布一道命令“于进士中选子弟尚主（匹配公主）”，就是要在进士中挑选一个当驸马爷。

王徽听说了这件事，忧形于色，愁眉不展，赶紧跑到宰相刘瑑（zhuó）前面说自己“年已高，居常多病”，又老又病，不适合当驸马爷。宰相刘瑑看他可怜，前去帮他说情，才免了这一门亲事。

不但进士不愿意娶公主，连方士张果都曾经拒婚公主。方士是古代采奇药或求神仙，以研究长生不老术来惑人的人。秦始皇曾用方士之言，派童男童女赴蓬莱岛求长生不老之药。

唐玄宗有意把玉真公主嫁给张果。唐玄宗心里有这个意思，不过，还没有正式开口。

张果知道了，有一天，他对太常少卿萧华等两个朋友说：“谚语说得好，娶妇得公主，平地生公府，可怕啊！”这句话的意思是说，娶了一个公主当媳妇，有事没事就与衙门扯上关系，太可怕了。

张果两个朋友骂他比喻得不伦不类。

过了一会儿，玄宗派人传诏“玉真公主欲嫁给先生”。张果微微笑，该来的果然来了。怎么样他都不肯接受诏令。

张果的话，充分反映出社会上认为与公主联姻是一件可怕的事。在这种观念之下，唐朝公主想要嫁人就十分困难了，不得不多从大臣子弟中选择对象，所以郭暧奉命娶了升平公主。公主大半貌美多金，为什么唐朝人如此排斥与公主联姻？

唐朝公主的婚姻

在《郭暧打金枝》之中，我们说到，郭子仪的儿子郭暧娶了代宗的女儿升平公主。金枝玉叶的升平公主颇为娇纵，郭暧甚为不满，由此可见唐朝人不愿意娶公主为妻。许多读者对此颇有兴趣，因此，我们再谈唐朝公主的婚姻。

唐朝人认为娶公主是件可怕的事，因此公主选婚困难，不得不多从大臣子弟或者已结为姻亲的家族之中找对象，因为大臣为了保全本身之富贵，多半不敢拒绝。当然，一些想攀龙附凤的士大夫，还是会与公主联姻的。

唐宣宗时有一个人叫于琮（cóng），落拓有大志，可惜运气不够好，始终没有被重用。在大中年代，宣宗下了一道命令，要在士族之中挑选一个人当驸马爷，一般士族都远远避开。驸马都尉郑颢劝于琮："不如应此命。"于琮答应了。

唐宣宗很开心，原本想把永福公主嫁给于琮，想一想，又觉得不适合。宣宗说："我最近和她一块进食，她不知为何不高兴，当着朕的面，就把筷子一下给折成两段。这样刚烈的性情，恐怕不能做士大夫的妻子了。"

于是，唐宣宗把广德公主嫁给于琮。广德公主非常贤淑，遵守法度，而且侍奉于氏宗亲尊卑十分得体，于琮算是运气不坏。

然而，像广德公主一样贤惠的公主不多。一般而言，唐朝公主的品德不佳，使人不敢领教。

例如，唐高祖的女儿永嘉公主嫁给窦奉节，又与寿春郡主的丈夫杨豫之要好。唐太宗之女合浦公主下嫁房玄龄的儿子房遗爱，没有多久，又爱上一个花和尚辩机。肃宗的女儿郜（gào）国公主，嫁给萧升，仍然同时有萧鼎、韦恪（kè）、李万、李升等四个情人，名声糟糕透了。

唐中宗的女儿安乐公主，嫁给武崇训。后来武崇训被杀，她一点也不难过，因为安乐公主早就与武延秀纠缠不清。

由上可知，唐朝公主不守妇道者甚多，唐朝女人本来就比较开放，公主更加不守礼法。公主一方面自己不守妇道，一方面又吃醋心理甚强。

唐高祖的女儿宣城公主嫁给裴巽（xùn）。她听说裴巽有一个外宠，妒火中烧，派了人把这个女子找到，然后在大厅之上，召集了许多官吏，看她如何叫人把这女子的耳朵、鼻子切掉，又把头发剃光。旁边参观的人都不忍看下去，也更体会公主的暴虐。

在中国古代，男女不平等。男人拥有几个妻妾是常有之事，像宣城公主这种妒意，被认为是不可原谅的。但是她是公主，谁能奈她何？于是，人们只有对公主敬而远之。

唐朝公主因为家教不良，非但经常红杏出墙，而且不懂得如何与夫家相处，常使得婆家非常不满意。

唐宣宗曾经再三嘱咐万寿公主要做个好妻子，万寿公主还是我行我素。

万寿公主的驸马郑颢的弟弟郑颉（yǐ）得了很危险的重病，宣宗告诉万寿公主，站在做嫂子的立场，应该去看望一下郑颉。

过了两天，宣宗问万寿公主："你去看望了没有？"

"没有。"万寿公主随便应道。

"那你到哪儿去了？"

"我在慈恩寺看戏啊！"

唐宣宗听了，气得吹胡子瞪眼睛："我还怪士大夫不愿意与我为亲家，也难怪人家不愿意。"

唐宣宗从万寿公主不愿意探视夫弟之病，领悟到士大夫不愿意与皇室结亲的道理。其实，比较起来，万寿公主还算不得犯什么大过失。

像武则天的女儿太平公主下嫁薛绍，薛绍的哥哥薛颉娶的妻子萧氏，薛绍的弟弟薛绪娶的成氏，都不合丈母娘武则天之意。

武则天认为薛绍的兄弟应该把原有的妻子休掉，因为："我的女儿怎么可以与田舍奴的女儿为妯娌呢？"后来，有人出来打圆场："萧氏是薛瑀（yǔ）的侄孙，这是国家旧姻。"武则天才没有坚持。

因为薛绍娶了太平公主，他兄弟的婚姻差一点就得被拆散，可见得公主对夫家家族之威胁。

当然，凡事不可一概而论，唐朝公主也有贤德的，只是比例不大。此外，还有一个原因使得唐朝人不喜欢娶公主进门。公主身份尊贵，出嫁夫家，公婆不敢把她看成媳妇，也不敢接受公主的拜礼，反而要向公主下拜。

在中国传统社会，婆婆虐待媳妇是天经地义的事，所以才有多年媳妇熬成婆的说法。公主不是普通女子，哪里可以随便受欺负？再加上不肯执

唐人婚宴场面，中唐，敦煌莫高窟榆林25窟壁画。

媳妇之礼，反要公公婆婆下拜，当然一般人不愿意与公主打交道。

此外，唐朝公主成亲，皇帝赐与奴婢住宅，驸马成为公主之附庸，内心之别扭可想而知。而且，唐朝规定，假使公主先死，驸马得为公主服斩衰三年，才可以再娶。

这种种的原因，使得唐朝人对公主敬而远之，唐朝人也看不起攀龙附凤与公主打交道的人。有一本唐人写的小说书《南柯记》中讲了一个故事，说主人公梦中娶槐安国公主为妻，当了驸马之后，有享不尽的荣华富贵。梦醒之后，看到一个大蚂蚁穴，方知梦中一切，都是在蚁穴中所发生的。

这个故事讽刺主人公发生的事在蚁国，表示他是个“蚁附”的小人。听说在今天商场上，许多年轻人热衷追求大老板的千金，希望能得到岳父的钱财，看来也是一些蚁附的小人，恐怕也不免为人们所讪（shàn）笑。

仆固怀恩的故事

宦官之害是唐朝晚期政治衰败一大主因。在前面，我们说到鱼朝恩是如何激怒郭子仪，竟然把他的祖坟都挖了出来，可是郭子仪为了保命保家，忍气吞声，依然对朝廷以至忠。郭子仪上得皇帝的信任，下免谗毁之出口，历玄宗、肃宗、代宗、德宗四朝，一身系国家安危达二十余年，卒于德宗建中二年（781 年），享寿八十五岁，历史上誉为富贵寿考的代表。但是，有几人有郭子仪这种克己容人、委曲求全的涵养？譬如说，我们现在要讲的仆固怀恩。

仆固怀恩的名字，一看就是胡人。他是铁勒部落仆骨歌滥拔延的曾孙，因为以讹传讹弄错了，就被人称为仆固。在太宗贞观二十年（646 年），铁勒九姓大首领率部落来投降唐朝，仆固怀恩就是因此而世袭为金微都督。

仆固怀恩跟从郭子仪南征北讨，因为他善于格斗，通晓蕃情，而且有统御部下的本事，颇受重用。唐肃宗在灵武即位，仆固怀恩跟着郭子仪赴行在（天子巡幸所在地）。当时，朔方叛乱，仆固怀恩的儿子仆固玢（bīn）带领一批人马击贼，兵败而降，后来又自己溜了回来。仆固怀恩气得当众教训儿子一顿，而且把儿子给斩了。将士们都大为震撼，下次作战，没有一个胆敢不奋勇向前的。

唐朝可以平定安史之乱，无可讳言是得力于回纥（hé）的出兵援助。而负责与回纥联络的，乃至最后带领回纥兵打垮史朝义者，正是仆固怀恩。

他甚且把女儿嫁给了回纥登里可汗，与可汗有翁婿之亲。

因此，当史朝义被平定，代宗拜仆固怀恩为朔方节度使、河北副元帅、单于镇北大都护，加仆射中书令。他的儿子仆固玚（yáng），也拜御史大夫、朔方行营节度使。

仆固怀恩为人沉默寡言，性情刚直，只要他认为是对的，即使对方是长官，他也要狠狠骂回去。由于勇敢，会打仗，军中号其为“斗将”。郭子仪能用他的优点，也能宽容他的缺点。尤其仆固的手下蕃将劲（jìng）卒，时常不守礼法，郭子仪也每事优容之。

仆固怀恩任朔方节度使之后，与河东节度使辛云京并肩作战。当仆固怀恩奉皇帝命令送回纥兵回去时，经过河东，辛云京认为回纥可汗是仆固怀恩的女婿，他很担心回纥会兵犯太原。所以紧闭城门，也不准备食物犒赏士卒。仆固怀恩自认为父子二人宣力王室，一举灭史朝义，恢复燕、赵、韩、魏之地，功高无比，辛云京竟然用这种态度对待他，忍无可忍，写了一张表，告了辛云京一状。

这时正是宦官当权的时代，代宗派了中使骆奉仙（有的史书记载为骆奉先）到太原，调查实况。辛云京立刻对骆奉仙大献殷勤，并且告诉骆奉仙，仆固怀恩与回纥合谋，而且已有造反的迹象。

骆奉仙与仆固怀恩本为旧识，因此他又来到了仆固营中，与仆固怀恩及仆固怀恩的母亲一块儿饮酒。前面在《郭暧打金枝》中，我们曾说过，胡人的母亲说话是很有分量的。

仆固的母亲在筵席中，数次地责备骆奉仙：“你与我儿子约为兄弟，为什么又去亲近辛云京，怎么这样反复无常？”骆奉仙听了，心中有些不安。

酒酣耳热之际，仆固怀恩起身跳舞，骆奉仙送他一个缠头彩。什么是缠头彩呢？原来这是唐朝人的一种风俗，在宴会之中，酒后跳舞者，受礼的人要送跳舞者一个用整幅绢帛缠头的饰品。

仆固怀恩接受了缠头彩，十分开心，对骆奉仙说：“明天中午，咱们再喝一天。”

骆奉仙有些害怕，坚持要离开，不肯留下过夜，仆固怀恩一向固执，竟然偷偷把骆奉仙的马留了下来。仆固怀恩的本意是亲热，免得骆奉仙被辛云京抢过去了。

不料，骆奉仙会错了意。他对左右说："一早来，他就责备我，现在又把我的马给藏了起来，看来今晚要杀掉我了。"于是趁着黑夜翻墙而逃，逃回京里，诬奏仆固怀恩谋反。仆固怀恩也上奏，请求诛辛云京。

仆固怀恩自恃（shì）功高，十分骄傲，他愈想愈不甘心。自从讨贼以来，每一场战斗无不全力以赴，仆固怀恩一家之中为唐朝而死者有四十六人，女儿为了和蕃又嫁到塞外绝域，他本人结纳回纥，再收两京，平定河南北，功无与比，竟然被人陷害，气得不能吃饭不能睡觉，写了一篇报告给代宗自讼（sòng）。在这篇报告中，仆固怀恩愤愤不平道：

唐代执笏的宦官，陕西省礼泉县韦贵妃墓壁画。图中人物面部躯体都呈扭曲状，表情极为猥琐、阴险，令人生厌。

"我自己平静下来想一想，发现自己有六大罪，第一，以前同罗叛乱，臣为先帝扫清河曲；第二，我的儿子曾被同罗所获，逃归之后，臣斩之；第三，臣有二女，远嫁外夷，为国和亲，荡平寇敌；第四，臣与儿子玚不顾死亡，为国效命；第五，河北新附节度使握强兵，臣抚绥（suí）之；第六，臣说谕回纥赴急难，平天下后，送之归国。臣既负六罪，诚合万诛，惟当吞恨九泉，衔冤千古，复何诉哉！"

仆固怀恩口中说的六大罪，其实是他引以为傲的六大功绩，他故意说反话，表示心中的冤屈。

唐代宗得书之后，派裴遵庆去调查实况。仆固怀恩见到裴遵庆，抱着他的脚放声大哭，号泣诉冤，可是当裴遵庆要仆固怀恩入京，他又不敢去，惟恐到京中又被宦官陷害。于是君臣之间，大生猜忌。

其实，仆固怀恩对唐朝的忠心应无可怀疑，当时颜真卿曾说："认为仆固怀恩造反的，只有辛云京、李抱玉、骆奉仙、鱼朝恩四人而已，朝臣都认为他是冤枉的。"偏偏骆、鱼都是代宗信任的宦官。于是仆固怀恩被逼得在广德二年（764年）诱引北方的回纥与西方的吐蕃大举入寇，不料行至中途，暴病而死，余众为郭子仪平服。

唐人周智光说："仆固怀恩岂有反状，皆由尔鼠辈（指宦官）作福作威，惧死不敢入朝。"可见宦官真是害人不浅，以至于朝臣人人自危。

段秀实执法严明

中国古代传统社会特别重视人文精神，而法治精神往往被忽略。但是，仍然有不少官吏执法严明，譬如现在我们要讲的段秀实。

段秀实，陇州人氏，父亲段行琛，官做到洮州司马。段秀实小时候非常孝顺，在六岁那年，母亲生病，他小小年纪就懂得伺候汤药。等到长大以后，他个性益发沉着，善于判断。

唐代宗广德年间，段秀实担任泾（jīng）州刺史，附近邠（bīn）州（陕西邠县）有郭晞（xī）统率的部队在防守吐蕃。郭晞是郭子仪第三个儿子，善于骑射，常从父出征，立下汗马功劳。

郭子仪历经玄宗、肃宗、代宗、德宗四个朝代，身系国家安危达二十余年，是唐代中叶一位非同寻常的人物。他本人虚怀若谷，可是他的一些部队却不免趾高气扬，郭晞从父亲手中接过这批沙场老将，完全驾驭（yù）不住。节度使白孝德眼看郭晞手下士卒贪暴的情形，碍着郭晞是郭子仪的儿子，敢怒不敢言，束手无措。

段秀实跑去找白孝德，对白孝德说："假使是我当军候，绝不会发生这种情形。"白孝德看段秀实一副有办法的神情，立刻任命他为都虞候；都虞候的职责是督察军中不法之事，权力很大。

广德二年（764 年）一月中，郭晞手下十七个军士犯了酒瘾，一块来到酒店。由于酒店老板不肯免费招待，军士们不但一脚踢坏了酒器，更用利刃刺入老板的喉颈之中。在郭晞军营之中，这是一件很普通的事。

段秀实却不容许士兵随便欺负老百姓。他率领士卒，把闹事的十七个军士的脑袋割了下来，挑在长槊（shuò）之顶端，然后，挂在大门上面。

百姓们看到平日为非作歹的郭晞军士遭此处罚，奔走相告，十分兴奋。郭晞的军营之中大哗，简直吵翻了天。

节度使白孝德命段秀实整顿军纪，可是看到这个光景却又慌了。他把段秀实找来问："现在郭晞军营之中，个个尽擐（huán）铠甲，准备作乱，怎么办？"

"没什么关系，我去解释一下也就是了。"段秀实不疾不徐地回答道。

白孝德要段秀实带几十个人一块儿去，免得发生不测。段秀实不肯，只选了一名跛脚的老兵同行。

到了郭晞军营门外，军士们穿着铠甲围了出来，一个一个眼露凶光。段秀实微微一笑，缓缓地说："杀我一个老卒，何必戴什么铠甲，我顶着我的头来了，你们可以动手。"

郭晞的军士本来要与段秀实好好较量一番，看看他有多大本事，竟然干涉他们所作所为。可是段秀

唐代彩绘武官俑，唐墓出土。

实来这一着，又只带了一个老兵前来，如果要动手，显得自己太不堪了，因此大伙愣在那儿，不知如何应付。

段秀实乘机说道："常侍（郭晞）对不起各位吗？副元帅（郭子仪）对不起各位吗？为什么你们要捣乱败毁郭家的功业呢？"

正在此时，郭晞走了出来，段秀实也毫不客气地指责他："副元帅勋盖天地，今天你纵容士卒为暴，是对不起你父亲。如此下去，郭家功名还能存有多少呢？"

段秀实还没说完，郭晞已经惭愧地下拜道："谢谢你教训的大道理，如此恩重，岂敢不从命！"说着，怒叱左右把铠甲脱下，各自解散，谁要是再吵吵闹闹，立刻处死。从此以后，军士们行为收敛，邠州号令严一，军府安泰。

大历元年（766年），段秀实担任四镇、北庭、邠宁都虞候，马璘是邠宁节度使。军中有个士卒，能拉两百四十斤的弓，被视为奇才。这个大力士素行不端，犯了窃盗之罪，马璘舍不得处罚。段秀实说："在军中有爱憎之别，法令不一，就是古代大将韩信、白起复生，也没法子带兵的。"马璘只有忍痛把大力士杀了。

马璘处理事务若是不合理，段秀实一定与他力争到底。马璘有时气得浑身战栗，段秀实还是坚持己见，且说："秀实罪若可杀，你何必发怒？若是你无罪杀人，恐怕是不合道理。"马璘气得拂衣而起，两人不欢而散。过了一会儿，马璘又摆酒向段秀实赔罪。从此马璘一切依法办理，邠宁一带社会安定太平。

后来，马璘奉皇帝命令迁徙泾州，他手下的兵士不愿意移到泾州，牢骚甚多。其中有位刀斧兵马使王童之见人心动摇，想要作乱。

有人密报段秀实："王童之准备作乱，约定天快亮时更夫打鼓为信号。"在古代没有钟表，晚上用打更计时，一夜分为五更，所以有三更半夜的说法。

段秀实把更夫找来，臭骂了一顿，怪他打更打不准，以后"每更快尽时，一定要来报告”。因为每次打更之前得先禀报，如此一延误，四更过后就天亮了，当然乱事也起不来了。

第二天，又有人密报：“今晚将焚马草，趁救火时起事。”到了半夜，果然火光熊熊。他下令军中：“救火者死。”王童之居外营，请求入内救火，段秀实不肯。到了天亮，段秀实下令把王童之及其党羽一起问斩，于是军队安安稳稳迁到泾州。

段秀实军令简约，有威严，也给部下恩惠。他自奉清俭，家无姬妾，如果不是正式宴会，从不饮酒听乐。因为他律己甚严，旁人无法威胁利诱，所以他才能执法严明，发挥法治精神。

蓝脸卢杞

从安史之乱以后，唐朝一蹶不振。讨平安史之乱是在唐代宗广德元年。代宗之后，德宗即位，颇想振衰起弊，整饬（chì）纲纪。

唐德宗即位之初，任用崔祐甫为相，十分英明。他做了三件事，极得后代史家好评：第一，他放出大批宫女（代宗时征选入宫），使她们得与家人团聚；第二，命令各个节度使必须遵守中央号令；第三，禁止宦官出使时向百姓榨财。这些措施使得当时人夸德宗有贞观之风。

但是，当德宗改用卢杞（qǐ）为相后，一切就改观了。

卢杞是旧相卢怀慎的孙子。他的父亲卢奕，在天宝末年为东台御史中丞，洛阳城被安禄山攻下之时，卢奕壮烈成仁。卢杞有此门荫，一会儿就爬到刑部员外郎的高位。

卢杞长得十分丑陋，最奇怪的是脸色青青蓝蓝的，人们初见了他，都以为见了鬼。他穿衣吃饭全不考究，甚且不耻恶衣粝（lì）食。人们都说他有先祖卢怀慎之清廉遗风，却不知道这小子心怀奸诈。

建中（唐德宗的年号）初年，卢杞被命为御史中丞。当时郭子仪生了病，卢杞带了一点小礼物去看望。郭子仪是四朝元老，功业彪炳（biāo bǐng），去看望病情的当然很多。通常，百官前来，郭子仪从来不要姬妾们回避，这是因为唐朝妇女比较开放，也出外见客；不像到了宋朝之后，妇女只能躲在闺房之中绣花，不准抛头露面。可是，当郭子仪听到卢杞前来，立刻把侍妾们全赶到后面去，只留下他自己一个人与卢杞谈话。

当卢杞走了之后，家里的人就问郭子仪为什么这么做。郭子仪说：“卢杞外貌丑陋而心地险恶，妇人们看到他那张蓝脸，一定忍不住笑了出来。假如有一天，这个人得权，就会找你们报复了。”

毕竟姜是老的辣，阅人多矣的郭子仪，一下就看出了卢杞的庐山真面目。然而德宗不察，卢杞利用皇上的猜疑之心，挑拨德宗与臣子们的感情。

郭子仪屏退家人，单独会见卢杞，选自《马骀画宝》。

卢杞很讨厌太子太师颜真卿的正直，想把他赶出京城。颜真卿对卢杞说：“你不要这个样子。想你父亲的尸体在天宝十四载（755 年）运到平原时，我舍不得用衣角拭去他脸上的血，用舌头把血舔了个干净。今天，你竟然这样容不下我吗？”

卢杞听了此话，立刻站起，向颜真卿下拜，可是心里头对颜真卿用对他父亲有恩来教训他，反感透顶。后来，他果然想了一条毒计陷害颜真卿，关于这一段，下回再详细说。

唐德宗任命卢杞为宰相，唐朝的宰相不止一个，卢杞知道唐德宗一定会再立一个宰相。他恐怕再找一个会分他的权，于是他自己先推荐儒雅厚重的吏部侍郎关播，要关播担任中书侍郎同平章事（宰相）。

虽然多了一个关播，所有政事还是取决于卢杞，关播对任何事都不表示意见。

有一天，唐德宗与宰相论事，关播认为这件事有所不可，站起来想开口，卢杞立刻用目光狠狠制止他。关播无可奈何，又坐了下来。

下朝之后，回到政事堂，卢杞寒着脸对关播说："我看足下端谨少言，方才引足下任宰相，刚才你为什么张开口好像要讲话？"关播从此以后，只有哑巴当到底了。

中书侍郎杨炎（就是租庸调法税制崩溃之后，提出两税法的宰相杨炎）很看不起卢杞，认为卢杞瘦瘦小小又没有能力，无才无德。因为唐朝的高官大半由进士科出身，先由礼部考诗文，及第为出身，还要经过吏部考试后才任用。考察包括身言书判，"身"是体貌丰伟，相貌堂堂；"言"是言词辩正，口才要好；"书"是讲究楷法道美，字要写得漂亮；"判"是文理优长，就是要会判案子。因为古代行政司法不分，地方官就是法官。卢杞身言书判都不行，既没有学问，又长了一张讨人厌的蓝脸。杨炎见了卢杞就恶心，胃口倒尽，所以每次都托以疾病，不肯与卢杞共食。卢杞又想了办法，把杨炎害死。

另外还有一个人叫张镒（yì），忠正有才，德宗对他很信任，也是卢杞的眼中钉，他也想了一个法子害张镒。

张镒有一个好朋友郑詹，每次当卢杞午睡时，就跑到张镒的办公室聊天。

有一回，卢杞故意睡熟了，等着郑詹来。过了一会儿，郑詹来了，正与张镒谈得很开心，卢杞翻身而起，跑到张镒的办公室中，郑詹当然马上躲到布幔后面。

卢杞一口气滔滔不绝谈了许多朝廷的秘密大事，说了半天才停下来，张镒说："郑詹在此。"

"喔！"卢杞故作惊讶，"刚才我们说的话，可不能被任何人听到啊。"这时，郑詹正牵涉在一个司法案件之中，于是，卢杞便以恐怕郑詹泄密为借口，命审判的官员处了郑詹死刑，而张镒也被罢相职，天下人都为之扼（è）腕。

卢杞又赞成赵赞建议的间架税，使得百姓恨之入骨。古往今来的房屋税都是按一栋一栋的房子计算，可是间架税是以屋上的梁架为标准，每屋有两架为一间，上屋税钱两千，中屋一千，下屋五百。谁敢藏匿一间屋，打六十棍，出首告密者赏五十缗钱，因此愁怨之声，处处可闻。

卢杞作恶多端，果然，不久酿成祸事。其实，一个人的美丑是天生的，外表好看，未必心地善良；同样的，长得难看的，不一定有内在美，卢杞就是一个例子。

颜真卿至死不屈

在上一篇之中，我们说到唐德宗用蓝脸卢杞为宰相，又采用苛刻的间架税，使得百姓们叫苦连天。

同时，有几个节度使又正闹得凶，节度乃节制调度也，任务是防守边疆重镇。当安史之乱平定以后，唐朝政府为了息事宁人，接受仆固怀恩的建议，将安史降将，分别拜为节度使；其中以幽州、魏博、成德、淄青节度使最为麻烦，称之为四镇之乱。

四镇之乱尚未平定，淮西节度使李希烈又在造反，李希烈自称为天下都元帅。都是总的意思，唐朝人喜欢用这个字，如果是今天的总经理就该称为都经理了。

建中四年（783 年），李希烈向汝州进攻，当时汝州别驾是李元平。李元平本是湖南判官，薄有才艺，性情粗疏骄傲，喜欢讲大话、论兵事。卢杞看他志向大，有将相之才，命他掌管汝州。

李元平好大喜功，到任第一件事就是招募工匠修城门。李希烈立刻挑了几百个兵卒当壮士，混入应募的行列之中，统统都被录取了。

然后，李希烈再派数百军队进攻，里应外合一下子把唐朝军队打垮了，而且活捉李元平。

李元平长得干干瘦瘦，像个小不点，而且连胡子也没有。一见到李希烈，紧张极了，竟然当场尿了出来。

李希烈捏着鼻子，指着满地尿液道："这个瞎眼的宰相卢杞，竟然派你这种角色来抵挡我，未免太不把我李希烈看在眼里了。"

攻下汝州之后，李希烈派兵四处抢夺掠劫。百姓们大为震撼，纷纷窜匿山谷之中。

李希烈起事的消息传到京师，德宗大为震恐，把卢杞找来问话。卢杞眼珠子一转，心生一计："希烈年轻骁（xiāo）勇，恃功傲慢，一般将佐没有人敢谏阻。假使能用儒雅重臣，宣扬皇上之圣泽，向他陈述逆顺祸福的道理，希烈必然革心悔过，可以不用军旅弭平乱事。"

如果能够不用一兵一卒而平定战乱，当然是一件好事，何况唐朝自从安史之乱之后一直积弱不振。德宗问："派什么人去才合适？"

卢杞马上接口道："颜真卿为三朝旧臣，忠勇正直，刚毅果决，名重海内，人所信服，是最恰当的人选。"在上一篇之中我们说过，颜真卿的正直，向来是卢杞所嫉恨的；尤其颜真卿曾经用舌头把卢杞父亲脸上的血舔掉，对卢家有恩，益发让卢杞心里不痛快。因此，卢杞特别想了这条毒计，陷害颜真卿。

当命颜真卿前往许州宣慰李希烈的诏令一下，整个朝廷的官员都变了脸色。因为李希烈以血腥残忍出名，断断不可能被任何人所感动，颜真卿此去是必死无疑。

汧（qiān）国公李勉听到这个消息，密上一个表，请求德宗收回成命，要求他不要派颜真卿前往，以为"失一元老为国家羞"。可是，德宗不答应。

颜真卿接到命令，毫不犹豫地启程，前往东都洛阳。河南尹郑叔则劝他道："此去一定被害，何不暂且留在这儿，等待新的命令。"

颜真卿却一点也不畏惧地回答："君命难违，我怎么能够因为怕死而逃避。"他写给儿子的书信（等于是遗书）中只是提到以后要好好扫祭家庙。

当颜真卿到达许州，还没有宣布诏旨，李希烈已带着一千多名养子围着颜真卿。他们口中骂着脏话，一个一个拿着刀，比划着要把颜真卿的肉割

颜真卿，选自《历代名臣像解》。

下来，再细细地切碎的模样。颜真卿却是动也不动，脸上也平静得若无其事。李希烈看这老头子神色不动，知道威胁不了他，决定先软禁起来再说。

由于李希烈起兵声势最强，所以魏博等四镇节度使都派人来拜见李希烈，上表称臣，并且说“朝廷诛灭功臣，失信天下，都统（指李希烈）英武自天，应早称帝号，使四海臣民，知有所归。”

李希烈十分得意，把颜真卿召来，对他说：“你看，如今四王意见不谋而合。”

“呸，什么四王，只是四凶。你不自保功业，为唐忠臣，反而与乱臣贼子一块同归于尽吗？”颜真卿好好地训了李希烈一顿。

李希烈听了相当不悦，过了几天，又把颜真卿扶出来与魏博等四镇的使者见面。四使见了颜真卿，缓缓一齐下拜道：“久闻太师德高望重，今天都统将称帝，莫不是老天特别要你当都统的宰相吗？”

“胡说！”颜真卿怒叱道，“什么宰相，你们知道骂安禄山而死的颜杲（gǎo）卿吗？他是我的哥哥；我今年都八十了，知道守节而死，哪里会受你们的威胁利诱？”

四个使者挨了骂，不敢再多言。李希烈派了十个卫士，日夜监视颜真卿，而且在庭院中挖土，扬言要活埋他。颜真卿哈哈一笑，捻着白胡子道：“死生天定，何必多此一举。只要借我一把剑，不久即了你一件心事。”

由于颜真卿始终不肯投降，而且说服了李希烈的部下反叛，最后，李希烈派人用绳索勒死了他。

唐代大书法家柳公权曾说心正则笔正。颜真卿一生忠君爱国，守正不阿，在朝四十多年来，不断受小人排挤，最后又死在叛将之手，与其兄长颜杲卿互相辉映，光芒万丈。

泾原兵变

在上一篇《颜真卿至死不屈》之中，我们说到，唐德宗时代，若干跋扈藩镇起来作乱，宰相卢杞倒行逆施，不得人心。淮西节度使李希烈自称为天下都元帅，卢杞建议德宗，派颜真卿去劝服李希烈。结果，白白牺牲一条元老重臣之命。李希烈的乱事愈演愈烈……

建中四年（783 年）十月，德宗下诏令泾原节度使姚令言带领五千兵马前去讨伐李希烈，泾原军队一路东行，经过京师长安。这时，长安的气候已入冬季，军士们一路上忍受天气酷寒，又累又饿挨到了首都长安城，满心以为会得到皇帝一笔丰厚的赏赐，不料到达之后，竟然一无所得，万分地失望。

当五千人马到了长安以东的浐水之时，德宗下令京兆尹王翃（hóng）犒师。士兵们心想，没有赏赐，痛快打一场牙祭也好，一路上风风雨雨，也实在需要些好酒好菜祭一祭五脏庙。

谁知端上来的既不是山珍海味，也没有大鱼大肉，只有一些粗饼及发馊的饭菜，而且有一股难闻的酸腐味道扑鼻而来。大伙正在饥肠辘辘，不由怒气冲天，一脚踢翻送来的食物，而且用力地在上面踏来踏去，这下子连烂东西都没得吃了，更加地燃起愤怒之火。

这时候，不知道是谁脱口说出："我们都是要死于敌手的，竟然还不给大伙好好吃一顿，怎么去拼命啊？我听说皇宫里面琼林、大盈二库之中，金帛满得都要溢出来了，咱还不如到那儿去取一些。”

说着，这一群人像发疯似的，拿着铠甲，举着大旗叫叫嚷嚷。一路鼓噪，直往京师。

泾原节度使姚令言此时正在宫中拜见德宗，不知道外面出了这么大的乱子。他接到消息之后，立刻奔上快马出城阻止，这哪儿阻止得了呢？乱兵们纷纷用箭射向姚令言，姚令言吓得抱着马鬃（zōng）突入乱兵，大声喊叫着：“你们错了，我们此去东征讨伐李希烈立功，何患不得富贵，这样乱搞是要杀头灭族的啊。”

军士们根本不听姚令言的话，扶持着他敲锣打鼓到了京城。德宗慌了手脚，命令宦官去安抚乱兵，答应一人赐两匹帛。乱兵们看到皇帝窝囊又小气，更加地不满，一箭射中了前来传达圣旨的宦官。德宗赶紧再运出二十车金帛，还是难以平息乱军的愤怒。

不一会儿，大军已喧声浩浩进入长安城，老百姓吓得狼狈逃走。乱兵却大呼道：“不要怕，不要怕，以后你们不必再出间架税了。”间架税是一种以梁多少计数的税收，相当苛刻，引起人们普遍之不满（详见《蓝脸卢杞》）。

既然乱兵这么说，老百姓也不怕了，丹凤门外挤来了数以万计看热闹的小民。唐德宗急得冒冷汗，叫了半天“来人，来人”，却没有一个卫兵前来护驾。这是怎么一回事？

原来，负责守卫京师和皇宫的神策军使白志贞在搞鬼。他掌管神策军招募之事，凡是禁军（神策军，也就是中央军）东征死亡者，他一概隐瞒，然后接受城中富人贿赂，把富人的名字补上去。这些富人名字在军籍上，可以领粮饷，受国家的给赐，可是人却端坐在长安城中开商店做买卖。

如此荒唐的事当然会出纰漏，执法严明的段秀实就曾上书皇帝：“禁兵不精，每军人数都有欠缺，万一碰上患难，该如何是好？”

果然这场乱事不幸被言中，唐德宗匆匆忙忙与王贵妃、韦淑妃、太子诸王及唐安公主从宫苑北门逃出宫外，至于证明皇帝身份的传国玺则由王贵妃系在衣着之内。

唐宫廷仪卫，陕西省礼泉县唐墓壁画。

正要离开宫门之际，姜公辅在德宗的马前下拜道："朱泚（cǐ）曾经为泾原节度使，因为他弟弟朱滔作乱，被皇帝软禁在京师之中，心中怏（yàng）怏难平。臣以为陛下若是不能信任他，不如把他杀掉，免得泾原乱兵奉他为主，那就麻烦大了。"

唐德宗狠狠地瞪了姜公辅一眼，怒叱道："现在是逃难，保命要紧，哪儿顾得到这些？"

当贼兵杀入皇宫，东找西找，找不到皇帝，高兴得跳起来欢呼："天子逃走了，我们可以自求富贵。"看到的就往怀里揣，一直到完全拿不动了，两只手还是舍不得地再抓一把，入得宝山岂可空手而回？

不但泾原兵在大肆搜掠，宫外看热闹的老百姓也涌了进来抢东西，整个晚上热闹非凡，兴奋得要命。有一些挤不进皇宫的，就站在外头等，等着全身装满金银财宝的家伙，来一个黑吃黑。总而言之，里里外外乱成一团糟。

姚令言与乱兵们商量："众人无主，不能持久。如今朱太尉闲居私第，我们不如拥护他出来为主。"一呼百诺，众人拥向朱太尉私第。

朱太尉乃朱泚，原来是泾原节度使。他的弟弟朱滔是幽州节度使，公开反叛朝廷，曾派人要求朱泚一块起事，在半途之中，使者及书信被查获了。唐德宗看在朱泚先不知情的份上，饶过朱泚，却把朱泚留在长安，赐给他漂亮的花园、丰厚的田产，表面上对他客客气气，事实上是把他看管起来了。

朱泚被软禁，心中当然不乐意；如今泾原兵变，找他出来带头，正中下怀，满口答应。

这个时候，唐德宗早就已经出奔到了奉天，有人说："朱泚为乱兵所立，即将前来攻城，宜早修守备。"宰相卢杞还在为他辩护："朱泚忠贞，群臣莫及，臣请以身家百口性命保证他不会造反。"如此昏庸的皇帝，再加上如此颟顸的宰相，泾原兵变乃是迟早之事也，士兵们的牙祭没有打成只是导火线罢了。

李怀光打草惊蛇

淮西节度使李希烈叛变，唐德宗召泾原兵增援。泾原兵冒着风寒赶到京师，竟然连一顿牙祭都没讨着，一怒之下，哗然造反。唐德宗仓皇逃难，泾原兵洗掠皇宫，共拥朱泚为主，朱泚在长安称帝……

朱泚称帝以后，即刻率兵攻德宗，把奉天城包围起来。奉天虽然没有被攻下，城里头却是一点儿粮食也没有了。唐德宗想派一位健卒到城外一窥虚实，这位健卒缩成一团，跪了下来，恳求德宗："天气实在太冷了，请陛下赐给一件襦袴（kù）。"

襦袴就是小背心，在京城里要多少有多少，可是逃难在外，找了半天，竟然连一件背心都没有。

此时正是农历十一月，不但缺乏御寒的冬衣，也没有食物。就是皇上的御食，也仅是粗粝二斛。只有当敌人休息之时，趁着夜晚摸黑，偷偷地把一个人缒（zhuì）下城外，摘一些野菜供给皇帝御膳食。

唐德宗捧着粗米，望着野菜，食不下咽，泪流满面道："朕之不德，自陷危亡，公辈无罪，应该早日投降以救室家。"群臣听了都低下头来，痛哭流涕，表示愿尽死力。所以将士们虽然困窘危急，还是士气高昂。

我们再回头说朱泚，当朱泚攻奉天之初，他谎称是前往迎接銮驾，真是说得好听，然后派遣韩旻（mín）领马步三千疾趋奉天。朱泚看上了段秀实，他心想，段秀实曾经当过泾原节度使，颇得士兵爱戴，后来却被削夺兵权，一定心怀愤恨，愿意与其为谋。

段秀实表面答应了，暗地里却使了一招，他造了一个假兵符，命令韩旻不要去攻奉天，先回来再说。韩旻回来了，把朱泚吓了一跳，他却不知道是段秀实的计谋。可是段秀实是个血性汉子，竟然自己暴露出来了。

古代八仙庆寿纹象笏，旧藏岱庙。

原来有一天朱泚与段秀实谈到称帝之事，段秀实忍不住了，勃然而起，一把抢走了朱泚手上的象笏（古时天子及大臣用来书写记事用的手板。大家注意看古装片，凡是上朝之时，臣子手上都有一块），拿着象笏猛敲朱泚的脑袋，而且喷了一口唾液到朱泚脸上，大声骂着："狂贼，我恨不得把你碎尸万段，哪里会跟着你去造反？"说着，死命地用象笏猛击朱泚的脸。

朱泚额头开始冒血，溅洒了一地，他二人扭打在一起。朱泚的手下赶紧前来帮忙，朱泚得以低下身来匍匐而逃。段秀实知道事情不成，大声嚷道："我不与你造反，你为什么不把我杀了？"

他这么一说，朱泚的同党立刻前来扑杀。朱泚一手承着额头上流下来的鲜血，一手着急地乱摇道："他是义士，不要杀，不要杀。"可是已经来不及了，段秀实已在血泊之中，壮烈成仁。这时，东南西北如野火燎原乱成一片，造成了藩镇之乱的一个最高潮。

在此千钧一发之际，有人建议请朔方节度使李怀光前来保驾。李怀光原是靺鞨（mò hé）人，本姓茹，他的父亲有战功，被唐朝赐姓为李。李怀光性情勇猛，善于作战，郭子仪对他十分赏识。

李怀光接到命令之后，为着表现忠心耿耿，立刻筹募军资，连夜赶路，大败朱泚于醴（lǐ）泉，又派大将张韶到奉天报告德宗。张韶到了城外，大呼："朔方军使也。"城内的官兵用绳索把张韶拉了上去，张韶已身中数十箭。当时唐德宗在奉天城中，正急得坐立不安，听说张韶来了，郑重宣布李怀光援军到，人心大为振奋。朱泚惟恐腹背受敌，暂且先退兵长安。

李怀光性情粗豪，一向痛恨宰相卢杞弄权误国。他这一路前来之际，碰到人就说："天下之乱，皆此辈也，我见到圣上，一定请求圣上把这些庸臣杀光……"

等到李怀光屡建奇功，他更慷慨激昂道："今怀光新立大功，上必然开诚布公，询问臣之意见。我就刚好可以禀报圣上，宰相卢杞乖违正道，赋敛繁重，大失民心，看卢杞还有什么话说！"

李怀光这番话很快传入卢杞耳中，卢杞心中万分恐惧。此时当然不便在德宗面前数说李怀光的不是，但又要如何阻止李怀光向德宗报告？

阴险的卢杞眼珠子一转，心生一计，他从从容容地对唐德宗说："李怀光的勋业，功高无比，社稷赖之，贼徒为之破胆。如果命令他乘胜收复长安，则可以一举而下，如破竹之势也。如果今日请他进奉天城，必当赐庆功宴，这一连几天庆功宴下来，贼人得以从容入长安防备。那个时候，想要再收复长安恐怕就不容易了啊！"

唐德宗听了卢杞的分析，觉得颇有道理，他也急着重返长安城。于是下令李怀光指日攻取长安，不必到奉天来见皇帝。

李怀光数千里竭诚赴难，大破朱泚，勇解重围，皇帝近在咫尺，却不得朝见。满以为唐德宗见了面有重赏，满以为可以为天下除去奸臣卢杞，如今都落了空。李怀光心灰意懒，失望地对人说："我现在已为奸臣所排挤，天下大事可以知矣。"

后来，李怀光因为担心卢杞会加害于他，带兵反叛，最后兵败被杀。李怀光若是沉得住气，不先到处嚷嚷，打草惊蛇，又何至于有此下场？可见得人往往因为多言误事。

陆贽才思敏捷

李怀光想要为国除恶，去掉卢杞，却因为多言误事，反而被卢杞利用。李怀光为求自保，一怒之下，起兵造反。

这时，不但有李怀光之乱，朱泚盘据长安，李希烈又攻下汴州，反动势力声势猖獗（jué）。唐德宗真是一筹莫展，不断在长长地叹气：“这是天命啊！这真是天命啊！”

翰林学士陆贽（zhì）不以为然道：“兵连祸结，赋敛日重，是以叛乱继起！”他不同意德宗归之于天命的说法。

陆贽是何许人也，竟敢如此顶撞德宗？他乃苏州人氏，是个孤儿，十八岁时登进士第，以精通儒学、文章写得好著名，曾任监察御史。唐德宗在东宫为太子时，素闻陆贽大名，召他为翰林学士。

建中四年（783年），泾原兵变，陆贽随德宗逃难到了奉天。兵荒马乱之际，皇帝一天要下几百则诏书，这些诏令都是由陆贽起草。他拿起笔来，思如泉涌，一会儿工夫就写好了。

在旁人看来，陆贽好像没有多加思虑。可是写完之后，拿来一看，写得清清楚楚，面面俱到，因此同事们对他佩服万分。

陆贽建议唐德宗：“陛下应该痛自悔过以感人心。”德宗答应了，陆贽便为德宗起草诏书：“朕长于深宫之中，居安忘危，不知稼穑（sè）之艰难，不恤征戍之劳苦……天谴于上而朕不寤（wù），人怨于下而朕不知……其

陆贽，宋人绘，台北“故宫博物院”藏。

所加除陌钱、间架税一律停罢……”

这篇历史上有名的罪己诏，写得充满感情，让人们觉得德宗是诚诚恳恳要改过。因此诏书一下，武夫悍卒为之感动得流泪；王武俊、田悦、李纳等都自动取消王号上表谢罪，可见得文章威力之大。

这段逃难在外的日子里，德宗对陆贽十二万分的信任。虽然有宰相，但德宗处理大大小小的事，必与陆贽商量，亲热地称呼他为“陆九”，无论走到哪儿都要带着他。当时的人们称陆贽为“内相”。

有一回逃到梁洋，由于栈道危狭，德宗与陆贽走失了。当天夜晚，唐德宗居住在次山馆之中，找不到陆贽，在又惊又忧的情形下，竟然哭了起来，然后下令：“得陆贽者赏千金。”

后来过了许久，陆贽来了，德宗破涕为笑，太子等人都来相贺。

既然皇帝如此信任有加，陆贽是个耿直的人，凡是见到不对的一概直言无隐，忠言直谏。朋友们劝陆贽不要太严峻，因为唐德宗不是唐太宗，没有纳谏的雅量。譬如说，蓝脸卢杞搞得天下大乱，德宗还在问大臣：“众人皆论杞恶，为何朕不知？”李怀光叛变，大事不妙，德宗才不得不把卢杞贬了官，心中还是偏爱卢杞。陆贽又一天到晚在批评卢杞奸邪致乱，德宗颇为反感。陆贽不予理会，他说：“吾上不负天子，下不负吾所学，不恤其他。”他自认为对得起皇帝，对得起先圣先贤遗留下来的学问道德，其他的就不在考虑之列。

后来，李晟（shèng）等人收复了长安。德宗回到京师，益发觉得陆贽虽然忠心耿耿，却也说话太过逆耳，令人讨厌，日渐加以疏远。而且德宗许多作为，陆贽都有意见。

譬如说，除了日常赋税之外，德宗不够开支，鼓励臣下孝敬，有所谓“日进”“月进”，每日孝敬或每月孝敬。凡是获得官位与保持官位都要仰仗贿赂进奉，于是地方官公然大肆搜括。一方面“为皇帝而贪污”，一方面可以中饱。搜括了三分，二分自己留着用，一分献给皇上，可苦了老百姓。

另外还有宫市，也是压榨百姓的表现。

什么是宫市呢？宫市就是宦官到市场上为宫中采买货物。宦官先是强制购买货物，价钱比原价低廉；到了后来，只随便塞给商人一些染坏的破裂的绢帛。因此商人们远远地看到宦官来了，赶紧把一些比较好的货品藏了起来；卖饼沽浆的小贩，干脆把摊子收了。

贞元（唐德宗的另一个年号，德宗在位共使用了三个年号：建中、兴元、贞元）十三年（797 年）十二月里，有一个农夫用驴子负柴走过，被宦官看上了，叫他把柴送到宫里去。

农夫自认倒霉，满心不情愿地把柴送去。宦官看上了那匹驴子，于是要农夫把驴带入宫中。农夫着急地哭了起来，把刚刚用柴换来的绢还给宦官道：“柴送给你，绢我也不要了。”

宦官不肯收下绢，还霸道地说：“我要你的驴子。”

农夫气坏了，跳起来指着宦官的鼻子道：“我有父母妻子，等着我卖柴回去养家活口。现在我把柴给你，又不要你的钱，你还不肯，我只有死路一条了。”说着揪住宦官的衣襟，就是一顿好打。街坊官吏赶过来，纷纷斥责宦官，于是宦官给了农夫十匹绢，可是宫市还是没有更改。有人对德宗说：“京师里有一万多家游手好闲、无产无业者，都仰赖宫市过活。”德宗还以为自己又有一大德政哩。

有一次，德宗穿着便服，扮成百姓，大摇大摆走进一个百姓赵光奇的家里，十分得意地垂询：“老百姓快乐吧？”

“不乐！”赵光奇率直地回答。

“噢，今岁收成丰稔（rěn），为什么不乐？”德宗大吃一惊，他似乎不明白自己在百姓眼中是个昏君。

宋人苏东坡赞扬陆贽智慧比得上张良，文采超过张良。陆贽上格君心之非，下通天下之志，可惜生不逢时。如果德宗肯虚心纳谏，可以在陆贽辅佐下再造贞观之治。不过，话又说回来，陆贽明知德宗不是太宗，仍然为天下百姓挺身直言，是了不起的中国知识分子。

韩愈反对迎奉佛骨

在唐朝中叶时代，当时文人承袭了自东汉、魏、晋、宋、齐、梁、陈、隋八个朝代的风气，写文章讲究词藻艳丽，对仗工整，往往满篇都是漂亮的形容词，却说不出一点儿道理。这种奢靡的文风，甚且影响到政治与社会风气。于是有识之士，起来倡导文学的复古运动，其中最重要的人物便是韩愈。

韩愈，字退之，邓州（河南南阳）人。因为他的家原先住在昌黎，所以他后来写文章，常常自称为韩昌黎。韩愈童年时代命运凄惨，在三岁的时候父母就去世了，由堂兄韩会及堂嫂郑氏抚养长大。韩会本来在朝廷中当起居舍人（史官），后来，宰相元载犯罪，韩会受到牵累，被贬到韶州。

十一岁的韩愈随韩会到了韶州不久，韩会去世；嫂嫂郑氏带着一门孤寡，把韩会的尸体运回家乡。郑氏对韩愈非常慈爱，真正做到长嫂若母。后来韩愈在《郑夫人文》及《祭十二郎文》中，再三感激嫂嫂。许多人都说“读《出师表》（诸葛亮所写）不哭者为不忠，读《祭十二郎文》不哭者为不孝”。韩愈自己也相当争气，从小刻苦励学，从来不需要人家催促。他发愤研读儒家书籍，精通六经与百家之学。在廿五岁时，韩愈考取了进士，当时慧眼识英雄的主考官，就是我们在前面介绍的陆贽。

在前面《蓝脸卢杞》之中，我们说过，唐朝任官制度中规定，在礼部考试通过之后，只是取得一个任用资格；想要做官，还得通过吏部的考选，用身言书判的标准予以考核。韩愈一连考了三年，年年名落孙山；他失望极了，只好出任宣武节度使董晋的幕僚。

在唐顺宗永贞年间，韩愈因为写了一篇《进学解》的文章，被宰相看到，大为欣赏，官位逐渐升高。到了唐宪宗元和四年（809 年），正式奉召担任国子博士。

到了元和十四年（819 年），韩愈出了一件大事：

当时的皇帝唐宪宗，是位虔诚的佛教徒。长安西边凤翔府法门寺的护国真身塔藏有一节释迦牟（móu）尼的指骨，相传这节指骨非常吉祥，灵验得不得了。真身塔每三十年开一次，迎奉佛骨供养，必能年丰民安。

元和十四年（819 年）正是满三十年的大日子，唐宪宗郑重其事，命令中使带了三十位宫人，拿着香花，前往迎奉佛骨。先在宫中供养三天，再送往长安各个寺庙之中轮流供养。

唐室皇帝、大臣礼佛图，敦煌壁画。

皇帝都如此虔诚，一般王公士庶就更加热衷。于是长安城中，老少奔波，放下工作，顶礼膜拜。有的解衣散钱、捐献寺庙，也有的用火灼（zhuó）头烧臂，表示比别人心诚，要求供养佛骨。从早到晚，人人为此忙个不停，简直到了走火入魔的程度。

韩愈当时在刑部担任侍郎。他认为这种情势演变下去，一定有人把手臂砍断，把肉切碎，表示舍身事佛。这足以伤风败俗，而且使百姓废业破产。

于是韩愈写了一篇《论佛骨表》上奏给宪宗皇帝，说明佛之不可信，他说：

“佛教是夷狄的宗教，中国上古未曾有此，当时天下太平，百姓长寿。到东汉明帝时才有佛教，其后乱亡相继，国运年寿都不长久。梁武帝在位四十八年，三度舍身于佛，其后竟为侯景所逼，饿死台城。”

接着请求：

“把佛骨交给主管官吏，付之水火，永绝根本。如果佛骨有灵，能作祸祟，一切灾殃，由臣承担，上天鉴临，绝不反悔。”

唐宪宗看了这篇露骨激烈的上表，气得牙齿格格作响，立刻要把韩愈处死。

宰相裴度为韩愈说情：“韩愈若非内怀忠恳，不惧贬责，哪能如此？伏请稍加宽容。”

宪宗仍然气得脸色发青，生气地说：“韩愈说我奉佛太过，尚可容忍，至于说东汉奉佛之后，帝王都早死，未免太荒谬（miù）了。愈为人臣，如此狂妄，固不可赦。”说的也是，韩愈简直在诅咒宪宗既然信佛就等着早死。

后来，皇亲国戚都为韩愈求情，才改为贬做潮州（广东潮安县）刺史。他到了潮州之后，有几件事值得称道：

第一，为民除鳄鱼之害。潮州在唐朝还是一个落后地区，韩愈上任之后，询问民间疾苦，人人都叹：“有鳄鱼出没，吃光百姓家畜，苦不堪言。”

韩愈前往视察，丢下猪一只、羊一只，并且写了一篇文章警告鳄鱼，果然鳄鱼远徙六十里。当然这不是文章的功能，鳄鱼又不识字，而是韩愈带领村民拿着毒矢，把鳄鱼赶跑了。这就是文学史上著名的《祭鳄鱼文》。

另外，他又释放奴婢，兴办学校，从此潮州地方文风大盛。

韩愈毕生最大的成就还是提倡文以载道。他主张文学是用来记载道理的，文学离开了伦理道德便没有价值，离开了教化便失去功用。他反对六朝以来那种浮华奢靡的内容，主张文学与儒道合一。

韩愈的文章，大部分都是阐扬儒家仁、义、忠、恕的道理。他的文章也代表他的思想，他对思想上的主张十分执着，不惜挺身而出。所以宋朝的苏东坡赞美韩愈“文起八代之衰，道济天下之溺”。他不但是中国历史上重要的文学家，也是有地位的思想家。

王叔文除宦官

在前面《陆贽才思敏捷》之中，我们说过，唐朝中叶，宫市很遭百姓痛恨。宫市就是宦官出去买东西，强取豪夺。有时不但不给钱，还要讨“门户钱”“脚价银”（即搬运费），使人民大为反感。

唐德宗不知道宫市扰民，然而，德宗的太子后来继位，即唐顺宗却常常听伴太子读书的侍读谈起。

有一天，大家正群情激愤提到宫市的强行霸道，太子毅然表示：“我要是见到皇上，一定要详详细细禀报这件事。”

“对啊，应该让皇上知道。”大伙都点头附和，只有一位王叔文，紧紧地闭着嘴，满脸不以为然的神态。这位王叔文，山阴人氏，知书达礼，因为擅长下棋，时常在东宫陪着太子下两子。

等到众人都告退以后，太子把王叔文留下，问道：“刚才谈到宫市一事，你为什么沉默无言，是不是有什么意见？”

“叔文蒙太子的宠幸，如果有所意见，怎敢不禀报。只是，太子的职责只是向皇上问安，不应该多言外事；尤其皇上在位日久，如果怀疑太子收买人心，太子如何解释？”

太子一听此言，直冒冷汗；因德宗已在位二十多年，万一有小人离间，说是太子等不及要当皇帝了，那可是一件危险的事。太子因此感激地拉住王叔文的手用力摇着：“若不是先生，我绝对想不到这一点。”

从此以后，太子对王叔文是彻底的信任，王叔文时常对太子说：“某人可当宰相，某人可当大将，殿下将来可以重用。”他又密结当代知名之士如刘禹锡、柳宗元等人。

太子身体很坏，不久，就中风瘫痪在床上。唐德宗永贞元年（805 年）正月，诸王亲戚都来贺新年，只有太子因为中风不能行动，不能前来。唐德宗因为伤心过度，也一下生了重病，拖了二十多天，一命归天。太子即位，是为顺宗。

老皇帝刚刚过世，新皇帝又中了风，这可怎么得了？顺宗知道人情忧疑，勉强披麻戴孝，支撑孱（chán）弱的身体出九仙门。人们看到皇上天颜，方才安下心来。

当顺宗在太极殿正式即位时，还有卫士心里头存着疑心，踮起脚来，伸长脖子，想要看个清楚；等到确定的确是顺宗，忍不住喜极而泣。

顺宗虽然抱病登基，圆满地完成典礼。事实上，他的病情已经相当严重，喉头喑（yīn）哑不能作声，也没有办法决断公事，只有深居帘帷之中，由妃子牛美人照顾着。一切政事由牛美人把皇帝的意旨告诉宦官李忠言，再由李忠言授交王叔文，然后王叔文与柳宗元等裁定。

从此，王叔文当年领导的“影子内阁”正式实现了。韦执谊做了宰相，当年密结的一批同志也都入了阁。他们做了不少改革的事，例如取消了到民间搜括给皇帝的“月进”钱（详见《陆贽才思敏捷》一篇），放宫女回家，减免刑期，取消宫市……但是他也有一些同党品德不佳，例如王伾（pī），专门贪污纳贿，定制了一个特大号的柜子贮藏这些肮脏的金帛，到了晚上，怕遭小偷，夫妇俩就睡在大柜子上面。

王叔文知道要巩固地位，第一步要先夺兵权，而兵权掌握在宦官之手。

唐德宗在泾原兵变时，出奔奉天避难，一路上吃尽千辛万苦。当时，在危颠颠的栈道上保护他的是宦官，千方百计弄一碗热汤来为他解饥的也是宦官。因此，唐德宗认为，一般王公大臣都是自私自利的，只有宦官能够患难与共。

内廷太监，山西侯马皮影。

所以，德宗返回京师后，便将神策军的指挥权交到宦官之手。

王叔文等痛恨宦官危害朝政，于是派遣范希朝担任京西北诸镇行营兵马使。开始之时，宦官还没有醒悟这是针对他们来的，等到边境的将领纷纷向左右神策护军中尉辞别，而且说，神策军以后将由范希朝统属，宦官才恍然大悟兵柄被王叔文所夺。气焰嚣张的宦官们勃然大怒："如果王叔文的计谋得逞，我等必死于他手。"

于是，一些个老宦官如俱文珍等，秘密地派人对诸将领提出警告："不准把兵队交给他人。"

果然，当范希朝到达奉天，诸将领慑于宦官的威势，没有一个理会范希朝。范希朝急忙请示王叔文，王叔文也只有两手一摊："我也无可奈何。"

王叔文的改革受到了重大阻碍。过了不久，更坏的消息传来，王叔文的母亲病危，王叔文不得不在这个紧要关头赶回家去侍奉汤药。过了没两天，王母去世了。根据中国传统，父母去世，孩子要辞官在家守孝，王叔文的母亲生了重病，正好在政争激烈的当头归天。王叔文这一丁忧（父母之丧称为丁忧），所有改革当然也就搁置。

宦官们正好利用这个机会，以唐顺宗中风为名，逼着顺宗退位，迎立太子李纯即位，是为唐宪宗。

大权又落入宦官之手，王叔文想利用宦官打倒宦官的计谋彻底失败。王叔文被赐死，刘禹锡被贬为朗州司马，柳宗元被贬为永州司马；一共有八人被降为司马，他们都是著名的文人，历史上称之为“八司马事件”。

当王叔文知道顺宗被逼让位时，他只有长叹一声“出师未捷身先死，长使英雄泪满襟”，这是杜甫题诸葛亮祠堂诗末句。王叔文也许称不上英雄，但是去除宦官，是唐朝士大夫的一致愿望。

柳宗元的寓言故事

在《王叔文除宦官》之中，我们说到，王叔文想除宦官不成，被赐死。王叔文的同党也一一被贬，其中包括两个大文学家，柳宗元与刘禹锡，下面就是柳宗元的故事。

柳宗元，字子厚，唐朝河东（今山西）人，生于唐代宗大历年间。小时候就异常精敏，十七岁中进士，二十九岁做到监察御史。

他才气过人，为官清廉；讨论事情时善于旁征博引，经书、史书及诸子百家之言都能随时顺口而出；每次开会时，雄辩滔滔，震慑全场，名气非常响亮。当时朝中王公大臣，都想要把他罗致到门下，以与他交往为荣。

唐顺宗即位，王叔文积极谋求改革，柳宗元担任礼部员外郎的重要职务。因此，王叔文失败，柳宗元也难逃一劫，被贬为邵（shào）州（今湖南邵阳）刺史；走到一半，又被贬为永州（今湖南零陵）司马。

永州地方偏僻，靠近广东，柳宗元在永州一住十年，更加刻苦励学，博览群籍。当地山水风景甚佳，他游山玩水归来，写下不少流传千古的游记。

在宪宗元和年间，柳宗元与王叔文的同党们一块被召回京都，却又再次被贬。他当时被贬到柳州，又是一个穷山恶水的地方，柳宗元自己不以为意，倒是担心刘禹锡被放逐到播州。

乌衣巷、朱雀桥，明人绘。

刘禹锡也是人们熟悉的唐朝大诗人，他所写的《乌衣巷》脍（kuài）炙人口——“朱雀桥边野草花，乌衣巷口夕阳斜。旧时王谢堂前燕，飞入寻常百姓家。”（诗句大意是从前王导与谢安住过的朱雀桥畔，只剩下一片野草杂花。那乌衣巷口，只见夕阳斜挂，王家谢家堂间的燕子，如今已飞到一般百姓家中。这首诗把富豪之家沦落的情景描写得异常生动。）

言归正传，柳宗元听说刘禹锡被逐播州后，难过得哭了起来：“播州根本不是人住的地方，何况梦得（刘禹锡）还有高堂老母，我实在不忍心他离开老母，也没有叫他老母跟着去受苦的道理。”

于是，够义气的柳宗元上书朝廷：“请准许用臣的柳州来调换刘禹锡的播州，我即使因此而获重罪被处死亦在所不惜。”

幸亏，此时已有裴度（裴度的故事下次再详细说）向宪宗说情，刘禹锡被改为连州刺史。柳宗元这种为朋友两肋插刀、义气千秋的高风，值得我们效法。

柳州在广西马平县，比永州更加荒僻。他看到满目荒痍，倒是挺有信心道：“谁说这儿就不能推行善政？”说着，他便开始推行教化，改善当地风俗。原来，柳州有一种很坏的习俗：往往用子女作为向人借钱的抵押品，钱还不出来，子女只有被债主没收为奴婢，有违人伦之常。

柳宗元为改革恶习，命令双方订立雇佣契约，当佣金与本金相等时，贷主应该无条件把人质放回。如此，一年之内，被释放而回家团聚的子女竟达一千多人。

柳宗元是唐宋八大家之一，在唐代与韩愈并称，文章各有千秋。他擅长考订、游记；此外，能写很好的寓言。寓言，在周秦时代最为发达，但在汉代之后，写得最好的可说是柳宗元了。下面我们讲一个柳宗元的寓言故事——

《捕蛇者说》：永州地方出产一种特异的毒蛇，黑底白纹，毒性甚强，草木一碰到马上枯死，如果蛇咬了人，无药可救。然而，如果捉到毒蛇，风干做成药饵，可以治愈麻风、手足拳曲与恶性肿疮，而且可以去腐生肌。因此御医在永州搜购毒蛇，每年进贡两次。凡捕到毒蛇者免缴田赋，于是永州之人争先恐后去捕捉。

柳宗元与捕蛇者，今人范曾绘。

有一个姓蒋的人，他家三代都以捕蛇为业，我问他捕蛇的情形，他说：“我祖父死于捕蛇，我父亲死于捕蛇，我也有好几次险些送命。”这时，捕蛇者脸上表情黯然。

我很同情他，对他说：“我去告诉地方官，给你换一样工作可好？”

蒋氏听了，眼泪汪汪：“你是在可怜我吗？如果我不捕蛇，境况会更惨。我家三代居住在此，已有六十年了。我们呼号转徙，饿渴困顿，触风雨，犯寒暑，努力耕种，仍然不得活命。以前和我祖父一块住在这儿的人，现在十家之中剩不到一家；以前和我父亲同住的，十家之中没有两三家了。他们不是死亡，就是迁往他地，只有我因为捕蛇，还能在此生存。那些个悍吏差役，来到我们家乡，东西叫嚣，南北骚扰，大家都害怕得不得了，吓得鸡飞狗跳。只有我，慢慢地爬起床，看看瓦罐里的毒蛇还活着，就大可以放心地回去睡大觉。只要小心饲养着毒蛇，到时候呈献上去，回来以后，就可以安安稳稳颐养天年。一年冒着两次生命危险，其余的时间，安安乐乐，比起我的农人邻居，天天担心害怕要好得太多了。我即使捕蛇而死，也没有什么可抱怨了。”

我听了蒋氏的话，心中愈加悲痛。孔子曾说：“苛政猛于虎。”以前很怀疑这句话，现在我相信田赋税收之毒真比毒蛇还要可怕。

在前面《泾原兵变》一篇中，我们曾说过唐朝中叶之后，政治败坏，赋税繁重。读了柳宗元的《捕蛇者说》，我们能有更深一层的认识。

裴度仗义执言

在上一篇《柳宗元的寓言故事》之中，我们说到，当柳宗元被放逐到柳州时，他不担心自己的安危，却顾虑好友刘禹锡被贬播州，因而上书皇帝，请准用自己的柳州交换播州，因为播州比柳州更加荒凉。后来，由于裴度挺身而出，使得刘禹锡改迁为连州刺史，现在我们就要说裴度的故事。

裴度，字中立，唐德宗贞元年间进士及第。他学问很好，而且有一身侠骨。

宪宗元和年间，一般老百姓除了畏惧宦官之外，最害怕五坊小儿。什么叫五坊？五坊指的是雕（diāo）坊、鹘坊、鹞坊、鹰坊及狗坊。顾名思义，可以知道这是皇宫内养凶悍鹰犬的地方。由于这是皇帝游乐的场所，管理五坊的小儿（小儿不是小孩子，是管理五坊的工人）也自然而然嘚瑟了起来，不可一世，老百姓视之如寇盗。

有的时候，五坊小儿会打开一张网，放在老百姓的家门口以及水井旁。当人们要出来打水时，五坊小儿立刻粗声粗气地呵斥："回去，回去，要是把我的鸟雀吓着了，不敢飞来，看你该当何罪！"

一个人怎么可能不出门？又怎么可能不打水？古时候又没有自来水。于是，只有乖乖地孝敬五坊小儿，客客气气把这一批凶神恶煞请走。

又有的时候，一群五坊小儿互相吆喝去上馆子，叫最贵的菜，喝上好的酒。酒醉饭饱之后，非但不付钱，还大模大样留上一笼毒蛇，郑重其事对店主人说："这些蛇是我用来供养鸟雀的，你要好好地养着，不要让蛇饿了或是渴了。"

店主看看那笼毒蛇，一条一条都在蠕动着，嘴中吐出长长的信子，怒目而视，看着实在怕人。店中摆上这么一笼，还有客人敢上门吗？于是，又只有塞给厚厚的红包，把五坊小儿打发走。

有一回，五坊小儿到了下邽（guī）县，这个县的县令裴寰（huán）性情严刻，痛恨五坊小儿的凶暴；因此对他们一切秉公处理，完全不来曲意奉承那一套。五坊小儿受此大辱，一状告到唐宪宗那儿去。

唐宪宗也颇为生气，把裴寰逮捕入狱，安他一个"大不敬"的罪名。后来裴度为裴寰说情："按罪，裴寰是应该受罚，但他如此爱惜陛下的百姓，岂可加罪？"中国古代认为老百姓全都是天子的子民，宪宗想想有理，也就把裴寰给放了。

在元和十二年（817年）时，有一个商人张陟（zhì）欠了五坊使杨朝汶（wèn）的一笔利息钱，躲了起来。杨朝汶不甘心受损失，带了一批人到张家去搜，搜出一本账簿（bù），上面写着卢载初欠了张陟不少钱。

有人对杨朝汶说，这个卢载初，其实就是前任西川节度使卢坦。

杨朝汶一听，不由分说，立刻往卢家索钱。而卢坦已经死了，父债子还，反正逃不掉。杨朝汶把卢家大大小小全都捆绑起来，卢坦的儿子不敢反抗，最后花钱消灾了事。

后来，仔细一核对，方才发现卢载初并不是卢坦，而是前任郑滑节度使卢群的化名。卢坦的儿子愈想愈不甘心，去找杨朝汶理论。

杨朝汶把脸一摆，冷冷回答："钱已入账，怎么可能再还给你？"

这件事被御史中丞及谏官知道，上书宪宗，陈述杨朝汶横暴的情形。唐宪宗想要包庇杨朝汶，轻描淡写地表示："这没什么。"

裴度再度挺身而出，唐宪宗故意转变话题："我正想与卿商量东军大事，这件小事我自会处理。"

裴度不肯放松，紧逼道："用兵乃小事也，五坊追捕老百姓乃大事也。

兵事不理，不过东方地区危急，五坊小使横暴，却会使百姓遭殃。”

裴度，选自《历代名臣像解》。

唐宪宗听了，颇为不悦。过了一会，又省悟过来，把杨朝汶叫了进来，臭骂了一顿，并且说：“都是你，都是你害我刚才在宰相前面丢脸。”说着，命人把杨朝汶问斩。

在穆宗时代，裴度改任淮南节度使。有一个宦官刘承偕被穆宗派去监军，欺负昭义节度使刘悟。刘悟的手下看不过去，群情激愤，把刘承偕的手下杀掉了两个。刘悟赶快把刘承偕关到牢里，免得他被杀，却也不放他回京里去。

唐穆宗问裴度：“刘悟把刘承偕关了起来，如何处置？”

“臣如今是藩臣，不是宰相，不宜议论军国事。”裴度不肯发表意见。

唐穆宗不满地发牢骚：“刘悟真对不起我。我给他仆射的官做，最近又赐他五万匹布，他不报答，反而把我的监军关起来，我实在难耐此事。”

裴度接着说：“刘承偕在军中不守法，人尽皆知。刘悟曾写信给我，告诉我这件事。”

“我都不知道啊，刘悟为何不密奏我，我岂会不处理？”

“刘悟是一武臣，不明体例。然而今天臣面奏，陛下听到了也未能决断，又怎么能怪刘悟不上奏？”裴度丝毫不客气地追问穆宗。

最后穆宗叹一口气：“我也不是舍不得刘承偕，只是他是太后的养子，你看怎么办？”于是，穆宗听从裴度的意见，把作恶的刘承偕发配边疆。裴度仗义执言，敢作敢当，我们这个社会太需要裴度这种正直之士。

裴度的毡帽

在前面《王叔文除宦官》之中，我们说到，唐顺宗因为中风不能临朝。宦官们利用这个机会，迎立太子即位，是为唐宪宗。

宪宗以二十九岁英年即位，有意整顿纲纪，锐意图治。他与宰相杜黄裳讨论到藩镇的问题，杜黄裳认为，这是唐德宗中叶以后的姑息之祸，唐宪宗也深以为然，决定积极讨伐叛逆。

其中，淮西节度使向来是朝廷方面顶头痛的人物。元和九年（814 年）时，淮西节度使吴元济行为跋扈，性情暴戾（lì），还时常发兵四处掳（lǔ）掠。唐宪宗决定对淮西用兵。

首先，唐宪宗在元和十年（815 年），下令削吴元济的官职。吴元济着急了，向成德节度使王承宗、平卢淄青节度使李师道请援。王承宗、李师道联合数次上表，请求宪宗赦免吴元济之罪，唐宪宗不肯答应。

李师道见朝廷没有意思恢复吴元济的官爵，很担心下一个就轮到自己被整。于是，派遣两千人前往寿州，表面上是协助官军讨伐吴元济，事实上准备暗中支援吴元济。

李师道家中豢（huàn）养了十几个刺客，每一个都领着巨额高薪。其中有一个人对李师道说："用兵之急，第一就要有充足的粮食，如今河阴地方聚集大批粮草，不如先找人把粮草烧个干净，然后再募集东都几百个恶少，叫他们去劫都市，焚宫阙。如此一来，朝廷鸡犬不宁，也就没有办

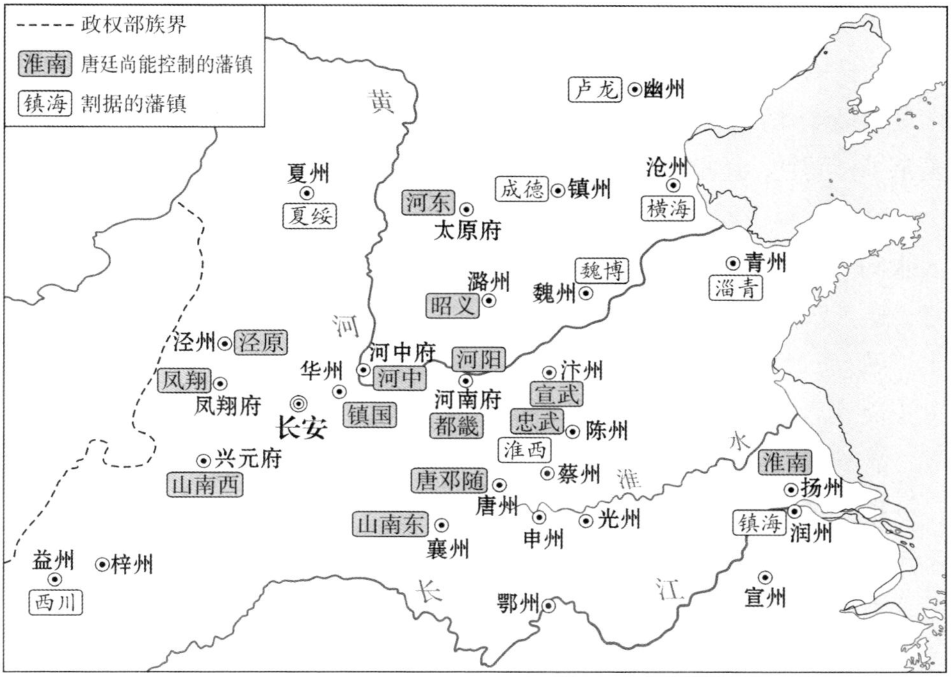

唐宪宗初期主要藩镇割据。

法对付咱们了。”

“这个主意倒是挺不错的。”李师道立刻着手进行，派出一批喽罗攻入河阴转运院，杀伤十几个人，又烧掉三十多万匹布，两万斛粮草。许多大臣都上书宪宗，请求罢兵，可是宪宗仍然决定贯彻始终。

李师道这一着计谋没有成功，又有一位刺客献上新主意：“天子之所以锐意对付蔡州（淮西节度使的治所在蔡州），都是因为宰相武元衡掌管兵事，一心一意想要平定藩镇。假如我们派一个人去刺杀武元衡，武元衡一死，继位的宰相一定不敢再坚持用兵，群臣也一定会争相劝谏皇上罢兵。”李师道听完，立刻拿出一笔优厚的酬金，交到刺客手中。

刚好这时王承宗又派人去为吴元济游说（shuì）。此人一到中书省，出言不逊，宰相武元衡把他赶了出去。

元和十年（815年）六月里，有一天清晨，武元衡正要上朝，刚刚走出他所住的靖安坊石门，忽然有一个贼人在暗中射箭，武元衡的侍从吓得作鸟兽散。此时，那贼人冲出，牵着武元衡乘坐的马，拉到暗处，把武元衡杀了，而且，还把他的头颅砍了下来。

贼人杀掉了武元衡，又来找裴度。一箭射中裴度的脑袋，裴度翻滚掉入水沟中。六月里，天气不算冷，也不知为什么裴度戴了一顶厚厚的呢毡帽，这顶厚帽成为裴度的安全帽，使他免于一死。

贼人一看裴度还活着，正冲向前，准备再补上一箭。忽然，裴度的仆人王义从后面蹿出，死命地抱住贼人不放，而且大声呼喊："不得了，不得了，有刺客！"

那个贼人心一慌，拔腿想跑，偏偏王义使出了吃奶的劲儿，说什么也不肯放手。最后贼人用刀把王义的手臂砍掉，仓皇而逃。

堂堂宰相竟然当街被刺杀，这还了得。顷刻之间，消息传遍了京师，个个惶骇不安。朝廷赶快加派金吾卫士（左右金吾卫是官名，其职掌是负责宫中及京城昼夜巡警），各个主要的城门加强巡逻，而且箭都上了弦，如临大敌。凡是进出城门者，无不喝叱停下，展开严密的搜索。

第二天，朝臣们上朝时都战战兢兢，甚且躲在家里，不敢外出。唐宪宗上朝，发现殿上只疏疏落落站了几排人，等了半天，班列间的官吏，还没有到齐。

贼人又张狂地寄了三封信给金吾卫、京兆府及两赤县，上面恐吓道："不要急着逮捕我，否则我先杀掉你。"所以卫士们也怕了，不敢积极搜捕。

兵部侍郎许孟容上书皇帝："自古没有宰相横尸路边，而朝廷竟然不能逮捕强盗，这简直是国家的耻辱。"许孟容又上书，要求起用裴度为宰相，表明朝廷绝不屈服之决心。

唐宪宗表现得也十分果断，下诏捕贼人，而且悬赏钱万缗，并赐五品高官。同时宣布，有谁敢藏匿贼，诛灭全族。

于是，展开大规模的京城搜捕行动，凡是公卿大夫家中有复壁夹屋的，都一一予以搜查。

裴度虽免于一死，却也受了伤，在床上躺了二十多天。有些臣子请求罢免裴度的官职，免得激怒贼人，建议暂时妥协、包容，坐下来谈判、沟通，避免造成双方太过尖锐的对立。

唐宪宗气得破口大骂："如果罢裴度的官职，等于贼人奸谋得逞，还有没有纲纪可言？我要用裴度！"随即命裴度为中书侍郎同平章事。

裴度虽然险些送命，却愈挫愈勇，上书皇帝："淮西心腹之疾，不得不除，两河藩镇跋扈者，将以此事看朝廷的态度，决定是恭顺还是叛变。"

唐宪宗深以为然，把所有兵事交给裴度处理。

李愬善用降将

淮西节度使吴元济不服朝廷命令，唐宪宗决定用兵讨伐。淄青节度使李师道为帮助吴元济，竟然派出刺客，杀掉了宰相武元衡，裴度戴了一顶厚毡帽，大难不死。唐宪宗为着表明不屈服的决心，毅然起用裴度为相，并且全面通缉刺客。

后来，果然被唐宪宗逮到了刺客，予以问斩，同时积极地展开对淮西用兵。以裴度主持讨贼军事，李愬（sù）担任大将。李愬是讨伐朱泚的大将李晟之子。

李愬擅长骑射，而且极有谋略。元和十一年（816 年），唐宪宗一连用了高霞寓与袁滋两名大将都徒劳无功。李愬上书皇帝，自请出征，真所谓虎父无犬子。

他不但勇敢善战，而且待人诚恳，完全没有世家子弟的骄奢。上任之后，第一件事就是解散优伶乐队，停止宴乐，士卒受伤了，他一定亲往抚慰。过了没有多久，赢得上上下下一致的爱戴。

李愬一出征，马上就有辉煌的战功。他生擒丁士良，丁士良是吴元济手下一名大将，是唐朝政府顶伤脑筋的骁将之一。李愬的将士们都要求剖开丁士良的心脏。

李愬客客气气把丁士良请入上座，丁士良也诚恳地对李愬道：“吴秀琳拥有三千精兵，牢牢守住文城栅，所以唐朝官军不敢越雷池一步，你不如先招降吴秀琳。”

于是，李愬照着丁士良的话去做，吴秀琳也答应投降了。可是，唐朝刺史派兵前往文城栅时，却遭到猛烈的攻击，城中扔出大石如雨。大家都说：“糟了，这小子诈降。”李愬却很有信心地说：“吴秀琳是在等我。”

果然，当李愬到了城下，吴秀琳立刻收兵，乖乖地下马。李愬拍拍吴秀琳的肩膀表示嘉许慰劳之意，不费一兵一卒，李愬又赢得一次胜利。

总而言之，李愬每次抓到降卒，总是亲切地问长问短，晓以大义；降卒受到感动，也都愿意和盘托出。这么一来，城中虚实、险易，李愬摸得一清二楚，知己知彼，攻无不克。

某日，吴秀琳对李愬说：“你欲取蔡州，非李祐不可，秀琳对此，无能为力。”

李祐乃淮西骁将，有谋略，会打仗，作风狠毒，经常打败官军，也可说是官军的克星。

元和十二年（817 年）五月，李祐带着手下在张柴村割麦子。李愬认为这是一个不可多得的好机会，他对一个将领说：“带着三百个骑兵躲在树林里，然后挥扬旗帜，装作要烧麦子的样子。李祐一向看不起唐朝军队，一定会单枪匹马跑过来算账，我就能生擒李祐了。”

这条计划相当成功。李祐远远见到唐军要烧他辛辛苦苦割下的麦穗，怒火冲天追了过来，中了埋伏，李祐被活捉。

将士们看见李祐，恨得眼睛里直冒火花，一致要求把李祐宰了，以泄心头之恨。李愬不肯，不仅没有五花大绑，反而待之以上宾之礼，请他享用最好的佳肴美酒。

不但如此，李愬为了商量攻蔡州的谋略，更时时与李祐单独密谈。一直到三更半夜，还在咬着耳根说悄悄话，神秘兮兮。

其他将领看在眼中，真不是滋味。时间一久，谣言纷起，都说是李愬这小子没安好心眼，准备投降，李祐正是吴元济派来的间谍。

谣言愈传愈广，到了最后，李愬不能不担心皇上也误信谣言。他拉着李祐的手，流着眼泪道：“难道是老天爷不希望平定乱贼吗？为何你我相知之深，却无法敌过众口之言。”

然后，李愬转过头来，对着大家说：“诸君既然都认定李祐有嫌疑，那我就把他交给皇上去处理。”说着，派人把李祐押解到京师。

暗地里，李愬先秘密上了一个奏章给唐宪宗，说明将与李祐合袭蔡州的计划，而且郑重声明：“若杀祐，则无以成功。”

幸好唐宪宗是个明理的君主，立刻把李祐放回，送还给李愬。李愬高兴地捏紧李祐的手，长叹一声：“你能保全性命，真是国家社稷之福。”当晚，两人抵足睡眠，有人在帐外偷听，听不见谈话的内容，只闻李祐不断传出感激的哭泣声。

李愬雪夜入蔡州，选自《马骀画宝》。

不多时，李愬命令军队开拔，军队只知“往东行”，不知往何处。等到走了六十里，诸将前来请问，李愬才说：“入蔡州取吴元济。”大家相顾失色，惨叫一声：“完了，果然落入李祐奸计。”当时正是刮强风，下大雪，人冻僵了，马也冻死不少，天空一片乌云，连旌旗也一面面被刮裂了。从张柴村以后的道路，都是官军们从来没有走过的，人人都在心中打鼓，以为一定要死在这儿了；可是，由于惧怕李愬，又不敢提出退兵的要求。

走了七十里，前面有一座鹅鸭池。李愬下令丢石头，把一群鹅鸭吓得拍着翅膀，惊慌地叫嚷，这一叫嚷掩饰了李愬军队前进的声音。

在天亮之前，李愬的军队在李祐的引导下，终于到达蔡州城。蔡州的守兵都躲到室内避寒睡觉了，根本没发现唐兵已经进了城。不久，唐兵迅速活捉了所有蔡州的守兵，在蔡州城上换上了朝廷的旗帜，同时，唐兵包围了吴元济的住宅，准备生擒吴元济。

由于足足有三十年之久，唐朝官兵没有来过蔡州，所以吴元济手下毫不戒备。有人告诉吴元济："官军到了。"元济还在睡大觉，笑着说："这不过是牢中的俘虏出来捣蛋，明早把他杀了也就是了。"

又有人告诉吴元济："城陷了。"他还在说："这必是河曲子弟向我求寒衣。"等到吴元济明白是怎么一回事的时候，已经太晚了。

李愬能用降将，降将也乐于为他效死，因为他本着一颗真挚诚恳的心，感动了对方。如果他只是假惺惺，表一套，里一套，时间久了，就会露出破绽。虚心持己，坦诚待人，史实证之，这是不会错的。

唐宪宗喜食仙丹

在中国古代，当皇帝是件过瘾的事，他手握无限权力，有享不尽的荣华富贵。但是皇帝还是有一件遗憾的事，人生百年，总是不免一死，要是可以长生不老，永远做皇帝，那该有多好？秦始皇、汉武帝曾经动过这个脑筋，历来的皇帝也常有找方士炼丹以求长生不死，譬如我们今天要讲的唐宪宗。

说起来，在唐朝中期的皇帝之中，唐宪宗算是一位英主。他曾讨伐叛逆，整饬纲纪。到了晚年，他最感兴趣的就是神仙长生不老之术。

元和十三年（818 年），唐宪宗下诏征求天下方士。此时，鄂岳观察使李道古由于贪污事发，深恐获罪，于是献媚推荐山人柳泌，说是他能制长生不老之药。唐宪宗很开心，下诏柳泌居住在兴唐观炼药。

过了一个月，柳泌上书唐宪宗："天台山是神仙聚集之处，有许多灵草，臣虽然知道这件事，可惜无法采集仙草，十分可惜。要是我到那儿去当长史，就方便多了。"

唐宪宗急着服用长生不老之药，立刻把柳泌任命为台州刺史，并且赐服金紫（唐朝用朝服的颜色表示官位高低，金紫相当于三品官位）。谏官纷纷上奏，以为："皇上喜爱方术之士无妨，没有听说过用方士来治理人民的啊。"

"如果能够烦劳一州之力，使得人主得以长生不老，你们这些臣子为什么不肯呢？"唐宪宗这么一说，没有一个臣子敢再开口。再说下去，好像臣子不但太小气，而且居心不良，竟然希望天子早死。

柳泌到了台州，驱使人民上山采药，折腾了一年多，没有炼出什么仙丹，心里十分害怕，举家逃入深山之中，躲了起来。

所谓丹药，成分多半是汞（gǒng）、铅、砒霜等化学物质，其实这是中国古代的科学。科学是要公诸于世，互相研究的。中国人认为祖传秘方，不能泄漏，彼此不能互切互磋，一点点化学萌芽的种子也研究不出什么道理。

方士炼丹，清闵贞绘。

汞是水银，是有毒的物质，不能多吃；铅也是一样；砒霜更是毒物。不过，如果少少食用一些，对身体没有什么大妨碍；尤其北方天寒地冻，京城西安相当冷冽，服用一点丹药加速血液循环倒是好事。然而皇帝多半身体虚弱，禁不起如此冬令进补，难免血压升高、心跳气急、气喘不停。

浙东观察使把柳泌从深山之中捉了出来，送到京师。李道古等人仍然保护柳泌，唐宪宗也依旧对柳泌有信心，让他待诏翰林。

唐宪宗吃多丹药，日渐暴躁、焦渴，脾气简直坏透了。起居舍人裴潾上书皇帝，以为："除天下之害的君主，受天下之利，同天下之乐的君主，享天下之福，从黄帝到文帝武帝，享国寿考，都是这个道理。从去年以来，有许多人推荐方士，数目繁多。假使天下真的有神仙，他一定隐藏在山谷之中，生怕被人们找着。凡是在权贵之门奔走，大言不惭，用奇特技术吸引群众者，都是心怀不轨的苟利之徒。”

唐宪宗看到这儿，眉头一皱，万分不悦。勉强打起精神再看下去，“……药物是用来治病的，岂可以朝夕服用，何况金丹酷烈有毒，又容易生火气，恐非人之五脏六腑所能承受。古时君主饮药，必先命臣先尝之；我认为，应该让献药者，先行服用一年丹药，则真伪自可辨也。”

“胡说！”唐宪宗气得把奏章扭成一团，往地上一扔。拿起御笔，把裴潾贬为江陵令。

由于唐宪宗天天服用金丹，火气旺盛，首当其冲的当然是左右宦官。挨骂挨揍尚且不论，还有一连好几个宦官，被盛怒之下的宪宗处死，因此人人自危。

过了没有多久，唐宪宗突然暴崩。当时的人都说是宦官陈弘志等人为了自卫，把唐宪宗杀了。然而宫闱隐密，兹事暧昧，而宫中传出的消息只说是皇帝药性发作，到底如何，外人无法知道。

马球图，陕西省乾县章怀太子墓壁画，陕西省博物馆藏。

然而，历来的史家都相信唐宪宗死于宦官之手的说法。因为唐朝的宦官权势膨胀，宪宗用宦官掌禁军，皇宫的安全既然被宦官掌握，也就无所不为了。特别是唐宪宗之后，唐穆宗仅在位四年。接着，唐敬宗即位，又发生一件事。

唐敬宗是个荒唐皇帝，贪图享受，狎昵群小，擅长于击球。这种运动，本书前面《唐玄宗六兄弟共枕同眠》之中，我们曾经介绍过。击球相当于英国人打马球，这是唐朝贵族最喜爱的野外娱乐活动。

唐敬宗还喜欢角力，找了许多大力士来和他比划，他更有一种奇怪的娱乐，半夜三更起来捕抓狐狸，宦官都被折磨惨了。犯个小过，宦官动辄（zhé）遭到一顿拳打脚踢，甚且处死。

宝历二年（826 年）冬天的一个夜晚，唐敬宗又雅兴大发，深夜之中起来狩猎。尽兴之后，返回皇宫，与宦官刘克明等人彻夜饮酒。

喝得酒酣耳热，唐敬宗入室更换比较薄的外衣。忽然之间，殿上烛光乍灭，就在此时，刘克明等把唐敬宗给杀了。

古装片中常用明朝宦官及锦衣卫为主角，大做文章。其实，明朝宦官固然可怕，还不敢杀皇帝；唐朝的宦官废君易帝，视同儿戏，还敢杀天子，才是真正可怕。

白居易写《长恨歌》

在李白、杜甫之后，唐朝最具影响力的诗人，应该算是白居易了。他生于杜甫死后的第三年。

白居易，字乐天，据说是秦朝大将白起的后代，书香门第，世代在朝为官。他从小就比别的小孩子聪明，当他生下才六七个月的时候，虽然还不会说话，但是已能认字。奶妈抱着他，走到屏风下面，指着“之”“旡（jì）”二字，白居易心中默认；以后大人每次考他，考了几百次，白居易都不会认错。

白居易五六岁的时候，开始学作诗；九岁之时，懂得作诗的声韵；十五六岁时，带着诗文去见当时最有名的文学家顾况。

顾况学问很好，为人却极傲慢。他看了“白居易”三个字，就笑着拿他的名字作文章，对他说：“长安物贵，居之不易。”意思是说，长安人才济济，想要出人头地，可不是一件简单的事。

等到顾况阅读白居易所写的《赋得古原草送别》之中有一句：“野火烧不尽，春风吹又生。”不禁翘起大拇指，夸一声：“高明，高明。”马上转口道：“有文如此，居亦何难。”而且大为开心道：“我本来以为文章之道已经断绝，现在可由你来继承。”白居易这首诗，经过顾况的推荐，立刻轰动京师。

白居易这次到了长安，看到京师的繁华，官冕的高昂，决定埋首准备功课投考进士。他昼夜苦读，一直读到“口舌成疮，手肘成胝（zhī）”，嘴唇舌头都长了疮，手肘也磨破生了厚茧。当白居易两三岁时，父亲病逝，生活陷入困境。虽然他祖父、父亲都在朝为官，然而清廉自守，毫无积蓄。他有四个兄弟，两个妹妹，有时竟然断炊。他母亲在这种状况之下，除了养育子女外，还亲自教他们读书，循循善诱，而且从来不呵斥不杖罚，真是一位伟大的中国典型慈母。

在唐德宗贞元十五年（799 年）时，白居易终于完成心愿，进士及第，担任秘书省校书郎。这段时期，白居易与王质夫等人相交颇深。王质夫等认为白居易才华出众，劝他以唐玄宗与杨贵妃为主题，作一首长诗，歌咏这一段缠绵悱恻（cè）的爱情故事。

于是白居易完成了这首千古传诵的伟大史诗，取名为《长恨歌》，因为最后一句是“天长地久有时尽，此恨绵绵无绝期”。这首诗把“在天愿做比翼鸟，在地愿做连理枝”刻画得太美了，此歌一出，风靡天下。不只童子歌女在唱，一般王公贵妇更是爱得要命。并且这首诗还影响了日本文学。

白居易在这段时期之中，作品甚多。除了《长恨歌》外，还有许多精彩的乐府及杂诗。这些诗流入宫中，唐宪宗看到了，十分欣赏，召入宫中。不久，白居易参加制举（皇帝举行的考试）对策，以第二名及格，不久被任命为左拾遗。左拾遗是

七月七日长生殿，杨玉环与李隆基指月为誓：“在天愿做比翼鸟，在地愿做连理枝。”选自《吴友如画宝》。

《长恨歌》“侍儿扶起娇无力，始是新承恩泽时”诗意图，选自《芥子园画传》。

谏官，官阶不高，然而职位重要，杜甫也曾做过左拾遗。

白居易是位忠君爱国的人，受此恩宠，他决定仗义执言，为国除奸，粉身碎骨以报国家。

唐宪宗曾经接受过白居易的上谏，免除江淮租税，救济人民流离之苦，同时释放宫中宫女等；然而，唐宪宗却不能接受白居易谏诤反对宦官吐突承璀（cuǐ）率军平定成德节度使叛乱。

唐朝为防止军将跋扈而有监军制度（监军就是监视军队，尤其要监视司令官），最初以御史监军，后来改用宦官监军。因为人们对于自己生活上常接近的人比较容易产生信赖心理，而宦官可以自由地出入宫禁，与皇帝接近的机会自然远较一般只能在殿堂朝谒皇帝的朝臣多，因此到了后来，改用宦官为监军。所以安史之乱时，堂堂大将郭子仪的顶头上司竟然是宦官鱼朝恩。

白居易来自乡间，深知宦官对国家危害之大，因此上谏宪宗：“各个将领，必然不屑于隶属宦官，心中不甘，岂能建立战功？”

可是，唐宪宗听不进去，白居易在天子面前还是不肯让步，这不是白居易不识好歹，而是中国读书人的历史责任感驱使他坚持："陛下错了！"这话一出，唐宪宗脸色大变，怒斥道："白居易是朕提拔的，所以他才斗胆不听从朕的旨意而坚持己见，朕已忍无可忍，非把他赶出朝廷不可。"

幸亏翰林学士李绛为白居易打圆场："由于陛下开放言论自由的路径，所以群臣才敢在陛下面前畅论政治得失。假如为这件事把白居易驱出朝廷，那等于是禁止臣子上谏，有损陛下盛德。"

唐宪宗当然还记得贞观之治魏徵上谏的古训，没有对付白居易。后来白居易为服母丧辞官，再入朝时，不再担任左拾遗，改为太子左赞善大夫。

这个时候，唐朝发生一件大事，宰相武元衡在大街上被杀（详见《裴度的毡帽》篇），震惊朝廷。白居易不假思索，立刻上书，请急捕贼，以雪国耻。

事实上，后来唐宪宗确实是采取强硬立场，用裴度全力讨伐吴元济。然而，白居易却因此而获罪，怎么会祸从天上来？

相逢何必曾相识

白居易在元和十年（815 年），宰相武元衡被盗匪刺杀之后，立刻上书皇帝，建议即时逮捕凶手以重国法，而且必须限期破案。

然而当时的宰相认为，这事与白居易无关。他不过是东宫官吏，并非谏官，竟然发言干涉朝廷，是一种越权行为，大大不以为然。

正好此时，又有许多白居易平日得罪的权贵将领也落井下石，乘机毁谤他。说他母亲因为看花坠井而死，他还作赏花诗及新井诗，有伤名教，这种不孝之人岂能在朝为官？

中国人最重伦理，伦理之首在孝，因此，抬出这不孝的罪名是很严重的。虽然，白居易事母极孝，念念不忘慈训，奈何欲加之罪，何患无辞？

于是，白居易就因为“言浮华、实无行、不可用”的罪名被宪宗外放为刺史。不料，中书舍人王涯又进言：“白居易这种不孝之人不可去治理州郡。”于是宪宗再把他左迁为江州司马。

白居易接到命令，百感交集，仓促动身，孤孑（jié）一人在恼人的八月，离开京师，挥别家人。

司马是一种闲官，唐朝以前称之为治中，是州郡的佐吏，不必按时上下班。江州附近名胜古迹很多，因此白居易得以到处游山玩水。

在白居易贬谪江州第二年（元和十一年，816 年秋天），有一天，送一个客人到渡口，“闻船中夜弹琵琶者”，他十分好奇，“寻声暗问弹者谁”，弄了半天，“千呼万唤始出来，犹抱琵琶半遮面”；原来是一个女子，用琵琶遮住脸，显得格外神秘，于是大伙请她弹一曲，她的琵琶乐声“大弦嘈嘈如急雨，小弦切切如私语，嘈嘈切切错杂弹，大珠小珠落玉盘……”，白居易这几句形容得真好，把声音写活了，因为他本人也是一个妙解音律者。

原来弹琵琶者是个年老色衰的娼妇，“门前冷落车马稀，老大嫁作商人妇，商人重利轻别离”；白居易不免慨叹“同是天涯沦落人，相逢何必曾相识”。白居易想到自己一片耿耿忠心，落得卧病他乡，与琵琶女的漂泊憔悴，又有何异？将心比心，难怪“座中泣下谁最多，江州司马青衫湿”，青衫是唐朝职位低的官员所穿的衣服。

这首《琵琶行》，与《长恨歌》一般，千古传诵，每一句都像是一幅美丽的画卷。在白居易生时，已传遍天下，连胡儿都会歌唱，真正是中国古典诗中不可多得的杰作。

元和十五年（820 年），白居易奉召回京，召为司门员外郎。他好高兴啊，此后又可以成为皇帝的近臣，又可以满足读书人为天下百姓服务之壮志。所以他还是“重蹈覆辙”，还是知无不言，言无不尽。唐宪宗是还算不错的皇帝，可惜宪宗之后的穆宗，是年

《琵琶行》诗意图，中国古版画。

幼无知的君主，对忠臣采取傲慢的态度。长庆二年（822 年），牛李党争日渐激烈（牛李党争的故事，我们以后会详细说明）。白居易眼见朝政日非，臣子互相攻讦（jié），宦官又猖狂，实在看不下去。天子既不用他，他遂请外放，担任杭州刺史。

杭州是中国风景最美的地方之一，尤其是西湖，人们比之为西施。然而西湖在六朝之前，并不太出名，为什么到了唐宋就特别美丽？第一位大功臣就是白居易。他滨湖筑堤，更沿堤植柳，满湖种莲，把西湖打扮得清雅秀丽，娇艳迷人。

不过，白居易修西湖主要并非是为了景色美丽，而是为的蓄水灌田，给予人们极大的福利。白居易在杭州做了一年多便以病辞职。有一回，他见到两个乐师，在寒冬之中只穿着单衣，瑟瑟发抖，于心不忍，马上为自己“重衣复衾有余温”而心感不安，做了两件皮衣送给两位乐师。当他二人向白居易道谢时，他作了一首诗：“如此小惠何足论，我有大裘君未见……”他这种心怀与杜甫“安得广厦千万间，大庇天下寒士俱欢颜”是一样的。

白居易，佚名绘。

白居易离开杭州的时候，杭州人民纷纷提着酒来送他，许多人更难过得放声大哭。他在《别州民》中写道：“税重多贫户，农饥足旱田，唯留一湖水，与汝救凶年。”他自认为做得不够好，只为人民留下一片湖水，可是这一湖水，不但给杭州人民带来了万世的福利，也为中国建造了美丽的风景。

离开杭州之后，白居易又做过秘书监、刑部侍郎等官职。眼看当时的皇帝敬宗、文宗个个庸碌无能，他随着年龄的增长，加上对时局的失望，到了晚年，逐渐转变为过高人隐士的生活。

白居易与他弟弟白行简、堂弟白敏中感情很好。他们时常一块儿寄情于琴书山水，饮酒赋诗，白居易自号为“醉吟先生”，晚年常与香山寺庙里的和尚相来往，又自号“香山居士”，时常一个月不进荤腥。

白居易的诗都相当浅白，世传他每写一首诗就要念给一位老太太听，老太太听懂他才写下来，否则就一再删改。到了晚年，他把自己的作品，缮写为五部，亲自编排校正，一共有三千八百四十首，可说是唐朝作品最为丰富的作家。

总而言之，白居易用他那浅显的文字、活泼的描写、和谐的音律，使他每一首诗都脍炙人口。当我们读到“同是天涯沦落人，相逢何必曾相识”，不能不佩服，他的才华足可惊天地而泣鬼神了。

元稹与《莺莺传》

说起《西厢记》，以及书中的主角张君瑞、崔莺莺与红娘，几乎每个中国人都知道这段悲欢离合的爱情故事。《西厢记》是元朝王实甫根据元稹（zhěn）所写《莺莺传》改编的杂剧。下面我们就要介绍元稹的故事。

元稹，字微之，河南人，生于唐代宗大历年间。一般相信，这一段浪漫恋爱故事的男主角——张生，就是元稹自己；当然任何一个文学家所描述的情节，多多少少都有作者本人的经验，至少，莺莺的一段故事，在正史中没有记载。

《莺莺传》中一开头叙述，贞元年间，有个书生叫张生，性情温和，英俊潇洒，借住在普救寺之中，刚好有崔氏母女也住在这间庙里。

崔家的老太爷过世了，崔氏母女要把灵柩（jiù）运回长安。这时，有军人叛乱，觊觎（jì yú）崔家财产，幸亏张生与地方上的将领是好朋友，派兵来保护普救寺。崔老夫人十分感激，叫出小女崔莺莺拜见。

崔莺莺娇美艳丽，光辉动人，张生看得呆住了……以后发展出一段爱情故事。由于其中穿针引线的婢女名唤红娘，因此后代把媒人称为红娘。同时崔莺莺那种弱不胜衣、多愁善感、自哀自怨的美女，就成为中国小说中女主角的典型形象。

从《莺莺传》（又名《会真记》）中张生与莺莺的故事，我们可以发现，唐朝人不但衣着大胆，风气也是相当开放，与宋朝之后大不相同。

《西厢记》主人公张君瑞、莺莺、红娘，清代年画。

元稹八岁丧父，由他母亲郑氏抚养长大。由于家中清贫，无法上学读书，元稹由母亲亲自教导，可见郑氏颇有才学。元稹十五岁考取明经科，二十四岁被任命为秘书省校书郎。元和元年（806 年），改任为左拾遗。

青年时代的元稹锋芒毕露，才气纵横，既然做了左拾遗，当然不屑于庸庸碌碌素餐尸位。因此新官上任第一天，立刻上书论谏官之职责。此外他又建议东宫太子的老师，应该选择正人君子。

接着，元稹上书论西北军事，此乃国家边政大事。唐宪宗看了他的上书，十分欣赏，特别单独召见，询问方略。此举易引起朝臣嫉恨，有人在宪宗面前进谗言，元稹被外放为河南县尉。同年，元稹的母亲过世，他辞官服丧，丧期届满之后，拜为监察御史。

虽然经过这次教训，元稹仍然忠实地执行监察御史的职责。元和四年（809 年），河南尹房式做了许多不法之事，元稹下令解除房式职务，然后才飞马奏报朝廷。这样处置过于专断，因此，朝廷只罚房式减俸一个月，却召元稹回京。

元稹还京之际，投宿在敷（fū）水驿中。当天稍晚，宦官刘士元也来到了驿站，嚷着要住上厅，也就是驿站之中最好的房子。

驿站的管理员禀告刘士元，上厅已为元稹所住。刘士元大怒，一脚踢开上厅的大门，元稹光着脚丫子逃到后面。刘士元作威作福惯了，拿着鞭子，对着元稹的脸猛抽。

结果，朝廷认为元稹一个青年后辈，竟然胆敢与上官拒抗，在元和五年（810年）把元稹降为江陵府士曹参军。在前面，我们已一再提到唐朝的宦官之祸，所以，元稹惨遭侮辱一点儿也不奇怪。

当元稹被贬为江陵士曹之时，他的好朋友白居易并不知道。两人在街上骑马相遇，无限感慨。白居易为了元稹这件不白之冤，曾经三次上奏章，表示“今中官（即宦官）有罪，未见处置，御史无过，却先贬官，远近闻名，有损圣德……”

问题是皇帝宠信宦官，他可不认为有损圣德。在古代君主专制之时，君威难测，白居易如此顶撞皇帝，极可能因而获罪；但是他为了朋友之义，奋不顾身。

元稹，选自《历代名臣像解》。

白居易与元稹相识，是在贞元十九年（803年），他们同时参加制举拔萃（cuì）科及第，并且同授校书郎。两人一见如故，“有月多同赏，无杯不共持……何处不相随”。一同赏月，一同饮酒，一同弹琴，一同读书，形影相随。

他二人如此投契，除了都是翩翩青年，都是才华高、诗文好的青年才俊，更因为虽然都是在官场上位居要津，却是自贫苦环境奋斗出来的。（白居易的幼年见《白居易写〈长恨歌〉》篇。）

由于此二人尝过贫穷的滋味，都由寡母抚养长大，踏入政坛之后，眼见政局衰败，不约而同有悲天悯人、救世济民思想涌上心头。他们希望文学不只是唯美的艺术，更能积极改造人们的生活。他们各自写了许多描写民间疾苦的讽喻诗，世人把元稹、白居易合称为元白。

元白同时享誉诗坛，才情相若。按照中国人的说法应是文人相轻，但是元白却是文人相重，两人比手足还亲。白居易贫困时，元稹会寄钱给他，元稹病了，白居易立刻寄药过去。

他们在一起的时候，快乐得要命，吟诗联句，饮酒下棋；别离之后，依然隔地吟诗唱和。当白居易守杭州，元稹守越州之时，两州毗（pí）邻，两人经常以竹筒寄诗，传为美谈。

元白二人能够欣赏对方的长处，互相激励，彼此扶持，才能享受友谊之芬芳。

牛李党争

说起牛李党争，大家都很熟悉，因为这是唐朝极为重要的一件大事。然而，牛李党争究竟是怎么一回事？他们到底争的是什么？却很少人清楚。

唐宪宗元和四年（809 年），举行制举对策。制举是皇帝亲自举行的考试。其中，牛僧孺、李宗闵（mǐn）等人都在试卷之中讥讽朝政，批评得相当严苛，毫不留情。

唐宪宗看到这几份卷子十分欣赏，立刻下诏中书省“找个好位置安插”。卷子流出之后，首席宰相李吉甫立刻脸色大变，认为卷子中是在嘲讽他。

唐代卷子没有弥封，不但如此，还要参考“平常作业”（比如在前面《王维巧扮乐工》之中，王维把平日作品献给公主），因此一份好的试卷一出，众人传观。我们在今天看到的唐朝流传下来的好文章，许多都是在试场之中写的。

既然卷子没有密封，李吉甫当然知道牛僧孺、李宗闵这几个小子与他作对，一口气实在难忍，曾经向唐宪宗哭诉，却不得要领。

李吉甫的儿子名叫李德裕，对这件事耿耿于怀，父仇子报。在穆宗朝时，穆宗颇为看重李德裕，李德裕就想办法把李宗闵贬为远州刺史。李宗闵当然也非常愤怒，也结成一党攻击李德裕。

由于牛（牛僧孺）、李（李德裕）两人在朝中都有名望，都有入相的机会，双方各自树党，互相排挤，彼此攻讦，成为朝中两大派系，史称为牛李党争。

牛僧孺所代表的一派大半是进士出身，或者已败落的世家大族，比较放荡不羁，以文采华丽落拓著称。譬如写“十年一觉扬州梦，赢得青楼薄幸名”的杜牧就是牛派的。他们多半是属于唐高宗武后以来，由进士科出身的新兴官僚阶级。

李德裕所代表的，大半是世族出身，主张以经学为正宗，比较注重传统礼教。在唐朝，世家大族已丧失魏晋南北朝时代的优越与显赫，然而，关东世族的优美门风与家学仍然保持着。当然，李党中也有不少进士。

李德裕本人相当以门第为傲，他颇看不起以进士出身的士大夫。他曾经说过：“朝廷的显赫官吏，必须是公卿子弟，为什么呢？因为他们自小耳濡目染，熟悉朝廷台阁仪范、颁行准则，不教自成。寒士中纵有杰出人才，登第后，还是要从头教起。”可见得，他是怎样地看不起进士科出身的寒士。

进士科出身的士大夫，因为没有家族关系，所以格外团结。他们互相推崇，尊称先登第者为前辈，同一年登第者为同年，称主考官为座主，大家都是座主门生。因为他们出身相同，政治地位也相同，利害关系又一致，所以能结为一体。

牛李两党并非现代政党，也没有党纲与政见，只是因为私人利害相结合。不过，有两点倒是壁垒分明：对于处理藩镇问题，李党主张镇压、讨伐，牛党主张妥协、安抚；对于边疆外族问题，李党主张攻击、接纳降将，牛党主张送还降将、退让和平。

牛李党争的时代，任何在朝中居于高位者，不是牛党，就是李党。不过，两党之争究竟还算是君子之争，并没有像东汉党锢（gù）之祸一样，非要赶尽杀绝不可。只是牛党得势，李党的人只好出任地方官，等到李党得势，李党的人又成为京官而已。所以，他们争的是中央的执政大权。

唐文宗大和三年（829 年），牛派的李宗闵做了宰相，第二年牛僧孺也做了宰相。于是，李党的李德裕被排挤在朝堂之外，出任西川节度使。

大和三年（829年）九月，吐蕃维州守将悉怛（dá）谋请降。维州地势险要，北望陇山，积雪如玉，东望成都，若在井底；一面孤峰，三面临江，是西蜀控制吐蕃的要地，吐蕃称维州为“无夏城”。

维州守将竟然要以城降，担任西川节度使的李德裕高兴极了，立刻具奏其状，并且说：“将可派遣三千生羌，烧十三桥，击败西戎腹心，一雪我大唐帝国之耻。”

这份报告送到京师，唐文宗召集百官商议，宰相牛僧孺反对接受悉怛谋投降。牛党向来是主和的，牛僧孺持的理由是：“吐蕃之境，失一维州，不能损害其势力。最近我们与吐蕃修好，约罢戎兵，中国御戎，守信为上，吐蕃如果来质问，我们如何回答？这是一个匹夫都知道不能答应的事，何况是天子？”

唐文宗想想，觉得牛僧孺的话也不无道理，也不敢得罪吐蕃。于是下诏，命令李德裕把到手的维城交回去，吐蕃降将悉怛谋及其随从也一并送回去。

吐蕃赞普礼佛图，甘肃省敦煌市莫高窟唐代壁画。图中为唐代吐蕃人形象。

李德裕当然万分不情愿，但是圣旨难违，只有照办。结果悉怛谋一行在边界上就地被吐蕃处死了，而且死得相当惨，使得吐蕃一带人民对唐朝大为不满。

由于朝廷上下都认为此举使亲者痛仇者快，所以不久牛僧孺被外放为淮南节度使，换了李德裕为相。总之，牛李党争自穆宗长庆元年（821 年）到懿宗咸通元年（860 年），整整四十年间，像走马灯一般，轮流换将，不过是意气之争而已。然而，事实上他们影响朝政不大，因为此时政治上的主角是宦官，这些牛党李党不过是宦官手中的木偶一般。因此史学家陈寅恪说，牛李两党都只是二流角色而已，中央政府中最有权势的人物还是宦官。

唐文宗与宋申锡

在《唐宪宗喜食仙丹》之中，我们说过，唐宪宗晚年好服金丹，脾气暴躁，左右服侍的宦官往往因而获罪。因此，宦官订下计谋害死宪宗，共拥穆宗为帝。

唐穆宗在位仅仅四年就因为饵药而死。敬宗即位，并不因为宪宗被宦官所害而知警惕，反而更加宠信宦官。

有一回，鄠（hù）县令崔发听到外面有喧哗嚷嚣之声，觉得十分奇怪，一问之下，原来是五坊小儿在迫害百姓（五坊小儿的故事本书前面说过）。崔发十分生气，立刻派人把滋事者拖了进来，在庭中问话，一问之下，才知道是宦官。

唐敬宗知道这件事，认为崔发对他派出去的宦官不礼貌，等于是藐视皇帝，下令把崔发关了起来。

正巧第二天，皇帝颁布了大赦的命令，一批一批犯人都被放出了监狱，只有崔发仍被扣留在狱中。忽然，从外面冲进来几十个宦官，拿着木棍，对准崔发的脸，一棍一棍地打下去，直打得崔发脸也破了，牙齿也掉了，昏了过去。这些宦官似乎满足了，大摇大摆地走了。

监狱的管理员用席子把崔发的脸遮住，不久，又来了一批宦官，手执皮鞭，大声叫嚷要打崔发。狱卒指着躺在地上的崔发，宦官们一看，崔发的头已覆盖着草席，以为崔发已死，便悻（xìng）悻然地离去。其实，崔发

唐代文官俑，陕西省西安市唐墓出土。

只是昏了过去，由于狱卒一丝善念，使崔发免于被宦官活活打死。

由此可知，在当时，一个人可以犯国法，不可以得罪宦官。犯了国法，不过依法审判，遇上大赦，还可以减刑；可是，得罪宦官将受到私刑凌辱，纵有大赦，也不能享受皇恩，于是，一般臣民怎能不畏惧宦官呢？

宝历二年（826 年）十二月，唐敬宗因为游乐无度，狎昵小人，对宦官动辄捶挞（tà），引起宦官的恐惧与不满，而为宦官刘克明等人所杀。

唐敬宗死了以后，宦官王守澄、梁守谦等人共同拥立文宗为帝。可见得在唐朝弑君、立君，任由宦官，君臣都不敢声讨。

唐文宗即位以后，深深以宪宗、敬宗死于宦官之手而愤怒。可是，杀害这两位君主的余党，还遍布宫中，尤其新起的宦官王守澄，特别地跋扈。

唐文宗大和二年（828 年），举行策试，要考生申论对时事的看法，其中有一名叫刘蕡（fén）的，写了一篇极为激烈又精彩的答卷，力言务必消除宦官，否则“社稷将危，天下将倾，海内将乱……”

三位主考官看了都点头称是，可是因为不敢得罪宦官，没有录取刘蕡。

刘蕡虽然落第，他所指斥宦官之论，却引起了唐文宗去除宦官之念头。可是宦官的力量甚大，杀害宪宗、敬宗的宦官还有不少余党在宫中。王守澄尤其专横，招揽权势、受纳财货，文宗根本无法制御。

大和五年（831 年）中，唐文宗找了一个机会，秘密与翰林学士宋申锡谈到除宦官之事。宋申锡建议唐文宗慢慢除掉身边的威胁。唐文宗见宋申锡沉稳厚重，忠诚敬谨，觉得是可以倚靠的人才，拔擢他为尚书左丞；过了一个月，再提升为同平章事（宰相）。

要除宦官，得先联络志同道合的同伴。宋申锡用密旨引吏部侍郎王璠（fán）为京兆尹；不料，王璠竟然出卖了宋申锡，把机密泄漏给宦官王守澄。

王守澄知道这件事，决定先下手为强。他诬告宋申锡有意拥漳王为皇帝，漳王是当时以才学著称的一个王。

唐文宗一听之下，龙颜大怒。王守澄见计得逞，马上自告奋勇，要求带两百骑兵到宋申锡家中杀个精光。

内飞龙使马存亮在地下叩了一个响头道："如此，则京城大乱，应该召集其他宰相，共同商议其事。"

第二天，刚好是休假日，唐文宗派遣宦官去一个一个通知宰相开会（唐朝是多相制）。宋申锡听说开会，也到了中书东门，宦官对宋申锡说："皇帝所召之中，无宋公名。"

宋申锡心中有数，知道出事了，望着延英殿，用笏不断击着脑袋，垂头丧气走了回去。

宰相们到了延英殿，唐文宗提出王守澄所举宋申锡的罪状。大家都惊愕万分，不敢相信，明明知道是宦官搞鬼，却没有人敢为宋申锡喊冤。于是，文宗贬宋申锡为太子右庶子。

唐文宗愈想愈气，准备把宋申锡处死，左常侍崔玄亮趴在地上为宋申锡求情："杀一匹夫，还不能不慎重，何况他是宰相啊！"这么一说，文宗稍稍冷静，沉着脸道："我再找宰相商量。"

宰相牛僧孺来了，婉转地对唐文宗说："作为一个臣子，最显贵的官职，不过是宰相。假如宋申锡真有逆谋，他拥立漳王为帝之后，也不过当个宰相，他为什么要做这种事呢？”

其实，这是再明显不过的道理。宦官惟恐文宗清醒过来，由王守澄出面建议，不杀宋申锡，改为贬开州司马。没多久，宋申锡死在任上。

到了开成元年（836 年），李石上言文宗：“宋申锡忠直，为谗人所诬，窜死异乡，冤屈到现在还没有昭雪。”

唐文宗低下头，沉思了半天，然后开始哭泣：“这件事，朕早知道自己错了，差一点我的兄弟（指漳王）也不能保全，这都是因为朕不明也。”于是下诏恢复宋申锡的官爵，并且任用其子宋慎微为成固尉。

唐文宗之所以会这么糊涂，一方面是古代皇位不容人觊觎（jì yú），心中害怕所致；另外一方面，朝代末期之皇室子孙，从小生长在深宫内苑，没有历练，难免容易受蒙蔽。

郑注依附宦官

在上篇《唐文宗与宋申锡》之中，我们说到，唐文宗与宰相宋申锡合谋翦（jiǎn）除宦官。结果，机密外泄，宦官先诬告宋申锡谋逆。文宗不察，远贬宋申锡；事后，后悔不已。

经过这次事件以后，宦官们认为，让朝臣与皇帝经常接触，总不是一件好事。可是，又不能禁止君臣往来啊。最好的办法是由宦官们自己挑选臣子，比较安全。

在宋申锡事情过去之后，宦官益加张狂。唐文宗表面上包容宦官，内心相当痛苦。因此有史家形容为“皇帝居宫中，就像是模范监狱中的罪囚”。

唐文宗这个罪囚，就在宦官为他找来的两个臣子——李训与郑注之前吐露了内心的难堪。李训是唐文宗的伴读（陪伴天子读书，为天子讲解之位），不能说是皇上的老师。李训与宦官走得很近，所以宦官对他十分放心。

另外一个人就叫郑注，宦官对他是深信不疑，为什么呢？这是有道理的……

郑注是如何发迹的？其中有一段故事：郑注这人长得瘦瘦小小，其貌不扬。看人的时候，眼睛自下往上翻，贼眉贼眼，猥猥琐琐。可是他有一个本事，谲（jué）诈灵巧，最会揣摩人意，马屁工夫是一流的。因为家中很穷，遂以行医当郎中游行天下。

郑注的医术不错。穆宗长庆三年（823 年），徐州牙将很欣赏他，把他推荐给节度使李愬。李愬服了几帖郑注的药，果然很灵验，于是非常宠信郑注，而且派给他一个牙推的官职，郑注渐渐参与军政。

郑注是小人得志，作威作福，军队里上上下下都讨厌他。在唐朝，我们前面提过，朝廷派了不少宦官在军队监视，所以徐州的监军王守澄告诉李愬，要他把郑注赶走。

李愬不敢违抗宦官的意旨，不过他对王守澄说："郑注这个人，虽然有些小毛病，不失为一个奇才，你不妨与他谈一谈。假如认为他一无可取，那么，再叫他走也不迟。"

王守澄面有难色，不怎么愿意。可是，李愬已经把郑注找来了，只有勉勉强强敷衍（yǎn）几句。

谁知郑注果真是个奇才。坐下来没有多久，不但王守澄脸上的冰霜融化了，而且笑声朗朗，把郑注请入中堂，促膝谈心，大有相见恨晚之叹。

这一夜，王守澄与郑注聊到三更半夜。第二天，王守澄眉开眼笑对李愬说："郑生诚如公所言，是个人才。"不但不再坚持赶他走，而且把他升为巡官。

不久之后，唐穆宗生了重病，军国大事被宦官王守澄控制，郑注就成为王守澄的心腹。无论日夜，郑注不需通报就可直接进入密室与王守澄相谈，而且经常一谈就是整个通宵。郑注的地位一天比一天高。

有一位工部尚书郑权，颇为好色，家中蓄有许多姬妾。然而薪俸少，养不起这许多姨太太，遂找郑注想办法。果然，郑权不久升为岭南节度使。

等到唐文宗当了皇帝，很讨厌郑注依赖宦官王守澄之势，狐假虎威。在文宗大和七年（833年），侍御史李款上了一个奏章弹劾郑注，说他贪污纳贿，昼伏夜行，人们敢怒不敢言，只是在道路上碰到时，狠狠地瞪着郑注，表示内心之不满。

这个奏章上了之后，十天之中，各地上了数十个奏章都是讲同一回事，王守澄为袒护郑注，把这些奏章都偷偷藏了起来。

左将军李弘楚看不过去，对左军中尉韦元素（也是宦官）道："郑注奸滑无双，如果不去除他，必为国家大患。我现在假说中尉你有病，请他来医治。等你一抬眼，我就把他拉出去杀了。然后中尉再向皇帝请罪，皇帝绝不会因为你除奸判你罪的。”

韦元素满口答应，便以生病为名，召郑注前来。

郑注到了之后，像老鼠一般谦卑地趴在床前，然后一大堆甜言蜜语像喷泉一般涌出。韦元素听得兀兀陶陶，不自觉用手握住郑注的手，两人相见恨晚。

韦元素陶醉在郑注的马屁攻势之中，浑然忘倦。李弘楚一直在等韦元素暗示，把郑注拖出去宰了。韦元素这下子哪舍得，拉着郑注的手，听他的恭维阿谀，快乐极了。最后，搬出许多金帛厚赐郑注，而且要他以后常常来玩，把李弘楚气坏了，又无可奈何。

过了不久，唐文宗生了重病，病到不能开口，王守澄推荐郑注去看病。文宗服了几帖药，病况大为减轻，又见郑注乖巧，能言善道，专拣好听的说，连皇帝也对郑注有好感了。

于是，文宗便把自己受制于宦官之苦，一五一十告诉郑注，郑注与李训遂订下除宦官之大计。

李训、郑注为文宗订下的除宦官之计会成功吗？

甘露之变

在上篇《郑注依附宦官》之中，我们说到，唐文宗与宰相宋申锡密谋除宦官失败，痛苦万状。宦官担心文宗再与朝臣合谋，于是，宦官选择与宦官走得近的郑注、李训与文宗交往，以为这样就万无一失了……

由于郑注、李训都是被宦官提拔的，宦官比较放心。唐文宗却把心事告诉他二人，并且托以大事。提拔郑注的宦官王守澄，自唐穆宗元和时代即掌大权，到文宗时代已为大阉（yān）之一；李训等决定用另一派宦官仇（qiú）士良的力量去掉王守澄。

李训首先设计以宦官仇士良为左军中尉，负责统率中央的禁卫军，分王守澄的大权。王守澄极为不悦，唐文宗即以此逼王守澄服毒，死后秘不发丧。等到死讯传开，仍然追赠其为扬州大都督。

李训等人把王守澄去除之后，威势大盛。李训想要再除仇士良，于是发生唐朝历史之中有名的“甘露之变”。

唐朝宦官权势太大，内内外外都由宦官一把抓，李训等人要除宦官，必得预先妥为布置。所谓除宦官，不是要把皇宫之中大大小小的宦官都杀光，只是去掉最为恶毒的大宦官罢了。

唐文宗先布置了大理卿郭行余为邠宁节度使，太府卿韩约为左金吾卫大将军……因为宫中禁军也抓在宦官手中，李训便以王璠、郭行余要出镇太原、邠宁为名，招募壮士为部曲，集合武力应变。

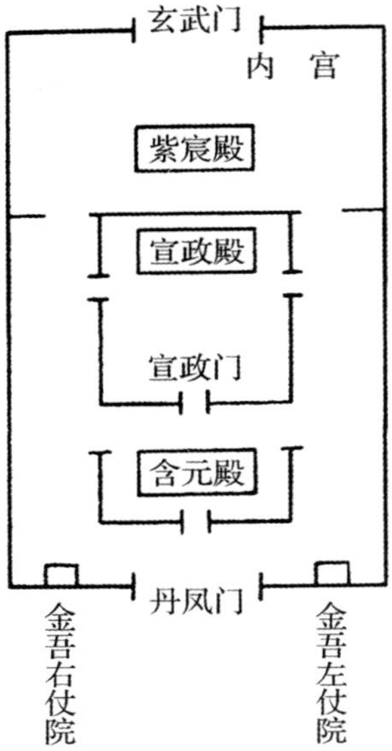

这件计划的要角是左金吾卫大将军韩约，左右金吾卫是皇宫的卫队。他们准备在金吾左仗院（左右仗院是金吾卫士的办公厅）之中，执行这件大事。

于是，按照预定计谋，在大和九年（835年）十一月中，有一天，唐文宗在紫宸殿上朝（参照左图。唐代皇帝都住在大明宫，大明宫宫殿早已不存在，这是据宋人吕大防所绘《长安图》的石碑残片所画出大明宫的示意图），当文武百官都各依班次，站立已定，这时依例由左金吾卫大将军报告："左右厢内外平安。"可是今天，韩约没有报平安，他在地上叩了一个响头："左金吾厅后面的石榴树昨天晚上降了甘露，臣递门奏讫（qì）。"

古代传说，甘露是一种吉祥之物（古人称太平，则天降甘露），却没人看过甘露的形状。韩约上奏之后，宰相文武百官一并祝贺。

这时，按照预先排演的台词，李训等人建议大家去参观一下。于是文武百官都到了前面的含元殿。唐文宗也坐在软轿上，由宦官抬到了含元殿，含元殿接近金吾左仗院，好看甘露。

到了含元殿之后，唐文宗先派李训与两省官去看甘露。过了老半天，李训等人才回来。李训奏曰："以臣与众人查验的结果来看，恐怕不是真甘露，不能马上宣布，惟恐天下称贺。"

然后，唐文宗再继续演戏："噢，是这样的吗？"然后派仇士良、鱼志弘去查个究竟。

好，这下含元殿中之宦官走了。李训召来郭行余、王璠等："来受敕旨。"命他们接受皇帝去杀宦官之命令，王璠吓得两条大腿直打哆嗦，不敢向前。只有郭行余一人领旨。

此时，王璠、郭行余的部下已拿着兵器守在丹凤门（皇城的大门）外。

唐代宫殿含元殿想象图。

李训已先派了人带他们入宫，准备在金吾左仗院的树林之中，把仇士良干掉。

仇士良大摇大摆到了金吾左仗院，抬头看石榴树，没见到什么甘露，却见韩约的脸色通红，汗如雨下，觉得好奇怪，忍不住问道："将军怎么了？"

忽然之间，一阵微风吹过，只见人影幢幢，而且听到兵器互相摩擦的声音。仇士良十分机伶，转身就跑，金吾左仗卫赶快把门关起来。仇士良大声一吼，由于军士们平常怕宦官怕惯了，竟然吓得不敢关门。

仇士良一口气跑到了含元殿。李训见到仇士良活着跑回来，知道事情坏了，大声呼叫金吾卫士："来来，来的人赏钱百缗。"

宦官也要抢皇帝，把软轿抬来，对唐文宗说："这儿情况危急，请陛下回内宫。"

宦官抬起文宗的软轿，突破含元殿后的屏风，一直往里面奔。李训着急地喊："臣奏事未完毕，陛下不可入宫。"

在这个当口，郭行余的部下已自丹凤门冲了进来，与宦官展开一场厮杀，而唐文宗就被一直抬到了宣政门。一进门之后，宦官赶快把大门关上，所有宦官齐呼万岁。在这场拔河大赛之中，宦官大获全胜，李训、郑注先后被杀，朝中大臣波及者更多。

"甘露之变"宦官大获全胜，唐文宗以后的日子就更难过了。这一方面固然是宦官跋扈，另一方面这些朝代末期的君主也实在差劲，不但体力差，而且胆子小。其实，天子还是有天子的威严在，如果他跳下软轿，如果他大叫一声下御旨，宦官还是会怕的。

十年一觉扬州梦

在唐朝晚年出了一位大诗人杜牧，他的诗辞藻华丽，色彩鲜明，而且风流香艳。人们称之为小杜，以别于大杜——杜甫。

杜牧，字牧之，生于唐德宗贞元十九年（803年）。他的祖父杜佑，做过唐朝的宰相，精通历代典章制度，曾经著有历史上著名的《通典》一书。

杜牧家学渊博，自小才气逼人。当时的大臣吴武陵十分器重他，向主司侍郎崔郾（yǎn）推荐，谓杜牧有王佐之才。崔郾不相信，等到看过杜牧的《阿房宫赋》，大为赞赏。

原来在唐敬宗宝历元年（825年），杜牧不过二十三岁。朝廷为了扩充宫室，大动土木，其壮丽豪侈，不下于秦始皇的阿房宫，而且唐敬宗广征天下美女，弄得人们怨声载道。杜牧担心重蹈秦朝修阿房宫之覆辙，作了一篇《阿房宫赋》。

这篇赋一开头“六王毕，四海一，蜀山兀，阿房出”（六国覆灭，天下统一，蜀山的树木砍光了，阿房宫也出现了），短短几句话就气魄万千，道出阿房宫的雄伟。

然后，一路下来，他把阿房宫的宫殿楼阁，回廊复道，美女珍奇，描写得历历如画。最后：“戍卒叫，函谷举，楚人一炬，可怜焦土。”（防守边境的卒兵一声叫喊，函谷关就陷落了。楚国人的一把火，可怜啊，阿房宫就成为一片焦土了。）

这篇《阿房宫赋》千口传诵，崔郾看了不禁惊叫“好文章”。可是他听说杜牧私行不检，品德不佳，因此不肯给他状头（唐朝进士科第一名称为“状头”），只给了他第五名。这一年，杜牧二十四岁。

当牛僧孺为淮南节度使之时，请杜牧担任淮南节度推官，后转任掌书记，也就是当秘书。杜牧少有大志，有自己的抱负，颇有不可一世之概。因此，他屈居牛僧孺之下，没有实权，心中郁郁不得志，遂寄情于风月之中。

唐朝的扬州，繁华富庶，商业发达，往来商旅络绎不绝，酒楼茶肆到处林立，是一个闻名中外的游乐中心。唐代的贵族与文人墨客，往往以去妓院为风流韵事。

当时妓女可分为三种：公妓、私妓、家妓。公妓是政府特设，用来娱乐皇室、高官与军人的。家妓是皇亲国戚、公卿百官及骚人墨客在家中豢养的妓女。

而私妓多半集中在长安城中的平康里，因为平康地近北门，又称之为北里。北里的妓馆，是政府允许设立的私家妓馆。

唐朝的妓女文化程度很高，其中不乏官宦之后，名门闺秀。有的因为家庭变故，有的因为获罪官家，不得已落入风尘。她们会唱歌、会跳舞、会吟诗下棋，可说得上是才貌双全。事实上，唐朝许多名妓之所以走红，不是因为色，而是因为艺。

这套风气，传到日本，成为日本的艺妓。有许多人到了日本艺妓馆，发现艺妓长相并不好看，不禁大吃一惊。其实这不奇怪，因为艺妓以艺取胜。

在唐代，许多新当选的进士得了功名之后，第一件事就是栽进平康里之中，逍遥三天三夜。许多到长安来考进士的人，往往也先住进妓馆；如果作了好诗，由妓女先唱出，唐朝人人爱诗，往往可以传到宫中。

唐朝妓女懂得欣赏诗，可以与诗人互相酬答，可见她们不乏才貌双全的，难怪令那么多进士新贵、文人墨客流连忘返。更何况，唐朝人本来就比较开放大胆。

杜牧一表人才，英俊又潇洒，而且才气纵横。这么一个风流才子，当然把妓女迷得死去活来，青楼歌妓中不晓得有多少倾倒在“杜书记”之下。

前面《牛李党争》之中，我们说过，牛党比较洒脱，不拘小节。因此牛僧孺知道杜牧有此雅好，也没有责备他，只是派了三十个健卒，轮流便衣暗中保护杜牧。杜牧生性潇洒，根本不知道有这么一回事。

杜牧在大和九年（835 年）升了官，由节度使掌书记升为监察御史。他虽然对扬州恋恋不舍，却也不能不忍痛而去。

此时，杜牧正迷恋上一对妓院的姊妹花，实在舍不得离开。当他辞行之时饮到微醉，诗兴大发，当下写了两首脍炙人口的诗，其中第二首是——

红衣舞女壁画，陕西西安郭杜镇执失奉节墓出土，中国国家博物馆藏。

多情却似总无情，惟觉樽前笑不成；
蜡烛有心还惜别，替人垂泪到天明。

（我与你虽有强烈的感情，如今却装得毫无情感的样子。现在我和你要分手道别，在这盏饯别的酒杯之前，怎样也扮不出笑脸。你看那蜡烛好像在为你我惜别，烛油也不断地滴落，仿佛替我们流泪到天明。）

第二天，杜牧向牛僧孺辞行，牛僧孺告诫他：“此去做监察御史，私生活应多加检点，免遭物议，自毁前途。”

“哪儿的话，我不过是逢场作戏，岂有沉湎（miǎn）酒色。”杜牧不肯认账。

“噢，是这样吗？”牛僧孺笑嘻嘻地把记载杜牧某夜某夜宿酒何处妓院的报告，以及派出保护士卒所写的“无恙”的存档给杜牧看。杜牧脸都红了，再三拜谢而去。因此，牛僧孺死后，杜牧为他写了一段极佳的墓志，以报答牛僧孺之爱护。

不过，杜牧对自己的风流也不是毫无所憾，他在《遣怀》中道：“落魄江湖载酒行，楚腰纤细掌中轻；十年一觉扬州梦，赢得青楼薄幸名。”（我失意流落江湖，带着酒意浪游，陶醉在这些腰围纤细、轻得可以在掌中跳舞的妓女中。十年过去了，只换得流连青楼这样一个薄情的号称。）

商女不知亡国恨

风流才子杜牧，辞别牛僧孺，离开扬州，前往京城。

到了长安之后，杜牧虽然官拜御史，还是喜欢前往平康里去冶（yě）游。它虽然繁华，却不及扬州金粉，杜牧对扬州依然恋恋难忘。

后来，杜牧由于生病，被改派前往东都洛阳。那时大臣李愿家中豢养不少歌妓，据说是才貌双全，艳色动人。

达官贵人家中的乐伎，五代南唐画家顾闳中绘。

杜牧很想去看一看，可是他官居御史，李愿不太敢请他，没发帖子。杜牧觉得十分扫兴，托人转告李愿，代为致意，李愿只好请杜牧赴宴。

杜牧老早就听说，李愿家中歌妓，个个漂亮，而其中的紫云姑娘最为出色。他这番去，主要就是要见识见识这位佳人。

到了李宅，李愿招呼一行人坐下之后，立刻有四名家妓前来伺候。杜牧连饮三杯，大剌剌地问道：“哪一个是紫云？”

“哪，就是穿紫衣服的那位。”李愿顺手一指，果然是一位秀丽动人的美女。

紫云笑盈盈地走了过来，杜牧不客气地端详了半天，然后自斟自饮，连喝三杯。一清喉咙，高声地说：“果然名不虚传，把她送给我算了！”满座哄堂大笑。

接着，杜牧又再痛饮三杯，站了起来，顺口吟出一首即兴诗——

华堂今日绮筵开，谁唤分司御史来；
忽发狂言惊四座，两行红袖一时回。

可见，他对自己突发狂言，实在是有说不出的得意。

以后，杜牧历任咸阳尉、左补阙、史馆修撰（zhuàn）等官。当时的宰相李德裕虽然赏识杜牧的才华，却因为杜牧在牛僧孺下面做过事，是牛党中人，不肯重用。杜牧有志难伸，依然沉湎声色之中。

杜牧在扬州之时，就听说湖州（浙江吴兴）地方，山明水秀多美女，而且当地水质好，美女长眉纤腰，似仙女一般；所以，杜牧怎么样也要去湖州一游。

湖州刺史久慕杜牧大名，听说他驾到，立刻安排大规模的盛筵，把当地优姬娼女，全部找来，在筵前歌舞侑（yòu）酒。杜牧看来看去，竟然没一个中意。

刺史小心地探问：“怎么样？”

“美则美矣，未尽善也。”杜牧实话实说。

刺史觉得颇为抱歉，又不知如何是好。

“不如为我准备一艘彩船，让我坐在上面，四处逛逛，也许可以遇上一位佳人也说不定。”杜牧心生一计。

于是，刺史大人立刻照办，雇来一艘最为华丽的彩船，并且在船上扬起幽雅的音乐。咱们这位风流倜傥的才子，就乘着歌声的翅膀，满怀兴致去寻芳。

杜牧选美的消息，立刻被好事之徒传开。男男女女都跑出来看热闹，一睹杜牧的庐山真面目，也很好奇地想知道，究竟哪位美女会被杜牧看上。

杜牧见过的大场面多了，因此他悠悠闲闲半倚在船上，等着美女出现。他看来看去，发现虽然有几个长得还不错，距离理想之中的标准还差得远矣，不禁万分失望。

到了夕阳西下，人群将散，杜牧惆怅地走下彩船。忽然，他眼前一亮，远远地望见一个老太婆牵着一位小女孩，这个小女孩真正是小仙女，美得不沾一丝人间尘埃，满脸灵气，好像自古画中走出来。

杜牧惊喜一呼："这才是国色天香！"

于是，杜牧派人把母女俩接到船上。母女两人吓得惊惶失措，尤其是小美女，直往母亲的怀里钻。

杜牧安慰她二人道："请放心，我不是现在就要纳聘。十年以后，我再回来娶她。"

"十年期满，不来践约，又当如何？"老妇人反问。

杜牧略略一沉思："不出十年，我必然会来这儿做郡守，如果十年不来，把她许配给别人好了。"

杜牧回朝之后，心中一直惦记着惊鸿一瞥的小美女，可是官位不高，不敢请调湖州。到了大中三年（849 年），方才托言医治弟弟杜觊（jì）眼疾，要求派往湖州。

然而到了湖州一打听，才知小美人早在三年之前嫁人，而且已经生了两个儿子。杜牧严词责备老妇人："既已许配我，何以又改嫁别人？"

老妇人理直气壮地反驳："我们约期十年，现在已过三年了。"

杜牧黯然神伤，写了一首诗："自恨寻芳到已迟，往年曾见未开时；如今风摆花狼藉，绿叶成荫子满枝。"

不久之后，杜牧在梦中，梦到自己手写“皎皎白驹”四个字，有人为他解梦道：“这就是意味白驹过隙（暗示死期将近）。”他家的饭锅又突然破裂，他自认为“不吉利”，于是自己写了一篇墓志铭，把诗文全部焚毁。

杜牧在历史上以风流出名；事实上他极有才学，他也未尝不想做一番事业，可是唐朝末期政治腐败，多少也使得他颇为失意。在《阿房宫赋》中，可见其有血气、有抱负，在另一首《泊秦淮》之中，更能表现杜牧这种情怀：

“烟笼寒水月笼纱，夜泊秦淮近酒家。商女不知亡国恨，隔江犹唱后庭花。”（晚烟迷蒙，笼罩在凄寒的河水上；月色茫茫，映照在沙滩上。夜晚泊舟秦淮河畔，正靠着岸上的酒家，可叹那歌女不知亡国恨事，还在低唱玉树后庭花。）

夕阳无限好

在上篇，我们介绍了小杜——杜牧，以别于大杜——杜甫。今天要介绍别于大李（李白）的李商隐，他被称为小李。

李商隐，字义山，怀州河内（河南沁阳）人，生于唐宪宗元和八年（813 年）。他家的人都极有才气，曾祖李叔恒，十九岁就进士及第。李商隐幼年时代已经十分能写文章。令狐楚任河阳节度使时，一次偶然的机会看到李商隐的作品，大为赞赏，而且要求看看他以前的文章。同时，把他请到家中，对自己几个儿子说："你们啊，要多向人家学学。"此时的李商隐尚未弱冠（弱冠是二十岁）。

唐文宗开成二年（837 年），李商隐赖令狐楚之子令狐绹（táo）之推荐，拔擢为进士第，这年他二十四岁。

在年轻时，李商隐曾经和长安著名的女道士宋华阳，有过一段恋爱的故事。唐朝的女道士向来多彩多姿，风流韵事不断。杨贵妃在与寿王离婚，再嫁给唐明皇之前，也曾经去当女道士，号太真。

宋华阳当时年轻貌美，与两个妹妹一块住在道观之中，李商隐被迷得神魂颠倒。据苏雪林女士研究，由于女道士身份特殊，恋情一旦公开，不能见容于当时社会。因此苏女士认为，他的诗之所以晦涩难解、冷僻隐秘，就是有此难言之隐。

其实，我们欣赏李商隐的诗，大可以直接去领略诗中之美，犯不着去挖古人隐私。到底真相如何，永远是一个谜，而且也是不重要的。

在李商隐前往吏部考试并遭到失败之时，他的女朋友宋华阳移情别恋，爱上了一位青年道士永道士。永道士还是李商隐介绍给宋华阳的，而且，宋华阳的两个妹妹也都爱上了永道士。李商隐气愤难堪之余，写了一封信给情敌，信中是一首诗，“君今并倚三珠树，不记人间落叶时”，讽刺永道士。

这一年，李商隐年方二十六岁。

受到这失恋的打击之后，李商隐发愤努力，通过吏部考试，正式授官（前面我们一再说过，唐代的考试可分为两段，第一段是任用资格考试，第二段是授官考试）。他通过考试之后，认识了泾原节度使王茂元。

在《牛李党争》之中，我们说过，牛李两党形同水火，互相倾轧。当初，提拔李商隐的令狐楚、令狐绹是牛党，而李商隐竟然又结交李党红人王茂元，这在当时是轰动的大新闻。令狐楚已去世了，其子令狐绹对李商隐的忘恩负义，气得半夜想起来都心痛。

更叫牛党人不能忍受的是，李商隐竟然与王茂元的次女，在一次宴会之中一见钟情，彼此倾心。

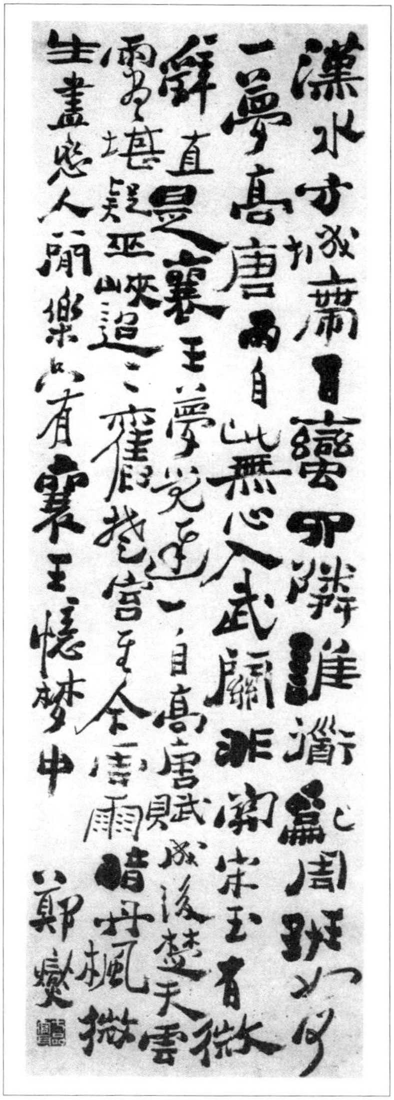

清郑燮书李商隐诗三首：汉水方城带百蛮，四邻谁道乱周班。如何一梦高唐雨，自此无心入武关。（《岳阳楼》）非关宋玉有微辞，却是襄王梦觉迟。一自高唐赋成后，楚天云雨尽堪疑。（《有感》）巫峡迢迢旧楚宫，至今云雨暗丹枫。微生尽恋人间乐，只有襄王忆梦中。（《过楚宫》）

据说那一首荡气回肠的《无题》就是为此而作。

昨夜星辰昨夜风，画楼西畔桂堂东。
身无彩凤双飞翼，心有灵犀一点通。

（昨天夜里，当星光低垂微风吹送之时，我正在画楼的西畔，惦记着桂堂东边的你。我没有彩凤一般的双翅，不能飞向你的身边，可是我们的心，就像灵犀的双角，早已彼此相通了。）

他二人是自由恋爱而结合，婚后夫妻万分恩爱，李商隐因而作了不少流传千古的情诗。然而，牛党中人，自始至终不能原谅他。

李商隐为此十分痛苦，尤其令狐绹官运亨通，一连当了十年宰相，李商隐就在下面被压得透不过气来。

后来，李商隐终于得到一个太学博士的官职，可是他已意兴阑珊，兴趣缺缺，因为他的爱妻去世了。

他二人结合困难，所以分外珍惜这段感情，所谓是——

相见时难别亦难，东风无力百花残。
春蚕到死丝方尽，蜡炬成灰泪始干。
晓镜但愁云鬓改，夜吟应觉月光寒。
蓬山此去无多路，青鸟殷勤为探看。

（要与你见一面是多么难，要与你分别更是困难，东风软弱无力，百花纷纷凋零。春天的蚕儿，一直到死，才把它的丝吐尽，蜡烛要烧到芯成灰，烛油才能流干。）

（我早晨对着镜子，只愁那云般的鬓发变了颜色，夜间吟诗，不自觉担心冷冷月光你会忍受不了。蓬莱仙岛离此应该没有多远，我祈求殷勤的青鸟，能代替我探视你。）

最后，李商隐双目失明，在寂寞与哀伤之中，病死在一个和尚庙之中。

他的诗绮丽香艳，却不肤浅轻薄，是艺术的、含蓄的，更有浓得化不开的情意，千百年来，为多少有情男女在低吟着，这是中国式的恋爱。至于像今天文坛上某些作家，仗着自己脸皮厚，什么不要脸的都敢大胆描写，实在是有点儿低级。

然而，唐朝的诗到了李商隐、杜牧之时，已失去李白、杜甫时的壮阔，正如同唐朝的国势一般，步入秋暮冬初萧瑟之景。正如同李商隐的名句“夕阳无限好，只是近黄昏”。

“夕阳无限好”短短五个字，把黄昏时那种幽细冷艳，美则美矣，又捉不住的无奈写得多好、多美。我们中国人在旧社会，因为国势衰弱，把自己的民族自信心也丢了，看不起本身的文化，总要外国人肯定，我们才敢肯定，连服装都要老外流行，中国风才跟着尾随。其实，中国有太多丰富的宝藏。

辛谠勇救泗州

在《新唐书》之中有一句话“唐亡于黄巢，而祸基于桂林”。黄巢之乱是中国历史上最惨的乱事之一，我们以后会详细说。桂林之乱指的是唐懿宗咸通九年（868 年）桂林戍卒之乱，其中有一段辛谠（dǎng）英勇的故事。

桂林戍卒之乱的起因是这样的：当初，南诏军队攻陷安南，朝廷下令徐州派八百名士兵到桂州戍守，以防御南诏，说好了三年换一次。

由于徐州兵一向颇为骄狂，朝廷派了以严苛出名的崔彦曾来担任徐州节度使。当初说好三年一换的，结果挨了六年满期，节度使衙门的官员向崔彦曾报告说：“由于金库空虚，发兵所费颇多，请再留下戍卒在桂林守一年。”

徐州戍卒们火冒三丈，不肯干了！把都将杀掉，推粮料判官庞勋为首脑，劫走府库的兵械弹药向北直奔徐州。一路之上，剽掠杀人，州县长官没有一点办法。

唐朝自安史之乱之后，中央政府对付叛逆跋扈者，总是采取姑息政策。这种对倔强不法者予以纵容的态度，不但造成律令不行、刑德不公，而且引起有野心者的侥幸心理，令其产生更大的胃口，庞勋之乱也是如此。唐朝朝廷非但不追击，反而急着遣人“赦其罪”。

这一赦罪赦得很“棒”，姑息政策更勾起庞勋非分之念。当徐州兵回到徐州，庞勋对众人宣布：“吾辈擅作主张，回到徐州，不过是思念妻子耳。

听说，朝廷已秘密下令解散本军，我等大丈夫岂可自投罗网，为天下耻笑。还不如合力同心，赴汤蹈火，既可脱祸，又可求取富贵！”

徐州戍卒们听得跳起来叫好。当初，他们也知道自己做错事，心里头还是万分恐惧。谁知道，朝廷反而有点儿胆小怕事的模样，于是冒险心大增，跃跃欲试。朝廷不得不改变姑息政策，改用武力围剿。

然而，此时唐朝的皇帝是骄淫的懿宗，手下更是一批庸臣；加上唐代地方吏治不良，徐州民情又慓悍，人们争先恐后加入庞勋，一会儿势力就滚到二十万人之多。尤其官军战斗力薄弱，庞勋势如中天，直到进攻泗州才碰到了劲敌。

咸通九年（868 年）十一月，庞勋遣兵攻泗州。泗州刺史杜滔是个勇敢的守将，他有一个好朋友名叫辛说。

辛说是辛云京的孙子，寓居广陵一带，喜任侠，年纪五十多岁，没出来做官。他性情慷慨，重诺言，颇有济时匡（kuāng）难之志向。

听说泗州告急，辛说本着朋友之谊前来劝说杜滔，举家逃难。杜滔没等辛说说完，正色地说：“国家平安之际，我安享禄位，国家有难之际，弃城池而逃，这是我不愿意做的。况且人人都有家，谁不爱家？我单独一人求生，何以安众？”

这番话说得辛说猛点头称是：“很好，你有如此壮志，正合我心，我愿与你同死！”然后，他赶回广陵，与家人诀别之后，又匆匆忙忙奔回泗州。

此时，泗州告急之消息已传开了，百姓们都在收拾细软，准备把家迁往安宁之处。满街乱哄哄的，人人脸上挂着沉重的表情，一股悲惨的气氛压在大地之上。

当人们扶老携幼，着急地往外挤时，忽然看到辛说神色慌张往城里头钻，路人不免好心相劝：“你难道不知，盗贼要来了，人人往南走，你一个劲儿北行，莫非找死不成。”

辛说知道跟这些人扯不清楚，也懒得开口。人们看这位中年人一心一意去“寻死”，也没工夫多加理会。到了泗州，贼人已兵临城下，辛说雇了一只小舟，进入城中。

杜滔见到辛谠，感激地握紧他的手，立刻任命他为团练判官，负责军事作战任务，马上进入备战状况。

庞勋昼夜不息猛攻泗州。泗州岌（jí）岌不保，朝廷派郭厚本前来救援。郭厚本到了洪泽镇，一看，乖乖，贼兵如此凶狠，吓得不肯再往前进。

辛谠在半夜，乘着小舟，到达洪泽，劝说郭厚本出兵，郭厚本就是不肯，辛谠只有怏怏而归。回到泗州，赫然发现，贼兵要烧水门了，辛谠心一横，再向杜滔请求出城请援。

“你刚刚不是白跑一趟？为什么还要去？”杜滔万分不解地望着辛谠。

“此行我得兵，则生返，不得，则死之。”辛谠痛下决心，杜滔流着眼泪把辛谠再度送上小舟。

辛谠驾着小舟，飘飘荡荡突出重围，再度到了洪泽，向郭厚本陈述利害。

唐代武卫，陕西礼泉长乐公主墓壁画，陕西礼泉昭陵博物馆藏。

郭厚本原先都答应了，岂料淮南都将袁公弁（biàn）说：“贼人情势如此，咱们自保尚且来不及，哪有工夫去救人？”

“你说什么？”辛说拔出剑，恶狠狠对公弁说：“你受诏援救，竟敢逗留不进，岂止上负国恩。如果淮南沦入贼手，你又岂能独存？我不如杀了你！”要不是郭厚本阻止得快，一把抱住辛说，袁公弁就只有上西天了。

辛说说着，回头望着泗州，哽咽地哭了起来。郭厚本只得派了五百人给辛说，辛说离位起身，向五百人重重叩头。

当五百人快到了泗州，远远望见贼人正在攻城，其中有一军吏道：“现在走还来得及。”辛说回身揪住这军吏头上的髻就准备一刀杀了，大伙急着抢救，偏偏辛说力气大，抢不走他手上的剑。最后辛说说：“你们赶快上船，我就饶了他。”就这样，一群人争先恐后救泗州。

从此，泗州攻守之战长达七个月之久，孤城被围，辛说曾数度冒险突围求援，最后贼平。可见得中国每次危亡之际，总有见危授命的志士挺身而出，此为中华之精神。

唐懿宗与唐僖宗

唐文宗时代，一心一意想除宦官，却发生了甘露之变。从此之后，在中央政府内宦官权势凌驾朝臣之上，而唐朝皇帝更被宦官玩弄于股掌之上。唐文宗在甘露之变后的第五年，因谋杀宦官不成功，神思恍惚，忧伤郁郁而死。

文宗之后经过了武宗、宣宗，再传至唐懿宗，唐懿宗年二十七岁即位，又是一个少不更事的小皇帝。

唐懿宗喜好音乐宴游，殿前的乐工，始终维持在五百人左右。每个月要大宴十余次，乐此不疲，而且喜欢出外游玩。每次出去游幸，要备妥音乐、饮食，一大堆吃的、用的、玩的，还要派十余万人伺候。如此奢侈，所费惊人。

他的女儿同昌公主出嫁，唐懿宗不但给了她五百万贯，又打开内府宝库，大大赏赐，以至于同昌公主家中井栏、药罐、食柜、水槽、盆瓮全部都是金镂的，床铺则是玳瑁、琉璃打造的。

皇帝如此铺张，费用自何而来？当然是老百姓遭殃。“冻无衣，饥无食”，“夫妻不相活”，“父子不相救”，贫苦人家只好卖女儿，其父母“得钱数百，米数斗而已”。

不但唐懿宗一人如此，他手下的官吏也是如此奢华。

有一回，唐懿宗为了军费而发愁，召集臣下商讨如何向老百姓搜括。

其中一个叫陈蟠（pán）叟的至德县县令，竟对皇上说："只要破边咸一家，可以养活全军两年。"

"噢？谁是边咸？"唐懿宗问道。

陈蟠叟说："路岩的亲戚。"

路岩是唐懿宗手下的一名大臣。唐懿宗一听，认为陈蟠叟有此谬论，至为可恨，立刻把他发配到爱州。当然，没有人敢再不知死活大胆妄言。

路岩一个亲戚的家产，居然可以供应国家两年的军费，那么曾做过八年宰相的路岩，他有多少财产，也就可想而知啦！

唐懿宗在佛教上面的花费亦是不计其数。咸通十四年（873 年），他派人到法门寺迎佛骨，广建寺庙、宝帐、幢（chuáng）盖，上面都缀满了金玉锦绣珠翠。从京城到寺庙之间三百里，道路上车马昼夜不绝。

臣子有上谏皇帝的，拿唐宪宗迎佛骨之后，不久就归天的例子，希望唐懿宗打消此议。不料唐懿宗不以为意道："朕生而得见佛骨，死亦无恨。"

晚唐官家出行时车马如云的场面，敦煌壁画。

说来也凑巧，当四月间佛骨迎到京师，六月间，唐懿宗就一病归天。唐懿宗在位十四年，民不聊生，地方大乱。上篇所提到的庞勋之乱，就是在这段时间发生的，此为唐朝由乱而亡之大关键也。

唐懿宗之后，唐僖（xī）宗即位，他更是一个活宝皇帝。他是由宦官刘行深等人拥立的，即位时年仅十二岁。

当唐僖宗还只是普王的时候，十分宠爱一个宦官叫田令孜的。田令孜当时是小马坊使，常常与普王玩在一块。

唐僖宗当了皇帝，大概还不知道皇帝是治理天下大事的，每天不干别的，就是玩游戏。所有政事都交给田令孜，他甚且叫田令孜为阿父。

这位“阿父”先知枢（shū）密，后来竟然当上神策中尉。田令孜读过一些书，有点儿小聪明，很会招揽权术贪污纳贿。他任用官吏根本不通告僖宗一声，因为僖宗对这些也没兴趣，不好玩嘛。

马球图，佚名绘，[英] 维多利亚和阿尔伯特博物馆藏。

田令孜每回去见僖宗，总是自备两盘果盒，里面摆满了小皇帝最爱吃的各色零食。他二人捧着食盒，一边喝酒，一边吃零嘴儿，十分的快活，总要闹个半天才散。田令孜对僖宗，完全是哄小孩儿的态度。

唐僖宗喜欢与乐工伎儿狎习亲热；身为皇帝，出手可不能寒伧（chen），一赏数以万计，直把府库掏空为止。田令孜拿着簿籍，挨个儿搜括长安大户。若有谁不服，想向上申述，立刻交给京兆尹杖杀之，人民敢怒不敢言。

这个“宝贝”皇帝没有别的本事，击球、斗鸡、赌博都十分在行，尤其会打马球。他有一次对一个优人（演戏的人）石野猪道：“假如举办一个击球的进士举，朕一定可稳拿状元。”

石野猪笑笑说：“若是遇到尧舜做礼部侍郎，恐怕陛下仍然不能入选。”这是讽刺僖宗品德太差。但是僖宗也不以为意，依旧是笑个不停。

在这种情况之下，民怨沸腾，政事大坏。当时，国家有两件大麻烦事，一为西南南诏的蛮人作乱，一为国内的天灾人祸。

在唐僖宗乾符元年（874 年），翰林学士庐携上言：“臣见到去年关东旱灾，麦子只有一半收成，贫穷人家只有食槐叶过活，坐守乡闾（lǘ），无所投靠。而州县以上官吏，催缴税收甚急，动则捶挞百姓。人民就是拆了房子，卖了妻儿，也不过能供应税吏酒食之钱，实在无法缴税；何况除了租税之外，还有徭役。朝廷若不抚恤，百姓实无生计……”

当然，僖宗不理这个上书，老百姓走投无路，只有去当强盗。庞勋之乱以后，黄河下游、淮南、淮北一带，多是铤（tǐng）而走险的亡命之徒，其声势如火如荼（tú），终于爆发了历史上著名的王仙芝与黄巢起事。我们读历史，只背人名年代实在没有多大意思，任何一件事的发生都有前因后果。在了解了事情的时代背景之后，可以有更深一层的体会。

王仙芝之乱

自唐懿宗之后，朝廷奢侈日甚，用兵不息，百姓万分痛苦。

僖宗乾符元年（874 年），关东地区遭遇严重荒旱，州县又不肯报荒。州县地方官不报灾情是有原因的，因为当时地方官的考绩是依户口的赋税而定；如果报荒，少收百姓的税或者免税，地方官考绩受了影响，就不能升官。所以地方官为着自己的锦绣前程，有灾也硬是不肯报。

例如，陕州有位名叫崔荛（ráo）的刺史，在老百姓报告荒旱时，他老大不开心，指着庭院中的树道："你看看，这树上还有叶子，何得谓旱，分明是刁民！"这"刁民"被拖下去打屁股，当然还是要缴税。

州县不以实报，上下相蒙，苦的是老百姓，没有地方可以诉冤，只有相聚为盗。再加上太平的日子过久了，官兵打不过强盗，到处都是乱哄哄的一片，其中以王仙芝的一股力量最浩大。

王仙芝是一个私盐贩子。在唐朝，盐是国有的。自唐德宗之后，盐税一天一天增加，老百姓吃不起盐，只好淡食。可是淡食太难吃，对讲究美食的中国人而言难以忍受，何况盐又是维持身体养分不可或缺的。于是，私盐贩子应运而生。

当时，官厅对于私盐贩子处罚得很凶，贩盐一斗者没收车子，一石（dàn）者处以死刑。然而俗话说得好，赔钱的生意没有人做，杀头的生意有人做。贩卖私盐有暴利可图，有兴趣的自然大有人在。甚且，私盐贩子为了抵抗官厅的查缉，竟然组成了军队，对抗官军。

王仙芝这一伙私盐贩子，在官厅的捉拿下，开始造反。他自己封了一个很神气的封号——“天补平均大将军，兼海内诸豪都统”。河北一带朴实农民，受不了苛捐杂税、天灾人祸，也纷纷加入王仙芝的行列。

就在这时，曹州的黄巢也加入了王仙芝的队伍。黄巢也是一个私盐贩子，他倒不与一般盐枭（xiāo）一样是一个大老粗，他读过一些书。他屡次参加进士考试没有考中，心怀不平，思想走上反叛之路，这点倒与洪秀全有点相像。

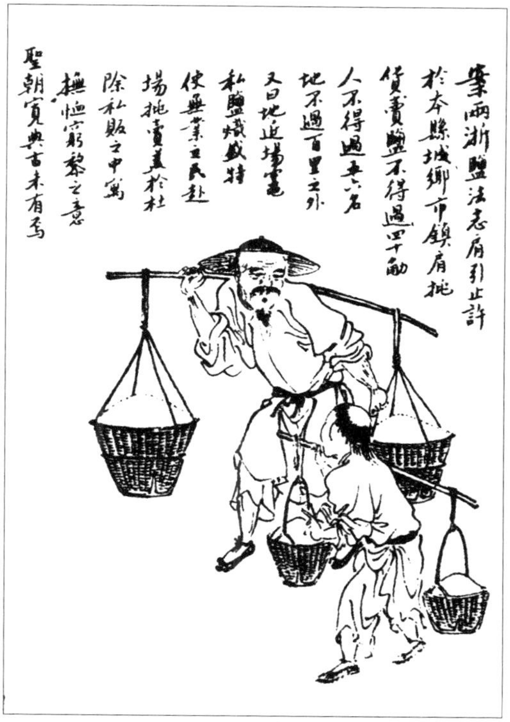

盐贩子，选自《太平欢乐图》。

黄巢在曹州起兵不久，民间流行一句歌谣“金色虾蟆（há ma）争努眼，翻却曹州天下反”。在《全唐诗》卷七三三之中，录有一首黄巢的《不第后赋菊》：“待到秋来九月八，我花开后百花杀；冲天香阵透长安，满城尽带黄金甲。”

王仙芝与黄巢两人会师之后，不一会儿，山东一带居民都争先恐后地加入，群众达数万人之多。所经十余州，京师震惊。

乾符三年（876 年）七月，唐朝将领宋威在沂（yí）州大破王仙芝，高兴得要命，急着向朝廷邀功，说是王仙芝败死。自己回到青州，也把军队遣散了。朝廷大喜，百官入朝称贺。过了三天，州县地方官奏称王仙芝还在，这个“死人”又活回来了，继续地攻城掠地。于是遣还的军队，又奉到命令再次集合。大家心里都火得很，打起仗来更懒洋洋，只想要休息。

九月间，王仙芝攻陷汝州，俘虏刺史王镣（liào）。王镣是宰相王铎（duó）的堂兄弟，关系非比寻常，朝廷上下为之震撼不已。十二月，王仙芝攻蕲（qí）州。蕲州刺史裴握是宰相王铎拔擢的进士，由于有师生关系，被王仙芝关在牢中的王镣写了一封信给裴握，希望双方不要开战，请裴握为王仙芝向朝廷求官；那么，王镣也可以被放出来了。

裴握不想开战，也想卖宰相王铎一个人情。他打开城门，邀请王仙芝、黄巢等人入城，大吃大喝一番。

朝廷接到裴握的信，为了救宰相王铎的堂兄弟，也沿袭一向采取的安抚政策，一致答应给王仙芝一个左神策军押牙兼监察御史的官职，而且，马上派了宦官把告身（任官令）带到蕲州。

王仙芝一个私盐贩子，竟然做了监察御史，高兴得手舞足蹈，王镣为了早日重获自由也急忙入贺。可是，有人不开心，那个人就是黄巢。黄巢是想做官想得要命，屡次投考不成才造反；如今王仙芝入朝为官，他竟然没有，这口气如何忍得下去?

于是，黄巢大喝一声，猛拍桌子道："我们当初共立大誓，横行天下，今天你一个人赴左神策军当官去了，我们这剩下的五千人怎么办，你说！"

两人一言不合，就动手打了起来，黄巢把王仙芝的头打破了，其他的部将也不答应降唐；王仙芝见众怒难犯，不敢降唐，提出先占领了蕲州再说。刺史裴握逃亡鄂州，宰相王铎的堂弟王镣继续被看管。不过，自此而后王仙芝与黄巢分了家。

后来，宦官杨复光派人又劝王仙芝投降，这回没有黄巢作梗，王仙芝也心动了，派遣大将尚君长接头。此时，上次谎报王仙芝战死的宋威在中途拦截了尚君长，又假报"与尚君长在颍（yǐng）州西南大战一场，生擒以献朝廷"，朝廷不能明察，把尚君长处死。

王仙芝气坏了，战场上连连失利，最后被唐朝军队追及，当场战死。王仙芝手下的一批人，眼看尚君长投降，竟然被处死，心一凉，又投奔黄巢，王仙芝起事告一段落。然而，规模更大的黄巢起事正如火如荼地展开。

黄巢之乱

唐朝末年，君主昏庸，天灾人祸，私盐贩子王仙芝与黄巢起事。后来，王仙芝败死，余党归黄巢所有。

黄巢十分兴奋，自号为冲天大将军，然后上表皇帝，请求担任天平军节度使。朝廷不许，黄巢再上表请求为广州节度使，唐僖宗命令朝臣们讨论。

其中，左仆射于琮以为：“广州乃商旅买卖、市舶往来、宝货聚集之地，怎么可以落入贼人之手。”其他臣子也深以为然。于是，朝廷决定另外给黄巢一个率府率的小官职安抚。

三个月之后，黄巢接到告身（任命状），勃然大怒，集合了军队就往广州猛攻，当天广州城陷。黄巢一把抓住广州节度使李迢（tiáo），要他代为向皇帝草拟求官的奏章。李迢不肯就范，他对黄巢说：“我世世代代都接受国恩，亲戚满朝，腕可断，表不可草。”

“好，有骨气。”黄巢当下就把李迢杀了。

黄巢占领了广州，士卒水土不服，岭南的瘴疠（zhàng lì）之气使得兵士们十分之三都害了病，黄巢只有先北返。他编了几千张大筏，利用暴涨的洪水，一路连破永州（零陵）、衡州（衡阳）、潭州（长沙）。

等到黄巢到了襄阳，中了刘巨容之计，损失惨重。有人劝刘巨容乘胜穷追不舍，可以把黄巢一网打尽。刘巨容意味深长地笑着说：“国家一向辜负臣子；有危急之时，抚慰有关将士，不愿意赐给官爵及赏赐，等到乱事平定了，就把功臣抛在一旁，甚且因功获罪。不如留贼，作为求取富贵资本。”

有此将领，国焉不亡？但是刘巨容讲得也有几分道理，唐朝末年，宦官用事，皇帝糊涂，的确是善恶是非不分。

广明元年（880 年）五月，黄巢在信州屯扎，正遇到瘟疫，卒徒多死。黄巢向淮南节度使高骈（pián）请降，求高骈代向朝廷保荐呈奏；高骈准备生擒黄巢，满口答应。当时，昭义、感化、义武等军都在淮南，高骈惟恐人家分他的功劳，急忙上奏朝廷：“贼不出数日即平，不烦诸道兵，请全部遣归。”朝廷一见大喜，立刻准了奏章。黄巢知道大军远走，心里头不怕了，又重整旗鼓，声威更盛。这就是高骈没有团队精神而自食恶果。

不多时，黄巢打下洛阳，京师震恐。唐僖宗着急得直抹眼泪，以宦官田令孜为总司令，命张承范领神策军出长安。

神策军理该是镇守京师最为强劲之队伍，然而，神策军的成员都是长安富豪之家子弟，贿赂宦官，补了一个军籍，每月领了厚厚的军饷，衣着华丽，骑着驽（nú）马，只会凭势使气，欺负老百姓，从来没有上过战场。这一回听说真的要上前线了，吓得直打哆嗦；父子抱头痛哭，想一想，万一真的打死了多划不来。他们大半出一些钱，雇用京师生病的乞丐代打；这样的叫化兵，如何能够打仗？

无论如何，只有让这群神策军开拔了，神策军前往潼关，抵挡黄巢，一仗就被打垮了。黄巢入华州，迫长安，唐僖宗急忙发表黄巢为天平军节度使，黄巢哪儿会理他？

长安城中，君臣对泣，唐僖宗一筹莫展。只有效法唐玄宗奔蜀的故事，匆匆忙忙带着福、穆、泽、寿四王及几个妃嫔逃离，连朝臣都不知道。

皇帝溜了，黄巢大摇大摆地入长安，金吾大将军张直方带了数十人在灞上迎接。黄巢可神气哩，肩舆上以黄金为装饰，所有的士兵都披散着长发，束着红巾，衣服全用锦绣裁制而成。执兵以从，甲骑如流，络绎不绝，人们都在道路两旁观看。

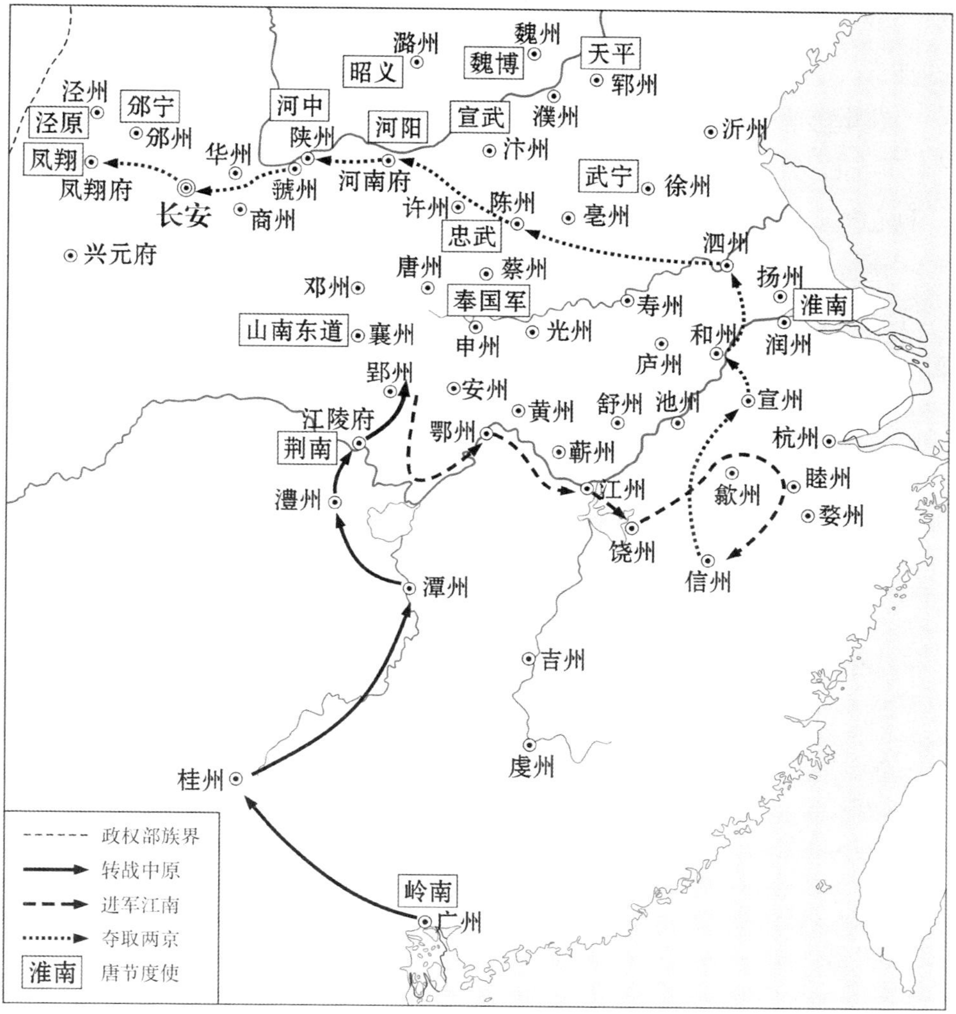

黄巢进军路线示意图。黄巢占领广州后，经短暂休整，于僖宗乾符六年（879年）十月，自桂州沿湘江北上，克潭州，入江陵，北攻荆门时失利，立即南渡长江。攻鄂州不克，即沿江东进，下饶、信、歙、宣、杭等州后，准备经江淮北上。次年三月，高骈在江淮布防，黄巢败退信州。黄巢假意向高骈请降，趁高骈疏忽之机，突然发起进攻，在信州大破高骈，乘胜渡过江淮。唐重要防线一经突破，黄巢势如破竹，十一月十七日迫降洛阳守敌，十二月初三下潼关，初五即入长安。僖宗逃入蜀中，唐廷再次流亡。

黄巢很是得意，下了一道命令："黄王起兵，本为百姓，不像李氏（唐朝姓李），不爱你们；你们安居过日子不要害怕。"

黄巢因为屡次考试不中，对官吏尤其愤恨，只要看到官吏，非杀不可。到了后来，凡是城中有能作诗的都杀掉，识字的都当了贱役，这大概也是一种心理变态的报复行为。

唐僖宗逃到成都，又号召兵马，收复京师。同时，黄巢在长安，虽然当了皇帝，但他这个皇帝的天下是极小的，四面受敌。于是率众退出长安，驻军灞上。

黄巢一离开长安，程宗楚后脚就踏入长安的延秋门。老百姓听说官军入城，兴奋地互相报喜，争先恐后出来欢迎。有的拿着破瓦片向贼兵丢去，也有的拾起地上的箭给官军使用。

然而，官军的纪律也是同样的差：他们冲入民舍，掠取金帛，欺负妇女。黄巢知道官军没有规矩，再发动反攻，又抢回了长安。

最后，唐朝政府没有办法，请来沙陀兵。沙陀兵将领李克用只有二十八岁，是一个独眼龙，厉害得不得了。他的士兵全穿深黑色的衣服，号称鸦军，猛悍无比。黄巢军见到沙陀兵，大呼："鸦军来了，鸦军来了！"

黄巢眼见大势已去，无法挽回，自刎而死。黄巢之乱始自乾符二年（875 年），到中和四年（884 年），前后整整十年。黄巢虽死，唐朝气数也差不多了，政治不良，百姓流离。

李克用与鸦军

黄巢最后被独眼龙李克用率领的沙陀兵打败。李克用的四万兵队都穿黑色戎装，人们因此称李克用为李鸦儿。

李克用是打哪儿冒出来的?

沙陀兵又是怎么一回事呢?

沙陀原是西突厥的一个小部落。唐宪宗时，沙陀部族被吐蕃打败，逃入唐朝境内投降唐朝，这个时候沙陀的首领是朱邪执宜。

唐朝把沙陀族人安置于河套一带，这时沙陀族人只不过二三千名，但是勇敢善战，颇有胡人雄风。唐朝朔方节度使遂利用沙陀兵来抵抗其他外族，开始有计划地培养沙陀的势力，替沙陀族人购买牛羊畜牧，生活逐渐安定。散居在北方各地的沙陀人，也纷纷前来归附朱邪执宜。

后来，朱邪执宜来到长安，皇帝赐他大量金帛，又组成一千两百多名的骑兵，号称为沙陀军，迁居到山西北部内蒙东部一带。朱邪执宜曾帮助唐朝打败吴元济。

朱邪执宜死了以后，其子朱邪赤心继任为沙陀军的首领，曾经帮助唐朝打败回纥、吐蕃。庞勋之乱时，沙陀平乱有功，唐朝任命朱邪赤心为大同节度使，赐姓为李，名国昌。

李克用正是李国昌之子。关于李克用的诞生，在《旧五代史》上有一段神话传说:

李克用是李国昌第三个儿子。他的母亲秦氏怀胎十三个月，还没有把小孩生出来，叫人十分着急。到了大中十年（856 年）九月二十二日，秦氏忽然头冒冷汗，身体非常不舒服；族人看了又忧心又害怕，急忙去雁门抓药。

结果在路上碰到一个神仙，神仙对族人们说："这件事不是巫医所能办得了的；你们赶忙回去，召集所有的族人，披甲持旌，大声击钲（zhēng）鼓，骑在马上尽量吵闹，围着秦氏住的地方闹三圈就没事啦。"

族人们将信将疑赶了回去，照着神仙所说的去做。果然，秦氏顺利生下一个胖儿子，母子平安。当时虹光烛室，白气充庭，连井水都突然暴涨，李国昌高兴万分，认为是天降贵子。

李克用慢慢长大了，擅长骑射，同年龄的小朋友，没有一个可与他相比。在十三岁那年有一天，李克用见到两只野鸭在天空飞翔，他一箭射出，两只鸭儿应声而落。众人拍手叫好，都夸这个小孩不简单。

过了没多久，有一天，毗沙天王祠前的一口井忽然沸腾，白花花的水不断涌出，沙陀人看得都吓呆了。李国昌手持卮（zhī）酒奠祭道："我有尊主济民之大志，不知为何井溢，不能察其是祸是福。如果天王有神奇，请出面与我谈一谈。"

说着，李国昌把酒洒在地上，正在这个当儿，神人出现了，披金甲持戈，猛然自墙壁中冒了出来。大家都急着逃命，只有李克用这个小朋友，不慌不忙从从容容退出，比大人还要勇敢，益发证明了他的不同寻常。

在中国古代，人们对于天命十分崇信，政治上获得权位往往被视之为天命。所以许多帝王之诞生都有类似的神话，不足为奇。

当李国昌奉命去打庞勋时，十五岁的李克用也跟着出征。他冲锋陷阵，所向无敌，军人给了他一个称号——"飞虎子"。庞勋之乱平定以后，唐朝政府授李国昌为振武节度使，李克用为云中牙将。

有一天，李克用喝得醉醺醺，拥着美女在休息，忽然有一个刺客拿着刀想要谋害李克用。当刺客冲入内室，竟然发现帐中有熊熊烈火，吓得刺客转身而逃，人们才知道李克用果然神奇。

后来，李国昌李克用父子跋扈抗命，唐朝派兵讨伐，李国昌父子为唐军所败，奔往鞑靼（dá dá）。鞑靼酋长颇为猜忌李氏父子。

李克用看在眼里，时常与鞑靼高级首领出猎。他把马鞭放在两片树叶中间，一射就射中；射天上的雕也是一箭双雕，使得鞑靼首领心服口服。

打完了猎，李克用又与鞑靼首领痛饮。喝得酒酣耳热之际，李克用对鞑靼首领说："我不幸得罪唐朝天子，愿效忠天子而不得。今闻黄巢北来，必为中原大患，一旦天子开赦吾罪，我愿与公立大功，不亦快哉！人生几何，岂能老死沙碛（qì）？"

这番话，表明了李克用无意久留鞑靼，使得鞑靼酋长释然。可见李克用不但有勇且有谋。

李克用，佚名绘，台北"故宫博物院"藏。

后来，黄巢攻入长安，唐朝军队抵挡不住，果然招抚李国昌父子率兵勤王。这个时候，各地赶来的部队集中于京师，然而没人敢与黄巢交锋。可是一听说李克用李鸦儿的鸦军要到了，大家互相警告："鸦儿军至，当避其锋。"

最后，李克用的沙陀军，收复长安，唐朝授李克用为河东节度使（河东节度使管辖山西省中部与北部）。

在唐朝末年，盛行养子制。李克用养了不少养子，个个能征善战，演义小说及平剧之中"十三太保"就是讲这段故事。十三太保并无其事，不过，李克用是中国历史上大家熟悉，而且有趣的人物。

李克用与朱全忠结怨

长安虽然收复了，黄巢的兵势仍强。僖宗中和四年（884 年），朱全忠等人共同向李克用求救。李克用亲点五万人马，出天井关，在西华一带歼灭黄巢军队一万多名。

这天晚上，忽起狂风暴雨，水深数尺。黄巢的军队已被李克用打得盔歪甲斜，军势已疲。这场大雨震雷下来，营帐军马统统被水冲去。

李克用趁着混乱状态，派大批人马杀了过来。黄巢军向东北撤退，李克用再追。黄巢带了妻子兄弟退到曹州，李克用仍在后猛追不舍。

中和四年（884 年）的五月里，李克用到了汴州（河南省开封市）。宣武节度使朱全忠在封禅寺迎接李克用大军，请李克用入汴州休息。李克用甚为高兴，毫不客气地接受朱全忠的慰劳。

朱全忠乃五代时期后梁开国皇帝梁太祖也。他本名叫朱温，江苏人氏，唐宣宗大中六年（852 年）出生。据传说，他诞生的那天，邻居们看到朱家房子着火了，烈焰冲天，大伙儿惊奔前来救火。当大伙儿提了水桶来到朱家门口，发现并未失火，却听到屋内传来婴儿的哭声，原来是朱家媳妇刚刚生了一个小男孩儿，邻居们都觉得奇怪极了。

朱温的父亲朱诚是一位乡下教书的老实人，靠舌耕过日，非常清苦，没多久病逝了。朱温随着母亲到萧县刘崇家去帮佣。

朱温一天比一天长大了，愈大愈叫人讨厌。因为朱温是个懒汉，人也

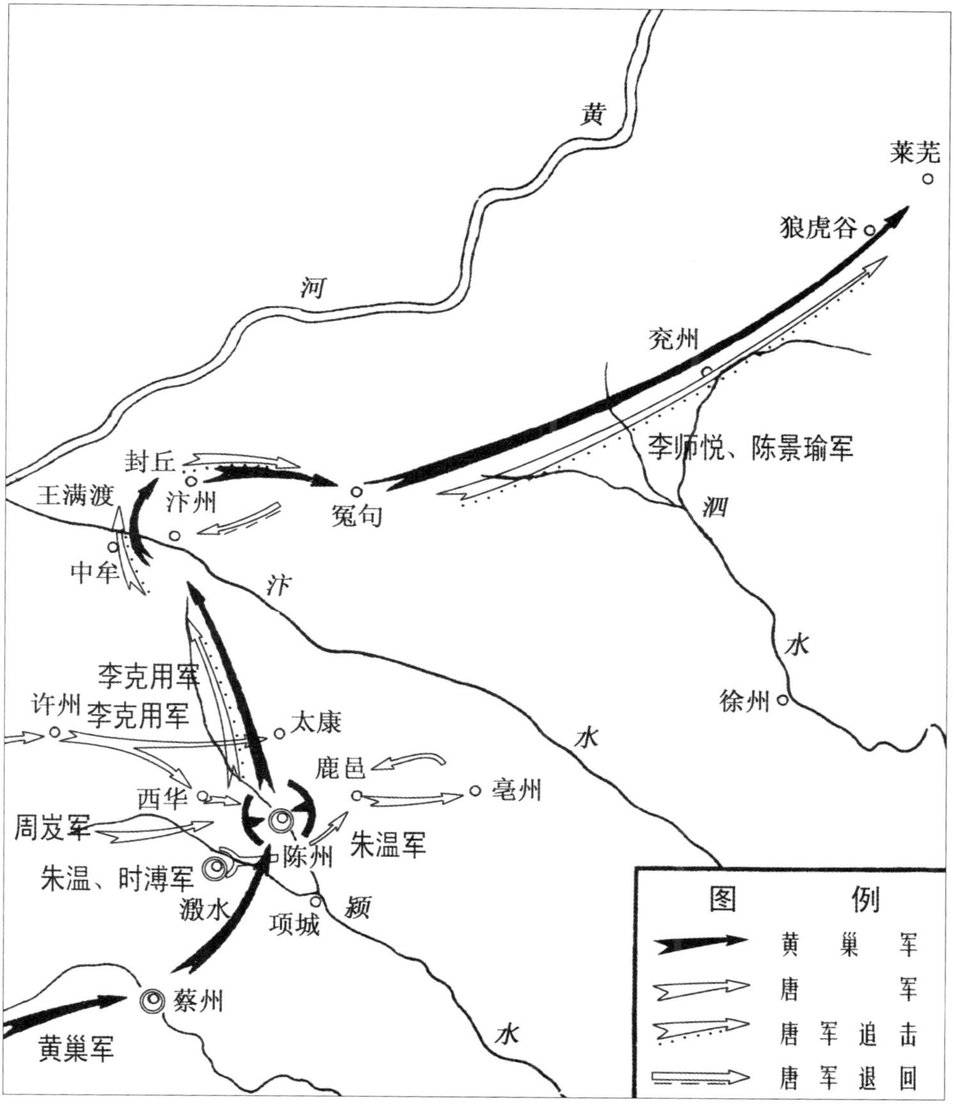

黄巢败亡示意图。唐僖宗中和三年（883年）三月，由于李克用率沙陀兵参战，朱温投敌，黄巢只得退出长安。五月，黄巢前锋下蔡州，转攻陈州，在项城中伏，全军被歼。黄巢闻讯，全军进围陈州，三百余日不能下。次年四月，朱温、周岌、李克用各部合攻黄巢，黄巢遂解围北撤，向汴州移动。五月，李克用在王满渡赶上，大败黄巢，又以精骑紧追，在封丘又败之。追至冤句时，粮尽回返。然又有李师悦部追来，六月败黄巢于莱芜。黄巢走投无路，于虎狼谷自杀身亡。

猥琐，不肯做工，常常挨主人的打骂，又常自夸雄勇。乡里的人见了朱温走来，立刻远远地避开，没人愿意与朱温多讲两句话。

只有朱温的母亲把这个儿子当宝贝。朱温长得很大了，母亲还是天天帮他梳头发，而且时时告诫家人："朱三不是寻常人，你们要对他特别好。"

"噢，为什么？"家人颇不以为然。

"因为有一天晚上，朱温睡熟了，我看到他变成一条红色的大蛇。"朱温的母亲一本正经地诉说着，不过没什么人把它当一回事。

虽然母亲一个劲儿地宠着朱温，其他人却对朱温没有好感；加上经常遭到主人的鞭打，朱温自小心中满怀仇恨。因此当黄巢起事时，朱温就加入了叛军造反，当上一名小军官。等到黄巢攻下长安，朱温被黄巢任命为东南面行营都虞候，后来又做到同州防御使。

不久，黄巢渐渐走上衰路，朱温看看苗头不对，觉得再跟着黄巢是自讨没趣。于是背叛黄巢，投降唐朝，唐朝赐名朱全忠，任命为宣武节度使。

这会儿，李克用来到汴州，大军驻扎于城外。朱全忠亲往迎接，并且把李克用的三百从官安置于上源驿，用上宾之礼接待。

当天下午，朱全忠摆下酒宴，无论声乐酒菜皆为一时之选。朱全忠亲自为李克用夹菜倒酒，礼貌周到。

李克用也乘酒使气，不客气地调戏歌妓，与朱全忠握着手，畅谈直捣黄巢的英勇事迹，说得口沫横飞，得意忘形。怀中的妓女又猛赞英雄威武，李克用益发豪情万丈，一杯又一杯地猛灌老酒，对朱全忠愈来愈没有礼貌，甚且当面取笑朱全忠，朱全忠忍住气，准备夜晚时暗害李克用。

到了将近黄昏的薄暮时分才罢酒，李克用的手下都醉得东倒西歪。到了半夜，朱全忠与宣武将军杨彦洪见计得逞，把车辆都连接在一起，并且树立木栅（zhà）挡住去路，发兵攻击李克用住的招待所，呼声惊天动地。

李克用通宵达旦闹了一个晚上，早已醉得不省人事，什么声音也听不见。他的几个亲信卫兵与朱全忠的将士格斗。一个叫郭景铢（zhū）的随从急中生智，吹灭了蜡烛，把李克用抬到床下，拿来一盆清水浇在李克用的脸上。

李克用这才慢慢酒醒，郭景铢悄悄在他耳旁说道：“朱全忠想谋害你。”李克用慌慌张张拿着弓箭往外跑。也许是命不该绝吧，此时大雨震雷，天地一片晦暗冥昧，简直不辨人物，李克用便趁着这个时候逃了出去。

以前杨彦洪对朱全忠说：“胡人一急就会骑马，你看到谁骑马就赶快射箭，李克用这个沙陀人可跑不掉了。”这天晚上一片模糊之中，朱全忠见有一人骑马，赶快拉弓射箭，结果射死了杨彦洪自己。

李克用气急败坏赶回了营区，回想这场鸿门宴，心有余悸（jì），与夫人刘氏抱头痛哭一场。到了清晨，李克用气得马上要发兵去向朱全忠讨回公道。

刘夫人颇有智慧谋略，她柔声地劝告李克用：“你此次为国讨贼功劳极大，虽然朱全忠想谋害你，幸亏上天保佑，你平安地逃出虎口，我们要把这件事报告朝廷，我相信朝廷必然会做公正的裁判，如果我们现在领兵去攻汴州，则曲在我方，天下又怎知谁是谁非？”

李克用听了刘夫人的话，暂且不报仇，写了一封信责备朱全忠。朱全忠推得一干二净，回了一封信：“前夕之变，我事先并不知道，是朝廷遣宦官与杨彦洪同谋也。”

李克用恨得牙痒痒的，他上书朝廷痛责朱全忠。朝廷见到李克用的报告，大为恐慌，又不敢得罪朱全忠，只好对双方加以安抚。李克用打败黄巢，累立大功，朝廷竟然不能洗冤，大为不满；而朱全忠做了坏事，朝廷也不敢加以处罚，使朱全忠看透了唐朝外强中干，是个纸老虎。

从此，李克用与朱全忠结下不共戴天之仇。李克用也与仆固怀恩一般，自恃功高，却有冤不得雪，对朝廷日益不满。

天子门生

就在一片混乱的状态之中，唐僖宗去世。宦官杨复恭与刘季述共同迎立僖宗之弟李晔（yè）为皇帝，是为昭宗。现在我们要讲唐昭宗与杨复恭的故事。

唐昭宗即位之时，年仅二十三岁，正当英年，很想振作，整肃宦官与藩镇，以挽回国家的命运。当时，朝臣与宦官彼此之间的对立更加尖锐化。自从甘露之变以后，南司（朝臣）与北司（宦官）简直形同水火。

宦官与朝臣之间的对抗，由于宦官手中握有禁军，在中央政府内宦官的权势总是凌驾在朝臣之上。朝臣想救皇帝，心有余力不足，可怜的皇帝只有被玩弄于股掌之间。

杨复恭的父亲杨玄翼，在唐懿宗咸通年间就是大宦官。宦官本来不能生育，没有亲生子女。然而，唐朝的宦官盛行养子制度，认养许多别人生的小孩，作为自己的儿子，宦官也会将一些养子阉割，成为小宦官，使得他的权势财富可以借养子而传下去。另外一方面，从僖宗以后，武将地位重要，因此宦官也收了一些武将为养子，用以把持军队。杨复恭就是在宫中被收养的小宦官。

杨复恭读过几天书，颇有谋略。在庞勋之乱中，因督战有功被擢升为枢密使。黄巢之乱前后，宦官田令孜作威作福，没有人敢与他相抗，只有杨复恭常常与田令孜互争得失。

后来，杨复恭渐渐取代田令孜的地位。文德元年（888 年）唐僖宗忽然生了急病，军民一致惊恐。群臣们以吉王最贤，主张立吉王为帝，杨复恭却坚持拥立寿王。最后，杨复恭胜利，寿王在柩前即位，是为唐昭宗。

由于杨复恭有此功劳，唐昭宗一上位，立刻赐他铁券（quàn），加金吾上将军。所谓铁券是古代用来颁赠功臣的东西，如果功臣本人或后世犯了罪，拿出铁券为证，可以赦免其罪。杨复恭领了铁券之后，益发骄狂。

唐昭宗有一个舅舅王瑰，想要谋取节度使的官职，昭宗询问杨复恭的意见。

杨复恭把脸一扬：“三思危唐，后族不可封拜。”（三思指的是武则天之侄儿武三思）意思是说，武三思危害唐朝，可见皇后之亲族不可封拜官职。

王瑰听说这件事，怒由心生，跑到宫中把杨复恭狠狠臭骂一顿：“你这个小宦官竟敢坏我的事！”

唐朝末年颁发给臣下的免死铁券。

宦官本来都有强烈的自卑感，杨复恭劈头被骂了一顿，心里恨得不得了。表面上不动声色，上奏为王瑰请求黔南节度使的职位。

王瑰甚为高兴，兴冲冲地走马上任，还以为发了一顿脾气挺管用的。岂料，杨复恭命养子杨守亮，悄悄派了人在船上做了手脚，行至半途，王瑰及随行全部遇难。

王瑰遇难的消息传到京师，唐昭宗心痛万分，却也无可奈何。

杨复恭当时把养子都派到各州当刺史，号称“外宅郎君”；又派了六百养子掌管各道监军。天下威势，可说完全集中在一人之手。

其中有一个叫杨守立的养子，原名为胡弘立，厉害极了，被任命为天威军使。唐昭宗很担心万一斥退杨复恭，杨守立会起兵作乱，于是和颜悦色对杨复恭说：“卿家胡子现在哪儿？我想请他担任保卫皇宫之责任。”

杨复恭把杨守立带入宫内，唐昭宗立刻赐姓李，而且为他改了一个名——李顺节，派他掌管六军管钥。想李顺节当初尊杨复恭为义父，也不过是互相利用，如今既得皇帝恩宠，自然不把义父看在眼中，甚且还暴露杨复恭之阴私，这正是唐昭宗之目的。

当然，这一点小挫折，对杨复恭来说不算什么，他还是威风八面乘着轿子入殿。通常臣子快到殿外，理该早早下轿，表示礼貌；杨复恭故意不理，表示自己有特权。

有一回，唐昭宗与宰相孔纬在谈论叛乱之事，孔纬忽然说：“陛下左右将有造反者。”唐昭宗吃惊地站了起来。

孔纬正色指一指杨复恭。杨复恭马上反驳：“臣岂负陛下？”

“哼！”孔纬冷笑一声：“复恭，陛下的家奴，竟然乘着轿子上殿，而且又广树养子，不是造反是什么？”

“臣欲收士心用以辅佐天子。”杨复恭不慌不忙地回答。

这时候，昭宗忍不住开口了：“你要收士心，为什么你的养子不姓李，要姓杨？”（因为唐朝姓李）这番话，说得杨复恭无言以对。

不久，孔纬出守江陵。杨复恭派人把孔纬劫到长乐坡，把其财物抢劫一空，只是没把孔纬送上西天，可见杨复恭之跋扈。

杨复恭的两个儿子杨守贞、杨守忠都当节度使，却不肯缴纳贡赋，而且上书讪骂朝廷。大顺二年（891 年），唐昭宗终于痛下决心，罢杨复恭兵职，任命他为凤翔监军。杨复恭不肯就任，上表致仕（退休），朝廷准了退休。杨复恭却正式割据一方，在玉山营，正式抗命朝廷。

最后，靠了节度使李茂贞（李茂贞也是一个跋扈的藩镇节度使）的力量，平定杨复恭。杨复恭被囚车押运，送往长安斩首示众。

到了长安，李茂贞交出一封杨复恭写给儿子杨守亮的信，信中说："天下本为我隋家旧业（隋朝姓杨，所以杨复恭往脸上贴金），我披荆榛（zhēn），冒危险换立天子。谁知天子得位之后，竟然要废我这定策国老，你说碰到这样负心门生真是没可奈何。"

杨复恭居然把皇帝当成门生（即学生），可见唐朝宦官简直不把皇帝放在眼中。

唐昭宗与刘季述

杨复恭虽然被打败了，唐昭宗还是继续重用宦官。唐朝中期以后，皇帝有时因为宦官权势太大，皇帝的尊严与权威受到影响，希望诛除宦官。不过，所要诛除的只是少数的大阉。皇帝的政策可不是要诛尽宦官，而是扫除某一些大阉之后，将信赖给予新的宦官。这可能与唐朝初期皇位政争有关，使得皇帝对太子不敢信任，对朝臣又有隔膜，只好信赖宦官了。

杨复恭时代过去了，刘季述继之而起。此时，唐昭宗因为到处兵荒马乱，心情愁闷，开始有点儿喜怒无常、阴晴不定，谁碰上谁就倒霉。

唐昭宗痛恨宦官枢密使宋道弼与景务脩（xiū）过于专横，与宰相崔胤（yìn）合谋，杀害宦官。因为崔胤与朱全忠有私交，便利用朱全忠的力量把两个宦官赐死。

此次事件爆发以后，无疑在宦官之中掀起一股巨浪。宦官之所以一手遮天，是因为他们掌握了京城之中神策军的军权。然而到了唐朝末期，各地方藩镇跋扈，不把赋税缴到中央，神策军缺少财源，自然走下坡路。同时，各藩镇又自建武力，使得中央与地方更是兵力悬殊。

至于朝廷中的臣子，向来看不起宦官。只是宦官手上握有兵权，朝臣斗他不过。中国历来的士大夫，多多少少都有忠君爱国之情操，对宦官的嚣张早就看不过去了。如今，既然藩镇比宦官更厉害，朝臣自然与藩镇相结合，也让宦官有点儿心惊肉跳。

于是，宦官左军中尉刘季述和其他宦官商量：“主上为人轻佻（tiāo），反复无常，难以侍奉；一切事专听南司（当时人称朝廷臣子为南司，宦官为北司），吾辈迟早终将受祸。不如奉太子立之，尊主上为太上皇，控制诸藩，谁也别想害我们！”

昭宗光化三年（900年）十一月，唐昭宗在宫城北边禁苑打猎归来，多喝了两杯老酒，醉眼惺忪的情况下，杀了几个小宦官及侍女。因为这个缘故，第二天到了辰巳时分，宫门还没打开。

刘季述到中书省对宰相崔胤说：“宫中必有变故，我内臣也，得以进去看一看。”

于是，刘季述带了一千禁兵，破门而入。问明原委之后，他对朝臣们说：“主上做这种事，岂可治理天下？废昏君立明主，自古有之，今当以太子见群臣。”

说着，刘季述召集百官上殿连署废皇帝的报告。崔胤等人怕被刘季述给杀了，一一签上姓名。

这个当儿，唐昭宗正在乞巧楼，刘季述带着太子一路杀了进来。

自古皇宫为重镇，哪有兵士入后宫。唐昭宗看到大批人马，吓得掉到床下，正支撑着爬起来要往后溜，刘季述一把挟住昭宗，把他按到椅子上。

乞巧楼的宫人赶紧通知皇后，皇后着急地跑出来，对刘季述求道：“有事好商量，不要吓到宅家（宅家是唐朝宫内对天子之称呼）。”

刘季述拿出百官连署的字条，对唐昭宗说：“陛下厌倦帝位，中外群情，一致愿请太子监国，请陛下到少阳宫自加保养。”

唐昭宗自己可没有不想当皇帝，他摇摇手道：“昨天与你们喝酒喝得不错，哪有到这步田地？”

刘季述又道：“此非臣等所为，皆南司一致的请求，情势所迫，不能遏（è）止。请陛下暂且前往少阳院，待事情平定之后，再迎归入宫。”

皇后怕刘季述等用武，马上说：“宅家马上依你的。”取来传国玺，交给刘季述。

就这样，皇帝、皇后与十多个嫔妃侍从，搬入少阳院。

太子在武德殿即位，昭宗号为太上皇，皇后为皇太后。

刘季述到了少阳院，用银鞭在地上大声抽来抽去。一边甩鞭子，一边怒声责备昭宗：“你，某月某日，某一件事，你不听我的话，其罪一也！”

银鞭在地上一挥，刘季述又骂：“某时某事，你不从我言，其罪二也……”一直数了昭宗几十条罪名，可怜的皇帝，就呆呆站在那儿挨训。

等到刘季述骂累了，停了下来，把少阳院的门锁了起来，用铁把锁封死，再派遣左军副使李节虔带领兵队团团围住；唐昭宗一举一动都逃不过刘季述耳目。少阳院的门被封死了，只好在墙上挖一个洞把食物送进去。

凡是兵器针刀、钱帛纸笔全部不能入洞。十一月里天寒地冻，嫔妃公主没有带御寒的冬衣，冷得嘤嘤哭泣。哭声一阵又一阵传到墙外，叫人听了万分不忍。

自此，刘季述控制内外一切。他为了要立威，大杀特杀；凡是昭宗所宠信的左右宫人及方士一律被杀，每天早上有十辆尸车自宫中开出。

过尽千帆皆不是

唐诗、宋词、元曲都是中华文化的瑰宝。词虽流行于宋，在唐朝末年已经开始蔚（wèi）为风气了。这回我们要介绍晚唐最具代表性的词人——温庭筠。

温庭筠，本名岐，字飞卿，并州（今山西太原）人氏，长得非常丑陋。自幼聪明非凡，不但能在顷刻之间飞笔就万言长文，而且弹得一手好琴。他曾对人说："只要是有弦的琴我就能弹，只要是有孔的乐器我就能吹，用不着什么名贵的乐器。"

在当时，温庭筠的诗赋与李商隐齐名，人们称之为"温李"，他的文章高雅脱俗，也不免有点儿自恃才高。

温庭筠为人豪爽，颇为放荡，擅长于用华丽的词藻描写香艳的恋情。终日饮酒打牌，在娼家妓院中过日。据传说，他有一位表亲曾经资助过他，温庭筠却把钱全部浪掷在欢场中。这个亲戚火大了，拿着竹鞭结结实实揍了他一顿。

温庭筠狼狈而逃，抚着创痛有意痛改前非。当时他名为温庭云，他将"云"改为"筠"字，上面的竹字头用以提醒自己，这个传说是否正确不可考。不过，温庭筠始终本性难移倒是真的。

以温庭筠的才华，他中进士应该没有问题；可是说来也奇怪，他屡试屡败，帮人家做枪手倒是无往不利。

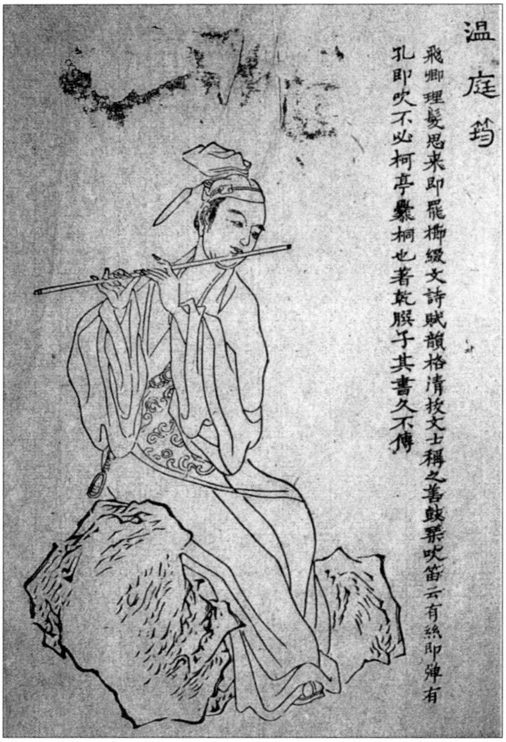

温庭筠，选自《晚笑堂画传》。

每当温庭筠参加考试，他从来不打草稿。潇潇洒洒卷起袖子，把手肘靠在桌子上，一韵一韵地吟咏，稍加思索，立成一篇，因此人们称之为“温八吟”；又因为他只要叉八次手，马上可成八韵，又被称为“温八叉”。

温八叉因为老是不守考场规则，为人做枪手，因此被逐出考场之外，自己也别想金榜题名，于是便与一些公子哥儿令狐滈（hào）等鬼混。温庭筠有一天赌了钱，喝完酒，歪歪斜斜地冲出门外，在大街上大喊大叫闹酒疯，结果被巡夜的打掉了门牙，脸也擦破了。他后来到衙门告了一状，也没争回理。

温庭筠虽然被推荐为乡贡举士，但是几度参加京师的考试都没有及格，当然不能做官。

宰相令狐绹倒是挺赏识温庭筠的才气，邀他到书房工作，而且给予极高的待遇。

当时唐宣宗在位，很喜欢《菩萨蛮》（词调名），令狐绹为了讨好唐宣宗，央求温庭筠代作一首。

“好，没问题。”温庭筠拍着胸脯，满口答应，不多时立刻写成。

写完以后，温庭筠自己愈看愈满意，忍不住到处见人就说，逢人就讲，令狐绹当然恨透了温庭筠的大嘴巴。

又有一次，令狐绹请教温庭筠关于“玉条脱”三字，不知出自何处？

温庭筠脱口而出：“此出于《南华经》，这本书也不算冷僻，大臣在公余，也该多看看古书。”

回答问题也就罢了，温庭筠实在不必训令狐绹的。更过分的是，他竟然刻薄地对旁人说，令狐绹是“中书省内坐将军”，讥诮（qiào）一个为朝廷治理大事之处，怎么用一个如此没有学问的武官。

从此，令狐绹渐渐对温庭筠疏远了，温庭筠不知道反省言语尖刻，反而自哀自怨地叹息：“到如今，我才知道人家对我怀恨在心，我错就错在不该读《南华经》，比他懂得多。”

同时，因为令狐绹尽量推拔同姓的人，许多姓胡的人也来冒充。温庭筠忍不住快人快语一针见血讽刺道：“自从元老登庸后，天下诸胡悉带令。”

令狐绹再也受不了温庭筠，向皇帝上了一个奏章，说此人乃“有才无行”，把他赶了出去。

过了不久，温庭筠的目中无人又惹了祸。

有一次，唐宣宗微服出巡，与温庭筠巧遇传舍招待所之中。

温庭筠一向傲慢，见前面走来一人，从未见过，便粗声粗气地问：“喂，你莫非是司马长史之类的小官？”

“不是。”唐宣宗皱了一下眉头。

“嗯，那准是文参簿尉之类的。”

“也不是。”

唐宣宗身着便服，不便发作，心里可是不痛快极了，从此对温庭筠印象恶劣透顶。温庭筠不知反省，竟然上书千言，为自己的放荡辩护，其结果可想而知。

因为他擅长描写女人的姿态与爱情，又喜欢用“金”“玉”，所以有人讽刺，温庭筠的词读多了，好像与一个浑身珠光宝气的妓女并坐在一块。话虽如此，温庭筠的词若是去掉浓妆，以素淡的颜色出现，那种高远的意境、细致的表情、婉约的韵味，实在是妩媚。

譬如这首《梦江南》：

梳洗罢，独倚望江楼，过尽千帆皆不是，斜晖脉脉水悠悠，肠断白蘋（pín）洲。

这是描写一个女子刻意打扮以后，一个人倚在江楼，眼看着一艘又一艘帆船过去，每一艘都带来希望，更带来失望。一个人孤孤单单从早盼到傍晚，脉脉的斜阳，悠悠的流水，陪伴她的只有一片荒冷的白蘋洲。

这首词把婉转含蓄的感情，隐藏在字里行间。那一份低回往复之意，至今令人动容。

皇帝争夺战

在前面《唐昭宗与刘季述》之中，我们讲到，唐昭宗被宦官刘季述等反锁在少阳宫之中，用熔铁把锁封死，食物一概通过墙角挖一个狗洞送进去。冬天里冷风恻恻，嫔妃宫女没有携带御寒的衣服，冻得哀哀啼哭……

左神策军使孙德昭对刘季述之残忍极为愤慨，与崔胤等人在天复元年（901 年）正月发动兵变攻击刘季述，破少阳院门，大声高呼："逆贼已诛，请陛下出来慰劳将士。"唐昭宗被刘季述吓破胆，不敢相信，惟恐一出去，刘季述又要甩鞭子。何皇后高声回话："果真如此，我要看看右军中尉王仲先的脑袋。"

孙德昭把王仲先的首级献上，唐昭宗与皇后等人方才敢出少阳宫门。百官称贺，刘季述已为乱棍打死。

崔胤请求唐昭宗把宦官杀死，改由大臣们掌管宫内诸司事。可是说来也奇怪，唐昭宗刚刚被刘季述整得死去活来，又马上任命宦官韩全诲（huì）为左军中尉。这可能是因为宦官朝夕不离皇帝左右，比较有亲切感，不像大臣，只有上朝时才能晋见天子。使得懦弱又贪图享受的皇帝，容易受宦官的宰制。

这个时候，唐朝的中央军力薄弱，韩全诲为巩固力量，勾结凤翔节度使李茂贞。同样，宰相崔胤见唐昭宗依旧信任宦官，恐怕终究还是要被宦官控制一切，也秘密与东方的宣武节度使朱全忠相联络。

于是，朱全忠想把唐昭宗挟持到洛阳，李茂贞也有意把唐昭宗骗到凤翔，打的都是“挟天子以令诸侯”的主意。

崔胤写了一封信给朱全忠，称有皇帝密诏命令朱全忠率兵迎接车驾。宦官韩全诲听到这个消息，大惊失色，自己暗想：万一唐昭宗被朱全忠抢走，他们宦官这一派可没有戏好唱了。于是，先发制人，派了一批军队，飞扬跋扈地来到殿上。

韩全诲对唐昭宗说：“朱全忠以大兵进逼京师，想劫天子前往洛阳，图谋不轨，臣等请奉陛下前往凤翔，收兵抵抗之。”

唐昭宗没有兴趣逃到凤翔去，不发一言，拿着剑登上乞巧楼。韩全诲可不轻易放过唐昭宗，跟着唐昭宗后头，逼着他下楼。

唐昭宗才走到寿春殿，韩全诲已经派人在天子及后妃所居之宫殿放火了，逼着唐昭宗不能不上路。

这天刚好是冬至，没有吃汤圆，没有一点点过节的气氛。唐昭宗一个人在思政殿，一脚跷起，一脚踏在栏杆上面，难过万分。正如同他偷偷留了一封给宰相崔胤的信中所说：“我为宗社皇室大计，势须西行，卿等但东行，惆怅、惆怅。”

于是，这位惆怅的皇帝，万般不情愿地跨上马鞍，一大群嫔妃宫女，才自少阳宫放出来，想过几天好日子，不料又被迫上路，一个一个哭得像泪人儿似的。一行人才出宫门，回头一望，整个皇宫一片火海，忍不住哭得更凶了。

等到朱全忠抵达长安，唐昭宗已被架到了凤翔，宰相崔胤等率领百官在长乐坡迎接。朱全忠马不停蹄又赶到凤翔，驻军城外。

唐宫中妃嫔，唐周昉绘。

凤翔节度使李茂贞已抢到昭宗，登上城门对朱全忠道：“天子来此地避灾，并非臣下无礼，你听了小人的骗才到这儿来！”

朱全忠也不甘示弱，扯着嗓子喊道：“韩全诲劫迁天子，我今天前来问罪，迎请陛下回宫。你既然没有参与这件事，也就不必多说！”

两人对骂不算数，要看看谁打得过才算本事。一连几场仗打下来，李茂贞完全不是对手，只好缩在城中不吭声。

朱全忠一下子攻不进城，只有采取封锁政策，让李茂贞活活饿死，并采取心理战，每天夜里大声鸣鼓角，声势浩大，把整个城震动得如地震一般，同时士兵们在城下高声叫骂：“劫天子贼！”

在城上的李茂贞军队就回骂：“夺天子贼！”

这年冬天下大雪，城里头的东西全吃光了，冻死饿死的人不可胜计。有的人躺在床上，奄奄一息，只剩一口气在。

市场上不再卖猪肉、羊肉，李茂贞也只有用狗肉为材料，做食物给唐昭宗吃。

唐昭宗及妃嫔们吃不饱，迫不得已把龙袍御衣及小皇子的衣服拿去卖，换一些食物来充饥。

皇帝的衣服也卖了，还吃不饱，不得不自备小磨，磨一些豆麦充饥。唐昭宗叹着气对李茂贞说：“我兄弟及侍从一天之中总要饿死几个，冻死几个。我们一天喝粥，一天吃汤饼，吃到现在也没了，你们赶快和解吧……”

李茂贞孤城援绝，只有杀了韩全诲出门投降。唐昭宗见到朱全忠，热泪盈眶，扶起跪在地上的朱全忠说：“宗庙社稷，赖卿再安，朕与宗族，赖卿再生。”并且解下玉带送给朱全忠。

朱全忠迎唐昭宗回到长安，应崔胤之请，把宦官一口气杀光，杀了八百多人。至此，宦官完全消灭。从唐玄宗以来，将近两百年的宦官权势与气焰归于烟消云散，唐朝的国运也即将结束。我们中国人常说“承祖上余荫”，没有比当皇帝更承祖上余荫、安享富贵者。看看唐昭宗之软弱悲惨，再回想一下唐太宗之威风神气，可见一个人没有能力，你爸爸就是皇帝都没有用！

朱全忠篡唐

在《皇帝争夺战》一篇中，我们说到，宦官韩全诲勾结凤翔节度使李茂贞，朝官崔胤勾结宣武节度使朱全忠，都想挟天子以令诸侯。唐昭宗被抢来抢去，最后朱全忠抢到了皇帝，把宦官杀个精光。

朱全忠是应崔胤之请，前来保驾。然而，崔胤看出朱全忠为人跋扈，恐怕不利朝廷。朱全忠先发制人，上了一个密表说“崔胤专权乱国，离间君臣”，然后派亲信把崔胤杀了。

当初朱全忠攻下邠州时，把静难节度使李继徽的妻子留下为人质。李继徽的妻子年轻貌美，朱全忠性好渔色，把她给强占了。李继徽回来，发现了，气得怒发冲冠。李继徽刚好是李茂贞的养子，他气呼呼地对养父说：“唐室将灭，父亲你忍心坐视吗？”

李茂贞被儿子说动了，遂相与联兵侵逼京畿。朱全忠得到消息，急着请昭宗迁都洛阳，命令百官东行，文武百官个个都抱怨不已：“贼臣崔胤，召朱温（朱全忠原名）来，倾覆社稷，害我等流离到这步田地。”

群臣们骂归骂，还是不能不一把眼泪、一把鼻涕哭哭啼啼地上路。当车驾到华州，人们夹道欢呼万岁。唐昭宗自己想想好窝囊，忍不住哭了起来：“你们不要呼万岁，朕今天不再是天子了。”又转过头来，对身边的侍臣说：“朕今日漂泊，不晓得将流落何处？”

昭宗旁边的侍臣，没有一个人能回答皇上的话，也不敢抬起头来看昭宗；一个一个垂着头，望着脚尖，心中有说不出的沉重。

二月间，车马到了陕州，因为洛阳宫室尚未修成，暂时先留在陕州。朱全忠来到了陕州，见到何皇后，何皇后悲泣地说：“从现在起，大家夫妇的命就在你手里了。”大家指的是天子。

过了两个月，洛阳宫室修好了，朱全忠催昭宗早日上路，昭宗说：“皇后生产不久，不宜远行，请等到十月再东行。”朱全忠很生气，认为昭宗有意拖延，把昭宗身边伺候击球的供奉、内园小儿两百多人都杀个干净，然后再找了两百多个大小身材差不多的，换上衣服来冒充。唐昭宗起初没有注意到，等到发现被掉包，除了伤心也别无他法。

唐昭宗有一个儿子德王李裕十分优秀，朱全忠曾经见过一面，看到德王生得眉清目秀，而且年龄已不小了，心中十分厌恶。唐昭宗离开长安之后，日夜担心德王会遭到不测，唐昭宗对朱全忠派来监视的蒋玄晖说过：“德王，朕之爱子，朱全忠为什么一定要把他杀掉呢？”说着，泪下如雨，用牙齿把手指咬破，鲜血不断溢出。

蒋玄晖把这件事报告了朱全忠。朱全忠遂派遣蒋玄晖、朱友恭等一百多人半夜叩宫门，说是西讨行营军前有急奏，要当面禀告皇帝。

妃子裴贞一匆匆打开门，见到黑鸦鸦的军队，十分惊奇：

“急奏，为什么要派这许多兵前来？”

蒋玄晖大声问道：“至尊（皇帝）在哪儿？”

一位李昭仪倚着宫殿的轩槛呼道：“宁可杀死我等，不要伤了大家。”

此时，唐昭宗正醉倒在床，梦中被惊醒，绕着柱子逃命，这当然是难逃一劫。朱全忠听说顺利完成任务，假装大惊失色，趴在天子的棺木之前痛哭流涕。演完这场戏以后，立辉王李祚（zuò）为帝，是为昭宣帝，年方十三岁。

心狠手辣的朱全忠把德王李裕等九个昭宗儿子找来，请他们在九曲池饮酒。喝了一半，把这九个儿子缢死，扔到池子中去。

昭宣帝年仅十三岁，还是一个毛孩子，什么也不懂，一切操持在朱全忠之手。朱全忠是个草莽懒汉出身，在家乡时很被邻里看不起，因此心中

朱温在京剧中的造型，选自清内府彩绘本《庆赏昇平》之《太平桥》。

对知书达礼的知识分子十分痛恨。如今大权在握，一口气杀了裴枢、独孤损等三十多位名重士林的读书人，而且，把他们的尸体一块投入河中喂鱼。

朱全忠身边有个叫李振的，屡次投考进士不第，心怀怨恨，酸葡萄心理十分强烈。他对朱全忠说："这些读书人常常自引为清高，认为自己是清流，我们应该把他们扔到黄河中去，把清流变为浊流。"

朱全忠知道自己所作所为，一定不合读书人的心意，所以十分赞成李振的做法，含笑答应。当时的人称李振为鸱枭（一种不祥之鸟），李振见到朝中士大夫都是颐指气使，旁若无人。

有一天，朱全忠与僚佐及游客坐在一棵大柳树之下，朱全忠一个人在自言自语："这柳木应拿来做车毂。"

柳树条儿细，怎能当车毂？没人应朱全忠的腔，后来又怕朱全忠不高兴，大伙儿勉强应了一句："对，应该用来制车毂。"

一听这话，朱全忠勃然大怒，厉声道："你们看看，这些没有用的书生就喜欢顺着旁人的口捉弄人，车毂要用夹榆，怎能用柳木呢？"于是把左右数十人杀了。

不久朱全忠逼着昭宣帝让位，自己登上皇位，改名为朱晃，御金祥殿，接受百官朝贺，改国号为大梁。以汴梁（今河南开封）为东都，洛阳为西都，是为后梁太祖。唐昭宣帝被杀，谥为哀帝。五代开始，唐朝灭亡，唐朝历二十一帝，二百八十九年。

李存勖处变不惊

朱全忠掌握大权之后，派人弑唐昭宗，另立唐哀帝，接着又逼哀帝让位，唐朝灭亡。朱全忠自己做皇帝，改国号为梁，就是梁太祖，五代开始。

朱温登上天子宝座，最为生气的人就是李克用。在前面《李克用与朱全忠结怨》之中，我们曾经说过，朱全忠畏惧李克用能征善战，曾经摆下鸿门宴，计划把李克用灌醉之后一刀解决。若不是李克用溜得快，早就一命呜呼，因此两人结下了不共戴天之仇。

朱全忠虽然登上帝位，不过他这个帝国的疆土其实小得可怜。李克用仍然是朱全忠一大劲敌，大家都很害怕这个沙陀部族的独眼龙。

说到李克用的独眼龙，这其中还有一段有趣的故事。李克用声威大振之后，淮南节度使杨行密（后来建立五代十国中的吴国）对李克用十分好奇。可惜那个时代没有照片，始终不晓得李克用长得什么模样。

于是，杨行密派来一个画工，假扮为商人到河东去偷偷画像。画工还没有到达，李克用的手下已经知道这个消息，因此画工一到，立刻束手就擒。

李克用起初非常生气，后来又笑了起来，他促狭（cù xiá）地对左右亲信说："我少了一只眼睛，看他怎么画。"

接着，这个倒霉的画工被唤到李克用面前，李克用一手拍着膝盖怒气冲天地说：“淮南节度使派你来画我，想来你是画工之中最好的，你如果画我画得有十分之一不像，那么此处就是你丧生之所。”

旁边的人都在为画工担心，因为李克用脾气很坏，身旁的人稍微犯一点小过失，必置人于死地。画工画得不像，李克用要画工死，要是画工把李克用一只眼睛瞎了的样子据实画了出来，还想活命吗？

等到画工画好了呈献上去，没想到李克用竟然大为开心，嚷着要厚赐金帛，这是怎么一回事？大家都凑上去一看究竟——原来画工笔下的李克用张着手臂在弯弓射箭，一只眼睛眯了起来，好像在瞄准方向。这样巧妙地掩饰了独眼的缺陷，难怪李克用大为开怀！

李克用在朱全忠称帝一年后就死了，死以前他立儿子李存勗（xù）为嗣，并且对他的弟弟振武节度使李克宁说：“亚子志气远大，必能成吾大事，你们好好教导教导。”

亚子是李存勗的小名，这是因为以前李克用曾带着李存勗去见唐昭宗。唐昭宗见他虎背熊腰，体貌奇特，忍不住拍拍他的背说：“你这个儿子将来可为国栋梁，不要忘记忠孝传家啊！”由于唐昭宗说过一句“此子可亚其父”，所以小名为亚子。

这个亚子还真有乃父之风，十三岁开始学《春秋》，习骑射，每回打仗，总是功居第一。在他嗣位这一年，年仅二十四岁。

当时振武节度使李克宁，也就是李存勗的叔叔掌握兵权，威风赫赫。军队中以李存勗年轻，嘴上无毛、办事不牢，在私下窃窃谈论，人情汹汹，不以为意。李存勗有点儿害怕，想把王位让给叔父李克宁。李克宁不肯：“有先王之命，谁敢违背？”

李存勗初当大任，心中惴（zhuì）惴然，又想念父亲，一个人躲在屋中哭了又哭。将吏们要见李存勗，李存勗还在哭个不停，有一位亲信张承业进来劝李存勗：“大孝在不坠基业，多哭有什么用？保家安亲，才是大孝。”李存勗这才出来指挥大局。

然而局面还是异常困难，在平剧及地方戏曲之中有“十三太保”，讲的是李克用十三个养子。十三太保虽无其事，李克用有许多养子倒是真的，而且李克用对他们也确实是宠爱如亲生儿子。

这会儿，二十四岁的李存勖登上王位，养子们个个心中怏怏不服气。他们或者推说自己有病，或者见到新王不肯下拜；加上李克宁权位重，许多人都倒向这一边。

其中有一位养子李存颢就对李克宁说："兄终弟及，自古有之，你是叔父，还要向侄儿下拜，于理安乎？"

李存勖在京剧中的造型，选自清内府彩绘本《庆赏昇平》之《太平桥》。

李克宁回答："我家世世代代以慈孝闻名天下，先王之业已有所归，我复何求。你再乱讲话，当心我先斩了你。"

李克宁话说得很够意思，他的妻子孟氏可不这么认为。孟氏向来以刚烈凶悍为名，在几个养子的太太一再游说之下，孟氏给说动了。李克宁一向怕老婆，胆子很小，又朝朝夕夕听人们劝说，心意也动了。

在这种情况之下，李存勖想要躲过至亲相残也躲不过，只好把李克宁捉来。他流着眼泪对叔父说："当初我要把军符让给你，叔父你不肯要，如今大事已定，叔父你又何必如此？"不得已把叔父杀了。

李存勖继父位，为河东节度使，袭爵晋王之后，果然不负父望，与后梁展开生死决战。他对身旁的人说："汴人（指朱全忠，因为朱全忠的根据地在汴州）以为我有丧事，又欺负我年少嗣位，未习戎事，必然轻敌，我不如出其不意攻之。”

这个亚子果然不负父亲期望，他大破后梁军队于夹寨。后梁太祖朱全忠叹息道：“生子当如亚子，克用可谓不死矣。至于说我的儿子，那简直是猪是狗。”

记得前面的书谈到西汉初年，我们说过，汉高祖死后，汉惠帝软弱，吕后掌政。匈奴冒顿单于欺负国有丧事，写了一封国书羞辱吕后，说要娶吕后为妻，吕后不敢发怒，只好推说自己老丑。同样的，李存勖也是丧父不久，因为处变不惊，有胆识有办法，反而大获全胜。可见处变不惊不是遇到变故呆若木鸡，而是不惊恐——慎谋能断才能化险为夷。

王彦章不事二主

李克用去世之后，其子李存勖颇有乃父之风。他连连奏捷，使得李克用的仇敌梁太祖朱全忠非常恐慌。

朱全忠一共当了六年皇帝，屡次败在李存勖之手。他后来生了病，在病中流着眼泪叹息道：“我经营天下三十余年，不料太原余孽（指李存勖）如此猖狂。我看他的志向不小，我死以后，我那几个猪狗不如的儿子，哪里是他的对手，我死无葬身之地了。”

朱全忠是盗匪出身，从马背上得天下，却不知不能在马上治天下。他的家庭教育十分失败，几个儿子都不成材。朱全忠本人淫虐贪暴，儿子也不佩服这个父亲。

他的大儿子很早就死了，二儿子朱友珪（guī）不得朱全忠之欢心。倒是有个养子朱友文，因为妻子王氏生得美，使得朱全忠特别宠爱朱友文。

乾化二年（912 年）五月，朱全忠在河北吃了败仗，退守洛阳，病势十分危急，把友文召来托后事。这件事被朱友珪知道了，连夜率兵闯入寝宫杀了朱全忠。朱友珪的弟弟朱友贞又把朱友珪杀了，自己当了皇帝——这就是后梁末帝，即位于大梁（即汴州）。

朱全忠打不过李存勖，朱全忠的儿子朱友贞正如其父所料，更不是李存勖的对手。后梁在军势上，益处下风。

当时，许多人都劝李存勖称帝。又有魏州地方一个和尚卖玉，识货的人发现这一块玉不是普通的玉，竟然是黄巢破长安时抢到的唐朝传国玺。这个笨和尚不知情，把它当作平常东西一样摆了几十年。这一会儿晓得了，拿去献给李存勗邀功。

李存勗得到了传国玺，益发相信自己有帝王之相，不可有违天意。于是在魏州（河北省大名县）牙城之南筑坛，祭告上苍，即皇帝位。

因为李存勗姓李，他自认为是大唐帝国之后，再加上他父亲李克用曾经拍着胸脯说："以前天子临幸石门，我发兵诛贼臣；当是之时，威震天下，我若挟持天子，自立为王，谁能禁止我？想吾家世代忠孝立功，你以后应以复兴唐室为己任，千万不要效法朱全忠！"所以李存勗建国仍以唐为国号，历史上称之为后唐。事实上李克用是沙陀人，与唐朝可没有一点沾亲带故。

李存勗是为后唐庄宗，他称帝之后，积极要消灭后梁，后梁末帝朱友贞吓得要命。老臣敬翔知道梁室已危，悄悄把绳子藏到内靴之中，到后宫去找梁末帝。

敬翔对末帝说："先帝（指朱全忠）取天下，不以臣为不肖，臣所建议，先帝从无不用。今天敌势益强，而陛下弃忽臣言，臣身无用，不如死！"说着，自靴内掏出绳子就要上吊。

后梁末帝急忙阻止他，问他有何救国之策？

敬翔回答："事急矣，非用王彦章为大将不可。"

于是，梁末帝用王彦章为行营招讨使，段凝为副招讨使。

梁末帝问王彦章："要几天可以破敌？"

王彦章回答："三天。"

左右都哈哈大笑，可是王彦章真的在三天中，沿着黄河南岸，连下德胜城、麻家口、景店诸寨。唐军损失大半，连唐庄宗都不能不亲领大军对抗。

这个王彦章，乃后梁朝一猛将也。他使用一支铁枪，驰突阵中，出入如飞，军中号为王铁枪。王铁枪把李存勗的军队打得自相惊扰，互为践踏。

若非李嗣源之子李从珂（kē）前来相救，连后唐庄宗本人都不保。

王彦章在前线奏捷时，不断对人说：“等我成功以后，看我回朝诛杀奸臣，以谢天下。”原来当时后梁朝朝廷为奸臣赵严、赵鹄（hú）、张汉杰等把持，王彦章一直受到排挤，他十分看不惯赵张等人的跋扈。

赵张等人知道这个消息，大为恐慌，私下商议：“我们宁死于沙陀李存勖之手，不能被王彦章所杀。”事实上，这些小人心中想的是：国家亡了无所谓，反正他们可以投降。万一王彦章凯旋，牛脾气发作，他们可就小命不保。

王彦章，选自《马骀画宝》。王彦章刚投军时，要求为一队之长，众军士不服，王彦章就赤足在蒺藜上踩踏，毫发无伤，众皆拜服。

于是，赵张等人在末帝左右竭力诋毁王彦章，所有功劳都记在他的副手段凝账上。最后，糊里糊涂的末帝把王彦章调回朝廷，改由段凝担任行营招讨使。前线的军队，立刻不堪一击。

后唐军利用此机会，积极展开反攻，庄宗亲自指挥大军直指汴州、洛阳。他豪迈地立誓：“事之成败，在此一决战；若不成功，我们全家集于魏宫，一火焚之。”

发下重誓之后，后唐军锐不可当。过郓州，渡汶水，迫后梁军于中都。王彦章率数十骑出走，途中遇到后唐龙武大将军李绍奇。李绍奇忽然听到王彦章的声音，不觉叫出："王铁枪也！"回身挺枪刺之，王彦章措手不及，坠马就擒，被押解入大帐。

庄宗李存勗问王彦章："你曾说我是斗鸡小儿，何足畏？今天，你服不服？"

"天命已去，夫复何言。"王彦章还是神色不屈。

后唐庄宗很欣赏王彦章的才能，派医生为他疗伤，送金帛讨好王彦章。王彦章摇摇头说："我本匹夫，蒙梁朝恩典位居上将，与你交战十五年。今天兵败力穷，纵然你怜我，我有何面目见天下之人？岂能朝为梁将，暮为唐臣，此我所不为也！"最后，王彦章被庄宗所杀。

好一个"朝为梁将，暮为唐臣，我不为也"。可见尽管生当乱世，还是有保存气节之忠臣。

后唐庄宗晚节不保

在上篇《王彦章不事二主》之中，我们说到，后梁末帝朱友贞软弱无能，又不懂得任用号称“王铁枪”的王彦章，兵败如山倒。

这个时刻，朱友贞的臣下躲的躲、藏的藏。后梁末帝不知如何应付困局，只有天天哭，哭到后唐军队到了开封（汴州）城外，惶恐自杀，群臣开门投降。后梁灭亡，只传了短短十六年。

此次后唐攻后梁，以李克用养子李嗣源功劳最大。后唐庄宗李存勖喜不自胜，用手拿着李嗣源的衣角，频频用额头碰触，并且说：“吾有天下，卿父子功也，我与你共享此天下。”

据说李克用临终时，曾经把三支箭交到后唐庄宗李存勖手中，对他说：“梁王是我的仇人，燕王是我的仇人，契丹与我结为兄弟，后来背叛我归唐，三个都是我的仇敌。我现在把三矢交给你，你不要忘记为父的志向。”

因此，在后唐庄宗出战时，每次都不忘以锦囊负矢，所向无敌，意气豪迈。现在，他果然完成老王的遗志，把后梁给消灭了。

这时，后唐庄宗入告太庙，还矢先王。大家看他处变不惊，临危受命，都暗暗忖度，这必定是一个英明之王，百姓有福了。

可是，事实的发展往往出人意料。以前我们讲唐玄宗开元之治时，那是何等恢宏的气魄，可惜到了晚年，宠爱杨贵妃，闹得天下大乱。同样的，后唐庄宗也认为自己辛辛苦苦打了多年战争，如今应该享享清福了。

庄宗自小就是天才儿童，妙解音律（这一点与唐玄宗也类似），对唱戏的伶人非常宠爱。他不但欣赏戏剧，而且还粉墨登场，取了一个艺名——李天下，对票戏比什么都有兴趣。

由于皇帝的宠信，许多优伶得以自由出入宫廷。这些伶人没有什么文化程度，到了宫中，侮弄官员，不识大体。官吏们被捉弄了，又不能发脾气，只能心中叹气。

其中有两个伶人陈俊与储德源，庄宗竟然一时兴起要他俩当刺史，宰相郭崇韬力谏而止。过了一年之后，庄宗对郭崇韬说："我已经答应他们了，你的话虽然公正，不过应当为我曲意行之。"

李存勗，选自《清刻历代画像传》。

皇帝的话是圣旨，那有什么办法，只好照办。不过，庄宗这个小气皇帝，对待百战功高的士兵，往往吝于赏个一官半职；对伶人却大方极了，所以部将都十分愤恨。

庄宗又宠信一个刘夫人，这位刘夫人是一个算命术士的女儿，也许因为出身寒微，既然一朝得贵，便积极地蓄财营商，连生果、蔬菜都要贩卖抽成。她当上皇后以后，规定：凡是四方贡献，要准备两份，一份给天子，一份要孝敬她。

刘夫人搜括来的钱，除了写佛经、施僧尼之外，一毛不拔。她之所以对僧尼特别客气，大概认为如此能洗清罪恶，免下地狱。

为了要满足皇帝的享乐，民不聊生。庄宗又喜好打猎，有一次在中牟地方打猎，中牟县县令在马前劝谏："陛下为民父母，奈何毁弃人民赖以维生之稼作，使人民辗转死于沟壑（hè）？"

庄宗恼羞成怒，有一个优伶敬新磨上前一步，斥责中牟令："你为县令，难道不知道天子喜好打猎？你为什么要放纵人民耕种，存心妨碍我天子之驰骋，你简直该死！"

这番无理的话把庄宗逗笑了，不再追究中牟令。

由于伶人懂得讨庄宗欢喜，自然四方藩镇急着与伶人交结。其中有个叫景进的伶人是个包打听，每次都去探听一些民间乱七八糟的事，回来禀报庄宗。庄宗一看到景进，就知道又有好听的新鲜话，马上笑开了脸。

南唐舞女陶俑，江苏省南京市江宁区李昇陵出土。

又有宦官向庄宗进言："最近洛阳宫殿之中，时时闹鬼，这是因为掖庭空虚。想唐懿宗、僖宗时代，六宫粉黛，不少于万人，热热闹闹，多好。"

庄宗一听，怦然心动，他命宦官王允平、伶人景进，去民间采择美女，甚至远到山西、河北一带去寻觅佳丽。一共挑了三千多佳丽，一牛车一牛车往宫中送。一路上民众怨声载道，自不在话下。

六月夏日，天气闷热，庄宗热得受不了，想在禁中高处，建一座大楼纳凉。宦官不断在庄宗身旁怂恿道：

"臣见长安全盛之时，大明宫、兴庆宫房舍数以百计。今日陛下连个避暑之所都没有，居住的宫殿，连当时公卿的屋舍都不如。"

宦官见庄宗动了心，又浇盆冷水："宰相郭崇韬恐怕不答应。"

"我用内府钱，无关公费！"庄宗被这一激，更非动工不可。可是又怕郭崇韬唠叨，把郭崇韬找来说："今年的夏天特别热，记得以前朕在河口与梁人相战，披甲乘马，还没这么热。如今居深宫之中，反而热不可当，奈何？"

郭崇韬也不客气，直言顶了过去："陛下昔在河口，强敌未灭，深念仇耻，虽有盛暑，不以为怀。今外患已除，海内宾服，所以虽居珍台闲馆，犹觉郁蒸。当陛下不忘艰难之时，则暑气自消也。"

庄宗低下头，有点儿良心发现。宦官在旁说："崇韬之第，无异皇居，当然不知陛下之热也。"于是，庄宗又心一横，大兴土木。

做人是很辛苦的，年少时要努力，年老时也不能放松，否则便会晚节不保了。表面上看起来，后唐庄宗前后判若两人，似乎不可思议。其实，人性本来就是好逸恶劳，稍一放松均不可，我们现代人不也是愈来愈怕热？

后唐明宗之治

在《后唐庄宗晚节不保》之中，我们说到，庄宗不理会郭崇韬之劝，贪于逸乐，弄得民不聊生。

不过，此时后唐的国势还算强盛，因此当庄宗派遣使者去前蜀观察形势，使者回来说“蜀主荒淫无道，君臣上下讲究奢侈生活”之时，庄宗有意出兵攻蜀。

五代政府所能控制的地区很小，大概只有河南、山西、山东一部分。全国其他地区分裂成许多国，号称为十国，前蜀是其中一国。

前蜀的地方，在今天四川及陕西南部地区，由王建创立。王建原是一个混混，靠盗驴、贩卖私盐过活。因为他排行第八，又是三只手（小偷的别称），有一个诨号叫“贼王八”。

王建原是黄巢手下，后来依附宦官田令孜，在乱世之中，抢到四川这块地方，建立蜀国。王建虽是个目不识丁的粗人，当了皇帝以后，倒能收拾贼王八的恶劣作风，与儒生交往。所以朱温篡唐以后，唐朝许多遗老，纷纷迁往蜀国居住，故蜀国有唐朝之风也。

蜀国，古称天府之国，物产丰饶，在王建当权之际，蜀国极为强盛。但是他的儿子王衍，却是一个昏聩（kuì）之君主——喜欢踢球，于是把自宫中到街道，沿途都设置了锦幛，一路踢出宫去。

王衍喜欢饮酒赋诗，他诗中有一句名言：“有酒不醉是痴人。”为着表示他不是痴人，日夜痛饮。所以后唐庄宗派来的使者到了蜀国，看到上下一团糟，回去对后唐庄宗说："以臣观之，只要我大兵一临，蜀国土崩瓦解，跷足可待也。"

于是，后唐庄宗就命儿子李继岌为元帅，郭崇韬为副元帅，前往伐蜀。

蜀主王衍不相信庄宗真会带兵前来，依旧悠哉游哉地到甘肃天水去寻幽访胜。等到唐兵已至，王衍方才急急忙忙奔回，与群臣在文明殿相对哭泣，一把眼泪、一把鼻涕穿上白衣，以草绳系着脖子，披着麻、光着脚，到唐军投降。

这场战役，不过进行了短短七十天。前蜀十道，六十四州，两百四十九县，俱入后唐。蜀国固然是腐朽不堪，后唐的腐败不久也显现出来。

在洛阳的宦官，全力向庄宗进谗言，说郭崇韬怀有异心。郭崇韬本来是个忠言之士（见上篇），他所说的话，不免听来逆耳。因此，庄宗不详加调查，把郭崇韬与他的儿子一并处死。

郭崇韬一死，天下大乱，功臣旧将个个疑惧，谣言满天飞。竟然有人传言，庄宗已被刘皇后所杀，在这个乱哄哄的时刻，赵在礼首先发难。

庄宗准备御驾亲征，可是宰相等纷纷劝他："京师者，天下根本，虽四方有变，陛下宜居中以制之。"那么，只有找后唐第一员大将李嗣源了。

李嗣源是先王李克用的养子，出身沙陀平民。李克用有许多养子，一部分用存字作排行，一部分用嗣字为排行。李嗣源就是嗣字排行之一，擅长骑射，庄宗灭后梁，他的功劳最大。

这个时候，庄宗开始要收买人心，拿出内府金帛。宦官、伶人也怕了，也献出财物劳军。此时军队生活清苦，军眷都只有到郊外捡拾野果过活。当军士们拿到赏赐的财物，不领这个情，气愤地怒骂："我的妻子都饿死了，得到这些有什么用？"

李嗣源前去讨伐乱兵，不料，兵至邺（yè）都，部下张破败作乱。张破败这个名字真奇怪，怎会叫破败？张破败等杀都将，烧营房，表示不满庄宗，有意拥李嗣源为帝。李嗣源本来想逃出城，向庄宗解释，但是他的女婿石敬瑭（就是历史上有名的儿皇帝石敬瑭）劝他说，庄宗疑心病重，不会相信的，李嗣源遂决定谋取自立。

这时，庄宗得到消息，不能不御驾亲征了，可是兵士们长久的不满正式爆发。当庄宗出发时，从驾兵有两万五千，等到到达汜（sì）水，已逃了一万多。以后，每次遇到道路狭窄，看到卫兵执兵仗者，他都好言笼络道：“刚才魏王又拿来金银五十万，到京师时赏给你们。”

军士们摇摇头，把手一推道：“陛下赐与太晚，没有人会感恩的。”就在这种离心离德的情况之下，庄宗被杀。想他当初报父仇，平后梁，国力简直可与光武中兴媲美，可惜后来忘却栉（zhì）沐之艰难，以致伶人乱政，落此下场。

李嗣源即位是为后唐明宗，明宗不认识字，没有文学修养。但他比起庄宗这个风流倜傥的才子皇帝，对人民而言，可要好得太多。

明宗首先针对庄宗弊政，加以改革。禁止中外诸臣献珍玩等物，宫内只留下老宫女一百人、宦官三十人、教坊（乐队）一百人、鹰坊（养鹰畋猎）二十人、御厨五十人，非常简单。宦官在宫内不能生存，或逃入山林，或落发为僧。不到一年，国家渐渐稳定。

明宗是个文盲，却懂得敬重读书人，四方奏章由安重诲诵读。明宗也晓得文化之重要，在长兴三年（932 年）用雕版刻印九经，这是中国文化史上一件大事。

明宗称帝七年之中，战事稀少，时有丰年，百姓得以喘一口气。在五代十三个皇帝之中，只有他与后周世宗称得上是明主，因此历史上称他统治的时期为明宗之治。

耶律阿保机崛起

在上篇《后唐明宗之治》之中，我们说到，明宗虽无学识，但颇知勤政爱民，维持了一段小康局面。

明宗去世之后，其子李从厚即位，是为闵帝。闵帝缺乏威信，被明宗养子李从珂夺去帝位，历史上称之为后唐废帝。

废帝是明宗的养子，甚得宠信。另外，明宗还有一个左右手，那就是女婿石敬瑭。此二人都勇健好斗，向来彼此猜忌，不过碍着明宗面，只能暗斗，不能明争。

这会儿，废帝即位，石敬瑭不得不自任上赶来入贺，入贺完毕，没有立即回去。石敬瑭当时身体极差，为久病所苦。朝中有的臣子认为石敬瑭迟早会造反，不能放虎归山，也有的以为，用不着猜忌石敬瑭。

唐废帝看石敬瑭瘦得一把骨头的模样，心忖应该没有太多好担心的，下了一个决心："石郎不但是我的近亲，而且自小与我共赴艰难。现在我当了天子，除了石郎还有什么人值得托付？"于是，依旧任命石敬瑭为河东节度使。

石敬瑭回到辖地之后，暗地里贿赂太后身边的人，悄悄打听皇帝一切动态。然后，凡是有宾客前来，石敬瑭总爱与人讨论病情，而且皱着眉，喘着气，一副久病之后，万念俱灰的神情，希望朝廷不要猜忌他。

事实上呢，石敬瑭大量采购军品、粮食，大家都晓得他心怀异志，这个消息不久也传到废帝耳中了。

有天夜晚，废帝与几个近臣商量道："石郎与朕为至亲，应该没有什么好怀疑的；但是不断有流言传出，万一哪一天失欢了，该如何是好？"几个臣子都没有话回答。

第二天，端明殿学士、给事中李崧（sōng）对同僚吕琦说："吾辈受国恩深厚，怎可与其他人一般，静坐观看，总该想点办法才是。"

吕琦沉思了好一会儿，缓缓地说："河东若有异谋，必结契丹以为援。以前契丹屡次要求和亲，我们都没答应，如果今后我们每年给契丹十多万缗，再应允和亲，还怕河东与契丹联手吗？"

契丹族原是东胡游牧民族的一个支族，住在中国东北辽河上游潢水流域一带，初分为八部，每个酋长都称为大人。契丹自武则天以后，开始叛服无常。到了唐朝末年，契丹族中出了一位英雄人物——耶律阿保机。

阿保机有统一契丹的野心，他的妻子述律氏极有权谋，会耍手段。阿保机用了述律氏的计谋，对其他部大人们说："我有盐池，可是你们只知道食我的盐，也不晓得该感谢盐池主人。"

于是，其他诸部大人带着酒，牵着牛来到盐池之上，举行了一个热热闹闹的庆功宴。酒醉饭饱之后，阿保机把七部大人一齐杀光，兼并七部土地。

由于述律后勇敢果决，所以耶律阿保机的军国大计，述律后都参与其谋；不仅如此，这位女强人本身也能带兵打仗。有一回，阿保机外出与党项交兵，留述律后在营帐，黄头、臭泊两个部族乘虚合兵掠夺。

述律后知道了，不慌不忙，暗中部署兵马。等到此二部族前来，马上奋勇还击，把他们打得头破血流逃命。从这以后，述律后三个字名震诸夷。

这时，据守河北一带的刘守光因为局势衰困，派遣参军韩延徽向契丹求援。韩延徽到契丹，坚持不肯向阿保机下拜；阿保机十分火大，罚韩延徽到牧场去养马。

韩延徽乃幽州人士，有智略，颇有文才。述律后对阿保机说："延徽守节不屈，此今之贤者，为何要对他加以侮辱，应该礼贤下士，大大重用他。”这位述律后倒是懂得为政之理，单单靠兵强马壮是不够的。

阿保机接纳了述律后的建议，重用韩延徽，筑城郭，立市里，垦荒田，让境内汉人也能安家立业，渐渐契丹能够威服诸国。

李克用与朱全忠火并之时，李克用曾遣使通好契丹，与阿保机在云州握手言欢，以兄弟相称。不料，阿保机又受朱全忠之封，把李克用气得跳脚。所以李克用临终时交给李存勖三矢，要他报仇，其中之一就是报契丹之仇。

耶律阿保机在后梁贞明二年（916年）称皇帝，自号为天皇王。阿保机不久去世，由其子耶律德光即位。这是契丹崛起的一个大概。可见统治者要有勇还要有谋，国势才会壮大。

李崧听了吕琦建议勾结契丹之计，十分赞成，两人就去找废帝。废帝一听，大为开心，频频赞许此二人忠心耿耿。

卓歇图（局部），辽胡瓌绘。卓歇是契丹人的一种风俗习惯。“卓”是立杆为帐的意思，“歇”是休息的意思。

可是，过了不久，废帝把计谋告诉枢密直学士薛文遇。文遇不以为然，脸色一沉道：“以天子之尊，屈身侍奉夷狄，这不是太侮辱了吗？而且，若是他们要娶公主，那又该怎么办？”

停了一会儿，薛文遇又顺口吟了一句：“安危托妇人。”这是唐朝诗人戎昱（yù）为王昭君而写的诗。意思是嘲弄汉元帝无能，没有力量与匈奴一战，竟要把汉朝的安危寄托在一位女子的身上。

废帝闻此，脸色一阵青一阵白，把李崧、吕琦叫到后楼，狠狠臭骂一顿：“你们也读过书，知古今大事，应该辅佐天子谋太平，怎么想出这种计谋？朕只有一女，尚在乳臭，你们忍心要把这个小女孩扔弃在沙漠之中……而且竟然要朕把养国家军队的钱，拿去供给夷狄虏廷使用。你们说说看，这到底是什么意思？”

这顿脾气发下来，吓得此二人汗流浃背，跪在地上讨饶：“臣等志在竭愚以报国，愿陛下察之。”这两人不断把脑袋往地上撞，直撞得废帝怒气已消，才夹着尾巴逃出去。

儿皇帝石敬瑭

上一篇我们说到后唐废帝与石敬瑭不合，臣子建议联络契丹，断石敬瑭的后路，被废帝严拒了。

当然，废帝心中对石敬瑭，依然有猜忌。石敬瑭的妻子，原是后唐明宗的公主，她在洛阳过完春节，想要辞别母后（明宗之妻曹太后）返回太原时，废帝竟然问她："你那么急急忙忙离开洛阳干什么？莫不是要回去与石郎（指石敬瑭）造反！"

消息传到太原，石敬瑭十分惊恐。他要试探废帝的意思，一连上了几个表，自陈身体衰弱，乞求解除兵权，迁移他镇（当时，石敬瑭乃河东节度使，河北重镇也）。

石敬瑭的表到了京师，废帝召集大臣们讨论，其中薛文遇（即反对废帝勾结契丹者，见上篇）说："以臣观之，河东迟早要造反的，迁也反，不迁也反，还不如早日图之。"

废帝一听，拍着大腿说："卿言正合我意。"于是调迁石敬瑭为天平节度使。

石敬瑭没料到废帝真的对他动手了，愤愤不平抱怨："我这次再来河东，主上当面许我终身不调迁；如今我不过试试他，他竟然就要下令把我调到天平。我没有作乱，朝廷却怀疑我，我岂能束手就擒死于道路。"

书记桑维翰在旁说："明宗遗爱在人，公为明宗最疼爱的女婿，主上反而以逆相待。契丹素与明宗约为兄弟，且其部落在云、应（山西大同一带），公诚能推心屈节侍奉契丹，万一有急事，朝呼而夕至，还担心什么?”

石敬瑭一听，马上命桑维翰草表，向契丹称臣，而且愿意以侍奉父亲的礼节侍奉契丹。这比较起来，废帝可有骨气多了。

此时的契丹君主耶律德光年纪很轻，不过三十四岁，四十五岁的石敬瑭却急着喊他爸爸，而且准备割卢龙一带及雁门关以北给契丹。石敬瑭的部下刘知远看不过去，上谏："称臣够了，以父亲事之，未免太过分。而且多送金帛就可以了，不必割让土地，不然会为中国留下大患，悔之无及。"

石敬瑭听不进去，他已经被皇帝梦冲昏了脑袋，使出浑身解数要讨好契丹。当石敬瑭要向契丹称臣的表到达契丹时，耶律德光兴奋莫名，急着报告母亲："儿最近梦到石郎遣使来，今天果然如此，看来是天意啊……"然后，立刻回信，说是等到秋天以后，必倾国赴援，这是答应收石敬瑭这个儿子了。

秋高马肥，而且气候干燥，弓弦坚劲适用。所以契丹大举，必等到秋天，历来的胡人均是如此。

既然有了契丹撑腰，石敬瑭就不客气地写了一封檄书。书中指责废帝是养子，不配继承皇位，要求传位给明宗之子许王从益。废帝看了，大为生气，当场把檄书撕成一片片，并且尽削石敬瑭官爵。

九月间，契丹带领五万骑，浩浩荡荡南下。在十五日晚上，石敬瑭出晋阳北门，见到耶律德光，两人手握着手，大有相见恨晚之意。

唐军果然不是契丹的对手，派出的大将张敬达又是一个无知的勇夫。后唐废帝每天愁眉苦脸，日夕酣饮悲歌；群臣劝他北行，他也不肯。到了后来连听到石敬瑭三个字都打哆嗦："卿等勿再言石郎，使我心胆坠地。"

另一方面，唐军大将军赵德钧、赵延寿心怀异志，故意逗留不前，使得石敬瑭能够安然包围着晋安寨。耶律德光对石敬瑭说："我三千里远来赴难，必有成功的一天。我看你的器度容貌识量，真正一副中原之主的模样，我要立你为天子。"

石敬瑭，选自《三才图会》。

这本来就是石敬瑭的意思，心中一千一万个答应；表面上呢，不断辞让。旁边的臣子一再劝进，如此推推拉拉了四五回，石敬瑭方勉勉强强答应。

于是，契丹下册书，立石敬瑭为大晋皇帝，历史上称之为后晋。

在契丹的册书之中，记载着："我们俩是近亲，其实原本是一家。所以我视你为儿子，你待我如父亲，朕永与你为父子之邦，保山河之誓……"

石敬瑭接受契丹册书之后，在柳林筑坛，即皇位。为表示对新爸爸的孝敬，割让了幽州、蓟（jì）州、瀛州、莫州、涿（zhuō）州、檀州、顺州、新州、妫（guī）州、儒州、武州、云州、应州、寰州、朔州、蔚州这燕云十六州给契丹，并且每年再送帛三十万匹给契丹。

自此而后，中国的北方门户大开，边防尽失。燕云十六州自此以后，长期陷入契丹之手。宋朝初期虽有收复之心，却也始终没有收回，一直到明太祖朱元璋，推翻了蒙古帝国，方才重归汉人所有。同时，石敬瑭孝敬金帛，亦开启中国对外割地纳款之端。

石敬瑭虽如愿以偿当上皇帝，这个皇帝的背后却藏着屈辱。他不惜出卖国土，自称儿皇帝。因此后世没有一个人看得起他，呼之为卖国贼。人死留名，豹死留皮，石敬瑭留下的是被人耻笑的臭名。

无耻的赵德钧父子

四十五岁的石敬瑭，为了一圆皇帝美梦，不惜喊三十四岁的耶律德光为爸爸，当上后晋皇帝。他为了感谢父亲，割让燕云十六州给契丹，留下无穷的祸患。

石敬瑭固然受尽天下人耻笑，却也引来一些无耻小人暗暗羡慕。其中之一就是后唐幽州节度使赵德钧与其子赵延寿，他们一心一意想要效法石敬瑭。

因此，赵德钧与其子赵延寿，在后唐与后晋正拼得火凶之际，军队故意逗留不进。而且一再上表给废帝，要求为其子延寿求一个成德节度使，他的理由是“臣今远征，幽州势孤，假如延寿在镇州（成德节度使的治所在镇州），左右便于应接”。

正被石敬瑭与契丹联军弄得心烦意乱的废帝接到上表，更加焦躁。他气愤地说：“延寿要去打贼人，哪有时间往镇州，等贼平了，当如所请。”

赵德钧不死心，还是一个劲儿要求。废帝火大了，恨恨地表示：“赵氏父子一定要得到镇州，到底是什么意思？假如真能讨平贼人，就是我这个皇帝宝座让给他，我都甘心，否则岂不让石敬瑭渔翁得利？”

赵德钧听了，老大不开心。于是，他献给契丹君主耶律德光大批金帛，并且写了一封信，派了使者恭敬呈上。信上说：如果契丹肯立赵德钧为帝，德钧愿意领兵南取洛阳，不烦契丹兵援助。同时与契丹约为兄弟国，允许石敬瑭继续在河东当皇帝。

耶律德光觉得军队深入唐境，后路空虚，且赵德钧父子兵力甚强，因此对这个建议颇为心动，很想满口答应。

石敬瑭听说半路杀出一个程咬金，想与他分一杯羹，吓慌了手脚，立刻派遣桑维翰前来阻止。桑维翰见到辽太宗耶律德光，可怜兮兮地哀求：

“大国举义兵以救孤危，一战而唐兵瓦解，退守一栅，食尽力穷。赵北平（指赵德钧）父子二人不忠不信，惧大国（指契丹）之强，何足可畏？而且等到晋朝得到天下，将竭中国之财以奉大国，大国又何在乎此区区小利？”

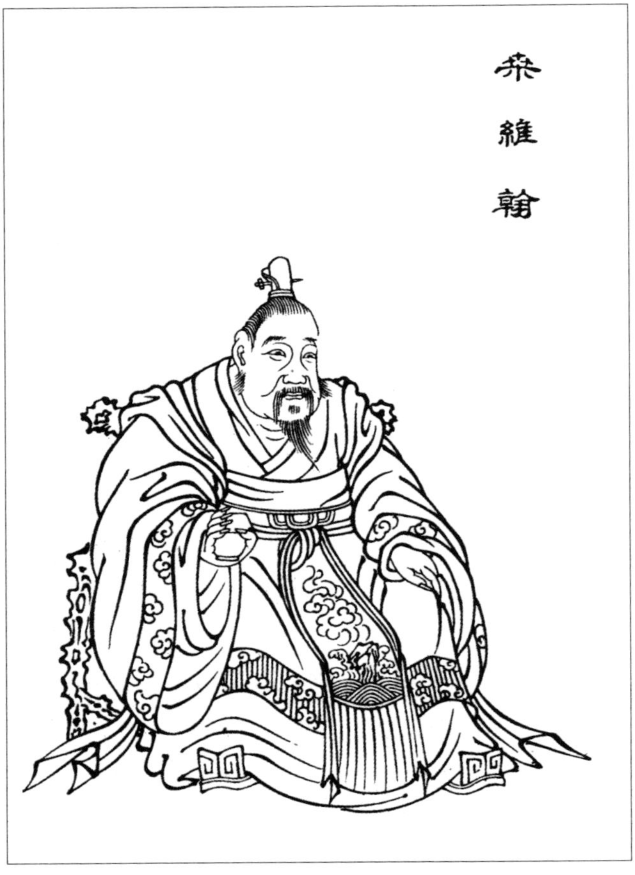

桑维翰，选自《清刻历代画像传》。

耶律德光摇摇头道：“你有没有见过捕鼠者，一不小心，还会被老鼠咬一口，何况赵氏父子总是大敌。”

桑维翰赶紧回答：“现在大国已扼住后唐的咽喉，这只老鼠又怎能再啃人呢？”

耶律德光微笑道：“我不是要违背前约，只是兵家权谋之计，不得不如此。”

“皇帝以信义救人之急，四海之人，都看得清清楚楚，怎能大义不终？”桑维翰说完之后，看看耶律德光面无表情，扑通一声，双膝落地；从早到晚，哭哭啼啼，苦苦哀求，怎么也不肯站起来。

耶律德光被桑维翰搞烦了，也为石敬瑭的“孝心”感动了。于是，他指着营帐前的石头，对赵德钧派来的使者说：“我应允石郎的，等到这块石头腐烂以后才能更改。”

虽然，后唐有赵德钧这种厚颜小人，也还有一二忠直之士，譬如外号为“张生铁”的张敬达。张敬达个性刚正，就像生铁一般坚硬，当时驻守在晋安寨。他很能打仗，但是刍（chú）粮耗尽，死了的马则由将士分食之。

在这种情况之下，张敬达的手下杨光远、安审琦都劝敬达投降契丹，敬达不肯。另一将领高行周看出杨光远有意杀掉张敬达投降，心中放不下，常常派兵在张敬达身后悄悄跟着。

张敬达发现了，好生奇怪，对人说：“行周老是派兵跟在我背后，他这是什么意思啊？”

从此，高行周不敢再当保镖。杨光远逮住机会，把张敬达杀了，拿着他的首级去邀功。

耶律德光见到杨光远来降，赐以裘帽，不过心里很看不起这种变节之人，拍拍他的肩道：“你不愧为大恶汉。”杨光远也不禁羞红了脸。

对于张敬达，耶律德光心中倒是非常佩服，予以厚葬，并且对属下训话：“你们这些为人臣者，应该要效法张敬达。”

再说前面那想当皇帝的赵德钧父子，逃往潞州。石敬瑭随契丹兵到潞州，冤家路窄，赵德钧父子出城迎拜，被契丹抓住，囚禁起来，送回契丹。

当赵德钧父子见到耶律德光时，谄媚地请安：“别后安否？”

耶律德光别过脸去，懒得理他们。

这对无耻父子，拜见述律太后，把家中珍宝全数奉上，又献出田宅，希望免罪。

述律太后寒着脸：“你最近为何去太原？”

“奉唐主之命。”

“你胡说！”述律太后指着天道，“你明明是去向我儿子求为天子，为什么要乱讲？”

然后，述律太后又指着心说：“此不可欺也！你若要当皇帝，为什么不先击败我儿子，再图为天子，未为晚也。你身为人臣，背叛其主而不能抗敌，还想乘乱邀利，混水摸鱼，你还有何面目活在世上？”

赵德钧低下头不敢开口。

述律太后又问：“器玩在此，你献的田宅呢？”

赵德钧以为有希望了，清一清喉咙大声回答：“在幽州。”

“幽州现在属于谁人所有？”

“属太后。”赵德钧又有声音了。

“那还用得着你献吗？”

赵德钧受此奚落，忧郁愁闷，不思饮食，一年而卒。

后晋出帝与十万横磨剑

在上篇《无耻的赵德钧父子》之中，我们说到，石敬瑭如愿以偿当上了皇帝，是为后晋高祖。

后唐废帝听说“石敬瑭称帝以后，将士争先恐后降敌”，心慌意乱，最后废帝与刘皇后登玄武楼自焚而死，后唐享国只有短短十三年。

石敬瑭入主洛阳，上尊号于契丹主耶律德光及太后，称耶律德光为父皇帝，上表称臣。那位曾经跪在契丹营帐外面，自朝至夕，哭哭啼啼，喋喋力争的桑维翰如愿以偿当上宰相，因为耶律德光以父亲的身份对石敬瑭说：“桑维翰是尽忠于你的人，你应该重用他。”

中国人心目中的谦谦君子应该是不亢不卑，合于自己的原则。通常一个对上面过分巴结阿谀的人，往往也是对下面作威作福的人，桑维翰就是典型的例子。

桑维翰生得奇矮，上身长下身短，脸又特别宽，初见他的人往往忍不住笑了起来。桑维翰十分恼怒，时常对着镜子道：“哼！七尺之躯有什么了不起，还不如我脸有一尺之阔。”他由自卑转为自大，不择手段想出人头地。

石敬瑭对契丹这位新父亲伺候得无微不至。每回契丹有使者前来，他都特别离开正殿，到别殿去跪下接受耶律德光的诏令。除每年奉上金帛三十万以外，凡是吉凶庆吊，随时献上礼物，一些个玩好珍异也不断地往契丹送。

石敬瑭不但是孝敬耶律德光一人，述律太后、元帅太子、南北二王、韩延徽等上上下下统统都要打点，连契丹朝廷中的重要臣子也都要加以贿赂。同时，契丹方面稍稍有一点不如意，立刻予以严词责备，简直难伺候到了极点，石敬瑭也不以为意，总是谦卑地认错。

如果是晋朝方面的大臣到了契丹，契丹那种骄倨（jù）目中无人的神态，常把使者整得欲哭无泪。当使者回到晋朝，向朝廷报告出使的经过，沿途所受羞辱，朝野上下都视为一大耻辱；但是石敬瑭后晋高祖本人，却丝毫不以为意。

其中成德节度使安重荣反应最为激烈。每次契丹使者路过，他都要予以谩骂侮辱一番，以泄心头之恨；并且曾数度上表，反对高祖把契丹当父亲。

契丹人出行图（局部），内蒙古自治区哲里木盟库伦旗1号辽墓北壁壁画。

有一回，安重荣竟然把契丹使杀了并且叛变。高祖大为生气，下诏责备安重荣："你身为大臣，家有老母，弃君与亲。我因契丹而得天下，你因我而得富贵，我不敢忘契丹之德，尔乃忘之，何也？"说得好像自己不忘契丹之恩，是个有道德的仁人君子似的。

后晋高祖又遣使向契丹谢罪，迭（dié）迭抱歉："安重荣之事譬如家有恶子，父母不能制服，又能如何？"

另外，桑维翰又不断提醒后晋高祖："陛下免于晋阳之难而有天下，皆契丹之功也，不可负之。臣观契丹数年以来，战必胜，攻必取，割中国之土地，未可与为敌也。"

反正，桑维翰这番话，表面上冠冕堂皇，其实都是长他人志气，灭自己威风，十足表现懦弱畏敌的投降者心态。后晋高祖倒是颇为赞赏，他对桑维翰说："朕近日烦闷不决，今见卿奏，如醉醒矣，卿勿以为忧。"

于是，后晋高祖自始至终抱着契丹父亲这个法宝，希望能保住皇帝位置。可是后晋高祖身体本来就不够强健，又一天到晚忧心忡忡，担心得罪父皇帝，最后郁郁而终，这也算是卖国贼的悲惨命运。

后晋高祖去世，后晋出帝石重贵即位。本来高祖遗命石重睿为帝，但是天平节度使景延广认为石重睿太小，另立石重贵为帝。

石重贵原为齐王，是高祖侄子，因为父亲早逝，过继给高祖当儿子。当高祖受契丹册命要去洛阳时，耶律德光要留高祖的一个儿子守晋阳，高祖对耶律德光一向顺从，把儿子都叫出来让耶律德光挑选。

耶律德光指着一个貌似高祖的说："此大眼儿可也。"这大眼儿便是石重贵。

如今，这个大眼儿由景延广立为新帝，群臣集议，认为应向契丹报丧，然后，新皇帝再奉表称臣。景延广是一个主战派，他以为称孙足矣，不用再称臣。

此次，另一个"小桑维翰"李崧说："屈身以为社稷，何耻之有？"这倒是妙人妙事，似乎一国之君向人称臣，还算舍己为国哩。

景延广据理力争，出帝接受他的意见，对契丹只称孙，不再称臣。

耶律德光看到这一份表，果然光火，立刻派遣使者责问：为什么不先禀告，自作主张称皇帝?

景延广也不甘示弱地回嘴，并且对契丹来洛阳的使者不客气地说：

"你回去告诉你家主人，先帝是你们北朝所立的，因此奉表称臣。今上（指后晋出帝）乃中国（指中原国家，后同）所立，之所以还对你们称孙，正是表示不忘先帝盟约，于此足矣，断断没有再称臣之理。

“你们北朝皇帝也不要太轻侮中国，中国兵强马壮，你可是亲眼目睹的。翁怒则来战，孙有十万横磨剑，足以相待。万一你北朝他日为孙所败，则取笑天下，后悔可来不及了。”

景延广一口气口沫横飞说了半天，还不够，他还把这一段话写下来，叫使者带回契丹，拿给耶律德光看。

耶律德光看了信之后又将如何？祖孙之间会展开大战，十万横磨剑有用吗？

赵延寿与杜威

在上篇《后晋出帝与十万横磨剑》之中，我们说到，石敬瑭去世之后，石重贵即位，是为出帝。景延广建议以后对契丹称孙可也，不用称臣，而且对契丹使者说："中国兵强马壮，你亲眼目睹，翁怒则来战，孙有十万横磨剑以待。"

景延广怕使者记不清楚，还特别把这段话写了下来，叫他带回去给耶律德光看。

耶律德光看了，果然是大发雷霆。刚好这时那无耻的赵德钧已死，其子赵延寿希望完成其父志愿，代替后晋出帝称帝于中国，就以降臣的身份，不断在耶律德光面前挑拨，自告奋勇，出兵攻晋。

耶律德光被赵延寿说动了，决意出兵。他集合契丹的大批人马共五万人交给赵延寿，并且说："你若能打下中国，你就是中国皇帝。"德光又常指着赵延寿对汉族人说："这是你们的主人。"

赵延寿听了，大为振奋，一心一意为契丹尽力，谋划攻取之策。

契丹大举入寇，那位准备用十万横磨剑一战的景延广，下了一个荒唐的命令。他下令诸将领各自为战，不得互相救助。在景延广看来，如此各带兵官没有后援，个个必能奋勇杀敌。结果，契丹正好各个击破，将领们泣诉求援都互相不理。

幸亏，当契丹到黄河渡江一半，晋军之中李守贞挥兵掩杀，溺死契丹数千人，阻扼了契丹的攻势。契丹一火之下，转怒于民兵，凡是被掳获的都拿火来烤。这火一烤，激起了晋军的愤怒，同心合力抵抗契丹。

因此，当亲征的耶律德光登城一望，见晋军之盛，对左右说："你们不是说晋军早已饿死一半，怎么还有这许多。"于是分路撤兵，沿途所过，方圆千里被抢得干干净净。

景延广的十万横磨剑只是嘴巴上讲得好听，并没有实力；经此挫败，他日夜纵酒。后晋出帝再也不敢重用主战派，起用投降派桑维翰为宰相，以河东节度使刘知远为北面行营都统，杜威为都招讨使。

刘知远在河东早有力量，后晋出帝对他有戒心，对人说："此次契丹前来，刘河东（指刘知远）会师太晚，必有异图。"出帝只相信杜威。

杜威者，乃石敬瑭的妹夫——宋国公主的丈夫，皇亲国戚，怯懦胆小。当他镇守恒州时，契丹过境，他吓得把城门紧闭，让邻城任由契丹焚杀，却因为裙带关系，官阶节节升高。他以镇守边境为名，大量聚敛民财，富有之家的珍宝、骏马都逃不过他手，漂亮的女子也逃不过杜威手掌。

过了不久，契丹军又再次南征，这次军队之中大部分是被迫当兵的汉军，不肯拼全力作战，只有再次北返。契丹军经过祁（qí）州时，祁州刺史沈斌出兵痛击，不过祁州只是孤城，立刻被契丹兵包围住，赵延寿站在城下对沈斌说："沈使君，我们可是老朋友了，古人说两害相权，取其轻者，你为什么不早日投降？"

"你父子二人走错了路，陷身虏廷，你忍心率犬羊残害父母之邦，不知羞耻反有骄色。我沈斌弓折矢尽，宁可为国而死！"沈斌义正辞严拒绝赵延寿。第二天，沈斌自杀，在乱世中保存一分正气。

出帝听说契丹已退，亲自带兵，夺取幽州，任用杜威为大将。契丹用火攻，用短兵击晋军，晋军着急大喊："都招讨使为什么还不下令反击？莫非等死？"

杜威不慌不忙回答："等风势稍缓，再看情形。"

大将李守贞道："等到风停，我军早被歼灭。"于是李守贞等带着部队力捣契丹军，把契丹赶走。

杜威看到附近已被契丹搜括一空，无利可图，竟然擅自回到了开封。连投降派大臣桑维翰都看不过去，建议出帝处罚杜威。出帝听不进去，他说："杜威是我至亲，必无异心，你不要疑忌。"

出帝被胜利冲昏了脑袋，以为天下太平，筑宫室，造器玩，对优伶一赏就是锦袍银带，一赐也在万钱之上。为了织一块地毯，用了数百织工，整整织上一年，可见其富丽精致到了极点。而且不自量力，悬挂赏格："有人能擒虏主（指耶律德光）者，授上镇节度使，赏钱万缗，绢百匹，银万两。"

这一回，契丹十分聪明，派了人对杜威说道："赵延寿威望素浅，恐不能在中国当皇帝。你如果能投降，我当以你为帝。"

杜威听了，高兴得想飞上青天，马上写了降表，把各个将领叫到营帐，拿出降表，要他们签名。将领们你看我我看你，个个惊讶万分，但也只有唯唯听命，不知杜威葫芦里卖什么药。

当投降之日，杜威把军士都召集出发，军士还以为作战，都跃跃欲试。杜威晓谕军士："我等远征在外，食尽途穷，我不得不为你们求一条生路。"一声令下盔甲弃地，军士们放声痛哭。

耶律德光把赭袍衣（红色长袍）赐给杜威及赵延寿，表示一视同仁。两人都有当皇帝的希望，因此两人皆窃窃自喜。

辽太宗与打草谷

后晋出帝采用景延广的建议，对耶律德光表示，以后不再称臣，只称孙子。德光大怒，一心一意想当皇帝的赵延寿积极鼓励德光出兵。同时，德光又收买了后晋出帝的姑丈杜威，也应允杜威，以后让他当中国皇帝。

后晋出帝万万没有料想到，一向倚若长城的姑丈竟然阵前降敌，忧心如焚。他除了痛哭流涕，怒骂杜威泄愤之外，一筹莫展，呆呆坐在宫苑之中，与后妃们相聚而泣。等到契丹兵攻入城门，只有命令翰林学士范质草拟降表，自称“孙男臣重贵祸至神惑，运尽天亡”。太后也上一降表，自称为“新妇李氏妾”，简直是屈辱之至。

接着，出帝脱下黄袍，换上素服，左右都不禁掩面哭泣。出帝率领文武百官身穿素服，跪在道路两旁迎接辽太宗耶律德光。

耶律德光头戴貂皮帽，身着貂皮裘，威风凛凛入城门。人民看了大叫大嚷，四处逃命。耶律德光登上城楼，宣布：“我也是人，你们不用害怕，我会让你们安居乐业的。我本无心南来，是汉兵把我引到这儿的。”

德光看到吓得半死的后晋出帝，拍拍他的肩膀：“我的好孙儿，你不用担忧，我一定让你有吃饭的地方。”这没志气的出帝赶快连连谢恩。

由于德光认为出帝忘恩负义，十分可恶，封他一个负义侯，迁往黄龙府（吉林省农安县）居住。

此时，后晋已亡，中原无主。耶律德光把百官召集到廷中问："吾国广大，方圆万里，有君长二十七人。今中国之俗，异于吾国，我选举一人为君，你们以为如何？"

百官们异口同声回答："天无二日，夷夏之心，皆愿推戴皇帝。"耶律德光也学着中国这套，推辞了半天，最后才勉勉强强地说："你们既然一定要我为君主，我只有当君主了。"

于是，耶律德光换下胡服，改戴通天冠，穿绛纱袍，在正殿大模大样登上天子宝座。命中国人穿戴法服（中国官员的礼服），胡人仍穿戴胡服。改契丹国号为大辽，耶律德光是为辽太宗，契丹太祖耶律阿保机称为辽太祖。后晋正式灭亡，享国十一年。

杜威与赵延寿本来都想一过皇帝瘾，如今希望落空，心中有说不出的懊丧。杜威以皇亲国戚阵前降敌，不但失去军心，也为一般百姓看不起。走到哪儿都有人朝他吐口水，大声嘲骂，自己心中也明白当皇帝无望。

契丹人引马图，内蒙古自治区赤峰市敖汉旗白塔子辽墓壁画。

赵延寿可不一样，他一直兴致勃勃，幻想着一朝登上天子位，也可以完成父亲赵德钧的遗志；而且当初辽太宗亲口答应的啊，怎么反悔了呢？

既然皇帝当不成，退而求其次，先当个太子也不错。于是，赵延寿拜托李崧对辽太宗说："我不敢希望能当上天子，乞为皇太子。"

太宗回答："我对燕王（指赵延寿），就是割了我的肉，有益于燕王，我也毫不吝惜。但是我听说皇太子应当以天子的儿子为之，他又不是我儿子，怎能当太子？"

好了，这会儿赵延寿连太子也捞不上，除了心中怨恨辽太宗言而无信之外，又有什么办法。杜威与赵延寿徒然被辽太宗利用罢了；他二人竟会以为太宗要把天子宝座让给他们，这真是利欲熏心，其蠢无比。

辽太宗对自己的手段极为满意，他经常饮酒作乐，对后晋旧臣说："中国的事我都知道，我国的事你们却不知道。"

赵延寿原为中国旧臣，他晓得辽太宗对中国的事，其实还有很多并不知道。譬如说，他建议太宗给上国兵廪（lǐn）食，上国兵指的是辽兵，廪食指规定发军饷。原来，辽出外打仗，从来不发薪饷，任由士兵以牧马为名，分番剽掠，称之为打草谷，使得中国人民闻辽兵即丧胆。

辽太宗不理会赵延寿的建议，他摇摇头说："吾国无此法。"

由于辽人与汉人之间语言不通，只有求助于翻译。这些翻译多半是市井无赖，地痞流氓，仗着辽人的力量，对自己同胞加以虐待。

因而一般民众被迫组成一支一支义勇军，这些义勇军纷纷拥戴刘知远，刘知远为河东节度使，在北方力量颇大，后晋出帝对他极为猜忌（见上篇）。契丹破东西二京，自为中国皇帝之后，刘知远上表入贺。契丹立赐诏褒奖，在刘知远的名字上面，特别加上"儿子"两个字，故意表示亲密，还赐他一个木拐。根据胡人礼俗，优礼大臣才会赐木拐的。

刘知远当时认为契丹的野心"止于货财，货财既足，必将北去"。可是他下面的军士都说："天下无主，主天下者，非我王而谁？"群下皆呼万岁。刘知远半推半就，即皇帝位，仍然未去晋国号。

辽太宗听说刘知远即位，分兵遣将，驻守要地。由于胡人军队还是不发饷，用打草谷、掠夺人民的方法为生，所以相州、密州等都被义兵占领了。辽太宗烦极了，摇头叹息道："不料中国人如此难治。"

中原虽好，毕竟不是自己家乡。辽太宗下了一道诏令："天时向热，吾难久留。"借口回北方避暑，探望述律太后，带着大批人马，浩浩荡荡北归。一路上抢得干干净净，例如相州被掠之后，剩下男女七百人，骷髅竟达十余万之多。最后连辽太宗都后悔了，他说："我做了三件错事。第一，不该令诸道搜括作犒费；第二，不该令上国人打草谷；第三，不该留下诸镇原有之节度使，应让他们回防。"

郭威的发迹

在《辽太宗与打草谷》文中，我们说到，太宗耶律德光入据中原，各州县受不了刑法、苛税以及契丹不发军饷，任由士兵四处打劫的行为，纷纷起兵抗暴。辽太宗借口回北方避暑，带着文武官员回到老家。

辽太宗这一走，便宜了刘知远，刘知远乘虚而入，夺取洛阳，入据大梁，轻轻松松建立了后汉，是为后汉高祖。（刘知远自命为汉高祖刘邦的后代，因此，国号为汉，事实上刘知远乃沙陀人，与刘邦完全扯不上边儿。）

刘知远能够建国，与他手下有一员大将郭威很有关系。郭威年纪很小之时，父母双亡，由姨母抚养长大。他体格魁梧，爱兵不事田产，也不爱读书。

到了十八岁那年，郭威应募兵旅，当时，他年少气盛。有一回，到上党市游玩，遇到一个杀猪的屠夫，这个屠夫力大无穷，上党市的市民见了他都害怕极了。

郭威偏不信这个邪，他乘着酒兴来到屠夫的肉案旁。一会儿要里脊肉，一会儿要五花肉。屠夫的刀法稍有差池，他就埋怨不已，而且颇不客气。

这屠夫本来就是火气忒旺盛，被郭威一挑，怒由心生，把菜刀重重的一搁，挺着光秃秃的大肚皮对着郭威："你小子有种，敢不敢刺我？"

郭威一句不吭，抽出刀子对着屠夫的大肚皮划去，市场上的人把郭威扭送法办。官吏怜惜郭威，放他一马。

后来，郭威加入后唐庄宗旗下，年岁渐长，性格也比较沉稳。他迷上了兵法，时常做笔记、写心得，而且有机会就到处找人解说兵书。

后来，郭威不愿随大将杨光远北征，要求留在刘知远营中。人家觉得好奇怪，郭威说：“杨公有奸诈才，无英雄气，留我何用？能用我者，刘公也。”

刘知远把郭威当心腹，果然如愿以偿当了皇帝。刘知远称帝之后，不满一年，因病去世，其子隐帝即位。

刘知远，选自《三才图会》。

隐帝即位之后，护国节度使李守贞起兵叛变。李守贞自以为是前朝上将，战功累累，他又慷慨大方，深得士心。眼看隐帝即位，毛头小孩一个，遂起叛心。

真正促成李守贞叛变的原因，乃是他养的一个僧人总伦。总伦老是在他耳边嘀嘀咕咕，说他将来必为天子。

李守贞被灌多了迷汤，信以为真。有一天，他与将吏们举行宴会时，一手指着中堂一幅《舔掌卧虎》图，对着大家宣布：“我若有非常之福，就一箭射中这老虎的舌头。”

结果，一发中之，大家都拍手叫好。李守贞得意洋洋，益发对自己有帝王之相深信不疑。

郭威因为勤读兵书，对带兵很有一套，与士卒同甘共苦。士兵受了一点轻伤，他都亲往慰问，立了一点小功，郭威予以重赏，微有小过，郭威则睁只眼、闭只眼，假装没有看到，于是将领们对郭威心服口服。

郭威带的兵，原来是李守贞的班底。李守贞一心以为他可坐而待之，不费一兵一卒，轻易等待汉军一块到同州投降。

不料这批士卒早已把李守贞的旧恩，忘得一干二净，到了城下，扬旗伐鼓，气势汹汹。李守贞看呆了，自言自语："怎么会这样呢？不可能的啊。"于是，赶紧把城门关上，不与汉军交战。

郭威这一方，也不猛攻，而是偃旗息鼓，只沿着护城河布哨，把同州四周围得水泄不通。

李守贞慌了阵脚，屡次想突围都不成功；把求救信藏在蜡丸之中，找人带出去求援，也总是被巡逻兵逮住。城中粮食快吃光了，李守贞忧形于色，只有再把活神仙总伦请出来。

僧人总伦一派不慌不忙，正色对李守贞说："大王当为天子，人不能夺，不过如今命中有灾。等到灾难一退，只剩下一人一骑之时，那就是大王鹊起，登大宝，当皇帝之时。"

正在伤脑筋的李守贞听着好乐，可惜乐了没有好久，在里无粮草，外无救兵的情形之下，与妻儿自焚而死。郭威入城，同州乱平，那位总伦和尚也被送入刑场。算命的话哪儿能当真？偏偏从古到今，有太多人迷信自误。

李守贞之乱平定，按理来说，后汉应可走向建设。奈何隐帝日渐骄纵，朝中几个大臣又彼此不和。由于契丹又在蠢动，朝廷派郭威守边，朝中原不和的将相，更加尖锐地对立。

关于朝廷之中将相不和，还有一段故事：

有一回，王章摆酒宴客，众人喝得醉醺醺，开始划拳行酒令。其中史弘肇（zhào）不太会行酒令，坐在他身旁的阎晋柳就在解说。

此时，苏逢吉开了个玩笑："你身旁坐了一个姓阎的，还用得着担心被罚酒吗？"

刚好，史弘肇的妻子也姓阎，她本来是酒家娼妓。史弘肇便认为苏逢吉是存心出他的丑，讽刺他妻子出身微贱，擅长行酒令，一急之下，口不择言，大骂苏逢吉。

苏逢吉不答腔，史弘肇更气急败坏，拿着剑就要砍。枢密使杨邠急得眼泪都掉下来了：“苏公宰相，岂可杀之。”

从此，将相更水火不容。杨邠、史弘肇又太过跋扈，每次都在朝廷上，教训隐帝：“陛下不必多言，有臣等在，即可耳。”隐帝渐渐不耐，有意除去这些权臣。

张全义其人其事

唐朝灭亡后，后梁、后唐、后晋、后汉、后周相继建立，通称为五代。五个朝代加起来，却只有五十余年。为什么唐朝有二百八十九年，五个朝代却抵不上唐代的五分之一？这其中的原因有很多，主要是五代的人没有国家民族观念，不但一般平民如此，居于社会领导地位的高阶层知识分子也多半无耻。譬如今天我们要介绍的张全义。

张全义，字国维，父亲、祖父都是农民，家境清苦，时常为县令欺负。张全义一火之下，投效黄巢。

张全义看出黄巢必败，改为归降于泽州刺史诸葛爽。

诸葛爽平日以会观人自负，他看张全义生得方头大耳，颇有福相，对人说："此人他日名位在我之上。"对张全义极为爱护。

后来，诸葛爽去世了，张全义日渐发达。他为了感激诸葛爽的恩德，特别画了一幅诸葛爽的像挂在房间中，早晚焚香供拜，同时继续追随诸葛爽的儿子诸葛仲方。

诸葛爽的部将李罕之起了异心，要求与张全义合谋，张全义满口答应，把诸葛仲方赶走，占有其地。但是，诸葛爽的画像依旧高悬私第中，也早晚两炷香供拜，表示自己不忘本，这真是天晓得。

赶走了诸葛仲方，李罕之自己领有河阳，以张全义为河南尹。他二人狼狈为奸，相得甚欢。李罕之这人贪暴不法，每次军中缺了粮食，立刻来找张全义索取。

李罕之很看不起张全义，常常当众表示："一个田舍翁，有什么好怕的。"因此尽量欺负他，不是要军食，就是要缣（jiān）帛。

张全义左右宾客都认为不必给，张全义总是叹一口气说："李太傅所要，不得不奉之。"好像十分懦弱，其实他是老谋深算，故意装傻，趁着李罕之没有设防，偷偷夜袭，李罕之连夜逃到河东。李罕之求救于李克用，李克用马上挥兵攻击张全义，张全义哪儿是鸦军的对手？吓得马上向与李克用有不共戴天之仇的朱全忠（朱全忠曾用计想害李克用，因此二人势不两立）求援。

朱全忠把这场战役视为与李克用决斗，铆（mǎo）足全力把李克用的兵击退。

从此，张全义依附朱全忠。当朱全忠初到洛阳之时，满目疮痍，张全义勤俭治民，抚辑（jí）流亡，辛苦经营。数年间，洛阳人口又恢复到五六万人。

据说，他走在田地里，看到新麦新茧，忍不住高兴地笑了起来。人民看见，窃窃私语："大王看到美丽的声妓不笑，看到好茧好麦笑得这么高兴。"在秋收季节，见到田中没有杂草，必定下马慰劳主人，赐与衣物；若是发现禾中有草，地耕不熟，也当场把农主找来训上一顿。

张全义虽然挺会办事，为人却无耻已极。当朱全忠篡唐之后，以张全义为河阳节度使封魏王，开平二年（908年）拜太保，四年（910年）拜太傅。张全义对朱全忠言听计从，巴结拍马到了极点。

朱全忠性好渔色，骄横淫暴。有一回，他的车驾前往张全义别墅之中避暑，朱全忠竟然把张全义的妻女一个一个强奸。

张全义的儿子张继祚气得全身发抖，不胜羞耻愤慨，拿着刀就往朱全忠的房子杀去。

岂料张全义一把夺过儿子手中的刀，正色地教训儿子："想以前我在河阳，遭李罕之之难，被太原军围困经年，吃木屑以度日，死在顷刻之间。

蒙他救援，此恩不可负也，此恩不可负也。”

好一个“此恩不可负”，中国人一向认为戴绿帽为最可耻之事，一个人不能保妻子安全为最无用之男人。难得张全义如此看得开，真正是大丈夫能屈能伸?

梁太祖朱全忠晚年，猜忌群臣宿将，被害死者不计其数。只有张全义身卑屈事，安享富贵。

当然，张全义也不曾真正效忠梁朝。当李存勖报父亲李克用之仇，大发神威，灭亡梁朝，张全义立刻夹着尾巴，从洛阳赶赴汴京，迎接李存勖，叩首待罪，而且上表为自己脱罪——“屡为朱梁（指朱全忠建立的梁朝）窥图，逼入虎口，非我素志……”

后唐庄宗李存勖见他一片恭诚模样，十分欢喜。不但亲加抚慰，而且派人扶着他老人家上殿，宴赐尽欢，又命皇子继岌、皇弟存纪用兄长之礼待张全义。

李存勖的刘皇后为了讨皇帝欢喜，跟着庄宗到张全义的私第拜访，并且说：“妾孩童时代遇大乱，父母双亡，欲拜全义为义父。”

张全义立刻下跪叩首道：“皇后为万国母仪，古今未有此事，臣无地自处。”

庄宗也在一旁不断赞好，逼之再三，最后张全义终于接受刘皇后一拜，成为皇后的义父，这更加了不得。张全义在后唐明宗时病死洛阳，享年七十五岁，谥曰忠肃。

张全义这么一个无耻之人，不仅在朝堂上享有盛名，而且为一般百姓爱戴。这一方面也许是五代多恶官，他还能为百姓做一点小事，史书即赞美不已。不过张全义这种小人竟享有美名，亦可见五代风气之一斑了。

长乐老冯道

中国古代最敬重读书人，所谓士农工商是也，因为士即知识分子，领导社会风气，具有历史责任。五代时，道德风气普遍低落与士大夫无耻有关系。上篇所介绍的张全义是如此，冯道更是五代此类士大夫典型的代表。

冯道，字可道，瀛州人，家中世代耕读为生。他自幼好学，会写文章，以不耻恶衣恶食闻名。

在唐朝末年，冯道投效幽州节度使刘守光为参军。后来，刘守光败死，冯道由太原监军一个宦臣推荐给后唐庄宗为记室（秘书）。庄宗很赏识他，派他担任户部侍郎、翰林学士等高官。

后唐明宗李嗣源打败庄宗，一入洛阳，头一件事就是打听“先帝时冯道郎中何在？我知道他是一个好宰相”，立即找了他担任端明殿学士，冯道也马上就任新官，把后唐庄宗丢到脑后去了。

冯道为人刻苦自励。一度因父亲过世，丁忧归乡，亲自耕田打柴，与农夫处在一块，安然自得，后唐明宗为此对他夸奖不已。

事实上，冯道的涵养是一等一，怎样也不会发脾气。曾经有位军吏，性情粗犷，站在衙门前辱骂冯道，骂得相当难听。左右数次禀报冯道，请示该如何处置这位军吏，冯道笑笑说：“这个人必定是醉了。”

然后派人把军吏请入，大吃大喝一顿，又客客气气把他送走。军吏开心得不得了，当然也不再骂冯道了。

后唐明宗去世之后，闵帝即位，明宗的养子李从珂不服，起而叛变。冯道立刻准备率百官迎接新皇帝，催促卢导起草劝进文书，卢导不肯：“天子还在，为人臣者岂可如此？”

冯道不以为然，道：“事当务实。”所谓务实，就是他眼光准，看准闵帝不成了。果然李从珂打赢这场仗，是为后唐废帝。（后唐这段故事，前面说得很清楚，请互相参照。）

后唐废帝似乎比较不欣赏冯道，只派他掌祭祀的职事。冯道也不在乎，只要职位高，什么事都可以做。

后唐灭亡，石敬瑭急着向契丹献媚，他要冯道出使，向契丹行礼，表示对父皇帝的恭敬。

石敬瑭对冯道说：“此行非卿不可。”他颇为担心冯道会拒绝这个屈辱的差事。

不料冯道面上毫无难色，满口答应：“陛下受北朝恩，臣受陛下恩，有何不可？”

冯道愉快地前往契丹，耶律德光久闻冯道大名。当冯道到达西楼，他准备亲自前往迎接，臣子们都说：“天子无迎宰相之礼。”耶律德光才打消这个念头。

冯道风风光光自契丹归来，从此，朝政多半由冯道掌理。后晋高祖曾问他军事大计，冯道沉沉稳稳地回答：“陛下创建大业，神武睿略，为天下所知。臣本自书生，惟知守历代成规而已，臣在（后唐）明宗朝，明宗亦曾以戎事问臣，臣亦以斯言回答。”

后晋高祖听着很满意，也不想一想，明宗用了冯道，国家灭亡了，你还要重蹈覆辙吗？不过冯道这段话，正是他明哲保身的哲学，也是一道避祸的护身符。

晋高祖临终时，把幼子石重睿塞入冯道的怀中托孤。高祖去世之后，主战派景延广等要立齐王石重贵（即高祖侄儿，被契丹耶律德光呼为大眼儿的），是为出帝，冯道也默默不作声，反正他还是高居首相。

过了没多久，契丹耶律德光打中原，冯道又赶快去向新皇帝叩头。耶律德光责问他："你是哪种老子？"意思是说，你这个老东西算什么？

冯道回答："无才无德，痴顽老子。"耶律德光听了哈哈大笑，认为冯道能消遣自己，有幽默感，十分有趣，立刻封他为太傅。

耶律德光问道："天下百姓如何可救？"

冯道答："此时百姓，佛再出也救不得，惟皇帝救得。"

虽然冯道一言，使契丹暂时少杀一些人，但是冯道终究未能阻止耶律德光打草谷，他也不会为此与耶律德光伤和气的。

当耶律德光一走，冯道马上再向新皇帝后汉刘知远下拜，刘知远见他年老，任命他为太师。

后周太祖郭威灭汉，还是用冯道为太师中书令。只有到了后周世宗，这一位雄才大略的君主，不欣赏冯道的官僚作风。关于这一段，我们下回再详细叙说。

最后，冯道在后周世宗朝去世，享年七十三岁。

冯道死的时候，当时的人都很推崇他，甚且说"与孔子同寿"（孔子也是七十三岁而卒），这真是侮辱孔老夫子。

冯道本人对自己侍奉五朝十一主，十分得意。他写了一篇《长乐老自叙》云："在孝于家，在忠于国，口无不道之言，门无不义之货……为子，为弟，为人臣，为师长，为夫为父。有子，有犹子，有孙。奉身即有余矣……老而自乐，何乐如之？"自命为长乐老。

正因为这种长乐老，当时人不以为耻。一般人皆重现实，没有道德观念，没有忠君爱国思想，五代只传了短短的五十余年，却换了五个朝代，十三个君主。

后周世宗的雄心壮志

在前面《郭威的发迹》篇中，我们说到后汉高祖去世之后，其子隐帝即位。高祖心腹郭威平定李守贞之乱，隐帝在乱平之后，日渐骄纵。当时执政大臣杨邠、史弘肇等颇为跋扈……

隐帝对杨、史专权，日渐不能忍受。有一天，趁着他俩入朝，手无寸铁，把他二人都杀了。杀了之后，隐帝担心郭威也同为老臣，可能心中不安，于是一方面派人解决郭威，一方面迅雷不及掩耳地把郭威家人杀得一干二净，连婴儿也不留。

这时，郭威正在邺都留守，接到消息，心情沉痛万分。他把手下的将领召集拢来："我与杨、史诸公披荆斩棘，从先帝取天下，受托孤之任。今诸公已死，我何忍心独生？你们当奉行天子密诏，取我的首级回报天子。"

郭威一向待属下宽厚，部下个个都非常感动，红着眼睛劝郭威道："天子幼冲，此必左右群小所为，若使此辈得志，国家还能太平吗？我等愿随公入朝自诉，荡涤鼠辈，以清朝廷。"

郭威想想，徒死无益，遂举兵南下。李太后建议飞诏谕郭威，隐帝不肯听，非要打一仗不可，而隐帝朝中许多文武大臣，暗中都投降郭威。隐帝溃不成军，左右都先后逃溃。最后，隐帝一个人骑着马，单骑落荒，被乱兵所杀。

郭威听说隐帝遇害，非常难过，痛哭失声：“老夫之罪。”然后，他入宫觐（jìn）见太后，请早立隐帝子刘勋为嗣君。

太后说：“没有办法，勋久病，不能起床。”太后又命人把刘勋连人带床整个搬起，让大家看见确实是瘫痪了。于是，郭威率百官上表，立隐帝侄儿刘赟（yūn）为帝。

正在这个当儿，契丹大举入寇，太后连忙命令郭威带兵抵抗。郭威军队离开汴梁不远，就发生了问题：数千名将士大噪，又吵又闹，一块涌入郭威的营帐之中，不约而同地说：“我们与刘家已结下血海深仇，不能立刘家子孙为帝，还是侍中你来当天子吧！”

接着，不容分说，大伙把黄旗扯下，披盖在郭威身上。如此，皇袍加身，郭威就当了皇帝，是为后周太祖。郭威算是一个有良心的人，上表太后，愿奉之为母，后汉灭亡，享国只有短短四年。

在五代的皇帝之中，周太祖算是比较好的皇帝，他免除一些苛捐杂税，放宽刑罚。尤其后唐庄宗之后，动辄灭族的残忍刑罚也予以废止，使百姓稍稍喘一口气。

郭威，选自《三才图会》。

周太祖对大臣们说：“朕起于寒微，备尝艰苦，遭时丧乱，做梦也没料到当皇帝，哪儿敢厚自奉养以害百姓？”于是下令四方停止贡献珍美食物。

他又下了一道诏令：“朕生长军旅之中，不亲学问，未知治天下之道。文武百官有益国利民之术，可以写来告诉我，文字请切实，不必用华丽的辞藻。”

周太祖也的确尽力做到虚心纳谏，维持节俭的生活，他死前甚且遗言：“陵墓务求俭素，陵寝不须用石柱，以砖代替，用瓦棺纸衣即可！”

周太祖去世之后，由其养子柴荣即位，是为后周世宗，乃五代史中最为英明的君主。

柴荣乃太祖妻的侄子，父亲早逝，出身贫贱。他曾卖过雨伞和茶叶，东奔西闯，后来依靠姑丈，成为郭家的管家。

他出身民间，深知小民之苦，即位之后，首先整饬纲纪。当世宗发现左羽林大将军孟汉卿擅自多收税，立刻命令他自杀。有人说刑太重，世宗说：“我知道，不过要用他为例，惩戒百官，不许扰民。”

世宗对宦官也不姑息。他修永福殿时，发现有工役用木片当饭匙，用瓦盛饭，如此浪费工料，世宗大怒，立斩管理工程的宦官孙延希。等到官员们都知法守法，他稍稍放宽了刑罚。

周世宗柴荣，选自《三才图会》。

世宗初即位，北汉刘崇勾结辽国（契丹），大举入寇。世宗决定亲自率兵讨伐，老官僚冯道急急劝阻。

“刘崇看轻我年少新立（三十四岁），想吞并天下，我不可不自往。”世宗意志颇坚决，冯道又讲了许多不能去的理由。

世宗反驳道：“以前唐太宗创业，没有不亲征的，我怕什么？”

“陛下未可便学太宗。”一向狡猾的冯道竟然顶撞世宗。世宗颇为不悦，丢下一句“刘崇乌合之众，我兵力强大，破刘崇如山压卵”，掉头而去。

世宗果然能干，把北汉打得只能招架，不能还手，让朝臣大大信服。

回到开封之后，世宗努力整顿军纪。五代时期的中央军（禁军）素质差、纪律坏，又常常发动政变，用来威胁或推翻皇帝，后周世宗大力整顿，给中央军带来一番新气象。

另外，他又改革科举，整理赋税，疏通运河，并且改革佛教。当时佛教有许多恶俗如舍身、断手足、炼指、带钳（qián），表示对佛之奉献，世宗一概禁止。

后周世宗自称希望做三十年皇帝，十年开拓天下，十年休养百姓，十年致天下太平。他一心伐辽，想取回石敬瑭割让给辽人的燕云十六州。当时辽王耶律述律终日饮酒，喝完便睡，人称睡王。世宗兵不血刃收复瓦桥、益津、草桥三关，可惜突发重病，以三十九岁英年早逝。他七岁之子宗训仓促即位，殿前都点检赵匡胤叛变，周朝灭亡。五代结束，宋朝开始，中国历史又走向一个新的阶段。

中国历史故事

珍藏版

吴姐姐◎著

7

北宋

960—1127年

江西教育出版社
JIANGXI EDUCATION PUBLISHING HOUSE
·南昌·

赵匡胤（927—976年），选自《乾隆年制历代帝王像真迹》。北宋开国皇帝，涿郡（今属河北）人。出身军人家庭，多武艺，好读书，二十二岁时，离家游历，初投郭威帐下，后随世宗多方征讨，深得世宗信赖，累功封殿前都点检，典掌禁军。显德六年（959年），世宗病死，“主少国疑”。显德七年（960年），赵匡胤在陈桥发动兵变，登皇帝位，建立宋朝。在位十七年，其间宽减徭役，与民休养，去武臣兵权，用文人治政。史传赵匡胤曾给嗣君三戒：保全柴氏子孙，不杀士大夫，不加农田之赋。后世以为盛德之主。

——见《宋太祖征南唐》

赵普（922—992 年），选自《历代名臣像解》。字则平，北宋政治家，宋太祖的重要谋臣。幽州蓟（今北京市西南）人。仕后周、北宋两代。宋太祖时，三次入相，史称“刚毅果断，未有其比”。曾连续三天奏荐一人，太祖不用，且撕碎奏章扔于地。赵普神色不变，捡起奏章，粘补好后，又上奏举荐。太祖有所醒悟，终准其奏请。赵普多谋断，少读书，常读《论语》，有“半部《论语》治天下”之说。

——见《赵普任相刚毅果断》

王安石（1021—1086年），字介甫，江西临川人。聪敏超人，过目终身不忘，运笔如飞，顷刻便成佳文，二十二岁中进士，拒绝高职，只任外郡官员，勤政爱民，极有政声。王安石一生思虑北宋强盛，生活琐事，一概置之度外，常有惊人之举。熙宁二年（1069年），神宗启用他主持变法，王安石虽倾身投入，但他天性强项，未能得到士人的广泛理解；变法本身重理想，轻技术，众多方案未能贯彻到实际当中；未能提前培训人才，配合变法；终致变法失败。王安石是历史上伟大的政治家、学者，一生光明磊落，是中国文人的典范。

——见《王安石自甘淡泊》

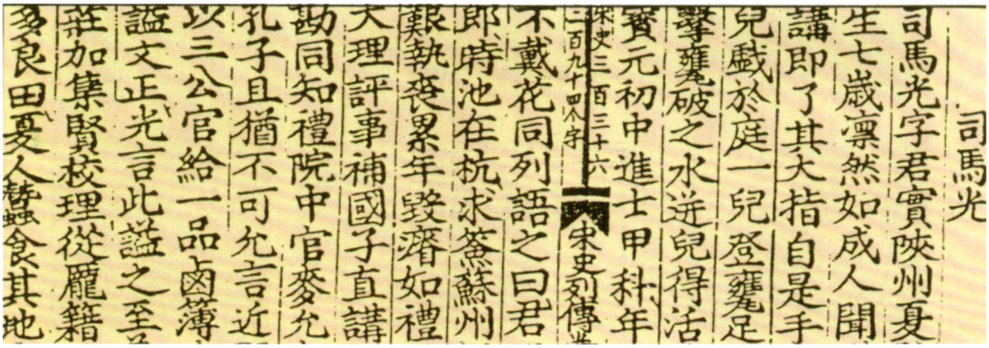

司馬光

司馬光字君實陝州夏

生七歲凜然如成人聞

講即了其大指自是手

兒戲於庭一兒登甕足

擊甕破之水迸兒得活

寶元初中進士甲科年

不戴花同列語之曰君

郎時池在杭求簽蘇州

艱執喪累年毀瘠如禮

大理評事補國子直講

勘同知禮院中官麥允

孔子且猶不可允言近

以三公官給一品鹵簿

謚文正光言此謚之至

雜加集賢校理從龐籍

多良田夏人蠶食其地

司马光（1019—1086 年），字君实，陕州夏县人。自幼嗜学，二十岁中进士甲科，踏入仕途，正直敢言，不畏权势。因与王安石政见不合，退居洛阳，编修《资治通鉴》，十九年而成，是与《史记》并肩的史学巨著。元祐元年（1086 年）任尚书左仆射，主持朝政，日夜劳于公事，病重也不自觉，夜半梦话，都是国家大事。同年溘然长逝，百姓听闻噩耗，都放下手中活计，购置白布祭奠，里巷一片哭声。司马光一生追求良善，近于固执，他的忠君爱民和对史学的贡献，永远为后世怀念。

——见《司马温公的风范》

程颢（1032—1085 年），选自《历代名臣像解》。字伯淳，河南洛阳人，与其弟程颐并称“二程”，是宋代理学的实际开创者。程颢少年时从学于大理学家周敦颐，领会孔子、颜渊之学。中进士后历任地方官职，注重教育，破除迷信，百姓倚为父母。程颢学问、修养过人，弟子受他教诲时，常感“如坐春风”。程氏兄弟继承孔孟道统，共同影响了中国以后的学术思想，是古今中外难得一见的思想家兄弟。

——见《程颢与程颐》

韩世忠（1089—1151年），选自《历代名臣像解》。字良臣，延安人。少年英伟，目光如电，能骑狂烈野马。北宋末年，宋徽宗迷恋花石纲，东南百姓不胜侵扰，漆园主方腊忍无可忍，挑动民变，东南大震，朝廷以大兵进剿，方腊率十万之众，避于青溪岩洞，官军无计可施。韩世忠自请出击，先设计接近方腊巢穴，然后亲率勇士突袭叛军栅寨，生擒方腊而归，长官王渊赞叹“真万人敌”。宋室南渡后，韩世忠成为抗金名将，和岳飞一样，是我国的英雄人物。

——见《韩世忠活捉方腊》

目 录

赵匡胤黄袍加身

在本书前面《后周世宗的雄心壮志》篇中，我们说到，周世宗一马当先，收复了瀛、莫、易三州，正准备进攻幽州（北京），收回石敬瑭割让的燕云十六州时，他忽然身体极为不舒服。

周世宗是一个坚强的英雄，在这个紧要关口，偏偏浑身不对劲，他本想撑熬过去，可是病来如山倒，逼不得已，班师回朝。

回到京师之后，世宗病倒在床，情况一天比一天严重，他只有三十九岁，正值英年，而且素来身强体壮，应该不会如此。但是，世宗自知大限将至，他在床上，忧愁极了，想想自己的儿子柴宗训不过只有七岁，怎么能把国家交给他呢？

尤其叫世宗不放心的是殿前都点检张永德，他既是禁军首领，又是后周太祖的女婿，屡次在阵前立下大功，而五代的后唐明宗李嗣源、后唐废帝李从珂，乃至本朝太祖郭威都是由部下拥立，推翻前皇，焉知张永德不会欺负七岁的柴宗训？

恰巧，周世宗这一回出征契丹，竟在半途中捡到一块三尺余长的木牌，上面写着“点检作天子”，世宗看了，一阵恶心，立刻把木牌扔弃，如今想来，一股寒意自背脊往上蹿。

于是，临危的周世宗趁着还有最后一口气在，下了一道命令，即日起撤销张永德的一切兵权，改派最可靠的赵匡胤为殿前都点检。

赵匡胤是涿（zhuō）郡（河北涿州）人。父亲赵弘殷，在五代后唐时，官飞捷指挥使，后来到了后周，又担任岳州防御使、检校司徒，官位不小，官运却不亨通。

赵弘殷本人是个武将，他的儿子赵匡胤也从小喜欢耍刀弄枪。据说，他在小时候，就表现出过人的领袖才能，带领小朋友玩骑马打仗的游戏，大家都听他的。打完仗后，赵匡胤还把大家编成队伍，一个一个送回家。

赵匡胤到了能骑真马的年龄时，和旁人不一样，喜欢骑劣马。有一天，他跨上一匹顽劣不堪的野马，两足一蹬，马儿飞也似的猛冲上前，赵匡胤抓紧了马鬃，任凭马儿狂奔。突然，马儿跑到了城楼斜道，他来不及弯下腰，被城门撞倒滚下马来。

旁观的人都准备收尸了。不料，赵匡胤爬起来，飞奔急跑，赶上了马儿，一跃上身，又飞上马背，这身功夫漂亮极了。

然而，这位容貌雄伟、器度万千的年轻人东奔西走，却找不到适合发展的机会，也没有赏识他的伯乐。有一回，他穷途末路路过襄阳，在庙里遇见一位老和尚，老和尚见赵匡胤这般潦倒，不但没有收他的香火钱，反而给了他一笔路费，对他说："小伙子，你往北边碰碰运气吧。"

于是，赵匡胤前往北边，投靠在郭威麾（huī）下，此时，后汉朝中将相不和，隐帝杀了史弘肇（zhào）、杨邠（bīn）等大臣，连对朝中最有功劳的郭威也不放过。

郭威的部下都说："天子年幼，为小人包围，希望你入朝以清君侧。"郭威入朝，隐帝为乱兵所杀，结果，当郭威奉太后命讨伐契丹时，走到半路，将士们不由分说，把黄旗撕裂，盖在郭威身上，郭威就当了皇帝，是为后周太祖。

赵匡胤因为参与这一幕，很得太祖欢心，以后，太祖去世，柴荣即位，是为周世宗，对他更加宠信，特别是在高平之役中，北汉主刘崇勾结辽国，大举入寇，当时情况十分危急，连周世宗都陷入重围，赵匡胤冲入阵中，汉军大溃，他又乘胜攻河东城，左臂中了流矢，还是不挫（cuò）其勇，世宗看在眼中，万分欣赏，归来之后，立刻提擢（zhuó）他为殿前都虞（yú）候，领严州刺史。

之后，赵匡胤又屡次跟随世宗出征，连战连捷，官爵扶摇直上。世宗对他深信不疑，因此才换下了张永德，改派赵匡胤为殿前都点检。

世宗去世后，恭帝柴宗训七岁即位，还是个小朋友，国事当然抓在老臣手里，正在此时，镇州、定州传来消息，说是契丹入侵，朝廷便慌慌张张派遣赵匡胤出征。

出师的前夕，京城里大街小巷都在散布流言："策点检为天子。"也就是要改朝换代啦。

当赵匡胤率大军到陈桥驿，安营下寨，他多喝了几杯老酒，昏昏沉沉地睡去，到了黎明时分，麾下的几位部将前来叩寝室的门。

赵匡胤开了门，将士们擐甲执兵，一字排开站在庭院中，对着在伸懒腰的赵匡胤道："诸将无主，愿册太尉为天子。"然后，不由分说，把黄袍往赵匡胤身上一披，

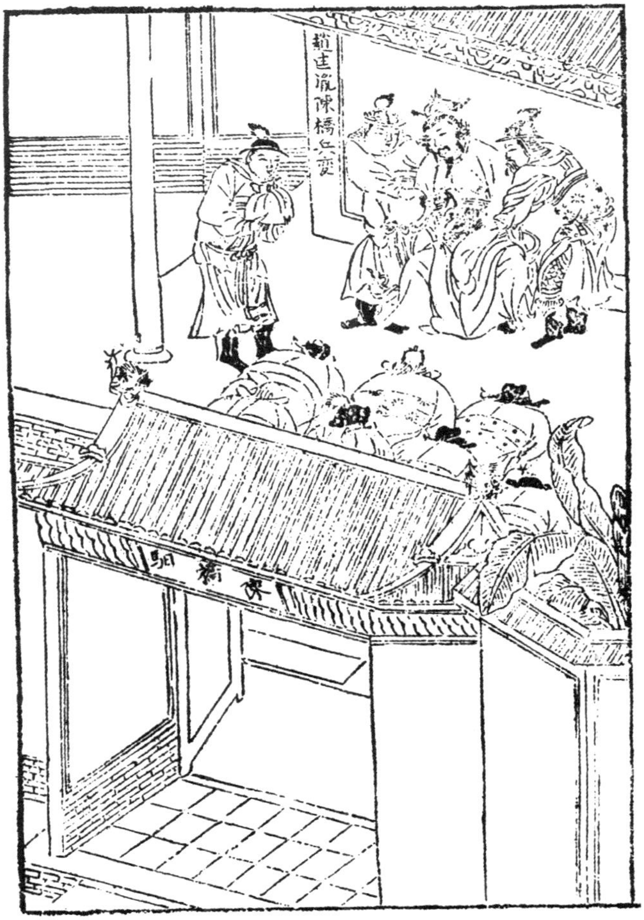

赵匡胤黄袍加身，选自《南宋志传》。

诸将们跪在地上呼万岁，又扶着赵匡胤上马。

赵匡胤骑在马背上，对诸将说：“我有号令，你们能听从吗？”一个一个将领都跳下马来道：“惟命是从。”

“第一，不得惊犯周太后；第二，不得侵凌周朝的公卿；第三，不得掠夺朝廷的府库；第四，不得抢劫人民。”赵匡胤一口气说了四个条件，诸将们齐声呼“诺”，于是一行人前往京城。

赵匡胤对宰相范质说：“我身受世宗厚恩，但为将士所迫，违负天地，今至于此。”范质难过地走下殿来，握紧王溥（pǔ）的手说：“仓促遣将，吾辈之罪也。”他的手指甲掐入王溥的肉中，渗出一滴滴的鲜血。

赵匡胤即位，是为宋太祖。陈桥兵变乃千古疑案也，因为不是说契丹入侵，赵匡胤才出征吗？怎么后来契丹没有下文？还有，当年拥立郭威为天子，仅是把黄旗撕裂暂且披一披，赵匡胤怎么事先定做好的黄袍？黄袍是皇帝才有资格穿的，大臣最多只能穿朱色紫色的袍衣，因此史家怀疑陈桥兵变乃预谋也，是一桩预谋的事变。

宋太祖征南唐

宋太祖当了皇帝之后，首先把周朝不服的将领镇压下去，巩固内部，然后进行全国统一的工作。五代时期有十国分立，宋朝建立之后，全国依旧有荆南、后蜀、南汉、南唐、吴越、北汉等国分裂割据。现在要讲的是平南唐的经过，南唐君主乃大家都耳熟能详的李后主。

南唐是五代初期夺取吴国建立的政权，山明水秀，物产富饶，周世宗时代，大举出征，南唐尽失淮南之地。到了宋朝建立之后，南唐主李璟（jǐng）立刻以绢二万匹、银万两，祝贺宋太祖登帝位。

以后，李璟更是一年四季不断入贡土产珍异，金银器用，丝帛茶叶，以讨太祖的欢喜。

当宋太祖平定扬州时，宋朝水师日夜在建康（南京）附近演习，李璟担心京城建康不安全，迁都豫章，留太子李煜（yù）守建康，李璟因病在豫章去世，李煜即位。

李煜正是中国历史上的帝王之中，最具有文采的皇帝之一，他的词光芒万丈，照耀古今，然而他却也是一位不负责任又差劲的君主。

李后主，名煜，字重光，本名从嘉，从小聪明伶俐，工书画、知音律。他即位之初，立刻仿效先皇，向宋朝进贡大批的金器、银器、纱罗缯彩，并且写了一篇十分卑屈的表上给宋太祖。

以后，宋朝凡是出师告捷，或者有任何大大小小的喜事，李后主逮着名目，马上遣使祝贺，献上厚礼，举凡金银绸缎、古玩珍品，只要江南有名的好东西，李后主都精心挑选，孝敬太祖。

开宝四年（971 年），宋太祖灭南汉，当宋朝攻打南汉时，李后主曾经写信给南汉王，劝他向宋称臣。如今南汉已灭，他忐忑不安，上表太祖，自动要求把唐国主改为江南国主，唐国印改为江南国印，改中书门下省为左右内史府，翰林为文馆，降封诸王为国公，总之，李后主用自贬身价的方式，希望宋太祖能放他一马。

南唐的南都留守林仁肇是一位猛将，他知道南唐与宋朝之间终究不免一战，建议李后主，趁着宋朝刚灭岭南，元气未复，先发制人。李后主哪儿敢呢?

宋朝也知道有林仁肇这么一个大将，想了一条妙计对付：

宋朝派人贿赂林仁肇的侍者，窃取林仁肇画像，把这幅像悬在别室之中。然后，太祖故意指着画像，问江南来的使者："这是什么人啊？"

"南都留守林仁肇也。"使者恭恭敬敬地回答。

宋太祖说："仁肇准备来降，先以这幅画为信物。"

然后，宋太祖又指着一所空大的房舍说："这是我准备赐给林仁肇的。"

使者回去之后，一五一十禀告李后主，李后主也不多加考虑，立刻把林仁肇毒死了，等于是自断胳臂。

开宝七年（974 年），宋太祖下诏要李后主入京，后主三年前派弟弟李从善入朝，被太祖扣了下来，一直不肯放人，后主哪有胆量自己去闯，只托病不入朝。太祖就用这个为理由，积极准备南下。

李后主手足无措，最后想到一个办法，派遣学士徐铉（xuàn）入宋朝，希望徐铉能用三寸不烂之舌，说服宋朝打消这个南征的念头。

宋朝的大臣们，警告宋太祖："徐铉博学有辩才，陛下应该先有准备才是。"

太祖微微一笑："你们去吧，这件事不是你们所能知道的。"

一会儿工夫，徐铉入朝晋见，他一入殿堂，仰首大笑，先声夺人："李煜无罪，陛下师出无名。"

宋太祖召他上殿，徐铉一口气说了半天，滔滔不停，大意是说：“李煜侍奉陛下，有如儿子侍奉父亲，他没有做错任何事，你为何要去讨伐？”

“父子可以不同姓吗？”宋太祖淡淡地回了一句，徐铉回答不出，只得垂头丧气返回江南。

宋太祖赵匡胤，选自《乾隆年制历代帝王像真迹》。

过了一个月，徐铉又受后主之托，再次前来说情，徐铉低声下气地说：“李煜因为生病，不能前来朝谒（yè），绝对不是有意拒诏，乞求陛下缓兵，以保全邦国之命。”如此反复再三，说了又说。

宋太祖搭着眼皮，爱理不理，徐铉也动气了，声调不自觉地提高，太祖最后动了肝火，他按着剑说：“不需要你再多言，你说的没有错，江南没有罪，但是天下一家，我皇帝卧榻之侧，岂容他人酣睡？”

说的也是，天下一家，宋朝皇帝姓赵，怎可留一个姓李的在称王？

小楼昨夜又东风

南唐李后主对宋太祖俯首称臣，卑躬屈膝，然而，宋太祖仍然不放弃统一全国之心愿。

此时，樊若水建议宋太祖，在长江建浮桥运军队，宋太祖接受了。于是，按照樊若水的图表，不过三天的工夫，已把浮桥搭建完成，可见中国古代科技颇为发达，宋朝的大军，纷纷自这座大桥渡到江南。

李后主听说宋兵在长江搭造浮桥，顺口问臣子张洎（jì），张洎摇摇脑袋，不屑地说："自古以来，从没听说长江可以造浮桥之事。"

"我也认为这是儿戏。"李后主放心地下了结论。

直到开宝八年（975 年），宋兵都到了城下，李后主还茫然不知，前方告急的军书，也到不了他手上，后主仍旧过着风花雪月的日子。

有一天，他登上城楼赏玩风景，忽然看见宋朝大军列棚于外，旌旗遍野，吓得慌了手脚，这才知道被左右蒙骗，把近臣杀了，派兵去切断浮桥，却为时晚矣，京城不久就被宋朝军队所破。

当初，宋太祖派曹彬南征时，曾经告诫他："江南之事，完全委任于你，切勿暴掠生民，俾（bǐ）自归顺，不必急攻。城陷之日，勿滥杀无辜。"

因此，在这宋兵将要入城之际，怎么样使士兵不乱杀乱抢，真是伤透脑筋，于是，曹彬只得装病了，不问兵事，将领们都很着急，不约而同前来请安，曹彬躺在床上，吸了一口气，对着将领们说："我这个病不是药石可以医治的，假如各位愿意发誓，破城日不妄杀一人，那么，我这个病才医得好。”

原来曹彬是不放心此事，诸将们各自点了一枝香，向上天发誓，保证不伤百姓，曹彬立刻自床上坐了起来。

诸将由于焚香盟誓在先，倒也个个遵守诺言，曹彬率军入城，军律十分整齐。

李后主已听说了这个消息，脱去上衣，与文武百官跪在军门，奉表纳降。曹彬倒是颇为客气，欠欠身道：“介胄（zhòu）在身，不能回拜。”

开始时，李后主准备了大批木柴堆在宫中，准备焚火自尽，曹彬安慰他说：“你归顺宋朝之后，俸禄有限，恐怕不够你花费，你能带就多带一点儿走吧。”

眼看着曹彬打发李后主回去多装珠宝，梁迥（jiǒng）等将领十分担心埋怨：“万一他回宫后反悔，后果谁来负责？”

曹彬只是笑笑。

梁迥又说：“你难道不知道他连木柴都堆好了，只等放火自尽。”

曹彬这才开了口：“李煜素来优柔寡断，他既然已经投降，必不可能再自杀，你们用不着担心。”

果然，李后主还是出来了。

此时，正是十一月，天寒地冻，李后主在蒙蒙细雨

曹彬装病禁杀，选自《马骀画宝》。

之中，带着心爱的小周后，在宋军的“保护”下，伤心地离开故国，前往宋朝。

第二年正月，李后主到达宋朝国都汴梁，宋太祖在明德楼中接见他，封他为违命侯，表示他违抗朝廷的命令。

从此，李后主开始了他被软禁的生活，据他自己形容：“此中日夕，只以眼泪洗面。”

有一回，宋太祖宴请大臣，也给他排了位置，李后主尽管满心不想去，身为俘虏，又哪儿能拒绝。

在席上，宋太祖有意消遣他：“听说你好作诗词，念一联你最得意的，给大家听一听。”

李后主沉思半天，方才缓缓地说：“揖让月在手，动摇风满怀。”

这两句实在很美，宋太祖偏要出他丑：“满怀的风到底有多少？”

这该如何回答？李后主默默不语。

“好一个翰林学士！”宋太祖嘲讽地冷笑着。

第二年，宋太祖去世，宋太宗即位，削去他违命侯的封号，改封他为陇西郡公，月俸很薄，李后主只有厚着脸皮请求增加，太宗不准。

有一天，宋太宗在崇文院观书，把李后主也找了去，乜（miē）着眼睛对后主说：“听说你在江南好读书，这些都是你在江南的旧物，你归朝之后，还有没有再读书啊？”

李后主在此时此地目睹旧物，难过得快要哭出来了，也只有低下头，强忍住泪水。

太平兴国三年（978年），太宗有一天问徐铉：“你有没有见过李煜？”（徐铉的故事见上篇）

“没有啊，我哪敢私见？”

于是，太宗命徐铉去见李后主，君臣相见，抱头痛哭。太宗听说，十分厌恶，恰巧那天是七夕，后主的生日，后主命歌伎作乐，也让太宗恼怒，再加上太宗看到后主的新词：“春花秋月何时了，往事知多少？小楼昨夜又东风，故国不堪回首月明中；雕栏玉砌应犹在，只是朱颜改，问君能有几多愁，恰似一江春水向东流。”

太宗见后主不忘故国，赐他牵机药。牵机药乃一种毒药，吃后手足抽筋，头足相就，卷成一团痛苦而死，后主死时不过四十二岁，真惨！

要一个艺术家谈忧患意识，好像很杀风景，苟且偷安不顾现实，就不免要步李后主的后尘。介绍他的政治生涯后，对他的文学生命才能有更深一层的体会，下篇我们再谈李后主的其人其词。

别是一番滋味在心头

作为一个君主，李后主是彻彻底底地失败了，然而，他却是中国历史上光芒万丈的不朽词人。

李后主李煜，天资敏慧，容貌出众，据说他与舜一般，一只眼睛中有两个瞳孔，古人认为重瞳乃帝王之相。

后主的父亲李璟，也是一位有名的词人，而且多才多艺，李后主从小沐浴在文艺气息浓厚的环境之中，会写会画，妙解音律，加上天生心慈情厚，多愁善感，很快成为贾宝玉般的翩翩美公子。

十八岁那年，李后主娶了昭惠后。昭惠小名娥皇，人称大周后，不但人美，既通书史，又善歌舞，尤工琵琶。这一对金童玉女携手共度无数浪漫时光。

据说，他俩的后宫未尝点烛，每夜悬一颗大宝珠，光照全宫，后宫布置得富丽堂皇，挥金如土。李后主在《一斛珠》这阕词中形容大周后唱起歌来是“一曲清歌，暂引樱桃破”。

“破”这个字，本来颇为不雅，但是李后主这个“破”字用得多美，一颗细圆娇艳的樱桃，开一个小口，描写大周后歌唱的神情，不但李后主陶醉，后人也为之神往不已。

但是，李后主是位天性风流的君主，当大周后生病时，他又爱上了大周后的妹妹，人们称之为小周后。

小周后风姿佳妙，当时只有十五岁，在大周后生病期间，时常偷偷与姊夫幽会，两人“慢脸笑盈盈，相看无限情”，李后主曾用小周后的口气，叙述这一段风光：“花明月暗飞轻雾，今宵好向郎边去，刬（chǎn）袜步香阶，手提金缕鞋；画堂南畔见，一晌偎人颤，奴为出来难，教郎恣（zì）意怜。”（在这个月色朦胧晨雾弥漫的时候，小周后袜子没系好，手上提着金缕鞋，蹑手蹑脚像小猫一般去幽会；到了画堂边，见到后主还心跳不止，偎在他身旁发抖，出来一趟这么难，后主当然要多多疼小周后一些了。）

大周后八成也知道这件事，因此《南唐书》记载，小周后在大周后旁侍奉汤药，大周后不知道。有一天，她忽然发现小周后立在帐前，大吃一惊：“妹妹在这里？”然后一生气，立刻反卧，再也不肯把脸转过来。

除了大小周后，李后主后宫佳丽无数，其中他特别宠爱一个叫窅（yǎo）娘的宫女。窅娘身材窈窕，舞姿曼妙，她用布帛把脚缠了起来，与新月一般弯曲有致，然后穿上素色袜子在六尺高的金制莲花上跳舞，飘飘然有凌波之态，相传中国妇女缠足，三寸金莲自此开始。

李后主沉溺于声色之中，快乐极了，有臣子潘佑上书劝谏，后主颇为不悦，把潘佑杀了。

过了没多久，大周后香消玉殒。李后主非常伤心，虽然小周后的继立，带给他一些安慰，然而国事日非，李后主尽管曲意巴结宋朝，宋太祖却以“卧榻之侧，岂容他人酣睡”为理由，非把南唐灭了不可。

最后，曹彬渡江，金陵沦陷，李后主肉袒（tǎn）出降，全家北迁，他在一日之间，由一国之君被降为俘虏，而且被封了一个难听的——违命侯。

李后主在忏悔无奈之余，写下了《破阵子》：

四十年来家国，三千里地山河。
凤阁龙楼连霄汉，玉树琼枝作烟萝。
几曾识干戈？

［南唐自李昪（biàn）开国至今已四十年，拥有三千里大好河山，雄伟的楼阁，高耸入云；茂密的花草，烟聚萝缠，我在这个无忧无虑的环境之中，几时晓得战争这回事呢？］

一旦归为臣虏，沈腰潘鬓销磨。
最是仓皇辞庙日，教坊犹奏别离歌。
垂泪对宫娥！

（一旦做了俘虏，腰也弯了，发也白了。最让我难堪的是当年金陵沦陷，仓皇拜别祖先，宫廷乐队还在为我演奏离别歌，对着宫女，我只有暗自垂泪。）

从此之后，李后主自天堂坠入了地狱，求生不得求死不能。在早期，李后主的作品，美则美矣，但也不过是青春的享乐，纵情的欢笑与活跃的

仕女卷，明杜堇绘，上海博物馆藏。

生命；到了后期，遭受人世间痛苦的折磨、嘲弄、侮辱，对过去充满了悔恨与怀念，他的每一阕词都是血，都是泪，不再是无病呻吟，而是深刻又绝望的感情，他在这个时期产生出来的作品，真可说是永垂不朽。

譬如这首大家所熟悉的《浪淘沙》的上半段：

帘外雨潺潺，
春意阑珊，
罗衾不耐五更寒。
梦里不知身是客，
一晌贪欢。

（窗外绵绵细雨，春意将残，丝绸的被子，挡不住午夜的寒气，想起刚刚在梦里，我又回到了江南，享受过去的生活，在美梦里不知道这只是虚浮的客境，是那么贪图欢乐啊！）

最后，宋太宗认为李后主念念不忘故国，赐他牵机药，让他痉挛而死，那时正是七月七日的晚上，他不过四十二岁。

王国维说："词至后主，眼界始大，感慨遂深。"李后主的词是中华文化的瑰宝，我们今天读了都会感动得下泪，正如同他在《相见欢》中的："无言独上西楼，月如钩，寂寞梧桐深院锁清秋。剪不断，理还乱，是离愁，别是一番滋味在心头。"细细咀嚼，相信大家都别有一番滋味在心头。

花蕊夫人

花蕊夫人，这是何其美丽的名字！在中国古代，一共有两位花蕊夫人，一位是前蜀主王建的妃子，亦称小徐妃，还有一位是我们要介绍的后蜀主孟昶（chǎng）的夫人。

后蜀是十国之一，由龙冈人孟知祥所建。孟知祥死后，太子孟仁赞继位为皇帝，改名为孟昶。花蕊夫人本姓费，青城人，貌美善文，孟昶对她十二万分的宠爱，因此赐名为花蕊夫人。

孟昶是个糊涂皇帝，而且性好奢侈，连便壶都用七种宝石镶刻而成。蜀国乃天府之国，孟昶尽情搜括，也放任臣下效法。

当时的宰相张业为着欺负百姓，竟然在家中自设牢狱，甚且挖人家的祖坟，盗取陪葬的宝物，搜括财物竟然到了地下，地上更是无所不为了。

宋太祖平定荆南之后，把目标指向后蜀。刚好此时蜀国山南节度判官张廷伟对枢密院事王昭远说："你素来没有勋业，又做到枢密这样的高官，如果不建立大功，如何能让天下人心服，塞悠悠之口，还不如与北汉通好，劝他们发兵南下，我们左右夹攻，让中原（宋）腹背受敌。"

王昭远认为这个主意很不错，派人携带蜡丸，其中包着书信，送往北汉。谁知道送信的人把蜡书交到宋太祖手上。

宋太祖一看蜡书，大为高兴："朕如今师出有名。"

孟昶听说宋朝出兵，心中有些害怕，他对王昭远说："今天这场祸事是你找出来的，你要为朕立功！”

王昭远手中拿着铁如意，大模大样地指挥军队，自比为诸葛亮，他喝得醉醺醺时，挥动着手臂说：“我这次出征何止是克敌，就是取中原也是易如反掌。”

这位赛诸葛亮话说得挺漂亮，与宋军一接触，三战三败。孟昶慌了手脚，派儿子孟玄喆为元帅，孟玄喆与其父一般是个绣花枕头，而且爱漂亮到了极点，红旗的木棍也包上了锦缎，正要出发，下雨了，孟玄喆赶快把军旗收拾起来，免得给淋湿了，而且还带着姬妾、乐器、伶工一块出征。看到这光景的人都吃吃暗笑。

打仗又不是上戏台，这种队伍还没开到前线，听说剑门失守，吓得转头就跑。孟昶只有投降，他叹了一口气说：“我和父亲用丰衣美食养了四十年军队，一旦遇到敌人，不能为我向东发一矢，我如果想抵抗到底，又有谁肯效死？”

花蕊夫人就是这位昏君最为宠爱的佳丽。在宋朝军队没有前来之际，他二人风晨月夕，倒是过了一段恩恩爱爱的日子。

宋朝的大文学家苏东坡曾经说过，当他七岁的时候，遇到峨眉山上一位姓朱的老尼姑，老尼姑已有九十高龄，她告诉苏东坡，自己年轻时随着师父入过孟昶宫中，有一天非常炎热，见到孟昶与花蕊夫人在摩诃（hē）池上纳凉，孟昶作了一阕词：

冰肌玉骨清无汗，水殿风来暗香满。
帘开明月独窥人，攲枕钗横云鬓乱。
起来琼户启无声，时见疏星渡河汉。
屈指西风几时来，只恐流年暗中换。

这阕词的意思是——冰做的肌肤、玉做的骨骼，自是一片清凉，没有汗珠。清风自水阁送来，一阵又一阵的幽香。打开窗帘，可以看见一轮明月照在佳人身上，只见枕头斜侧，金钗歪插在蓬松的秀发之中。

——于是起身到了庭院，四周寂静无声，一颗颗的小星星渡过银河，用手指算算看，西风什么时候会来到？不知不觉之中，光阴就悄悄在暗中飞逝了。

后来，苏东坡就利用这阕词，写下了脍炙人口的《洞仙歌》：“冰肌玉骨，自清凉无汗。水殿风来暗香满。绣帘开、一点明月窥人，人未寝、欹枕钗横鬓乱。起来携素手，庭户无声，时见疏星渡河汉。试问夜如何？夜已三更，金波淡、玉绳（星名）低转。但屈指、西风几时来，又不道、流年暗中偷换。”

孟昶与花蕊夫人的好景不常，宋太祖南下，攻陷蜀京，孟昶和花蕊夫人被俘北上，花蕊夫人感伤之余写下：

花蕊夫人，选自《吴友如画宝》。

初离蜀道心将碎，离恨绵绵。春日如年，马上时时闻杜鹃。

据说，写到这儿，宋朝大军频频催行，没有写完，后人帮她完成后半段：

三千宫女皆花貌，妾最婵娟。此去朝天，只恐君王宠爱偏。

此处的君王指的自是孟昶，宋太祖早在伐蜀之前，已为孟昶在汴水之滨准备好住的房子，有五百多间大大小小的屋子，布置豪华，然而孟昶十分郁郁不乐，不久即死。

花蕊夫人不得不再嫁宋太祖，当太祖问她，蜀国何以败亡，她气愤地以一首诗回答：

君王城上竖降旗，妾在深宫哪得知。
十四万人齐解甲，更无一个是男儿。

的确，十四万大军毫无斗志，令人生气，但也是五代的风气，何况，后蜀败亡最大责任仍在孟昶。

花蕊夫人因为思念孟昶，自己画了他的像，悬在房中，日夜膜拜，惹得太祖相当不悦。据说她曾屡次下毒要杀太祖，太祖怜香惜玉不忍杀害。后来宋太宗在打猎时，一箭射死了这位美人儿，也算是红颜薄命吧。

杯酒释兵权

在中国古代，从夏朝到清朝为止，一共有三十二个朝代，其中国祚（zuò）最长者为周代，有七百九十一年，最短的是五代时期的后汉，一共只有四年。国祚的长短因素很多，但是凡是国祚比较长的，一定是它的开国君主会为后代多想一想，对国家一切制度有详尽规划，譬如说唐高祖、唐太宗，譬如说我们这回要讲的宋太祖。

宋太祖刚刚即位不久，有一天他与宰相赵普谈论天下大事，他长叹了一口气道："自唐朝以后，几十年间，换了八个姓氏的十二个皇帝，你争我夺，兵争不息，生灵涂炭，这是为什么呢？我想天下一劳永逸，长治久安，你看有什么好办法？"

"陛下能想到这个，实天下之福也。"赵普接着说，"唐季以来，战争不息，最主要的原因是节度使的权力太大，君弱臣强而已，如果能把节度使的权限减弱，天下自然太平了。"

话还没说完，宋太祖摇摇手道："你不必再说，我知道了。"

当时石守信、王审琦这些人都是宋太祖未当皇帝以前的老朋友，都在掌管禁兵。赵普曾经向宋太祖说了好几次，请求改派他们其他职务，免得对朝廷不利。

宋太祖有些不耐烦地回答："这些人一定不会背叛我，你担心什么？"

赵普又苦口婆心地劝道："臣不是忧虑他等会叛乱，可是据臣的观察，他等都没有统御部下的才能，万一军队作孽，胁迫行事，他们可能会身不由己。”

想当初，宋太祖也是被拥有兵权的大将黄袍加身，轻易地把周朝的政权抢夺过来，因此想一想，实在颇为担心人家依样画葫芦。

建隆二年（961年）二月，宋太祖邀请石守信、王审琦等人喝老酒，不拘形式地说说笑笑，喝到耳根子都发红之际，宋太祖把伺候的太监、宫女都撤了下去，然后端起一杯酒，若有所思道：“哎，想当年，若不是卿等拥戴，我怎能当上皇帝？但是当了天子实在太痛苦了，还不如做节度使来得快乐，当皇帝之后，我从来没有高枕安眠。”

宋太祖雪夜探赵普，明刘俊绘。图中堂上赵普拱手而坐，正在向太祖赵匡胤侃侃而谈。

“喔，为什么？”众将一致投以怀疑的眼光。

“何必多此一问？”宋太祖冷冰冰地说，“皇帝的宝座，谁不想要？”

这下子把石守信等人吓慌了，赶紧下位，跪地顿首，酒也惊醒了：“陛下何出此言？今天下已定，谁敢再有异心？”

宋太祖笑笑道：“你们固然如此，但是万一有一天，你们的部下有欲富贵的将领，把黄袍加在你们身上，你们就是不想要造反，到了那时候，还由得着你们吗？”

石守信、王审琦等人你看我，我看你，个个背脊冒冷汗，急得眼泪都流出来了：“臣等愚昧无知，没有想到这些，请陛下可怜可怜我们，指示一条生路。”

“生路当然有，”宋太祖顿了一顿又道，“人生如白驹过隙，之所以要求富贵，也不过是想多积金钱，使自己一生一世享受不尽，并且给子孙留下富贵产业。你们为何不释去兵权，广置良田美宅，为子孙立永远之业。家中多置歌伶舞伎，日夜饮酒相欢以度终年。然后朕与卿等，结成儿女亲家，通婚示好，君臣之间，两无猜疑，上下相安，你们说，这样不是挺好的吗？”

宋太祖的暗示已经这般明显了，石守信等要是还听不懂，就只有与韩信等功臣一般，等着被汉高祖杀掉了。

石守信等人等太祖话一讲完，赶紧再叩首曰：“陛下对臣等实在设想得太周到了，所谓生死而肉骨也。”

到了第二天一大早，石守信等人都各自称病，乞求解除兵权。宋太祖当然立刻答应了，以石守信为天平军节度使、高怀德为归德军节度使、王审琦为忠正军节度使……这些节度使并没有实权，人在京师，领高薪，过着豪华的生活。

宋太祖杯酒释兵权，尽力推行中央集权制度，除此之外，若想革除五代君弱臣强之弊，首先需要自心理着手。

在唐朝，君臣之间是相当平等的，大臣见君则列坐殿上，然后讨论国家大事，像唐太宗与臣子还颇为亲热。

宋太祖当了皇帝之后，群臣依旧坐着与皇帝论事，有一天，宰相范质等坐着与宋太祖议论，太祖忽然间说：“我眼睛花了，看不清楚，你把文书拿过来我看看。”

君主有令，范质马上起立把文书呈给宋太祖过目，宋太祖看完之后，范质想要回座位，却发现宦官已悄悄把座椅给移走了。范质当然不好意思问:“咦，我的座位呢?”只好站着。从此之后，坐论之礼遂废。满朝文武大臣都站着，宋太祖的用意是提高帝王的威仪，我坐着，你站着，你就比我矮上一截，使臣下对帝王由于地位之悬殊产生一种尊敬心理。

宋朝的臣子还好，还算是站着，明朝多半是跪着，当然有时也有赐座。到了清朝不但是跪，而且趴在地上，有所谓三跪九叩，帝王专制一天甚于一天。

除了收回军权，由于五代以来，地方武力强大，地方官常凭借武力来反抗中央，宋太祖设法削弱地方武力，使精锐的军队都隶属中央，地方只有老弱残兵，同时，各地方收入财赋，除保留一小部分地方需要的经费之外，余下的都得呈交中央。

杯酒释兵权，使宋朝的武力收归皇帝直接掌管，免除藩镇之祸，使宋代没有地方割据，但也带来若干坏处。最大的坏处是地方武力的空虚，一旦遇到外患入侵，地方没有抵抗的能力。

宋太祖奖励气节

在《杯酒释兵权》之中，我们说到，由于五代军队将帅十分跋扈（hù），常常发动兵变，推翻政府，宋太祖惟恐重蹈覆辙，邀请功臣石守信、高怀德等人喝酒，劝他们辞去军职，放弃兵权，皇帝可以赏赐他们大笔财产，养老享福。

石守信等人既然交出了中央禁军大权，出守外藩，宋太祖还需要有一个专人统率禁兵，乾德元年（963 年）二月，天雄军节度使符彦（yàn）卿来朝，宋太祖想用他来典兵。

宰相赵普以为符彦卿名位已盛，不能够再把兵权交给他，屡次上谏，宋太祖不理。

命令颁下之后，赵普又前来晋见："希望陛下深思其中利害，不要做了让自己后悔之事。"

"奇怪了，"宋太祖满怀狐疑地问，"你为什么不相信彦卿，朕待彦卿至厚，彦卿岂能负朕？"

"陛下何以能负周世宗？"赵普一句话顶了过去，宋太祖当场哑口无言，想周世宗待宋太祖恩重如山，他却欺人孤儿寡妇，夺走江山，谁知彦卿又如何？

于是，符彦卿这件事暂时搁置。

不过，宋太祖也并非那么没有度量之人，如果臣下没有篡国之险，一般而言，他倒是颇体恤下人。

《国老谈苑》这本书中记载：宋太祖曾经宴请翰林学士王著，酒席散去之后，王著乘着酒醉，高声喧哗，宋太祖念他是前朝（后周）学士，很客气地请人把他扶出去。

谁知王著不肯走，靠着屏风，卷起衣袖，抽抽搭搭哭了起来，而且愈哭愈伤心，左右看着不像话，硬把王著拽了出去。

第二天有臣子上奏：“王著逼门大哭，思念周世宗。”满以为宋太祖难堪之余，一定会严惩王著，岂料宋太祖只淡淡说了一句：“这个人是个酒徒，以前在周世宗幕府之中朕与他很熟，况且他乃一书生，虽哭世宗，又能怎么办？”

酒徒未必不能成大事，汉高祖刘邦就是一个不折不扣的酒徒，主要是因为王著乃一文人书生，秀才造反，三年不成，怕他什么。

因此，宋太祖一概用文人为州刺史，他曾对赵普说：“五代方镇残虐，民受其祸，朕今用儒臣干事者百余人，分治大藩，纵使文臣贪污，也不及武臣十分之一为害。”宋朝一直采用重文轻武政策，政府中重要的职位都由文人担任，武人受到歧视，这固然使得宋朝没有武将跋扈，却也过于文弱，不堪一击。

宋太祖除了收回中央军权、财赋，还有意壮大中央军力，削弱地方的力量。

宋代的中央军叫禁军，从全国各地军队中挑选身强力壮者组成，据说规定要琵琶腿（大腿胖，小腿瘦，大腿远远粗过小腿）及车轴身（身材是腰细臂宽），如此才合禁兵标准。他还选了一批琵琶腿、车轴身的“兵样”送到各地当样本儿，逐一挑选。

挑剩下的老弱残兵，留在地方称为厢军，厢军到后来都成为泥水匠、挑夫，根本没法打仗。

此外，宋太祖更积极培养忠君爱国观念，在中国古代君主政治之下，帝王是政治的中心，王朝的象征，忠君即忠于朝廷。

北宋禁军武官，宋《大驾卤簿图》局部。

五代是自秦朝到清朝之间，国祚非常短的朝代，五代的创业帝王不能培养忠君观念是重要原因之一。五代的人脑中根本没有忠君观念，像冯道，历任四朝，居相位二十多年，自号为长乐老，这种没有气节的老不修，竟然受人赞颂，难怪是短命朝廷。

五代君主不但不重用忠臣，反而喜欢任用贰臣，国焉不亡？宋太祖老早看清楚这一点，当陈桥兵变一发生，宋太祖的部下把黄袍朝他身上一披，正式兵变，宋太祖急急还京之际，副都指挥使韩通不满宋太祖的作为，正准备发兵攻击宋太祖，而为王彦昇所杀。

宋太祖一即位，马上追赠韩通为中书令，而且下令用厚礼葬之，表示奖励韩通忠于后周。

至于那位王彦昇，则以“擅杀韩通，虽预佐命，终身不与节钺（yuè）”，他明明对宋太祖有功，却以擅自杀掉韩通，让他一辈子不领节钺。所谓节钺，指的是符节与斧钺，古时任命大将时授之，以重其权。

宋太祖征南唐时，南唐大臣杜著、薛良来奔，宋太祖不但不收留，反而责怪他二人不忠，在下蜀市问斩杜著，薛良则发配到庐州。

另外，宋太祖执获北汉宰相卫融时，询问他道："听说你教刘钧（北汉主）反抗大宋？"

"犬吠非其主，臣诚不忍负刘氏。"卫融一点也不隐瞒地回答，他以忠狗自喻，狗儿对着生人总是要叫的，不是吗？

卫融接着把头一昂："陛下纵使不杀臣，臣必不为陛下用！"脸上呈现出傲然不屈的神色。

宋太祖发怒了，命左右用铁器敲他的脑袋，鲜血如注，卫融大呼："臣死得其所！"

宋太祖立刻喝止："忠臣也，把他放了。"宋太祖虽然很厌恶卫融，但是觉得他这种忠心的表现，正是宋朝人民应该效法的，所以故意将他释放。

宋太祖种种作为都在奖励名节，其结果是忠君观念的流行，宋朝虽然长久积弱不振，但是不断有忠臣出现，传国三百二十年，宋太祖功不可没，可见得风气对一个国家的盛衰兴亡是如何重要。

赵普任相刚毅果断

在《孟子·梁惠王上》之中有一段，梁襄王问孟子："天下要怎样才能安定？"孟子说："不嗜杀人者能一之。"——不喜欢杀人的人才能安定天下。

宋太祖就是一个不嗜杀的君主，当他在赵普家商议定江南之策时曾说："王全斌平西蜀时多杀人，吾今思之，犹耿耿于怀，不可用也。"于是改用曹彬为大将。曹彬为执行宋太祖的命令，还装了一场病，要求军士们不可乱杀无辜。

对一个创业帝王而言，除了要收拾人心，更要笼络社会上具有力量的优秀分子，唐太宗提倡科举，他看到一个一个新考取的进士联袂（mèi）进入端门，心中暗喜道："天下英雄，尽入吾彀（gòu，牢笼之意）中矣。"

宋朝的科举制度是以唐朝为蓝本的，宋太祖喜欢自己担任主考官，他对近臣说："昔日科名多为有钱有势人家所取，朕今临试，尽革其弊也。"皇帝亲临考试，称之为殿试，殿试及第的进士，那可就是"天子门生"，神气极了。

在提倡科举的同时，宋太祖又大兴儒学，敬重读书人，他即位后不久，就在东京修了国子监，准许京官七品以上的子弟入学。国子监两旁的墙壁上，绘制了许多先哲先儒的肖像，宋太祖常常一个人背着手，来来回回瞻仰孔子、颜回的遗容。

国子监开讲的第一天，宋太祖必定亲自赐宴生员，勉励大家好好读书，他又对其子赵德芳的老师说：“帝王之子，应多读经书，使知治乱兴亡。”

乾德年初，当宋太祖决定“乾德”这个年号之后，有一天在一个宫人身上，找到一面旧镜子，背面有“乾德四年铸”五个字，太祖看了大吃一惊，拿去给宰相看，宰相也是一头雾水。

后来，有位叫窦仪的学士对宋太祖说：“这必定是蜀国旧物，以前蜀主王衍（yǎn）有此年号。”宋太祖长叹一声道：“宰相须用读书人。”从此更加敬重儒臣。宰相赵普本以精通吏道、会耍权术著名，宋太祖屡次劝他多读书，后来赵普也手不释卷。淳化三年（992年），赵普去世，其家人搜其书箧（qiè），则《论语》二十篇也。这正是所谓“半部《论语》治天下”的由来。

宋太祖对纳谏的唐太宗十分尊敬，但是他又说：“要是能束身自好，使臣下无闲言，岂不更好？”因此，他比唐太宗更加洁身律己。

但是，人总是人，难免会做出一些不理智的事情来，尤其是身为一国之君。

建隆元年（960年）某日，宋太祖在后苑挟弓弹鸟，忽然下面报告，有位大臣有急事请奏，宋太祖觉得十分扫兴，也只有先放下弹弓听大臣说，结果讲了半天，唠唠叨叨，都是一些寻常小事，宋太祖不悦道：“这算得上什么急事？”

“臣以为总比陛下弹鸟的事急一些。”

一听此言，宋太祖大怒，拿着斧柄，对准这个臣子的门牙敲过去，“哐，哐”两声，掉下两颗牙齿。

这位臣子不作声，弯下腰来，小心地把两颗牙齿捡起来，揣入怀中。

宋太祖说：“你这是干什么？准备作为证物控告我啊！”

“不，不，陛下位居人君，臣往哪儿告去？但有史官在，历史总会记上这一笔的。”

宋太祖立刻换成一副笑脸，厚赐金帛，可见他虽一时冲动，却能即刻醒悟过来。

赵普，选自《历代名臣像解》。

开宝六年（973年）八月中，宋太祖正在大宴群臣，忽然之间，风云变色，大雨倾盆，下了半天都不停止，宋太祖烦透了，正准备发脾气，左右都异常惊恐，不知如何是好，又不能下令让老天爷停止下雨。

宰相赵普上奏宋太祖："外间百姓正在祈求下雨，各自欢喜作乐，下一场雨，于大宴何损？不如命令乐官在雨中奏放，普天同庆。"

宋太祖马上开心起来，结果，这场宴会比平常都成功，此固然是赵普应付得当，也表示宋太祖确实注意民间疾苦。

赵普任相十年，刚毅果断，以天下事为己任，他曾经上奏要某人为某官，宋太祖不肯。

第二天，赵普再奏，宋太祖依旧不肯。到了第三天，赵普又把奏章呈了上去，宋太祖不觉动了肝火，当场把奏折撕成两半，摔在地上。

赵普神色自若，徐徐把撕破的奏章拾了起来，回家之后，再仔仔细细补好，第四天，又呈了上去。

宋太祖心里想，赵普一再碰钉子，还是坚持己见，看来这人果然不错，便准了赵普所请，后来此人以称职闻名。

又有一回，某位官吏因功应当升官，宋太祖向来嫌恶此人，不肯让他升官，赵普一再要求，宋太祖怒曰：“朕不与迁官，将奈何？”

赵普不以为然道：“刑罚用以惩恶，奖赏用以酬（chóu）功，刑赏者天下人之刑赏，怎可因陛下喜怒而定？”

宋太祖气得不要听赵普说话，站起来，走了出去。赵普一路跟着，太祖入宫，赵普就站在宫门旁边，久久不去，两人僵持了半天，宋太祖最后依了赵普所奏请。

所以说起来，宋太祖是个器度颇大的君主，我们可以再举一个小例子：建隆二年（961 年），太祖在宴会上见到以前对他恶声恶气的凤翔节度使临清王彦超说：“卿过去在复州，朕前往依靠卿，卿为何不接纳我？”

王彦超吓得连连叩首说：“当时臣不过一刺史耳，勺水岂可容纳神龙，而且要是臣纳陛下，陛下安有今日？”

面对王彦超的强词夺理，宋太祖只是哈哈一笑，现在既然有报仇的本领，又何必眦（zì）牙必报？

宋太祖拜访赵普

历来的史家总爱以秦皇、汉武并称，唐太宗、宋太祖合誉。然而宋太祖是欺人孤儿寡妇得来的天下，颇受人诟（gòu）病，感觉上差了一些。无论如何，宋太祖总是一代明君，尤其是他律己甚严，相当节俭。

据说，当太祖随同周世宗征伐淮南之时，有人在世宗面前打小报告，说太祖从寿州偷偷运了好几车的金银财宝。

周世宗派人打开太祖的车辆检查，哪有什么金子，全是一捆一捆的书籍。周世宗问他："为将帅者当求坚甲利兵，要书何用？"

"因无奇谋赞助陛下，只有从书中增广见闻。"这是宋太祖的回答，难怪他不但会打仗，而且懂得如何当一个好君主。

乾德四年（966年），宋太祖攻下后蜀以后，发现战利品中有一个夜壶，竟然用七种罕有的宝石镶成的，大家看了都啧啧称奇，满以为宋太祖一定视之若宝。

岂料宋太祖立刻下了一个命令："敲碎！"左右都惊愕得说不出话来，又不敢违抗皇上，只好忍痛把溺器打碎。

宋太祖叹了一口气道："孟昶用七宝装饰一个尿壶，可想而知他用什么来盛放食物，像这个样子，国家怎能不亡？"

也许宋太祖由于年少时，曾经度过一段艰苦的岁月，因此格外节俭，连他的御衣皇袍，只有登殿用的才用绫锦制成，其余都是采用普通质料，而且穿了再洗，洗了再穿，后宫之中寝殿的帏帘用青布裁成，宫闱帘幕，也都没有文采之绣。

宋太祖还常常找出以前的麻缕布裳赐给左右："这是我过去用过的。"别人也不敢说，赏赐怎么用旧的。宋太祖的意思是，希望大家能学他的样，懂得爱惜物品。有一天，太祖的弟弟赵光义在宴会之中，从容地劝他，当皇帝要有一个皇帝样儿，不可过分寒酸，有失体面。宋太祖两眼一瞪："你不记得我们在灰马营中的日子了吗？"赵光义挨了训，只有默默地低下头。

开宝五年（972 年）夏天，永庆公主穿了一件贴绣铺翠短襦入宫，宋太祖看见了，把女儿叫过来说："你把这件袄给我，以后再不许穿了。"

永庆公主知道父皇节俭，忍不住埋怨道："这不过用了一点翠羽，花得了多少钱嘛！"

宋太祖见永庆公主嘟着嘴，和颜悦色地劝道："不然。你是公主，一穿上翠羽短袄，宫闱戚里必然效法，一件袄子要多少翠鸟的毛才能制成，你生长在富贵之家，应当惜福，岂可造此恶业之端？赶快脱下来。"

永庆公主万般舍不得，却也只好听话。历来做皇帝的，多半纵容儿孙浪费，反正天下都是一人所有，像宋太祖这般注重家教者，倒还少见。

又有一次，宋太祖的皇后说："官家（宋朝时对皇帝的称呼）做天子日久，为何不用黄金装饰一下轿子，如此，乘以出入，比较神气。"

宋太祖笑道："我以四海之富，别说用金子装饰轿子，就是宫殿用金银打造，我的力量也办得到。但是，念在我为全国人民保管财产，岂可妄用？古称一人治天下，不以天下养奉一人。"

宋太祖自己十分节俭，对他人却十分慷慨，譬如在《杯酒释兵权》篇中我们说过，他劝武臣们："多积金银，厚自娱乐，使子孙无贫乏耳。"

他为了要大臣们忠于宋朝，出手相当大方，譬如范质有病，赐金器两百两、钱两百万，数目都很吓人。

廉洁自守本来就是一件不易之事，连刚毅果断的赵普尚且难以免俗。在宋太祖征南唐之中，我们说过南唐李后主日夜担心宋太祖南征，也就不断孝敬宋朝上上下下。

开宝四年（971年）十一月，李后主拿了五万两银子送给宰相赵普，这数字太大，赵普不敢要，面呈太祖，太祖居然说："这个不可不接受，你写封信答谢，再拿点钱给使者。"

两年后的一个夜晚，宋太祖外出，忽然到了赵普家，皇帝驾到，非同小可。可是宋太祖来得真不是时候，吴越王钱俶（chù）正打发人送来十瓶礼物摆在长廊，赵普来不及拿个东西遮掩，急急忙忙迎了出来。

宋太祖一走进来，马上发现长廊下面整整齐齐排了十个瓶子，回首问赵普："这是什么？"

"海味，海味，这是吴越送来的海味。"

"海味必佳！"说着，宋太祖命人打开了一瓶，一看，哪儿是干贝、鱿鱼之类的海味，全是黄澄澄、亮闪闪的金子。

赵普急得不断叩头："臣实以为海味。"

宋太祖也没追究，不过后来赵普贪污过了分，假公济私，秽迹昭彰，太祖忍痛罢其相位。

宋太祖之所以如此节俭，还有一个重要原因，他希望存够了钱，把石敬瑭割让给契丹的燕云十六州换回来，虽然这个心愿最后未了，但宋太祖克勤克俭的务实作风，值得我们学习。其实，我们现在某些人装潢房舍，动辄上百上千万，倒与孟昶用七宝饰溺器一般，过分奢华浪费，不是好事。

斧声烛影

我国从秦朝、汉朝以来，按照传统的习惯，皇帝的宝座，一向是父子相传。可是，宋太祖赵匡胤逝世前，他明明有两个儿子，却传位给他的弟弟赵光义，这是怎么一回事呢?

宋太祖灭后周之后，尊母亲杜氏为皇太后，然而皇太后却不怎么开心，一天到晚闷闷不乐，大家都觉得很奇怪。

甚且，当宋太祖拜太后于朝廷之上，文武百官齐声道贺，杜太后仍旧皱着眉头，一副愀（qiǎo）然不乐的样子，好像大难临头似的。宋太祖满脸尴尬，不知如何是好。

左右臣子纷纷对杜太后进言道:“臣听说母以子贵，今天您的儿子贵为天子，还有什么好不快乐的呢?”

杜太后不以为然地摇摇头道:“我听说做一个君主是很困难的，若是做得好，当然十分尊贵。假使做得不好，再想当一个普通的老百姓，都不可能。所以，我非常忧虑。”

原来，杜太后亲眼见到五代时期国亡身灭的惨状，短短五十年之中，换了十二位君主。因此，杜太后的忧虑绝不是杞（qǐ）人忧天。

也许正因为杜太后不断地耳提面命，宋太祖目睹前代覆亡的悲剧，他了解帝王权力的可爱，也知道无限制权力背面的可怕。因此宋太祖杯酒释兵权，解除悍将的威胁，同时勇于纳谏，勤劳俭朴，战战兢兢，惟恐有失。

杜太后训子，选自明刊本《帝鉴图说》。

不知道是杜太后没有福气，或者成天担心儿子皇帝当不好，成天发愁，就在宋太祖即位第二年（建隆二年，961年）六月病倒在床。

病危之际，杜太后把宋太祖和她最信任的宰相赵普叫到身旁，她用微弱的声音询问宋太祖道："你知道你怎么得到天下的吗？"

宋太祖哭得窸窸窣窣，一把眼泪一把鼻涕，呜咽得说不出话来，只不断地用衣袖擦眼泪。

杜太后很不高兴，教训宋太祖道："我正要跟你讨论大事，你不断地哭干什么？"然后杜太后又追问了一句："你仔细想想看，你凭什么能够取得天下？"

宋太祖眼泪汪汪地回答："这都是因为我们祖宗的余德，加上太后的庇（bì）荫。"

"不对，不对，"杜太后正色地说，"这是因为柴家立了一个七岁的小孩为天子，你才有今天。倘若后周新天子是个年纪比较大的，哪儿轮到你来当皇帝。"

接着，杜太后吩咐道："你和光义都是我生的，我要你在你百年之后，传位给你的弟弟光义，如此，则四海至广，能立长君，社稷（jì）之福也。"

宋太祖顿首泣曰："敢不受太后教！"

杜太后又命令赵普把她说的话一字不漏地记下来，并且要赵普签名作为见证，把遗嘱藏在金柜里，以为凭据。然后她老人家才放心地闭上眼睛，与世长辞，这就是历史上有名的金柜之盟。

宋太祖和他的弟弟赵光义感情一向很好，远在陈桥兵变之际，赵光义已是策划人之一，兄弟二人推心置腹。根据史书记载：有一次赵光义生病，宋太祖亲自取了艾草为他针灸（jiǔ），赵光义痛得叫了起来，宋太祖为了表示同甘共苦，亦取艾自灸。

又有一次，赵光义在宴会中喝多了酒，醉得歪歪倒倒，没有办法骑马，宋太祖站了起来，亲自扶着他回去。宋太祖常常对左右近臣说："晋王（指赵光义）龙行虎步，必为太平天子，他的福气不是我赶得上的。"

然而，又有不少史家怀疑金柜之盟的真实性。开宝九年（976年）冬天，宋太祖生了重病，在一个大雪纷飞的晚上，太祖召见赵光义托以后事，左右的人皆不得闻，只见遥远的烛影之下，晋王时而离席，好像是在逃避什么，不久，又听到斧头落地的声音，宋太祖一命归天。

贺后骂殿，清杨家埠年画。

宋太祖新娶的年轻皇后宋皇后（二十五岁）见到了晋王，哭哭啼啼地说：“吾母子之命，皆托于官家。”

晋王也哭泣着说：“共保富贵，毋（wú）忧也。”

这就是京剧之中很有名的一出戏——《贺后骂殿》，叙述宋太祖死后，贺后（其实应该是姓宋）斥骂宋太宗篡位，宋太宗尊贺后为皇太后的一段故事。

有些史家认为宋太祖是被宋太宗一记斧头解决了性命，所以才死得这么快，根本也没有什么金柜之盟。而且，宋太宗后来也是把皇位传给儿子，并没有遵照杜太后所指示兄终弟及的原则。

但是，从另外一个角度看，金柜之盟极有可能，因为宋太祖和唐太宗一样，是历代创业帝王之中，最能体会殷鉴不远的皇帝。尤其，太祖与太宗手足情深，他为了宋代的基业，把皇位传给能干的弟弟，也说得过去。若是宋太宗把宋太祖给杀了，他一定要把宋太祖的儿子斩草除根，免除后患，我们证之史实，却没有发现太宗毒害太祖之子。

总而言之，斧声烛影乃千古疑案，宫闱秘事，外界莫得而知。

戏剧中的杨家将

我国民情忠厚，最喜欢听牺牲奋斗、为国壮烈成仁的故事。提起杨家将三个字，大家就眉毛一挑，开始兴奋，凡是喜欢唱京剧的，都爱哼上两句《四郎探母》中的“我好比笼中鸟，有翅难展”，就是在幼稚园中的小弟弟，也喜欢握着小木棍，把自己当成杨文广。

杨家将的故事，就在一代一代的流传之中，为人们所熟知，佘（shé）太君、萧太后、穆桂英，大概是民间最熟悉的历史中的女子。然而京剧、地方戏剧、歌仔戏、港剧之中所演出的杨家将，确有其人、确有其事吗?

答案是肯定的。在北宋一百六十七年的历史当中，执戈卫国的杨家将，先后五世，经历宋太宗、真宗、仁宗、英宗、神宗五朝，可以说占了北宋一半以上的时间。

杨家将的遗迹很多，其中以今天山西、河北省境内长城岭的“杨延昭挂甲树”，居庸关八达岭附近“杨六郎点将台”，山西应县木塔中心莲花座下埋藏的杨业忠骸，衡山北麓（lù）金龙峪“老令公屯兵处”及古北口建立的“杨无敌庙”最为著名。据说抗日期间，这些遗迹都还存在。

杨家将虽然确为一门忠烈，然而一千多年来，民间戏剧流传的故事，却多与史实不符，我们先看一看戏剧中的杨家将，再介绍正史中的其人其事。

杨家将的主角是杨业，武艺高强，骁勇善战，人们称他为“无敌将军”，又尊称为“杨令公”。他一共有七个儿子、两个女儿，个个英勇，加上孙儿、孙媳、曾孙，合称为杨家将。

老令公杨业，他在年轻的时候，从征佘塘关，女将佘赛花，舞枪而前，点点纷纷，如梨花遍洒，杨业落荒而逃，见路旁有一座七星庙，赶紧躲入。佘赛花在门前扬言，将命士卒焚庙，杨业情急之下，与佘赛花相约两人徒手相搏。

佘赛花进入七星庙，杨业将她一把推倒，用绳索绑住。他发现佘赛花貌美赛花，不忍伤害，两人在神前立誓，结为夫妇。佘赛花即为鼎鼎大名的佘太君是也。

宋太宗之时，辽邦与宋朝大臣潘洪串连，诱骗宋帝至幽州，设下双龙会，想要效法鸿门宴，在宴席中杀死宋太宗。

杨业长子杨大郎延平，假扮宋帝前往赴会，结果大郎二郎均战死，三郎踏死马蹄下，四郎被擒，所剩生还者，只有五郎、六郎、七郎而已，宋兵元气大伤。

宋朝对死者一一追封，对生者五郎、六郎、七郎加官晋禄。然而五郎受此打击，不受官禄，决意在五台山出家，当和尚去了。

后来，宋辽再度失和，杨令公兵困两狼山，他派遣七郎向元帅潘洪求救，不料潘洪非但不发一兵，而且把七郎给杀了，以报私仇。杨令公久久等不到救兵，晚上梦到七郎的冤魂，醒而大疑，他一面命六郎突围而出，自己则单身杀到苏武庙。

在月光之下，杨令公看到树旁的一块大石碑，上面刻着“李陵碑”三字。这李陵原是汉朝名将，讨伐匈奴失败，屈节投降，司马迁因为帮李陵说情，惨遭腐刑。杨令公一心报国，不料同袍相残，他不愿意被番军捉去当俘虏，摘下金盔，双眼一闭，向石碑猛撞而死。

六郎杨延昭，在五台山巧遇五郎，兄弟意外相逢，悲喜交加，六郎央求五郎下山助战，五郎表示，非要取得穆柯寨的降龙木，作为斧柄，方能取胜，非有此木不肯下山。六郎之子杨宗保，奉命前往穆柯寨盗木；遇到定天王穆羽的女儿穆桂英，她天生两臂神力，惯使三口飞刀，百发百中。

杨延昭阵前斩子，选自《戏剧图册》，清人绘。

杨宗保与穆桂英，两马相会，枪来刀挡，刀去枪迎，不分胜负。穆桂英使了一招，拨马便走，杨宗保不知是计，飞马追去；忽然一支箭飞来，正好射中马背，杨宗保翻倒在地，穆桂英笑盈盈地活捉杨宗保。

穆桂英这才发现此位青年英雄帅极了，心生爱慕，逼他成亲之后，予以放回。杨宗保回营之后，他的父亲杨延昭大怒，痛骂儿子临阵招亲，违反军法，立刻喝令推出斩首，佘太君闻讯赶来，为孙儿说情，杨延昭不听。

正在千钧一发之际，穆桂英前来，呈献降龙木，忽然见到夫婿被绑在辕门外面，气得不得了，便请杨延昭赦免。杨延昭起初不肯，可是见她厉害，不得已只好答应，众人都为杨宗保娶了这么一个年轻貌美、英姿焕发的女将而高兴。

再说，杨四郎延辉在幽州为辽所败被虏，改姓名为木易，辽国太后将他配以铁镜公主，一晃就是十五年。

萧天佐寇宋，杨延昭率领一批人马，浩浩荡荡，向飞虎谷进军。佘太君宝刀未老，押粮抵营。

杨四郎延辉，听到母亲和六郎前来，一时思母心切，独自坐在那儿唉声叹气，双泪涟涟。铁镜公主看到了，大为惊奇，一再追问。最后，四郎把实情一五一十坦诚以告，并且恳求公主到萧太后那儿，偷取一支令箭，出关见母。一家团聚，悲喜交集，到了四更天，四郎不得不挥泪而返。后来，杨四郎掌握兵权，与杨延昭里应外合，大破幽州，洗刷了宋朝的耻辱。

在京剧之中，杨家将是最常出现的，例如:《佘塘关》《双龙会》《五台山》《李陵碑》《雁门关》《穆柯寨》《清官册》《白虎堂》《四郎探母》《破洪州》《太君辞朝》《洪羊洞》《瓦桥关》《演火棍》《五台会兄》等都是。

戏剧中的杨家将，大家都很熟悉，正史中的杨家将到底是如何的呢?

正史中的杨家将

我们叙说了戏剧中的杨家将，现在我们一起来看看《宋史》之中的记载：杨业的父亲叫杨信（一名弘信），在戏剧中称为火山王杨滚，可能因为杨信做过麟州刺史，麟州附近有火山之故。

杨业又名杨继业，小时候不喜欢读书，只爱骑马射箭，性尚侠义，特别爱好打猎；每次打猎，所获得的鸟兽，总比别人多好几倍。他曾经自豪地夸道：“你们看，将来要是我当了大将军，用兵列阵，也就好像指挥鹰犬追逐雉（zhì）兔一般。”

当他二十岁的时候，在北汉主刘崇手下担任保卫指挥使，以骁勇闻名。刘崇十分喜爱器重他，赐姓为刘，改名为刘继业。后来，他又升为建雄军节度使，立下了不少战功，北汉人都称他为无敌将军。

宋太宗讨伐太原的时候，就已经听说过他的威名，北汉孤垒甚危，根本不是宋朝的对手，杨继业劝北汉主投降。因此，北汉降宋之后，太宗大为高兴，授杨继业为大将军，他在北汉为将，共历四帝，为时二十余年。当杨继业降宋之时，已经五十多岁，因此人称之为老令公。

杨继业拜受诏书之后，第二天就调集军马，来到宋太宗的御营。宋太宗见到这位英勇大将，大为高兴，立刻任命他为右领军卫大将军，而且亲自把跪在地上的老令公扶起，慰勉有加，要他复姓杨氏，单名一个业字。

宋太宗看上杨业对边疆事务熟悉，派他担任代州兼三交驻泊兵马都部署，刚好契丹入侵雁门，杨业带领麾下数千骑兵，由小径绕到雁门北边，大败契丹，杨业因功迁为云州观察使。

从此以后，契丹只要远远望见旌旗上有一个杨字，不由担心他挺枪滚滚杀来，三十六计走为上策。因为杨业威名太盛，戍边主将心怀忌恨，不断地上书，诽谤杨业，宋太宗看过之后，向来不理，把奏章封好之后，寄给杨业，杨业对于君主这一份信任，感动极了。

雍熙三年（986年），大兵北征，朝廷以忠武军节度使潘美为云、应路行营都部署，杨业为他的副将，王侁（shēn）为监军，连克云（山西大同）、应（山西朔州应县）、寰（huán，山西朔州东）、朔（山西朔州）四州，这是自从石敬瑭把燕云十六州割让给契丹以来的第一次光复。可是过了没有多久，契丹国母萧太后，又攻下了寰州。

萧太后，佚名绘。

这个萧太后，是历史上一位精明强干、足智多谋的女中豪杰、巾帼丈夫。大家还记得，耶律阿保机那位厉害的述律皇后吗？述律皇后也是萧氏，辽国的耶律家之子，似乎非萧家女不娶，萧家之女似乎也非耶律家子弟不嫁。

这位在历史上被赞誉为“明达治道、闻善必从”的萧太后，乃辽国魏王萧思温的女儿，小名燕燕。她的姊妹很多，全家就属她最聪明，连扫地都比别人扫得干净，所以她父亲常常夸奖燕燕这个女孩子，将来必能成家立业，有所作为。

由于她的才干与魄力，均超过她的丈夫辽景宗，因此她也成为名副其实的贤内助。辽景宗二十二岁即位，三十五岁就短命而死；十二岁的辽圣宗即位，国家的重责大任，就由身为太后的萧燕燕一肩挑起。萧太后富有机智，爱才任贤，臣子们都愿意为她效命，尤其是耶律休哥，更是了不起的政治家、军事家。

萧太后文武全才，每次南征，她都亲自披甲上阵，杨业知道这位女将勇猛，不容易对付。杨业对潘美等说："现在辽兵来势凶猛，兵源众多，我

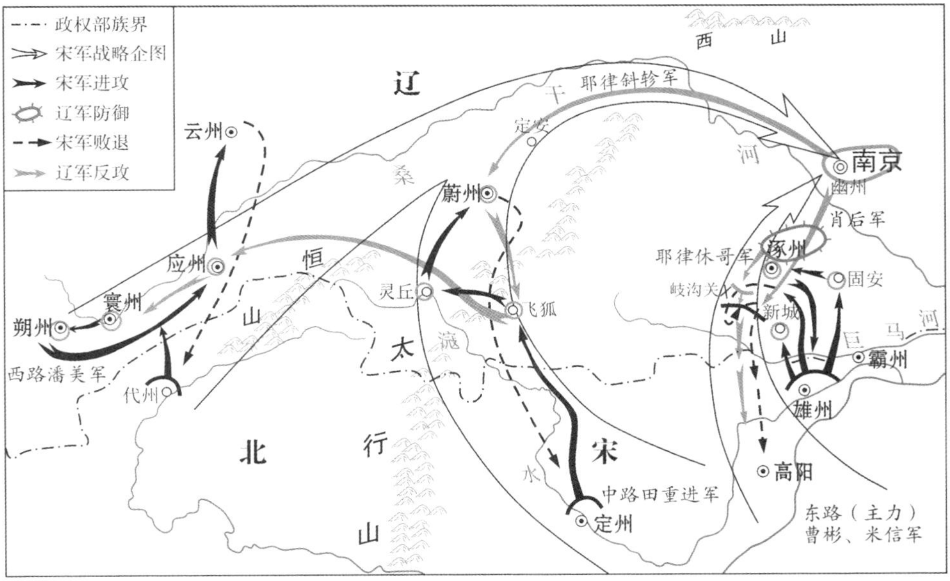

辽北宋幽州之战。宋太宗雍熙三年（986年）正月，宋三路攻辽：东路曹彬、米信主力指涿州、新城；中路田重进自定州北上飞狐；西路潘美、杨业自雁门指向云州。预备会攻幽州（今北京）。

中路连下飞狐、灵丘、蔚州；西路连下寰、朔、应、云诸州；东路主力：一为米信部自雄州渡巨马河，破辽军于新城；一部曹彬率领，克固安、涿州。面对宋主力，辽耶律休哥取守势，并出兵至宋后方，断其粮道。曹彬至涿州后，粮尽返雄州。补充后，又向北进攻至涿州，忽闻萧后大军南进，遂向西南撤退。辽纵军追击，五月初连败宋军于岐沟关、巨马河，宋残部退回高阳。辽军腾出兵力转攻宋西路，收复诸州，全歼杨业一部。中路田重进部安全返回。

们不能出兵迎敌，目前最重要的，是掩护寰州等地的百姓，退入雁门关，使他们不受到屠杀，我军应北上应州，派一千名弓箭手，抵挡追兵，让民众安全往南撤退。”

监军王侁听了，嘿嘿冷笑两声：“你率领数万精兵，竟然如此胆小懦弱，依我看，你应该领兵出雁门关，向前推进。”

“不可以，不可以，如此只有损兵折将，于事无补。”杨业辩说道。

王侁忽然站了起来，冷冷地对杨业说：“杨将军向来号称无敌，这次却吓成这个样子，莫非有他志？”

杨业气得握拳顿足，耳中嗡嗡一片，他也站了起来，气愤地说：“我杨业不是怕死，只是时机不对，白白牺牲士卒，今天你责备我胆小，我就去打头阵。”

杨业出发前，流着眼泪，对主帅潘美说：“我这次出击，形势大为不利，杨业本为太原降将，应当处死，皇上非但不杀我，反而派我担任将帅，授之兵柄，我时时刻刻希望立尺寸功，以报国恩。现在，被人怀疑我畏惧、逃避，我还不如第一个死在敌人手里。”

说着，杨业用手遥遥指着陈家谷说：“你们在此驻守步兵，加派弓弩手，分为左右二翼，等待接应，等我转战至此，即以步兵夹击，不然，我军一个也不得生还。”

潘美和王侁在陈家谷口布下兵阵，从寅时到巳时，王侁不断派人登上托逻台瞭望，只见黄沙一片，渺无人烟。王侁忽然念头一转，莫不是契丹已被杨业打得落荒而逃，所以，杨业才故意把我困在陈家谷，想要一个人独得全功啊。于是，王侁立刻带兵追了上去，他可不愿让杨业独享战功。

佘太君与穆桂英

在《正史中的杨家将》之中，我们说到老令公杨业，奉命攻打辽国，辽国萧太后来势汹汹，杨业急于撤退百姓。谁知监军王侁责备杨业贪生怕死，杨业迫于无奈，只好勉强出征，临行之前，请求主帅潘美、监军王侁在陈家谷接应。谁知，王侁久不见杨业兵马，为了争功，回马引军离开陈家谷。

潘美想要制止王侁，王侁在马上大声地说："别忘了，我是监军。"说罢，扬长而去。潘美也只好随着王侁北进。他们沿着灰河走了二十里，接到前哨飞马跑来报告，杨业兵败，辽军紧紧追杀过来。王侁慌乱地下达命令："退军！"

再说，杨业且战且走，一路逃跑南奔，回头一望，辽兵人喊马嘶，像潮水一般冲杀过来。到了傍晚，好不容易逃到陈家谷，满以为步兵强弩会在此接应；谁知，山谷之中，空空如也，他气得痛哭失声，只闻山谷之中传来阵阵的回音。

杨业捂着伤口，杀开一条血路，他还手刃数百辽兵。这时，杨业的兵马，七零八落，只剩下一百多人，杨业长叹一声道："你们各有父母妻子，不必跟我一起死，赶快退走还报天子。"

军士们个个洒泪，舍不得离开老将军，老令公常与士卒同甘共苦，边疆一带，气候寒冷，他却从不生火，表示要冻大家一起冻。

当杨业被辽兵捉住之时，身上大大小小有几十个伤口，杨业仰天长叹道：“皇上待我优厚，希望我讨伐贼人，捍卫边疆，谁知，反为奸臣所害，王师大败，我还有什么面目活在世界上呢！”然后绝食三日而死。

他的部下感激杨业恩义，一起战死，无一生还。

宋太宗听说这件事情，万分痛惜，追赠杨业为太尉（太尉与司徒、司空合称为三公），并且下诏：“执干戈而卫社稷，尽力死敌，立节迈伦，独以孤军，陷于沙漠，有死不回，求之古人，何以加此。”赐其家布帛千匹，粟千石；处罚不和他配合的大将潘美，连降三级；革除监军王侁所有的职务，发配金州。

戏剧中把杨业之死，完全归罪于潘洪——其实就是潘美，真正的祸首王侁反而不为人们所知。杨业不识字，忠烈武勇，极有智谋，他一共有七个儿子，名字和戏剧中有所不同，依次为延玉、延浦、延训、延瓌、延贵、延昭、延彬。（请参考篇末《杨家将世系简表》）

这七个儿子中，以杨延昭最为著名，他本名延朗，幼时沉默寡言，喜欢玩骑马打仗的游戏。杨业常常说：“这个儿子像我。”每次出征，杨业都带他儿子去。太平兴国中，杨延昭担任供奉官，后为江、淮南都巡检使。

咸平二年（999年）的冬天，契丹骚扰边境，杨延昭当时驻守遂城，城中毫无戒备。契丹攻之甚急，长围数日，大家心里都很害怕。聪明的杨延昭，带领众人，提了许多水，从城墙上往下灌，由于天气寒冷，到了第二天早晨，冻为一座冰墙，又硬又滑，契丹根本爬不上去，败下阵来。杨延昭因功升为莫州刺史。真宗皇帝指示诸王说道：“延昭父业为前朝名将，延昭治兵护塞，有父风，深可嘉也。”

这年冬天，契丹再度南下，延昭在半山埋伏，自北掩击，再获大胜。景德元年（1004年），杨延昭上书皇帝：“契丹驻兵澶（chán）渊，离开北境千里，人马俱乏，若是扼其要路，可以一举歼灭。”可惜朝廷没有接受他的建议。

其后延昭再以功绩调任本州防御使，大中祥符七年（1014年）病卒，享年五十七岁。《宋史》之中记载杨延昭智勇善战，他所得到的俸赐，全部用来犒享三军，从来不管家里的事，驻守边防二十多年，契丹闻之丧胆，尊称为杨六郎。当他去世的时候，真宗非常难过，河朔一带的人民，都望着灵柩哀哀哭泣。他一共有三个儿子，其中最著名的是杨文广。（在小说之中，杨延昭之子为杨宗保，杨宗保之子为杨文广，史书中没有杨宗保这个人。）

杨延昭注水冰城，选自《马骀画宝》。

杨文广字仲容，以讨贼张海有功，授殿直。大文学家范仲淹很赏识文广，置于麾下。后来文广跟从大将军狄（dí）青南征有功，升为广西钤（qián）辖。宋英宗说：“文广为名将之后，而且有战功。”再升杨文广为成州团练使、龙神卫四厢都指挥使。

神宗熙宁七年（1074 年），辽使来争代州地界，杨文广献上阵图及攻取幽州之策，朝廷却不敢开战。过了没有多久，杨文广就死了。

杨家将不只是杨令公一人忠心耿耿，他的子孙经历太宗、真宗、仁宗、英宗、神宗五朝，执戈卫国，确为一门忠烈。

再说杨家将之中，脍炙人口的巾帼英雄，其中以杨业之妻佘太君、杨文广之妻穆桂英为最有名，其余杨排风、杨八妹、杨九妹都不可考。

佘太君是折（shé）德扆（yǐ）之女，小说中称为“佘太君”，又讹（é）

为“蛇太君”。她性情精敏，曾经辅佐杨业建立战功，后来上书皇帝，说明其夫战死之由，生有七个儿子。至于穆桂英（一作木桂英），在《保德州志·列女》中记载：“慕容氏，杨业孙文广妻，州南慕塔村人，雄勇善战。”戏剧中，把杨文广的妻子升为他的母亲，倒是一件很有意思的事。

中国古代，重男轻女，因此，正史中对于女子的记载，只有寥寥数语，佘太君与穆桂英的英勇，也许在民间流传甚广，史书中记载太过简略。不过，由此可知宋初女子，仍有唐代女子骑马射箭的遗风，并非弱不禁风，只会躲在闺房中绣花。

杨家将世系简表

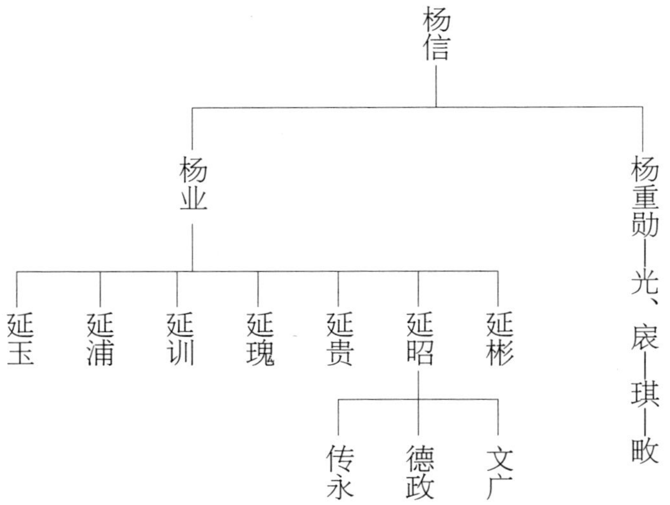

寇准正气凛然

宋朝重文轻武，一直是个积弱不振的朝代，打从建国之初，不断受到北方契丹的威胁，这是因为五代后晋高祖石敬瑭把燕云十六州拱手让给契丹。后周世宗、北宋太宗都曾北伐，却被打得大败。

契丹即为辽，也是前三篇杨家将故事中宋朝之劲（jìng）敌。宋军在太平兴国四年（979 年），趁着灭北汉的余威，与辽军大战于高梁河，宋太宗身中流矢，吓得乘了一辆骡车落荒而逃。到了雍熙三年（986 年），宋太宗鼓起勇气再拼一战，结果又有岐沟关之败。

经过了这二次战役，辽军看透了宋朝之虚，从此，宋朝的北方几乎没有国防线可守，辽军经常长驱直入，骚扰宋朝边境地区。

宋真宗景德元年（1004 年），辽圣宗奉其母萧太后之命大举入寇，来势汹汹，一下就冲到了黄河北岸的澶渊。宋真宗是一个遇事紧张、胆小懦弱的皇帝，碰到这种十万火急的事，抓耳挠腮，简直不知如何是好。

“臣以为立刻迁都金陵，避开危险的开封城。”王钦若首先提出意见。这位以主编《册府元龟》出名的大臣是江南人，因此建议迁都到江南的金陵，也就是今天的南京城。

“不，臣以为不如迁都到成都较为妥当。”另外一位四川籍的大臣陈尧叟有不同的看法。

接着，宋真宗又请教寇准的意见，寇准假装不晓得王钦若、陈尧叟说

寇准，选自《历代名臣像解》。

些什么，他声色俱厉地说：“此时此刻，若有人建议迁都，他就是国家的罪人，该杀！”

接着，寇准又解释道：“今陛下神武，将臣谐和，若大驾亲征，到澶州前线去，契丹军队必退……”

朝上的臣子都吓坏了，大家一块转脸去看这口出狂言的集贤殿大学士。

寇准是陕西渭南人，年少英迈，精通《春秋》三传，年十九中进士，分发到地方担任知县，由于表现良好，被调回京中任官。

由于寇准有学问，敢讲话，宋太宗对他十分欣赏，拔擢为枢密院直学士。寇准秉着知识分子的良心，时常犯颜直谏，不考虑皇上之爱恶。

有一回，寇准又顶撞了太宗，太宗实在火了，一言不发，怒气冲天站了起来，直往后宫。

不料，寇准居然一步向前，扯一扯宋太宗的衣袖，好像在说：“你不要这个样子嘛，有话慢慢说。”他把太宗硬请回座位，缓缓地道：“陛下，不管你是否生气，事情总要解决才行。”

宋太宗对自己竟然没有龙颜大怒，颇为自得，他告诉左右：“朕得寇准，犹唐太宗之得魏徵。”

淳化二年（991 年）春天，大旱灾，宋太宗询问左右因何而起，寇准便说：“这是因为天下刑罚不公平。”

宋太宗十分不高兴，古代帝王拥有无限权威，“伴君如伴虎”，凡是在皇帝身旁做事的，无不小心翼翼，惟恐遭到杀身之祸，哪有像寇准一样的该说就说，全无顾忌。

宋太宗勉强平抑了怒气，把寇准找来问个明白：“你说说看，哪儿不公平？”

“祖吉贪污受贿，被判死刑，王淮贪污更多，只被打了一顿，仍然当官，这不是不公平？”寇准理直气壮地回答。

宋太宗认为寇准有理，再升他为左谏议大夫。可是，有一次，寇准在大殿之上与张逊二人争得太厉害，太宗一气之下把他贬到青州。

寇准到了青州之后，宋太宗对他又十分思念，又不好意思说出来，故意问身旁大臣：“寇准在青州快乐吗？”

“青州是个好地方，当不苦也。”大臣据实以答。

过了没几天，宋太宗又把原样的话，再问了一遍，左右这下了解皇上的心意了，改口道：“听说寇准日夜纵酒，大概是思念皇上。”

宋太宗默默不语，明年又把寇准召回，担任参知政事。当时，太宗在位已久，冯拯等上奏，请皇帝立储君，太宗十分恼火，把冯拯等斥退岭南，然而私心里又晓得这是一件大事，于是，把寇准找来，悄悄问话：

“朕诸子之中，哪一个可以付托国家大事？”

“陛下为天下择君主，不可以与妇人、宦官商量，不可以与近臣讨论，只有陛下自己能选择符合天下之愿者。”

宋太宗不发一语，低着头想了半天，然后屏（bǐng）退左右，低声地问：“襄王怎样？”

“知子莫若父，圣上既然以为可，即可决定。”

就这样，宋太宗以襄王为开封尹（yǐn），改封寿王，立为皇太子。消息传出之后，京师之人挤在道路之上，彼此道贺："少年天子。"

宋太宗吃醋了，把寇准再召来说："人心均属太子，欲置我于何地？"

"此社稷之福也。"寇准叩头道。宋太宗又转怒为喜。

等到宋真宗即位，老早想用寇准为相，又担心他过于刚直，现在，寇准果然又表现了他的耿直，竟然力劝皇上亲征，他说："契丹大军虽然到达澶州，但是他们是孤军深入，河北州县仍在我方之手，他们不得不担心后援不继，加上，澶州附近我军人数众多，如果陛下亲至澶州，必可鼓舞士气。"

澶渊之盟

宋真宗景德元年（1004 年），契丹萧太后与辽圣宗大举南下，宋朝大为震动，王钦若等主张迁都，寇准则建议皇上亲征，维系人心。

由于朝廷上下被寇准慑人的气势所笼罩，不待真宗返回后宫，寇准便催皇上起驾。

宋真宗迷迷糊糊来到澶州，眼看契丹兵威强壮，大家都劝真宗暂且先驻扎下来，以观动静。

寇准十分着急道：“陛下倘若不肯过河，则人心益危，也不能压住敌人的气焰，这可不是取威决胜的好办法，况且王超、石保吉等大将早在黄河北岸布置妥当，四方赶来赴援者又多，我军在澶州力量强大，为何还要怀疑不肯前进？”

大臣们依旧嘀嘀咕咕，议论纷纷，因为皇帝渡黄河，他们势必也得跟着上前线，万一中了流矢什么的，那可不是开玩笑的事，因此很想打退堂鼓。

主张迁都的王钦若又在说，此时迁金陵，还来得及。寇准看在眼中，万分着急地抢口：“陛下只有进一尺，不可退一寸，河北诸军，日夜企望着皇帝銮驾，皇上到了澶州，士气已百倍，若是不渡黄河，必然万众瓦解，敌人乘势追击，连迁都金陵都不可能。”

正在争执不下之际，寇准遇到了前线回来的高琼，寇准问他：“你身受国恩，今日何以报答？”

“琼，武人也，愿为国效死。”

于是寇准领了高琼来见真宗，寇准高声地说：“陛下不以臣的话为然，何妨听听高琼的意见？”

高琼朗声答道：“寇准说的没错，陛下假如渡过黄河，我军士气必然大振。”

寇准立刻在旁接口：“机不可失，请皇上即刻启程。”说着，高琼指挥卫士拉来皇帝的御车，扶着真宗渡过黄河，真宗因为胆小，也不敢反抗，心中十分害怕。

御车过了河，登上澶州的北城门，宋军远远见到了代表皇帝的黄伞盖，兴奋莫名。古代君主权威高于一切，向来不轻言出宫，如今竟然亲上前线，这对宋朝弟兄的鼓励太大了，人人挤来挤去，努力想跳得更高，看得更清楚一些。

“皇上万岁！”“皇上万岁！”“万岁！”宋军踊跃欢呼，声闻数十里，契丹军从来没见过宋军如此威猛，大吃一惊，契丹军的首领气得大叫集合，可是契丹军竟然被吓得军不成列。

宋真宗把军事的指挥权完全交到寇准手上，寇准全权指挥，号令严明，士卒都极为喜悦。

初上战场，宋真宗真是紧张得直冒汗，虽然宋军气势大振，甚且把契丹统军挞（tà）览送上了西天，真宗还是不放心。他偷偷派人去打听，寇准到底在干什么。

打听的使者回来报告：“寇大人在与杨亿饮酒、赌博、唱歌、戏谑（xuè）。”

“寇准如此轻松，大概没有太大的问题吧。”

宋朝这只睡狮被寇准唤醒了，于是契丹派人到宋营谈和，宋军正在大胜，怎可轻言和谈？偏偏真宗胆小，急着罢兵。

寇准禀明真宗：“总该要契丹交出幽州才能谈。”

“有人先前告诉我，你拥兵自重，我还不相信。”宋真宗用不信任的眼光瞅着寇准咕哝着。

欲加之罪，何患无辞，寇准本为一片忠心，皇帝却故意歪曲，又有什么办法，何况宋真宗要撤兵之意甚为坚决，他慷慨表示：“只要每年一百万以内都可以谈。”

虽然有真宗这句狂言在前，但寇准一心为国家省钱，他把派出和谈的代表曹利用叫来道：“皇帝虽然开了一百万，你答应契丹的条件，若是超过三十万，我就斩了你的脑袋。”

宋真宗，选自《乾隆年制历代帝王像真迹》。

曹利用来往交涉的结果是与萧太后订立了澶渊之盟。其条件为：（一）宋每年给辽银十万两，绢二十万匹；（二）宋辽约为兄弟之国，辽主尊宋主为兄，宋主尊萧太后为叔母。时为宋真宗景德元年（1004 年）十二月。

澶渊之盟后，宋朝对契丹年年纳币，维持一段长时间之苟安。有人批评澶渊之盟为宋朝国耻之开端。皇帝意志不坚，又有什么办法，假如没有寇准力争，更不知会有何结果。

由于寇准过于刚直，人缘不佳，有一次退朝之后，王钦若对真宗说：“陛下敬重寇准，因为他对社稷有功是不是？”

“对啊！”

“澶渊之役，陛下不以为耻，反而认为他对国家有功，太奇怪了。”

“这有什么不对？”真宗惊愕道。

“城下之盟，《春秋》耻之，况且，皇上有没有听说过赌博，快要输尽的赌徒，往往倾其所有去赌，称为孤注一掷，寇准就是把皇上当成孤注啊！”

从此之后，真宗渐渐不信任寇准。当然，皇上亲征，本来是有一点儿冒险，皇帝为国担一些风险亦不为过。

好人未必有好报，忠臣往往不善终。有人说，看看忠臣之下场叫人寒心。其实，中外都是一样。然而人类有一种向上的力量，使得许许多多可爱的“傻子”，明知不可为而为之，追求真、善、美。中华民族的历史上，就是有寇准之类正直之士，我们才能绵延至今。

富弼的外交

在上篇《澶渊之盟》之中，我们说到，寇准力劝宋真宗亲自出征，讨伐契丹，维系人心。结果果然军心大振，可惜真宗畏惧，草草退兵，签订了澶渊之盟。

澶渊之盟之后，寇准成为国之功臣，却引起了众多大臣之不满，尤其是王钦若，屡次在真宗面前，诋毁寇准，说他以皇帝为赌本，孤注一掷，实在太危险。真宗听了，毛骨悚然，在景德三年（1006年），罢免寇准的相职。

从此，真宗时以澶渊之盟为耻，郁闷不乐。王钦若又献计道："陛下若能发兵收复幽州、燕州，可雪其耻。"

"河朔生灵百姓，方免兵革之苦，朕怎忍如此？"

"不然，"王钦若接口，"只有去泰山行封禅之礼，同时制造种种祥瑞，必可镇服四海，夸耀外国。"

按封禅之礼，乃古代君主去泰山祭天，古代交通不便，除非国势鼎盛之际，通常臣子都会反对如此劳民伤财。至于祥瑞，则是将天下出现的许多奇异之事，解释为吉祥的征兆。

王钦若自己常说："我小时候经过圃（pǔ）田，半夜起来，仰望天空，忽然看到'紫微'两个字。后来，我到蜀国，在褒城道中，碰到一位贵人，这位贵人告诉我，将来我会做到宰相，等到此位贵人走远之后，才发现他是宰相裴度。"（裴度是唐宪宗时的宰相，本书前面已经说过裴度的故事。）

由于这段往事，王钦若对神仙之事深信不疑，同时，帮助真宗制造大量假符瑞，在景德五年（1008 年）正月，伪造天书放在皇宫的承天门上。然后，宋真宗大惊失色般令人取下宣读，又郑重其事藏在金柜之中，集合朝臣道贺，祭告天地宗庙，几天后大赦，改元为大中祥符。

到了六月，王钦若又称在泰山得到新的天书。这下不得了，十月间真宗亲往泰山举行封禅之礼，典礼归来之后，群臣莫不争颂功德。

伪造天书，称颂符瑞，老实说，真是一件荒唐的事，可是既然皇帝喜欢这一套玩意儿，上行下效，群相附会，大家一起来玩怪诞的游戏，使得宋真宗一朝，符瑞之事层出不穷，成为最荒谬（miù）的时代。

由于不断有假天书出现，不断可以让臣子大做文章，把真宗捧得半天高，真宗倒是挺乐，然而符瑞的迷信终究只能自欺欺人，朝政日益浑浑噩噩，宋朝的政治更加走向败亡之途。

宋真宗去世之后，宋仁宗即位。在辽国方面，辽兴宗即位，正当英年，胸怀大略，他看准宋朝国势不振，又为西夏所困（西夏的故事，我们以后再详细讲），派人向宋朝索取十城之地。

宋仁宗听说这件事，忧心忡忡，不知道该派哪一位臣子前往交涉，问来问去，没有一位敢去，宰相吕夷简建议："不如找富弼（bì）。"

富弼，字彦国，河南人氏，为人有雍容大度。范仲淹一见之下，惊为奇才，对人说："此人乃王佐之才也。"并且很热心地把富弼的文书拿给王曾、晏殊传观。晏殊是当时有名的文学家，也是中国史上有名的词人，一见其文，大为赞赏，把富弼收为乘龙快婿，将女儿嫁给了他。

富弼为官极其正直，当时西夏有首领二人来投降，富弼认为应该用厚赏来吸引降者，不能随随便便安插一个小职位，而宰相吕夷简起初不知道，富弼叹息道："这个哪儿是小事，宰相怎会不晓得！"吕夷简听到批评颇为不悦。

庆历二年（1042 年），开封城中出现许多假和尚，富弼主张用官吏对付伪僧，把他们关入狱中，吕夷简更不高兴。于是，当仁宗找不到适当出使契丹的人，吕夷简立刻推荐富弼，公报私仇。

不料，富弼很高兴地接下此一艰难的任务，他叩头曰：“主上忧烦乃臣子之辱，为臣者岂敢贪生怕死？”

仁宗听了，大为动容。到了二月间，辽使者特默（特默是在《续资治通鉴》中的名字，《宋史》之中称为萧英）果然来了，仁宗遣中使加以慰劳，特默故意蔑视宋朝，上身略弯道：“对不起，我足疾，不能拜。”

富弼立刻接口道：“我曾经前往北方出使，病卧车中，听到命令，立刻下拜，今天中使到了你却不肯下拜，这算是什么礼？”

特默只好不情愿地起身，让人扶着腋下下拜。经过这一番周折，辽使特默反而敬重富弼，两人开怀畅饮，微醺之际，特默悄悄告诉富弼：“辽主所要求的，可以依从的，依他；不能依的，拿一件事搪塞他，也就是了。”

由于有特默这张底牌，最后，宋仁宗准许每年增加岁币，但是仍然不准与宋朝王室结亲。

富弼办了一场漂亮的外交，宋仁宗大为欣赏，授富弼为礼部员外郎、枢密直学士，哪知富弼竟然拒绝接受，他谦辞道：“国家有危急，臣子应该惟命是从，不需要用官爵赐赏。”

过了五个月，宋朝再以富弼为报聘契丹使，前往辽国，正式订约。

到达辽国之后，有辽国官员六符对富弼说：“我北朝皇帝坚持一定要割地。”

富弼说：“此必败盟，果然如此，南朝只有执戈相待。”

富弼明明晓得宋朝不愿意开战，他将如何迎接更困难的一场外交战呢？

宋辽的关系

宋辽订立澶渊之盟之后，辽见宋朝与西夏用兵，国势衰弱，向宋朝提出种种要求，宋宰相吕夷简因与富弼不和，建议宋仁宗命富弼办交涉，结果富弼在第一回合之中不辱使命。

宋仁宗庆历二年（1042年）七月，富弼前往契丹谈判，他对辽兴宗道："两朝继好，已四十年，为何忽然要求割地？"

"不是这样的。"辽兴宗摇首道，"此因宋朝违约在前，塞雁门关，疏导塘水，修治城隍，增加民兵，这些都是针对我朝。我朝群臣都赞成大兵南下，朕以为不如先礼后兵，如果你们不答应归还关南故地，朕再用兵，为期不晚。"

富弼一听，心中倒抽一口气，但是仍然不慌不忙应对："北朝（指辽）与我朝通好，则君王专享其利，臣下毫无所获，若是与我朝用兵，利益全归臣下而君王只有灾祸，所以凡是劝陛下用兵者，都是为自己谋利，不是为国家打算。"

"噢？"辽兴宗不料富弼有此一招，满面狐疑地问道，"怎么说？"

"晋高祖（石敬瑭）欺天叛君，求助于北，末帝（李从珂）昏乱，人神共弃，当时中原狭小，上下离叛，所以北朝全师胜利，虏获的金币牛马大都在大臣家中，现在中原精兵数以万计，北朝用兵，有把握一定胜利吗？"

"不能。"说着，辽兴宗低下了头，默默沉思。

富弼眼看辽兴宗心思有些动摇了，赶紧解释："宋朝阻塞雁门关，为的是防备西夏；疏导塘水，早在订盟通好之前；至于城隍倒塌，不能不修；民兵缺额，不得不补。这些都不能算违约。"

辽兴宗被此一驳，哑口无言，过了半晌才道："然而朕所要得的，只是我祖宗故地。"

富弼说："晋高祖把燕云十六州割给契丹，周世宗收复关南之地，这都是前代之事，岂能算旧账？不然，再往前推，燕云十六州该算是我祖宗故地啊。"

辽兴宗又不知如何回答。

第二天，兴宗邀请富弼去打猎，兴宗缓缓骑马靠近富弼道："假如宋朝归还我关南之地，则两国盟好，可万世不移也。"

富弼半点不松口："北朝若以得地为光荣，南朝必以失地为耻辱，既然是兄弟之国，岂可一荣一辱？"

两人又说不拢，最后，兴宗说："但愿两国通婚，永结盟好。"

富弼不愿和亲，他推托道："结婚之后，亲家之间容易起争执，夫妇之间情好难久，人的寿命也不一定，或长或短。"

辽人武骑，像载《番骑图卷》，宋人绘，美国波士顿博物馆藏。

“南朝皇帝必然有女儿。”

“有是有，才四岁，总要再过十多年才能成婚，而且本朝长公主出嫁，嫁妆不过十万缗（mín），远不如每年送岁币。”

最后，辽兴宗要富弼先回国，再带誓书（盟约）前来，他选择议婚和金帛之一签约。

于是，富弼回到了京师，准备好了国书（身份证明书，凡外国使者前往他国均需携带，所以外国大使来华第一件事就是呈递到任国书）及誓书再到辽国。誓书中记载，若是议婚就没有金帛；若是辽能让西夏向宋朝称臣，每年增加岁币二十万，不能称臣的话，每年增加十万。

另外，富弼又上奏，要求在誓书之中增加三件事：第一，两国国界附近不能开发建设，免生事端；第二，双方不可无故增加兵马；第三，不能收留逃亡人民。

富弼走到乐寿，忽然心忖：“我所建议的三件事，都是上次与辽谈好的，万一誓书中没有写，那可怎么办？”

他愈想愈担心，最后，偷偷拆开誓书，果然不出所料，赶快飞报朝廷，所得到的答复是，这三件事口头答应辽国便可。

口头上说说岂能算数，辽国万一看到誓书之中所记载的，与富弼当初答应的不一样，天晓得会出什么事。富弼当机立断，一面派副使先把礼物送到辽国，同时自己马不停蹄飞奔回京师，见到了宋仁宗。

他怒不可遏道：“执政（指吕夷简）如此做，简直欲置臣于死地，臣死不足惜，可是会耽误大事啊！”

仁宗也不知出了什么事，吓得赶快召见吕夷简。

吕夷简不慌不忙，不当一回事地回答：“噢，这是一点小笔误，改过来也就是了。”

富弼见他一派轻松，更是愤怒。在庆历年间吕夷简当道，与范仲淹对抗，是为朋党之争，属于范仲淹这一派的多半是正人君子，如韩琦、富弼、杜衍、欧阳修等，这段故事我们慢慢再说。

富弼拿了改好的国书再去辽，辽国表示不要求通婚，还是增加岁币，但是要求誓书之中改为宋朝“献”币或是“纳”币，不能只说“输”币，富弼绝不肯答应这种有辱国家之事。

辽兴宗不悦道：“宋朝既然给我大笔金钱，明明表示怕我，又何必差此一字？”

富弼说：“不对，本朝兼爱南北之民，爱好和平，所以委屈自己，增加岁币，哪里可以称得上畏惧？”

辽兴宗见富弼声色俱厉，也就不再坚持，可惜富弼争了半天，最后，仁宗还是接受朝臣的意见，称为纳，每年宋向辽纳银二十万两、绢三十万匹（澶渊之盟乃十万两）。

《宋史》中记载，在奉使这一段期间，富弼死了一个女儿，又生了一个儿子，他都没过问，看到家书拆都不拆，一把火烧掉，他说：“徒乱人意耳。”

欧母画荻

欧阳修是唐宋八大家之一，许多人尊称他为宋代文学之父。他不仅是照耀古今的诗人、词人，更是出色的史学家、有道德的政治家，是值得详加介绍的历史人物。

欧阳修，字永叔，宋朝庐陵（江西吉安）人，但他出生于今天的四川省绵阳市，时为宋真宗景德四年（1007年）。欧阳修的父亲欧阳观当时任绵州军事推官。

欧阳修没有兄姊。欧阳观五十六岁才有了这一个男孩，老年得子，兴奋异常，可惜三年之后就因病去世，他的夫人郑氏出身江南名族，此时不过二十九岁。

欧阳观没有留下半点遗产，郑氏夫人孤儿寡母，带着欧阳修及欧阳修的一个妹妹，举目无依。郑氏夫人虽然知书达礼，颇有文才，但古代不作兴女人出外做事，纵有才学有能力也毫无帮助。

欧阳观的一个弟弟欧阳晔（yè）在随州担任推官，顾念手足之情，把寡嫂及一对侄儿女接来任上。郑氏夫人是一个有骨气的女子，住了短暂一段时间，坚持搬了出去，靠着缝缝补补，非常吃力地带着两个小孩。

欧阳修到了五六岁大，眼看邻居小孩都夹着书本，三五成群一块去私塾，他也想去，于是睁着一双大眼睛对妈妈说：“娘，我想去上学。”

一听此话，郑氏夫人心一紧，眼泪再也忍不住地不断往下落。小小的欧阳修吓呆了，不晓得自己说错什么话，更不明白他一语正中母亲最痛心、最敏感的伤口。

其实这件事在郑氏夫人心中盘算好久了，奈何家用拮（jié）据，能撑住一口气活下去已经不容易了，哪有余钱缴学费呢？

忽然之间，灵光乍现，郑氏夫人一咬牙道：“明天起，娘教你读书。”

第二天，欧阳修满怀兴奋跑到母亲跟前，东望望，西瞧瞧，咦，没有看见书啊！

“一开始，不用书本，先认字。”说着，郑氏夫人拉着欧阳修的小手，拿起一根荻（dí，芦草）茎，在沙地上画了一横，口中念着“一”。

于是，就用这种方式，欧阳修不但认了字，而且会背《诗经》《左传》，这些都是在沙上制成的“书本”，由此可见，欧母真是良母，也是一位才女。

一直到十岁，欧阳修没有摸过一本书，但他真是着迷似的喜爱书本。他认识一个小朋友叫李尧辅，是随州的世家大族，深宅大院之中，装满了书本，欧阳修仰望着书本，注视着笔墨纸砚，真有说不出的羡慕。

欧阳修，选自《晚笑堂画传》。

李尧辅的功课比较差，时常请教欧阳修，为了感谢欧阳修，他送了一套笔砚给欧阳修。从此欧阳修每天忙着抄书，虽然累，他忙得很辛苦，但学得更扎实。

有一天，欧阳修在李家丢弃的旧筐中找到《韩昌黎文集》六卷，喜爱极了，李尧辅顺手把这套旧书送给他，欧阳修如获至宝，虽然其中有些文句不甚明了，但是他对韩愈文字中的气格雄壮，不用陈言俗语和硬句奇字极为佩服。从此，欧阳修对古文兴趣大增，这年他不过十岁。

后来，欧阳修在文学、政事上都大放异彩，李尧辅只成为一个秀才，两人长大之后，仍然时有往来。欧阳修是个感恩的人，曾经写过《李秀才东园亭记》追述少年之事，对李尧辅当年赠送的《韩昌黎文集》，不但念念不忘，还为这本书一次又一次校勘。

欧阳修自幼丧父，然而，父亲对他的影响很大，郑氏夫人时常对他说："我嫁到欧阳家时，你父亲刚脱去母亲丧服一年，逢年过节一定痛哭流涕：'以前吃不饱，现在衣食有余，却又来不及奉养母亲。'当时我以为你父亲是丧母未久，后来发现他每次尝到美味，总是食不下咽，原来，又想到母亲了，可见得你父亲是多么的孝顺。"

郑氏夫人又经常对欧阳修道："你父亲做官，总在半夜里点着蜡烛批阅公文，不时停下来摇头叹息，我就问他：'你叹什么气呢？'

"'这件案子应该要判死罪的，我想找个理由，让他不必判死刑。'你父亲回答。

"我再问：'找得到生路吗？'

"你父亲说：'我尽量地去做，如果实在找不到，当然应该依照法律，那么，我和死者都没有怨恨遗憾了。像我这样常求其生，还不免其死，何况许多官吏，还经常求其死罪呢。'由这些小事，可见你父亲为人仁厚。"

郑氏夫人每次说起这些往事，总是眼泪汪汪，摸着欧阳修的头说："修儿，你要努力啊！"

欧阳修自小自母亲口中崇拜父亲，他日夜苦读，努力不懈，到了十七岁那年，已在家乡小有名气。这一年欧阳修在随州应试，考试的题目是《左氏失之诬论》，就是要应考者指出《左传》这部书中的缺点。欧阳修熟背《左传》，又有心得，随便摘出几段加以评论，就是一篇文理俱胜的好文章，可是他竟落榜了，这是怎么一回事？

欧阳修嫉恶如仇

在《欧母画荻》之中，我们说到宋朝文学之父欧阳修年幼丧父，家境清贫，母亲郑氏夫人极为贤惠，用荻在沙地上教欧阳修认字读书，当他十六七岁已小有文名。

宋仁宗天圣元年（1023年），欧阳修在随州应试科举，他自己很有把握，人们对他也一致看好，可惜在一篇赋之中押错了韵，名落孙山。

这次打击使得欧阳修垂头丧气，他失魂落魄般回家，郑氏夫人虽然相当失望，仍然不断地鼓励欧阳修。这时，欧阳修再把小时候从李尧辅家中破筐里找到的《韩昌黎文集》拿出来研究，爱极了韩愈朴质载道的文章。它与当时流行的艳丽堆砌，充满形容词又毫无内容的西昆体相比较，风格全然不同，他再三赞赏："韩愈的文章如日月，写文章就要这样。"

经过三年苦读，欧阳修二十岁那年，他再度应试，满心以为一试而中，谁料又落第了。

这怎么可能呢？欧阳修愈想愈伤心，几乎丧失了所有的自信心，郑氏夫人再三地鼓励劝说，他才勉勉强强振作起精神，他冷静下来客观地检讨，检讨了半天，更加地不能服气。

天圣六年（1028年），欧阳修带着一批文稿，前往汉阳，去拜谒名重一时的文人胥（xū）偃，他请求胥偃品评一番。胥偃看过欧阳修的文章，发现他不但饱读经史，而且气格雄伟，简直不像一个二十二岁的青年所能写出来的。

胥偃原是一个爱才的人，见欧阳修文质彬彬，儒雅不俗，落落大方，无论古文、诗词样样来得有见解、有内容，一喜之下，马上就把他留在门下，过了没多久，更把自己的掌上明珠许配给他。

“世叔！世叔……您不是开玩笑吧？”欧阳修以为自己在做梦，就凭他一贫如洗，两次落第，毫无凭借的穷小子，怎有资格娶堂堂胥大学士的千金呢？

胥偃可不是说着玩的，欧阳修回到随州，把母亲迎到汉阳，正式与胥女慧贞举行文定。

宋仁宗天圣八年（1030 年），欧阳修第三度应考，皇天不负苦心人，这回他终于中第。

天圣九年（1031 年）三月，他至西京（今洛阳）担任推官，得以跟随尹洙（zhū）学古文，议论天下大事，又交梅尧臣为友，以诗歌相唱和。他三人联合当时文友，共同提倡古文，他们多有卓绝妙文，一时传诵，欧阳修的文名冠于天下。就在此时，欧阳修与恩人胥偃爱女慧贞成婚，最开心的当然是郑氏夫人，可惜慧贞福气不佳，生下一男不久便去世了。后来欧阳修再娶杨氏夫人，婚后不到一年杨氏夫人又撒手西去，最

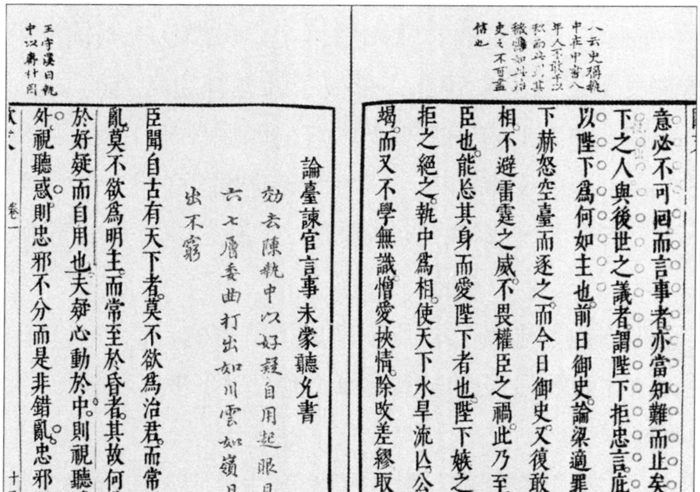
意必不可回而言事者亦當知難而止矣然天
下之人與後世之議者謂陛下拒忠言庇愚相
以陛下爲何如主也前日御史論梁適罪惡陛
下赫怒空臺而逐之而今日御史又復敢論宰
相不避雷霆之威不畏權臣之禍此乃至忠之
臣也能忘其身而愛陛下者也陛下嫉之惡之
拒之絕之執中爲相使天下水旱流亾公私困
竭而又不學無識憎愛挾情除改差繆取笑中

論臺諫官言事未蒙聽允書
劾去陳執中以好疑自用起眼目以下
六七層委曲打出如川雲如嶺月其
出不窮
臣聞自古有天下者莫不欲爲治君而常至於
亂莫不欲爲明主而常至於昏者其故何哉患
於好疑而自用也夫疑心動於中則視聽惑於
外視聽惑則忠邪不分而是非錯亂忠邪不分

《欧阳修文钞》，明代闵凌刻套印本图录。

后再娶薛氏夫人，总算是一件喜事。幸亏欧阳修是位男士，否则一定被骂为命太硬，扫把星。

景祐三年（1036 年），范仲淹因事得罪了宰相吕夷简，被贬饶州，当时高若讷（nè）担任谏官，他不但不上言皇帝，反而指出范仲淹种种不是。欧阳修与范仲淹并无深交，但是激于义愤写了一封信给高若讷，大加责备。

他在信中说："足下担任谏官这个职位，又不敢讲话，便当离去，不要妨碍其他可担当此工作的人。你现在还能出入朝中，昂然自得，没有一点羞愧与畏惧，正表示足下不复知人间有羞耻事也。"

高若讷接到欧阳修的信，气得发抖，将欧阳修的信呈给仁宗，派他一个离间君臣的罪名。结果，仁宗把欧阳修贬为夷陵令。

夷陵在今天湖北省宜昌市东南，在当时乃偏远之地，欧阳修由于见义勇为，拔刀相助，落此下场，他自己倒不足惜，只是连累母亲，内心极为不安。

郑氏夫人倒一点也不以为意，她笑嘻嘻不当一回事道："修儿，我们家本来就穷，早已习惯了，你不用担心，也不必愧疚。"

从这番话，可知郑氏夫人真是一位明理又识大体的母亲，难怪能够教养出这样的好儿子。

后来，范仲淹复起，被派经略陕西，他立刻奏准朝廷，请欧阳修担任掌书记。这一方面是范仲淹感激欧阳修当年两肋插刀、仗义执言，另一方面欧阳修也的确是能办事的大将之才。

不料欧阳修竟一口回绝了范仲淹的美意，舍弃了多少人梦寐以求的大好机会，他对母亲郑氏夫人说："我以前所为，岂是为自己的利益；范公被贬，我也被贬，同退也就罢了，用不着同进，否则人家真把我们当朋党了。"

范仲淹接到欧阳修的信，大为佩服他的光明磊落，至刚无欲，的的确确是标准的正人君子。连宋仁宗这位时而糊涂的皇帝，看到欧阳修的论事切直，嫉恶如仇，也不禁对侍臣说："像欧阳修这种人，何处得来？"但是好人老是被恶人进谗言，除了被诬为朋党，欧阳修又遇到了一桩窝囊事。

庭院深深深几许

在上篇《欧阳修嫉恶如仇》之中，我们说到，欧阳修为了范仲淹得罪宰相吕夷简，结果也连带被贬为夷陵县令，后来范仲淹复起，辟欧阳修为掌书记，欧阳修以“同退不宜同进”为由，婉拒了范仲淹的好意。

庆历五年（1045 年），朝廷之中小人又起朋党的谗言，范仲淹、富弼、杜衍、韩琦等正人君子都被罢去外州职位，欧阳修又激于义愤上书给皇帝：“臣见古来小人想要谗害忠贤，只有两个办法，指责他们为朋党，诬赖他们专权，这是为什么？因为赶走一个善人，其他善人还在，不合小人利益。同时这些善人都是皇上所信任的，不可能以他事动摇，只有专权是皇帝所最痛恨的，所以小人要诬指范仲淹等人专权。”

这封奏疏呈上去以后，皇帝久久没有批示，但是朝廷之中一批小人愈加痛恨欧阳修之耿直，非去之而后快。于是他们想到一条毒计：原来欧阳修有一个妹妹（见《欧母画荻》），嫁给张龟正为续弦，张龟正不久就去世了，欧阳修之妹未生子女，就带着张的前妻所生之女（七岁左右）回娘家，这个小女孩长大之后行为不检，被收押在开封府。

老实说，外甥女张氏犯法，与欧阳修八竿子扯不上关系，况且这名外甥女还不是欧阳修之妹亲生的，但是小人之流暗中支使狱吏硬把欧阳修扯在一块，使得欧阳修被贬滁（chú）州。

滁州山明水秀，民风淳朴，欧阳修以其治事长才将滁州治理得井井有条，深得民众之爱戴。他在治理公事之余最爱游山玩水，寻幽访胜。有一天，他在深山之中发现一座惠觉寺，住持智仙法师，言语不俗，两人相见甚欢，在草亭之中，一坐就是老半天。

此一草亭下临清泉，野花遍布，欧阳修当即命名为醉翁亭，他自称为醉翁，并因此写了一篇《醉翁亭记》，其中有一句“醉翁之意不在酒，在乎山水之间也”，是家喻户晓的名句。

在滁州过了两年，他又被迁往扬州、颍（yǐng）州。在外十二年后，宋仁宗方才召他入京，命他修《新唐书》《新五代史》。后代修前代之史书，乃中国历史之惯例，通常史书上的作者只列官位最高的一人，当时欧阳修官位最高，可是新书成立之后，他却在上面加了宋祁（qí）的名字。欧阳修说：“宋祁先生早在我之前，对列传一部分的撰（zhuàn）写，下了很大的功夫，我怎能掩其名而夺其功？”

当时的人听到这件事，都赞美欧阳修气度宽宏，为人谦虚。

嘉祐二年（1057年），欧阳修担任主考官，这个时代的青年学生喜欢写一些奇涩怪异的文字，欧阳修一向痛恨这种用形容词堆砌，让人看不下去的矫情文章，决心用考试改正歪风。考试领导教学，中国自古皆是如此，一直到现在。

当时有个人叫刘几，最爱用辞涩言苦之句，却是大家模仿的对象。欧阳修在阅卷时，看到密封的卷子中有一篇特怪，他拿起朱笔写上“秀才刺，试官刷”六个字，然后一路涂抹到底，并且贴出榜示，说明凡是再写这种怪文者一律名落孙山。

这次考试，欧阳修录取苏轼、曾巩、苏辙等贤才，却遭到刘几等写怪文者不满，欧阳修回到家中，竟然收到一封《祭欧阳修文》，诅咒他早死，欧阳修一笑置之。

从此之后，宋代文体又趋于典雅正派，连刘几也改名为刘辉，两年后重新参加考试，也获得录取。

欧阳修是苦读出身的穷学生，他早年受到胥偃等人协助，丝毫不敢稍忘，现在他自己功成名就，更效法胥偃的爱才心理，不论青年才俊、老年才俊，只要是人才他都提拔，并毫不吝啬地赞美、鼓励，苏东坡、苏洵（xún）、

《蝶恋花》“庭院深深深几许”词意图，明刻版画。

王安石、曾巩都出自他门下。

由于欧阳修的方正，当他奉使契丹时，契丹主派了四位贵臣陪宴，并且特别声明：“这可不是我们的常规，而是因为你的名重。”

当然，欧阳修之所以被尊为宋代文坛盟主，是因为他自己的文才也是一流的，他不仅是古文大家，诗、词、歌、赋样样精通，无论是赞成他的或反对他的，都佩服他的文学作品，苏东坡赞美欧阳修的文章是“论大道似韩愈，论事似陆贽（zhì），记事似司马迁，诗赋似李白”，推崇备至。这四个人的故事，我们都介绍过，有兴趣的读者不妨翻翻前面，互相参照。

最后我们以一首欧阳修著名的词《蝶恋花》结束对此一大家之介绍。

庭院深深深几许？杨柳堆烟，帘幕无重数。玉勒雕鞍游冶（yě）处，楼高不见章台路。　雨横风狂三月暮，门掩黄昏，无计留春住。泪眼问花花不语，乱红飞过秋千去。

（庭院深深，到底有多深？只见丛丛杨柳笼罩在烟霞之中，仿佛隔了许多层纱。我骑着一匹有翠玉马勒、华贵马鞍的骏马到处逛逛，但见楼台矗立，找不到当年的章台路了。三月里，雨暴风狂，就算闭门锁住黄昏，也没法锁住春天。我含着泪水向花儿询问，花儿不开口，只见一片片红色花瓣飞过秋千而去。）

狸猫换太子的真相

在《欧阳修嫉恶如仇》之中，我们说到，欧阳修为了替范仲淹抱不平，遭小人谗害，被贬滁州，现在就来谈谈范仲淹的故事。

范仲淹，字希文，唐朝宰相范履冰的后代，苏州吴县人。他的身世非常凄惨，两岁的时候，父亲去世，母亲改嫁长山朱氏，他也改姓为朱。

年纪稍大之后，范仲淹知其家世，流着眼泪拜别母亲，一个人住到山东长白山醴（lǐ）泉寺读书，后又前往睢（suī）阳应天书院就读。

由于缺乏经济来源，范仲淹的书念得非常辛苦，他没有钱买米，只好每天煮一碗粥，待粥结冻，用刀切为四块，早晚各取两块，折断数茎野草沾着盐巴胡乱果腹。到了冬天，气候严寒，无火取暖，他也照样用冰水洗面，昼夜苦读不息。

皇天不负苦心人，后来范仲淹果然考取进士，出任广德军司理参军，把母亲大人迎回家中奉养。大文学家晏殊在应天府为官时，闻知范仲淹的

范仲淹，明人绘。

才名，推荐他担任秘阁校理。

范仲淹博通六经，尤其对易理极有研究。他在《岳阳楼记》这篇文章中述说“先天下之忧而忧，后天下之乐而乐”的抱负，天下人还没有忧愁之时，我先忧国忧民，等到天下人都享乐了，我再享乐也不迟。范仲淹这种精神，感动了宋朝一些有为青年，共同提倡气节，蔚（wèi）为风气。

天圣七年（1029 年），范仲淹上疏请刘太后还政仁宗，没有结果。这刘太后是何许人也？她乃是家喻户晓“狸猫换太子”故事之中的“老巫婆”——刘后。

根据《七侠五义》《包公案》及京剧等民间故事之中记载：宋朝包拯前往陈州放粮，回经赵州桥，忽起一阵怪风，把轿顶吸去了，包公知道是地方上有冤屈，立刻住入天齐庙，通知老百姓，前来申告。

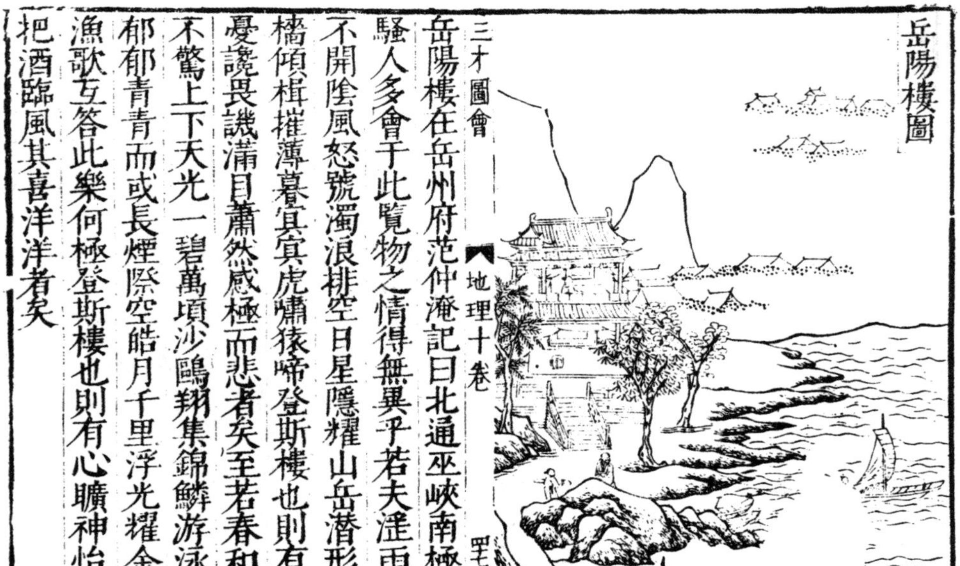
岳陽樓圖

三才圖會　地理十卷

岳陽樓在岳州府范仲淹記曰北通巫峽南極瀟湘遷客
騷人多會于此覽物之情得無異乎若夫淫雨霏霏連日
不開陰風怒號濁浪排空日星隱耀山岳潛形商旅不行
檣傾楫摧薄暮冥冥虎嘯猿啼登斯樓也則有去國懷鄉
憂讒畏譏滿目蕭然感極而悲者矣至若春和景明波瀾
不驚上下天光一碧萬頃沙鷗翔集錦鱗游泳岸芷汀蘭
郁郁青青而或長煙際空皓月千里浮光耀金靜影沉璧
漁歌互答此樂何極登斯樓也則有心曠神怡寵辱皆忘
把酒臨風其喜洋洋者矣

岳阳楼图，选自《三才图会》。

于是有一位瞎眼的老婆婆，一拐一拐前来喊冤，她说自己是当今皇太后李娘娘，因为被刘妃陷害，流落赵州桥，在寒窑之中乞讨为生。

包公原先不信她的话，等到老婆婆拿出一块黄绢，上面有寇准题句，隐隐叙述冤情，乃请老婆婆上座而拜叩之。

老婆婆眼中流泪，滔滔不绝地告诉包公，在二十年前，宋真宗两位贵妃——李妃、刘妃都怀了孕，真宗十分高兴，决定哪一位先生了儿子，立为正宫娘娘，孩子也封为太子。

李妃先生了一个男孩，刘妃为了害她，便命总管太监郭槐拿了一只剥了皮毛、光溜溜、血淋淋，看起来叫人起鸡皮疙瘩的死狸猫，换了刚生下的太子；再把太子装在藤篮之中，要宫女寇珠扔到金水桥下。

真宗皇帝发现李妃生下一个妖怪，大为生气，把李妃打入冷宫。

同年十月，刘妃也生下一个小男孩，真宗大喜，立刻封刘妃为皇后。过了六年，刘妃生下的太子因病去世，真宗万分痛心。

有一天，某王爷入宫请安，带着他的第三个儿子，这小男孩与死去的太子年岁一般，真宗愈看愈喜欢，传旨立为太子。其实，这位三世子正是李妃之子，乃当年宫女寇珠不忍心杀害太子，由宫人陈琳悄悄抱出宫，让王爷抚养长大，是为仁宗皇帝。

包公了解原委之后，当下请李娘娘上座，暂认李娘娘为母亲，一块回到京师。

然后，包公命军民在宫外演花灯，专演一些不孝儿子的戏，请仁宗同往观看。仁宗看到这些花灯很不高兴，责备包公为何花灯尽是不孝之人，应该处罚那些制作花灯之人。包公立刻跪下，大胆地对仁宗说："不要处罚那些制作花灯之人，眼前就有一个不孝之子。"仁宗很惊奇地问是谁，包公乘机把李后之事奏明圣上。

仁宗当然不信，含怒转回宫中，召见陈琳询问，陈琳一一道出，此时宫中忽然传出刘后自尽的消息，仁宗这才相信，遂得母子团聚。

以上所讲的是一般传说狸猫换太子的大概，事实上，根据《宋史》记载，仁宗亲生母亲确为李妃，她原本是刘妃的侍女，生下一子之后，刘妃据为己有，李氏也不敢反抗。

真宗去世之后，十三岁的仁宗即位，由刘太后垂帘听政，刘太后性情精敏，通晓文史，号令严明，把国家大事治理得井井有条。

仁宗皇帝一直不知他另有亲娘，也没有人敢在仁宗面前饶舌，一直到了李氏得了重病，才有人提议，应该加封李氏为宸妃。李宸妃死了，刘太后要用普通人之礼葬之，宰相吕夷简力争，刘太后结果还是用水银宝棺，以一品之礼葬了李宸妃。

第二年，刘太后也死了，仁宗亲政，有人告诉他这个事实，仁宗嚎啕痛哭。范仲淹认为此时不宜多指责刘太后之恶，他委婉劝仁宗："应该掩其小过，全其大德。"

仁宗开棺，发现李宸妃面色如生，冠服亦如皇后，这才知道刘太后似乎也没有大家说的那么坏，遂尊生母李宸妃为庄懿皇太后，刘太后为章献太后。

生育之恩固然伟大，养育之恩也很伟大，正史中的真相虽然比较无趣，但是不是比传说中的狸猫换太子多一分人情味？可见中国人是十分厚道的。

波上寒烟翠

在《狸猫换太子的真相》故事里，我们说到，宋仁宗发现生母为李妃，不是刘太后以后，颇为激动，厚道的范仲淹劝皇帝多多思念刘太后养育之恩，不要听信挑拨之词。于是，宋仁宗下诏“毋谈论太后之事”。

天圣七年（1029年）冬末，江淮一带起了蝗虫之灾，以忧国忧民为己任的范仲淹请求赈灾，没有结果。他直言地问宋仁宗：“假如宫中半天没有粮食，可不可以呢？”仁宗听了，起了同情之心，遂派范仲淹去开仓周济灾民。

在仁宗年间，吕夷简是最红的一个大臣，他在中书省任宰相二十年，宋仁宗对他是完全信赖，吕夷简所任命的官员都出自其门下，或者与他有特别的交情。

范仲淹看不过去，画了一幅百官图呈了上去，对吕夷简说：“你看，这样升迁是公平的，那样是不公平的，凡为破格任用的官吏，其决定权可不能全操于宰相之手。”

过了两天，他二人又因为建都之事起了争执，吕夷简对仁宗说：“范仲淹所言，全是迂（yū）阔不切实际的理论。”范仲淹则献“四论”给皇帝，隐隐约约指出，若是再对吕夷简深信不疑，他日必有王莽之祸。

吕夷简上书仁宗，指责范仲淹：“离间君臣，引用朋党。”最后，范仲淹被贬饶州。当时朝中正人君子纷纷为他打抱不平，欧阳修由于气愤高若讷身为谏官却不阻止，骂他“不知人间有羞耻事”，也连带被贬斥（请参考《欧阳修嫉恶如仇》篇）。

由于有太多舆论倾向范仲淹，仁宗似有悔悟，其后西夏李元昊（hào）叛变，仁宗再度起用范仲淹、韩琦防御西夏。

西夏拓跋（tuò bá）氏，原为党项族，因为助唐讨平黄巢之乱，赐姓为李，宋真宗时封李继迁为西平王，其子李德明继立，对宋朝也颇恭敬。

李德明之子元昊通晓汉文，他屡次劝父王不要再对宋朝称臣，德明说：“我早已经厌战，何况我族十年来身上穿的锦绣全为宋朝所赐。”

元昊不以为然地反驳：“何必贪图锦绣，称臣于人？”因此当他继立之后，在仁宗宝元元年（1038 年）自立为帝，建国号为大夏，使得宋朝大为头痛。宋仁宗原先派遣范雍去对付西夏，由于范雍为人平庸懦弱，被西夏打得落花流水。

现在改用范仲淹，一开始便气象不凡，他一到边境，加强训练，不时检阅州兵，西夏人彼此互相警告：“今天这个小范老子，腹中自有数万甲兵，不容易对付。”

到了来年正月，范仲淹分析：“正月塞外太冷，不如待春天，贼马瘦人饥，大军再出发。”可惜这项策略没有被接受，以致宋军大为失利，方才改用严密的防守政策。

韩琦与范仲淹同心合力开发边区，范仲淹在庆州一带招抚六百多位羌酋（qiāng qiú），誓死不为西夏所用，羌人对范仲淹十分敬爱，因范仲淹为龙图阁直学士，都尊他一声龙图老子。边境还流行一首歌谣：“军中有一韩，西贼（指西夏）闻之心胆寒；军中有一范，西贼闻之惊破胆。”用以赞美韩琦、范仲淹。元昊大惧，遂对宋朝称臣。

由于有此功绩，到了庆历三年（1043 年），当时谏官欧阳修，盛赞范仲淹有宰相之才，仁宗任命范仲淹为副宰相。

那时，宋仁宗表现出锐意求改革之意，范仲淹明明知道中国历史上改革变法不易成功，还是上了《答手诏条陈十事疏》，提出十大改革计划。主要的重点为澄清吏治，周济民生，改革兵制，建立国家威信。

其中第一点“明黜陟（chù zhì）”，就引起既得利益大臣之不满。黜，革除之意；陟，升职之意。范仲淹的意思是要明明白白订出凭功过决定升级降级。由于当时宋朝规定文官三年一迁，武官五年一迁，也不管你做事做得好不好，反正大家看年资，这种贤与不肖同时并进，当然阻碍了国家发展。

范仲淹拿起簿子一一审查官吏，凡不才者一笔勾去。富弼见了不忍道：“一笔勾去很简单，焉知这一家人哭得多伤心！”

范仲淹回答：“一家哭，何如一路哭。”对啊，赶走一个不合适的官吏，他一家当然难过，可是朝中庸官充塞，不是使全国每个人都一路哭到底?

新法颁行之后，对于一班没有用、贪吃懒做的官员自然是一个大打击，于是又群起而攻击范仲淹，又起“朋党之论”，范仲淹无可奈何，变法未成，只有再与富弼去守边境，死在任上。

范仲淹不但在政治上有所作为，他也是一位大词家，譬如人们所熟悉的一首词《苏幕遮》——

碧云天，黄叶地，秋色连波，波上寒烟翠。山映斜阳天接水，芳草无情，更在斜阳外。

黯乡魂，追旅思，夜夜除非，好梦留人睡。明月楼高休独倚，酒入愁肠，化作相思泪。

［碧蓝的青空，黄叶铺满大地，一片秋色，氤氲（yīn yūn）一江岚（lán）翠，远山映着斜阳水天一色，可叹芳草无情，更在斜阳外。

黯黯乡愁，幽幽旅思，除非每夜都有一个美梦，伴人入睡，否则又只好对着明月，独在高楼低回独倚，或者借酒消愁，更惹来无限血泪相思！］

狄青的刺青

狄青，可说得上是历史上响当当、大家所熟悉的一号人物。

狄青，字汉臣，汾州西河人，从小善于骑马射箭，为人谨慎小心，沉默寡言。

宝元初年，西夏李元昊起兵作乱，仁宗下诏选择卫士远守边疆。宋朝重文轻武，士卒胆小畏惧，狄青倒是向来不怕，时常自请为先锋，短短四年之中，参加二十五场重要战役，前后中了八次流矢。有一回，在安远之役中，他受伤颇重，一听说贼人前来，跨上骏马又奔向前线。

狄青冲入敌阵时，总是披头散发，脸上戴着铜面具，猛看像个鬼，武功又高强，所向披靡（mǐ），个个见他都怕。

尹洙发现了这个人才，大喜过望，把狄青推荐给韩琦、范仲淹，说道："此良将也。"范仲淹送了一本《左氏春秋》给狄青，诚恳地对他说："一个做将领的，若不知古今，充其量仅仅是匹夫之勇而已。"

狄青捧着《左氏春秋》回去，努力研究将帅兵法，对历史有所了解，从此之后，更闻名天下，由于军功彪炳，先后做过西上阁门副使、秦州刺史、惠州团练使等高官，渐渐地，连京城里的皇帝都闻知狄青的大名。

皇祐四年（1052年），狄青被征入京师拜为枢密副使。当他入得宫中，行完大礼，一抬头，仁宗发现狄青脸上有着丑陋明显的刺青——这是宋朝军人共有之标志。

狄青，选自《马骀画宝》。

原来，宋朝有鉴于五代之时，武将跋扈，易君废帝视同儿戏，存心剥削武将之权，压低军人的社会地位，甚且带领大军的统帅也用文人，例如范仲淹便是文人。

在这种情况下，武人普遍受到轻视，谁还愿意当兵？宋朝采用募兵制，遇到荒年，活不下去的农夫只好心不甘情不愿地上战场。可是当灾荒一过，这些军人又纷纷逃回田中，为了防止出现逃兵，宋朝政府采取一项很不人道的措施——在脸上刺上番号，让兵士一辈子难逃掌握。

狄青脸上的刺青，一晃已有十多年了。宋仁宗见其为国立下汗马功劳，还画着刺青到处走，便拿出特殊配方的良药，要帮狄青把脸上的字去掉。

不料，狄青指着自己的脸道：“陛下由于臣子有功，不问出身，臣所以有今日。愿留此刺字，用以鼓励军人，知陛下但重功勋，不问门第。”

我们今天国内有些歹徒，在脸上身上刺了许多龙蛇一类的花纹，自以为是英雄人物，江湖气概，却因为没有读过历史，不知道刺青是羞耻的象征，真是可怜。

当然，宋朝在军人脸上刺青，是大大破坏军心士气之举，难得的是狄青不以为意。皇祐四年（1052年），南方的蛮族侬智高造反，进攻邕（yōng）州（广西南宁），广州骚动，仁宗非常发愁，狄青上表，自请出征，他说：

“臣出身行（háng）伍，非战伐无以报效国家，愿擒拿贼首向陛下致敬。”

仁宗乃命狄青为荆湖宣抚使。狄青治军一向严明，他到达之后，当下传令：“不得帅部命令，不许擅自出兵交战。”可是广西钤辖陈曙竟然自率八千步兵，偷袭昆仑关，被侬智高打败。

狄青火大了，一大早召集诸将，把陈曙等三十人以“令之不齐，兵所以败”的罪名推出去问斩，吓得其他将领两条腿不断地哆嗦。

然后，狄青休兵十日，故弄玄虚，第十一天，侬智高以为宋军还在放长假，狄青人马却已杀到昆仑关。蛮兵本有一股中原军比不上的蛮力，但是眼见狄青手执白旗，指挥着两旁夹击的骑兵，简直像变戏法，侬智高窜入大理，狄青杀死蛮族数千人，获得金帛数万、牲畜数千，大获全胜。侬智高两年后病死大理，动乱平定。

想当初，侬智高作乱，朝廷束手无策之时，曾有交趾愿出兵助讨，朝廷颇为心动。狄青反对，他上奏仁宗：“假外兵，除内寇，万一交趾贪得忘义，因而作乱，又该如何？”狄青是读过唐朝借助回纥（hé）兵，结果无法收场的历史，才有此先见之明。

狄青为人，不喜多言，但其运筹作战，必有事先详密的计划。他治军极严，另一方面又与士卒同甘共苦，而且立了大功，总把功绩推给部下，所以极受士兵敬爱，每逢出入枢密府任所，士卒百姓都竖起大拇指，甚且包围欢呼，害得狄青的马匹都动弹不得。

宋朝最怕军人揽权，狄青功在国家，操守又好，简直挑不出毛病，于是，有人谣传狄青家中的小狗头上生了一对角，甚为奇怪，又说京师淹水时，狄青家人逃入相国寺，行止殿上，颇为可疑。过了不久，朝廷召狄青出守陈州，不让狄青掌管兵权。又过了一年，狄青死在任上。

北宋积弱，不论对契丹、对西夏，都是十打九败，而且还要每年赔上银两、绢帛，狄青平南，是何等威风，却又对他疑神疑鬼，牺牲一位可贵的将才，宋朝真是活该对外连连失利了。

王安石自甘淡泊

在《狄青的刺青》之中，我们说到，狄青平侬智高乃北宋一件大事，因为宋朝对西夏、对契丹用兵连连失败，每年要缴巨额的岁币，宋朝是又弱又穷，有心人看在眼中，真是痛心疾首，急思改革。“先天下之忧而忧”的范仲淹是如此，今天我们要介绍的王安石更是如此。

王安石，字介甫，晚年号半山，北宋抚州临川（江西抚州）人。他天资聪敏，超人一等，过目即终身不忘，写起文章来，动笔如飞，旁人看他仿佛不经意随手写写，等到看过他写的文章，又无不赞美一声：“妙！”

他有一个好朋友名叫曾巩，也是宋朝有名的文学家，曾经把王安石的文章拿给欧阳修看，最懂得爱才的欧阳修也赞不绝口。

宋仁宗庆历元年（1041 年），王安石入京城参加礼部考试，庆历二年（1042 年）考上进士第四名，这时他不过二十二岁，历任签书淮南判官、鄞（yín）县县令、舒州通判、提点江东刑狱等地方官。最奇怪的是他一再拒绝高职，始终只愿意担任外郡的小官，在地方上筑水坝、改革学校、帮助农民贷款。因为政绩出色，满朝文武都想一见这位会写文章、会办事的干练人才。

王安石是一个非常淡泊、完全不考究衣食享受的人。据宋朝人文集的记载，有一次几个朋友陪他去庙里的澡堂洗澡，朋友嫌他老是不换外袍，趁他洗澡之时，偷偷把旧袍收起，换了一件新袍，王安石沐浴之后，自然

王安石，佚名绘。

而然穿着新袍步出，完全没有发现朋友的玩笑。

又有一天，王安石的朋友对他太太说：“我现在发现了，他最喜欢吃兔肉。”

“哪有这回事，我不相信。”王太太笃（dǔ）定地摇头，“他从来不晓得自己吃些什么，怎么会突然开始喜欢吃兔肉呢？太奇怪了。”

“因为一桌的菜他都没动，只一个劲儿吃兔肉。”

王太太想了半天才开口：“那盘兔肉摆在哪儿？”

“就在他面前。”

“难怪了，你们明天拿一盘别的菜，放在他面前，再看看结果。”

于是，第二天，朋友再请王安石用餐，盯着他瞧，发现王安石果然只吃面前的菜，全无视放在桌角，他昨天不停地猛夹的兔肉。

另外，在司马光门生邵（shào）伯温的一本书《邵氏闻见录》中记载一则故事：

王安石考中进士不久，在扬州担任太守幕僚，每晚读书，通宵达旦，到了黎明，手倦抛书，在椅子上打瞌睡。往往一觉醒来已经太迟啦，来不及刷牙洗脸，蓬头垢面就急奔衙门。

太守韩琦见王安石一脸狼狈，以为他纵情声色，以前辈资格告诫他：“我劝你不要贪玩，多利用时间用功。”

王安石也没多加解释，退下来对友人说：“韩公不了解我。”

韩琦的的确确不了解王安石，王安石没有心思去想穿衣、吃饭这些生活小事，他日日夜夜苦思如何让宋朝强大起来。

当时宋朝是又穷又弱，政治消沉，委靡不振。

为什么会穷呢？原来宋朝有四种沉重的负担：

一为养冗（rǒng，多而无用之意）兵。宋朝是募兵制，国家要负担一大笔经费，再加上宋朝削弱地方兵权，扩大中央禁军，禁军愈加愈多，费用一天比一天大。

二为养冗官。宋朝重文轻武，对文官待遇极高，又想用官禄套住读书人，官员名额日益膨胀，尤其宋朝官吏之子孙承祖上余荫，小小年纪已获一大笔俸禄，对国家财政而言，不是一件好事。

三为郊费。郊费是指祭天地所用的费用，在前面《富弼的外交》中，我们说过宋真宗到泰山祭天地花费惊人，这实在是一种毫无意义的浪费。

四为纳币。宋朝与契丹、西夏用兵，打了败仗，每年要奉上大批金银，国家焉能不赤字连连。

宋朝之所以积弱不振，其根本关键在于宋太祖杯酒释兵权之后，他害怕武人专权，削弱地方大权，用文人代替武将；他又怕文人跋扈，鼓励谏官弹劾（hé）执政。怕来怕去都是消极地防止弊端，于是，武将没有力量造反，却也没法作战，文人不敢跋扈，却也不能有所作为，整个国家没有一点蓬蓬勃勃的积极气象。

不但王安石看到这种病态，富弼、司马光、欧阳修也深以为忧虑，苏东坡形容当时天下人民“骄惰脆弱，论起战斗，就缩头股栗，闻到盗贼，便掩耳不听，士大夫也不谈兵事，认为是生事扰民”。

宋仁宗嘉祐三年（1058 年），王安石被派为三司度支判官，一向不肯入京的王安石终于来了，大家都很兴奋。他入朝后，立刻上了一封长达万言的奏章，他指出财政方针应“因天下之力，以生天下之财，取天下之财，以供天下之费”。这是了不起的政见，可惜，仁宗看过之后，顺手搁在一旁。五年后，仁宗去世，英宗即位，王安石也因为母丧，返回江宁。整个英宗一朝，王安石一直在江宁居家，一直到了神宗时代，王安石才再度出马。

王安石变法

王安石对饮食享乐完全没有兴趣，一心一意希望把积弱不振的宋朝，带向富国强兵，可是宋仁宗、宋英宗都没有重用他。

到了宋神宗时，情况不一样了。

宋神宗是一个好学深思的君主，非常孝顺，也懂得尊师重道，当他还是皇子之时，韩维为记室（秘书），两人相处极佳，韩维每每对国家大事有精辟的见解，神宗听得相当入神，韩维总是谦虚客气地回答："这不是我想出来的，这些都是我的好朋友王安石的看法。"

一次又一次，每一回神宗拍手叫绝的主意，韩维都说是王安石的，久而久之，神宗对王安石仰慕极了。神宗即位时，年方二十岁，年轻的皇帝，对暮气沉沉的国家忧心忡忡，他热切地希望能给国家带来新的气象。

神宗一当上皇帝，立刻起用王安石出任江宁知府，过了几个月，又召他为翰林学士入京，神宗终于见到了心仪已久的王安石。

神宗问王安石："治理国家以何为先？"

"以术为先。"王安石回答。

神宗又问："唐太宗如何？"唐太宗一直是神宗最钦佩的贤君。

王安石却说："陛下应当效法尧舜，尧舜之道，至为简易而不复杂，至为重要而不迂阔，至为简单而不困难，可惜，后代的人不能明了，以为高不可及。"

宋神宗，佚名绘。

神宗听了，颇为动心地说："卿可以辅佐朕，共同达到尧舜之道。"

以后上朝，神宗总是屏退其他朝臣，与王安石密谈，愈谈愈有味道，君臣二人非常投机，有如刘备见到诸葛亮般如鱼得水。

终于，在熙宁二年（1069年）三月，神宗以王安石为副宰相，主持变法，这是中国政治史上一件重大之事。

首先，王安石请立"制置三司条例司"。所谓制置是编订的意思，三司指的是北宋户部司、度支司、盐铁司三个财政机构，条例即法规之意。王安石设立这个机构的目的，是在统一掌理编订国家预算财政法规的枢纽。

王安石在民政方面的措施有：

"青苗法"。中国古代农民很可怜，尤其当稻田中的苗还是绿色青青，放在仓库中的粮食已卖光吃光，在这青黄不接之际，只有向豪富借钱，然后用高利贷偿还。王安石的青苗法就是要各州县贷款给农民急救。

"免役法"。免役即为免除农民劳役之苦，命百姓按贫富，分等出钱，再由政府雇人服力役。

"方田均税法"。方田是清理田籍，均税是平均田赋，即土地重划，公平纳税。

“农田水利法”。即加强农田水利建设，督导农民改良土地种植，修建陂塘圩埠。

“市易法”。由政府出资，平衡物价，另一方面商人可以贷款资金，性质类似现在的商业银行。

“均输法”。凡各地上贡到京师的货品称为“输”，由于不同货品产地有远近，价钱有贵贱，自然造成不均，王安石以为，天下货物，无论偏聚在哪儿都不合理、不公平，所以有此建议。

另外，王安石认为兵在精不在多而有“裁兵法”，他的裁兵并非消极裁军，而是积极地加强战斗力，于是有“置将”“保甲”“保马”。同时，王安石最重视教育，宋朝人热衷于科举，不重视学校教育，王安石以为培养人才才是国家根本之道。

王安石的计划相当细密周详，法良意美，神宗皇帝十分欣赏，再加上王安石曾经对神宗说：“陛下，以天下之大，人民之众，百年承平，学者不为不多，为什么没有一位贤臣出来辅佐陛下，岂不怪哉？一定是陛下没有固定的政策，不信任贤才，就是有贤才，他们也会因政客小人阻碍而被罢官。”

“每一朝代都有小人，”神宗说，“尧舜时代也有著名的四凶。”

“不错，正因为尧舜看清楚四凶的真面目，处以死刑，才使得当时的贤臣能全心全意为朝廷效力，假如四凶继续为乱，贤臣早走光了。”

神宗对王安石的道德、文章、才识十分欣赏，再加上他年少气盛，像一匹待发的野马，愿意用赴汤蹈火的决心与王安石共同作战。

可是，当王安石的新法一公布，抗议接二连三，整个朝廷上上下下闹哄哄地反对他，连具有声望的学者、御史也不赞成他，新法一开始就蒙上了一层阴影。今天，每个国家都把经济发展列为第一优先，青苗、市易、均输都在追求国家的均富，王安石本人也是一心为国，然而新法究竟有什么地方不对呢？

看似寻常最奇绝

在上一篇《王安石变法》之中，我们说到，宋朝积弱不振，一心一意救国图强的王安石在神宗皇帝的支持之下，开始大规模的变法运动。

然而，这些针对时弊的救国大计，大部分行不通，完完全全失败了，怎会如此呢？

首先，一开始，王安石就得罪了在政坛上有力量的君子之士。宋朝重文轻武，读书人的地位很高，这也是中国向来的传统，因此刘备请诸葛亮出山，要三顾茅庐。

在前两篇《王安石自甘淡泊》《王安石变法》之中，我们可以发现他是一个邋（lā）邋遢（tā）遢，不拘小节，满脑子新法的理想主义者，而宋朝理学盛行，最注意个人修养，礼仪规范，所以苏东坡的父亲苏洵看不惯王安石的衣着、习惯，认为他很虚伪。

苏洵在《辨奸论》一篇文章之中，指责王安石："穿着俘虏一般的衣服，吃一些狗猪的食物，囚首丧面而读诗书，这哪儿近人情？凡是不近人情的，很少不是大奸大恶。"

另外，根据宋人邵伯温的文章里提到的一个故事，有一天仁宗皇帝宴请大臣钓鱼，王安石对钓鱼没多大兴趣，于是顺手拿着桌上的鱼饵来吃，吃着吃着，竟然把整盘鱼饵吃个精光，仁宗皇帝因此以为王安石是个伪君子。

这段故事真实性不高，鱼饵怎么能吃？而且哪会吃个不停，旁人也不阻止？不过由此可见，王安石的言行特异，让当时读书人相当不满。

王安石不愿意尊重其他士人也就罢了，他的个性十分执拗（niù），听不进人家任何意见，他也不愿意谋求人事上的谅解与妥协，他说自己是“天变不足畏惧，祖宗不足取法，议论不足体恤”。所以，打从开头起，王安石已失去“人和”的因素，再加上当时朝野上下缺乏“成人之美”的美德，大家就等着看热闹了。

再说，王安石的新法也有值得讨论之处，他纯粹从立法的本身着想，忽视了执法时在技术上的困难与人事上的障碍。以青苗法为例，青苗法的原意是，当田中稻苗青青，仓库里粮食已尽，在这个青黄不接的当儿，由政府贷款给农民，使农民不要受到高利贷的剥削。

青苗法怎么说都是良法美意，却在执行上发生了偏差。原来执行的官员，因为担心贷款给农民之后，万一天灾人祸，农民到期还不出钱，也偿还不了利息，那该如何是好？于是，官吏不把钱借给需要钱的农民，硬要强迫商家贷款，因为商人有店铺为担保，不怕他到时候不还钱。

所以，要借钱的农人借不到钱，不要借钱的商人又非借不可，古代不比今天，资本愈多愈好，小小杂货店非逼着贷款不可的结果，是竟然有因此上吊的。

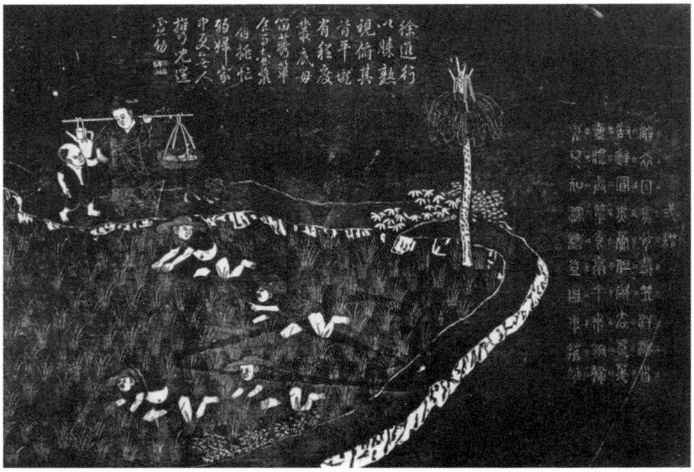

耕织图刻石，清摹刻。

王安石没有细察其中道理，他也没有先办一个训练班，训练地方官如何施行，反正青苗法贷款若是不能达到配额，他就大发脾气，处罚发放贷款不力的官员。

官吏为了迎合上意，设计出种种扰人的贷款办法，古代又没有报纸，一般人民不知道借款利率到底是多少，若干不肖官员可以上下其手，从中取利，还捏报人民得到贷款“欢呼感德”的假报告蒙骗朝廷。

再譬如说方田均税法，用今天的话来说即为土地重划，可是，今天土地丈量是专门学问，甚且用飞机在空中拍照，以求精确，古代用尺量来量去，其中自然容易产生弊端。

王安石眼中，凡是不合他意见的都是流俗、小人，元老重臣既不支持他，只有一群野心勃勃的新进帮忙推行新政，我们不能批评这些人全是图谋不轨，但是他们非常急切想立竿见影的态度，在保守的封建社会是行不通的。

最后，尽管神宗皇帝对王安石恋恋不舍，但王安石还是不得不在熙宁七年（1074 年）上书称病辞职。后王安石几经起落，最终在熙宁九年（1076 年）退居江宁，研究佛法，在元祐元年（1086 年）病逝。

当时反对新法最力的司马光在他死后，仍然推崇他是“文章、节义，过人处甚多”，事实上王安石的变法是重理想、轻现实，反对派则只看见现实，忽略了理想，双方都不是坏人，却不免互相闹意气，若是共同识大体，或许能拯救衰亡的宋朝。

在政治之外，王安石在文学上也很有成就，是唐宋八大家之一，对历代典籍都下过相当深的功夫，而且有独到的看法，著述等身。

王安石的文章卓然自成一家，有一种倔强之气，用笔凌厉，见解精辟，他也写诗，他写的诗可以引用他自己的两句——“看似寻常最奇绝，成如容易却艰辛”来形容，看来平常却不平常，因为字字都是他深思得来。

总而言之，不论新法在实施上的成效如何，王安石总是历史上一位伟大的政治家，一位伟大的学者，他出入进退，光明磊落，道德文章，永垂不朽。从古至今，任何人想要推动一种变革都是困难而艰巨的，因此我们不能不佩服王安石勇于改革的胆识。

三苏父子

一提到苏东坡三个字，几乎每个中国人都会脱口而出："我知道。"他的趣闻轶事，他的一些名句"人有悲欢离合，月有阴晴圆缺""不识庐山真面目""淡妆浓抹总相宜"都是大家熟悉的句子，再不成，总也吃过"东坡肉"这道菜。苏东坡到底是个怎样的传奇人物呢?

苏东坡本名苏轼，字子瞻，四川眉州眉山人。眉山这个地方，因为出了三苏：苏东坡的父亲苏洵、苏东坡及东坡的弟弟苏辙（字子由），而成为历史上有名之地。

他的父亲苏洵，是个智慧很高，才思敏捷，擅长写议论文的学者。他一直到二十七岁才开始认真读书求学，因此，历史上总以苏洵为例，劝导人们只要发愤向上，永远不会太晚的。

苏东坡十岁左右之时，苏洵进京赶考，落榜之后便四处游历，所以，苏东坡从小由母亲程氏在家中教导。

有一天，程氏教苏东坡读到《后汉书》中的《范滂（pāng）传》，不知不觉叹起气来。原来这一段是叙述后汉时代，宦官弄权，范滂等正直学者向皇上进谏，结果却惨遭杀害。范滂临死前，泣别母亲，觉得害老母流离，实在不孝，谁知范母竟说："我今天使你为善，则我不为恶，死亦何恨。"这一年，范滂不过三十三岁。

苏东坡仰起小脸问妈妈："假如我长大学范滂，母亲愿意吗？"

三苏：苏洵、苏轼、苏辙，选自《历代名臣像解》。

“你能做范滂，难道我就不能当范滂的母亲吗？”

苏东坡笑了起来，这番母教，养成他从小热爱正义真理的性格。

到苏东坡十六岁的时候，他已经博通经史，写起文章来，总是洋洋洒洒数千言，其中他最欣赏贾谊、陆贽的文学作品，等到读到《庄子》，东坡又发现这才是他最喜爱的，庄子的情思飘逸、豪放自由，影响到苏东坡文体的潇潇洒洒、旷达自然。

宋仁宗嘉祐二年（1057 年），他二十二岁，前往礼部应试，考试的题目是《刑赏忠厚之至论》，东坡与他的弟弟都以高分入选。其中还有一段插曲，这回考试的主考官是欧阳修，欧阳修一看苏东坡的文章，大为惊喜，他心忖，能写这么出色的答卷，一定是门生曾巩，为了避嫌，欧阳修故意把卷子由第一名改为第二名。

结果，欧阳修拆开弥封，才发现是匹黑马。从此，欧阳修对苏东坡特别注意，当苏东坡前来拜谢主考官时，欧阳修忽然想起：“你的卷子里，引用一句话说，唐尧时代，有个人将判死刑，皋（gāo）陶三次要杀，尧却宽宥（yòu）了三次，这段典故，出自哪里？”

“《三国志》。”苏东坡回答。

可是，欧阳修查遍《三国志》，却也没见到这一段，苏东坡才说：“我杜撰的，不过，圣君必然会如此做的，不是吗？”

欧阳修非但不冒火，反而大大夸奖，并且对同事说：“我读苏东坡写的信，会高兴得流泪，我应当避一避，让他出人头地。”

由于欧阳修乃当时文坛盟主，他这么捧苏东坡，苏东坡一下子便为人所瞩目。欧阳修这种爱才的风范，坦荡的胸襟，使得苏东坡一直尊他为师，即使欧阳修逝世之后，苏东坡仍念念难忘。

苏东坡考取功名，正要做官，忽然间，母亲大人去世了，根据规矩，他要回家守孝二十七个月，才能复职。他可怜的母亲，来不及听到儿子高中的好消息就去世了，家中乱七八糟，茅屋漏雨，简直如“逃亡人家”。

他们父子三人在“老翁泉”选了一块墓地，为程氏安葬。根据地方传说，在清朗月色之时，可以看见一个白发老公公，或坐或躺，可是，只要一有人走近，老公公马上就消失在水中，由于有这一段传说，此地被命名为“老翁泉”。以后苏轼自号为苏老泉，即是对先祖墓地的纪念。

母丧期满之后，苏东坡被任命为大理评事，签凤翔府判官，他弟弟被任命为商州军事通官，由于苏东坡的父亲不经考试，直接被命为校书郎，所以子由拒官，留在京师陪父亲，古代人都是相当孝顺的。

苏东坡离开弟弟，心里很舍不得，他们兄弟一向感情很好，现在不能不暂时分别了，所幸，凤翔距离京师不远，信件往返只要十天，兄弟俩每个月互寄一首诗唱和。

这段时间，苏东坡写给弟弟的诗中，有不少传世之作。譬如：“人生到处知何似，应似飞鸿踏雪泥。泥上偶然留指爪，鸿飞那复计东西。”

苏东坡这首诗意境很美，他把人生比喻为飞翔的大鸟在雪中泥地上偶然留驻，以后我们就用“雪泥鸿爪”四个字形容凡事情经过所留之迹象也。苏东坡这个伟大心灵所留下的足迹还多着呢。

千里共婵娟

在上一篇《三苏父子》之中，我们说到，才华洋溢的苏东坡受到欧阳修的赏识，不但中了殿试，而且文名远播。

苏东坡担任凤翔判官不久，新皇帝英宗即位，英宗仰慕他的文才，想要破格提升他为翰林，担任为皇帝起草诏命的工作。

宰相韩琦反对，他禀告皇上："轼之才，为大器也，他日当为天下所用，不妨让他慢慢磨练才智，突然晋升高位，反而有害于他。"

英宗接受韩琦的建议，让苏东坡经过应考，然后在史馆任职，苏东坡很感激韩琦，说："公可谓是爱人以德也。"

这年五月，苏东坡的妻子去世了，年纪很轻，不过二十六岁，苏东坡非常难过地把她葬在慈母墓旁。十年之后，苏东坡写了一首词追悼：

> 十年生死两茫茫，不思量，自难忘。千里孤坟，无处话凄凉。纵使相逢应不识，尘满面，鬓如霜。
>
> 夜来幽梦忽还乡，小轩窗，正梳妆。相顾无言，惟有泪千行。料得年年断肠处，明月夜，短松岗。

这首词描写十年来生者死者两茫茫，幽明相隔，若想忘记，谈何容易。写得悲苦之至，我们今天看了也心酸。

在苏东坡任职史馆期间，神宗皇帝任用王安石变法，苏东坡大为反对，写了两封信给皇帝，强烈批评青苗法，他的文章充满了义愤及不能抑止的悲痛，轰动了全国。王安石大怒，没有多久，苏东坡被免职，神宗改派他到杭州去担任通判。

通判是个小官，没有太多责任，苏东坡却真心爱上杭州这个人间天堂，他无忧无虑的个性，热爱大自然的豪爽在此得到解脱，他没有因为政治上的失意消沉下去，他也没有与大多数的唐宋诗人一般，沉醉于酒色。

一直到今天，杭州的西湖仍是中国人心目之中最美的地方，原因之一，也许正是苏东坡曾写过一首诗："水光潋滟（liàn yàn）晴方好，山色空蒙雨亦奇。却把西湖比西子，淡妆浓抹总相宜。"

苏东坡眼中的西湖是晴天美丽，雨天也奇特，她的自然景观就像西施天生丽质一般，无论画淡妆或浓抹，永远那么美丽迷人。

苏东坡喜爱杭州，杭州人也欣赏这位千古风流的才子，苏东坡在杭州留下许多脍炙人口的故事，一代一代地流传，其中，人们最感兴趣的，该

杭州西湖，无款南游道里图卷，清人绘。

是与胖和尚佛印的故事。

佛印在通俗小说之中流传甚广，大家都知道苏东坡有这么一个胖嘟嘟、爱吃肉又喜欢开玩笑的好朋友。

据说苏东坡有一次与友人月夜泛舟，苏东坡对朋友说：“佛印这个和尚太贪吃，今晚酒菜不多，就别告诉他。”他们在湖上游兴甚浓，苏东坡提议作对子，上面要“拨开”，下面要“出来”，最后还要接上两句四书上的句子。

苏东坡随口念道：“乌云拨开，明月出来，天何言哉，天何言哉。”

朋友接口道：“荷叶拨开，游鱼出来，得其所哉，得其所哉。”

两人都认为自己作得挺得意，拊掌而笑，忽然，船舱里冒出一个和尚，嘴里念道：“舱板拨开，佛印出来，人焉廋哉，人焉廋哉。”

这个故事也许是虚构的，不过，苏东坡在中国人心目中就是如此风趣乐观，懂得幽默的才子。

苏东坡一方面是会享受的乐天派，另一方面，他还是十足的中国知识分子，他看不到王安石新政的理想面，却对新政实际面为百姓带来的痛苦，感到十分不安。

苏东坡自己形容：“我见到某一事不对，就像在饭菜中找到一只苍蝇，非吐出来不可。”

他这种直言无隐的性格，又为他带来了麻烦。

《水调歌头》“明月几时有”词意图，明刻版画。

譬如他用“人如鸭与猪，投泥相溅惊”描述人民挖盐河的痛苦；譬如他用“尔来三月食无盐”批评政府将盐专卖，害得人民吃不到盐；还有一首诗，他用夜枭（xiāo）比喻岭南一位官吏。由于苏东坡文章写得太好，简直是行云流水，这些诗词流传甚广，以后就成为一项项的罪名，最后，他被改派到青岛附近担任密州太守。

密州是个穷困之地，与杭州有天壤之别，苏东坡颇为沮丧。不过，最好的文学作品往往是历经折磨后的结晶，苏东坡在密州，一个人孤孤零零地过中秋节，想起了弟弟子由，写下了历史上最出色的中秋词——

明月几时有？把酒问青天。不知天上宫阙，今夕是何年。我欲乘风归去，又恐琼楼玉宇，高处不胜寒。起舞弄清影，何似在人间。

转朱阁，低绮户，照无眠。不应有恨，何事长向别时圆？人有悲欢离合，月有阴晴圆缺，此事古难全。但愿人长久，千里共婵娟。

（什么时候开始有明月的呢？我举酒向青天询问，不知天上的宫殿，今夜又如何？我想乘风归去，又恐怕天上的神仙洞府太高了，十分寒冷，于是跟着月下影子翩然起舞，人间还有何处可以比得上呢？

月亮转过红色楼阁，低低斜照屋内，照得人睡意全无。我不该再有遗恨，为什么月亮偏偏要选择分别时最圆？人有悲欢离合，月有阴晴圆缺，这些事自古无法两全其美，但愿生命能够长久，即使千里之远也可以一同欣赏这美丽的月亮。）

河东狮吼

在上篇《千里共婵娟》之中，我们讲到，苏东坡有话就说、直言无隐，得罪了朝廷，从杭州任所改派贫瘠的密州。

倒霉的事还不止此，当苏东坡再次被改派湖州时，他在谢表中，对王安石新政中的新进颇不客气，御史李定等人拿着苏东坡的诗，指控他讪（shàn）谤朝廷，欲置之死地。

结果，苏东坡被捕入狱，神宗皇帝爱才，舍不得处死苏东坡，把他调往黄州担任团练副使，黄州在今天的湖北，是汉口下游一个小地方。

苏东坡在黄州与地方父老共耕共食，筑了一个小房子在东坡，自号东坡居士。苏东坡之所以叫苏东坡，就是这么来的。

在这期间，苏东坡最好的朋友是陈慥（zào）。陈慥字季常，由于交了苏东坡这个朋友，人们到今天还晓得他怕太太，真是可怜。

原来陈季常的妻子颇为凶悍，苏东坡觉得很好玩，拿起笔来就写了一首诗：

龙丘居士亦可怜，谈空说有夜不眠。
忽闻河东狮子吼，拄杖落地心茫然。

从此“河东狮吼”成为凶婆娘的代名词，而“季常癖”三个字也就等于惧内之意。

苏东坡屡次被贬谪（zhé），表面旷达，内心当然不免难过，所以当苏东坡的侍妾朝云为他生了一男孩时，苏东坡写了一首诗自嘲：

人皆养子望聪明，我被聪明误一生。
惟愿孩儿愚且鲁，无灾无难到公卿。

这个小孩笨不笨，没有办法知道，因为他十个月大就夭折了。

黄州是个贫瘠之地，但是过久了，苏东坡也习惯了，他本来就是一个随遇而安的人，正如同他对弟弟子由所说："吾上可陪玉皇大帝，下可陪卑田院乞儿，眼前见天下无一个不好人。"

有一天苏东坡夜游喝酒，月色很美，他雅兴大发，顺手写来就是绝妙好词——

夜饮东坡醒复醉，归来仿佛三更。家童鼻息已雷鸣。敲门都不应，倚杖听江声。

长恨此身非我有，何时忘却营营？夜阑风静縠（hú，绉纱也）纹平。小舟从此逝，江海寄余生。

（这天晚上东坡饮酒，醒了又醉过去。回家时已有三更天，家童的鼻鼾声如雷鸣似的。敲了半天门都没人来开，于是，倚着手杖静静听着江流的声音。

我时常怀疑此身不是属于我的，什么时候才能够抛开所有的烦恼呢？夜深人静，清风徐来，波涛柔细。最好乘着一叶小舟离开，在湖光山色之中逍遥此生。）

这首词充满禅意，表现出苏东坡的真正豁达；可惜一些凡夫俗子看不懂，竟然谣言四起，说苏东坡写了告别词开溜了。

黄州太守听到消息，吓得不得了，立刻出去寻找，结果发现苏东坡好端端地在打呼噜，鼾声如雷，完全不知道外面已经闹翻了天。苏东坡的传世名作前后《赤壁赋》，也是在这期间完成的。

神宗皇帝去世后，哲宗立，年方十岁，由宣仁太后辅政，不久，苏东坡被调回京师，一连三级跳，最后成为翰林，负责起草诏书。

有一天，太后召见苏东坡，问他说："卿年前为何官？"

"臣为黄州团练副使。"

"今为何官？"

"臣今待罪翰林学士。"

"你为什么升迁如此迅速？"

苏东坡想了一下回答："幸蒙太皇太后的恩典。"

"非也。"

苏东坡愣住了，稍稍思索道："是大臣推荐？"

太后又摇摇头："也不是。"

苏东坡慌了，吃惊地说："臣虽然不肖，也不敢走歪路求官。"事实上

苏轼从黄州任上，迁翰林院学士，太后接见后，让宫中侍女送他归翰林院，明张路绘，美私人藏。

他自己也莫名其妙一再升官。

太后终于说了："这是先帝的意思，他每次读你的文章，必定叹曰：'奇才，奇才！'但是，还来不及用你就走了。"说到这里，太后不觉痛哭失声，哲宗皇帝与苏东坡也都泪流满面。

苏东坡为了报答神宗知遇之恩，他自觉有责任把官吏怠（dài）惰、无能与欺君的情形报告太后，于是，他又卷入了政治漩涡。他觉得非常苦恼，有天晚上，他在房中踱步，愁眉不展，他问家中妇女，他肚里藏的是什么？有人说满腹诗书，有人说满腹经纶，最后侍妾朝云说："满肚子不合时宜。"苏东坡高兴地说："对！"

满肚子不合时宜的苏东坡心烦极了，再三请求外放，终于如愿以偿，以龙图阁学士出任杭州太守。后来，在任杭州太守期间，有人检举他经过扬州，曾在庙里题了三首诗，其中有一句"山寺归来闻好语"，这首诗是五月一日写的，神宗却在三月五日去世，莫不是苏东坡把国丧当成好语？苏东坡再度因诗获罪。

无竹令人俗

在《河东狮吼》的故事中，我们说到苏东坡回到京城，官拜翰林学士之后，又因为论事过于耿直，得罪朝廷官员，乃请求外放，再度到了杭州。

杭州是东坡旧游之地，几乎是第二故乡。当年，他只是个通判小官，无能为力，如今担任杭州太守，他可要好好为地方做点事。在短短一年半任期之中，他完成疏通盐道、重整西湖、平抑粮价及公共卫生建设等事业。

此前西湖的淤泥夹着水草，使得湖床不断升高，不能灌溉，也无法行船。苏东坡招募了数千名工人，把淤泥挖出，用来建筑长堤，并且在堤上广植芙蓉、杨柳，美不胜收，然后，让农夫种植菱角。如此，农夫经常除草，可免淤泥，同时，千百年之后，人们还可以一面游湖，一面采红菱。也因此，杭州才能享有“上有天堂，下有苏杭”人间天堂的美誉。

由于他在杭州政绩斐然，老百姓都爱戴他、喜欢他，甚且把苏东坡画成像，挂在家里天天膜拜。

以后苏东坡官运时升时降，由于他对看不惯的事，永远是“如蝇在食，吐之乃已”，在绍圣四年（1097年），章惇这个奸邪小人拜相之时，苏东坡被贬为琼州别驾，琼州就是现在的海南岛，彼时尚未开化，完全是不毛之地，苏东坡形容此间“食无肉，病无药，居无室，出无友，冬无炭，夏无寒泉……”

然而，处在这样困苦的环境之中，苏东坡依旧达观，深得当地人民的爱戴，甚且为他造了一间房子，直到徽宗时代大赦，他才获准回到京城里来，第二年，死于常州，享年六十六岁。到了宋高宗，追赠他为资政殿学士，推为文章之宗，又崇赠他为太师，谥曰文忠，所以后人又称他为苏文忠公。

苏东坡极具幽默感，中国人想到苏东坡，就会亲切温暖地一笑。中国人是最懂得吃的民族，苏东坡对食道也有相当的研究，还会亲自下厨。

当他在黄州之时，发现当地猪肉很便宜，也很鲜美，可惜当地人不懂得烹调之道，他曾写了一首吃猪肉的诗："黄州好猪肉，价钱等粪土。富者不肯吃，贫者不解煮。慢着火，少着水，火候足时他自美。每日起来打一碗，饱得自家君莫管。"

这道炖猪肉的食谱流传至今，被称为"东坡肉"，我们上饭馆吃饭，有所谓东坡面、东坡肉，就是把这块连皮带肥夹瘦的浇头淋在饭上、面上，鲜美无比。

东坡爱吃肉，性情又爱竹，他写过一首诗："可使食无肉，不可居无竹。无肉令人瘦，无竹令人俗。人瘦尚可肥，士俗不可医。"曾有人戏谑地加上两句"若要无瘦又无俗，最好每天竹烧肉"。事实上竹笋炖肉确为一道美味。

后人相传，苏东坡常把题诗剩下的墨汁，洒在竹林之中，枝叶遂带墨痕。苏东坡的字风神飘逸，他的画自成一格。当然苏东坡最有名的，还是他的词。在苏东坡之前的词多半是哀哀怨怨、儿女私情，苏东坡放大了词的内容，无论任何题材、思想感情，都可以用词来表现，他还提高了词的意境，用豪放飘逸代替艳丽妩媚。

最后，我们来谈一个有趣的话题，那就是民间传说之中，苏东坡有一位长得不太美丽，却才高八斗的妹妹——苏小妹。

根据《今古奇观》一书记载，苏东坡一脸胡腮，苏小妹调侃他道："口角几回无觅处，忽闻毛里有声传。"而苏小妹额颅（lú）凸起，苏东坡回她两句："未出庭前三五步，额头先到画堂前。"

苏小妹难新郎，清代年画。

苏小妹身为才女，不太看得起一般庸碌之辈，独独对秦观（秦少游）挺欣赏的，曾写过一首：“今日聪明秀才，他年风流学士。可惜二苏（指苏东坡、苏子由）同时，不然横行一世。”

秦观听说苏小妹对他有意思，某天便打扮成一个道士，项上挂着一串拇指大的数珠，偷偷去探望在庙中烧香的苏小妹，结果发现苏小妹虽然不算顶美，倒是清雅幽闲，全无俗气。

当秦观考中功名之后，与苏小妹同拜天地，可是苏小妹不准新郎入洞房，要先考他三个题目，前两个题目秦观顺利通过，第三道题“闭门推出窗前月”，却接不出能对得上的诗句。

苏东坡远远瞧见秦观抓耳挠腮，决定救他一命，咳嗽一声，取了一块砖片投向缸中，秦观经此一点，朗声应道：“投石冲开水底天。”遂成良好姻缘。

大家都熟悉苏小妹这段故事，偏偏正史之中，苏东坡往来书信，甚且与秦观的书信之中，从来没见到苏小妹这个人，所以，极有可能是后人编造的。

三白饭和三毛饭

苏东坡的逸闻趣事是大家都喜爱的，因此，再根据宋朝人的书信笔记，讲几个东坡先生的妙人妙事。

苏东坡是个美食家，对河豚情有独钟，当他在常州之时，有个擅长烧豚者，特别邀请苏东坡前往享用。当苏东坡开怀大嚼之时，这人的太太小孩都躲在屏风后面偷看，希望苏东坡能有一两句赞美的话，传出去很够面子，可惜，苏东坡把河豚舔得干干净净，却始终不发一语。

躲在屏风后面的妇人失望透顶，不料，苏东坡忽然放下筷子，抹一抹嘴道："也值得一死。"哇！一下子全家乐坏了，东坡先生拼了一死也要吃这儿的河豚，可见其味之美。

说到吃，还有一段故事，苏东坡曾一度入狱，他和儿子苏迈约好，每天送来的饭菜只要肉和菜，万一哪天有坏消息，改送一条鱼。如此这般，过了一个月，苏迈手头上余钱不多，急着出城筹款，委托一位亲戚代送牢饭。

匆忙之间，苏迈忘了告诉亲戚有此约定，这亲戚知道苏东坡贪吃，特别加工加料做了一道鲜鱼送去，苏东坡一见之下，脸都绿了，也没心情享用，写了两首告别诗给弟弟子由，托狱卒转交。狱卒胆小，惟恐有所差池，赶快呈给监狱长官。

结果，这两首诗辗转给神宗皇帝见到了，神宗皇帝本是爱才之人，也没意思要杀苏东坡，看到两首诗后，大为感动，因此把苏东坡给放了出来。

三白饭和三毛饭

东坡先生一向喜爱开玩笑，有一次他去拜访相国吕大防，大防是个大胖子，正在睡午觉，一睡就是老半天，最后揉揉眼睛走出来说："对不起，偶尔昼寝。"

东坡指一指客厅中的土盆，里面养了一只乌龟，苏东坡说："刚刚乌龟在说话，它说：'莫要闹，莫要闹，六只眼儿睡一觉，却比他人睡三觉。'"

吕大防知道苏东坡笑自己是六眼乌龟，也忍不住哈哈大笑。

苏东坡由于有急智，往往有幽默之语。苏东坡有个姻亲叫王禹锡，曾经写了一首诗："打叶两拳随手重，吹凉风口逐人来。"他自以为很不坏，拿去给苏东坡过目。

东坡一看便摇头："十六郎作诗，怎如此不合规矩。"

王禹锡颇为尴尬，只好搓着手道："此乃喝醉酒时所作。"

过了两天，王禹锡又捧了一大卷诗来讨教，苏东坡稍一过目，开口笑道："你又醉了？"

苏东坡喜欢开玩笑，有时也不免被人家开开玩笑。

有一回，苏东坡向刘贡父吹牛，说自己以前和弟弟在乡下时，每日享用三白饭，味道鲜美，贡父问他："何谓三白？"

"三白就是一撮盐，一碟生萝卜，外加一碗白饭。"东坡答道。

过了几天，刘贡父（也有人说是钱穆父）下帖子请吃"皛（xiǎo）饭"，苏东坡高高兴兴去赴宴，看到桌上只有一撮白盐、一碟白萝卜、一碗白饭，苏东坡知道被愚弄了，还是勉强吃完，然后对刘贡父说，他要回请吃三毛餐。

刘贡父不知道苏东坡葫芦里卖什么药，好奇地按时前往，结果等了又等，没看见任何食物，也没嗅到厨房里有炒菜的香味，忍不住询问苏东坡："三毛餐在哪？"

"咦，盐也毛（毛，很像"没"的发音），生萝卜也毛，白饭也毛，这不是毳（cuì）餐吗？"原来三毛饭就是三样也"没"的饭。

刘贡父笑得捧着肚子喊疼。

苏东坡，选自《马骀画宝》。

苏东坡不但会写文章，他的图画、书法也是历史上有名的艺术作品。

他在杭州当法官时，有位年轻人因为欠债被捕，他在庭上委委屈屈地分辩：“并非我存心狡赖，实在是连连下雨，我的扇子一把也卖不出去。”

“喔，是这样吗？我来替你卖，你明儿带些扇子来。”

第二天，年轻人捧了一堆扇子来，苏东坡挽起袖子，画些枯木竹石，再题几个字。这一回，扇子马上被抢购一空，迟到的人跳脚叹息不已。

在当时，只要与苏东坡扯上关系的都大发利市。宣和初年，有个叫潘衡的，他卖的墨比别人贵好几倍，因为他夸口曾在海南岛，拜苏东坡为师，学得独门制墨秘方。

苏东坡的朋友不相信，曾经询问东坡之子苏过，苏过忍不住笑了起来道：“是有这回事，家父在海南岛相当无聊，刚好潘衡来，他两人在小房间中烧煤制墨，到了半夜忽然着火，差点没把房子烧掉。第二天，从残迹中找到几两油墨，又没有胶，家父竟用牛皮膏来粘，做出来的墨软趴趴的，一根根像手指头般，站都站不直。”可见潘衡是假借苏东坡之名打广告。

苏东坡尽管官场失意，在当时文名传遍内外，士大夫若不会背东坡诗，不但有自卑感，旁人也会嘲笑他没学问。由于苏东坡喜欢戴一种高高弯弯的帽子，许多人也学着戴，号为东坡帽，甚且皇宫之中的丑角也戴上一顶，苏东坡装模作样地说:“我写的文章比你们都好。”

“为什么？”其他人不服气。

“咦，你看不见我头上的东坡帽吗？”

皇帝听了都频频点头，而且还回过头来，对苏东坡会心一笑，苏东坡实在是个有意思的性情中人。

活阎罗包青天

只要提起包青天、包拯、包大人，中国人都会肃然起敬，打心眼儿里佩服包公铁面无私。在《七侠五义》《包公案》这种民间小说之中，以及一代又一代流传的戏剧之中，包青天的故事家喻户晓，人人皆知。

历史上到底有没有包拯这个人呢？有的，包拯确实是宋仁宗时代的名臣，禀性刚毅，不畏权贵，不过，正史中的包公没有民间流传的那样多彩多姿，我们先大概地谈一谈《包公案》之中最有名的三出戏:《乌盆记》《狸猫换太子》和《铡美案》。

何谓《乌盆记》？这出戏在京剧之中一名《奇冤报》，又名《定远县》。

话说宋朝时候，有个打柴的老头儿，名叫张别古，为人侠义。有一天，他生了场病，没有出去打柴，家里头一个钱也没有，忽然想起，城南赵大，三年前欠他四百文，一直没有还，于是他前往讨债。

到了赵大门口，一看，哇，不一样了。赵大的房舍焕然一新，附近的邻居都改口唤他“赵大官人”。

赵大官人很快把四百文拿了出来，张别古把钱揣入怀里，顺口问道:“你那边的小盆儿很多，给我一个如何？”

“好啊，你自己挑。”

张别古看来看去，选中一个小乌盆，夹在腋下，告别赵大夫妇。走着走着，忽然迎面一阵怪风，吹得张别古直打哆嗦，一个不小心，乌盆就掉在地上了。

“哎哟，闪了我的腰啦！”

张别古四下看看，半个人影都没有，敢情是乌盆开口了，他吓得寒毛直立，捧着乌盆，踉踉跄跄奔回家，把门紧紧关上。

“我死得好惨啊！”乌盆又悲悲切切地呜咽着。

张别古吓得灵魂出窍，用颤抖的声音说：“你有何冤屈？”

乌盆道：“我叫刘世昌，苏州人氏，几年前上京贩卖绸缎，回程在赵大店中住宿，他们夫妇俩见我行李沉重，有意谋财害命，就在米酒之中下了老鼠药，然后把我剁为肉酱，杂以泥土，烧成乌盆，请您为我在包公面前伸冤。”

奇怪的是张别古带着乌盆上了衙门，乌盆却不肯开口，包公气得把张别古赶了出来，一出了衙门，乌盆又在喊“伯伯”。

原来，县衙门口有门神，小鬼不敢进去，张别古好人做到底，请包公提笔写了一张通行证，拿到衙门口焚化，再取了一件衣服，把乌盆包好再入衙门。

这会儿乌盆开口了，把遇害经过原原本本说了出来，包公立刻命人把赵大夫妻提来，谁知赵大狡赖，怎样也不肯招，包公一火，下令用夹棍狠狠使劲，赵大禁不起这一夹，呜呼哀哉，一命归天。

包公用刑过猛，被革了职，粗心大意丢了官，垂头丧气回京师，半途之中遇见四个山大王——王朝、马汉、张龙、赵虎，这四人后来成为包公的爱将。

后来，仁宗皇帝梦见包公，梦醒后，请人画了一张像，四处访查，找到了包公，对他说：“你既然能为乌盆伸冤，也必然能镇玉宸宫的怨鬼。”

果然，包公把宫女寇珠的鬼魂招了出来，引出一段《狸猫换太子》的故事（见前面《狸猫换太子的真相》篇）。

在《包公案》之中，还有一出著名的《铡美案》。

宋仁宗时，有士人陈世美，进京应试，被抡（lún）为状元，刘太后见

铡美案，清代年画。

其仪表不凡，有意把公主嫁给他。

陈世美本有妻子秦香莲，且有子女，为求富贵，禀奏太后尚未娶妻，成为驸马爷。

秦香莲在家乡，久不得陈世美音讯，又因年年荒灾，只得带着子女上京寻夫。

陈世美非但不认糟糠，反而派了韩琪去杀掉秦香莲。

秦香莲母子跪地哀求，韩琪不忍下手，又无法向陈世美回报，进退两难，忽然一腔义烈之心，应念而起，自刎而死。

秦香莲遂往开封，向包青天求救。包拯下朝回来，偶遇秦香莲拦轿喊冤。包公把陈世美找来对质，陈世美仍然辩称无妻，这时公主、太后听到消息，急急跑来相救。

包公左右为难，最后决定弃官殉法，拼了这顶乌纱帽不要，还是把陈世美送上龙头铡，任凭他是皇亲国戚，包青天就是铁面无私。

除此之外，包公还有许许多多不畏权势、为国尽忠的故事，他不但审人，而且善于审鬼，白日断阳，夜间断阴。在过去，许多观众看包公的戏，看到最后包公问案，常常会忍不住拍手叫好，兴奋得不得了，可见得是非公道在人心。

固然，包公那套装神弄鬼的办案方式，不求证据而用刑求，在今天的社会是行不通的，但是包公的清廉、正直、无私，永远是值得后代钦佩的，戏剧中的黑脸包公大家都相当熟悉，在《宋史》中真正的包拯又是如何？

《宋史》中的包拯

前面讲了一些戏剧小说里的故事，包公是大家所熟知的历史人物，连续剧《包青天》相当轰动，在正史中的包公又是如何的呢?

包公确有其人，名包拯，字希仁，庐州合肥人。在宋朝仁宗年间高中进士，除大理评事，被派往建昌县任职，由于包拯父母皆年老，他不愿意前往，请辞官职，于是，朝廷改派他前往和州负责赋税之事。

包拯到了和州，可是，他的父母还是嫌和州路远，舍不得离开家乡半步。包拯无可奈何又再度辞官。

后来，过了几年，包拯父母亲都过世了，他在坟墓旁盖了小房子，每日徘徊流连，依旧恋恋不舍。这时，乡中父老纷纷前来相劝:“你父母在世时，不肯出外做官，固然是一片孝心，如今，父母已过世，实在没有理由再三辞官。”

久之，包拯接受命令，前往天长县任职。

他到了天长县不久，有一天，一个农人前来衙门，说是有强盗把他家中牛的舌头割掉了。

“既然如此，你回去，把牛杀了拿去卖。”包拯回答道。

过了没多久，有个乡人前来告发有人私宰牛，包拯勃然大怒:“你这个人真狠，为何割了人家牛舌又来告他?”

强盗吓得吐舌头，心想乖乖，这个法官好厉害。包拯擅长判案的威名渐渐传开。

不久，包拯被改派端州。端州这个地方以砚台出名，前任太守为结交权贵，制造了大批砚台，作为搞公共关系之用。包拯到了端州，只准制造需要上贡皇帝数额的砚台，他自己一个砚台也不带回家。

由于包拯为人清廉方正，又改任监察御史，由地方官升为京官。他曾经上书皇帝：“国家每年用岁币贿赂契丹，实非御戎（róng）之策，应该练兵选将，务实边备。”

包拯曾经出使契丹，契丹问他：“雄州新开便门，这分明是引诱我国叛人，刺探边疆之事。”包拯立即反驳：“涿州亦尝开门，刺探边疆也不用再开便门。”契丹无辞以对。

包拯，选自《历代名臣像解》。

其后，包拯担任谏官，他秉性刚直，不怕得罪人，数度斥责权臣用事，又上言天子应该接纳忠言，辨明朋党（仁宗朝，范仲淹、韩琦、富弼等被诬为朋党），不久被任命为龙图阁直学士。

包拯最风光的一段历史，该是他任开封知府之时，由于为人刚毅，一些个享有特权的贵戚宦官都畏惧他三分。

由于包拯丝毫不讲情面，开封上上下下的人都说包拯之清廉可比之青天，因此给他一个“包青天”的美名，妇女小孩也知道开封府来了这样一个包青天，在背后尊称他为“包待制”，京师还传一句谚语：

“关节不到，有阎罗包老。”在人们心目之中，包拯就是活阎罗，任何人做了坏事，不要想逃过他的法眼，凡是为非作歹的，都要得到报应。

在过去，凡是前来诉讼（sòng）的，不能直接到达庭下，总要经过代转，这其中有很大的流弊。包拯来了，大开正门，凡有冤屈者，可以直接进入衙门找包拯，如此一来，官吏不能欺负百姓，也不能赚取红包好处。

当时宦官这股恶势力很大，他们大规模地筑园建林，侵扰惠民河，以至于河水阻塞不通。适逢京师豪雨涨水，淹没不少人家。包拯立刻下令把宦官的园子拆毁，这种气魄，这种担当，百姓个个竖起大拇指夸好。

包拯在开封府待了一段时间，又改任为御史中丞，包拯直言无隐地上奏皇上：“东宫虚位已久，天下以为忧，陛下持久不决，这是什么道理？”

他这句话，问得相当唐突，意思是指，皇帝不早决定太子人选，万一哪一天有个三长两短，谁来继位，岂不天下大乱？这个问题，普遍存在于每个臣子心中，可是谁也不敢开口问此敏感问题。

仁宗反问包拯：“你认为立谁比较适合？”

包拯一清喉咙道：“臣不才备位，乞求预立太子，是为宗庙社稷，陛下问我要立谁，这是怀疑臣子受了谁的好处。臣今年已七十高龄，而且儿子又死了，并不是希望建议哪位为太子，企图邀后福也。”他有一句说一句，单刀直入说出仁宗的小人之心度君子之腹。

仁宗也为包拯这份刚直逗笑了：“好，好，我慢慢会考虑。”

包拯性情耿直敦厚，嫉恶如仇，为人相当严肃，不喜欢扮着笑脸去迎合小人，即使做到高位，他的衣服饮食一如布衣之时，也就是这份清廉，使得他可以堂堂正正做该做的事。嘉祐七年（1062年）病卒，赠谥孝肃。

中国民间对包拯的传说很多，提起包青天人人佩服，这是因为中国人骨子里敬慕忠孝节义，有强烈的是非观念。包拯是远在宋代的古人，他的问案方式、办案技巧早就落伍，今天不再容许装神弄鬼来逼供，但是包拯的铁面无私，凡事只以正义法律为依据，绝不因私情与权势有所迁就的胆识，仍然值得效法。

司马光和《资治通鉴》

提起“司马光”三字，几乎每个小朋友都会接着说“司马光砸缸”。司马光六七岁时，与邻居小朋友一块玩耍，有个顽皮的孩子跌入缸中，小朋友们一见出事了，吓得哭着跑回家。司马光却很镇静地留下来，拿起石头把缸打破，救出差点被活活淹死的小朋友。

老实说，不要说小孩，就是一般大人，也不见得如此聪明沉着，这固然是因为司马光富有机智，也表现出他自小有强烈的责任感。

司马光的家教很好，他的父亲司马池是进士出身，曾经担任天章阁待制，以为官清直仁恕见称于当世。司马光是个小神童，当他六岁时，在外面听到人家讲《左氏春秋》，欢喜得不得了，回到家中，一五一十讲给家人听，说得头头是道，显然已经大概了解书中的道理。

宋仁宗宝元初年，司马光考中进士，十年寒窗无人问，如今一举成名，凡是考中的同年都聚在一块饮酒作乐。年方二十岁的司马光为人拘谨，性情朴实，而且还带有几分羞涩，他在喜宴之中不好意思戴上大红花，旁人告诉他：“这是皇帝赐的，不可违背。”他才腼腆地把花簪（zān）上。

司马光以二十岁的年龄，一举考中进士，相当不容易，大家都对他刮目相看，以后他一路自武成军判官事，做到大理评事、补国子直讲，仕途顺利，但他是一直以天下为己任的知识分子，正直敢言，不畏权势。

从嘉祐元年（1056 年）以后，宋仁宗健康情况一直不妙，又接连死了

司马光，佚名绘。

三个皇子，大家都担心皇嗣问题，包拯也曾上谏（见上篇），仁宗却始终未立皇子。天下人寒了心，也不敢再提。

司马光当面告诉仁宗：“愿陛下果断力行。”

仁宗沉思了半天道：“此忠臣之言耳，一般人不敢提。”

“臣言此，自知必死，不求陛下开恩。”司马光仍然相当坦然。

结果，仁宗没有怪罪司马光，却也没有立皇嗣。司马光又写上一个奏章曰：“臣前向皇帝报告，皇帝答应即行办理，一直到今天都没有消息，这必然是有小人言陛下春秋鼎盛，身体健康，何必做此不祥之事。但是小人无远虑，万一仓促之间，让宦佞（nìng）迎立新王，不又成了唐朝‘定策国老’‘门生天子’之祸。”

仁宗看了，大为感动，把司马光的上书送中书省，不久，以秦州防御使赵宗实为皇嗣，这就是日后的宋英宗，当时以贤孝著称。

仁宗之后，英宗即位，只当了短短四年皇帝，就崩逝了。神宗继位，年轻的皇帝任用王安石为相，大规模地进行变法。

司马光与王安石都是好学深思、生活俭朴的君子，而且都不好声色。据说，有一回司马光的夫人因为自己没有生儿子，为司马光找了一个姨太太，司马光看都不看一眼，夫人打发侍妾入书房，司马光怒喝一声：“夫人不在，你胆敢进来！”竟把她赶跑了。

他二人不为权势，不为金钱，一心为国，但两人观点不一，司马光曾写一封信劝王安石“不要用心太过，自信太厚”。王安石执拗孤傲听不进去。司马光遂辞官回家，退居洛阳，绝口不问政事，专心于史学研究。

司马光从小就爱读历史，有志于著述。后来，宋英宗即位，好与群臣讨论历代政治得失。当时，司马光担任天章阁待制兼侍讲，他以为历代史书繁重，君主没有时间遍览群籍，非常可惜，又以为历史太重要了，假如一个君主不知历代兴亡治乱的原因，怎能成为一个好君主呢？

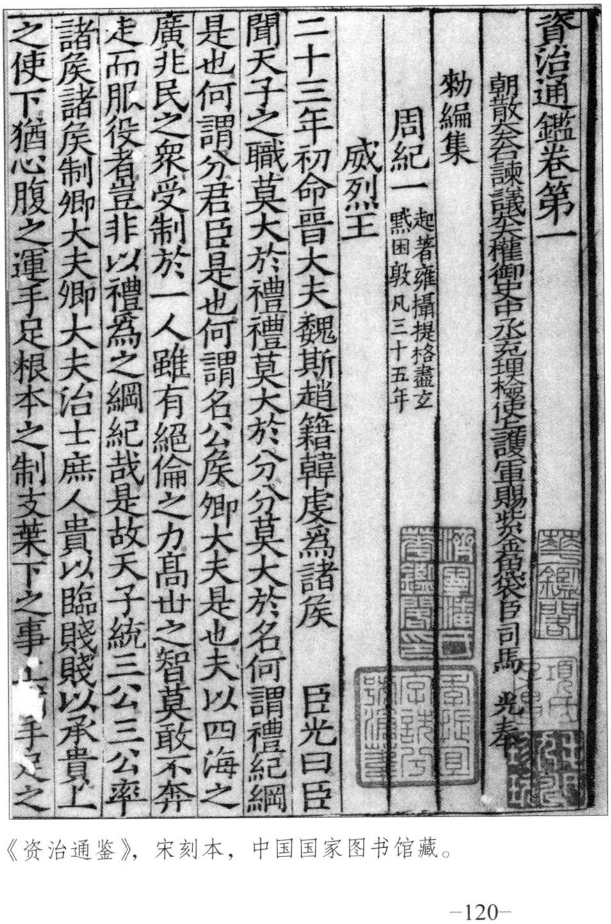
資治通鑑卷第一
朝散大夫右諫議大夫權御史中丞充理檢使上護軍賜紫金魚袋臣司馬光奉
敕編集
周紀一 起著雍攝提格盡玄黓困敦凡三十五年
威烈王
二十三年初命晉大夫魏斯趙籍韓虔為諸侯 臣光曰臣
聞天子之職莫大於禮禮莫大於分分莫大於名何謂禮紀綱
是也何謂分君臣是也何謂名公侯卿大夫是也夫以四海之
廣兆民之衆受制於一人雖有絶倫之力高世之智莫敢不奔
走而服役者豈非以禮為之綱紀哉是故天子統三公三公率
諸侯諸侯制卿大夫卿大夫治士庶人貴以臨賤賤以承貴上
之使下猶心腹之運手足根本之制支葉下之事上猶手足之

《资治通鉴》，宋刻本，中国国家图书馆藏。

于是，司马光仿照他幼年最爱的一本书《左氏春秋》的体裁，节录战国到秦朝的历史，取名为志，呈献给英宗阅览，英宗大为赞赏，鼓励他继续写，并且派人当他的助手，司马光找了刘恕、刘邠、范祖禹三位学者共同帮忙。

从此，司马光一头栽入史学研究之中，居住洛阳达十五年之久，完成这部巨著，上起战国，下迄（qì）五代，凡一千三百六十二年，献上朝廷后神宗赐名为《资治通鉴》。

司马光写这部书是先搜集资料，再按年月日排比，最后考证，取材，写成正文，他“日力不足，继之以夜”，每天规定自己写满一丈纸的资料。据说，书成之后，所有资料装满两间屋子，宋朝大文学家黄庭坚曾经前往参观，他随手拿起数卷阅读，发现两大屋子的文稿，全部用蝇头小楷，工工整整写成，一个草字别字都没有，不禁叹曰：“佩服，佩服。”

《资治通鉴》虽出自众人之手，但由司马光总其成，把全文写定，并且分段批评史事。司马光不但学识丰富，眼光文章更属一流，文章气势雄伟，而且感人至深，《资治通鉴》与司马迁的《史记》一般，成为日后研究中国历史必读之书，也是最优美的中国文学的典范。

这套《中国历史故事》之中许多有趣的故事都取材自《资治通鉴》，这实在是一本令人着迷的好书，虽然市面上有不少白话本，各位读者如果有兴趣，不妨还是读一读原本，并不一定要一个字一个字看，可以挑喜欢的、有趣的阅读，尤其读过《中国历史故事》之后，对许多史事有大概的了解，读起来颇有亲切感。

司马温公的风范

在上篇《司马光和〈资治通鉴〉》之中，我们说到，司马光与王安石同为君子，彼此政见不合。由于宋神宗重用王安石实行新政，司马光遂辞官，徙（xǐ）居洛阳，专心编修《资治通鉴》，如此一晃十五年。

在这期间，司马光专心于史学，绝口不谈政治，他的道德、文章、学问却为全国所敬重，就是田夫野老也知道有个司马相公了不起，天下视之为真宰相。

元丰八年（1085 年）三月，宋神宗去世，太子赵煦（xù）即位，是为宋哲宗。哲宗年方十岁，由神宗的母亲太皇太后高氏听政。

司马光听说神宗皇帝崩逝，自洛阳奔丧入京，卫士们远远望见，高兴地互相推碰道："是司马相公哩！"这一传开之后，所到之处，老百姓夹道欢迎，道路阻塞，马不能行，还有人爬到树上、屋顶上，争着瞻仰司马光的风采。

于是，屋瓦被踏碎了，树枝被折断了，大家不让司马光回去，高声喊道："相公不要回洛阳了，留下来辅佐天子，救活我们老百姓吧！"这真是千古少见的盛况，司马光本来是个拘谨害羞的君子，吓得赶紧回到洛阳。

当时，赞成旧法的苏东坡也接到高太后之诏，由登州调回京师，一路之上都有百姓拉住苏东坡，拜托他："请告诉司马相公，不要离开朝廷，救一救我们。"

司马光，佚名绘。

这时，高太后遣派使者，前往请教司马光国家当务之急，司马光答称："当下明诏，开言路。"换句话说，司马光建议凡是知道朝政阙（quē）失、民间疾苦的，都可以尽情发言，不用有所隐瞒。高太后接纳了这个建议，一时之间，上书者有数千人之多，大多是批评王安石的新法不适当。

于是，高太后以司马光为门下侍郎，废除新法。然而有人以"三年无改于为父之道"，反对一下子改掉神宗倡议的新法。

司马光反驳道："先帝之法，其善者虽百世不可改变也，但如王安石、吕惠卿所建立的新法，为害天下，我们应该像救火拯溺一般愈快愈好，何况现在是太皇太后当政，算是母亲改变儿子的做法，并非以子改父大逆不道。"司马光这番话说得很有道理，于是他依次废除种种新法。

这时的司马光，体力精神已大不如前，但是他拼了老命想好好有所作为，连辽人也对边疆官吏叮咛："现在宋朝是司马光为相，大家切勿生事。"

在司马光心目之中，青苗、免役、置将三种新法没有废除，是为三大内忧，而西夏未除，为一大外患，他常常对人说："四害未除，我死不瞑目。"并且写了一封信给吕公著说："光以身付托医生，以家付托儿子，惟国事无人所托，现在一切拜托你了。"

由于司马光不分昼夜为公事繁忙，一天比一天羸（léi）瘦，许多人都以诸葛亮"食少事烦，其能久乎"一事请以为戒，司马光却一心一意效法诸葛亮鞠躬尽瘁死而后已的精神，他对劝告他的人说“死生命也”，又一头埋入公务之中。

等到病重了，司马光仍不自觉，半夜做梦，梦话之中都是国家大事。当他在哲宗元祐元年（1086 年）九月溘（kè）然长逝，老百姓听闻噩耗，生意也不做了，一起上街买白布制衣祭奠，巷里之中一片哭声，京师人民还画了司马光的像，刻了印出来卖，家家户户都捧着一本祭拜，高太后哭得伤心透顶，追赠太师、温国公，因此后人称之为司马温公。

司马光为人孝友忠信，恭俭正直，动作有礼。当他居住在洛阳之时，经常去拜访长兄司马旦，当时司马旦已是将近八十岁的老人了，司马光对他是“奉之如严父，保之如婴儿”，人们传之为美谈。

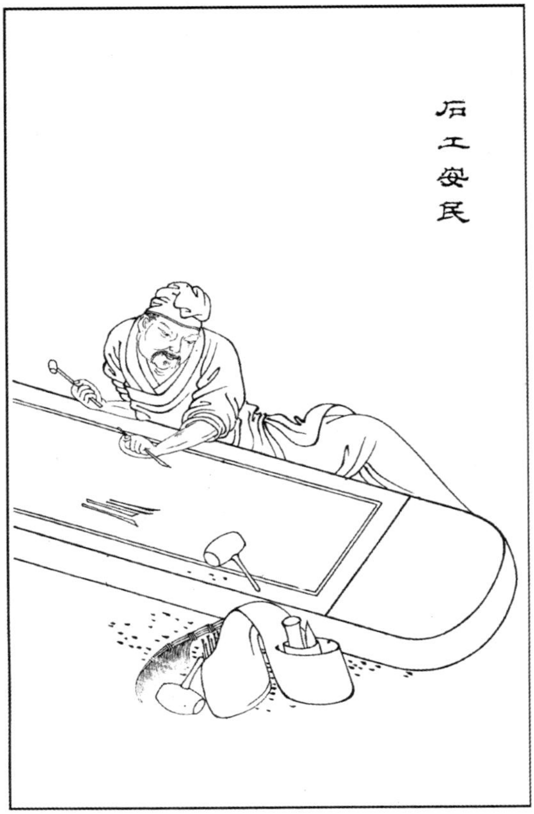

石工安民，选自《清刻历代画像传》。

司马光是个律己甚严的君子，从小到老，从来不乱讲话，他曾经对人说：“我没有什么过人之处，但平生所为，从来没有不可对人言者耳。”

在高太后当政这段时间，以前反对王安石的旧人纷纷复官执政，他们这班人多半是硕学耆（qí）宿，在社会上很受尊敬，史称“元祐诸君子”。

元祐八年（1093 年），太皇太后病逝，宋哲宗亲政，改元绍圣。由于在高太后当政期间，小皇帝凡事不能做主，连臣子都不大理他，心里愤愤不平，无形之中对高太后的行政都抱有反感，于是有些野心家在旁煽动，搬出“绍圣绍述”的口号，绍圣是哲宗年号，绍述乃恢复祖先作风之意。为了要恢复新政，哲宗下令夺司马光等人的赠谥。哲宗去世，向太后听政，再用旧党，向太后去世，徽宗亲政，又追贬旧党，任用新党。

徽宗之时，蔡京擅政，撰写《奸党碑》，把司马光等骂得狗血淋头，并且命令全国刻《奸党碑》。有一个长安石工名叫安民，不肯刻石碑，这石工说：“民是一个愚人，固不知立碑之意，但如司马相公者，海内皆称其正直，今谓之奸邪，我不忍心刻下去。”

官府官员大发脾气，安民哭着说：“那么请求不要在碑上刻我的名字，我不愿得罪后代，遗臭万年。”可见是非公道自在人心。靖康元年（1126年），还赠司马光之谥。

司马光过分择善固执，他的好友苏东坡有时气得骂他“司马牛”，但他的忠君爱民，他编修《资治通鉴》的贡献，永远为后代所怀念。

章惇的嘴脸

在上篇《司马温公的风范》之中，我们曾经提起，元祐八年（1093年），太皇太后高氏病逝之后，十七岁的哲宗亲政，明年，改元绍圣，立刻又实施新政，这其中还有一段故事。

原来，高太后当政之时，哲宗完全没有说话的份儿，司马光等老臣根本都不睬他，种下他对元祐学者的不满。

尤其哲宗因为逃学，元祐学者曾经上书给小皇帝与太后，指责他贪玩儿，荒废学业，哲宗很委屈地告诉过章惇。有一天，他发现宫中二十个宫女之中，有十个被免职，换上一批新人，过了没有两天，另外十个也换走了。临行之前，宫女眼中个个含着泪珠，似乎曾被太后严词盘问。

由于哲宗对太后不满，连带的，对太后主张的措施也心生反感，于是一个野心的投机分子礼部侍郎杨畏乘机加以利用。太后刚刚下葬，他立刻上疏哲宗，大大夸赞当年神宗变法之深意与王安石学问道德之美，而且把章惇、吕惠卿等新法大将也猛夸一阵。

哲宗非常兴奋，立刻下诏，任用章惇为资政殿大学士。章惇是何许人也？让我们话说从头。

章惇，字子厚，建州人，他人长得很漂亮，豪迈英俊，博学善文，进士登名，曾与苏东坡相交往。

苏东坡刚出道，在凤翔任官之时，章惇为商洛令。有一回，这两个年轻人共游南山，深入仙游潭，潭下绝壁万仞，激流飞湍（tuān），潭上架着一片薄薄的木板，章惇怂恿苏东坡一同去峭壁上写几个字留念。

宋哲宗，选自《乾隆年制历代帝王像真迹》。

苏东坡望一望有百十尺深的急湍，心里害怕，笑着摇摇头。章惇勇气十足，先过小桥，拢一拢长袍，抓起一根吊索，像电影里的泰山一般，沿着峭壁到了对岸，潇潇洒洒，以漆墨濡笔在石壁上写："苏轼、章惇来。"

然后，章惇神态自若地走回来，苏东坡拍一拍章惇的背道："有一天你会杀人。"

"为什么？"

"能玩命的人，也就能杀人。"

章惇昂首大笑。

苏东坡没有看错，这个外表聪明、热情的青年的确带有几分危险性，是个亡命之徒。

不久，王安石实施变法，由于朝廷之中老派人士持盈稳重，不与王安石合作，王安石只有用一些轻进少年，像章惇这种人，就得王安石的赏识，扶摇直上。后来，新法失败，神宗去世，高太皇太后垂帘听政，章惇曾在帘前与太后辩论，惹恼了太后，被贬为汝州知事。

如今，哲宗亲政，章惇再度被用，他逮住机会，准备狠狠报复，喊出的口号是"绍圣绍述"，绍圣为哲宗年号，绍述乃恢复祖先作风。在这个标语之下，太后摄政期间一切大臣都背上一个"破坏先帝政绩"之罪名，太后被控为"老奸擅国"。

为了加深哲宗对元祐党人的恶感，章惇等人甚且搬出一些莫须有的证据，诬赖太后曾有废立之谋，甚且作诏书请废太后为庶人（平民），把灵牌赶出皇家祖祠，幸亏哲宗还算有一点理智，他对章惇说：“你要我永远不进英宗的祖祠吗？”

在章惇疯狂报复浪潮之下，元祐旧党或被贬谪，或遭禁锢（gù），甚且已经去世的，章惇也不饶他。司马光的家产被充公，墓园被拆毁，还有人建议烧毁《资治通鉴》，好在有人想起这是先帝写过序文的，才免于一劫。章惇还准备严厉对付司马光的后代。

曾布曾经再三劝章惇，不要太过分了：“别忘记我们自己的子孙后代也许也会碰到同样的情形。”

“不，死后贬官没有意思，只有惩罚后代才是真实的行动。”章惇毫不留情地反驳。

当年与章惇携手共游的苏东坡，章惇也不放过他，章惇拜相之后，第一件事，先把老朋友贬到岭南。其后，听说苏东坡写了两行诗，描写自己如何在春风中小睡片刻，聆听庙院钟声，章惇大怒：“原来他还挺惬意的嘛！”再把苏东坡贬到更远的不毛之地——海南岛。

苏东坡被贬，与他手足情深的弟弟苏辙也难逃厄运——被贬雷州。

兄弟两人在途中相遇，不胜唏嘘。当地的雷州太守一向崇拜三苏父子，热热烈烈拿出酒菜招待他们，结果第二年，雷州太守因此被弹劾免职，苏辙也被安上一个强占民宅的罪名。

俗语说冤家路窄，哲宗去世后，徽宗立，章惇因曾说过徽宗轻佻，不适合当皇帝的话，被贬到雷州，结果没有居民愿意把房子让给他住，并且讽刺道：“以前苏公来，由于章丞相之故，几乎害得我家破人亡，我们哪敢重蹈覆辙。”

王安石、司马光虽然意见相左，总是苦心孤诣，志在救国，偏偏有章惇一类奸邪小人成事不足败事有余，兴风作浪，危害国家，宋朝本来已是积弱不振，如此一搅，国事遂大坏。

大晏与小晏

词是宋代文学的灵魂，世人皆以唐诗、宋词、元曲并称。诗与词一脉相承，词是可以唱的。词在宋朝一代，不只是独立的文学作品，同时又有积极的音乐功能，无论朝廷的盛典、士大夫的筵席、长亭离人的送别、娼楼妓女的卖唱，处处都离不开词，再加上君主的爱好与提倡，词就愈发兴盛了。

另一方面宋朝道学家多，讲究文以载道，正心诚意，提倡古文运动，文人只有在词中宣泄感情，连先天下之忧而忧的范仲淹也有“酒入愁肠，化作相思泪”的名句。我们今天要谈的大晏、小晏都是宋代词坛上重要的人物。

大晏是晏殊，字同叔，是个小神童，他七岁的时候已经能够拿起笔来写文章，宋真宗景德初年，晏殊只有十四岁，张知白把他推荐给皇帝。

于是，晏殊参加殿试，他虽然年纪小，却一点也不怕，看起来还颇为神气，拿起笔来一会儿就写好了，被赐同进士出身。

过了两天，晏殊再参加廷试，考诗、赋、论，他看了题目一眼，把卷子捧去给皇帝说：“这个题目我之前刚好练习过，请另外命一道题。”

我们一般人若是拿到考卷，发现是模拟考前猜题之中有的，高兴还来不及，晏殊竟然傻傻地要求换题，实在颇为奇怪。

真宗皇帝很嘉许他的老实，赞美不已。东宫官（太子侍读）出缺，皇帝下令以晏殊递补，并且对他说：“因为你勤奋读书，不爱游玩，所以配做东宫官。”

“我也不是不爱玩，只是我玩不起。”晏殊又老老实实地回答。

宋真宗对他愈加信任，再加上他谨慎小心，处事慎重，又再升为翰林学士。

宋仁宗幼年时，晏殊与另外一个小神童蔡伯俙（xī）一块儿在东宫伴读，仁宗贪玩儿，宫中有许多高的门槛他跨不过去，这时蔡伯俙就会趴在地上，让太子从身上跨过，晏殊却不肯像奴才般巴结小主子。

但是，仁宗皇帝并没有因此记恨，即位之后，晏殊一路做到集贤殿学士、同平章事这样的高官，庆历年间登阁拜相，官运亨通。

晏殊为人性情刚直，学问渊博，有爱才之心，欧阳修、王安石都出自其门下。他在任职应天府时，范仲淹正好因母丧辞官，晏殊找了范仲淹来，教导学生读书。五代之后，天下大乱，学校荒废，晏殊算是首先兴学者。

晏殊有伯乐之慧眼，所以他很会挑女婿。范仲淹有一回把富弼的文章拿给晏殊看，晏殊马上要了富弼这个乘龙快婿。晏殊还有一个女婿杨察也是勤于吏职，遇事明快，是当世称赞不已的良才，《宋史》之中有传。

晏殊在政坛上并没有特殊的表现，但是他的词却是北宋初期词之开山祖师，与欧阳修并列其名。

一提起晏殊的词，人们马上会想到他的代表作《浣溪沙》：

一曲新词酒一杯，去年天气旧池台。夕阳西下几时回？
无可奈何花落去，似曾相识燕归来。小园香径独徘徊。

（一杯酒，一阕新词，池台依旧，仍似去年一般的天气，但是夕阳何时再回？夏天到了，花儿凋谢，旧时相识的燕子又飞了回来，只有我一人孤独地在院中徘徊伫立。）

这首词浸透着淡淡哀愁，使人有徘徊流连之感，写得真美。

晏殊词《浣溪沙》“一曲新词酒一杯”词意图，明刻版画。

晏殊六十五岁那年，病重不起，仁宗皇帝想去探视病情，晏殊上奏，“臣老疾，即将痊愈，不足为陛下忧”，婉谢君主好意。过了没两天就死了，仁宗亲临祭奠，深以未去探望为恨，为此，罢朝二日。

晏殊老年得一子名晏幾道，号小山，后世称为小晏。他童年时，父亲为宰相，家境富裕，十七八岁时晏殊去世，家道中落，他不能适应，因此颇为多愁善感，正适合写词。

据说，苏东坡曾想认识晏幾道，提他一把，晏幾道回绝了，他说：“今天政事堂中，一半都是吾家旧客，我还没有工夫去见呢！”口气相当狂傲。他的后半辈子始终在贫困之中辗转流离。

小晏这个公子哥儿，在词学上的成就却不逊于大晏，我们日常所熟悉之“舞低杨柳楼心月，歌尽桃花扇底风”“衣上酒痕诗里字，点点行行，总是凄凉意”“相思本是无凭语，莫向花笺（信纸之意）费泪行”，这些都是非常含蓄，耐得住细细品味的名句。

论起晏氏父子，许多人都会想到南唐二主李璟、李煜父子，他们境遇不同，词风各异，然而都是中国词坛上不朽的人物。

黄庭坚创立江西诗派

在宋朝，诗学仍是一代之主流，但由于诗在唐朝已经发挥得淋漓尽致，后代难以超越。宋朝除了词学之外，在诗上最有成就的作家，除了前面说过的苏东坡之外，应该算是黄庭坚了。

黄庭坚，字鲁直，自号山谷道人，后代多称之为黄山谷，洪州分宁人。黄庭坚侍奉母亲非常孝顺，他是大家所熟悉的二十四孝之一的人物。

黄庭坚的母亲有洁癖，受不了马桶的异味，黄庭坚从小开始，每天把母亲大人的马桶刷洗得一尘不染，清洁溜溜。

马桶臭臭，黄庭坚却丝毫不以为意，他后来做了高官，家中仆从甚多，大可不必亲自动手，但是，黄庭坚坚持不许任何人碰母亲的马桶，直到他四十多岁，母亲去世，黄庭坚都数十年如一日地清扫马桶。

当黄母病危之际，黄庭坚更是日夜侍奉在病榻，连衣服都不肯脱。黄母病故之后，黄庭坚由于哀伤过度，几乎自己也病倒。

我们现在大都使用抽水马桶，用不着效法黄庭坚，不过他这种敬爱父母的孝顺精神，值得后人发扬光大。

黄庭坚幼年时喜好读书，由于他做什么事都非常专注，因此养成过目不忘的本领。有一回，黄庭坚的舅舅李常到他家来玩，顺手取下黄庭坚书架上的书，随便考考他，结果发现这个小外甥对答如流，高兴得拍拍他的小脑袋说：“你真行！”

黄庭坚曾经说过一句名言："吾三日不读书，便觉得面目可憎，言语可厌。"

治平四年（1067 年），黄庭坚考取进士，王安石读了他的诗，赞美他为"清才"，绝非争名逐利庸俗之人，苏东坡用"超轶绝尘，独立万物之表"称赞。俗话说"文人相轻"，苏东坡如此抬举后进，表现出他的胸襟度量的宽广。

哲宗即位，黄庭坚奉命撰修《神宗实录》，所谓实录是自梁武帝以后，史官根据档案、奏章、诏书及私人笔记，按照年月日，逐日记载某一皇帝的言行及国家大事。

《神宗实录》修好之后，正逢奸邪小人章惇当权，章惇与他的同党认为实录写得不对，把黄庭坚找来质问，黄庭坚一条一条据理以辩，章惇哑口无言，一气之下，把黄庭坚贬到黔（qián）州。

黔州即今天的贵州，人称"天无三日晴，地无三尺平，人无三两银"，在当时是个交通阻塞、瘴气为疠（lì）的不毛之地。当被贬的命令颁下之后，他的朋友都忍不住哭了起来，黄庭坚却处之泰然，表现出绝佳的修养。他认为自己的立场是对的，不能讨好小人修改史书，所以即使到了荒凉一片的黔州，他还是安之若素。还有一些蜀人慕他的名，跑到黔州找他讲学，经他指点

松风阁诗（局部），黄庭坚书。

调教过的学生，写起文章来下笔皆可观。

后来，黄庭坚因为得罪赵挺之，赵挺之时来运转之后，公报私仇，把黄庭坚再贬到宜州。他到了宜州之后更是凄惨，据他形容，他居住的地方很小，屋顶很低，下面是市场，人声喧杂，西邻是屠牛场，不时传来屠牛的哀号与刀声，真够大诗人消受的了。黄庭坚最后就死在这个连毛笔都没有的宜州城楼之上，享年六十一岁。

黄庭坚一生遭遇是可悲可叹的，但是他并不因此而消极颓（tuí）唐，反而创立了江西诗派，为后人所崇奉。

诗到了宋朝之时，由于唐人的成就太辉煌，任你如何的聪明才智也难超出既有之成就，黄庭坚就创立了一种脱胎换骨之法。

江西派作起诗来认真又严肃，与李白的潇潇洒洒完全不一样。譬如有个江西派诗人陈无己，每次有了一点灵感，赶快回家，把头蒙在被子中，不能听到一点声音，家人们一见此景，赶快把猪狗赶走，把啼哭的小孩寄在邻家，一直到陈无己的诗作好了，把头徐徐伸出被窝，家人生活起居才恢复正常。此谓之吟榻（tà）。

黄庭坚写过两句诗："闭门觅句陈无己，对客挥毫秦少游。"正好把黄庭坚、苏东坡两派写诗的作风，做了一个明显的对照。陈无己是黄派，艰困努力完成一首诗；秦少游是苏派，是对着客人，在流爽畅达之下就能写成一首诗。

虽然一个是即兴派，一个是痛苦派，苏、黄两人却是莫逆之交。苏东坡曾说黄庭坚是："瑰伟之文，妙绝当世，孝友之行，追配古人。"

顺道一提的是在宋仁宗庆历年间，毕昇发明胶泥活字版。他原是一位技术工匠，雕刻木板文字与佛像等，由于认字多，文化程度提高，他提起了改革雕刻的兴趣。

毕昇原先用枣木做试验，不幸失败了，后来想起中药中有龟胶之类的，坚硬如铁，晶莹光洁，遇火即熔，冷后又坚固不化，经过多次失败而成功——发明了单个的活用胶泥字。由于他与欧阳修、苏东坡、司马光、

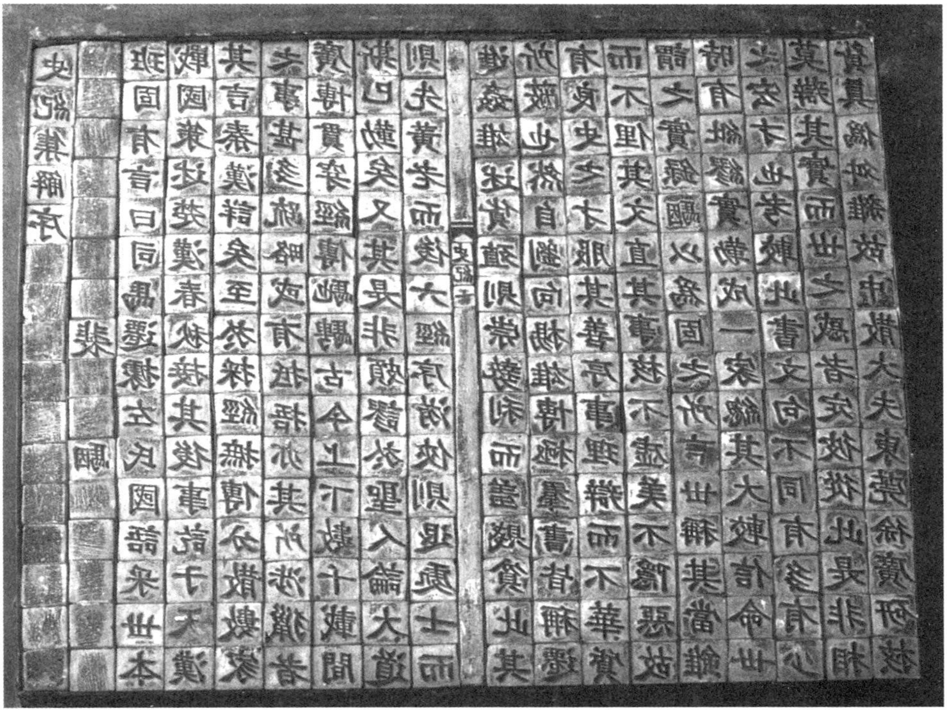

活字印刷版。

王安石、黄庭坚同一时代，经由毕昇发明的活字印刷术，使得这些人的文章更能流传后代，毕昇对教育的普及、文化的传播、学术研究之促进，功不可没。

邵雍与周敦颐

宋朝一代，虽然国势积弱不振，可是学术相当发达，理学就是宋朝学术之精华，又称为道学。

中国的儒家思想，到了宋朝，不再从事琐琐碎碎的考证章句，转而讲求做人的功夫，再加上外来的禅学、佛学的影响，变化糅合，产生了理学。

理学产生的另一个因素是，自从唐末五代以来，道德崩坏，不顾廉耻，宋朝的读书人为了要拯救这股颓风，特别提倡修身养性，希望重整社会，尤其当时配合国家的统一，君主的提倡，书籍的流传，推动理学蓬蓬勃勃地开展。

提到理学，人们立刻会联想到著名的北宋五子：邵雍、周敦颐、张载、程颢（hào）、程颐。

邵雍，字尧夫，祖籍河北范阳，他的祖父、父亲都以品学著名，尤其父亲邵古在声韵学上极有研究，邵雍可以称得上是家学渊源。

在邵雍幼年之时，他随父母迁居共城，从此一边苦读，一边耕田奉养父母。他自小志气远大，除了发愤忘食精研儒、道、佛的书籍，更自己创立一套方法修养身心。

在夏天，汗出如浆，邵雍不肯打扇子；到了冬天，气候严寒，他也不生炉火。甚且，为了考验自己的耐力，他一连好多年，不愿上床睡觉，每天晚上开夜车。

邵雍曾用“欲为天下屠龙手”形容年少苦读的壮志。读过万卷书之后，邵雍开始行万里路，他渡过了黄河、淮河，参观了齐、鲁、宋、郑旧地，最后，在洛阳定居下来。

由于环境清苦，邵雍在洛阳住的房子又小又破，他却丝毫不在意。有一天半夜，进士王豫冒着大雪去拜访邵雍，发现邵雍庄严端正地坐在书桌前，满脸神圣不可侵犯的威严，王豫肃然起敬。

然后，两人谈起学问，邵雍讲得头头是道，王豫大为佩服，当下嚷着非拜邵雍为师不可，从此，邵雍的学问逐渐传开。

后来，司马光在洛阳埋首著作《资治通鉴》，富弼、吕公著等贤人退居洛阳，都与邵雍结为好朋友。司马光等人更凑了一点钱，帮邵雍购置一所比较像样的房子，邵雍仍然自耕自食，自得其乐，自称为“安乐先生”。

每到春秋佳日，邵雍兴致来了，乘个小车到处逛逛，士大夫们听到他的车声，争相迎候，小孩子都拍着手大叫：“我们家的先生来了！”大家都尊称他一声先生，不再呼名道姓。

要是有人自己行为不正，或者说话不检点，彼

邵雍，选自《历代名臣像解》。

此会互相警告道:“嘘，小声一点，别让先生知道了，不好意思。”可见邵雍已使得百姓敬慕道德，有羞恶之心。

到了六十岁那年，邵雍换上了隐士的服装，头戴一顶乌帽，据说能预知未来，再加上他曾从李之才处取得先天易学，易学本身极为难懂，使他颇具半仙色彩。

到了后代，人们逐渐忘却邵雍以洁性著名，倒是一些算命卜卦者，推尊邵雍为开山祖师，江湖术士手上拿的那本《铁板神数》也说是邵雍写的哩。

理学家中除了邵雍，周敦颐也是相当重要的一位人物。周敦颐，字茂叔，湖南人，他小时候家乡有一条小河叫濂（lián）溪，晚年在庐山建了一间濂溪书堂，于是后人尊之为濂溪先生。

周敦颐十五岁那年，父亲不幸过世，母亲郑氏带着他投奔在京师担任龙图阁学士的舅舅——郑向，郑向对这气宇轩昂的外甥十分喜欢，大力地予以培植。

二十四岁那年，周敦颐被朝廷派往洪州担任分宁县主簿，那儿有件官司缠讼多年，不得要领，周敦颐到了，立刻就有明正的判决，乡里之人都非常佩服。

其后，周敦颐升为南安军司理参军。那个时候，狱中有名囚犯依法不该被判死刑，可是转运使王逵（kuí）性情苛刻，坚决主张非定死罪不可，官府里的人怕丢官，没人敢出来讲公道话。

周敦颐可不怕，他跑去与王逵激烈地辩论，王逵很生气，周敦颐也是火气冲天，他说:“用杀人来献媚，这种事我不干！”最后，那位囚犯免于死罪。王逵也钦佩周敦颐的勇气，两人不打不相识，后来王逵还推荐他担任郴（chēn）县县令。

周敦颐无论担任何种官职，都深受百姓爱戴，而且为官清廉。有一日，他因公务繁忙，累病了，躺在家中昏睡一天一夜才睁开眼睛。他的好友潘兴嗣前去探病，才发现周敦颐实在穷得可怜，原来他把官俸都周济乡里了，家里只剩下一个破衣箱。

由于百姓特别喜爱周敦颐，也特别引起他的长官赵抃（biàn）的不悦，每次赵抃总是故意刁难，周敦颐也不在意。后来赵抃有机会仔细观察他的为人，大为懊悔过去的误会，握着周敦颐的手一直说：“好险，我几乎失去一个好朋友。”

茂叔观莲，选自《芥子园画传》。

周敦颐生平最爱莲花，他曾经写了一篇《爱莲说》，他个人的行为也正如莲花一般“出淤泥而不染，濯（zhuó）清涟而不妖”。由于他的行为光明磊落，黄庭坚曾推崇他是“人品甚高，胸怀洒落，如光风霁（jì）月”，这几句话及“出淤泥而不染”，都成为后代赞美人们品性高洁的名言。

周敦颐所著的《太极图说》与《通书》都是中国学术史上灿烂的一页。理学家的学问比较玄，不易了解，但是他们心口如一追求道德完美的精神，使后世景仰。

张载与变化气质

近年来，全国上上下下都在提倡“书香社会”的运动。提到读书，人们最喜欢挂在口边的一句话是，读书能够变化气质。现在我们就要来谈一谈提出这句名言的宋朝大儒——张载。

张载，字子厚，先世本居于大梁（河南开封）。父亲张迪，在宋仁宗时代任官涪（fú）州（在今重庆），后来，张迪死于任上。由于家境不好，张载没有能力返回故乡，只有侨居在陕西凤翔的横渠镇，所以后人尊称张载为“横渠先生”。

张载小时候顶有志气，喜欢与人谈论兵事，当时宋朝西北地区正为西夏所骚扰，民族感情强烈的张载，一心一意等着长大打西夏，为宋朝夺回洮（táo）西之地，报效国家。

张载二十一岁之时，写了一封信给他最崇拜的范仲淹，倾诉心中的抱负与理想，“先天下之忧而忧，后天下之乐而乐”的范仲淹看到这封信文字极佳，而且充满了爱国热忱，非常赞赏。

范仲淹一直认为，国家强盛除了军事之外，最重要的乃是文化，他看出张载有才学，能够在文化上做个领袖，所以回了一封信给张载，爱怜地责备他：“儒者自有名教可乐，何事于兵？”勉励他读《中庸》，学儒家之学。

张载很感激范仲淹的教诲，开始研读《中庸》，愈钻研愈加有兴趣，薄薄的一本《中庸》不足以满足其旺盛的求知欲，他开始研求佛家、道家之书，后来发现佛、道非圣贤之道，又转而再学六经。

这个时候，张载的学问已大大地有名，他每天坐在一张老虎皮之上，为学生们讲解《易经》，这是京师一件轰动的大事。有一天晚上，二程兄弟（程颢、程颐）来拜访，三人兴高采烈高谈《易经》。

谈完之后，张载自认为在易学方面的研究，比不上这两兄弟，第二天一大早，张载郑重地向学生们宣布："最近见二程子，深明易道，我不能及，你们可拜二程子为师。"从此以后，张载停止讲学，专心地研究儒家思想。

三十八岁那年，张载考中进士，朝廷先后任命他为祁州司法参军、云岩令。张载当了县令，便要把孔老夫子在《论语》之中所讲的一番道理，彻底实践。

《论语·学而篇》中，子曰："弟子入则孝，出则弟，谨而信，泛爱众，而亲仁，行有余力，则以学文。"这句话的意思是说，少年弟子回到家中要孝顺父母，到了外面要恭敬长上，做事谨慎小心，说话要守信用，广泛地亲爱大众，亲近有德行之人，这些种种都做到了，还剩下多余时间精力，才开始学习诗书。

张载决定把这套孔门规矩在县中实施，他自己先以身作则，每逢黄道吉日，必定预备了许多酒席，邀请乡中年老的长者，亲自为他们夹菜、斟酒，做给乡中的年少子弟看，并且在席中诫训子弟，要他们懂得养老事长、敦本善俗之意。久而久之，云岩县有古风的美誉传遍各地。

宋神宗熙宁三年（1070年），神宗皇帝正准备励精图治，大加改革，听到张载的大名，特别加以召见，询以治国之道，张载的看法是"为政应效法三代"，神宗皇帝很高兴，请他担任崇文院校书。

此时王安石正在实施变法，理学家多半守旧，加上王安石刚愎（bì）自用，不肯礼贤下士，使得最注重个人修养的理学家们都反对变法。王安石请张载加入新党，可想而知，张载一口回绝："公若与人为善，则谁敢不尽力，但若要人迁就你，那我不能效劳。"

王安石很生气，找了一个理由要他去浙东，张载自知，得罪了王安石没有好事，于是，托病辞官，回到了横渠，一面著述，一面教学。

张载虽然离开了朝廷，却比以前更辛苦，他在房间里到处都摆了笔墨纸砚，惟恐有了救世理想来不及写下来，到了晚上，躺在床上，还是满脑子都是学问，想着想着，忽然有了新见解，一跃而起，点起烛火，又开始奋笔疾书，张载的传世名作《正蒙》，就是这样赶出来的。

张载由于日夜苦读，又不注意营养，久而久之，染上了肺病而死，死了以后，穷得没有钱办丧事，还是子弟们凑了钱，才为老师购置一口棺材。

张载一辈子清贫如洗，每天都是粗茶淡饭过日子，他不但不以为苦，而且老是挂虑其他人的困苦。有时他端起白饭，想到路上有饿死的人民，会难过得吃不下饭。他发现社会贫穷问题之后，愈发向往古代的井田制度。他曾与几位学者，共同买了一块地，划为数井，尝试实行古代的井田制度，可惜，计划刚开始，他就病逝了。

张载平日对学生讲学，最注意“知礼成性，变化气质”。也就是一个人应该借着教育、学习的力量把污泥去除，使其恢复原有之澄清状态，一个不读书的人“终看义理不见”。

张载为北宋思想家的主要人物之一，他的学说包括天道、人生、德行、政事，范围很广。他曾经说过四句话，认为是一个有使命感的读书人应该终生追求的，那就是：“为天地立心，为生民立命，为往圣继绝学，为万世开太平。”

程颢与程颐

宋朝理学的开创者是我们前面所说的邵雍、周敦颐、张载，实际建立者还是程颢、程颐两兄弟，人们称之为二程子。现在，我们就谈一谈二程子的小故事。

二程子是河南洛阳人，家教非常好，程颢（号明道）比程颐（号伊川）大一岁。当程氏兄弟十五六岁时，他们的父亲在虔（qián）州做官，发现有位狱吏，年龄虽轻，只有三十出头，却是气宇不凡，极有学问，这人便是周敦颐。于是程父命令两兄弟向周敦颐问学，体会孔子、颜渊之学。两兄弟自小立志为圣贤。

除了父亲之外，二程子的母亲也极有学养，而且甚为明理，程母经常挂在嘴边的一句话是："子女不成才，往往是做母亲的偏袒。"所以程母从来不护短。

程颢高中进士之后，出任了好多年的地方官，官位虽低，他却尽心尽力去做。他在当晋城令时，城中有个富人张氏，父亲早已过世，有一天，有个老头却找上门来，对张氏说："我是你的亲生父亲。"

张氏惊疑莫测，跑去找程颢，老头儿对程颢说："我是一个医生，因为远出医病，妻子生下一个儿子，家贫不能养育，所以把儿子送给张三翁。"说着还从怀中掏出一张纸，上面写着："某年月日，抱儿与张三翁家。"

程颢把字条还给老头儿说："奇怪，那个时候张三翁年轻得很，哪会有

程颢，选自《历代名臣像解》。

人称他为翁？”吓得想敲竹杠的老头儿落荒而逃。

程颢在地方上注重教育，破除迷信，闲暇之时，与父老话家常，教儿童读书，人们视之如父母。由于政绩好，他被推荐到朝廷担任御史，神宗皇帝很敬慕他的学问，时常找他谈论学问，有一回，谈得兴起，神宗皇帝竟然连中饭都忘了吃。

此时，神宗已相当信任王安石，王安石认为程颢满口仁义，是迂阔的书生之见，满脸不以为然，程颢慢条斯理地说：“天下事非一家私议，希望你能平心静气听听人家的意见。”

王安石顿时面红耳赤，后来，王安石排除异己，却始终尊敬程颢。程颢脾气相当好，修养到家，他的弟子们接受教诲有“如坐春风”之感，他自己也曾赋诗道：“闲来无事不从容，睡觉东窗日已红。万物静观皆自得，四时佳兴与人同。”他永远是心情愉快，态度从容，当他五十四岁去世之时，无论识与不识他的人，都十分哀伤。

程颢的弟弟程颐，也是聪明好学，但是两人性情完全不同，程颢宽宏和易，蔼然可亲，而程颐却是谨严果毅，令人肃然起敬。

程颐一辈子不肯出来做官，却答应为哲宗皇帝讲学。他讲学之前，一

程颐，选自《历代名臣像解》。

定要先斋戒，希望心存诚敬，感动哲宗。有一次，讲了一半，哲宗在花园中，顺手折了一柳枝，程颐立刻训诫哲宗："现在是万物生长的春天，皇上不可以无故摧折新生。"

哲宗吓了一跳，他起初很怕程颐，后来逐渐有些厌烦。

程颐由于过分严肃，连司马光都有些吃不消，司马光与程颢是知己之交，与程颐却谈不下去。有一回，朋友邀程颐赏花，程颐大手一挥道："我生平不曾看花。"朋友只好讪讪而去。

大词人秦观秦少游有次与程颐碰面，程颐问他："'天若知，也和天瘦'，这是你写的句子吗？"

"不错！"秦少游把脸一昂，颇为得意。

不料程老夫子脸一板教训道："上天尊严，岂可任意侮辱！"

由于程颐一派正经，时常受到苏东坡嘲弄，苏东坡一向是妙语如珠，口没遮拦，喜开玩笑，程颐怎么受得了？而苏东坡也不耐烦程颐的严苛作风。

司马光去世时，葬礼由程颐负责，程颐不准司马光的儿子站在棺材旁边接待客人，因为他认为，孤哀子若是真正孝顺，应该悲恸（tòng）万分，不能见人。苏东坡当众用古语嘲弄程颐，大家笑了起来，程颐满脸通红，两人结下了仇。

程颐还有一个“程门立雪”的故事：游酢（zuò）与杨时两位高足前来拜访程颐，谈完之后，老先生开始闭目养神，从中午到晚上，两位学生一动也不敢动，天气冷得要命，两条腿都成了冰棍，一直过了许久，程颐才睁开眼睛说：“你们还在这儿？天晚了，回去吧！”等到两人走出门外，外面已积雪一尺。

程颢、程颐两兄弟承继孔孟道统，共同支配了以后六百年的学术思想，是古今中外难得一见的思想家兄弟。

理学为中国儒学开辟了一个新天地，不再注意章句考证，而从做人修身的义理上下功夫。五代以来寡廉鲜耻的观念，也因此大大改变。在宋朝，男人讲忠孝节义，妇女也重视名节，有“饿死事小，失节事大”的观念。所以宋朝的忠臣最多，但是也因为这些理学家标准太苛，有时不免意气用事，使得宋朝常为一些小节闹意见，缺乏如唐朝一般恢宏的气度、大气磅礴的精神。

文与可胸有成竹

我们通常形容一个人事有定见，会说他是胸有成竹。这句成语出自宋朝画竹的大家——文与可。

文与可，名文同，但他的字似乎较其名更为人们所熟悉，号石室先生、笑笑先生，梓（zǐ）州人氏。

文与可在幼年，已经显露出过人的才学，引起乡人的重视。与可读书很用功，根基很扎实，在二十岁左右，已经博通经史诸子，当时的大文豪文彦博对他的文章十分夸赞，时常拿去给朋友传观。

宋仁宗皇祐元年（1049年），文与可登进士第，担任过太常博士、集贤校理，后来出任陵州太守。陵州是一个土地贫瘠的偏僻山城，只有三万人口，他上任后发现当地的人民入夜即不敢出门，原来有些不法之徒会在黑漆漆的巷子里做坏事。他立刻整顿治安，并且积极兴办学府，王安石因此赞美他“文翁出治蜀，蜀士始文章”。以后他一直担任地方官。

元丰元年（1078年），文与可被召回京师（六十一岁），他不习惯京城生活，请求外调，那年十月奉命担任湖州太守，次年不幸在赴任途中病逝。这位尚未到任的太守，却建立了中国画坛上有名的湖州画派。

其实，文与可并非第一个画墨竹的人，不过他的画一出，有如光耀夺目的太阳东升，其他的火把立刻黯然失色。最了解文与可的该算是苏东坡，他二人是表兄弟，也是莫逆之交，文与可曾叹息道：“世人无知我者，惟子瞻（东坡字子瞻）一见识吾妙处。”

苏东坡曾经写过一篇文章，记载文与可画竹是“必先得成竹于胸中，执笔熟视，乃见其所欲画者，急起从之，振笔直遂，以追其所见”。我们后人就把一个人做事有计划、有腹案、心中有数称之为胸有成竹。

所谓先成竹于胸中，当然不是凭空臆测，而是先加以仔细地观察。他在守洋州时，曾经开辟了一片面积广大的竹园，种植了各种竹子，细细加以观察，详细记录了竹子生长的姿态，自然的规律。元代画家李衎深深受到文与可的影响与启发，在《竹谱详录》之中有一段：“凡竹生于石，则体坚而瘦硬，枝叶多枯焦……生于水，则性柔而婉顺，枝叶多稀疏。”

墨竹图，北宋文与可绘。

由于文与可画竹，先下过一番仔细的功夫，所以他笔下的晴竹、风竹、雨竹、露竹、霜竹、雪竹、冻竹都有不同的风貌，这种强调艺术规律配合自然规律，主观感受与客观条件互相配合的原则，正是“文湖州竹派”的一大特色。

中国人一向爱竹，认为竹子中通外直，群居不倚，独立不惧，正像一个品德高洁的君子，文与可喜欢画竹，也是这种心理。他不但喜欢种竹，而且把自家的房舍都取名为“墨君堂”“竹坞”“此君庵”等等，他写的诗文之中，也可处处见竹。

文与可画竹的名声，很快就四处传遍，有一位和尚道臻（zhēn）曾说，看到文与可画的竹，心自清凉，而且有一种凉风习习、袭向身来的感觉。由此可见文与可的竹画意境之高。

起初，文与可对自己的墨竹，并没有太加以重视，往往是看到精缣（jiān，一种质地细密的绢，可供书画之用）良纸，情不自禁，因为技痒，忍不住一张又一张地挥毫。

等到画好了，聚在一旁观看的客人们立刻开始动手抢，哪个本事大，就能把名画抢到手，欢天喜地抱回家，其他的客人只有望画兴叹了。文与可本人则笑嘻嘻地看着这场争夺战。

想要抢画，还真不简单，况且一些有身份地位的人，也不适合伸手抢夺。于是，登门求画的人愈来愈多。根据中国古人的规矩，请求字画，通常要准备上好的画纸，诚诚恳恳地上门拜托，很少是以金钱交易的，那样显得太庸俗了。

文与可家中的缣素愈堆愈多，即使他每天努力作画，画债还是还不完。有一天，文与可实在心烦极了，气得高声说：“我要把这些缣拿去做袜子穿了。”

文与可要把缣拿去做袜子的事，马上传开了，成为一时话柄，但是，还是不能阻止上门求画的人，文与可只好对人说：“我墨竹一派，近在彭城，你们可前往求之。”

原来彭城附近住的是苏东坡，文与可随即写了一封信和苏东坡开玩笑道：“对不起，现在做袜子的材料都要集中到你那儿去了。”

自古道文人相轻，事实上文人相重，才可增加彼此之间的情趣。文与可和苏东坡就是如此这般，据说，文与可画好一幅画之后，常常嘱咐人家：“千万不要在上面题字，一定要等苏东坡来题赞。”这一画一题，真是以绝代之妙迹配旷世之文笔，苏东坡自己也颇为得意，他形容此乃“画者文叟，赞者苏子，观者如流”。

文与可不但会画画，而且擅长书法，无论篆、隶、行、草都有一套，他有天分，也肯下功夫，连走路都在思考如何写得更好。有一日，他在山道上漫步，看到两蛇相斗，领略其韵律之美，回去之后，将两蛇蜿蜒的动作融入书法之中。

文与可是画竹第一把高手，他的人品也是操韵高洁，司马光曾说他是：“高远潇洒如晴云秋月，尘埃所不能到。”因此他的画意境高远，是中国美术史上的一朵奇葩（pā）。

白描大师李公麟

宋代是中国美术史上的黄金时代，名家辈出，宋初设有翰林图画院，以科试罗致天下画家，并且给（jǐ）予官职，待遇优厚。后来的宣和画院，乃是我国绘画史上组织最为完善的艺术学院。

由于朝野一致重视，宋代的画家人数多，作品也丰富，现在我们要介绍的是在绘画史上有特殊贡献的李公麟。

李公麟，字伯时，安徽舒州人。宋朝皇祐元年（1049 年）生，熙宁三年（1070 年）进士，历任南康、长坦尉，泗州录事参军，中书门下后省删定官，御史检法等官。元符三年（1100 年）辞官归里，隐居于龙眠山，自称为龙眠居士。

他在官场上沉浮三十余年，但他最大的成就是在绘画方面。

最早之时，李公麟是以画马得名。他先去仔细观察马，一看就可以目不转睛盯上一整天，没有空闲与身旁的人多交谈。

有一次，他去皇帝养马的骐骥院为骏马写生，不但勾出马的外形轮廓，更表达出马的精神所在。这时，养马专家紧张了，他们竟然要求李公麟停笔，不要再画，理由是：骏马的精神魂魄都会被李公麟的画笔吸走，真是太可怕了。

以我们现代人的眼光看来，这种顾虑实在太夸大。但在当时，的确有些古人会害怕，所以到了清朝，西洋传入照相机，许多人不敢去拍照，也是害怕灵魂被照相机吸走。

由于李公麟的马画得太逼真，还有人恐吓他："你日日夜夜思念马匹，对神骏情状系念不忘，当心有一天眼花落地，必入马胎无疑。"

不晓得李公麟是否真的担心投胎变马，后来，他改为画人物及佛像了。

李公麟绘画最大的特色，就是他画的人物大半不上颜色，完全用淡墨来烘染，后人称之为"白描"。这种白描不是一件简单的事，笔法必须洁净轻细，浓淡得宜，纯粹用线条的浓淡、粗细、虚实、轻重、刚柔，来表达独特的风味。

在以往，无论哪一个名家，画人物都不免用颜色，所以古代绘画又称为丹青（红色、青色），李公麟这样轻描淡写就能表现优美的骨力，显得格外地高雅俊逸，难怪在当时被称为天下绝艺。还有人说："画莫难于白描，犹书莫难于小楷。"意思是说，绘画之中白描最难，就好比书法之中，小楷最不容易写得好。

李公麟虽然官位不小，却没有什么官僚气息，《宣和画谱》中说他"在京师十年，不游权贵之门，遇休沐佳日，常邀知交三五，载酒出门，访名园林阴，坐石临水"，一派潇洒自得。

但是，李公麟对他的艺术作品，却有一套严肃的观点，他曾经对人说："我作画不只是好玩，奈何世人不察，除了吟咏性情之外，希望大家能懂画里劝诫的意思才好。"譬如他画《女孝经图》，其中的仕女容貌端庄典雅，看了让人肃然起敬，意思就是希望人人效法。

我们中国人一向认为，一个画家，假如只会画画儿，没有其他艺术修养，终究只是画匠，画不出有意境的作品。李公麟从小沉浸在艺术气氛之中，不但长于绘画，也精于鉴别。

根据《宋史》记载，李公麟好古博学，长于诗，而且认识许多奇奇怪怪冷僻的古字，连夏商周朝钟鼎尊彝（yí）上刻的铭文，他都能够一一辨别。

在绍圣末年，朝廷得到一颗古代的玉玺，满朝文武没有一个能够鉴定这是属于哪个朝代的，大家一个一个轮流观看，却都露出抱歉的苦笑。

李公麟取过玉玺，仔细地看了一会儿，立刻很笃定地表示："这绝对是

女孝经图卷（局部），宋佚名绘。

秦始皇之玺，而且是李斯所亲篆的。”

“哦？”文武百官一齐疑惑地看着他。

李公麟清一清喉咙，朗声说道：“秦玺用蓝田玉，以龙蚓鸟鱼为花纹。帝王受命之符，玉质坚硬，非用昆吾刀不可，此法已中绝，所以必为李斯无疑。”

由于他的考证确凿有力，没有人可以提出反驳的意见，上上下下莫不佩服。哲宗因为得到了这个宝贝，十分高兴，因此下诏改年号，行典礼纪念。

李公麟多才多艺，他是中国古代插图和连环画专家，也长于历史画，他有一张《免胄图》是脍炙人口的历史名画。

这幅画的内容是郭子仪单骑退敌，叙述吐蕃勾结回纥起兵作乱，朝廷镇压不住，只有请出七九高龄的郭子仪，郭子仪带领少数人马前往，回纥发现郭令公还活着，立刻退兵。

李公麟这幅《免胄图》，画面上滚滚风尘，代表千军万马，中央部分是郭子仪与回纥首领会面的情形，郭子仪头上只包布巾，表示没有战意，面带笑容，雍穆大方，微微低下头，握着对方的手，好像在告诉对方“不用下跪”。画得非常生动，看过的人都对郭子仪有景仰之心。

当然，一个画家要画得好，除了天资优异，还需要后天不断地努力。李公麟在临终之时，躺在病床之上，还举起手，在棉被上画来画去，他的家人劝阻他，他还笑着说：“习惯了，不知不觉又想画。”可见他用功之勤。

米芾拜石

在中国绘画史上，米芾（fú）占有极为重要的地位，他与他的儿子米友仁（人称大米与小米）用迷幻似的点染方法，表现云山景色烟雨云霞，将传统的水墨渲染技巧提升到最高峰。尤其米芾，人称米癫，疯疯癫癫、奇奇怪怪，更增加人们对米芾的好奇。我们先根据宋朝人留下的笔记、书信，谈一谈米芾有趣的逸闻轶事，然后再介绍他独特的画艺。

米芾，字元章，也有人称之为米南宫、米癫、襄阳漫士、鹿门居士、淮阳外史、净名庵主、溪堂、无碍居士，晚年自称为米老。中国人的名号太多，对于后代读历史的人而言，实在是一大负担。

根据已去世的方豪教授的考证，他认为米芾不是姓米，而系西域米国胡人，到了中国，放弃本姓，改为姓米，《宋史》上则记载他为吴人。

米芾出生于宋仁宗皇祐三年（1051 年），他的母亲阎氏，曾经做过宋英宗皇后高氏的乳娘。后来，高后之子即位，是为神宗，米芾受到恩荫，担任秘书省校书郎，又曾在长沙、杭州一带当小官，徽宗即位，入京为太常博士，崇宁三年（1104 年），召为书画学博士。

从小，米芾就是个小天才，六岁读律诗，七岁学颜真卿书法，十岁写碑刻，年纪大一些以后，更是博学广记，非常用功，但是恃才傲物，举止甚为奇怪，就连见了皇帝都不例外。

宋徽宗是个在政事上一塌糊涂，却极有艺术造诣的君主，他久闻米芾的才华与疯癫，有一天，特别在瑶林殿张起一幅二丈广的绢图，案头上放置了玛瑙砚、李廷圭（guī）墨、牙管笔、金砚匣、玉镇纸水滴，邀请米芾当场表演。

米芾一见大乐，把袍袖往背后一系，跳跃便捷，在绢布上落笔如云，有如龙蛇飞动，他正兴会淋漓之际，一转头发现徽宗在帘下观看，脱口而呼："奇绝陛下……"

徽宗大喜，一点也不以他那不羁（jī）的态度为忤，更以御笔御砚赏给米芾，并任命他为书画学博士。

另一回在崇政殿，徽宗召见米芾问话，问话完毕之后，徽宗发现米芾手上还拿着奏事的札（zhá）子，就要米芾放在椅子上，米芾却唐突地站起来，大声地说："皇帝叫内侍要唾盂！"

这像什么话？宫中的人都吓呆了。第二天，言官们立刻弹劾米芾不顾君臣体统。徽宗却只笑笑说："俊人不可以礼法拘束。"

米芾担任书画学博士之后，有一次，徽宗与蔡京讨论书法，命擅长于此的米芾前来，在御屏上写《周官篇》，皇家的砚台自然是上好的，米芾爱不释手，忽地下跪："此砚台经过臣濡染，不可以再让陛下用臣用过的东西，不如赐给我吧。"

宋徽宗捧腹大笑不止，就把这块砚台赐给米芾。米芾好高兴，手舞足蹈谢了又谢，抱着砚台就走，也不顾墨汁淋漓，结果整件朝服一团黑色，徽宗忍不住笑道："他的癫名，果然名不虚传。"

米芾爱砚如命，尤其有一种叫砚山的石头，它突起部分，屹然成山，山脚部分可以用来磨墨，米芾有次得了这么一块端州石，高兴得抱着砚台睡了三天。

他还有一块宝贝砚山，据说是南唐李后主的遗物，在不到一尺见方的石砚上，耸立着三十六座山峰，群峰缭绕之中，凿出一座平滑的砚池，米芾真是爱死了这个玲珑古董。

除了爱砚台，米芾爱石头，也爱到不可思议的地步。他在安徽无为任守之时，听人家说，有一个怪石头生长在河塘边，没人知道这块石头怎么来的，而且也没有人敢去碰这块石头。

米芾知道了，大有兴趣，派人把这块又丑又怪的大石头搬来，一见之下，有如遇见知己一般，对着丑石深深下拜道："我想见石兄已经想了整整二十年了。"从此以后，他每次经过这块丑石，总要礼敬有加，尊称一声"石兄"。

米芾拜石，清金廷标绘。

由于米芾拜石这件趣谈很快传开，他因此而丢了官。但是米芾一点也不后悔，反而自鸣得意，还曾自写《拜石图》。后代的画家也喜欢画《米癫拜石图》，使得米芾拜石，成为历史上一段佳话。

米芾守涟水时，由于当地距离产磐（pán）石出名的安徽省灵璧县很近，这会儿米芾可得其所哉，他收藏了许许多多名贵的石头，有时还在石头上写字，终日泡在这些美石之中，常常忘记处理公务。

按察使杨次公知道这件荒唐事，决定去教训教训米芾，他板着脸孔，疾言厉色对米芾说："朝廷以千里郡邑交给你管理，你不汲（jí）汲于公务，终日玩弄石头，太不像话。”

米芾一句话也不说，从左袖掏出一个石头，嵌空玲珑，颜色清润，上面还有天然的峰峦洞壑（hè）哩，米芾把石头在杨次公面前翻来转去，然后说：“如此石头，安得不爱？”杨次公看也不看一眼。

米芾又拿出一颗石头，叠嶂层峦，比前一个更奇巧，炫耀半天，又说：“如此石头，安得不爱？”最后，他再拿出一块如神镂般巧妙的石头，回头对杨次公说：“如此石头，安得不爱？”这时杨次公忍耐不住，一把抢过石头对米芾说：“非独公爱，我亦爱也。”然后登车而去。爱砚爱石的米芾，这一次却被人家把石头骗了去。

米癫的洁癖

在《米芾拜石》之中，我们说到，宋朝大画家米芾疯疯癫癫，奇奇怪怪，有米癫之名，他爱石又爱砚，有一回却不慎被骗走了一方宝砚。

原来，米芾有洁癖，他洗脸的方式很奇特，他用两手捧着水，不断地泼到脸上，两手拍打，绝对不用任何毛巾拭脸。由于他爱干净爱到这种程度，当时人称他为水淫。

有一天，他的好朋友周仁熟利用米芾的洁癖将了他一军。

米芾很得意地对周仁熟夸示道："我有一块砚台太好了，简直不是人间产物。"

"你虽号称博学广识，其实所收藏的宝物也不过是真品赝（yàn）品各占半。"周仁熟笑着打趣。

周仁熟这么一激，米芾非把砚台拿出来献宝不可了。米芾回头一看，周仁熟正拿着毛巾把手用力搓洗干净，一副对砚台很恭敬的样子，米芾看在眼中，十分欢喜。

待米芾诚惶诚恐、小心翼翼地把砚台端了出来，在周仁熟面前一扬道："怎么样，不错吧？"

"嗯，"周仁熟端详了半天说，"诚为尤物，就是不知道发墨的效果如何？"

于是，米芾呼侍者取水来一试，水还没有来，周仁熟竟然吐了一些口水在砚台上，接着就磨起墨来。

米芾看呆了，也气坏了，他指着周仁熟的鼻子道："你，你，你这个人怎么可以这样？现在砚台脏了，不能再用了，送给你好了。"

据周仁熟的曾孙周辉所撰《清波杂志》记载，当初他只是开个无伤大雅的玩笑，但是米芾颇为在意，怎么样也不肯再留下已经污损的砚台了。

为了几滴口水，竟然把宝砚拱手让人，这件事已经够奇怪了。据《耆旧续闻》所载，还有更怪的哩。米芾有个女儿要出嫁，要选一个女婿，他挑来挑去不中意，刚好这时在金陵有个年轻人名叫段拂，字去尘，米芾一见这个名字就开心，他笑着说："这个人既拂埃，又去尘，真是我的好女婿。"

后来，这位名字取对了的段拂，果然成为米芾的乘龙快婿。

米芾不但酷爱清洁，而且衣着打扮也不同于常人，他不穿宋朝衣服，而喜欢着唐代服装，头戴高檐帽子，坐轿子的时候，因为帽子太高，坐不进去，他又不放心让侍者拿着帽子，万一弄脏了怎么办。

结果，米芾想出了一个只有米芾想得出来的办法，他干脆把轿盖掀了，坐露天轿子。人们就可以看见他端坐轿中，帽子露出轿外，怪模怪样。

有一回，米芾又这般坐在轿中外出，途中遇到老友晁（cháo）以道，晁以道见到这幅情景，仰天大笑，笑得泪水直流，还是忍不住笑。

米芾很好奇，停了轿子，拉着晁以道问："你笑什么？"

"我啊，我笑你像鬼章。"晁以道揉着肚子道。

这鬼章乃系羌人鬼章，自宋熙宁七年（1074 年）起骚扰宋朝边境，元祐三年（1088 年）被捕获时，用四周围以栅栏的囚车押解入京。晁以道认为米芾头顶高帽端坐轿内，正似鬼章在囚车之内，所以笑个不停。

米芾听了晁以道的解释，觉得自己像鬼章，也跟着拍手大笑，这两个人就站在路中央拊掌大笑不已，路人走过，都认识他是米癫，也不觉得有什么奇怪之处。

由于米芾不能忍受丁点儿脏，他在担任太常博士之时，洗衣太勤的结果，就是把祭服上的藻（zǎo）火给洗掉了，所谓藻火就是古代绣在制服上，用为装饰的水藻与火焰的花纹。

因为这个缘故，米芾遭到贬黜，他也不以为意。

米芾的洁癖，使得他不轻易把书画给人看，他的理由是：怕客人用手在画上指指点点，或者衣袖上的灰尘弄脏画面。即使是他的好朋友苏东坡，也很少看到米芾的画。

假如被逼得万不得已，米芾非把书画示人时，他有一套清规戒律："灯下不可看画，醉余酒边亦不可看画，卷舒不得法最为害物。"中国画的卷收有一定之法，米芾半点不肯放松，曾有人警告米芾："你有一天会因此得罪朝中大官。"

"大官可得罪，不可改此心。"米芾斩钉截铁地回答。

米芾有位朋友王仲御不相信他的洁癖，认为他是故意装出来的，为了考验米芾是否好洁，王仲御大摆酒宴。他为了表示尊重米芾的好习惯，让米芾单独一桌，由几个受过严格训练的彪形大汉侍候斟酒上菜。

米芾挥毫作书，《西园雅集图》（局部），宋马远绘。

在米芾对面一桌，则有许多美丽的歌妓环绕，大吃花酒，杯盘狼藉，据说到了最后，好洁的米芾还是难耐寂寞跑到对桌。

怪异的米芾，自己并不以为怪，有一回苏东坡在扬州请客，在座者皆一时名士。酒过半，米芾忽然站起来道："世人都以为米芾癫，我要问东坡，我到底癫不癫？"

苏东坡笑着回答："吾从众。"意思是他与众人看法相同。

艺术家多半有些奇特，古今中外的大艺术家都流传着许多异闻。但是我们要弄清楚一点，米芾能够名留青史，主要是因为他的书画，不是因为他的怪，他的书画古今独步，他的洁癖并不难效法，一个艺术家的诞生需要天资及努力，缺一不可。有些人不是艺术家的料，故意学艺术家的不修边幅，狂放不羁，实在是画虎不成反类犬。

《牧牛图》的仿冒品

前两篇，我们介绍了宋朝大画家米芾的一些传奇。米芾在中国绘画史上最大的贡献，应该是他首创的米氏云山的画法。

在唐朝及北宋初期，中国山水画之中，峰峦、林木、烟雨的表现，主要是用线条勾勒。米芾融合了前人的画法，尤其他多年对镇江一带气候温湿、云气弥漫、岗岭出没、林树隐现的观察，用泼墨、积墨、焦墨的方式，烘染在纸上，形成山水奇观，变化万千，这种迷迷茫茫的云山，人们称之为“米氏云山”。

这套米氏云山的功夫，米芾的儿子米友仁也十分在行。董其昌曾带着一幅小米——米友仁的画去游洞庭湖，当董其昌在日暮之际，卷帘看画，一看之下，董其昌愣住了，他看不出一片斜阳云天之中，哪儿是风光，哪儿是画迹。

米芾多才多艺，会画画，会写字，著有《画史》《书史》等艺术理论，而且他还是有名的收藏家。他为了古代的书画菁（jīng）英，不但耗尽巨金，也耗尽心血。

有一次，米芾与蔡攸（yōu）在小舟之上，一同欣赏王羲之的书法，米芾看着看着，竟然把这幅字卷了起来，往怀中一塞就准备跳水。蔡攸吓坏了，赶忙拉住米芾连声问：“什么事想不开？”

“我平生收藏的字画，没有这么好的，不如死掉算了。”米芾颓然道。

蔡攸莫可奈何，只好把这幅字慷慨地送给米芾。

米芾只要听到或见到名画，总要不计一切，不择手段弄到手，无论多么昂贵的出价，就是典当衣服也非买下来不可。有些艺术品不能买到的，米芾便用其他艺术品来换，只要他认为有价值，十几件换一件是常有的事。他的看法是："人生适目之事，看久即厌，常常换些新的东西，才是通达的人。"

春山瑞松，米芾绘。

王羲之父子的字帖，一向是米芾最欣赏的宝物，有一次，他看到了刘季孙收藏的王献之（王羲之儿子）的《送梨帖》，左看右看，爱得不得了。所以他大方地开出：欧阳询真迹二帖、王维雪图六幅、砚山一枚、玉珊瑚一枚等十一件稀有的宝贝，交换王羲之一共只有二十四个字的字帖。

交易谈拢了，米芾的砚山却不巧被人借去玩儿了，等米芾取回砚山，刘季孙已经过世，刘的儿子把字帖卖给别人了。米芾费了半天劲，空欢喜一场，难过极了。

还有一次，米芾在关杞那儿，看到唐朝虞世南的《枕卧帖》，羡慕万分。关杞去世之后，米芾与关杞的后辈关长源要求交换。

关长源说："要用陆探微的《狮子图》交换。"

米芾立刻答应了。

"不过，这画不足以交换虞世南的帖，还要你桌上的盈尺朱砂。"

米芾又赶快把盈尺朱砂拿来。

没有想到，关长源竟然说："我仔细想了又想，用这两样东西来交换，都有愧于虞世南的名帖，非要再加上你的头才行。"

这样的交易当然谈不下去了，米芾就是再疯狂，也不能拿自己的脑袋来交换，颇觉扫兴之至。

当然，米芾对收藏来的宝贝，主要是为了临摹之用，与一般收藏家大不相同。米友仁曾经形容他父亲米芾把收藏的晋唐真迹，整日放在几案上，手不释笔加以临摹，到了晚上，必定妥善地锁在小盒子中，把小盒子放在枕头下面才睡得着觉，可见米芾多么好学不倦。

或许正因为如此，米芾十分自负，他认为收藏艺术品的有两种人，一种是真心爱好艺术的鉴赏家，像他自己之类的，还有一种是附庸风雅的好事者，也是米芾喜欢嘲笑捉弄的对象。不论是哪一种人，把好画好字借给米芾都得当心被他掉包，而且由于他是行家，不但对古书画的笔、墨、纸、绢、款、印、题跋极有研究，甚且连画面的水渍或脏污的痕迹，他都有办法一一仿制，很少被原主看破。

有次他在甘露寺的净名斋，邀来数位朋友，每人都拿出自己平日珍藏的宝物互相欣赏，其中以写《梦溪笔谈》出名的沈括，顺手掏出一件王献之的法帖，米芾大为兴奋，因为这是他向沈括借了老半天，沈括硬是不肯借来一看的字帖。

哪知一看之下，米芾啼笑皆非，原来这是他老兄仿制的，而且还是他当年习帖的作品，被好事的邻居拿了去，装裱成轴，流传出去，不料经过多年之后，反而成为米芾借不出来的"古物"了。米芾不打自招以后，沈括脸色阴沉沉的，“米老狡狯”之名不胫而走。

杨次翁守丹阳时，存心以此戏谑米芾，他请米芾吃饭，指着一盘菜说：“这是好河豚，你尝一尝。”米芾怕死，不敢下筷子，杨次翁笑着说：“别怕，这是赝品。”

米芾的儿子米友仁也擅长伪作，有一次却栽了跟斗。在涟水之时，有人出售戴嵩（晚唐名画家）的《牧牛图》，米友仁借口留下来观赏，一面又重施故技把假画还给物主，不料物主不久就拆穿了米友仁的诡计，他叫嚷道：“不对，不对，原来的那幅画，牛的眼睛里有牧童的影子。”米友仁这才不甘不愿地把真画交出。

在中国绘画史上，擅作假画是画家的风流韵事，当然也有人说，只注重临摹古人，不注重创造正是中国绘画停滞不进步之原因。总之，我们固然不能用现代的观念指责古人造假画，但是在今天社会，若还有画家故意作假骗人，反而沾沾自喜，那就是既无聊又可耻了。

周邦彦与李师师

宋朝是词的天下，假如说苏东坡是宋词之中豪放的代表，那么，周邦彦可称得上是格律词派的代表人物，宋朝人楼钥形容周邦彦是“学道退然，委顺知命，人望之如木鸡”的山人高士。但是我们看周邦彦留下的一百九十多首词，会发现他浪漫得很，一点儿也不“木鸡”。

周邦彦，字美成，浙江钱塘人，优美的湖光山色造就了这位才子，由于他自小放荡，《宋史》上说他是“不为州里推重”。但是，周邦彦书倒是读了不少，精通文学与史学。

他二十四岁之时，北上汴京，在太学读了四五年书，元丰年间献了一篇《汴都赋》，得到神宗皇帝的赞赏，召为太学正，请假回乡里，在苏州认识名妓楚云。周邦彦精研音律，楚云虽然不认识字，但是却擅长于唱词，两人有一段极为美丽的恋史。不过，周邦彦最为后世津津乐道的，应该算是他与李师师的故事。

李师师是宋朝汴京的第一名妓，美得无可比拟，而且才貌双全。晏幾道曾有一首《生查子》形容李师师——

远山眉黛长，细柳腰肢袅。妆罢立春风，一笑千金少。

归去凤城时，说与青楼道。遍看颍川花，不似师师好。

宋歌乐图，佚名绘。

周邦彦与李师师两人情投意合，李师师对周邦彦的才华极为倾倒，可惜半途杀出个程咬金，而且这个程咬金非同凡人，竟然是宋朝的天子——宋徽宗。

宋徽宗的即位，其中还有一段故事：

宋哲宗十岁即位，在他祖母高太皇太后的垂帘听政之下，做了八年的傀儡皇帝，等到他自己当家做主，做了不到八年，享国十五年，年方二十五岁竟然一命呜呼。

哲宗没有儿子，同时他又年轻，谁会想到这么早就去世，因此事先也没有预立太子，他这一死，大家都慌了手脚。

向太后捶胸顿足痛哭一阵之后，召集群臣商量大事。

宰相章惇一向跋扈，首先朗声建议："当然该立大行皇帝同母胞弟简王。"

简王赵似是个个性懦弱的小王，年方十六岁，假如他当了皇帝，章惇便可为所欲为，把幼主控制在手上。

向太后一眼看穿章惇的居心，摇摇头不肯答应，她说："老身无子，诸王都是神宗的庶子，不必有所分别。"

章惇又赶紧提出："申王居长当立。"

申王赵佖（bì）瞎了一眼，不太适合做天子，向太后又不能答应，她踌躇了半天道："轮下来该是端王。"

“端王轻佻（tiāo），不可君临天下。”章惇立表反对。

向太后缓缓地说：“先帝（神宗）曾经说过，端王有福有寿，既仁且孝，君临天下有何不可？”

章惇虽然有私心，而且没有人臣之礼，不过他说端王轻佻，这话倒是不错的。这端王乃是神宗第十一子，聪明俊俏，琴棋书画、踢球打弹、品竹调丝、吹弹歌舞，无一不精，无一不通，是走马章台，风流自赏，典型的公子哥儿，这就是赫赫有名的宋徽宗。

宋徽宗在做端王的时代，曾经微服出游，到录事（妓女）巷中拜访风姿绰约的李师师。他登上皇帝宝座之后，虽然后宫有三千粉黛，看来看去就没有一个可与师师相比，因此，这位风流皇帝竟然再度出现录事巷中。

有一天，宋徽宗来访，碰巧周邦彦正在李师师房中，为了避免尴尬，周邦彦躲入床下，这一回，徽宗带来一个江南入贡的鲜橙，李师师捧来一碟白白细细的盐，用刀剖开橙子，两人一块享用。

然后，徽宗亲自去调香炉，他抓起一颗一颗的香丸，投入雕着金狻猊（suān ní）的炉中，青烟渐起，整个房间弥漫着一缕甜甜的香味。

具有音乐修养的徽宗，自怀中掏出一个玉笙（shēng），悠悠然吹了起来，两人温存了半天，忽然听到咚咚敲鼓声，师师低声询问道：“今夜临幸哪个宫？该走了吧，已经三更了，霜又浓，马蹄又滑，路上恐怕都没人了。”

宋徽宗恋恋不舍地离去，躲在床下的情敌周邦彦，心中颇不是滋味，因而把这段经过写下来：“并刀如水，吴盐胜雪，纤指破新橙。锦幄初温，兽香不断，相对坐调笙。低声问：向谁行宿？城上已三更。马滑霜浓，不如休去，直是少人行。”

没多久，这一首《少年游》唱遍了整个汴京城，最后，连徽宗本人都听到了，勃然大怒，以“职事废弛，不堪再用”的理由，将周邦彦予以撤职，押贬出京。李师师一路相送，泪眼盈盈，周邦彦感慨沉郁之际，又写了一首《兰陵王》道别。

李师师回到录事巷，偏不凑巧，徽宗又来了，而且等了老半天。徽宗先是很生气，听完李师师唱罢《兰陵王》，又起爱才之心，便又赦回周邦彦，官复原职。

后来李师师在宣和六年（1124年），被册为李明妃。金兵至，师师被废为庶人，流落湖湘，为商人所得，可谓红颜薄命。

周邦彦是精通音乐的天才，他从事审音调律的工作，使得宋词律令严整，他写词的方式与工笔画一般，一笔一画地勾勒，一字一字地刻画，一句一句地锻炼，形成他特有的精巧工丽的古典作风，可称之为格律派古典词的建立者，不过他最为后人所熟知的，大概是与李师师的这一段韵事。

《水浒传》中的宋徽宗

在上一篇《周邦彦与李师师》之中，我们介绍了徽宗即位的经过，以及这一位风流皇帝到录事巷拜访一代名妓李师师的一段韵事。

由此可知，宋徽宗乃是一个不折不扣的浪子皇帝。提起宋徽宗，后代都熟知他自创的瘦金体书法，除了写得一手笔势劲逸的好字，徽宗具有极高的艺术修养和文学天赋。但是在另外一方面，徽宗荒于政事，带领贵族追求享乐的狂欢，造成靖康之难，北宋灭亡。这么一个关键又带有戏剧性的人物，值得我们仔仔细细加以介绍。

哲宗皇帝在二十五岁英年去世后，身后无子，只有从神宗诸庶子之中挑选，挨着次序算来，应该是申王做皇帝，但是，申王瞎了一只眼睛，不太好看，于是轮到端王赵佶（jí），是为徽宗。

据说，徽宗的父亲神宗在元丰五年（1082 年）的端午节，前往收藏图书文物的秘书省，忽然心血来潮，要求管事的拿出南唐李后主的画像来看。

神宗眯着眼睛，端详了老半天，望着李后主英俊儒雅的面貌，深深地叹了一口气："怎么看，也不似一个短命的君主啊。"

正在此时，后宫传来消息，说是妃嫔陈氏产下一子。由于五月五日是屈原投江的日子，因此自古相传，五月五日诞生的人不吉利，为了冲冲喜，特别把这个新生的皇子命名为佶，拆开来是"人""吉"二字。同时将赵佶的生日改为十月十日。

民间相传，端王赵佶是李后主转世，当然这是私下讨论，没有人敢公开地说，李后主毕竟是个亡国之君。

如今端王做了天子——宋徽宗，他倒是颇为心仪李后主，事实上，徽宗妙解音律，善于书画，凡是文人雅士一切爱好，他无不心仪，的确有几分类似李后主。

至于一般后代的人，对徽宗皇帝的了解，多半来自施耐庵所写的文学名著《水浒传》。《水浒传》是根据南宋话本与元人杂剧而写成的，很能反映当时某些史实。在《水浒传》第二回《王教头私走延安府》之中，有一段很精彩动人的描写："东京开封府汴梁宣武军有一个浮浪破落户子弟，姓高，排行老二，自小不成家业，只好刺枪使棒，最是踢得好脚气毬。京师人口顺，不叫高二，却都叫他做'高毬（qiú）'。"

有一次，小王都太尉取出玉龙笔架、镇纸玉狮子要高俅拿去给端王。"见端王头戴软纱唐巾，身穿紫绣龙袍，腰系文武双穗绦，把绣龙袍前襟拽扎起，揣在绦儿边，足穿一双嵌金线飞凤靴，三五个小黄门相伴着蹴（cù）气毬。高俅不敢过去冲撞，立在从人背后伺候。也是高俅合当发迹，时运到来，那个气毬腾地起来，端王接个不着，向人丛里直滚到高俅身边，那高俅见气毬来，也是一时的胆量，使个'鸳鸯拐'，踢还端王，端王见了大喜。"这段故事在宋人《挥麈（zhǔ）录》有载，高俅乃确有其人其事。

在《水浒传》的故事之中，端王荣登皇帝宝座之后，高俅摇身一变成为高太尉。高太尉收了一个干儿子高衙内，也是一个小混混，这个小混混看上了林冲貌美的妻子，设下毒计让林冲吃上官司，走投无路，最后落草为寇，被逼上梁山当强盗去了。

《水浒传》的故事当然是虚构的，不过，宋徽宗喜欢放鹰买马，蹴鞠（jū）打球，那可是一点儿也假不了。

还有，《水浒传》中大家所熟悉的蔡京乃徽宗最信任的臣子，那可是确有其人，妇孺皆知。从南宋以来，瓦子、勾栏里面的说书人就把蔡京祸国殃民讲了又讲，直讲得台下听众火冒三丈。所谓瓦子是古代的游乐场，勾栏即棚子，为演出场所，规模大的瓦子里设有许多的勾栏。

《水浒传》第十六回《杨志押送金银担，吴用智取生辰纲》乃是梁山泊一百零八条好汉聚义的序曲，生辰是生日，纲是指把货物集合在一起，结成一大帮同行之意。

这一回是叙述蔡京生辰，他的女婿梁世杰花了十万贯金钱，收买金珠宝贝，送给蔡京当贺礼。在宋朝，钱币不能统一，缺乏信用，所以梁世杰大费周章，安排了十一担金珠宝贝。

晁盖等人装作枣贩，智取生辰纲，明代木版画。

由于梁中书前一年也费了十万贯收买金珠宝贝上京，但是半路遭劫，这一回特派青面兽杨志押运。

另外一方面智多星吴用、托塔天王晁盖打听到这一笔不义之财，准备劫来一用。

青面兽杨志为小心谨慎，挑了十一个壮健的厢禁军，都打扮成脚夫模样上路，“正是六月初四时节，天气未及晌午，一轮红日当天，没半点云彩”，“石头上热了，脚疼走不得”。忽然远远走来卖酒汉子，“众军汉见了，心内痒起来”，杨志阻止不了，“只见这十五个人，头重脚轻，一个个面面厮觑（qù），都软倒了。那七个客人从松树林里推出这七辆江州车儿，把车子上枣子丢在地上，将这十一担金珠宝贝都装在车子内，遮盖好了，叫声：‘聒噪！’一直望黄泥冈下推了去”。

后来，破了案，晁盖、吴用等被逼上梁山，梁山泊聚义可说是劫取蔡京这笔不义之财而起。《水浒传》固然是小说家虚构，但是蔡京贪赃枉法却是事实。“智取生辰纲”这一段在南宋之初已在民间流传了，有兴趣的读者不妨买本《水浒传》来看一看，小说与历史互相参照，更能了解当时社会民情。

元祐党人碑

上一篇，我们谈到宋徽宗是一位天才型的艺术家，但是在政治方面却是一个荒淫无能的君主。他好大喜功，穷奢极欲，对于政治见解毫无主宰，缺乏判断力，许多措施经常是反反复复。北宋因此而灭亡，而且这段时间可说是北宋九朝之中，最为黑暗的时代。我们先谈宋徽宗在政治上的表现，再讲他艺术方面的故事，可以对宋徽宗这个人有完整的了解。

宋哲宗去世，徽宗即位，向太后听政。向太后的心里是偏向旧党，可是向太后临朝仅仅七个月即归政徽宗，再过了五个月，向太后便去世，徽宗亲政。

宋徽宗初上任，倒也表现了积极求治的风范，他做的第一件事，即为罢斥了反对他做皇帝的章惇。

哲宗暴毙之时，宫中乱成一团糟，有人想到向太后要立端王赵佶，章惇立刻反对道："端王轻佻，不可君临天下。"

新皇尚未上任，章惇就得罪了徽宗，当然官位不保。章惇也的确不是什么好东西。在当时，京师之中流行一句歌谣："大惇小惇，殃及子孙。"大惇即章惇，小惇是指御史中丞安惇。

在这个时候，国家的命脉已经逐渐腐蚀削弱，有个性、有正义、有才华的君子司马光、范仲淹、欧阳修的时代远了，正人君子被下狱、流放，老死、被杀。在徽宗身旁，不再有正直、博学、大无畏的学者。最主要的原因还是忠言逆耳，徽宗最喜欢的臣子是蔡京。

蔡京是王安石的女婿蔡卞的哥哥，由于这一层关系，蔡京也是王安石变法之中的重要人物，曾经做到龙图阁待制，掌管开封府。

王安石变法失败，司马光上台，蔡京马上摇身一变，成为旧党的拥护者。在开封府中，蔡京首先响应司马光，恢复旧法差役法。在短短五天之中，蔡京硬是把旧的差役法重新实施，不容许下面有丝毫的反抗，然后飞奔到白虎堂亲自向司马光表功。

司马光老先生看了十分欢喜，连连赞美蔡京："假使人人都奉公守法与你一般，天下还有什么行不通的事呢？"

于是，蔡京在司马光的旧党之中，又轻易混得了一席之地。

等到高太后去世，宋哲宗亲政，章惇当上宰相，指责高太后等人是老奸擅国，甚且要挖司马光的坟墓。蔡京"识时务者为俊杰"，又成为新党的忠实信徒了，官拜户部尚书，而且对章惇说："新法只要拿起来做就好了，用不着讨论研究。"蔡京把在开封府五天之中废除的王安石的雇役法，马上再拿出来用。

蔡京这个人变化无常，反正一句话，新党得势，他就向新党靠拢，旧党再起，他赶快又投向旧党，是个没有立场原则的小人。

徽宗即位后，章惇下台一鞠躬，蔡京也被御史给参了一本，削职杭州。

小人永远是会利用机会的，徽宗宠信一个宦官，名叫童贯，性情巧媚，最善于揣摩徽宗的心意，极得徽宗的欢喜。这一回，童贯奉了御旨来到杭州一带，为徽宗搜集书画奇巧。

在童贯逗留杭州的一个多月之中，蔡京不分昼夜与童贯泡在一起，尽一切力量搜罗画屏障扇之类的玩意，当然也少不了打点打点童贯。

童贯回到京城，捧出在江南搜集的宝贝，龙颜大悦，童贯便大大为蔡京吹嘘，夸他有多能干，宦官及宫中妃嫔受了蔡京的好处，也联合起来赞美蔡京。于是崇宁元年（1102 年）七月，徽宗正式任命蔡京为宰相，下诏之日，特别赐蔡京座，在延和殿问话，他对蔡京说："神宗创法立制，先帝

元祐党籍碑，南宋时重刻碑。

继之，两次遭到变更，国是未定，朕想要继承父兄志向，卿有何意见？”

蔡京立刻叩首谢恩：“臣敢不尽死！”

他的方法是，把司马光等一百二十人列入黑名单，称之为“奸党”，然后请宋徽宗用他那著名的瘦金体书法亲自写块石碑，把石碑立在端礼门外，号称“党人碑”。同时规定，凡是奸党的子孙，终身禁锢，不得为京官，宗室也不得与奸党子孙为婚姻。这成为继东汉之后，历史上又一场大规模的党锢之祸。

这些所谓的“奸党”，都是人们心目中崇敬的人物，尤其是写《资治通鉴》的司马光更为全国所尊敬，民众对此颇不谅解。再说，蔡京曾经火烧眉毛般去巴结司马光，如今又“鞭尸”司马光，未免太过分了。因此，据说长安有个石工，名叫安民，拒绝为“党人碑”镌刻，并且哭泣道：“奉差命既不能辞，乞求在石末不要写上‘安民’二字。”

到了崇宁五年（1106年）正月里，彗星与太白星突然起了变化。古人是非常迷信的，徽宗吓得赶快躲到后殿中，下诏让臣子直言，看看到底做错了什么事，使得天象有变。

这时，遂有中书侍郎刘远上书，认为这是党锢之祸带来的天谴。徽宗很害怕，连夜命令太监把“党人碑”给毁了，并且解除党锢，罢行所有新法，同时免了蔡京的职，用赵挺之为相。这赵挺之也是历史上有名之人，他的儿子赵明诚娶的就是人人都知道的李清照。

宋徽宗与花石纲

在前面《元祐党人碑》之中，我们说到，崇宁五年（1106 年）间，宋徽宗发现彗星与太白星昼见之变，心里很害怕，下令诏求臣下直言，看看因为什么原因，上天要处罚自己。中书侍郎刘远上书，认为是党锢之祸，徽宗下令拆除“党人碑”石刻，并且免去蔡京的相职，改以赵挺之为相。

蔡京巧言令色，这套拍马屁的本领，一般人是赶不上的。徽宗心中对蔡京十分想念，再加上蔡京又不断托人说情，于是，徽宗在大观元年（1107 年）正月，又以蔡京为相，并且重用蔡京长子蔡攸为龙图阁学士兼侍读。

蔡京这个投机分子，曾经从变法到反变法，再从反变法又回到变法，三起三落，大风大浪都经历过，玩弄政治的卑劣手段日益精进，如今身居相位，他所采取的方法是，一方面迎合徽宗的心意，一方面排斥异己，扩大力量。

宋朝的官吏本来冗滥，到了徽宗时代，蔡京为了从中图利，巧立名目，官吏更多更滥，什么留后、观察使、远郡刺史，多达数千人，凡是国用、商旅、盐泽、赋调……每一部门，竟然用三个主管，同时还增加专门为侍候天子设置的应奉司、御前生活所、营缮（shàn）所、苏杭造作局等以前没有的机关。

同时，蔡京又更改盐钞法，凡是旧的钞票都不许使用，富商巨贾本来手上有数十万缗，一夜之间全成废纸，沦为乞丐叫花子，急得投水、上吊的都有。

在当时，蔡京除了淆（xiáo）乱政制，引用群奸，把政治弄得乌烟瘴气之外，最最扰民的该算是花石纲了。

什么叫作花石纲呢？花是花木，石是石头，纲指的是货物集合在一块，结成一大帮同行之意。当然，所谓花石，不只是花木石头，也不是普普通通的花木石头，而是泛指一切赏玩之器。

在《周邦彦与李师师》篇中，我们说过，章惇曾指端王“轻佻”，在徽宗做端王的时代，他是一身纨绔（wán kù）之气，当上皇帝之后，这种公子哥儿的气息更加显著了。

徽宗一即位，马上派太监童贯去江南采办牙、角、犀、玉、金、银、竹、藤、字、画，并且招募雕工、织绣能手，每天有数千工人昼夜不停为皇上赶工，蔡京就是利用这个机会，与童贯狼狈为奸，以后才当上宰相。因此，他深深了解，天子就喜欢这个调调儿，非要好好加以利用不可。

当蔡京被贬杭州之时，曾经想在当地建一座僧寺阁。庙里的和尚对蔡京说：“这一定要朱冲出面才有办法召集郡人化缘。”

于是，蔡京前往拜访朱冲，希望他能号召乡人，共同把僧寺阁造好。

谁知道，朱冲一拍胸脯道：“这点儿小事，何必费心，我一人独挑就可以了。”

本来，蔡京还以为朱冲说大话，没有料到，过了几天，朱冲邀请蔡京前往寺庙建地。呵！数千条上好大木整整齐齐排列在庭下。

蔡京一面检视，一面举起拇指，由衷地夸道：“你真行，又快又好。”

从此，蔡京对朱冲留下深刻的印象，准备日后好好利用，而朱冲呢，看上蔡京日后有办法，也乐得大大方方送上一笔。

这朱冲，乃是苏州人氏，性情狡狯，颇有几分小聪明，家里头本来很穷，在富人之家当奴才，由于性格梗悍，犯了过，不肯承认，被主人一脚给踢了出来，向人乞贷为生。

后来，不知怎么，朱冲时来运转，遇上贵人相助，不但得到许多金钱，而且拿到一本古传的方书。于是朱冲开起药店来了。

这本药方大概是相当灵验，病人一服见效，一传十，十传百，每天上门抓药的不计其数，于是朱冲就渐渐富了起来。

朱冲成了暴发户之后，他的野心很大，除了继续卖药之外，他又花钱修园子，交结游客，朱冲的大名一天比一天响亮。

蔡京结交童贯，当上宰相，奉旨入京以前，他拉了朱冲和朱冲的宝贝儿子朱勔（miǎn）一块前往，并且把这对父子的名字都放在童贯的军籍之中，都摇身一变当上了官。

太湖石，摄于颐和园。

由于徽宗对花石十分有兴趣，蔡京又颇能仰承意旨，他就暗示朱冲父子，尽一切力量把江浙一带的珍异之物呈献给徽宗，保证有得不完的好处。

就这样，朱勔当上了苏杭奉应局的总办，这个奉应局只有一个任务——为皇帝采办奇珍异石，大的太湖石高达数丈，要用大船托运，一千名以上船夫背纤，历时数月之久，方能抵达京师；小的采石小到玲珑可爱，一个衣袖之中可以一次容纳数百个。浙江的奇竹，福建的荔枝、龙眼、异花，海南岛的椰子，湖南的文竹、湘妃竹，四川的佳果，登莱的文石，武康奇石，都在搜罗之列。

面对着千奇百怪的花石纲，宋徽宗享尽了人生的福气，如果不是贵为天子，哪儿可能要什么，有什么。宋徽宗正在满心欢喜，宋朝却埋下了层层的阴影。

万岁山落成

在上篇提到，蔡京为了迎合宋徽宗，任用世居苏州的豪强朱冲之子——朱勔，专门为皇帝采办花石。

朱勔的脑筋转得很快，他除狐假虎威，逼着地方官吏配合之外，并且深入民家探求。只要谁家有一石一木，稍堪观赏，那这家人就要遭殃了。

首先，朱勔主持的奉应局，会派出几个孔武有力、面貌凶恶的健卒到百姓家中，用黄表把石木封了起来，并且郑重其事地宣布："这些东西，从今以后都是属于皇帝的物件，你们要小心守护。万一有个差池，一切后果要自行负责。"

然后，这些健卒大模大样地离开了。那一家中的百姓，为了避免对皇上犯"大不敬之罪"，自此以后，非要担心害怕保护宝物不可。

因为这些宝物有幸加上了黄表，成为御用之物，身价不同了，所以御物不能从家中正门搬出，那样表示对皇上的大不恭敬；非要拆了房屋，毁了墙壁，方许搬走。要是哪一个百姓不知死活，哭哭啼啼，拦着健卒，舍不得拆毁祖宗留下的百年老屋，那么，马上会被派上一个大逆不敬的罪名。

这种强取暴夺的政策，使得一般大众敢怒不敢言。于是，谁家之中若有一石一木，值得把玩，立刻会被认为是"不祥之物"，自己早些丢弃，免得招来不幸。

民间为了区区花石，倾家荡产者，不计其数。而有些花草娇嫩，贴上黄表，等候入京之前，万一不慎坏死，要赔偿巨金。有些人家没有足够的钱财赔偿，只有被迫鬻（yù）卖子女。到了这种地步，真有点像是打家劫舍了。

采办花石的费用巨大，动辄几十万、几百万，毫不吝惜。这些采办的花石，用大大小小的船只搬运，船尾连着船头。整条淮河、汴河，上上下下千里之间，全部都是装运花石的船只，称为“花石纲”。

花石上岸之后，更要调集千万民夫去搬运，途中若是遇到城门狭窄，石头过不去，没有第二句话，拆了再说。甚且一个村镇被完全夷平，都是常见之事。可怜的人民不但要背负重石，而且往往为了一块长相奇特的巨石，不幸坠落悬崖是常有的事。当然，沿路上负责采运的官吏，敲诈勒索，更是无所不用其极。

据说，宋徽宗在啧啧称奇、把玩欣赏美石时，也曾顺口问蔡京：“这会不会过分劳民伤财？”

“怎么会呢？陛下又不像一般君主沉迷声色犬马，皇上所喜爱的，乃是一般人民不要的花石树木。一般人没有艺术修养，根本不会欣赏。”蔡京赶紧解释。

宋徽宗一听此言，大为宽心。他没有深一层去想，花石树木从四方运来，谈何容易。这固然是没有体恤人民之心，也是自小生长在深宫，缺乏用脑筋思索问题的结果。

总而言之，为了这些像蔡京形容的“人家不要”的花石，不知害得多少人家破人亡。我们读《水浒传》，其中官逼民反，造成逼上梁山的人间惨事，确实如此。

这些奇木异石收集到京师之后，摆在哪儿呢？于是又为此大兴土木，盛修宫室。其中工程最为艰巨、修筑时间最久、动员人力最多的，该算是万岁山。自政和七年（1117 年）到宣和四年（1122 年），一共修了整整五年之久。

万岁山修成之后，改了一个名叫艮（gèn）岳，广达十多里，虽然是人工修建的，但是气势宏伟，其间有无数的佳花名木，怪石岩壑，幽胜有如天成。山中修建的殿台楼阁，更是无比壮丽。

由于徽宗在端王时代，就喜欢驯养禽兽，所以艮岳落成以后，不但建有城关，有泉涧，有洲桥，竟然还有森林，森林之中有许多禽兽。到秋风夜静之时，禽兽之声，响遍四周，听得人毛骨悚（sǒng）然。一些个有识之士，认为此乃国家不祥之兆。

宦官童贯，为了讨好徽宗，找来了一个市井浪子名叫薛翁，薛翁擅长于驯马。他到艮岳之后，对童贯说："一些个普通的把戏，陛下见多识广，早就看腻了，待我想些新鲜的玩意儿，保准皇帝看了龙颜大悦。"

于是，薛翁在艮岳之中，积极展开训练计划。童贯也传令下去，不计任何代价，全力支援薛翁。

薛翁先仿造一个皇帝的銮舆黄盖，即皇帝的座车，又准备了与皇帝卫士相同打扮的假卫士，在山中往来行走。鸟禽都是怕人类的，它们先前看到盛大的黄盖銮舆，当然拍着翅膀，一惊而散。接着，这些珍禽异鸟发现，凡是黄盖銮舆所到之处，有人会撒下大量鸟雀饲料，而且可以让鸟雀们安心享用，不会受到伤害。久而久之，鸟儿对黄盖銮舆，不但没有害怕之心，更有一分亲切感。这是心理学上的制约反应。

瑞鹤图，宋赵佶绘。

好，薛翁训练完毕之后，有一次，当宋徽宗的御辇（皇家的御车）正在行走，忽然之间，飞集了成千上万的珍禽异鸟，围着徽宗的黄盖，盘旋鸣叫，歌声嘹亮，宛如进入仙境。徽宗惊喜万分，薛翁俯跪道左，高声地欢呼："万岁驾临，万岁山瑞禽迎驾。"

徽宗高兴到了极点，立刻封薛翁官位，朱勔也因花石纲有功，升为防御使。一个花石纲，一个万岁山，已为北宋朝廷埋下了炸弹。

蔡京翻修延福宫

宋徽宗耗费巨资，修建万岁山，更有那薛翁事先排练珍禽异鸟迎接皇上，可见得当时臣子是如何巴结徽宗。

除了万岁山之外，宋徽宗还有一个好玩的地方——延福宫。延福宫原是旧有的宫殿，蔡京为了配合民间搜集而来的花石纲，决定大大翻修，并且加以扩充。

蔡京指派童贯、杨戬（jiǎn）等五人负责监工，让五个人比赛，看看哪一个宫殿最富丽、最华美。于是这五个人使出浑身解（xiè）数，各有各的图样，各有各的巧妙，而且视为最高机密，花样翻新，各异其趣。

除了殿阁亭台之外，延福宫中凿池为海，疏泉为湖。所有的人工池塘、峰峦，务必求其自然，浑然天成。

另外，有鹤庄，有鹿园，种种珍贵禽兽成千成万，可以称得上是大规模的动物园。

可是完工之后，宋徽宗一看，摇摇头不满意。他认为延福宫美则美矣，但不够自然，缺少人情味。于是，为了配合宋徽宗的艺术修养，又重新布置，添加了村居、野店、茶楼、酒肆（sì），有一种返璞（pú）归真、古拙动人的情趣。同时，由一些宫女打扮成茶娘、酒保。徽宗扮作客人去杏花村喝酒，甚且，偶尔扮一回乞丐，向人伸手讨钱，也觉得挺有意思。

为了普天同庆，宋徽宗下令，每年冬至开始，到第二年上元节，在这期间，把汴京城里的市民与商店搬到宫内，夹道陈列，饮酒赌博，燃放鞭

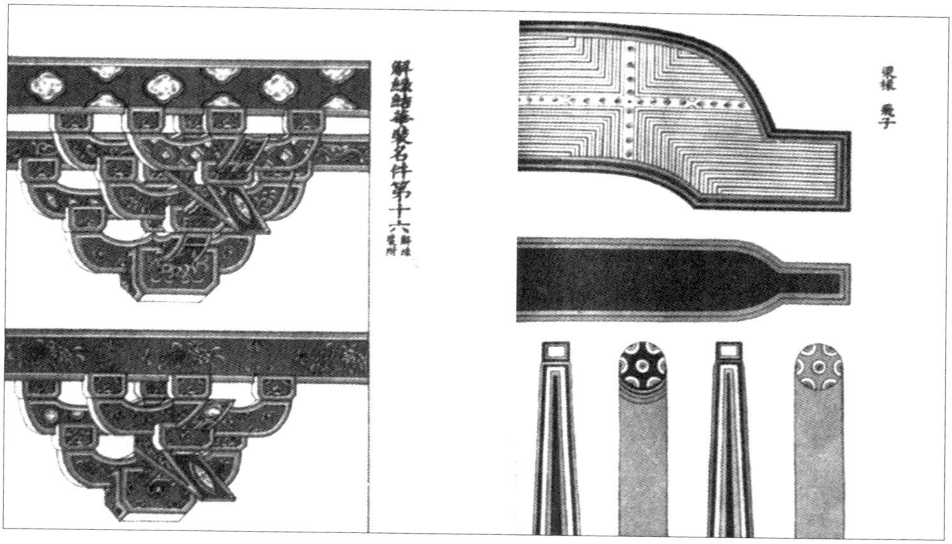

北宋宫殿建筑当中的斗拱、梁柱彩绘图案，选自《营造法式》。

炮，尽情欢乐。

宋徽宗又想到，万一元宵节那天，天公不作美，下起雨来，岂不扫兴？所以，每年到了冬至，就开始大放花灯，从东华门以北，解除宵禁，一直放灯到正月十五日——元宵节当天为止。这种透支的享乐，称之为“先赏”。

据传说：有一年元宵夜，歌舞狂欢，通宵达旦，宋徽宗一时兴起，传旨下去，凡是看花灯的百姓，不论男女老少，人人可获得一杯御赐的美酒。

在这灯火照天，人物嘈杂，一片闹哄哄之中，有位少妇，偷偷把喝过酒的金杯藏在怀里，准备带回去做纪念。

结果，这个顺手牵羊的少妇被逮着了，人赃俱获，被送到宋徽宗跟前。徽宗问她，为什么偷金杯？

这位少妇稍稍沉思，落落大方念了一首《鹧鸪（zhè gū）天》的词，最后两句是：“归家恐被翁姑责，窃取金杯作照凭。”原来小媳妇儿怕回家晚了，被公公婆婆责备，所以拿了金杯做凭据。

宋徽宗本为文人雅士，见此少妇言谈不俗，还能吟上两句，不但不加追究，更把金杯送给她，又派卫士一路护送回家。

当然，这个时候的汴京，也可以称得上是一片升平，万种繁华。蔡京更提倡“丰、亨、豫、大”之说，简直把财物、官爵当成粪土一般不值钱。

有一回，宋徽宗大宴群臣，酒过三巡，他拿出两样玉盏（玉制的小杯），给大臣们观赏，真是薄如蛋壳，雕工细致。

等到众臣都传观过了，宋徽宗长长地叹一口气道：“我想拿来使用，又怕人家说太奢侈豪华了。”言下不胜委屈之至。

“这算什么，”蔡京马上接口道，“想臣以前出使契丹，见到玉盘盏，都是石敬瑭时代的遗物，契丹好神气，向臣夸耀，说是南朝没有如此宝物。现在把玉器拿来用，再合适不过了。”

宋徽宗又道：“这玉器是老早就有的，但是若有臣子再因此而上谏，不胜其烦，朕甚畏此言。”

蔡京马上摆出“有理不必让”的神态说：“事情若是有理，多言亦不必害怕。作为一国之君，陛下当享天下之俸，区区一玉器，何足言哉？”

由于蔡京不停灌输徽宗“人生短促，何必自苦，皇帝当以四海为家”的思想，久而久之，徽宗更加挥霍，也愈来愈觉得蔡京可爱，甚且以堂堂九五之尊，随随便便乘着轻车小辇，直接来到蔡京家中。

在前面《周邦彦与李师师》篇中，我们说过，这位浪子皇帝连妓女居住的录事巷都去过，堂堂相府有什么去不得的？而且还一共去了七回。这话是蔡京自己说的，他在谢表之中提到“轻车小辇，七赐临幸”“主妇上寿，请酬而肯从，稚子牵衣，挽留而不却”。

在蔡京的相府之中，他的姬妾与皇帝同坐在一张大桌子边，大吃大喝，吵吵闹闹，亲热得如同一家人。其中最得徽宗欢喜的，该算是蔡京儿子蔡攸。他为了博徽宗一笑，不惜为艺术而牺牲，脸上涂着一块青、一块红，身上穿着短衫窄裤，混在倡优侏儒之中，插科、打诨（hùn），还讲黄色笑话，扮演不正经的女人，把民间粗鄙不堪、低级下流的闹剧全搬出来作秀。

宋徽宗平常没有机会接触市井淫浪之语，这下子大开眼界，兴奋极了。蔡攸青出于蓝而胜于蓝，惹得蔡京有些不悦，引发一场父子之争。

蔡京与蔡攸

蔡攸，字居安，蔡京的长子，小时候异常聪慧，深得长辈们的喜爱。尤其是他的叔叔蔡卞，蔡卞是王安石的女婿，特别疼爱这个小侄子。

宋徽宗在端王时代，已经发现了这个年轻人。原来端王每回下朝之后，总在半途上看到蔡攸停下马来，双手拱立，恭恭敬敬站在路旁请安。

端王在众人眼中是个标准的浪子，平日，并没有太多人欣赏他。端王见此小伙子每天不厌其烦地请安，遂向人家打听："这人是谁啊？"

一问之下，原来是鼎鼎有名的蔡京之子。徽宗当时已在心中暗暗记住了蔡攸的名字，准备以后有机会，好好提拔他一下。

蔡攸这步棋可下对了，端王后来时来运转，当上了天子。蔡攸因为有过去这一段经过，再加上油嘴滑舌，善于谄（chǎn）媚，深得宋徽宗喜爱，官运亨通，做到了大学士、淮康节度使等要职。

当蔡攸初次接到出任节度使的命令以后，宋徽宗为他摆了一桌盛宴。宴会之中，宋徽宗对他说："相公，公相子。"相公乃尊称，公相是因为当时蔡京号称为公相，而蔡攸为蔡京的儿子。

蔡攸的脑筋灵活，一会儿就想出对子，应声答道："人主，主人翁。"这不但对得恰到好处，又捧了徽宗一下，难怪徽宗对他更加宠信。

徽宗喜欢灌蔡攸酒，而且用的是特大号的酒杯，蔡攸恭敬不如从命，连连干杯，结果醉倒在地，爬不起身。徽宗意犹未尽，不断地赐酒，最后蔡攸只有装小丑哀求道："臣鼠量已尽，恳求陛下可怜。"徽宗才停止作弄蔡攸。

蔡攸不但长于插科打诨，耍宝逗趣，以博得徽宗一粲（càn）。蔡攸的妻子宋氏颇有几分姿色，徽宗直盯着瞧，蔡攸恬不知耻赶快把宋氏献给徽宗。于是，宋氏经常出入宫禁。蔡攸看穿浪子皇帝的本色，时常在徽宗跟前说："皇帝应当以四海为家，以太平为娱，人生能活多少岁月呢？何必自寻劳苦。"徽宗最高兴听劝他享乐的话，立刻予以厚赏。

蔡京、蔡攸父子二人，徽宗都非常宠爱。蔡京其他的儿子蔡絛（shū）、蔡翛（xiāo）官至大学士，蔡鞗（tiáo）更被招为驸马。由于蔡攸太红了，简直比老父蔡京还要吃香，因此父子二人渐渐不合，互相斗争。再加上一些个轻薄之徒挑拨离间，最后，不但父子各立门户，见了面不说话，而且彼此敌对，成为仇人。

有一回，蔡京正在大摆酒席。蔡攸来了，他一入席，马上恭谨地握起蔡京的手，为他按脉，皱着眉头说："大人的脉势舒缓，是不是病了？"

"没有啊，我好得很。"蔡京为了表示身体强健，说着喝了一大杯酒。

蔡攸按完脉，丢了一句："禁中（宫中）方有公事。"匆匆告辞。

蔡攸像一阵风般来了又走，客人狐疑地问蔡京，这到底是怎么一回事。

蔡京摇头道："你们不知道，这是他想要用我生病为由，逼我退休。"

果真是知子莫若父，过了没有两天，蔡攸和宦官童贯真的拿了皇帝要蔡京退休的诏令来。蔡京虽然心中已有准备，依旧张皇失措，口齿不清地说："嗯嗯，我年纪衰老了，自然应该离去，但是上恩未报，此二公所知也。"

左右旁边的人，见到平日不可一世的蔡京慌慌张张，竟然管自己的儿子称"公"，莫不窃笑。

蔡京哭丧着脸，对童贯说："皇上为何不容京数年，必然是有小人进谗言。"

"这个，我不清楚。"童贯一脸漠然地回答。

蔡京这个人确是大奸大恶，连宋徽宗都知道他不是好东西，屡次罢他的相职，又屡次再用他为相。蔡京每次听说要罢相职，就跪在徽宗面前磕头，泪流满面，真是毫无廉耻。

蔡京家用奢华，他的子孙也皆不知稼穑（sè）艰难。某日，蔡京问孙儿们："你们知道每天吃的米是从哪里来的吗？"有一个马上说："我知道，米是从杵臼里长出来的。"蔡京忍不住大笑。另外一个马上接口道："不对，不对，稻米是从席子里长出来的。"原来，京师运米都是用草席袋盛装的，难怪有此一误会。

厨娘，北宋砖雕，河南偃师出土。

蔡京一家享受侈靡，他最喜欢吃鹌鹑肉。一只鹌鹑只有小鸟般大，一碗鹌鹑羹要数百只鹌鹑才能调制，还不够他下筷子。有一回，蔡京梦到鹌鹑派代表向他抗议，把他给吓醒了。

这个梦传开以后，大家更知道蔡相府中的菜肴是不得了地好。有一个士大夫在京师买了一个妾，这个妾自称曾经在蔡太师府厨下做事，士大夫一听之下大乐，心想这回可以大饱口福了。

回到家里，他马上命令妾道："快给我先蒸一笼包子，试试你的手艺。"这蔡府中的包子一定是皮薄、馅多，还有一汪香喷喷的油水，不晓得有多么味美。

不料这新买的妾摇摇头道："对不起，我不会做包子。"

"哼，连包子都不会，那你在厨房里干什么的？"

"我，我只负责剁包子里的葱丝。"侍妾嗫嚅（niè rú）地回答。

原来蔡京家中仗着钱多，分工极细，竟连包子中的葱丝也有专人处理。

道士林灵素

有一回，宋徽宗外出，蔡攸随侍左右。当御驾出了南薰门，宋徽宗忽然叫了起来：“你看，你看，玉津园东面，仿佛有重重复复的楼台，那是什么好地方？”

宋徽宗是否见到海市蜃楼，不得而知。蔡攸朝天一望，立刻回答：“喔，那是天上的仙宫，殿阁楼台也。”

“你看得见人吗？”宋徽宗兴趣大起。

蔡攸眯着眼睛，端详了好一会儿道：“有，有人，似乎是仙童，一个一个手持幡幢（fān chuáng）节盖，相继出现云端。鼻子、眼睛、衣服，看得清清楚楚，大概是天神欢迎陛下。”

如此一派胡言，宋徽宗却深信不疑。原来，道教在北宋前期宋真宗时代，已经开始进一步发展，宋徽宗更加相信，回来之后，就在“看到仙人”的原址，建立了一座道宫，名曰“迎真”，并且亲自撰写《天真降灵示现记》颁示天下。

宋徽宗下诏求道教仙经不久，宫中道士王老志更加走红。王老志，本来是漕运小吏。据他自己说，他每天经过路旁，看到一位乞丐，十分可怜，每回都扔下几个角子周济。有一天，乞丐忽然对王老志说：“我本是仙人，见你为人善良，特赐丹药。”说完，乞丐就不见了。

王老志服下丹药以后，开始大发狂，遂离妻别子，一个人独自居住在田间，自称能预测未来之事。后来王老志被请入宫来，宋徽宗赐号洞微先生。

自从建立道宫以后，宋徽宗常做怪梦，梦到天上老君对他说："你是天生该做皇帝的，当兴吾教。"徽宗梦醒之后，大为开心，津津乐道此梦。

政和三年（1113 年）十一月冬祀，王老志也跟着去了。在太庙之中，王老志对徽宗说："陛下以前的梦还记得吗？当时，臣可站在帝之身旁也。"这真是鬼扯，不过，有人证明徽宗所梦不虚，徽宗也很开心。

王老志死了以后，徽宗相信另一名叫林灵素的道士。林灵素字通叟，本名灵噩，温州人氏。小的时候，到庙里当小和尚。小和尚念经念得心烦，竟然去偷酒喝，结果被庙里的主持拿着藤条，狠狠打了一顿，被赶了出来。一气之下，决心弃佛求道，做道士去也。

林灵素的脑筋灵活，他为了证明自己有无边法术，在京师找来了几十个无赖，化装为弯着腰的驼背、扶着拐杖的盲人、不能讲话的哑巴、曳着一只脚的跛子，聚在一块儿。

然后，林灵素对着伛、盲、喑（yīn）、跛的人喃喃有词念一段咒语，叫他们吞一些符水。一刹那之间，盲人丢掉了拐杖，哑巴开始大声说话，跛脚快步疾走。大伙跪在地上，流着眼泪向林灵素道谢。

每一个"伤残"者都有一段伤心史，大半都是得疾二十年、三十年之久，求遍大夫，久医无效，现遇到林灵素活神仙，真是恩同再造。

在一片欢声雷动之中，林灵素的"活见证"传遍天下，也在政和六年（1116 年）拜见徽宗，徽宗一见林灵素便歪着头说："我们好像以前见过。"

"臣往年上朝玉皇大帝，曾经见过驾。"

"对对对，朕记得，卿当时骑着青牛，青牛现在在哪里？"

"哦！青牛寄放在外国，不久会来中国。"林灵素顺口胡扯。

到了政和七年（1117 年），刚好有一位高丽青年，送来一头青牛。徽宗大为讶异，马上赐给林灵素，也对他更加相信不疑。

林灵素很会拍马屁，他大言道："陛下是天上长生大帝君，下降人间。蔡京是左元仙伯，王黼（fǔ）是文华吏，盛章、王革为园苑宝华吏下凡。"真是皆大欢喜。至于当时宋徽宗最宠爱的刘贵妃，林灵素一口咬定她是九华

宋徽宗在上清宝箓宫听林灵素讲经，选自明刊本《帝鉴图说》。

玉真安妃转世，也是个仙人。徽宗听了，笑得合不拢嘴。

于是，徽宗对林灵素言听计从，设立道学，编辑《道史》一书，并且在政和七年（1117年）春正月甲子日，在上清宝箓宫举行盛会，集合道士三千余人，由林灵素踞高座，主讲道经。宋徽宗亲临设幄座侧听讲，真是轰动一时。

林灵素本来是一个混混，哪有什么学问，开讲道经，并无宏辞高论。他就信口开河，讲一些诙谐猥亵（wěi xiè）的笑话，引起哄堂大笑，上下毫无君臣之礼。

为了宣扬道教，宋徽宗诏令天下洞天福地，普遍设立道观，塑造圣像。每一个道观，赐田不下数顷，道士都享有俸禄，与官吏一般。林灵素的两万徒众，更由朝廷供他们白吃白住。

林灵素本人是被庙里的和尚毒打赶出来的，心里恨透佛教，为了报复，请求徽宗尽废佛教，以道教为正宗，改佛号为大觉金仙，和尚改称为德士，尼姑改称为女德。德士、女德都被强迫入道学，学习道士之法。

佛教被废之后，林灵素更加张狂，连皇太子也屡遭他的白眼。他又弄权舞弊，最后，连徽宗也厌烦了。在宣和元年（1119年）放他回温州，他因为坏事做太多，走在路上都有役夫要拿着木棍去揍他。林灵素虽然被排斥，宋徽宗迷信道术热情却未减。我们后人看宋徽宗的迷信，颇觉得荒诞无知，其实有些现代人种种可笑的迷信，并不亚于古人。

王黼家中的白米

在宋徽宗身旁最得宠的臣子，除了蔡京父子之外，应该算是王黼了。王黼字将明，开封府中人。他原本名叫王甫，因为东汉有个宦官也叫王甫，因而徽宗赐名为黼。

王黼长得非常漂亮，是个标准的美男子，风度翩翩，唇红齿白，而且皮肤细腻，好像擦了粉一般，尤其是那一双眼睛，炯炯有神。如此一个英俊小生的模样，再加上能言善道，使他在人际关系上面，先天上占了不少便宜。

他的学问有限，才华疏浅，却足智多谋，善于察言观色。崇宁年间中进士，深得何执中赏识和大力提拔，升到了校书郎、左司谏的官位。

当时，蔡京被贬到杭州，张商英任相职，怎么样也难讨宋徽宗的欢喜。徽宗曾暗派宦官送给蔡京一个玉环，王黼发现这件事，知道徽宗仍然想念蔡京，于是乘机抨击张商英施政错失，并且夸奖蔡京当年政绩如何如何好。

后来，蔡京又重新当上了宰相，对王黼在徽宗身旁敲边鼓十分感激，所以王黼又再次高升为给事中、御史中丞，官运更为亨通。

王黼是因何执中提携而发迹的，如今他走红了，反而恩将仇报排挤何执中。他一共写了整整二十条何执中的罪状，徽宗没有搭理。

何执中还蒙在鼓里，到处宣传王黼是个了不起的人才，但蔡京却一本全知。有一次，何执中遇见蔡京，照例又把王黼搬出来猛夸一番。蔡京问声不响，悄悄自袖中掏出一卷书信，对何执中说：“你看看再说。”

原来这就是王黼检举何执中的亲笔函，洋洋大观共有二十条之多。何执中看着看着，脸都绿了，两排牙齿气得发抖，不断喃喃自语：“畜生，畜生！”

在前面，《蔡京翻修延福宫》篇中，我们说过，宋徽宗风流成性，常常不避帝王之尊，轻车小辇到蔡京家。座上除了蔡攸最会耍宝之外，王黼更是一把高手。他也穿着短衫窄裤，涂青抹红，混杂在倡优侏儒之中。由于他是一个小白脸，扮起女生特别出色，宋徽宗非常喜欢他，彼此打打闹闹，没有一点儿君臣上下之礼。

有一回，王黼领着宋徽宗偷偷跑出去玩儿，中间经过一道墙，徽宗过不去。王黼就先跳过墙，然后只听得宋徽宗说：“肩膀再耸上来一些。”

王黼应声道：“可以了，脚可以伸下来了。”王黼遂以肩承徽宗脚趾安全过墙，由此可见两人亲密之程度。后来，王黼与蔡京之间有了利害冲突，渐渐不和，蔡京一气之下，把王黼降为户部尚书。没有多久，王黼父丧，丁忧在家五个月。起复以后，他转而向宦官梁师成靠拢。

宋徽宗任用蔡京、梁师成、李彦、朱勔、王黻、童贯六贼，选自明刊本《帝鉴图说》。

这梁师成也是一个值得介绍的人物，他懂一点儿文字，善于逢迎，于是成了徽宗身边得宠的大宦官。

由于宋徽宗是个艺术家气质浓厚的皇帝，梁师成就对外扬言，说自己是苏东坡的儿子，希望借苏东坡的威名，为自己的身世添一些光彩。

当时，天下禁诵苏东坡的文章，梁师成故意当作自个儿孝顺，向徽宗哭诉："先臣何罪？"徽宗本是爱才之人，遂允了梁师成的要求。

梁师成拣了这个题目大做文章，邀集天下名士参与盛会。久而久之，梁师成成为文人墨客的领袖。再加上他是皇帝身旁最亲信的太监，即使有人看他不起，却也不敢得罪。

王黼看准梁师成有办法，竟然把他当父亲一般侍奉，人前人后尊之为恩府先生。两人狼狈为奸，声势不亚于蔡京父子，人们称梁师成为"隐相"。

王黼家住昭德坊，隔壁有个许家住在左边，王黼便硬逼许宅把房子让出来，好把自家再扩张一倍。许家运气不佳，家有恶邻，既然知道王黼有个"好父亲"，倒也不敢不从。大白天的，收拾少许衣物，哭哭啼啼搬了出去。街坊邻居却不以为然，愤愤不平。

在宣和元年（1119 年），王黼拜特进、少宰，由通议大夫一下子超升八个官阶。在宋朝，还没有人爬得如此快速的。

由于王黼宠倾一时，家用非常浪费。别的不说，单单洗米就洗得非常马虎；反正钱多用不完，任他晶莹白亮的米顺着大水冲向沟渠。

在王黼家附近有一座庙，庙里住了一位老和尚。有一天，他在沟内，忽然发现源源流下的白米，好不惊讶。老和尚赶紧搬来一个木桶，把米捞起来，放入桶内，然后洗净晒干。

从此以后，老和尚每天按时守候着大水冲下的白米，口中念着："如此浪费，罪过，罪过。"存了一桶又一桶的白米。

好多年以后，靖康之难带来一片萧条，王黼被仇人所杀。王宅之中已经断了好几天粮，他们本是富贵人家，从来没有吃过苦，个个饿得嘤嘤哭泣。

这时候，老和尚来了，带来一大桶蒸熟的香喷喷亮晶晶的白米饭。王家的男女老幼喜出望外，吃得满脸都是饭粒，而且赞道：“从来没有吃过这么香的饭，请问老和尚，你哪儿来这许多米？”

“这个吗？都是贵府丢弃不要的米啊！”说明原委后，王宅的人都惭愧地低下头来。这个故事是历史上有名的小故事，常常被用来教训人们“一粥一饭，当思来之不易”，要养成节俭的好习惯。

蔡襄修建洛阳桥

宋徽宗信任蔡京，使得国事大坏，引起朝野一致的不满。宋代的知识分子具有强烈的历史责任感，虽然明明知道忠言逆耳，宋徽宗根本听不进去，也明白蔡京正在走红，得罪蔡京，等于惹祸上身，但仍然不断地猛轰蔡京。

宣和元年（1119年），蔡京生了一场重病，消息传出，个个听了都眉开眼笑，希望他早日归天。只有晁冲之不以为然，他悄悄地对好朋友陆宰说："他不会死的，这个人把国家坏到如此田地，假如现在死掉，少不得葬礼备极哀荣，还算什么天道？"

后来，果然，蔡京又转危为安。从晁冲之的这段话，可以想见大家对蔡京的恨之入骨。

总计蔡京在宋徽宗一朝三退四进，前后执政二十年之久，几乎与徽宗相始终。宋徽宗不是不了解蔡京为大奸大恶，但是，蔡京能够了解徽宗心理，满足他的欲望，抓住他的弱点。而且，蔡京也有相当的艺术品位。

在前面我们曾经说过，徽宗即位不久，蔡京被御史参了一本，削职杭州。后来因为不断地孝敬徽宗古董字画，徽宗愈看愈乐，蔡京才被任命为宰相。

古董字画极易作假，如果蔡京献上的是一张伪画，被有鉴赏力的徽宗一眼识破，岂非马屁拍到马脚上去了？另外，宋徽宗的瘦金体书法自成一

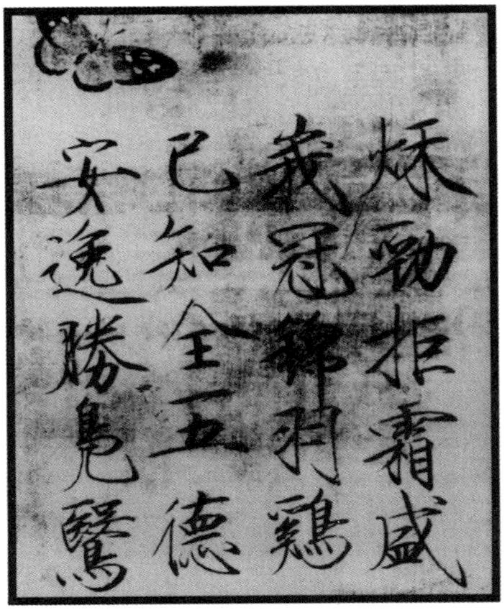

宋徽宗赵佶瘦金体作品《芙蓉锦鸡图》题诗。

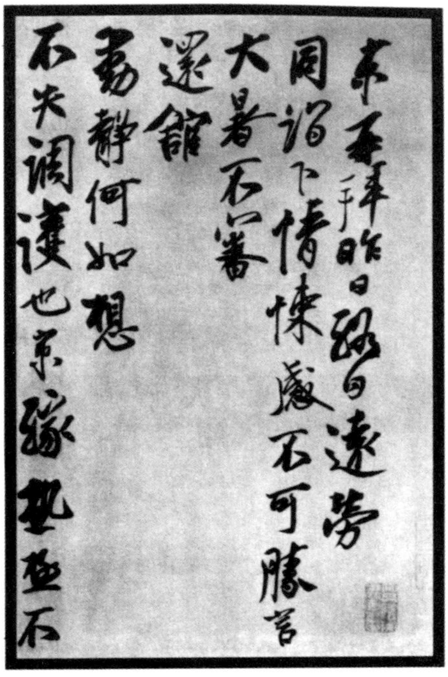

蔡京《节夫帖》(部分)。

格，颇引以自豪，蔡京的字也相当不错，两人惺惺相惜，才会愈看愈顺眼。

甚至有人说，宋朝的四大书法家是苏东坡、黄庭坚、米芾、蔡襄。其实，最后一个蔡襄，原本是蔡京，因为蔡京人品卑劣，为人不齿，才换一个蔡襄。这个说法，也有相当的道理。按苏东坡、黄庭坚、米芾都是差不多与蔡京相同的时代，怎么最后会换上宋仁宗朝的蔡襄？倘若是蔡襄，似乎不宜列为四人之最后啊。

无论如何，蔡襄倒也是值得介绍的人物。蔡襄字君谟(mó)，兴化仙游人，巧的是蔡京也是兴化仙游人氏。

蔡襄考中进士不久，担任西京留守推官，这时，范仲淹由于言论之事，惹恼了宰相吕夷简，被贬饶州。余靖写文章，为范仲淹辩驳，尹洙请求自己与范仲淹同样被贬，欧阳修则因为谏官高若讷，不声不响，呆若木鸡，责备他是“不知人间有羞耻事”。结果余、尹、欧阳都因此被贬。

蔡襄看不过去，写了一首《四贤一不肖》诗，讽刺这件事，人人都争着传来传去抄写，甚至花钱购买。契丹的使者刚好到京城来，听说这件热门新闻，也买了一份，回去张贴在幽州馆。

庆历三年（1043年），宋仁宗用蔡襄担任谏官，蔡襄立刻上疏，请求广开言路。吕夷简担任宰相时，李元昊对宋朝纳款。开始之时，自称为“兀卒”，后来，又翻译为“吾祖”。

蔡襄马上提出反对，他神情凛然道：“‘吾祖’两个字相当于‘我翁’，这是何等轻蔑侮辱人的语气啊！”为了争取国格，蔡襄讲话一向大声，不畏权势。

不过，蔡襄最为人熟知的故事，应该算是修建洛阳桥。这座洛阳桥，不在洛阳，而在福建省晋江市，当时属于泉州辖区。据说是唐宣宗赴闽中游玩，看到介于晋江、惠安两县的这条江，群山围绕，风景秀美，脱口而出“这很像我的家乡”，于是，人们称之为洛阳江。

根据民间传说，宋真宗大中年间，有一天，渡船中装满了人，船只开到洛阳江中流，忽然狂风大作，波涛怒吼，眼看着马上要翻船了。忽然，天上传来轰隆轰隆的声音，好像有个巨人在说：“快救，快救，有蔡学士在船中呢！”

说也奇怪，一会儿，风平浪静，船客都在低呼：“阿弥陀佛，老天保佑。”然后，互相探问：“谁是蔡学士？”找来找去，找不到一个姓蔡的。船上只有一位回娘家探亲的蔡太太，她此刻正是大肚子，人们的眼光都落在她的大肚子上，狐疑地问：“莫非蔡学士在这儿？”

蔡太太自个儿也觉得奇怪，于是当场对天许愿：“我要是生一个麟儿，日后高中学士，我一定要在洛阳江上修一座桥。”

后来，蔡太太生了一个小男孩就是蔡襄。由于蔡太太日夜想着还愿的事，事母至孝的蔡襄即以母老为由，请求调往当时被认为偏僻之地的泉州。

蔡襄到了泉州，立刻动手兴建洛阳桥。根据他自己手写的《万安桥记》记载，这座大桥自皇祐五年（1053年）开工，到嘉祐四年（1059年）完成，费了六年八个月，共有四十八个桥墩，每一个桥孔平均长度为七十六

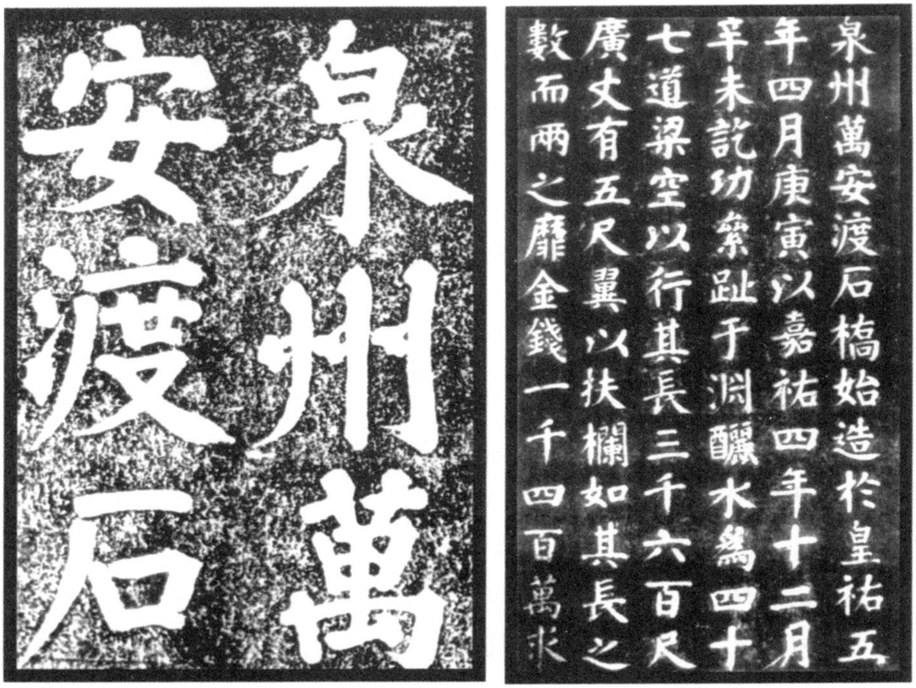

蔡襄楷书之首《洛阳桥碑》(部分)。

尺半，即以现代标准而言，也是艰巨的大工程。

蔡襄虽然把桥名取为万安，百姓却称之为洛阳桥。当地百姓为怀念蔡太守，每到中秋节前后，总要演出《洛阳桥》这出戏应景。蔡京颇以有蔡襄这位同郡自豪，自称为族弟，甚且蔡襄的孙子蔡佃（diàn）考上了状元，蔡京说：“这是族孙，不好意思。”硬把蔡佃降为第二，蔡佃气得说不出话。

究竟宋朝四大书法家之一是蔡京还是蔡襄？今天已不可考。事实上，现在也没多少人知道蔡京是书法名家，只知此人是《水浒传》中要取生辰纲的蔡太师。因为在忠奸分明的中国人心目之中，一个人没品没德，不能被列为书法家。

宣和画院

宋朝重文轻武，积弱不振，腐朽堕落，到了宋徽宗时更为显著。他在政治上昏庸无能，任用蔡京、童贯等大肆搜括，使全国百姓痛苦万分。

另外一方面，宋朝在艺术方面特别发达，可以称之为中国美术史上最为光辉的黄金时代。到了宋徽宗一朝，更是爬上了巅峰状态。

在宋代初年，由于君主的爱好、提倡，就设置有翰林图书院，罗致天下画家，并且分别赐以待诏、祇（qí）侯、艺学、画学正等官职，待遇相当优厚。皇帝还时常命画家们画扇子，他看看谁画得最为出色，即任命他去画宫殿，或者道观里的壁画。这在当时，被视为极大的荣耀。

不过，在徽宗以前规定，凡是由于有特殊技艺服务朝廷者，虽然可以穿紫色官服，却不准佩鱼袋。

在中国古代，衣服的颜色是有规定的，只有最高品级的官员，才能穿紫色的官服。

至于说，什么叫佩鱼袋呢？鱼袋是唐朝五品以上官员，用来盛放随身鱼符的袋子。鱼符是用木料或者金属雕为鱼的形状，在上面写字，然后剖为两半，双方各拿一半。除用作兵符外，尚有随身佩戴的身符，通过宫门、城门用的通行符。

到了宋朝，虽然没有再用鱼符，但是用金银饰为鱼形，长长的系在官服后面，以明贵贱。宋徽宗准许画家们佩鱼，表示他对画家的尊重。

在前面我们说过，有一次，宋徽宗与蔡京讨论书法，命米芾在御屏上写字，写完之后，米芾自夸乃“照耀皇宋万古”，又央求徽宗把砚台赐给他。

徽宗含笑答应以后，米芾拿起砚台往袖中一揣，弄得墨汁淋漓，一塌糊涂。宋徽宗一点儿也不以为忤，可见他有一份特殊的爱才之心。

由于宋徽宗自己也能写能画，所以他对画家的要求也颇为严格。

当宝箓宫修建完工之后，徽宗便命画家们动手画壁画，画得稍稍不理想，立刻涂上厚厚的白土，重新来过。

有一回，徽宗信步走到宣和殿前，只见荔枝累累，鲜艳诱人。荔枝树下几只孔雀昂首阔步，张开了光灿的羽毛，仿佛有意与荔枝争妍。

徽宗大乐，立刻召集画家们举行写生比赛。这一个个高手无不拿出看家本领，希望能博皇上一声赞美，每一幅画都生动活泼，栩栩如生。

但是，叫人纳闷的是，徽宗不断地摇头，没一幅画满意，画家们都面面相觑，不晓得哪里不合皇上的意。

最后，宋徽宗开口了：“孔雀升高，必先抬左脚，怎么你们画出来的，全部都是先举右脚，实在是观察不够敏锐。”

画家们听了，赶快仔细再看一眼孔雀，果然是如此，不禁深深佩服徽宗的观察力，而“孔雀升高必先举左”也成为中国绘画史上一段有名的典故。

在宋徽宗宣和年间成立的宣和画院，可以说是中国画史上组织最为完善的艺术学院。宣和画院考选画家，多半用一句古诗为题，公告天下，让有兴趣画画的，到京里参加应试。

譬如有一道考题是“野水无人渡，孤舟尽自横”，大部分的考生都画一条空船，孤零零系在岸上，船篷上面，再画一两只鸟雀，表示舟中无人。

考中第一名的，却画了一个船夫，斜斜地躺在船尾，手中把玩一支笛子，看来颇为惬意。主考官认为他画得最合题意，因为无人要渡船，船夫才悠悠闲闲地吹笛子。

再有一道题是“乱山藏古寺”，多半的人都先画许许多多山，再画一个小小的寺庙。

中选的那位根本不画佛寺佛塔，只见满纸乱山，让人有“只在此山中，云深不知处”的美感，真正做到了画中有诗、诗中有画的境界。

宋徽宗不但考人家，自己也会画，而且练习得极为认真。他曾经亲自临摹古画，把自汉朝毛延寿（就是把王昭君画丑的那位画家）以后十七位大画家的古画，一一加以研究、模仿，足足花了三年时间，才完成这一样功课。

除了临摹，宋徽宗也写生，艮岳中的奇花异草、珍禽异兽，都是他细心描绘的素材。类似这样的作品，共有千册之多，由此可见徽宗用功之勤了。

宋徽宗所画的鸟，多半用生漆来点眼睛，大收画龙点睛之效。后代许多画家想要模仿，却没有他画得鲜活。他还喜欢画一些绢制的小扇，题几个字，分赐给宗族或大臣。每次徽宗新画出的一个扇面，立刻有人跟着学样。宋徽宗对自己能够引领流行，十分自得。

芙蓉锦鸡图，宋徽宗绘。图右部题诗用字为其自创的“瘦金体”。

当然，最后不能不提他的瘦金体书法。他的笔势劲逸，很有精神，初学薛稷，以后自成一格，取名为瘦金体。一直到现代，我们仍然可以买到瘦金体的字帖。

总而言之，宋徽宗是一个才华横溢的艺术家，随心所欲，浪漫不羁。他统治着一个如诗如画的艺术王国，却败坏了国家的命脉，不但害得百姓流离失所，他本人更是晚景凄凉。

媪相童贯

在宋徽宗一朝，除了蔡京最走红之外，童贯也是徽宗亲信的人物。当时的人称蔡京为公相，童贯是宦官，就被称为媪（ǎo）相。媪，乃妇人的通称，意思是指童贯为母相。

童贯这个人性情巧媚，擅长于揣摩皇上的心理。宋徽宗即位之初，在苏州、杭州设置“造作局”，专门采办与制造宫廷御用器皿，徽宗特派童贯主持此事。

童贯深深了解，此乃巴结皇上最好的机会。这趟差事办妥当了，日后有得不完的好处，因此他格外卖力地表现。

凡是童贯监制做出来的器具，不论是牙角、犀玉、金银、竹藤、糊裱、雕刻、织绣，每一样都是精致非凡。我们今天看故宫博物院中展览的古物，常常会慨叹这是现代人都做不出来的。这一方面可以表示中国古人的艺术才能；另一方面，当然也只有在帝王时代，才能耗费数千的工役，不做旁事，每天只是在为御用器皿而忙碌。

恰好这时蔡京被贬在杭州，两人狼狈为奸，除了大量制造御用品外，更多方搜括民间奇木异石，博取宋徽宗的喜好。

结果，徽宗果然龙颜大悦，蔡京与童贯两人互相标榜，彼此吹捧。童贯在徽宗面前极力称赞蔡京的贤能，蔡京也不忘夸赞童贯有本事。后来蔡京为相，童贯也因功做到司空太尉，统兵出征。

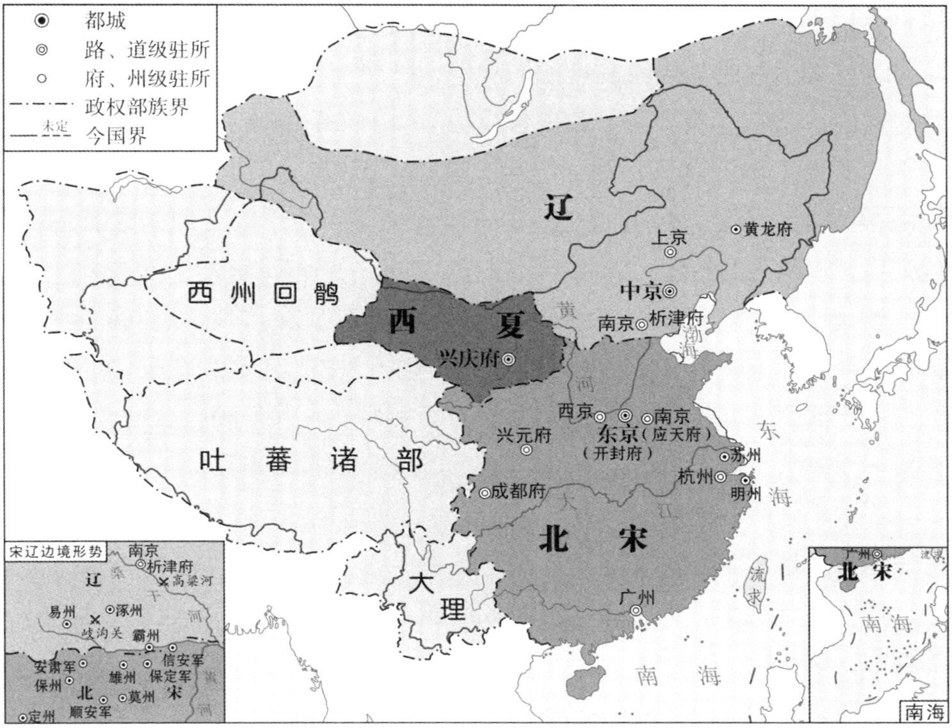

北宋时期形势图（1111 年）。

通常宦官鞠躬哈腰惯了，多半是弓着背，猥猥琐琐，一脸奴才相。童贯倒是生得彪形大汉模样，目光炯炯有神，尤其是颈子后面，一片皮骨如铁，似乎是练过武功的。

由于公相媪相权倾一时，京师中流行一首歌谣：“打破镫（童），泼了菜（蔡），便是人间好世界。”还有一首是：“杀了穜（童）蒿割了菜（蔡）。”可见一般人民恨不得剥了他们的皮，吃掉他们的肉。

徽宗崇宁初年，蔡京当国，主张恢复被外族占领的青唐（青海西宁），遂以童贯为监军。虽然收复了河湟一带，却开了西北战端。

政和五年（1115 年），童贯领六路边军攻西夏，吃了败仗，童贯故意不报到京里。政和六年（1116 年），童贯派刘法再攻西夏小胜。宣和元年

（1119年），童贯再派刘法进取西夏的朔方。

刘法知道这是一场没有把握的战争，不愿前往，童贯硬要逼他去，并且对他说：“你以前在京师，自言必成功，如今又怕困难了？”

刘法逼不得已，只好勉强出兵。果然不出刘法所料，一场大战之后，刘法被西夏人所杀，西夏乘胜追击到震武城下。由于刘法原是边区名将，战死后，军队人心惶惶，而且十分愤怒，都说这是童贯害死了刘法。

而且让兵士们更加气愤的是，刘法虽然败死，童贯竟然仍向朝廷奏捷请赏。而宋徽宗还真以为童贯建立武功，宣扬国威，还在大开庆功宴呢。

由于此时童贯太过张狂，朝廷里百官侧目，人人不满。右正言陈禾实在看不下去了，他对朋友说：“此国家安危之本，我担任言官，岂可不言？”

陈禾于是便面奏徽宗，参了童贯一本，举了他许许多多恃宠弄权之罪，最后的结论是：“应该将童贯流放到远方去。”

陈禾说到这里，徽宗听不下去，拂衣而起。陈禾急了，上前去拉徽宗的衣服，这一拉一扯之间，把衣服弄破了。

宋徽宗更加怒不可遏道：“陈正言碎朕衣也。”

陈禾倒也豁开了，朗声回答道：“陛下不惜碎衣，臣岂惜这颗脑袋以报答陛下。童贯这批人今日受富贵之利，陛下他日将受危亡之祸。”

徽宗冷笑讥讽陈禾：“卿能如此忠心，朕还有什么好忧虑的？”

这时，内侍在旁请求徽宗更换衣服，徽宗借题发挥道：“不必，刚好可以用这件破衣来表扬正直大臣。”

由此可见，徽宗也晓得陈禾是忠直大臣，奈何忠言逆耳，听着不舒服，叫人恼怒。

第二天，童贯听说此事，赶紧前来哭诉，说：“国家现在极为太平，安得有此不祥语？”

同时，会拍马屁的中丞卢航立刻上奏，责备陈禾狂妄，徽宗下诏贬陈禾：“谪去信州做小官。”

童贯受到徽宗的夸赞，趾高气扬，遂向宋徽宗建议，认为辽国可图。

于是，徽宗派遣端明殿大学士郑允中充当“贺生辰使”，而以童贯为副使，带了许多珍宝礼物，出使辽国。有人批评：“以宦官为上介，人家会说宋朝是不是没有人了？”

宋徽宗的说法是：“辽人听说童贯破羌，想看看这位英雄。”

童贯到了辽，辽国君主指着他偷偷对左右道：“南朝人才如此。”可是辽君天祚帝看到童贯带来的两浙黑漆家具，又不免眉开眼笑了。童贯此去辽，酝酿了宋朝联金攻辽的计划。

刘仁恭的烧草政策

关于辽朝的历史，在前面已经陆陆续续讲了不少，其中还包括历史上著名的杨家将与辽的战争。

但是，由于辽朝的疆域远达蒙古，声威超过北宋。“契丹”这个名称，曾经代表中国，成为国际上的称谓。而一般人对外族的历史比较隔阂，因此自本篇起，准备讲一系列辽朝的故事。

“契丹”这个名称，最早出现于南北朝北魏时代。契丹的意义有人说是生铁，也有人说是刀剑，或者是切断的意思。

契丹人自己认为是东胡鲜卑宇文氏的后裔，还有一段“灰牛白马”的传说。据说是有一男子乘白马，一女驾灰牛，两人相遇在辽水上，遂结为夫妇，一共生了八个儿子。由于白马王子在辽水遇到佳人，辽朝因而得名。

在唐朝时代，契丹开始扩张势力，还有酋长自称为可汗，构成唐朝在东北的边患。当时，唐朝末年镇抚北边的卢龙节度使是刘仁恭。刘仁恭这个人很聪明，对契丹的一切了若指掌。他经常选将练兵，乘着秋高气爽突击契丹，打了就跑，契丹非常畏惧。

刘仁恭还有更狠的一招，由于长城以南，多雨多暑，汉人多半耕稼以食。大漠之间，多寒多风，以畜牧为主。因此，每年霜降之时，刘仁恭便派出大批人马，大规模地焚烧长城外塞下野草。契丹马多，没有草可食用，便活活饿死。

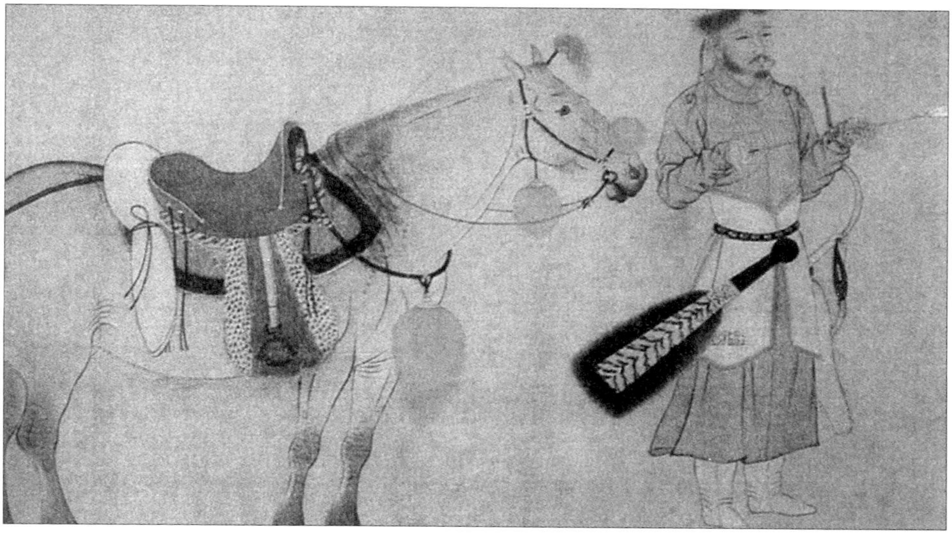
契丹武士，佚名绘。

烧草政策使契丹大伤脑筋，当时契丹八大部中的总可汗——钦德可汗迫不得已，只好常用良马贿赂刘仁恭，或者高价收买牧地。

契丹受不了长期被剥削，久而久之，政治衰弱。钦德可汗的能力受到考验，给予耶律阿保机崛起的机会。

耶律阿保机就是历史上赫赫有名的辽太祖，他和许多创业帝王一般，在《辽史》上流传着一段出生时的神话。

据说，耶律阿保机的母亲有一天做梦，梦到太阳忽然坠落下来，掉入她怀中，不久便怀孕了。当他在唐朝咸通十三年（872 年）被生下来的那一天，室内仿佛有神光，而且弥漫着一股异香，他又长得特别胖特别壮。更怪异的是这个看起来像三岁的胖小子，呱呱坠地之后，立刻满地乱爬学走路。

耶律阿保机的祖母看见如此神奇的乖孙，开心极了，把他从媳妇手中抢了过来，当作自己的儿子抚养。祖母怕其他人抢走宝贝孙儿，常常给耶律阿保机更换帐篷，同时把他的小脸涂黑，免得让人认出。

当耶律阿保机三个月大，他竟然开口说话，讲得头头是道，也没人教过；更能直立行走，像个大娃娃了。长大以后，这个生下来就是超级婴儿的阿保机，身高九尺，能挽三百斤重的硬弓。由于阿保机历代的祖先都是契丹的辅佐官，阿保机在少年时代，就已经做了契丹的扈从官，逐渐露其头角。

契丹的古八部，相传就是灰牛白马夫妇生下的八个儿子的后裔（yì），名称为大人。根据契丹习惯，从八部大人中共推一个大人，建立旗鼓以总率八部，每三年改选一次。八部既有选举权，也有罢免权。

由于钦德可汗对付不了刘仁恭，在他死后，各部改推阿保机为八部大人。

耶律阿保机遂大展宏图，他进入中原边塞，攻破许多城邑。这时，刘仁恭已被他的儿子刘守光囚禁。刘守光继据幽州，称燕王，暴虐无道。许多汉人受不了刘守光的压迫，纷纷投附契丹。

契丹一天比一天强大，耶律阿保机有一回听人说，在中原，国君都是世袭制度。父亲死了，传给儿子，儿子死了，再传给孙子，完全是家天下。

阿保机一听，极为羡慕，这个办法敢情好，还是汉人智慧高。尤其，八部大酋长三年选一次，他已做了三个三年，也不知下回是否选得上。

于是，阿保机回去与他那聪明的太太述律后商量。述律后灵机一动，想出一计。

他派人去通知诸部大人说：我有盐池，你们都是靠我这个盐池的盐为生。你们只晓得盐的利益，怎么从来没想过这盐池也有主人的啊，应该早日来犒劳我才是。

诸部大人也以为然，约定一个时间，共同在盐池举行盛大宴会。

阿保机为表示大酋长的风范，准备大量的酒菜，要求诸部大人不醉不归。等到诸部大人喝得东倒西歪，阿保机事先埋伏的士兵一拥而上，一一结束了他们的性命。

从此，八部并为一统，不再有部落分守的现象。酋长仅是属官，阿保机是大契丹王，进一步被尊为契丹皇帝，成为辽太祖。

辽太祖利用五代纷乱，远交近攻，纵横捭阖（bǎi hé），时而联合李克用夹攻刘守光，时而又联合朱全忠打击李克用，逐渐强大。

韩延徽探母

一看到这篇故事的题目——韩延徽探母，也许立刻有许多读者会反映，写错了吧，应该是杨延辉四郎探母。

其实不然，杨家将虽然在宋朝一门忠烈，却没有杨延辉这个人。据辽金元史权威——已故的姚从吾先生考证，四郎探母这段故事，完全脱胎于韩延徽的生平。

韩延徽字藏明，幽州安次人氏。他的父亲韩梦殷，曾经担任过蓟、儒、顺三州刺史。

韩延徽少年英勇，在上篇提到的刘仁恭十分赏识他，授为幽州观察度支使。后来，刘仁恭去世了，他的儿子刘守光派韩延徽出使契丹。

辽太祖耶律阿保机提出的条件相当苛刻，韩延徽不肯接受，双方起了言语上的冲突。耶律阿保机大为震怒，把韩延徽给扣留下来，派他到冷落的草原牧马。

耶律阿保机有一位贤明的妻子——述律后，群臣称之为地皇后（阿保机乃天皇帝），见韩延徽为人沉着老练，有辩才，有骨气，于是对辽太祖说："此人秉持节操，不屈不挠，是不可多得的贤才，你为何要困辱他？"

辽太祖认为述律后的话颇有见地，立刻任命他为契丹的参军事，开始用上宾之礼对待他。久而久之，韩延徽对辽太祖，也有感恩图报之意，提供了许多建设国家的计划：建筑城郭、设立市场、种植禾稼、开辟园艺、兴手工业、订婚姻法、教授汉文字等，使契丹逐渐建立规模。

此外，辽太祖在对抗党项、室韦的战争中，韩延徽更是一流的军师。接着，韩延徽又建孔子庙、制文字、定百官，一切规模仿效汉人。

虽然在契丹备受礼遇，久而久之，这个契丹宰相不免思乡，尤其想念家中老母。有一天，韩延徽留下一首诗，叙述心中感慨之后，不告而别。辽太祖发现之后，真是有说不出的难过。

离开契丹之后，韩延徽投效到晋王李存勖（李克用的儿子；勖，xù）帐下。由于韩延徽颇有一套，引起幕府之中掌书记王缄（jiān）的不满，加以排挤，韩延徽有志难伸，思前想后，认为还是辽太祖知人善任，又悄悄回到幽州，藏在故人王德明家里。

王德明问他："你既不能容于晋王左右，今后该怎么办呢？"

"我还是回到契丹主那儿。"

"这怎么可以？"王德明讶异地望着韩延徽，"你不要忘记，你是从契丹逃跑出来的，如果回去，岂不是要受到严厉的责罚？"

韩延徽淡淡一笑："不会的，你放心，阿保机失去了我，有如失去左右手，他看见我回去，高兴还来不及呢！"

王德明不明白韩延徽哪儿来的信心，眼看韩延徽走远了，仍然为他捏一把汗。

没有想到，韩延徽果然把辽太祖给摸透了。辽太祖一见到韩延徽，喜出望外，却也忍不住埋怨："朕待你不薄啊，你为什么要背弃我逃走？既然走了，又为何去而复来？"

韩延徽不疾不徐地解释："忘亲非孝，忘君非忠。臣虽挺身逃，心在陛下。"

好一个"心在陛下"，辽太祖大为高兴，赐名为"匣列"（契丹语，去而复来之意），任命他为守政事令、崇文馆大学士，中外大事都请他参决。

这么一段曲折离奇的过程，就成为小说戏剧之中《四郎探母》的蓝本。话说四郎杨延辉有一次与辽作战，兵败被俘。萧太后见他一表人才，眉清目秀，颇有大丈夫气概，愈看愈喜欢，杀了他，有些舍不得，遂把铁镜公主嫁他。

杨四郎为保全名节（杨家将是辽人最为痛恨的），灵机一动，把杨字拆为木易二字，谎称为代州团练使，与铁镜公主拜过天地，成为辽朝的驸马，一晃过了十五年。

后来，有一天，杨四郎听说母亲大人佘太君领着杨家大军，来到了飞虎谷，思亲心切，一个人坐在那儿默默地流眼泪，长吁短叹。

铁镜公主看了大为吃惊，不知道驸马爷为何如此哀伤。四郎闷着头不吭声，只是说："我的心事，你是猜不着的。"

公主左猜右猜，四郎却一个劲儿摇头。最后四郎心想流落番邦十五载，夫妻两人倒是十分恩爱，于是一五一十把所有情况都告诉了公主。

公主一听之下，大为吃惊，指着四郎道："这件事要是传到母后耳中，你还想活命吗？"

四郎放声痛哭，哭声中充满着无奈。公主心肠软了，偷偷到母后那儿，

四郎探母，清代年画。

借着孙儿想玩令箭为名，拿了一支金铍（pī）箭，好让四郎出关见佘太君一面。

四郎快马加鞭赶到宋营，被当成奸细俘虏。六郎升堂审讯，才发现是以为早已去世的四郎，佘太君、八姐、九妹一家人哭得泪流满面。

最后，快天亮了，四郎忍着悲痛，挥泪而别，赶回辽宫，萧太后气得要杀四郎。结果，铁镜公主抱着外孙，哭哭啼啼，寻死寻活，萧太后才饶了四郎一命。

《四郎探母》的故事充满了人性，是中国人最熟悉的一出戏。相较之下，正史中的韩延徽比戏剧中的杨延辉有作为多了。

述律后不让须眉

在上篇《韩延徽探母》之中，我们曾说，韩延徽能够被辽太祖赏识，主要是辽太后述律后慧眼识英雄，现在我们就来看一看述律后的小故事。

述律后，小字月理朵，祖先是回纥人。在中国历史上，有些史家把她比喻为汉高祖的吕后（参考前面《吕后吓傻了自己的儿子》），同样是干练有为，阴险狠毒。

据《辽史》中记载，述律后处事敏捷，有果断，有雄略。她曾经在辽、土两河交汇点，见有一女子乘坐青牛车，远远驶来。述律后匆匆避路，忽然之间，青牛车不翼而飞。过了不久，民间有童谣传出“青牛妪，曾避路”，契丹人以为地祇为青牛妪也。

当辽太祖耶律阿保机准备打天下之时，述律后从旁提供了不少计谋，而且她不光是只会讲兵法，骑上马来，武功可高强得很，曾经多次随从丈夫出征，一点儿也不含糊。

契丹人很佩服这位女英雄，当辽太祖即位，群臣特上尊号为地皇后。神册元年（916 年），加号应天大明地皇后，手中掌握着一支精锐部队。

有一次，辽太祖远征党项，述律后随行。扎下营帐之后，辽太祖要横过沙漠，讨伐党项本部，派述律后留守。在这个当儿，室韦族的黄头、臭泊发现太祖人马前往大漠，沙尘滚滚，显然已经走远，心想不如趁这个机会，把太祖的营本部给拿下来。

契丹仕女，佚名绘。

述律后接到哨兵的消息，知道黄头、臭泊要偷营，暗暗冷笑：“你们以为老娘是好欺负的吗？”表面上不动声色，摆出坐以待毙的低姿态。

等到室韦族人到了营帐之前，述律后大喝一声，人马一拥而出，来一个，砍一个，打得敌人抱头鼠窜。当辽太祖回来时，发现室韦的遗尸遍地，吓了一跳，只见述律后笑盈盈站在帐篷前面，满脸晃荡着得意。

从这一回以后，述律后三个字响遍了北方草原，也传到了中原。李存勖由于刚刚办完父亲李克用的丧事，年纪又轻，只有二十四岁，基础不稳，欲结外援，便以辽太祖曾与李克用结拜兄弟为名，尊述律后为叔母，以博取辽太祖的欢喜。

不但是五代的皇帝都要拉拢辽，与五代并存的十国中的南唐，也向辽示好。南唐主李昪曾经呈献一种猛火油给太祖，辽太祖兴趣很大，挑了三万骑兵，准备用猛火油去攻打幽州。

述律后不同意这个主张，她摇头反对：“哪里有要试验油就去攻打其他国家的道理？”

说着，述律后把太祖拉到帐前，指着一棵树说："这树要是没有皮，还能够活吗？"

"当然不能。"

"这就是了，幽州有土地，有人民，正如同树之皮。我们只要在幽州四野掠夺，不出几年，这块地方必然会归于我们。何必现在去打，万一打不下来，反而为中原笑话。"

辽太祖听了述律后的劝告，而且，不出述律后所料，到了太祖的儿子太宗时代，幽州果然为辽所有。

征讨幽州，述律后反对，但是出击渤海，述律后却十分赞成。这是因为渤海与契丹为陆地邻国，土壤相接，易起纠纷。太祖野心甚大，惟恐渤海牵制后方，难以用兵，于是，在天显元年（926 年）一举攻灭渤海国，得到土地五千里、十万士兵，兼领五京、十五府、六十二州，契丹愈来愈强大了。

由于述律后的威名远播，因此在天显元年（926 年），辽太祖驾崩于扶余城时，述律后即称制代行皇帝事，专决军国大事，她得以从容不迫把辽太祖的灵柩运回，过了一年四个月，方才传位给次子耶律德光，是为辽太宗。

在辽太祖暴毙之后，述律后担心若干桀骜（jié ào）的将领不服，会发生叛变。

她一一对将领说："你到先帝的墓前，为我转达言语。"然后，当将领到达墓地，述律后立刻派人予以扑杀。如此这般，前前后后，一共杀了一百多个将领。

最后，轮到后平州人赵思温前往。赵思温知道此去无回，不甘愿白白送死，说什么也不肯动身。

述律后脸一板，厉声问道："你以前是先帝最亲近的人，为何不去？"

赵思温立刻一句话顶了回去："假如是论亲近，最亲近先帝的，莫过于太后，后先行，臣跟从后而行。"

赵思温这几句话相当厉害，述律后脸色发青地回答："我并非不愿意从先帝于地下也，然而嗣主幼弱，国家无主，没法前往。"

接着，述律后拿出一把利刃，猛割下一只手腕，鲜血直喷。她下令道：“把这只腕放入墓中。”作为代表身殉。最后，赵思温也免去一死。

根据《地理志》中记载，述律后是在义节寺中断腕，并于寺中建立“断腕楼”竖立石碑，以记其事。但是由于《辽史·赵思温传》中并无其记载，也有学者认为，或许述律后没有真正砍断一只手腕。无论如何，述律后英明而果决，契丹能够勃兴，与她有很大的关系。

耶律德光捡木柴

在前面《刘仁恭的烧草政策》篇中，我们说过，契丹原是八部大人之中选一人为大酋长，辽太祖耶律阿保机听汉人说，在中原是父以传子，子以传孙。人都是自私的，辽太祖心想，还是汉人聪明，遂决定将来要把皇位传给儿子。

辽太祖的述律后一共生了三个儿子，辽太祖决定好好挑选一个最为适合的继任人选。

老大名倍，小字图欲（有的书写作突欲），幼年时代聪敏好学，为人宽厚而善良，神册元年（916年）被立为皇太子。

有一回，辽太祖问身边的侍臣："受命之君，应当事天敬神，有大功德者，朕想要拜祭他，不知该先祭哪一位才好？"

"当然是拜佛。"太祖身边的人都这样回答。

"佛不是中国教。"太祖不以为然。

这时，倍在旁边说："孔子大圣，万世所尊，应该首先祭拜孔子。"

辽太祖很赞同太子倍的建议，即刻建立孔子庙，诏皇太子为《春秋》释奠。由此可知，倍是比较温文儒雅的。

再说老三，小字名叫李胡。这个小孩幼年时非常顽皮，生性残酷，一发起火儿来，若是小怒，会在人家脸上刺字，假如是大怒，干脆把人投入水中，扔到火中。由于是老幺，述律后特别疼爱他，但是他父亲辽太祖却不以为然。

由于辽太祖对选立嗣君相当留心，有一天夜晚，他悄悄溜入三个儿子的帐篷，观察他们的睡姿。结果发现，李胡缩着身子蜷在被内，太祖叹口气，指着李胡说：“他将来的成就，必在诸子之下。”

相较之下，老大耶律倍太过文弱，三弟李胡过分粗暴。看来看去，还是老二耶律德光比较合太祖之意，他擅长骑射，对军国大事也十分留心。

为了进一步试验三个儿子之中，到底哪一个最行，太祖又想出一个新方法。

在一个冰天雪地的日子里，一家人围着火取暖。眼看着木柴快要烧完了，做父亲的就命令三个儿子：“你们赶紧去捡一些柴回来。”

过了一会儿，老二德光回来了，手上捧着一大捆木柴，里面有大的，有小的，有干的，也有湿的。他先把干的木柴投入快要熄灭的火中，火势立刻旺盛地燃烧起来，同时，把湿的木柴围着火，绕成一圈，待烤干后，又可以再投入火中。

正在此时，老大也回来了，手上也捧着一堆木头。可以看得出，这些木柴都是精挑细选，干爽坚硬，适合取暖的木柴。

又过了半天，老三才慢慢吞吞地走回来。他先是随便捡了几枝湿木柴，走到一半嫌太重，又顺手丢掉一些，因此最后只剩手上玩弄的几根木条。

走回取暖的原地，老三也不帮忙翻弄木柴，只是站着袖手旁观，一副事不关己的潇洒模样。

辽太祖目睹此景，发表评论说：“老大做事非常仔细，却稍微慢了一些，老二懂得事情轻重，能成大业，至于老三，实在太懒了。”

从这次捡木柴实验之后，辽太祖暗中做了一个决定，要把皇位传给老二耶律德光，开始对他做有计划的栽培，天赞元年（922 年）授德光为天下兵马大元帅，统六军。第二年，耶律德光攻下平州，掠镇、定，败幽州大将符存审等；又定党项，下山西，取回纥，平渤海，东西万里，所向有功。事实上，作为一个草原社会中的游牧战斗国家，也的确需要一个长于军事的领袖来指挥国事。

因此，当辽太祖灭了渤海国（请参考上篇），改渤海国为东丹，封长子为东丹国人皇王之后，等于对长子有了安排，即遗命次子德光继任皇帝。

太祖暴毙之后，能干的述律后想了又想，到底长子是太子，不好不让太子继承皇位，族人可能会有意见。所以，述律后福至心灵，拟一个妙法子，改用“选举制度”。

述律后召集了所有的将领，在帐前对大家说：“我对老大、老二两个儿子都一样疼爱，至于说，哪一个适合领导大家当皇帝呢，就要看各位的意思来决定。现在，两个儿子都骑着马，立在帐篷前面，你们选择哪一个，不妨走向前去，拉着他的马辔（pèi）。”

这真是明知故问，大家都肚子里雪亮，述律后较为偏爱老二，而且述律后在辽太祖活着的时候，已经权倾中外。如今太祖归天，谁还敢不听她的意思？而且也没有必要得罪新君。

于是乎，所有将领都争先恐后去拉耶律德光的马缰，并且高声大呼：“我等愿意事奉大元帅。”气势雄伟万分。

述律后看大家都乖乖地顺从己意，十分开怀，口中却说：“既然大家异口同声要推举德光，接受他的领导，我当然也不能够违反众意。”

于是，耶律德光红光满面地成为契丹国的皇帝，是为辽太宗，即位时才二十六岁。没被选中的老大也只有尴尬地率群臣对述律后说：“皇子大元帅勋望，中外攸属，宜承大统。”

辽太宗北归

耶律德光仗着本身足智多谋，以及父母的宠爱，当上了契丹国的皇帝，是为辽太宗。

耶律德光当上了契丹皇帝，他是排行老二，那个应该当皇帝的老大图欲，仍然做他的东丹国人皇王。虽然表面上图欲率领群臣道贺，心里头却非常不痛快。

另外一方面，耶律德光也不相信哥哥，总认为他迟早会反叛，于是，派了卫士早晚监视。

在中原方面，后唐明宗李嗣源晓得了这件兄弟摩擦之事。他为了削弱契丹的力量，派遣使者请人皇王前来，人皇王进退两难，正好就此告别。他临走之时，留下一首诗，这首诗写得很妙："小山压大山，大山全无力，羞见故乡人，从此投外国。"大山开溜了。

耶律德光即位之后，乘着中原一片纷扰，得以伸张势力。后唐明宗李嗣源去世以后，他的女婿石敬瑭为了要抢夺帝位，请求耶律德光军援。

耶律德光看准石敬瑭想当皇帝的猴急模样，好好地大敲了一笔竹杠。不但要求石敬瑭称臣，割让燕云十六州，每年输帛三十万匹，而且更要占石敬瑭便宜，命令四十多岁的石敬瑭，乖乖地喊他这个三十四岁的耶律德光为爸爸，并且在册文中写明："予视尔若子，尔待予犹父……国号曰晋，朕永与尔为父子之邦，保山河之誓。"

石敬瑭如愿以偿当上后晋高祖，成为历史上遭人讥笑的儿皇帝，当时人也认为是奇耻大辱。因此，当石敬瑭去世之后，他的儿子石重贵（出帝）认为做耶律德光的孙子已经够吃亏的，不愿意再称臣，并且大言不惭对耶律德光说："翁怒则来战，孙有十万横磨剑以待。"

可惜的是，十万横磨剑似乎不管用，耶律德光终于灭了后晋，在汴京，正式当了中原的皇帝，建国号为大辽（关于这一段故事，曲折离奇，我们在讲五代时，曾经叙说得十分详尽）。

耶律德光当了辽太宗，以胡人而君临中原，虽然已经汉化，毕竟程度还浅，尤其辽人的打草谷，让中原人民消受不了。什么是打草谷呢？原来，辽朝的兵制，凡是年满十五岁以上、五十岁以下者，都必须要服兵役。每人要配备弓四张，箭四百支，以及枪、斧、小旗、火刀、石马等武器，这些都各人自理，甚至连军粮、马草，公家都不给发。反正你手上有武器，可以去抢啊。

赵延寿曾经建议太宗，给辽军发军饷，辽太宗不答应，道："我国无此制度。"他还是"纵胡骑四出，以牧马为名，分番剽掠"，继续采用不花一文钱的打草谷政策。

如此一来，给中原人民留下极坏的印象，东方群盗纷起。辽太宗觉得真是烦，他一再叹气："我以前不知道，中原人难治如此。"

想当初，辽太宗的母亲大人述律太后，曾经警告过儿子。述律太后见太宗野心勃勃，讨伐中原，牵挂地问太宗："如果汉族人到胡地来做主人，行吗？"

"这怎么可以？"太宗讶异地望着母亲，很奇怪她有此一问。

"好，你既然知道，为何你要去做汉主呢？"

"石重贵负恩背义，安能容得？"太宗不服气道。

述律太后两眼一瞪，指着太宗说："你今天虽得汉地，万一不能统治，悔之晚矣。"接着又说，"汉儿如能回心，我们还是与之谋合算了。"

辽太宗不肯听母亲的话，因为他自认与父亲辽太祖一般，精通汉文化。

辽太祖不但任用韩延徽等汉人，而且偷偷学会了汉话。他曾经无心之中，对姚坤说溜了嘴道：“我能讲汉语，但是绝口不言，免得其他人效法，惧怕汉人。”

辽太宗也下过一番功夫了解中原。他入主中原时，不可一世地夸口：“中原事，我皆知之，我国事，汝曹不知也。”汝曹即为“你们”的意思。

太宗虽然略知中原皮毛，他内心深处依然不敢信任汉人，他所派出的节度使，高级官员全部都是辽人。辽人不会讲汉话，其间沟通要仰赖翻译。这些担任翻译的汉人，大半都是流氓无赖，趁机会欺负百姓，逼得百姓一股一股起来造反，使得太宗头大极了。

当了中原皇帝，最叫太宗难以忍受的是天气，水土不服，难过极了。黄河流域的气候，到四月之后，对习惯冰天雪地的契丹人而言，已经是“天热暑湿，水土难居”。等到了六月、七月，那更是不堪忍耐。

同时，辽人是骑在马上长大的，过不惯城市生活。辽太宗自知中原人民不服，待不下去。与其将来被赶走，有失面子，还不如找个借口下台，自动回去。他召集百官宣布：“天气太热了，我是北方人，不适合南方气候，我要回去避暑。”

当他出发回去时，心中无比畅快，喜滋滋地说：“我在上国以射猎为乐，至此令人悒（yì）悒，现在得以归返，死无恨矣。”

辽太宗来不及回去狩猎，走到半路临城（河北临城），忽然得病而死，享寿不过四十六岁。左右人惟恐天气热，尸体会腐坏，把太宗的肚子剖开，放入数斗盐巴。当时，汉族人称辽太宗的遗体为“帝羓”（乃腌肉也）。

偏怜之子不保业

谁也没有料到，身体棒得像一头牛的辽太宗，竟然会得了急病，一命归天。辽太宗在死时并未留下遗诏指定继承人，因此军中一片忧心忡忡，不知道如何是好。

其中北院大王耶律吼首先提出这个问题。他说："天子大位不可一日空悬，若是请命于太后，必属李胡。李胡暴戾（lì）成性，残忍异常，如此一来，大家的日子就不好过了。"

这李胡是谁呢？在前面《耶律德光捡木柴》篇，我们说过，辽太祖与述律后生了三个儿子。老大耶律倍，老二耶律德光（辽太宗），老三耶律李胡。述律后偏心，太祖死后，把皇位传给了耶律德光，老大只好出奔。

李胡虽然品行不佳，不过因为他是老幺，述律后特别宠他。因此假如述律后（如今改称述律太后了）知道这件事，一定会做主把皇位传给李胡。

既然人人不满意李胡，决定暂且先隐瞒太后有关太宗暴毙之事，先拥立兀欲为皇。兀欲乃老大耶律倍的儿子，当老大出奔国外，他并未随行，反而自动留了下来，所以太宗特别喜欢他，把这个侄子看成亲生儿子。

据史书中记载，兀欲很有人缘，慷慨大方，礼贤下士。太宗曾经赐给他数千匹绢锦，他居然在一日之间，全部分赠属下，因此收服不少人心。

兀欲对这个突然自天而降的皇位，颇有几分犹豫，左右的人纷纷劝他："……天下属意，多在大王，倘若不能当机立断，日后，必然后悔莫及。"

同时，臣子们都还记得，当初辽太祖死后，述律太后为了稳固政权，一口气扑杀了许多将领（请参考前面《述律后不让须眉》篇）。这会儿，辽太宗去世，谁又知道述律太后会不会旧戏重演，再杀一些将领殉葬。所以将领们异口同声拥立兀欲，想用这个孙子与祖母抗一抗。

于是兀欲正式在恒州登帝位，是为辽世宗，同时正式发丧，为太宗举哀，并且派人把太宗灵柩运往上京。

厉害的述律太后现在才知道老二死了，老大的儿子兀欲自作主张当了皇帝，气得大发雷霆："弃国南奔（指老大人皇王）的儿子怎能为我国主，而且不和我商量？"立刻命令李胡出战。

李胡心狠手辣，先把世宗的臣僚家属扣留当人质，然后，放出狠话："如果此战不克，我先把人质杀光。"

辽国上上下下，眼看一场祖母与孙子的大战即将开始，都在摇头叹息："再这样下去，那就是父子兄弟一块同归于尽了。"

在辽朝，有个很有学问的人，名字叫耶律屋质，精通天文地理，上上下下都尊敬他。耶律屋质决定当一个和事佬，调和双方。

他先去找火冒三丈的述律太后，很坦诚地对太后进言："李胡是太后的儿子，世宗是太祖的孙子，无论哪一个继承皇位，宗庙社稷都不会变，何苦要双方开战，损伤国家的元气？"

"假使，我有意和解，谁为使者？"述律太后的口气有些软化了。

"如果太后不疑臣，臣愿前往。"

因而，太后派耶律屋质为使者，前往与世宗谈判。

世宗先是不肯，他倨傲地说："没有什么好谈的，朕统率的大军，是何等精锐的部队，那些个乌合之众，凭哪一点与我对抗？"

屋质停顿了一会儿，沉重地说："即使他们打不过你，骨肉相残，毕竟不是一件好事。再说作战的结果，到底如何，胜负尚未可知。就算你打赢了，你的家小都扣在李胡手中，为了妻儿这一点，也应当和解。"

屋质这一番话，讲得合情入理。他这么一分析，本来摩拳擦掌准备大

辽人生活图，内蒙古自治区哲里木盟库伦旗辽墓壁画。

干一场的将领，一个个都低下了头，默默地沉思不语。

最后，世宗抬起头来，定定地望着屋质：“当如何和解？”

屋质回答：“应当与太后相见，开诚布公。”

在屋质的来回斡（wò）旋之下，祖孙决定谈判，一见之下又互相攻击，毫不相让。多亏屋质两边说好话，才消除了一些火药气息。

述律太后说：“今日战争虽免，而神器（皇帝大位）究竟属谁？”

李胡在旁赶紧嚷嚷：“今有我在，兀欲何德立为天子？”

屋质摇摇头说：“礼法上有传给长子，不传给弟弟一说，何况你暴戾残忍，人多怨恨，人情不可夺也。”

述律太后气得捶胸：“你听听，不是我不帮你，你自己不成材。想当年我与你父亲最宠你，这正是应了俗话‘偏怜之子不保业’，你是自作自受啊!”

“偏怜之子不保业”的意思是说，父母最宠爱的小孩，往往不能保全祖业。

辽兴宗与宋仁宗互赠字画

经过一场政治斗争，辽世宗登上了帝位，以后经过穆宗、景宗、圣宗，传到辽兴宗。

此时的辽朝，经过长时期汉化，逐渐与中原倾向和睦，虽然自从富弼之盟以后，宋朝仍然每年要给辽银二十万两、绢三十万匹。

辽兴宗其人，据说还带有一些汉人血统，除了晚年与西夏发生战争外，倒是安安稳稳当了二十多年的太平天子。他多才多艺，擅长绘画，平日雅好游山玩水，尤其钟情于钓鱼。

为了表示自己是风流雅士，他曾经亲手画了一只鹅，浮游在碧波荡漾中，送给宋仁宗。宋仁宗接到画，自然不能示弱，立刻命人磨砚台、铺宣纸，洋洋洒洒写了几个字，而且是不容易写得好的飞白体回赠。彼此之间用书画往来，倒是极为脱俗的文化交流。

由于辽朝逐渐有文化，汉人也不再以夷狄视之，办外交的富弼就曾经说过："自从契丹取得燕蓟以北之地，他们得中原土地，仿中原官属，任用中原贤才，饱读中原诗书，实行中原法令。可以说，中原有的，他们都有，契丹所有的劲兵骁将，反而是中原所没有的。"因此，富弼主张采取理智的态度，运用外交手段，维持与强敌良好的和平关系。

宋朝积弱不振，自知武力不敌，因此希望"以德怀远"——用道德来怀柔感化远方的人。

为了互相表示自己有文化，两国之间交聘的使节，也是千挑百选，而且经常以文人学者出使，以期不辱没国体。

辽兴宗去世了，辽道宗即位。新皇登基，辽朝经过再三考虑，决定派遣亲贵萧谟鲁及翰林学士韩运来通知宋朝。

当此二人率领的代表团一到，满朝文武啧啧称赞“好得很”“进退应对有礼貌”“有涵养”。那么，宋朝方面该派谁前往道贺？

想来想去，最后推派了文章道德首屈一指的欧阳修出马。辽朝听说欧阳修要来，也觉得极有面子，十分高兴。

当欧阳修出使，来到契丹，契丹派出四位贵臣相迎，所到之处，大受欢迎，而且，满朝大臣热热烈烈设宴款待。欧阳修自己也没有料到，竟然会在北朝受到如此重视，心中万分感动。

辽朝官员特别对欧阳修道：“如此款待你，并非本朝规矩，而是因你的文名满天下，我们特别看重你。”（请参考前面《庭院深深深几许》篇）

辽兴宗生前，曾经自己画了一幅自绘像奉献给宋朝皇帝，并且要求宋主也回送一幅像，作为兄弟友好的表示。宋朝嘉祐三年（道宗清宁四年，1058年），宋仁宗遵守承诺，也派人带了肖像，送给契丹。

辽道宗看到宋仁宗的御容，特别把这一幅肖像恭恭敬敬供奉在庆

宋仁宗赵祯，选自《乾隆年制历代帝王像真迹》。

州的庙堂之中，早晚膜拜。后来，当宋仁宗去世，讣（fù）闻送到契丹，辽道宗竟然还狠狠地痛哭一场。

在当时，辽朝不但皇帝附庸风雅，皇后亦是知书达礼，辽道宗的皇后——宣懿皇后就是历史上有名的才女。

宣懿皇后姓萧，事实上辽朝每一个皇后都姓萧，一共有十三个萧皇后。像一开始的述律后是个厉害的萧太后，与杨家将作战的萧太后，更是历史上为人们所熟知的女豪杰。

宣懿皇后是个不折不扣、花容月貌的美人儿，从小背诵诗书，涉猎经书、子书。长大以后，姿容端丽，不但人美，更有一份神圣不可侵犯的气质，因此人们称之为观音，因为看到她，就使人想起大慈大悲的观音菩萨。

长大以后的宣懿皇后，更加显现出不凡的才华。她会作诗，喜爱书法，能自己写歌词，喜欢弹筝，更弹得一手好琵琶，可以说是才貌双全。

辽道宗一见到宣懿后，马上就爱上了她。当时道宗年仅二十一岁，还没当皇帝，只是以兵马大元帅与闻朝政，小夫妻相当恩爱。

辽清宁二年（1056年）八月，辽道宗前往秋山打猎，宣懿后率妃嫔随行。到了伏虎林，道宗停下来，对她说："你何不赋一首诗助兴？"

宣懿后倒真是不含糊，随即应声朗诵道："威风万里压南邦，东去能翻鸭绿江。灵怪大千俱破胆，哪教猛虎不投降。"

道宗大喜，拿着皇后所作的诗，不断地在群臣面前炫耀，不停地说："皇后可谓女中才子。"

第二天，打猎继续进行，道宗意兴飞扬，不可一世。正在此时，一只猛虎蹿上前来，道宗曰："朕必射得此虎，方不负皇后昨日之诗。"说着，一支箭飞快射出，不偏不倚直入猛虎心脏，老虎应声而倒，众人兴奋地拍手叫好，群呼："万岁，万岁，万万岁！"

清宁四年（1058年），宣懿后生下皇子浚（jùn），是为昭怀太子。太子很小便会讲话，聪明伶俐，而且好学知书，道宗打心眼里疼爱他，在他六岁那年，封为梁王。辽道宗拥着娇妻爱子，幸福无边。

耶律乙辛吃太阳

辽兴宗去世以后，辽道宗即位，他娶了才貌双全的美人儿，立为懿德皇后（后被追谥为宣懿皇后），并且生下一个幼而能言、好学知书的昭怀太子，可谓妻贤子孝，集人生幸福于一身。

然而，很可惜的是，历史上记载辽道宗与宣懿皇后的婚姻，并不像外国童话故事中形容的“王子公主结婚后，一辈子过着快乐美满的生活”。

这是怎么一回事呢？原来人是会变的，道宗即皇位之初，确实是求直言，访治道，劝农兴学，救灾恤患，很有一番作为。

但是，当一个好皇帝太辛苦了。渐渐地，道宗没有兴趣打起精神做事，尤其到了晚年，更有倦勤之感。

譬如在寿昌初年，辽道宗每回想到该用何人为何官，如何才能选择适合的官员，就满肚子的厌烦。有一天，他竟然灵机一动，将大臣们召集来扔骰子，看谁的红点最多。

一扔之下，耶律俨的红点第一，辽道宗很高兴，举起耶律俨的手说：“这是上相之征也。”于是，辽道宗任命耶律俨为参知政事，让他做了宰相。国家用人大事，糊涂至此，也真是够瞧的。

辽道宗不喜政事，醉心于狩猎，每次打猎，总是一马当先。他骑着一匹快马叫作“飞电”，这匹飞电可真快如闪电，瞬息百里，一会儿工夫就不见了。

道宗时常骑着飞电，快马加鞭跑入深林邃谷之中。他的随从们追得气喘如牛，还是跟不上，好不容易也到了森林，却又不知道宗在何处，着急得满头大汗，深恐道宗身边没有警卫人员，会因此而发生不测。辽道宗本人却非常喜欢这种捉迷藏游戏，每隔不了多久，就游兴大发。

在上一篇之中，我们说过，宣懿皇后曾以“哪教猛虎不投降”来赞美道宗的身手。不过，在宣懿后心目之中，狩猎乃偶然为之之事，像辽道宗这般不理政事，又时时冒不必要的危险，实在太不应该了。

宣懿后由于自小饱读诗书，她决心要效法唐太宗时，长孙皇后与徐贤妃对皇帝上谏。她对道宗说：“你一个人骑着快马，深入森林，万一遇到什么猛兽，那真是不堪设想，我深深为国家感到忧虑。”

辽道宗表面上唯唯诺诺，表示嘉许之意。事实上，他对宣懿后一而再、

辽人出行图（局部），内蒙古自治区哲里木盟库伦旗 1 号辽墓北壁壁画。

再而三的劝谏，可是厌烦透顶，这就是忠言逆耳也。自然而然地，道宗对宣懿后的感情日益淡薄。

还有一点，宣懿后小字观音，是端庄典雅之人，她曾经看不惯皇太叔耶律重元之妻，搔首弄姿、妖里妖气的模样，当面指责重元的妻子："你既为贵妇，何必如此！"

由此可见，宣懿后是个比较严肃的女子，也许这也使得夫妻之间愈隔愈远。宣懿后心中颇为苦闷，遂寄情于音乐诗词。

这种情形，看在别有用心的人眼中，就成为可以利用的时机，其中之一是辽朝的大奸臣耶律乙辛。

耶律乙辛，父亲名叫耶律迭（dié）剌，因为家里太穷了，时常断粮，部落中的人称他为"穷迭剌"。

据说，耶律乙辛的母亲怀他的时候，晚上做了一个梦，梦里面她与一只羚羊搏斗，硬生生把羊的两只角和尾巴拔掉。到底是游牧民族的女子，才会做如此勇猛的梦。

梦醒了以后，她觉得十分怪异，请人去解梦。占术者告诉乙辛的母亲："这个梦大吉大利，你想想看，羊去掉上面两只角和尾巴，那是什么字？"

"王啊。"

"对，这表示你生下的这个小孩，将来要当王。"

耶律乙辛的母亲听了好乐。等到乙辛诞生那天，她正在路上行走，匆匆产子，正愁没有水为婴儿擦身子，忽然地上喷出一股清泉。大家都说，这个孩子福大命大。

耶律乙辛从小聪明慧黠（xiá），很有辩才，却心术不正。有一回，父亲迭剌命他带羊去吃草，乙辛偷懒，在牧场上睡着了。迭剌跑出来找他，找了半天，才发现乙辛正在呼呼大睡。

迭剌很生气，一巴掌打过去，把乙辛从梦中惊醒，看到迭剌的愤怒模样，知道少不了要挨揍，他立刻编了一套戏词：

"是什么人，惊扰了我的好梦？我正梦到有人拿了月亮、太阳要给我吃，我已经把月亮吃完了，太阳吃到一半竟然被打断了，可恶！”

迭剌看呆了，十分害怕。他想，乙辛打从在娘胎开始，就显出种种不凡，万一乙辛真是通灵，打扰了他吃太阳，那真是罪过罪过。

乙辛长大了，这个从小说谎的小朋友，长得倒是一表人才，十分英俊，人见人爱。辽兴宗非常喜爱他，兴宗皇后也命他为补笔砚吏。

道宗即位以后，更加重用乙辛，先后任命他为南、北院枢密使，更赐为匡时翊（yì）圣竭忠平乱功臣。由于道宗昏庸，乙辛方便弄权，每天往他家大门送礼物的络绎不绝。凡是巴结乙辛的，都能有权有势，不屑与之为伍的都被斥窜。

到了太康元年（1075年），道宗宠爱的昭怀太子耶律浚已经十九岁了，并且也已结婚生子。由于太子浚十分英明，耶律乙辛十分忧愁，他遂决定利用宣懿皇后与辽道宗的感情疏远，设下毒计。

宣懿皇后与《十香词》

辽道宗与宣懿皇后结婚以后，双方因为互相了解而日趋不合，因此从小善于扯谎的奸臣耶律乙辛准备伺机而动。

宣懿皇后雅好诗词，她所写的绝妙好词（如《回心院词》《绝命词》）迄今犹为人们传诵。此外，宣懿后弹得一手好琵琶，她十分欣赏伶官赵惟一的曲调，时常宣他进宫，共同研究音韵。

耶律乙辛知道这件事，决心加以利用。他买通了宣懿皇后的贴身侍卫，以及两个女乐工，出来指认皇后与赵惟一要好。

这一状告到道宗那儿，道宗大为震怒，把宣懿皇后叫来问案。

宣懿皇后哭得泪涟涟道："这怎么可能？我身为皇后，已是妇人登峰造极之境，现在不但有了儿子，还有了孙子。儿孙之前，我哪会做出这种不名誉的事？"

道宗不相信皇后，从衣袋中掏出《十香词》，丢在地上道："这不是你写的吗？"

其实，《十香词》并不能代表什么，何况有后人查证，《十香词》太过鄙俗，不像出自宣懿后之手。

道宗再次命令耶律乙辛："你给我仔仔细细地调查！"

不多时，耶律乙辛很得意地把证据找到，当面呈给道宗。

道宗一看，原来是首词——"宫中只数赵家妆，败雨残云误汉王。惟有知情一片月，曾窥飞燕入昭阳。”

道宗看完了，狐疑地问：“这首词是皇后骂赵飞燕的，有什么不对？”（赵飞燕如何误汉王，请参考本书前面讲过的故事。）

耶律乙辛遂进一步向前对道宗曰：“‘宫中只数赵家妆’中有个‘赵’字，‘惟有知情一片月’中又有‘惟一’两个字，这前后加起来，不正表示皇后心中只有赵惟一一人？”

老实说，这样的文字狱不通之至，却把本来怒火冲天的道宗气得发抖，他立刻下令：“即日诛赵惟一，并赐后自尽。”

命令一颁布，昭怀太子浚及几位公主，一块下跪，披头散发，哀求愿意代母一死。

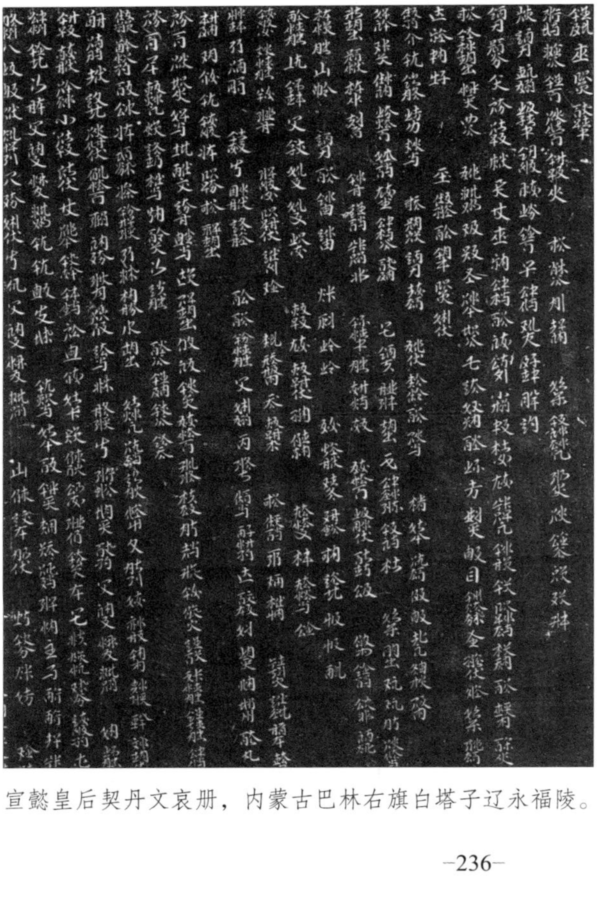

宣懿皇后契丹文哀册，内蒙古巴林右旗白塔子辽永福陵。

道宗丝毫不为所动，他生气地说：“朕君临天下，臣妾亿兆，竟然不能防止一妇人对我不忠心，我还当什么天子？”

于是，可怜的宣懿皇后就以一匹白练上吊而死。死了以后，辽道宗的怒气犹未消，他命令把皇后尸体剥去衣服，赤身裸体包裹在一张草席之中，送回宣懿后的娘家。

宣懿皇后死得这般悲惨，识与不识的人都同声哀悼，昭怀太子哭肿了眼睛，发疯般地满地乱滚，并高声发誓：

“杀我母亲的是耶律乙辛，他日不诛此贼，不为人子！”

平心而论，若是以当时宋朝人的眼光看这件事，宋朝的妇女是大门不出，二门不迈。宣懿皇后堂堂一朝之后，竟把一个大男人伶官唤入后宫，研究曲谱，单单这一点就死有余辜了。

不过，我们要知道，宣懿后虽然有才情，会作诗，毕竟仍是契丹人。契丹草原文化与中原儒教文化大不相同，所以以契丹人的标准，伶官赵惟一随便出入宫闱，并不是一件奇怪之事。

言归正传，昭怀太子在母后被害以后，内心十分激愤，脸上也总笼罩着一层阴影。他心忖，自己身为总领国政，兼知南北院枢密院事，整个国家，除了皇帝，数他最大。他居然不能救活自己的母亲，让母亲受冤而死，而且背不名誉的秽声，愈想愈窝囊，整日忧虑，该如何才能报仇。

耶律乙辛做了坏事，也担心昭怀太子一朝登上帝位，他这条小命不保。

于是，乙辛想出一条美人计。他入奏辽道宗：“皇帝与皇后有如天地并位，中宫岂可久旷？”然后介绍萧坦思这位美人儿给皇帝。

太康二年（1076年），萧美人选入掖庭立为皇后，耶律乙辛打的如意算盘是：希望新的萧后赶快为道宗生一个儿子，就可以把昭怀太子废了。

这位新萧后人长得漂亮，才能却平庸，辽道宗看久了就看厌了，她也没有生下皇嗣。

耶律乙辛的计划泡了汤，心里七上八下。碰巧此时有个名叫萧忽古的护卫，具有侠义心肠，他看不惯耶律乙辛狡佞残忍，诬害皇后，悄悄躲到桥下，准备暗杀乙辛。

可是，偏不凑巧，一场暴风雨把桥毁坏了，萧护卫的计谋败露，被捕下狱。

这场桥下惊险，使乙辛益发不安，他手下狼狈为奸的心腹也提醒乙辛：“今臣民之心，均属于太子，公非阀阅之家，太子一旦即大位，我辈尚有容身之地乎？”

乙辛愈想愈发毛，决定采取进一步的行动。

昭怀太子的冤屈

奸臣耶律乙辛诬陷宣懿皇后和宫廷伶官赵惟一要好，糊涂昏庸的皇帝——辽道宗未加明察，怒火中烧，赐宣懿皇后以白练自尽。

宣懿皇后忍辱含泪，写了一首流传千古的《绝命词》之后，关起宫门，上吊而死。

宣懿皇后死后，昭怀太子夜夜不得安眠，朝思暮想如何除去耶律乙辛这个大奸臣，为含冤而死的母后报仇雪耻。偏偏耶律乙辛在辽道宗面前，永远是那么恭顺，那么善解人意，以至于朝中好人一空。凡是巴结者，皆获荐擢，忠直者，无一不被斥窜。

乙辛当然知道太子对他恨之入骨，也非常清楚，万一道宗归天，昭怀即位，必然要剥他的皮，吃他的肉。狡诈的乙辛想出一条毒计。

他派了萧讹都斡假装前去自首道："臣前次曾经参加杀害皇上，谋立太子的阴谋，惟恐一旦事发受到株连，因此，特别前来请求赐罪。"

在中国古代，皇帝乃神圣不可侵犯，具有绝对的排他性，不能容许任何人染指。所以，道宗一听之下，龙颜大怒，立刻传旨，严刑鞠治。

这一下，正中乙辛下怀，他把萧讹都斡口中"供出"的同谋，一个一个五花大绑。在犯人脖子上系一根绳子，绳子上面，绑上重物，猛地一抽，脖子给勒得不能出气，脸色发白。

乙辛传令"松绑"，然后再重施故技，人人不堪其酷刑，惟求速死。乙辛遂得意洋洋上报道宗："别无异辞，确实有此计划。"

既然犯人都招了，立刻处死，死后且不准掩埋，以至于远远就可闻到一股尸臭，悲惨极了。

下面该轮到"主谋"——昭怀太子了。刑官先狠狠打了太子数十大棒，把太子打得昏天黑地，口角流血，用种种刑求逼迫太子招供。

昭怀太子此时真是心灰意冷，仿佛看到母亲宣懿皇后在天国召唤，他缓缓地说："我既然已经被立为储君，尚复何求？为什么还要造反？望你们为我辩之。"

这句话说得一点儿也不错，古来，虽然也有太子谋反之事，不过那都是当太子不稳，为求自保，不得不起兵造反。

昭怀太子并没有这种情形。虽然，乙辛曾经在宣懿皇后被害以后，介绍萧坦思给道宗当皇后，但是这位新后并没有为道宗生下皇嗣，当然不构成对昭怀太子的威胁。辽道宗如果脑筋稍稍清楚一些，就会了解这是乙辛之诈。

可叹的是，道宗对乙辛一直深信不疑，对他信任的程度，竟然超过自己的亲生儿子。因此，当乙辛把太子的口供更改为"准备废父皇，而由自己登位属实"呈报给道宗，道宗想也不想，立即下诏，废太子为庶人（平民），关在上京圜（yuán）堵之中。

乙辛怕夜长梦多，不久之后，派人把昭怀太子害死狱中，其年只有二十岁。然后向道宗报告，说太子是生了重病，回天乏术。

太子一死，乙辛及其同党见后患已除，乐得痛饮数天。道宗听说之后，很不高兴，对于上一回杀害宣懿皇后，他是出于妒忌，冲动之下逼杀皇后。但是，对于昭怀太子，自己的亲生骨肉，即或废为庶人，也没有要他死的道理。所以，道宗命令官吏把太子葬在龙门山。

道宗对自己的莽撞，颇有悔意，诏命太子妃入宫，想要安慰安慰她。心狠手辣的耶律乙辛，担心太子妃会说出太子是如何被陷害而死，一不做，二不休，把太子妃也一并杀了灭口。

辽侍吏图，河北宣化下八里辽张世卿墓壁画。

这一会儿，乙辛已杀害了宣懿皇后、太子、太子妃三个人。他还不放心，因为太子留下一个小儿子耶律延禧，如果不杀，毕竟仍然是个遗祸。

道宗太康五年（1079年）正月，辽道宗出外打猎，耶律乙辛上前一步奏曰：“皇孙年纪尚幼，请求留在宫中。”他又在打坏主意了。

这时，忠臣同知点检萧兀纳上谏：“陛下若是听从乙辛之意，留下皇孙，皇孙尚幼，左右无人，愿留臣保护，以防不测。”

道宗此时心中有些儿明白了，遂带着小皇孙一块去打猎，开始对乙辛起了怀疑。

过了不久，道宗再度前往黑山打猎，猛一回头，发现大伙儿都跟在乙辛后面，御驾身旁，反而没有几人，心中厌恶不已。回来之后，道宗降乙辛为混同郡王，不久，又改派为兴中府事，从京官贬为地方官。乙辛是个不安分的人，竟将宫中的宝物售给外国。道宗下诏，以铁骨朵（大概是脚镣之类的刑具）囚禁在来州，乙辛仍然想造反。最后，道宗下令缢杀之。

乙辛死了，但是道宗心爱的宣懿皇后、太子、太子妃也全赔上了一命，晚年的道宗在伤心与悔悟中度过。他为了弥补罪孽，对皇孙耶律延禧倍加宠爱。但是他过度溺爱皇孙，反而助成后来皇孙当上皇帝（天祚帝）以后的颟顸（mān hān）骄纵。

天祚帝寻觅名鹰

辽道宗误信奸臣耶律乙辛的话，把宣懿皇后、昭怀太子、太子妃先后杀害。后来，道宗发现自己上了当，十分后悔。

也许是基于一种悔恨交加的心理，辽道宗晚年，对太孙延禧倍加疼爱。

太孙延禧是辽朝耶律阿保机建国之后第九代皇帝，也是最后一位皇帝。他是道宗的长孙，汉名为延禧，小字阿果，昭怀太子的长子，史称为天祚帝。

天祚帝的幼年，实在过得相当悲惨，遭遇到骨肉巨变，名为皇孙，却是一个没人疼爱、孤苦伶仃的小可怜。

在天祚帝出生那一年，太康元年（1075 年），他的祖母——宣懿后被奸臣耶律乙辛陷害，诬指她与宫中伶官要好，他的祖父——道宗一怒之下赐死宣懿后。

过了两年，天祚帝尚在襁褓之中，他的父亲昭怀太子，也因乙辛之故被废、被囚，最后甚且被乙辛暗杀了，而且毁尸灭迹，连尸首都找不到，宫中一片愁云惨雾。

更可悲的是，天祚帝的母亲，昭怀太子妃，有一次被公公道宗召见，准备追问太子死亡的经过。这当然是奸臣们所不愿意的，一不做，二不休，乙辛又把太子妃杀了灭口。

在这一连串的人间悲剧中，天祚帝与妹妹延寿公主乏人照料，借住在一个忠臣萧怀忠家中。后来，道宗终于迷梦清醒，才派人把天祚帝带回宫中。据史家研究，天祚帝兄妹二人的童年，实在是一页赚人眼泪的“孤儿流浪记”。可惜史料缺乏，我们不能得知其间详细的情形。

天祚帝入宫以后，道宗对这位小皇孙宠爱万分。年纪大的人，本来容易疼爱孙子，再加上孙子的父亲、母亲、祖母，都是因为做祖父的糊里糊涂而丢掉了性命。为求心理的补偿，道宗对天祚帝是要什么，给什么。

天祚帝在六岁那年，被封为梁王，后被封为燕国王，等到稍稍懂事，即被任以尚书令，授天下兵马大元帅。

想当初，道宗误信耶律乙辛的谗言，赐死宣懿皇后之后，乙辛立刻介绍一位大美人给道宗，是为新的萧后（辽朝所有皇后都姓萧）。如今，道宗为着表示忏悔的诚意，当他决定把天祚帝当皇嗣的同时，降新后为惠妃。这一连串亲爱的表示，都是为了悔过。

在悔恨与惋惜的心情之中，道宗含饴（yí）弄孙，度了晚年。寿昌七年（1101 年），驾崩于行宫之中，享年七十，遗诏天祚帝嗣位。这一年，天祚帝二十七岁。

就像武侠小说之中的“杀父之仇，不共戴天”，天祚帝即位以后第一

辽道宗契丹文、汉文哀册。

件事就是报仇。虽然此时耶律乙辛早已去世，但他恨透了乙辛，不甘就此罢休，于是下令开棺戮（lù）尸。乙辛的家属，分别被赐给被害人当奴隶。乙辛的党徒及其子孙，都被派往边疆充军。

冤有头，债有主，天祚帝总算痛痛快快为祖母、父母报了大仇。

可叹的是，他亲眼看见祖父道宗，因为不信忠言，落到懊丧痛苦，家破人亡的惨事，却不能记取教训，照样地，步上道宗昏庸的后尘。

天祚帝小时候，最喜欢与祖父道宗一块儿去打猎。自己当上皇帝以后，更是终年打猎，不理会政事。道宗时，曾有才女宣懿后写词，规劝道宗不要沉迷于骑射游猎，无独有偶，天祚帝的文妃也有才智，擅长歌诗。她眼见天祚帝畋（tián）游无度，不恤政事，贬斥忠臣，内心十分忧伤，曾作《忧国诗》讽谏，天祚帝看也懒得看一眼。

因为喜爱打猎，天祚帝对海东青简直着了迷。

什么叫作海东青？海东青是一种名鹰，俊逸绝伦，一飞千里，普通的鹰、鹯（zhān）、雕、鹗之类，根本比不上。海东青的体型小巧玲珑，威力无穷，尤其善于捕天鹅、鹅鹜（wù）。特别是一种白爪的海东青，漂亮极了，辽朝人视之若宝。

除了海东青相当名贵，还有一种“玉爪骏”也相当不错，这两种鸟都产自黑龙江下游及附近海岛一带，那儿当时为女真部族的居住地。

女真这个部族，在中国古代名为肃顺，汉朝时称为挹（yì）娄，南北朝时称为勿吉，隋

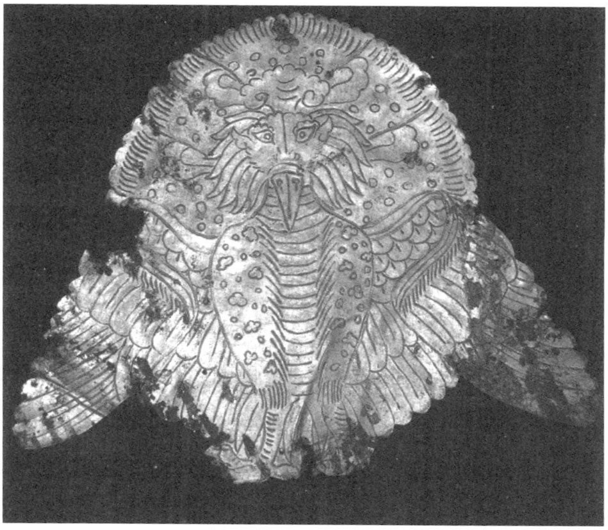

海东青鎏金铜饰片，内蒙古自治区赤峰市辽墓出土。

唐时称为靺鞨（mò hé），五代时期才开始名为女真。

辽朝历代的君王贵族都爱打猎，都酷嗜海东青，当国势强大以后，千方百计寻求海东青。每年都派遣使者，要求索取海东青。天祚帝尤其贪婪，百般索求，女真实在不耐其烦。

海东青既然为鹰中之最，哪里是容易被逮着的？可是辽朝却每年都要征集海东青，驱使女真官民，限期寻获。假如哪个部落不肯听命，立刻吊起来打，甚且活活打死，女真实在是敢怒不敢言。

辽朝派去的搜鹰特使，称为“银牌天使”。这些“天使”到了女真，看见美女就抢，即使美女有了丈夫或出自贵族之家都不管，女真人恨之入骨。

再加上，女真产有北珠，又名东珠，乃人间稀少罕见之大珍珠。在宋朝宫廷之中，北珠也是最受欢迎的宝贝，据说大如酸枣，晶莹明亮。北珠产在辽东海中，在北方九月、十月，冰已厚有数尺，辽人命令女真人凿冰采珠，采到了北珠，人也奄奄一息了。

由于天祚帝的横暴，更因为他蛮不讲理寻求海东青，引发了辽与女真之间的大战。

阿骨打不戴盔甲出征

辽朝天祚帝童年经历人间惨事，即位以后却不知记取教训，荒淫无道。他热衷于打猎，屡屡向女真族要求一种名叫“海东青”的名鹰，把女真族闹得四季不得安宁。

辽天祚帝大概是体力旺盛，除了打猎，还要钓鱼。

天庆二年（1112年），天祚帝来到春州（吉林长春），在混同江钓鱼。他一个人钓鱼，没有意思，还找了许多邻人相陪。女真酋长，凡在千里之内者，都得前来朝贺。

某一天，天祚帝钓得了头鱼，认为是大吉大利，立刻下令“开头鱼宴”。头鱼宴热闹非凡，酒过三巡之后，天祚帝忽然兴起，他规定，每一位随从官属及女真酋长依次起立歌舞，作为余兴节目。

由于赴宴者多半都缺乏歌舞细胞，有的唱歌唱得荒腔走板，有的跳舞跳得惨不忍睹。天祚帝笑得前仰后合，乐不可支，过足了皇帝的瘾。

最后，轮到女真族的完颜阿骨打，他直挺挺地坐在位置上，眼睛注视着前方，一副神圣不可侵犯的模样，冷冰冰地回答：“我不会舞。”

天祚帝一连请了三次，阿骨打依然端立直视，昂然不遵。天祚帝气坏了，没见过这般别扭的人，好好的一场头鱼宴，天祚帝乘兴而来，败兴而归。

混同江归来以后，天祚帝余怒未消，想起完颜阿骨打那种“说不肯，就不肯”的倔强模样，心里头就像烧旺了一盆火。他对萧奉先说：“阿骨打这般跋扈，我算是认识他了，可以派他去边疆，找个机会，杀掉算啦！”

萧奉先不同意，他低头默想了半天，抬头道：“这个不妥当吧，他是一个粗人，不知礼仪，在所难免，也没有犯什么重大过失。若是为了不跳舞的理由杀掉他，恐怕伤了四夷归化之心。”

“并且，就算阿骨打有什么野心，蕞（zuì）尔小国，又能有什么作为？”萧奉先的一番分析，暂时平息了天祚帝一股怒气。但是，同样是满肚子不愉快的阿骨打，他可没有这么容易忘却头鱼宴之耻。

完颜阿骨打是何许人呢？

这位后来成为金太祖的完颜阿骨打，是完颜部酋长劾里钵第二个儿子，母亲是拿懒氏。据说拿懒氏在怀孕时就发现这个胎儿很重，生下来以后，果然是一个特大的超级婴儿。在阿骨打上头，还有一个哥哥名叫乌雅束。

阿骨打幼年时代，与儿童们游戏，就显得特别沉稳庄重。十岁左右，他开始迷上弓矢，擅长骑射，曾经三发三中天空中的群鸟。一箭射出去，可以拉开三百二十步之遥。众人拍手叫好，阿骨打脸上却没有半点喜悦的表情，完全一派少年老成的模样。

女真骑马武士砖雕。

当阿骨打二十三岁之时，不但弓马冠绝常人，而且有一个特点，无论迎战任何敌人，从来不戴盔甲，族人都交口称赞，夸为英雄。

从此以后，不戴盔甲，肉身上阵，成为阿骨打独一无二的标帜。不但他本人以此自豪，族人也每每拿这件事向他族炫耀。

阿骨打在讨伐萧海里之战中，渤海留守特别送他一件相当名贵、用上好皮革制成的盔甲。阿骨打接过盔甲，左谢右谢，然后把盔甲小心收藏好，依然搁置不用。

阿骨打的叔叔盈哥好生奇怪，他把这个年轻矫健的二十三岁的侄子找来问话：“你到底为什么不肯穿上盔甲，保护自己？总该有一个理由吧。”

“我坚持一贯原则，不用盔甲，何况，穿上渤海的甲胄作战，就是赢了，也是因为他人的甲胄而成功，算不得英雄。我要用自己的力量与敌人拼，不需要他人相助……”

盈哥看到阿骨打豪气干云、神采飞扬的模样，拍一拍他一块块练得很紧的肌肉，赞美道：“好，有种，当年你父亲在世之时，曾经对我说过，将来阿骨打这个孩子，足以了却契丹，看来确是如此！”

阿骨打不只是用兵如神，战阵攻取，无敌当世，他对于笼络人心，也有一套办法。

阿骨打的叔叔盈哥死后，继位者不是阿骨打，而是阿骨打的大哥乌雅束。

在乌雅束当政时期，阿骨打担任都勃极烈，就是大贝勒。有一年，女真族闹灾荒，五谷不登。事实上，女真地狭产薄，人民生活本来就很困苦，因此，许多民众被迫当了盗贼。

有人主张乱世用重典，用严刑峻法对付盗贼。阿骨打反对，他沉稳地分析道：“这些暴民并非心存不轨，有意为乱，实在是生活太苦，被逼得打家劫舍。”

因此，阿骨打建议，采取宽简政策，以釜底抽薪的办法，豁免一切租税，准许人民三年不纳粮，反正此时民不聊生，硬榨也榨不出多少钱财。如此一来，远近归心，盗贼自息。

另一方面，辽天祚帝荒淫无道，国内叛乱时起。天祚帝解决问题采取的办法是：恢复投崖炮掷、钉割脔（luán）杀的酷刑，甚且把犯人的心肝取出来，用以祭拜祖先。

辽与金两相对照之下，阿骨打更燃起了复仇雪耻之信心，一场大战马上就要开始了。

女真兴师问罪

女真族的完颜阿骨打，孔武有力，擅长骑射，辽朝天祚帝时常向女真族索取名鹰海东青，引起女真族上下不满。再加上天祚帝在混同江钓鱼，举行头鱼宴之时，命令阿骨打跳舞助兴，阿骨打昂然不屈，不肯接受这种侮辱，双方都不痛快。

天祚帝的意思是要把阿骨打去之而后快，可是辽朝的萧奉先反对，他认为阿骨打只不过没跳舞，怎能置之于死地？天祚帝暂且放过阿骨打一马。

但是，阿骨打知道了这件事，决定先下手为强，向天祚帝挑战。

阿骨打决定先扩张势力再说，他不声不响地就并吞了邻近部落赵三。赵三不甘心被灭，去找辽朝官衙评理。辽朝官衙数次传令阿骨打与赵三对质，阿骨打根本不理。

有一次，辽官衙又传阿骨打，阿骨打挑了几个健壮的骑兵，直闯衙司，当面把赵三骂了一顿，扬长而去，从此不理会辽朝官员。

过了没有多久，阿骨打的哥哥乌雅束去世，阿骨打继任其职。

辽朝知道了，相当不悦，派遣使者来指责阿骨打："你竟敢不先前来报丧，自己就继承大位？"

阿骨打不甘示弱，立刻怒气冲天顶了过去："我有大丧，辽不遣使前来吊丧，反而以我丧为罪，天下有这个道理吗？"

假如此时辽朝国势兴盛，阿骨打哪敢讲这种不要命的话？偏偏辽朝一天比一天衰弱，也只能睁一只眼，闭一只眼。

阿骨打看看辽朝闷声不响，没有动静，益发看不起这只纸老虎了。于是，阿骨打派使者赴辽朝，要求天祚帝交还辽朝庇护的女真叛将阿疏。

天祚帝当然不肯交还，阿骨打遂积极建城堡、练军队、修武器，准备一块儿算个总账。辽朝自然也发现了异常，派出使者向阿骨打问罪。

阿骨打永远是趾高气扬，有理不让，他大声地回答：“我，小国也，事奉大国可不敢怠慢，不敢废礼，而大国非但无恩无德，反而包庇我国罪犯，这算什么道理？如何能够叫人心服！”

顿了一顿，阿骨打又坚毅地对使者表示：“今天辽朝如果还给我逃犯阿疏，那么，我继续朝贡。否则的话，我可不能自己把双手绑起来，听凭大国的处置。”

这种狠话一开口，当然非宣战不可了。辽朝天祚帝闻讯后大怒，正在调兵遣将，阿骨打却打人先下手，在辽天庆四年（1114 年）九月里，调集甲兵两千五百人，申告天地，誓师励众。

他威风八面，用充满了感伤与愤怒的语调说：“我女真世世代代事奉辽朝，恪（kè）遵职责，按期入贡。平定乌春、窝谋罕之乱，破萧海里之众，有功不赏，反而侵侮有加，又包庇犯人阿疏。我屡次请求，辽朝不肯交还，今日问罪辽朝，天地共同佑之！”

女真人想起过去辽朝加诸其身种种侮辱，每年索取海东青、北珠之傲慢无理，怒由心中起，跟着不戴甲胄的阿骨打说干就干了起来。

一群人马像发疯似的冲向辽国边境，见人就杀，逢人就砍。阿骨打自己最为英勇，张弓搭箭，立刻把辽人主将耶律谢十射落马下。辽人前去援救，阿骨打先一箭射穿救者，第二箭又把耶律谢十送上西天，口中还直嚷嚷：“今天，我们不把辽兵杀光不回去！”

部众个个勇气大增，奋力冲杀，辽兵兵败如山倒，回头就逃。女真放马猛追，这一战攻下了宁江州。女真大获全胜，快乐极了。

此时，女真国相撒改听到消息，赶快派儿子到前线去，道贺之外，劝阿骨打称帝，号召天下。

阿骨打一口就拒绝了，他说：“一战而胜，马上迫不及待当皇帝，这未免太浅薄了。”他的野心大得很，他要占领许多地方，有了灭辽的计划，然后再风风光光坐上天子的宝座。眼前，不能为了一点小胜利乐昏了头。

当阿骨打攻打宁江州之时，荒唐的辽天祚帝正在野外射鹿。听说这件事，也没有放在心上，只派一个小小海州刺史前往援救。结果救兵未至，城已被攻陷，辽朝防御使大药师奴被擒。

大药师奴被五花大绑带到阿骨打营帐之中，心忖这回是难逃一死。

不料，阿骨打上上下下打量了大药师奴一番，然后轻轻松松一挥手道：“放了他吧！”

大药师奴简直不相信自己的耳朵，女真将领也狐疑地望着阿骨打。

直到阿骨打一句：“还不滚？”大药师奴千恩万谢，拔腿就逃。

阿骨打之所以不杀大药师奴，固然表示女真之威德，更重要的是他把大药师奴放了，等于为女真发个活广告，让他到处宣传女真用兵有多么威猛，阿骨打又是多么宽厚。在大药师奴大嘴巴一遍又一遍，加油添醋的广告之下，辽朝人渐渐认识女真已非吴下阿蒙了。

金太祖设国宴

辽朝屡次欺负骚扰女真，女真忍无可忍，在完颜阿骨打的率领之下，一战攻下了宁江州。阿骨打为了表示女真的威德，故意放走了宁江州防御使大药师奴。

大药师奴目睹了宁江州城陷的惨烈，又感激阿骨打不杀之德，因此，鼓起如簧之舌，见人就说，逢人就夸女真是如何如何英勇。

事实上，女真初起之时，的的确确让人佩服。用兵如神，战胜攻取，无敌当世，不到十年之间，闯出相当的局面。女真族性格强悍，风气朴实，祖父说一句话，子孙终身奉之，不敢有所违抗；子弟子侄之间感情深厚，从来不会因为传位引起争端。

同时，女真环境恶劣，土地狭小，物产贫薄，人民即使努力耕田，还是收成不佳，清贫如故，倒还不如去打一场仗，可以获得不少的战利品。因此一个个能征善战，吃苦耐劳。虽然部队武器落伍，战斗力量却不容忽视。

辽朝天祚帝听说女真攻下宁江州，特命萧嗣先为东北路都统，开始进行反攻。

阿骨打接到消息，立刻召集部众，向混同江开拔。想当初，天祚帝在混同江钓鱼，举行头鱼宴，命令阿骨打起立歌舞，阿骨打不甘受辱，拒绝起舞。往事历历，新仇旧恨，一刹那间，同时涌上阿骨打的心头。他握紧拳头，一遍又一遍地发誓：“我非把辽朝打败不可！”

某日夜晚，阿骨打昏昏睡去，忽然在蒙眬之间，有人把他的头从枕头上扶了起来。他摇摇脑袋，躺了回去，又觉得有人把他的头，缓缓自床上抬起。如此这般，一连三回都是如此。

阿骨打睡意全消，他揉揉惺忪的双眼，一跃而起，自言自语道："这一定是神明警戒我，告诉我这是进攻的大好良机。"

他风也似的跑到营帐外面，大声击鼓，号召部众。然后每人分配一支火把，浩浩荡荡往混同江冲过去。

此时正逢十一月，寒风凛冽，混同江上早已结了一层厚厚的冰，女真军队踏着冰雪登岸。忽然之间，远远吹来一阵一阵的强风，尘埃蔽天，风刮得人的眼睛都睁不开了，而且益发显得冰凉刺骨，冻得很不好受。

辽朝的士兵，现在已经没有当年辽太祖或杨家将时萧太后的神勇，完全挡不住女真的攻势，节节败退。阿骨打一路猛追，乘胜奋击。

辽兵大败，将士多死，剩下的残兵败将只有到处劫掠。辽朝方面主帅是萧嗣先，萧嗣先的哥哥乃辽朝枢密使萧奉先（起先天祚帝准备杀阿骨打，以除后患，就是萧奉先反对的）。

萧嗣先吃了大败仗，理该受罚，做哥哥的萧奉先不忍心，赶快上了一个奏章给天祚帝，大意是说，这批东征的败军，作风蛮悍，假如朝廷不赦免他们兵败之罪，恐怕会酿成更大的祸事。

辽天祚帝正在焦头烂额，不愿意多找麻烦，立刻爽快地答应了萧奉先的请求。

萧奉先固然很得意救了弟弟一命，却害了国家，因为萧嗣先所率领的东征军一概无罪，辽军更加丧失斗志。既然赏罚不公平，有功不赏，有罪不罚，辽军彼此就在打趣："现在好了，向前打，有死无功；退呢，倒有生无罪。我们干什么白白去送死，莫非活得不耐烦了？"

从此以后，辽朝全无斗志，兵无战心。一遇上女真兵，转身就逃，溜得飞快。

在这种情况之下，阿骨打所向无敌，一路猛打，最后打入辽将萧敌里营中，大有斩获。辽朝士兵常常有一句话挂在口边："女真兵，不过万，一过万，打不散。"这句话的意思是说，可不能让女真兵超过一万人，要是超过了一万人，那可就危险了。

女真文墨锭，中有女真文两行，汉文意为"明王慎德，四夷咸宾"。

如今，女真兵果真超过了一万人，成为颠扑不破的无敌铁军。女真兵无论到了哪儿，辽兵没有不望风溃散的，辽的宾、祥、咸三州前后都投降了女真。

在这个时候，阿骨打既然已屡次打胜辽军，所占领的地方也日渐扩大。他的弟弟吴乞买屡次建议他称帝，阿骨打不肯，阿骨打下面的将领浦家奴、粘罕也不断进言，阿骨打还是犹豫不决。此时，辽东铁州渤海大族少年进士扬朴亦来降，劝阿骨打正式称帝。

野心勃勃的完颜阿骨打终于称帝了。他认为"女真"两个字不够庄重，并且说："辽，是宾铁的意思，辽王当年取国号为辽，取宾铁质坚，殊不知铁会锈损，只有金不变不坏，因此，我命国号为金。"于是建立了金国，阿骨打即皇帝位，是为金太祖。

金太祖充满了雄心壮志，他常在积雪之中，铺上虎皮，背风而坐，威风凛凛。当他邀请酋长们共食时，只在炕上用矮台子或木盘相接，每人分一碗粗饭，用木碟装上猪、羊、马、雁等肉，各自用佩刀切肉取食。他曾对宋朝使者说："我家自上祖相传，只有如此风俗，不会奢华装饰。"这就算是金朝的国宴。

他看一看帐篷又指着说："我们只有这种房子，冬暖夏凉，又不必修宫殿，劳费百姓，你们不要见笑。"帐篷外面，许多金兵抢到辽朝美女，掳到辽朝乐工，正在玩狎悦乐。金太祖却丝毫不为所动，一心一意想谋取天下。

方腊之乱

前面，我们陆陆续续介绍了辽与金的概况，现在再转回到宋朝内部。在《万岁山落成》篇中，曾经说到，蔡京为了迎合风雅的宋徽宗，任用朱勔，专门为皇帝在东南一带采办花石，并且特别设立了一个机构——苏杭造作局，总管其事。

所谓的花石，可说是无所不包，大到要用一千名以上船夫才能搬动的太湖石，小到玲珑可爱、衣袖之中可以藏几百个的小采石，以及各种奇花异树。

为了筹办花石，朝廷特地在苏杭成立了奉应局，搜集各种花石。其实，不仅花石，举凡新鲜古怪的玩意，都是苏杭奉应局强征打劫的对象，而且态度蛮横、粗鲁，动不动派你一个大逆不敬的罪名。

太湖石，拍摄于颐和园。

许许多多老百姓因为花石纲被整得家破人亡。宋徽宗还沾沾自喜，认为自己是个艺术家皇帝，专挑人家不要的花石赏玩；却未曾想到，百姓家中若有一石一木被视为珍贵，经常被破屋拆墙以取之，简直可怜极了。

在“花石纲”劳民伤财的暴虐下，终于爆发了历史上著名的方腊之乱。

方腊是睦州青溪人（在浙江省境内），世世代代居住在此，过着平静而幸福的生活。

方家很有钱，在山谷幽深之处，拥有一大片漆树、杉材，生产上好的木材，富商巨贾多与之往来，在地方上也称得上是有头有脸的人物。

当奸臣蔡京被贬杭州之时，朱勔的父亲朱冲曾经一口气募捐到数千条上好大木条，为蔡京盖了一座僧寺阁。因此，当蔡京交结宦官童贯，狼狈为奸以后，少不得提拔朱冲朱勔父子。

朱勔又不卖木材，哪里来这许多价值不菲的好木材？当然，方腊家中就遭了殃，不但参天古木一根一根被拔起、拖走，不留一文钱，而且苏杭造作局那批官员狐假虎威的嘴脸，真会让人气得牙齿打战，全身发抖。

有一天，方腊一个人孤零零坐在光秃秃的漆园中，实在难以平抑心中不断燃烧的怒火。想起方才那些官吏的嘴脸，恨得牙痒痒，恨不得踢他们一脚。虽然勉勉强强地忍耐下来，可是，忍了这一回，还有下一回、再下一回……永远没完没了，方腊抱着头，痛苦万分。

“算了，干脆和他们拼了！”反正漆园被贴上黄表之后，早已归皇帝所有，万一保管不周，出了些微差池，也保不住这条命。豁出去一干，也许还能自闯天下。

方腊的想法，正合乎江浙一带屡次为花石纲所扰的百姓的想法。因此他登高一呼，立刻有许多不堪为公家勒索的以及流亡怨嗟的民众响应。

宋徽宗宣和二年（1120 年），方腊以申讨朱勔为名，拥众起兵，自称承天应命，号为圣公，建元永乐，置将帅，委百官。在开始起兵之初，连弓矢甲胄都没有，只能用不同颜色的头巾为区别，一共有六种颜色，人数也不多。但是没有过几天，远近响应，一会儿，竟然聚集数万人之多。

由于方腊本身欠缺实力，他脑筋一转，动到利用迷信上面。

原来浙江民风闭塞，从唐朝开始，信奉摩尼教，又受道教的影响很深，百姓十分迷信。方腊就以鬼神咒语煽惑，裹胁良民为兵。由于宋朝承平日久，官军早已忘记战争是怎么一回事，一听到军队开拔而来，惊天动地的金鼓之声，打也不打，立刻举起双手投降。方腊一口气破了青溪、睦州，又北掠新城、桐庐、富阳等县，最后攻下了杭州。城陷之时，大火足足猛烧了六天六夜。

宣和二年（1120年）十二月，方腊攻陷休宁县之时，活捉了知县事麴（qū）嗣复，劝麴嗣复投降，麴不肯，破口大骂："贼人，无耻。"

说来也奇怪，方腊手下竟乖乖地听麴嗣复教训，也不怒，也不恼。

麴嗣复直骂得脸红脖子粗，额上青筋暴起，看看对方毫无动静，气得说："你为何不赶快杀我？"

对方竟回答道："我自己也是休宁人，麴公对县里极有贡献，且有善政，公前任的官员，没有一个比得上您的，我怎么忍心杀害您呢？"

于是，这个貌似凶恶的士兵，把麴嗣复松了绑，放他走了。可见得，一位好的父母官，人民心中是多么感恩的。

方腊的兵攻入杭州之时，太守赵霆听到消息，拔腿就溜，方腊部队顺利入据城内。由于大家受够了贪官污吏的气，抓住官员之后，往往先割断他们的手脚，然后用尖刀挑出肺肠、心肝五脏，熬成膏油，或者把人五花大绑捆在树上，用乱箭射死，以泄心头之恨。

方腊闹得天下大乱，京里却浑然不知。原来此时蔡京退休，王黼这个小白脸担任宰相，王黼刚刚上任时，为了收买人心，曾经励精图治一段时间，四方誉之为贤相，过了没多久，开始进行卖官的勾当。各地的官吏，为了前途着想，纷纷献上各种珍异之物。

王黼与其妻妾，天天在家忙着拆礼物，眉开眼笑，不亦乐乎。因此他虽然知道方腊闹翻了天，总不愿意报告宋徽宗，免得丢了官。所以嘛，宋徽宗这个风流皇帝依旧在延福宫之中，挽着貌美如花的妃嫔，饮酒作乐，逍遥快活。

韩世忠活捉方腊

宋徽宗爱好艺术，朱勔等人为了迎合皇上心意，在东南一带采办花石，劳民伤财。漆园主人方腊忍无可忍，利用迷信，酿成大乱。然而宰相王黼，为着本身官位着想，竟然不愿意转奏皇上。自命风流的宋徽宗，依然在延福宫中，挽着美貌的妃嫔，饮酒作乐，不亦快哉！

这时，东南一带，在方腊的大兵之下，归附者一天比一天多。史书记载是："凶焰日炽，东南大震。"宣和二年（1120年）十二月，淮南发运使陈遘（gòu），看到星星之火已经燎原，上了一个紧急奏章给皇帝，上疏中言："贼众强，官军弱，乞求调派京畿（jī）兵队以及鼎、澧（lǐ）一带枪手兼程赶来，以免战祸滋长蔓延。"

糊涂的宋徽宗这下子才着了慌，派遣宦官童贯为江淮荆浙宣抚使，谭稹为两浙置制使，率领十五万大军，浩浩荡荡前去讨伐方腊。

宋徽宗大概心里有数，花石纲是闹得过分了。因此，童贯出发之前，宋徽宗特别对他说："万一遇到急事，你就用御笔代行之。"

当童贯到达东南，目睹民众对花石纲的反应，也明白这是造成方腊拥众造反的主因，立刻命令幕僚董耘代写了一篇皇上的手诏，责备自己昏庸。在中国古代，天子高高在上，人民又敬又畏又爱，现在看到徽宗自责，民众不免心软。

同时，童贯又用御笔下了一道命令：停止苏杭造作局及一切花石纲，罢黜朱勔父子弟侄等一切在位者。东南人民大悦，民众心里趋向宋朝，沦陷的城邑相继光复。

此时，方腊身边还剩下十多万人，躲藏在青溪岩洞之中。山谷幽险，适合藏身，官兵对之兴叹，无可奈何。

最后打开僵局者，不是别人，正是大家所熟悉，与岳飞齐名的抗金名将韩世忠。韩世忠是少年英杰，风骨伟岸，目光如电，能骑野马。宣和三年（1121年）时，正在王渊麾下当偏将，听说官兵对方腊一筹莫展，便自己要求深入敌方。

韩世忠有勇有谋，他用潜行法偷偷进入山谷，采取威胁利诱、双管齐下的办法，逼着一位当地的老婆婆带路，进入方腊栅寨核心，摸清地形。

韩世忠拿着武器，一马当先，历经了许多危险，杀了数十人，把方腊自洞中活捉而出，他的长官王渊叹息道："真万人敌也。"

韩世忠在京剧当中造型，选自清内府彩绘本《庆赏昇平》之《玉玲珑》。

方腊被生擒以后，其部溃散，山洞中陆续逃出许多被抓走的妇女。她们一面跑，一面哭，最后一块在树林间上吊。前前后后一百里的树上，都挂满自缢的妇女，凄惨到了极点。宋朝妇女，受了道学的影响，饿死事小，失节事大，受到如此羞辱，当然别无他法，只有一死了之。可见国家有难，老百姓最先遭殃。

方腊造反，虽然半年多就被平定了，但是数月之间，连破六州五十二县，连累不少百姓，国家元气大伤。

在方腊的军队初破钱塘之时，大宴宾客，赫然发现其中有几十个客人，每人都在腰间挂着黄澄澄的金腰带，闪烁发光，走到哪儿，亮到哪儿。

方腊一打听之下，这些系金带者，都不是什么了不起的大人物，只不过是朱勔府上的家奴。连家奴走出去，都是这般的耀眼，朱勔搜刮了多少财物，也就可想而知了。

所以当地流行一首歌谣："金腰带，银腰带，赵家世界朱家坏。"（按宋朝皇帝姓赵，朱勔姓朱。）

御史中丞陈过庭曾经上书宋徽宗："致寇者蔡京，养寇者王黼，把这二人贬窜，则贼自平。"至于朱勔，陈过庭更毫不留情地指责："朱勔父子，本刑余小人，结交权近，窃取名器，罪恶盈积，宜斩首，以谢天下。"

陈过庭骂得痛快，这话传到一般人民耳中，当然大快人心，但是传到蔡京、王黼、朱勔耳中，却不是滋味。结果，倒霉的当然是忠言直谏的陈过庭，他不但立刻被摘下乌纱帽，而且被贬蕲（qí）州。

至于那位荒唐皇帝宋徽宗，他可没有半丝后悔之意。

想当初，方腊造反能够平定，原因之一就是徽宗告诉童贯："如有急，即以御笔行之。"童贯找了董耘写了一篇辞文并茂的文章，代替皇帝自责昏庸，情势方得以好转。

按理，方腊闹得天翻地覆之后，徽宗首先应该问罪宰相，责备他为什么不早日把方腊造反报上来，以至于到后来，搞得不可收拾。

没想到，王黼反而咬了童贯一口，他对徽宗说："方腊之起，乃由于茶盐法也，童贯误信奸言，反而把过错推给陛下。"徽宗大怒，尤其见到董耘写的手诏，大大不以为然，他可不认为自己有什么不对，于是恢复造作局，重新采集花石，朱勔及梁师成等小人被再度起用。

童贯曾亲眼看到花石纲为祸之烈，当他知道造作局再起，忍不住对徽宗叹一口气道："东南人家饭锅子尚未稳住，怎么又恢复了造作局？"

徽宗听了，眉头又皱了起来。昏君误国也。宋徽宗也是读过历史的人，可惜不能记取历史的教训。

吴晗讲历史故事

中国历史故事

珍藏版

吴姐姐◎著

8

北宋·南宋

960—1279年

江西教育出版社
JIANGXI EDUCATION PUBLISHING HOUSE
·南昌·

宋江，佚名绘。生卒年不详，中国古典名著《水浒传》中梁山首领，江湖人称“及时雨”，率梁山义士，替天行道，贪官豪强，闻名胆丧；归朝廷后，外征辽国，内平方腊，义士消尽，自己也命丧朝廷之手；是中国人心目中有名的草莽豪杰。而这一切，都只是小说家的杜撰。信史当中，宋江是宣和年间一江湖盗首，领盗伙三十六人，横行河朔，官军莫敢撄其锋。海州知府张叔夜为此募死士千人，待群盗驾巨舟临海滨，以轻兵诱战，大兵伏舟侧，焚烧盛满宝货的巨舟。盗伙大惊。伏兵乘机杀出，尽获宋江手下，宋江被迫投降。

——见《正史中的宋江》

宋徽宗（1082—1135年），选自《乾隆年制历代帝王像真迹》。即赵佶。身为北宋皇帝，兴趣爱好却在丹青书法。一次召集国内画手为孔雀写生，画家们尽其所学，徽宗却无一中意，最后指出谬误：“孔雀登高，必先抬左足，你们所画，全是先抬右足。”可见其观察入微。其首创瘦金体书法更是独步古今。徽宗才艺俱佳，却治国乏术，所任多为奸人，自己也因贪爱花石，任贪官污吏上下其手，为祸东南。金兵南下，徽宗应对无方，虽传位给太子，但仍为金人所掳，最终死于穷北苦寒之地。

——见《吴敏不当蔡京女婿》

宗泽（1060—1128 年），选自《历代名臣像解》。字汝霖，婺州义乌（今属浙江）人，宋哲宗时进士，多任地方官职，在任地兴教育、平贼匪，极有政声。靖康之变后，出任开封府尹，以铁腕惩治盗贼，打击囤积，平抑物价；重用岳飞，击败来犯金兵；联络敌占区义军，只身入流寇营中，晓以国家大义，责其归附；积极组织力量，以图恢复河北；数月之间，残破的开封迅速恢复，平民安居，金人远遁，城池安如磐石。但高宗无意恢复，宗泽计划未能实现，忧愤难安，背疮发作而死，死时连呼“过河，过河，过河”，未有一言及于家事。

——见《宗泽拒交牛黄》

岳飞（1103—1142 年），选自《历代名臣像解》。字鹏举，相州汤阴（今属河南）人。十二岁学技击，一县无敌；靖康元年（1126 年）应募抗金，临阵之际，长发披散，挥四刃铁简，直犯敌阵，勇猛无前，为宗泽所喜，教以阵法。岳飞却以为：阵仗之法，不可墨守成规；运用之妙，存乎一心。岳飞忠君爱国，深明兵法之神妙，待下以赤子之心，深得士卒死力，一生征战，外抗金人，内平盗匪，皆能以少胜众，罕有失利。岳飞一生所愿在尽逐金人，直捣黄龙，但南宋政府只支持有限度抗金，终致恢复大业功败垂成，岳飞也死于权臣之手，但其奋斗精神和节操，使其成为中国人心目中几近完美的英雄人物。

——见《王彦带领八字军》

岳母刺字，清代年画。宣和四年（1122 年），岳飞应募入伍，平定盗匪，之后奔父丧回乡。靖康元年（1126 年），金军南下，岳飞悲愤莫名，决意再次入伍，抗击金兵。岳母深表同意，对他说：“我知你甘守清贫，不贪浊富，但人一生之中，终难保不受诱惑，不做一点糊涂事。”而后她在岳飞背上刺“尽忠报国”四字，勉励他为国家不惜牺牲。岳飞此去，内征外伐，拼斗至死，岳母此举，亦为中国人心目之中，最为悲壮温情的一幕。因高宗赵构曾颁授御书“精忠岳飞”旗帜给岳飞，故后世小说及史作有误以为岳母所刺为“精忠报国”者。

——见《岳母刺背》

梁红玉，生卒年不详，宋代名将韩世忠之妻，出身京口军妓，忠勇有谋略，深明国家大义。建炎三年（1129年），苗傅、刘正彦在杭州发动政变，迫高宗退位，并扣留梁红玉，后来梁红玉得到机会离开杭州，半途机智地摆脱叛军纠缠，一日一夜驰数百里，入韩世忠驻地，助韩世忠回军杭州，平定叛乱。次年，金大将兀术南下，饱掠后北返，韩世忠在镇江展开阻击，大战之时，梁红玉亲临战阵，在楼橹上击鼓助战，士卒感奋，一举击败金人。这是南宋抗金史上值得大书的一战。梁红玉击鼓助战的形象，因此流传千古。图中为梁红玉在戏剧中的造型，出自清内府彩绘本《庆赏昇平》之《玉玲珑》。

——见《韩世忠巧遇梁红玉》

目　录

正史中的宋江

方腊造反在中国历史上名气不小，除了因为这场乱事暴露了宋徽宗一朝的腐败，加速了北宋的衰亡之外，更重要的是，宋江是否曾经参与讨伐方腊，是历史上争论不已、大家都有兴趣的事。

提起宋江，以及他那一批被逼上梁山的英雄好汉，凡是中国人都为之精神一振。不论是武松、李逵、燕青、鲁智深，大家都熟悉得不能再熟悉，简直像人们身边的老朋友。不但民间把《水浒传》当成史实，一般高级知识分子也深受其影响，它的流传程度，甚至超过《三国演义》。

那么，宋朝到底有没有宋江这号英雄人物呢？答案是有的。《东都事略》和《宋史》中的《徽宗本纪》《侯蒙传》《张叔夜传》都有提及宋江。另外《林泉野记》《中兴姓氏奸邪录》《续资治通鉴》等书，也很简略提到宋江投降以后，曾经跟随童贯出征方腊，不过都只有寥寥数字。

宋江这个大名鼎鼎的草莽英雄，竟然在《宋史》之中没有单独的传记。记载他生平最为详尽的资料，只有《宋史纪事本末》之中，附在《方腊之乱》后面的一篇特写，前前后后加起来只有一百七十六个字，全文如下：

“宣和三年二月，淮南盗宋江寇京东州郡，至海州，张叔夜败之，江乃降。宋江起为盗，以三十六人横行河朔，转掠十郡，官军莫敢撄（yīng）其锋。知亳（bó）州侯蒙上书言：‘江才必有过人者，不若赦之，使讨方腊以自赎。’帝命蒙知东平府，未赴而卒。又命张叔夜知海州。江将至海州，叔夜使间者觇（chān）所向，江径趋海滨，劫巨舟十余，载卤获。叔夜募死士得千人，设伏近城，而出轻兵距海，诱之战。先匿壮卒海旁，伺兵合，举火焚其舟。贼闻之，皆无斗志。伏兵乘之，擒其副贼，江乃降。”

这么短短几行字的大意是这样的：

在宣和三年（1121年）二月，淮南大盗宋江骚扰京师开封东方的州郡，到了海州，海州的知州张叔夜打败宋江。

宋江初起为强盗，率领了三十六个人，横行河朔（山东河北之间），辗转劫掠十个州郡。宋朝的官兵都吓坏了，不敢与他交锋。

这时，亳州的知州侯蒙上书给宋徽宗，认为宋江必有过人之处，不如赦免宋江，派他去讨伐方腊，将功赎罪。宋徽宗认为这个建议不坏，便命侯蒙去做东平府的知府，招安（笼络盗贼，加以编组，使他们得以安顿，不再作乱）宋江。侯蒙尚未到达任所就死了，宋徽宗另派张叔夜做海州的知州，继续负责招安宋江。

宋江到了海州，张叔夜先派出间谍，偷偷观察宋江一行人的动向，发现宋江前往海边，抢了十多艘大船，船上载满了虏获的金银财宝。

张叔夜先招募了一千多名敢死队队员，埋伏在城旁险要之地，再派出少许装备轻捷的士兵到海边，诱宋江开战，另派身强力壮的士兵埋伏在海边。一见双方打起来了，埋伏在海边的士兵立刻放火烧掉宋江的十余艘巨舟。宋江的部下听说船烧了，心一凉，皆无斗志。这时，埋伏的敢死队一拥而上，活捉了副首领，宋江只得束手就擒了。

这短短一百七十六个字描写的宋江，太不精彩，也太让人失望了。而且梁山泊上一百零八条剽（piāo）悍勇猛的绿林好汉，一个字也没有提到，与人们心目中所期待的未免相差太远了。

虽然，宋江在正史中的资料太过于简略，但我们可以确定，历史上的的确确有这个人。而且，远在宋江等人还活着的时候，这段故事已经成为民间脍炙（kuài zhì）人口的传说。

到了南宋时代，中原沦陷在金人手中（这段故事我们马上会提到），当时人向往英雄，希望有济弱锄强、劫富济贫的草泽英雄出来拯救人民，便逐渐演变出《水浒传》的故事，把宋江和他的弟兄们描绘得出神入化，比正史上记载的真人真事有趣得多。

也许宋江旗下这批英雄真的是性格突出，面目奇特，不同于凡人，所以南宋画家高如、李嵩等可以很容易地为他们作画。龚圣与在画完三十六位好汉之后，附加一笔："我小的时候就崇拜这些人，所以为他们作画。"

到了元朝，出现了许多《水浒传》故事的杂剧，以写黑旋风的故事最多。但是剧中人物性格与小说不同，梁山泊好汉也由三十六个人增加到一百零八个人了。

到了元末明初，施耐庵根据南宋以来，在民间大量流传的有声有色的小说、话本、戏剧，加以组织和渲染而成为一部一百二十回的长篇小说《水浒传》。

施耐庵在《水浒传》一书中，不但把宋江这个人写得活灵活现，而且塑造出武松、鲁智深等具有鲜明不同性格的人物。这些人物的遭遇个个不

《水浒传》之宋江、李逵，清人绘。

同，故事曲折动人，而且施耐庵对人物的性格和动作描写得十分生动，使那些人物就像活在读者的身旁，让读者不自觉和《水浒传》人物产生共鸣。所以《水浒传》可以说是中国历史上最成功、最深入人心的小说。

我们前面讲了许多宋徽宗、童贯、蔡京的故事，这些人都是《水浒传》中的要角，知道史实，再读《水浒传》，更能体会深刻。不过，《水浒传》的时代背景，固然是宋朝，其实放在中国历史上任何一个时代，尤其是昏庸君王当政的时代，都是差不多的。《水浒传》中被逼上梁山的英雄所遭遇的苦难与无奈，正是民众自身常常感受得到的，因此读来倍感亲切。不论蔡京之类的贪官，蒋门神之类的恶棍，甚至谋害亲夫的潘金莲，民众都有如邻家发生的事般熟悉。这正是《水浒传》会长期而广泛地受中国人欢迎的原因。

《水浒传》中的宋江

《正史中的宋江》刊出之后，许多读者表示非常喜欢这一类题材，因为这与《正史中的杨家将》《〈宋史〉中的包拯》一般，能够满足读者的好奇心与求知欲，让大家了解，人们心目中的有名历史人物，到底在正史中的记载如何。

还他历史人物的本来面目，原是吴姐姐讲历史故事的宗旨。虽然这方面的材料不好找，正史上的记载也不可能写得与民间流传的故事一般神龙活现、有声有色，但是我还是愿意全力以赴，以不负读者们长期的厚爱与支持。

介绍了《宋史纪事本末》之中，只有短短一百七十六个字的宋江，让我们再回过头来，看一看《水浒传》中的宋江，虽然对许多读者而言，宋江是熟悉到不能再熟悉的人物。

在施耐庵笔下的宋江是这样的：姓宋，名江，字公明，郓（yùn）城县宋家村人氏，因为他面黑身矮，人人都唤他黑宋江。又因为他平日孝顺，且爱仗义疏财，人皆称他作“孝义黑三郎”。宋江上有父亲在堂，母亲早丧，下有一个弟弟，唤作“铁扇子宋清”。

这宋江在郓城县做押司（官名，宋时地方官的属吏，掌理文书、官司等事务），他刀笔（犹指现代的律师或法官，其笔如利刀，能够杀伤人）精通，吏道纯熟，再加上喜爱学习枪棒，学得多般武艺。平日他爱好结识江湖好汉，只要有人来投奔他，无不加以接纳，不但住宿膳食一概供给（gōng jǐ），而且整天陪伴左右，毫无厌倦之意。

宋江这人端的是挥金似土。人家向他借钱，他从不推托，每每排难解纷，周全他人性命，时常送人棺材药饵，济人贫苦，赒（zhōu）人之急，扶人之困，因此在山东、河北一带闻名。人们都称他为“及时雨”，把他比为天上降下的及时雨一般，能救天地万物。

话说有一天，郓城县来了一件紧急公文，来人何涛对宋江说：“敝府管下黄泥冈上，以晁盖为首一伙贼人，一共是八个，用蒙汗药麻翻了北京大名府梁中书差遣送蔡太师蔡京的生辰纲军健十五人，劫走十一担金珠宝贝。”

宋江听了，大吃一惊，肚里寻思道：“晁盖是我的心腹兄弟，他如今犯了弥天大罪，我若不救，他的命就丢了。”

于是，宋江赶紧通风报信，吓得晁盖、公孙胜、刘唐、吴用等七人立刻决定“三十六计，走为上策”，前往梁山泊。

不久，宋江认识了阎婆惜，在县西巷内借了一所楼房乌龙院，安顿了阎婆惜与她的母亲阎婆，把阎婆惜打扮得满头珠翠，遍体绫罗。但是，过了没多久，宋江与阎婆惜逐渐疏远，原来宋江是个学武好汉，爱使枪棒，不愿意多近女色。另外一方面，阎婆惜也看上了宋江的徒弟张文远。

张文远有个外号叫小张三，他生得是眉清目秀，唇红齿白，平日爱去风月场所，学得一身风流俊俏，品竹调丝，无一不会，刚好对上酒色娼妓阎婆惜。两人眉来眼去，一会儿工夫就闹得街坊上无人不知。

宋江也听到了风声，他心想：“反正又不是我父母匹配、明媒正娶的妻子，我没来由惹什么气，不上门便是了。”

话分两头说，有天晚上，宋江从县里出来，遇到一个身着黑绿罗袄，下着八搭麻鞋，腰里挎着一口腰刀，背着一个大包，走得汗雨通流，气急喘促的汉子。那个汉子拦住了宋江。原来他是晁盖手下，上了梁山泊的赤发鬼刘唐。

刘唐特来拜见宋江大恩人，并且禀报他：“晁头领哥哥如今做了梁山泊之都头领，吴学究当了军师……只想兄长大恩，无可报答，特使刘唐带来一封信及黄金一百两谢押司。”

宋江只取了书信及一条金子放在招文袋（类似手提公文包），就打发刘唐上路：“贤弟保重，再不可来，此处危险。”

送别了刘唐，宋江乘着满街月色，信步走回，半途碰到阎婆。阎婆死扯活拉，不断地说：“只看老身薄面，同走一遭乌龙院。”

到了乌龙院，阎婆惜原以为张文远来了，等到发现是宋江，翻身又转上楼去，倒在床上，爱理不理。然后两人吃完了饭，睡到五更，宋江气愤地走出去，口里骂道：“你这个贱人好生无礼！”阎婆惜也扭过身回骂：“你这不羞脸！”

走了一半，宋江忽然想起招文袋遗忘在乌龙院，吓得慌慌急急奔回阎婆家里。

阎婆惜在家，早已发现了招文袋，看到晁盖写给宋江的信，冷冷笑道：“原来你和梁山泊贼相来往，看老娘慢慢消遣你。”

宋江回到乌龙院，与阎婆惜大起争执。最后，宋江发现了招文袋，一不做二不休，两手便来夺。婆惜哪儿肯放，宋江在床边舍命地夺，婆惜死不肯

宋江怒杀阎婆惜，明代木版画。

放。那婆惜见宋江抢刀在手，大叫："黑三郎杀人也！"话没说完，宋江右手刀落，婆惜鲜血飞出。最后，宋江也只有被逼上梁山，落草为寇。

宋江的故事在中国流传如此之广，可能有一个原因：古代社会之中，人们敬仰挺身而出、行侠仗义的人。人们太缺乏有正义感的"及时雨"，所以对《水浒传》中的好汉向往不已。

无论如何，《水浒传》是一部了不起的小说，值得每一个中国人细细品味，《水浒传》人物的精神内涵也成为中国人思想行为的一部分。

宋与金之间的秘密外交

讲完了《〈水浒传〉中的宋江》，我们知道，宋江的故事，大半来自民间传说。但是《水浒传》中所描述的形形色色的故事，却颇能反映宋徽宗一朝的腐败。

宋徽宗即位时，正是辽朝最后一位君主天祚（zuò）帝在位。天祚帝爱好游乐又昏庸无能，所以在他的治理下，辽朝的情况恶劣。辽的军队由于贪图享受，也逐渐失去当年勇猛的战斗力。因此，金太祖以很少的兵力起来抗辽，辽军竟然被打得落花流水。（请参考前面《金太祖设国宴》篇）

宋朝听说金打败了辽，不由一阵狂喜。这话怎么说呢？

原来，宋朝从宋太祖开始，就想收复被辽占领的燕云十六州，可是宋朝重文轻武，国势积弱，这个愿望始终未能实现。澶（chán）渊之盟以后，宋朝每年又要向辽送“岁币”，不但增加了宋朝的财政负担，而且宋朝君臣心中总是满怀委屈与羞耻感。

因此，当听说辽朝势衰，宋朝立刻在政和元年（1111年），派遣端明殿大学士郑允中充当“贺生辰使”，以宦官童贯为副使，带了一大批的珍珠宝贝出使辽国，打探虚实。辽朝人见宋朝派了一个太监来，忍不住掩嘴暗笑。童贯看到辽朝果然腐败，完全没有当年萧太后打败杨家将的英勇，也不由得眉开眼笑。

童贯留在辽的时候，有一天晚上，值夜的侍吏跑来告诉童贯，说是有一个叫马植的人，有重要的事，要私下里秘密与童贯商谈。

诡计多端的童贯眉毛一挑，马上回答："快请。"

于是，马植到了童贯的密室，他告诉童贯天祚帝是如何的荒淫无道，女真是如何憎恨辽人，辽国是非亡不可，宋朝不如与金国联合，一举灭辽。

童贯一听之下，大为心动，两个人兴高采烈谈了一夜。最后，童贯决定把马植当作一件宝贝，带回宋朝，并且给马植改了个新名字，叫李良嗣（sì）。

这马植者，世世代代为辽国大族，官位高到光禄卿，由于行为卑鄙，在辽国被人所不齿，所以逮住机会，用出卖国家达成报复的目的。

马植，不，现在该改口为李良嗣，跟着童贯回到京师。童贯立即献宝似的向满朝文武大臣推荐，并且叩见宋徽宗。

李良嗣对宋徽宗说："女真恨辽入骨，而天祚帝荒淫无道。宋朝如果自登州、莱州入海，与女真结好，与女真相约攻辽，则辽国可图也。"

宋徽宗听了，频频点头。李良嗣见徽宗听得聚精会神，又接着说："辽国必亡，陛下顾念旧时宋朝人民在辽魔掌之下，生灵涂炭，兴兵伐辽，恢复大宋过去的疆土，代天谴责，以治伐乱。宋军一出，所有人民必然箪（dān）食壶浆以迎王师。"

"箪食壶浆以迎王师"这句话出自《孟子》，意思是说商纣无道，周文王的军队一出，所有百姓高兴得用竹篮子盛饭，用水壶装着羹汤，欢天喜地迎接文王的军队。

周文王乃古代有名的贤君，宋徽宗见李良嗣把他比喻为周文王，大为兴奋，立刻把李良嗣改名为赵良嗣，让他姓宋朝君王的姓，官拜秘书丞。

联金灭辽的计划，虽然宋徽宗兴趣很大，朝廷中稳健派的大臣却期期不以为然。尤其大家都心知肚明，在宋徽宗无止境的挥霍之下，宋军积弱，根本不堪一击。

事有凑巧，当时金人与辽人展开大战，辽东地方大乱，住在当地的一批汉人，由高药师等人率领，乘着一条大船逃难。

这大船漂啊漂的，最后，漂到山东半岛附近，被扣留住了。登州知州王师中把高药师等两百人抓来问案，一问之下，才晓得金人果然厉害。

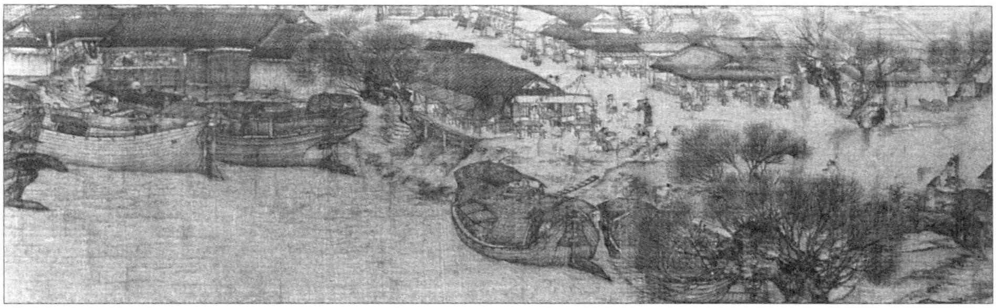

北宋大货船，出自《清明上河图》，宋张择端绘。

登州知州王师中就把这件事的来龙去脉，原原本本上了一个奏章给宋徽宗。宋徽宗一看，高兴地说，“此与赵良嗣所言，一模一样”，又勾起了联金灭辽的计划。

于是，宋徽宗与蔡京、童贯商议之后，在重和元年（1118 年），派武义大夫马政率领高药师等人，以买马为名义，去拜见金太祖完颜阿骨打。当然这一趟，又少不得携带大量名贵的礼物。

金太祖同意了宋朝的计划，不久，也派出使者，前往宋朝答聘。于是，双方之间，展开了非正式的秘密外交，这是宋金之间海上之盟的开始。以后又陆陆续续展开谈判，因为宋金的密使都偷偷取道渤海，所以称为海上之盟。

原则上是宋取辽的南京，金取辽的中京，双方夹攻。

宣和元年（1119 年），马屁精王黼（fǔ）为了讨好宋徽宗，特推荐擅长绘画的陈尧臣出使辽朝，要他画一张天祚帝的像回来，看看他气色如何，是否有亡国之相。

陈尧臣回国之后，带着画去见宋徽宗道：“辽主望之不似人君，若以相法言之，危在旦夕之间。”

宋徽宗听了大乐。结果，陈尧臣的相术没错，天祚帝果然有亡国之相。但是宋、金夹攻的结果：金兵勇敢善战，一路势如破竹，可是宋朝的军队，却很丢脸地被辽兵打败。金兵最后灭亡辽国。辽自耶律阿保机称帝到天祚帝被俘，共二百一十年。辽国灭亡之后，辽的土地都被金占领，宋朝不但收复燕云十六州的愿望破灭，而且被金人看穿是个纸老虎。

浪子宰相李邦彦

金朝能够势如破竹，宋朝却连连吃败仗，与宋朝的内政极有关系。我们就来看看这段时期内宋徽宗的朝政。

宋徽宗自命风流，有浪子皇帝的雅号。既然有了浪子皇帝，少不得有个浪子宰相陪衬。这位浪子宰相就是历史上著名的李邦彦。

李邦彦，字士美。父亲名李浦，是个身怀绝艺的银匠，非常宠爱这个从小慧黠的宝贝儿子。他见李邦彦十分热衷名利，也帮他收买人心，凡是举人光顾，总是半买半送价钱昂贵的上好银器。

人都有贪小便宜的毛病，久而久之，名声传开。凡是河东地带上京城去参加考试的举人，都要绕道怀州，光顾李家的店铺。有些个落魄书生，李浦不但不收他们的钱，反而周济一些盘缠。当时人称此为“结秀才缘”。

在这种“后花园赠金”式的人际关系之下，李邦彦三个字，逐渐在京师传开。他后来补了太学生，大观二年（1108 年），授秘书省校书郎。

宋朝汴京城内的大相国寺，号称为天下第一名刹。在相国寺南边有条著名的录事巷，就是妓女户。李邦彦终日留恋此处，他人长得风流俊俏，举止爽朗，又会说笑话，可称为标准油嘴滑舌的公子哥儿。再加上家里有钱，出手大方，不多时，成为录事巷中最受欢迎的恩客。

此外，李邦彦颇有几分歪才，他能够把大街小巷流行的俚语连缀编为词曲，人人争传。李邦彦对此相当得意，自称为浪子，旁人也以浪子称呼而不名。同时，李邦彦生长在民间，出身不高，对于办琐琐碎碎、一般读书人懒得打理的杂务最有一手。他为人又热心，经常受同僚委托帮忙总务，所以人缘甚佳。

李邦彦有一个好友是宋朝有名的词人——周邦彦。两人有同名之缘。周邦彦也是个人品不高、生活浪漫的词人。两人臭味相投，走得很近。

在前面《周邦彦与李师师》篇中，我们曾经说过，周邦彦与一代名妓李师师两人感情很好。词人秦观秦少游曾以“远山眉黛长，细柳腰肢袅。妆罢立春风，一笑千金少。归去凤城时，说与青楼道。看遍颍川花，不似师师好”形容李师师。

宋徽宗还是端王时，听说李师师的美，十分好奇，曾经打扮成平民，亲往录事巷，一看究竟。

这一看之下，发现李师师果然名不虚传，不是普通的美，尤其那一双会说话的眼睛，惊心动魄，耐人寻味。她会弹琴，会唱词，才貌双全，宋徽宗大为倾倒。

后来，宋徽宗当了天子，还是对李师师念念不忘。天下岂有皇帝逛窑子的？据说，从中安排的，不是别人，正是浪子李邦彦。

当宋徽宗圣驾光临录事巷时，周邦彦凑巧也在李师师处，情急之下，只得躲到床底下。

于是，周邦彦目睹宋徽宗如何亲自焚香，李师师如何用薄刃小刀切开蜜橙，两人如何亲热温存。后来，周邦彦把这段经过，写成《少年游》。不一会儿，整个京师传遍《少年游》，人人都知道浪子皇帝如何荒唐。

宋徽宗气坏了，将周邦彦予以撤职，押贬出京。等到宋徽宗听到李师师唱周邦彦临走之前，百感交集写的新词《兰陵王》，又起了爱才之心，把周邦彦留下。这一段经过，本书在前面说得很清楚。

据说，宋徽宗去李师师家那一夜，已有两个“邦彦”先在，一个是躲在床下的周邦彦，另外一个就是浪子李邦彦了，此说不知是真是假。不过，从此之后，李邦彦备受宋徽宗宠爱，也许与他二人同是逛妓院的狎客有关系。

《山居图》，宋末元初钱选绘。

宋徽宗自命风雅，对花花草草特别有兴趣。有一回，他在一片竹林之中，造了一栋小楼，颇为不俗，宋徽宗愈看愈满意，却不知此楼该取什么名字才好。他朝思暮想，总想不出合适的名字，十分烦恼。

也许是朝有所思，夜有所梦。有一天夜晚，宋徽宗昏昏睡去，忽然之间，有位全身金紫色的人跑到床前，对宋徽宗说："不如命名为倚翠，取杜甫诗意也。"

"倚翠，不错，你是何人？"

"臣乃太平宰相也。"说着，金紫人忽然消失了。

宋徽宗自梦中惊醒，不断咀嚼这两个字，倚翠，不错，正是倚翠。

第二天早上，宋徽宗还沉醉在"倚翠"二字中，正好李邦彦前来晋见。徽宗一向喜爱这位浪子，只要有浪子在的地方，必然是笑声朗朗。

他见到浪子，随口问道："朕苑中小楼，下有修竹，当以何为名？"

李邦彦不假思索，立刻答以"倚翠"，正好与梦中金紫人所说的一模一样。

宋徽宗好生诧异，心想："莫非这是天意，李邦彦就是最适合辅助朕的太平宰相？"

不多时，李邦彦就被任命为次相，这位以"赏尽天下花，踢尽天下球，做尽天下官"为人生理想的浪子，果然如愿以偿登上相位。

真假张觉

在上篇《浪子宰相李邦彦》之中，我们说到自夸“赏尽天下花，踢尽天下球，做尽天下官”的浪荡子，竟然如愿以偿，当上了宰相。

这个消息传开以后，本已瞧不起宋朝的金人更暗暗好笑。他们传诵着浪子皇帝与浪子宰相的风流韵事，摇头叹息道：“宋朝果然无人。”

李邦彦究竟有何能耐当上宰相？当然不可能是宋徽宗做梦梦到的（见上篇），最主要的是他擅长巴结宦官，宦官也需要推一个士人出来为相。譬如说自称为苏东坡私生子的梁师成，李邦彦就拍足了马屁。与徽宗关系很好的高俅，也是李邦彦倾心交往的玩伴。

高俅这个在《水浒传》中的混球，到底是如何被宋徽宗看上的？我们这儿可以补述一段小故事。

原来高俅是驸马都尉王晋卿府中的小吏，他曾经跟过苏东坡做事，笔下还有些文采，也是一个巧言令色的坏家伙。

有一回，王晋卿入王府，刚好宋徽宗（那时还是端王）要上朝，需要篦（bì）刀掠鬓（篦是梳理毛发用的齿密的小梳子，鬓指的是脸上靠近耳边两颊上的头发）。端王忘了带篦刀子，就向王晋卿借来用。拿来一看，不禁赞道：“这个模样甚为新式，而且细巧可爱。”

王晋卿一听，知道端王一向喜爱脱俗的小玩意儿，马上接口道：“刚巧，我最近新造了两副新的篦刀子，过一会儿，我派人给你送过去。”

这趟差事就落到高俅身上。他先到店里去赶着定做了一副用上好木料做的，镶工极细的篦刀子，然后，马不停蹄赶到端王府。

内侍告诉高俅："端王正在踢球。"

于是，内侍带着高俅，穿过重重门户，来到端王后园中的球场。高俅躲在一旁，偷偷观看端王的身手。只见那球在端王的拨弄之下，脚踢肩打，像牢牢粘在身上似的，高俅一时忘形，拍手叫："好！"

端王回头一看，看到有人参观，不但未发怒，而且对高俅的喝彩很是得意，顺口问道："你也会踢球？""略知一二。""那么你来。"端王用脚尖把球一挑，高俅正好接住，而且玩的花样比端王还多，直看得端王眼花缭乱，流露出羡慕的眼光。高俅表演了好一阵，才拿出王晋卿交代的篦刀子。端王称赞："篦刀子好，送刀子来的人更好。"于是，两样都留下来了。

高俅一脚踢出了这么好的运气，这也是古今少见。后来，端王一跃飞天，当了皇帝，高俅也成为徽宗身边的红人。

总而言之，宋徽宗这位浪子皇帝，对于书画音乐、奇花异草、盆景怪石、行猎打球……一切被中国读书人视为玩物丧志的玩意儿，都有兴趣，而且极为精通。他身旁用的人，也全是同样的调调儿。李邦彦对市井坊曲种种技艺，不只投其所好，

高俅端王府送篦刀，明代木版画。

而且口齿灵巧，善解人意。所以王黼下台之后，李邦彦就当上了宰相。

这浪子怎能为相？所以在宣和五年（1123年）十一月，他任相位不过一个月，抨击的浪潮一波一波涌来，尤其是蔡京一党更以此大做文章。

宋徽宗是个怕麻烦的皇帝，他看情势不对，心想，既然你们以“宰相望轻”来反对李邦彦，那不如再找来声望最够的人，他竟然又找了蔡京回来当宰相。

这一回是蔡京第四回当宰相，他年纪已过八十，眼睛看不见了，也不能写字，走起路来颤颤巍巍，蹲下去就站不起来了，当然，下跪之礼也就非免了不可。他所有的政事都交给最小的一个儿子——蔡绦（tāo）主持。

蔡绦颇有乃父之风，搜括的本领一流，不但对币帛、服饰、玉石有兴趣，而且上自金银玉器，下至蔬菜瓜果全部都要沾手。李邦彦也只能掌管文书，一边凉快去了。蔡绦不但本人玩法，他更提拔大舅子韩耜（sì）担任户部侍郎，朝廷中凡是与韩耜相合者，无不高升，否则被逐出势力圈，史书中称之为“中外缙绅，无不侧目”。

蔡绦专权用事，他的长兄蔡攸愈加嫉恨。蔡攸也是一个无耻小人，向来与父亲蔡京不合。于是蔡攸与李邦彦联手向宋徽宗告密，把蔡绦整垮，逼老父蔡京退休（请参看《蔡京与蔡攸》篇）。

在宋朝蔡家父子彼此倾轧，争权夺利的同时，金人正蠢蠢欲动，准备找机会向宋朝下手，偏偏又发生了张觉事件。

张觉（亦作张壳）是辽朝平州节度副使。当辽天祚帝西奔，辽朝将亡之时，他率领了五万壮丁、千匹战马投降了金朝。

后来，辽朝灭亡了，辽朝的遗臣看到张觉有地有兵，鼓励张觉据地独立。张觉深以为然，改称保大三年（1123年），开始发号施令，并且向宋朝投降。宋徽宗大喜，立刻命令张觉为节度使。

宋徽宗乐了，刚即位的金太宗却火大了，向宋朝索取张觉。宋朝情急之下，不敢开罪金人，找了一个酷似张觉的倒霉鬼，把他的脑袋砍下，送给金人，可惜却引起了无法弥补的后遗症。

郭药师阅兵

宋徽宗接纳了辽朝降金的将领张觉，金人大为愤怒。宋人情急之下，找了一个像张觉的替死鬼，把他的脑袋送去给金人。

不料，金人精明得很，一眼看到头颅，马上大声嚷嚷“这是假的！”，并且认为，宋朝有心欺诈，扬言立刻进攻燕山，处罚宋朝。

宋朝这下子吓慌了，不知如何面对金朝的兴师问罪。迫不得已，命令张觉自杀，并且多送了张觉的两个儿子一并向金谢罪。

张觉事件表面上是解决了，事实上却留下很严重的后遗症。

其实，宋朝早知自己不是金朝的对手，就不该收容张觉。既然收下了张觉，更不该金人一吼，又赶紧拱手送上，这件事对金人是既失信又示弱。从此，宋朝更为金人所轻视。

同时，宋朝为求息事宁人，每次对金朝的交涉，总是用粉饰太平的方法，动不动就搬出一大堆金银财宝，悄悄塞到金朝使者手中，希望金朝能看在贿赂的面上，放过宋朝一马。

殊不知这套笨方法，看在金人眼中，一方面表明了宋朝是只纸老虎，外强中干，另一方面，说明宋朝奢侈浮滥。这更助长了金朝的贪心，让金朝恨不得把宋朝一口吞下去。

恰好此时，金太祖完颜阿骨打去世，太宗吴乞买即位，斗志昂扬，在宋徽宗宣和七年（1125 年）大举南侵，兵分两路，一路以斡（wò）离不进攻燕山，一路以粘没喝进攻太原。

宋朝方面浑然不觉，还派遣宦官童贯驻兵太原，向金人交涉早先答应交还的云州一带。

童贯派了使者马扩前往交涉。

粘没喝见了马扩，大吼一声，怒气冲天对他说：“你们是不是想要回土地？你要知道这山前山后都是我家领土，你们宋朝如果想赎罪，还得多送我们几座城池哩！”

马扩哪敢与粘没喝多理论，吓得狼狈而归，一五一十报告童贯。

童贯不以为然地道：“金人刚刚立国，能有多少兵马？竟敢如此骄傲狂妄？”

“不不不，金兵凶悍，绝对不容轻视！”马扩喘着气向童贯再三表示，金兵相当勇猛，宋朝必须早做准备。

过了几天，粘没喝果然派了使者来，带来一封措辞相当强硬的信，并且在信中说，金朝兴师问罪的大军已经开拔了。

童贯看到这儿，脸色一变，讷讷地问金使：“如此大事，为何不早来交涉？”

“大兵已发，用不着先通知。”金使倨傲地说，“宋朝应该赶快割让河东河北之地，两国以大河（黄河）为界，可以保持和平。”

说完，金使一抬头，神气地离开了。留下童贯一个人，长吁短叹，忧愁沮丧，不知怎么办才好。最后决定，脚底抹油，早点开溜。

于是，童贯借口要入京请示，慌慌忙忙离开太原。

临走之前，太原知府张纯孝挽留童贯道：“金人背叛盟约，大兵入寇，大王应当会同将士，努力抵抗。现在大王一去，必然人心动摇，则河东一带，非宋朝所有。”

张纯孝的话合情合理，童贯心中所想的只是如何保住老命，哪儿顾得了太原安危？他对张纯孝说：“童贯受命是宣抚百姓，非守国土也。你非要童贯留下，那还要元帅做什么？”

童贯走远了，张纯孝叹息："平常这个童太师，生得虎背熊腰，不似一个宦官，倒还有几许威望。事到临头，只知缩着脑袋，像老鼠一般，夹着尾巴逃之夭夭，不晓得他用什么面目去见天子！"

童贯一去，粘没喝马上引兵攻下了朔州、代州，围困太原。多亏张纯孝尽力固守，金兵久攻不下。

如今，宋朝只有倚靠辽朝的降将郭药师为盾牌了。郭药师能征善战，而且是个马屁精。他投降之初，宋徽宗相遇甚厚，赐以甲第姬妾，又在延春殿召见。郭药师哭泣着对宋徽宗说："臣在虏，听到赵皇如在天上，不知今日得见龙颜。"

宋徽宗心花怒放，予以重用。后来，有人打小报告，说郭药师有三十万之众，竟然不换下契丹服饰改着汉装，恐怕有二心，宋徽宗特派童贯去调查。

童贯到了营地，郭药师恭恭敬敬在帐下行礼。童贯赶紧避开，摇摇手半带讥讽地说："你今日为太尉，与我官位相等，如此多礼是为何？"

郭药师回答道："童太师，父也，药师只知拜我父，不知其他。"

这句话说得漂亮，把宦官童贯拍得乐陶陶。接着，郭药师带童贯去阅兵。两人相伴骑马到荒野，四下无人，郭药师缓缓下马，大旗一挥。

顷刻之间，四面山头站满了铁骑，他们手上拿的金晃晃的武器与太阳一般耀眼。童贯放眼望去，简直数不清有多少人马，佩服极了。

童贯回去之后，对宋徽宗说，郭药师必能抗金，蔡攸也在一旁附和。

如今，金人果真南下，郭药师能抗金吗？

白时中会晤金朝使者

金朝兵分两路，大举入寇，宋朝大为恐慌。如今，能够被宋朝当作盾牌挡一挡的，只有辽朝降将郭药师。宦官童贯曾经前往参观郭药师阅兵，但见他大旗一挥，四周山头，铁骑耀目，不计其数，的确是名不虚传的大将军。

但是，上一回宋朝杀张觉的事，却伤透了郭药师的心。张觉原来也是辽朝降将，宋朝接纳了张觉的投降。后来，金朝向宋朝要人，宋朝慌慌张张找了一个长得像张觉的倒霉鬼，把他的脑袋割了下来，送给金人交差。

金朝一眼认出这是个冒牌货，火冒三丈，以为宋朝欺诈，声称要兴师问罪。宋朝这下子怕了，不但立刻杀了张觉，而且把张觉两个宝贝儿子一块儿送给金人赔罪。（这段经过，请参考前面《真假张觉》篇）

当张觉两个儿子捧着张觉的脑袋，满面哀容，哭哭啼啼被送往金营之时，凡是辽朝的降将无不泪如雨下。郭药师就当场发脾气：“今天金人要杀张觉就杀张觉，明天金人要郭药师的脑袋，那还不也马上杀了郭药师？”

宋朝出尔反尔的举动，实在太不够意思了。郭药师心寒之余，为保脑袋，干脆投降了金朝。宣和七年（1125 年）十二月，金朝斡离不的大军尚未开到，郭药师先举了白旗迎上去，为金朝当向导，引着金兵长驱深入。

由于郭药师对宋朝的弱点实在了若指掌，他对斡离不和盘托出宋朝的腐败，使得金人更加轻视宋朝，决心兵指宋朝京师汴梁（河南开封）。

郭药师为金兵充当开路先锋的消息传来，宋朝举国震动。

其实，早在童贯自太原归来（请参考上篇）之后，宋朝就发现大势不妙了。

金朝派了两个使者，神气活现前来，请求晋见宋徽宗。由于童贯在太原吃过亏，知道使者来势汹汹，言语无状，恐怕对皇帝有所不敬，因此不敢代为引见，宋朝只派了几个大臣在尚书省厅接见。

金朝使者刚刚坐定，即刻大声嚷嚷："我国皇帝已命国相与太子郎君吊民伐罪，大军两路俱入！"此话一出，吓得白时中、李邦彦与蔡攸都愣住了，脸色发白，不知如何是好。

李邦彦是浪子宰相，蔡攸是蔡京的儿子，前面都曾介绍过，这位白时中又是何许人呢?

白时中，字蒙亨，出身进士，政和六年（1116年），拜尚书右丞，中书门下侍郎。宣和六年（1124年），任太宰兼门下，官运亨通，因为他也是个善于揣摩皇上心意的马屁精。

当初，白时中在礼部任官，宋徽宗下了一道诏令，编辑天下所奏种种祥瑞，凡是文字不能描写的，可以用图画表现。

白时中知道宋徽宗这个艺术家皇帝对于图画的造诣很高，仔仔细细、加工加料完成了《政和瑞应记》，图文并茂。里面又是翔鹤，又是霞光，都是传说之中太平盛世中才会出现的吉祥预兆。白时中又装着看不见民不聊生，用"祥瑞之多，前所未有"，来歌功颂德，乐得宋徽宗心花怒放朵朵开。所以白时中才能做到朝中宰相的高位。

这会儿，短兵相接，金朝使者咄（duō）咄逼人，白时中就不管用了。他低声下气地试探："可不可以告诉我们，如何才能使金朝缓兵？"

"要缓兵吗？"金使狂妄地大笑，"很简单，不过是割地称臣罢了！"

这等于是未战先降，众大臣又傻了眼，呆呆站在厅上，谁也不敢开口。

等到把两位使者恭恭敬敬请去休息，大家才七嘴八舌地讨论。众人想不出好办法，只好重施故伎，有意准备一份上好的厚礼让使者带回去。殊不知，每次都用贿赂的笨方法，如果国家强盛，那还没有话说，偏偏国势积弱，金人只会觉得你一次一次送，多麻烦啊！干脆统统归我所有，比较省事。

蔡攸的弟弟蔡翛（xiāo）自以为聪明地说：“这两个使者是被派来打探虚实的间谍，我们应把这两个使者杀掉。如此，金人就不知我国情况。”

这个主意实在蠢得可以，众人望着蔡翛，不说一句话，蔡翛又改口道：“不然的话，我们至少也要把使者囚禁起来。”

蔡攸摇摇头，不理会蔡翛的胡言乱语。他知道，万一对使者有所不利，把金朝搞毛了，后果不堪设想。

此时此刻，金人大兵压境，宋朝境内又盗贼蜂起，民怨载道。参议官宇文虚中建议宋徽宗，若要收拾人心必须下罪己诏，方有回天之力。

所谓罪己诏就是皇帝下诏书，责备自己，争取同情，于是宇文虚中代替宋徽宗起草诏书，大意是说“言路壅（yōng）蔽，政事废弛，多作无益，侈靡成风；灾异处处可见而朕不知，众人处处埋怨而朕不闻，如今想来，不胜后悔之至”。同时宋徽宗又下令中外直言极谏，减少宫廷开销，停止大晟府、教乐所、行幸局、采石所，原来侵占百姓的土地，也一一发还……并且宋徽宗诚恳地表示：“一一施行，今日起不吝改过。”做出一副改邪归正，洗心革面的样子。

吴敏不当蔡京女婿

金兵入寇，派遣使者前来，宰相白时中、李邦彦、蔡攸等穷于应付。宋徽宗在内外交迫之下，颁布罪己诏，希望能够挽回局面。

奈何回天乏术，罪己诏也无法扳回颓势。何况在方腊之乱以后，宋徽宗也曾装模作样下罪己诏，过了没有多久，就像童贯所说的“东南人家饭锅子尚未稳住”，他又急急忙忙恢复了造作局，重新任用梁师成、朱勔（miǎn）等小人为他采办花石，闹得天怒人怨。《水浒传》一书之中，把“官逼民反”描写得入木三分。

宋徽宗接到郭药师兵变的消息，也是忧愁焦急，惶惶不可终日。他一向以艺术家风流皇帝自许，几时碰到过如此艰难棘手之事？他有意南下避难，而令太子留守。于是，徽宗派遣李棁（zhuō）出守金陵预先布置，同时，发表太子为开封府牧的诏令。

宋徽宗的心意，很容易被臣下看出。其中，有一位给事中吴敏忠心耿耿，他曾经在庙堂之上，请问宋徽宗：“金人违背盟约，陛下何以解决？”

“奈何？”宋徽宗眉头皱紧，长长叹了一口气。

吴敏揣知宋徽宗有南幸的意图之后，对朝中大臣道：“朝廷如何要放弃京师，这个计策太差了，果真如此，我等虽死也不奉诏。”

这吴敏系有骨气的读书人，文章作得极佳。蔡京发现这个年轻英俊的小伙子只有二十七岁，下笔掷地有声，愈看愈有趣，有意把女儿许配给他。

不料，吴敏竟然一口回绝了这门亲事，不屑于当蔡京的乘龙快婿，真是好大的胆子。蔡京在诧异之余，反而更欣赏他的个性，因此，并未加以排挤。所以吴敏才能爬到给事中，权直学士院兼侍讲的高位。

吴敏发现宋徽宗胆小如鼠，去意坚决，迫不及待想要逃离京师，遂上了一个札（zhá）子（古代一种公文，用于向皇帝或长官进言议事），向皇上推荐李纲。

吴敏在札子中称赞李纲“明隽刚正，忠义许国，自言有奇计长策，愿得陛下召见”。

既然李纲有奇计长策，正在一筹莫展的宋徽宗，当然是非见不可了。

吴敏为什么大力推荐李纲？让我们先大略介绍一下李纲这个人。

李纲，字伯纪，邵武人，政和二年（1112 年）进士及第，后来做到监察御史兼权殿中侍御史。由于为人耿直方正，有话就说，得罪了朝中权贵之士，降官为比部员外郎。比部是刑部内的一个司，掌管稽核、督察的工作。

宣和元年（1119 年），京师闹水灾。中国人一向相信“天人感应”之说，既然有了天灾，一定是皇帝做了不对的事，所以上天才要惩罚。

于是，李纲借题发挥，上了一个奏章，表示阴气太重，朝廷应以盗贼外患为忧。

宋徽宗与历史上所有昏君一般，只爱听歌功颂德之言。白时中因为上言“祥瑞之多，前所未有”，马屁一拍，扶摇直上，当上了宰相。李纲忠言逆耳，宋徽宗龙颜大怒，一气之下，把他贬到南剑州沙县管理税务。

吴敏与李纲两人不善逢迎，都是真正爱国之士。有一回，李纲在吴敏家，谈到金人入寇，国事日非，李纲慷慨激昂地说：“皇上宜传位如天宝故事，否则不足以招徕天下豪杰，何况东宫太子恭俭之德闻于天下。”

所谓天宝故事，指的是安史之乱以后，唐玄宗仓皇逃往四川成都，太子肃宗在灵武即位的事。

吴敏的看法与李纲一样，认为宋徽宗如果要逃离京师，应该要让位给太子，才能号召天下人心。所以他要把李纲推荐给宋徽宗。

宋徽宗接见了李纲，李纲先提出抵抗金人的五种对策，然后，李纲极有勇气，单刀直入对宋徽宗说："皇上的意思，显然是要以太子为留守。依臣之见，敌势猖獗，非正正式式传位给太子，则不足以号召天下。"

吴敏在旁，故意问一句："让太子为监国不可以吗？"

"不行，看唐肃宗灵武之事，可知不建号不足以复邦，建号不是唐明皇的主意，而是最后情势所逼，不能不答应，后世为此，深深以唐明皇做得不够漂亮而惋惜。皇上聪明仁恕，如能给皇太子以位号，使太子为陛下守宗庙，收将士之心，以死捍敌，则天下可得！"

第二天，李纲又刺破手指，写了一封血书给宋徽宗，重提此事。

宋徽宗怎会舍得放弃皇位，但是又急急于想卸下责任，实在伤脑筋，最后，还是依从李纲之意，令吴敏为门下侍郎，令草传位之诏。

当然，宋徽宗还是不甘心的，当他看到草诏，握着蔡攸的手，自欺欺人地讲大话："想我平日性情刚烈，没想到金人竟敢如此！"说着，忽然一口气上不来，扑通一声，跌倒床下。众人大惊，赶快扶起皇上，一再进汤药。

过了半天，宋徽宗稍微苏醒，勉强举起手臂，用他那著名的瘦金体写道："皇太子可即皇帝位，予以教主道君退处龙德宫，可呼吴敏来作诏。"

于是，吴敏捧来为宋徽宗代拟的草诏，徽宗在诏书后面批示："依此，甚慰怀。"意思是就依照所拟的诏书，甚为安慰，宋徽宗成了教主道君太上皇帝。太子赵桓即位，是为宋钦宗。

宋徽宗，选自《乾隆年制历代帝王像真迹》。

太学生陈东上书

金兵入寇，宋徽宗惶惶不可终日，有意南下避难，而令太子留守。李纲、吴敏对宋徽宗说："非传位太子，不足以号召人心。"宋徽宗为了甩脱责任，只好答应当太上皇，把天子大权交出。

太子赵桓即位，是为宋钦宗。第二年，改年号为靖康元年（1126年）。宋徽宗被尊为教主道君太上皇帝，皇后为道君太上皇后，改居龙德宫。

当宋徽宗迁往龙德宫的那天，真是凄惨万分，宰相率领文武百官送别，个个都哭得窸（xī）窸窣（sū）窣，宋徽宗本人更是哭得眼睛都睁不开了。他对群臣道："内侍都说让位这个办法不好，浮议可畏。"

吴敏担心宋徽宗出尔反尔，横生枝节，那样一来，麻烦更大了。他赶快一步向前问道："是谁乱发的议论，愿斩一人，其他人就不敢随随便便开口了。"

宋徽宗不肯说出是谁，只是支支吾吾："好多人一起说的，记不清楚是谁了。"接着，又加了一句，"他们都说，皇帝之上，岂容更有其他尊称，太子还是当嗣君比较妥当。"

无论如何，宋徽宗总是下了台，把这个烂摊子丢给了钦宗。

宋钦宗一即位，忧国忧民的李纲立即上书陈辞，大意是，"如今大宋势弱，君子道消，法度纪纲，荡然无存。陛下当上应天心，下顺民意，使大宋之势尊，诛锄内奸，使君子之道长，以符道君皇帝（宋徽宗）付托之意"。

宋钦宗少年天子，多少有点朝气。当他在东宫为太子之时，就每每不满佞臣专恣横暴，因此，他看到李纲的上书以后，马上在延和殿接见他，并且对李纲说："朕以前在东宫，见卿《论水灾疏》，写得真好，朕今天还能全文背诵。"

想李纲当年因为京师大水，上了一篇奏章，因此丢官，被宋徽宗谪为南剑州沙县税务，内心不免郁抑。现在听到钦宗这番赏识的话，李纲大为兴奋，精神益发抖擞，更大生报效国家、尽忠皇上的豪情壮志。

于是，李纲接着上奏："祖宗疆土，当以死守，不可以尺寸与人。"宋钦宗也很嘉勉李纲的忠心耿耿，任命李纲担任兵部侍郎。

文武百官见钦宗嘉纳李纲，一些个正直言官，也开始纷纷攻击当时的执政大臣，揭发他们腐败昏庸、贪污渎职的丑事。连尚在太学就读的太学生，也深深有感于国家兴亡，匹夫有责，上书痛陈国事。

北宋官员，出自《大驾卤簿图书》。

于是，太学生以陈东为首，伏阙上书（跪在皇宫门口，向皇帝进呈意见书；阙，宫门之意）。

陈东这位太学生是镇江丹阳人，极有才华，虽然家里贫苦，却与颜回一般，人穷志不穷。当蔡京、王黼一批小人当道之时，陈东早就看不过去，经常放言批评。陈东身边的朋友多是明哲保身，因此尽管有内心赞成陈东评论的，表面上却“敬鬼神而远之”，不敢与陈东多接近，免得上了黑名单，惹祸上身。

有时在宴饮之中，陈东又忍不住放言高论，大骂蔡京等小人无耻，祸国殃民。他愈说愈激动，声音也不断提高。在座的客人不敢答腔，低着头猛吃，可是愈吃愈慌——万一有什么人把陈东的话记录下来，去打小报告，那么，假如被误会为陈东一伙的，那可是掉到黄河里也洗不清了。

如此想来，胃口倒尽，于是有人放下碗筷，默默离开。一个走了，另一个也跟着走。到了最后，只剩下陈东一人，面对满桌山珍海味，一种既孤独又寂寞的苍凉之感爬上心头。

久而久之，陈东被列为最不受欢迎的人物。只要有陈东在，大家都不愿赴宴，也没有哪一个主人有兴趣再把他列入请客名单之中。

当陈东入太学之后，情势为之改观，他开始有了志同道合的好朋友。

宋仁宗庆历年间，范仲淹力倡兴学，仁宗许可，就在庆历四年（1044年），建立太学，聘请当时著名教授主讲。后来范仲淹罢相，连带他所倡导的兴学主张也招致攻击。王安石变法之时，大力提倡学校教育，太学又开始蓬勃发展。

太学生是由州学的上舍生中挑选优秀者而来的。如果发现选送来的太学生成绩不佳得勒令退学，连带推举这位学生的学官都要受处罚。在这样的情形之下，太学乃集天下英才中的英才。

宋代由于受理学的影响，太学生特别重视操行与品德，规定一律住校。宿舍称为斋，学生分斋而居，门禁森严，无故不许出校，政府免费供给伙食。

陈东在太学中，结交到不少品学兼优，而且与他一般爱国若狂，具有历史责任感的青年学子。他们常聚在一块儿讨论国事，通宵不眠。说到金人南下，政府无力，往往热血沸腾，泪如雨下。

宣和七年（1125年）冬天，太学生看到钦宗即位，李纲被重用，朝廷似乎有一番新的气象，在陈东为首之下，伏阙上书说：“今日之事，蔡京坏乱于前，梁师成阴贼于内，李彦结怨于西北，朱勔聚怨于东南，王黼、童贯又从而构衅于二虏，创开边隙，使天下势危如丝发。此六贼者，异名同罪，愿陛下肆诸市朝，传首四方，以谢天下。”

乖乖，这个上书够厉害，把蔡京等人挨个儿指名骂，而且要求把他们的脑袋割下来示众，朝廷对此事有何反应？

李纲挺身而出

宋徽宗面临金人南下，一筹莫展，最后只有宣布退位，传位给太子宋钦宗。钦宗任命李纲为兵部侍郎。少年天子，毕竟有些朝气，热情的太学生也以陈东为首，跪在皇宫门前，向皇帝进呈意见书……

太学生们以为“今日之事，蔡京坏乱于前，梁师成阴贼于内，李彦结怨于西北，朱勔聚怨于东南，王黼、童贯又从而构衅于二虏，创开边隙，使天下势危如丝发”，因此愤慨地主张将此六贼斩首示众，以谢天下。

除了在西北用兵的李彦之外，其他五个奸臣是如何狼狈为奸，弄权取势，颠倒是非，我们在前面曾经一再详细描述过，《水浒传》之中形容的“官逼民反，逼上梁山”中的“官”也是指的这批混球。因此，陈东的上书，轰动一时，人人传诵，个个都说“痛快，过瘾，骂得好，骂得对”。

这是宣和七年（1125 年）冬天发生的事，第二年是靖康元年（1126 年），在正月里，宋钦宗又下诏征求直言。于是，埋藏在人们心中的火山爆发了，中外群起而攻击诸奸，人人皆曰诸奸可杀。

为了振奋人心，宋钦宗采取了下列措施：

——小白脸王黼闻金兵已渡河，他首先把妻子儿女，以及细软金珠，捆载南逃。钦宗下诏贬王黼为崇信军节度副使，流放到永州，然后，派遣武士跟踪到雍丘地方，将王黼杀死，又赐李彦死。

——放朱勔归田里。朱勔主持花石纲，前后二十多年，财产亿万。他在苏州的府邸（dǐ）园囿（yòu）比皇宫还豪华壮观，东南刺史郡守多半出自其门下，当时人称之为“东南小朝廷”，朱勔的故事前面已说过。朱勔回故里不久，被流放到循州，最后，在循州被杀。

——贬梁师成，赐死于途中。

——贬童贯为左卫上将军，安置于柳州，再流放到吉阳军，最后加以诛杀。

——至于恶贯满盈，祸国殃民，天字第一号大奸臣蔡京，先是贬为秘书监，再流放到海南岛，在半途之中死于潭州（治今湖南省长沙市）。

蔡京虽然被贬而死，却不是斩首示众，天下人都为此愤恨难消。他的儿子蔡攸、蔡翛，以及赵良嗣也先后被杀。

总而言之，宋钦宗即位半年以来，把宋徽宗身边左右的幸臣几乎杀个精光。将吴姐姐的《中国历史故事》一路读下来的读者，看到这里，一定会拍手叫好，畅快地一吐胸中的乌气。“善有善报，恶有恶报，不是不报，时候未到。”可惜，虽然政令一新，人心大快，但是国家的积弊太深，终于难以挽救。

宋钦宗下令诛杀的六个奸臣，都是宋徽宗最宠爱、最信任、最喜欢的“忠臣”，他怎会眼睁睁看着儿子“胡作非为”？原来，已当了太上皇的宋徽宗听说金兵渡河，留着钦宗与群臣防守，自己已仓皇逃往镇江，所以宋钦宗才能放手一干，从从容容诛除群奸。

话说，靖康元年（1126 年）正月，当金兵迫近黎阳，黄河两岸的守军竟然全无抵抗，望风而溃。金兵乘着小船，如游山玩水一般不慌不忙，从从容容渡河。连金人自己都不敢相信，竟然会如此顺利，也忍不住互相嘲笑道：“南朝怎么一个人也没有？”

如今是大敌当前，虽然已下诏勤王（地方上以兵力救援王室），征集天下兵马，援救朝廷。但是，朝中执政大臣如浪子宰相李邦彦、白时中等人，无不胆小如鼠、畏敌如虎，他们都主张早日避难，只有李纲等人坚持抗敌。

有一天，李纲正在延和殿当班，刚好，听说宰相们奏事，正在商议迁都避难之事。李纲十分着急，赶着去见东上阁门事朱孝庄说：“我有急切公事，要与宰相辩论。”

“不行，”朱孝庄回答，“根据旧例，从来没有宰相未退，而从官求见的。”

“现在是什么时候了，还管什么旧例？”李纲不自觉声音提高，朱孝庄知道拦他不住，也就代为通报。

李纲入殿之后，迫不及待上奏钦宗：“道路传言，宰相欲奉陛下迁都避难，果然如此，则宗社危矣。且道君皇帝以宗社之位，传予陛下，陛下岂可一走了之？”

宋钦宗自知理亏，沉默不语。

白时中瞄了李纲一眼，轻蔑地说：“都城能守得住吗?”

“天下城池，还有比都城更坚固的吗？而且宗庙、社稷（jì）、百官、万民全在京师，离开这儿又要到哪里去？陛下若能激励将士，慰安民心，岂有不可守之理？今日之计，莫如整厉士马，声言而战，团结民心，以待勤王之师。”李纲在廷上侃侃而论，声若洪钟。

“那么，”宋钦宗迟疑地问道，“谁可为将？”

李纲早有准备，应声答道：“朝廷平日以高爵厚禄富

李纲，选自《历代名臣像解》。

养大臣，为的是什么？不就是用于有用之时。今日白时中、李邦彦等，虽然是一介书生，未必知兵事；然而借重其高位，抚驭将士，以抗敌锋，这也是他们的责任！”

此话一出，李邦彦、白时中你看我，我看你，吓得脸色发白，身体也微微地颤抖着。白时中气坏了，决定以其人之道，还治其人之身。他不怀好意地高声问道：“李纲不知能否出战？”他倒要看看，李纲如何接这一招。

岂料，不怕死的李纲朗声回答：“陛下若不以臣为懦弱，臣愿意以死报国。”

宋钦宗举棋不定

金兵南下，朝中宰相李邦彦、白时中等都主张早日迁都避难，只有李纲坚持抵抗。宋钦宗问“谁可为将”，众人面面相觑（qù），默默不语。李纲挺身而出，慷慨回答：“愿以死报国！”

宋钦宗遂以李纲为尚书右丞、东京留守，兼亲征行营使，即日宣布京师戒严。虽然如此，钦宗内心依然举棋不定，还是想要早日开溜。

李纲一再说服宋钦宗：“以前，唐明皇听说潼关失守，立刻逃到四川，宗社朝廷，碎于贼手，过了许多年才恢复。后人论此，都以为唐明皇应该坚守京师，以待勤王之师。今日，陛下初即大位，中外欣戴，四方之兵，不日云集，敌人必然不能久留。假如陛下舍此而去，虽然臣等留守，何补于事？宗庙朝廷，将成废墟，愿陛下三思。”

宋钦宗心中害怕，不知该如何才好，这个时候，内侍王孝竭又在旁催促道：“中宫、国公已行，陛下岂可单独留在此处？”

中宫原是古代皇后住处，后来常用为皇后的代称。国公是爵名，代表有封爵的皇亲国戚。

内侍如此一催，宋钦宗心里更慌乱，他脸色如土，颓然跌落在榻上，对李纲说：“卿等不要再固执了，朕将前往陕西，起兵恢复都城，绝不可以留在此地。”也就是说，宋钦宗准备放弃京城。

李纲“扑通”一声跪倒在地，先是低低哽咽，继而放声痛哭，苦苦哀求，不惜以死请求钦宗千万别走。

这时，燕王、越王来了，他们分析情势，也认为不可以一走了之。宋钦宗没可奈何，拿起毛笔，写了“可回”两个字，盖了御印，命令宦官把中宫、国公追回来。然后，转过头来，对李纲说：“朕今日是为卿留下来的，治兵御寇的事，都委托卿了。”

李纲叩了几个响头，退出皇宫。当天夜晚，宋钦宗一个人左思右想，愈想愈害怕，汗毛直立。他又把宦官找来，吩咐下去，明日一早即行。

第二天一大早，李纲入朝，只见禁卫擐甲，乘舆服饰，都已准备妥当，即将升车。李纲火大了，厉声问禁卫：“你们是愿意死守宗社呢，还是愿意跟从皇上巡幸？”

禁卫们的家小都留在京师，当然不愿意独自逃难，所以皆高呼：“愿以死守！”

李纲听了这话，比较有了把握，又赶紧入宫，面奏皇上：“陛下已答应臣留下来，为何又要离开？”李纲思前想后，一夜未眠。他知道宋钦宗胆子小，也没有与国家共存亡的壮志，绝对听不进什么大道理，只有分析利害，吓他一吓。

李纲换了一种说法劝钦宗：“六军的父母妻子，都留在京师，岂肯舍去？万一走到一半，中途撤回，谁能保护皇上？而且，敌人已经迫近，他们听说皇上乘舆离开京师不远，用健马疾追，在路上交锋，岂不比留在京师更危险？”

宋钦宗转念一想，对啊，若是半途被劫，情况更不堪设想。两者比较之下，还是躲在皇宫里安全一些，终于决定不再开溜。

李纲见此，马上传知左右：“主上心意已定，敢复有言去者斩！”禁卫军接到圣旨，一块儿跪在地上喊万岁。

不久，金人果然大举进攻京师的宣泽门，数十艘火船一路开来，从来没有打过仗的李纲亲自督战。他率领了二千名敢死队，埋伏在拐子城下，金人火船开来，敢死队便以长钩，投下巨石，砸碎了不少火船，斩金人酋长十余人，杀其众数千人。

另外，李纲更发动了保甲、居民、厢军，修建楼橹、安置炮座、搬运砖石、施放火炬、准备火油，并且团结马步军四万人分为前后左右军，中军八千人，有统制、统领、将领、将队等，日夜演习，更在延丰仓中贮存了四十余万石豆粟，准备给勤王之师食用。

金人知道宋朝是有准备的，又听说宋徽宗已传位给钦宗，金将斡离不衡量情势，觉得金朝大军，孤军深入，终必失败，还不如提出和谈条件，可以不战而取得便宜。当然，金人愿意和谈，也是由于金兵几度迫城，勇敢的李纲击退了金人。

金朝方面，派遣吴孝民前来。吴孝民骑着马，举起鞭子，遥遥地与古城墙上的宋朝驾部员外郎郑望之互相作揖，双方约定在城西相见。

当天晚上，郑望之自城上沿绳而下，到了金人帐篷中，两人谈了一整晚，吴孝民要求两国以黄河为界，宋朝再拿出犒军金帛，郑望之不能答应，没有结论。第二天，郑望之入奏宋钦宗，并且引见金使吴孝民。吴孝民表示，希望宋朝方面能够派遣亲王、宰相到军前议和。

繁华的汴京城，《清明上河图》（局部），宋张择端绘。

宋朝为防宰相揽权，宰相不止一人，但宋钦宗看看身边左右的宰相，竟没有一人愿意担任这种吃力不讨好的危险任务。李纲再度挺身而出，请求前往，眼中流露出强烈的为国牺牲的意愿。

宋钦宗看了一眼李纲，好像没听到他说话一样，命令李棁担任谈判使者，郑望之等为副使。李纲悻（xìng）悻然，心中难过极了，他是多么想要担任这次任务啊！他这种为国为民、不敢爱身的使命感，正是中国传统知识分子伟大的历史责任感。

种师道救援京师

钦宗虽然指派李纲为留守统帅，并且下诏亲征，其实心中畏惧，犹疑不定。几次想要开溜，都被李纲苦苦留住。金兵攻到汴京城下，数度迫城，幸亏李纲力战击退。可是城中人心惶惶，金人要求派遣宰相、亲王到军前议和，李纲自请前往，宋钦宗不许。

宰相们退朝以后，李纲一个人留下来，忍不住请问钦宗，为何不肯派他为谈判代表。

宋钦宗摇摇头道：“卿性情刚烈，不可以前往。”钦宗的考虑，当然也有道理。李纲自己又何尝不知自己太过刚硬，奈何时势所逼啊。

李纲委婉启奏皇上：“敌人气势尖锐，我朝大兵未集，自然不可以不和。若是朝廷措置合宜，中国之势遂安；若朝廷震惧，一切依金朝，他们以为中国无人，更加觊觎（jì yú），后果不堪设想。”

说到这儿，李纲想起李棁那种平日小心谨慎，生怕得罪人的紧张样子，忍不住又加了一句：“李棁柔懦，恐怕再误了国家大事喔。”

李纲所担心的，果然一点也不错。李棁到了金营，一句话也不敢多言。金朝使者昂头道：“都城破在顷刻旦夕之间，所以停兵不动，为的是赵氏宗社也。”

这话说得动听，金人哪有如此好心肠？若非李纲力守，汴京城还不早破了？

接着，金人提出许多条件，李棁既不敢拒绝，又无法答应。情急之下，只有文不对题地说：“这是皇帝赐的黄金万两及美酒佳果。”

李棁把金朝开出来的条件带回宋朝，还真不少：

一、宋朝一次送给金人黄金三百万两，白银五千万两，牛马万头，衣缎百万匹；

二、宋主尊金主为伯父；

三、宋朝割让中山（河北定县）、太原、河间三镇之地；

四、以亲王、宰相为人质。

李纲一见条款，坚决反对，他义正辞严道：“犒（kào）师金帛，数目太大，虽竭天下之财，尚且不足，何况现在只有京师一地，哪里凑得出钱？至于河北三镇，是国家屏藩，更不可轻易割让。”

浪子宰相李邦彦，可想而知，一定是主和的，他讪（shàn）笑李纲迂腐：“国且不保，何必舍不得河北三镇，真是！”

在双方争论不休之时，宋钦宗表面上依从李纲——做皇帝的，总不好意思马上赞成丧权辱国的条约——私底下，却完全依李邦彦的，尽量搜括城中金银以筹备赔款，还派遣康王赵构（钦宗之弟、徽宗第九子）与少宰张邦昌去金营求和。

这时，四方勤王之师渐渐来到京师，种师道、姚平仲等率军二十万到达京师。此二人都是河北骁（xiāo）将，尤其是种师道，他可是大大有名，能征善战，极有风骨。在童贯作威作福，手掌军权的日子里，一般将领见到童贯，莫不赶快趴地请安，种师道只是长揖而已，连童贯也得敬他三分。

此时种师道春秋已高，年纪大了，天下称之为“老种”。钦宗听说老种前来，大为开心，命李纲把老种请入安上门，问老种道：“今日之事，卿意如何？”

“女真不知兵，岂有孤军深入之理？”

一听老种这话，钦宗又有意思开战了。

由于姚氏、种氏均为山西望族，两家子弟不相上下。姚平仲的父亲姚古也是响叮当的名将，姚平仲惟恐功劳被老种抢光了，自告奋勇要夜晚摸斡离不的军营。谁知，金人早有准备，姚平仲扑了个空，反为所败。

老种是老经验，他对李邦彦说：“劫寨已失误，没关系，兵家有出其不意制胜者，今晚再遣兵偷袭。若不胜，以后每晚以数千人扰之，不出十天，敌人必然远逃。”

李邦彦向来是主和的，他根本不赞成与金兵开战。现在姚平仲偷袭失败，正在他意料之中。他为了平息金人的怒火，立刻遣使向金朝谢罪，并且再三表示：“此乃李纲、姚平仲之谋，擅作主张，实在并非朝廷的意思，希望金国不要怪罪。”

宋钦宗本以为姚平仲胸有成竹，应该可以高奏凯旋歌，谁知兵败如山倒，立刻下诏不得再进兵，同时采纳李邦彦的意见，下旨将李纲免职，用以缓和敌人。

谁知，朝廷这种懦弱怕事、有损国格的窝囊行动，却惹怒了全国爱国军民同胞，尤其是关心国事的年轻太学生。

在宣和七年（1125 年）钦宗初即位时，太学生即以陈东为首，跪在宫门前面上书，要求朝廷将蔡京等人问罪，结果钦宗接受了太学生的请求，陈东等人也着实轰动一时。

陈东等人见李纲被换下，李邦彦等小人把持朝廷，决定再次上书，为李纲伸冤。于是，靖康元年（1126 年）二月里，以陈东为首的数百名太学生，一起跪在宫门外宣德门下，上书皇帝：“李纲奋不顾身，以身任天下之重，所谓社稷之臣也。李邦彦、白时中、张邦昌之徒，忌嫉贤能，所谓社稷之贼也。陛下拔擢李纲，而李邦彦等，不为国家长久计，希望阻止李纲以达成私愤，兵民骚动，至于流涕。乞求陛下复用李纲，罢斥李邦彦，重用种师道，国家存亡，在此一举。”

陈东等人的上书有用吗？

太学生打破鼓

在上篇《种师道救援京师》之中，我们讲到，姚平仲自告奋勇，偷袭金营，结果出师不利，被金人杀得大败，亡命而逃。金人勃然大怒，责备宋朝背盟失信。浪子宰相李邦彦被逼急了，派出使者向金人谢罪，并且称："此乃李纲、姚平仲之谋，非朝廷意也。"由宋钦宗下旨，将李纲免职，以缓和敌人。不料，此事激起汴京城中人民的怒火，太学生陈东等数百人，跪在皇宫宣德门外，为李纲上书喊冤……

陈东等人这一跪，真可说是惊天地而泣鬼神。宣德门附近，顷刻之间，聚集了数万军民，再加上跑来看热闹的，放眼望去，竟然是万头攒（cuán）动，水泄不通。

众人正在叫骂李邦彦祸国殃民之时，李邦彦恰好退朝而出，被一个眼尖的太学生看到，他指着李邦彦道："看啊，这不是李浪子吗？"

满腔怒火的群众，一拥而上，边跑边骂。李邦彦素来机警，眼见大势不妙，跨上快马，疾驰而去，慌乱之中丢了一只鞋子。此时他也顾不了这许多，捡回一条小命要紧。

宫中的钦宗，也听到了宣德门外的大呼小叫，惊天动地。他派了一个宦官出来，告诉民众，朝廷已准了陈东等人的请求，也就是"复用李纲，斥退李邦彦，重用种师道"，大伙可以散了。

既然钦宗应允了太学生的请求，也没有什么好戏可唱了，众人纷纷准备离开。

忽然间，有位太学生登高一呼："不对，不对，谁知道是真是假？今天不见到李右丞（纲）、种宣抚（师道），我们不能退！"

到底是太学生，多读了几天的书，设想比较周密。经他这样一提醒，已经要离开的群众，又不约而同回到宣德门旁边。

此时，钦宗派出吴敏传旨："李纲用兵失利，不得不免去相职，等到金人稍稍退却，朝廷马上传令复职。"

吴敏这一传旨，立刻引起骚动。由此可见，钦宗方才的应允，根本就是敷衍，缺乏诚意。众人议论纷纷，都表现出强烈的反感与极度的不满。

陈东等热血沸腾的太学生更是一肚子的火，把手上的一面皮鼓"咚咚咚"敲得喧天呼地，鼓声又密又急。到了最后，竟然把强韧的皮鼓都敲破了，人心激动到了极点。

开封府尹王时雍是负责掌管京师治安的，他看着实在闹得不像话了，迈着官步，缓缓走到太学生面前，指着正在怒吼的太学生，板着脸训斥道："你们的书读到哪里去了？可以这样威胁天子吗？还不赶快退下！"

太学生一心为国，加上有群众的支持，心一横，胆子也大了。他们挺着胸膛，不甘示弱地回王时雍一句话："我们以忠义威胁天子，至少比以奸佞胁迫天子好吧！"说着，就有那年少气盛的学生，卷起衣袖，口里念着："看我们收拾这个狗官。"

王时雍一见苗头不对，决定不与这些老百姓一般见识，匆匆忙忙，抱头鼠窜。

有位叫王宗滋的官员看在眼里，惟恐激起民变，赶紧入宫，启奏钦宗：不如勉强答应太学生的要求，以免酿成更大的事端。

宋钦宗没有想到一波未平，一波又起，真是伤透脑筋。于是派遣耿仲南向群众宣布："已得旨宣李纲矣。"同时内侍朱拱传旨，李纲即将复职。

老百姓根本不再相信，他们非要马上见到李纲复相不可。十来个倒霉的宦官，被愤怒的民众逮住凌迟。

宋钦宗在宫中得到消息，急得满头大汗，立刻宣召李纲入宫。

李纲惴（zhuì）惴不安地上殿，他一片忠心耿耿，被撤去相职，不免有所委屈。看到太学生陈东等仗义执言，愿意与他站在同一阵线，心中固然有些欣慰；可是抗议行动如此猛烈，闹得京师惶惶不安，惊动天子，也是他所不忍见到的情况。

李纲入殿，流着眼泪哭泣道："臣惶恐，臣罪该万死！"宋钦宗心想，现在要是赐你死了，外头更不知闹成什么样子，立刻叫人写旨，复李纲右丞职，并且担任京城四壁守御使。

李纲一再跪在地上磕头，不肯在如此情况之下任新职。宋钦宗听到宫外，一阵一阵传来喊杀之声，吓得心胆俱裂，此事哪能由得李纲？李纲恢复相职消息传出，群众一片狂欢，又叫又跳。真是打了一场大胜仗。

太学生陈东当初上书除了罢李邦彦，用李纲之外，还有一件，即重用种师道。李纲到底是个书生，对抗金兵总得要有会打仗的将领，于是，大伙又齐集鼓噪，嚷着要求见老种。

正好宋钦宗见京师混乱，已下诏种师道入城弹压。当种师道的马车驶入京城，迫不及待的民众一步向前，抢着去掀车上的帘子。一掀之下，发现里面坐着一位神闲气定、精神抖擞、白胡飘飘的老将军，兴奋地呼喊："果然是我公也！"众人遂欢天喜地地散去了。

陈东敲坏的鼓，李邦彦遗失的鞋，都是历史上有名的小故事。这代表民心向背，舆论永远支持正义。

郭京的六甲神兵

在上篇《太学生打破鼓》中，我们说到，太学生以陈东为首，跪在皇宫门前，为李纲呼冤，声动天地，连鼓面都给敲破了。宋钦宗惟恐激起民变，只得下诏，复用李纲为尚书右丞、京城防御使，并令种师道严加守御……

当初，宋钦宗把李纲换下，改用蔡懋（mào）之时，蔡懋胆小怕事，因为担心金人不悦，竟然下令，若是金人攻城，宋人不许在城上投掷矢石，以免伤害金兵。这算哪一门子的打仗方式？将士们无不愤恨在心，暗地里咒骂。

等到李纲被复用，他立刻下令，凡能杀敌者厚赏，众人无不雀跃，加上太学生在京师如此一闹事，李纲声望如日中天。金人也有奸细，目睹太学生上书的壮举，看来宋朝毕竟“民气可用”，稍稍有了畏惧之心。既然已得到河北三镇的诏书，又扣留了宋朝肃王为人质，于是，不等宋人凑足赔款，仅获得宋朝搜括都城中的金二十万两和银四十万两，金人便引兵北去。

金人既去，宋钦宗与文武百官都长吁了一口气，浑身无力，虚软疲惫。

老将种师道叩见宋钦宗道：“不如我军趁金人退兵一半，中途拦截。”

刚刚才松一口气的钦宗，哪里敢再开战火，连忙呵斥：“不可！”

种师道长叹一口气：“金人此番北去，异日必为我大宋之患。”御史中丞吕好问也在旁附和：“金人得志，益发轻视我们，待秋凉马肥，必将倾国复来，御敌之备，当速讲求。”这番话，宋钦宗根本听不入耳。

种师道曾对中丞王翰分析道：“我众敌寡，我只要分兵经营控守要地，使金朝粮道不通，坐以持久，可破金人。”

王翰深深佩服老种的锦囊妙计，但是宋钦宗不以为然，他认为种师道是个好战分子，容易惹祸，便以年纪太大为理由，解除了种师道的兵权，改派他为中太一宫使。

王翰为种师道辩护：“师道名将，沉毅有谋，智力未衰，虽老，仍可用也。”

宋钦宗置之不理。李纲等也曾一再上书，认为金人不可测，必须严防卷土重来。可是钦宗的顾虑是，万一宋朝储备国力，怕金国再以此为借口南下，所以不敢武装。此时，先一步溜到江南的太上皇宋徽宗也回到京城，以为一切从此太平，安然无事。

当然，宋朝表面不敢声张，内心仍然舍不得把河北三镇拱手让给金人，于是，暗地里命令三镇守将，固守防地，同时用密书联络辽国降金的大将余睹，又与在西夏的辽国梁王雅里通书。很不幸，这一连串来往的蜡丸书，都被金人半途截获了。

什么是蜡丸书呢？我国古代，用蜡制成圆形外壳，内放机密文件，以防泄漏又可避免潮湿，也称为蜡弹，是个相当聪明的办法。

金朝见到蜡丸书，大为生气，认为宋朝太不老实，非要好好教训不可。

金兵二度兴兵入寇，仍沿上次路线，由粘罕与斡离不领兵南下，一路势如破竹，直下黄河。宋钦宗一听金人又来了，几乎昏倒。不多时，金兵再度把汴京包围起来。这一次，金人的胃口可大了，不再是区区河北三镇可以打发的了。

宋朝君臣吓得手忙脚乱，一会儿言和，一会儿言战。若是战嘛，没有通盘的作战计划，若是和嘛，又没有谋和的决心，步骤凌乱，处处予敌人可乘之机。当然，最主要的原因是宋朝积弱不振，腐败无能，与金朝的军事力量相差过于悬殊。

金朝的大兵自靖康元年（1126年）十一月三日围困了京师，昼夜攻打。在这个千钧一发之际，宋朝不知抵抗，反而误信一个名叫郭京的骗子，说是精通法术，有通灵本事，具有六甲之法。

好事之徒纷纷传言，郭京本事极大，只要用七千七百七十七人就可以生擒金朝两大元帅，把金兵扫荡无遗。朝廷大喜过望，深信不疑，尤其是新上任的宰相何栗（lì），兴奋得什么似的，到处宣传这个不得了的好消息。

何栗等人把郭京捧得像个神，朝廷赐郭京为成忠郎，低声下气请问郭京，该用什么方法破敌。

郭京也大模大样地回答："我要挑选七千七百七十七个士兵，不问他们会不会打仗，是什么出身，但是有一点，必须命合六甲，才能施展六甲之法。"所谓命合六甲指的是甲子、甲寅、甲辰、甲午、甲申与甲戌年出生的。

不到十天，郭京已招募到了合于六甲的六甲神兵，都是一些市井无赖之徒。此时，金兵的攻势凌厉，郭京谈笑自若，大言不惭道："只要选好黄道吉日，出兵三百，可致太平。"

何栗等人深信不疑。有人对何栗说："自古以来，未闻以法术成功者，今相信

繁华的汴京城，《清明上河图》（局部），宋张择端绘。

法师太过分，恐怕会成为国家之羞。”

“去去去，郭京正为此时刻而生，敌人的事，他无有不知。这些话幸亏你没有到处胡说，否则诬告郭京，该当何罪？”

访客只好作揖告罪而出。过了不久，“神兵”出击，被杀得大败。郭京一看情况不妙，自请下城作法，乘机逃之夭夭。

我们今天看宋人迷信郭京，认为宋人头脑简单。今天一些人迷风水，信符咒，算紫微斗数，又该怎么说？

宋钦宗二度入金营

靖康元年（1126 年），金朝的两路大军围困京师，昼夜攻打，在这个千钧一发之际，宋朝竟然相信一个名叫郭京的神棍。郭京称能使六甲之法，活捉金将。结果，“神兵”一出，被金兵杀得横尸遍野。郭京一看法术失灵，自请下城作法，乘机开溜了。

汴京城破，兵败如山倒。宋钦宗痛哭流涕，捶胸顿足，懊丧不已，连连怪自己：“唉，朕为何不用种师道言，以至于此。”种师道老早警告钦宗，秋凉马肥，金兵必将卷土重来，宋钦宗不予采纳，没有事先防范。

金兵攻陷了汴京，金将粘没喝与斡离不倒没有进城，并且宣称，金朝无意灭亡宋朝，只要宋朝割地赔款，便可以马上撤兵。但是，金朝开出一个条件：必须要太上皇宋徽宗亲自前往金营，当面谈判。

这个条件一开，逼得宋钦宗非出马不可了。他总不好意思要已经退位的老父亲去担心受罪，人情上说不过去，也违反中国传统皇帝以孝治天下的美德。虽然，宋朝衰弱至此，宋徽宗的昏庸要负最大的责任。

于是，宋钦宗对金朝使者说“太上皇已惊忧成疾，朕当亲自前往”，准备携同宰相何㮚、陈过庭一块儿前去。

何㮚十分害怕，躲躲闪闪，希望能逃过这一关。宋钦宗生气了，厉声呵斥：“你非去不可！”何㮚面色如灰，低头不语。

太学博士李若水想起何㮚就是保举郭京的罪人，忍不住无名火起，指着何㮚大骂："国是到这种地步，不就是你们这批奸臣误事！"

李若水是个敢做敢当的忠耿之臣，他曾经上书，痛陈朝廷弊端十数条，惹得浪子宰相李邦彦颇为不悦。李若水原名李若冰，当初，宋钦宗召见他，见到"若冰"两个字，眉头就扭紧在一块儿了，他对李若冰说："若犹弱也，冰犹兵也，兵不可弱，不如改名为若水。"于是若冰成为若水。

何㮚哀哀戚戚，哭哭啼啼地出发了。他举起颤颤巍巍的腿，突然觉得两腿发软，不听使唤。两旁侍卫左右一挟，半拖半拉，何㮚勉勉强强上了马鞍。刚出朱雀门，手上的马鞭已摔下了三次，可见他已神志恍惚。

宋钦宗一行人到达了金营，此时宋朝手上根本没有讨价还价的本钱，还不是金人怎么说，宋朝只得乖乖地听。金朝狮子大开口，要求割地之外，还要宋朝送上金一千万锭，银两千两百万锭，帛一千万匹。

宋钦宗，选自《乾隆年制历代帝王像真迹》。

宋钦宗被金人扣押了两天，在这漫长的两天里，他坐立不安，一身冷汗，对未来命运一无所知。最后，金人竟然答应放他回去了，宋钦宗简直喜出望外。

正在为圣上忧心的宋朝臣民，听到这个消息，也是惊喜如狂。夜晚，宋钦宗的车驾驶入南薰门，京城父老夹道欢呼，匍匐在路旁跪拜。十一月的北方，已是大雪纷飞，民众为了表示对钦宗的爱戴，纷纷挑了土来填盖泥泞的雪地。一会儿工夫，一条笔直干净的大道，出现在皑皑白雪之中。

当车驾经过，民众拦住马首，仰望天颜，感慨万千，宋钦宗更是呜咽得不能出声。不久，宋钦宗的一块手帕早已湿透，远远瞧见太学生们也来迎接。钦宗再次掩面大哭："宰相误我父子！"君臣之间引起共鸣，于是，一片凄厉的哭声，入耳令人心悸。

一直到了宣德门，宋钦宗深深吸了一口气，方才缓缓地止住了哭声。面对那些忠心耿耿，冒着风雪在路旁恭迎自己的百姓们，钦宗不禁感动万分，对百姓说："各位子民，朕几乎再也不能和你们相见了……"又是哀戚，又是悲愤，想想自己贵为天子，旦夕之间，凄凉若此，忍不住又眼眶发热，视线模糊，话也说不下去了。其实，钦宗也不用再说什么，皇帝被敌人扣留，又被迫向敌人纳贡，那份耻辱与悲伤，是在场的每个人都能感受得到的。

车驾终于驶入宫中，郑建雄、张叔夜等大臣早已守候多时，个个老泪纵横，噙着泪水，直直跪下。宋钦宗一手按着马车，俯首回礼，不断用另一只手背，悄悄拭去眼角两粒黄豆大的泪珠。无论如何，总算捡回一命。

可叹的是，宋钦宗等人高兴得太早，厄运还在后头。钦宗派人在京城搜括金银，东翻西找，把整个京城都几乎翻了过来，距离金朝要求的数目却还远着哩。而钦宗派人去河东河北等地，交涉割让土地一事，当地的居民又纷纷抗命，不愿意投降金朝。

同时，金朝看准宋朝好欺负，三天两头要求宝器、马车、良驹，又要大内的图籍，大成殿的乐器，太常寺的礼器、浑天仪、古玩、字画，甚且内宫的簪环首饰。钦宗派人不分昼夜地往外搬，依然不能满足金人的胃口。后来，金人又要求一千五百名年轻貌美的女子。许多贞洁的妇女不肯出城，愤而投水。

打从靖康元年（1126 年）十二月到第二年的正月里，宋朝疲于奔命，从早到晚忙着应付金人的索求。可是，金银仍然没法凑足数目，金人不耐烦地再三催促。最后，金人要求，宋钦宗再度前往金营谈判。

宋钦宗一听之下，脸色惨淡，手颤目呆，却也别无选择，万般无奈再度出发。当车驾驶出之时，数万百姓奔跑过来，跪倒在车旁，再三哀求："陛下不可去！"在旁的范琼安慰大家："皇帝一早去，晚上就回来。"老百姓信不过，死死拦住车马，范琼狠心地砍去那些拉住车子的百姓的手腕，这才丢下了嚎啕痛哭的民众。

车过郊外，张叔夜跪在地上，恳求钦宗回宫。钦宗长叹一口气道："朕为生灵之故，不得不亲自前往。"

靖康之难

在上篇《宋钦宗二度入金营》之中，我们说到，金兵攻陷了汴京，宣称并不要灭亡宋朝，只要宋朝割地赔款，但必须太上皇宋徽宗亲自去谈判。宋钦宗在这种情况之下，只有被迫含羞忍辱赴金营谈判，被金人扣留了两天。钦宗回宫之时，百姓与太学生夹道欢迎，哭成一团。钦宗掩面道："宰相误我父子。"后来，钦宗所搜括城中金银与金人要求相差甚多，河北河东割让之地的人民又抗命，金人大怒，邀钦宗再度前往……

钦宗这次前去金营，却被当成人质。金银不足，金兵不肯放还。对钦宗的招待也很差，饮食不周，群臣相顾失色。钦宗也只有低着头，默默地流着泪。

汴京城里的宋朝人民，左等右等，还是看不到宋钦宗，心知不祥。爱国如狂的太学生徐揆（kuí）上书金营，请求金人以恻隐之心，早日放钦宗回宫。

金兵将领看到书信，派人把徐揆带到营地，要看看这个不知死活的小子是何人。徐揆年少气盛，与金人展开激烈的辩论，最后，被金人一刀砍死。

到了靖康二年（1127 年）二月，金太宗吴乞买，竟然下诏废徽宗、钦宗为庶人（泛指无官爵平民），并且强邀太上皇出城。

张叔夜跪在徽宗身前，恳切地说："皇帝一出不复归，陛下千万不可再出。臣当率励精兵，护驾突围，也许可以侥幸而出。"

宋徽宗惊慌得没有主意，不知如何是好，曾经一度意图仰药自杀，被范琼所阻。范琼受到金人指使，逼迫太上皇与皇后乘坐牛车出宫。

不但太上皇要去，太后也要去。金将粘罕命令开封府尹，把皇宫的诸王、诸妃、皇子、皇孙、公主、驸马的名单，详详细细开列了一张表，照单全收，一个也不准少。有些躲藏在民家的，开封府下令，谁敢留皇族一人，满门抄斩。

如此劳师动众，大规模地搜索了十天，共得赵氏宗室贵族三千多人。金人命令他们彼此把衣袖连在一块儿。他们衣袂相连，哭哭啼啼地被押到了金营。

宋钦宗、宋徽宗二帝先后被押到金营去谈判，其实，此时已无判可谈。金将粘罕根本没把他们父子二人当成谈判的对象。他俩被剥下了御袍，换上了青衣小帽。忠心耿耿的李若水见此光景，抱帝痛哭，大骂金人是狗不是人，气得青筋暴露，牙齿咬得格格有声。

金人把李若水拖了出来，狠狠毒打了一顿，李若水昏倒在地。粘罕希望李若水投降，派出十多个人照顾他，并且命令道："必使李侍郎无恙。"

可是，李若水悠悠醒过来之后，开始绝食，无论怎样劝说，就是不动碗筷。有人对他说："公今日顺从，明日富贵都有了。"

繁华的汴京城，《清明上河图》（局部），宋张择端绘。

李若水仰天长叹："天无二日，若水岂能有二主。"若水的仆人也劝他："你父母年岁大了，你早些屈服，还可回家探望二老。"

"呸！"李若水喷出一口口水，落在仆人的脸上，他坚决表示，"你们不必再多费口舌，反正，我是不会投降的。"

金人查点宋朝的王公贵族，忽然发现少了皇后与太子，这还了得！

原来，宋钦宗二度入金营之前，他心中有数，此番前去，凶多吉少。因此，临行之前，特别交代枢密使孙傅，偷偷把太子与皇后藏匿在民间。

孙傅寻找了一个长得与太子相像的，以及两个宦官，一并杀了，把首级交给金人，谎称："有两个宦官想要偷带太子出宫，不幸被乱民争斗杀伤，误中太子。"金人当然不肯相信，又有急于谄媚金人的宋朝大臣范琼、莫俦（chóu）等，千方百计，展开地毯式的拘捕行动，终于把皇后、太子都找到了。

查出太子、皇后下落之后，一连过了五天，没有人出面承认做了这件事。金人似乎也无意去探究此事，孙傅倒是不打自招，自己出面了。

他正色说："我是太子师傅，当同生死。金人虽然不逮捕我，我也要与太子一块儿去，当面见一见金朝将领，或许还能挽回大局。"自然，孙傅心知肚明，到了金营，哪还有生还的希望？

孙傅主意打定之后，直奔皇城司，孙傅的儿子急急忙忙跑去探望。

孙傅一见到儿子，脸一板就训他："告诉你，叫你不要来，你为什么又来了，我已经决定的事，你们再来说也没用！"说着，把脸别过去，不肯再正眼看儿子。

孙傅的儿子，一面擦眼泪，一面哽咽地说道："大人以身殉国，儿尚何言？"

当众卫士将皇后与太子拖拉登车出城，孙傅也跑来了，非要跟着去不可。他说："我宋之大臣，且为太子傅，当死从！"太子在车上吓得放声大哭，不断呼叫："百姓救我！"城里许多官吏，尾随在车后，一路追，一路哭，踉踉跄跄，扑倒在地，场面凄凉万分。

钦宗、徽宗、太子先后被掳，金人一面在城中搜括金银，一面立张邦昌为楚帝。这幕人间惨剧，史称靖康之难。岳飞《满江红》中的"靖康耻，犹未雪"，指的就是这段史实。我们详详细细，不厌其烦地述说这段经过，讲了许多一般不常见的小故事，希望能给读者一个深刻的印象：国破家亡，何等可悲，我们每个人都该爱国家啊！

宋徽宗吃桑椹

在上一篇《靖康之难》之中，我们讲到，在靖康二年（1127 年），金兵猛攻汴京，汴京陷落。金兵把汴京的财物抢劫一空，又把宋徽宗、钦宗与后妃皇族三千多人押解而去……

想当初，在靖康元年（1126 年）之时，宋徽宗以为金兵撤退，警报解除，欢天喜地地自江南返回汴京。他还在暗自庆幸自己早日退位，把烂摊子丢给了钦宗，以后可以安享太上皇悠哉游哉饮酒作画的乐趣。

因此，徽宗回京师后，住在龙德宫之中，十分逍遥。每次有事情交代钦宗，总是自称“老拙”，称钦宗为“陛下”，表示从此谢绝一切政事，安心地过退隐的生活。

宋徽宗做梦也没有料到，居然被金人压迫着来到了金营，而且被当作囚犯一般看待。

徽宗、钦宗父子二人分别被关在简陋破烂的小屋里，没有床，没有被褥，只有两条光秃秃的木板凳。身上威风无比的皇服，也被金人给剥了下来，换穿青衣小帽，看起来像个破落户。

宋徽宗自幼锦衣玉食，养尊处优，从来就是最会享福的皇帝，在万岁山延福宫度过多少奢华的岁月，几时遇到这种凄凉的景象？徽宗身旁，一向仆从云集，现在不但一个使唤的宦官都没有，门外还有层层的警卫，一个个杀气腾腾，看着好叫人害怕。

宋徽宗长叹一口气，无可奈何地坐在木凳上。不久，金兵派人送食物来，他也正好饿了，可是端来的饭菜，乌漆墨黑，且有恶臭。宋徽宗看了一眼，胃口倒尽，实在无法下咽。

中国人一向讲究美食，更何况是生长在帝王之家、以艺术家自诩、素来对烹饪的艺术颇有研究的宋徽宗。不要说是宋徽宗，即使是他手下的蔡京，也是出了名的美食家。曾有一位读书人，买了蔡京厨房中的厨娘为妾，迫不及待要妾蒸一笼包子，好享受包子咬破，汤汁外溢，芳香扑鼻的滋味。岂料这厨娘竟然回他一句："我在蔡太师府里，只负责剁包子里的葱花，其他，我全都不会。"（请参考《蔡京与蔡攸》篇）由此可推想徽宗御膳房的规模。

面对着粗粝（lì）的食物，宋徽宗真的是无法入口。但是不吃会饿死，宋徽宗只好勉勉强强，含着眼泪，哭哭啼啼往嘴里塞一些猪食不如的难吃的东西。如今身不由己，只好任人摆布。一心盼望，和解早日完成，他能够尽快回到富丽堂皇的宫殿里，赶快忘掉这阵子所受的窝囊气。

谁知道，霉运还在后头哩。过了没有多久，金人决定把徽钦二帝及亲王妃嫔一块儿送到更远的燕京，以免横生事端。

于是，徽钦二帝不由自主地被架上了平常使用的牛车，满面哀容地往东北行驶。一共有八百六十辆牛车，载运诸王、妃嫔等人。

当牛车过河，来到浚（xùn）州城外，许多老百姓闻风而至挤着向前，想要抢回皇帝，都被金人一一阻挡，场面哀戚而悲惨。

过了浚州城，再往下走，就是一片荒野，经常是十天半个月，见不到半片屋瓦。到了夜晚，只有随随便便在荆榛茅草之中打地铺。第二天一大早继续赶路，哪怕是刮大风下大雨，也不准半刻逗留。

到了河北，豪雨泛滥，地上的黄泥都已盖过脚胫。简陋的牛车，不堪长途跋涉，一辆一辆都破损报销了。金人规定，损坏的牛车，一律不准再补。因此到了后来，几乎多半得徒步而行了。

牛车坏了，牛也受不了如此的折磨，一只一只鞠躬尽瘁，倒地死亡。这些可怜的牛只，就正好作为果腹的食物。

桃鸠图，宋徽宗赵佶绘，（日）东京国立博物馆藏。

徽钦二帝以前从没走过几步路，如今，被当作罪犯押着长途跋涉，简直是要了老命。郑太后年岁大了，拐着脚走不动，金兵拿着棍子在脚后抽。金国押解官对钦宗的朱皇后产生兴趣，一路之上百般调戏。钦宗低着头，一句话也不敢多说。

走着走着，宋徽宗口干舌燥，浑身无力，忽然看到路边有一棵桑树，赶紧摘下桑椹（shèn），忙不迭往口中塞，一连吃了好几枚。他眼中的泪水汩汩而出，转过身来对曹勛（xù）说：

“我在藩邸时，记得有一回，看到乳娘在吃桑椹，我偷偷地吃了几枚，发现酸酸的、甜甜的、涩涩的，蛮好吃的。谁知乳娘一把夺了去，说这是低贱的果实，不是帝王之家子弟该吃的。谁知今天再食桑椹，竟会落到这步田地，难道说桑椹与我相终始？”说着，徽宗又泪如雨下。

从春天到夏天，徽钦二帝终于到达了燕京，拜见金太宗吴乞买。此时帝后皆蓬头垢面，满身虮虱，三分像人，七分像鬼。金主封宋徽宗为昏德公，钦宗为重昏侯。然后，徽钦二帝又被迁往韩州（治今辽宁昌图北八面城东南）。

帝子王孙与士族，共计九百余人，给田十五顷，各自舂米为食，织麻为衣，生活得与奴隶一般。后来，宋徽宗死在五国城的一间破屋土炕上。宋钦宗更可怜，受尽折磨，求生不得，求死不能，足足度过了三十年的囚犯生涯，才离开人间。

宋徽宗以风流皇帝自许，最羡慕南唐李后主，刚好也与李后主一般，成为亡国君主，而且下场更惨。

张邦昌不敢登御座

在上篇《宋徽宗吃桑椹》之中，我们说到，徽钦二帝，先后被金人掳掠而去。

金兵一面在城中大肆搜括，一面命令百官商议，别立异姓为帝；也就是说，另外立一个不是姓赵的当中原的皇帝。众人你看我，我看你，一个个低着头不敢开口。刚好此时，尚书员外郎宋齐愈自金营归来，大伙七嘴八舌地问道："金人的意思到底如何？"

宋齐愈没吭声，拿起笔来写了三个字："张邦昌。"于是，张邦昌当上了金人拥立的傀儡皇帝，改国号为楚。

想当初，金人犯京师，朝廷准备割让河北三镇，张邦昌被任命为和谈代表。后来，姚平仲偷袭金营，李邦彦等怕得罪金人，赶紧要张邦昌代为表示"此非朝廷之意"（请参考《种师道救援京师》篇）。张邦昌有此功劳，被升为太宰兼门下侍郎。由于在金人眼中，张邦昌是个乖乖牌，易于控制，所以，金人愿让张邦昌当皇帝。

消息传出后，不肯屈节的阁门宣赞舍人吴革，率领亲事官数百人，杀了妻小，焚烧住宅，以视死如归的无畏精神，起兵抗命。可惜在咸丰门附近，一举被金兵歼灭。

另外一方面，在人心惶惶之际，也有奸臣范琼等人，大声疾呼："大家莫惊慌，如今只是少了一个主人，东也是吃饭，西也是吃饭。譬如营里长行健儿，姓张的来管着是张司空，姓李的来管着是李司空，换来换去都差不多。”这些媚事金人的厚颜无耻之辈，他们都以楚国的佐命大臣自居，尤其是王时雍最为无耻，人们称为“卖国牙郎”。

张邦昌本人，当然不是个忠节之士，但要说他一心一意出卖国家、为虎作伥倒也未必。当金人起初胁迫张邦昌做皇帝时，他也曾想自杀。金人威胁道：“假如你不肯，我们将屠城，把百姓杀个精光。”所以从这方面来说，张邦昌也是为保全百姓，勉强答应。

靖康二年（1127年）三月，金人册立张邦昌为大楚皇帝。张邦昌哭哭啼啼上了马，到了西府门，假装头昏倒下来了。过了一会儿，苏醒过来，又痛哭一场。步行到宣德门外，换上了御衣，望着金国拜舞，跪下来接受金人册封为儿皇帝，册书上写着：“咨尔张邦昌，宜即皇帝位，国号大楚，都金陵。”

张邦昌即位的这天，一阵阵的怪风猛烈袭来，天空阴沉沉的，见不到一丝阳光。文武百官都哭丧着脸，一副大祸临头的悲惨模样。张邦昌整张脸白得像死人一般，只有王时雍、范琼等笑口常开，快乐极了。他们往来奔走于金营与京师之间，马不停蹄，传达金人意旨。这批狗腿子，京师人称为“捷疾鬼”。

行过大礼之后，张邦昌自宣德门步入，由大庆殿走到文德殿前。他在御床（皇帝宝座）的旁边，另外放置一张椅子。他坐在这张椅子上，接受百官祝贺，表示并非他想登御座。

接着，张邦昌站了起来，传令道：“本为生灵，非敢窃位。”意思是说，他本来是为了挽救百姓，免被金兵屠杀，原本并没有意思要篡位当皇帝。因而传令下去，百官免跪拜之礼。

为了表明心迹，张邦昌接见百官，自称为“予”而不是“朕”，不敢称手诏，改称为手书。所有任命的官吏的职衔前面，都加上一个“权”字，表示是临时代理之意，甚且不改元，仍沿称靖康二年。

只有王时雍一人，每次入朝奏事，总是自称为“臣启陛下”，又屡次怂北宋都城东京图。

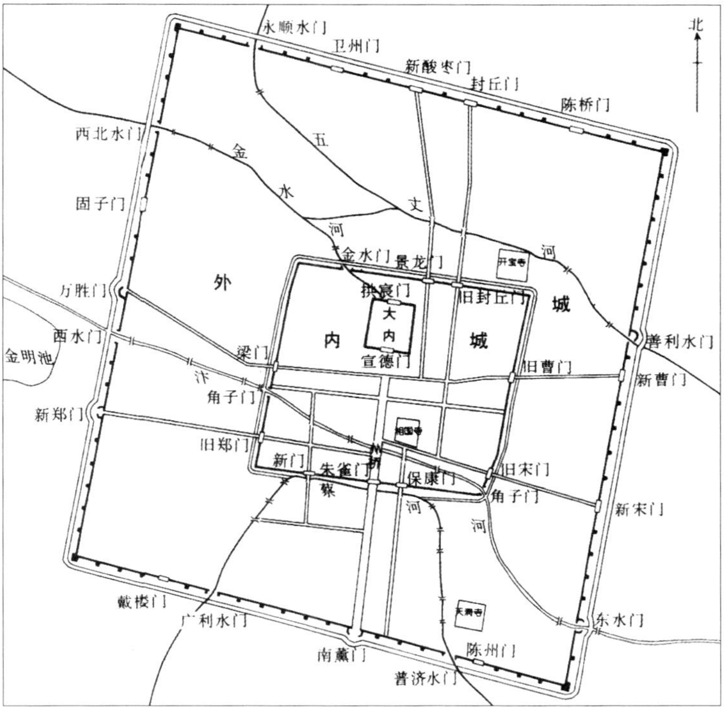

愚张邦昌，应该正正式式坐在垂拱殿，接见来使。王时雍总认为，虽然是个傀儡皇帝，演戏也该演得逼真一些，既是新皇登基，理应大赦天下，普天同庆。吕好问忍不住没好气地顶了他一句：“这四壁之外，开封城外头，你都管不着，还赦什么天下？”说得王时雍的耳根子都红了一片。结果，只好把城中的犯人给放了，略微表示大赦的意思。

金人册立张邦昌为楚帝，这是因为大宋幅员广阔，金兵人数少，不够分配在大宋国土之中，所以，采用找一个乖乖牌来代为掌理的办法。现在，既然张邦昌已正式登基，他们便准备离开了。

于是，金兵在粘罕与斡离不的带领之下，搜括干净汴京太清楼、秘阁三馆的书籍，天下府、州、郡、县的图表，大乐教坊的乐器、祭品、冠服、礼器，甚且民间的金、银、衣、缎，内府的技艺工匠、倡优内侍，一股脑儿全部打包带走，一路高奏凯旋歌，兴高采烈地回燕京去了。

张邦昌率领着文武官员，服赭（赤红色）袍，张红盖，沿途摆设香案，恭恭敬敬为金人饯行。

这时，留在张邦昌朝中的宋朝官吏，大约可分为两派。一派如王时雍、范琼等甘心当金人爪牙者，一派如吕好问、马伸等，表面上委曲求全，内心却仍然忠于宋朝。

金兵撤离之前，原本计划派兵监视张邦昌，吕好问故意好心好意对金人说："南北风俗习惯不同，水土不服，必不相安。"

金人想了一想说："如此说来，留一个贝勒统制可也。"

吕好问摇摇头说："贝勒爷是贵人，如果触发生病，那么，罪过可就大了。"

金人颇以为然，于是，把大兵全数撤去。

金人走了以后，张邦昌骤失所依，忽然害怕起来，不知如何是好。只有请教吕好问。吕好问会给张邦昌什么建议？

宗泽拒交牛黄

靖康二年（1127 年）四月，金人掳走徽宗、钦宗二帝后北去，留下了傀儡楚帝张邦昌……

张邦昌小心翼翼把金人送走以后，见汴京中满目疮痍，内心惶惶无主，不知如何是好。于是，他请教吕好问。

吕好问没有马上回答，反而回问张邦昌一句：“相公是为了敷衍金人呢，还是打算真的当皇帝？”

张邦昌狐疑地望着吕好问：“这话是什么意思？”

“相公当知大宋人心的向背，以前，人们是畏惧女真（金人）的兵威，今女真已去，相公如果再恋栈皇位，必然成为众矢之的。如今，大元帅（指康王）在外，元祐皇后在内，此乃天意。为今之计，当迎奉元祐皇后，请康王早正大位，方能转祸为福。”

张邦昌倒也知趣，便依从了吕好问的主张。

想当初金人掳掠二帝北去之时，不是把王公贵族一网打尽了吗？怎么冒出了大元帅与元祐皇后呢？

这个元祐皇后乃宋哲宗的皇后，徽宗皇帝的嫂子，称为孟后。孟后早年因故被哲宗废为庶人。宋徽宗即位以后，下诏复废后孟氏为元祐皇后，搬回宫中居住；后来因为蔡京进谗言，再废元祐皇后为庶人。这是徽宗崇宁元年（1102 年）的事，到了靖康二年（1127 年），孟后被废居于民间已经长达二十五年了，既没人注意她，也很少人知道她过去竟然贵为皇后。所以，金人搜刮赵氏宗亲，她成为“漏网之鱼”。

至于康王，他是宋徽宗第九个儿子赵构，当金兵第一次南下之时，议割河北三镇，康王被任命为割地特使，偕同资政殿学士、割地副使王云离开汴京，前往河北。

到了河北，王云被民众团团围住，被指着鼻子骂“这个人真是国贼！”，当场活活被打死。

磁州守将宗泽对康王说：“今天敌人用诡辞蒙骗大王，再去何用？不如留在此处。”

康王心想，此番前去，凶多吉少。恰好此时相州（治今河南安阳市）知州汪伯彦，原是康王藩邸中的旧属，听说康王大驾光临河北，立刻迎往相州，钦宗遂任命康王为天下兵马大元帅。后来，金兵陷汴京，徽钦二帝被掳，康王赵构就由于不在汴京而成为“漏网之鱼”。

论起宗泽，也是北宋末年赫赫有名的英雄人物。他本是婺（wù）州义乌人，母亲刘氏。有天夜晚，刘氏梦见天上有大雷电，火照其身，第二天宗泽诞生。凡是古代有名的人物，总有一些离奇的传说。

宗泽自幼豪爽，少有大志。元祐六年（1091 年）进士及第，在赴皇宫廷对之时，慷慨激昂，痛陈朝廷积弊。主考官对宗泽的正直，感到无比的厌恶，把他降为最后一名。

后来，宗泽做到馆陶尉，他颁下一个规定，凡是捉到逃兵而为盗贼者，立刻就地正法，没有二话。如此一来，馆陶县境内，一个强盗也没有。吕惠卿听说宗泽的治绩，邀请宗泽担任开御河的任务。宗泽当时正死了长子，哀痛莫名，他把眼泪一擦，立刻就任新职。吕惠卿知道了，感慨地说：“公可谓为国而忘家也。”

不久，宗泽又被调往衢（qú）州担任龙游县县令。衢州地方，民智未开，风俗浇薄，宗泽又办学校、设师儒、讲论经术，当地风气为之一变，甚且许多人赴京赶考也榜上有名了。

宗泽
拒交牛黄

宗泽担任地方官吏之时，最有名的一桩事，该算是处理牛黄事件了。

什么是牛黄？牛黄是一味中药，又称为丑宝，是发现于反刍动物消化道中的结石。特别是牛胆囊中的结石，可以用来治疗小儿惊风等病症。

政和初年，宗泽担任莱州掖县县令，户部令使者赴掖县购买牛黄，用来供应京师中的惠民和济药局，作为合药之用。由于上头催促得急如星火，老百姓纷纷宰杀牛只，提取牛黄。

可是，并非每一头牛都有牛黄，何况在中国古代农业社会，牛是非常有用的资产，把牛都杀了，靠什么来耕田？同时，因为牛黄不敷所需，人民只好多多贿赂官员，免得大祸临头。

宗泽，选自《历代名臣像解》。

宗泽对此，大大不以为然。他牛脾气一发，上了一个报告：“牛遇到灾年，得了病，方才有牛黄。今天，太平已久，和气充塞，境内牛皆肥壮，无黄可取。”

使者看了十分生气，又提不出反驳的话。于是，掖县免去一场灾难。

靖康元年（1126 年），中丞陈过庭等推荐宗泽担任和议使者，与金人展开谈判。宗泽接受任命之后，长长地吁了一口气道：“此行一去，不获生还矣。”

别人听了好奇怪，去都还没去，怎么就不准备要命？宗泽的解释是："敌人若能悔过退师，固然可喜，否则我岂能屈节北庭，有辱君命。"宗泽这种抱定牺牲为国的烈士情怀，与李纲相去不远，都不是宋朝朝廷喜欢的人选。所以，宋钦宗担心宗泽有害和议，改派他前往磁州。

就这样，宗泽在磁州留下了康王。张邦昌也依了吕好问的主张，迎接元祐皇后孟氏入居延福宫，并遣使劝康王继任皇位。于是，康王即位于应天府（河南商丘），改靖康二年（1127 年）为建炎元年，是为宋高宗。

李纲拜相

金人北去以后，张邦昌依从吕好问的建议，奉迎元祐皇后孟氏，并且，遣使劝康王继任皇位。于是，康王正式即帝位于应天府，改靖康二年（1127 年）为建炎元年，康王便成为南宋第一位君主宋高宗。

高宗即位之前，他先恸（tòng）哭流涕，遥拜徽钦二帝，然后，任命黄潜善为中书侍郎、汪伯彦为枢密院事，只是对如何处理曾任楚帝的张邦昌，感到十分为难。

宰相黄潜善对高宗说：“邦昌虽然罪有应得，但为金人所迫，今已自动归来，希望陛下能够从轻发落。”

高宗是个城府很深的人，他考虑了许久，最后决定：“朕准备封张邦昌为王爵，将来万一金人责问起来，邦昌可以告诉金人，天下不忘大宋，因而避位归宋。”遂以张邦昌为太保，封为同安郡王。

在“靖康之难”高宗续统之时，有两位不凡的志士支撑危局。一个是李纲，一个是上篇提到的宗泽，我们先讲李纲的故事。

李纲在北宋钦宗时代，官拜太常少卿，他坚决反对宰相李邦彦、白时中迁都避敌的建议，得到太学生的支持。可是，宋钦宗的软弱无能，加上奸佞小人的当权，使得李纲主战的计划破灭。

后来，宋朝接受了金朝的条件，割地谋和，李纲被革了职。不久，金人又翻了脸，李纲重新获得任用，被召为开封尹。他人还没有回到京师，汴京已为金人所破，徽钦二帝被掳北去，张邦昌被立为楚帝，李纲就停留在湖南长沙，准备率军收复失土。

宋高宗初即位，为了号召天下人心，就打出了形象牌，诏拜李纲为尚书右仆射，兼中书侍郎，也就是当右相的意思。

李纲性情耿直，闻说他拜相，反对的声浪甚高。中丞颜岐（qí）即毫不客气地上奏："张邦昌为金人所喜，虽已封为三公郡王，应该再加一个同平章事，增重其礼。李纲为金人所恶，虽然已命为右相，趁他还没到，不如罢去。"

宋高宗自有打算，他白了颜岐一眼，冷冷地道："朕今日即帝位，恐怕也为金人所不乐意，依你之见，该怎么办呢？"

高宗这话说得相当重，颜岐不敢再开口。但是颜岐依然不死心，他派了人悄悄把奏章拿给李纲看，希望李纲火冒三丈，干脆不来了，以免讨人嫌。

另外，右谏议大夫范宗尹也上疏，批评李纲名浮于实，而且声望太高，有震主之威，不适合为相。

凡此种种，都没有动摇高宗用李纲的决心。其中最为失望的，该算是汪伯彦、黄潜善二人了，此二人自认为对拥立高宗颇有功绩，必然是左右二相。这一下子，半途杀出一个程咬金，而且是正直不阿，素来懒得与人敷衍周旋的李纲，心中之不快可想而知了。

喧嚷了大半天，最后，李纲终于来了，君臣相见，涕泗交流。李纲跪在地上，哽咽地上奏："金人不讲道德，专以诈谋取胜，我国不悟，一切落入诡计之中。幸而天命未改，陛下为臣民所拥戴，还二圣（指徽钦二帝），抚万邦，责任在陛下与宰相。颜岐曾将上疏给臣看，谓臣为金人所恶，不当为相。"

李纲坚持不肯为相，高宗劝了又劝，再三表示："朕早就知道卿之忠义，今日欲使敌国畏服，四方安宁，非仰赖卿不可，希望卿千万不要再推辞。"

高宗貌似诚恳，李纲不便再推辞，只好一面磕头一面答应，并且说："以前唐明皇要用姚崇为相，姚崇提出十件要事，皆中一时之病（请参考《开元之治》篇）。今臣也提出十件大事，供陛下参考。"

李纲的十事主要的内容有：

“议国是”：御侮之道，能守而后能战，能战而后能和，今必须先谋自立，然后才能有所作为。

“议巡幸”：皇帝的车驾必须早日返回京师以慰人心，如果，京师真不可居，襄阳次之，建康又次之。

“议伪命”：张邦昌为国之大臣，临危不能一死殉国，而挟金人之势易姓更号，宜正典刑。

“议战”：军政废弛，士气低落，宜申纪律，以振人心。

…………

这十件大事，宋高宗都答应了。只有一件，李纲主张要严办伪楚皇帝张邦昌，以及所有曾在张邦昌朝做事的伪官，此事比较棘手，因为一个不小心，得罪了金人怎么办？但是李纲认为张邦昌身为宰相，竟然借敌人卵翼，组织伪朝，非杀不可。

到了后来，李纲愈来愈不能忍耐张邦昌，甚且不堪忍受与他同列朝班。他看到张邦昌，就不由自主拿起手中的笏（古代臣子上朝拿在手上的板子，用以指画、记事）往他头上敲。

李纲，佚名绘。

汪伯彦吓得摇摇头道：“李纲气直，臣等所不及。”高宗这才把张邦昌派到潭州。以后，张邦昌也就在潭州伏诛。

李纲以宰相兼御营使，集文武大权于一身。他积极地编练军队，订立军法，积极想要收复两河（河北省、山西省等地方），引起了一心苟安投降派的不满。

张所招抚河北

宋高宗即位以后，为了振奋人心，召拜李纲为相，受到奸臣汪伯彦、黄潜善等人的反对。李纲就任宰相以后，他立刻提出十件大事，积极想要有一番作为。

李纲以宰相兼御营使，集文武大权于一身，编练军队，订立军法。这个时候两河地带（今河北、山西等地方）虽然早已割让给金人，但是，金人的力量不足以控制全局，大部分的府州仍然握在宋朝手中；同时，沦陷区的老百姓，纷纷组织游击队，号称为忠义民兵，少者万人，多者达数万之众。李纲见到这一点，认为民心不死，民气可用，建议由张所出任河北招抚使。

可惜，李纲担任宰相之前，张所已先得罪了黄潜善。张所为青州人氏，进士及第，官至监察御史。宋高宗即位以后，张所曾奉命赴两河视察。回来以后，他上了一个报告给高宗："河东、河北，天下之根本，朝廷竟将两河割让给金人，当地人民恨入骨髓。如果朝廷善为运用，可以作为国家的屏障，否则，陛下的大势危矣。"并且他直言攻击黄潜善，批评他是奸邪小人，皇帝倘若加以重用，必将危害朝政。

黄潜善哪儿容得下张所这般"张狂"，于是，张所的御史被撤换下来，改任兵部郎中。

后来，李纲被高宗找来之后，他想推荐张所为河北招抚使，偏偏中间又有黄潜善作梗，实在是相当为难。

李纲左思右想了半天，素来刚正不阿的他，为了国家大局着想，低声下气、和气温婉地找黄潜善商量：“今日河北无人，只有一个张所可用，张所又因为乱发狂言而获罪，不如派张所为河北招抚使，让他冒死立功，将功赎罪。”

黄潜善见李纲如此诚恳，不得已，只好表面答应。朝廷正式任命张所为河北招抚使，赐内府钱百万缗（mín）。张所接到命令，大规模地在京师招兵买马。同时，鼎鼎大名的岳飞也在这时带八百子弟兵投奔河北，与岳飞一般慷慨激昂的燕赵子弟，也都热血沸腾。顷刻之间，应募者竟达十七万之多，张所人还未到，已声振河北。

李纲、张所等人这样大规模地想恢复两河，引起了投降派的反感。黄潜善的党羽，河北转运副使张益谦就上了一个奏章，指责河北招抚使设置之后，徒然骚扰百姓，使得盗贼多如牛毛。

李纲看到奏章，又好气又好笑，他据理力争：“张所现在人还在京师，尚未到河北去，张益谦怎么就未卜先知，说他骚扰了百姓？”

这番话说得漂漂亮亮，轻轻松松就把张益谦的奏章反驳过去。问题是，宋高宗表面上把营救宋徽宗、宋钦宗高唱入云，事实上，他也是靠着这个理由当上皇帝的。可骨子里呢，高宗一方面怕金人，一方面怕万一真的把二帝救回，他这个捡到便宜的皇帝之位也得拱手让人了。所以，河北招抚使也就作罢了。张所先是被贬江州（今江西九江），继而被贬潭州，最后被贼人害死。

黄潜善与汪伯彦内外勾结，以排挤李纲为当务之急，又找不出什么理由，于是，决定先排挤李纲所推荐的河东经置副使傅亮，命令傅亮即日渡河，与金人开战。傅亮回答，措置完成之前，大军不宜轻进。黄潜善便以此为借口，诬赖傅亮故意逗留，要他立刻回到京师，接受处罚。

当然，明眼人都看得出来，黄潜善是故意没事找事，存心为对付李纲而来的。李纲一片耿耿忠心，落此下场，寒心之至。他曾经不畏强权恶势，努力地要挣扎出一条道路来。如今，血迹斑斑，大势已去。他不得已上书给宋高宗。李纲说："张所、傅亮为臣所荐用，今黄潜善、汪伯彦之所以阻挠张所、傅亮，其目的就是阻挠臣，希望陛下能够虚心观察此二人的目的。"

岂料，宋高宗把奏章搁置一旁，批也不批，理也不理。

李纲不得已被逼着再上一个奏章："圣上如果必定要处罚傅亮，臣请求告老还乡。"

宋高宗又满面堆着笑容，劝慰李纲："卿所争的不过都是细琐小事，何必要这样看不开？"

李纲不免流下了眼泪，无可奈何地说："愿陛下以宗社为心，以生灵为意，以二圣未还为念，臣虽然离开陛下左右，不敢一日忘却陛下。"

然而，即使李纲已准备求去，黄潜善等人还是不肯放过李纲。因为李纲的形象太好，不能让他有东山再起的机会。

所以，无巧不成书的，御史张浚（jùn）就在此时，弹劾（hé）李纲擅杀宋齐愈（就是力捧张邦昌，告诉百姓，金人喜欢张邦昌的那号人物，请参考《张邦昌不敢登御座》篇），并且指责李纲有招兵买马的罪嫌。

宋高宗即以此为借口，罢李纲相职，改任他为观文殿大学士。可是，张浚依然不肯善罢甘休，继续不断地弹劾李纲，就是连这个大学士的空头官衔，也不肯给李纲。最后，李纲竟然被派去当提举洞霄宫，管理洞霄宫。

朝廷这一连串不符人心、不合民意的措施，百姓看在心中，真是失望透顶。李纲的宰相，只当了短短七十多日。

邓肃与欧阳澈书生报国

李纲罢相，他这个宰相一共只当了七十多天。李纲一去，他所策划的新政一切罢休。无论朝野，一致感到寒心与失望，在朝的邓肃与在野的欧阳澈便可作为代表性人物。

邓肃是南剑沙县人，聪明、机智、能干，而且漂亮，是个走在路上人人目光为之吸引的美少年。魏晋南北朝时代，英俊的美男子讲究打扮。宋朝注重理学，青年才俊以关心国家大事为己任，不屑于搽（chá）粉修饰。

邓肃眉目轩昂，口才绝佳。李纲一见到邓肃，两人就谈得相当投缘，成为一老一少的忘年之交。后来，邓肃的父亲过世，他异常哀痛，在墓旁守了三年的孝。

接着，邓肃与陈东一般，入太学读书。当时的太学生都是品学兼优、志在报国之辈，邓肃平时相往来的，更为天下名士。

当时，宋徽宗采办花石，闹得天怒人怨。邓肃看不过去，写了十一首诗讽刺这件事，把苛吏扰民大大批评一番（请参考《宋徽宗与花石纲》篇）。由于花石纲是人人痛恨的事，邓肃的笔下功夫又了得，一会儿工夫，太学之中人人争相传阅，妙文共赏。主持太学的负责人大为不悦，于是，太学的老师把邓肃找去，把十一首诗甩在桌上道：“这些，都是你写的吗？”

“没错。”邓肃昂然应道。

“你岂可如此批评朝政？”

“老师莫非赞成花石纲？”

邓肃这一反问，倒让老师哑口无言，只好让邓肃退下去。

根据当时太学的校规，轻者禁假若干天，罚禁闭，不准外出，或令迁斋（搬宿舍），重则“下自讼（sòng）斋”（关入禁闭室命令学生悔过自省），最严重的为“夏楚屏斥”，就是体罚开除学籍。

邓肃虽非操行品德不佳，但是，他公开嘲讽宋徽宗，万一事情再闹下去，可要出乱子了。因此，太学只有快刀斩乱麻，把邓肃给赶了出去。

宋钦宗即位之后，为了表示尊重舆情，特别找来邓肃这一位“闹事”的学生领袖。一谈之下，更为他的才华风度所折服，当场补承务郎，授鸿胪（lú）寺簿。金人犯京时，邓肃曾被派往金营交涉，逗留了五十天。后来，张邦昌为楚帝，邓肃不屑于在伪朝之中任官，奔赴南京，投向宋高宗，高宗特升他为左正言。

邓肃不改其书生本色，他上奏高宗：“以臣在金营之经验，金人不足以畏惧，但是他们真正做到信赏必罚，不假文字，故人人乐于效命。朝廷则不然，轻重上下，全凭一时高兴。”宋高宗嘉许邓肃之见，却没有确切实施。

不久，邓肃又向宋高宗上奏说：“外夷之巧在文约书简，因为简约，自然迅速；我大宋之患在文书烦，繁琐则迟误。”邓肃的话真是一点儿也不错。

李纲罢相之后，邓肃立刻向宋高宗提出他的疑惑：“记得陛下即位第五天，任用李纲为相之时，曾经回顾群臣，对大家说，李纲真是以身殉国的表率，值得向他学习。今日，又指责他是刚愎（bì）狂诞，搜括东南的民财、郡乡的私马，这些指摘不知有何依据？再说，河东、河北之地，无所适从，李纲招抚河北的措置实施一月以来，民心大为安定。今纲一去，又当如何？”

宋高宗看到邓肃条理分明的奏章，先是一凛，又不知如何批示，只好交给吏部处置，最后，邓肃被免官。

邓肃因为直言无隐而丢了官，但是，他一点儿也不后悔，因为读书人修身、齐家最后的目的就是治国、平天下。当时，与邓肃有相同想法的年轻人倒还不少。由此可见，宋朝的理学思想毕竟仍有值得称道之处，例如布衣欧阳澈便是。所谓布衣，指的是穿着平民的衣服（古代官员有官服，不可随意混淆），也就是没有任官的人。

欧阳澈字德明，抚州崇仁人，与邓肃一般也是个温文儒雅、气度不凡的美男子，《宋史》中形容他是“年少美须眉，善谈世事，尚气大言，慷慨不少屈”。而其忧国忧民的胸怀，似乎是出自天性。

靖康初年，他写了安定边疆御敌十策，上书皇帝。州县尚未呈上朝廷，他又写了十件保邦御敌以及批评政令的奏章。接着，欧阳澈意犹未尽，再写了十事。因为写得太多了，洋洋洒洒一共有三大巨轴（古人的字画都要装裱成轴，便于搬运展阅），马房中的健卒根本抬不动，要特别挑选大力士才能勉勉强强扛着走。

在三巨轴的前言中，欧阳澈这么写着：“臣所进三书实为切要，然而其中触怒权臣者有之，忤逆天听者有之，结怨富贵之门有之，迁怒台谏之官有之，臣并非不知，而敢抗言者，愿以身而安天下也。”

好一个“以身而安天下”，这正是儒家思想中，士以天下为己任的表现，读书人以匡救天下为自己的责任。中国古代以士为四民（士农工商）之首，不是没有道理的。所谓士，不是会识字、会做官之意，真正的士是有理想有抱负有傻劲的君子，邓肃、欧阳澈为“书生报国”四个字写下了一个最好的注脚。

陈东一片忠肝

李纲的宰相只当了七十多天，就被奸臣黄潜善、汪伯彦设计摘下，朝野之中有正义感的，都表示不平。在朝的有邓肃，在野的有欧阳澈……

欧阳澈曾上书三巨轴，巨轴重得要大力士才能扛得动，当然，上书石沉大海，毫无回音。不过，这件事并没有动摇欧阳澈的壮志。

当金兵把徽钦二帝掳掠而去之时，欧阳澈气愤极了。他常常对人说："我能够口伐金人，强于百万雄师，我愿意杀身以安社稷。如果，皇上不信，请将我的子女扣押在朝廷当人质，我一个人前往金营，把亲王给带回来。"

每次欧阳澈说得慷慨激昂，口沫横飞，乡人总是指指点点嘲笑他："你们看，你们看，那个狂小子又在胡言乱语了。"

欧阳澈不理会乡亲的冷嘲热讽，他竟然安步当车，一步一个脚印走到了南京，跪在宫门之前上书，要求撤职查办当权大臣。

黄潜善等人看到欧阳澈的举动，不由暗吃一惊道："不好了，不好了，一个陈东已经够麻烦了，现在又来一个'陈东'。"

大家还记得陈东吗？那个不怕死的太学生，他曾经率领太学生伏阙上书，要求杀掉蔡京等六贼，声震全国。后来，李纲被宋钦宗撤去相职，作为讨好金人的牺牲品。他又领着一批太学生在宫门之前为李纲喊冤，声震屋瓦，把一面鼓都给敲破了，吓得浪子宰相李邦彦落荒而逃，匆忙之中，连鞋子都遗失了。宋钦宗派出调解的宦官，被愤怒的太学生杀死。最后，

钦宗投降，李纲复职。（请参考《太学生打破鼓》篇）

宋高宗即位之后，为了维系人心，上任第五天，就找了李纲为相，第十天即召陈东，结果未曾当面召见。如今，高宗罢李纲相职，可以预料得到的，必然又引起陈东为首的太学生的激烈反应，而欧阳澈的所作所为，显然是模仿陈东当年的英勇表现。

黄潜善心知肚明，在陈东、欧阳澈等人的心目之中，他是一个必去之而后快的大奸臣，与蔡京、李邦彦差不多。假如他们再度伏阙上书，那就不好看了。因此，黄潜善一再面禀高宗："此二人非杀不可。"

高宗尚在犹疑不决，黄潜善又在旁边不断煽火："莫非陛下要重睹鼓众伏阙之事。"

陈东当时敲锣打鼓，率众示威的一幕，高宗记忆深刻，他可不希望旧戏重演，因此，决定听黄潜善的建议——将陈东、欧阳澈问斩。

官府派了捕吏来押解陈东。陈东早知道这一天总会来的。他没有一丝不安与恐惧，和婉地对捕吏说："我想吃了饭再走。"

"当然，当然。"捕吏恭敬地说。于是，陈东慢条斯理地开始用餐。他端着碗，细嚼慢咽，把盘子里的菜肴，碗中的清汤，吃得干干净净，显然胃口甚佳，不像是即将被问斩的犯人。

吃完了饭，陈东端坐在书桌之前，开始写遗言。他一笔蝇头小楷，端端正正，一笔一画，清清楚楚，可见心中甚为平静。

遗书写罢，交给仆人以后，陈东对捕吏说，他要进去如厕。

捕吏面有难色，讪讪地说不出话。心忖，万一陈东乘机溜走，或是上吊自杀，那他回去如何交代？

陈东是何等聪明绝顶之人，他一眼就看穿捕吏的心思，昂首一笑道："我陈东也，如果怕死，就不敢说话，既然有勇气开口，我还会怕死吗？"

这一表白，倒让捕吏不好意思，他一抱拳道："陈公风骨，我也听说，怎敢相逼？"

捕吏等了一会儿，陈东穿衣戴帽，潇潇洒洒走了出来，从从容容赴狱。

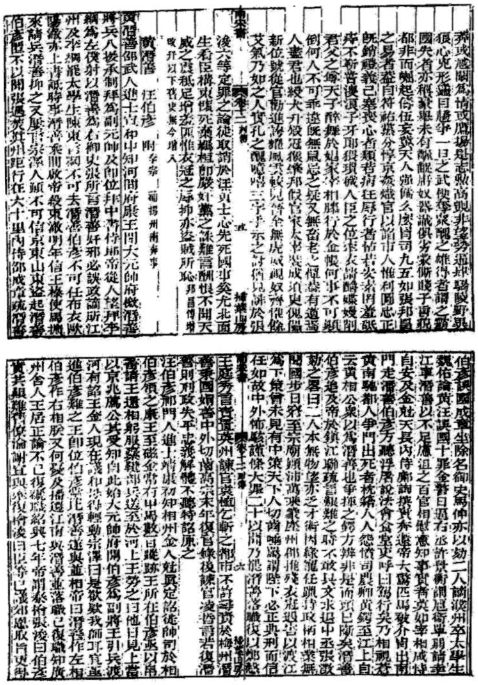

《南宋书》中关于黄潜善、汪伯彦事。

高宗建炎元年（1127年）八月壬午，太学生陈东，抚州进士欧阳澈，同时被问斩于东市。陈东不过四十二岁，欧阳澈更小，只有三十七岁。

陈东与欧阳澈的死可说是惊天地而泣鬼神，尤其陈东即将就戮（lù），毫无惨戚战栗之意。遗书之中墨行整整齐齐，交代家事，井井有条，人人都竖起大拇指，直夸："真东汉人物也。"这是夸奖陈东有东汉士大夫讲气节不畏死的风骨。

为了表扬陈东，在他的家乡丹阳，当地百姓建了一所陈丹阳先生祠，祠旁用铁铸了黄潜善、汪伯彦的像，此二铁像长跪阶前，表示对陈东的忏悔，与岳飞墓旁秦桧夫妇长跪一般。

到了明朝嘉靖年间，郑晋入祠瞻礼，题一联于壁：

一片忠肝，千古纲常可托，
两人屈膝，平生富贵何为？

据说，题完了字，两个铁像惭愧地应笔而倒，这当然是荒诞的传说。不过，我们中国人总认为，人死留名，虎死留皮，身后名是相当重要的，历史会还忠臣一个公道。

建炎四年（1130年），宋高宗感悟，追赠陈东、欧阳澈为承事郎，这不过是高宗做戏，争取人心，假惺惺罢了。我们读历史，不能不了解这一点。

宗泽治理开封

在靖康之难之后，宋高宗继任大宋皇帝，有两位支撑大局的志士。一个是李纲，一个就是我们在前面提到的宗泽。

宋高宗在南京（这南京是今河南商丘，不是今南京市）即位，宗泽入京，与李纲一块儿痛陈复兴大计，激动得涕泗横流。李纲与宗泽都有报国宏愿，两人相见恨晚。宋高宗想要留下宗泽，但是由于黄潜善等人的排挤，宗泽出任龙图阁学士，知襄阳府（治今湖北省襄阳市襄城区）。

当时，黄潜善等人有避敌迁都，提倡和议之说。宗泽立即上书"天下者，太祖、太宗之天下，陛下当兢（jīng）兢业业，传之万世"，并且自告奋勇，愿意带兵收复失地，"捐躯报国恩"。这一年，宗泽已有六十九岁高龄。

此刻正是李纲独任宰相之时，适逢开封尹出缺。高宗问李纲，谁可担负重任，李纲说："欲绥（suí）复旧都，非宗泽不可。"

于是，年近七十的宗泽来到了残破的开封。此刻，还有一部分金兵留在黄河边上，与开封距离很近。金鼓之声，日夜相闻。东京开封府曾经两度遭金人掳掠，城内房屋大多被毁，军营也十分残破。兵民杂居，盗贼横行，即使在光天化日也会发生抢劫案，家家关门闭户，市面萧条，远非当年繁华似锦的东京了。

非仅如此，开封府的物价腾贵，比以前高出十倍不止。宗泽大伤脑筋，认为非先解决经济问题不可。

开封昔日繁华,《清明上河图》(局部),宋张择端绘。

宗泽把家中的厨子唤来，对厨子说：“你去做一笼市面上出售的笼饼，看看需要多少成本。”又把酿酒的找来，对他说，“你去买一觚市上出售的酒，回来照样酿造，我要知道酒的成本到底要多少，贵到什么地步。”

不一会儿，饼蒸好了，酒也酿出来了。算一算价钱，一枚饼不过六个钱，一觚酒也只要七十个钱。可是，市面上一模一样的笼饼，竟卖到二十钱一枚，一觚酒喊价到了两百钱，简直就是暴利。

宗泽大为不悦，立刻把市面上制饼的师傅找来，询问道：“还记得当年我为举子来京师，一晃已三十年了。当年笼饼一枚只要七钱，今天怎么要卖到二十钱，太贵了吧，老百姓怎么吃得起？”

师傅一脸无奈道：“这也是没办法的事，都城屡次经历大乱，米麦都贵得不像话。成本既然涨了，饼当然卖得贵了，我总不能亏本贱卖啊！”说罢，他两手一摊。

师傅万万没有想到，这位新来的府尹不好欺负。宗泽一言不发，把厨房中蒸好的饼给搬了出来，指着热气腾腾的笼饼说：“我算过了，一枚饼只要六钱。假如卖到八钱，还可以赚两钱，你居然卖到二十钱。我现在规定，一枚饼最多只能卖八钱，绝对不许随随便便哄抬物价。今天，对不起了，我要借你的头贯彻命令。”

说着，宗泽派人把做饼师傅就地正法。一会儿，整个京师传遍这个惊人的消息。到了第二天，果然每个卖饼的，都把价钱压了下来，一律八个钱一枚饼。消费大众大为开怀，纷纷上街购买。

第二天，宗泽又把酿酒的酒吏找来。在宋朝，酒是属于政府专卖的。酒吏看到笼饼师傅的脑袋，挂在墙上迎风招展，讷讷地说："都城自遭匪寇以来，宗室权贵私自酿酒甚多，生意不好做，价钱不得不提高。"

宗泽原是个明理之人，不会刁难人家，他明快地对酒吏说："现在，我为你禁止一切私酒。你呢，每一斤酒少赚一百钱，你的头颅暂且寄放在你的颈子上。"

第二天，酒价大跌，百姓欢腾。在宗泽的铁腕政策之下，商人不敢再囤积居奇，物价渐趋平稳，百姓也可以安居乐业了。

解决了汴京的物价问题，宗泽要拿盗贼开刀了。他眼看京师之中盗贼纵横，人情汹汹，实在闹得不像话了，先捉了几个小偷，然后下令："凡是为盗者，不论轻重，一律军法处分。"如此一来，盗贼也不敢再蠢动了。

有一天，金国忽然派了一个使节出使伪楚。张邦昌的楚国早已撤销，金人并非不知，竟然派出使节，分明是打探消息的奸细。宗泽把使节扣下，然后上了一个奏章给高宗："此名伪使，实在是派来窥伺（kuī sì）的间谍，臣请求斩金使，以杜祸患。"

不料，宋高宗接到奏章后，立刻传旨，要宗泽把金使安排住在华贵的宾馆之中，殷勤招待。宗泽大不以为然，又奏上一本说，优容敌人间谍，徒然表示我国国弱："臣愚昧，不敢奉诏。"宗泽还是坚持他原来的意思，想要斩杀金使，"以破其奸"。

宋高宗大为着急，亲笔写了一封信给宗泽，严令宗泽切切不可擅作主张，一定要把金使平平安安送出城。皇帝有令，宗泽不敢不听，只好把金使送走。

因为这件事，朝廷之中汪伯彦、黄潜善一党的人都在嘲笑宗泽癫狂。尚书右丞张懿忍不住仗义执言："朝中像宗泽这般癫狂的人再多几个，天下就安定了。”

此外，御史中丞许景衡也帮宗泽说话：“臣听说议者多在指责宗泽过失。臣自渡淮河，闻说宗泽诛锄强暴，抚循善良，又修守备之御，历历可观。臣不知道，假如计较宗泽小疵，另外选一个留守，还有谁可以比得上宗泽？”

宋高宗接受了许景衡的建议——细细想来，也没有谁比宗泽更适合担任开封府尹。宗泽的职位总算暂时保存。

王彦带领八字军

宗泽担任开封府尹以后，他惩治奸商，平稳物价，逮捕巨盗并斩首示众，开封府逐渐恢复了平静。某天，金国派了一个使臣到开封，分明有间谍嫌疑。宗泽主张杀掉金使，以绝后患。可是宋高宗胆小怕事，坚持宗泽要把金使平安地送出京师。

金使虽然离去，但宗泽已自金使口中套出，金兵在真定、怀州、卫州之间大规模地整修战具，准备南下。

于是，宗泽悄悄地渡过黄河，与河东、河北一带忠义民兵取得联络，各地的红巾军与太行山麓（lù）的八字军都愿意投入宗泽麾（huī）下。

红巾军的名称是因为这批忠义军多以红巾包头，作为识别，如傅选、焦文通、赵邦杰等，他们没有宋朝朝廷的官号，但是使用宋高宗建炎年号，表示心向宋朝。例如，在大名府的忠义民兵王友部，他所领军队的旗帜就用“宋忠义将河北王九郎”九个大字。至于太行山的八字军，则由王彦带领。

在这儿，我们说一段王彦的故事：

王彦，字子才，上党人，他性情豪迈放纵，不喜受约束，自小钻研兵书韬（tāo）略。王彦的父亲，认为自己的儿子是个军事上的小天才，把王彦带到了京师，隶属于弓马子弟所。

宋徽宗有次亲自挑选，凡是弓马子弟所的子弟都上场演练武艺。王彦身手矫健，使枪弄棒，样样精通，被任命为清河尉，曾经追随泾原经略使种师道两次出兵攻打西夏，颇有战功。

金人攻打汴京，王彦报国心切，离开家乡前往京师，自己请求上战场讨伐金人。当时，张所担任河北招抚使（请参考《张所招抚河北》篇）。张所看中王彦是个人才，提拔他为统制，让他带领张翼、岳飞等十一大将，率七千人渡过黄河，与金人交战。

在新乡一战，宋军杀死金兵无数，同时，占领了新乡，以此作为据点，向河北各州郡发布文告，号召军民起事，驱逐胡虏。一时之间，各州郡纷纷响应，浩大的声势把金人吓怕了。

金人以为宋朝大军开拔而来，动员了数万人马，一圈又一匝（zā）把王彦军队团团围住。王彦寡不敌众，突围而出，诸将散归。王彦独自守住共城西山，准备重新号召两河英雄豪杰，再度起事。

由于王彦在这场战争之中表现得太杰出了，金人重金悬赏王彦的脑袋。

王彦不能不小心，白天还好，到了晚上常常不断迁徙睡觉的营帐。

久而久之，王彦的部下都晓得主将一夜数迁，睡不安宁。他们都觉得于心不忍，又为了表示一己的忠心，绝不会做出卖主求荣的事。于是，有一天，大家约好，相率在脸上刺了八个大字“赤心报国，誓杀金贼”。

第二天早上，王彦起身，发现部下一个个脸上都刺了字，而且血痕未干。王彦又高兴又难过，感动得不知如何开口，从此以后，更加抚爱士卒，与士兵同甘共苦。由于王彦部下脸上都刺有八个字，所以称为八字军，愿意归宗泽节制。

也在这时，岳飞离开了王彦，重新直接归宗泽指挥。早在靖康元年（1126年），宗泽在磁州，康王（就是后来的高宗）奉诏任大元帅，宗泽为副元帅。宗泽在曹州之役中，就发现岳飞这个年轻的少年勇士，披散着长发，挥舞着四刃铁简，直犯敌阵，锐不可当。这段经过，我们留在讲岳飞故事时再详细述说。

这一会儿，宗泽重见岳飞，高兴得猛拍岳飞的肩膀道：“大将之才，大将之才。”

金兵在河北远远望见宗泽士气如虹，前次派出的间谍，回来也报告，宗泽可不是好欺负的。金兵担心宗泽真的打过来，决定先发制人，派了数千精兵渡河攻击汜（sì）水。

宗泽接到情报，派岳飞前去抵抗，临行之前，宗泽交代：“鹏举，你是我寄予厚望的人，所以我把这个艰巨的任务交给你，你要把渡河的金兵杀完，才不负我对你的信任。”

岳飞一抱拳道：“元帅放心，岳飞此去必然上报国家，下报相公。”岳飞说完，大踏步而去。

果然，岳飞用兵如神，军士们都以一当百，把进攻汜水的金兵打得落花流水，死伤殆尽。金兵的血流入黄河，一夜之间，使黄河成为红河。这一役，宋军军威重振，开封城安若磐（pán）石。也就是这一役，岳飞的大名为众人所知，宗泽大乐，将岳飞升为统制。

岳飞，选自《历代名臣像解》。

开封的情势稳定之后，宗泽更立志要恢复河北的失地。他不断上疏给宋高宗，希望朝廷迁回开封，号召各路大军，渡过黄河北征。他一再上疏道：“以前，景德（宋真宗的年号）年间，契丹攻打澶渊，寇准力主真宗亲征，后来果然成功。臣不敢把自己比喻为寇准，但不能不寄望陛下。”（寇准的故事请参考《寇准正气凛然》篇）

每次宗泽上奏，总是被黄潜善、汪伯彦所制止，而且拿着宗泽的上疏哈哈大笑，讥嘲宗泽年纪大了，脑筋不清楚。宋高宗始终没有要采纳宗泽意见的意思，只用一些不着边际的门面话，敷衍敷衍这个一心为国的忠心老臣。

宗爷爷壮志未酬

在上一篇《王彦带领八字军》之中，我们说到，宗泽固守开封，并且任用王彦、岳飞等大将，使金人始终到达不了开封府城外。

宗泽在金人强大的压力之下，能够守得住开封，还有一个主要原因，那就是他除了能够号召两河地带忠义民兵之外，更能够控制所谓流寇的游杂部队。

那个时候，有个绰号叫“没角牛”的杨进，拥兵三十万。王再兴、李贵、王大郎也有数万人马，在京西、淮河、河南以北侵略夺取民间财物，成为治安上的大患。

尤其是河东巨寇王善，拥有七十万大军，一万乘车辆。自从宋朝把两河地带割给金国之后，金人一下子没法消化这片广大的地区，于是河东成为王善的地盘。他不但占据河东，更想夺下开封京师，自己也做个皇帝玩一玩。

王彦的八字军和红巾军，本来就是对抗金人的游击队，自然容易为宗泽所吸收。王善这批流寇，大块吃肉，大碗喝酒，杀人放火，打家劫舍。一个言语不合，立刻把枪往人家心窝里搠（shuò）去，岂是容易说服的？

但是，宗泽有宗泽的办法，他一个人也不带，单枪匹马去见王善。见到王善之后，开始痛哭流涕：“朝廷当初危难之时，如果有公一二辈，岂会有敌患？幸好，现在还不太迟，今日乃公立下大功的好机会，千万不可以错过了。”

王善万万没有料到，宗泽竟会如此礼待自己。他本来准备，不待宗泽打官腔，先挺着枪把宗泽给轰回去。这一会儿，看到宗泽七十老翁，本该在家含饴弄孙，如今竟哭得老泪纵横，心中大为不忍。尤其，宗泽清廉正直，赤心保国，王善这批土匪，平常亦有所闻。

再说，王善等之所以落草为寇，也是被北宋末年的贪官污吏逼上梁山，天良未泯。他们虽然是土匪，却也有他们的民族意识，绝不与金人往来。

于是，宗泽哭，王善也放声大哭，两人哭得窸窸窣窣，泣不成声。王善跪在地上说“我哪敢不尽力”，立刻全数归降于宗泽。

连王善这个顶尖儿的山大王都缴了械，其他小股土匪还不是一个个乖乖地望风归顺?

宗泽眼看自己精心布置的阵容，有了对抗金人的能力，十分欣慰，赶紧上疏，把如何招抚王善、杨进的过程细说一遍，并愿高宗早日返回开封，中兴大业，必可完成。

哪知，这份奏章到了朝廷，竟被黄潜善、汪伯彦诬赖为“包庇（bì）盗匪”。气得宗泽脸色发白，胡子不断颤抖，不能说话。

更叫宗泽咽不下气的是，宋高宗非但不准备回开封，而且听说金人南犯，也不管是不是被岳飞打得落花流水，吓得连南京都不敢留下去。在建炎元年（1127 年）十一月驾幸扬州，不但宫室妃嫔全数南下，连祖宗灵牌也都搬到扬州。

当高宗逃向扬州的消息传到了开封，唉，那些响应宗泽、王彦的义民，闻说天子南迁，伤心失望到达了极点，纷纷散去。

王彦愈想愈不能服气，他快马加鞭、心焦如焚赶到了扬州，向黄潜善、汪伯彦说明开封的情形，宗泽的建树，以及两河人民个个伸长了脖子，期待皇帝回归开封，准备与金人大干一场的决心。

黄潜善、汪伯彦爱理不理，有一句没一句地应着。王彦火了，声音不自觉一再提高，言辞也大为愤慨激烈。黄、汪二人即以此为名，请旨不许王彦觐见高宗，当然，见了高宗也不能扭转情势。

另一方面，痴心的宗泽仍不死心，一封又一封地上书高宗，大意是说：“京师乃是天下腹心，不可放弃。”又说，“愿陛下勿使奸臣阻扰，以误社稷大计。”当然这些上奏都石沉大海。宋高宗对黄潜善、汪伯彦满意之至，对人说：“潜善做左相，伯彦做右相，朕何患国事不济？”

国家败坏到这步田地，高宗还在烟花漫漫的扬州享乐。忧国忧民的宗泽连气带闷，背上生了疮，老人家禁不起折腾，这一病就病得不能起身了。

宗泽病了，许多将领都前来探视问候。宗泽看到将领，猛一下自床上坐起，正色说：“我是因为二帝蒙尘，积愤而病。你们如果能歼灭敌人，我死而无恨！”

众人都感动得一再起誓：“我等一定尽力。”

探病的客人走了，宗泽虚软地瘫在床上，长长吁了一口气道：“出师未捷身先死，长使英雄泪满襟。”

宗泽，选自《马骀画宝》。

第二天，风大雨急，宗泽病情转恶，他在死前连呼三声“过河，过河，过河”，而后溘然长逝，没有一句交代家事的遗言。

宗泽死了，有识者莫不哀恸，尤其宗泽慷慨好义，许多穷苦的亲朋都赖以为生。宗泽自己生活相当俭朴，他常说：“君父侧身尝胆，尚在敌人手中，我哪儿忍心独自享用美食？”

宗泽守在京师，金兵来犯，屡次被宗泽击退。宗泽人格操守亦为金人所尊敬，金人称之为宗爷爷。

宗爷爷在呼唤“过河”之中，壮志未酬，死不瞑目。

岳飞的幼年故事

岳飞是中国历史上鼎鼎大名的英雄人物，他与关羽一般，都是中华民族忠义气节的象征。关云长的故事，大半出自《三国演义》，人们对于岳飞的了解，则是出于《说岳全传》(以下简称《说岳》)，以及根据《说岳》改编而成的戏剧。

《说岳》的故事，大部分根据史实的记载，当然，夸大、渲染、虚构的部分仍然很多，更突出了戏剧效果，使读者更加入迷。譬如说，《说岳》一书之中，有关岳飞幼年时代的故事，就脍炙人口，流传甚广，家喻户晓。

根据《说岳》，岳飞的幼年，有一段不平凡的经历：

在我国北方黄河地带，时常会闹水灾，使得当地居民饱受威胁，岳飞的家乡，河南省汤阴县，正距离黄河河口不远。

有一天半夜里，忽然黄河决口，滚滚浊流，汹涌地侵入岳家庄，岳飞的父亲岳和忽然想起，前日有个道士前来对他说："三日之内，若令郎平安，不消说得，倘若遇到任何惊恐，可叫安人（夫人）抱了令郎，坐在那只大水缸之中，方保得性命。"

于是，岳和赶紧要岳飞的母亲姚夫人坐入水缸，紧紧搂住出生未满月的小婴儿。姚夫人还没坐稳，只听得天崩地裂一声巨响，滔滔洪水暴涨，整个岳家庄汪洋一片，成为大海。

坐在水缸之中的姚夫人又怕又累，迷迷糊糊在洪水之中漂荡。她心忖，这下子是完了，可是，仍然把怀中的婴儿，好好地护卫着。

说也奇怪，在水缸上面，不知何时，飞来许多鹰鸟，搭着翎翅，好像凉棚一般盖在半空，使得岸上的人们很容易发现了这只水缸，以及水缸中的妇人。

“喂，喂，缸里的女眷，你是哪儿漂来的？”

姚夫人昏昏沉沉之中被人唤醒，她揉揉眼睛道：“这里莫不是阴司地府？”

周围的人忙说：“这儿是河北大名府内黄县麒麟村，不知安人打哪儿来？”

姚夫人悲泣哽咽地说：“我是相州汤阴人，因为黄河决口，漂流到了此地。可怜我这个小儿子……”说着，姚夫人把岳飞从怀中抱了出来，众人往前一看，只见这白胖小子，生得顶高额宽，鼻直口方，可爱得很，个个称赞不已。

其中有个王员外，特别同情岳飞母子的遭遇，就对姚夫人道：“老汉姓王名明，舍下就在前面，安人不妨权且住下，我再着人探听，再差人送安人回去，夫妻父子团聚。”

姚夫人再三道谢，拖着又酸又麻的两条腿，抱着岳飞，一步一步向王员外家走去。姚夫人谦和温婉，员外府中上上下下对她又是同情又是尊敬。

过了一个月，王员外派去打听消息的人回来了，原来汤阴县大水已平复，但是房子被冲走，田地遭毁坏，岳家的人全部葬身水底了。姚夫人哭得死去活来，如果不是因为要抚育岳飞，她也没有活下去的勇气。

幸亏王员外忠厚善良，岳飞母子暂且住下。到了岳飞七岁之时，姚夫人搬入王家多余的一间小小空房，开始独立生活，为人缝制针线换取蝇头小利。岳飞也很乖，每天到山里捡些枯枝，捡得多的时候，也能卖几文小钱，贴补家用。

有一天，岳飞挑了担柴回家，姚夫人见他今天捡得特别多，而且里面都是整整齐齐的树枝，不安地叮嘱岳飞：“我们只能捡人家不要的枯枝，不能上树攀折，何况，万一跌下树来，那怎么是好？”

岳飞连忙跪下道：“孩儿明白，只取枯枝便是了。”

第二天，姚夫人不要岳飞去捡木柴了，她叫岳飞到河边取了一簸箕（bò ji）的沙土，折了几条柳枝，把沙土铺在桌上用柳枝当笔，一笔一画地教导岳飞识字、作文。

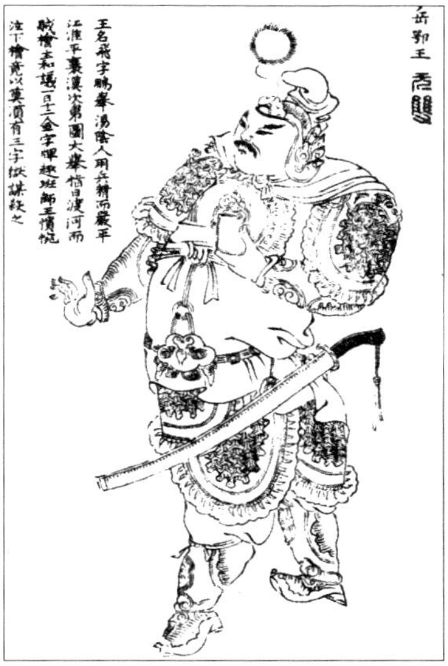
岳飞，清金古良绘《无双谱》。

此时，王员外为六岁的小儿子王贵请了一位老师周同，除了王贵，还顺便教张显、汤怀两个小朋友。这三个小朋友都很淘气，不肯好好写作业。一日，刚巧岳飞进来，他们就齐声道：“岳哥，替我们做了吧！”怕岳飞跑了，顽皮的王贵竟把书房反锁起来，对岳飞说：“你要是肚子饿了，抽屉之中有点心，你尽管吃。”说罢，三个人飞也似的去玩耍了。

等到周同批改作业，发现三个小顽童写的作文，头头是道，一日千里，莫不是请人代写的？他问王贵道：“今日我下乡去，有何人到我书房来？”不多时，果然被周同问出了岳飞。他把岳飞唤来一看，小小年纪，却是相貌魁梧，举止大方，极有礼貌。周同对岳飞十分欣赏，不但决定免费教岳飞读书，而且愿意供应笔墨纸张。

从第二天起，岳飞开始欢天喜地上学堂，且与王贵、张显、汤怀结为兄弟，单日学文，双日学武，如此光阴似箭，夏去秋来，这四人俱是文武全才。岳飞也有十三岁了。

有一日，县里来了公文，举行今年本县武生小考，周同立刻为四个学生报了名。其他三个都兴奋非凡，只有岳飞发愁服装与旅费。周同拿出一件旧战袍对岳飞说：“你拿回去，要母亲改制一件小袍，再做一块包头巾。”另外，周同又取出一块大红绸子说：“这块新料子拿去请你母亲做一件坎肩儿，一副扎袖，一条大红鸾带，你可以去应试了……”

以后的故事，有兴趣的读者可买一本《说岳》来看，岳飞的幼年真的这般离奇？他是坐在水缸中捡回一命吗？他父亲岳和以后有没有消息？请看下篇。

岳飞的父亲——岳和

在正史中，岳飞的童年究竟如何？相信这是读者们深感兴趣的，过去我们将杨家将、包公、宋江等在野史、正史中不同的记载前后对照，有许多读者来信鼓励，很赞成这种写法。

闲话少说，言归正传。关于岳飞的家世及小时候的故事，《宋史》中《岳飞传》只有短短六行文字，简直少得可怜，令人泄气。

根据岳飞第三世孙岳珂所纂（zuǎn）《金佗祠事录》（附于《岳氏宗谱》后）之中的记载，我们可以大略了解岳飞的家世：

岳飞是相州汤阴人，家中有田数百亩，但都是荒瘠的干田。中国古代不重视农田水利建设，一直到清末，到民国初年，北方这些旱田，仍然完全靠天吃饭，只有天下雨时，才能够耕耘播种。

河南地方，又经常遇到旱灾，饥民很多。岳飞的父亲岳和是个心胸宽大、乐善好施的长者。他规定自己与家人在灾荒时，每天早晚两顿都只吃个半饱，然后把多余的一半拿去给道路两旁的饥民食用。

岳家之中有人吃不够，肚子饿得难受，自然不免私底下啧啧有怨言：“自己都吃不够，为什么还要去周济别人？真是的。”

岳和了解家人这种想法，和颜悦色地解释：“那些饥饿灾民，与你我一般也是人，饿着肚子同样难受，他们能够挨着一天两天不吃东西，我们少吃一些有什么不可以，为什么非要吃得饱饱的才满意呢？”

由于岳和是这种脾气，有些个坏心肠的，就故意耍无赖，侵占岳家的田地。岳和也不发怒，笑笑说：“他想要，就给他吧。”一副无所谓的态度。

有人向岳家借了钱，看岳和好欺负，故意赖账不还钱，岳和也不在乎，还是笑呵呵，不与人争。

因此之故，岳家一天比一天贫穷，岳和却从来不后悔，乡里之人对岳和都异常敬重，岳家情况原本是小富，现在称得上是小贫。但岳飞在文章书信之中总是自谦“出身寒微”，一般人也误以为岳飞家境清寒。

岳飞在宋徽宗崇宁二年（1103 年）农历二月十五日诞生于相州汤阴县永和乡孝悌里。他生下来的那一天，天空中有一只大鸟朗声长鸣，岳和认为是好兆头，给孩子命名为岳飞，二十及冠字鹏举。

在岳飞还没有满月之时，有一天，河水暴涨，岳飞的母亲情急之下，抱着小婴儿，坐在瓮中，随着洪水漂荡到彼岸，竟然母子两人均安，村人都以为是奇迹，说这个小孩大难不死，必有后福。

这一段瓮中奇遇经过小说家的渲染，加油添醋，就成了岳飞母子坐在水缸之中，漂流异乡，被王员外收留，孤儿寡母相依为命。事实上，岳飞在婴儿时代，虽然在水缸中躲过一场劫，但他还是留在家乡汤阴县。最重要的是，岳飞的父亲岳和既没有葬身水底，也没有下落不明，戏剧小说之中要把岳和安排早逝，可能为的是衬托岳母的伟大。其实，岳和在世，照样无损于岳母的母教。至于小说中描写岳母用枯枝教导岳飞写字，这一部分的故事也许是模仿欧母画荻（dí）的故事。

从《宋史》短短的记载之中可知，岳飞自小聪明过人，领悟力强，个性沉默寡言，不喜欢多开口说话。他父亲为他聘请了一流的塾师教导他经史，并且岳飞还勤练书法。我们看岳飞留下来的苍劲的书法以及文章，可以发现他自小的学校教育必定相当扎实。

由于岳飞生长的时代，国家多难，他特别喜爱研读史书、兵法，不论是《左氏春秋》还是孙吴兵法，他都滚瓜烂熟。

最难能可贵的是，岳飞除了文章写得好，他还身体强健，有志于骑马

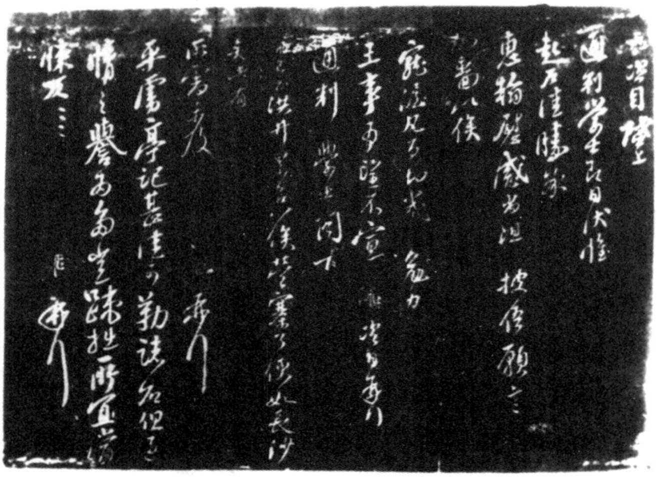

岳飞信札，出自《凤墅帖》。

杀敌。宋朝的皇帝为了防止武人专权，特别提倡重文轻武，岳飞的父亲岳和却具有进步的观念，他非但不阻止岳飞于武艺上发展，更专门为岳飞请来一流的老师，那个老师不是别人，正是大家熟悉的周同。

周同对岳飞的训练相当严格，岳飞也不负周同所望，他左手右手都能开弓，未满二十岁时，已有力量拉开三百斤的弓、八石的硬弩。

周同教岳飞时，已是白发老翁，没多久就去世了。岳飞为了缅（miǎn）怀师恩，除了守墓以外，每月初一、十五日又特别祭祀。岳飞的父亲岳和对岳飞的温厚十分嘉许，也很鼓励岳飞为周老师守孝。

这个时候的宋朝已饱受外患困扰，辽国、金国相继骚扰边境，岳和摸着岳飞的头问道："如果有一天，国家需要你，你愿意做一个殉国的忠臣吗？"

"只要大人让孩儿报效国家，何事不敢为？"岳飞昂着头答道。

"有子如此，吾无忧矣！"岳和欣然地说。

由以上故事可知，岳飞之所以为岳飞，得之于他父亲岳和一手栽培之处甚多，与我们一般以为完全是受母教有些不一样，可见得，一个伟大人物的铸造，父母都是相当重要的，这段经过，恐怕一般少见到吧！

岳母刺背

话说，岳飞在恩师周同的指导之下，武艺大进，岳母也时时勉励岳飞要做一个忠臣。

宣和四年（1122 年），真定宣抚刘韐（gé）招募敢死战士，岳飞就在父亲的祝福声中，踏出报效国家的第一步。

刘韐字仲偃（yǎn），建州崇安（今属福建省武夷山市）人，进士及第，曾经平定西夏，极有功绩，当他出长越州（治今浙江绍兴）之时，方腊造反（方腊的故事本书前面说过），来势汹汹，各个州县都在做逃难的打算。刘韐刚正地说："我为郡守，应该与本城共存亡。"

因此，刘韐加强守备力量，积极武装，城中官兵见刘韐意气风发，准备大干一场，引发了同仇敌忾（kài）的心理，所以当方腊兵临城下，就被官兵打得落花流水，刘韐因此升为右殿直学士，召为河北、河东宣抚参谋官。

刘韐担任真定宣抚使，他手里拿着新兵名册，亲自主持点名编队工作，刘韐每喊一个名字，新兵就大踏步自队伍之中走出。

当刘韐喊到"岳飞"，他忽然眼前一亮，因为岳飞不但体格壮健，而且英气内敛，具有读书人的优雅气质。岳飞、岳飞，刘韐默默在心里念着，觉得这个名字似乎相当耳熟。

"你是不是那个能够挽三百斤弓，射中两百四十步外的箭垛的岳飞？"刘韐好奇地望着这个年轻英俊的小伙子。

“是的。”岳飞镇静地回答长官的问话，态度自然大方，彬彬有礼。

“好，那你担任本军的小队长。”刘韐兴奋地宣布。

于是，岳飞这位小队长开始了肃清盗贼的任务。

在相州，有两个巨盗，名叫陶俊、贾进和，他们有不少喽啰，干些打家劫舍的勾当，岳飞向刘韐请求给予一百名骑兵，消灭这一股盗贼。

岳飞先派一些官兵伪装成商人，到盗贼出没的地方去，不久，这批假商人果然被强盗逮住，强盗将他们编入队伍中。

接着岳飞就对这群强盗发动攻势。岳飞首先派了一百名官兵埋伏在强盗山寨的山下，然后亲自率领几十个骑兵去攻打山寨。强盗们眼见岳飞兵少势单，觉得容易对付，不当一回事地出来迎战。

只打了两三回合，岳飞假装被打败，招呼自己的骑兵撤退。强盗们不疑有诈，蜂拥向前追赶。到了山下，埋伏的官兵突然出现，杀得强盗手忙脚乱，仓皇而逃。

这时，那些被强盗们收编的假商人在山寨中也采取了行动，乘陶俊、贾进和没有防备，将两个盗首一举擒获。于是，相州这一股强盗便被岳飞平定了。

过了没有多久，岳飞忽然接到噩耗，原来他的慈父岳和去世了，一向孝顺的岳飞立刻奔丧，返回故乡，一面守孝，一面陪伴母亲，同时温习诗书，努力学问。

岳飞虽然在乡里，过着平静的日子，对于国家大事，仍然寄予无比关怀。靖康元年（1126年），金人南下（这一段经过，本书前面交代得十分清楚）。岳飞决心禀明母亲，上沙场报效国家。

岳老夫人是个明理的母亲，她虽然万分舍不得孩子，却具有强烈的爱国情操，何况“从戎报国”也正是岳飞父亲岳和生前的愿望。

岳飞临走之前，岳母忽然心中忐忑不安，她和蔼地说：“我了解你甘守清贫，不贪浊富，可是，一个人一生之中，难保不受诱惑、不做一点糊涂事，我要在你背上刺几个字。”

岳飞一言不发，默默地跪在香案之前，脱去上衣，露出背脊。

岳母刺字，清代年画。

岳母先拿起毛笔，在岳飞背上写了四个字，然后，取出绣花针顺着毛笔字迹刺上去。

绣花针刺入肌肤，岳飞本能地一抖，一颗颗豆大的血沫流满了背脊。“是不是很痛？”岳母亲切地问着。

“不痛，一点也不痛。”岳飞赶快接口。

“怎么可能不痛，你是担心娘手软刺不下去。”岳母心中其实一滴一滴在流血，她比岳飞本人还痛，但是，她就是要让岳飞有这一段刻骨铭心、痛彻心肺的回忆，永远不要忘记母亲的教诲。

岳老夫人终于咬紧牙根把“尽忠报国”这四个字刺好了，再将醋墨涂上，这四个字就永远留在了岳飞的背脊上，也深深地烙印在岳飞的心坎之上。岳母在岳飞背上刺的字是“尽忠报国”，为什么有些书记载为“精忠报国”呢？这也许是因为宋高宗后来曾颁授御书“精忠岳飞”旗帜给岳飞，后人便将“尽忠报国”误为“精忠报国”了。

岳飞大战吉倩

假如把岳飞喻为一匹千里马，那么，前篇之中提到的刘韐，应该是第一个赏识千里马的伯乐了。刘韐后来怎么样了？在这儿，我们先补充一段刘韐的小故事：

金人占领汴京以后，刘韐被任命为赴金营谈判的代表。金人找了韩正去游说他投降，韩正见到刘韐，一抱拳道："金国将要重用你，可喜可贺。"

刘韐不领情，没好气地回道："忍辱偷生以事二姓，我刘韐不为也。"

韩正仍然满面笑容阿谀（ē yú）刘韐："军中正在拥立异姓为帝，与其白白送死，不如北去，共享富贵。"

刘韐仰天大呼："有这种事？"他回房之后，写了一张短短的纸片："金人不认为我有罪，而认为我可用。但是，贞女不事二夫，忠臣不事二君。主上烦忧是臣子的耻辱，臣还能活在这世上吗？"

写完遗言以后，刘韐沐浴更衣，饮毒酒而死。岳飞听说刘韐殉国的消息，十分哀伤。

岳飞守完了父丧，带着母亲的祝福及背上"尽忠报国"四个大字，回到相州，正好这时康王赵构（后来的宋高宗）也到了相州。岳飞拜见了康王，康王命令岳飞去讨伐附近的一股强盗，这股强盗的首领名叫吉倩。

吉倩是个自负武艺很高的人，岳飞决定单独向吉倩挑战，于是，写了一封挑战书给吉倩，约定时间地点，两人比武。

到了比武地点，吉倩一看，岳飞果然是单枪匹马而来，心中对岳飞的守信与勇气，已有了几分佩服。两人也不说话，就放马对杀起来。

岳飞使用长枪，吉倩手执铜锤，两人气势都不同凡响，显见是一对高手过招。几回合之后，岳飞摸清楚吉倩的锤法路数，乘吉倩露出一个破绽，长枪一刺。吉倩大吃一惊，赶紧低头躲过，吓得出了一身冷汗。

岳飞的武艺确实比吉倩高。好几次岳飞都可以轻取吉倩的性命，却不忍心下手。吉倩也渐渐领会到岳飞数度手下留情，钦佩加上感激，使吉倩终于弃锤认输，并且带领了三百八十个兄弟一块儿归顺岳飞，这三百八十个壮士遂成为岳家军的基本人马。

岳飞收服了吉倩，因功被任官为承信郎。这时，金兵在开封和黄河一带纵横骚扰，出没不定。有一次，岳飞带领一百个骑兵在黄河南岸演练，忽然一队金兵骑马奔来。岳飞对他的弟兄们说："来的敌人不少，我们实在寡不敌众，但是，敌人不知道我们的虚实，我们要趁他们还没有稳定下来，主动先攻击！"

于是，岳飞单身一跃上马，飞驰迎敌，敌军阵中出来了一员骁将，手舞大刀，迎上了岳飞。岳飞艺高胆大，几个照面，就把那员骁将给杀了，金人大骇。岳家军随着岳飞的得手，也催马上前，挥舞武器，一阵砍杀，金兵便糊里糊涂地大败而逃。

这次战役以后，岳飞升为秉义郎，奉命调到宗爷爷宗泽的麾下。

岳飞参加过开德、曹州两次对金兵的战役，都建有功勋。宗泽大感奇怪，要看一看岳飞究竟有什么才能。

宗泽首先要求岳飞表演枪法，岳飞也不客气，在演武场上，把熟悉的枪法尽量使了出来。只见岳飞如龙腾虎跃，枪法有如排山倒海，使站在他身旁的人都感受到强大的压迫感，气都喘不过来，宗泽看在眼里，不断点头称赞。

操演完毕，宗泽把岳飞唤到面前，详详细细询问岳飞的家世。宗泽见岳飞相貌堂堂，器宇轩昂，以为他必定是将门之后，不料却是来自农村的

《精忠传》，清代年画。

好汉。宗泽和蔼地对岳飞说："你的勇猛、才艺，即或是古代的良将也不见得能够比得上你，但是，只会打野战非万全之计。"说着，宗泽拿出布兵阵图交给岳飞："你回去仔仔细细研究一番。"

岳飞双手接过阵图，含笑对宗爷爷道："我也读过一些兵书，但是打仗不能墨守成规，运用之妙，存乎一心。"

想岳飞小时候就对兵书有兴趣，之后向周老师学艺，更是对孙吴兵法极有心得，其中许多地方，他都可以毫不费力地倒背如流，而且提出自己独到的见解。宗泽对岳飞，可以说是愈看愈喜欢，心中不断地说，宋朝打金人有希望了，有希望了！

靖康二年（1127年），康王在应天府即皇帝位，改元为建炎元年，是为南宋第一代君主——宋高宗。

宋高宗虽然用名重一时的李纲为宰相，却一意偏袒黄潜善、汪伯彦两个奸臣。岳飞志在收复失土，迎回徽钦二帝，这一番景况，他看在眼中，着实发急，终于忍耐不住，放下长枪，拿起毛笔，洋洋洒洒写了一封数千言的奏章，呈宋高宗。

在奏章之中岳飞写道："陛下已登大宝，社稷有主，已足以对抗金人。金人正以为宋朝素来软弱，不免有所懈怠，我们应该趁这个机会迎头痛击。黄潜善、汪伯彦二人不能顺承皇上收复旧河山的意旨，反而日日夜夜计划南迁，恐怕不足以维系中原人心，臣希望陛下能够在敌人巢穴巩固之前，亲自率领大军北渡黄河，将士们一鼓作气，中原必定可以光复。"

岳飞会写文章，也懂带兵打仗，正是中国人所尊崇的儒将，宋高宗对岳飞的奏章会有什么反应？

张所与岳飞论兵法

宋高宗看到岳飞的奏章正好说中他的内心弱点，不免恼羞成怒。宋高宗其实并没有光复中原的理想，却又无法驳斥岳飞堂堂正正的议论，因此无名之火熊熊升起。

待宋高宗再看看是哪一个胆大包天的臣子想要教训皇帝，发现原来是个小小的秉义郎，顿时龙颜大怒，便以“小臣越职，妄言国事”的罪名，撤除岳飞的官职。

岳飞无可奈何地接受了处分，正不知何去何从，忽听说张所在河北招募军士，准备与金人大战一场，遂前往河北去也。

张所听说过岳飞的威名，大喜过望地迎接岳飞，并且用最为尊敬的态度来接待岳飞，任命他为修武郎，担任中军统领。

张所问岳飞：“你能够对抗多少敌人？”

岳飞回答：“只凭勇气是不能依靠的，用兵之道最重要的是设定计谋，像栾枝曳柴以败荆，莫敖采樵以致绞，都是设定计谋而获胜的例子。”

张所听了岳飞所说的话，惊讶地一下站了起来：“你大概不是行（háng）伍中人，你根本是个书生嘛！”

岳飞本来也是个饱读诗书的书生，他回答张所问话中的“栾枝曳柴以败荆，莫敖采樵以致绞”是《左传》一书中记载的春秋时代的两个故事：

栾枝是晋文公手下的大将，“荆”指的是楚国。晋与楚在城濮（pú）打了一仗，晋军悄悄地埋伏在道路两旁，栾枝命令几个士兵驾着马车拖着树枝，沿路向后奔跑。树枝在泥地上拖，刮起了满天灰尘。楚军看到大片灰尘一路飞扬，以为是晋军大队人马败逃的迹象，兴奋地对着尘土飞扬的方向追赶过去，不料追赶不远，就遇到埋伏的晋军，被左右夹击。楚军这才知道中了栾枝的诱敌之计，想要退兵已来不及了，结局自然是楚军大败。

“莫敖采樵以致绞”，是另外一个有趣的小故事。莫敖是春秋时代楚国的官名。原来，楚武王有个儿子，名叫屈瑕，官至莫敖。有一次，楚国要去攻打绞国，屈瑕建议楚国不要大张旗鼓，应该悄悄地前去，到了绞国附近，也不惊动采樵的樵夫，于是绞国的国君都不知道楚国的军队已经到了城外，楚军在绞国毫无防备的情形下，轻轻松松将绞国消灭。

张所对岳飞极为看重，派他担任中军统领。

在这段时期之内，岳飞渡过黄河，收复新乡，在太行山之役，生擒金朝大将拓跋（tuò bá）耶乌，又单枪匹马，手持丈八铁枪，刺杀黑风大王。由于功业彪炳，引起了王彦的嫉恨，岳飞又回到宗泽爷爷麾下。

宗泽这时候担任开封尹兼领东京（开封）留守，他素来看重岳飞，见他率部重归，大为开心。宗爷爷的头发早已花白，可是内心相当年轻，与岳飞可说是忘年之交。

宗泽这个沙场老将，他担任留守之后，首先平稳物价，休养生息，然后积极武装，规划战具，把残破萧条的开封建立成为一个崭新的堡垒，并且每日检阅军队，准备渡河反击。

金兵害怕宗泽真的打过来，决定先发制人，派了数千精兵杀向汜水。

宗泽把抵御金兵这个艰巨的任务交给岳飞：“鹏举，你是我最寄予厚望的人，你可要好好表现。”

岳飞施礼道：“元帅放心，岳飞必竭智尽忠，上报国家，下报相公。”

果然，岳家军兵出如神，把金人打得血流成渠，宋军军威重振，开封安如磐石。宗泽兴奋得不得了，一再对岳飞说：“现在我们可以大大干一场了。”同时，岳飞被升为都统制。

岳飞，清吕焕成绘。

当然，大军北上反击，不能只靠开封，宗泽前前后后上了二十四个奏章给宋高宗，请求朝廷早日重返开封。宋高宗爱理不理，随随便便敷衍老臣；听说岳飞打败金人，非但不高兴，而且担心战火再起，急得要逃往扬州。

从此，宗泽背上长疽（jū），忧愤成疾，在连呼三声“过河、过河、过河”之中昏迷而卒。

宗泽死了。开封城中老百姓听到这个噩耗，家家痛哭，人人臂戴白布。宗泽有一个儿子宗颖，也在军队之中，颇有乃父之风，很有人缘，大家都希望宗颖能够代替宗泽担任开封留守，可是，朝廷已有命令下来，用杜充接替宗泽的职位。君命不可违，开封人民盼望杜充能与宗泽一般，是个爱民如子的好官。

偏偏事情的发展，往往违背人们的意愿。杜充比起宗泽，实在是个太不可爱的新留守。

杜充，字公美，绍圣期间登进士第，虽然是考场胜将，却不代表会是个好官吏。他对功名相当热衷，性情残忍而且冷酷。

靖康初年，杜充接掌沧州，沧州境内有许多投降来归宋朝的燕人，他因为担心这些燕人会成为敌人的内应，竟然下令全部杀光，一个也不留。

建炎二年（1128 年），杜充担任东京留守，提刑郭永目睹杜充的所作所为，忍不住讥嘲杜充：“人有志向而没有才气，爱好声名而不扎实，骄傲自大却享有声誉，这种人担当大任，还想有什么好下场？”

杜充弃守开封

宋高宗建炎二年（1128年），宗泽去世后，杜充代替宗泽担任东京留守兼开封尹。

杜充新官上任，立刻改变了宗泽任内的一切措施。当初，宗泽为了对抗金人，不但号召两河地带忠义民兵，并且用真情感动了草莽流寇。大家精诚团结，共赴国难。

杜充的作风与宗泽大不相同，他对河东巨寇王善、“没角牛”杨进等人缺乏好感，完全把他们当红眉毛、绿眼睛的土匪看待；他们所需要的军需补给，一概不理，任其自生自灭，而且言语态度十分轻蔑。

王善、杨进这群山大王本来就是心粗气豪之人，因为被宗爷爷一片报国热忱所感动，才离开山寨，接受招安，哪儿受得了杜充的窝囊气？其中有些土匪就因为不满意杜充，干脆又回到山上，重新再做打家劫舍的勾当。

接着，杜充又命令岳飞征剿已降服于宗爷爷的盗匪张用的部队，岳飞不以为然，却又不能违抗长官的命令。

结果，张用被打败了，王善、杨进、曹成、马友、丁进、李贵也全都军心动摇，他们发牢骚说：“今天杜充不高兴，可以解决张用，明天，不知该轮到谁。”

于是，宗泽辛辛苦苦一手建立起来的反金阵营，顷刻之间，完全瓦解了。

张用的余党窜往豫南，在确山、信阳一带，打着“张莽荡”的名目，以张用老婆“一丈青”为首，又成为绿（lù）林好汉。

金人知道开封府内有了分裂，建炎二年（1128年）八月二日大举进犯，与岳家军在汜水关展开大战。岳飞跳上马鞍，两腿把马一夹，呼喇喇冲向前去，逢人就挑，遇马便刺，枪挑剑砍，杀得敌军大溃。

岳家军毕竟人少势单，金军又不断增兵，眼看着粮食快要吃完了，岳飞心生一计：他秘密挑选精兵三百，埋伏在山脚之下，每个人发给两束稻草，到了夜半时分，稻草四端同时点燃，远远望去，整个山脚一片点点火光，金人误以为宋军大批援军开到，慌忙后退。岳飞趁这个机会放马追击，金兵喧喧嚷嚷，自相践踏，人撞马，马撞人，乱哄哄地逃命而去。

建炎三年（1129年），岳飞又力克来犯的王善、杜叔五、孙海等，虽然岳飞凭着一己力量，守住了开封，可是杜充愈来愈有恐惧感，最后，他决定离开汴京。

岳飞苦苦哀求道：“中原之地，一尺一寸都不可以抛弃，今天我们一脚离开这里，明天此地便非我所有，以后若要再收复，非要动员数十万众不可。”杜充根本不听，岳飞迫不得已，只好率领部众，随着杜充南行。

到了建康之后不久，杜充果然投降了金人，岳飞独自率领所部及其他不愿意投降的军士们离开，并且以宜兴为基地，逐渐扩大岳家军。

故事说到这儿，我们暂且先放下岳飞，回头再看看南宋朝廷：

从建炎元年（1127年）十二月开始，金兵分三路大举南征。这个时候，惟一能够抵抗金兵的，只有一个宗爷爷宗泽。宗泽一死，杜充接手，全盘局势完全改观。虽然有一个岳飞奋勇抗敌，在汴洛之间，阻止金人进犯，可是，狡猾的金人，这条路走不通，另辟路线，一由淮阴进袭楚州（治今江苏淮安），一由徐州攻击泗州（今安徽泗县一带），于是乎，金兵像两把大钳子一般，轻轻松松夹住了扬州。

此刻，宋高宗正在扬州，听说金兵打来了，吓得穿上介胄，牵着马匹，慌慌张张就往行宫门外走，只有王渊、张俊及宦官康履等五六人随行。有老百姓发现这个奇特景象，大声叫嚷：“官家逃走啦！”

一会儿工夫，宫中的太监们发现皇上溜了，着急地自宫中一拥而出，满城大乱。宋高宗经过扬子桥之时，有一名卫士看到天子这般狼狈窝囊，出言不逊，随口讲了几句粗话。宋高宗正一肚子的火没处发泄，顺手就挥剑把这个卫士给杀了。

当时的军队与百姓对黄潜善、汪伯彦可说是恨之入骨，当司晨卿黄锷（è）来到江边，军士招呼："黄相公在此。"马上有人指着鼻子骂："你这个姓黄的，误国害民都是你的罪。"黄锷着急地不断摇手，还来不及分辩自己是黄锷，不是黄潜善，脑袋已经被搬了家。除了黄锷被黄潜善牵累，其他还有给事中兼侍讲黄哲。他正在散步，冷不防被个骑马的骑士射了四箭，当场倒地而卒。另外，鸿胪少卿黄唐俊渡江时被船夫溺死。他们都是因为姓错了而白白送死，真正的黄氏罪人黄潜善倒是安然无恙，活得好端端的。

早在金人攻掠陕西、京东、山东，群盗蜂起之时，成章即曾上奏，一条一条列举此二人之罪过。高宗非但不理会，反而下诏责备成章不守本职，动辄批评大臣，太不应该。

宋高宗对自己倒是颇为自信的，他曾在建炎二年（1128 年）三月下了一道手谕："朕每次退朝以后，若有臣子奏事，还是端正衣冠，再坐而听，丝毫没有不耐烦；而性格上又不喜欢与妇人长久相处，不会沉溺声色，殿旁小阁，除了笔砚之外，就没有其他东西，每天都是在为国操劳。"

高宗或许能称得上勤政，他也没有荒淫无道，不过宋高宗毕竟欠缺知人之明，又过于胆小怕事。

王渊搬运珠宝

宋高宗建炎三年（1129 年），金兵大举南下，粘没喝的五百名先锋骑兵已经到达了扬州。正在扬州的宋高宗吓得手心出汗，两脚发软，匆匆忙忙带着御营统制王渊、宦官康履等少数亲信到达瓜州。经过扬子桥，有名卫士出言不逊，宋高宗一肚子无名火没处发，顺手抽剑把卫士给杀了。

到了瓜州不久，吏部尚书吕颐浩等气急败坏追赶上来，想办法弄了一艘小舟，得以顺流而下，到达镇江。宋高宗上了船，方才稍稍喘口气，取出佩剑想把剑上的污血去掉，却连一块干净的布都找不到，只得在靴子上随便抹一抹。

当天晚上，金朝大将玛图到达扬州，一进城就急着找宋高宗，民众们告以："早就渡江了。"金人赶往瓜州，看到江水浩荡，叹了一口气，暂时停止追赶，在摘星楼之前屯兵。城中的仕女金帛，被金人抢夺一空，老百姓争相逃命，惨不忍睹，到后来，金人干脆一把大火，把扬州烧成了一片焦土。

宋高宗逃难之时，非常仓促，不但朝廷所有器物完全丢弃，连祖宗牌位也不要了。太常少卿季陵忠心耿耿，把九朝神主的牌位紧紧带在身边，拼了老命地守护，却还是不慎把宋太祖赵匡胤（yìn）的灵牌掉在地上，跌了一个粉碎。

宋高宗到达了镇江，心中一块大石头总算落地。此时恰是正月里，天寒地冻，慌忙之间，竟找不到寝具，被单没有，棉被没有，枕头也没有。幸亏高宗随身带着一块貂皮，半披半卧御寒。

高宗折腾了一整天，筋疲力尽，闭上眼睛，却怎么也睡不着，心中频呼“好险，好险”，万一迟溜了一步，被金人逮住，那么，未来命运不问可知，他眼前似乎浮现出宋徽宗、宋钦宗舂米为食，织麻为衣的奴隶生涯。

金人为了侮辱宋朝这两个皇帝，竟然在建炎二年（1128年）八月命他二人青衣小帽庶人素服朝见金太祖庙，又命他二人在乾元殿跪见金主，接受册封。册封什么呢？简直是羞辱之至，封宋徽宗为昏德公，宋钦宗为重昏侯。

宋高宗想到这里，了无睡意，第二天一大早，迫不及待召集群臣商议对策：“我们姑且留在此处，还是前往浙江？”

奉国军节度使、都巡检使刘光世一步向前，捶着胸呼天抢地地痛哭。

宋高宗问道：“何以如此？”

刘光世噙着眼泪回答：“都统制王渊专门负责江上海船，每次都说绝不误事，现在，他怎么自圆其说？”

高宗不耐烦地皱起眉头：“如今应当讨论的是去留的问题。”

宋高宗赵构，佚名绘，台北“故宫博物院”藏。

听到高宗这么说，吏部尚书吕颐浩第一个“嗵”的一声跪倒在地，继而户部尚书叶梦得等三个人也拜趴在地上不肯起身。

吕颐浩以头叩地首先发言：“臣等愿意留在此地，为江北声援，否则，金人乘势渡过长江，我朝处置愈加狼狈。”

叶梦得也跟着在地上磕了一个响头曰：“善。”

既然臣子们都愿意赤心保国，宋高宗为一国之君，又怎能脚底抹油？他别无选择，只好裁决：“宰相前往海上经略，号令江北诸军，令结阵防江。”

不料，到了第二天，事情又有了转变，原来王渊听说刘光世在朝廷之上放了他一炮，攻击他不待金兵前来，望风而逃。事实上也的确如此，王渊为了摆脱责任，竟然把手下江北巡抚皇甫佐给杀了，然后上奏高宗：“镇江只能御捍一面，倘若金人自通州（今属江苏省南通市）渡江，控制苏州，那怎么办？杭州前有扬子江，后有钱塘江二重天险，可以作为行都。”

高宗左盼右盼，就在盼这一句话。想他到了镇江，惊魂未定，不断接到军报，说是金人即将攻来，但又不好意思承认自己害怕，真难得王渊代为开口，于是，立刻起驾，直奔杭州。

王渊提出这个建议，一方面固然是摸透了高宗的心思，另一方面，他平日搜括了不少金银财宝，留在镇江，日夜难安。

王渊为了搬运家产，一口气动用了十艘大船，什么国家的、公务、库藏、文件都排队在后。因为王渊官拜御营统制使，又兼运输专使，旁人哪有开口的份儿？

当一艘艘的巨舟驶入杭州，许多老百姓争先恐后跑到港口看热闹，七嘴八舌指指点点，当他们发现卸下的一口一口大箱子几乎全是王渊的家当，有人忍不住开口笑道：“这岂不成了王宅府第的乔迁之喜？”

另外有颇知内情者道：“据说王渊平时杀夺富豪之家的财产甚多，如今算是开了眼界了。”

由于王渊饱入私囊的财货不少，他出手极为大方，做出轻财好义的模样，标榜的是家无宿粮，家里头不存明天的粮食。他曾经豪气干云，拍着胸脯夸耀：“朝廷给官给爵，用俸禄代替农耕，足以维持生活，如果我还要斤斤计较，贪爱爵禄，我不如做一个富商大贾。”

当时王渊不但负责运输政府财物，高宗渡江后，北岸遗留的数万兵马与十多万难民，也都归王渊指挥调度。由于他一心一意只想到自己的私产，没有心思顾及军民的死活，许多人在争渡之时，坠江而死，也有过不了长江的宋兵，流落成为盗匪，这都不是假公济私的王渊所关心的。

康履洗脚

金人攻入扬州，宋高宗逃到镇江，仍然觉得不安全。后来，宋高宗接受王渊建议，迁都杭州，由王渊担任运输专使。王渊一心一意把自己搜括来的家财运往杭州，却把国家财物抛在后头，引起朝野上下的不满。

建炎三年（1129年）二月，高宗在杭州落脚，为求国家安定，争取人民的向心力，他大赦天下，征求直言。于是中丞张澂（chéng）就老老实实，毫不留情地列举了黄潜善、汪伯彦两位宰相二十条罪状。

事情演变到如此恶劣的情况，两位宰相难辞其咎，高宗只有忍痛将他二人免职，黄潜善出知江宁府（今江苏省南京市），汪伯彦出知洪州（治今江西省南昌市）。不仅如此，连当年伏阙上书，因为攻击黄、汪两人而被问斩的太学生陈东、书生欧阳澈都获得平反，朝廷下诏“赠承事郎，令所居县存恤其家”。（陈东、欧阳澈两人的故事十分悲壮，本书前面已讲过。）

同时，宋高宗为了博取民众的好感，更下诏书自责“朕遭时变故，知人不明”，以后应当“悔过责躬，洗心改革”，话说得相当漂亮动听，事实上，他南渡以后，照样用人不当。

黄潜善、汪伯彦下台一鞠躬去也。首先倡议迁都杭州的王渊，成为高宗最宠幸的大臣。王渊的发迹，得力于宦官康履，所以，王渊指挥搬家，搬完了自己的金银财宝，紧跟着就是装运康履利用职权，卖官鬻（yù）爵得来的不义之财。

这康履是何许人？原来远在高宗还没有当皇帝，只是被宋徽宗封为康王的时代，康履已随侍左右，听候差遣，是康王府中的一名宦官。后来，宋朝不幸发生了靖康之难，金人把徽、钦二帝及宋室诸王、诸妃、皇子、皇孙、公主、驸马一块儿掳走，只剩下康王因为担任割地特使，没有留在京城，成为幸运的“漏网之鱼”，扶摇直上，当了皇帝，康履也跟着一飞冲天。

由于康履在高宗面前走红，他又会作威作福，许多大将如刘光世都巴结着他。高宗特别下了一道诏书，规定以后内侍（宦官）不可以与统兵官相见，违背者停官编隶。但是，康履照样肆无忌惮（dàn）。

康履为了让大家知道他身价不凡，不可等闲视之，存心在将领面前耍威风，他竟然要带兵打仗的大将参观他的洗脚大典。

将官们慑于康履身份特殊，宦官有请，不敢不去。到了以后，只见康履衣冠不整，跷着臭脚丫子，一面让几名衣着华丽的婢女跪在地上为他捏脚、除垢、按摩，最后还修脚指甲，一面吃着水果，神情愉快。将领们看着作呕，几乎想吐，却还要赔着笑脸，心里头是窝囊透顶：堂堂一呼百诺的大将，居然受此屈辱，真是怄（òu）！

在中国历史上，曾经有一个很有名的关于洗脚的故事，主人公就是汉高祖刘邦。

当刘邦还是沛公时，有一天住在高阳旅舍，派人召见儒生郦食其（lì yì jī）。当郦食其闯入房门时，刘邦正坐在床前，舒舒服服让两位美人帮忙洗臭脚。刘邦瞄了郦食其一眼，马上又闭起眼睛，哼着小曲儿，快乐地享受美人儿殷勤的服务。

郦食其火气很大，他严厉地指责刘邦：“你就用这种态度对待儒生，你还想破秦？还希望有贤人为你献计？”

刘邦以前最讨厌读书人，他是流氓出身，老是嫌书生迂腐，每次见到儒生，总要借他们的儒冠撒一泡尿，当作溺器。这会儿被郦食其一骂，倒给骂醒了。他立刻把脚擦干，换上整齐的袍子，恭恭敬敬奉郦食其为上宾，封为广野君。以后，人们就用这段故事说明刘邦知错能改、礼贤下士，终于建立了汉朝。（此段经过颇为有趣，读者们可以参考本书讲过的汉高祖故事。）

康履是否听过刘邦洗脚的故事，故意如法炮制，而且只上演前半段羞辱人的部分，我们不得而知。但是他“踞坐洗足”，大模大样招待大将参观他洗脚的做法，几乎让所有的将领都愤愤不平。

中国有一句谚语：“上有天堂，下有苏杭。”康履到了人间天堂，美景如画的杭州，如果不尽情享受一番，岂不有负良辰美景？于是康履及他的一批同党，每天忙着以射鸭为乐。后来，他又怂恿高宗去观看钱塘潮。

钱塘潮乃天下奇观，钱塘江江阔三公里，涨潮时海水向岸上冲击，海浪飞上天，再落下来，气势磅礴，一会儿像游龙升天，一会儿又像瀑布泻地，一股海浪冲起，广阔无垠，整齐得像一排军队，快速冲刺，夹着呼啸

钱塘秋潮，宋夏圭绘。

之声，令人感到千军万马，对着自己冲来，使得人连气都喘不过来，可是那排军队接近海岸时，又突然向上翻跃，让人惊奇怎么海水上了天。接着，天上的海水像瀑布一样倾泻下来；那种不由山上流下来的瀑布，既奇特，又壮观。瀑布消失，留下来的是满天水雾，一阵海风吹来，水雾沾湿了观潮者的面颊，让人有一种说不出来的舒畅感觉。

高宗被康履一说就心动了，常常借口散心，劳师动众，前往钱塘江观赏涨潮美景。沿途之上，康履不断骚扰百姓，甚至为了搭建宦官的帐篷看台，居然把道路给封死了，真是闹得天怒人怨，也种下了大祸。

苗刘之变

宋高宗逃到杭州以后，宠信临阵逃脱的大臣王渊，以及作威作福的宦官康履，引起朝野一致的不满。尤其是康履故意作弄大将，召集将领参观他的洗脚大典，又忙着射鸭为乐，怂恿着高宗劳民伤财观赏钱塘潮奇景。

扈从统制苗傅看得眼睛都要冒火儿了，他咬牙切齿地痛骂："你们看看，就是这批鼠辈使天子到这步田地，他们竟然还敢如此放肆！"

威州刺史刘正彦也有同感，他说："苗君所说的正是一个忠臣应该说的话，我愿与君共同为国扫除此辈。"

于是，苗傅和刘正彦，一个是世代将门，一个是出生入死的骁将，联合组成"赤心军"，阴谋叛变。

但是，苗刘之举动，一下子就败露了行迹，有一个康履手下的小宦官拿到一卷文书，悄悄地递给了康履。康履一看，只见文书卷末有两行小字："统制官田押，统制官金押。"

"这是什么意思？"康履看得一头雾水。

小宦官压低了嗓门道："军中阴谋叛乱，'田'即苗傅，金即'卯'金，'刀'刘（繁体为劉）的刘正彦，凡是愿意跟着他二人者，就在这文书后面签名。"

康履大吃一惊："这还得了？莫不是想要造反？"按苗刘的部下，多半是燕、赵之人，自古以来，燕赵儿女多慷慨激昂者，他们对于朝廷放弃两河、中原之地，一直是表示反对的，也再三请求高宗打回老家。

康履接到消息，立刻飞报高宗，但是苗刘已发动了武装政变。

建炎三年（1129年）三月癸（guǐ）未那天，高宗召百官入听宣制，任命刘光世为殿前都指挥使。王渊退朝回家，走到城北桥上，被预先埋伏桥下的士兵揪落下马、五花大绑。来到了宫门口，刘正彦当场宣布王渊的罪状之后，把他的脑袋一刀给割了下来。

接着，苗刘一群人围攻康履家，分途拘捕内官，凡是没有胡须的男人杀了再说，可是翻来覆去地搜索，却找不着康履本人。

原来康履是个鬼灵精，溜得很快，一下子就躲到宋高宗身后。高宗听说此事，大惊失色，拉着康履和宰相朱胜非急急忙忙奔上御楼，然后撤去楼梯，让追兵没法上来。

宋高宗倚着栏杆，大声地问苗傅、刘正彦："你们为什么要造反？"

苗傅也怒气冲天地问皇帝："陛下信任宦官，赏罚不公，黄潜善、汪伯彦误国至此，尚未远窜。王渊遇敌不战，却首先渡江，载私财，弃公务，将成千累万军民遗弃江岸，任其奔迸溺毙，来到杭州以后，占领民居，掠夺民物，怨声载道，臣已为陛下去除此奸臣。只剩下康履，听说躲入御楼，请陛下速将此贼交出，以谢三军。"

宋高宗没有料想到事情会演变到这种情况，他不悦地表示："内侍如果有过失，当流放海岛，卿等可以归营了。"

苗刘等人当然鼓噪着不肯离开。高宗不知如何是好，转过头来询问百官："可有什么好计策？"

军器监叶宗谔说："陛下何必舍不得一个康履？就算是慰劳三军吧。"

说起来，高宗还真舍不得康履哩。因为做皇帝的，自小生长在深宫，由宦官抚育长大，从没有尝过父母兄弟天伦之乐，在情感上来说，自然觉得宦官比较亲密，尤其是宦官是生理上有缺陷的人，不会生育子女，也不可能抢皇位，做皇帝的，比较放心。至于像康履，曾经在高宗狼狈逃难之地，随侍左右，高宗更有一份体己亲密之感。

但是，苗刘来势汹汹，非得康履不肯善罢甘休，高宗无可奈何，只有命令康履下楼。康履一下楼，立刻被苗刘的兵杀死。康履及王渊两颗脑袋，被相对地挂在东西二宫的宫门口。

康履已死，宋高宗精疲力竭地摇摇手道："你们可以归寨了吧。"

但是，苗刘二人杀了王渊、康履之后并不满意，特别是见了高宗畏畏缩缩，一心一意为康履护短的模样更是生气，他们认为，宋朝这个腐败的朝廷，如果不加以改组，前途毫无希望。

所以苗傅一步向前，大言不逊道："皇上不当即大位，将来渊圣皇帝（指宋钦宗）来归，不知何以处？"他们要勒逼高宗退位，作诏传位于太子，并且请隆祐皇太后暂时听政。

一听苗傅要逼高宗退位，大家都呆住了。高宗转身对朱胜非宰相说："朕当退避，但是，此事必须禀报太后。"

朱胜非不同意，说："无此理也。"

这天，北风强劲，门前没有帘帷，高宗坐在一张竹椅上，暂时把竹椅当作御座。因为已经派人去请太后赴御楼商议，宋高宗便起立，恭敬地站在位子旁边，虽然百官一再请求，高宗仍不肯复坐，他叹气说道："不当坐此位久矣。"

过了一会儿工夫，皇太后乘着黑色竹子制成的简陋轿子，由四名老宦官搀扶出宫中。隆祐太后原姓孟氏，是宋哲宗皇后，为人贤淑知礼，颇有人望，后来哲宗因为宠爱刘贤妃，遂废孟皇后，改立刘氏。

隆祐太后垂帘听政

宋高宗逃到杭州之后，喘气甫定，就爆发了苗刘之变，大将苗傅、刘正彦等人杀掉奸臣王渊、宦官康履，并且逼迫高宗让位，请出隆祐太后垂帘听政。

隆祐太后在四名老宦官的搀扶之下，缓缓走出轿子，苗刘二人在轿前叩头道："今百姓无辜，肝脑涂地，希望太后为天下人做一主张。"

太后生气地望着二人："自从道君皇帝（指徽宗）信任蔡京、王黼，更改祖宗法度，童贯在边境用事，所以才招致金人，养成今日之祸，和当今皇帝有何关系？何况皇帝仁孝，开始即位时虽然失德，只是为黄潜善、汪伯彦二人所误，如今黄、汪已窜逐，难道你们不知道？"

"臣等已经决定，请太后不要犹豫。"苗傅又磕了一个响头。

皇太后想了半晌说："那么，我暂时听政。"

可是，苗傅等人群情激昂，非把高宗拉下皇位，改立太子不可。

皇太后长长吁了一口气，心平气和地分析："就算是承平之时，此事尚且不容易，如今皇子只有三岁大，我一个年纪大的老妇人在帘前抱着小婴儿，怎么能够号令天下？假使敌国闻知，岂不更要看轻我朝，予以欺负？"

苗傅、刘正彦等人哀哀痛哭，一定要求太后答应，太后也非常固执，说不可以就是不可以，并且教训苗刘："你们也是名家子孙，怎么不懂道理？今日之事，实在难以听从。"

苗傅见老太太软的不吃，换成硬的，半带威胁道："三军之士，自早上到现在，一口饭也没吃，事情如果还没办法解决，恐怕会发生不幸的变故。"

接着，苗傅又转头询问在御楼之上的宰相朱胜非："今日之事，正要大臣果决，你怎么老不开口？"

朱胜非急得满头冷汗，他跪在高宗身前："臣位居宰相，不料竟然发生这种事，罪该万死，请求陛下让臣下楼，当面诘（jié）问二凶。"

宋高宗倒是异常冷静，他用沉稳的语气安慰朱胜非："二凶气焰甚高，卿如果下楼诘问，岂不是白白送死？你死了，朕又该如何？你过来，朕有话告诉你。"

于是，高宗在朱胜非耳边悄悄叮咛："朕今日利害与卿相同，我们应当为后图，后图不成，再死不晚。卿去告诉他们，要朕退位可以，但是朕逊位之后，一切要依太后与嗣君，军士立刻解甲归寨，不可肆掠，更不可杀人放火。"

朱胜非把话带到之后，苗刘等部众大呼"天下太平矣"，欢天喜地地散去，一点也没有想到这是高宗的缓兵之计。王钧甫便上奏高宗："皇上不必担心，此二将忠有余而学不足耳。"忠有余是指苗刘出发点是为国家忠心耿耿，学不足指的是他二人毕竟学识浅薄，处理事情不圆熟。

当天晚上，高宗被迫离开行宫，搬入显宁寺，改显宁寺为睿圣宫，高宗改称睿圣仁孝皇帝，大赦天下，改建炎三年（1129年）为明受元年。

新政府虽然草草成立了，宋高宗内心倒是笃定得很，他不能不暂且先让一步，万一被苗刘给杀了太划不来。事实上，高宗看得十分清楚，苗刘二人毛躁火爆，政治经验不足，虽凭一时血气之勇，改组了政府，但是新政府的号令仅限于杭州城内，城外群臣，视之为叛逆组织，张浚、韩世忠、刘光世、张俊正分路讨苗刘，其中又以韩世忠最为强大。

在《韩世忠活捉方腊》篇中，我们曾经介绍过韩世忠是少年英雄，风骨伟岸，智勇双全。方腊藏匿在睦州清溪（今属浙江省淳安县）的岩穴之中，没有人找得着，韩世忠一个人潜行深谷，找了山野之中一妇人带路，挺戈直前，直捣方腊巢穴，格杀数十人，活捉方腊，大名远播。

靖康元年（1126年），韩世忠又打了漂亮的一仗。他跟随宣抚李弥大讨山东贼，追到了临淄河，他严厉地警告部下：“进则胜，退则死，如果谁敢开溜，后面的队伍杀掉前面的逃兵。”

这个命令一下，没有哪一个敢不尽力，这时，韩世忠的部队不满一千人，分为四队，可是敌人却有一万部众，双方开打，一定打不过。

聪明的韩世忠心生一计，他有天晚上，一个人骑着匹快马跑到了敌营之中，贼人正在杀牛准备打牙祭，韩世忠高声呼喊：“官军大批开到了，你们赶快收拾武器投降，我还能保全你们性命，共享功名富贵。”

贼人一听，吓得赶紧讨饶，并且殷勤地奉上刚刚烫好的酒、切好的牛肉。韩世忠也不客气，和大伙大块吃肉，大碗喝酒，风卷残云喝个精光，吃得好不痛快。

吃完之后，韩世忠抹一抹油嘴，开始命令贼人缴械，清点人数，一个晚上，所有贼兵乖乖投降——朝廷派了这么一位勇猛大将率大军前来，若是不投降，还有第二条路可走吗？

到了第二天清晨，贼人全部投降了。他们等着韩世忠大兵前来，等了半天，根本没见大批人马，只有少数精兵，连呼“上当了，上当了”。可是，后悔也来不及了。贼人却也不能不佩服，韩世忠背后没有千军万马，竟然敢使这一招，胆子也够大的了。

韩世忠巧遇梁红玉

宋高宗迁都杭州之后，爆发了苗刘之变，苗傅与刘正彦逼迫高宗下台，而请隆祐皇太后垂帘听政。高宗暂且退位，一心一意盼着韩世忠等前来救驾。

苗傅当然也想到了这一层，于是，他先下手为强，把韩世忠的妻子梁红玉及其子保义郎韩亮捉来，留在军队当人质。

说起梁红玉的大名，可说是无人不知，无人不晓，我们先谈谈韩世忠与梁红玉这段情。

韩世忠在发迹之前，家中贫寒，没有产业，偏偏他又嗜酒豪纵，行为不加检点，人家给他取了一个不好听的外号，叫泼韩王。

据传说，韩世忠除了贪杯惹人厌之外，还生了一种怪病，全身长满了疥癞，发出酸腐恶臭的气味，人人都掩着鼻避着韩世忠。

有一个夏日午后，韩世忠在一条小溪中游泳，忽然看到一条巨蟒直往前来，准备狠狠啮住自己的脑袋。韩世忠大惊，不知如何是好，两只手紧紧握着巨蟒的两颔（hàn），巨蟒用尾巴绕着韩世忠的身体，双方僵持不下，于是，韩世忠就与巨蟒以如此奇怪的缠绕着的方式，回到家中。

韩家的人目睹此一奇景，都吓得大呼大叫，韩世忠喊着“快啊，快来帮忙把蛇给杀了！”，却没人敢向前。

韩世忠逼不得已，拉着巨蟒来到厨房，只见案头上有一把菜刀，他拿了刀往巨蟒头上猛砍，巨蟒终于死了。

人蛇相斗，韩世忠虽然打败了巨蟒，但还是一肚子的火，他顺手把巨蟒滑溜溜的蛇皮剥去，扔到锅子里清炖，略撒姜末。过了一会儿，香味扑鼻而来，汤汁是清清淡淡，却又鲜美绝伦，简直比现杀活鱼更要精彩。韩世忠捧着大碗，吃得干干净净。

到了第二天早上醒来，韩世忠全身疥癞全部脱去，肌肤莹白如玉，真是了不得的换肤术。

因为有此传说，当时人盛传韩世忠是蛇精转世，理由是韩世忠与蛇一般，每次骑马出郊，总喜欢坐在浅草湿泥之中，说起话来，语调急切，声如洪钟，讲不了多久，还要吐一吐舌头，这不是蛇精是什么？

也许因为韩世忠太神奇了，宋朝人不但传说他是蛇精，也有人以为他是老虎。据宋朝《鹤林玉露》记载，韩世忠夫人梁红玉本是京口娼妓，曾经有一天夜晚五更入府伺候客人，忽然见到庙柱之下，有只大老虎，鼻息齁（hōu）齁，可怕极了，吓得转身就跑。

跑了许久，见到一大群人，才悄悄喘息，她拉了众人去看老虎，却发现哪里有什么老虎，只有一个士兵在打瞌睡，一问之下，士兵名为韩世忠。

梁红玉回去密告她的鸨（bǎo）母，两人商量的结果，这个韩世忠绝非凡夫俗子。于是，梁红玉主动邀请韩世忠到家中，搬出酒食殷勤招待，韩世忠当然也乐得享受飞来艳福，两人遂结为夫妇。

根据此段记载，遂渲染夸大成为京剧中的名戏——《玉玲珑》。

《玉玲珑》的大意是这样的：梁红玉幼年混迹在烟花巷中，为京口的红牌妓女，她长得是眼如秋水眉横黛，杏脸桃腮杨柳腰，非常受官兵们的欢迎，每个衙署中有宴会，梁红玉总要前去侑（yòu）酒。

有一天，梁红玉又循例去陪酒，准备去伺候军营中的主帅，突然远远望见一只黑老虎蹲踞营门，吓了一大跳，等到走近一看，原来是个巡更小卒，名叫韩世忠。

梁红玉好奇地问起韩世忠身世，世忠告诉她："俺，韩世忠，乃延安人氏，自幼父母双亡，来淮安投军，当了一名步兵，今当朔日，元帅谒（yè）

梁红玉，选自清内府彩绘本《庆赏昇平》之《玉玲珑》。

庙之期，命俺巡更守夜，看天气尚早，不免在此小睡一时，呵呵呵。”

梁红玉见这个被自己误以为老虎的男子，体格雄伟，眉清目秀，心中暗喜，就含羞对鸨母道：“我说妈呀，你看他虽是一个兵，却生得相貌非常，日后定要大富大贵！我想将终身许配给他。”

鸨母取笑了梁红玉一阵，但也认为韩世忠相貌特殊，也许日后有所发展，于是鸨母便大剌剌地对韩世忠说：“我女儿看上了你，她想要嫁你。”

韩世忠先是“嗳呀”吓了一大跳，继而转念一想：“看此女，虽在烟花，却端庄得很，想我韩世忠，举目无亲，若得此人相助，倒也多了一条膀臂。”

于是，两人回了妓院，随即结婚。

当天，妓女与更夫，双双失踪，主帅发现这件事，大发雷霆，以为是营卒把妓女挟持而去，犯下军规，应该问斩，立刻派人把韩世忠与梁红玉绑来，以正其罪。

谁知，梁红玉丝毫不畏惧，她引经据典，侃侃而谈，举出许多古代大臣风流佳话，作为印证，把主帅逗得哈哈大笑，饶过两人。刚巧，金兵犯境，主帅便命韩世忠将功赎罪。《玉玲珑》这场戏就在锣鼓喧天之中下场了。

《玉玲珑》是出戏，到底韩世忠与梁红玉如何邂逅（xiè hòu），怎么一见钟情，这只有他两人知道，后人只是胡乱猜测罢了。不过，有一点可以确定，韩梁成亲，必然是韩世忠尚未发迹之时，因为宋朝的社会保守，阶级门第相当严格，宋朝的官吏是不可能娶一名妓女为正式夫人的。

隆祐太后会见梁红玉

苗刘之变爆发后，韩世忠与张浚在平江（治今江苏苏州）商讨大局。张浚是唐朝名相张九龄的弟弟张九皋（gāo）之后代，四岁丧父，孤苦伶仃，后来入太学就读，考中进士，官至御史。

韩世忠与张浚谈到高宗被迫退位，中枢无主，竟由三岁皇子为帝，忍不住嚎啕大哭。韩世忠举起一杯酒在神像前起誓："我绝不与此贼共戴天！"

他两人虽然气得心脏都要迸裂，却因为高宗毕竟仍在杭州，身陷敌人之手，投鼠忌器，深恐误了大事。于是粗中有细的韩世忠先进兵秀州（治今浙江嘉兴），造云梯、冶器械。苗刘等人听说韩世忠在秀州，准备有所行动，遂下令把梁红玉及其子韩亮捉回来当人质。

表面上归顺苗刘，骨子里却忠于高宗的宰相朱胜非得到消息，非常紧张，他急中生智，跑去告诉苗傅："你们真糊涂，怎么可以把韩夫人抓来，惹怒韩世忠，为什么不派韩夫人赴秀州劳军，以示和好？"

苗傅说："对啊，我怎么没有想到？"

朱胜非心中暗笑："二凶果然学不足，容易上当。"

苗傅立刻有请梁红玉，直直地跪在地上，说了一大堆奉承的话，再三郑重表示："日后当好好侍奉大哥大嫂。"梁红玉也假惺惺地演了一场戏。苗傅为了拉拢梁红玉，甚至要隆祐太后封梁红玉为安国夫人。

隆祐太后是一个老老实实、安分守己的贤淑妇人，她没有武则天的政治野心，只想平平静静度过晚年，她垂帘听政，完全是被苗刘打鸭子上架给逼的，而且内心颇为不安。

太后一看到梁红玉那俊俏的模样，忍不住打心眼里喜欢，也顾不得万一梁红玉向苗刘密告，她这老太太的日子就难过了。她流着眼泪，亲切地握着梁红玉的手说：“国家艰危，希望太尉（指韩世忠）尽速前来救驾。”她拿着手绢擦一擦眼睛，又擤一擤鼻子：“你一定要告诉太尉赶快来。”

梁红玉虽是军妓出身，却深明国家大义，更深深为太后的一片慈爱所感动，她红着眼圈再三向太后保证：“我一定会圆满完成任务。”

第二天一大早，梁红玉便以安国夫人“出城慰劳韩军，以示和好”的名义，出了杭州城，走到一半，忽然遇到苗傅的弟弟苗翊（yì）。

苗翊好生奇怪，梁红玉不是被软禁起来当人质吗？怎么骑着马在郊外乱跑？他连忙拦住梁红玉，梁红玉少不得费了番口舌解释清楚。

“噢，原来是这么一回事。”苗翊听到后眼睛不断乱眨，手不停扯耳朵，脸色大变。

事实上，苗刘把人质放走，让他们夫妻团聚，不能不说有点儿蠢，王钧甫形容苗刘“忠有余而学不足”真是不错。梁红玉看苗翊挤眉弄眼的模样，直觉不妙，万一苗翊报告苗傅，或是苗刘茅塞顿开，把她给截了回去，那该怎么办？想到这里，梁红玉猛挥马鞭，一天一夜之间赶到秀州，夫妻相见，恍如隔世，不胜唏嘘。

由于梁红玉的任务是出城慰劳，以示双方友好，不一会儿，苗傅派人送来诏书。韩世忠接过诏书，看也没看，当场撕个粉碎，他生气地说：“我一向只知道建炎，从来不知道有明受（苗刘政变后所改年号）。”送诏书来的使者，也被韩世忠下令，给推出去斩了。

除了韩世忠，苗刘也在收买张浚。张浚的脾气之烈，不亚于韩世忠，他回了一个报告给苗刘：“自古以来，对君主有所不逊，叫作震惊宫阙，事关废立，谓之大逆不道，大逆不道的罪名是诛九族，你们知道吗？”

苗刘听说韩世忠把送诏书的使者杀了，立刻解除韩世忠节度使的官职。

然后，又以张浚“欲危害社稷”为名，贬谪鄂州。

韩世忠为一代名将，武功高强，一般人近不了身，张浚乃一介书生，应该比较容易对付。苗刘贴出告示，重金悬赏张浚头颅。

张浚，选自《山阴张氏宗谱》。

有天夜晚，张浚正一个人在烛光下看书，忽然间，窗下站着一个彪形大汉，手中提着亮亮晃晃的刺刀，张浚心忖，该来的，总是会来的，他自自然然，一点也不带恐惧地问道：“来人可是苗傅、刘正彦派来杀我的刺客？”

“不错。”

张浚不缓不急地说：“那么，你把我的头带走吧！”

“哈哈哈，”大汉仰天大笑，“佩服，佩服，在下读过几天诗书，岂会被贼人所用，我只是来警告你，你的戒备不严，下回还有别人来取头。”

张浚急着搬出金帛相赠，大汉摇手婉拒：“你可知如果我贪财，你这颗头值多少？”说罢，大汉一抱拳，摄衣登屋，屋瓦无声，一下子不见踪影。

第二天，张浚担心大汉没有完成任务会受责罚，他自监狱提出一个死囚，在市场问斩，宣布罪人是“苗刘昨夜派来的刺客”。以后，张浚本着记忆中的容貌，明察暗访，人海茫茫中，却再也见不到那个侠义的神秘大汉。

韩世忠救驾

韩世忠撕碎苗傅、刘正彦的诏书以后，积极进兵，他与吕颐浩、张浚向杭州开拔。

苗傅等人自恃有重兵阻挡，当无问题。苗翊等人又在河中放置鹿角，阻止舟船行进。

韩世忠一怒之下，改走陆路，可是道路泥泞，马又跑不快，韩世忠下得马来，命令将士："今日各以死报国，若是哪一个脸上不带几箭的，立刻斩首。"

韩世忠一向军令如山，赏罚分明，部下对他是又爱又怕。平常韩世忠与部下打成一片，尤其喜欢召集军佐，痛快畅饮，而且用的是大号巨觥（gōng）盛酒，同时一律不许准备下酒的果肴。

有一次，一位军佐王权，偷偷藏了一截萝卜下酒，韩世忠看了，大为生气，一把将萝卜抢了过来，口中骂着"你小子如此口馋"，一面用手紧紧按着王权的额头，疼得王权要喊救命。

韩世忠之所以不许部下贪嘴，是因为宋朝军纪太坏，有些官兵简直与强盗无二，老百姓都敢怒不敢言。可是韩世忠军律严严整整，没有哪个有胆去掠夺百姓，所以大军所过之处，不但秋毫无犯，农夫都荷着锄头在田里挥手打招呼。

言归正传，韩世忠颁下命令，面上不带几箭者斩，他若是说了斩，就一定真的会杀人，可不是说着玩的。于是将士们个个奋勇杀敌。

苗刘的阵列一字排开，拉满了弓等待着韩军开到。等到韩世忠真的来了，只见韩世忠睁着铜铃般的牛眼睛，破口大骂，挺刃突前。苗刘的军队给吓坏了，还来不及射矢，转身而逃。

当韩世忠兵入城门，苗傅、刘正彦自知不是对手，逃之夭夭。宋高宗亲自来到城门口迎接，他见到韩世忠，仿佛迷了路的小娃娃找到妈妈一般，喜极而泣："你，你终于来了。"

接着，高宗马上像小孩一样，哭诉着告状："中军吴湛（zhàn）对朕最为不逊，能不能先把他杀掉？"

那还有什么问题吗？韩世忠立刻找到吴湛，握手寒暄："你好。"

"你好，幸会！"吴湛也热情伸出手，突然吴湛大叫，"妈呀！疼死我了！"

原来韩世忠故意处罚吴湛，他大力一握，竟然把吴湛的中指给折了下来，鲜血淋漓，好不怕人，高宗知道了，龙心大悦。

平日嚣张跋扈的吴湛，这下遇到克星了。想高宗自从被逼下台，退居显宁寺，虎落平阳被犬欺，简直受够了窝囊气。吴湛被折断一根手指以后，已经面无人色，韩世忠又把吴湛押解到市场就戮，算是为高宗出了一口气。

宋高宗即下诏授韩世忠为武胜军节度使、御营左军都统制，韩世忠谢恩之后请求高宗："贼人拥有精兵，距离瓯（ōu）闽甚近，臣请求生擒贼人，为社稷雪耻。"

"好！"高宗眉开眼笑地答应。

韩世忠立刻带领兵马，沿着苗刘逃走的方向追去，从浙江追到福建，在浦城县的鱼梁驿把苗刘的溃军重重包围起来。苗军哨兵见到韩世忠挺戈向前，仿佛见了鬼一般，惊呼："天啊，韩将军真的来了。"

韩世忠先捉住了刘正彦和苗傅的弟弟苗翊。苗傅到建阳，被当地的流氓逮着，献给韩世忠请赏。韩世忠把苗刘打入囚车，像动物园大搬家一般，高奏凯歌回杭州。

建炎三年（1129年）七月，苗傅、苗翊、刘正彦在都堂会审，接着斩首。

苗刘之变，终于平定，前后不过一个月，对宋高宗而言，仿佛一个世纪般漫长。

他对韩世忠、吕颐浩、张浚再三慰问，并且回忆道："记得那时候朕被废，两宫隔绝，一日正在吃羹，忽然听说张浚得罪苗刘，被贬鄂州，我心一慌，羹全洒在手上，你们看看。"说着，高宗伸出手，果然被烫伤的青紫瘢痕还在。

高宗又对张浚说："我当时被烫伤了，却毫无感觉，心中只在担心，你若被贬，谁来救朕？皇太后也知你忠义，希望看看你，你去见太后吧。"同时高宗把御服上的玉带解下赐给张浚。

隆祐太后除了想见张浚，当然更想看一见如故的梁红玉，以及她那不凡的英雄夫婿韩世忠。这会儿，韩世忠的官衔可不得了，因为平定苗刘之变，他被升为"检校少保，武胜昭庆军节度使"，高宗亲笔写"忠勇"二字作为旗帜，又封梁红玉为护国夫人，给内中俸。功臣妻子给俸，梁红玉可是第一人。

苗刘之变平定，高宗心中对韩世忠虽然十分感激，却也浮起了惧怕猜疑的矛盾心理，因为高宗虽贵为天子，一条命却捏在手握军权的大将手中，万一大将有了二心，那皇位也就岌（jí）岌可危了。

因此，写得一手好书法的宋高宗特别手书《郭子仪传》与韩世忠，《裴度传》给张浚。他挑郭子仪与裴度两人，是有用意的，有兴趣的读者请参考本书前面讲过的唐朝的郭子仪和裴度的故事。细细玩味，你会了解宋高宗的用心。

金兀术追击宋高宗

经过了一场惊天动地的苗刘之变，宋高宗差一点儿丢掉了皇帝的宝座，总算在韩世忠等人全力保驾中，风平浪静。这次政变为时前后仅有一个月，但是，对于南宋的新政权已是元气大伤。

金人属于女真族，原居地是在今日东北地区，他们生长在白山黑水（白是指长白山，黑是指黑龙江）之间，由于环境的关系，养成了耐寒忍饥的本领。他们一个个都有精湛的马上功夫，不但可以骑着快马上下岩壁，健骑如飞，甚且过江也不用舟楫，能够浮马而渡。

通常，矫捷的金人如果发现了野兽，他不会力搏，也不会落荒而逃，

套马图，金人绘，辽宁省博物馆藏。图中所绘金代女真骑士剽悍非常，胯下坐骑与所套骏马奔驰若风，画面极有张力。

他们会轻手蹑足地偷偷跟在野兽身后，找到野兽藏匿之所，然后一网打尽。

此外，金人还有一项特殊技能，他们懂得如何剥下桦树的树皮卷成一个号角，撮在口边，发出与麋鹿的叫声完全一样的呦呦之声。每次金人轻轻一吹，总能呼唤一群上当的麋鹿，予以射杀。由于金人有此门绝活，汉人称金人为“鹿人”。宋朝人重文轻武，弱不禁风，面对金人所拥有的这套轻功与本领，双方开战，自然只有等着挨打了。

宋高宗在狼狈地逃离扬州以后，曾经派遣阁门祇（qí）侯刘俊民、修武郎宋汝为特使，渡江与金朝大将粘罕相联络，并且携带张邦昌与金人签约的底稿，表示自知不敌，愿意投降金人。

宋高宗自即位以来，一直都在没命似的逃跑，筋疲力尽，毫无斗志，因此，他的信写得异常谦卑，连“大宋皇帝”四个字都不敢用，而是自称为“宋皇帝赵构”，他在信中用小媳妇般的口吻说：“古之有国家而迫于危亡者，只有防守与出奔两个办法，我现在是守则无人，奔则无地，所以希望阁下能够哀怜，我愿意取消皇帝的尊号。举凡天地之间皆是大金之国，大金又何必劳师远征呢？”

宋朝如此谦卑恭谨，委曲求全，结果交涉没有达成，金人益发看不起宋朝。

其实，金将粘罕倒不失为一个讲理之人；当金兵在山东，连陷东平、济南、泰安，其中有士兵挖掘曲阜孔老夫子的墓穴，粘罕不知道孔子是何许人也，他问通事（翻译官）高庆裔说：“孔子何人？”

“孔老夫子是古代的大圣人。”

“大圣人的墓岂可以随便挖掘？”

于是，那位挖墓军士的脑袋就给搬了家。

粘罕算是金朝将领之中，比较温和的一个，若是论到少壮派的猛将兀术（wù zhú），那可不一样了。

兀术，本名斡啜（wò chuò），亦作斡出，汉名为宗弼，他是金朝的四太子，由于《说岳》一书的流传，大家对金兀术可说是万分熟悉。在《说岳》一书问世之前，金兀术的威名，已与岳飞并称。据说，在南宋后期，民间流传一首民谣：“金国有四太子（兀术），我朝有岳少保（岳飞），金兵有狼牙棒，我朝有天灵盖。”意思是只有等着挨打。

曾经有一个宋朝人，他名叫郦琼，原来是宗泽部下，后来降金，归入兀术旗下。郦琼比较两朝将领之不同：“琼尝跟从大军南伐，每每见到元帅国王（指兀术）亲临督战，尽管矢石交集，却连甲胄都不穿，意气自若指挥三军，用兵技术之妙，可以与孙吴兵法不谋而合，真是命世雄才也。至于南宋的将领，论其才能，不过是中等人才，而每回打仗都是躲在数百里之外，说得好听，称为老成持重，怎能不打败仗呢？”

郦琼已投降金人，不免要讲一些肉麻拍马之话，博取金人的好感，不过，他所说的，确也是实情。正因为宋朝大将多半胆小如鼠，意气风发的金兀术相当看不起宋朝，因此兀术于建炎三年（1129 年），上书金太宗，指责宋人伪装和平，蓄意反攻，要求再次南征。金太宗答应了这项请求，兀术兵分两路，大举杀来。

金兀术固然是锐利勇猛，宋朝也是过分的差劲，当金兵自江宁，取广德，过独松关时，竟然发现独松关连一个守卫的兵都没有。由于独松关是个天险，金兀术在轻松过关之后，不免吁口气对属下说：“南朝如果能放数百人驻扎在此，我们哪里过得去呢？”

宋高宗此刻真是眼泪簌簌，他不安地搓着手问吕颐浩说：“事情日渐急迫了，怎么办？”

吕颐浩倒是比较镇静，他沉着地分析道：“陛下切莫忧心，敌人以骑兵取胜，利于陆战，不善于乘舟，浙江面临大海，我们不如逃到海里去，金人就没可奈何了。加上浙江气候潮湿炎热，北来的人最怕暑热，无法久留，等到敌人撤兵，我们可以再回来，彼入我出，彼出我入，此正兵家奇计也。”

高宗沉吟了半天道：“这个主意倒是不错。”事实上也没有其他法子可想。于是高宗先往越州，再逃往明州（治今浙江宁波），又乘船到舟山群岛中的定海县，复自定海奔昌国（治今浙江舟山），自昌国奔台州（治今浙江临海），又自台州到了温州，金兀术追不及而返。自建炎三年（1129年）十一月到建炎四年（1130年）正月，前后三个月的工夫，高宗是一路苦苦地逃命，金兀术是苦苦地穷追不舍，亏得中国的海岸线很长，高宗又跑得快，否则就要被金人逮住了。

杜充降金

宋高宗建炎三年（1129 年），金兵大举南下，宋高宗又开始逃难。敌军节节进逼，宋兵连连败退，亏得岳飞拼了死命，才把金兀术的兵力，逐步向北逼退到常州以北，并且收复了广德、溧（lì）阳、常州等地，这都是岳家军建立的赫赫功绩。

提起岳家军的建立，其中有一段辛酸的血泪史：

自从岳飞在汴京打了一场大胜仗，宗泽去世后的真空现象立刻获得改善。但是岳飞的长官杜充不愿意留在京师，他要前往建康（南京），他的理由相当动听：由于朝廷发生了苗刘之变，他不能不前去勤王（以兵力救援王室）。

岳飞见杜充准备撤兵，苦苦哀求道："中原之地，一尺一寸都不可放弃，今日我们的双脚一离开此地，他日若要光复，非数十万大军不可。"

这些话，杜充是半句也听不进去，岳飞哀求了半天，没有获准，但是，军人以服从为天职，他也不能不跟着开拔，渡江来到建康，至于京师汴梁的烂摊子，杜充顺手扔给了蔡州知州程昌禹接管。

杜充到达建康，杭州的苗刘之变已经平定，高宗便命令杜充留守建康，屏障江南，并且任命他为江淮宣抚使。高宗一向信任杜充，可是刘光世、韩世忠等大将却十二万分不乐意担任杜充部属。因为杜充完全没有制敌的方法，每日专门诛杀无辜百姓，有识之士都为朝廷专用这种小人而寒心。

杜充率岳飞离开汴京之后，蔡州知州程昌禹不想再接这个烫手山芋，他借口粮饷不足，悄悄带着兵马回到蔡州。本来就岌岌可危的京师，如今成为三不管地带，金人当然轻轻松松取下汴京。

金朝此次南下的大将是兀术，他是个勇猛积极的少壮派，一会儿工夫，就夺下了洪州（治今江西省南昌市），沿着鄱（pó）阳大烧大杀，另外一股金兵则取下庐州（治今安徽省合肥市），于是乎，建康就像被一把利钳呈半弧形包围。而杜充呢，若无其事闲坐家中。

岳飞可着急了，他前去拜见杜充，流着眼泪恳求："今日大敌当前，马上就要渡过长江，你怎么还安然不动坐在这里，还不赶快起来主持大计？万一敌人看出我们的懈怠（xiè dài），发动猛烈的攻势，将士们群龙无首，该怎么办呢？"

"明天吧，我明天会出来。"杜充永远用明天敷衍着。

某日白天里，金人对江布阵列队，然后又全部撤退，其实这是假撤退。但是，防守的宋军却益发松懈，当天晚上，金人乘数十巨舟横江而来，宋军不能抵抗，全线溃败，岳飞也独力不支，暂时撤退到广德（治今安徽省广德县）。

一直隐居在家中逍遥的杜充接到了消息，马上逃命，一口气逃到了真州（治今江苏省仪征市），藏到长芦寺中，希望能靠菩萨保佑，躲过一劫。不多时，金军入据建康，搜不到杜充，一问之下，敢情躲到庙里去了，暗暗好笑。

金兀术是何等聪明之人，他早已看出杜充残忍贪暴，是个杀人魔王，却又胆小如鼠，绝不会忠心于宋朝。金兀术就找了唐佐写封信到长芦寺，规劝杜充投降。唐佐原是宋朝的京畿（jī）提刑，与杜充是酒肉朋友，臭味相投，已抢先一步归降金人。

杜充接到唐佐的来信，不免对唐佐安享荣华富贵十分羡慕，相较之下，自己窝在一间破庙里担心害怕，实在太委屈太可怜了。

正在羡慕唐佐之时，金朝更派了专使前来，专使巴结地说："如果你愿意投降我朝，我朝当封以中原之地，如同过去的张邦昌一样。"

金朝开出的条件，诱惑太大了，想想，张邦昌虽是个傀儡皇帝，毕竟是南面为王，杜充大喜过望，立刻来到建康，跪在金兀术的马前，投降金朝。

宋高宗接到消息，十分懊恼，频频对左右道：“奇怪，朕待杜充不薄啊，他为什么要做这种事？”其实，杜充投降，是迟早的事，明眼人都看得出来，以前提刑郭永就讽刺过杜充是“有志而无才，好名而无实，骄傲自大而获得声名”。偏偏高宗就喜欢用他为亲信。

让我们再回头看建康的宋军：大将王瓊（xiè），带着部下开溜了，戚方率着自己部队去当强盗了，最糟糕的消息是杜充居然献出建康府库，全家投降金人了，真是屋漏偏逢连夜雨。全军士气低落，乱成一团，大家闹哄哄的，有人在低声商量该不该跟着去降金，也有人破口大骂杜充混账。

岳飞勉强抑住怒气，登高一呼道：“各位弟兄，现在正是各位为朝廷建立奇功，收复失土，接受上赏，荣归故乡的最好时刻，你们必须马上放弃降敌求全的谬误观念，我才会与你们共患难，同生死，除非你们把我杀了，否则，我是绝不可能与你们一块儿降敌的！”

岳飞声如洪钟，激昂慷慨，一副少年英豪的气概，他的一番话，挑起了人们心中对国家的热情。事实上，每个人都不是真心愿意投降金人，只是在情势混乱之际，需要有强有力的人出来当领袖，带领大家。于是众人振臂高呼：“岳统制，我们一切听你的！”

于是，历史上名垂千古的岳家军正式成立了。

军纪严明的岳家军

杜充投降金人以后，岳飞登高一呼，号召不愿举白旗的宋军，成立了岳家军。

此刻，金兀术的大军正要开往杭州，岳飞在广德境中予以迎头痛击，六战六胜，打了一场漂亮的胜仗，并且俘虏金朝大将王权。

当岳家军驻扎在钟村之时，粮食吃完了，可是岳飞有令，不许骚扰民家，兵士们只好乖乖地挨饿。由于岳家军军纪严明，金兵都尊称岳飞为“岳爷爷”。

南宋初年，一般军纪败坏，不能作战，是国家的一大隐忧。譬如大将张俊从明州（治今浙江宁波南）带军赴温州，沿途之中，打家劫舍。道路之上连一只鸡、一条狗也被士兵捉了打牙祭，居民们怕透了官军，听说官兵前来，一窝蜂全部逃往山谷，数百里间，看不到一点儿人烟。

韩世忠虽为一代名将，有的部下也缺乏纪律，当韩世忠逗留在秀州之时，整个浙江为之骚动，竟然有将领跑到县府衙门里，把县太爷五花大绑，逼着交出钱来。至于原来是杜充的部下，后来当了逃兵的王瓔更过分，他前往闽县途中，一路之上的州县都要孝敬，否则便要大烧大抢，简直是勒索。

除了动手抢钱以外，这些官军还要人，宰相吕颐浩曾经上奏高宗：“官军所到之处，争取金帛之罪犹小，劫掠妇女之罪至深。”

在这种官军奸杀掳掠、无所不为的情况下，有些百姓对官军的恐惧，甚且超过对金人、盗贼的害怕，岳飞看在眼中，真是有说不出的难受，因此，岳家军成立以后，第一条规矩就是严整纪律。

岳飞规定，凡岳家军，不论在任何状况之下，都不准进入民居，即使是外面刮大风、飘大雪，也只能在屋檐下休息，就算民众开了门，请士兵进去，士兵也一定不许踏入大门。

有一回，岳家军经过某个小镇，岳飞饭后，一个人到附近走走逛逛，了解地形，忽然，他发现一间茅草屋，其中有一块地方损坏得相当明显。

岳飞立刻请问屋主人道："对不起，请问你，这儿少了一束茅草，是不是被我军中的士兵拿走了？"

"哪有的事，岳家军对本镇没有一丝一毫的扰乱，这一块残缺之处，本来就是这样，反正对房子本身也没有损坏嘛，我因为懒，也就一直没有修补。"屋主人满面笑容地再三解释。

可是，岳飞不相信，因为老实的乡下人即或吃了亏，也不敢得罪官军，岳飞正色说："你这栋茅屋明明是刚盖好的，草都是新鲜的，怎会莫名其妙缺了一块？我一定要查个清楚。"

过了不久，有个士兵前来自首，他诚惶诚恐地说："我方才下马饮食，把马缰系在屋椽上，后来，匆匆忙忙去解马，不小心扯下一束稻草，绝不是故意扰民。"

屋主人也赶忙在旁赔笑道："对对，正是这样，他也不是存心的。"大家都以为这件事就此告一个段落，不料，岳飞为了杀鸡儆（jǐng）猴，居然立刻把偷茅草的士兵就地正法。

消息传出，岳家军人人警惕，也就更加小心翼翼，免得受到军法制裁。

岳家军上上下下的信条是："冻杀不拆屋，饿杀不打虏。"这句话的意思是，岳家军就是冻死了，也不拆民众的屋子当柴烧，即或饿死了，也不能掳掠人民。在这样的共识之下，岳家军曾经自池州（治今安徽池州西南）进兵到潭州，一路之上，人民竟不知有军旅经过，可见纪律之严整。

在严整的纪律之外，岳飞待士兵是非常的亲爱。士卒生了病，岳飞亲自调药；诸将上战场，岳飞派妻子到军眷中慰劳；士卒不幸在战场上捐躯，岳飞必想办法抚育其孤儿。《说岳》一书虽是小说，但是人们所熟悉的张宪、王贵、牛皋都确有其人，也都与岳飞有浓厚的袍泽深情。

岳飞治军，不但是恩威并用，宽猛共济，他更要求岳家军甘苦共尝。岳飞本人是岳家军最高统帅，但是他常刻意挑选军中军阶最低的士兵同桌吃饭，大家一律平等，有什么吃什么。

难得军队里打牙祭，有酒有肉，一定每个人都能尝到肉味，哪怕是一分再分，酒也是一样，酒里兑上开水，人人一小啜解解馋。

倘若军队到外面操练演习，纵使有设备一流、招待亲切的旅店，岳飞也坚持与士兵一般，扎营在外，餐风宿露。

由于岳飞待部下有恩有威，士兵对他是又爱又怕，岳家军才能成为中国历史上著名的一支队伍。

韩世忠施巧计

南宋初年，金兀术发动大规模的侵略，宋朝宰相吕颐浩安慰高宗，切莫太惊慌，因为“敌人必不久留”，只要脚底抹油，小心不要被逮着便可。

果然，不出吕颐浩所料，原来，金人是准备一鼓作气，下海活抓宋高宗，消灭南宋。谁知中国的海岸线太长，地方太大，金兵孤军深入，长途远征，辛苦万分。

再说，虽然宋朝的军队脆弱，但是，宋朝的民族精神教育却是一流的，不断有军民起而反抗。

譬如，建炎四年（1130 年），金兵攻破建康以后，沿江都制置使陈邦光老早就备妥了投降书，派人拿到十里亭交给金人献媚了。

金兀术见到投降书大为惊喜：“金陵用不着派兵攻击，大事成矣，哈哈哈！”

等到金兀术威风八面进入建康，陈邦光亲率官吏出门迎拜，但是奏议郎杨邦乂不肯下拜，他在自己的衣服上写了几个大字：“宁作赵氏鬼，不为他邦臣。”

接着，金兀术、陈邦光等举行大规模的庆功宴，当音乐悠扬地响起，金兀术突然想到了不肯下拜的杨邦乂，把他唤到面前，让他站在堂下听训。

杨邦乂先是不理不睬，装聋作哑，然后他不胜悲愤，遥遥地对着金兀术破口大骂。金兀术气坏了，当场派人把杨邦乂给杀了，剖腹取心。杨邦义死时只有四十四岁，正当盛年。

类似杨邦义的忠臣还有不少，颇让金兀术伤脑筋。尤其，虽然宋朝官军不堪一击，老百姓却同仇敌忾，异常坚强。金兵在苦苦追赶宋高宗途中，遭到许多地方军的突击，尤其在浙江的桐庐，被当地民兵杀了个出其不意，死伤甚多。从此，每次行军之前，金兵都要派出先头部队，肃清道路，才敢前进，可是，远来之人，到了一个陌生地带，总是不容易摸清地形。在天时、地利、人和样样不能配合的情形之下，金兵决定打退堂鼓了。

同时，金人的数目有限，大宋的幅员广大，金兀术知道，中原地带尚且不易消化，要想一口气并吞大宋，等于是小蛇吞象，太困难了。

于是，金兀术自称“搜山检海”完毕，准备打道回府。既然山里海里的宝物都搜罗检取完毕，金兀术遂下令：“援焚烧扬州的例子，把明州烧得一干二净。”只有明州东南角几座佛寺，金人也许是害怕触犯神灵没有焚成焦土。到了苏州，金兀术又烧杀劫掠，算一算，他大概已杀了五十万百姓。

可是，到了镇江，金兀术可碰到了劲敌了，因为，韩世忠早已在镇江守候多时了，他等着找金兀术算个总账。

想当初，金兀术开始挥军江南之时，韩世忠眼见金兵势如破竹，轻而易举攻下建康，自知不敌，但又不愿意把镇江拱手让给敌人，所以，先用一把火把镇江烧成一片焦土，让金人得不到半点好处，徒然占领了一座空城。可是，这把火一烧，百姓遭受到极大的损失，韩世忠心里真是有说不出的歉疚。为了减少几分自责，他一直盼望有一天能够再会会金兀术。现在，机会来了，金兀术要撤兵，非经过镇江不可，韩世忠遂布下了天罗地网。

韩家军驻扎在长江江心的焦山，是座孤岛。韩世忠在江中布置了百余艘巨舟，形成一字排开的长蛇阵线。金兀术如果要过江，就得先突破这道顽强的封锁线。

在焦山旁边，还有一座金山，也是横亘江中，所不同的是，金山距离岸边比较近。金山山上有一座龙王庙，可以鸟瞰（kàn）全局。

镇江，出自无款南巡道里图卷，清人绘。

因此，根据韩世忠的推断，当金人过不了焦山，必然会攀登金山龙王庙，于是，他拨了两百名精兵埋伏在庙中，再派两百名健卒，躲在庙外草丛里，他下令："闻江中鼓声为讯号，弟兄们，大家里应外合，共捉敌酋。"

果然，当金兵前进至焦山被阻不久，只见五匹快马如旋风一般奔向金山山顶，进入龙王庙之中。在庙中埋伏的士兵，一见来了五位穿戴威武，大模大样的高级将领，后面还有几百名番兵，远远跟随着，暗暗喝彩道："元帅真是料事如神。"

因为太兴奋了，也不待江中鼓声，庙中士兵便动手了，也一哄而出杀将起来。五名金将一见有埋伏，立刻拨马便走，有两个来不及跨马的金将，当场被活抓。逃走的三个之中，其中一人身着红袍玉带，座下马失足，连人摔下，旋即跃身上马，挥鞭疾驰，逃下金山，跳上了早先准备好的渡船，落荒而逃。

在庙外接应的士兵，因为还没听到江中战鼓讯号，一时接应不上，没法与庙内士兵配合作战，白白放走三名大将。

韩世忠把活抓的两名大将押来问话，方知那位红袍玉带，马前失足的金将不是别人，正是金兀术是也，不胜懊恼之至，回到军营，闷闷不乐，借酒消愁。至于金兀术差点儿落入圈套，更是前所未有的一身惊恐。欲知后事，请看下一篇。在此，我们补充一句，金兀术给自己取了一个汉人的名字叫宗弼，各位在《宋史》《续资治通鉴》等书中看到的宗弼即金兀术是也。

梁红玉击鼓战金山

韩世忠在金山龙王庙布下了天罗地网，准备活抓金兀术，却因为埋伏的士兵抢先动手，被金兀术逮到空隙，逃之夭夭，韩世忠颇为气恼，金兀术更是愤恨难消。

韩世忠的夫人梁红玉，虽是青楼出身，却颇有巾帼豪气，在平苗刘之变中，曾经帮过大忙，她对韩世忠说："这样吧，我们在营中大桅上，竖起楼橹，我亲自在上面击鼓，观察动态，中间立一面大旗。将军只看白旗为号，鼓起则进，鼓停则守，金兵往南，白旗则南，金兵往北，白旗则北，元帅先听桅顶上鼓声，再看旗向指标，务必杀他一个片甲不留。"

再说金兀术在金山险些遭擒，愤恨难平，气得当夜率军反攻，驾着战船，浩浩荡荡向焦山驶去；金兵们个个磨刀拈箭，勇气百倍，准备大干一场。

忽然，一声炮响，箭如雨发，又有轰天大炮打来，把金兀术的兵船打得七零八落。金兀术慌慌忙忙下令转船，这一切，梁红玉站在高桅之上，看得清清楚楚，立刻敲起战鼓，如雷鸣一般，号旗上挂上灯球，兀术向北，宋军向北，兀术向南，宋军立刻也转向南。金兵溺死的，被杀伤的，不计其数。金兀术被杀得上天无路，下地无门，只好败回黄天荡去了。梁红玉见金兀术溜向黄天荡，乐得把战鼓敲得漫天作响，因为黄天荡是一条水港，此路不通，金兀术进退两难，有的好受了。

这段经过，在《宋史·韩世忠传》中有记载，所谓是“梁夫人亲执桴（fú）鼓，金兵终不得渡”。这一段有声有色的梁夫人击鼓战金山，就成为中国历史上老弱妇孺人人熟悉的事了。

在京剧之中，有一出著名的、好看的戏称为《娘子军》，它的剧情大概是这样的：

韩世忠为天下都招讨领兵大元帅，镇守海口。金兀术带兵来攻击，韩世忠认为与金兵水战，金兵人多势众，与夫人梁红玉商量对策。

梁红玉说：“老爷但放心，倘有退后不前者，斩首示众。”

韩世忠回答：“全仗夫人，就请传令。”

但是，没多久，韩战败退下，梁红玉亲自登高擂鼓，高声唱道：“听军

梁红玉擂鼓助阵，选自《吴友如画宝》。

中喊震天高，敢小觑（qù），女罗刹，怀藏奇略，女将们，听俺吩咐，勇千军力撼江湖，乘威风，秉赤胆，保定了大宋国号。”

于是，梁红玉的一批娘子军出挽枪、挽绣甲、按鸾（luán）刀、抖凤翅，齐声唱道，“气昂昂真贯云霄，闹嚷嚷万马如潮，恨金酋无端起衅，女雄兵甚勇骁……一任你马壮英豪，遇虎穴黄龙直捣”，把金兀术杀得弃舟登岸而逃。到此，戏幕缓缓落下。

戏归戏，毕竟与史实大有出入：韩世忠一代名将，武功绝对不会落于梁红玉之后，梁红玉有击鼓助阵之功，手下却没有一批女罗刹的娘子军。宋朝的女人深受礼教约束，哪来这许多的花木兰，一般人看了戏就信以为真，但与史实差了太远。我们言归正传，再回到本题：金兀术吃了败仗，心中十分懊丧，金人是惯常在陆地骑马奔驰的，在江上作战，到底不及南方人，站在船上，重心不稳，摇摇晃晃，一个个晕船想吐，单单站在船头，一个巨浪打来，不慎失足，翻落江心的就有不少。

既然硬战拼不过，金兀术改用软的，他心忖重赏之下必有勇夫，有意慷慨献出“搜山检海”掳掠江南所得的所有金银财宝，但求韩世忠放过一马，让他通过，韩世忠当然不会答应。

金兀术不死心，他心想，金山银山动不了韩世忠的心，也许名马可以，自古名将爱名马，优良的名驹，有时用钱可都买不到。于是，金兀术找到一名小兵送上书札一封。

小兵进入帐内，韩世忠接过书札，打开一看，里面写着：“情愿求和，永不侵犯。进贡名马三百匹，买条路回去。”

韩世忠一看，忍不住失声笑了起来：“兀术把本帅看作何等人也。”韩世忠立刻写了回书，叫小兵送回金营。

金兀术再三摆出低姿态，委曲求全，韩世忠横着心，一概不理，把金兀术气得火冒三丈，暴跳如雷，只好重整舟师，再上战场。

第二次交锋，金人吃亏可就更大了。韩世忠把战舰停泊到金山下，他先命令工兵用又粗又重的铁链串上长钩，交给军中身体强壮、体格魁梧的大力士，等到金兵的战船来攻击时，宋军分两道迎之，绕到金军背后，每锤一链曳一舟，这艘金船便很快地沉入江心。宋军使铁钩玩得过瘾极了，金军却哀哀叹息，最后，金兀术只得指挥残余的溃兵，逃回岸上。

金人虽然被困江中，前进不得，但是，韩家军除了固守焦山，也挪不出多余的武力，杀到岸上，把金人一举歼灭，两军遂在黄天荡的江面上相持着，僵在那儿，不进也不退。

金兀术没法子可想，只得请求与韩世忠面对面地恳谈，希望打开僵局。

金兀术败走黄天荡

金朝大将金兀术搜山检海以后，渡江北归，半途杀出一个程咬金，原来宋将韩世忠正驻兵镇江一带，双方发生激战，韩世忠曾一度击败金兀术于黄天荡，韩夫人梁红玉也击鼓助战，双方在江面之上，僵持有一个月之久。

金兀术无计可施，要求面对面来一个韩、金对谈。韩世忠也答应了，挑了一个日子，双方主帅大座舟迎面缓缓驶来，由远而近。到了能够互相大声说话的距离，彼此都抛下了锚。

金兀术虎落平阳，首先站在船头，用极为恳切的语气哀求韩世忠："乞放回国，要求和好，永无侵犯！"

韩世忠拉开了嗓门，大声回话："这也不难，只要你交还二帝，复旧疆土就够了！"说着，一向海量的韩世忠拿一个镶金的酒瓶，咕噜咕噜喝了几口，抹一抹嘴，再把金酒瓶传给手下畅饮。金兀术见韩世忠好整以暇，从容不迫，更加沮丧。

双方既然话不投机，各自拔起了锚，扬长而去。

过了几天，金兀术又要求与韩世忠见面，这一回，金兀术要求双方上了岸谈话。两人步上岸边后，金兀术劝告韩世忠：韩兵不过八千，金兵有数万之众，如此耗下去，准是宋军不利，韩世忠不如早早投降，有功于金朝。

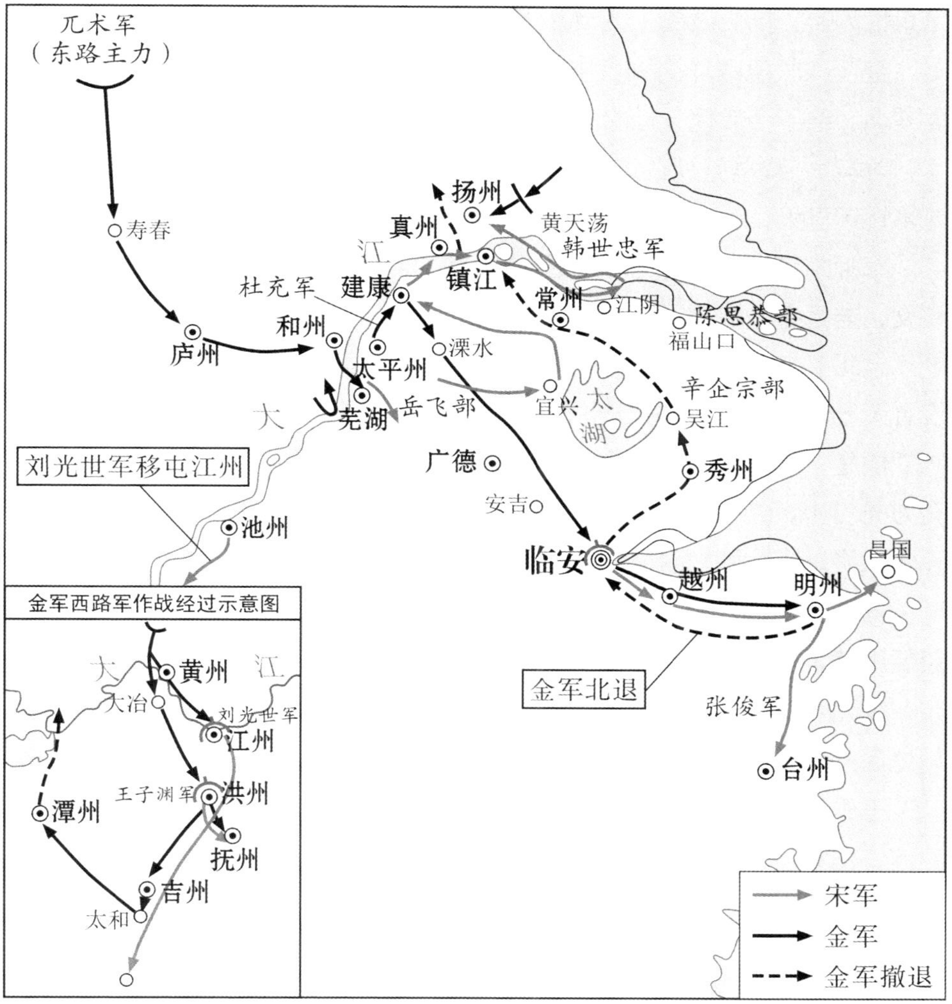

南宋金军第三次南下示意图。建炎三年（1129年）十月，宗弼督两路大军南下：西路自黄州渡江，宋守将刘光世引兵逃向南康，金军自大冶直下洪州，南攻抚、吉、太和，西攻潭州。宗弼亲率东路主力陷寿春、庐州、和州、建康，韩世忠弃镇江，退保江阴。宗弼由溧水南下，进陷临安，高宗自定海逃往海上，漂泊于温、台海区。金兵深入以后，受长江南北军民打击，中原义军也纷纷出动。宗弼被迫于次年，自临安，经吴江北返。韩世忠急率水军先期到达镇江，截击金军。宗弼只好沿长江南岸强行西上，又被韩军阻于黄天荡，金兵连夜挖掘老鹳河故道，进入秦淮河，又火烧宋水师船舰，终于渡江北撤。

韩世忠听了，火冒三丈，立刻张弓搭箭，对准金兀术射去，吓得金兀术急忙闪避，扬帆鼓棹（zhào），逃回阵营。

金兀术气急败坏回到营中，这下他更认清韩世忠对宋朝忠心耿耿，一如其名，绝不会放他一马的。

“莫非，我军就死在这儿，内无粮草，外无救兵，又出不得此江？”金兀术忧闷已极，对着军师发牢骚。

军师想了半天，忽然一敲脑袋：“有了，重赏之下必有勇夫，不如张挂榜文，若是有能解此围者，赏以千金。”

金兀术在无计可施的情况下，也就答应了。榜文贴出以后，过了许久，都没有人上门应募，镇江的一般民众看了之后，多半耸耸肩，嗤（chī）之以鼻。

但是，又过了几天，竟然来了一个福建的王姓秀才，利欲熏心，看在孔方兄份上，愿意背弃故土。他撕下榜文，自称有破韩军的锦囊妙计，金兀术大喜，连忙待之以上宾之礼。

这个王秀才坐下来，慢条斯理地分析道：“行兵打仗，小生有所不能，若要出黄天荡，何难之有？”

金兀术眉毛一挑道：“望先生教我，若能脱身回国，不但赠以千金，愿与先生共享富贵。”

王秀才说：“黄天荡有一条支流，名为老鹳（guàn）河，可通建康的秦淮河，但是淤（yū）塞已久，何不命令军士兴工开挖，掘走泥沙，引秦淮水通河，可直达建康大路也！”

金兀术闻之大喜，心忖，这个钱是花对了，若非高人指点，北来之人，哪儿晓得有什么老鹳河。

另外，王秀才又教了金兀术一招：“太子元帅只知在陆上纵横千里，对于海上用兵，不及我们南方人懂得气候风向；韩世忠麾下的兵船都是大型战舰，上面有兵、有马、有家属、有辎（zī）重，遇风才能扬帆行驶，元帅欲破韩军，可以制造小舟，风息之日出动，用火箭射韩军的大战舰，舰上的布帆一着火，当可烧个片甲不留。”

金兀术大喜过望，连忙征发民夫数万人，与金兵一块儿动手，一日一夜之间，竟然就把淤塞的老鹳河疏通了，然后，又大规模地拆民家大门，用木板赶制小舟，准备风平浪静时出动。

韩世忠正在奇怪，金兀术此番归去以后，竟然无声无息。

忽然，在一个风平浪静的日子里，金兀术发动攻势，金兵的轻舟飞快地驶来，箭如雨下，每一支箭镞之上都绑着火种，如蝗虫一般扑向韩军的大战舰。布帆着了火，不一会儿工夫，烈焰冲天，全军一片混乱，人们大惊小叫，马儿高声嘶叫，焚死、溺死的不计其数。

金兀术就趁着韩军乱成一团的时刻，利用老鹳河的旧有河道，逃出黄天荡。

前前后后算起来，金兀术一共在黄天荡被困四十八天。这次黄天荡之役，《宋史》与《金史》的记载出入甚大，这也是必然之事，宋朝一直挨打，难得有一场漂亮的胜仗，怎可以不多多发挥，夸大渲染一番？至于金人也会拣对自己有利的记载。不过，最后仍为金人得胜。

金兀术春风得意马蹄轻，心情愉快极了，一路安全地撤退到建康。

到了建康之后，金兀术暂时停留下来，他派兵修筑金城、雨花台及建康四周的城壕、沟渠，表面上看起来，他至少要逗留建康一阵子，事实上，此乃金兀术的障眼法，他还是急急忙忙想早些撤兵过江，只是不愿意让宋朝军队看出来。

这时，建康的外城是岳飞的兵马，岳飞如今是受张俊指挥，由于岳飞不是张俊自己身边的部队，所以张俊派岳飞打头阵，也就是说，如果打了胜仗，张俊可以邀功请赏，万一吃了败仗，张俊也没有损失，张俊为自己的聪明而洋洋自得。

但是，岳飞是不会计较这些的，只要是报国的机会，他总是乐于效命的。两雄会面，又当如何？

岳飞光复建康

话说金兀术得到无耻读书人王秀才的指点，解除了黄天荡之危，安安稳稳自老鹳河撤往建康。这时建康外围是岳家军驻守，金兀术过去吃过岳飞的小亏，但是，一点儿兵马，还不在金兀术的眼中。

此刻，岳飞的威名已逐渐建立起来了，尤其是在建炎四年（1130年）四月里，宋朝水军统制郭吉忽然改行，当了强盗，叛变为寇，围困宜兴。宜兴的县令大为恐慌，写信给岳飞请求援助。

岳飞立刻派出大将王贵、傅庆前往太湖一带，把叛军杀得天昏地暗，轻轻松松解决了郭吉的骚乱，并且收编叛军的队伍，岳家军又向前迈进了一大步。

宜兴的百姓感激涕零，无以为报，再加上岳家军素来军纪严明，不愿接受招待，最后满腔热情的民众竟画了岳飞的像，立了生祠，早晚上香朝拜，而且口中念念有词："生我们的是父母，保护我们的是岳公。"

五月间，金兀术的军队开到了建康，他预备早日过江，回家度假，这一趟南征，虽然收获不少，却也实在累惨了。

金兀术在建康又依照旧例，把整个政府府库、民间财物一网打尽，搜括得清洁溜溜，用成群的骡马，载运着金银珍宝、绫罗绸缎、粮草辎重，浩浩荡荡开出建康城。然后金兀术一声令下，顷刻之间，建康城中一片火海，烈焰冲天，城中已成为黑洞洞的火窟了，真是覆巢之下无完卵。

埋伏在牛头山上的岳家军，远远望见城中火红的一片，耳中不断听到直上云霄的哀鸣，一个个心如刀割，怒由心生，等到在山顶上发现金兵满载着辎重的骡马正鱼贯通过山脚，恨不得立刻冲下山去，杀他一个痛快。若非岳飞早有指示，天黑之前不许行动，早有熬不住的士兵找金人报仇去了。

盼望着，盼望着，终于太阳西沉，大地笼罩在一片黑幕之中，只见山下曲折蜿蜒着一条明晃晃的长蛇，衬着漆黑的天空，漂亮极了，原来这是金兵前进，手中提着的灯笼火把连接而成。

一直到三更已过，岳飞一声令下，刹那间，久候多时的伏兵齐声呼啸，飞也似的冲下去。金兵连夜赶路，过了半夜，已有些儿迷迷糊糊，有的干脆半眯着眼睛，只是拖着两条腿往前挪动。这会儿，忽然杀出了伏兵，而且都穿着一身夜行的黑衣，放眼望去，到处都是黑漆漆的，人在哪儿都搞不清楚。

于是，还来不及揉揉眼睛看个仔细的金兵，混乱之中，自己人杀自己人，自相攻杀，驮运的金银财宝也不要了，只恨爹娘少生了两条腿，各自逃命去也。岳家军憋了一天的闷气，总算可以发泄了，直杀得天动地摇，锤打枪挑刀砍，金兵尸如山积，到了黎明清点战果，金兵留下来的粮食足够岳家军使用半年。

岳飞牛头山大破金兀术，清代年画。

接着，岳飞得到密报，金兀术在龙湾的总部，即将开拔，岳飞又领着兵马由牛头山奔驰过来追杀，以三百名骑兵、三千名步兵把龙湾总部层层包围。虽然金兀术溜走了，但是金兵落水的、被杀的、投降的，不计其数。金兵死伤近万。

至于留在静安镇的岳家军也不甘示弱，在清水亭与金兵展开激战，战线绵延十五里。经过几天几夜的战斗，十五里的战火线上，金兵尸体无数，单单割下来光秃秃头颅之中，戴有金耳环的金军大将，清点一下，就有一百七十个之多。

前前后后牛头山、龙湾、清水亭三场猛烈的战役打下来，金兀术暗暗吃惊，原来岳飞这个后生小子的威力，不在老将韩世忠之下，宋朝毕竟不是完全没有人才。于是，金兀术再也不敢放心大胆地留在江南，甚且连原先打算留驻江南作为屏障的部队，也全部撤兵，大江南北连一个金兵也看不见了。

岳飞以胜利之师重临建康，他举目回顾，一片疮痍（yí），处处都有放声啼哭、找不到妈妈的孤儿，以及表情木然、不知所措的灾民。岳飞心里好难受，他打起精神，积极地办理善后事宜，修缮城池，赈济灾民，发放抚恤金，并且操练兵马，储备粮食，又上书朝廷，说明建康为军事要地，必须派兵驻守。

回想到四年之前，宋高宗刚刚即位，岳飞眼看着高宗对忠臣李纲并不信任，也没有恢复中原的打算，忍不住上书朝廷。岳飞的奏章大义凛然，恰好尖锐地刺中了高宗的痛处。高宗恼羞成怒，又没法驳斥岳飞的议论，便以“小臣越职，妄言国事”为名，撤除岳飞秉义郎的官职，将岳飞赶出南京。岳飞无处可去，才前往河北，投奔张所。

这一会儿，岳飞摇身一变，官居统制，并且成为光复建康的有功名将了，他这次上书朝廷，要求派兵防守建康，高宗自然龙颜大悦，一切照准了。

岳云小将上战场

岳飞收复建康这一仗，打得真是漂亮极了，逼得金兀术远走淮西。建康光复以后，高宗皇帝结束了东奔西跑的逃命生涯，回到越州，次年改元绍兴。高宗这时对岳飞十分嘉许，赏赐铁铠（kǎi）、金带鞍马、镀金枪、百花袍等。

岳飞收复建康，班师回到溧阳之时，忽然得到一则密报，说是岳飞手下刘经起了二心，意图杀光岳飞在宜兴的家属。

岳飞大吃一惊，他连忙派姚政赶赴宜兴，见机行事。姚政假装是岳母得到岳飞家书，请刘经过来一叙，刘经不知就里，即刻前往，半途之中被伏兵就地正法。

刘经的部下，个个心惊胆战，因为他们大多数忠心耿耿，并没有意思跟刘经叛变。正在此时，岳飞快马加鞭，兼程赶回。岳飞一向明理，他好言好语地安慰刘经部下："别担心，有罪当斩，无故绝不牵连。"

约莫在这个时刻，大家所熟悉的岳飞之子岳云也在宜兴从军。

在《说岳》小说第四十回中，描写十二岁的调皮的岳云背母从军，而且曾经在梦里遇到一位青脸红须、面貌威武的老将军，教了岳云一手"落地银光满地打，漫天雷电盖天灵，凛凛飞霜遮白雪，凛凛急雨撒寒冰"流星赶月的好槌法。后来，这位臂力过人的小将军凭着一身武艺，救出巩家庄之中，差点儿给强盗当了压寨夫人的年方十四岁的巩家小女，两人成就了一桩好姻缘。

小说戏剧之中，把这位“披了衣甲，提了双槌，坐上战马”豪气干云的小将军描写得神龙活现，十分讨人喜欢。有人误以为岳云是岳飞的养子，其实他是岳飞亲生的儿子，而且果真是十二岁年纪，差不多像今天小学五、六年级小朋友般大就效命沙场了，事实上岳飞当时也只有二十八岁。但是小英雄是否英雄救美，把小姊姊自土匪窝中救出来，便不得而知了。岳云的妻子也确是姓巩，他十二岁从军显然是经过家中同意，不是偷偷摸摸的。

岳云，选自《石画历代圣贤像》。

岳飞因为作战有功，高宗封以通、泰州镇抚使。然而一心为国为民的岳飞，却不想升官发财，他反而“傻里傻气”地奏上一本，自请调防淮南。为了避免猜忌心重的高宗误以为他拥兵自重，别有用意，岳飞甚且愿意以在宜兴的母亲妻子当人质。

正在此刻，楚州告警，朝廷派张俊去救援，张俊是无论如何，也不敢前往。接着，朝廷又改派刘光世，刘光世也是当定了缩头乌龟，于是，只有派不怕死的岳飞去了。

岳飞立刻在承州打了场胜仗，但以他两万的兵力，实在不足抵挡号称三十万的金兵，他屡次要求张俊、刘光世支援，但他们也只是象征性地意思意思。

张俊是强盗出身，擅长骑射，因为攻打南蛮有功，担任指挥使，逐渐升为承信郎、武德郎。他体格英伟，宋高宗一见便喜，升为元帅府后军统制。除了会使枪弄棍，张俊也挺会拍马屁。靖康之难，汴京城破，二帝被俘，张俊就率先对高宗说："不早正大位，无以符合天下人愿望。"

张俊的部队被称为"花腿军"，因为他挑选健壮士卒加入部队以后，惟恐士兵逃跑，将士兵从手到脚全身刺满了花纹，部将都恨死他了。他又不好好打仗，老是强迫士兵们充当建筑工人，为他日夜赶工，营造了一座太平楼。

花腿军弟兄们看不过去，作了一首歌谣讽刺张俊："张家寨里没来由，使他花腿抬石头，二圣（指徽钦二帝）独自救不得，盖起太平楼。"因为大家嫌恶张俊的为人，戏称他为张铁脸，以有别正直光明的韩铜脸韩世忠。

比起张俊的强盗出身，刘光世可是显显赫赫的将门之后。刘光世的父亲刘延庆原为耀州观察使，靖康年间在京城遭到围困，他带着侍妾张氏同行，逃了十余里。金兵追上，刘延庆不愿投降受辱，他先杀了张氏然后自缢殉国。因为有祖上余荫，刘光世得以补赠太师。

张俊与刘光世不但胆小如鼠，而且不识大体，他两人虽同为国家重臣，却互相倾轧、互相排挤，甚且有你看着我被敌人打垮，我巴不得你被人消灭的心理，非但不伸出援手，而且幸灾乐祸。当然，对于岳飞的苦苦哀求他们更是置之不理，无怪乎岳飞有句名言："文官不爱钱，武官不怕死，天下可太平。"

岳飞孤掌难鸣，最后只有退保江南，但是，他还是设法稳住了泰州的局势。当泰州城中缺粮的消息传出之后，蠢蠢欲动的金兵发动猛烈攻势，岳飞急中生智，下令："搜集煮饭的锅巴。"兵士们不晓得岳飞要锅巴干什么，把盛来的焦焦黄黄的硬锅巴堆成十来丈高的墩子。

锅巴的香味引来了成群的麻雀啄食，因此，泰州城外，散落了满地的饭粒，泰州缺粮之说不攻自破，这个墩子后来被称为岳墩，也成为当地有名的六景之一——泰岱烟岚。

杜充的皇帝梦

岳飞奉诏救援楚州，救得相当辛苦又徒劳无功，因为大将刘光世、张俊都胆小如鼠，根本不敢与金兵相抗，又一心一意保全实力，不愿意损兵折将。岳飞一个人孤掌难鸣，苦撑不下去了。以不足两万人的兵力，如何能够抵挡号称三十万大军的金兵？岳飞全盘考虑了许久，与其眼前壮烈牺牲，全军覆没，不如退保江南，伺机重整旗鼓。

于是，岳飞把整个江北作战的敌我走势绘成一张图表，呈献给宋高宗，高宗批示：“可守则守，不可守，但以沙州保护百姓，伺便掩击。”

岳飞遂迅速将通、泰百姓，平平安安自沙州渡过长江。岳飞只用了三百名骁勇的骑兵殿后，确保民众的安全，竟然吓得三十万金兵不敢进犯，由此可见岳家军三个字真是响叮当了。

岳飞退到江阴之后，虽然此次撤守责任不在他，而是刘光世、张俊临阵畏惧，但岳飞还是恭恭敬敬上了一个奏章请罪。高宗下诏书慰勉他，并且派他驻防江阴。岳飞就在江阴待了一段时日。

金兀术领教了韩世忠、岳飞的厉害之后，心有余悸（jì）地回到北方。金朝朝廷检讨攻讨江南事件，一致认为开疆拓土的政策绝对有修改的必要，因为宋朝幅员太大，不容易一口气吞下，平白牺牲了许多金人的血肉，不如还是沿用老法子，把张邦昌傀儡皇帝的旧戏，再换汤不换药，搬出来重新上演一回。

旧戏新演的策略已定，金朝开始积极物色新的主角人选。当初金兀术攻克建康之时，曾经属意杜充。大家还记得杜充吗？就是那个宗泽死后，朝廷任命接棒的庸才。岳飞曾经隶属杜充麾下，不晓得受了多少窝囊气。后来，金人要攻打建康，用要找杜充当皇帝为饵劝降杜充。杜充立刻心花怒放朵朵开，迫不及待地投降金人。岳飞可不愿意跟着杜充屈辱受降，他带领了一批忠肝义胆的弟兄们，组织了岳家军，离开杜充。

杜充把建康府库打开呈献给金人之后，一心一意巴望着早日饰演皇帝的角色，虽然他明明知道这是个傀儡皇帝，只是由金人在幕后操纵着手脚的木偶，但总可以尝尝君临天下的滋味。可是金人对杜充左看看，右瞧瞧，端详了老半天，愈研究愈发现杜充望之不似人君，哪里是一块可以扮演皇帝的材料嘛，于是，此议作罢，杜充的美梦也泡了汤。

金将粘罕原是个有见地的人，他南征路过曲阜，对孔子庙恭恭敬敬，因为听说孔子是古代大圣人，对杜充嘛，他可是打心眼里鄙薄其作为，所以，杜充归降金朝之后，不但皇帝宝座没有捞到，还坐了半天的冷板凳，方才外放相州，杜充心中的失意不满也就可想而知了。

杜充本来就是一个性情暴虐，非常不好相处的人，如今，带着一肚子闷气上任，当然，与他共事的同僚也就愈发倒霉了。

其中有一个部下胡景山对杜充更是恨之入骨，他为了报仇，向金朝奏上一本，诬指杜充私下里暗通宋朝。粘罕立刻下令，大刑伺候，搬出了炮烙（luò）之刑。所谓的炮烙之刑，是一种用烧红的铁柱灼烫身体的极为残酷的刑罚，杜充被烧得不断嗤嗤叫，却怎么也不肯承认私通宋朝的罪名。

事实上，这倒也真是冤枉杜充了，想他背节投金，宋朝朝野一致谴责，宋高宗一向信任杜充，气得屡次询问群臣：“奇怪，朕待杜充不薄，他为什么要这么做？”

群臣也只有低下头，讷讷不敢言，在这种情况之下，杜充根本没有回去的本钱，其中的道理，粘罕岂会不明白？他只是一向讨厌杜充，逮住机会整他罢了。

所以，当金朝狱卒回报问不出口供，粘罕也就不再深究，他把杜充唤到面前，睥睨（pì nì）着杜充："你是不是想要复归南朝？"

杜充按着阵阵作痛的伤口，万般无奈地说："元帅敢归，充不敢也。"

粘罕见杜充一副小丑一般讨饶的可怜模样，忍不住好笑，也就放他一马了。

既然杜充不堪大任，金朝只有另起炉灶，重新物色人选了。依金朝的意思，这个傀儡皇帝最好具有李纲、宗泽这般的威望，才可以混淆宋人的耳目，宗泽已经去世了，李纲虽然健在，但他那种刚烈不屈的性格，怎么会愿意为金人作爪牙？不用自讨没趣了。

但是，假如金朝换了一个名不见经传、默默无闻的普通百姓演皇帝，这样的傀儡政权不要也罢。想来想去，金人想出一个妙法，中国人一向注重家世门第，假如能找到北宋初期折（shé）家、刘家、杨家、种家之后代，应该可以有一些号召作用。

譬如北宋初年，攻打西夏很有名的折可适、折可行的后代折可求，已在河东投降金朝，譬如在济南投降金国的刘豫也不失为适合的人选，至少折家、刘家，毕竟可以起一些儿偶像的作用。

但是，究竟找折可求还是刘豫扮皇帝呢？在金太宗吴乞买看来，两个人都不错。

刘豫做了傀儡皇帝

上一篇，我们说到，金朝决定重施故伎，用张邦昌称楚帝的那一套老法子对付宋朝。剧本写好了，却差一个可以饰演皇帝的要角，选来选去，最后选出两位候选人，折可求与刘豫。

刘豫听说自己已被列为考虑人选之一，立刻削尖了脑袋，四处活动。他先投下巨资，买通了粘罕的心腹高庆裔（yì），然后，借着高庆裔的拉线，奉献巨额厚礼给粘罕，又多方贿赂挞懒，使得金朝上上下下都觉得刘豫十分上道，有足够的条件演好傀儡皇帝的角色。

金太宗吴乞买本来就对折可求、刘豫都没有什么印象，既然粘罕等人再三拍胸脯保证刘豫可用，遂决定以刘豫为齐帝，在宋高宗建炎四年（1130 年），也就是金天会八年，即位于大名府。金人将所得陕西关中之地交给刘豫统辖，于是刘豫尽有中原之地，伪齐成为介于金朝与宋朝之间的一个政权。

刘豫是怎样的一个人呢？我们先介绍一下他的来龙去脉：刘豫字彦游，是河北省阜城县人，哲宗元符年间中进士第。刘豫小时候品德不佳，曾经偷取同学的白金盂、纱衣，被人告发，留了不好的记录。政和二年（1112 年），官任殿中侍御史，被言官攻击。言官举出当年这份前科资料，认为此人没资格居此高官，皇帝不愿意揭出此件丑事，下诏“勿过问此事”，但是，对刘豫的观感极坏。

过了没多久，刘豫上书谈到礼制局事，被宋主驳斥：“刘豫河北种田叟，安识礼制?”宋主嫌他是乡下种田的老头子，哪懂什么礼制，贬刘豫为两浙察访。

金人南下，刘豫吓得弃官，一口气逃到真州，由于张悫（què）大力推介，出知济南府。刘豫担心山东游寇太多，不好应付，有意在东南地区谋个官职，东南富饶，又没有兵乱，能得一个知州知府做一做，那是再好不过的事了。

但是，朝廷认为，能让刘豫出掌济南，已是莫大恩惠，还要挑三拣四，啰啰嗦嗦，十分可厌，下了诏书，命令刘豫还是得去济南。

刘豫讨价还价不成，碰了一鼻子的灰，满心不情愿，委委屈屈上任了。

到了济南，刘豫马上与守将关胜闹得意见不合。关胜是忠心耿耿之将，刘豫是只想过官瘾的人，所以，对待金人，关胜主战，刘豫主和，对待忠义民兵，关胜主抚，刘豫却要痛剿（jiǎo）。

凑巧此时（建炎二年，1128 年）粘罕大军南下，挞懒势如破竹，攻破东平府，又攻济南府，关胜见敌军大规模地开来，着急地向刘豫请缨，要求立刻上战场杀敌。

刘豫心想，正好趁此机会去除关胜，你小子既然一心想去送死，那我也不用拦阻，立刻爽快地答应。岂料，关胜竟然不死，打一仗胜一仗，就像他的名字一样，关关胜利。每次关胜凯歌而返，济南热烈庆祝英雄来归，刘豫也不得不堆着笑容，摆下庆功宴，但是心中窝囊得很，尤其人人都知他俩不合，愈发咽不下这口气。

刘豫担心风头被关胜一个人抢光了，他面子上不好看，于是乎，他命儿子刘麟出战，既然关胜可以摆平金人，看来金人也不是什么三头六臂之人。

不料，刘麟威风赫赫跨上战马，没两三个回合就败下阵来，而且被金军层层密密地包围。刘麟自己一个人落荒而逃，捡回一条小命奔回家中。

刘豫见宝贝儿子出师不利，吃了大亏，既疼儿子受了惊吓，更怄关胜现在不晓得怎样得意，他竟然一不做二不休，把关胜给杀了，投降金人。

金人正愁关胜不易对付，没有想到宋朝窝里反，刘豫提了关胜的人头来降，济南百姓不齿刘豫为人，不愿意跟着投降，刘豫自己献金纳款。

对金朝而言，刘豫是立了大功的，刘豫因此官运亨通，累官到中奉大夫，京东、京西、淮南等路安抚使兼诸路马步军都总管，知东平府事，节制大名、开德等府及濮（pú）、博、滨、棣（dì）、德、沧等州。单单看一看这长串的官名，就可知道刘豫在金的降臣之中，是排在前面的红人，也是有资格当上傀儡皇帝中第一主角的。

主角的人选决定了，刘豫挑中张孝纯为丞相，李孝扬、张东为左右丞，儿子刘麟为提领诸路兵马，明年改元阜昌，对金朝行臣子之礼，奉正朔。

刘豫虽然黄袍加身，却为天下人所耻笑，譬如刘豫想拉拢楚州、泗州，涟水军镇抚使赵立，他派了赵立的老朋友葛进前往说项，希望赵立从此改向刘豫朝廷纳赋税，赵立火了，不但不把刘豫的诏书打开，而且当场斩了葛进。

刘豫不死心，他又找了一位沂（yí）州举人刘偲（cāi），也是赵立的故友，拿着旗子招降赵立，并且提出威胁："金人大军马上开到，若不赶快投降，当心金人下令屠城。"

赵立当即下令："把刘偲给杀了！"刘偲急坏了，大声喊道："赵公，你难道不是我刘偲的故人吗？"

"我只知忠义为国，你何必提什么故人不故人？"赵立说完话，命令部下把刘偲用油布一层层裹起来，像包粽子一般，然后抬到市中心，当街焚烧刘偲，从此赵立二字声倾天下，吸引了不少忠义之士前来投靠。

早年的秦桧

金兀术南征失利以后，金朝上下召开检讨会议，决定放弃武力征服计划，改把张邦昌当傀儡皇帝的老戏搬出来重新上演，并且找了刘豫担任主角。建炎四年（1130 年），刘豫披上龙袍，在金人卵翼之下，做起皇帝来，建国号为齐。

金兀术领教过韩世忠、岳飞的厉害之后发现，南宋这个偏安的小朝廷，虽然料它没有什么作为，却有一批忠心不二的臣子，死心塌地为国效忠，单靠军事力量，不能让他们屈服。

假如，金朝可以找到一个宋人，却又一心一意向着金朝，混入宋朝朝廷，瓦解敌人内部，那可是再好不过的事了。

问题是，到哪儿找这种高级间谍？

金朝忠献王含笑对大家说："此事在我心中盘算已整整三年之久，算来算去只有一个人可用。"

忠烈王抢着发言："我知道，是张孝纯。"

"不对。"忠献王摇摇头道，"是秦桧（huì）。"

一听到秦桧二字，众人脸上莫不浮现"对啊，怎么早没有想到"的诡谲愉快的笑容，连忠烈王也频频点头称妙。为什么大家都投秦桧的同意票呢？这是有道理的。

提起秦桧二字，中国人是如雷贯耳，再熟悉不过了，据说连炸油条都是起自油炸“桧”，南方人称之为油炸“鬼”，以发泄心中对秦桧的痛恨。但是对秦桧这个人，大家除了晓得他是个谋害岳飞的元凶外，所知有限，从现在起，我详详细细把这个一代奸臣的故事介绍给诸位读者，让大家读个痛快。

秦桧，字会之，江宁（今南京）人，徽宗政和五年（1115 年）进士及第，补密州教授，又曾中词学茂科。他写得一手好文章，词学造诣深厚，又擅长书法，尤其是篆书，可以称得上是一位才子型的人物。

说起来也许有人不相信，早年的秦桧是著名的忠诚骨鲠之士。在靖康元年（1126 年），斡离不围攻汴京之时，要求割让中山、太原、河间三镇，当时浪子宰相李邦彦、马屁高手白时中都一致赞成，只有李纲等人坚持抵抗，太学生陈东亦跪在皇宫门口声援。

秦桧曾经上书反对割让河北三镇，他提出四点说明：

一、金人贪得无厌，只能给予燕山一路；

二、金人狡诈，宋朝应当早日防御；

三、请朝廷开放言路，召集百官共议大事，凡是有值得采信的意见，载于誓书，世世代代遵守；

四、金朝来使应当居住在宫外别馆，不能让金人随随便便上殿，以防止金使刺探内情。

但是秦桧的反对没有生效，河北三镇还是割了，而且派了秦桧与程瑀（yǔ）担任割地使，陪同肃王到燕京，办妥了交割手续之后，又回到东京。不久，秦桧担任御史中丞职。

后来，金兵二度南下，汴京城陷，徽钦二帝被俘，金人决定用张邦昌为楚帝。监察御史马伸对众人说：“我等职责在谏诤，岂可坐无一言？”

马伸是个了不起的中国读书人，我们有必要介绍一番：马伸字时中，绍圣四年（1097 年）进士，具有满腔爱国热忱，每次调官，从未选择远近便利，一切为民服务。当他出掌成都时，前任县丞留下的种种弊端，马伸一一扫除，因此当缴税时，民众争先恐后、通宵达旦抢着先纳，常平使孙俟（qí）看到这种奇怪现象，几乎不敢相信自己的眼睛，百姓解释给孙俟听："今年换了马县丞，人真是好，不会在租税上找麻烦。"孙俟便将马伸推荐给朝廷。

马伸虽做了官，仍然一心向学，所谓仕而优则学，他想拜大学问家程颐（伊川先生）为师。哲宗绍圣年间，程颐因为被党争波及，被放回乡里，不久，又被遣送涪（fú）州（治今重庆市涪陵区）编管，诏命下来，连向叔母辞别也不获允许。程颐在渡江时，波涛汹涌，几乎翻船，船上的人又哭又喊，只有程颐端坐不动，面色不改，等上岸后，同船父老问他："为何有这般修养？"程颐回道："不过心里诚敬罢了。"

马伸对程颐的涵养最为敬佩，可惜拜师无门，因为崇宁初年范致虚等人攻击程颐，朝廷把程颐所有的著作查禁，程颐不得已，搬到龙门南方居住，并告诉四方学者："你们遵奉已知道的便可，不用再来找我了。"可是马伸固执地非在程颐门下不可，并且找了张绎代为请托。程颐再三推辞，他不想害马伸丢官："时论方异，恐怕会牵累你，你能弃官，但官不必弃也。"

岂料马伸仍是不死心，他引用孔老夫子的话"朝闻道，夕死可也"——我早上懂得天道，晚上死而无憾，而且"也不一定会死"。

程老夫子非常感动，破例收了马伸为学生，从此以后，不论刮风下雨，马伸每日前来讨教，果然有无聊人士因此造谣生事诽谤马伸，但是马伸还是读完一部《中庸》而归。

马伸在学术上有原则、有良心，在朝为官也同样有原则、有良心，所以不愿奉张邦昌为帝，他要求"仍于赵氏皇族中择一贤者立之"。秦桧也赞同马伸的主张，并且写了一个申请状投到金营。在进状中秦桧说自己："荷国厚恩，作为一个人臣怎能因为畏惧死亡而不议论国事呢？"当时的秦桧看起来真是令人肃然起敬。

秦桧的变节

靖康初年，秦桧反对割让河北三镇，继而金朝立张邦昌为楚帝，秦桧又附从骨鲠忠臣马伸之意，进状金营，要求仍立赵氏为皇帝。

金人是立定了张邦昌的，今见有人反对，怒气冲天，不由分说，把秦桧扣押起来，和徽钦二帝一块儿掳往燕京。

此时秦桧后悔极了，直怨自己何必太过忠心，惹祸上身。坚贞本来就是人世之间难能可贵的情操，秦桧受到挫折之后，立刻做了一百八十度的大转弯，转而巴结谄媚金朝上下。

其实，秦桧原本就不是一个有品德有操守的人，当他还在太学里当学生时，同学们已经发觉此人特别深沉，极为阴险。他无论乘车还是默坐之时，常常牙齿不断在嚼，起初大家以为秦桧在吃什么好东西，后来才发现，他只是空嚼，腮帮子一上一下的，却不是在吃零嘴儿。

有个会看面相的就说："大家要小心啊，这种面相，谓之马啖（dàn），和马儿一样，没事尽在磨牙齿，相书上说，此相者可以杀人！"

相书上说的，当然不可尽信，但是，秦桧说话很慢，思虑很久，常常像下围棋一般陷入长考，倒是真的。不过，在太学里，秦桧人缘还不坏，他很能办杂事，手脚也利落，他的同窗给他取了一个外号，称为秦长脚。

早年的秦长脚家境贫寒，十分落魄。在政和末年，秦桧有事自金陵外出，经过当涂境上，忽然之间，大雨倾盆，狂风豪雨把桥给冲断了，秦桧撑着一把破伞在雨中进退徘徊（pái huái），全身湿透，冷得他瑟瑟发抖，简直狼狈极了。

这时，有位大户人家找来的士子，正在教弟子读书，士子往窗外一望，看到这幕情景，心中暗忖："太可怜了！"于是他连忙呼唤仆人："把外头淋雨的这位先生请进来。"

秦桧正不停抖落衣袖，想要甩掉一些雨水，竟然主人有请，大喜过望，像只落汤鸡一般赶紧步入内室。

这个士子真是好心人，不但打发仆人为秦桧换上干爽的衣裳，而且炖了热汤，备了烫酒，还准备了几色下酒的精致小菜，两人小酌一番，当晚抵足而眠。

第二天，雨过天青，太阳露出笑脸，士子送秦桧离开，两人萍水相逢，互换姓名，原来这位热心士子名唤曹廷坚也。秦桧千恩万谢，叨叨地念着，他日必报答之，但是后来秦桧富贵显达之后，却绝不与其往来，由此可见秦桧之为人。

秦桧中了进士当上御史中丞之后，一扫过去寒酸之气，特别追求富贵利禄，似乎要弥补过去微贱之时所吃的苦头。

有一回，秦桧赴外地公干，经过上元县，住在县招待所里，当时正是炎炎夏日，上元县知县张师言前来拜访，客气地请问御史大人："住得还安适否？"秦桧是极有官架子的，他板着脸说："此屋粗可居，勉强可住，但是为西晒所苦，最好能有一凉棚遮盖。"

张师言唯唯称是而去。

第二天一大早，秦桧还在床上，就听到院子里叮叮咚咚敲敲打打，他披衣而起，走出来一看，吓，一座漂漂亮亮用松树搭建的凉棚已经做好了，清风徐来，秦桧为之精神一振，心旷神怡。

秦桧忙问工匠："奇怪，你们怎能一夜之间搭建松棚？"他心想，莫非是变魔术？

工匠回话道："我们知县新建一凉棚，昨日听御史言，立刻拆下来搬到这儿，否则，哪有如此迅速？”

秦桧一听，心花怒放：张师言如此会办事，值得奖励，倒要想一个办法酬谢酬谢。

后来，秦桧拜相时，张师言已过七十，早该告老还乡，但是仍恋着官位。秦桧找来官簿，大笔一挥，张师言立刻只有六十岁，任楚州知州。

张师言以一座凉棚换来了十年官运，这个买卖太划算了。

一个大丈夫应该是“贫贱不能移，富贵不能淫，威武不能屈”的，秦桧是贫贱能移，富贵能淫，遇上金人的威武，他会变节投降，也并不是一件奇怪的事。

所以，当秦桧被押解到了燕京，他也拿出张师言的一套办法，先施以小惠，买通了粘罕的左右，为他多多美言，于是，秦桧如愿以偿，被派到挞懒身边。他又拿出那逢迎拍马的法子，把挞懒全身上下每一根寒毛摸得服服帖帖的，挞懒愈来愈喜欢秦桧了。

当然，秦桧过去反对割让河北三镇，反对伪楚张邦昌的忠臣事迹，看在金朝眼中，那可是不折不扣的坏记录。

聪明如秦桧者，岂会不明白金人的顾虑？金人担心他仍心向宋朝，伺机而动。所以秦桧格外巴结金人，委屈顺从到达了极点，而且有事没事就把“南自南，北自北”的论调挂在口边，讨金人的欢喜。

所谓“南自南，北自北”，意思是说南方宋朝管南方的，北方金朝管北方的，互不相涉，表示他不再主张宋朝应当收归失土，恢复中原。这正是金朝的意思，金朝也希望南宋以偏安为政策，岳飞、韩世忠不要再老想接回徽钦二帝了。

秦桧在金朝三年，表现良好，又有一流的智慧，满腹的词学，这样的奸细哪儿去找？

宋高宗拥抱秦桧

金朝之所以决定放秦桧回宋朝，作为里应外合的内奸，还有一个理由：秦桧曾与其妻王氏合演了一场精彩好戏。

当挞懒挥兵南下，与金兀术夹攻运河时，金朝派了秦桧前往，秦桧希望妻小同行，又不便开口。

于是，有一天，秦桧之妻王氏忽然大声喧哗，撒泼吵闹：“哈，想我家翁父将我嫁与你时，有赀（zī）财二十万贯，希望我们同甘共苦，白首偕老，今天，金国重用你，你准备在燕山府遗弃我，一个人享受荣华富贵！”

王氏嗓门奇大，声音高亢，愈吵愈大声，挞懒的妻子一车婆听到了，赶快跑来劝架，王氏一把鼻涕一把眼泪哭诉了半天。

一车婆马上把秦桧夫妻吵架的笑话转告挞懒，并且以同为女人之心，要求王氏随军同行。挞懒见秦桧甘心为金犬马，有意抛弃老妻暗暗好笑，于是听了一车婆的意见，准许王氏同行。不但王氏，连秦府的一些奴婢、少婢兴儿、小婢砚童，大家都一块儿走。

秦桧老谋深算，不但借此表明了志在富贵、忠心金朝的意愿，还借一车婆之力，让家小随军而行，老狐狸确实有一套。

从此以后，挞懒对秦桧更加信任，秦桧也做出愿意肝脑涂地，报效金朝的模样，他担任随军参议官之时，金朝攻楚州颁布的招降书，文情并茂，就是出自秦桧的手笔。

由于秦桧表现得可圈可点，屡次通过金人的考验，金朝遂在柳林正式商议，决定派遣秦桧归宋，瓦解宋朝内部，动摇民心士气。

建炎四年（1130年）冬天里，秦桧带着妻小婢仆以及细软行装，取道涟水军（今属江苏省淮安市）界，乘船出海回到宋朝。

秦桧等一行，包括妻子王氏、砚童、兴儿、御史台衙司翁顺及亲信高益恭等一上岸，立刻被巡逻的丁禩（xì）发现。丁禩一声大吼“有奸细”，马上将秦桧一行人绑起来，准备杀掉。

秦桧急中生智，他大模大样训喝丁禩：“休得无礼，我乃堂堂御史中丞秦桧是也，此间有秀才否？如果有，应当知道我姓名。”

当地民智不高，只有一个秀才王安道。王安道可是一辈子也没听过秦桧二字，可一来他不愿得罪秦桧，二来他也想在乡人前面显一显阅人多矣的神气，所以，他一见到秦桧，立刻长长一作揖：“中丞辛苦了。”

秦桧也微微点头回礼，众人看在眼中，心想，王秀才既然认识，不能乱杀，遂以上宾之礼待之，还摆了一桌极为丰富的酒席。然后，由王安道、冯由义做伴，陪同秦桧前往杭州。

秦桧初到杭州，乖乖，那真是轰动一时，人人都说秦桧杀了监视他的金人逃回来了，个个争着叙说当初秦桧如何反对割让河北三镇，又如何反对伪楚张邦昌的英勇事迹，再加上他们自己编造的情节，秦桧成为最最了不起的大英雄。

当时，朝廷中也有一两个头脑比较清楚的臣子提出疑问：奇怪，秦桧是与何桌、孙傅等同时被俘，为什么他们没有一块儿逃出？而且从燕京到杭州，有漫长的两千八百里，不是一段很近的路程，一路之上，金人关卡森严，秦桧是如何一一避开的？最让人疑惑的是，他老兄不但安返，而且携家带眷，外加奴仆，又有一大堆行李，太不可思议了，莫非其中有隐情？

然而朝中范宗尹、李回等过去与秦桧是老交情，再三拍胸脯保证秦桧的忠心，并且提出反证，假如金朝故意放回秦桧，应该留下妻小为人质，今天，秦桧全家都回来了，可见得秦桧的的确确是杀了金朝的监视人员来归，至于路途中的惊险，正足以表示秦桧是智勇双全，了不起！

同时，秦桧本人能说会吹，嘴皮子功夫一流，既没有其他证据显示他是金朝派来的奸细，他过去又有过忠心耿耿的事迹，再要怀疑他，倒显得“以小人之心度君子之腹”了。

最重要的是，宋高宗对秦桧极有兴趣，早先，高宗即久闻秦桧之鼎鼎大名，一朝相见，促膝谈心，更有相见恨晚之慨叹。

秦桧早知高宗没有恢复中原的打算，如今面对面一谈之下，他更摸准了高宗只求偏安、安于现实，同时担心万一徽宗、钦宗被放回来，他这个皇帝宝座只好让位的心理，这一来，宋高宗与秦桧一拍即合，秦桧不用担心没有高官厚禄了。

接着，秦桧把自己与金之重臣大将有深厚交情，稍微透露一些给高宗。高宗如果是一切为宋朝的皇帝，必然勃然大怒，可是他是个只求保住皇位，不管耻辱，只求苟安，不求复土的皇帝，所以大喜过望，因为秦桧是一个和金朝谈判的桥梁。高宗对人说：“秦桧朴忠过人，朕得之欢喜得不能睡觉，一方面得到了二帝、母后的消息，一方面是朕得此佳士也。”

高宗呼秦桧为佳士，又兴奋得睡不着觉，患了失眠症，南宋也步入金朝的陷阱了。

王仲荀讲政治笑话

秦桧重归宋朝，在杭州引起轰动，虽然当时也有人怀疑秦桧从金朝逃回来的过程不明，既然他是杀了金人监使，从敌人占领区逃出来的人，千钧一发之际，怎么连行李、被服、箱子，甚且丫环、砚童都一块儿逃出，而且逃了两千八百里平平安安到达杭州。

说起来，其中值得推敲之处甚多，但是既然上自皇帝高宗，下至宰相范宗尹都异口同声推崇秦桧是不可多得的忠臣，一般人即使有疑惑，也只能闷在肚子里了。

秦桧初到杭州，立刻开始鼓吹“如欲天下无事，南自南，北自北”，南方的人管南方的，北方的人管北方的，从此天下太平的理论，这也是金人交付给他的任务。

由于秦桧的来归，让宋高宗他老人家欢喜得睡不着觉，所以宋高宗马上任命秦桧为礼部尚书，不久又升为参知政事，当初胡乱开口，假装认识秦桧的王秀才王安道，也担任了参议官。

第二年，高宗改元绍兴，以越州为绍兴府，表示克绍箕裘，兴复大宋之意。

绍兴元年（1131年），范宗尹罢相职，原先范宗尹建议讨论崇宁、大观年间以来朝廷滥赏之事，秦桧本来支持范宗尹的意见，可是他冷眼旁观，发现宋高宗不怎么赞同，立刻见风转舵，也顾不得当初他来杭州，范宗尹看在老交情的份上，拍着胸脯保证秦桧忠心的旧恩，极力排挤范宗尹，范宗尹的宰相当不下去了，只有被迫请辞。

搞了半天，原来秦桧自己想当宰相，他又不便毛遂自荐，于是，故意对外大放空气："我有两个计策，可安天下。"到底是两个怎么样的计策？秦桧又卖关子，别别扭扭不肯说，实在逼急了，他又说："现在没有宰相在场，说了也无济于事。"

宰相位重，久悬也不是办法，既然秦桧这么说，他当宰相是再合适也不过的了。绍兴元年（1131 年）八月，秦桧拜右仆射、同中书门下平章事兼知枢密院事，如愿以偿当上了宰相。

秦桧抓权最有一套，凡是跟随巴结秦桧的，都能平步青云，官运亨通，所以当时朝臣多半不愿外放，希望可以尾随秦桧身边打转儿，顺便捞一些好处。

当时在越州流行一则挺有意思的笑话。

有一个叫王仲荀的人，头脑灵活，反应敏捷，擅长说笑话，唱作俱佳，公卿大夫们都喜欢他，只要王仲荀在，就不愁没有笑声。

某日，在秦桧府上，朝彦云集，大家都在恭候秦桧的出面，而秦桧的架子最大，非得让宾客们等了又等，盼了又盼，绝不到场。算算看，依秦桧的惯例，还得熬上好长一阵子，王仲荀便清清嗓子，对大家说："今日公相尚未出堂，有劳众官久伺，我有一则小笑话，给各位提提神。"

一听说王仲荀要讲笑话了，大伙都围拢过来，竖起耳朵，王仲荀便提高了嗓门道：

从前，有一个大官出外办事去了，过了不久，来了一位客人，递上名片，门房告诉客人："某官不在。"

"不在？"这位客人当场光火，他凶巴巴指着门房道，"你是什么人，竟然如此大胆，凡是人死了，才能称为不在，我与你家主人有深厚的交情，今日特来求见，你这个奴才，居然随便诅咒主人早死！"

可怜的门房，莫名其妙被臭骂一顿，也不晓得到底哪儿说错了，吓得赶快讨饶："对不起，小人不知道这个忌讳，下次不敢了。"门房转念一想，糟了，下回这个难缠的客人再来，还不知该如何应付。

想到此，门房鼓起勇气道："请问大人，不然当如何谢客？"

"这个还不容易吗？就说你家主人出外可也。"

"不行，不行。"门房把头摇得像要掉下来似的，"绝对不行，我家主人是宁可死也忌讳人家讲出外二字。"

王仲荀的笑话还没说完，满座害怕出外（恐惧被调到外地）的大小官员个个笑得直不起腰，王仲荀是一针见血，刚巧刺到每个人的心病。这可说得上是宋朝引人发噱（xué）的政治笑话了。

秦桧当权之时，到底如何狂妄自大，声震天下，可以由下列一则小故事之中看出。有一天，扬州太守接到秦桧一封书信，细细查勘后才发现不是秦桧手迹，而是有人冒充的。此事非同小可，扬州太守立刻上报秦相公，原以为以秦桧的脾气，伪造文书的小子遭殃了。

不料，秦桧竟然批示，立刻找一个适当的职位安插此人。扬州太守觉得好奇怪，秦桧面有得色地解释："此人敢伪造我的笔迹，此必非常之人，如果不用官位来束缚他，将来更不可想象。"

秦桧当宰相之前，曾经吹牛，他有两条妙计可以耸动天下，可是过了快两年，半条妙计也提不出，黄龟年遂首先提出弹劾秦桧"专主和议，阻挠恢复，植党专政，渐不可长"，把秦桧的大奸大恶，比为王莽、董卓，高宗见群情汹汹，一时没法压制，只好摘除秦桧的相职，罢为观文殿大学士。不过，秦桧自己心中有数，高宗内心对他十分满意，早晚还是要请他出山的，再说，虽然秦桧暂时不执政，朝廷之中还是实行秦桧的策略。

“精忠岳飞”军旗

在南宋时期，中原情势一片紊乱，除了金兵、伪齐（刘豫政权）外，北自黄河流域，南至长江流域，可以说是盗贼如毛，处处可见土匪和拥兵自据的军人，史书上称之为群盗。

老百姓在这样的情形下，真是苦不堪言。宋朝大臣朱胜非从湖南、江西赴杭州，他形容一路上看到的情形是：“入衡（héng）州（治今湖南衡阳），有屋无人；入潭州，有屋无壁；入袁州（治今江西宜春），则人屋都没有了。”可见当时是如何凄凄惨惨。

然而，南宋政府对人民却丝毫未加怜悯，没有屋子照样要纳房屋税，家中无丁也不能免掉丁税，于是许多人走投无路，只有被逼上梁山，当强盗去了。

其中一位叫李成的，野心甚大，他占据江淮湖湘十多郡，拥兵数万，力量很大。李成臂力无穷，能够拉开三百斤的弓，左右两手都能使刀。他会打仗，又懂得带兵，如果部下没有吃的，他也不进食，所以部下都愿意为他效命，李成甚至想打垮宋朝，自己当个皇帝。在《说岳》这部小说中，自命不凡的余化龙便是李成的化身。岳飞奉派进剿李成，到了洪州，刚好获得江州失守的消息。张俊愁眉苦脸地对岳飞说：“我和李成交锋数次，每回都失利，你可有什么好主意？”

岳飞回答：“这并不难，贼兵一向贪功，瞻前不顾后，我如果派出三千骑兵，从上游生米渡绕到李成后面，给他出其不意来个前后包抄，必定能破贼。”

主意拿定之后，岳飞自任先锋官，他身披重甲，身先士卒，跃马渡江，其他士兵见主帅这般勇敢，也纷纷效仿，老百姓看在眼中，以为是神兵下凡。当李成部队的尾巴，忽然看到红绸白边的“岳”字军旗，吓得目瞪口呆，因为从来没有这种事情发生，不一会儿工夫，五万贼兵全部投降。

李成部队的主将马进，完全不晓得后边的情况，他自恃兵力雄厚，出城布阵，见岳飞只有两百多个兵卒，不觉暗暗好笑，即刻提兵杀向前去。岳飞且战且走，一路退到东城，忽然，惊天动地一声锣响，伏兵齐出，马进大败。

马进赶快溜入李成营中，正在拍着胸脯，庆幸大难不死，谁知岳飞硬是骑着快马，闯入营内，把贼营冲得乱了阵脚。最后，岳飞提着马进的脑袋，昂然而出。

李成闯荡江湖以来，还没有看过这般神勇的队伍，他心胆俱裂，带着残余的兵卒，北走伪齐，投降刘豫去了。

李成远逃之后，江淮一带最大的一股力量，应该算是豫鄂边区的流寇张用。张用人称“张莽荡”，他的太太也有不凡的身手，绰号叫“一丈青”。

张俊对岳飞说：“这一仗又非你出马不可了，你准备带多少人去？”

“我一个人去就可以了。”

“那怎么行？”

最后，张俊为了避免失误，坚持岳飞带三千人马前往。

岳飞到了金牛，派兵送了一封信给张用，对张用说：“我们是小同乡，我愿给你一个忠告，你如果愿意投降，朝廷会任用你，如果你不肯降，后果你自己明白。”

原来，张用也是河南省汤阴县人，从军报国之后，同样曾在宗泽手下当过统制，后来，杜充接任宗泽的职务，张用忍受不了杜充的跋扈，一怒之下当了强盗，岳飞曾经用八百兵马，在东京南薰门、铁炉步，把张用数万大军打得丢盔弃甲，落花流水。

这段经过，别人也许不清楚，张用可是一辈子也忘不掉，何况现在岳飞当了大将军，兵力比以前充实十倍以上，如果与岳飞硬碰硬干起来，吃亏的当然是自己。

张用与他老婆一丈青看了岳飞的信后说："岳飞的教训就像父亲的教训一般，怎能不从？"事实上，张用也是挺心服岳飞的，当初若是岳飞担任杜充的官职，他也许不会中途改行当强盗了。

兵不血刃解决张用之后，岳飞又前往广西，对付曹成。有一回，岳家军抓到曹成的间谍，绑在营帐中问话。岳飞在营帐门口，有个小兵询问岳飞："粮食快要吃完了，怎么办？"

岳飞说："催嘛，不然我们先回茶陵再说。"他一面回答，一面进入营帐，看到间谍，故作吃惊状，好像后悔自己方才说溜了嘴。

然后，岳飞命手下假装疏忽，让曹成的间谍偷跑回去兴奋地表功。

曹成闻之大喜，准备第二天去解决缺粮的岳家军。没想到，岳飞找了些野菜让士兵充饥，当天夜里突袭曹成军营，熊熊大火瓦解了曹成的军队，最后，曹成投降。

除了李成、张用、曹成之外，孔彦舟、范汝为、刘忠等盗贼也被岳飞一一敉（mǐ）平。岳飞在两年内，消灭了大江南北和江西、湖南、广西、广东、福建五省的匪患，平定了数百万的盗贼，因此，宋高宗特于绍兴三年（1133年）召见岳飞，赐给衣甲、马铠、弓箭各一副，金线战袍、金带手刀、银缠枪戟、马海皮鞍各一件，并且御笔亲题"精忠岳飞"四个大字，绣制成旗，赐给岳飞，命他出征时一定要撑起此旗，表示荣誉。

或许就因为"精忠岳飞"四个字，使许多人误会岳母在岳飞背上刺的四个字是"精忠报国"，其实，应该是"尽忠报国"。

牛皋的真实故事

话说李成在岳飞猛攻之下，夹着尾巴逃到刘豫旗下。刘豫这个伪齐皇帝，见到李成，大喜过望，刘豫的幕后老板金人也乐得很，准备借重这股生力军，大大干他一场。

宋高宗听说李成溜了，倒是十二万分的心焦，他无时无刻不希望李成归来，甚且曾经对岳飞说："朕留着节度使的职位，以待李成来归。"节度使是相当大的官职，由此可见高宗对李成的看重，以及南宋朝廷之无能，只想用高官厚爵笼络盗贼。

眼看着，李成是绝对不会吃回头草了，为了增加岳飞抵抗李成的力量，朝廷特于绍兴三年（1133 年）十二月将牛皋拨为岳飞旗下，命为神武后军统制。

看到这儿，一定有读者觉得奇怪，不对啊，牛皋此人，大家太熟悉了，他不是岳飞的结拜兄弟吗？怎么到现在两人才相见？

其实，根据正史上的记载，岳飞与牛皋不是儿时玩伴。牛皋，字伯远，汝州鲁山人。金人南下，牛皋率领群众与敌人相战，十分勇敢，宋朝给他保义郎的官位。后来他打盗贼杨进，三战三捷，在京西对抗金人，十余战皆捷，做到和州防御使、五军都统制。拨归岳家军之前，牛皋对岳飞仅是慕名而已。这段正史上的说法，也许会令读者们失望了。

在《说岳》一书，以及根据《说岳》改编的电影、电视剧、京剧、歌仔戏、布袋戏之中，牛皋被塑造成岳飞的少年朋友。牛皋父亲早逝，临终之前嘱以“若要儿子成名，需要去投靠周同师父”。

等到牛皋不远千里而来，周同老师父已经作古，于是牛皋改向岳飞习艺，与王贵、汤怀结为拜把兄弟。

牛皋在小说中是一个鲁莽有趣、野蛮，与《三国演义》中的张飞、《水浒传》中的李逵差不多性格的活宝人物。例如在《说岳》第八回之中，他老兄在土地庙前，奉命看守……

“牛皋正在打盹，猛听得呐喊声音，忽然惊醒。望外一看，见得门外射进火光，一片喊叫声，把眼睛揉一揉道：‘咦！有趣啊！果然大哥有见识，真个有强盗来的，总是我们要进京去抢状元，不知自家本领好歹，如今且不要管他，把强盗来试试锏看。’就把双锏提在手中，掇开破壁，爬上马冲了出去，大叫一声：‘好强盗，来试锏啊！’就飕（sōu）地一锏，将一个打得脑浆迸出，又一锏打来，直把一个打做两截……”

牛皋虽是一个有勇无谋，粗粗蠢蠢，只晓得蛮干的武夫，可是他坦坦荡荡，对岳飞忠心耿耿，那一份中国乡下人特有的憨直，又使得大家对他喜爱异常，忍不住拍手鼓掌。

例如第十二回中，岳飞在试场中遭张邦昌陷害，将被斩首号令。

“牛皋可忍耐不住了，左右一声‘得令’二字尚未说完，底下牛皋早已听见，大喊道：‘呔！天下多少英雄来考，哪一个不想功名？今岳飞武艺高强，不能够做状元，反要将他斩首！我等实是不服，不如先杀了瘟试官，再去与皇帝老子算账吧！’便把双锏一摆，往那纛（dào）旗杆上当的一声，两条锏一望下不打紧，把个旗杆打折，轰隆一声响，倒了下来，犹如天崩地裂一般。”

再看《牛皋酒醉破金兵》之中，他喝酒喝得踉（liàng）踉跄（qiàng）跄，糊里糊涂，被风一吹，酒却涌了上来，把口张开，竟像靴筒一样。这一吐，直喷在番将面上，那番将用手一抹。这牛皋吐了一阵酒，却有些醒了，睁开两眼，看见一个番将，立在面前抹脸，就举起锏来打了一下，把番将的天灵盖打破，跌倒在地，脑浆迸出……

这个就是人们心目中的牛皋，真实的牛皋到底如何呢？很可惜的，在《宋史·牛皋传》中只有一小段的描写。

话说比岳飞大六岁的牛皋归属岳飞后，岳飞很喜欢牛皋这名勇士，每次有重要战役，总是派他出征。

金人进攻淮西，伪齐派出五千兵马攻庐州。牛皋骑在马上，用气壮如虹的声音大声喊话："奇怪，我牛皋在此，你们怎么敢前来进犯？"

说来也妙，五千兵马被牛皋一骂，竟然吓得不敢动弹，然后，套上马缰溜了。

牛皋看到自己这一吼，就能吓退伪齐军队，得意得要命，笑得肚子都痛了。

思虑周密的岳飞连忙提醒牛皋："快追啊，不然我们一走，他们马上又来了。"

牛皋立刻放马追过去，一连追了三十余里，伪齐的兵马一半被打死，另一半则是因为害怕，互相践踏而死，庐州战役就结束了。

这小小一段的描写，经过小说家的编撰，就成为人们熟悉的牛皋，虽不无夸大的嫌疑，至少性格是相吻合的。再说小说中的汤怀，正史中没有这个人物。至于王贵，小说中岳飞幼年时的玩伴，一个顽皮的小少爷，还是岳飞恩人之子，其实在正史中是个水寇，有一万多个喽啰，后来被宗泽招降，成为岳飞的部下。最后岳飞被秦桧陷害，还与王贵有关哩，我们以后慢慢再讲。

怒发冲冠凭栏处

岳飞任用猛将牛皋打前锋，收复了庐州。不久，邓州、唐州，整个襄阳地区全部都光复了。

然而，胆小又怕事的宋高宗事先曾经颁旨给岳飞，只准他作有限度的战争，不许乘胜进攻，也不能追贼于六郡之外。当然，更不可以北伐，免得金人不满，刘豫不悦。

由于岳飞讨伐李成有大功，宋高宗便把原先想用来收买李成的节度使一职给了岳飞，任命岳飞为清远军节度使，湖北路、荆、襄、潭州制置使。到了这时，岳飞遂与韩世忠、张俊、刘光世共同列名为四大军事元帅，而岳飞此刻仅有三十二岁，真可以说得上是标准的青年才俊。

岳飞一向是“富贵于我如浮云”，他身膺（yīng）重任，感怀世局，写下了脍炙人口的《满江红》：

> 怒发冲冠，凭栏处，潇潇雨歇。抬望眼，仰天长啸，壮怀激烈。三十功名尘与土，八千里路云和月。莫等闲，白了少年头，空悲切。靖康耻，犹未雪，臣子恨，何时灭。驾长车踏破，贺兰山缺。壮志饥餐胡虏肉，笑谈渴饮匈奴血。待从头，收拾旧山河，朝天阙。

读者们对靖康之难以后，南宋朝廷前前后后、来龙去脉有了进一步的了解，相信更能体会岳飞孤臣孽（niè）子之心。

曾经有人提出抗议，要求禁唱《满江红》，因为其中有吃胡人肉、饮胡人血的字样，实在伤感情。其实，打金人是宋朝的事，胡人二字也是历史上的名词了。如今中华民族早已融合五族成为一体了，当时的“胡虏”“匈奴”今天成为中国人，也许你我身上都流有胡人的血液，怎能再吃胡人肉、饮胡人血呢？

但是，岳飞的《满江红》，一腔忠愤，字字血泪，如果禁唱《满江红》，让后人不能透彻了解岳飞，那是万万不可以的。换个角度来看，假如有什么人到现在还拿着《满江红》，对人开玩笑，那也未免太无聊太浅薄了。

庐州解围之后，岳飞在绍兴五年（1135 年）二月，由池州到临安（今杭州），朝谒宋高宗，高宗除了封赏他的母亲、妻子，赐给银绢之外，还授予他镇宁、崇信军节度使，湖北路、荆襄潭州制置使，进封他为武昌郡开国侯。

正如同《满江红》一词中岳飞所说“三十功名尘与土”，功名利禄对他而言不过是尘土，八千里路以外的地方才是他心思所系。因此，岳飞三次上奏，请辞封赏。高宗不许，并且派他立刻去平定洞庭湖中杨么（yāo）。

杨么是何许人也？我们先解释一下杨么的名字。杨么本名杨太，他是鼎州（治今湖南常德）五斗米教主钟相最小的一个徒弟，因为排行老么，所以称为杨么。

五斗米教，由来久矣，是东汉末年张道陵首创，后来他的孙儿张鲁即以此据有汉中，一直传到北宋末年，浙东方腊起事（方腊的故事本书前面已讲过）都是以五斗米教为旗帜。这个教传到湖南，在鼎州生根，钟相便以宗教为名，组织群众，用法术迷惑百姓，聚敛财货。

钟相居住的村落里，有一座山叫天子岗，他在天子岗修筑壕垒（lěi），用防贼之名义，扩充势力，凡是入他的道门，称为“入法”，又名“拜爷”，他的信徒都称钟相为“老爷”，完全是毕恭毕敬的。

建炎四年（1130年），钟相自称楚王，改元“天战”，立他自己太太伊氏为皇后，儿子昂为太子，对外行文也自称“圣旨”，可谓过足了皇帝的瘾。

后来，钟相被朝廷正法之后，他的徒弟们便拥护足智多谋的杨么为领袖，称大圣天王，奉钟相的小儿子钟子义为太子。

杨么颇具领袖才能，他接管钟相势力后，势力规模较钟相时更大。由于湖广是鱼米之乡，又扼东南与关中、巴蜀要道，不但南宋相当紧张，伪齐刘豫也急着与他勾结，但是这些说（shuō）客来使，大半都被捆起来扔到洞庭湖里喂鱼虾。

因此，当岳飞在对阵之前，准备先派使者去招降，使者吓得面色如土，连连摇手道：“那不等于拿肉去喂老虎吗？你还是先把我杀掉算了。”

岳飞胸有成竹地说：“你放心吧，我派你去，你绝不会死。”

使者没有第二条路可以选择，只好硬着头皮，满心不情愿地去了。到了水寨门口，使者直着嗓子嚷道：“岳节度使派我来的。”说完了话，使者便呆若木鸡，等着听候发落。不料，竟然有杨么的部属，看了岳飞的信，关心地问使者：“岳节度使身体可好？”

由此可见，岳飞的英名早已响彻中国，这群洞庭湖的“水寇”，原也是善良的百姓，若非走投无路，也不愿意落草为寇，即或是当了土匪，对于能打金人的英雄人物依然敬佩。

使者走后，杨么部下之中便有一个叫黄佐的将领说：“我听说岳节度使号令如山，谁也不敢不听他的话，我们若是与他为敌，一定没有生路，还不如赶快投降，他一向待人宽厚，不会亏待我们的。”

于是，黄佐亲自走了一趟潭州，岳飞不但赦免他的罪，而且立刻报奏朝廷，授以武义大夫的官职，并且备了丰富的酒菜，与黄佐共酌，对他说：“我需要你的帮忙，你再回洞庭湖中，作为内应。”

黄佐一口答应：“我一定不负使命。”

黄佐当了岳家军的间谍，万一被杨么发现，也就只有葬身湖底了，但是，黄佐却很高兴有这个报效国家、为岳飞卖命的机会。

洞庭湖里捉杨么

话说岳飞奉命讨平杨么，杨么部将黄佐来降，岳飞命令黄佐先返回寨中，担任策反工作。

不久，杨么部众之中，陆陆续续有人来降。岳飞一律授予官职，设宴款待，然后，再把他们放回湖中。

此时，朝廷派遣张浚前来视察。张浚为唐朝宰相张九龄之弟九皋之后代，四岁丧父，品行端正，自小目不斜视，从无戏言，后来中了进士、贤良两科。他与韩世忠一般，同为平定苗刘之乱的功臣。由于张浚为人正直，连苗刘派来的刺客都不忍心下手。

张浚一到，参政席益马上向张浚打小报告，他用神秘兮兮的语气说："我看，岳侯该不会是别有用意吧，否则何必如此纵容匪徒，来一个，放一个，我得向朝廷禀告才好。"

张浚立刻喝阻他："不可以，岳侯一向是忠义之士，他这么做，一定有其用意，你不许随随便便胡乱猜测。"幸亏张浚是个君子，不然，席益可要坏了岳飞的大事了。

到了六月里，朝廷召张浚回去，临走之前，岳飞求见张浚，自衣袖中抽出一张小小的地图。

岳飞对张浚说："八日可下杨么。"

张浚有些不悦，他认为岳飞是信口开河，吹得离谱，正色道："王𤫉打了两年，都没有能够攻下，你却不到十天就成功了，天下岂有这么简单的事情？”

岳飞即刻解释：“杨么是洞庭湖里的水寇，熟悉地形，变幻莫测，宋军又不擅长水战，王𤫉自然攻打不下。我则准备用水寇打水寇，离间杨么，让他们窝里反，如此，八日便足够了。”

尽管岳飞胸有成竹，张浚仍然不敢相信，最后，张浚奏报高宗：“如果到了六月上旬，贼寇仍未攻下，召岳飞驻守潭州，规划上游的军事。”

被岳飞放回去的黄佐，果然不辱使命，说动了杨么手下第一名大将杨钦前来投降。在此之前，岳飞早已封锁洞庭湖内外要道，断绝了水寨中的粮食出入。水寨中的人当强盗，原也是迫不得已的，今天能够归顺在岳将军的旗下，为国家出一份力量，也是挺光荣的事。因此，杨钦欢天喜地，带着三千部下，驾驶着四百多艘船，浩浩荡荡开来。

到了岸上，杨钦表示诚意，把自己反绑起来，扑通一声跪在岳飞跟前。

岳飞赶紧为杨钦松绑，拿出皇帝所赐的金束带战袍为杨钦佩带，奉若上宾，并且即刻上奏，封他为武义大夫。

岳飞找了王贵等人作陪，摆上丰富的酒菜，杨钦的弟兄们也被招待得无微不至，酒醉饭饱，打了一场痛痛快快的牙祭。

岳飞给足了杨钦的面子，让他在部下面前也脸上贴金，杨钦太高兴了，简直有点儿舌头打结，期期艾艾，不晓得应该如何表达心中千万谢意，杨钦的手下也都交头接耳道：“早该来的。”

正在大伙儿欢天喜地，认识新伙伴之时，岳飞突然下令，要杨钦带领原班人马，立即返回洞庭湖中，让大家错愕（è）万分。

诸将都劝岳飞不要轻举妄动。上一回，放走黄佐，已经够奇怪的，现在又要把杨钦放回去，更是冒险。何况黄佐、杨钦都到过岳家军的阵营，这岂不是放虎归山？岳飞不予理会。

过了几天，已经放回去的杨钦又回来了，而且带着全琮、刘铣（xiǎn）一块儿前来投降。岳飞暗忖，果然没有看错人，表面上却假装生气，斥责杨钦："又没有全部投降，你带这两个来有什么用？"岳飞派人把杨钦用棍打了一顿，又放回去。

这会儿，岳飞一切布置妥当，当天夜里，全速进攻。

杨么之所以能够有本事在洞庭湖里当水怪，出没异常，是因为他设计了一种颇为奇妙的武器——带着轮子打水的巨船，速度惊人，而且前前后后都设有撞竿，小小的官船一冲上来，马上被戳个大窟窿，完全不是对手。

岳飞深深了解这种小船碰大船的危险，决定不采取以卵击石的蠢方法，他先砍伐上好的木料，制成巨筏，阻住湖中各个港道。

然后，岳飞找来许多腐烂的草木垃圾自上流漂下，接着，挑选了一两千名嗓门大、火气爆的士兵，站在水浅之处，破口大骂。

杨么的水兵被这么一激，脾气也发了，驾着船追杀上来，骂阵的岳家军边骂边退，退到某处，上流漂下的草木，恰好被杨军一路投掷要打宋军的石头压住，船轮之中，塞满了一大堆乱七八糟的东西，船也就只好搁浅了。

岳飞水战杨么，选自《马骀画宝》。

岳家军此刻一冲而出，巍峨神气的杨么巨舟只有挨打的份儿了，再加上黄佐、杨钦等人的内应，大家同心合力抬起大树干撞击巨舟，杨么大败，他本人跳入水中，被牛皋自水中捞了起来，斩了首级送到军府中。

岳飞是菩萨心肠，他不忍心格杀“水寇”，便把杨么部下之中少壮的编为官军，其余两万多人，遣散归家。

张浚听到消息，简直不敢相信自己的耳朵，岳飞竟然实现在八天之中平服杨么的计划，不禁大叹：“岳侯不愧为神机妙算！”南宋除了张浚之外，还有一个大将张俊挺有名气。张浚、张俊不是同一人，张浚为正人君子，张俊的故事，我们以后再说。

苦人儿的故事

上一篇讲到《洞庭湖里捉杨么》，杨么部将黄佐来归，作为内应。有读者以为写错了，应该是王佐，而且王佐也是岳飞故事中有名的人物，京剧中有《八大锤》《朱仙镇》《王佐断臂》，都是王佐的故事。

事实上，正史之中并没有王佐这个人物，黄佐既为平定洞庭湖中水寇有功大将，小说家便以此为本，加油添酱写了一段“苦人儿”的故事。虽然正史之中没有这段记载，《王佐断臂》本身却是极为动人的戏剧，不妨介绍给读者们。

在小说之中，王佐的故事是这样的：

平定杨么之后的王佐，一直追随岳飞，却没有立功的机会，总觉得心中不安。某日，他心生一计。

原来，当时金兀术正派其子陆文龙率军攻打南京，岳家军和陆文龙交战，却是屡战屡败，岳飞苦无对策，烦恼不已。王佐察知陆文龙并非金兀术的亲生儿子，乃是宋朝潞安州节度使陆登的儿子，当金兵攻入潞安州时，陆登全家殉国，只有奶妈带了尚在襁褓中的陆登的幼子逃走。不料半路奶妈被金兵捉住，兀术看到小婴儿，十分喜欢，也不知他是陆登的遗孤，便收为养子。此时，陆登的遗孤已经长大，而且武艺惊人，这就是陆文龙。

陆文龙替金人打宋朝，当然是因为不知道自己的身世。王佐便想到如果让陆文龙知道他自己的身世，陆文龙就不会再效忠金朝了。但是必须要有人去告诉陆文龙，那一幕陆登殉国的悲惨故事，这说故事的人弄不好会被金兀术杀掉，所以没人敢把真相告诉陆文龙。王佐想到自己深受岳飞的提拔，又受宋朝的厚禄，实在应该报答岳大哥，也同时为国家尽一份力量，于是决定设计冒险混入金营，以便接近陆文龙，告诉陆文龙事情的真相。

在一个宵深露冷的夜晚，他悄悄去请见岳飞。岳飞灯下抬起头来，冷不防见到王佐面黄如土，血流满身。岳飞大为吃惊，却见王佐自军袍之中掏出半截血淋淋的胳膊。

王佐疼得全身颤抖，结结巴巴地说："今日大哥为着被金兵打败而发急，我要效法'要离断臂刺庆忌'之事，为国尽心。"

岳飞起先不肯，禁不住王佐再三哀求，而且他臂膀已断，假如不去冒一次险，岂不是白白残废一只手？岳飞只得噙着眼泪，同意王佐到金营去做间谍。

王佐连夜赶到金营，求见金兀术，金兀术见到满身血渍的王佐，便问："你是什么人，为什么要见我？"

王佐哭哭啼啼道："我本是洞庭湖中杨么的部下，后来，被岳飞打败，只好投降。前二日，狼主（指金兀术，是戏里的称呼）派出的陆文龙，英勇无双，岳家军之中没人比得上，我劝岳飞说今日中原残破，二帝蒙尘，天意如此，不如早日降金。岂料岳飞一发火，反而砍断了我的右臂，派臣来通知狼主，他即日要擒拿狼主，臣若不来，连左臂也保不住了。"

王佐一边哭，一边掏出那半截着实吓人的右臂来。

金兀术十分感动，对王佐说："你为了我们金邦，遭此大祸，我就养你一辈子吧，现在我封你一个'苦人儿'的官号，你可以在军中自由走动。"金营中，上上下下都很同情苦人儿的遭遇。

有一天，王佐遇到一位老妇人。老妇人是中原人，两人既是同乡，便攀谈起来。原来老妇人是陆文龙的奶妈，她回忆当年陆登殉国的经过，不禁掩面哭泣。

王佐知道老妇人仍然忠于故主，便把自己的真实身份告诉了老奶妈，决计相机行事。

过了几天，王佐随着陆文龙回营，陆文龙挽留王佐一块儿吃羊肉，顺便问起：“中原有没有什么故事，说来听听。”

王佐便一连讲了两个故事，一个是越鸟归南，一个是骅骝（huá liú）向北。

越鸟归南的故事是说春秋时代吴越交战，越王把西施送给吴王夫差，西施带去一只鹦鹉，诗词歌赋，样样皆能，可是到了吴国之后，鹦鹉不再唱歌，一直到西施重返越国，它才引吭（háng）高歌。

陆文龙问道：“为什么？”

“因为鹦鹉虽为鸟禽，却念本国家乡，有些人还比不上鸟。”王佐话中有话，陆文龙却听不出来。

接着，王佐又说了一则故事：真宗皇帝在位时，自番邦得到一匹名马，名为日月骕骦（sù shuāng）马，可是马儿到了汴京，什么草料都不肯吃，只知向北嘶鸣，最后活活饿死了。

陆文龙点头夸奖：“这匹马真够义气。”他还想再听一个故事，王佐却不再讲下去了。

过了几天，王佐又来说故事，还带来一幅插图，陆文龙十分兴奋。只见图中画着一位将军自刎而死，另一妇人抱着小孩痛哭，又有许多番兵罗列在旁。

王佐开始说了：“此地是中原潞安州节度使大营，自刎而死者为大宋节度使陆登，这个小娃娃叫陆文龙。”

“喔？他也叫文龙？跟我一样？”

王佐不理会他的打岔，继续说下去：“陆文龙父亲殉国，母亲尽节，金兀术见文龙十分可爱，命奶妈抱入金营，收为养子。他不为父亲报仇，反呼仇人为父，令人痛心。”

陆文龙拔出剑来怒斥王佐：“苦人儿，你明明在说我！”

王佐道：“不是你，反倒是我不成？我断了手臂，皆是为你，你若不信，何不问奶妈？”

话未毕，奶妈一面走出，一面用袖子抹眼泪，哽咽地说：“老爷夫人死得好苦。”

陆文龙如遭雷击，双膝一屈向王佐下拜：“此恩此德，永远不忘。”说着，他抽出宝剑，咬牙发誓：“待我杀了仇人，与恩人共奔宋朝！”王佐急忙拦阻：“小不忍则乱大谋，小将军不可造次。”最后，陆文龙取得金兵军事要件，投向宋营去了。

以上是《王佐断臂》的故事，许多人以为是真实的历史，其实，史书中没有这一段，也没有陆文龙其人其事。不过透过小说和京剧中的传播，王佐便成为中国人心目中的忠义之士了。

吴玠吴璘守西蜀

西蜀之地，久为金人所垂涎，宋朝能够一直保有此块富饶之地，这是吴玠（jiè）、吴璘（lín）两兄弟的功劳。

吴玠是德顺军陇干人，他少年时候即沉毅有志节，知兵善骑射，未满二十岁时，就以良家子弟隶属泾原军，曾经打过西夏，参加追击河北群盗的战役。

由于吴玠能征善战，被张浚看上，任命为统制，他的弟弟吴璘掌帐前亲兵。

建炎四年（1130年）春天，吴玠升为泾原路马步军副总管，金朝元帅撒离喝长驱入关，被吴玠打得大败。金人打宋人，除了遇上少数的岳飞、韩世忠之外，一向是势如破竹，不料吴玠如此厉害，撒离喝竟然因此害怕得嚎啕大哭，金兵上上下下都觉得太没有面子了，男子汉大丈夫哭什么，因此戏谑他为“啼哭郎君”。

绍兴元年（1131年），吴玠奉川陕宣抚处置使张浚之命，据守大散关东边的和尚原（今陕西省宝鸡市西南）。当时和尚原已与后方断绝联系，人心惶惶，部将之中有人想劫持吴玠、吴璘投降金兀术邀功。

吴玠知道了这件事，他召集全军伙伴恳谈，歃（shà）血为盟，勉人忠义，将士们都感动得热泪盈眶，化解了一场危机。住在凤翔一带的居民感激他固守西蜀的决心，互相约定，半夜里偷偷输送粟米粮草。百姓的原意是劳军，吴玠却坚持不能白拿农民辛苦的收获，硬是塞给银帛。如此一来，自然送粮草的居民更加络绎不绝了。

金兵很生气，派人躲在渭水旁边，看谁敢运粮就斩谁的脑袋，而且实施连坐法。但是凤翔居民仍然冒着生命危险，不断地输送粮食，使得吴玠兄弟没有断粮之虞（yú）。

金朝大将没立、乌鲁折左右夹击，非把和尚原拿下不可，由于山谷路狭又多石，马不能行，金人只好下马步战，结果碰上大风雨雹，落荒而逃。

金兀术十分生气，决定率领十万大军亲征，而且大张旗鼓地在渭河上面架起浮桥，更自宝鸡到凤翔，扎起了“连珠营”，垒石为城，轮番进攻和尚原。

吴玠兄弟却不慌不忙，他们挑选强劲的弓弩手，组成“驻队矢”，对准“连珠营”连发不绝，繁如雨泣。绵绵密密的箭矢使金兵招架不住，连金兀术也被神箭手射中两箭，落荒而逃。

当然，金人是不会死心的。“啼哭郎君”撒离喝绕道仙人关猛攻。驻守仙人关的刘子羽，也是个不肯服输的硬骨头，他手下仅剩三百人，粮食早已吃光了，以草芽、木甲充饥。撒离喝连派十位使者前来招降。前面九个都被刘子羽杀了，第十个被放回去，带着口信给撒离喝：“刘子羽是断头将军，不是投降将军。”

吴玠接到刘子羽的求援驿书，立刻以日夜三百里的惊人速度赶来，他先差人送了数百黄柑犒赏金师，并且说：“大军远来，聊奉止渴。”

撒离喝看到金澄澄、甜蜜蜜的黄柑吓呆了，他不停地用杖击地道：“怪哉，吴侯怎么来得这么快？”

这一回，“啼哭郎君”虽然未曾再度哭泣，却也死伤十之五六，又加上瘟疫流行，撤军而去。

吴玠的弟弟吴璘，为了表示抵抗金人的决心，曾经在和尚原的险阻之地，建筑营垒，命名为“杀金平”。绍兴四年（1134年），金兀术等又率十万大军前来，架起云梯进攻垒壁，虽然云梯多半被守军用撞竿打碎，坚耐的金兵仍然前赴后继，吴军军营中有些将领害怕了，想要调往他地防守。吴璘拔出刀剑，在地上划了一道深深沟痕：“我们死就死在这块地方，谁敢言退，就在此地问斩。”

金兵换上新的生力军，披上重铠，用铁钩挂住城墙，鱼贯攀登要隘垣墙，吴玠又以“驻队矢”连连发箭，金兵死者层积。接着，金兵用火攻楼，将官姚仲急中生智，用酒缶（fǒu）扑灭之。金将本来是下决心要取得四川，但仙人关侧的“杀金平”，真正成为杀金平，金兵从此不敢再染指四川。

吴玠与金人对垒达十年之久，他对待下属，严而有恩，且深深了解上下沟通的重要性，虽然身为大将，小兵有任何意见却照样可以上达。

吴玠平素喜欢读历史，凡是在书上看到可以作为借鉴者，他就书写在墙上，久而久之，四周全是写满的格言。

基于英雄惺惺相惜，以及同仇敌忾的爱国情操，吴玠与岳飞虽然没有共事，却彼此仰慕。

岳飞在湖北作战之时，吴玠听说岳飞孤身在军中，妻子没有跟在身边，又没有娶妾，便好心好意挑选了一位标致的美女，刻意打扮一番，又备了丰富的陪嫁，让她去伺候岳老爷。

使者到了汉阳，把信呈给岳飞，岳飞很不高兴，立刻回了信，赏赐了使者，叫使者把美女带回去。

有人劝岳飞：“你何不领了吴将军的美意，多一个人照料也好。”

岳飞根本不喜欢这个调调儿，他推辞道：“吴少帅好意我心领了，但是国耻未雪，现在不是享乐的时刻。”

吴玠发现美女被送回，对岳飞更加钦佩了，这也是历史上一段佳话。

傀儡皇帝下台

话说建炎三年（1129 年）、四年（1130 年），当金兵大举南下之时，宋朝几乎全无抵抗能力。当时宋朝没有灭亡，倒还多亏老天保佑。其后，金兀术北还，中原局面几度变化。到了绍兴七八年间，宋金之间，忽然展开热络的和谈。

促成和谈的背景有三：一是宋高宗始终畏惧金人，希望求和；二是金太宗死后，北方情势复杂，刘豫被废；三是秦桧与王伦主和。

我们先来谈一谈刘豫被废的故事。

刘豫能够如愿以偿，继张邦昌之后，被金人立为齐帝，主要是因为他擅长巴结，买通了粘罕左右。

刘豫当上齐帝以后，对高庆裔、粘罕、挞懒仍然每岁皆有厚赂，可是对金朝其他将领，却是相当蔑视，惹得诸将及贵臣都大为不悦，纷纷加以排斥。

金朝当初立刘豫的原意，是希望用宋人来对抗宋人，但是刘豫瓦解南宋的工作成绩低劣，又无才无德，在汉人心目之中，始终没有分量。

更糟糕的是，刘豫竟然老吃败仗。绍兴六年（1136 年），宋朝在中原经过一番部署之后，正式进讨刘豫，兵分四路，张浚屯兵盱眙、韩世忠屯兵楚州、岳飞屯兵襄阳、刘光世屯兵庐州，称为“四大屯”。

刘豫十分紧张，赶快求救于金熙宗。熙宗召开御前会议，与会者之一蒲庐虎（汉名宗磐）说：“当年先帝之所以册立刘豫，是为着利用刘豫，牵制宋师，我可坐收其利，今刘豫进不能攻，退不能守，反而兵连祸结，成为我等一大负担，要刘豫有何用？”

站在金人的立场，这话说得也是。所以金朝决定不发兵，只派金兀术到黎阳，冷眼旁观，看刘豫准备如何应付。刘豫莫可奈何，只好硬着头皮发兵三十万。

金兀术是一向讨厌刘豫的，尤其刘豫是粘罕支持的人，心中更为不悦，聪明的岳飞决心乘机进一步挑拨刘豫与金兀术之间的感情。

某一天，金兀术派出的间谍到了岳飞的防区，被眼尖的士兵逮住，抓到岳飞的营帐外，兵士大声喊道：“末将在土山上，拿到一个奸细，等候元帅发落。”

“绑进来。”

左右一声“得令”，就将那人推入帐中跪下。

岳飞瞄了一眼，立刻知道这是金邦奸细，于是佯装喝醉，惊呼：“快松绑。”又讶异道，“张斌，你是怎么一回事，我不是派你到齐国去，约齐诱杀四太子（指金兀术）？你去了就没有回来。我再派人去打听，才知道刘豫已经答应我，今年冬天在清河把四太子杀掉。可是，你为何不带信来，莫非你已背叛我？”

奸细被岳飞搞糊涂了，他暗暗盘算，既然岳老爷把他误认为张斌，那就将错就错，当作张斌吧，至少比见阎王爷要好得多。

于是，奸细配合岳飞开始演戏，不断叩头忏悔，请岳老爷再给他一次机会。

岳飞见其上钩，正色对奸细道：“你的罪本该立斩，我现在饶你一命，派你到齐国去，问刘豫起兵杀四太子的确切日期，你万万不能再误事。”并且对左右吩咐，“把他腿肚子割开，将蜡丸用油纸包好，放在他腿肚子里面，再把脚裹好。”

“小心快去，我等你的回信！”

岳飞下令后，金朝奸细诺诺而出，忍着疼痛，逃回金兀术大营。金兀术见其晚归，颇为不满地训斥：“孤家差你去打听消息，到底怎么样了？”

奸细赶快赔着笑脸，一五一十禀报。金兀术派人把他的腿割开，取了蜡丸，冲洗干净，用小刀割开，里面果然有一封书信，是岳飞与刘豫合谋诛除四太子之事。

金兀术未尝没有想到这是岳飞的反间计，但是，刘豫绝不是好东西，他过去背叛过宋，如今当然可以再背叛金，何况他与刘豫有过不愉快，刘豫想除去金兀术也不是绝无可能。于是，金兀术立刻飞书回金，要求废除刘豫。

恰好，刘豫三路兵马都被宋师击败，金人闻讯大为懊恼，决意正式废除刘豫。

刘豫吃了败仗，又赶紧向金人求援，金主一方面虚与委蛇，一方面用迅雷不及掩耳的方式，一下子接收刘豫所有伪军，挞懒与金兀术率兵直入汴京，活捉刘豫，召集百官，宣读金人诏书，废刘豫为蜀王。

刘豫未料有此一变，呆了半晌，又哭倒在挞懒跟前，苦苦哀求。

挞懒嗤之以鼻道：“想以前赵氏少帝出京，百姓沿街哭号，响彻云霄，你要离开京师了，怎么没有一个老百姓为你掉眼泪？你该好好责备自己！”

刘豫岂不知汴京百姓恨他入骨？他为之语塞，与其家人同被金朝送到临潢，过着阶下囚的生活。

十月里，岳飞与韩世忠闻说刘豫被废，先后上书，请求朝廷乘机北伐，收复中原。宋高宗不肯说是，也不肯说不是，干脆把公文压着不理。岳飞与韩世忠心中的忧伤、愤怒与无奈，也就可想而知了。

王伦出使金朝

秦桧本为宋钦宗时的御史中丞，而且是忠诚骨鲠之士，在靖康之难时随二帝被俘而北，金太宗把秦桧拨给挞懒使用，秦桧为人狡猾，被金朝选为瓦解宋朝内部的最佳人选。

于是，秦桧很顺利、很戏剧化地携同妻子、奴婢，浩浩荡荡自金朝“逃回”宋朝，宣扬“南人归南，北人归北”，承认金人占领的大宋土地为金国合法领土的主张。向来苟安的宋高宗，发现秦桧正是他与金国交往的一座桥梁，兴奋得不能成眠，任命秦桧为宰相，后来，秦桧过于嚣张，被群臣给嘘下台，时为绍兴二年（1132 年）。

到了绍兴八年（1138 年），秦桧又再度出山，被任命为宰相，这是因为刘豫被废，宋朝使者王伦自金国归来，透露金人有议和之意，秦桧才又重登相位，再掌大权。

王伦字正道，幼年时，家中贫穷，没有好好受教育，成为往来京、洛之间的“游侠”，做了一些不法的勾当，由于刁钻油滑，所以能数次逃过法律的制裁。

靖康元年（1126 年），汴京失陷，宋钦宗到了宣德门，看到乱糟糟的一片，六神无主，不知怎么办才好。王伦穿过黑压压的群众，挤到钦宗身旁，悄悄地说：“臣能为陛下弹压之。”

宋钦宗看了王伦一眼，不认识这个人，但是只要能解围，什么人都好，顺手把随身佩带的夏国宝剑赐给了王伦。谁知王伦竟然涎着厚颜道："臣未有官，岂能弹压？"

噢，敢情还要乘机讨个一官半职，宋钦宗叹了一口气，拿了一张纸，御笔亲批："王伦可除兵部侍郎。"除是任官之意。

王伦拿到了这张纸，欢天喜地地走了，他步下宣德门，惩罚了几个闹事的京师恶少。由于王伦这个兵部侍郎是乘人之危得来的，而且乘的是皇帝之危，宰相何㮚大大地不以为然，批评王伦是"小人无功"，而且斥责为"不用"。

王伦既然被宰相斥为不用，好的差事当然轮不到王伦头上。一直到了建炎元年（1127年），宋高宗想派一个通问使到金朝去，打听徽钦二帝的消息，没有人敢去，也没有人愿意去，王伦心想，这倒是一个出头的机会。于是，他自告奋勇到金朝走一遭。

王伦到了云中，被粘没喝扣留下来，到了绍兴二年（1132年），才被释放。由于王伦能言善道，把北方情形交代得十分清楚，颇得到宋高宗的嘉慰。

到了绍兴八年（1138年），刘豫已被废，河南、陕西一时之间没有人管，高宗再派王伦出使金朝，为奉迎梓宫使。原来，道君皇帝（徽宗）与宁德皇后（徽宗皇后郑氏）已驾崩于五国城，所谓梓（zǐ）宫，指的是天子的棺木，因为是梓木制成，所以称为梓宫。

临行之前，高宗教王伦对挞懒说："今河南之地，金人既然不要，何不如还给宋朝？"

王伦到了金朝，金熙宗命群臣商议，其中代表主和派的讹鲁观说："我们把地还给了宋朝，宋朝必以德报我。"

主战派的挞懒马上顶回去："我们把宋朝皇帝的父兄都给俘虏来了，结怨早非一日，如果把土地还给宋朝，是帮助敌人，哪有什么德不德？"

两派僵持不下，最后主和派暂居上风。当王伦归来，报告宋高宗，金人愿意归还河南、陕西之地，以及送还韦太后与徽宗梓宫时，高宗大喜过望，曰：“若金人能从朕所求，其余非所较也。”王伦所提的韦太后即宋高宗亲生母亲韦贤妃，随徽钦二帝被俘而去，高宗遥尊她为皇太后。

既然宋金和议再起，于是一向力主和议的秦桧，再度获重用，于绍兴七年（1137 年）任枢密使，八年（1138 年）再为宰相，吏部侍郎晏敦复听到消息，长长吁了一口气道：“糟了，奸人当了宰相。”

秦桧拜相后第一件事，就是再度派遣王伦到金朝。决定了和议，金人派遣大臣张通告、萧哲为江南诏谕使，于十月间与王伦同来宋朝。这两名金朝使节派头好大，凡是他们行经的州郡，当地长官都要以臣礼相迎。

此时，刘豫被废，宋兵告捷，中原收复在望，岳飞、韩世忠声势如日中天，忽然要和金人屈膝言和，还要忍受金人种种侮辱，朝廷之上舆论哗然。

秦桧命令吏部侍郎魏矼（gāng）担任接待金人的馆伴使，魏矼不肯，推辞道：“我以前担任御史时，曾经一再反对和议，不适合担任此职。”

“你到底为何不主和议？”秦桧问道。

魏矼条条列举不能相信金人的理由，并直言：“皇上何必自取其辱？”

秦桧的老脸有些挂不住，但是仍然不动声色，用平稳的语气说道：“魏公把敌人猜想得太狡猾，我则一贯以诚待人。”言下之意，似乎魏矼以小人之心度君子之腹，秦桧他自己才是一个诚信的君子。

魏矼微微冷笑道，“公以诚料敌，敌未必以诚待公也”，说什么也不愿意屈就馆伴使。魏矼是唐朝名相魏知古的后人，学问道德均为一时之选，假如他肯答应，则不但给足了金人的面子，而且连魏矼也赞同和议，正可以堵塞天下悠悠之口，偏偏魏矼是个有骨气的人，拼了一顶乌纱帽不要，也不愿意屈就，秦桧拿他没办法，只好改派吴表臣为馆伴使。

胡铨上书轰动天下

由于金人废了刘豫，宋廷使者王伦从金国归来，透露金人有还地议和之意，秦桧遂得以再度出山，做了宰相，掌握政权。

当时反对和议的人很多，备受朝野尊敬的魏矼便一再提醒秦桧："敌国狡猾，不可轻信。"宋高宗颇感为难，身为堂堂一国之君，总不能自己承认怯弱，想来想去，只有拿出中国古人最喜欢用的挡箭牌——母亲大人。

于是，高宗屡次对秦桧说："先帝梓宫果然有归还的一天，朕再等个两三年也无妨。但是太后春秋已高，朕早晚思念，恨不得早一天能够相见，所以不惜委屈自己，希望尽早达成和议。"说着说着，高宗眼泪都要掉下来了。

秦桧赶忙顺着高宗的话谄媚道："皇上委屈自己，以求达成和议，此人主之孝也，可是见到主上受到卑屈的待遇，我不免愤愤不平，也是人臣之忠也。"

秦桧摸透高宗一心巴望早点达成和议，却又拉不下脸，不晓得如何对忠心大臣开口的矛盾心理，故意想出一套法子，加强高宗主和的决心。

有一日，他单独求见高宗，向高宗说道："臣僚畏首畏尾，多持两端，这种模棱两可的态度，不足以裁断大事。如果陛下决心议和，乞求全权委托臣，不要让群臣干预此事。"

"好，朕单独委托卿办理此事。"高宗满口应诺。

秦桧倒反而说：“臣惟恐有所不便，请陛下考虑三天再说。”

过了三天，高宗召见秦桧，对他说：“我已经考虑过了，朕委托卿全权办理。”

谁知秦桧还是那句老话，“臣恐怕有所不便，希望陛下再思考三天，容臣别奏”，仍然要求高宗长考。

高宗莫可奈何，苦笑道：“好吧，我再考虑三天。”在这三天，高宗思前想后，最后，仍然一横心，还是和议可图一时之苟安。

三天之后，秦桧又来讨回话，见高宗依旧维持原意，于是拿出有关和议的文件，君臣二人有了默契，让秦桧独揽大权，达成和议。

这一回，金朝派使节前来，名义上不称与宋议和，只称为“江南诏谕”，压根儿就没有把宋朝视为平等往来的对手国，对于南宋朝廷统辖的地域，则称为“江南地区”。且“诏谕”之意，诏本为皇帝的命令，诏谕纯粹是上国对待属邦的态度，而南宋朝廷也自甘卑贱，传令各府州县，在金使过境之时，要以臣子之礼，恭迎上国大使。

宋朝百姓是极有民族气节的，现在被迫对敌人屈膝，心中充满了悲愤，所以杭州大街小巷都贴满了“秦相公是奸细”的白纸帖子，朝廷上下更交相指责和议之非。

尤其是胡铨（quán）上了一个奏章，措辞尤为激烈，骂得相当痛快。他在奏章中说：“臣谨按，王伦本是一个狎邪小人，市井无赖，都因为宰相没有见识，才派他使虏，此人专务诈诞，欺罔天听，天下之人切齿唾骂，今日无故诱致虏使，以诏谕江南为名，是存心要把宋朝当作刘豫一般看待也。

“夫三尺之童，就算再怎么无知，假如有人指着猪狗要他对着朝拜，他一定怫然大怒。今天金朝正有如猪狗，我们堂堂大国，竟然相率而拜猪狗，连童稚都以为羞辱之事，而陛下竟然忍得下这口气？

“王伦说，我一屈膝，则梓宫可还，太后可复，渊圣（指宋钦宗）可归，中原可得。呜呼，自从发生变故以来，哪一个不是用这套话欺骗陛下，然而从未有应验者，可是陛下还是不觉悟，耗竭民脂民膏毫不怜恤，忘却国家大仇而不报，含垢忍耻，就算和议达成，天下后世将把陛下看成怎么样的一个君主？况且金朝诡计多端，加上王伦狼狈为奸，所以梓宫绝不可还，太后绝不可复，渊圣绝不可归，中原绝不可得！而此膝盖一屈，不可复伸，现在内而百官，外而军民，都想吃王伦的肉，谤议汹汹，陛下却听不见……"

接着，胡铨又指名攻击秦桧："陛下有尧舜之资质，秦桧不能辅佐陛下如唐虞，反而引导陛下为石晋（石晋指的是晋朝石敬瑭，是儿皇帝），臣以为王伦、秦桧、孙近三人都应该斩首，假如把此三人的头颅挂在街上，则三军之士，不战而勇气百倍，否则，臣只有跳东海而死，不能在小朝廷中苟活。"

胡铨这篇奏疏气壮山河，奏呈之日，赢得朝野一致喝彩，都说，终于有人站出来讲良心话了。宜兴进士吴师古特别把胡铨的这篇奏章刻在木头上以传诵之。最后连金人都听说宋朝出了一篇轰动天下的妙文，特赏千金以求其书。金人得到此篇奏疏后，大惊失色，连呼："糟了，南朝有人，足以破秦桧之谋也。"

当然，老奸巨猾的秦桧，绝对不能允许胡铨这种骨鲠之臣存在，他批了"狂妄凶悖（bèi），鼓众劫持"八个大字的罪名，把胡铨赶出朝廷，前往广州盐仓，吴师古也流放盐州。胡铨临行时，同郡王廷珪以诗赠行，结果王廷珪也因而流放辰州。

胡铨虽然丢了官，他这篇奏疏却流传千古，成为历史上极为著名的一篇文章，也代表中国传统知识分子的历史责任感。读圣贤书，所学何事？应该就是胡铨这种浩然正气。

宋高宗秦桧合力谋和

绍兴八年（1138年）七月，秦桧再度派遣王伦赴金，决定和议。朝廷之上议论哗然。胡铨上书力谏，激昂慷慨，朝野一片赞好，甚且金人也以千金募其书。秦桧为之大怒，将胡铨逐出朝廷，贬往广州盐仓。

胡铨虽然被摘去官职，却以直声震动天下，因此陈刚中特地前来道贺。秦桧闻讯，立刻把陈刚中扭送吏部，流放赣（gàn）州安远县。赣州本来就是蛊毒瘴疠的险恶地带，赣州十二邑之中，又以安远县地恶瘴深，完全不适人居，因此有一句谚语："龙南、安远，一去不转。"意思是说，什么人到龙南、安远，就不要活着回来了。

果然不出秦桧所料，陈刚中到了安远不久，由于受不住当地恶劣环境的侵袭生病了。秦桧大为快慰，心想，有着胡铨、陈刚中的例子为榜样，看谁还敢多嘴多舌，阻挠和议。

没有想到，宋朝朝廷之中不怕死的臣子还真不少，校书郎许忻（xīn）、枢密院编修官赵雍同日上书，赞同胡铨，力排和议，礼部侍郎曾开更教训秦桧："儒者所争在义，苟非为义，虽高爵厚禄不顾也，我想知道你为什么要事奉敌人。"秦桧勃然大怒："只有侍郎知道道理，我秦桧岂会不晓？这是关系国家安危的千钧一发之际，你懂吗？"说着秦桧差人把曾开赶出去。

过了几天，吏部尚书张焘，吏部侍郎晏敦复、魏矼，户部侍郎梁汝嘉，给事中楼炤（zhào），中书舍人苏符，工部侍郎萧振，起居舍人薛徽言等同班入奏，反对和议。

秦桧真是很伤脑筋，他决定邀集若干素来被认为是忠臣者助阵。于是悄悄约了户部侍郎李迩（ěr）逊到家中密商。秦桧满脸笑容对李迩逊说：“政府目前正需要人才，你若主张和议，当以两地相送。”

李迩逊敬谢不敏道：“迩逊受国恩深厚，何敢见利忘义？今日之事，国人皆不以为然，独有一去以报相公。”

秦桧被浇了一盆冷水，寒着脸，一语不发。

第二天，李迩逊竟然又奏上一本，且言：“乞求陛下另外选择忠信之人，协济国事。”等于对准秦桧放上一箭，秦桧气得发抖。

奉礼郎冯时行更在召对时，单刀直入问宋高宗：“莫非陛下要效法汉高祖分羹事？”

汉高祖分羹事是历史上有名的掌故：在汉高祖刘邦与项羽共争天下之时，有一回，项羽把刘邦的父亲关了起来，逼迫刘邦就范，并且威胁刘邦，假如不听话，就要把他父亲烹了做肉羹。

刘邦竟然不以为意，嬉皮笑脸道：“我们俩既然结拜为兄弟，你杀了我父亲，也就等于杀了你父亲，如果你真要拿他煮肉羹，煮好了别忘分我一杯羹。”

项羽知道刘邦为人苛刻无情，即使杀了他父亲也不会伤心难过，也许真喝了肉羹也说不定，最后就饶了老人家一条命。

冯时行拿高祖分羹之事为比喻，意思是在责骂高宗：金朝把徽宗、钦宗、太后全都俘虏而去，做皇帝的不设法营救，反而屈膝谈和，莫非也想分太后的一杯羹？

冯时行这个比方又狠又准，实在难听，宋高宗接不上话，负气站起，皱着眉头恨恨地说：“朕不忍心再听下去了。”

正在宋高宗及秦桧一筹莫展之际，有个热衷做官的小人勾龙如渊献上一计：“相公为天下大计而操心，而邪说横起，何不选择适合的人为台谏，把胡乱开炮的大臣赶出朝廷，则相公之事遂容易了。”

此话点醒了秦桧，他立刻照办，同时为奖励勾龙如渊，拔擢他为中司，于是反对和议的大臣一个一个充军的充军，革职的革职，连赵鼎这位与秦桧一同任相职的，也不得不逊位辞职，由秦桧一人独专相位。秦桧能有这么大的权力，当然背后有宋高宗支持，宋高宗经过长考，才答应秦桧“勿许群臣干预”，因此后代有人为高宗开罪，说他是被秦桧蒙骗了，这真是天晓得，凡是读过历史的人都了解，高宗与秦桧一唱一和，搭档演双簧。

既然朝廷之中反对和议者，都被赶光了，剩下的臣僚，全是清一色的秦桧党羽，顽钝无耻之徒。即或如此，秦桧仍旧不敢相信这群同僚，凡是上书给皇帝的奏章，都是出自秦桧打的草稿，眼光好的人一看便笑道：“此又是出自老秦笔下也。”

反对的声浪既然被压下去了，和议之事遂得以顺利进展。绍兴八年（1138 年）十二月，金使入见高宗，说明先归还河南、陕西之地，当时李纲闻讯，再度上书力谏，高宗自然还是不予理会。绍兴九年（1139 年），和议达成，民间无不浩叹，朝廷却喜上眉梢，拜王伦为端明殿大学士东京留守，一面下诏大赦，一面为百官将士加爵赐赏。

朝廷之中反对和议的，虽然都被扫地出门，不过领兵在外的武将，如岳飞、韩世忠、吴玠、刘锜等都是不同意和议的。韩世忠曾上书：“金人诡诈，恐怕用计讵（jù）骗我师。”岳飞更上书：“金人绝不可信，和好绝不可恃。”等到因和议“成功”而蒙获加爵开府仪同三司，岳飞更坚决力辞爵赏：“今日之事，可危而不可安，可忧而不可贺，可训兵饬士，谨备不时之需，而不可论功行赏，为敌人所讪笑。”后来，由高宗一再劝慰，岳飞方才勉强受命。

岳飞这个倔强的态度，自然让秦桧大为不满。然而事实上不出岳飞所料，王伦再度前往金朝，却被金兀术关了起来，不久，金兵大举入寇，和议遂被全面推翻。

青少年不满秦桧

绍兴九年（1139 年），宋金达成和议，宋朝忍辱含垢，维持一时的苟安，宫廷之中，擅长马屁功夫者，呼秦桧为“太平翁”，赞美他为国家带来了天下太平，秦桧也当仁不让接受了这个名实不相符合的美誉。

在民间，秦桧的声誉坏透了，想要杀他的人不知凡几，所以胡铨的上书，才会人人拍手赞好。秦桧自己心里也有数，在各地布满了察事之兵卒，稍稍有人因些小事讥讽秦桧，立刻逮捕治罪，连青少年也不例外。

有一个叫王蘋（pín）的人，学问道德都首屈一指，宋高宗曾听到他的名声，其以布衣（没有官位的百姓）被赐进士出身，王蘋有个聪慧的侄子王谊，家学渊源，年方十四岁已满脑子救国救民的思想，他小小心灵，十分痛恨秦桧所作所为。某日，王谊在私塾中做功课，拿起毛笔顺手涂鸦：“可斩秦桧以谢天下。”写完以后，他一溜烟跑到外头玩耍去了。

过了一会儿，家中仆人来打扫书房，看到小主人桌上有这么几个大字，大喜过望道：“发财的机会来了，挡也挡不住。”然后，他小心藏妥纸张，跑到王谊父亲身旁，勒索千金，否则就要告到官府里去。

王宅一向待人宽厚，即使对下人也不例外，这个恶仆见利忘义，王父十分生气，一下子也拿不出千金，恨恨地说：“你要告就去告吧，小孩子随便写写怎能当真？”

没想到，这个仆人真的一状告到衙门，负责的官吏明明知道此原是小孩信手涂鸦，实在不值得郑重其事，但是慑于秦桧耳目遍布全国，万一因为一个小朋友偶尔胡言乱语，影响到政治前途太划不来了。所以衙门的官吏不但将王谊收押，且一状告到京师。

可怜的王谊遂被押解赴京，审判的结果竟是“伏罪当诛”，判以死刑。后来，念在王谊是个十四岁的毛孩子，免其一死，但也不能不关入大牢。

经过了这件事，人们对秦桧更加敢怒不敢言，惟恐一不当心，重演王谊事件。

另外还有一个故事，也是不满秦桧的青少年所为：

枢密使王庶有个儿子活泼好学，喜欢谈国家大事，对岳飞、韩世忠十分钦佩，对奸相秦桧打心底厌恶。

有一天，家中来了一个和尚，和尚拿了一张纸对这位少年朋友说：“你要不要看我变魔术？”说着，他拿起毛笔，沾一沾浸过药的溶液，在纸上写了几个字。

“什么都看不见嘛，你要沾墨才能写啊！”少年指正他说。

“等一下，你看就知道了。”说着和尚把写过字的纸丢入水中，果然纸上的字就清清楚楚浮现出来了，这一招其实并不奇怪，武侠小说中常常出现，说穿了就是一种化学变化。欧美间谍影片中，也能见到这种类似的剧情，一张纸看似白白的，经过火烤，字迹凸现。

少年觉得这套魔术十分有趣，一面嚷着“我也来玩玩看”，一面拿起毛笔，也如法炮制在溶液中沾了一沾，写下“秦桧可斩”。他还来不及把纸丢在水中，和尚已一把抢走了。

和尚自从得到这四个字，摇身一变成为王府的太上皇，不但强索金钱，予取予求，而且对少年摆出作威作福的架势，稍有不顺于心，便以去官府告发相威胁。这位少年真是悔不当初，但事已至此，莫可奈何，只好挂着眼泪给和尚当小奴才。

王府上上下下都为此日夜不安，有个忠心的仆人看不过去了，他既不忍心老爷茶饭不思，也舍不得小少爷受此委屈，遂心生一计。

某日，这个贪心的和尚散步至废园，仆人指着一口老井道：“你瞧怎么井里有一条巨蟒，好怕人啊！”

和尚走近一看，什么都没有。

仆人说：“你弯下腰就看到了。”

和尚一弯腰俯视，仆人自后把他双脚一提，和尚大叫一声，滚入古井之中。

王宅之中少了一个耀武扬威的和尚，而这个和尚曾经掩不住得意，向邻人和盘托出个中原委，于是，邻人一状告到官府，王府便成为“叛逆”之家，遭到大狱。

不但秦桧得罪不起，连秦桧死去的父亲也一样不能开罪。秦桧的父亲曾为静江府县令，秦桧当道后，太守胡舜为了拍马屁，建议在县里为秦父立一祠祭拜，县令高登认为这简直是胡闹，不能答应，胡舜遂一状告到官府，高登受不了狱中的大刑伺候，放出来时已不成人形。

由于秦桧的法力无边，宋朝朝野几乎没有不怕他的。

有个叫毛德昭的人，素好批评，某日又在朝天门前茶肆放言高论，口沫横飞，狂妄已极，忽然走来一过客，在他耳旁悄悄说了一句话，毛德昭好像被蛇咬了一口，着急地站了起来，双手掩耳不断地说“放气，放气”，拔腿狂奔。

原来是有人在他耳边挑衅：“君素来以敢言著称，不知你认为秦相公如何？”

子鱼和青鱼

自从秦桧小人得志，鸡犬升天之后，他的家人也都成为神圣不可侵犯的头号人物。

秦桧有一个孙女，被封为崇国夫人，小名称为童夫人，是个娇滴滴、任性到了极点的千金小姐，小姐养了一只狮猫当宠物，十二万分地宝贝。

有一天早上，孙女突然发现猫咪不见了，这还得了，立刻传令，非赶紧找到不可。

于是临安府派出大批搜索队员，沿街访寻狮猫，凡是猫咪都一只一只抱了回来，孙女不断地摇头喊："不是，不是，不是我的猫咪。"

大小姐的狮猫到底长得什么模样，谁也没见过，官府只好派人贿赂秦家老佣人，请他说明狮猫的模样，并且还画了图，印了一百多张，贴在大街小巷茶肆之中，重金悬赏失踪狮猫，比寻找失踪人口还要大费周章。

这会儿，整个临安人人都在找猫，所有狮猫都被一网打尽，送到秦府指认，只换来孙女儿一顿一顿的脾气，最后，临安府只有托人去向大小姐赔罪饶命，才平息了失猫风波。

秦相府中一只猫咪都比人值钱，在这样的恶劣环境之中，人们为了求生存，自然而然纷纷向秦桧巴结拍马。

有一次，秦桧做生日，好事之徒当然利用这个机会挖空心思献殷勤，其中有个和尚，六根不清净，却最能投秦桧所好。

他歌颂赞美秦桧道："我不用椿与松祝福秦相公，因为松椿老人，空而无用，我不用龟鹤祝福秦相公，因为龟鹤的脚插在烂泥里，我只愿秦公如天上的明月，岁岁年年都是如此皎洁，引领着天上的星星。"这首诗真是既恶心又肉麻，秦桧却愈看愈欢喜，当然少不了将这个和尚大大奖赏一番。

许多人都争相巴结秦桧，但是，马屁要拍得恰到好处也不是一件简单的事。尤其秦桧的文才极佳，他又能写一手篆书，金陵文庙井栏边，秦桧曾题有"玉兔泉"三个字，的确是出自行家之手。

有一个人士姚敦昭也擅长书写篆书，听说秦桧有此雅好，遂想利用篆书和秦桧接近接近。

果然，天从人愿，秦桧看上了姚敦昭的字，命他用篆书抄写《孝经》。姚敦昭为此简直兴奋得睡不着觉，他正襟危坐，写了一遍又一遍，撕去重写，重写撕去，折腾了好多天，终于写成了差强人意的作品，挂在墙上。

姚敦昭倚在床上，对着墙上的书法，半眯着眼睛，嘴角浮起了得意的微笑，自言自语道："锦绣前程，光明远景就在此了。"

第二天，姚敦昭找了一家信誉良好的裱字画店，千嘱托、万叮咛，务必要店东小心装裱，店家听说是要呈送给秦相公的，当然也不敢怠慢。

当姚敦昭的篆书呈给秦桧以后，秦桧大为欣赏，邀姚敦昭赴宴。姚敦昭这下可抖了，不自觉得意忘形，讲起话来也口沫横飞，更糟糕的是身体动来动去，屁股仿佛坐不住椅子，秦桧一反感，姚敦昭的心血就泡了汤。

秦桧身居相职，乃一人之下，万人之上，秦桧对高宗仍然是要刻意巴结的，不但他自己小心翼翼，体察上意，而且派出其妻子对皇后、太后多多拉拢。秦桧的妻子王氏可是历史上大大有名的人物，以毒蝎心肠著称，甚且有人说王氏之阴险超出秦桧之上，所谓最毒妇人心。不过，自以下故事看来，王氏的段数似乎仍比秦桧差一截。

话说有一回，王氏又照例进宫，向显仁太后请安。王氏嘴巴甜，又会撒娇，向来甚得太后的宠爱，两人话家常话了一半，显仁太后突然说："我最爱吃子鱼（鲤鱼），可是最近上贡的子鱼甚少，还馋得很。"

王氏一听此言，马上接口道：“子鱼？妾家多得很，明天我就挑一百尾上好子鱼呈献给太后。”

回家之后，王氏马上邀功似的对秦桧说：“我们家子鱼多得吃不完，刚好太后最爱子鱼，我已禀报太后，明日一早送去一百条。”

王氏满以为秦桧会夸她一句会办事，岂料秦桧一听此言，面色惨白，连呼：“糟了糟了，要误大事了！”王氏不明就里，满脸无辜瞅着秦桧。

秦桧忿忿地说：“你这个笨蛋，皇宫里没有子鱼，我们家却有一百尾子鱼，你不是存心害死我？”

王氏一听，呆立半晌，跌坐在椅子上。秦桧所言甚是，由此可见，一般朝臣心目之中秦桧地位超过皇帝，这要让高宗知道了，必然大为震怒，秦桧岂非阴沟里翻船？但是，王氏既然已经答应了太后，明日又该如何交代？

秦桧为此，在房间里踱来踱去，不知如何是好，最后找了师爷来商量。有个足智多谋的师爷忽然灵光乍现：“有了，不妨用青鱼代替。”秦桧拍掌称妙，立刻去市场买了一百尾青鱼。青鱼是普通鱼，肉质颇似子鱼，但不及子鱼名贵，带有泥土味，秦相府中是找不到青鱼的。

第二天，王氏如约带了一百尾鱼去，显仁太后一看就扑哧地笑了出来：“我说你是村婆子，没见过世面，这是青鱼，哪能与子鱼相比？”

“真的啊，请太后哪一天让我瞧瞧，开开眼界。”王氏赶忙使出浑身解数演戏，免除了太后的妒忌。

岳家军大破拐子马

绍兴八年（1138 年），宋金双方达成和议，秦桧是十二万分得意，擅长拍马者，甚且赠送一个“太平翁”的美名给他，可惜天下太平不到两年，和议突然又被全面推翻。

原来，当初和议的达成，在宋朝方面是秦桧、王伦主其事，在金朝，挞懒则为核心人物。金熙宗天眷二年（1139 年），金朝发生政变，金兀术入朝，奏称挞懒叛国，勾结宋人，擅自割让河南、陕西之地，要求诛杀挞懒以谢国人。后来，挞懒果然被追杀于祁（qí）州。

挞懒既死，金兀术控制金朝军国大权，立刻挥兵，大举亲征，分道南下，一时之间，过去被刘豫统治，而为宋人收复的州镇，又纷纷陷落。

但是，金兀术到了顺昌（治今安徽阜阳）却遇到了克星。东京副留守刘锜（qí）原是西北名将，声如洪钟，勇敢而擅长骑射。刘锜听说金人败盟，兀术兵马接近顺昌，立刻命令全民动员，男人备战守，妇人磨刀剑，同仇敌忾。

不久，金兀术的先锋部队开来，刘锜募得五百名敢死队，乘着电光四起，夜袭金营，金兵大乱溃败，一连退了十五里。

金兀术听说前方兵败，十分震惊。他骑着快马，迅速地绕了顺昌一圈，只见顺昌又小又破，简陋得很，不禁失声笑道：“刘锜小子，胆敢与我作战，以我的兵力，只要一靴尖便可踢倒。”随即金兀术下令攻城，向颍水前进。

刘锜先在颍水中下毒，时值盛夏，金兵远来又累又渴，人马饮水中毒，又吐又泻，一塌糊涂，等到正式作战时，兀术的三千甲兵手脚发软，溃不成军。金兀术的靴尖显然无用，他十分愤怒地退还汴京。到了七月，金兀术又遭到了郾城之败。

当初，宋金和议之时，岳飞曾上书：“金人绝不可信，和议绝不可恃。”高宗根本不搭理，等到金人叛盟入寇，高宗想起岳飞的忠勇，又急急写信给岳飞：“你赶快想想办法来抵挡吧。”

岳飞立刻派遣王贵、牛皋、董先、杨再兴分头前进，然后自率所部，长驱北进，一时之间，收复了河南许多州县，中原为之大震，高宗特授岳飞少保、河南北诸路招讨使。

绍兴十年（1140年）七月，岳飞自率轻骑进驻河南郾（yǎn）城。金兀术率领着龙虎大王、盖天大王，挥动着铁塔兵、拐子马直扑郾城。铁塔兵又称“铁浮图”，士兵身上穿戴着铁盔铁甲，刀枪不入，屹立于阵前，简直像是一尊铁塔；拐子马又名为“连环马”，三匹马连在一起，一鞭挥去，三马同驰，直陷敌阵。金兀术所向无敌，全靠这两样武器。

岳家军之中最强的是背嵬（wéi）军（骁勇善战的亲兵）及游奕马军（巡逻骑兵），岳飞派出儿子岳云冲锋在前，并且正色告诫：“如果不能取胜，我先杀了你！”岳云使用两柄银锤，冲入铁塔阵中。岳飞再命令杨再兴率领步兵，每人手执麻扎刀与大斧，上砍人身，下剁马足。连环马原是三马相连，身披重铠，受过特别训练的马队，一起行进就像一堵又一堵的墙，勇不可当，但是岳飞命令步兵，入阵不要仰视，专砍马腿，一匹马受了伤，其余两匹也不能动了，满地都是痛苦仰翻着大声嘶叫的马匹。

这一仗打下来，金兀术的铁塔兵与拐子马全部被消灭，两样利器同时寿终正寝，向来号称硬汉的金兀术也放声大哭：“我大金自海上起兵以来，打胜仗全靠铁塔兵与拐子马，想不到今天遇到岳飞，竟然破了我的法宝，完了……完了……”

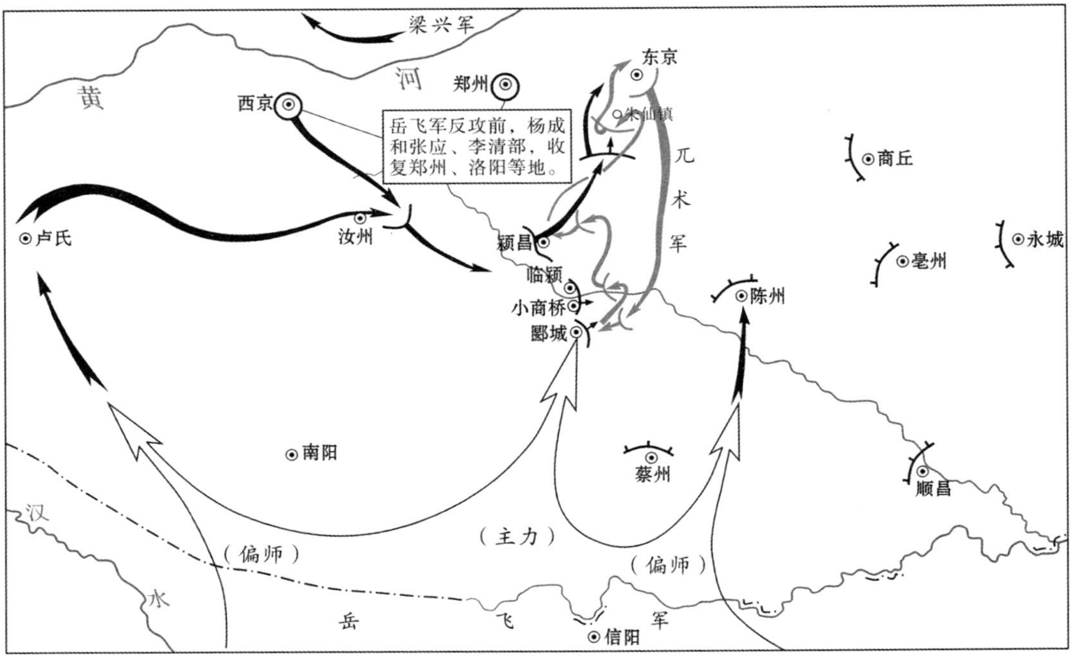

岳飞反攻中原示意图。绍兴十年(1140年),岳飞以偏师连下西京(洛阳)、汝州、郑州、颍昌、陈、蔡等地。为诱金兵南下,岳飞置主力于颍昌,自率轻骑驻守郾城,金果然派大军进攻郾城。岳飞以步卒对敌精骑,先挫其锋锐,再大兵投入,大破兀术精锐亲兵与拐子马。郾城会战后,宋将杨再兴在小商桥与敌遭遇,歼敌二千。随后,岳飞料金兵必攻打颍昌,先集重兵待之,金十万步骑来犯,再次大败,岳家军乘胜推进到距东京开封仅四十五里之遥的朱仙镇。金军溃败,狼狈撤回开封,准备渡河北逃,岳飞反攻中原,取得了重大胜利。

岳飞乘胜追击，会合太行山及两河豪杰，连败金人于垣曲、沁水，地方上的父老兄弟，个个挽着车，拉着牛，忙着给忠义民兵送粮食，凡是顶着“岳”旗前来者，无不受到最殷勤的款待，而且家家户户顶盆烧香，热诚迎接。金兀术因战争失利，想要迁调地方军队，不料，号令竟然不行，民间居然有胆子不睬金人命令，金兀术叹着气道：“我自起兵以来，从未有像现在这般失意，大势去矣。”

从此，金兀术兵败如山倒，宋朝人开心极了，眼看着漫漫长夜即将过去，光明即将到来，汴京城内传出各种流言，有人说岳元帅大兵已经到了城外，也有人说四太子金兀术脚底抹油，溜了！反正都是大快人心的消息，人人都在起劲地高谈阔论。

由于岳飞势如中天，金军之中一部分汉将如王镇、崔虎、叶旺都纷纷率部来归，甚且连金兀术大本营中的主帅，也迫于情势对下属宣布：“你们不可轻举妄动，等到时机成熟了，我与你们一块儿归顺岳家军。”

金兀术在风声鹤唳（lì）、四面楚歌的情势下，决定背水一战，冲破朱仙镇，保卫汴京（朱仙镇距汴京仅有四十五里），他虽亲自督战，无奈士气已竭，被杀得落花流水，自认不敌：“撼山易，撼岳家军难！”他决定放弃汴京，把黄河以南，拱手还给宋朝了。

靖康之耻就快要雪清了，岳飞兴奋，将领兴奋，全国百姓更是兴奋，岳飞对诸将说：“让我们直捣黄龙，饮一个痛快！”

不料此刻，突然发生一个意外。

十二道金牌

朱仙镇一仗，岳飞势如破竹，中原人心大振，眼看着，靖康之耻就快要洗刷了，从头收拾旧河山的时候就要到了，金兀术垂头丧气，只好准备离开汴京。

忽然，有一个太学生拦住金兀术的马头，用万分肯定的口吻对金兀术说："四太子不必走，汴京可以保住，岳少保马上就要退兵了。"

"岳飞用五百精兵就可以破我十万大军，京师百姓日日夜夜盼望岳家军，民心已去，何谓可守？"

"不然，"太学生解说道，"自古以来，从未有权臣在内，而大将在外立功的，岳飞马上就要大祸临头了，哪儿还能妄想成功呢？"

金兀术被这个无耻的太学生一点，茅塞顿开，满天乌云一扫而空。

正如这个太学生所料，岳飞一封又一封的捷报把高宗与秦桧吓得跳脚，万一岳飞真的直捣黄龙，高宗只有把皇帝宝座奉还老兄，秦桧的相位也不保了。因此，秦桧命令御史罗汝揖奏上一本，以"兵微将寡，民困国乏，岳飞深入，危殆万分"为名，下诏岳飞即日班师。

岳飞正准备进兵汴京，忽然收到一道莫名其妙、毫无道理的"退兵"圣旨，错愕吃惊之余，立即上奏："金人锐气沮丧，尽弃辎重，疾走渡河，而我豪杰向心，士卒用命，时不再来，机勿轻失！"

秦桧见岳飞不肯服从命令，先命令韩世忠、张俊、杨沂中、刘锜各返

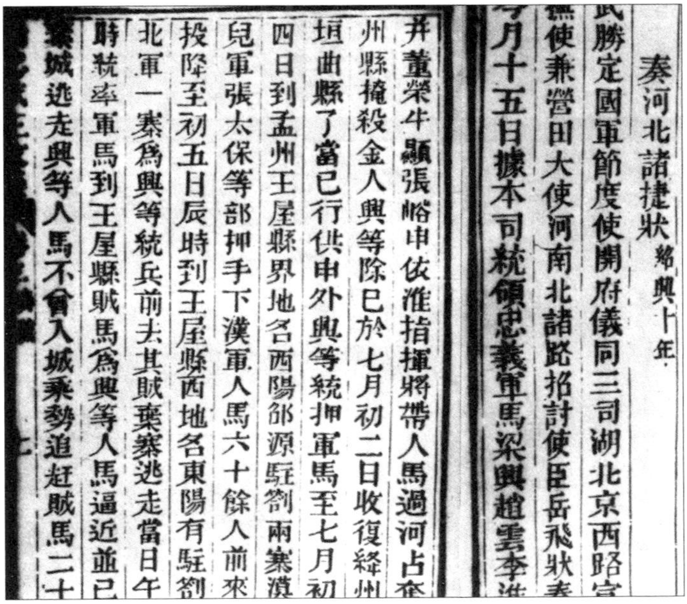
奏河北諸捷狀 紹興十年
武勝定國軍節度使開府儀同三司湖北京西路宣
撫使兼營田大使河南北諸路招討使臣岳飛狀奏
今月十五日據本司統領忠義軍馬梁興趙雲李進
幷董榮牛顯張峪申依准指揮將帶人馬過河占奪
州縣掩殺金人興等除已於七月初二日收復絳州
垣曲縣了當已行供申外興等統押軍馬至七月初
四日到孟州王屋縣界地名西陽部源駐劄兩寨潰
兒軍張太保等部押手下漢軍人馬六十餘人前來
投降至初五日辰時到王屋縣西地名東陽有駐劄
北軍一寨爲興等統兵前去其賊棄寨逃走當日午
時統率軍馬到王屋縣賊馬爲興等人馬逼近並已
棄城逃走興等人馬不會入城乘勢追赶賊馬二十

岳飞向宋高宗报告河北捷状。

防区，而且严厉命令秦、陇、四川将领不得轻举妄动，然后奏称：“岳飞孤军不可久留。”于是，在一天之内，朝廷连下十二道金牌，非把岳飞立刻召回来不可。

金牌是木牌上写着金字，为传递皇帝命令的一个凭证。当时的邮驿制度，除了青字牌的马递、红字牌的步递之外，还有一个传递最紧急公文的急递铺。传递的人骑着快马，一天走五百里，身上挂着铃铛，一路铃铃铃地奔驰向前。前一站的铺长听到了铃声，就赶快骑上千里马去迎接，就像跑大队接力一般。

秦桧一个时辰发一道金牌，用意非常显明，他要岳飞知道事态严重，别想用“将在外君命有所不受”置之不理。金牌一道道发下，沙金的字在阳光下光亮耀眼，路人望见莫不急急避路，让快马通过。除非军机重大之事，一向少用金牌的。

岳飞看着十二道金牌，心脏紧紧缩成一团，男儿有泪不轻弹，此时此刻，却再也忍不住热泪满面了。他嗟叹惋惜，痛心无比，向东行礼哭道：

“臣十年之力，毁于一旦，唉——”

河南的百姓听说岳将军撤军，先是不敢相信这个“谣言”，等大家发现不是开玩笑，岳家军真的在连战皆胜之后，被逼退军，成千上万的民众拥在岳家军的辕门外，哭着、闹着，哀哀乞求岳飞千万不要走。

到了退兵的那一天，父老们拦住岳飞的马头，一起俯伏在地上说：“我们都曾经头顶香盆，车载粮秣（mò），迎接官军，现在王师南撤，我们还有好日子过吗？现在疆土次第收复，你为什么忽然要放弃？”

岳飞也忍不住泪涟涟道：“我也不愿意走，但圣命难违。”说着，他把诏书拿出来给大家看。群众不得不相信皇帝确实颁发了如此荒唐的诏命，忍不住又开始嚎啕大哭。

千万人的哭声，震天动地，岳飞不得已，想出一个退而求其次的办法：“这样吧，汉上六郡还有闲田，我留下来五天，你们愿意跟我走的人，就迁到那边去吧！”几乎家家户户都愿意随军南迁，一直到现在，襄汉一带仍有许多当时移民的后代。

岳飞奉命还师以后，原来已经收复的地方，自然又先后失去，高宗又急召岳飞驰援淮西。这期间，岳飞因为受到十二道金牌的打击，心情郁闷，得了重感冒，咳嗽得很严重，却还是勉强出兵。高宗前前后后曾经写了十五封亲笔信给岳飞，但是由于路途遥远，诏命与奏报都错开了几天。后来，秦桧就利用这一点，诬赖岳飞得到高宗的命令，却不立刻发兵，有拥兵逗留之谋反意图。

淮西之战以后，高宗命令岳飞调回军马，自带亲随入朝，不但岳飞，连韩世忠、张俊也同时奉诏速赴临安，表面上的理由是淮西大捷，论功行赏，骨子里的原因是解除他们的军权，然后才可以进行和议。

金兀术自从吃了岳飞的亏，深深了解宋朝不易征服，军事前途未必乐观。宋高宗与秦桧除了担心岳飞胜利，皇位势必拱手让人之外，还有一个理由：宋朝开国之初即定下重文轻武的国策，严防军人跋扈，深恐养成五代时期骄兵悍将的局面，朝廷驾驭（yù）不住。

绍兴十年（1140 年）四月，韩世忠、张俊被任命为枢密使，岳飞被任命为副枢密使，三人都内调入朝。既然当了中央官，人就逗留在京师，地方上的军队，不能再由自己指挥了。事实上，枢密院是无事可做的，岳飞与韩世忠只得换上宽袍大袖的官服，戴上一字巾，骑着小驴，游山玩水，或者泛舟西湖，濯足钓鱼，景色虽然宜人，他二人的心情却有如铅块一般沉重。

张宪与岳云的冤狱

岳飞连战皆捷，宋高宗与秦桧担心他直捣黄龙，用十二道金牌逼岳飞退兵。不久，朝廷任命韩世忠、张俊为枢密使，岳飞为副枢密使，把三大将都留在京师。

岳飞、韩世忠虽然解除了兵柄，但是，军队归枢密院掌管，还有，他们的子弟对主帅都忠心耿耿，留着总是祸害，秦桧有意找个理由把他们搞垮。至于张俊，秦桧倒不担心，张俊多欲，早被秦桧收买。

岳飞是后起之秀，青年才俊，张俊早就看他不顺眼，淮西之役，张俊不顾大体，用缺乏粮草的理由阻拦岳飞，岳飞懒得计较，仍然进兵。后来，高宗嘉奖岳飞的赐札褒谕之中有一句："转饷艰阻，卿不复顾。"意思是说岳飞不顾转运粮饷困难。张俊做贼心虚，十分恼怒岳飞。

这一回，秦桧想先拿韩世忠开刀，把老大哥的兵权解除，再对付岳飞。于是，绍兴十一年（1141 年）五月，高宗下诏，命令岳飞会同张俊，一起到楚州安置韩世忠的部队。

张俊对岳飞说："这下子可好，皇上留住世忠，派你我二人去，就是要把他的军队分给我们，也免得他将来谋反。"

"这怎么可以？"岳飞立刻驳斥张俊，"国家所依赖的，就是我们几个，韩枢密是国家的柱石，他绝无拥兵自重之意，皇上也未必对他猜疑，你如果假公济私，分了韩枢密之兵，以后我们拿什么脸去见他？"

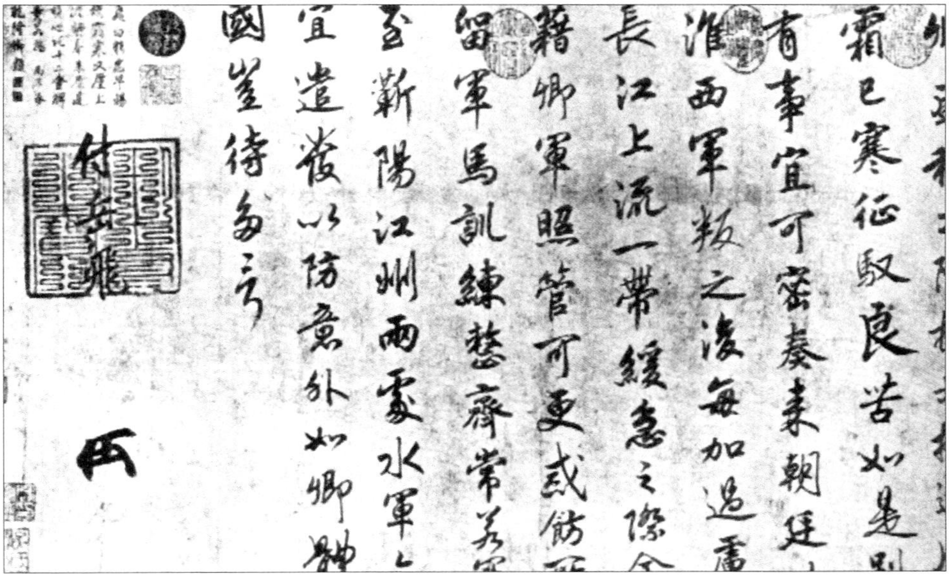
霜已寒征馭良苦如是則
有事宜可密奏來朝廷
淮西軍叛之後每加過慮
長江上流一帶緩急之際
藉卿軍照管可更戒飭
留軍馬訓練整齊常若
至蘄陽江州兩處水軍
宜遣發以防意外如卿
國之倚重
付岳飛

宋高宗赐岳飞手稿。

张俊被岳飞一番抢白，讷讷地说不出话来，他一向讨厌岳飞正气凛然的模样，现在更是一肚子的火。回到杭州以后，张俊就向秦桧猛吐苦水，埋怨岳飞自大骄傲，不肯合作。

岳飞眼见朝廷毫无是非可言，高宗远贤臣，亲小人，自己空挂着副枢密使的职位，没有一点意思，荣华富贵从来不是岳飞所向往的。所以，他上疏请辞副枢密使，返回庐山（今属江西省九江市），依傍着母亲的庐墓，过还我初服的日子。

岳飞准备自此不再过问世事，但是，秦桧可不会放过他，尤其金兀术在金朝皇统元年（绍兴十一年，1141 年）十二月曾经写了一封信给秦桧，信中讲得很清楚：“尔朝夕以和请，而岳飞方为河北图，必杀岳飞，而后可和。”除非岳飞先死，否则，一切免谈。看来，秦桧是非拔除这个眼中钉不可了。

秦桧、张俊先去收买岳飞的部下，开出极高的价格，诱惑岳飞的属下出来告发岳飞，但是，没有一个愿意为钱出卖他们崇拜的长官。

张俊听说王贵曾经差一点被岳飞处死，而且还挨过好几回军棍，想来一定怀恨在心，于是张俊去找王贵商量。

没想到王贵一口拒绝了，并且说："岳统帅为了维持军纪，不得不如此，你不提，我早忘了。"

"你最好不要忘记，我手上可是握有你犯罪的证据。"张俊阴险地笑着。

王贵抢过证据一看，当场急得脸色惨白。原来，他在酒后做过一件不道德的事，被人告发，落在张俊手中，至于王贵到底干了什么缺德的私事，史书上并没记载，总之，王贵被张俊抓住了把柄，只有乖乖听命。

接着，张俊又找到了王俊担任诬告的主角。

王俊是何许人也？他原是范琼被处死之后，拨到岳家军旗下的，此人专门兴风作浪，挑拨是非，是个十足的小人。岳飞屡次有意重重处罚王俊，王俊怀恨在心，同时，岳家军中的副帅张宪，一向带兵严格，王俊也颇为不满，张俊就利用了王俊报复的心理，安排了一着毒计。

王俊谎称张宪准备占据襄阳府叛变，王俊自己也是叛变中的一员，现在幡然悔悟，向王贵自首。王贵有小辫子捏在人家手中，不得不把自首状上报到枢密院，这下就落到了枢密使张俊手中。案情升高，张俊亲自审问张宪。

"张宪，你不是收到了岳云的信，要你反叛朝廷？你赶快老老实实招出来。"

张宪一头雾水，他根本没接过岳云任何信，大声地反问："请问，岳云的信在哪里？"

"岳云的信是给你的，要你起兵，让岳飞再握兵权，你不自首，反问我信在哪里？"张俊反正是栽赃。

"什么人看到岳云写给我的信？"张宪气得浑身发抖。

"反正，不打是不招，来，给我打！"

张宪就被拖了下去，给打得遍体鳞伤，全身都是血，几度昏眩过去，但是张宪是个硬骨头，怎么样也不肯诬赖岳云。

眼看着，再打下去，就要闹出人命，张俊便下令，将张宪关入大牢，然后捏造了一张口供，交给秦桧。

接着，张俊派人把岳云绑来，大刑伺候，岳云也被打得不成人形，同样被关入大理寺狱之中。

秦桧、张俊的毒计是，儿子犯法，老子也脱不了关系，岳飞是主谋，岳云只是帮凶，当即派遣殿前兵马部指挥使杨沂中到庐山逮捕岳飞归案。

岳飞早就知道这一切阴谋都是冲着他而来，当杨沂中到了庐山之后，岳飞坦坦然笑着说“皇天后土，可表此心”，便跟着使者来到杭州。

“莫须有”下的牺牲者

秦桧与张俊安排了一着毒计，把张宪、岳云逮捕下狱，然后逼岳飞自庐山赴杭州对质。

岳飞一到杭州，住进宾馆，便被秦桧安排的人带到大理寺。秦桧派了周三畏、何铸主审此案。

“岳少保。”周三畏和缓地叫了一声。

岳飞徐徐抬头，神态自若，二十年来，赤心保国，他不必害怕。

“岳少保是否与张宪通信，要他据襄阳叛变？”

“果有此意，何不在朱仙镇大捷之后发动兵变，而要在隐居庐山时再发动？”

何铸道：“张宪的口供都有了，令郎岳云也招认了。”

不久，锁链的声响，自远而近，一串串的铁链落在地上，铿铿锵锵，接着是微弱的呻吟声，岳飞转身一看，堂下两个犯人披枷戴锁、赤头露脚、面目模糊，已不成人形，再仔细一看，那不是张宪与岳云吗？

岳飞忍不住怒发冲冠、血脉偾（fèn）张：“岳飞赤胆忠心，无负国家，天地共察，张宪、岳云无罪，你们不可以陷害忠良。”说着，岳飞突然除去冠带，脱下袍服，转身向外，高声地说：“先母在世，为恐岳飞一时摇惑，有误国家，在岳飞背上刺了四个大字。”

那正是四个鲜红赤字——“尽忠报国”，深深印在皮肤里。周三畏首先

岳母刺字，岳庙组塑。

肃立致敬，何铸也手足无措，满堂胥吏狱卒都感动不已，甚且有低低的饮泣之声。

周三畏是主办此案的大理寺卿，乃办案老手，他看得很清楚，这是一出奸臣诬害忠良的丑剧，不愿意插上一脚，当天夜里整备行装，携家带眷，悄悄地离开了杭州。

至于何铸，他比较有胆量，竟然跑去找秦桧，说明岳飞是冤枉的，秦桧极为不悦道：“这是皇上的意思。”

何铸说：“我不是只为了区区岳飞一人来说话，现在强敌未灭，无故损失一员大将，失士卒心，非社稷之长计。”

秦桧恨不得把周三畏、何铸都剁成肉酱，这两个人不听话，秦桧就改任万俟卨（mò qí xiè，万俟是复姓），此人不但手段毒辣，而且与岳飞还有一段过节。

岳飞平定杨么之后，万俟卨出差到湖北，为了巴结岳飞，建议岳飞足兵、足财、树威、树人，就是扩充私人兵力、谋求财源开发，借词杀中央官员、向社会示威，以及遍布亲信，到处安插自己的人。

岳飞是一个何等光明磊落的君子，他如何听得进这种自私自利的主张？当场就把万俟卨痛骂了一顿："我不是拥兵自重、割地称雄的人，你最好免开尊口。"万俟卨十分不痛快。

于是，再次审判，万俟卨就多方罗织罪名，他狞笑地问岳飞："你说无心造反，你还记得数年前你游天竺寺在壁上留言，其中有'寒门何载富贵'，这是什么意思？莫非你有非分之想？

"还有，你曾经向人夸耀'三十二岁为节度使，自古罕然'，你可知道宋太祖也是三十二岁做节度使的？"

岳飞冷笑不语，这种无聊的文字狱，实在不值一辩。万俟卨又说，岳飞曾经长叹："天下事，竟如何？"张宪的回答是："在相公处置耳。"这也表示心谋不轨。最后，岳飞攻打淮西时，高宗给他的亲笔信，秦桧先派人搜岳飞家，把信没收了，再诬赖岳飞不立刻发兵，有谋反意图，既然信不见了，信上的日期无从查考，又成为诬陷的理由之一。

万俟卨对岳飞百般拷打，逼他招认，岳飞终无一语，凛然不可屈。

岳飞此时，早已是民间的英雄，民众着急地集会、发传单、写招贴，士人刘允升上书为岳飞喊冤，被逮捕之后，被活活打死。

皇室宗正赵士卿集合百人，上表高宗，愿以性命保释岳飞，结果被以"包庇叛徒"为理由，窜死建州。这就是伟大的高宗皇帝做的好事，眼睁睁看着这一幕悲剧上演。

大将韩世忠此时心灰意懒，早已不过问世事，此时也捺不住跑去质问秦桧："岳飞与张宪通信的证据在哪儿？"

秦桧说："信被他们烧了，不过，这个证据是莫须有。"

韩世忠火大了，他愤愤地说"莫须有三个字，如何服天下人心？"，遂拂袖而出。

岳飞入狱期间，高宗派魏良臣为求和特使，到汴京报告这个"好消息”。金国便把准备好的条件开示出来。如此一来，岳飞更非死不可了。

据说，由于民意沸腾，秦桧也颇感棘手，有一天晚上，他一人独坐书房之中，把玩着柑皮，用指甲在柑皮上一道一道地划着，若有所思。

秦桧的妻子王氏，素来以阴险著称，在窗外窥见，笑盈盈地走进来道：“老汉，捉虎容易放虎难也，你怎么还不决断？”

于是，他二人取来黄柑，小心地把柑肉剜出，留下一个空心柑皮，把处决岳飞父子及张宪的手谕塞入柑内，送入大理寺狱中。

绍兴十一年（1141 年）十二月二十九日，岳飞惨死狱中，只有三十九岁。《宋史·岳飞传》叹惜岳飞的被杀说：“呜呼冤哉！呜呼冤哉！”岳飞虽冤死，但他的尽忠报国，天日昭昭，流芳百世，永垂不朽！

谁是杀死岳飞的主谋者

绍兴十一年（1141 年）十二月二十一日，宋金达成和议，宋朝割让唐、邓二州及陕西的一半给金，宋岁贡金银二十五万两，绢二十五万匹，高宗向金主称臣，金归还宋徽宗梓宫及高宗生母韦太后。

屈辱的和议既成，岳飞父子非死不可，十二月二十九日，张宪、岳云在刑场被斩首，岳飞死在狱中。

狱卒隗（kuí）顺很同情岳飞的冤狱，他悄悄把岳飞的尸首背了出来，出了城，埋在九曲丛祠，并且种了两棵橘子树在坟上做记号，他谁也没说，事实上万一泄漏消息可是要大祸临头的。

隗顺临死之前对他的儿子交代："我相信以后朝廷一定会为一代忠良昭雪冤屈，我等不到那一天了，到那时候你再说出来，岳元帅腰下佩有一块玉，可请岳家的人辨识。"

高宗之后到了孝宗时代，果然追复岳飞原官，以礼改葬，悬赏找寻岳飞的遗骸（hái），隗顺的儿子这才说出秘密。

岳飞的死，表面上是秦桧下的毒手，秦桧也被骂惨了，其实，最最可恶的不是秦桧，而是信任秦桧、任命秦桧的宋高宗。当岳飞被关在监狱中，忍受狱卒像雨点般的捶打，他心中一声声呐喊着："皇帝在哪里？"

对啊！宋高宗在哪儿？就眼睁睁地看着国家的忠臣遭受酷刑，含冤而死？许多人都说，高宗被蒙蔽了，他如果事先知道，绝不忍心岳飞遭此毒手。就算高宗事先不知情，岳飞死了他总该清楚吧，他为什么不处罚杀害岳飞的秦桧？让我们看一看岳飞死后秦桧的结局：

根据《宋史·秦桧传》的记载，绍兴十五年（1145年），高宗赐给秦桧一栋漂亮的房舍，宏伟壮观，里面富丽堂皇，且有一流的教坊乐队。过了两个月，高宗亲自拜访秦桧府第，秦桧的妻子儿孙都受到加恩，高宗还亲笔题了“一德格天”的匾额送给秦桧，用以褒扬秦桧之“德”。

绍兴十六年（1146年），秦桧设立家庙，高宗赐给祭器。所谓祭器是古代举行祭礼时盛放祭品的礼器，多用铜铸成，在秦桧之前从未有将祭器赐给将相之例。绍兴十七年（1147年）高宗改封秦桧为益国公，十九年（1149年）高宗下令为秦桧画像，他还亲自写赞语。绍兴二十五年（1155年），秦桧因病去世前，高宗特到病床前问候，伤心得眼泪都要掉下来了。

总而言之，秦桧生前死后，高宗对他的宠信不减，秦桧不但没有遭到什么报应，而且还活到六十六岁，这似乎很不公平，所幸，天地之间尚有正义之气，善良的中国人恨透秦桧，因此有人称油条为“油炸桧”，以泄其愤。

在宋朝人的笔记之中曾记载秦桧东窗事发的故事：

据说秦桧夫妻有一回上灵隐寺烧香，忽然发现墙上有一首诗：“缚虎容易纵虎难，东窗毒计胜连环；哀哉彼妇施长舌，使我伤心肝胆寒。”说的正是秦桧与其妻在东窗下设计陷害岳飞之事。（请参考上篇）

后来，秦桧死了，王氏某日正心神恍恍惚惚，坐卧不安，忽然一阵阴风，吹得她毛发皆竖，抬头一看，却见牛头马面，引着一班鬼卒，赤发獠牙，各执铁棍，秦桧披枷戴锁，走近前来，对王氏说：“我好苦啊！”王氏吓得魂飞魄散，冷汗直流，秦桧只说了一句：“东窗事发了。”

以后，“东窗事发”四个字就被用来形容阴谋败露。

秦桧生前，也许没有尝到东窗事发的报应，但是在他死后，他与王氏、张俊、万俟卨却被铸成了铁像，日日夜夜跪在“宋岳鄂王墓”之前，墓旁刻有“尽忠报国”四个字，墓门有联“青山有幸埋忠骨，白铁无辜铸佞臣”。

杭州西湖边上，秦桧、王氏长跪于岳王庙前。

到了明朝，这四个赤身反缚的铁像，早被游人打碎，万历四十年（1612年）重修，不久，又被村民打落铁头，雍正年间重铸，这一回，竟然以白铁不能被四个恶人所污辱，而改用熔化叛逆盗贼的兵器来铸成。

岳飞冤狱平反之后，孝宗淳熙五年（1178年），赐给岳飞“武穆”的谥号。武是折冲御侮，穆是布德执义，所以后人尊称岳飞为岳武穆。绍兴三十二年（1162年），孝宗特准以临安府的显明寺充任岳飞功德寺，以后历朝历代自己绘像和立庙祭祀者不计其数。

现在台湾宜兰有岳武穆庙，其他如新竹有武圣庙、嘉义新港有精忠庙，都是因为崇敬岳飞而建立的。日月潭的文武庙，祭祀孔子、关羽、岳飞，花莲太鲁阁也有岳王亭。

岳飞三十九岁，英年早逝，他的肉体生命很早就结束了，但是他在中国历史上所扮演的精神生命却没有了结，他为后代树立了一个了不起的精神典范。

岳飞十九岁从军，三十九岁被杀，他没有拯救国家，甚且连自己都救不了，可以说是一个悲剧英雄。中国历史上成功的英雄，多得不可胜计，例如田单、卫青、霍去病、郭子仪，但是，无疑的，他们的普遍度和受尊敬度远不及关公、岳飞，为什么？难道中国人不喜欢成功？

岳飞，杭州西湖岳庙塑像。

不是的，中国常常不以最后的结果是成功或失败来论定英雄，而是重视他们一生之中那种“富贵不能淫，贫贱不能移，威武不能屈”的奋斗精神与节操。岳飞那种“文臣不爱钱，武臣不惜死”的原则与作风，也正是值得世世代代效法的。

这套《中国历史故事》花费了庞大的时间、心力、篇幅，竭尽所能地介绍一代伟人的英勇事迹。写到岳飞含冤，秦桧得逞，我自己数度哽咽，气得写不下去。希望点点滴滴的小故事能鼓励读者以岳飞为榜样，尽忠报国，万死不辞，为人间留一股正气。让我们大家彼此互勉！

中国历史故事

珍藏版

吴姐姐◎著

9

南宋

1127—1279年

江西教育出版社
JIANGXI EDUCATION PUBLISHING HOUSE
·南昌·

李清照（1084—约 1155 年），清崔错绘。号易安居士，齐州章丘（今山东济南市章丘区西北）人。出身文章之家，自幼天分过人，十一岁时，初试章句，深得文坛领袖晁补之赞誉；十八岁时嫁才子赵明诚。赵明诚敬服她才气，称清照“清丽其词，端庄其品”，两人相爱相知，堪称人间仙侣，一起度过了二十八年极美好的时光。靖康之变后，举家南渡，不久，赵明诚病逝，李清照悲伤欲绝，写下“十五年前花月底，相从曾赋赏花诗。今看花月浑相似，安得情怀似往时”悼念亡人。之后李清照再嫁的张汝舟，却为一无行文人。李清照不甘命运，借举报张汝舟不法行为，得以脱离，之后，李清照辗转飘泊，终老江南。李清照一生成就，多在于词，她是中国文学史上最伟大的才女，后人将她与李白、李煜合称“词家三李”。

——见《赵明诚、李清照艺术仙侣》

朱熹（1130—1200 年），佚名绘。字元晦，祖居徽州婺源（今属江西）。自小聪慧，初学《孝经》，即极有心得，亲手写下眉批："不如此，非人也。"一副小圣人模样。十九岁中进士，为官三年，即返乡勤研学问，三十岁后，开始著述，之后一直修书不辍，终成中国最有名望的理学大家。宋代理学，糅合儒、道、佛三家思想，但并非富国强兵之道，而是以学问修养来挽救人心社会，故朱熹一生成就，不在政治，而在于讲学著述、研究圣贤的经训。他生前名动朝野，死后，他所编注的《四书章句集注》被元、明、清三朝定为参加科举考试必读的注本。他是南宋以来影响中国学术史最大的学者。

——见《理学大师朱熹》

宋理宗（1205—1264 年），选自《乾隆年制历代帝王像真迹》。即赵昀，南宋第五位皇帝。原名赵与莒，出身宗室，幼年居于民间，因极偶然原因，被丞相史弥远接入沂王府，改名赵贵诚。之后，因史弥远与宁宗属意的太子赵竑不合，宁宗死时，史弥远矫诏立赵贵诚为帝，赵贵诚再改名赵昀，即宋理宗。理宗即位初年，受制于权相史弥远，史弥远死，理宗又重用其侄史嵩之，俱非端人，晚期朝政更落入奸相丁大全、贾似道之手，政治江河日下。

——见《丁大全用事》

宋度宗（1240—1274 年），选自《乾隆年制历代帝王像真迹》。即赵禥，南宋第六位皇帝，宋理宗之侄，封忠王，自幼多病，呆笨畏事，赖奸相贾似道之助，登上皇位。即位后，沉溺酒色，贾似道乘机弄权，将度宗玩弄于股掌之中。贾似道自居西湖葛岭之中，以斗蟋蟀和搜括天下为最大乐事，并动辄以辞官相要挟，度宗则总是卑躬屈膝地挽留，特许他十日一朝，且每次退朝，度宗总要离座目送他走出大殿，才敢坐下。由于政治日昏，天下骚动，百姓流离。宋度宗死后两年，蒙古大军即攻入都城临安，南宋名存实亡。

——见《半闲堂与多宝阁》

关于蒙古人，最早的记录出自《旧唐书·北狄传》。蒙古人最初生活于今中国黑龙江西北及今蒙古国东部一带辽阔的草原和戈壁之上，以游牧、狩猎为生。草原空阔无垠，蒙古人终其一生，生活于马背之上，性情剽悍，来往飘忽。金人和蒙古人毗邻，担心蒙古人会成为金人的强敌，于是每年派兵北剿，名为“灭丁”，蒙古人因此牺牲了众多健儿。但蒙古人的真正灾难却在于内部部族林立，互相攻杀，大敌压境时，各自为战。成吉思汗统一蒙古各部落后，蒙古人才形成强劲的势力，组建起大军，征伐四方，建立旷绝古今的功业。图中为蒙古大军越过河流，开赴远方。

——见《倒霉山战役》

成吉思汗（1162—1227 年），选自《乾隆年制历代帝王像真迹》。本名孛儿只斤·铁木真，成吉思汗是他建立蒙古汗国后所称。铁木真自幼丧父，自己也曾为仇家所获，九死一生。经过艰苦卓绝的争战，铁木真崛起于草原，建立蒙古汗国，之后率师陷金中都，西征花剌子模，横扫欧洲，平灭西夏，最后逝于征西夏军中。铁木真自任蒙古本部可汗至去世，纵横天下，所向无敌。成吉思汗统治了难以数计的大小种族，享有无比的权威，后世誉者颂其为天神，毁者诅其为魔王。不可否认的是，他有决断、有魄力，恩怨分明，赏罚必行，极有知人之明、容人之量，才能创建伟大的蒙古帝国。

——见《成吉思汗灭西夏》

目录

陆游梦断沈园

介绍完了岳飞的故事，我们可以明明白白体会那个时代的悲哀，读书人眼见国事危急、奸臣当道、人民痛苦、河山破碎，无不深深感到悲痛与愤恨，无可奈何之中，便把一腔澎湃的感情宣泄在诗词之中，写下了许多优秀的文学作品。我们首先要介绍的是号称南宋第一诗人的陆游。

陆游生于宋徽宗宣和七年（1125 年）十月，当时他的父亲陆宰出任淮南计度转运副使，带着怀孕的妻子唐氏乘船上任。半途之中，天昏地暗，风大雨急，船靠岸时，唐氏临盆，产下一子，即为陆游。

由于前一天夜晚，唐氏梦到北宋大词人秦观（字少游），陆宰遂以“游”为儿子命名，并且后来还为陆游取了“务观”为字，由此可知，陆母原本也是知书达礼之人。后来，陆母却成为虐待媳妇的恶婆婆中的典型代表人物。

陆游的表妹唐琬（wǎn），字蕙仙，两人是青梅竹马的玩伴。二十岁那年，陆游与唐琬成亲，亲上加亲，真可说是神仙眷属。唐琬原是陆母的侄女，但是陆母打心眼里厌恶唐琬，到底为什么，说法不一。

有人说，陆游与唐琬过于恩爱，引起了陆母强烈的妒忌心。

有人说，唐琬婚后，迟迟未有子嗣，成为一大罪状。

还有人说，唐琬父亲过世之后，唐琬后母想把她嫁给地主曹慕义为妾，唐琬不肯，逃了出来，表兄妹重逢，暗许终身，以凤钗为凭，因此陆母颇为不悦。

甚且有谓，陆母信佛教，每月初一、十五必到庙里烧香。有一次，唐琬跟了去，她美丽脱俗，被富家子卢士俊看上，卢士俊遂央托庙中六根不清净的住持妙因相助，妙因向陆母进谗言，说唐琬的命太硬，陆母深信不疑。

有一天，陆母沉着脸对陆游说："我要你把唐琬休掉！"陆游一听此言，差一点没昏了过去，却又不敢违抗母命，只好阳奉阴违在外头赁（lìn）了一间房子，让唐琬搬出去住。

唐琬迁居之后，陆游整日精神恍惚，愁眉苦脸，只有偷偷溜出去与唐琬见面之时，一颗哀伤的心才能够暂时得到慰藉。可是，即或是这般委曲求全也支持不久，好事者告密后陆母大发雷霆，逼得陆游写了休书，并且将陆游当成囚犯一般看管。

陆母为了杜绝后患，替他迎娶了王氏做第二任妻室，陆游身不由己，心情苦闷，时常到山上找老僧惠迪聊天，常感人生乏味。唐琬不久亦改嫁同郡宗室赵士程。赵士程温柔体贴，唐琬却是郁郁寡欢。

陆游与唐琬相隔愈远，彼此的影像却更加完美而逼真，这一份沉痛的感情始终在心里燃烧着。

十年后，陆游赴沈园散心，竟然意外地遇到唐琬。

沈园位在绍兴南方不远，极池台之胜，繁花如锦，新柳吹棉，是著名的游览胜地。两人不期而遇，都呆住了，想开口，却不敢讲话，更何况，唐琬的夫婿赵士程还在旁边，于是，从来未曾愈合的伤口又裂开了，鲜血泉涌。

双方尴尬地避开视线，陆游失魂落魄地跌坐在石椅之上，危危颠颠地倒酒、饮酒，忽然有个小厮送来酒菜。陆游迷迷糊糊地问："谁送来的？"

"就是带家眷赏园的赵相公。"

陆游心中酸涩，踉踉跄跄站了起来，在墙壁上题了一首传诵千古的《钗头凤》：

红酥手，黄滕酒，满城春色宫墙柳。东风恶，欢情薄。一怀愁绪，几年离索。错、错、错。

春如旧，人空瘦，泪痕红浥（yì）鲛绡透。桃花落，闲池阁。山盟虽在，锦书难托。莫、莫、莫。

据说，唐琬见了，伤心激动不已，也和了一首：

世情薄，人情恶，雨送黄昏花易落。晓风干，泪痕残。欲笺心事，独语斜阑。难、难、难。

人成各，今非昨，病魂常似秋千索。角声寒，夜阑珊。怕人寻问，咽泪装欢。瞒、瞒、瞒。

沈园一晤（wù），陆游、唐琬又重温了这段不幸的历史，唐琬既不甘心受命运的拨弄，又不敢冲出世俗的樊笼，四年之后，与世长辞。

唐琬死了，陆游再也见不到伊人倩影。陆游对沈园更加萦怀难忘，他每每找机会入城登禹迹寺眺望，朦胧中仿佛又见到心爱之人。

六十八岁那年秋天，枫叶初初转红，他又来到沈园，园已易主，以前刻在墙上的诗句因为时代久远而模糊了，新任园主

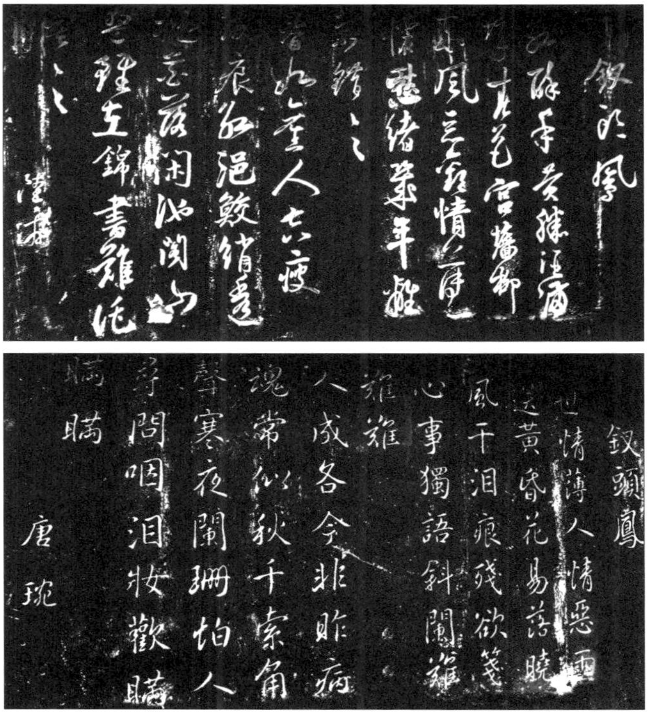

沈园中陆游、唐婉《钗头凤》壁刻，摄于沈园。

又把它重新刻在石头上。陆游感慨地低吟："林亭感旧空回首，泉路凭谁说断肠？"

七十五岁时，陆游又眼巴巴回到沈园，经历了人世沧桑，他的感触更加悲凉，所谓是："伤心桥下春波绿，曾是惊鸿照影来。"

八十一岁时，陆游已是老态龙钟，走也走不动了，却仍然日日夜夜思念着唐琬，他写了两首《十二月二日夜梦游沈氏园亭》的绝句。

一直到陆游临终前两年，他仍然日日记挂沈园。

沈家园里花如锦，半是当年识放翁。也信美人终作土，不堪幽梦太匆匆。

当年的一切，如今只剩下一帘幽梦，陆游的痴情真令天下有情人同声一叹！

家祭毋忘告乃翁

陆游对表妹唐琬是死心塌地，一辈子坚贞到底。他对国家、民族更是一片痴情，忠心耿耿，为后人所赞美不已。

陆游的爱国情操，应该归功于他的家庭教育！

他的父亲陆宰，原本在徽宗时担任京西路转运副使，后来，因为小事被御史徐秉哲参了一本。徐秉哲在弹劾陆宰的时候，是义正词严的一个铁面御史，可是不久，便暴露了他的小人本色。宋钦宗向敌人投降以后，徐秉哲帮助金人大肆搜括汴京（东京开封府，今河南开封市），被金人任命为开封府尹。

靖康元年（1126 年）秋冬之间，陆宰带着全家大小南归，沿路兵荒马乱，陆游正在学步阶段，只要听到一声“番兵来了——”，众人都急急躲入草堆中，往往一躲就是十天半月，如此的童年往事，给陆游留下相当深刻的印象。

陆家回到了江南，暂时获得喘息的机会。陆宰看到秦桧等比徐秉哲更阴险，为了个人利益，出卖国家，出卖民族，心痛万分。

陆宰常带着陆游赴朋友周侍郎及给事中傅嵩卿、参知政事李光家中聊天。他们愈谈愈激昂，愈谈愈愤怒，又充满了莫可奈何的无力感，最后总是大伙儿抱头痛哭，虽然餐桌上准备了佳肴美食，却是咽不下去。

陆宰回到家里，喉咙仿佛塞了一块东西，实在是毫无胃口。陆游渐渐长大了，经过患难折磨的孩子比较早熟，他把一切都看在眼中，小小心灵之中也是又气又恨又怒，同时也种下了强烈的爱国种子。

陆宰在心灰意懒之际，百般无奈，除了读书写字，把全副心力都花在教儿子功课上面，《宋史·陆游传》中说陆游“年十二能诗文”。

小时候的陆游看起来是个不折不扣的书呆子，他对书本着迷万分，时常饭冷了、菜凉了，家人怎么呼唤他都埋首在书海之中；真的饿得受不了，他随手拿起一块饼，就着书本，竟觉得是美味的紫驼峰。到了晚上，夜深人静，他舍不得去睡，不知不觉中听到了远方的鸡鸣。这样的废寝忘食，使陆游得了一个绰号叫“书癫”。

“书癫”长大了，满腹学问，赴临安（治今浙江杭州）参加考试，当时是绍兴二十三年（1153 年），陆游二十九岁。

此次的主考官是陈阜（fù）卿，他一见到陆游的卷子，大喜过望，立刻取为第一名。

不料秦桧的孙子秦埙（xūn），也参加了这次考试。秦桧曾经暗示陈阜卿，应该让他的爱孙取第一，谁知这个主考官不开窍，秦桧大怒，气得差一点把陈阜卿给杀了。

第二年，礼部考试，主考官仍然把陆游列在前面，但陆游却遭秦桧除名。秦桧把自己的子侄亲戚录取了一大堆。这就是大奸大恶的秦桧，一点也不奇怪。

陆游运气不佳，莫可奈何，但是陆游对这位赏识他，又因为爱才而遭斥的主考官念念不忘。后来陆游还写了一首七言律诗，赞美他是天下英雄。

在那个时代，凡是稍有些许良知的人，莫不对秦桧恨之入骨，陆游曾经在《老学庵笔记》之中记载一件刺秦案，写得相当有趣。

绍兴二十年（1150 年）正月，有一位殿前司军人施全，乘着秦桧入朝，手握斩马刀在望仙桥下埋伏，见秦桧轿子经过，挥刀一砍，砍断了轿子的柱子，秦桧毫发未损，施全被捕。

施全被斩首示众时，围观的人个个摇头叹息，有一个看热闹的说：“这家伙成不了事，该斩，该斩！”说得正在难过的人们都笑了起来，也可见人人都厌恶秦桧到达了极点。

陆游仕途不遇，他安贫守拙地自耕自读，直到孝宗即位。孝宗有北伐中原之志，非常赏识陆游的才华，赐他进士出身。陆游一方面有感于孝宗知遇之恩，另一方面又秉持素来爱国之志，全力以赴，直言极谏，三番两次地得罪触怒了皇帝，被贬为镇江府通判。

陆游一生，前前后后五次被罢官，所谓是“功名富贵两茫茫”，却不改报效国家的心意。他甚且学剑，老是做“三更抚枕忽大叫，梦中夺得松亭关”的美梦，醒来之后，对着枕头长叹不已。

六十二岁那年十月十三日夜晚，他梦到一个草木丛生、狐兔出没的奇异地方，太阳映照着仙人掌，他看到一处突起的大冢。人家说，这是荆轲之墓，陆游忆起荆轲刺秦王的悲烈，内心十分倾慕，也许潜意识之中，他想要效法荆轲，为国除奸。

现实生活中的困顿，促使陆游更一头栽入书堆之中，他见到书就眉开眼笑，不惜典卖衣物来购书，又喜欢做一些贴贴补补的工作。到了后来，桌前床上，前前后后，到处是书。有朋友来找他，先是进不去，进去了

陆游，清任熊版画。

又出不来，绕来绕去全是书，宾主相视而笑，因此五十八岁之后，陆游把自己的书斋称为“书巢”。

晚年的陆游生活简朴，他泛舟、采梅、散步、赏月、骑牛吹笛，衣服脏了不洗，头发披散着不梳，和小孩子们玩耍，因此自号“放翁”。

陆游最大的成就当然在诗词，他说:“文章本天成，妙手偶得之。”无论是愤慨奔放或闲适恬淡的诗，他都写得“浅中有深，平中有奇”，精彩极了!

当然，他最脍炙人口的，还是在临死之前，念念不忘国家，叮咛儿子在中原收复之日，千万要告诉他：

> 死去元知万事空，但悲不见九州同。王师北定中原日，家祭无忘告乃翁。

这是一个多么伤心的遗言，这种精神却又是何其壮烈，他是如此悲痛地期望着，却也成了永久的遗恨。在他死后六十多年，宋朝灭亡。

虞允文的采石之捷

宋金和议之后，双方维持了十年的和平。金熙宗被杀，金主完颜亮即位之后，战争再起。

金熙宗在少年时代，颇有些朝气，也曾读过《论语》《五代史》等书，到了晚年，沉湎于酒精之中，又特别喜欢杀人，金太祖、金太宗的子孙几乎被他杀光。

完颜亮是金太祖的庶长孙，他约集了左丞相与右丞相在皇统八年（1148 年）某个夜晚，偷偷摸入内宫，一刀刺中熙宗。鲜血溅了熙宗一头一脸。完颜亮被拥为帝，改元为天德。

完颜亮即位之后，比金熙宗更为残暴，他好大喜功，先迁都于燕京，并改燕京为中都，准备一步一步向南发展。

完颜亮小时候读汉人的书，就对南朝兴趣浓厚，江南的衣冠文物，向来是他所向往的，他曾经派遣画工混在前往南宋的使节团之中。

画工回来，依照记忆画了一幅《临安湖山城郭图》，这个不稀奇，稀奇的是画工听从完颜亮的指示，把完颜亮画在吴山山巅，策马而立。

完颜亮非常喜欢这幅画，左看右看，自得万分，他还题了一首诗："万里车书尽混同，江南岂有别疆封。提师百万西湖上，立马吴山第一峰。"

干瘾过够了，完颜亮蠢蠢欲动，再加上吏部尚书李通在旁边不断地煽火，盛赞江南如何富庶，子女玉帛（bó）如何众多，完颜亮遂决定干了。

在宋朝方面，国子司业黄中自金朝归来，上奏高宗："金人治理汴京，有准备南下之意，不可不防备。"宰相汤思退立刻贬斥黄中。汤思退这个名字取得真好，一天到晚只想退。

第二年，礼部侍郎孙道夫出使金朝，回来又奏称金朝有南征之意图，宋高宗十分不悦，道："朝廷对待金人甚为优厚，他们有什么借口？"

"弑（shì）君夺位的人，本来用不着什么借口！"

孙道夫说的是实话，高宗却听不进去，为了消除不快，他立刻将孙道夫贬至四川绵州，但是心中还是毛毛的，于是，再派王伦使金。

假如说实话，不免会遭到贬斥的命运，王伦当然编了一套谎言："邻国恭顺和好，别无他事，而且感谢陛下威德不尽。"话还没说完，汤思退等立刻欢呼称贺。

金正隆四年（1159 年），完颜亮大举南征，准备一举消灭宋朝，他连克庐州（治今安徽合肥）、和州（治今安徽和县）、扬州，后在采石（今安徽马鞍山市西南）对岸筑起高台，台上摆了两面绣花大旗，中间张开黄伞，他自己披了黄金甲，设立祭台祝告天地，杀了一匹黑马祭天。

宋朝这边，节节败退，刘锜老病，王权撤守，高宗特派叶义问与虞允文分往前方视师。

虞允文字彬甫，政和年间进士，他以孝顺著名，母亲过世之后，朝夕在墓旁痛哭。墓旁边有一棵桑树，飞来两只乌鸦在此筑巢。中国人一向认为乌鸦有反哺报恩的美德，乡里之人都认为乌鸦是被虞允文感召而来的。母亲过世之后，父亲单独一个人，十分寂寞，又老又病，虞允文为了陪伴父亲，朝夕不离左右，一直在父亲身旁守了七年，等到父亲过世以后才出来做官。

忠臣多出于孝子之门，虞允文后来担任秘书丞、礼部郎官，都十分尽责；他也曾出使金朝，完颜亮送别时，曾经含义深刻地说："我将到洛阳看花。"虞允文回来，立刻上奏加紧整修沿海军备，可惜高宗不听。

江南战争失利，虞允文赴前方犒军，到了采石，只见官军三三两两，无精打采，解鞍束甲坐在道旁休息。他立刻整编部属，召集诸将，并且拿出金帛道：“金帛、诰命都在这儿，你们赶快立功，这些都是大家的了。”诰命指的是任官的命令。

残兵败将本来毫无斗志，被虞允文一激励，立刻又精神抖擞。

有人悄悄对虞允文道：“虞公受命犒（kào）师，不受命督战，万一坏了事，你难辞其咎。”

虞允文不理会劝他明哲保身的建议，他把南岸兵船分为三组，先引诱金人将船只引至中流，然后出兵突击，以海鳅船冲击敌舟，并且使用了霹雳炮轰击金船。火药是中国古代四大发明之一，霹雳炮在当时一定是很新鲜刺激的玩意儿，可惜中国古人重视人文，轻视科技，没有记载得太详细。这一仗，金兵大败，就是历史上著名的“采石之捷”。

金军正在闹哄哄地作战之时，忽然传来消息，东京政变，金世宗即位。完颜亮本来准备撤兵北返，平定内乱，后来想想，不如得胜而归比较威风，

宋代兵船——走舸，宋《武经总要》插图。

遂放弃采石，驰赴扬州，准备从扬州向南攻。

虞允文得到消息，又立刻赶往京口（今江苏镇江），在江面举行阅兵，命令战士试验踏车船，往来江面，驰骤如飞，壮观极了。踏车船是当时新制的一种机器轮船，是用轮子打水，远比用桨橹的便捷。

金兵见了，大惊失色，飞报完颜亮。完颜亮昂头笑道："纸糊的船，有什么好怕的，我一击即碎！"

有一员大将跪奏："敌方有备，不宜轻视，请陛下暂驻扬州，暂缓进攻。"完颜亮以其阻挠进军，重打五十大板，并且限令："三天渡江，谁敢不渡，砍谁的脑袋。"

金兵窃窃私议："后有淮河，前有大江，进退都是死路一条，我们何不共举大事，杀亮北归。"

于是金兵部队发生叛变，完颜亮中矢毙命，霹雳炮、踏车船都成为历史上有名的新武器。

金戈铁马辛弃疾

介绍完南宋爱国诗人陆放翁之后，让我们再看看最为激昂慷慨，满怀悲愤，热烈爱国的一代词人辛弃疾。

辛弃疾，字幼安，号稼轩，山东历城人。他生下来的时候，北方已沦入金人之手，他的祖父辛赞先后在谯（qiáo）县（治今安徽亳州市）和开封等地担任地方守令。

辛赞不得已在沦陷地区做官，心中十分悲痛，做爷爷的，经常牵着孙子的小手，爬上高山，指画山河，晓以民族大义。

辛弃疾长大一点，便被送到田园诗人刘瞻之处读书。辛弃疾聪明绝顶，领悟力强，与党怀英二人，同时被刘老师所看重。过了没多久，当地乡里都晓得这两个人书读得呱呱叫，合称二人为“辛党”。

少年时代“辛党”为一时俊彦，长大之后却大不相同。党怀英混入金国统治阶级之中，谋得一官半职，心甘情愿为金人效劳；辛弃疾却在二十一岁那年，勇敢杀入战场之中。其中分野，极可能是两人家庭教育不同所致。

完颜亮迁都燕京以后，仿照唐宋的科举制度，每三年举行一次进士科考试，辛弃疾少年登科，前程远大。

主考官蔡松年十分爱才，对辛弃疾赞不绝口，有意好好提拔他。可是，辛弃疾应考，只为了测试自己的水平，他可不愿意在金人朝廷为官。

辛弃疾有个好朋友，是个出家人，名叫义端，虽然削发为僧，却不耐青灯古佛，平素最喜谈论兵事。有一天，义端又来找辛弃疾，人还没有跨进门便直着嗓子高喊："好消息，完颜亮死了！"

"怎么死的？"

"听说他在采石被虞允文杀得大败，又因为对部下太苛，结果被部将所杀。"

"这岂不是天赐良机？"

完颜亮的死，使得沦陷区之内的英雄豪杰大为兴奋，他们纷纷揭竿而起，组成义军，其中力量最大的是山东东平府（治今山东东平县）的耿京。辛弃疾也组织了两千多弟兄，加入了耿京部队；由于文才出众，他被任命为"掌书记"，掌管全军的书檄文告的工作。这一年，辛弃疾只有二十一岁，真可以说是少年英豪。

在草莽英雄之中，辛弃疾这位进士出身的小将，很快就展露了文武全才的本事，他四处奔走，拉拢人才，也说动了义端和尚，带领一千多人投效耿京。

可惜，义端加入不久，马上就后悔了，他因连连贻（yí）误军机而受处罚，心中十分懊丧，心想原来虽然只有一千多人马，到底也是一个龙头老大，奈何现在屈居人下，饱受窝囊气。于是，在一个月黑风高的夜晚，义端竟然偷了耿京的印信溜了，显然是准备投向金人军营报功，借以复仇。

由于印信是归辛弃疾保管的，东西丢了，辛弃疾不能不负责任，耿京大怒，立刻要以军法从事，他拍案叫道："把辛弃疾拖下去斩了。"

辛弃疾也颇为恼怒义端，他向耿京要求："请给我三天期限，把叛贼拿下治罪，如果不能擒获义端，我甘愿受罚。"

耿京答应了辛弃疾的请求，辛弃疾立刻跃身上马，脚踢马腹，向前飞奔，不一会儿，便追上了义端，大吼道："哈，秃贼莫逃！"

义端是知道辛弃疾的武功的，别看辛弃疾文质彬彬，却是武艺高强，尤其辛弃疾为人是非分明，嫉恶如仇，自己这番变节，辛弃疾是断断不会放过的。于是，义端立刻下马，亲亲热热地讨饶：“幼安，我知道你的真相，你是青兕（sì）降生，力能杀人，拜托拜托，饶我一命。”

辛弃疾哪儿肯依，长剑一挥，义端已人头落地。

三天期限未到，辛弃疾已拿了印信及义端的脑袋回命，耿京大为吃惊，也更钦佩这个年轻小伙子。

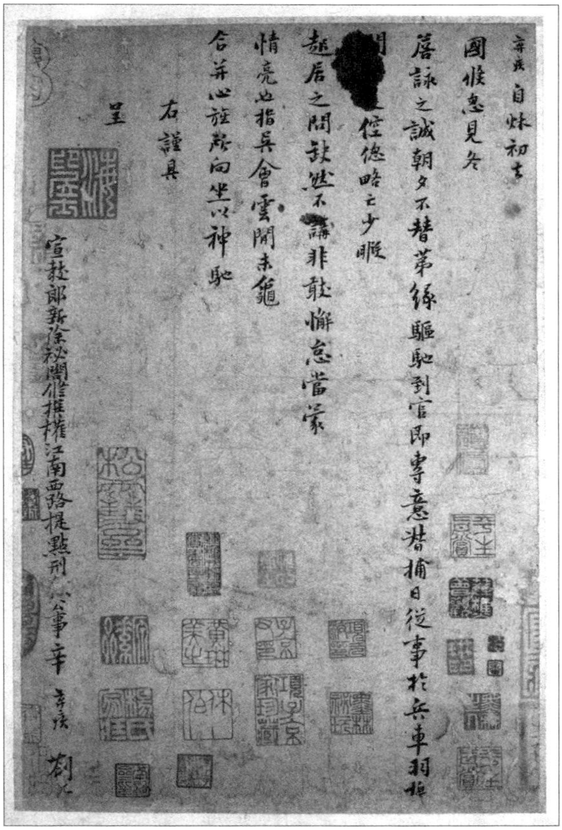

辛弃疾手稿。

第二年，耿京在辛弃疾的力劝之下，决意向南发展，他想先派一个人对高宗提出报告，遂指派诸军都提领贾瑞前往。贾瑞是个大老粗，自己心里有数，不敢去，他向耿京请求：“可不可以增派一位能文善道之士和我一起去，比较妥当。”

当然，这个文士非辛弃疾莫属。他等一行来到建康（今江苏南京），宋高宗知道了，立刻接见，予以嘉勉，并且封耿京为天平节度使，辛弃疾为右承奉郎、天平节度掌书记。辛弃疾等受封后，立即返回东平府。

岂料就在他们回返途中，耿京部队发生叛乱，张安国与邵进杀了耿京，投降金人。

辛弃疾听了，捶胸顿足，万分痛心，立刻扑击金营。张安国等人正在开庆功宴，你一杯，我一杯，喝得不亦乐乎。忽然间，一阵“稀里哗啦”，杯盘碎了满地，辛弃疾手提三尺剑，一个空中翻身挡在张安国面前：“你想往哪里逃？”然后，他以迅雷不及掩耳的速度，把张安国挟持在马上，昼夜不休，粒食不进，直奔行在，宋高宗下令斩张安国于市。

辛弃疾漂亮的这一招，使高宗大为赞赏。高宗遂改派他为江阴佥（qiān）判，从此辛弃疾不再回山东，这一年，辛弃疾只有二十三岁。

辛弃疾的词，早已脍炙人口，他在少年时有如此矫健的身手，一般人所知不多，他的名句“想当年金戈铁马，气吞万里如虎”，虽然是形容三国时代的孙权，又何尝不是自身的写照？

天凉好个秋

上一篇我们说到，意气风发的辛弃疾终于来到南方，深想施展抱负，大大干他一番。

宋高宗绍兴三十二年（1162年），高宗传位太子，是为孝宗。孝宗即位之初，倒是颇思振作，锐意改革。辛弃疾来自沦陷区，满腔热血南渡，眼前所见一切，却让他伤心不已。

高宗在临安建都以后，临安日益繁华，不但有几十处茶楼酒馆，还有各种杂戏技乐，当时王公贵族们一掷千金，人称临安为“销金窝儿”。

辛弃疾抱着力挽狂澜的心情，对宋金对立的形势与军事反攻前途做了详细具体的分析，写成十篇论文，统称为《御戎十论》(或称为《美芹十论》)。可惜这些极具价值、颇有见地的建议，未被朝廷采纳。他在晚年想到此事，不免伤心叹曰：“却将万字平戎策，换得东家种树书。”

辛弃疾的雄才大略、壮志抱负与南宋苟安的政策不符合，他一心一意想在疆场与敌人一较长短，朝廷却始终不给他机会，但是他不论出任任何地方官，总是尽心尽力，固守原则，为百姓谋福利。

譬如他在担任荆湖南路安抚使之时，湖南地区有许多号称乡社的组织。所谓乡社，实际上就是土豪劣绅用以欺压乡民的一种非法机构。辛弃疾准备好好对付他们。

然而此时南宋的军队，不论是中央禁军或是地方军，全都腐败不堪，湖南地区大部分士兵变成了统帅的私人佣工，或搬运土木，或建筑宅第，有的更被将校们差遣到市区中做买卖，自然也就谈不上教骑习战，操练技勇了。

辛弃疾决心成立一支湖南飞虎军，剿平地方悍匪。但是，首先建筑营房就困难重重，湖南多雨，无法烧造瓦片。他当下决定出资购买，命令长沙城外居民，每家送二十片瓦，且于二日之内送到营房基地，每家酬以一百文，果然两天之中轻轻松松解决了瓦片问题。

修建营房也需要大量的石块，他调遣囚犯赴驼嘴山开凿，依照量刑轻重，规定应缴石块，挖得多的囚犯可以减刑，囚犯们都做得十分卖力，于是石块问题也解决了。

营房建好了，辛弃疾挑选士兵也异常严格，在短短期限之内，飞虎军声名鹊起，不但削平湖南土匪，连金人也畏惧三分，称之为虎儿军。

南宋政府对地方官吏防御很严，深深惟恐地方官有自己的力量，所以辛弃疾又被调到江西。

江西彼时因遭逢旱灾，民不聊生。辛弃疾一到，马上表现威猛果断的政治作风，公开榜示“闭粜者配，强籴者斩”，意思是说，凡是囤积米粮者，最好早日卖出米，否则便要受到流配充军边疆的处分；而缺粮的人家，也不许向囤粮之户强行劫夺，否则就要问斩。辛弃疾言出必行，短短一个月之内就解决了问题。

辛弃疾果决立断的明快作风，乃是国家最迫切需要的。但是，当时的政治环境腐化，没有多久，台臣王蔺（lìn）以“用钱如泥沙，杀人如草芥”的罪名，参他一本。辛弃疾在四十二岁那年，便回上饶与山林为友了。

辛弃疾在依山傍水之地，建了几座小楼，把低洼地方辟为稻田，花径竹扉，池塘茅亭，应有尽有。他之所以辟稻田，是因为他一向重视农事；他特把庭园取名为“稼轩”，以后也自号稼轩，与朱熹、陆游、姜夔（kuí）等唱和。

他本是一心想要骑马杀敌、光复国土的英雄豪杰，却被迫退守林园，做一个不问世事的隐士，心中无限痛苦，只有宣泄于诗词之中。他那英雄勇武的气魄，救世报国的热情，再加上广博的学识，造成他词句中雄奇高洁的风格，不论说哲理、谈政治、游山水、道爱情、发牢骚，样样都写，成就不凡。

譬如大家所熟悉的《丑奴儿》：

少年不识愁滋味，爱上层楼，爱上层楼，为赋新词强说愁。
而今识尽愁滋味，欲说还休，欲说还休，却道天凉好个秋。

这首词是人们所熟悉的。看了辛弃疾年少时的豪气淋漓，以及后来南归之后对政局的无力感，当能体会他又愁又急，真不耐烦被迫退隐的心情。再看他一首旷达的《西江月》，十分有趣：

醉里且贪欢笑，要愁那得工夫。近来始觉古人书，信着全无是处。
昨夜松边醉倒，问松“我醉何如”。只疑松动要来扶，以手推松曰：“去！”

故辛弃疾最大的成就在词，而不是在他的功业之上。我们现在经常引用的许多名句如“我见青山多妩媚，料青山见我应如是”“更能消几番风雨，匆匆春又归去”“众里寻他千百度，蓦然回首，那人却在灯火阑（lán）珊处”，都是出自辛弃疾之手。

辛弃疾文武全才，满腔忠愤之气，发之于词，遂成南宋宗师。我们多读一些词人生平故事，再回过头来看他的作品，更能有一番新的体会。

南宋词人姜夔

宋朝南渡以后，经过了数十年混乱危难的局面，在采石之战以后，宋金南北对峙的局面，逐渐稳定下来，朝野上下，也慢慢地忘掉了靖康之难，又步入酣歌醉舞的生活了。

当时，临安的繁华，士大夫的奢侈，都超过北宋汴京时代，因此有人作了一首诗讽刺道："山外青山楼外楼，西湖歌舞几时休！暖风熏得游人醉，直把杭州作汴州。"在这个偏安的局面之中，虽然有少数的文学家如陆游、辛弃疾等大声呼号，提出危机意识，但是大部分的文人，又回到歌儿舞女的怀抱之中，开始讲求声光音律的唯美，其中最著名的便是姜夔。

姜夔，字尧章，他的父亲姜噩，是个颇有名气的文人，写得一手好诗词，而且妙解音律。他的母亲姜夫人，原本对乐器一窍不通，嫁到姜家之后，经过姜噩一番调教，也能弹一手好筝，夫妻二人时常对弹，真可以称得上是琴瑟和鸣，鹣鲽（jiān dié）情深了。

由于夫妻二人都喜好音乐，当他们喜获麟儿之后，也希望小男孩长大以后是个爱乐之人，因此取名为姜夔。夔有两种解释，一为一种怪兽，形状像龙而只有一只脚；另一说是古时的人名，为尧舜时代的乐官。

或许真的是名字取对了，姜夔自小便流露出对音乐的喜爱，他时常悄悄拨弄琴弦，而且学着父亲的模样，半歪着脸，若有所思的模样，神情既专注又可爱。

姜噩大喜过望，开始教导他乐理，姜夔总是一点就透。除了学习乐器，姜夔开始背诗、诵词，表现出过人的聪明。当然，孩子总是孩子，基本上他仍然是个调皮的小男生。

在他六岁那年，发生了一件有趣的事：

姜夔的父亲有一位好朋友，名叫萧德藻，字东夫，两人同一年考上进士，志趣相投，互相往还。萧东夫长了满脸的络腮胡，仿佛虬髯（qiú rán）客一般，相当威武。

姜夔对这位伯伯的胡子极感兴趣，他以前没有看过任何人有如此多而黑的腮帮胡子，终于忍不住，偷偷用力拉了一下：“喔，好硬啊！”

“夔儿，不得无礼！”姜噩发火了。

“没有关系！”萧东夫倒是不以为忤，一把抱起了姜夔，捏捏他的小脸，“多清秀的小孩子。”

到了姜夔三十二岁那年，他父亲早已过世了，他又遇到了萧东夫萧伯伯。萧东夫想起姜夔小时候扯他胡子的顽皮往事，非常亲切，便做主把侄女儿嫁给他。萧氏贤慧端庄，却不是姜夔心中爱慕的对象，他所深爱的是妓女白素心以及歌妓小红。

白素心与她的妹妹白素秋，两人是皖（wǎn）北名妓，她们本是富商家中的娇娇女，自小学习各种才艺，后来，富商遭人陷害，母亲自杀，她二人便流落风尘，其中白素心尤为出色，她不但甜美动人，而且会弹琵琶，擅长诗文，又有一副婉转的嗓子，不晓得迷倒了多少顾曲周郎。

对于姜夔，白素心是慕名久矣。姜夔虽然没有做过官，但是擅长诗文，尤其以词最为拿手，还会刻图章，性格洒脱磊落，人品清高雅洁，又是一副弱不胜衣白面书生的模样，许多人形容他是魏晋时代秀美男子的再版。自然而然，双方一见之下便产生情愫（sù）。

可惜好景不长，合肥县令李杰愿意出钱赎出姊妹花，条件是素心被纳为妾，素心为了妹妹的幸福，一口就答应了。姜夔为之心碎，奈何没有能力为她赎身，在心灰意懒的情况之下，他接受了萧东夫的美意，娶萧氏为

宋代歌乐图，佚名绘。

妻，但是，内心深处，仍旧思念着素心。

直到有一天，姜夔遇到了另一位红粉知己——小红。

他赴苏州拜访范成大。范成大也是有名的诗人，人称之为“田园诗人”。他家境富裕，养了不少歌妓，每次出游，范成大总带着几个歌妓弹唱。

姜夔才思敏捷，一会儿工夫便作了两支新曲，那就是流传千古的《疏影》与《暗香》。歌妓小红轻轻唱来，带着一抹浅浅微笑，姜夔整个人都呆住了。

范成大察言观色，看穿了姜夔的心事，当下宣布：“将小红配予白石！”众人掌声雷动，姜夔遂纳小红为妾。

范成大唤姜夔为白石，那是因为姜夔曾居住于吴兴白石洞边，他的朋友打趣道：“洞天者，仙道所居也，吾兄俊逸非凡，仙气飘飘，何不称为白石道人？”又因为白石道人四个字太累赘，以后众人遂以白石名之。

姜夔纳小红为妾以后的日子，是他一生中最愉快的时光，两人出双入对，研究曲谱，所谓是“自作新词韵最娇，小红低唱我吹箫”。可惜后来小红又遇到了初恋的情人。原来小红在当婢女时，认识了一位落拓（tuò）书生，不久书生进京赶考，便和小红中断了联络。在小红嫁给姜夔以后，小红又意外地遇到中了举人的书生。姜夔知道了这件事，觉得君子有成人之美，便把小红送还给那位书生，使两个有情人终成眷属。

姜夔一生最大的成就，是继承周邦彦的精神，成为南宋格律古典词派大师，而且影响了以后元明清词学的发展。他的用词遣字都是精微细密，圆美醇雅。例如人们所熟悉的《念奴娇》中的“嫣然摇动，冷香飞上诗句”，是形容田野荷花，微笑着轻轻摇动，清冷的香气竟然飘到诗句中来，多么美妙。但是姜夔一味只求字词的美，也就有人批评姜夔的词过于香艳，作品中缺乏活跃的生命与性格，不能与有大气魄的陆游、辛弃疾相比。

一代才女李清照

李清照是宋朝南渡前后的女词人，也是中国文学史上最伟大的才女，后人把李白、李后主（李煜）、李清照合称为词家三李。

李清照，号易安居士，山东济南人，出生于书香世家。她的父亲李格非，曾任礼部侍郎、提点京东刑狱，是一位相当风雅的官员，以文章与苏东坡往还，甚为苏东坡所赏识。

李格非好学不倦，著作丰富，格非与他的父亲都出自韩琦门下。韩琦在当时名重一时，他和范仲淹一样，文武全才，共称韩范。有一首歌谣传说：“军中有一韩，西贼闻之心胆寒；军中有一范，西贼闻之惊破胆。”

除了父系方面的优良传统，李清照的母亲亦非等闲之辈，她是状元王拱辰的孙女儿，系出名门，能写一手好文章，也是一位才女。

在这样遗传禀赋特别优异的书香气息之中长大，李清照自小就显露出过人的才华，当她十一岁时，初试啼声，深得文坛领袖晁补之的赞誉。晁补之一向自负甚高，不轻易赞美别人，许多文坛后进都巴望晁补之的赏识，而他居然特别推崇一个小小黄毛丫头，可见李清照之不凡了。

李清照的丈夫赵明诚，也不是简单的人物，他对钟鼎铜器、古董文字和石刻碑文（称为“金石”）考证下过极深的功夫，他所著的《金石录》一书深受后代文史学者的重视。

他俩的结合，还附会了一则有趣的故事。据说赵明诚在小时候，曾经做过一个梦，梦里读了一本奇书，梦醒之后，他依稀记得书中三句话："言与司合，安上已脱，芝芙拔草。"他莫名其妙，不晓得是什么意思，赶紧去找父亲赵挺之。

赵挺之略微思索，便解开这道谜，言与司合是"词"字，安上已脱是"女"字，芝芙拔草，去掉草字头，不正是"之夫"吗？四个字合起来是"词女之夫"。赵挺之笑着说："你将来长大，一定会娶个女词人为妻。"后来果真是美丽的"梦里姻缘"。

赵挺之是新党的中坚分子，曾与蔡京争位，与旧党的苏东坡不合，我们在介绍苏东坡的故事之中，曾经提到过赵挺之。

赵明诚二十一岁之时，娶了十八岁的李清照。当时赵明诚正在太学读书，他俩志同道合，恩爱融洽，完全沉醉在美满幸福之中，李清照写了不少词，记载新婚的甜蜜，例如："绣面芙蓉一笑开，斜飞宝鸭衬香腮。眼波才动被人猜。一面风情深有韵，半笺娇恨寄幽怀。月移花影约重来。"大意是说，闺中少妇笑盈盈拉开绣着荷花的帘子，歪着头，脸儿贴着鸭形香炉，眼波才一转，就被对方猜透了心意，充满了风情韵味。

这段时期，赵明诚还是太学生，手头上没有太多零用钱，却对金石古玩爱之若狂。每逢初一、十五相国寺开放为市集，其中有不少珍贵的金石与碑文拓（tà）本，赵明诚总是忍不住典当了衣物，买些拓本与水果回家，与李清照两人一面吃水果，一面展玩咀嚼古物，沉浸在研究学问的乐趣之中，经常自称为"葛天氏之民"。

所谓的葛天氏指的是传说中上古时代的帝王，是远古社会理想化的政治领袖人物，代表理想王国之意。

李清照婚后第二年，赵明诚由父亲赵挺之的引荐，初度为官，手头比较宽裕，他夫妇二人，对金石字画的搜集更加热衷，曾有"尽天下古文奇字之志"。

他二人每得一旧籍，规定每天晚上以点完一支蜡烛为度，或加以题签，

李清照《醉花阴》“莫道不销魂，帘卷西风，人比黄花瘦”词意图，清王素绘。

或相互批评前代书画彝（yí）鼎。由于两人都是聪明绝顶，记忆力特强，所以常玩一种游戏：

他们互相询问对方，某一件事出在某书第几页第几行，如果说得对，便是胜利者，可以先饮茶。由于猜对的，往往举杯大笑，笑得太开心了，不小心把茶杯倾翻于怀中，大笑而更衣。这真是雅人才有的闺中乐事，李清照曾追述这段“乐在声色狗马之上”的充实而迷人的生活。

在崇宁年间，有一回，曾经有人拿着五代画家——徐熙的牡丹图前来兜售，索价二十万钱，即使是富贵人家的子弟，想要一下子拿出二十万，也不是容易的事，但是像徐熙这般的珍品又怎能割舍？于是他们留下了画，约好三天之后拿钱来。

三天之中，他们典当了所有的东西，赵明诚又四处告贷，还是凑不足二十万。三天之后，只好眼睁睁看着牡丹图被拿走了，夫妻二人又是惋惜，又是哀叹，若有所失了好长一段日子。

就文学的天资而言，李清照是胜过赵明诚的。起初，赵明诚不服气，后来，发生了一件趣事：

赵明诚做官以后，自然不能像太学生时代一般，时常陪伴在李清照的身旁。有一年重阳节，赵明诚又出公差，李清照实在太想念他，写了一首《醉花阴》寄给赵明诚。

赵明诚左看、右看，不由叹赏。忽然，心生一计，他穷三天三夜之力，填了十五首词，加上李清照这一首放在一块儿，交给内行朋友去品评。

其中对词最有研究的陆德夫看了又看，正色道:“其中有三句最佳。”

“噢！是哪三句？”赵明诚眉飞色动。

“莫道不销魂，帘卷西风，人比黄花瘦。”

这正是李清照的句子，赵明诚呆了半晌，甘拜下风。也正因为赵明诚绝佳的风度，不嫉妒妻子的才情，李清照才能源源不绝写下流传千古的词章。

赵明诚、李清照艺术仙侣

上一篇我们说到，赵明诚与李清照结婚之后美满而幸福，他们把整个生活建筑在艺术的基础之上，除了诗词唱和，便是搜集与研究古代的金石美术。

李清照衣着朴素，发上没有明珠翡翠，节俭持家，却与赵明诚携手疯狂迷恋古器物。经过多年来的努力，他们珍藏的书画器物，已经成为全国第一了。他们订制了许多大橱子，分门别类，按件整理，而且极为科学化地编了目录。

有时候，要查看某一卷书，先要在本子上登记，再取出钥匙，小心翼翼，领出书卷，用毕，再谨慎放回原处，上锁。既庄严神圣，又其乐无穷，每一件书画器物，都是他俩的心血，都代表过去一段美好时光，人生如此，夫复何求！在李清照三十一岁时，赵明诚曾在一张画旁形容他的妻子是“清丽其词，端庄其品”，正是李清照的写照。

政和七年（1117年），这一对艺术仙侣，更把长时间以来搜求、研究、考订之后，对于金石文字的研究心得公之于世，这部注满夫妻心血的作品题名为《金石录》。

可惜，好景不长，覆巢之下无完卵，靖康元年（1126年），金人围困汴京，时局危迫，此时，李清照随赵明诚在淄州任内，眼看着太平岁月不可再得，他们开始整理行囊。由于藏书太多，金石器物也太多，几经选择割舍，还是装了十五车。李清照形容此刻的心情是“且恋恋，且怅（chàng）怅”，知道一切终将不属于自己了。

赵明诚夫妇由山东入苏北，渡江到江宁（治今江苏南京，后改建康府），这时，宋高宗已在南京（今河南商丘南）登基，赵明诚报到之后，高宗任命他为湖州太守。

此时，金人册立张邦昌为楚帝，爱国心极强的李清照，一听之下，大为厌恶，写了一首诗讽刺张邦昌“新室如赘（zhuì）疣”，疣是皮肤上长出的肉瘤。

即使在烽火狼烟四起之时，李清照还是李清照，不改她浪漫的艺术家天性，她在建康时爱上了雪，每遇到大雪纷飞的日子，就顶着斗笠，披上蓑衣，拉着赵明诚登城赏雪，寻觅灵感，赵明诚每每暗中叫苦。

可是，过了没有多久，李清照却“试灯无意思，踏雪没心情”。她对高宗偏安的懦弱心理十分不满，曾写一首绝句：“生当作人杰，死亦为鬼雄。至今思项羽，不肯过江东。”李清照以此借古讽今，怀念项羽大气磅礴之概。

不久，赵明诚奉召前往湖州（今属浙江），李清照暂居池阳（今安徽贵池）。赵明诚离家这一天，李清照便有不祥的预感，当天是六月十三日，虽是六月天，天空却是一片阴霾（mái），赵明诚“葛衣岸巾，精神如虎，目光烂烂射人”。正要登舟，李清照忽然一阵寒意自脚底升起，她高声呼道：“万一，城里突然发生紧急的事，那该怎么办呢？”

赵明诚大声应道：“跟着大家吧，万不得已先抛弃辎（zī）重车辆，其次衣被，再其次书册卷轴、古器，只有那些宗器万万不可丢弃，一定要随身携带，与身共存亡，你不要忘记了！”

赵明诚走了，李清照心中万分怅惘（wǎng），尤其局势混乱，心中又惊惧又不安，她赋了一首词：“明朝这回去也，千万遍阳关，也则难留。”隐隐然已有恶兆。

李清照正在日日夜夜惦记着，有一天，忽然使者飞报传书，说是赵明诚得了疟（nüè）疾，病倒在床。

疟疾俗称“打摆子”，发作起来，忽冷忽热，十分痛苦。李清照深深了解赵明诚性子急，发热时必然服下大量寒药，如此则必有大忧。

一念至此，李清照急得要命，立刻雇舟南下，一日夜行三百里，赶到了建康。不出李清照所料，赵明诚果然服下大量柴胡、黄芩，疟疾转为痢疾，上吐下泻，李清照就眼睁睁看着知心爱侣，一步一步走向死亡。

八月十三日，赵明诚忽然要求取笔作诗，还来不及写，已绝笔而终，连一句遗言也没有留下，死时不过四十九岁。在这一瞬之间，李清照成为孤独寂寞的寡妇，她写了一首诗：“十五年前花月底，相从曾赋赏花诗。今看花月浑相似，安得情怀似往时？”

终日的哀伤愁苦，使本来就娇弱的李清照病倒了，病得差不多死去。屋漏偏逢连夜雨，她又遭遇新的打击。

原来，当赵明诚初到建康时，学士张飞卿因为赵明诚是行家，曾经拿了一把玉壶请他品评高下，当时，赵明诚已经中暑，双方谈了一会儿，就告别了。

李清照，清崔错绘，北京故宫博物院藏。

不料，这件单纯的小事，传到想染指李清照古玩者耳中，加以渲染，竟然变成了赵明诚想用玉壶贿赂金人，而有与金人互相勾结，涉嫌叛国的阴谋。

李清照一听之下，大为惊惧，百口莫辩，于是收拾家中所有铜器等物，想要献给朝廷，表明自己清白。她赶到了越州（治今浙江绍兴），高宗又逃难到四明［今浙江省宁波市鄞（yín）州区］。东奔西跑之下，她心爱的古玩字画，差不多都丢光了，她在《金石录后序》之中，如此写道："或者天意认为我的福气薄，不足以享受此尤物，或者死者地下有知，斤斤爱惜，不肯留此在人间，为什么得来是如此的困难，失去又是如此容易！然天下事有有必有无，有聚必有散，人亡之，人得之，又何足以道也？"

李清照写得虽平静，极力安慰自己看开一些，字里行间，仍然难掩悲痛之情。

词学才女晚年愁

赵明诚去世之后，许多人垂涎着李清照手中的金石古玩，遂造谣赵明诚想用玉壶贿赂金人，阴谋叛国。李清照大为惊恐，急忙收拾家中珍藏的铜器等物，一路逃难，赶着呈献给宋高宗，表明一己的清白。

不料，一波未平，一波又起。在越州时，李清照借住在一个钟氏人家家里，半夜竟然有小偷挖穿了墙，偷走她五簏（lù）的书画砚墨。簏，是圆而高的竹制盛物的箱子。

李清照一早醒来，望着挖空的墙壁，不觉泪如雨下，天地茫茫。她立下重赏，希望能够找回宝物。

没多久，邻人钟复皓拿出十八轴来求赏，李清照一见之下，大为悲愤，晶莹的泪珠在眼眶中滚来滚去，她恨不得指着钟复皓，大骂他是强盗行径，却苦无证据，反而为了宝物安危，只有低声下气完成交易。

钟复皓拿回来的只是其中一小部分，其余丢掉的都没有再找回来，据说是被吴说贱价给买去了。

在四十九岁，绍兴二年（1132年）五月间，李清照再嫁给张汝舟。李清照到底有没有再嫁，这是迄（qì）今为止，仍然争论不休的话题。由于记载李清照再嫁的都是当时宋人记载，有笔记、有书志，也有史记，言之凿凿，似乎很难推翻。她在长期逃难、身心备受煎熬的情况之下，想要再嫁，也不是没有可能，应该予以同情。

李清照再嫁的夫婿名叫张汝舟，是个无耻小人，他之所以会娶年近半百的寡妇，主要是想谋取她手上的财物。赵明诚死后，高宗的御医王继先，曾经开价黄金三百两买赵家古董，虽然没有成交，可见李清照手上有不少值钱字画。

其后，虽然沿途失散，李清照手头多多少少仍有一些字画。张汝舟娶了李清照，东西到手，原形毕露，对她横加虐待，百般折磨。

李清照原是为了有个可依靠的晚年，不得已再嫁。婚后即发现上了大当，尤其赵明诚是个脱俗的艺术家，相形之下，张汝舟更是伧（cāng）俗市侩（kuài），李清照不但愤怒，而且觉得恶心。

换了别的女人，也许就忍气吞声，委曲求全，自叹命运不济。李清照可不，她向来是个敢爱敢恨的女子，宁为玉碎，不为瓦全。

当时张汝舟担任右承奉郎监诸军审计司，是个标准的贪官污吏，李清照逮到机会，告他一状“妄举增数入官”，等于是欺瞒上级，贪污虚报吃空缺，希望借这场官司摆脱这桩痛苦的婚姻。

宋代刑法中有一条不合理的规定，妻子控告丈夫不法，即使属实，也要判妻子两年徒刑。李清照当然清楚这条律令，但是她还是毅然举发张汝舟不法行为。

这件官司的结果是，张汝舟判罪确定，除去官职，流放外地。李清照因为有个远房亲戚綦（qí）崇礼在朝为官，向宋高宗说情，使得李清照只坐了九天牢。

宋朝人对于改嫁，并不把它视为不道德，《宋史·礼乐志》等书中都有记载，范仲淹订下的义田规制中，更明确规定族女再嫁给钱三十斤。范仲淹、贾似道、宋度宗的母亲都曾改嫁。

宋朝是因为理学家出现，才逐渐强烈提倡妇女贞节观念，尤其是程颐、程颢（hào）两兄弟，对妇女要求甚严。但是宋朝仍允许妇女改嫁，直到明清两朝才大力倡导守节，也就是到了明清之际，才有人做翻案文章，详加考证，认为李清照没有改嫁，而是人家诬赖的。无论如何，此事对她的人品及艺术评价，没有丝毫影响。

李清照晚年四处飘零，记载不多，只知她曾在绍兴十九年（1149 年）间，携带米芾（米芾的故事本书前面说过）的笔墨，拜访米友仁。米友仁人称小米，自谓“懒拙老人”。小米见到父亲大米真迹，十分愉快，曾写：“易安居士一日携前人墨迹临顾……今得数句，可比黄金千两耳，呵呵！”

李清照是中国文学史上最伟大的女作家，她的词富于性情与生命的表现，在她的作品之中充分反映早年的欢乐，中年的黯（àn）淡，晚年的哀苦。她的心声正代表了千千万万国破家亡的民众，读者若是与本书前面诸北宋末年的故事互相参照，更能体会这一代女词人的悲痛。

李清照著名词作《如梦令》词意图，明代版画。《如梦令》：“昨夜雨疏风骤，浓睡不消残酒。试问卷帘人，却道海棠依旧。知否？知否？应是绿肥红瘦。”其中“绿肥红瘦”描绘雨后海棠叶绿花残，妙到毫巅，流传千古。

李清照是多才多艺的，她能诗、能文，而且还会作画。古时文人有不少能画几笔兰草与墨竹，但李清照是真正能画，她曾画过一幅琵琶行图，到明朝时代还保存着。当然，她最大的成就还在词上面，她的词脍炙人口的甚多，例如著名的《声声慢》：

寻寻觅觅，冷冷清清，凄凄惨惨戚戚，乍暖还寒时候，最难将息。三杯两盏淡酒，怎敌他、晚来风急！雁过也，正伤心，却是旧时相识。

满地黄花堆积，憔悴损，如今有谁堪摘？守着窗儿，独自怎生得黑！梧桐更兼细雨，到黄昏、点点滴滴。这次第，怎一个愁字了得！

李清照真是一位国宝级的文学家。

理学大师朱熹

朱熹，字元晦（huì），是南宋以来影响中国学术史最大的一位学者。在他生前，他名动朝野，在他去世之后，他所著《四书章句集注》（四书包括《论语》《孟子》《大学》《中庸》）及《诗集传》《周易本义》等书，被元朝、明朝、清朝定为国家考试（进士科）的标准内容，于是四书便成为全国士人的必读书本。

一直到今天我们考大学，语文科目中的《论语》《孟子》，大半也是以朱注为主。所谓朱注，就是朱熹的注解，因此朱熹的思想影响中国知识分子达八百年之久，往后也还要流传下去。

朱熹的父亲名为朱松，曾中进士第，历官至司勋吏部郎，因为反对秦桧的主和政策，秦桧大怒，朱松被免职还乡。

据说朱松有个朋友，精通风水地理，有一回朱松问道："我这块地富贵如何？"

那个朋友端详了一会儿，道："富也只如此，贵也只如此，生个小孩儿，便是孔夫子。"后来果然造就出一个朱夫子。

朱熹小时候十分聪明，他刚开始学讲话的时候，朱松指着天告诉他："天也。"朱熹立刻反问："天的上面是什么？"朱松大为惊异，直觉认为这个小孩有脑筋。

朱松教导朱熹《孝经》，没多久，朱熹极有心得，并且在《孝经》上写了眉批，“不如此，非人也”，完全是小圣人模样。朱熹与邻家小孩一块儿去沙滩玩耍，他也不戏水，只是一本正经地在沙滩上画图。大家走近一看才发现，这个小孩竟然在画八卦。

朱熹十八岁时，举建州乡贡，第二年，进士及第。高宗绍兴二十一年（1151 年），他被任命为泉州同安县（今福建省厦门市同安区）主簿。朱熹治理政事十分认真，凡是政府规定指派的工作，他都一条一条写下来，张贴在门楣上，颇有企业管理精神，很像日本丰田汽车厂的“看板”原理，用大招牌指示员工的工作进度。

在同安做了三年官之后，朱熹以养亲为名义，请求“祠禄”。所谓祠禄是宋朝特殊的一种制度，政府设立若干道教宫观，安置一些从政坛退休下来的人员，只拿薪俸，不用到职。朱熹的请求被批准，此后，他就在家里勤研学问。

绍兴三十二年（1162 年），宋孝宗即位。高宗皇帝在位三十六年，饱经忧患，十分消极，眼见太子贤德，便提早退位，安心当他的太上皇。孝宗即位之初，励精图治，追复了岳飞的官职，有一番中兴气象，下诏征求谏言。

此时朱熹在南康军（治今江西省庐山市）兴办白鹿洞书院，提倡讲学之风，深获地方人士好评。既然宋孝宗下诏求直言，朱熹也老实不客气地上了一大篇直言，他在上书中道：“今宰相台省师傅宾友谏诤之臣，都失其职，而陛下不信先王之大道，专门相信士大夫之中嗜（shì）利无耻的人……”并且一针见血地说，“必然有莫大之祸，马上就要发生，近在朝夕之间，而陛下还不知道哩。”

宋孝宗读到这里，气得脸色发青：“他什么意思，他把我看成了亡国之君吗？”

当时宰相赵雄在旁劝孝宗：“大凡读书人最好沽（gū）名钓誉，而社会一般心理，又最好唱反调，朱熹徒有虚名，陛下如果加以罪责，他的虚名反而更高，不如先给他一官半职，一则收揽人心，再则查他是否有实学。”于是，宋孝宗先任命朱熹为江西常平茶盐，继而又任命他为浙东常平茶盐。

朱熹，佚名绘。

朱熹到了浙东，调查民隐，整肃吏治，又呈请朝廷推行“社仓”。所谓社仓，就是在地方上普遍设立一种粮仓，当饥荒之时，百姓可以向粮仓借米。没有多久，浙东灾荒平息，宋孝宗不得不夸奖朱熹：“政事确有可观。”

虽然朱熹在政事上有一套，但是他却不了解官场上官官相护的陋习。

当初朱熹被派往浙东，宰相王淮曾帮朱熹讲了话，可是朱熹“不领情”，当浙东台州知州唐仲友被百姓控告不法，朱熹调查之后，立刻提出弹劾（hé），而唐仲友来头很大，他与王淮是小同乡，关系甚为密切。朱熹这种铁面无私的做法，王淮大为不满，便怂恿监察御史出头攻击朱熹，取缔（dì）道学。

朱熹心里坦荡荡，既然要做事，就不能害怕得罪人，否则便是乡愿。朱熹入朝奏事，有好心人劝朱熹说：“正心诚意这套理论，陛下不爱听，你千万不要再多说了。”

朱夫子脸一板，正气凛然地说：“这怎么可以，我平生所学，就是正心诚意这四个字，岂可隐瞒沉默以欺骗君王？”于是朱熹又对孝宗讲了一大篇天理人欲的大道理。

回去之后不久，朱熹再度上书，提出整饬（chì）国家六大急务。奏章上呈的那天，孝宗已经就寝，听说朱熹上了表章，急忙披衣而起，秉烛夜读，读完之后，发现仍是空疏的理论，呵欠连连，困得直想睡觉。

朱熹所讲的理学，本来就不是富国强兵之道，而是希望从学问修养上来挽救人心社会。既然政治上不能发挥所长，朱熹遂努力于讲学著述，研究圣贤的经训。他从三十岁开始著述，以后一直修书不辍（chuò），一直到临终的前三天，仍然在修改《大学》诚意章。学者尊之为紫阳先生、晦庵先生，他在中国学术思想上所产生的影响，可以说是继孔子、孟子后的第一人。在台湾金门朱子祠中，供奉的便是这位人格俊伟、学术庄严的朱夫子。

鹅湖之会

南宋时代，除了朱熹，还有一位大理学家，便是陆九渊，学者称之为象山先生。宋代的理学，糅（róu）合了儒、道、佛三家的思想。从唐朝末年、五代之乱以来，道德崩毁，廉耻丧失，宋代学人决心从学问修养上来挽救国家社会，加上当时印刷业发达，书籍广为流传，讲学之风大开，理学更加易于风行。

和朱熹一般，陆夫子小时候便是个小圣人模样。他四岁的时候，一举一动，端重有若大人一般，遇到不懂的事，必然打破砂锅问到底。有一天，他忽然问父亲："天地的尽头在哪里？"父亲笑笑不答，他竟然一个人关在房门里面苦思了一整天，连饭都不吃。

由于《孟子》上说"君子远庖厨"，意思是说，君子与禽兽不相同，见其生不忍见其死，闻其声不忍食其肉，所以君子远远离开厨房。陆九渊自从学了这句话，再也不愿意去厨房。

倒是先贤主张修身、齐家、治国、平天下。修身应先自洒扫应对做起，陆九渊常常拿着扫帚，洒扫庭院。他把指甲留得长长的，鞋子虽然穿旧了，却洗得干干净净，没有丝毫破败处。由于陆九渊常坐在树下，端坐一整天，大家都说他端庄雍容，是个爱思想的小男生。

九岁之时，陆九渊读到"宇宙"二字，知道"天地上下谓之宇，古往今来谓之宙"，大感兴趣，遂恍然大悟："宇宙便是吾心，吾心便是宇宙。"

十六岁的时候，陆九渊开始读《三国志》、读六朝史，又听长者讲述靖康之耻，十分愤慨，于是剪下长长的指甲，开始学习弓马剑术，慨然有报国之志。

陆九渊生长在一个大家族之中，他的次兄九叙、三兄九皋、四兄九韶都是名重一时的学者，尤其五兄九龄成就更大。当时有盗匪攻击郡县，郡府委任九龄捍卫乡里，九龄的门人有宋朝重文轻武的观念，十分不悦，九龄却认为“这是男子汉大丈夫应该做的事”，为地方尽力，不可缩手。他对陆九渊的影响很深，人们合称之为“二陆”。

陆九渊的家是个九世同居的大家庭，到了陆九渊这一代，全家上上下下，有千余人之多，除了一栋两百年的老屋，只有不到十亩的菜田，生活之艰难，可想而知。中国古人不懂开源之道，只有努力节流。陆家门风严谨，男女各司其职，闺门之内有如朝廷一般有礼法。

据说，每天清晨，各家家长率领子弟，在大厅之中，互相作揖，然后击鼓三叠，其中一名子弟朗声高唱：“听听听，劳我以生天理定，若还懒惰必饥寒，莫到饥寒方怨命，虚空自有神明听。”

稍待一会儿，又继续接着唱：“听听听，衣食生身天付定，酒食贪多折人寿，经营太甚违天命，定定定。”

陆九渊要治理这么一个大家族，委实也不容易，所以他曾说：“我们家全族共食，子弟轮流当差，掌理府库三年，我任了这件事以后，学问因而大进。”

除了读书，陆九渊在少年时代，还喜欢看人家下棋，他时常信步逛到临安市肆，默默地观看对弈，真是所谓观棋不语真君子。

某日棋工对陆九渊道：“官人日日来看，必是高手，愿求教一局。”

陆九渊拱手笑答：“还不到时候。”

过了三天，陆九渊购买一副棋，带回家去，挂在墙壁上，整整凝望了两天，忽然完全了然于心，于是，兴冲冲跑去和棋工下一局。

棋工先是暗笑，这小子先不敢下，怎么现在有胆子来了？不料，棋工连下三局，三局皆输在陆九渊手下。他站起来对陆九渊说："我是临安第一高手，凡是与我对弈者，都先讨饶让数子，今日官人下棋反领先于我，你才是天下无敌手也。"

陆九渊认为整个宇宙充满了真理，良心与善性为人类所固有，所以学问之道，只是让固有之理显露出来，他常常告诉学生："你们耳目已经聪明，事父母自能孝，事兄长自能悌（tì），本来无所欠缺，不必他求，自立而已。""我虽一字不识，仍是个堂堂正正的人。"他主张不论任何利欲，对于人的本心而言，都是后起的尘埃，只要把尘埃扫除干净，本心就能恢复了；本心如果不能打扫干净，书读得愈多，这个人的人品愈坏。陆九渊生平并没有专门著作，他说："六经注我，我注六经，六经皆我注脚。"他倒

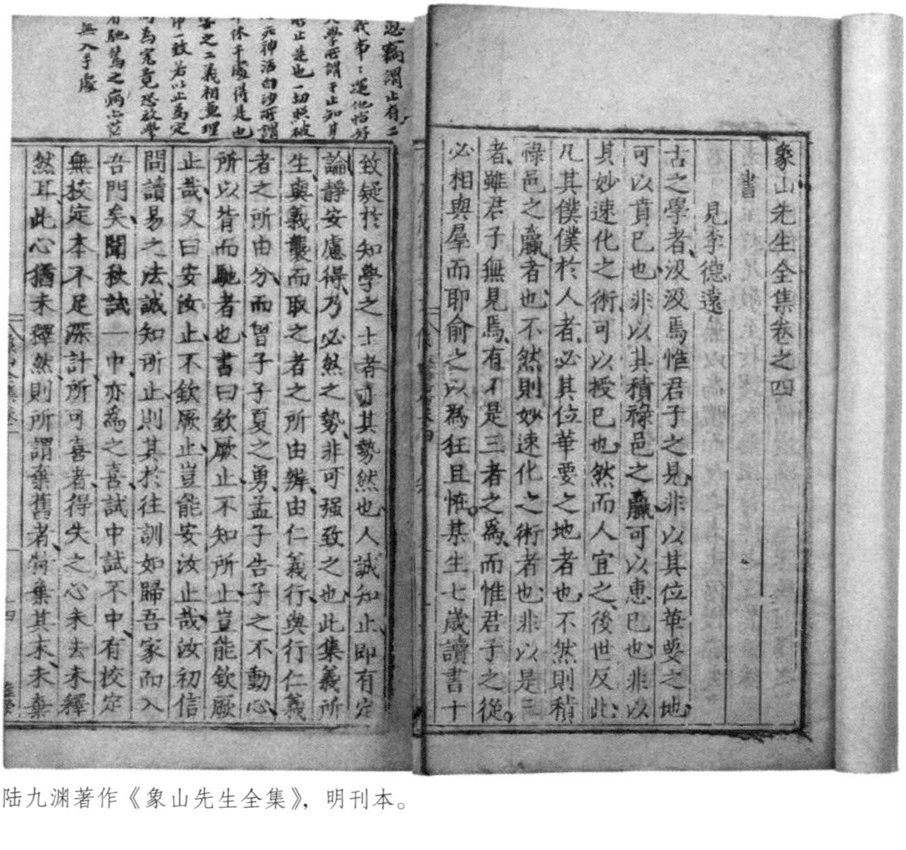
象山先生全集卷之四

書

見李德遠

古之學者汲汲焉惟君子之見非以其位華要之地可以貴己也非以其積祿邑之贏可以惠己也非以其妙速化之術可以援己也然而人宜之後世反此凡其僕僕於人者必其位華要之地者也不然則積祿邑之贏者也不然則妙速化之術者也非以是三者雖君子無見焉有不是三者之為而惟君子之從必相與羣而即俞之以為狂且惰其生七歲讀書十

致疑於知學之士者固其勢然也人誠知止即有定論靜安慮得乃必然之勢非可强致之也此集義所生與義襲而取之者之所由辨由仁義行與行仁義者之所由分而曾子子夏之勇孟子告子之不動心所以背而馳者也書曰欽厥止不知所止豈能欽厥止哉又曰安汝止不欽厥止豈能安汝止哉汝初信問讀易之法誠知所止則其於往訓如歸吾家而入吾門矣聞秋試一中亦為之喜試中試不中有校定無校定本不足深計所可喜者得失之心未去未釋然耳此心猶未釋然則所謂棄舊者猶集其末未棄

陆九渊著作《象山先生全集》，明刊本。

不是要人不读书，他只是认为心地上义利之辨更重要。但是朱熹认为，陆九渊的说法容易陷入懒散，陆九渊又认为朱熹的治学，过于支离琐碎，朱陆二人便于淳（chún）熙二年（1175年）在信州（治今江西上饶市西北）鹅湖寺举行鹅湖之会，双方辩论，互不相容。其实他二人并没有根本上的矛盾，两人都重视修身养性，都发扬儒家仁义之道。

鹅湖之会以后，陆九渊开始在象山讲学。象山位于今江西贵溪西南，原名应天山，原为道教洞天之一，风景极美。每天清晨，陆九渊乘着轿子到精舍，与学生一起作揖后升上讲座。他的口才极佳，自谓："我和别人谈，多从血脉上感动他。"他又因材施教，有的教以涵养，有的教以读书方法。陆九渊本身学养俱佳，即使大热天，也穿戴整齐、温文儒雅，许多弟子都觉得陆夫子像个神仙一般，也打心底爱戴他。

陆九渊不像朱夫子一般拼命著书，所以流传下来的只有一部《象山先生全集》，但是陆九渊对中国学术思想影响极为深远，是宋朝的一代大儒。

陈亮的胡椒官司

宋朝理学家朱熹、陆九渊等人讲求个人道德修养。当时，却也有人认为，国家的苦难似乎并非这些空疏的理论所能挽救。其中，陈亮便以为理学是百无一用的空虚之学，因而大力提倡实事实功的学问。陈亮的一生充满戏剧性，值得介绍。

陈亮，字同甫，学者称之为龙川先生。陈亮出生于高宗绍兴十三年（1143 年）。他一生下来，目光炯炯有神，长大以后，才气超迈，喜欢和人谈论兵事，滔滔不绝，议论风生，拿起笔来，更是一会儿工夫，就可以写出数千字的大文章。他曾经查考古人用兵成败，写了一篇《酌（zhuó）古论》。

地方郡守周葵看到《酌古论》，万分欣赏，特地找陈亮来讨论，并且对人家说“陈亮他日必为国士”，奉之为上宾。后来周葵调任参政，凡事必请教陈亮的意见，于是陈亮更得以结交天下豪俊之士。

孝宗淳熙五年（1178 年），陈亮上书皇帝，提出了几点有远见的建议：

——中国原是天地之正气，天命之所钟也。可是自从中原沦入魔掌，同胞都受到异族蹂躏（róu lìn），徽钦二帝被敌人所俘虏，这是汉唐盛世后从没有发生过的事。

——现在国家与金人订立和约，互不侵犯，以为天下无事，粉饰太平，这是很危险的。

——本朝有鉴于以前藩镇拥兵自雄，太注重文事，事权过于分散，兵财集中于上，运用不够灵活，因此国力衰弱。

——南渡以后，士大夫耽于眼前逸乐，纷纷修治园林台榭，游宴自娱，没有一点儿复兴迹象，如何能够复国建国？

——本朝儒士，崇尚性命之学，蔚为风气，摇头摆尾，高谈阔论，自以为只要正心诚意，就可以解决一切困难，大声嚷嚷正心诚意，哪儿能够富国强兵？

孝宗皇帝本来就不耐烦朱夫子那一套，见了陈亮上书，万分感动，想要把这个奏章挂在朝堂，策勉群臣，并且准备重用陈亮。

当时左右大臣还不明了孝宗之意，只有心思剔透的曾觌（dí）知道了。他立刻派人去找陈亮，谁知道陈亮看不起曾觌的为人，竟然跳墙跑了。曾觌发现陈亮如此不给他面子，十分恼怒。许多大臣看了陈亮的上书，对陈亮的直言无隐，也老大不开心，接二连三在孝宗面前说他的坏话，迫使孝宗只好改变原意，命令宰相去找陈亮谈谈，看陈亮还有什么意见。

过了不久，陈亮再度上书，希望朝廷能够一改迂腐颟顸（mān hān）、暮气沉沉的作风。孝宗认为陈亮确实有才气，想要给他官做，陈亮却拒绝了：“我的本意是为国家社稷开数百年的基业，不是希望用这种方法求取官位。”

于是，陈亮渡江回家，经常与放荡不羁的朋友喝酒狂欢，喝醉了酒之后，率言批评政治，有时不免连皇帝也骂在内，便有多事者向官府打小报告。

恰好刑部侍郎何澹（dàn），过去担任考试官的时候，因为没有录取陈亮，陈亮曾经讲过他不少的难听话，何澹想起来，心里就不痛快，这会儿看到有人检举陈亮的案子，大喜过望，正好来一个公报私仇。

陈亮在狱中被打得死去活来，体无完肤，熬不住酷刑的折磨，只好承认自己确有叛逆的阴谋。这件事传到孝宗的耳朵里，他知道陈亮忠心国家，喜欢批评，便失声笑道：“穷酸秀才多喝了两杯酒胡说八道，哪儿有什么罪？”陈亮遂被放出监狱。

陈亮，像载明刻本《龙川文集》。

他才灰头土脸回到家中，又惹上一件官司：

原来陈亮家中有一个家僮杀了人，而死者曾经当面侮辱陈亮的父亲陈次尹。死者的家属一口怨气没法子出，遂含血喷人说，这一定是陈亮主谋，陈亮又莫名其妙牵入死刑案之中，幸而辛弃疾等人竭力营救，才把此事化解。

陈亮一连两回出入监狱，坐了牢，挨了揍，十分冤枉，心灰意懒之余，更加埋首读书，励志向学，学问也就更加渊博。

乾道七年（1171 年），陈亮又再度上书，希望孝宗皇帝在高宗去世之后，积极反攻。可惜孝宗是个十足的孝子，高宗去世之后，孝宗万念俱灰，日夜流泪，守了三年孝，并且在高宗去世后的第三年，传位给光宗，并且下谕："孝莫大于执丧，朕将退休矣。"

陈亮的上书没有效果，可是他的直言，却引起朝廷中苟安大臣的不满，他们视陈亮为讨厌的怪人、狂人。

其后，运气不佳的陈亮居然又吃上一件官司：

按婺州（治今浙江金华）地方的口味是酷爱胡椒粉，每盘菜里都要撒上许多，当地人吃得又香又辣，十分过瘾，外地人却吃不消。有一回陈亮请人吃饭，席上有嘉宾，特别多搁胡椒粉，谁知嘉宾回去就暴死了，死前留下遗言："可能是陈亮在菜里放了毒药。"陈亮第三度被关入大牢。

案子送到大理寺，大家都认为陈亮这一次是劫数难逃，八成是死定了，大理寺少卿郑汝谐调阅案件，看到陈亮写的自诉状，大为惊异道："这人是国家奇才，国家若是无罪而杀才士，上干天怒，下伤国脉。"于是郑汝谐特地把他推荐给光宗。后来光宗皇帝殿试进士，陈亮取了第一，可惜却在赴任之前一天暴毙。

陈亮才气洋溢，却一辈子不得志，一连惹上三件官司，但始终不改报效国家的热情，算得上是一个标准的中国书生。

吕祖谦著《东莱博议》

高中生在准备高考之时，语文老师通常会教学生们读一些作文指南、作文范本，希望同学们能够精读好文章，领略作文的奥妙，争取作文拿高分。在中国古代，也有类似的范本。其中《东莱博议》这本书，流传七百多年，成为科举制度下的宠儿。这一篇历史故事，我们就来介绍《东莱博议》的作者——吕祖谦。

吕祖谦深具家学渊源，他的祖先可以追溯（sù）到后唐户部侍郎吕梦奇。宋真宗时，吕氏出现一位宰相吕蒙正，吕蒙正的侄子吕夷简更是宋仁宗时代的名相。

吕夷简的学问道德都很好，为人处世一板一眼，连每天上朝，出入进退都是一步也不差。有一回上朝他竟然忘记了礼仪，只拜了一拜便站起来了，下朝之后，他恼怒万分，外界纷纷传言，吕相失仪，怕是老天爷夺走了他的魂魄。过了十四天，吕夷简果然中风，一病不起。这倒不是证明吕夷简的确中了邪，而是表示如果不是因为健康出了问题，他怎会有失礼之处？

吕夷简有四个儿子，个个器宇不凡，在小时候便流露出大家风范和不一样的气质，四个儿子分别是公弼、公著、公奭（shì）、公孺。某日，吕夷简对他的夫人说：“我们四个儿子，他日都会显重一时，但不知其中谁会当上宰相，我不妨做一个小小的试验。”

于是，吕夷简便差了丫环拿了四件瓷器，分别在四个小男孩回家之时，装作不小心在门槛前跌跤，摔破瓷器，然后观察他们的反应。

其中，老大、老三、老四都是相同的反应，当他们发现丫环不小心摔破瓷器，立刻“哇”的一声，奔到妈妈房间告状：“不得了啦，古董花瓶打破了！”只有老二公著，冷冷看了一眼，默默回到书房中用功，完全一副泰山崩于前而不改色的冷面孔。

宋儒最讲究喜怒不见于神色，吕夷简见公著的沉着，十分欢喜道：“他日必可为相。”后来吕公著果然当了宰相，在宋哲宗时代，与司马光同朝辅政，两个守旧派的老古板性情相投，反对王安石新法。

吕公著算是吕祖谦的五世祖，到了四世祖吕希哲，曾经向邵（shào）雍、孙复等大儒问学，不只是拜一位老师，可以说是集思广益，无形中开启了吕氏家学的风范。吕希哲晚年又好佛，修养更佳，不过，有时不免显得太迂一些。

有一回，吕希哲坐轿子（中国人喜欢坐轿子，大概是自宋朝开始，虽然魏晋南北朝已有轿子。隋唐时代，只有病人才坐轿子，连女人也多半是骑马或乘马车的。宋人习惯坐轿子，不晓得是否与宋人文弱有关系）经过断桥，人与轿子都落入河中。

行人七手八脚下去搭救，结果发现轿夫已经溺死了，吕老夫子却好端端坐在轿子里，既不爬出来逃命，也不高声呼叫，假如没人来抢救，他老先生八成就死在轿子里了。众人见他一脸神圣不可侵犯的表情，不顾及水已浸漫半身的危险，又好气又好笑，他修身养性未免有点儿走火入魔过了头。

吕希哲每日白天遍考诸儒对《易经》的说法，晚上就和子孙们评论商榷，乐在其中，因此他的儿孙都能继承衣钵。

吕祖谦在这么一个家庭之中长大，前辈们都是饱读诗书、不苟言笑的道学先生，因此，在他很小的时候，他就已经是一个小学究了。

据说，吕祖谦在少年时代，个性比较急躁，后来，读到《论语》里有一句话："躬自厚而薄责于人，则远怨矣。"这句话的意思是说，一个人严格地责备自己的错误，宽大地原谅别人的错误，那么便很少招致怨恨了。吕祖谦细细揣摩其中道理，悟出了许多人生哲学，从此他急躁的个性完全改变了，他在宋朝的理学家之中，也是比较心平气和的一位。

吕祖谦承祖上余荫，十二岁就补了一个将士郎的头衔。孝宗隆兴元年（1163年），他中礼部考试，赐进士及第，又中博学宏词科，但是，他最主要的兴趣却不在做官，而在教学、做学问上面。

三十岁那年，吕祖谦母亲过世，吕祖谦在金华武义的明招山守丧，开始教学生，设立学规，这便是现在还流传的《乾道四年九月规约》。规约相当严格，譬如入学以后，如偶犯过失，经同学规劝无效，改用责备仍然无效，即开除学籍；又如生活规条之中记载，学生对从前受教过的师长，每年要拜访，在路上相遇，仍要以师长的礼节来事奉。

吕祖谦，佚名绘，台北"故宫博物院"藏。

乾道八年（1172年），吕祖谦担任省试考官。他平日喜欢读陆九渊的文章，却不曾相识，等到他批改卷子时，忽然眼睛一亮，笑着说："这篇写得真好，一定是小陆所写。"拆掉弥封之后，果然是陆九渊所写，大家都佩服吕祖谦的眼力。

吕祖谦与朱熹也有一段渊源，他曾亲自到武夷寒泉精舍拜访朱夫子，停留十多日，他们同读周、程、张子书，一起编辑了《近思录》。

由于吕祖谦和朱熹、陆九渊是好友，他不忍见他们两人闹意见，所以从中安排了一场学术研讨会，就是前面我们说的“鹅湖之会”，结果吃力不讨好，双方各执己见。不过鹅湖之会为朱陆之学理出一个异同，也是学术史上一段佳话。

吕祖谦曾经隐居东莱，故人们称之为东莱先生。在教学时，吕祖谦发现学生最感兴趣之事仍在应考，因此，他写了一本《东莱博议》，让学子诵读。这本书共有八十六篇议论文，都是根据《左传》一书发表的议论，体例严谨，篇篇都有章法。有人说，读《左传》而不读《东莱博议》，等于是烹饪佳肴而不放调味品，淡而无味。《东莱博议》这本书有许多白话译本，读者不妨翻翻看，开开眼界。

孝子赵善应

道学即理学，理学的思想始于北宋，宋朝许多读书人，一方面受到理学的涵养，另一方面受到书院教育的熏陶，生活相当严肃，真正能够达到非礼勿视、非礼勿听的地步。

根据《宋元学案》里记载，有一次陆九渊与学生们一块儿吃饭，看到一个学生“饭次交足”，两只脚交叠在一起，没有正襟危坐，十分不开心。吃完饭以后，他把这个学生叫到跟前，瞪着眼睛对学生说：“你刚才犯了过错，你知道吗？”

那个学生吓得满头大汗，连连回答：“学生已经反省了。”

《宋元学案》之中又记载理学家尹彦明，他一个人住在又破又小的房间里，可是拱手敛（liǎn）足，一举一动，都有一定的分寸。他有一把旧的纸扇子，已经用了许多年了，每次用完，一定放在原来的案头，半丝毫厘都不差。一位和尚看到尹彦明如此一本正经的模样，忍不住叹息：“我不知道儒家孔子是怎样，恐怕也不过如此吧！”

理学家严格的礼教规范，由读书人、士大夫影响到一般民众，所以宋朝的忠臣志士与义夫节妇，史不绝书。但是在朝廷庙堂之上，道学却是有盛有衰，甚且演变出道学与假道学之争。

在北宋时代，程颐、程颢、张载等人提倡理学，道德文章，名重一时，却受到奸臣蔡京的排挤。高宗南渡以后，为了振奋人心，曾经一度褒扬圣人之学，追赠程颐为直龙图阁学士。

可是，到了绍兴六年（1136 年），左司谏陈公辅上书，请求禁止程氏之学，他的理由是：“现在的人崇尚程颐之说，谓之伊川之言，大言不惭谓尧舜文武之道传之孔子，孔子传给孟子，孟子传给程颐，程颐以后就失传了。许多人狂言怪语，胡说八道，然后说，这是伊川先生讲的；或者穿着长衣大袖，高视阔步，目空一切，然后说，这是伊川先生的样子。一个人要学伊川先生之文，行伊川先生之行，这还像话吗？因此我主张禁止。”

当时宋高宗认为陈公辅讲得有理，满街都是仿冒的伊川先生不是办法，于是，下了一个诏令：“天下士大夫之学，以孔孟为师就够了。”意思是说，用不着在孔孟以外，再推出程颐为标榜，这是宋朝最早的道学之争。

过了一年，胡安国上书，为伊川之学辩护，他说：“孔孟之学不传久矣，多赖程氏兄弟发扬光大，如果现在学孔孟而不习程颐之学，就好像一个人要进到房间里却不由大门入。”

接着，朱熹崛起，屡次上书表达意见，许多道学家群起附和。到了宁宗时代，赵汝愚为相。赵汝愚极有人望，形象很好。赵汝愚再三举荐朱熹，宁宗便召见朱熹，任命他为焕章阁待制兼侍讲。

赵汝愚是宋朝有名的孝子，他的父亲赵善应更是以孝顺著名，我们在此打个岔，说一说赵善应的故事。

赵善应，字彦远，官至江西兵马都监，性情纯孝，父亲生病时，曾经在手臂上刺了一个洞，用鲜血和药侍奉父亲。

他的母亲胆子极小，听到打雷就会全身战栗，脸色发白，好像要昏过去似的。赵善应在很小的时候就会保护妈妈，每次听到打雷，立刻走向赵母身旁，安慰她，叫她不要怕。

即使是三更半夜，听到雷鸣，他也会马上披衣，赶到母亲房间里去当保镖。

由于赵母受不得一点儿惊吓，有个冬天夜晚，赵善应自远方夜归，侍从正准备叩门，他立刻喝止道：“不许敲门，免得吓着了母亲大人。”

但不叩门进不去怎么办？他竟然就一屁股坐在门口，忍着刺骨寒风，坐了一整夜，而侍从也只好舍命陪公子，陪着在门槛旁边熬了一个晚上。

赵善应小时候，家中十分清苦，凡是弟弟们没有制新衣，他一定不肯制新衣，新衣服做好以后，如果弟弟们没有穿，他也绝对不肯穿，即使是一个小小瓜果，他也必然与弟弟们分着吃。

赵母过世以后，他哭得血都呕了出来，整日在灵柩旁流泪，一直过了许久，看到闪电，听到打雷，他都会急忙冲到母亲房间里，赶着照顾母亲。看到偌大的空房，才想起母亲已不在人世。

因为赵母属兔，赵善应终生不食兔肉。又因为赵父是生肺病死的，他也从不食猪肺、牛肺。他不但对父母心存孝思，听说四方水灾、旱灾，也是忧形于色，几天都吃不下饭。同僚举行宴会，众人开怀畅饮，他一个人惆怅地说："这哪儿是诸君喝酒行乐的时候？"在道路旁边，见到病人，赵善应会亲自为陌生病人煮药；遇到饥荒，赵善应会率领家人每天只吃半饱，然后周济灾民。

当然，以现代人的观点来看，赵善应有些做法不能让人接受，譬如说，他的老朋友过世了，故人孤女，贫苦无依，他便聘娶为儿媳；譬如说，因为害怕惊扰幼虫，他竟然夏天不除草，冬天不翻壤。

无论如何，陆九渊、尹彦明、赵善应等人都是心口如一、切实遵守道德规范的道学家。现在有人骂道学先生，总是说："这些人满嘴仁义道德，满肚子男盗女娼。"那是因为他们没有看到真正高风亮节的道学家，世界上当然还是有真君子的。

朱熹请吃便饭

宋宁宗即位，接受宰相赵汝愚的建议，任命朱熹为焕章阁待制兼侍讲（侍讲是官名，任务是侍奉帝王，为帝王讲授经书）。朱熹当了侍讲之后，每每陈说“正心诚意”的大道理，宁宗听了十分厌烦。

此时正是奸臣韩侂胄（tuō zhòu）当权，一手遮天，朱熹当仁不让上奏宁宗：“中外人士都言陛下左右窃其柄，臣恐怕人主的威势下移。”另一道学家彭龟年更直截了当攻击韩侂胄“假托声势，窃弄威福，不去必为后患”。

宁宗相当宠信韩侂胄，看了上奏，非常不开心，他愤愤地说：“侂胄是朕的肺腑，朕对他信而不疑，他哪里会如此不堪？”

韩侂胄当然也听说了这件事，他表面上不动声色，暗地里施了一招毒计：他找来一些优伶，戴上高帽子，穿上长袍大袖的儒衣，演出一场狂笑大闹剧。

其中最惹人发笑的一角，是韩侂胄找了个宝贝蛋演朱熹，他的穿戴打扮、一举一动都像极了朱熹，当他一本正经、摇头晃脑地念着“诚意、正心……”，大家都笑翻了，尤其是宋宁宗，笑得眼泪都流了出来。

经过这幕闹剧，宁宗对道学家的印象更坏了，韩侂胄乘机在旁边建言“朱熹迂阔怎能用”。

于是，丑化道学家计策成功，朱熹被赶出了朝廷。接着，韩侂胄的目标是赵汝愚。

赵汝愚是一个标准的中国书生，浑身上下简直挑不出半点毛病，结果韩侂胄竟然以赵汝愚姓赵，宋朝正好是赵家天下，“易于自立为王，造反叛变”为名，硬是把他赶出了朝廷。宋朝人所写的《四朝闻见录》中说他离开的那一天，天上下着血雨，京城人纷纷用脸盆来贮存。这当然是夸大其辞，不过，当时的确引起许多人，尤其是太学生的强烈不满。

宋朝的太学生以名德互相标榜，自负为清流，且有浓厚的历史责任感。北宋时代的太学生曾经屡次伏阙上书，指责时政，例如陈东（本书前面讲过陈东的故事）；南宋时代，国家对太学生更加礼遇，太学生也更成为天之骄子。自从韩侂胄逐朱熹、贬赵汝愚的消息传出，太学生杨宏中、周端朝、张道、林仲麟、蒋傅、徐范等人上书，为赵汝愚等鸣冤，他们的措辞相当激烈：“我们深恐君子道消、小人道长，靖康之耻再度上演……”

韩侂胄看了上书，气得脸色发白，宋宁宗也是龙颜大怒，认为这几个小伙子太张狂了，因此下诏将杨宏中等六人发配五百里外编管，历史上称之为“六君子”。

当时社会上固然大都同情道学，但也有一些人鄙视道学。原来读书人难免良莠（yǒu）不齐，有若干浅陋之人，称自己是个道学家，平日褒衣博带，危坐阔步，一副瞧不起人的死样子；或是经常闭目阖（hé）眼，自称为默识顿悟，其实完全是个草包，根本没有学问。

于是，韩侂胄之党便建议，道学两个字实在不是一件坏事，不适合入人于罪，而是应该攻击那些以道学标榜的伪君子，当称之为“假道学”。从此，道学又有真伪之别，这个问题愈演愈复杂。

那么，谁可以做“假道学”的代表人物呢？说来也荒唐，韩侂胄的党羽竟然选了最负众望的朱熹，尤其是太常少卿胡纮（hóng）对朱熹的攻击最厉害。

朱熹与胡纮到底怎么结的怨，讲起来十分可笑！

想当初胡纮赴建安拜会朱熹，对朱熹十分尊敬，朱熹看来也很高兴的样子，留他吃便餐，胡纮也答应了。

中国人爱客气，口头上的便餐，其实往往是山珍海味。谁知道朱老夫子的便餐竟然就是便餐，胡纮等了半天，朱熹弟子捧来一碗脱粟饭，粟是小米，想来是小米稀饭之类的，也没有其他菜肴，朱熹与弟子们便正襟危坐吃了起来，胡纮当场不便发作，只有忍着气吃完脱粟饭。

回去以后，胡纮却是大为光火，他愤愤地对朋友说："这完全不通人情嘛，也用不着什么大菜，一只鸡，一斗酒，山里面也不会就没有，朱熹未免太看不起人！"

其实，胡纮倒是错怪了朱老夫子。朱熹一向自奉简约，从来与弟子们都吃脱粟饭，只能说胡纮不懂朱熹"宾至如归"的观念。

朱熹，选自《历代名臣像解》。

胡纮这个人实在够小气，就为了一顿饭没吃好，竟然大张旗鼓，与御史沈继祖两个人，合作写了一篇文章，说朱熹是"剽窃张载、程颐的学说，再加上吃菜事魔的妖术，召集四方无行无义之徒，欺世盗名，如鬼如魅"。他们把朱熹当成了妖孽，甚且要求问斩朱熹。

宁宗本来就讨厌朱熹，看了胡纮上书之后，便把朱熹这个"妖孽"的修撰（zhuàn）之职褫（chǐ）夺，并且将其门徒蔡元定流放道州。庆元三年（1197 年），朝廷公布朱熹等五十九人为“伪学之党”，这个情形很像北宋时代的党人碑。

朱熹毕竟是个有修养的读书人，他志不在求官，心里坦荡荡，照旧在读书，也依然与诸生讲学不休。经过了这次打击，他在社会上的清望反而更高。庆元六年（1200 年），朱熹病卒，四方生徒，聚集在信州，尊奉朱熹为圣贤，并且有吕祖泰上书，请求诛韩侂胄以谢天下。

这时韩侂胄也领教了朱熹的厉害，朱熹众望所归，不是能够轻易打倒的，于是稍开党禁，但是已在民间种下了积怨。

皇位继承人的测试

宋朝高宗、孝宗、光宗三朝都是内禅，这是历史上少见的事。所谓内禅，指的是帝王仍然在世，却传位给子弟。

当年宋太宗赵光义，不传弟而传子，据说是违背了所谓“金柜之盟”，成为宋史上一大疑案。从真宗到高宗，这其中八代都是太宗的后代，反倒是宋朝开国皇帝赵匡胤的后裔，居然一直没有机会登上天子宝座，朝廷内外许多人都为此抱不平。

宋高宗南渡以后，元懿太子早夭，储位久悬，高宗便决定在太祖后代之中，挑选一位继承皇位，也就是要在“伯”字辈中选出一位天子。

于是，高宗下诏访求伯字辈七岁以下的小男孩，入宫备选——先是挑了十个人，品头论足如选美一般，在入围者之中又找出了两个特别伶俐的，其中一个是面圆圆的胖小孩，另一个则是较为清癯（qú）的瘦小孩。

中国古人都喜欢肥肥胖胖有福气的，因此胖小孩就被选上，瘦小孩领了三百两银子准备走了。高宗见瘦小孩鞠躬告退时，彬彬有礼，斯文可爱极了，实在难以抉择，所以又重新端详一番。

“你们两个叉手站好！”高宗下达命令。

这时，一只猫咪经过，小胖子站了许久，早已无聊，看到猫咪，忍不住起了捉弄念头，用脚不断地踩小猫，猫咪疼得呜呜叫，胖小孩又乘势踹了猫屁股一脚，脸上露出恶作剧的表情。

高宗看在眼里，大不以为然道：“小猫偶尔走过，又没有碍到你，为什么要去踩它？这样子随随便便，怎能担负国家的重任？”胖小孩挨了骂，低着头不敢开口，心里头很委屈。他还小，不懂当皇帝有什么吸引人，不过，这一踢猫，倒把天子的宝座给踢走了。

胖小孩对动物缺乏爱心，不够稳重，显然是家教不良。相形之下，瘦小孩一派斯文，更表露出不凡气质，所以，反倒被留养在宫里，当时他只有六岁。

这个有礼貌的小男生，正是日后的宋孝宗。虽然“面试”成绩优异，但他长大之后，能够脱颖而出，还是经过了一番激烈的角逐。他的对手是恩平郡王，和他一样功课优异，一举一动都有大家风范。

大臣史浩见高宗难以取舍，便建议各赐给宫女十人，试一试两个年轻人的定力如何。过了几天一打听，恩平郡王整日泡在美女堆里乐陶陶，孝宗则如老僧入定，完全不睬宫女挑逗。当然，孝宗顺利地被立为太子了。

孝宗虽然不是高宗的亲生儿子，却比亲生儿子还要孝顺，父子感情极佳。高宗眼见儿子贤德，自己又倦于政事，想要休息了，便决意提早退位。孝宗一再恳辞，高宗一再慰勉，最后，高宗搬入了德寿宫当了太上皇。

太上皇赴德寿宫的当天，大雨倾盆，孝宗为了表示孝敬，硬是披了龙袍，冒着风雨，亲自搀扶着龙辇到了宫门口。高宗望着落汤鸡般的儿子，又爱又怜道：“付托得人，我没有丝毫遗憾了。”

高宗内禅之后，又活了二十四年，到淳熙十四年（1187年）才过世，度过了一段悠游愉快的退休生涯。这期间，孝顺的宋孝宗仍不时前来请安。

高宗过世，对孝宗而言是一莫大的打击。因此，在百日过后，他仍然每天吃素，加上哭得太伤心，元气亏损，瘦成一把骨头。吴夫人看不过去，偷偷叮嘱御膳房用鸡熬了汤烹调食物，一方面增加菜肴的鲜美，另一方面也给孝宗补些营养。

中国人吃素本来就是为了表示虔敬之心，很少人真正喜欢吃素，孝宗是皇帝，口味自然刁，他一入口，马上发现今天的蔬菜特别香，立刻“呸”

的一声全吐了出来，气冲冲地大发脾气。内侍吓坏了，赶紧全盘托出。如果不是皇太后劝了又劝，吴夫人的脑袋准搬家了，最后吴夫人当然是被撵出宫了。

孝宗为高宗苦苦守了三年孝，在高宗去世后第三年，他也学着老子的模样，不再当皇帝了，提早把帝位传给了太子光宗，也想过一段惬（qiè）意的太上皇生活。

但是孝宗显然没有高宗的福气，光宗一点也不孝顺，娶了李后之后，更是忤逆。李后是庆远军节度使李道之女。李道原是强盗出身，李后身上流着强悍的血液，跋扈刚烈，光宗怕她怕到生了心脏病。

李后又喜欢挑拨离间，使得光宗与父亲孝宗日渐不合，起了猜疑，因此生理上的心脏病，加上心理上的心病，使得光宗远远避开了孝宗住的北宫。孝宗自忖自己是个最孝顺的儿子，竟然养出如此不孝之子，过了没多久一气病死了。

光宗因为身体虚弱，孝宗的葬礼之中竟不能执孝子礼，朝廷上下看在眼中都十分忧心，他也就这么病歪歪地撑了五年，随时都会有驾崩的危险。

赵汝愚很担心朝政中空，会造成国家动荡，因而与韩侂胄合谋，请太皇太后出面，引嘉王入宫，请光宗内禅，是为宁宗。

由于有这一连串的巧合，宋朝出现了高宗、孝宗、光宗三朝内禅的现象。中国古代皇帝具有至高无上的权威，一旦当了天子，很少舍得让位，因此这是一个相当难得见到的事例。

满朝都是贼

宋光宗身体衰弱，大臣赵汝愚担心朝廷中空，引起内外惶惑，于是与韩侂胄合谋，搬出了太皇太后吴氏（高宗后），请光宗内禅，引嘉王入宫，是为宋宁宗。

赵汝愚是个标准的理学家，他做这件事，完全是为国家谋，没有丝毫图私利的目的，但是，韩侂胄可就不同了。

韩侂胄是北宋名臣韩琦的曾孙，太皇太后吴氏的姨侄，和宋光宗算起来是姨表兄弟，因为有这层关系，赵汝愚才找他商量。

当时，韩侂胄官拜知阁门事，官位也不算小了，然而人的野心是很难满足的，他认为宁宗能够当上天子，自己也有一份功劳，便去找赵汝愚建议朝廷议定策之功。赵汝愚马上搬出道学家那一套："我为宗臣，你是外戚，本来应该为朝廷做事，不能言功。"韩侂胄被浇了一盆冷水，心中怏怏。

韩侂胄虽然没有邀到功，但是他的侄女韩氏当上了皇后，他原本又是太皇太后的姨侄，所以能够自由自在地出入宫廷，从中弄权用事。

赵汝愚崇尚理学，推荐大理学家朱熹为讲筵侍讲。朱熹当面劝谏宁宗，韩侂胄是外戚小人，应当疏远。韩侂胄很恼火，找来一批优伶，扮作大儒模样以讽刺朱熹，朱熹一怒而去。韩侂胄又用"以同姓居相位，将不利于社稷"为由，逼走赵汝愚，一时权倾天下。

宋宁宗除了把韩侂胄视为心腹，还宠信一个宦官王德谦。韩侂胄决意除掉他。

韩侂胄先备了几色厚礼去巴结王德谦，甚且拉着王德谦的手喊哥哥。两人一见如故，结拜金兰。王德谦收了韩侂胄这个关系密切的干弟弟，两人经常小宴对酌，相处甚欢。

有一回在酒酣耳热之际，韩侂胄谄媚地说："哥哥对朝廷有大功劳，应该建节钺（yuè）。"所谓节钺，指的是符节与斧钺，节是以牦牛尾做装饰的符信，钺是大斧。古时军队出征，天子授大节钺，以示威信。

王德谦有些心动，但是他毕竟知道自己的身份，尤其宋朝不比唐朝，从来没有宦官专权出使的例子，因此惶惑地问："我是阉官啊！可有此前例吗？弟弟你可不要误我。"

韩侂胄拍着胸脯道："我亲自上奏陛下，马上宣麻，你等着听好消息就是了！"所谓宣麻，指的是宋朝任免将相，用黄白麻纸书写诏书，当众宣告于朝廷。

王德谦大喜过望，连连举杯敬酒。

事实上，韩侂胄向宁宗告密："王德谦苦苦哀求要建节钺。"宁宗大怒，马上下令处死王德谦。

王德谦这下可慌了，事实上他原本不敢痴心妄想建节钺，急得猛拉韩侂胄的袖子，抽抽搭搭哭泣："弟弟误我，弟弟误我，现在怎么办？"

"好哥哥，你放心，你只要出北关数里，立刻便有诏返回，我还会骗你不成？"韩侂胄不断地安慰王德谦，王德谦这才破涕为笑，再三打躬作揖拜谢"好弟弟"。

结果，王德谦出了北关不久便被赐死了，一直到死前，他还不晓得这是韩侂胄的一着毒计。假如王德谦不这么贪，自己去向宁宗解释清楚，也许不会惹来杀身之祸。

除掉王德谦之后，韩侂胄大权在握，在生活享受方面更是直追皇帝。他在吴山建筑了一座中国古典式的庭园，称之为南园。南园之中竹篱茅舍，宛如田家。落成之日，韩侂胄领了一批爪牙去参观，他看来看去，十分满意，深深地呼吸了一口新鲜空气道：“这地方真好，像极了田园，只可惜少了鸡鸣犬吠也。”

说来也奇怪，众人顷刻之间便听到了喔喔喔的鸡鸣，也听到了汪汪汪的狗吠。南园之中何时跑来了鸡狗？众人都十分讶异地四下寻找，结果发现是府尹赵师睪（yì）在施展口技，大家都忍不住笑了起来，赵师睪还好不得意。

赵师睪这个人为了往上爬，什么手段都使得出来。他曾经买了许多名贵的珍珠，分赠给韩侂胄的小妾们。小妾们戴上了晶莹剔透的珍珠出游，人人称羡。诸妾为了感恩图报，每个人都在韩侂胄面前极力夸奖赵师睪，既然“民意舆论”一致好评，赵师睪自然扶摇直上。当时的人写了一首打油诗讥嘲赵师睪“堪笑明廷鹓鹭（yuān lù），甘作村庄犬鸡”——可笑那朝廷里的凤凰白鹭，竟然在南园村庄学做犬鸡。

另外还有一个人许及之也够无聊无耻的了。他因为接连两年没有升官，可怜兮兮跑来韩侂胄前面哭诉，委委屈屈说了半天，不自觉膝盖就软了，最后竟然跪倒在地。韩侂胄下巴抬得高高的，在充分满足了虚荣心之后，很慷慨地施舍了许及之官位。

不久，韩侂胄过生日，许及之来晚了，进不去大门，竟然从狗洞中爬入，众人皆笑，韩侂胄更觉得面子十足，最后，许及之竟然做到了尚书。当时人也写了一首打油诗嘲笑他是“由窦尚书，屈膝执政”，窦就是洞的意思。

由于满朝都是小人用事，乌烟瘴气，市井之人竟然印了纸片沿街兜售，一纸面上画着涨潮时出现的一群乌贼，一本卖一文钱。许多儿童拿着画片儿，口中念着“满潮都是贼”，影射满朝文武都是贼，结果这些儿童全被捉来打屁股。许多儿童挨了打还是照唱不误，可见小朋友也有明辨是非的正义感。

韩侂胄引火自焚

韩侂胄当权用事，气焰万丈，朝廷上上下下都反对他，连小孩都编了歌谣骂他是“乌贼”。韩侂胄愈是攻击朱熹，朱熹的声望愈高，庆元六年（1200 年），朱熹病卒，四方仰慕的生徒，聚集在信州，为朱熹送丧，尊奉朱熹为圣贤，甚且有吕祖泰上书，要求诛杀韩侂胄以谢天下。

这个时刻，韩侂胄逐渐发现道学家惹不起，慢慢地开了“伪学党禁”，一部分被贬谪的人也都恢复了官职，可是，韩侂胄所种下的矛盾，并没有因此而消除。

有人劝韩侂胄“立盖世功名以自固”，所谓的盖世功名就是北伐金人，收复失土，那他韩侂胄就成为宋朝的大英雄了。韩侂胄明白自己的形象太坏，确实有修正的必要，因此大为振奋，急着要去攻打金人。

“恢复失土，还我河山，以雪靖康之耻”，这本来是南宋朝野有志之士共同的愿望。孝宗淳熙年间，即有婺州人氏陈亮连续上书，大倡恢复之议，他的文章慷慨激昂，轰动一时，后来虽然陈亮的谏言没有被采纳，但是这篇文章影响极为深远。（请参考前面所讲陈亮的故事）

宁宗之后，光复的呼声更高，恰好金章宗时，金朝内部颇为安靖，北方鞑靼（dá dá，即蒙古）作乱，群盗蜂起，金人忙着讨伐，国势衰弱，于是韩侂胄积极提倡用兵北伐。

恰好此时浙东安抚使辛弃疾（辛弃疾的故事前面讲过）求见。辛弃疾是个了不起的爱国诗人，在南宋极负声望。他一向是主战派，而且和朱熹是好朋友。连这样的忠贞之士都前来附和，韩侂胄更加精神抖擞，恨不得立刻挥兵。

由于这件事，历史上有些人对辛弃疾不甚谅解，其实这是误解了辛弃疾，他一腔热血，满脑子理想，见韩侂胄有意恢复中原，自然而然起了“君子成人之美”的好心。可惜，韩侂胄的出发点只是为了个人声望，也没有还我河山的雄才大略。

不过，这时也有很多人反对和金国开战，他们的看法是宋金和平相处了很久，何必掀起战事？加以宋军并不强大，未必有获胜的把握。当然，韩侂胄不喜欢别人浇冷水，所以那些主张不可用兵的人都被贬了官。

开禧三年（1207 年），宋宁宗正式下诏北伐。战事一开始，宋军收复了泗州、光州等几个城镇，突然之间，发生了西蜀吴曦（xī）的叛变。

大家可还记得前面讲过的吴玠（jiè）、吴璘兄弟？吴璘在乾道三年（1167 年）去世，其子吴挺继立，人称“吴家军”，在西蜀最得人心。吴挺去世以后，吴曦接管，声势更隆。韩侂胄和金人开战，想要借重吴曦，便任命吴曦为陕西河东招抚使。

战争刚开始，宋军虽然打了几次胜仗，不久便连遭败绩，吴曦又在此时叛变，投降金朝，急得韩侂胄一面宣布捐出家财二十万来助军，一面秘密派人赴金营求和。幸而金人受到蒙古人的威胁，金军统帅仆散揆又忽然病逝前方，所以金人就答应了宋人谈和的要求。

开禧三年（1207 年）八月，宋朝派了方信孺赴汴京谈判，金朝的完颜宗浩大模大样提出了五项要求：一、割两淮之地；二、增加岁币；三、以金帛犒劳金军；四、交出归降宋朝的金人；五、把首议用兵之臣缚送金营。这首议用兵之臣当然就是指韩侂胄。

方信孺一听吓了一跳，他摇摇手道：“释放战俘，赠送金币，这些都好办，只有缚送首议用兵之臣实有困难。”

宗浩很生气道：“你不想活着回去了？”

方信孺吓得不敢再争辩，赶紧回去复命。

韩侂胄自从战场连连失利，心中懊恼万分，一心一意想要尽快求和，知道方信孺回来了，立刻召见。

方信孺一五一十回报韩侂胄，说到第五点，脸色一片绿，怎么样也说不下去。

韩侂胄气急败坏，一再追问："快说！"

"这这这……金人要求缚送首议用兵之臣。"

韩侂胄一听，熊熊怒火直冲脑门，先贬了方信孺的官，然后积极调兵遣将，准备再战。金人要取韩侂胄的命，韩侂胄当然很着急。可是他平常品德太坏，人人讨厌，上上下下都觉得，假如把韩侂胄的脑袋割下，可以停止战火，倒也是个不坏的主意。

其中礼部侍郎史弥远的反应最快，马上付诸行动。史弥远与韩侂胄一样，也不是个好东西，他时刻想着的就是除掉韩侂胄取而代之。史弥远入宫禀见宁宗，力陈非杀韩侂胄不可的理由。

宁宗原来的皇后是韩侂胄的侄女，宁宗与韩侂胄有姻亲关系，但是，韩皇后早死，宁宗又立了杨皇后。杨皇后与韩侂胄不合，杀韩侂胄正中她下怀，她在旁打边鼓，宁宗便勉强同意。就在开禧三年（1207 年）十一月三日，韩侂胄入朝时，被中军统制夏震刺杀在玉津园。

韩侂胄已死，金人要求得到韩侂胄的首级，朝廷为了是否要把首级交给金人争论不休，其中枢密章良能认为："今日敌人要韩的首级，固然不足惜，明天敌人要你我的首级，是否也不足惜？"也有人以为此举有失国体，韩侂胄毕竟是朝廷大臣。

最后，礼部侍郎倪思站起来发言："侂胄的臭头颅，哪儿值得诸公争来争去？"臭头颅就被送到金朝。金人先把头颅摆在大街上，让民众参观，然后，涂上油漆，当成战利品，收藏在军器库里。韩侂胄一生嚣张，没有料到会有此下场。

吴家军的叛徒

韩侂胄讨伐金人失败，原因之一是大战刚刚展开，突然发生西蜀吴曦的叛变，使宋朝乱了阵脚。

吴曦是吴璘（lín）之孙，吴玠、吴璘兄弟世守西蜀，极得当地人心。自从孝宗以来，人们均说吴家声势太大，难以驾驭，西蜀只知有吴家军，不知有朝廷。因此，在光宗绍熙四年（1193 年），吴璘之子吴挺去世以后，朝廷就把吴挺之子吴曦调回中央，担任殿前副都指挥使，以便就近看管。

吴曦自幼便等着掌管吴家军，在西蜀称霸称王，不料被撤去军权，郁郁不得志。而且吴曦心想，吴家自祖父、父亲世世代代为国藩屏，朝廷竟然还不信任他，这口气实在咽不下去。

于是，吴曦积极贿赂宰相陈自强等，希望朝廷能够放他回去。其中枢密院事何澹还没有收到孝敬的红包，韩侂胄就已经答应了。何澹再三反对纵虎归山，韩侂胄很不开心道：“什么都要你同意吗？想当初你同意罢黜（chù）朱熹等伪学，现在怎么样了呢？”

吴家世守西蜀，蜀人早已习惯接受吴家军的统治，而且崇拜吴氏的忠贞爱国。听说吴曦要回到四川，一个个伸长了脖子盼归期。

吴曦带领大队人马，沿着嘉陵江回到蜀地，地方父老列队欢迎。吴曦目睹盛况，心里得意极了。一连吃了几天接风酒后，吴曦宣布，要为吴璘，也就是他的祖父盖庙。有人不以为然，因为吴家军一如岳家军，向来不为自身打算。但是吴璘毕竟对地方有大贡献，况且这也是吴曦一片孝心，众人还是欢天喜地、精神抖擞地把庙盖好了。

为了给吴璘盖庙，已经花费了十万缗（mín）。庙落成之后，吴曦又有新点子，他要在山上建一座大花园，广袤数里，每日差遣数千人搬石头、运沙石。这时开始有乡人抱怨了："吴家可能出了个败家子，早知如此，他不要回家乡还比较好。"

另外一方面，为了重整形象，韩侂胄积极准备北伐，收复失土。开禧二年（1206年），他任命吴曦兼任陕西河东招抚使，吴曦掌握军政大权。当金兵南下时，吴曦与其部属阴谋叛变。韩侂胄不明就里，日日夜夜催吴曦早日用兵。

金章宗听说吴曦有投降的意图，立刻密诏吴曦："智者顺时而动，明者因机而发，你认为自己的功劳比岳飞如何？即使是岳飞，一旦被猜忌，还不是落到悲惨的下场？以你的聪明智慧，一定能够深识天命，洞见事机，让我的军队安全东下，没有西顾之忧，到时候全蜀之地，全归你吴家所有，并且如康王构一般，加册封。……天日在上，朕不食言。"

吴曦接了密诏，大为惊喜，但是在正式叛变之前，他的内心仍然经过一番剧烈的挣扎，接连好几个月，他都神思昏扰，一阵阵地头痛。

吴家军是一门忠烈，他自小耳提面命接受的也是忠孝节义，他清清楚楚地知道，万一人死而有灵，他的祖父、父亲知道此事，非把他碎尸万段不可。因此他经常做噩梦，夜夜不得安宁，往往睡了一半，大叫一声，揭被而起，起来之后，一身汗淋淋，再也睡不着，只能背着手，在卧室之中踱来踱去，直到天明。

假如只一两天失眠还好，吴曦因为良心不安，好几个月来都是如此，他简直苦不堪言，到了最后，有点儿想打退堂鼓。吴曦的堂弟吴晛（xiàn）在旁怂恿道："这件事哪里可以中止，即使中止，朝廷知道了，也饶不过你！"

于是，吴曦把心一横，决定干了！开禧二年（1206年）冬天，金兵进入成州，吴曦退守青草原；金人再攻大散关，吴曦又退保兴州。这时，金人决定信守承诺，册立吴曦为蜀王。

吴曦大喜过望，立刻召集幕府，宣布脱离宋朝，自行独立。他的部将们不料有此一变，均强烈抗议：“如此一来，相公你忠孝八十年门户，一朝扫地矣，你要三思！”

吴曦满脸不悦道：“你们不要说了，我早已决定了！”据说，某天夜晚，吴曦夜归，笳鼓竞奏，吴曦仰望苍穹，忽然发现月亮中有一个人，和他一样正骑着马，垂着鞭子。吴曦惊奇地大叫道：“快看，月亮之中有个人像我呢！”

大家举头一看，果然月影朦胧，似乎是有这么一个影像，又不忍扫吴曦的兴，异口同声说：“还真像！”

吴曦说罢，一扬鞭，奇怪的是月中的人儿似乎也一扬鞭，吴曦大喜：“月中人就是我，可见我当贵也！”

吴曦自以为当贵，但是地方父老可不以为然，甚且吴家的亲戚们也不赞同。吴曦置兴州为行宫，差人禀告伯母赵氏，接她共享富贵。赵氏听说侄儿要脱离宋朝独立，马上与他绝交，避不相见。叔母刘氏则赶了来，劈头大骂吴曦，而且白天晚上啼哭不停，吴曦好生尴尬。

吴曦拿家中长辈没办法，决定利用吴家军的威望，邀请地方名士出来做官，他一厢情愿地认为，看在祖父、父亲的面子上，大家会帮他这个忙。结果西蜀的知名人物都不拥护他，譬如陈咸把头发剃光，史次泰自己刺瞎了眼睛，李道传、邓性甫逃到别地方去了，大家纷纷用行动集体抵制了吴曦。

韩侂胄听说吴曦叛变，急着要给他封爵升官，结果，吴曦还没接到韩侂胄的命令，已经被不满的部将李好义等人刺杀。吴曦自叛变至死只有短短的四十一天。

吴曦误以为蜀人敬爱吴家军，是因为他们对吴氏有特殊的感情，殊不知这份感情是奠基在爱国的基础之上的，因此吴曦要闹独立，地方乡亲马上群起反对，这也是宋朝民族精神教育的成功，人们有着正确的爱乡爱国观念。

全保长的故事

《宋史》中有一件离奇的公案，那就是宋理宗继位这件事的内幕：

宋宁宗赵扩没有儿子，曾经抚养了一个宗室子赵询为皇太子。也许宋朝积弱，连皇族身体都不太健康，赵询活到二十八岁就得病死了。幸而宁宗又收养了赵竑（hóng），准备让他继承皇位，且让赵竑住在沂（yí）王府中。

在赵询去世之前，史弥远已经注意到这个问题，曾经拜托余天锡代为留意。余天锡是史府的童子师，即家庭教师。这位教师先生，为人恭谨有礼，很得史弥远的器重。

有一年秋天，余天锡要返乡参加秋试，史弥远郑重相托："你此番回去，注意一下宗室之子，看看有没有贤良敦厚者，挑他一两人，作为日后皇子的候选人，名义上，不妨说是沂王没有后代，要为他寻找一个继承家业的人。"

余天锡回到家乡，刚刚过了西门，忽然雷电交作，大雨倾盆，他急急忙忙躲入全保长家中避雨。

保长是地方上小吏，见到丞相府中幕客大驾光临，惊喜万状，连忙杀了一只鸡，搬出家中贮藏的老酒。保长妻子忙里忙外，弄出一大桌子的菜，热忱地款待嘉宾。

酒过三巡之后，余天锡忽然发现，桌子旁边站着两个小男孩，长得端端正正，容貌俊伟，顺口问道："这两个小孩是……"

"喔，我的外孙，大的叫赵与莒（jǔ），小的叫赵与芮（ruì），算命的曾说两个娃娃将来会大富大贵。"说着，全保长赶紧唤孙儿向余天锡请安。无巧不巧的是，这两个小男孩恰为赵家的宗室。

余天锡回到临安，立刻飞报史弥远，加油添醋地把全保长的外孙大大吹捧一番。史弥远大乐，马上召两个孩子赴临安府。

全保长接到消息，连忙咬咬手指头，试试看痛不痛，是不是真的，然后欢天喜地卖了田产，找来裁缝为孙儿办衣冠，不断地走来走去，兴奋地自言自语："我要走老运了，一阵喜雨，不料竟然请来一位贵人。"

亲朋好友听说此事，深觉非同小可，一些平常不见面的叔叔、伯伯，刹那间全部挤到全家来，拉着小兄弟的手，说长道短，有的甚至长长一作揖，拜托他们日后多多关照。当然，饯行酒是少不了的，今天这个请，明天那个请，直把小小贵客吃得肚子都坏了。

赵氏兄弟上路当天，整个族里热闹非凡，大伙儿都说，此去一登龙门，身价百倍，举族争光。全保长不停地打躬作揖道谢，笑得两颊疼痛，即使过年也没有这么热闹。

两个小孩都不到十岁，还弄不清大人为什么如此兴高采烈，但是也跟着笑嘻嘻，觉得挺好玩的，精神抖擞地踏入相府。

史弥远见到两位小兄弟，眼睛一亮，马上相中了，再随便问了几句话，发现小兄弟应对得体，教养极好，更加喜欢。他是一个做事仔细、老谋深算的人，忽地转念一想，万一被人发现，宰相找了两个赵家宗室，偷偷抚养，后果不堪设想，于是，命令余天锡把他们俩再带回家去。

全保长那儿，自从出了这件事以后，从早到晚有许多人来奉承他，抢着送他礼，如果不收下，来人就会发急道："你我年谊世好，就如同亲骨肉一般，若要如此，就是见外了。"一直要闹到全保长勉强收下，方才千恩万谢，低着头，笑眯眯地离开。全保长心中也以为，外孙此去，平地一声，定有富贵。

谁知，过了没两天，余天锡一左一右牵着两个小朋友又回来了，全保长惊讶得说不出话来，过了半天才开口：“你们，你们就这么样回来了？”

族人们听说小兄弟一去即返，又都围拢到全家来看热闹，眼见“投资”失败，请的客、送的礼都退不回来了，忍不住冷嘲热讽，怎么样难听的话都出口了。余天锡说了几句道歉就告辞了，剩下全保长一人又羞、又愧、又窘，简直恨不得钻个地洞躲起来。

从此以后，全保长的日子可真痛苦，田产卖了，盘缠花了也就算了，最难过的是一走出大门，立刻有人指点批评，甚至被邻人一口啐（cuì）在脸上，骂个狗血喷头。

两个小朋友的日子也不好挨，经常有叔叔伯伯揶揄（yé yú）道：“你们不是被请到京城去了吗？京城里好不好玩？怎么这么快就回来了？”小朋友不晓得该怎么办，只好奔回家。全保长一气之下，干脆把大门关上，足不出户，一家人过着隐士一般的生活。

过了一段日子，史弥远见局势有了变化，他对余天锡说：“现在可以把赵家兄弟接来了。”

余天锡差人送了信给全保长，全保长鉴于上一回的悲惨经验，说什么也不愿意再出一次丑，客客气气复了一封信，表示敬谢不敏，心领了。

史弥远又派余天锡登门造访。余天锡正色告诉全保长：“你的两个外孙，长孙最贵，你不应该留置家中，要送到他的父族中抚养。”

既然如此，全保长怎敢违抗，又赶紧把孙子穿戴打扮起来，让余天锡带走了，只不知是否过了几天又回家了。此去是吉是凶，全保长只有对天祈祷了。

美丽的女间谍

话说史弥远把全保长的外孙赵与莒带到临安，改名为赵贵诚，住在沂王府之中。

沂王府中本来已经有位皇嗣，就是赵竑。嘉定十五年（1222年），宁宗封赵竑为济国公，虽然没有正式立为太子，但是天下都知道，赵竑就是未来皇位的继承人。

此时，史弥远已当了十五年的宰相，他与杨皇后紧密勾结，宁宗事实上只是一个傀儡皇帝，年轻的赵竑看在眼中，气愤极了。

杨皇后被选为皇后，其中有一段故事：

杨皇后小时候家里很穷，十岁的时候被父亲以两千银子卖给杂剧团当团员，后来被选入慈福宫，伺候太后娘娘。杨小妹妹生得异常清丽，才十多岁就是个小美人的模样儿，太后娘娘打心里喜欢这个小女孩，走到哪儿便带到哪儿，而且常常夸说："你们看，她长得多俊啊！"

杨小妹妹被太后娘娘这么一捧，也就恃宠而骄，渐渐有蛮横的举动出现，旁人也不敢指责。

有一回，太后娘娘出浴，杨小妹妹爱漂亮，就把太后的皇冠戴在头上，又把后衣披在身上，在镜子前面搔首弄姿，扮起当太后的游戏。除了衣服尺码太大，小美人换上了光彩夺目的太后衣冠，还真是漂亮非凡，宛若仙子。

太后浴罢，马上有人打小报告，满以为这下子杨小妹妹可惨了，不料太后娘娘抿嘴一笑：“你们别吃惊，她啊，将来会爬到我这个地位的！”

果然，漂亮宝贝的青春美丽马上吸引了宁宗。自从太后收了这个杂剧团女孩以后，宁宗早晚问安来得相当勤快，每次一来，眼睛就滴滴溜溜跟着小美人打转。太后善解人意，便将人赐给了宁宗。后来，韩皇后过世，小美人就当了皇后。

由于杨皇后出身寒微，生怕别人看她不起，所以处处耍权威，与史弥远两人狼狈为奸，赵竑最气杨皇后，把她看成狐狸精。

但是，赵竑自己，马上也跌入了美色的陷阱：史弥远早已看出，赵竑对他不怎么友善，他很担心宁宗过世之后，赵竑不会百依百顺，就安排了心腹潜伏于赵竑身旁。

赵竑是个音乐小神童，擅长鼓琴，史弥远多方寻求，找到一位也会弹琴的青春玉女，悄悄地送到赵竑身旁。

这位玉女长得粉粉嫩嫩，白里透红，嵌着一对漆黑的亮眼睛，完全不必化妆，就是天生的娇艳，而且知书达礼，尤其半歪着头弹古琴时，既专注又纯洁，简直把赵竑迷得神魂颠倒。当然，赵竑绝对不会想到，这位有音乐素养的知音会是史弥远派来的奸细！

皇室的生活本来就极其单调无聊，赵竑自小缺乏玩伴，内心相当寂寞，如今来了一个青梅竹马的伙伴，内心相当兴奋，他把自己所有的心事都向“知音”倾吐。

譬如说，他会拉着她的手，带她去看一本秘密小册子，翻开一看，里面一条条记载了史弥远与杨皇后的罪状，小女朋友便问道：“那你以后怎么对付他们呢？”

“我啊，我要把史弥远发配到八千里外去！”赵竑说着，不但声调提高，脸蛋也兴奋发红。他为了表现英雄气概，又指着墙上的地图说：“你看到没有，这儿有个地方叫琼州（海南岛），以后，史弥远就在这儿了。”

赵竑做梦也没有料到，他亲交的红粉知己把他的话一五一十全告诉了史弥远，史弥远又恨又怕。

过了几天，赵竑又有了新点子了，他开始唤史弥远为“新恩”，小美人儿问他：“什么是新恩？”

“新恩就是新州和恩州，以后史弥远被发配的话，不去新州，就去恩州，反正就是这两个最荒凉、最僻远的不毛之地。”赵竑还在得意，史弥远却仿佛听到了录音。

起初，史弥远还以为赵竑只是嘴巴上说得狠，不会玩真的。可是，七月七日那天，史弥远笑盈盈地献上奇巧的玩具，赵竑竟然接过来就摔在地上，当场扔个粉碎，许多大臣都看在眼中。史弥远老脸挂不住，决心非除掉赵竑不可。

当时，赵竑的老师理学家真德秀看出有点儿不对劲，他曾经劝过赵竑：“皇子若能够孝顺慈母，礼敬大臣，则天命归之，否则深可忧虑也。”这个话，赵竑是无论如何也听不进去的，在他看来，杨皇后卑鄙，史弥远无耻，这两个人不值得尊敬，而他自幼一帆风顺，养尊处优，很自然的，也从来没有防人之心，只等着将来当上皇上，为国家除去奸恶！

史弥远准备动用他长期培养的暗棋——全保长的外孙赵贵诚了。有一天，他在净慈寺追念亡父，有国子监郑清之前来拜祷，史弥远努努嘴，示意郑清之跟着他来到慧日阁。看看四下无人，史弥远压低了声音道：“皇子赵竑不成器，我听说沂王府中赵贵诚甚贤，我打算请你当赵贵诚的老师，你要善加训诲，将来真有那么一天，事成之后，弥远今天这个相位就是你的了。今天这个话，出于我口，入于君之耳，如果不慎外泄，你我都有灭门之殃，你知道吗？”

“是！”郑清之一躬鞠到底，“敢不遵丞相之命！”

史弥远假传圣旨

话说史弥远发现，赵竑立誓，将来即位以后，要把他发配到八千里之外，大为忧惧不安，秘密央托国子学录郑清之，要他好好教导赵贵诚（也就是全保长的外孙赵与莒），并暗中观察赵贵诚的为人。

过了一段时日，史弥远悄悄拉着郑清之问话："我听说皇侄（指赵贵诚）十分贤德，依你看，到底怎么样？"

"此人之贤，一言难尽，我只能够用两个字来形容，那就是不凡。"郑清之面有得色地回答。

从此以后，史弥远只要逮着机会，就在宁宗面前说皇子赵竑的坏话，并且赞美赵贵诚足以担当大任。由于赵竑与赵贵诚都不是宁宗的亲生儿子，平常没有多接触，史弥远也举不出什么具体的例子，这件事也就拖下来了。

赵竑的老师理学大家真德秀老早嗅到不寻常的气息，也曾经警告赵竑少发牢骚。赵竑自认为是马上要当天子的人了，不晓得为什么要东怕西怕，何况他多半是向身边的小美人吐露心愿，他怎会料到弹得一手好琴，陪他一块儿欣赏音乐的知音是史弥远派来的奸细。

这一会儿，事态更严重了。真德秀又再度提醒赵竑要小心，不要老是埋怨杨皇后与史弥远，但是，真德秀又不能把话说得太明显，只能够隐约地暗示，赵竑依旧不听，真德秀害怕被卷入漩涡，请辞而去。

嘉定十七年（1224 年）八月，宁宗病重。史弥远派了郑清之到沂王府，

宋宁宗，选自乾隆年制《历代帝王真像》。

告诉赵贵诚准备立他为皇帝的事。赵贵诚未置可否，既不答应，也不拒绝。事实上，赵贵诚的确很难回答，他是身不由己。

郑清之等了半天，十分不耐烦道：“丞相与清之交情很深，所以派我来问话，你不答一语，清之如何回报丞相？”

赵贵诚一拱手，慢吞吞地说：“绍兴老母在。”他的意思是，万一丞相有所行动，请先把家乡老母安顿好，免得老人家受池鱼之殃，言下之意是答应了，却不明确表示愿夺帝位。

郑清之把赵贵诚的答复转告史弥远，史弥远听了便笑起来：“贵诚果然不凡。”然后，史弥远立刻把赵贵诚的母亲全氏接到临安，让赵贵诚安心。

接着，史弥远趁着宁宗昏迷之际，假传诏命，以赵贵诚为皇子，改名为赵昀（yún），授武泰军节度使，封成国公。《东南纪闻》这本书中记载，史弥远曾进金丹百颗，宁宗服下不久，一命归天，真相如何不可考，总之，很快地，宁宗驾崩，整个皇宫上上下下忙着办丧事了。

史弥远差遣杨皇后的内侄杨谷石，向她报告改立赵贵诚之事。杨皇后正哭得泪人儿似的，她虽然平时与史弥远一条心，毕竟是个妇道人家，胆子比较小，所以事到临头，又打退堂鼓：“不行，不行，皇子赵竑是先皇帝（宁宗）所立，怎么能够改变？”

杨谷石不知道拿哭哭啼啼的姑妈怎么办，匆匆忙忙回报史弥远，却挨了一顿臭骂，又转回内宫央求杨皇后，如此这般一个晚上，杨谷石竟然跑了七八回。最后他跪在地上，泣不成声说：“如今内外军民都已归心皇子成国公赵昀，如果皇后坚决不答应，我们杨氏恐怕无噍（jiào）类（噍类是活口，指有生命而能嚼食的人）矣。”

杨皇后一天之中，遭遇了许多大事，先是皇帝驾崩，接着杨谷石又来磨了一个晚上，她早已头昏脑涨，眼睛酸涩，实在困极了，迷迷糊糊问：“赵昀在哪里？”

“赵昀立刻就来！”杨谷石大喜过望。

史弥远马上派使者宣召皇子进宫，并且郑重其事警告他说：“宣召的皇子是沂王府中的皇子，不是已经搬到万岁巷的皇子，如果宣错了，你的脑袋就搬家了！”

再回过头说赵竑，自从听说宁宗驾崩，他穿戴整齐，等着被宣召入宫，心中盘算着，这下子史弥远可惨了，不把他发配到新州，也要把他赶到恩州去，然后才能放手大展宏图。

一个时辰一个时辰过去了，赵竑等了又等，盼了又盼，还是不见宣召，他急得如热锅上的蚂蚁，在房间里背着手走来走去。最后，他爬到小阁楼，推开窗户，注意着万岁巷的动静。巷子里黑黢黢的，连半个鬼影都不见。

忽然之间，一群宫中使者飞奔而来，赵竑心想终于来了，正要下阁楼，赫然发现使者们竟然过门而不入，这是怎么一回事？赵竑正在纳闷儿，忽地看到使者们正簇拥着一人，飞奔而去。他揉揉眼睛，想看清楚一点，但由于天还未亮，也没法看仔细。他做梦也没有想到，当年与他住在沂王府一块儿玩耍的赵贵诚，竟然改名为赵昀，马上要当皇帝。

赵昀到了宫中，参拜杨皇后，皇后拍拍赵昀的肩膀说：“从现在起，你是我儿子了。”然后，史弥远引导赵昀到灵柩前，举哀完毕以后，这才宣召赵竑，接着便是召百官之班，听候宣读遗诏。

夏震告诉赵竑，要他仍站在过去的位子。赵竑十分诧异，他心里想，奇怪，我不是该当皇帝了吗？于是他恼怒地责问：“我今天岂能仍立班中？”

夏震没好气地回答：“在没有宣读遗诏前，殿下仍为皇子，焉能不立在班中？”赵竑只得随班站立。但见远远的御座中竟然有人端然正坐，只听得宣诏人高声唱名：“皇子成国公赵昀为皇帝。”百官罗列下拜祝贺新君：“万岁！”

赵竑大吃一惊，怎么也不肯下拜，却被夏震用力按着头捽在地下，屈膝而拜，眼泪也随之滚滚而下。

真德秀为学生伸冤

赵昀即位，是为宋理宗，这一个原先寄养在外公全保长家中的穷孩子，在史弥远的安排下，竟然做了宋朝的皇帝，实在也是一件奇特的事。

理宗即位之后，改次年为宝庆元年（1225年），尊奉杨皇后为皇太后；赵竑改封济王，出居湖州（今属浙江）。

赵竑糊里糊涂丢了皇位，满怀委屈到了湖州不久，就有湖州人潘壬、潘甫、潘丙三兄弟集合私盐贩子，与坐镇楚州（治今江苏省淮安市淮安区）的大将李全勾结，准备共拥赵竑为帝，发兵起事。

赵竑没有做到皇帝，心里头很委屈，既然没法子挽回，也就认命了，安心当他的济王。

如今这帮盗贼，要利用他为幌子，可真把赵竑吓破了胆子。闻说潘氏兄弟等要来，情急之下，赵竑躲到水洞里，可惜运气不佳，被潘壬找到捞了起来，硬是拿了一件黄袍要赵竑穿上。

赵竑不肯，潘氏兄弟很生气，粗暴地问他："奇怪，你的皇位被史弥远抢走了，我们兄弟帮你要回来，你为什么还拖拖拉拉，像个女人一样！"

这一逼之下，赵竑哭了起来，他知道眼前非乖乖就范不可，叹了一口气道："我答应你们，但是你们也要答应我，不许伤害太后、官家。"官家指的是赵昀，赵昀虽然夺了他的帝位，天性善良的赵竑并不记恨，因为他知道一切都是史弥远一手导演的，怨不得赵昀。

盗贼答应了赵竑的要求，接着，潘壬等人逼着赵竑穿了黄袍，正位天子，并且立出榜示，公开史弥远废立之罪，并扬言“今领兵二十万，水陆并进”，准备攻打京师临安。

李全表面答应潘氏兄弟，其实并未出兵。赵竑早知道这批乌合之众起事，绝对不会成功，为求自保，他悄悄派了一个专使王元春，飞报临安朝廷，报告自己被胁迫一事，并且率领湖州州兵声讨潘氏。

当史弥远听说潘氏兄弟拥立赵竑，大为吃惊。虽然湖州之变马上被敉（mǐ）平，赵竑也用行动表现出忠于朝廷，但史弥远老谋深算，总是不放心。他心想，有了这回，必然有下回，赵竑即使没有夺回帝位的打算，万一被强有力者挟持也身不由己，总而言之，留着赵竑是祸根。

因此，史弥远又假传圣旨，命余天锡赴湖州，逼迫赵竑自缢，可怜的赵竑就这样不甘心地送命了，对外则说是暴毙。为了这出戏，余天锡还带了一个御医出面说明，然而明眼人一看便知，又是老奸贼史弥远玩的把戏。

史弥远假传圣旨，将皇位继承人由赵竑改为赵昀，已引起天下人之不满。这一会儿，他又设计把赵竑除掉，更引起普天共愤，尤其是强调道德修养的理学家们反应最为激烈。

理学大家真德秀原是赵竑的老师，他早看出端倪，也曾提醒赵竑小心，无奈赵竑不听。为了避免卷入是非，他不得不请辞而别，内心相当舍不得这个爱徒。现在听说赵竑如此委曲求全，而且死得不明不白，心中大为愤慨，眼前浮现的全是当时师徒形影不离的景象。真德秀悲从中来，阵阵鼻酸，也顾不得明哲保身了。他心想，我这个做老师的，在学生生前不能保护他，至少在学生死后，要为爱徒讨回公道。

于是，真德秀联合了魏了翁等人，强烈地指责史弥远，其中邓若水的一封上疏，更是把史弥远骂惨了，他要求宋理宗“扫除妖氛，以雪先帝”，这妖当然指的是史弥远了。史弥远看了上疏，冷笑一声，立刻揉成一团，丢到字纸篓去。宋理宗赵昀根本没看到，就是看到了，史弥远也不怕，只是对理学家更是不满。

真德秀，佚名绘，台北“故宫博物院”藏。

史弥远自从杀了韩侂胄之后，便积极表扬道学，收揽人心，褒奖死去的理学家朱熹、吕祖谦等人。史弥远本身是个卑鄙小人，因此他虽然不断拉拢理学家，理学家始终对他没有好感，真德秀便曾经说过：“我们赶快离他远一点儿，让庙堂知道，这个世界还有不为官位收买的人！”这件事，颇让史弥远面子上不好看。

如今事情演变到真德秀为学生喊冤，公然指责史弥远，史弥远不能不反击，却想不出什么法子。

有个叫梁成大的小人知道了史弥远的心思，想了一个好主意，他跑到茶馆，叫了一壶茶，开始大骂真德秀与魏了翁。他很会讲俏皮话，大言不惭道：“真德秀不过是个真小人，魏了翁就是伪君子！”

史弥远听到了，觉得梁成大是个奇才，马上请梁成大赴都察院任官，希望能把真小人、伪君子的诨号给打响。

然而真德秀、魏了翁的道德和文章都首屈一指，岂是史弥远所能破坏的？倒是梁成大这个狗腿子，被人也改了一个名，叫梁成犬。

宋理宗对史弥远的做法，内心并不欣赏，但是史弥远势力雄厚，他自己又是史一手安排当上皇帝的，也只好让史弥远当了九年的宰相。直到史弥远死后，理宗才正式提倡理学，召真德秀为礼部侍郎。

真德秀又向理宗说：“湖州之事，非济王本意，济王先是逃避，后又追捕潘氏，希望陛下追封济王。”

于是，济王所受冤屈大白天下。真德秀的作为，说明了中国古代师徒的情义深厚。

史嵩之守丧丢官

《宋史》中称宋理宗误于二史之祸，前有史弥远弄权，史弥远去世后，宋理宗亲政，又有史嵩之误国。

史嵩之是史弥远的侄儿，在绍定五年（1232年），担任京湖安抚制置使，坐镇襄阳，处理军务，会合蒙古，灭亡了金朝，论功行赏，做到了兵部尚书，后来更高升为右丞相兼枢密使，军事政治一把抓。

史嵩之自认有军功，趾高气扬，狂妄自大，完全不合乎宋朝人讲究的谦逊有礼。朝中的正人君子与他都合不来，杜范、游侣等一个一个被赶出了朝廷。

如此这般，过了五年，才有一个礼部进士徐霖受不了了，上疏揭发史嵩之“挟持边功，要挟国君，培植私党，危害国家”。看到上疏的人，都不禁吓得吐舌头，为徐霖捏把汗。结果，宋理宗宠信史嵩之，对徐霖的告状置之不理，徐霖的下场也就不问可知了。

过了不久，史嵩之因为父亲史弥忠去世，请假守丧，宋理宗下诏起复，掀起了一场巨大波浪。

中国古人一向注重守丧之礼，在《论语·阳货篇》中，孔子的学生宰我曾经问孔子：“守丧守一年其实就很够了，君子三年不习礼，礼必然荒废了，三年不习乐，乐也必然荒废了，一年之中，旧的稻谷已经吃完了，新的稻子也收割了，守丧守了一年也够了。”

孔老夫子很生气，讽刺宰我："父母死了，未满三年，你就吃稻煮的饭，穿丝织的衣，你心里安吗？"

"安啊，为什么不安？"宰我想也不想就脱口而出。

"你既然心安，那你就这么办吧，一个君子守父母之丧，因为过于悲苦，即使吃山珍海味也没有胃口，听美好的音乐也不快乐，因此不求衣食享受，现在你既然食稻衣锦都开心，那你不妨去食稻衣锦吧！"孔子气愤地训了宰我一顿，宰我低着头离开了。

宰我刚走，孔夫子便对弟子们说："宰我这个小子真是不仁，想为人子女生下来三年以后，才能脱离父母的怀抱。守三年之丧，是天下的通丧。难道宰我没有从他父母那里得着三年怀抱的爱护吗？"

读过《论语》的人都知道，孔门弟子中，孔夫子最疼爱颜渊，最不欣赏宰我，宰我就是那个中午困了睡午觉，被孔夫子骂"朽木不可雕也，粪土之墙不可圬（wū）也"的宝贝蛋。

宋朝人是最讲究礼教的，《宋史》之中记载孝子守丧尽哀的故事相当多，假如有谁因为父母过世，伤心到达了极点，竟然也一病呜呼，更会得到乡里之敬重。

所谓起复，指的是官吏父母去世，不等丧期服满朝廷就再度起用。在宋朝，这种情况是很少的。通常，做官的如果父母病故，一定要请丧假三年，三年以后才能回到朝廷，当然，守丧期间，该官员原来职务早有人代替，他多半又要从头起慢慢往上熬。因此，古代官吏十分害怕父母过世，万一父母相继过世，一连六年的丧假下来，政治前途也就完了。有人打趣，难怪中国古代的人，不敢不孝顺父母。

言归正传，史嵩之担心奔丧回家之后，朝廷大权旁落，因此，预先部署妥当，使得宋理宗在史嵩之热丧在身之时，就急急忙忙地下诏起复，仍为右丞相兼枢密使。朝廷满朝文武虽不以为然，但也不敢吭声。一般理学家认为此事大违礼法，而太学生更是慷慨激昂。

太学生黄伯恺（kǎi）等一百四十四人，联名上疏："自古求忠臣必于孝子之门，未有不孝者而望其忠也……今天国家土壤一天比一天少，嵩之田宅一天比一天多，而陛下仍然眷留嵩之也……臣等如果不言，则人伦扫地，与嵩之一般沦为夷（yí）狄也。”

这篇奏疏用词十分强烈，不仅斥责史嵩之，也狠狠骂了皇帝，宋理宗看了心中当然不痛快。接着翁日善等六十七人，刘时举等九十四人又联名上书，这些上疏一篇较一篇更沉痛、更激切。

甚且，连太学的斋廊上都被贴上大标语，上面写着“丞相朝入，诸生夕出，诸生夕出，丞相朝入！”，公然反对史嵩之，显然要闹学潮似的。

当时，朝廷命令京兆尹把他们开除学籍，太学生一听之下，闹得更凶，居然在卷铺盖走路之前，合作了一篇卷堂文，拜谢了孔圣先师画像之后，才离开了太学。

宋理宗颇为不悦，道：“学校虽是正论，未免闹得太过分些。”

徐元吉说：“正论是国家元气，今天正论仍存学校，当留下生机。”

这个时候，史嵩之也知道自己待不下去了，宋理宗同样感受到舆论庞大的压力，只得准了史嵩之三年之丧。

说也奇怪，史嵩之刚刚回到乡里，徐元吉忽然得了怪病，全身燥热，到了晚上，指甲一个一个裂开，淌出鲜血，医生还没来，徐元吉就死了。刘汉弼（bì）也得了怪病，全身浮肿而卒。杜范继史嵩之为相，不到八十天，得了重病撒手归西。这一连串的暴卒，一般人都认为是史嵩之派人下毒，太学生又相继上疏，指责“过去小人害君子，不过使之死于蛮烟瘴雨之乡，现在反在朝廷公然行凶”。宋理宗只得将徐元吉、刘汉弼、杜范厚葬，并赐给良田。

后来，史嵩之丧期满了，理宗本想再度重用，言官纷纷抗议，史嵩之终究没法再回到朝廷。三年丧期在现代社会当然不可能，但是今日孝道沦丧恐怕也是缺乏有心人的提倡。

丁大全用事

在史嵩之以后，宋理宗任用丁大全。此时理宗已在位三十多年，精疲力竭，对政事日渐厌烦，每天流连在新起的梅堂、芙蓉阁、香兰亭之中，招来一些民间的倡优入宫献艺，以声色自娱。

丁大全，镇江人，出身微贱，因为巴结宦官，得到理宗的宠信，官拜右司谏。当时连丁大全在一起的三个言官，都只晓得拍马阿谀，从不知对君主忠谏，人们称他们为“三不吠犬”，比喻朝廷用了三条不会叫的看门狗。

丁大全不敢对皇帝忠谏，咬起同事的功夫倒不弱，他与右丞相董槐（huì）不合，两人相互狗咬狗。

宝祐四年（1256 年），董槐上了一个奏章，批评丁大全奸佞不可用。丁大全知道此事，一面反攻上疏弹劾董槐，一面竟然半夜里亲自率领兵丁，围住董槐的府第，露出白刃，硬是把董槐架着，出了北关，丢在荒郊野外。

奇怪的是，理宗接着颁下圣旨，不但不责怪丁大全，反而把董槐的相职给免了。一向对国事有意见的太学生联名上书攻击丁大全，为董槐鸣冤。

丁大全很生气，开除太学生的学籍，把太学生发配到偏远之地，并且不准诸生再随随便便议论国事。

就在丁大全弄权用事的时候，蒙古兵分道南下，国事日非，引起朝野一致的愤慨，宋理宗不得不将丁大全免职。丁大全被放逐新州，死于道上。

其实，丁大全的被贬，不完全是理宗的明断，主要是背后有一个高手在秘密操纵，那人便是贾似道。

贾似道是促成南宋亡国的一大罪人，是中国历史上著名的大奸臣，与秦桧不相上下。

贾似道是贾涉（shè）的儿子，自幼便是一个纨绔子弟，放荡无行，不务正业，长大以后，由于父荫补了嘉兴司仓。后来，贾似道的姐姐入宫，成为理宗宠爱的贾贵妃。靠着贾贵妃的裙带关系，贾似道当上了籍田令，又一再爬高到太常丞、军器监。

虽然军器监位高权重，但贾似道仍然不改以往的作风，白天泡在瓦子里。瓦子是临安特有的一种称呼，就是妓女户。临安城里城外，瓦舍共有十七处之多，久而久之，瓦舍便如同长安的平康坊，勾栏曲巷，是浮荡子弟流连忘返之地。

到了晚上，贾似道往往吆喝一群莺莺燕燕，带着精致肴馔（yáo zhuàn）、瓜果糖食、陈年老酒前往西湖，到了埠（bù）头，自有相熟的船老大前来招呼，上得画舫。

然后，船老大把画舫缓缓驶向湖中心，在船头立了一枝竹篙，直插入湖底，船只稳稳地停住，贾似道遂开始猜拳行令，饮酒作乐，肆意享受。

有一天夜晚，宋理宗在一小山边眺望西湖，忽见湖中灯火辉煌，然后模模糊糊见到几位歌伎抱着琵琶，吹着笛子，司着鼓板，细吹细打了一套《醉花阴》，然后在夜阑人静的夜里，只听得穿云裂帛的歌声朗然传来。

宋理宗眉心一皱道："此必贾似道也。"显然，贾似道浪荡的名声已传入皇帝的耳朵里了。

第二天，宋理宗把贾似道喊来问话，贾似道坦然承认。理宗对贾似道吊儿郎当的轻浮作风大不以为然，因此特地告诉京兆尹史岩之："你要好好教训一下贾似道，不要三更半夜还在西湖闹，简直不像样。"

史岩之却答道："似道这个人，虽然有少年习气，然而才气纵横，可担当大任。"

宋理宗，选自乾隆年制《历代帝王真像》。

“喔？是这样吗？”理宗问。

自此以后，理宗果然对贾似道另眼相看。尤其是开庆元年（1259年），出了一件大事：蒙古兵围鄂州，朝廷任命贾似道为右丞相兼枢密使。贾似道暗地里与忽必烈讲和，刚巧，蒙古发生内变，忽必烈乃接受贾似道的建议，匆匆忙忙引兵北归，如此一来，鄂州之围解除。贾似道谎报一路大捷，打垮蒙古人。

宋理宗接到捷报，简直乐坏了，立刻诏令贾似道还朝，让他当宰相。

贾似道虽然生活放荡，完全一派公子哥儿的习气，却极富机智与权术，善于拉拢人心。宋朝的太学生与理学家素来最有意见，贾似道上任之后，第一件事就是对太学生加以种种优厚的待遇，增拨学田，提高生活费用，又特别尊崇道学，养了一大批冬烘先生。

俗语说，拿人的手短，太学生与理学家得了贾似道的好处，于是一般士子，对于贾似道都刻意歌颂，称之为“师相”，或直称为“元老”。他这一招比丁大全漂亮多了。

接着，在景定四年（1263年），贾似道又建议置买公田。原来在南宋时，发生贫富不均、富豪兼并土地问题，一般百姓苦不堪言，“三人共一碗灯，八口共半间屋”，生活极其悲惨。贾似道的办法是先实行“限田”，规定做官的人家，其田地有一定的限额，超过限额的土地，由国家收买其三分之一为公田，可以弥补国家财政上的赤字。

表面上看来，这是一个好办法，演变到后来却成为官吏强夺民田，并且将官田再发给百姓耕种，更要逼百姓缴出超额的田租，老百姓个个不堪其苦。

同时，南宋又实施推排制度。所谓推排制度是每三年做一次财产调查，不但老百姓的房屋在调查之列，就是家里有几把刀、几把斧，乃至一头猪、十只鸡、两条狗也一一查明，官吏就根据这些敲竹杠，百姓真是“鸡犬”不宁啊。

宋朝的“周公”——贾似道

宋理宗年纪渐渐大了，他也与宋宁宗一般老而无子，于是他想立弟弟赵与芮之子赵禥（jī）为嗣，先是封赵禥为忠王，后立为太子。

当宋理宗准备立忠王为嗣时，曾经征询宰相吴潜的意见。吴潜是一个忠心耿耿的老臣，他认为忠王呆呆笨笨，胆小畏事，不是一个能够当天子的材料，因此表示异议道：“臣无弥远之才，忠王无陛下之福！”

大家还记得吗？宋理宗原是乡下全保长的一个小外孙，被史弥远一手拉拔，又使出一连串的诡计，去除赵竑才当上皇帝。

吴潜这么一顶，等于在揭宋理宗的疮疤，理宗好生气，别过脸来不理吴潜。

狡猾的贾似道乘机“下毒”：“吴潜身为宰相，竟不以国事为念，可见是个不负责任的人。”并且贾似道再三表示，皇帝无子，立宗室为后，本是一件顺理成章的事。

宋理宗正因吴潜的话而不开心，被贾似道这么一挑拨，更觉得吴潜讨人厌，于是罢去吴潜的相位，贾似道成为惟一的宰相（宋朝为防止专权，采用多相制），立忠王为太子。

景定五年（1264年），理宗去世，忠王即位，是为宋度宗。度宗即位时，年已四十三岁，是个沉溺于酒色中的糊涂蛋。

据说，宋度宗的母亲在怀他的时候，服了不当服用的药物，以至于度宗生下来后，手脚发软，反应迟钝，一直长到七岁才牙牙学语。

度宗自己知道，如果不是贾似道帮忙，他这个皇帝可能泡汤，再加上他本身才能不足，处处都要仰赖贾似道，因此简直把他给捧上了天。

每逢贾似道上朝，度宗必然亲自答礼，尊一声“师臣”，居然不敢对贾似道直呼其名，因此朝中大臣都称之为“周公”。把贾似道比喻为古代孔子最尊敬的周公，实在是一件可笑的事。

贾似道看准了度宗庸庸碌碌，很好欺负，所以处处装腔作态，表现自个儿的身价不凡。

咸淳元年（1265 年），当贾似道料理完毕宋理宗的丧事，他忽然抽身引退，递上辞呈，表示任务已了，从此要归还故里，回到台州老家去也。

贾似道真的是看破红尘，要效法陶渊明高唱“归去来兮”吗？当然不是的，他料定了度宗少不了他。为了安全起见，贾似道又秘密支使检校少傅吕文德写了一封假报告，说是蒙古入侵。

度宗看到贾似道的辞呈已经心里扑通扑通地跳个不停，再接到吕文德的密报，一颗颗汗珠涔（cén）涔流下，吓得一声“妈呀！”，急着去后宫找太后，而太后一听也马上头晕，赶快用手扶住椅子，母子二人慌慌张张找来大臣，拟妥诏命要求贾似道回朝。

贾似道见计已得逞，心中暗暗冷笑，表面上却装出一脸无可奈何的样子，两手一摊，姗姗复出。

度宗为了笼络贾似道，授他为镇东军节度使，拜为太师，封魏国公。

在以前，蔡京、韩侂胄、史弥远都曾被“尊”为太师，都是以宰相而专有政权，这会儿，贾似道也是贾太师了，他十分得意。不过，依照习惯，太师往往可兼领节度使，于是度宗便任命贾似道为镇东军节度使，但贾似道却佯作怒曰：“节度使是粗人做的，我不接受。”这时，节度使的“节（代表节度使的信物）”已送来了，京城里人人围观，贾似道却要把节退回，表示自己“生气”了，这是从来没有过的事，弄得大家惊骇万分。

咸淳四年（1268年），因为小事不如意，贾似道又要闹着递辞呈，度宗不答应，贾似道却非辞不可，完全没有转圜（huán）余地。

度宗不晓得该如何慰留，情急之下，几乎双膝着地，要跪下来求贾似道了。知枢密院事江万里眼见贾似道再三戏耍国君，实在是忍无可忍，看不下去了，他着急地扶起度宗道："自古以来，没有君王向臣子下拜之理。"说着，江万里又转过身来，半带责备地对贾似道说："圣上既如此，丞相万万不可再言去。"

贾似道立刻惶恐无比，举笏（hù）向江万里道谢："倘若不是江公阻止圣上，似道今天就要成为千古罪人了。"

嘴巴上虽说得好听，贾似道心里却恨透了江万里多管闲事，从此之后，贾似道利用职权，对江万里百般挑剔，到处找麻烦，江万里待不下去，只有辞职归故里。

到了咸淳六年（1270年），贾似道的老毛病又犯了。这一次说什么他也不愿再干下去，讲得斩钉截铁，一丝一毫都不能通融。

可怜的度宗又开始紧张了，他不停地降旨挽留，一天之中下诏四五回，并且派出宦官守在贾府门外，免得贾似道开溜。

既然贾似道执意要走，宋度宗又非留不可，最后，双方各让一步，度宗赐贾似道"平章军国重事"的美名头衔，更赐以豪华宅第于西湖葛岭，让贾似道高卧于葛岭的风景区之中，每五日乘湖船入朝一回。

葛岭位于西湖中心，湖光掩映，芳草如茵，两岸风光，尽入眼底，完全无尘俗之嚣，附近又有吴越钱武肃王所筑的九曲城旧址，是寻幽访胜踏青的好去处。贾似道在这"上有天堂，下有苏杭"的临安最美之处，可真是快活胜神仙。宰相如此，宋朝的国运也到了尽头了。

半闲堂与多宝阁

自从贾似道高卧葛岭以后，每五日始出葛岭，乘着湖船悠哉游哉入朝奏事，其他的时刻都在人间仙境逍遥。

宰相平日不上朝，那么，堆积如山的公文怎么办？由堂吏每日抱着公文、档案一趟又一趟赴葛岭，呈请贾似道批阅。贾似道虽然深居简出，摆出逐渐不过问世事的隐士模样，但是朝中一切台谏弹劾、诸司荐辟，大大小小的事，没有他批过根本不能算数。

贾似道既然权倾朝野，一般趋炎附势之徒大家比赛送红包，不论中央官、地方官、监司、郡守都有价码，朝中一切政令都自贾似道家中发出，葛岭已隐隐然成为政治中心了。

贾似道发迹之初，宋理宗曾经对他夜半挟妓游湖不以为然。现在高卧湖中别墅，贾似道大可以堂而皇之游个痛快了。西湖开辟于唐穆宗时，宋朝曾经加以疏浚（jùn），湖水清澈奇巧、画栋雕梁。

在葛岭别墅之中有一间房间叫“半闲堂”，半闲堂可以说是贾似道的客厅，也可以说是书房，里面收藏有各种字画古董。

现在我们收集古字画的人，若是看到画中有一方“半闲堂”的图章，便知这幅字画曾被贾似道收藏过，那可真是名贵稀罕无比。因为半闲堂太有名了，也有许多后人为了提高字画的身价，特别刻了一个假的半闲堂的章子盖上去。

宋度宗，选自乾隆年制《历代帝王真像》。

半闲堂中除了珍贵的书画，还有贾似道命人为自己制造的一座塑像。当他本人不在时，塑像就代替他在半闲堂中附庸风雅一番。

葛岭之中除了半闲堂，还有一个著名的房间，称为“多宝阁”。顾名思义，多宝阁之中一定有许多的宝贝了，这里面到底有多少宝贝？因为贾似道的运气好，没有像明朝奸臣严嵩、清朝奸臣和珅一般死后被抄家，宝贝被详详细细列了一张清单，所以我们无法查考多宝阁中的真实情况。

但是由一个小故事，就可以知道贾似道是怎样上天下海地搜集宝物的。贾似道听说余玠有一条珍贵的玉带，立刻派人去四川访求，访求了半天才知道，原来这条玉带已经随余玠入了土殉了葬。

贾似道仍不死心，非得到手不可，他居然派人挖了余玠的坟，开了他的棺木，硬是取出了玉带。想余玠还是守蜀名将，尚且在死后被开棺，一般小民若是手上有珍宝，哪儿能逃得过贾太师的手掌心。

除了搜集古铜器、书法、名画、金玉珍宝，贾似道还有一项特殊癖（pǐ）好——搜集美女。他喜欢的美女范围很广，而且很奇怪，举凡大家闺秀、小家碧玉都有兴趣，青楼名妓固然为贾似道所喜，连空门女尼他也爱，甚且皇帝身边的宫人，贾似道也会千方百计把她弄入葛岭。

被贾似道当成收藏品的美人儿，虽然长得花容月貌，在贾府中也不愁衣食，却是相当可怜的一群人，因为贾似道性情残忍，带有一点儿虐待癖。

有一回，贾似道带领姬妾们倚着小楼看窗外，西湖畔正有两名少年郎由湖登岸。这两人生得唇红齿白，风度翩翩，十分潇洒，引人注意，有一妾忍不住叹息："啊，真是美少年。"

"你喜欢他吗？若是喜欢，我就为你纳聘。"贾似道半开玩笑道。

那姬妾不答，只是一个劲儿低头在笑。

过了一个时辰，贾似道端来一方盒子，把姬妾们叫到跟前，诡异地说："我刚刚已为她纳聘了。"说着，他命人揭开盒子，里头赫然是说错话的小妾的头，大小姬妾们看了无不大吃一惊，其中一个被吓得当场大呕大吐。

葛岭一向是门禁森严，闲杂人等一概不许出入。某次，一位侍妾的哥哥赴贾府找妹妹，他乡下人头一回见这等场面，不免东张西望，好奇得很。

"你是什么人，看什么看？"看门的人一把揪住了乡下人。"我，我，我找我妹妹。"乡下人吓得张口结舌，看门的人不由分说把他提到了贾似道面前。

"我妹妹是张美秀，我是她哥哥，我叫……"乡下人还没有说完话，贾似道就下了命令："把他丢到火中烧死！"

这时张美秀也听说此事，着急地赶了出来，跪在贾似道面前苦苦哀求："请太师饶命，他确实是我的哥哥，我娘找他来告诉我……"

"你不必多说了，就是你亲哥哥也不许乱闯！"贾似道既蛮横又无理。

宋朝人是很讲究美食的，中国的烹调艺术在南宋更是发达到了极点，当时筵席上的许多美食如"水龙脑""洗手蟹""莲花鸭签"，做法都已失传。贾似道尤其是个美食家，他喜欢吃天台桐树上的香蕈（xùn），自有人大老远帮他捎来，可惜香蕈隔了一段时日便会走味儿，于是，送礼者干脆连桐木一块儿送到葛岭，可以想见其工程之浩大。

贾似道又喜欢食用苕（tiáo）溪的鳊鱼，会拍马者又养了千条鳊鱼，按日为他送上。

他在葛岭过着穷奢极欲的生活，葛岭之外却民不聊生，百姓敢怒不敢言，只能悄悄在歌谣之中讽刺朝廷粉饰太平，譬如乡下妇人满头珠翠，其实全是玻璃做的，临安人就唱道："满头都是假（贾），无处不琉璃（流离）。"这是暗指贾似道当权，弄得到处流离失所也。

贾似道斗蟋蟀

贾似道终日待在半闲堂里，闲着也是闲着，总要多想一些好玩的乐子，他最喜欢玩的是斗蟋蟀。蟋蟀好斗，而且两只凶猛的蟋蟀斗起来拼个你死我活，煞是精彩。贾似道最好此道，他经常带着一群姬妾，与赌徒们席地而坐，昏天黑地地斗蟋蟀，下赌注。

由于宰相独好此调调儿，不但临安城里的蟋蟀身价百倍，附近城市乡村，蟋蟀的价格直逼黄金，尤其是谁要能找到品种特异、勇猛厉害的蟋蟀，再加以训练调教，送到宰相府，保管有重赏。

一只蟋蟀打不了几个回合就死了，因此，贾似道需要大量生猛的蟋蟀才能一直斗下去。于是官吏们正事不做了，率领着大批百姓翻山凿洞找蟋蟀。

贾似道混在狎客中赌博，大呼小叫，丑态百出，完全是一派流氓作风。曾有赌客指着杀得难分难解的蟋蟀道：“哪！这就是我宋朝的军国大事。”

事实上，宋朝的军国大事正在吃紧，蒙古大军兵围襄阳，大将吕文焕的求救文书，如雪片一般飞来。贾似道蹲在地上，全神贯注斗他的蟋蟀，连军报也没时间看。

贾似道富可敌国，享尽了人间富贵，但是他除了斗蟋蟀，没事还要玩一玩、耍一耍宋度宗才甘心。他在第三度递上辞呈，度宗赐以葛岭之后，曾经有三年没有开口辞相位。到了咸淳六年（1270 年），他又以多病为借口，撂纱帽不肯干了。

度宗最怕贾似道来这一招，每次贾似道嘟嘟囔囔不想干了，度宗就膝盖发软，眼冒金星，他好话说尽，眼泪都要掉下来了，贾似道依然执意非走不可。

最后，度宗低声下气，拜托贾似道六日一朝，入朝一拜，就是六天才上一天班，其余全是周末假日，贾似道仍然不肯。

“那，那就十日一朝吧。”度宗搓着手哀求道。

从此，贾似道十日一朝，入朝不拜。非但不拜，每次退朝，度宗还赶快起立，行注目礼，目送贾似道迈着方步，大摇大摆地步出朝廷。

当时，蒙古兵围襄阳，前线紧张极了，度宗也晓得，每次想要问，又不敢开口，心中总是期待贾似道自己说，但是，贾似道总是不说。

度宗真是好耐性，这一等，他竟然熬了三年，不敢开口询问，由此可见这个皇帝是怎样的窝囊，无怪乎贾似道骑到度宗头上撒野。

终于等到有一日，度宗鼓足了勇气问他：“襄阳之围已三年，你准备怎么办？”

岂料贾似道这个老滑头居然回答：“北兵早退去。”

贾似道这么回话，做皇帝的原该痛加斥责，这简直是欺君之罪嘛，但是度宗害怕，他不敢，呆立半晌，不晓得如何是好，心里头却是很生气。

谁知贾似道不得理却也不饶人，接着又逼问度宗：“陛下是听什么人说襄阳被困三年？”

事实上，许多忧心忡忡的大臣都曾经跟度宗提过，度宗不敢回话，情急之下说：“噢，一个女嫔说的。”

“哪一个女嫔？”贾似道仍要打破砂锅问到底。

心虚的度宗只好告诉贾似道一个女嫔的名字，过了没有两天，女嫔被人害死。

自此而后，没有人敢再上奏皇帝边事告急之事，度宗碰了这个钉子，也不敢再问贾似道了，事实上，问了半天也是白问。

咸淳九年（1276年），守襄阳的吕文焕因救兵不到，又闻说宰相大人忙着斗蟋蟀的“军国大事”，无暇顾及宋朝边境的军国大事，心寒极了，愤恨交加投降蒙古人。吕文焕赤胆忠心，完完全全是被朝廷逼的。天下汹汹，都为吕文焕抱不平，也都恨死了贾似道误国殃民。但是贾似道仍然好官我自为之。

有一次，度宗赴郊外举行祭礼，贾似道担任大礼使。礼成之后，度宗正准备还宫，忽然下起倾盆大雨，只好等雨过天青之后，再起驾回宫。

谁知一个时辰、两个时辰过去了，雨势愈来愈猛，没有停止的迹象，度宗身体孱（chán）弱，有点儿受不了了。当时护驾的侍卫胡显祖是胡贵妃的哥哥，忍不住劝皇帝先坐轿子回宫。度宗也点点头，正要上轿。

忽地，贾似道一吼：“臣为大礼使，岂有大礼使不知，陛下竟然擅自举动，既然如此，我这个宰相也不必做了。”可怜的度宗又胆战心惊，连忙慰留贾似道。贾似道仍然气鼓鼓的，非辞官回家不可。最后，度宗不但撤了胡显祖的职，而且把胡贵妃剃光头发，赶入尼姑庵，贾似道才勉勉强强继续当宰相。

度宗在位第十年，贾似道母亲过世，照理是要守制三年，但是援史嵩之的例，马上起复。史嵩之不守丧，闹得轩然大波，贾太师不守丧，没人敢吭声。

贾母出殡的当天，坟墓一如皇陵，文武百官全部参加，突然大雨倾盆，而且是狂风暴雨，“大雨大雨一直落”，竟然没人敢打伞，没人敢易位。许多老臣回家之后都伤风感冒，几乎一命呜呼。

宋朝本来国势积弱，被贾似道这么横整胡来地乱搞，大宋的江山，不久就断送了。船到桥头未必直也，度宗若不是这么无能，被贾似道肆意玩弄于股掌之上，国家也不至于走上绝路。蒙古能够灭亡宋朝并不是偶然的事，下面我们要回过头来讲一讲有关蒙古的故事。

阿兰豁阿折箭教子

南宋国势衰弱之际，在中国北方，蒙古正悄悄地兴起。

提起蒙古，那似乎是个遥远又神秘的地方。许多人中学读过元朝的历史，除了很痛苦地背过蒙古四大汗国及蒙古西征，背完了又还给历史老师，大家对蒙古的了解实在极其有限。从本篇起，我们将试着用有趣又有系统的方式，为读者们介绍蒙古的历史，增加对蒙古文化的了解。

在中国历史中，有关蒙古最早的纪录是《旧唐书》的《北狄传》，称之为“蒙兀室韦”，在今天中国黑龙江省西北部及蒙古国东部一带，天连天，地连地，有辽阔的草原和戈壁，正如同著名的敕（chì）勒民歌中所唱的：“敕勒川，阴山下。天似穹庐，笼盖四野。天苍苍，野茫茫，风吹草低见牛羊。”整个蒙古高原荒凉、干燥、寒冷。不同的气候景观，也孕育出不同的文化。

蒙古人以游牧与狩猎为主，他们的社会、政治、经济、军事都以此为基础。据说成吉思汗曾经说过：“有一天我的子嗣们若是放弃了自由自在的游牧生活，和汉人一般，住进用污泥造成的房屋，那就是我们蒙古人的末日了。”由此可见，蒙古人是多么以游牧生活为豪。

蒙古学者札奇斯钦在其所写的《蒙古文化与社会》一书中曾考证蒙古黄金史，有这么有趣的一段：

有一天，成吉思汗带着几个皇子，大伙儿畅谈什么是人间最快乐的事。

术赤说："我想要谨谨慎慎地牧养家畜，再挑选一块最好的地方，把官帐安置好，大家一块儿宴会享乐。"

察合台说："在我看来，克服敌人，击溃对手，能够给幼驼穿鼻孔，或是万里长征把戴宝冠最美的美女掳回来，那才过瘾！"

拖雷也神采飞扬接口道："骑上调练好的良驹，带着驯好的猛鹰，到深泽行猎，去捉布谷鸟，或是骑着花斑枭（xiāo），带着海青鹰，去捉花斑鸟，这才有意思哪。"

由此可知，游牧与狩猎是蒙古人最有兴趣的事。蒙古的家畜的地位，分为五个等级次序：马、牛、骆驼、绵羊、山羊。我们也能够由此了解蒙古文化的一部分。

马是蒙古人最喜爱的家畜。人在空旷的草原上，离开了马，简直寸步难行，所以蒙古人有一句谚语："人生最大的不幸是少年的时候离开了父亲，在半途之中离开了马。"

快捷的马匹载着蒙古人，建立了元帝国，无怪乎蒙古人对马另眼相看了。许多蒙古人家，在帐幕外悬挂许多小旗，旗上画着一匹有翅膀的飞马，表示这家人的运气如天马行空。蒙古人甚且认为，人死后升天，也是骑马上天的。

于骑马飞驰之际扭身射箭，正是蒙古劲骑的拿手好戏，佚名绘。

在马群之中，又以白马最为尊贵，蒙古亲王向来是骑白马的，真是所谓“白马王子”，蒙古人进贡最高级的礼物是“九白之贡”——白驼一匹，白马八匹。

蒙古小孩到了三四岁就时常随着父母骑马，五岁的时候，已经可以自己骑着一匹马，由父母牵着，在草原上驰骋（chí chěng）了，好厉害！

牛是和人家住在一起的，它们自己会早出晚归，不需牧人照管。牛不仅供给游牧人食粮，也是拉车的交通工具。蒙古的牛以犛（lí）牛、毛牛为主，比中原的牛壮得多。

骆驼是长程运输的交通工具，骆驼也是所有家畜之中，最凶猛不驯的。

羊分为长尾与圆尾的两种，羊毛虽粗，却极为纯白美丽。蒙古人常说草原上的羊群美得像撒在绿绒上的珍珠。羊肉、羊乳是蒙古人的主要食粮，羊毛、羊皮则是衣服的材料。

蒙古人是怎么样来到现在的蒙古高原的？根据蒙古人自己的传说，在铁木真（成吉思汗）出生的两千年前，蒙古人因被敌人打败而惨遭屠杀，只剩下一男一女，逃到额儿格涅昆山中，繁衍后代。经过了许多年，有一个蒙古人娶了美女阿兰豁阿为妻。阿兰生了两个儿子之后，丈夫就死了。阿兰遇到了一件神奇的事，又生了三个儿子。阿兰曾告诉她五个儿子说：

“记得那段时间，每天晚上有一个黄白色的人，借着帐篷天窗露空之处的光线，进来抚摸我的肚皮，光线就这么渗入我的腹中，然后黄白色的人，又借着光影，如同黄狗一般，摇摇摆摆出去了，这样看来，你们都是上天的子民，你们不是凡人啊！”

阿兰是蒙古史中著名的母亲，以善于教育子女著名。有一回，阿兰煮了腊羊肉给五个儿子吃。一般而言，蒙古人多半在冬季十一月，把肥羊宰了，将肉切成细条，阴干制成腊羊肉，准备春天吃，因为春天羊瘦了，不适宜宰食。

烤好的腊羊肉，芳香扑鼻，十分诱人。五个兄弟狼吞虎咽，吃得干干净净。

接着，阿兰给每个儿子一枝箭杆说："折断吧！"

他们毫不费力地把箭杆"咔嚓"一声折成两段，拿在手上玩儿。

阿兰又取来五枝箭杆，紧紧地捆在一起，再交给他们说："折断吧！"老大先来，他使尽全力，汗珠涔涔而下，还是折不断，无可奈何交给老二，老二也试了又试，脸红脖子粗，依然失败，只好再交给老三，一直到了老五，没有一个人能把五枝箭杆折断。

母亲阿兰开口了："你们五兄弟就像是五枝箭，分开来容易被折断，若是合而为一，五人同心，谁能折之？"

这段故事，许多人都听过，恐怕很少人知道这是一个蒙古妈妈的床边故事，很有意思吧！

也速该抢亲

在上篇中，我们说到，阿兰豁阿用折断箭杆的例子，教训她五个儿子要团结对外。

阿兰当初是被抢亲抢过来的。

都蛙锁豁儿虽然只剩下一只眼睛，却是个千里眼，能够看到比别人更远的景物。

有一天，他和弟弟朵奔蔑（miè）儿干登山，远远看见有一群人，其中有个女郎，生得异常标致。都蛙锁豁儿眼睛尖，把那女郎前前后后看得异常清楚，他一拍大腿道："这个女子生得真好，若是不曾嫁人，可讨来给弟弟做妻子。"

于是，兄弟两人快马加鞭赶下山，找到那位女郎，一问之下，她名叫阿兰豁阿，也不曾嫁人，而且是当地著名的美人儿。都蛙锁豁儿好高兴，不由分说便把阿兰抢了回来，给弟弟做妻子。

阿兰生了五个儿子，最小的一个叫孛（bó）端察儿，因为年纪小，四个哥哥联手欺负他，在母亲阿兰死了以后，四人分了家产，把小弟弟摒弃在外。

孛端察儿没有办法，只好垂头丧气策马而去，靠着驯黄鹰为生，练习武功。

等到孛端察儿逐渐壮大，取得邻近部落的支援，他四个哥哥才想起小兄弟，也忆起母亲当年的耳提面命："你们五个兄弟有如五枝箭，分开来容易被折断，若是合而为一，谁能折之？你们五人一心，则坚强无敌也。"

这个时候，孛端察儿才被迎回来，而且不久之后当上了酋长。

孛端察儿回到家里以后，与四个哥哥倒是相处甚欢。有日，他骑着小马，跟在哥哥身后，一边儿放马小跑，一边儿说着："哥哥，一个人身上要有头，衣服要有领才好吧？"

这个话说得没头没脑，哥哥懒得理会。

于是，孛端察儿又重复了一遍，大哥这才开了口："你到底在讲些什么啊？"

"我的意思是，刚才在统格黎小河，我们看到的那群人，没有领袖，没有组织，就好像一个人身上没长头，衣服没有领子，很容易对付，不如我们去掳掠他们。"

兄弟们商量了一会儿，心想反正闲着也是闲着，不如去试一试身手。五个兄弟上了马，孛端察儿当先锋杀向前去。

孛端察儿在掳掠行动中，抓到了一个怀孕的妇女，面貌姣好，他眉毛一挑道："你叫什么名字？"

"我，我是兀良合真。"

话还没说完，孛端察儿已经一把搂住兀良合真的腰，把她抱上马，扬长而去。这个怀孕的妇女，就做了孛端察儿的妻子，孛端察儿便是成吉思汗第十代祖先。兄弟五人大抢大掠之下，马群、食粮、属民、仆婢都有了，孛端察儿因为抢了一个孕妇，连儿子都有了。

成吉思汗父母的结合，也是抢亲成婚。

也速该有一天在斡（wò）难河放鹰，正好遇见了蔑儿乞族在迎亲，也客赤列都精神抖擞，满脸红光，等着当新郎。

也速该好奇地瞄一眼新娘，啊，真是美若天仙，难怪也客赤列都如此兴奋。也速该心想："这么美丽的一个贵妇人，应该属于我才好。"他赶紧回家讨救兵，拉了两个哥哥助阵。

他三人一到，也客赤列都就害怕起来了，夹着马逃到山冈上去躲避，也速该兄弟也立刻快马加鞭冲上山冈。

这时，美丽的新娘月伦开口了：“你看到那三个人了吗？他们来者不善，似乎要取你的性命，你赶快逃吧，只要捡回一条命，你一定还会有美丽的夫人和闺女的。

“如果，如果你还记得我，你可以再娶一个女的，让她的名字也叫月伦，你快点逃吧！”

说着，月伦脱下自己的衬衣，交给也客赤列都：“这上面有我的体香，你闻着我的味儿当纪念吧！”

此时，也速该兄弟追了上来，也客赤列都拿着衬衣，慌慌张张地逃走了，月伦就换了一个新郎。

月伦心中很难过，她遥遥地眺望着也客赤列都消失的方向，痛苦地说：“也客赤列都逆着狂风，飘散着头发，在旷野中饿着肚子，不知道怎么样！”月伦哭得惊天动地，连斡难河的河水都震起波浪，山谷都洋溢着回声。

也速该的二哥劝她说：“你所搂抱的人早已越过山岭，你所痛哭的人儿也早已渡过了许多河川，你再哭再闹，也找不到也客赤列都的身影，你还是别哭了吧！”

月伦这才慢慢止住了泪水。

从上面三个故事看来，当年游牧社会抢亲是普遍的，而且是合法的，女人只有乖乖地认命。所以月伦做了也速该的妻子以后，还过着相当美满的生活。

月伦是蒙古史上一个相当重要的女人，因此，也速该抢亲这件事情，是改变了蒙古历史，甚且世界历史的一件大事。因为月伦就是成吉思汗的母亲。

坚强的蒙古母亲——月伦

在上一篇中，我们介绍了也速该抢亲成功，娶了美女月伦。

公元 1155 年（宋高宗绍兴二十五年），也速该与塔塔尔人展开大战，俘虏了塔塔尔两个部将，其中一名叫作铁木真。

也速该回到家里，听到月伦刚刚产下一名男婴，十分高兴，依照蒙古的习惯，为表示胜利的光荣，便以“铁木真”为儿子命名，这个婴儿铁木真就是日后创建蒙古帝国，震撼世界的成吉思汗。

铁木真生下来的时候，据说他手里拿着一个血块，形同髀（bì）石。所谓髀石，就是羊的蹄与腿骨相接处的髀骨，蒙古人用它当玩具。这块血块，色如猪肝，十分坚硬，这块凝血也象征铁木真的一生——铁血，他在铁血中出生，也在铁血中成长壮大。

在铁木真九岁那年，他的父亲也速该带着他，到月伦娘家，准备寻求一个理想的结婚对象。走到一半，遇到德薛禅（意思为贤者或是智者）。德薛禅问也速该：“你这么匆匆忙忙，要到哪儿去啊？”

“我要到这孩子的母舅家去求亲。”也速该笑着回答。

德薛禅仔细看了看铁木真，夸赞道：“这个孩子真不错，眼中有火，脸上有光。”

蒙古人喜欢用“眼中有火，脸上有光”赞美小朋友，意思是说脸上容光焕发，目光炯炯，具有热情。蒙古人对于脸色苍白，眼光冷漠，没有热情的孩子，是没有兴趣的。

德薛禅很兴奋地说："也速该亲家，昨天我做了一个奇怪的梦，梦见白海青（老鹰的一种）抓着太阳和月亮，飞来落在我的手臂上，可见这就是你带着你的儿子前来的预兆啊。"原来，德薛禅看上了铁木真，想把女儿许配给他。

"来来，也速该亲家，到我家去看看我女儿的姿色吧！"德薛禅拉着也速该父子，回到家中。

也速该看到德薛禅的女儿，也是个脸上有光、目中有火的女孩，正合自己的心意，一眼就相中了。

德薛禅的女儿，名叫孛儿帖，十分美丽，比铁木真大一岁，刚好十岁。当天晚上，双方家长即认定了这一门亲事，也速该留下了一匹马作为聘礼，又依照德薛禅的请求，把铁木真留在岳家，也速该交代道："我把儿子给你当女婿，我儿子怕狗，你可别叫狗儿吓着我的儿子呀!"然后，也速该就回去了。

也速该走到一半，正好遇到塔塔尔人在摆筵席，他饥肠辘辘，不客气地下马歇息，昂然入座。

铁木真，佚名绘。

塔塔尔人认出也速该，想起以前被掳掠的旧恨，在食物中掺了毒药。也速该不知情，大块吃肉，大碗喝酒，十分过瘾。

回到家以后，也速该渐渐不舒服，一阵阵冒冷汗，他这才知道中了毒。临终之前，他命人赶往德薛禅家中，把铁木真接回来。

月伦如今孤儿寡母，十分可怜，铁木真最长，只有九岁，他下面还有三个弟弟、一个妹妹，三个弟弟分别是七岁、五岁、三岁，小妹妹还在摇篮里。

蒙古人有一种特殊的摇篮，用一块二尺长的木板钉成，下面有两个弓形的木条，两旁有孔，易于穿带，可以把婴儿缚在板上摇晃催眠，这种方法据说可以使幼儿的腰腿发育正常。

除了四子一女外，铁木真有一个庶母，也生了两个男孩，这一家子总共有九个人，都要靠月伦张罗。

自从也速该被毒死之后，族人对月伦母子不理不睬，无论祭祖、烧饭、祭祀都不理会月伦。月伦十分伤心地哭诉："你们为什么在分领祭祖的胙（zuò）肉与供酒时，故意不肯等我呢？你们难道不知道，我的孩子还没有长大吗？"

"呸！你若是刚好碰到了，才有你吃的，哪有你一来，就分你肉的道理！"族人大声呵责月伦。

过了没多久，也速该的部众，更被泰赤乌人引诱走了，抛弃了月伦母子。他们撤走帐篷，毫不留情地说："溪水干了，明石碎了，还留在这里做什么？"

月伦听说此事，拿着军旗，前往追赶，截回了一部分部众，但是这些被追回来的部众，仍旧不肯留下，没多久，又偷偷地溜走了。

月伦无可奈何，幸亏她很能干，拾果子、掘野菜养活孩子们。

铁木真渐渐长大，他和他的弟弟们都成了臂力过人的勇士。

铁木真说："我们要奉养母亲。"于是，兄弟们制作了钓钩去钓鱼，还用火烘弯了针，去钓细鳞白鱼，更用拦河网去捞小鱼、大鱼。

有一天，他们兄弟几人去捕鱼，一条很亮的大鱼上钩了，却被庶母生的兄弟夺走了，在此之前，铁木真捉到一只鸟儿，也同样被抢走了，兄弟们好生气，赶快回来向母亲告状。

月伦却和颜悦色："不要那样，我们除了影子，没有别的同伴，除了尾巴，没有别的鞭子，你们兄弟应该团结。别忘了，泰赤乌人的仇还没有报！"

月伦真是一位识大体的慈母！

铁木真死里逃生

也速该死后，月伦带着铁木真兄弟，孤儿寡母过着艰困的日子，祸不单行，泰赤乌人偏又来找麻烦。

泰赤乌人在也速该死后，带走他遗留下来的部众。他们见到铁木真日渐茁壮，有如“雏儿脱毛了，羊羔儿长大了”，决定先下手为强，经常寻衅，月伦母子很害怕。

有一次，泰赤乌人又来了，母子几人就在密林中折下树枝，搭起棚子，以供全家人躲藏，三个年纪小的则藏在崖缝儿里。

泰赤乌人高声叫道：“叫你们的哥哥铁木真马上出来，其余的都没有事！”

兄弟们赶紧呼唤：“铁木真，快逃！”

矫捷的铁木真骑上快马，逃入密林深处，躲了起来。泰赤乌人把山团团围住，不怕铁木真逃掉。

铁木真在密林里熬了三天三夜，正想要走出去，忽然，他的鞍子从马上脱落下来。他回头一看，肚带仍在，鞍子怎么会掉下来呢？他自忖：“莫非是上天阻止我？”于是铁木真留了下来。

又过了三天三夜，铁木真实在饿慌了，他准备不顾一切地下山，正要走出密林，忽地，一块巨大的岩石滚下来，不偏不倚恰好挡住出口。铁木真又想：“莫非上天又在阻止我？”他再度留了下来。

到了第九天，铁木真快要饿扁了，他自言自语道：“总不能这样不明不白莫名其妙地死去啊！不如出去碰碰运气。”由于有岩石挡道，他拿出利刀，砍断树木，缓缓地走下山来。他一出现，马上被泰赤乌人逮个正着。

泰赤乌人兴高采烈地拿住铁木真，带回他们的地盘，让他戴枷（jiā）示众。隔天夜晚，正是一个祭祖的“红圆光日”，泰赤乌人在斡难河举行大规模的宴会，只留下一个瘦弱小童看守铁木真。

铁木真眼看机会来了，他举起手上的枷锁，往那个小童身上一敲，小童应声而倒。他急忙奔入斡难河岸的森林，跳入水里，只留下一个头在水面。

看守的小童苏醒之后大叫：“犯人逃了！”泰赤乌人闻声而至，当夜月光朗朗有如白天，他们沿着斡难河树林，一排一排接着找，非把铁木真找到不可。

泰赤乌人中有一个叫锁儿罕失剌的，忽然发现铁木真仰着脸，躺在水里，忍不住起了爱才之心，他对铁木真说：“正因为你如此有见识，目中有火，脸上有光，泰赤乌人才这般恨你。你放心，我也不告发你，你就这么谨慎地躺着吧！”

蒙古人的俘虏，佚名绘。

正在这个时候，大队泰赤乌人赶了过来，锁儿罕失剌说：“白天里让犯人给逃走了，现在天黑了，怎么找得着？还是按着原来的路迹，去看看未曾看过的地方吧，那个戴枷的人能逃到哪儿呢？”

大家都累了，异口同声说：“好啦，明天再找吧！”

等到泰赤乌人走远了，锁儿罕失剌再回到水边，对铁木真说：“他们现在已经散了，赶快回去找母亲和弟弟吧，如果遇见别人，你可别说曾经遇到我。”

锁儿罕失剌走后，铁木真心想，我现在逃，可也逃不远，锁儿罕失剌倒真是一个老好人，昨天晚上，他两个儿子看守我，还曾经替我松了枷，让我安睡一夜，我不如前去投靠他们。

于是，铁木真蹑手蹑足，顺着斡难河，寻找锁儿罕失剌。铁木真依稀记得，锁儿罕失剌两个儿子说过，家里经常打马奶，一直搅拌到天明。聪明的铁木真一路走，一路侧耳倾听，他听到把马奶灌到皮囊里的声音，便循着声音，找到了正在忙碌的锁儿罕失剌。

锁儿罕失剌见到铁木真，吓了一大跳，很不高兴地说：“你跑来干什么？我不是告诉你，要你去找妈妈吗？”他的两个儿子倒是忙着为铁木真说情：“雀儿被鹞鸟追赶，躲到草丛里，草丛还要救它，如果我们不救铁木真，倒显得比草还不如了。”

说着，两兄弟合力帮铁木真松了枷，顺手把枷扔入火中给烧了，叫铁木真坐在后面装羊毛的车里躲着。在蒙古游牧地区，由于时常要迁移，所有财产，如果不是时时要使用，多半都储藏在穹帐周围的车子上，所以羊毛也是放在车上。

两兄弟唤妹妹去照顾铁木真，并且叮咛道：“记住，别对任何人提起这件事。”

天明之后，泰赤乌人到处寻觅，不见铁木真的下落，疑心有人把铁木真藏了起来，一个营一个营地逐家查访。

泰赤乌人搜查到锁儿罕失剌的家中，内内外外都搜遍了，最后又去搜查装羊毛的车子，把一捆一捆的羊毛搬出车外，快要看到铁木真的脚的时候，锁儿罕失剌急中生智道：“这么热的天气，羊毛里如果有人，怎么受得了？”

蒙古人一向怕热，泰赤乌人认为他的话言之有理，便不再搜查，转往别家去了。

泰赤乌人走了，锁儿罕失剌对铁木真说：“为了你，差一点我们家像风吹灰散般地毁了，你赶快走吧！”他送了铁木真一只骡马，煮了一只羔羊，又给了他一桶马乳，铁木真千谢万谢地离开了。

少年英雄结伴行

铁木真历尽千辛万苦，逃离泰赤乌人的掌握，回到了故居。但是，铁木真的母亲月伦已经举家迁走。

铁木真循着斡难河，一路寻寻觅觅，终于找到了母亲和弟弟妹妹们，全家商量的结果是：为了防止泰赤乌人再来骚扰，决定搬到更荒凉僻远的不儿罕山之中，以土拨鼠为食。蒙古人通常是不吃土拨鼠的，由此可见，铁木真一家当时生活贫困的情形。

即使是躲在深山里，命运之神仍然不放弃考验他们，铁木真当时全家的财产不过只有八匹银灰色的马、一匹甘草黄色的马。有一天，强盗来了，把八匹银灰马给劫走了，等到家人发现，强盗已跑远了，惟一剩下的黄马，又被别勒古台骑着去追土拨鼠了。

别勒古台回到家，听说这件事，叹口气道：“我去追！”

铁木真说：“你不行，我来吧！”说着，铁木真骑上秃尾巴的黄马，顺着草上马踏过的痕迹，一路追踪而去。他在滚滚黄尘之中追了三天，什么也没有看到，十分泄气，到了第四天一早，铁木真看到一个年轻英俊的少年正在挤马乳，于是向他打听。

“今天清早，天还没有亮，我看到八匹银灰马，从这里走过去了，我指给你踪迹。”过了一会儿，他又说，“算了，不如我陪你一块儿去吧，朋友，你这一路一定很辛苦了，男子汉的苦难原是一样的，我们不如做个伴儿，我叫博尔术。”

博尔术看看铁木真的黄马，笑着说：“骑这种马，你永远别想追得上，不如把它给放了吧！”老黄马垂头丧气，差点儿要吐白沫，实在也跑不动了。

铁木真换上博尔术牵来的黑脊梁白马，他骑上去，拍一拍马头道：“嗯！果然是匹好马。”

博尔术顺手把挤了一半的皮桶子，用皮斗子扎了起来，放在野地里，自顾自地与铁木真并辔（pèi）而行，大概也是英雄间惺惺相惜吧。

两人昏天黑地地赶了三天，到了第三天傍晚，太阳快要下山的时候，铁木真看到久违了的八匹银灰马，正在大圈子外面吃草。

铁木真说：“伙伴，你留在这儿，我把马赶出来。”

“讲了与你一块儿做伴，我怎能留在这儿？”说完话，他也放马直奔，把那八匹银灰马赶出圈子。所谓圈子，是蒙古一个游牧单位，常用车辆环绕帐幕放置，形成一个圈圈，作为栅寨之用。

他们顺利地赶出了八匹银灰马，随即强盗追上前来。博尔术说：“伙伴，快把箭给我。”

“为了我，让你受伤，不好意思，我来射吧。”

铁木真箭法极准，回首一射，马上命中，然后他俩趁着天色渐暗，逃离了强盗的追赶。他们日夜赶路，一连赶了三天三夜，回到博尔术的家里。

铁木真满怀感激地说：“伙伴，若不是你，我能找回这些马吗？咱们分吧，你要多少？”

博尔术听了，昂首大笑：“你以为我要的是你的马吗？我只要交你这个朋友。马，我是不稀罕的，你大概不知道，我父亲是纳忽伯颜，有名的大财主，而我是他惟一的儿子。”

正在此时，纳忽伯颜走出来了，他因为儿子离奇失踪，哭得泪流满面，忽然看到儿子回来了，还带着一个壮健的少年郎，又高兴又生气，于是一面哭泣，一面责备儿子，哭哭笑笑的，闹了好一阵子。

蒙古人与蒙古马，佚名绘。

博尔术扮了一个鬼脸，道："怎么啦！别生气，好朋友辛辛苦苦地前来，我去给他做伴，现在不是回来了吗？"然后，他骑马出去，把放在野地里扎起的皮桶子、皮斗子拿回来，快快乐乐打了一场牙祭。

纳忽伯颜看着两个少年郎，都是"眼中有火，脸上有光"，活泼泼的模样，心中十分喜欢，劝勉他们说："你们两个年轻人要互相照顾，日后不可相弃。"这时候的博尔术只有十三岁大，他以后将成为成吉思汗的四杰之首。

铁木真临行之前，博尔术替他准备了一只肥肥的羔羊，一皮桶马奶，给他当行粮。铁木真带着八匹银灰马，轻快地回到家中。

月伦母子们，由于铁木真一去未返，正在担心他是否出了事，忽然看到铁木真笑嘻嘻地回来，还带着八匹被夺走的马，真是高兴极了。

这一趟铁木真回来之后，月伦看着儿子真是长大了，有意让他成亲。

铁木真听月伦妈妈这么提议，心中也十分欢喜，马上带着弟弟，顺着克鲁伦河去找岳父德薛禅。

想当初，德薛禅一眼相中了铁木真，这会儿久别重逢，激动地猛摇铁木真："听说泰赤乌人把你视为眼中钉，我愁得快要绝望了，好容易我们又相见啊。"德薛禅又忙着把妻子找出来见铁木真，丈母娘看女婿愈看愈有趣，开始准备结婚大典了。

铁木真成亲

汉人成亲的方式，大家都很熟悉。现在，我们借着铁木真的成亲，介绍一下蒙古的婚姻习俗。

当初，铁木真定亲，是由父亲也速该带着他，去外地寻访得来。在塞北的蒙古，自古就地广人稀，又严格执行族外婚、近亲不得结婚的规定，因此，娶媳妇颇为麻烦，不得不长途跋涉，到其他民族中去访求佳丽，这也是容易造成抢亲的原因。

蒙古的婚姻，差不多都是由族长或父母之命而定的，很少有自由恋爱而结合的。在蒙古文献之中，最早一篇记载蒙古人婚嫁故事的，就是铁木真成亲的一段。

在铁木真九岁的时候，也速该带着他，到母亲月伦娘家，去找一个女孩定亲，半途中遇到德薛禅。德薛禅一眼就发现了铁木真年纪虽小，却相貌不凡，兴奋地说："你这个儿子是个脸上有光、目中有火的孩子啊，也速该亲家，我昨天夜里做了一个梦，梦见白海青抓着太阳和月亮，飞来落在我的手臂上。原来这个梦是你带着你的孩子前来的预兆啊。我们翁吉剌惕（tì）人自古就是男儿们相貌堂堂，女儿们姿色娇丽。……也速该亲家，到我家去吧，我的女儿还小呢，你看看吧。"说着，德薛禅就把他们领到自己家里去。

也速该一见德薛禅的女儿，活泼伶俐、跳跳蹦蹦，也是一个脸上有光、目中有火的孩子，正合自己的心意，马上就相中了。

第二天一大早，也速该醒来头一件事，就是向德薛禅提亲。

德薛禅笑逐颜开道：“你多求几遍，我才许，这才会被人尊敬；少求几遍，就许给啊，要被人看轻的，女儿家的命运，没有老在娘家门里的。我把我的女儿给你们吧，把你的儿子当作女婿，给我留下，你回去吧！”

于是，也速该把自己的马儿，当作订礼给了德薛禅，铁木真也留在准岳父家。也速该走后，半途中遇到塔塔尔人宴客，他不客气地入席，塔塔尔人认出也速该，想起前仇旧恨，在酒食之中暗暗下毒，也速该回家不久一命呜呼。

蒙古习俗是，一经许婚，男方必须马上送上订礼，并且让未来的女婿留住在岳家。铁木真是因为遭到父丧，匆匆返家，才没在德薛禅家中住下。

这一回，铁木真已经长大，前往岳家迎亲。德薛禅夫妇大喜，即命女儿孛儿帖与铁木真成亲，这一年铁木真二十岁。

根据蒙古习俗，在迎娶之日，新郎要佩带弓矢前来，这个时候，女方派人阻止他到女家的穹帐附近，于是双方的“说（shuō）客”出场辩难。男方说明他们此来的目的、新郎的家世等。

女方的代表，则一面处处与对方为难，一面述说女家的美德与优良传统等，他们之间的一问一答，都是用韵文，这种对话没有一定的东西可以背诵，必须是脱口而出，朗诵创作才可，最后一定是女方让步，叫他们来迎娶。

新郎进入岳家以后，要向女家的父母长亲行跪拜之礼，并且接受他们的祝福。然后女家的双亲赠送新郎一套新衣，叫他穿上，把预备好的弓箭，让他佩上，接着在祝福声中，送女儿骑上骏马。

接着，要举行一场盛大的宴会，在宴会中所饮用的酒，必定是一瓮新酒，瓮口用皮革包起来，献酒时拿新的象牙筷子，刺破皮革，倒出酒来，这也是用以象征此家女儿的贞洁。

新娘离开家时，要换上漂亮的盛装，同时还要从头到脚，换上一件一色的布罩，罩袍的颜色则依占卜的吉日不同而互异。新郎新娘走到一个适

蒙古人盛大宴会，佚名绘。

宜的地点之时，下马祭拜苍天，拜天礼仪完成之后，新娘去除衣外的布罩，两人才算正式结为夫妇。

依照蒙古的习俗，新娘父母要亲自把新娘送走。孛儿帖的父亲送小两口到克鲁伦河畔，母亲搠坛则陪着爱女，一直到铁木真家。

蒙古男儿新婚之时，他的父母一定会为他建一个崭新的穹庐，这就是他的新房。在这个穹帐之中，有新夫妇的喜床，这一张床，永远不会更换，也没有任何外人可以坐在上边，或是把物件放在上面。

更有趣的是，在建盖支搭这新的穹帐之时，一面搭，要一面朗诵祝福，祝贺这一对新人白首偕老，一生幸福，子孙满堂，事业发达。同时，还要把一块乳油抹在天窗上，抹奶油时，也要说些吉祥如意的话语，祝福这个新房的主人，譬如："有莲花般的顶盖，坚固结实的墙壁，细长美好的房椽，光辉明朗的天窗，愿这穹庐成为他们长寿幸福、子孙繁衍的住所。"

孛儿帖拜见婆婆月伦之时，带来一件上等黑貂裘，作为拜见翁姑的见面礼。铁木真把这件名贵的黑貂裘，转送给客烈部长王罕，用来联络感情。铁木真说：“你与我父亲曾经结为安答，你就如同我父亲一般。我现在娶了妻子，我把我妻子呈给翁姑的衣服拿给你。”

所谓安答，指的是互换赠物、盟誓结为弟兄的意思。

王罕接过黑貂皮褂子，十分欢喜：“我帮你把背离的百姓，再重新组合起来！”到此一时刻，铁木真才真正走上了成家立业的道路。

铁木真爱妻被掳

铁木真结婚以后，很想念曾经助他一臂之力，帮忙找回八匹银灰马的博尔术，于是，派了弟弟别勒古台到博尔术家，邀请他前来做伴。

博尔术正好也很思念铁木真，顺手带着一件毛绒袄，骑上一匹甘草黄马，就随同别勒古台来了。两人相见，互相重重地拍击，十分开心。从此以后，博尔术在铁木真家住下来，再也没有分离。

同时，铁木真在婚后，举家迁往克鲁伦河，过了一段幸福快乐的日子。

有一天清晨，天还没有亮，在铁木真母亲月伦身边使唤的老女仆——豁阿黑臣忽然惊醒，觉得不对劲。她趴下来，用耳朵贴紧地面，全神贯注地倾听，果然有自远而近的人马喧腾声音。（蒙古草原广大而宁静，以耳伏地，可以察觉到二三十里外的动静。）

老女仆急忙推醒月伦："赶快起来，我听见地震动的声音啦，莫不是泰赤乌人又来了！"

月伦大叫一声："赶快把儿子们叫醒！"然后她急急忙忙起来了。

铁木真等几个儿子，动作迅速，飞快地跑出帐篷，去抓自己的马。在蒙古游牧地区，很少有人将马拴在马槽里过夜的，多半都是把马加上脚绊，使马匹可以自由地在离家不远的地方吃草，自在地走来走去，有时，马匹也会走到两三里外的地方去闲逛。所以，要骑马的时候，必须先把马抓回来。

由于马匹不够用，铁木真夫人孛儿帖缺了马，一筹莫展。忠心的老女仆把孛儿帖藏在一辆有黑篷的车子里，套上了一匹花牛，也向不儿罕山奔去。

牛车刚走不久，立刻迎面遇上了蔑儿乞人。原来，此次前来的不是泰赤乌人，而是蔑儿乞人。

想当初，铁木真的母亲月伦，原是蔑儿乞人也客赤列都的新娘。在也客赤列都迎娶之时，半途杀出个也速该，惊见月伦貌美如花，约了兄弟们抢亲，把月伦夺了回来，当了自己的妻子。

蔑儿乞人的新娘被抢跑了，又气又恨，早想找机会报复。也速该生前，武力强悍，蔑儿乞人只好容忍到底。也速该死后月伦母子一再迁移，蔑儿乞人不知其下落，直到此时才打听出来，铁木真一家住在克鲁伦河，势力单薄，正是一雪前耻的最佳时机。

蔑儿乞人凶巴巴地拦住牛车，问道："你是什么人？"

老女仆镇静地回答："我是铁木真家里的人，刚去主人家剪完了羊毛，要回到我自己的家去。"

"铁木真在家吗？他家离这儿有多远？"

"远倒是不远，可是不知道在不在家，我是从后边出来的。"

"噢，那你走吧！"蔑儿乞人对老女仆的回答倒是相当满意。（按蒙古习俗穹帐的安排是，卑下的人帐幕设在东北角，他们的出入，不经过主人穹帐之前，而是由后面绕过去。）

于是，蔑儿乞人放马小跑走了。

老女仆立刻猛抽牛背，正要赶快跑，不幸地，车轴断了，蔑儿乞人又在树林里捉住别勒古台的母亲（铁木真的庶母），提着她两条腿，奔过来问："这车里载的是什么？"

老女仆说："羊毛。"

蔑儿乞人中一个较年长的说："弟弟们，孩子们，下马看看。"

一大群蔑儿乞人七手八脚，把车子的门摘了下来，赫然看见一位漂亮的贵妇人坐在里面，他们马上猜到这是铁木真年轻漂亮的妻子，兴奋地把孛儿帖从车子里拖了出来。

蔑儿乞人围着不儿罕山，一连展开三次搜捕行动，都徒劳往返，因为不儿罕山林木稠密，连“吃饱的蛇都难以穿过去”，只在此山中，云深不知处。蔑儿乞人心想，当初也速该抢走了月伦，如今蔑儿乞人抢走了也速该的妾，外加铁木真的妻子，也算是报仇了，便一阵呼啸而去。

铁木真听说敌人已走，不知是真是假，不敢冒冒失失跑出来，他派遣了别勒古台出山，偷偷跟在蔑儿乞人后面，一连跟了三天三夜，确定蔑儿乞人回家了，铁木真一行才自不儿罕山下来。

铁木真到了山脚，他捶着胸说：

> 使豁阿黑臣老母（老女仆）
> 像鼬鼠般能听的缘故，
> 像银鼠般能看的缘故，
> 才使我身体能够躲避。
> 不儿罕山荫庇（bì）了我这小如蝼蚁的性命。
> 我好受惊吓啊！
> 对于不儿罕山
> 每天清晨要祭祀，
> 每日白昼要祝祷，
> 我子子孙孙
> 切切铭记！

祷告完毕之后，铁木真依照蒙古风俗，面对日光，解下腰带，挂在脖子上，左手拿帽，右手捶胸，跪拜了九次。（按蒙古族习俗，九是最大的，也是吉祥、富足的象征，因此，九次跪拜是最崇敬之礼。）

铁木真夺回妻子

上一篇我们说到，蔑儿乞人为了报复也速该抢走月伦，把铁木真的妻子，别勒古台的母亲一块儿掳去，分别配给蔑儿乞人当老婆。

铁木真与孛儿帖，一向感情很好，铁木真气得牙齿吱吱咯咯响，他知道一个人对付不了蔑儿乞人，只好去请求义父王罕帮忙。

王罕倒是很够意思，他一拍胸脯道："去年我穿上你送来的黑貂皮褂子时，我不是就说过吗，要把你那散失的百姓再集合起来。这件事我会摆在腰子的尖里、胸膈（gé）的腔里（意思是他会铭刻在心）。"

为了万无一失起见，王罕又建议邀请札木合加入，他说："我要毁灭所有的蔑儿乞人，你派人去通知札木合做左翼，我派兵两万当右翼，我们三面夹攻，一定会胜利。"

铁木真与札木合也是老朋友了，在铁木真十一岁的时候，两人就互换髀骨，成为安答，也就是结拜兄弟。

蒙古小孩没有什么玩具，多半就是玩髀骨。髀骨是大腿骨，共有四面，均作凹凸不平状。在冬天大雪纷飞时，青少年多半在冰上投掷或者踢牛髀骨当游戏；羊的髀骨最小，多半用于室内，比赛谁弹得准。

札木合说："铁木真的床铺给弄空了（意思是妻子被掳走了），我的心都疼了，肝也疼了，我们既然是心肝一般的亲族，就该同心合力撞毁蔑儿乞人的营帐骨子，撞折他们供奉福神的门框。"

于是，札木合“祭了远处能看见的高军旗，打了用犍牛皮制作，敲起来有沉重之声的战鼓，骑着黑脊的快马，穿上用皮绳系成的铠甲，拿起有柄的环刀，扣好了带箭扣儿的利箭”，带着两万人马，赶来会师。

王罕的两万人，加上札木合的两万人，以及一万名也速该死后归来的旧部一起在斡难河上源集合。札木合慷慨激昂地说：“看啊，这就是我们蒙古谚语所说的，就是有风雪，也要守约；就是下雨，在约会的时候，也不得落后。”

话说蔑儿乞人，原是兴高采烈，庆贺报了一箭之仇。他们把孛儿帖许配给也客赤列都的弟弟——赤勒格儿。当初月伦就是在也客赤列都迎娶途中，被也速该拦截抢去的。

现在孛儿帖的配给丈夫开始后悔了，他懊丧地说：“老乌鸦的命本该是吃残皮剩壳的，我不自量力，竟想吃鸿雁、仙鹤，侵犯极尊贵的夫人，这次招惹到孛儿帖，全蔑儿乞人都将遭殃，我这羊粪一般的命也要惨了。我想钻进幽暗峡谷中躲一躲，可是，谁能做我的围墙保护我呢？”说完，他就夹着尾巴逃命去了。

当天晚上，蔑儿乞人顺着薛凉格河惊慌逃难，蒙古联军没有遇到丝毫的抵抗，在敌人的区域里尽情地烧杀掳掠。铁木真在兵荒马乱之中高声地喊着：“孛儿帖，孛儿帖！”

孛儿帖与老女仆豁阿黑臣正缩成一团躲在车里，听到熟悉的洪亮的声音，互相面对面，交换了惊喜的眼神，就跳下车，循着声音的来源寻找。

在一片漆黑的夜里，孛儿帖仍然一眼认出了铁木真的缰辔，她呼唤铁木真的名字。铁木真转眼见到孛儿帖，大喜过望，两人热烈地拥抱在一起。老女仆豁阿黑臣在一旁看着，眼睛也湿湿热热的。

铁木真急着与孛儿帖叙叙旧，暂时不准备再前进，他派人告诉王罕与札木合说：“我所要的，已经得到了，夜间不必兼程前进，我们就在此地下寨吧。”

铁木真欢天喜地地找回失去的妻子，他同父异母的弟弟别勒古台，却因为寻不着母亲暗自神伤。

蒙古族贵夫人形象，佚名绘。

有人告诉别勒古台，他母亲在前面的营子里，别勒古台兴冲冲地赶去，他母亲却穿着有洞的破羊皮袄，从门的左侧溜走了。

他母亲对人说："我听说儿辈们都做了可汗（指做了王罕的义子），我却在这里被配给了坏人，我哪儿有脸去见我儿子呢？"说罢，她就到树林里躲了起来，不肯再和儿子见面。

别勒古台找不到母亲，怒不可遏（è），像发疯似的，一面念念有词，"还我的母亲来！"，一面逢人就杀，见人就砍，据说杀了三百多蔑儿乞人，凡是可作为奴仆的都用作奴仆。

铁木真也凶性大发道："让我们把蔑儿乞百姓的胸腔弄穿，把他们的肝脏捣碎，把他们的床位掠空，把他们的亲族毁灭，把他们残余的人都俘虏了吧！"

孛儿帖回来以后不久，生下了长子术赤。后来铁木真西征时，想以术赤为继承人，次子察合台便反对，他的理由是："他是蔑儿乞人的种，我怎肯受他管？"

术赤一听，怒火中烧，两人几乎当场动手打起来。说起来，也不能怪察合台不服，因为铁木真为长子取名术赤，而术赤在蒙古语中的意义是"客人"。

铁木真经过这一战，威望与声誉日隆，塞外草原上的人民，都推崇他为英雄。由于部族实力变得强大，旧部纷纷来归。

铁木真与札木合

铁木真在王罕与札木合的帮助之下，抢回了爱妻，心里十分痛快。他和札木合是少年玩伴，久别重逢，彼此有说不完的话。

札木合说："还记得我们当年结为安答的情形吗？"

"怎么不记得呢？"

当时铁木真只有十一岁，札木合也差不多这个年纪，冬天里冰天雪地，两个青少年在结冰的斡难河上打髀骨。

铁木真与札木合都是活泼壮健、脸上有光、目中有火的男孩子，玩得不亦乐乎，自然而然互称安答（结拜兄弟），并且互换髀骨为信物。

为了郑重起见，到第二年春天，札木合用牛角钻成一个箭头送给铁木真，铁木真也用柏木做了一个精巧的箭头回赠，两人亲亲热热地互叫安答。

回想这一段年少往事，两人都觉得十分甜蜜，铁木真说："以前老年人常说，凡是结为安答的，性命是一体的，不得互相舍弃，要做彼此性命的救护者，咱们彼此要相亲相爱啊！"说着，铁木真把从蔑儿乞人那儿掳掠而来的金腰带解下来，亲自为札木合系在腰上，并且牵来名贵的海骝（liú）马，叫札木合骑上去。

札木合也拿了一条金光闪闪的腰带，为铁木真系上，又找了一匹漂亮的白马，送给铁木真。

于是，在忽勒答儿山崖之前，铁木真与札木合绕着枝叶茂密的大树，彼此称为安答，发誓要互相友爱，并且大开庆祝宴会，又唱又跳，晚间共被而眠。

他二人形影不离，舍不得分开，然而札木合要率领蒙古部众回去了，怎么办？铁木真干脆举家随同札木合一块儿走，从此以后，更是情投意合，完全是兄弟一般。

两人义结金兰，相亲相爱过了一年半载。有一天在起营的途中，铁木真、札木合一同在车辆前边儿走的时候，札木合说："铁木真安答，我们靠近山麓（lù）住下来吧，我们放马的可以得到帐篷住啊，沿着涧边住下吧，我们放羊、放羊羔的可以得到东西吃啊。"

这句话说得没头没脑，铁木真不明白札木合的意思。另外，可能札木合讲话时，脸色不太好看，总之，铁木真就整个人愣住了。他一言不发地停留下来，等着正在移动的落后的车辆，札木合则自顾自地往前走了。

蒙古人用毡车装载器物用具，迁往新居地，18世纪绘画。

此时，月伦和铁木真的妻子孛儿帖赶上了队伍，发现铁木真呆呆地在出神，忙问他在想什么。铁木真困惑地说："方才，札木合安答说，靠近山住下吧，我们放马的可以得到帐篷住啊，沿着涧边住下吧，我们放羊、放羊羔的可以得到东西吃啊。我不明白这话的意思，我也没有回答他什么，正想问问母亲呢。"

月伦母亲还没有作声，孛儿帖就说："人家都讲，札木合安答喜新厌旧，如今已到厌烦我们的时候了，方才他说的话，搞不好就是要图谋我们，我们趁着夜里赶快走吧！"一个人做客久了，总难免不是滋味，大概铁木真也有同感，所以断然决定，当夜离开札木合的营区。

铁木真和札木合的分离，是蒙古帝国的起点，是蒙古历史上一件大事。札木合这句奇怪的话，究竟原意何在，当时铁木真都搞不清楚，现在史家更难推测。

铁木真一行原是趁着黑夜溜走的，但是到了天亮一看，好奇怪，后头跟来许许多多的人马。这些人当中，除了属于蒙古尼伦部、多儿勒斤部的，还有一部分外族，这些人都是不满意札木合的统治，情愿追随铁木真创立基业的。在这批人之中，铁木真得到好几位特殊的将才。

另外，还有一个特殊的人物——豁儿赤，他是萨满教（蒙古原始宗教）的巫师。他怎么也跟来了？这引起众人的好奇。

巫师扯着嗓门说："我们是圣贤擒获的妇人所生的，我们与札木合是生于一个肚皮，一个胞衣的，我们本不应该与札木合分离的。但是，昨天神降临到我的身上，使我亲眼看到一头惨白的乳牛，先是围绕着札木合团团走，把他的房子车辆都撞毁了，然后去撞札木合，弄折了一只犄（jī）角，还剩下一只犄角，这只牛发起火来，揭起尘土，突然开始说人话，要札木合把犄角拿回来。

"最奇怪的事还在后头。一会儿，一头无角的犍牛挽曳一大帐的桩木，循着铁木真走过的辙迹，发疯似的，乱吼乱叫，它也会说人话，叫嚷着：'天地商议好了，要叫铁木真做国家之主。'因此，论亲情，我不该离开札木合，只因为亲眼看见神明指示，不能不相信。”

巫师这番神话，众人听得目瞪口呆，对铁木真更加深信不疑了。在中国历史上，历代创业帝王都流传有许多神迹或奇特的故事，例如刘备双耳垂肩、双手过膝，宋太祖生下来时体有异香、赤光绕室等，让人们以为他们是天降圣人，使得多数愚夫愚妇在神权的恐怖之下将他们奉如神明。

铁木真的神话，也是差不多的宣传。在古代民智未开，人们容易相信不足为奇，奇怪的是到了今天，还有迷信的人误以为乩童疯子是神灵附体，抢着去索取“明牌”，实在叫人想不通。

铁木真被拥立为成吉思汗

在上篇，我们讲到了铁木真与札木合不合，愤而离开了札木合，结果，札木合许多部下纷纷跟着铁木真走。

其中有蒙古萨满教的巫师，名叫豁儿赤，他说了一个神话——他看到一头没有角的牛，忽然开始讲起人话吼叫着：“天地之意，教铁木真做国土主人。”因此“论亲情，我不该离开札木合，只因为亲眼看见神明指示，不能不相信”。

巫师这番话，众人听了又兴奋又敬畏，大家一齐向铁木真行注目礼，愈看愈觉得铁木真长相非凡，本来就应该当众人的领导，于是高声欢呼着，跳跃着，铁木真也是顾盼自雄，得意极了。

事后，巫师向铁木真邀功道：“铁木真，你如果有朝一日，真的做了国家之主，你要使我怎样享福呢？”

“我叫你做万户的长官。”

巫师撇撇嘴道：“万户的长官，算什么享乐？还不如让我自由在全国挑选三十个美女，还比较动听。”

铁木真满口应允，后来，在平定秃马惕人以后，由于巫师自由地选美，还惹起当地严重的民变。

游牧民族比起农业民族，更具有强烈的英雄崇拜。铁木真，显然就是蒙古草原新崛起的英雄。

蒙古族萨满巫师作法时的法服。

蒙古人特别喜欢口述祖先英勇事迹，一个原先没有文字的民族，竟然能够凭着世世代代口耳相传，使得后代子孙牢牢记住二十几代的家谱，可见他们多么重视这一种教育方式。

海都、合不勒可汗、也速该等都是蒙古人耳熟能详的英雄，此时铁木真的声望不仅达到他父亲也速该的程度，甚且有过之而无不及。他善于用人，善于处事，公正而合理，比起那些贪婪又自私的各部酋长，他无疑是一个英明杰出的领袖，所以不但旧时蒙古部落联盟的诸部，都聚集在他的麾下，甚且原本不属于蒙古部落联盟的其他部落，也倾心铁木真，愿意在麾下效命。

于是，铁木真的几个至亲，共同推举铁木真为汗。铁木真先是客气地让给叔叔，叔叔不依；铁木真又让给儿辈察儿别乞，察儿别乞也不敢当。最后，铁木真俯顺舆情，当仁不让地即汗位，号成吉思，这一年，铁木真不过三十五岁，并且他的部下共同发誓：

铁木真你做了可汗之后，
众敌当前，

我们愿意做先锋冲上前去，
把外邦美丽的贵妇，
臀部光整的良驹骏马，献来给你。
如果违背了你的号令，
叫我们与妻儿家属分离，
把我们的头颅抛在地上！

铁木真就位蒙古可汗以后，遣使分别通知王罕与札木合。札木合听到消息，气得坐都坐不住，他认为铁木真是靠着大家一块儿征讨蔑儿乞成名，战后又分化了他的部众，把所属的也速该旧部带走，现在居然窃取蒙古共主的名号，这一口气无论如何也咽不下去。

公元1190年，札木合出兵攻打成吉思汗，他率领三万人，分十三翼前进，会战的结果，铁木真被打败，退守斡难河。札木合为了报仇，大肆烧杀所有曾经协助成吉思汗的部众，引起草原人民普遍的痛恨，他们纷纷投靠成吉思汗，因此，成吉思汗在战败以后反而势力大增。

1201年，札木合又再次出兵攻打成吉思汗。成吉思汗在这一场战役之中，颈项上脉管受了重伤，不断地淌出鲜血，者勒蔑焦急地不停用嘴嚅吮瘀塞的血，他整张嘴都染满了血，却坚持不肯让别人代劳。

就这样一直到了半夜，成吉思汗幽幽地醒了，他低声呻吟着：“血都干了，我好渴啊！”

者勒蔑立刻脱了帽子、靴子、衣服，只剩下一条裤子，冒着刺骨的寒风，跑到对面的敌营里，想要偷一点儿马奶，找了半天，找不到马奶，却发现一桶酪，欢天喜地地抱回来。所谓酪，是由牛奶略微发酵，做成的半流质的食品，可以用水调稀食之，有点像欧美人食用的“起司”。

者勒蔑搬来了一桶酪，又忙着找水，把酪调好，喂成吉思汗喝下。酪是相当营养的补品，成吉思汗喝了三天，也足足休息了三天，再加上他本来身强力壮，逐渐恢复了体力。

成吉思汗惊讶地发现，他所躺的地方，已经被者勒蔑嚅吮出来的鲜血，弄成一片泥泞。

成吉思汗看了就说："你为什么不吐得远一些？"

者勒蔑说："当时，你情况危急，忙得我又咽又吐，又不敢走远，怕你难过。"

"我躺在这儿时，你又为什么赤身跑到敌营里去，万一被捉住，你不会出卖我吧？"

"我是故意脱了衣服去的，万一被发现，我就说本来是前来投降的，因为被成吉思汗手下捉住，把衣服剥光，剥到还剩裤子时，我突然逃脱，这样，他们一定会相信，给我衣服，收容我，给我马，那我还不会找机会溜回来照顾你吗？"

成吉思汗听了，感动得不能说话，也暗暗佩服者勒蔑的机智。

王罕父子

铁木真被拥为成吉思汗以后，不但札木合不高兴，后来与义父王罕也失和。

王罕与铁木真的父亲也速该曾经结为安答，相得甚欢，成吉思汗为了重续这段旧谊，把妻子拜见翁姑的礼物——一件名贵的黑貂皮袄呈献给王罕。

有一回，王罕部众遭到乃蛮的洗掠，王罕差使向成吉思汗求援道：“我的百姓妻儿都被乃蛮俘虏了，请差你的四杰来救我吧！”

原来成吉思汗麾下有木合黎等四位大将，远近驰名，号四杰，他们另有一个名称叫四骏。

四杰赶到之时，王罕的儿子桑昆正在千钧一发之际，他骑的马大腿被射中，他几乎被擒，四杰一番厮杀以后，全胜而归。

王罕十分欢喜道：“先前，成吉思汗的贤父，我的安答也速该勇士曾经帮助我，搭救我失散的百姓。如今铁木真儿子又把我失散的百姓给搭救了，倘若有一天我老了，要登高山，成为过去，由谁来管理全国的百姓？”

所谓“要登高山，成为过去”，意思是说，有一天他死了，要把尸骨安葬在山崖之上，当时蒙古贵族们有这个习俗。

王罕又接着说：“我的弟弟们没有品德，我仅有的独子桑昆，有和没有一样，不如让铁木真当桑昆的哥哥，我有两个儿子，也就安心啦！”

于是，成吉思汗与王罕在土兀剌河边的黑林里聚会，他们亲亲热热地以父子相称，异口同声起誓："征伐众多的敌人，要一同出征，围猎狡猾的野兽，要一同围猎。"并且两人说定：

我们两个人受人嫉妒，
若是被有牙的蛇所挑唆，
不要受它挑唆；
要用牙用嘴互相说明，
要用口用舌互相对证，
彼此信赖。

但是一会儿，挑唆的蛇就出现了，他不是别人，正是王罕的儿子桑昆。

成吉思汗为了增进两家情谊，希望能够让自己的长子术赤娶王罕的女儿，而让自己的长女嫁给桑昆的儿子。

但是桑昆却坚决反对这两门婚事，他狂妄地说："我们的亲人若是到他们那里去，就要站在门后，专心地正坐着，他们的亲人若是到我们这里来，就要坐在正面向着门后看。"

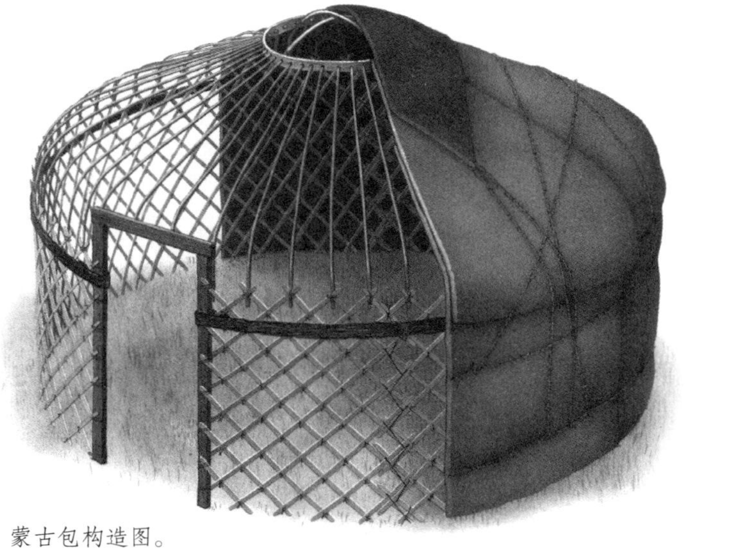
蒙古包构造图。

这句话的意思很费解，札奇斯钦教授的看法是：蒙古包的构造，门是向东南开的，室内北面正中与门相对的地方，是主人的座位，离门不远的左边，是年辈较低、身份较低者谒（yè）见亲长的地方，桑昆这句话就是说，我们的人到他家里，要被当成晚辈或是仆辈，他们的人到我家来，就要升做主人了。

另外有位学者屠寄的看法是，成吉思汗夫人孛儿帖，曾经遭蔑儿乞人掳走，后来被成吉思汗救回来之时，半途生下长子术赤，许多人怀疑术赤不是成吉思汗的儿子，成吉思汗似乎也有此疑惑，因为蒙古语中术赤的意思为“客人”，天下哪有父亲管儿子叫客人的道理？桑昆可能是基于这个原因，认为术赤是客人，日后不能继承汗位，所以反对把妹妹嫁给术赤。

无论桑昆究竟心里是怎么想的，反正他一口回绝成吉思汗的婚事，让成吉思汗下不了台，颇为寒心。成吉思汗的叔叔阿勒坛等三人看出双方有隙，就在此时，改向王罕父子靠拢。

阿勒坛是由于前一回讨伐塔塔尔战役时，违反军令，被成吉思汗狠狠处罚，心怀怨恨，所以出此下策。

成吉思汗能够建立蒙古帝国，原因之一是他军令如山。在讨伐塔塔尔人之前，成吉思汗郑重下令：“战胜敌人，不得贪恋战利品，所有战利品大家均分。假如同伴被敌人追赶，就要合力救援。”

结果，一开仗，成吉思汗部队势如破竹。成吉思汗大为兴奋，总算报了杀父之仇（成吉思汗的父亲也速该就是在塔塔尔人宴客时，进去吃了点东西，被下了毒，一命呜呼）。

由于那时塔塔尔人十分富有，蒙古人很穷，从来没有看过银制摇车、镶有珍珠的锦缎被子等宝贝，成吉思汗的叔叔阿勒坛等人看傻了眼，恋恋不忍离去，又情不自禁看到好东西就伸手抢，眼中闪烁着贪婪的光芒。

成吉思汗发现阿勒坛等竟然不打仗，人就逗留在战利品那里，十分愤怒，把他们抢来的掳掠品完全没收，并且重重地处罚。

阿勒坛恼羞成怒，又恨成吉思汗这个侄儿半点情面也不顾，老早就不满了，听说成吉思汗与王罕父子的感情有了裂痕，立刻迫不及待地投向桑昆，希望借着王罕父子的力量，达到报仇的目的。

桑昆的诡计

在上一篇中，我们说到，在讨伐塔塔尔人的时候，成吉思汗的叔父阿勒坛等人违反军令，擅自掠夺财物，成吉思汗予以重罚，阿勒坛怀恨在心，一怒之下，投奔王罕、桑昆父子。

札木合也在旁边进谗言道：“我的安答铁木真与乃蛮塔阳汗暗中订有约定，彼此也互换使臣，他虽然口里叫着父子，心中却别有打算，你们还信他呢！不如先下手为强，若是攻打铁木真安答，我也一同加入。”

阿勒坛也兴致勃勃地帮腔：“我们几个也帮忙，用手捉住他们的手，用腿去绊倒他们的腿。”

桑昆一向讨厌成吉思汗，王罕愈是夸奖成吉思汗，他心里愈不畅快，因此他怂恿道：“你们说的都有道理，可惜我父亲王罕还不知情，你们为什么不去让他知道？”

岂料王罕听了以后，反而教训札木合等人道：“你们为什么要把我亲爱的儿子铁木真说得如此不堪？如今我们还要拿他做倚仗呢，现在假如对我儿怀着如此险恶的用心，老天必然不会庇佑我们的，札木合你这个人最大的毛病，就是没有准的话儿，到处乱说。”

桑昆听说了王罕的反应，十分不悦，认为父亲老是偏袒成吉思汗，于是，又派人来进谗言：“有口有舌的人都这么说，你为什么不相信？”

如此反复再三，桑昆轮流派人去说服王罕，总是不得要领。最后，桑昆紧绷着一张绿脸，气冲冲地威胁王罕：“好啊，你现在这般看不起我这个儿子，万一有一天，你被白的呛（qiāng）着，黑的噎着，你的这些百姓由谁来管理？你把我这个亲生儿子弃之不顾，却去相信铁木真，这是应该的吗？”说完，桑昆掉头就走，不理会王罕的叫喊。

所谓“被白的呛着，黑的噎着”这句话的意思是说，父亲年纪大了，白色的马奶喝下去会呛着，黑的肉类咽下去会噎着。

王罕毕竟仍然疼着桑昆，赶紧派人把他找回来，对他说：“哎，随你们的便吧！”

于是，桑昆闪烁着狡猾的目光，笑嘻嘻地说：“成吉思汗不是想要我妹妹嫁给术赤吗？我们不如就答应他，然后在许婚的筵席——不兀勒札儿大

蒙古王公大宴图，佚名绘。

宴上，活捉铁木真。”

不兀勒札儿大宴，意思是羊的颈喉宴。羊的颈喉的筋肉，坚韧，耐嚼，表示坚毅不二，永久不离开，用以象征夫妇百年好合。这个习俗一直流行到今天——蒙古青年男女自结婚日起，要一连吃三天羊颈喉肉，象征恩爱幸福。

成吉思汗接到消息，以为王罕父子改变主意，愿意亲上加亲，欢天喜地带着十多个人前来，由于路途遥远，借宿在蒙力克老爹的家里。

蒙力克老爹见成吉思汗满面红光，喜滋滋的模样，忍不住浇他一盆冷水："以前你向王罕求婚，希望术赤能娶他的女儿，他们曾经鄙视我们，不肯许给，现在为什么反而邀请我们去吃许婚的筵席？妄自尊大的人为什么愿意回头？说不定其中有诈，不如以春天到了，我们的马瘦，必须养养马为由，推掉这个宴会。"

成吉思汗一听，忙着向蒙力克老爹道谢，毕竟是他年纪大，经验丰富，深谋远虑。于是成吉思汗派不合台、乞剌台两个人为代表，自己就不去了。

这一边儿，桑昆等人正准备要捉拿成吉思汗，盼了半天，只等到两个代表。桑昆等人就一起说："我们的计策被发觉了，事不宜迟，明天一早就去捉拿他吧！"

筵席散了以后，桑昆手下之一也客回到家里，对他太太阿剌黑赤惕说："大家商量好，明天一大早，要去捉拿铁木真，若是有人把这个话告诉了铁木真，不晓得会怎么样。"

他妻子阿剌黑赤惕连忙阻止道："你这个人怎么胡言乱语，当心会有人把它当成真的！"

正在说这句话时，也客家放马的仆人巴歹刚好进来，送来一罐马奶，又匆匆告退。

巴歹回去，对他的伙伴乞失里黑说："你猜，我刚才听到什么？桑昆他们明天要去捉拿成吉思汗。"

"真的？"乞失里黑说，"我也去听听看，这可不是闹着玩的小事。"

乞失里黑走到也客帐篷外边，听到也客一面磨箭，一面埋怨他太太说：“方才我们在说些什么？万一被仆人听到怎么办？莫非要把舌头去掉？否则挡得住谁的嘴？”

也客看到乞失里黑进来，对他吩咐道：“把那只白马和白嘴的枣骝马准备好，我们明日早早要骑。”

乞失里黑更加确定，明日一早果然有所行动。他飞奔回去告诉巴歹：“你刚才说的话没错，现在我们两个去告诉铁木真吧！”

巴歹与乞失里黑当晚在帐篷里，杀了一只羊羔，用凳子烧了火煮熟，打了一顿丰盛的牙祭，分别骑了原先主人一早要用的白马与白嘴马，直奔成吉思汗营帐。

巴歹恳切地禀报：“如果蒙成吉思汗信任，就请不要疑惑，他们已经决议包围捉拿你了。”

成吉思汗吃惊不小，但是马上镇定地下令：“减轻驮载，抛掉一切，赶快躲避，即刻动身。”

在千钧一发的当头，成吉思汗处变不惊、慎谋能断，他果断地指挥撤退。

倒霉山战役

成吉思汗得到密报，说是王罕父子要活捉他，当晚，他下命令给跟随的亲从们，减轻驮载，抛掉一切，连夜快马加鞭，沿着卯（mǎo）温都山向后移动。

第二天中午，太阳偏西，众人正在午睡时，忽然看到一阵阵的尘土飞扬，大呼一声："敌人来了！"于是他们与之展开一场昏天黑地的恶战。

卯温都山原为成吉思汗的避暑胜地，所以称之为汗山。在这场战役之中，成吉思汗被打得七零八落，他的第三个儿子窝阔台及四杰中的二杰都曾散失，大将忽亦勒答儿也受了伤，由于差一点儿全军覆没，所以卯温都山又被称为"倒霉山"。

幸而，桑昆的脸腮也被飞箭击中，坠落马下，这一场惊天动地的战役稍歇。

王罕看到儿子中箭，又心疼又生气地埋怨："招惹那不当招惹的，与那不当格斗的格斗，使我爱儿的脸上钉了钉子，我要为我儿索命！"说罢，他便不顾一切往前冲。

王罕的妻子在一旁苦苦相劝："可汗，可汗，不要如此，记得吗？以前求子的时候，我们曾经在柳条上拴了小布条（这是蒙古萨满教的礼仪），又听了巫师的话，口中不断'阿备阿备'地喊着；现在当然要爱护这已经生了的儿子桑昆呀！

“况且，蒙古人，大部分和札木合、阿勒坛、忽察儿在一起，是属于我们的，与铁木真在一起反抗的蒙古人，能到哪儿去？他们既无骏马可骑，又无庐舍可住，他们如果不来，我们就像用衣服下摆兜干马粪一般把他们捉来吧！”

干马粪是蒙古草原的燃料之一，蒙古人捡拾干马粪时，多半用衣服的下摆兜起来拿走。因此，这句话的意思，正如成语“探囊取物”，是易如反掌之意。

王罕听了妻子的劝告，长长叹了口气道：“好，那么就小心，不要叫儿子难受，好好照顾他吧！”说完，他就从断杀的地方退回去了。

第二天清晨，成吉思汗清点兵马，发现仅剩下二千六百人，于是向东北撤兵，一直撤到巴勒绪纳海子才休息。当时巴勒绪纳河水干涸，只剩下泥浆可饮。成吉思汗见到部众在患难中相随不舍，内心深为感动。于是他喝了一口泥巴水道：“将来有福同享，如果我失信，让我像河水一般干涸。”

接着，成吉思汗把杯子拿给随从的人，随从的亲信也轮流喝泥巴水誓死效忠。当时同饮此

蒙古军队涉过河水，开向远方，佚名绘。

水者共有十九人，现在还有十四人的姓名可以查考。

成吉思汗为了缓和兵势、争取主动与充实内部，派了两名使者，向王罕送话道：

我亲爱的汗父啊，
为什么嗔（chēn）怒，
恐吓我啊？
莫非你受了别人的刺激？
你忘记我们曾经一块儿起誓，
若是被有牙的蛇挑唆，
不要受它挑唆，
要用牙齿和嘴对证。

接着，成吉思汗又举了几个旧日相处的例子，证明自己的的确确对得起王罕。

“你汗父死后，因为你是他四十个儿子的长兄，你继任汗位。你杀了你两个弟弟，你叔父出兵前来征伐，幸亏我父亲也速该救了你，你因此与我父亲结为安答。你还曾经说过：把也速该的恩典报答给他的子子孙孙吧。这是我对得起你的地方之一。

“当你背叛了古儿汗，穷困得挤干了五只山羊的奶吃，刺出了骆驼的血喝，只剩下一匹可怜的瞎眼黑鬃黑尾的黄马，我念着父亲与你的交情，把掳掠蔑儿乞人得到的马匹、穹帐、粮食都给了你，不到三个月，把你养得白白胖胖。这是我对得起你的地方之二。

“我像一只山鹰，飞越捕鱼儿海子，为你去捉灰羽青足的鹤。这是我对得起你的地方之三。

“再说，当你的百姓被乃蛮掳去，你的儿子桑昆作战时，他所骑的马后腿被射中，几乎束手就擒，我的四杰赶到，千钧一发之际，救了桑昆。这是我对得起你的地方之四。

“我对待你像对待父亲一样，从来没有因为自己得的少而抱怨，也从未因为享受不好而要求改善。一部车子有两个轮子，如果一个轮子折断，车子就不能够再移动。”

王罕听了这些话，心里十分惭愧，他垂着头说：“唉，我违背了与我儿不可违背的道理，如果，我看见我儿再生恶念，就和我这血一般，被他人刺出。”

说着，王罕就用剜箭扣的刀子，刺破他的小手指，将流出的鲜血，盛装在一个小桦木皮桶里说：“交给我儿子！”

成吉思汗又说：“去对桑昆安答说，穿着衣服生的儿子是我（指义子），赤裸着身子出生的儿子是你（指亲生儿子），我们的汗父曾同样地看待我们，你莫非是想在汗父还在的时候，就做可汗吗？”

王罕听完成吉思汗传来的话，内心颇为惭愧，埋怨儿子桑昆贻误大事，然而桑昆毫无悔意，不惜决裂到底。

乃蛮塔阳汗

上一篇我们说到，王罕受了儿子桑昆的挑拨，对成吉思汗用兵，成吉思汗为了缓和兵势、争取主动与觅取充实内部的机会，遣使请问被突袭的原因，并且举出一件件的往事，说明曾经再三有德于王罕。王罕听了，十分惭愧，用刀刺破小指，让鲜血滴在桶内，交使者带回，表示忏悔。

成吉思汗利用王罕疏于防范之际，随时准备反攻，因为他知道王罕是一时良心发现，等到桑昆再进几句谗言，王罕又会急着开战。

机会来了，有一天成吉思汗两个手下急着飞报："王罕现在正立起金帐，举行宴会，是我们围攻的时候了。"

所谓"立起金帐"，意思是说，立起以细毛布做成的金碧辉煌的巨帐。这种金帐是蒙古贵族举行盛大宴会时用的。

成吉思汗立刻挥兵，包围了王罕部众，厮杀了两天两夜。到了第三天，王罕部众不能抵抗，只好投降了，但是王罕、桑昆父子却趁着夜间溜走了。

这次王罕方面的主将是合答黑勇士，战败之后，合答黑跑来对成吉思汗说："依着蒙古惯例，凡是抵抗者死。但是我实在不忍心自己的主人被抓去杀掉，为了让他逃脱，保全性命，我就为他制造一个逃脱重围的机会。现在，我也没有别的话可说，命该死便死，如果能被成吉思汗赦免，我愿为你效力。"

成吉思汗是个爱才的人，他看合答黑勇士"脸上有光，目中有火"，一副准备慷慨就义的神气，心中十分喜欢，于是，降下圣旨道："不忍舍弃正主的人，为的是保全主人，这岂不正是男子汉大丈夫？倒是一个可以做伴的伙伴。"

王罕、桑昆两人狼狈逃出重围。王罕口渴极了，悄悄走入乃蛮的地方，正要喝水，被乃蛮的守卫一把抓住，王罕急着说："我是王罕。"

可是守卫不认识他，也不相信他，只把他看作一个乱闯阵地的陌生人，当场就杀了王罕。

桑昆则跑到荒野中寻水，他命令马童阔阔出去找一找水源，阔阔出竟然准备丢下桑昆，带着妻子远走高飞。

阔阔出的妻子倒是一个有情有义的人，她对阔阔出说："当你穿着金花儿衣裳，吃着美味食物的时候，桑昆不是对你极好，常常开口闭口我的阔阔出吗？现在你怎么可以把你的桑昆撇弃呢？"说着，阔阔出的妻子便杵在那儿，一动也不肯动。

阔阔出被妻子抢白，弄得脸上有些挂不住，尖刻地讽刺道："你是不是想拿桑昆当丈夫？"

"呸！"阔阔出的妻子道，"你不是常说，我的女人的脸真丑，和狗脸皮差不多？你至少该把舀水的金盂还给桑昆，让他能够喝水。"

"这倒可以。"于是，阔阔出把金盂还给桑昆，带着妻子，跑去见成吉思汗，把经过一五一十报告清楚。阔阔出原以为成吉思汗会赏赐他一大笔财宝，不料成吉思汗发脾气道："你这样的人，如今要给人做伴，谁敢相信？"因此他下令，把阔阔出杀了，倒是大大地奖赏了阔阔出的妻子。

乃蛮人杀了王罕，被乃蛮塔阳汗的妃子古儿别速知道了，她说："王罕是先前的长老，伟大的可汗，把他的头拿来看看，如果真的是他，咱们应该祭奠一番。"

王罕的头被割下来，放在雪白的大毡下，塔阳汗叫媳妇们先行礼、斟酒、拉琴（蒙古特殊的乐器，叫马头琴）、献爵，正在此时，王罕的嘴角上扬，竟然笑了起来。死人头会笑，真是不可思议。

乃蛮的塔阳汗好生气，认为这个死王罕不怀好意，气得大步踏前，把王罕的头扔在地上，踩个粉碎。（这段记载，出自《蒙古秘史》，死人头会笑，确实奇怪，也许是塔阳汗看走眼了。）

塔阳汗很看不起蒙古人，他狂妄地说："蒙古人也梦想要当皇帝吗？天上只有一日一月，地上如何有两个主人？咱们去夺他们的弓箭。"

古儿别速也看不起蒙古人，她轻蔑地说："干什么呀，那些蒙古人臭臭的，气味不好，衣服破烂，快别理他们，叫他们离开得远远的，但是不妨把清清秀秀的女儿们带来，教她们洗手洗脚，然后来挤咱们的牛奶、羊奶！"

塔阳汗接着说："不论怎样，反正我们乃蛮人就去蒙古人那儿，把他们的箭筒掳来吧！"

乃蛮人准备进攻的消息，传到了蒙古人的耳朵里，有些人说："我们的马瘦瘦弱弱，现在怎么办？"

成吉思汗的弟弟别勒古台愤怒地回答："怎能拿马匹瘦弱来推辞，一个人活着的时候，就让人家把自己的箭筒夺去，活着又有什么用！生为男子，死也要跟自己的箭筒、弓与骨头躺在一起。乃蛮人因为国家大、百姓多，就说大话，我们去进攻吧！"

当心他们大量的马群不会站在那里，
等我们去掠取；
当心他们把穹帐驮走不会留在那里，
等我们去占有，
我们勇敢地进攻吧！

蒙古与乃蛮的大战即将展开。

蒙古与乃蛮大战

成吉思汗准备与乃蛮的塔阳汗大干一场，他首先检阅兵马，颁定军制，立千户，设千夫长，立百户，设百夫长；又立牌子头，设十夫长。

原来蒙古是一个训练有素的军事国家，全国皆兵。所谓“十人为一牌”，这一牌便是最低层的军事单位；属于这十名士兵的家庭，就是供给这十名士兵的后勤单位。

此外，成吉思汗又下令：“选拔一千名勇士，厮杀的日子，站在我面前厮杀，平常的日子做我的散班护卫。”

“护卫”的蒙古语读为“怯（qiè）薛”，原意是恩宠，表示“天子的宠儿”。成吉思汗又挑了八十名宿卫、七十名散班轮流值班，然后日班与夜班“在我们喝汤的时候交接”。

于是，双方大战即将展开。

乃蛮的哨兵捉到一匹蒙古马，马背上戴着破破的鞍子。哨兵失声笑了起来：“原来蒙古的马这么瘦。”

蒙古人也晓得蒙古马瘦的缺点，朵歹对成吉思汗说：“我们人少，长途跋涉，又累坏了，不如先停下来，让我们的马匹吃饱，每一个人都点起五把火。听说，乃蛮虽然人多，他们的首领塔阳汗却是个没有出过门的弱者，他看到火光点点，到处都是，一定会害怕。”

成吉思汗完全赞成这个心理战，于是下令部队散开，布满整个撒阿里旷野，每个人都点了五把火炬。

乃蛮哨兵看了，赶紧飞报塔阳汗：“不是说蒙古人少吗？怎么过一个白天，他们的营火就比天上的星星还要多！”

塔阳汗急得慌，他儿子屈出律倒是不怕，他分析道：“蒙古人虽然战马消瘦，但听说，他们的营火多如繁星，那么，蒙古人必然是很多的了，现在如果我们交兵，必败无疑，蒙古人打起仗来，勇猛无比，杀得目不转睛，刺得脸上不断流出黑血也不停，可怕极了。不如，我们退过阿勒台山，将我们的军队整顿好，再像逗狗一样，把蒙古人一直逗到阿勒台山之前，那时候，蒙古人的瘦马早已疲乏，我们马匹肥壮，胖得正吊起肚子来，我们就可以迎头痛击了。”

并且屈出律嘲笑他父亲：“怎么倒像一个妇人般害怕起来？”

塔阳汗手下的大将豁里速别赤也说：“你父亲从来没有把男子的背脊、战马的后胯给敌人看过。如果早知道他这般胆小，还不如叫古儿别速来治军。虽然她是个妇人，倒是勇气十足。”

塔阳汗被儿子、部下这么损，十分恼怒，他动了肝火道：“怕什么，该

冲锋陷阵的蒙古骑兵，波斯人绘。

死的性命，受苦的身子，反正都是一样，那么，就厮杀吧！”

成吉思汗一向身先士卒，他自己做先锋，命合撒儿统领中军。当时，札木合正与乃蛮一同起兵，也一同来到那里，塔阳汗就问札木合说：“他们这些蒙古人怎么像是狼追羊群，一直追到人家附近呢？”

这句话的意思是，平常很少有狼到人家附近来袭杀羊群的现象，只有在风雪之夜，才有如此可怕的事发生。因此，塔阳汗的话，是对狼的大胆与凶猛表现出十二万分的惊畏，也就是恐惧蒙古兵。

偏偏札木合又接着吓唬他：我安答铁木真用人肉喂养了四条狗，他们分别是者别、忽必来、者勒蔑与速别额台，这四个人啊——

额似青铜。
嘴如凿子。
舌像锥子，
有铁一般的心肠，
他们在厮杀的日子，
吃的是人肉，
他们在平常，
拿人肉当行粮。

塔阳汗听了直冒冷汗道，“算了，我们离那些下等人远一点儿吧”，于是就往后退。

不久，塔阳汗又发现有一群蒙古人，自后边跳跃着，窜绕着想冲上来，塔阳汗又问札木合：“他们怎么像是饥饿的小马，急着要吮母奶，在他们母亲身边奔跑跳跃，窜绕向前。”

札木合说：“这些蒙古人专门追赶有长枪的好汉，把他们掠夺，又专门追杀带有环刀的男子，把他们砍杀抢劫。你瞧，他们这不正是欢腾跳跃地要追杀上来吗？”

塔阳汗看看自己，身上又是长枪又是环刀，正是他们意图宰割的对象，心下一惊，又扯着札木合道：“算了，既然如此，我们就离那些下等人远一点儿吧！”说着，他又往后退了几步。

一会儿，塔阳汗眼珠又瞪得大大的，着急地问：“在他们后边，冲上前来的，那个如贪食的饿鹰一般垂着口水，张开尖嘴，急急扑上来的是谁？”

札木合回答：那个前来的，就是我的铁木真安答——

他全身是用生铜制成的，
就是用锥子去扎，
也找不出空隙；
他全身用精铁锻成的，
就是用大针去刺，
也找不出空隙。

塔阳汗一听，心扑通扑通地跳着。

札木合自愿求死

在上一篇，我们说到，蒙古人与乃蛮人展开大战，乃蛮的首领塔阳汗喜欢说大话，其实却是个胆小的懦夫，一辈子没有上过战场，因为被儿子与部下嘲笑，一时冲动，督军前进。

塔阳汗看到蒙古军的阵容，已经心生胆怯，再听到札木合加油添酱地把蒙古军队形容得如魔鬼兵团一般，便想退据山顶，但是，蒙古军已经杀气腾腾地冲了上来。

札木合恐吓着塔阳汗说："你看，成吉思汗像饿鹰一般，流着口水奔来了吧？这是因为，你曾经夸下海口，乃蛮的战士如果看见蒙古人，连山羊的蹄皮也不许剩下，你看着吧！"

塔阳汗拍拍胸口道："哇，好可怕，不如在山上立住阵脚吧。"他又问道："那个从后边过来，气势雄厚的人是谁？"

札木合说：铁木真的母亲月伦，曾经用人肉把她的一个儿子养大。

身长足有三度（伸长双手，从左手尖端到右手尖端为一度），
能吃三岁小牛，
身穿三层铠甲，
能拽三只犍牛，
把带弓箭的人整个咽下。

他就是铁木真的次弟，拙赤·合撒儿。

塔阳汗不由分说，拉着札木合便往后退。由于塔阳汗心理上已经输了，因此，两军交锋，乃蛮大败，他们逃跑的时候，从纳忽山坠下，互相乱跌在一起，摔得骨骼都碎了，如同烂木一般，彼此压踏而死。

第二天，蒙古军擒获了穷途末路的塔阳汗，并且成吉思汗派人把塔阳汗的妃子古儿别速带来，轻蔑地对她说："你不是说过，蒙古人有臭味儿吗？你怎么也来了？"而后成吉思汗把她纳为妃子。

古儿别速一向看不起蒙古人，她曾经说过："那些蒙古人气味不好，衣服破烂，叫他们离远一点儿，但是不妨把他们清秀的媳妇、女儿们带来，教她们洗了手脚，帮助咱们挤牛奶、羊奶。"

在成吉思汗征服乃蛮的时候，札木合与乃蛮人是在一起的，因此，乃蛮大败，札木合的百姓也被俘虏，他身边只剩下了五个伙伴，逃到唐努山上，饥寒交迫，相当狼狈。

五个伙伴饿得发慌，偷了一只羯（jié）羊，生起火来烧着吃。羯羊又称为大青羊，颜色青黑，是一种有大盘角的野山羊。羯羊的毛，毛长绒厚，又轻又暖，为防寒上品。

札木合看了很不高兴，怒声责问："是谁把羯羊杀了这样吃法？"

这五个人一气之下，抹抹油嘴，合起来动手把札木合捉住，送到成吉思汗那儿去。

札木合十分羞愧地找成吉思汗的手下传话："乌鸦竟捉住了黑鸭子，下民奴隶竟然敢向他们的可汗动手，我的可汗安答，你怎么讲呢？"

这句话有解释的必要，黑鸭子是较大的鸭子，类似黑天鹅，非乌鸦所能捕拿，乌鸦应该只能吃残皮剩雀的，不配吃天鹅与仙鹤的，所以部下不能够背叛主人。

成吉思汗也认为奴婢家丁陷害主人，这是大逆不道的事情，因此，虽然五个伙伴自认为是大功一件，成吉思汗却降下圣旨："怎能让向自己正主动手的人生存？那样的人能跟谁做伴？向正主下手的人，连同他们的亲族，一律斩首。”于是，当着札木合的面，五个伙伴一块儿被杀了。

当然，成吉思汗是存心做给札木合看的，他靠近札木合说：“现在我们两个人又相合了，可以互相做伴，我们两个曾经亲密得如一辆车的两根车辕，后来，你却另有打算而分离了，让我们再住在一起，互相提醒彼此所忘记的，互相唤醒那瞌睡的吧。”

成吉思汗又换了一种更亲切的语调说：“就算你曾经离我而去，你依然是我吉庆有福气的安答，虽然分裂了，你仍旧用言语使乃蛮心惊胆战，这等于用口杀了他们，这也是你对我的恩惠。”

札木合三番两次地恐吓塔阳汗，的确等于为成吉思汗打了一场心理战，但是札木合想起种种前尘往事，头垂得好低好低。札木合讷讷地说：“早在小时候，当我们一起吃不可消化的食物，一起说不可忘记的语言，一起盖一床被子的时候，因为受了旁人的挑唆，受了奸人刺激，以致说了刚硬的话，互相分手。除非剥掉我的黑脸皮，否则，我没有脸再见安答。”

成吉思汗还是希望破镜重圆，札木合却不能接受他的好意。札木合长吁一口气道：“我在应当做伴的时候，未曾做伴，现在安答，你已经把整个国家平定了，我来做伴，还有什么益处？只会在黑夜入你的梦，白日扰你的心，成为你领上的虱子，襟上的草刺，扎得难受。你有贤明的母亲，生来俊杰，有能干的弟弟们，有豪强的伙伴，有七十三匹骏马。我呢？自小父母就弃养，没有兄弟，我妻好说闲言闲语，所以我失败了，请安答赐死的时候，不要让我流血而死（根据蒙古萨满教的说法，流血而死是大忌，所以札木合如此忌讳），把我的骸骨葬于高地，我必将永远永远祝福你的子子孙孙。”

成吉思汗见札木合死意坚决，也就成全了他的心意，降下圣旨：“叫他不流血而死，不要把他的骸骨弃在露天，好好殓（liàn）葬。”

成吉思汗与札木合原是多么亲爱的安答，结果成吉思汗却要亲自下达处死的命令。成吉思汗心中真是痛如刀绞。

成吉思汗的功臣

成吉思汗能够建立伟大的帝业，最大的因素是他知人善任，恩威并济。他重视纪律，言出法随，但他也爱护部下，处处体贴入微。在征服乃蛮之后，成吉思汗论功行赏，把一个一个大将叫到跟前，加给恩赐，我们择要介绍几个。

木华黎（有的史书记为木合黎或木合里）。他是个健壮的蒙古英雄，身长七尺，虬须黑面，猿臂善射，能挽两百石的弓，对成吉思汗忠心耿耿。

曾经有一回，成吉思汗战争失利（胜负乃兵家常有之事，即使是成吉思汗也不例外），又遇到大雪，竟然找不到牙帐，只好在草泽中暂宿一晚。木华黎执意不肯睡，他站在雪深至膝的草泽中，手里张着毛毯，瞪大了眼睛，竖起了耳朵，全神贯注守卫成吉思汗，整整一个晚上，一步也没有移动。

第二天一早，成吉思汗带着木华黎一行三十人，急驰在溪谷间，成吉思汗忽然转过头来问道：“万一半途遇到强盗，那该怎么办？”

“我就用我的身体来抵挡。”木华黎迅速地回答。

过了一会儿，果然一群强盗自石中窜出，木华黎不慌不忙，张弓搭箭，三发中三人。强盗头子大惊失色问：“你是谁，这般厉害？”

“木华黎也。”

于是，一群强盗知难而退。

木华黎的忠诚得自父教。木华黎的父亲当初把儿子带来时，曾经对成吉思汗说：

我教他做你门限里的奴隶，
若是敢绕过你的门限啊，
就挑断他的脚筋，
剜出他的心肝！

事隔多年，现在成吉思汗要论功行赏，他看着木华黎说："我想起当年我们蒙古人在斡难河聚会，大伙儿快活跳跃，筵宴享乐，你父亲就在枝叶繁茂的大树下，把你交给了我，因此今天我才能坐在大位之上。

"我要叫木华黎的子子孙孙都做全百姓的国王，我封给你木华黎国王的名号，做合剌温山（今大兴安岭）的万户。"

成吉思汗当众夸奖木华黎："我与你如同车首有辕，身上有臂也。"

除了木华黎，成吉思汗最感激博尔术。读者们还记得他吗？就是成吉思汗在艰困年少时代遇见的小贵人，那以后两人一直形影不离。

成吉思汗对博尔术说："记得年幼的时候，我丢了八匹银灰色的骡马。我在路间住了三宿，我追踪而去时，半途遇到了你。你热情洋溢地非要给远来困顿的朋友做伴，连家里的父亲都没通知一声，就把挤马奶的皮桶盖起来，丢在旷野，叫我把秃尾巴的甘草黄马给放了，骑你那名贵的黑脊梁白马。你自己骑上那匹黄马，和我做伴，追了三宿，我们才追回八匹银灰马。"

成吉思汗叹了一口气道："你不晓得我那时候有多感动。你是大财主纳忽伯颜的儿子，而且是独生子，犯不着冒着生命危险，与一个一无所有的年轻人为伴，只因为你心中有豪杰之气，愿意与我同甘共苦。

"我也记得，当初我们分手以后，我心里想你，叫别勒古台唤你来做伴，你立刻披上灰色毛袄骑着甘草黄马来了，一直到今天。"

成吉思汗与博尔术真是感情深厚。成吉思汗常说，每当轮到博尔术值夜，他就睡得特别安稳。他二人都是军事长才，经常促膝密谈，通宵达旦。

汗山之役，成吉思汗寡不敌众，将士溃失，第二天早上检阅士马，发现窝阔台（成吉思汗之子）及博尔术失踪了。成吉思汗心烦意乱，他担心博尔术的安危，甚且超出儿子，许多人都说，没见成吉思汗如此失态过。

又过了一天，博尔术机智地夺了一匹马，回到营中，成吉思汗这才松了一口气，频呼："博尔术无恙，天助我也。"

由于成吉思汗与博尔术之间，不仅是长官与部属的关系，更有一份惺惺相惜的知己之谊，所以，每当成吉思汗大发脾气，只有博尔术有办法劝他息怒。

成吉思汗对博尔术说："你勇武的事迹，我岂能尽述？你和木华黎两个人总是催促我做正当的事，直到我做了为止。总是劝阻我做错误的事，直到我罢手为止。我要让你坐在众人之上，九次犯罪不罚，出掌右翼，做以阿勒台山为屏障的万户。"

成吉思汗又对蒙力克老爹说："你我二人，出生，生在一起，长大，长在一起。你这个有福分的吉庆之人，对我的恩庇护助难以计算，尤其王罕、桑昆父子二人，要用计谋骗我前去的时候，亏得蒙力克老爹你的谏阻，否则，恐怕我就落在打旋的水里，正发红的火里了。我想起你的恩德，就是到子子孙孙都不能忘记。现在我要你坐在这座位的头上（就是坐在上席之意）。"

从以上三个例子，我们可以发现，成吉思汗对部下的好处，点点滴滴铭刻心头，所以每当成吉思汗遇险的时候，就有人舍命救他，使他迅速恢复战力，重整旗鼓，反败为胜。这是成吉思汗高明之处。

月伦教训成吉思汗

在上一篇中，我们讲到成吉思汗大封功臣，其中包括曾经救了他一命的蒙力克老爹，然而蒙力克老爹的一个儿子阔阔出，却让成吉思汗伤透脑筋。

蒙力克老爹自幼随同父亲，作为也速该的家臣。也速该遇害而死后，铁木真兄弟年幼，备受蒙力克老爹照顾，成吉思汗对这位长辈始终相当尊敬。

老爹一共有七个儿子，其中第四个儿子阔阔出是“帖卜腾格里”，这是对蒙古萨满教术士的尊称，也可译为天使。帖卜腾格里长得怪模怪样，专门做些有违常理之事。他曾经在冰天雪地里裸奔，惹来众人围观。他又曾经预测，“铁木真将称汗，号为成吉思”。由于预言准确，许多蒙古人对他深信不疑。

那时，蒙古人十分崇拜神明，因此巫师的话，具有一言九鼎的功效。以前豁儿赤曾经公开表示，他亲眼见到神牛显灵，预测铁木真将做国家之主，使得许多札木合的部下，抛弃札木合，改为投奔铁木真。

豁儿赤虽然有功于成吉思汗，但是他生平无大志，也没有野心，只是贪图美色，成吉思汗很容易就满足了他的愿望，让他自由自在挑选三十位美女，大享齐人之乐，并且封为万户。

但是，帖卜腾格里这个巫师，却不是等闲之辈，他有强烈的政治野心，加上他有兄弟七人，家大业大，他的父亲蒙力克老爹，又具有崇高的政治地位，可以作为政治资本，这些因素加起来，使得成吉思汗对帖卜腾格里反感之至，别说是万户，连千户都不肯封给他。

帖卜腾格里当然知道成吉思汗讨厌他，他表面不动声色，却暗暗使了一条毒计，借着当巫师的方便，离间成吉思汗与弟弟合撒儿的感情。

在成吉思汗的弟弟之中，合撒儿是神箭手，别勒古台则臂力过人，两人都是东征西讨的英雄。别勒古台是庶母生的，没有地位，因此帖卜腾格里挑了合撒儿，作为挑拨的对象，他到处对人说："根据天象显示，蒙古应该一次由铁木真掌国，一次由合撒儿掌国。"

蒙古人很相信巫师的预言，这则预言愈传愈广，动摇了成吉思汗的领导地位，成吉思汗颇为不悦。合撒儿则暗暗欣喜，期待有掌国的机会，兄弟之间开始有了芥蒂。

帖卜腾格里干脆一不做，二不休，先联合七个兄弟下手，把合撒儿狠狠毒打一番。

合撒儿抚着伤口，跑去向成吉思汗哭诉。成吉思汗当时正在为旁的事儿发愁，很受不了合撒儿又跑来烦，尤其心中有疙瘩以后，愈看合撒儿，愈觉得他横眉竖目，相当不顺眼。

成吉思汗皱着眉头说："你那么能干，凡是活人，都胜不了你，你怎么会被别人打败？"成吉思汗丢下话就走了。

合撒儿被外人欺负，自己亲哥哥非但不伸出援手，反而话中夹枪带棍，冷嘲热讽。合撒儿眼泪夺眶而出，回去以后，愈想愈委屈，一连三天都赌气，不来见成吉思汗。

成吉思汗三天不见合撒儿，当然也知道他在生闷气。成吉思汗自己也有一肚子的恼怒，眼不见为净也好。

正在此时，帖卜腾格里走进来，边走边呢喃："长生天的圣旨，预示可汗，一次由铁木真掌国，一次由合撒儿，若不赶紧把合撒儿去掉，恐怕就会酿成祸事。"

成吉思汗被帖卜腾格里这一激，当下做了决定，立刻出发，捉拿合撒儿，去除祸患。成吉思汗其他兄弟们，眼见骨肉相残即将展开，急着飞报母亲月伦。

月伦听到消息，认为此事非同小可，用白骆驼驾了黑篷车，飞也似的一路赶了过来。

在黎明之时，月伦赶到了，只见成吉思汗把合撒儿的衣袖捆住，去了冠带，正在气呼呼地问话。在蒙古，去了冠带表示去除权威、指为罪犯之意。

月伦好生气，她大步向前，亲自把合撒儿捆住的衣袖解开，把冠带还给了合撒儿，让合撒儿披戴起来。成吉思汗见老母亲动了火，也不敢吭声儿。

月伦踱着步子走来走去，压不住怒火，然后，她坐下来，盘着双腿，缓缓解开衣服，露出乳房。她难过地指着胸口道："你们看到了没有？这是你们都吃过的奶，你们这些一生出来就咬破自己衣胞的，弄断自己脐带的东西们，合撒儿做了什么，你们要这般对待他？"

说着，月伦凌厉的目光扫过成吉思汗等人，兄弟几人一个一个都惭愧地低下头。也速该早逝，他们兄弟都是寡母月伦带大的。月伦有智慧，也能上战场，成吉思汗兄弟们自小对母亲是又敬又爱又怕。

月伦接着教训道："记得你们小时候，铁木真只把我这一个奶吃完了，合赤温、斡惕赤斤两个人合起来，连一个奶也吃不完，只有合撒儿胃口好，把我两个奶都吃完了，使我的胸膈松快舒服。所以，我的铁木真心胸有毅志，我的合撒儿有射箭的力量与本领，能叫搭弓射箭的人降服，现在，敌人灭了，你就用不着合撒儿，要把他毁灭了？"

成吉思汗等母亲稍稍平息了怒火，才小心地赔罪："让母亲生气，我怕也怕了，羞也羞了！"垂着头说，"我们走了。"

蒙力克老爹父子

由于母亲大人出面，合撒儿躲过了一劫，但是兄弟之间，已经撕破脸了，很难再重修旧好。成吉思汗为了整个蒙古的统一，不得不先发制人，夺去合撒儿的百姓，只留给他一千四百人，当然，削兵权这件事是瞒着月伦的。

月伦后来还是知道了，她十二万分地伤心——儿子长大了，母亲的话也听不进去了。月伦一气之下生了重病，没多久，这位蒙古历史上了不起的母亲与世长辞。成吉思汗万分悲痛，更加恼怒惹起争端的帖卜腾格里。

另一方面，帖卜腾格里的声势日增，渐渐凌驾于成吉思汗之上，甚且有讲九种语言的百姓，日夜在帖卜腾格里那儿聚会。参加聚会的信徒，比聚在成吉思汗系马处的都多。所谓“系马处”，指的是蒙古王府、贵族府邸的左方或是左后方，外来者必须至此下马。

帖卜腾格里能够招揽信徒，主要因为他是巫师。按蒙古和其他北亚的游牧民族，除了一小部分住在山岳森林，其余绝大多数的人，都是生存在天苍苍、野茫茫的大草原上，而对着疾风、暴雨、日月、高山、大河、森林、水火，人的生死、死后的去处，以及其他不能解释的自然现象，都是形成原始宗教信仰的因素，这不只是蒙古族的情形，其他古代民族的宗教信仰也是如此。

萨满教的巫师，多半有点精神异常，或是神经质，当他们精神发生异

萨满教巫师彩陶俑，河北磁县大冢营东魏墓出土。

状时，神灵附体，披头散发，身着法衣，一面朗诵祷词，一面击鼓摇铃，舞步愈来愈快，直到昏迷不醒为止。当时的人认为，在巫师们失去知觉的时候，正是他们的灵魂出窍与神灵沟通的时候，当巫师们苏醒过来以后，便可以把神灵的指示传达给百姓。

帖卜腾格里上次耍了一招，害得成吉思汗与弟弟合撒儿失和，他食髓知味，又动起成吉思汗幼弟帖木格的脑筋，抢走了帖木格的百姓，并表示不把成吉思汗看在眼里。

帖木格派了一位使者前去，结果，使者被帖卜腾格里的人毒打一顿。他们又把马鞍绑在使者的背上，不怀好意地说："你背上马鞍，帖木格不就等于有了两个使者？"

使者背着马鞍，吃力地走了回来，哭哭啼啼地向帖木格报告受辱的经过。帖木格第二天就自己去找帖卜腾格里理论："我派了使者前来，使者挨了打，步行回去，现在我要自己来索回我的百姓。"

话还没说完，帖卜腾格里兄弟七人一字排开，凶神恶煞似的指责："你认为你派使者前来是应该的吗？"

帖木格是老幺，平时受哥哥们的保护，生性比较懦弱，被七兄弟们一呵斥，害怕会挨打吃亏，嗫嚅道："派使者来，确实是我的不是。"他声音小得几乎听不见。

"既然自己知道错了，你就跪在帐后悔过。"七兄弟轻蔑地发号施令。

帖木格见他们人多势众，逼不得已双膝落地，心里头恨得牙痒痒，一遍一遍告诉自己："看我回去怎么告诉我哥哥去。"

第二天一大早，天还没有亮，他就跑到成吉思汗的金帐里，长跪榻前，一五一十报告受辱的经过。帖木格愈说愈伤心，说完以后便嚎啕大哭。

成吉思汗皱着眉头听完经过，还没有开口，孛儿帖夫人在被子里欠身坐起，忧虑地说："这些人到底准备做什么，日前结党，把合撒儿给打了，现在又为何要帖木格跪在他后边，这成了什么体统？他们把你长得如松柏一般的兄弟加以谋害，完全不顾你的情面，万一有一天，你如大树一般的身体倒下来，你的小儿子们如何掌管这乱麻一般的国家、群鸟一般的百姓，你不能不管一管啊！"说着，孛儿帖夫人啜泣着又哭了起来。

成吉思汗稍微思索一下，转身对帖木格讲："待会儿，帖卜腾格里要来，你看着办吧。"

帖木格立刻兴奋地准备了三个强壮的大力士，等着报仇。

过了一会儿，蒙力克老爹和他七个儿子都来了。帖卜腾格里正要坐下，帖木格向前揪住帖卜腾格里的衣领说："昨天，你教我悔过，现在我们较量一下吧！"帖卜腾格里也扯住帖木格的衣领，他们互相扭打着。

成吉思汗下令："你们到帐外去，比试力量。"

一出了帐篷，三个预先埋伏的大力士就抓住帖卜腾格里，活活折断了他的脊骨，扔在车辆的后面。

帖木格进来报告："帖卜腾格里不肯较量，躺在地上怎么也不肯起来，是个不中用的家伙。"

蒙力克老爹一听便知道是怎么回事，他伤心地说："我从大地只有一块土这么大，江海仅有一条溪这么宽时就来做伴了，你们岂可如此？"蒙力克其他六个儿子挽起袖子，准备打架。成吉思汗一闪而过，佩了箭的护卫

蒙古人角抵戏，选自清人绘《赛宴四事图·布库》。

散班们在成吉思汗周围站立着，蒙力克六个儿子也不敢再闹事了。

成吉思汗派人看守帖卜腾格里的尸体，奇怪的是第三天夜里，天将要亮的时候，帐房的天窗开了，连尸体也不见了。成吉思汗说："帖卜腾格里向我弟弟动手脚，又在我兄弟之间无端地进谗言，所以不为上天所喜，连性命带身体都不见了。"他又责备蒙力克老爹："都是你不劝诫孩子们，才闯下大祸。"但是，想到蒙力克老爹的功劳，成吉思汗又原谅他了。

金朝的灭丁计划

成吉思汗统一蒙古之后，他要做的第一件事就是对金国用兵，要一雪耻辱。

远在金熙宗时代，蒙古的俺巴孩酋长与塔塔尔族作战，俺巴孩失败，被塔塔尔族擒获送往金朝。金国当时国势威猛，强大无比，金熙宗特别制作了一个刑具，名叫木驴，把俺巴孩钉在木驴上面，活活地钉死。

消息传到蒙古，蒙古人都异常悲愤。可是，悲剧还没有画上休止符，金熙宗见蒙古人个个强悍，很担心日后蒙古鞑靼会成为金国的强敌，若不及早扑灭，日后必成为大患，于是下令，每年派兵北剿，名为“灭丁”。

在金国的灭丁计划之下，蒙古每年白白牺牲了不少壮丁，但是蒙古这个民族，生性剽悍，仍然有如不灭的火种，并且一天较一天强壮。

俺巴孩死了以后，他的侄儿忽图勒继承了汗位，他恨透了金国，发誓要报金国杀叔之仇。他一辈子都在忙着复仇，与塔塔尔人打了十三次大仗，无数次小战，总是败多胜少，当然，更是打不过金国。

忽图勒之后，继承汗位的便是成吉思汗的父亲也速该，可想而知，成吉思汗幼年就听了不少金国的故事，尤其自母亲月伦处得到的家教，使他牢牢记着族曾祖俺巴孩被木驴酷刑处死的往事，随时准备报仇。

当成吉思汗茁壮之际，刚好正是金章宗浑浑噩噩、醉生梦死的时候。

金章宗之前为金世宗，人称“小尧舜”，是金朝九个君主之中，最为贤能的一个。

金世宗以后，金章宗即位。金章宗即位以前，性好儒学，温文儒雅，朝野上下都对他寄以厚望，岂料他当上皇帝以后，一切都走了样儿，一变而为声色犬马，贪图享受，尤其是宠爱郑辰妃，闹出许多笑话。

郑辰妃原是金世宗宠爱的人。金世宗过世以后，章宗立刻纳为己有。郑辰妃聪明慧黠（xiá），善于谄媚，深得章宗的欢喜。章宗每天把郑辰妃搂在膝盖上批阅公事，互相打情骂俏，当然弄不清奏章上写的是些什么了。

章宗承安三年（1198 年），章宗带着郑辰妃到蓬莱院中摆酒宴客，院中陈列着五光十色的玩物。章宗拿起一件精雕细琢的瓷器，仔细辨认瓷器上的款识，原来这些都是宋徽宗宣和年间宫中的御物，是金人占领汴州时掳掠而来的。章宗猛然之间想起，宋徽宗在靖康之难中的惨状，不都是因为贪图享乐而肇（zhào）祸吗？刹那之间，一张脸孔变得死白。

南宋官窑珍品贯耳瓶。

聪慧过人的郑辰妃马上察觉到章宗神色有异，她妩媚地笑道：“制造物品的人，未必自己有福气使用，南帝但知制造，以为陛下用耳。”

郑辰妃巧妙的说辞，使得金章宗转忧为喜，也就不以为意了。

这年秋天，章宗偕同郑辰妃赴东明园赏菊花，只见园中的玉屏，画的是宋徽宗建造的艮（gèn）岳（万岁山）。

章宗好奇地问内侍余琬："这个画的是什么？雕梁画栋，千岩万壑？"

余琬回答："启奏陛下，这是南朝赵家宣和皇帝宋徽宗，运送东南花石建造的艮岳，国家因而败亡，先皇帝（金世宗）命令将其画下来，引以为戒。"

这不偏不倚刚巧说中了郑辰妃的心事。她曾经与章宗乘御辇经过御龙桥，看到桥是玉石砌成的，晶莹可爱，立刻扭着身子撒娇，央求章宗："把桥拆下来，搬到宫中重建嘛。"

章宗为了讨美人欢喜，马上答应了她的请求，并且在宫中建芳华阁、岩洞等。

郑辰妃认为，余琬的话是冲着她来的，反唇相讥道："宣和的亡国，并非用东南石建造艮岳，而是错用了童贯、梁师成这批小人。"

余琬明明知道郑辰妃是避重就轻，却也不敢分辩，金章宗遂未再把宋徽宗的教训放在心上，依然沉迷于享乐。

由此可见，读历史虽然能教人聪明，使人勿蹈前人的覆辙，但也要有智慧、有毅力接受前人失败的经验。金章宗看到了宋徽宗的败亡，金世宗也用图画，提醒章宗记取历史的教训，章宗却还是走到了宋徽宗的老路子。

章宗为了巩固不稳的皇位，对自己的宗室大肆诛杀，杀了自己的叔父郑王允蹈，连带着要杀郑王的儿子——爱王大辨。

大辨并非住在京城，他正在领兵镇守边疆五国城（今黑龙江省依兰县），这个地方与蒙古接壤。金章宗派了兵马来捉大辨，大辨为了自保，转向铁木真求援。

铁木真正准备一报金人"灭丁"之仇，逮到机会，还不马上含笑答应？他轻轻松松打垮了金朝军队。金朝的军队再也不是金兀术时代的威风凛凛，不论都总管或是节度使，都是皇亲宗室或世家子弟，绝大部分都是庸才草包，根本不能打仗。金朝前代的尚武精神荡然无存，慢慢学会宋朝奢侈纵乐的风气。

大辨靠着成吉思汗的协助，打退了金章宗的军队，但是"请神容易送神难"，既然把蒙古军请了进来，再想把铁木真送走，可不是一件容易的事。

金朝迁都汴京

在上一篇中，我们说到，蒙古人与金人结下血海深仇，铁木真族曾祖俺巴孩被金人打败，金人设计了特制的木驴，把他活活钉死。以后，金人每年实施灭丁计划，企图灭蒙古人的种。

到了金章宗时代，国势衰弱，章宗讨伐属下爱王大辨，大辨情急之下，请来铁木真助阵。铁木真轻而易举打败了章宗，大辨却开始后悔引狼入室。

铁木真挟持着大辨，要求牲畜，要求人口，要求布帛，大辨一点儿反抗能力也没有，只得一一照办。

大辨情急之下，郁郁以终，他年少不更事的儿子完颜雄继承父位。铁木真听到噩耗立刻派出大将戍守五国城，表面上是保护，其实等于占领。

金章宗晓得铁木真厉害，不敢再和他交锋，派遣卫王完颜永济为特使，赐予铁木真新的封号。当时，蒙古草原尚未统一，铁木真也没有一举灭金的把握，也就装着笑脸，接受了新的封号。

蒙古与金人的冲突，暂时告一段落。

等到铁木真统一了蒙古，当上了成吉思汗，又过了两年，金章宗去世，卫王永济当了金朝天子。

成吉思汗是见过永济的，一副畏畏缩缩的窝囊相，他打心眼里看不起永济。因此，当金朝使者前来，成吉思汗询问：“新天子为谁？”

“卫王也。”使者回答。话还没有说完，成吉思汗的口水已喷到使者脸上："我原以为中原皇帝是天上人做的，如此一个庸才，哪堪为中原之主!"

成吉思汗立即断了与金朝的邦交，再也不屑接受金人的封号了，并且挥兵居庸关，向金主求婚，并且请求割地。

金主最怕成吉思汗，委委屈屈地答应每年奉上三十万，但是地不可割。

成吉思汗大怒道："其地我不能自取乎？"于是他再度进兵云中、九原，他三个儿子也分取云内（治今内蒙古托克托东北白塔村）等地。此时，金主永济也领导不下去了，金将胡沙虎杀了永济，改立完颜珣（xún）为宣宗。

宣宗对蒙军照样一筹莫展，成吉思汗一举囊括了金朝九十余州，最后，成吉思汗下了一个通牒给金宣宗："你家河北、河东郡县，皆为我所有，你今天剩下的，只有一个中都而已，这是上天要削弱你家。我如果迫你于危境，那是我不仁，不如我撤兵，但是，你要备重金犒师，以平息我将士们之愤怒。"

金宣宗哪儿敢不依，他献上金帛、马匹，并且把金朝最美丽、最贤慧的美人儿——完颜永济的女儿献给成吉思汗，另送童男女五百名，绣衣三千袭，御马三千匹及数不尽的金银财宝到蒙古。

成吉思汗欣然接下了礼物，并且下令金宣宗向北边遥拜，表示对蒙古大汗的尊敬。金宣宗别无选择，只得照办。成吉思汗这才下令北归。

金朝满朝文武简直被成吉思汗吓破了胆。蒙古兵一走，众人议论纷纷，个个都察觉，中都是待不下去了。金宣宗下令立刻迁都，愈早愈好。

于是，金朝慌慌张张打点收拾，把中都国库中的金、珠、犀、玉、琥珀、玛瑙，宫中所存的文书、档案，连同嫔妃、侍从与中央高级官员，一股脑儿用三万辆马车，三千头骆驼，浩浩荡荡运到新都汴京，也就是原来北宋的首都。

当金宣宗带着文籍、书画、图史等器物回到汴京，汴京城中百姓喟叹："想不到九十年前被金人掳走的东西，现在又回到汴京了。"也有人交头接耳道："家中长辈们说过，靖康之难时，金人是何等张狂，不想不到一百年，金人也有今日。"

金宣宗气喘吁吁逃到汴京，心脏还在扑通扑通地跳个不停，忽然听说成吉思汗又发了脾气。

原来，成吉思汗认为：“既然双方讲和，还要迁什么都？可见讲和是假的，对我有怀疑，对我有防备，讲和根本是一着缓兵之计。”

成吉思汗紧接着，派出军队，直攻中都。金朝宫室被焚，大火一连燃烧了一个月，满目疮痍。金朝的宗庙、神器、陵寝完全落于蒙古人手中。

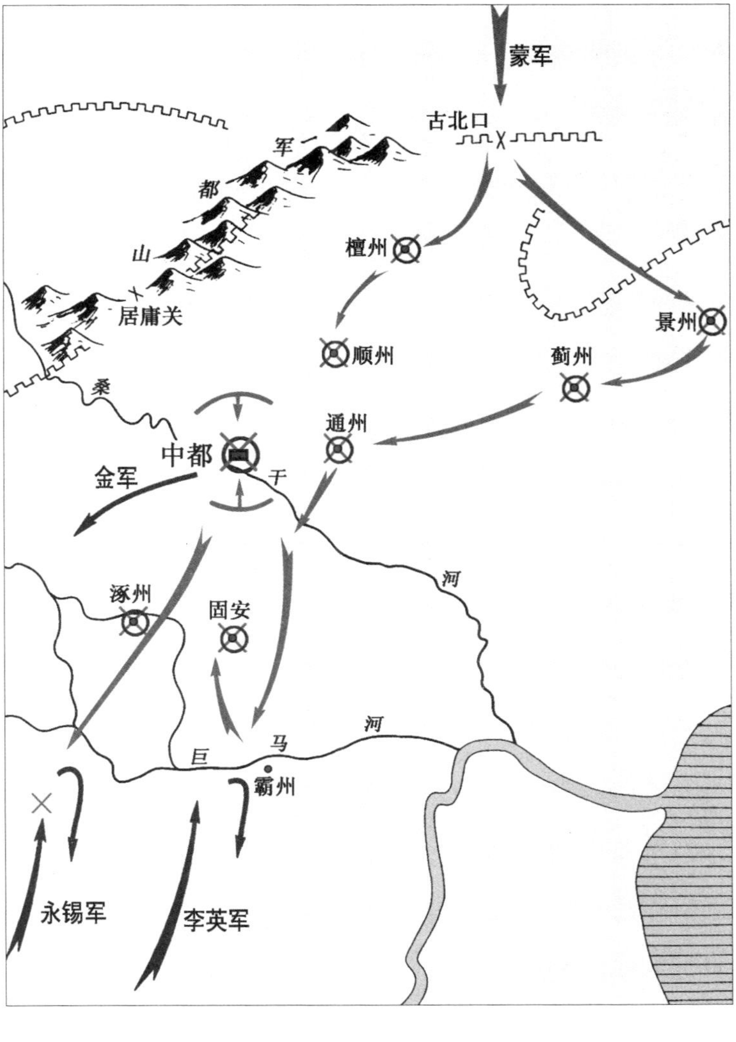

蒙军攻陷金中都示意图。一二一四年，蒙军以金迁都汴京为借口，出兵古北口，连克景、蓟、檀、顺等州，又派大将木华黎进攻并控制辽东，彻底切断中都与辽东的联系。次年，金派永锡、庆寿率兵增援中都，又派李英从大名向中都运粮。永锡军在涿州附近被蒙军击溃，李英进至霸州，与蒙军遭遇，一触即溃，军粮被夺，庆寿军胆破，掉头南逃。至此，因粮尽援绝，金军被迫弃城南逃，中都终于陷落。

蒙古军并没有以攻下中都为满足，成吉思汗最终极的目的是整个儿地摧毁金朝，所以渡黄河，追踪南下。金宣宗着急万状，遣使求和。

成吉思汗回答：“和是可以和，但是要把河北、山东我军取得的州郡，立即献下，并且除去帝号，俯首称臣，不如，我封你为河南王。”

金宣宗不肯答应成吉思汗的条件，双方再燃战火，也许金人想到这是生死存亡关头，所以个个作殊死战，使成吉思汗的南攻受到挫折。于是，成吉思汗便转而先攻西夏、西辽，并破花剌子模，深入中亚细亚，征服阿富汗，扬威高加索。灭亡西夏之后，铁木真得了病，他临终之前，仍然念念不忘交代：“金国的精兵在潼关，不易攻破，如果假道宋朝，使我军直捣汴京，金人发急，必然调潼关兵回守汴京，我们就可破潼关。”成吉思汗最后遗留下来的锦囊妙计实行与否，请读者再慢慢儿看下去。

花剌子模国王阿拉丁

成吉思汗在短期之内，攻不下金朝，决定暂缓，因而开始了蒙古第一次西征，目标是——花剌子模。

花剌子模是当时中亚最大的帝国，所占领的地方就是古波斯地，也就是今天的伊朗。

蒙古灭西辽之后，所领疆域，东起渤海，西到葱岭，与花剌子模相接壤。成吉思汗也听说花剌子模是西方一个大国，为了拉拢，他曾经写了一封信给花剌子模的国王阿拉丁。这封信写得是霸气十足。

“我知道贵邦土广人众，愿意与贵邦彼此修好，我爱贵国之君，有如我爱自己的儿子一般。君当知我已经征服女真，以及诸突厥族，战士如蚂蚁一般多，财富积山，实在用不着觊觎（jì yú）他人领土，我所希望的，不过是双方互市罢了。”

花剌子模的国王阿拉丁看了信十分生气，他不晓得自己怎么平白当了人家的儿子，莫名其妙地短了半截，当天晚上，找了带信的使者——花剌子模商人马合木来问话，并且吹胡子瞪眼睛道：“他是什么人，有多少兵力，竟然敢把我当儿子？”

马合木见阿拉丁发脾气，知道阿拉丁火起来不是好玩的，立刻谄媚地说：“蒙古汗哪里能够与你相比呢？”

阿拉丁把成吉思汗的国书一摔，恨声道：“总要让他知道我不是蒙古的儿子。”不过，阿拉丁还是答应互市通商。

过了没多久，有一批维吾尔人，约莫一百人，受了成吉思汗的委托，带着许多东方货物，前往花剌子模贸易。不料，走到锡尔河附近，竟然被花剌子模守将逮捕，指称他们是蒙古人派来的间谍，要全部捉起来杀掉，货物没收充公。

其中有一个商人比较机警，溜得飞快，他奔回蒙古，一五一十向成吉思汗报告。

成吉思汗一听之下，活活气个半死，立刻派遣一个使者、两个副使前往花剌子模交涉，并且传话道：“贵国前与我约定，不得虐待两国商贩，今日忽然之间违约，你枉为一国之主也。假如此次杀人越货之事，果然是贵国守将所为，请将守将交给我惩（chéng）罚，否则，请即备战……”

满脸胡须的蒙古人，佚名绘。

花剌子模国王阿拉丁，不满意成吉思汗教训人的口气，不但没把守将交出，反而杀了使者，让副使回去通风报信，又为了羞辱副使，竟然把两位副使的胡子给剃了。

成吉思汗看到副使归来，面颊青光闪闪，毛髭（zī）髭的胡子给剃个一根也不剩，火大透顶，认为是奇耻大辱，他脱下帽子，解开衣带，跪在地上发誓道：“为了兀忽纳等一百使臣，我要以冤报冤，以仇报仇，征伐他们……”

在征伐之前，也遂夫人提醒成吉思汗说：“可汗打算越过峻岭，横渡大河，长征绝域。假如你那大树一样的身体倒下去，你那像群雀一般的百姓托付给谁呢？

“在亲生的四个儿子之中，到底要指定谁？应该叫你诸子、诸弟、众多臣民，和我们这些无知无识的人知道啊，我把所想到的提出来了，愿意听候圣旨裁决。”

其实，也遂夫人提出来的问题，其他人也想到过，但是，谁有这么大的狗胆？在此，不能不介绍一下也遂夫人。

成吉思汗的后宫佳丽，人数众多，分置四处，称为四大斡耳朵。在打败塔塔尔人之后，成吉思汗纳了也客扯连的女儿也速干夫人。也速干十分美丽，很得宠幸。也速干夫人对成吉思汗说：“我蒙可汗恩典，叫我确确实实受人抬举，我有一个姊姊，名叫也遂，比我更美丽，比我更配得上可汗，她已有了夫婿，如今在这离乱之中，不晓得到什么地方去了。”

成吉思汗半开玩笑道：“若是你姊姊比你还好，我就派人去找。若是你姊姊来了，你把这位子让给她吗？”

也速干夫人答道：“如果蒙可汗恩典，只要看到我姊姊，我马上让位给她。”

因此，成吉思汗颁下圣旨，叫人寻找。当也遂与夫婿进入森林时，遇到蒙古大军，她丈夫给吓跑了，也遂夫人就被带了回来。

也速干见到姊姊，站了起来，把位子让了出来。成吉思汗发现也遂果然更美，很合心意，马上娶了也遂，也遂也很高兴。

塔塔尔人完全被灭之后，有一天，成吉思汗在外面饮宴，也遂夫人、也速干夫人陪在两侧。也遂夫人忽然长叹一口气。成吉思汗心细如发，他把木华黎等人唤来，降下圣旨：“你们这些聚会的人，快快按各个部族聚在一块儿，可能有陌生人侵入了！”

果然，有一个清瘦的年轻人站了出来，他说：“我是塔塔尔也客，是也遂的丈夫，快被敌人俘虏的时候，因为害怕逃走了，以为现在安定就来了，我混在众人当中，怎会被认出来呢？”

成吉思汗担心他想报仇，降旨道：“在眼睛看不到的地方，把他杀掉！”于是，也遂原先的夫婿便被杀了。

当时蒙古人抢亲是合法的习俗，倒不能用汉人眼光批评成吉思汗的做法。在众多妻妾之中，也遂夫人最受宠，经常随侍成吉思汗左右，因此，也遂夫人才有胆量提出成吉思汗身后的事。

继承人风波

在上一篇中，我们说到，成吉思汗西征之前，也遂夫人提醒他，早日指定继承人，以免有一天成吉思汗“那大树一样的身体倒下去”时，“像群雀一般的百姓”不知托付给谁。

成吉思汗说：“也遂是个妇人，说的话非常有理，弟弟们，儿子们，谁都没有提醒过我，我也把这事忘了。有一天，我也要追随祖先而去，我岂不是忽略了大事？我也脱不过死亡的捆索。在我的儿子之中，术赤最长，你怎么说？”

术赤还没有开口，老二察合台立刻插嘴道：“让术赤先说，这岂不是要把国家托付给术赤吗？我们怎么可以叫这个由蔑儿乞人那里带来的人管辖呢？”

读者们还记得吗？铁木真与孛儿帖结婚之后，蔑儿乞人前来报仇，掳走了孛儿帖。后来，当铁木真抢回爱妻之时，孛儿帖已怀了孩子，没多久就生下了儿子。成吉思汗将长子取名为术赤，术赤在蒙古语中的意思是“客人”。可见成吉思汗也怀疑术赤其实不是自己的儿子。

术赤长大了，自然也晓得这件事，一直耿耿于怀。成吉思汗这个做父亲的，倒是挺有风度，从来没有提起过，也从来没有差别待遇。

这一回，察合台直直地对准术赤的心病戳过去，术赤岂能忍受？他像青蛙般一跃而起，攀住察合台的领子说：“汗父都从来没说过什么，你怎敢挑剔我？你呢，你又有什么技能比人强？不过是比人刚愎（bì）自用罢了。不信，你试试看，我们两人比赛射箭，若是你胜过我，我把拇指砍下来丢掉。我们两人比赛搏斗，若是你打赢了我，我在哪儿倒下，就永远待在哪儿，让我们听凭汗父的处置吧！”

察合台不甘示弱，也牢牢地攥住术赤的手。眼看着一场火并马上就要开始了，成吉思汗一句话也不说，静静地坐在一旁，若有所思。

这时，阔阔搠思“嚯”地一下站了起来，对察合台说：“察合台，你忙什么，赶快停手！”说也奇怪，察合台居然就放下手，乖乖地听阔阔搠思发言。阔阔搠思是直言敢谏之臣，成吉思汗曾经指派他为察合台的师傅，命令他时时劝诫刚愎成性的察合台。

阔阔搠思指着察合台的鼻尖道：

啊，你把你圣明的母后说得，
酥油一般的心都冷却了；
奶子一般的心都凝结了！
你不是温暖暖地从这个肚皮里生出来的吗？
你不是火热热地从这个衣胞里生出来的吗？
不应该让你亲生的母亲艾怨，
你汗父建国之时，
前额的汗流到脚底，
脚底的汗冲到前额。
你的母亲共尝艰苦，
她把喉咙空着，叫你们吃足，
她把你们的皮袜子收拾干净，
她把你们的脚后跟垫起加高，
心明如日，恩洪似海啊！

察合台听了阔阔搠思一番话，惭愧得低下头来。当然，更不敢再与术赤决斗了。

于是成吉思汗降下圣旨：“你怎么能够这样说术赤呢？术赤不是我的大儿子吗？这些话，以后不许再说了！”

察合台沉思了一会儿，微笑着接口：“术赤是有力气，有技能，不用再争论。我和术赤是诸子之长，愿为汗父一同出力，谁要是躲避，就把谁劈开；谁要是落后，就把谁的脚跟砍断。窝阔台为人忠厚，我们不如共拥窝阔台吧！”

成吉思汗心想，这个主意倒也不错，术赤本来可能是蔑儿乞人带来的种，这是谁都知道的事情，如果让术赤继承汗位，恐怕的确不容易服众。他转头询问术赤：“你呢，你有什么话要说吗？”

术赤想一想，觉得老三窝阔台为人敦厚，由他继承汗位总比察合台强，

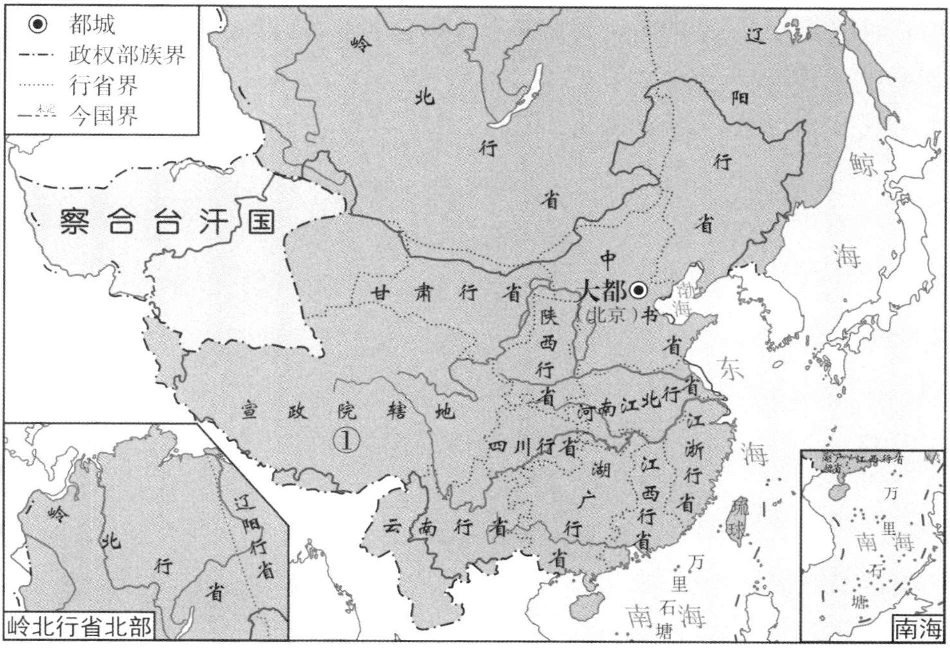

元朝形势图（1330年）。

遂也满口应诺道："察合台已经说过，我们两个人愿意并行效力，我们推窝阔台吧！"

成吉思汗昂首笑道："哈，何必并行，大地辽阔，江河众多，你们可以分领各地，镇守各邦。"顿了一会儿，他又不放心道，"术赤、察合台，你们两个人说到就要做到，不要为争夺汗位被百姓所嘲，被人民所笑。"

"窝阔台，你呢，你的看法如何？"成吉思汗用嘉许的眼光望着老三。

"可汗父亲的恩典，我不知道该怎么说才好，我只有尽我所能，谨慎小心地去做。今后，我只害怕在我子孙之中，生了包在青草里牛不吃，裹在脂肪里狗不吃的，以至于野鹿跳窜，发生差池，别的，我还能说些什么？"

所谓"包在青草里牛不吃，裹在脂肪里狗不吃"，意思是子孙不肖。

最后，成吉思汗又问他第四个儿子拖雷。拖雷是成吉思汗与孛儿帖所生的孩子中的老幺。成吉思汗和大多数的父亲一样，最疼老幺。拖雷很够意思地说："我愿意在汗父指名的兄长跟前，提醒他忘记的，唤醒他睡着的，做他随时呼唤的伙伴，守应诺绝不食言，守岗位绝不空闲，为他长征远地，为他短兵迎敌……"

成吉思汗好高兴，他搁在心中的一块大石头，终于平平稳稳地落地了。

成吉思汗西征

成吉思汗安排妥当继承人以后，开始积极备战，大举西征，向花剌子模讨回公道。

成吉思汗亲自点了二十万大军，携辎重（军需品，包括粮食、营帐等），浩浩荡荡地出发，兵种包括了步兵、马兵、炮兵、工兵，其中最特别的是炮兵。原来，此时蒙古人已从攻金人的战争之中，获得了炮匠，学习制造了多门大炮。

这支队伍之中，还包括了木工、铁工，专门修理云梯等战具，再加上大批运输粮食的骆驼队、马队，真是声势浩大。根据耶律楚材的《西游录》记载，这次西征可以说是："车张如云，将士如雨，马牛被野，兵甲赫天，烟火相望，连营万里，千古之盛，未尝有也。"

成吉思汗出兵的时间，选在夏季六月，热不可当。但是，不选在夏天也不行，因为大军西行，必须越过阿尔泰山（金山），再循着天山行进，由于高山严寒，非得在秋末之前，完全通过天山。

在这个漫长的征程之中，到处都是崎岖无比的山地，人与马通行都十分困难，随时随地都要靠工兵作业。其中有两处工程最为艰巨，一是在金山山上开道，二是在迪化（今新疆乌鲁木齐）、伊犁之间天山险要之处，伐木架桥，其中有一处，竟然架了四十八座桥，即使以今天的眼光来看，也让人为之目瞪口呆，因此，西方史学家普雷汀（Prawdin）所著的《蒙古帝国》一书之中，把成吉思汗的西征，比喻为拿破仑度阿尔卑斯山。

成吉思汗西征，花剌子模国中最紧张的一个人，应该是讹（é）答剌的守将哈赤儿罕。原先，有一批维吾尔人，受了成吉思汗的委托，准备到花剌子模换购花剌子模的珍品，如链甲、钢盔、铜盾、阿拉伯弯刀、妇女装饰品、玻璃制品、五色地毯等。结果，哈赤儿罕把这批商人，当成蒙古间谍杀了，货物没收，惹怒了成吉思汗。

哈赤儿罕做梦也想不到，蒙古大军居然真的会来进攻，因为成吉思汗在红沙漠地区，至少要行军半个月之久，而在沙漠行军是一件相当危险的事。五六百年前，俄国人侵略中亚时，有一支骑兵部队，通过这个红沙漠地带，全部马匹丧失。因此，成吉思汗的大军，突然从沙漠里冒出来，好像飞将军自天而降，的确是会把花剌子模人给吓死。

成吉思汗不但长于战斗，而且粗中有细，懂得从事间谍战，他在出发之前，已经自中亚商人口中，知道花剌子模的太后单独居住在故都玉龙杰赤，她非常喜欢干涉内政，与国王阿拉丁时常有政见或人事上的冲突。成吉思汗悄悄派了使者对太后说："蒙古军无意进攻故都，请你放心，在完成各地的征服之后，当以科拉珊一地献给太后。"

太后没答理，可是，却也没出兵，使得成吉思汗免于来自背后的威胁。

哈赤儿罕是罪魁祸首，他自己也清楚，万一被逮，不可能被放过一马，所以决心以死报主，力拼到底。成吉思汗一共进攻了半年之久，才攻破城门，他用了一个非常残忍的办法处罚哈赤儿罕——用熔银液灌满了他的嘴巴、耳朵，溶银液泻地，无孔不入，哈赤儿罕就皮肉分家了。

接着，成吉思汗进攻布哈剌市，信奉回教的长老们列队出城投降。成吉思汗遂以胜利者的姿态入城，并非毁经典。

上一回，成吉思汗派了使者前来花剌子模，结果，一个使者被杀，其他两个使者被剃光了胡子放回，成吉思汗视之为奇耻大辱。所以这一回，成吉思汗非毁了经典之后，在回教大礼拜寺中，置酒宴饮，歌舞狂欢，甚且命令长老担任酒保，为蒙古人服务。

成吉思汗骑马像，位于内蒙古自治区鄂尔多斯市伊金霍洛旗成吉思汗陵。

第二天，成吉思汗下达命令，逼迫二百八十个富翁，自动献出密藏的财富，或是威胁仆役，要求他们代替主人，缴出金银宝贝。

成吉思汗看出回教徒的恨意。他聚集人民，让他们围绕在城外的广场（这儿平日为回教徒盛会祈祷之所）上，接着，他登上坛场，透过翻译告诉大家蒙古人不得不用兵远征的原因，并且表示："假如你们不是犯下大过，神明为什么会把灾祸降临到你们的头上？"

阿拉伯人将这次成吉思汗西征，看成历史上可怕的"黄祸"，蒙古人本身的记载很少，阿拉伯人的记载则十分详细，但是阿拉伯人记述的战败受辱情形，多多少少有些怀恨的意味，自然也不能全信。

札兰丁的困斗

上一篇我们说到，成吉思汗大军西征，花剌子模力不克敌，节节败退。蒙古军队相当残忍，前后多次屠城。当他们占领花剌子模国都撒马尔罕以后，先命令当地人民聚集在一块儿，让民众换上蒙古服装，等大家都安了心，蒙古军出其不意，把所有民众都杀光，一共杀了三万多人。

但是其中有一种人，蒙古军队不杀，那就是工匠。民众之中，有许多手艺高超的工匠。成吉思汗挑了三万工匠，分别赏给诸子诸将，以供驱使。后来，蒙古军又掳掠了十万工匠，送到东方。

在撒马尔罕，蒙古军还遇到一件新鲜事——他们头一回看到战象。他们觉得这种有长长的鼻子、大大的招风耳的动物，十分有趣。蒙古人问："这是什么怪兽，吃些什么？"

当地人回答："这是象，吃草就可以了。"

蒙古人没养过象，头一回养二十头战象，和蒙古马一般放牧，没多久，二十头象都被蒙古人养死了。

当成吉思汗大举进犯之时，花剌子模的国王阿拉丁不在首都撒马尔罕，成吉思汗命令哲别、速不台两名大将追击，他说："不擒到阿拉丁，就不要回来，不论他逃到天涯海角，都要紧追不舍。"

阿拉丁召开紧急的御前会议，有一派大臣主张扼守阿母河，另一派则主张远走哥疾宁，集兵抵抗，假如不幸失败，还可以投奔印度。阿拉丁赞成第二个方案，但是，阿拉丁的长子札兰丁却不以为然。

札兰丁要求父亲，把兵权完全交给他，放手一搏，他说："我们必须与敌人决一死战，即或被打败了，人民也没什么可埋怨的。不然的话，平日政府抽取重税，供养军队，敌人来时，则遗弃人民，自己远走高飞，一任鞑靼蹂躏，似乎说不过去。"

所谓鞑靼，指的就是蒙古人。

阿拉丁不理会儿子札兰丁的说法，他还是以为保命要紧。可是，他的命似乎仍然保不住，当他逃到马三得兰，已经染上了重病，他虚弱地问当地酋长："我躲到哪儿，才可以逃开鞑靼的追击？"

土酋说："不如暂时躲在里海中的一个小岛上吧！"

阿拉丁长叹一口气："好吧，现在也只好这样了。"

当阿拉丁随着土酋，到达里海中的阿必思昆小岛。眼见一片疮痍，他忍不住哀哀嚎嚎地哭了起来，他说："想不到，堂堂一国之君，这儿却成了我的坟墓。"然后，在土人的帮忙之下，一行人七手八脚地把帐篷搭了起来。

沿岸居民听说国王避难到此，纷纷带着粮食、衣物前来呈献，也有一些随从跟着来到小岛。但是，这些患难中的真情并没有减缓阿拉丁的病情，他遭逢国难，一筹莫展，每天早晨醒来，发现自己不住在皇宫中，反而流落在荒凉的小岛上，不免泪下两行，哭久了，眼睛也蒙蒙眬眬，看不清楚。他自知不行了，召集诸子在病榻前交代后事。他微弱地说："国势颠危，非札兰丁不足以光复故土。"说着，他把佩刀解下来，亲自为札兰丁系上，并且要求诸子对札兰丁宣誓效忠，这时是公元1221年正月里。

阿拉丁交代完后事不久便死了，草草葬在荒岛上，札兰丁带着弟弟们，潜回故都玉龙杰赤。

玉龙杰赤是花剌子模的故都，原为太后掌理（请参考上篇），太后听说鞑靼凶暴之后，吓得逃之夭夭，城中无主，一片混乱。城中居民见札兰丁兄弟归来，十分欣喜。成吉思汗命令术赤、察合台合力进攻玉龙杰赤。

然而，术赤与察合台一向是不合的。察合台认为，术赤是蔑儿乞人带来的“野种”，因此，对这位大哥始终不敬。两人意见不合，号令不能统一，纪律废弛。花剌子模人利用兄弟闹纠纷的弱点，每每使得蒙古兵损折不少，因此，蒙古军队一连攻了六个月，竟然不能攻下玉龙杰赤。

成吉思汗当时在塔里寒避暑，听到军中不和的消息，大为震怒，命令改由窝阔台统一指挥军事。窝阔台一方面调和大哥、二哥之间的不合，另一方面严申纪律。士气复振，于是他下令全面进攻。

蒙古军队登梯而上，双方展开激烈的巷战，玉龙杰赤城中的妇女也加入战争。火辣辣地打了七天以后，城中人投降。在这一场战争之中，据说蒙古兵五万人，平均每人杀二十四人，一共屠杀了一百二十万人。这是一场非常残酷的战争。

蒙古军队在中亚攻城作战，佚名绘。

在蒙古军队攻击阿母河北岸时，有一位老妇人大呼：“我有宝珠愿意献上。”等到问老妇，宝珠在哪儿，她回答：“吞到肚子里了。”蒙古人剖开她的肚子，果然看到圆亮的珠子，从此以后，凡是被杀的，都要再剖腹，看看能不能够挖到宝贝。

花剌子模人兵败如山倒，成吉思汗亲率大军，追赶札兰丁，一直追到印度河畔，将札兰丁重重包围。成吉思汗有意生俘札兰丁，下令军中不许放箭。札兰丁率领残部七百多人左冲右突，冲出重围，然后从二丈高的山崖，跃入印度河中，泅（qiú）水逃走。成吉思汗目睹如此英勇的花式跳水，回过头来，对儿子们说："真赛因把儿秃儿（蒙古语，真是好汉的意思），凡为人子者，不当如此吗？我自用兵以来，还没见到如此勇健的！"诸侯纷纷要求跃入印度河中，生擒札兰丁，成吉思汗却起了爱才之心，放过札兰丁一马。

耶律楚材的故事

成吉思汗所统率的蒙古军队，横扫欧亚，攻无不克，征服了难以数计，不同种族的不同敌人，成为历史上空前善战的军队，它是有原因的。

蒙古人生长于荒凉寒冷的北方草原地带，民族性耐寒忍饥，体魄强健，人人都能骑马射箭，又由于从小练习狩猎，时时要与野兽肉搏，所以嗜杀成性，不觉得是残忍。蒙古军队出征时，没有发给饷给，一切生活工具自备，战胜所得的战利品，用以分配将士。因此，农业国家作战，是国家的负担，人民感受到极大的痛苦；蒙古人作战，则是国家发动总生产，而且打仗被视作一件快乐又刺激的事。

成吉思汗一再告诫属下：“战时击敌，当如饥饿的鸽博取猎物。”蒙古军队采用恐怖战略，敌人望风投降者，可以放他一马；稍微有抵抗的，则在城陷之日，尽量屠杀，形成一股剽悍的狂风暴雨。幸而在这段时期，成吉思汗结识了耶律楚材与邱处机。在他二人的劝诫下，成吉思汗稍微减少了杀戮（lù），否则将更为恐怖。我们先介绍耶律楚材的故事。

耶律楚材是辽朝的宗室，他自称为东丹王八代孙。东丹王名叫耶律倍，辽太祖的长子，既然是长子，为何没有继承帝位呢？其中又有一段捡木柴的故事。

辽太祖对于选择嗣君十分慎重，他要在三个儿子之中，挑选一个最适合的人，继承他的王业。

在一个大雪纷飞的日子，一家人围着火取暖，眼看着，木柴快要用完了，辽太祖命令三个儿子去捡木柴。

过了没多久，老二耶律德光回来，手上捧着一大捆木柴，里面有大有小有干有湿，他先把干的木柴投入快要熄灭的火中，再把湿的木柴围着熊熊烈火，绕成一圈，等到湿的木柴烤干了，再丢到火里。

辽太祖看了猛点头，暗暗赞赏老二聪明。

正在此时，老大也回来了，他精挑细选，找了一些干爽适中，适合取暖的木柴，看得出来是花了一番工夫，可是比较之下，不及老二脑筋活络，加上平日过于文弱，辽太祖不喜欢他的文绉绉模样。于是，老二耶律德光当了辽太宗。辽太祖灭了渤海国以后，把渤海国改名东丹，老大成为东丹国人皇王。

耶律楚材的父亲名叫耶律履（lǚ），为金章宗所器重，做到宰相，他六十岁才生下楚材。楚材三岁，父亲便去世了。楚材生下不久，他父亲曾预言，“此儿他日必成伟器，然当为异国所用”，所以取名为耶律楚材。楚材，晋用语，出于《左传》，原意为楚国的人才，被晋国所用，引申为人才外流，为他国所用之意。

耶律楚材有一个好妈妈，他的经史学问，都是母亲教的，又受了母亲的影响，自幼喜佛。十七岁时，耶律楚材拜著名禅师万松老人为师，学禅三年，自号为湛然居士。他的汉学根基极深，是一位循循儒者。他精通经学、佛理、天算、医学，又通晓契丹、女真、蒙古语文，还会写一手好诗。

当蒙古人攻破中都时，他曾经一度隐居，专心学佛。成吉思汗久闻大名，特别召见。一见之下，发现耶律楚材身长八尺，美髯当胸，声如洪钟，仪表非凡，漂亮极了，立刻豪气万千地说：“辽金世仇，我今天为你雪耻！”

岂料耶律楚材一欠身道：“臣之祖父、父亲皆北面事奉金人，既已为臣子，岂敢再仇视君父？”

成吉思汗认为耶律楚材光明磊落，十分欣赏，就把他留了下来，命令左右尊之为“吾图撒合黑”，意思是美髯公。从此，耶律楚材就跟着西征。

耶律楚材，佚名绘。

有一回，正值六月，忽然刮大风又飘大雪，成吉思汗好惊奇，耶律楚材说：“玄冥之气，见于盛夏，是克敌的象征也。”后来，果然如此，成吉思汗对耶律楚材信之不疑。

成吉思汗最重视技术人才，尤其是擅长制造武器，以及工程建设的人，所以他虽然屠城掠地，遇有这类人才，总是一律留用不杀。曾经有一个西夏人，名叫八斤，是一个制弓专家，他仗着成吉思汗的宠爱，轻蔑地嘲笑耶律楚材：“国家正要用武，留着耶律这样的儒者，不晓得有什么用。”

楚材道：“治弓还需要弓匠，难道治理国家，竟然不需要国匠吗?”这句话的意思，很像当年陆贾对汉高祖所说的：“马上得天下，不能于马上治之。”

过了不久，八斤就领教了国匠的本事。

成吉思汗攻下灵武以后，众人忙着抢金帛子女，只有耶律楚材找了许多大黄。大黄是一种中药，根部可以做特效止泻药。后来，士卒遭到瘟疫，一万多人都在闹肚子，幸亏服了大黄才痊愈。

由于耶律楚材有这等本事，所以他劝阻成吉思汗减少杀戮，颇有效果。成吉思汗临终前，曾经对太宗窝阔台说：“此人是天赐我家，以后军国庶政，都可以委托于他。”

总而言之，由于耶律楚材的出现，成吉思汗逐渐地重视、接受汉人文化，在屠杀之中，还能粗枝大叶创立行政系统。而耶律楚材受到成吉思汗的提携，后来成为元太宗窝阔台时代立国建制的核心人物，他著有《西游录》一书，好比战地记者，记随军西行见闻，可作为成吉思汗西征史的重要参考资料。

长春真人邱处机

成吉思汗在西征期间，除了征召耶律楚材，还找来一位特殊的人物，产生了极大的影响，那就是长春真人邱处机。

成吉思汗平日非常相信一个御医——刘仲禄。刘仲禄不但医术高超，而且是一流的造箭专家。刘仲禄经常对成吉思汗说：“我听说在山东地区，有一个邱神仙，活到三百多岁了，很懂得保养与长生之道。”

刘仲禄今天说邱神仙法术如何高超，明天又说邱神仙怎么灵验，久而久之，邱神仙变成成吉思汗心目中熟悉的人物。因此，成吉思汗大举西征之前，想到前途莫测，需要一位高人指点，特别派刘仲禄请邱神仙赴行宫一谈。

那时，蒙古人生存在天苍苍、野茫茫的大草原上，对于日月星辰、天地山川都相当敬畏，一切的疾风、暴雨、闪电、雷霆，都视为苍天的威严，不免相当迷信。成吉思汗的爱妻被掳，他为了躲避敌人，藏身在不儿罕山时，曾经捶胸祷告，感谢不儿罕山，并且起誓：“对于不儿罕山，每天清晨要祭祀，每日白昼要祝祷，我子子孙孙，切切铭记。”

蒙古人所信仰的萨满教，并没有什么深奥的教义。对他们而言，只要这些宗教不反对可汗，不反对蒙古帝国，那么都是好的。成吉思汗当初被拥为大汗，巫师豁儿赤功不可没，因此，成吉思汗急于想见邱神仙。

邱神仙名唤邱处机，自号长春子，十九岁时在昆仑山拜重阳真人为师，听起来像是武侠小说里上山求艺一般，其实不然，全真教主要讲求道德及内省。

原来，在北宋末年，女真人入主中原，政令繁苛，中原一些豪杰奇伟之士，不愿意事奉女真人，招致祸患，又没有力量起兵反抗，只好避走山林，修身养性。其中有一个名叫王重阳的，生得方头大耳，留着一把长胡子，雄辩滔滔，家业丰厚，经常周济穷人，他创建了全真教。

全真教的基本教义是老子（道教）、释迦牟尼（释教）与孔子（儒教）三教合一，它既不教人祈祷念经，也不提倡炼丹画符，主要是成立一个教派，交纳一群信徒，诵读《道德经》《心经》《孝经》，保存中原文化。

重阳真人对弟子的要求极为严格，他一共有七大弟子，其中邱处机最为优秀，成为全真教的第二代大师。重阳真人过世以后，邱处机隐居磻（pán）溪龙门十三年，努力苦修。

譬如，邱处机为了磨练意志力，战胜睡魔，去除杂念，前前后后，一共有七年，规定自己“胁不占席”——胁是胸腔两旁有肋骨的地方，“胁不占席”就是不上床睡觉——同时身上的打扮，永远是一蓑一笠。这一蓑一笠，不但寒暑不变，而且数年之中，不肯换新的，可以想见其破破烂烂的模样。

由于龙门距离市区极远，邱处机放弃托钵乞食，在岩洞里，自己煮一些简单的饮食，每天只吃一餐，多半喝些泉水，自强自律，严格苦修。一般人不能忍受的辛苦，邱处机及门人都能忍受，完完全全是苦行僧作风。

久而久之，华北地区人民都认识了这些谦逊似儒家，坚苦如墨家，修习又似学禅的全真教徒，对他们十分有好感。

当刘仲禄带了成吉思汗的诏书，请求邱处机出山时，邱处机已有七十二岁高龄，他神采秀逸，气质不凡，所以被谣传为三百岁。邱处机见到刘仲禄冒险远来，言辞恳切，就挑选了十八名弟子，乘舟到了燕京。

到了燕京之后，许多读书人都争着与他往来周旋，邱处机也很高兴。可是，这时候，成吉思汗带着大军西征去了，邱处机认为自己年岁已高，倦冒风沙，不想西行。不料，成吉思汗又下了诏书，恳切地邀请邱处机西

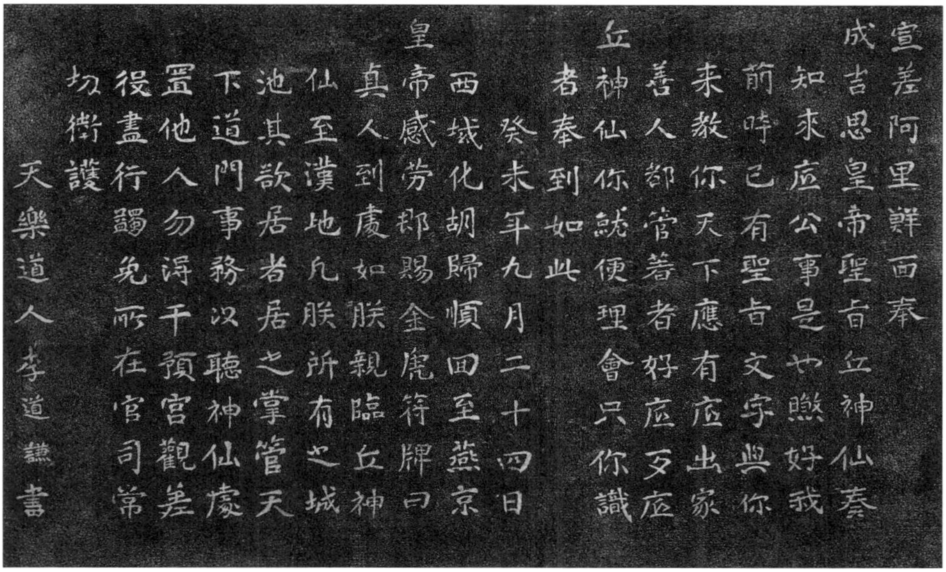

《成吉思汗圣旨碑》，山东青岛崂山太清宫藏，是成吉思汗褒奖邱处机的圣旨。

游。这封诏书出自耶律楚材的手，用字典雅，邱处机看着十分喜欢，遂决定拼着老命去“传福音”。临行之前，他写了两首诗，留给燕京的道友们，表示“此行真不易，此别话应长”，道出了老年远行沉重的心情。

这一趟西行，还真是不好走，邱处机出长城，经过张北、多伦，至阿尔泰山，折入新疆，再往中亚细亚，到达撒马尔罕，一共走了九个多月，实在好辛苦，若不是邱处机平日养成“自虐”的习惯，绝对是禁不起此番折腾的。

邱处机到达撒马尔罕时，耶律楚材也住在城中，而且已经住了一年多了。两位贤者异地相逢，联句和诗，焚香煮茶，夜话寒斋，十分愉快。

成吉思汗听说邱处机来了，非常欢喜，派遣专差传达圣旨，“真人远道而来，路上辛苦了，今朕已回，休息之后，即可来见”，同时奖励刘仲禄：“你这件差事办得极好，我要另外给你一件轻松的好差事，予以调剂。”

于是，邱处机便向行宫出发，准备谒见成吉思汗。成吉思汗盼了半天，终于等到了三百岁高龄的神仙，心里有莫名的兴奋。

邱神仙雪山讲道

长春真人邱处机，千里迢迢到了撒马尔罕，终于得以谒见成吉思汗。

成吉思汗一见邱处机神采秀逸，白白净净，没有留胡子，漂亮极了，尤其那出尘的气质，刚好是他心目中神仙的模样，大为开怀，立刻通过翻译表示欢迎：“他国征聘，你都不应，今日远逾万里而来，朕实在高兴。”

邱处机微微一笑道：“山野之人，奉诏而赴是天意也。”这个天字是成吉思汗最喜爱听的，他又极有兴趣地问道：“真人远来，有什么长生之药可以帮助朕的？”

“山野之人有卫生之道，而无长生之药。”

这句话答得不卑不亢，又十分诚恳笃实，成吉思汗对邱处机印象好极了，认为他果然是真神仙，不同于一般跑江湖的油腔滑调。

成吉思汗沉吟一会儿，忽然间想起：“从前人家对您怎么称呼？”

邱处机双眉微微一扬，接道：“山野处世，人呼先生耳。”

成吉思汗胸有成竹，愉快地说：“从今以后，不如称神仙。”并且下令，“神仙入内，不需跪拜，只要折身叉手便可。”然后成吉思汗赐给葡萄酒、西瓜、蔬菜等，结束了第一次会谈，开始积极准备神仙讲道，地点在雪山行宫。

从当时的记录看来，成吉思汗确实把讲道当成大事一件，他特别在行宫里设置了一个灯烛辉煌、庄严肃穆的礼堂，自己还斋戒沐浴。除翻译外，只有护送长春真人的侍卫官、御医刘仲禄，其他一切侍卫、侍女都列在帐外，没有资格听神仙开讲。

这一次的讲道，成吉思汗极为满意，其后，又举行了第二次讲道，成吉思汗听得很仔细、很用心，命令左右把内容翔实记录，旁边还写上汉字。他更神秘兮兮地说："神仙说的养生之道，深获我心，你们不许随便泄漏。"

那么，邱神仙到底说了什么天机？不过是劝成吉思汗"敬天爱民""不嗜杀人""清心寡欲"的平常之语。

然而，或许是远来的和尚会念经，加上成吉思汗本来敬天，又对这慈眉善目的神仙有好感，每次听道以后，他就快乐地说："天赐仙翁，天赐仙翁。"成吉思汗开口闭口都尊其为神仙不说，还写在虎符玺书之上。从此，邱处机就以随军高级顾问的身份，跟在成吉思汗身边，随时传教。

邱处机，明木刻插图。

邱神仙眼见成吉思汗"孺子可教也"，时时不忘给予"机会教育"。

有一日，忽然之间打雷，雷声隆隆，听着好吓人。蒙古人一向认为，打雷是天发怒了，既然神仙在此，成吉思汗少不得要去讨教一番。

邱神仙抬头望天，思索了一阵，答道："雷是天威，凡人子之罪，莫大于不孝，不孝则不顺乎天，所以天威震动用心警戒。我听说蒙古境内不孝的人很多，陛下应该明了天威，教化人民。"

成吉思汗觉得神仙所讲的是金玉良言，开始倡孝道，召集太子诸王大臣，亲加训谕，并且说："这是上天派神仙对朕说的，我们应当铭刻在心。"

邱神仙又常常劝成吉思汗减少打猎，“尽量不杀生”。成吉思汗平生最爱打猎，也渐渐听了神仙的话。

尤其是有一次，成吉思汗在山东打猎，马失前蹄，奇怪的是他面前一大群野猪竟然没有进犯他。

回到行宫，邱神仙赶紧入谏：“天道好生，尤其陛下春秋已高，宜少出外打猎。坠马是上天警戒陛下，野猪不向前，是上天保护陛下。”

成吉思汗虽然是英雄，但他也了解野猪的凶猛，这次死里逃生，心有余悸（jì），他惭愧地说：“我已省悟，神仙说得有理，我是蒙古人，从小骑马打猎，一下子改不过来，但是，神仙的话，我以后都依。”经过这次事件，成吉思汗足足憋了两三个月，没有出外打猎。

春去秋来，已经整整三年，邱处机一再请辞，成吉思汗总是舍不得。最后邱神仙再三表示：“山野之人，非归山不可。”成吉思汗才答应让他走。

临行之前，成吉思汗颁赠大批牛马，邱神仙一概谢绝，潇潇洒洒道：“只要一匹马就够了。”

成吉思汗问道：“神仙在汉地，共有多少弟子？”

邱神仙淡淡一笑：“很多。”

“那么，以后你的门人，不需赋税，不用服役。”成吉思汗又怕口说无凭，特颁给“蠲（juān）免全真教教主徒差发”的圣旨一通。

当邱处机回到燕京，正当华北一地，兵连祸结，人民饱受涂炭之苦。现在邱处机手中有这道特权，全真教如日中天。汉地士大夫奉教者得到庇护，华北四百州士庶百姓得到救济，被拯救者达百万人之多。只要平民愿意信奉全真教，或是有全真教徒愿意收留他们，他们就可以受到保护。邱处机不但拯救当时纷扰的社会、彷徨的人心，并且打开蒙古与汉地人民合作的大门，救济了当时的知识分子，真是一个活神仙。

成吉思汗一直念念不忘邱神仙，他曾经一次下特旨、五次派人慰问邱神仙，每次都热情洋溢地问：“朕常念神仙，神仙毋忘朕。”成吉思汗如此支持，无怪邱处机盖的白云观媲（pì）美宫殿，他俩的这段情谊也成为历史上的佳话。

成吉思汗灭西夏

成吉思汗在西征之初，曾经要西夏人发兵助阵，但是被西夏拒绝。成吉思汗要求西夏纳送“质子”，西夏也始终没有履行。成吉思汗为此耿耿于怀，决定在西征告一段落以后，好好教训一下西夏。

所谓质子战略，是成吉思汗设计出来的一套厉害策略。在蒙古军队之中有“质子军”，凡是附降的部族君长，一定要派遣子弟加入，跟随在大汗军队效力，作为人质，以免其父兄叛变。

西夏非但没有纳送质子加入质子军，西夏的使者阿沙敢不竟然反唇相讥：“成吉思汗既然力气不足，就不必非要做皇帝。”这句话让成吉思汗气得跳脚，所以他老早立下誓言：“阿沙敢不竟然敢这般说话，若是皇天保佑，待我西征归来，一定要去讨伐他。”

当成吉思汗自西域东归，听说西夏与金人勾结，目的在对抗蒙古，立刻带着老三窝阔台、老四拖雷大举发兵，亲征西夏，非要一举歼灭西夏不可。

不料，行至途中，在阿尔不合地方行围射猎时，他所骑的红沙马，被野马惊吓。成吉思汗坠马受伤，因为摔得不轻，肌肤非常疼痛，且有严重内伤，当晚就在阿尔不合住了下来。

随同成吉思汗出征的也遂夫人很紧张，她着急地说：“皇子们，大臣们，你们赶快商议商议吧，可汗夜间身体发烧，睡着了。”

皇子们与大臣商量的结果是：“西夏人有建筑好的城池，不能移动的定居处所，他们又不会把筑好的城池搬走，我们不如暂时撤退，等到可汗痊愈，再征伐也不迟啊。”于是，皇子们把意见呈献给成吉思汗。

成吉思汗是个不服输的硬汉，他说：“那么，西夏人必然以为我们胆怯了，这可不成，我先在这儿养病，你们差人去问问西夏，愿不愿意投降。”

阿沙敢不的回答是：“你们蒙古人惯于厮杀，若想厮杀，我在贺兰山，你们可以到贺兰山厮杀，你们想要金银、缎匹、财物，你们尽可到中兴、西凉来取。”

成吉思汗在病榻上，听使者传回阿沙敢不挑衅的话，差点儿没气昏。他虽然身体正在发烧，浑身热腾腾的，仍然不顾一切冲下床：“好，人家既然说出这样的大话，我们怎可撤退？就是要死，我也要去对证这句大话。”

这个西夏小国，真是不自量力，哪里承受得起蒙古大军？当蒙古军队攻入西夏国境，国君夏献宗就惊悸而死，阿沙敢不当然是别想活了。阿沙敢不的手下，也一块儿被掳掠尽绝。后来，西夏继位的夏末帝，遣使上表投降，献上黄金佛、童男童女、驼马、金银器，并且约期入朝，成吉思汗这才答应罢兵。

成吉思汗，选自乾隆年制《历代帝王真像》。

成吉思汗的气是出了，但是他扶病作战的行为，却使得病情一天比一天加重。他自知不起，把窝阔台与拖雷两个儿子叫到跟前，对他们说：“我的寿命即将终结，赖上天之助，我为你们建立如此大的帝国，从帝国的中心到边陲之地，约要走一年的时间，你们要保有如此庞大的帝国，必须同心御敌，团结对外。我死了以后，你们应当奉窝阔台为主，察合台现在虽然不在身旁，但他应当不会违抗我的遗命。”在他临终之前，还有两项重要的遗嘱。第一，诸将严格守密，必定要彻底消灭西夏以后再行发丧。第二，金朝未灭，深以为憾，可以假道于宋，绕过潼关以后，再南北会师，以取大梁。

成吉思汗逝世以后第三天，成吉思汗的臣子便遵从遗嘱，杀死了夏末帝。西夏自元昊称帝，历一百九十余年而亡。西夏灭亡以后，蒙古皇子大臣为成吉思汗发丧成礼，共奉灵柩，回到漠北故乡，埋葬在一棵大树下面，并且遍植树木，让人找不到陵地，这原是蒙古人的习俗。一直到至元三年（1266 年），蒙古人才改采汉人习制，追谥成吉思汗为圣武皇帝，庙号太祖。

这位号称成吉思汗的铁木真，是中国历史上，也是世界历史上的奇特人物。他从三十五岁那年，做了蒙古本部的可汗，一直到他六十六岁去世，纵横天下，所向无敌。成吉思汗统治了难以数计的大小种族，享有无比的权威。有人统计，到了成吉思汗第四代，他有一万多个后裔。

历史上有人对他歌颂崇扬如天神，有人诅咒毒骂他为魔王。但是，不可否认，他是一个果断、有决心、有魄力的人，他恩怨分明，赏罚公正，言出必行，有超人的见解与远识，也有知人之明，容人之量，才能创建伟大的蒙古帝国。

成吉思汗去世之后，暂由拖雷监国，因为拖雷是嫡子中的老幺，少子例守父业是蒙古族传统。拖雷一方面权摄国事，另一方面遣使召集宗亲各部诸王、驸马、大将，发送开会通知，准备明年夏天召开大会，推戴新君。

美髯公的功德

元太祖成吉思汗驾崩，根据蒙古旧习，暂时由幼子拖雷掌管国事，并且寄发开会通知，召集宗亲、驸马、将领在明年夏天开会，推戴新君。

在这一段由拖雷主持国政的时期内，燕京城内出现了许多牛车大盗，驾着牛车，发疯似的闯入富豪之家，抢夺财物。若是稍遇抗拒，他们就把一家大小杀光。

牛车大盗作案的时间是大白天，手法残忍毒辣，居民人人自危。耶律楚材亲自出马办案，以迅雷不及掩耳的方式，逮捕了十多名犯人。

犯人找了耶律楚材的好友来说情，并且奉上一个大红包，耶律楚材一口拒绝了，他说，“如果不惩罚，将来会酿成大乱”，并立即将十六人处死。

燕京城里的百姓都说：“还真亏得有个吾图撒合黑。”由于耶律楚材是大胡子，蒙古人皆以此昵称之。

到了第二年夏天八月里，各路人马都到齐了，大伙儿旅途劳顿，光是洗尘宴就足足吃了三天，然后才商议大事。此时成吉思汗的长子术赤已经战死，老二察合台年龄最长，有人建议，应该由察合台继承汗位，大多数发言的人中意老幺拖雷，然而，成吉思汗的遗命，却是由老三窝阔台继承汗位。

由于众说纷纭，莫衷一是，一拖就是整整四十天。耶律楚材对拖雷说：“这是宗社大计，应该早日做个决定。”

拖雷苦笑道："大家意见不一致，再找一个黄道吉日商量。"

"过了此时，再也没有什么黄道吉日了。"耶律楚材正色道。他是担心汗位久悬，夜长梦多，非国家之福。因此，他找了察合台及成吉思汗的幼弟斡惕赤斤出面主持，又让拖雷郑重宣布成吉思汗的遗命，这才顺利地拥立窝阔台继任汗位。

耶律楚材深受儒学影响，非常讲究君臣之礼，他对察合台说："你虽然是窝阔台的哥哥，但也是臣子，依照礼数仍然应该下拜，你拜了以后，其他诸王才会跟着下拜。"

察合台一向性情顽劣，却很肯听美髯公的话。于是乎，当窝阔台即位之时，群众欢呼，纷纷下拜，窝阔台大乐。皇族臣僚退下以后，他拍着耶律楚材的肩膀夸奖道："你真不愧是社稷重臣。"

窝阔台，选自乾隆年制《历代帝王真像》。

由于耶律楚材有拥戴之功，再加上成吉思汗付托之重，窝阔台对他，可以说是倚畀（bì）良深。蒙古帝国真正地建国立制，也在这一段时期。窝阔台即位的第三年，组织了一个中央行政机构，称为中书省。耶律楚材担任中书令，成为窝阔台的宰相、元朝的第一任中书令。

窝阔台南征之时，从中原俘虏了不少工匠，他很羡慕中原王朝宫殿城垣（yuán）的富丽堂皇，认为它们比蒙古帐篷豪华舒适多了。于是，在耶律楚材一手的经营擘画之下，窝阔台在和林建立了一座万安宫，蒙古帝国开始有了正式的都城。

当时，蒙古人攻占了黄河流域一带。成吉思汗时代，大事西征，没有时间治理，许多官吏聚敛自私，都成为亿万富翁。到了窝阔台时代，居然有别迭（dié）提出建议："中原汉人留着无用，不如全部杀光，把田地开辟为牧场，便于蒙古人统治。"

这个建议把耶律楚材吓坏了，他知道不能用人道主义说服窝阔台，只能用利来引诱。他告诉窝阔台："把汉人杀光，多可惜啊，留下汉人，男耕女织可以生产无数的稻谷布帛，而且可以征收地税、商税，以盐酒、铁冶、山泽之利，供给军需，不是一件大好的事吗？"

窝阔台考虑了一会儿说："这样吧，先选择十个地方试试看。"于是他在燕京、太原、济南等十地制定租税制度，并且由政府所委托的地方官吏，来直接管理人民的民政与赋税。三年下来，十个地方缴纳的金帛堆积如山，窝阔台乐坏了，中原汉人的脑袋也保住了。

根据蒙古的旧习惯，凡是投降的，可以考虑免其一死，若是稍有抵抗，一定非死不可。因此，当窝阔台快要攻破汴京之时，主将速不台前来报告："此城相抗日久，且多死伤，城破之日，应该屠城。"

耶律楚材反驳道："辛辛苦苦打了数十年，所想要得到的，也不过是土地人民，若是屠城，只得到土地，没有得到人民，有什么用？"

窝阔台看看速不台，又回头望望耶律楚材，一时之间，犹豫不决。

耶律楚材又诱之以利道："奇巧之工，厚藏之家，都集中在汴京城，若是一口气杀光了，岂不是太可惜？"

窝阔台和他的父亲一样，最为偏爱工匠，一听此言，决定放弃屠城，耶律楚材又救了一百四十多万人的性命。

窝阔台的小故事

蒙古帝国的真正建制，是在窝阔台时代。从这个时候开始，蒙古帝国逐渐由游牧型的国家变成一个有组织有文化的国家。窝阔台算得上是一个雄才大略的君主。

窝阔台有一个毛病——喜欢酗（xù）酒，成吉思汗在世时，经常为此责备他。成吉思汗过世后，窝阔台继任汗位，没有人敢说他，除了他的哥哥察合台。

察合台知道，若要窝阔台完全戒酒，是一件绝不可能的事，因此他规定窝阔台每天饮酒不得超过五杯，并且派了一个使者，随时随地跟在窝阔台的身边，监视窝阔台。

窝阔台不好太不给哥哥面子，何况当初窝阔台继任汗位，很费了一番周章，耶律楚材说动了察合台，要察合台根据汉人君臣之礼，率先向窝阔台下拜，察合台很够意思地率领皇族及臣僚下跪。这番恩情，窝阔台铭记在心。所以察合台哥哥的教训，窝阔台也就不便公然违逆。

但是，窝阔台想了一个变通的法子。当他犯了酒瘾，监视他的侍臣，恭恭敬敬呈上一小盏时，他呵斥道："给我换大杯的来。"

侍臣愣了一会儿，换了一个比较大的杯子，窝阔台看着仍不满意地批评："你会不会办事？"说着，他干脆自己找来一个特大号的酒杯，斟满了酒，仰着脖子，咕嘟咕嘟，喝得痛快极了。

如此这般，窝阔台还是谨守哥哥的规矩，一天喝五杯，不过，此杯非彼杯，差别可大了，侍臣不敢报告察合台，更不敢指责窝阔台赖皮，夹在中间，进退两难，只好睁一只眼，闭一只眼，却担心窝阔台因此生了病。

耶律楚材不晓得窝阔台每天到底喝多少，只知道窝阔台老是脸红红的，走路踉踉跄跄，而且全身都是一股难闻的酒精味儿。

有一天，耶律楚材搬来一个酒槽，指着上面的铁口说："大汗请看，这个铁皮被酒所侵蚀，都生了铁锈，何况人的血肉之躯？"

窝阔台低头一看，铁锈斑斑，的确可怕，心想人的五脏六腑，毕竟不是铁打的，以后，就渐渐减少酒量。其实，铁生锈是氧化作用，与酒精并没有什么关系，但是，当时的人没有这种科学知识。

除了喜欢喝上两杯，窝阔台倒不失为一个明君，而且颇有问案的逻辑头脑。

当窝阔台即位之初，他下了一个命令，禁止用断喉之法杀死供烹食的牲畜，如有违反此令，一律破腹处死。这一点，恰恰与回教徒的教戒相违背。回教规定，只能食用以断喉法宰杀的牲畜，理由是回教徒认为，血液是肮脏的，容易传染疾病，基于卫生的理由，应该先断喉放血。

某日，有一个回教徒购买了一只羊，被钦察人看到了。钦察人偷偷跟在回教徒的背后，然后攀登到屋梁上，观察回教徒的行动。

回教徒拿起弯刀，对准羊的喉头，直直刺入。正在此时，钦察人自屋顶一跃而下，当场将人逮获，并求见窝阔台，满以为这下子回教徒可惨了。

不料，窝阔台忽然问钦察人："你怎么有千里眼，刚好能看到他在宰羊？"

钦察人哼哼唧唧说不出话来，又不能解释说自己当时在人家屋梁上。最后，窝阔台以梁上君子的罪名，把钦察人判了死刑，回教徒反而无罪。

窝阔台的大公无私，使他能够统治庞大而人种复杂的帝国。

又有一回，有一个仇视回教徒的突厥人，跑来对窝阔台说："我有一件天大的要事，非要禀报大汗不可。"

宰羊，选自《北京民间风俗百图》。

窝阔台见此人神秘兮兮，眼睛不断地眨啊眨的，就冷冷地回答："你快说吧。"

"报告大汗，我昨天梦到成吉思汗，他亲口告诉我说：你赶快去告诉我的儿子窝阔台，把回教徒杀个精光。"

那时蒙古人是很相信托梦之事的，窝阔台不能不慎，他思索了好一会儿问道："成吉思汗在梦里有没有用翻译？"

"没有，他亲口告诉我，要立刻消灭回教徒。"

"那你呢，你会不会蒙古语？"

"我只会突厥语。"

一听此言，窝阔台勃然大怒："你这个骗子，成吉思汗只会蒙古语。"于是，这个突厥人的脑袋就搬了家。

曾经有一个汉人，在窝阔台面前表演皮影戏，戏中有一个长胡子老人，头上缠着一方白布，而这个老人的脖子，被根绳子系在马尾，一脸可怜相。

窝阔台好奇地问:“他是谁?”

玩皮影戏者回答:“他是被蒙古士卒俘虏的回教徒。”

“停止,不准再演!”窝阔台突然下达这个命令,让正看得起劲的观众都傻了眼。接着,窝阔台拿了一些波斯与汉地的宝物,对演皮影戏的人解释,“你看,你们汉人的宝物,不足与他国比较。回教中的富人,往往有汉地奴婢,而汉地贵人没听说谁用回教奴婢的。你该知道回教法令,杀一个回教徒,要罚黄金四十巴里夫;杀一个汉人,只需偿还一匹驴子。你好大的胆子,竟敢污辱回教徒。”

由此可见,虽然窝阔台接受耶律楚材种种建议,但是骨子里却轻视汉人。其实,整个元朝,汉人地位都不高,这些我们以后慢慢儿讲。

金哀宗蔡州自杀

窝阔台即位以后，他第一件急着想做的事，就是讨伐金人，继承成吉思汗的遗志。

成吉思汗在攻打西夏时得了重病，在弥留时刻对左右说："金人是我们蒙古人的世仇，金国的精兵在潼关，不易攻破，如果假道宋朝，让我军直捣汴京，金人发急，必然调潼关兵回守汴京，我军趁其疲惫而击之，潼关可破。"

宋理宗绍定三年（1230年），窝阔台率同弟弟拖雷亲征，采用成吉思汗的遗策，分两路进取，金人十几万大军，全面崩溃，只剩下南京汴梁与中京洛阳两城未下，蒙古兵日夜猛攻。

金人无法招架，只有抬出"震天雷"火炮与"飞火枪"两种新式武器守城。震天雷炮响火发，其声如雷，声闻百里以外；飞火枪可发数百步之遥，凡十余步内无不燃烧，人不敢近。

有了这两项法宝，再加上正值盛暑，蒙古人怕热，金人苦守了半个月。金人虽然也怕热，但毕竟汉化的日子比较久，也比较习惯中原酷暑。

于是，蒙古军队喊"暂停"，愿意和解。金朝自然乐于接受和议，赶快献上大量金帛、珍宝，并且派遣皇侄到蒙古大营当人质。蒙古军队撤退。蒙古军刚走，汴京城里发生大瘟疫，一下子死了数十万人，真是屋漏偏逢连夜雨。

这个时候，金朝皇帝金宣宗已死，由太子完颜守绪即位，是为金哀宗。金哀宗倒是一个好皇帝，性情宽和仁爱，喜欢读书，能写一手好文章。他深受汉文化的影响，认为“天视自我民视，天听自我民听”，一定是君王道德上有所愧疚，触怒了上天，才为国家带来了灾难。

金哀宗有鉴于此，立刻删减了御膳房的菜单，放出宫女，淘汰冗（rǒng）官，并且颁旨，下令臣僚上书不得称他为圣，并改圣旨为制旨，宣布汴京城解严。

正在哀宗一心一意修德之时，金国飞虎营的兵卒，因为不堪忍受蒙古使者的出言不逊，竟然夜半时分，持着兵器，杀掉了蒙古使者三十余人，闯下大祸，战争再起。

窝阔台好生气，他认为金人根本没有和解的诚意，一方面扬言再围汴京，另一方面写信给宋朝，声言将帮助宋朝，共灭金朝。

金哀宗慌了手脚，下令搜括民间粮食，自亲王宰相以下，每人只能存三斗米，其余缴官，就是皇后妃嫔之家，也不得例外。这般辛苦搜括的结果，也不过得到三万斛不到的米粮，金哀宗无法可想，黯然离开了汴京。

蒙古军队听说金哀宗离开了汴京，速不台大军便将汴京重重围困，搜括富户金银。许多金朝贵族或死于刑杖，或是被迫自杀，太后王氏、皇后徒单氏、梁王从恪、荆王守纯等，以及宗室妃嫔，男女五百人，乘着三十辆车，浩浩荡荡前往青城。

青城在汴京城南五里，是蒙古大将速不台军营所在；一百零六年前，北宋之亡，靖康之难时，金将粘没喝亦驻军于此。

速不台杀死二王及宗室，押解后妃、儒医、工匠、绣女等前往蒙古和林。一路之上金朝的宗亲贵戚受到的苦楚折磨，不下于当年徽宗、钦宗赴燕京时的悲惨遭遇，甚且有过之而无不及。前后一百余年，同样的地点，上演着同样的人间悲剧，真是一报还一报。

蒙古大军入汴京以后，本来准备根据蒙古惯例，展开大规模的屠城，若不是美髯公耶律楚材劝阻，全汴京一百四十多万人的生命都将不保。

蒙古骑兵攻战图，选自志费尼（伊朗）所著《世界征服者史》。

汴京城陷之前，金哀宗逃到归德府，但是他这个釜中之鱼没能支持多久。他自归德府移居蔡州（治今河南省汝南县），一路上道路泥泞，在水中跋涉，又没有粮食，只能掇青枣为粮，足胫都肿得像皮球。

金哀宗向宋朝借粮，宋朝正是难得逮着复仇的机会，当然拒绝，又派了大将孟珙（gǒng），接济蒙古大军三十万石（dàn）粮食。金哀宗派人到临安，请宋朝不要落井下石，并且提出了警告："蒙古西征之时，灭掉将近四十个国家，回师之后灭掉西夏，西夏灭亡之后，轮到了我，我亡了以后，就该轮到你了。我们唇亡齿寒，还是相互和好吧。"但宋朝却置之不理。

不久，宋朝联合了蒙古军队，合攻蔡州。金哀宗正在蔡州，城中粮食已空，发生了吃人惨剧，甚至有人用人骨与泥巴相和以充饥。金哀宗眼看大势已去，传位给宗室完颜承麟，承麟泪流满面，不敢接受。金哀宗恳切地说："朕所以托付于卿，实在是情非得已，你看，朕肌体肥胖，难忍鞍马之累，卿平日身体矫健，万一得免，国祚（zuò）或许能够延长。"

完颜承麟看一看金哀宗，果然是胖嘟嘟的，走两步路就气喘，一副需要减肥的样子，不能不勉强接受玉玺，是为金末帝。

末帝方才受命，接受百官称贺，宋军已经攻陷南门，与金朝守军展开巷战，金哀宗交代一句"我死后，就点起火来烧"以后便自缢而死。不一会儿，城陷，末帝亦于城陷时被乱兵所杀，金朝至此灭亡。金人自完颜阿骨打称帝，至金哀宗之死，共一百二十年。想当初金朝如何威风凛凛，怎料到走向与靖康之难同样的悲剧。翻阅历史，真让人有殷鉴不远的感慨。

金人的汉化

中华民族是多种民族混合而成的。其中，生长在白山黑水的女真族，人物英杰，思想敏锐，渤海国、金朝、清朝都是女真族建立的。

我们陆续介绍过不少女真文化，现在再谈一些风俗趣事：

先谈吃的东西，金人喜欢饮豆浆。不过，这种豆浆不是一般油条烧饼店用黄豆磨成的浆汁，而是用另一种方式发酵制成的，味道带酸，类似洋人食用的乳酪。今日北京仍有卖这种“豆汁儿”的，据说食时用生狗血，加蒜泥才是最初原味的吃法。金人食肉喜半生不熟，米饭也是如此，而以高粱米为主要食品，还喜欢以豆制成酱当作佐料。

金人喜食茶点、蜜糕，据说沙其玛即由此而来。

金人喜欢喝酒，许多金人喝了酒就杀人，所以往往命人在其醉后，把他用绳子牢牢捆紧，待酒醒之后再松绑，以免酒后乱性，闹出人命。

金人与蒙古人一般，喜欢纯白色的衣服，爱戴金环、银环，通常辫发，辫子末端用鲜艳丝缎结起。东北地方冰寒，不论贵贱都穿皮衣，所不同的是，贫者穿光板皮衣，用老羊皮制成；富人则穿貂皮、羔皮，裤、袜、鞋都以皮制成。

金初的房屋多半傍依山谷，覆以木板或桦皮，穿土为床，土下烧火，也就是俗称的火炕。当金太祖起兵时，没有城池宫室，他住的皇城叫皇帝寨，金人还是草原民族。

早期，即“上马杀人，下马饮酒”时代的金人，人人都会骑马射猎，皇帝与士兵宛如一个大家庭中的父兄子弟，那时后妃们遇到天雨，照样脱光鞋袜，赤着脚在泥地里踏来踏去，不觉不雅观。

金人的婚礼，凡是比较有地位者，多半指腹为婚。婚期之前，男方偕同亲属，备份厚礼，先往女家拜门；酒是不可少的，富者数百车、数千车，贫者十余车。到了女家，排开酒席，痛饮一番以后，新娘子全家大小，列坐炕上，新郎则拜于炕下，谓之男下女。礼毕，新郎牵来马匹，多者百匹，少者十匹，供岳父选个十分之二三。留下的马愈多，愈有面子。

成亲之后，新郎要留在新娘家，做三年事，然后迎妇返家，当然，也少不得带一笔财富走。有些贫困的女真姑娘，到了成年时候，还没有人聘媒，便骑着马歌唱求爱，如有青年男子看中了她，便携手同归，然后再备礼物，赴女家求婚，这是一般民间比较草率的婚姻。

金初的将帅士兵，彼此都是“哥儿们”，一起吃饭，一块儿喝酒，上下情通，没有尊卑贵贱之别。遇到重大事件，随便找一处空地，团团围坐，人人都有发表意见的权利，即便是个小兵，也可提出主张，只要大家认为有理，主帅往往照办。凯旋时，也是围成一大圈，评定功绩，颇有民主风度。带兵官称为谋克（相当于今日之连长、营长）与猛安（相当于今日之旅长）。

早期的金人耐寒忍饥，好勇斗狠，又擅长骑射，所以完颜阿骨打称帝

撒土浑谋克印，金代官印，吉林省梨树县偏脸古城附近出土。印钮左侧刻有“少府监造”，印钮右侧刻有“大定九年七月”。上边款为“撒土浑谋克印”，左边款为“係纳里浑猛安下”。谋克类似百夫长。

熟伽泊猛安印，黑龙江五常市出土。十谋克为一猛安，猛安类似千夫长。

之后，短短十五年之间，金人以秋风扫落叶之势灭辽，又陷汴京，灭北宋，席卷北方。

正式建国之后，金太宗感到：既然建国，不能再野蛮下去，开始创制女真文字。其后，为了便于统治中原汉人，金朝皇帝又尊孔养士，建立孔庙，亲临祭孔，又封孔子后裔为衍圣公。

金人初时接触汉人文化，相当不习惯，尤其是要穿戴整齐汉官冠冕，手执笏板上朝，有说不出的别扭，一心怀念伸长了脚，围坐在空地讨论的逍遥，连连抱怨："你们汉人立的法，拘束死了，让我们吃尽了苦头……"

但是，汉族文化的吸引力毕竟不小，没有多久，金人不但习惯了，而且更喜爱汉文字，厌恶女真文字，爱说汉话，不说女真话。

金朝积极汉化应该归功于金世宗。金世宗的母亲，出身东京（治今辽宁辽阳）望族，是一位非常美丽又有教养的贵妇人，因此，金世宗幼年时代同时受到汉族文化与女真文化的熏陶。

金世宗在位二十九年，史家给他的评论是："当此之时，群臣守职，上下相安，家给人足，仓廪（lǐn）有余，……号称小尧舜。"

尧舜是我国儒家经典中近乎神的人物，金世宗能有此美名，不是件简单的事，单单他扩充国子监、创设太学、设立女真国子学的文化建设，就普遍受到后世赞扬。金世宗设立女真国子学的目的，是在爱慕汉文化之外，不忘其根本之意，可惜效果不彰。

金人自从占领中原地方，把女真的猛安、谋克都调到中原地区，免费配给田地耕牛。这些北来的征服者，不解农耕，也懒得下田，便役使汉人为奴，坐享其利，生活糜烂奢侈，过着养尊处优的生活。

过了几十年以后，女真原来的部族征兵制度完全破坏，战斗精神完全消失，自从金宣宗以后，遇到战争，只好调派汉人的奴隶兵去打仗。每逢征调汉兵的日子，地方骚动，乡里鬼哭神号，这种军队自然无法战斗。

女真的彻底汉化，提高了金人的素质，但是他们把汉人重文轻武的习惯也学会了，丧失了尚武精神，难怪一遇骁勇的蒙古大军，便一败涂地了。

余玠设立招贤馆

宋朝联合蒙古人灭金，是在宋端平二年（1235 年），正是宋理宗亲政第二年，当时的宰相郑清之，胸有大志，希望澄清天下，为国家带来复兴的气象。

此时沿江制置使赵范、淮东制置使赵葵两兄弟以为蒙古军队北返，汴京、洛阳一带，地方空虚，不如趁此机会收取中原，还我河山，因而提出“规复三京（东京开封府、南京应天府、西京河南府）之议”，宋理宗也欣然同意。

但是，宋朝军队毕竟不是蒙古人的对手，所谓“规复三京之议”完全失败，并且大遭蒙古人的责难。蒙古太宗窝阔台遣使怪罪宋朝败盟，宋朝拼命解释赔不是，当然不能获得蒙古人的谅解。从此以后，蒙古积极南下，双方展开长期的战争。

这段时期内，宋朝仅有两名大将，一是守襄阳的孟珙（gǒng），一是守四川的余玠。孟珙是继岳飞之后，难得的战将，余玠则是超时代的天才军事家。

余玠是湖北蕲（qí）州人，他少年时代，是一个出身不甚高贵，机警富于文才，而又有点儿桀骜（jié ào）不驯，带几分叛逆性的太学生。

白鹿洞书院之中，老师同学们对余玠的印象是，他不拘小节，喜欢出出风头，任才使气，有时也爱坐坐茶馆，发发牢骚，摆个龙门阵。

有一日，余玠在茶馆与朋友聊天，不晓得因为什么，与卖茶的老头儿吵了起来，彼此的火气都很大，互相拉扯之间，竟然把卖茶的老头儿失手给打死了。

既然出了人命，白鹿洞书院也读不下去了，余玠便收拾行囊，到达当时临近蒙古人占领区的前线，从军避罪，被赵葵延入幕府。赵葵很欣赏余玠英才豪爽，又会作词，两人相处得极为融洽。余玠曾经出兵援助安丰，打败蒙古军立了大功，获得宋理宗召见慰勉。

余玠对理宗提出两项建议：第一，应当使上下全面培养认真确实的工作态度；第二，应当改变重文轻武的观念。余玠感慨地说："今天官宦子弟、知识分子或小康之家，这些人一旦从军当兵，就被看成哙（kuài）伍。"所谓哙伍，是指平庸之辈，典故出自韩信说的一句话："生乃与哙等为伍。"这句话意思是说，韩信不屑与樊哙为伍，也就是社会上一般大众不屑与这些粗人为伍。

宋理宗很欣赏这个年轻人的率真，他称赞道："卿议论人物，颇不寻常，可以独当一面。"

于是，宋理宗就让他独当一面，赴四川担任宣谕使。余玠遂兴高采烈地前往四川，准备大展宏图。

余玠到达四川以后，首先提出一套很有远见又很民主的招揽四方英才的计划，那就是在帅府旁边，设立一个"招贤馆"，邀约天下奇才异能之士，聚首一堂，共商重建巴蜀的计划。余玠这个先声夺人的构想，颇有几分类似章回小说与传说中的招贤榜。

并且他指示，招贤馆的建筑，无论气派、规模与设备，一切一切都向元帅府看齐，大有战国时代孟尝君的作风。凡是应邀前来者，余玠必然亲自接见，即使来人不是什么真正贤士，提不出什么高明的意见，余玠也奉上一些小小土产，聊表谢意。

中国读书人最重视"礼贤下士"四个字，余玠既然这般有诚意，许多隐士也就愿意出山了。其中四川冉琎（jìn）、冉璞（pú）兄弟，与三国时代诸葛亮一般，高卧不仕，乃绝代奇才。这两位伏龙凤雏过去也曾屡次被邀，都以山野之夫不足论天下事而推辞了。

冉氏兄弟听说余玠的贤德，互相道：“这个人倒是可以一谈的。”于是他们相偕来到招贤馆。

余玠久闻冉氏兄弟的才名，今日一见，兄弟两人均是气宇轩昂，丰姿俊爽。余玠大喜道：“久仰！”他急急将两人迎入馆内。冉氏兄弟不多让，安之若素，便在招贤馆待下来了。

余玠等了又等，盼了又盼，足足盼了好几个月，冉氏兄弟像两个闷葫芦，一句话也不说，真是伤脑筋。余玠等不住了，备了一桌上好的酒菜，宴请招贤馆内贤士。

进餐之时，余玠讲了一大堆客气话，像是“久慕先生，无缘请益”“久闻二公大名，幸得一谈”。冉氏兄弟只是一径地喝酒、吃菜，沉默不语，场面尴尬。

酒宴散了以后，余玠沮丧地回元帅府，心中泄气得很，忽然想起“刘备三顾诸葛亮于草庐之中”的历史故事，又精神抖擞地自言自语：“原来，他昆仲二人是要试验我待士之礼。”

第二天，余玠特别派人再把冉氏兄弟迎入贵宾室，与其他人隔开，并且派人暗暗观察，看他们平日都做些什么。

被派去观察的使者回来禀报：“十分奇怪，这两兄弟终日不言不语，只是互相对坐，在地上用泥沙画一些山川地形，画了以后，抱膝长坐，或者背着手走来走去。”

余玠心忖，这倒古怪也，再等一等看吧。

如此又过了整整十天，要换了别人早沉不住气了，余玠仍然按兵不动。有一天，冉氏兄弟终于开了金口，托人报告余玠，他们准备与余玠长谈，但不希望有外人打扰。余玠兴奋得很——该来的终于来了。

余玠设防钓鱼山

冉氏兄弟到了招贤馆之后，一待数月，沉默是金。余玠正感纳闷，冉氏兄弟忽然求见……

冉氏兄弟郑重地对余玠说："我们兄弟承大帅殷勤相待，内心十分感激，我们是真的希望对治蜀、守蜀有所贡献，不愿意同众人一般，随波逐流、虚应故事。为今日西蜀打算，应当是迁移合城吧。"

一听此言，余玠嚯地一跃而起，亲热地握紧冉氏兄弟的双手，再三说："这正是我心中的构想，太好太好了。"又说，"玠早知两位先生不是平常人物，你们的高见，我是绝不敢掠美的，我一定要上报朝廷。"

于是，余玠立刻用快信，上报理宗，请求理宗对冉氏兄弟予以重用。余玠到四川，本是理宗的意思，理宗希望他能独当一面，防守蒙古，由于君臣之间，有这份默契在，理宗马上答应余玠的请求，即时下诏，以冉琎为承事郎，以冉璞为承务郎，把迁城之事，完全委托冉氏兄弟。

这个命令发表之后，众人议论纷纷，都不了解为什么山野村夫，突然成了"空降部队"，莫非有什么特殊的人事背景？余玠告诫大家："迁城的计划，如果成功，全蜀赖以安定，如果不成，我余玠一个人负责，你们就不要多嘴多舌了。"但是，一些个眼红的人，仍在吱吱喳喳，心怀不平，余玠也懒得理会，排开众人，拉住冉氏兄弟密谈。

接下来的日子里，余玠与冉氏兄弟忙着做沙盘推演，共同设计山城设防计划，他们的构想是：蒙古骑兵南下，漫山遍野，疾如暴风，普通山寨无法防御，只有任其宰割掳掠。

但是，四川不一样，四川的地势特殊，山群突起，山势不但高耸壮丽，而且上有天池、神泉，可以建筑城池，种植蔬菜，供给粮食清水，长期供养大量军民。假如让山上建的新城与地面上旧有城池互相配合，那么，居民平日住在山下旧城，把粮食衣物，预储山城，一旦蒙古骑兵来了，立刻上山防守，山城有一切用品，可以支持较长的时期，等到蒙古军队撤退了，大家再搬到山下来，恢复平日生活。

这套构想，是配合地理资源的国防计划，与近代德国军事学家主张的地缘政治学，利用天然资源的设防计划，实在是不谋而合。

余玠由于在赵葵军中担任别动队长，指挥游击队好长一阵子，他在淮北、河南一带，看多了蒙古骑兵的厉害，很早就想利用天然地形、天然资源对付自天而降的骑兵。

冉氏兄弟是贵州人，又熟悉四川的风土人情，英雄所见略同。

计划确定后，余玠与冉氏兄弟跋山涉水，实地考察，最后决定，把合城迁到钓鱼山上。钓鱼山多悬崖峭壁，易守难攻，尤其正当涪江、渠江、嘉陵江三江之会，形势险峻，工事坚固。

除钓鱼山外，余玠又在云顶、云山、大获、得汉、白帝、青居、苦竹设立七座山城，这八座山城，好比四川的八根大柱子，后人称之为“巴蜀八柱”。

巴蜀八柱完成之后，在蒙古再度攻击时，果然发挥了极大效果，使得四川获得长期的休养生息。

余玠不但是军事专家，对于内政建设，也有一套办法。当余玠初抵四川时，四川有位都统王夔以凶悍出名。他有一个外号叫“王夜叉”，有许多独特的整人方法，例如用醋灌鼻、用水灌耳等。他恃功而骄，桀骜不受节度。

听说余玠到来，王夜叉决定给他来个下马威，他带领两百多位老弱残兵去迎接，表示存心怠（dài）慢。

余玠看了，冷笑道："久闻都统精兵，不想如此疲敝。"

王夜叉哈哈一笑："我的兵不是不精，只怕亮出来，会让你的随员害怕。"接着王夜叉的兵队表演了集合动作，旗帜精明，器械森然，果然不一样。余玠倒没给吓倒，神态自若。

王夜叉却吃了一惊道："不料儒生中有这种人。"

余玠找了大将杨成商议。杨成说："王夔在四川虽久，总不能与吴璘、吴玠相比，即以吴璘、吴玠之威名，他们后代吴曦一旦叛变，蜀人还不是杀了吴曦，何况四川人哪个不恨王夜叉？"

于是，余玠找了王夜叉讨论军事，王夜叉刚一出门，杨成便单骑入了军营，告诉大家，以后一切由他负责。众人相顾愕然，继而佩服杨成单枪匹马入虎穴，真是有种，相率拜贺。至于王夔，一入余玠营帐，便被一刀砍死。余玠果断明快地处理了王夜叉，赢得了一致好评。

会做事的人，难免会得罪人。当时左丞相方叔，听了子侄们的谗言，说余玠治理西蜀，专制跋扈，有"无君之心"。中国古代皇帝最怕武臣专权，宋理宗即刻把余玠征调入朝，就近看管，用余晦代替余玠治理四川。余玠一片忠心，落此下场，不多久暴病而卒，有人说他是仰药自杀。

宋理宗宝祐五年（1257 年），蒙古伐宋，元宪宗（蒙哥汗）亲征，猛攻钓鱼山的合州城，从二月打到七月，死伤惨重，怎么也攻不下。蒙哥大汗暴卒于合州城下，相传是中箭而死，蒙古诸将便载运蒙哥汗灵柩北走。战报传到临安，宋理宗这才想起余玠筑城之功，追赠余玠官位。这座山城，不但令蒙哥汗战死，也延长了宋朝国祚二十年。余玠真是有智慧的战略家兼政治家。

蒙哥攻打合州城

窝阔台在位十三年，在他的手中，完成了消灭金国的任务，上报祖宗之仇，下泄国人之愤。他派拔都西征，扬威东北欧，使得斯拉夫、日耳曼两大民族，闻蒙古而丧胆。

他别无嗜好，就是喜欢喝酒，耶律楚材曾经不止一次劝过他，最后，窝阔台也是死于酒精中毒，死时只有五十六岁。遗命由皇孙失烈门监国，再由“库里尔台”决定新君。库里尔台是部族大会之意。

蒙古每逢君主继位，总是会发生纠纷。原来，蒙古人不像中原汉人，有一个传统的嫡长子继承制度。不过，蒙古人的家族有一个习惯：特别重视长子与幼子。每逢冲锋打仗，经常是长子挂帅，谓之“长子出征”。蒙古诸部族的战争，在灭亡一个敌人之后，第一件事，必是杀死敌人的长子，断绝他的宗脉，这些都是重视长子的证据。

另外一方面，蒙古人又特别重视幼子，蒙古话幼子称为“斡赤斤”，斡赤斤的意思是守灶，也就是继承家业。

成吉思汗的长子术赤，是他妻子孛儿帖被蔑儿乞人俘虏之时，怀孕生下的，成吉思汗怀疑他不是自己的儿子，感情比较淡薄，因此，成吉思汗死后，幼子拖雷所得的兵马遗产最多，并且由拖雷暂时监国，再依照蒙古的习惯，由库里尔台通过，共奉窝阔台为主。从此以后，这成为蒙古帝国一种惯例：凡是第一个君主去世，第二个君主继位之时，必须经过库里尔台的选举。当然，凡是经选举推奉的，必然限于成吉思汗的子孙。

现在，窝阔台去世了，当他驾崩之时，他的儿子正分别东征辽东，西征西域，南征南宋，道路遥远，一下子不可能赶得回来。失烈门只是一个小幼童，六皇后乃马真氏遂以皇后临朝称制。

乃马真氏信任一个名叫奥都勒合蛮的大臣，不但言听计从，甚且将一切国政都委托给他，把盖了御玺的空白圣旨也交给他，让他随便在上面填。

老臣耶律楚材看了眼中冒火，想当初成吉思汗、窝阔台都对他礼遇有加，他不能让帝国败在乃马真氏的手中，因此劝谏道："天下者，先帝之天下，今欲紊乱，臣不敢奉诏。"

乃马真氏也泼辣地回了一招，她降懿旨说："凡是奥都勒合蛮所下的圣旨，不听命令者，断其手。"

耶律楚材没有被吓着，他怒气冲冲地回敬："国之典故，先帝悉委老臣，事若合理，自当奉行，如不可行，我死都不怕，何况是断手？"

结果，耶律楚材毕竟是年纪大了，皇后还没下令断他的手，他就活生生地被气死了。他死了以后，乃马真氏的火气还没有消。

这时，又有小人来打小报告，对乃马真氏说："耶律楚材前前后后做了二十年宰相，天下的贡赋，一半都到他家里去了。"

一听此言，乃马真氏立刻下令："搜！"结果他们搜了半天，只有十多具琴筝，一些金石遗文，根本不值几个钱。

耶律楚材一生光明磊落，完全是中国书生本色，窝阔台每次见他开口陈事，总要打趣道："你是不是又要为百姓诉苦了？"

乃马真氏称制了四年，实在撑不下去，诸王们也都回到了和林，召开库里尔台，公推窝阔台的长子贵由为可汗，是为蒙古定宗。定宗即位三年，一命呜呼，再度召开库里尔台，拔都仗着兵多势众，强立蒙哥继位，是为蒙古宪宗，蒙哥是拖雷的长子。

蒙哥是个雄武的君主，屡次立下彪炳的战功。他即位不久，亲自率领大军南征宋朝。这次蒙古南下，主要是争夺几个重点，因为这几个重点都是战略要害，如果不拿下，便会随时威胁蒙古军队的后方，使蒙古无法稳定战场，但是，蒙古若要攻下这些据点，却不是一件容易的事。

当时，四川最重要的一个军事中心，不是成都，而是上一篇中我们所介绍的，余玠修筑在钓鱼山的合州城。合州的守将为王坚，蒙古人曾经派遣使者前来招降，王坚不但不答应，反而把使者给杀了，好厉害！

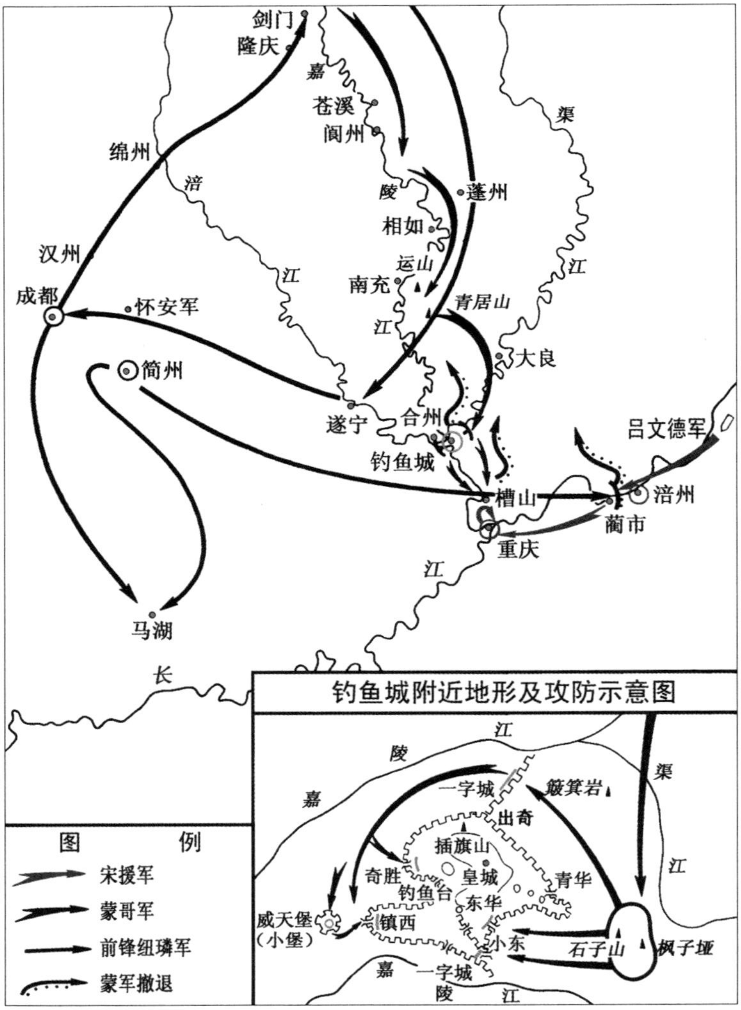

钓鱼城之战示意图。一二五八年二月，蒙哥亲率主力进攻四川。至十二月，川西、川北、川中大部沦陷，但重庆西北的钓鱼城一直未能下。次年二月，蒙哥命一部于涪州之蔺市造浮桥，以阻长江下游南宋援军，并亲率大军攻城，数月不能下。南宋为确保上游，命吕文德率军逆长江而西，经力战，冲垮蒙军浮桥，溯嘉陵江而北，增援钓鱼城。蒙军向南顺流纵击，大败宋军。但在围攻钓鱼城时，蒙哥中箭身死，蒙军因之北返。

蒙古兵大怒，积极进围合州。合州在余玠与冉氏兄弟的合力策划设计之下，地势险峻，建造得极其坚固，蒙古的骑兵被山势所困，完全没法子发挥力量。蒙哥大汗不信邪，对准钓鱼山猛攻猛打，从开庆元年（1259年）二月里，一直攻到七月中，死伤惨重，竟然就是攻不下。

钓鱼山有水源，有粮草，有军械，蒙哥大汗望山兴叹，十分不服气。他与猛将汪德臣商量，非攻下不可。于是，汪德臣挑选敢死队一百名，在一个夜黑风高的晚上，登上了合州外城。

王坚也不是省油的灯，他亲自督兵接战，从黑夜到天明，双方僵持不下。汪德臣在城下大喊大叫："王坚你听着，我来是为了你们合州城全城军民的性命，我劝你早日投降！"

话还没说完，一块大石头翻滚落下，不偏不倚，打中汪德臣的脑袋瓜子。汪德臣血流满面，重伤身死。蒙哥见爱将身亡，亲自督阵，城上乱箭齐发，蒙哥当场中箭而死。余玠的山城彻底发挥了功能，可惜余玠未能亲眼看见。

忽必烈争夺汗位

蒙古蒙哥可汗大举亲征南宋，久攻不下，结果在钓鱼山下被乱箭射死。蒙哥这一次，倒是帮了宋朝一个大忙，却也让奸臣贾似道又有了可乘之机。

原来，在蒙哥猛攻川蜀之际，蒙哥的四弟忽必烈也正在疯狂进击鄂州（治今湖北省武汉市武昌区），守将张胜战死，城中死伤一万三千人，朝廷催促贾似道进兵，贾似道怕得要命，秘密派遣使者前往忽必烈营中求和，当然，这件事宋理宗完全不知道。

忽必烈认为鄂州指日可下，不愿意求和。忽然之间，军中传来噩耗，他那壮得像牛一般，只有四十多岁的长兄蒙哥汗居然暴卒。忽必烈原是一个有野心，也有才识之人，不免动了争取汗位的念头。

正在此时，又得到后方的消息，说是蒙古诸王准备立老六阿里不哥为大汗。忽必烈心里乱糟糟的，再也没有心情积极进攻鄂州了。

忽必烈的智囊郝经建议道："如今国内空虚，人人莫不觊觎汗位，阿里不哥已代行大汗之事，愿大王以社稷为念，与宋朝议和，迎蒙哥大汗灵柩早日回到和林。"

忽必烈深以为然，于是，答应了贾似道的要求，批准他所提的条件：宋朝皇帝上表称臣，划长江为界，江北尽归蒙古所有；岁纳银币二十万两，绢二十万匹。而后蒙古退兵。

贾似道正在一筹莫展，不料有此一变，忽必烈匆匆忙忙、慌慌张张拔营北归，真是老天帮忙也。至于说私行求和，称臣纳币之事，完全是他个人畏敌媚敌的主张，他事先既未请示，事后也没有报告，一路隐瞒到底，反正中国古代资讯不发达，天高皇帝远，宋理宗根本不会知道。

为了使“剧情”再逼真一点，贾似道趁着蒙古大军撤退，俘虏了几个缺乏防范的落单尾队，接着就开始大做文章，伪称:“诸路大捷，解围鄂州，肃清江汉敌军，使社稷转危为安，皇朝永固。”

宋理宗接到捷报，高兴得眼泪都要滚出来了，认为贾似道对宋朝有再造之功，特晋升贾似道为少帅，封为卫国公。不但如此，当贾似道回朝之日，还特命百官集体在临安郊外恭迎，并且下诏:“贾似道为朕股肱之臣，奋不顾身，吾民赖之而更生，皇室有同于再造。”真是荒唐透顶了。

话分两头，忽必烈接受了郝经的建议，风尘仆仆班师回朝。他回到燕京，本来预备召集一次库里尔台，以便选举大汗，但是，诸王之中，许多人都没有遵从，这个会议因为法定人数不足，没能开成。

忽必烈的左右劝他:“先发制人，后发制于人。”忽必烈斟酌利害，就在开平，自立为大汗，建年号中统。由于忽必烈的即位，没有经过库里尔台，依照蒙古一贯的制度，他的汗位是不合法的，老六阿里不哥表示强烈的不服，另行召集库里尔台，选举自己为大汗，这一会儿，便有两个大汗了。

阿里不哥虽然有亲王支持，但这些亲王都是跛扈守旧的贵族，没有多大本事。忽必烈帐下则网罗了许多金朝、宋朝的精英，足智多谋，英武卓绝。双方一交手，阿里不哥就败下阵来，不过，也打了足足五年的内战，直到宋景定五年（1264 年），内战才完全停止。

忽必烈也在宋景定五年，正式建都于燕京，改称燕京为中都，并改元为至元元年。这一年，可以说是蒙古入主中原之始。也就是在同一年，宋理宗去世，度宗即位。至元八年（1271 年），蒙古正式建国号为元。

忽必烈即位以后，立刻派遣郝经正告南朝宋国，蒙古大汗已经临朝，请即刻履行鄂州城下之盟，划江为界，纳岁币二十万两，绢二十万匹，以及上表称臣。殊不知贾似道压根儿就没有把鄂州之盟上报朝廷，反而谎报军前大胜，还获得了加官晋爵，如今，蒙古使者到来，他该怎么面对弥天大谎？

当郝经一行经过真州（治今江苏省仪征市）之时，贾似道密令真州守将把郝经软禁起来，阻止他前往临安，决心欺瞒到底。

这郝经原是一位儒生，博学多才，确实抱有一番悲天悯人的苦心，一心一意希望促成南北和平。在他奉命之始，便有人认为此行任务艰困，劝他不妨托病辞职。郝经不肯，他说：“兵连祸结，为时已久，今主上既愿通两国之好，我愿意一蹈不测之险。”

郝经被软禁之后，还自营中写了一封信给宋朝皇帝，表示“愿意效法鲁仲连，排难解纷”，说明和议的功用，不仅为蒙古，更为了宋朝，这些书信，全都被贾似道压置。

忽必烈左等右盼，还是没有郝经的消息，后来听说郝经竟然被宋人扣留，大为震怒，下诏准备伐宋，并且责备宋朝：“你们一向以礼乐衣冠之国自居，岂可如此？待秋高马肥，将水陆并道而进，以为问罪之举！”

郝经被扣之后，宋朝人又煽动李璮叛变蒙古，正好此时，宋朝大将刘整投降蒙古。刘整一五一十告诉蒙古主，宋朝如何腐败，贾似道如何张牙舞爪，大失人心，使得蒙古尽知宋朝的虚实，于是忽必烈便决心南下伐宋。

吕文焕苦守襄阳

在上篇之中，我们说到，忽必烈攻打鄂州，听说蒙哥汗在钓鱼山下被乱箭射死，急忙赶回蒙古争夺汗位，因而答应贾似道求和的条件。忽必烈登上汗位以后，派郝经前来宋朝，要求宋朝履行承诺。贾似道担心穿帮，一不做二不休，竟然把郝经给扣留下来。

忽必烈知道此事，大为愤怒，一连派出使者追问详细情形，却始终没有下文。于是，忽必烈下诏南征："朕即位以后，为顾及两国生灵，一直等待信使还归，达成和议，如今又过半年，你们一向以礼乐衣冠之国自居，岂可如此？待秋高马肥，将水陆并道而进，以为问罪之举……"

宋朝大将刘整，担任潼州安抚使，一向为贾似道所猜忌，为了自保，他带了十五个郡投降蒙古。蒙古过去南下不止一次，历次战果也很辉煌，为何没有一举扑灭南宋？那是因为还不甚明了宋朝的虚实，等到刘整倒向蒙古，把宋朝朝廷的腐败，军事布防重点和盘托出，忽必烈大乐，决心一次扑灭宋朝，永绝后患。

刘整向忽必烈报告，若要灭亡宋朝，必须先取得襄阳、樊城，然后下汉水，入长江，吞并南宋。忽必烈采纳了刘整的建议，派遣刘整与阿术共同下襄阳。

襄阳原先的守将是吕文德，他是贾似道的亲信，贾似道曾经秘密唆使吕文德，假报蒙古南下，然后，贾似道"刚巧"在此时抽身引退，回到故乡台州安养天年。这正是忽必烈争汗位之时。

新上任的小皇帝度宗与太后吓慌了手脚，连连下诏，请贾似道赶紧回朝。贾似道回来之后，他一手导演的蒙古南下也自然平定了。

其实，度宗对贾似道的委曲求全，早已超过君臣界线，他不但尊称贾似道为“师相”，命令朝臣称之为周公（就是古代辅佐周成王，孔子希望梦见的周公），每当贾似道撒娇不干了，他就赶紧双膝落地，着急地哀求。贾似道知道朝廷少不了他，就每年定期演出。

既然贾似道摆出来的态度是，老爷我想辞官回故里，皇上硬要勉强我留下，那么，贾似道平日一举一动，皇帝自不便多干涉，睁一只眼闭一只眼。于是，贾似道终日流连于“半闲堂”，把玩“多宝阁”中的奇珍异宝，甚且，多半的时日，贾似道在西湖葛岭之中纳福，每隔个五六天才一叶扁舟回到朝廷转一转。（贾似道的故事本书前面有详细介绍）

阿术与刘整，自至元四年（1267 年）到六年（1269 年），整整打了三年，没有攻下襄阳，此时，吕文德已死，他的弟弟吕文焕继任。吕文焕真是一位不可多得的人才。

忽必烈誓言必取襄阳，他派出援兵，在襄阳的西南筑了一道长长的围墙，完全隔绝了襄阳通往后方的道路。在这个漫长的三年之中，吕文焕不晓得上书多少回，请求救援，朝廷就是置之不理。

贾似道是存心欺瞒到底。但是，也有朝中正直的臣子悄悄报告度宗，度宗一直不敢开口问，等着贾似道报告，这一等就是三年整，度宗的耐性真是好啊！

有一天，度宗鼓起勇气询问贾似道，贾似道仍然一口咬定没这件事，并且要追问是谁“造谣”。

度宗真该板起脸孔，狠狠训斥贾似道“大胆，欺君”，在中国传统君主高高在上的观念下，贾似道多少是会有点儿畏惧的。但是，度宗怕死了，他不敢，他像犯了错的小孩子一般，惭愧地低下头，小声地说：“一个女嫔讲的。”

接下来，女嫔被杀，朝廷之中噤（jìn）若寒蝉，没人有勇气开口。

贾似道曾派出李庭芝，担任京湖制置大使。李庭芝一心一意想解襄阳之围，助吕文焕一臂之力，但是范文虎从中作梗，不准李庭芝出兵。

这范文虎颇有来头，他是贾似道的乘龙快婿，一个大脓包，他写信禀报岳父大人：“我正准备领兵数万入襄阳，一战可平，事成则归功于恩相矣。”贾似道看完信，十分嘉许女婿的孝心，李庭芝更动弹不得了。

范文虎若是真正出兵也罢了，但是，他一面阻止李庭芝有所行动，一面又忙着与妓女饮酒、猜拳、打马球，完全与岳父大人一个样儿。

可怜吕文焕望眼欲穿，日日夜夜在盼救兵。进入了第五个年头，城中发生了粮荒，官军既解不了襄阳的围，民军张贵、张顺兄弟便抱着必死之心，准备了百艘战船，船上放置火枪、大炮、巨斧、劲弩，在月黑风高时出击，可惜，全面受挫。

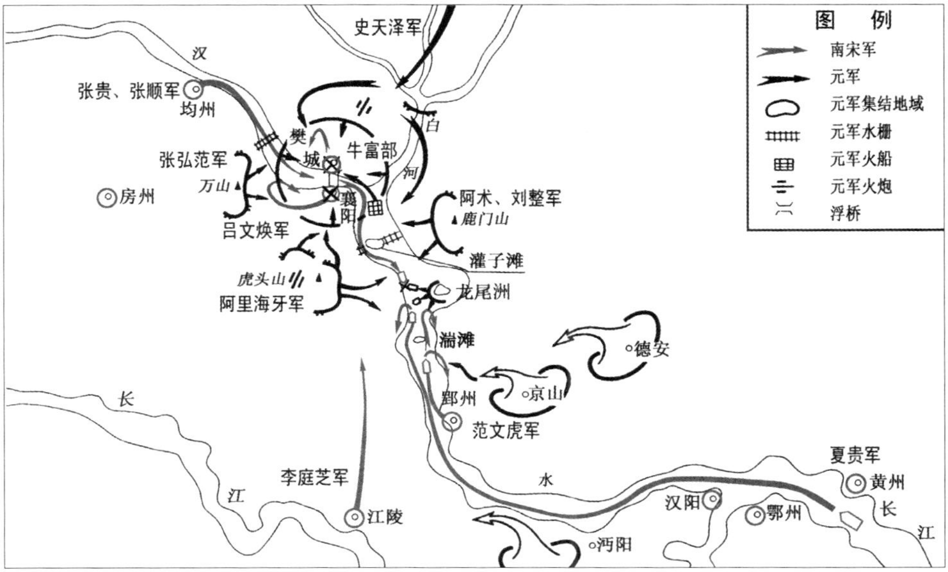

宋蒙襄樊作战经过图。1267年，忽必烈向襄阳发动强大攻势：在襄阳城外筑堡修垒，阻止守军出击；在万山、灌子滩汉水中立栅，截断宋水军进援；阿术、刘整集兵于鹿门山、德安、京山等地，牵制分散宋军。贾似道对此无动于衷，一年后，才陆续有夏贵、范文虎、李庭芝从下游进援；又有上游均州、房州张贵、张顺沿汉水顺流而下，进入襄阳，但随后出城作战，全军战死；襄阳也发兵主动出击万山堡，也被击败。襄樊弹尽粮绝，终于告破。

襄阳城中一片凄凉，人民没吃的，也没穿的，到了后来，竟然只能用会子（纸钞）做衣服。吕文焕每次巡城，必定对着南方哀哀痛哭，他不了解为什么朝廷整整五年见死不救！当吕文焕听说，贾似道很忙，忙着“军国大事”，无暇理会襄阳之围，而贾似道所谓的军国大事，是和一大群莺莺燕燕，一块儿蹲在地上，观看斗蟋蟀赌输赢，真是差一点活活气死。吕文焕也不了解，为什么皇帝袖手不管，难道皇帝不明白，吕文焕是在拼命保大宋江山？

贾似道知道襄阳危急，又自导自演一出戏，他自己请求巡边，以解襄阳之围，然后又暗中要谏司上书慰留，偏偏这个窝囊皇帝度宗也就让他留下。

最后，蒙古人在城下喊话：“你们守孤城守了五年，也对得起宋主，如果投降，我们答应不屠城。”吕文焕万不得已之下投降蒙古。而贾似道还怪度宗道：“臣屡次请求行边，都是陛下不许，若是准许，襄阳又何至于失守？”真是把自己的罪过全部推到皇帝的身上，中国历史上还很少看到这种君臣。

伯颜大举伐宋

在上一篇中，我们说到，吕文焕苦守襄阳五年，屡次请求救援，贾似道不理不睬，忙着斗蟋蟀的“军国大事”。吕文焕弹尽援绝，为了保全襄阳城中百姓的生命，不得已投降蒙古，内心充满了愤恨……

襄阳城陷，朝野都认为范文虎战败，然后逃之夭夭，依理论法，俱应斩首。但是范文虎是贾似道的女婿，而且他专扯李庭芝的后腿，这是贾似道与范文虎之间的“默契”，岂可随便说斩就斩？因此范文虎仅是降了一级，意思意思，改知安庆府（治今安徽省安庆市）。

监察御史陈文龙上书：“文虎失襄阳，犹使知安庆府，是当罚反而赏也。”陈文龙的话不中听，被贬出临安，到抚州做外官去了，陈文龙的表现，代表中国古代御史的嶙峋（lín xún）风骨。

忽必烈得到襄阳之后，命伯颜为元帅，打铁趁热，实行灭宋大计划。伯颜相貌魁梧，善于用兵，当时担任元朝中书左丞相。

刘整与吕文焕原先都是宋朝的忠臣，尤其是吕文焕，若不是一腔忠诚，怎能苦撑五年？他两人都是被贾似道逼上了不归路，心中恨透了这个老贼，对宋朝的感情，也由浓浓的爱转为强烈的恨。为了报仇，他两人灭宋的意愿竟然超过蒙古人，不但献策献计，并且自请为先锋。

咸淳十年（1274 年），伯颜大军南下，由襄阳渡江，攻向鄂州。当时鄂州守将张世杰的城防异常坚固，战船连锁，炮弩齐备，元军却一举攻破，使得南宋首都——临安震惊。由于长江沿岸州郡守将，几乎都是吕文焕兄弟的旧部，吕文焕的经验告诉他们，死守也没有用，宋朝朝廷根本不会答理，既然早也是降，晚也是降，还不如早早投降，给吕文焕长官一个面子，所以一个个望风投降，不战而陷。

其中，守江州（治今江西九江）的知州吕师夔是吕文焕的侄子，非但立刻缴械，并且设宴于庾（yǔ）公楼，摆出上好的酒菜，还选了两名美丽的宗室女，打扮得雍容华贵，献给伯颜享用，却被伯颜刮了一顿胡子："我奉了天子之命，兴义师，开罪于宋朝，你们岂可用女色来动摇我的意志？"

元军过了江州，到了安庆府，那位一直被贾似道庇荫的范文虎，看到老丈人已走到了穷途末路，没什么可以指望的，于是献出了安庆城，投降了伯颜。

伯颜，选自《三才图会》。

这一连串的噩耗传到了临安，度宗又忧又惧，情急之下，得了重病，不久便一命呜呼，结束了被贾似道玩弄于股掌之上的痛苦生涯。他的儿子赵㬎（xiǎn）才只有四岁大，由谢太皇太后听政，一切军国大事，当然还是由贾似道做主。

太皇太后临朝，鄂州失陷，内外人

心惶惶，于是太学生与群臣联合上疏请愿，说：“事到今日，非师相出马不可。”尤其上一回，襄阳失陷，贾似道把一切责任推到度宗身上，怪度宗不让他巡边，似乎只要贾似道上战场，所有困难就迎刃而解。

贾似道明白无法再踢皮球了，遂以太皇太后诏命，为都督诸路军马，发库金十万两、银五十万两，浩浩荡荡出发。贾似道是纸老虎，一路上心惊肉跳。他最怕碰到刘整，找他算老账，谁知刘整因为军功比不上吕文焕，一怒之下竟然死了，贾似道好乐，他说：“我这人就是命好，天助我也。”于是，贾似道抽调各路精兵十三万，战船二千五百艘，到达芜湖。

江淮招讨使汪立信与贾似道在芜湖相见。仇人相见，分外眼红，汪当初曾经写信给贾似道，提供两个策略，信中说道：“假如，你不能接受这两个妙计，你不如准备舆榇（chèn），向蒙古人投降吧！”

贾似道看完信，揉成一团，忿忿地说：“这个瞎贼如此胡言乱语，看我治一治他！”由于汪立信是一只眼，所以贾似道恶毒地骂他为瞎贼，把他贬到芜湖。

这一会儿芜湖相见，贾似道干笑两声道：“当初悔不听公言，以致国事败坏至此，惭愧惭愧，如今公尚有何高见？”

汪立信瞪了一眼贾似道，莫可奈何道：“太师，我这个瞎贼现在一句话也说不出来了。”没多久，汪立信慷慨悲歌，击案痛哭，最后用双手自己扼死自己，壮烈成仁。无聊的贾似道竟然把汪立信原先的策略，差人禀报伯颜，请伯颜杀汪立信的妻小。伯颜说：“如果这个策略被采用，我也到不了江南。”伯颜反而寻访汪立信的家属，予以厚恤。

贾似道虽然带了一大批军队，却并不准备作战，他还是用老法子，希望求和，派出使者携带福建蜜柑、广东荔枝到了伯颜大营求饶，说是宋朝愿意遵守当年诺言，割地称臣纳贡。

蒙古人认为宋人是不守信用的人，根本不予理会，伯颜回答：“在我大军未渡江之前，还可谈和，今日沿江州郡，全归大元版图，还和议什么？如果一定要和议，你亲自来谈。”

贾似道哪敢深入虎穴，他溜到了扬州，一味请求朝廷迁都。公卿大夫们认为，迁都也没用，蒙古人还是会追来的。此时台谏官交相弹劾，太学士请求诛除贾似道，太皇太后仍然以妇人之仁为他说情："贾似道勤劳于理宗、度宗，及今三朝，安忍以一朝之罪，失待大臣之礼？"

这话一点不通，舆情一致攻讦（jié），太皇太后只好免贾似道一切官职，谪为高州团练使，由会稽县尉郑虎臣押解。

郑虎臣正与贾似道有不共戴天的杀父之仇，到了南剑州，他问贾似道："这里的水很清，你为何不死在这儿？"贾似道大惊："太皇太后许我不死，必须有诏才能杀我。"郑虎臣实在耐不住，一刀把贾似道给杀了，可惜迟来的正义不是正义，贾似道虽死，却已断送了宋朝的江山。

文天祥高中状元

在上篇中，我们说到，贾似道恶贯满盈，终于被杀，大快人心，然而，宋朝却岌岌（jí jí）可危，朝廷号召天下勤王。所谓勤王指的是，当王室有难之时，地方发兵援救。

此时，蒙古军队势如破竹，宋朝方面，由于贾似道执政二十余年，全国充满了莫可奈何的无力感。因此，朝廷在望眼欲穿的情形下，地方上却只来了两路兵马，一是张世杰，二为文天祥。

张世杰是蒙古大将张柔之子。张柔原是汉人，却为蒙古所重用。张世杰不满意父亲的作为，投效宋朝，曾经隶属于吕文焕之兄吕文德帐下，他在历史上留下彪炳千古的记录，我们以后再谈，先介绍文天祥出场。

文天祥是中国了不起的英雄，在他身上，我们可以看到，古代知识分子如何承担历史责任。

文天祥，字宋瑞，吉州庐陵（今江西吉安）人。他是一个非常漂亮的男子，根据《宋史》的记载，文天祥体貌丰伟，秀眉长目，皮肤晶莹如玉，顾盼之间，光彩照人。不论谁看到他，都会眼睛为之一亮，他集外在美、内在美于一身。

文天祥出生于宋理宗端平三年（1236 年），他一生受他的父亲文仪影响最大。文仪人称革斋先生。革斋先生和许多传统的读书人一样，最爱竹子的高风亮节，他曾经修建一座“竹居”，带着文天祥在此读书写字。

竹居之中藏书极为丰富，经史子集、天文地理医卜无所不包。革斋先生喜欢抄书，很有“手到”的功夫，著有《随意录》二十卷、《宝藏》三十卷，文天祥的学识基础，多半得自父亲的教诲。

革斋先生教儿子读书，也教儿子下象棋。初学之时，文天祥当然不是父亲的对手，久而久之，棋艺竟然超过父亲。闲来无事，父子对弈，厮杀一盘，其乐无穷，文天祥还写过棋谱流传后世。

文天祥一生中，经历许多危险，他总是想到象棋之中，经常是险棋制胜，因此，养成了他锲而不舍的精神，不到最后一着棋，绝不轻言放弃。所谓“世事纷纷一局棋，输赢未定两争持”，是文天祥从棋中悟出的人生哲理。

在文家的家教之中，最重要的一环是培养忠孝节义的观念。在很小的时候，文天祥看到学宫里祭祀欧阳修、胡铨等人的像，就曾经大发豪语：“人生在世，如果不能和这些先贤一般，被后世崇拜，那就不能算是一个大丈夫了。”（欧阳修和胡铨的故事本书前面都介绍过）

文天祥十八岁那一年，他参加乡校考试，名列第一，此时江万里先生创设的白鹭洲书院，礼聘当年高中进士的欧阳守道担任书院山长（书院的负责人），革斋先生把文天祥送到该书院去读书。

欧阳山长见文天祥聪慧过人，文章出众，长得也是一表人才，特别器重，亲自指点。文天祥一年下来，考取了郡贡士，在大家鼓励之下，赴京参加科举考试。

科举的项目有很多种，其中最被人们看重的是进士科。进士科的考试内容包括诗、赋、论各一篇，时务策五道，“帖经（把经文掩贴一部分，令考生默记，相当于我们今天的填空题）”十帖，另外，还有“墨义”十条；墨义是经义的解释，多半是出自《春秋》或者《礼记》。

革斋先生亲自带着文天祥、文璧兄弟俩一同赴临安，参加省试。兄弟二人同被录取。接着，又参加集英殿的廷试。

廷试的考官是淳祐元年（1241 年）进士王应麟，文天祥原列名第五，可是王应麟看到文天祥的试卷，惊喜若狂地捧着试卷去见理宗，奏道：“写这篇试卷的人古谊若龟鉴，忠肝如铁石，臣为国家有此人才，为皇上贺。”

理宗看过试卷，也频频点头。其实，文天祥应考当天，身体状况并不佳，参加廷试的前两天，不小心吃坏了肚子，应考之前，几乎站都站不起来。但是，他在殿廊接到题目之后，运笔如飞，完全忘却了身体的不适，到午后就完成了万字长言。

理宗不但欣赏文天祥的文章，并且说：“文天祥，此天之祥，文之瑞也。”因此，文天祥又字宋瑞。在这一场考试之前，革斋先生病危于客栈。为了照顾父亲，文天祥的弟弟文璧主动放弃廷试。文璧后来投降元朝，受任为临江路总管兼府尹，文天祥十分难过，写了一首诗：“弟兄一囚一乘马，同父同母不同天。”

在这一年（宝祐四年，1256年）登科录中，一甲第一名文天祥，二甲第一名谢枋（fāng）得，二甲第二十七名陆秀夫，三人都是宋朝末年的忠臣，忠节集于一榜，这是千古佳话。

文天祥高中状元，年方二十一岁，为白鹭洲书院和江万里、欧阳山长增添了不少荣誉。

在中国古代，没有任何事比考上状元更光荣。皇帝唱名之后，立即赐给

状元郎，清内府彩绘本《庆赏昇平》之《泗州城》。

袍、帽、笏，并且赐宴。状元必须在宴会中呈谢恩诗；宴毕出来，骑上骏马，迎入状元局，接受官式礼仪款待，并且在状元局集会中招待宾客。

文天祥因为勤学努力，得到这项殊荣，可惜他最敬爱的父亲革斋先生，却不幸在他中状元以后第四天病逝了，年方四十二岁，文天祥哀痛莫名。不过，革斋先生能够亲眼看见爱儿高中状元，也算含笑以终了。

由于文天祥是状元及第，他对于国家更有一份责任感，所以日后经常自称为状元宰相，提醒自己要为国家尽忠，为民族尽孝。

江万里教训贾似道

文天祥高中状元，可惜陪考的父亲革斋先生，却在他状元及第后第四天病逝。

于是，喜事还没有办完，文天祥急急忙忙与弟弟文璧，自临安扶护父亲的灵柩归葬吉州故里，并且作《先君子革斋先生行实》一文，以志哀思。

宋朝是一个提倡礼教的时代，非常重视丧制，尤其重视人子的三年之丧，一般做官的除非有特殊情形，不得起复。《宋史》中记载的守丧尽哀的孝子极多，凡是读书知礼的士大夫，大都能够严守孝道。

文天祥是个最有儒家思想的读书人，而且父子情深，当然严守丧制之礼。在这个居里守制的三年之中，他除了在竹居之中闭门读书，还帮小他两岁的弟弟文璧补习功课。他虽然高中状元，文璧却因为要照顾父亲而放弃了廷试，没有中进士，这让他这个做哥哥的始终耿耿于怀。

文天祥丧期满后，头一件事便是带文璧赴临安应试，这一次，文璧也顺利中了进士，文天祥则由朝廷任命为宁海军节度判官。

文天祥状元及第第四天就因父丧请假，可谓官运不济。然而他志在做大事，不在做大官，因此，新官上任头一遭，便把炮火轰向董宋臣。

董宋臣人称董阎罗，是个无恶不作的大奸臣，他与丁大全联手出击，舞弊（bì）弄权，丁大全后来被正人君子逐去（本书前面讲过丁大全的故事），但是董宋臣一根寒毛也没损，照旧瞒上欺下。

二十四岁的文天祥，天不怕地不怕，以“敕赐进士及第文天祥”的名义，上了一道奏本，请斩董宋臣。他这篇奏本写得相当厉害，他认为，“不斩董宋臣以谢宗庙神灵，以解中外怨怒……敌人之心胆，何从而破？将士忠义之气，何致激昂……”，并且最后说：“如陛下以为狂妄而诛之，臣固已自请一死。”表示他是抱着一死的决心来揭发董宋臣的奸佞的。

结果，理宗既没有杀文天祥，正其“妄言”之罪，也没有斩董宋臣，只是把这封奏疏搁置一旁。文天祥很是泄气，辞去职务，回到故里。

返家不久，朝廷又派他担任签书镇南军节度判官厅公事，他仍然不想去，只想担任祠禄官。祠禄官是道士观的主管，是一个不管事的闲散职务。

到了景定四年（1263 年），文天祥调升著作佐郎，可是董宋臣竟然主管景献太子府事。文天祥四年以前曾经上书，请求杀掉董宋臣，皇帝未理，如今董宋臣反而升迁，文天祥激于义愤，实在气不过，再次上书，极言董宋臣大奸大恶，理宗还是不理。文天祥想想，这样的朝廷再待下去，也没有多大意思，他脾气一发，掼了纱帽就一走了之。

此时贾似道崛起，他已经看出文天祥这个年轻人，充满才气，也极有个性，有意拉拢，特别派了人去追文天祥，反复劝说，文天祥方才出知瑞州。

宋理宗在景定五年（1264 年）过世，度宗即位，文天祥又被调回京城，他杰出的表现受到度宗的激赏。在咸淳四年（1268 年）正月一个月之中，度宗派给文天祥三种职务：学士院权直、国史院编修官与实录院检讨官。

贾似道眼见文天祥冒得太快了，暗中指使御史台的御史，找出许多莫须有的罪，弹劾文天祥。这些御史全是仰承贾似道的鼻息，专打苍蝇，所以文天祥这只小苍蝇，他做什么官，御史都对他弹劾。于是，文天祥每次担任一个新职务不久便被轰下去，文天祥就在京里京外调来调去。

当他担任军器监等职之时，发生了一件大事，引起贾似道强烈的不满，这是咸淳六年（1270 年）的事。

贾似道对于度宗，好似猫耍老鼠，度宗则对他倍加礼遇，口口声声

“师相”而不呼其名。贾似道为了凸显自己的重要性，每隔一段时日便闹性子，嚷着要辞职归故里，把度宗吓得魂都飞了。度宗再三恳求后，贾似道才勉勉强强留下来。

有一回，贾似道又在玩这个游戏，度宗哭着挽留他，先是准许他不必每天上朝，只要六日一朝，继而又改为半个月一朝，继而又下诏准许贾似道入朝不拜。贾似道还不肯。文天祥看在眼里，十二万分地厌恶。

文天祥像，选自《文山先生全集》。

远在咸淳四年（1268年），贾似道戏君之时，文天祥的老师江万里就曾经看不过去，当面教训贾似道。他一把扶起正准备双膝落地的度宗，转过身子斥责贾似道：“自古无此君臣之礼，陛下不可拜，似道不可再说要走。”

贾似道恨恨地瞪着江万里，下朝之后，贾似道阴恻（cè）恻地向江万里道谢：“今日若不是江公，我贾似道成了千古罪人。”

从此之后，贾似道对江万里怀恨在心。江万里是个学者，每次度宗谈到经史方面的疑义、古人的事迹生平，贾似道抓耳挠腮答不出来，江万里总是对答如流，这件事，也让贾似道心理不平衡，所以找了一个机会，把江万里赶了出去。

贾似道戏弄宋度宗

在上篇之中，我们说到，贾似道独揽大权，祸国殃民，却还要时时戏耍宋度宗，以年老力衰为理由，再三请辞，其实却是一场表演。文天祥看在眼里，反感极了。

更让文天祥恶心的还在后头哩。咸淳六年（1270年），贾似道旧戏重演，度宗又吓软了手脚，哭哭啼啼，哀哀恳求。贾似道还是不理，一副非走不可的模样，度宗命令丞相马廷鸾研拟慰留的诏书，马廷鸾把这项任务交给了文采一流的文天祥。

此时此刻，襄阳吃紧，吕文焕快要苦守不住了，贾似道却流连于葛岭半闲堂之中，花天酒地逍遥快活。假如依文天祥自己的意思，贾似道要滚蛋，那是再好不过了，何必还要留住这个祸根。

奈何君命不可违也，文天祥勉强压抑一肚子要喷出来的火气，试着以皇帝的口气，写一封诏书，劝贾似道打消辞意。

在草拟的诏书之中，文天祥写道："先帝付托，大义所存，怎能因为疾病，而欲退休，所请不允许。"写得平平常常，没有过分溢美之词，甚且还隐含有"大臣应当以国家安危为重"的教训之意。

写完之后，文天祥就直接呈给度宗了。

贾似道知道以后，狠狠地大发了一顿脾气。第一，他听说文天祥虽然是状元出身，竟然不会做文章，没有把贾似道的重要凸显出来。第二，依照惯例，凡是呈给皇帝看的东西，都要先经过贾似道之手，文天祥竟敢不先呈给贾似道而直接呈送皇帝，简直目中无贾似道，好大的胆子！

为了让文天祥领教他的厉害，贾似道把文天祥拟的诏书抽回，换上另外一篇肉麻兮兮，把贾似道捧得上天，仿佛朝廷一日没有贾似道，就会轰然一声塌下来似的诏书，并且指使台臣张志立弹劾文天祥。

另外，贾似道又故弄玄虚，自己写了一封信，慰留文天祥。

文天祥对贾似道这一套虚伪、做作的表演厌烦到了极点，整个朝廷污浊的空气让他窒息，于是，整理行装，回家去了。事实上，当他正准备离开之时，台臣罢免他的命令也正好下来，这一年，文天祥只有三十五岁。

这一回，文天祥是下定决心，再也不做官，再也不蹚（tāng）浑水了。他回到故居，在富田村后面的文山上，盖了一座漂亮的别墅，找来许多年轻貌美的歌妓，过着豪华享乐的生活。

有些人对文天祥的了解是，他在奔赴国难之前，是个放纵、爱享受的公子哥儿，他们所指的，应该就是这一段时期的文天祥。许多事情，不能只看表面现象。文天祥是被贾似道逼出朝廷的，他虽然金樽对月，歌妓满前，内心却

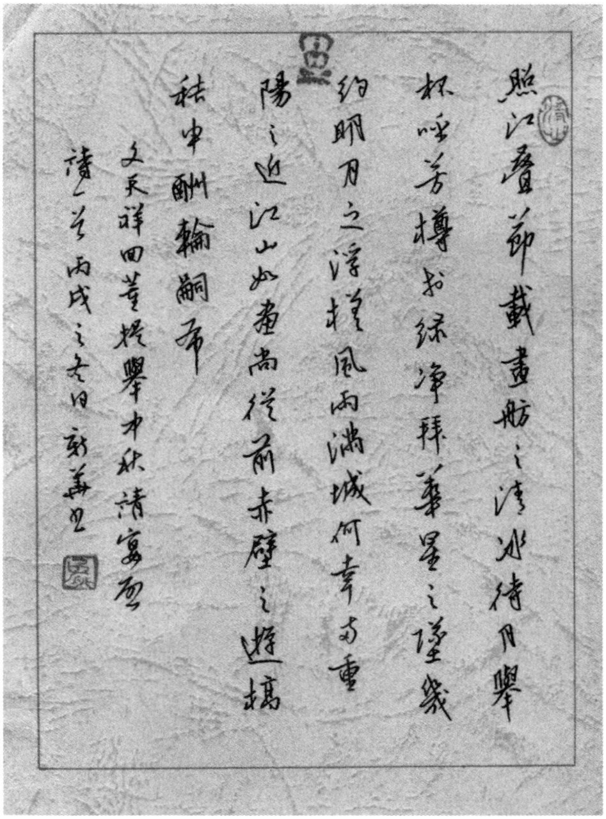

文天祥手书诗作。

极为痛苦。他在《山中感兴》的诗中，曾经说道："山深人不知，塞马谁得失？挑灯看古史，感泪纵横发。"从这首诗中可以看出文天祥在对朝廷失望之余，沉迷于享乐，实在是一种自暴自弃的反应，但内心仍然关怀国事，万分痛苦，就像一个失恋的人常会有借酒浇愁、放纵自己的表现，而心中总忘不了那让自己痛苦的情人。

人在山中，外面发生了什么事，他一概不知，他想把国事丢开，把自己麻醉在诗酒之中。但是，他做不到，他挂心蒙古人随时南下，他忧虑贾似道这老贼当道。

因此，咸淳九年（1273年），当朝廷任命他为湖南提刑，他又"自毁诺言"地上任了。这时，他的老师江万里也在湖南担任安抚大使，师徒二人都是看不惯贾似道，被迫赶出朝廷的，相见之下，不胜唏嘘。

江万里感慨万千，抚着文天祥的肩背道："我老了，不中用了，我阅人多矣，以后拯救国家的重责大任，看来就在你身上了，你要好好自勉。"

"是的。"文天祥恭谨地接受老师的教诲。

后来，江万里在饶州（治今江西省鄱阳县）故乡，于蒙古军攻破城门之日，纵身投入他早就预先凿好了的水池中溺死。

文天祥在湖南提刑任内，断狱公正，又肃清匪乱，造福百姓。这年冬天，他调知赣（gàn）州，第二年赴任，也就在这个时刻，鄂州被元军攻陷，朝廷下诏，号召勤王。

文天祥在赣南山区接到诏书，心情激动到达顶点，他立刻招募地方义士，又派遣使者回吉州故里募集民兵，一共招得一万余人。他变卖了吉州田产，供应这一万多人的口粮，许多平素仰慕文天祥的英雄豪杰，也纷纷前来投靠。

当文天祥一行满腔热血赴国难，不料竟然有人指文天祥的军队是乌合之众，无补大计。新上任的宰相陈宜中便命文天祥留守隆兴府（治今江西南昌），硬是给文天祥浇了一盆冷水。

当然，平心而论，文天祥所率领的，不是训练有素的军队，他自己也是手无缚鸡之力的白面书生啊。事实上，当他最初组织勤王军队之时，便有朋友好言相劝："元兵长驱深入，足下以乌合之众，前往迎敌，等于是赶着一群羊入虎口也。"

文天祥笑笑道："我何尝不知强弱悬殊，但是，国家养育臣民三百余年，一旦有急事，征兵天下，竟然无一人一骑应募，我对此深恶痛绝，所以我不自量力，决心以身殉国，希望天下忠臣义士，能够闻风而起，如此则社稷可保也。"

从这一刻起，文天祥就义无反顾走上"不自量力"的救国道路。

陈宜中的人格改变

文天祥抱着羊入虎口的心理，号召义士奔赴国难，不料，宰相陈宜中竟然下令，命文天祥留在隆兴府便可……

文天祥是一个意志坚强的人，不肯半途而废，屡次上书，向朝廷提出要求。同时，各方志士也纷纷责难朝廷，不该到此关头，仍然互相猜疑。陈宜中逼不得已，只好勉强准许文天祥到临安来，这一蹉跎，又浪费了三个月的时间。

陈宜中是继贾似道以后，操纵南宋大权的灵魂人物。此人在年轻的时候，英气勃发，颇有少年英豪的模样。当他在做太学生的时候，丁大全秉政，祸国殃民，陈宜中不客气地带头，上书攻击丁大全，结果被丁大全削了学籍，却传承了宋朝太学生“风声，雨声，读书声，声声入耳；家事，国事，天下事，事事关心”的美好学风。

岂料，陈宜中进入官场之后，年事渐长，也慢慢“学聪明”了，尤其是学了贾似道那套虚伪的作风，懂得多享乐、少做事的为官之道。因此，他虽官运亨通，胆子却愈来愈小，当年反对丁大全初生之犊的勇气，早已消失得无影无踪了。由此可见，一个人要执着到底，是多么困难的一件事啊！

陈宜中学习到贾似道惟我独尊的作风。国事已经糟到这般田地，他还是事事固执己见，不肯与人合作，生怕别人抢去他的风头。他不让文天祥到临安来，就是出于妒才的微妙心理。

由于陈宜中忙着与大臣闹意见、发脾气，文天祥的军队终于到达临安时，文天祥发现朝廷早已乱成一团，互相指责，互不相让，文天祥真是痛心极了。

陈宜中跋扈的作风，引起朝臣不满，左丞相留梦炎竟然不留一言，溜之乎也。连丞相都逃走了，其他官吏更不用说。陈宜中见此光景，知道自己撑不下去了，派柳岳到无锡求见伯颜，申述嗣君年幼（帝㬎只有四岁），且在父丧之中，请求元朝皇帝开仁慈之天恩。

伯颜对宋朝历史知之甚详，他冷笑一声对柳岳说："你朝的第一代皇帝赵匡胤不也是逼着周世宗的孤儿寡妇，取得天下的吗？你朝得天下于小儿，也当失天下于小儿，这是报应。"

德祐二年（1276年）元月，元兵大举进犯，陈宜中吓得连夜出走，南奔温州。太皇太后情急之下，派遣监察御史杨应奎，带着降表与传国之玺到了伯颜大营，哀哀讨饶。

伯颜接受了降表，要求宋朝宰相陈宜中，亲自到军前，商议投降的事。陈宜中早已被吓跑了。张世杰不肯奉命投降，带着他的军队南奔，太皇太后一筹莫展，慌忙之中，拉住文天祥收拾残局。

在朝廷已经投降之后，太皇太后命文天祥为右丞相兼枢密使，等于拖着文天祥当祭品。要是换了别人，一定不愿意在这个时刻卷入漩涡，跳进火海。可是文天祥欣然就任，所谓有一分热，发一分光。

文天祥是下棋高手，他常在棋谱之中，领悟到即或是残局，往往也有起死回生的可能，因此，他还是抱持着一线希望。

恭帝德祐二年（1276年）正月二十日，文天祥奉命与左丞相吴坚等四人，出使元营。元朝大帅伯颜帐中，刀枪密布，杀气腾腾，威风凛凛，吴坚等人，早已吓得大气不敢吐。温文儒雅的英俊小生文天祥，倒是笃定沉稳，一派泱泱大国的风范。

文天祥气定神闲道："我奉太皇太后之命，拜为右丞相，今特来此与元帅谈和。"

伯颜一向瞧不起宋朝人，今见文天祥如此斯文的模样，更加轻蔑道：“宋室已降，何和之有？”

“那是前右丞相陈宜中经手，我一概不知。”

“丞相来勾当（宋朝人喜欢用‘勾当’二字，此时当‘了却’解释）大事，也好。”伯颜道。

文天祥侃侃而道：“本朝为衣冠礼乐之邦，承帝王之正统，北朝是要以我朝为与国呢？还是要灭亡我国家？”

伯颜头也不抬地回答：“皇上（指忽必烈）有诏，社稷必不动，百姓必不杀。”

文天祥不放松道：“贵国数次与本朝使者有约，但无不失信。元帅既云‘社稷不动，百姓不杀’，请即刻退兵平江或者嘉兴，然后共商岁币与犒师之事。”

一听此言，伯颜嚯地站了起来：“退兵之事，谈何容易！”

文天祥也不甘示弱道：“你要知道，淮、浙、闽、广等地，均在我手，中国地方大得很，成败利钝尚未可知，兵连祸结，必自此始，到那之时，元帅将悔无及矣。”

伯颜大怒，而且大为奇怪，过去宋朝使者，到了元营，无不眼泪鼻涕齐下，全是磕头虫，这文天祥莫不是吃错了药，气得他翻眼骂道：“你国已降，还来啰嗦什么，难道你就不怕死吗？”

文天祥也动了肝火，他怒声道：“我乃宋朝状元宰相，但欠一死报国，刀锯鼎镬（huò），有何惧哉？”

伯颜很吃惊地望着文天祥，其他元朝将领面面相觑（qù），夸一声：“好，大丈夫。”

伯颜放走了吴坚等人，单独把文天祥留了下来，予以软禁，口上却客气地说：“今日之事，当与我仔细商量，不得不留你数日。”

宗帽三講歷史故事

中国历史故事

珍藏版

吴姐姐◎著

⑩

元

1206—1368 年

江西教育出版社
JIANGXI EDUCATION PUBLISHING HOUSE
·南昌·

蒙古劲骑，佚名绘。蒙古人所居草原，平旷无际，非马背无以自存；草原荒凉苦冷，蒙古人自小便体魄强健，能耐寒忍饥；他们自小练习狩猎，时时与野兽肉搏，所以便于弓刀，习于杀戮；蒙古人出征，并无饷给，所得全赖战利品，征战对于蒙古人而言，不异于是国家发动总生产，向无惧作战；他们采用恐怖战略，敌人望风投降者，可有生路，稍有抵抗，城陷之日，尽量屠杀；这些蒙古劲骑，得到成吉思汗这样一流战略家的统一指挥，横扫欧亚，攻无不克，所到之处，形成一股剽悍的狂风骤雨，成为历史上空前善战的民族。

——见《文天祥的〈指南录〉》

文天祥（1236—1283 年），选自《历代名臣像解》。字宋瑞，吉州庐陵（江西吉安）人，出身书香之家，自小便深得忠孝节义之教，二十一岁高中状元后，更激励自己为国家民族尽忠。元人渡江之后，文天祥组织义军，赴临安勤王，又临难受命，出任丞相，出使元营，不幸被扣留。历尽危难逃脱后，再次号召义士，兴抗元之师，终不敌被俘。文天祥本人虽无武功，但他人格完美，对江南士子极有号召力，元人对他威逼利诱，务求他能低头投诚，文天祥以大义自励，在污浊囚室之中，安之若素，终以不屈见杀。他留下“人生自古谁无死，留取丹心照汗青”“孔曰成仁，孟曰取义”的诗句，数百年来，激励后人前仆后继，为国捐躯，是中国人引以为豪的英雄人物、万世楷模。

——见《文天祥从容就义》

忽必烈（1215—1294 年），选自《乾隆年制历代帝王像真迹》。成吉思汗之孙，拖雷四子，宪宗蒙哥之弟。宋开庆元年（1259 年），忽必烈与蒙哥分攻南宋鄂州、四川，蒙哥攻钓鱼城时阵亡，忽必烈即放弃鄂州，北返燕京，于次年自立蒙古帝国可汗，六弟阿里不哥亦于和林称汗。阿里不哥虽有亲王支持，但忽必烈久经战阵，帐下多金、宋精英，英武卓绝，经五年内战，至景定五年（1264 年），平定阿里不哥。同年，忽必烈正式建都燕京，这一年，即蒙古人入主中原之始，至元八年（1271 年），蒙古正式建国号为元。忽必烈庙号世祖，是元朝的开国皇帝。

——见《马可·波罗晋见忽必烈大汗》

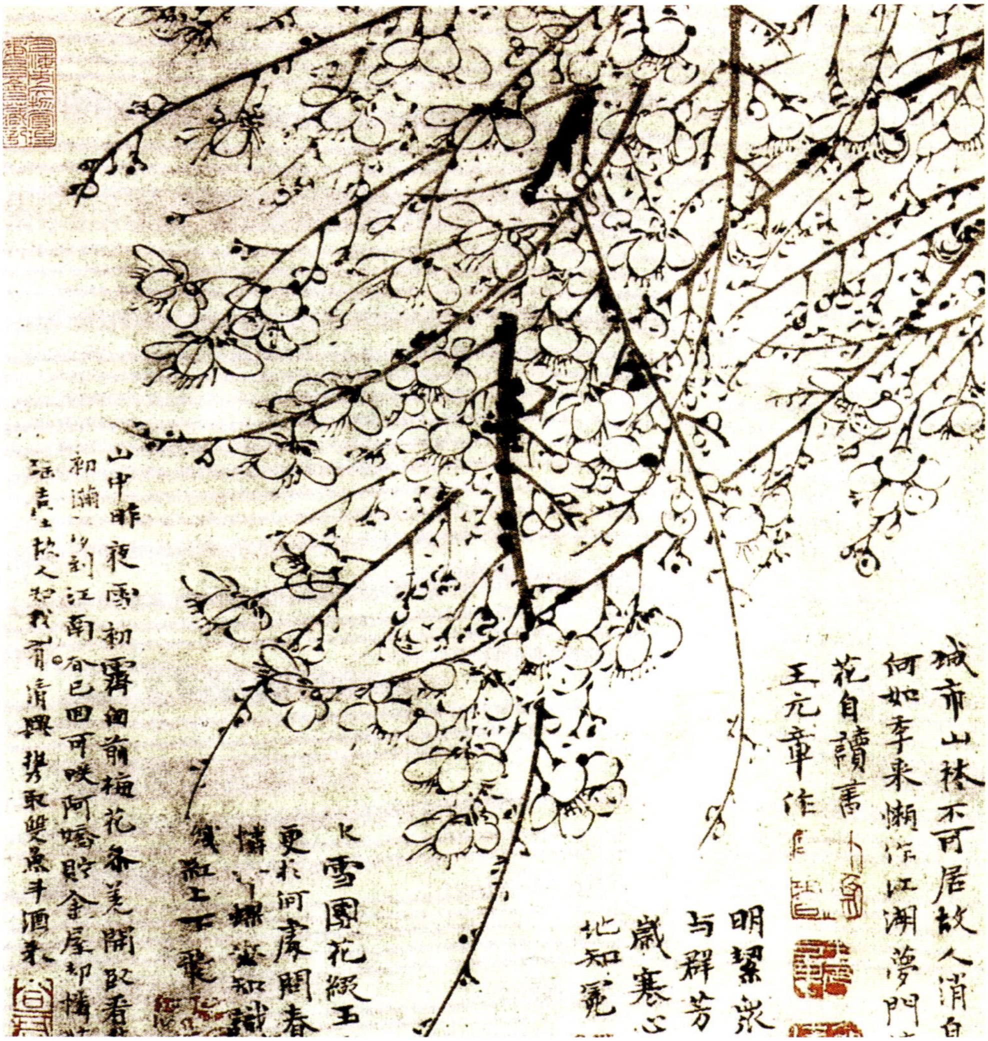

墨梅，王冕绘。王冕（1287—1359 年），字元章，元代画家。王冕远祖，本巨宦之家，至王冕父，家道中落。王冕幼年聪慧，族人号为“千里马”，王冕自己亦以诸葛孔明自励，学剑攻书，希望能澄清天下，成就事业，但时运未济，终成泡影。老年贫居乡里，朱元璋大将胡大海攻绍兴，请教王冕，王冕对他说：“大将军如以仁义服人，何人不服？要我教你如何杀我父老兄弟，万无可能。”不久即死，胡大海将他葬于山阴兰亭之侧，题“王先生之墓”。王冕之名亦见于吴敬梓《儒林外史》，书中称他为画荷圣手，信史当中的王冕，却以画梅享有盛名。他所绘梅花风神绰约，奕奕有致，无论含苞、开谢皆飘逸不俗。

——见《〈儒林外史〉中的王冕》

元人戏剧中各种角色，山西省洪洞县广胜寺明应灵王殿壁画。元朝只短短九十年，在中国文学史上，“元曲”是与“唐诗”“宋词”鼎足并举的文学形式。“元曲”包含两个部分，一是散曲，一是杂剧，散曲可以说是元代的新诗，杂剧是元代的歌剧。杂剧表演有三种形式：歌曲、宾白与科；杂剧角色分旦、末、净、杂，往下细分还有众多种类，比如旦还要分为正旦、外旦、小旦等等。杂剧本只是一种戏曲形式，但得到元代众多一流才人相率投入，这才大放异彩、光焰照人。

——见《杂剧大师关汉卿》

关汉卿（约 1230—约 1300 年），今人李斛绘。元朝是科举自实行以来规模最小的一朝，士子日夜研读诗赋古文，期待榜上题名，现在英雄无用武之地，而杂剧兴起，正可以抒情怨、写故事，合乎苦闷时代浪漫与忧郁文人的口味，于是元代众多一流才人，相率投入，倾身贡献，才有这光芒万丈的元代杂剧。关汉卿便是其中最杰出的一位。关汉卿，号已斋叟，大都（今北京）人，元代最伟大的戏剧创作家，一生所创杂剧六十种以上，其中以《窦娥冤》最为知名，剧中女主角窦娥一生遭际，令万代神伤，此杂剧是世界最伟大的悲剧。关汉卿一生混迹剧场中，有人称他为“梨园领袖，编剧帅首，杂剧班头”，他堪称才气无双的风流浪子。

——见《杂剧大师关汉卿》

目 录

文天祥被困元营

上一篇我们说到，状元宰相文天祥到元朝大营议和，与大帅伯颜言语不和，被扣留下来。

文天祥初到元营，便与吕文焕同座。文天祥知道他就是苦守襄阳的吕文焕，心中恼怒吕文焕不能坚持到底，最后还是投降了元朝，别过脸来不理他，懒得与他讲话。

过了两天，吕文焕见文天祥与伯颜起了冲突，忍不住劝道："朝廷既已归降，丞相何不息怒？"

一听吕文焕为元朝帮腔，文天祥怒由心生，指责道："你……你这个乱贼，你根本不配与我说话。"

吕文焕曾经苦撑五年，天天盼朝廷来援，眼睛都要盼出血来了，要不是贾似道老贼误国，他今天也不会来侍奉夷人，因此，对文天祥的指责他很不以为然道："丞相，你凭什么骂我是乱贼？"

"你，身为大将，守土有责，竟然背离国家，叛君投敌，以致国家不幸至此，你这个罪魁祸首，连三尺童子都在骂你，何止我一人骂你？"

吕文焕觉得文天祥这个话太不公平，不自觉也提高了声音辩解道："我困守襄阳达五年之久，朝廷不救，我不得已而投降，何乱之有？"

文天祥毫不留情地说："城已破，你可以死啊，你贪生怕死，上负朝廷之望，下辱吕家之声，我恨不得杀了你和你卖国的侄儿！你们叔侄两人若要杀我，反倒是周全我，我也不怕。”

吕文焕被文天祥骂得抬不起头，一语不发，惭愧地离开了。若是换了别人指责吕文焕不忠，他会十二万分地不服气，嘲笑对方没有吃过贾似道的亏，不了解忠臣对朝廷由爱生恨的心理历程。可是，面对着文天祥，文天祥也屡次受到贾似道的排挤，也了解朝廷的黑暗，现在依然大义凛然在等死，吕文焕只有汗颜。

在一旁的伯颜，看到了文天祥教训吕文焕这一幕，吐着舌头叹道：“文丞相心直口快，真是标准的男子汉大丈夫。”

南宋既然已经投降了元朝，伯颜在临安设置了两浙大都督府，亡了国的太皇太后，以贾余庆等五个人为亡宋祈请使，赴北都朝见大元天子。

伯颜下令让文天祥与祈请使一块儿前往北都，并且对文天祥说：“元朝也要兴办学校，创立科举，希望文丞相能够做大元宰相。”

文天祥真是不胜气愤之至，心想，这简直是开玩笑嘛，他也耻于与贾余庆等人同往北都。但是，文天祥虽然是个手无缚鸡之力的文弱书生，却是个极有勇气与决心的人，他暗暗决定，趁这个机会逃跑，东山再起，重建宋室。

孔子说，德不孤，必有邻，有时还颇有道理，文天祥是个不怕死的血性汉子，他也交了不少与他有同样抱负的朋友。初抵临安时，文天祥就认识了杜浒，两人一见如故，推心置腹。

杜浒是浙江天台人，是一位倜傥（tì tǎng）的世家子弟，却丝毫未沾上公子哥儿的恶习，很有几分才情。他眼见权臣误国，悲愤填膺（yīng），在天台召集了四千余人，满腔热血到了临安，却见到陈宜中等人忙着议和，朝廷上下病恹（yān）恹，没有一点儿生气，真是让有热血的年轻人看不下去。

杜浒幸亏遇到了文天祥，两个人都是热血沸腾，谈得相当投机。当文天祥告诉杜浒，他要单枪匹马赴元营，杜浒沉吟了一会儿说：“这太冒险了吧？”

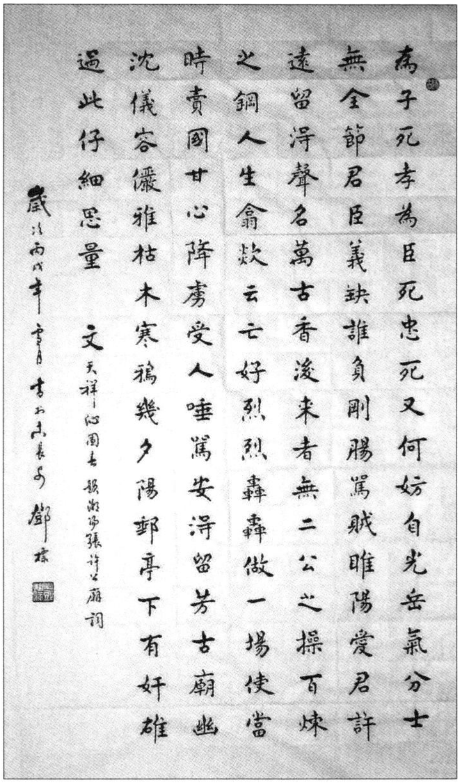

文天祥词作。

文天祥慷慨激昂道：“不入虎穴，焉得虎子，陈宜中既已逃走，我不去谁去？”

“好，那我也跟着去！”杜浒一拍胸脯，便跟着文天祥，当随行。除了杜浒，另有余元庆、李茂等十二个人，都是死心塌地跟着文天祥闯元朝大营的志士。文天祥被扣留在元营，杜浒等也动弹不得。

文天祥既已决定趁着北上的机会，死中求生，逃出虎口，便悄悄与杜浒商量定计，见机行事。在文天祥遗留下来的《指南录》中，详详细细记载了这一段经过：

此番北上，走的是小路，从临安出发，沿运河而行。第一天晚上停泊在谢村，元兵把他们移到岸上，借住在一个农户家里，文天祥差一点逃走了。

次日开船，换了一个看守，戒备更加森严。船抵平江府之时，许多百姓听说文丞相来了，都挤在岸上等着求见。文天祥此行，是与宋朝祈请使一块去见北朝大元天子，毕竟不能算是囚犯，还是有接见宾客的自由的。

老百姓见到文丞相，都兴奋得不得了，文天祥又是感动，又是惭愧，更坚定了为国效命的决心。

文天祥是被迫与宋朝祈请使一同北上的。一路之上，贾余庆、刘岳等五位祈请使真是丢尽了宋人的脸，贾余庆外号疯子，果然疯言疯语，破口大骂宋朝大臣，他也许以为骂自己，就显得是高等汉人，却让元人给看扁了。

刘岳更糟糕，最爱讲黄色笑话，蒙古人干脆找了一名村妇到船上，和他搂搂抱抱，刘岳就当众出丑，表演与村妇打情骂俏。吕文焕虽然投降了元朝，到底原是忠诚爱国之人，看到元人拿宋人当笑话，忍不住长叹："国家将亡，才会生这种妖孽。"

元兵对刘岳说："来啊，抱她坐到身上嘛。"这是要让刘岳出丑，不料刘岳就真的把村妇抱起，放在膝盖上亲热。文天祥在一旁，如坐针毡，不断摇头道："衣冠扫地。"刘岳不觉难为情，文天祥却气他丢尽了宋朝人的脸。

文天祥逃出元营

文天祥被元人软禁以后，伯颜大帅强迫其北上，朝见大元天子，文天祥准备伺机而逃，重整天下……

元人知道文天祥心不甘、情不愿，因此一路之上，特别注意文天祥的行踪。这使文天祥动弹不得，暗暗叫苦。

船抵常州时，文天祥有机会上岸，他看到两岸庐舍都成了废墟，心中对蒙古人的残忍，十分反感，曾经写下“山河千里在，烟火一家无”“苍天如可问，赤子果何辜”的诗句。

在船上漂荡十天以后，到达了镇江。镇江是长江南岸的大码头，也是沿着运河北上途经江南的最后一个重镇，由于此时，江北要地扬州、高邮、淮（huái）安仍然握在宋人手中，蒙古人的舟船，若想通过江北，还要一番周折，因此，他们一行先下了船，暂时住在岸上。

话又说回来，文天祥若是想开溜，镇江是他最后一个机会，若是过了长江，到了淮河流域，那真是插翅难飞，因此，文天祥心里头真是急得很。

偏偏元朝人不放心文天祥，又加派了一名王千户日夜牢牢地盯住文天祥，几乎是寸步不离。幸而王千户只是一径儿黏着文天祥，对杜浒等人没兴趣。杜浒得以每天自由自在赴酒楼喝酒，与人攀谈找机会。

杜浒假装是个生意人，要雇一艘船，运货到江北，谈来谈去，谈了不下十余起，总是谈不拢。文天祥随行的十二人之中，有一个名叫余元庆的，遇着了一个叫吴渊的老同乡。吴渊的长官投降了元朝，他也只好跟着降元，不过，心里不愿意。

这一会儿，吴渊听余元庆说文丞相要用船，就准备用自己的船送丞相渡江，银子也不要，只希望将来有机会能够拜见文丞相。余元庆大喜，文天祥、杜浒也很乐。

然而，眼前有一个问题，接应的船虽然有着落了，但从寓所到岸边，街头曲折迂回，大街通衢（qú）都有哨兵盘查，若是抄小路捷径，却又人生地不熟，根本不认识路，想到这一层，大伙儿又开始发愁。

吴渊站起来说："我出去想想办法。"过了大半天，吴渊回来笑着说："解决了。"原来他找到一位镇江老兵，熟门熟路，不论大街小巷，都一清二楚，只要给他几文钱买酒喝，就不成问题了。另外杜浒又在酒楼里寻着一个查夜的刘百户，塞了他不少银子，刘百户也答应放一马，双方决定，第二天半夜成行。

事情到此，万事俱备。不料，第二天一大早，元军突然要文天祥中午渡江。

文天祥先是一愣，继而机警地说："听说吴江病了，我也来不及收拾行囊，明天我与吴江一起走吧。"

元军心想，晚一天应无大碍，不过，却嘱咐监视文天祥的王千户道："你要看紧一些！"

当天晚上，文天祥差人买了卤（lǔ）菜，打了好酒，宴请房东与王千户，表示辞别之意。王千户不疑有他，难得打牙祭，不吃白不吃，不喝白不喝，痛快地享用一番。文天祥与杜浒左一杯、右一杯，把王千户灌得一头靠在桌边，呼噜呼噜大醉不醒。

眼看王千户推也推不醒了，文天祥等立刻前往鼓儿巷，领路的老兵与查哨的刘百户都到齐了，一行人蹑手蹑脚，弯弯曲曲，不晓得走了多少巷道，前面又发生了意外。

原来此处是骑兵营队，是一个必经之地，夜深人静，骑兵全部睡着了，可是，十多匹马却横七竖八拦在巷中，若要硬闯，惊动马匹，马儿长嘶一声，大家都完了。

幸而余元庆等人懂得驯马功夫，晓得怎样拍马屁，提心吊胆地折腾了大半夜，马匹终于客气地让出巷道，让文天祥通过了骑兵营。

好容易过了这一关，文天祥等到达江边，却不见约定的船只，文天祥把藏在靴筒里的匕首拿了出来，他已经决定，万一逃脱不成，他就自杀。

幸而此时，吴渊的船出现了，文天祥等快速地踏上跳板，进入船舱，小舟慢慢驶出江边，此时，满江全是元朝的战船，不断地与小舟擦身而过，元人做梦也没有想到，小舟中正坐着南宋状元宰相文天祥。

此时正是二月里，江面上寒风瑟瑟，海天茫茫，愈行愈远，文天祥仰望黑夜，对着繁星点点，不知未来命运如何，他正在长吁一口气，庆幸逃出了元人掌握，突然远远传来问话声："是什么船？摇过来查查看。"

原来，文天祥遇到缉私的船，如果真要划过去让他查，岂不是白白送上去。当下，杜浒等人猛力摇着桨，快速地逃走，巡查船大呼："是歹船，追!"幸亏老天帮忙，恰好退潮，巡查船追不上，再加上巡查船以为了不起是小小走私，谁也没想到暗藏如此重大"私货"，否则元军战船一定追来。

文天祥这才出了江，遇着顺风，终于脱离了虎口，这一路之上，真像是演侦探恐怖片。文天祥好不容易逃过一劫，却迫不及待又要投入危险的救国工作。

李庭芝中了元朝的离间计

文天祥历尽艰险，终于虎口脱身，他长吁一口气，瞻（zhān）望前途，似乎呈现了一片光明的远景。

文天祥一行，终于抵达真州城下，向守城卒吏，通报了姓名，卒吏忙不迭地上报真州安抚苗再成。

苗再成一听文丞相驾到，兴奋极了，真州百姓更是万人空巷，纷纷跑出来，争睹状元宰相的风采。

古代交通不便，没有新闻传播工具，苗再成竟然根本不知道宋朝向元朝投降一事，听到文天祥细述经过，苗再成也感伤极了。

苗再成问文天祥："宰相日后打算如何？"

文天祥思索了一会儿道："我想去淮东找李公。"李公指的是李庭芝，此刻宋朝仍然拥有一些兵力，并且对宋朝忠心不贰的大概只有李庭芝了。

不料，元朝军队发现文天祥逃脱以后，异常愤怒，对外散播谣言，说是文天祥投降了元朝，元朝派文天祥赴地方劝降。

李庭芝自江南逃兵口中获得了这个消息，说是元军秘密派遣文天祥去劝诱苗再成投降。于是，他立刻写了紧急公文，快马加鞭送到了真州，命令苗再成把"先投降敌人，继而又当了敌人间谍"的文天祥，就地逮捕，斩首示众。

苗再成接到了紧急公文，先是一愣，接着责备自己太天真，想元军伯颜一路严密看守，而且布下了天罗地网，文天祥一个文弱书生，怎么有办法逃出魔掌？文天祥所言一路上逃亡的经过，也未免太离奇了。

但是，苗再成又觉得，文天祥一行，个个都是置个人生死于度外的模样，左看右看，也不像是装的。同时，文天祥并没有向他劝降，反而鼓励他与元军战斗下去，这又是怎么一回事？苗再成都被搞糊涂了。

最后，苗再成决定，给文天祥一个机会，免得白白牺牲了一个忠臣。他先骗文天祥一块儿去巡视真州城防堡垒，当文天祥一行跨出了真州城门，苗再成拿出李庭芝的文书道："有人在扬州，听得丞相通敌的消息。"说着，径自回城，立刻关上了城门，留下文天祥愣在城门外，不知如何是好。

文天祥一行人面面相觑（qù），互相长叹，怎么也料想不到，赤心报国，却落了一个不能见谅于自己人的下场，这种被冤枉的滋味真是不好受啊！

文天祥在城门外，来来回回踱着方步，他考虑了许久，下了决定道："既然李庭芝怀疑我通敌，我就去扬州，和他当面解释个清楚。"

正在此时，忽然城门大开，缓缓来了一批人马，为首的说："我等奉命，护送文丞相，看相公要去哪里？"

"必不得已，惟有去扬州见李相公。"

"李制使要杀丞相，去了岂不是送死，何不去淮西？"

淮西是元军控制之地，一听此言，文天祥脸色大变道："看来苗安抚也是怀疑我通敌，那我更要去扬州，生则生，死则死，就是死于扬州，也无愧于大宋朝的宰相。"

为首的人见文天祥一副视死如归的神情，翻身下马，一抱拳道："我是奉命试探文丞相，苗安抚有令，若是丞相果有赴淮西元营之意，就地正法也。"于是，一路人马护送文丞相从真州到了扬州城外，然后拜别。

幸亏文天祥真金不怕火炼，否则就死在真州城外，陈尸原野了，实在好险。

文天祥到达扬州城外时，还没天亮，城门紧闭，寒风阵阵吹来，有点凉飕（sōu）飕的，但是心上更凉。

杜浒说：“即使见到李公，把事情说清楚，他还是不相信，那该如何是好；万一被他关了起来，又怎么办？”

杜浒这话很有见地，天下许多事，原非“沟通”二字可以化解，若是心有成见，说破了嘴也没用。

文天祥认为杜浒的看法有理，若是死在李庭芝自己人手中，那才真是冤啊，未免太不值得了。当下决定，先去高邮，再往通州，赴闽广一带，找寻二王。所谓二王，指的是宋朝投降之后，恭帝赵㬎（xiǎn）的兄弟益王赵昰（shì）与广王赵昺（bǐng），他们自临安逃出，到了福建。

此时，文天祥随行之一余元庆找了一个樵夫，他识得前往高邮之路。但是，余元庆却打了退堂鼓，他不想再跟文天祥走下去了。

余元庆原也有一腔热血，但是，他看清了宋朝的腐败，也经过了劫后余生，如今，又遭到自己人李庭芝的误解，深深体会到，大势已去，绝不是单靠他们几个人可以扭转乾坤的。他不想再过风餐露宿、提心吊胆的日子了，刚好他的家乡在真州，他准备回去当老百姓。

余元庆要走，李茂、吴亮、萧发也熬不下去了，他们四人悄悄地离开了文天祥，并且带走了一些白银。文天祥身旁只剩下八个人了。

余元庆开溜，文天祥倒并不怪他们，他知道自己走的是一条艰辛、困苦，而且没有希望的道路，他从来不敢想会成功，却还是义无反顾地走下去。文天祥要让当世人看看，尤其是让后代人看看，中国人还有这么“傻”的知识分子，考取状元的，不是都想升官发财，也有怀抱大志的。

文天祥的《指南录》

在上一篇，我们讲到，文天祥一行为逃避元军，狼狈已极，余元庆等四人熬不下去，悄悄地离开了，如今，只剩下八个随行伴着文丞相苦苦撑下去。

由于文天祥等人要躲避元军的追赶，一路上，他们不敢走大路，只敢在荒烟蔓（màn）草的羊肠小径穿梭，跌倒了再爬起，虽然身上还有少许银子，却不见商家。他们也不敢随随便便地讨食，只能拼命忍着饥饿。

走着走着，天已大亮。当时，元军早上放哨，万一被查哨的看到，岂不前功尽弃？非得找一个地方藏身才行。远远地，他们看到一个露天的土围子，走近一看，原来是荒废的牛栏，臭不可闻，他们就捏着鼻子一块儿挤了进去，然后掏出钱来，拜托领路的樵夫进扬州城去买点儿干粮。

樵夫走了不久，忽然远处马嘶传来，竟然是元军数千压阵而来，铿（kēng）铿锵（qiāng）锵的刀剑撞击声，把文天祥等人吓得胆战心惊。他们赶紧蹲下身子，此时既不能顾及牛栏的污秽，也不能计较牛粪的恶臭，更管不了肚子饿得咕咕叫，一心盼望元军早点儿离开。

其中之一的随行，他稍微伸长了脖子，往外看了一眼，低呼一声："糟了。"接着把头尽量压得更低。原来，这一群大军是押解亡宋祈请使等一行人，而文天祥等正是从这个团体中逃脱的，真是冤家路窄。

幸而在千钧一发的时刻，天昏地暗，下了一场倾盆大雨，雷声隆隆，十分骇人。躲在牛栏中的文天祥等，当然是更加狼狈，从头湿到脚。牛栏外的元军，为着躲雨，快马加鞭，疾驶而过，也没有兴致瞄一眼牛栏。如果元军看一眼，就会大喜过望，原来苦苦寻觅的文天祥，正藏身牛栏，元军可以不费吹灰之力，来一个瓮中捉鳖。

元军终于走了，文天祥一行站起，一个个全身都是牛粪泥巴，三分像人七分像鬼。走了没几步，又遇到元兵，他等即刻藏身到竹林中去，不幸得很，王青被捕，金应被逮，张庆眼睛中了一箭，邹捷腿上受了伤。文天祥命大，被竹丛挡住，元军没能发现。

当文天祥终于到达通州时，他已经被折磨得不成人形，随行十二人只剩下一半，回顾自被扣元营到脱险，整整四十天的非人生活，他把这段经过整理出来写成诗篇，题目为《指南录》。我们这几篇的故事，就是参考《指南录》写成的。

文天祥在《指南录》后序中说："呜呼！死生，昼夜事也。"以他一个文弱的书生，经历这四十天的煎熬，换了别人，早已心灰意懒，捡回一条命，回去当老百姓了。可是文天祥非同凡人，他吃尽苦头，却更坚定救国复国的决心，生生死死，他早已看开。他在通州，来不及休息，急着雇舟南下，

蒙古骑兵，佚名绘。

到温州去寻觅二王。

所谓二王，指的是赵昰与赵昺，两人都是度宗的庶子，嫡子赵㬎，虽然已经投降了元朝，但是宋朝大部分的领土，尚未落入元军之手，宋朝有一些不愿意为元臣的文武官员，仍然希望重整河山，因此，共推赵昰为新皇帝，是为宋端宗，在福州即位。

宋端宗即位那年，只有九岁，相当于今天小学三年级的小朋友，怎么能处理国家大事？因之，一切军政大权，仍然操在陈宜中手里。

说来让人痛心之至，宋朝人真是不能团结啊，这个局促在福州的小朝廷，一切因陋就简，但是，陈宜中等人的官架子仍然不能不摆，官瘾不能不过，陈宜中堂而皇之当了“左丞相兼枢（shū）密使，都督诸路军马”，官大权也大。

文天祥千辛万苦，长途跋涉到了福州，心中怀抱着无限的欣喜与热情。他以前对陈宜中的印象不佳，满以为经历了国破家亡之后，陈宜中应该“懂事”一些。

谁知陈宜中因为有“临阵脱逃”的前科，心里有自卑感，而文天祥赤胆忠心，人所仰慕，他好像打翻了醋罐子，讲起话来酸酸的，又随时不忘摆架子，似乎要给文天祥一个下马威，十足腐败官僚的丑恶嘴脸。

文天祥好生气，若不是为了顾全大局，他真要与陈宜中翻脸。陈宜中不愿意文天祥在端宗身边，抢他的风采，于是，派文天祥远赴南剑州（福建南平市）经略江西。文天祥虽然不情愿，也还是到了南剑州，并且积极地招募豪杰，准备收复河山。

宋朝臣子们拥立端宗，自然是元朝所不能容忍的，元朝伯颜命令已经成为俘虏的太皇太后，派了两名宦官，千里迢迢，火速召二王回临安。

这两名宦官，领了太皇太后的懿旨到了温州。温州的宋将，二话不说，就把两名宦官，连同随行的宋兵，一起扔到大海之中喂鱼去了。

元军接到消息，即刻兵分三路南进，一路从浙江入福建，一路从浙江入江西，还有一路从湖南侵入广东。

谢枋得的故事

在文天祥义无反顾的奋斗过程之中，除了他以外，还有不少可敬可爱的知识分子与他一般“傻”。文天祥是状元，同年二甲第一名谢枋（fāng）得，二甲第二十七名陆秀夫都是宋朝末年响叮当的代表人物，忠节集于一榜，这是千古佳话。现在，我们暂时放下文天祥，先介绍谢枋得。

谢枋得，字君直，为人豪爽，不拘小节。他有速读的本领，能够同时看五行，他不但看书速度惊人，而且记忆力超群，过目不忘。领教过谢枋得观书本事的人，无不跷起大拇指称奇。

在读书时代，谢枋得就以直说敢言著称，他口才很好，头脑清晰，逻辑清楚，而且感情充沛，每次论起国家大事，总是情绪激昂到达了极点，常常引起旁人关注，也常常让人担心他多言贾祸。他的好朋友徐霖（lín）形容他如一只飞鹤，插翅入云霄，根本不是任何笼子可以关得住的奇才。

宝祐年中，他参加进士考试，在对策之中把丞相董槐与奸臣董宋臣批评得体无完肤，他的文章之中有一股强大而凌厉的力量，更有一种坚韧不屈的精神，使得看过的人感到极大的震撼。

考上进士之后，谢枋得担任过抚州司户参军，也曾经带领信州百姓抵抗盗匪，不久，他直言的个性果然惹出祸事。

当时，贾似道欺上瞒下，戏耍皇帝，整日蹲在地上玩斗蟋蟀，号称为“军国大事”，把真正的军国大事置之脑后。贾似道喜欢吃蕈（xùn），尤其是天台山上的蕈，但是蕈一离开了桐木，味道就变了，于是有好事者劳师动众，自天台山上把桐木连蕈一块儿搬下来，让贾似道大快朵颐。

除了山珍，贾似道还偏好鳊（biān）鱼，特别是苕溪中的鳊鱼，会拍马屁的赵与可养了数千条鳊鱼，并且雇了大船，每天忙着运鳊鱼。

贾似道坏事做尽，却十分要面子，当时一般人为阿其所好，竟然把他捧为“周公”，真是恶心。谢枋得对这位“周公”，实在不能苟同，拿起笔来，痛快地斥之为“兵必至，国必亡”的奸佞，这话说得一点不错，有官如此，国家焉得不亡。

有个名叫陆景思的漕使，一向与谢枋得合不来，漕使是个肥缺，陆景思与贾似道走得很近，才能捞着这个好处，他以对贾太师忠心耿耿为名，特把谢枋得这篇厉害的大作，恭恭敬敬呈献给贾似道。

贾似道一看大怒：“这还了得！”立刻以诽谤罪的名义，摘除谢枋得的官职，并且谪居兴国军。一直过了数年，谢枋得才被赦回。

谢枋得听说吕文焕苦守襄阳五年，贾似道不理不睬，而且瞒住皇上，他十分气愤，决心用一己绵薄之力救援吕文焕，他正准备只身前

谢枋得，选自《三才图会》。

往江州，与吕文焕当面商议，不久，消息传来，吕文焕已经对宋朝由爱生恨，转而投降元朝。

这个坏消息并没有击倒谢枋得，他决心自己投笔从戎，可惜，毕竟是一介儒生，与文天祥差不多，三两下就败下阵来。

谢枋得眼看当时预料的“兵必至，国必亡”就在眼前，心情沮丧到了顶点。他隐姓埋名，披麻戴孝，藏身于建宁唐石山中，经常望着东边，号啕痛哭，哭得凄惨极了，不认识的人都以为他有毛病。

为了糊口，谢枋得在建阳卖卜。宋人喜欢算命，“卜以决疑，不疑何卜”，算算流年，算算妻财子禄，半消遣半认真。只要有顾客上门，谢枋得就干咳一声，清一清喉咙，按着出生年月时日的干支八字，配合阴阳五行相生克之理占卜吉凶。国已亡，他心已死，做什么都无所谓了。

这位算命先生算得还蛮准的，可是很奇怪，当顾客请教完毕，付了钱站起来要走之时，谢枋得总是拿起一枚铜币道：“这就够米钱了，其余请拿回去。”

顾客还以为自己听错了，转身要走，谢枋得又唤道：“拜托，请把多余的钱带走。”久而久之，建阳人氏都知道这么一个怪异的算命先生，继而人们发现他谈吐不俗，腹中颇有诗书，把他请到家里当塾师，谢枋得也欣然前往，建阳人氏却不晓得，这位塾师可是进士出身，大有来头。

宋朝灭亡以后，集贤学士程文海推荐二十二名大学问家给元朝朝廷，元朝行省丞相忙兀台亲自来访谢枋得，热络地执着谢枋得的手请求帮忙，谢枋得推说：“上有尧舜，下有巢由，谢枋得名姓不详，不敢赴诏。”

忙兀台拿谢枋得没办法，悻悻然告辞。

陆秀夫与张世杰

在宋朝末年，抵抗元军最著名的英雄人物，除了文天祥以外，就是张世杰与陆秀夫，人们合称他们为“宋末三杰”。

话说宰相陈宜中控制的小朝廷，不断地排挤文天祥，自己却抵抗不住元军的进犯，陈宜中第二度逃之夭夭，不知去向。

小皇帝端宗，在海上遇到飓（jù）风，受了惊吓，小小年纪，实在禁不起这番折腾，活活给吓死了，可怜，死时只有十一岁。

端宗这么一死，大有树倒猢狲散的败落味道，幸而签书枢密院事陆秀夫登高一呼：“大家不要忘记，度宗还有一个儿子在呀，古时候有以一旅之众，一城之地，尚可中兴者，今天百官有司俱在，有士卒万人，证明上天还不准备灭绝大宋，难道我们不能再复兴吗？”

陆秀夫，字君实，文章清丽，平日个性沉静，不喜多言。在应酬场合，不管旁人闹酒闹得如何热闹，他总是一个人矜持庄重坐在席上不言不语。

众人没有料到，沉默寡言的陆秀夫真是不鸣则已，一鸣惊人，他这番话凝聚了人心，为大家重新燃起了希望。于是，百官共推赵昺为帝，赵昺只有八岁大，相当于今天小学二年级的小朋友，由张世杰、陆秀夫两人共同辅政。

帝昺这个小朝廷委实可怜，只剩下小小的几个县，张世杰选择了广东新会的崖山为根据地。崖山位于广东赤县东海中，有两山相对如门，又称之为崖门山，地势险要，可以扼（è）守。

张世杰派人入山伐木，草草搭了三十间稍微像样的房屋，作为皇帝的行宫，又造营房三千间，作为军旅长期抗战之用。

在这个颠沛流离逃难之所，朝廷之上早就无所谓纲纪，可是陆秀夫每日朝会，仍然手捧着象笏（hù），庄严敬谨肃立着。面对着眼前一片凄凉，他却时时忍不住，偷偷用朝衣拭去眼角的泪水，左右看到的人无不为之动容。

张世杰、陆秀夫，一个主外，一个主内，渐渐把崖山朝廷经营起规模，附近的州县纷纷加入，一时之间，俨然成为复兴的基地。

不幸的是，元朝大将张弘范嗅出这股气息，他向元世祖忽必烈上报：“宋朝人强调忠臣不事二主，而且宋朝人素来认为：汉族衣冠，不能沦为夷狄。因此崖山小朝廷，虽然不足以成事，却不能等闲视之，我们必须把它消灭得干干净净，不留一点儿祸根。”

元世祖忽必烈认为张弘范的建议极有见地，立刻赐赠尚方宝剑，任命张弘范为大元朝蒙古汉军都元帅。

张弘范在潮阳，先俘虏了深孚（fú）众望的文天祥（这段经过我们下次再谈），然后全力扑向崖山。

有谋士对张世杰说：“出海的要塞港口，我们无论如何要固守，否则我等无法进退。”

张世杰却另有想法，他的看法是：“老是守在海上，士卒必然离心，现在，是决一死战的时候了。”他一狠心，把岸上的一切烧个精光，然后集合全部人马，撤退到了一千艘巨舟上，用铁链把舟与舟锁起来，四周筑起楼棚，帝昺的巨舟停在一字形船阵正中间。

张世杰的战略，许多人都觉得不妥，都提醒张世杰：“莫忘了赤壁之战的教训。”

赤壁之战是三国时代有名的一场大战，曹操率领大批舰队乘风破浪而来，他为了应付军士们的晕船症，把大船小船搭配起来，首尾用铁环相连接，上面铺以宽木板，曹操在甲板上愉快地漫步，并且浪漫地引吭高歌：“对酒当歌，人生几何，譬如朝露，去日苦多……”

曹操正在得意，结果，诸葛亮与周瑜却想出了火攻，再配合黄盖诈降，令二十艘火舟，如箭般冲入曹军大营之中。这一场惊天动地的赤壁之战，奠定了日后曹操、孙权、刘备三分天下的局面。

张世杰，选自《吴郡名贤图传赞》。

张世杰胸有成竹道："各位放心，我不会重蹈曹操的覆辙的。"原来，张世杰早料到元军必然会效法赤壁之战来火攻，他就先预备了灭火的法子，他把每一条战舰都敷上一层厚厚的泥浆，使战舰不易着火。这个原理就像人们在土里挖一个洞，摆些稻草枯枝就可以烤香喷喷的番薯，却不必担心火势会蔓延。

另外，张世杰又找来许多又粗又长的木棍，做成撞杆，只要火种船缓慢驶近，就派士兵用撞杆去撞击火种船，当然，撞杆没有力量把火种船撞倒，却足以使火种船不容易靠近宋朝的战舰，甚且火种船自己就燃烧起来了。

张弘范率领元军浩浩荡荡开拔而来，发现张世杰用铁锁把船连在一块，先是掩嘴暗笑："这个方法可真够笨的。"可是，等他攻了又攻却始终烧不掉宋朝兵船，才晓得张世杰预先做了布置。

张世杰是个血性汉子，他的外甥韩某，却早投降了元朝。韩某曾经一连三次前来劝舅舅道："崖山早晚都守不住，你何苦白白断送一条命，识时务者为俊杰，用不着这般固执啊。"

张世杰淡淡地回答："我知道，投降的话，荣华富贵都有了，却对大义有亏，你不必再说了。"

韩某只好惭愧地去回报张弘范，张世杰是劝不动的，他决心与宋朝共存亡。

留取丹心照汗青

在上一篇中，我们说到，张世杰把一千艘巨舟，首尾相连，与元军展开殊死战。

元朝大将张弘范派了张世杰的外甥韩某去劝降，结果，韩某被舅舅训斥一顿，无功而返。

张弘范不死心，他思来想去，认为毛病出在韩某是晚辈，分量不够，如果能找到一个深孚众望的人去劝降，效果定然不同，而这个最佳人选，莫过于文天祥文丞相。

此时文天祥已被张弘范俘虏，张弘范差了人天天去和文天祥交涉，翻来覆去对文天祥说："你告诉张世杰，这场战争用不着再打下去了，百姓也可以吁一口气，大家安享太平，不是很好的事吗？"

张弘范真是找错了对象。文天祥是个逮住机会，就想逃出来再干一场的人，他怎么会反过来替元朝讲话呢？他只有苦笑道："我自己捍卫不了父母，已经够惭愧的了，你还要我教人背叛父母，未免太不近人情了吧！"

过了没两天，文天祥突然改口道："我想我可以为你们写一封信给张世杰。"

张弘范大喜过望，心忖真是皇天不负苦心人，文天祥终于首肯。等到他接过文天祥的手稿一看，却不禁心凉了半截，文天祥是这么写的：

辛苦遭逢起一经，干戈寥落四周星；
山河破碎风抛絮，身世飘摇雨打萍。
惶恐滩头说惶恐，零丁洋里叹零丁；
人生自古谁无死，留取丹心照汗青。

古代在竹简上书写，先以火炙竹简去湿，再刮去竹青部分，便于书写，并可防蛀，因此将著作称之为汗青，此处代表史册之意。

“人生自古谁无死，留取丹心照汗青”，何等豪迈，何等悲壮，表露出一个读书人的气节，也成为历史上传诵不已的名句。

从此以后，张弘范不敢再打文天祥的主意，全心全力进攻崖山，夹杀张世杰，并且派人对着崖山，大声地喊话：“你们的陈丞相（宜中）早已开溜，你们的文丞相又在我们的手中，你们既然没有指望，还不如早日投降。”

张世杰的部队意志力坚强，竟然没有一人投降，但是，崖山被堵，水源中断，虽然面临汪洋大海，却有干渴的窒（zhì）息感。

有人受不了，舀起海水就咕噜咕噜灌下去，海水入口的一刹那，虽然咸了一点，喉头却很舒畅。可是灌饱了海水可难受了，上吐下泻，脸色惨白。即使情况如此狼狈，张世杰率领的一班弟兄，仍然斗志高昂，努力奋战。

双方相持二十三天之后，元兵突然发动全面攻击，张弘范耍了一招，他下令奏乐，声调悠扬，乍听之下，让人误以为元军在召开大规模的宴会。其实，这便是攻击的暗号，一会儿工夫，元军的船舰冲破了宋军的一字长蛇阵，双方展开肉搏大战，元兵身强力壮，宋朝的士兵虽然奋勇抵抗，却不是相扑角力的对手。

张世杰眼看大势已去，突围而走，他想要带着小皇帝帝昺，差了人去接帝昺。

此时帝昺在陆秀夫的严密保护之下，张世杰派出的信差十万火急道：“快，快把小皇帝交给我，再迟可就来不及了。”

张世杰派来的信差，陆秀夫以前没有见过，他也不太相信，在元军猛厉的攻击之下，张世杰还能够逃脱，退一步来看，就算果真是张世杰遣来的人，万一此人拿到了小皇帝，立刻跑到元军那儿邀功，那又如何是好？素昧平生，实在不能轻信啊。

陆秀夫平静地对信差说：“对不起，皇帝不在这儿，这儿不安全，早送皇帝到乡下去了。”

信差不相信陆秀夫，却也莫可奈何，陆秀夫想到当年徽钦二帝所受的折磨，实在不忍心九岁的小皇帝帝昺再忍受非人生活。

陆秀夫，选自《清刻历代画像传》。

于是，他牵着小皇帝的手，来到崖山山边，先把自己的妻子赶入海中，免得元军攻入，妻子遭到凌辱。

然后，他扑通一声，跪在小皇帝的跟前，哽咽地说着：“国事到了这个地步，陛下只有为国成仁，免得日后被俘，受到元朝的侮辱。”

小皇帝不晓得究竟发生了什么事，只知凉风习习，站在悬崖旁边好可怕，忍不住“哇”的一声哭了起来，然后吵着说：“我要回去，不要待在这里。”

小皇帝这一哭，陆秀夫也鼻酸难忍，他叩了一个响头："陛下，我们要殉国了。"然后，眼泪一抹，背起帝昺，纵身跳海，悲壮极了，许多陆秀夫的属下，也跟着不要命地往海里跳。

七天以后，海中漂浮上来许多尸体，元兵在死尸之中，发现一个穿黄衣的小男童，身上还揣有一颗大宋朝的国玺，想必是帝昺无疑，赶紧上报张弘范。

张弘范喜出望外，这下子宋朝断了根，不用再怕死灰复燃了，立刻上报元世祖忽必烈，并且还得意忘形地在崖山悬崖上刻下了"镇国大将军张弘范灭宋于此"，用以表彰纪念自己的功德。但是到了明朝，这块字迹被人铲平，改刻以"宋丞相陆秀夫死于此"几个字。

陆秀夫背帝投海之后，宋朝正式灭亡。张世杰虽然突破重围，别立赵氏，企图再起，却不幸溺海而死。张世杰、陆秀夫真是可歌可泣，忠贯日月。

巩信和赵时赏的故事

介绍过张世杰、陆秀夫、谢枋得以后，我们再回头看一看文天祥后来如何。

话说文天祥遭陈宜中排挤，只好前往江西，虽然接二连三遭到重挫，文天祥却是屡败屡起，毫不气馁（něi），他立刻又召集民兵，准备轰轰烈烈地干它一场。

文丞相三个字毕竟仍然有相当的魅力，他登高一呼，湖南、江西的一干义兵纷纷投效到他旗下。可惜，义兵有勇气却没有作战的能力，实在不是骁（xiāo）勇善战的元兵的对手，交锋几次之后，又颓然败下阵来，在方石岭这个地方，被元军逼得进退维谷。

白发老将巩信对文天祥说："文丞相，你快离开，这儿就交给我了。"

文天祥心忖，逃得一命，还可以重组军队再起，万一被捕，一切都落空了。他老早抱定决心，不成功便成仁，但是他会全力以赴拼到底，绝不轻易放弃，束手就擒。

事不宜迟，文天祥对巩信长长一揖，快马加鞭地走了，巩信率领数十名敢死队员，牢牢守在方石岭洞口。

元军遥遥看到数十名宋军晃来晃去，一副悠哉游哉、漫不经心的模样，疑心是诱敌之计，不敢放马过来。为了安全起见，元兵开始乱箭齐发。

奇怪的是，射了好一阵子，洞口仍有数十人徘徊，元军心想，果然有埋伏，幸好没有贸贸然攻向前去，如此过了数个时辰，方石岭前，依旧是数十宋军，既未减少，却也不见增加。

元军认为事有蹊跷，派了人悄悄绕过后山，这才惊讶地看到，原来数十宋军早已身如蜂窝，却仍然靠在大石头上，因此，远远望去仿佛还是活生生的。尤其为首的巩信，从头到脚插满了利箭，简直像是刺猬，他背后的石头沾满了鲜血，一滴一滴往下流着，他努力撑着，为的就是掩护文天祥逃亡。

好一个热血的巩信！

元军见此光景，知道被耍了一计，气得直跳脚，更发誓非活捉文天祥不可，立刻翻身上马，向前奔去。

蒙古马本来就快如闪电，第二天一早，元兵已经赶到空坑这个地方。文天祥听说元军追来，拉着杜浒等人便逃。这一天，大雾弥漫，伸手不见五指，怪的是文天祥起初没命地逃，后面不断传来元兵嗒嗒的马蹄声，可是，过了一会儿，忽然间，一切归于沉寂，四下静得可怕。

元军为什么停住脚步了呢？原来，他们误以为已经捉到了文天祥。在空坑这个地方，元兵截获一顶轿子，掀开轿顶，只见里面端坐一位温文儒雅、气质不俗的儒生。

“你是什么人？”

“在下姓文。”儒生答道。

元军原也没见过文天祥，只知他是身长玉立的美男子，而眼前的读书人长相不俗，又说自己姓文，应该就没错了。其实，此乃赵时赏也，他与文天祥也是朋友，为了救文丞相出险，不惜李代桃僵冒充到底。

于是，元军押着假文天祥，兴高采烈回到元营。元将再三审问，赵时赏都自称是文天祥，一直到有认得文天祥的人看到了赵时赏，才惊呼：“抓错人了……”赵时赏的下场不问可知。

好一个热血的赵时赏！

在空坑之难中，文天祥虽然侥幸脱险，但是他的妻子、一个儿子、两个女儿都被俘虏而去。文天祥当然很伤心，国仇家恨却支撑着他再接再厉。

文天祥又再度招兵买马，在汀州、潮州、惠州一带训练军队，在这一段时间，端宗过世，帝昺即位，文天祥上表帝昺，帝昺封文天祥为信国公。

文天祥部下有个叫陈懿的，原先是个盗贼，后来被招安。可是江山易改本性难移，没过多久他又想念杀人越货的勾当，而且说干就干，狠狠做了几票。文天祥恼怒陈懿败坏军纪，正要动手办陈懿，陈懿竟然先一步投效元将张弘范，并且引领张弘范到海丰北边的五坡岭。

赵时赏，选自《锡山赵氏宗谱》。

文天祥等人正在用饭，元军突然闯了进来，撞个正着，文天祥心想，该来的终于要来的，也没什么好怕的，他从从容容把藏在身上的毒药塞入口中，顿觉天旋地转，说也怪哉，弱不禁风的白面书生文天祥，吞服毒药之后，除了头昏脑胀，竟然好好的没死。

元兵把文天祥送到了潮阳，元将张弘范见了文天祥，嘿嘿干笑两声："文丞相，我们又相见了。"

文天祥寒着脸不说话，心中直懊恼，为何服下毒药却安然无恙，真气人啊。

张弘范知道文天祥是硬汉，亲自为他松了绑，请入上座。此时，张弘范正在对崖山发动总攻击，遂把文天祥也带了去。

张弘范对付不了张世杰的战略，曾把歪脑筋动到文天祥身上，企图让文天祥说服张世杰，谁知文天祥竟然写了“人生自古谁无死，留取丹心照汗青”的诗句送给张世杰，勉励他“留取丹心照汗青”。

文天祥作为手无缚鸡之力的书生，起而抗元，他屡起屡败原是意料中事，难能可贵的是他屡败屡起，每次失败之后，捂着创伤又站了起来，这份毅力，这份对国家永恒不变的爱，真正应了“爱是恒久忍耐”这句话。

文天祥拒绝投降

文天祥被俘以后，被张弘范押解一块赴崖山，他听得战鼓咚咚地敲，号角呜呜地吹，他在心中默祷张世杰能够打赢，虽然明明知道这是不可能的事。

过了几天，一切归于沉寂，静得让人发慌，文天祥心里有数，一切都过去了，宋朝真的灭亡了。但是，他不敢开口问，他不自觉地想要逃避现实，仿佛晚一天知道噩耗，宋朝就在世间多延续一天。

当张弘范眉开眼笑，掩不住喜悦地告诉他，陆秀夫负帝投海，文天祥仍然感伤不已，张弘范婉言相劝道："丞相的忠孝已经尽了，事到如今，你何不改任大元的宰相？"

文天祥红肿的眼睛又流下了眼泪："国亡不能救，为人臣者，死有余罪，岂可有二心、事二主呢？"

经过这段时日，张弘范深深了解，文天祥外柔内刚，根本是说不动的人，他对宋朝是死心塌地要尽忠到底，元朝想要文天祥当宰相，那真是缘木求鱼。因此，张弘范决定把棘手的事往上推，听候元世祖亲自发落，懒得再伤这个脑筋。

不过，由崖山到燕京路程不算短。上一回就是在北上途中，文天祥开溜，这一次，元朝可不想再旧戏重演了。一路之上，防守极其严密，文天祥根本是插翅难飞。

到了江西，这是文天祥的故乡，他打算死在这儿，所以开始绝食，不吃不喝，决心在祖宗庐墓之地长眠。如此一连八天八夜，奇怪的是，又与上一回吞毒药一般，文弱的文天祥由于精神力量特强，竟然又不死。

八天之后，元兵开始担心，万一文天祥绝食成功，真的魂归西天，到了燕京，只剩下一具尸体，那该如何向元世祖交代？商量的结果，众人七手八脚，硬把文天祥的嘴巴掰开，端来一碗热粥灌下去，洒得满头满脸，鼻孔眼睛全是粥汤，受罪还是小事，文天祥明白了，在故乡是死不掉的，只好乖乖进食，以后再找机会。

最后到达了燕京，元军把文天祥安置在一所华丽的会馆里，当然，还是看得紧紧的，一步也不放松。没多久，就有留梦炎前来请安了。这留梦炎原是宋朝的左丞相，因与陈宜中不和，不留一言便投效元朝了。

留梦炎久闻文天祥的刚烈，他可不想自讨没趣，但是上头有令，不敢相违。当他一踏入文天祥的房间，一接触文天祥的凌厉目光，立刻垂下了头。正准备开口，就被文天祥骂个狗血淋头：“你的书到底都读到哪里去了？”

留梦炎不敢说：书本上是一回事，现实生活又是另外一回事啊！反正，留梦炎灰头土脸地退了出来，很难为情地报告元世祖，他没有办法。

元人见留梦炎没辙，突生奇想，既然文天祥是个死心眼，不如利用宋朝小皇帝赵㬎以旧日国君的身份，劝说文天祥投降。

主意已定，元人差了赵㬎前来，赵㬎不过是九岁的小毛头，能懂什么，而且在人屋檐下，能不低头吗？当赵㬎跑来找文天祥时，一派天真烂漫，文天祥只觉鼻酸，扑通一声跪在地上，不断地说：“圣驾请回，圣驾请回。”

赵㬎看着趴在地上的文天祥，不晓得如何是好，呆了半晌，话也说不出来，匆匆退出。

元世祖见两次派人劝降，都碰了一鼻子的灰，十分不悦，软的既然不行，还是来硬的吧。

元朝宰相孛罗决定亲自出马，他先下令把文天祥关入大牢，让他尝一尝披枷戴锁的狱中生活，磨一磨锐气，吃一吃苦头，把细皮嫩肉的文天祥，折磨得不成人形。然后再把文天祥押上枢密院，开堂审问。

经过了一个月的非人生活，文天祥仍是傲气不改，他从从容容走上枢密院的台阶，潇潇洒洒长揖为礼。

两旁差役高喊："跪下！"

文天祥答以："南之揖，即北之跪，我是南方人，行南方礼，不跪。"

孛罗大怒："不由你不跪。"于是，两旁差役抓手的抓手，按脚的按脚，下手极重，硬是把文天祥屈成一个下跪的模样。

孛罗通过通事（翻译）对文天祥道："你有什么话要说？"

文天祥侃侃答道："天下事有兴有废，自古帝王将相，灭亡诛（zhū）戮（lù），哪一个朝代没有呢？天祥今日忠于大宋朝，以至于此，愿求早死，以报国家。"

孛罗半开玩笑道："自盘古开天到现在，共有几帝几王，我不清楚，你倒不妨为我一一说来。"

"一部十七史，从何说起？我现在又不是参加博学宏词科的考试，无此闲暇也。"文天祥没好气地回答。

孛罗冷笑地讽刺着："那你倒是说说看，自古以来可有为人臣者把宗庙城郭土地，全部献给他人，然后自己逃跑的吗？"

文天祥晓得孛罗话中有话，立即反驳道："将宗庙社稷让与人，是卖国之臣也。我前日被伯颜所执，当死而未死，乃因度宗皇帝二子尚在浙东。"

"那么，抛弃你的德祐皇帝（赵㬎）另立二王，这算忠吗？"孛罗又逼问着。

文天祥不疾不徐答道："当此之时，社稷为重，君为轻，正如同跟随徽钦二帝北上者，不是忠臣，跟从高宗另建皇朝者才是忠臣。"

文天祥从容就义

在上一篇，我们说到，文天祥被俘，押到燕京，元朝丞相孛罗亲自审问，孛罗见文天祥昂然不屈，大生敬佩之心，可也忍不住批评道：“你千辛万苦拥立二王，到底成功了没有？既然明明知道徒劳无功，为什么要做这种傻事？”

孛罗此语，倒是正说到文天祥的心坎里，他叹了一口气道：“我打个比方你就明白了，譬如父母生了绝症，卧倒在床，明知其病入膏肓，却也没有不用药的道理啊。我尽了最大的心力，对得起自己的良心，救不了国家是天命，我今天到了此一地步，只有一死而已，何必多言？”

一句何必多言，又把孛罗惹火了，他挑衅地说：“你要死，没那么容易，我偏不让你死，把你关起来！”

文天祥淡然地说：“既然我以义死，又哪儿在乎关不关？”

“好！”孛罗转身对狱吏道，“把他押下去，我不要再听他说话了。”

孛罗一怒之下，本来想杀掉文天祥算了，可是他知道，元世祖、张弘范大家都不同意。因为文天祥形象太好，人格完美，如果能够劝服他降元，对元朝治理南方有绝对的号召力。

孛罗把文天祥关入大牢之后，想尽了种种办法来折磨他，孛罗每隔十天半个月，总是好奇地差人问狱吏：“文丞相还硬不硬？”答案都是一样，真让孛罗泄气。

孛罗心想，文天祥虽是富贵不能淫，威武不能屈的硬汉，但毕竟是感情丰富的性情中人，否则不会对国家有如此浓烈的感情，也许用亲情的力量，可以将百炼精钢化为绕指柔丝，因此元人命令文天祥的女儿发动亲情攻势。

文天祥的女儿和妻子被元人俘虏以后，一直在燕京道观里当女道士，终日诵经。母女二人当然很想念文天祥，也很希望他能自牢中放出，一家人过着欢乐的日子。

文天祥在土牢里，见到爱女的信，心都要碎了，他只要一点头，马上高官厚禄，重享天伦。但是，他焉能违反原则，贪生怕死呢?

在牢狱中的三年里，为了消磨时光，为了给自己打气，也为了给后人看看，宋朝虽亡，还有不屈的忠臣。他写了许多诗文，其中最有名的就是传诵千百年的《正气歌》。在《正气歌》序中，他描述了在燕京狱中的状况：

“我在北庭（今北京）的牢里坐着，这个土牢，宽约八尺，单门低矮，窗子窄小，阴森而幽暗，尤其是夏天里会发出种种的怪味道：雨水渗入，在床几间浮动，是为水气；泥巴砌的土墙，经过大雨之后，因为蒸发而起的泡泡，是为土气；艳阳天，通风口闭塞，是为日气；监牢外的檐下以柴炊饭，助长闷热，是为火气；寄囤在仓库中的米腐烂了，异味阵阵逼人，是为米气；人多拥挤，腥臊汗垢，是为人气；再加上烂掉的尸体，腐败的死鼠混合而成的秽气。”

文天祥就在这种种臭不可当、令人作呕的恶劣环境之中待了三年，以他孱（chán）弱的身体，竟然没有生病，实在是“善养浩然之气”。文天祥形容“我以一种气，抵抗七种气，还是天地正气战胜了”。

文天祥在狱中，不但肉体饱受摧残，精神尤其孤单苦闷，这时，他就一一回想当初在史书中认识的古人，默想他们的遭遇，无形之中得到不少力量，在《正气歌》中，他举了十二个例子，也是十二个历史故事，其中不少我们都讲过的，有兴趣的读者不妨翻一翻，温故而知新。

“在齐太史简”——太史是史官。春秋时，齐崔杼（zhù）弑（shì）杀其君庄公，太史在史册上记载此事。崔杼把太史杀掉，太史之弟又依样写，一连杀了三人，第四人照写，崔杼只好放弃。

“在晋董狐笔”——春秋时，晋国赵穿弑灵公，赵盾身为正卿，竟不讨贼，董狐在史册上记载“赵盾弑其君”。

“在秦张良椎”——椎是击器。秦灭韩，张良为韩报仇，散家财，交侠士，雇了大力士以一百二十斤铁锤击秦始皇，却误击了不是始皇本人乘坐的御车。

“在汉苏武节”——汉朝苏武出使匈奴，单于逼苏武投降，苏武不肯，被囚在北海放羊，苏武手中汉节的羽毛都掉光了，苏武仍然不屈。

“为严将军头”——三国时刘备攻益州，严颜守巴郡，被张飞所擒，严颜道：“益州只有断头将军，没有投降将军。”

“为嵇侍中血”——晋惠帝时兵败，嵇绍以身护帝，中箭死于惠帝旁，血溅龙袍，乱平之后，惠帝不忍洗去血迹。

“为张睢（suī）阳齿”——唐玄宗时，安禄山作乱，张巡与许远守睢阳被擒，张巡破口大骂，贼大怒，用刀子挖开嘴巴敲掉张巡的牙齿。

“为颜常山舌”——安禄山作乱，颜杲（gǎo）卿守常山，

文天祥，选自《历代名臣像解》。

被俘以后，杲卿仍然瞪眼大骂不绝，贼人割了他的舌头，他仍然含糊不清骂个不停。

“或为辽东帽”——汉朝末年，管宁赴辽东避难，不肯为魏文帝做官，戴着平民的黑帽，穿着布衣，安贫乐道。

“或为《出师表》”——诸葛亮率师伐魏，临行上《出师表》，说明“汉贼不两立，王业不偏安”，语句恳切。

“或为渡江楫”——晋时，祖逖率兵渡江，在江心发誓：“祖逖不能清中原而复济者，有如大江。”

“或为击贼笏”——唐德宗时，朱泚（cǐ）谋反，召段秀实前来商议，段秀实气得用象笏打朱泚的脸，朱泚血流满面，段秀实遇害。

元世祖至元十九年（1282 年），文天祥已被关了整整三年，宋朝降臣王积翁上书请求，释放文天祥出来当道士。被文天祥骂得狗血淋头的留梦炎首先不同意：“文天祥一出来，一定号召起兵反元。”事实确是如此。

元世祖亲自召见文天祥，还是希望他当宰相，文天祥仍然回答：“愿赏一死，已足矣。”元世祖为除后患，只好在十二月初九，赐文天祥一死。

当天，元兵弓上弦，刀出鞘，如临大敌，百姓争相走告，文天祥从容对吏卒道：“我的事做完了。”文天祥死后，人们在他的衣带中搜出了一篇赞：“孔曰成仁，孟曰取义，惟其义尽，所以仁至，读圣贤书，所学何事，而今而后，庶几无愧。”好一个“读圣贤书，所学何事”。文天祥的故事告诉我们，读圣贤书为的是什么。

毕昇发明胶泥活字版

宋朝虽然国势不振，但是文风鼎盛，不论文学、艺术、科技都粲（càn）然可观，值得中国人自豪，我们先从图书谈起。

在人类图书发展史上，有三个基本要件：纸、雕版、活字印刷。这些都是中国人最先发明使用，世界文化因而加速发展。

太古时代，人们用结绳方法记事，以绳结大小、松紧程度、不同的颜色、不同的绑法代表不同的意思，用以提醒、记忆。等到绳子的结多了，只晓得应该记得某件事，却怎么也想不起来到底是什么事，真是伤脑筋。于是着手改良，产生文字画，以后再逐步改良，演变而为象形文字，又进而成为今天我们所使用的文字。

文字写在哪儿？用什么书写？石块、树叶、金属、兽皮、甲壳都先后被使用过。不过，甲骨不容易取得，青铜价格高昂，石头又过于笨重，取而代之的是竹木与缣（jiān）帛，这也是我国最早的图书制作材料。

竹简制作的方法是这样的：先把竹子砍下来，截成圆筒，然后劈开成为一条一条的竹片，新鲜的竹子容易发霉，而且写不上字，因此，还得削皮再烤干，这套流程叫杀青（所以现在著作完成，或是电影拍完都称之为杀青），或者称之为汗青（文天祥有“留取丹心照汗青”的名句）。

竹简是细狭的长条，书写时，左手按着竹简，右手执笔，一根写完，再取一根，这也是中国文字由上而下，由右而左习惯之由来。一根竹简容纳字数有限，因此，一部书要用许多简，把许多简用带子连在一起，就成为册（策）。通常，如此编成的一策书必然是一篇完整的文字，所以又称为篇，例如《孟子》七篇。

竹木简盛行之时，也有书写在丝织品上面的，称之为“帛书”“缣书”。帛书，通常是一束一束卷起来的，所以我们常用“卷”作为书中的单元。自从纸发明以后，书写材料又跨前一大步，这要感谢东汉蔡伦用树枝、麻绳和破渔网造纸。纸张发明以后，抄本书籍大量出现。但是一个字一个字慢慢写，一部卷帙浩繁的书，往往要写上好几年，实在过于费时费力，于是才研究发明雕版印刷。

中国印刷博物馆毕昇像。

中国古人喜欢使用印章，印章上的文字，一定是反文，印出来才是正文，由印章的原理，发展出雕版印刷。在唐朝末年，雕版印刷逐渐在民间广泛地流行，五代十国时期，政府更用它来刻印儒家经典，或是佛经。

雕版印刷对文化的传播，产生极大的促进作用。但是，其也有明显的缺点：刻版要耗费大量人力、时间，大批书版存放不便，例如在宋太祖开宝年间刻《大藏经》，一共雕版十三万块，单单堆放就要用上好多房间，相当不方便。

雕版印刷还有一个大毛病，在雕刻之时，一不小心雕错一个字，譬如“己”刻成“已”，必须全部废掉，前功尽弃，重新再来，相当费事。

毕昇是一个从事雕版印刷的工人，他虽然是位工匠，但由于职业的关系，认识不少字，文化水平也相当不错，对同时代司马光、欧阳修、苏东坡的诗词十分欣赏，很希望能够大量印刷，广为流传。

因此，毕昇决心改良雕版印刷，他的构想是，把整块的版，拆成一个一个单字个体，然后，依照原稿的需要，拣出所需要用的字模，排组成版面，再把油墨刷在印版上，在印版上施加压力，版面上的文字便可清晰地印刻在纸张上面。如此一来，在印刷完成以后，版可拆散，下回再用，如此反复拼拣，应用自如，岂不是又方便又经济？

毕昇的构想是不错，现代书刊活版印刷用的也是毕昇的原理，可是，由构想到完成，却不是一件简单的事。

毕昇先找来许多枣木，把枣木割成与字体相当的小方块。仅此一件，就让毕昇费了不少工夫。中国古人称书籍为“梨枣”，因为木刻材料以梨木、枣木为上等，其他木料不够坚硬，容易脆裂破损。梨枣大都产于山东一带，古代交通不便，所以毕昇为找枣木，很花了一番工夫。

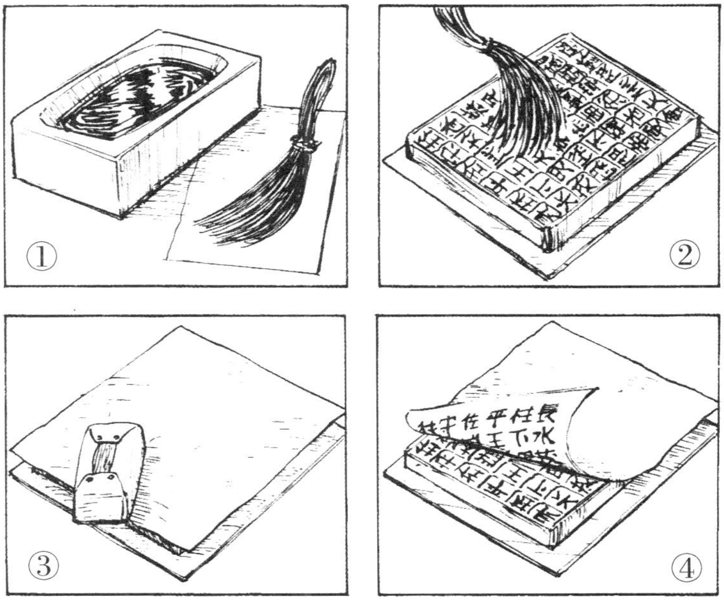

用活字印刷书籍示意图。

毕昇白天有工作，多半利用晚上刻字，他一个人在静静的夜里，就着小小油光，一个字一个字努力地刻铸着，好容易按照文章的次序，拼成了一个整版，他兴奋地刷上墨，谁知一印之下，由于字体高高低低，每一版都有许多字印不出来，望着七零八落不成样的版样，毕昇心里真有说不出的懊恼。

由于每一小块的枣木，厚度不同，软硬有别，毕昇又是用手工雕制，当然高矮大小难得一致。

这次的试验虽然失败了，毕昇并不灰心，他认为理论上应该是可行的，只是材料有问题，既然枣木不适用，那么，应该换什么?

毕昇先考虑用金属，金属是够坚固了。可是金属硬度太高，雕刻吃力又费时，何况金属价格高昂，不是他一个穷工匠负担得起的。

为了这件事，毕昇早也想，晚也想，脑袋都快要想破了。有传说，一天，毕昇忽然灵光乍现，想到上一回生病服药时，到药房去抓药，其中有一块龟胶之类的药物，坚硬如铁，晶莹剔亮，遇火即熔，冷却后又坚硬不化，胶类是用动物的皮角炼制而成的，成本低，来源不虞匮（kuì）乏。

因此，毕昇就利用胶泥为材料，每字一模，使用时将胶模布于铁板之上，常见字如“之”“也”多刻一些，不用时把字模贮在木格之中，灵活而方便。这便是毕昇发明的活字印刷术。

沈括十项全能

在上一篇中，我们谈到毕昇发明胶泥活字版的故事，主要是根据宋人沈括所著《梦溪笔谈》一书的记载。沈括是中国历史上了不起的人物，博学多才，成就非凡，在天文、地理、数学、物理、化学、生物、医学、水利、军事、文学、音乐方面都有独到的见解，连“石油”这个名称也是沈括首先使用的。

沈括，字存中，浙江钱塘人，生于北宋天圣九年（1031 年），嘉祐八年（1063 年）中了进士，被派为馆阁校勘，在京师昭文馆编校书籍。他是一个相当好奇、富有研究精神的人，昭文馆中有许多外界看不见的珍藏秘本，他专心钻研，奠定了博学的基础。

沈括第一次表现科学才能，是在担任沭（shù）阳主簿之时，他带领了几万民工，修筑渠堰（yàn），不但解除了当地的水患，并且开垦（kěn）良田七千顷，改变了沭阳的面貌。

熙宁五年（1072 年），沈括又主持了汴河的水利建设，他亲自测量汴河下游，从开封到泗州八百四十多里河段的地势，并且用“分层筑堰法”测得开封与泗州之间的地势相差十九丈四尺八寸六分。

所谓分层筑堰法，是把汴河分成许多段，分层筑成台阶形状的堤堰，引水灌注入内，然后一级一级测量各段水面，加起来的总和就是开封与泗州间“地势高下之实”。这种测量方法，在世界水利史上，可说是一大创举。计算单位细到寸分，也可以说明沈括精确的治学功夫。

沈括由于精通农田水利，不久，又被派为河北西路察访使。这一带是宋朝的边防要塞重地，沈括实地勘测当地的地质、地形、山川险要，纠正过去地图上和记载上的错误，并且绘制了许多新的地图，还用木头，依照地势高低，制造了一种立体的木图，俨然又成为地质专家，地政高手。

熙宁七年（1074 年）到八年（1075 年）之间，宋辽国界发生分水岭问题，双方多次谈判都没有具体成果，因为双方各说各话，都只有含含糊糊大概的方位，宋人对这方面一向是弄不清楚的，当地的山川风物，文学作品里描写的不少，然而精密的数字记载，素来是缺失的。

难得有一个沈括，手上有不少地图档案，又有丰富的舆地知识，奉派与辽人交涉，娓娓道来，有根有据，辽人还没有见识过这样的交涉，一谈之下，大为折服，沈括真是为宋朝争回不少颜面与利益。

沈括是个随时随地不忘研究的人，他在往返途中，留心观察契丹的山川形势、风土人情，并且做了笔记。回宋朝之后，又写又画，完成了一部《使契丹图抄》，大受神宗的嘉奖。

沈括爱国心切，一直是主战派，他对于城防、阵法、兵车、兵器、战略都有独到的见解，对弓弩甲胄、刀枪武器也颇有研究，还写了《修城法式条约》《边州阵法》等军事著作。

他还是一位杰出的天文学家，曾经担任太史令兼司天监，建议改进浑仪（观察日月星辰的仪器）、浮漏（计算时刻的铜壶滴漏），以及景表（测量日影、定四时节令的表竿）等三种仪器。他发现了月亮本身不发光，月亮的光是由太阳反射回来，同时又说明了月亮圆缺的道理。

在数学方面，沈括创立了“隙积术”与“会圆术”，沈括由酒坛与叠起来的棋子，发现了高阶等差级数的算法，当时称为隙积术；会圆术则是利用弦与矢求取弧长，促进了平面几何学的发展。

沈括对物理学也极感兴趣，力学、光学、磁学、声学各个领域都有涉猎，特别是关于磁学研究，在《梦溪笔谈》中，他曾经说：“方家以磁石磨针锋，则能指南，然常微偏东不全南也。”这是世界上关于地磁偏角的最早记录，西方人一直到公元1492年，哥伦布航行美洲时才发现了地磁偏角，比沈括的发现晚了四百年。

在化学方面，沈括也有研究，他在延州任官时，曾经考察研究石油的特性，制造烟墨，他发现石油“生于地中无穷”，“此物后必大行于世”。“石油”这两个字也是沈括首先使用的。

沈括对医药也很精通，他在年轻时就研究医理，治疗过不少病危患者，而且他对药用植物学下过功夫，著有《良方》等三种医学著作。

像沈括这种具有创新研究精神的科学家，当然对暮气沉沉，一切只想萧规曹随的宋朝政治有所不满，因此，当王安石变法时，他很自然地加入变法运动，也受到王安石的器重与信任。王安石变法失败，他受到牵累，却并不后悔。在他的《梦溪笔谈》之中，除了科学、技艺，也谈了不少掌故轶事。本书之中，许多宋人的小故事，都

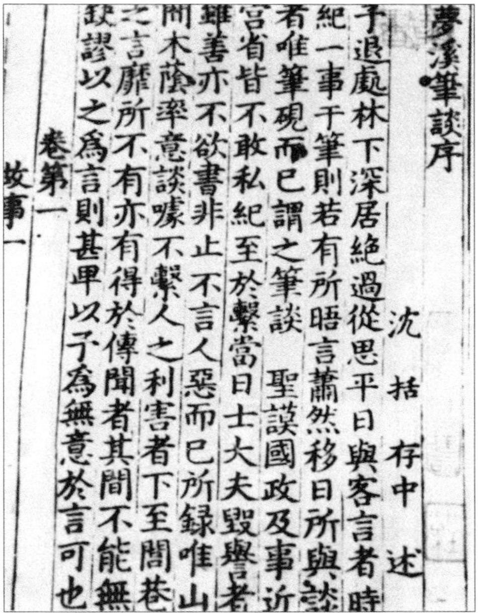
夢溪筆談序
沈 括 存中 述
予退處林下深居絕過從思平日與客言者時紀一事于筆則若有所晤言蕭然移日所與談者唯筆硯而已謂之筆談 聖謨國政及事近宮省皆不敢私紀至於繫當日士大夫毀譽者雖善亦不欲書非止不言人惡而已所録唯山間木蔭率意談噱不繫人之利害者下至閭巷之言靡所不有亦有得於傳聞者其間不能無缺謬以之為言則甚卑以予為無意於言可也
卷第一
故事一

《梦溪笔谈》书页。

沈括，选自《沈氏家乘》。

是出自《梦溪笔谈》，我们可以再举一个拗（niù）相公王安石的小故事：

王安石一向有气喘的毛病，有人劝他服用紫团山人参，这种人参不但名贵，而且难求。薛师政刚好有几两紫团山人参，兴冲冲送了去，王安石不肯收。旁边人劝道："你的病，非此药不能痊愈。"王安石瞪眼道："我平生无紫团参也活到了今天。"横竖是不肯要。

王安石脸黑黑的暗暗的，门人担心他是不是生了恶疾，去问医生。医生说："这哪里是病，是污垢，太脏了。"

门人赶紧拿了澡豆（类似肥皂），请王安石洗洗脸，王安石又不肯，他说："天生给我这张黑脸，澡豆有用吗？"

沈括十八般武艺样样通，却不幸晚年娶了一个凶老婆张氏，经常被张氏打骂，张氏一发火就扯沈括的胡子，沈括的儿女在地上捡起胡须，发现上面又是血又是肉，可怕极了，很难想象宋朝有如此凶悍的女人。

沈括是中国具有多方面成就与贡献的杰出科学家，可惜当时的人不重视他的成就，否则我国的科学在九百多年前就可攀上高峰。

制墨专家潘谷

我国的书画艺术，到了宋朝，发展到最高峰。宋朝不但学校中有书学与画学，国家设有书画学博士，科举考试重视书法，而且历代帝王，也多半知书善画，颇有一手功夫。因此文房四宝——笔墨纸砚也就格外考究。

现在我们一般人写字，多半使用钢笔、铅笔、圆珠笔等硬笔，简易方便，又适合随身携带。但是真正要把中国方块字写得好看，非用柔软的毛笔不成。毛笔能够借由腕力的轻重，直指横扫，有粗有细，刚柔之间变化万千，这是任何金属笔尖都不能办到的。深受中华文化影响的日本、韩国都非常重视书法艺术。

我国毛笔的制造，自古以安徽宣城最为著名，白居易曾经有一首诗记载："江南石上有老兔，吃竹饮泉生紫毫……每岁宣城进笔时，紫毫之价如金贵。"所谓紫毫指的是兔毛，狼毫则是鼬（yòu）毛，羊毫是山羊毛，七紫三羊就是七分兔毛三分羊毛，软硬坚挺适中。

唐代著名的制笔工匠有陈氏与诸葛氏，到了宋朝，更加发达。北宋年间，诸葛氏的笔，被文人视为一等至宝，比现在人们用派克笔、西华笔稀奇不知多少倍。苏东坡入京赶考之前，友人赠以两支诸葛笔，他简直欣喜若狂，写起文章来，益发文思泉涌。

苏东坡最喜欢宣城的诸葛笔、李廷珪的徽州墨、澄心堂的纸，还有上好的美酒，要是这几样东西，同时摆在他面前，如同小提琴手面对一具斯

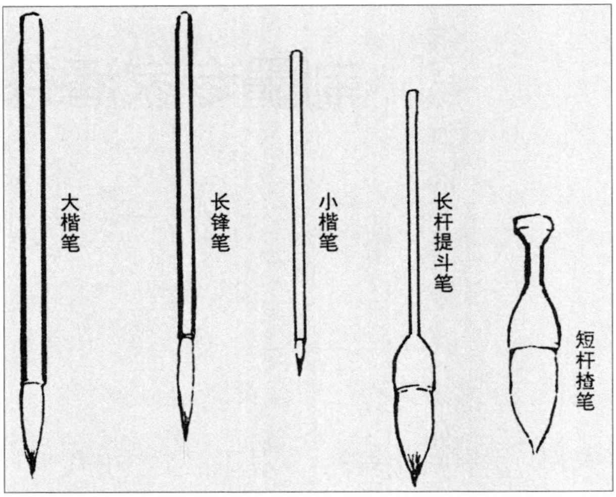

各式毛笔。

特拉迪瓦里名琴，简直无法抗拒。他必然喝下名酒，在技痒之下，作出最美的字画、最好的文章。因此，邀苏东坡写作的人，常用此“诱惑”他。

李廷珪的墨都是采用徽州黄山的老松，富于油脂，取以烧烟，为制墨的上好原料，另外还掺以珠粉、玉屑、龙脑等珍贵材料，甚且加了金屑，这种墨的价值已高于黄金。

北宋时代潘谷也是制墨高手，他制出来的墨清香彻骨，一直用到薄薄一小片，仍然芳气不减。潘谷不但擅长制墨，而且擅长查缉仿冒品，由于李廷珪的墨太受欢迎，坊间赝品不少，但是，无论如何作假，总逃不出潘谷的法眼。古书之中记载，潘谷厉害极了，他有“隔囊揣墨”的本领，他可以不用眼睛，只要用手摸一摸，马上能够辨别真伪，这真是奇才了。

苏东坡被流放到海南岛时，苦于无好墨可用，连文思都滞塞了，他决心自己来制墨。

苏东坡颇有顽童心理，他一想制墨很好玩，马上卷起袖子动手，把自己关在一间小房间中做实验，烧松脂油。他完全没有基本化学常识，半夜里房间着火，差一点把整个家都烧光了。

第二天一早，他在小房间找到几两油墨，却没有胶，设法找来少许牛皮胶，勉强混合一下，结果制出来的墨，一根一根软软的，像手指头一般，站都站不直，苏东坡哈哈大笑，结束了这场试验。由此可见，制墨也不是等闲的学问。

考究的墨，墨上绘图题识，精致雅丽，不但各色各样，又涂上不同的色彩，除了实用，兼具观赏之效。事实上，这么名贵的墨，往往是声音清脆如金石，古人视之为传家之宝，平常舍不得用的。

墨的制作，选自《营业写真》。

至于说到纸，仍以安徽宣城的纸最著名，因此我们现在把书画用的纸，一律称为宣纸，宣纸纸质绵密、均匀、柔软、洁白，易于吸墨，而且经久不变色。我们看看故宫名画，历经千百年，依然颜色鲜艳，而今天看到的一般报纸，摆个几天，纸质变黄，色彩走样，由此可知，老祖宗的一套还是相当管用的。

最后说到砚台，文房四宝中，笔墨纸都是消耗品，惟有砚台，可以长期保存，因此，古人经常在砚台上题刻诗文，作为赏玩的珍品。

良好的砚台，必须易于发墨，很快能够磨出墨汁，却又不坏笔，因此，它理想的条件是硬度适中，糙滑合度，广东端溪的端砚，安徽歙（shè）县的歙砚，都是鼎鼎有名的，读书人都朝思暮想，希望能得到一块好砚。宋朝的包拯包青天在端州任官时，只准当地制造需要上贡皇帝数额的砚台，他不肯用砚台交结权贵，自己也不带一个砚台回家，实在是清廉。

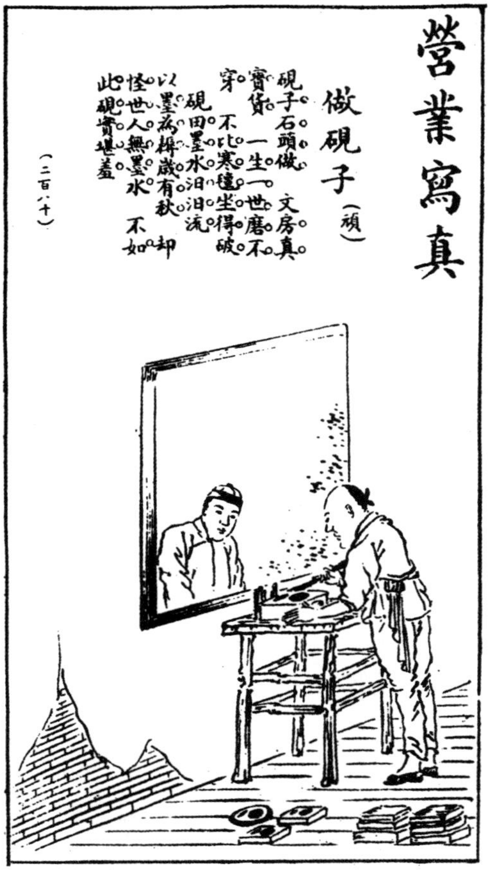

制砚，选自《营业写真》。

宋徽宗是一个三流皇帝，处理政事一塌糊涂，在书画方面却极有造诣，也懂得欣赏艺术品，对艺术家也很好。他曾经在宫中邀请米芾（fú）作画，米芾把袍袖往背后一系，跳跃敏捷，落笔如云，龙蛇飞动，立刻画了一张，然后央求宋徽宗将砚台赐给他，徽宗见米芾有趣，当场答应，米芾乐得捧着砚台飞奔而出，墨汁洒满了衣袖也不在意，毕竟是好砚难求啊。米芾爱砚，还有许多妙人妙事。

当然，砚台名贵也是要卖给识货者，沈括的《梦溪笔谈》就记载了一个不识货的蠢人：有个名叫孙之翰者，某日见人兜售一砚，索价三十千。孙之翰不解道：“这个砚台有什么不同，为何如此昂贵？”对方答：“这块石头相当奇特，不用装水，你一呵气自有水流。”

孙之翰忙道：“那不必了，一天呵得一担水，也不过三钱，买此何用？”

沈括笑孙之翰不识货，特记上一笔。总之，笔墨纸砚都是中国文化的瑰宝，其中也藏有许多有趣的故事。

验尸专家宋慈

我们经常可以在新闻之中看到，每次社会上出了命案，警方总是下令保持现场完整，静待法医前来验尸。法医这一门行业，令人感到神秘、恐怖、好奇，又充满敬意。

然而，恐怕很少人知道，世界上最早的一本法医学专著《洗冤录》，出自我国宋朝大儒宋慈之手。而且英国、德国、俄国、日本都有译本，且被誉为经典之作。

宋慈，字惠父，福建建阳人，生于宋淳熙十三年（1186 年），他在少年时代就喜欢用头脑想问题，是个爱好思考的年轻人。

宋慈进入太学之后，深受真德秀老师的赏识。真德秀是宋朝著名的理学大师，学识渊博，德高望重，为人有原则，富于正义感，而且非常爱护学生。

宋慈在真德秀殷（yīn）殷教诲之下，养成了朱熹学派“穷理以致其知，反躬以践其实”的笃（dǔ）实精确的治学精神，他三十一岁中了进士，但是直到四十一岁才踏上仕途，担任信丰主簿。

当他在浙西李公宗幕府时，正巧遇上荒年，粮价暴涨，饥民遍地，宋慈建议朝廷，征用富户的余粮，用来周济贫民。这件事虽然拯救了苦哈哈的穷人，却惹怒了富豪之家。于是，大户联合出手，捏造事实，硬是把宋慈赶出南剑州，调为广东提点刑狱官，即省一级刑法官。

宋慈被迫调为提刑，他却不以为忤，事实上，这可说是他一生事业的转捩（liè）点，因为宋慈嫉恶如仇、守正不阿的性情，正适合担任司法人员。

他上任以后，排除关说，认真办案，一年之内，处理了一百多件悬而未决的案件，惩治了许多贪赃枉法的官员，人心为之大快。

宋慈很不满意当地官员以刑求办案，不论有理无理，先掌嘴再说。掌嘴就是打巴掌，差役这一来一往，猛掴犯人嘴巴，一阵噼噼啪啪二十多个巴掌打下来，犯人双颊红肿，满嘴都是鲜血，熬不住痛苦的犯人，即使没有犯罪，在这种情形之下，经常就招了。

若是有那皮厚嘴硬的犯人，刑狱也有办法对付，宋慈亲眼看到，觉得十分的残忍，而且施刑的对象是妇女。

拶（zǎn，意思是夹）指是犯妇的大刑，拶指是将五根约七寸长的小圆木棍，拿麻绳穿起来，用刑时，差役夹住犯人的五根手指，使劲地一收，十指连心，痛彻心扉，只见犯妇额上汗如豆大，凄厉地大喊："我招，我招！"差役这才松手，可是，妇人若招得不够完全，刑狱大喝一声："给我收！"

这一收，犯妇身子乱缩乱抖，痛得她整个脸扭曲变形，连个"招"字都讲不清楚，只能自牙缝中抖出一连串的呻吟。

宋慈看到这里，再也看不下去，他长叹道："无怪古人说三木之下，何求不得？"三木指的是套在犯人颈子、手上、脚上的刑具，意思是说，只要善用刑具，何必担心犯人不招供。

他虽然是慈悲心肠，却也不放纵坏人作恶，力求做到"毋枉毋纵"。凡有命案发生，必然亲临现场，监视仵（wǔ）作（古代检验尸体的官吏）验尸。

曾经有一回，发生一则自杀命案，原本已可结案，被宋慈看出其中蹊跷：既是自杀，为何伤口是进刀轻而出刀重，哪有人挨了一刀反而力气变大的？于是下令彻查，结果发现原来是土豪杀了庄稼人，买通仵作，把谋杀诬为自杀。

经过了这个案件，宋慈深深体会到科学办案的重要，激起了他研究医学的兴趣。验尸，原本是世上最无趣、最恐怖、最恶心之事，鼻子闻到的，眼睛看到的，手上碰到的，无不令人作呕三日，而且阴阴森森，鬼影幢幢，让人害怕。

然而，宋慈语重心长地说：“提刑如果不察，仵作会欺骗你，吏役会蒙蔽你，况且许多提刑对现场尸体证物，看都不敢看一眼，避之惟恐不及，这样如何能够办案？”

为了推广法医教育，他耗费了无数心力，写下了世界上第一部系统的法医学专书《洗冤录》。此书供司法人员作为办案的参考，也成为宋朝以后验尸必备的专书，甚且衙门里考选仵作，也是自《洗冤录》中随意指定一节作为题目。

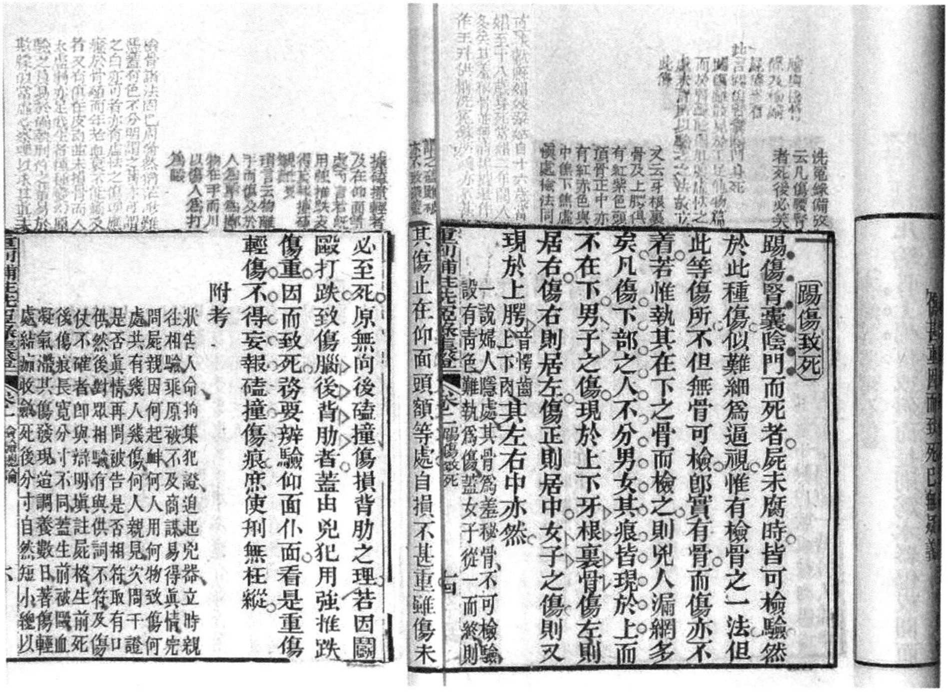
踢傷致死
踢傷腎囊陰門而死者屍未腐時皆可檢驗然
於此種傷似難細爲逼視惟有檢骨之一法但
此等傷所不但無骨可檢卽實有骨而傷亦不
着若惟執其在下之骨而檢之則兇人漏網多
矣凡傷下部之人不分男女其痕皆現於上而
不在下男子之傷現於上下牙根裏骨傷左則
居右傷右則居左傷正則居中女子之傷則叉
現於上腭上下肉其左右中亦然
其傷止在仰面頭額等處自損不甚重雖傷未
必至死原無向後磕撞傷損背肋之理若因鬬
毆打跌致傷腦後背肋者蓋由兇犯用強推跌
傷重因而致死務要辨驗仰面仆面看是重傷
輕傷不得妄報磕撞傷痕庶使刑無枉縱
附考

《洗冤录》，清刻套印本。

譬如清朝末年，出了一件轰动一时的大案子，新科举人杨乃武，涉嫌勾结一位外号叫小白菜的女子并谋杀其亲夫葛小大。仵作验尸，发现葛小大上身长有青黑霉斑，肚皮上有疱疹，口鼻流血，用银针探指甲，一片青黑，再翻开《洗冤录》，上面写着："中砒霜之毒者，遍身发小疱，体青黑色，眼睛耸出，指甲青黑。"仵作断定死者为中砒毒而死。

杨乃武与小白菜在一连串的刑求之下屈打成招，即将问斩。可是杨家人不甘心，多方奔走，到处请托，最后闹到慈禧太后那儿，开棺重审。

在拥挤的人潮之中，有经验的老仵作拈起一块腮门骨，仔细一看，便断言："葛小大是病死的。"全场哗然，仵作不慌不忙解释道："骨头表面发黑，是潮气太重，长了霉斑，如果中毒而死，骨头内外都是黑色，可是这块骨头——"说到这儿，他拿起锉刀，轻轻一锉，骨头里面一片莹白。杨乃武、小白菜沉冤得雪。

接着老仵作说："当初验尸错误，是忘了在验尸之前，银针先要用皂角水洗干净，《洗冤录》上写得清清楚楚。"

宋慈的《洗冤录》在宋朝之后，不晓得为多少冤屈案件平反，一直到今天，《洗冤录》在国内，以及在其他国家都被广泛采用。

弄璋弄瓦

中国古代妇女，一向讲究三从四德，不过，严苛的贞节观念，却是自宋朝开始。

历史学家曾经在南太平洋未开化的土著社会做研究，发现土著以母系为中心的组织，中国古代是不是出现过母系社会，在现存的文字记载之中，找不到证据。

中国“姓”的起源，好像是以女子为中心。例如“姚”“姬”“姜”字都从女，有人以为这代表以母姓为中心的团体。

不过，男尊女卑的观念，远在中国早期历史之中便存在了，《诗经·小雅·斯干》中有一句话：“乃生男子，载寝之床。载衣之裳，载弄之璋。其泣喤喤，朱芾斯皇，室家君王。”

这句话的意思很有趣：如果生了一个男孩子，就把他小心地放在床上，给他穿上衣裳，再佩一块圭璋给他玩（寓言娃娃长大之后，成为王侯将相，手执圭璧。可见人们多么向往做官），他的哭声洪亮，将来一定穿着辉煌耀眼的朝服，他会有室有家，可以作为君长，一家之主。

如果生了一个女孩子，又是如何呢？那可惨了：“乃生女子，载寝之地，载衣之裼（tì），载弄之瓦，无非无仪，惟酒食是议，无父母诒罹（yí lí）。”

这句话的意思是：假若生了一个女孩子，就让她睡在地上，拿块布把她包起来，随便扔一块瓦（瓦是一种纺织用的纺砖）给她玩耍，女子最好多多服从，少自作主张，只要讲究制酒烹调之事，小心别让父母惹上麻烦就可以了。

一直到今天，人们还是用“弄璋弄瓦”代表生男生女。弄璋固然是好话，弄瓦就有轻视厌恶的含意了。

中国古代是农业社会，需要大量人力，女子力气不够，受到轻视，也是自然之事。因此，在远古时代，便有溺死女婴的习俗。古代穷人家多半不愿意养女儿，认为是“赔钱货”。甚且有谓“盗不过五女之门”，哪个人家养了五个女儿，八成是一贫如洗，连强盗也不愿进去光顾。

古代女子也没有名字，如赵姬、郑姬等，到了汉朝，才有私名，如班昭、蔡琰（yǎn）等。汉朝是中国礼教形成的重要时代，西汉有刘向作《列女传》，东汉有班昭作《女诫》，规范妇女的道德。

班昭是班彪的女儿，班固的妹妹，家学渊源，她在丈夫曹世叔死后，被汉和帝召入宫内，作为皇后贵人的老师，人称曹大家，是一个极有才学的不凡女子，曾经帮助其兄班固完成《汉书》，她写的《女诫》，主旨在于说明女子应该三从四德（三从是在家要顺从父亲，出嫁要顺从丈夫，夫死要顺从儿子；四德是妇德、妇言、妇容、妇功）。

班昭认为女子在十五岁以前，应该读一点儿书，不过读书的目的是侍奉丈夫，班昭的看法是男子应当再娶，女子却不能再嫁，当时朝廷也奖励贞节，可是，民间对于贞节，并不十分看重，妇人再嫁，也没有什么人会出面阻止。

譬如西汉时，朱买臣妻子离婚再嫁，是人们所熟悉的例子。朱妻是个势利的女子，朱买臣喜诵读却穷困潦倒，她闹着离婚。后来，朱买臣官运亨通，回故乡会稽当太守，朱妻已经再嫁，却厚着脸皮请朱买臣再收留，朱买臣泼了一盆水在地上，表示覆水难收，对不起。

东汉时，改嫁再嫁的例子更多，如蔡邕的女儿蔡文姬，先嫁卫仲道，卫仲道死后，她回到娘家，兴平之乱，被匈奴俘虏而去，与左贤王生了两个儿子。后来，曹操重金赎回，做主把文姬嫁给董祀，夫妻十分恩爱。当时社会上似乎不以蔡文姬三嫁为耻，她所写的《胡笳十八拍》，更是中国文学史上著名的叙事诗。

魏晋南北朝时代，战乱纷起。这个时期，有两个特色，一是妓妾声妓流行，一是妇女妒忌风气似乎特别严重。南北朝时人们竞相奢侈，斗富风气兴盛，美女也成为大众夸示富豪的工具。

例如石崇以富有著名，也以拥有数十名如花似玉的爱妾著名。他用一种奇特的方式，测验爱妾的体重是否过重。

石崇把名贵的沉香末撒在床铺上，命令爱妾们在床上踏来踏去，然后检查脚板心，若是一点儿沉香末都没有沾上，表示身轻如燕，赐一百颗珍珠，好大的手笔。若是沾了许多沉香末，显然是过重，石崇就命令她节食。如此看来，减肥可不是现代才有的时髦玩意。

或许因为南北朝声妓多，女子之间妒心特强。东晋时，谢安颇为风流，无论走到哪儿，身旁总有妓女相随，他的妻子刘夫人受不了，对谢安监视得很紧，谢安

谢安携妓游东山，明沈周绘。

的外甥想要帮舅舅的忙，对舅妈刘夫人说：“《关雎（jū）》《螽（zhōng）斯》中记载，妇人该有不妒之美德。”

刘夫人知道外甥在讽刺她，淡淡一笑道：“这是什么人作的诗啊？”

外甥答道：“周公。”

“周公是男子，当然这么写，若是周姥，就不会写此诗了。”

南北朝虽然是乱世，世家大族间贞节观念却逐渐强烈，例如羊烈家是望族，他们不但规定家族中妇女一律不准再嫁，甚且在党州建造一所女尼寺，凡是寡居又没有小孩者，统统都叫她出家为尼，想思凡都不成，羊氏之誉就此奠定。

饿死事小，失节事大

从汉朝班昭写《女诫》以后，唐朝出了一本宣扬女教的书——《女论语》，作者是宋廷棻（fēn）的女儿宋若莘，其妹宋若昭注释。

宋廷棻一共有五个女儿：若莘、若昭、若伦、若宪、若荀，个个都是聪慧可人，玉洁冰清。

唐德宗很喜欢这五位大家闺秀，在与臣子们讨论经史文章之时，常会邀请她们参加，后来，四个女儿都嫁给了唐德宗，只有若昭不想嫁人。德宗尊她为女学士，教导皇子公主读书，号为宫师。《女论语》注释多半出自若昭之手，她也参考了其他姐妹们的意见。

《女论语》中为妇女订下很多规矩，比起班昭的《女诫》更加详尽繁琐，例如《立身》章中说："凡为女子，先学立身。立身之法，走路不要回头，讲话不要掀唇，坐下来不要摇晃膝盖，站起来不要摇动裙子，高兴的时候不要大笑，生气的时候不要提高声音。男子女子要严加分开，不可偷窥外壁，不许走出外庭，凡是外出，一定要掩面遮脸，别让人看到了。"

总而言之，《女论语》中强调的是羞羞怯怯，藏藏掩掩，宋若昭以为如此才是女子立身之道。

《女论语》中规矩虽然不少，但是唐朝风气一般比较开放，公主再嫁者高达二十三人，唐朝公主的气焰高涨和妇德不修，多半让人退避三舍，不敢领教（请参考本系列书讲到的唐朝部分）。文起八代之衰的韩愈，他女儿先嫁李氏，再嫁樊氏，可见唐代读书人也没有特意强调贞节。

唐朝有一个妒忌的故事，十分有趣，值得一提：唐朝大臣任瓌（guī），素来以怕老婆而著名，唐太宗一向与臣子私人感情深厚，他有意为任瓌解除这个烦恼。于是，有一天，唐太宗把任瓌的妻子找来，对她说："妇人妒忌，合当七出（七种可以和妻子离婚的理由），你如果能改过，也就算了，否则，你得喝下这杯毒酒。"

岂料任瓌的老婆，大剌剌地回答："妾不能改妒，请饮酒。"话没说完，拿起酒就咕嘟咕嘟全喝光了。回到家里，她与家人诀别一番，准备等死。谁晓得，等了半天，好端端的，根本没事。原来，唐太宗请她喝的是醋，不是毒酒。据说，这就是"吃醋"代表妒忌的由来。

任瓌妻子不死，他又没好日子过了。杜正伦嘲笑任瓌，任瓌故意做出一副怕怕的可怜相道："妇人的确可怕，初娶进门，端坐如菩萨，岂有人不怕菩萨？等到生儿育女，像只大虫（老虎），岂有人不怕大虫？妇女老了面皱如鬼，哪有人不怕鬼？"

任瓌的难听之言，也许可以代表唐朝的妇女还是挺有权威的。为什么到了宋朝，女权低落？其实，宋朝初年，贞节的观念并不十分牢固。

宋初大儒范仲淹，他母亲改嫁朱家，他曾经改名朱说。他儿子范纯祐早死，他就把儿媳妇嫁给了门生王陶，甚且，他订下的《义庄田约》，也有给寡妇再嫁的用费，丝毫没有要寡妇守节的观念。

王安石的观念，与范仲淹差不多，他的二儿子王雱（pāng），在太常寺当太祝，患有先天性心脏病。王雱娶了同郡女庞氏为妻，过了一年，生了一个儿子，王雱左看右看，觉得这个儿子不像自己，千方百计要把小孩害死，最后小孩果然给吓死了，王雱还是与庞氏吵闹不休。王安石眼看这样下去不是个办法，做主把儿媳妇嫁给别人。

自理学兴起之后，道学先生开始大力提倡贞节观念。有人问伊川先生："按照道理，男子不应娶孀妇，你的看法如何？"

"当然，寡妇再嫁便是失节，若是娶一个失节者为妻，本身也失节了。"

“那么，孀妇若是贫穷无依，能否再嫁？”

伊川先生笃定道：“饿死是一件极小的事，失节是一件极大的事。”这便是“饿死事小，失节事大”一语的由来。

伊川先生不但反对寡妇再嫁，并且还主张男子可以出妻（把妻子赶出家门）。

北宋妇女生活图，北宋王诜绘。

有人问他：“可以出妻吗？”

他答以：“妻若是不贤，为何不能逐出家门？今人以为出妻是丑行，不知孔子门人子思也曾出妻也。”

理学先生把妻子对丈夫，看成臣子对国君，宋儒既对皇上忠心耿耿，自然妻妾也该对夫君百依百顺。

宋代女权一落千丈还有一个原因，便是缠足普遍。缠足到底起于何时，说法不一，不过一般认为是南唐李后主时，后宫窅（yǎo）娘用布缠足，弯曲成新月状，在金莲上婆娑起舞，步步生莲花，有如凌波仙子也。

宋朝国势不振，重文轻武，连男子都是文绉绉的如妇人状，他们所欣赏的女子当然是弱不胜衣，娇娇滴滴，纤纤作细步的，女子既然行走不便，益发缺少独立的能力。

在宋儒鼓吹，尤其是朱熹提倡之下，宋代妇女对贞节观念十分执着，史书上记载了许许多多女子为保全贞节，不惜一死的血迹斑斑的故事。

宋代妇女贞节观念，对后世影响甚大，不但要拼死守节操，连皮肤手臂，也绝不能与男子接触，例如，元朝大德十年（1306 年），马氏乳生溃烂，情况危急，马氏坚持：“我是杨家寡妇，此疾不能见男子。”竟然不肯治病而死。

郑思肖画失根的兰花

陈之藩是台湾地区著名的散文家，他所写的一篇《失根的兰花》脍炙人口，被选入台湾地区的课本之中，许多同学毕业之后，仍然对这篇文章记忆深刻，因为陈之藩把游子想家的心情，描写得细腻又动人。

其中有一段，陈之藩说道："古人说，人生如萍，在水上乱流，那是因为古人未出国门，没有感觉离国之苦，萍总还有水流可借。以我看，人生如絮，飘零在此万紫千红的春天。"

宋末画家郑思肖画兰，连根带叶，均飘于空中，人问其故，他说："国土沦亡，根着何处？"国，就是土，没有国的人，是没有根的草，不待风雨折磨，即形枯萎了。

下面，我们要介绍的，就是画兰露根的郑思肖。郑思肖，自号所南，思肖两字，是宋朝灭亡之后，才取的名字。宋朝皇帝姓赵（繁体为"趙"），赵字去掉"走"字偏旁就是肖，思肖即是思赵，想念赵家天下的宋朝也。

郑所南的父亲名叫郑起，郑家世世代代诗书传家，郑起为人一丝不苟，刚正不阿，完完全全是标准的儒生。

郑起除了读书之外，只爱喝酒，他曾说："有酒即饮朋友，有钱即与朋友。"对朋友相当够义气。郑起曾经在潜县、诸暨（jì）等地担任地方教育主管，也做过书院山长，并在无锡讲学，他对于理学十分有研究，完全是一副道学先生的严肃模样。

郑起不喜古董，不爱琴棋，只喜欢读书，他对于儿子郑所南的教育也是如此，非常严厉，鞭策儿子专心读书求学问。

郑所南小时候，经常挨揍，郑起是绝对相信棒头下出孝子的人。而且，郑起的妻子楼氏与他步调一致，绝不护短，打起儿子来，比做爸爸的还要凶，楼氏有一句口头禅："假如你不听你父亲的话，我看我还不如死掉。"

做妈妈的，讲得如此严重，吓得郑所南从小就战战兢兢，不敢不乖，他对于父亲的严厉教诲，却是一直心怀感恩。

长大以后，郑所南曾经以太学上舍生的身份，应博学宏词科，等于是殿试及第了，但是，郑所南对做官的兴趣并不浓厚，他只是一心一意想要救国。

当元兵南下，进犯临安之时，郑所南想起，钦宗朝时太学生陈东，曾经伏阙上书，跪在皇宫门外，力陈国事之非，提出严厉批评。后来，陈东因此被判死刑，但是赢得了宋朝人的衷心敬佩。

郑所南认为，知识分子就该有此风骨，他愿意效法陈东，跪在宫门，上书宋朝幼主，痛陈国事利弊（bì）。然而，由于他措辞激烈，引起执政者大大的不悦，把他的上书搁置一旁，完全没有任何反应。

郑所南很生气，但是生气没多久，宋朝灭亡，他整个人陷入长期的哀痛之中，总是在梦中嚎啕大哭，高声喊叫："大宋，大宋！"醒来之后，泪流满颊。

在他看来，宋朝等于是父母，且别说元朝统治汉人，"纵遇圣明过尧舜，毕竟不是亲父母，千语万语只一语，还我大宋旧疆土"。

由于郑所南对国家忠心耿耿，死心塌地，所以宋朝虽然灭亡了，但他不论写任何书信文字，落款永远是德祐若干年，德祐是小皇帝帝㬎的年号，有人指正郑所南："老兄，现在早已改朝换代了，你还活在过去啊？"

"我脚下踏的是宋朝的土地，头上顶的是大宋的青天，身上穿的是大宋的服装，口中吃的是大宋的食粮，我对于宋朝，绝对是有死无二。你难道没有听说过吗？妇无二夫、子无二父、臣无二君。"

对方见郑所南如此执拗，也只能随他去了。

郑所南擅长画墨兰，也就是不着颜色，以水墨浅晕表现兰花。兰花号称王者之香，是文静幽雅的象征。因为兰花生长于幽谷之中，它从不取媚于人，也不愿意移居城市之中，即使移居了，灌溉看顾也得特别小心，否则会立刻枯死。所以古人书中，常把深闺的美女，或是隐居山僻不求名利的人称为“空谷幽兰”，郑所南爱兰，自然也很欣赏兰花的美德。

自从宋朝灭亡之后，郑所南所画的墨兰，全都没有泥土，一枝一枝飘在半空之中，有人问：“你画的兰花，没有附着在泥土之中，兰花怎么活?”

他反问道：“土地早被番人给夺去了，莫非你不知道？”他这番话其实是以失根的兰花自喻，孤芳独赏，一任飘零。

郑所南与书画大家赵孟頫（fǔ）原是好朋友，赵孟頫姓赵，原是郑所南所思念的宋朝宗室后裔（yì），岂料赵孟頫竟然投降元朝，还做了官，郑所南一怒，与赵孟頫断交。

元朝王逢很欣赏郑所南的墨兰，三番两次前来索画，郑所南相应不理，怒气冲天地说：“头可断，兰不可得。”

墨兰图，郑思肖绘。

元朝艺术界对郑所南其人其画，都相当的欣赏，认为是“清高绝俗，天真烂漫”。可惜他的画，一幅也没有传下来，他在“一是居士”自传中说：“一是居士，大宋人也，生于宋，长于宋，死于宋。”

在上篇《饿死事小，失节事大》之中，我们提到宋朝人对妇女守贞的观念，现代人不免觉得道学先生对女贞太苛求。其实，真正的道学家对自己的道德标准更严格，郑所南就是最好的例子。

宋代民间婚俗

婚姻是人生大事，因此，许多讲究的人家，规矩特别多，有人以为这是民间风俗，殊不知多半是遵循古礼，尤其是宋朝人留下来的规矩。现在，让我们走入时光隧道，看一看宋朝民间婚俗。

当然，民间婚俗，贫富与否，其间差异甚大，京都富豪之家，规模之大，可以媲（pì）美皇亲，一般升斗小民，不免因陋就简。譬如《太平广记》中，记载有一富商邹凤炽，长得肩高背曲，貌似骆驼，人们称之为邹骆驼。邹骆驼虽然长得不怎么样，却是非常有钱，他嫁女儿当天，宾客数千，盛极一时，新娘子出来的时候，身旁数百侍婢围绕，个个美如天仙，而且打扮得绮丽珠翠，垂钗曳履，简直像是选美大会。来宾们看得两眼发直，邹骆驼乐坏了，不过他女儿有点儿嘀咕——新娘子反而被冷落了。

宋代一般民间富贵之家，婚娶之礼，先凭媒人说合，然后，用草帖子通知男方，其内容不外是年龄、生肖、生辰。

男家拿了草帖子，问卜求签，看看是否相克相冲。

所谓相克之说，现在看来可说是荒诞无稽，但是，中国古人却是深信不疑，例如一首歌谣唱道："白马自古怕青牛，羊鼠相见一旦休，龙逢兔儿云端去，金鸡见犬泪交流，蛇见猛虎如刀斩，小猪个个怕猿猴。"这是道出哪些生肖相克相冲。

男方卜得吉利以后，再写回帖，由媒人通知女家表示同意。回帖又称为细帖，相当于古代的纳吉之礼，帖中序明男家三代官品职位，第几男，生辰八字，如果是入赘（zhuì），还要注明新郎要带过来多少金银、田土、财产、宅舍、房廊、山园，真是洋洋大观。

女家接到细帖，也用同样方法，开写定帖，列举新娘是第几女，生年甲子，以及陪嫁多少房奁（lián，陪嫁衣物）、首饰、金银、珠宝、帐幔，以及田土、房业、山园，甚且在定帖之中，还要详列主婚人姓名、荣衔、家产等等。

在中国人过去的观念之中，结婚不是男女双方相爱，而是两个家族的结合，其中物质条件占了相当分量，可谓相当俗气的一件事。

男女双方称斤论两，彼此觉得满意之后，这才由双方家长会同媒人，在一家花园或湖舫之内相见，就是相亲。

所谓相亲，其实什么也看不见，女子多半怕羞，悄悄地躲开，男方相不到媳妇，只有看看她兄弟的长相，胡乱猜一通，所谓“买衣服看袖子，娶媳妇看舅子”，可惜兄妹相像、姐弟相像的情形并不多。

送嫁妆，选自《豳风广义》。

相亲之时，如果双方看得顺眼，就把金钗插在冠髻（jì）之中，表示插钗，万一不中意，则送彩缎两匹，称为压惊，表示白忙一场。

相亲满意之后，再由媒人往女家报定，称为议定礼，如果是富豪之家，报定要准备珠翠、首饰、金器、销金裙褶（zhě），以及四樽或八樽金瓶酒，用两头羊负载送过去。

女方接过定礼，也不能含糊，回定礼是早就预备好的，并且将原先送来的茶饼羊酒抽出一部分送回，在空酒樽里放入清水，盛两对金鱼，筷子一双，谓之回鱼箸（zhù，就是筷子）。考究的人，多半用金银再打造一双鱼、一对筷子。

到此为止，男女双方已经花费不少，所以，宋人婚配非要门当户对不可，不然，对方这番排场压过来，如果没法再压回去，面子上就不好看了。

接下来，才是正正式式的下聘，这个聘礼当然要格外隆重，女方接了聘，也有一份厚礼相报，而且，挑礼前来的工人还要领赏，难怪古人说齐大非偶，太富贵的人家，勉勉强强高攀，那真是存心跟自己过不去。

双方下礼之后，彼此就成为亲家，逢年过节，少不得互相馈（kuì）送，联络感情。好容易选中黄道吉日，决定了婚礼日期，在成婚之前三天，男方要送来催妆花髻、销金盖头，与花粉画彩等新娘子打扮用的东西，女家则答以罗花幞（fú）头、绿袍靴笏等新郎倌要用的物品。

在结婚的前一天，女家先派亲友到男家挂帐、铺设新房，陈设奁器，到处贴上“囍”字，在宋朝人观念中，铺房是一件大事，千万马虎不得。

宋朝以前，似乎没有这种习俗，宋朝大思想家司马光曾经在一篇文章之中写道：“迎亲前一日，女方派人布置乘龙快婿的新房，称之为铺房，古代虽然没有这个习俗，现今世俗多用，不可废也。凡是床榻、荐席、桌椅都是男方应当准备的，毯褥、帐幔等则是女方准备的，许多人趁此机会，故意夸示富贵，此乃婢妾小人之态，不足为也。”

司马光虽然说不足为也，却经常有人为此闹得不可开交，甚且因此亲家反成仇家，伤了彼此之间的和气。

铺房之后，还有很多规矩，我们下回再谈。读到这儿，也许不少读者不由得会心一笑，时至今日，许多地方的习俗，特别重视铺房，还要特别精心挑选一位有福气的女方亲友担任，可惜的是，为了办喜事，亲家变成仇家的不幸，在现代社会之中也时常耳闻，追根究底，还是势利心态作祟。

宋人办喜事

在上一篇中，我们说到，宋人在迎亲前一日，女家筹（chóu）办新房中的家具器物，送往男家，布置妥帖，谓之铺房。

铺房之后，佳期将至，男家派人赴女家催妆，女人化妆一向慢工出细活，尤其是要上花轿之前，岂可马虎，这一折腾就没完没了，惟恐耽误时辰，非得催上一催。

终于，吉时一到，男方带着花瓶、花烛、化妆盒、照台、衣匣、清凉椅等，并且雇请官私妓女，骑着骏马，一路上乐队呜哩呜啦吹奏不停，大家都争先恐后跑出来看热闹。

大队人马吹吹打打到了女家，先由乐官奏乐催妆，双方家人仆从互念吉祥诗句，然后，新娘终于出阁上轿。

新娘上轿之后，一路上又是呜呜吹奏不停，若引来好奇的人潮，到达了男家，更有一番好戏。

当花轿到达时，有人手执米斗，里面装满了五谷、豆类与干果对着大门，天女散花般泼撒。

这一撒，必然引得小朋友们嘻嘻哈哈，争先恐后地前来拾取，这个风俗称之为“撒谷豆”，自西汉时即有，目的是驱除青羊、乌鸡、青牛三煞，讨个吉利。

此时新娘才可下轿，下轿时还有一个禁忌，就是脚不能碰地，非要走在铺垫物上，可是路途还远，哪有那么长的垫子？于是仆人可累了，急着一路把两三个垫子往前挪移，唐朝白居易《春深娶妇家诗》中有“青衣传毯褥，锦绣一条斜”之句，就是这个意思，青衣指的是仆人。

为什么新娘脚不能碰地呢？原来，按照迷信的说法，地与天都是无比神圣的，天有天神，地有地神，假如新娘的脚与地接触时，不小心冲犯鬼神，可就糟了。在娘家时，新娘子可由父兄背着她上轿，可是到了婆家，没人可抱她，又要避免两脚不着地，只有铺上垫子，一直到嘉礼完成，送入洞房。这也是现代婚礼中新人要步上红毯的缘由。宋代娶亲，不论贫富，这个习俗绝不能免，至于铺毯、席还是红布条，质地如何，就看当事人财力如何了。

接着新人走进中门，被迎入一室中小歇，坐在帐中，称为“坐虚帐”，此时新郎换上了绿衣裳，头戴花幞头，前来与新娘共坐，称为“坐富贵”。

稍坐不久，礼官高声喊叫，请一对新人出房，新郎手执槐简，身披红绿丝绸，绾（wǎn）着同心结，倒退着走，新娘则挽彩结，亦步亦趋，谓之牵巾，新郎新娘牵挽着到礼堂前。

洞房，选自民间年画。

一直到这时，由一位男家中福寿双全的女亲，用秤杆将新娘的盖头挑开，新娘才露出了庐山真面目，也可以由新郎亲自揭开盖头，总之，不论是美是丑，是贤是愚，都要参拜堂前神祇（qí）、诸位尊亲。

参拜既毕，新郎新娘手挽同心结，回房行交拜礼，这时候，礼官用金银盘内盛金银钱杂果，朝帐中撒去，谓之“撒帐”。

撒帐与前面花轿初抵男方家门撒谷豆不一样，撒谷豆是避三煞，撒帐是祝福多生贵子。

据说撒帐之风，始于汉武帝之时，武帝钟爱李夫人，当李夫人初至，武帝迎入帐中，预先命宫人遥撒五色同心花果，武帝与李夫人撩起衣裙盛之，武帝含笑对李夫人说："接果愈多，代表得子愈多。"

撒帐之后，新郎新娘共饮交杯酒，饮罢，将两只酒杯，一仰一覆安放在新床下面，接着，男左女右结发，行合髻礼，再接着，新人换装，谢亲朋，摆下喜筵，婚礼才大功告成，真是既复杂又辛苦。

这以后三天，女家备礼，送往新婿之家，谓之"送三朝"，一对新人于三日，或七日或九日，回往女家，行"拜门礼"，一直闹到满月，女家送弥月礼，婿家张宴款亲，谓之"贺满月"。

另外，新娘在下轿之后，入洞房之前，照例要先拜天地，依次拜祖先、公婆与尊长，并且要荐枣栗脩（xiū）给公婆，以讨公婆欢心。

枣栗就是枣子与栗子，俗语说："吃枣得小，吃栗得妮。"小是小男孩，妮是小女孩，枣栗是早生贵子之意，脩则是肉脯，规矩很多。

这套风俗，流传至今，譬如新娘子到了婆家，众人七手八脚，帮忙传递脚下垫子，大家都这么做，却不知为什么，更不知中国人在宋朝，甚且更早以前，已经有此做法。

说起来，老祖宗的规矩，一代又一代绵延至今，也是挺有人情味的。现在许多人结婚，除了披上白纱之外，也流行戴上凤冠，穿起长袍，甚且安排一顶花轿，照几张传统的结婚照，觉得古意盎然，情趣横生。中国人毕竟是中国人，血液里面流着属于中国的情愫，台湾的每一样风俗，追根究底，往往是福建泉州的老风俗，往上追溯，更是老祖宗的遗风。

宋代都市的夜生活

中国古代，在宋朝以前，一到晚上，家家户户门窗紧闭，不再外出，街道之上凄凉、寂寞而清静。

周朝《周礼·秋官》记载："禁宵行者，夜游者。"汉朝也是如此。

《史记·李广传》之中有一段：汉朝大将军李广出雁门关，匈奴仗着人多势众，打败李广，单于久闻李广大名，早就下令，不得射杀，务必生擒。

匈奴终于得到了李广，好不开心，李广伤势严重，匈奴就把李广缚在马上，欢天喜地，高奏凯歌押回大营之中。

李广虽然受了伤，神志却非常清醒，他闭起眼睛，假装奄奄一息的模样，暗地里却在找寻机会。

忽然间，李广发现有个小胡儿，骑的是难得一见的良马，他挣脱了绳索，跳到马背上，推倒小胡儿，夺得弓箭，快马加鞭飞奔而去，一路逃回了汉朝，藏入山中。汉人起初以为李广死在异地。

有天晚上，李广去田间一个朋友家中喝酒，回来晚了，被霸陵尉发现，并被大声喝止道："你难道不晓得天黑之后不准夜行？"

"我……我是以前的李将军啊。"李广着急地辩白。

"现在的李将军都不得夜行，管你什么过去的李将军。"

于是，霸陵尉把李广扣留在亭中，到第二天才放他走。

由这个故事，我们可以知道，汉朝时，入夜是不得外出的。

到了唐朝，虽然大都市如东南的扬州、岭南的广州，经济都非常繁荣，晚上也颇为热闹。可是京师一带，仍旧一片冷清，禁止夜行。

每天快入夜时，京城内金吾（官名，掌管治安工作）便会高声传呼，鼓声四动，提醒人们赶快回家，切勿犯禁。

然而，到了宋朝，都市的夜晚，有了惊人的发展，可谓“车如流水马如龙”。在汴京城北州桥，车马拥挤，热闹非凡，连路人行走也困难，载运货物的车辆，还在晚上特别挂了一个铃铛，好让远来车辆相避，免得发生交通事故。

不但陆上交通如此热络，连水上交通，入夜之后也相当繁盛，杭州米船到达码头的时间，常在夜晚，工人们卸下货物以后，经常到夜市去逛一逛，兜兜风。

杭州大街买卖，经常是昼夜不绝，有的夜市三更收摊，五更又开张，夜猫子不愁没有地方寻乐。

甚至有的茶店、酒店及路边小摊，专做宵夜生意，到了半夜三更才开市，一直闹到凌晨打烊（yàng），简直和今天台北、高雄等大都市的情形一样。

至于夜市中到底卖些什么呢？好比现在的百货公司样样都有，色色俱备，其中尤其是卖食物的最多，中国人讲究吃，真是自古已然。

在夏天，小吃摊多半是卖凉的，如冰雪冷元子、水晶皂儿、生淹水木瓜等。到了冬天，又都改为热腾腾的旋炙猪皮肉、野鸭肉、滴酥水晶鲙（kuài）等，自朱雀门到龙津桥，挤满了大快朵颐的食客。

除了固定的小吃摊，还有小贩顶在头上卖的羊脂韭饼、春饼等，边卖边吆喝，也是夜市一景，或者是沿街推的车担，客人来了，停下车子，摆好椅子，张罗茶汤、馄饨，别有一番风味。

南宋时，苦于北来胡人的压迫，然而中国饮食文明，又很快地把胡食纳入，其中后市街一家姓贺的，调制胡饼特别地道，每个卖到五百钱，香香酥酥，趁热享用好吃极了，往往供不应求。另有波斯姜鼓，也很受欢迎，顾名思义，这是波斯来的异国风味，姜鼓是什么玩意儿，就不知道了。

货郎图，南宋李嵩绘。

宋朝女子地位低，可是有几个宋朝妇女却因为烹饪功夫了得，都成了富婆。例如李婆婆羹是著名的餐馆，宋五嫂鱼羹更是了不起，杭州城里城外，无人不知，无人不晓。宋五嫂的鱼羹碗儿不大，大概与台南度小月的肉燥面差不多，稠稠浓浓，热气冒三尺，令人馋涎欲滴，连皇帝都经常派人去买几碗来享受。

除了食物之外，算命先生也为夜市平添不少热闹，宋人最爱摸骨看相细批流年，问问妻财子禄，不愁没话说。

夜市之中且有音乐悠扬，酒楼歌馆一直要闹到四更之后才渐渐安静下来。

宋代的酒楼更是愈晚愈盛，浓妆艳抹的青楼佳人，簇拥在楼廊上，等待酒客呼唤。也有那爱好风雅的子弟，在花竹掩映之下，垂帘下幕，招来歌妓唱歌，玩个通宵达旦。

一些富豪之家，嫌街上人多嘈杂，就在自己家中过夜生活，当时讲究的人家，把仆役分为四司六局：帐设司、厨司、茶酒司、台盘司，果子局、蜜煎局、菜蔬局、油烛局、香药局、排办局。到了夜晚，对于夜宴而言，油烛局承担着相当重要的工作，负责上烛，修烛，装火，备炭，把夜晚装点得如白日一般光灿，可以尽情欢乐。

宋代都市的夜生活，纸醉金迷，热闹非凡，可惜却是十分粉饰太平，人民多半缺乏忧患意识，反正今朝有酒今朝醉，果然，夜生活的繁华没有持续多久，终于沦入元人之手。

铁哥吃手扒鸡

元世祖忽必烈是元朝的开国君主（从忽必烈开始才建国号为“元”，以前都称为蒙古），不论文治武功，均极辉煌。他是成吉思汗的爱孙之一，睿宗拖雷之子，宪宗蒙哥之弟。

相传在猴儿年（1224年），成吉思汗讨伐花剌子模归来，班师回国之时，忽必烈只有十岁，在边境迎接爷爷，爷爷一见他“脸上有光，目中有火”，就非常疼爱这个孙子，祖孙二人曾经在乃蛮的国界上骑马射猎，玩得不亦乐乎。

拖雷很得成吉思汗的喜欢，他也的确是个人才，而且对兄长十分尊敬。有一次，窝阔台生了重病，他竟然祈求神明，愿意代替哥哥而死，因此，他虽然只活了短短的四十年，但他这份自我牺牲的精神，获得了蒙古各部落对他家的爱戴与同情。

拖雷的妻子莎儿合黑塔尼，是克烈部王汗的侄女儿，出身世家，英明干练，人缘很好，是个贤妻良母。

蒙哥汗讨伐宋朝之时，命令忽必烈统治漠南地区。忽必烈曾经延揽了大批中原的汉人，使他接触到中原的文化与政治思想，其中，对忽必烈影响最大的是姚枢。

忽必烈在漠南，治理地方井井有条，很得人民的爱戴，譬如他制止蒙古官吏滥施刑罚，就值得大书特书。

元世祖忽必烈，选自《清刻历代画像传》。

当时燕京行省的长官不只儿，一向以苛虐著名，有一天，他竟然下令杀了二十八个人。

后来，来了一个倒霉的盗马贼，先是被不只儿派人狠狠打了一顿，训斥一番，放了回去。

忽然之间，有人献媚，送来一把亮闪闪的环刀。不只儿用手试试环刀的刀锋，果然很利，兴致来了，对手下道：“你们快去把刚刚那个偷马的找回来，我要拿这把环刀杀个人，看看好用不好用。”

于是，盗马贼又被捉回来了，一手捂着被打得皮开肉绽的伤口，还弄不清发生了什么事，不只儿已手起刀落，把盗马贼给斩了，还啧啧称奇道：“果然好刀。”

忽必烈知道不只儿草菅（jiān）人命的事以后，把他找来训斥道：“凡是判定死罪者，必然详细审问，确定无讹之后，方可行刑。人命关天，不是闹着玩的，你一天之中杀了二十八个人，想来其中必然有无辜冤死者，这还不算，哪有先把人打了一顿，宣布释放，然后再处死刑的，这算什么荒唐的刑罚？”

不只儿一向杀人杀惯了，而且从不觉得杀个不值钱的汉人有什么关系，当场愣在那儿，不晓得该如何回话。

忽必烈听从姚枢的劝告“收人心，止杀戮”，却给自己找来了麻烦。有人向蒙哥汗打小报告，说忽必烈“深得汉土人心，财赋（fù）尽入王府，恐怕枝大于本，不利于朝廷”。

蒙哥汗听了，也起了疑窦，特地派了“钩考局”去调查这件事。忽必烈知道，大为愤慨，怒气上冲。结果，还是听了姚枢的建议，亲自前往谒（yè）见蒙哥汗，当面解释误会，兄弟相对涕泣，尽释前嫌，这又是中国儒家待人处世的哲学。

一般说来，蒙古人对汉人，很有一种优越感，但是，忽必烈的观念比较平等，从他对铁哥婚姻一事的态度可知。

铁哥是西域人，他的叔叔那摩，被蒙哥汗尊为国师。铁哥四岁的时候，跟着叔叔晋见蒙哥汗。蒙哥汗见这个小男孩眉清目秀，好生喜欢，问道：“这是谁的小孩啊？”

国师回答：“我哥哥的儿子。”

蒙哥汗正在吃手扒鸡，顺手就把鸡全给了铁哥，奇怪的是，铁哥谢过之后，捧在手中也不吃，蒙哥汗问道：“这鸡很香，你为什么不尝尝看？”

小铁哥竟然说：“我带回去给妈妈吃。”

蒙哥汗很惊讶，连忙叫人再拿一只鸡来给孝顺的小男孩，小男孩这才津津有味地啃鸡腿，领略蒙古烤肉的风味。

小男孩长大以后，忽必烈也接了帝位，是为元世祖，他也很疼爱铁哥，在铁哥十七岁那年，世祖下诏择贵家女给铁哥做妻子，铁哥居然拒绝娶蒙古贵族，他说：“我母亲是汉人，希望我娶一个汉人媳妇。”元世祖也就顺从铁哥的心愿。

世祖对外国称号大汗，在中国则尊号为皇帝，并且与汉人一般，敬重孔子，推行孔学。

然而，世祖这套开明的作风，与当年蒙哥汗的守旧派有所歧异。同时，世祖与儒者亲近，汉地学人不免兴高采烈，多所宣扬，而不喜欢儒者的人，也自然妒忌不平，大事破坏。

一次，近侍中有人进谗言道："《论语·八佾（yì）篇》中说：'夷狄之有君，不如诸夏之亡也。'（孔子的意思是，连夷狄都知道要有君主，不像今天诸侯乱纷纷，不敬周天子。）孔夫子岂不是看不起边疆民族，看不起蒙古吗？"

世祖被他这么一挑拨，果然发火了。

于是，文学家虞集赶快解释："孔夫子在一千多年以前说这句话的意思，自然是有感而发，与现在无关，今天可汗承受天命，统有全中国，不应以古代小国之君自居。"

世祖器大量大，也就不予计较了。他还巧妙运用两元政治，用汉地成法治理汉地，用蒙古成法治理蒙古。他的成功，不在于用武力令天下臣服，而是能在这一土广民众的地域，统一之后加以安定，这就是所谓的"有容乃大"也。

元世祖东征日本

元世祖忽必烈是继成吉思汗以后，一位伟大的帝王，当他建都燕京灭宋而统一了中国以后，便以大蒙古帝国可汗兼为元朝之大皇帝。

蒙古是个战斗的民族，军事扩张永无止境，看他们可汗对外族的挑战书，动不动就说：“吾人为地上的天军，上帝创造吾人，用来处罚上天所愤怒讨厌的人。”可见得蒙古自以为代表上天的意旨，替天行道，征服与处罚不服从他们的罪人。

元世祖建立了大元帝国的同时，仍然秉承列祖列宗的遗志，继续对外做军事上的扩张。所不同的是，以前扩张的地方是西北，蒙古马队所向无敌，这以后的目标转往东南海外诸国，攻势虽猛，但毕竟蒙古人不擅长海战，有时不免失利。

远在蒙哥汗之时，几次东征高丽（lí），高丽国王遣其太子王倎（tiǎn）到中国来，世祖忽必烈见王倎长得眉清目秀，言谈举止彬彬有礼，非常喜欢，双方谈得很投机。

不久，蒙哥汗在钓鱼山合州城暴卒，世祖即位，用汉人赵良弼的建议，对王倎优礼有加，十分客气，并且派兵护送王倎回国。

王倎回到了高丽，继承了父亲的王位，改名王禃（zhí），是为元宗，接受蒙古玺书册封，以后，高丽的历代国王，都娶元朝公主，并且学习元朝辫发胡服的风俗，在至元二十年（1283年），元朝于高丽设征东行中书省，高丽正式成为元朝的一部分。

元世祖征服高丽后，因高丽而得知日本人的情报，开始对日本产生兴趣。

日本与中国的交通始于何时，未有定论。但是，根据《山海经》的记载，远在周朝时代，中国已知日本的存在。不过，中国古籍中称日本为“倭（wō）”或“倭奴”，而不称“日本”，当时的日本人也往往自称为“倭”。也有一说，到了唐代，日本国内汉学兴起，读了点书，发现了“倭”字实在太难听，太不雅了，乃改称为“日本”。从汉代开始，日本不断有使者来到中国，将中国许多物品带回去。到了隋唐时代，中日之间交通频繁，日本曾经派出五次遣隋使，二十次遣唐使，更有大批留学生与学问僧前来中国，形成“大化革新”。南宋时代，理学传入日本，朱熹与程颐程颢之学说在日本甚为流行，尤其是禅学。

元世祖在至元三年（1266年），命令兵部侍郎黑的（这个名字很奇怪），拿着国书到日本，要求通好。这封国书写得霸气十足：

“大蒙古皇帝，奉书日本国王，朕即位之初，以高丽人民久遭战火之苦，即令罢兵，还其疆域，高丽君臣感戴来朝，名义虽是君臣，彼此欢如父子，这些想来王之君臣也都知道，希望自今以后，通问结好，以相亲睦。”

大元朝这封信的口气，完全是“老子国”对待“儿子国”，言下之意，高丽既然是元朝的儿子国，日本能当儿子国，也应该是一件欢天喜地的事。

岂料，日本对当“儿子国”缺乏兴趣，黑的颓然而返，临行前带了两个日本岛民（一名塔二郎、一名弥四郎）回朝鲜问话。以后，又进行了几次外交，不得要领。到了至元十七年（1280年），日本人竟然杀死了元世祖派来的外交官杜世忠，世祖大为生气，当即设立了日本行中书省，商议远征日本的大计。

按照国际惯例，两国相争，不杀来使，日本人会有如此不识大体的行为，主要是当时日本武士精神洋溢，当政的北条时宗又年轻气盛，初生之犊不畏虎。

当时，元世祖已经灭了南宋，收编了许多南宋降军，正不知该拿这些残兵怎么办，不如就去打日本吧，因此组织了一支由蒙古人、回人、汉人、南人（南宋的遗民被称为南人）合起来的杂牌军队，由宋朝降将范文虎率领，浩浩荡荡跨海东征。

谁知，当他们一行尚未到达海岸时，忽然飓风大作，原来遇上了一个超级强烈台风，一时之间，风卷船旋，船上战士们奔走呼号，奋斗挣扎了老半天，才把一部分没打沉的战船，驶入五龙山靠岸。

这范文虎是贾似道的乘龙快婿，与他岳父一样，是个典型的贪官污吏，吕文焕苦守襄阳就是被他害惨的。他原本就是意志不坚的贰臣，才会迫不及待投降了元人，怎么会为元人打日本人而送命呢，那太划不来了，所以赶紧跳上一艘最坚固的大舰，匆匆忙忙逃回高丽合浦。其他高级将领见主帅已逃，也分别抱头鼠窜。

一直过了半年以后，一个名叫于阊（chāng）的东征士兵逃回中国，才透露："当时大元帅跑了，军中无主，大家公推张百户做元帅，我们在五龙山伐木料，准备造船及修补原有的残破战船，打算回国。谁知日本人包围了我们，杀害了几万人，剩下两三万人被掳作俘虏，我便是其中一个。"这些被俘的元兵，被日本人编为奴隶，称为唐人，这是蒙古对外用兵以来，

日本将领竹崎来永与忽必烈军队作战，日本绘画。

最为惨重的一次失败。

如果不是用错了将领，算错了时间，天时地利人和样样不对的话，日本人哪儿是蒙古人的对手？当时蒙古有一种强弓，据说开弓要有一百六十六磅的臂力，可贯穿一二十人，语虽夸大，然而强度之大无可怀疑。

由于日本人侥幸逃过这一劫，反倒加强了日本人的侵略思想，日本人更深信大和族人是神裔，天皇是神的代表，日本是神国，历史上从未有大陆的武力侵入过日本，元朝大军试图征伐日本没有成功，可见得天佑日本，后来他们发疯似的挑起侵略中国的战争，不知是否源于此。

波罗兄弟到中国

元朝初年，国家魄力雄厚，处处表现出建国的精神，展示恢宏的气象，令人为之惊心眩目。要了解元世祖的霸业，不妨参看马可·波罗的游记。

《马可·波罗游记》，是十三世纪末叶，欧洲人马可·波罗根据其亲眼看到的中国的情况，所写成的一本最有名，也最有影响力的传奇性的记载，这部书可以作为正史的一种参考资料。后来，哥伦布立志要环绕地球，去发现东方，据说就是受这本书的影响。

许多人对马可·波罗四个字都耳熟能详，却不知道这本书究竟写些什么东西，让西方人大开眼界。我们现在来介绍一下马可·波罗这个人和他的游记中一部分精彩的故事。

公元1260年，在君士坦丁堡（今天的土耳其西部），住着两个兄弟——尼可罗·波罗和玛窦·波罗（以下简称波罗兄弟，他们分别是马可·波罗的父亲与叔父）。

波罗兄弟是意大利威尼斯商人。由于威尼斯人在公元1204年，打败了拜占庭帝国，以希腊领海为中心，君士坦丁堡为据点，建立了霸权式的通商活动。波罗兄弟头脑灵光，富有冒险精神，在君士坦丁堡购买了一批珠宝，到外地去碰碰运气。

他俩乘船到了速达克，把珠宝献给了别儿哥汗，别儿哥汗非常高兴，赏给他们超过珠宝价钱两倍的财物。以后，波罗兄弟穿过沙漠，到了布花剌城，别儿哥汗与蒙古旭烈兀发生了战争，切断了君士坦丁堡的通路，波罗兄弟回不去，只好在布花剌城停了下来，这一歇脚就是整整三年。

有一天，一位旭烈兀的使者，偶然看到波罗兄弟，十分惊奇地问道："你们是拉丁人吗？"

"是的，我们的老家在意大利威尼斯。"

"那太好了！"使者说，"在这一带，除了你们，我还没有见过拉丁人。我是奉了旭烈兀的命令到东方去朝见忽必烈可汗，有没有兴趣跟我一块儿走，保证能够得到荣华富贵。"

波罗兄弟是好奇心很重而且极有冒险精神的人，一听使者的怂恿，马上答应了。使者也很开心，因为他知道忽必烈喜欢新鲜的事物，若是看到拉丁人，一定觉得很有意思。

他们一行人，走走停停，花了一年的时间，才到达中国，晋见忽必烈大汗。忽必烈对欧洲十分陌生，波罗兄弟把欧洲的情形，详详细细报告一番，并且大力宣扬基督教。

"照你们说起来，基督教倒真是不错的宗教。"忽必烈大汗对波罗兄弟说，"我看不如这样，我任命你们兄弟二人当我的使臣，回到罗马去谒见教皇，请教皇派一百名有学问的基督教徒到中国来，这一百名基督徒必须具备七艺（就是修辞、逻辑、文法、数学、几何、天文与音乐），还有，你们经过耶路撒冷的时候，顺便取一点灯油回来。"

"好的，我们一定遵命。"波罗兄弟连连向大汗叩头。

"现在，我赐你们一块金牌，"大汗把一面刻有飞鹰张开翅膀、正想攫取食物雄姿的金牌，交给波罗兄弟，"这面金牌等于圣旨，你们有了它，就可以很顺利地经过我所管辖（xiá）的地方，并且能得到你们所需要的马匹、骆驼与食物。"

的确，凭着那面金牌，波罗兄弟无往不利，沿途的官员无不殷勤接待。

波罗兄弟经过三年的长途跋涉，终于回到了老家威尼斯。尼可罗·波罗见到自己的儿子——十五岁的马可·波罗时，他的妻子已经去世了。

波罗兄弟在威尼斯待了两年，见了新教皇格拉高雷十世，教皇为他们祈祷，并且答应派两名有学问的神父一块去东方。

波罗兄弟第二度东行，还带了十七岁的马可·波罗，他等一行经过的第一个有名的大都市是报达（今天伊拉克的首都巴格达），它是回教徒心目中最重要的一个大城，城中曾经住着回教教主哈里发。

哈里发虽然威风八面，却不敌蒙古的旭烈兀，旭烈兀在公元1255年的时候，大举进攻报达。旭烈兀知道，想要攻下报达，可不是一件简单的事，决定略施小计。

旭烈兀把大部分的兵马，埋伏在城外广阔的树林之中，然后，命令小部分的人马，故意踏着凌乱的步伐，垂头丧气往前进攻。

哈里发在城墙上一瞧，如此乌合之众也胆敢前来，立刻带着少数人马就冲了出去。旭烈兀迎上前去，草草战了几回合，拨马便往树林奔去，哈里发一路追到树林，旭烈兀大军包围，三两下就生擒了哈里发。

旭烈兀占领报达之后，搜索全城，发现报达城中有一座宝塔，里面全是金银珠宝。旭烈兀责问哈里发："你难道不知道蒙古军的厉害，你怎敢鼓

巴格达哈里发和他的臣民，波斯绘画。

励他们来反抗我呢？”

哈里发默不作声。旭烈兀接着说：“你既然如此爱珠宝，我就让你每天吃珠宝吃个够吧！”

说完，旭烈兀便把哈里发囚在珠宝塔内，过了没有多久，哈里发就活活饿死，史称黑衣大食的阿拔斯朝正式灭亡，这是蒙古第三次西征的战绩。

马可·波罗到达报达，听说了蒙古人西征的故事，更增加了他对晋见忽必烈可汗的好奇心。

“山中老人”的故事

我们说到，马可·波罗跟随父亲与叔父东来，准备前往中国。

离开报达以后，三人行到了忽鲁模斯，这是一个热闹的港口，每天都有许多印度商人把香料、宝石、珍珠、丝绸、象牙及其他各种货物，运到这儿来转卖到世界各地。

马可·波罗说：“爸爸，怎么这样热闹，我们找个地方歇一歇。”

“好的，我们到酒店去吧。”尼可罗·波罗也是满头大汗，全身都湿漉漉的。

到了酒店里，每人都仰起脖子，咕嘟咕嘟灌了好几大杯枣子酒，香香醇（chún）醇，喝起来清凉有劲。

店主人含笑跑过来打招呼：“你们大概是第一次来忽鲁模斯吧？”

“是的。”

“那我可得警告各位，枣子酒味道虽美，可是各位的肠胃一下子不能适应，恐怕难免会拉肚子，多喝几次就没事了。”

“管他的，喝了再说。对了，顺便请问一下，城里的人都到哪儿去了？”尼可罗·波罗感到十分的好奇。

“各位先生，是这样的，忽鲁模斯实在太热，就是我们当地人也吃不消，每当热风来袭，只有一个办法——把衣服脱光浸到水里。”

马可·波罗望着圆圆滚滚的胖店主，想象他泡在水里，露出一个脑袋的情景，一定很好玩，差一点儿扑哧一声笑出来。

当天晚上，忽然传来一则惊人的消息，邻近的起儿漫王国，不满意忽鲁模斯王国胆敢擅自停止进贡，派出六千兵马前来攻打。忽鲁模斯全国上下没一个兵，每个人都被太阳晒得七荤八素，懒懒的，哪儿抵挡得住大军压境呢？

第二天一大早，强烈的热风来袭，气温直线上升，烤得大家透不过气来，忽鲁模斯人也顾不得马上要开战了，一个个剥得精赤条条，扑通扑通跳下水，马可·波罗等人也如法炮制。

到了晚上，天气凉爽了，忽鲁模斯人从水池里钻上来，忽然想起，奇怪，起儿漫人怎么还没来？

忽然有人高喊："我们打胜了！"

忽鲁模斯国一个兵也没有，如何打胜仗？原来，老天爷帮忙，热风把起儿漫大军，活活给热死了。

好奇的马可·波罗，随着人潮，去看被"打败"了的起儿漫人，那些尸体已被热风烤干，只剩下一层皮包骨头，当尸体被轻轻一拉，四肢与头颅就会一片一片往下掉，骨头更是一触就碎，真是可怕极了。

离开了忽鲁模斯，经过一大片沙漠，他们一行来到木剌夷，马可·波罗听说"山中老人"的故事，觉得十分新鲜，赶紧把它记下来：

原来，在木剌夷境内有两座山，山谷中住着一个富裕的老人亚劳丁，人们称之为"山中老人"。

山中老人在山谷里，建了一座豪华美丽的花园别墅，墙壁上涂着厚厚的黄金，并挂满了来自世界各地的艺术品，花园里种植着许多奇花异树，美不胜收。

最奇特的是，花园中到处都设有自来水管，除了自来水外，另有三种管道，分别流着葡萄酒、牛奶与蜂蜜，随时可以取用。此外，花园里还有一群能歌善舞、貌美如花的人间仙子，她们不但歌声婉转，舞姿曼妙，而且懂得迷惑男人。

花园四周全是高山峭壁，只有一扇小小的门与外界相通，并且门口建有一座坚固的炮台看守着。

山中老人把木剌夷国内所有会使用武器的壮丁召集到花园来，给他们每人一杯酒，当他们酒醒之后，睁开眼睛一看，哇，不得了，这不是穆罕默德所允诺的天国吗？天国里有流着牛奶和蜂蜜的河流，有美丽的仙女伺候着，还正在半梦半醒之间，仙女们笑盈盈地端着山珍海味走过来，献上甜甜的香吻。

年轻人简直骨头都酥了，他们尽情地欢笑，痛快地喝酒，和美人们疯狂地嬉戏，享受着从未享受过的美好生活。

可惜，好景不长，在“天国”里舒舒服服过了四五天之后，山中老人在酒里又加了迷幻药，趁他们昏昏睡去，偷偷地把小伙子又抬回原地。

当他们悠悠醒来，醇酒呢？美人呢？怎么全都不见了？他们怒吼着，生气地捶打墙壁！

这时，山中老人又轻飘飘地走了出来，他高声问道：“你们既然去过天国，还想不想再去？”

“我们愿意一辈子待在天国。”众人异口同声喊道。

“好的。”山中老人庄严地宣布：“你们如果想去天国，就得乖乖听我的话，我要你们做什么，你们必须立刻照做，如果成功的话，我会命令天神领你们到天国去，要是你们因为执行命令而牺牲了，你们会直接入天国，永远过着幸福的生活。”

那些年轻人头脑简单，一听之下乐不可支，个个盼望山中老人先点到自己。

山中老人到底要他们做什么？原来是暗杀邻国的国王或富豪以夺取金银财宝。那些奉命前去暗杀的年轻人，一点也不害怕，总是抱着喜悦的心挺上前去，甚且恨不得早死好早上天国，重温醇酒美人的旧梦，所以暗杀团无往不利。

这个“山中老人”的故事，听起来很玄妙，却是真有其事。这是回教之中一个宗派——伊斯迈理派的故事。这个宗教派暗杀者的事迹，历史上都有记载，他们给青年喝的昏迷药水，称为哈昔散，欧洲人把暗杀称为阿沙辛，就是从哈昔散这个药名演变而来。

马可·波罗晋见忽必烈大汗

在上一篇中，我们说到马可·波罗到了木剌夷，听说了山中老人组织刺客团的怪事。接着，他们步上了更辛苦的路程——世界屋脊帕米尔高原。

马可·波罗虽然穿上厚厚的皮衣，缩紧了脖子，仍然不断地打哆嗦，沿途不见任何人烟，脚下踩着的是经年不融的冰雪，又冷又硬又滑，真正是不好受啊。

在雪地里，一行人七手八脚架好了帐篷，马可·波罗找来一堆石块，在石灶之下生火，他不解道："奇怪，这个火既不亮也不热。"

接着，马可·波罗开始烤牛肉，肚子饿得要命，可是牛肉总是烤不熟。

尼可罗·波罗说："大概是太冷了吧。"

其实，这不是寒冷的缘故，而是因为帕米尔高原平均海拔四千米，高峰约有七千六百米，空气稀薄，气压太低。不过，在那个时代，还没有人知道燃烧需要氧气的化学原理。

这儿有一种羊，称为羚羊，跑得飞快，羚羊在帕米尔高原十分管用，它的犄角有一米半，养羊的人把它割下当成饭碗、碟子、勺子，并且用它做成栅栏，用来保护山羊绵羊，免得被狼群攻击。

在帕米尔高原上，不但人受不了，马匹也吃不消，它们吐出来的气是白色的，气一出口马上冻成一颗颗小水珠，迸落到地上。

在世界屋脊步行了十二天，他们终于离开了冰天雪地，穿过中亚细亚，进入中国境内，直向罗布泊大沙漠。

他们一行人在罗布城住了一个星期，准备了足够一个月使用的粮食，在向导的带领之下，一队人骑上了骆驼，踏上沙漠之旅。

城里的人，用一种哀伤的眼神看着他们，一个老人摇摇头道："这些人不会再回来啦。"

另一个老人把一些铜币撒在他们头上说："祝你们平安。"

沙漠的确可怕，一望无际，只有沙海，没有树木，也没有飞鸟。

向导贾修姆正色地警告说："你们要小心，千万不可以脱队，如果有人觉得太累，想要休息一下，必须大家一块儿休息。否则，一不小心稍微落后，便会离群失散，再也找不回来，即使大吼大叫也没有用，因为沙漠里巨大的风声，早就把人声淹没了。有时候，失散的人会错觉有同伴在喊他，于是他就跟着声音摸索，据说这是沙漠中的鬼魅，你愈跟愈远，最后，成为沙漠里的一堆白骨。"

向导这番话，大家听得毛骨悚（sǒng）然。在沙漠里行进，是一种可怕的体验。然而，在沙漠里过夜，更让人胆战心惊，有哭声、有笑声、有马蹄声、有呐喊声，更像有无数妖魔鬼怪在帐篷外面，张牙舞爪，想要冲进来吃人。

元世祖忽必烈，选自《乾隆年制历代帝王像真迹》。

这种鬼魅之声，白天也一样有，乍听之下，似乎是一群土人在跳舞，其实，半个人也没有，所谓的鬼魅，都是风声罢了。

沙漠中最缺乏的，当然就是水了，每一个旅客在横过沙漠之前，总会尽量多带水，可是，要带足三十天的用水，实在不容易，而且沙漠中烈日当空，太阳像个大火球似的，当马可·波罗等人终于穿越沙漠，他们已经又累又渴，全身脏得如泥人一般。

经过了千辛万苦，他们好容易到达了中国甘州，与元朝政府取得联系，忽必烈大汗命令他们等一年之后再起程赴上都，真是好事多磨也。

蒙古人射猎图，佚名绘。

上都是元朝的都城，位于今天内蒙古自治区正蓝旗南部，是忽必烈大汗所建造的，城里有一座用大理石砌成的皇宫，宫内的殿阁都贴上金光闪闪的叶片，墙壁与柱子上雕刻着各种飞禽鸟兽草木花卉，屋顶上更刻有一只在云中搏斗的金龙，威武极了。

马可·波罗跟着父亲、叔父步入宫内，闪着好奇的眼神，到处观看，每一件东西，都让他咋舌称奇，大厅的正面，有座朱红栏杆的高坛，放着一把用黄金与象牙雕刻的椅子，雄姿英发的忽必烈大汗正庄严地坐在上面。

“臣尼可罗·波罗、玛窦·波罗、马可·波罗叩见！”他三人跪伏在忽必烈的脚下。

“你们起来吧，一路辛苦了。”忽必烈温和地说。

马可·波罗这才敢正视这位统治欧亚帝国的大汗，他的第一印象是：“大汗不长不短，中等身材，筋肉与四肢配置适宜，眼黑，鼻正。”忽必烈态度沉着，目光炯炯，完全一派君王威严。

接着，尼可罗·波罗呈上教皇的信与灯油，并且略微叙述路上的行程。忽必烈听得极有兴趣，不断地点头。

最后，忽必烈把眼光落到马可·波罗身上，说道：“你们一进来，我就注意到这个小伙子，看起来很聪明，他是谁？”

尼可罗·波罗恭恭敬敬地回话：“陛下的臣仆，我的小孩子，一块自威尼斯来的。”

“来得好，他叫什么名字？”

“马可·波罗。”

“马可·波罗，我准许你跟着我去打猎，去看看汗八里城（今天的北京城），再去中国各地走一走，你愿意吗？”

“多谢陛下！”马可·波罗立刻跪下，开心极了，他终于能实现心中的美梦了。

忽必烈的生日宴会

在上一篇之中，我们说到马可·波罗终于到达梦寐以求的中国，并且很得忽必烈大汗的喜爱，他真是欣喜欲狂。

马可·波罗发现，上都虽有富丽堂皇的大理石宫殿，可是，忽必烈最喜欢的，却是另一座奇特的竹宫。

原来，蒙古人来自北方大漠，最最怕热，每年六、七、八三个月中原溽暑，忽必烈实在吃不消，总是回到上都避暑，尤其是待在竹宫纳凉。

竹宫全部是用竹子编起来的，每根竹子直径三十公分，长十八公尺，连屋顶也是用大的竹片铺成，竹柱上涂满美丽的金箔或是红漆，刻着金龙尾巴的浮雕。

竹宫最奇妙之处，在于竹宫没有一根钉子，它跟帐篷一样，是用两百多根极为强韧的绳索，四面八方网起来的，而且移动方便，随建随拆，还可以搭在牛车上运走，想出这个点子的工程师，真是聪明。

马可·波罗跟在忽必烈身边，第一件有趣的事便是打猎。

大汗打猎，声势非凡，一声："大王出发了！"侍卫立刻把白色的马奶，洒在大地之上。这些奶是从饲养在大王马厩里一万多匹白马身上挤出来的。前面我们说过，蒙古人最爱白色，认为白色是尊贵的象征，蒙古人相信白色的马奶泼地，可以保佑风调雨顺。

忽必烈平日豢（huàn）养的小豹、小虎、猎犬与鹰、雕这时都出了笼，作

元世祖出猎图，元刘贯道绘。

为打猎的用具，两万名穿着红蓝衣服的士兵，带着一群猎犬，神气地在前头开路。

一路之上，忽必烈猎到的猎物，不计其数，只是马可·波罗不了解，这些野兔、梅花鹿怎么都像送死一般，不断地出现。

蒙古兵解释道："这一带对百姓而言，是禁猎区，谁要捕杀是犯罪的，所以野兔、梅花鹿遍地都是，好让大王玩得尽兴，满载而归啊。"

马可·波罗心想，原来当大王这么威风。不久，马可·波罗随同忽必烈到了汗八里城，才发现大王更威风的一面：

八月二十八日是忽必烈的生日，称之为"万寿节"，当天，全国各地呈献最好的贡品，回教、基督教、佛教的教堂寺庙都举行宗教仪式，燃灯焚香，祈祷礼赞，为大王祝福求寿，马可·波罗也挤在人潮之中看热闹，并且得以进入宫内祝寿。

忽然间，他眼前一亮，宫门外进来浩浩荡荡一大群人，每个人打扮相同，都是那么挺拔威武，腰上系着金带，缀满珍珠宝石。

一位官员解释道："他们一共有一万两千人，都是皇上的禁卫军，一年一共换十三套漂亮的制服，今天禁卫军穿着红色绣金线的衣服，是为大王祝寿，表示吉祥之意。"

“这样华贵的衣服，每人十三套，那么大汗每年岂不是要赏十五万六千套吗？真是吓死人了！”

“数目虽然很大，”官员解释道，“但中国地广富饶，盛产丝绸，并不在乎这点儿衣服。”

“假如我穿上这套衣服回威尼斯，威尼斯人一定以为我当了国王。”

这时，宫中有侍卫吆喝：“大王驾到！”刹那之间，所有官员都跪伏在地上。

忽必烈大汗的座位在大殿的最高处，面向南方，左边是皇后的座位，皇后左边是皇子、皇妃和贵妃，再下一层座位是皇族，大臣的座位比皇族又低一层，整个大殿呈斜坡式，类似今天我们的阶梯教室，不论有多少人，居高临下的大汗，都可以清清楚楚地看到。

錾花高足金杯，内蒙古自治区包头市达尔罕茂明安联合旗大苏吉乡出土。

虽然大殿可以容纳许多人，但是仍有许多官吏、贵人没有座位，只能席地而坐。

接着，一只雄狮缓缓步出，怒吼一声，像美国米高梅公司影片的片头一样，到了大汗台阶之前，乖乖俯伏，好像是在向大汗致敬，然后，慢慢步向大汗脚边，静静地伏下来，真是训练有素，为大殿带来了庄严肃穆的气氛。

狮子行礼之后，文武百官以及所有贵宾都跪在自己座位旁边，向大汗恭恭敬敬叩了三个头，宴会正式开始。

于是，无数穿着整齐的侍者，忙碌地在大殿内外传送酒菜，菜色繁多，香气四溢，马可·波罗这辈子从未见过如此丰盛的筵席。

大殿之上，有一个由黄金打造的特大号酒缸，由专人把美酒分盛到小酒壶中，再端送到每一个桌上去。

这一切都让马可·波罗眼花缭乱。但是，他最有兴趣的，还是暗中观察忽必烈大汗，他发现，大汗用的一切器具全是黄金制的，亮闪闪的，既气派又贵重。马可·波罗也发现，凡是替大汗斟酒端菜的使者，都戴上绣着金线的绸布口罩，以免呼吸气息触及大汗的餐盘。

忽必烈的酒量显然很大，酒兴也十分高昂，每当他高举酒杯，乐队就开始奏乐，然后，所有的人都立刻跪下，等到忽必烈仰起脖子，一饮而尽，音乐才停止，人们才起立回座。由于忽必烈不断地饮酒，大家也就忙着一起一跪，实在是麻烦，却也显见大汗之地位崇高。

酒宴之后，还有一连串的余兴节目，不论歌舞、魔术都是一时之选，让马可·波罗大饱眼福，惊叹不已。

卢沟桥又名“马可·波罗桥”

宫廷的宴会散了，马可·波罗随着父亲在宫内到处游览，他惊异地说：“哦，这才是真正的皇城禁地啊！”

看了汗八里城，马可·波罗才发现，原先赞美不已的上都，相形之下，实在是小巫见大巫。

汗八里都城，屹立在大平原之中，周围共计四十公里，每边十公里，是正方形的一个大都城，都城有十二个城门，每座门上都建有壮大的城楼，城楼之中，建有很宽的房间，贮存着城内警卫军所用的武器，每个城门都有一千名军人担任警卫。

进了城门一看，街道又宽敞又笔直，从头到尾，自这边城门到那边城门，可以一眼望去，简直如棋盘一般整整齐齐。

尼可罗·波罗带着马可·波罗四处参观，并且详加解说：“说汗八里是一座城，还不如说它是世界上最美丽的一座花园，你看，这些宫殿，每一座都如此精致华丽，所有大厅和房间的墙壁，都涂着金银，雕刻着美女、骑士、龙虎的图案，栩栩如生，真是了不起的艺术作品啊！”

“最奇特的就是这座绿丘，你瞧。”马可·波罗顺着父亲的手势看过去，只见距皇宫一箭之地有一座人工筑成的假山，上面种满了树木，四季常青，忽必烈只要听说哪儿有棵美树，就派人把那美树给移植在这绿丘之上。

此外，大汗别出心裁，在绿丘各处都铺满了绿色玻璃矿石，使人远远望去，不但树是绿的，山也是绿的，整个青翠一片。绿丘顶上，有一座宫殿，也是绿的，殿内一切用具全是绿的，使得山树宫殿构成一片绿，忽必烈时时到绿宫之中休息，欣赏奇妙的绿色世界，想来，他特别偏好绿色。

然而，大都真正繁华的地方，却是在城外，人口较城内还多。外国商人和旅客都住在城市外面，在离城门一公里半的地方，开设有不少观光饭店，由于自各处来谒见大王的人们、向宫内贩卖货物的人们经年不断，因此旅舍常满。

当时世界上最繁荣富庶之地，莫过于此，印度的珍奇物品、欧洲的山珍海宝，都运到这儿来，由于洋人众多，这儿竟然还有一批专门陪洋人的娼妓，据马可·波罗的统计，这种卖笑女子共有两万人之多，令人咋舌。

当时运货，多半用牛车或是骆驼车。单单运绸缎的车子，一天竟有一千辆之多，可真是热闹。

不过，到了夜晚，汗八里是实行宵禁的，在都市的中央，竖立着一座大钟楼，每到晚上，就敲出哄哄的钟声，钟声三响之后，就不准在街上通行，每天晚上都有三四十人的警备车，在市区巡逻，谁超过了时间，还在

元人用纸币换取银子，14 世纪版画。

街上闲逛，就要被抓起来，第二天一早，还要仔细盘问，看看是否有作奸犯科之事。

马可·波罗在街上闲逛的时候，还看到一件奇怪的事。

“这是怎么回事？”马可·波罗轻轻地问父亲：“中国人怎么拿小纸片当钱用？”

尼可罗·波罗笑着说：“这可不是一张普通小纸片，而是纸币，纸币上盖有大汗的玉玺，每张纸币上写明多少钱，拿了这种纸币，等于拿了金子银子一般，可以到商店去买东西，十分方便。”

“会不会有人自己印一张呢？”马可·波罗十分好奇。

卢沟桥，元人绘。

“谁敢做这种事，抓到了可是要杀头的啊。”尼可罗·波罗很郑重其事地说。

在《马可·波罗游记》第一〇四章，他还记载了一件有意思的事：“从汗八里城出发以后，骑行十英里，抵达一条长河，称之为桑干（gān）河。桑干河上面，有一美丽的石桥，其规模之大，构造之美，世界上的桥梁很少有能够比得上的。桥长三百步，宽逾八步，可以同时骑十四马通过。其下，有桥拱二十四，桥脚二十四，全部都由精美大理石打造。桥的两旁架设着精美石栏及石柱，每一石柱柱顶之上，雕刻着一只石狮，隔一步有一石柱，石柱上的石狮都不相同，令人叹为观止。”

马可·波罗介绍的这座石狮桥，就是大家所熟悉的卢沟桥。

1937 年 7 月 7 日，日军驻在河北省宛平县卢沟桥的军队，在举行军事演习的时候，竟然开炮，轰击宛平县城，激起我国当地驻军的反击，从此，全国性的抗日战争开始。

最近几年，日本人不但修改教科书，企图掩饰侵略中国的暴行，更有学者狡辩，中日战争第一声枪声是中国军队将领吉星文所发，因此，挑起中日之战的是中国人。

这种说法也只有日本人才编得出，试想，天底下还有在别国驻扎大批军队，举行军事演习的吗？这不是侵略是什么？是日本人所谓的“进出”吗？日本人凭什么拿着刀枪，任意在中国进进出出，打打杀杀？

卢沟桥事变爆发以后，这个地方立刻成为世界的焦点，西方记者来到古意盎然的卢沟桥，想起了《马可·波罗游记》中所描述的，正是这座美丽的石狮桥，十分惊喜，遂把卢沟桥称为“马可·波罗桥”（Marco Polo Bridge），而称七七事变为“马可·波罗事件”。由此可知，《马可·波罗游记》中所记载的，大半为真实的，也可见得《马可·波罗游记》在西方人心目中的分量之重，印象之鲜明。

纯白色的盛会

新年到了，到处一片喜气洋洋，马可·波罗也沾染到欢乐甜蜜的气息。

在元旦那天，忽必烈换上纯白色的丝绸衣服，上面缀满了珍珠宝石。蒙古人尚白，认为白色是“幸福的瑞兆”，与中国传统把白色当丧事习惯不一，倒有点儿像西方新娘子穿白色礼服，象征纯洁高贵。

不仅是大汗，其他全体臣仆也都换上了白色的礼服，围上金闪闪的腰带，宫外男女老幼也穿上白色的衣服。总之，那一天到处雪白，臣民互相馈赠白色礼物，庆祝元旦，祈望来年幸福欢乐。

接着，好戏上场，五千头大象，披着绣有金丝鸟兽、闪闪发光的白袍，踏着笨重的象步，来到会场，每只象驮着两盒匣子，里头装满了过白节要用的东西。

象队后面是骆驼，骆驼背上也驮着器皿甲胄，在大汗之前表演整齐的分列式，蔚（wèi）为奇观。

跟在骆驼队伍后面的，是全国各地官吏的效忠仪式，大家各就各位以后，司仪高呼：“拜！”所有的人，一起下跪叩首，并且念祝贺词，一共要跪拜四回，然后，献上厚礼。别的礼物不算，单单当日所呈献的白马，全国上贡的合起来，就有十万匹之多。

见识了这等场面之后，马可·波罗得到忽必烈大汗的许可，开始环游中国的旅行，忽必烈并且颁赐一块金牌，使得他在旅行途中无往不利。

马可·波罗骑上一匹骏马，出了汗八里高大的城门，放骑飞驰而去。他不用担心会迷路，因为干道两旁都种植着高大的树木。

一口气跑了二十多里，马可·波罗到达第一个驿站（当时称驿站为站赤，实是一种招待所），他拿出金牌，立刻有仆役前来招呼，殷勤款待。

马可·波罗进入招待所一看，哇，真是富丽堂皇，干净的卧榻上面，铺着绸丝被褥，一切所需要的用品非常齐全，马可·波罗舒适地在床铺上试了一试，心想，这真是国王级的享受。

驿站里准备着四百匹快马，随时替用，据驿站负责人表示，全国驿站不下二十万匹马。马可·波罗正在惊奇不已，忽然之间，听到远处传来清脆的铃声，叮叮当当，自远而近……

几乎是立刻，驿站之中，出来一名大汉，手中牵着一匹马，腰间系着一串铃，站在路边等。

一会儿，铃声愈来愈紧，原来远方奔来一名骑士，背上背着一个黄绸包，快马加鞭急驰而来，转眼间，骑士到了大汉身边，把黄绸包交给一名官员，官员把黄绸包缚在大汉背上，大汉翻身上马，头也不回往前奔，他腰间的小铃铛，也不断发出悦耳的铃声。

马可·波罗从来没有见过如此马拉松接力，觉得十分新鲜，驿站站长见马可·波罗蓝眼黄发，也忙不迭对老外解释：

“我是这个驿站的站长，方才是传一件紧急公文到汗八里去。”

“传送公文？”马可·波罗还是不懂，一面看着刚刚下马的骑士，已经满头大汗，全身湿透，到驿站里面去打水洗脸了。

站长说：“在全国主要干道上，每二十五里有一个驿站，每三里有一小铺，驿站与铺都备有骏马，以及身手矫健的骑士，只要听到铃声，马上准备接应，跑下一段路，日夜不停，每日可走三百里左右。从汗八里到上都原要走上十天，可是在这样快速的传递方式之下，一天半就可以到达了。”

“另外，还有一个规定。”站长接着说，“为了以防万一，若是马匹疲累，骑士可以在路上拦下骑马的人，把对方的马骑走，被抢走马的人不得拒绝，也不敢拒绝。”

这种驿站传送方式，有点儿像救火车，或是救护车，可是，权威大多了，当然，想出这种传送公文方式的人也很聪明。

马可·波罗环绕中国一周之后，回到了汗八里城的皇宫，他把在中国各地看到的有趣的事向忽必烈报告，马可·波罗表达能力强，加上他是一个西方人，蓝眼乱瞧，许多事经过他的观察，似乎更加有趣了，把忽必烈逗得好乐。

“哈哈！好玩！”大汗高声笑道，“怎么以前从来没有人跟我说过这等妙事，马可·波罗，你不如留在我身边吧，我常派你出使吧！”

于是，马可·波罗当了中国元朝的官吏，而且一干就是十七年，一直到1292年初，护送阔阔真公主，回到伊儿汗国，才依依不舍道别忽必烈。

在路上经过了两三年，马可·波罗才回到威尼斯。回国之后，因为参加克岛左纳岛的海战，被热内亚人俘虏入狱，在狱中他口述在东方的见闻，由他人笔录，写成《东方见闻录》，书中极力描写东方的富庶繁华，忽必烈大汗的威武。此书一出，轰动一时，起初西方人以为是天方夜谭痴人说梦，后来逐渐证明，遥远的东方有一条龙，于是传抄本日多，翻译日广。现在流行的《马可·波罗游记》，有一百四十三种版本之多，可见一斑。

马可·波罗，佚名绘。

马可·波罗多彩多姿的游记，挑起了西方人的幻想，纷纷梦想东来，哥伦布受了他的影响，寻找去印度洋的航路，在1492年发现了新大陆。马可·波罗的游记，对促进东西文化的交流，功不可没，但也刺激了西方人侵略东方的野心。

小奴才变宰相

元世祖即位之初，年年用兵，加以国内种种建设，需要大量的人力财力，如何增加国库的收入，成为元世祖最伤脑筋的头等大事。

宪宗蒙哥在钓鱼城战死的消息传来时，世祖忽必烈正在鄂州作战，匆匆忙忙北返，迫不及待在开平即位。当时，忽必烈的弟弟阿里不哥留守和林，看守老家，受到蒙古亲王的拥护，也自立为王，引发了一场帝位之争。

由于国库在和林，被阿里不哥所据，世祖没有祖宗遗产可派上用场，偏偏蒙古的帝王们，一向都有慷慨赏赐的习惯，诸王、公主、驸马及功臣后裔的排场又大，元世祖颇有捉襟（jīn）见肘（zhǒu）之苦。

同时，元初建国，百废待举，不论组织政府、修建大都，都需有大笔款项，而用兵费用，从讨伐阿里不哥，平定宋朝，一直到远征日本、安南、缅甸、爪哇，更是用钱无数，甚且元朝建佛寺做佛事的花费都是天文数字。

然而，中国儒家学说，一向鄙视理财，孟子主张“何必曰利”，可是世祖现在非重利不可。于是，善于弄钱的聚敛之臣便乘机崛起，其中最著名的是阿合马、卢世荣与桑哥。

阿合马是花剌子模的一个回族人，他原是世祖顺圣皇后陪嫁的小奴才，顺圣皇后不但貌美如花，而且多才多艺，世祖由于宠爱美人儿，连带对皇后身边的小奴才也产生好感。

阿合马嘴巴很甜，人很乖巧，懂得如何讨世祖欢喜，世祖遂认为，如

元世祖顺圣皇后，佚名绘。

此人才，只在宫中扫扫地、倒倒茶未免太可惜了。在世祖即位第三年，提拔阿合马为诸路转运使，掌理全国的财赋，他所提出由政府冶铁、煮盐的计划，为国库增加了大笔收入，世祖大乐，特任命其为平章政事（宰相）。

世祖欣赏阿合马的多机智、善理财，他曾经对人说："为宰相者，要能明天道，察地理，尽人事，兼此三者，殊不多得，惟有阿合马，有宰相之才。"

阿合马得到世祖全盘信任，十分得意，对世祖拍胸脯道："陛下以事委臣，臣对陛下负责，臣所用之人，各对臣负责。"分层负责，原是好事，但是阿合马用人全不合法，不按手续，只凭好恶。

阿合马十分好色，只要听说哪儿有美女，必然千方百计弄到手，因此，有些厚颜无耻，一心巴望做官的小人，纷纷把自己的妻子女儿姊妹献给阿合马，只要献上的其貌不凡，被阿合马相上，就能捞到一官半职。曾经有左丞崔斌弹劾阿合马任用私人，遍设冗（rǒng）官，阿合马反咬崔斌一口，说崔斌盗卖官粮四十万石，把崔斌给害死了。

在阿合马的聚敛之下，京兆等路每年岁入，自一万九千锭增加到五万四千锭，政府的收入是增加了，可是苛捐杂税名目过多，人民受不了，何况朝廷收到的只是一半，阿合马与其手下也收一半。

此时，四川的益都千户王著，乃是一位任侠之士，激于义愤，决心为民除害。

他订制了一只大铜锤，藏在身上，秘密潜入京师，又找到志同道合的僧人高和尚商议道："想阿合马目中无人，只害怕皇太子真金，不如伪称太子在你那儿做佛事，召见阿合马，谅他不敢不来。"

为了逼真起见，王著还找了人，伪装太子，一切就绪之后，阿合马果然神色仓皇赶到庙里。王著一见到阿合马，掏出袖中的大铜锤，对准阿合马的脑袋击过去，阿合马的手下还没会过意来，阿合马已经被打得脑浆迸裂，一命呜呼。

当然，王著在众目睽（kuí）睽之下行凶，立刻被逮捕，并且以谋杀大臣的罪名论斩。王著倒也不畏缩，他在临刑之前大呼："王著为天下除害，今天死不足惜，他日必有为我记载这件事的。"果然，王著名垂史册。

世祖闻说阿合马被杀，先是十分伤心，等到他了解阿合马生前做尽坏事，抄家得赃款八十一万锭，又有一百三十三人献妻女得官，不禁大怒，下令将阿合马的棺材打开，把尸体丢在通玄门外，让野狗把这走狗的肉啃光。

阿合马死了，国家缺乏理财之人，面对着长串赤字，元世祖郁郁不乐，更对钞票贬值发愁，此时，有人推荐阿合马手下红人卢世荣顶替。

卢世荣原是靠贿赂巴结阿合马，当上了江西榷（què）茶运使，后来犯了罪给革了职，他自认为有本事，可以"使天下岁课钞九十三万余锭，增加到三百万锭"。世祖十分欢喜，授卢世荣全权处理财政。

当时翰林学士董用颇不以为然，曾经质问卢世荣："我不知右丞（指卢世荣）自谓生财有道，可增加赋税又不扰民，这钱是出自右丞之家，还是出自百姓，如出自右丞之家，则非我所知。如果出自百姓之家，则好比剪羊毛，牧羊者每年剪两次交给主人，现在日日剪羊毛，主人固然欢喜，无奈羊毛剪光难御寒暑，必然早死，毛又从何再得呢？"

卢世荣不能回答。他大肆搜括的结果是，不到一年，被一个不怕死的监察御史陈天祥搜集了贪污的证据，被世祖斩首。卢世荣死后，桑哥继起，为了弄钱，他竟然大肆挖掘宋朝历代皇帝皇后与大臣之坟墓，得到无数殉葬的宝贝。

桑哥主政四五年，又因贪污处死。阿合马、卢世荣、桑哥三件事如出一辙，三次原戏重演，世祖固然是急需用钱，却开了元朝官僚贪污风气，种下政权灭亡的种子。

元朝与高丽王室联姻

在过去，西方王室婚姻多是为了家族的福祉（zhǐ），在传统的东亚与北亚社会中，一般人民结婚，也不是基于两情相悦，王室婚姻更充满了政治色彩。

我国西汉时，皇帝经常用“和亲”作为重要的外交手段，那多半是在国势不振却又面临强敌时使用。西汉以后，历代也常用对外族“和亲”的政策，而和亲的对象多为武力强盛的敌国，皇帝希望成为对方的岳父，女婿见了岳父，总得客气三分，所以“和亲”是想用“亲情”来羁縻（mí）外族，其用意是很消极的。

蒙古人的联姻外族，一向较汉族积极，甚至是建立蒙古大帝国的手段。一方面因为蒙古人采用族外婚，另一方面，则是为了借由族外联姻，增加自身的力量。

我们在介绍成吉思汗的霸业时，不难发现，他每征服一族，几乎必娶一妻，他的目的是借由婚姻，让那些大大小小的姻族，都成为他的臣属和帮手。说起来，当然是一种不平等的婚姻关系。

高丽又不一样，它传统上是宗族之间互为婚姻，很少与陌生家族或外族联姻，这就像中国人说的“亲上加亲”。元朝以前，中国历代皇帝常以高丽女子为嫔妃，却没有将公主下嫁的记录。

元朝以前，多半是中原王朝接受高丽的上贡，然后给予高丽君主一个封号，却不加以兼并，也不干涉其内政，高丽对中原王朝则一直保持着一种仰慕的态度。

元朝的蒙古统治者，作风与汉人大不相同。蒙古人有一股宗教的狂热，认为自己最伟大，有责任义务，依恃“长生天的力气”，建立一个世界帝国。他们元人不能满足精神上的天朝上国，要直接统治臣属国。因此，在高丽先是驻有达鲁花赤，继而设立征东行中书省，有军队、屯田与马场。高丽则必须担负纳贡、助军、置驿站、输送粮食的义务。

那么，元朝与高丽之间的红线是如何牵起来的呢？

最早是高丽先提出来的请求。元世祖忽必烈征伐日本之时，高丽并未表现全力支持，使得元世祖极为不满。世祖曾经举出成吉思汗邀请西夏帮忙，攻打回人，西夏拒绝，结果，成吉思汗打败回人，再灭西夏的例子，警告高丽最好要小心。

元世祖对高丽元宗说：“你喜欢打仗，是不是？我们不妨约个地点。”这可把高丽元宗吓坏了，高丽哪里是元朝的对手，一场战争就可能让高丽灭亡。

其实，当时高丽元宗境遇十分可怜，外有元朝的压迫，内部又有武臣擅权。其中崔氏一门，尤其跋扈（bá hù），掌政六十年，欺凌王室，元宗只有逆来顺受，崔氏之后，更有林衍逼迫元宗逊位。

在这种内外交逼的情形之下，高丽元宗选择了向元世祖求救，并且向元世祖请求，将一位元朝公主嫁给高丽世子谌（shèn，也就是元宗的儿子）。高丽元宗在呈给元世祖的表章上很谦卑地说，如果能娶到一位元朝公主，那么“我这个小小邦国，便万世有所依靠了”。接着，元宗便先派遣世子到元朝去当人质。

元世祖接到了高丽元宗的请求，立刻派遣大军，铲除高丽武臣，协助元宗复位，却不肯马上答应婚事，直到元宗恭谨地尽到臣属国的义务，元世祖才答应把最小的女儿忽都鲁揭里迷失下嫁。

但是小公主还太小，才十三岁而已，又等了三年，高丽世子谌才与公主完婚（谌此时三十八岁，早在十余年前，便已纳有嫔妃）。

不久，高丽元宗去世，世子谌返国继位，是为高丽忠烈王。

当忠烈王与小公主同车入京时，高丽人民高兴得眼泪都要掉下来，彼此互贺："从此百年不再有战争，天下可太平矣！"高丽和元朝的王室婚姻，象征着高丽对元朝完全臣服，以及元朝对高丽的信任与支持。

从此以后，高丽七个王之中，竟然有五个娶了元朝公主。不过，蒙古公主并非全部都是皇帝的女儿，而是宗室诸王之女，都称为公主，也就是蒙古文中的"别乞"。

蒙古公主不断嫁给高丽国王。可是，元朝宫廷可没把高丽公主纳为后妃。虽然元朝时高丽公主以柔媚婉约见长，许多官宦之家喜欢纳高丽美女为妻妾侍婢，元朝宫中的低级宫女也有不少是高丽人，元世祖却下令："高丽女子不可入宫。"于是元朝便没有高丽女子成为后妃。

元世祖坚决反对高丽女子为后妃，原因是蒙古人有优越感，看不起高丽人，不许高丽女子为后妃是免得"黄金氏族"的血统混杂。

元朝与高丽是不对等的亲家，蒙古公主的地位更是高高在上。忠烈王谌在娶小公主之时，早于十四年前已经娶了始安公王絪（yīn）之女贞信府

高丽女子，高丽壁画。

主为妃，而且夫妻伉俪（kàng lì）情深。但是父命难违，又为了国家的利益，只好万般不情愿地赴元朝充当质子，接着娶了年仅十六岁的娇娇女忽都鲁揭里迷失。

元朝的小公主一到高丽，忠烈王原来的妃子只有含泪移到别宫，而且与忠烈王远远相隔。

蒙古公主不但后来居上，册为正宫（相类于中国的皇后），而且建宫建府，十分神气。后来，蓟（jì）国公主下嫁给高丽忠宣王，忠宣王已娶有静妃、赵妃，公主驾到，立即成为正妃（皇后），也就是说，元朝公主有独占正位的保障，不管她貌美如西施，或者丑如无盐，反正，正宫娘娘是当定了。

蒙古公主与高丽驸马

在上一篇中说到，为了双方的政治利益，元朝与高丽维持了近百年的联姻关系。

蒙古公主的背后是强大的元朝力量，因此，就名分而言，不论高丽王是否原先已娶，蒙古公主下嫁，理所当然册为正宫。

公主所生的王子，由于母亲的关系，也必然优先立为世子（类似中国的太子），不顾长幼顺序。

譬如忠烈王娶了元世祖的小公主忽都鲁揭里迷失后，原先贞信府主所生的儿子江阳公年纪虽最大，但因不是公主生的，不许立为世子。后来，小公主也生了儿子，当然立为世子，甚至把江阳公流放到外地，可怜的江阳公，只能怨叹自己母亲不是堂堂公主。

当然，其中也有非蒙古公主所生的世子，但是，这都是因为蒙古公主没生儿子，并不违反“公主之子优先册立”的原则。

在介绍唐朝公主的婚姻时，我们曾经说过，唐朝人对公主敬而远之，蒙古公主到了高丽，由于是以统治者身份下嫁，气焰之高更比唐朝公主胜三分。

元世祖的小幺女，年纪小，脾气坏，嫁给高丽忠烈王之后，更是变本加厉，不但随便臭骂忠烈王，还会打人——拿起木杖，对准忠烈王，就狠狠地一顿乱击。

忠烈王是个文弱书生，无法反抗，也不敢反抗，只有一个劲儿地掉眼泪，尤其是忆起当年，与贞信府主夫妻恩爱、相敬如宾的甜蜜，不住地摇头叹息。

小公主忽都鲁揭里迷失看到他泪涟涟的模样，更是生气，她自小熟悉的父兄都是威风凛凛，生猛有劲，几时见过这样没用的窝囊废？怒由心生，用手指狠狠地在忠烈王脸上抓了五道血痕，史书上说，忠烈王只有“涕泣而已”！

接着，小公主要把贞信府主所生的江阳公流放外地，也让忠烈王心痛极了。江阳公本是忠烈王最疼爱的长子，他出生时，忠烈王以为他将继承王位。做父亲的，没有能力保护孩子，他是多么的无奈啊！

事实上，高丽国王并非个个都与忠烈王一般惧内，而是蒙古公主有强硬的后台，形势比人强，高丽国王只有被迫低头。

我们可以举两个例子说明：忠宣王娶了元朝的蓟国公主，蓟国公主性情刚烈，为人霸道，忠宣王看着便讨厌，虽然名分上不能不立为正宫（皇后），私下里却疼爱小鸟依人的赵妃。

高丽人生活图，吉林省集安市洞沟舞踊墓主室后壁壁画。

为了这件事，蓟国公主大哭大闹吵过好几回，忠宣王懒得搭理，反而跟赵妃更亲亲热热。

蓟国公主心一横，便上书给元朝太后，向太后撒谎说：赵妃诅咒公主，使高丽王变心不爱公主了。

元朝太后一看公主的奏章，觉得非同小可，立刻派遣使者到高丽，最后竟然迫使忠宣王逊位，让高丽驸马爷领教岳父母的厉害。

另外还有一个故事：高丽忠惠王即位以后，有一天，借酒装疯，轻薄了父亲的遗妃庆华公主，庆华公主是元朝的公主，自觉受了羞辱，便向元朝朝廷哭诉，没过几个月，忠惠王便在元朝干预下被废。

在胡人游牧民族中，前王去世，后王再娶庶母是常有之事，称为“烝（zhēng）报”，汉朝王昭君便先后侍奉单于父子。这个风俗，在高丽宫廷中也常见，忠惠王做梦也想不到，竟然会因此失了王位。

唐朝公主虽然跋扈，还只是撒娇吃醋耍威风，蒙古公主嫁到高丽，可不一样，完全是标准女强人架势，朝会、宴飨（xiǎng）、巡幸、狩猎、接见使者，公主无不参与。

在朝廷上，公主往往坐在国王上位，神气地发号施令。公主可以随心所欲，任免官吏，驸马爷只好乖乖当应声虫。相反的，国王决定了的事情，若是不合公主的心意，公主一声呵斥，国王最好立刻改口，否则引起岳父母家干涉，麻烦就大了。

中国戏剧之中，有一出很有名的《郭暧（ài）打金枝》。郭暧是唐朝大将郭子仪之子，娶了升平公主，公主骄纵，郭暧气不过，打了金枝玉叶的公主，公主回家哭诉，做爸爸的唐代宗不肯护短，公主的气焰才稍微收敛。

元朝老丈人可不是这般明理，不论是非黑白，完全站在公主这一边儿，而且不遗余力助长公主声势。

公元 1227 年，有人诬告高丽征日名将金芳庆谋叛蒙古，元世祖下令，公主与高丽国王一同问案，可见元朝公主对高丽的政事无不干预。

中国传统社会里，认为妇女要讲究三从四德，男主外，女主内，尤其是乖顺的宋朝女子，若是看到元朝公主的咄咄逼人，真要大吃一惊，蒙古公主毕竟是塞外蒙古血统，与汉族大不相同啊！

至于高丽女子及我们今天看到的韩国女人都是娴静温顺的，韩国男子比较剽悍，社会风气是男尊女卑。不过，在十三世纪，高丽仍有母权社会的痕迹，高丽前身的新罗便有真德、善德、真圣三位女皇主政。所以蒙古公主参政并不奇怪。

总而言之，蒙古公主与高丽驸马的结合，完全代表政治利益，虽然像童话故事的结论一样“王子与公主结了婚”，但却没有童话里惯有的最后一句：“过着幸福快乐的生活。”

高丽驸马的地位

在上一篇之中，我们说到高丽驸马娶了蒙古公主，忍辱负重，委曲求全，小心翼翼地伺候着娇贵的公主，日子真是不好过。那么，高丽驸马是否毫无所得？倒也不见得。

高丽当初眼巴巴地求娶公主，目的是希望借着驸马爷的地位，抬高自己在蒙古帝国世界中的地位，就这一点而言，高丽得到了预期的效果。

在十三世纪的蒙古社会，仍然保有母权社会的遗迹，女权高涨，妇女可以参与家中及政治上的决策。成吉思汗的母亲、妻子都极有分量，在忽里勒台的选汗大会之中，后妃与公主也同时参加立君大议。

公主既然地位尊崇，驸马爷夫以妻贵，也自然抬高了身份地位，得以姻亲的身份，加入“黄金氏族”。例如忠烈王在娶了元朝公主之后，元世祖便慷慨地赐予“驸马高丽玉印”。

在攀这门亲事之前，高丽只不过是元朝的外藩之一，元朝根本不把高丽放在眼里。高丽元宗在1270年，朝见元世祖，曾经恭谨地请求会见太子真金。

元世祖把脸一板，冷冰冰地拒绝：“你只是一国国王而已，见朕已足够！”

可是高丽娶了元朝公主以后，上贡不仅是外交行为，还是亲家往来，意义就大不相同了。

高丽元宗当初求见太子不得，因此才动了脑筋为儿子娶一个元朝媳妇，这一着果然奏效，忠烈王娶了公主，带着公主归宁时，元世祖的妻子，也就是忠烈王的丈母娘，派了皇子、皇女、王妃一大群贵族，浩浩荡荡赴郊外迎接忠烈王。

元世祖见了忠烈王之后，也以岳父大人的身份，好好地训了他一顿，该如何“御使群臣”，如何“尽子婿的孝道”，最重要的，是如何“好好对待公主”。

小公主有父王撑腰，格外地爱使性子。不过，也由于小公主的面子大，元朝上上下下对姑爷也不能不另眼相看。

公元1300年，元成宗赐宴，忠烈王竟然高居第四位。高丽人都兴奋极了，高丽史家形容当时是“宠眷殊异”。更让高丽人乐的是，高丽驸马竟然能与蒙古宗王驸马一般，参加忽里勒台，选立大汗，这可真是非同小可。忠烈王由于选出成宗有功，成宗还特别下诏，让忠烈王得以“乘小车，至殿门”。

高丽攀龙附凤的用意，除了拉拢蒙古元朝之外，也是为了压制国内权臣，在这方面，效果都达到了。同时，蒙古驻前高丽的使者，过去狗仗人势，总是颐指气使，既然高丽人成了元朝驸马，态度自然为之一变。

舞乐侍从图，高丽壁画，吉林集安市黄柏长川1号墓。

例如元朝使节黑的一向倨傲，架子大得很，高丽元宗见了他，连大气都不敢出。后来，元宗为儿子娶了元朝公主，在一次宴会之中，元宗依照惯例，敦请黑的上坐。

不料，黑的居然客气起来，他摇摇手道："不成，王乃驸马大王之父也，何敢抗礼，王向西，我等北向，王南面，我等东面。"

高丽史书还记载了一段故事：1281 年忠烈王与元大将忻（xīn）都商讨军事，忻都不敢与忠烈王抗礼，高丽"国人大悦"。高丽史反反复复记载了座位问题，因为礼仪也正显示了元朝与高丽之间的微妙关系。

此外，驸马爷偶尔向老丈人有所请求，老丈人看在女儿的面子上，往往也会答应。忠烈王向元世祖抱怨蒙古将吏暴虐之后，元世祖马上加以处理。所以高丽驸马虽然要长期忍受公主的专横，到底还是取得了一些实际上的好处。

元朝与高丽之间的长期联姻，也造成了高丽王室的蒙古化，例如：自忠宣王至恭愍（mǐn）王都取了蒙古名字，也学着留胡发。中国自古以来，以衣服头发作为文明与野蛮之别，韩国自新罗文武王之时，便采用唐朝衣冠文物。

忠烈王从中国回到高丽时，已改易胡发，高丽人见到他的怪模样，有人叹息，有人哭泣。

此外，高丽也行胡礼，奏胡乐，尤其是学着狩猎，并且也学着设有鹰坊，训练老鹰，供畋（tián）猎之用。

不过，蒙古文化对高丽王室有相当影响，主要是因为高丽惧怕元朝，不敢不实行蒙古化，与当初仰慕、心悦诚服的心理大不相同。

所以在蒙古帝国没落，元朝势力衰退以后，蒙化的影响便一天比一天淡了。

恭愍王之时，沿用元制，辫发、胡服，坐在殿上。监察大夫李衍宗上谏："辫发胡服，非先王之制，陛下不用效法。"

恭愍王笑道："说的也是。"立刻解开辫子，换下胡服，也坐在褥子上了。

总而言之，高丽与元朝的王室联姻，不是平等的婚姻关系，也没有丝毫感情基础，只是忠实地反映了蒙古人的世界观与外交政策，与中国历代对高丽的政策大不相同。

元朝轻视读书人

在中国传统社会里，以儒士为中心的知识分子，也就是通称的士大夫或士人，是最受尊崇的身份。

中国人一向崇敬读书人，即使是南北朝时期的胡人，辽金时代的契丹人、女真人，他们执政时期，依然是“万般皆下品，惟有读书高”，连后来如清朝，也莫不如此，只有在元代，中断了这个传统。

中国古代社会把百姓区分为“四民”，也就是四类的人民，这就是“士、农、工、商”。士为四民之首的说法，是春秋时代管仲提出来的。在汉武帝“罢黜（chù）百家，独尊儒术”以后，以读儒家经典为主的士人，其地位更为崇高。

历代帝王开基创业，大多凭借武力，但是，得到天下以后，不能永远骑在马背上打打杀杀，必须下马，拿出一套办法掌理国事，这就是古人常说的：“马上得天下，岂可马上治天下。”为了国家的长治久安，历代君王不但给予在朝官员种种特权，对于在野的读书人，也有许多保障。

尤其是到了宋朝，士人成为最受羡慕的身份，在政治前途上，科举保障了读书人的出路。在经济上，不但官员之家可以免除徭役，在学的太学生也可免除徭役，并且享有膳宿的优待。

此外，宋朝继承着古来“刑不上大夫”的传统，也就是官员涉案时，衙门问案，不得对官员用刑。

总而言之，在宋朝，读书人既享尊荣又前程远大，成为众人所羡慕的对象。

但是，到了元朝，读书人地位一落千丈，真是不能适应，著名的史学大师钱穆先生曾经在他的名著《国史大纲》之中说过：大体当时的社会阶级，除却贵族、军人外，做僧侣信教最高，其次是商人，再次是工匠，又次是猎户与农民。而中国社会上自先秦以来占重要位置的士人，却骤然失却了他们的地位。

元朝读书人的地位，到底低到什么程度？根据南宋遗民郑思肖的遗著，元人依职业分为十级：一官、二吏、三僧、四道、五医、六工、七猎、八民（农民）、九儒、十丐。儒生的地位只比乞丐高一级。

与文天祥同榜的进士谢枋得，在宋朝灭亡以后，坚持不做官，他曾经写信给程钜（jù）夫说："宋室孤臣，只欠一死，枋得之所以不死，因为有

元代蒙古人家居图，内蒙古自治区赤峰市元墓壁画。

九十三岁老母在堂。”后来，他被福建参政知事魏天佑执往燕京，仍不屈服，绝食而死。他说得更是尖刻，他说，元人依职业分为十级：一官、二吏、三僧、四道、五医、六工、七匠、八娼、九儒、十丐。当妓女的比起儒生还要高上一级呢！

九儒十丐之说，当然不免过分加油添醋了一些。但是，读书人地位一落千丈，原是可以理解的。读书人多是汉人，元朝君主把整个征服的民族，一共分为四等，蒙古民族为第一等，第二等为色目人，色目是指蒙古以外的西域诸族（如乃蛮等），第三等是汉人，包括北方黄河流域的汉人，以及契丹、女真、高丽、渤海等族的人，最末一等是南人，南人指的是南方长江流域及以南的宋人。

蒙古人是征服者，当然地位崇高，在蒙古人心目之中，色目人是仅次于蒙古人的。

有一回，元太宗窝阔台看汉人表演皮影戏，戏中的蒙古人骑兵在马尾上绑着一个人，踉跄着被拖在地上。

太宗顺口问道：“这马尾巴上绑的是什么人？”

演皮影戏的师傅答道：“回人。”

一听是回人，太宗立刻勒令停演，并且把演出者叫到跟前，板着脸教训道：“你是汉人吗？你怎么可以侮辱回人？”

接着，太宗又派人搬来一些波斯（伊朗）与汉地的宝物放在一块儿，对演出者说：“你们汉地的宝物，哪能比得上回人的宝物？我国回族贵人之家，至少有你汉人奴婢数人，你们汉人贵族之家，能有一个回人奴婢吗？你莫非不晓得，成吉思汗有令，杀一个汉人只罚一头驴吗？你是汉人，怎配侮辱回人？”

由此可知，连皮影戏中的回人影子都不能侮辱，真实的社会之中，汉人地位当然连一头驴都不如了。

再如《元史·董文用传》记载，蒙古长官高人一等，同列的汉官对他们不敢仰视，说话的时候，非要跪下来启禀，仿佛面对皇帝一般。独有董文用可以与蒙古长官平起平坐，这件事太稀奇，因此在《元史》中，特别记了一笔。

同时，蒙古军人普遍俘虏汉人、南人为奴婢，如阿里海牙为荆湖行省丞相，俘劫了三千八百户为奴，称之为“驱口”，这些奴隶生活十分悲惨。

至元十八年（1281 年），元朝政府又下令，以江南民户分赐勋戚诸王为奴隶，诸王受赐者，少者一两万户，多至十万户者，勋臣则自数千百户多至数万户者不等。这些奴户在重重的压迫之下，过着暗无天日的生活。

元代的色目人

元朝把人分为四等，除了蒙古人以外，地位最高的就是色目人，色目人包括了畏兀儿族（维吾尔族）、乃蛮族、回族、钦察族等，总共有三十余族，又称为“诸国人”，现在多数成为中华民族的一部分。

成者为王，败者为寇，蒙古人掌政权，地位最高，没有话说，但是色目人神气活现，却让汉人相当不是滋味，而且色目人一切作风，都让汉人看着极不顺眼。

蒙古人为什么垂青色目人？这是有道理的。蒙古以武力建立一个大帝国，而且企图征服世界，他本身的人员兵马有限，当然要吸收其他部族，扩充力量。

色目人与蒙古人生活习性相同，以游牧为生，擅长骑马，尤其是中亚及北亚草原地区的人民，个个骁勇善战，马匹强健有力，自然而然被蒙古人相中。这和人与人之间交朋友，总是寻觅性情相投谈得来的道理相同。

好战的蒙古人，欣赏好战的色目人，相形之下，汉人文绉绉的，终日在农田耕作，看着便讨厌，而且对军事毫无作用。窝阔台时代，大臣别迭甚且建议：“汉人留着没用，不如全部杀光，然后再把田地辟为牧场。”

别迭的建议，窝阔台也觉得不无道理，亏得美髯公耶律楚材极力反对，耶律楚材说：“把汉人杀光太可惜，不如男耕女织，生产稻谷布帛，供养军队。”这个“利诱”的主张，才使窝阔台看在“军需”的分上，勉强答应“先选十个地方试试看，若是不成，再辟为牧地也不迟”。

元朝政府不但在感情上偏向色目人，种种制度上，也给予色目人特权。

譬如册封王爵一事，整个元朝，只有在元顺帝时代，快要亡国的时候，有一个名叫王保保的汉人封了河南王。色目人封王的可就多了，最著名的四大世家之中，每一个家族都不止一位王爷。

再说官位，世祖之后，顺帝之前，没有一个汉人当过丞相，色目人丞相则可以排一张表。

此外，科举考试之中，蒙古人、色目人列为右榜，汉人、南人列为左榜。蒙古、色目考两场，汉人、南人要考三场，两场三场无所谓，但是试题难易差别甚远，若有蒙古人、色目人愿意应考汉人、南人的科目，考取之后，官加一等。

以上种种差别待遇，已经让汉人为之愤愤不平，再加上色目人残暴嗜利，更让饱受儒家思想熏陶的汉人看不过去。

元朝大军之中，色目人组成的钦察军、阿速军最为勇猛善战，同时也最为残暴，纪律坏到了极点。

蒙古人重视商业行为，可是蒙古人本身不经商，多半假回人之手行之。回商遍及全国各地，生活极为奢侈。汉人脑中“士农工商”，商为四民之末的想法仍然根深蒂固，他们看着摇头叹息。而且一些回商总是仗势欺人，更让汉人痛恨。

士农工商图，清末年画。

元世祖曾经问李治："可用回人吗？"

李治回答："汉人中有君子有小人，回人之中也有君子有小人，但是回人谨慎廉洁的少。"

蒙古人本身不擅理财，却喜欢任用回人理财，桑哥、阿合马都是例子，汉人不会理财，尤其受到孟老夫子"何必曰利"的观念影响，一向鄙视理财，益发地瞧不起回人。

当然，汉人本身也有缺点，往往老于世故，圆滑虚伪，又最爱面子，回人不懂这一套表面功夫，往往一语戳破汉人的面子，害对方下不了台，他们不明白汉人下台的微妙心理，总是得罪了汉人还完全没有感觉。

色目人与蒙古人一般，爱好打猎，这是所有游牧民族与生俱来的爱好，也是汉人深恶痛绝之处。

在介绍《马可·波罗游记》时，我们说过，世祖出猎时，后妃、皇子、公主、驸马、大臣都浩浩荡荡地随行，有如大军作战一般壮观，再加上成千上万的野兽，在被人追逐之下，豕（shǐ）突狼奔，不晓得会践踏多少农作物，除皇帝外，分镇各地的诸王、驸马、将帅都喜欢打猎，影响农耕，自不在话下。

此外，汉人多半保守、惧变，也常常与色目人发生冲突。元朝凡是提倡改革之事，例如变更钞法、整顿税政、整理田籍、改高丽为行省等等，都是蒙古人、色目人的主意。

汉人儒臣每次一听到改革，先不管事情真相如何，也不问有没有可行的办法，总是一味地排斥。

例如顺帝提议改革钞法，吕思诚坚决反对，大声斥责别人不通古今，吏部尚书偰（xiè）哲笃气呼呼地反问："我等计策不行，公又有何计策？"

思诚回答得妙："我有三不策，行不得，行不得，行不得也。"自己没有一套办法却又反对别人提出的办法，这正反映出当时汉人的食古不化。

总而言之，蒙古人认为国家最可贵的人民是骑兵，最可贵的土地是牧场，所有观念与汉人格格不入，所以很难和睦相处。

月饼的由来

明太祖朱元璋父亲的名字叫朱五四，十分好笑，朱元璋本来叫朱重八，也很好笑。原来元朝政府有规定，汉人无职的小民，连名字也不准取，只能用父母或祖父母的年龄作为小宝宝的名字。

例如明朝开国元勋汤和的父亲是汤七一，常遇春父亲则叫常六六，因此，满街都是张五四，李三八。汉人一向在乎取名字，如今人人顶着如此好笑的名字，实在是相当可悲。

此外，蒙古人对汉人的规定还多着呢！例如汉人之家不得藏匿兵器，不得私造兵器，甚至连铁尺、铁骨架、铁柱亦不得私藏，据说连菜刀也五家合用一把。法令还规定汉人不准习武艺、射猎、祭神、宴会，不准夜间行路，不准点灯……

蒙古人初起之始，是没有什么法律的。当成吉思汗崛起，一切都依原始习惯，无所谓法条，凡是盗贼、杀人、奸淫等都是立即处死刑，简单明快。

成吉思汗曾经对他的第一任断事失吉忽秃忽说："如有盗贼、诈伪之事，你惩戒，该杀的杀，该罚的罚。"他即位第六年以后，也颁布了简单的法令："出军不得妄杀，刑罚重罪处死，其他量情打板子。"

窝阔台即位，禁止地方任意执行死刑，又颁布若干朝会的谕令，直到元世祖忽必烈即位，才逐渐有了正式的法律，多半沿袭唐朝宋朝的制度。

不过，其中有一点十分特殊，以前笞（chī）杖之刑，多是打二十下、三十下，到了元朝，以“七”为终数。最轻的罪，打六十七大板，较重的分别为七十七、八十七、九十七、一百零七，一共分为五等。

为什么以七为终数，据说是元世祖起了仁慈之心，所以他对大臣说：“天饶他一下，地饶他一下，朕饶他一下。”这样一共饶了三下，应该是好事，结果，笞刑从原来的最凶的不过打一百板，现在却要多挨七板，一百零七板。

元朝法律虽然定了，法律面前却是人人不平等，例如征马，汉人与南人畜养的马匹全部征用，一匹也不留，色目人只征三分之二，蒙古人则一匹也不征。

又如汉人、南人与蒙古人、色目人互殴（ōu），汉人、南人只准挨打，却不许还手。若是汉人、南人打死了蒙古人、色目人，不用说，当然是死刑。蒙古人、色目人杀了汉人、南人，只出罚金而已。

蒙古人对番僧又有另一套办法，僧人除了犯奸盗、杀伤人命重罪之外，规定寺院可以自行了结，等于宣布僧人可以无罪。甚且还有“殴打西僧者，砍断手，背后辱骂西僧者，截断舌头”的规定。总而言之，元朝的法律杂乱无章。

为了保障蒙古人、色目人的特权，凡是蒙古色目官吏犯罪，汉人法官

元代汉人形象，元代水陆画。

必须回避，由蒙古法官审理；汉官犯罪，蒙古、色目法官则有权审理。

审案之时，由于蒙古、色目人多半不通汉语，彼此之间又牵出许多误会。元世祖虽然曾经推行汉化教育，但是是失败的，汉人重礼教，繁文缛（rù）节甚多，也让蒙古人认为汉化教育困难。

例如元文宗亲祀天地社稷宗庙，礼仪使小心谨慎，把一切礼节写在象笏上，免得忘掉，其中提到皇帝，不敢直言，画两个圈圈代替。这种文字上的忌讳，我们今天还有，有的人认为直书父母长官的名字，都是大不敬的。

文宗哪懂这一套，他偶然看到象笏，看到两个圈圈，仰首大笑："这是朕吗？"当他把象笏还给礼仪使时，眼泪都要笑出来了。

法律不外人情，蒙汉互不了解人情，当然法制一片紊乱。

法制之外，官制也没有章法。

元代的官员，武官多半是世袭，文官大半是荫补，不论世袭与荫补都是依靠家庭背景，也就是所谓"跟脚"，与学问完全扯不上关系。

凡是在蒙古建国、伐金、灭宋过程之中立下汗马功劳的蒙古人、色目人家庭，便是大跟脚之家，世世代代荫袭特权，垄断了五品以上的职位，尤其是成吉思汗的侍卫（怯薛）更是大跟脚中的大跟脚。

成吉思汗曾经说过："比较在外边十户的那颜（排头，十人之长）们，我的护卫在上，比起外面百户、千户的那颜们，我的护卫在上，凡是在外的千户与我的护卫同等比肩，与我的护卫斗殴，一律处罚在外的千户。"

成吉思汗的观念中，他的侍卫最大，享有最高的特权，也要保障侍卫后代的特权。

汉人在法律地位没有保障、宦途之路又阻塞的情形之下，心情十分苦闷。蒙古人且规定每二十户汉人家，由一个蒙古人看管，这看管汉人的称为甲长，甲长的一切生活都由二十户居民供应，使汉人苦不堪言。

于是，有人想出一个法子，做一个甜甜圆饼，分赠大家，每个圆饼中间，夹了一张纸条，上面写着"八月中秋吃月饼，大家齐心杀鞑子"，于是便在八月中秋，合力杀死蒙古甲长，有人说这就是月饼的由来。

赵孟頫的仕宦生涯

提起赵孟頫，许多人马上想到他与妻子管道昇伉俪情深，尤其管道昇那一首《我侬词》——你侬我侬，忒（tuī）煞情多。谱成歌曲以后，更是脍炙人口。

赵孟頫，字子昂，别号松雪道人，我们现在看到的字帖，如《赵子昂行书集》《赵松雪小楷灵飞经》《赵松雪兰亭十三跋》等都是赵孟頫留下来的书法。

他是宋太祖赵匡胤的十一世孙，生于宋理宗宝祐二年（1254 年），赵孟頫虽然生于宋代，可是，在他二十六岁的时候，宋朝就灭亡了。他活到六十九岁，严格说起来，应该算是元朝人。

赵孟頫的祖父，官拜太常礼仪院使，并封吴兴郡公，父亲曾任集贤大院士，都是极为风雅的读书人，赵孟頫在这样的环境熏陶之下，很小的时候，就显露了艺术上的才华。

赵孟頫启蒙得早，而且喜欢读书，具有过目不忘的本事，棋琴书画，样样在行，当他十四岁的时候，因为父荫（所谓荫，是古代贵族官僚子弟由于祖先的荫庇而得到官位），他做了一个小官。后来，调任真州司户参军。可惜过了没有多久，宋朝灭亡，他便居家读书、画画，准备做个山林隐士，自此不过问人间世事。

然而，事与愿违，许多事非一己所能掌握，至元二十三年（1286 年），元朝的一位侍御史程钜夫，奉了元世祖诏命，到江南寻访宋朝遗留下来的杰出人才，第一个就找到了家世、学问都是一流的赵孟頫。

赵孟頫无可奈何，只好晋见元世祖。元世祖见到赵孟頫第一眼，立刻就喜欢他了，因为赵孟頫实在外貌出众，身长玉立，风度翩翩，腹有诗书气自华，元世祖以为自己看到了神仙。

元世祖与赵孟頫随意交谈几句之后，更为他的轩昂气度所倾倒，简直有点儿着迷，立刻对赵孟頫说："来，你以后就坐在右丞叶李的上面。"

叶李一听，脸上血色全无，又不敢违抗，只好期期艾艾地说："这样不太合适吧，赵孟頫是宋朝宗室子弟。"

"那有什么关系？"元世祖丝毫不以为意。

赵孟頫这时真是进退两难。站在宋朝读书人的立场，当贰臣（在两个王朝做官的臣子）是一件羞辱的事。可是，若不答应元世祖，马上会招来杀身之祸。再说，赵孟頫是何等玲珑剔透的人，他自然察觉到元世祖欣赏他，或许，能利用这一点，为汉人争取些许好处。于是，赵孟頫谢过元世祖后，便正式成为元世祖的左右。

当时，元朝正要成立尚书省，元世祖对赵孟頫说："你为朕拟一篇诏书颁布天下。"

赵孟頫才思敏捷，不一会儿的工夫就写好了，元世祖接过来一看，频频赞美：

"你把朕心里想说的话都写出来了，写得好。"从此以后，世祖对赵孟頫更加信任。

右丞叶李虽然曾经嫉妒赵孟頫，赵孟頫倒没放在心上，过了不久，还帮了叶李一个忙。

有个叫王虎臣的人，上书告发平江路总管赵全不法，元世祖命令王虎臣前往调查，叶李上奏，说是不该派王虎臣去，元世祖听不进去。

赵孟頫委婉地解释道："赵全固然应当接受审问，然而，王虎臣以前镇守平江路，经常强买人田，又纵容家中宾客不法，赵全为此与王虎臣发生争执，闹得相当不愉快，双方芥蒂很深。这一回，王虎臣逮住机会报仇，必然全力陷害赵全，就算是赵全真的做得不对，人家也会怀疑王虎臣是公报私仇。”

赵孟頫这番话说得合情入理，元世祖就改派其他人去调查。

赵孟頫与叶李之间，算是有个愉快的结果，但是他与桑哥却始终格格不入。

元世祖有两大基本政策，一是政治上强力控制，一是经济上多方罗掘，并且先后找了阿合马、卢世荣、桑哥三大聚敛之臣为政府弄钱。

至元二十四年（1287 年），桑哥担任副宰相，那时因为“中统宝钞”（元世祖时发行的纸币）贬值，无法挽救，桑哥建议改为发行“至元宝钞”，一方面为政府开辟财源，一方面也方便自己弄钱。

元代中统宝钞。

钞票不值钱是相当复杂的经济问题，不是单靠严刑峻（jùn）法能够解决的。但是，桑哥一贯采用蛮干的办法，凡是地方官吏推行至元宝钞不力者，普遍加以笞责（打板子），或者奏明朝廷，予以免职查办。

赵孟頫当时担任兵部郎中，也奉派去江南调查至元宝钞实行的情形，赵孟頫原先就反对这件事，此行去了一趟江南回来，更加同情江南百姓受害之深和地方官推行至元宝钞实际上的困难，所以从头到尾，没有打过一个人的屁股。桑哥知道以后，大为不悦，于是，积极找寻报复的时机。

没多久，机会来了。桑哥勤快，每天钟初鸣即端坐尚书省中。他规定，凡是迟到者，就要挨板子。

有一次，赵孟頫来晚了，断事官喜滋滋地报告，该打赵孟頫的屁股了。赵孟頫十分委屈地到右丞叶李前面诉苦：“古者，刑不上大夫，这是为了要让士大夫养其廉耻，教之节义。如果打士大夫屁股，是污辱士大夫，同样也是污辱朝廷。”

桑哥也觉得自己过分一些，赶来道歉，以后打板子的刑罚，只用在胥（xū）吏（古代掌管案卷、文书的小吏）以下的低级官员。

过了三年，赵孟頫调任集贤直学士，又与桑哥发生了冲突。

至元二十七年（1290 年），大都发生大地震，地壳陷落，黑沙水涌出，死伤高达数十万人，桑哥还忙着征税，尤其是江淮一带，民不聊生，许多人只好一死了之，或者逃亡到山林里去当强盗，真是官逼民反。

赵孟頫眼看这样下去不得了，他上书请求世祖，蠲（juān）免天下尚未征收的钱粮赋税。

桑哥知道了，大为震怒道：“这件事必然不是圣上之意，当另有谋主。”

赵孟頫清楚桑哥的话是针对他来的，婉言解释道：“凡是未缴纳钱粮的人多半是死了，你想抽税也抽不到了，假如不及时下诏蠲免，日后言官追究起来，奏称尚书省把数千万钱谷吞了，这个责任，丞相承担得起吗？”

桑哥一时为之语塞，也就不再争辩。

赵孟頫一直是世祖身边的红人，有一回他在宫墙外骑马经过，由于道路狭窄，一不小心，连人带马都掉到护城河里去了，元世祖听到这消息，特别下令把宫墙往西移了两丈多。世祖又听说赵孟頫家里穷，立刻赐钞五十锭。

元世祖对赵孟頫另眼相看，当然惹得其他人眼红，赵孟頫为了自保，请求外调。在至元二十九年（1292 年），赵孟頫出任济南路总管府事，在济南任上又做了一件好事。

有个在盐场做事的小工名叫掀儿，受不了艰苦的工作，有一天半夜脱逃，掀儿的父亲不晓得自哪儿弄来一具尸体，假冒掀儿，硬说是同在盐场的伙伴杀了他的儿子，非要这个同伴偿命。

赵孟頫认为事有蹊跷，把案子暂时搁置，过了一个月，掀儿自己跑回来了，案情自然真相大白，地方上的人都夸赵孟頫神明，差点儿冤枉好人。

总之，赵孟頫虽然担任元朝官员，可是我们看他的所作所为，倒都表现出宋朝读书人的良心。

赵孟頫、管道昇你侬我侬

赵孟頫在仕途上，虽然官运亨通，但是为元朝政府做事，毕竟非心之所愿，精神上极为苦闷，于是他把许多时间、精力、感情投注于书画之中，获得极大的成就，在中国的艺术史上，享有盛名。

赵孟頫的书法，起初是学习三国时代的钟繇（yáo）、晋朝的王羲之，继而自成一家，无论篆、籀（zhòu）、隶、草、小楷都独步古今。

当时曾有天竺（zhú）（古印度）高僧，效法唐三藏赴西天取经的精神，冒着数万里的风险，含辛茹苦，长途跋涉，前来求取赵孟頫的书法。

赵孟頫见到天竺高僧，也十二万分地感动，特别精挑细选了各式书法，慷慨赠予，高僧大喜过望，谢了又谢，带回天竺当国宝收藏。

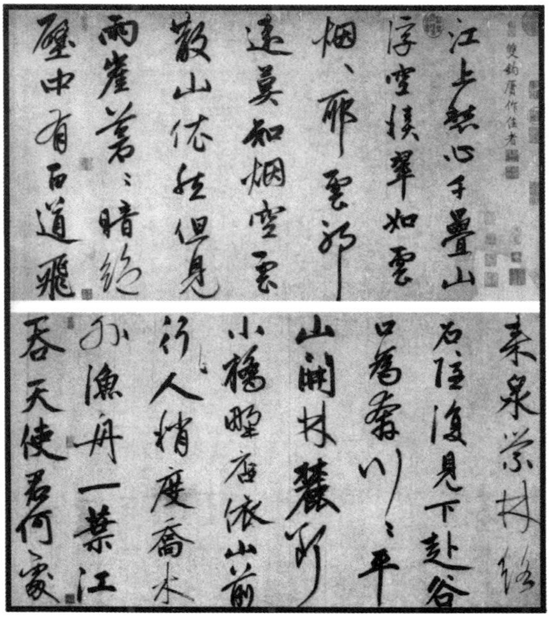

《烟江叠嶂图诗卷》，赵孟頫行书帖。

书法之外，赵孟頫在绘画上的成就，也是堪称一绝，明朝大家董玄宰说："有唐人之致去其纤，有北宋人之雄去其犷。"意思是说，赵孟頫的画，有唐朝画的风格，却去掉了柔弱的毛病，有北宋绘画雄伟的气象，却没有粗野的气息。

他曾经画过一幅《圆社图》，描绘元人踢球游戏，图中所有人物的焦点都集中在圆球上面：有人正举起脚想去踢球，有人聚精会神等着球抛过来，也有人虎视眈（dān）眈想去抢球，整个画面活泼生动，定格在一瞬间，相当不容易。

赵孟頫还画过一幅《斗茶图》，为人们所称道，他把民间比赛吃茶，两人赌气的神情画得十分鲜活，画中的风炉、竹架、茶壶、茶盏看来也颇为有趣。

他尤其擅长于画马，相传他在画马之前，曾经长时期地研究马，他蹲在地上，对着马端详，然后摹仿马的前踢、后窜、长嘶等种种姿态，用来体会马的性格、肌肉用力的方式，可见功夫之深。

当时另一位画家郭佑之赞美赵孟頫："旁人把赵孟頫比李公麟，其实他的成就，远远超过韩干之上。"

赵孟頫自己也以画马自豪，他说："我自小爱马，也能把马的特性表现出来，别人说我比韩干画得好，那是过誉之词，不过，我自认能与李公麟比一比。"

浴马图，赵孟頫绘，北京故宫博物院藏。

赵孟頫颇有文人气节，当宋朝灭亡时，他一贫如洗，当了元朝官吏后，仍然两袖清风，元世祖知他贫穷，常赐以银锭、貂鼠衣，他总是急忙退还。

有一回，有个道士登门求字，下人通报："门外两位居士求见相公。"

"什么居士？"赵孟頫老大不悦道，"是香山居士，还是东坡居士？这些吃素的风头中，个个自称居士，别理他！"

赵孟頫的妻子，也是他的红粉知己管道昇款款步出，婉言相劝道："你且别管他是不是居士，以前王羲之也有写字换鹅的佳话，人家找你写字，我们卖字谋生也是一件雅事啊。"

赵孟頫这才脸色转为温和，唤仆童端茶待客。

管道昇，字仲姬，是一位有文才、有气质的妇女，她曾写过一首词：

人生贵极是王侯，
浮利浮名不自由。
争得似，
一扁舟，
弄月吟风归去休。

她善画墨竹梅兰，笔意清绝。夫妻两人常分据一张大书桌旁，管道昇画墨竹，赵孟頫为她的画题上《修竹赋》，二人珠联璧合，不知羡煞了多少人。

管道昇有个爱好，喜欢在月夜注视着纸窗上风吹花枝摇曳的情景，捕捉灵感，等到心中境界成熟，便提笔作画，一挥而就。

赵孟頫有时也夜半时分，披衣坐起，陪着夫人共赏美景，然后伴她作画。

管道昇最擅长的就是画竹，她的竹子一如其人，十分清丽。有一天，她与赵孟頫商量："我想把画竹之法写下来，你看可好？"

"当然是好事。"赵孟頫立刻赞成，并且提出种种意见，还搬来许多参考资料帮忙。他对管道昇的事，一向热心万分，于是管道昇把她画竹的心得写了下来，这就是有名的《墨竹谱》。

管道昇的《墨竹谱》写得十分细致，不但画干、画节、画枝、画叶都有详详细细的说明，就是运笔的轻重缓急，用墨的干湿浓淡，布局的高低疏密，阴晴雨雪的变化也不厌其烦地介绍。

她每写一小段落，立刻送给夫君指正，赵孟頫是第一个读者，也是最有鉴赏力的老师，他会以自己作画的心得，一五一十地指点管道昇。这小小的《墨竹谱》，其实是他夫妻二人爱情的结晶，对后代画竹子的人而言，是一本不可多得的指导书。

赵孟頫本人也是文章高手，他的诗文清邃飘逸，让人家读了以后，有飘飘出尘之想，当然，他的每篇大作完成，管道昇是第一个忠实读者。

赵孟頫夫妇，都有不凡的艺术修养，淡泊名利，人生观相同，在中国绘画史上，夫妇齐名，同时他们俩的相知相爱，更是千古佳话，就像管道昇写的《我侬词》：

> 你侬我侬，忒煞情多，情多处热如火。把一块泥，捻一个你，塑一个我。将咱两个，一齐打破，用水调和，再捏一个你，再塑一个我，我泥中有你，你泥中有我，与你生同一个衾（qīn），死同一个椁（guǒ）。

人世间能有这份爱情，多美！

《儒林外史》中的王冕

说起王冕，大家都不陌生，台湾小学国语课本里就有一篇《王冕画荷花》，想来是根据《儒林外史》第一回改写而成的。

《儒林外史》是清朝吴敬梓所写的讽世小说，他用客观的态度，描写当时社会中的黑暗与伤痕，在书中暴露了人们对于科举功名的虚荣心理。

吴敬梓心目之中的理想人生是清闲自在、有学问、有道德、能够做一点自己想做的事，而不是被功名利禄牵着鼻子走。他这份脱俗的想法，一般人不能了解，连他太太也经常嘲笑他笨。吴敬梓就把这份怀抱，借着小说表达出来。

吴敬梓在《儒林外史》一开头便说道："人生富贵功名，是身外之物，但世人一见了功名，便舍着性命去求它，及至到手之后，味同嚼蜡。自古及今，哪一个是看得破的！"

不过，吴敬梓说："元朝末年，也曾出了一个嵚崎（qīn qí）磊落的人，这人姓王名冕。"在他笔下，王冕是这样的一个人：

他七岁时死了父亲，母亲做些针线活，供他到学堂里去读书。王冕十岁的时候，他母亲命他去帮隔壁姓秦的人家放牛，每月也可以得几钱银子贴补家用。王冕的母亲毕竟一个寡妇人家，只有出去的，没有进来的，撑不下去了，才要王冕去做一个小工。

从第二天起，王冕便每天到秦家放牛，黄昏时候，再回家陪母亲歇宿。

王冕聚了一两个月的点心钱，便去买几本旧书，把牛拴了，自己坐在柳树阴下看书。

弹指过了三年，黄梅时节，一阵倾盆大雨过后，他见湖里十来枝荷花，苞子上清水滴滴，荷叶上水珠滚来滚去，王冕看呆了。自此，聚的钱不买书了，托人在城里买些胭脂铅粉，学画荷花。初时画得不好，三个月后，那荷花精神、颜色，无一不像，只多着一张纸，就像是画里长的，乡人见他画得好，也有拿钱来买的。到了十七八岁，王冕不在秦家做工了，每日画几笔画，读一读古人的诗文，带着母亲到处兜兜风。

有一天，诸暨县一个姓翟的买办，带来知县给的十二两银子（其实是二十四两，翟买办克扣了十二两），央求王冕画二十四幅花卉。王冕原先不愿意，但是他以前放牛的雇主秦老爷一再说情，只好答应。

知县拿了画，又办了几样厚礼，赶着去孝敬诸暨的大佬危素先生，这危素前日出京时，皇上亲自送出城外，携着手走了几步，想来是快要做高官了。

危素受了礼，把画册看了又看，爱不释手，急着想见王冕。知县忙差翟买办去约王冕，王冕懒得见人，在家装病。

知县急坏了，亲自出马，王冕故意躲远了，知县走后，王冕对秦老爷说："知县仗着危素的势，在这里酷虐小民，这样的人，我为什么要去见他？"

王冕得罪了知县，危素又难免恼羞成怒，必将怪罪，王冕只好收拾行李，到远方避难去了。后来，过了六年，母亲过世，临终遗言："不要出去做官，我死了，口眼也闭。"

又过了一年，天下大乱。不久，明太祖朱元璋得到天下，征聘王冕出来做官，王冕连夜逃往会稽山，最后，病死山中。

由于《儒林外史》这一篇小说，引发了许多人对王冕的好奇，世上真有王冕这个人吗？答案是有的，他是元朝著名的画家与杰出的诗人。以下是依靠可信的史料来介绍王冕其人其事。

王冕的远祖，是辉煌的官宦之家，但是传到王冕的父亲，已经是一贫如洗的农夫，冬天没有棉絮过冬，草屋破漏无力修补，平日只能以野菜充饥。

王冕是父母的独生子，他并没有幼年丧父，奇怪的是中国的小说戏剧总喜欢让父亲消失，也许孤儿寡母更能打动人心。

王冕家中虽穷，但他却是爸爸妈妈的心肝宝贝。王冕自幼是个神童，很会认人，擅长说话，宗族对他另眼相看，有个外号叫“千里马”。

王冕自小求知欲很强，有一天，他父亲命他去放牛，他让牛在草地上随意跑动，自己却一溜烟跑到私塾里去听老师讲课。黄昏时回到草地，糟糕，牛全跑光了，王冕被父亲狠狠打了一顿，但是他还是喜欢读书识字。

由于家里穷，没法子点灯，王冕心生一计，他在夜深人静时，摸到庙里，一屁股坐在菩萨的膝盖上，扮个鬼脸，就着佛像旁边的长明灯读书，胆子实在不小。

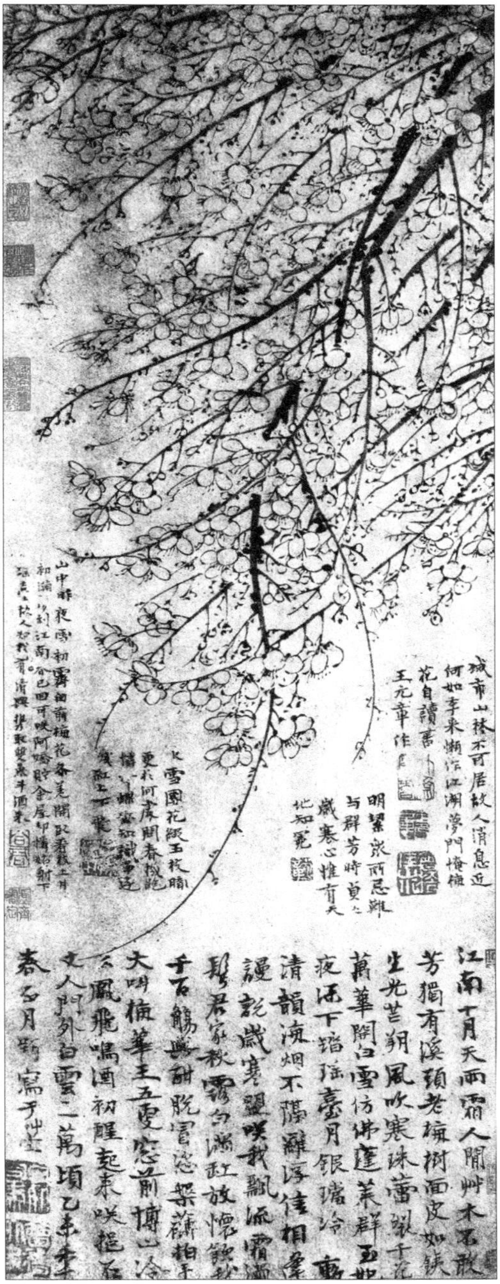

墨梅，王冕绘。

王冕信佛，但是不相信泥巴雕的佛像，他十分地调皮，有一次，妈妈要他去捡柴，他竟然把神像砍下来当柴烧。

隔壁一位老先生看到了，吓得不断念“罪过，罪过”，立刻把神像修补如初。

王冕一连做了好几次坏事，但是，他家中大小平安，倒是补神像的老先生却灾难连连、祸不单行。

老先生好生气，认为菩萨未免太不公平了，就找了庙祝（寺庙的管理员）抱怨道：“王冕屡次毁坏神像，菩萨为何不归罪于他？我每次修补神像，神为何不保佑我？”

庙祝回答不了老先生的问题，又不能说菩萨不灵，只好胡乱说：“若是你不修补神像，王冕怎会烧它？”这种回答真是岂有此理。

王冕虽然淘气，却十分上进，他学习击剑，研究孙吴兵法，常用诸葛孔明来鼓励自己，希望能够澄清天下，做一番惊天动地的事业。然而，元朝的统治，彻底断了他的希望。

王冕画梅不画荷

许多人看到王冕，马上联想到画荷，其实，查遍画史画迹，王冕都是画梅花。李霖灿先生是研究中国绘画的权威，他也曾经表示“所见皆为墨梅，故画荷花不足为信”，如此看来，王冕画荷花，极可能是《儒林外史》中吴敬梓编造的情节。

为了广开眼界，王冕曾经雇了船，到杭州去游历一番。西湖的画舫往来，烟波澹（dàn）澹，绿波粼粼，真是美不胜收。

但是，王冕在西湖目睹了一件事，却是痛心疾首。

他见到一个回人，牵着一匹花驴儿，口中不断地喊着：“快来看，稀奇喔，这匹花驴能懂回语，而且善解人意。”

这回人一嚷嚷，立刻吸引许多好奇的人围观，花驴儿果然有本事，它能听懂人语，会站起来，躺下来，一个口令一个动作，的确十分乖巧，旁观者不少是商贾，甚至官家子弟，他们纷纷赏钱，主人便撒下一堆粟米，让它吃个饱。

王冕一见驴儿吃粟，不以为然，当时江南细雨绵绵闹水灾，麻麦烂死，秧苗枯黄，人民忍饥挨饿，甚且以树皮草根果腹，这驴儿倒好，略通几句回语，吃得比人还享受，王冕真是看不下去。

花驴儿变把戏的消息，一会儿传开了。于是，驴主人今天牵着它去评事厅表演，明天又拉到丞相府献宝，一些个贪官污吏，看得兴起，争着把钱掷到地上，表示喝彩。

前面我们说过，元朝色目人非常吃香，汉人最讨厌色目人，认为他们贪婪又没有文化。王冕亲眼看到色目人优越的社会地位，回来气得写了一句诗：“归来十日不食饭，扼腕攒眉泪如雨。”整整十天粒米不进。

王冕做了数千里的壮游，眼界大开，爱国思想也格外地浓烈。

元朝有个大官泰不花，爱极了王冕的画，一天到晚差几个粗俗的小厮，跑来大呼小叫，王冕烦极，最后，不得已住入泰不花的馆舍，待了一阵子，泰不花想用他当谋士，王冕说什么也不肯答应。

在《儒林外史》之中，王冕是被危素所逼，远走他乡。真实的情形不是如此，危素是江西人，王冕是诸暨人，二人并非同乡，不过，王冕是见过危素的。

危素是翰林学士，王冕不认识他。有一天，危素骑马经过王冕处，王冕问道：“住在钟楼街的人是你吗？”

“正是！”危素答道。王冕就不开口了。

危素走远之后，王冕对人说：“我以前看危素的文章，有一种诡异之气，不料人也是如此。”

王冕对于贪图富贵，侍奉元朝的人，始终没有好感，何况危素又与赵孟頫不同，他纯是为个人的富贵而做元朝的官。

危素投降明朝之后，仍然透着一股阴森森的诡异之气。有一次明太祖朱元璋在看书，忽然听到咯咯的鞋声自远而近，听得他汗毛直立，颤抖地问：“是谁？”

搞了半天，原来这个“鬼”是危素，明太祖颇不悦道：“我还以为是文天祥哩。”便把危素贬到和州。

吴敬梓在小说中，故意把光明磊落的王冕与阴沉诡异的危素相比，用来衬托王冕的高贵。

王冕对母亲极为孝顺，总是挖空心思想逗老人家一乐。他偶尔在《楚辞图》上看到屈原衣冠，屈原一向是王冕崇拜的对象，他便仿效此图，自己裁制一顶高帽，一件阔衣，买了一辆牛车，载着母亲，执着鞭子，挂着木剑，唱着山歌，在村子里来来去去，后面跟着一大群孩子又唱又笑，王冕母子二人大乐。

王冕很穷，穷到连鞋子都没有，他的同乡王艮（gèn）十分推崇王冕的德行，特地赠他一双鞋，王冕摇摇头说：“我宁可光着脚丫子。”

他曾经在大雪天，光着脚，登上潜岳峰，仰天长啸：“遍天地间都是白玉砌成，我要做仙人飞去啰！”他还喜欢与山上高僧谈禅，说法，打坐。

至正十九年（1359 年），朱元璋派胡大海攻绍兴，胡大海前来请教王冕策略，王冕简单地说：“大将军如果以仁义服人，何人不服？你要我教你如何杀我父老兄弟，万万不可能。”第二天，王冕一病不起，胡大海帮他办了后事，葬在山阴兰亭之侧，题为“王先生之墓”。

王冕生平不得志，但是他在画梅上享有盛名。古人认为，画梅需有高超的人格修养，所谓“画梅须同梅性情，画梅须具梅骨气，人与梅花一样

墨梅，王冕绘。

清”。王冕的梅花风神姿约，奕奕有致，不论含苞的、开谢的，都是那么飘逸不俗。

他多才多艺，能诗能画，他认为一张完美的画应该是诗、书、画、印四者相结合，也就是除了画本身外，画上题的诗句、落款的书法、用的印章都要讲究。

王冕对自己的诗与画也是相当自负的，他曾经画了一幅梅花，把它贴在墙壁上，并且题了一行诗：

冰花个个圆如玉，羌笛吹它不下来。

所谓羌笛，当然是指统治元朝的蒙古人了。

倪云林画中有逸气

在元末四大画家黄公望、王蒙、倪瓒（zàn）与吴镇之中，倪瓒是相当特殊又有趣的一个。

倪瓒号云林子，他的别号很多，例如朱阳馆主、沧浪漫士等，但是，以云林二字最为常见，所以人们都称之为云林先生。

他是江苏无锡人，家境非常富裕，到他祖父时，已经是大富豪了。虽然环境优渥，却不幸在四岁时丧父，由大哥抚养长大。十八岁时，亲爱的大哥也撒手人寰（huán），因此，倪云林自幼感悟世事无常，也养成了淡泊的性格。

倪云林家中藏书甚丰，他花下大笔资金，建造了云林堂、清閟（bì）阁、道闲仙亭、朱阳宾馆、云仙洞等，馆阁四周，种满了兰菊松桂，郁郁苍苍，美不胜收。

无锡人把倪云林当成乡中一宝，也是奇特的一景。乡人经常聚集在他家楼下，远远望见他或读书，或作画，或与朋友品茗聊天，一派悠然自得，看起来仿佛超然物外的神仙。

有个外国商人，久仰倪云林的声名，特别准备了上好的沉香百斤（古人喜欢点香，增加气氛），请求会见。

倪云林不想见他，托辞赴惠山看梅花去也，外商很是遗憾，在门外流连忘返，徘徊许久。

倪瓒，佚名绘。倪瓒背后的屏风是他的一幅山水画代表作。

过了两三天，外商又来了，一个人呆呆地站在门口，舍不得走。

倪云林有些不忍，悄悄地吩咐仆人道："你把云林堂的门打开，让他去看看吧！"

外商大喜过望，进入云林堂，看到布置之典雅、气氛之优美，简直目瞪口呆，忍不住央求仆人道："你可不可以把清閟阁也打开让我瞧瞧？"

"对不起，清閟阁不是普通人可以进去的。"仆人抱歉地婉拒了。

外商无奈，竟然打躬作揖，对着清閟阁拜了几拜，方才依依不舍地告别。从此以后，云林家园的声名传播得更远了。

倪云林最崇拜宋朝的米芾。米芾是水墨大师，为人疯癫，有强烈的洁癖（本套书第7册曾经介绍过），倪云林也是一个极爱清洁的人。

他穿的衣服，戴的帽子，每天勤加拂拭不下数十回，若是有客人前来，规定客人也先去盥洗室清洗一番。甚且连窗外的梧桐叶子，假山假石，也都打扫得一尘不染。又因为害怕扫地时破坏庭院中青翠绿苔，他发明了一种扫把，只有光秃秃的杖头，钉上一根钉子，用来挑叶片。

某日，来了一位客人，夜宿倪家。

到了半夜，倪云林听到客人的咳嗽声，以及吐痰的浓浊声，心中暗忖："糟了……"于是，他一个晚上没睡好，第二天一大早找来仆人，下令道："你去仔细找找看，哪儿有吐痰的痕迹？"

仆人又好气又好笑，出去转了一圈回来道："找到了，就在窗外的梧桐叶上。"

"快，快把叶片剪下，你骑着马去把它丢远一些。"倪云林真是急如星火。

倪云林的洁癖不但在家如此，外出也是不改脾气。

有一回，他到苏州"养贤楼"拜访好友徐达左，一块谈论诗文。当好友们促膝谈心之时，他差了书童去山里汲泉水。

童儿挑来了两桶山泉，正要去泡茶，倪云林大叫："且慢！前面一桶煎茶，后面一桶留着洗脚。"

众人皆错愕地望着倪云林。他慢悠悠地解释道："前面的桶没碰到什么，用来煎茶十分适合，后面的那一桶，也许书童走了一半，放了屁，山泉沾了屁粪气还能喝吗？"

话没说完，众人已揉着肚子笑个不停。

倪云林清高绝俗，一辈子避免与富贵的人打交道，他对自己的画并不十分爱惜，喜欢到处赠人，独独对有权有势的人，拿了润笔（所谓润笔，指的是请人作画、写字的酬劳）来求画，一概相应不理。

吴王张士诚的弟弟张士信，久仰倪云林的画艺，差人备了上好的绢纸以及一大笔润笔登门请画。

渔庄秋霁图，倪瓒绘。

倪云林却把使者给轰了出去，并且气愤地说：“我可不能做王门的画师……”

张士信听说倪云林这么不给面子，大为生气。后来，有一天，张士信与朋友游太湖，忽然，远远飘来了一股异香，他判断，必然是有洁癖的倪云林在附近。

果然，一找就找到了倪云林，真是冤家路窄，张士信命令手下痛殴倪云林，几乎活活打死他，幸亏许多文人苦苦相劝，才饶了倪云林一命。

倪云林挨揍时，噤口不出一声，事后他对朋友解释道：“一出声便俗。”

倪云林的画如其人，天真幽淡，有一种幽雅的逸气，这种有意无意、若淡若疏的逸气，一般人是学不来的。

明朝沈周也是大画家，他能画大幅山水，可是，没法学倪云林的淡墨，每次一下笔，他的老师便会说：“太过了，太浓了。”

倪云林这种萧条淡泊的意境，也代表中国文人脱俗宁静的风范。当时的人，以拥有倪云林的画为傲。他死了以后，所留下的画更成为抢手货。在明朝的时候，江南人家以“有无云林图为其清浊”，也就是说，若是能有一幅云林的画，就可列为清高的门第了。

古道西风瘦马

元朝只有短短的九十八年，但是元曲在中国文学史上，却占了相当重要的地位，我们通常把“唐诗”“宋词”与“元曲”并列。

曲其实是词的替身，不论音乐的基础，或形式的构造，都是从词演化而来的，词是可以唱的，原是流传于妓女歌伶之口的通俗文学。

后来，文人雅士流行作词，体裁日益丰富，音律修辞日益讲究，格调日益高尚，久而久之，成为高级知识分子的专利，一般民众看不懂，也唱不出。

于是，娼妓歌伶只有自民间小调中找资料，慢慢形成一种新的体裁，称之为曲。

同时，北宋末年，金人入主中原，接着，蒙古民族南下，胡调番曲大量输入，琵琶、胡琴也相继引入，混合着原来民间的歌谣小调，形成一种新的诗歌形式，取代了逐渐僵化的宋词。

曲形成的另一个因素是，中国自唐朝以后，人口集中的大型城市相继形成，民间说唱艺术日益活泼繁荣，宋朝的说唱艺术不但风靡全国，而且深入农村。到了元朝，商业与手工业发达，人们更需要娱乐，说唱艺术不能不推陈出新，以满足大众的口味。

所谓元曲，其实包含两个部分，一是散曲，一是杂剧，两者大不相同，前者可以说是元代的新诗，单纯的诗歌。后者是元代的歌剧，除了有曲文，还要有动作、对白，有一个完完整整的故事，是可以上演的。

元曲大家多半是左手写散曲，右手写杂剧，十分能干。这些名家的生平故事，我们留待讲一出出有趣杂剧时再详细说，这一篇只介绍散曲本身，相信也是许多读者乐于知道的。

散曲在形式上，虽然与宋词一般，都是长短句（诗则为相同字数，例如五言律诗、七言律诗），也都是在不整齐之中，形成整齐与规律。

但是，曲又比词自由活泼许多，有长二三十字者。例如关汉卿形容自己的倔脾气："我却是蒸不烂、煮不熟、捶不扁、炒不爆、响当当一粒铜豌豆。"长长的一大串儿，在中国最为讲究格律限制的诗词里，可是从未有过的现象，给予创作者极大的便利。

此外，散曲又有另外再加上衬字的方便，就是在原来格式之外，又自由地添些文字，可以淋漓尽致地表达情意，请看下面的例子，字体略小的部分就是衬字，衬字的使用，使得相同的曲牌，同样的句数，却有不同的字数。

体态是二十年挑剔就的温柔，姻缘是五百载该拨下的配偶，脸儿有一千般说不尽的风流。

这一句是描写王昭君的美貌，多了几个衬字，看起来更为生动。

曲还有一个特色，就是浓厚的写实性。中国的诗词都是含蓄典雅的，让读者猜了又猜，还是猜不透真正的含意。

曲就不一样了，有些典雅的题材，固然庄重严肃，却也有低俗的题材，表现出嘲笑戏谑（xuè），甚且有大胆得让人看了脸红的，因此，曲描写的范围比较广，也较为逼真。

以下，我们介绍几首著名的散曲。

天净沙·秋思　马致远

枯藤老树昏鸦，
小桥流水人家。
古道西风瘦马。
夕阳西下，
断肠人在天涯。

这首《天净沙·秋思》可说是元曲中的绝唱，看过的人没有不夸奖的，它点出了萧瑟落拓的意味，好像让读者看到奔波的游子，在秋凉薄暮中，踽（jǔ）踽独行……

塞鸿秋·村夫饮　无名氏

宾也醉主也醉仆也醉，
唱一会舞一会笑一会，
管甚么三十岁五十岁八十岁。
你也跪他也跪恁也跪，
无甚繁弦急管催，
吃到红轮日西坠，
打的那盘也碎碟也碎碗也碎。

古代农村，农夫终年辛劳，没有什么娱乐，难得有一次欢乐的宴聚，闹得东倒西歪，把碗碟打得稀里哗啦，十分有趣。

四块玉·闲适（其四）　关汉卿

南亩耕，
东山卧。
世态人情经历多，

闲将往事思量过，
贤的是他，
愚的是我，
争甚么！

以上几首曲，都是简简单单，却又含意深刻，平常的口语，若是用在诗词之中，便觉得不自然，而用在曲中便觉得活泼美丽，情趣横生，中国文学的宝藏实在是相当丰富。

杂剧大师关汉卿

在上一回中，我们说到，元曲包含两个部分，一是散曲，一是杂剧，散曲可以说是元代的新诗，杂剧是元代的歌剧。

杂剧可分为三个部分：歌曲、宾白与科。

元剧中的歌曲，多半由一个人独唱，其他演员只有对白，例如《汉宫秋》之中，歌唱全由汉元帝担任，王昭君一句也没得唱，十分奇怪。

负起歌唱责任者，大半为剧中的要角，或“末”或“旦”，所以有末本、旦本之称，末是戏剧中扮演老人的角色，旦则是剧中扮演妇女的角色。

宾白就是台词，宾是对话，白是独白，杂剧之中，往往都有很长的说白，并且在那些对话之中，把人物的个性情绪表现得非常活跃。

元剧之中，表演动作的叫作科，凡是动作，都有记载，例如某某哭科，某某睡科，某某醉科，十分有意思。

杂剧风行，除了剧本之外，还要有演员、剧场、服装、道具以及大量的观众，这一切都必须在经济发达、资本雄厚的城市才能发展。

元朝的大都（北京）正是符合这些条件的国际都市，我们在介绍《马可·波罗游记》之中，曾经讲到，“当时每日商旅及外侨往来者，难以数计，此间之富裕，及所用之珍奇宝货，为世界上其他城市所无”。

当时到大都的洋人，虽然不通汉文，照样可以进剧场，看热闹，由于观光客的大批涌入，也带动了杂剧的兴盛。

元人戏剧中各种角色，山西省洪洞县广胜寺明应灵王殿壁画。

再说，元朝的文坛，处于一个最自由放任的时代，唐宋以来文以载道的思想早被扔到一旁，蒙古民族凶强好战，最爱声色之娱，杂剧也就应运而生。

元朝初年，帝王爱好戏剧，原是承袭了金朝爱好戏剧的风习。据说金熙宗曾经下令，有三件事不准臣下谏诤，那就是欣赏歌舞、施舍僧侣与打猎。

蒙古人喜欢歌舞，连打仗时，君主也携带歌女舞女同行。

因此，蒙古人南下之后，对汉族传统深厚的文化，没法吸收，但是对于妓女优伶、歌舞戏曲，却是大加鼓励提倡，杂剧风行以后，宫廷之内，每逢内宴，必要上演歌舞戏剧，君臣同乐。

既然宫廷喜爱杂剧歌舞，民间自然效法风行，这也引起了一般人学习的兴趣，连经年胼（pián）手胝（zhī）足的农夫，也要想办法省下两百钱，去勾栏看看热闹。有一回，勾栏里人潮汹涌，棚子撑不住，竟然垮了下来，活活压死了四十二人。

又由于女伶们色艺俱全，许多良家子弟往往整日流连，与之恋爱，耽溺其中，最后弄得倾家荡产，因此当时留下不少劝戒子弟勿“游歌酒之肆，登优戏之楼”的文章，更妙的是，杂剧之中如《罗李郎大闹相国寺》中就描述了青年热恋女伶的故事。

元朝杂剧盛行，还有一个很重要的原因，元朝是科举自实行以来规模最小的一朝，过去士子日夜研读诗赋古文，十年寒窗，期待金榜题名，现在英雄无用武之地，而杂剧兴起，正可以抒情怨、写故事，合乎苦闷时代浪漫与忧郁文人的口味，杂剧既有一流优秀人才相继投入，譬如关汉卿等，自然大放异彩。

关汉卿，李斛绘。

关汉卿是元朝最伟大的戏曲作家，也是中国历史上最伟大的剧作家。他的创作力极为充沛，作品超过六十种。比起英国大戏剧家莎士比亚，几乎多出一倍。可惜，现存下来的，只有十余种。

关汉卿多才多艺，是个彻彻底底的风流才子，他在《南吕·一枝花》中，曾经自剖："我玩的是梁园月，饮的是东京酒，赏的是洛阳花，攀的是章台柳。"

所谓章台柳，指的是唐朝韩翃与家姬柳氏的故事，他二人因为安史之乱离散，柳氏出家为尼，韩翃曾经写过一首诗给柳氏："章台柳，章台柳，昔日青青今在否？纵使长条似垂柳，亦应攀折他人手。"

后来，柳氏被番将沙吒利劫夺，韩翃用计救回，终于团圆。后来有人把这个故事写成短篇小说，叫《柳氏传》。《柳氏传》是唐代著名的小说。

关汉卿又说："我也会吟诗，会篆籀（字体）、会弹丝、会品竹。我也会唱鹧鸪（zhè gū），舞垂手，会打围（狩猎）、会蹴鞠（cù jū，踢球）、会围棋、会双陆（赌博），你便是落了我牙，歪了我口，瘸了我腿，折了我手……我也要往烟花路儿上走。"

由此可见，他是日日夜夜泡在剧场中的人，必要时且"躬践排场，面敷粉墨"，自己上台演一角。丰富的人生阅历，加上熟悉的舞台经验，帮助他写下不少动人的剧本。贾仲明称他为："梨园领袖，编剧帅首，杂剧班头。"

《窦娥冤》

关汉卿作品之中，评价最高的，该算是《窦娥冤》了，它被誉为世界最伟大的悲剧，法国、日本都有译本，它的情节是这样的：

在楚州，有一个穷秀才窦天章，虽然饱读诗书，奈何时运不济，考进士科，屡试屡败。窦天章肩不能挑担，手不能提篮，除了诗书，别无才能。不幸，妻子早逝，他带着七岁小女儿窦娥相依为命。

窦秀才向隔壁蔡寡妇借了二十两银子，因为是高利贷，过了一年，连本带利，成为四十两，窦秀才哪儿还得起，只有含泪把小女儿窦娥卖给蔡寡妇，当作童养媳，算是抵了债，只身前往京城赶考，离开了楚州。

窦娥做了十年的童养媳，与蔡寡妇的儿子完婚。窦娥也真命苦，结婚两年，丈夫便去世了，窦娥就在家守寡，和婆婆同住。

话说，城里有一个赛卢医，也向蔡婆婆借了十两银子，连本带利该还二十两银子，蔡婆婆三天两头地催讨，赛卢医被债逼急了，一不做二不休，骗蔡婆婆一块赴钱庄取钱，半途下手，要勒死蔡婆婆。

正在千钧一发的时候，闪出张驴儿父子，把蔡婆婆搭救了，这张驴儿可不是什么侠义之士，他是个心狠手辣的流氓，他恶声恶气地问蔡婆婆："你是哪儿人氏？家中还有什么人？"

蔡婆婆满怀感激地回答："家中别无他人，只有守寡的儿媳妇。"

张驴儿一听，立刻喜上眉梢，对张老头说："爹，干脆你娶了这婆婆，我要了她儿媳妇，岂不两便？”蔡婆婆守了几十年寡，自然不肯。但被张驴儿父子一逼，为了保命，也就半推半就答应了。

蔡婆婆回到家中，把经过说给窦娥听，窦娥一听，婆媳俩要嫁给这对无赖父子，便斩钉截铁地表示：“婆婆，要嫁你自己嫁，我是绝不改嫁的。”

到了晚上，张老头把蔡婆婆推进房去，张驴儿便死皮赖脸要对窦娥动手动脚，被窦娥一把给推开。窦娥独自跑进房间，把门一关，将张驴儿关在门外。

张驴儿站在门外，狠狠地咒骂：“待我害死你婆婆，看你孤单一人，还能逃出我的手掌心？”

第二天，蔡婆婆病了，想要喝羊肠汤，窦娥煮好了汤，张驴儿骗窦娥说要加盐醋，命窦娥去厨房里拿。等窦娥一离开，张驴儿立刻把毒药倒入汤里。

这时，张老头恰好进门，看到窦娥手里端着一碗热腾腾的鲜汤，正要送给蔡婆婆，张老头儿自觉才做新郎，满心欢喜，赶紧叫住了窦娥，接过了碗，亲手端汤，送给蔡婆婆喝，大献殷勤。

谁知，面对羊肠汤，蔡婆婆忽然觉得一阵恶心，不想喝了。

“这么好的汤，不喝多可惜，你不喝，我喝。”张老头说着一口气就把满碗汤喝光。

喝完汤不久，张老头儿感觉腹痛如绞，两眼一黑，一跤跌在地上，不久便一命呜呼了。

张驴儿见毒药害死的，竟是自己的父亲，便一口赖定是窦娥下的毒，除非窦娥就范，否则定要告到官府。没想到，窦娥的骨头也真硬，抵死也不从，于是，张驴儿便向太守告了状。

楚州太守是个糊涂官，不问情由，一口认定窦娥毒死张老头儿，于是下令用刑。

公堂上的衙役们如狼似虎，竹杖和皮鞭对着窦娥猛抽，可怜娇弱的窦娥被打得血肉模糊，昏死过去。

一盆冷水当头泼下，窦娥从昏死中清醒过来，紧接着，竹杖和皮鞭又交叉落下，窦娥连冤枉都来不及唤，牛头马面已经勒住她的脖子，便又昏了过去。

虽然窦娥被打得不成人形，她还是没有屈服，太守见她不肯招，转而要对蔡婆婆用刑，这一手果然厉害，窦娥终于屈服了。

“婆婆啊！”窦娥哭道，“我不怕死，但你不能死，我如果不肯认罪，你会被他们打死的，为了救你，我还是认罪吧！”

于是，糊涂太守就判了窦娥死罪，释放了婆婆。

这是冤狱，可是在古代君主专制政治之下，可怜的百姓，有什么办法伸冤呢？

行刑的日子到了，窦娥被绑赴法场，楚州的老百姓挤满了法场，大家心里都明白窦娥是冤枉的，但谁也救不了窦娥，只有叹息窦娥的命好苦。

跪在法场上，窦娥满心委屈，却没有畏惧，她同监斩官索

冤斩窦娥，明刻版画。

求一匹白布。监斩官有些奇怪，但这是死囚的最后要求，当然不能拒绝，于是命人把一匹白布送到窦娥面前，缓缓展开。

窦娥带着满腔的恨意，注视着监斩官和围观的百姓，用沉重的语调，一字一字地说：“我窦娥含冤莫白，老天爷明察，为了证明我窦娥是冤枉的，请老天爷答应我三件事：第一，刀过头处，我的鲜血要全部飞到白布上，别让鲜血沾到这肮脏的地上。第二，天降三尺白雪，遮掩窦娥尸体。第三，窦娥死后，楚州接连干旱三年，滴雨不降。”

窦娥说完，监斩官一声令下，刽子手手起刀落；说也奇怪，窦娥颈上的鲜血直喷白布，那白布顿时变得鲜红，红得让每个围观者心里发毛。

一阵狂风随之而来，大家抬头一望，原本碧蓝的天空，变成乌云密布，浓黑的云团好像就要压下来一般，紧接着，大雪纷飞，冷风刺骨。

再说窦天章与女儿分别，到京师一举及第，几年后做了大官，一直到十年之后，才奉派回楚州，探望民情。

他回到楚州，见三年不雨，干旱严重，心知必有冤屈。有一天晚上，当他翻阅楚州衙门的公文档案，见到窦娥的案卷，忽然蜡烛闪烁，窦娥冤魂出现，说明冤情，窦天章感叹不已。第二天立刻重审此案，窦娥虽已死，仍然改判无罪，张驴儿伏法，楚州太守受罚，宣判完毕，楚州立刻普降甘霖。

这出戏又名《六月雪》，关汉卿写尽了当时官吏的腐败，为善良的百姓喊冤。虽然这只是一出戏，但是真实的历史中何尝没有相似的故事？

王实甫与《西厢记》

王实甫与关汉卿一样，都是元代蜚（fēi）声艺坛的杰出戏剧家。他的生平不详，只知道名德信，字实甫。然而，一出《西厢记》却使他永垂不朽。

唐朝著名诗人元稹（zhěn）写过一篇传奇小说《会真记》(又名《莺莺传》)，记述他与表妹相恋的故事，由于剧中男主角张生，就是作者自己，所以写来格外缠绵动人。

到了北宋，说唱文学十分发达，金朝时，董解元将《会真记》的故事加以渲染，而写成《西厢记诸宫调》，变成一种诸宫调形式的说唱文学。《西厢记诸宫调》又称《董西厢》。到了元代，王实甫以《董西厢》为蓝本，加上自己的想象力，写成了哀怨动人的杂剧《西厢记》，也使得张生与崔莺莺成为青年男女心目中追求爱情的典型代表。

王实甫的《西厢记》是一出杂剧，全名是《崔莺莺待月西厢记》。

《西厢记》的内容，大概是这样的：

书生张君瑞是一个姿容秀雅，风流倜傥的才子，先人拜礼部尚书，书剑飘零，功名未遂，游于四方，由于秉性孤傲，眼界甚高，因此到了二十三岁，仍然没有娶妻。

有一天，张生到蒲州的普救寺游玩，一来瞻仰佛像，二来拜谒长老。无意之间，在庙里见到一位绝色佳人，他顿时觉得“眼花缭乱口难言，灵魂儿飞在半天”。尤其她临去秋波那一转，张生简直如醉如痴。

庙里的和尚告诉张生，已故崔相国夫人与女儿莺莺常寄住在此，那位天姿国色的佳人便是崔小姐，并且警告张生不可造次。

“师父，”张生对普救寺的住持说，“我也想在贵寺暂住几天，早晚温习经史，可否请师父行个方便。”

住持看张生温文儒雅，便答应张生暂住在庙里的西厢。

隔天，张生等着俏红娘出来，深深一作揖道：“小生姓张，名珙（gǒng），字君瑞，本贯西洛人也，年二十三岁，正月十七日子时建生，并不曾娶妻。”

俏红娘啐（cuì）了张生一口道：“谁问你来？”

张生又接着问：“小娘子莫非莺莺小姐的侍女吗？小姐常出来吗？”

莺莺遇张生，明刻版画。

红娘回去对小姐说：“姐姐，我不知他想什么哩？世上竟有这等傻角？”

莺莺抿着嘴笑道：“红娘，休对夫人说。”

当天晚上，月明如画，张生信步走到莺莺所住厢房外的走廊上，独自吟了一首诗：“月色溶溶夜，花阴寂寂春，如何临皓魄，不见月中人。”

这时，只听“呀”的一声，厢房门开了，出来的正是千娇百媚的莺莺小姐，她袅袅婷婷对着明月，也依韵吟了一首诗：“兰闺久寂寞，无事度芳春，料得行吟者，应怜长叹人。”

张生一见崔莺莺，真是喜

出望外，立刻迈步向前，作了一个长揖，正要说话，却被莺莺的婢女红娘喝住，莺莺也羞得低下头，退回庙里去了。

望着莺莺的背影，张生呆立在原地，半天动也不动，到了半夜，才勉强回房，躺在床上，却总是睡不着，从此朝思暮想，眼前全是莺莺的倩影。

有一天夜晚，张生与庙里的住持正在谈禅，红娘走了过来，对住持说："夫人明天要为相国做佛事，请师父准备一下。"

红娘一走，张生立刻央求住持，明天也要为已故的父亲，做一场超度的功德，并且拿出铜钱五千，作为酬劳，住持看张生出手大方，也就满口答应了。

第二天，当崔莺莺随同母亲到佛堂去上香叩拜的时候，忽然发现张生竟然也在佛堂上，真是既欢喜又害羞，不时用眼角瞟一瞟张生，张生那俊秀的面貌和优雅的气度，让莺莺的心跳不断加快。

"这是什么人？"老夫人不高兴地问住持。

"他是张君瑞，"住持说，"也寄住在本寺，今天他也为他的亡父做佛事，请老夫人多多包涵。"

忽然，一个小和尚慌慌张张跑来："大事不妙！"

原来蒲州守将的部下孙飞虎叛变，带领叛兵，把普救寺团团围住，声称要强娶国色天香的崔莺莺小姐为妻。

张生命莽和尚出寺搬兵救莺莺，明代版画。

老夫人一听，吓得几乎昏倒，崔莺莺也急得要寻死以保清白。

“老夫人别怕，我自有退敌之计。”张生走到老夫人面前说。

“真的吗？”老夫人睁大眼睛望着张生，像在狂涛巨浪中忽然抓到一块木板，“张相公，如果你真能退去贼兵，我一定把莺莺许配给你。”

张君瑞听到老夫人的话，兴奋得几乎跳起来，立刻要住持准备纸和笔。

大家都用怀疑的眼光看着这文弱书生，真不知道他用什么法子，打退孙飞虎。

张君瑞用最快的速度写了一封信，然后对住持说：“我有一个好友名叫杜确，人称白马将军，驻扎在离此不远之地，请师父派一个身手矫捷的人，把这封信送去，他一定会来救援，但白马将军也要两三天才能赶来，所以请师父去对孙飞虎说，崔小姐有孝服在身，要三天后才能出庙，请孙飞虎不要立刻攻进庙来，否则，崔小姐一定自杀。”

于是住持马上选了一位年轻力壮的和尚从后山偷偷溜出寺去，向白马将军求援。另外一方面，住持又向孙飞虎说三天后送崔小姐出庙。孙飞虎一听崔小姐答应嫁给自己，十分高兴，认为要求三天的期限也很合理，便停止攻打普救寺，只是把庙团团围住。

拷红娘

张生在普救寺巧遇崔莺莺，惊为天人。正巧普救寺被叛将孙飞虎团团围住，孙飞虎想要强娶崔莺莺，张生写信向白马将军求援，崔母答应，若是兵退，将把莺莺许配给张生……

孙飞虎答应暂缓三天，等崔莺莺孝期过后完婚。到了第三天，孙飞虎正准备迎接崔小姐，不料却来了一支人马，那就是白马将军带了部众到普救寺，白马将军武艺高强，把孙飞虎打得抱头鼠窜。

当天晚上，老夫人设下庆功宴，邀张生和莺莺共餐，张生喜滋滋以为老夫人要谈结婚的日期，不料老夫人在席间突然对莺莺说："莺莺，快拜张相公为哥哥。"

"哥哥？"张生以为自己酒醉听错了话，"老夫人不是答应把莺莺小姐许配给我为妻？"

老夫人脸色凝重地说道："莺莺自幼已许配给她的表兄郑恒了。"

这明明是老夫人在赖婚，张生顿时头昏耳鸣，他不知道崔夫人和莺莺是如何走的，不知道自己是怎么回房的。于是，张生病倒了。

整个事情的过程，红娘都看在眼里，她实在不忍心看到可怜的张生卧床生相思病。

有一天，红娘对张生说："我家小姐最爱听琴，你如果用琴打动她的芳心，或许还有希望。"

当天晚上，张生便在庙外弹起琴来，他弹的是司马相如的《凤求凰》，幽怨的琴声果然引来了莺莺。但莺莺因为母亲的警告，不敢去和张生见面。红娘在一旁观看莺莺的表情，知道莺莺对张生是动了真情，便悄悄拿出一张事先准备好的字条，那是张生写的一首情诗，莺莺看完情诗，心里有甜蜜蜜的滋味，但脸上却装出生气的样子，骂红娘道："这种鬼东西怎么可以拿来给我？"

"小姐，别生气，我去骂他！"红娘狐疑地望着莺莺。

"算了，我写几个字去教训他。"莺莺说着，便提笔写字。

红娘不识字，不懂莺莺写的是什么，便送去给张生，张生一看，莺莺写的是一首诗："待月西厢下，迎风户半开。隔墙花影动，疑是玉人来。"张生大喜过望，这一天正是十五月明之夜，莫非莺莺暗示要与他约会？

窥简，明陈洪绶绘。

好不容易熬到月上柳梢头，张生来到花园外，却不见莺莺小姐的踪影。于是，张生壮起胆，翻身爬过矮墙，果然见到莺莺，正要上前说一些爱慕的话，却不料莺莺义正辞严地教训张生，不可违背礼仪。

拷红娘，明刻版画。

张生被训了一顿，哑口无言，只得闷闷回房，从此情思恍惚，茶饭不思，终于病倒在床，奄奄一息。

崔莺莺听说张生生病，心又软了，派红娘拿了药方子去，药方子上写的是晚上来相会，张生一见药方，立刻霍然而愈。

可是到了晚上，莺莺左思右想，总觉得不妥，又害羞起来，不肯赴约。红娘很了解莺莺的矛盾心理，再三催促莺莺赴约，莺莺在半推半就下，便悄悄去探望张生。从此，莺莺天天夜晚都去会晤张生。

过了半年多，张生与莺莺的幽会，终于被老夫人知道了，老夫人大怒，叫来红娘，怒气冲冲地责问道："老实说来就饶了你，不然我就打死你这个贱人。"

红娘见老夫人的神情，知道瞒也没有用，便老实地招了。

“这都是你这贱人惹的。”老夫人骂道。

“这不是张生、小姐和红娘之罪，乃是老夫人的过错。”红娘答辩着。

“怎么，你竟说是我的过错？”老夫人瞪着红娘。

红娘直起了腰，壮起胆子回答道：“古人说：‘人而无信，不知其可也。’当时孙飞虎包围普救寺，夫人亲口答应只要张生能退去贼兵，便把小姐嫁给他。等到兵退，夫人却自食其言，这岂不是失信？既然夫人不肯让他们成婚，就该用金钱酬谢张生，要张生离开，但夫人却没这样做，反而要他们结为兄妹，同住在一个大门内，焉能不日久生情，这是老夫人您自己的疏忽啊！现在老夫人如果把事情张扬出去，一来会侮辱崔家的声誉，二来张生日后飞黄腾达，岂肯忍受老夫人恩将仇报的行为，如果打起官司来，老夫人也会得一个治家不严之罪。如果官府细加审问，就会指责老夫人背义而忘恩，岂不是玷（diàn）污了老夫人贤德之名吗？请老夫人得放手处且放手，何必苦苦追究？”

听了红娘的一大段话，老夫人的怒火熄了，叹了一口气说：“你这小贱人说得也有道理，谁教我养了这个不肖之女，好吧，你把张生唤来。”

张生随着红娘来到老夫人面前，吓得脸无人色。老夫人铁青着脸说道：“张生，你的事我已经知道，我答应把莺莺嫁给你，但是我崔家不招白衣（没有官职）的女婿，你明天便上京去应考，考得上，再回来完婚，如果考不上，也就别回来见我了。”

张生听说老夫人答允了婚事，立刻转忧为喜，赶紧回去准备行囊。第二天，老夫人和莺莺送张生到长亭，殷殷话别，声声珍重，张生便单身入京去了。

《西厢记》与中国爱情小说

崔老夫人知道了莺莺与张生的恋情，她也答应二人成婚。只是有一个条件，崔家不招白衣，张生必须赴京赶考，求取功名。

张生到了京师，赶上考期，得中头名状元。这时，张生离开崔莺莺已半年多了，古代通信十分不便，所以张生也就没有给莺莺写过信。可是心里却是十分惦记着莺莺，既然考取了进士，这是好消息，便在旅馆里写了一封信，命琴童连夜赶到河中府崔家送信。

崔莺莺自从送走张生以后，朝思暮想，人也消瘦了。这一天，莺莺正在发呆，忽然红娘跑了进来，笑着说："小姐，大喜大喜，张相公得了官啦!"

莺莺见红娘疯疯癫癫的样子，便骂道："你这小妮子，看我心里闷，跑来哄我，干嘛！"

"不是我哄你，琴童在外面，你可以叫他来问。"红娘边说边把琴童叫了进来。

看到琴童，莺莺尽量把声音装得很平静说："你几时离京，来这儿有什么事？"

"我离京一个多月了，相公要我带封信来。"说着，便把信交给莺莺。

莺莺接过信，正要拆开，眼泪再也忍不住夺眶而出。张生的信一来是报平安，说明自己已经考中状元，不久就可以派任官职，同时表达自己对莺莺的思念之情，最后附了一首七言情诗："玉京仙府探花郎，寄语蒲东窈窕娘。指日拜恩衣昼锦，定须休作倚门妆。”这首诗写得并不好，但告诉了莺莺不要挂心，自己一旦做了官，就会回来和莺莺团聚的。

莺莺看了张生的信，感动万分，便命红娘拿来笔砚，立刻写了一封回信，信末也回了一首诗：“阑干倚遍盼才郎，莫恋宸（chén）京黄四娘。病里得书知中甲，窗前揽镜试新妆。”这首诗是说莺莺一直倚着栏杆，盼着张生早归，希望张生不要迷恋京城里漂亮的女人；莺莺在生病时收到张生的信，知道张生中了状元，病就不药而愈，坐在窗前化起妆来，等候着张生。

琴童报喜讯，明刻版画。

琴童带着莺莺的信，又急忙赶回京师，呈给张生。张生接过书信，一看信封的字似被水渍，张生知道那一定是莺莺的眼泪，拆开信封，见莺莺的信文辞清雅，一片相思之情跃于纸上，而莺莺的书法又是那么秀丽，让张生又爱又敬，不觉自叹道：“佳人才思，莺莺世间无二。”于是，更加归心似箭了。

不久，皇帝任命张生为河中府尹，张生立刻上任。

话分两头，且说老夫人的侄儿郑恒听

说未婚妻崔莺莺被许配给张君瑞，心中十分不满，便带了家丁来到河中府，命人先把红娘找来问话。

红娘见到郑恒，便把老夫人许婚张生的事情缘由告诉郑恒，红娘说：“你也别生气，孙飞虎围普救寺的时候，你在哪里？如果没有张生，小姐早就死了，你娶谁去？”

“我不管，反正是姑父生前答应的婚事。”郑恒很不服气，忽然心生一计，“对了，张君瑞中了状元，正在游街，卫尚书的女儿在彩楼抛绣球招亲，绣球打中张生，卫尚书便把张生招为女婿，这是我亲眼看见的。”

“有这种事？我不信！”红娘摇摇头。

“不管你信不信，我明天派人带礼去见姑妈，准备迎亲。”郑恒说。

红娘回府，把郑恒的话告诉老夫人，老夫人大怒，痛骂张生没有良心，并且决定把莺莺嫁给郑恒。

第二天一早，张君瑞赶到河中府，来不及到官府上任，便先到了崔家，老夫人一见张生便怒不可遏，并把张生赶出去。张生莫名其妙，急忙问是怎么回事。

“你不是卫尚书的女婿吗？干什么跑到这里来，快出去！”老夫人下逐客令。

“我不是卫尚书的女婿。”张生急着分辩。

这时白马将军杜确正好赶到崔府，一见张生，大声叫道：“兄弟，我到衙门找你，你不在，我知道你一定在这里，所以赶了过来，向你贺双喜临门。”

“什么双喜临门？”张生望着杜确说。

“一是新官上任，一是当新郎官啊！”

“得啦！”张生叹了一口气，“老夫人说我做了卫尚书的女婿，所以不肯把莺莺小姐嫁给我。”

“谁说有这回事？”杜确问老夫人。

“郑恒说的。”老夫人回答道。

正巧这时郑恒进了门，杜确一把拉住郑恒说："你说张君瑞做了卫尚书的女婿，你在撒谎，破坏别人的家庭，来人啊，把这个家伙拿下，我要奏明圣上，杀了这贼子。"

"别抓，我自愿退亲，把婚事让给张生。"郑恒哀求道。

老夫人一看侄儿承认说了谎，气也就消了，便对杜确说："饶了他吧，赶他出去算了。"郑恒又羞又愧，走到庭院，一头撞向大树，立刻脑浆迸裂而死。于是，张生与莺莺终于结成夫妇。

以上是《西厢记》的故事。其实，元稹对表妹是始乱终弃，悲剧收场，但是王实甫把它改为大团圆的结局，比较合乎中国观众的口味。

《西厢记》中的曲词，美不胜收，写初见、写相思、写矛盾、写苦闷、写幽会的浪漫、写别离的哀怨，无不丝丝入扣，极能吸引观众。

中国的戏曲小说，写到男女恋史，往往是惊艳之后，一见钟情，共订白首之盟，完全不描写心理状态，《西厢记》是极难得的描写心理状态的作品。

《西厢记》故事细密曲折，情节感人。清代著名文学批评家金圣叹曾经举出《庄子》《离骚》《史记》《杜工部集》《水浒传》与《西厢记》为六大才子书，意思是说这六部作品都出于才华盖世的人之手。此外，由于《西厢记》，红娘二字也成为媒人的代名词。

马致远与《汉宫秋》

马致远是元代散曲的大家，他以细腻的笔法，浪漫的作风，成就他在散曲中独创的意境。

关于他的生平，很可惜，我们所知有限，只晓得他曾任过江浙省务提举，四十岁以后参加书会，过着退休自在的生活，《汉宫秋》则是马致远的代表作，记述的是王昭君和番的故事。《汉宫秋》的故事是这样的：

汉元帝即位以后，后宫嫔妃虽多，但个个相貌平常，毫不起眼，元帝心中时常愁闷不乐。

画工毛延寿，为人百般巧诈，一味谄（chǎn）媚，哄得皇帝十分欢喜。有一天，他又劝元帝道："乡下的田舍翁多收了十斛麦，尚且要多娶一个妇人，何况陛下贵为天子，富有四海，应当遍行天下，挑选十五岁以上、二十岁以下容貌端正的美女充实后宫啊。"

元帝被毛延寿说得心痒痒的，便吩咐道："卿说得有理，我现在任命你为选择使，到各地去挑选美人儿，一一画在图上，朕就按图挑选。"

毛延寿领了肥缺，立刻开始选美的旅程，凡是被他选中的女子，无论是欢天喜地，或者哭哭啼啼，少不得都奉上一份厚礼。因为古代没有照片，这些女子入宫之后，能不能见到皇帝一面，完全操纵在毛延寿的画笔之中。

他一路寻来，一共选了九十九名女子，都是中上之姿，没有特别出色的美人儿，心中十分着急。虽然所得贿赂不少，总要找几个绝色佳人，才能讨皇帝的欢喜。到了成都，听人说，此地王长之女王嫱（qiáng），字昭君，生得艳丽绝伦，貌似天仙。毛延寿一看，果然美得惊人，让人舍不得把目光从她脸蛋上移开。

毛延寿大喜，暗示王长只要孝敬一点儿，他一定把王昭君选为第一，并且向皇上极力推荐。

谁料王长一口回绝了毛延寿，只是推说："家道清贫拿不出。"而且言语之间，对王昭君的美色有十分的把握，用不着毛延寿出力。

毛延寿恼羞成怒，本来想把王昭君自名单中剔除，转念一想，又换了一个更毒的念头，他拿起画笔，在昭君的画像上弄了点破绽，美人变成了丑八怪，他满意地笑着："凭这张画，必然发入冷宫，受苦一世。"

果然，王昭君入宫以后，退居永巷（永巷是汉宫中的长巷，是幽禁嫔妃、宫女的地方）。整整十年之间，冷冷清清，从来没见过皇帝一面。每当夜深人静，寂寞凄凉，悲从中来，昭君往往弹一曲琵琶自遣。

有天夜晚，汉元帝闲来无聊，到处逛逛，忽然远远听到呜咽的琵琶声，十分好奇，对身旁的小宦官说："你看见哪一宫的宫女弹琵琶，传旨去要她来见驾，不要惊吓了她。"

昭君一出现，元帝便倒抽一口气，真是容貌端丽，明艳照人，美得让人不敢逼视，他怀疑地问："看卿这等体态，如何不得近幸？"

王昭君说出毛延寿索求金银不遂，故意把她画丑之事。元帝立刻命小宦官拿出图画来看，果然好端端一个美人儿，眼睛被点了破绽，气得命人将毛延寿斩首，同时封昭君为明妃，宠爱有加。

毛延寿得知事情败露，连夜投奔匈奴呼韩邪单于，并将昭君的美人图献给单于，毛延寿道："我汉朝西宫美人王昭君，天姿绝色，从前大王遣使向汉朝求公主时，昭君情愿下嫁，汉王却舍不得，我再三劝汉王，岂可重女色而失却两国的友好关系，汉王大怒，便要杀我，因此我带这张美人图前来献给大王。"

单于打开画卷一看，当即爱上了画中的美人，他叹息道："世间哪有如此女子，若能得她做阏氏（yān zhī，匈奴君长之妻），于愿足矣。”

于是，单于立刻写信给元帝，指名要王昭君和亲，否则“不日南侵，随地打猎”。

元帝本是个昏君，自从得了昭君以后，如醉如痴，从此君王不早朝，在《汉宫秋》里，元帝有一段戏词，形容他自己对王昭君的迷恋：“体态是二十年挑剔就的温柔，姻缘是五百载该拨下的配偶，脸儿有一千般说不尽的风流，寡人……见她一面得长寿。”

因此，元帝听说单于的要求，真是急坏了，他斥责道：“我养军千日，用军一时，空有满朝文武，都是些畏刀避箭的，倒教娘娘去和番，那以后也不用文武，只凭佳人平定天下便了。”

正在举棋不定之时，昭君挺身而出道：“妾蒙陛下厚恩，当效一死，情愿和番，得息刀兵，亦可名留青史，但是妾怎舍得与陛下诀别。”说着，泣不成声。

元帝也鼻酸道：“朕也舍不得卿……”

虽然万分不舍，但汉兵打不过匈奴，元帝也知道情况严重，便只

昭君离去，元帝愁肠百结，明黄吉甫镌刻。

有亲出灞桥，为明妃送行。离别时，王昭君哭泣道："妾这一去，何时再得见陛下？待我把汉家衣服都留下，这正是，今日汉宫人，明朝胡地妾，忍着主衣裳，为人作春色。"

元帝送别了昭君，伤心地自言自语："呀，不思量除非是铁心肠，铁心肠也愁泪滴千行。"

昭君到了匈奴与汉交界处，她对来迎亲的单于说："大王，借一杯酒，望南浇奠，辞别汉家。"趁着奠酒之际，昭君跳江自尽，单于抢救不及，痛惜万分，就把昭君葬在江边，名为"青冢（zhǒng）"。想想人也死了，枉与汉朝结了仇，这都是毛延寿惹的祸，便把毛解送回汉朝，交给汉朝处理，两国依然交好。毛延寿被押解回朝，元帝命斩其首以祭奠昭君。

以上是根据马致远《汉宫秋》所写的故事。真实的情形是：好色的汉元帝的确命画工毛延寿，把宫女的相貌画下来，供他挑选之用，王昭君没有打点毛延寿，就被画成丑八怪；后来，匈奴找汉朝要美人儿，元帝故意挑了一个最难看的，那就是王昭君；临行之前，元帝召见，才讶然发现王昭君竟然是最美的，悔恨不已，一气之下，把毛延寿给杀了。王昭君既未弹琵琶，也没有跳河自杀，而且还在匈奴生儿育女。

少为人知的王昭君传说

自从马致远的《汉宫秋》完成以后，王昭君的故事更为广泛流传，赚取人们不少的眼泪。

事实上，远在唐朝，大诗人白居易就曾经路过王昭君的故乡，看到乡人因为怕女孩儿生得太漂亮，红颜薄命，将来遭到王昭君同样的命运，竟然把小女孩的脸蛋烧灼毁容，使之变成丑八怪。白居易感叹之余，写了一首诗：

妍姿化已久，但有村名存。
村中有遗老，指点为我言。
不取往者戒，恐贻来者冤。
至今村女面，烧灼成瘢（bān）痕。

白居易走在昭君村，见来来往往的青春少女，一个一个脸上瘢瘢痕痕，看着可怖，心中实在是无比凄凉。

但是，说来也奇怪，人们传统印象之中，心欲碎，魂欲断，弹着琵琶唱哀歌的王昭君，这些年来，在内蒙古及湖北电视台拍摄的王昭君电视剧中，摇身一变，成为英雄人物，十分有意思。今天，我们来谈一些塞外传说的王昭君故事，读者想必有兴趣。

据说，王昭君原是天上一位美丽非凡的仙女。玉皇大帝见人间汉族与匈奴打得不可开交，便派王昭君翩然下凡，承担和解的任务。

当王昭君仙女下凡之时，匈奴单于欣喜地自漠北远道相迎，两人一见面便情投意合，双双来到黑水边上，忽然狂风怒吼，飞沙走石，不能行进。王昭君气定神闲，缓缓下马，弹起琵琶。

说也奇怪，顿时之间彩霞满天，祥云围绕，大地冰雪融化，万物复苏，野花遍地，到处长出鲜艳翠绿的嫩草，还飞来无数的百灵鸟、布谷、喜鹊绕着单于与昭君打转儿，形成一幅绝美的百鸟朝凤图。

单于大喜过望，他带着人民与昭君，便在黑水边住下。

后来，他二人走遍了阴山南北，昭君走到哪儿，哪儿便形成了绿洲。

昭君出塞，明仇英绘。

大漠多旱，没关系，只要王昭君抱起琵琶，纤纤玉手一拨，大珠小珠落玉盘，顷刻之间，地上出现潺（chán）潺的河流，碧绿的青草，人民乐得手舞足蹈。

王昭君还随身携带一个漂亮的锦囊，她表演一曲《天女散花》，地上立刻铺满了种子，她再从袋子里拿出一把金剪，用羊皮剪成了车子、牛、羊、马，轻轻放在地上，一会儿，大漠里开始有成队的牛群马群。

大家都喜欢王昭君，敬爱王昭君。有一天晚上，青天霹雳，地上闪过一片红光，接着是轰轰隆隆的巨响。

第二天早上，地上隆起一个小小尖尖的土山，上面飘浮着五彩的浮云，人们发现，王昭君不见了，她完成人间的任务，又潇洒地飞回天上。大家为了纪念王昭君，就把这个小土山称为“昭君坟”，就在今天的内蒙古呼和浩特。

以上是流传在塞外的有关王昭君的故事。

此外，湖北与四川接壤的兴山县宝坪乡，又名昭君村，据说是王昭君的故乡，流传着许多美丽的故事。

由于王昭君十分虔诚，日夜祈祷，感动了天上神明，此地原是一片荒芜，竟然变成一年可以收成三次的沃土，村民大乐，把这块土地更名为宝坪村，又为了感念王昭君，所以也称为昭君村。

昭君是八月十五中秋夜出生的，奇怪的是，她生下来就喜欢看月亮，一看就是半天，她父母为了宠爱掌上明珠，为她起了一栋大楼，称之为“望月楼”。

自此以后，千百年来，村民都会到“望月楼”附近，举头望明月，低头思昭君。

王昭君多才多艺，擅长女红，有一天，她心血来潮，想要绣一只凤凰，她为了设计鲜活的背景，每天清晨，跑到高台上，对着日出发怔，然后低下头来飞针走线。昭君是绝色美女，她要看风景，做针线，倒有许多人把她低头绣花的美态当风景来欣赏。

于是，“妃台晓日”（王昭君被封为明妃）就成为兴山的名胜古迹之一了。

王昭君还擅长养鸽子，她派了一百只鸽子，自远方衔来一百颗种子，这些种子撒在地上，过了一百天，长成了玉蜀黍，不但早熟而且特别好吃，村民们把这种玉蜀黍命名为“百日还香”。

由于王昭君是七月十五日子时奉圣旨入京的，村人为了纪念王昭君，每年七月十五日子时，大大小小，成群结队，敲锣打鼓，表示为昭君送行。

小孩子们手提纸糊花灯，沿街游行，并且跳到香溪河中游泳，来纪念王昭君。

香溪河中，还有一段故事。

有个少女，名叫桃花，曾经受过王昭君的恩惠，她为了怀念昭君，投水而死，死后成为香溪河中的特产“桃花鱼”。

还有一说是，桃花舍不得昭君姐姐，因此当七月十五日子时昭君入宫时，桃花一路苦苦地追赶，沿着香溪，跑了一程又一程，凡是桃花跑过的地方，一路上开遍了桃花。

桃花的花瓣，和着王昭君悠扬动听的琵琶，浮荡在水面，变成一尾一尾的游鱼。

以后，人们称此为桃花鱼，每年，当桃花盛开之时，桃花鱼大批出现在水面，当桃花谢了，桃花鱼又消失得无影无踪。

自此，王昭君的传说，变得浪漫又多彩多姿。

王昭君与昭君墓

在上篇，我们说过，王昭君故乡的风俗：父母由于担心女儿长大，过于美艳，落得悲剧下场，因此事先将其毁容，用火把脸烧烂，十分凄惨。

但是，随着一则接一则，新的昭君传说出笼之后，昭君村这风俗也有了变化。虽然没有“不重生男重生女”，但是，女子怀孕之后，一定先到绣鞋洞去抛石子，据说绣鞋洞中，留有王昭君穿过的一双鞋，做父母的，希望昭君显灵，让他们的小孩儿，也能生得秀丽动人。

也许，这也是一种新的胎教吧，至少，王昭君从被迫嫁给外族的可怜人儿，改变形象，成为促进汉民族与匈奴民族关系友好发展的伟大功臣。事实上，我们知道，王昭君当时并没有思念汉皇，饮恨投河，她嫁到了匈奴，单于死后，又改嫁给单于之子。从许多内蒙古的传说看来，王昭君在当地颇有人望，日子过得也还不坏。

内蒙古的许多传说，就更有趣了。

据说，蒙古女人过去没有搽（chá）粉的习惯，只是把家中的墙壁刷得粉白，用亮亮的光，照得妇女们满脸生辉。

这倒是可能的，我们以前说过，蒙古人喜欢的男孩女孩，都是“脸上有光，目中有火”，也就是具有健康美的，事实上，大漠里，日晒雨淋风吹雨打，也不可能保养白白嫩嫩的皮肤。

当然，她们也没有汉人讲的“一白遮三丑”的审美观，倒是颇像今天流行的，晒成古铜色的健美肤色。

王昭君嫁到匈奴，为了讨好妇女，把自己带来的香粉给她们搽，谁知她们不领情，也不喜欢把脸涂得白白的。

王昭君的皮肤是又白又细，吹弹可破，她好心帮蒙古妇女化化妆，打扮打扮，遮盖一下晒得粗粗黑黑的皮肤，但是蒙古妇女们主张“自然就是美”，对化妆品没兴趣。她们倒是很懊恼，刷墙的白粉，原来是产于胭脂山，但是胭脂山被战火摧毁了，没法使用，缺少了白墙壁，映照不出妇女们红扑扑的好脸色，没法显现“脸上有光，目中有火”的神采，这才是北地女子最伤心的事。

昭君出塞，明黄吉甫镌刻。

王昭君为了勾起妇女对香粉的兴趣，把粉藏在过去的胭脂山，对她们说：“听说那儿有好东西，快去找找看。”

不料，昭君这一设计，竟奇迹似的使胭脂山又产白粉球，妇女们好高兴地把粉球搬回家，喜滋滋地刷墙壁，她们还是坚持她们的审美观。

再说，王昭君与单于在行结婚大典之前，在黑河上筑起一座大桥，让河对岸的汉族也能过来吃喜酒，热闹一番。后来，匈奴与汉族不和，准备动刀枪，说也奇怪，大桥突然倒塌，桥垮了，人过不来，也就化干戈为玉帛，不打了。

王昭君带了种子，教人民播种耕田，可是稻子长到金黄时，就有成群结队的小麻雀飞来，合力把稻子啄光了。

昭君很聪明，她又变出许多小青蛇，当小青蛇站起来时，小小的、青青的、绿绿的，就像稻秆子，麻雀不疑有他，一飞下来，就被青蛇吞到肚子里去了。

小青蛇喂饱了肚皮，也保护了黑河两岸的田，所以人们把小青蛇又称为昭君蛇。

昭君还有本事，点石成石人，专门帮人家办喜事。但是，昭君立下了一个规矩，凡是受了石人帮助的，自己知道就好，不可点明石人的身份，否则，石人就会变回一块石头。

可是，有个凶神爷，是个坏蛋，他听说了这件事，当石人经过时，他故意跑上前去，拆穿了石人的身份，石人立刻变为一尊石像，一动也不动。

村人们很恼恨，从此以后，演变成一个风俗，当村子里有人办喜事时，前去帮忙当招待收礼的，最忌讳有人问姓名，大概是怕自己变为一尊石像吧。

在安徽，流行另一则传说：王昭君在出塞外之时，天上的九天玄女都赶来向她道贺，并且拿出一件亮闪闪的银针衣，送给她当嫁妆，保护她免受风霜侵害。

这件银针衣是一件稀世宝物，衣服上有九千九百九十九根银针，昭君穿上银针衣，果然全身温暖，心中十分感激九天玄女。

后来，单于杀掉了毛延寿，王昭君报了仇，雪了恨，在白洋桥上烧香祷告，九天玄女再度出现，要收回银针衣，不料，九天玄女没拿好，银针衣落入水中，九千九百九十九根银针，就成为九千九百九十九条小银鱼，亮亮闪闪，在河里漂流。这种小银鱼盛产于安徽一带，味道鲜美，十分可口。

由于昭君的传说多，连带的，昭君墓都有不少，不过，最引人注意的是呼和浩特南部的一座，经过了修葺（qì），现在成为著名的昭君墓。

甚且连昭君墓也有不少故事，昭君墓旁边有个昭君庙，在抗日期间，日军占领了内蒙古，日本士兵听说昭君庙里有匹金马，心生歹念，想去把它据为己有，结果每个去的，都不得好死，大家都说，这是王昭君显灵。

总而言之，王昭君的传说，把她变成一个奇女子。历史是祖先，地理是家业，有兴趣的读者何妨一游“昭君墓”“妃台山”，参观“昭君纪念馆”“王昭君新塑像”！

白朴与《梧桐雨》

在元朝杂剧作家之中，白朴是最有古典文学修养的一个。

他的父亲白华是贞祐三年（1215 年）的进士，做到枢密院判官的显要职位，才华横溢。

白朴自幼聪明过人，好学不倦，很早就显露慧根，与白家有通家之好的大诗人元好问，每次到他家，总要把白朴叫到跟前，亲切和蔼（ǎi）地询问："最近又读了哪些诗书？有没有写什么好文章，拿来给元伯伯瞧瞧。"白朴这一年才只有六岁。

白朴就会把早就写好的诗文，又是害羞又是欢喜地拿出来，恭请元好问指正。元好问总是不吝称赞，一一指点，使得白朴更加精神抖擞，努力向学。

元好问对白朴这个小侄儿，不但口头上赞美，甚至赋诗称赞："白朴通家旧，诸郎独汝贤。"意思是说，我们元白两家之中，就数你白朴最优秀。说得白朴好高兴，又不好意思。

在白朴七岁那年，蒙古军队大举南下，仓皇之中全家失散，元好问带着白朴北渡避难。元好问本来就最疼白朴，视其为不可多得的小神童，现在更像对待亲生儿子一般地爱护他，指导他，帮助白朴在文学方面，打下了厚实的基础。

后来，经过千辛万苦，白华找到了白朴，对元好问照顾儿子的心意由衷地感激，曾经赋诗一首："顾我真成丧家犬，赖君曾护落巢儿。"形容白朴就像从巢里翻落下来的小鸟儿，幸亏遇到了元好问搭救。从此，白朴父子便在山西定居下来，专心研究声律之学。

白朴个人境遇一帆风顺，但是国家整个大环境却让他忧愁烦闷。宋朝覆亡，元朝建立，元世祖忽必烈派丞相史天择邀他出来做官，白朴再三推却，并且悄悄把家迁到金陵（南京），他满腔亡国抑郁无从宣泄，于是全力从事戏剧创作，排遣寂寞。

因为有这一层精神打击，所以他选择了杨贵妃魂断马嵬（wéi）驿的故事，写成了《梧桐雨》的剧本。

《梧桐雨》的剧情大要是：张守珪为幽州节度使，押解边将安禄山求见唐玄宗，称安禄山贻误军机当斩，唐明皇不同意，反而授予官职，且问："你肚子这么大，里面有什么东西？"

安禄山回答："惟有一颗赤心而已。"明皇大乐，杨贵妃也喜爱安禄山肥胖有趣，还会跳胡旋舞，玄宗为讨好杨贵妃就说："赏给你做干儿子吧。"

安禄山留在宫中，出入宫闱（wéi），成天与贵妃嬉闹。一天，玄宗听到后宫喧笑声，原来贵妃娘娘在给安禄山做洗儿会，胖墩墩的安禄山被放在澡盆里，好玩极了。后来，安禄山与杨国忠不和，出为范阳节度使，厉兵秣（mò）马，准备进攻长安。

一日新秋，玄宗闲来无事，与杨贵妃在沉香亭旁宴饮，正巧四川遣使臣进贡荔枝，这是杨贵妃最爱吃的水果，贵妃娘娘一乐，随着音乐表演《霓裳羽衣舞》，正在欢娱之时，宰相李林甫慌忙见驾，原来安禄山大军压境，玄宗匆忙带着宫女百官避难。

车行马嵬坡，六军不肯前进，扬言杨国忠误国，要求诛国忠以谢天下，玄宗只得下令杀了杨国忠。众军又要求杀国忠的妹妹杨贵妃，玄宗不忍："请看寡人面饶过她。"但是拗不过军心，只好命高力士引贵妃入佛堂，以白练自缢。

贵妃死后，玄宗日夜思念，听得窗外雨点打在梧桐树上，玄宗唱道：

“原来是滴溜溜绕闲阶败叶飘，疏刺刺刷落叶被西风扫，忽鲁鲁风闪得银灯爆，厮琅琅鸣殿铎（duó），扑簌簌动朱箔……”（这个滴溜溜、疏刺刺、忽鲁鲁、厮琅琅、扑簌簌的文字敲打乐是全剧最高明处。）

唐明皇秋夜思贵妃，明刻版画。

玄宗被雨打梧桐惊醒之后，无奈地唱道：“一会价紧呵，似玉盘中万颗珍珠落；一会价响呵，似玳筵前几簇笙歌闹，一会价清呵，似翠岩头一派寒泉瀑；一会价猛呵，似绣旗下数面征鼙（pí）操。兀的不恼杀人也么哥，兀的不恼杀人也么哥，则被他诸般儿雨声相聒（guō）噪。这雨一阵阵打梧桐叶凋，一点点滴人心碎了，枉着金井银床紧围绕，只好把泼枝叶做柴烧锯倒。”

玄宗听到梧桐夜雨，引发了一大段心事，这一段是杂剧《梧桐雨》中最被推崇之处，处处都创造了文字声响效果，中国文字之美真是魅力无穷。

另外，白朴还写了一出《墙头马上》，也是脍炙人口的名剧。内容是叙述贵公子裴少俊，前往洛阳买花，在外头认识少女李千金，由热恋而结婚，生下一对儿女。少俊怕他做尚书的父亲知道不谅解，把儿女私藏在花园之中。

七年以后，偶然被他父亲发现，勃然大怒，痛骂李千金是妓女，留下儿女，把李千金赶了出去。后来少俊考试及第，做了高官，再回头去找李千金，李千金想到当初的耻辱，不愿意回去。

这时，裴尚书夫妇，带着礼物与孙子们一起来请她回家，李千金恨恨地说："你们以前骂我是娼妓，说我无耻，玷污了你家门楣，现在你儿子做了官，我就变好了吗？其实我也是世家女子，最懂道理，从来也没做过半件不规矩之事，我与你儿子恋爱结婚，也是正正当当的行为。你做尚书大官，不理国家大事，偏要管儿女婚姻，你既然逼儿子休了我，我现在偏不回去！"

最后，还是两个孩子的哭声，唤回了李千金。李千金敢爱敢恨，与崔莺莺的娇羞隐藏，完全是两个类型。她这种强悍的姿态，新女性的作风，在中国旧文学之中，倒还真是少见的。

郑光祖与《倩女离魂》

郑光祖是元朝时代王实甫派的代表作家，他喜欢用艳丽的辞藻，描写浪漫风流的恋爱故事，作品妩媚而柔弱。《倩女离魂》是他的代表作。

故事的内容是这样的：

清河女子张倩女容貌端丽，自小与表哥王文举指腹为婚，王文举敏悟过人，姿容秀雅，一表人才，只是家道中落。

倩女十七岁那年，王文举前来拜望岳母，顺道赴京应试。

张老夫人一见王文举是个落魄书生，当即打消了成亲的念头，有意赖婚，于是把倩女叫出来，命她拜哥哥。

文举与倩女一见钟情，互相爱慕，立刻坠入了情网，倩女尤其神驰魂醉，无奈母亲大人阻挠，倩女不禁怨叹佳期空误，芳华虚度。

张老夫人本来打算多留王文举一段日子，让他在家早晚温习经史，文举受到赖婚的打击，没心情留下去，趁早告辞。

张老夫人留他不住，便设筵送行，在竹柳亭摆下酒席，冷冷地对文举说："我张家三代不招白衣女婿，你且进京求取功名再说。"

王文举面对势利的老夫人，默默低下头，一句话也说不出。

倩女前往岸边送行，对离别充满了恐惧与焦虑，她折下柳条送与文举，再三叮咛："哥哥，你若得了官，休负我也，你休恋京师帝辇，把咱好姻缘做了恶姻缘。"文举也是万分不舍，无可奈何凄凄切切地话别。

送行回来之后，倩女便病恹恹地倒在床上。王文举在船上思念小姐，情怀切切，到了夜半，小舟停在岸边，文举拿出素琴，抚弄一曲，以遣相思。

谁知倩女的虚魂竟然深夜独行，追寻文举，她思君心切，自言自语："我觑这万水千山，都只在一时半霎。"

她走到江边，追寻琴声，找到了文举，高兴地说："王生啊，我背着母亲，一径地赶将你来，咱们上京去吧。"

文举吓呆了，吃惊的程度远超过兴奋的心情，他期期艾艾道："小姐，你怎么赶到这儿来？你是车儿来，还是马儿来？"

"我一路走来的。"

"这要是被老夫人知道了怎么办？"

倩女头一昂，不在乎地答道："她若是赶上咱又如何，常言道做着不怕。"

倩女不怕，文举可怕得紧，他不安地搓着手说："古人云，聘则为妻，奔则为妾，老夫人许了这亲事，待小生得官，回来谐两姓之好，岂不名正言顺，你今天私自赶来，有玷风化，是何道理？"

"我是真心诚意，绝不心猿意马。"倩女一副

倩女虚魂赶文举，明刻版画。

天不怕地不怕的样子，非要同行不肯罢休，文举拗不过她，只好一起入京。

文举一举及第，中了状元，写信报告岳母。信到了张家，小姐卧病在床，恍恍惚惚，只要一闭上眼便见到王文举，茶饭不思，废寝忘食，一日瘦过一日。

张老夫人十分挂心，经常到床前探望。倩女昏昏沉沉，把老妈也看成了王生，真是“一会儿缥缈忘了灵魂，一会儿精细呵使着躯壳，一会儿混沌呵不知天地”，害了严重的相思病。

倩女听说文举有信来，兴冲冲叫丫头梅香拿过来看，信中说已中状元，大喜过望，再往下看：“授官之后，便与小姐一同回乡。”

倩女以为王文举有了新夫人，头晕手软，气绝倒地。送信的使者见到倩女，十分疑惑道：“好个夫人啊，与我家那个夫人长得一模一样。”

丫头梅香怪使者不该送信，惹怒小姐，把他打了一顿撵出去。

王文举与倩女在京里待了三年，再衣锦还乡，文举叫小姐在外等候，自己先去跪求恕罪，老夫人说：“小姐卧病三年，何曾出门一步，你在胡说什么？”

倩女在这时，袅袅婷婷走进来，老夫人吓得大叫：“有鬼！”

文举也急了，抽出剑来厉声道：“你是哪儿来的妖精，不说实话，把你砍成两半。”

倩女的魂儿被这一叫喊，附回房中床上的小姐身上，二人刹那合而为一，小姐立刻幽幽醒来。

王文举好生诧异：“小姐分明在京中伴我三年，这是怎么一回事？”

小姐叹口气道：“想当日离别之时，只怕千里关山，梦系魂萦，因此化个身外身，一个赴京伴君，一个淹煎病损，母亲大人啊，这就是倩女离魂。”

在元朝的杂剧之中，不论青楼妓女或富家小姐，不论是人是鬼，总是不顾一切反对，坚持嫁给穷秀才。有些史家认为，这是由于元代在蒙古人的统治之下，旧文化价值崩落消坠，种种的贬抑，侮辱了读书人的自尊。挫落的心灵，只有别人的赏爱、尊敬与重视，才能抚平创伤，当然，女性的温柔与爱慕是对穷书生最可贵的肯定。

在杂剧之中，我们也可以发现，中国传统社会之中，爱情是无法独立自足于社会之外的，即使是胆敢破坏礼教，勇敢追求爱情的男女，最后必须回到现实，求取功名来弥补他们的过失。所以每个男主角最后都赴京应试，高中状元，然后皆大欢喜，大团圆收场。考上状元谈何容易，若是名落孙山，戏要怎么演下去？总而言之，从元之后，才子佳人的爱情典型，深入民间，也成为我们戏曲小说普遍的模式。

高明改革戏剧

在中国戏剧发展史上，高明是个承先启后、举足轻重的人物，他的杰作《琵琶记》被誉为南曲之祖。

高明，字则诚，号菜根道人，他约生于元朝大德九年（1305年），算是元末明初的人。因此，有人把高明视为明朝人，把《琵琶记》当作明朝的戏剧。

高明的父亲很早就去世了。但是，祖父、伯父对他异常疼爱，童年过得相当幸福，而且全家都是饱读诗书的文人雅士，高明从小深受文学熏陶。

孩提时代，高明相当聪明，反应灵敏，喜欢对对子。据说，有一次，家里请客，小孩子按照规矩是不能上桌的，他嗅到香味，实在忍不住，踮起脚跟，拿了一个热腾腾的炸丸子往口里塞，烫得直用手挥，正在心满意足把丸子吞下去时，被一个眼尖的客人看到了，客人大声训斥：“童子不知道理，桌边窃食。”

这个客人素来刻薄，高家全家都把他列为不受欢迎的人物，他没有什么学问，却又最爱卖弄，考了好几回生员，每次都落第。

高明嫌他多事，急中生智，脱口而出：“村人有甚文章，场中出丑。”这个对子对得恰好，直把客人气得七窍生烟。

小高明虽然有些调皮，却非常孝顺母亲，他听了《二十四孝》中曾参、闵（mǐn）子骞（qiān）的故事，相当感动，尤其是闵子骞的故事。继母对闵子骞百般虐待，到了冬天，仍然只给他穿单衣，害他冻得瑟瑟发抖。后来，闵子骞的父亲偶然发现了这事，气得立刻要把后母赶出家门，闵子骞却仍为继母求情，理由是："不然，弟弟们就可怜了。"长大以后，高明还以此为题材，写过一出《闵子骞单衣记》。

高明的老师是元代大儒黄溍（jùn），对高明的影响很深，带着他好好读过《春秋》《诗经》等书。

元顺帝至正五年（1345 年），高明赴京应试，考中进士。由于他的祖父、伯父都是隐士，一辈子没做过官，所以有乡人讽刺高明："我怀老退居江左，尔爱飞腾近日边。"

得中进士以后，高明在处州担任过一段时期的录事（相当于今日掌管文书人事的秘书），他的政绩相当不错，任期届满，处州人士还立了一座纪念碑纪念他。更奇妙的是他的上司徐某仰慕其才华，竟然带了一批子弟向他问学，他也就当了一段时期的老师。

元末大乱，方国珍在浙东起事，由于高明是温州人，被拉出来负责平乱，但是，统帅主张进剿（jiǎo），高明主张招抚，双方意见不合，高明做得没意思，黯然回到杭州。然而，他乡居没多久，又被拉出来做了十年官，抱负难伸，终于在至正十五年（1355 年），坚决地返乡隐居。

高明又回到书本之中，他的恩师黄溍知道他对戏剧很有兴趣，鼓励他朝这个方向发展。

高明认为，一出好的戏剧，必须合乎教化，不但带给观众快乐，还要使人感动，明白忠孝节义的道理。因此，那些个专写佳人才子的恋爱戏，或者专写神仙妖怪的浪漫戏，在他看来，都是琐琐碎碎不值得一看的东西。

在这样的创作理念之下，他埋头写《琵琶记》，他写作的态度极为认真，不但闭门谢客，把自己关在书房里用功，而且一边拍桌打拍子写歌词，拍到后来，连桌子都凹下去一寸多。

他在描写赵五娘吃糠时，歌词中有一句是"糠与米两处飞"，写到此处，忽然案头上两缕烛光合而为一，互相交辉，高明看呆了，便把书房题名为瑞光楼。

赵五娘，明刻版画。

《琵琶记》写的是蔡伯喈（jiē）与赵五娘的故事。蔡伯喈乃是汉代著名学者蔡邕（yōng），原是一个孝子，却在宋朝流行的民间戏剧之中，被描写为“弃亲背妇”的恶棍。

有人说，高明之所以改写《琵琶记》，是为了要替蔡伯喈翻案，叙述他不得已的苦衷，作为教忠教孝的题材。

真实的蔡伯喈却比高明笔下的蔡伯喈更高明，他为人敦厚善良，孝顺异常，精通天文，擅长音律，并且校正了《熹平石经》，这是中国学术史上不朽之一大盛事。

《琵琶记》一出，果然轰动，每次演出都吸引了大批观众，大家都为赵五娘的遭遇一掬（jū）同情之泪，也达到了教化的功能。

明太祖朱元璋没当皇帝之前，就被这出戏所吸引。当了皇帝以后，也再三请戏班子演出《琵琶记》。

他曾经对人说：“四书五经如同五谷，家家不可缺，却是平淡而无味，高明写的《琵琶记》如同珍馐（xiū）百味，富贵之家才能享用。”

朱元璋既然是《琵琶记》的戏迷，自然少不得邀请高明出山，赴南京做官。

高明却心灰意懒，不想再在功名之中打转儿，因此托病请辞，朱元璋也没有勉强他，只是叹息：“朕没这个福气。”

高明为蔡伯喈翻案

在高明写《琵琶记》之前，宋朝宣和年间已有流行南戏《赵贞女》，叙述蔡伯喈与赵五娘的故事。

赵贞女当然指的是赵五娘，内容大意是说，蔡二郎（蔡伯喈）入京考中科举，当了大官，却弃家乡的父母不顾，害得父母活活饿死，又休发妻赵五娘，并且派人放马踩死赵五娘。最后，蔡二郎遭到天打雷劈。

蔡伯喈本是一个孝子，却被人在戏剧里诬蔑为“弃亲背妇”的薄情郎，大诗人陆游因此感叹：“死后是非谁管得，满村听唱蔡中郎。”

说的也是，蔡伯喈人已死，也就没法对诬陷提出辩护。高明为了替蔡伯喈翻案，同时他不满意当时流行佳人才子、神仙幽怪的戏剧，便创作了《琵琶记》。

《琵琶记》的大意是这样的：

汉朝末年，有个书生蔡伯喈，饱学多才，事亲极孝，娶妻赵五娘，容貌端丽，俊雅贤惠，新婚两月，夫妻恩爱。

一日，春光明媚，蔡伯喈吩咐赵五娘备了一桌酒菜，为双亲做寿。酒足饭饱之际，蔡公询问儿子：“孩儿，如今黄榜招贤，试期已近，你这般人才，应当上京应试，光耀门楣。”

蔡伯喈回答：“禀告爹爹，孩儿并非不去，只是爹妈年纪老，家中无人侍奉。”

蔡婆立刻抢白："老贼，你又没七子八婿，只有一个孩儿，你眼又昏，耳又聋，又走动不得，教孩儿出去，万一有个变化，谁来管你？"

蔡公也马上顶了回去："你懂得什么？孩儿做官，我们也改换门闾（lǘ），为何不让他去？"

两老各持一理，不相上下。

蔡公又回过头来训斥蔡伯喈："孩儿啊，孝始于事亲，中于事君，终于立身。身体发肤，受之父母，不敢毁伤，孝之始也。立身行道，扬名于后世，以显父母，孝之终也。你不肯去，莫非舍不得新婚娇妻？还是她太凶悍，不让你去？"

这顶帽子压下来，蔡伯喈承受不了，非去不可了。于是他回房去告诉赵五娘。

五娘沉吟了一会儿道："这不好吧，你爹只有你一子，怎能不留在身边？我去帮你说。"

"你还是别去吧，他直怨我迷恋你。"蔡伯喈无可奈何地说出委屈。

赵五娘叹了一口气："我是为爹爹泪涟涟，为母亲泪涟涟，何曾想到夫妻情？"说着，说着，她的眼圈儿都红了。

"你赶快擦干眼泪，"蔡伯喈小声地说，"爹妈进来了。"

蔡公蔡婆走进来，后头还跟了一个乡里的张太公。

蔡伯喈一见张太公，连忙打躬作揖："卑人今日远行，家中并无亲人，爹爹妈妈，年老力衰，一个媳妇，只是女流之辈，凡事多烦公公早晚看管。"

蔡伯喈又拉着赵五娘的手："娘子啊，你宁可将我来埋怨，莫要冷落我爹娘。"频频点头的赵五娘早已泣不成声了。

蔡伯喈走了之后，一连三年，音讯全无。赵五娘一方面要成全丈夫之孝，一方面要尽为妇之道，日子过得相当辛苦。蔡婆一天到晚埋怨蔡公，当初不该教孩儿出去，尤其是陈留郡闹饥荒以后，两老更是争吵个不停。

蔡婆终日唠唠叨叨："老贼，今天咱们没饭吃了，就是他当了状元，于你何事？"

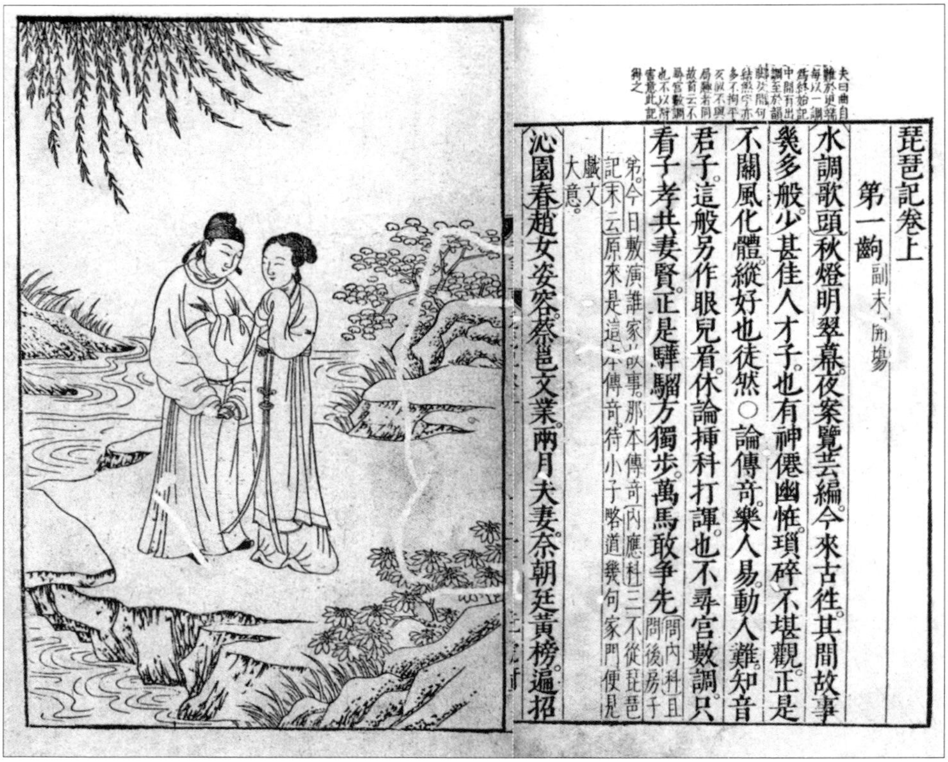

赵五娘送别蔡伯喈，明刻版画。

“我是神仙？我怎知会闹饥荒，今天饥荒也是死，被你埋怨也会埋怨死。”蔡公也是一肚子火气。

“哼，他做得官时你做鬼！”

蔡婆愈骂愈难听，赵五娘做儿媳妇的，夹在中间，左右为难，当务之急是赶紧弄点吃的来救急。

陈留郡开仓赈灾，赵五娘赶着去领粮，谁知里正作弊，仓中无粮，那里的长官命令里正拿自家粮来赔，赵五娘才领到一袋米。

谁知走到中途，里正出现，一把推倒赵五娘，又把粮食给夺了回去。赵五娘难过极了，看到路旁一口井，真想一头栽入井中，一了百了，可是放心不下公公婆婆，正在一筹莫展之时，遇见好心的张太公，赒（zhōu）

济了她一点米粮。

由于米粮不够，赵五娘勉强煮了两碗饭，呈给公公婆婆，自己躲了起来，只吃一些米糠苟延残喘。

一向尖刻的蔡婆吃饭时见不到儿媳妇，十分不满，她横眉竖眼批评道：“咱们亲生儿子不在家，看看儿媳妇怎样供养我们的吧，前两天还有一盘青菜，现在就只有两碗淡饭，怎么吃得下去？再过几天，怕连白饭也没有了，你看看她，每次吃饭就千方百计躲着我们，准是背地里在吃什么好东西，哼！”

蔡公不以为然道：“你别冤枉人，我看儿媳妇不是这等人。”

“反正，下次她吃饭，我要瞧瞧去。”

这一边，赵五娘正皱着眉头勉强吃糠，直呕得她肝肠痛，泪珠垂，喉咙哽得想吐。她望着糠，轻声叹道：“糠与米，本是两相依倚，一贱一贵两处飞，丈夫，你便是米吗？你在哪儿？奴便是糠吗？奴该如何奉养公婆？”

蔡婆自赵五娘背后蹿出，一手叉腰对蔡公道：“你看，儿媳妇果然背着我们在吃好吃的，这个贱人该打！”

等到蔡婆就近一看，原来赵五娘吃的是糠，一阵羞愧涌上心头，忽然昏倒，完全不省人事，就此一命归天。

蔡伯喈与赵五娘

话说蔡婆一命呜呼以后，蔡公也跟着病倒了，赵五娘又忙着伺候汤药。

蔡公面对着好儿媳，万分不忍道："这三年来亏得你辛苦照料，只恨我当初逼儿子进京赶考，将你耽误，待来生，让我做你的儿媳妇，报答你的深恩。"

这时，张太公进来探望蔡公的病，蔡公微弱地说："我不济事了，横竖也是死，张太公，你来得恰好，我托你为证，写个遗嘱给儿媳妇，我死以后，教她休守孝，早早嫁人。"

赵五娘急着拦阻："千万使不得呀！自古道，忠臣不事二君，烈女不嫁二夫，我一鞍一马誓无他志。"

尽管赵五娘不眠不休照料公公，蔡公依旧回天乏术，没多久就咽下了最后一口气。此时家中不剩分文，无钱埋葬，五娘只好把头发剪掉，当街叫卖，狼狈极了。

然而，正逢荒年，人们连肚子都吃不饱，谁来买这个？结果还是亏得遇到张太公，赒济她一些钱，勉勉强强为公婆办丧事。

可怜她赵五娘，买了两口棺木，再也没有余钱雇人帮忙，甚至连个锄头畚（běn）箕都没有，她就用十根手指扒土，用裙子装土，折磨得双手鲜血淋漓，心穷力尽，形容枯槁，就差把自己也埋入坟里。

埋葬了公婆，赵五娘不再有牵挂，她扮成道姑，身背琵琶，上京寻夫，她满腹疑团，不知道蔡伯喈究竟是怎么一回事。

蔡伯喈留京三年，家中一切变故，他是完全不知，原来他一举中第，高中状元，又生得一表人才，连皇帝看了都欣赏不已。

皇帝兴冲冲地问牛丞相："你的女儿嫁了没有？"

牛丞相回答："不曾。"

牛丞相只有一个宝贝千金，才貌双全，温柔贤惠，连皇帝都知道。皇帝笑道："如今蔡伯喈好人物，好才学，你招了做女婿正好，我来做一个媒人。"

官媒到来，蔡伯喈着急万分，辞说家中有白发父母，年少妻室，实难从命。但是紧跟着，宫里的黄门已来宣旨，高声喝道："圣旨已到，跪听宣读。"非要他答应不可。

蔡伯喈打躬作揖，"黄门哥，请你帮忙，我情愿不做官。"

小黄门冷笑道："你这个秀才好不懂事，圣旨也敢违抗，这儿不是吵闹之处。"

蔡伯喈万般无奈，做了牛丞相的女婿，整日闷闷不乐，拉长了一张脸。牛小姐百般讨好，蔡伯喈仍是郁郁寡欢。

牛小姐百般不解道："你本是草庐中穷秀才，如今做了汉家梁栋材，为何一天到晚锁了眉头，唧唧哝哝不开心？"

蔡伯喈见牛小姐倒是一片真心，便把心中的愁苦一五一十全盘托出。

牛小姐叹了一口气道："原来如此，我去对爹爹说，我同你一块回家便是。"

于是牛小姐立刻向牛丞相求情，牛丞相大摇其头："你是香闺艳质，何必去侍奉田舍翁，又何必顾他的糟糠妇？"

"他终日凄惨，我看了舍不得。"牛小姐坚持要去。

"你听丈夫的言语，却不听我说，这个小妮子好痴迷。"

最后，父女双方各让一步，派人去陈留郡把蔡伯喈的父母妻子接来京师。

话说，赵五娘到了京师，借住在一间破庙里，原想唱几支曲子，化几

明人演奏《琵琶记》，近人绘。

文钱，祭拜公婆，没想到遇到两位疯汉，钱没拿着，只好把公婆的画像挂了起来，祭拜一番。这时来了一名官员，五娘急急回避，却把画像留了下来，这官员正是蔡伯喈，见到父母画像大吃一惊，带回去挂在书房。

牛小姐盼着公婆早日到来，准备找几个精细的妇人供使唤，恰好找到赵五娘，一番盘问之后，牛小姐知道是蔡伯喈的妻室，大喜过望，帮她换了衣裳，先在牛府住下，并且亲自为她打扮梳洗。

牛小姐好心道："姐姐，不是我非要你换衣裳，你这般褴褛（lán lǚ），怕伯喈羞不肯认你，伯喈平日好看文章书史，你不妨写几句言语打动他。"

五娘到了书房，看到公婆画像挂在墙上，百感交集，在画像后面题了一首诗，果然，伯喈发现了诗，大惊失色："夫人，谁进了我书房，墨迹未干。"

牛小姐引出了赵五娘，夫妻相见，恍如隔世，问明原委之后，蔡伯喈又惭愧又感动道："娘子，你为我辛劳，为我烦恼，谢谢你送我爹，送我娘，你的恩惠我该如何报？"

待派去接伯喈双亲的李旺到了陈留郡，只见两座孤坟。张太公听说蔡伯喈中了状元，气得大骂他“生不能养，死不能葬，葬不能祭”。李旺赶紧为蔡伯喈解释道：“相公辞官辞婚，皇帝不从。只怪他爹娘福薄，他也曾捎过书信回家，却被捎信的人给骗了，一切都是命。”

最后，蔡伯喈带着两位夫人回乡扫墓，牛丞相向朝廷奏报一门孝道，一来伯喈不忘其亲，二来赵五娘孝顺翁姑，三来牛小姐成人之美。皇帝颁旨，蔡家一门旌（jīng）奖，传为佳话。

赵五娘遂成为中国旧社会中理想女性的代表。她对公婆、对丈夫、对后妻，忍受无穷痛苦，没有一句怨言；她活着，完全为别人，即使连最初舍不得丈夫离开的想法也不敢有；她没有能力，饱受欺负，含冤莫辩，以泪洗面，仿佛活着就为了忍受折磨，标标准准小媳妇小可怜模样。

赵五娘型的苦旦，在中国戏剧史上，占有重要的一席，这份无怨无悔的牺牲形象，随时代的演变已不再现。

创立补土派学说的李杲

元朝政府特别重视医术，所以无论中央与地方都设有医科专门学校，医学普遍发达，培养了许多医学大师，其中又以李杲与朱震亨最为著名，我们先介绍李杲的小故事。

李杲是元朝初年真定人。李家是当地的望族，方圆数百里都是李家的产业，势力之大，无与伦比。

李杲少时就聪明伶俐、讨人喜欢，加上家境富有，全家上下就差没把天上的星星月亮摘下来让他玩儿。

由于李家藏书丰富，李杲自幼得以博览群籍，很奇怪的是，他独独对医学的书感兴趣，有时，家人生病，他滔滔不绝讲出一套医理，甚且还会开方子。家人只当李杲是好玩，等到请了大夫来，大夫所讲的，竟然与李杲说的一致，李杲的父母真是大吃一惊。

于是，李家上上下下都忙着为李杲搜集各类医书，只要听说哪一本书不错，必然千方百计弄了来。

可是，正如同孔老夫子所说的："学而不思则罔（wǎng），思而不学则殆（dài）。"李杲尽管再用功，一个人闷着头研究，既无老师请益，又无同学切磋，他在书本上遇到难题之时，只好对着天花板发愣，一筹莫展。

李杲不止一次央求父母："我真需要一个好老师。"

李家父母为栽培这个宝贝儿子，实在煞费苦心。李杲本身功底不错，而且颇有见地，随随便便找一位老师，还罩不住他哩。

经过多方拜托，四处打听，终于找到了名医张元素，也得到了他的首肯，答应收李杲这个徒弟。

李杲大喜过望，立刻捐了一千两银子，作为礼聘。从此以后，原本养尊处优的富家子弟，乖乖地背着药箱，跟着张元素南北奔波，学习望闻问切的医理，自切脉到配药，一件一件从头学起。

张元素的崛起，有一段有趣的经过。话说张元素原本中过进士，因为犯了错被除名，于是改行行医，却始终庸庸碌碌，颇不得志。

有一回，名医刘完素得了重病，奄奄一息，眼看着不久于人世，许多医界同行都去看他最后一眼，张元素觉得反正闲着也是闲着，跟着去凑个热闹。

刘完素医术高明，脾气却恁（nèn）大，医学界流行他许多传闻，说是刘完素早年潦倒，曾经碰到一位道士，道士指引他："你如果遇见一个牛上屋、车上树的地方，你就发了。"

刘完素半信半疑，继续流浪。后来，他到了一处田庄，抬头一望，看到牛在地窖顶上吃草，树上又挂着废弃不用的纺车，他心忖，莫非这就是"牛上屋、车上树"之地，于是，刘完素便定居下来，研究医理。

在《方技传》一书之中，且曾记载，刘完素偶然喝了仙酒，在烂醉之中，仙人悄悄教了他医术，酒醒之后，刘完素医术大进，具有"左右逢源，百发百中"的独门本事。

传闻当然不可尽信，总之，刘完素医术精湛，而且自视极高。现在他得了自己也不能治的疾病，心中自然十分悲伤。悲伤固然悲伤，他的架子还是挺大的，见到张元素，瞧不起他默默无名，竟然把脸别过去对着墙，睬也不睬。

张元素见刘完素头痛，呕吐，脸色惨白，不能进食，推断他必定是得了伤寒，不由分说，拿起刘完素的手，切脉之后，留下方子，飘然而去。

刘完素的家人，不理会刘完素的抗议，拿着方子，配好药，硬把它灌到刘完素的嘴里，服了一帖之后，刘完素头不疼了，也不再呕吐，再服一帖之后，霍然而愈，直嚷着肚子饿要喝粥。

如此一来，张元素声名大噪，妙手回春治愈名医，张元素自然而然成为另一个名医了。

言归正传，李杲得到良师指点之后，医术大为精进，许多疑难杂症，他都有办法药到病除。

李杲极有医德，他因为家境富有，不用靠行医为生，凡是找上门来的，他一律分文不取。如此一来，反而害得老实的乡下人不好意思前去打扰，除非是其他医生束手无策，否则不会前来“初诊”。

不过，如此清闲倒也不坏，李杲得以有更多时间，专心钻研医理，他发明了补中益气、升阳散火的补土派，写了《脾胃论》《内外伤辨惑论》等书。

李杲到了晚年，想找一个衣钵传人，他倒不像他的老师张元素，想收一大笔学费，他是真正希望培养医学人才。

寻寻觅觅许久许久，他终于找到一个名叫罗天益的年轻人，极有抱负，一心救人济世。

李杲遂毫无保留地倾囊相授，他不但不要罗天益的学费，由于罗天益家境清贫，生活困难，这位做老师的甚且为他负担家计，好让罗天益专心向学。

后来，罗天益果然不负李杲厚望，也成为一代名医，悬壶济世。

朱震亨创立滋阴学说

除了李杲之外，元朝最著名的医学大师该算是朱震亨了。他的医学发明，不但影响中国，并且远播日本，一直到今天，日本医学界还存在“丹溪学社”（朱震亨号丹溪），尊他一声丹溪翁。

朱震亨之所以会走上习医这条道路，主要是因为母亲的一场大病，把朱家上下急坏了。

朱家是富贵人家，舍得花大钱，请良医。但是上门的郎中有的态度倨傲，有的专门敲竹杠，最让人伤心的是医德太坏，对病患没有一丝一毫的同情心。

朱震亨眼看着母亲一天天消瘦、脱发，辗转病倒，苦不堪言，在庸医胡搞乱治之下，病情一天比一天恶化，他真是心如刀割。

他心情恶劣的时候，亏得身旁有位许老师多方开导。许老师学问道德都是一流，尤其对周敦颐、朱熹等人的学问，彻底下过一番功夫，他很爱护朱震亨，视之为不可多得的得意门生。

由于牵挂母亲的疾病，朱震亨不免荒废了功课，许老师也不责备他，总是体谅地说：“这是人子应尽孝道的时候。”

过了没多久，朱母一命归天，朱震亨哭得死去活来，偏偏祸不单行，年轻力壮的许老师也病倒了！

于是，朱震亨又衣不解带地伺候老师，照料汤药。一连换了几个大夫，也看不出个所以然来，朱震亨在旁干着急也没用。

最后，许老师也撒手归西，临终之前，他还拉着朱震亨的手，勉励他："用功读书，早日进京赶考，光耀门楣。"

一连经过两次严重的打击，朱震亨神情恍惚，但他心有未甘，总觉得，若不是庸医误人，他亲爱的母亲、尊敬的良师，都会依然健在。

朱震亨慨叹道："为人子者，能不知医，而将父母之疾，委托于他人之手吗？"

他一怒之下，把准备应试的科举经典统统烧光，立志发愤习医。

在中国古代，读书人略通医理，被称为儒医，极受敬重，但是职业医生，却被人们瞧不起，与江湖术士差不多。

朱家上下一心巴望朱震亨高中进士，光耀门庭，而他竟然准备放弃仕途，这真是非同小可，家人纷纷劝道："你学问这么好，十年寒窗无人问，一举成名天下知，何苦放弃呢？"

朱震亨早把名利看淡了，他坚决地说："人生在世，只要精通一门学问，为社会尽一份力量，何必非要猎取高官厚禄呢？"

下定决心之后，朱震亨把整个人埋进医学经典之中，一埋就是整整十年，愈读愈深，他脑子里的疑问也愈多，真是所谓"学然后知不足"。

古代没有医学院，朱震亨想要拜师学艺，只有自己想办法，他听说杭州有位罗知悌（tì）医师，不论理论实践都很在行，立刻满怀热忱前往杭州。

岂料罗知悌性情高傲，根本没打算收弟子，朱震亨吃了个闭门羹。朱震亨却是个不死心的人，每天一大早，天还没亮，他就恭恭敬敬守候在罗家门口，只要远远见到了罗知悌，他就一个箭步向前，长长一作揖，诚诚恳恳地自我介绍："在下朱震亨，久仰先生大名，想拜在先生门下……"

话还没说完，罗知悌就一摆手，扬长而去，留下朱震亨一人目瞪口呆。

虽然接二连三被浇了冷水，朱震亨倒是不灰心，他记得许老师在世之时，曾经说过一个"程门立雪"的故事。

宋代大儒程颐有两位弟子来访，谈完之后，老先生累了，开始闭目养神，两位弟子既不敢吵醒夫子，也不敢不告而别，就这么呆呆地站着，一直从中午站到晚上，窗外大雪纷飞，他两人冷得瑟瑟发抖。最后，程颐终于慢悠悠地睁开了眼睛，发现他们俩仍然杵在这儿，便吩咐道："贤辈尚在此乎？天已晚，回去休息吧！"

这两位学生要走之时，两条腿冻得又僵又麻，待走出门，方才发现，屋外积雪已经深达一尺。以后，"程门立雪"便成为用来形容师道之严，以及学生对老师尊敬的成语。（详见《中国历史故事》第7册《程颢与程颐》）

朱震亨拿出程门立雪的功夫，天天自动罚站，最后，罗知悌终于被他的磨功感动，对他说："好吧，我收你这个徒弟。"

等到罗师开讲，他讶然发现朱震亨根柢（dǐ）极佳，下过一番自修功夫，大有"得天下英才而教之"的兴奋，把自己所知一五一十全传授给朱震亨。

朱震亨虚心向学，潜心研究，创出独特的"滋阴学说"，主张清心寡欲，轰动一时，朱震亨不但懂生理学，也注意到心理学。

有一回，朱震亨出诊，遇到一位女子不吃不喝，不言不语，骨瘦如柴，看遍了医生都束手无策。

朱震亨了解病情之后，忽然间，对这名女子，左右开弓，狠狠打了几个耳光，并且大声责骂，这名女子无端受侮，委屈得嚎啕大哭，这放声一哭，郁闷一解，竟然不药而愈。

朱震亨解释道："她一定是害了严重的相思病。"果然，这名女子的丈夫外出，久久未有音讯，害她得了病。

朱震亨的著作很多，如《格致余论》《局方发挥》，并且把《太平惠民和济局方》中的错误一一纠正，丹溪学派不但影响后世，更在日本大放异彩。

黄道婆改良纺织技术

黄婆婆，黄婆婆，
教我纱，教我布，
两只筒子两匹布。

这是松江乌泥泾镇（今上海华泾镇）人民长期传诵的一首歌谣。歌谣中的黄婆婆就是元朝著名的纺织家黄道婆。

黄道婆有一段辛酸坎坷的故事。

她生于宋朝末年，小的时候，一个人在家门口玩耍，遇到陌生人对她说："小妹妹乖，你母亲在田里，要我带你去找她。"

她傻乎乎地跟了去，结果没找到妈妈，却被拐骗到了上海，卖给乌泥泾的黄家当童养媳。

黄家公婆见她瘦瘦小小，营养不良的样子，颇不满意。骗子说："你们别嫌她模样儿不怎么样，很会干活的。"

于是，黄道婆立刻被差遣到田里帮忙。乌泥泾是上海附近一个不起眼的小镇，居民以种田为生，由于土质贫瘠，再怎么努力，收成总是不好，由于环境恶劣，一般民众的情绪欠佳，经常愁眼相向。

黄道婆的公公婆婆是标准的"贫家百事百难做"，一天到晚牛衣对泣，现在花了银子买了黄道婆，不但要把投资成本赚回来，而且把生活中的怨气，全部发泄到黄道婆身上。

黄道婆白天耕田，晚上纺织，揽下了家中所有粗重的活儿，还是得不到公婆的喜欢。过了几年，草草成了亲，又常被丈夫拳脚相向，打得鼻青眼肿，不成人形。

在一个冬天的夜晚，黄道婆做完了晚饭，突然之间，眼冒金星，天旋地转，身子一歪，直直倒了下去。

她婆婆一看就火了，立刻走上前去，踹了她两脚："干嘛装死，是不是要我帮你洗碗，哼！"又猛揪黄道婆的头发，黄道婆实在是病了，连呻吟的力气都没有。

"你不想吃饭，就把你关入柴房饿死你！"她婆婆说到做到，当真把黄道婆关入柴房。

黄道婆虚软地躺在稻草上，老鼠蟑螂在身上爬来窜去。她回想这几年的非人生活，痛苦失望的婚姻，真恨不得一头撞死。"不然，不然就只有逃出去了！"黄道婆灵光乍现，在黑暗中摸到一把铁锹，在墙脚下挖了一个洞，奋力地钻出去。

惟恐婆婆发现，黄道婆一路没命地逃跑，一直跑到了黄浦江边，想也没多想，躲入了一条货船之中，疲惫地睡着了。

等到她睁开了双眼，才发现船开了，四周汪洋一片，她十分惊慌，定睛一看，十来个水手正惊异地望着她。

黄道婆流着眼泪，一五一十诉说了偷偷上船的原因，并且保证："请可怜可怜我，我可以帮各位烧饭洗衣。"当天中午，黄道婆就表演了一手烹调功夫，她的葱烤鲫鱼、上海饭菜都做得极为地道，水手们吃得碗底朝天，赞不绝口。

船到崖州（海南岛的海口市），黄道婆挥别水手，上岸讨生活。崖州居民原先不肯理会这个陌生女子，黄道婆也不灰心，主动帮忙种田，久而久之，和人们熟稔（rěn）起来。

黄道婆当初在家乡也织布，到了崖州地方，她发现那里虽然生产落后，织出来的布可是漂亮极了，不但花样繁多，而且还可做被子，她简直被这五颜六色给迷住了。

由于崖州盛产棉花，崖州的黎族人民，设计研究出包括轧棉籽、纺、织、染等一整套生产工具，难怪织出来的布不同凡响。

黄道婆心细手巧，而且具有研究精神，她每天晚上研究黎族人的织布工具，尤其是弹棉花的“绵弦竹弓”，经过两年的反复试验，把器具加以改良，织出来的布更加美观，而且速度加快，崖州人反而转过来向她请教了。

俗话说：“光阴似箭，日月如梭。”梭本是织布用的器具，黄道婆每天忙着纺纱织布，日子过得相当踏实，转眼之间，她已在崖州待了三十多年。她的收入颇丰，每天穿着自己设计花样的漂亮衣裳，干练而神气，再也不是当年任人欺凌的童养媳了。而且崖州居民不少人因她致富，对黄道婆十分尊敬，使她精神上相当愉快。

纺织图，宋王居正绘。

不过，黄道婆仍然时常想家。有一天，她偶遇家乡来的布商，便收拾行李，带着纺织工具，光光彩彩衣锦还乡。

当黄道婆重新踏上乌泥泾镇的土地时，她有恍如隔世之感，乌泥泾依旧贫穷、落后，一成不变。黄道婆却成了干练的贵妇人，没有人认得她是黄家的童养媳。毕竟中间相隔了三十年，且改朝换代到了元朝。

黄道婆大可以安安稳稳过着丰足的日子，但是她已经深深地爱上了纺织，她自画草图，找来工匠，制造了铁杖的轧花车代替了手工剖棉籽，又用四尺长的大弓（以往都是一尺四寸），配上粗弦线弹棉花，更设计了脚踏纺车，代替笨重的手摇车。

黄道婆还把崖州农人种棉的方法，教授给家乡乡民，并且告诉大家如何设计团凤、棋局、字样等花纹，一时之间，远近轰动，特别是“乌泥泾被”全国知名，谁家的新娘子拥有一床“乌泥泾被”可是相当露脸的事。

一传十十传百，小小的乌泥泾因织被而出名，也使落后的小镇走出了贫穷，更为整个江南创造了纺织业的不朽根基。黄道婆死后，当地人为了纪念她，还建立了“黄娘娘庙”，早晚祭拜。

路是人走出来的，一点也不错，黄道婆由一个小媳妇到成功的“企业家”，就是最佳例证。

天文水利学家郭守敬

郭守敬，字若思，他是元朝著名的科学家，在天文学与水利方面成绩卓著。英国出版的《大英百科全书》曾经专文介绍，郭守敬所创制的天文仪器，比起丹麦天文学家第谷的同类发明，还要早三百多年。

郭守敬的祖父郭荣是一位精通数学与水利的学者，他非常疼爱这个孙子，自小带在身边，郭守敬喜欢发问，对什么都有强烈的好奇心，郭荣就一一给他讲解，祖孙二人其乐融融。

有一天，郭守敬提出一个问题，竟然把爷爷考倒了，郭荣非但不以为忤，反而十分高兴道："敬儿，看来你的确有点天分，不妨请爷爷的好友刘秉忠教教你。"

刘秉忠擅长天文地理，他与张文谦都是元世祖忽必烈最赏识的学者。

郭守敬自从拜刘秉忠为师，每天在刘宅东摸摸西看看，觉得有意思极了。刘秉忠也十分喜欢这个小神童，耐心为他讲解许多原理。

某日，刘秉忠在翻书，郭守敬挤在一边看。忽然间，郭守敬看到一张图片，非常有趣，指着图片问："这是什么？"

刘秉忠回答："这是莲花漏，宋朝用来标示时刻的。"

"现在还有吗？我想看一看真的莲花漏。"

"经过战乱，早已找不着了，敬儿，你用脑筋想一想，看看能否了解莲花漏的原理。"

刘秉忠教导郭守敬的方式，是训练他的思考能力，他不喜欢传统的教学——完全是老师怎么说，学生怎么听的刻板方法。

郭守敬就双手捧着书，眼睛一眨也不眨地仔细研究起来。

过了一个时辰，郭守敬高呼："刘爷爷，我懂了。"

"那你说给我听听。"

郭守敬开始滔滔不绝讲述原理，他一边说，刘秉忠一边频频点头，然后又忍不住摸郭守敬的头："你这个小脑袋好灵光。"

接着，刘秉忠又补充郭守敬所遗漏的，并且指出莲花漏的缺点。

郭守敬回家以后，朝思暮想全是莲花漏，他竟然自己制造了一个莲花漏，制作过程之中，他爷爷郭荣也提出改进意见，祖孙俩像玩玩具一般，快乐极了。

当郭守敬把崭新的莲花漏放在刘秉忠桌上时，刘秉忠还真是吓一大跳。计时的结果，竟然相当准确，刘秉忠说："你这个新的莲花漏，该起一个新名字。"

"那么，我们叫他宝山漏壶如何？"

"好啊！"刘秉忠拊掌大笑。

从此以后，宝山漏壶就安放在刘秉忠的茶几上，忠实地负起计时的重责大任。刘宅的客人见到无不称赞，刘秉忠便很得意地介绍自己的忘年之交郭守敬。其中尤其是张文谦，因为本身是这方面的专家，所以他对郭小朋友另眼相看。郭守敬又多了一位前辈指点，进步更是一日千里。

到了郭守敬三十岁左右之时，张文谦把郭守敬郑重推荐给元世祖忽必烈，忽必烈于是询问郭守敬对水利方面的意见。

郭守敬主张把北方的河道，彻底修浚，忽必烈十分支持，郭守敬于是担任了都水少监，在修浚和扩建西北河套平原灌溉沟渠，以及增辟大都水源，开凿通惠运河上面，都有极大的贡献。

到了元朝统一中国，忽必烈想颁一个新的历法，他想起郭守敬对天文的造诣，把他调回京师，负责修订历法。

郭守敬，佚名绘。

忽必烈对郭守敬说："现在的历法年久失修，许多节气发生了错差，日月食也不准了，你要好好修订。"

郭守敬回答："要求历法精确，必须加以测验，要求测验精确，必先制造改良各种天文仪器，然后根据天文学理，以及仪器实地观察测验的结果，才能制成正确历法。"

当时各地的浑天仪，年久失修，早已成了一堆破铜烂铁，根本不能使用，郭守敬反复研究，制造了简仪、高表、候极仪、浑天象等十三件精巧的天文仪器，并且在南海、成都、南京等地设置了二十七处观象测验所，并且在大都的城东，设计了一座天文台，里面陈设了各种天文图书，是当时世界上设备最完善的天文台。

天文台成立以后，郭守敬着手观测天象，他在至元十七年（1280年）完成了一部新的历法，名为"授时历"，确定一年为三百六十五点二四二五日，比起地球绕日公转一周的实际时数，只差了二十六秒，与世界公用的公历"格里历"完全相同，但是格里历比起"授时历"晚了三百余年。

自从郭守敬的授时历颁行之后，直到元朝末年八十几年间不曾改变，并且八十几年间时历不曾有过差错。后来到了明朝所颁行的大统历，其名称虽异，内容却完全与授时历一样，直到明亡，又继续用了两百七十余年之久。

此外，授时历对节气的推算正确，对农业生产帮助很大，所以朝鲜、越南都采用过这部历法。

王祯制造农业机械

元朝起自塞外，原以游牧为本，还曾经有意铲平农田当猎场。但是入主中原以后，受到中原学人的影响，也颇为重视农业，对提倡农耕不遗余力。

元世祖忽必烈屡次下诏：“国以民为本，民以食为天，衣食以农业为本。”并且派遣十道劝农使下乡，亲历原野，督导农耕，并且设置“都水庸田使司”掌管南方种植稻田之事。此外又组织农民建立农社。

虽然，元朝的农耕并没有因为蒙古人的统治而受到摧残，但是，元朝的农民也和中国历朝历代的农民一样，过着清苦日子。王祯（zhēn）就是因为不忍见农民辛苦，起了研究农业机械的念头。

王祯是元朝山东东平人，年轻时，曾经担任过两任县官，一是宣州旌德（安徽旌德）县尹，一是信州永丰（江西广丰）县尹，他是亲民爱民的父母官，很希望为当地民众多做一些事。

王祯发现，中国的农民朴实憨厚，诚恳努力。可惜多半都是文盲，完全不懂得农业知识，也从来没有想到开发研究，只知道死守老祖宗遗留下来、不见得正确的老法子，依样画葫芦，所以永远生产不丰，若是遇到干旱荒年，日子更是艰苦。

基于一份悲天悯人的同情心，王祯开始研究农业，他自掏腰包买了树苗与棉籽，免费送给农民，并且教给他们种植的方法。农民有了收成，赚了钱，对这位新任县官另眼相看，也有了信心。

在乡村里，粪便是很珍贵的肥料，但是粪便非但不卫生，而且数量有限，许多农田，因为一年一年的耕种，早已失去了养分，逐渐地龟裂，农民只有干着急。

王祯决心在粪便之外，另外寻找代用品，他苦心钻研，反复试验，证明了把田野间的野草拔除之后，埋在土壤里，让它自然腐烂成为绿肥，与粪便有同等功效。

王祯把研究成果欢喜地告诉农民，大家的反应却是呆若木鸡，无动于衷，最后不忍拂逆县老爷的好心，加上野草也不用花钱，不妨一试。试验的结果，这种草肥还真的不比粪便差，人们纷纷奔走相告，跷起大拇指夸赞："王县官，有一套！"

王县官受此鼓励，大为振奋，继续动脑筋、想问题。

农业一向是靠天吃饭的，当老天爷不下雨的时候，农民只好望天兴叹了。

王祯搬出许多古籍，希望在里面找一点资料，皇天不负苦心人，终于让他找到了一些早已失传的古代机械图。他大喜过望，成天泡在这些图片之中，并且加以改进，设计了新的"高转筒车""水转翻车""水转高车"。

"水转翻车"是以水力为动力，由一套复杂的机械装置组合而成。当水冲击立轴下面大卧轮的时候，卧轮上面的大齿轮同时运转，并且拨动水平轮轴上的小齿轮，如此连续刮水而上，节省了人力、畜力。

王祯对自己的这种发明很是得意，他形容道："水转翻车，日夜不息，绝对胜于人力、牛力，此诚秘术也。"

乡下人也把水转翻车当作魔术，啧啧称奇，王祯更是趁热打铁，研究出"水轮三事"——磨面、舂（chōng）稻、碾米"一机三用"，使水轮有更大的使用价值。

曾有人劝王祯道："这是你辛苦研究的成果，应当传媳不传女，小心藏妥秘方。"

王祯却慷慨地回答："中国的祖传秘方观念，使得多少好发明失传了，我辛辛苦苦研究的目的是造福民众，不是单单为自己的子孙后代谋利。"

据说，王祯在江西制作的“水转连磨”，一天加工的粮食可供一千户人家使用。天旱的时候在大轮周围安上水桶，可以“昼夜溉田数顷”，此外，他还发明了木棉弹弓、木棉缆车、木棉纺车，不仅运用了杠杆、滑车、轮轴原理，并且使用绳轮、曲柄、变速机械，由此可见，王祯对机械原理颇有造诣。

王祯由研究农具，进一步对印刷技术产生了兴趣。我国自从北宋毕昇发明胶泥活字以后，印刷技术大幅跃升，然而胶泥活字“难于使墨，率多印坏，所以不能久行”。为了克服这个困难，王祯用硬木刻成活字，分别放入“转轴排字盘”，约有三万个常用字。

拣字工人坐在两个轮子之间，只要转动轮子，就可以很方便地取出所需的活字。大德二年（1298 年），王祯用这种新方法，印行了他所主编的长达六万字的《旌德县志》，不到一个月，印好了上百册，真是一大创举。

王祯一生最大的成就，是花了十七年的工夫，写了一部十四万字的《农书》，共计三十七卷，插图三百零六幅，其中包括了《农桑通诀》——记载垦耕、播种、施肥、灌溉、收获、植树、饲养家畜、栽桑养蚕等内容；《百谷谱》——叙述谷物、蔬菜、瓜果、竹木、棉麻的性能与栽培方法，以及《农

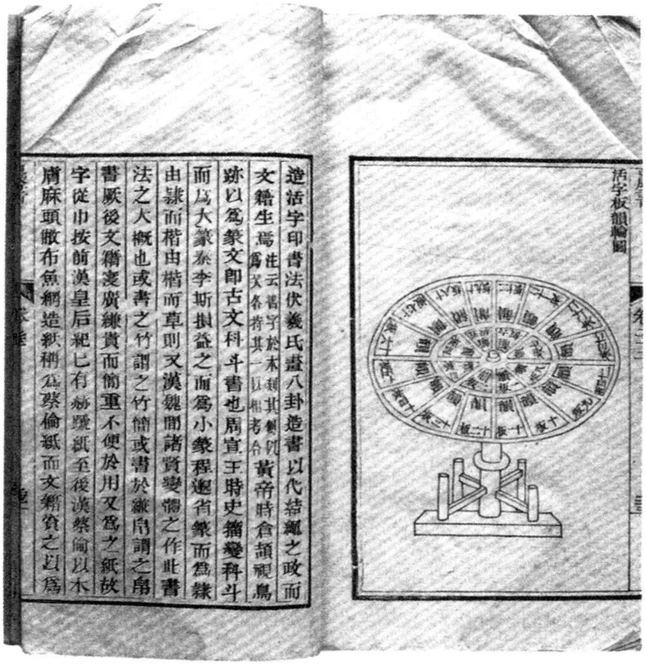

王祯《农书》当中的转轴排字盘，清刻本。

器图谱》——介绍农业生产工具、农业机械，并且把一百多种机械一一绘成图谱，附注使用方法，图文并茂，体例完整。书中涉及的地域包括南北方十七个省区，可见工程之浩大，用心之良苦。《农书》真是中国农业史上一部伟大的著作。

在中国历史上，如王祯这般的农业专家太少，所以一直到今天，中国许多地方的农业依然落后，人民依然清苦。

中国古代重视人文精神，强调人的重要，贬低物的价值，因此科学研究只限于“点”，无法发展为“面”，当然，缺乏知识产权的观念，也是古代的中国人疏于思考、发明的原因之一。

朱思本绘制地图

元朝是中国历史上版图最大的朝代，尤其在元世祖忽必烈建国之初，版图之大，国威之盛，如日中天，正是蒙古大帝国的全盛时代。

由于拥有广阔而统一的版图，再加上交通便捷，中外联络频繁，很自然地，为地理学提供了一个良好发展的环境。

在统一中国以后不久，忽必烈就派遣招讨使都实，佩金虎符，前往探究黄河的源头。

“遥远的东方有一条河，它的名字就叫黄河……古老的东方有一群人，他们全都是龙的传人。”正如《龙的传人》这首歌中所描述的，黑眼睛黑头发黄皮肤的中国人，自古就在黄河这条巨龙脚下生活，对黄河充满了好奇、崇拜与惧怕之情，黄河的发源地，自古以来就有种种不同的传说，其间包含种种不同的神话。

汉朝张骞出使西域，他说他曾经亲眼看见二水交流发源于葱岭，经过于阗（tián），汇为盐泽，然后，伏流千里到积石山再涌出。这不过是代表西域一种神话式传说，西域遥远，一片荒漠，一般人也没法求证。

到了元朝，整个黄河流域都纳入元朝的版图，忽必烈于是展开大手笔的“穷探河源”之举。

被忽必烈任命为招讨使的都实是女真人，精通数种语言，他与他弟弟阔阔出结伴而行，自河州出发，历经四个月，终于发现河源。他形容河源有泉水百余处，面积范围有七八十平方米，站在高山远远望去，如同一片星宿，故名火敦诺尔（蒙语），后来，朱思本用汉文译出，取名为星宿海，这就是今天一般地理书中所记载的“黄河发源于青海巴颜喀拉山之星宿海”的由来。

朱思本是元朝杰出的地理学家，值得介绍。他是江西人，从小喜欢读书，也喜欢学道，于是前往龙虎山拜师求艺，长大以后，当了道教法师，住在大都。

龙虎山地势险要，许多刚入山的小道友经常会迷路。朱思本可不一样，他自幼方向感特别灵敏，曾经去过的地方闭上眼睛也不会走错。他最喜欢画地图，画得又快又好，扼要清楚，每次他当小老师，指着地图讲解之时，连围观的大人也自叹弗如。

朱思本对地理产生兴趣以后，开始积极找地图来研究，他发现晋朝人裴秀画的地图相当准确。裴秀用的是计里画方的法子，在图上先打上方格子，每个方格代表一定的里程，看去一目了然。朱思本也学着画，常常画到三更半夜，仍然舍不得去睡觉。

朱思本最不欣赏宋朝人画的地图，粗枝大叶，潦潦草草。也许宋朝人强调修身养性，倡导理性之学，道学先生偏好灵性，对讲求实际的地理没有兴趣。

朱思本画地图可是一板一眼，丝毫不马虎，他先参考一切有关书籍，然后实地考察。

由于他是道教法师，常常奉旨赴外地祭拜山岳河海，足迹所至，包括今天的河北、山西、河南、安徽、浙江、江西、湖南等，凡是有朋友到京师，他都不厌其烦请教山川险要，城邑沿革，地方风俗。

至于他没有亲自去过的东南一带及沙漠附近，他宁可让它空白，也不愿意拿着其他人的图，随随便便照着描绘，可谓相当具有学术良心，耻于抄袭。因此，朱思本自信十足地表示：“其间山河交错，城连径属，旁通正出，布置曲折，靡不精到。”

朱思本的《舆地图》完成之后，献给皇上。皇上下圣旨命令把《舆地图》刻在石碑上，放在宫中三华院中。原图现已不存，但是，明朝罗洪先曾仿照《舆地图》绘成《广舆图》。后来意大利传教士根据《广舆图》绘制《中国新地图集》，于1655年在阿姆斯特丹出版。该传教士被誉为“西方中国地理学之父”，追根究底，应该感谢朱思本。

除了朱思本，还有一位李泽民在地理学方面也占有一席之地，尤其他曾参考阿拉伯地理学，他绘制的地图更加精确。

特别值得一提的是李泽民所画的《声教广被图》中，已把非洲画成了倒三角形，而且明显地标出了非洲最南端的尖角。可是在现存的欧洲与阿拉伯的地图中，能够画出非洲最南端的最早的记载是1453年弗拉·毛洛的地图，比起李泽民要晚了数十年，因此，有人怀疑，莫非在元朝已有中国人到了非洲南端。

另外，忽必烈曾命扎马拉丁编纂（zuǎn）《大一统志》，记载全国各地的地理情况。大德七年（1303年），又完成《地理图志》，这是一本中国最早的彩色地图。

中国人很早就了解到地理的重要，也很重视地理学。至少在大禹时代，大禹治水就必须研究山川地形。相传《尚书》中的《禹贡篇》便是大禹制定九州贡法，详细区分各区域山川道里的远近及物产状况和贡赋等级，所以称之为禹贡。可惜到了汉代以后，独尊儒术，讲究经学，一切与儒家思想无关的学问被冷落了，因此在中国历史上，间或出现一两颗闪亮的地理学之星，却没有系统的地理学。

不过，正如同罗兰女士说的：“地理是家业，历史是祖先，中国人欣赏自己的地理，敬爱自己的历史，中国人对地理历史的看法，也和其他国家有所不同，简单说来，他们不属于知识，而属于感情。”

无论如何，史地不分家，喜欢历史的读者，如果去旅行观光，一定能体会“脚下踩的是地理，眼睛看的是历史”的深刻感受。

佛寺经营高利贷

元朝是继唐朝以后，中国宗教最为自由发达的时代。

蒙古人与契丹女真一般，最初都是信仰一种原始的萨满教，也就是巫教。凡是疾病、凶灾，一切的国家大事，都要请教巫师。巫师是神与人之间的代言人，挟“神”自重，地位不同凡响。

巫师占卜的方法，是拿一块羊骨，下面烧火，再用铁锥刺羊骨，依照上面的纹路，推断吉凶。

蒙古人占卜的方式和殷商时代用龟甲占卜差不多，可见早期蒙古人的思想文化还是停留在上古阶段，所以建立元朝之后，特别容易接受迷信色彩浓厚的道教和喇嘛教。

西藏喇嘛教是佛教的密宗。当元世祖忽必烈进攻西藏之时，颇得力于西藏喇嘛的望风合作。忽必烈见西藏一带，地广而形险，民勇而好斗，他心想，若要征服西藏，非要借助宗教力量不可。

无巧不巧，此时正好有一个西藏的活神仙八思巴前来谒见元世祖。八思巴在七岁的时候，便能背诵佛经十余万言，西藏人把这位天才儿童称为“圣童”或是“圣僧”。

圣僧前来谒见元世祖时，也不过十五岁，眉清目秀，很有点仙风道骨的样子，世祖一看就喜欢他。以后，不但尊之为“国师”，且请他制定蒙古国学，喇嘛教也在无形之中，成为蒙古的国教了。

八思巴谒见元世祖忽必烈，西藏自治区日喀则市扎什伦布寺壁画。

由于元世祖对喇嘛教的崇敬，他定下一个规矩，凡是皇帝后妃太子公主统统都要接受国师的戒教，向国师行膜拜之礼，甚且皇帝上朝之时，文武百官一律罚站，惟有国师有专门的座位，可见威风之一斑。

中国固有佛教，讲究四大皆空，在元朝时，喇嘛则是标准的酒肉和尚，他们吃肉喝酒，妻妾满房，而且拥有大批财产，不但有土地、山林、果园、池沼、田舍、船只、车辆，还经营高利贷，甚至从事海外贸易。

寺院经济在元代十分兴盛，却不是起自元朝。我们借这个机会，补充一点佛教寺院经济的小故事，相信是大家感兴趣的。

在《水浒传》第三回《史大郎夜走华阴县，鲁提辖拳打镇关西》之中记载，鲁达在酒店之中听到“隔壁阁子里有人哽哽咽咽啼哭”。原来是杀猪的屠户强占金家女儿为妾，未满三个月，又把金家女儿赶打出去，还追还原来的卖身钱，金家父母不敢与郑屠起争执，只有每日到酒楼卖唱还钱。

鲁达一听便火了，他对金家父女拍胸脯道："你两个且在这里，等洒家去打死了那厮便来！"

于是，鲁达找到了郑屠，"只一拳，正打在鼻子上，打得鲜血迸流，鼻子歪在半边"，然后"提起拳头来就眼眶际眉梢只一拳，打得眼睖（lèng）缝裂，乌球迸出"，最后"郑屠挺在地上，口里只有出的气，没有入的气，动掸不得"。

鲁达三拳打死了郑屠，逃到代州雁门县，因为官厅行文捕捉，便由赵员外介绍，到五台山文殊院，剃发为僧，当了和尚。于是，面恶心善的鲁达成了鲁智深。

鲁提辖拳打镇关西，明刻版画。

文殊院是佛寺，乃化外之地，所以能收容犯人，倒也不足为奇。奇怪的是，文殊院内大大小小和尚七百多人，念经拜佛，竟然拥有大量的财产。

鲁智深每日好酒好肉不离口，如今当了和尚，真是饿昏了。有一回，见了卖酒的汉子大喜过望，汉子却不肯卖酒给他："我们领取本寺的本钱，住着本寺的屋宇，如何敢卖酒给你？"

酒店老板也不敢卖酒给鲁智深，他抱歉地说："师父少罪，小人住的房屋也是寺里的，本钱也是寺里的。长老已有法旨：但是小人们卖酒与寺里僧人吃了，便要追了小人们本钱，又赶出屋，因此，只得休怪。”

由此可知，文殊院虽然是个庙宇，方圆数十里内，相关企业还真不少，不但土地房屋属于文殊院，连商人做生意的本钱也是庙里出资的。

《水浒传》虽然是虚构的小说，却是当时生活的反映，足以显现社会的风貌，寺院经济繁荣便是其中之一。

佛寺为什么如此阔绰呢？

佛教在汉明帝时代传入中国，之后，三国鼎立，晋朝初起，百姓流离，痛苦不堪，为了要使来生不受苦难，纷纷皈依三宝，修炼今生，虔诚拜佛。

至于帝王之家，一旦得到帝位，总是屠杀前朝子孙，佛教专讲因果报应，他们听了之后，怕自己会堕入地狱，更怕子孙食其恶果，于是不惜减少百官的俸禄，将大量的金钱捐给佛寺，佛寺既然拥有大批财产，所以常常放债取息，做起高利贷的勾当。

由于当和尚不过只是扫扫地，拜拜菩萨，小和尚念经有口无心，却能逃避兵役，逃避赋税。然而人民出家，在财政上减少了国家的税收，军事上减少了国家的兵源，于是朝廷与佛寺之间便发生了争执，这是北魏太武帝、北周武帝、唐武宗灭佛（合称“三武之祸”）的重要原因。

在现实的中国社会，不会因为信仰不同，发生宗教战争，中国人以为神是为人服务的，人不是为神服务的，所以灭佛主要是基于利害的冲突。

由于旧时中国固有佛教，表面上四大皆空，实际上却不乏放高利贷的例子，所以元朝放任喇嘛，原有的佛寺也就同流合污了。我们下回再谈。

元朝喇嘛娶妻置妾

在上一回中，我们说到，元世祖忽必烈受八思巴的影响，偏好佛教中的密宗，就是喇嘛教。

喇嘛教是佛教中的一支，可以称之为藏传佛教，教徒信仰秘密真言（指印度的陀罗尼），极富神秘色彩。所谓“喇嘛”即藏语“无上”之意，为佛教徒的一种尊称，亦即“和尚”“高僧”之意。

忽必烈虽然倾向佛教，对其他宗教倒也不排斥，这点倒是与成吉思汗相同。成吉思汗礼遇各种宗教，并且尊敬各教派中有学识的人。他只要求各派宣传的教义，都要符合他对长生天的信仰。

忽必烈像，现藏于中国国家博物馆。

忽必烈曾经对马可·波罗说：“全世界崇尚的预言人有四个，基督教说的是耶稣基督，回教徒说是摩诃末，犹太教说有摩西，偶像教（指佛教）说有释迦牟尼，我对这四个人都执敬礼。”

总之一方面尊崇佛教，一方面对其他宗教兼容并蓄是他的宗教政策。

蒙古高级喇嘛服饰。

由于忽必烈偏向佛教，一向与佛教抗衡的道教自然处于下风。远在蒙哥时代，两教的首领曾在和林举行两场辩论，第二次辩论是由忽必烈担任裁判，替佛教加油的裁判自不免偏袒（tǎn），辩论结束以后，十七名道士被迫削发为僧，当和尚去了，许多道观改为佛寺，不少道教经典化为灰烬（jìn）。

忽必烈喜好排场，单单做佛事，以黄金汁写佛经一册，便用去黄金三千二百两。前代做佛事不动荤腥，元朝喇嘛百无禁忌，杀猪宰羊，消耗量惊人，仅是杀羊就达一百三十万头。

忽必烈的皇后在大都旁边，建造了大护国仁王寺，占地三万四千四百顷，单是矿坑就有银、铁等十五处，寺院真是财力雄厚。

此外，南方还有一种特殊的情况，宋朝时人民流离失所，离开北方到了南方临安，建立了南宋。

南宋被元朝灭亡之后，许多人回到北方老家，发现原有的房屋都被其他人侵占了，这引发了许多土地房屋纠纷，战乱之中，土地资料又不全，公说公有理，婆说婆有理，反正吵吵闹闹扯不清楚。

当然，侵占他人房子的，自知理亏，却又不甘心拱手让还主人，干脆心一横，把田宅捐给庙里，当成做善事。主人也不敢和菩萨争财产，在这样的情况之下，佛寺的资产自然愈来愈多了。

元景德镇窑青白釉水月观音菩萨像，现藏于北京首都博物馆。

元代的喇嘛六根不净，所以也可“降下凡俗”封王封侯，甚至殴打官吏而不治罪，尤其擅长与女人鬼混嬉戏，到了元顺帝时，喇嘛还教皇帝如何玩耍，实在不像佛门子弟。

根据元世祖至元二十八年（1291 年）的统计，全国约有佛寺四万二千三百一十八座，僧尼二十一万三千一百四十八人，势力庞大。他们开设店铺，饮酒茹荤，娶妻置妾，快乐极了，无怪郑思肖说元人分十等：“一官、二吏、三僧、四道、五医、六工、七猎、八民（指农民）、九儒、十丐。”

元朝人朱德润曾经写过一首《外宅诗》，形容当时僧人作威作福的情景，借一个老丈人的口吻，叙述三个女婿的不同：

“老子平生有三女。一女嫁与张家郎，自从嫁去减容光，产业既微差役重，官差日夕守空床。一女嫁与县小吏，小吏得钱供日费，上司前日有公差，事力单微无所恃。小女嫁僧今两秋，金珠翠玉堆满头，又有肥膻充口腹，我家破屋改作楼。”

好一个“我家破屋改作楼”，难怪有人争着把女儿嫁给和尚，这也是一种千古奇闻了。

脱脱修宋辽金史

元朝自元世祖开国，声威不可一世，历任成宗、武宗、仁宗、英宗、泰定帝、天顺帝、文宗、明宗、宁宗而到顺帝。从成宗元贞元年（1295年）至顺帝元统元年（1333年），这短短的三十九年之间，竟然换了九个皇帝，平均四年换一个，真是开玩笑。

同时，这些皇帝几乎全是短命皇帝，平均寿命只有三十岁，天顺帝九岁，而宁宗更只不过七岁，可想而知，一切都是权臣在操纵。

其中，燕铁木儿当政三朝（文宗、明宗、宁宗），横行无忌，奢侈浪费，一掷万金。史书上记载，他每次家中请客，至少要宰马十三匹。马肉又粗又硬，不晓得他为什么要吃马肉，也许蒙古人口味奇特。

燕铁木儿除了好吃更好色，他的妻妾多得连自己都数不清楚。某次找来一位绝色佳丽，结婚三天以后，看着厌烦，便把她赶了出去。

有一天，燕铁木儿到赵世延家中饮宴，他坐下来不久，忽然之间，抬头见一美人，微微对他一笑，燕铁木儿忍不住心动，他霸气十足地对赵世延说："那边那位穿紫色衣服的妇女是谁家小娘子？如此标致，我想把她带回太师府。"

左右的人大惊失色道："她是春燕，本是太师的侍妾，方才随太师一块儿来的。"

"噢，我怎么一点儿印象也没有？"燕铁木儿搔搔头皮，眼睛仍然贪婪地盯着春燕瞧，仿佛想把她吞下去似的。

燕铁木儿最后纵欲而死。

元顺帝即位（只有十三岁），燕铁木儿的儿子唐其势为左丞相。顺帝很害怕唐其势会和他老子一样跋扈，所以虽然唐其势地位很高，却完全被架空，大权都操在伯颜手里。

元朝人很喜欢以伯颜命名。元世祖当年用贤相伯颜，文治武功盛于一时。元顺帝用的这个伯颜，却是个大奸臣。

唐其势当年看父亲多威风，相形之下自己实在太窝囊了，他愤愤不平道："天下本我家之天下也，伯颜是什么人，竟然位居我之上？"

唐其势一不做二不休，准备设法废掉顺帝，另立新皇帝。结果事迹败露，顺帝得到消息，先下手把唐其势杀了，伯颜更加炙手可热。

伯颜有个侄儿脱脱，十分聪明伶俐，伯颜十分欣赏他，派他担任天子宿卫，表面上是保护顺帝，其实是暗里监视顺帝的一举一动。

脱脱深受儒家思想熏陶，极有忠君爱国的观念，他看不惯伯颜的嚣张，不止一次回家对父亲抱怨："伯颜叔父如此骄纵，完全不把君王看在眼里，万一哪一天，天子震怒，我们也逃不过满门抄斩的命运。"

脱脱的父亲也深以为然，于是，脱脱有一天便直接禀报顺帝："脱脱一向只知有国，不知有家，只知有皇上，不知有叔父。"

顺帝口中嘉勉，心中却不信，找了心腹去试探，脱脱仍然坚持，这才比较放心。

事实上，顺帝所处的局面，一天比一天危急，他不依赖脱脱也不成。有一天顺帝讲到伯颜："他要诛郑王，贬让王，逐威顺王，爱杀就杀，要贬就贬，眼里哪还有我这个皇帝？"说着，顺帝竟然放声痛哭，愈哭愈是伤心，他到底才十来岁大。

脱脱见顺帝哭，也忍不住掉泪，君臣二人，哭得一塌糊涂。终于，狠狠下了决定，要等伯颜入朝之时，当场擒拿治罪。

伯颜也是一个十分深沉的人，他进进出出，前后左右都有层层警卫保护着。他入朝时，发现宫墙每一角落都站了卫兵，忙把侄儿脱脱找来问：“这是怎么一回事？”

脱脱一本正经地回答：“天子所居，防御岂能不严密？”

伯颜愣了一下，他是何等精明厉害的角色，直觉告诉他，脱脱已倒向皇帝那边去了。

伯颜为了先发制人，他带领大批卫队到皇宫，邀请顺帝出外打猎。

脱脱说：“皇上今天身体不适，不想出去狩猎。”

“天气这么好，不去太可惜了，非去不可。”伯颜露出了狐狸尾巴。

脱脱警觉大势不妙，下令：“关闭城门。”

当天晚上，顺帝在玉德殿下诏，公布伯颜罪状，罢大丞相职，出为河南行省左丞相。伯颜发火，带着卫队到城下，质问道：“朝廷凭什么免我的职?”

脱脱很机智，也不回答伯颜的挑衅，却对伯颜卫队宣布：“朝廷圣旨只罢大丞相一人，凡相府一切官员，一概不究，各还本职，一体安心。”

这个分化策略极有效，大家都觉得不必跟着伯颜送死，顷刻间作鸟兽散，伯颜成了光杆司令。

伯颜万万没有料到会栽在侄儿手里，真是万分不服气。因此家乡父老送行之时，忍不住发牢骚：“你们可曾见过子杀父的事情吗？”大家都清楚，他是在指责脱脱。

这时，却有父老讥讽道：“不曾见，倒是听说有臣子弑君的事。”

伯颜顿时脸色惨白。

顺帝担心伯颜日后会复仇，为除后患，把他杀了。脱脱不久便担任右丞相的官职。

脱脱是元朝末年最为出色的宰相，他开科取士，减轻赋税，疏浚河道，并且提倡文治，编修史籍，正史二十五史中的《宋史》《辽史》《金史》都是在脱脱监修之下完成的。

元顺帝沉迷色情游戏

当元顺帝依赖脱脱，除去权臣伯颜之时，他只有十三岁，还是个毛孩子。

转眼之间，二十年弹指而过，在脱脱的辅政之下，倒是顺利开展国家建设。顺帝对脱脱，始终有份畏惧之心，他最喜欢的人是哈麻，哈麻是顺帝的宿卫，能言善道，擅长说笑话，还会教顺帝用双陆（一种赌具）玩赌博的游戏。

当时脱脱担任右丞相，左丞相是太平。太平也是个一丝不苟的正人君子。他顶看不惯哈麻，讨厌他没上没下，一副奸邪小人的模样，太平总是劝顺帝："有空多读一点书，少和哈麻这样的人往来。"

顺帝表面答应，其实根本听不进去。

哈麻不晓得自哪儿弄来一些黄色书籍，悄悄塞给顺帝，顺帝看得十分入迷，不停地夸奖哈麻："你真是会办事。"

太平晓得了，愈发忧心，于是他联络了监察御史干勤海寿弹劾哈麻，指责哈麻没有君臣之礼，而且任意出入顺帝庶母宫闱，完全不成体统。

顺帝莫可奈何，下诏免了哈麻的官职。

退朝以后，顺帝又后悔了，一气之下，把弹劾哈麻的太平、干勤海寿也免了官。没多久，哈麻复起。

哈麻栽了一个跟斗又爬起来了，他为了控制顺帝，神秘兮兮地对顺帝说："我最近找了一个西天僧（印度和尚），这个和尚，专精运气术，也称为演揲（shé）儿法。”

“运气术是什么？”顺帝十分好奇。

“就是快乐无穷之意啊！陛下你想想看，你贵为一国之君，领辖如此大的版图，富有四海，也无法长生不老，人生不过数十寒暑，该趁这段短暂的时光，痛痛快快玩一番啊！”

顺帝觉得有理，马上召见西天僧，这个西天僧长得鬼里鬼气，他谄媚地对顺帝说：“你一定会满意的。”

顺帝大喜，立刻封西天僧为司徒。从此以后，西天僧与徒弟就成为皇宫中的红人。

西天僧所谓的“演揲儿法”就是如何与女人玩耍的妙法，他带领着顺帝与妃嫔，在宫廷之中男女裸体互相追逐，大臣们见到顺帝光着屁股跑来跑去，只有摇头叹息的份儿。

脱脱明知对顺帝劝谏，他根本听不进去，也就不再说了。这时，地方上群雄并起，刘福通在颍州，李二在徐州，都号召民众，揭竿起事。脱脱自请出征，在至正十二年（1352 年）破徐州，至正十四年（1354 年）又讨伐张士诚。

脱脱一向看不起哈麻，哈麻也厌恶脱脱。脱脱一走，哈麻乐得和西天僧一块，拉着顺帝沉溺于色情游戏。

哈麻并且设计一招毒计，他唆（suō）使御史弹劾脱脱：“出师三月，略无寸功，倾国家之财以为己用，半朝廷之官以为己随……”

顺帝被色情游戏迷昏了头，竟然把脱脱免了职。脱脱的左右道：“将在外，君命有所不受，丞相不必班师回朝。”

脱脱不肯，他执意交出军权：“天子诏而我不从，是我与天子争也，君臣之义何在？”

在流放云南道上，哈麻又用一道假诏赐脱脱死，脱脱二话不说，把鸩（zhèn）酒一饮而尽，死时不过四十二岁，元朝末年国家惟一栋梁遭到冤杀，元朝岂得不亡？

哈麻因为提供黄色游戏走红，哈麻的妹夫后来居上，也找了一个西番僧（西藏和尚）介绍“秘密法”。

顺帝对西天僧那一套已经玩腻了，很高兴地尝试西番僧的方法。一试之下发现，西番僧比西天僧更有一套，从此，西番僧取代了西天僧的地位，自然，哈麻也被妹夫给比了下去。

哈麻极为不甘心，他对父亲说：“妹夫以淫乱之事取媚皇帝，天下士大夫必讥笑我们。”他似乎忘了妹夫是向谁学来的。

哈麻又说：“今皇帝日渐昏暗，而皇太子年事已长，聪明过人，不如立皇太子为帝，使皇帝退居太上皇，如何？”

不料，哈麻的父亲一转身，把话告诉了女儿，女儿当然告诉夫婿，顺帝也就知道了，勃然大怒：“我头发还未白，牙齿也未落，竟然要逼我为太上皇，我老迈无能了吗？”

于是，哈麻先被打了一百杖，然后处死。顺帝有了西番僧，也不介意哈麻存在与否，他日夜作乐，不理朝政，国家也走向败亡。

我们翻开古今中外的历史，不论是罗马帝国或是其他国家，在朝代末年，君臣往往沉溺在色情游戏之中，自然而然丧失人生斗志与理想，使得政权走向衰亡。

韩山童用石人造势

元顺帝得到西番僧以后，益发荒淫，他挑选美女十六人，垂辫发，戴佛冠，披瓔珞（luò）（用珠玉缀成的项链），穿天衣，作天魔之舞，号称“十六天魔舞”。

当元顺帝与佞臣放荡于色情之时，政治黑暗，种族压迫，经济崩坏，已经造成通货膨胀、物价高昂、民间卖儿鬻（yù）女的惨状，浙东流行顺口溜：“天高皇帝远，民少相公（指官吏）多，一日三遍打，不反待如何。”

好一个“不反待如何”，从顺帝即位开始，各地大大小小的民变，就没有停止过，很不幸，屋漏偏逢连夜雨，黄河又泛滥成灾。

在脱脱还没有被害死之前，他就注意到这个问题的严重性，他在主编宋辽金史之时，注意到一个年轻人贾鲁，对水利工程极有研究。

脱脱派遣贾鲁，沿着黄河，实际了解水患。贾鲁探测回来，绘成地图，提出两个方案：甲案修筑北堤，用工较省，却非治本之道；乙案疏堵并举，引黄河东行，用工虽数倍，却能保长久无患。

至正十一年（1351 年），脱脱召集群臣，研讨对策，贾鲁慷慨陈言，力主实施乙案。他说：“不动大工程，不能绝后患，朝廷应该拿出魄力。”

工部尚书成遵，也曾经实地考察，他则持反对意见，理由是：“贾鲁只注意到黄河本身，没有体察民怨，眼前如果兴大役来疏浚河道，山东连年饥馑（jǐn），民不聊生，还要召集二十万人于此地，臣恐他日之忧，比黄河泛滥更可怕。”

脱脱一听，大为不悦，他扬眉问道：“你们是说百姓要造反吗？朝廷整治黄河，难道不是造福人民吗？”

任何一件事的利弊得失，自不同的角度，往往有不同看法。单以治黄河论，贾鲁的建议当然是对的，于是贾鲁担任了工部尚书充总治河防使，半年之内，舟楫通畅，黄河恢复元初故道，汇于淮水流入东海。他所用的方法，同时采用疏、浚、塞，他所用治河的工具，有土、石、铁，有木，有蒿苇，有竹缁（zī）。中国许多地方到今天仍然沿用这套方法，贾鲁不愧为治河专家。

可是，另外一方面，百姓在怨声载道之时，又被拉来治黄河，一肚子的不满就倾泻而出。

其中有个叫韩山童的人，他的祖父是白莲教的教徒，用烧香拜佛吸引群众。韩山童更会利用白莲教造势，他到处发动宣传口号“弥勒佛降生”“明王出世”“天下即将大乱，欲免杀身之祸者，必须加入白莲教”。

这些口号很吸引人，白莲教的教徒愈聚愈多，从河北、山东、河南到长江淮河一带的居民几乎都加入白莲教。

另有一个叫刘福通的人，也是一个好政治有野心的混混，他毛遂自荐，担任韩山童的助选员。对外发布消息，倡言“韩山童是宋徽宗的八世孙”。宋朝皇帝姓赵，怎会有个姓韩的孙子，这个就不必追究了。至于他自己，也有点儿来头，他自称是“宋朝大将刘光世的后裔”。

单单如此，似乎不够分量，于是韩山童秘密雕造一个独眼石人，预先埋在黄陵岗河床底下，然后到处放谣言：“石人一只眼，挑动黄河天下反。”

在人心苦闷之际，谣言更容易传播，不一会儿工夫，农民们都知道了这件事，又是害怕，又隐隐然希望天下动一动、乱一乱，以拯救苦难大众。

当脱脱的治河工程进展到黄陵岗，有个河工惊叫道：“土挖不下去了，好像埋有东西。”

众人七手八脚往下凿，抬出石人，讶然发现，石人只有一只眼睛，与传说中的石人一样，老实的乡下人都吓呆了，个个围拢来看，面面相觑，心里都在想："看来挑动黄河天下反就在眼前。"

这件奇怪的事，一传十，十传百，凡是参与工程的人都知道了，人心为之浮动不安。

既然石人的传说是真的，那么韩山童是明王出世，拯救天下的救星也是真的了。自此以后，人们对韩山童另眼相看，愈看愈觉得他不是凡人。

于是至正十一年（1351年），人们共尊韩山童为明王，宰乌牛，杀白马，祭告天地，择日起兵，并且以红巾为标帜，称为"红巾军"或是"红军"。

当地县官得到消息，大为震怒，下令："管他明王不明王，抓来再说！"于是韩山童被逮捕，就地正法，刘福通溜得快，逃过一劫，躲到武安的深山中。

接着，刘福通利用人们同情明王被杀，攻占河南十多个州县，聚众十多万，连朝廷派来的军队，也被打得落荒而逃。

过了三四年，刘福通找到韩山童的儿子韩林儿，把韩林儿迎到亳（bó）州。在至正十五年（1355年），韩林儿即皇帝位，号"小明王"，国号"宋"，这一批以红巾包头的军队，形成一股极大的势力，接着萧县的李二、濠州的郭子兴也先后起兵。

在中国历史上，凡是起兵，总要先设计一些灵异的迷信，偏偏这一着还相当管用。

明教吃菜事魔

在上一回，我们说到，元朝末年“贫极江南，富夸塞北”（蒙古人吃得饱撑，汉人南人却是饿得要命），于是，各地纷纷掀起抗暴，凡是起事者，都喜欢用明教自我标榜。

明教有个不好听的代称——“吃菜事魔”，吃菜指的是吃斋食素，事魔则是因为耶稣画像蓝眼睛、高鼻子、黄头发，乡下人看着不习惯，认为他是魔鬼，既然是拜洋魔神，又称之为魔教。

魔教当然不是现在的基督教，它是中国民间社会一种混杂的宗教，其来源可以追溯到唐朝，是波斯人摩尼创的摩尼教。

摩尼教，又称为明教，或称末尼教、牟尼教。在武则天时代，摩尼教传入中国，玄宗开元二十年（732 年）禁止，理由是“摩尼法本是邪见”。

玄宗虽然禁止邪见，但是不久，安史之乱爆发，唐朝打不过，向回纥（hé）借兵，收复京师，不少回纥人笃信摩尼教。唐朝政府畏惧回纥，不得不允许摩尼教传教，唐代宗大历三年（768 年）在长安与洛阳建立摩尼教的庙宇，赐名为“大云光明寺”，教徒逐渐增多。

然而，唐朝君主对摩尼教始终没好感。这一群穿白衣服、戴白帽子、不到天黑不吃饭的摩尼教徒，看起来怪怪的。因此，唐文宗时代，回纥内乱，唐朝政府便对摩尼教施以打击。唐武宗灭佛之时，也全面禁绝摩尼教，而且处死七十二名女摩尼。自此以后，摩尼教公开传教中止，却转而秘密在民间社会流传。

由于社会困苦，明教又宣扬黑暗将过去，光明就会到来，许多揭竿起义的人，就会利用明教吸收群众。北宋时代，福建南部有不少明教教徒，后来又从福建传到浙江，光是温州就有明教斋堂四十多个，管理教会的人被称为侍者、听者、斋姐与姑婆。到了南宋初年，传播更广，也得到“吃菜事魔”这个不雅的名称。

这个时候的明教，与摩尼教已不相同，又和弥勒教及白莲教互相混合。

弥勒佛是中国社会熟悉的大肚子菩萨，据说，在释迦牟尼死了以后，世界就开始变坏了，人的心肠恶毒了，收成也变得不好，幸亏，释迦牟尼死前曾预言：“大家别担心，再过几年，会有弥勒佛出世。”人们想象弥勒佛是笑口常开，心广体胖，笑呵呵的模样。

这个弥勒佛是救世菩萨，只要他一出现，到处是清澄澄的水池，碧森森的树林，芳草遍地，花香扑鼻，每个人都变得好心肠，人人争先恐后做好事，不愁生老病死，稻麦一年有七次的收成，更美妙的是，用不着拔草锄田，就会自然长大，只要等着收割就好了。

对于辛勤努力都永远赚不得温饱的农民而言，不论明教教主，或是弥勒佛都给他们带来了甜蜜美丽的梦。信仰西方的耶稣或是东方的弥勒佛，对他们而言，差别不大，也没有兴趣研究教义，反正是救世主就对了。信弥勒佛的人也穿上白衣服、白帽子，也相信世界上有明与暗两种力量。

至于白莲教，信仰阿弥陀佛，死后到西方净土白莲地上，过着幸福愉快的日子，也与弥勒教合而为一。

总之，不论明教、弥勒教、白莲教，都是不满现实社会，相信有一天会有“明王”或是“弥勒佛”出世，大家听从他的英明领导，改造这个世界。所以，从隋唐之后，尤其到了朝代末年，人民苦不堪言，明王或弥勒佛出现的传言，就会不胫而走。

正因为人们心中埋藏着这个愿望，当韩山童用“石人一只眼，挑动黄河天下反”造势，再派人放出消息，弥勒佛诞生了，人们才会如痴如狂。

摩尼教典籍插图，新疆维吾尔自治区吐鲁番市高昌故城出土。

另外，教会总是比较有组织的，教友可互相帮忙，农民受地主压迫，忍气吞声，一筹莫展。如今能够聚在一块，同病相怜，互相给予精神上的支持，共同祈祷美丽新世界的来临，精神上得到一些安慰鼓励，这也是民间教会力量茁长的原因。

教会里也流传一些顺口溜，吐露人们对现状的不满："天高皇帝远，民少相公多，一日三遍打，不反待如何。""堂堂大元，奸佞当权，开河变钞祸根源，惹红巾万千，官法滥，刑法重，黎民怨。人吃人，钞买钞，何曾见，贼做官，官做贼，混贤愚，哀哉可怜！"

由于明教代表人们的希望，所以朱元璋灭元朝之后，号为大明，意思是说，他就是民间传说中的明王、救世主，五百年来的秘密传说，可以告一个段落了。朱元璋原是小明王的部将，他害死小明王，继之而起，仍然舍不得去掉"明"字。

元末群雄，个个拥抱这个"明"字，其中大有道理。

朱元璋偷吃烤小牛

元朝末年，天下大乱，群雄并起，不论是方国珍、张士诚、陈友谅都是胸无大志的草莽（mǎng）英雄，成不了气候。惟有朱元璋与众不同，雄才大略，因此最后剿平群雄，建立了明朝。

朱元璋生于元朝天历元年（1328年）九月十八日，属龙，原名朱重八，元璋是以后投靠到郭子兴帐下之时才起的名字。

当时，蒙古人压迫汉人，甚且汉人无职的百姓，连名字也不许取。一般人只能用父母，或者祖父母的年龄当作孩子的名字，例如李家小娃娃生下来的时候，祖父五十岁，于是他便被唤作李五十，真是可笑又可悲。

朱元璋的父亲是个老实可怜的佃（diàn）农，名叫朱五四。后来跟着朱元璋打天下的汤和的父亲叫汤七一，常遇春的父亲叫常六六，因为都是市井百姓，依规定不准取正式的名字，只好一辈子用这可笑的名字。

朱元璋生下来就不讨人喜欢，一张小脸皱皱黑黑，充满了凶相，不晓得为了什么，不肯吃奶，肚子却胀得圆圆鼓鼓的，大人都说："这个娃儿怕活不了。"

朱五四有天做了一个梦，梦里孩子果然早夭，他惊醒之后，心想，这个小孩命太硬，不如舍给庙里吧。于是，他抱着小孩就往庙里跑，反正家里人太多，少吃一口粮食也好。

谁知庙里半个人影也没有，朱五四只好把娃儿又带回家。奇怪的是，这下子娃儿倒会吃奶了，过了几天，胀得鼓鼓的肚子也消了，就这么一直病歪歪地长大。

长大以后的朱元璋，变得更难看，粗眉毛，凸眼睛，肥鼻子，大耳朵，从侧面看去，头盖骨高高隆起，下巴突出一寸，仿佛一个山字，让人觉得不舒服。但是，虽然朱元璋长着一张丑脸，却透着威严与沉着，有着不可侵犯的神气。

朱元璋喜欢看野台戏，尤其是戏码中有演皇帝的，他绝对不会错过。看完了戏，朱元璋就吆喝一群伙伴照着演，当然他总是扮演九五之尊的天子。

他命令小朋友把粽叶撕成一丝丝的长条，粘在嘴上当胡须，再找一方破黄布当龙袍，又弄来一块被人丢弃的车板做皇冠，就这么大模大样在稻草堆上当皇帝。其他小朋友乖乖地手持木片儿，算是朝笏，担任他的文武百官，并且恭恭敬敬跪在地上不断磕头，口里还不住地高喊："皇帝万岁，万岁，万万岁！"

为什么小朋友都甘心把朱元璋捧为皇帝，尊为领袖？这是有道理的，朱元璋点子多，脑筋活，能带着大家玩儿，而且敢做敢当有义气，尤其是经历了小牛事件以后，众家小朋友对他是死心塌地，五体投地。

话说一个风和日丽的下午，朱元璋和一群放牛的小朋友们，懒洋洋地靠在篱笆旁边，日子过得无聊极了。时辰还早，他们不能回去，怕被田主骂。其实，回了家，也没意思，到处闹灾荒，大人们愁眉苦脸，小孩子动辄遭殃挨打。

一连多天，大伙都是吃稀粥过活，再下去只有啃树皮草根了。周德兴的肚子突然咕咕噜噜地叫起来了，他拍拍肚皮道："我的肚子告诉我，它想来一碗白米饭，全是干饭，亮晶晶的，满满的一大碗。"

"是啊，好久没尝过白米饭的滋味了，热腾腾的，淋一点酱油多香！"汤和附和着，口水都要淌出来了。

徐达说："白米饭算什么？要吃肉才好哩！"

“你吃过肉？”小毛问道。

“我哪吃过，我爸爸都没吃过，财主们才能吃肉，有次我经过，单单闻那个香味就太棒啦。”

汤和忽然叫起来：“我吃过肉。”

众人一起盯着他瞧。汤和搔搔脑袋：“我吃过蚱蜢与菜虫的肉。”

大家啐了他一口，陷入长长的沉默与无奈之中，强烈的挫折感笼罩在空气之中。

“有了！”朱元璋大喝一声，指着蹒跚前来的小牛道，“这不是现成的肉吗？”他拿起绳子把小牛绑住。周德兴抡起斧头，对小牛一砍。接着，剥皮的剥皮，生火的生火，一会儿工夫，浓香四溢，个个馋涎欲滴。

小朋友们兴奋极了，顾不得滚烫的热气，忙不迭往嘴里送。细嫩而香甜的小牛肉是这般可口，尤其他们从来没吃过肉。

“哇，好吃啊！”

“真是这辈子没尝过的美味！”

小毛拿着一块肉，对着发愣。

“你干吗不吃？”汤和问道。

“我舍不得一下子咽到喉咙里嘛。”

“傻瓜，再不吃就没了。”

可不是吗！烤得焦黄油亮香气扑鼻的小牛，一转瞬的工夫，只剩下一张皮，一堆骨，一条尾巴了。大家意犹未尽地猛舔手指头，恨不得把沾了烤肉香气的油渍渍的手也一并吃掉。

狼吞虎咽、风卷残云之后，太阳下山了，小朋友们开始慌了。“糟了，小牛没有了，怎么向地主交代！”

汤和指责徐达：“都是你说要吃肉！”

“是谁先挑起话题的？”徐达也不甘示弱。

“哇，我会被妈妈打死。”小毛开始大声地哭，“都是你们害的！”他哭得惊天动地。

吃了小牛后，朱元璋设计骗财主，清代年画。

“谁害你？谁吃得摇头晃脑，连手指头都快吃下去了？”

众人互相指责，个个心里七上八下，后悔不该一时贪吃，昏了脑袋，这下子惨矣。

“你们回去，别担心，一切有我！”朱元璋拍着胸脯道，“主意是我出的，我负全责。”

“你能把小牛变回来吗？”小毛止住了哭声。

“反正，你们别管，一切有我！”

朱元璋沉着地把皮骨埋了，把小牛尾巴插在山上石头缝隙里，然后没命似的跑去找地主：“糟了，小牛跑了，快来追！”

地主赶来，只见牛尾巴，朱元璋结巴地解释：“小牛钻入山洞，只留下尾巴，我拉了半天，也拉不出来。”

地主在山洞里找了半天，找不到小牛，气得把朱元璋狠狠打了一顿。

第二天朱元璋皮开肉绽出现在同伴面前，模样虽然狼狈，但是他够义气，没把同伙招出来，也赢得了大众的心。

朱元璋的足智多谋，阴沉狠毒，自小就显露出来了。

朱元璋葬父

童年时代的朱元璋，一向是个当领袖的孩子王，带着大家玩朝臣拜皇帝的游戏，过足了天子的瘾，倒还挺有趣的。

但是，每天放牛回家，家里的日子始终不好过，气压低得让人受不了。朱元璋的父亲朱五四是个贫困潦倒的佃农，从安徽句容搬到盱眙（xū yí），到五十岁时，又迁到钟离太平乡孤庄村，不论搬到哪里，都没法子养家糊口。

这天，朱元璋刚踏进门，就听到母亲陈二娘对父亲朱五四说："老大要娶媳妇了，你去向田主借点儿钱吧！"

五四叹口气："能少交点税就是福气了，你没见他上回来，直嫌麦子太潮，称的斤两不够，啰啰嗦嗦一大堆，谁敢去开口？"

"可是，上回招待田主，鸡也宰了，酒也喝了，我们再寒碜（chen），也得请请客人啊。"

"不然，这样吧，你去申请官家赈（zhèn）济。"

"那个更麻烦，要身家调查，要盖手印，折腾了大半天，发下来的全都落入县官手里，腿跑断了，气受够了，头也磕破了，发下来的粮食，还不够咱们全家吃一顿，我看是算了。"

陈二娘忧伤地说："总不能花轿都没有，太委屈人家女孩子了。"

五四也恼了："委屈什么，她还不是佃农的女儿，也没带嫁妆来，将就将就吧！"

于是，大哥的婚事能省就省，没有花轿，没有喜宴，新娘子头上盖块红布，众家亲友一阵鼓掌，就这么走进朱家。虽然过于简陋草率，光景不好，但家家都是如此，也就见怪不怪。

第二年，大哥生了一个儿子，二哥也娶了一门媳妇，三哥则入了赘，大姐嫁给王七一，二姐也远嫁了，就剩朱元璋，还不满十六岁，在家里晃来晃去。

中国的农民，一向是吃苦耐劳，逆来顺受的，如果不是至正四年（1344年）一场灾荒，朱元璋一定和他的大哥二哥一般，娶一个粗手大脚能干的媳妇，为田主耕一辈子的田，缩衣节食，苟延残喘。

至正四年（1344年），淮河流域旱灾、蝗灾、瘟疫接踵（zhǒng）而来。大地裂成一条一条的长窟窿，又飞来一群黑压压的蝗虫，啄走了村民仅余的一丁点儿粮食，大家只好以树皮草根过活。

也许是环境卫生太恶劣了，一会儿瘟疫四处流行，被感染的人，上吐下泻，往往一昼夜便魂归西天。人人都说："老天爷发脾气了，要处罚人了，谁也逃不过的。"在这个时候，"易子而食"不是单单形容灾民的悲惨了，古时农村遇到饥荒时，也有人吃人的惨事。

流民图，明周臣绘。

太平乡的村民能逃的都逃了，其实，逃到哪儿也都一样，附近的村庄无一幸免，全都陷落在世纪大浩劫之中。

朱元璋家中更是祸不单行，先是二嫂、三嫂先后病死，接着，二姊与大侄儿、二侄儿也走了，只是没死在家里头。

不一会儿，朱五四在四月初去世，三天后，大哥跟着走，到二十二日那天，朱元璋的母亲陈二娘也死了。

朱元璋在短短半个月中真是心力交瘁，家里没钱，请不起郎中，买不起药，眼睁睁看着家人一个个撒手归西，一点办法也没有。眼睛哭痛了，眼泪流光了，心也掏空了，贫穷、落后、无知，注定是悲剧下场。

家中直挺挺躺着三具尸体，朱元璋和二哥两个人到田主家求情："请看在多年主客关系的情分上，拜托赐一块埋骨之地。"

田主睬也不睬，狠狠地说："去去去，别带来晦气……"找人把朱家两兄弟轰了出去，邻居们看到田主"呼叱昂昂"的嘴脸，也不禁摇头叹息："真是太没有人情味了。"

同村人刘继祖看着不忍心，对朱元璋说："再不下葬，尸体都要发臭了，这样吧，我送你们一小块地，成全你小兄弟的孝心。"

朱元璋当即在地上连磕了三个响头："大恩大德，日后当报。"

坟地有着落了，可是寿衣呢？棺木呢？全都没钱买。只好就穿平日的衣服了，找了半天，竟然找不到一件稍微像样，没有补丁的衣服，只好就用破衣裳随便包一包，抬到坟地里。

兄弟二人边抬边哭，既哭父母，也哭自身，人生怎么会这么惨呢？老天爷似乎还嫌不够，当他们把父母的尸体抬到了刘继祖赐的地时，突然之间，雷声隆隆，乌云密布，整个天像要塌了下来。

兄弟二人慌慌张张躲到树下，风大雨急，他们多日未进食，衣裳穿得又单薄，头晕目眩，若不是平日身体壮，早就垮了下来，两人紧紧地抱在一块，泪水又忍不住跟着雨水不断地滚落。

过了一个时辰，雨停了，太阳出来了，兄弟二人跑过去一看，咦！两具尸首不见了，原来，一阵大水把土冲塌了，恰好埋住了尸体，形成一个小小的土馒头，俗话叫“天葬”。

朱元璋用力握紧拳头：“我再不要过这样的苦日子，我发誓，我一定要闯出一点名堂来，重新安葬父母亲！”

以后，朱元璋一路奋斗，当他遇到挫折时，总会想起雨中这一幕，这带给他不少激励。三十五年以后，他当了明朝皇帝，撰写《皇陵碑》“殡无棺椁，被体恶裳，浮掩三尺，奠何殽（xiáo）浆”（下葬没有棺木，用破衣裳掩盖尸体，草草安葬，连个祭拜的物品都没有）时，他还是激动得忍不住发抖。

寒天饮冰水，点滴在心头，最痛苦的打击，往往也能激发一个人的潜力，挫折有时候不是坏事。

朱元璋舍身皇觉寺

朱元璋在大风大雨里埋葬了父母亲以后，偌大的朱家只剩下大嫂、二哥和朱元璋自己了。

地方上依旧在闹旱灾，成群的蝗虫继续在天空盘旋，仿佛到了世界末日，树皮草根也快啃光了。朱元璋瞻望前程，茫茫一片。

他掰着手指算算看，投奔祖父吗？祖父在元朝初年是淘金户，发财梦做了半天，一块金子也没挖到，还得拿钱去换金子缴纳给官府，最后逃到山里垦荒，从此不再有音讯。

至于外祖父那边嘛，外公倒是一个有意思的人，他曾经是宋朝将领张世杰的部下，张世杰与陆秀夫赤胆忠心，保护小皇帝逃到崖山。陆秀夫最后背着皇帝投海而死，张世杰带了十多条船，杀出重围，不巧遇上飓风，张世杰也淹死了。外公倒是福大命大，掉到海里，被好心人捞了起来。

从此外公改行当巫师，为人看风水、定阴阳、画符咒，一直活到九十九岁才死，差一岁就当了人瑞，可以报官领赏，县太爷还要请吃酒哩。

外公死后，舅家也没与朱家多往来，想来当巫师的，情况也不会好到哪里去。但是，朱元璋成天晃来晃去总是不成，他块头大，食量也大，就是吃树皮草根，也要比别人多吃一倍。

隔壁的汪妈妈出来说话了："重八，你还记得吗？你小时候多病，亏得你娘把你舍身给高彬法师当徒弟，你不如当和尚去，一来还愿，二来总比饿死强，庙里田产多，耕田挖地也不错啊。”

朱元璋想想，眼前也只有这一条路了，只是舍不得共患难的二哥，兄弟二人，凄凄惨惨抱头痛哭，互道珍重。

朱元璋跟着汪妈妈，到了孤庄村的皇觉寺，一座普通破败的小庙。进入大雄宝殿以后，左边是伽蓝殿，右边是祖师殿，几个光头小和尚没精打采地走来走去。

这些和尚，有的是在外头犯了法，躲入庙里，与《水浒传》中的鲁智深一样，多半是在外头混不下去了，庙里田产多，在这儿混口饭吃。至于说醉心佛法一心参禅的，却是一个也没有。

高彬长老是个窝窝囊囊的和尚，和他经营的皇觉寺一般落魄。他收下了朱元璋，朱元璋剃光了头，当了个小沙弥，从此忙着扫地、上香、打钟、击鼓、念经……

小和尚念经有口无心，庙里这些琐琐碎碎的小事，不要两天，他就全学会了。比较伤脑筋的该是师娘的挑剔。

原来高彬长老有妻有子，当时中原河北一带的和尚都娶老婆，公然居住在佛殿两庑（wǔ）之中。这个高师娘看不惯朱元璋，不但差遣他洗衣、扫地、煮饭，还要他洗尿壶。

朱元璋尽管家境清贫，但仗着自己是老幺，从小爹娘兄姐都疼着，在小朋友圈子里也是孩子王，几时受过这种气？每天一早捏鼻子洗夜壶，他真是满肚子的不开心。

还有，师娘生的两个宝贝儿子，一个比一个顽皮，要依朱元璋以往的性情，非要治一治他们才好，奈何，人在屋檐下，不得不低头。

可是，这一股怨气总要找个地方发泄才好，憋在肚子里会生病的。他脑筋一转，有了，菩萨不言不语，就把菩萨当成文武百官，他还是扮皇帝，每天对着菩萨耍威风。

有一天，他扫地扫到伽蓝殿，不小心摔了一跤，拿起扫帚就打伽蓝神，“你把朕给伤了，该当何罪？”

伽蓝神，永和宫唐卡。

伽蓝神是泥塑木雕，不会讲话，只好任朱元璋摆布。

过了几天，长老把朱元璋叫去骂："你是负责打扫伽蓝殿的，对不对？"

朱元璋不知出了什么事，只有点头。

"伽蓝殿的红烛被老鼠给咬坏了，你知道吗？一对这么大的红烛值多少钱？我们皇觉寺禁得起这般浪费吗？"说着，长老拿起木板，对着朱元璋的光脑袋敲去，一下就肿了一个大红包。

朱元璋心想，老鼠爱吃蜡烛，我有什么办法？要不是什么都没得吃，它也不会去啃蜡烛啊！

回到伽蓝殿，抬头仰望，伽蓝神依旧慈眉善目，朱元璋火了："你这个笨菩萨，连个老鼠都镇不住，害朕被师父打，你说，你该当何罪？"

朱元璋愈想愈气，拿起笔来，在伽蓝神的背面用红笔写着"发配三千里"，想象自己是手操生死大权的皇帝，把伽蓝神发配充军。

"御笔亲批"之后，朱元璋很是得意，拍拍手，坐下来，欣赏自己的杰作，遥想当年，众家小朋友给自己磕头的场面，忍不住哈哈大笑。

这一切，全给躲在背后的高彬长老看见了，他简直不敢相信自己的眼睛，竟然有人对待菩萨如此大不敬，但是朱元璋满脸凶相，长老也不敢惹，"这人连菩萨都敢欺负，我还是小心一点比较好。"长老最终没有当面斥责朱元璋。

朱元璋化缘

话说高彬长老亲眼看到朱元璋欺负菩萨，赶紧回去找老婆商量。

师娘撇嘴道："这个小厮，我一眼看他，就不是个好东西，留下来是个祸害。再说最近闹灾荒，老天不下雨，地都晒白了，我们也收不到租金，不如打发一些走路，到外头化缘去。"

高彬长老想想也有道理，召集所有和尚宣布："皇觉寺成立到今天，也有几百年的历史了，想不到今天也会发生这种事，佃户都缴不出收成，老天不帮忙，怪不得佃户。我这个长老也变不出粮食来，各位各自找生路吧。"

朱元璋好容易才找到一个落脚的地方，算算日子，他到皇觉寺才满五十天，又要卷铺盖走人，真是命运不济。

他学着师叔师伯，顶着笠帽，敲着木鱼，捧着瓦钵，化缘去了。

朱元璋心想，现在到处在闹饥荒，善男信女想做好事也没能力，如果要化缘，还是得找富庶的地方，于是，先往合肥去。

他每到一地，四下打探，寻找目标，总是拣那房舍富丽堂皇的，然后开始大声敲木鱼，他不敢靠得太近，因为若是内有恶犬，跑出来咬人就糟了，俗语说狗眼看人低，他穿得破破烂烂，一副獐头鼠目狼狈相，也难怪狗儿误以为是梁上君子。

朱元璋颇有锲（qiè）而不舍的精神，他知道不断地大声敲，惹人心烦，总会有人把门打开，多少布施一些。

如果主人相应不理，朱元璋就继续咚咚敲个不停，敲得声震屋瓦。这时，左邻右舍都跑出来，没人敢骂出家人，便合起来责怪富户："真是为富不仁噢。"最后逼得主人非在化缘簿上签上一笔，才能破财消灾。

僧人托钵化缘，西藏自治区阿里扎达县托林寺白殿壁画。

朱元璋口才好，脸皮厚，自小练就撒谎不打草稿的本事，他总是胡吹乱侃，一下子说是"天台山国清寺，佛殿正要翻修"，一会儿又吹牛"普陀寺菩萨开光……"，反正不会说自己是"钟离皇觉寺"的——这种小庙，提起来丢脸。反正谁也不会去查。

就这样，敲着木鱼，捧着瓦钵，朱元璋走过固始、光州、息州、罗山、信阳、汝州、陈州、亳州、亮州、颖州，尝尽了人生艰辛，他后来在皇陵碑文中记述这段日子，晚上多半投宿古寺，若是找不到庙，找块石头一靠也将就过去了，夜半醒来听到呜咽的猿声，想到身世的凄凉，觉得："身如蓬草般被风追来逐去，一颗心热滚滚如沸汤般翻搅。"

朱元璋化缘的地方，正是和尚彭莹玉在协助周子旺起事失败后，落脚隐居之地，他在这儿积极宣扬弥勒教，扬言弥勒佛出世，天下将太平。朱元璋耳濡目染，多少对弥勒教有点儿印象。

后来，朱元璋到亳州、颍州，又是韩山童、刘福通白莲教的根据地，他东听听、西看看，倒也增长了不少见闻。

如此春去秋来，一晃过了三年多，朱元璋的足迹遍布了淮西名州大邑，流浪生涯使他了解了各地的民情风俗，增长了社会见闻，也锻炼了坚强的体魄与意志力，整个人成熟不少。

至正十一年（1351 年），天下开始大乱，朱元璋得不到人家布施，又回到老家皇觉寺。

他在寺内却很留心外边的状况，一下子传来元兵失陷襄阳，一下子有人说芝麻李占据了徐州，说的人口沫横飞，听的人心花怒放。朱元璋也蠢蠢欲动，却又不敢有所行动。

有一天，他接到一封信，是孩童时代伙伴捎来的，怂恿他去参加红巾军，起义革命。

朱元璋又惊又喜又害怕，一个人走过来，踱过去，拿不定主意，小心起见，他把信在长明灯的烛前烧了。

可是，奇怪的是，有个要好的伙伴，趁着四下无人，偷偷警告他："你前日得着的信，庙里有人知道了，要到官府去告你。"

这是非同小可的大事，朱元璋情急之下，一口气跑到村庄里找汤和。汤和是他小时候的玩伴，两人一块偷烤小牛的好朋友。

汤和说："兹事体大，我也不敢帮你下决定，不如去问问菩萨吧。"

"不成，我拿扫帚打过菩萨。"

"你这个和尚也太顽皮了，不过，菩萨器大量大，不会计较的。"

他两人边笑边谈，回到皇觉寺，却发现庙里火光熊熊，烈焰冲天，僧房斋堂全烧光了，大小和尚也全都不见了。打听之下才知道，原来官府担心佛寺里藏有弥勒佛，把附近的寺庙全给放火烧了。

幸好，曾经被朱元璋"发配三千里"的伽蓝神还在，朱元璋小声地说："菩萨啊，念在我天天打扫的分上，原谅我的过错，指点我的迷津吧！"

他恭恭敬敬地对伽蓝神磕了三个响头，心中默道："如果阳珓（jiào），出境避难；如果一阴一阳，守在皇觉寺；如果阴珓，则投靠红巾军。"

他用力地一掷，哇，阴珓，朱元璋不想当兵，他说："这次不算，再来一次。"再来一次的结果，还是二阴。

朱元璋一连掷了好多回，全都是阴珓，汤和在旁怂恿道："看来菩萨也主张你去投靠红巾军了。"

第二天，朱元璋离开皇觉寺，投奔红巾军去了。

朱元璋投奔郭子兴

在上一篇中，我们说到，朱元璋平时“打菩萨”，临时抱佛脚。结果，伽蓝神也指示他造反，于是，他便大步投向红巾军。

至正十二年（1352 年）三月初一的早上，太阳刚刚升起，朱元璋到了濠（háo）州城下。这时，红巾军攻下濠州不久，戒备森严，守卫的士兵个个弓满弦，刀出鞘，神情紧张地注视着四面八方，随时提防元军反扑。

忽然之间，守兵发现一个高头大马，披着破烂袈裟，头上绑着红巾的丑和尚，急忙喝住：“你是什么人？要来做什么？”

原来，这是朱元璋前来投靠红巾军。

“我要见你们的郭元帅。”朱元璋大声地说明来意。

“元帅也是你要见便见的吗？谁晓得你是不是元军派来的奸细。来呀，把这个来历不明的和尚绑起来。”守兵瞅着朱元璋，直觉来者不善。

朱元璋身强力壮，普通几个守兵还没法子把他制伏，折腾了大半天，终于把他五花大绑捆了起来，准备以元军奸细的罪名处死。

另一方面，早有人跑去向郭元帅打小报告。郭元帅心想，若是元军派来的奸细，怎会如此这般从容，别冤杀了好人。

于是，郭元帅跳上一匹快马，赶到城门，远远见到四五十个守兵指手画脚，叫嚷个不停，走近一看，发现一个大块头的和尚，生得面圆耳大，鼻直口方，腮边一把络腮胡须，虽然长相丑怪，却有着不可侵犯的神情，左看右看，都不像是等着被杀头的模样，也没有哀哀求饶的意思。

朱元璋看到郭元帅，怒气冲天地骂道："元帅不是要匡复天下吗？奈何杀害壮士？"

郭元帅立刻命人松绑，当下把朱元璋收为士卒。

这个郭元帅，名叫郭子兴，是定远县有名的豪杰之士，郭家的发迹，其中还有一段故事。

郭子兴的父亲，原本是个落拓书生，高不成低不就，走投无路，没法生活，后来想到，曾经研读紫微斗数，对于命相略知一二，于是，便从家乡曹州，到邻近的定远，摆了一个算命摊子，打着郭半仙的名号，诹（zōu）吉问卜，随时候教。

郭半仙擅长察言观色，口才绝佳，能把死的说成活的，因此，门庭若市，相当受欢迎。譬如有位家长拿着小儿小女的八字来纳吉，郭半仙闭目养神，念念有词，隔了半晌，惊呼一声："哎，这婚姻恐怕不成，乾造（男方）属虎，坤造（女方）属龙。"

媒人一旁发急，凑着郭半仙的耳朵道："先生，烦请捏合一下，卦金加倍。"

郭半仙立刻见钱转舵："不忙，我再细细推算一番……嗯，龙从火里出，虎自水中生，龙腾虎跃，大吉大利。"

好一个大吉大利，家长笑逐颜开。

话说定远县里，住了一个大财主，听说县里头最近来的一个郭半仙，还蛮灵的。"卜以决疑，不疑何卜。"反正闲着也是闲着，不如找来问问。

郭半仙到了财主府第，才上门，就暗自倒抽一口气："哇，好大的气派。"

坐定以后，财主便问："你先算算，我还有几年好活？"并且报上生辰八字。

半仙干咳一声，清一清喉咙，眨一眨眼睛，掐指一算，然后道："六十六，不死掉块肉，过了这一关，就到七十三，这一关若是过得去，无灾无病一路往西行。"

这句回答，财主听得颇入耳。心想，到了六十六，不妨照着民间习俗，买块猪肉贴在背上，找个人用菜刀把背上的那块肉切下来，算是应了掉肉之说，可以免去一死。

但是，一想到儿女，财主不免心烦，他对郭半仙道："不瞒你说，我岁数大了，财产也有了，可惜膝下只有一女，长得倒是极为秀丽，不知怎的，生下来就是个瞎子。我找了多少郎中，都说是天生注定，没法医治。由于眼睛看不见，拖到现在，也找不到婆家，等到哪一天，我两脚一伸，这些产业如何是好？你帮我算算，哪一天小女才能嫁出去？"

"这……"郭半仙迟疑了一会儿，"嗯，也许就是今年之内。"

"今年之内？"财主大喜过望，谢了又谢。

郭半仙走出府第，开始盘算，算命也不是份好差事，这辈子想来与富贵无缘，何不娶了财主女儿，虽然眼睛看不见，反正她家奴仆众多，也不用她操作家事。财主膝下只有这么一个宝贝千金，他百年之后，财产还不全过继到女儿身上？

主意已定，半仙急着找媒婆。媒婆垂涎财主的大红包，立刻登门拜访："今有一身家清白，面容俊俏，迄（qì）今未娶的少年郎，诚心诚意娶你家小姐为妻。"

"他不介意小女看不见？"

"非但不介意，反而誓言加倍怜爱。"

"真有这样好的事？快说是哪家青年？"

"你也见过的，就是郭半仙啊。"

"是他？"财主心凉了半截，就凭他那脚下敷满尘垢的破鞋，实在不是理想人选，转念一想，有总比没有强，马上堆起笑容："难怪这小子铁口直断，小女年内完婚。"

就这样，郭半仙当了定远财主的东床快婿。结婚以后，夫妻恩爱，财主很高兴，过世以后，财产全部留给了半仙，当然这时半仙早就收了摊子，享福去也。

郭子兴是半仙的次子，半仙一共有三个儿子，其中子兴最为活跃，仗着家中颇有田产，平日交结宾客，接纳壮士，焚香密会，很想闯一番事业。

红巾军起事后，郭子兴带了数千人，夜袭濠州，杀了州官，建立了第一个据点。朱元璋前来投靠，也是想挣出一个局面来。

朱元璋的贤内助

话说朱元璋来到濠州，投靠到郭子兴麾下，虽然开头遇到点小波折，被守兵误以为是元军的奸细，但是接着却十分顺利。

朱元璋入了伍，见了小队长，跟着弟兄们学武艺，由于他身强力壮，又有点小聪明，拿出当年在家乡扮皇帝的本事，不一会儿工夫，已经在队上抢尽了风头。

朱元璋自小是个孩子王，天生具有领袖气质，他小时候带头偷吃小牛，同伴乐于跟前跟后，如今带几个小兵放哨，小兵也自然对他服服帖帖，连小队长对他也同样另眼相看。

日子不知不觉过了两个多月，朱元璋自小颠沛流离，当和尚出外化缘，也是饱一顿饿一顿的，记忆之中，好像从来没有真正吃饱过。投效红巾军以后，大锅菜即便不甚可口，饭总是可以尽量吃，对他这个食量大的人而言，能痛痛快快填饱肚皮，实在是人生一大享受。因此，他不论打野外、出操，都是精神抖擞，非常勤快。

有一回，郭子兴出来巡查，经过朱元璋的营房，只见他精神饱满浑身带劲儿，看着十分喜欢，于是唤队长来问话："这个大块头的，怎么样？还不错吧！当初守卫的还以为他是元朝奸细哩。"

小队长赶紧汇报："他啊，不得了，是千人选一，难得一见的人才。"接着又絮絮叨叨，举了好多实例，用来证明朱元璋确实非一般等闲之辈。

郭子兴愈听愈有兴趣："这样吧，那他就改当亲兵十夫长，到我元帅府里当差吧！"留下小队长愣在那儿，直怨自己不该多嘴，走了一个好帮手。

朱元璋到了元帅府，更表现得能干利落，打起仗来一马当先，而且抢回来的东西总是公公平平分给大家，因此人人夸赞。加上他流浪在外三年多，风餐露宿见多识广，他擅长应付各种状况，益发在人群之中显得出众。

郭子兴的二太太张夫人也发现了朱元璋的出色，想把自己一手抚养长大的马氏嫁给这个小伙子。

马氏在史书之中没有名字，在郭家也许被唤为香香或者秋香。她的身世十分凄惨，父亲马公杀了人，母亲很早就过世了，马公和郭子兴是多年好友，就把小孤女托付给郭子兴。

这个马氏人长得不漂亮，却是心地善良，性情和顺，随时抢着做事，张夫人很喜欢她，视若己出。

郭子兴迟疑了一会儿道："男方的祖父是个淘金户，父亲是佃农，外祖是巫师，女方父亲是个杀人犯，男二十五，女二十一，都过了结婚年龄，配来恰恰好。"

就这样，朱元璋做了郭子兴的乘龙快婿，当了元帅的半子，前程远大，从此军中改口为朱公子，又取了一个官名叫元璋，字国瑞。

马氏虽然不识字，却是十分娴淑，对朱元璋十分体贴，每次朱元璋在郭子兴那儿受了气，回来哇啦哇啦抱怨，马氏总是婉言相劝，把朱元璋的脾气压下去。

朱元璋伺候郭子兴这个老泰山，真是不容易。郭子兴经常出尔反尔，而且说话不算数，还会吃朱元璋的醋，不满意朱元璋的人缘好，将朱元璋身边得意的干将一个一个调走。

有一回，老丈人不知为啥又翻脸了，一气之下，把朱元璋关在空房里罚禁闭，还吩咐不准送茶水。

到了傍晚，马氏开始着急，她仿佛听到朱元璋肚子咕咕叫"好饿"，怎么办呢？即使把自己的晚餐留下，也不够填饱朱元璋这个大胃王啊。

她蹑手蹑脚贴近伙房，里头传来一阵阵烙饼的香味，她心想："可怜，今晚吃烙饼，他最喜欢的。"于是，小心地溜进去，拿了两张饼就往外冲。

冷不防，迎面遇到张夫人。马氏情急之下，把两张刚从油锅中夹出来的饼往胸口一揣，强扮笑脸与张夫人打招呼。

可是马氏身上浓郁的葱香，加上胸前鼓起的一块，张夫人早看在眼里，她心疼地对马氏说："还不快把饼拿出来，皮肤会烫烂的。"

果然，当张夫人带着马氏回到房里，脱去衣服一看，早已皮开肉烂，一级烫伤。张夫人一边为她敷药，一边埋怨道："这层皮肤是保不住了，好了也留个疤。"但是马氏从头到尾没吭一声，只是忙不迭抱歉："对不起，我不该去伙房的，千万别让爹知道。"

张夫人好人做到底，在郭子兴旁边左劝右劝，把朱元璋放了出来，同时把马氏偷饼的事，也一五一十告诉了朱元璋。

朱元璋好感动，他早知平日马氏"变"出来的食物，都是自己节衣缩食、想尽办法留下来的，为的就是填饱朱元璋的大胃，如今为了这区区两张饼，把前胸也烫烂了，真是深恩无以为报。

想朱元璋自父母过世，投奔皇觉寺以后，历尽艰辛，尝遍人间险恶，几时有人如此疼他怜他？因此朱元璋对马氏说："你不但是好妻子，更像一个好姊姊。"

一直到朱元璋当了皇帝，他还是常对臣下提及马皇后为烙饼受伤的往事，比之为唐太宗的长孙皇后。

鲁班天子元顺帝

朱元璋正式加入红巾军，总算吃到一碗安稳的饭了，他在濠州，也目睹了元朝官军许许多多的荒唐事。

元朝将领彻里不花，早已失去蒙古人骁勇好战的豪迈性格，他的胆子很小，隔着濠州几十里扎营，却不敢放马过来。只是一天到晚发脾气训斥部下："养你们干什么的，还不赶快把红巾军抓来。"

彻里不花的手下，和他一般懦弱胆小，不敢冒犯红巾军，却也不能不交差，情急之下，竟然想出一个妙法——何不捉几个老百姓来充数？反正红巾军也只不过是头上绑块红布，身上也没刺字，写明"我是红巾军"。

主意已定，可怜的百姓就遭了殃，他们没犯任何错，糊里糊涂被逮了去。据说，有些人被官军吼着跪下，方才明白，小命即将不保，急得大哭大喊连走带跑，刽子手则一阵乱刀乱砍的，这就叫作草菅人命。

官军这场把戏玩久了，自不免露出破绽，有人报告彻里不花："底下人是蓄意欺骗长官，随随便便抓几个死老百姓交差了事。"

彻里不花很生气，找人来问话，带头的回答："红巾军很狡猾，混在百姓之中，其中不免有真红巾军，也有假红巾军，但是我们宁可多杀一万，也不能放走一个真的红巾军啊。"

"哼，算你会讲话，我问你，每抓来一个红巾军俘虏，就领赏一次，如此下去，官府岂不被你们吃空？"

蒙古兵将，15 世纪绘画。

经过一番沟通协调，结论是杀了红巾军，放掉百姓。问题是，谁是红巾军？谁又是安分守己的良民？这到底该如何分辨？每天绑来一两百人，既不能全部开释，又不许全部杀尽，该如何是好？

“有了！不如委托土地公办理。”

不知是谁的建议，竟然得到众人的同意。

于是，被捉来的犯人，排着队，鱼贯走到土地公前，恭恭敬敬拜上三拜，然后开始掷筊，若是一仰一覆，或者是双仰的阳筊则开释，如果是双覆的阴筊则杀头。

“土地公是骗不了人的。”话虽如此，多的是被冤枉的良民。被抓的百姓只好认命，不认命也没法子，既然运气如此背，该死的谁也不多话，低下头走向鬼门关。

在这样的情况之下，老百姓不当红巾军，也会被元朝官吏当成红巾军，莫名其妙推出去斩了。自然而然，更多民众被“逼上梁山”，与元朝斗一斗法，何况，元军多半还斗不过哩。

元军打不过红巾军，心生一计，向回人借兵。回族的阿速军，一向以擅长骑射、快速精悍而著名，但是纪律差一点儿，喜欢喝酒，喝醉了酒，找女人疯。

有一次，阿速军帮着元朝进攻颍州，两军刚刚对峙，忽然领头的立刻扬鞭，不停地说："阿卜、阿卜！"

接着，底下人也"阿卜、阿卜"，然后，掉转马头，没命似的狂奔。

愣在一旁的红巾军，这才了解，原来回语之中的"阿卜、阿卜"就是走的意思，一时之间，大伙都笑翻了。淮西人把这件事当成笑话，大家传来传去，没事也把"阿卜、阿卜"挂在口边。

元顺帝接二连三收到噩耗，却也不放在心上，因为他整个人沉浸在建筑之中，京师的人，称他为"鲁班天子"，他不但不以为意，还乐了老半天。

鲁班是春秋时代著名的巧匠，后代土木工人奉其为祖师爷，有人说鲁班就是公输班，也有人说，公输班另有其人，无论如何，鲁班代表一流的巧匠。

顺帝在这方面，还真是个天才，他在皇宫内苑，打造龙舟，亲自画图样，亲自监工。

他设计的龙舟，长一百二十尺，宽二十尺，龙舟上有楼宇，有暖阁，金碧辉煌，连水手的服装，他也一并设计，身着紫绸衫，戴紫头巾，漂亮挺拔，簇新神气。

龙舟启动之时，龙的头、眼睛、嘴巴、爪子、尾巴都会跟着动，龙爪还会自动拨水，真是奇妙极了！两旁的人，拍手叫好，顺帝龙心大悦。

造完龙舟之后，顺帝对建筑更一往情深，这一会，他要盖宫殿了。

他画起设计图来，不眠不休，废寝忘食，栋梁楹槛（yíng jiàn），样样具备，真的很像一回事。

画完设计图，立刻发工建造，他是皇帝，永远没有欠缺劳工的问题，内侍们趁此机会，又在建材上大大赚了一笔。

宫殿盖好了，顺帝十分欢喜，请了大批宾客来参观，自然人人称赞不已，却也有想捞油水的内侍，故意挑剔："美虽美矣，比起京师某某新盖的府第，好像还差一点。"

顺帝急着去看，看了的结果，自然对原先的设计不尽满意，一声令下："拆掉重建。"方才落成的宫殿，又顷刻之间化为乌有，他又重新再来。

顺帝满脑子的设计图样，对于公文奏章则厌烦到了极点，国事愈来愈差。

自古以来皇帝是一国之君，高高在上，是人们羡慕的对象。然而，不是每个人都有政治头脑、政治兴趣，顺帝如果生在今世，倒可能真成为出色的建筑师哩！

芝麻李捐献芝麻

元顺帝兴趣盎然地当他的“鲁班天子”，政治的黑暗、种族的压迫、经济的崩坏，终于掀起一波又一波的民变。

最早的民变，还不是刘福通，而是至正八年（1348 年）台州（浙江临海）的方国珍，他纠结民众，入海为盗，经常劫掠沿海的漕运。

由于元朝政府无能，面对治安败坏举手无措，为了息事宁人，竟然授方国珍为定海尉。

方国珍这个人也过分，没多久，居然再度叛变。元朝只好以更高的官职招降。方国珍尝到了甜头，乐此不疲，不断地玩同样的把戏，势力是越剿越强，官是越反越大，到至正十六年（1356 年）官授万户，十七年（1357 年）更升到了江浙行省参知政事。

乖乖，这个官儿可不小，人们都羡慕极了，也纷纷下海为盗，乱成一团。

接着，韩山童、刘福通借着白莲教招摇惑众，散布“石人一只眼，挑动黄河天下反”的歌谣，预埋石人，达到造势的宣传效果。

因为刘福通的号召，同时起兵的，除了濠州的郭子兴——朱元璋的老丈人，另有萧县的李二。

当时淮水一带闹饥荒，人们苦不堪言，正在焦急没收成时，又来了弥天漫地的蝗虫群，把穗上少数几颗的粟粒吃得干干净净，日子实在过不下去了。

有那名唤李二的，平素个性豪迈，家中颇为富有，他忽然把村人集合拢来，拍着胸脯道：“各位乡亲父老们，乡里闹灾荒，我心有不忍，家里头尚存一大仓库的芝麻，不如各位分了吧！”

乡亲们听了，几乎不敢相信自己的耳朵，芝麻是何等滋补，何等名贵的好东西啊！平日烤烧饼，撒上那么一点点，香气诱人，烧饼吃完了都还舍不得把芝麻吃掉，这会儿凭空而降一大袋芝麻，大伙都快乐得要疯了。

有人捧回芝麻，宁可饿着肚子，也舍不得吃。也有人干脆把芝麻炒了，或者做碗芝麻糊，痛痛快快打个牙祭，啧啧称奇道：“没想到在闹饥荒时，竟然有这等美味！”吃罢，口颊留香，直呼过瘾。

乡民为了感念李二送的芝麻，从此以后，干脆称李二为芝麻李。

芝麻李之所以慷慨解囊，奉送芝麻，原来也有他的野心，他见岁饥民贫，又见刘福通起事，遂也蠢蠢欲动，与赵君用、彭二郎等结盟起义，一举攻下了徐州。

元顺帝得到军报，十分伤脑筋，摆下宴席，对文武大官们道：“今日盗贼蜂生，各地官兵，没一个高奏凯歌，卿等有何计策，可以为朕分忧解劳?”

脱脱叩首道：“臣不能为国除患，引以为耻，愿意肃清江淮，以报国恩。”

脱脱不但腹有诗书，主修宋辽金史，而且臂力过人，能够挽弓一石。如此文武兼资之才，愿意自请肃贼，自是好事。

但是，转念一想，顺帝又不放心：“丞相若能扫除寇贼，朕当裂土以报。但是，中书省是政事根本，贤卿若是离开，朕将仰赖何人？”

脱脱很想脱口而出：“陛下只要别再任哈麻胡作非为也就是了。”

哈麻引进西天僧，淫乱宫廷，早已是内外皆知的丑闻了，只有顺帝一人仍然浑然未觉。

脱脱想了一会儿，含蓄地说：“尽忠报国，乃臣子之责任，岂敢忘恩。但是微臣此去，全望陛下亲近贤臣，远离小人。”

于是，顺帝任命脱脱为统兵大元帅，大小官军，都归脱脱指挥，至正十二年（1352年），脱脱率领大军，来到了徐州城外。

芝麻李对手下说："元兵远来疲乏，今夜必然没有准备，我不如今晚前往劫营，你们看如何？"

众人皆夸芝麻李高明，遂决定先下手为强。当夜二更，芝麻李引兵出城，直抵元营，元军果然没有防备。芝麻李暗喜，一挥手，领兵杀入。奇怪，营内怎无人，心下大惊，准备退兵。

忽然之间，人声嘈杂，四面伏兵尽起，把芝麻李团团围住，互相砍伐一阵之后，这才发现，全是自己人砍杀自己人，竟是不见元朝军队。

芝麻李知道大势不妙，气急败坏奔回徐州，急着叫守兵开门，口中嘟囔着喊着："我与元兵混杀一夜，至今方得逃回，快开门，再迟，元兵就要追来了呀！"

正在大呼大叫，举头一望，看见兄弟李通的头，悬挂在墙上。城楼旁边，立着一员大将，大声呵斥："你这个贼子，我丞相已取得此城了，你还不认得？"原来脱脱乘芝麻李出城之时，轻易地攻下徐州，芝麻李就被元兵射杀了。

天色大明，脱脱检查战果，十分开心，他向部下解释道："我早料到他必趁夜劫营，黑夜之中，谁知彼此？我兵只密围数重，虚声叫喊，任他自相残杀，另取精兵，乘虚攻取徐州，这叫以逸待劳也。"

众将皆齐声道："元帅神机妙算，非我等所及也。"

张士诚贩卖私盐

元朝丞相脱脱果真不含糊，出将入相样样行，他主修宋辽金史，做主用贾鲁治水成功，又亲自带兵讨伐芝麻李，大破贼兵，收复了徐州。

脱脱回朝，顺帝大喜，以功加太师，赐珠衣、宝鞍。脱脱谢了恩，心里却并不畅快，因为他发现，在他出征的这一段日子，顺帝变本加厉，越发荒淫。

顺帝除了又拆屋又建屋，做他的“鲁班天子”之外，他最快乐的事，就是成天游船摆酒。他找了十六名美貌的宫女，号为十六天魔，打扮得奇奇怪怪，头上编了许多辫子，戴着象牙佛冠，身披珠宝，着大红销金长短裙，唱金字经，跳雁儿舞。日日夜夜，顺帝与天魔舞女混在一块儿。国库的钱全浪费在这儿，百官俸禄都发不出来了。

脱脱感慨万千，忍了又忍，实在憋不住，他对顺帝说：“陛下难道忘记商纣酒池肉林的教训了吗？”

酒池肉林是商代纣王以酒为池，悬肉为林，男男女女，赤身露体，奔跑相逐其间，做长夜之饮。

顺帝听了老大不开心，念在脱脱有功于国家的分儿上，嗯嗯啊啊把话支吾过去。一手导演这出色情游戏的哈麻，则在背后嘲讽脱脱是假正经、老学究。

脱脱没法劝醒顺帝，只好埋首于政事，能做多少，就尽量多做一点儿事。于是，他鉴于江淮大乱，水运不通，芜湖一带的米无法运送上来，所以倡议在京畿（jī）一带屯田，自兼大司农事，募集江南农夫耕种，用来弥补京师的粮食，接着，他便积极规划讨伐张士诚。

张士诚是泰州人，力气很大，每次跟人家比腕力，只有赢，不会输，他带着三个弟弟张士义、张士德、张士信驾船贩卖私盐为生。

元朝政府规定盐引制度，也就是说，盐是国家的财产，一般百姓不得私贩。商人用钱买引，再凭引购盐。元初规定，盐每引价钱十五两。以后，因为强豪的操纵，纸币的贬值，普通百姓根本吃不起盐，民间普遍淡食。

然而，淡食实在不是滋味，盐又是人体需要的养分，于是，遂有私盐贩子应运而生，张士诚就是经营这个买卖，狠赚了一笔钱。他为人轻财好施，出手大方，极为慷慨，颇得人心，江湖人称小孟尝。

张士诚是个血性汉子，仗着力气大，干粗活很适合，但是，贩卖私盐，必须得到淮东一带盐枭、官府以及当地土豪劣绅的包庇，也就是说，黑白两道都要打点，不仅如此，官员的属吏与豪绅的走狗都得应付，一个不留神，就会出事，所谓是“阎王好见，小鬼难缠”。

其中有个名叫丘义的弓手，职位不高，派头不小，再三再四向张士诚需索无餍（yàn），拿了钱，还要酸酸地讽刺几句，动不动就把“小心我到官府里去告你”挂在口边，张士诚每回想到丘义，就有一肚子的窝囊气。

晒盐，选自《两广盐法志》。

有一回，张士诚多喝了几盅老酒，路上遇到丘义，丘义又伸出手来要钱，理由是赌钱输了，需要翻本。

张士诚火了："我今天有钱，就是不给你。"

"你有把柄在我手上。"丘义贼贼地笑道。

"那又怎样？"说着，张士诚提起铁锤般大小的拳头，用尽平生的力气，只顾打，一连打了五六十拳，丘义眼里、口里、鼻子里、耳朵里都迸出鲜血，微弱地喘气。

再过了一会儿，丘义气也没了，脖子歪在一边。路人都围拢来看，有人要告官府，也有人要去报告丘义的主人。

张士诚心想，反正是死路一条，一不做，二不休，冲动之下放火烧了丘义的靠山某富豪的豪华宅院，这下子，祸闯得更大了。

众人忙着提水灭火，张士诚的酒也醒了，如果赴州衙投案，只有死路一条。张士诚与兄弟们商量的结果，与其被捉去杀头，不如学方国珍、徐寿辉造反，若是失败，反正也是一死而已，万一成功了，那可是享不尽的荣华富贵。

于是张士诚登高一呼，凭借着平日乐善好施小孟尝的美名，与一伙兄弟们歃（shà）血（古时盟誓，用牲畜血涂在口边，稍微吸着，表示诚意）为盟，开始造反。

张士诚等杀了一只鸡，把鸡血抹在嘴边，正式造反。

张士诚是后来取的名字，其实，到目前为止，他叫张九四。关于张士诚的名字，还有一段故事：朱元璋当了明朝皇帝以后，对读书人非常尊敬，有人看不过去，故意挑拨："文人可不是好东西，专门会挖苦人，例如张士诚，原本叫九四不是好好的吗？偏要说九四不够文雅、不好听，这下可好，改了个张士诚，固然不俗，却不知《孟子》中有一句：'士，诚小人也。'也可以念成：'士诚，小人也。'你看，这种拐弯抹角的骂人，张士诚被骂为小人还在沾沾自喜，读书人多阴险啊。"

朱元璋勃然大怒，从此对读书人改了看法。

朱元璋急智脱险

在上一篇之中，我们说到，脱脱积极规划，准备进剿贩卖私盐的张士诚。

张士诚原先的活动能力就很强，人际关系很好，最重要的是，元朝政府的百般压迫，基层民众实在吃不消了。所以，张士诚登高一呼，各地蜂起附和，一举攻陷泰州、高邮，杀死知州李齐。

元朝政府原先的策略，还是运用老法子，你造反，我就派你一个官做，用招安的方式摆平。可是，张士诚一路打下来，势如破竹，愈闯愈是过瘾，他非但拒绝招安，并且杀了使者，继续向扬州进军。

元朝廷这下着急了，惟恐士诚再闹下去，整个东南局面，势必不可收拾，于是脱脱大举讨伐。张士诚在至正十三年（1353 年）自称诚王，国号周，建元天祐。

脱脱果然是厉害，他大军一挥，立刻在高邮把张士诚打得落花流水，脱脱踌躇满志地说："张士诚的本事不过尔尔，我们用不着把整个大军拿来对付他。听说，六合一带也有乱事，不如先分一部分兵力去讨伐六合。"

占领六合的土匪（史书中没记载名字）这下慌了，急忙去找滁（chú）州的郭子兴帮忙。

郭子兴心胸狭隘（ài），猜忌心重，不容易与人相处。他一向讨厌六合王，听到消息，幸灾乐祸地跷（qiāo）起二郎腿道："这下子，六合惨了，脱脱可不是省油的灯。"

朱元璋忙接口道：“正因为脱脱来势汹汹，万一六合失守，你有没有想到，元兵下一个攻击目标是哪里？”

“你说呢？”朱元璋的老丈人郭子兴没好气地翻着白眼。

“当然是我们滁州啊！”

“呸呸，别说晦气的话！”

朱元璋拿老丈人没办法，他把地图拿出来好言好语地对郭子兴解释：“从地形上看，六合一失，滁州必然不保，这是唇亡齿寒的道理。”

郭子兴可听不进去，他大手一挥：“我和那小子有仇，要我去救他，没这个道理。你要多管闲事，那是你的事！”

既然郭子兴口气松动，朱元璋就准备率兵前往。岂料，郭子兴的部将也一个一个不肯动，理由是：“问过神明，时辰不对，诸事不宜。”真是冠冕堂皇的理由。

其实，神明只是个幌子，脱脱百万雄兵，谁也不敢去送死。朱元璋只好带着少数部队，前往援救。

脱脱部队锐不可当，排山倒海的攻势，六合完全没法子抵抗，城防工事完全被摧毁。眼看着守不住，朱元璋只好帮忙，把六合的老弱妇孺抢救到滁州。

接着，不出朱元璋所料，脱脱大军直扑滁州。

郭子兴接到“强烈台风警报”，吓软了手脚，急得在房里走过来踱过去。

就在生死关头这一刻，突然，外面冲进来一个人，高声嚷叫着：“朱将军回来了。”郭子兴低头默念：“阿弥陀佛，菩萨保佑！”嘴里却在嘀咕，数落朱元璋：“你跑到哪儿去了？元军都快攻来了。”

朱元璋没工夫与郭子兴纠缠，他赶到城墙上，远远眺望，发现元兵约莫在十里以外。他急奔下城，带了三千人马，埋伏在城外一条河岸旁边的树林里。

然后，他命令耿再成在瓦梁垒这个地方，带领五百人马，诱敌前来。

元兵发现耿再成，一看也只有少数兵力，暗暗冷笑。双方厮杀一阵，耿再成立刻拨转马头，隐入树林。

元兵放马急追，正在渡河，就在此时，树林里飞出雨点般的暗箭，元兵左躲右闪，仍然仆倒不少，剩下的，慌乱之中，七手八脚从河里爬起来，踉踉跄跄逃命去了。

朱元璋的人马，赶在此刻，大叫一声杀了出来。同时，滁州的部队，看到城外打了胜仗，也就一块冲出城来，围攻元兵。

元军这一仗，打得真是灰头土脸，河流漂浮着尸体，地上满是兵器。

滁州军民欢声雷动，又跳又叫，个个都说："朱元璋了不起。"

朱元璋可没被捧得飘飘然，他思虑周密，脑筋清楚，沉着地分析道："滁州孤城无援，元兵如果添兵包围，前来复仇，我们不被打死也会被饿死。"

朱元璋的分析，把大伙自胜利的欢乐中，一下子降到失望的谷底之中，每个人脸上都罩了一层愁云惨雾，不晓得该如何是好。

朱元璋盘算了一会儿，正色道："走，我们把刚刚得到的元兵马匹送回给他们。"

众人皆疑惑不解地望着朱元璋，他继续说："再把城内的黄牛，上好的酒都准备一些，一起送给元兵去。"

脱脱大军吃了暗亏，正准备报一箭之仇，不料朱元璋率着马匹，带着牛、酒前来劳军，朱元璋低声下气道："请原谅我们良民，绝不敢造反，团结守护只是为了自卫，情愿供给大军需要，请拼全力打高邮，饶一饶老百姓。"

元军见朱元璋一派诚恳，又送来上好的酒菜，也就给他个面子，答应不再进攻滁州。滁州算是保全了，朱元璋也发挥了大丈夫能伸能缩的韧性。

哈麻与雪雪乱国

靠着朱元璋的急智，滁州终于获得保全，百姓也免于受到元军的蹂躏。

元兵这一退，郭子兴可乐了。他袖子一甩，大摇大摆地宣布："如今可是我郭某正式称王建号的时候，不能让那张士诚专美于前。"

朱元璋瞟郭子兴一眼，又好气又好笑。他心忖，你老人家前一会儿还是一副天要塌下来的惶恐，怎么现在心一横，竟然急着要称王。

朱元璋知道，郭子兴正在热头上，劝也劝他不醒，只能用吓的办法。因此，他对郭子兴说："岳父要称王，那真是再好不过的了。只是方才我们才把元军诳（kuáng）骗走，这会儿马上称王，不免树大招风，万一元军又掉转回头？也罢，我们就和脱脱拼了！"

这番话把郭子兴吓坏了，他连连摇手道："不忙，不忙，等元军走远了再称王也不迟啊。"

这才把一场危机化解了。

朱元璋对郭子兴真是伤透了脑筋，郭子兴既是恩人，又是岳父，还是长官，动不动就把"别忘了，你小子当时如何如何"挂在口边。他耳朵软，心胸窄，容不得人。遇到危机之时，对朱元璋亲热得紧。可是，等事情过了，他受到别人的挑拨离间，就对朱元璋样样不满，百般挑剔。虽然不再把朱元璋关到柴房里去，那张脸又臭又长，倒也真够瞧的。

有一回，郭子兴也不知道是哪一根筋不对了，看到朱元璋非但爱理不理，并且把脸别过去，似乎相当嫌恶。

朱元璋晚上回到房里，愁眉不展，长长地叹气：“难噢，难办噢！”

体贴的马氏忙问其故，朱元璋不吭气。马氏聪敏，一猜便着：“莫不是义父薄待夫君？”

“对啊，你义父的脾气真古怪。”

“你可知为了什么？”

“莫非你知？”

“我的确知道，别忘了，他是我义父。”

朱元璋赶紧坐正身子：“说来听听。”

马氏仰头问朱元璋：“你每日出征，可有奉献他老人家金帛？”

“当然没有。”

“为什么其他将领都有？”

朱元璋得意地说：“因为你丈夫出兵，一概秋毫无犯，即使敌人捐献，也全都赏给部下了。不然，为什么人人服气我？”

马氏说：“这就是了，义父必然是怀疑你吞财，这事让我来想办法。”

“你有何法子？”

马氏二话不说，拿出自己的首饰，第二天交给义父大人，郭子兴这才笑眯了眼：“原来朱元璋还是有孝心的。”

有时做人还真是难，尤其是小人难缠，元将脱脱，同样被小人挑拨中伤。

脱脱在前线出生入死，冒险犯难，元顺帝却陶醉在美人窝的温柔乡之中，快活无比。

专门为元顺帝安排色情游戏的哈麻，接二连三收到脱脱的捷报，他把捷报全部给压下来了，并且对丞相撒敦说：“脱脱威震中外，他一向对我们不稍假辞色，今又建立大功，皇上必加重用，我辈的日子愈发过不下去了。为今之计，只有先下手为强。”

于是，哈麻一方面在皇后与太子面前造脱脱的谣言，一方面又教唆监察御史袁赛因不花弹劾脱脱，说脱脱“出师三月，毫无功劳，靡费国家钱财，中饱私囊”。

袁赛因不花一连上了三次奏章。本来迷糊的顺帝就认为，事有蹊跷，空穴来风。想到脱脱平日上谏，一副得理不饶人的假正经，顺帝无名火起，颁下诏书，削退脱脱官爵，改用雪雪代领其军。雪雪不是别人，正是哈麻的弟弟。

脱脱在前线，忽闻皇帝有诏，原以为必然是顺帝犒（kào）赏三军，做梦也料想不到，居然是朝廷免职的诏令，当场脸色一片死白。定下心一想，准是哈麻在中间挑拨，不禁长叹一口气。

参议官龚伯遂道：“春秋之义，将在外，君命有所不受，丞相出师之前，曾受密诏，在外便宜行事。今日不理诏书，等到贼人击退，谣言自然平息。”

脱脱与岳飞一般，也是满脑子儒家思想，他坚持把军权交出，听由新任统帅节制。

脱脱有功不赏，反而遭到免职的消息传出，军士哭成一团，个个气得七窍生烟，一致反对脱脱离开，脱脱只是平静地说：“君命岂可违抗也。”

副使哈剌答是个烈性的人，他气愤莫名道：“丞相若去，我辈必死，与其死于敌人之手，莫若死在丞相之前。”说着，他拿起佩刀，朝自己脖子上一抹。其他军士见副使自杀，情绪更加激动，上上下下乱成一团。

脱脱匹马单枪赴淮安，还不到半个月，台臣又上表，弹劾脱脱贬罪太轻，应该远贬云南。至正十五年（1355 年）冬十二月，哈麻又用一道假诏将正流放云南的脱脱鸩杀。

脱脱是元朝晚年最后一位重臣，脱脱一死，元朝的大势乃去。

中国历史故事

珍藏版

吴姐姐◎著

11

明

1368—1644年

江西教育出版社
JIANGXI EDUCATION PUBLISHING HOUSE
·南昌·

朱元璋（1328—1398 年），明代开国皇帝，原名朱重八，濠州钟离（今安徽凤阳东北）人。出身赤贫，灾年不能自存，托身皇觉寺，之后托钵乞讨三年，足迹遍布淮西名州大邑，练就坚强体魄与意志。至正十二年（1352 年）投郭子兴，很快脱颖而出，郭子兴死后，统领全军，下集庆（治今江苏南京）后，以之为根据地，出兵四伐，至至正二十七年（1367 年）扫平南方割据势力。至正二十八年（1368 年）八月，大军进入大都，推翻元朝统治。朱元璋起自寒微，但能礼待士人，爱惜民众，更兼自身雄才大略，终成就大事，成为农民起事而有天下者第一人。

——见《和州妇女重获天日》

刘基（1311—1375年），选自《历代名臣像解》。字伯温，浙江青田南田武阳村（今属文成）人。出身官宦世家，元朝进士，博通经文，尤擅星象，雅号“小诸葛”。初仕元朝，眼见朝廷公权不张，盗贼横行，黯然隐退。朱元璋入浙，刘基受邀出山，朱元璋相谈之下，大感敬服，喻之为汉代张良，之后成为朱元璋重要智囊，在平定陈友谅之战中立有殊勋。朱元璋取得天下后，刘基论功封诚意伯，但他不满朱元璋严苛之政，又不安于其性好猜忌，再次退隐乡里。刘基个性分明，嫉恶如仇，在朝之日，树敌众多，终未能安老林泉，以致忧愤而终。

——见《刘濠计毁黑名单》

马皇后（1332—1382 年），佚名绘。出身微贱，母早死，父马公杀人，郭子兴与马公友善，收为义女，二十一岁时，嫁与朱元璋为妻。马氏不识字，然娴淑通达，对丈夫关怀备至，朱元璋之前备尝艰辛，至此方得家室之乐，大慰平生。朱元璋登位后，马氏被册封为皇后，仍不改勤俭本色，时时关爱民众，朱元璋以妇人不干政为由，加以斥责，马后以大义晓之：“陛下为天下父，妾为天下母，子民生活，岂可不问？”见朱元璋对臣下严刻，每劝导他与功臣善始终，不可擅加刑责。五十一岁时病重，不愿因治病之事，牵累御医，拒不就诊，终致不治，临死之际，仍不忘劝朱元璋求贤纳谏，与民休养。诚一代贤后。

——见《马皇后的大脚丫》

徐达（1332—1385 年），选自《历代名臣像解》。字天德，濠州（治今安徽凤阳东北）人，朱元璋微时玩伴，朱元璋为郭子兴部将，徐达往投，随朱元璋从征四方，攻城取寨，罕有不克。朱元璋平定南方各割据势力后，徐达与常遇春率师北征，山东、河南、河北次第被讨平，至正二十八年（1368 年）八月入大都，推翻元朝统治，是朱元璋座下武将之首，明朝开国第一功臣。徐达为人刚毅勇武，与部众同分甘苦，是历代以来有名的战将、统帅。朱元璋称誉他："受命而出，成功而旋，不自夸，不张扬，妇女无所爱，财宝无所取，中正无疵，昭明乎日月，大将军一人而已。"

——见《胡惟庸又卑又亢》

李善长（1314—1390年），选自《历代名臣像解》。字百室，安徽定远人，青年时读书不多，但富有智计，喜法家学说，“策事多中”，里中推为祭酒。朱元璋道经滁州，李善长谒见，以刘邦故事，勉励朱元璋进取四方，挽救民众，朱元璋至此，方有图天下之志。李善长自此随朱元璋左右，定计谋、办粮饷、协调将士，计出无穷，朱元璋以萧何视之。明朝建立，论功为文臣第一，封韩国公，拜左丞相。晚年因胡惟庸案，坐谋反，全家被诛。之后有大臣指出，李善长本为勋臣之首，即使助胡惟庸谋反成功，他也不过是勋臣第一，所为何来？朱元璋有所省悟，但事已然不可挽回。

——见《李善长怦然心动》

方孝孺（1357—1402年），选自《历代名臣像解》。字希直，浙江宁海人，自幼聪慧，读书极用功，乡人称“小韩子”，及长，师从宋濂，不务章句，志在“明王道，致太平”，朱元璋两次召见，呼“良士”。惠帝时召为翰林侍讲，君臣相得，知遇甚深。燕王举兵南下，谋士道衍以方孝孺为天下读书人种子，务请保全。燕王入主南京，召方孝孺起草即位诏，方孝孺丧服入朝，燕王温言抚慰，方孝孺当廷大哭，痛斥燕王悖行篡逆，严拒诏命，燕王大愤，命处磔刑，诛十族。方孝孺是明代大文学家、散文家、思想家，死时四十六岁，兄弟妻子一同赴死，一门忠烈。

——见《方孝孺宁死不屈》

目　录

目录

和州妇女重获天日

朱元璋解除了滁（chú）州之围，表现了过人的机智，人们总算对朱公子另眼相待了。

朱元璋虽是郭子兴的女婿，他可是有真本事，奈何别人总认为他是走裙带关系，心里很是不服气。再说，他年纪轻，资历浅，在郭子兴的众多将领之中，论起辈分，当然是排在后头的。

朱元璋一向相信："弱者等待机会，强者创造机会。"他要想一个办法扭转颓（tuí）势才好。

"有了！"朱元璋想到，向来诸将举行军事会议，总是在大厅依着官位前后排排坐，而他呢，永远是敬陪末座，谁也不答理他。不如把位置变换一下，改为一排横的木凳，这样，至少让大家注意到，有这么一个朱元璋的存在。

主意已定，他趁着晚上，把公座撤去，改为一排木凳子。

第二天，会议开始，谁也没留心这件小事，只是往右边位置挤，按照当时蒙古人立的规矩，右首为尊也。

朱元璋来了，发现只留下左末一席，这也无所谓，换个角度看，最左的也就是最右的，既然人人坐在同一排，他可要好好表现一下了。

郭子兴手下这批猛将，打起仗来冲锋陷阵，拖枪使棒十分来得，若是要判断敌情，决定大事，却只会摸着络腮胡须，嘿嘿嘿地干笑，一句话也

朱元璋，佚名绘。

说不出来，像傻瓜似的，个个都是胸无点墨的大老粗。

朱元璋口才绝佳，模样虽然丑陋，却是高头大马，面圆耳大，一番话说下来，无人不服。

会议决定，诸将们分工修理城池，各人认定地位丈尺，限三天之内完工。

以往，碰到这种事，谁也没把话放在心上，虽然说是三天，拖到三十天也是常有之事。

这一回，朱元璋存心立威，三天一到，二话不说，约集诸将一同查看。结果，除了朱元璋派定的一段，其他的不是没有竣工，就是还没有开工。

朱元璋放下脸，拿出郭子兴的告示，十分严厉地训斥："各位奉总元帅令，办理修城要事，竟然拖拖拉拉，完全不放在心上，这像话吗？从此而后，如有违反军令，一律军法处理，顾不到情分。"

将领们被朱元璋这一刮，又是惊奇又不便反驳，脸上阴晴不定，逐渐领教了朱元璋这个人不好惹。当然，也有那年长的，表面上唯唯诺诺，私底下对朱元璋"目无尊长"相当不悦。

过了不久，朱元璋又做了一件让诸位将领大吃一惊的事：那是红巾军占领和州不久，有一天，朱元璋信步来到城外，看到一个五六岁的小男孩，蜷（quán）缩在稻草堆旁低声饮泣，腊月里天气寒冷，小男孩不住地发抖。

朱元璋见他一副小可怜的模样，想起当年自己饥寒交迫的情景，泛起了同情的慈悲心。他向前问小男孩：“小弟弟，你父亲呢？”

“在军营里帮官人喂马。”

“那母亲呢？”

“妈妈在另外一个当官的人家里。”小男孩说到这儿，委屈得猛掉眼泪。

朱元璋心下一惊，原来都是我们红巾军做的缺德事，真是该死！

他牵起小男孩的手：“别哭，我带你去找爹娘。”

小男孩擦干了眼泪，跟着朱元璋一处处军营寻找，果然找到了母亲。这妇人一眼瞥（piē）见了儿子，冲过来，紧紧地搂着：“宝宝，你怎么了？宝宝，妈妈好想你。”

“这位叔叔带我来的。”小男孩指一指朱元璋。

年轻妇人连忙下跪，不断磕头：“大人，救救我们吧。我丈夫被拉去当马夫，我也被那官押到这儿，宝宝这么小，可怜啊！”

小男孩也学着妈妈，不断地磕头，还用小手拉着朱元璋的裤子。

朱元璋忆起幼年，最痛恨欺压百姓的贪官污吏。不料，红巾军打着反抗暴政的旗号，原来也是害得百姓妻离子散，算是什么仁义之师！

他当下召集诸将，声色俱厉地责问：“我们大军从滁州来此，人皆单身，并无妻小，怎么没几天，倒有人有了妻眷（juàn），这是怎么一回事？”

军士们面面相觑（qù），不明白朱元璋为何有此一问。因为向来城破之后，都免不了大抢大夺，也包括妇女在内，不论已婚未婚，凡是稍有姿色的，一个也别想逃，统统做了“押寨夫人”。这不但是公开的规矩，也是鼓励军士向前冲锋的原动力。

朱元璋清一清喉咙道：“我等起兵乡里，乃是为了救民，如今竟然掠人妻女，岂不是毁了红巾军的名声吗？如此下去，民怨沸腾，我们还谈什么重整天下？我现在规定，以后入城，一律不准霸占妇女，违者军法处分。”

接着，和州城内所有被俘虏的妇女全部放出，一时之间夫认妻、妻认夫、母认子、子认母，有哭的，也有笑的，更有又哭又笑的，大家简直激动到了极点，朱元璋的军令森严也因此而名闻远近。

朱元璋被绑架

在上一回之中，我们说到，朱元璋放走了被掳来的和州妇女，老百姓都感激涕零。

老百姓乐了，军士们可不乐了，这些胡作非为的军士，多半是张天祐的部队。张天祐贪财好色，而且是个醉醺（xūn）醺的酒鬼，三杯黄汤下肚，经常贻误军机。

张天祐听说朱元璋下令，把他部下怀里的美人儿都给放了，十二万分的不开心，直觉以为，朱元璋存心不把老一辈人放在眼里，是可忍，孰不可忍也。

张天祐第一个念头，就是冲到郭子兴那儿告状，他数说朱元璋："元帅啊，你那个宝贝女婿，不但把三军财物，全部收归己有，而且还不准军士们拥有妇女，竟然命令大家，把妇女放出，全部归他一人所有，他也未免太过分了一些吧。"

"真有这事？"

"怎么没有？所有抢来的妇女都给充了公，下一回，拿什么砥砺（dǐ lì）士气，要大伙在沙场上卖命？"张天祐气得青筋毕露。

跟着张天祐前来的小兵也凑上前加了一句："连我们张将军的女人，朱公子也不放过。"

听到这儿，郭子兴火大了，他一向耳朵软、性子急，事情还没搞清楚就发脾气，躺在床上，左思右想，辗转难安，干脆掀开被窝，从滁州赶到和州，找朱元璋算账去。

岳父大人深夜来访，朱元璋心想，又不知哪儿惹他老人家发火，先跪下来请罪再说。

郭子兴气得话都说不出来，不断地调匀呼吸，过了半晌才开口："是谁跪在下面？"

"总管朱元璋。"

"你知罪吗？"

"知罪。"朱元璋实在不晓得，究竟犯了哪条罪。

"你要逃到哪里去？"

"儿女有罪，又逃到哪里去？外面的事要紧，得马上去办！"

郭子兴忙问："什么事？"

"孙德崖来了！"

一听孙德崖，郭子兴立刻眼睛冒火。

孙德崖原与郭子兴等四人同在濠州起事反元，五人各称元帅。孙德崖等人常与郭子兴不和，逐渐排挤郭子兴。郭子兴也对孙德崖等人看不上眼，双方愈闹愈僵。

一次，孙德崖竟然挑拨别人，趁着朱元璋不在之时，把郭子兴五花大绑，困在自己家中。幸而随行的马夫溜得快，机灵地回去通报。

等到朱元璋带着人马，团团围住孙家，掀开屋瓦，救出郭子兴时，郭子兴已被打得全身青紫，朱元璋把岳父背回家时，郭子兴已奄奄一息。

因此之故，郭子兴想到孙德崖就一肚子窝囊气。这一回，孙德崖是因为濠州缺粮，也不先与朱元璋等商量，带了部队就往和州闯，说是要在城里待一阵子，真让朱元璋伤透脑筋。

孙德崖听说郭子兴来了，派人对朱元璋说："你丈人来了，我们处不来，我要走了。"

朱元璋心想，如此简单就好了，不晓得你葫芦里藏着什么玄机，赶来

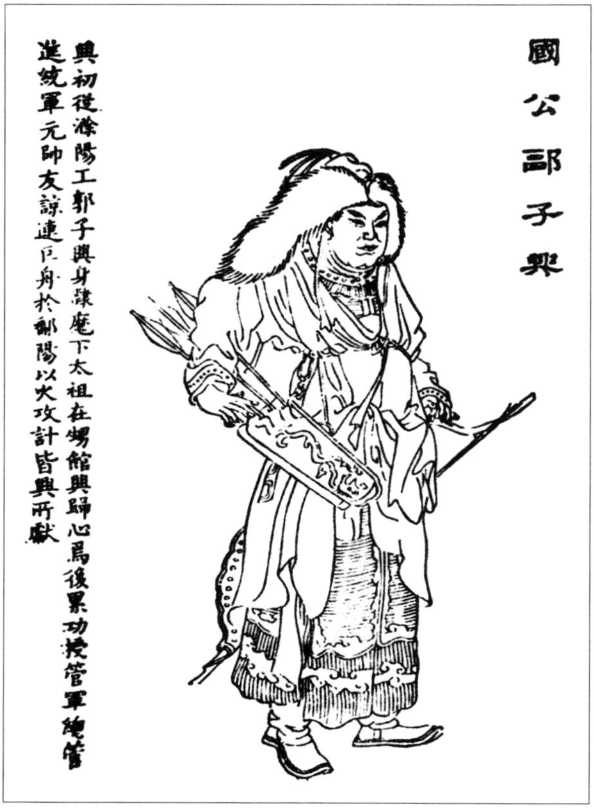

郭子兴，选自《晚笑堂画传》，清上官周绘。

劝孙德崖：“何必如此匆匆忙忙。”

孙德崖还是要走，朱元璋只好送行。他送孙德崖部队出城外，走了相当一段路程，忽然之间，小兵通报：“城里头两军打起来了。”

“怎么回事？”朱元璋一惊。

孙德崖的部队不由分说，枪箭齐下，把朱元璋给绑了起来，气汹汹道：“一定是你的诡计。”

“我根本不知道。”朱元璋着急分辩，“大家都是旧伙伴、好朋友，何必彼此火并。”

孙军中有人起哄：“别跟这小子啰啰嗦嗦，杀了他就是。”

却有另外一人道：“不成，孙将军这回殿后，目前应该还没出和州城，如果现在杀了朱元璋，孙将军一定也活不了。”

最后的决议是，孙军先派个人去和州城里探查形势，然后再把朱元璋送上西天。

于是，孙军中一名军官，骑着快马赶回和州城，发现城内一片平静，并没有什么乱事，问起孙将军，人们回答：“赴郭子兴那儿喝酒去了。”

军官来到军营，经过通报之后发现，没错，郭子兴正与孙德崖对饮。不过，孙德崖的脖子被一个大号铁索，牢牢地锁住。

郭子兴忙问军官:“我那女婿呢? ”

“在我们军营之中。”

“哈! ”孙德崖一拍大腿,“那敢情好,郭贼,还不赶快把我给放了,否则,你女儿只好当寡妇了。”

“放人,没那么容易,走马换将是可以,等我看到朱元璋再说! ”

郭子兴也不相信孙德崖,于是,二人就这么耗着,郭子兴担心朱元璋的安危,血压不断地升高,表面上却故意不动声色,还一直开孙德崖的玩笑:“老孙,脖子上套个锁,其实也不错啊,可以照样喝酒。”

最后,孙德崖受不了了,答应采取折中之策,郭子兴先派徐达到孙军当抵押,换回朱元璋,朱元璋等回到城里,才解开锁,放走孙德崖,孙德崖回去了,再放还徐达。

折腾了两天,朱元璋终于毫发无损地回来了。但是郭子兴受了惊吓,又忍着气,得了脑溢血,没多久,一命呜呼,郭子兴的部队就由朱元璋掌管了。

常遇春采石矶立功

朱元璋的老丈人郭子兴去世以后，顺理成章地，郭子兴的部众全归朱元璋所有。郭子兴是个不好相处的人，朱元璋靠着过人的机智，小心伺候，岳婿一场好始好终，由此也可看出朱元璋的不凡能耐。

至正十四年（1354 年），朱元璋的亲侄儿朱文正，以及姐夫李贞带着外甥保儿，得到消息，一块前来投靠朱元璋。

朱元璋这才知道，二哥、三哥都去世了，一家人只剩下这么几口，想来真是伤心。四个人抱着头，痛痛快快哭了一场。

哭完后，彼此端详，没想到遭逢生离死别，今朝还有相会的日子，又欢欢喜喜地笑了起来，保儿扯着朱元璋的衣袖，亲热地唤着："舅舅，娘一直惦记着你。"

朱元璋低头一看，十四岁的保儿，长得与二姐一个模子印出来似的。想起小时候，朱元璋每次闯了祸，总是二姐帮忙收拾烂摊子，蓦然心中一酸，拍拍保儿的头道："外甥见到舅舅，就像见到娘一样的。"以后，朱元璋在皇陵碑中记载这一段："一时会聚如再生，牵衣诉昔以难当。"

在此同时，朱元璋还收了一个叫沐英的为养子。沐英只有十岁，父母双亡，长得一脸聪明相。朱元璋把亲侄文正、外甥保儿与沐英都收为养子，改姓为朱。朱元璋以后又收了二十多个义子，壮大势力。原来，收养义子，是当时流行的风尚，带兵的将领喜欢挑选俊秀勇猛的青年为义子，义子不但打仗时格外拼命，也能用来监视其他将领。

不过，朱元璋最开心的是，大将常遇春的前来投奔。

常遇春相貌堂堂，尤其奇怪的是他双手过膝，相书上称为“猿臂”，擅长骑马射箭。他是怀远人，由于家乡贫困，日子过不下去，起初跟着刘聚当强盗，混了半天，没能闯出名堂来。

常遇春听说朱元璋雄才大略，决定改投朱元璋。据说，当他在半途之中，躺在田埂上打瞌睡，迷迷糊糊梦到仙人披甲拥盾把他唤醒：“起，快起，主君前来了!”他吓醒来，刚好就看见朱元璋过来，从此认定朱元璋是真命天子。这类传说，当然不足为信。

当朱元璋收留常遇春之时，他正在为粮荒发愁，经常对着长江叹息。朱元璋所在的和州对面是太平（安徽当涂），太平南靠芜（wú）湖，芜湖周遭的丹阳、高淳、宣城都是著名的鱼米之乡。可是没有船只，如何渡河?有了船只，缺乏水手也过不去，真是伤脑筋。

事有凑巧，巢湖水军头目李扒头派代表来搬救兵，原来两股海盗相持不下，李扒头连连吃败仗，想要朱元璋伸出援手。

朱元璋亲自前来劝告李扒头：“与其死守挨打，不如我们结伙渡江，共取富贵。”

李扒头答应了，朱元璋兴奋得摩拳擦掌：“我正愁着不能渡江，巢湖水军不请自来，真是天助我也！”

至正十五年（1355年）六月初一日，朱元璋引舟东下，向江口进军，常遇春为先锋。当日，日明风顺，水阔江深，不一会工夫，已到采石矶（jī）。

元兵这方面，刀枪麻列，旌（jīng）旗蔽天，两军在不到三丈之处，摆开阵势。

朱元璋手下的郭英领长枪手抢先向前，谁知元军之箭有如飞雨般洒来，无法前进。

朱元璋对胡大海与常遇春二人道：“你们两个，谁先登上采石矶，就被任命为正先锋。”

常遇春存心露一手，他乘着快艇，带着神枪手奋力冲到采石矶下。

元兵见朱军近岸，炮箭纷纷如蝗虫般飞来，以至于朱军盾牌也遮不住，神枪也无可用。兵士们正准备撤退，常遇春大喝一声：“我今天取不得采石矶，誓不旋师！”

于是常遇春不顾三七二十一，挺着枪登岸，元将老星卜喇猛力拿着长矛戳下，常遇春右手拿着盾牌，左手捏着矛杆，大叫一声，从空中直跳而上，撇了盾牌，就持枪猛刺老星卜喇。老星卜喇未料到常遇春如此神勇，武艺高强，一时失神，便被常遇春的枪刺倒在地。

常遇春强攻采石矶，选自《马骀画宝》。

朱军见常遇春顺利上岸，也争相鼓噪，纷纷一跃上岸。元兵失了帅，个个心慌意乱，顾不得恋战，大伙儿弃戈逃跑，死者不可胜数。

朱元璋顺利在采石矶安置大军，论功行赏：“常将军奋勇争先，万将莫敌，攻克采石矶，特拜为正先锋。”

朱元璋的军队，在和州都饿得老眼昏花，上岸之后，忙着抢运粮食，搬到船上，准备运回和州慢慢享用。

朱元璋使个眼色给徐达，徐达二话不说，把船缆一一砍断，推入急流，兵士急得大呼小叫，朱元璋登高一呼："前面就是太平府，要什么有什么，打下来再说。"

士兵们经这一激励，士气大振，不一会儿工夫，攻克了太平府，一拥而上，想要好好抢个够。

可是，朱元璋早有准备，他在街上到处张贴告示："禁止军士掳掠，违者军法处置。"且有巡逻队和宪兵一般到处纠察。有一士兵不知死活，动手就抢，立刻被斩首。在朱元璋的严明军纪下，太平府才免遭这一劫。

另外，朱元璋说动当地大户，捐出些金银财帛（bó），分赏将士，大伙也丰丰盛盛打了牙祭。由此看来，朱元璋真是懂得领导艺术。

朱元璋与小青蛇

朱元璋进讨太平府，秋毫无犯，倒真让人们吃了一惊。原来，当时不论元军、红巾军，都是大烧大抢的，从没见过如此军纪严明的。

有个名叫陶安的读书人，原籍安徽当涂，考取了元朝的乡试。因为家乡盗贼作乱，逃到了太平府，不巧，太平府也起了战争。他原先以为这下子死定了，应该劫数难逃，不想，竟然安然无恙，十分庆幸，也对朱元璋起了强烈的好奇心。

于是，当朱元璋入城之时，陶安便挤在人群之中，想要一睹朱元璋的庐山真面目。

朱元璋的长相还真好认，陶安一眼望见，倒抽一口气，心想：这人长得真够丑，头顶矗（chù）起，颧（quán）骨高耸，鼻尖下巴皆往上掀。虽然其貌不扬，但是，相书之中说这种人是“五岳朝天，贵不可言”。陶安还是头一回见到如此贵人。

回去之后，陶安逢人便说：“朱元璋长得是龙姿凤质，一眼看去，便知非常人也，我辈今有主矣，大家有好日子过了。”

这个话，没多久，也传到朱元璋的耳朵里了，他一听之下，大乐，立刻把陶安找来，共同商讨国是。

陶安见朱元璋有心请教，也就坦诚以告：“今日四海沸腾，豪杰并争，攻城屠邑，互相雄长。他们的目的，都在掠取财富，没有拨乱救民安定天下之心。不似您明公，率众渡江，顺天应人，天下可平也。”

陶安的高帽子一戴，朱元璋精神抖擞，乘机向陶安问问意见：“我想取金陵（南京），你看如何？”

“好！高明！”陶安接着分析，“金陵是帝王之都，龙蟠（pán）虎踞，扼长江之险，出兵以临四方，何方不克，这是老天帮助明公！”

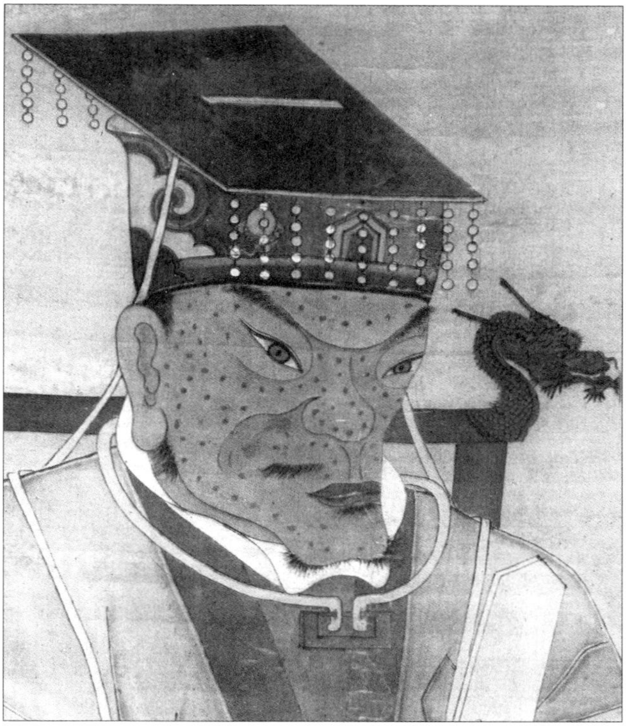

朱元璋，佚名绘。

朱元璋读书不多，见识有限，听了陶安一席话，发现英雄所见略同，更加肯定自己不凡，朝往统一中国当皇帝的美梦，似乎又近了一层。

由于朱元璋出身寒微，祖宗几代没一丝一毫可夸耀之处，偏偏当时的中国人，又最讲究家世门第。为了弥补此一缺失，他在见过陶安以后，便开始制造大量神话，四处放空气，为自己造势。

其中，流传得最广的说法是，有一天下午，朱元璋正在打瞌睡，忽然之间，觉得手臂上冰冰的，凉凉的，痒痒的，他也不理，继续睡他的觉。

倒是左右的人，吓得话都说不出来了。原来有一条青蛇，正绕着朱元璋的脖子往上延伸，快要靠近他的喉头了。众人想砍，又怕伤了朱元璋，仔细一瞧，这条青蛇竟然有脚，太奇怪了。

朱元璋悠悠地睁开眼睛，望着蜿蜒而上的蛇，倒也不惊也不慌，他徐徐地脱下帽子，对着青蛇道：“如果你是神，就把我的帽子当家吧！”

说也奇怪，这条青蛇似乎听懂了朱元璋的话，真的乖乖地爬入帽中，朱元璋顺手把帽子往头上一戴。

旁边有人说：“这不好吧，万一蛇在脑袋上咬一口。”

另有人接口道：“你别蠢，是神，不是蛇！”不过，他也担心地提醒朱元璋：“主帅，你还是把帽子留在这儿吧！”

朱元璋不理会，自顾自地到营地视察。

视察归来，他也忘了这件事。经过左右提醒，才把帽子摘了下来，只见青蛇在帽中穿来梭去，自由自在，颇有“宾至如归”的喜悦，大伙都看得两眼发直。

到了晚上，大宴宾客，朱元璋把帽子取下，搁在一旁，在啧啧称奇声中，朱元璋竟然喂青蛇酒，青蛇也老实不客气地啜（chuò）饮，于是，朱元璋一口，青蛇一口，互相交换着，把一小盅烈酒喝光了。

青蛇喝完了酒，往神椟（dú）爬去，对着大家冷冷地看着，眼中透着威严，叫人心中一懔（lǐn）。

又过了一会儿，青蛇沿着墙壁，升屋而去。

朱元璋宣布：“送神仙！”

众人更加确信，朱元璋有神仙之助，确非等闲之辈。

此类传奇神话，起源也许是朱元璋真遇到一条小蛇，他胆子大，放在帽中把玩，其他部分，则是有心人故意编造，夸大渲染，用以抬高朱元璋的地位，也确实收到了宣传效果。

不过，朱元璋的确是胆识过人，他血液之中流窜着冒险的因子。

朱元璋打败陈兆先以后，收编了陈兆先的军队。陈兆先手下有的是大块头的壮士，这是陈兆先特别精挑细选，然后加以训练的贴身保镖，共有五百名。

朱元璋看着喜欢，便把这五百名壮士当作自己的卫队。

可是，这五百名壮士始终忐忑不安，怕被旧人排挤，也怕朱元璋不信任，随时会除掉他们，因此虽然一个个长得像堵墙，说起话来、走起路来，却是忸忸怩怩的，眼睛也不敢朝人看。

朱元璋看穿壮士们的心事，也不说破，到了晚上，他对壮士们说：“你们轮流守夜。”于是，壮士们分成几批排班，守在朱元璋床前。以前的老守卫，则被调去做旁的事。

朱元璋把盔甲一脱，往床上一躺，就呼噜呼噜打起鼾来，睡得又香又甜，当然这也是个大赌注，壮士们若要图谋不轨，这可是最佳时刻。

第二天，壮士们对朱元璋能够如此信任自己，都觉得十分受用，互相勉励道：“朱公能够如此信任，真够意思，不但保全你我的性命，还把咱们当心腹，看来是碰到好主子了。”

于是，陈兆先手下，全部对朱元璋死心塌地，尽忠到底。

朱元璋敬重读书人

元朝末年，天下大乱，群雄并起，朱元璋穷和尚出身，条件并不好，他之所以能够脱颖而出，与他善用读书人很有关系。

朱元璋头一个赏识的读书人，该算是李善长了。他在进军滁州的路上，定远人李善长求见。李善长学的是法家政治，头脑清楚，与朱元璋初次见面，一见如故。

朱元璋是个喜欢结交朋友的人，而且他有个长处，很容易与人打成一片，显得极热忱。

他问李善长："依你之见，四方战斗不停，要到哪一天，才能够天下太平，老百姓重新安居乐业？"

李善长诚恳地回答："秦朝末年，天下大乱，汉高祖刘邦崛起布衣，豁达大度，知人善任，又不会胡乱杀人，短短五年之间，平定了天下。"

接着，李善长语重心长道："今日元朝纲纪紊乱，天下土崩瓦解，朱公是濠州人，濠州距离汉高祖沛（pèi）县不远，受相同的山川王气，如果能够学学同乡，天下也就太平了。"

老实说，在此之前，朱元璋过一天算一天，不敢料想太远，而且多多少少存有自惭形秽（huì）的心理，小土匪出身，还想当皇帝不成？

可是，李善长这番话，激起了他的雄心壮志。对啊，汉高祖刘邦不也是平民百姓，照样当了天子，建立了汉朝天下。谁又能料到朱元璋将来如何呢？不过，刘邦到底如何完成霸业，朱元璋读书不多，所知有限，倘若有李善长随时在身边提醒，拿刘邦当榜样，岂不甚妙？

于是，朱元璋便提出要求：“你我二人谈得投机，不如你就留下，为我掌管书记，协助我成就霸业，你看如何？”

李善长也和中国传统的读书人一样，“士以天下为己任”，他观察朱元璋颇有大志，也乐意留下来效力。

朱元璋见他答应，十分欢喜，却也殷殷告诫：“仗要打得好，参谋顶重要，我看多了参谋自认为才高一等，趾高气扬，总爱在背后说将士们的坏话，搅得鸡犬不宁，你要做一个桥梁，调和将士。”

李善长果然不负朱元璋所望，他不但善于协调，而且定计谋，办粮饷，样样在行。朱元璋有了李善长，如鱼得水，还曾经惹得老丈人郭子兴吃飞醋，想把李善长拉在身边哩。

从此以后，朱元璋每占领一个地方，必定访求当地的读书人，软硬兼施，非把人才留着做秘书，当幕僚。

当他打下徽州之时，听说当地有位老儒，名叫朱升，非常有学问，特地登门拜访。只见朱升是个瘦瘦小小的老人家，面孔黝（yǒu）黑，完全是村民打扮，看不出有什么特异之处。

朱升不多话，唤家人张罗了一桌小村野食，非常淡雅爽口，吃完饭后，朱元璋

明代儒生，明人绘。

延请朱升出山。

朱升一言不发，在撤去碗碟的饭桌上，铺好了纸，挥洒了九个大字：“高筑墙，广积粮，缓称王。”

朱升先生含笑道：“我把这九个字送给你。”

朱元璋连说：“高见，高见，我一定铭刻在心。”

李善长在旁，也不断地点头，表示同意。

当天夜晚，朱元璋与朱升抵足而眠，两人相谈十分愉快。第二天清晨，用罢了清粥小菜，朱元璋再三恳请：“随我去军营吧！”

朱升一拱手道：“老朽不才，请万勿相强！”

朱元璋也就没有再勉强，倒是把“高筑墙，广积粮，缓称王”几个字时刻铭记在心。

待朱元璋统一天下，在南京奠基，建立了明朝，他忽然想起朱升，心中有说不出的思念，正在想如何设法，把朱升请入朝廷。谁知黄门送来一份禀报，正是朱升的来信，上面写道：“山村教读遇圣上，九字真言方得传。如今天下一统日，何须老儒再出山？”朱元璋看了，知道朱升无意做官，只好作罢。

朱元璋初起之时，打着小明王明教的旗号，宣扬明王出世的思想。后来，他与读书人接触日多，逐渐领悟要统一中国，还是要靠儒家思想，所以，改喊兴复宋室的口号。

当朱元璋打下婺（wù）州之后，在衙门竖起两面黄旗，左边写的是“山河奄有中华地，日月重开大宋天”，右边写的是“九天日月开黄道，宋国江山复宝图”。

婺州号称“小邹鲁”，原是两百多年以来的理学中心，经过多年战乱，学校关门，儒生四散，残破凋零。

朱元璋为了表示自己是仁义之师，一入城，立刻延聘当地十三位著名学者，建立郡学。于是，婺州又开始弦歌之声不绝于耳，朱元璋三个字，在读书人的心目之中，分量更重了。

刘濠计毁黑名单

朱元璋攻克婺州以后，浙东大概都平定了，他积极地寻访名士，邀请刘基、宋濂（lián）、章溢、叶琛出山，喜不自胜地说：“我为天下屈就四先生。”

在此四人当中，刘基、宋濂最为有名，尤其是刘基，就是大名鼎鼎的刘伯温，民间声望极高。

一般人以为刘伯温与诸葛亮相同，都是高卧隆中被请出山。其实，刘伯温在为朱元璋效命之前，中过元朝的进士，也当过元朝的高官。

刘伯温原名基，伯温是他的字，他是浙江青田人。他的曾祖父刘濠，曾经在宋朝担任翰林掌书一职。

宋朝灭亡以后，青田人林融组织游击队反抗元朝，刘濠暗中予以接济。林融失败以后，不小心被元朝政府找到名册。于是，元朝派出使者，根据名册抓人。

使者来到青田，久闻刘濠是当地大儒，借住一宿。刘濠一方面殷勤招待，准备上好酒菜，一方面盘算该如何把名册给毁了，以便拯救乡亲。

刘濠不假思索地吩咐仆役：“快，把那只陈年火腿拿出来蒸了。晚上用来款待嘉宾。”

火腿的历史，众说纷纭，有人说，这是宋朝名将宗泽在无意之中发明的。宗泽家乡在义乌，位于金华之东，因此，一直到今天，金华火腿大大有名。另外，东阳也在金华之旁，东阳的上蒋，几乎家家都以制火腿为业，所以“蒋腿”也颇有名气。

刘家的厨师，听说要蒸火腿，先用刮子磨平表面的油渍（zì），然后用凿子挖出其中大块骨头，再用麻绳一圈圈捆紧，大火沸煮二十分钟，换小火煮两个小时，然后改用大火煮滚，如此周而复始多次以后，取火腿最精华的部分。肥肉依稀透明，瘦肉鲜红胜火，切成半寸小块，用花雕醇酒大火蒸透。

元朝使者自北方来，他一个下午鼻子翕（xī）张，不住猛嗅：“什么东西如此香？”

到了晚上，用过四个小碟冷盘后，一大盘火腿端上来，他迫不及待夹了一片，丰腴适口，齿颊留香，尤其下酒最佳。

于是，刘濠不断布菜敬酒，使者忙得不亦乐乎，无论水晶虾饼，还是松鼠黄鱼，样样妙不可言，只可惜胃纳有限，他愈吃愈胀，随手把系在腰间的公文袋取了下来。

正在此时，忽闻：“失火了！”众人乱成一团，使者醉醺醺地被拖了出来，转眼之间，东厢房烧得一干二净。当然，搜捕名册也化为灰烬。刘濠的机智与慷慨牺牲的精神，救了名册上众人。由于刘濠本人是房屋烧毁的受害人，元朝使者也没怀疑到他，只是遗憾没尽兴，可惜只用过一半的好酒席。

刘伯温是刘濠最疼爱的小曾孙子，他自小就继承了家风，急公好义，是非分明，经常奋不顾身。刘伯温的老师十分夸奖他，经常挂在嘴边：“这个孩子长大以后，一定可以光耀门楣。”

元朝至顺年间，刘伯温进京赶考，一举得中进士。他博通经文，尤其擅长于星象之学，有“小诸葛孔明”的雅号。

当时，方国珍正起兵作乱。方国珍世世代代以贩卖私盐为业，他的长相奇特，一张脸黑得发亮，伸出手来却是白嫩嫩的，据说身体也白，又因为阴险毒辣，有“白狐狸”的绰号。此外，他脚劲强，能与快马赛跑，不是等闲之辈。

刘基，选自《历代名臣像解》。

至正八年（1348年），有个叫蔡乱头（多么可笑的名字）的人在海上作乱，方国珍的仇家向官府告了一状，说方国珍与乱党有关，这还了得？官府立刻派人搜捕。

方国珍得到消息，怒由心生，先持刀杀了仇家，再与兄弟方国璋、国瑛、国珉（mín）亡命海上。由于民众早已不满元朝政府，因此，方国珍一呼百应，大伙儿当起海盗来了，打劫船只，霸占海道。元朝官府派了朵儿只班前来讨伐，竟被方国珍抓了起来当人质，胁迫朝廷，硬是讨了个定海尉的官职。

元朝廷原想，给了方国珍一官半职，总该可以安抚下来了。岂料，没多久，方国珍又在温州叛变，这一回，可不是小小的定海尉能够满足他的胃口了。

从此以后，方国珍是屡叛屡降，而政府是屡讨屡抚。方国珍不停地玩一反一降的游戏，官是愈做愈大，简直不像话。一般民众看在眼里，也学得这套升官妙法，纷纷效尤，这当然就更使天下大乱。

刘伯温对此现象，十二万分不以为然，他主张重振公权力，用强大兵力阻退方国珍，并且认为“方国珍兄弟首先倡乱，不诛无以惩后”。

方国珍之所以官愈做愈大，除他拥有雄厚的兵力，抓牢元朝怕事的弱点之外，他还利用官吏的贪婪，逢年过节不停地到处塞红包。

当方国珍起初听说刘伯温反对，先是一拍脑袋："啊，忘了送他一份厚礼，难怪！"等到刘伯温把重礼退还，方国珍心下一惊，却也不慌不忙，把皇帝身边的人一一打点。

于是，拿了好处的高官，不但向顺帝说情，照样给了方国珍官做，并且斥责刘伯温"擅自作威作福"。

经过这番周折，方国珍更神气了，曾经有一度，朝廷忍不下这口气，试图重振公权力，任命刘伯温追剿，然而，在方国珍的人情包围之下，又不了了之。

刘伯温痛恨公权力不张，也看透了元朝政府没希望，心灰意冷，递上辞呈，回到青田老家著书立说。由于刘伯温在青田，所以方国珍党羽一向不敢碰青田这块地方。

传说中的刘伯温出山

刘伯温很痛恨元朝公权力不张，永远用安抚退让的方式向方国珍屈服，方国珍的势力愈来愈大，沿海居民遭殃。刘伯温有志难伸，一怒之下，回到青田老家，读书、写作，不问世事。

朱元璋打下金华之后，久闻刘伯温大名鼎鼎，遣人携带重礼下聘，刘伯温先是没有答应。继而，朱元璋又找孙炎写了一封文辞并茂的信，这才打动了刘伯温的心。

刘伯温初见朱元璋之时，带来一份贵重的见面礼——《时务十八策》。这是他长时间研究天下大势的智慧结晶，对于如何剿平群雄和对抗元朝，有全盘的规划。

朱元璋一见大喜，立刻命令建筑“礼贤馆”，作为刘伯温的住处。刘伯温也大生“士为知己者用”的感恩之心，愿意效法诸葛孔明报答刘备的精神，竭尽所能为朱元璋献策。

关于刘伯温出山这一段，在《高坡异纂（zuǎn）》一书中有段故事：

据说，刘伯温年少之时，曾经捧了一本书，在青田山坡脚下研读。忽然之间，“轰”的一声巨响，山崖裂开大大的缝隙。

刘伯温好兴奋，摔了书本就往洞里头闯，却听到洞中传来恐怖的回声：“山中有恶毒，不可进入，不可进入……”

若是胆小的，听到这阵阵阴森森的哭喊，必然抱头鼠窜。刘伯温不信邪，径自往洞里闯。

经过了一段漆黑、伸手不见五指的山路，眼前豁然开朗，后壁正中间出现了一尊白如莹玉的神像，慈眉善目，蔼然可亲。刘伯温看得发呆，忽然神像朝刘伯温微微一笑，竟然递过手中的金字牌道：“此乃卯（mǎo）金刀也，可用来敲石。”

刘伯温谢过了神像，拿起卯金刀朝石上一敲，大石撞裂，其中藏了四册书。刘伯温如获至宝，赶紧取出，正想看清楚石头里还有什么宝贝，不料石壁又紧合起来。

刘伯温欢天喜地把四册书带回家，看了又看，却怎么也没法了解，真是十分懊恼。不过，刘伯温可绝对不是轻易会放弃的人，他在闲暇之时，遍游名山古刹，寻访异人，非设法把秘笈看懂不可。

有一天，他来到一处幽深山谷，见到一位老道士，胸前垂着一把长长的白胡子，正在凭几读书。老道士相貌不凡，颇有几分仙气。刘伯温向前一长揖（yī），恳请老道士指点迷津。

老道士朝着刘伯温端详了老半天，把手中一本厚达两寸的书一扬，挑衅地对刘伯温说：“小伙子，你如果在十天之中，能够把这本书背下来，我就教你。否则，教了也是白教。”

刘伯温虽然觉得老道士的考题太难了，但不服输的个性让他勇敢地接受这次考试。结果，刘伯温一个晚上，就把书背得滚瓜烂熟。老道士不断惊呼：“天才啊！天才！”于是为刘伯温讲授石壁中的奇书，一共讲了七天七夜，刘伯温就成了兵法大师。

自然，上面这段故事是神话，这则故事极可能是脱胎自张良遇到黄石老人的故事。

刘伯温有没有和武侠小说的主角一般，遇到异人，得到秘笈，不得而知。不过，他精通天文、兵法，又能观察天象，则是事实。元末大乱，他在寻找明主是可想而知的。因此，民间流传，刘伯温在遇到朱元璋之前，也在寻访具有雄才大略的明主。

据说，刘伯温曾经穿上道袍，打扮成风水先生的模样，四处流浪。他到了绍兴，听说一个极有名的士人，名叫王冕。王冕白天放牛，晚上在庙里画荷花，极有学问，深得家乡人的敬重。

刘伯温就找到寺庙，与王冕促膝谈天，一谈之下，十分投机。王冕的确是个很有学养的人，一派斯文，彬彬有礼。

刘伯温心想："莫非，他就是我所要找的明主？"可是，王冕文绉绉的，似乎少了几分领袖人物应该具备的豪气。

有一天，刘伯温与王冕在竹林里散步聊天，谈得非常融洽。突然之间，外头有人放爆竹，"砰"的一声，王冕吓得脸孔发白，微微地颤抖。

刘伯温见此光景，不免长长叹了一口气，王冕回头问："你怎么了？"

"没什么。"刘伯温淡淡一笑。

第二天，刘伯温离开了绍兴，他对王冕的评价是："胆量欠大。"

接着，刘伯温又到了海宁，当地有个贾铭，也正在招兵买马，准备大干一场。

刘伯温去拜访贾铭，发现他家正是新厦落成，装潢得颇为富丽。

刘伯温存心试贾铭一试，他坐下来，端起茶，喝了一口，就开始大呕特呕，吐得到处都是秽物。

贾铭眼中冒火，拂袖而去，回到后堂，唤来家人，又洗又刷又冲，刘伯温又摇摇头，心中暗想："度量忒小。"

现实中的王冕，其实是画梅不画荷，与《儒林外史》一书中描写的不一样。

王冕倒的确是个有学问的人，当他隐居在九里山之时，曾经仿效《周官》一书，写了一套治国平天下的书，并且在书首题："假如遇到明主，用这套书中的方法，那么古代伊尹的事业可以再现。"

朱元璋也久闻王冕之名，把他找来，在幕府里担任咨议参军。王冕正高兴有志能伸，想要施展抱负，可惜，没多久，一病而死，所以王冕在政治上没有表现。

王老虎奉旨讨饭

关于刘伯温初见朱元璋，在民间传说之中，还有这么一段有趣的故事：

话说朱元璋起兵之初，为了筹（chóu）措经费，曾经伤透脑筋，还是没有着落。

有一天，艳阳高照，炎暑逼人，他信步走过路旁，见到有人在卖酸梅汤，一碗下肚，凉沁脾胃，甜酸适度，含在嘴里，简直舍不得下咽。

喝完一碗，他忍不住又喝了一碗，天热口干，酸梅汤确为解渴妙品。

朱元璋忽然灵机一动：不如把安徽凤阳的乌梅运到襄阳去卖，定可赚一笔。乌梅是凤阳的特产，果实又大，价格又便宜，不但能制酸梅汤，而且是中药中极佳的一味药材。

主意已定，朱元璋欢天喜地，一下子收进了整整三千担上好的乌梅。到底是没经验，乌梅买入以后，这才想到，该如何运到襄阳去呢？

朱元璋来来回回在码头上踱来踱去，一位船老板见朱元璋的模样，似乎不像是做生意的行家，试探地问："客官，有货要运？"

"是的，我有三千担乌梅，想要运到襄阳去。"

"那你可是找对了人。我叫王老虎，有艘好船，还有得力的船工，包准不误事。"

"噢，那正好，请问，船钱怎么算？"

"这个，算你便宜，三十两银子一天。"

朱元璋心忖，一天三十两，倒不算贵，就不知道到襄阳要多少天行程。

王老虎一向精明，见朱元璋愣头愣脑，看来是个大外行，有意狠狠敲一记竹杠。他煞有介事地一掐指头：“起码三个月。”

“三个月？”朱元璋大吃一惊，三个月九十天，一天三十两银子，岂不是要两千七百两银子？而且，三千担乌梅，压在船上，到了襄阳，岂不会成了梅干，谁还要？

于是，朱元璋堆了满脸笑容，央求王老板：“这样吧，我希望一夜工夫赶到，船钱可以加倍。”

其实，朱元璋心里也清楚，一夜到不了襄阳，他只是找个台阶下，然后就挥手道再见。

岂料，王老虎嗓门特大，马上就哗啦哗啦叫开了：“一夜到襄阳，开玩笑，你下巴托托牢再讲笑话，若是一夜能到得了襄阳，行，我船钱奉送，一个钱也不要。”

朱元璋正尴尬着，忽然，旁边闪出一位白面书生，手里拿着一只小铜铃，笑嘻嘻地走过来，一拍王老虎的肩道：“君子一言既出，驷马难追，一言为定！”

原来这位文雅的书生正是刘伯温。他转身对朱元璋说：“快找几个帮手，把三千担乌梅给扛上来。”

王老虎心想，好，反正货上了船，这笔生意就跑不掉了，难得今天遇上一只大肥羊。

至于朱元璋，三千担乌梅已经买下，也非运走不可，不容他迟疑。他当然不敢指望一夜到襄阳，只祈祷千万别拖到三个月。

说也奇怪，刘伯温手摇小铜铃，口中念念有词，不一会儿，如孔明借东风一般，当天夜里，刮起了超级飓风，就这么一路刮到了襄阳，完全不费吹灰之力。

第二天清晨，朱元璋一觉醒来，竟然已到了襄阳，吓得直揉眼睛，以为自己在做梦，急着寻找刘伯温，刘伯温神闲气定道：“王老板，说好的一夜到襄阳，船钱免了！”

王老虎气坏了，但是，有言在先，只好认倒霉了。

朱元璋欢天喜地把乌梅卸下，因为乌梅新鲜，颗粒又大，马上找到了要货的中盘，着实狠狠赚了一票，又结识了刘伯温，一举双得。

做了蚀（shí）本生意的王老虎，怄得说不出话来，由于心情欠佳，脾气日益暴躁，到后来，船工都跑了，船只也卖了，他就拿着刘伯温留下来的小铜铃，当了个要饭的乞丐。

如此春去秋来，一晃十五年过去了，朱元璋当了明朝的皇帝，有一回，与刘伯温微服探访，到了一家茶店落脚。刘伯温眼尖，一下子就认出了眼前的老叫花。

刘伯温把王老虎叫到跟前，对他说：“你还记得十五年前，托运过一船乌梅？”

王老虎对着朱元璋仔细一瞧，开始破口大骂：“你这个混蛋瘟贼，坏了我的运气，害我讨了十五年的饭，我揍你！”说着，他抡起了拳头便要冲上来。

朱元璋身旁的便衣随从赶紧围了上来，准备捉拿王老虎。朱元璋倒也不以为意，哈哈一笑：“你老人家，讨了十五年饭，脾气倒没改。”

“说起来，我当年靠乌梅起家，你也助了一臂之力，来来，我们去皇宫叙叙旧。”说罢，朱元璋拉着王老虎，回到宫里。

王老虎到了皇宫，见人人都神情肃穆，拘谨得很，一点也不好玩，还不如他当乞丐自由自在、快乐逍遥，他对朱元璋说：“谢谢你的好意，我呢，还是回去讨我的饭。”

刘伯温也在旁边劝说：“人各有志，万岁爷不必勉强。”

朱元璋总觉得应该有所表示，他就半开玩笑，写了一道圣旨：“奉旨讨饭。”

王老虎接过圣旨，顺手穿根绳子，往脖子上一挂，照样摇着铜铃，沿街讨饭去了。

这一下，王老虎可抖着了，凡是看到“奉旨讨饭”四个字的，都对王老虎十分殷勤。王老虎的子子孙孙，也都挂着一块硬纸牌，学他的样。

从此以后，凡是讨饭的，脖子上都有这么一块玩意儿，成为一种风俗，而且颇以此自豪，似乎摆明了“奉旨讨饭”，你做主人的，也不好让我空手而归吧！

当然，王老虎的故事也只是一段传说而已。

刘伯温讲猕猴的故事

朱元璋自从得到刘伯温以后，如获至宝。刘伯温精通天文象数，擅长诗文辞赋，而且为人正直诚恳。

每逢机密大事，朱元璋必找刘伯温赴内室密谈，刘伯温知无不言，言无不验，料事如神。朱元璋总是以“先生”称呼他，人前人后夸赞“伯温有如我的张子房”，张子房即张良。刘伯温与朱元璋的亲密关系，也好比张良与汉高祖刘邦。

刘伯温一方面为朱元璋运筹（chóu）帷幄（wò），一方面又想尽办法开导朱元璋，他所用的教材就是当初隐居在青田山中，闭门写作的《郁离子》上下两卷。

《郁离子》中有许多寓言故事，相当有趣，譬如《狙（jū）公篇》，是朱元璋顶喜欢的一则：

从前，在楚国，有一位养狙为生者，楚人称之为狙公，狙音居，猕猴也。

狙公每日一大早，必然把一大群猴子召来训话，然后由一只老猴带队，浩浩荡荡，赴山林摘取果实。

这片原始深山，处处枯藤老树，奇花异草，修竹乔松，而且果实累累，有芳香味酸的梅子、肉甜皮薄的龙眼、核小囊红的荔枝，以及胡桃、银杏、椰子、葡萄，林林总总不一而足。

可是，猴儿们却无福消受，它们奔上跳下地忙碌摘取，一直到太阳西下，才疲惫万分地走上归途。

一回到家，睡了整天懒觉的狙公，早已拿着戒尺，站在庭上，等着验收成果。根据狙公的规定，众猴可以留下十分之一自用，其他十分之九必须缴给狙公。

如果这一天成绩不错，众猴还可以得到一只香蕉、一个柿子，祭祭五脏庙。若是遇到水灾旱灾，收成不佳的季节，众猴可惨了，狙公的规矩可是很严的。

他只要一见众猴抬进来的果实不多，立刻“咄（duō）”的一声，跳下高台，指着众猴骂道：“你们这群臭猢狲，胆子好大，竟敢偷懒！”然后，他拿着戒尺，到处乱挥乱打。打了一阵，狙公就背着手，走入屋内，把门关了。众猴个个掩面悲啼，捂着屁股喊疼，可怜的小猴子，红屁股被打得红通通的。

由于狙公管教严格，众猴在工作之时尽管又渴又馋，谁也不敢偷吃。哪一只猴子稍微停顿，老猴厉声一喝，众猴吓得伸头缩颈，加紧摘取。

有一天，一只小猴儿扑地跳下树来，猛摇着手：“各位，我有个问题，这山上的果实，可是狙公种植的吗？”

众猴抓耳挠腮，吃吃地笑着：“当然不是，这些都是天生的。”

另有一只猴儿接口：“狙公他不会种树，只会睡大觉。”

“还有，他会把我们剥皮挫（cuò）骨！”

不知是谁接了一句，众猴长叹一口气，继续努力采集，太阳好烈好毒，却谁也不敢稍歇。

小猴儿又朗声问道：“这森林，难道有规定，除了狙公不得摘取？”

众猴又哄堂大笑：“尽是些个蠢问题，谁有本事，谁就可以摘食啊！”

小猴儿纵身一跳，翻了一个跟斗，兴奋地说：“奇怪，那么，我们为什么要白白受他的奴役？”

小猴儿这一问，有如石破天惊，把众猴都唤醒了，它们从来没有想过这个问题，每天只是机械地被狙公驱使，连一向派来管众猴的老猴也鼓掌哈哈大笑：“好猴儿！好猴儿！不料你小小年纪，比我们都有用！”

猿猴摘果图，佚名绘，北京故宫博物院藏。

众猴乐得个个把身一耸，打了个悬空跟斗，跳离地有五六尺，它们决定离开狙公。

当天晚上，众猴还是与平常一般，拖着一大篓果实回家，乖乖地听训话。

到了夜深人静，众猴曳步近前，侧身入门，见狙公蜷曲着身子，朝向里面睡得好沉好沉，还发出极大的鼾声。

“好极了，狙公做梦也料想不到我们会溜。”

众猴欢天喜地地把栅栏给拆了，搬走狙公囤积下来，准备拿到市场去卖的果实。正要走时，有个调皮的猴子说：“待我留点儿纪念品。”于是，它在栅栏下面，对着柱子，撒了一泡骚尿。

众猴趁着月色，开开心心奔向山林。从此以后，众猴食草木，饮涧泉，采山花，觅果树，与虎豹为群，獐鹿为友，夜宿石崖之下，朝游峰洞之中，好不快活。

到了炎炎夏日，众猴躲在松荫下玩耍，捉虱子，理毛发，剔指甲，打打闹闹，你推我扯，充分享受自由的快乐。

至于狙公，第二天一大早，哨子吹了半天，也不见众猴集合，正要发火，讶异地发现，猴子全不见了。更糟糕的是，栅栏里的果实也全搬了个空，只有一股难闻的猴尿臊气，狙公真是气坏了。

狙公除了会教训猴子，别无其他本事，没多久，狙公就饿死了。

刘伯温这则寓言故事，主要是阐明他的政治思想，他认为天地万物与人的关系是密切的，天虽然是万物的主宰，把万物赐给人类，但是，天不能直接治理人民，必须托付给一位君主，这位君主就应该了解天的意志，好好地利用万物，好好地统治人民。

好的君主，譬如良医，可以治病；坏的君主，有如庸医，会使得病入膏肓（gāo huāng）。所以，君主不能竭泽而渔，欺骗人民，奴役人民，否则，便会如狙公一般，落得被老百姓唾弃的命运。

徐寿辉与陈友谅

刘伯温投奔朱元璋以后，开始尽心尽力为他策划日后大计。

刘伯温恳切地对朱元璋说："用兵应该条理分明。张士诚胸无大志，不足为虑；陈友谅军队精锐，疆土最广，野心最大，应该设法消灭。若是把陈友谅打垮（kuǎ）了，张士诚一举可定，然后，北向中原，王业可成。"

朱元璋高兴地猛摇刘伯温的手道："先生妙计，佩服佩服，从今以后，仰赖先生多多指教。"

张士诚原是私盐贩子，因为杀了仇家，被逼上梁山。

至于陈友谅，本是徐寿辉的手下，徐寿辉会起来搞革命，还真是误打误撞。

徐寿辉原来是个跑单帮的布贩子，长得英俊潇洒，魁梧奇伟，像戏剧中的男主角。天下大乱之际，妖僧彭莹玉起事，自称能用泉水治病，而且，果真医好了不少病患。他聚集了五千多人起事，不久被元军镇压。

剩下的五千多人仓皇逃命，逃到了淮西，彼此商量，若是解散，有些不甘心，而且也害怕自己的名字已列上了官府的黑名单。

假如继续干下去呢，缺少一位领袖。大伙儿正在愁眉不展之时，远远见到一布贩，正在拿着皮尺量布。

这布贩长得浓眉大眼，模样好俊，而且个儿挺拔，比一般人高出两个头。“你们看，那布贩相貌不凡，不似一个卖布的。”

众人一致望去，无不频频点头：“还真是相貌堂堂，像个领袖人才。”

由于急着找个带头的，众人草草商量，便一致认定他就是理想中的人选。

大伙向前询问，方知布贩姓徐名寿辉，做个小生意糊口，由于遭逢战乱，景况不佳。他听说众人要拥他为王，先是大吃一惊，等到有几个人忽地下跪喊道：“皇上。”他几乎以为在做梦。

徐寿辉把食指放在嘴里，用力一咬：“哇！好疼。”看来是真的了。他想，平白无故天上掉一个皇帝下来给他当，这事儿倒也不坏，也就无可无不可，被众人拉拉扯扯，当上了皇帝，捡了一个现成的便宜。

凭他一个普普通通的徐寿辉，实在不足以服众。为了增加徐寿辉的威望，众人便编出一套“体有赤光”的神话，国号天完，年号治平，正式即位为皇帝。

过了没有多久，天完军的疆域扩充到湖南、江西。天完军专门抢夺元朝官府的金帛，对一般百姓则秋毫无犯，军士们口中不断地念着“阿弥陀佛”，于是，天完军极得人们的拥护。

陈友谅则是渔家子弟，家里很穷，原本姓谢，由于祖父入赘陈家，也就跟着姓陈。他年少时，读了一点书，略略认识几个字，长大以后，在县衙门里当个小吏，过着吃不饱也饿不死的平淡日子。

陈友谅小时候，曾经有个江湖术士，指着陈家祖先一块墓地，铁口直断：“这是难得一见的七星伴月，藏风聚气，地势开阔爽朗，大吉大利，后代子孙必然当贵。”

风水先生这番话，陈友谅始终牢记在心，从小他就认定，将来，终有一天，他是要发的。

当陈友谅长大了，到县府里当个小吏，掌管文书，他总觉得委屈了，每天自怨自艾。徐寿辉起事传来，陈友谅就前往投奔，不甘心被埋没，辜负上好的祖坟。

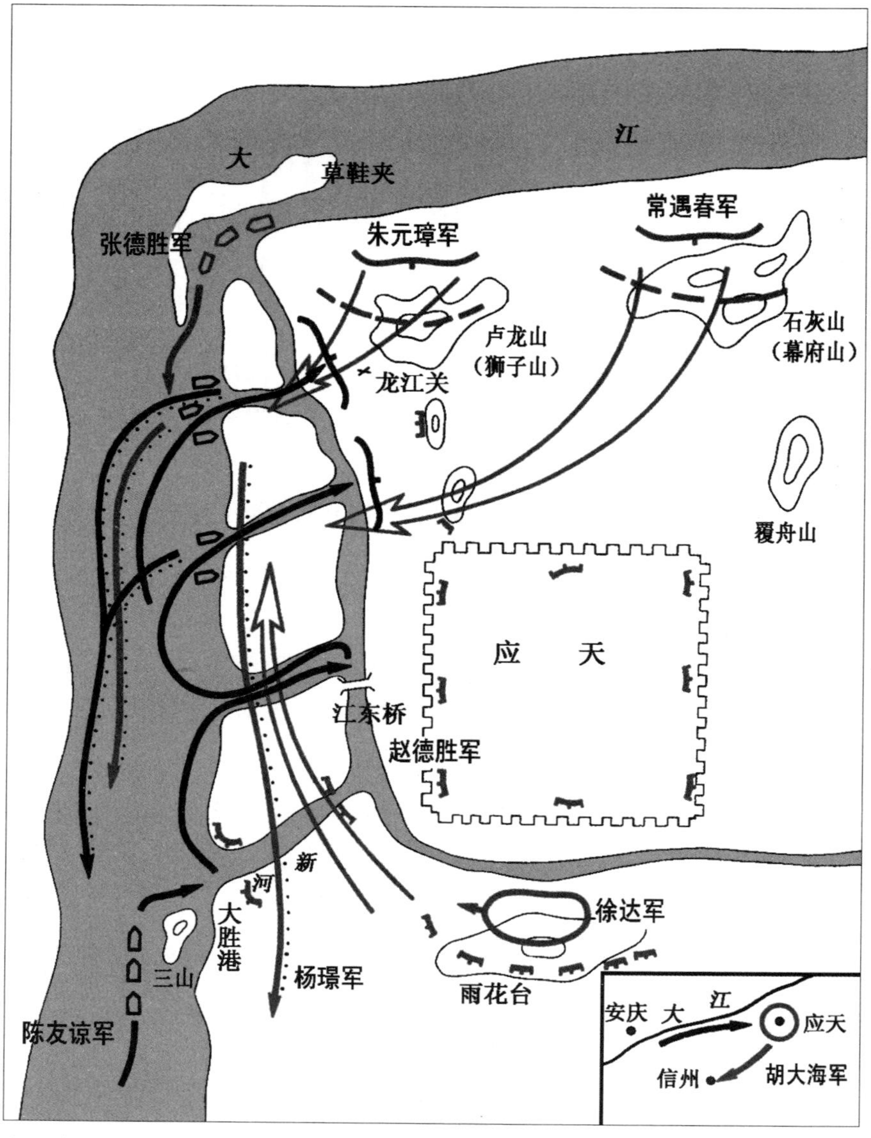

朱元璋、陈友谅应天之战示意图。至正二十年（1360年）五月，陈友谅率舟师自采石进攻应天（南京）。陈本想约张士诚夹攻，元璋命陈友谅的老友康茂才写信给友谅，称愿做内应。友谅于是提前率军攻击。朱元璋命常遇春一部埋伏于石灰山侧，徐达一部陈兵于南门，杨璟驻兵大胜港，张德胜率舟师出龙江关，自率主力伏于卢龙山，严兵以待。友谅率军至约定地点江东桥，见康茂才不至，情知中计，急忙舍舟登岸立栅，但势已不及，朱元璋各路军一齐发动，水陆夹攻。又时值退潮，陈友谅巨舰搁浅，水陆不能相顾，于是大败。陈友谅乘小舟拼死逃回江州。

陈友谅怀着一肚子的野心，在军中立了战功，担任领兵元帅，找了机会，杀掉徐寿辉，迫不及待地在采石一间破庙里，即皇帝位，改年号为大义，国号汉。

就在刘伯温建议攻取陈友谅不久，陈友谅亲自带领水陆大军，自江州顺流东下，准备一举歼（jiān）灭朱元璋的势力。

朱元璋召集部将前来开会，其中一名部将道："据说陈友谅拥有几百条战船，单单听战船的名称混江龙、塞断江、撞倒山、江海鳌（áo）等，就知道不好惹。"

"我看，我们不如早日投降吧。"另一个部将说。

"或者，不如先退守钟山。"又一个部将说。

众人七嘴八舌，综合各方的意见，都是三十六计走为上策，避开陈友谅的攻击。

朱元璋见一个个吓得魂不附体，觉得十分泄气，只有刘伯温瞪大了眼睛看着大家，紧抿着嘴唇，不发一言，样子有点儿可怕，似乎在强忍着极大的怒气。

朱元璋了解，刘伯温一定是有话要说，却又不方便说。他匆匆结束会议，拉着刘伯温赴内室密谈。

刘伯温坐定以后，第一句话就是："方才主张要投降或出奔的人都该斩！"

朱元璋一听，大为振奋，忙问："依先生之计，该如何？"

"陈友谅是一个极为骄傲的人，骄兵必败，等到他大军深入，我们用伏兵偷袭，以逸待劳，成就霸业，在此一举。"刘伯温坚定地说。

朱元璋抚掌大笑："好！就听先生的，你也不用为刚才的事动气了。"

鄱阳湖大战

朱元璋与刘伯温在密室商量了半天，认为面对陈友谅这个超级强敌，投降不是办法，逃走更不是办法。最好的策略是争取主动，引诱陈友谅前来，以逸待劳，让陈友谅落入陷阱之中，在应天府这儿一举歼灭。

那么，如何才能把陈友谅勾引过来呢？有了！朱元璋部将之中，有一个名叫康茂才的，曾经是陈友谅的好朋友，茂才家里的老门房也伺候过陈友谅，不如走这条线。

康茂才立刻磨砚濡（rú）笔，亲自写了一封信，交给老门房，并且详详细细指示一番。

老门房也很机灵，十分擅长演戏，他来到陈友谅营中，一见面就下跪行礼，讲了许多让陈友谅心花怒放的话。

“未来的天下，还不是您的！到时候别忘了我们。至于朱元璋，一个臭和尚，能起什么作用，他要和你打，等于是鸡蛋碰石头嘛。”

陈友谅心里想的，恰好与老门房一模一样，他笑嘻嘻地问道：“老康现在在臭和尚那儿担任什么职务？”

“康公在驻守江东桥。”老门房请陈友谅拿来纸笔，一面画地图解说，一面不断透露军情，直听得陈友谅频频点头。

“那么，我该如何与老康取得联络？”

“很容易，你到了江东桥，喊老康，他自然会来接应。”

“江东桥可坚固？”

老门房轻蔑地回答：“不过是个木桥，自那儿上岸，再合适不过了。”

陈友谅为了感谢老门房带来如此珍贵的情报，招待了他一顿上好的酒菜，老门房才告辞。

老门房回来，一五一十描述一番。朱元璋大喜：“奇怪，陈友谅的脑袋怎如此简单？”并立刻下令木制的江东桥要连夜赶工，改成坚固的铁石桥。

过了三天，到了陈友谅与康茂才相约的时日，陈友谅信心十足，抱着瓮（wèng）中捉鳖（biē）的愉快心情，率领水军，欣然前往。

他先到了大胜港外，只见到处布防严密，心想，老门房的话不假。继续前进，寻找江东桥，找了半天，果然隐隐约约可见“江东桥”三个大字。仔细一看，明明是个石桥嘛，老门房为何说是木桥呢？

陈友谅疑惑不定，到了桥边，轻声呼唤：“老康，老康！”

喊了半天，没有回音，陈友谅虽然有些失望，却并不着急，继续向前行驶，直到龙江口，他又扯直了嗓子喊：“老康！”还是没有回音。

忽然间，山上黄旗招展，朱元璋的伏兵齐声呐喊，把陈友谅的水军团团围住，山上的箭像雨点般射向江中，两岸的芦苇中又冒出不少兵船，上下夹攻，让陈友谅慌了手脚。陈友谅的部队大多被射死或淹死，陈友谅还算机警，跳上一艘小船飞驰而逃，捡回一条命。

陈友谅被康茂才摆了一道，气得吃不下饭，睡不着觉，每天暴跳如雷，日日夜夜思索，该如何报仇雪耻。

紧接着，朱元璋军队先攻安庆，再下江州，据有今苏皖浙赣（gàn）四省。陈友谅气急败坏，赶工制造特大号战舰，涂着大红色的油漆，上下共三层，每层有走马棚，上下层说话都听不见，载着百官家小，号称六十万人马，浩浩荡荡沿长江而下，直入鄱（pó）阳湖。

陈友谅的“超级战舰”又高又大，联舟布阵，朱元璋的小船上的人，要仰着头才看得见敌人，而且只有二十万人马，双方兵力悬殊。

朱元璋面对巨舰，心中也有些胆寒，他沉着地下令："把水军分成二十队，每队带着火箭弓弩，一起驶近敌船，先放火箭，等到起火燃烧，再发硬箭。"

朱元璋用的是敢死队的方法，冲入敌阵，点起火来，和敌方几百条战舰同归于尽。这种战法虽然冒险，却很有效，当敢死队的小船靠近战舰，便发火弩（nǔ），战舰原是木造，被火弩点燃，立刻烈焰冲天，湖水尽赤，陈友谅的弟弟陈友仁、友贵都被烧死了。

接下来是白刃战，朱元璋的敢死队和后援士兵，敏捷地跳上战舰，短兵相接，喊杀震天，从这船跳到那船，头顶上火箭炮石齐飞，眼前一片火光，一团刀影，湖面上漂流着死尸，挣扎着伤兵，耳边是轰隆的石炮声，噼啪的火爆声。

陈友谅远远见着朱元璋，大叫："快，朱元璋就在那条船上，大伙冲向前，活捉他！"

说时迟，那时快，有个叫韩成的，不由分说，剥下朱元璋的黄袍，跑到船顶，指着陈友谅叫骂："陈友谅，为了你我二人的恩仇，出动这许多人马，害死这么多人，现在，我把天下让给你，你别再滥杀无辜了。"

韩成说完，跳下鄱阳湖。

陈友谅以为朱元璋已自杀，十分开心。

两军又大战了几天，未见胜负。有一回，朱元璋与刘伯温在船上看将士们搏战，刘伯温忽然跳起，大叫一声，双手把朱元璋抱住，跳到另一艘船上。

回首一望，朱元璋原先那艘座船，中了一颗炮弹，拦腰截成两段，朱元璋拍拍胸口："好险！"

刘伯温解释道："我一直注意陈友谅的战舰，看到他一直伸手指向这儿，他一定发现你没死，我才急忙换船。"

最后，朱元璋大将郭英被射中手臂，郭英忍着疼痛，拔出箭头，也不顾血染军袍，回首一箭，不料这一箭正中陈友谅左眼，直穿脑袋，陈友谅阵亡。

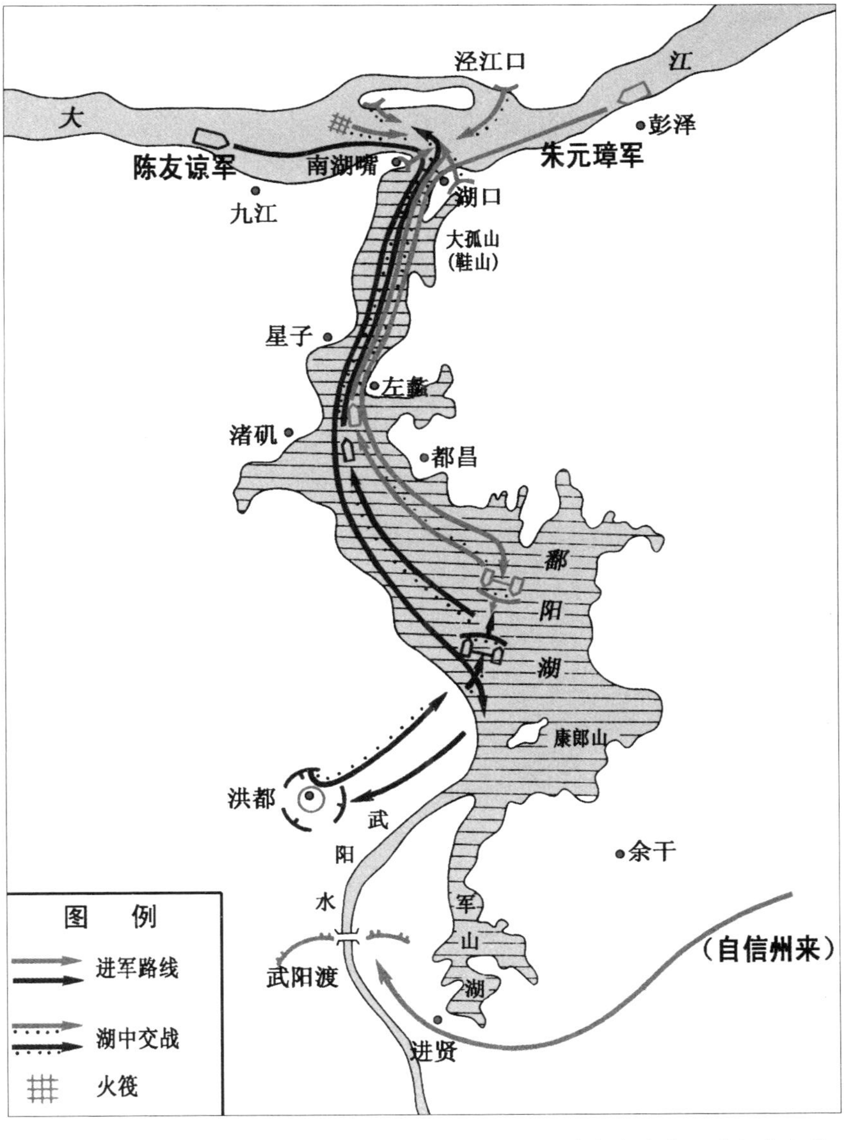

鄱阳湖之战作战经过示意图。至正二十三年（1363年）四月，陈友谅趁朱元璋主力在外，江南空虚，集六十万大军围攻江南要地洪都。朱元璋一面令洪都守将坚守，一面调主力回返。七月，朱元璋亲率舟师到达湖口，同时命两部分据泾江口与南湖嘴，以切断陈军水上归路。陈闻朱军来，撤洪都之围，东出鄱阳湖应战。首战康郎山水域，朱军虽数次不利，但拼死力战，陈军不支，败逃至渚矶，朱元璋则驻左蠡。两军再战，陈军再败。八月，陈友谅率舟师冒死突围，在南湖嘴遇朱元璋早先部署的伏兵，兵败身死。

陈友谅一死，他的部下已群龙无首，非降即逃，朱元璋俘虏了十万人马，陈友谅部将张定远用小舟，载着友谅的尸体和友谅次子陈理，逃回武昌，接着，张定远又拥立陈理为帝。

鄱阳湖大战，是朱元璋讨平群雄，决定性的一场大战，时至至正二十三年（1363年），前后三十六天，与三国时的赤壁之战，东晋时的淝（féi）水之战，都是影响历史演变的战役。

刘伯温测字

鄱阳湖大战以后，朱元璋在至正二十四年（1364 年）的春天，正式建国号，定官制，称为吴王。

在此期间，发生了一件“圆梦”的大事。

先是，地方上大旱，朱元璋担心是因为牢里没审判的案件太多，惹恼了天公，因而命令刘伯温一一解决悬案，并且制订法律，防止滥杀。

可是，过了没两天，朱元璋突然大发脾气，下令：“把牢狱里的福建、海宁罪犯，以及待在应天府中的福建人、海宁人，一律给我杀光！”

刘伯温觉得好奇怪，他问道：“主公方才颁发了阻止滥杀的命令，这会儿又大开杀戒，到底是为了什么？”

朱元璋回答：“先生，你有所不知。昨天夜里，我做了一个怪梦，一大群福建人、海宁人，头上鲜血淋漓，手中拿着石块，朝我扑来。今天一大早果然听说福建、海宁聚众叛乱的消息，非杀不可！”

刘伯温心想，天下未平，大开杀戒，着实不妙，又不能嘲笑朱元璋的怪梦，这该如何是好？刘伯温脑筋快，一会儿工夫，他哈哈大笑：“恭喜主公，贺喜主公！”

“何喜之有？”

“我会测字啊！”

“说来听听！”朱元璋很好奇。

刘伯温濡笔写了一个“众”字，然后分析：“主公，梦见许多人，便是‘众’字，你瞧，‘众’字上头不是一个‘血’字吗？（按“众”字繁体为“衆”）他们自称是福建人、海宁人，表示这两个地方的人向往主公，想要归附主公，用血来表示赤诚！”

“有这种事？”朱元璋把“众”字拿起来端详，没错，上头确是一个“血”字。他满意地询问：“依先生之见，该如何？”

“很简单，大赦狱中的福建、海宁囚犯，并且用上好的礼节，款待在应天府中福建、海宁的旅客，自然天下无事。”

朱元璋对刘伯温的测字十分信服，就照他的意思做了。福建、海宁的罪犯突遭大赦，旅客忽然受到最好的待遇，回到家乡，把这段奇遇见人就说，逢人便讲，不一会儿工夫，这两地的人民异口同声，高喊朱元璋万岁。

朱元璋不费一兵一卒，平定乱事，自然大大夸奖刘伯温，并且任命刘伯温为御史中丞兼太史令。

打败陈友谅以后，朱元璋下一个目标就是张士诚了。张士诚据有江北江南，也自称吴王，所以长江下游形成了两个吴王对峙的局面。

于是朱元璋召集谋臣将领开会讨论策略。

李善长对朱元璋说：“张士诚兵力未衰，土沃民富，不是容易攻得下的。”

朱元璋回答道：“今不除之，终为后患！”

徐达说：“我以为可攻。各位不晓得有没有听过一个当地的歌谣：‘丞相做事业，专靠黄菜叶，一朝西风起，干瘪。’这歌谣中的丞相指的是张士诚的弟弟张士信，是个糊涂虫，信任‘黄’敬夫、‘蔡’彦文、‘叶’德新三个龌龊（wò chuò）小人。”

原来，张士诚不理会政事，一切交给弟弟张士信。张士诚外表看起来老成持重，其实到底只是个盐枭（xiāo）出身，除了会走私，肚里空无一物。

张士诚打着“尊重士人”的雅号，但是他又分辨不出谁是有学问的真士人，谁又是招摇撞骗的假读书人，反正只要上门，自称士人，张士诚就会热烈欢迎，并且奉送车马。久而久之，大家都知道，张士诚是个“呆子”，乐得把他耍着玩儿。

张士诚对士人如此，对武将也是如此。凡是出兵遣将，将领狮子大开口，要求官爵，要求美田，他都一一应允。

等到将领打了败仗回来，他一概不追究，仍旧用为将领。如此功过不分，张士诚自以为是在做好人，可是，底下人却把张士诚这个乡愿当傻瓜。

张士诚在苏州造华屋，修园林，蓄女奴，大摆宴饮，吃喝玩乐。他本着有福同享的江湖道义，所以带着部下也一块放浪形骸（hái），演变到了最后，连打仗的大将，出征之时，身旁也有妓女伺候。

朱元璋了解到张士诚的情况，叹息道：“我这个人，向来没一件事不经心，尚且免不了被人欺骗，张九四一年到头尽在玩儿，不出门理事，岂有不败之理！”

说的也是，朱元璋打陈友谅，惊心动魄，攻张士诚则容易得多。破灭之日，李伯昇在城上呼道：“张太尉（士诚）爱我厚我，何忍负之！”抽出小刀准备自杀，左右一劝，他又舍不得死了。

李伯昇当了降将，又派人劝降张士诚，张士诚面子放不下，不肯答应，他问妻子刘氏：“我已决心一死，你们怎办？”

刘氏回答：“必不负君！”她带了孩子，上了齐

张士诚，出自《吴王张士诚载记》。

雪楼，城破之时，自焚而死。

张士诚穿上龙袍，正准备悬梁自尽，李伯昇闯了进来，大呼小叫，找人帮忙，解开了绳索，救活了张士诚。张士诚好生气，闭着眼睛，不肯理会李伯昇。

李伯昇把张士诚交给了朱元璋的大将常遇春，抬上了船，送到金陵。张士诚一路上不断破口大骂，终于还是自缢（yì）而死。

李伯昇原先是张士诚结拜的十八兄弟之一，到了危急之时，首先投降的是他，派人当说客的是他，最后把张士诚交给常遇春的也是他。平江人看不起李伯昇的为人，由于李伯昇官拜司徒，后来平江人便用“李司徒”三个字，形容一个人出卖朋友。

方国珍浙东称雄

朱元璋打败张士诚以后，论功行赏，封李善长为宣国公，徐达为信国公，常遇春为鄂国公，其他诸将分别晋爵赐给金帛。第二天，得到奖赏的都来谢恩。

朱元璋劈头问道："诸公回到家中，是否置酒为乐？"

众人回答："蒙主上恩德，偶尔当然有。"

朱元璋长叹一口气道："我也很想与各位痛痛快快喝上两杯，乐一乐，但是，中原未平，现在还不是言乐的时候。你们看张士诚，整天喝得醉醺醺的，我不得不以他为戒。"

由此可见，朱元璋自律甚严，他酒量极佳，却极端克制。他不但戒酒，也时刻压抑自己的物欲。

当朱元璋讨平陈友谅之时，有人搬来一张陈友谅的镂（lòu）金床为战利品，并且说："陈友谅这小子，一定没想到，亲自监工的镂金床，竟然由我们主公享用。"

不料，朱元璋看也不看就说："我还是睡我的木板床。"

"那么，主公是要赏给何人？"

"谁也不许用，马上把这张床给我毁了！"

底下的人都有点舍不得，如此精工镶制的镂金床，金碧辉煌，堪称美丽的艺术品，毁了多可惜。

朱元璋也看出部下的不舍，他怒声道："你们说，这和孟昶（chǎng）的七宝溺器有何不同？"

孟昶是五代后蜀的君主，性好奢侈，连尿壶都用七种宝石镶刻而成，最后被宋太祖赵匡胤俘虏。

朱元璋并且说明："未富而骄，未贵而奢，这是孟昶失败的道理，前车之鉴，不可覆蹈！"

由此可见，朱元璋早不是当年皇觉寺的小和尚了，他开始读历史，也懂得自历史中记取教训，读历史让朱元璋变成聪明的人。

紧接在张士诚之后，朱元璋进讨方国珍。方国珍在群雄之中最先起事，在浙东称霸了二十年。

方国珍是台州黄岩（浙江黄岩）人，地近海边，土壤荒瘠，人多田少，方国珍家里是佃农，过着极清苦的生活。

地主待佃农一向极苛，黄岩因为土地少，地主格外神气，佃农在路上遇到地主，连鞠躬作揖，打个招呼都不敢，只能远远地躲开，让出一条路来。等到地主大摇大摆地走过了，才敢露出脸来。

方国珍每次陪父亲上街，若是遇着地主，就像躲警报一般，被父亲拉着跑，跑慢了，父亲一个巴掌就打下来。

方国珍很不服气，他不止一次问父亲："地主也是人，我们也是人，凭什么这条路他走得，我们就非得远远避开？也用不着怕他怕成这个样子！"

父亲听了，便斥责国珍道："小孩子，不懂事，不要乱说话，若不是靠地主借给我们田，我们怎能耕种？又拿什么养活我们一大家子？尊敬地主是应该的。"

方国珍可不这么想，他没有感恩的思想，只有报复的念头，每次看到父亲毕恭毕敬，一副诚惶诚恐、窝窝囊囊的畏缩样儿，他心里就有气，却不敢爆发。

父亲过世之后，方国珍家里，除了继续耕田，他还带着兄弟们贩卖私盐。这些私盐都掌握在海盗手中。元朝至正八年（1348 年），有一个叫蔡乱头的大海盗落网。方国珍有个仇家，向官府告密，说方国珍与蔡乱头私通。方国珍不甘心被捕，决心真的去当海盗。不过，他要先找地主报复。

又到了地主上门收米的时候了，方国珍记得童年，每次地主来，父母总是忙着张罗，把好吃的、好用的，一股脑儿搬出来献殷勤，小孩子只能在旁看着流口水。地主还不满意，挑三挑四，啰嗦个没完，方国珍这股闷气，已经压抑得够久了。

地主上门，背后还带着一群管事的账房先生、跟班小厮（sī），门一推，神气活现地迈着八字步走了进来。

方国珍也急忙赔着笑脸，张罗酒菜，尤其因为贩卖私盐，家境较为宽裕，端出来的菜色相当丰盛精致。地主一行，大快朵颐，酒也喝得差不多了，个个东倒西歪的，方国珍一不做二不休，用乱刀把地主等人杀了。

地主没回家，地方官亲自前来查询，方国珍干脆把地方官也杀了，结集了数千人，逃入大海，正式当了海盗。

由于方国珍这一批海盗异常剽悍，元朝政府无法歼灭，为求息事宁人，便任命他为定海尉，以示招安。方国珍担任定海尉，安分了一阵子，没多久，故态复萌，再度造反。

元朝为平息事端，还是用招安的老法子。这一回，已不是小小定海尉能满足他的了。方国珍眼见元政府吃这一套，不停地反反复复，官也愈滚愈大。当然，他也随时不忘孝敬朝中大官，帮他说好话，除了刘伯温等少数守正不阿之士，很少官员能抗拒红包攻势。

到了至正十七年（1357 年），方国珍已官至浙东行省参知政事海道运粮万户，兄弟子侄全当了大官，占有浙东沿海一带，拥有渔盐等丰富资源，同时横跨黑白两道，没人敢惹。他也心满意足，一心只想拥有这份产业，传之子孙。

但是，朱元璋准备统一全国当皇帝，岂能容许方国珍雄踞一方？于是，朱元璋先派汤和，一举攻下台州和温州。方国珍舒服日子过久了，军力荒废，完全不是朱元璋的对手。

方国珍父子兄弟，胆怯心寒，悄悄开了东门，往海边逃难。船开驶不及三里，早有朱元璋一批兵船，拦住去路。方国珍长叹一口气：“我巢已失，今日朱兵勇不可当，只好出外投降，以保身家，日后再谋机会。”

方国珍玩了一辈子投降的把戏，他原以为接受招安以后，朱元璋还是会让他当个大官，谁知道朱元璋硬是把他关在金陵，不让他再玩反复造反的把戏，方国珍最后忧郁而死。

徐达治军严明

打垮方国珍以后，朱元璋又马不停蹄讨伐福建的陈有定。

陈有定与陈友谅可是一点关系也没有，他是穷农人出身，为人沉着勇敢，喜欢行侠仗义，打抱不平，经常为着朋友的事，两肋插刀，拼了命都干。

后来，他因为家里穷困，实在撑不下去了，入赘富豪之家，攒了一点钱，在码头上做个小生意。

无奈，时运不济，没有多久生意就倒了，他只好去官衙里当驿卒，混碗饭吃。

有一天，陈有定偶然遇到汀州府判蔡公安，两人一见如故，说得相当投缘，蔡公安拍拍陈有定的肩膀道：“小老弟，听你谈论兵事，头头是道，颇有些见地。在衙门里当个小小驿卒，送信跑腿，也没多大出息。我眼前有个黄土砦（zhài）巡检职位的缺，专门训练士兵，缉捕盗贼，你如果有兴趣，不妨试试看。”

陈有定逮住机会，讨山贼立了功，不久升为总管，更自陈友谅手中夺回了汀州，元顺帝任命他为福建行省平章政事，镇守闽中八郡。他为了效忠元朝，经常从海道运粮到大都，受到元顺帝的一再褒（bāo）奖。

俗话说小人得志，趾高气扬。陈有定是个小人物的时候，极有正义感，时时以侠士自居，可是当了官以后，又是另一副嘴脸了。史书上说他是

“上言为国，以实私图”，表面上说得好听是为了元朝，其实，公帑（tǎng）与私财合一。

由于有元顺帝撑腰，福建行省平章政事燕只不花完全管不住陈有定，他陈有定说东是东，说西是西。附近漳州守臣罗良不听指挥，陈有定立刻把罗良掳来给杀了。

从此，陈有定成为福建的土皇帝，任谁都要怕他三分。

朱元璋派了胡深进攻陈有定，不幸中了埋伏，被陈有定所杀。

朱元璋再派水师进讨，陈有定节节败退，死守延平，宁死不降。这时的陈有定，早已不是当年那个为朋友两肋插刀的陈有定了。他日日夜夜披甲带剑，到城墙上巡视，只要见到守兵略有精神不济的模样，也不顾人家是否几天几夜没合眼，马上予以严处；若是发现将领稍有懈怠，更是一口断定：“与朱元璋军队暗里私通，处死！”弄得将士们埋怨不已，恨不得朱元璋早日打过来。

陈有定苦守十天，延平城终于被朱元璋的军队攻破了，他服毒自杀，不知什么原因，竟没死，被俘虏到应天。

朱元璋指责陈有定道：“你是汉人，为何帮助元朝，杀我胡将军，害我损失一员大将？”

陈有定说：“我已经被你捉住，还有什么话好说，死了便是！”

“好，算你是条好汉！”

朱元璋新发明一种刑罚，叫作铜马，就是古代炮烙之刑，正好拿陈有定来做活人试验。

朱元璋先把铜马烧得赤红，命令陈有定骑上去，陈有定一声惨叫“啊……”转眼之间，皮焦肉烂，化为阵阵恶臭难闻的青烟。陈有定的儿子闻讯赶来，要求与父亲同死，朱元璋乐得完成他的心愿，也让他骑了铜马。

朱元璋对敌人十分残酷，可是，他在用兵之时，非常注意军队的纪律，尽量做到不扰民。他麾（huī）下第一大将是徐达，徐达的一贯作风是“掠民财者死，毁民居者死，离营二十里者死”。

徐达
治军严明

民间曾经传说这么一则故事：朱元璋夺下金陵，正预备攻打镇江，忽然有人报告：“士兵们上街抢东西，并且戏弄妇女，民众为之惶惶不安。”

朱元璋听了大怒，本来想把惹事的士兵找来，砍首示众，转念一想，明天就要出兵攻打镇江，此时大开杀戒，触了霉头，着实不妙。他眼珠一转，心生一计。

第二天一大早，军队正要开拔，突然军营之中，众人交头接耳，神色不安，互相传递一则坏消息：“徐达将军违反军纪，即将开刀问斩。”

徐达，选自《马骀画宝》。

众人听了无不失魂落魄，不敢相信，大家都说：“徐将军到底犯了什么罪？把他杀了，那我们还打不打镇江？”

正在此时，徐达被五花大绑押了出来，有那忍不住的兵士，竟嘤嘤哭了起来。

元帅府里李善长等人，也个个吓软了手脚，厅内厅外一大群人跪在朱元璋面前，请他收回成命。

朱元璋却铁着脸道：“徐达身为统兵元帅，不能管束部下，坏我军纪，非斩不可！”

徐达平时待部下宽厚，士兵们纷纷向朱元璋求情，并且指天画地，再三起誓，下回绝不再破坏军纪连累长官。

朱元璋这才舒展了眉头，转过身对徐达说：“看在弟兄们的份上，这回暂且饶了你，这次出兵一不许烧房子，二不许抢财物，三不许杀百姓，你依不依？”

徐达还来不及回答，兄弟们在旁赶紧大叫：“依，依，什么都依！”声音响彻云霄。

朱元璋和徐达互换一个欣慰的眼神，原来这是徐达的苦肉计，这段“假斩徐达”的双簧戏，正史上并没有记载，不过是民间用来强调朱元璋军队军纪严明的故事。

徐达为人刚毅勇武，与部下同甘共苦，的确是了不起的大将军。朱元璋曾经夸奖他：“受命而出，成功而旋，不自夸，不张扬，妇女无所爱，财宝无所取，中正无疵，昭明乎日月，大将军一人而已。”因此，徐达是明朝开国战功最伟的第一功臣。

宋濂的广告攻势

朱元璋以一个孤苦无依的小和尚，能够奋起草莽，领袖群雄，绝非偶然。张良曾经说："沛公（汉高祖）乃天授也！"意思是说，刘邦虽然不学无术，却是超人的政治天才。朱元璋也是一样，对于争取人才，收揽民心，都有特殊的智慧。

朱元璋来自民间，少年乞食四方的人生体验，使得他了解基层民众的想法。因此他的军队所到之处，纪律严整，绝不会扰民。

另外，朱元璋明白，元朝政府几十年来，歧视汉人，人们敢怒不敢言，许多怀有民族思想者，心中还存着恢复宋室的心理，所以，在次第讨平群雄以后，他命宋濂执笔，写了一篇檄（xí）书，张贴在北方各地，以收广告宣传之效。所谓檄书，是古时官府用以征召晓谕大众的文书，就类似今天的文告。

负责广告撰文的，是大大有名的宋濂。宋濂与刘伯温一般，都是朱元璋打下婺州以后，寻访得来的名士。

宋濂是金华人，自幼聪明，博闻强记，精通五经，他曾经拜在著名学者柳贯门下。柳贯教了一阵子，对宋濂说："我的学问不及你，惭愧，惭愧，你另外求师吧！"

于是，宋濂又投到黄溍（jìn）门下，没想到黄溍也不敢收这个弟子。黄溍说："我自叹弗如，当不起你喊我一声老师。"

宋濂拜不到老师，只好自己在龙门山闭门读书，元朝至正年间，元朝政府任命他为翰林编修。宋濂不愿意在元朝腐败政府中做事，以“双亲年迈，不忍远离”为理由，不肯赴任。

朱元璋攻下婺州，积极寻访名士，当地的人都说：“有一位宋濂先生，腹中书富五车，笔下文堪千古。”

朱元璋闻之大喜，立刻派出孙炎前来寻访。孙炎到了台州安平乡，在莽林之中，发现一位儒生，头戴着一顶四角镶边东坡巾，腰间系着一条熟经皂丝绦，脚下一双白布袜，后面跟着一个山童，肩挑着一担琴，主仆二人自自在在，有股灵秀的气质。孙炎直觉这便是宋濂先生，向前施礼道：“远望先生风采迥（jiǒng）异，想必是宋濂先生。”

宋濂早就听刘伯温谈起过朱元璋，因此，孙炎一邀约，宋濂也就欣然前来。宋濂比刘伯温长一岁，刘伯温个性豪迈有奇气，宋濂则是标标准准的儒生。刘伯温在军中担任参谋大计，宋濂则以文学长才，为朱元璋所重用，时常为朱元璋讲授《春秋左氏传》。

宋濂，清顾见龙绘。

宋濂在讲课时，总是提醒朱元璋：“得天下，以人心为本，人心不固，纵然有金帛充斥，也是没用的。”朱元璋认为宋濂的话有理，所以催促他写了一篇檄书。

宋濂才思敏捷，不多时，即以朱元璋的口吻，拟了一篇文稿。

文告一开始，先是痛骂元朝：“自古帝王临御天下，未曾听过以夷狄居中原治天下者，元朝臣子，不遵祖训，废坏纲纪，渎（dú）乱父子君臣长幼之伦……当降生圣人，驱逐胡虏，立纲陈纪。”

这段话的意思是号召天下儒生，强调中国不应当由“夷狄”来治理，复建纲纪。至于“降生圣人”，这个“圣人”，当然指的是朱元璋了。

可是，想当初朱元璋也是红巾军出身，宣传的是弥勒佛和小明王出世的理想，这与中国传统的儒家思想并不相同。

所以，第二段，檄书立刻批评：“现在河洛关陕，仍有数雄，忘记中国祖宗之姓，以捕妖人为名，非华夏之主也。”

檄书批评的“妖人”是韩林儿，这表示，朱元璋在骂妖人，当然自己不是妖人，与红巾军划清界限，希望大家赶快忘记他曾经当过十七年红巾军头目的事实。

紧接着，檄书中又说：“我是淮右布衣，希望拯生民于涂炭，恢复汉官威仪。我担心人们不了解我用心良苦，把我当成仇人，举家逃难，所以我先通知大家，军队来到之时，人民千万不用走避，军队号令严肃，必然秋毫无犯。”

最后，为了缓和蒙古人、色目人的反抗心理，文告的结论是：“虽非华夏族类，然同生天地之间，有能知礼义，愿为臣民者，也与华夏人民一般看待。”

宋濂这则广告写得相当出色，朱元璋看了很欣赏，马上印了一大批，在北方到处张贴。虽然不能与电视广播报纸般有效果，但是，确也发挥了相当大的作用。

北方儒生发现朱元璋提倡中华文化，大为安心。北方农民明白朱元璋军队不抢不杀，用不着逃跑。连蒙古人、色目人也不再像以前一般死命作战了，文告中不是说得很清楚吗？只要知礼义，加入中华文化系统，同样是华夏人民了。

宋濂这则广告，使得朱元璋的北伐军进展顺利，元军兵败如山倒，元顺帝害怕被俘虏，率领后妃逃奔上都（开平，今内蒙古正蓝旗南部）。洪武二年（1369年），朱元璋又攻下了上都，元顺帝再北走大漠，又回到了蒙古老祖宗席地幕天，转徙（xǐ）水草的游牧生活了。

明太祖不知自己是明太祖

元顺帝至正二十八年（1368年），朱元璋的北伐军平定元军，南征军扫平方国珍。在一片捷报声中，朱元璋正式定都金陵，改其称为应天府。以应天府为南京，开封府为北京，改吴国为明朝，建元洪武，这一年同时为洪武元年，是为公元1368年。

朱元璋就是历史上赫（hè）赫有名的明太祖。

不过，太祖是朱元璋的庙号，朱元璋在世的时候，可不知道自己是明太祖。在戏剧之中，常见洪武年间的臣民称朱元璋为明太祖，其实是错误的。趁这个机会，为大家介绍一下庙号与谥（shì）号，这是读中国历史，必须具备的基本常识。

庙号是指古代帝王死了以后，后人在太庙（皇帝家族的祠堂）立室奉祀，并且追尊其为某祖、某宗的名称，称之为庙号。例如唐高祖李渊，高祖便是他的庙号。

除了庙号，还有一种叫谥号。古代皇帝、贵族、大臣、士大夫死后，依其生前事迹给予的称号。

例如，汉武帝的谥号是“孝武皇帝”，唐高祖李渊死了以后，被谥为“神尧皇帝”；曾国藩死后被谥为“文正”（所以后人常称曾国藩为“曾文正公”，留有《曾文正公家书》），这些都是由政府掌管礼仪的官员草拟，经过在位皇帝核定的。

有些士大夫未曾做官，或者官职太低，不能获得皇帝赐的谥号。他的学生门人有时便会私自给他一个谥号，称为“私谥”。例如清朝初年的王大经是一位饱学之士，清朝政府屡次征召他任官，他都加以拒绝。他死后，门人敬仰他的人格，便私谥为“文介先生”。

不论是庙号或是谥号，有三点应该注意：

（一）任何皇帝或臣民在生前都不知道自己的庙号或谥号，别人也不可能预先知道他的庙号或谥号。例如刘邦在去世之前，不知道自己会被后人称为“高祖”，大臣们也不可能在刘邦还活着的时候，称他为“汉高祖”。戏剧中当着刘邦的面喊高祖爷，其实是笑话。

（二）一个皇帝死了以后，在正常的情形下，应该有庙号，也有谥号。例如唐太宗李世民的庙号是“太宗”，谥号是“文皇帝”。汉武帝的庙号是“世宗”，谥号是“孝武皇帝”。历史上有时称庙号，如“太祖”“太宗”“高宗”等，有时称谥号，如“武帝”“惠帝”。一般的习惯，唐朝以前称谥号，唐朝以后称庙号，但是也不是固定不变的。

（三）古人定谥号都有意义，如“文”表示“慈惠爱人”，“武”表示“威强睿德”，“宣”表示“圣善周闻”。大多数的谥号都是表扬好的德行。但是，也有坏的，如“厉”“幽”等都是带有贬抑意味的谥号，至于哀帝，那不用说，一定是悲惨的意思了。

朱元璋为何定“明”为朝代名号？这是有道理的。历史上的朝代称号，都有其特殊的意义：（一）用最初兴起时的地名，如秦朝、汉朝。（二）用开国皇帝此前受封的爵号，如隋朝、唐朝。（三）用特殊的物产，如辽朝、金朝。（四）用文字的含义，如元朝、明朝。

朱元璋初起红巾军，信奉明教，明教主要传说是弥勒佛或小明王出世，黑暗过去，光明到来。

由于五百多年的秘密传述，许多穷人对明教都有神秘的亲切感。朱元璋取名明朝的用意是，他就是小明王出世，天下太平，大地回春，人民不必再期待其他救世主。朱元璋并且在即位不久后，下令禁止一切邪教，尤其是白莲教、大明教、弥勒教，他可不许人家用他用过的方法，把他推翻。

事实上，明朝后来是一个相当黑暗的朝代，民间又幻想有个小明王出世普度众生，明教徒在严刑压制之下，只好改头换面，转入地下活动，成为民间秘密组织，我们以后再谈。

从儒家的角度来看，"明"也是好字。明是火，是光亮的意思，分开来是日月。因此，儒生也赞成采用"明"为国号。

明代繁华的南京,《南都繁会图》卷（局部），明人绘。

朱元璋在奉天殿接受文臣武僚的祝贺以后，立马氏为皇后，世子朱标为太子，以李善长与徐达为左右丞相，个个欢天喜地。

朱元璋终于效法汉高祖刘邦成功，也当上了天子，他的许多作风都模仿汉高祖。汉高祖大建长安，明太祖大建金陵城。汉朝初年，汉高祖把齐国楚国六族搬到关中，明太祖则把浙江等省及应天十八府的一万四千多富户，搬到南京。

南京城的整建自洪武二年（1369年）开始，至洪武六年（1373年）完工，规模之大，全国第一，城垣（yuán）之长，则为世界第一，东连钟山，西据石头，南阻长干，北带玄武湖，城以花岗石为基，石灰砖为墙，十分坚固，一直到今天。暑假期间，大家不妨赴南京一游。

这一段历史故事比较无趣。不过，许多爱读吴姐姐的《中国历史故事》的读者，都有旺盛的求知欲，所以，对明太祖不知自己是明太祖，应该也觉得挺有意思的。

明太祖设立刑场

谈到明太祖朱元璋，许多人第一个想法，就是他是专制暴君。其实，明太祖具有双重人格。他一方面爱护百姓，成为贤明皇帝，一方面猜忌群僚，成为暴虐君主。当然，这和他从小的际遇大有关系。

明太祖出身穷困，饱尝人世艰辛。他曾经对文武百官说："想我小时候在民间，看多了贪官污吏，爱财好色，饮酒误事，心里简直恨透了。现在我当了皇帝，我发誓要严惩贪污！"

于是，他订下了极为严苛的律令：凡官吏贪赃一贯以下，打七十大板，每（多）五贯，罪加一等，贪污至八十贯者处斩。

如果官吏贪污至六十两银子的，更惨，必须枭首示众，并且处以剥皮之刑。当时府州县衙门左边的土地庙，就是剥皮的刑场，所以百姓称土地庙为皮场庙。

中国人一向爱看热闹，因此，每回遇到要剥贪官的皮，总是互相询问。

"怎么样？怕不怕？要不要去看？"

"当然去，不要错过了好戏。"

一会儿工夫，土地庙前面挤满了群众，一个个又欢乐又害怕，兴奋得脸白白的。当然，最害怕的是当官的。

此外，明太祖规定，衙门公座旁边，得摆一张人皮，里面用稻草塞得鼓鼓的，让官吏触目惊心，大生警惕之心。他并且多次下令，鼓励人民检举老奸巨猾的贪官土豪，绑到京师治罪。

明朝建立以后，整个国家遍地荆棘，凋敝不堪，满目疮痍，明太祖深深了解，此时此刻农民一穷二白，榨也榨不出油水，他一面垦荒屯田，劝课农桑，一面告诫州县长官：

“如今天下刚刚安定，百姓财力物力都相当困乏，有如鸟初飞，木初植，切勿拔鸟的羽毛，撼树的根本。否则，小心朕不饶你！”

明太祖为了安抚农民，在国家初定，兵马倥偬（kǒng zǒng）之际，仍然不忘减免租税，自洪武元年（1368 年）到洪武十九年（1386 年），几乎每年都下蠲免（juān miǎn，国家对于人民，免除应纳的田赋徭役之谓）租税的命令。同时，按照规定，凡是各地闹水灾旱灾的，一律蠲免捐税，即使是丰年，也会选择地瘠民贫的地方免税。

为了让下一代也了解农民疾苦，朱元璋曾经派人陪太子朱标下乡，实地视察农家生活。朱标回来以后，朱元璋又少不了一顿训斥：“这下子，你可看到农民的辛苦了吧。公鸡一叫，就要起床，赶着老牛下田耕种、插秧、锄草、施肥，劳碌得不成人样。好容易挨到收割了，完租纳税以后，剩不了多少。万一再碰上天灾，除了干着急，毫无办法。可是，国家的赋税完全是农民出的，当差做工也是农民的事。农民身不离田亩，手不离犁耙，住的是茅草屋，吃的是粗粝（lì）饭。”

“因此，”朱元璋正色地对朱标说，“凡是居处食用，一定要想到农民的辛劳，取之有制，用之有节。如果对农民横征暴敛，农民将不堪其活矣。”

明太祖自己，的的确确做到了节用，在《方国珍称雄浙东》之中，我们说过，他打败陈友谅之后，毁掉了部下献上的陈友谅用过的镂金床。

明太祖在南京营建宫室，负责的工程师把图样画好呈给他看，他二话不说，把雕琢考究的部分一概删掉。

工程师脸都绿了，删掉的全是他最得意之处啊，这还不打紧。工程完工以后，明太祖竟然派遣画工，在皇宫墙壁上画了许多触目惊心的历史故事，明太祖更特别叮咛一句："愈恐怖愈好！"他希望借此能够警惕自己，记取历史上的教训，可顾不了室内设计的美感。

有一回，某个官儿不晓明太祖的脾气，向他推荐某处的花岗石如何如何美丽，用来铺设宫殿的地板，再适合也不过，讲得是口沫横飞，话还没说完，就被明太祖臭骂一顿。

另有一官员接口道："铺地板的石头可以将就点儿，不过，皇帝的御车器具，照例都是金饰的，而且还用不了多少钱。"

明代农耕，明人绘。

明太祖仍然固执不肯，他指着官员的鼻子教训道："朕富有四海，哪里会吝啬这一点儿黄金？但是，如果我自己不带头俭朴，下面的人怎会提倡俭朴？而且，一切的奢侈，无不是自小而大的。"

明太祖不仅在用的方面俭省，在吃的方面亦然。洪武六年（1373 年），潞州上贡人参，他不肯收，理由是："人参得来不易，不用烦劳人民。以前，金华进贡香米，太原进贡葡萄，我都拒绝了。国家以养民为要务，何必要以口腹之欲劳民伤财。"

由于明太祖自己俭省，他格外看不得人家浪费。有一天，一个内侍穿了新靴子在雨中走路，被明太祖逮到，狠狠教训一顿：“你不会换上旧靴再走到雨中吗？”

又一次，明太祖看到一个散骑舍人穿了一件好漂亮的新衣服，明太祖盯着上上下下地看，心中大大不以为然，当下喝住了散骑舍人：“你这件新衣挺好看的。”

“是。”散骑舍人咧着嘴笑。“花了多少钱？”明太祖语气颇为不悦。散骑舍人着了慌，也不敢不据实以答：“五百贯。”

“五百贯？”明太祖的眉毛都打结了，“你可知五百贯是农人数口之家一年的花费，你却用来做一件新衣？”

明太祖把散骑舍人叫到屏风前，命令道：“念啊！”

原来，屏风上是唐朝李山甫写的诗《上元怀古》：

南朝天子爱风流，尽守江山不到头。
总为战争收拾得，却因歌舞破除休。
尧将道德终无敌，秦把金汤可自由？
试问繁华何处在，雨花烟草石城秋。

明太祖把这首诗写在屏风上，早晚吟诵，这也表现出历代开国君主最能体会“殷鉴不远”的教训。

黄册和鱼鳞图册

中国古代以农立国，一直到今天，中国百分之八十以上还是农民。所以，农民拥有相当大的力量。在古代谁能得到农民的拥戴，便可得天之助，成为天子。

明太祖朱元璋聪明过人，他不过是濠州和尚出身，又做过流寇，很容易让人误会是盗匪。因此，他每次攻城略地，先则安民，次则减税，表示自己绝对与流寇不一样，请大家尽可放心。

他这套方法，真是管用。史书上形容是“奚（xī）我后，后来其苏”。这句话的意思是“等待我们的皇帝，他一来，我们就能死而复生了”，语出于《孟子》的《梁惠王下》，形容商汤革命之时，人民日夜盼望他来，就像大旱之时，盼望下雨一般。

不过，当朱元璋平定天下，他就不再大规模地减税免租。事实上，国家建设，各方面都需要用钱，也不可能一直免下去。

明太祖建立政权之后，他有几项重要的措施，第一就是整理全国的户籍。因为元朝末年，天下大乱，人民流离，户口紊乱，所以明太祖调查全国的户口，以每一百一十家为一里，每里有一本名册，册子的表面是黄色，所以称为“黄册”。

由于明太祖曾经敲着木鱼，在民间流浪过几年，看遍人间形形色色，他很了解地主是怎么欺负一般农民的，他对臣下说：“我是看多了两浙一带富户为了逃避徭役，在户籍上动手脚，乡里欺骗州县，州县欺骗中央，非重新调查不可。”

明太祖把各地送来的黄册，集中到京师后湖的黄册库之中。后湖者，便是如今南京著名的玄武湖，湖中心几个小岛设有档案馆，用以贮放重要文件。

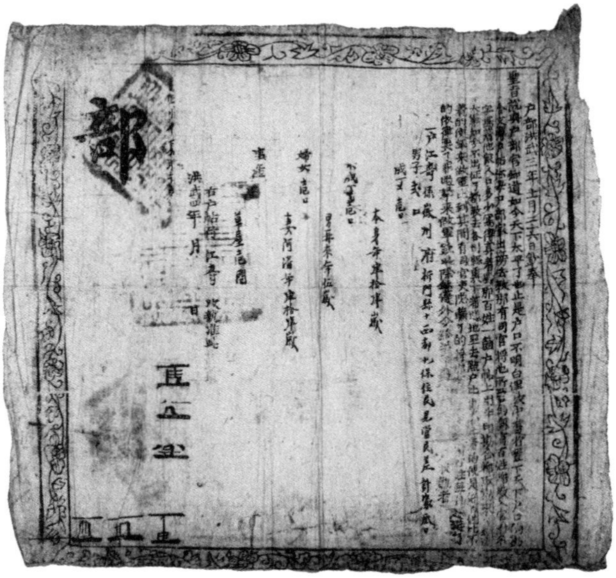

洪武四年（1371 年）徽州府祁门县江寿的户口卡。

为何把重要文件放在水中央？理由很妙，这可避免火灾，而且与外界联系少，避免受到干扰。

黄册是记载户籍的。后来，配合着户籍名册，测量天下的田地，又造了一种册子，册子中画了各地的方圆形状，编上号码，并且注明土地性质、等级。翻开册籍，只见土地图形重重叠叠，仿佛鱼身上的鳞片一般，因而称为“鱼鳞图册”。

黄册和鱼鳞图册互相印证、补充，编织成一张大网。按理说来，应该发挥相当大的作用。可惜，制度虽好，执行的官员却从中舞弊（bì），帮助地主隐瞒户口土地，哪怕明太祖用剥皮刑对付贪官污吏，可是一般无知无识、胆小怕事的农民不敢检举。官吏利用黄册、鱼鳞图册贪污的，依然是大有人在。

譬如，把地主的田地，偷偷假托在他人的名下，称为“诡寄”；把地主该服的劳役摊给贫穷小民，称为“飞洒”。

为什么中国古代的贪污总是层出不穷呢？这是有道理的。

古代中国的官俸是很微薄的，单单依靠官俸，绝不能养活一大家子，

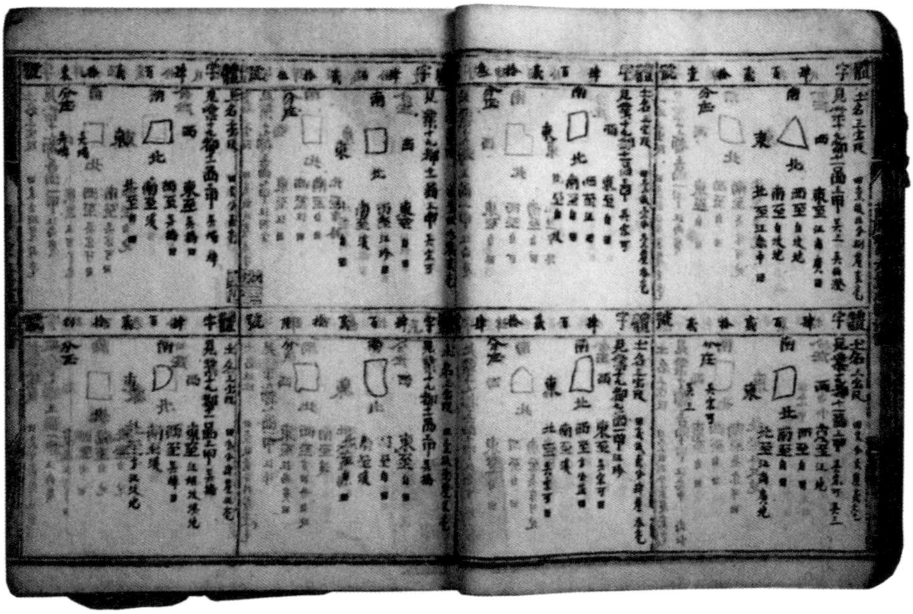

明万历年间清丈鱼鳞清册。

也不能维持与身份相当的生活。这固然可以减少国家的财政负担，却等于默认做官的贪污。明太祖不愿增加官俸，又强烈反对贪污，他的理想是官员个个俭约，此事说来容易做来难。

在中国古代社会，贪污是普遍存在的现象，如果谁做了官，依然两袖清风，一定有人骂他蠢。反之，能买地，娶小老婆，这才是能干。

当然，在中国历史上，也有不少为人称赞的清官。其实，做官要会做事，单单清廉，有什么可贵？人们之所以感觉可贵，就是证明贪污是普遍现象。如同中国历史上，“青天”一直受人崇拜，假如处处光明，青天也就不足为奇。

黄册原先规定，每十年重造一次。到了后来，官员敷衍（yǎn）了事，把十年前的旧册子重抄一遍了事，这一遍一遍抄下来，许多人都成了百岁老人，全国到处都有一百多岁的人瑞，真是滑天下之大稽，因此有人讽刺道：“人多百岁之老，产竟世守之业。”有的官员还不到十年，竟然先把黄册重新抄一遍。在清朝初年，有人发现明朝崇祯（zhēn）二十四年的黄册，明朝其实在崇祯十七年（1644 年）就灭亡了，你说好笑不好笑。

有了黄册、鱼鳞图册以后，明朝政府根据这份资料，每年分夏税、秋税两次征税。明太祖为了笼络地主，多半用地主为粮长，负责征收与押解粮食。粮长到了京师，明太祖亲自召见，如果双方谈得愉快，也许就留在京师做官了。所以，当粮长是件很过瘾的事。

尽管如此，粮长经常还是相当狡狯（kuài）。当时运河沿岸，徐州、淮安等大城市纷纷兴起，粮长用手中的粮食为资本，从事经商买卖。

粮长挪用粮赋以后，如何向上面交代？往往就是回到家乡，向农民耍赖：“不小心船沉了，只好再缴一次。”

可怜的农民，明明晓得粮长又在骗人，但是，除了自认倒霉，被迫再缴一次以外，有什么办法？

无论如何，在明太祖垦荒屯田、改进赋税的努力之下，洪武末年，全国耕地总面积突破四百万顷，比元朝末年增加了一倍以上。洪武二十六年（1393 年）的人口，比起元世祖时代，也增加了七百万左右。虽然迫于现实，他的改革多多少少打了折扣，到底，仍然促成了社会的安定，农业经济的繁荣。

国子监生与八股文

明朝初建，百废待举，从朝廷到地方，大概需要十几万名官吏。经历了兵荒马乱之后，要到哪儿去找寻这许多的优秀人才？

远在朱元璋还是吴王的时候，他就经常派遣使者，远赴各地，探访人才，洪武元年（1368 年），更征天下贤才于京师，并且打破了一切任用资格的限制。

尽管明太祖求才若渴，当时一般读书人还是缺乏兴趣，有些个元朝旧官吏，明太祖三催四请仍不来，太祖就火了，放下脸来恐吓：“你不肯来，莫非是有别的意图？”让大家不敢不来。

为什么读书人都缺乏做官的意愿呢？其中一部分固然是经历乱世，深感人生无常，宁愿韬（tāo）光养晦，闭门隐居。但是，最主要的原因是明太祖乾纲独断，严刑峻罚，随时用剥皮刑对付官员，使得读书人视官场为畏途，能躲就躲。

明太祖心想，既然旧的读书人不敷使用，还不如培养一批新的生力军，这就是明朝国子监生诞生的由来。

中国官办的学校，起源很早，一般多远溯虞舜时代，国子监的名称，则始自唐代。洪武十四年（1381 年），明太祖下诏改建国学于鸡鸣山旁，据说“规模之大，前代所未有”。

所有在监诸生，政府都供给膳食，并且帮忙供食一家大小。每季赏赐衣被鞋袜，钞锭灯油。甚且，监生回家乡探亲，也给发路费，同时免除该生家中二丁的徭役，可以说是待遇相当优厚。

监生的制服是头戴四方平定巾，身穿圆领大袖的青衫，称之为“襕（lán）衫”。在中国古代，衣冠服色是区别贵贱的重要标识，不是随便想怎么穿便怎么穿的。国子监规定监生“不许穿戴常人巾服与众人混淆（xiáo），违者痛决”。

所谓痛决，就是打屁股。在国子监的教员办公处［称之为“绳愆（qiān）厅”］，有两条长长的凳子，是让学生伏着打屁股用的。政府还特别拨了两名皂隶，专门来打学生的，下手又猛又重。皂隶是古代衙门之中执役的人，就是行刑人。国子监中的刑具，多半是竹棍子。

功课的内容，主要是四书、五经、刘向《说苑》、书算等。其中最重要的是明太祖朱元璋自己编写的《大诰》，一共有四册，列举官民罪状，使官民知所警惕，最终目的是为国家训练政治干部。

在四书（《论语》《孟子》《大学》《中庸》）之中，朱元璋最不满意《孟子》。他在洪武三年（1370年），第一次开始读《孟子》，一面读，一面发脾气，尤其是读到孟子的民本思想，对君王有不敬之处，他气得把书扔到地上，吹胡子瞪眼睛：“哼，这个可恨的老头儿，若是今天还活着，看我怎么收拾他！”

朱元璋不能把孟子绑来，竟然下令把孟子赶出孔庙。这事非同小可，孟子是亚圣，千百年来深受儒生景仰。有人委婉地劝告明太祖，千万不可犯天下之大不韪（wěi）。

明太祖迫于舆论，不得已让孟子重回孔庙，不过，他组织了一个《孟子》审查委员会，把《孟子》一书详详细细加以审核，由刘三吾等负责主持，凡是会让君主看了刺眼的，如：“民为贵，社稷（jì）次之，君为轻”“君有大过则谏，反复之而不听，则易位”以及“君之视臣如草芥，则臣视君如寇雠（chóu）”，一律删掉。

监生平常的作业是，每天写书法一幅，每三天要背《大诰》一百字，

孔庙，西洋版画。

五经一百字，四书一百字，一个月作六篇文章。凡是没缴作业，或者马马虎虎敷衍了事的，还是一样——痛决，打屁股。

朱元璋治理国家严格，对监生同样是一丝不苟，校规前前后后加起来，竟然有五十六条之多，譬如禁止对人对事的批评，禁止组成小组织，也不许议论饮食，哪怕饭菜的的确确很难下咽。

至于没病装病，出入游荡，饮食喧哗，点名不到者，一律都是趴在红凳子上打屁股。最严重的是“敢有侮辱师长，生事告讦（jié），有伤风化”者，不但狠狠打个一百板，还要发配云南充军。

校规之中有一条颇不合理，凡是学生对课业有疑问，必须跪听。当初设置这一条的原意可能是尊师重道，但是影响所及，学生更不敢开口问问题了。

我们现在有些人口才不佳，讲起话来期期艾艾，表达能力很差，这和传统有关系，老师不鼓励学生发问，惟恐被学生问倒了不好看。学生本来就怕老师，老师面有愠（yùn）色，还敢多嘴多舌吗？明朝这一条，充分地表示了学生最好闭嘴的一贯精神。

明太祖重视学校教育，不太注重科举。所以，在洪武年间，科举时兴时废。另外，还有一个重要规定，就是考试的时候，命题有一定的范围，专用四书五经来出题目，考卷上作文章，一定要用古人的语气，称为“制义”。

制义分成两类，其中一类用排偶，讲究对仗，就是所谓八股文，是朱元璋与刘伯温一起商量决定的。

八股文给读书人一种强烈的限制，不但限制文章、文字的发挥，而且必须模仿古人说法，约束人们活泼的思想。这种八股文自明朝开国之初，一直沿用到清朝末年，真是害死人。

刘伯温告老还乡

明太祖朱元璋能够得到天下，刘伯温运筹帷幄，该是第一功臣。很遗憾，历经千辛万苦，明朝终于建立，却是朱元璋与刘伯温分手的时刻。

明太祖初即位，刘伯温协助制订军卫法，并且担任御史丞兼太史令，又担任弘文馆学士，封诚意伯。虽然是官高爵显，刘伯温心头总有一片阴影，他大公无私的性情、有话直说的脾气，与历来官场乡愿的作风格格不入。

刘伯温认为治理国家，首重纲纪，他强调法治精神，不讲究情面，无论宿卫或官侍犯了法，一律秉公处理，招致不少怨言。

当时，中书省都事李彬贪污，东窗事发，依法应该论斩。左丞相李善长与李彬一向是好友，吃喝玩乐都泡在一起。

李彬的家人找李善长说情，李善长拍拍胸脯道："没问题，一切包在我身上。"

李善长自以为没问题，他跑去找刘伯温游说，却结结实实碰了一个大钉子，刘伯温仍然要依法论罪。

李善长拉长了脸："连我的面子，你也不买？"

刘伯温一作揖："抱歉，这不是谁面子大的问题。"

最后，李彬还是丢了脑袋。李善长对刘伯温的不满自不在话下。刘伯温只是就事论事，李善长却不能谅解。

其实，李善长能当上左丞相（在明朝，左丞相地位高于右丞相）还是刘伯温帮了忙。

明太祖曾经问过刘伯温的意见，刘伯温说："善长勋旧，能够调和诸将。"

明太祖忍不住笑道："他曾经数度想要加害于你，你竟然还帮他美言？"

"宰相有如国家大柱子，要用大木头、大才干者，如果用了小木头，则有倾覆的危险。"

后来，洪武三年（1370 年），明太祖改封李善长为韩国公，晋位太师。明太祖想找杨宪代替李善长，杨宪一向与刘伯温走得很近，私交不错。不料，当明太祖询问刘伯温的意见，刘伯温竟然大摇其头。

"杨宪这个人我最清楚，他有相才，却无相器，当宰相者，必须持心如水，凡事以义理为权衡。杨宪的度量不够。"

"那么汪广洋呢？"

"更糟。"

明太祖想了又想，忽然计上心头："不如找胡惟庸。"

"胡惟庸，我恐怕他会像劣马把缰绳扯断，陛下到头来会驾驭（yù）不住。"

明代官员，明人绘。

左也不是，右也不是，明太祖长叹一口气道：“我看我的宰相，实在非先生不可，你就不要推辞了吧！”

刘伯温执意不肯，他缓缓地说：“我有自知之明，我这个人是非分明，嫉恶如仇，又不耐繁剧，天下何患无才，只要明主用心访求。不过，陛下刚刚提的这些人都不适合。”

刘伯温果然料事如神，后来，杨宪、汪广洋、胡惟庸都出了乱子。刘伯温凭着锐利的眼光，已看出明太祖是个只能共患难，不能共富贵的人，所以，在洪武四年（1371 年），他就告老还乡，希望君臣一场，好聚好散。

临走之前，明太祖问刘伯温：“近日天象如何？”

刘伯温一向擅长天象，他也有意借机教育明太祖，因此语重心长道：“霜雪之后，必有阳春，现在国威已立，应该宽大为怀。”刘伯温并不赞成朱元璋的苛政，不过，他心知肚明，朱元璋听不进去，也罢，不如回青田老家。

于是，洪武四年，刘伯温回到了青田山中，喝喝酒、下下棋、写写文章，完全过着隐士的生活。

刘伯温生性淡泊，当初追随朱元璋打天下，为的也不是功名利禄，因此，他很容易适应粗茶淡饭的日子。

偶尔有乡人提起：“听说明朝的天下，大半是你出的主意得来的。”

刘伯温总是淡淡一笑：“没的事。”

若是有人问起，当初如何破陈友谅，败张士诚，刘伯温总是顾左右而言他，真是好一个英雄不提当年勇。

地方长官对这号人物，当然视之为邻里之光，曾经多次拜见，刘伯温总是悄悄地避开，说是远游去了。只在此山中，云深不知处。

青田知县捺不住心中好奇，他换下官服，穿上青衣大褂，东访西问，觅入深山，遇到一位老妪：“你可认识刘伯温先生？”

老婆婆顺手一指：“那不就是吗？”原来，正在溪中濯（zhuó）足的，便是鼎鼎大名的刘伯温先生，体貌修伟，留着一把虬（qiú）胡子，气质出尘。知县趋前一作揖：“野人拜见。”

刘伯温请知县赴山中茅屋，端出山野粗食。知县正要动筷子，忽然有邻里中人惊呼："这不是青田知县吗？"

刘伯温赶快站了起来，对知县作了一个揖："小民怠慢。"遂大步走向深山。青田知县好懊恼，气坏了那个多言的大嘴巴。但是，知县对刘伯温的人格，更加钦佩万分。

刘伯温退隐田园，寄情山水，一方面固然是他爱好自由的性格，另一方面，也是由于那个时代的环境，以及明太祖朱元璋猜忌的性格。

民间传说，刘伯温原在宫中之时，有一天，内监送来一盒礼品，说是马皇后送来的，他打开一看，里面只有一颗桃子，桃子上串着一枚枣子。

刘伯温纳闷了半天，这是什么意思？恍然大悟："枣——桃，早逃？这不是马娘娘暗示我走为上策吗？"

于是，刘伯温马不停蹄，直奔青田。

这段传说，当然没有根据，不过，明太祖对功臣心怀芥蒂，倒是千真万确的。

《烧饼歌》与《推背图》

刘伯温返隐田园，挥别繁华，照理说来，应该愉快地终老青田老家，奈何事与人违。

刘伯温虽然离开了官场，过着隐居的生活，但是明朝政府的一举一动，他还是十二万分地关心，就像范仲淹在《岳阳楼记》一文中所写的："居庙堂之高则忧其民，处江湖之远则忧其君。"

刘伯温在青田山中，虽是处江湖之边远，仍不免"先天下之忧而忧，后天下之乐而乐"，标标准准的中国知识分子。

当时，福建边境有块地，名叫谈洋，是盐枭的大本营，想当初方国珍兄弟就在这儿发迹的，后来又有奸民在这儿走私，地方官不但不逮捕，反而代为遮掩包庇（bì）。

刘伯温惟恐方国珍事件重演，命令长子刘琏（liǎn）上了一个奏章，提醒明太祖小心。也许刘伯温担心胡惟庸把奏章吃掉，也许刘伯温以为凭他与朱元璋的交情，用不着繁文缛节。总之，刘琏的奏章没经过中书省，直接送给皇帝，偏偏胡惟庸担任中书省左丞，知道了这件事。

由于刘伯温性格是嫉恶如仇，他对胡惟庸一向懒得多理睬，明太祖询问他对胡惟庸的看法之时，他也直言胡惟庸不适合当宰相。这一切，胡惟庸都牢记在心里，暗暗生气。

此回刘琏直接上奏章给明太祖，显然是不把他胡惟庸放在眼里，而且刘伯温足智多谋，谁晓得他下一步棋怎么走。胡惟庸决定先下手为强。

他脑筋一转，立刻想到一招毒计，赶紧跑去见明太祖：“启奏陛下，刘伯温是否上了一个奏章，关于谈洋一带盐枭为乱之事？”

“对啊，我正准备处理。”

“陛下可知他既然退隐田园，为何对谈洋一地特别有兴趣？”

明太祖一向多疑，他眉毛一挑：“你说呢？”

胡惟庸放低声音，故作神秘道：“那是因为谈洋有王气，被刘伯温看中了，准备当墓地，地方人民不肯给，他就挟（xié）怨报复。”

胡惟庸这一招很毒，正好命中明太祖心病，明太祖总担心明朝未来的王业。刘伯温擅长风水，懂得寻龙探脉，万一他真的找到一个俗称中的“生龙口”，影响到后代子孙的发旺富贵，甚且威胁朱家帝业，怎么办？

明太祖虽然没有治刘伯温的罪，却把他的禄给取消了。刘伯温接到消息，着急地赶到京师，向明太祖请罪。

明太祖嘴里没说什么，但是脸色极为难看，完全不是打天下之时，拉着刘伯温的手老先生长、老先生短叫个不停的亲热模样。

刘伯温晓得明太祖心中有疙瘩，他好难过，不明白为何自己耿耿忠心，竟然落此下场，只能说明太祖是“以小人之心度（duó）君子之腹”，他也不敢再回青田老家，惟恐人一离开京师，胡惟庸又再编造什么新的谣言。

过了没多久，明太祖任命胡惟庸为宰相。刘伯温一听之下，大惊失色，头晕目眩，他跌跌撞撞倒在床上，气若游丝道：“老天，但愿我的眼光不准，否则，天下苍生完矣！”

刘伯温这一病，病得可不轻，明太祖特地派了人，送他回青田老家养病。

在刘伯温启程前，胡惟庸故作好心，找了一个医生来，按了脉，抓了药。刘伯温服了药，顿时觉得胸口发闷，好像有一个拳头般大的石头梗在胸中，不上不下，隐隐作痛，没多久，刘伯温便撒手西归，享年六十五岁。

刘伯温是卓越的政治家、杰出的思想家。可惜的是，和诸葛亮一般，后代人们最熟悉的，似乎是他擅长风水，能够预测未来的本领。相传《烧饼歌》，便是刘伯温所作。

据说，有一天，明太祖在内殿，正吃烧饼吃得很香，内监上报：“国师刘伯温进见。”

明太祖忽然想试试刘伯温的能耐，他用一只碗，把烧饼盖住，再唤刘伯温进来。

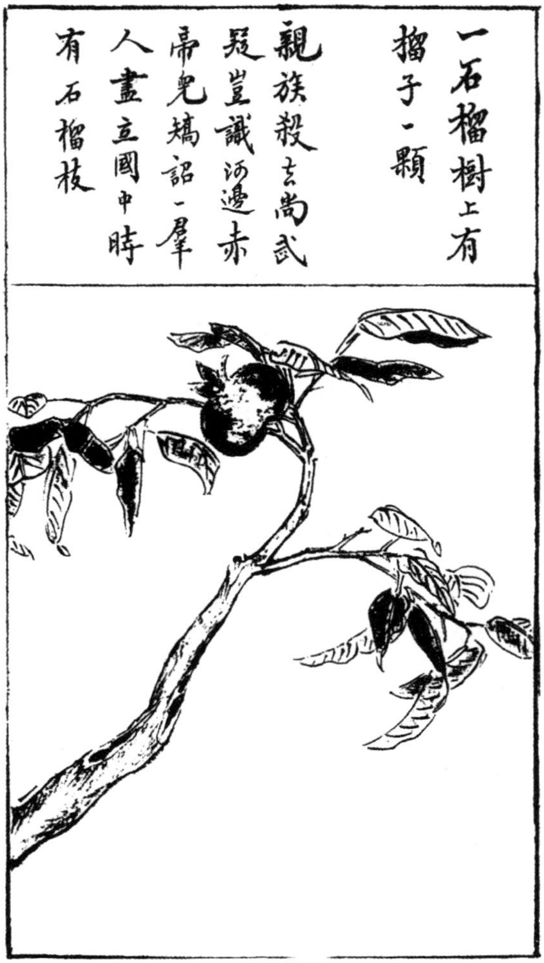

《推背图》第十六象图，清抄本。

刘伯温行礼过后，明太祖问道：“先生深明数理，可知碗中是何物件？”

刘伯温掐指算来，不慌不忙回答：“半似日兮半似月，曾被金龙咬一缺，此食物也。”

明太祖惊喜道：“你真有一套，那你能不能推算天下后世之事如何？”

“茫茫天数，我主万子万孙，又何必问哉？”

明太祖不放松：“虽然自古兴亡原有一定，况且天下非一人之天下，惟有德者能享之，言之又何妨？”

刘伯温便说了：“泄露天机，臣罪非轻，请陛下恕臣万死，方敢冒奏。”

“赐以免死金牌。”明太祖立刻答应。

接着，刘伯温用歌谣隐语预言明朝清朝两代之事，因为是明太祖正在吃烧饼时所作，所以称之为《烧饼歌》。

另外，民间传说，《推背图》也是刘伯温所作，也有人说是唐朝李淳风与袁天纲共同编著的图谶（chèn），预言历代变革兴衰之事，一共有六十幅图，每幅附七言诗一首，其中的诗句都在可解与不可解之间，扑朔迷离。图中的数字，竟然被现代人当成签“六合彩”（赌博）的明牌。刘伯温若是地下有知，发现自己成为指点迷津的大师，真不知如何作想。

明太祖灌宋濂酒

明太祖即位以后，为了确保大明江山的稳固，他费尽心机，人也变得神经过敏，猜疑心极重。在众多功臣之中，宋濂算是明太祖最信得过的。

宋濂为人拘谨老成，因为他是太子的老师，经常出入宫廷，但是口风极紧，从来绝口不提宫中之事，若是有人问得急，他就用食指在唇中一撮，“嘘——”，并且回头指着他房间挂着的木牌——“温树”。

有一回，明太祖突发奇想，他自言自语道：“知人知面不知心，别看宋濂一副道学先生的模样，谁知他背后如何。”于是，明太祖派一个侦探，偷偷跟在宋濂的后头，把他的行踪一五一十记录下来。

由于宋濂是个谨厚的君子，他的生活单调无趣，乏善可陈，只是有一次，他请了几个朋友小酌。

明太祖心想，这倒新鲜了。宋濂一向没有酒量，能躲就躲，明太祖最爱寻他开心，把个老实人吓得仓皇失措。曾经有一次，明太祖连灌他三大杯，宋濂不敢违抗君命，皱着眉头三杯下肚。

即刻之间，宋濂醉得满脸通红，东倒西歪，连路都走不稳，而且连连作呕。

明太祖觉得捉弄老实人，真是有趣，笑得前仰后合，难得身边还有如此忠厚老臣。不过，玩笑可能开过头了，宋濂脸色由红转为白，全无一点血色，整个人摇摇晃晃的，好像马上会昏倒。

因此，明太祖在哈哈大笑以后，亲自调甘露于汤，制成解酒汤，先啜了一口，再递过去给宋濂："这个喝了能够治疗疾病，延年益寿，愿与卿共之。"

事后，明太祖并且写了一章《楚辞》，纪念这件事，同时，命词臣赋《醉学士诗》，表示君臣和乐也。

从此以后，宋濂每见明太祖要向他敬酒，即刻发窘（jiǒng），而明太祖最爱见他尴尬的模样，凡有宴会，总是命宋濂坐在身旁，喜欢逗逗他玩。

由于有这么一段故事，明太祖得到密探报告宋濂和朋友喝酒，大为惊奇，心想宋濂昨晚竟然喝了酒，若是问他，他一定不肯说的。

不料，第二天，明太祖问宋濂有没有喝酒，宋濂一点也没有隐瞒，他一本正经地回答："没错，是喝了一杯。"

"坐客有些什么人？"明太祖追问。

"有茹太素、章溢……"宋濂一口气报了五六个人名，完全与明太祖手中的资料相同。

"都用了些什么菜？"

明代官员聚会，明人绘。

明太祖真是打破砂锅，非要问到底不可。

“炖了一锅鸡汤，还有醋溜鱼、生炒鳝鱼丝、芙蓉鸡片，炒了一盘青菜。”

宋濂不慌不忙，一一交代清楚。

明太祖十二万分地满意，他拍拍宋濂的肩膀道：“很好，很好，你是从来不欺骗朕的，十分难得。”

接着，明太祖又出了难题：“既然你一切不骗朕，那你告诉我，朝廷的群臣之中谁好，谁不好，你为我分析一下。”

宋濂思索了一会儿道：“刘伯温是个好人，茹太素忠心为国……”

他一连列举了几位臣子，明太祖有些不耐烦道：“你别光拣好的说，也该说一说不好的，让朕有所警惕才是。”

宋濂一拱手道：“皇上教训的是，不过，凡是善的，与臣为友，其不善者，臣不能知也。”

明太祖见他一脸老实忠厚的神色，想想他说的，的确也有道理，就不忍心再为难老实人了。

宋濂担任过侍讲学士、赞善大夫，修过国史，就是没有实际执政，也不愿意担任行政职务，他最主要的工作是充当太子的老师。除了太子朱标，晋王、楚王、靖（jìng）江王都是他老先生的学生。

宋濂教导学生时，一改平日憨厚老先生的作风，要求十分严格，他始终认为“教不严师之惰”，何况他的学生非同凡人，而是将来要负起国家重责大任之人。

宋濂教导太子，前前后后，共有十多年。过去的历史，可以说是最好的教材，他凡是提到有关政教，或是前代兴亡之事，必定会拱手曰：“当如是。”或说：“不当如彼。”

皇太子也非常尊敬宋濂，开口闭口都是师父怎么说，师父怎么说。

除了教育皇家子弟，洪武五年（1372年）之时，明太祖留意文治，挑选了几十名优秀的儒生，包括张唯等数十人，都是不可多得的青年才俊，到宫中文华堂读书，由宋濂亲自教导。

此外，宋濂也担任明太祖的老师，在打天下之时，宋濂就时常为明太祖上课，讲授治国平天下的道理。明太祖心神不宁时，也会请教宋濂，宋濂总是劝以：“养心莫过于寡欲，寡欲则心清而身泰。”

像宋濂这么一个老成笃（dǔ）实、清心寡欲的谦谦君子，竟然也会被明太祖意图杀害。欲知后事，请待下回分解。

马皇后义救宋濂

宋濂是明朝开国文臣排行榜第一名，他除了担任太子老师，凡是要撰写郊社宗庙山川百神祭典的祭文，或是需要有人撰写庙堂功勋碑记刻石，大家第一个想到的人选，就是宋濂。

久而久之，宋濂大名远播，不但国内士大夫登门拜见，乞求赠送文章者络绎不绝，外国贡使亦久闻其名，只要来到中国，一定不忘请问："宋先生起居无恙否？"把宋先生当成国宝级大师。

邻近高丽（lí）、安南、日本等仰慕华风的学者，也纷纷托人搜购宋先生的文集，并且尊称为"太史公"。

宋濂有门独到的绝活，他能够在一颗黍（shǔ）上刻好几个字，普通人凑近了看，也看不清楚。一直到年纪大了，他还是不近视，不老花，视力好得很，让他能够充分享受阅读之乐。

宋濂眼力好，脚劲在上了年纪之后，却大不如前，明太祖每次都命令宋濂的儿子宋仲珩（héng）、孙子宋慎左右扶持，当时前者担任中书舍人，后者担任仪礼序班。明太祖呵呵笑道："卿为朕教太子诸王，朕亦帮忙卿教诫子孙。"

宋濂父子与明太祖相处甚欢，一时传为佳话。

明太祖对宋濂的品德，夸赞不已，尤其在经过数次试验，宋濂都安全过关以后，明太祖更当众说："朕听说，太上为圣，其次为贤，其次为君子。宋濂事朕十九年，未尝有一句假话，或是批评任何人的过失，不止是君子，真可以说是贤者。”

宋濂要退休的前一年，明太祖赐给他一匹上好的绮（qǐ）帛，并且问道：“你多大年岁了？”

“臣今年六十有八。”

“好！那你把这匹绮帛藏个三十二年，可以制一件百岁衣。”明太祖仰首大笑。

还没有等到制百岁衣，才过了四年，宋濂就倒了霉，他的长孙宋慎与胡惟庸案扯上关系，明太祖气得牙齿咯咯作响，要杀宋濂。

马皇后很是着急，她委婉地对明太祖说：“就是平常一个老百姓，家里头为子弟请老师，也一定是讲究礼节，有始有终的。做皇帝的，怎可随便杀掉老师？更何况，宋濂退休以后，住在金华老家，他怎知孙子在京城里做些什么。”

明太祖听不进去，在中国古代，连坐是常有的事，所谓连坐是一人犯罪，与犯人有关的人也要牵连受刑，用以阻吓人们不敢犯罪，尤其不敢造反，因为一造反，经常是连诛九族。九族，依照明律是直系亲属以自身上推而父、祖、曾、高，再自本身下推而子、孙、曾、玄为止，旁系亲属以自身推而兄弟、堂兄弟，再从兄弟、族兄弟为止。

明太祖心想，就算宋濂事先不知情，单单就管教子孙不严格这一点，就足以判个死刑。

马皇后好着急，又不敢多开口，因为以明太祖的脾气，讲了也是白讲。

马皇后虽然出身贫贱，没受过教育，却是好学不倦。在明太祖打天下时，她跟在身旁，看见文书，便央求人家教她识字，等到当了皇后以后，更找了女官正式读书，尤其喜欢听古代妇女贤德的故事。

明太祖常在众人面前说：“皇后好比唐朝长孙皇后般贤惠。”并且总是不忘提及当年马皇后背着人，偷拿刚出炉的烙饼给他，结果被人瞧见，把烙饼往胸口一塞，把前胸烫烂的往事。

马皇后则不胜害羞，央求明太祖别再提，并且说："我怎敢与长孙皇后相比。常言道，夫妇相保容易，君臣相保困难。陛下不忘与我贫贱时过的日子，但愿陛下也不忘与群臣过的艰苦日子，有始有终，这才是好事。"

这一回，明太祖要杀宋濂，马皇后真是急坏了，尤其宋濂一向悉心教导她的儿子，她怎能见死不救呢？

她苦苦思索，长孙皇后碰到这种事是如何处理的？她记得，女官曾经讲过，有次唐太宗回到后宫，气得说要杀"田舍翁"（魏徵），因为"魏徵这个老家伙，总在朝廷上侮辱朕，朕非杀了他不可"。

长孙皇后一言不发，换上了大礼服，站在庭阶之上，太宗觉得好奇怪，长孙皇后解释道："妾闻主明臣直，今天魏徵能够如此正直，都是因为陛下的缘故，怎能不贺？"

宋濂，选自《历代名臣像解》。

长孙皇后的高帽子一戴，唐太宗笑逐颜开，也保住了魏徵的老命。

马皇后很喜欢这个故事，但是，她不能依样画葫芦，因为她和明太祖都不是如此风趣的人，尤其明太祖简直毫无幽默感，整天疑神疑鬼，担心这个人那个人要害他。

于是，当天晚上，马皇后伺候明太祖用餐时，不肯喝酒，也不肯夹肉吃，只是低着头，夹一点儿青菜，默默地扒饭。

明太祖问她："你今天怎么啦？是不是哪儿不舒服，要不要请医生看看？"

马皇后神情愀（qiǎo）然地摇摇头说："不必，只是心里很难过。"

"为什么？"

"没什么，为宋先生做福事罢了。"马皇后说着说着，眼圈都红了。

明太祖也很难过，胃口也没了，放下筷子走进屋里，早早歇着了。

第二天，明太祖赦免了宋濂的死罪，把他贬到茂州。宋濂到底年纪大了，受不住惊吓，第二年死在夔（kuí）州，年七十二岁。

马皇后的大脚丫

在上一篇之中，我们介绍了马皇后义救宋濂的故事。

马皇后慈悲心肠，救人无数，而且读书受教育以后，很会用脑筋，讲出来的话，极有见地，让明太祖十分佩服。

有一次，参军郭景祥守和州，传来消息，郭景祥有子不肖，竟然拿着槊（shuò）要杀老爸。

中国人一向讲究百善孝为先。明太祖闻言大怒，立刻就要传旨，杀掉郭景祥之子。

马皇后一旁劝阻："郭景祥只有一个儿子，杀了岂不绝后？谣言未可轻信。"

结果后来详细调查，果然是子虚乌有。若是明太祖脾气一发，表面上是为郭景祥教训逆子，却断了郭景祥的后，郭景祥一定恨透了明太祖。

另一回，李文忠守严州，杨宪告他不法，明太祖一个命令，就准备把李文忠调回来处罚。

马皇后又扯扯明太祖的衣袖："严州在敌人的边境，阵前易将不是好事，何况文忠一向小心谨慎，杨宪所讲的，未必是实情。"

明太祖听了马皇后的话，暂时忍下怒气，没多久，李文忠的捷报传来，他不禁对马皇后说："还是你有理。"

马皇后既贤淑又明理，的确是不可多得的贤内助。马皇后没有显赫的家世，她父亲是个亡命之徒，自小过继给郭子兴当养女，是个穷丫头出身。

因此，当马皇后贵为皇后，就有那好事之徒在背后指指点点，嘲笑她出身不佳，数落她长相难看，粗手大脚，尤其是那双大脚，不知惹来了多少闲话。

自从李后主倡导缠足以来，宋朝美人的脚，就该是“掌上轻”，能让男子捉在手中把玩抚摩。

当时有身份的妇女，如果听人背地里批评自己是大脚，恨不得羞到去死。洞房花烛夜，若是新郎一句：“哇，好大的脚！”新娘便窘得不敢露面。当时，愈是体面的人家，女儿的脚便裹得愈小。

不过，在元朝，只有有钱人家才裹小脚，裹了小脚之后，走路袅袅婷婷，婀娜多姿，但也极其不方便，像马皇后小时要做种种粗活，当然不能裹小脚。

尤其淮西地方苦，马皇后当丫头时，不但要下田，洗衣做饭、倒茶扫地样样来，格外显得粗壮，南京居民常以此取笑马皇后。

一年元宵节，不知是哪个缺德鬼，画了一张漫画，一个大脚丫的女人，光着脚，手上捧着一个大西瓜，模样又呆又蠢，影射马皇后：“淮西妇人好大脚！”

一时之间，人人传阅，到处起哄，吃吃地笑着。明太祖正好微服出巡，一看之下，血气翻涌，头都气昏了：“这这……这是什么人画的？”

查了半天，查不出谁干的，明太祖干脆下令把整条街的人都给杀了，看谁还敢拿皇后的大脚寻开心。

明太祖为了维护马皇后的名誉而杀人，可是，马皇后并不领情。马皇后是菩萨心肠，她反而回过头来劝明太祖：“我本来是大脚嘛，老百姓随便说说，也不见得有什么特别的恶意。”

从这一点看，马皇后的胸襟度量真非一般人所及。

通常宫廷里的后妃，总是忙着争宠吃醋，马皇后不来这一套，她倒是常常询问明太祖：“现在天下人民安吗？”

“安啦。”明太祖不耐烦地对马皇后说，“这个不是你应该问的问题。”

明太祖心想，女流之辈，管这些事干吗。

马皇后倒是理直气壮地说："陛下是天下父，妾为天下母，子民的生活，岂可不问？"

若是遇到天灾，马皇后就率领宫人节约，不吃荤菜，只吃素食。她对自己很苛，对他人则宽厚。

朝廷的奏事官在早朝散会以后，依惯例在朝廷里用餐，马皇后派宦官取了一份餐点来，尝了一口，吐着舌头："真是难吃。"说着，她便跑去找明太祖，"为人君者，自奉宜薄，对待贤士必须宽厚。"

于是，明太祖便下令改善在朝廷值班官吏的饮食。

马皇后也关心太学生家眷的生活，她问明太祖："国家一共有多少生徒？"

"几千名吧！"

"那可称得上是人才济（jǐ）济，但不知诸生有没有国家发给的廪（lǐn）食？他们在家里的妻子，又该如何过活？"

"我倒从来没想到这个问题。"

从此以后，太学生一律发给家粮。

洪武元年（1368年），徐达攻克大都，押送大批珠宝到南京。马皇后一点也不心喜，她不动声色地问明太祖："元朝有这许多宝物却不能守，什么才是帝王的宝贝？"

"朕知皇后的意思，只有贤人才是国家的宝贝。"

"诚如陛下所言，妾与陛下起自贫贱，能有今日，实为不易，愿与贤人共治天下。"

明太祖也深以为然，命令女史把马皇后的话记录下来。

洪武十五年（1382年），马皇后病了，而且病得相当严重，许多大臣为她祈祷，并且代求良医。马皇后是个体贴入微的人，她心想，南京人嘲笑她淮西大脚，都难逃一死，要是哪个御医，没把她的病医好，真不知明太祖会怎么惩办御医。

因此，马皇后坚持不肯看医生，她说：“死生，命也，祷告有什么用，若是服了药没效，妾更不愿意因此怪罪医生。”

她病危之时，明太祖问她有何遗言，马皇后虚弱地说：“愿陛下求贤纳谏，做事有始有终，臣民各得其所。”没多久，马皇后与世长辞，年仅五十一岁。若非她坚持不看医生，可能不会如此早卒（zú）。

马皇后，佚名绘。

明太祖伤心极了，恸（tòng）哭流涕，谥曰孝慈皇后。宫中的人思念马皇后，为她写了一首挽歌：“我后圣慈，化行家邦；抚我育我，怀德难忘；怀德难忘，于万斯年；毖（bì）彼下泉，悠悠苍天。”

此后，明太祖再也没立过皇后，马皇后在明太祖心目之中，是不朽的。

郑士利与空印案

明太祖在打天下之时，很能拔擢人才，即位以后，又大封功臣。但是，他心狠手辣，雄猜阴险，真是可怕的老狐狸。一连发生的骇人听闻的四大狱："空印案""郭桓案""胡惟庸案"与"蓝玉案"，前两狱是惩治贪污，后两狱是杀戮（lù）功臣。

我们先从"空印案"谈起。所谓空印，是每一年地方长官到京城里的户部核交钱粮军事等事情，因为道途遥远，所以往往预先把盖好印的空白文书拿到户部，彼此核查无误以后，再把正确的数字填上去。此事习以为常，向来都是如此。

不知怎么，这件事突然被明太祖知道了，气得不得了。明太祖自小尝遍人世艰辛，看多了贪官污吏的嘴脸，他一口咬定，其中必定有鬼，准是官吏勾结作弊，下令彻查严办。

明太祖下令："凡是掌管大印者论死，副佐则打一百板，戍远方。"明太祖在气头上，丞相、御史个个吓得脸色灰白，不敢上谏。

正在此时，却有个不怕死的郑士利上书，因为他的哥哥郑士元也因为空印案，被关在大牢里。

郑士元，原是刚直有才学的年轻人，他高中进士以后，担任湖广按察使佥（qiān）事。荆襄一带，时常有士兵掠夺良家妇女，历来的官吏总是睁一只眼，闭一只眼，当作没有看到。

郑士元新官上任，头件事便是去找带队的将领理论，告诉他："请立刻放出被掳走的民妇，免遭地方人士非议。"

将领被郑士元的大义凛然所震慑，真的命令士卒交还妇女。被放出的妇女，不想竟有苦尽甘来的一天，又是哭又是笑，都把郑士元当青天老爷。

郑青天没多久又亮了一手。地方上有冤狱，虽然经过御史下乡调查，但这个御史也是一个糊涂虫，草草定谳（yàn）。

眼看着就要错杀好人，郑士元不眠不休，详细调查来龙去脉，以老狱断案的熟练笔法，写了一篇头头是道的翻案文章，使得冤情大白。

郑青天的名声更加广为流传。不巧碰到空印案，他是掌大印的副贰，脱不了关系，被关入大牢。

郑士元被逮捕之前，对着弟弟郑士利黯（àn）然道："圣上有所不知，才会以空印为大罪，可惜没有人敢向他解释，否则以圣上之英明，岂会不能了解？"

士元、士利一向手足情深，都是有侠义心肠的血性汉子，士利尤其崇拜老哥，对于他因此入狱，非常不能心服。他进而一想："哥不是主印者，顶多发配边疆，至于因此而被判死罪的，那才真正是冤枉了。"

激于义愤，郑士利研墨濡笔，挑灯夜战，一个晚上，写了几千字解释空印案。

他婉转地表明："凡是钱谷的数目，府必合省，省必合部，从省到部，远的六七千里，近的也要三四千里，如果要等册成然后用印，这一来一往，非要一年以上不可。所以，向来都是先用印再完册。这是权宜之计，哪里算得上滔天大罪？"

笔锋一转，郑士利又含蓄地批评："而且国家立法，必先明示天下，然后才可以处罚犯罪者。现在，立国至今，从来没有一条法律，禁止先用印。承办这项工作的人萧规曹随，也不晓得到底犯了什么罪，今天一旦诛之，如何让人心服？"

"朝廷担任郡守的贤士，都是数十年奋斗有成、通廉达明的英才，说杀就杀，岂非草菅（jiān）人命？我不明白陛下为何以不足罪之罪而伤害国家可用的栋梁，臣真是为陛下深深惋惜。”

郑士利的话，句句有理。可惜，在专制制度之下，尤其是在明太祖的强烈权威心理之下，不但听不进去，而且可能为自己惹来祸害。

郑士利卜了一卦，卦上是说“可矣”。郑士利却明白，奏章一上，凶多吉少。然而，他又忍不住想向明太祖讲个清楚，可能明太祖忽然顿悟，那就可救好多人。

他就这样陷在矛盾之中，最后，终于决定，把奏章送上去，却也不免哀哀痛哭，拥抱真理竟是如此痛苦。

郑士元的儿子，也是士利的侄子，从来没见叔叔如此失常。他关心地问：“也许小辈不该过问，但是，叔叔到底为何如此痛苦不堪？”

士利沉痛地抚着侄儿的背：“我有奏章想要呈给皇上，我自知，触怒天子必然惹祸。不过，若是杀我一个人，能够救活数百人，死亦何恨？”

明代文吏俑，陕西省西安市明墓出土。

郑士利终于还是把奏章呈上。

结果，不出所料，明太祖龙颜大怒，并且派了丞相与御史来责问郑士利：“究竟是谁指使你？”

郑士利苦笑道：“我读的书，足够让我为国尽言责，哪有什么人在背后主谋？”

后来，明太祖还算慈悲，没要郑士利的脑袋。不过，罚总是要罚的，先打烂屁股，然后与郑士元一块发配边疆。

因为空印案，明太祖将长吏论死者数百人，充军者又数百人，只缘于他怀疑官吏勾结作弊，虽然他没有掌握实际证据。当时，最有名的好官，济宁知府方克勤（著名大学问家方孝孺的父亲），也死在这案内，方孝孺的故事，我们以后再讲。

轰动明初的郭桓贪污案

明朝洪武年间的四大狱，除了空印案，郭桓（huán）贪污案更是轰动一时。

郭桓是户部侍郎，洪武十八年（1385年），有人告发北平二司官吏李彧（yù）、赵全德与郭桓串通舞弊。

明太祖赫然震怒，下令彻查，绝不宽贷。结果这一查之下，真是不得了，六部（吏、户、礼、兵、刑、工）左右侍郎以下全处死刑，追赃七百万。

事情发展到此，尚未告一段落。就像滚雪球一般，由于被告的供词牵涉到各省官吏，其间不乏屈打成招者，也有那存心不良的被告，自知难逃一劫，死也要拉一个垫背的。于是，全国各地的中产之家差不多都倾家荡产，家破人亡。

郭桓案伤透了中产家庭的心，尤其审判官草菅人命，任意罗织罪状，让人没法服气。

明太祖也发觉郭桓案似乎处理得太过分了，为了平抚社会怨气，他自己写了诏书，一条条列举郭桓贪污罪状。照明太祖的说法，以郭桓的情形，追赃七百万还是意思意思，真正严格算起来，至少该有两千四百万。因此，这几万人是死有余辜。

话虽如此，明太祖还是斩了一批审判官平息众怒。反正，审判官也是官吏，他同样不信任。

过了一年，洪武十九年（1386 年），明太祖又特地解释：“自从我朝开国以来，浙江两广福建所有司官，没有一个人能够做到任期届满，都在中途犯了贪赃枉法的罪。”依此说法，郭桓案杀的人都是该死之人。

想想看，二十年没一个人没贪污。一方面固然是贪污的恶行普遍，难以根治；另一方面也是明朝法网太密，往往冤枉了好人。

明太祖最最痛恨官吏贪污，凡是被逮到的，鞭笞（chī）、苦役、剥皮、抽筋，甚且抄家灭族。这样当官，不但没趣味，而且总是活在强烈恐怖气氛之中。所以读书人能躲就躲，尽量藏在山野之中，不愿意入朝为官。明太祖又生气了，他指责：“近日有奸贪无耻小人，故意诽谤，都说朝廷官难做。”

尽管明太祖不肯承认，朝廷官难做总是事实。在贵溪地方，儒士夏伯启夙（sù）有文名，却发誓不入朝为官，为了表明决心，他叔侄二人像逃避兵役一般，竟然双双砍掉左手大拇指。

贵溪地方官为了表功，把夏伯启叔侄二人押到京城受审。明太祖亲自问案：“你们宁可断手指也不愿意为官，我问你，昔世乱居何处？”

“红寇为乱时，避兵于福建江西之间。”

这“红寇”二字，不偏不倚，正好刺着明太祖的心病，因为他正是“红寇”出身。

明太祖气呼呼地说：“朕知夏伯启心怀忿怒，故意诬指朕取得天下不由正道，应该籍没其家，以免狂妄愚夫效法。”

所谓“籍没其家”，指的是登录其财物而没收入官，就是俗称的抄家。当然，夏伯启叔侄也难逃一死。

明太祖的严酷，同样也表现在对付自家人身上。

明朝洪武年间，太祖下诏与西番互市，就是互相交易做生意。在陕西、四川设立茶马司，命令番人纳马易茶，用西番特产的骏马交换中原的茶叶。西番人吃多了油油腻腻的大块肉，特别欣赏能帮助消化的茶叶。

这桩生意是政府专卖的，严禁私茶出境。偏偏有个人，非要插手不可，他就是安庆公主的夫婿，欧阳伦驸马爷。

茶马互市图，清人绘。

欧阳伦仗恃自己是皇上的乘龙快婿，安庆公主又是马皇后钟爱的女儿，完全无视规定，公然把茶运到西番。

沿途官吏明知欧阳伦犯法，谁也不敢吭一声气。欧阳伦若只做生意就罢了，更过分的是，他要求地方官派车帮忙运茶，而且不支分文。

欧阳伦是个细皮嫩肉的小白脸，当然不会亲自押运茶叶。这些事，他通常都交给家人周保去处理，他只管在家，舒舒服服地数钞票。

周保是个标准势利小人，打着欧阳伦的旗号，对地方官叱（chì）来喝去，吃香的，喝辣的，要求的车辆数目一点也不能少。

有次，周保大模大样到了兰县，对兰县河桥司巡检吩咐："明天我要五十辆车。"

"可是，我们兰县是个小地方，哪有五十辆车，顶多只能凑个二十辆。"兰县吏赶紧讨饶。

"调不到车是你的事，你不会去邻县借？"周保一步也不肯让。

"可是，私运茶叶本来就是违法的事。"兰县吏不服气地嘟嘟囔囔。

"你说什么？你这话若是被驸马爷听到该如何？"周保大怒，一声喝令，"左右拿下，好好教训这厮！"

一旁的壮汉，跳起身来，叉开五指，往县吏脸上只一掌，把县吏打个踉跄，直撞到墙，肿了一个大包。壮汉继续发狂似的抡打，直打得县吏鼻子歪了，脸也青了，身上淋淋漓漓全是血，差点儿送上西天。

周保插起双袖，扬长而去，丢下一句狠话："下次要你的命。"

兰县吏愈想愈气，自知惹恼了周保，一定没完没了，心一横，跑到京师告状。

明太祖闻讯大怒："这个欧阳伦好大胆子！"立刻下令把欧阳伦、周保一并处死，茶货充公。

有人前来说情："欧阳伦固然罪有应得，不过，如此一来，安庆公主年纪轻轻便要守寡。马皇后地下有知，一定十分伤心。"

明太祖根本听不进去，照杀不误，安庆公主只好当了寡妇。

胡惟庸又卑又亢

在洪武年间四大狱之中，胡惟庸案牵连最广，影响最远。自此而后，明太祖废丞相，罢中书省。

胡惟庸是安徽定远人，在明太祖还附属于郭子兴之下，用兵打和州之时，前来投靠。这一年是元朝至正十五年（1355 年）。

胡惟庸人很灵巧，又极会钻营，先是在元帅府里当差，后来，一跃为宁国主簿，而县令，而吉安通判，而湖广佥事，再内调为太常少卿，官运亨通。

洪武三年（1370 年）正月，他再升为中书省参知政事，李善长告老还乡之后，他更爬到了左丞相的位置。

中国人常喜欢用“不亢不卑”形容一个人恰如其分，既没有自傲自大，也没有低三下四。很不幸的，在古代官场上往往是又亢又卑的人走红，对上谄媚巴结，对下颐指气使的人容易扶摇直上。

胡惟庸不但对底下人像凶神恶煞，甚且连右丞相汪广洋，他也不放在眼里。

汪广洋为人懦弱怕事，只要胡惟庸一个眼色抛过去，汪广洋立刻接口：“今日之事，一切请胡兄做主。”

胡惟庸很欣赏汪广洋的“上道”，眉开眼笑道：“昨儿个刚有几坛山西汾酒运到，待会儿给你送过去。”

一听到有好酒，汪广洋猛咽口水。他生平无大志，惟爱喝两杯，只要逮到机会，总是不醉不归，对政事乐得睁只眼闭只眼，随便胡惟庸胡整乱搞。

当然，胡惟庸“亢”的一面，明太祖是看不到的，胡惟庸在皇帝面前，完全变了一张嘴脸，史书上用“曲谨”二字形容他的巴结功夫。

“曲”是曲意承欢，只要是明太祖喜欢的，胡惟庸总是大举赞好。譬如说，明太祖虽然是个穷和尚出身，不学无术，即位以后，却喜欢作文吟诗，附庸风雅。

在一个秋风送爽的季节里，明太祖忽然诗兴大发，随口吟出：“百花花发我不发，我若发时都骇杀，要与西风战一场，遍身穿就黄金甲。”杀气腾腾的明太祖竟然给菊花也穿上了黄盔甲，真亏他的。

如此一首粗率的打油诗，胡惟庸就有办法把它形容得举世无双：“比李白杜甫的诗还要好。”明太祖被捧得乐陶陶。

“谨”是恭谨小心。明太祖出身不佳，最怕人家看他不起，胡惟庸永远唯唯诺诺，低下头不断点头答应“是是是”，极得太祖的欢心。

足智多谋的刘伯温，老早看出胡惟庸绝非善类。当初明太祖曾经询问刘伯温，对于胡惟庸担任宰相的意见。

刘伯温坦率地说：“我恐怕这个人会像劣马一般，把缰绳扯断，陛下会驾驭不了。”

一听这话，太祖怫（fú）然不悦。刘伯温见如此光景，及早告老还乡，不料，最后还是死在胡惟庸手上。

胡惟庸假心假意带着医生为刘伯温诊病。刘伯温服了名医的名药，“腹中如拳石”，没多久，药到命除。

刘伯温一向直说敢言，他当面揭发胡惟庸的奸恶不奇怪，奇怪的是，一向圆融的大将军徐达也忍不住奏上一本，要明太祖提高警觉。

徐达不但能征善战，而且军纪严整，徐达封信国公之时，明太祖特地写了诰文褒奖：“跟从我起兵于濠上，先存择日之心，来兹定鼎于江南，逆

徐达，选自《历代名臣像解》。

作擎天之柱。”

明太祖为了笼络徐达，人前背后总是夸口：“我与徐达是布衣兄弟。”明太祖哪里是真正与人称兄道弟的人呢？他当了皇帝以后，处处摆足架子，惟恐功臣看他不起。徐达了解明太祖的心理。因此，明太祖愈热络，他表现得愈为恭顺。

明太祖曾经再三慷慨表示：“徐兄功劳大，到现在没有一栋像样的屋子，可以住到旧邸（dǐ）去。”旧邸是明太祖为吴王时住的宅院，花木扶疏，虽然不是十分富丽堂皇，毕竟是明太祖住过的，颇具纪念意义。然而，正因为旧邸的历史价值，徐达说什么也不肯搬进去。其实，这正是明太祖的一种试探，徐达若是真的迁入旧邸，那可就要倒大霉了。

有一回，明太祖邀徐达赴旧邸喝酒，明太祖任何方面都喜欢胜过别人，连喝酒也不例外，仗着自己酒量好，在哗笑声中，灌了徐达一杯又一杯。

“来来来，干了吧，我们开怀畅饮，事大如天醉亦休。”

“我实在不行了。”徐达扶着额头讨饶。

“我都干了，你还推辞吗？”

徐达无奈，仰起脖子一饮而尽，醉眼迷离。

明太祖派人把徐达扶到床上，徐达头刚碰到枕头，就开始打鼾。这一觉睡得非常酣畅香甜。

第二天清晨，徐达揉揉双眼，伸个懒腰，忽然发现自己睡在旧邸的床上，而这张床正是明太祖当年使用的。这一吓，连翻带滚掉下来，踉踉跄跄下了地，大声惊呼："完了，完了，这是死罪，我什么时候上了龙床？"

在一旁偷看的明太祖，对徐达的反应十分满意，徐达又通过一关考验了。

胡惟庸很想结好徐达，想尽办法奉承徐达，徐达不齿于胡惟庸，懒得多加理会。胡惟庸气得跺足兴叹："也罢，你敬酒不吃吃罚酒。"

胡惟庸收买了徐达的门房福寿，要他借机暗杀徐达。福寿表面上答应了，事实上却飞奔禀报徐达。徐达先是一愣，旋即恢复了平静的脸色，并且告诫福寿："切勿对外言此事。"

徐达也没有对明太祖禀明此事，他只是再三提醒明太祖："千万小心胡惟庸。"

虽然刘伯温、徐达警告在前，可是，基于人性的弱点，胡惟庸的高帽子一戴，明太祖还是情不自禁地喜欢他，种下了祸根。

陆仲亨忐忑不安

刘伯温与徐达曾经先后劝过明太祖，务必小心胡惟庸。

明太祖总是胸有成竹道：“我会用他的长处。”在明太祖看来，能干又曲谨的胡惟庸，真是比谁都好，他不像李善长那么老迈，刘基那么固执，宋濂那么迂（yū）腐，杨宪那么度量小，汪广洋那么贪杯，他总是体贴小心，话讲出口永远听了让人舒心。

胡惟庸的短处，则是明太祖看不见的。

从洪武十年（1377 年）九月到十三年（1380 年）正月里，胡惟庸当了两年四个月的左丞相，大权在握。尤其刘伯温又在洪武八年（1375 年）被他害死，他更肆无忌惮（dàn）。对于各个衙门送上来的奏章，胡惟庸不但先看，而且往往自作主张。当然，若是奏章中有对他不利的，明太祖也就永远看不到了。

由于胡惟庸一手遮天，不但人人抢着巴结胡惟庸，他相府里上上下下几百人，也都是人们贿赂的对象。胡惟庸生性贪婪，他所拥有的“金帛、名马、玩好”堆积如山，相府再大，也快装不下了。

虽然胡惟庸炙手可热，他心里头还是深怀恐惧。每次上朝回来，即使是冬天，也都吓出一身冷汗，要赶紧打水抹身子。因为没有人比胡惟庸更清楚，明太祖顶顶痛恨贪污，胡惟庸不止一次梦到他被绑去剥皮的惨状。

午夜梦醒，胡惟庸躺在床上，辗转反侧，而起了谋反之心。

正在此时，胡惟庸在安徽老家有一批小人为了讨好胡惟庸，伪造灵异祥瑞，然后登府拜访，胡惟庸亲自接见。

这定远老乡故作神秘道：“此事不方便开口。”

胡惟庸努努嘴，身边的人都下去了，他挥手道：“好了，有什么话，你快说吧！”

老乡先磕了一个头，低声说道：“丞相定远老家井中，长出来一支石笋，出水数尺之高。更奇妙的是，三代祖坟，入夜火光烛天，凡此都是大发之兆。大家都说，我们安徽人要有好消息了。”

胡惟庸位极人臣，再大发当然是做皇帝了。胡惟庸喜不可言，表面上故意呵斥：“你不要乱说。”

“小的不是乱说，马上旁人也会有消息传来。”

胡惟庸打发乡人下去领赏，不一会儿，果然陆陆续续有定远人前来通报，也都领了赏金。

胡惟庸欣然色喜，忍俊不禁，蓦地一拍额头：“妙，莫不是命中注定?”

既然是命中注定，他可不能白白辜负了这条好命。要造反，当然要有人手；胡惟庸老谋深算，开始布置大局。

胡惟庸头一个相中的人是吉安侯陆仲亨。

陆仲亨是明太祖濠州的小同乡。他十七岁之时，被乱兵劫持，手里捧着一升麦，躲在稻草堆里，明太祖见他可怜兮兮的模样，招手呼唤：“你，过来。”

陆仲亨怯生生地过来，低着头。

“家里还有什么人？”

“都不在了，父母兄弟全都死光了。”陆仲亨的头垂得更低了。

明太祖端详了陆仲亨好一会儿，方才开口：“肌肉倒挺结实的，不如跟了我吧！”

就这样，陆仲亨跟着明太祖，东征西讨。他打仗的本事很好，屡次建立了大功，在洪武三年（1370 年），得封吉安侯。

封侯不久，陆仲亨就犯了错，他骑了公家驿站的马，被罚往雁门捕寇，又做了一些偷鸡摸狗的勾当，都记在胡惟庸的账中。

另有一平凉侯费聚，也是明太祖濠州起兵的老部下，同样是个会使枪弄棍却没有脑筋的粗人。

费聚在洪武三年（1370 年），被封为平凉侯，他因为沉溺酒色，无所事事，被罚前往西北边境，招降蒙古人，但不曾招降多少，回来又被申诫训斥。

胡惟庸手中握有陆仲亨与费聚的把柄不少，不怕他们不就范。

于是，某天夜晚，他把这二人请入府中，好酒好菜，并有美女一旁伺候。

酒过三巡，胡惟庸把左右支开，压低了嗓门道："你们干的违法的事不少，万一被皇上发现了怎么办？"说着，瞟了一眼窗外。

这一句话把陆费二人的魂都吓飞了。明太祖的手段残酷，是大家都清楚的；胡惟庸的阴狠，也是人们心里有数的。胡惟庸突然这一问，当然其中大有蹊跷（qī qiao）。他二人不约而同，抬起眼，怕怕地望着胡惟庸，眼中充满了惧怕不安。

"别慌。"胡惟庸递上热茶，又换上一副和蔼可亲的模样，"只要你们设法多找些快马，包你们没事。"

宰相要快马做什么？而且要马为何不循正当渠道？陆仲亨、费聚二人同时打了一个寒战，可是，现在有把柄在胡惟庸手上，要不答应也不成。尤其既然知道了胡惟庸的秘密，也就容不得他二人不答应了。

自此而后，陆仲亨寝不安枕，食不知味，走到哪儿，都是一个苦瓜脸，连明太祖都发现了，曾经问他："奇怪，你居高位，何以面有忧色？"

陆仲亨只好说谎："最近身体不好，多谢陛下关心。"

其实，陆仲亨是有苦说不出啊。

明太祖怒责胡惟庸

胡惟庸既然决定造反，开始积极谋划，可是人算不如天算，在这段紧锣密鼓期间，胡惟庸再三出事。

先是，胡惟庸的儿子，仗着老子的威势，在闹市中快马奔驰，一个不小心翻身坠马，恰好一辆大车辘（lù）辘而过，闪避不及，就做了车下鬼。胡惟庸一怒之下，斩了马车夫。

明太祖认为，胡惟庸虽然贵为宰相，岂能不经审判而杀人，他咬牙切齿地指着胡惟庸："你该为马车夫偿命！"

这还了得？吓得胡惟庸不断磕头："臣愿意以厚重金帛赔偿马车夫一家。"

"不可以，你非偿命不可。"明太祖说着，气冲冲地捞起龙袍下摆，转身离去。

结果，胡惟庸当然没有真的为马车夫偿命。但是，君臣二人的关系弄得很僵。

接着，一波未平，一波又起。

占城国（越南南部）有贡使前来，胡惟庸没有报告明太祖，不知怎么明太祖竟然知道了，他勃然变色，怒声斥责胡惟庸。

胡惟庸大骇，汗流浃（jiā）背，眼冒金星，连忙推托："这是礼部误事。"由于胆怯，胡惟庸的声音都变调了，结结巴巴地说不清楚。

“是这样的吗？”明太祖如电般的目光，紧紧地盯着胡惟庸。

明太祖立刻把礼部负责的人关了起来，并且下令，非要查个水落石出，看是谁有这么大的胆子，竟然敢瞒着他。急得胡惟庸不断地顿脚叹气：“坏了！坏了！”

坏了的事，还在后头呢。

御史中丞涂节突然上报明太祖：“陛下可知刘伯温究竟是如何死的？”

“不是病死的吗？”

“不然。陛下可曾记得，曾经派胡惟庸前去探望，胡惟庸还介绍了一个名医？”

“有这么一回事。”

涂节清一清喉咙道：“刘伯温服了名医的药，立刻腹中如拳石，不久便死了。”

“噢？”明太祖大为诧异。

“真的，这件事汪广洋也晓得。”

明太祖一听此话，更加光火，随即派人把汪广洋找了来。

明太祖怒气冲天责问汪广洋：“刘基是不是被胡惟庸毒死的？”

汪广洋听得悚（sǒng）然心惊，仿佛被人当胸捣了一拳似的：“没有，没有的事!”

“哼，你们存心蒙蔽我！”

第二天，明太祖就一纸命令，把汪广洋贬到广南。明太祖余恨未消，他想起汪广洋在江西庇护朱文正，又想起他在中书省不肯举发杨宪的罪。

“哼，这个老家伙只晓得喝酒，专误我的大事，死有余辜。”

因此，汪广洋的船到了太平，忽然接到明太祖的敕（chì）令，当场立斩。

汪广洋死了也就罢了，竟然又扯出一桩是非来。

汪广洋死了，他平日最宠爱的妾陈氏，也跟着哭哭啼啼从死。明太祖好奇地问左右：“这个陈氏是怎样的女子，难得有如此的坚贞。”

一打听之下，原来是因罪被革职的陈知县的千金。

明太祖又冒火了，他横眉竖眼地发脾气：“我记得曾经有过规定，没官妇女，只能赐给功臣，文臣凭什么得给？”所谓“没官”，就是没收入官之意，“没官妇女”就是归属官府的女奴婢。

这一查之下，当然又是胡惟庸为了拉拢汪广洋，私自把陈知县如花似玉的闺女儿，送给了汪广洋。

明太祖到了这步田地，对胡惟庸的印象简直恶劣到达极点。至于说，涂节怎会晓得刘伯温是被胡惟庸毒死的，可能是胡惟庸不小心说漏了嘴，把涂节当成自己人。

涂节加入胡惟庸集团，其中还有一个关键人物陈宁，也值得一提。

陈宁是湖南茶陵人，元朝末年，在镇江路当个糊口的小官，有一日，代替军师捉刀，写了一篇文章，明太祖看了，颇为称道：“词意雄伟，想必是出自高人之手。”于是，求才若渴的明太祖把陈宁找来掌理文书。

明代百姓与官员，西洋版画。

陈宁也很有志气，曾经被俘虏，宁死不屈，后来被敌人送回来。明太祖嘉许他的忠贞，升为广德知府，恰好遇上荒年，陈宁上奏太祖："人民饥饿若此，如果还要强行征租，等于是为张士诚驱赶人民。"

这么一个原本体恤（xù）百姓的好官，在明朝建立，官运亨通之后，却又变了一个样。

陈宁做了苏州的地方官，在苏州征税征得是又急又凶，他喜欢把铁烧得通红，用来烙炙嫌疑犯，就像烤乳猪似的，地方百姓不胜其苦，送给他一个外号——陈烙铁。

胡惟庸生性严苛，十分欣赏陈烙铁，将他由苏州知府一跃而升为御史中丞，再升为御史大夫。陈烙铁受到鼓励，益发残忍了。

陈宁的儿子陈孟麟委实看不过去了，不止一次跪着哀求父亲高抬贵手。

陈宁气急败坏："老子的事，你有资格管吗？"

"当然没有，孩儿只是不忍父亲被冠以陈烙铁的外号。"

"好!"陈宁在齿间迸出一声冷笑："今天就让你也尝尝陈烙铁的滋味。"

于是，陈宁一阵拳打脚踢，抡起拳头一连打了几百下，陈宁的气是出了，他儿子的命也丢了。

明太祖接到报告，十分寒心："一个人能对儿子如此无情，对君上又会有什么感情？"

陈宁听说了明太祖的批评，心里一直打鼓，也入了胡惟庸一伙。

林贤偷运日本军火

胡惟庸一心想造反，他内则结纳权贵，外则广收羽翼。但是明太祖控制严密，想要谋反还真不容易，脑筋一转再转，他决心利用日本帮忙起事。

当然，胡惟庸想与日本勾搭，必须要有一个牵线人，这个人选，他老早就想好了，就是其得力的心腹——明州卫指挥林贤。

他把林贤叫到家里，斥退左右，然后，将头凑了过去，用手遮住一半嘴，低声地说："我先随便安一个罪名，把你流放到化外，等你一切办妥，捎个信来，我再上奏皇上，就说林贤被诬，事已大白，请召还复职。"

林贤站了起来，谄媚地长揖到底："多谢栽培。"

"我相信你会做得很好！"胡惟庸亲狎地拍着林贤的肩膀。但他立刻又收起笑容，脸色变得非常沉重："当然，我心事都透露给你了，你不做也不行。"

就这样，胡惟庸以林贤"误把贡船当作寇船"为名，把林贤流放到了日本，让林贤得以从从容容与日本联系。

日本这个国家，到底是打哪儿来的？何时开始建国？一直到今天，各派史家有不同的说法，谁也不能提出令大家信服的说法。

根据《后汉书·东夷传》，以及《三国志·孙权传》的说法，在秦始皇二十八年（前219年），有一个叫徐福［一说为徐市（fú）］的方士，上书皇帝："海中有三神山，名曰蓬莱、方丈、瀛（yíng）州，有仙人聚之。"

持军刀的日本武士，日本绘画。

秦始皇富有天下，惟一的忧虑就是人生百年不免一死，于是，十分高兴地派了童男童女三千人，带着五谷杂粮与种种百工由徐福率领出海，求蓬莱神仙。

徐福耗费了大笔钱财，并没求到长生不老的仙丹，他知道若是回来，一定会被杀头，于是留在当地，这便是日本国的由来。

欧阳修曾写过一篇《日本刀歌》——“其先徐氏诈斯民，采药淹留草童老。百工五谷为之居，至今器玩皆精巧。”日本刀是宋朝人喜欢的玩物，不但锋利，刀鞘（qiào）尤其美观，和日本扇子一般，同样是日本输送宋朝商品中，最受欢迎的工艺品。

从欧阳修的诗中，可以看出，宋朝人断定，日本是徐福建国，而且徐福带去的工匠，代代相传，才能打造如此锋利的日本刀。

清朝末年，黄公度根据日本传国宝剑、镜、玺三样都是秦朝东西，并且根据地理因素、日本神话、中国古籍，断定徐福就是日本开国的神武天皇。

另外有一种说法，认为日本天皇是吴太伯，或是夏后少康后裔。这是根据《晋书·东夷传》所载：“倭（wō）人在魏时有三十国通好，自谓太伯之后。又说，以前，夏朝少康之子封于会稽，断发文身，以避蛟龙，所以，今天倭人也文身断发，沉入海底捕鱼。”

对于这两种说法，日本人读了中国书之后，受到中国夷夏观念的影响，深以“倭人”之称为耻，自视为高天元诸神的后代，不肯承认是中国人的后代。不过，日本人并不否认徐福到了日本，甚且还津津乐道，一直到今天，日本的熊野（和歌山县）还有徐福祠与徐福墓，都是观光胜地。

自唐宋以来，日本跟中国的关系，一向不错，元朝时两次入侵日本，不意海面突起大风，元兵葬身鱼腹。如果两军正式开战，小小的日本岂是蒙古人的对手，因此，日本人称这阵台风为“神风”，自认为有神明在暗中庇佑。

到明太祖起兵之时，日本正式分裂为南北朝，明太祖即位以后，曾经派遣使者到日本，要日本前来朝贡，否则要出兵攻打日本。

日本怀良亲王的回书很不客气：“盖天下者，乃天下之天下，非一人之天下也。臣是远弱之倭，偏小之国，城池不满六十，封疆不足三千，尚有知足之心。陛下作中华之主，万乘之君，城池数千，封疆百万里，犹有不足之心，常对小国有灭绝之意。臣顺之未必生，逆之未必死。”意思是绝不屈服，你明朝若是非打不可，不妨放马过来，还不一定谁输谁赢。

明太祖看了回书好生气，但是鉴于元朝征日失败，如今国基未稳，只

日本武人习箭，十三世纪末期日本绘画。

好暂时吞下这口气，不敢发兵远征。不过，明太祖严格下令，禁止贸易，实施海禁，规定："片板不许入海。"（古代船只是木造的，片板就是指任何一条小船的意思。）

但是，中国海岸线长，想要"一片木板都不入海"，谈何容易，当时的福建地方由于地处僻远，便成为走私的大本营，尤其闽（mǐn）南地区农业生产条件不佳，当地人甚且"剖腹藏珠，爱财不爱命"，与日本人贸易。

日本足利义满将军领导的室町（dīng）幕府，其实也想与明太祖重修旧好，大大方方、正正式式做生意。胡惟庸就逮住这一点，亲自写了一封信，让林贤带给足利义满，请他借兵相助，事成之后，准许中日贸易。

胡惟庸一连出了几件事，惹怒了明太祖，他认为事不宜迟，决定起事造反，派遣信使，通知了在日本的林贤。

于是足利义满选择了一个名叫如瑶的和尚，带了四百个日本人，假装是入贡，由林贤陪着，到达中国的宁波。

如瑶和尚的行囊之中，有好些特大号的红蜡烛，表面上是出家人的贡品，其实内藏火药刀剑。这个日本和尚，还真是六根不清净。

等到一干人马浩浩荡荡准备下船，才听说涂节见风声日紧，向明太祖告密指证胡惟庸有意造反，胡惟庸已被捉拿。这艘名为进贡船，实为军火船，由于没有日皇的表文，只有足利义满以"征夷大将军"身份写给胡惟庸的一封信，明太祖认为："不合礼节，拒不受贡，原船遣返。"

于是，这艘满载大蜡烛的日本船，又原封不动回到了日本，胡惟庸勾结外人的阴谋，竟然没被揭穿。

这足利义满后来统一日本南北朝，结束分裂局面，创出室町幕府的全盛期，是日本响当当的历史人物。脍（kuài）炙人口的金阁寺就是他晚年将其筑在衣笠山之麓的别墅改建成的佛寺。全寺计有殿舍十三，因其勾栏、柱、壁都贴敷金箔，金碧辉煌，故名之为金阁寺。位于今日日本京都市北区金阁寺町，是著名的观光胜地，日本作家三岛由纪夫还特别写了一本以《金阁寺》为名的小说。

李善长怦然心动

胡惟庸想要造反，可是，时运不济，接二连三地猛出纰（pī）漏，看在一旁的同党涂节心里暗暗叫苦。

挣扎了一段时间，涂节终于决定把实情一五一十禀报明太祖，希望能够将功抵罪，免其一死。

明太祖勃然大怒，下令廷臣公审，胡惟庸供出了陈宁，也牵连了涂节，而且为了报复，特别加重了涂节的部分。

依理，涂节自首，又供出了主谋，多少应该减刑。但是朝廷大臣们认为，涂节本是胡惟庸的心腹，见事不成，方始反叛，不可不诛，陈宁也一并正法。至于胡惟庸，当然是死路一条。

胡惟庸案甚且牵连老臣宋濂的孙子宋慎被诛，宋濂亏得马皇后搭救，明太祖才饶过了他。不过，宋濂毕竟年岁已大，受不住惊吓，一命呜呼。

胡惟庸谋反，明太祖当然很生气。他想起当初刘伯温、徐达都曾经先后警告过，胡惟庸不可靠，只怪自己自信太过，幸好及时发现，没有酿成巨祸。

明太祖真正为胡惟庸一案发火，是在事隔五年之后，洪武十八年（1385年），有一个名叫毛响糖的人向明太祖告密，李存义与胡惟庸亦有瓜葛。

李存义本人无足轻重，他的哥哥李善长可非等闲之辈，李善长是开国元勋文臣第一人。洪武三年（1370年），明太祖大封功臣，其中封公者仅有六个人，李善长居首，封为韩国公。在制敕之中，明太祖将其比拟为汉朝的萧何，明太祖对李善长的信任，颇似宋朝赵匡胤对赵普。事实上，明太祖当初之所以有逐鹿天子宝座的野心，也多亏了李善长的开导。

李善长与明太祖关系匪浅，他同时又是太祖的儿女亲家。太祖长女临安公主，嫁给李善长的独生儿子李祺，夫妻恩爱，临安公主颇有乃母马皇后仁德之风，极有贤惠的美名。

李存义是李善长的弟弟，李存义儿子李佑是胡惟庸的侄女婿。李存义和胡惟庸都是定远小同乡，又是姻亲，李存义遂成为胡惟庸的心腹。

李善长，选自《历代名臣像解》。

明太祖认为，胡惟庸的亲家，帮衬胡惟庸，我的亲家当然帮我，何况，李善长是开国功臣，独生子又是驸马爷，谁都可以不信任，李家应该没问题，特别网开一面，免了李存义死罪，把他安置在崇明岛。

明太祖放了李存义一马，李善长竟然不赶紧到宫中谢恩，明太祖心中老大不开心。

又过了五年，洪武二十三年（1390 年），李善长有个亲戚，名叫丁斌，因罪充军，流放到边疆，李善长前来求情，太祖不肯。

隔不了两天，李善长又来了，太祖认为事有蹊跷，小小丁斌，何以李善长如此挂虑，于是把丁斌带到锦衣卫前去拷打。

丁斌受不住刑狱，和盘托出。原来，他在胡惟庸家中管事，有时为李存义与胡惟庸传话，颇有不足为外人道之事。明太祖连夜把李存义自崇明岛押回，又逮捕了李存义的儿子、胡惟庸的侄女婿李佑，再三审讯，得到惊人的结果，原来连李善长亦牵涉其中。根据丁斌的供词是这样的：

最初，李存义受了胡惟庸的话，前去劝李善长谋反，李善长勃然变色，大吃一惊，声色俱厉地叱责："你疯了吗？你晓得自己在说些什么话？想灭九族不成？"

胡惟庸碰了一个结结实实的大钉子，不过他并不气馁（něi），又找了李善长的老友杨文裕前去当说客。

杨文裕一脸谄媚，压低了声音："事成之后，将割淮西之地，封阁下为王。"

李善长不自觉竟嘴角一扯，露出满意的微笑，继而干咳一声，皱紧眉头，转为严厉的态度，把杨文裕轰了出去："亏你我还是好朋友，就差没有义结金兰，竟然说出这种话，你到底是什么意思？"

杨文裕被赶了出来，想起李善长那一闪而逝贪婪的笑容，立刻飞报胡惟庸："臣被赶出来了。"

"那你怎么一脸得意？"胡惟庸诧异地询问。

杨文裕一五一十把经过禀明，很兴奋地说："依我看，淮西之地颇合李善长之意。当然，他表面上绝不肯承认，即使我们亲如兄弟，他多少总要防一防，这可是诛九族的罪。"

胡惟庸笑一笑："我看，是我亲自造访的时候了。"

胡惟庸造访，他与李善长促膝密谈，是在李府一间小密室之中，谈了什么，不得而知。但是，李善长既然知道了胡惟庸的阴谋，双方还相谈如此起劲，其中自然大有文章。

这第三回游说，虽然谈了大半天，胡惟庸又被留下来吃晚饭。但是，李善长显然还是没有答应。

又过了几天，胡惟庸再派李存义前往当说客，从早上说到晚上，直讲得舌敝唇焦，李善长只是专注地听，不发一言，却也没有阻止他往下说。

最后，李存义哀求道：“你到底肯是不肯？”

李善长啜了一口茶，头往上仰，长吁一口气道：“我今年七十七，活不了多久啦，等我死后，随你们怎么去搞吧。”

胡党之狱

上一回我们说到，胡惟庸劝李善长入伙，共同造反，李善长被缠得不耐烦，终于答应："等我死了，随你们怎么去搞吧！"

单单李善长知情不报，又默许李家子弟在他身后可以造反，已经足以置李善长于死地。偏偏李善长还不只是纵容，且有包庇作乱的真凭实据！

两年以前（洪武二十一年，1388 年），开平王常遇春的妻弟蓝玉奉命出塞，在捕鱼儿海这个地方，逮捕了封绩。

封绩是元朝的旧臣，胡惟庸与日本勾结的同时，曾经派遣封绩，带着向北元皇帝称臣的表到达和林，请求北元大帝南伐，让明太祖派大军去弹压，胡惟庸乘机在京师下手。这个胡惟庸，为了当皇帝，真是什么卑鄙手段都使得出来。

洪武二年（1369 年），明太祖攻陷应昌，元顺帝已在应昌攻陷前一个月病逝，明军俘虏顺帝的孙子、嫔妃一共五万人，元顺帝的儿子溜得快，逃到和林，继任为帝，是为元昭宗，占有今天蒙古国一带，保持着一个残局，称为"北元""残元"或是"后元"。

由于漠北地方辽阔，明太祖即位之初，无力远征，只有尽量安抚。

洪武十一年（1378 年），元昭宗去世，太子脱古思帖木儿即位。脱古思帖木儿很向往祖先霸业，屡次侵犯明朝边境，被明朝大将徐达、汤和等击退，很伤明太祖的脑筋。

胡惟庸看上了脱古思帖木儿的野心，所以派遣封绩，带着一封肉麻兮兮的书信前往和林。脱古思帖木儿虽然颇为心动，但到底兵力不足，因此没有回信。以后，胡惟庸案发，此事就不了了之。

不想明太祖在洪武二十一年（1388年）平定辽东以后，决定大举伐北元，免得北元坐大，将来成为成吉思汗第二。蓝玉与元兵大战，脱古思帖木儿逃走，蓝玉俘虏了元主次子，以及公主贵族，一共七万七千余人，高奏凯歌回京师，史称为“捕鱼儿海之捷”。封绩也在这次战役之中落网，被捕下狱。

蓝玉搜出了胡惟庸与北元勾结的证据，报告了李善长。李善长正在庆幸，当初没有马上答应胡惟庸造反。同时，他的亲弟弟李存义还因为此案，被明太祖流放到崇明岛。他心忖，多一事不如少一事，没把封绩的事，上报明太祖。

这一回，由于丁斌举发李善长，有位御史查出两年前的资料，提出纠举，弹劾（hé）李善长知情不报，显然是“欺君之罪”。这个罪名，真是非同小可。

李善长这个人，自外表看来，是个宽和的好好先生，其实呢？他的妒忌心极强，可以说是相当刻薄。

曾经有参议李饮冰、杨希圣稍微侵犯了李善长的职权。他当面还是嘻嘻哈哈，背地里，立刻奏上一本，把李、杨二人罢黜（chù）。

李善长不准别人侵犯他的职权，他却要侵犯刘伯温的职权。中书省都事李彬贪污，依法论斩，他偏要关说，刘伯温不答应，李善长立刻就咆哮起来：“我与李彬是总角之交。”所谓总角之交，是指古时小儿未成年时，总束头发，形如两角，比喻童年玩伴。

刘伯温不答应，李善长气得不与他说话，刘伯温倒是度大量大，还是向太祖推举李善长为相，称许他有调和诸将的长才。

由于李善长刻薄寡恩，因此，他的家奴卢仲谦也落井下石，告发朝廷，李善长确实与胡惟庸有异谋。

老实说，这等机密大事，家奴未必会晓得，不过是借机会报仇罢了。

明太祖自问对李善长不薄，为了这件案子，他真是伤心极了，也寒心到达极点，人心真是可怕。于是他决意除恶务尽，大开杀戒。

明代高官出行图，西洋版画。

头一件当然是李善长家中七十余口，统统杀光。在洪武三年（1370 年）大封功臣之时，明太祖曾说："善长虽无汗马功劳，然而侍奉朕的时间久，补给军食，功劳甚大。"因此，明太祖不但封他为韩国公，子孙得以世袭，并且赐给铁券，准他免死两次，他的儿子免死一次。

所谓铁券，是古代帝王颁赐功臣，作为记功免罪依据的铁质器具，形状像一片瓦，外面刻着功臣的履历功勋，内镌免罪减禄次数，字都是用金嵌入，分为左右两片，左片颁给功臣，右片藏之内府。等到功臣出了事，再取出来相合。

李善长到了这步田地，明太祖早已气得牙齿咯咯作响，铁券是明太祖赐的，他当然也可以收回。在专制时代，一切权力来自帝王，只要帝王愿意，他可以做任何他想要做的事，更何况明太祖是把皇帝权威扩展到极致的人。

后来，林贤偷运日本军火等事，陆陆续续被发现，于是，陆仲亨、费聚、封绩等皆死，一时坐诛者三万余人，包括功臣封侯者二十余人，并且召布奸党录于天下，成为明朝初年第一大狱。

到了第二年，虞部郎中王国用上书：“善长与陛下同心协力，出万死以取天下，列为第一勋臣，生封侯，死封王，儿子娶了公主，亲戚一个个拜官，已经享有为人臣子最高的光荣。

“假如说，他自己想当皇帝，还有可能造反，若说是想帮胡惟庸夺取帝位，则大谬（miù）不然。就算胡惟庸真的当了皇帝，他也不过是第一勋臣，和现在一样，他何必冒这个险？再说，李善长是打天下出身，他岂会不知取天下谈何容易！因此，李善长不可能谋反。如今，善长已死，多说无益，只希望作为陛下以后的参考。”

看了王国用的上书，许多人都说：“这小子的脑袋不想要了。”可是，说也奇怪，明太祖竟然没有怪罪。或许，明太祖静下来也会发现，其实李善长的案子，证据相当薄弱。

太子朱标仁厚软弱

胡惟庸谋反案在洪武十三年（1380 年）爆发，同时被诛者，不过涂节、陈宁等数人。至于胡党之狱，则在洪武二十三年（1390 年）大规模地展开。天下岂有逆首已死，同谋者经过十余年方才事迹败露的？其间有个重要因素，就是明太祖心理的曲折。

洪武十三年（1380 年），马皇后尚在人间，叛党得以从轻发落；洪武十五年（1382 年），马皇后的去世，对明太祖而言，真是不堪忍受的打击。

明太祖自幼家境一贫如洗，父亲过世之时，连买一口棺材的钱都没有着落，其后，舍身皇觉寺，当个小和尚，颠沛流离，尝尽了人世间的辛酸。

直到与马皇后结为夫妇，明太祖才第一次享受到被疼爱被照顾的滋味。马皇后为了给被关禁闭的明太祖送食，潜入厨房偷葱油饼，被人发现，情急之下把饼往怀中一揣，胸口溃烂。这一块大疤，代表了马皇后对明太祖情深似海。

马皇后粗手大脚，实在谈不上美丽，却是明太祖最为信赖的红粉知己。明太祖在当了皇帝以后，宫中美女无数，却没有一个能抵得上马皇后在他心目中的地位，也只有马皇后会像姐姐一般宠着他，体贴着他。

明太祖生性猜疑，除了马皇后不相信任何人。马皇后死了以后，他回到后宫，一个人冷冷清清，满怀寂寞，宫中三千粉黛，他是谁也不敢相信。

当明太祖发现陆仲亨也参与胡惟庸的阴谋，气得头发昏胃发胀。他躺在床上，脑海里浮现的是，当初陆仲亨可怜兮兮的模样，家里的父母兄弟都死光了，手里拿着一块破手帕，捧着仅有的一升发霉腐烂的臭麦子。

明太祖霍地自床上跃起："若不是我收留了那个臭小子，他还不早就饿死了，竟然帮着胡惟庸背叛我，难怪一天到晚愁眉苦脸，原来是做了亏心事。"

若是马皇后还健在，她一定会婉言相劝："陆仲亨是被家奴告发，家奴的话，岂可尽信？胡惟庸的事过去就算啦！"

马皇后走了，明太祖身边缺一个可以谈心倾诉的对象，已经够懊恼的。偏偏他还有一层更深的忧虑，那就是太子朱标。

朱标倒不是不乖，而是太乖了，忠厚老实，心地善良，完全和他妈妈马皇后一个模样。可是这样的性格，如何能够掌管天下？

朱标又自老师宋濂那儿学来了拘谨、诚恳与宽大，明太祖一向是严苛惯了，见朱标一副老实模样，忍不住再三叹气："真是一代不如一代！"

除此之外，明太祖另有一个不易启齿的隐忧，他垂垂老矣。明太祖起兵虽早，到了天下大定，已经是六十好几了，不像汉光武帝、唐太宗，坐上皇帝宝座之时，身强力壮，英姿焕发，功臣都比他们年纪大；也不像宋太祖，虽然年龄也不小了，却有能干的弟弟可以依恃；他是一无所有。

明太祖冷眼旁观身边的功臣，一个一个都是豺狼虎豹，心狠手辣。太子朱标却又是温柔仁慈，个性软弱，相形之下，仿佛是大野狼对付小绵羊。

明太祖放不下这两颗心，因此，他积极铲除功臣，尽力为太子布置一个比较安全的环境。

太子朱标的仁厚是出了名的，由于他过于老实，就连他的二弟秦王、三弟晋王都想欺负他。

明太祖一共有二十六个儿子，他即位以后，参酌汉晋六朝之制，恢复分封制度，选择天下的名城大都，分封其子为王，作为中枢的屏藩。藩王没有土地与政权，却拥有相当大的权势。

洪武九年（1376 年），叶伯巨上书，举出汉朝七国之乱、晋朝八王之乱，述说分封诸王的弊害。明太祖很生气，认为他“这个浑小子想挑拨离间我骨肉之间的感情”，下令把叶伯巨关进刑部大狱，叶伯巨后来死在了狱中。

后来，明太祖自己也醒悟到叶伯巨的话有理，缩小了藩王官属编制。但是，诸王仍然拥有不少兵权。

洪武二十四年（1391 年），秦王听说明太祖考虑迁都西安，而他正是被封在西安，背地里，嘟嘟囔囔颇有抱怨，害怕失去封地。

明太祖知道了，把秦王召回金陵，给关了起来骂道：“看你还敢不敢发牢骚。”

明太祖并且派朱标赴西安考察，调查秦王过失。明太祖的用意是树立朱标的威望，可惜朱标不领情。

朱标到了西安，随便逛了一圈就回来，跪在地上求明太祖：“弟弟并没有做出任何对不起父皇的事，请赶快放他回西安。”

“我都是为了你以后着想，你还帮他求情，真是没用！”明太祖左看右看朱标，真不像自己生的儿子，忍不住掴（guāi）了他一巴掌。

当然，最后秦王还是回到了西安。

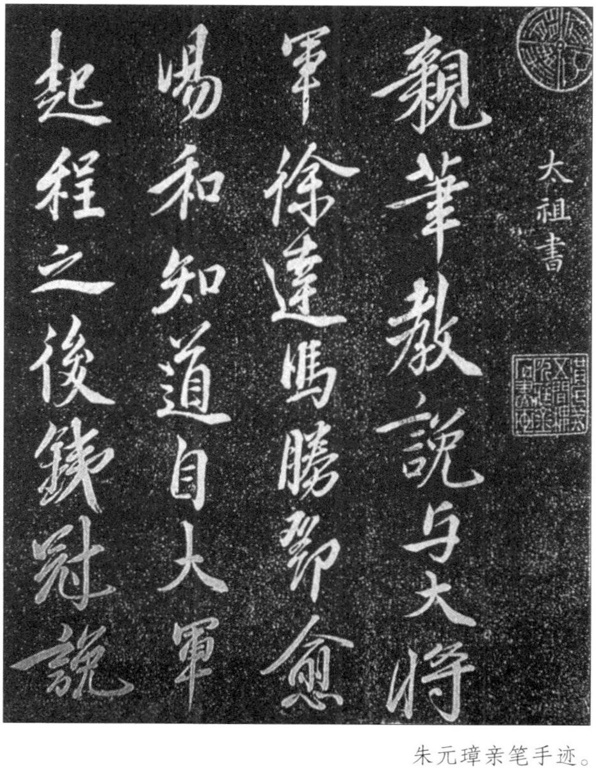

朱元璋亲笔手迹。

秦王之后，老三晋王也传有异谋。

老三晋王曾经拜宋濂学文、拜杜环学书，长的是长长的凤眼，高高的身材，玉树临风，顾盼有威，人也聪明，可说是太祖二十六个儿子之中相貌最为挺拔的一个美男子。

晋王极为自负，脾气不佳，洪武十一年（1378 年）赴太原就藩时，曾经在半途嫌膳夫徐兴祖烧的菜不可口，用鞭子狠狠打了他一顿。

事后，晋王被明太祖训了一顿："膳夫徐兴祖，跟了我二十三年，你不可以欺负他！"

明太祖虽然斥责晋王，有时还真希望太子朱标也能发发威，不要老是怯怯生生，眼中含着两泡泪。

没多久，太原盛传晋王有异谋，明太祖大怒，正准备处罚，又是朱标抱着他的大腿，恳求他饶过三弟。

"你这个没有用的笨蛋，我这么做，还不都是为了你！"本来就丑陋的明太祖，生起气来更可怕。

老是被斥责"没有用"的朱标，其实是个最孝顺的孩子，他很难过，自己不能如父亲的意，但也不能苟同父亲的所作所为。朱标的身子本来就不强壮，在强烈的心理压力之下，洪武二十五年（1392 年），朱标生了重病，病得相当严重。

蓝玉自视不凡

明太祖太子朱标一连为二弟秦王、三弟晋王向明太祖苦苦求情，又被明太祖严厉斥责“没有用”。在内外交迫之下，朱标病倒了。

朱标一向身体不够硬朗，自从被明太祖狠狠掴了一掌，更加郁郁不乐，一切旧有的病征，例如头晕目眩，心跳加剧，手脚麻痹，先后前来报到，终于有一天，突然昏厥（jué），来不及宣召御医急救，便已撒手人寰（huán）。

明太祖接到消息，匆匆赶到，抚尸恸哭。太子本性真挚仁厚，最能够体谅他人的甘苦，宫里面上上下下无不频频拭泪，嚎啕痛哭。

明太祖自从太子病殁（mò），越发闷闷不乐，必须经常宣召御医进宫了。

大臣们私下里，悄悄地互相讨论：“天颜似乎一次比一次瘦削，头发已经花白了，实在是大可忧虑之事。”

另有大可忧虑之事在后头哩。太子朱标死后，明太祖立太子嫡子允炆（wén）为皇太孙，年仅十六岁。

十六岁毕竟年纪太轻，缺乏人生的阅历。更要命的是，皇太孙的性格与他父亲像一个模子里铸出来的。

做祖父的明太祖真是看在眼里，急在心里，他不敢想象，有一天他两脚一伸，那些个开国元勋老狐狸，会怎样地耍这个小皇帝。没有办法，只好再借题目，把功臣一个一个除掉。

明太祖有这种心理，臣子们也都人人自危，不晓得哪一天大难临头，祸从天降。其中拥有重兵的蓝玉便准备先下手为强。

前面我们说过，开国元勋李善长被杀的重要证据之一，是蓝玉进兵北元，俘虏了胡惟庸派去与北元勾结的封绩，李善长知道这件事，却没有立刻报告明太祖，明太祖勃然大怒，李善长死罪难逃。

按理说来，蓝玉似乎对清除胡党有功，可是蓝玉却又被牵连其中。

蓝玉有个亲戚叫作叶昇，叶昇在洪武二十五年（1392 年）八月因为七牵八扯卷入胡惟庸案中被杀。蓝玉颇有兔死狐悲的哀伤，他对哥哥蓝荣说："前些时日，靖宁侯（叶昇）出了事，我猜他供词之中可能提到我。最近皇上似乎对我不太信任，眼光之中透着猜疑，只怕早晚容不下我，不如趁早下手做一场。"

蓝玉和明太祖一样，也是安徽定远人，他的姐夫不是别人，正是明太祖身边大将常遇春。

常遇春见蓝玉平日喜欢使刀弄棍，出外打仗时，就把他带在身边，蓝玉打起仗来相当英勇，所向无敌。

常遇春为了提拔小舅子，在明太祖面前总是不忘吹嘘："我那内弟真是个了不起的战将。"当然不免添枝加叶一番。

蓝玉脸红红的，个儿高高的，相貌堂堂，的确是个相当帅气的小伙子，而且也真的拥有一身功夫。以后，他离开了姐夫常遇春的部队。洪武四年（1371 年)，跟着傅友德克服绵州；五年（1372 年)，跟着徐达败元兵于土剌河；十一年（1378 年)，同沐英讨西番，胜利而归，封永昌侯，授予铁券。

一连串的丰功伟业，让蓝玉益发自信过人，养成凡事都得听他的习惯，相当傲气。

洪武二十年（1387 年），他跟着大将军冯胜征讨纳哈出，大获全胜，蓝玉威风凛凛前往受降。

蓝玉踌躇（chóu chú）满志。酒过三巡，大伙都有薄醉，纳哈出斟满了酒，笑着对蓝玉说："请干了此杯！"

蓝玉仰天大笑，为了表示够豪气，他当场脱了外衣，对纳哈出说：“请你穿上这衣服我再饮。”

纳哈出摇摇头，不肯穿上，蓝玉也变了脸：“那我也不饮。”一副你看着办的神情，整个场面弄得很僵。

“你穿不穿？”

“不穿！”

“那我也不喝！”蓝玉站了起来，叉着腰。

“不喝就算了！”说着，纳哈出把酒倒在地上，转过脸来对着属下叽叽咕咕不晓得在嘀咕什么，似乎想要开溜。常茂一个箭步向前，对着纳哈出一刀砍下去，纳哈出鲜血涌出，乖乖投降。

洪武二十一年（1388 年），明太祖惟恐北元死灰复燃，造成第二个成吉思汗，派蓝玉率军十五万远征，大军深入百眼井，却不见北元踪影。

蓝玉正准备班师回朝，定远侯王弼道：“我辈率军十余万，深入漠北，一无所得，遽（jù）然班师，何以复命？”

这一句话，挑起了蓝玉的雄心壮志，他下令军士：“以后炊饭穴地而爨（cuàn），免得敌人见到烟火。”然后，蓝玉趁着大风扬沙一片蒙蒙，赶到了捕鱼儿海。

明代平叛的军队，明人绘。

元军做梦也没料到明太祖军队会横渡沙漠，猝（cù）不及防，被打得落花流水。蓝玉生擒元朝宗室官吏三千人，男女七万七千余人，马驼牛羊十五万余匹，班师回朝，乐得明太祖夸他："比卫青、李靖还要厉害！"

这话夸得蓝玉脸上飞金，益发猖狂，养了大批的奴隶、养子，曾有御史前来查问，他把御史给轰了出去。又有一次他率军经过喜峰关，守关的官吏早已下了城门，不准进入，蓝玉狂妄地说："谁挡得了我蓝玉？"竟然把喜峰关给毁了，硬是冲了进去。

喜峰关吏上报朝廷，明太祖非常生气，把蓝玉叫来，结结实实骂了一顿，并且问他："听说你看上了元主妃，并且羞辱了她，害得元妃上吊，有没有这件事？"

蓝玉不敢说没有，明太祖气呼呼地说："我要把你的梁国公降为凉国公，而且把你的过失刻在铁券上。"

蓝玉谢恩退出，心里可不以为然，尤其他不满意明太祖任命他为太子太傅，他抱怨道："我就不堪当太师吗？"牢骚传到明太祖耳中，太祖怏（yàng）怏不乐。以后，蓝玉奏事，太祖多半不睬。

因此，蓝玉决定趁明太祖在洪武二十六年（1393年）二月十五日出外慰劳农夫时，发动政变，夺取皇位。

结果，消息走漏，蓝玉在二月初八上朝之时被捕，初十日被杀。明太祖借机大杀特杀，一共杀了一万五千人之多。

徐达被迫吃鹅肉

胡惟庸案加上蓝玉案，前后两狱，合计被杀者高达四万多人，功臣宿将死亡殆尽，真是可怕之至。

由于明太祖手段毒辣，因此有人传言，大将徐达也是被明太祖害死的。

徐达老早不止一次婉言劝告明太祖，小心防范胡惟庸，明太祖不理。胡惟庸谋反，证明徐达所言不诬，明太祖似乎应该更加信任徐达，却又不然。

洪武十七年（1384 年），星象显示，太阴犯上将，明太祖认为这是不吉利的预兆，内心充满了厌恶。

这时，徐达在北京背上生疽，十分痛苦，折腾了好长一阵子，整个背全是大大小小的痈（yōng）疮，翻个身都困难。

明太祖派徐达的儿子徐辉祖到北京慰问，又从各省调派名医前往医治，最后，派专人把徐达自北京接到了南京（明太祖定都南京）。

明太祖一番好意，徐达也不能够不领情。这一路上舟车劳顿，到了南京，背上伤口溃烂，病情惨重。

据说，明太祖听说徐达抵达，头一件事，就是差人送来一只蒸好的大肥鹅。

徐达的夫人见到鹅肉，先是双泪交流，继而掩面失声，身边的仆役也都个个绿了脸。

原来，中医对于身上有疔疮者，一律告诫，不许食用香蕉、鸭肉、鹅肉。因为这些东西，内含某种元素，会使病情复发恶化。

但是，皇帝送来的肥鹅，不吃还不行。徐达也只有和着眼泪，吞下了鹅肉。果然，没有多久，徐达病势转重，终于不治。

徐达死了以后，明太祖为之辍（chuò）朝，亲自到徐家慰问吊唁（yàn），痛哭流涕，追封为中山王，并且写了一篇《御制中山王神道碑文》。

明太祖到底有没有赐徐达鹅肉，这是千古疑案。不过，明太祖的作为，倒真是应验了“飞鸟尽，良弓藏，狡兔死，走狗烹（pēng）”的老话。

洪武年间，幸免于难的功臣，算来算去，也只有汤和一个。

汤和与明太祖是同一个村子里长大的玩伴，小时候一块儿嬉戏，光着屁股，偷吃小牛。

汤和比明太祖长三岁，也早一步投奔红巾军，当了郭子兴的手下。后来，明太祖成了郭子兴的乘龙快婿，行情看涨，汤和也就识时务者为俊杰，乖乖喊明太祖老大。

起兵以后，明太祖的童年伙伴，总以为他还是当年嘻嘻哈哈的老样子，忍不住对明太祖仍然勾肩搭背，做出亲密的举动。

明太祖是穷和尚出身，最怕人家看他不起，更忌讳（huì）当面拉拉扯扯，他愈是摆出神圣不可侵犯的神气，当年同穿一条裤子的哥儿们就愈想捉弄他。惟有汤和，看出这个小老弟心中的想法，所以永远规规矩矩，小心听话，不敢丝毫放肆。

又有一回，汤和守常州，多喝了两杯，忍不住酒后吐真言：“我真是倒霉，在这个鬼地方，就像坐在屋脊，往左边看，就从左边掉了下去，往右边看，就从右边滚了下去。”

就这么几句牢骚，传到明太祖耳朵里，明太祖大大不悦。汤和看着心凉，因此不久，他便赶紧要“从屋脊上爬下来”，还不待明太祖暗示，立刻交出了兵权，汤和对明太祖说：“臣犬马齿长，不堪复任驱策，想要回到故乡养老。”

汤和的话，让明太祖的五脏六腑有说不出的舒服，他立刻派人赴凤阳老家，为汤和盖一栋大房子，赏赐也格外优厚。

汤和一向沉默寡言，尤其是关于国家大事，口风特别地紧。他回到老家，把所得到的赏赐都分给家乡父老，见到旧时同伴，彼此亲热异常，完全不摆架子，过着轻松自在，愉快安乐的退休生活。

洪武二十三年（1390 年），汤和的喉头生了喑（yīn）哑病，渐渐不能出声。他为了积阴德，把家中一百多个媵（yìng）妾，统统给放了出来。明太祖召见时，汤和完全无法开口，只能不断地磕头再磕头。

明太祖见汤和如此乖顺，又成了一个哑巴，因此在清扫功臣时，特地放了他一马。

汤和，选自《历代名臣像解》。

另外一个逃过一劫的人是郭德成，郭宁妃的哥哥。他是个聪明人，冷眼旁观，知道这年头的官儿不好做，因此尽量避开。他两个哥哥都封了侯，只有他还是小小的骁骑舍人。

明太祖宠爱郭宁妃，有意提拔这个小舅子，郭德成不敢直接拒绝，他装疯卖傻道：“臣性嗜喝酒，庸庸碌碌，人生贵适意，只要多得金钱，多饮美酒，不亦快哉！”

明太祖最怕人觊觎（jì yú）皇位，外戚当然也在嫌犯之列，因此笑嘻嘻道："你这想法也挺好的。"于是赐给郭德成百坛美酒。

有一天，郭德成陪明太祖在后苑喝酒。郭德成原本贪杯，又故意在太祖面前表演，喝了一杯又一杯，然后，脱下帽子，趴在地上磕头谢恩，嘴里讲着糊涂话，连舌头都大了起来。

明太祖忍俊不住，笑骂道："你看你，醉疯汉，头发秃成这个模样，可不是喝多了？"

郭德成用力拔着头发："这几根还嫌多哩，拔光了才痛快！"

明太祖忽地变了脸，认为郭德成不够庄重。

第二天，郭德成酒醒之后，惟恐明太祖怪罪，干脆剃光头发，穿了和尚衣服，成天唱佛。

明太祖不疑有他，告诉郭宁妃："原以为你哥哥是说笑话，没有想到真是疯了。"

宁妃听了，心里总算安了。后来，党案大起，郭德成拜"疯子"之赐，倒成了漏网之鱼，也算是有先见之明。

詹徽落井下石

由于明太祖猜忌功臣，朝廷之上人人自危，个个提心吊胆，设法自保。但是，天威难测，往往有时弄巧反拙，搬起石头砸自己的脚，詹徽就是最好的例子。

詹徽是詹同的独生子。詹同乃安徽婺源著名的才子。明太祖攻下武昌以后，召为国子博士。他学问渊博，每次提笔为文，才思泉涌，明太祖经常赞美詹同文章明白显易，为人宽厚笃实。

詹徽和他父亲一般，颇有文才，洪武十五年（1382 年）举秀才，做到太子少保兼吏部尚书，头脑敏捷，勤于治事，很为明太祖欣赏。

不过，詹徽为人不及他父亲厚道，相当阴险毒辣。李善长的死，詹徽颇出了点力。在他看来，这是表示忠心的好机会，也可以证明他与胡惟庸一党完全没有瓜葛。

明太祖也夸了詹徽，说他是耿耿忠心，不可多得，詹徽乐得脸上飞金。因此，在蓝玉案中，他又如法炮制。

蓝玉在洪武二十六年（1393 年）二月初八被捕，锦衣卫严刑伺候，下狱鞫（jū）讯，蓝玉原先嘴巴硬，怎么也不肯承认。

詹徽在一旁，捻着胡子冷笑道："我劝你还是赶快招了好，否则皮肉白白受苦，证据俱在，你赖也赖不掉的。"并且呵斥："赶快吐实，免得株连无辜。"

问案的狱吏也在一旁道："是啊，还有谁一块入伙，你一并招了吧。"

蓝玉一向心高气傲，他瞟着詹徽，怨他落井下石，恨不得跳起来咬掉詹徽一口肉，心忖，既然死罪难逃，不如多一个垫背的。

他心一横说道："招就招了。"说着戟指对着詹徽，"他，就是同党！"

一听此话，詹徽脸色发青，勉强抑制怒气："你不要血口喷人。"

"不只是詹徽，还有詹徽的儿子詹绂（fú）。"蓝玉飞快地又附带一句。

詹徽脸上豆大的汗珠缓缓滑下。

明眼人都看得出来，蓝玉是在栽赃，在报复。偏偏明太祖故意看不出来，下令审讯詹徽的儿子詹绂。

詹绂没有他爸爸的能耐，狱吏的刑具还没给戴上，他已吓得尿湿了裤子，自己编了一套犯案经过："二月初二早上，凉国公（蓝玉）教我传话给父亲，说本朝文官，哪一个有好下场？就是老太师（李善长）、我亲家公靖宁侯（叶昇）也完了，如今上位（明太祖）病得重了，殿下年纪又小，天下军马都是我在掌管，不如大家合起来干一场！"

詹徽听罢儿子的供词，心里头空空洞洞，有如槁木死灰，什么念头也没有，只怔怔地望着詹绂，直在后悔，原想为儿子铺设一个锦绣前程，怎料到父子同诛的惨剧。

朝廷大臣虽然平日不满詹徽阴险苛刻，却个个肚中雪亮，詹家父子是冤枉的，明太祖不是不知情，而是存心杀光功臣。

更有那熟读历史的，私下里悄悄议论："还记得唐朝尉迟敬德自夸功劳的一段吗？"

贞观元年（627年），唐太宗即皇帝位，论功行赏，以房玄龄、杜如晦、尉迟敬德、侯君集为首，房玄龄排名第一，晋封为邢国公。

尉迟敬德不服气，"刷"的一下把衣服剥开，更卷起了裤管，露出一截毛毛腿。他鼓起铜铃般的眼睛，气咻咻（xiū）地抗议："看到没有？我这里那里，全身都是伤痕，都是我为唐朝建立的汗马功劳。"

唐太宗心里十分嫌恶，表面上仍然不动声色。若是换了明太祖，尉迟敬德有胆子摆出如此态度，脑袋怕不早就搬家了。

唐太宗对忠臣永远是容忍到底，明太祖却是去之而后快。难怪明朝大臣翻阅史书不胜唏嘘，恨自己生错了时代。

尉迟敬德指伤显功，选自《清刻历代画像传》。

詹徽害人不成，反而被蓝玉咬了一口，也算是罪有应得，咎（jiù）由自取，最最倒霉的人该算是傅友德了。

明太祖能够争得天下，得力于几员不怕死的猛将，傅友德就是极骁勇善战的一位。

傅友德原是宿州人，自幼骑马射箭击槊（shuò）刺枪样样行。元末大乱，他先是投在李喜喜幕下，李喜喜败了以后，又跟过明玉珍、陈友谅，都没什么大发展。一直到明太祖讨伐江州，傅友德率部在小孤山归顺太祖，太祖慧眼识英雄，把傅友德安插在常遇春旗下，不一会儿工夫，他便显现不凡的身手。

明太祖亲征武昌之时，东南一座高冠山防守严密，明太祖回头问：“谁敢出战？”

后面一将，纵马挺枪而出，正是傅友德。

“好，拨你几百人马，看你的表现！”明太祖甚为嘉许。

那高冠山上矢石如雨，傅友德却毫不畏惧，挺枪跃马杀入敌阵，左冲右突，如入无人之境。手起处，刺入敌将心窝，杀了一个，拍马舞刀，又劈了一个，有如虎入羊群，纵横莫当，简直比武侠电影中的高手还要厉害。

傅友德的部下见主帅如此勇猛，也抖擞精神，于是鼓声大振，喊声大举，如天摧地塌，岳撼山崩。敌兵个个惊慌，马不及鞍，人不及甲，四散奔走。傅友德颊上中一矢，脑后中一镞，血盈袍铠（kǎi），仍然向前冲杀追敌。

武昌战役以后，傅友德升为雄武卫指挥使。难得的是他一路升官，却永远还是一马当先，跑在部队最前面，把命完全豁了出去。《明史》中形容他是“身冒百死，自偏裨（副将）至大将……虽被创，战益力”，这么一个忠心耿耿的傅友德，怎么会被明太祖猜疑？

傅友德的悲剧

根据徐祯卿的《翦（jiǎn）胜野闻》中记载，有一回，明太祖微服私访，到了一座破庙，里面空空荡荡，半个影子都没有。

忽然间，明太祖瞥见墙上画了一个布袋和尚，旁边题着一首打油诗：“大千世界浩茫茫，收拾都将一袋藏。毕竟有收还有放，放宽些子又何妨。”

明太祖伸手一摸墙，吓，竟然是湿的，墨还未干，可见得写诗讽刺他的人还在附近，他立刻下令：“搜！”结果啥也没搜到。

这则故事不一定是真的。不过，倒是确切地表示了当时人的心情，埋怨明太祖把天下收得太紧了。

傅友德是明太祖手下一员猛将，为明朝立下了不少汗马功劳，蓝玉案之后，虽然他毫无瓜葛，心里也毛毛的。

当然，过去明太祖要仰仗傅友德时，对他是异常偏爱的。

洪武初年，傅友德生擒元大将李贰，明太祖大悦，任命他为江淮行省参政，并且派中书参议李饮冰、杨希圣两个人，带着美丽的乐妓一块儿饮酒。

既然是皇上交办的，岂能不喝个痛快。于是，喝到最后，三个人放浪形骸，连衣服都脱光光，一丝不挂到天明。

这件荒唐的事，被明太祖知道了，气得在李饮冰、杨希圣的脸上黥（qíng，是古代的肉刑之一，在额脸上刺字，然后用墨涂上去，让囚犯一辈子见不得人，又称之为“墨刑”）面。

李饮冰、杨希圣二人都是有头有脸的中书参议，脸上刺了字，走到哪里都被人指指点点，真是恨不得一头撞死。

明太祖好言好语安慰傅友德：“卿振甲胄出百死，痛快喝一场也应该。他二人是士人，怎可如此放荡？”

傅友德一面叩头谢恩，一面心中直呼“好险”，脊梁上一阵一阵地发冷，算是领教了明太祖乍冷乍热、捉摸不定的性格。

自此之后，傅友德打起仗来，更是不要命地往前冲，希望用彪炳的战功，换取明太祖对他的信任。

但是，这一会儿，明太祖为了保护太孙，不留情面地铲除功臣，傅友德又不免心惊胆战了。他会不会因为功高震主而遭殃呢？

定远侯王弼和傅友德有同样的忧虑，在下朝时，压低了声音道：“陛下春秋高，我辈不知会怎样？”

这话被多事的听到了，传入明太祖耳中。明太祖认为他二人拿他的死期当话题，非常非常不开心。

过了没多久，明太祖举行冬宴。朝臣们最不喜欢吃这个饭，气氛凝重，个个忐忑不安，却还要强扮笑脸，装作一副尽乐的模样。

明代武将出征，明人绘。

傅友德听说明太祖对他不满，心里头十分紧张，演戏也演不出来了。

当他抬头，偷眼瞧明太祖，只见明太祖正以严峻的目光瞪着他，脸上板得一丝笑容也没有。

傅友德脸都吓青了，不由得打个寒噤，因此，十二道酒席端上来，撤下去，他一筷子也没动，怔怔地发愣。

明太祖一直注意观察着傅友德，傅友德原是带兵打仗的粗人，一顿非八大碗不饱，这会儿竟然甜汤也没喝一口，简直让明太祖难堪。

冬宴完毕，明太祖特别把傅友德留了下来，责问道：“你刚才为什么不吃东西？是不是嫌菜色不好？”

傅友德跪在地上，不敢吭气儿。

“你这是大不敬的行为——”明太祖接着严厉地吩咐，“明天，带你两个儿子来！”

傅友德从筵席开始，就已经魂不守舍，被太祖一呵斥，只觉脑中一片嗡嗡之声，听不确切明太祖在说什么，又不敢再问一遍，加上疾驱入殿，起跪磕头，心情紧张，只觉得七上八下，就差没四脚朝天昏了过去。

他踉踉跄跄走出殿，小心翼翼地问卫士：“对不起，方才陛下最后说什么？”

“皇上吩咐，要你明天把两个儿子的头带来。”卫士冷冷地说道。

傅友德只觉一颗心不断不断地往下沉，牙齿咯咯作响，额头上阵阵冒汗。他实在不明白，他恍惚记得明太祖是要他带两个儿子来，卫士为什么说明太祖要他儿子的脑袋，何况他长子傅忠还娶了寿春公主，是驸马爷啊。

但是，天威难测，又不能回头去问明太祖，傅友德失魂落魄地回到家里，心乱如麻，真希望方才一场冬宴，只不过是一场噩梦。

“哐哐”，窗外的更夫已打了四更，马上就要天亮了。傅友德终于下定决心，蹑手蹑脚潜入儿子的房间。傅忠好梦正酣，傅友德拿出削铁如泥的尖利匕首，对准儿子的喉咙一刺，傅忠要叫也来不及，一双眼睛瞪得好大，似乎在问：“爹，怎么回事？”

傅友德长叹一口气，用同样的手法结束了次子傅让的性命，把两个首级割下，放入匣子中，心中不断在滴血。

第二天一大早，傅友德用发抖的双手恭恭敬敬捧着匣子，直挺挺地跪在冰冰凉凉的青砖地上，心忖，虽然牺牲了儿子的命，断了傅家的后，到底完成了明太祖的使命，保住了一条老命。

不料，明太祖怒声问:“你儿子呢？”

傅友德把匣子打开，赫然出现两颗死不瞑目的人头。

“我要你把儿子带来，你干什么杀了儿子？虎毒不食子，你，好残忍!”

傅友德不敢分辩，退朝之后，当天晚上用同样的匕首自杀。他只是不明白，明太祖何苦要导演这一幕，让他临死之前成为杀儿子的凶手。

明太祖上朝打屁股

明太祖出身低微，为了隐藏自卑感，他努力地在臣民心目之中树立帝王威严不可侵犯的意识，把专制政权推展到达极致。“廷杖”就是他使用的方式之一。

所谓廷杖就是打屁股，指的是古代帝王在朝廷上，杖打直言犯谏或忤旨的大臣。

唐玄宗之时，御史蒋挺在朝堂之上被玄宗下令打屁股。张廷珪曾经上奏：“御史可杀不可辱。”唐朝之时，廷杖是很少出现的事。

以后，金朝也有动用过廷杖，不过是偶一为之，其用意是侮辱大臣，予以难堪。

一直到明太祖，廷杖才“发扬光大”，而且是结结实实地打。虽然在明朝宪宗成化以前，凡是打屁股，总是先用厚厚的棉布，叠了一层一层，垫在屁股上，然后再开打。可是，重责四十大板下来，还是得要躺上几个月，抹上特制的金创草药才能够恢复。

到了明朝武宗（就是民间故事里游龙戏凤的正德皇帝）正德年间，开始把廷臣的裤子脱去打屁股，真是羞辱到家。

打屁股不但会肉疼更会心疼。中国古代一向讲究“刑不上大夫”，保存士大夫的颜面。在汉朝，皇帝甚少责备廷臣，真要做了不容于法之事，皇帝赐一包毒药，一匹白绫，让廷臣服毒或是上吊。即使是死，也让廷臣死得有尊严。

明太祖因为浓厚的自卑感作祟，故意想要摧毁士大夫的尊严，因此，寻常人家就是打小孩，也要关起房门才来责打，他偏要在大庭广众的朝廷之上，公公开开打屁股，把读书人的尊严彻底践踏在脚底。

如果说臣子犯了错，皇帝打他屁股还有借口。可是，明太祖喜怒无常，臣子就算是做好事，也有屁股遭殃的可能，茹太素就是最好的一个例子。

茹太素是洪武三年（1370 年）的举人，旋即授监察御史。他是一个无书不读的饱学之士，在学问上面，大大地有成就。

但是，茹太素并不是把头栽入书本，不问世事的人。他也不满意某些学者，终日穷年兀兀，辩论朱熹与陆九渊的学说有什么不同。在他看来，“平时袖手谈心性，临危一死报君王”是放马后炮的行为。真正的读书人，要有勇气讲真话，这才是为民造福。

因此，他在担任监察御史、四川按察使、刑部侍郎之时，屡次上书，向明太祖提出应兴应革的意见，明太祖也往往会予以采纳。

明太祖天生疑心病重，他不放心亲手打下的江山，断送在因循苟且的官吏手中，因此，竭尽可能，把大大小小的事务，完全揽在自个儿身上。

他每天天还微曦就起来办公，一直到深夜，没有休息，没有假期，没有娱乐。而奏章打开，十之八九都是烦死人的头痛事。日积月累下来，明太祖真是厌腻到了极点，又不能不捺着性子细读，真是苦不堪言，因此，明太祖得了皇帝的“职业倦怠症”。

洪武八年（1375 年）某天，明太祖循往例揭开紫檀书案上的黄匣子，但见黄色丝带束着一大叠折子，原来是茹太素用端楷写的陈时务的折子。明太祖迅速一瞟，约莫估算，起码有万言以上，实在懒得一个字一个字看下去了。

他长长吁了一口气，用手指在太阳穴上按了按，朝后一靠，指着中书郎王敏道：“你来念吧，我懒得看，眼睛发酸。这些折子还不都是卖弄学问，冗（rǒng）长不中用，我看多了，真是烦！”

于是，王敏磕完了头，接过折子，开始一字一字往下念。

明太祖听得直想打瞌睡，眼皮都垂下来了，忽然之间，王敏念道："才能之士，数年来侥幸存活者，百无一二，朝廷之上的都是迂儒俗吏！"

明太祖睡意全消，猛拍炕几道："不用念了，明天把茹太素给我找来！"

第二天茹太素来了，仍是一派潇潇洒洒，从容不迫，身长玉立，风仪极美，举止相当漂亮。

明太祖怒声斥责："你说朕用的全是迂儒俗吏？"

茹太素似乎不怕天威，侃侃直言，音吐洪亮："确实如此，长此下去，恐非国家之福。"

茹太素话还来不及往下说，明太祖已经恼羞成怒，站起身来，脸红脖子粗下令："打二十大板。"

差役狠狠打了二十板屁股后，明太祖沉着脸说："看你以后还敢不敢大发谬论。"

下朝以后，明太祖气消了，转念一想："这茹太素虽然出言不逊，腹中倒是颇有见地，也许折子中还真有好的主张。"

于是，第二天上朝明太祖捺着性子，命王敏重新念一遍，发现其中有四款建议着实可以实行，不由得长叹一声："做皇帝难，做臣子也不容易，朕所以下诏求直言，就是要听老实话，但是文词啰嗦，摸不清要点。茹太素的要点，五百多字足够了，何必写这么一大篇？"

明太祖下令中书省，以后规定奏对格式，文词太多，徒乱人意。从此以后，明太祖听奏章省了不少时间。

不过，从《明太祖实录》统计，单单洪武十七年（1384 年）九月十四日到二十一日，八天之内，内外诸司奏札共有一千六百六十件，共有三千三百九十一件事，平均一天听上两百多件报告，处理四百多件事，真够他烦的。

明太祖也知道茹太素一片丹心，所以茹太素经常出言顶撞，依明太祖的脾气应该论斩，到头来还是打打屁股，算是处罚。

有一回，明太祖赐宴，敬茹太素一杯酒道："金杯同汝饮，白刃不相饶。"茹太素磕了一个头对曰："丹诚图报国，不避圣心焦。"意思是说，即使明太祖白刃相向，为了报效国家，茹太素不怕圣上心焦，该讲的话还是非讲不可。

像茹太素这么一个赤胆忠心的好人，可惜也在詹徽案中被牵连致死。

唐肃的筷子风波

中国人常说："礼多人不怪。"但是，碰到明太祖朱元璋，这句话却并不管用，才子唐肃就因为礼多反而遭了殃。

唐肃是越州山阴人，精通经史、阴阳、医卜，极有才气，与上虞县的谢肃齐名。由于两个人名字里都有一个"肃"字，人称为"会稽二肃"。乡里的人均以他二人为荣。

张士诚起兵时，为尊重读书人，派他担任杭州黄冈书院山长，主持教育工作。因为他办学认真，又调为嘉兴路儒学正。

后来，张士诚兵败，唐肃又逢父丧，回到家乡，明太祖听说有这么一位学养兼具的读书人，下诏把他请到京城担任翰林。

明太祖为表示礼贤下士，特别请唐肃赴宴。唐肃早知道明太祖不好伺候，为吃这一顿饭，心里相当紧张。

唐肃一位会稽老乡对他说："此去若是谈得投机，兄台日后必然平步青云，仕途得意，到时候，别忘了扶持小弟一把。"

"当然，我一向最念旧的。"

"不过，你可得小心应付。今上脾气大得很，你可别学刘洎（jì）登床。"

唐肃苦笑道："我有几个脑袋？"

所谓刘洎登床，是个有名的典故。刘洎是唐太宗时代的臣子。

唐太宗一向喜好风雅之事，尤其擅长书法，唐太宗着迷王羲之的书法是历史上有名的事。其实，唐太宗本人的书法也是一绝，他擅长写飞白体。飞白体是书体的一种，东汉时蔡邕（yōng）所创，笔势飞举，而笔画之中丝丝露白，像是用枯笔写成的样子。

有一次，唐太宗在玄武门举行宴会，请三品以上的官员喝酒，趁着几分薄醉，唐太宗突然宣布："我想写几幅字，送给各位留念。"

群臣都不约而同叫好，大家围拢来，观赏太宗濡笔写字。每写好一幅，个个都伸手来抢，太宗的真迹挂在家里，不但风光露脸，而且可以当成传家之宝，实在吸引人。

由于大伙挤成一团，抢得太热烈了，那刘洎情急之下，竟然爬上皇帝的宝座，一只手伸得老长，像动物园里的长臂猿猴一般，越过唐太宗的肩膀，抢到了一张刚出炉的书法帖子。

当刘洎拿到了字，酒也一下清醒了，吓得冒出一身冷汗。

旁边的臣子们一块跪下，都说："洎登御床，罪当死，请付法！"所谓御床，指的是皇帝座椅，非床铺。

唐太宗倒是全不当一回事，哈哈一笑道："今见刘洎登床，好玩！"

在唐太宗看来，他的书法作品如此抢手，还是挺得意的一桩事。若是换了其他君主，刘洎都得倒霉。假如是明太祖，那更是死路一条。

唐肃当然了解明太祖不比唐太宗豁达，因此与太祖同桌共食，尽管是山珍海味，吃得是战战兢兢，汗流浃背，完全不知吃下去的是什么东西。

明太祖问唐肃："听说你名列北郭十才子之一？"

"不敢。"唐肃小心地回答。

"其他九位是哪些人？"

"高启、王行、徐贲（bēn）、高逊志、宋克、余尧臣、张羽、吕敏、陈则，连臣一共十位。"

"嗯，有才学之士应该多为朝廷效力。"

明太祖是个无趣之人，想不出什么话题，一张脸板得毫无笑容。唐肃伴君吃饭，苦不堪言，挨了又挨，终于结束了，唐肃顿时心头轻松不少，站起身来，潇潇洒洒拿着筷子打恭作揖，准备告辞。

明太祖没料到唐肃有这样的举动，脸色一变，厉声呵斥：“这算什么礼？”

唐肃一见皇帝发怒，连忙跪在地上讨饶：“这是臣小时候家乡的俗礼。”

明太祖更火了，用责备的语气大声说道：“俗礼可以用来对待天子吗？”

唐肃悚然心惊，不敢再开口，只是一个劲儿磕头再磕头。

明太祖暴躁地吩咐：“你回去吧！”

唐肃失魂落魄步出皇宫。回到家里，家人七嘴八舌地问东问西：“都吃了什么美味？”“皇帝说了些什么？”

唐肃一言不发，浑身发抖，两行热泪，滚滚而下，他忍不住哀声长号，但又赶紧掩住了嘴，只是喃喃自语：“坏了！”

待亲朋好友问明了前因后果，有那乐观的说：“这也没什么滔天大罪，不过是拿着筷子行个礼。俗话说得好，礼多人不怪。”

却也有人表示不同的看法：“你们不知道，皇上脾气拗得很，不小心惹毛了他，准会倒大霉。”

唐肃自己也是七上八下的，不停地安慰自己：“没什么，过两天，皇帝的气消了，也就没事了。”

结果第二天，明太祖的诏令颁下，唐肃以“不敬”的罪名，被谪放到濠州。

唐肃自从被明太祖莫名其妙呵斥以后，想起来恍如一梦，脑中空空荡荡，反而不知道什么是悲伤了。

赴濠州之前，老乡前来送行，两人握别，想起来还曾经许诺要提拔朋友，如今好梦碎了，心也碎了。

唐肃到了濠州，自忖一代才子失官被逐，蛰（zhé）居偏远他乡，落得穷愁潦倒，只因为拿着筷子打恭作揖。

以后，每日三餐，唐肃拿起筷子，想起当时情景，便自怨自艾。他始终不明白，他究竟犯了什么“不敬”之罪，没过多久，死在濠州任上。

专制的可怕，正在于此。

李仕鲁效法韩愈

明太祖是小和尚出身，即位以后，一改元朝的喇嘛教，全力振兴佛教。他亲自撰写《御制护法集》，并且特设“僧官”，管理天下的僧侣与寺庙。

明太祖曾经下诏征东南戒德名僧，在蒋山举行法会，并和群臣参会。僧徒之中若有应对称意者，明太祖龙颜大悦，就会赐给一件金襕袈裟衣。

对于若干著名的大僧，明太祖不但把他们请到宫中，并且擢为高官，希望能当明太祖的耳目。

明太祖记得，当年他离开皇觉寺，捧着木鱼，赴各地化缘，东奔西走，餐风宿露，固然相当辛苦，却也打探到不少新鲜事。

如今他深居禁中，不容易了解民间发生的事。因此，他希望和尚能帮助他明察暗访。

结果有些僧人品德不佳，没有真正探访民隐，反而在朝廷之中制造不少是非，谗毁大臣，带来许多无谓的困扰。

其中，尤其以李仕鲁与陈汶（wèn）辉二人，对这批和尚最为不满。因为他们是孔孟的信徒。特别是李仕鲁，一辈子最崇拜的人是“文起八代之衰，道济天下之溺”的韩愈，而韩愈正是排佛最力的代表人物。

李仕鲁为了表明志向，字宗孔，意思是以孔老夫子为宗师。他自小用功好学，曾经整整三年，把自己关在书房里，眼睛从来不瞄一眼户外。自今天的眼光看来，当然有点不卫生，但也可见李仕鲁用功之勤了。

李仕鲁 效法韩愈

洪武年间，有人推荐李仕鲁给明太祖，夸赞李仕鲁是“朱熹的传人”。明太祖一见大喜，对李仕鲁说：“我找你找得好久，真是相见恨晚。”

“相见恨晚”这四个字，一直在李仕鲁胸中回荡。为了报答明太祖的知遇之恩，李仕鲁一直在琢磨该如何竭智尽忠。当他看到明太祖为僧侣所惑，深深觉得这是该讲话的时候了。为此，李仕鲁再翻开《旧唐书·韩愈传》，一遍又一遍地研读，其实他早就可以倒背如流。

在唐宪宗之时，由于宪宗派遣使者，远赴凤翔把佛骨迎入宫中，祭拜三日。王公士人跟着起哄，甚且故意用火灼（zhuó）烧身体，表示虔诚。韩愈看在眼里，十二万分地不以为然，他写了一篇措词相当尖锐的奏章给唐宪宗。

韩愈直率地批评：“臣虽然至为愚笨，必然知道陛下不会为佛所惑。”宪宗明明崇佛，韩愈的话，等于拐弯骂皇帝愚蠢，宪宗一看，脸都绿了。

韩愈又继续发表高见：“佛，本是夷狄之人（印度人），与中国言语不通，衣服不合。口不道先王之法言，身不着先王之法服，不知君臣之义、父子之情。

“倘若佛活到今天，陛下就是接见佛，也不过赐他一件衣服。何况佛死了这么久，不过是一堆凶秽的枯骨。我建议把佛骨放火烧掉，或者淹到水里，永绝根本，断天下之疑。”

宪宗气得牙齿咯咯作响，高呼宰相，要把韩愈处死。堂上堂下，空气一片僵硬。过了半天，裴度、崔群才鼓起勇气打圆场：“韩愈言语顶撞，固然是大不敬，却也是出于对陛下一片忠心。”

“哼，”宪宗气呼呼地说，“韩愈批评我信佛太过，犹可容忍。你们看看，他是如何诅咒我早日归天的！”

裴度双手接过来一看，只见韩愈在为古代帝王统计寿命：“黄帝在位一百年，年一百一十岁，尧年百一十八岁，舜、禹也都活了一百岁，都是人瑞。这时，天下太平，中国还没人信奉佛教。

“到汉明帝时才有佛法，明帝在位不过十八年。宋、齐、梁、陈以后，皇帝愈来愈信佛，寿命一天比一天短。只有梁武帝在位四十八年，算是最长的。但是，梁武帝三次舍身佛寺，最后被侯景所逼，在台城活活饿死，国家也灭亡了。拜佛求福，反而遭祸，由此看来，不信佛也罢！”

韩愈的话实在难听，裴度不敢再为韩愈力争。宪宗还算客气，没要韩愈的脑袋，只把他贬到潮州。

李仕鲁“风檐展书读，古道照颜色”，决心效法韩愈，他一连上了数十篇奏章，反复上谏：“陛下方创业，凡是意旨所向，都指示子孙万世法程，奈何舍弃圣学，崇尚异端。”

李仕鲁的奏章却是石沉大海，毫无回应。他忍耐不住，没经明太祖同意，径自跑到明太祖面前，负气地说：“陛下深溺佛教，难怪臣言听不入耳也，我现在还陛下笏，请陛下让我回乡养老。”

说着，李仕鲁竟然把笏往地上一扔。

李仕鲁的直言顶撞，明太祖早已怒不可遏，他气得眼睛睁得好大，形象可怖。

朝廷上下都被李仕鲁的刚毅所震慑，也感受到山雨欲来风满楼的恐怖气氛。不知明太祖会采取怎样严厉的处置。

自从明太祖登基以来，还没人胆敢如此犯上，他大喝一声：“武士来，把他给扔下去。”

于是一名武士向前动手，刚扯着李仕鲁的衣袖，他使劲将手往回一夺，虎着脸喝道：“你要干什么？”话还没说完，武士用力地一捶，李仕鲁当场死在阶梯下。

王朴闹刑场

明太祖晚年脾气暴躁，动辄（zhé）当朝打大臣的屁股，甚且大开杀戒，丝毫不留情面。在这样恐怖的气氛之下，人人自危，大臣们每天早上去上早朝，仿佛去刑场似的。

当大臣们一早穿戴整齐，妻儿含泪相送，那个场面真是凄惨极了。个个鼻酸喉痒，只要稍稍不留神，豆大的泪珠就会滚滚而下。

但是，谁都不敢放声一哭，怕触霉头，忌讳特别多，依依不舍送到门外，还要走好长好长一段路。

直到时间紧迫，再不赶快就要迟到了，搞不好因此而惹来杀身之祸，当官的老爷这才低声吩咐："回去吧！"

然后，老爷勉强挤出一个比哭还难看的笑容，努力装出一脸坚毅，勇敢地踏步向前。

妻妾们眼看着老爷的车走远了，仍然忍不住引颈伫（zhù）望，低首合十，一遍又一遍地默祷："阿弥陀佛，菩萨保佑。"简直比亲人赴战场还要紧张万分。

文武百官到了宫廷，没有一个不是战战兢兢，汗流浃背。

朝廷里流行一种说法：明太祖上朝之时，他的龙袍前面的玉带，高高挂在胸前，大概脾气好，不会杀人。

若是他用力把玉带掀到大肚皮底下，那便是暴风雨来临的预兆，满朝文武百官个个吓得面无人色，瑟瑟发抖。

不过，以腰带为气候侦测站是不太准确的，有时，明太祖先是一派悠闲，没过多久，腰带愈拉愈低，仿佛台风天，气象局一连挂出几个风球。

总而言之，台风警报永远没有解除过，所差的，只是强烈台风、中级与轻度台风之别而已。

文武百官身处暴风圈之中，日子实在过得好辛苦好辛苦。

明代文官，明墓出土。

终于盼到下朝了。若是一切顺利，个个松一口气。若是有人或挨板子，或贬谪，甚且处死，其他人虽然暂时安全，也都有唇亡齿寒，兔死狐悲的感慨。

官老爷家中的妻儿，一直要待小厮奔走相告："老爷回府了！"一颗忐忑不安的心才放下来。

夫妻相见，恍如隔世，相见的第一句话，竟然多半是："感谢老天爷，又多活了一天。"明天如何？天知道！每天的晚餐也总有"最后一夜"的凄凉。

在这种风声鹤唳（lì）的气氛之下，若是有臣子想上谏，可得要有不怕死的勇气。明太祖可不比唐太宗，唐太宗夸奖喜欢谏诤的魏徵为"妩媚"。唐太宗不接受劝谏，王珪还敢回嘴："这是陛下辜负臣，而不是臣辜负陛下。"

但是，虽然明太祖有如凶神恶煞，仍然有不怕死的臣子，为了国家大局，拼着一死，直言上谏，王朴便是其中之一。

王朴是洪武十八年（1385 年）的进士，本名王权，明太祖一看“权”字就敏感，除了他，旁人可不能有太多的权力。朴是一种落叶乔木，高五六丈，结小圆的肉果，味甜可吃，明太祖小时候当和尚之时，吃过不少。在他看来，“朴”比“权”好多了，御笔一挥，王权从此改名王朴。

王朴担任御史，他对待皇帝，也有几分“铁面御史”的味道，上书直陈时事，动辄千余言，完全就事论事，锐不可当。

他性情耿直，经常与明太祖争辩是非，譬如说，他反对胡惟庸案牵连太广诛杀无辜。

“我有我的道理，你不必多说!”明太祖脸色一沉，知趣的都该闭嘴了。

王朴大不服气，非争不可。

“回皇帝的话，如果皇帝一意孤行，那自己可就站不住脚了。”

这话形同顶撞，而且是针锋相对。明太祖气得用手不断放下腰带，表示怒气冲天，要杀人了!

王朴看到空袭警报，仍然若无其事，神闲气定讲他一番大道理。

明太祖捺不住了，大声呵斥：“绑去杀了！”

于是，立刻有差役向前，把王朴揿（qìn）在地上，横拖直拽拉出宫门，直奔刑场而去。

中国人一向爱看热闹，听说皇帝要斩御史，夹道围观的百姓已挤得水泄不通。

王朴倒也不害怕，完全视死如归。

到了法场，忽然传来御旨，刀下留人，召王朴回去。真是一场及时雨。

围观的人议论纷纷，都说王朴幸运，自鬼门关前兜了一圈又回去，这可是从未有过的事。

明太祖原以为王朴捡回一条命，应该不住叩头谢恩，感激涕零。不料仍是平常的神色，仿佛见了棺材仍然不掉泪。

明太祖冷笑道：“这下你知道利害，应该悔过了吧？”

王朴却用郑重的语气回答:“陛下不以臣为不肖，擢为御史，又何必如此摧残辱没臣？如果臣无罪，凭什么杀臣？如果臣有罪，又何必放了臣？”

一顿抢白，骇得明太祖哑口无言，气得说不出话来，好久才迸出一句:“你不识好歹！”

王朴平静地说:“臣今日愿意速死！”

“好，我就完成你的心愿！”明太祖咬着牙狞笑着。

听说刚放回的王朴又要绑赴法场，法场前人声鼎沸，都想看看这不屈的御史是何模样，个个踮起脚跟伸长了脖子。

王朴不愧为硬汉，不但毫无畏惧神色，当他的骡车经过史馆时，他竟然高喊:“学士刘三吾请你记下来，某年某月某日，皇帝杀无罪御史王朴!”

王朴的临终遗言，传遍金陵，有人怪他死到临头还嘴硬，也有人暗暗竖起大拇指:“到底是真正的读书人！”

议论之声仍在嗡嗡不停，忽然传来暴雷似的一阵呼啸，这不知是何时传下来的规矩，凡是在刑场观看刽子手一刀下去，必定跟着高喊，免得鬼魂附身。这一阵呼啸，让多少大臣心胆俱裂，浑身发抖，这也是明太祖的用意。

王朴临终向史官一喝，大伤皇帝颜面，因此明太祖亲自写《大诰》，批评王朴“诽谤”。王朴胆敢“诽谤”天子，无怪名留青史。

张士诚的名字玄机

明太祖朱元璋在洪武二十八年（1395 年），下了一道手令：“朕自起兵到今天，已有四十余年，亲理天下庶务，人情善恶真伪，无不涉历，其中奸顽刁诈之徒，情节特别深重者，必将法外加刑，使人知所警惧，不敢轻易犯法。”

自以上这段话之中，可见尝遍人间险恶的明太祖，十分厌恶“奸顽刁诈之徒”。不过，被明太祖重重责罚的奸顽刁诈之徒，有些固然是刁民，却也不乏无辜被冤枉的，因为明太祖动不动就起了怀疑之心。

其实，明太祖原不是个小心眼的人，若非大方爽快，还真不能带兵打天下呢。严格推算起来，明太祖的疑心病是当上皇帝以后发作的。

明朝开国以后，明太祖自马背上跨下，坐上了天子的宝座，自然要找一些文人帮他制订朝仪制度、军卫、户籍等典章规范，尤其像刘伯温之类的读书人，更是他咨商的对象。

久而久之，这一现象引起了武将们的不满，打翻了醋罐子，武将们经常前来发牢骚：“天下是我们出生入死打下来的，现在那些瘟生读书人一个一个爬到我们头顶上，真是岂有此理。”

明太祖总是安抚道：“治理天下不比骑马打仗，当然必须借重读书人。”

武将们撒娇无果，改用进谗言的方式，在明太祖面前挑拨离间：“皇上相信读书人当然是好事，但是呢，也不能过于相信，否则会吃亏上当的。”

“噢？”明太祖抬了抬眉毛，露出不以为然的神态。

“真的，陛下要小心。”另一位请教了高明的武将接口，“文人喜好卖弄学问，骂人不带脏字。譬如张九四，是在他祖父九十四岁时生下来的，这个名字虽然稍嫌土气一点，倒也相当吉利。后来，文人们一起哄，都说九四这个名字不够典雅，应该另外去取一个官名，就改名为张士诚。”

明代士人，明仇英绘。

“张士诚这个名字很不错啊！”明太祖随口应道。

“听起来是不坏啦，事实上可不是如此。《孟子》上有一句话‘士，诚小人也。’连在一块念，不就是‘士诚，小人也’？可怜那张九四，礼遇文人一辈子，被骂了一辈子小人，自己还洋洋自得，而且到死还不知道哩。”

明太祖一听，眉心深锁。孟子主张“民为贵，社稷次之，君为轻”，一向是他最看不顺眼的古人。不过，“士”乃旧称读书、研究学问的人，孟老夫子怎么会骂读书人是小人呢？

明太祖最怕人家识破他肚子里没有学问，他若是开口发问，倒显得他《孟子》一书学得不精，背得不熟。因此，他闭口不言，晚上在书房里，抽出《孟子》一书，逐一翻阅。果然，在《孟子·公孙丑下》，明太祖看到这一句怵目惊心的："士，诚小人也。"

孟子倒并不是要骂士，这儿的士，是个齐国人，名叫尹士。其中还有一段故事：

孟子尚友古人，私淑孔子，受业于子思的门人，继承了儒家的传统。他最仰慕孔子，认为孔子是最伟大的圣人。当时的人，也把孟子视为孔门的传人。

孟子学成以后，与孔子一般，周游列国，希望能够找到一展长才的地方。但是，始终未能如愿。

齐宣王元年（前319年），新王即位，正是大力延揽人才的时候，孟子就离开梁国，远赴齐国。

由于孟子是个很有名气的人，当他到达齐都临淄（zī）时，也不晓得齐国好事之徒，把孟子宣传成一个什么模样。齐宣王真是好奇得很，竟然派了储子去偷看孟子的长相，看看有什么与众不同之处。

后来，储子把这件事告诉了孟子。孟子啼笑皆非，一摊手："怎么会有什么不同呢？尧舜也是两个眼睛、一个鼻子、一张嘴巴。"

齐宣王发现孟子长相无奇特之处，虽不免有些失望，但是，为了虚荣心，还是礼聘孟子入朝。

孟子觉得齐宣王本性善良，因此多方面开导他。例如，有一天，齐宣王见到一只等着用来祭祀的牛，害怕得不断发抖。齐宣王觉得好残忍，下令："用羊换了吧！"

孟子半开玩笑地对齐宣王说："老百姓以为大王吝啬，舍不得用牛要用羊。而且牛如果可怜，羊莫非就不可怜？"

齐宣王扑哧一笑："对啊，我这是什么心理？"

孟子乘机教育齐宣王，这正是仁术，也是"君子远庖（páo）厨"的道理，因为听到动物哀鸣，就不忍吃它的肉。大王应该把仁术推广到天下。

但是，齐宣王虽然天真未泯，却是野心勃勃，有过不肯改。孟子前后两次赴齐，最后还是黯然离开。齐国人尹士感慨地说："孟子如果不明白齐王不可能成为商汤和周武王，就是糊涂不明。如果知道不可能，却还一心来到齐国，就是自己想求取富贵。跋涉千里前来，见到齐王，因为意见不合而去，却又住了三夜，方才离开，为什么如此拖拖拉拉不干脆，换了我尹士就不来这一套。”

孟子的学生高子把这番话告诉了孟子。孟子笑笑：“那个尹士哪里知道我呢？走了迢迢千里来见齐王，是我愿意的，因为意见不合的缘故而离去，难道也是我愿意的吗？我实在是万不得已。我住了三夜才离开，是因为我一心期盼齐王能悔改，把我追回去。如果齐王肯用我，那么，岂止齐国能够安定，天下的人民都能够安定。莫非要我像一些器量狭小的人一样，劝谏国君而国君不能接受，立刻显出一脸愤愤不平的模样？”

尹士后来听到了这一段，惭愧地说：“士，诚小人也。”意思是说：“我尹士还真是个小人。”

“士，诚小人也”是这么来的。帮张九四命名的读书人究竟真的是损人，暗暗骂张九四是小人，还是巧合而已，只有天知道。

无论如何，明太祖从此以后，开始在鸡蛋里挑骨头，闹出许多惨案。

明太祖大兴文字狱

自从有人“指点”明太祖，张士诚的名字是出自《孟子·公孙丑下》“士，诚小人也”以后，明太祖经常捧着《孟子》一书，长吁短叹，然后，气呼呼地把书朝地上一扔，恨恨地说：“张士诚是个大老粗，糊里糊涂被人家骂了一辈子小人，我朱元璋可是读过书的，不会上这个当！”

于是，原本多疑的明太祖，时时刻刻把“防人之心不可无”，刻在心板上，果然，被他找到许多“陷阱”。

某天，明太祖因事赏赐一个和尚，和尚为了谢恩，铆（mǎo）足了劲儿拍马屁，写了一首肉麻恶心的诗，诚惶诚恐呈了上去。

明太祖眯着眼睛看了半天，起先相当得意，嘴角不自觉地浮起了笑意。可是，晚上临睡之前，把谢恩诗拿出来再欣赏一番，他逐字推敲，就像人们元宵节猜灯谜一般。

忽地，明太祖一拍脑袋，“该死，这个混账和尚拐弯抹角在骂我。”

原来，和尚诗中有“殊域”二字，明太祖心想：“殊字拆开来，便是歹朱二字，这不是存心骂我朱元璋吗？”

一心想巴结皇帝的和尚，马屁拍到马脚上，被斩首示众。

有强烈自卑感的明太祖，做过讨饭的和尚、杀人的盗贼，这是他胸口永远的伤痛。自从在文字中找“陷阱”、在鸡蛋中挑骨头以来，他还真的找到不少骨头。

例如，北平府学训导赵伯宁写的《万寿表》之中，有一句漂亮话：“垂子孙而作则。”明太祖在口中反复地念，“作则，作则，这不是嘲讽我做过贼吗？”

明太祖真正是气坏了，他面有恨色地说：“好，让我查个清楚，看看谁故意用‘作则’暗示我当过贼。”

这一清查之下，浙江府学教授替海门卫作《谢增俸表》，其中有“作则垂宪”；福州府学训导林伯璟为按察使所撰《贺冬表》中有“仪则天下”；桂林府学训导蒋质为布政使按察使所作《正旦贺表》之中有“建中作则”；澧州学正孟清所写《贺冬表》中有“圣德作则”。

“作则”，原本是中国人行文中常见的字眼，所谓“以身作则”。明太祖一口咬定作则者做贼也，谁也没法子辩白，一律处死。

文字狱一兴，原本忐忑不安的读书人更加不安了，写任何一个字，都要斟酌再斟酌、考虑再考虑。即使如此，欲加之罪，何患无辞？明太祖根本不讲道理嘛。

譬如常州府训导蒋镇为本府作《正旦贺表》，其中有四个字“睿性生知”，蒋镇左看右看，应该不会出问题。岂料明太祖认为“生”是“僧”的谐音，蒋镇这厮故意骂他是和尚，非杀不可。

不但“生”与“僧”同音，撰文呈表者必须斩首示众，更荒唐的是，祥符县学教谕贾翥（zhù）所作《正旦贺表》，其中有一句“取法象魏”。

明太祖一摸脑袋，想起当年光着头敲木鱼的情景，气急败坏道：“好哇！取法不是去发吗？这头发一去不就是个秃脑袋吗？你小子骂我秃脑袋，我让你脑袋搬家！”

明太祖对头发还真正是特别敏感，尉氏县教谕许元作《万寿贺表》：“体乾法坤，藻饰太平。”“法坤”被明太祖想成“发髡（kūn）”，“藻饰太平”则被他曲解为“早失太平”。这还用说，许元当然是死路一条。

杭州教授徐一夔贺表中有一句“光天之下，天生圣人，为世作则”，把个明太祖捧得天一般高。

可是明太祖把徐一夔骂个狗血喷头："光天之下，'光'是指剃了头发；'生'者，僧也；'则'者，贼也。意思是说，我是个光头和尚，而且还做过贼。"

明太祖的拆字功夫，把礼部官员都吓傻了，却又无从辩解。

总而言之，凡是歌功颂德的漂亮话，到了明太祖眼中，都可以找出毛病。德安府训导吴宪为本府作《贺立太孙表》："永绍亿年，天下有道，望拜青门。"被伟大的明太祖一解释，"有道"变成"有盗"；"青门"，这还用得着说吗？当然是寺庙了，于是吴宪也问斩。

在文字狱之下受害者不计其数，除了自认倒霉，也真的没什么可说的。惟一的一条漏网之鱼，是一位翰林编修张老先生，大名不可考。

张老先生一向嫉恶如仇，性情刚直，因为得罪不少人，被贬为山西蒲州学正，依照惯例，由他负责撰写庆贺表。

明太祖眯起眼睛看了半天，果然又给他挑出问题，他气咻咻道："天下有道，意思是天下有盗，这老头子竟然骂我强盗。"

于是，二话不说，把张老先生绑了来，瞪着眼睛教训道："你还有什么话说吗？"

张老先生一派从容，也没惊慌，只是文绉绉地回答："没什么可说的，只有一句话，陛下曾经指示表文不许杜撰，字字要出自经典，'天下有道'是孔老夫子讲的，'万寿无疆'出自《诗经》，若一定要说臣是诽谤，臣也没有办法。"

明太祖见老先生一本正经，引经据典，完全一副老老实实、规规矩矩的憨样儿，一时之间，说不出话来，刚好那天心情不坏，顺口道："他嘴硬，放了吧！"

这张老先生是惟一的一位幸运儿，其他，凡是被明太祖点了名的，都成了刀下鬼。

明太祖忌讳一箩筐

许多人都喜欢听对口相声，相声之中惹人发噱（xué）处总是讨口头上的便宜，经常是一个骗另一个喊自己爸爸，或是爷爷。吃亏的总是气得用扇子敲头，观众也乐得呵呵一笑。

中国人是非常在乎称谓，不允许随随便便开玩笑的。

类似相声中的口头讨便宜，在明太祖身上可是绝不可能发生的。洪武三年（1370年），明太祖正式下诏，禁止百姓用“天国君臣圣尧舜禹汤文武周汉晋唐”等字取名。

到了洪武二十六年（1393年），明太祖嫌前道诏令不够周延，又下令禁止百姓取名“太祖、圣孙、龙孙、黄孙、王孙、太叔、太兄、太弟、太师、太保、太傅、大夫、待诏、博士、太医、太监、大官、郎中”等。

甚且，今天备受尊重的医生，明太祖禁止人们称为“太医、大夫、郎中”，只能称为“医士、医人、医者”。

总而言之，明太祖的用意，就是要不遗余力地降低别人，抬高自己，掩饰强烈的自卑感。

明太祖既非将相之后，又不是书香门第出身。他父亲是佃农，外祖父是巫师，实在无甚夸耀之处。于是，明太祖就在“朱”姓上动脑筋，例如唐高祖李渊自称为老子李耳的后人，不是挺有光彩的吗？

明太祖绞尽脑汁想了半天，忽然猛拍大腿道：“对啦，朱熹朱夫子不是姓朱吗？”朱熹不但是姓朱，而且是安徽婺源人，明太祖是安徽凤阳人，勉强可以扯在一块。

朱熹是南宋时代大师级的学者，不论是生前死后都是响当当的人物，他所著的《四书章句集注》更是元朝以后科举考试的标准教材和出题宝库。明太祖假如能与朱夫子攀上关系，那可就露脸了。

想到这儿，明太祖欣然色喜，忍俊不住，积极地想在修玉牒（家谱）之时，把朱夫子给加进去。

正在此时，有个姓朱的典史前来求见，他是安徽婺源人。婺源歙（shè）溪所产的砚石，称为“婺源砚”，是读书人梦寐以求的宝砚，朱熹恰恰是婺源人。

明太祖有意拉拢本家，故意问他：“你是婺源人，一定是朱文公的后代了。”明太祖满脸堆着笑容，准备接着下一句：“朕也与朱文公有点儿关系。”

岂料这位朱典史是个老实人，他当然也想与朱夫子攀些关系。可是，实在凑不在一块。尤其明太祖的脾气一发，有如狂风暴雨，万一撒谎，极可能在俄顷之间，招来杀身之祸，转到这个念头，朱典史不由得打了个寒噤。

所以，这位姓朱的典史惭愧地回答：“朱文公是本县敬重的前代大师，臣与朱文公没有关系。”

这一表白，倒把明太祖愣住了。他知道，如果做皇帝的坚持，把朱熹列入玉牒，谁也不敢当面反对。

明太祖朱元璋，选自《乾隆年制历代帝王像真迹》。

问题是，朱元璋与朱熹实在是前代毫无瓜葛，很难硬摆在一起。连区区一个小小的典史，尚且不会攀龙附凤，朱元璋堂堂一国之君，公然伪造玉牒，不晓得那些个缺德的文人，会在背后如何嚼舌根。

“罢！罢！”明太祖断然决定，干脆效法汉高祖刘邦，明明白白宣告自己是白手起家。

因此，我们翻阅明太祖留下来的诏命，左一个“朕本淮右布衣”，右一个“朕本江左布衣”，或者“起自田亩”“出身寒微”，真是酸得可以。

明太祖这一套卖弄布衣出身的方式，完全仿效汉朝平民皇帝高祖刘邦。不过刘邦颇具流氓气质，当了皇帝以后，也是一派江湖大哥的作风。刘邦曾经一面让美女帮他洗臭脚，一面接见大臣，表现粗鲁不文的野蛮本色，也充分享受当天子的快乐。

明太祖朱元璋也是平民出身，当了皇帝以后，心里却是永远放不开，小里小气，疑神疑鬼，弄得自己不乐，旁人也鸡飞狗跳。

明太祖虽然自我标榜“布衣”，这话可是只有他能“自谦”，旁人若也照着说，除非是不要命了。

明太祖避讳多，不但见诸文字的，他要一一挑剔，就是口语，他也有许许多多的忌讳。

据说，有一回，明太祖微服出巡，偶然听到一个老婆婆在谈“老头儿”。起初，明太祖以为，老头儿是老婆婆家中的什么人。听到最后，方才发现，原来老头儿指的是明太祖。而且与老婆婆说话的小妇人，也口口声声老头儿。

明太祖气得听不下去了，他当场不能发作，忍着气，绕到徐达家，焦躁不耐，像转磨似的，在屋里转来转去，不停地抱怨：“张士诚不过是在东南一带割据，吴人到今天，都还恭恭敬敬称他一声张王。我当了皇帝，这里的老婆婆竟然称我为‘老头儿’，哼！”

因此，明太祖下令把老婆婆周围的人全杀了。其实，老婆婆称明太祖一声老头儿，不见得有恶意，但是明太祖心理作祟，看这个不顺眼，那个不顺眼，避讳一箩筐，人也愈来愈神经衰弱了。

明太祖的民间传说

明太祖朱元璋的故事，到这儿应该告一个段落了。打从《朱元璋偷吃小牛》开始，每一篇都是有根有据的。

以下我们要介绍一些朱元璋的民间故事、民间传说，有的是真的，有的不一定是真的，正史上没有记载，往往也因史料湮没，无法考证。但是，这代表民间对朱元璋的若干看法，颇能反映一般大众心理，同时，也是读者们感兴趣的传闻轶事。

在安徽省凤阳县龙兴寺中，贴着一副对联，直到今天，都还保存着：

> 生于沛学于泗长于濠凤郡昔钟天子气
> 始为僧继为王终为帝龙兴今仰圣人容

上联是对朱元璋生活过的沛县、泗州、濠州凤阳的吹嘘，中国人最喜欢标榜人杰地灵，“有天子气”。

下联则是叙述朱元璋自一个“小和尚念经，有口无心”，到后来竟然创立明朝，当上皇帝。由于朱元璋的遭遇太过离奇，民间也就流传着许许多多有关朱元璋的故事。

所谓“刘伯温与朱洪武”一直是戏剧中百演不腻的好题材。刘伯温指的是刘基，朱洪武则是朱元璋，洪武是明朝开国第一个年号。杨丽花歌仔戏中曾经多次演出。

1978年，香港武打明星洪金宝主演了一部《臭头小子》，里面的朱元璋是个癞痢（là lì）头。朱元璋到底是不是癞痢头，史料不可考。不过，他长得其貌不扬，十分丑怪倒是真的。

由于朱元璋出身贫困，不学无术，他初起之时，不但旁人没有抱希望，他自个儿也从不敢痴心妄想，有朝一日竟然登上天子宝座。

因此，当朱元璋攻克婺州，分兵取浙东诸地，先后占领诸暨（jì）、处州、衢州之时，他真是十二万分得意，认为自己攀上了人生的巅峰。

民间传说，朱元璋曾经在诸暨与富阳之间的龙门山脚下，一个叫作三角街的地方扎营。

三角街是个小眉小眼小鼻子的小小地方。但是，地形险要，西连金华，东通杭州，风水甚佳，视野辽阔。

朱元璋信步走到三角街的高坡上，深深吸了一口新鲜空气，顿觉心旷神怡，精神为之一爽。

他拿起强弓，对部下宣布："各位听着，现在，以我脚下所站的地方为圆心，我这一箭射出去，射到的地方便是半径，在这个大圆圈之内便是我等日后退守浙江的大本营。"

众人一致屏息以待，静观朱元璋表演。朱元璋自小臂力惊人，面对庞大观众群，他更是存心露一露，显一显。

"咻！"一箭射出去，哇，居然飞了三千三百步之遥，众人拍红了手掌，朱元璋满脸飞金。

由于刚好是正月里，朱元璋还特别写了一副春联"六龙时遇千金觐（jìn），五虎功成上将封"，贴在大门上，有说不出的得意。

不过，原先三角街的居民可就叫苦连天了。一来，朱元璋要造城，少不得拉百姓服劳役；二来，居民势必被赶出山城。自个儿建一个城，把自个儿的家园毁弃，这种"自作自受"的差事，百姓是一千一万个不乐意。

朱元璋可不管这些。他一个人关在营房里，拿着笔东圈西画，这儿要建城墙，那儿要起个宅子，忙到三更夜半，他还舍不得入寝。

忽然之间，传来“隆！隆……”的怪声，一声比一声猛，朱元璋吓了一跳，将领们也面面相觑，眼中流露着不安的神色。

“什么声音？”

部将们一摊手。

“快去找个当地人来问问！”朱元璋立刻下令。

没多久，卫士引来一位白发苍苍的老翁，原来是个打石的石匠。

“你住在这儿多久了？”

“老夫世世代代住在三角街。”

“好，那我问你，这是什么怪声？”朱元璋说着，用手把耳朵蒙了起来。

“这是龙的声音！”

“龙的声音？”朱元璋正在狐疑，忽地，传来一声比一声凄厉的“哇，哇”声，听得人毛骨悚然，仿佛是婴儿被人掐紧了脖子，在做垂死的挣扎。

“这、这又是什么怪声？”朱元璋有些支支吾吾了，身子也微微地发抖。

老石匠不慌不忙地回答：“到了晚上，鬼都出来了啊！”

一旁的部将，个个吓白了脸，“哇，哇”地鬼哭神嚎，扰得人心神不宁。

朱元璋镇定地说：“老石匠，你走！”接着吩咐：“快快有请军师。”

军师刘伯温来了，朱元璋赶紧拉着他的手：“你听，这是什么怪声音，白天都没有，老石匠说，是鬼叫龙吟。”

刘伯温不作声，双眼紧闭，倾听了好一会儿，缓缓地睁开眼睛，极有把握地回答：“没错，正是龙与鬼，此起彼落。”

“那，那这儿适合建立小京城吗？”

刘伯温用力地摇摇头：“不祥之兆也。”

第二天，公鸡尚未报晓，朱元璋已经迫不及待，把部队拉离这不祥的鬼地方。

后来，朱元璋统一天下，建立了明朝。有一年，回到浙江巡察，在三角街，又听到了不悦耳的龙吟鬼叫，朱元璋问刘伯温："如今我是天子，灵气迫人，这些鬼也不晓得客气一点。"

刘伯温扑哧一笑，"其实，哪有什么龙，这不是龙而是砻（lóng），你仔细听听，这不是村民磨臼的声音吗？"

朱元璋侧耳一听，果然是砻声，他不服气道："那鬼呢？这鬼叫得多恐怖啊！"

"你没有听过子规夜啼吗？子规就是杜鹃，到了春天啼叫不已，声音凄恻。王维有一首诗：'别后同明月，君应听子规。'"

朱元璋勃然变色："你与老石匠骗我！"

刘伯温笑道："臣罪该万死！不过，倘非如此，陛下今天就不是陛下了。"

说的也是，若非刘伯温利用朱元璋的迷信心理，朱元璋顶多是个盘踞三角街的山大王。想到这儿，朱元璋便把三角街改名为"应惦街"，应惦者，应该惦记刘伯温也，这条应惦街正是今天浙江诸暨的应店街。

刘伯温巧救小木匠

明太祖朱元璋事事师法汉高祖。因此，汉高祖大建长安城，明太祖也大建金陵城。

汉朝初年汉高祖迁齐楚大族以充实关中，明太祖也从浙江、应天府等地搬来一万四千三百余富户于南京。

根据民间传说，朱元璋原本是想在他老家附近的盱眙（xū yí，在今江苏西部）建都的，他曾经指着盱眙十座山许愿：“假如，有朝一日，我能当上皇帝，我一定在这儿建都，回报乡亲。”

但是，朱元璋真的当上天子之时，想法又不一样了。盱眙是个不起眼的小地方，说什么也不适合作为建都之地。不如南京，据形势之地，长江天堑（qiàn），龙蟠虎踞，可以立国。

但是，君无戏言，明太祖不能公然背信，出尔反尔。于是，他就想出一个耍赖的办法：

有一天，他把文武百官都找了来，坐在盱眙山一个山头上，故意装作不经意地瞄来瞄去，然后，忽然大惊失色道：“奇怪，这儿原本不是有十个山头吗？怎么竟然少了一个？”

众臣丈二金刚摸不着头脑，也跟着数了一数，没错啊，还是十座山头矗立。朱元璋漏数了自己脚下的这座山头。但是，谁也不敢贸贸然回一句：“陛下算错了！”

过了半晌，朱元璋仿佛发现新大陆似的，一拍大腿道："看来，这儿不适合建都。"

敢情朱元璋在演戏。众臣连忙陪着演下去，一个个毫不留情地批评起盱眙，真仿佛当初不知哪个笨蛋会想到在这个地方建都。

甚且，还有那擅长拍马屁者，作了一首顺口溜，贴在盱眙城外，"盱眙十山九个头，一道淮水向东流；此地财主无三辈，要做清官不到头"，迎合朱元璋的朝令夕改。

南京城建于洪武二年（1369 年），一直到洪武六年（1373 年）竣工，

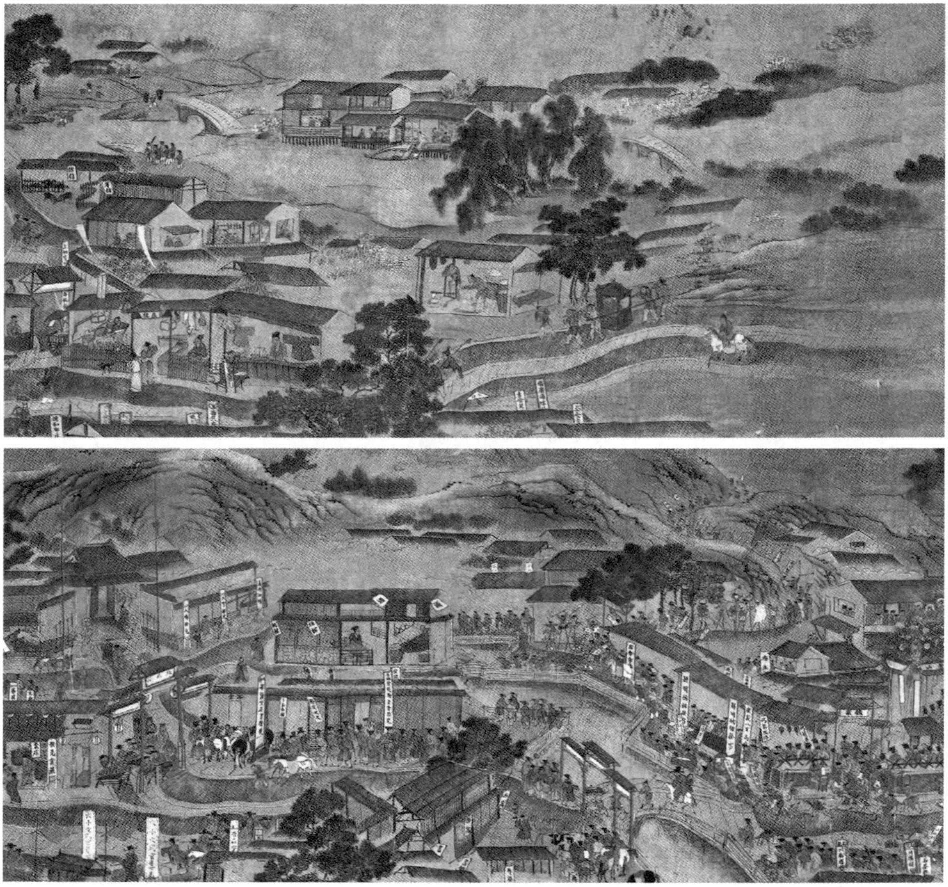

明初南京都城，《南都繁会图》卷（局部），明人绘。

其规模之大，全国第一；城垣之长，世界第一，东连钟山，西据石头，南接长干，北带玄武湖，周长六十一里，城的高度大多在四十尺以上，以美丽的花岗石为基，宏伟壮观，迄今仍巍峨无恙。

盼了又盼，新殿终于落成了。朱元璋朝思暮想的美梦即将成真，他简直亢奋得不能自已。

于是，民间传说，一个夏日的午后，朱元璋实在按捺不住，决定先瞧瞧去。

到了金殿门口，他仰望高耸入云的红墙琉瓦，深深地吸了一口气，觉得有说不出的舒坦，迈开大步往前走。

入殿一看，顿时眼前一亮，尤其殿中央那集全国荣耀于一身的宝座，真是诱人。

朱元璋三步并为两步奔上前去，大摇大摆地坐上天子宝座，忍不住放声大笑："哈哈，谁也料不到我朱某会有如此一天。"

说着，朱元璋把鞋子踢掉，两只臭脚丫盘坐在龙椅之上伸懒腰。

想那朱元璋，原本是个红巾军小头目，平日疏懒惯了，后来，地位愈爬愈高，也就不能不收拾起粗野的本性，到处都学读书人端起身份。

不过，端久了到底难受。这一会儿，朱元璋得意忘形，就在那龙椅之上掏掏耳朵，抠抠鼻孔，最后还"啐"的一声，朝地上吐了一口又浓又黄的痰，他自言自语："这才舒服呢！"

朱元璋又惟恐把新铺的花岗石地板弄脏了，连忙站起来，用衣角擦拭浓痰。

正在龙心大悦爽快无比的时候，朱元璋忽然听到屋梁上有声音，心下一惊，抬头望去，只见一名小木匠，拿着凿子，在做最后的雕饰工作。

朱元璋不动声色，装作没看见人，信步往回走。他心中却暗暗下了决心，这名工人不能留，非杀不可。万一小木匠传话出去，他的脸可丢大了。

话说蹲在梁上的小木匠，飞来横祸，心脏扑通地跳个不停。他早听说，朱元璋心狠手辣，他无意之间，看到新登基皇帝如此轻狂不雅的丑态，看来小命不保。“哎，”小木匠长叹一口气，“怎么这般倒霉！”

小木匠蹲在屋梁旁，正在懊恼之时，忽见刘伯温在金殿外走过。他立刻一跃而下，跪在刘伯温面前，哀声讨饶：“刘大人，请救小人一命！”

“怎么回事，起来慢慢说。”刘伯温慈蔼地扶起小木匠。

小木匠嗫嚅（niè rú）地说：“方才，我正在修理飞檐，皇上来了，他，他坐在龙椅上……”小木匠涨红了脸，说不下去。

“你不用说了，我知道。”刘伯温是何等厉害角色，朱元璋的粗鄙本色他见多了，心中暗想：朱元璋啊，中国人最重独处功夫，你既然当上了皇帝，得要收敛一些啊。

刘伯温正色对小木匠说：“你的困难，我可以帮忙。但是，方才的一幕，你可不能对人家说。”

小木匠满头大汗道：“小的有几个脑袋？”

于是，刘伯温吩咐小木匠：“如此这般。”

接着，刘伯温一步也不敢耽搁地找到了朱元璋：“皇上，新殿落成，何妨先去看看，有什么不妥之处，也好早日修改。”

朱元璋不好意思告诉刘伯温，方才去过了，还出了一个大洋相，只好再去巡查一回。

刘伯温与朱元璋在金殿内四下察看，忽地，听到“咳咳”的人声，刘伯温问道：“是谁？胆敢留在金殿？”

朱元璋一抬头，发现还是刚才那小子，正拿着斧凿，聚精会神地敲敲打打，完全充耳不闻。

“你是谁，怎不答话？”刘伯温大声地问了又问，小木匠还是不回答。最后，小木匠放下榔头，指手画脚，咿咿哑哑了半天，脸上挂着一脸傻笑。

刘伯温对朱元璋说：“原来是个哑巴，别理他，让他继续做活吧！”

朱元璋一见小木匠又聋又哑，暗呼：“好险！”

假装哑巴的小木匠见朱元璋、刘伯温走远以后，更是直拍胸口：“好险!”

刘伯温的急智，保存了朱元璋的颜面，也救了小木匠一命。

沈万三两种版本的故事

我们平日若是夸奖某人很有钱，往往会形容他像是“有了沈万三的聚宝盆”。

到底有没有沈万三这个人？

沈万三真的藏有聚宝盆吗？

今天，我们就来解这道谜。

先说真实的沈万三。沈万三（一作沈万山），明朝吴兴人，字仲荣，后来移居苏州。

沈万三原是秦淮河畔的渔户，后来，张三丰传授他烧炼黄白之术的方法，一跃而为江南巨富。

此张三丰不是电视上的张三丰，电视剧中的张三丰，是宋朝的技击家，又作张三峰，在武当山当道士，号为洞玄真人，以拳术名噪一时，被称为内家拳开创者，又被称为武当派创始人。

至于传授炼术的张三丰，则是明代道士，名全一，又名君宝，因为平日蓬头垢（gòu）面，不修边幅，又称张邋遢（lā ta），据说他能数日不食，并能预知未来。

明太祖朱元璋定都南京以后，亲自召见沈万三，要求他每年捐献白金千锭，黄金百斤，用以充实国库。

沈万三乖乖地一一照办，但是，后来还是得罪了明太祖，被罚远戍云南（一说辽阳）。然而他的子孙世代相袭，历代仍为著名的富户。

由于沈万三的富名不胫而走，因此，有好事者以讹传讹，传其有民间故事中的聚宝盆。

民间传说，朱元璋建好南京城以后，不知道为什么，南京的城墙总是今天这儿塌了一块，明天那儿缺一角，很让朱元璋伤脑筋。

明太祖找了智多星刘伯温出主意。刘伯温皱着眉头，盘算了半天，对朱元璋说："这南京城恰好造在后土神方位之上，后土神每过个半年，总要伸伸懒腰，活动一下筋骨，因此，城墙不免东歪西倒。"

"这该如何是好呢？"明太祖真是发愁。

"只有一个办法，那就是在城墙之下，垫一个太乙盆。"

"世上真的有太乙盆吗？"

"当然有，目前落入沈万三手中。"

"沈万三是怎么得到太乙盆的呢？"

朱元璋实在是好奇，而且又羡又妒。刘伯温坐下来，慢慢地说给朱元璋听。

原来，沈万三起初在浙江南浔，闯荡多年，没有混出什么名堂，年过三十，一贫如洗，还是个王老五穷光蛋一个。

有一天，沈万三忽然想起，听说刘伯温做得不错，刘伯温一向足智多谋，不如找他想想办法。

主意拿定，沈万三收拾些行李，连忙赶到码头，因为欠缺盘缠，只能雇一条最破的破船。船主蓝妈妈是个瘦瘦小小、黑黑干干的寡妇，一眼便知是个厉害角色。她的女儿梨午却出落得标致异常，白里透红的肌肤，仿佛掐得出水的水蜜桃。沈万三自上了船，眼睛就绕着梨午打转儿。

沈万三衣着单薄，冷得直打喷嚏，他向梨午打躬作揖："姑娘行行好，拜托借一个铁盆烤烤火。"

梨午把个破船整个翻遍了，终于在船尾找到一个缺了一角的生锈铁盆，递给沈万三："你将就着用吧。"

沈万三生起了火，把冻僵的手呵暖，然后，掏出几枚碎银子，盘算着该如何省吃俭用。忽然间，一块碎银子落入火盆，一刹那之间，整个火盆堆满了银子。

“天啊！”沈万三惊呼着。梨午与蓝妈妈赶过来，也都看呆了。沈万三把银子统统取出来，丢进一块随身辟邪的玉佩，一会儿工夫，火盆中竟然堆满了玉。

“好了，不能再试了，否则小船会撑不住重量了。”沈万三捧着宝盆道，“我老早听说，太乙真人有个炼丹的太乙盆，掉落在人间，只要一加热，放金金满，放银银满，不料今日竟落到我沈某手中。”

蓝妈妈看在眼里，直埋怨自个儿没有早发现，一副心有未甘要发作的神情。聪明的沈万三赶紧赔着笑脸：“一切好运都是梨午带来的，不如把她嫁给我。”

蓝妈妈乐得合不拢嘴：“船上没有媒人，不如以海湾为媒，你看如何？”

沈万三打鱼，清代年画。这幅年画讲的是沈万三得聚宝盆的另一个版本：龙王赠送沈万三聚宝盆。

沈万三一步向前，鞠躬到底：“请受小婿一拜。”

这个水湾，后人称之为“媒人湾”。

沈万三有了聚宝盆这个摇钱树，不多时，成为媒人湾一带最有钱的大富翁，并且建了一座占地辽阔、风景如画的沈家庄园。

后来，刘伯温帮助朱元璋，建立了明朝。沈万三穿金戴银去见刘伯温：“我原本是要投靠你，现在有了聚宝盆，不得不夸一句，国在人手，财在我手，哈！”

刘伯温劝沈万三：“你可不能像个财大气粗的暴发户，要稍微收敛一点儿。”

沈万三不听，到处招摇。

刘伯温心想，财富会使人疯狂，这个聚宝盆无论落入谁手，都会带来不测。因此，他把聚宝盆的事，禀报了朱元璋。

不出刘伯温所料，朱元璋不但想要聚宝盆，而且马上就要。于是，沈万三只好把聚宝盆捧进了宫。

朱元璋对沈万三说：“朕要鉴赏一下，你现在是一更天送进来的，朕五更时便还你！”（古代计算夜间的时刻，一夜分为五更，一更两小时。）

沈万三没有讨价还价的余地，满头大汗出了宫，焦急万状地在宫门口等候。

哆哆哆哆，哐！“天干物燥，小心火烛。”更夫缓缓走过，沈万三心忖，天啊，好不容易挨到四更，到了五更，就可以把宝贝拿回来了。

沈万三睁大眼睛，竖起耳朵，等着更夫打五更，可是，说也奇怪，居然没打五更就天亮了。他这一急非同小可，急忙冲入宫内理论。

朱元璋板起脸孔：“朕不是说，敲五更时还你吗？”

沈万三吃了哑巴亏，心里不服气，急着要分辩，朱元璋先发制人，把沈万三罚到四川充军。

原来，朱元璋耍了一个阴谋，他降了一道旨令，规定南京城里不敲五更，把聚宝盆骗到手，埋在南京城墙下。

黄婆亭忆美食

以前小朋友若是吃饭不乖，挑三拣四，嫌菜色不合胃口，长辈经常会教训道:“你忘了黄婆亭的故事吗?”

原来，这又是朱元璋一段脍炙人口的小故事。

民间传说：朱元璋初起的时候，有一回，经过新昌，真是惨透了。他原是个大胃王，每餐非五六碗不饱，这一回却整整三天三夜没有进食，肚子饿得“咕噜咕噜”直叫，而且叫得很大声。

朱元璋的部队，一心巴望到了新昌这个大地方，痛痛快快打场牙祭，慰劳一下饥肠辘辘的五脏庙。

岂料，新昌的老百姓，闻说大军压境，吓得收拾细软，纷纷躲到乡下去避难了。

朱元璋拖着疲惫的身子，按着凹下去的肚子，失魂落魄地在街上闲逛。

忽地，一阵热香灌入朱元璋的鼻子，他用力地吸一吸，只觉鼻孔翕张，舌头上的味蕾都在总动员。

朱元璋循着香气一路寻来，只见一个脸孔圆圆、面目慈蔼的老婆婆正在低头进食。

他凑近一看，原来是碗大麦碎饭，上面淋了一些酱油，撒了少许葱花，真是香啊。朱元璋的喉头，仿佛有无数的小虫子搔得他好痒，只好不断地猛咽口水。

一会儿，肚皮又“咕噜咕噜”开始抗议了，朱元璋羞红了脸。老婆婆回头一望，发现一个大块头壮汉在一旁吞口水，她笑嘻嘻道：“你也来一碗吧。”

“谢谢大娘。”朱元璋猛点头。

老婆婆蹒跚走入厨房，朱元璋亦步亦趋跟在后面。只见老婆婆打开瓦钵盖，一股热气直往上冒。她舀了一碗，朱元璋双手接过，尝了一口，热、浓、香、稠，简直美极了！

朱元璋在行伍之中，一向是狼吞虎咽，如今，美食当前，他可舍不得，小口小口地品尝，每一口都比前一口还要鲜美，忍不住转身对老婆婆说：“大娘的手艺堪称天下第一。”

虽然朱元璋尽量地细嚼慢咽，到底只有一小碗，一会儿就吃光光了，他好想对老婆婆说：“再来一碗吧！”可是老婆婆也是穷苦人家，怎好意思再开口。

朱元璋谢过老婆婆就上路了。以后，在餐风宿露，三餐不继的军旅生活中，夜阑人静之时，想起大麦碎饭的美味，他只好干咽唾沫，并且以“打下天下之后，痛痛快快吃他个过瘾”，砥砺自己奋发向前。

经过了多少忍耐，多少煎熬，朱元璋终于如愿以偿登上帝位，建立了明朝，他不必再挨饿了。

朱元璋虽以节俭著名，但皇帝到底是皇帝，御厨里山珍海味，应有尽有，美味尝得多了，根据经济学原理，边际效用递减，他经常面对满桌子的佳肴美食，唉声叹气：“根本无下箸（zhù）之处。”箸是筷子，此句表示没菜可供他用筷子夹。

有一天，朱元璋做梦，又梦到那个圆脸婆婆，还有她手上端的热气腾腾、诱惑力十足的大麦碎饭，睡梦之中，朱元璋贪吃的口水流满整个枕头。

第二天一早醒来，朱元璋立刻吩咐下去：“朕吃腻了难吃的大鱼大肉，谁会做大麦碎饭？”

带头的御厨心中一愣，皇帝怎么要吃这种粗食，口里不敢说，只好讷讷地问："不知陛下的大麦碎饭，里面要放些什么？"

"什么都不要，只要淋些酱油，做得好的，那可是人间第一美味。"朱元璋想起新昌那一顿，可真是念念难忘，想着想着都发痴了。

御厨真是惶恐极了，他怎么也想象不出来，简简单单的大麦碎饭，能变出什么花样，又能好吃到哪里去。他偷偷地搁了一些鸡汤提味，诚惶诚恐把大麦碎饭捧了上去。

朱元璋兴奋得直搓手，心想："终于得偿宿愿了，今天我要吃多少碗就是多少碗！"

一尝之下，朱元璋"呸呸呸"把吃进去的全吐了出来，并且大发脾气："这是沙石，不是大麦碎饭，朕的话你听不懂是不是？"

这个倒霉的厨师，莫名其妙被关入大牢。

第二个厨师也尝试做大麦碎饭，这一回他偷偷用上好的海鲜熬成汁，与大麦碎饭拌匀，一面心中念"阿弥陀佛"地端了上去。

但是，显然菩萨还是没能保护他，朱元璋气得连饭带碗全给砸烂了。

第二个厨师又被关入牢中。

心地仁慈的马皇后，实在看不过去了。她想帮厨师的忙也帮不上，她同样不能理解，一瓢酱油一点葱花能够变出什么美味。

马皇后到底是个聪明人，她灵机一动，提醒朱元璋："不如把当年的老婆婆找了来，到宫里做给你吃！"

"这是好主意，我怎么没有想到？"朱元璋拍着大腿直叫好，他夸奖马皇后，"还是你好，我的馋瘾终于可以解了！"

由于朱元璋对大麦碎饭情有独钟，因此，他拿起笔，立刻画好了地图，差人连夜把老婆婆请入宫中。

老婆婆到了御厨房，大大小小的厨师都围拢过来，准备向"天下第一厨娘"讨教讨教。结果，什么秘诀也没有，老婆婆真的只是煮好了饭，撒些葱花，淋点酱油。

一旁的厨师都看傻了："这么简单我也会，皇上就爱吃这个？"

朱元璋见老婆婆端来了朝思暮想的美味，不觉馋涎欲滴，迫不及待吃了一口。朱元璋发现，不但没有痴想时的香，而且平淡无味。

他正要开口抱怨，老婆婆说话了："我们新昌有句老话，做是嬉好，吃是饥好。你当年饿得前胸贴后背，吃什么都好吃，现在当了皇帝，天天山珍海味，嘴都吃刁了，这种粗食进不得口了。其实，宫里大麦的品质，可比你当年吃得好太多了。"

朱元璋听得连连点头："这就叫饥不择食，我该牢记当年的辛苦。"为了感念老婆婆的一饭之恩、一席之言，朱元璋特在新昌建了一座黄婆亭，将被关入牢中的厨师也放了出来。

元妙观的招牌素面

上一回，我们说了《黄婆亭忆美食》的故事，许多读者反映“极为有趣”。中国人是个酷爱美食艺术的民族，我们再讲一则朱元璋与吃有关的民间传说。

据说，朱元璋当了皇帝以后，仍然经常微服出巡，东走走，西看看，探访民情。

有一天，他乔装为一个教书先生，信步走到南京西郊的元妙观，只见万头攒（cuán）动，人潮汹涌。

朱元璋好奇地拉住两位游客问：“前头发生了什么事？”

“没什么事啊。”行人不知问者是当今皇帝，没好气地给了朱元璋一个白眼。

“干吗大家都往前挤啊？”

“每天都是这样的啊，你不晓得啊，这元妙观的道士，手艺高超，他们卖的素面啊，远近驰名，要买得早，迟了就只好等明天了。”说着，行人着急地往前奔去。

朱元璋是穷和尚出身，庙里的素食，他吃多了，也吃怕了，一点油水也没有，怎么会可口呢？不过，元妙观前果然是人山人海，都挤着想吃一碗素面。

朱元璋也加入了排队的行列，等了几个时辰，腿也酸了，背也弯了，终于买到一碗素面，喷香喷香的，里面没有任何其他作料，只是干干净净的面条，浇上一大勺酱油麻油拌葱花，丝毫不油腻，却又如此清淡爽口。朱元璋意犹未尽，差点儿想暴露身份，告诉元妙观道士，赶快孝敬皇帝一大碗。

回到宫里，朱元璋赶紧把方才的情况告诉马皇后，对她说："晚上还想再来一碗，有这么一碗好吃的素面，其他菜都可免了。"

皇帝点了菜，厨师们自然奉命照办，因为害怕汤头不够鲜，还特别熬了香菇做高汤。

可是，朱元璋一尝，立刻变了脸色，大发脾气："这么难吃，简直与皇觉寺里的面条差不多嘛！"

"气死了，朕当了皇帝还要再受小和尚的罪！"朱元璋一怒之下，竟然把厨师给杀了。

擅长烹调的马皇后心忖，素面的变化有限，只能在豆干豆腐身上打转儿，了不起再搁几朵冬菇，如何"清水变鸡汤"，此中必有奥妙。于是，马皇后派遣一名机灵的小太监，打扮成小流浪儿的模样儿，到元妙观里当小道士。

元妙观气魄雄伟，五步一楼，十步一阁，廊腰缦（màn）回，檐牙高啄。小太监到了元妙观心下一惊，直呼："好气派！"接着，他发现，观里的道士还真不少，起码有数百人之多，单靠化缘的钱，可是绝对不够的。

没多久，小太监就发现了元妙观的秘密。原来，在元妙观后头一个隐秘的院落里，道士偷偷养了几百只鸡。

道士吃素，养鸡干啥？小太监疑云大起，莫非道士的素面是用鸡汤煨的？但是，不对啊，鸡汤有一层黄澄澄的油水，撇也撇不干净，很容易被识破的。

小太监不动声色，暗中又观察了几天，终于识破了秘密。原来，道士每隔个几天，杀他几只肥嘟嘟的老母鸡，把鸡毛烫开之后拔光，剔骨，然后晒成鸡肉干，再磨成粉末，与面粉拌匀。虽是够费功夫，但面条的滋味

道观，清陈卓绘。

毕竟不同凡响。

查出秘密以后，小太监本想立刻开溜。继而一想，不对啊，就算是土鸡面，坊间也有不少鸡面，可就没有元妙观的素面可口，看来问题不只是在鸡汤之中。

小太监个儿小，身手灵活，走路没声音，偷偷跟在道士身后，不会被注意到。

过了几天，小太监发现，有些个道士，平日不诵经，一早便往山里跑，他也悄悄跟了去。

这一跟，跟出了端倪（ní）：道士居然猎杀野雀子，而且不捕杀其他动物，专门捕野雀，一袋一袋运回来。

元妙观的厨房，戒备森严。不过，道士们把一袋袋野雀往炊房里送，不问可知，是用野雀子熬成汤，难怪不油不腻，又格外地鲜美。

既然打探到了秘诀，小太监飞也似的溜回宫中，一五一十禀报马皇后。

马皇后就把厨师找了来，请厨师依样画葫芦。当天晚上，就端出了元妙观的招牌素面。

朱元璋本来已经放弃希望，没想到今日一尝，喔，真是好吃，清香可口，吃得他直吧嗒嘴，十二万分满足地解了馋瘾，比呆呆痴想时还要香。

朱元璋大快朵颐之后，把厨师唤了来，询问他如何突飞猛进。

厨师不敢隐瞒，老老实实地说了。换了旁人，哈哈一笑就过去了，朱元璋可不，他认为元妙观的道士欺骗了他。

当夜，朱元璋以元妙观道士“欺君欺民”为理由，杀个精光，连观里养的鸡也连带遭了殃。

后来，朱元璋把元妙观改为朝天宫，作为文武百官演习朝拜皇帝之处。宫门外边，立了一块牌子，上面刻着“文武百官到此下马”。

杀了道士以后，朱元璋自己反省，为了区区一碗不是素面的素面，如此大开杀戒，实在有欠仁厚。因此，他编了一首顺口溜，命人四处去唱：

观里道士不像样，鸡丝素面荤肉汤，
欺世欺民骗皇帝，马脚败露把命丧。

朱元璋的用意是昭示天下，欺世欺民无所谓，骗了我朱皇帝，下场便是如此。

凤阳花鼓《讨饭歌》

左手锣，右手鼓，手拿着锣鼓来唱歌，
别的歌儿我也不会唱，单会唱个凤阳歌。
凤阳歌儿来，得儿当当飘一飘，
得儿当当飘一飘，得儿飘，得儿飘，
得儿飘得儿飘得儿一得儿飘呀飘一飘。

这一首旋律优美、悦耳动听的凤阳花鼓是人人朗朗上口的好歌。可是，很少人知道，这首歌曲与朱元璋有关。

民间传说，朱元璋小时候，他家乡凤阳（当时属濠州），流行花鼓戏，又称为“凤阳花鼓”“打花鼓”或者“花鼓舞”。

花鼓戏表演的通常是两个人，一男一女，男的敲锣，女的打两头鼓，边唱边舞，唱的多半是形容家破人亡的悲苦。

唱词极为浅白，多半用叠字，前两句各三个字，后两句各七个字，与西南地区的花鼓戏近似。

朱元璋小时候，是个成天在外顽皮的野孩子，他很喜欢跟在唱花鼓的后面，学着哼哼唱唱，觉得是贫困单调家居生活中的最好调剂。

那时谁也没想到，这个拖着两条鼻涕，打着光脚，模样不讨人喜的小鬼头，竟然有一天当了皇帝。

朱元璋登基的消息，传到了安徽凤阳。这个穷乡僻壤的小地方，乡亲们简直乐疯了，不晓得该如何表达心中欢喜，只在街上快乐地走来走去，彼此互贺：“想不到啊，咱们凤阳出了一个皇帝，真是乡里之光。”

凤阳城里有头有脸的乡绅们，尽管当年不把朱家瞧在眼里，现在可不一样了。一个说：“在皇上小时候，我就看出他不凡。”其实，朱元璋小时候放牛，经常挨打，谁也没有看出他有什么能耐。

另一个接口：“还不是咱们凤阳有天子之气。”

大伙儿七嘴八舌道：“反正，我们凤阳从今天起不一样啦，当今天子是大伙的老乡，我们应该推派代表，入京贺一贺。”

“对，对。”个个附和，谁都想趁这个机会入京，也许顺便可以讨个一官半职。于是，家有资产者固然想去，就是缺乏盘缠者，也都想跟去开开眼界。

可是，“该带什么礼物呢？”不知是谁提出了问题，众人陷入一片沉默之中。凤阳是个小地方，“特产”是不断的灾荒，实在无啥可献宝的。

“咱们凑钱打金饰！”李老爹提议。

“开玩笑，做皇帝的，要金有金，要银有银，谁在乎你的小小金饰。”

“说的也是。”李老爹讪讪地笑起来，觉得怪不好意思地摸摸光头。

王大娘忽道：“不如带一些芝麻去！”在乡下人心目之中，芝麻可是名贵的好东西了。

王大娘这一开口，个个都笑弯了腰。王大娘老脸挂不住，生了气：“这也不行，那也不行，算来算去，咱们凤阳只有打花鼓算是特产了。”

王大娘一语提醒梦中人，凤阳乡亲们都频频点头：“对啊，想当今皇帝离家不少日子，一定很久没听过了。”

一旁有个自小与朱元璋闹着玩的小李忙接口：“我记得他自己还会唱哩！”

主意已定，大伙便积极排练花鼓歌，还新编了一些吉祥的曲调，浩浩荡荡开往京城。

俗话说得好，“衣锦还乡”是人生最得意之事。朱元璋没空回凤阳，能在亲朋好友之前露露脸，也是挺有光彩的。因此，朱元璋堆了一脸笑容道：“太好了，自我投效军旅以后，还没有听过打花鼓哩。”

打花鼓，佚名绘。

朱元璋一乐，乡亲们更乐了，礼物送对了当然是件开心事，尤其是能博得皇帝一乐，以后的好处可说不完。

于是，乡亲们预备大显身手。

不料此时，太监前来跪报：“皇上万岁，万万岁，请皇上用膳。”

俗话说：“吃饭皇帝大。”一个普通百姓吃饭时也与皇帝一般重要，更何况是真正的皇帝呢。

凤阳乡亲们赶紧收拾鼓锣，准备等朱元璋用膳完毕再表演。

可是朱元璋正在兴头上，他吩咐道：“吃饭急什么，先唱花鼓再说。我们先唱后吃！”

既然朱元璋有令，凤阳老乡们便打起槌，擂起鼓，精神抖擞地舞了起来，“咚咚呛，咚咚呛，咚咚呛咚咚咚呛……”

一听到这熟悉得不能再熟悉的曲调，朱元璋整颗心都热了起来，不由自主地跟着旋律，用手在大腿上打着拍子。恍惚之中，仿佛回到了童年，他兴趣盎然地跟在花鼓队的后面，却总是遭人嫌恶，一再被驱赶，他又死皮赖脸地跟了上去。

想想当初的窘迫，再看看眼前乡绅巴结的惶恐模样，朱元璋情不自禁高喊："好，再来一个。"

就这样，一首接一首，乡亲们凤阳花鼓唱得不亦乐乎，朱元璋听得不亦乐乎。过了许久许久，朱元璋才想起来要吃饭，他兴致勃勃地说："各位乡亲父老，我今天有幸做了皇帝，不会忘记各位。以后，各位有福气的当官，没福气的替我看陵墓，一年到头，就这么哼哼唱唱，过着快乐逍遥的日子，现在，大家痛快地吃喝一顿吧！"

也许朱元璋错在先听花鼓后吃饭，日后，凤阳的饥荒一年比一年严重，凤阳人逼不得已，背着小花鼓，到处去讨饭，讨饭之前，照例先载歌载舞来一段儿，真正是"先唱后吃"。

后来，有人埋怨朱元璋不该"先唱后吃"，真的一年到头，哼哼唱唱，却不见得快乐逍遥，因此，编了一首花鼓歌唱道：

说凤阳，道凤阳，
凤阳本是个好地方。
自从出了个朱皇帝，
一年倒有九年荒！

朱元璋赐春联

在春节期间，许多人家的大门上，都会贴上一副春联，讨个吉利。最常见到的春联便是“天增岁月人增寿，春满乾坤福满门”。

春联到底是怎么来的呢？这是个有趣的话题。一般说来，大致有两种不同的起源。

一说春联是起于古代的桃符板。相传五代之时后蜀孟昶曾经题句“新年纳余庆，佳节号长春”于桃符板之上。后来人们模仿孟昶，以纸为板，写一些吉利的话，贴在大门两边，为农历新年带来欢乐的气息，又称之为“门对”“春帖”。

另有一说，与朱元璋有关系。朱元璋肚里的墨水有限，却好舞文弄墨，他的字写得也不怎么样，却有表演的瘾头。

有一年，腊月二十八日，朱元璋心想，快过年了，回想小时候，虽然没好吃没好穿，到了过年，还是兴奋得不得了。当了皇帝以后天天鸡鸭鱼肉，吃得相当丰富，倒反而缺乏过年的兴致。不如微服出巡，看看老百姓过年的情形。

朱元璋正要出门，转念一想，不对啊，待会儿文武百官见不到皇帝，岂不是闹得天下大乱。

他灵机一动，找来一张红纸，濡笔写上“过年不朝回乡去，开春奏来民间情”，横批是“与民同乐”，贴在午朝门上，然后潇潇洒洒地带着随从出去逛去了。

一会儿工夫，百官照例上朝，等了又等，挨了又挨，就是不见皇帝，想朱元璋一向勤快，众臣们都有些担心，该不会是皇上病了吧?

忽地，有个大臣指着午朝门上的对子惊呼:“你们看！”众臣一致望去，相对而笑:“原来皇上放我们返乡假，太好了！”

于是，大臣们纷纷赶回去，收拾行囊带着礼物回老家。由于是朱元璋命令返乡，大臣们还不敢不回去，万一开春之后，皇上问起“民间情”，如果一问三不知，可不是闹着玩的。

有些个大臣回去之后，也效法朱元璋，弄一张红纸，写副对联，挂在墙上。中国读书人一向讲究书法，字写得好不好与考场分数大有关系。大臣们也正好露一露，表现黑大圆光或是坚挺俊俏的书法。

一时之间，贴春联成为时髦的玩意儿，一般小市民望着豪门巨宅的春联，真有十二万分羡慕，却又不敢效尤。

朱元璋微服出行归来，听说自己无意之中带动流行风气，十分地开心，并且传令，无论贵贱，家家户户都可以贴春联，表示他“与民同乐”也。

到了第二年春节前夕，朱元璋再度微服出巡，他想去做个民意调查，确定春联流行的程度。

朱元璋挨家挨户地察看，发现名堂还真不少，大大小小的对联，有长有短，对句中有吉祥话，也有歌颂皇帝的，朱元璋最喜欢看这种，笑得眼睛都眯了起来。

一直到快吃年夜饭的时候，朱元璋还舍不得回宫。

一旁的侍从可紧张了，真是“皇帝不急，急死太监”，因为再往下走，就是贫穷偏僻之处，非但有碍观瞻，而且惟恐安全上有个闪失。

朱元璋正在兴头上，谁也拦他不住。他大踏步向前，发现一间破宅门上光秃秃的，没有贴春联。

朱元璋一张脸马上就垮下来了，不悦地说:“奇怪，他为什么不贴春联?”说着，他便唤侍从敲门。

“砰砰砰！”侍从敲了半天，出来一个阔脸方腮，眼暴耳大，貌丑形粗，胳膊上搭着一条脏兮兮油腻腻毛巾的壮汉，没好气地说：“你们敲什么敲？”敢情是个屠夫。

贴春联，清周慕桥绘。

侍从正要开口，朱元璋先问了：“你为什么不贴门对子？”

壮汉用脏毛巾一抹满是臭汗的脸，从鼻孔哼了一声：“奇怪了，我为什么非要贴门对子？”

“不是皇上有旨吗？”朱元璋问道。

“不贴门对子就不能过年吗？”壮汉叫起来抗议。

朱元璋耐着性子解释：“不是这个意思，我是想知道，是不是地方官员从中捣鬼，没把诏书发给大家。”

壮汉笑道：“有没有发通知，我可不晓得。不过，发了我也看不懂，我吗？嘻嘻嘻，每天是白刀子进、红刀子出，只管杀……”

壮汉“猪”字尚未出口，侍从可是吓坏了，就担心他真说出“杀朱”，朱元璋又要杀人，赶紧大声呵斥：“大胆屠夫，万岁爷在此，还不赶快下跪？”

壮汉一听，毛巾一扔，连忙跪下来讨饶：“请饶小的一命，小的不识字，无法贴对子。”说着说着，他竟呜呜哭了起来。

要是换了平常，朱元璋一火，这个杀猪的就没命了。可是今儿个是年三十，杀人晦气，而且壮汉又不晓得来人是皇上，不知者不罪。

所以，朱元璋反而好言好语安慰壮汉：“你不识字，不贴门对子，不能怪你。这样吧，朕赐你一副对子。”

“真的？”壮汉大喜过望，接着又叹气：“可是小的家中没纸没笔。”

“这个不用你发愁。”朱元璋笑着安慰。话还没有说完，侍从已经捧着纸砚走进来。

朱元璋为表现自己才高八斗，拿起笔来一挥而就：“双手劈开生死路，一刀割断是非根。”

屠夫也不知道朱元璋写些什么，急忙磕头谢恩，一旁的侍从当然拼命夸好，朱元璋自己是洋洋得意。

民间传说是否事实，不得而知。不过，朱元璋到底肚里的墨水有限，顶多只能胡诌打油诗倒是真的。

百猫坊破风水

在南京城的南彩霞街，过去有一座牌坊，十分奇特，上面雕刻着一百只猫咪，每只猫咪姿态各异，栩栩如生，看过的人都啧啧称赞。原来，其中又有一段朱元璋的故事：

民间传说，这座大宅是朱元璋为了感谢俞家兄弟，特地为他们起的宅子。

朱元璋初起兵之时，随着老丈人郭子兴，占领了和州（安徽和县），并且放出大批良家妇女，和州百姓都欢天喜地，朱元璋自己也相当得意。

但是，没过多久，朱元璋就开始伤脑筋了。原来和州是个小地方，被元军围攻几回以后，开始大闹粮荒。朱元璋经常一个人，对着长江浩浩荡荡的大水摇头兴叹。过了长江，对面的太平物产丰饶，是古来著名的鱼米之乡，奈何没船没人，如何能过去？

和州地方人士建议朱元璋：“想过巢湖，还非得借重俞家父子不可。”俞家带头的是俞廷玉，他有三个彪形大汉儿子——通海、通源、通渊。一家都在巢湖大头目李扒头手下当差。

正巧俞家近日与左君弼起了冲突，一心一意想要报仇，派人来向朱元璋求救兵。朱元璋大喜过望，亲自到湖泊里去拜访俞家三兄弟，俞家兄弟觉得很够面子，宰了一头黄牛，大伙痛痛快快吃喝一顿。

俞通海喝得满脸通红，拍着胸脯道：“承蒙朱老大看得起，我等不怕天、不怕地，我们听你的吩咐，水里，水里去；火里，火里去；这腔热血本来是要卖给识货的！”说着，他直用手拍脖颈：“我弟兄三人，保证舍命到底……”

果然，俞氏兄弟拼足全力，帮助朱元璋渡过巢湖，攻下太平，并且把李扒头灌得酩酊（mǐng dǐng）大醉，捆手绑脚，丢到江里喂鱼。朱元璋从此拥有水军。

俞家三兄弟之中，又以俞通海最为骁勇善战，尤其是在对张士诚一役之中，情况相当危急，诸将有意暂退，俞通海说什么也不肯，他说：“彼众我寡，愈退愈糟，不如力战。”

力战之下，张士诚方矢如雨下。一不小心，俞通海伤了右眼，流血不止。

虽然一目失明，但在击溃陈友谅一役之中，俞通海仍是建功最多，真的是“水里，水里去；火里，火里去”。

后来，桃花坞之役中，俞通海又受了重伤，被抬回金陵。朱元璋亲自去看望他，轻声问道：“平章（俞通海官拜中书省平章政事），知道我来看你吗？”

俞通海此时已陷入昏迷，不能言语。朱元璋挥泪而出。第二天，俞通海就死了，只有三十八岁。朱元璋追封他为豫国公，享太庙，洪武三年（1370年）改封虢（guó）国公，谥忠烈。

由于俞家三杰为明朝都出了大力，朱元璋就决定为他们造一座特别的宅子。

宅子造好了，果然是雕梁画栋，花木扶疏，气派不凡。有心人看在眼中，十二万分地不是滋味。于是，有个小人跑到朱元璋面前进谗言：“陛下为俞家造这么好的宅子，固然是陛下仁厚，只不过，唉……”不肯说下去了。

“只不过什么？”

“只不过陛下没发现吗？俞宅上方，王气围绕，这不是好事，更何况，俞通海一家三杰，对部下宽厚，俞家后代又个个争气。”

“后代争气”这句话，打入朱元璋心坎之中，不自觉皱紧了眉头，因为他的子孙可不争气啊！想到这儿，朱元璋怒由心生，冒起火儿：“那么，拆掉它，拆掉房子就不愁有王气啦。”

刘伯温一听，心中暗暗发愁，俞宅若是拆了，朱元璋气也消了就罢，怕的是万一拆了屋，奸臣进一步落井下石，那么，俞家岂非飞来横祸？

刘伯温是个有急智的人，而且懂得如何保全皇上的颜面，他胸有成竹道：“俞宅的房子是高了一点，不免有人误会有王气，若是把刚刚建好的宅子拆掉，岂不太浪费，同时有伤皇上的仁德。最好是既不必拆屋，又可以破王气。”

双猫窥鱼图，近代程璋绘。

朱元璋向来节俭，一向见不得浪费，因此这话颇为入耳，他极有兴趣道：“莫非军师又有什么高见？”

“其实倒也不难，”刘伯温献计，“鱼（俞）总要入海才能成龙。鱼最怕猫，我现在派猫把守，鱼只消一有蠢动，猫儿就把鱼吞入肚里。免得刚刚建屋又拆屋，弄得人心惶惶。”

朱元璋点头称：“妙！”

于是，刘伯温在俞宅周围摆起了八卦阵，在俞家门前牌坊，足足刻了一百只猫，虎视眈（dān）眈监视着，对门挖一口井，表示鱼入了井，到不了大海。然后，后门建个堵门窗，东边设个钓鱼（俞）台，西屋再来一个竿（赶）鱼。

若是有一天，这条鱼不听话，那么一百只尖牙利爪的猫守着，看鱼儿往哪边逃。万一有幸逃出，后面堵，东边钓，西边赶，一层又一层，看鱼往哪儿逃。

刘伯温布置好以后，朱元璋亲来探访，确定鱼儿入不了海，成不了气候，心中大乐，也就放过俞宅了。

其实，古来建都之地，所谓的王气也不能维持多久，再说，朱元璋家境清寒，连个遮风蔽雨的地方都没有，妄论王气，他还不是当了皇帝?

可是，古人对风水，一向是宁可信其有，不可信其无，因此，迄今民间传说，南京西门小巷弯弯曲曲，仿佛走迷魂阵，就是刘伯温摆的“八卦阵”，防堵鱼（俞）儿入海当大龙。

汪妈妈千里送鹅毛

民间传说，自从凤阳县乡亲入京见了朱元璋，表演了一段凤阳花鼓以后，回到家乡是不厌其烦，说了又说。由于凤阳老乡个个与有荣焉，因此也是听了又听，不厌其烦。

几乎每一位老乡，唠唠叨叨形容了一大段之后，总会加上一句：“汪妈妈该去的，皇上还问起她呢。”

汪妈妈皱得如红枣般的脸儿，笑容一挤，皱纹更多了，却有说不出的慈祥，她喜滋滋地说：“难得重八这个孩子还挺念旧的。”

“不是重八，是皇帝。”

一旁的老乡赶紧纠正。

朱元璋小时候，是个惹人讨厌的孩子，长相丑陋不打紧，既不懂得礼貌，又喜欢带头捣蛋，爹不疼娘不爱，左邻右舍见了他总摇头。

惟独汪妈妈心肠软，见这个孩子没人喜欢，怜他肚子饿，经常塞他一个馒头，几个番薯。朱元璋贪吃，有事没事老腻在汪妈妈身旁，有时，汪妈妈也让朱元璋帮忙做点粗活。

汪妈妈被左邻右舍这么一怂恿，心里头好乐，没想到活了一辈子，有如此风光的一天，当下决定了：“好，我这就去！去看我的宝贝干儿子。”

可是，千里迢迢赶了去，总不能两手空空，但是家徒四壁，实在拣不出像样的东西，正在发愁之时，两只肥鹅“哦哦哦”拉着破嗓子一摇一摆走了进来。

汪妈妈忍不住扑哧笑了起来，她记得，朱元璋小时候天不怕、地不怕，最怕她家里几只鹅。这些鹅凶得很，每次都追着朱元璋跑，有一回还把朱元璋仅有的一条破裤子咬破。“也罢，就带这两只大白鹅去！”说着，她又拎了一坛绍兴酒就出发了。

汪妈妈瘦瘦小小的身躯，带着两只鹅、一坛酒辛辛苦苦翻山越岭，两只大白鹅被绑得难受，一路上“哦哦”抗议不已。汪妈妈一连几天折腾下来，真是老眼昏花，头疼不已。

汪妈妈的小船渡过长江之时，两只大白鹅，多日未见水，兴奋地叫个不停，铆足全力想往下跳。

鹅，选自《吴友如画宝》。

汪妈妈紧张得握紧麻绳，冷不防，白鹅奋力挣脱了绳索。汪妈妈伸手一抓，只抓到一撮（zuǒ）鹅毛，白鹅扑通一声跳入水中，快乐得猛拍翅膀，向前游去。

汪妈妈望着手中的鹅毛，忍不住嘤嘤地哭了起来，一个不留神，把身边的酒坛子给打翻了。这下子，汪妈妈更伤心了，又没钱买礼物，只好如此狼狈地入宫找朱元璋。

朱元璋见到汪妈妈，真是十二万分高兴。他露出难得一见的孩子气笑容道："没想到重八有这么一天吧。"

"只可惜……"

"可惜什么？"

汪妈妈把怎么丢了鹅，又打翻了酒坛子的事诉说了一遍。

朱元璋如今是"普天之下，莫非王土"，整个国家都是他的了，哪儿在乎两只鹅？

因此，他安慰汪妈妈："别哭了，这叫千里送鹅毛，礼轻情意重。"

汪妈妈这才破涕为笑，从此，留在宫中享清福。

不过，"千里送鹅毛"的成语却不是这么来的，苏东坡的诗中早有"且同千里寄鹅毛，何用孜（zī）孜饮麋（mí）鹿"（《扬州以土物寄少游》），比喻物轻而情意重，多半用在远道赠送亲友礼物，自谦价值微薄。

除了汪妈妈是朱元璋的嘉宾，朱元璋小时候一同放牛的难兄难弟也成了贵客。

有一天，他六个结拜兄弟大模大样入宫找朱元璋，他们还是乡下人的淳朴热情，开口就是："重八你发了，当皇帝。"他们也不顾皇帝的尊严，一巴掌就用力拍在朱元璋身上。

朱元璋很不开心，他不愿意让底下人看到，原来皇帝的结拜兄弟就如此没程度，但是，又不便发火，涨红了脸勉强憋着。

那六个兄弟可是毫无察觉，东摸摸，西坐坐，嘴巴张得大大的，露着一脸傻笑。

忽地，有一个开了口："对啦，大哥当了皇帝，应该封官给咱们。"

"不行！你们又没有战功，凭什么封官？"

"凭咱们是结拜兄弟啊！"

朱元璋知道这些人，说也说不通，心生一智道："咱们不是当年拿了七块方木当信物吗？"

"对啊!"六个兄弟各自掏出一块脏兮兮的烂木头，当宝贝似的放在桌上。

"老二当了大将军，转战南北，封方木为'武威'；老三是七品小官，封方木为'惊堂木'，犯人不招，就'啪'地拍一下，吓唬吓唬；老四是药铺郎中，方木压药方，封为'压方'；老五当了和尚，敲着方木，云游四海，就封方木为'云板'；老六在街头说书，怕观众听着瞌睡，用方木敲醒，封为'醒方'；最后老七是染布师傅，不妨封方木为'染牌'。

"至于我这一块嘛，我是万岁爷，就称为'震山河'吧！"

乡下人都很老实，虽然没得到实惠，但自己的方木得了个封号，也就欢天喜地回家了。

不过，以上是民间传说，事实上，例如县官审案用的小木头，称为惊堂木，可是由来已久的说法，旧小说中经常有这么一段："大尹把惊堂木在桌上一连七八拍，大声喝道：'你这奴才！'"

许多行业喜欢把自己与朱元璋扯上关系，也算是一种往自己脸上贴金的做法吧!

朱元璋两幅不同的画像

乍看刘建志先生画的朱元璋画像，一英挺一丑陋，完全是截然不同的两个人。其实，这都是他根据流传下来的历史文献改绘而成的。

先看这幅丑陋的画像，五岳朝天，整张脸全是凹凹洞洞，仿佛月球表面，实在不怎么好看，与民间一般传说相同。

也有一说，朱元璋疑神疑鬼，就怕被人暗杀，因此，故意找人画了一幅难看的像，用来混淆视听，借以自保。

不过，后面这一种说法，比较缺乏说服力。天子深居禁中，防备甚严，一般人不可能混入。再说，中国历代帝王之中，从来也没有听说过谁出此下策，故意弄一幅“望之不似人君”的丑陋画像避人耳目的。

那么，另外一幅相貌堂堂、魁伟英俊的画像又是怎么来的呢?

民间有一种传说：由于朱元璋尊容甚丑，因而演出一段“独赏活笔”的故事。

中国古代没有照相技术，历代帝王即位之后，一定要找位画工，郑重其事画幅像，昭示天下，传之后世。

朱元璋即位以后，自全国各地找来一批的画工，画了一张又一张的像，他全都不满意，每回看了，总是面色铁青，语气不悦：“你们说，这像我吗？”

既然画了半天，害得皇帝连屁股都坐疼了，还是画不像，这批倒霉的画工都一一被处死刑。然后，朱元璋又在全国各地急征画工。

当时，在江南地区，有师徒四人，均以擅长绘画而著名。江南人尊师父为神笔，大徒弟、二徒弟、三徒弟依次为仙笔、宝笔与活笔，四人都有巧夺天工的画笔。

尤其是师父神笔，他曾经画过一幅斗雀画在墙壁上，访客看了，都以为是真的，用手挥逐，挥了半天，斗雀不去，才知道原是一幅画，可见他写实功夫是如何高深。

由于他四人有这身本领，因此，当朝廷使臣命令他等进京，倒也不慌不怕，不忧不惧，还抱有存心露一露脸的心理。

师父神笔是第一个被唤入宫的。朱元璋对他说：“听说你外号是神笔。”

朱元璋，佚名绘。

“不敢。”神笔心中受用，表面不形于色。

“以前的画工画得都不像，这一回看你的了。”朱元璋长吁一口气，调整一下衣冠，坐下来当模特儿。

神笔悄悄地打量一下朱元璋。乖乖，长得还真怪，鼻孔朝天，两耳如扇，下颔往前伸，颧骨高耸，长了一脸黑黑的麻子。凭他多年作画功夫，如此有特征的人应该最好画，只要把特征突出放大便可。

心中有了腹案，神笔就飞快地在画布上打

草稿，接着，洗砚研墨，不一会儿工夫，已经大功告成。

其他画工纷纷围拢过来，无不啧啧称奇：“哇！跟真的一模一样。”不但抓住了朱元璋的特征，而且神情简直是朱元璋的翻版。

神笔心中好得意，他暗忖：“这叫养兵千日，用于一时。我也是经过一番苦练，才有如此的绝活。”神笔并且想到，领赏之后，如何以师父的榜样，教训三个徒弟，回到江南老家之后，该算得上是衣锦荣归了吧。

不料，朱元璋兴冲冲走过来，一见画像，立刻破口大骂：“你们说，这像我吗？”

旁边的人都想说：“像极了！”却是谁也不敢开口。

朱元璋疾言厉色道：“把这画工推出去斩了！”

神笔做梦也没想到，会以这种方式“回老家”。

消息传来，仙笔、宝笔、活笔都吓呆了，而且极为困惑，凭师父的本领，应该不会有问题啊，莫不是临阵发挥失常？

第二天就要进宫的仙笔转念到此，忽然腹痛如绞，一个晚上都在闹肚子，第二天，仙笔果然也追随师父去了。

见此光景，宝笔、活笔心胆俱寒，真想打道回府，不干总可以吧，可惜在专制制度之下，却也没有说不的权利。

第三天，宝笔同样没有回来。一连走了师父与两位师兄，活笔真有说不出的难过，而且相当纳闷。

到了第四天，活笔上了朝，他一瞥见朱元璋，倒吸了一口气，马上知道为何任谁也“画不像”。朱元璋不但丑陋，而且模样凶狠，小孩子看了，都会给吓哭的。想来朱元璋希望画工把他画得漂亮些，最好不像他，又不便说破，只好杀掉画工泄忿了。

活笔揣摩到朱元璋爱美的心理，干脆看也不看朱元璋，自顾自画想象画，画了一张人们心目之中皇帝的模样——相貌堂堂，慈眉善目，很有福气的样子。

朱元璋端坐在龙椅之上，等得不耐烦，跳起来看，一看之下，大为满意，连连称赞：“终于有好画工画得像了。”

明明是不像，但是既然皇帝说像，一旁的人也附和着：“像极了像极了，尤其是那股神韵再像不过了。”

据说，这就是流传下来体面、好看的朱元璋画像的由来。

民间传说总归是传说，朱元璋到底长相如何，始终是个谜。正如同朱元璋的画像有完全不同的两种，后代对朱元璋的看法也南辕北辙。

以朱元璋对待大臣的刻薄寡恩，翻脸无情，他应该被列入反派角色，但为什么民间提起朱元璋，却又相当亲切，甚且可以说他是中国历代帝王之中，最为人们所熟稔（rěn）的皇帝。

这是因为朱元璋对待大臣，手段毒辣，但是他对百姓，还算是比较宽大的。同时，他来自民间，再加上明朝距离今天比较近，自然而然地，有关朱元璋的种种传说也就格外丰富了。

明太祖的二十六个儿子

自从明太祖朱元璋的长子朱标，在洪武二十五年（1392年）病死之后。朱元璋老年丧子，悲痛万分，加上太孙允炆（wén）个性懦弱，让他放心不下。

允炆与他的父亲朱标一般，都是性情温和、颖慧好学的人。允炆十四岁的时候，父亲生病，他伺候汤药，昼夜不离床榻边。

后来，朱标过世，允炆伤心逾恒，眼睛都快哭瞎了，整个人剩下一把骨头，瘦伶伶的，明太祖看了好不忍心道："你这孩子既纯洁又孝顺，你顾着你父亲，怎不顾着祖父，再哭下去怎办？你可是明朝未来的天子啊。"

太祖内心深处，既不满意朱标，更不满意允炆。在他看来，仁义道德都是表面说说好听，可当不得真。做皇帝的，如果没有手段，拿什么统治天下。

每回明太祖见到十来岁的允炆，涉世未深，一脸天真无邪，他就忍不住发愁。他辛辛苦苦打下来的江山，可别断送在这个傻小子身上啊。

朱元璋清清楚楚地知道，这些个与他一块打天下的功臣都是豺狼虎豹，从刀上舔血的岁月走过来，个个全是老狐狸，可怜那小小弱弱的允炆，如何是他爷爷辈的敌手。于是，明太祖这个祖父晚年尽在忙着砍杀功臣。

由于天天设计谋，想手段，明太祖晚年过得相当累，精神大量亏损，到了洪武三十一年（1398年），他实在撑不下去，终于病倒了，没过多久，在西宫崩逝，享年七十一岁。

明太祖在遗诏中说："朕膺（yīng）天命三十一年，当了三十一年的皇帝，忧危积心，日勤不怠，一心一意希望有益于民。奈何出身寒微，缺乏古人广博的智慧。今日病亡，原是万物自然之理，又有什么值得悲哀悼（dào）念的呢？

“皇太孙允炆仁明孝友，宜登皇帝大位，内外文武臣僚应该同心辅政，安定民心。丧葬仪物，毋用金玉。天下臣民，哭临三日便可，不用妨碍嫁娶。诸王临国中，毋至京师。”

人之将死，其言也善。明太祖的遗诏倒是十分诚恳谦虚，他一辈子勤俭，要死之前，还规定丧礼俭约，不要用金，不要用玉，免得到了黄泉仍然心疼。

明太祖最后一句遗言：“诸王临国中，毋至京师。”意思是说，二十四个皇子啊，你们都乖乖地留在自己封国之中，用不着赶到京城来奔丧。

明太祖一共生了二十六个儿子。除了太子朱标早死，以及朱楠没有封地以外，其他二十四个儿子都封王。

在明太祖的想法之中，宋朝、元朝因为宗室单薄，朝廷一旦有事，岌岌可危，所以他要生养许多许多的儿子。

朱元璋，明宫廷画师绘，台北“故宫博物院”藏。

明太祖一共有二十六个儿子、十六个女儿。后宫的妃嫔无数，除了汉人还有蒙古人，甚至还有高丽人，据传说，明成祖的母亲便是蒙古妃子。

明太祖妃嫔多，并不完全是因为好色，而是要保障明朝的家业。他不相信旁人，只相信自己的儿子。

在洪武十一年（1378年），明太祖正式定都南京以后，他开始分封各个儿子到封国去。

诸王在各自封地建立亲王府，地位之高，不在话下。表面上看来，亲王不许干预地方行政。但是，亲王拥有指挥军事的特权，不仅亲王护卫兵由亲王直接调派，必要之时，亲王辖区之内一切军队，都在亲王掌握之中。

地方上的守卫军官，必须同时收到皇帝的御宝文书，以及亲王手令，否则，不准擅自调动部队。

明太祖对自己这套办法，真是有说不出的得意。他一方面自个儿在京城磨刀霍霍杀功臣，一方面借着儿子们掐住地方军的咽喉，真可以说是万无一失了。

明太祖想得很美，一般朝臣看在眼中，却不免忧心忡忡。

其中有一名叶伯巨的宁海人，上书明太祖“分封不可太奢侈”，他并且举出汉朝七国之乱、晋朝八王之乱的例子，提醒太祖小心日后演变成“尾大不掉”的状况，“愿陛下趁诸王尚未分封之前，节其都邑，减其卫兵，限其疆里”。

明太祖正在兴头上，看到上书，简直气坏了。他猛拍桌案，怒声斥责：“这个混账小子，存心挑拨离间，破坏我的骨肉团结。还不赶快把他捉来，我要亲手把他射个穿心过。”

后来，叶伯巨果然死在狱中。自此以后，百官当然噤若寒蝉，谁也不想拿自己的脑袋开玩笑。

明太祖又认为，元朝就是不常设太子，以致引起一连串的政变。因此，远在担任吴王之时，明太祖便立长子为世子，即皇帝位以后，又立为太子。太子早逝，则是他意料之外的变数。

操劳的老皇帝，终于咽下最后的一口气。他遗言之中所提到的“诸王临国中，毋至京师”，为的是惟恐国丧期间，地方上发生变乱。

可是，这二十四个儿子却不这么想，并且对不能前来奔丧耿耿于怀。中国人最重孝道，一般平民百姓若是接到父母噩耗，都必须摒（bìng）弃一切，回乡奔丧，堂堂皇子岂可当作没事一般。

明太祖满心以为，骨肉之情、手足之情，可以确保明朝安定，却不知一场大乱正在酝酿之中。

皇太孙允炆半边月儿脸

明太祖对皇太孙允炆的不满意，其实，打从允炆呱呱坠地那一天便注定了。

当太子朱标欢天喜地前来报讯“生了，生了，是个小男孩”之时，做祖父的，内心有无限欣慰。

可是，明太祖一见到小孙子，头颅一边竟然是凹陷下去的，脸色为之大变。

他双手接过软软的小婴儿，搂在怀中端详，瘦瘦小小，显得很虚弱的模样。他用手轻轻抚摩，碰触到凹下去的脑袋，颇为不悦地批评：“这叫半边月儿。”

半边月儿长大以后，倒是十分用功，努力向学。爱读书总是好事，消息传到明太祖耳中，这位严峻的祖父，稍稍觉得宽慰一些。

明太祖特地找了一天，专程来考考这位长孙。他望着允炆扁下去的脑袋瓜子，皱着眉头道：“也罢，就用新月为题写副对子吧。”

允炆稍加思索，朗声应道：“谁将玉指甲，抓破碧天痕？影落江湖上，蛟龙不敢吞。”文如其人，格局甚小。

明太祖听了，心中不胜懊恼，怎么太孙与太子一个模样，都是过分仁弱，没学到老子一点儿气魄。

由于太子心地善良，过分老实，他的二弟秦王、三弟晋王总是找机会欺负太子，存心挑衅。太祖看在眼里，急在心里，想尽办法处罚秦王、晋王，不料太子朱标反倒过来，跪在地上帮弟弟们求情。

明太祖“知子莫若父”，他心知肚明自己的长子是怎么样的一块料，曾经有意废储，换一个儿子当太子。

事情被老臣刘三吾知道了，期期以为不可。这个刘三吾，也是奇特之士，值得另外介绍。

刘三吾算是老年才俊，当他被明太祖延揽之时，已是七十三岁的高寿。刘三吾的文章极好，下笔飞快。明朝初建，许多典章制度都是出自刘三吾之手。

明太祖自认也有几分诗才，所以每回诗兴大发，总要表演一下，然后，再命刘三吾和一首助兴。明太祖肚子里墨水有限，他写的诗多半是“百花花发我不发，我若发时都骇杀”之类霸气十足的打油诗。若是哪一天，明太祖端出一首雅驯得体，有几分诗的味道的诗，大家都会偷笑：“八成又是刘三吾给润饰过了。”

明太祖对功臣一向不客气，刘三吾不是与他打天下的伙伴，反倒因此享有殊遇。明太祖常挂在嘴边的是：“爱卿多写些好文章，以称朕的心意。”

朝鲜进贡的名贵玳瑁（dài mào）笔，明太祖赐给刘三吾；每天上朝之时，刘三吾排在侍卫前面；宴会时，刘三吾也是排在第一桌的位置。刘三吾与汪睿、朱善合称“三老”，普遍受到尊敬。

刘三吾老来才入仕途，没学会官员们口是心非，说的是一套，做的又是一套的做法。他胸无城府，服膺孔老夫子所说的“君子坦荡荡”，因此，自称为“坦坦翁”。

明太祖对太子朱标的仁弱，愈来愈不能忍受了。他心目中的王储，应该是像老四燕王朱棣（dì）一般。朱棣北征蒙古一事，常让明太祖觉得“只有老四比较像我”。

元朝灭亡之后，蒙古人在中原的政权虽然瓦解，但是在蒙古老家的政权仍然存在。顺帝逃回老家之后，元朝的后代仍在蒙古建国，对明朝而言，是挥不去的噩梦。

洪武二十三年（1390 年），明太祖命三子晋王、四子燕王一起出征，讨伐蒙古。晋王平时喜欢闹事，真正要上战场之时，却又临阵胆怯，拖拖拉拉赖着不动。

燕王可不一样，他率领傅友德大军，出古北口，进军伊都山，击败蒙古，俘虏部众及牛马骆驼等，高奏凯歌而还。

明太祖对燕王十分满意，旁边的人也夸燕王“颇有乃父之风”。自此而后，燕王负责边境守卫，声名直窜。

明太祖很想让燕王代替朱标为太子，反正朱标庸庸碌碌，对当皇帝也没兴趣，视之为痛苦的负担。

但是，刘三吾一旁提醒明太祖：“若是四皇子接帝位，那么如何向二皇子秦王、三皇子晋王交代？”

说的也是，想那秦王野心勃勃，再三向老大挑衅；晋王相貌堂堂，文采风流都比太子强。若是舍老大而就老四，明太祖身亡之后，一场骨肉之争，马上开打。

太祖只有长叹一口气，让朱标将就着当太子。

岂料天不从人愿，朱标已经够差了，竟然又早死，害明太祖白发人葬黑发人。太祖肝肠寸断，在东阁门召见群臣之时，忍不住嚎啕痛哭。群臣面面相觑，个个都呆住了。

太祖哭了好一会儿，哭声暂歇，没多久，刚低下去的哭声，突然又高亢起来。想想创建王业的艰辛，想想明朝的未来，万千感叹，一齐化为热泪。

此时，刘三吾沉稳地走了出来，平静地说：“皇孙世嫡，承统，礼也。”

明太祖想到半边月儿要承大统，忍不住一阵昏眩，却也只有点头称是。他心忖，太子朱标面对叔伯辈已是招架不住了，现在换了一个比朱标还朱标的太孙当储君，又晚了一辈，忍不住又悲从中来，老泪纵横。

燕王崭露头角

上一回我们说到，燕王善于谋略，能征善战，颇有乃父朱元璋的风范。

朝廷内外许多人都发现了这一点，根据明朝人尹守衡所写的《明史窃》中有一段故事：

当初大将蓝玉想要结识燕王，北征归来，想带塞外名马面谒（yè）燕王，表示好感，谁知燕王态度冷冷淡淡，不怎么热络，并且对他说："名马你还是带回去吧！"

蓝玉碰了一鼻子的灰，心中无限懊恼，回到家，遇到太子妃，太子妃是开平王常遇春的掌上明珠，蓝玉正好是常遇春的小舅子，蓝玉对太子妃说："我想找个机会，见一见太子。"

"舅舅的吩咐还有问题吗?"太子妃含笑答应。没多久，蓝玉与太子密谈。

蓝玉压低了声音，故作玄虚问道："殿下啊，根据你的观察，皇上在这么多的儿子之中，他最喜欢谁啊？"

此话当然有明显的挑拨离间的用意。太子标是个迂夫子，他摇摇头，掉了一句书袋："鸤（shī）鸠之爱，焉有轩轾（zhì）？"鸤鸠，是布谷鸟，《诗经·曹风》有："鸤鸠在桑，其子七兮。"车前高后低叫轩，前低后高叫轾。

太子标这句话的意思是："父母对子女的爱，仿佛桑树上布谷鸟对子女的爱，岂有高低之别？"

蓝玉见朱标如此不开窍，干脆明讲："臣见那燕王英明神武，甚得人心，威名日隆，且为皇上所钟爱。又听江湖术士说，燕地有天子气。"

一向对弟弟仁爱的太子标听不进去，轻描淡写地回答："没有的事，你不要瞎猜。"

蓝玉发急了，他结结巴巴道："臣是肺腑之言。愿殿下自爱！"

没多久，蓝玉因为叛变被捕，这件事就不了了之。

太子朱标病逝，太孙允炆成为皇位继承人。明太祖为了训练这个"半边月儿"，偶尔命太孙帮忙处理公文，太孙与他父亲一个样儿，总是宽大为怀，很能赢得民心。

然而，太孙的仁弱，愈发让他的一群叔叔们不把这小侄儿放在眼中。太孙每次接触到叔叔们不屑的眼神，心里头就紧张，额头猛冒汗。

有一回，太祖与太孙在御书房聊天。太祖提到：最近，"辽、宁、燕、谷、代、晋、秦、庆、肃九国边境之地，都在加强军事防御"。

说着，太祖用手一指太孙："朕把防御边境之事交给诸王，可以确保边境安宁，协助你维护国家安全。"

太孙忍不住把心中的隐忧告诉爷爷："边区不靖，诸王可以抵御，万一诸王不靖，谁又能抵御？"

这番话，重重敲在太祖心坎上。这也是他最最不愿意碰触的敏感问题。每回一想到此，他只好以应该会顾念到骨肉之情安慰自己。

如今，太孙既然挑起了话题，太祖沉默了好一会儿，扬一扬眉反问："你的看法如何呢？"

太孙沉着地回答："以德怀之，以理制之，再不然，就削他的地，再不然，就派兵攻打。"

"看来，也只有这个办法了。"

祖孙二人互相对视，隐隐然对未来有不祥的预感。

做父亲的，总认为自己的儿子应该向着自己，所以，在明太祖看来，诸王看在他这个老父亲的面子上，一定会同心帮助侄儿，共建明朝大业。

他比较担心的是一些打天下的功臣，到底功臣不姓“朱”，不值得信赖，中国人的家族观念是相当浓厚的。

因此，当明太祖咽下最后一口气之前，他的遗言是：“诸王临国中，毋至京师。”他担心边境蠢动，有人会乘机造反，诸王分散各地，可以镇压，可见他至死相信儿子可靠。

洪武三十一年（1398 年）闰五月，明太祖崩于西宫，年七十一。太孙允炆即位，大赦天下，以明年为建文元年（1399 年），是为惠帝。明清两代，常以年号来称呼皇帝，所以惠帝又被称为建文帝。太祖葬于南京孝陵，谥为高皇帝，庙号太祖。

在太祖弥留之际，燕王在北平，接到父皇垂危的消息，立刻马不停蹄一路赶来，盼着见太祖最后一面。

赶到一半，听说太祖崩逝，更急着前往奔丧，想象之中，诸王都要换上麻衣麻冠，轮番入殿，瞻仰遗体，呼天抢地，号哭不已。

谁知，忽然听说太祖遗诏，要儿子们都留在藩国，别去京师。

燕王气得顿脚：“可恶，这一定是齐泰编的假遗诏，故意不让我见父皇最后一面。”

燕王心中有恨，却不能不乖乖转回北平，设灵堂哀悼。燕王失声长号，俯伏在地，痛哭不已。这一半是父子天性，一半是自己觉得委屈，越想越伤心，眼泪就一发不可收拾。

按照规矩，皇帝大殓的第二天，文武百官“哭临”，在午门外五拜三叩，住在衙门里，不得饮酒食肉，一共要哭临十天，麻衣二十七天，素服二十七个月，方始“除服”。所谓除服，指的是丧期届满，脱除丧服，也称除丧。

由于明太祖一向勤俭，惟恐大家耽误工作，遗诏之中规定“天下臣民，哭临三日，皆释服”。

太祖得病已久，一切后事，早有准备，进行得十分顺利。诸王稳住了边境，但是谁能稳住诸王，成为新上任小皇帝最大的隐忧。

齐泰、黄子澄脱颖而出

燕王怀疑惠帝利用齐泰矫诏，故意不准他这个叔父奔丧，朝廷内外气氛很僵。

其中有一个叫卓敬的，眼见明太祖大树已倾，惠帝新枝犹嫩，便上了一个密折给新皇帝：“燕王智虑绝伦，雄才大略，酷似高帝（明太祖）。北平形势险要，士马精强，金朝元朝均在此奠都。臣建议将燕王自北平改封南昌，万一有变，亦易控制。”

卓敬这个人，惠帝记忆鲜明。

卓敬是洪武二十一年（1388 年）的进士，他自幼是个天才儿童，聪明过人，读起书来，一目十行。古人读的是没有标点符号的文言文，不比现在易懂易读的白话文，一目十行可不简单。

洪武二十一年（1388 年），制度尚未完备，诸王的服饰乘车都准备仿照太子的式样。

卓敬急着上谏：“诸王服饰乘车万万不可与太子相同。否则，嫡庶相乱，尊卑无序，何以号令天下？”

明太祖深以为然，夸奖卓敬：“你这么一说，倒是提醒了我。”

惠帝见到卓敬的奏章，心中明白卓敬的好意，表面上却不能不演戏，责怪卓敬：“燕王，朕的骨肉至亲，爱卿怎会有如此古怪的念头？”

卓敬重重磕了一个响头：“臣所言，乃安天下最佳之计，愿陛下察之。”

前回我们说过，燕王（其实还包括其他诸王）心里怀疑，不准诸王前往京师吊丧，是齐泰的意思。

事实上，惠帝虽然表面上斥责卓敬，私下里，的确与齐泰、黄子澄日夜商讨太祖崩逝之后的变局。

太祖刚下葬，惠帝颁布的头一道人事命令就是："以齐泰为兵部尚书，黄子澄为太常卿兼翰林院学士，同参军国事。"

齐泰、黄子澄一下子成为新贵，真是一朝天子一朝臣，无怪燕王误以为齐泰矫诏，发布假的遗命。

齐泰，原名齐德，洪武十八年（1385 年）进士，历任礼、兵二部主事。

有一回，太祖在谨身殿主持郊祭，选择历官九年，而且从来没有犯过错误的官员陪祭，齐德正是其中之一。因为这个缘故，齐德被赐了一个新姓名——齐泰。

洪武二十八年（1395 年），齐泰以兵部郎中被擢拔为左侍郎。曾经有一次，太祖偶尔提及："目前边将情形不知如何？"

太祖只是随口问问，齐泰竟然立刻回答各地驻防的将领，让人觉得他对边将了若指掌。

太祖又问到边境情形，齐泰顺手一掏，取出一本小册子，里头记载的边境情形，简明扼要。

太祖忍不住点头夸赞："嗯，很好，你很用心。"因为太祖询问齐泰，原是临时起意，齐泰不可能临时抱佛脚，可见齐泰平日就认真而用心。

从此以后，太祖对齐泰另眼相看。

惠帝是个读书人，重视品德，所以觉得齐泰忠于国事，格外敬重齐泰。

至于另一位红人黄子澄，原是惠帝的伴读。所谓伴读是官名，在宋朝有南北院伴读，侍教宗室子弟，明朝为亲王府官。黄子澄担任东宫伴读，等于是惠帝的学习助理。

明太祖朱元璋是草莽出身，没受过良好的教育，以后靠自修，读得相当辛苦。因此，他对诸子的教育，非常注重，在宫中建大本堂，贮藏古今图书，四方延请最有学问的人担任伴读。

太祖对伴读儒臣十分礼遇，经常告诉他们：“若有一块精金，得找最好的工匠打造；若有一方美玉，得找最好的玉匠琢磨。我的孩子们不比寻常，将来要治理国家大事的，你们必得好好管教。”

由于太祖注重教育，他的二十六个儿子当中，秦王、晋王、燕王都能治理边疆；周王是植物学专家；宁王著作尤丰，写了《通鉴博论》等数十本书；湘王尤其允文允武，常常开夜车读书读到半夜，然后再练刀弄枪。

总之，太祖的儿子几乎个个有一套。结果，因为顺应制度，避免引起纷争，只好先后以太子太孙为皇储，两人都是懦弱无用的人，怎不让太祖懊恼？

话说回头，黄子澄出身是洪武十八年（1385 年）的状元，被明太祖选为太孙的侍读，同时担任太常寺卿。

黄子澄，像载《吴郡名贤图传赞》。

由于在过去的朝代，太子官僚经常自成一个系统，与廷臣容易闹意见，甚至演成对立的局面。明太祖特选用朝廷重要大臣兼任东宫官僚，宋濂是如此，黄子澄亦复如此。

有一回，黄子澄讲课告一个段落，与惠帝散步来到东角门。惠帝坐了下来，师生二人闲闲地聊了起来。

二人先是谈一些不着边际的起居生活。接着，惠帝长长吁了一口气，转过脸来，对黄子澄诉苦：“诸王各拥重兵，多做不法之事，怎么办呢？”

黄子澄这个做伴读的，不慌不忙安慰惠帝："诸王护卫兵，仅足以保护自己。倘若一旦有变，朝廷以六师之兵予以讨伐，谁又能抵抗？汉朝七国并非不强，结果还不是一一被灭？大小强弱不同也。"

惠帝听了，不住地点头，忐忑不安的心稍微安定下来。

由于有这段往事，同时，惠帝身边牢靠的人不多，所以，惠帝即位第一件事，就是同时发表齐泰与黄子澄的任命。

惠帝的抉择

由于惠帝的老师黄子澄，曾经安慰惠帝，虽然诸王跋扈（hù），但汉朝平定七国之乱的例子在前，不愁不能平定天下。

汉朝大封子弟为王，诸王坐大。汉景帝即位不久，削夺各个王侯的封地，引起吴楚等七国的叛乱。幸亏靠着周亚夫，才平定了一场乱事。

当太祖崩逝之时，惠帝心中七上八下，虽然明知登基是早晚要来到的事，仍然紧张极了。

他默默看着宫里开始更换摆设，窗帘、椅垫一律改用素色，磁器由五彩换为青花。妃嫔宫女个个摘下亮晶晶的金玉珠宝，改佩白银象牙。里里外外，白蒙蒙的一片，哭声此起彼落，哭得惠帝的心中更加混乱。

惠帝勉勉强强抑制起伏不定的心情，在心中对自己说："师父啊，我若是汉景帝，你可要当我的周亚夫啊。"

明太祖规定，为尊师重道，诸子们都恭恭敬敬尊老师一声"师父"。

惠帝除了任命齐泰、黄子澄，并且擢拔方孝孺担任翰林侍讲。侍讲也是老师，地位比伴读更高一层。方孝孺是中国历史上的名人，他的故事，我们以后会详细叙述。

诸王都在猜疑，太祖遗诏是齐泰搞的鬼，并且对这个侄儿皇帝大为不满。惠帝想解释也解释不清。

然后，不断地有消息传来，说是燕王、周王、齐王、湘王、岷（mín）

王互通声息，相互煽动，似乎一场大祸正在酝酿之中。

有一天，退朝以后，惠帝秘密召见黄子澄，忧急地问道：“先生还记得当年在东角门所说的话吗？”

黄子澄用力地点点头：“臣不敢忘。”

接着，黄子澄就去找齐泰，三更半夜，促膝密谈。

黄子澄先开口：“事情危矣。”

“先得自燕王下手。”齐泰马上接口。

“不然，燕王虽然士马精壮，但没有犯过错，何以服天下？”

“依你之见呢？”

“依我的看法，周、齐、湘、代、岷诸王，在先帝时多为不法，先削他们的藩，比较说得过去。”

周王是燕王的同母弟，削周，正是削燕王之手足也。

齐泰考虑了半晌点点头说：“也有道理。”尤其黄子澄当过惠帝的老师，交情不一样，齐泰也乐于接受黄子澄的意见。

周王朱橚（sù）是明太祖第五个儿子，他颇为好学，擅长词赋，而且对植物极有研究。

就在齐泰与黄子澄密谈的第二天，周王的次子密报周王图谋不轨，惠帝正好利用这个机会，把周王从开封绑到了南京。

惠帝一向心肠软。周王绑来以后，他总觉得自己对不起周王。事实上，虽然周王的儿子密报，但或许是父子不合存心诬赖，到底也没有证据啊。

惠帝天天心里想这件事，想得觉也睡不好，他忍耐了一个月，终于忍不住了，他想要把周王放回去。

黄子澄着急地说：“陛下，切切不可！”

齐泰也忧急地阻止：“万万不可！”

惠帝原本是个优柔寡断的人，他嗫嚅着说：“那么，再研究看看吧，朕是想放他回去的。”惠帝的脸上，一片茫然，似乎很拿不定主意的样子。

退了朝，齐泰与黄子澄找了个隐僻地方密谈，彼此先交换一个苦笑，齐泰不以为然地表示："今上妇人之仁，怕要误事。"

黄子澄也有同感："事到如今，非得快刀斩乱麻不可。"

第二天上朝，黄子澄提出建议，要把周王废为庶人，就是普通的老百姓。

要是依惠帝前一天的主张，把周王放回去，那么，惠帝应该反对，到底他是皇帝，有权决定一切。

但是，惠帝想想，又觉得老师的话没错，新皇上任，总得立立威，他实在举棋不定。

然而，这是不容迟疑的事。齐泰见皇帝没有表示反对，接着，又跪下来，高声地说："周王谋反，涉及齐王、代王、岷王，请一并逮捕。"

惠帝又疑惑又困窘，他真不知该如何裁决，心里惴惴然，茫茫然，着实发慌。他抬起头来看齐泰、黄子澄一脸诚恳的模样，终于咬着牙，下了决心，赞成他们的做法。

消息传出，朝廷里对削藩有不同的意见，其中一位老臣高巍有独到的看法，他上了一个折子："高皇帝分封诸王过当，诸王又多为不法。若是削藩，伤了骨肉亲情，不削则纲纪不立。最好的方法，是把北边的换封南边，南边的换封北边，逢年过节，使人查问，凡是贤能者，下诏予以褒赏，不贤能者，先加以劝告，屡次不改，再削藩。"

其实，依惠帝的力量，不如先采用高巍稳扎稳打的政策。不过，齐泰、黄子澄一心一意效法汉朝平七国之乱，箭在弦上，不能不发。

于是，齐王被绑到京师，岷王被废为庶人，代王被幽禁在大同，湘王在宫中自焚。惠帝又下诏亲王不得再节制地方官，这一连串的措施，都冲击着野心最大的亲王——燕王，使得燕王不得不有所行动了。

鬼才和尚姚广孝

在明太祖二十六个儿子之中，他最中意的是四子朱棣，也就是封在北平的燕王。因此蓝玉曾经挑拨离间，故意问太子朱标："你想想，你父皇最爱谁啊？"

平心而论，燕王得宠，的确有他的道理。他能征善战，勇气十足，而且具有锲（qiè）而不舍的毅力。洪武二十三年（1390 年），他与晋王一起出征，晋王走了一半，吓得不敢向前，燕王却坚持到底，带回大批俘虏与战利品。这是他与当老子的明太祖相同的地方。

燕王与太祖不一样的地方，则是他相貌奇伟，英俊挺拔，留着一把漂亮的胡子，而且风度翩翩，加上饱读诗书，颇有几分儒将的感觉。宫中上下，谁见了，总忍不住多瞧两眼。

燕王自知仪表不俗，喜欢有意无意地卖弄，每回见到太祖，潇潇洒洒，一甩衣袖，抢着向前请安，步履轻快，衣幅不动，仿佛唱戏的亮身段似的，漂亮极了，把那个站在一旁、体弱多病、毫不起眼的太子标，硬是给狠狠地比了下去。

燕王原本出色，自从他身边多了一个鬼才和尚姚广孝之后，更是如虎添翼，益发不得了。

姚广孝的经历十分奇特。他的父亲是医生，但他对瓶瓶罐罐的丸散膏丹没兴趣，也不想悬壶济世，继承父业。

十四岁那一年，姚广孝到了庙里，剃度当和尚，取了一个法号叫道衍，字斯道，后来，拜道士席应真为师，学习阴阳术数之学。姚广孝出了家，仍然不改其流里流气、嘻皮笑脸不正经的习性。

有一回，姚广孝游嵩山寺，正巧碰到一位相士袁珙（gǒng）。

袁珙看了姚广孝一眼，揉揉眼睛，又端详一番，然后，长长吁口气："天啊，这是怎么样奇怪的和尚，眼睛是三角形的，白多黑少，样子像一只生病的老虎，依照相书看来，性必嗜杀，将来要成刘秉忠那样的人。"

旁观的人一齐对姚广孝行注目礼，都以为他会翻脸，甚且掀起桌子抡起拳头揍人。

姚广孝睁大了眼睛问袁珙："相士的话当真？"

"当真。"袁珙说着，连连倒退两步，提防姚广孝动手打人。

不料姚广孝却笑逐颜开，双手抱拳，长长一揖："谢了！"快乐得像澳大利亚袋鼠一般，蹦蹦跳跳走远了。

袁珙望着姚广孝的背影，长长叹一口气："若是此人将来专权用事，天下事还有可为吗？莫非我看走了眼？不可能的，莫非气数如此？"

袁珙自己跟自己生气，精光四射地环视左右，仿佛谁触怒了他，他要把谁抓来痛打一顿才甘心似的。

姚广孝回到客栈，对着镜子发愣，回想方才相士之言，又惊，又喜，又疑惑，然后痴痴迷迷地笑了起来。

想这姚广孝，自小不安分，很想闯出一点名堂。他自知心狠手辣，但是外表伪装得很好，没想到今天，被相士一眼看穿，不晓得这袁珙相得准不准，将来能否有"嗜杀"的机会。

吃罢午饭，姚广孝又溜到嵩山寺附近，远远望见袁珙的布招"命相合参，袁珙候教"八个大字，在风中摇晃。

嵩山寺前三教九流，什么人都有。姚广孝眼尖，找到一位看来像本地人的老翁打听："前面那看相的袁珙，不知灵不灵？"

老翁偏过头来，打量姚广孝道："灵，怎么不灵？这方圆数十里，没有

袁珙，佚名绘。

人不知晓袁珙。”老翁嘿嘿地干笑两声，仿佛见到罕见的土包子。

姚广孝逮住机会，邀请老翁：“不如你我到前面小店喝上两盅，你慢慢说给我听听，也好增广见闻，一饱耳福。”

“也好。”老翁闲着也是闲着，便跟着姚广孝前去聊聊天。

姚广孝点了几色精美的小菜。老翁见这年轻人可喜，几杯老酒下肚，话匣子也打开了：“你想知道这袁珙吗？他啊，生有异禀，好学能诗，曾经远赴海外洛伽山，遇到一位怪和尚别古崖，别古崖见袁珙孺子可教，也就倾囊相授。”

“不过，”老翁顿了一口气道，“袁珙也吃足了苦头。别古崖每天中午，命袁珙对着大太阳直视，呆呆罚站半天，弄得头昏目眩，眼冒金星，然后，进入一间暗室，要他分辨一大把豆子之中，哪一粒是红豆，哪一粒是黑豆，一粒一粒给拣出来。”

袁珙拣了一阵子的赤豆黑豆，终于一粒都没错了。接着到了晚上，别古崖悬挂五色长条布在窗外，命令袁珙逐一说出正确的颜色。你想，晚上不点蜡烛，就靠着一点点微弱的月光，又隔着一层纸窗，能够分辨小小布条的颜色，还真不容易啊。袁珙也真行，竟然也过了这第二道关。

接下来，别古崖才教袁珙识人。在半夜里，燃起两根大火炬，观察人的形状气色，再参考生辰八字。

讲到这儿，老翁一拍大腿：“袁珙今天的这双眼睛，谁也骗不了他！”

听了老翁这番话，姚广孝真是喜不自胜。他心忖，我这和尚，纵然比不得朱元璋，也要闹个天翻地覆才甘心啊。

道衍怂恿燕王起事

自从道衍（姚广孝）找袁珙算了命，袁珙铁口直断：“形如病虎，性必嗜杀。”道衍倒是乐得很，每日照镜子，观赏自己的三角眼，都有说不出的得意。

洪武年中，道衍参加礼部举办的通儒书僧试。朱元璋是和尚出身，因此，对和尚特别礼遇。姚广孝考完了试，获得朝廷赐给的僧服回来。

走到半途，经过北固山，不免赋诗怀古。在诗中，道衍不经意地透露了野心勃勃的杀机，一块游山的宗泐（lè）忍不住摇头批评：“你看你，这哪儿像出家人写的东西？”

道衍心中别有所思，只是笑笑而不作答。

宗泐是个极够意思的朋友，因此，虽然他不满意道衍的言行，当马皇后崩逝，朱元璋寻找高僧诵经，他还是推荐了道衍。

道衍趁着为马皇后做法事的机会，刻意地接近燕王。道衍人聪明，能说善道，懂音律书画，能勉强写几首过得去的诗词，很快就博得了燕王的好感。

道衍自知，凭他的鬼里鬼气，正经呆板的太子标，绝不会欣赏他这个调调儿，倒是燕王颇能赏识这块料。

一场诵经荐福的法会之后，燕王已经舍不得离开道衍，他诚挚地邀请：“你我既然投缘，不妨随我去北平。”

道衍正中下怀，立刻称谢。

就这样，道衍到了北平，担任庆寿寺住持，成为不折不扣的政治和尚。他经常出入燕王府中，形迹诡秘，时时避开众人，讲一些其他人听不到的悄悄话。

道衍自从遇到燕王，真是心花怒放。他时常对着镜子，自言自语：“瞧，我现在紫气凌云，鸿运当头，正有贵人扶持。”这贵人当然就是燕王了。一想到此，他不自觉浮现出一丝诡秘得意的微笑。

既然道衍的锦绣前程都寄托在燕王身上，当太祖崩逝，惠帝次第削夺诸王，相继降罪周、湘、代、齐、岷诸王，道衍不止一次奉劝燕王早日起兵。

燕王每次都是双手一摊，无可奈何地叹气：“民心掌握在小皇帝手中，我又能怎么样？”

道衍总是自信十足地拍胸脯，极有权威地表示：“臣知天道，何论民心。”

为了说服燕王，道衍很自然地，把脑筋转到了袁珙身上，他差人把袁珙自大老远的嵩山请到北平。

袁珙认出道衍就是那个“三角眼的病老虎”，没好气地问：“有何见示?”

道衍堆了一脸的笑：“有副八字，烦请袁先生仔仔细细推算一番。”

“好吧。”

袁珙接过写了八字的纸，把干支推算了出来，勾勾抹抹，突然之间，他搁下了笔，惊恐异常地抬起头：“请问，这是什么人的八字？”

“噢，我家中一个亲戚。”

“足下是何身份？令亲又是何种身份？为何十万火急把我找了来？既然来了，又何必欺人？你要知道，我这一双眼睛，可不是好骗的。”

这番话讲得可让道衍大为佩服。但是，他也不开口，一个劲儿诡谲（jué）地说笑着，逼急了，他只推托：“怎能告诉你，告诉了你，还用得着算吗？”

袁珙低下头来，又重新排八字，足足排了半个时辰之久，然后，突然一跃而起，指着道衍的鼻子叫道："快说，这到底是什么人的八字？"一副要上前揍人的猴急样。

道衍不悦地甩甩袖子，做出要走的姿态，袁珙一个箭步向前，不准道衍离开，嘴里嚷嚷着："你非得告诉我，这是谁的八字不可。"

"为什么？"道衍追问。

"好！"袁珙定定神，"我跟你说吧，这八字，生于金屋为天子，失于茅檐为庶人，你非得告诉我这是谁不可。"

道衍大喜，见四下无人，压低了声音："那么，我也实话实说，这是燕王的八字。"

袁珙一拍脑袋："难怪！"

喜不自胜的道衍，迫不及待把这个大好消息禀报燕王，燕王只当是道衍瞎编的，没放在心上。

道衍不死心，一再地游说，最后，燕王被缠得没办法，想了一个法子："你不是说，袁珙是活神仙，有一双能穿透人的利眼吗？"

"没错。"

"那么，明天，请他到府外的酒店一叙。"

第二天，道衍带着袁珙来到燕王府外的一间小酒店，燕王打扮成普通卫士与其他九个卫士一块喝酒嬉闹，口吐秽言。

袁珙趋前对着燕王磕了一个响头道："殿下何以如此轻身？"

燕王与九位卫士一起大笑："他不是殿下，是卫士。"

袁珙固执地又磕了一个头，庄重地再三叨念："珍重。"

燕王回到宫中，换下卫士的衣服，连忙把袁珙找来问话，这一回袁珙仔仔细细瞧了半天，铁口直断："龙行虎步，日角插天，太平天子也；年四十，须过脐，即登大宝也。"所谓日角，指人的面相显贵，额骨中央隆起如日，古代相术家认为是帝王之相。

燕王听得又惊又喜，道衍更是得意非凡。

离开了燕王府，道衍捉着袁珙的手道：“你这话传了出去，一旦捉入宫里，轻则牢狱之灾，重则脑袋不保。”

袁珙点头：“我知道轻重。”

道衍包了一袋银子给袁珙：“你目前暂时不方便再算命了，找个地方躲起来，闭铺歇业，静候佳音。但愿燕王正如你所说，一过四十，潜龙出渊。”

自从袁珙算了命，燕王内心欢喜得发狂，表面却努力装得若无其事。

燕王府中鸭鹅成群

袁珙替燕王算了命，铁口直断他是："龙行虎步，日角插天，太平天子也。"燕王不禁又惊又喜，又爱又怕。

袁珙又献上一计："燕王不妨再找金忠卜一卜卦，互相参酌，他卜的卦比我算的命还灵。"

在燕王与道衍看来，袁珙已经是活神仙了，这金忠比他还要高一筹，当然是快快有请了。

金忠自幼读书，就对《易经》极感兴趣。《易经》即《周易》，是书名，为十三经之一，简称为《易》，原是古代卜筮之书。孔子用《易经》来教化子弟，说明自然界变易现象与人事的变化，作为个人修养处世的原则，成为儒家的经典。

不过一般人读《易经》，可不像孔老夫子般"子不语怪力乱神"，相反，对怪力乱神特别有兴趣。民间钻研《易经》者，多半用来卜算吉凶，金忠就是其中的佼佼者。

金忠的哥哥在通州（北京通州）当守边的兵，不幸去世了。

依照刘伯温为明朝设计的卫所兵制，军民分籍，军人另外有军籍，有军籍的军人是世袭的，国家配有屯田。

金忠的境况一向不佳，经常是有了上一顿，缺了下一顿的。如今可以补老哥的缺，至少解决了吃饭问题，愁的是连去通州的盘缠也没着落。

金忠无可奈何，只好厚着脸皮去找袁珙商量，他与袁珙是宁波小同乡。袁珙二话不说，只捞起沉甸甸的袖子，探手取出一个桑皮纸包，揭开封皮，紫光灿烂，是五十两上等金子。

金忠不敢伸手，只讷讷脸红：“这怎么好意思？”

“你以后再还我也就是了。”

金忠想要再推，怕显得小气，况且也真需要钱，也就拱手一揖，谢过袁珙。

其实，袁珙的相人术在元朝已大大有名，所相过的士大夫数以百计，无论死生祸福，无不奇中。

元朝曾经有位南台大夫，普化帖木儿，特由海道不远千里而来，请袁珙相上一相。袁珙仔仔细细看了半天：“公神气严肃，举动风生，大福大贵

术士看相，选自《吴友如画宝》。

之相。但是，印堂司空有赤气，到官一百十四日当夺印。但是公守正秉忠，名垂后世，愿自勉。”

所谓印堂，人体穴位名，在额部两道眉毛中间，相面术士以印堂的形状颜色，附会人事，作为判断吉凶的预兆。

后来，普化帖木儿果然被张士诚夺走印绶（shòu），抗节而死。绶是丝带，印绶是绑了丝带的印信。今天我们在电视上看到新旧长官交接典礼，新长官从旧长官手中，接过来一大包的印鉴，上头还绑了条丝带的，便是印绶。在中国古代，不同丝带的颜色，表示官吏不同的身份与等级。现代当然没有如此考究，只是个形式罢了。

袁珙又曾经铁口直断江西宪副程徐，“冷笑无情，非忠节相也”。果然，过不了两年，程徐投降明朝，当了吏部侍郎。

由于袁珙声名远播，看相收入不少，自然手头比较宽绰，能够资助金忠赴通州。

金忠到了通州，顺利地补了老哥的缺，收编入军队。由于四方安靖，没有乱事，日子过得清闲自在。

因此，一方面为了兴趣，一方面也想赚几个钱还债，偶尔金忠便到北平市，为人卜上一卦。

一连算了几个人都相当准，金忠的名气就传开了。人类天生具有多事的毛病，喜欢加油添醋地传播市井流言，可供谈笑助兴，亦无伤大雅。没多久，金忠博得一个金半仙的美名。当然，他当初欠袁珙的盘缠费不但早就还清，而且加上一份厚礼。

袁珙与金忠惺惺相惜，也为了拉小同乡一把，于是，金忠也被延请到了燕王府，当场卜了一个铸印乘轩之卦。

金忠拊掌大笑：“此象贵不可言。”

在道衍的一手安排之下，袁珙、金忠的打边鼓，把燕王的心扰搅得热热的，再加上周、湘、代、齐、岷诸王的相继获罪，燕王为了自保，横着心决定：“干他一场吧。”

燕王府中鸭鹅成群

燕王府原是元朝大都（即北平）的宫殿，宽大深邃，正好让道衍用来练兵以及铸造军器。

制造军器，免不了敲敲打打，比盖房子还要吵闹，路过的人，都非得把耳朵捂住不可。

燕王也觉得铸造军器太吵了，就对道衍说：“停，如此一来，非吵得天下皆知不可。”

道衍暂时停止了铸造军器。但是，他是个不死心的人。

第二天，道衍差人到菜市场，带来一篓篓的鸭和鹅，让它们自由自在地在后苑中行动，一只鸭子的声音已经够难听的，几百只鸭鸭鹅鹅，一起扯开嗓子哑哑地叫，真是既聒（guō）噪又刺耳。

道衍满脸飞金去见燕王：“够吵了吧！”

燕王皱着眉头：“你在搞什么鬼，把燕王府变成了动物园。”

“正好用来掩盖铸军器的声音啊。”

于是，铸军器的声音被盖住了，不过，燕王府没事养这许多恶臭的鸭鹅，又是为哪桩？好事之徒更有兴趣了。

燕王上演疯剧

道衍为了替燕王策划起事，收揽才勇，储备军器，招兵买马。又因为铸造兵器，敲敲打打的噪音响彻云霄，道衍养了几百只鸭鹅，希望用鸭鹅的破锣嗓子，能够遮盖铿铿锵锵的捶打声音。

几百只鸭鹅扯起嗓子一块喊，还真是够瞧的，也实在太难听了。同时，鸭鹅乃乌合之众，不懂规矩，到处乱跑，随地排泄，害得燕王府里的整洁完全被破坏了，走到哪儿，不是一脚鸭屎就是一摊鹅粪。

燕王府变成了“养鸭人家”，如此奇怪的一件奇闻，立刻就有人传到了南京。当然，燕王心中也有数，迟早是纸包不住火的。

在此之前，惠帝又做错了一件事。

明太祖去世之前，遗命规定儿子们不许前来南京奔丧，以防边境蠢动。于是，只好让孙子辈代表，并且预定让孙子们守孝三年，再回到儿子身边。

这一会儿，燕王准备起事，担心惠帝会把他儿子当作人质，所以，借口生了重病，乞求惠帝让儿子赶回北平。

燕王这三个儿子的舅舅徐辉祖第一个不赞成，他上了一个密奏给惠帝：“我三个外甥都非等闲之辈，高煦（xù）尤其勇猛慓悍，非但不忠，而且叛父，简直是无赖。今日放虎归山，明日必成大患。”

可是，黄子澄有不同的看法。他自作聪明向惠帝建议：“依我之见，不如放他们三个回去，让燕王误以为朝廷对他没有怀疑，然后，再趁其不备，偷偷袭取。”

惠帝原本是个软心肠的人，接受了黄子澄的意见，让燕王三个心肝宝贝回北平去。

燕王原先举棋不定，就是担心这三个儿子。他虽然向惠帝提出了要求，但将心比心，原以为惠帝一定不肯答应。

因此，当燕王府内，下人通报，三兄弟平安归来，燕王欣然色喜，拉着大的手，拍拍小的背，笑嘻嘻道：“我们父子复得团聚，这真是老天帮忙。”

惠帝一面释回燕王三个儿子，一面又悄悄地削减燕王的力量，譬如：以充实边疆为名，征调燕王的护卫兵远赴塞外；派遣工部侍郎张昺（bǐng）为北平布政使，以谢贵、张信为北平都指挥使司，伺察燕王的动静。

燕王当然了解，惠帝对他起了怀疑，为了自保，不被惠帝杀掉，在道衍等人的献计下，便排了一出“装疯”闹剧。

有一天，燕王和群臣们正在谈论事情，谈到皇帝的不信任，燕王似乎是满怀郁怒，脸色发白，全身颤抖，不自觉地往后直直倒下来，竟然昏厥过去了。

群臣们大惊失色，有人连忙扶住燕王，有人忙着去厨房取现成的热鸡汤，舀了一碗，递给道衍。

道衍指挥众人把燕王扶到高背椅上，接着，把燕王的下巴一捏，嘴便张开了。道衍拿着小汤匙，一瓢一瓢地往燕王口中灌，灌到第四匙，听得燕王喉头一声响，一口痰下去，气回来了。

道衍把燕王抱了起来，放在虎皮上，气息微弱的燕王，悠悠地睁开了眼，眼神呆滞（zhì），望一望周遭的人，摇摇头，闭上了眼。

过了不久，燕王又睁开眼，对着众人，吃吃地笑了起来。

道衍着急道：“看来情况不妙，怕不是疯了？”

“疯了？”众人面面相觑，全没了主意。

燕王在府中表演了一场“装疯”的序幕，把大家都蒙过去了，自觉演技甚佳，信心大增，决定继续演出。

第二天，燕王披头散发，蓬头垢面，独自闯入了一间酒店，酒保原是认识燕王的，不过，燕王这副德行，可就认不出来了。

酒保一边摆下几碟小菜，一边问道："官人，吃甚下饭？"

"先打酒来！"燕王眼睛一瞪，酒保这才认出，那可不是燕王吗？酒保心下一惊，拉着另一个店小二在旁边指指点点。

燕王的原意，就是要大家以为他疯了，既然是疯子，总该有点疯狂的举动才像啊。

他站起身来，把桌上的碟儿盏儿一一地丢在楼板上，碎了一地，接着，又走到邻桌，把盛了菜的碟子，一股脑地掷向楼板。

座上的客人，吓得纷纷走避，顾不得吃了一半的佳肴美酒。

酒保可吓坏了，连连摇手："大王息怒。"

旁边一位书生模样的客人对大家说："我看，大王不是生气，他分明是疯了。"

一听这话，旁边看热闹的人，更有兴趣了，连忙往后倒退，免得误中燕王投射的盘盘碗碗。燕王看到大伙儿"中计"，于是把碗盘当成飞镖，往墙上砸，一边又笑又跳，跑来跑去。

店小二心想，燕王府有的是钱，不愁他们不会赔，也就操着手，安安静静地欣赏燕王的发疯。

"燕王疯了"这个消息，经过酒店客人一传十，十传百，再加上加油添酱，一会儿工夫，整个北平城，全都传开了。有人叹息，有人幸灾乐祸，也有人半信半疑。

为了让大家相信，燕王的疯剧还要演下去。

过了几天，燕王穿着一身脏衣服，一摇一摆地去逛街，有时对着柱子痴痴地笑，有时会靠着墙边大哭。忽然，看到一堆烂泥，燕王一脚踏了进去，然后，竟然躺了下来，稀稀的烂泥覆满了一身。

围观的人，看到燕王的疯相，议论纷纷，有些好心的人，跑到燕王身边，想叫燕王起来，低头一看，才发现燕王在烂泥里睡着了。

大伙儿七嘴八舌叫嚷着，但是装疯的燕王就是不醒，一直睡到傍晚。

有人叹息：“想燕王是何等风度翩翩，顶爱漂亮的美男子，如果不是疯了，才不会这般邋邋遢遢。”

看来，燕王的疯剧演出十分成功，让所有的观众都信以为真。不过，演戏的不是疯子，看戏的倒是傻子。

当然，燕王装疯的目的是希望惠帝不要杀他。

张信夜探燕王府

一个寒风料峭，黑漆漆，阴森森，没有月亮的晚上，巍峨的燕王府前面，赫然出现了一个黑色的身影，蹑手蹑脚地走向大门的守卫。

他轻声地对守卫说："听说王爷病了，我想拜见王爷。"

"对不起，王爷遵照医师嘱咐，不能见客。"

侍卫客气地回答。

黑影躬一躬身，迅速地离开了燕王府的大门。

这黑影不是别人，就是北平都司张信。

张信是临淮人，父亲张兴，原是永宁卫指挥佥事。张兴过世以后，张信就继承了父亲的官位，以后，移守普定、平越，积功升为都指挥佥事。

惠帝即位，不放心在北平的燕王，担心燕王谋反，要派几个人到北平去卧底，监视燕王的举动。

有位大臣推荐张信，夸他"有勇有谋"。于是，张信被惠帝调往北平，担任北平都司。

张信初见燕王，就对燕王的神采大为倾倒。尤其他是见过惠帝的，相形之下，燕王真是威仪天成，气度非凡，远非惠帝的文弱柔嫩可比。

燕王也欣赏张信的豪迈，几次交谈，都很投机，两人的感情逐渐建立起来。久而久之，张信几乎忘记自己是来卧底的。

但是，惠帝的智囊——齐泰和黄子澄可没忘记，随时有指令传下。

张信夜探燕王府

话说燕王为了自保，发起疯来，确实也瞒过了不少人。但是，齐泰与黄子澄可不容易上当。恰好，燕王派了护卫百户邓庸到南京奏事。齐泰一声令下：“拿下来问话。”邓庸立刻吓软了手脚。

为了保命，邓庸一五一十地把燕王府中的情形全盘托出。

“燕王到底是真疯，还是装疯？”齐泰问道。

“臣也不清楚，不过，燕王府中铸造兵器可没停止，不但没停，并且夜以继日在赶工。”

齐泰、黄子澄听了邓庸的话，互相商量了一阵子，他们认为燕王是装疯，早晚一定会谋反，所以做了一个结论——先下手为强。

于是，齐泰以惠帝的名义，下了一道密诏给张爵、谢贵与张信，要他们：“速谋燕王。”

张信接到了密诏，脸色一变，既忧且急，简直不知道该怎么办。

回到家里，一个人呆呆坐在书桌前猛搔头皮。张信的母亲是个聪敏的妇人，眼见张信的神情，就知道儿子心里一定有疑难。

吃饭的时候，张信魂不守舍，伸出筷子，两眼发直，不知道要夹哪一样菜，愣在半空中。

张老太太柔声地问：“儿啊，你是不是有什么心事？”

张信自小就十分佩服母亲是个有智慧的人，听母亲一问，心想不如把事情说出来，和母亲做个商量。

于是，张信拉了母亲，躲进内室，小声地附在母亲耳朵边，把惠帝密诏的事，讲给母亲听。

张老太太一听之下，脸色全变了，她着急地说：“万万不可，你父亲在世时，经常告诉我，燕王有天子气，算命先生也都说，燕王有帝王之相。最重要的是，你现在在北平做官，是燕王管辖之下，燕王也是你的君，岂可不忠于燕王？依我看来，燕王发疯只是避人耳目。再说，要谋害燕王，究竟是皇上的本意，还是齐泰、黄子澄假借天子之名，发出的密诏？个中真假，谁又知道呢？”

张信听了母亲的分析，心里佩服得不得了，不停地点头。

“信儿啊，”母亲用低沉的声音告诫道，“你要小心，别把整个张家带上死路啊。”

张信惶恐极了，惴惴然问道：“事到如今，孩儿又该怎么办呢？”

“立刻向燕王表白心迹。”张老太太的语气显得十分果断。

张信立刻换过衣服，趁着天黑，急奔燕王府，不料，却扑了个空，垂头丧气回到家。

站在门口等候的张老太太，一见张信的神色，就猜到张信吃了个闭门羹，她拍拍张信的肩膀：“孩子，明晚再去，告诉守卫，你有要事禀报。”

第二天晚上，张信又到了燕王府，他正色地对守卫说：“我有要事求见王爷，你们一定要替我通报。”

守卫怔怔地望着张信，见他一脸严肃，不像是开玩笑的样子，思虑半晌道：“张大人，我会禀告王爷，你明天再来试试看。”

第三天晚上，张信果然见到了燕王，燕王表情呆滞，一语不发，直直望着天花板，看不出来是不是真的发疯。

张信领了母亲的耳提面命而来，决定把燕王当成没病的普通人看待。

张信重重地磕了一个响头：“臣罪该万死，请殿下恕臣死罪。”他偷偷地瞄了一眼燕王，毫无动静，决定继续讲下去，“臣是皇上派来卧底，监视殿下行动的。”

说到这儿，燕王还是表情木然。张信想了好一会儿，膝行向前，双手捧上密诏，轻声地说：“臣不敢欺骗殿下，不过臣有肺腑之言，冒死上陈，这是臣刚刚接到的密诏，命臣尽速谋害殿下，密诏在此，请殿下过目。”

燕王突地自床上一跃而起，抢过密诏，来到烛台前细看，他身手灵敏，目光炯炯，英气逼人，那呆滞、疯癫的神态一扫而光。

燕王看过密诏，转身望着张信，双膝落地，执着张信的手说道：“我们全家大小，全是你救的。”

张信吓得赶紧伏在地上猛磕头，口里直说：“臣不敢当，臣不敢当。”

燕王站了起来，同时拉起了张信，和蔼地说：“谢谢你，我会报答你的。”

张昺谢贵围攻燕王府

话说张信夜探燕王府，交出惠帝命他速谋燕王的密诏，并且诚恳地向燕王表白心迹。

燕王握紧了拳头，自言自语：“如今是箭在弦上，不得不发。”他立刻急传道衍入宫，共商大局。

正当燕王传令召见道衍，忽然之间，阴风怒号，乌云密布，紧接着哗啦哗啦下起了大雨。自燕王有记忆以来，从未见过如此的风大雨急。

雨点像炮弹一般，重重地打在屋顶上，窗外仿佛有虎啸猿啼。燕王府里，用来遮盖铸造武器声音的鸭鹅们也被吓着了，拍着翅膀，咿哑地叫闹着。“哐”的一声巨响，原来是檐瓦坠地，真是惊心动魄。

突如其来的狂风暴雨，把燕王的脸吓得惨白，他想起了民间传说，“凡是不孝之子，必遭天打雷劈。”莫非，他想要叛君，老天爷不容，想到这儿，燕王全身发抖。

此时，道衍匆匆步入，他看过了密诏，面有喜色道：“有了这密诏，可以向天下人表示，不顾叔侄之谊的，不是王爷，而是当今天子啊。王爷，你还有什么好犹疑不定的？”

燕王吞吞吐吐才说出：“天地变色，莫非是不祥之兆？”

道衍用手挥除了脸上的雨滴，开怀笑道：“王爷错了，这正是大吉大利，飞龙在天，从以风雨。屋顶瓦坠，表示将易黄也，天下要换皇帝了。”

道衍这张嘴，真能把死的给说成活的。事到如今，燕王也别无选择，惠帝派了一个张信不成，可以再派一个，再来的一个，未必会向燕王输诚啊。

一会儿，布政司吏李友直紧急求见。他惊恐万状地向燕王报告："张昺已将卫卒与屯田军士，布列在整个北平城中，并且飞章奏闻皇上。臣冒着危险，把奏章给偷来了，王爷请过目。"

燕王接过，匆匆一瞥，立刻急呼："命张玉、朱能率领八百卫士，入府中护卫。"

七月初，惠帝下了一道诏令："逮捕燕府官属。"于是，张昺、谢贵率领卫士，一圈又一圈，把燕王府层层密密地围绕着，并且展开了飞箭攻势。

箭矢如飞蝗雪片般飞入燕王府，府内乱成一团，急忙搭起牛皮，那些箭矢，虽然来得猛密，粘着软皮，也就不能动弹了。但是，一时之间，燕王府内，找不出太多张牛皮，着实伤脑筋。

张玉、朱能等人，站在墙上，往外一看，哇，旌旗蔽日，金鼓喧天。而且，火铳、火炮、火箭、乌嘴喷筒等武器，全部一一架设起来，大小将官，腰挎宝剑，排列在城墙外，似乎准备大干一场了。

燕王这时已毫无疯样，他沉着地询问燕王府外部署的情形，皱眉道："事出匆促，府内兵力有限，我担心寡不敌众。"

朱能想了一会，一语中的："擒贼先擒王，若是能够把张昺、谢贵抓了来，其他人就没有什么办法了。"

"说得好，问题是，我们困坐府中，怎么方便去外面找人。更何况，谁晓得张昺、谢贵这两个小子藏在哪儿。"燕王皱着眉说。

众人又陷入一片沉默之中。

忽地，道衍向燕王挤挤眼睛，贼光闪闪，燕王知道道衍有主意了，又不愿意当面说，免得走漏了风声。

于是燕王清一清喉咙，下了逐客令："各位分头去想想主意吧。"

等到"闲杂人等"都清场了，道衍这才弯下脖子，在燕王耳边轻声道：

“朝廷不是下令，要捉拿王府里的官属吗?那么，王爷就把人交给他们吧!”

燕王睁大了眼睛，狐疑地看着道衍：“尚未交手，我们就认输了？”

“不然。”道衍露出一丝诡秘的笑容，“诏命中有谁，王爷就交谁出来。只不过，王爷可命令谢贵、张昺二人亲自到王府拿人。他们一来，找个大力士上前一扑，问题不就解决了。”

“高招！”燕王大乐，重重拍击道衍的肩膀，“到底还是你行。”

原来，惠帝虽然下令，只是要逮捕燕王官属，但是明摆着是冲着燕王来的，毕竟，燕王仍然是堂堂北平封国之王，张昺是北平布政使，谢贵是北平都指挥使司，都归燕王节制。于是，燕王戏剧化地宣称“身体康复”，召见张昺、谢贵。当然，张昺、谢贵二人知其有蹊跷，不肯来。

燕王派了中使（燕王府内的宦官）拿出逮捕名册，命张谢二人到燕王府来拘捕人犯。这下子，张昺和谢贵不得不硬着头皮进了燕王府。

到了燕王府，燕王扶着拐杖，脸上似乎还有病容，赐宴行酒，安排了一场极为丰盛的菜肴，菜色之精美，让在场宾客赞不绝口。大伙摸着圆滚滚的肚皮，频呼：“菜太好了，吃得太饱了。”

“那么，吃点水果帮助消化。”侍卫推出一车瓜果，燕王拣了一个，敲一敲，掏出一把利刃，一刀切了下去。突然，他脸色一变，“今日老百姓还知道兄弟家族之间要彼此体恤，互相照顾。身为天子亲属，旦夕之间，倒可能丢了性命。天下什么事做不得？”

说着，燕王把瓜丢到地上，鲜红的瓜汁溅满了一地，两旁的大力士一拥向前，揪住张昺、谢贵的脖子，绑了下去。

燕王愤愤地把拐杖一扔：“我哪有什么病，发什么疯，还不是全被这批奸臣给逼出来的？”

张昺、谢贵被绑入大牢，还巴望着惠帝能来搭救，不料燕王立刻下令，即时处死，免留后患。

靖难之变

燕王杀了张昺、谢贵以后，走上了不归路，非叛不可了。

于是，燕王在道衍一手导演之下，正式举兵。他一面上书向朝廷诉冤，一面誓师起兵，理由是冠冕堂皇的“清君侧”。“清君侧”的意思是说君王旁边有奸佞之臣，必须清除干净。

燕王并且引用明太祖朱元璋留下来的祖训：“朝无正臣，内有奸恶，则亲王训兵待命，为天子讨平之。”他还是帮惠帝的忙哩！

燕王自署官职，不用惠帝建文年号，仍称洪武三十二年（这时是建文元年七月，1399 年），他把自己的部队称为“靖难之师”。靖是使之安定，靖难就是平定灾难。

燕王起兵之后，先攻通州，再下蓟（jì）州，都督指挥马宣被俘不屈，大骂而死。燕王并且轻易地拿下居庸关。

居庸关是天险，扼北平的咽喉，是古来兵家必争之地。退守怀来的都督宋忠，为了把居庸关自燕王手中夺回来，想了一条毒计。

宋忠手下的部队，多半原本是燕王府中的护卫壮士，一共有三万名，惠帝为了削弱燕王力量，下令调给宋忠。

宋忠故意用悲痛的语气，对大家宣布：“燕王素行残忍，把诸位留在北平的大小，全给杀了。”

话还没说完，底下已经有人嘤嘤地哭了起来，举起拳头，高声嚷叫：

“我们是奉命调往开平，燕王太过分了，我们要报仇！”

“对！我们要报仇！”

“好，咱们把居庸关给抢回来。”

宋忠见计奏效，浮起了志得意满的微笑。

另一方面，燕王也得到了消息，他捻须而笑：“咱们来个将计就计。”

当宋忠人马，含着悲愤，往前直冲。到了居庸关口，只见燕军队伍最前面的，有八十老翁，有十二三岁的小男生。原来全是宋忠部下的家人。

彼此见了面，非但不开打，而且忙着认亲叙旧：“张伯伯，您见着我父亲吗？”一个小男孩开口问道，他的年纪小，个子矮，穿上军装还真滑稽。

“哪，你父亲不在前面吗？”

父子相见，紧紧搂在一块，场面感人。

也有那八十老翁，在队伍之中，见到了儿子，儿子放声痛哭：“我还以为，还以为您被杀了。”

“呸！谁咒我，你媳妇上个月还生了一个胖儿子呢。”

“真的？这个宋都督真是乱讲话，害死人。”

“还不赶快回家，见你的胖儿子。”

“好。”说着，他放下武器，欢天喜地叫道，“回家啰！”

“对，回家啰！”一呼百诺，个个都拉着亲人，带着“劫后余生”的喜悦，回到北平老家。

宋忠原先预料的一场敌忾（kài）同仇的搏命厮杀，竟然演变成为甜美温馨的认亲大会。这场仗也就不必打了。紧接着，遵化、永平等地，纷纷归附燕王，一时之间，燕王聚众数万人，声势大振。

这时候，惠帝也接到了燕王的上书，惠帝急着找齐泰、黄子澄商量。

他二人异口同声道：“如今燕王不用建文年号，摆明了是叛乱造反。第一件事，当然是削他的官爵，宣布他的罪状，公开讨伐。”

惠帝是软心肠的皇帝，面有难色道：“这样，不太好吧。”

“什么不好，必须明明白白地告示天下，让天下人都知道燕王现在不是什么燕王了，他是乱臣贼子，人人得而诛之。”齐泰愈说愈激动，一张脸涨得通红。

黄子澄在一旁，同样是怒不可遏。

他二人自认为一心一意为明太祖保存江山，竟然被燕王斥责“朝无正臣，内有奸恶”，也就是指他们是奸臣，是可忍，孰不可忍也。

在这个危险万状的节骨眼上，惠帝最有兴趣的，竟然是与方孝孺讨论周官法度，对这些打打杀杀的事，他听着便心烦，总是对齐泰、黄子澄说：“一切偏劳二位爱卿。”

齐、黄二人也是一个头两个大，他们原本也是文弱书生，不晓军事，尤其糟糕的是，明太祖为了保护惠帝，把所有会打仗的功臣，几乎全给杀光了。太祖是天天忧虑功臣谋反，如今是儿子燕王谋反，孙子惠帝倒反而孤立无援了。

拣来选去，找不到合适可用的大将，最后，齐泰一横心道：“不如起用耿炳文。”

“耿炳文成吗？他已经六十五岁了，而且听说最近身体也不太健朗，八月酷暑天，要他老人家再效命沙场，实在残忍。”黄子澄不表同意。

“那么，依你之见呢？”齐泰虚心地请教。

黄子澄想了一会，黯然摇头：“也只有廖化作先锋了。”

耿炳文宝刀已老，但是，临危受命，也不敢推辞，领了三十万大军，浩浩荡荡要出发，临行之前，拜别惠帝。

按理说来，惠帝应该说几句鼓励的话，祝福他们旗开得胜，马到成功。

但是，惠帝是个饱读诗书的仁厚君子，他竟然对耿炳文说：“昔日萧绎举兵入京，曾对部下说：‘自家人用兵，互相打杀，是最不祥的事。’现在你们与燕王对垒，务必要体会这个意思，毋使朕有杀叔父之名。”

由于惠帝这一番“毋使朕有杀叔父之名”的话，耿炳文打仗的时候，不敢放手一搏。

耿炳文老将出马

燕王发动靖难，正式用兵。惠帝一方面也在京城内发出诏书，公告天下："削燕属籍（把燕王从宗室的名册中删除），降为庶人（老百姓），派耿炳文为征虏大将军，声罪致讨。"

于是，六十五岁的耿炳文，领了三十万大军，再上沙场。想当年，耿炳文少年时代，替朱元璋守浙江，长达十年之久，与张士诚的大军对垒，大小数十战，无不大胜，真是威风八面。如今，精神体力大不如前。可是，毕竟是硕果仅存的老将军，不得不拼了老命向前冲。

耿炳文遣将用兵，命潘忠驻守鄚（mào）州，杨松守雄县。

燕王派人去耿炳文营中探听军情，探听的结果是："军队杂乱无章，毫无纪律，潘忠、杨松有勇无谋，不妨先取潘杨二人。"

燕王得到这份情报，决定先攻雄县，再取鄚州，于是下令燕军南下。当部队渡过白沟河之后，燕王宣布："今晚是八月十五中秋夜，他们一定在饮酒作乐赏月，让我们突袭雄县。"

当天夜晚，杨松的军士们，果然喝得醉醺醺的，七歪八倒，只想睡个舒舒服服的好觉。不料，燕军竟放弃中秋节的享受，前来偷袭，而燕军的前锋竟是燕王本人。燕王仗着惠帝下令，不准伤及燕王的诏令，亲自迎敌，一马当先，勇往直前。

杨松眼见燕军蜂拥而来，自己连阵势都还没摆开，就结结实实吃了一个大败仗，九千人在醉态中送了命。

燕王很是得意，他捋着胡须笑眯眼道："中秋夜，我们还可大大痛宰一番，如果我猜得没错，这会儿在鄚州的潘忠，一定率了大军前来援救，我们就静静地等候吧！"

于是，燕王选了一千多名壮士，躲在月漾桥的水中，每人拿着一束稻草，盖在头上，蒙住鼻子，噤不出声。远远望去，月漾桥下一片静谧，一轮皎月高挂天空，真是诗情画意的中秋月，月漾桥不愧为月漾桥，值得诗人歌咏。

潘忠的军队也是酒醉饭饱，打了牙祭，吃过月饼，趁着凉风习习，正想休息，忽地，接到紧急命令，半夜行军，一肚子恼怒，竟然有人半闭着眼睛，迷迷糊糊跟着队伍赶路，实在是困死了。

就在半梦半醒之间，潘忠的军队，经过月漾桥，神志尚未清醒。忽然，埋伏在桥下水中的燕军，一跃而起，丢掉头上的稻草，挥舞着长刀，呼啸而至，像切西瓜一般，砍掉了许多潘忠部众的脑袋。

等到潘忠的其他部队发现月漾桥下有水军，吓得大叫："妈呀！"争相逃命。可是，因为吃得太撑，跑也跑不快，自相践踏，尸上叠尸，血流成河。燕王旗开得胜，生擒了潘忠和杨松。

这时，耿炳文手下大将张保，看准耿炳文年老体衰，恐怕会继续打败仗，心想，不如及早投效燕王，或许可以得到好处。于是他悄悄地溜出军营，来到燕军大营，求见燕王，向燕王密报："耿将军目前手下有三十万大军，分别驻守在滹（hū）沱河南北。"

燕王亲切地对张保说："你能前来，我当然欢迎。你现在先回去，就说是被俘虏了，然后找机会逃脱，并且把潘忠、杨松吃了败仗的情形，详详细细报告给耿炳文听，你明白了吗？"

"是！"张保叩了头，领了赏，欢天喜地，骑上快马回去了。

燕王手下的将领，对于燕王命张保回去，个个不以为然。他们猜想，燕王该不是被中秋大捷给冲糊涂了吧。于是，有位将领向燕王进言："王爷，我们现在快要到达耿将军驻扎的真定，不去突袭，反而让张保通消息，让耿炳文早做准备，天下哪有如此用兵之道？”

“不然。”燕王胸有成竹地分析，“他们的军队，一半在滹沱河之南，一半在北。听说我来了，原来在南营的必须移到北边。再加上他们若是知道鄚州、雄县打了大败仗，心理上受到影响，咱们可以一举歼灭，这才是兵法上所说的‘先声而后实’也！”

“高明，高明！”诸将异口同声回答，“此所谓先声夺人。”

“对。”燕王接着分析，“如果不是这样，我们即便打赢了滹沱河北营，南营趁着我们累得人仰马翻之际反攻，我们岂不惨哉？”

果然，不出燕王所料。张保回去，加油添酱一番以后，耿炳文年纪大了，做事小心，不敢莽撞，真的把南岸的部队拉到北岸。

接下来，双方可要打一场硬仗，燕王手下有几个能征善战的拼命三郎，张玉、谭渊、朱能，像敢死队一样，冲锋陷阵，勇猛无比，把耿炳文打得大败，一路逃向滹沱河东边。

朱能大叫一声：“追啊！”他奋然上马，直冲耿军阵营，顷刻之间，耿军被朱能的气势震慑，阵势如巨浪般散裂开来。

只见朱能精神抖擞，眼如铜铃，拍马冲刺，手起刀落，左右翻腾，连劈十余人下马，真是有如虎入羊群，纵横莫当。

耿军大败，四下溃散，后面的队伍见前面掉头逃命，情不自禁也拔马转身而逃。耿炳文另一员大将李坚也被俘。

李坚被绑来见燕王，燕王立刻亲自为李坚松绑，并且拉着李坚的手，恳切地说：“一定是托皇考之灵，把你送给我。”李坚原也是朱元璋的部将，被燕王这么一劝，心头一软，马上屈膝投降。

耿炳文气喘吁吁，拖着老命，跑到了真定，把城门紧紧关闭，保存了十万的兵力。

听说吃了大败仗，惠帝忧心忡忡地问黄子澄：“怎么办呢？”

黄子澄心里也很着急，表面上不能不强自镇定道：“别急，胜败乃兵家常事，请陛下不要太过忧虑。”

李景隆披挂上阵

耿炳文老将披挂上阵，连连吃败仗，惠帝不得已，把耿炳文召回京师。耿炳文已是六十五岁高龄，面容羸（léi）瘦，本已不适合在沙场冲锋陷阵。惠帝与齐泰、黄子澄商量的结果是："下回再找，得选个年轻的才行。"但是，到哪儿寻找青年才俊呢？

黄子澄忽然想到："有了，曹国公李景隆不是现成的人选吗？"

"他怎么行？"齐泰抗议。

"怎么不行，先帝在世时，也很欣赏他。"

"哎，那是欣赏他的外表。"

黄子澄负气道："没给他机会，又怎知他不行？"

李景隆可是一个大有来头的人物，他的父亲是李文忠，李文忠乃明太祖朱元璋姐姐的宝贝儿子。

明太祖小时候，家里贫穷，死的死，散的散，太祖投奔红巾军以后，他的姐夫李贞带着十四岁的保儿前来依靠，这才知道姐姐已在两年前去世了。

太祖对保儿十分疼爱，在他的身上，仿佛看到姐姐的影子，因此，收保儿为义子，派人教他读书，练兵法。

保儿就是李文忠的小名。以后，李文忠带兵打仗，立下了不少汗马功劳。李文忠不但会作战，而且通晓经义，擅长诗歌，《明史》中形容他是"恂（xún）恂若儒者"。

相形之下，李文忠的儿子李景隆就差多了，真所谓一代不如一代。也许中国人一向惯爱儿子，自己吃过苦就舍不得儿子吃苦。

李景隆个儿很高，眉目清秀，外表看来，温文又潇洒，而他的潇洒，又不至于轻佻（tiāo），显得成熟又沉着。

这样的白马王子，不要说女性会着迷，连明太祖朱元璋每回上朝，见李景隆的雍容举止，都忍不住用眼光瞟了又瞟。李景隆发现太祖在偷看他，心中暗喜，表面上故意装作没发现，只是把背脊挺得更直，愈发衬出玉树临风的潇洒。

不过，除了外表吸引人，李景隆长处不多。因为能言善道，惠帝对这个表兄弟，倒是十分喜欢，所以，黄子澄的提议，惠帝满口答应。

李景隆虽是将门之后，却是十足的纨绔（kù）子弟，将领们听说是这位公子爷要来，个个都拉垮了脸，心怀怏怏。

李景隆走马上任的第一件事，就是忙着四处征兵，他的目标是五十万。其实，打仗贵在神勇，善于调度，不是光光靠人多。耿炳文三十万大军不是说败就败吗?

听说惠帝起用李景隆，最高兴的莫过于燕王了，他笑嘻嘻对诸将们说：“九江，纨绔少年耳，从来未习兵事，色厉而中馁，现在给他五十万兵，是重演赵括事件。”

九江是李景隆的小名，燕王认为他外貌严厉内心软弱。赵括是战国时代赵国大将赵奢之子，是个公子哥儿，赵王换掉老将廉颇，改派赵括上任，在长平之战中，赵国死了四十万大军。

由于惠帝换掉了老将耿炳文，改用李景隆代替，所以燕王胸有成竹道：“各位看吧，历史会重演的。”

他说：“我想一个计谋，耍耍这个小子。”于是，燕王决定离开北平，前往永平，对付辽东军。

将领们不放心，纷纷提出了疑问：“如此一来，北平守势太弱，岂不危险？”

“不然。”燕王分析道，“北平战则不足，守则有余。李景隆胆子小，我留在北平，他一定不敢来，等他来了，我再回攻他不迟，你们发现没有？李景隆犯了五大错误，凡是兵法上的忌讳，他几乎全犯了。第一，政令不修，上下异心；第二，北平早寒，冬天来得早，他还让兵士着布衣，不能披冒霜雪，而且，军无余粮，马无足草；第三，不自量力，深入危险；第四，威令不行，仁勇俱无；第五，部队喧哗，喜欢阿谀（yú）奉承之辈，专任小人。”

燕王一口气举出李景隆五大缺点，真是把李景隆给看扁了。

燕王离开北平，先解了高平之围，然后赴大宁，找他的弟弟朱权。朱权是明太祖朱元璋第十七个儿子。人人都说，朱元璋二十六个儿子之中，燕王善战，宁王善谋，两人在边境并肩作战，合作无间。

燕王军队到了大宁城外，燕王一个人单枪匹马入城，抓着宁王的手，开始大哭特哭，宁王受到感染，也频频用手背拭眼泪。

燕王抽抽噎噎地说：“我是被齐泰、黄子澄逼迫，铤（tǐng）而走险，如今十分后悔，恐怕难逃一死。”

宁王非常同情四哥燕王，很够义气地表示：“我帮你写信给皇上求求情。”说着，宁王便提笔写了一封信给惠帝，请他赦免燕王一死。

接下来这几天，兄弟俩谈心饮酒，快快乐乐地叙旧，叨扰数天之后，燕王告别，宁王亲自送到城门外。

宁王握着燕王的手，殷殷话别：“你多珍重。”忽然之间，燕王的伏兵一拥而上，俘虏了宁王，逼着宁王、宁王妃与燕王大军同行。

宁王善诈，却被燕王给诈骗了，他原本不想蹚（tāng）入惠帝与燕王之间的浑水，惠帝向宁王求兵，他曾经搁置不予理会。

如今，他被燕王胁迫，没有选择的余地，只有被迫加入反惠帝行列。燕王收编了宁王八万剽悍的部队，更是如虎添翼。

南军撞到冰墙

燕王离开北平，援救高平，同时计诱宁王加入。他希望在离开的这段日子里，李景隆会进攻北平。

李景隆果然上钩。他听说燕王离开北平，喜不自胜，大军围攻北平，安然渡过卢沟桥，卢沟桥是扼守北平的要道。李景隆心中窃喜，大声地说："燕王不能守此桥，我看他也没有什么本事。"殊不知，这是燕王预先做好的安排，目的在诱敌深入。

李景隆的大军开到北平城外，燕王世子朱高炽谨守燕王的命令："只宜坚守，不能出战。"李景隆军队虽多，但是，他不会调度，面对坚城，也是无可奈何。

不过，南军之中有一位瞿（qú）能，腰细肩宽，身强力猛，手执长枪，带着儿子，率领千余骑兵，杀入张掖门。守卫用乱箭夹射瞿能，瞿能用枪轻轻一拨，箭矢纷纷落地。双方厮杀十多回之后，瞿能占领了张掖门，准备继续向城内进攻。

捷报传到了李景隆耳中，他面无表情道："喔，好。"

传令兵急得挥汗："弟兄们在张掖门等候援兵。"

李景隆没好气道："是你做主，还是我做主？"

一直到最后，李景隆终究没有派遣援兵。因为他器小量浅，还酸酸地自言自语："可不能让瞿能父子抢了首功。"

守在张掖门的士兵，久候援兵不至，心中的恼怒可以想见。北平冬天来得早，南军穿着布衣，缩着颈子，又冷又饿，个个心中都在埋怨，朝廷怎么派来李景隆这个纨绔子弟率领大军。既然后援不来，又何必死守张掖门。于是，翟能率领将士们退至城外。

当天晚上，道衍出了个主意，派人在城墙上浇水，浇了一桶又一桶。水从墙面上向下流，由于气温很低，水一面流一面结冰。不久，城墙外已结了厚厚的一层冰，整个城墙像是一面冰墙。

到了第二天的清晨，李景隆下令用云梯攻城。可是，一片冰墙，又冷又滑，云梯很难稳固地架上去。士兵好不容易从云梯爬上城墙，却被墙头的燕军轻轻一拨，就像溜滑梯一般从冰墙上滚下来，一不小心，碰到了冰墙上突出的冰块，刮破了手脚，鲜血淋漓，涂在雪白的冰墙上，格外地触目惊心。

南军的一轮云梯进攻，其结果倒像是滑冰墙游戏，竟然无法登上墙头。

李景隆自己换上了皮衣重裘，军士们却仍然继续穿着布衣军服，南方人又不习惯北方的冷冽，卫兵一个晚上站下来，雪地上直挺挺地躺下好多尸体。

南军的士气就像当地的气温一样，愈来愈低。

这个时候，燕王大军回返北平，北平守军也鼓噪而出，内外两下夹攻，李景隆连连打了七次败仗，只好退守德州。

李景隆的失败，正应了当初燕王所说的："想当年，汉高祖也不过只能领军十万，李景隆有什么能力，竟然能够带五十万大军！他带兵愈多，指挥愈不灵活，对我们反而愈为有利。"

由于李景隆是黄子澄力保的，黄子澄为了自己的面子，没有将李景隆失败的消息报告给惠帝，惠帝反而嘉勉李景隆，升他的官为太子太师，有知道内情的文武百官都在摇头叹息。

第二年，燕王准备进攻大同，他预测，李景隆必定会去援救大同，大同苦寒，南军脆弱，可以不战而胜。

燕王的预测果然正确，当燕军围攻大同之时，李景隆派了大军急奔大同来救援。其实燕王并非真要攻下大同，等到李景隆的大军快到大同之时，燕军却绕道从居庸关回到北平。李景隆劳师动众，连燕王的影子都没有瞧见。可是，南军不适合北方严寒的气候，在往返的行军途中，许多士兵因不耐低温而冻死了。

李景隆一再被燕王戏耍，身为主帅，真是快要气疯了。他不能再受辱，决定倾全力与燕军决一死战，于是发生了白沟河之役。

李景隆召集了六十万大军，在白沟河南岸扎下军营，摆出的阵势长达数十里，声威鼎盛。

燕王亲率燕军也来到白沟河，双方展开了激烈的战斗。

第一天的战斗，南军占了优势，燕军吃了几次败仗。

第二天，燕王亲自跃马上阵以激励军心士气。

燕王神勇过人，前冲后突，杀得南军左逃右躲。但是，燕王也成为南军攻击的目标。

一支飞箭射中了燕王所骑的骏马，骏马痛得长嘶一声，前脚腾起，燕王被掀下马背。幸好燕王身手矫捷，一个翻身，平安落地。燕军士兵立刻送上一匹马，燕王飞身跃上，继续厮杀。

不久，燕王的坐骑又被一支飞箭射中，马儿倒了下去，燕王赶快再换一匹马。

这次燕王也取出了一袋弓箭，一支一支地对南军射去，把三袋箭都射完了。忽然坐骑又被南军的弓箭射中，燕王赶紧换骑另一匹马。

箭袋都空了，燕王拔出宝剑，再度冲入南军之中，和南军搏斗起来。也不知打了多久，忽然，“当”的一声，燕王的宝剑断了。

手里没有了武器，燕王心里一慌，立刻后退，南军却在身后紧追不舍。

燕王正在着急，忽然发现前面的河堤高高突起，于是赶紧策马飞奔上堤。到了堤上，燕王故意高举马鞭，向堤的另一面招手。

李景隆见状，以为堤外有燕王的伏兵，深恐燕王上堤又是一个诡计，立刻下令南军停止进攻。于是李景隆失去了一次活捉燕王的机会。

正巧这时燕王的儿子高煦带领一队燕军前来援救，和南军又展开了一场激烈的搏杀。白沟河之役，燕军初败后胜，南军阵亡十几万人，燕军乘胜攻占了李景隆的基地——德州，李景隆逃奔到济南。

这一回大败，黄子澄可不能再瞒了，他请求惠帝将李景隆处死。

惠帝一向仁厚，也以自己的仁厚自得，他坚持不肯诛李景隆。御史大夫练子宁看不下去，揪着李景隆在殿前跪下，边哭边说："坏陛下大事者，就是这个贼。臣担任御史大夫，不能为国去奸，死有余罪，如果陛下非赦景隆不可，就不要赦臣，请求赐臣一死。"

惠帝不肯杀李景隆，当然更没有杀练子宁的道理，他干脆宣布退朝。

黄子澄懊悔极了，捶胸顿足哭道："大事去矣，我推荐景隆误国，万死不足以赎罪也。"

薛岩参观军事演习

李景隆失败以后，惠帝这方面，冒出两位英勇的战将，一是铁铉（xuàn），一是盛庸。

铁铉在洪武年间，原以断狱著称，明太祖朱元璋很欣赏，曾经赐他一个字——鼎石。

建文初年，铁铉担任山东参政，他眼见李景隆无能，心中十分发急，决心死守济南。

燕兵来势汹汹，日夜猛击，并且用大水灌城。

铁铉心生一计，先命守卫嚎啕大哭，然后，派出一千多人，高举白旗，出城诈降。一千多人跪在地上讨饶，并且推出代表，低声下气地恳求燕王：

“奸臣不忠，使大王冒着霜露，为社稷忧心。谁不是高皇帝（明太祖）的儿子？谁不是高皇帝的臣民？我们东海人民，不懂得军事，听说大军压境，将要大肆杀戮，这哪儿是大王安定天下的本意？请求大王退师十里，单骑入城，臣等将壶浆以迎王师。”

这一番话，把燕王哄得心花怒放。在他看来，济南城民既然把燕军视为仁义之师，那又何必劳师动众非打不可，而且，他痛宰李景隆的威名，想来早已风闻天下了吧。想到这儿，燕王不自觉满面笑容。

于是，燕王下令退军。第二天中午，他骑着一匹骏马，意态从容地进入济南城，仿佛凯旋的英雄一般，接受民众热热烈烈的欢迎。

正当燕王飘飘然，滴答滴答骑着马刚过城门，“哐”的一声，城墙上面预先布置的铁板下坠，直直落在马首，差一点就击中燕王的脑袋。燕王吓得立刻换了一匹马，头也不回地往后奔驰，又差点撞上铁铉设的断桥。

也许铁铉姓铁，他才想到用铁板对付燕王，燕王差点丢了老命。为了报仇，燕王全力围攻济南，攻了三个月，还打不下，颇为气馁。他的智囊道衍说：“军队也疲乏了，先回北平吧。”铁铉又乘胜克复德州。

接着，燕王又被盛庸追得窘迫，曾经有一度，燕王一个人骑着马殿后，后头有数百追兵，他们不敢与铁铉一般，不理会惠帝“毋使朕有杀叔父之名”的诏命，因此，明知燕王在前，却不敢加害。

燕王起兵以来，转战两年，历经辛苦，有时不免灰心丧志，却在道衍鼓励之下，拿出勇气，再度起兵，在夹河打败盛庸。

惠帝听说盛庸失败，十二万分地恐慌。他知道，燕王对齐泰、黄子澄两个人恨之入骨。因此，下诏贬窜齐、黄，并且派遣官员抄他们的家，却在暗中，命令他二人出外募兵。

燕王当然不敢轻信。惠帝接受方孝孺的建议，表面上，赦免燕王的罪名，恢复王爵，私底下却计划派兵攻北平。

大理寺少卿薛岩到了燕军之中，宣读了圣旨。燕王脸色沉重，气得牙齿咯咯作响，怒声责问薛岩：“我问你，你临行之前，圣上作何言语？”

薛岩道：“圣上说，殿下一旦脱去盔甲，谒见孝陵（明太祖的陵墓），晚上即可回北平。”

燕王哼哼冷笑两声：“喔，是这样的吗？这个话连三尺高的小孩都不足以欺骗。”说着，燕王举起手臂，指着左右将士道，“不要忘了，此间尚有大丈夫。”

诸将们听了这话，抬头挺胸，举起刀剑，齐声要求：“把薛岩给杀了吧。”

燕王在将领们心目中是相当具有分量的。虽然说，惠帝有诏，不准杀害燕王，毕竟刀枪可没长眼睛，稍一闪失，燕王还是会去见阎王爷的。可是，每一场战役，燕王总是出现在最危险的地方，让士兵们非常佩服。

同时，燕王对士兵相当爱护。有一回，行军途中，一个士兵体力不支，昏倒在地，他立刻吩咐左右：“用我的备用马载他。”又长长叹了一口气：“壮士的病，都是因为我而起的，惭愧之至。”

这番话，让士兵听了，觉得好温暖，好有人性，王爷真是懂得体恤底下人。

燕王也总舍不得让兵士们过劳。南军的军队，每到一处，立刻挖堑筑垒，总要忙个通宵，整夜不能休息。长途行军，加上体力透支，实在累惨了。第二天一大早，又得出发。

燕王则不然，他行营只搭帐篷，却不挖堑筑垒，而用分布队伍列阵为门，轮番站哨，防止敌人偷营。这样子就能养精蓄锐，保持旺盛的战斗力量。

每次战斗之中，获得的战利品，燕王也是当场分赏给将士们，因此，燕王手下的死士不少。

听到薛岩转达惠帝没诚意的诏书，将士们露出吃人的眼光，想为燕王出一口气。

燕王就是要薛岩瞧瞧手下们的忠心，倒也不是真的准备杀薛岩。他大声阻止：“朝中奸臣不过数人，薛岩是天子的使者，各位不可轻举妄动。”

燕王吓唬薛岩之后，带领他参观军营。

只见三通鼓罢，燕王金盔金甲，锦袍玉带，立马阵前，真是威风极了，左右排列诸将，旌旗节钺（yuè），甚是严整。接着，表演战技，一个挥刀纵马，一个挺枪接住，彼此捉对厮杀，非常精彩。薛岩眼见军容严整，士气如虹，暗暗称奇。

燕王留薛岩逗留数日，再放薛岩回京。临行之前，燕王用哽咽的语调对薛岩说：“你回去为老臣谢天子，天子与臣是至亲，臣的父亲是天子的祖父，天子的父亲是臣的长兄，臣为藩王，富贵都到达了极致，尚复何求？臣一向知道天子厚爱臣，一定是被奸臣谗言蒙蔽。如今奸臣尚在，大军未还，臣的将士心存狐疑。若是天子诛杀奸臣，解散召集来的军队，老臣父子一定骑着马，赴京接受天子的命令。”

薛岩回到南京，据实报告，一向软心肠的惠帝长叹：“真如岩所言，错在朝廷，齐泰、黄子澄误了我。”

方孝孺则不以为然，他撇撇嘴道：“这是薛岩为燕王游说。”

惠帝离奇失踪

自从燕王发动靖难，正式起兵，春去秋来，已经三年。

这三年之中，燕王身先士卒，亲冒矢石，虽然屡战屡胜，毕竟兵力不足，所攻下来的城镇，往往不久之后，又被南军收复。最后清点之下，除了燕王的老家北平以外，不过只有永平、大宁、保定几个据点，因此，燕王十分沮丧。

他曾经举杯消愁，仰天叹息：“连年用兵，到底要拖到哪一天，干脆决一死战也痛快。”

正在这个时候，燕王的机会来了。原来，惠帝深受儒家思想的影响，再加上明太祖朱元璋对宦官防范严密，因此，惠帝虽然为人仁厚，却独对宦官管得极紧。

当时，朝中一些宦官犯法，惠帝下诏：“严如侦办。”有些犯了法的宦官心里害怕，就悄悄溜出南京，逃往北平，依附燕王，乘机向燕王报告说：“南军都派到各地去作战了。如今，南京城一片空虚，大王何妨奇袭？”

燕王正在进退维谷，一筹莫展，听了宦官的情报，大喜过望，急忙找道衍商量。道衍估算的结果，也认为消息应该可靠，于是订下了长驱深入直捣南京的大计。

建文三年（1401年）十二月，燕王大军发兵，这次的战略，与往常不一样，燕王并不攻占城池，沿途的州县只要不阻拦，就不会发生战事，燕军的目的地是南京城。

燕军声威鼎盛，一路南行，沿途也有南军抵抗，却都不是敌手，纷纷溃败，燕军很快就攻到了长江北岸。

惠帝十分惊恐，一听说燕王大军已临江北，一个人在殿里徘徊，他皱着眉问方孝孺："你说，事到如今，如何是好？"

"城中尚有劲兵二十万，城高池深，粮食充足，应该可以抵抗到底。"方孝孺语气沉重地说，"即使无济于事，陛下也该为此牺牲。"

不久，燕王督师进攻南京城金川门，两军尚未开打，那个曾经吃过败仗的李景隆与谷王穗竟然开门投降。诸王与文武百官先后投降，燕王终于如愿以偿，进入南京城。

一向机敏的燕王立刻下令："迅速包围皇宫。"正在此时，皇宫突然起火，烈焰冲天，阵阵的浓烟，呛得人咳嗽不已，熏得人眼睛都睁不开。

燕王一看情势不对，立刻再下令："守住每一个宫门。"

于是，手执刀枪的士兵，严守各个宫门，外面的人不得入宫，宫里逃出的人一律逮捕。同时，燕王又派了大批士兵进宫去救火。好不容易火熄了，却不见惠帝的踪影。

惠帝在火窟中自杀了吗？可是燕王派人把宫里整个翻过来，也不见惠帝尸首。

惠帝逃走了吗？这倒是有可能的。虽然当时士兵们守住宫门，但情势太乱，惠帝乘机溜走，实有可能。燕王登上皇位以后，派遣郑和赴南洋，宣扬大明国威，据说郑和另有一个重要的任务，就是奉明成祖（燕王）之密令，寻访惠帝的下落。

由于惠帝下落成谜，因此，民间流传各式各样的说法，其中最为普遍的一说是，当金川门失守以后，惠帝原先准备自杀，这时，翰林院编修磕了一个头道："还是快逃吧。"

"怎么逃得走呢？"惠帝忧急地问。

这时，一个老宦官王钺忽地冲了出来，在地上磕一个头说："记得先皇帝在世时，曾经留下一个匣子，藏在奉光殿的左边，嘱咐在遇到大难时可以打开。”

“还不快取！”惠帝急着说。

王钺匆匆忙忙拿出一个红匣子，打开一看，里面有白银十锭，以及僧衣僧帽等，并且留下字条，说明宫中有一个秘密通道，可以直通外面。

另一个宦官迅速为惠帝剃发，换上僧衣。然后，惠帝带着几个身手矫健的宦官，从地道逃出了宫。自此与祖父朱元璋当年一样，做了和尚，云游云南巴蜀之间。据说，晚年之时，惠帝嗟叹一生遭遇，曾经在一座寺庙的墙上，题上一首诗：

阅罢《楞严》（佛经书名）磬懒敲，笑看黄屋寄团瓢（指草舍）。
南来瘴岭千层迥，北望天门万里遥。
款段久忘飞凤辇，袈裟新换衮（gǔn）龙袍。
百官此日知何处？惟有群鸟早晚朝。

写尽了他见不着文武百官，只有与群鸟相伴无边的寂寞。

另外还有一个故事，据说惠帝逃亡在外，年纪大了，十分思念祖父，很希望死了以后，可以与祖父埋葬在一块儿。此时，成祖已经去世，英宗即位，惠帝鼓起勇气，向广西思恩知州讲穿了自己真实的身份。

州官可是吓了一大跳。但是，此事非比寻常，不敢擅自做主，派人把惠帝送往北京。

英宗也没有见过惠帝，不知其真假，于是，把老太监吴亮请出来鉴别。

吴亮见到满面风霜的惠帝，实在也看不出来到底是不是真的，中间相隔近四十年，其间的变化太大了。

惠帝倒是一眼认出了吴亮，并且对他说：“吴亮，你不记得了吗？有一天我在吃鹅肉，有一小片鹅肉掉在地上，你学着小狗的样子，一边汪汪地叫着，一边把肉给舔了。”

“对，我记得。”吴亮忍不住哭了起来，并且说，“我还记得，皇帝左脚脚趾上有一颗黑痣。”

惠帝伸出了脚，吴亮脱去惠帝的鞋袜，发现脚趾上果然有一颗又圆又大的黑痣。吴亮抱着老主人惠帝的脚，嚎啕大哭起来。于是，惠帝在宫中，度过平静的晚年，死后，被埋葬在西山。

当然，这也是一段传说的故事。

总之，靖难之变，惠帝失踪，究竟下落如何，始终是明史上一大疑案。

清乾隆元年（1736 年），惠帝才被追谥为恭闵惠皇帝。

明惠帝下落的最新说法

明惠帝的下落是千古疑案，也是历史学家一直深感兴趣的谜团。近来，有的历史学者有一种新的看法。

根据他们的研究，惠帝神秘失踪，并没有远走云贵高原，浪迹天涯，而是躲在近在咫尺的苏州吴县普济寺。

据说，情况危急，千钧一发之际，惠帝剃光头发，换上僧衣，他很自然地，第一个念头就想到：“不如投奔溥洽大师。”

溥洽可不是寻常和尚，他是明朝初年著名的高僧，精通佛典，德高望重。在洪武年间，曾经被召为僧录司右讲经，后来，升为左善世，又担任惠帝的主录僧。

惠帝原本是个清心寡欲之人，喜欢读佛书，讲禅理，甚且也爱茹素。因此，惠帝与溥洽相处甚欢。

“投奔普济寺，会不会给他添麻烦？”

一向为人设想的惠帝，又不免踌躇。

情况紧迫，也不容惠帝优柔寡断。几个身手矫健的宦官，护卫着惠帝，昼伏夜行，来到了苏州吴县山明水秀的普济寺。

普济寺是过去惠帝来过的地方，他极为欣赏此地的山明水秀，但是，此时此刻，性命垂危，心乱如麻，缺乏赏玩山水的兴致。

惠帝一行，进入熟悉的山门，绕过大殿，曲径通幽，到了最后一进禅房，一丛修竹，数曲回栏，这是溥洽居住之地，也是普济寺中最好的住处。溥洽已经交代，请惠帝暂时在此落脚。

溥洽招呼小和尚，捧来一碗热茶，一碟寺中自制的盐渍熏（xūn）豆，对惠帝说："皇上莫惊慌，这儿很安全。"眼神中尽是关怀。

早已被吓坏的惠帝，觉得一股暖流缓缓地自心中漾开，总算可以舒一口气了。

普济寺中突地来了一群身份不明的人，而且处处显得十分神秘，马上有人联想到，该不会是惠帝落难此处。

明成祖接到密报，立刻派出大批人马，把普济寺层层包围。但是，搜查了半天，却找不到惠帝的踪迹，他气在心里，找了一个不相干的理由，把溥洽软禁起来。

普济寺待不下去了，惠帝又到哪儿了呢？据说，竟然是道衍（姚广孝）伸出了援手。

明成祖当初之所以毅然起兵，得力于道衍。以后三年，成祖转战山东、河北，道衍虽未亲临战场，但是，一切机密几乎取决于道衍。所以，成祖得有天下，道衍出力最多，论功行赏，以为第一。

永乐二年（1404 年），道衍授官资善大夫、太子少师，恢复了他的原姓——姚，并且赠道衍祖父官职。成祖平常称呼他，总是客客气气尊一声："少师。"

成祖不止一次劝道衍："你也不要再当和尚了，把头发蓄起来，朕赠给你豪华宅第，美艳宫人，你与我共享天下富贵。"

道衍就是不肯，他拱拱手道："我当和尚习惯了。"

道衍过着一种奇怪的生活，他上朝时，穿着官吏的朝服，退朝之后，又换上袈裟。他还是习惯于住在他的庆寿寺。

道衍听说惠帝惶惶然若丧家之犬，便写了一首诗《病猫》，表示愿意收容惠帝：

衔蝉踏雪世难寻，爪敛毛摧苦病侵；
既倦终宵迎氅（chǎng）下，惟思长日卧花阴。
欲急快啖非无意，纵鼠横行岂有心；
谁念前功能保受？夜寒收汝入重裘。

惠帝走投无路，也就只好投靠道衍，收入他的重裘之中。

道衍是成祖最信赖的人，因此，庆寿寺也是全国最安全的地方，惠帝在这儿，过了十多年平静无波的生活。

转眼之间，道衍垂垂老矣，不能上朝，在庆寿寺中养病。

成祖很关心道衍的病，亲自前来探望，他握着道衍的手，想起亲密战友时代的往事，觉得十分怅惘，赐给道衍一个金子打造的金唾壶，并且询问道衍："告诉朕，有没有任何事，朕可以替你办到的？"

道衍思索了一会儿道："溥洽被关得太久了，希望能够放他出来。"又说，"他实在是冤枉的，请皇上赦免他的罪。"

念在道衍的功劳上，成祖马上就答应了，说到做到，立刻把软禁十多年的溥洽放了出来。

过了没多久，道衍过世，年八十四岁，葬礼备极哀荣。成祖亲制神道碑记载他的功劳。道衍是和尚，没有后代，成祖赐官道衍养子姚继为尚宝少卿。

道衍过世之后，庆寿寺不再是戒备森严之处，成祖派了胡濙（yíng）："有人说，他藏在庆寿寺，你瞧瞧去。"

胡濙探听回来，向成祖禀报："没错，惠帝是藏在庆寿寺，人老了，也病了，恐怕拖不了好久，恳求陛下让他在庆寿寺，走完人生最后一段路吧。"

成祖一直害怕，有人簇拥惠帝，东山再起，威胁他的帝位，倒不是担心个性懦弱的惠帝。成祖考虑了一会儿，对胡濙说："好吧，不过，你要派人日夜严密监视，不可予野心家可乘之机。"

“是的。”胡濙重重叩了一个响头。

永乐二十一年（1423 年），一天夜晚，成祖已经入睡了，胡濙急禀，说有要事相告。

成祖披衣而起，胡濙满面愁容，悲痛地说：“他去了。”他是指惠帝，年方四十七岁。

成祖指示：“用天子之礼安葬，但不能让世人觉察。”

就这样，一生饱历忧患的惠帝，长眠于庆寿寺。墓顶上置正方形大青石一块，暗指“天圆地方”的帝王陵寝之意。

溥洽因惠帝事被软禁，道衍死前搭救溥洽一段，都是《明史》中有记载的事。不过，若是说，惠帝被道衍搭救，正史未载，而且也似乎不太合理，道衍一手导演惠帝败亡，他应该是最恐惧惠帝尚在人间的人。

当然，人性复杂，世事难料，谁也不能说，绝对没有这件事，只不过，因为缺乏强而有力的证据，我们只能姑妄听之。

方克勤方孝孺父慈子孝

燕王进入南京城以后，立刻下令，逮捕齐泰、黄子澄等五十余人，到处贴出告示，捉拿“奸臣”。

当初，燕王起兵的理由是“朝无正臣，内有奸恶，则亲王训兵待命，为天子讨平之”。

现在，他要动手办“奸臣”了。

燕兵围攻南京时，齐泰在外郡奔走想办法，听说燕军重金悬赏他，齐泰心中发急，准备逃跑。

他有一匹快马，白亮似雪，状甚雄伟，可以日行千里。齐泰跳上马，转念一想：“不对，我这张面孔，识得的人不多，倒是有不少人，知道我有这匹白色宝马。”

齐泰慌慌张张下了马，跑入书房，捧来笔砚，用大号毛笔，沾上黑墨，在马匹身上大片大片刷去。齐泰喃喃自语：“宝马，对不起，这回委屈你了。”顷刻之间，白马变成了黑马。

齐泰左手牵缰，右手的马鞭不断“刷刷”地往马屁股上抽，一路向前奔去。因为天气太热，齐泰累得满头大汗，宝马也汗如雨下。马这一出汗可不得了，不停地滴滴答答，有黑色的墨水往下掉，引起路人的啧啧称奇。

不一会儿，经过汗水的洗除，黑马又变为原来的白马了，有人指着惊呼：“咦，这不是齐尚书的白马吗？”

这下子，齐泰想赖也赖不掉，只好垂头丧气被押解到南京。他与黄子澄二人，都被处以“磔（zhé）死”。磔是分裂肢体的死刑。

除了齐泰与黄子澄，还有一个人，燕王想起来，就气得牙齿咯咯作响，那便是方孝孺。

方孝孺，是中国历史上大大有名的人物，许多人都听过他的名字，却不甚了解他的事迹。

方孝孺（有的书籍写作方孝儒），字希直，一字希古，浙江宁海人。他的父亲方克勤，也是《明史》中列为“循吏”的好官。

方克勤在洪武四年（1371 年），参加吏部考试，得了第二名，授为济宁知府。

当时，国家遭逢大乱，经济上凋敝不堪，满目疮痍，朱元璋深知“初飞的小鸟，不能够拔它羽毛”的道理，鼓励农民开垦荒地，并且规定，农民垦出的土地，朝廷承认是垦荒者的产业，同时，免征三年田赋。

但是，地方官吏可等不及，早早就急着前来催税。老实的农民受了骗，心里很生气，一个个嘟嘟囔囔：“既然皇帝的诏命不可信，我们干什么当傻瓜。”于是，田地又荒芜了。

方克勤则不一样，他与人民定了约，不该缴税时绝不征税，又把田分为九等，到了该缴税时，一切依规定办理。济宁的荒田，就这样一片片开发出来。

方克勤又到处建学校，修孔子庙，教化百姓。在盛暑之时，军队将领拉人民去筑城，方克勤好生不忍，他代替老百姓向都督求情：“大家耕田都来不及了，哪有时间去筑城？”

都督认为方克勤是存心不给他面子，气咻咻道：“你若有本事，就请中书省下一道命令，这城，也就不必筑了。”

方克勤也就真的上书中书省，让民众免去了劳役。

济宁人民很感激方克勤，作了一首歌谣歌颂他：“孰罢我役？使君之力。孰活我黍？使君之力。使君勿去，我民父母。”意思是说：“谁免除了我们的劳役？都是知府老爷的力量。谁救活了我们的田？都是知府老爷的力量。知府老爷千万别走，你是我们的父母。”

方克勤像苦行僧一般，把物质需求降到了最低点，他的布袍一穿就是十年，一日三餐多半吃素。

方克勤的儿子方孝孺，在年幼时，母亲就过世了，他完全继承了父亲这种理学家的风范，以追求道德学问为己任，不在乎生活简陋。

方孝孺自幼聪明机智，双目炯炯有神，他每天读书十分用功，乡里的人都称他为“小韩子”（小韩愈之意），予以另眼相看。

长大以后，方孝孺跟着宋濂读书，宋濂是协助明太祖朱元璋打天下的功臣，学问极佳，方孝孺的成绩优异，很快就赶上他的学长，如胡翰、苏伯衡等人。

在方孝孺心目之中，他是看不起舞文弄墨的文艺之事，他认为读书的目的便是“明王道，致太平”。

因为过于专注用功，方孝孺曾经疲惫得病倒了。家里的人忧急地告诉他：“怎么办呢？一粒米都没有了，你又生了病。”

方孝孺极有颜回精神地笑笑：“这有什么关系？古人三十天才吃九顿饭，难道古今只有我一个人贫穷吗？”

十九岁那年，方孝孺又遭遇巨变。

朱元璋即位以后，为了惩治贪官污吏，掀起了所谓空印案。依照惯例，每一年，地方长官到户部缴纳钱粮等，总先携带盖了空印的公文纸，以备于万一报销之时，有户部删剔的项目，可以在京城里随时补文申报或者缴款赔亏，以免一来一往，路途遥远，耗费时间。

但是，一向有疑心病的朱元璋，直觉以为，其中有诈，定是集体舞弊，把案内有姓名的主印的地方官，一律斩首示众。

方克勤虽然是好官，但是，专制时代是没有多少道理可讲的。十九岁的方孝孺，扶丧归葬，因为过于伤心，脸色灰败，两颊与双眼就深深陷了下去。

方克勤父子二人，一向得到乡里的敬爱，遭此巨变，众人同声叹息。一路上，都有人忍不住陪着方孝孺痛哭流涕。

方孝孺宁死不屈

方孝孺守完孝，继续跟着宋濂求学，前前后后，他拜在宋濂门下，长达六年之久。

洪武十五年（1382年），由于吴沉、揭枢的引见，明太祖特别予以召见。方孝孺清癯（qú）秀逸，气度高华，特别是那一双眼睛，神采奕奕，目光十分正直。

明太祖非常欣赏方孝孺的端庄大方，他对皇太子说："此人乃良士也，应该进一步磨炼他的才华。"遂予以相当礼遇，然后遣返。

后来，他因为受叔父的官司的连累，阖（hé）家被地方官逮捕到京师。明太祖如此一个杀人如麻的君主，竟也起了爱才之心，见到方孝孺的名字，马上予以开释特赦，让他得以"奉祖母及妻子"归还乡里。

洪武二十五年（1392年），又经人推荐，方孝孺再蒙太祖召见。距离明太祖第一回见他，已经整整过了十年。方孝孺举止更见沉稳内敛，谈起话来，学问更为渊博精进，明太祖为之喜上眉梢，却表示："现在，还不是用方孝孺的时候。"并聘他为汉中教授，每日与学生讲论学问。

蜀献王听说方孝孺的贤能，经常前来聆听他讲述道理，特别聘他为世子的老师，他自己也一块儿听课，对方孝孺陈述的义理，觉得万分佩服，特别把方孝孺的书室取名为"正学"。从此以后，学者都恭称他为"正学先生"。

正学先生真正获得重用，是在惠帝时代。惠帝喜欢儒学，也有学问根基，两人一见如故。建文元年（1399 年），惠帝召方孝孺为翰林侍读，颁发给他一面“朝参牌”（随时可以出入京城，朝参皇帝的牌子）。

惠帝喜欢研究学问，每次有读不通、看不懂的地方，就请方孝孺来讲解，互切互磋，深觉乐在其中。每日上朝，官员奏事，惠帝也常叫方孝孺在屏风之前马上作答，君臣关系水乳交融。

靖难之变发生，当时的诏檄公文，都是出自方孝孺这只快笔之手。

基本上，惠帝很不情愿与亲叔开打，他又是个听到兵事就皱眉头的人。因此，在战况吃紧之时，他把一切军事委托给齐泰、黄子澄，自己与方孝孺谈论周官礼仪制度，这才是惠帝的最爱。

由于方孝孺道德学问，天下风闻，所以当燕王发兵北平之前，道衍曾经劝过燕王：“大王，请务必听我一句，攻下南京的那一天，方孝孺必定不会投降，请千万千万不要杀他，如果杀了他，天下读书人的种子就从此断绝了。”

燕王自起事以来，得力于道衍之处甚多，因此他点点头道：“好，我答应你。”

南京金川门破，皇宫大火，惠帝下落成谜，方孝孺如丧考妣（bǐ），披麻戴孝，哭得热泪滚滚，浑身发抖。

燕王屡次下诏召见，方孝孺总是相应不理，燕王派了方孝孺的门人廖镛去请，被方孝孺骂了一个狗血淋头：“你的诗书都念到哪儿去了？”

后来，燕王正式准备即位，想找一个文笔好的人，为他起草诏书，大家都说方孝孺是当今天下第一才子。燕王命令把方孝孺押到殿上。

方孝孺依然还是穿着孝服，一入殿便如长江大河开了口，一泻千里般哭个不停，围观者面面相觑，不知如何是好。

在燕王看来，马上要登基，是喜事一件，方孝孺穿着丧服，哭个不停，真是触霉头，脸色也不自觉地阴沉下来。

燕王勉强忍住气，走下座位，安慰他道：“你用不着太悲痛，我不过是效法周公，辅佐成王。”

“喔，是吗？”方孝孺一泡泪水在眼眶里打转，“成王在哪里？”

“他自焚而死。”

“为什么不立成王的儿子？”方孝孺用手背擦拭着眼泪，含恨地追问。

“国赖长君。”燕王昂一昂头。

“那么，为什么不立成王的弟弟？”方孝孺用相当固执的声音再逼问。

燕王抬起头，两人四目相视，眼中都喷着怒火，呈现出一种剑拔弩张的情况。方孝孺一脸不屈的神态，眼中且有不屑与乱臣贼子多言的骄傲。

燕王受不了，气愤地回答：“这是我家的事，你别啰嗦。”

方孝孺，选自《历代名臣像解》。

说着，燕王命左右把纸笔递给方孝孺：“这诏告天下的文章，非请先生草拟不可。”

“好！”善写书法的方孝孺，立刻写上了“燕贼篡位”四个大字，气得燕王脸上一阵惨白。

方孝孺重重把笔往地上一摔，倨傲地说：“死就死吧，诏书，我绝不会写的。”

燕王愤然跺脚：“你不怕我诛你九族？”

“诛十族我都不怕！”

“好！”燕王勃然变色，“押入大牢，我偏偏不让你马上死。”

根据明律，所谓九族，直系亲以本身上推而父、祖、曾祖、高祖，再自本身下推而子、孙、曾孙、玄孙为止。旁系亲以自身横推而兄弟、堂兄弟，再从兄弟、族兄弟为止。

据说，燕王每抓一人，就把他带到狱中让方孝孺看一回，让方孝孺心痛一次，但是，方孝孺始终不为所动，最后，才把方孝孺处以磔刑，然后，又把方孝孺的门生朋友列为一族，也给杀了。

方孝孺慷慨就义之前，曾经写了一首绝命词：

天降乱离兮，孰知其由？
奸臣得计兮，谋国用犹；
忠臣发愤兮，血泪交流。
以此殉君兮，抑又何求？
呜呼哀哉兮，庶不我尤。

意思是说，生逢乱世，谁知道老天为何如此安排？奸臣篡位谋国，诡计得逞，忠臣发愤图强，血泪交流，我能为国君殉难，别无所求。

方孝孺就义之时，正值四十六岁壮年，他哥哥孝闻，先他自杀，弟弟孝友与他同时就义，妻子郑氏与两个儿子自缢，两个女儿投入秦淮河殉国，真是一门英烈。

瓜蔓抄

当燕王攻下南京城，正式成为明朝皇帝以后，他第一件事，就是想看看铁铉是怎么样一副惨败的脸色……

想起铁铉，燕王，不，现在是明成祖，可就是一肚皮的恼怒。铁铉曾经诈降，骗成祖单枪匹马，志得意满，徐徐进入济南城。

岂料，刚一进门，有人高喊“千岁”，陡地，一块吊起来的铁闸板，直直往下落。若不是“千岁”这句暗号，喊得早了一点，铁闸板就不是落在马头上，而是成祖的脑袋上。

想到这儿，成祖摸一摸头，暗呼：“好险，差一点就当不成皇帝，而成为铁板下的冤鬼了。”

更叫成祖生气的是，当成祖发动反攻时，铁铉自知不敌，竟然命人削木头，制成几百块大大的木牌，召集济南城中的读书人，集体赶工，在木牌上工工整整地写上“太祖高皇帝神牌”。趁着半夜，挂满了城墙外头。

到了第二天一大早，成祖准备了数十斤重的石炮，要把济南城给攻破。

忽然，燕兵发现一面两面三面……数不清的神牌，谁也不敢开炮，这一炮轰过去，就直接打在明太祖的神牌上了。中国人最重孝道，见到先人神牌，理该下跪，岂可以炮轰？

成祖知道了，气得顺手拿起一个茶碗，在地上狠狠一摔：“哼，铁铉，真有你的！”

脾气发过了之后，非但不敢开炮，并且遥遥向神牌行大礼。铁铉乘机追杀，收复德州。

当然，成祖对铁铉，真是恨不得剥了他的皮，才能消除心头之恨。

因此，当成祖正式即位以后，他左盼右盼的日子终于到了，他要看看铁铉如何向他讨饶。

没想到，铁铉到底是一条铁铮铮的汉子，他被押到殿堂，铁青着脸，一语不发，默然地转个身，屁股对着皇帝，表示不屑一顾。

古人是极重礼节的，书香世家，儿女绝不能以背对父母，告退之后，要离开父母视线以后，才能转身。铁铉这一个举动，明显地表示对成祖的不屑，也存心让成祖在其他大臣面前难堪。

成祖忍下这口气，对铁铉说："其实，朕可以饶你一死。"

铁铉不领情，倨傲地回答："一死何足以道哉，大丈夫宁死不屈！"

"好，有你的！"

成祖血液里，同样流窜着明太祖残忍的因子，他要让大家瞧瞧，不听命于他是怎样的下场。尤其他篡了侄儿的位，天下人未必心服，非立威不可。

于是，成祖就命令手下："把铁铉的耳朵、鼻子割下来！"

割下以后，成祖更进一步，当场烤熟，命人把肉硬塞到铁铉口中。

成祖残酷地下令："吃啊，味道香不香？"

铁铉也真不愧为一条硬汉，他真的吃将起来。

吞下肚子以后，铁铉扬声笑道："这是天下忠臣孝子之肉，焉得不美味？"

言下之意，你成祖乃不忠不孝之人，连肉都是臭的，送给我吃，我还嫌腥哩。

在场之人，脸上都露出惊怖又尊敬的神色。成祖看在眼里，气在心里。他下令，把铁铉的肉，一小片一小片割下来，看看谁还敢效法铁铉，如此挖苦皇上？

明成祖，选自《乾隆年制历代帝王像真迹》。

铁铉断气之后，成祖余怒未消，又把他的尸体扔到油锅里。奇怪的是，尸体仍是背往上，似乎是铁铉死了以后，还是不屑于正视成祖。

成祖气得如油锅般滚烫，他命人拿铁棍把尸体翻个身，非让铁铉正面朝上不可。岂料沸腾的油溅起一丈多高，险些烫着成祖，成祖只好作罢，停止了虐待性的行为。

另有一个叫景清的人，也让成祖气得七窍生烟，怒不可遏。

景清本姓耿，真宁人氏。建文初年，曾任北平参议，派去试探燕王（成祖）虚实。

景清是个博学之人，与成祖谈得极为投机，成祖始终不疑有他。后来，没待成祖起事，景清又被调回，担任御史大夫。

景清与方孝孺是无话不谈的知己，曾经与方孝孺一同发誓，如果有一天，惠帝失败，他二人必将殉国。

方孝孺不屈而死之后，景清前往归附成祖。成祖见到景清，真有见到老朋友般的欢喜，他拉着景清，到处向人介绍："这是故人，快快恢复原职。"

这一方面是故人之情，一方面成祖也存心做给天下人看，毕竟还是有不少有识之士支持成祖。

景清来归之后，君臣二人相处甚欢。一晃之下，过了两三个月。

有一天早上，相士警告成祖：“异星赤色犯帝座，甚急。”

等到上朝之时，独独景清一人穿了红色衣服，成祖心忖：“莫非，他就是赤色异星。”一声令下：“搜！”

果然，从景清身上搜出一把锐利的短刃。

景清见事迹败露，功亏一篑（kuì），又恼又气，开始破口大骂，什么“不忠不孝、不仁不义的东西”，一切难听的话全都脱口而出。

成祖又惊又恨，命人赏景清的耳光，景清仍旧骂个不休；又命人敲掉景清的牙齿，牙齿一颗一颗迸落到地，他还是在数成祖的罪状，并且把打落牙齿的鲜血，“咻”的一声，喷到成祖簇新的龙袍上，含糊不清地反复诉说：“我恨我没能为故主报仇。”

成祖气得血脉偾（fèn）张，赶紧叫人把景清给醢（hǎi，剁成肉酱）了。

事情过了不久，某日中午，成祖睡午觉，梦到景清绕着殿内柱子追杀自己，成祖没命地逃，景清苦苦地追。最后，快追到了，成祖大叫一声，从噩梦中醒来，汗出如浆，恨恨地说：“景清成了厉鬼了吗？”

为了泄恨，成祖下令，诛景清九族，把景清先人的冢（zhǒng）墓挖光，甚且将景清家乡夷为平地，村里成为废墟，这样悲惨的情形，当时人称之为“瓜蔓抄”。

胡濙寻访仙人张三丰

明成祖夺得天下以后，对付异己的恐怖惨烈，可以说不亚于中国历史上任何一幕亡国的祸难。除了铁铉与景清，我们再根据清朝人谷应泰所著的《明史纪事本末》中的《壬午殉难》，举出两个例子。

练子宁是惠帝手下的忠臣，当李景隆失败，练子宁曾经慷慨激昂地要求朝廷诛李景隆。

练子宁十分愤慨，叩首大哭："臣身为御史大夫，不能为朝廷除卖国奸，死有余罪，如果陛下赦免李景隆，请赐臣一死。"

结果，仁弱的惠帝赦了李景隆，当然，也没有赐练子宁一死。

这么一位烈性汉子的练子宁，在成祖即位以后，被绑到成祖朝堂，仍然不屈服地破口大骂不止。

成祖听着心烦，下令："把他的舌头给割了。"并且宣谕："我是要仿效周公辅佐成王。"按周公是中国政治上最伟大的政治家之一，他是周文王的儿子、武王的弟弟、成王的叔叔。

武王去世之前，想把王位让给周公，周公却愿意辅佐侄儿幼主成王，任劳任怨，为周朝立下千年不拔的基业与制度。

因为惠帝也是成祖的侄儿，所以，成祖才有此一比。当然，情况并不相同。

已经被拔舌的练子宁，看到成祖如此为自己贴金，实在看不过去。他冷笑一声，把食指伸到嘴里，以鲜血在地上书写四个大字：“成王安在？”

成祖一见，恼羞成怒，不但把练子宁给杀了，还让他宗族一百五十一人陪葬。

另有一名司中，惹怒了成祖，也是不肯屈服，成祖竟然残忍地发明一种铁扫帚，把司中的皮肤和肌肉用铁扫帚扫烂。

除了成祖亲自下手的，其他惨烈殉难或是阖家自杀者不计其数。

例如，有一位叫王艮（gěn）的人，是建文二年（1400 年）的进士，对策考了第一，但是，实在长相丑陋，就被第二名胡靖（也就是胡广）顶替。

王艮、胡广与第三名的李贯，恰好是同里的小同乡，第一甲三名都是同乡，真是邻里之光，巧的是三人都在文史馆工作，修《明太祖实录》。

燕兵进攻京城时，王艮已做了殉难的打算，他与妻子诀别道：“食人之禄者，死人之事，我不能复生矣。”

当天晚上，王艮、胡广与吴溥、解缙（jìn）等一干好友在吴溥家里聊天，大家平日都是邻居好友，谈得慷慨激昂，胡广尤其悲愤到了极点，王艮倒是少开口，只是一个人默默地掉眼泪。

等到客人走光了，吴溥的小儿子对吴溥说：“爹，胡叔叔能为国殉难，倒是一件佳事。”

吴溥摇摇头道：“不然，只有王叔叔会死。”

吴溥的儿子正要开口问：“为什么？”

话还没说完，隔壁传来胡广的吆喝声：“外头吵得很，小心猪栏里的小猪。”

吴溥拍拍儿子的小脑袋：“你瞧，胡叔叔连一只小猪都舍不得，怎么会舍弃生命呢？”

不一会儿，左邻传来哭声，原来，王艮已服毒自杀。

后来，胡广倒是为明朝做过不少事，是明代著名的学者。由此看来，舍不得小猪，舍不得牺牲性命者，并不见得是坏人。不过，那些受了宋元理学影响的士大夫，舍生赴义，上刀山，下油锅，始终不畏不惧，仍然是值得佩服的。

正因为有这么一批不怕死的忠臣烈士，始终对惠帝尽忠，而惠帝又不知所向，让明成祖夜夜不得安眠。

成祖又不方便明目张胆，像捉拿逃犯一般，开出赏金缉拿惠帝，他只有偷偷摸摸私下里找人搜索，负起这个重责大任的人，便是胡濙。

胡濙生下来，很奇怪，满头白发，像个老先生，过了一个月，才逐渐转成黑发。他是建文二年（1400 年）的进士。

成祖交给胡濙表面上的任务，是寻访仙人张邋遢（张三丰）。

张邋遢，名全一，又名君宝，因为不饰边幅，邋邋遢遢，所以又号张邋遢，长的是龟形鹤背，大耳圆目，须髯如戟（指有小叉的兵器）。不论寒暑，只着一衲一蓑，一顿能食一升，也可以数日一食，或数月不食，能日行千里，当时人把他当神仙。

明太祖朱元璋久闻其名，到处寻张三丰，却总也寻不着。后来，张三丰到了宝鸡的金台观，有一天，自己说："该死了！"没多久，果然死了。乡人把他入了棺，正要下葬，忽然听到棺木内有声音，拔开钉子，他又活蹦乱跳走了出来。

因为有这段玄妙的故事，成祖便借寻张三丰之名，找惠帝下落。

胡濙为了完成这一项任务，真是万分辛苦。他曾经在外十四年，不知寻遍多少名山大川，穷乡僻壤，奔奔忙忙，寻寻觅觅，却无所获。

甚且，在这一段时间，他遭到母丧，请求丁忧回籍，成祖都不准，非逼他继续找下去。

在中国古代，以孝治天下，父母之丧是一件天大之事，凡是孝子都得回家守孝三年。明代尤其认真，就算是入阁拜相，也要辞官回家守墓三年，这便是丁忧。

只有一种例外，正在前线打仗的将军，不得已，移孝作忠，称之为"夺情"——以国事为重，夺去其亲子之情。

胡濙不过是去"找一个张邋遢"，何必"夺情"，其中自然大有文章。

细说从头话宦官

明成祖派遣胡濙上天下海，到处寻访惠帝，连胡濙母亲过世，都不准他回乡里奔丧。

后来，听人家说起，惠帝逃亡海外，并且在海外建立了强大的势力。于是，成祖派遣宦官郑和出使，这便是历史上鼎鼎有名的“三保太监下西洋”。

明朝官员，人才济济，成祖为何要挑一个太监（宦官）扛大旗？说穿了，倒也不奇怪，他派遣胡濙寻访惠帝，不也是打着搜寻张三丰的名义吗？追捕惠帝，可不是什么光彩之事，难怪成祖舍官吏而求郑和。

事实上，远在唐朝，皇帝经常派遣宦官担任使者办事。在唐代史料之中，宦官奉皇帝差遣外出办事的记载（如“上遣中使”）不可胜数，任务亦甚为庞杂。

借这个机会，让我们对“宦官”细说从头，相信也是读者们愿意了解的。

所谓宦官，指的是割除了男性生殖器官，在宫中侍奉帝后等的阉（yān）人。

中国的宦官，到底起自何时，已经不可考。不过，最早的文献书籍，则是出自《周礼》。在《周礼》一书之中，宦官被称为阉、寺、竖。后来，宦官又名内监、中官、太监、阉寺等。

宦官最初的职责大概是守门。“阉”这个字，在《说文解字》一书中的解释是“竖也，宫中阉阍（hūn）闭门者”。寺也是监察出入之意。在汉朝时，宦官常被任命为黄门令，黄门即宫门，宦官便是看门的人。

最早期，宦官不过是守门而已，而且那个时代，宫室不大，门也不多，所以人数如《周礼》所说，不超过百人。后来，因为宦官要做的事太多，宦官人数不断明显地增加，到了明朝、清朝，宦官人数多达成千上万，真是吓人。

为什么要有宦官？为什么要有这么残忍的措施？这与中国古代家天下大有关系。在中国古代专制政治之下，一个王朝的延续，就表示由皇帝一姓相承，例如唐朝姓李，明朝姓朱，如果换了一个姓，那就表示改朝换代了。

在这种情况之下，皇宫内的男性工作人员必须慎加防备，以免皇子的血缘产生疑问，这便是宦官的由来。

除了中国，埃及、阿拉伯也有宦官，尤其阿拉伯国家最多，甚且有人说，1991 年海湾战争爆发，美国国内不少民众反对出兵援救科威特，理由就是科威特国王贾比尔是个荒淫之君，宫内还有宦官。

那么，宦官到底是打哪儿来的呢？又没有人生下来就愿意当宦官，一辈子抬不起头来。

在中国，宦官最早的来源有两种，一是在战争期间掳掠的俘虏，一是罪人的家属。把罪人家属没收当奴隶，向来是宦官重要的来源，例如秦朝著名的宦官赵高，便是年幼时被送入宫中的。

后来，还有一些宦官，则是在宫里头已经混出局面的宦官，为了增添势力，坐大羽翼，回到家乡招兵买马，搜购一些贫困的幼童，带入宫中，阉割之后，做了小宦官。

幼童的父母，为了贪图钱财，便把孩子卖掉。从某个角度而言，这与狠心父母卖女儿当雏妓也差不多。

还有一种宦官，则是年岁已大，走投无路，干脆一狠心，自己自愿走上这一条路。例如明朝大宦官魏忠贤，原是市井无赖，游手好闲，欠了一屁股的赌债，被人追杀，这才躲入皇宫，赖掉赌债。

古人一向最重视传宗接代，所谓是“不孝有三，无后为大”。宦官丧失了这方面的功能，为社会所瞧不起。

尤其宦官不长胡须，嗓音尖窄刺耳，男不男、女不女，一般人总投以厌恶鄙视的眼光。宦官普遍具有强烈的自卑感，便会要求“过度补偿”，使自己超越他人，造成宦官往往不顾法纪争夺权势，以扩张政治上的地位，敢于不顾道德标准贪赃枉法，显耀财富。

宦官总是仗势欺人，狐假虎威，却也有其可怜之处。宦官的职责是伺候诸王公主、后妃嫔御，这些人都是天之骄子。因而宦官被主子们呼来叱去、拳打脚踢可说是家常便饭。稍一不小心，很可能就惹来横祸。宫闱斗争，既卑鄙又阴险，宦官自小在这种阴暗的环境中长大，近墨者黑，当然也学会了许多狡诈的本事。

另处，宦官人数众多，想要在其中出人头地，也是一门厚黑学。好不容易熬出头了，可以奉派出外办事了，无论是自己搜刮财物，求取心理上的补偿，或者是替主子罗掘财物，都想狠狠捞上一票，也就更增加人民的恶感了。

再加上宦官书读得少，没有受过传统学术的熏陶，即便虐民害国，心里也没有罪恶感。他既不能求名，不能求家庭温暖，也就只能尽全力追逐个人私利。

宦官最怕的是政治清明，井然有序，如此一来，他们就没有浑水摸鱼的机会了。所以，从中国历史上看来，凡是朝代末年，也正是宦官最为活跃起劲的年代，东汉外戚宦官斗争惨烈，唐朝宦官立君弑（shì）君如同儿戏，甚且由于宦官掌权，皇帝居宫中等于是广义之模范监狱。

明太祖贬抑宦官

上一篇，我们说了宦官的始末。明太祖朱元璋起自民间，所以，他原也与一般民众相同，提起宦官的作威作福，就忍不住咬牙切齿骂上一通。

明太祖即位之初，每次谈到宦官，总是满脸不屑道："这批人千百个之中选不出一个好的，如用他们为耳目，则耳目蔽障；如用他们为心腹，则心腹生病。驾驭宦官的办法，在于使他们畏法，不可以让他们有功劳。"

明太祖并且常常以《周礼》一书为例子，他挂在口边的口头禅是："朕观《周礼》一书，阉寺不及百人，后世常超过几千人，真是不必要。"

话虽如此，事实上，朱元璋还是吴王时，便用了不少宦官，人数已超过一千，等到了洪武初年，更发展出二十四衙门、十二监、四司、八局，宦官的人数也就愈来愈膨胀。

甚且，有一回李文忠（太祖侄子）建议朱元璋："内臣（宦官）太多，应该稍微减少一些。"

朱元璋勃然变色："你想要削弱我的羽翼是什么用意？这一定是你门客出的坏主意。"

为了泄愤，朱元璋竟然把李文忠的门客全给杀了。李文忠惊吓过度，暴卒而亡。

皇帝为什么需要这许多宦官呢？这是有理由的，譬如"尚衣监"是管理御用冠冕、袍服、鞋袜等，"糖醋局"是管理宫内食用糖醋、糖酱等。每监局的宦官人数就不少，而且又不断增加，加上各监局可以随时招收工匠。到了明朝末年，宫里宫外加起来的宦官竟达十万之多。

同时，洪武十三年（1380 年），明太祖受到胡惟庸造反的刺激，罢丞相，废中书省，集大权于一身，不论他如何能干，总要找人帮忙，无可避免地，宦官的责任也加重了。

明太祖眼看着宦官一天比一天增加，他天生的疑心病又犯了，于是，订出许多规范。例如：内臣与外官不得互通消息，内臣不得用外臣冠服，官阶不得高过四品等。

另外，为了釜底抽薪，他还立了这么两条：“内臣不得识字”“内臣不得干预政事”。

在《明太祖实录》之中，也有记载“内官不得干预外事”一条。

据说，有一回，某个服侍他多年的老太监，偶尔提起“最近朝廷上”如何如何。

话还没说完，明太祖眼睛一瞪，老太监马上知道自己大嘴巴，噤口不敢言。

太祖烦躁地挥挥手：“你回老家去吧，这儿不能留了。”

太孙允炆自幼在太祖身边长大，常听到太祖对他说：“为政必须谨守内外之防。前代人君不小心，纵容宦寺与外臣交通，假窃威权，危乱国家，汉朝、唐朝的教训，不可不牢记在心。”

等到允炆即位，是为惠帝。他深受儒家思想熏陶，在他看来，宦官都是小人。因此惠帝虽然以宽柔著称，对于宦官，却是向来不稍假辞色，甚且比太祖还要加倍严厉。

例如，惠帝曾经下谕地方官吏，若是内侍外出办事，凡有违法之处，地方官吏可以治罪。这样一来，宦官出使，就不敢狐假虎威了。

对于宫内太监，惠帝素来严加管教，稍微犯错，立刻大刑伺候。宦官们都受不了，甚且有悄悄逃出宫者。

另一方面，燕王则借重宦官，替他搜集宫内情报，对宦官十分的礼遇，

明成祖朱棣，佚名绘。

相形之下，宦官们自然倾向于燕王。

燕王起兵以后，战事开展不如预期之顺利，正在沮丧之时，又有惠帝的宦官来奔，密报“南京空虚可取”。

燕王大喜，下了重大决定：“频年用兵，没完没了，今日临江一决，不再北返。”放手大干一场。

这回出师，不过半年，打到南京，一路之上都有惠帝的宦官跑来泄露南京虚实，让燕王顺顺利利当上了皇帝。

明成祖好不容易坐上了皇帝的宝座，回顾来时路，深深觉得，受到许多宦官的帮助，尤其在临危之时，只有身边的宦官，如同亲人一般熟悉可靠。

因此，成祖登基，一反太祖作风，开始重用宦官。他派遣许多宦官到各地镇军，成祖的帝位得来不名誉，特别不放心各地将领。

于是，这些曾经被惠帝压得惨兮兮，仿佛小媳妇般的宦官，现在可抖起来了。

当然，少不得有人批评成祖，责备他“违背祖训”。成祖可是不承认，他反驳道：“朕完全遵守太祖遗训，若是没有御宝文书，凡一军一民，中官不能擅自命令。”

成祖的辩白，其实是没道理的，他父亲太祖挂在嘴边的话是：“此辈只能扫扫地、洒洒水……”

历史是不断重演着的，明太祖看到了宦官的危害，想尽了各种办法，压制宦官。明太祖死了不久，明成祖又开始重用宦官。所谓“一朝天子一朝臣”，在中国古代封建社会，一切制度都因人而异。

成祖开始重用宦官，又为明朝历史写下不寻常的一页。

太祖时开始下西洋

谈到“三保太监下西洋”，人们都以为郑和是明朝下西洋第一人，从明成祖时代开始。

其实，远在明太祖时，就曾经派遣多人出使南洋，例如：吴用、颜宗鲁等出使爪哇；刘叔勉出使西洋琐里；赵述出使三佛齐；沈秩出使浡（bó）泥……

所谓下西洋，此西洋并不是我们今天所称之欧美，而是东南亚到印度洋一带。

明太祖为何要遣使下西洋？

这是由于他统一中国之后，急于让南洋诸国知道，中国已经改朝换代，属于朱家的天下了。南洋诸国应赶快向明太祖表示臣服的仪节，缴回元朝政府颁授的印绶册诰，表明与元朝正式脱离关系，然后，接受明朝政府重新颁给的印绶册诰，成为新的藩属。最后，明朝颁赐大统历，表示奉明朝正朔，世世代代永为藩臣。

在明成祖时代，郑和也不是第一个出海的使臣。早在永乐元年（1403年），明成祖就已经派尹庆出使满剌加、古里等国。

不过，以前的出使都是人数很少的使节团，郑和奉命下西洋才是真正的大规模出使海外。郑和雀屏中选，担任出使的负责人，据说是成祖在召集大臣议政之时，道教国师张天师推荐郑和：“小臣看郑和这个人，有胆量，有智谋，实在是下西洋最适当的人才。”

事实上，郑和早是成祖心目中第一人选，既然有人推荐，恰好正中下怀。

明成祖为何要劳师动众，出使南洋？一般说来，共有六种原因。

第一个原因，惠帝失踪，下落不明，成祖始终忐忑不安。有些史家认为，惠帝在当皇帝之时，仁弱无用，才被成祖打败，成祖当上皇帝之后，何必再畏惧惠帝？

成祖畏惧的，并不是惠帝本人，而是如铁铉一般铁铮铮誓死卫护惠帝的汉子，以及想要利用惠帝名义，乘机而起的野心家。

自从听到谣言，说是惠帝远走海外，准备东山再起，成祖就寝食难安，做梦都梦到惠帝自海上杀过来报仇。

成祖的担忧，并不是没有道理的。宋朝灭亡以后，即有宋帝后裔逃到九龙一带，许多旧臣都纷纷跟随而去，建屋而居，后来，当地改名为宋王台，一直到今天，还留下遗迹。因此，寻访惠帝踪迹，斩草除根，防止春风吹又生，是郑和下西洋最重要的理由。

第二个原因，元朝灭亡之后，元代后裔，情势十分紊乱，其中有一个名叫帖木儿者，怀有雄心大志，自称为成吉思汗的后裔，并且在永乐三年（1405 年）撒马尔罕大会之中，公开对明朝宣战。

成吉思汗的英勇神武，世人皆知，万一果真出现第二个成吉思汗，明朝可要大受威胁。

所以，成祖急欲缔结海外军事同盟，联合对抗帖木儿，万万不能让帖木儿坐大。

第三个原因，明成祖要扫清张士诚留下来的水师，以免与倭寇（日本海盗）相结合。

第四个原因，是倭寇常常跑到中国沿海来骚扰，杀人放火、抢夺财物，明朝政府不堪其扰，却又无可奈何。

由于中国的海岸线极长，想要剿平倭寇并不容易。即使是雷厉风行，倭寇见苗头不对，就暂时躲到南洋群岛一带，就像是猫抓老鼠，老鼠见猫来了，暂时躲在一旁，一会儿，猫走了，老鼠又大肆活动一般。

成祖命郑和出海，原因之一，也是让倭寇见识一下大明朝天朝上国的神威，不要对沿岸进行骚扰。

第五个原因是为了经济上的理由。

明朝自太祖建国之后，连年战争频繁，北伐南讨，军费庞大。成祖发动靖难之役以后，转战四载，处处民不聊生。成祖即位之后，为发展国内经济，想到对南洋的海外贸易可以获利，希望用明朝的锦绮瓷漆，换取南洋的香药宝货，用以充实国库。

榜葛剌进麒麟图，明沈度绘，清陈璋临摹。榜葛剌即今东印度地区，是郑和远航必经之地，与明朝往来密切。榜葛剌分别于永乐十二年（1414 年）、正统三年（1438 年）两次遣使进献长颈鹿。时人称长颈鹿为麒麟，故此图名为“进麒麟图”。

南洋进口的货物，多半是难得一见的奢侈品，正如同黄省曾在《西洋朝贡典录》中所说的：“明月之珠，鸦鹘之石，沉南龙速之香，麟狮孔翠之奇，梅脑薇露之珍，珊瑚瑶琨（kūn）之美……”

这些奢侈的舶来品，一如今天一般，是有钱人喜欢购买的。而中国所产的锦绮瓷漆又是南洋群岛人民所喜欢的，如此一来一往，中间商人可以致富，国家的府库也得以充实。

相反地，如果明朝政府断然实行太祖遗训：“片板不得入海。”沿海居民，因为生计的压迫，照样会私自出海，往往变成海盗。

最后一个原因，郑和下西洋的目的是“耀兵异域，示中国富强”，使“诸国尽来朝贡”。

古代中国历朝历代，都充满着“天朝上国”的思想。中国对待藩属，只要求他们称臣进贡，并不准备征服藩属。事实上，皇帝颁赐给藩属的，往往超过他们的进贡，藩属国内若是发生内战，中国还代为平乱，并没有与西方帝国主义一般，非纳为殖民地，剥削榨干才满足。

以上是郑和出海的六大原因。事实上，成祖之所以倾全国之力，支持郑和下西洋，必然是有多方面的理由。

郑和下西洋是中国历史上的一件大事，也可以说是世界上最早、最重要，而且规模最大、活动范围最广的一次航海壮举。哥伦布发现新大陆是 1492 年，达·伽马取道好望角到达印度是 1498 年，郑和下西洋是 1405 年，即永乐三年开始的，所以，在世界航海史上，郑和也是值得大书特书的英雄。

郑和原来姓马

意大利人哥伦布，在公元1492年，接受西班牙国王斐（fěi）迪南二世及皇后伊莎贝拉的帮助，渡过大西洋，“发现”美洲新大陆，这是西洋史上重大的事件。哥伦布航海的点点滴滴，也为西方人所熟悉，并且多次被拍成电影。

哥伦布生于1451年，卒于1506年，明朝的郑和生于明太祖洪武四年（1371年），卒于明宣宗宣德十年（1435年），早于哥伦布数十年，同样是航海史上的英雄。郑和七次出海，远达印度、阿拉伯与东非沿海地区。如果中国人与西方人一般，郑和所到之处，都可以建立起殖民地的话，那么，明朝已经是世界性的大帝国了。可是，明朝人没有这么大的野心，他们没有在所到之地建立殖民地政府，只要诸国朝贡中国，他们仍然承认当地原有的政府，不加以任何干预。

西方人对哥伦布十分了解，中国人对郑和却所知有限。《明史》中的《郑和传》，只草草记载了七百五十七个字，对于他伟大的航海事业，并没有详细的记载。中国人对于郑和的认识，多半来自明朝人罗懋（mào）登所写的《西洋记》。这本书之中，描写的都是神魔鬼怪，反而忽略了郑和实际的丰功伟业。

今人徐玉虎先生、陈存仁先生对郑和极有研究，尤其陈存仁先生，原是香港有名的中医，因为郑和把中国药物大量传到外国，又带回不少外国药物，从而对郑和产生极大的兴趣，凡郑和足迹所到之处，陈存仁都去走了一遭，记载当地流传的故事，拍下许多珍贵的照片。

笔者为了介绍郑和，参考了许多资料，也向许多马来西亚、泰国侨胞打听郑和流传下来的轶闻，希望能让读者看到一个鲜活的郑和的故事。

闲话就此打住，我们来看郑和。

郑和原不姓郑，而是姓马，他是云南人，和许多云南人一样，笃信回教。

郑和的一世祖是苦鲁马丁，二世祖是马速忽，三世祖姓名不可考，四世祖叫马祥颜，他的祖父叫马哈只，父亲也叫马哈只。

为什么郑和的祖父与父亲都叫马哈只？这样不会弄混吗？

原来，在回教世界之中，哈只是一种尊号。回教徒认为，一个人一生中，若是能到穆罕默德出生的地方麦加朝圣，那是最为虔诚，也是最可以

圣地麦加，佚名绘。

光宗耀祖之事，朝圣归来者，便能称为“哈只”。

一直到今天，回教徒皆以朝圣为最光荣之事。然而，远在明朝时代，交通不便，沙漠中的高温足以要人命。而且到麦加朝圣之后，惯例还要到耶路撒冷的大教堂去念《可兰经》，并且奉献宝物，参观耶路撒冷哭墙等名胜。

“哈只”的尊号不能世袭，郑和的祖父、父亲都是哈只，似乎都去朝过圣，这代表两个意义：

一、郑和家必是富豪大族，才有雄厚的经济力量前往中东朝圣。

二、郑和的祖先一定身强力壮，才能在风沙蔽日的沙漠之中长途跋涉，郑和继承了这等好体魄，足以应付航海的大风大浪。

郑和的父亲马哈只，据说是相貌奇伟之人，神色凛凛可畏，长相极为气派，为人亦是豪迈爽朗。

马哈只见他人犯了错，总是出面谆谆劝诫，而不是背后议论长短。因为马哈只为人正直，乡里之人，都十分敬重他。

马哈只的夫人姓温，是位大家闺秀，为人善良，相夫教子，勤俭持家，她一共生了六个孩子，两个男的，四个女的，郑和有一个哥哥，名叫文铭，郑和家中兄弟姐妹感情十分融洽。

郑和生于明太祖洪武四年（1371 年），他的相貌十分奇特，据说身长七尺，腰大十围，相当魁梧，脸庞很大，鼻子极小，眉清目秀，齿如编贝，耳长过面。

中国史书总喜欢形容一个人两耳垂肩，也许认为耳垂大，表示福气好。可现实中真要有一个人耳长过面，直垂到肩，一定是十分恐怖，就像是形容双手过膝一般，岂不成了人猿?

郑和行如虎步，声音洪亮。据说他小时候，最喜欢的是折小纸船，折了以后，投入水中，他一个人目不转睛，望着小纸船渐行渐远，觉得有趣极了，后来又用木块做小木船，乐此不疲。

如郑和一般显赫的家世，又是云南昆阳回教家庭中的望族，按理说来，应该不会把郑和送去当太监的。

郑和之所以会被阉割入宫，那是在他十岁左右，傅友德征伐云南，阉割幼童俘虏，郑和也在其中。被阉割后的郑和，就随着明军回到南京，接着，被送入宫中，分发到燕王身边办事。

郑和既然原来姓马，为什么又姓郑?

原来郑和入宫以后，由于活泼伶俐，很会办事，深得燕王的喜爱。以后燕王发动靖难之役，郑和跟在身边，南征北讨，凡是燕王交代的事，他都办得妥妥帖帖，而且神情愉快，燕王对他愈看愈喜欢。

后来，靖难成功，燕王当了皇帝，因为感念郑和的功绩，在永乐二年（1404年）元月元日亲自御书，写了一个“郑”字送给他，并且提拔为内宫太监，也就是太监之中的头头。从此以后，郑和就成为他的姓名。

至于郑和为什么又名“三保”呢?

一说是郑和排行老三，在中国传统的一些地方老大是大宝，郑和排行第三，所以称为三宝，后来有人把三宝写成“三保”。

一说是郑和的小名叫三保。

一说是当时内宫的太监多称三保，例如有某一出使太监称为“杨三保”。

还有一说，三保指的是，郑和、王景弘、侯显三个人。

不过，一般史家认为，三保极可能是小名，他自幼在宫中被人三保来、三保去地呼唤，所以郑和航海，就成为人们口中的“三保太监下西洋”。

郑和建宝船

中国船王董浩云先生，对于在海上有杰出表现的郑和，有一份惺惺相惜、英雄识英雄之意。据说，他曾经有意把郑和搬上银幕，片名就叫《郑和下西洋》，还特别找来工程师，设计一艘模型船。

董浩云与香港邵氏公司总裁邵逸夫洽谈，邵逸夫算盘一拨，摇头拒绝：“不行，单单建几艘宝船，预算就过高，收不回成本。”此事便作罢。

电影中的道具，其实多半粗制滥造，灯光一打，在影片中便显得美轮美奂，又不是真正打造宝船下海。

不过，仅仅建造充当场面的道具船，就让富可敌国的董浩云歇手。可想而知，当年郑和的船，该是如何宏伟。后人考证，每一艘船约可载七百到一千人，平均每次出航大小船只，浩浩荡荡，其中宝船（主力舰）约六十多艘。

郑和出海，每次人数不一。其中第一次，做过统计，共有二万七千五百多人，真是为数可观。

郑和的宝船，到底有多大？是如何兴建而成的？始终是个谜。这是因为当时的人们历来不主张冒险，也不提倡“奇技淫巧”。所以这方面的记载，留下来的很少。

郑和本人，显然对造船极有研究。据说，他小的时候，最喜欢玩的游戏，是用硬纸板折成船的形状，放在水中，用口吹气，跟着纸船跑，直到看不见为止。

长大一点，郑和改用木块，制成小木船，放在水里，载沉载浮，郑和看在眼中，拍手叫好，觉得有趣极了。

后来，郑和当了燕王的小跟班，有机会多接触外界，尤其是燕王发动靖难之役，逢山开路，逢水造船。郑和对造船，有了进一步的认识。

明朝人罗懋登所写的《西洋记》，关于建造宝船之事，倒有一段记载：

明成祖日日夜夜、心心念念郑和早日能够出海，因此下诏宣碧峰长老商谈建造宝船。

长老回答："造船可不是一件简单的事，必须由户部动支全国各省的钱粮，工部委派专人采办材料，然后，还得顺应天时，选择地利，挑一个黄道吉日，盖一所宝船官厂，精选工匠，才能克日完工。"

成祖想了好一会儿，皱着眉头闭目沉思，然后，张开眼睛，愁容一扫："朕有个处分，目前为了建造皇宫，钱财木料，俱已齐备。朕决定暂时停建，全部移到宝船厂来，如此不至于劳民伤财。"

郑和下西洋的宝船，想象图。

碧峰长老一听，合起双掌，念了一声“阿弥陀佛”，欣喜于色道：“圣上如此顾念下民，实乃国家之福。圣上有这份体恤之心，此次下西洋，必然旗开得胜，胜利归来。”

成祖被长老这么一夸，高兴得满脸飞金，赶紧吩咐写旨，宫内一切工程暂停，全部挪用到造船厂。

厂址设于南京城龙江阁下新河三叉口草鞋夹（这地址可真长），该地地势辽阔，一望无际。

由于万岁爷盯得紧，他天天催，日日盼，不到八个月的工夫，竟造好一千四百五十六条船，可见当时中国科学相当进步，工匠手艺精良，这些宝船的名称，多为“清和”“惠康”“长宁”“安济”“清远”等。

船造好了还不够。碧峰长老启禀圣上：“船只已经齐备，但是，船上还需要铁锚。”

“铁锚是做什么用的？”

“铁锚是用来稳定船舶停住的重要工具，万一遇着大风大浪，可以靠近沿岸地带，抛锚暂驻。”

既然铁锚如此重要，一时之间，城里城外，打熟铁的，铸生铁的，打熟铜的，铸生铜的，全体动员前往铁锚厂报到。同时，官府发下了几十面的虎头牌，送到各省直府、州县道，召集铁匠火速赴铁锚厂。

其中，还穿插着一段故事。

据说，一大群人马，敲敲打打、磨磨蹭蹭一个多月，半个锚也没有打造出来。

有一天，郑和到厂里巡查，只见大伙儿围着一位老工匠，老工匠顺手拿了一把碎片，这么左转转，右弄弄，像变戏法似的，转眼间完成一只漂亮细致的碗。众人都拍手喝彩，还有人吆喝：“再来一个。”

郑和趋前，客气地请教老工匠：“你锔（jū）碗的功夫不坏，不晓得你可会铸锚？”

老工匠瞟了一眼郑和，端起架子说：“锚我是会铸的，不过，要建一座台，拜我为师，赐我一口尚方宝剑，工作时间由我支配。”

郑和回答：“前两样没问题，时间可不能拖，圣旨的限期是一百天，现在已经过了四十天了。”

“还有六十天，绝对没问题。”老工匠拍拍胸脯，自信满满地一口答应。

第二天，来了三位总督，包括郑和、王尚书与马尚书，三人一字排开，把老工匠请到台上，恭恭敬敬拜他为师，又送上一口尚方宝剑。

典礼完成以后，老工匠跑到外头，东看看，西瞧瞧，回来大吃大喝一顿，倒头便睡。

第二天一大早，他吩咐工匠搭起席篷，四周围起一匝又一匝，一层又一层，他一个人端坐在里头，不知道在搞什么名堂。

日子一天天过去，老工匠还是在席篷里坐关。有人说：“莫非他在作法？”也有人说：“或者已经开溜了。”

有一天，老工匠忽然掀开席篷，跑了出来，原来他做了一个磨盘心，共有四十九个圈圈，他命令工匠们：“快在每一个圈圈上建炉灶。”

炉灶建好了，就往上头加煤加铁，然后一举火把，烧了十四天以后，老工匠把磨盘心掀开，原来地下已堆满了铁锚，还有一口尚方宝剑。老工匠笑眯眯道：“铁锚刚好够用，但是，不能点数。”

“为什么？”郑和转头要问，老工匠已消失得无影无踪了。

原来，老工匠是神仙下凡来帮忙啊！

中国古代工艺水准一定不凡，才能打造一流铁锚，可惜，当时人不注重科学，视为“奇技淫巧”，而把一切成果归之于神仙。

礼炮·桐油·药材

郑和出海的宝船，究竟有多大，始终是个谜。《明史·郑和传》中记载的“造大舶，修四十四丈，广十八丈”，却是个笑话。

按造船的长与宽比例，一般而言是九比一，照《明史》中的记载是七比三。如此胖嘟嘟的“中广”身材，根本无法下海。古人的数字观念一向模模糊糊，所以，史官也就随随便便乱写一通了。

海洋风大浪猛，郑和下西洋，浩浩荡荡，二万七千多人平安往返，造船技术必须十分精良。可惜，古人素来重视人文，轻视科学。因此，古代也有如宝船一般闪亮的科学光点，却终究不能成为一片灿烂辉煌的科学面，这是十分遗憾之事。

郑和除了懂得造好船，也懂得如何维修船只。出海的每一艘船，船身都用桐油抹遍，并且在船上携带大量桐油。桐油具有防虫防蛀的功用，随着郑和宝船的远航，桐油也逐渐为欧美国家所知，这些国家开始从中国进口桐油，后来，它们也开始种植桐树。现在我们所使用的油漆，其中就含有桐油的成分。

除了造船厂、铁锚厂，郑和另外还设立了专门制造枪炮的工厂，尤其是炮厂的规模最大。这个炮，主要并不是用来攻击敌人，而是作为发射礼炮之用。

目前的国际惯例，在几种情形之下，会放礼炮。一是国庆日与重要纪念日；二是元首就职；三是国内外元首与高级军政长官到达或离开部队驻地或军舰之时；四是本国或外国军舰停泊外国或国内港湾，遇到驻在国或该舰所属国的庆典时。施放礼炮均须按照规定之数，典礼愈是隆重，礼炮数愈多，如向元首致敬而鸣放的礼炮为二十一响，是最高数。

聪明的郑和，很早就发现大炮的妙用。他预计每到一地，就先瞄准一块空旷无人之处，然后，拉动炮闩（shuān），一声巨响，炮弹破空而起，“轰”的一声，吸引了群众飞奔而来看热闹，也先声夺人让群众敬畏三分。果然，后来郑和出发以后，每次都是如此“一炮而红”，许多地方的领袖，甚且闻炮声即匍匐下跪，郑和不费吹灰之力，就轻易地完成任务。在今天印尼三宝垄，还有一尊郑和使用的大炮，供游客凭吊。

除了制炮，其他刀枪、弓箭与矛盾也必须重新打造。笔挺的新军服，佩戴亮闪闪的新武器，这才能达到“宣扬国威”的效果啊。

郑和的宝船之上，还有两项极为重要的仪器，一是日晷（guǐ），一是罗盘。日晷主要是依据太阳光，由光起光落，用来推算时间，并且能够推断经纬线。

到了夜晚，日晷自然无法派上用场，郑和便改用观察星斗位置的方法，用来航行，称之为“过洋牵星”。

至于罗盘，主要是利用上面的指南针，用来确定方向。中国最早记录用指南针来航海，是宋朝朱彧（yù）在《萍洲可谈》中的记载，而他是根据沈括的研究而写的。

关于沈括的故事，在本书的《沈括十项全能》之中，曾经介绍。

指南针是中国四大发明之一，在这儿，我们再补充一段沈括改进指南针的小故事。

指南针在中国，虽然流传久矣，也是世界上一件大事，但是，指南针经常不是十分准确，尤其是放到水面之上时，水面摇摇晃晃，指南针也就跟着摇头摆尾，方向不准。

因此，沈括开始做实验，他发现，若是把指南针放置在指甲边，或者饭碗旁，指南针十分灵敏，转动极快，不过，十分容易滑落下来。

经过一次又一次的实验，沈括一再比较，结果是把指南针悬挂在丝线上面，非常准确，所以，沈括改良了指南针，从茧中抽出一条长长的单股丝线，然后，用一块如芥果子般大小的蜡，把丝线粘在针腰上，如此，指南针既敏锐又正确。

中国是礼仪之邦，郑和远道而来，当然要携带大批礼物。为了表示天朝上国的威仪，明成祖出手阔绰，他送给各国领袖的礼物，多半是丝绸绫罗，以及瓷器。因为中国盛产瓷器，洋人遂称瓷器（china）为中国的洋名。

郑和携带出海的瓷器，可都是一等一的上好货色，包括定窑（在今河北曲阳）、钧窑（在今河南禹州）的最佳产品。

另外，郑和又携带大量上好的绫、罗、绸、缎、丝、麻，甚且带了纺纱机。有人说，印度圣雄甘地，为了反抗英国人，拒用洋机器，走到哪儿便带到哪儿的手摇纺纱机，就是郑和下西洋时带去的。

郑和出海，一去就是两三年，万一航海中途，有人生病了，怎么办？因此，郑和每回出海，无不携带大批药物。根据陈存仁先生珍藏的上海回教领袖马亦祥所藏的“三保太监出海所备药物单”，其中包括：黄连一百六十斤，大黄两担，黄芩（qín）八十五斤，龙胆草一担，巴豆十斤……惊风散五百瓶，黄土丸二千瓶，麻黄十斤……举凡伤风感冒，惊风晕浪，跌打刀伤……一切航海所需的药物都囊括其中。

他还带了一部手抄本的药方，要是船员发生肠胃炎、喉痛、伤寒等病痛，按方抓药，竟然也治愈了不少人。

今天东南亚一带，中医盛行，中药铺子处处可见，也算是郑和留下的遗泽。

郑和主持国际联姻

《郑和航海志》中有记载说，船队中有木材匠、舍人、通事、买办、书算手、医官、医士等几十种。医官医士达一百八十多名，平均每一百五十人之中，有一名医务人员。

郑和对医务人员之重视，可见得其为人之体贴。

除此之外，郑和的宝船上，还载有许多人才：舌人就是其中重要的一种。

什么是舌人呢？舌人者，是专靠口舌吃饭的人，用现代的话说，就是从事翻译工作的人。

郑和对舌人，挑得很严格，除了要精通当地语言，还要仪态大方，进退有节。因为舌人要代表皇帝宣读圣旨，若是其貌不扬，举止猥琐，岂不丢了大明朝的脸？

郑和也深谙（ān）礼贤下士之道。例如，他听说西安大清真寺掌教哈三，不但精通回语，而且学问渊博，德高望重，是回教界的名人。于是，郑和就亲自拜访，哈三也含笑答应。如此一来，郑和下西洋之时，遇到信奉回教者，不仅能够语言沟通，同时不致误触回教禁忌，这都是郑和缜密之处。

舌人之中除了包括精通各国语言者，还包括能讲闽南话、闽北话、客家话的人。因为东南亚一带，原先即有这几种籍贯的人，移民到当地。

舌人之外，还有农人，农人还带有农具。郑和带去的农人，可说是中国最早的“农耕示范队”。每到一地，开井汲水，播种耕作，教导当地人民插秧种田。

当郑和翩然离去之时，就把这些农业成果，留给当地居民，完全是大家长的姿态，与西方人对待殖民地的苛刻剥削，完全大异其趣。这也是南洋一带，迄今流传郑和事迹的缘故。人们只有对喜爱的历史人物，才会代代相传，津津有味传颂他的故事。

郑和带了舌人、农人都不稀奇，妙的是他还带去不少女人，并且规定是年老色衰的妇女，这就很有趣了。

依中国旧规矩，船上是不许载妇女的，当时民间流传的一句话是：“有女同行，航行不利。”表面上看来，这是歧视女性，认为女人不吉利。

其实，真正的道理是航行寂寞，若有女子在船上，异性相吸，船员很容易因为争风吃醋，惹起不必要的纠纷，你争我夺，酿出事端。所以，历来不准女子上船。

那么郑和为什么要载老妪一块走呢？原来是要老妪帮忙缝衣制鞋。尤其中国过去穿的是布鞋，虽然轻软舒适，但用不到一个月，鞋底就已经破孔了。郑和一出海，便是两万多人，该要准备多少双鞋才够呢？

船员们听说有女偕行，起先都很兴奋，等到发现全是可以当祖母、母亲的老人家，自然也就表错情了。这些老妪因为十分“安全”，也不至于造成“航行不利”的现象。

郑和虽然不希望船员在船上谈恋爱，惹风波，当船靠岸之后，若是船员与当地女子滋生爱苗，他不但不禁止，而且还主婚，甚且教导接生。

说来教人不敢相信，郑和随行，竟然还有两位稳婆。

稳婆就是接生婆，也就是三姑六婆之一。三姑是道姑、尼姑、卦姑。六婆是牙婆、媒婆、师婆（巫婆）、虔婆（不正派的老婆子）、药婆、稳婆。中国旧家庭，稍微有些地位者，向来不许三姑六婆上门，嫌她们没有知识，喜爱搬弄是非。

话又说回来，稳婆可是相当重要的。郑和带去的稳婆，不但协助中国女婿与当地女子婚后生子，并且指导当地落后地区女子接生。原来，许多落后地区，孩子生下后，随便捡一块脏石头，用来割断脐带，小宝宝往往因而感染破伤风，生下来即夭折。

破伤风是一种由破伤风细菌侵入伤口引起的疾病。患者最初觉得头颈僵硬，继而四肢不能动弹，全身紧张痉挛（jìng luán），呼吸急促，心脏麻痹，体热升高，终于不治。破伤风一词，在唐朝的医书中即可见到，并不是外来语。

郑和船员的后代，因为重视教育，具有好的传承，往往在当地，很容易冒出头来，成为一方领袖。泰国有一位郑王，即为中国人的后代。

在今天南洋，许多人自称为郑和的后人，且引以为傲。事实上，郑和是太监，怎会有子孙？那只是郑和主持国际通婚之下的后裔罢了。

由此可见，郑和不但思想开通，并且极具人情味，他自己无法结婚生子，却有成人之美的好心肠，与人们印象中的太监大不相同。

郑和的思虑周密，尚不止此，他的宝船之中尚有和尚、道士、算命先生，让船员各取所需。

航海期间漫长而单调，船员会想念家小，会闹情绪，中途大浪，会惊惶失措，会忐忑不安。郑和都一一为他们设想到了。

譬如一位船员，晚上做梦，梦到不祥之事，疑神疑鬼，担心家中出了意外，郑和就命道士作法驱魔。其实是驱赶船员心中的魔。因此，郑和的船上有道观、有佛堂、有算命摊子，一应俱全。

郑和原是信仰回教，他也是虔诚的回教徒。不过，一般船员都信天后娘娘，开船之前必烧香膜拜，郑和也鞠躬如仪，讨个吉利，安定军心。

郑和下西洋，竟然船上有这么多各色人等，真让人想不到，也不能不佩服郑和的思虑周详，事前准备功夫完备。一个人能成功真是有他独到之处。

交趾的农耕示范队

从郑和开始，中国的航海事业，才真正有计划地开展。它的目的，不在武力征服异域，也不是从事经济上的剥削，更不是武装移民。除了寻访惠帝下落以外，它是一支真正的和平队伍，一方面宣扬文化，一方面维护保障整个东南亚地区的和平秩序。

为求达到保障和平的目的，郑和虽然担任巡回外交特使，同时也统率海军随行。他历次所率领的访问团中，人数最多时，超过两万七千人，最少时也在五千人之上。在郑和的随行人员之中，最著名的是费信与马欢，分别著有《星槎胜览》与《瀛涯胜览》，都是研究郑和的重要资料。

郑和的航行共有七次，大多自福建起航，经中国南海，至中南半岛南端，转暹（xiān）罗东岸，南下新加坡，绕苏门答腊、爪哇，再西行至孟加拉湾，经安达曼群岛，赴印度，绕锡兰，沿阿拉伯海经红海至麦加，然后经北非回航。

以下我们分地区介绍郑和航行途中，所发生的一些有趣故事。

郑和的第一站，通常都是交趾。交趾在明初称为安南，永乐五年（1407年）改称交趾，英宗正统元年（1436 年）又改为安南，也就是现在的越南。

越南与中国最早的接触，通常以周成王六年（前 1037 年）越裳氏来朝为准。

据说，当时越裳国中德高望重的耆（qí）老认为：“最近风调雨顺，久

郑和下西洋航海图经（局部）。

无烈风雷雨，想必是中国出了圣人。”

于是，越裳国派遣使者，带着白雉向成王朝贡，周成王要使者带着礼物去见周公，周公很高兴，客气地说：“这都是先王之神德所赐。”

这段记载，出自《后汉书》。

在郑和下西洋之时，交趾还有一个名称，那就是占城。交趾为何称为交趾，有两个说法，一说是当地人睡觉之时，头外向，足在内而相交，还有一种说法是新郎新娘结婚同床，脚趾并在一块儿。

根据费信在《星槎胜览》中的记载：永乐七年（1409 年）十二月，郑和于福建五虎门出洋，张十二帆，顺风十昼夜到达交趾。

交趾国王听说郑和船队到来，兴奋得不得了。这个国王打扮得土里土气，他头上戴着三山金花冠，身上披着五颜六色的锦花手巾，足穿玳瑁履，腰束八宝方带。尤其令人瞩目的是，国王两手两脚，都戴着黄澄澄的金镯子，在阳光下闪闪发光。

国王骑在象上，率领五百勇士，眉开眼笑前来迎接，排成一列长队，威风极了。

郑和缓缓步出，在大船上，清一清嗓子，大声发号施令，率领五百人排成一列长队，身着的制服簇新整齐。

接着，郑和领头，沿着红色地毯，不疾不徐走上礼坛，代表明成祖宣读圣旨，交趾国王神情肃穆，跪在地上听旨。原来当时交趾通行中国文字，虽然腔调有些不同，还是能够听懂。

交趾国王一身金光闪烁，交趾民众却是一片白衣白衫。原来当地人尚白，白色是正统礼服的颜色，一直到今天，越南人民还是喜欢白色，我们在美国人拍的越战影片之中，常可见到身着白衣的越南人民。

典礼完毕之后，一群青春娇艳的交趾美女，头顶礼盒，匍匐下跪，礼盒里盛放当地特产：椰子、柠檬、玉桂、槟榔。

郑和笑嘻嘻地接下了土产，接着，他一挥手，几名壮士抬来丝绸、瓷器、茶叶、铜器，甚且还有耕田工具，场面浩大，气派不凡。交趾国王及人民眼睛都看花了，啧啧称奇，连连赞叹："不愧为上国大手笔。"

交趾国王为表示当地亦有文风，竟然排出大队文士，身着上黑下白标准明服式样，向郑和请安，郑和大乐。

交趾美女热情大方，主动向前，挽着将士们的手饮酒作乐，郑和也挺通人情，准许大伙开怀享乐。

交趾人民喝酒不用酒杯，而是直接用竹管插入酒坛之中啜吸。于是，美女伴着将士，三三两两，各自手执竹管，边谈边笑边饮酒，个个都乐不可支！

郑和在将士们玩乐之后，马上交代任务。

第一件事，就是教导交趾人民农事。交趾气候温湿，终年不见霜雪，属于热带气候，不论梅、橘、甘蔗、香蕉、椰子，都长得特别好。交趾也种稻，米粒细长，不过，一年只一熟。

郑和的农耕示范队可不一样，他们教导交趾人民开辟梯田，汲取井水，采用插秧长大之后予以分植的方法，一年可达三熟。郑和对交趾农民说："中国字的'富'就是下面有个田，意思是有田就能带来财富，你们好好学习，以后这片田就能为你们带来大批财富。”

郑和的预言成真，一直到今天，越南都是世界著名的产米国家。

郑和在越南建立了鱼米之乡，又帮助当地成为中医药材的重要产地。

当地盛产犀（xī）牛，犀牛鼻骨中有由纤维性角蛋白构成的角，强而有力，是犀牛作战的工具。把犀牛鼻角研磨成粉，具有降火退热的功能，是一味名贵的中药。

郑和到了原始森林，指着地下随处可见的犀牛鼻角道：“这些都是黄金哪。”

交趾人民不晓犀牛角的可贵，郑和大可以骗到底，但是，郑和非但好心告诉他们犀牛角的效用，并且协助当地人种植中药药材。

从此，交趾出产的中药药材，不但合于“道”（古代不用经纬，而用道），又合于地，真正是道地良药。

郑和的德泽，对越南人民而言，一直绵延至今。

郑和生擒陈祖义

郑和在交趾，人到哪儿，轰动到哪儿。他也的的确确倾囊相授。据说，越南人今天流行食用的豆腐，也是当年郑和船舰上大师傅传授的绝活。中国美食文化，深深地影响东南亚一带。

位于交趾旁边的暹罗（泰国）人，早已风闻郑和的点点滴滴，一心巴望三保太监也能前往暹罗。他们这种心情，倒是很像《孟子·梁惠王下》所形容的“箪（dān）食壶浆以迎王师”（用竹器装着食物，水壶盛着米浆迎接齐人的军队）。

二十多年前的美国《国家地理》杂志，曾经刊载过一幅“郑和入暹罗图”，可神气着呢！暹罗国王与王子骑在大象身上开道，郑和的座驾由八名赤足彪形大汉抬行，上有罗伞张盖，仿佛是个土皇帝。

相传古代暹罗分为暹与罗斛（hú）两国，后合为暹罗。在郑和抵达之时，有一些明朝的盗匪正在暹罗附近流窜。盗匪心想，郑和的宝船之上，一定携带大量宝贝，官员多半都是颟顸（mān hān）无用的，不如前去抢劫一番。

于是，一个名叫陈祖义的土匪头目便拍着胸脯说：“常言道，美不美，乡中水，亲不亲，故乡人。我是中原广东人，我去诈降，三保太监一定会上当。”

陈祖义拜见郑和，献上投降书、降表，还递上一张进贡草单，包括：“神鹿一对，鹤顶鸟一对，火鸡一对，珊瑚树一对，蔷薇水二坛，金银香二箱。”

虽说是诈降，陈祖义这人，强盗当久了，满脸横肉，一双贼眼到处乱瞟，就像要动手抢的模样。郑和看在眼里，真是又好气又好笑。

陈祖义自认为已摸清门路，当下指挥一帮土匪前来攻击。郑和早有准备，他一挥手，火炮、火箭、火弹齐飞，一起落到陈祖义的船队中，由于船中载满了火药，所以，火箭一射，船队开始猛烈地燃烧起来。

陈祖义一看苗头不对，潜逃上岸，正想拔马逃命。郑和早料到他有此一着，派了人在岸上等，于是，手到擒来。

郑和见了陈祖义，心中十分恼怒，他呵斥道："我们在这儿宣扬大明国威，你却在此丢尽国家的颜面，竟然还想劫宝船，真是好大的胆子。"

这场战役，郑和杀匪党五千余人，陈祖义等三名首领，斩首示众。郑和在暹罗漂漂亮亮露了一手。

随郑和出海的马欢，后来在《瀛涯胜览》中记载，当时的暹罗，外山崎岖，内地潮湿，土地贫瘠，甚少耕种。郑和到达以后，教导当地居民，开辟山坡，成为梯田。暹罗气候，适于种稻，日后的暹罗，成为世界重要的稻米出产地。

郑和并且教导暹罗人民制造海盐。在此之前，暹罗人都是食用岩盐。岩盐缺乏碘质，容易罹（lí）患甲状腺肿，所以，暹罗不少民众都长了一个大脖子。

暹罗的海岸线极长，正适合制造海盐，盐且是最佳的清洁剂、解毒剂，特别是暹罗气候炎热，容易生流火丹毒，皮肤发炎。自从郑和授以制盐之法，暹罗人民深受其惠。

马欢还记载了当时暹罗一些有趣的事。暹罗人当和尚当尼姑的都很多，僧尼穿的服装与中国人相同。上至国王，下至一般平民百姓，到了成年以后，都要到庙里当一段时间的和尚尼姑。不过，由于女权高涨，女子不一定非当尼姑不可。

马欢并且记述，暹罗妇人志气度量都远胜于男子，家中之事不论大小都由女子掌权。如果妻子被中国男子看上，暹罗男子非但不以为怪，反而得意洋洋道："我的妻子果然漂亮，难怪中国男子会喜欢。"并且端出上好的酒菜，招待中国男子。

释迦牟尼佛头，泰国十七世纪青铜雕像。

马欢记载的只是当时他所见到的一部分情形，不能代表普遍现象，尤其不能误以为今天泰国还是如此，到底那是十五世纪暹罗未开化之前的情形。

《瀛涯胜览》之中也提到暹罗人的结婚礼俗，如果双方答应成亲，先由和尚伴同新郎到女方家成亲，洞房三天之后，再请和尚把槟榔等礼物分赠亲友，迎接夫妇回到男方家中，摆酒待客。

至于葬礼，若是富贵人家，用水银灌满肚皮，然后下葬。一般低贱平民死了以后，家人把尸体抬到郊外的沙滩，自有空中飞翔的金色大鸟，成群结队扑下来啄食死尸，不一会儿工夫，只剩下一堆尸骨。家人把尸骨丢到海中，称之为鸟葬。在中国边疆地区，也有类似的风俗习惯。

暹罗人受中国人的影响，认为国王就是龙，因此，国王穿的长袍，称为龙袍；国王坐的船只，称为龙船。龙船亦仿效中国，雕刻成一条龙的形状，金光闪闪，划船的船夫一律着红色衣服，国王每年坐着龙船，四处巡视，十分威风。

暹罗人黑干瘦小，好勇斗狠，喜欢练拳，尤其擅长腿功，又快又猛，变化万千。许多武侠电影之中都有暹罗高手表演跆（tái）拳。厉害的跆拳，飞毛腿一踢，数十片瓦同声而碎。

据说，跆拳属于中国武术的一种，在郑和时传入，暹罗人爱不释“腿”，不但人人喜欢，同时暹罗每一所庙宇之中，都刻有表演腿功的石刻，称之为跆拳石，也是十分有趣的景物。

暹罗米和红头船

郑和在暹罗，教导当地居民晒盐、制陶、开井、织渔网。同时，他也在暹罗，带了不少宝物回中国。

例如暹罗森林里有许多凶猛的老虎，正是制作虎骨木瓜酒的好材料，对于治疗风湿，功效卓著。郑和带领士兵，射杀老虎，取下虎皮虎骨，带回中国，并且也为暹罗奠定了中医的基础。一直到今天，泰国人仍然非常相信中医，市面上也到处看得到中药。

暹罗大片原始森林之中，更有极其珍贵的紫檀木，一称红木。红木，包括紫檀属、黄檀属等树种木材。木材花纹美观、材质坚硬。心、边材区别明显，心材多为红褐色、紫红褐色至深紫或黑紫，有香气。

郑和因为船舵需要上好木材，一见红木，色红带紫，坚硬异常，乐不可支。红木因为材质好，重量也非比寻常，难以搬运。聪明的郑和立刻想到大象，经过训练的大象，能够轻松地驮起红木，乖乖地排成一队，鱼贯走出森林。然后，象鼻子一卷一抛，把木材丢入河中，红木便随着河水，顺流而下。

郑和跟暹罗国王商量：“我们用黄金来交换木材可好？”

暹罗国王大喜过望：“这真是再好不过了。”

红木由于色泽高雅、坚固耐用，传到中国以后，成为中国人最欣赏的木料。举凡家具、桌椅、书桌、床炕，若是用红木制成，代表一份尊贵，且成为传家之宝，富豪之家，无不用红木为家具。一直到今天，红木家具仍然是家具中的翘楚，当然，售价也居高不下，让人咋舌。

暹罗用红木换黄金，换来的黄金首先用在佛寺，今日赴泰国观光的游客，常会发现许多佛像，全身都用黄金打造，富贵人家，也往往在墙壁上贴金箔，到处金光耀眼。想不到泰国人尚金，与郑和也有关系。

由于郑和功在暹罗，因此，暹罗人在暹罗建了不少三保公庙，另有两座正庙，一在旧都大城，一在曼谷对河纲銮地方，庙宇宏敞，神像庄严，尤其是一座卧像，比其他神像大好几倍，可见郑和的分量之重。

由于郑和已经被神化，所以，暹罗的水上人家，多采用“郑和缸”来贮存清水。所谓“郑和缸”，非瓦非陶亦非瓷，而是一种黄黄黑黑的泥巴，再掺少许釉质制作而成，据说是郑和教当地人民制作的。当地人相信，用郑和缸贮清水，干净清澈。一直到今天，泰国的水上人家，仍然使用郑和缸。

郑和缸的水何时注入，亦有一番讲究。每年九月十日，中国云南洪水倾泻而来，此时，江河皆涨，水味清淡，尤其以十月十五日为最佳，人称为“圣日”，都说：“每年十月十五日，三保公（郑和）一定在湄南河下药，若在这一天贮水，则清水可以久藏不坏。”因此，家家户户，在十月十五日夜晚，必定汲水贮存之，成为一种习尚。

凡是去过泰国水上市场的观光客都知道，由于水上人家吃喝拉撒都在水中，水要保持清洁，实在不是一件容易的事，即使有郑和在天之灵庇佑，恐怕也只能求取心理安慰罢了。

根据《瀛涯胜览》与《星槎胜览》二书所记载，当时中国自暹罗输入的货品计有：黄速香、罗褟速香、降真香、沉香、花梨木、白豆蔻、大风子、血竭、藤结、苏木、花锡、象牙、翠毛、白象、狮子、猫、白鼠、罗斛香、犀角、象牙、黄蜡。

至于中国输往暹罗的，则包括：青白花瓷器、印花布、色绢、缎匹、金银铜钱、烧珠、水银、雨伞。

瀛涯勝覽
稽山馬觀
占城
國在大海南南距真臘西距交趾東北際海自閩之
長樂縣五虎門發舟西南行順風約十日可抵其國
國東北百里許有海口曰新洲港者港岸立石塔為
標船至是繫焉有寨曰設比奈主以二酋領卒五六
十輩專戍守焉西南百里至王城曰古城名也城方
有四門門有守者王乃鎖里人也尚釋教頂三山金

《瀛涯胜览》，明刊本。

这些东西名称都很有趣，其中的暹罗猫，眼睛如湖水般湛蓝，炯炯有神，宛若宝石，很早就成为中国家庭的宠物。

自从郑和到暹罗之后，中国与暹罗的关系一直保持密切，就是在十七、十八世纪，华人对南洋一带少有所闻之时，中国与暹罗依然往来频繁。

十七世纪，欧洲人被迫离开暹罗，暹罗国王帕碧罗阇当权，他认为华侨是最为熟练的水手，只有他们可以到达中国各个港口，他赞许华人“是公认最好的经纪商、贸易商和水手”，因此，他愿意给予华人种种商业的特权。

1720 年，暹罗华人以廉价的暹罗米，取得中国的市场。自康熙末年，经雍正到乾隆，暹罗米一直供应中国市场的需要。尤其在华南地区饥荒之时，康熙曾言：“暹罗国米甚丰裕，银二华钱，可买稻米一石。”

此外，暹罗王也把其他天然资源让华人掌理，例如木材，华人蓬蓬勃勃建立了造船工业，他们造的都是中国式的船，外国人称之为“红头船”。在 1820 年以前，几乎暹罗的贸易都由中国式的大红船包办，从二十吨到三百吨都有，完全控制了暹罗的海岸。这些红头船，有的是国王或贵族所有，有的是潮州人所有，却都由潮州人驾驶。

无论是暹罗米也罢，红头船也罢，追本溯源，不能不感谢郑和，这是郑和的光荣，也是中国人的光荣。

榴莲·三保井·三保公鱼

郑和离开暹罗以后，来到满剌加（在今马六甲海峡一带），我们介绍几则流传在马六甲城一带好玩的故事。

——先说榴莲。榴莲是盛产于南洋一带的水果，凡是赴南洋观光者，总要尝尝看，初试者往往受不了那股恶臭，就像腐败的牛肉。敲开外壳，其味却似冰激凌一般绵细可口。马来半岛有句俚语：“当了裤子，也要吃榴莲。”可见，在他们心目之中，榴莲地位之一斑。

当地流传着一则不雅的故事，榴莲原先是香的，有次郑和在榴莲树下拉了大便，从此榴莲就变臭啦，这当然是无稽之谈。不过，当地人连吃水果，都想到郑和，简直是把郑和当神仙了。

——马六甲一带盛产类似比目鱼的鱼，一边颜色深，一边颜色浅，传说这是鱼儿跃到郑和甲板上，沾了船上的灰尘，从此变成阴阳对比的鱼。

——另有一鱼，也是跃到甲板上，郑和抓起鱼，起了爱生意念，把鱼又放回水中。这条鱼身上有了郑和五个手指的印子，当地人称之为三保公鱼。三保公鱼是马六甲一带最脍炙人口的鲜鱼。

——在槟榔屿（位于马来半岛西海岸，是马来西亚最大港及工业城）海边，有一凹下处，当地人常以香烛膜拜，据说，这是郑和上岸时留下的脚印，相当灵验。

——马六甲最有名的是“三保圣井”。井的范围极大，居民们认为，井里的水是圣水，可以延年益寿，促进健康。

三保圣井旁边且有大石，石上有郑和的足迹，同样受人膜拜。当然，三保井、三保石都不止一处。

——三保公庙则是最著名的郑和遗迹，庙中的碑文尊郑和为“护城之神”。由于此庙十分灵验，不仅当地人膜拜，观光客烧香，就是生了病的，也来此求取“仙方”。庙中的井边，有一段文字记载：“十五世纪初，明朝永乐皇帝派三保太监郑和下西洋，一连七次，郑和把马六甲作为远征根据地，建造仓库，驻兵留守，舰队在此聚散。他驻军的地点，据说就在此山之下，所以，华人称它为三保山，山下有井，相传为郑和所凿，迄今仍存。”

从以上的点点滴滴可知，在马六甲，郑和可是绝不简单的人物。

我们来看一看满剌加的历史。

在明朝初年之时，满剌加还是一片蛮荒地带，当地的土人称为巫人，又称为马来人，完全没有开化。男子头上包着方帕遮暑，女子则把头发编成一个一个小结，他们的皮肤是暗褐色。因为天气炎热，大伙都是懒洋洋的，反正天然长成的甘蔗、西瓜、香蕉、波罗蜜不少，饿了就随手摘来吃，累了就躺在类似牛棚的简陋房舍之中，偶尔捕鱼打鸟，倒也悠闲自在。

造物者是很神奇的，由于满剌加气候湿热，居民容易上火，当地盛产清凉退火的椰子。只见土人打着赤膊，懒洋洋地躲在椰子树树荫下，一面纳凉，一面敲破椰子壳，吸取椰汁。

天气实在太热了，夏日炎炎正好眠，谁愿意多工作呢？又有什么工作可做呢？

勤奋的郑和，带领勤奋的中国人，为满剌加带来新希望，开拓新局面。

在郑和未到之前，满剌加是很可怜的，饱受暹罗欺负，暹罗老大哥对满剌加态度蛮横，要收“保护费”。不过，满剌加实在太穷，榨不出油水，一年只缴四十两黄金意思意思。

满剌加被暹罗欺负，其中还有一段历史：原来苏丹爱上了满者伯夷王室的公主，并且娶了公主，卷入王朝之争。他逃到今天的新加坡（当时称为单马锡），杀了当地将领，统治新加坡，不过，并没有像童话故事形容的："从此与公主过着幸福愉快的生活。"

当时新加坡在暹罗保护之下，暹罗王大怒，苏丹夹着尾巴，逃到马来半岛小渔村，接受暹罗的宰制。

郑和初抵满剌加，马上发现这个地方，地势实在太险要了，地扼马六甲海峡，位于马来半岛与苏门答腊之间，可以成为太平洋与印度洋的枢纽。

于是，郑和试探地请问满剌加的苏丹："可否借用贵宝地为基地？"

苏丹巴不得用明朝力量对抗暹罗，立刻满怀欣喜地答应："好啊，有何不可？"

从此以后，满剌加便成为郑和下西洋的基地，他七次下西洋，竟有六次经过满剌加。

郑和停驻马六甲，还有一个最重要的原因——风向。

在船只几乎完全受风向支配的时代里，当西风吹起时，船只可以很容易地渡过印度洋；东北季风开始时，它可以向西回航。同样地，来自遥远中国的船只，可以利用东北季风来到满剌加，待西南风之时回到故乡。

在等待西南风的这段日子里，货物必须在马六甲卸下，保存数月，然后再回航，这也是郑和必须驻留在马六甲的理由。

永乐三年（1405年），郑和代表明成祖，正式封苏丹为"满剌加国王"，并且赐名为"拜里迷苏拉"，赐袍服、印带，并且以黄伞为统治标记。

自此以后，满剌加与暹罗一般，平起平坐，不再受暹罗欺负，这也是满剌加建国的开始。

郑和下西洋的船队，佚名绘。

满剌加国王谒见明成祖

永乐三年（1405 年），郑和代表明成祖，正式封满剌加苏丹为国王，并且赐名为“拜里迷苏拉”。

拜里迷苏拉好开心，从此脱离暹罗的魔掌，再也不怕被欺负了。他决心带着心爱的王后，也就是当年历尽艰险娶回的公主，一块到中国去开开眼界，见识见识天朝上国的神威。

明成祖派郑和下西洋，原因之一就是宣扬国威。现在番国国王既然亲自来参观，当然要好好招待，炫耀一番。

永乐九年（1411 年），拜里迷苏拉偕同王后、五百四十余陪臣，浩浩荡荡前来。先抵南京，接待人员陪同参观南京城。他等一行，看到南京城的巍峨壮观，无不啧啧称奇。

接待大员清一清喉咙，透过舌人（翻译员），向满剌加一行夸耀：“咱们南京城，建于洪武二年（1369 年），历时四年，方才完工，东连紫金山，西据石头城，南阻长干里，北带玄武湖，城墙厚三丈之多。这个还不算稀奇，稀奇的是，建筑材料，用的是最好的花岗石，堆砌而成。然后，用糯米煮成稠浆，趁热滚滚之时，赶紧黏合，一冷风干，天生整体，用什么方法也不能分离。等到城墙砌好，再用糯米羼（chàn）石灰，涂遍整个墙面，风雨不侵，固若金汤。”

拜里迷苏拉听得入神，他疑惑地问：“糯米不是用来吃的吗？”

舌人回答："正是，你说妙不妙？"

拜里迷苏拉一行，个个举起手，在城墙上东摸摸、西摸摸，感觉到城墙的厚实，露出惊奇的笑容。

接着，满剌加国王继续北上，到达北京城。明成祖得位以后，迁都北京。一来，北京是他的龙兴之地，一直是他的地盘，有一份熟悉感，而且惠帝失踪，下落成谜，他担心南京附近，始终还有反对势力蠢蠢欲动。所以，他要迁都北京。二来，由于北京地势险要，明朝的主要外患是北方的蒙古，明成祖故意把国都摆在靠近敌人的地方，正如同汉朝建都关中抵御匈奴，同样具有巩固边陲的国防意义，也代表大无畏的气魄。

明朝的北京城，也就是我们今天看到的北京城，因袭了元朝大都旧址，只是更为壮阔雄伟。

拜里迷苏拉如同刘姥姥进了大观园，见什么都新奇。成祖本是好大喜功之人，在番王面前，更要一显大明朝的威仪，他吩咐礼部郎中黄裳、中官海寿："务必殷勤接待，此乃怀柔远人之道。"

为了表现热忱，明成祖特别在奉天殿亲自设宴款待嘉宾，席间山珍海味，不在话下，拜里迷苏拉等吃得眉开眼笑。

明清时期北京城墙，西洋版画。

成祖接过了拜里迷苏拉献上的礼物，立刻恩赐宝物，狠狠把小国国王的土产给压了下去，计有：金绣龙衣二袭、麒麟衣一袭、金器、银器、帷幔……凡是妃嫔以下，个个有赏，皆大欢喜。

拜里迷苏拉一行在京里，痛痛快快玩了几天以后，临走之时，成祖又在奉天门举行大规模的国宴款待，再赐玉带、仪仗、鞍马，以及金钞四十万贯、钱二千六百贯、锦绮纱罗三百匹。想当初，满剌加一年输送暹罗，也不过四十两金子，两相对照之下，满剌加真是发了横财。

中国与满剌加交往，可以说是互蒙其利，满剌加国王固然是欢喜异常，郑和也觉得，有了满剌加这个基地，方便不少。

根据马欢的记载，中国宝船到达满剌加，竖立排栅、城垣、鼓楼，到了晚上则拉铃示警。

城墙之内，再设重栅、小城、庞大的仓库，日夜有士兵严密地防守。每一次远洋航行，舰队在此会合，然后，分头航行各地，任务完成之后，再在满剌加集合，等候南风，于五月中旬顺风回国。

由于郑和停留在满剌加的时间特别长，他与当地居民的感情也格外浓厚，协助当地开发与建设。

满剌加人民原先住的是极其简陋的草棚，用椰子树劈成片条，搁几匹破布，再用草藤固定，这就算床了。若是晚上下雨，则苦不堪言，尤其遇到夏天洪水暴涨时，往往下半身浸在烂泥里，容易生病。

郑和教满剌加人民盖简单的房子，屋下用硬木做成四个脚，距离地面约一丈，以木梯上下，屋顶用茅草铺成。从此无水淹之苦，无潮湿之弊。当地人纷纷仿效，称之为“郑和屋”，东南亚一带的乡下，迄今仍可见到这种房舍。

郑和也让满剌加人民认识到锡矿的可贵，产锡的山称为锡场，工人把锡矿铸成斗形的锡块，每十块用藤子绑在一起，作为买卖交易之用。

满剌加还盛产鳄鱼，鳄鱼体长约三公尺，全身被覆鳞片及粗硬的表皮，生长在热带沼泽与河溪之中，性情凶残，属肉食性，能要人性命。

郑和看到鳄鱼，倒也不怕，他阻止当地人捕杀鳄鱼，反而劝他们：“不妨筑成池塘，大规模饲养鳄鱼。”

“鳄鱼会吃人的，养它干什么？”

“鳄鱼的皮是宝贝，大有用途也。”郑和解释道。

一直到今天，鳄鱼皮箱、皮带都是很珍贵的皮件，也是南洋地区出口的大宗。

有人说，若要帮助朋友，送他一尾鱼，不如教他捕鱼的方法。

郑和就是如此。他让马六甲一带人民，懂得捉鱼的方法，认识他们拥有的天然资源，无怪乎郑和的故事，在马六甲一带，代代相传，绵延不绝。

郑和的大厨师

除了满剌加以外，郑和到过最多的地方，应该算是爪哇了。爪哇是一个岛，与加里曼丹岛、新几内亚岛西半部、苏拉威西岛与苏门答腊岛同属于今天的印尼。

我们先说一个流行在爪哇岛的小故事。

由于郑和本领高超，爪哇人把郑和当作神，凡是郑和说的话，他们一律无条件地相信。

有一回，不知道什么原因，郑和郑重其事地告诫大家："你们千万要记住，在过新年前的一个月要挨饿，什么都不许吃。这样到了阴间以后，才会有饭吃。"

爪哇人用力地点点头，表示"一定照办"。

于是，他们开始挨饿，饿得前胸贴后背，想吃又不敢吃。

某天晚上，爪哇人偶然看见，郑和竟然在大吃特吃，不免狐疑地问："你自己怎么偷吃东西？你不怕死后到阴间饿饭吗？"

郑和一下子被问住了，愣了一会儿，若无其事地回答："白天当然不可以吃，晚上就没关系了。"

土人都是头脑简单，也不会反问郑和："你怎么不早一点告诉我们，害得大家都饿惨啦。"

这种习俗一直流传到今天，许多爪哇人在过新年前一个月，白天禁食，晚上开伙，可见得郑和威望之隆。

还有一件有趣的事，郑和生日不可考，但是爪哇人却以每年六月三十日为郑和的诞辰（可能是郑和登陆爪哇的日子），在三保垄及三保洞大大庆祝一番，并且还有舞龙舞狮的队伍，沿街游行，很是热闹。在华侨心目之中，郑和简直是护侨神。

爪哇人劳作图，佚名绘。

郑和在爪哇建树多，当地华侨又多，因此，把郑和驻留之处称之为“三保垄”。三保垄附近有多处三保井、三保亭，还有一个“三保墩”，据说是郑和宝船之中，曾有一艘船沉没海中，只留下光秃秃一截长桅，后来，华侨便建“三保墩”，用以纪念。

在印尼首都雅加达的公园里，仍然保存着当年郑和送给当地人的四尊大炮，在每年农历六月三十日，所谓的郑和诞辰纪念日，同样要敲锣打鼓庆祝一番。

三保垄还有一个极为著名的“三保洞”，据说这个洞，原来是毒蛇洞，谁也不敢靠近。

但是，郑和不怕，他不但昂然进洞，还在里面挂起蚊帐，备好榻子，舒舒服服地睡觉，蛇也不敢干扰郑和。久而久之，毒蛇自动远离，所以，当地人认为郑和是神仙。

现今三保洞门口，挂了一副对联，上联是“受命皇朝临海国”，下联是“留踪石洞庇人家”。凡是想要入洞的人，必须先敬香膜拜，方可入洞。若是遇到六月三十日，更是万头攒动，人人都想要入洞，沾一些喜气。

由于三保洞是一个没有窗户的山洞，进去的人若是太多，里面空气不流通，可能会窒息。因此，大家都有节制，一批进入参观出来以后，另一批再涌入。同时，当地人认为摄影是亵（xiè）渎神明，不许照相机随便“咔嚓咔嚓”乱按。

距离三保洞不远之处，有一片空旷地带，建立了古色古香的亭台、长廊，善男信女且可在厢房寄宿，希望在半夜，郑和可以托梦给他，指点迷津。革命志士、国学大师章太炎并且题了一副对联凭吊郑和，上联是“识君千载后”，下联是“而我一无能”。

郑和入庙成为神仙不奇怪，奇妙的是连他宝船上的大师傅，也入了庙，成为膜拜的对象，这倒是一件新鲜事。

据说，在郑和下西洋之时，船队驶入雅加达，在金星（今天的安卒）靠岸。

当时安卒杂草丛生，一片荒芜，还是野蛮地带，只有巴刹市场附近地势高亢。

夜幕低垂之时，当地人喜欢聚集在巴刹市场，看舞蹈表演，郑和带去的水手，也跟着去凑热闹。

在这一群歌舞女郎之中，有一位最为出色，她貌美如花，身材婀娜，舞姿曼妙，大家的眼睛都跟着她转。

郑和的大厨师，深深被歌舞女郎吸引，定定地望着她，整个人都被迷住了。

歌舞散了，大厨师的心也乱了，当天晚上，无法成眠，脑子里全是她的倩影，恨不得第二天晚上赶快到来，可以再去看表演。

第二天晚上，大厨师果然又来了，这次到得早，挑了一个前面的好位置，能够看得更清楚一些。他也益发地意乱情迷。

在郑和停留爪哇期间，大厨师天天晚上来报到，痴痴地欣赏表演。

到了最后一夜，船要开拔，同伴都走光了，大厨师还在依恋：“再看一会儿吧。”

最后，郑和的宝船开拔了，大厨师走不成了，只好被迫留在爪哇。

大厨师每晚来报到，他的痴情也感动了歌舞女郎，尤其是大厨师因此被迫留在爪哇，歌舞女郎也觉得不忍，终于答应嫁给他。不过，她有一个条件：“我是虔诚的回教徒，你以后不许吃大肉（猪肉）。”

大厨师心想，凭我的手艺，什么肉都能烹调得可口，不吃猪肉没问题，他满口答应。

“不过，”大厨师嗫嚅道，“我可不可以也相对提一个小小的要求？”

“你说。”

“拜托你以后不要吃臭豆，那股臭味真受不了。”大厨师捏着鼻子夸张地说，把歌舞女郎逗得哈哈大笑：“臭豆是我们拿来与辣椒合煮的妙品，既然你不能忍受，我只有舍弃口福啦。”

就这样，两人恩恩爱爱过了一辈子，男的不吃猪肉，女的不尝臭豆，互相容忍，彼此体谅。死后，这对贤伉俪被后人膜拜，尊为“大伯公神位”，大伯公者，就是郑和的大厨师。

为了表示对大伯公的尊敬，凡入庙者，一律不准携带猪肉与臭豆，这也是郑和下西洋留下的一段佳话。

爪哇的比武大赛

爪哇，在中国古代，被称为阇（shé）婆，又名诃陵、社婆，远在唐朝贞观十四年（640 年），就曾经遣使来朝，《新唐书》有记载。

不过，一直到郑和下西洋之时，爪哇仍然相当落后，许多风俗习惯既野蛮又恐怖。

根据马欢的《瀛涯胜览》“爪哇国”条，我们可以大概了解那里当时的社会状况。

当地的习俗是男子披头散发，女子则把长发挽起，束在脑袋后面，不论男女，上身穿衣，下身则围手巾。

凡是男子，为了表示英雄气概，从三岁小儿到百岁老翁，腰间都佩一把“不剌头”。所谓“不剌头”是用上等铁打造而成的利刀，锐利无比。柄则是用金或犀牛角或象牙雕刻而成。雕饰的花纹很奇特，都是人形鬼面，狰狞凶狠。

爪哇男男女女都认为，头是人体之中最尊贵之处。若是有人不小心碰触到头，没有第二句话，非掏出“不剌头”来拼一个你死我活。

由于民性剽悍，不论酒醉发疯，或是买卖之间言语不合，经常把随身携带，夜晚不离身旁的“不剌头”取出来较量一番。

若是不慎把对方刺死，倒也没关系，只要谁有办法躲上三天三夜，算你本事大，用不着偿命。当然，杀了人以后，马上会被对方人马还以颜色，当作陪葬的却也不在少数。

爪哇处罚犯人的方式也堪称一绝，案情不论轻重，先用细藤把犯人双手绑在身后，让犯人绕着走几圈，再迅速以“不剌头”刺入犯人的腰眼或软肋之间，当场毙命，简单利落。爪哇每天都要处死不少人，让郑和一行人，看得是目瞪口呆，啧啧称恐怖。

爪哇国中分为三等人：回国人、唐人与土人。

土人面貌丑陋，皮肤是暗褐色，猱（náo，指长臂猿）头赤脚，笃信鬼教。

土人吃的东西很可怕，把蛇、蚂蚁等各种小虫，放在火上烤一烤，就咕噜吞下肚子。而且吃东西的时候，与猫狗牲畜一块共食，且共用一个器皿，晚上也共睡一处，相当恶心。

相传爪哇古代有一个鬼子魔王，青面红身赤发，他与一头象结合，生下了一百多个怪物，怪物喜欢吃人肉、喝人血。

有一天，雷声隆隆，石头迸裂，石头中跳出一名勇士，赶走大象、鬼子魔王及怪物，众人拥勇士为国王。土人就是国王的后裔，血液中流窜着好斗的本性。

爪哇人生活图，佚名绘。

每年十月，爪哇国举行竹枪大会。国王与王后分乘塔车到达会场。塔车高一丈，四面有窗，下有转轴，很是神气。

比赛的武器是竹枪。所谓竹枪，是把竹子削得尖尖的，虽无实心，但是对准心窝刺去，照样会要人命。

比赛开始，以鼓声快慢为信号，每一场由两位勇士对决，双方执枪挺进，目露凶光，旁观者摇旗呐喊，场面亢奋，双方的妻子则手持木棍，充当啦啦队。

每一场比赛，固定是三回合，三回合之后，双方妻子手举木棍，高呼“那拉那拉”，就表示结束。通常总有一方倒地而亡，大家会为胜利一方喝彩。

国王命令胜利一方给失败一方一个金钱，表示慰问。然后，胜利一方就得意洋洋带着辉煌的战利品——对方妻子凯旋。这真是标标准准的弱肉强食的世界。

爪哇国中的华人，属于比较高级的人，多半来自广东、泉州、漳州一带，聚集在杜板之地。该地有一个小池塘，池水甘甜可口，人称之为“圣水”。

传说在元朝之时，元命大将史弼征伐阇婆，经历了一场苦战，仍然不得登岸，而船中的饮水已经用完了，大家都惊惶失措，不晓得该如何是好。

这时，史弼走下船来，跪在沙滩上对上天祈祷：“弼奉命讨伐蛮夷之邦，老天若是垂怜，我们就得救了。否则，只有葬身异域。”说着，史弼举起长枪，奋力插入海滩，说来也奇怪，枪插入沙滩之处，咕噜咕噜涌出许多清水，仿佛喷泉一般。

史弼等人欣喜若狂，一起扑了上来，用双手掬起清凉的水，滋润干渴的喉咙，觉得是世界上最最甜美的甘泉。史弼率领士兵，集体在海滩跪下，同声感谢。

日后，这个池塘的水，就被称为“圣水”。

在爪哇，不论哪一等人，都喜欢嚼槟榔，从早到晚嚼个不停，只有在吃饭之时，才把槟榔暂时吐出来，吃完饭后再继续嚼。

当地虽然落后、不开化，人们却过得颇为快乐。每月十五、十六日，月圆清明之夜，总是二三十名妇女，由一位女子率领，组织成小小合唱团，踏着月色，手牵手徒步而行。总有带头的唱一句，其他人和一句。若是合唱团步行到富贵之家门口，主人往往会多少赏赐一些些。

当时爪哇人心目之中，世上最尊贵的东西，该算是中国的青花瓷器，谁若是有一样，可是稀罕得不得了。

以上所述，多半是郑和随行人员的行军记录。我们可以想象，当时的中国人见到这样的记载，更加强了优越感。在中原人心目之中，中原地区当然是天朝上国。他们还没有见识过真正的西方文明，所以，到了清朝，门户洞开，鸦片战争之后，才会败得如此凄惨。

花面王大战苏门答腊

除了爪哇之外，苏门答腊也是郑和下西洋必经之地，他七次下西洋，竟然就有六次到了苏门答腊。

郑和第一回到苏门答腊，发生了一件有趣的事，值得一记。

他透过舌人，亲切地问一位当地居民：“告诉我，你叫什么名字？”

“阿咕啦。”

“是的，阿咕啦你好。”

走了不远，郑和遇到另一位当地人，问他的名字，竟然又是阿咕啦，以后，一路之上，每一个居民都说自己是阿咕啦，让郑和一行人丈二金刚，完全摸不着头脑。

后来，到了城里，一打听之下，乖乖，阿咕啦乃国王是也，原来这个小地方，人人以国王自居，还真是了不起。

这些国王，不论男女老少，个个赤身露体，不着一物，只在腰间绑上一块方巾。

在苏门答腊，郑和还帮助该地平定了一场乱事。事情是这样的：

苏门答腊的邻邦，有一个那孤国，那孤国的国王非常阴狠，脸上刺了花，被称为花面王。

花面王几度三番攻打苏门答腊，在一次激烈的战争之中，花面王用毒箭射中了苏门答腊国王的心脏，使其当场毙命。

王后跪在国王身旁，哀哀痛哭，柔肠寸断。她手中牵着稚龄的小王子，缓缓地站了起来，抹干眼泪，向众人宣布："如果，谁能帮助我，把该死的花面王杀掉，为亡夫报仇雪耻，我愿意嫁给他，并且，在小王子长大之前与他共同掌理国事。"

所谓重赏之下必有勇夫，王后年轻貌美，楚楚动人，又有掌理国事为诱饵，许多人都为之心动。但是，花面王武功高强，心狠手辣，也不是容易对付的角色。所以，许多苏门答腊男子，仔细思虑，仍不敢冒这个险。

在苏门答腊海边，有一老渔翁，一向是天不怕地不怕，倒是他那一身横肉，胸脯下露出一截黑肚皮，随时找人比武的凶模样，让旁人见着害怕。他决定去找花面王拼个高下。

于是，老渔翁吆喝了一批人，怒气腾腾去找花面王。花面王没有心理准备，当场就愣住了。老渔翁不由分说，把花面王劈胸揪住，大喝道："今天我来报仇。"一刀了结了花面王。

王后虽然不喜欢老渔翁的可怖面孔，但是，不能不遵守诺言，嫁给老渔翁，且让他掌理国家大事。老渔翁被国人称之为老王。老王得到了美人，又手握大权，万分得意。

小王子渐渐长大，也了解了许多事，他对老王极为不满。老王显然也没有把小王子看在眼中，更不准备把王位还给小王子。王后虽然心疼儿子，却根本不敢开口，她若是有办法，当初也不会借重老王。

小王子联络了一批老臣，以迅雷不及掩耳的方式，出其不意，把老王给暗杀了，顺利登上了王位，成为新国王。

老王的弟弟苏干剌溜得快，逃到深山里，组成一支游击队，经常骚扰新国王。新国王头痛万分，却又没有消灭苏干剌的能力，直到永乐十三年（1415 年）。

永乐十三年（1415 年），郑和奉命到达苏门答腊，带来大批宝物，以及明成祖的诏书、彩币等。苏干剌听到消息，十分眼红，他愤怒地道："这一对可恶的母子，利用我哥哥，消灭了心头大患花面王，然后，又把我哥

苏门答腊犀角雕麒麟蝠纹牌，清代。

哥给杀害了。这批宝物，原该归我兄弟们所享有。”

于是，苏干剌带了几万人，气汹汹地杀向苏门答腊。

新国王慌了阵脚，向郑和求援。郑和当年跟在成祖身边，大小战役经历得多了，因此，相当镇静。他对新国王道：“别慌，我派左先锋张计、右先锋刘荫来协助你，他们都极有本事。”

新国王便把指挥权交给两位先锋。刘张二人带领苏门答腊的兵队，三两下便把苏干剌给掳回来了。

国王很高兴，不停地道谢：“多劳元帅麾下两位先锋前来助阵，小国得以转危为安。”

一直到今天，苏门答腊人仍然怀念郑和的大力帮助。在苏门答腊的城市——亚齐，还有一个郑和当年带来的铜铸大钟。华侨们且合资建立了一个钟亭，用来纪念郑和。可以遥想，当年郑和的钟击一响，该是如何地振奋了国王及其子民。

苏门答腊有一个中外驰名的地方——旧港，又名巨港，在明朝时期，称之为“三佛齐国”，又称“佛林邦”。因为郑和需要在此添加食水，连带使得该地区繁荣富庶起来。

该地最著名之处，在于盛产各种各样的香料，如金银香、降香、沉香，香气扑鼻，后来，经常输入中国。

郑和还顺便教当地人下围棋，以及玩皮影戏，甚且，当地的一切交易，干脆使用明朝的铜钱。旧港，可以说完全是郑和一手带起来的兴盛。

郑和在东南亚地区的作为，真是彻底实践了中国人理想之中的“王道精神”。因此之故，连郑和足迹未到的菲律宾，竟然也有菲律宾人传说，郑和在菲律宾去世，甚至以郑和墓为证。事实上，郑和是在南京病逝的，与菲律宾毫不相干，只能说是菲律宾人对郑和的一片仰慕之情。

郑和大战锡兰王

郑和下西洋，并非一帆风顺，无往不利，有时，也会遭遇挫折。譬如在锡兰，锡兰国王亚烈苦奈儿就极为不友善。

锡兰王性格暴戾（lì），喜怒无常，附近的邻国，个个都吃过他的亏。郑和心想，犯不着与他为敌，所以，每一回经过，总是绕道而行，避免正面接触。

锡兰王见郑和不来，以为是自己厉害，郑和怕了他，因此，三番两次加害郑和宝船派出的使节，让郑和忍无可忍。

后来，锡兰王更进一步，他想把郑和给骗了来，再加以杀害。以郑和在南洋一带声望之隆，如果竟败在锡兰王手下，那么，亚烈苦奈儿等于坐上第一把交椅。锡兰王愈想愈兴奋，用了个办法，诱郑和赴锡兰。

郑和一路之上，抱着“不入虎穴，焉得虎子”的心情南下，他不主动开战，可是，事到临头，也从不躲避。郑和猜也猜得着，锡兰王心怀鬼胎，但是，他还是直往锡兰。

当宝船靠近锡兰之时，远远地见到水面漂浮着许多泡沫，阅历丰富的郑和指着泡沫道：“这水底下一定有问题。”

一旁的水军都督解（xiè）应彪，顺手掏出八支“赛犀飞”，“咻咻咻”射入水中，顷刻之间，水面一片鲜红，没多久，漂起了八具血淋淋的尸体。原来“赛犀飞”一如武侠小说中形容的利器，专门用来对付水底下埋伏的奸细。

郑和沉着道：“恐怕不止八个水鬼，快下去搜。”于是，身旁矫健的水手一跃入海，在水底捉出了一百多个番兵，抓入宝船问话。

“你们是哪里来的？”郑和问道。

“我等是本国的军队，奉国王之命，埋伏在水中，等到宝船驶过，用钻子破坏船底。”番兵回答道。

郑和转念一想，看来岸上定有另外的埋伏，可不能中了计。所以，他故意绕个道，不自码头上岸，从一旁森林靠边，亲自带了两千名健卒，从小道悄悄入了城，机智地生擒了锡兰王。锡兰王完全没料到郑和有这一着。他正好整以暇，等着五万大军活捉郑和哩。

郑和逮住了锡兰王及其妻子，送回朝廷，让明成祖发落。

群臣议论纷纷，个个都以为该斩。

成祖却有不同的意见，他说：“朕哀悯番人无知，将他与妻子无罪开释，且供给衣食。不过，他杀害我朝使节，不能再当国王，在他们族人之中，再选一个贤者担任国王吧。”

在一干锡兰俘虏之中，大家都称赞一个叫“邪把乃那”的最为贤能。

成祖裁示：“好，邪把乃那，朕赐你为国王。”

所有的俘虏一块磕头，个个都是惊喜交迸的表情，他们原来以为，来到中国就是处死，没想到，不但没死，还换了个新的好国王，成祖还恩赐许多宝物，让他等衣锦还乡。

明成祖怀柔远人，争取人心，的确是有一套。这件事，一传十，十传百，海外诸国更加心悦诚服，以当中国的藩属为荣。

锡兰俘虏“衣锦还乡”，还真是的确如此。他们原先是不着衣服，只以树叶蔽体，又称为“裸形国”，其中还有一段故事。

当地人流传一则古老的传说：从前，释迦牟尼曾经来到锡兰。因为天气燠热，他就脱光了衣服，跳入水中痛痛快快洗一个舒服澡。

土人看到释迦牟尼挂在树上的袈裟，一时兴起，拿起来玩。

释迦牟尼浴罢，走上岸边，发现袈裟不见了，急得要命，却见土人藏在树后，对他扮鬼脸，释迦牟尼赶紧去抢，土人顺手把袈裟交给另一个土人，一会儿隐入森林之中，众土人开了个玩笑，个个拍手笑弯了腰。

释迦牟尼又羞又气，他指着土人诅咒："你们把我的袈裟拿走了，没关系。我罚你们一辈子不能穿衣服，否则，全身长满烂疮。"

土人反正对穿衣服没兴趣，嫌衣服闷热，干脆，从此以后，赤身露体，倒也自在愉快。

这则故事，不但对释迦牟尼没有不敬之意，反而代表佛法无边，佛祖具有无上权威，如同当地山中盛产的红雅姑、青雅姑、黄雅姑及青米蓝石，鲜艳而美丽。这些宝石都是大雨过后，大量泥沙冲积而下，在沙中拣拾出来的。当地人认为，宝石是佛祖释迦牟尼的眼泪凝结而成，送给当地人当礼物的。

锡兰早期佛像。

从锡兰国码头别罗里上岸，海边山脚光石上，有一道长二尺的足迹，锡兰人认为这是释迦牟尼从翠蓝山登岸处。足迹上有浅浅的一摊水，当地人把它视为圣水，凡是经过的人，都用手蘸（zhàn）一点水，揉洗眼睛。

据当地人的说法："佛水清净圣洁，用佛水洗过眼睛，一辈子都不会害眼病。"

从科学观点而言，每个人用脏手沾脏水，似乎更容易传布细菌，让眼睛发炎。

离佛祖足迹不远之处，有一座僧寺，寺中有一雕像，雕的是佛祖侧身卧在床上，旁边有佛牙及舍利子，相传这是佛祖去世之所在。整个寝座是用上好的檀香木制造的，四周镶满了各种颜色的名贵珠宝，表示对佛祖的敬重。

锡兰人笃信佛教，又敬重牛。因此，拜佛最虔诚的方式，就是每日用牛粪烧成灰，涂满身体，再把灰调成牛粪水抹遍地上，然后，以手足伸长，小腹贴地的方式，向佛祖表示敬意。

既然牛如此尊贵，牛肉当然不可以吃，牛乳倒是可以喝的，谁若宰牛，得判死罪，牛死了，必予以厚葬。

古里圣牛黄金粪

郑和下西洋影响东南亚一带，这是许多人都知道的。但是，郑和足迹所至，包括了印度、阿拉伯与非洲则是很多人所不知道的。我们先来谈印度。

印度，古称天竺，中国与印度的交通，历史极为悠久。只看佛教传入中国后，梁武帝对佛教如此虔诚地信仰，便可推知其年代之远。《西游记》之中，唐三藏赴天竺取经，就是走陆路到今天的印度。

在《旧唐书》一九八卷《天竺传》中有一段记载：贞观十五年（641年），尸罗逸多（就是玄奘所著《大唐西域记》的戒日王）自称为摩伽陀王，遣使朝贡。唐太宗很开心，特降玺书表示慰问。

尸罗逸多看到玺书大吃一惊，他问国家中的其他人："自古以来，可曾有摩诃震旦（指唐朝）派人到我们国家来吗？"

"从来没有啊。"众人异口同声地回答。

尸罗逸多接受了诏书，并且，派遣使者入贡。

唐太宗鉴于天竺地遥，尸罗逸多不远千里派使者前来，诚意可感，让天朝上国感到面子十足。所以，回赠了更多更丰盛的礼物送给天竺王。

由于唐朝没有种族歧视，外国人只要有才华，常能入朝为官。因此，唐朝朝廷番官之多，成为历代罕见的奇异现象。

唐朝常用天竺人参与修历工作。唐高宗之后，瞿昙罗担任太史令长达三十多年，为著名的天文学家，武后时，瞿昙罗奉诏撰《光宅历》，实为印度历法。瞿昙罗就是不折不扣的天竺人。

唐朝流行幻术（魔术），许多幻术就是自天竺传来，由天竺人表演的。有的幻术如以剑刺肚、以刀割舌等，甚为可怖，唐高宗时，曾经下令禁止。

印度幅员广大，交通不便，各成一区，语言亦不统一，史地学家曾经统计，言语竟达一千多种，所以，郑和到印度，也不过是蜻蜓点水，不算深入；我们介绍其中两个小国，古里国与柯枝国。

永乐五年（1407 年），成祖派郑和赐古里国国王诰命，各个头目冠带，并且在古里国建立了一块碑，碑文上刻着："其国距离中国十万多里……刻石于此，永示万世。"

古里人与锡兰人一般，把牛当成神一般膜拜，其中还有一段极为有趣的故事。

据说，古代有一个圣人叫某些，立定教化，教育世人，非常受当地人民爱戴。

某些的弟弟撒波黎，却是一个混混。他为了建立声誉，打击亲哥哥，竟然想出一个荒诞的办法。

撒波黎制作了一个金柜，金柜中间放了一头金牛，他对人们宣布：金牛是圣牛，有求必应，谁最虔诚，就能得到金牛拉的金粪便。

这一下可不得了，所有的人为之疯狂，每天什么事也不做了，一心一意讨好金牛，希望得到黄金粪便。

古里原是一个很穷的地方，当地人民多半是一贫如洗的。现在，竟然拜一拜金牛，就有机会获得金牛所拉的金粪，这足以让人们发一笔小小的横财，怎不令人欣喜若狂。

于是，当地人改奉金牛为真主，虔诚膜拜，暗中比赛谁信得最深，期望得到金粪，也在无形之中，被撒波黎所牢牢控制。

这一段时间，恰好圣人某些因事远离。待他返回古里，眼见淳朴善良的人民，个个财迷心窍，对金粪的贪婪痴迷，简直到达疯狂的地步。

某些调查的结果，发现是自己亲弟弟一手导演，怒不可遏，立刻动手拆掉了金牛。当他在拆时，古里人都暗暗落泪，心中大不以为然，又不敢公然违抗圣人的旨意。

某些把金牛给毁了，金牛当然再也不能生产金粪了，古里人怅然若有所失，仿佛生命不再有意义，人人垮着一张脸，没精打采，失魂落魄。

某些把弟弟撒波黎捉来，责问他：“看看你作的孽吧！”

撒波黎害怕哥哥会进一步处罚他，于是趁着夜晚，偷偷骑了一头象，三十六计走为上策。

古里国的人听说撒波黎走了，意味着金牛再也不会回来了，心中真是万般依恋，所以，就把这一份浓浓的情怀，寄托在活生生的牛与大象身上。

印度牛，选自《吴友如画宝》。

尤其是牛，拜金牛之赐，一霎之间，似乎都镀了一层金。古里人相信，牛会带来好运，牛粪更是吉祥如意，隐含有黄金万两的象征。

自此以后，从国王到一般百姓，每天早晨起来的第一件事，就是用牛粪调水，涂满墙壁，又烧成灰，往身上到处撒，仿佛像撒爽身粉一般，即使牛粪有一股恶臭，在他们嗅来，也是十分芳香。

既然牛被奉为神明，神明当然不用再劳苦工作。古里的牛在路上自由自在，却有人诚惶诚恐奉上食粮。

一直到今天，牛在印度仍然是神圣不可侵犯。即使它闯入民宅，破坏财物，民众仍是含笑接受。虐待牛的后果，将是不堪设想的。

所以，如果有一只牛，心血来潮，兴致大发，站在街心，所有车辆都得让路，可神气威风了！

郑和的印度见闻

郑和一行人到了古里（印度一小国），除了对于当地牛只享有极高声誉，实在难以置信以外，对于古里的司法审判，同样大开眼界。

古里没有鞭笞（chī）的刑罚，轻则截手断足，重则罚金诛戮，甚且抄门灭族。古里还有一种独门的测谎术：

凡是犯了罪的，拘捕入官，若是认罪，当然没有话说，该怎么罚，就怎么罚。万一高声喊冤枉，也有办法！

执法者把嫌犯带到国王或是大头目面前，摆一口大铁锅，盛满热滚滚的油，下面搁了炭，等到火愈烧愈旺，先丢几片树叶进去，假使发出炮弹般的溅油之声，表示油够热了。

接着，嫌犯伸出右手两个手指，放入油锅之中煎炸，一直到炸焦为止，用布把两个手指包裹起来，上面还盖一个封记，用来证明回家之后，嫌犯不会把包扎的伤口打开来。

然后，嫌犯就用左手捂着右手的伤口，哀哀叫痛地回去。

过了两三天，嫌犯再让亲朋好友簇拥着，回到大头目或国王跟前，公开把伤口打开。这一刹那，可是紧张到了极点，倘若手指溃烂（炸焦炸熟的手指，又没敷药，怎会不发炎？），表示嫌犯是在说谎，立刻行刑，没有二话。

倘若奇迹出现，两根炸焦的手指，竟然完好如初，可见这人没做过坏事。头目为表示歉意，以鼓乐相送。

这一下子，无罪开释的犯人，可就成了英雄。回到家中，亲戚邻居朋友个个前来相贺，又是喝酒又是跳舞，热闹非凡。

古里国旁边的柯枝国，情况与古里国相同，也是举国上下，把牛当神膜拜。郑和等人看惯了中国牛，还真不适应当地风俗，深恐一下不小心，冒犯了牛，也就触犯了当地人，惹来不必要的纷争。

柯枝国有一样东西，颇引起来访中国人的乐趣，那就是家家户户都用砖泥砌一个土库。放眼望去，到处都是大小不等的土库。

柯枝人解释道："土库可以防火防盗，凡是比较贵重的东西，我们都放在土库之中保全。"原来，土库就是保险箱。

柯枝人分五等：南昆、回回、哲地、革令与木瓜。木瓜是最低贱的一种人。为了确保其低贱起见，木瓜人只准住在海滨落后地区，房檐不准超过三尺，若是超过三尺，表示有罪。连木瓜人穿的衣服都有规定：上不过肚脐，下不过膝盖。真是怪模怪样。

木瓜人很可怜，若在路上遇到南昆、哲地这些高贵的人，必须伏在地面，等到高贵的人通过，他们才能站起来，继续往前走。

还有一种化外之人，称为浊肌，也就是道人。道人能娶妻，外貌极易辨认。他们的头发极长，自出娘胎，既不剃发，自长胡须，也不剃须，更怪的是，亦不整理，只是用酥油把头发搓成十余条，披曳在脑后。虽然不修边幅，每日却不忘用牛粪烧成灰，擦遍整个身体。

不论是古里人、柯枝人，都有一个习惯，很让郑和一行为难，那就是他们一律以右手五指抓饭，左手五指洗抹肛门粪便。

郑和觉得十分奇怪，他透过翻译请问："这恐怕不卫生吧！"

印度人的答复是："没有比这个更清洁的了，天生五指，随处可用，岂不方便？饭前饭后，自己洗净，一点也不脏。"

正因为左手抹粪，右手进食，印度人左手右手可是分得清清楚楚的。所以，用左手敬礼，或者用左手接受礼物，都是失礼行为。郑和因为不习惯，每做一件事，都得先停下来，想一想，用左手还是用右手。

印度人老式的吃法，是每人一盆饭，一杯冷水，用右手撮点菜放入饭盒，调和一下，送入嘴中，几乎每一餐、每一样东西都少不了咖喱（gā lí），让中国水手真吃不消，他们印度人却乐在其中。郑和笑叹：“这儿如此之热，大概也非得用辣劲十足的咖喱，才能够以毒攻毒。”

年轻的印度妇女。

当时尚无寒暑表，也不清楚到底热到什么程度，只知虽然炎热，竟没有汗，因为，汗水初出毛孔，就化为蒸气挥发了，只在皮肤上留着一层盐巴。到了晚上，大家就露天而睡，不怕露水，因为，空气之中早已没有一点儿水分。

印度不论男子穿的布裤，女子穿的纱笼，都是一整段的布，不用针，不用线，不用剪裁。有些薄纱相当轻柔鲜艳，她们巧妙地在身上一裹，立刻显得婀娜（ē nuó）多姿，亭亭玉立。

她们洗衣服的方式，倒也别致，在水里漂一漂，然后，用不着晒衣服，两个人各执纱笼的一端，在空中这么飘一飘，仿佛放风筝一般，飘个十几二十下，一条纱笼便干了，省事又方便。

永乐六年（1408 年）、九年（1411 年）和十年（1412 年），郑和曾经三度前往柯枝国，带来明成祖的诏书，并且在山上石头刻文纪念：“柯枝国远在西南，慕中华教化，鼓舞归顺，仰天而拜，何幸中国圣人之教，沾及我邦……”这当然是出自中国人的手笔。

总而言之，郑和在印度，虽然不及在东南亚，带来重大的影响，但是，毕竟郑和到过印度，甚且，今日印度亦有郑和的石刻像。可惜，当时留下来的记载不够完整，我们无法更进一步地了解。

郑和遨游阿拉伯

郑和下西洋，到过南洋一带，这是大家都知道的。但是，郑和足迹远至阿拉伯与东非，一般人则不甚清楚。

接下来，我们根据马欢的《瀛涯胜览》、费信的《星槎胜览》，谈一些郑和赴阿拉伯的趣事。马、费二人并不谙当地语言，对当地传闻，也是道听途说，因此，有些地方，我们也就只有姑妄听之，不能详加考证。

郑和先到达一个叫祖法儿国的地方，位于阿拉伯半岛东南岸。根据梁启超先生的考证，应该就是著名的塞拉莱港。

郑和一抵达，就发现当地人民个个高头大马，虎背熊腰，长相都相当威猛，头上缠着白布，头顶箍一个圈。

贵族的打扮十分考究，头上依旧缠绕白布，披上金色的缎袍，搭着一条手工极为精细的青花披肩，出门之时，骑在漂亮的马上，后面紧跟着象队、骆驼队、马队、手刀队、乐队……壮观宏伟。

祖法儿国的人民非常虔诚。每到星期五上午，也就是回教的礼拜日，全国一律停止工作。男女老幼如办喜事一般，先是彻底沐浴，整理清洁，再用蔷薇露、沉香末洒遍全身。洋人一般而言，体味甚重，常有狐臭，喷点香水以后，果然气味好多了。

于是，男男女女，神情肃穆，穿过街道，到达回教的礼拜寺，脱下鞋子，恭谨地前去祭拜。

郑和等人发现，祖法儿国的女子外出，总是用布从头包到脚，根本分不清谁是谁。不过，很奇怪，她们头上包的巾，有的缠成三个角，有的缠成五个角，各个不同，这是什么道理呢？

透过舌人的翻译，当地人解释道："三个角表示她有三个丈夫，五个角表示她有五个丈夫。"

"那么，十个角就代表她有十个丈夫了？"郑和的部下，指着一个头上绑着一、二……到十个角的妇人，万分讶异地问道。

"是的，因为我们祖法儿国，男多女少，所以一个女人常常有许多丈夫。"

按回教国家，常是一夫多妻，怎么会有这等一个女子有十个丈夫的怪事，不晓得是否随郑和而去的马欢、费信记载错误。

郑和到了祖法儿国，当地国王很高兴，大摆筵席，其中有一道菜"驼鸡"，甚为味美。据说这种驼鸡"瘦瘦的两只脚，高三四尺，身扁颈长，供人民骑坐，鲜美可口，齿颊留香"。

所谓的驼鸡，想来就是鸵鸟，可能是肉质与鸡一般可口，因此称之为驼鸡。

祖法儿国国王好客，除了宴请郑和一行，又献上乳香、地毯、檀香、胡椒等，同时，国王听说中国没有驼鸡，还带来几只，送上郑和的宝船，让郑和带回中国，让明成祖瞧一瞧。只是不晓得驼鸡最后是否祭了明成祖的五脏庙。

郑和离开祖法儿国，到达阿丹国，一称阿丁国。阿丹国国王昌吉剌听说郑和要来，老早就在海边恭迎。

阿丹国国王为表示热忱欢迎，特地打造两条镶满了珍珠宝贝的腰带，献给郑和，郑和含笑收下，当然，也回赠了不少宝物。

郑和在阿丹国待了几日之后，有一天，一个阿丹国的将领前来，他客气地对郑和报告："我是阿丹国的总兵官，名叫去摩阿，奉我们阿丹国国王的命令，请大元帅在此留宴两日两夜。"

“好啊，你先在这儿用过饭再走。”

“不了，我要赶回去，谢谢大元帅。”说着，去摩阿便匆匆告辞了。

心思细密的郑和，立即找王尚书前来商量，双方一致认为事有蹊跷（qī qiao）。郑和分析道：“第一，为什么不是国王亲自前来？第二，为什么没有携带礼物？第三，为什么连一顿饭也不肯留下来？莫非想劫取宝船？”

不过，猜归猜，谁也不知道阿丹国国王究竟葫芦里卖什么药。郑和考虑了一会儿，明快地下令：“今晚我们慰劳大家，把船队分为四队，包围整个阿丹国，三队开怀畅饮，唱歌跳舞，一队则小心警卫。”

由于阿丹国幅员不大，整个晚上被郑和的联欢晚会，吵得震耳欲聋，无法休息。阿丹国国王眼见郑和军容壮大，声势显赫，唱唱歌，跳跳舞就有如此威力，自然而然打消了劫宝的念头，这也是郑和聪明之处。

离开了阿丹国，郑和到了忽鲁谟（mó）斯（今天伊朗的班达亚巴斯）。这儿的人与阿拉伯人又不一样，比较白净，也比较斯文，这儿的女子不用布缠身体，但是耳朵、臂上、腕上、脚上，都挂满了珠宝，走起路来，叮叮当当十分有趣。

阿拉伯人，十二世纪阿拉伯作家哈里里作品《马卡马特》书中插图。

郑和一行还看了一场羊玩把戏，有六个人，各拿一根木杆，第一根有一丈长，第二根有二丈长……第六个人拿的第六根，有六丈长。

音乐响起，这六个人，拿着六根杆子，边唱边跳，一会儿紧锣密鼓。来了一只白羊，白羊一跃而上，跳到第六根杆子的顶端，用两只后脚踏着杆子顶，“咻”的一下跳到第五根杆子……这么一级一级地跳下来，姿态曼妙，动作利落，众人都拍手叫好。

忽鲁谟斯国王亲自迎接郑和，他的坐骑后面，跟着二百卫队，骑在两百匹骏马上面。军容壮观，态度谦和大方。郑和笑嘻嘻道：“仿佛来到了君子国。”

忽鲁谟斯国王递上降表，又送上礼单，计有：“狮子一对、麒麟一对、草上飞一对、名马十匹……大珍珠五十颗、珊瑚树十棵。”

郑和接过礼单，客气地说：“诚意可感，只是礼物太贵重了。”

国王诚恳道：“不成敬意。”

当然，郑和回赠的，永远比收到的礼物更多。

郑和此去，带了不少回教徒，他们正好乘机赴麦加朝圣，有一些干脆留在红海，一待就是十八年，直到郑和第七次下西洋时才把他们带回来，还有一些，就留在当地娶妻生子。

阿拉伯人会学中医把脉，也有用阿拉伯文写成中医书。英国人兰夫著有《世界医学史》，指出不少医药直接由中国传入阿拉伯。这一切，都要感谢郑和的壮举。

郑和远征非洲大陆

郑和的舰队，曾经远征东非，并且留驻长达三年。如此的壮举，却是一般国人所陌生的，实在是一件可惜的事。

葡萄牙人迪亚士在 1486 年前往印度探险，遇到风暴，偶然发现了好望角。意大利人哥伦布，由于得到马可·波罗从中国带回的指南针，抵达美洲，“发现”新大陆。

这两件航海大事，都在郑和之后，所以外国著名史家如伯希和、弗朗索瓦·德勃雷都对郑和有极高的评价，日本学者山本达郎、北村松之助等研究郑和的著作亦多。反倒是从前的中国史学界对郑和的兴趣不大。中国人一向不赞成冒险行为，所以，郑和也不是中国父母鼓励小孩模仿的榜样。

郑和到东非，航程经过木骨都束等五个国家，包括了今天的索马里东岸、巴拉韦，以及莫桑比克沿海、肯尼亚一带。

这是一片黑暗大陆，不但人种是黝黑的，而且根据费信的记载：“山连地广，黄赤土石，不生草木，田瘠少收。”又说：“村店寥落，地僻西方，山荒多广，而多无霖。”

所谓无霖，就是不下雨。在木骨都束，地广人稀，经常几年不下雨，当然，偶尔一年下雨，他们又不晓得如何贮存雨水。

因此，木骨都束人最宝贝的东西，就是用羊皮制成的水袋，水袋中的水，可是救命用的。

因为过于干热，不但人受不了，连鲸鱼都会烤干在沙滩上，所以，当地出产一种著名的龙涎香。所谓龙涎香，就是抹香鲸的胆，其香无与伦比，可用来作为香料。

郑和到达之后头一件事，就是掘井，一部分的水，供船上使用，一部分的水，则供当地人使用。一开始，郑和就伸出了友谊之手。

接着，郑和在船上，大规模地宴请木骨都束国王大臣，并且在席间，赐给国王许多珍奇宝物，国王一点也不客气，照单全收。

收完了礼物，国王透过舌人对郑和说："我今天接受贵国的招待，十分开心，明天该轮到我来做东请客。"

"好啊。"郑和一口答应，"我一定来。"

"但是，"国王停了一会儿，继续说，"我们国家没有请客用的器皿、桌椅，也没有漂亮的屏风。"

"那也没有关系。"郑和接口。

"不！"国王摇摇头，"我请你们出席宴会，你们把这些个东西全部送给我。"

郑和左右的人面面相觑，都怀疑自己耳朵出了毛病，这个黑国王也未免太贪心了，借用借用也就是了，一开口就要，脸皮可真是厚。

郑和倒也大方，他不但满口答应，并且说："不如这些盘碗、桌巾一并送给你。"

国王笑眯眯地说："那样最好，还有你的厨师要来帮我做好吃的菜。"

国王告辞之后，众人议论纷纷："明天是宴无好宴，看这个国王贪婪的嘴脸，小心明天别成了鸿门宴。"

"不会的，你们大可以放心。"郑和一拍胸脯道，"就算是鸿门宴，我等还是得去，不去更危险。何况这一路之上，我们什么危险没碰过。"

第二天，郑和从容赴宴，从桌椅到盘碟，一切都自宝船上搬来，天下还有这种霸王请客的方式。国王起先确实是见钱眼开，颇想打劫，不过，昨日见到了郑和的威仪及大度，早已打消了这个不自量力的念头。双方吃吃喝喝，相处十分融洽。

郑和与木骨都束国王建立了交情之后，又开始教导土人种稻子，稻子收成以后，又好人做到底，教大家如何把谷放在石臼之中捣去谷皮。

据说，郑和还教了他们一种别开生面的食米方法，就是把米用树叶包起来，像包粽子一般，淋一些椰子油，用火烤熟，风味绝佳。

此外，郑和还教非洲人晒盐，例如卜剌哇国傍海而居，应该是取盐最方便之地，他们却不懂得晒盐，只晓得用树枝浸入盐池之中，不久，把树枝捞起来，一会儿工夫，树枝上有白色的盐粒，作为调味之用。

郑和同时教导当地人民，如何利用树藤缀结成桥，连接两个山头，可以节省不少时间与精力。这种藤桥迄今仍留有遗迹。

十三、十四世纪非洲人所建的雄伟石制建筑，佚名绘。

郑和为什么有兴趣赴非洲，且接连去两次呢？可能是因为非洲有象牙、鹿茸、虎骨、豹皮，这些在中国得之不易，又是最为名贵的献给皇帝的厚礼。

明朝时代，还没有所谓“保护野生动物”的观念。因此，非洲黑人见郑和猎杀大量的野兽，既可以除害，又能大啖（dàn）兽肉，欢迎惟恐来不及。

非洲人不论男女，都是一头卷发，因为很少有机会洗头发，卷卷的头发之中容易生虱，常常互相理毛捉虱子。他们喜欢用银子铸成环，一圈又一圈地套在颈子上，把颈子愈拉愈长，他们认为这是美观。不同的文化，必然会产生不同的审美标准。

非洲国家在受惠之余，酋长们也“感慕恩赐，效礼进贡方物”，如“千里骆驼”“花福鹿”“狮子”“麒麟”“天马”“犀象”等。例如现在非洲桑给巴尔博物馆，存有清嘉庆年间中国瓷器多件，原是清朝皇帝赐给巴土王西乙隆的。中非关系的促进，郑和的确功不可没，也开了中国对非洲地区农耕示范的先河，代表了中国人的王道精神。

根据非洲华侨指出，东非某一个国家的国旗就是郑和所戴帽子的模样，也许是巧合，也许正是当地人纪念郑和。可惜郑和未带史官随行，也可惜当时非洲落后，缺乏可靠的资料记载。

以航海节纪念郑和

近代海运国家为了提倡海国思想，发展航运，每每选择其历史上某一伟大的航海成就纪念日，作为自己国家的航海节。

美国的航海节在五月二十二日。因为一八一九年，美国有一艘“萨凡那”帆船，自纽约出发，经英国，到达今天俄罗斯的圣彼得堡。

日本的航海节在每一年的七月二十日。起因是明治天皇在一八七六年七月二十日，由北海道函馆搭乘轮船做第一次的航海。

中国则以七月十一日为航海节。因为明成祖永乐三年（1405 年）七月十一日，郑和第一次率领六十二艘大船，率领二万七千八百多位航海专家，由刘家港浩浩荡荡出发。

郑和航行的点点滴滴，我们在前面已经叙述得很详尽，也深受读者们喜爱。郑和济弱扶倾的表现，彰显了中国人的王道精神，因此也产生了种种不同的附会。

例如今天台湾出口的嫩姜，称为“三保姜”，传说是郑和在台湾种植的。但是，经过考证，郑和并没有到过台湾，当然，也不可能在台湾种植嫩姜。

另有一说，则是郑和最早发现今日的澳大利亚。清光绪五年（1879 年），澳大利亚学者在达尔文港郊外一棵老榕树的下面，挖出一个中国寿星石像。英国学者费吉罗认为，这是郑和上岸修船之时，把石像留了下来。

还有一种说法，郑和率领部下赴苏门答腊之时，曾经遇到海上大风暴，有一部分士兵曾经飘流到澳大利亚西部，比荷兰人简松在公元 1606 年“发现”澳大利亚要早两百年。

郑和部下修好了船，环航澳大利亚一周，并且印了一幅澳大利亚地图在瓷砖上，献给明朝皇帝，可惜明朝皇帝对这件事没多大兴趣。

郑和七次航行，远达印度、阿拉伯、东非沿海地区，若抱的是侵略政策，那么到处都是殖民地，在西方人未来之前，老早捷足先登了。但是，中国人没这个野心，也看不上这些化外之地。无论如何，郑和把国家的政治势力，拓展到了南洋，使旧港与满剌加成为藩属，满剌加且成为海上基地。

永乐时期，北自中南半岛至马来半岛、南洋群岛，西达印度洋上诸海港，直抵忽鲁谟斯与木骨都束都遣使朝贡，尤其以占城、暹罗、爪哇、苏门答腊的贡使来往更为频繁，也使得明朝初年，国家声威可以媲（pì）美汉武帝、元世祖时期，真是威风凛凛，不可一世。

在经济与文化方面，郑和得到许多海外的特产珍宝，促进了海上的通商事业，并且间接地加强了华侨在海外贸易的发展。

郑和除了带给当地许多贡献之外，也带回许多有趣的东西，譬如，在食的方面，南洋一带今天是世界的米仓，当初可是郑和教导他们耕种的，由于气候适宜，收成极佳。在江南一带，有一种尖尖长长细细小小的米，当地人称之为“洋暹米”，米粒虽小，香味特佳，就是郑和输入的品种。

其他如番茄、糖霜、胡椒都是郑和大量带回中国的洋食物。

郑和还带来了“西洋布”，“每匹阔四尺五寸，长二丈五尺”，根据方豪教授的统计，当时进口的布类有五十一种之多。

在住的方面，永乐年间南京静海寺用作基石的沉香木，就是郑和用宝船载运回国的。郑和也带回大量的紫檀木，就是红木。

再论“行”，永乐年间，郑和带回的“天马”不计其数，“天方国马高八尺，谓之天马”。好一个天马行空。

由于郑和到的地方多，走得远，他带回的珍禽异兽也不少，例如忽鲁谟斯国的狮子、金钱豹，阿丹国的麒麟，木骨都束国的花鹿、狮子，卜剌哇国的千里骆驼与鸵鸡，爪哇国的糜黑羔兽，几乎把整个动物园搬入了中国。

除了动物，还有植物，郑和对树木花卉的移植颇有一套。南京城里弘济寺外的两棵娑罗树，就是郑和带回来的。在郑和墓地旁边、永宁寺外的名花异草，也是郑和自己带回来的。

郑和甚且带回了工匠。明朝人张自烈在《正字通》中说：“自从明朝三保太监自西洋带来玻璃工人，中国玻璃顿贱。”

郑和下西洋，贡献极大，但是，在当时明朝士大夫眼中，认为下西洋耗费了太多人力物力，成为国家财政上的重大负担，实在无此必要。

成祖驾崩，仁宗即位，立刻有人反对：“三保太监下西洋，动辄耗费钱粮数千万，军民死以万计，纵得奇宝而归，于国家何益？此一国家弊政，大臣所当切谏者也。”

江苏太仓郑和公园航海节上的宝船，郑和公园摄。

大臣们竟把郑和下西洋，视为一种弊政，因此，仁宗即位，立刻下诏：“下西洋诸番国宝船完全停止，如已在福建、太仓安泊者，俱回南京。”

不料，郑和停止下番，各国的贡使也就为之中辍。为了维持国家的威信，宣宗不得不大修宝船（仁宗在位不到一年即去世，宣宗即位），大规模地发动了郑和第七次下西洋，但也成为最后一次。

美日两国的航海节，所纪念的航海事迹，与郑和相比，简直不堪相提并论。可是他们后来居上，在航运、国力上都超出中国，原因之一，即在于他们具有冒险进取的观念。

也许中国人历来不主张冒险，也许因为郑和是太监，总而言之，郑和下西洋，如此轰轰烈烈的大事，不但在从前的中国史学界没有得到史家的重视，一般国人，也没有太大的感觉，实在是一件相当遗憾的事。

中国历史故事

珍藏版

吴姐姐◎著

⑫

明

1368—1644年

江西教育出版社
JIANGXI EDUCATION PUBLISHING HOUSE
·南昌·

宗喀巴（1357—1419年），西藏自治区阿里札达县托林寺壁画。本名罗桑扎巴，青海省湟中一带人，藏语称湟中一带为“宗喀”，故被尊称为“宗喀巴”，意为宗喀地方的人。宗喀巴自小出家，一边自修经文，一边向高僧求教，很快精通藏文和喇嘛教经文；十六岁入藏，眼见当时的藏传佛教堕落不振，他加倍努力研究密宗，终建立起一套完密的佛教理论，以此为基础，建立藏传佛教格鲁派。格鲁派律法森严，弟子习大乘教义，戴黄帽，俗称“黄教”。格鲁派风行西藏，成为第一大教。宗喀巴有两大弟子，一为达赖，一为班禅，二人不结婚，世世化身转世，代代相传，直至今天。

——见《宗喀巴创立黄教》

杨荣（1371—1440 年），选自《历代名臣像解》。字勉仁，福建建安（今建瓯）人。与杨士奇、杨溥均为英宗时大学士，为朝廷重臣，并称“三杨”。家处福建，时人称“东杨”。建文二年（1400 年）进士及第，性警敏通达，任翰林编修，在文渊阁治事三十八年，谋而能断，成祖五次出塞，杨荣均随左右，筹谋计划，甚得其宜。英宗时，受王振攻击，解职回乡，逝于归途，追赠为太师，谥文敏。

——见《杨荣处事镇静》

明仁宗朱高炽（1378—1425 年），选自《乾隆年制历代帝王像真迹》。明成祖朱棣长子，体肥胖，性善良沉静，有才学。时成祖次子朱高煦勇猛矫捷，成祖入主南京，多赖其力，成祖因此曾属意于朱高煦，赖解缙一力争取，朱高炽才被立为太子；之后朱高煦多有挑拨，赖杨士奇居中调停，朱高炽终于在成祖死后，即天子位。即位后，重用杨士奇等贞干之士，努力纳谏，休养民众，但在位仅十个月，即重病而死。后代史家多有惋惜，认为以仁宗政绩，若天假以年，当能再造文景之治。

——见《明宣宗即位》

成名，佚名绘。《促织》是《聊斋志异》中的一篇，主人公成名为乡间士子，明宣宗喜斗蟋蟀，县令责成乡里进贡，任务分派到成名头上。成名终日寻找，未有所获，上头刑讯催逼，幸得巫女指示，找到一善斗的蟋蟀，不料儿子小毛因好奇偷看，误将蟋蟀压死。小毛惧成名责骂，投井而死。成名归来，悲痛莫名，天幸儿子死而复生，但神情痴呆。与此同时，成名意外得到另一只极善斗的蟋蟀，赖这只蟋蟀，他跻身富豪。小毛一年后恢复正常，自言曾化身一只善斗的蟋蟀。图为成名在找寻蟋蟀。明宣宗除爱斗蟋蟀外，可称明君，在位时国家安定，民间富庶，治下被称为“仁宣之治”。

——见《成名捉蟋蟀》

朱祁镇（1427—1464 年），即明英宗，明代第六位皇帝。英宗九岁即位，初年，上听命于太皇太后，下依赖三杨等一干重臣，国家安定，之后宠幸王振，国事日非。正统十四年（1449 年），受王振蛊惑，亲征瓦剌，在土木堡兵败被俘，一年后归国，为太上皇，居南内。景泰八年（1457 年）经“夺门之变”，复辟成功，杀于谦等干臣，重用石亨等小人，政治逐渐衰败。英宗一生未能亲贤臣远小人，临死之际却良心大发，废去以宫人殉葬的制度，挽救了众多年轻宫人，诚一大善政。

——见《明英宗被掳》

于谦（1398—1457 年），选自《历代名臣像解》。字廷益，浙江钱塘人，成祖时进士，宣宗时任河南、山西巡抚，治政轻简，不扰民众，赈灾治河，极有政绩。土木堡之变后，于谦力排朝廷南迁之议，力主立郕王朱祁钰为帝，又亲率北京军民，力抗瓦剌，迫使也先退回塞外、与明廷议和。于谦文武兼资，处事公道，为小人所嫉。英宗复辟后，在宵小怂恿之下，以“谋逆”罪处于谦死刑。后世哀于谦忠君爱国，却遭冤死，将于谦葬于杭州西湖，与岳飞坟墓毗邻，并称“双少保”，为万世景仰的英雄。

——见《于谦的善政》

目　录

纪纲乱纲纪

明成祖派遣郑和出使海外，郑和果然不辱使命，宣扬国威，把明成祖的声望推到了极致。但是，郑和最重要的任务——寻访明惠帝的下落，却始终没有达成，这是明成祖终其一生，耿耿于怀、寝食难安的一件憾事。

再说，自中国人传统的观点来看，明成祖篡（cuàn）了亲侄儿的皇位，可谓大逆不道的罪行。因此，他做贼心虚，一方面大规模逮捕诛杀效忠惠帝的臣民，一方面禁止诽谤，就是不准任何人议论朝廷，宁可错杀无辜（gū），不可放过一人。

在这样的情况之下，一些个狡诈之徒就有了出头与表现的机会。其中纪纲就是一个最典型的例子。

纪纲原是学校的生员（学生），因为素行不端，违反校规，被学校给开除了。

当成祖还是燕王，发动靖难的时候，兵过临邑县，纪纲叩马求见，讲了一大堆甜言蜜语，不外是“愿为大王效犬马之劳”之类的肉麻话。

燕王见纪纲能骑能射，会吹会拍，讲起话来，嘴巴怎么也关不住，一双眼睛不断乱眨，显然心术不正；再看纪纲脸上肉少骨多，瘦刮刮的，正如同俗话所说“脸上没有四两肉”，一副刻薄寡恩面貌。燕王心想，这种人用得着。于是，就把纪纲留在身边。

等到燕王当了皇帝，立刻拔擢（zhuó）纪纲为锦衣卫指挥使。纪纲大乐，野心更炽，他努力察言观色，希望能够揣摩上意，更上一层楼，官位节节上升。

纪纲发现，都御史陈瑛是个凶狠的角色，陈瑛逮捕倾向惠帝的臣民数十家族，一杀就是好几万人，其中，当然有不少是被无辜牵累的。但是，成祖不但不责备陈瑛，反而颇为奖励，由此可见，陈瑛是抓住了成祖的心意的。

凭纪纲官拜锦衣卫的指挥使，想要以恐怖镇压异己，岂不是易如反掌？因此，纪纲广布密探，暗查臣民，不管有无证据，反正先捉来再说。人逮捕得愈多，愈能表现纪纲的破案率高，也愈发显现纪纲的忠心耿耿。

果然，成祖对纪纲的作为十分欣赏，把他当成心腹，并且擢拔为都指挥佥（qiān）事，仍掌锦衣卫。

明代官员，出自《徐显卿宦迹图》，明人绘。

纪纲大权在握，不晓得陷害多少忠良，也难以估计私下收了多少红包，他甚且连死刑犯也不放过。

譬如成祖不满意的内侍或武臣，成祖把这些人交给纪纲论死。纪纲有他的一套做法，以李三为例子，纪纲一定扮作好人模样，亲自把李三送回家，让李三沐浴干净，吃一顿最后的晚餐，见家人最后一面。那个场面是相当相当的凄凉。

李家大小，把纪纲当成了活菩萨，前面一个白发皤（pó）皤的李老太太，后面一个李太太，手里还牵着一个五岁左右的小男孩，后面又跟着两个大一点的孩子，五个人一起跪下来，哀声乞求："请纪大人做做好事，救李三一条命。"

纪纲总是正一正脸，大义凛然道："李三当然是冤枉的，你们不说，我也清楚。否则，我何必亲自带李三回来，让你们见最后一面。"

一听到"最后一面"四个字，李家大小又如黄河决堤，哭得响彻屋瓦，再次跪倒在地，央求大人帮忙。

纪纲这才慢条斯理道："我如果有机会见到皇上，会向他说说看，不过，也没把握。还有，里面有开销，你们总知道。"

李老太太立刻拿出揣在怀里的金子，诚惶诚恐送上去，老泪纵横道："一切拜托。"

纪纲把李三带回牢里，照他估算，李家不算有钱，李老太太恐怕把家产都拿出来了，但是，儿子的命比什么都重要，在李家身上，应该还可以剥一层皮。

于是，隔了一阵子，纪纲又大摇大摆地来到李家。一进门，就大摇其头："麻烦得很。"

李三的小舅子，也就是李太太的弟弟忍不住发牢骚："唉，现在真是欲哭无泪哦。"

纪纲立刻变了脸，气愤难耐："这可奇怪了，我又不是你家的家奴，凭什么替李三奔走？费心费力跑了半天腿，落得这么一句话，你们把我当成什么人？真正是岂有此理。"说着，袖子一甩，背过身子。

李家人可慌了，纪纲是锦衣卫的头号人物，得罪了他还了得吗？一家人赶紧赔小心，责骂小舅子，端茶送水，折腾了好一阵子，纪纲才"大人不计小人过"，勉勉强强又坐下来。

李老太太忍住泪水，抽抽搭搭地说：“实在是没有钱了。但是，我可以把房子卖掉，向亲戚再凑一些，总不能见死不救，还是要请纪大人说说情，谁都知道您是皇上身边的红人啊。”

于是，李家卖掉了祖产房子，东挪西凑又弄了点钱，连李太太剩下的首饰也全给变卖了，一块儿孝敬纪纲。

纪纲盘算盘算，李家看来也只有这么点儿能耐，再榨也榨不出油水来了。这也表示李三的大限已到，纪纲挑了一个日子，李三被送入了刑场。

纪纲这种缺德的事做多了，大家都知道，他非但不是活菩萨，根本是阎王爷。但是，当纪纲带着死刑犯，假惺惺出现在门口时，一家人还必须把他当恩人一般接待，否则除了家破人亡之外，还得担心人死之后，锦衣卫再来找其他的麻烦。

纪纲乱纲纪，在专制制度之下，一般百姓又能如何？

周新有侦探头脑

纪纲当道之时，陷害忠良无数，其中尤以诬害周新一事，最为当时人所扼腕叹息。周新的故事，值得一提。

周新是南海人，学问极好，心思细密，很有逻辑头脑。他原本名志新，字日新。成祖很欣赏周新的反应敏捷，每次“新”来“新”去地喊他，后来，周志新干脆顺着皇帝的叫法，改名为周新。

周新原是洪武年间生员，成绩优异，担任过大理寺评事，他很会审案子，又快又好，绝不拖泥带水。当时人说，看周新问案，是件痛快事。

明成祖即位后，周新改任监察御史，敢说敢言，看到不对的事，立刻弹劾（hé），不畏权贵。这种作风，在官场是罕见的，因此贵戚们给他取了一个外号——“冷面寒铁”。

“冷面寒铁”的名声愈传愈远，到了后来，京师一带无知妇女见家中小孩不乖，就会出言恐吓：“你再不听话，小心冷面寒铁来捉你。”

小朋友也不晓得冷面寒铁是什么可怕的怪物，想来一定比鬼还恐怖，也就乖乖听话了。这真是极坏的家庭教育，事实上，明理的周新是不会胡乱抓人的。

之后，周新被派往浙江，当地蒙冤的人听说之后，无不叩首谢天：“终于有洗清冤屈的机会了。”

周新一上任就小露了一手。

官员断案，选自《聊斋志异图咏》。

他初抵浙江，发现一大群黑蚋（ruì）绕着马头转，这种色黑、头小、翅阔、触角短的红眼虫子，最喜欢吸食人畜的血液，尤其是死尸旁边，常常绕着一群蚋。

周新是个极为敏感又仔细的判案老手，他立刻吩咐："查查看，附近有没有死尸。"

前来迎接的地方官，个个面面相觑（qù），有人说："虫子总是有的，不必初来乍到，就故意说不吉利的笑话嘛。"

周新脸色一正："我不是说笑话，你们赶紧分头去找。"

果然，没多久，在树林里找到一具死尸，绑在树上，看来已断气多日，难怪惹来一群黑蚋。

周新命人解下僵硬的尸体，从死者身上搜出一个小木印，他端详一会儿道："死者是布商，这个印是盖在布上的。你们到城里的布店一家一家找，发现有相同布印的，赶紧回来通报，不准声张，不准惊动店家。"

地方差役不敢怠慢，立刻扮成顾客，一家一家布店寻找。果然，在一家新开张不久的布店之中，搜出一大批盖有相同布印的布料。

周新带了人马，包围布店，居然搜出一窝强盗。新官上任，小露一手，简直轰动了整个浙江。

周新的灵敏，远远超过一般人，有些故事，听来不无神奇！

有一回，周新到乡下地方视察。忽然之间，起了一阵强风，吹来一片落叶，周新蹲下身来，捡起树叶，在手中赏玩。

看着，玩着，周新忽然对旁边的随从说：“你们发现没有，这片树叶好奇特，叶片较小，且带红色，与附近的树叶都不一样。”

左右想开口：“那又如何，管他树叶怎样，我们又不是来考察植物的。”可是，碍于周新官大，只好也从树上摘了一片互相参照：“果然不一样。”

“你们快去找找看，哪儿有这种叶片。”

周新下了令，差役傻了眼，到处都是树海，这要到哪儿找？

但是，“冷面寒铁”一脸酷相，谁也不敢说个不字，只好海底捞针，一棵树一棵树寻寻觅觅。

差役拿了树叶，到处找，到处问。过了十来天，有天遇到一位心细的中年妇人，她一看便说：“我前些日子去深山庙里进香，见到庙外全是这种漂亮的叶子，美极了。”

周新得到情报，飞快带人马上山，在庙里搜寻半天，毫无所获。他不死心，再到庙外展开地毯式的搜索，居然发现一具女尸，正直挺挺躺在树下，那树叶与飘落在周新手中的叶子，一模一样。原来是花和尚杀了女香客。

周新的明察秋毫让人钦佩不已，也有人因此上门求救。

有一回，来了一个大腹便便、童山濯（zhuó）濯的商人，他愁眉苦脸地来求见周新：“大人，你相信有鬼吗？昨天晚上，我店里打烊（yàng）得晚了，恐怕路上遇到坏人，所以把这个月赚来的银子藏在祠堂里的石头下，那个地方，很少人经过，我也很放心。不料，今天一大早去取时，银子竟然不翼而飞。”

周新笑答：“天下没有鬼，你不用疑神疑鬼，你把银子藏在石头下，有没有告诉什么人？”

富商脱口而出："我哪有这么笨，怎会告诉人家？我只有在睡觉时，跟我太太说了，她还夸我聪明。"

周新判断，问题就出在他漂亮的妻子上面，于是，派人日夜跟踪，果然逮到富商妻子与她的相好李四，她也供（gòng）认不讳（huì）："当天晚上，我丈夫提早回来了，李四躲避不及，藏在柜子后面。李四听说石头下有银子，他又正缺钱，趁夜就去取了，原以为神不知鬼不觉……"说到这儿，她不禁掩面痛哭。

周新的"冷面寒铁"作风，不会对任何人例外，包括权倾一时的纪纲。

纪纲派了一个姓张的千户（千户是衙门中的官名），到浙江来办案子。千户与纪纲手下其他人一般，都作威作福，到处伸手拿红包。

周新可不管他的来头有多大，既然犯了法，就该依法论处。千户赶紧脚底抹油，三十六计走为上策。

没多久，周新赴京，冤家路窄，竟然在半途涿（zhuō）州碰到了千户，周新就把千户逮捕，关在涿州的牢狱之中。

这个千户还真能干，居然又溜了。这一回，千户直奔纪纲处告状。

纪纲心想，打狗还要看主人面。周新啊周新，你也未免太不把我纪某人放在眼里了。于是，随便编造了一个案子，上奏皇帝。

明成祖和他的父亲明太祖一样，很容易被激怒，立即下令逮捕周新。

周新落到锦衣卫手中，可是好好被修理了一番，当他被押解到京里时，已是遍体鳞伤，惨不忍睹。

周新自问对得起国家，对得起皇帝，他不明白为什么会有如此的下场。因此，到了皇宫，他跪在台阶之前声嘶力竭喊道："陛下下诏按察司行事，与都察院相同。臣奉皇上诏命擒奸锄恶，臣不明白，臣到底犯了什么罪？"

成祖不能忍耐有人顶撞，认为是对他权威的挑战，下令立刻行刑。临终之前，周新大呼大喊："生为正直臣，死当作正直鬼！"

周新死了以后，成祖开始后悔了，他问身旁侍臣："周新是哪里人？"

"南海。"

“想不到南海有这等人，朕是冤枉了他。”成祖言下不无懊恼。

又过了几天，成祖竟然看到周新，穿着红衣，直直地站在自己面前，依然是冷面寒铁的表情道：“臣周新已为神，为陛下治奸贪吏。”

成祖再定一定神，发现是自己的幻觉。怪只怪皇帝的权力无限，毫无转圜（huán）的余地，所以，成祖要周新死，周新不得不死。奈何成祖希望周新再活过来，却是不可能的事了。

这就是专制政权。

纪纲诬陷富豪

前面，我们说到纪纲负责锦衣卫，却大大破坏纲纪，老百姓不堪其扰，纪纲却胆子愈来愈大。

他为了试试自己的能耐，竟然数度颁（bān）下伪诏，向盐场勒索四百余万，盐场明知其中有蹊跷（qī qiao），也只好自认倒霉。纪纲食髓知味，又先后以皇帝的名义，骗了二十艘官船、四百辆牛车，好不过瘾。

纪纲曾经勒索死刑犯的家人，害得丧家不但失去家人，并且家产耗尽，可是，死刑犯的家人通常也都是苦哈哈的，费了半天劲，油水有限。纪纲转念一想，把矛头对向全国富豪之家，挨个儿剥皮。

纪纲的方法倒也简单，通常是“某某招供，已经供出了杨大”。于是，一群差役拥入了杨宅，不由分说把杨大绑了走。事实上，杨大一听说锦衣卫派人来了，上半身就这么一软，瘫了过去。

从此以后，杨家日夜不得安宁，差役三天两头跑来找麻烦，每次来，先是责备，后是恐吓，需索的花样层出不穷，倘若索取不遂（suì），立刻开始威胁。

杨家既是有钱人，当然，立刻会包了金子，主动来请纪纲帮忙，纪纲总是故作好人状：“我想想办法。”没多久，杨家已经在卖田了。

不说别的，杨家每天得花二十两银子，才能送得进牢饭，却还不知是否能送到杨大手中。古代狱政之黑暗，真是和地狱差不多。

杨家由富户跌入破落户，最后，杨大还是死了，纪纲继续找寻下一个目标。

如此这般，纪纲一连陷害了上百个富豪，也累积了极为可观的财富。再下一步，纪纲居然想当皇帝。

人们最羡慕皇帝大权在握，好不威风，纪纲自晋王、吴王那儿弄来了王冠王服，自己在家里穿戴打扮起来，仿佛已是九五之尊的皇帝。

纪纲命令歌舞小童奏乐奉觞（shāng），自己就像平常的明成祖一般，板着脸高踞堂上，底下的人一遍又一遍高呼："皇帝爷，万岁，万岁！"纪纲觉得五脏六腑，每个毛孔，都有说不出的舒服。"假如这是真的，该有多好。"纪纲想着痴迷了，也仿佛认为自己与皇帝一般，一切都该听他的。

没过多久，纪纲相中了一位女道士，成熟妩媚，他正准备把女道士给买下来当小妾。岂料都督薛禄也看上了这位绝色佳人，竟然抢先一步捷足先登。

纪纲气坏了，懊恼万分。有一天，在宫里遇到薛禄，他抡起拳头，对准薛禄的脑袋狠狠一捶，薛禄护疼，蹲下身子，纪纲又用脚踢了薛禄的脑袋："竟然敢跟我抢！"

纪纲本来力气大，出手又重，薛禄头给敲破了，差点儿命也没了，碍于纪纲位高权重，气也没敢哼，家人忙着请名医诊治。

纪纲自从动了想当皇帝的念头，白天想，夜里想，朝朝暮暮都在想。既然一下子当不成皇帝，不如先过个干瘾。

他找了数百良家子弟，把他们给阉了当宦官。于是，纪纲与皇帝一般，随时有一批宦官长随左右。

接下来不久，成祖下诏选妃嫔，这些个从全国千挑万选出的佳丽们，一字排开，每人由两名宫女照料掠鬓整发，补脂添粉，个个都是豆蔻年华的小美女，娇憨之中，不脱稚气，的确惹人怜爱。

成祖抄着手，笑嘻嘻地选了几名绝色，吩咐下去："等她们长大一点吧。"

成祖相中的，恰好也是纪纲暗暗喜欢的，尤其是一位姓李的江南佳丽，有一双吊梢凤眼，清秀小脸红粉粉的，细腻动人。既然皇帝还要等她长大，纪纲就大胆地先享用了，旁边的人啧啧称奇，却也没有谁敢检举。

明朝著名首富沈万三，我们曾经在前面介绍过，洪武年间被籍没（所谓籍没，指的是登记其财物并没收）。虽然被籍没，沈家毕竟家财万贯，私下还偷偷藏了不少。沈万三的后人沈文度是个聪明人，他眼见纪纲逐一宰割富户之家，想来想去难逃一劫，于是，沈文度带了几色厚礼，登门拜访纪纲。纪纲逐一检视他带来的东西：黄金、龙角、龙纹被……全是难得一见的宝贝，心中暗喜，故意问道："你这是做什么？"

沈文度机警地一下拜倒，诚惶诚恐道："愿拜在大人门下。"就是要纪纲收他为学生。

中国古代，师生关系是很亲近的。纪纲见沈文度尖嘴猴腮，油头滑脑，心想收了这个学生也不错。于是，沈文度正式拜在纪纲门下。

当然，沈文度自此以后，隔三岔五就要带着新鲜玩意来孝敬老师。长久下来，这对沈家来说也是一笔沉重的开销。

不过，沈文度也有沈文度的算盘，他打着纪纲的名号，学他老师的模样，到处敲诈勒索，人人知道他后台硬，也不敢得罪，一出一进，沈家反而比以前更有钱有势。

有一回，师生见面，沈文度照例又献上一批宝货，纪纲好东西见多了，兴趣大减，提不起劲道："最近好没意思，无聊极了。"

"是。"沈文度答了一声。

"你怎么不说话，莫非不懂我的意思。"

"学生懂！"沈文度慢吞吞地回答，脑中飞快地思考，"对了，听说吴中女子，有不少明眸皓齿、雪肤花貌，而且擅长歌舞的，若能寻觅一些，必能解闷。"

"那还不赶快办？"纪纲不耐烦道。

纪纲既贪财又好色，多少人气得背地里骂，却又没可奈何。

锦衣卫荼毒天下

纪纲利用锦衣卫头头的身份，坏事做尽，残害忠良。可是，明成祖始终对纪纲宠信有加，使得纪纲野心愈来愈大，想要除掉明成祖，干脆自己当皇帝。

纪纲想到了古代“指鹿为马”的故事，他很好奇，若是有一天，他指着一头鹿，硬说鹿是马，大臣会怎么说？若是朝臣也都附议，那就表示，大家不反对他来当皇帝。

机会来了，端午节快要到了，成祖照例要举行射柳比赛。

射柳是源自鲜卑的一种尚武活动，鲜卑族在每年秋天举行祭祀活动之前，要先植柳。活动时，众人骑着骏马，环绕柳树三圈，用箭射柳。这一习俗，后来又成为辽、金的一种仪式。

辽的“瑟瑟仪”，其实是一种祭天求雨的礼仪。若是久旱不雨，辽朝廷就在郊外建筑一座“百柱天棚”。仪式开始，皇帝先祭奠先王，然后，首先由皇帝张弓射箭，再交给亲王、宰相，依官位顺序射柳。辽人认为，射完柳，老天应该就会下雨了。

金的射柳更为有趣热烈，他们先挑选直挺秀美的柳树，用绑头发的头巾系在柳树上当记号，并且把柳树树干削了皮，露出青白色。

接着，鼓声隆隆，好戏开锣，谁要能张弓搭箭，射柳成功，又骑着快马，刚好伸手接住折断的柳树，就是一等一的好手，成为人们眼中的英雄。

若是谁射中柳树，却没本事刚巧接着，算是差一点。谁要是射柳都射不中，只好惭愧地低下头，不敢抬起眼睛见人。

到了明朝，射柳又有了新花样，成为消遣娱乐的一种方式。每逢清明、端午常有射柳活动，称为“剪柳”。

先将鸽子装在葫芦里，悬挂在柳树上面，凡是射中柳树上的葫芦，鸽子便拍翅而出，要是射得准，鸽子自然就飞出来得多，也带来欢乐的气息。

纪纲原是神射手，向来是射柳比赛中的风头人物。但是，他在比赛之前对部下庞瑛说：“待会儿，我故意射不中，你呢就用力地一棵一棵摇柳树，咱们公然作弊，看看其他人是什么表情。”

庞瑛恭谨地点点头：“遵命！”

比赛开始了，先是明成祖射柳，算是“开球”。没多久，轮到纪纲，他屏气凝神，故意射偏，庞瑛就丝毫不避讳地猛摇柳树，葫芦里的鸽子“啪啪啪”一飞冲向天际。

众人始则愕然，但是，谁也不敢出面纠正，反而不约而同拍起手来，脸上若无其事。

纪纲再射一箭，又是不中，又是庞瑛作弊，竟然还有人见鸽子飞出，高声喝彩叫好，真是好个鬼。

纪纲一箭也没射中，却得了满堂彩，他真是乐坏了，回到家里，喝得醉醺醺的，对他的“宦官”们说：“没多久，你们就要正式入宫啦，看今天的情形，没有谁敢为难我。”

于是，纪纲纠集一些亡命之徒，并且积极打造武器，准备造反。不料纪府之中有人告密，明成祖岂能容得了此种事？纪纲就活活被磔（zhé，是古代分尸的酷刑）死，家属不分长幼发配边疆，列罪状颁示天下。

凭纪纲一个锦衣卫指挥使，为什么手握如此大的权力？竟然起了当皇帝的野心？

在中国历史上，只有明朝一代，设置有锦衣卫，有加以介绍的必要。

所谓锦衣卫，简而言之，就是明朝的禁卫军，本掌侍卫仪仗，后来，专门负责巡察缉捕，处理皇帝交下的诏狱，最高长官为指挥使，常由功臣外戚充任，荼毒天下。

明代的兵制，自京师以至各郡县，都设立卫所，此外，还有十二卫，其为内廷亲军，皇帝的私人卫队，直接受皇帝指挥，不隶属于都督府。

锦衣卫就是这十二卫中的一个，它最初的来源是朱元璋担任吴王时所设立的拱卫司，一方面具有侍卫之责，一方面又担负了掌管卤（lǔ）簿仪仗的任务。

这两样任务都是紧紧贴近皇帝身边的，必须要绝对地靠得住，必须是忠诚可靠的亲信，所以锦衣卫虽然与其他各卫相同，都是皇帝的私人卫队，但已进一步，是贴身的卫队了。

既然贴身卫队要切实保护皇帝，他们必须时时外出秘密调查，这些专司侦查的人被称为“缇（tí）骑”，挑选没有前科的民间壮丁担任。

这些缇骑的人数，在明太祖时不过五百左右，之后愈来愈多，在明世宗之前已达六万之多，其所造成的罪行，真是不计其数。

缇骑既然直属于皇帝，皇帝以下任何人他们都可以直接逮捕，不必经过法律手续。通常缇骑捉到人以后，并不立刻带回，而是先找一个空庙祠宇，把逮到的人毒打一番，称为“打桩”。“打桩”之后，嫌犯受不住私刑之苦，总会想办法打点打点，缇骑就靠这个，个个都发了横财。

被抓来的人，一律送入锦衣狱，一走入这狱门，十之八九别想再出去。明朝人瞿（qú）式耜（sì）记载：“锦衣狱中魂飞汤火，惨毒难言，若是能送到刑部狱，则仿佛自地狱到了天堂。”

明锦衣卫木印。

古代监狱一向恐怖，锦衣狱与刑部监狱相比，刑部狱竟成天堂，可见锦衣狱是地狱中的地狱。

锦衣卫除了执行缉访、逮捕、讯狱的任务，还负责在廷杖时行杖和法司会审的任务。

廷杖是古代帝王在朝廷上杖打犯谏或忤（wǔ）旨的大臣的肉刑，除了元朝，历朝皇帝很少廷杖，朱元璋却“发扬光大”，无论官职多大的官员，只要皇帝一不开心，就拖下去痛打一顿。打完了拖上来再打，若是打死了，抛出去便是。拿棍子打人的就是锦衣卫的校尉。

锦衣卫成立于明朝洪武十五年（1382年），一直到明亡为止，共计二百六十三年之久，可以说，与明朝一代相始终。

关于锦衣卫造成的惨剧，我们慢慢再谈。

太监之名始于明成祖

我们一般通称宦官为太监，有一部电影的片名就是《中国最后一个太监》。事实上，明成祖时代才开始有太监这个名称。

在中国历史上，一直有宦官的存在。唐朝的宦官，称为“中常侍”“中尉”之类，以“中”为名，或者是“内侍”“内给事”，以“内”为名。

明太祖洪武年间，多以“监正”“监副”一类为名。到了明成祖永乐年间，宦官一飞冲天，竟然以“太监”称之。明朝人张志淳就曾不以为然道：“天子之亲，才能以太称之，例如太子，现在中人（指宦官）竟然也称之为太，比起汉朝、唐朝、宋朝可是神气多啦。”

再说，“太监”二字，其实只是一个通名，在明朝，宦官可是有各种不同等级的，最高的一级才能称为太监。把一些称为“乌木牌”“手巾”“小火者”之类管小事的宦官，也称之为太监，其实是抬举他们了。

明朝宦官设在皇宫内的机关，主要是二十四个衙门，包括十二监、四局、八司，任务分得极细。例如“宝钞司”，可不是印钞票的，而是掌管制造粗的细的草纸的，“混堂司”则是掌管沐浴之事的。

在二十四衙门之外，也有一些有趣的宦官衙司名称，例如：甜食房，专门办理虎眼糖、窝丝糖等甜食；弹子房，专办泥弹，用来让宫内人员打着玩。

明太祖时代，为了防范宦官专权，曾经下过一道禁令——“内臣不许读书识字”，在他看来，若是文盲，可以减少不少宦官干政的机会，这种顾虑，显然与旧时所谓“女子无才便是德”相类似。

到了明成祖永乐年间，这条禁令，已经没什么人再谈论了，明成祖阴险狠毒，宦官在他身边，也不敢耍什么花样。不过，“内臣不许读书识字”这个禁令，却在无形之中被打破了。

明成祖很宠范弘、王瑾（jǐn）、阮（ruǎn）安、阮浪四个小太监。这四人都是张辅出征交趾时带回国的小男童，由于聪明伶俐，模样清秀讨喜，成祖就把他们净了身留在身旁，还找人教他们四人读书识字。几年以后，这四个秀丽的太监，竟然都通文墨，能读经史。

由于成祖有本事驾驭宦官，因此他不但恢复了太祖时代曾经取消的锦衣卫，并且设立了东厂，专门侦探臣民的秘密与私事，侦探臣民有没有反动思想和行动，成为一种恐怖的特务机关。

东厂和锦衣卫一向是并称的，虽然系统不一，但职务没有什么差别。不过，锦衣卫是侦查一切官民的；东厂除了侦查一切官民，还要侦查锦衣卫，同时，东厂的负责人一定是由宦官担任。

东厂设在北京东安门北，所以称之为东厂。从永乐十八年（1420年），一直到明朝亡国，东厂在这儿上演了一幕又一幕侦查、诬陷、屠杀的悲惨事件。

东厂是直属皇帝的情报特务机关，除皇帝本人之外，其他所有人全在侦查之列。可见得当皇帝也是很辛苦的，除了自己，他没有朋友，不敢相信任何人。

主持东厂的宦官，他的官衔是“钦差总督东厂官校办事太监”，简称“提督东厂”，单单“钦差”二字，表示直接由皇帝指挥，凌驾在一切官吏之上，就够神气威风的。何况，另有钦赐的“密封”印章，不需经过任何手续，便可直达皇帝，这种权力，是哪个衙门都比不上的。因此东厂的头头，人们尊之为“督主”或者“厂公”。

厂公下面的“番子”，又称“干事”，有一千多人，个个头戴尖帽，身着素青褦褶，系小绦，着白皮靴，全是自锦衣卫中挑选的最为“轻黠（xiá）狷巧”的厉害角色。

人们一看到这些穿白靴子的，背脊就发凉，把他们看成饥饿的老鹰。

当然，一千多个番子是不够用的，他们这群包打听，不但是某某反动这类大事要上报，何处失火、何处雷击要上报，甚且还要报告京城里米、油之类的物价。

此外，番子还得搜集一些有趣的社会新闻、奇情异事，让皇帝开开心，真是任务繁杂。

所以，番子就会养一些小番子，作为情报来源，这些个小番子，多半都是市井地痞流氓。

东厂加上锦衣卫，老百姓已经够受了，如今，再来一些小流氓准特务，那真是苦不堪言。

流氓每每选中一家，作为报仇或是骗财的对象，然后，与番子一块闯入，又打又骂又要钱，打起人来，比官刑还要痛十倍不止，称之为“干醡酒”，假如拿不到钱，甚且拿到了钱，再让番子往上报，倒霉鬼就只有死路一条了。

厂公上报告，比起一般文武百官，可是方便多了，中间不需经过层层关卡，就是三更半夜，东华门已经关了，他也可以自门缝里面塞入。

东华门的守门宦官，看到盖有“钦差总督东厂官校办事太监”篆文的关防，片刻也不敢耽搁，赶紧呈给皇上。

对明成祖而言，三更半夜都能了解外边大事，可以高枕无忧，偶尔看到报告中有发噱（xué）的新鲜事，哈哈一笑也挺乐的。至于其中造成多少冤狱，为百姓带来多少困扰，这就不是专制皇帝考虑的事了。

宁国公主的悲情恨事

明成祖设立锦衣卫，手段毒辣，但是他会用锦衣卫对付自己的妹夫——梅殷，还是颇出人意料的。

梅殷的妻子——宁国公主，原是明太祖朱元璋最疼爱的宝贝女儿。朱元璋猜疑心重，一辈子杀人无数，他只相信挚爱的马皇后。马皇后过世以后，朱元璋就只有在马皇后的女儿宁国公主身上，才能依稀见到马皇后的影子。

宁国公主与母亲马皇后一般，温柔体贴，识大体，懂分寸。她的丈夫梅殷，也是朱元璋在十六个驸马之中，最欣赏的一人。

梅殷长得一表人才，极有气度，精通经史，当时的人尊他是“儒宗”。朱元璋这个老丈人，对此女婿是愈看愈喜欢。

朱元璋晚年，因为太子早逝，太孙允炆（wén）又过于软弱，让他放心不下，经常大发脾气。可是，每次见到梅殷夫妇这对璧人，朱元璋就心情宽慰不少。

有一天晚上，翁婿饭后聊天，自用兵谋略谈到古今得失，真是非常畅快。朱元璋忽地长叹一口气，道：“我最近体力不济，再撑也撑不了多久了，诸王一个比一个难驯，偏偏允炆又是如此软弱。我走了以后，你可要好好帮助允炆，看好我朱家的天下。”说着，用手握着梅殷的手。

梅殷发现这双曾经叱咤风云的手，老了、瘦了、干了，也没有力气了，心中不免感伤，他用力地点点头："我会的，我一定会的。"

后来，朱元璋去世，惠帝命梅殷担任总兵官，镇守淮安。梅殷允文允武，书读得好，带兵也有一套，号令严明，部下对他十分敬服。

燕王发动靖难之役，想借道淮安，以进香为名，拜托梅殷准许军队过境。一向温文儒雅的梅殷，脸一板予以拒绝："进香一事，皇考（指朱元璋）早有禁令，不遵者为不孝。"不许就是不许。

燕王知道了，勃然大怒，写了一封信给梅殷，霸气地告诉梅殷："我今日起兵，清除君侧，天命有归，不是你或任何人可以阻止的。"言下之意，劝梅殷别那么倔强，不如早日投降。

梅殷的答复更是倔强激烈，他居然把使者的耳朵、鼻子全给割了，气咻咻地对使者说："我留下你一张嘴巴，让你对燕王殿下讲君臣大义。"

总而言之，梅殷是死硬派，谨守对朱元璋的诺言，全力护卫皇帝。燕王气坏了，却无可奈何。

等到燕王攻入南京，即皇帝位，梅殷仍坚守淮安，不动不移。

明成祖火了。有一天，他把亲妹妹宁国公主（兄妹二人皆是马皇后的骨肉）叫来，对她说："你写一封信，叫驸马赶快回来。"

宁国公主不肯依，摇摇头，不答应。

成祖拍着桌子大吼："我是皇帝，又是你哥哥，兄长如父亲，你敢不听吗？"

宁国公主悠悠道："未嫁从父，既嫁从夫。"

"哼，梅殷也得听我的。"成祖怒声道，"快写！"

宁国公主迫不得已，只好当着成祖的面写了一封给梅殷的信，写完了，赌气般地拿给成祖看。

成祖一看，顺手就把信揉成一团，扔在地上，大声地说："这个不行，你要用血书才行。"

宁国公主大惊失色，没想到这个哥哥如此狠，于是她低下头，咬破手指，噙着眼泪，给驸马写了一封望君早归的信。

梅殷与公主伉俪（kàng lì）情深，人人称羡，他一向体贴妻子；忽地接到一封血书，简直张皇失措，眼前全是公主咬破雪白手指的画面，一时之间，方寸大乱，痛哭失声。匆匆之间，结束了淮安的军防。

梅殷回到南京，成祖见计得逞，笑嘻嘻趋前相迎："驸马爷辛苦了。"

"不过劳而无功。"梅殷淡淡地回了一句，而且话中有话。

成祖讪（shàn）讪地离开，心中颇不是滋味。

永乐二年（1404年），都御史陈瑛告了梅殷一状，说："驸马私养许多亡命之徒，并且与女秀才刘氏朋比为奸，画符念咒，图谋不轨。"

成祖回答："这件事，朕自有处置。"于是，他下令减少了梅殷仪仗队的人数，裁减了卫队，甚且命令锦衣卫把梅殷家人送到辽东。

宁国公主自从写了血书，把驸马找回来，夫妻相见，恍若隔世，她一天到晚担心梅殷出事，早晚总要叮咛再三。梅殷也挂念公主，每日外出，无不再三道珍重。

这一回，梅殷家人被送往辽东，公主心知不祥，半夜醒来都会握着梅殷的手，惟恐梅殷不见了。每一回梅殷上朝，公主就痴痴等在门口，远远见到梅殷身影，她心中的石头才放下，惊喜地迎上前去。第二天，又开始穷紧张。

这般神经绷紧的日子真是煎熬，可是又有什么办法呢？

永乐三年（1405年）十月里，宁国公主又照例在盼驸马下朝回家。她望眼欲穿，等了又等，盼了又盼，还是不见驸马踪影。公主手心开始出汗，背脊开始发凉，额头一点一滴在冒汗，她在心中喊："不可以，千万不可以！"

这时，一名使者骑着快马赶来飞报："不好了，驸马爷经过笪（dá）桥时，突然跳水自杀。"

公主又恨又气，她大声嚷嚷："胡说，驸马爷才不会自杀。"梅殷与她相约白首偕（xié）老，岂会好端端地自杀？

宁国公主脸色惨白，全身发抖，像疯了一般地奔入宫中，扯着哥哥成祖道："驸马呢？驸马在哪儿？你还我的驸马来！"

明成祖假惺惺地安慰公主，并且再三表示："一定调查个水落石出。"

明成祖调查的结果是"梅殷自尽，抢救不及"。原以为神不知鬼不觉消除心中一大患。岂料，现场目击者都督许成上了一个报告，原来当时梅殷过桥，锦衣卫赵曦（xī）、前军都督佥事谭深也一起上桥，两人合力一挤，硬是把驸马爷挤入水中，活活淹死。

明成祖心中直怨许成多事，却不得不审讯谭深、赵曦二人，这两人原是奉成祖之命办事，却落了个被砍断双手，用肠子祭拜梅殷的下场。

最后，成祖写了封信给宁国公主："驸马梅殷虽有过失，做哥哥的我因为至亲的关系，不予追究，不予闻问。梅殷溺死一事，我也觉得很奇怪，最近都督许成向我报告了经过，朕已赐给爵赏，谋害者受到重惩，特报妹知。"

宁国公主手捧着信，眼泪一滴滴往下流……

解缙心直口快

解缙（xiè jìn）是明成祖时代的名臣，才华极高，遭遇极为坎坷。

解缙的祖父解子元，曾经担任元朝福州判官。他的父亲解开，是个很有学问的人，明太祖希望他能出来做官，被他婉拒了。

解缙是洪武二十一年（1388 年）的进士，担任中书庶吉士，明太祖非常喜欢解缙，欣赏他见解独到，应对敏捷。

明太祖是个猜疑心很重的皇帝，尤其到了晚年，成天疑神疑鬼，任何人不小心讲错了话，就要性命不保。但是他相信解缙，对解缙的心直口快、想到就说的作风，非但不以为忤，反而认为是忠心的表现。

有一天，明太祖与解缙聊得兴起，他拍拍解缙的肩膀："我与你义则君臣，恩犹父子，你对我，应当知无不言。"

明太祖可不比唐太宗，他与臣子的关系是很远的，所以，解缙听在耳里，简直感动得不晓得该怎么说才好。

晚上回到家，饭也不吃了，立刻磨墨写奏章，他原本就是满腔报国热忱的纯洁青年，老早就有一肚皮的意见想要禀明圣上。现在既然皇上亲自要求他发表看法，还说情同父子，当然是知无不言，言无不尽。

解缙愈写兴致愈高，写到后来，整个人亢奋得热血沸腾，一个晚上，洋洋洒洒写了一万多字。

写完了，天也大亮了，他兴冲冲拿去给朋友胡某先过目。

胡某接过来一看，才看两行，脸都绿了，他吓得猛摇头："天啊！你这个人，讲话怎么如此直，你还要命不要？"

解缙抢回来，自顾自地朗声念道："臣听说政令经常更改，人民会起怀疑之心，刑罚过重，人民会养成顽劣之心。明朝建国到现在二十年了，几乎无时没有不变之法，天天都在朝令夕改，也没有一天不处罚犯过之人。我曾经听说陛下震怒，锄诛奸逆，没听说过陛下褒奖任何一个善人，始终如……"

读到这儿，解缙回过头来问胡某："难道，你认为我说的不对？"

胡某皱着眉头："文章是写得精彩，道理也无懈可击，但是，这么厉害的建言，你还要命不要？"

解缙仍天真地说："你不知道，精彩的还在后头哩。"

胡某啼笑皆非坐下来，详详细细地拜读，果然解缙把什么旁人不敢说的都说了，从太祖平日阅读的书籍、用人的方式，御史纠弹的方式，拜神的弊害，到征税的原则……解缙全有自己的意见，而且文笔犀利，气势宏伟，善用比喻，直指要害。

胡某诚恳地对解缙说："小老弟，既然你尊我一声胡兄，我不得不劝你小心，就文章论文章，我不能不夸一声好，整篇掷地有声，没有一个废字。问题是，你用命去拼，值得吗？皇上听得进去吗？"

解缙仍然坚持，他沉重地回答："士以匡扶天下为己任，我建言的目的，不在求取文名，不在谋取官位，而是许多现象我看不下去，既然我有这份幸运，有这个机会，能代表许多人，说出内心想说的话，我就不能放弃这个书生报国的幸运。"

胡某无可奈何地苦笑："怕是不幸啊！"

结果，万言书送上去，朱元璋看了大呼："妙，果然是奇才奇文。"他赞许解缙的才情，却并没有采纳解缙的建议，他有他自私的想法，朱元璋认为，太孙允炆过于文弱，做祖父的只有用残酷的手段，才能帮一步算一步。

解缙心中不无失望，他又写了一篇《太平十策》，朱元璋依旧是夸文章，却不予采用。

不过，解缙不是一个轻易气馁（něi）的人。在忠臣李善长被朱元璋灭族之后，他替郎中王国用代笔，上书朱元璋，为李善长抱不平。

解缙的话极有道理。他说：“善长与陛下同心，出万死以取天下，勋臣第一，生封公，死封王，男娶公主，亲戚拜官。如果说他图谋不轨，还有道理，说他辅助胡惟庸造反，则大谬（miù）不然。”（李善长、胡惟庸的故事请参考前面。）

王国用冒死把文章呈上去，奇怪的是朱元璋没生气，也没追究这响叮当的文字是谁代笔的，或许朱元璋心中已想到有话非说不可的解缙。

解缙天生急公好义，后来，他当了御史，看不惯另外一个御史袁泰胡作非为，又帮夏长文捉刀，参了袁泰一本。袁泰知道这件事后，对解缙恨之入骨。

解缙年少气盛，朱元璋爱他的才华，却也认为他该再磨练，因此，有一回解缙的父亲解开到宫里来，朱元璋就对解开说：“你这个儿子需再磨炼磨炼，如果你把他带回家去，好好读个十年书，再用未晚。”

朱元璋其实不是要解缙读书，而是要他改改脾气。另一方面，朱元璋老谋深算，他知道解缙的才华，希望储备人才为惠帝所用，到时，让惠帝起用解缙，表示惠帝对解缙有恩。朱元璋相信他没看走眼，解缙是忠心耿耿的热血青年。

朱高煦盗马

明朝忠臣解缙直说敢言，明太祖朱元璋极为赏识他的才华，却认为解缙年少气盛，需要磨炼，命他回家乡，再读十年书，“大用未晚矣”。

解缙回到家乡，春去秋来，一晃就是八年过去了。解缙听说朱元璋驾崩，赶到京师，希望能为惠帝效命。

解缙一向直说敢言，毫不避讳，曾经得罪了不少人，是属于不受欢迎的人物。因此听说他回来，大臣们个个都是一副苦瓜脸。

“不行，这小子回来，咱们日子就不好过了。”

“他那张嘴、那支笔都尖锐无比。”

“我们来个先发制人。”

众人七嘴八舌地讨论着，最后决定以“解缙母丧未葬，父亲九十高龄，不当远行”的理由，向惠帝参了一本。惠帝是个重视孝道的人，就把解缙贬到了河州。幸亏，礼部侍郎董伦帮忙说情，惠帝才重新任命他为翰林待诏。

后来，燕王发动靖难成功，成为明成祖。在解缙看来，明成祖也是明太祖朱元璋的嫡子，明朝也还是明朝，并没有亡国。所以，他没有采取如方孝孺一般激烈的抗争行动。在他看来，如何协助明成祖，让明朝国运更为辉煌，这才是报答明太祖，才能实践读书人的报国之志。

明成祖把解缙拔擢为侍读，命他与黄淮、杨士奇、胡广、金幼孜（zī）、杨荣、胡俨（yǎn）一块在文渊阁参与机密。

有一天，明成祖在奉天门对文渊阁众位臣子说：“假如朝廷之上，进言者无所畏惧，听言者（指皇帝）不以为忤逆，天下何患不治？朕愿与你们共勉之。”

解缙原本就是有话直说的人，只问是否对国家有利，从不考虑是否得罪同僚，因此，朝臣以他为公敌，人人担心他受到明成祖恩宠。

没过多久，朝臣互相道贺：“放心吧，解缙要吃苦头了，这小子对建储一事颇有意见。当然，按照道理讲来，应该是皇长子为太子，可谁不知道，皇上偏爱老二汉王高煦（xù）！”

“可不是吗？也难怪如此。”

众人七嘴八舌议论着，纷纷发表看法。不过，对于解缙会走霉运一事，大臣们无不幸灾乐祸地期盼着，等待着。

明成祖一共有四个儿子：朱高炽（chì）、朱高煦、朱高燧（suì）都是徐皇后（功臣徐达之女）所生，第四个儿子朱高爔（xī）生母为谁则不可考。

朱高煦小时候是一个标准的顽童，调皮捣蛋，打架闹事，长大以后则凶悍顽劣。

洪武年间，明太祖曾经命令各孙子集中在京师，找了最好的老师，予以严格教导。

朱高煦不肯学好，读书不专心，尽是出洋相，太祖每次见到他举止轻佻（tiāo），就忍不住光火：“这孩子怎如此地讨人嫌。”

朱高煦的舅舅徐辉祖是明朝开国功臣徐达的长子，极有才气，也极有正气，他对朱高煦这个外甥最看不顺眼，屡次教训不听，也就放弃了管教。

建文年间，南京城里盛传燕王将对惠帝不利，徐辉祖是站在惠帝这一边的，他私下里秘密报告惠帝：“我这个外甥高煦不是个好东西，简直是无赖，皇上可千万不能放他回北平。”

朱高煦听说舅舅批评他无赖，倒也不以为忤，他嘻皮笑脸道：“不如，我就耍他一个无赖。”

于是，在一个月黑风高的晚上，朱高煦趁着旁人不注意，溜入徐辉祖的马厩（jiù），牵出一匹黝（yǒu）黑发亮的宝马，这宝马是徐辉祖最最心爱的宝贝，乃不可多得的千里马，平常根本舍不得让人碰。朱高煦想借来骑一下过过瘾，看到舅舅一张臭脸，也就识趣地把话咽回去了。

深夜里，明月高悬，天街如洗，朱高煦策马急驰，马鞭“啪啪”地挥在宝马身上，不一会儿，离开了南京城。

朱高煦身长七尺余，善骑善射，有人形容他：“腋下仿佛长了数片龙鳞一般快捷。”这会儿，他正发挥这份快速的本领，飞也似的往前赶路。

第二天一大早，徐辉祖发现宝马丢了，他气愤地说：“一定是高煦这无赖，旁人没这个胆子。”

于是，各路人马展开疯狂大追击，却连影子都见不着，只不断接到消息：朱高煦杀了驿丞，朱高煦杀了民吏，朱高煦一刀结束了涿州驿丞……整个朝廷都在交相指责朱高煦，也责备燕王养子不教父之过。

当然，燕王心里的想法是不一样的，打从他准备起事开始，最惦记的就是留在京师的两个宝贝儿子朱高炽与朱高煦，因此当燕王听说朱高煦盗了徐辉祖的马时，眉开眼笑地对姚广孝说：“哈！他还真有一套。”却也不免担心，“这一路之上，困难重重，何止过五关、斩六将？”

徐辉祖，选自《三才图会》。

所以，当朱高煦满头大汗，气喘如牛地回到燕王身边，夸耀着一路上如何危险，自己又如何的英勇时，燕王听得津津有味，频频点头：“不错，颇有你老子的气势，可惜你哥哥没一起回来。”

“哥跑不动的。”朱高煦顺口道。

可不是吗？朱高炽体重直线上升，走起路来行动迟缓。想到朱高炽还留在南京，燕王的心就开始往下沉……

明成祖偏爱次子

燕王次子朱高煦逃回北平不久，惠帝心肠软，把燕王长子朱高炽也放回北平，燕王没有后顾之忧，放心大胆开始起事。

燕王在发动靖难之役以后，身先士卒。由于长子朱高炽体形过胖，且有足疾，行动不方便，多半时间留守北平。跟着燕王东征西讨的，则是被舅舅徐辉祖视为无赖的次子朱高煦。

曾经有一次在白沟河战役之中，燕王被瞿通、瞿能父子苦苦追赶，燕王已筋疲力尽，已经在自言自语："想不到白沟河是我葬身之地。"

忽地，起了一阵阵旋风，朱高煦仿佛自天而降，眼到手落，一刀削去，把瞿通腰斩成两段。瞿能气极，正待举枪，朱高煦刀头一转，瞿能连人带马，跌落深溪，被乱兵杀死。

燕王握着朱高煦的手："你来得正好！"

面对如此善战的儿子，燕王心中有说不出的得意。

又一回，徐辉祖去浦子口，大挫燕军，眼看着燕军即时兵败如山倒，朱高煦轻轻松松领了番兵前来助战。燕王十分欣慰，他拍一拍朱高煦厚实的肩膀："我累惨了，这儿就交给你啦。"

朱高煦还是一脸不在乎的神情，而且有点儿没大没小的调皮："没问题，包在我身上，爹这个儿子可非等闲之辈。"

果然，徐辉祖这个做舅舅的，就败在被他形容为"无赖"的外甥手中。

朱高煦好得意，更乐的是燕王，他在朱高煦矫健的身手中，仿佛看到自己的影子，也充分体会到做父亲的愉快，这份甜蜜是燕王其他几个儿子没法带给燕王的。因此，燕王偏爱朱高煦，换了任何人，恐怕也会如此。

燕王能够得到天下，不能不说有一大半的功劳应该归于朱高煦。朱高煦呢，更不用说，在下意识中，把自己比为唐太宗，虽然是次子，总有一天会登上天子的宝座。

在解缙看来，这种现象是大大不妙。明太祖朱元璋崩逝，立刻就发生了皇位之争，如果明成祖传位给次子朱高煦，又违反了传统嫡长子继承制度，那么，以后代代皇位之争将层出不穷，明朝国运岌（jí）岌可危。所以，站在巩固国本的立场，解缙非站出来讲话不可。

有一天，碰巧明成祖问到解缙建储的意见。解缙立刻回答："世子（世子是王侯的嫡长子，成祖原是燕王）仁孝，天下归心。"

这句话不动听，成祖沉默不语，脸色不太好看。

解缙赶紧叩首，加了一句："好圣孙。"

成祖长子朱高炽，太让成祖失望，不过朱高炽的儿子朱瞻基，自小聪明过人，有小神童之誉，成祖非常疼这个孙子。成祖心想，若是把皇位传给高炽，以后，高炽的接棒人倒是个人才，于是，脸色又和缓了些。

不过，想到朱高煦有过多次救命之恩，朱高炽体形痴肥，而且愈来愈胖，怎么看都没有天子的威仪，成祖又犹豫不决了。

不久，成祖拿了一幅虎彪图，请臣子们看图写诗。图中画的是一只大老虎，旁边围着许多可爱的小老虎，父子相亲，非常温馨的构图。

解缙才气高，拿起笔来就写了一首绝句："虎为百兽尊，谁敢触其怒？惟有父子情，一步一回顾。"

明成祖了解解缙的用意，终于下了决心，把世子朱高炽找了来，立为太子，封朱高煦为汉王，朱高燧为赵王。

其实，朱高炽除了胖一点，人倒是非常善良，非但不笨，还极有才学，只因他个性沉静，嘴巴动作都不灵活，难讨父亲的欢喜。

在洪武二十八年（1395 年），朱高炽曾奉命与秦王、晋王、周王的世子一块检阅兵队，独独他一个人特别慢，理由是：“早上太冷了，士兵受冻，因此，我等他们吃过早饭后再阅兵。”

世子懂得体恤（xù）人，成祖却不满意他过分仁厚。

成祖次子朱高煦，可是彻头彻尾看不起他的胖大哥。

有一次，成祖带着儿孙赴孝陵，为明太祖扫墓。朱高炽实在太胖，又生了足疾，由一左一右两个人搀扶着，这两人被压得好惨，他蹒跚（pán shān）地上台阶，不仅自己走得辛苦，旁人看在眼中，也觉得累极。

走着走着，朱高炽就跌了一跤，因为太胖了，这一跌是惊天动地，旁边搀扶的人也脚步不稳被拉倒。

朱高煦这个做弟弟的，没安好心眼，不断蹦蹦跳跳，故意展现自己的青春活力，看到哥哥跌倒了，先是忍不住笑，然后，半带嘲讽：“前人蹉跌，后人知警。”

朱高煦是话里有话，表示他想抢胖哥哥的位置，他正在为自己的幽默而得意。忽地，背后有一个童稚的声音传来：“更有后人知警也。”

朱高煦迅速一回头，原来是胖哥哥的儿子朱瞻基。朱瞻基对叔叔老是明里暗里欺负父亲早就不满，所以忍不住反唇相讥，希望叔叔收敛一些。

朱高煦一心效法唐太宗，对皇位觊觎（jì yú）久矣，这会儿希望落空，又被封为汉王，封地在云南，既失望又愤慨，他赌气地说：“我有什么罪，把我贬到万里之远？”

这一笔账，很自然地，朱高煦全都记在解缙身上了。

李至刚趋炎附势

明成祖终于接受解缙的建议，正式立长子朱高炽为太子，封次子朱高煦为汉王、三子朱高燧为赵王，成祖等于是明明白白告诉天下“国本已立”。

但是，朱高煦希望落空，强烈抗拒，他不肯去云南担任汉王。成祖一向宠朱高煦，又念在他屡次有救驾之功，也不勉强他，让朱高煦与妻儿照样住在南京，还把自己的“天策卫”亲军赏给他。

成祖的用意，原是安抚朱高煦，希望他不要因为太子位置落空，心里太过不平衡。朱高煦却是又燃起了希望，他还是梦想，有朝一日能够效法唐太宗，正式成为大明朝的皇帝。

解缙又忍不住开口，他上谏成祖：“陛下对汉王宠信益隆，礼秩逾嫡，等于是为朝廷开启争端，不可不慎。”

成祖一听之下，满脸寒霜，狠狠地瞪着解缙，解缙注意着成祖发怒的表情，却也丝毫没有改口的意思。

成祖心想，你这个浑小子，我已经听了你的劝，让讨人嫌的高炽当了太子，你还在啰啰嗦嗦没完没了，居心何在？于是，成祖吹胡子瞪眼睛怒吼道：“你是存心离间我们骨肉。”

“离间骨肉”这四个字罪名可不轻，消息传出，朝臣们彼此私下纷纷议论“解缙必已失宠，可喜可贺”。

解缙仿佛不把受宠信与否放在心上。没多久，他又做了一件惹成祖

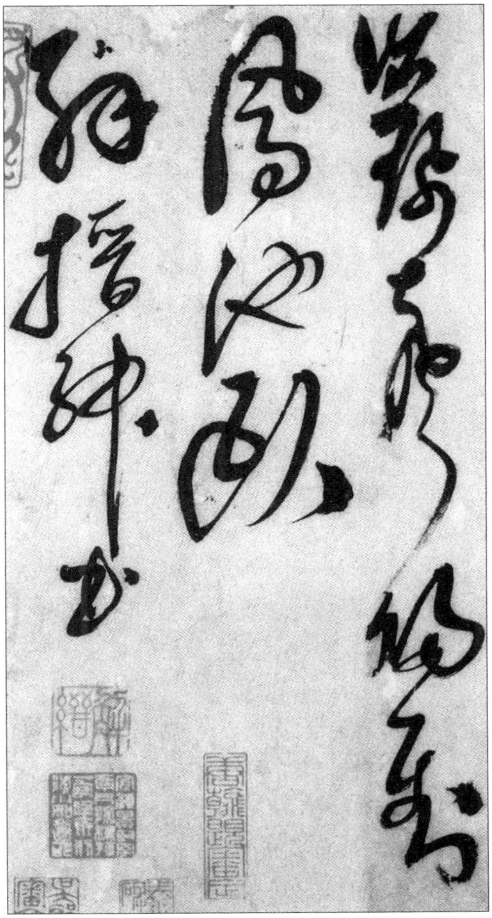
解缙草书帖。

心烦的事。

原来，永乐四年（1406 年），明成祖派中使护送安南国陈氏王的后裔，一位叫陈天平的回安南国。安南国王黎苍伪装奉迎，不料，走到一半，竟然派兵劫杀陈天平，并将护送的明朝军队赶回，大有明朝不必多管安南闲事之意。

明成祖面子挂不住，他勃然大怒："蕞（zuì）尔小丑，乃敢欺我，此而不诛，兵则何用？"于是大举发兵。

解缙不懂得揣摩皇上的心意，他认为，犯不着为了区区安南小国大动干戈，连夜上了一则奏章。成祖看了，反感透顶。

解缙的直言快语，不仅使成祖不悦，也得罪了同僚，尤其是有"马屁李"之称的李至刚。

李至刚名为至刚，其实，一点儿也不刚直。他在洪武二十一年（1388 年）明经科及第，极有学问，可惜品德不佳，专工阿谀，对拍马屁有一套独到功夫，明成祖很喜欢他的甜言蜜语。

不过，有时候，李至刚的马屁，也会一个不小心，拍到马腿上面。

例如，有一回，山东野蚕成茧，这不是什么大不了的事，李至刚当作大事一件，上表请贺，说了一大堆"国有圣君，乃有祥瑞……"

成祖兴趣缺缺。

没多久，李至刚又率了文武百官，为成祖庆贺，理由是："陕西进瑞麦……"

成祖非但没有投以赞赏的眼神，反而斥责："不用如此。"

"马屁李"不以为忤，逮着机会仍然献媚。

又有一回，成祖派中官赴真腊，中途逃走三个随从，真腊国王又补了三名，成祖命此三人回到真腊。

李至刚又小心翼翼讨好成祖："会不会是真腊国，偷偷藏起了这三个人？"

明成祖脸一板："朕以至诚对待中外，真腊国用不着如此。"

李至刚的个性与解缙的恰好相反，两人互相看不顺眼，也是最自然不过的了。不过，原先表面还维持和谐，井水不犯河水，直到有一天，成祖一口气写了十位大臣的姓名，命令解缙写出对他们的人品的评价。成祖虽然讨厌解缙的正直，却也想利用解缙的特点，让他更了解臣子的为人。

解缙也就老实不客气，开始为同僚打操行分数，并且加上评语。例如："蹇（jiǎn）义天资厚重，缺点是胸无主见。郑赐可谓君子，可惜缺乏才华。黄福正直，有为有守……"他批评李至刚，则赤裸裸地说："趋炎附势，有才气，品行不端。"

解缙的评语，一针见血，太子高炽看了也笑道："人家说解缙狂妄自大，我看他颇有定见，是个人才。"

解缙如此评断李至刚，李至刚岂有不跳脚之理。逮着机会，定要报复。

永乐五年（1407年），有人参了一本，说解缙阅卷不公，成祖恰好看解缙不顺眼，把他贬为广西布政司参议。

解缙正要出发，李至刚去成祖面前挑拨是非，加油添醋描绘解缙如何"心怀怨怼（duì）"。

解缙说话难听是有了名的。所以，李至刚一进谗言，成祖马上就听进去了，立刻，把解缙谪（zhé）得更远，要他到交趾去。

永乐八年（1410年），解缙因事赴北京。恰好，成祖出征，解缙只好面谒（yè）太子，再回到交趾。朱高煦这下逮到报仇的机会，他编派了一项罪名，说解缙故意趁成祖不在京师，私谒太子，无人臣礼。

古代皇帝与太子之间，虽为父子，实有微妙感情，老皇帝总担心，太子想要老皇帝早死，甚且会谋害父皇，以便早日登基。

成祖也是如此，当下把解缙逮捕入狱。

永乐十三年（1415 年），锦衣卫纪纲奉上囚犯名单，成祖看到解缙的名字，脱口而出："解缙还活着？"

纪纲的脑筋一转，莫不是成祖宁愿解缙早死早好。于是，纪纲灌了解缙酒，在积雪中将他活埋，死时才四十七岁。

解缙主编《永乐大典》

解缙正直敢言，触怒圣上，得罪同僚，四十七岁英年早逝。但是，他在短短一生之中，发光发热，善尽言责之外，还参与编修《明太祖实录》《列女传》与《永乐大典》，尤其主编《永乐大典》一事，在中国文化史上，是大事一件。

明成祖气魄宏伟，从他派遣郑和出洋一事，就可以充分表现出大手笔。明成祖同样也注意文治，发扬人文精神。

永乐元年（1403 年），明成祖即位之初，有一天，明成祖兴致很高，他把解缙找来，对解缙说："朕常觉得，天下事务太繁太多，书籍紊乱，不易查考，不如把天下书籍合编为一书，便于参阅，你看如何？"

"皇上有这种想法，承先启后，天下之福也。"解缙是读书人，自然乐于听到这消息。

"依朕之见，你书读得多，见闻广博，不如，就由你来做这件事。"

解缙很高兴地接下了任务。

他的动作很快，马上着手进行，带着助手，根据原来储藏在南京文渊阁之中，五代十国宋辽金元及明初，累积的"中秘藏书"，依据经、史、子、集、百家、天文、地理、阴阳、医卜、僧道、技艺等篇目编排，合为一书，在永乐二年（1404 年）十一月呈献给明成祖。

成祖看了，点头称好，赐名为《文献大成》。可是，成祖并不完全满意：“依朕看来，此书仍有不够完备之处，不妨再用点功夫，把天下失散的书全给找齐全了，也算我朝对后世的一大贡献。”

于是，明成祖加派姚广孝、刘季篪（chí）与解缙同为监修，又命王景、胡俨等人为总裁，把全国最有学问的人都找来加入编辑群，再调国子监及外郡生员担任缮（shàn）写工作，总共动员了二千多人，真是声势浩大的工作组合。

解缙率领如此庞大的编辑群，不眠不休赶了三年，到永乐六年（1408年），终于大功告成，全书共有二万二千八百七十七卷，共装成一万一千零九十五大册。明成祖看了龙心大悦，频频点头：“这正是朕心目之中的《永乐大典》。”

《永乐大典》搜集了许多明朝以前极为珍贵的佚（yì）文秘笈（jí），明成祖翻着书页，忽然想到：“为什么不把《永乐大典》刻版印行，嘉惠后世？”

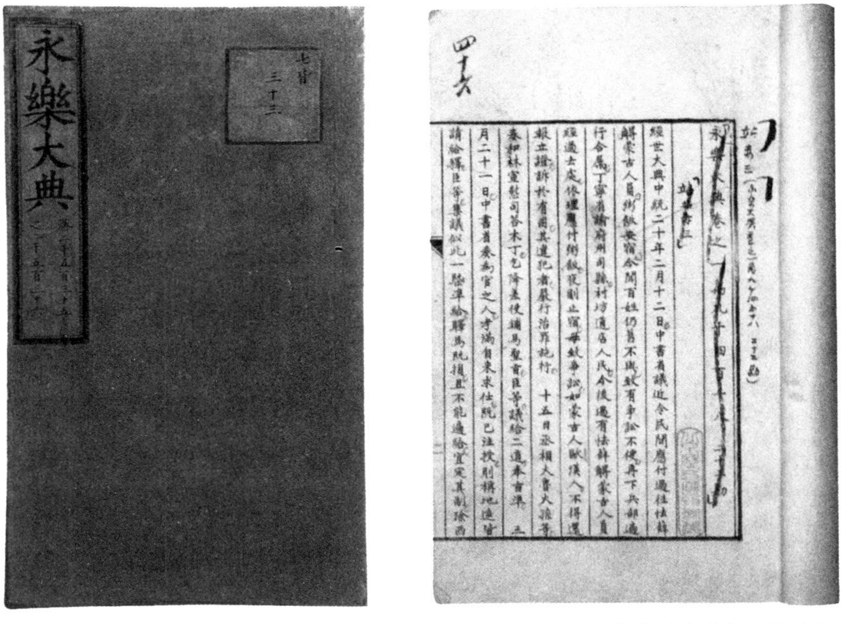

《永乐大典》，明刊本。

这虽然是好主意，可是，算盘一拨，预算惊人，明成祖还有好多国家计划要进行，只好忍痛放弃。

后来，到了嘉靖四十一年（1562 年），明世宗命名臣高拱、张居正等人为校理，还派礼部儒士程道南等协助，动员了一千多人誊（téng）写。忙了四五年，到隆庆初年方才完成正副两部，可见《永乐大典》的规模有多大了。

有人把明朝的《永乐大典》，比喻为中国空前的百科全书。其实，并不十分恰当。百科全书是比较系统地收集各种知识或某一门类知识，依一定的顺序排列，用简明文字记载的大型工具书，但是《永乐大典》是讲到某一类别，譬如天文，就把所有有关天文的书，完全纳入其中，并以洪武正韵为目，将各种材料分别纳入。

到了清朝乾隆年间，修《四库全书》之时，《永乐大典》还有残余的几千册，再经过英法联军、八国联军入侵北京的浩劫，更加残毁，还有不少流出国外，堪称命运坎坷。

除了《永乐大典》，解缙的老朋友胡广编的《性理大全》也是明成祖得意的一部大书。所谓《性理大全》，是集宋儒之学，分为“理气”“鬼神”等十三目，内容是抄录先儒各家注说而成。《性理大全》与《五经大全》《四书大全》合为三大全，永乐十五年（1417 年），成祖颁之天下。以后的科举考试，也都本诸三大全，从此，天下读书人，个个埋首三大全，全力死啃活背，为的是“十年寒窗无人问，一举成名天下知”。

解缙与胡广之间，还有一段小故事。有一天，明成祖赐宴，他那天晚上，多喝了一点儿酒，心情特别好，先举杯赐了解缙一杯，又与胡广干了一杯。

然后，明成祖莞（wǎn）尔笑道：“你们两个人，生同里，长同学，仕同官，也算是一则佳话。朕听说，解缙有个小儿子，挺聪明的，不如胡广把女儿嫁给解缙之子，正式成为儿女亲（qìng）家。”

皇帝的话，就是圣旨，不能违抗，胡广一听之下，可慌了手脚，赶紧离开座位，趴到地上猛叩首：“臣妻方娠，未卜男女。”

明成祖颇有自信道：“一定是女的。”

胡广回到家里，七上八下，他摸着妻子隆起的肚皮道：“最好生个女娃娃。”

古人一向重男轻女，胡妻怪异地问道：“人人都想一举得男，为什么你偏偏要个女娃儿？”

于是，胡广加以解释，他两手一摊：“伴君如伴虎，我们总不能扫皇帝的兴致。”

不料，明成祖还真有如超声波般的锐眼，胡妻果然生下一个漂亮的小女孩。

解缙、胡广二人欢欢喜喜结为亲家，让明成祖指腹为婚的美意实践。

后来，解缙因为正直敢言获罪，他的儿子解祯（zhēn）亮也被远徙辽东。

胡广眼看这个亲家家道中落，有意悔婚。胡女不肯，胡广发脾气：“你这个笨丫头，这样的夫婿也要，我是为你好，你知不知道？”

胡女不说话，赌气关上了房门。

一会儿，门开了，只见胡女手上端个盘子，里面盛放一只血淋淋的耳朵，再看胡女，一脸的血往下淌。

胡妻见了大嚷：“你这是干什么？”一边急着找止血药为她敷伤。

胡女坚决地表示：“薄命之婚，皇上主之，大人面承之，有死无二。”

胡广吓得双手乱摇：“好好，算我服了你。”他还真怕再逼下去，非得出人命不可。再说，胡女少了一只耳朵，也嫁不出去了，只好依她的意思。

古代许多妇女，为了表示节烈，常有许多现代人看来十分恐怖的表现方式，这些，我们以后再慢慢详谈。

后来，解缙死了，解祯亮被赦回。胡广的女儿，还是与他欢天喜地成了亲。

明成祖疏浚运河

中国兴建三峡水坝一事，曾成为世界性的热门话题。远在中国古代，治水就是全国上下瞩目的大事。

元朝所开辟，沟通南北，长二百五十余里的会通河，在明朝洪武年间，因为黄河的一次决口，被淹没而淤塞，这个棘手的问题，让明成祖直呼伤脑筋。

明成祖迁都北京，北方的粮食不够吃，必须要靠富饶的江南供给，于是，自永乐以来，群臣纷纷建议，必须重开会通河。明成祖终于在永乐九年（1411 年），把这个重责大任，交到宋礼手中。

宋礼是河南人，个性刚直，律己严苛，对待属下也非常严，完全不讲情面，责任心非常强。

宋礼奉了御旨，到了河南，马上开始勘（kān）察地形。他发现，其中最大的问题，在于汶（wèn）水倒灌。元朝对此束手无措，宋礼以国子生擢山西按察司佥事，他也不是学工程的，不晓得可有什么妙法。

宋礼正在愁眉不展，有一天，外头来了一位老翁，说有急事求见。

宋礼瞟了一眼，只见老翁头发胡子皆已斑白，但是身体硬朗。虽然瘦刮刮，却精神抖擞，尤其一双利眼，仿佛是练过功夫的。

宋礼问道："你有什么事？"

老翁回答："小民乃山野村夫，名叫白英。近日以来，天天见到大人察看汶水，想来是为疏浚（jùn）运河之事而烦心。”

“不错，”宋礼见白英谈吐不俗，又似乎有备而来，赶紧请白英上座，并且诚恳地请问，“不知有何高见？”

白英拱拱手道：“高见倒不敢，只是小民经常留意此事。从此一带观察，就数南旺地势最高，如果能修筑大坝，把水引到南旺来，沿着运河分别向南北流去，大运河就通畅了。”

宋礼听得极有兴趣。白英继续解说：“元朝是把分水点设在济宁附近，其实，这是错误的。南旺地形高差大，河道坡度陡，不妨在南旺南北建一批水闸，通过启开各闸，节节控制，分段延缓水势，以利船只顺利地通过南旺分水脊，经过临清直抵京师。”

宋礼听了，喜出望外，立刻按照白英的建议，着手进行工程建设，这就是历史上著名的“南旺导汶”政策。

从此以后，南北运河漕运畅通，加强了南北经济的交流，减轻了人们转运的痛苦，并且运河沿岸出现了一批工商城市，促进了明代社会经济的发展。

京杭大运河上的旖旎风光，清王翚绘。

当时的明人，曾写了一首歌，描述运河沿岸风光，称之为《两京水路歌》，其中《北京水路歌》的歌词是这样的：“漕运循规事专一，密密征帆蔽天日。……所经之处三十六，所历之程两月矣。共经水闸七十二，约程三千七百里。”

根据白英的建议而完成的会通河改造工程，一直为后人所称道。自诩（xǔ）精通水利的清朝康熙皇帝也“深服白英相度开浚之妙”；到了民国初年，一名美国水利专家参观会通河之后，也发表观感：“怎能对白英不崇敬呢？”

除了规复会通河之外，明成祖疏浚吴淞江，也是一大了不起的贡献。洪武年间，太湖容纳宣水，歙（shè）水无法宣泄，造成嘉兴苏松一带连连水患。永乐元年（1403 年），明成祖采纳尚书夏原吉的建议，发动江南民工十多万人，疏浚吴淞江。

夏原吉父亲早逝，他靠着在太学当太学生的一点点微薄的补贴奉养母亲。

某日，明太祖突访太学，只见一群十多岁大的太学生吵吵闹闹，你推我一下，我打你一下，彼此嘻嘻哈哈，欢笑之声仿佛要把屋顶震垮。明太祖不自觉想发火骂人。

只有那夏原吉，一言不发，安安静静在读书，似乎与周围的喧闹，完全在两个世界之中。

明太祖走到夏原吉身边，他也浑然不觉，一页一页翻着书本，如此定力，让明太祖一见之下，就非常欣赏，马上拔擢他为户部主事。

夏原吉不请客、不送礼，却平步青云，自然让周围的人嫉妒到了极点。尤其夏原吉到了户部以后，处理公事井井有条，尚书郁新赞不绝口，这使得一个人称刘郎中的，心里怄（òu）得难过。

有一回，郁新要处罚一些疏忽职守的官吏，明太祖说：“算了。”郁新竟然不肯，非与太祖唱反调。

明太祖感受到权威受挫，气得质问郁新：“你好大胆子，这是谁教你的？”

郁新不敢隐瞒："堂后书算生。"

于是，堂后书算生锒铛（láng dāng）入狱。

刘郎中认为，这是一个陷害夏原吉的好机会，赶紧密报："唆（suō）使郁新的不是别人，正是夏原吉。"

刘郎中没料到明太祖明察秋毫，明太祖指着刘郎中的鼻子："原吉能处理尚书的工作，你存心想陷害他。"结果，刘郎中与书算生，都被明太祖给杀了。

明成祖即位，对夏原吉同样宠信。

永乐元年（1403 年），浙西涨大水，明成祖派夏原吉前去治水，夏原吉考察地形以后，签报上去："请循大禹三江入海故迹，浚吴淞下流，上接太湖，度地为闸，以时蓄洪。"

明成祖采纳了夏原吉的意见，夏原吉开始了辛苦的工作，日日夜夜带领十多万人赶工。

当时是盛暑，夏原吉每天穿梭于工地之中，原本白皙的皮肤被晒得通红黝黑，身上的汗水，湿了又被太阳晒干，干了又被汗水浸湿，整个人瘦得仿佛人干。

夏原吉的部下看不过去，好心劝道："其实，你用不着每天去工地，不妨在竹棚里纳凉。"

"不行，一方面我不放心，另一方面，也是给工人打一打气。"夏原吉坚持道。

"那么，你总可以撑一把伞，遮一遮太阳。"

夏原吉笑答："人人劳苦，我何忍一人独安适？"

夏原吉靠着这股精神，终于修浚吴淞江，从此太湖不复有水患，江南农田大蒙其利。姚广孝实地考察之后，回来报告成祖："夏原吉是古之遗爱也。"

宗喀巴创立黄教

明朝初年，朝野大力提倡佛教，这也许和明太祖朱元璋当过和尚有关。明初提倡佛教，对于流行于西藏的喇嘛教，也相当礼遇。

在明成祖派遣郑和第三次出使西洋的时候，青藏高原出现了一个新的教派——黄教。

黄教的创始人宗喀（kā）巴，本名罗桑扎巴，出生在青海省湟（huáng）中一带，藏族称湟中为“宗喀”，所以人们把罗桑扎巴称为“宗喀巴”，意思是宗喀这地方的人。宗喀巴很小的时候，就被送到寺庙之中，当了小喇嘛。

宗喀位于西藏赴大都（北京）的要道，经常有高僧经过。宗喀巴不是“小和尚念经，有口无心”的小和尚，他对经义还真的有兴趣钻研，因此，每回庙里来了高僧，宗喀巴总是搬张小椅子，专注地请教大师。

在如此这般自发的学习之下，宗喀巴进步神速，不但藏文顶尖，而且对各派喇嘛教的经典，宗喀巴都下了一番功夫仔细研究。

洪武五年（1372 年），十五岁的宗喀巴离开了宗喀，来到西藏，进一步钻研喇嘛教。

宗喀巴到了西藏，发现喇嘛教派别繁多，彼此不合，这倒还是小事，最可怕的是各教派戒律普遍松弛，与上层贵族相勾结，日趋堕（duò）落。

例如一些个喇嘛，打着“研究密宗”的堂皇理由，居然强占他人的妻女，整天过着荒淫的生活，沉迷于声色，甚且连袈裟都不穿了，口口声声喊道："戒律是束缚，去他的！"

宗喀巴看在眼里，痛在心里，他认为，现在是非改革不可的时候了。于是，他更加倍努力研究显宗，学习密宗，从而建立一套新的、健康的、改革性的思想体系。

据说，在宗喀巴埋首研究着迷时，天上降下来无数的仙女，充当宗喀巴的义务助理，使得宗喀巴能够在很短的时间之内，完成数部巨著。

西藏原先的喇嘛，戴红帽穿红衣，娶妻生子，与一般俗人没有两样，演变到后来，挟喇嘛权威以自重，日渐腐化，形成一股恶势力。

宗喀巴改革以后的喇嘛教，却是教规森严，以修习大乘经为主，不许有家室，不得娶妻生子。为与旧教区别，宗喀巴命教徒一律戴黄帽，人们称之为"黄教"。

由于黄教教规森严，宗喀巴又孚（fú）人望，一时之间，在西藏地区颇为风行，当然，也引起旧的红教教徒不满。

某日，宗喀巴在一处旷地讲经，听众们席地而坐，个个听得聚精会神。宗喀巴的外貌庄

宗喀巴，西藏自治区阿里地区札达县托林寺壁画。

严，神情大方，口才出众，所有的人都深深地被吸引，连眼睛都舍不得眨一下。

这时，突然之间，远远走来一高僧，旁若无人地闯入会场，他态度倨傲，面带不屑神情，也没有依照藏人礼俗，把帽子摘下来。

“怕是来找麻烦的。”听众之中，有人窃窃私语，“这是花教大喇嘛贾曹杰·达玛仁钦。”

高僧继续朝前走，走到最前端，挑了一个最上座，毫不客气地一屁股坐下来。当然，帽子还是没有摘下，空气之中，弥漫着挑衅（xìn）的气氛。

大伙睁大了眼睛望着宗喀巴，想要知道他如何应付这个棘手的麻烦。宗喀巴若无其事，照样往下讲。由于宗喀巴讲得实在太精彩，听众们也就忘了这个小插曲，会场鸦雀无声，全体一致专心聆听。

至于这一位不速之客，听着听着，听入了神，不自觉地摘下帽子，走下首席位子，坐回一般信徒位置之中，一直听到最后。

散会之后，这位花教大喇嘛，缓缓走到宗喀巴面前，深深一鞠躬，低下头说：“我原先是想来找麻烦的，准备逮到你的漏洞，当场反驳，让你下不了台。没想到你的演讲是如此精彩，我听得入神着迷，佩服万分，不晓得你愿不愿收我这个弟子。”

宗喀巴很高兴地回答：“收弟子，不敢当。不过，我很愿意与阁下切磋经义。”

后来，贾曹杰·达玛仁钦成为宗喀巴的大弟子，在黄教之中，享有极高的声誉。

另外，还有一个白教大师宝童，为人也是心高气傲，但是，在听过宗喀巴的演讲以后，甘拜下风。他不改傲气地说：“我是打遍天下无敌手，谁也别想与我辩论。当然，宗喀巴是惟一的例外。”

宗喀巴的威望，在他于大昭寺举行法会之时，达到了最顶点；宗喀巴的宗教改革，得到全西藏的信服；同时，宗喀巴派遣弟子释迦也失赴北京，明朝成祖皇帝封释迦也失为大国师。

宗喀巴认为，能得到明朝政府的认可，对黄教而言，是一件大喜事，特别是在西藏色拉山修筑色拉寺，寺中供奉明朝廷赐给的佛像。明成祖是要面子的皇帝，听说之后，龙心大悦，以后，黄教与明政府始终维持着良好的关系。宗喀巴收有两大弟子，一名达赖喇嘛，一名班禅喇嘛。这达赖喇嘛原是西藏的国王，被宗喀巴感召而出家。

宗喀巴还有一则温馨的传说，据说，宗喀巴离开家乡以后，他的母亲日夜思念，想得不得了。她虽然为儿子的成就而欣慰，却总是梦到儿子会回来看妈妈，于是，她在宗喀巴出生的地方，建了一座小塔代表宗喀巴。

之后，宗喀巴的信徒们，就在小塔的旁边，陆陆续续建了许多塔，这些塔愈建愈高，也日益辉煌，甚且镶有镏（liú）金铜瓦，在阳光照耀下，美不胜收，成为西藏建筑的风格，也代表了西藏的艺术。

根据宗喀巴的遗嘱，两大弟子虽不结婚，却世世化身转生，一脉相传。一直到今天，北自蒙古，南至青海、西藏，仍有许多黄教的信徒。

明成祖御驾亲征

明成祖一朝国运昌隆，武功辉煌，讨安南，征蒙古，经略云贵，样样出色。

在中国古代，皇帝地位尊贵，国不可一日无君，因此，皇帝很少御驾亲征，以免刀枪无情，伤害皇帝。有时，所谓的“御驾亲征”，只是国君在层层护卫之下，在战场上露个脸，为士兵们打打气。

但是，明成祖御驾亲征，却是硬碰硬地上场，绝对是玩真的。他自建都北京以后，从永乐八年（1410 年）到永乐二十二年（1424 年）的十四年之间，一共五次出征蒙古，虽未能犁庭扫穴，一举歼灭敌人，但巩固了明朝的北疆，展现了明成祖的雄风。

永乐八年（1410 年），明成祖命令上一篇我们提到的名臣夏原吉留守北京，辅佐皇孙，自己率领五十万大军出发。北京德胜门外，刀光辉映，战马嘶吼，军旗猎猎，炮声隆隆，明成祖身着劲装，昂着头，挺着胸，威风无比地出关。

明成祖离开北京城时，风和日丽，出了居庸关，却是天气恶劣，满地泥泞，一路之上，千辛万苦，尤其到了清水源一带，该地水味咸苦，不能入口，整个军队只好干渴着前进。

好不容易到达克鲁伦河，却发现鞑靼（dá dá）可汗听说明成祖大军前来，早已逃之夭夭。明成祖立刻决定长驱直入追到底，一直苦苦追到蒙古发源地斡（wò）难河边，与鞑靼可汗本雅失里展开一场恶战，最后本雅失里丢弃大批物资牲畜溜了。明成祖回程时，又遇到鞑靼太师阿鲁台埋伏，被明成祖奋勇击退。

明成祖意气扬扬，在擒胡山时，曾在石头上留诗一首："瀚海为镡（xín），天山为锷（è），一扫胡尘，永清沙漠！"直追当年汉武帝的气魄。往后几年，阿鲁台乖乖地遣使入贡。

但是，阿鲁台终究是想反抗的，当他经过了几年的休养生息，马肥兵壮时，又不免蠢蠢欲动了。这时，明成祖又会再度亲征。

明成祖带兵先带心，所以部下对他又敬又爱又怕。例如永乐二十二年（1424年）五月，明成祖在北征途中遇到一场大雨，北方在五月仍然相当寒冷，一时之间，喷嚏（pēn tì）之声此起彼落，高级将领当然都换上了

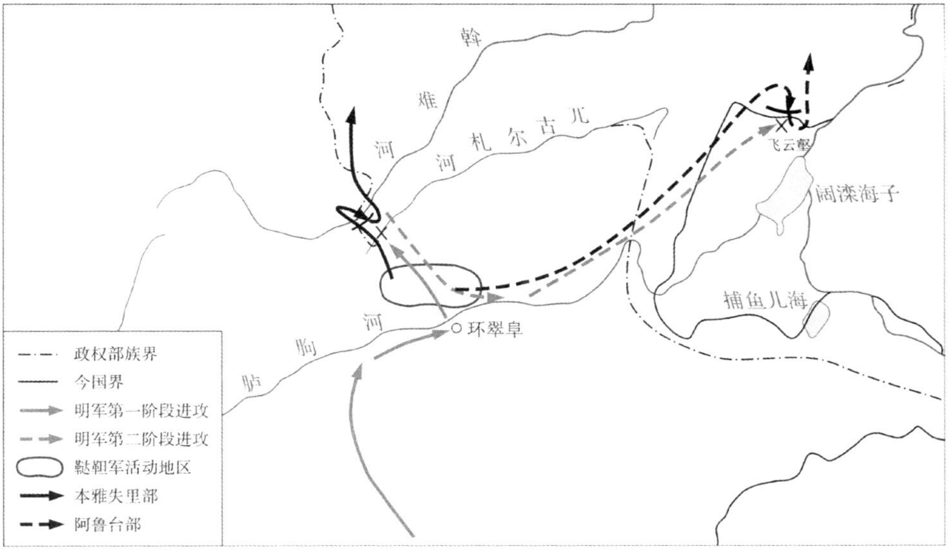

斡难河之战示意图。永乐八年（1410年）二月，明成祖亲征鞑靼，五月到达胪朐（lú qú）河南岸。当时鞑靼可汗本雅失里与太师阿鲁台闻明军出塞，分奔东西以避明军。成祖决定先打击西路本雅失里部，遂命一部筑城于胪朐河畔，控制渡口，确保后路安全后，亲自西进，在斡难河追上敌军，大破鞑靼，本雅失里仅率数骑北遁。击败鞑靼西路后，明军东返胪朐河，又沿胪朐河东进，至飞云壑与阿鲁台部遭遇，成祖亲率精锐突阵，鞑靼兵大溃，阿鲁台携眷远逃，明军大胜而归。

干爽的衣服，可是，一般小兵，只有忍受湿冷的军服贴在身上的难受。

明成祖停下马来，高声宣布："军队暂停前进，先生火烤干衣服。"

一旁将领悄声说："这一耽搁，怕要耗去不少时辰。"

明成祖的耳朵尖，听到以后，笑笑解释道："古人曾经说过，视士卒如婴儿一般宝贝，可与他共赴深溪，视士卒如爱子，可以与他一同赴死。我们正需要士卒卖命，岂能不多多体恤！"

明成祖这一着果然管用，士卒们欢呼之声响彻云霄，一小队一小队，纷纷生起火，脱下湿漉漉的军装，凑着火烤干。换上热烘烘的军装，驱走了不少寒气，士兵们觉得一股温暖拂上心头，这不仅是身体的暖和，更是心头的一片温馨，个个都在夸："陛下不单单会打仗，也挺有人情味的。"

明成祖注意士兵们的衣，更重视士兵的食。民以食为天，尤其在战场上杀敌辛苦，北地大漠，荒凉恐怖，士兵们最期盼的，也不过是一顿热腾腾香喷喷的饭菜，所以，明成祖特别重视伙食。

有一回，军队正在扎营，准备憩（qì）息，心细的明成祖猛然发现："咦，运输粮草的军队怎么还没到？"

在打仗时，伙食兵派不上用场，所以谁也没注意到他们落后了。明成祖板起脸来教训道："三国时代，曹操战胜袁绍，就是因为他烧掉了袁绍的粮草，你们竟然把粮车留在后头，这有多危险！"

挨批的将领们，惭愧地低下头，刚好肚子也饿了，这才发现粮草车队的重要，急忙派人去接应。之后，明成祖的粮草车队，永远在军队里受到最严密的保护。

不过，明成祖虽然厚恤士卒，却从来不放松军纪。曾有小兵，偷取民间田谷拿来喂马，明成祖知道了，大为光火，他把小兵的直属长官喊来训斥："你晓得吗？民间为了养兵，已经够苦了，我们又不缺马粮，干什么还去骚扰民间？"

这个"顺手"取了田谷的小兵，被当场斩首示众，明成祖果真是军令如山。

永乐二十二年（1424年），守边将军报告，阿鲁台又来袭扰大同了。明成祖这年已是六十五岁，体力精神大不如前。

在此之前，夏原吉曾经苦口婆心劝过明成祖：“过去数年，师出无功，军马储蓄十丧八九，灾害迭（dié）起，内外俱疲，况且圣躬（对帝王身体的尊称）欠安，尚须调护，乞求遣将前往，勿劳御驾亲征。”

夏原吉原是一番好意，明成祖却觉得不是味道，一怒之下，把夏原吉关入了大牢，他还是照着预定计划亲征。

这次亲征，明成祖带着充裕的物资、精锐的部队，一路之上，却不见一个敌兵，成祖觉得既无趣又疲惫。

七月回程，军队停在翠微冈，明成祖困倦极了，他问宦官海寿：“什么时候才能回到京城？”

“八月中。”

成祖点点头，对身旁的杨荣说：“太子这几年来，对政务日渐熟悉，返回北京之后，我要把军国大事都交给他，朕得优游暮年，过几年安和的好日子。”

杨荣回答：“殿下孝友仁厚，天下归心，一定不负皇上托付。”

七月十七日，到了榆木川，明成祖更不舒服了，只觉得恶心想吐，他忍不住对身边的人说：“夏原吉是厚爱我的！”

话说完不久，成祖陷入昏迷，十八日与世长辞。大学士杨荣以为消息不宜外泄，以免影响军心，因此，暂不发丧，只在军中搜集锡器，铸成一口棺材，为免铸棺一事泄密，铸棺工人一律灭口。

宦官海寿奔回京师，报告噩耗，并且说出成祖死前想念夏原吉。仁厚的太子赶到监狱，呼唤原吉，告诉他这段经过，两人伏在地上，泣不成声。

明成祖死后，太子朱高炽即位，是为明仁宗。

明仁宗信任杨士奇

明成祖御驾亲征，不幸在榆木川得病而死，太子朱高炽继位，是为明仁宗。

明仁宗回想前尘往事，汉王朱高煦是怎样与他作对，明成祖又是如何偏爱朱高煦，今日终于尘埃落定，感触甚多。

明仁宗是一个惜福感恩的人，他心中最感激的有两人，一是蹇义，一是杨士奇。

仁宗把他两人找来，感性十足地说："朕监国二十年，为谗人所陷，内心的痛苦，环境的艰困，我们三人一块走过，幸赖皇考（指成祖）英明，才有今日……"

说到这儿，仁宗忆起有一回赴明孝陵扫明太祖的墓，他因为体形肥胖，不慎跌跤，却遭到弟弟朱高煦的嘲笑。闭上眼睛，仁宗仿佛又听到那尖锐刺耳、幸灾乐祸的狂笑声，以及一次又一次，朱高煦在他与成祖之间挑拨离间，幸亏杨士奇居中协调。

想着想着，明仁宗悲从中来，竟然忍不住哭了起来。蹇义、杨士奇见仁宗哭，鼻子一酸，也放声大哭。哭完了，觉得苦尽甘来，不该哭的，君臣三人又相视而笑。

仁宗还特别刻了两方图章"蹇忠贞""杨贞一"，赐给两位忠臣，感念他们与自己共患难。

杨士奇是明朝历史上重要的名臣，值得介绍。杨士奇原名杨寓，士奇是他的字。小时候，杨士奇的父亲过世，他随着母亲嫁到了罗家。

长大以后，杨士奇了解了自己的身世，不愿意再姓罗，回到杨家。这时的杨士奇一贫如洗，他却自得其乐，读书，写作，教几个学童，日子倒也安闲。

建文初年，召集天下儒生修《太祖实录》。杨士奇因为颇有才识，尤其长于文学，经王叔英推荐，在翰林院担任编纂（zuǎn）官。后来，吏部举行一个考试，杨士奇发挥得可圈可点，为人们传颂。至此，杨士奇逐渐有了声誉，也被明成祖所赏识。

杨士奇为人稳练持重，下朝之后，绝口不提公事，即使再亲密的人，也别妄想从杨士奇口中套出半句话，再加上杨士奇举止恭慎，善于应对，而且往往料事如神，久而久之，明成祖对杨士奇信任有加。

后来，明成祖命杨士奇辅佐太子，可怜的太子老是受到朱高煦的欺负，朱高煦又的的确确有让明成祖心动之处。杨士奇总是一心一意维护太子，坦诚告诉明成祖："殿下天资高，

杨士奇，选自《历代名臣像解》。

有过必知，知必改，存心爱人，决不负陛下所托。”

成祖虽然是个猜忌心很重的君主，但由于他相信杨士奇的耿直，相信杨士奇不会骗他，连带着使得太子每次都能转危为安，化险为夷。

因此，太子登上皇位后，对杨士奇格外看重，杨士奇也承蒙仁宗另眼相看，更尽忠国事。

例如弋（yì）谦一事。

明仁宗即位，第一个就拔擢弋谦担任大理寺少卿。弋谦为求表现，毫不客气地批评时政：“目下官吏贪钱，远非洪武时代可比，民不聊生……”

明仁宗点头称是。弋谦受到鼓励，又接二连三，一共讲了五件，由于愈说愈激动，脸上青筋毕露，仿佛在质询皇帝似的。

明仁宗脸上挂不住了，勉强忍住怒气。弋谦自己不觉察，尚书吕震、吴中等人一旁察言观色，联合都御史刘观等人，派弋谦一个“卖直沽名”的罪名。

仁宗问到杨士奇。杨士奇说：“弋谦不识大体，该受责备，不过，他实在是感激陛下拔擢，力求感恩图报，希望陛下原谅他。”

仁宗听了杨士奇的话。不过，仁宗毕竟缺乏历练，心里有什么，全都写在脸上。以后，仁宗每次上朝，一见着弋谦，脸色就特别难看，讲话也格外严厉。

杨士奇又提醒仁宗：“陛下自己下诏求直言，弋谦直言，却又遭陛下排斥，现在文武百官都看在眼里，恐怕不好吧。”

仁宗惭愧道：“这是朕的错，要改，要改。”

从此，仁宗对弋谦尽量摆出笑脸。但是，已经来不及了，再没有臣子敢直言。杨士奇禀告仁宗：“陛下必须亲降玺书说明此事。”仁宗也就依了杨士奇。

明仁宗与杨士奇水乳交融，仁宗信任杨士奇，但也为他的耿直忧心，挂虑杨士奇的直来直往，可能得罪小人而不自知。

洪熙元年（1425 年）正月里，有一次上朝，兵部尚书李庆上言：“今年马养得多，除军用外，还剩下数千匹，不如把官员们集中在京城，让他们每人养一匹，课他们的税。……”

李庆话还没有说完，杨士奇忍不住高声反对：“这怎么可以？朝廷选贤授官，而使之牧马，这是贵畜生而轻士人也，如何向子孙后代交代？”

仁宗顾左右而言他，故意不谈这件事。后来，杨士奇又力争，仁宗还是搁着。

过了一阵子，仁宗才把杨士奇找来，体贴地对杨士奇说：“朕哪儿是真忘了，只是朕听说吕震、李庆这批人不喜欢卿，朕担心卿在朝廷被他们孤立，被他们伤害，所以故意不在朝上裁决。”说着，仁宗掏出陕西按察使陈智的上书《养马不便书》，表明他不会让士人去养马的。

仁宗又对杨士奇道：“以后政令不当之处，你私下里秘密告诉朕。李庆辈不识大体，你用不着与他等辩论，只是李庆是先朝旧人，我不好不用他。”

仁宗这番话，既细腻又恳切，杨士奇听了，整个人呆住了，只觉无法报恩。

杨荣处事镇静

明成祖亲征塞北，回师途中，行至榆木川，突然崩逝。

皇帝崩逝，是一件举国戴孝的大事。事实上，榆木川之后，明朝曾经规定了大丧仪制：全民凡有婚嫁，官停百日，军民停一个月；同时，自大丧之日起，禁屠宰四十九日，停音乐百日。所以老百姓即使一个月以后可以完婚，但是，也只能准备素筵，也不许呜哩哇啦吹吹打打抬花轿。

由此可见，皇帝的大丧，在中国古代可是了不起的大新闻。

但是，成祖崩逝的当时，远在榆木川的少数官员可紧张着，不敢对外透漏只字。

宦官马云吓得腿都软了，幸而神志还清醒着，他悄悄地找了成祖生前最信任的杨荣、金幼孜前来密谈。

一向机警，受到成祖赏识的杨荣首先表示："六师在外，去京师尚远，只好秘不发丧。"

金幼孜也说："如今也只好如此，否则，军心大乱，鞑靼正好乘机进攻，后果将不堪设想。"

但是，任着成祖遗体发臭也不是办法，这才决定找了工匠，先将军中的锡熔化，铸成一口棺材，暂时把锡棺秘密放置在车辆之中。为求确切保密，参与制棺、抬棺者一律处死。

杨荣同时蹙（cù）眉交代马云：“切记，自榆木川到京师，一路之上，朝夕进膳一如往昔，不可让任何人起疑窦。”

马云点头：“我一定小心。”

幸而马云一直跟在成祖身旁，他平日食量多寡，哪样菜会吃多少，剩多少，马云全都清楚。所以成祖虽然归天，但在外人看来，一切起居如常，至于多日不见天颜，也许是为风湿所苦，成祖风湿严重，臂膀酸痛，这是人人都知道的。

成祖驾崩，太子不可不知，却又不能以成祖身份，命太子即位。杨荣说：“先帝在，则称敕（chì，指帝王的告诫式命令），如今先帝宾天而称敕，这是欺诈，谁有几个脑袋，担得起如此罪名？”

最后，商量的结果，决定由杨荣与宦官海寿先赶回京师，报告消息。

明成祖是永乐二十二年（1424 年）七月十八日过世的。七月十三日，途经翠微冈，成祖还在对宦官海寿说：“回去之后，要把皇位传给太子，朕享几天清福。”所以，让杨荣与海寿一块回去最为恰当。

他二人悄悄地离开军营，避人耳目回到京城。太子大惊失色，忍住哀痛，命皇太孙连夜赶赴开平，坐镇指挥一切。

于是，皇太孙于八月十一日到达开平，这才正式对外发布消息，成祖崩逝。

一时之间，全军哗然，因为自七月十八日到八月十一日，明成祖饮食、行礼、奏事，一切一如往昔，怎么全是障眼法？

幸亏杨荣等人处变不惊，应付突发状况得当，不然的话，难保会发生什么差池。不说别的，单单是一心效法唐太宗的汉王朱高煦，若是早一步知道成祖宾天，难保会有什么惊人举动。

杨荣的心思细密，处事周延，明成祖早就发现，而且非常欣赏。

明成祖初遇杨荣，是在明成祖攻入南京城之时。成祖当时志得意满，一心想早日登大位。杨荣当时担任翰林院编修，他前来谒见成祖问道：“殿下是先谒陵乎，先即位乎？”

杨荣这一句话，宛如当头棒喝，一语惊醒梦中人。成祖心忖："好险！"他违反太祖遗命，与建文帝争夺皇位，已经是大逆不道，若再急急登位，不赶快去太祖陵墓致祭，不晓得该被天下人如何斥为不孝。

成祖当下回答："自然是谒陵为先。"

从此以后，成祖对杨荣另眼相看。

杨荣是建文二年（1400年）的进士，不但学问好，而且脑筋灵活，反应迅捷。成祖自己也是个聪明人，特别喜欢杨荣的慧黠。

在文渊阁同值的七人之中，杨荣年纪最小，却最讨喜，他倒不是擅长巴结，而是有独到的分析推理本领。

杨荣，选自《历代名臣像解》。

有一回，成祖收到宁夏被围的军报，非常着急，文渊阁中其他人都不在，独有杨荣留守。

成祖把奏章交给杨荣，愁眉苦脸道："你看看吧。"

杨荣仔细看过，分析道："宁夏城坚，人皆习战，再说，这是十多天前上的奏章，依我之见，宁夏之围已解，陛下用不着过分操心。"

成祖听了，觉得心情好过一点，不过仍然忐忑不安。到了半夜里，果然太监来报，宁夏之围顺利解除。

第二天，成祖带笑问杨荣：“你怎么料事如神？”

杨荣道：“岂敢，不过依常理推测吧。”

以后，一连许多桩事，杨荣都表现了料事如神的本事，明成祖愈发欣赏杨荣。

明成祖是不苟言笑的君主，经常是面目严冷，让人望而生惧，成祖也有意摆出威严，希望建立神圣不可侵犯的形象。可是，每回杨荣一出现，成祖就不自觉地嘴角上扬，露出微笑，难掩心中的欢喜。

永乐五年（1407 年），成祖命杨荣赴甘肃经营筹划军务，视察军堡。杨荣归来之后，在武英殿向成祖报告经过。杨荣态度大方，娓娓道来，有条不紊，显出他观察深入，脑筋清楚。

成祖情不自禁，拿起小刀，切了一片瓜，亲自交给杨荣，对他说：“你这趟辛苦了！”

过了两年，杨荣母丧请归，成祖不许，因为成祖亲征，他要把杨荣带在身边。杨荣虽然是个文弱书生，不能上战场，却是极佳参谋，一流军师。

成祖这一着果然是对了，在屡次成祖亲征之中，杨荣都发挥了长才。一直到成祖过世，榆木川的一段，杨荣表现得可圈可点，成祖到底懂得用人。

明宣宗即位

明仁宗是超级胖子，即位以后，也许是当皇帝责任过重、压力太大，因此，仁宗在位仅短短的一年，重病而死，死时方才四十八岁。后代的史家无不惋惜，以仁宗的政绩，若是天假以年，应能够再造明朝的“文景之治”。

明仁宗朱高炽，选自《乾隆年制历代帝王像真迹》。

仁宗崩逝，儿子朱瞻基（宣宗）急急自南京赶来奔丧。汉王朱高煦接到消息，准备在半路拦劫，抢夺皇位，可是，到底过于仓促，朱高煦的计谋未成。

明成祖对儿子明仁宗百般挑剔，总认为他不及朱高煦可爱。不过，对明宣宗这个乖孙子，可是一千两百万个满意，甚且明成祖最后愿意让仁宗继立，也是仁宗沾了宣宗的光。

宣宗到底魅力何在？

明宣宗，诞生在洪武三十一年（1398年），一说是在建文元年（1399年）。当时明成祖还只是燕王，已经有谋反的野心。

据说，朱瞻基出生的前一天，燕王梦见明太祖拿了一块大圭（圭是上尖下方的瑞玉，为古代天子与诸侯所执），交到燕王手中，对他说："传之子孙，永世其昌。"燕王醒来，觉得这个梦十分吉祥。

第二天，小婴儿呱呱坠地，燕王大乐，认为其梦应验，是明朝的好兆头，取名为朱瞻基。

小娃娃满月的那一天，祖孙俩头次见面，燕王见小娃儿头发浓密、脸圆圆的、皮肤细细嫩嫩的，好可爱的样子，完全与梦里的一模一样，忍不住惊呼："我一个月以前，他还没出生，就见过他了。"

燕王把梦叙述了一遍，众人都笑得合不拢嘴。燕王望着小婴儿，意味深长地说："小儿英气溢面，我大明朝之福也。"

燕王不说，大家还不觉得，被他一提，这才发现小婴儿不但可爱，还挺有威严的，哭起来，两道浓眉凑在一块，真具有小王爷的气派。

从此开始，燕王就爱定了这个小孙子，认为他带来福气。永乐七年（1409年），当了皇帝的成祖亲自牵着小孙子的手，参观农具及田家衣食，告诉孙儿一些民间疾苦。旁边的人都窃窃私语："陛下平日面目严冷，只有看到孙子的时候，才有慈爱的笑容。"

永乐九年（1411年），宣宗正式被立为皇太孙，这一年，他开始跟着爷爷成祖南征北讨。成祖对宣宗疼爱有加，还找了胡广在军中为他讲论经史，难得的是宣宗悟性极高，上马打仗，下马作文，样样不含糊，胡广每回在成祖面前夸宣宗："此他日太平天子也。"成祖最爱听这一句话。

这会儿，宣宗即位，朱高煦一向看不起仁宗，讨厌他这个小娃儿。朱高煦心想，机会来了就不要放，积极谋划造反，秘密派遣亲信枚青潜赴京师，邀请张辅为内应。

张辅是明成祖身边的一员猛将，曾经四度讨伐交趾。他最为人所津津乐道的是，永乐十一年（1413年），大军征交趾，交趾动用大批象队，张辅先是一矢射象旁的奴兵，接着就专门射象鼻子，大象护痛，到处乱闯，把象阵给破坏了。大象的吨位重，原本明军是极为恐惧的，等到看到象群大乱，自相践踏，整个原野为之震撼的壮观景象，不能不佩服张辅有一套。

张辅问枚青："汉王是希望我担任内应？"

枚青点点头。

张辅二话不说，一把捉住枚青的手就去见宣宗。张辅力气大，枚青根本无从招架，只有乖乖跟着去认罪。

在此同时，朱高煦已经发动部署，甚且任命了王斌等人为太师、尚书、都督等官职，俨然已摆出皇帝的谱来了。

一直拖到这个时候，宣宗仍然不忍出兵，他总认为，不管如何，朱高煦总是叔叔，这场战争，能免则免。

于是，宣宗派了太监侯泰，带了一封信去见朱高煦，希望他回心转意。

朱高煦可不领情，依照规矩，朱高煦应该诚惶诚恐接过圣旨，他却倨傲地南面而坐（古代君王、诸侯接见群臣，或卿大夫见僚属都是坐北朝南），大言不惭地对侯泰说：

"靖难之时，如果不是我出死力，怎么会成功？成祖听信谗言，削我护卫，徙我乐安，仁宗只晓得用金帛诱惑我，今上处处以祖制绳治我。我是什么人？岂能长久郁郁于此？"

接着，朱高煦领着侯泰参观兵马军器，狂妄地自夸："我用此可以横行天下，你也看到了，回去跟你的主子说吧！并且把奸臣夏原吉给我绑来，你听清楚了吗？"

侯泰死命点头："听清楚了。"

可是，回到京城，侯泰却没这个胆量报告宣宗，什么话都不敢说，仿佛突然之间变成了一个哑巴。

跟着侯泰一块去的锦衣官可憋不住了，他一五一十全报告给了宣宗。

一向好脾气的宣宗终于发火，他把十个指头用力掐弄，发出咯咯的声音，好半天才开口：“汉王果然造反！”

宣宗立刻派薛禄带兵讨伐。

到了半夜，宣宗召集大臣，举行秘密会议，大学士杨荣第一个发言：“不如圣上亲征。”

张辅则猛拍胸脯：“高煦的事，包在臣身上，只要拨给臣两万兵队，保证没问题。”

夏原吉也赞成宣宗亲征，而且愈快愈好，他说：“兵贵神速，事不宜迟。”

于是，宣宗决定挥兵亲征，他问左右：“你们认为汉王策略如何？”

有人说：“汉王目前所在的乐安城小，汉王一定先取济南为巢窟。”

宣宗摇摇头道：“不然，济南虽近，不易攻。朱高煦外强而中干，他之所以敢造反，是因为轻视朕年少新立，必不肯亲征。现在闻说朕亲征，一定心惊胆战。”

果然，朱高煦初闻薛禄前来征讨，心花怒放，以为成功在望，后来听说宣宗亲征，心凉了半截，又听说宣宗重金悬赏自己的人头，不禁大呼：“这下惨了！”

乐安城里议论纷纷，大家都在商讨，如何把朱高煦绑了去领赏，以免战火毁了乐安城。在这样的四面楚歌之下，朱高煦终于出门投降。

明宣宗狱中惊魂

明宣宗即位，汉王朱高煦终于叛乱。宣宗接受杨荣的建议，毅然亲征，乐安城中人心瓦解，朱高煦手下甚且准备逮捕朱高煦献城。

最后，朱高煦走投无路，心不甘情不愿出门请降，宣宗逮捕高煦父子，朱高煦恨恨地自言自语："这一回是死定了。"

但是，朱高煦竟然没死。明宣宗心肠软，不忍心处死亲叔叔，只是把朱高煦父子贬为庶人，囚禁在西安门内的逍遥城。名为逍遥，当然，阶下囚是无论如何也逍遥不起来的。

至于朱高煦造反之后，天津、青州、沧州等都督指挥举城响应者，当然是饶不了的，一共杀了六百四十多人。比起太祖、成祖时代动辄（zhé）株连，宣宗的确是手下留情。

明宣宗手下留情，饶朱高煦一命，朱高煦可不领这个情，他自觉皇位该是他的，奈何天不从人愿，既然事败，干脆赐他一死，如今判个终身监禁，求生不得，求死不能，朱高煦真正是怨死明宣宗了。

明宣宗不明了朱高煦的心理，在他看来，朱高煦罪该万死，自己网开一面，饶他不死，真正是皇恩浩荡，宣宗有时想想自己的宽厚，都会被自己感动。

宣宗宣德四年（1429年），宣宗一时兴起，信步走到西安门内，探视朱高煦。在宣宗看来，朱高煦应该感激他不杀之恩，尤其，宣宗也没杀高煦之子，算是为朱高煦留了后代。

宣宗走到朱高煦面前，朱高煦一见仇人来了，分外眼红，尤其宣宗进来，前簇后拥的皇帝气派，让朱高煦看了相当难受，因此，朱高煦故意闭起眼睛装作打盹（dǔn）。

宣宗走近几步，想看清楚一点，朱高煦趁其不备，长长伸出一脚，把宣宗绊倒在地。宣宗跌疼了屁股，气得大呼："快快，快用大铜缸把这个贱人盖住。"

卫士们也慌了，谁料得到铐上脚链的朱高煦会来这么一招。

三四个卫士抬起了三百斤重的大铜缸，用力压在朱高煦身上。换作普通人就算没压成肉饼，也是动弹不得。

朱高煦却"嘿嘿"一笑，竟然双手擎（qíng）起大缸站了起来，还把缸举起来舞着，到底是练过武功的，小露了一手。

已经被吓坏，远远躲在一旁的宣宗大喝："丢红炭，赶快丢红炭。"

监狱里旁的没有，用来烧人的红炭最多，大伙七手八脚，拿着叉子，对准铜缸，发射烧得红烫烫的木炭，不一会儿工夫，火愈烧愈旺，朱高煦被活活烤死，空气中飘浮着难闻的焦肉气味，却似乎仍有朱高煦狰狞的笑声，在四周回旋。

宣宗走出逍遥城，双腿发软，心脏扑通扑通地跳个不停，且有强烈的挫折感，他不解道："奇怪，朕待朱高煦不薄，他为何要如此回报？真正是人心险恶。"

于是，朱高煦被烤死之后，朱高煦几个儿子也先后被诛，宣宗心有余悸自忖："上一次当，学一次乖，留着总是祸害。"

幸而，宣宗本性敦厚，因此，虽然受到教训，但他仍不改其善良作风。

例如，有一回，他外出，偶尔见到几个农民在烈日之下耕种。宣宗自小生长在深宫，没见识过农事，虽然成祖带他参观过农具，但仍然觉得挺新鲜。

宣宗带着几个官员走到田埂，亲切地垂询农业收成情况，他好奇地问一个老农："你手上拿着的是什么？"

“噢，这是耕田用的犁耙（bà）。”

“可不可以让朕推一下？”

老农尴尬（gān gà）又腼腆（miǎn tiǎn）地推托：“这种粗活很累人的，皇上怎能耕田？”

宣宗笑道：“没关系，朕且试一试。”

圣旨岂能违抗？老农用布把犁耙擦干净，交给宣宗。

宣宗轻轻一推，学老农的样，竟然推不动，勉强推了三下，土也没挖松，人已经累得喘气，背后的衣服也让汗溻湿了一大片。

宣宗不好意思地把犁耙给了老农，对他说：“朕才推了三下，就已经吃不消了，更别说长年累月耕田了，人们常说，劳苦者莫如农家，这话真是丝毫不假。”

回宫之后，宣宗依然念念不忘，他亲自写了《织妇词》分送朝臣，并且找人画了一幅农家图挂在宫中，目的是要大家明了民间疾苦。

农人耕作，清绵亿绘。

宣宗主张节俭，而且带头节俭，反对奢侈，减轻赋税，停止建设宫殿。

宣德四年（1429年），工部尚书吴中启奏："山西圆果寺是国家祈福之处，现在旧塔损毁，不堪使用，请求复建，征调力役。"

自从宣宗上任，工部真是闲得没事可干，宫中非但没有新的建设，连维修也常惹得宣宗不悦。惟一能够大规模修建的仁宗陵墓，宣宗也力求节约，理由是"这是先皇的遗嘱"。父子二人倒是有志一同，在宣宗亲自规划之下，短短三个月就完成了陵墓修建。和明太祖、明成祖的陵墓简直是没法子比拟。

工部工作轻松，更无油水可捞，上上下下，个个唉声叹气，好不容易想出这个山西圆果寺的小案子，而且是为国家祈福用的，满以为总该可以破土了吧。

没想到，宣宗还是不肯，他问吴中："你是想修寺求福吗？我倒是想安民求福，所奏不准。"

宣宗非但自己不轻易征调力役，他也下令皇室勋戚一律不准侵扰百姓。在历史上，像宣宗这般不扰民的皇帝，还真的不多见。

马后、徐后、张后三代婆媳情深

明成祖传位给明仁宗，主要是疼爱仁宗的儿子宣宗。此外，还有一个极为重要的原因，那就是明仁宗的皇后张后，深得明成祖夫妇的喜欢。

先说明成祖的皇后徐后。徐后可是一等一的好婆婆，对媳妇百般呵护。当然，徐后也是一位幸运儿，她的婆婆马皇后，更是历史上难得一见的贤后。

马皇后是明太祖的皇后，虽然长得粗手大脚，却具有真正的内在美，是朱元璋一辈子的最爱。

记得在朱元璋没有发达以前，马皇后为一解朱元璋的饥饿，曾经跑到厨房偷拿刚出炉的热饼，不小心被人发现，往怀里一塞，结果胸前烂了一大片。朱元璋每思及此，心中有说不出的感激与怜爱。

马皇后是如此的善良，所以，当她飞黄腾达，当了皇后之后，努力提倡妇德。由于她自己没有读过书，所以特别欣赏媳妇徐后能够熟读刘向所著的《列女传》(列女，旧时指有节操的女子，列同烈，有贞烈之意)，婆媳二人一块讨论古代贞节妇女，并且暗暗以此为榜样，因此，互相理解，相亲相爱。

马皇后死后，徐后本着婆婆的遗命，另外撰(zhuàn)写《内训》一书，书中所讲的，不外是修身养性的东西。徐后乃是开国功臣徐达的长女，毕竟家世教养不一样，才有写书的本事。

原先《内训》一书，不过是给皇太子、诸王和宫中女子看的，到了永乐五年（1407 年），徐后过世，成祖因为追念她，遂把此书颁赐给臣民，后来，此书非常流行。

到了清朝初年，有一个叫王相的人，把《内训》一书与班昭所写的《女诫》、宋若莘所写的《女论语》，以及王相母亲所写的《女范捷录》四本书合起来，订为“女四书”。“女四书”就此流行，传遍于妆楼绣阁之间。

当徐后由多年媳妇变成婆时，或许是没尝过受煎熬的滋味，因此，她也疼媳妇们，尤其是明仁宗的皇后张皇后。

永乐二年（1404 年），后来的明仁宗，正式被封为太子，张氏被封为皇太子妃。

张妃不但生了一个白胖儿子，深得成祖与徐后的喜爱，她的雍容大方，谨守妇道，更让公公婆婆赞不绝口。

明成祖徐后，明宫廷画师绘，台北“故宫博物院”藏。

太子因为体形肥胖，行动不便，无法上马，更别提射箭，所以，怀有野心的朱高煦老是数落他，常想取而代之。

成祖三番两次，减少太子宫中膳食，也有好几回，几乎都想换太子，可是想到张妃如此贤惠，她所生的小宝贝这般可爱，最后还是让太子继承皇位，是为明仁宗。

仁宗即位，不知是否因为体形过肥，罹（lí）患了高血压、糖尿病之类的疾病，不到一年，仁宗就去世了。张后含泪忍悲，以太后的身份，协助宣宗。

张太后的贤德，闻名中外，深受民众的爱戴，四方进贡的人，无不争相将贡物献给太后。

宣宗宣德四年（1429 年），宣宗与太后一同谒陵，宣宗为了表示孝顺，曾经亲身下马扶辇（niǎn，辇是皇帝、皇后坐的车子）。

皇帝扶辇，这可是轰动得不得了的大事，两旁的人潮，密密地围了一圈又一圈，就差没有挤死人。所有的人都扯着嗓子齐吼："皇帝万岁！""皇帝万岁！""太后万岁！"

坐在车里的太后，忍不住回过头来，对宣宗说："你瞧瞧，老百姓如此地拥戴国君，皇帝应该勤劳政事，造福大众。"

宣宗赶紧点头称是，感谢母后的教诲。

回宫之前，经过一农家，张太后特别召见一位老妇人，老妇人又欢喜又不安地猛搓裙摆。

张太后和颜悦色地问道："今年收成如何？"

这位姓周的妇人腼腆地回话："托太后的福，还算不差。"接着就期期艾艾讲不下去了。

听说太后驾到，村里的人都把它当成这辈子最大的盛事，忙着献酒，献蔬果，张太后含笑接受："这是道道地地的田家风味，咱们带回去尝尝看。"

张太后不但在民间享有声望，在朝廷之上，更是得到臣子们一致的拥护。

有一回，太后召见张辅、蹇义、杨士奇、杨荣、杨溥（pǔ）、金幼孜，诚诚恳恳对他们说："你们都是先朝的旧人，要好好辅佐皇上。"

接着，张太后又正色地告诉宣宗："这几人是先朝所留给你的，凡事你要与他们商量，他们若是不赞成，你就不能做。"

宣宗回答："记住了。"

又一回，宣宗对杨士奇说："母后谒陵回来，又对朕提到一些，她说，张辅武臣也，通晓大义，蹇义厚道小心，但是优柔寡断，只有你，行事方正，无所畏惧，先帝有时候也会不悦，最后还是接受你的意见。有三件事，常常后悔没听你的。”

张太后虽然极有权威，却一向不滥权，她对自己娘家约束甚严，深恐重蹈东汉外戚干政覆辙。

张太后有一个小弟张升，十分优秀，而且淳良敦厚，但是，张太后怎么样也不许张升插手国事。

张太后的自重自爱，在历史上留下了美名。

孙家小美女进宫

张太后是明仁宗的皇后，虽然明仁宗在位仅仅一年便匆匆过世，但是，张太后的一生却称得上幸福与充实。

张太后还是太子妃时，甚得公公婆婆成祖与徐后的喜爱。她所生下来的宝贝儿子朱瞻基被认为是吉祥之兆。太子对张妃又敬又爱，还得靠她讨父母的欢喜。

等到仁宗归天，宣宗即位，她的声誉更隆，宣宗又非常孝顺，让太后感到相当欣慰。

对张太后而言，这辈子惟一做错，且不能原谅自己的事，便是当初让孙妃进宫。可是，凭借孙妃当年的美艳可爱，又有谁会料想得到之后的事呢?

说起来，那还是张太后还在张妃时代的往事了。

张妃是永城人，因为张妃的缘故，她父亲在洪武二十年（1387年）被封为兵马副指挥使，没多久就过世了，被追封为彭城伯。

张妃与张夫人母女情深，张夫人自幼疼女儿，长大以后，张妃入了宫，张夫人仍不时前来探望，闲话家常。

张夫人是个乐观开朗、最爱帮助人的善心人，她交游甚广，每次入宫，都能把张妃逗得笑个不停，舍不得母亲大人走。

张夫人有次前来，用最惊奇的口吻叙说："我最近看到了咱们永城县主簿孙忠的小女儿，虽然才十岁，一点点大，美得啊，简直是小仙女一般，看到的人没一个不夸的。”

下一回来，张夫人又形容：“这个小女孩儿眼睛亮亮的，鼻子翘翘的，怎有人长得如此俊俏？妈妈我是开了眼界。”

再一次来，张夫人的话题，仍旧绕着孙家小女儿打转：“你不晓得啊，这个小美人愈长愈美了，咱们永城怎出了如此绝色。哎，我说了半天，你还是没法想象她多迷人。”

说着，张夫人微闭了眼睛，仿佛陶醉其中。

张夫人的审美眼光一向挑剔，女人对女人，称赞不容易，即使是人见人夸的大美人儿，张夫人总会皱皱鼻子挑剔：“皮肤太黑。”“人胖了些。”也不晓得孙家小美女到底有多可人，让她母亲这般推崇。可惜，入了宫，当了妃子，不能到处乱跑。

因此，张妃便笑道：“您每回说，说得我真是好奇万分，不如这样吧，娘下回进宫，把她给带来，让咱们也开开眼界。”

“好！”张夫人一口答应，深觉这是平淡生活之中挺有趣的一件事。

没两天，张夫人便献宝似的，牵着孙家小女儿入宫了。为了进宫，还特意打扮一番。人要衣装，佛要金装，这小美人儿换上漂亮的衣服，愈发亮眼了。

这个小女孩，也真不简单，第一回进宫，一点儿也不畏惧，她挺一挺腰，双眼平视着，不慌不忙走上台阶，向张妃请安。

张妃一细看，倒抽一口气，孙家小女孩，虽然还梳着两个丫髻（jì），却完全不似小女孩，倒像是一个女人了，这般的国色天香，难怪连张夫人这个老人家也被迷住了。

张妃捏一捏孙家小女孩的脸蛋，问她几岁了，父亲是什么人。答得清清楚楚，声音娇声娇气，嗲（diǎ）到极点。

听说张妃房里来了一个稀世美女，许多宫女都围拢过来看热闹。有人夸她鼻子尖挺，也有人赞美她眉毛生得好。

小女孩儿面对众人的议论，没有丝毫羞赧（nǎn），大大方方站着让人欣

明仁宗张后，明宫廷画师绘，台北“故宫博物院”藏。

赏，脸上透着自信，显然是晓得自己生得俏丽，也经常被人夸赞。

张夫人坐在一旁，带笑看着围观的众人，心中可得意着：怎么样，我老人家可没说错吧。

张夫人一时兴起，半开玩笑道：“张妃既然喜欢你，你就留在宫里玩，别回去了。”

换作一般小孩子，一定会吵着要回家，孙家小妹妹可不，她嗲嗲地娇笑道：“张妃疼我，我愿意留在宫里陪伴张妃。”

张妃愣了一下，她一向不太喜欢太甜的人，这个小丫头，过于灵慧，不是好事。但是，此念头一闪而逝，尤其在看到孙家小女孩，甜甜地朝张妃一笑，又默默低下头去，嘴巴抿着，显出好看的弧形后，爱美是人的天性，张妃就把小女孩儿留在身边。

张夫人欢天喜地地走了，临走时，得意地说：“我生了一个妃子，今天又带来一个未来的妃子，真有意思。”

明成祖听说媳妇张妃带来一个小美女，也好奇地想来看看。古代后宫号称有三千粉黛，其实选佳丽多半挑身世，真正美丽非凡的并不多见。

成祖一见孙家小美女，即使是能当爷爷的年纪，却也被她的美色所吸引，他心想：“朕一辈子还没见过如此花容月貌，待她长大了，不晓得多少男人会盯着看，朕没这个福气，不过，倒是可以把她留给我的乖孙。”

于是，成祖吩咐张妃："好好地把她养大，将来可以给我的乖孙当妃子。"

孙家小美女听到了，心中暗喜，脸上却一丝表情也没有，完全是喜怒不形于色。张妃发现了，心中盘算着："小美女不简单。"

皇太孙听说宫里来了一个年纪与他相若的小女孩，特别找个机会过来瞧瞧。孙家小美女向皇太孙问安，皇太孙只觉耳中嗡嗡作响，完全没有听清楚她的话，因为她的笑容极甜，嘴唇极美，皇太孙心无二用，眼中集中全神，耳中自然听而不闻了。

小美女看出皇太孙两眼何以发直，心中暗暗高兴着。

仙女原来是巫婆

张妃的母亲每次入宫，总是夸奖永城县主簿孙忠的女儿有多么美丽，有一回，张夫人把孙小妹带入宫内，果然是美艳绝伦，于是，孙小妹就被留在宫中。

孙小妹愈长愈标致，已经不能称为小妹，而是亭亭玉立的少女了，她无论走到何处，都有人投以惊艳的眼光，她对自己的容貌也更具信心。没事时，总是一个人，托着腮帮子，对着铜镜发呆，并且痴痴迷迷地自言自语："天啊！我生得如此美艳，简直是仙女，不，仙女也比不上我。"说着，用手轻抚脸蛋。

张妃不认为这是好现象，总是婉言规劝："妇容固然重要，妇言、妇德、妇功同样重要，此之谓妇女四德。"说着，张妃把她婆婆徐后所写的《内训》一书交给孙家少女，正色地说："好好研读，对你很有用的。"

张妃的话，孙家少女哪儿听得进去，但是，表面上，她用力地点点头："多谢教诲。"

等到张妃一转头，孙氏顺手把书一抛，扔得老远，瞧都不瞧一眼。然后，把鼻子贴近铜镜，努力端详着自己，陷入自恋之中。

这一切，张妃都看在眼中，暗暗叹一口气："孺子不可教也。"

外表看来，孙氏非常善良，仿佛连一只小蚂蚁也不忍伤害，与天使一般温柔。当她抱起小白兔轻轻抚弄时，旁人赞美："你们看，这一人一兔都是世间至美。"

孙氏听了不悦，抱着小兔子走到草丛，用力捏着兔子的耳朵，重重地摔在地上，气愤地说："你也配与我相比吗？"

张妃正好走过，听到孙氏的恶言恶语，很不以为然，走过来准备责备。孙氏机警，立刻抱起小白兔，万分怜惜道："小兔子，好可怜，你怎么被石头割伤了耳朵？"孙氏转眼之间，又变回温柔美丽的天使了。

张妃气极，却不想再开口指责，说了也没用。孙氏只会张着一双大眼睛，眨着长睫毛，一脸无辜，倒像是张妃不懂得怜香惜玉似的。

张妃不想再直接指出孙氏不当，却不自觉一脸鄙夷，皱紧眉头冷冷而去，孙氏当然也敏感地发现张妃的态度变化。

通常，在宫闱（wéi）中求生存的女子，都学会了一套演戏功夫，每个人脸上都带着笑容，似乎亲热得不得了，骨子里却藏着一把刀，随时捅出来。

张妃的情况有点儿不一样，她自幼受到父母的宠爱，入宫之后，又得到公公婆婆的欢喜、丈夫的敬爱，所以用不着演戏。同时，又因为帮助太子对付小叔朱高煦的欺负，无形之中磨练了一身精干与正直。

张妃了解孙氏是怎样的人以后，她暗暗下了一个决定，以后为皇太孙选太孙妃时，可千万不能选孙氏，虽然太孙是如此着迷于孙氏的美貌。

张妃爱子心切，几经物色，多方打听，终于选了一位张妃心目之中理想的媳妇——胡善祥。胡善祥出身世家大族，娴静贞良，虽不及孙氏妩媚，却是气质典雅，落落大方。

永乐十五年（1417年），成祖为心爱的孙儿选妃，胡善祥为妃，孙氏为嫔，妃与嫔相比，显然孙氏略逊一筹。孙氏非常生气，打她十多岁初进宫，就一心一意想当皇后娘娘，这会儿被硬生生压了下去，她心头仿佛打翻了一缸醋。但是，表面上却完全不动声色，谁也猜不透她的心思。

后来，成祖去世，仁宗即位，仁宗当了一年皇帝就过世了，张妃也由张后成为张太后。同时，宣宗即位，胡善祥成为皇后，孙氏成为孙贵妃。

宫中图，明杜堇绘。

孙贵妃原本灵巧，自幼生长于深宫，更练就了种种手段。胡皇后生长环境单纯，人又厚道，原先还以为孙贵妃是善良的仙女，所以完全不摆皇后的架子，人前人后夸赞孙贵妃。

孙贵妃看着时机到了，趁着四下无人，开始百般欺负胡皇后。胡皇后从来没有被人凶过，也从未斥骂过人，她被孙贵妃呵斥，整个人呆住了，胡皇后不敢相信，那尖拔高亢的泼妇骂街竟然出自孙贵妃口中。

胡皇后若是机警，她该立刻回顶过去，毕竟皇后母仪天下，掌管后宫所有妃嫔。可是，胡皇后太老实了，她又羞又气，想到平日对孙贵妃的礼遇，情不自禁落下泪来。孙贵妃瞧不起胡皇后的懦弱，扬长而去。

当天晚上，胡皇后发烧、咳嗽，自此以后，胡皇后身体从来没有好过。胡皇后缺乏斗争经验，只晓得忍耐，她退一步，孙贵妃就进一步，胡皇后吓得干脆躲在病床之上，蒙着头哭到天明。

这一切，张太后都看在眼中，她数次询问胡皇后，胡皇后是厚道人，总是回答："没事，没事。"

张太后问：“是不是孙贵妃太过分了，你是皇后，该拿出一点皇后的气魄来。”

问题是，胡皇后一见孙贵妃就害怕，一听到她甜软娇嗲的声音，马上联想到孙贵妃锋利尖酸的狰狞面目，天啊，仙女变女巫，太可怕啦。

孙贵妃心知肚明，胡皇后不是自己对手，同时，明宣宗也被孙贵妃的美色，迷得昏昏沉沉。

孙贵妃集三千宠爱于一身，她也不准明宣宗去找其他的妃嫔。再下一步，孙贵妃就要把皇后位置抢到手。

可是，废后在中国古代，可是大事一件，该怎么样才能得手呢？孙贵妃琢磨着，盘算着，她有不计一切、不择手段的旺盛企图心。

孙贵妃恃宠争权

明宣宗的皇后胡皇后，性情娴雅，温柔敦厚，奈何“人善被人欺，马善被人骑”，处处受制于外表娇美动人，内心深沉诡诈的孙贵妃。

最初，宣宗对于母亲张太后安排胡氏为皇后，孙氏为贵妃，并不反对。反正左拥右抱，全是他的人（皇后是妻，贵妃为妾），何况，自古以来，皇后一向标榜的是母仪天下，胡皇后知书达礼，的的确确比较当得起“母仪天下”四个字。

明宣宗的学问极佳，嗜爱书本。正巧，胡皇后出身世家，饱览诗书，才情极高。因此，宣宗觉得，与胡后谈论诗文，也是一桩乐事，这与孙贵妃撒娇献媚，风情万种，又是不同的美妙滋味。

孙贵妃看到胡皇后竟然能与宣宗谈论诗文，心中醋意大发，一有机会就依偎在宣宗怀里，哭哭啼啼编一套胡皇后欺负自己的故事。

孙贵妃编的故事多了，让宣宗相信胡皇后真的是在欺负孙贵妃，美人儿被皇后虐待，任谁看着也不忍心。

有一天，宣宗和胡皇后在一起，宣宗便要求她善待孙贵妃。

宣宗带有责备语气的话，差一点让胡皇后晕过去，她何尝欺负过孙贵妃，倒是孙贵妃常常暗地欺负她！只不过孙贵妃凭着一张漂亮的脸蛋，加上善于演戏，让宣宗误以为孙贵妃太娇美，才受到胡皇后的欺负。

胡皇后想分辩，又不知打哪儿开口，她很想把孙贵妃的真面目揭开来，又怕宣宗会不相信。况且，她又是厚道之人，总觉得在背后批评别人是不道德的，思前想后，满腹委屈，不自觉地，泪水夺眶而出。

宣宗见皇后哭了，不觉着了慌，赶紧解释道:“你下回多多包容贵妃，朕不会再怪你的。”

宣宗竟然以为胡皇后真的欺负过孙贵妃，所以才感到愧疚而哭了。

宣宗走后，胡皇后忧急攻心，又病倒了。懦弱的个性和教养的约束，使她除了哭泣之外，真不知该如何对付孙贵妃。

张太后前来探望，心疼万分地对胡皇后说:“你身为皇后，管理所有的妃嫔，也该拿一点威仪出来，用不着太怕孙贵妃。”张太后捏紧胡皇后的手，想要带给她一些力量。

胡皇后感激地望了张太后一眼，不晓得该要说些什么，只喃喃道:“我没有用。”豆大的泪珠，滚满了一脸。

旁人都被孙贵妃的美貌和做作给迷住了，张太后可是亲眼看着孙贵妃进宫，知道孙贵妃那张美丽的面孔背后的恶毒心肠。

张太后握着胡皇后的手，内心激起一股正义澎湃之情，她定定地看着胡皇后:“有我在一天，我就会尽我的全力保护你。”

孙贵妃呢？她根本没把软弱多病的胡皇后放在眼里，她清清楚楚地知道，通往皇后的路最大的障碍来自张太后，这件事不能急，也急不得，非慢慢铲除不可。

有一天晚上，孙贵妃特意浓妆艳抹，用茉莉花种拧出汁水，抹在手心里拍脸，本来就是个鲜艳异常的美人，再抹了天然香水，甜香满颊，芳香欲滴。

孙贵妃最擅长撒娇，又多喝了几杯酒，漂亮的大眼睛，顾盼流光，直把宣宗看得迷离恍惚。

孙贵妃心想，是时候了。于是，一面猛灌宣宗的酒，一面开始提出要求:“皇上最不公平了，皇后有的，我都没有。”

宣宗抓抓脑袋，不解道:“谁说的？哪一样东西是皇后有的，你没有？”说着，宣宗轻抚贵妃细腻的脸蛋。

宫中图，明杜堇绘。

事实上，自胭脂珍宝到绫罗绸缎，孙贵妃的奢华，远远超过胡皇后。

孙贵妃尖着嗓子，嗲声嗲气："有一样东西，可是她有我没有的，那就是金印。"

原来，宣宗即位，立皇后、封贵妃之时，按照规定，皇后有金册金宝（印），贵妃只有金册，没有金宝（印）。

宣宗这下子可为难了，他讷讷道："金印一向是皇后才能有的。"

"我不管，为什么我没有？"孙贵妃提高了声音，双手推着宣宗的肩膀。

宣宗道："你要那个做什么？"

孙贵妃突然脸色一变，双手叉腰，两眼瞪得比铜铃还大，尖声嚷道："做什么？没有那一颗小小的金印，我样样比不上她，处处得听她的，你就不晓得，皇后凶起来会有多怕人。"

宣宗吓了一跳，怎么孙贵妃变了一个人似的，那娇柔的模样，竟然不见了踪影。这副凶相和漂亮的脸孔，多么不搭调。

宣宗也不是笨蛋，脑际里灵光一闪，莫非这凶相才是孙贵妃的本来面目?

但是，宣宗也和胡皇后一般，自小备受宠爱，他是成祖的心肝，是仁宗的宝贝，他不晓得该如何应付，从来未见过这小美人的凶恶状，那脑际里的灵光立刻消失了。

宣宗心想：贵妃以下，有册无宝，原是大明朝的规矩，金印岂能随意颁给，又不是赏一件首饰；再说，太后那一关铁定会碰钉子的。

孙贵妃瞅（chǒu）着宣宗缩着脖子不说话，气得大声吼了起来：“你说，你给不给金印？”

宣宗嗫嚅（niè rú）道：“朕考虑考虑。”

明宣宗意乱情迷

想当初，宣宗与孙贵妃，即使是好不容易逮住机会，碍于礼教，双方都得避开老远。每次见到小美人回眸一笑，宣宗总是心里头乱纷纷，日夜思念不已，恨不得早日长大完婚，一解相思之苦，所以尽管后宫佳丽如云，宣宗连多看一眼也没有兴趣。

当然，孙贵妃提任何要求，宣宗无不接受，只是这次索要金印，乃是违反皇宫礼制的事，他可不敢轻率地答应。

宣宗在孙贵妃一再逼迫之下，抱着准备挨骂的心情，嗫嗫嚅嚅向张太后开了口：

“想当初，皇祖（指明成祖）把胡孙二人同时选为妃嫔，其实，礼数是差不多的。如今一人贵为皇后，一人仅是贵妃，一人有册有印，一人有册无印，相差太远了，可否也赐给孙贵妃一个金印？”

讲到这儿，宣宗自知理亏，红着脸，小声地说：“兹事体大，儿也不敢自专，恳请母后决定。”

在中国古代，皇帝的话就是圣旨，宣宗真要给孙贵妃金印，太后又能如何？换一个角度来看，宣宗还想到问一声老娘，也算是孝顺的了。当然，张太后明白，这个准是孙贵妃的主意。

于是，张太后以沉重而缓慢的语调说：“贵妃有册无宝，这是咱们老祖宗定下来的规矩，岂能轻言更易？不过，由于她二人同时进宫，稍事优待孙贵妃，似无不可。但是，以后孙贵妃不许处处与皇后相比，皇后不但门第较高，德行亦较孙贵妃高出许多，你千千万万得牢记。”

张太后的意思非常明显，金印可以给孙贵妃，但是，孙贵妃可别再打什么歪主意。

宣宗根本没有细想，只觉得能向美人儿交代了，心里忽然觉得好轻松。

孙贵妃拿到金印以后，笑容满面，对宣宗特别温柔，常像小鸟一般，贴在宣宗身边，让宣宗心里感到真是甜美。

有一天，宣宗下朝，心中惦记着小美人，急急忙忙赶到孙贵妃宫中。

“万岁！”宫女在宫门口跪着迎接宣宗，却不见孙贵妃。

“贵妃呢？”宣宗问道。

“贵妃在宫内有事。”一个宫女答道。

宣宗不再问话，快步走进宫中，只见孙贵妃正把双手放在一块大冰之上，宣宗感到好奇怪，现在正是秋凉时节，哪里热得要用冰。

“小美人，你在干什么？”宣宗望着孙贵妃那娇艳如花的脸孔。

“皇上！”孙贵妃叫了一声，就大哭起来，扑倒在宣宗怀里。

“心肝，别哭，快告诉朕怎么一回事？”宣宗疼惜地轻摸着孙贵妃的黑发。

明宣宗像，明宫廷画师绘，台北“故宫博物院”藏。

“你看哪！”孙贵妃把一双玉手伸到宣宗面前。

一看孙贵妃的双手有些红肿，宣宗好生心疼，立刻焦急地问：“宝贝，你的手被什么东西给夹伤了？”

“才不是夹伤的。”孙贵妃又钻进宣宗的怀里边哭边说，“是被皇后打的。”

“什么？”宣宗简直不敢置信，“皇后为什么要打你？”

“还不是那颗金印。”孙贵妃委屈地说，“那颗金印有什么了不起，我才不稀罕。可是，皇后怀恨在心，太后又劝皇后立威。于是，皇后在坤宁宫召我过去，没想到皇后早已安排了宫正司女官。我一进去，皇后就命女官拿了紫檀戒尺，把我的手心手背打了一百下。皇上，痛死我了，肿得好大，你千万要替我做主啊！”

宣宗一面听着美人在怀里悲伤地哭诉，一面感觉到孙贵妃在抖动，心中大生怜爱，紧紧地搂住孙贵妃：“宝贝，别哭，朕会为你做主的。”

孙贵妃的诡计

明宣宗集三千宠爱于孙贵妃一身。孙贵妃诬陷胡皇后责罚她，宣宗万分疼惜。

宣宗如果冷静、理智一点，就能察觉这件事至少有两个疑点。第一，胡皇后从来没有打过人，若这次真的打皇帝最心爱的贵妃，一定会立刻有宫女或太监飞报皇帝，一定会变成皇室内的大新闻，可是宣宗却没有得到一点信息。

第二，如果孙贵妃真的被打了一百板，恐怕整个手掌会肿得像熊掌一般大，哪里会只是轻微的红肿。可是宣宗这时脑子早已被孙贵妃的眼泪和娇泣声弄得一塌糊涂，根本失去了分析的能力。

“宝贝，”宣宗轻拍着孙贵妃的肩膀说，“你说，我该怎么帮你？”

孙贵妃突地一抬头，用手拨一拨零乱的发鬓，瞪大了眼睛望着宣宗，用坚定的声调说：“只有一个办法，就是废掉皇后。”

宣宗吓了一跳，一脸苦笑道：“废后乃国之大事，皇后又没有犯错，如何能废？”

“谁说没有？”孙贵妃立刻接口，“皇后多年不育，岂不是犯了七出之中最重要的一条？”（所谓“七出”，指的是不事舅姑、无子、淫泆、妒忌、恶疾、口舌、盗窃。古代女子十分可怜，没生儿子是滔天大罪，猛生女儿仍然算是无子。）

宣宗整个人呆住了，不晓得该如何答腔，也差一点脱口而出："可是，你也没有为朕生个儿子，是不是也同样犯了七出？"但是这一句话太尖锐，宣宗害怕孙贵妃受不住，因此没敢开口。

孙贵妃看到宣宗的神情，马上拿出撒娇的绝技，抱住宣宗的脖子，嗲声说："皇上难道不肯立我为皇后吗？"

"宝贝，"宣宗眯着眼睛说，"朕当然愿意立你为皇后，可是如果以胡皇后无子为名废后，那么，你不是也没生儿子吗？"

"皇上，只要你立我为皇后，我一定会生一个儿子。"孙贵妃把脸贴在宣宗的胸口。

"什么，你怎能保证你会生个儿子？"宣宗好奇地看着孙贵妃。

"皇上别管，你先发誓，我生个儿子就立我为皇后。"孙贵妃在宣宗耳边说。

宣宗心想，如果孙贵妃生子，而胡皇后又无子，废胡皇后立孙后也许可以讲得通。于是点点头道："好，朕发誓，如果你生个儿子，朕必立你为皇后，不过，你怎么知道你会生儿子呢？"

孙贵妃神秘地附在宣宗耳边，悄悄地说了几句，又把宣宗弄呆了。

原来，孙贵妃的计谋是让宫女怀孕，孙贵妃伪装怀孕，等宫女生了儿子，孙贵妃便接为己子。后宫宫女，才貌庸俗，地位卑下，皇帝是不会理睬她们的。现在孙贵妃为了当皇后，便想出了"借腹生子"这个主意。

"朕只爱宝贝你呀，朕不要那些粗俗的宫女。"宣宗摇摇头，他被孙贵妃迷得神魂颠倒，对其他女人都没有兴趣了。

"皇上，"孙贵妃从宣宗怀里爬出来，站在宣宗面前，用严肃的神情说，"你该想一想，你还没有儿子呢，后宫的女子那么多，总该有人为你生一个儿子接续香火吧！"

在古代，没有儿子是一件很严重的事，尤其是皇帝，如果没有儿子，皇位该传给谁？孙贵妃的话，也不是没有道理。

"皇上，"孙贵妃又依偎上来，换了柔和的口气，"我知道你只爱我，你

明宣宗胡后，明宫廷画师绘，台北“故宫博物院”藏。

不爱她们，但你只是借她们的肚子为你生一个儿子啊！”

“好吧！”宣宗望着孙贵妃，“你的计谋可要小心保密，否则会惹来大麻烦。”

孙贵妃诬告胡皇后的消息，传到张太后耳中，太后赶紧去找胡皇后，一脸凛然道：“不是我说你，你也该好好整顿一下后宫，立一立皇后的威。既然孙贵妃说你打了她，你不妨就差人把她给找了来，真的打她一顿，让她以后别胡乱造谣，否则，她话说得多了，不免影响皇帝对你的看法。”

胡皇后幽幽地说：“把孙贵妃找来揍一顿，这种事我做不出来。何况，皇上早已对我厌倦了。”胡皇后想到当初与皇上共赏诗文，浓情蜜意的时光，忍不住流下两行清泪。

张太后既怜胡皇后的善良，又气胡皇后的懦弱，她长长地叹了一口气：“你如此忍让，难怪孙贵妃可以骑在你的头上。”

“唉，”胡皇后伤心地说，“这个皇后，当着也没有意思，我早也不想当了，不如烧香拜佛，图个清净。”

看着胡皇后的可怜相，张太后只得摇摇头，叹一口气，婆媳俩相对无言。

另一方面，孙贵妃正积极怂恿宣宗进行废后计划。

宣宗被孙贵妃的美色给迷昏了头，同时也担心不孝有三，无后为大，尤其身肩大明帝国的命脉，没有子嗣（sì）是万万不可以的。

孙贵妃演出怀孕剧

孙贵妃天使面孔，魔鬼心肠，她计划利用宫女怀孕生子，做一个现成妈妈，然后，以此为由，废掉胡皇后。

主意虽妙，毕竟是见不得人的勾当，宣宗不敢让臣子们参与，免得被议论。于是，宣宗悄悄找了四名得力的太监共商大计。

宣宗找来的四名太监是范弘、王瑾、阮安与阮浪，这四名太监，大有来头，值得一提。

明成祖时，张辅出征交趾，俘虏了一些小男童，其中有不少都长得眉清目秀，是人见人爱的小帅哥。张辅把他们都净了身，送到成祖宫里当小太监。

在这群小太监之中，尤其以范弘等四人最为俊秀，眼睛大，鼻子挺，让人忍不住多看几眼。

明成祖非常喜欢这四个小男生，欣赏他们的聪明伶俐、乖巧懂事。有一天，明成祖终于忍不住说："该教他们识字，受点教育，自然会更能干。"

明太祖曾经下令："内臣不许读书识字。"可这一会儿，明成祖正在兴头上，他喜欢重用太监是出了名的，他所提拔的太监，例如郑和等，又的确表现优越，谁又敢不识趣地搬出老祖宗的戒条，惹明成祖不悦？

在明成祖的特意栽培之下，范弘精通文墨，成为司礼监的掌印太监。

阮安擅长建造宫殿，修治运河。阮浪口才便给，文学修养深厚。这三人，后来被明成祖赐给了明仁宗。

还有一个名叫王瑾的，脑筋最为灵活，深得成祖喜欢，成祖把他送给自己最疼的小孙子——明宣宗。

明宣宗自从得到王瑾，真是如鱼得水。明宣宗自己是个聪明人，非常受不了一般太监笨头笨脑，一件事情交代下去，总是丢三忘四。

明宣宗经常对王瑾说：“真希望能多有几个王瑾，办事就会利落多了。”

为了多“制造”几个王瑾，明宣宗在内廷设立了一个“内书堂”，挑选一些资质优异、聪明活泼的小太监送去读书，至于明太祖规定“内臣不许读书识字”的禁令，早就没人去理会了。

宣宗训练太监，花了极大的功夫，他设立的内书堂，也绝不是随便混混的地方。他礼聘名师，严格管教，例如大学士陈山，便被派去主管内书堂。内书堂自宣德初年设立，一直延续到明朝灭亡为止。

话说回头，宣宗用了王瑾这一批人，自然是养兵千日，用于一时，如今孙贵妃想假怀孕，王瑾拍着胸脯保证说：“包在我身上。”

宣宗离开之后，孙贵妃慎重地对王瑾说：“这件事绝不能让外界知道，尤其是未来的皇子，更不能让他知道生母是谁。”

王瑾立刻接口：“当然，子生母亡，绝不能留活口。”

孙贵妃点点头，美丽的脸庞，不自觉浮出残忍的微笑。

宣宗按照孙贵妃的计谋，每天和一些宫女在一起，这是很反常的，宫女们受宠若惊，禁不住兴奋起来。不久，有一位宫女怀了孕，这位怀了孕的宫女立刻被王瑾安排到一处秘密场所，不与外界接触，给予最好的食物，表面上说是既然怀了孕，要特别照顾，其实是保密，不让外界知道。

在宫女怀孕的同时，王瑾也放出消息，说是孙贵妃怀孕了。接下来，就是孙贵妃演她的“怀孕剧”了。

怀孕当然得让肚子慢慢大起来，于是，先在肚子上垫毛巾，愈垫愈多，最后，衣服里装入了枕头。

宫中图，明杜堇绘。

孙贵妃一向擅长演戏，一会儿闹着非吃酸梅不可，一会儿说是害喜严重，不能进食，反正颐指气使，乱发脾气，把皇宫里上上下下整个够。

宣德二年（1427年）十一月，孙贵妃的怀孕剧达到最高潮，真正怀孕的宫女，生下一个白白胖胖的小男孩，做母亲的还没有看到亲生的婴儿，小婴儿就被王瑾给抱走了。

“孩子我先抱着。”王瑾装出一副笑脸，对那宫女说，“你要好好静养，皇上送你一碗人参汤，补一补身子，你赶快喝吧。”

宫女感激地接过人参汤，一口气就喝了下去。刚喝完不久，宫女就觉得天旋地转，两眼发黑，连叫都没有力气，糊里糊涂命归黄泉，再也见不到她亲生的婴儿了。

胡皇后心碎坤宁宫

孙贵妃设计让宫女怀孕，果然，宫女生下一个白白胖胖的小男孩。

同一个时候，孙贵妃也“临盆”了，“生”了个人见人疼的男婴。小男婴其实是宫女所生的，可是，那宫女已经永远地离开人间，没人知道她的姓名，也没人知道她埋骨何处。

孙贵妃的计谋终于成功了，她抱着婴儿，那份喜悦不是来自母性的情爱，而是即将夺得权力的满足感。

“恭喜啊，宝贝！”宣宗握着神采飞扬的“产妇”的手，竟然忘记了小婴儿不是孙贵妃所生的。

小男孩的降生，使宣宗十分兴奋，他为这婴儿取名为朱祁（qí）镇，这小男孩就是后来的明英宗。

“皇上，”孙贵妃躺在床上，用娇滴滴的声音说，“我已经有了儿子，皇上，还记得你发过的誓吗？”

宣宗有些迟疑：“母以子贵，你如今是皇母，又何必非要当皇后，谁又敢欺负你？”

“什么？”孙贵妃霍地从床上坐了起来，发出尖锐的高音，“我只是妃子，万一有一天，皇后也生了儿子，我的儿子就当不成太子，那我怎么办？”

宣宗叹一口气：“我保证，我不再去皇后那儿，这样你总放心了吧。”

孙贵妃杏眼圆瞪，简直像是变了一个人，双手把小婴儿举了起来：“你不废皇后，我现在就把他摔死。”

“这可使不得。”宣宗吓坏了，连声答道，“好，我答应你。”

过了几天，孙贵妃“坐完月子”，见宣宗并无动静，又缠住宣宗要求废掉胡皇后。

宣宗颇有一些为难，他期期艾艾地解释：“皇后未曾失德，拿什么理由废后？废后是一国大事，并非只是家务事。何况，在普通民间，大妇未生育，男子娶小妾生子继承香火，这是常有之事，却未闻因此废掉大妇。”

宣宗的解释，孙贵妃根本听不进去，她思索了一会儿，扮成一副甜甜蜜蜜的笑脸凑了上来。宣宗一见美人笑，立即肉酥骨烂，脑筋也就糊里糊涂起来。

孙贵妃嗲声嗲气道：“当然，如果要皇上废后，让皇上为难，的确这也说不过去。不如，由皇后自请退位，那不是最简便的方法吗？”

宣宗暗吃一惊，果真是最毒妇人心，不过，假如非要废掉胡皇后，这倒不失为一个好方法。

于是宣宗来到坤宁宫，看到胡皇后正在念佛经。

“皇后，”宣宗心里有些不安，可是脑子里孙贵妃的美丽倩影在闪动着，终于鼓起勇气开了口，“你身体一直不好，又没有生儿子，我想你是不是可以把皇后的位子让出来？”

“皇后位？”胡皇后用幽怨的眼光望着宣宗，“皇上，我并不在意皇后的头衔，我只希望，你不要忘记我们一起作诗读文的那一段日子。”

“皇后，我不会忘记的。”宣宗惭愧地低下头。

“可是要把皇后位给孙贵妃？”胡皇后轻声地问道。

宣宗点点头，掩不住内心的愧疚。

孙贵妃假怀孕的事，胡皇后早就知道，当然，也有人劝她出面干涉。胡皇后这些年来，病也病够了，气也气饱了，她根本不善于斗争、使诈，她不齿于孙贵妃的所作所为，却也懒得追问，闲来无事，一人看看佛经，求取心灵的平静。

明宣宗孙后，明宫廷画师绘，台北“故宫博物院”藏。

不料，闭门家中坐，祸从天上来。宣宗要求她自请退位，胡皇后当然是不甘愿的，当然是生气的，她是皇后，她大可以拒绝。

可是，懦弱的个性，使她连发一顿脾气的勇气都没有。面对宣宗的一脸愧疚和哀求的眼神，她的心碎了，她实在是爱这个皇帝的，现在这个皇帝变了，她却没有变。那一份浓浓的爱，使她的心像撕裂一般痛，她实在不在乎这个皇后位子，让她感到绝望的是那一份追不回来的爱情。

“皇后，求你答应吧！”宣宗再次请求。让胡皇后最感到难过的是皇帝的语气，似乎一次比一次冷。

“唉，我今晚就写一份奏章，自请退让皇后位。”胡皇后闭着眼说，她不敢看宣宗，她怕一睁眼就会昏倒。

当天晚上，胡皇后便上了一个奏章，自称由于身体有病，多年无子，十分惭愧，情愿辞去皇后之位，以便早定国本。

孙贵妃夺位

孙贵妃怂恿宣宗逼迫胡皇后退位，胡皇后含痛忍悲自请退位。

看到了胡皇后的奏本，宣宗兴奋莫名，赶快去孙贵妃那儿，报告好消息。

听完宣宗的话，孙贵妃眉头一皱，冷冷地说：“这样不好，会让天下人误以为我有心抢皇后的位置。”

宣宗颇为生气，他心想，本来就是你一直在抢嘛，口中却百般怜惜道：“不然，你想怎么办？”

孙贵妃嘟着嘴道：“不如，我也上一个奏章。”

于是，孙贵妃也上了一个表，客气地推辞：“皇后病愈之后，自然会生儿子，吾子岂敢先于皇后之子成为太子。”

孙贵妃的奏章当然是虚情假意的，她怕胡皇后不再唱这出戏，便要宣宗再向胡皇后逼迫，让胡皇后再上奏章，表示坚决要让出皇后位，并且请立朱祁镇为太子。

胡皇后第二次将奏章呈上以后，孙贵妃立刻也上了奏章，表示谦让。就这样一来一往，一共闹了三回，孙贵妃既要里子，又要面子，胡皇后被整得终日眼泪汪汪，身体更加孱（chán）弱。张太后想要插手，胡皇后却加以婉拒，胡皇后绝望地说：“算了，反正孙贵妃不把皇后位拿到手，她是无论如何不甘心的。”

在中国古代，废后是一件大事，可是明朝重臣杨溥、杨荣、杨士奇都没有出面讲话，因为他三人看得很清楚，明宣宗一心一意都在孙贵妃身上。宣宗在其他方面，也算得上是位明君，何必为了女人之事，惹得皇帝老爷不开心？所以，“三杨”虽也曾耳闻宫闱之间种种不平，却宁可睁一只眼，闭一只眼。由于这一件事，有人指责明朝“三杨”实不能被誉为一代贤臣。

宣德三年（1428年）三月，宣宗终于正式废胡皇后，赐号为静慈仙师，仍在宫中潜修静养，孙贵妃大摇大摆，正式登上皇后的宝座。

胡皇后贤惠贞洁，无故被废，尽管孙贵妃擅长演戏，但宫中上上下下心里雪亮，人人同情胡皇后。这件事不胫而走，传到宫外，天下人都暗暗为胡皇后抱不平。

张太后是最最同情胡皇后的，张太后最清楚孙贵妃，不，现在是孙皇后。虽然胡皇后已成废后，张太后担心，孙皇后会继续欺负胡皇后，说不定还会下毒手。

于是，张太后对宣宗说：“以后，胡皇后就和我一起住，解解闷。”

宣宗做了亏心事，还敢说一声“不”吗？当然，只有乖乖听太后的话。

张太后不满孙皇后的毒辣，为了替胡皇后求个公道，自此以后，每次宴会，她都把胡皇后的位子，安排在自己身边，所以，孙皇后即使贵为皇后，位子仍在胡皇后下面。

孙皇后每次宴会回去，总是怄得又哭又闹，气呼呼地抱怨：“我还是太后一手带大的，如此当众羞辱我，给我难堪，就因为我人长得美，谁都要妒忌，都要踩一脚。”

宣宗两手一摊，无可奈何道：“我总不能干涉她老人家。”

另外一方面，孙贵妃假怀孕，逼走胡皇后之事，也逐渐为外界所闻，甚且有人直接问到宣宗。

宣宗很尴尬，讪讪地解释：“此朕少年事。”宣宗表示是自己年纪轻不懂事。宣宗是贤君，素来享美名，为了这件事，被外界批评，形象受损，他心中亦不无遗憾。

明宣宗，出自《朱瞻基行乐图》，明人绘。

宣宗在位，仅仅十年，得病而死，宫女生下的朱祁镇即位，是为英宗。

按理说来，母以子贵，以后该是孙皇后扬眉吐气的日子了。孙皇后改称为孙太后，张太后则改称为太皇太后。

但是，张太皇太后仍然是大权一把抓，实在是她自太子妃起，被训练成为一个能干的女强人，对朝政熟悉，有为有守，人人敬爱，朝中重臣人人信服。

至于孙太后，除了长相漂亮，会耍手段，到底腹中无墨水，撒娇耍赖她在行，真要她看奏章，立刻显现出无知。

张太皇太后深知孙太后是怎样的一块料，完全不准孙太后插手政事，在这样的情形之下，胡废后才能靠着太皇太后的保护，苟延残喘。

一直到英宗正统七年（1442 年），张太皇太后去世，第二年，胡废后受不住打击，也病逝了。

后来，孙太后也过世了，明英宗觉得那位曾经的胡皇后贤而被废，天下人为之不平，这才修缮陵寝，追谥她为恭让皇后。

蟋蟀皇帝明宣宗

在明史之中，明宣宗堪称为好皇帝，不过，皇帝总是皇帝，手握无限大权，打一个喷嚏，天下都为之骚动。因此，明宣宗闲来无事时，喜欢斗斗蟋蟀，却也搅得百姓不宁，并且得到一个“蟋蟀皇帝”的不雅绰号。

蟋蟀是节肢动物门，昆虫纲，直翅目，蟋蟀总科，后脚强大而善跃，栖于阴湿的石砾下或土中。蟋蟀好斗，而且必斗得你死我活方肯罢休，因此，有许多人喜欢看斗蟋蟀，觉得过瘾而刺激。

南宋的奸相贾似道便以斗蟋蟀而闻名，并且以此下赌注，玩得不亦乐乎。困守襄阳达三年之久的吕文焕，苦候救兵未到，听说宰相大人忙于斗蟋蟀的“军国大事”，无暇顾及宋朝边境的军国大事，气得投降元朝，天下人都为吕文焕抱不平。

话说回头，斗斗蟋蟀，原是平日小孩子都喜欢的游戏，倒也无伤大雅。但是，皇帝玩起来，却是非同小可。

宣德九年（1434 年），明宣宗向苏州知府况钟下令，圣旨上说，过去内监安儿和吉祥采取不少蟋蟀（古称促织），今年所进蟋蟀数量减少，又有许多是细弱瘦小不堪一战的，希望况钟至少要献上一千只蟋蟀。

皇帝竟然亲自下诏要蟋蟀，这也是少见的事。

至于蟋蟀为什么叫促织呢？这是因为蟋蟀“瞿瞿瞿瞿”，鸣声有如急遽（jù）的织布声，所以又名促织，还有叫吟蛩（qióng）的。同时由于蟋蟀出现于秋风初起，正是催织秋衣的时间，才有“促织鸣，懒妇惊”的谚语。

由于宣宗喜好斗蟋蟀，在《皇明纪略》一书中，记载着这么一段故事。

宣宗喜欢斗蟋蟀，派人赴江南搜寻。价格飞涨，一只善斗的蟋蟀，索价高达十数金。

卖蟋蟀，选自《营业写真》。

当时枫桥有一粮长，为了找寻蟋蟀费尽了千辛万苦，最后，皇天不负苦心人，终于找到一只武功高强的蟋蟀，偏偏对方不卖，并且开出条件：“除非与你所骑的骏马交换。”

粮长心想，虽然名马不可多得，但是如今是蟋蟀当道，如果呈献上去，也许自己就能平步青云，日后在官场有说不完的好处。

因此，粮长一拍胸脯，豪气万千地说：“行，咱们换了。”说着，粮长翻身下马，把马鞭交出，然后，欢天喜地把蟋蟀当宝贝一般给捧回家。

粮长有一妻一妾，平日吵吵闹闹，不甚和睦。今日，久等粮长未归，二人不约而同，站在门口盼郎返家。

等了又等，盼了又盼，才远远见到粮长，手里捧了一个小竹篓，脸上挂着傻笑，摇摇晃晃地走回来。

一妻一妾立刻迎了上去，一前一后地撒娇道：“怎么如此晚才回来？菜饭都凉了。”同时惊异地问道：“老爷，你的马呢，怎么弄丢了？”

粮长口里哼着小调，手里扬着小竹篓，兴奋莫名地说：“换这个了。”

“这是什么宝贝？”

“蟋蟀啊。”

“什么，老爷把名马换成了蟋蟀！”

妻妾二人一块惊叫，彼此对望了一眼，几乎不敢相信自己的耳朵。

粮长的名马，可是真正的天山名驹，平日爱之若宝，甚且不让家中马夫照顾，粮长总是亲自喂它吃草，拿着刷子为它理毛。名马通灵，对粮长也有一份特殊的感情，今天怎么哪一根筋不对，竟然用来换蟋蟀了。

粮长却笑容满面：“今晚，我要好好庆祝，你们快去厨房弄几个下酒的小菜来。”

妻妾二人一向互相看不顺眼，这会儿却忍不住互相商量：“蟋蟀有什么用？”

“我也不知道。”

“又不能下锅去炒。”

“老爷怎么了？”

“该不是病了吧？”

两人研究了半天，就差没有脱口而出：“老爷该不是疯了吧？”

晚饭的时候，粮长主动解了谜，告诉她们，当今皇帝喜欢斗蟋蟀，某人某人都因此官运亨通。“所以嘛，”粮长眯起了眼，“我的未来就在它身上。”

如此说来，妻妾二人恍然大悟，对蟋蟀可不敢小觑，却又耐不住好奇。妾对妻说：“咱们何不偷偷看一看，瞧瞧主掌咱们命运的小东西，到底有何不同。”

妻说：“好啊，我正有此意，偷看一眼，反正老爷也不会知道。”

于是，一妻一妾蹑手蹑脚，潜入老爷的书房，屏住气息，捧出小竹篓，悄悄打开一条小缝，正准备探头一看究竟，说时迟，那时快，矫健的蟋蟀一跃而出，一蹦一跃，跳出窗外，刹那之间，完全失去了踪影。

妻妾二人待在书房，以为自己在做梦，两个人一握手，都是透心冰凉。她二人盘算，老爷一向暴躁，如今闯了这么大的祸，绝饶不了她们，因此一妻一妾当晚上吊。

第二天，老爷醒了，看到空空如也的竹篓，一对僵硬的尸体，痛不欲生，也跟着上吊了。

明人黄景昉（fǎng）在《国史唯疑》一书中，也记载了同样一件“一只蟋蟀抵三条人命”的悲惨故事。

蒲松龄讽刺明宣宗斗蟋蟀

明宣宗喜欢斗蟋蟀，在他个人而言，这是休闲，是娱乐，但是对百姓而言，却是一大负担，真正不折不扣“把自己的快乐建筑在他人的痛苦之上”。

明朝人不敢批评明朝的皇帝，到了清朝，蒲松龄在他所写的《聊斋志异》的小说之中，有一篇《促织》，大大地讽刺了明宣宗。

蒲松龄，字留仙，号柳泉居士，世称聊斋先生，山东淄川人，他小时候就有文名，天资聪慧，学识渊博，可是没有考运，每次应考，总是名落孙山，一直拖到七十二岁高龄，才勉勉强强补了一个岁贡生。

在古代，屡试不第的书生被认为是百无一用，只能教教小孩子，当个私塾老师，为乡里所瞧不起。蒲松龄生活贫困，有志难伸，闲来无事，写写小说自娱娱人。

《聊斋志异》大多描写妖狐鬼怪之事，尤其擅长描写鬼怪化身为美女，无不贤淑多情，大大安慰了落第的书生。以唐人传奇式的笔墨，写人世阴阳的怪异，让读者觉得这些鬼怪，不但不可怕，反而可亲可爱。因此，《聊斋志异》一书大受知识分子的欢迎，每年到了中元节，更是热门的话题。

在名为《促织》的小说之中，蒲松龄是这么叙述的：

宣宗宣德年间，皇宫之中流行斗蟋蟀，每年向民间要求上供大量的蟋蟀。

蟋蟀这个玩意，原来并非陕西的特产，但是陕西华阴县县令，希望能利用蟋蟀平步青云，因此下令乡官："你帮我多找一些蟋蟀来，找到好的，用笼子装着养好，我会出高价收买。"

县令当然是不会花钱购买的，乡官却不得不照办。反正上面推给他，他也有办法再往下推，于是，乡官就假借名目，把抓蟋蟀这件事加派到了民间。

乡官同时还要找一个人专门负责此事，他想来想去，有一个人倒是挺不错的，那就是一个叫成名的私塾老师。

成名是屡试不中的落拓书生，为人既木讷又迂腐，非但乡里的人瞧他不起，成名的妻子也不满意这个脑袋冬烘的先生。

乡官欺负老实人，就把成名找来，满面笑容对他说："在我们县里，你算是肚子里最有墨水的人了。"

成名一抱拳："岂敢，岂敢。"

乡官皮笑肉不笑道："因此，我特别推荐你当里正。"

"喔。"成名没多细想。

乡官清一清喉咙道："里正的任务主要是捉蟋蟀。"

"什么？"老实的成名差一点没昏过去，他不解道，"捉蟋蟀与我粗懂文墨有何关系？"

"当然有，因为你比较负责任，就这么说定了。"

乡官不由分说，给成名派了这么一项任务。成名急坏了，又送厚礼，又托人说情，乡官仍是不改初衷，非让成名接下任务不可。

过了没有多久，为了寻找蟋蟀，成名仅有的一点薄薄的财产也用光了。上头催缴蟋蟀又催得穷凶极恶，成名也不敢摆出里正的威风，再向老百姓榨取，他简直快要被逼疯了。

成名干脆不再起床，他躺在床上，瞪着天花板，研究如何自杀，但是，又没有勇气真的上吊。

成名的妻子，一向看成名不顺眼，在一旁冷冷地说："死又能解决问题

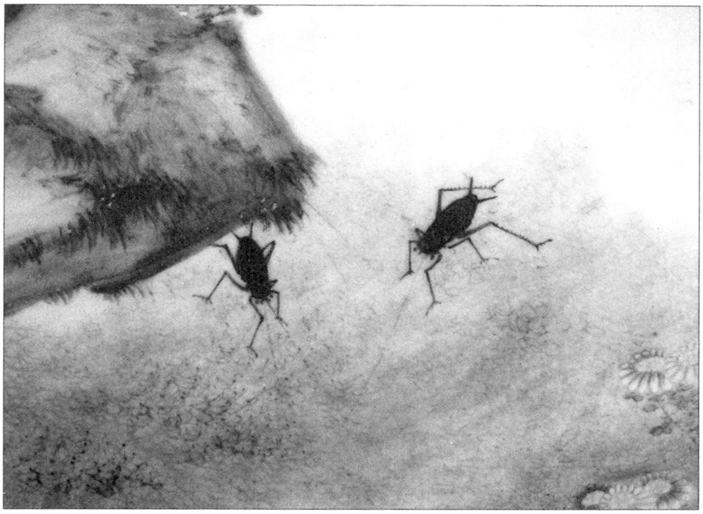

蟋蟀，近人李明亮绘。

吗？你还不如自己去找找看，万一找着了，岂不妙哉。”

成名回答：“好吧。”

从此以后，成名每天天没亮，就带着竹筒丝篓出门，凡是杂草丛生之处，就费尽了力，把石头搬开，用针挑了又挑，试了又试，可以说，什么办法都用过了，还是找不着，即或偶尔捕到一两只，又是老弱不中用的，与成名一般不堪一击。

上头的乡官催得急，成名空手而去，被狠狠打了一百大板，两条大腿之间又是脓又是血，恐怖极了。这一会儿，瘫在床上，痛苦呻吟，哀哀流泪，就只想自尽。

成名夫妇一向是“贫贱夫妻百事哀”，感情非常淡薄，不过到底夫妻一场，也不能见死不救。她对成名说：“最近，村子里来了一个驼背巫婆，听说灵得很，不如我去问问看。”

成名一向是“子不语怪力乱神”的拥护者，向来反对迷信，但现在眼前只有死路一条，也不反对死马当活马医，于是，点点头道：“你把咱们最后剩下的一点银子带去吧，反正，驼背巫婆不灵的话，咱们也不用活了。”

于是，成名的妻子，抱着最后的一线希望，直奔驼背巫婆处。

成名捉蟋蟀

成名没有抓蟋蟀的本事，被乡官狠狠打了一百板屁股，皮开肉绽，鲜血淋漓，一筹莫展之下，只有让妻子去求神问卜。

成妻慌慌张张寻到驼背巫婆之处，只见人声鼎沸，有白发婆娑的老妇人，也有青春美丽的少女，个个怀抱着不同的希望而来。成妻进入屋舍，只见密室外垂着竹帘，竹帘外设着香几。凡是问卜者先把香插入鼎中，一拜再拜，驼背巫婆嘴里呜哩呜啦，不晓得呢喃些什么。

接着，竹帘里抛掷出一张小纸片，问卜者赶紧去拿，捡起来一看，脸上露出欣喜满意的笑容。因为纸中所回答的，正是问卜者心中想问的。奇怪，驼背巫婆真有一套。

轮到成名的妻子了，她学样先把钱供在案上，焚了香，拜了天……过了一会儿，帘内果然又抛出一张小纸片。

成妻惊喜万分地看纸片，奇怪的是，纸片上没有一个字，却画了一幅地图，图中央仿佛是座寺庙，后面小山下，横卧怪石，针针丛棘，一只巨大的蟋蟀停在石上。成妻把纸片揣在怀里，急急返家。

成名原本想自杀，后来决定先等老婆回来再说。成妻一入门，成名顾不得大腿流脓，急奔向前，一把抓住纸片，看了又看，喃喃自语："驼背巫婆莫非是告诉我猎取蟋蟀的地方？"

成名又眯起眼睛，细细端详着画片："这座庙，看来似乎是村东的大佛阁。"

成妻忍不住道：“别研究了，你赶快去大佛阁试试看嘛。”

于是，成名先给大腿换了药，勉勉强强拄着拐杖，一瘸（qué）一瘸地前往大佛阁。他找到大佛阁，绕到后山，只见蹲石鳞鳞，颇像驼背巫婆画中所示。成名大喜过望，也顾不得大腿一阵一阵的抽痛，侧着身子，仔细聆听，在草丛之中慢慢搜寻，简直像是大海捞针，折腾了半天，一无所得。成名心情沮丧，颓（tuí）然坐在石头上发呆，他长长地叹了一口气：“心目耳力俱穷，看来只有死路一条了。”

成名正在自怨自艾，忽地，一只癞蛤蟆猛然跃起，成名一愣，突然想起，驼背巫婆画中也有一只癞蛤蟆，莫非，莫非癞蛤蟆是天上派来的指引者！

成名惊起，紧随癞蛤蟆，癞蛤蟆遁入草间，成名也蹲下身子，在草中搜寻，果然，皇天不负苦心人，成名发现了蟋蟀出没的痕迹，再往下搜，赫然出现一个石穴，八成是蟋蟀的住处。成名拿了一根草，用草尖掭（tiàn）了又掭，毫无动静。

接着，成名用手掬了一些水，往石穴一灌，居然真的出现一只蟋蟀。这蟋蟀长得英俊壮健，姿态不凡，成名大喜，猛扑而上，捉入竹篓之中。

成名眯着眼睛，凝视躲在竹篓中的蟋蟀，只见巨身修尾，青项金翅，一

成名在大佛阁捉蟋蟀，佚名绘，中国历史博物馆藏。

副不好惹的模样，实乃不可多得的上好货色。

成名乐坏了，他一路轻快飞奔回家，仿佛打从出娘胎起，没有一天比此刻更开心。他回想自己少年家贫，十载寒窗，名落孙山，人生似乎是一连串失意与困顿的联结，惟有这一刹那，手中握着竹篓，有前所未有的充实与满足。

成名回到家，成妻迎上前来，着急地问："怎么样？"

成名得意地摇一摇竹篓，神气万分道："你瞧，这是什么？"

"这么说，驼背巫婆果然灵验？"成妻吃惊地问成名。

"那还用得着说吗?"成名一昂首，"不过，当然最后仍靠在下的本事。"

接着，成名把如何经癞蛤蟆指点，如何在草丛里苦苦追寻的经过，详详细细描述了一番，当然，少不得加油添酱，增加趣味。成名讲得口沫横飞，他从来不知道自己的口才这么好。

"哼，你还得谢谢我有帮夫运。"成名的妻子在旁啐（cuì）道，"要不是我去求驼背巫婆，你仍然在寻死寻活。"

"有谢娘子。"成名作揖，仿戏中口白，把成妻逗笑了。他二人一向是贫贱夫妻百事哀，成妻素来泼辣，对成名向来没好脸色，今日成妻如此娇柔，是从结婚那一天开始就从来没有过的，成名简直乐坏了，他不断地唠唠叨叨："这叫作否（pǐ）极泰来。"

当天晚上，成妻把家中仅余的一只大公鸡给宰了，夫妻二人和九岁的儿子小毛，欢欢喜喜打了一场牙祭。小毛打从出娘胎，没见过家中如此乐乐融融，比过新年还像过新年。

小毛问妈妈："今天为什么事要庆祝？"

成妻愉快地说："还不是因为你父亲捉到一只蟋蟀！"

这一问一答，埋下了祸根，欲知后事，请看下篇。

《聊斋志异》中的蟋蟀

成名费尽千辛万苦，得到驼背巫婆的指引，终于皇天不负苦心人，捉到一只雄赳赳的蟋蟀。他这条老命总算可以保住了。

成名对待这只蟋蟀，比对老祖宗还要殷勤，每日蟹白栗黄，张罗食料，爱护备至，只待养到规定的日期，拿出去献宝。

成名的儿子小毛，九岁大，正是调皮捣蛋的年岁。他也斗过蟋蟀，他不晓得平日脑袋冬烘，个性迂腐，只晓得逼着他读书写字的老爹，为什么突然对蟋蟀感兴趣。小毛也不明白，一向喜欢打人骂人的妈妈，为什么换了一个人似的，没事偷偷发笑，把喂食蟋蟀当作了不起的大事一件。

小毛心想："非去看看蟋蟀不可。"

这个念头一起，小毛再也忍耐不住，他告诉自己："看一眼有什么关系，妈妈又不会知道，蟋蟀也不会告状。"

小毛一拍手，"对——"就跑到后院，用手揭开盆盖。这一揭，不得了，蟋蟀一跃而出。小毛吓坏了，两手用力一拍，拍是拍到了，可惜用力过猛，这一拍之下，蟋蟀翅膀也掉了，整个身子被劈成两半。

小毛慌了，用手抖落蟋蟀，大哭大叫，跑到厨房找妈妈。

成妻一听，整个人也呆住了，顺手甩过一巴掌："你这个孽子业根，你完了，等你爸爸回来，看他用什么方法处罚你，我看，你还不如给我去死。"成妻脸色灰死，小毛看呆了，他知道妈妈一向不慈祥，但也从未见过妈妈有如此凶恶的表情。

成名回来了，口中哼着小调，心情显然十分愉快。他一向愁眉不展，自叹怀才不遇，不过，自从捉到了蟋蟀，一切都不一样了。他一进门，成妻就报告坏消息：“蟋蟀死了。”

“什么？”成名不敢相信自己的耳朵。

成妻也一肚子的火，没好气地回答：“你的宝贝蟋蟀被你的宝贝儿子弄死了。”

“这个混账！”成名气疯了，拿着棍子，四处追赶小毛。搜遍了屋内屋外，不见踪影。成妻突然大叫：“不得了，小毛投井自杀了。”

夫妻二人七手八脚把小毛拉上来，一腔怒气转化为满腹悲伤，呼天抢地，哭得好不伤心，从中午哭到傍晚，最后，勉强收拾哀痛，拿了一张草席，准备裹尸体。

正要卷尸体的时候，成名发现小毛鼻孔里还有一丝气息，夫妻俩喜出望外，把小毛放回床榻。到了半夜，小毛果然活过来了，但是原来调皮捣蛋的小毛，却神情呆痴。

成名折腾了一天，既然小毛活过来了，也顾不得他变傻了。成名痴痴地望着竹篓，只觉得万念俱灰，整个晚上，夫妻二人牛衣对泣，从黑夜到天明。

忽然之间，成名听到“瞿瞿”的蟋蟀叫声，他推开门一看，居然看到一只蟋蟀，成名急急欲捕，蟋蟀一跃而去，他一只手正要举起，蟋蟀又跃过墙壁，转眼不见了。成名徘徊四顾，只见蟋蟀停在壁上，成名凑前一看，短短小小，黑黑瘦瘦，远不及原来那只漂亮，不过，毕竟还是一只蟋蟀，成名把它养入盆中，取名小虫。

成名村子里有一个游手好闲的少年，驯养了一只大蟋蟀，名为蟹壳青，每战皆胜，少年十分得意，四处找人比试，把村子里大大小小蟋蟀打得全军覆没。

少年听说成名养了一只小虫，登门拜访，存心挑衅。成名先是遮遮掩掩，少年非看不可，一看小虫的幼细模样，少年掩口而笑：“好，比比看嘛。”

成名不肯，少年坚持。成名继而一想，以小虫的能耐，迟早也是死路一条，不如博少年一粲（càn）吧。

于是蟹壳青与小虫并列盆中。小虫趴着不动，呆若木鸡，少年大笑，试着用猪鬣（liè）撩拨虫须，小虫依旧不动，少年笑得更厉害，眼泪都要流出来了，再次撩拨。小虫火了，直往前奔，振奋作声，一跃而起，张尾伸须，就差一口没咬断蟹壳青的脖子，少年急得大喊：“好了，停！”把蟹壳青从鬼门关救了回来。小虫骄傲地翘翅长鸣，仿佛表示谢谢主人知遇之恩。

斗蟋蟀，选自《吴友如画宝》。

成名大喜，对着小虫看呆了。忽然，屋外走进来一只大公鸡，瞄准小虫就是一啄。成名吓呆了，手足失措。却见公鸡伸颈摆扑，似乎浑身难受，原来小虫停在鸡冠上，慧黠而灵巧，成名更是倍加喜爱。

过了几天，成名把小虫上缴乡官，乡官嫌小虫弱细，成名立刻搬出小虫力克蟹壳青的辉煌战果。乡官不信，当场拿来其他蟋蟀与之比试，小虫大获全胜。

于是，乡官送给抚军，抚军把小虫放在金笼里，又献给了皇帝。宣宗迷上了小虫，用它与蝴蝶、螳螂、油利挞、青丝额比武，小虫是常胜将军，而且每每听到琴瑟之声，就会翩翩起舞，宣宗龙心大悦，赐给抚军名马衣缎。

抚军不忘谢乡官，乡官不忘谢成名，不但免了成名的劳役，还设法让他当了秀才。

又过了一年，成名的儿子忽然不药而愈，精神复旧，他告诉爸妈：“我化身蟋蟀，轻捷善斗，到今天才醒过来。”

原来，小虫是小毛变的。成名夫妇搂着小毛，亲了又亲，喜剧收场。不过，这喜剧的背后，不知隐藏了多少古代专制社会的悲伤。

明宣宗夜访杨士奇

明宣宗除了喜欢斗斗蟋蟀以外，大致而言，是一个好皇帝，在位十年期间，国家安定，民生富庶，他所用的旧臣如杨士奇、杨荣、杨溥……都是稳练持重的儒臣，尤其是杨士奇，最为耿直。

明宣宗喜欢微服出宫，事实上，皇宫虽大虽美，但若长年累月深居宫中，任何人都会想出去透一透气。

宣宗宣德六年（1431 年）七月，在一个月黑风高的晚上，宣宗一时兴起，带了四名骑士，夜访杨士奇。

宣宗左手牵缰，右手拿着马鞭，“啪啪”地在杨宅大门上抽。

杨士奇惊惶失措，跪在地上叩首：“陛下奈何以宗庙社稷之身，如此自轻。”

宣宗心直口快道：“朕想到一件事，急着告诉卿，所以朕等不及，马上就来了。”

宣宗原以为深夜造访，可以给杨士奇一个意外的惊喜，想想看，皇帝亲自来看臣子，对臣子来说该是多么有面子的事。

可是，宣宗观察杨士奇的表情，似乎不但没有一丝喜悦，反而愁眉不展，宣宗怏（yàng）怏，觉得挺扫兴的。于是，原来想讲的话也埋在肚子里，带了四名骑士，回到宫中。

第二天，宣宗依然满腹疑惑，也不晓得杨士奇为什么不欢迎天子光临。

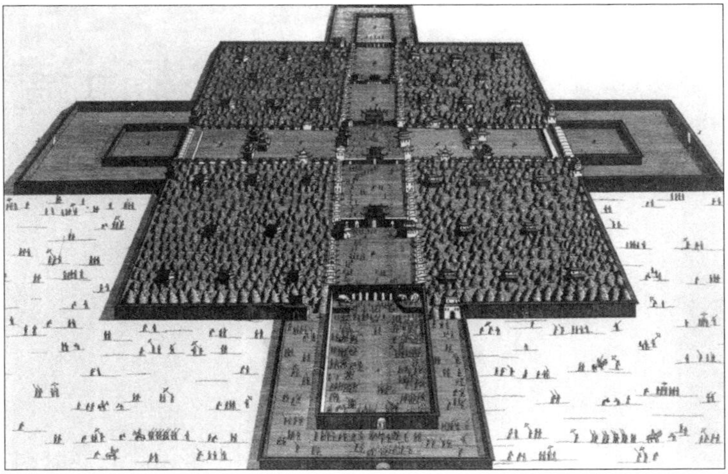
紫禁城，西洋版画。

于是，宣宗派遣了一名太监跑去问杨士奇。

太监问杨士奇："皇上不明白，微行有何不可？"

杨士奇回答："陛下地位崇高，万一在外面遇上冤夫怨卒，来个出其不意，伤了皇上，那是我不得不忧虑的事。"

太监回去禀报宣宗，宣宗听了，不怎么以为然。

过了十天左右，在杨士奇住宅附近，果然捉到了两名强盗，怀有异谋。

宣宗知道了，拍拍胸口，直呼："好险！"于是，他立刻召见杨士奇，对他说："我从今而后，才更知道卿爱朕也。"

宣宗宣德十年（1435 年），宣宗忽然病倒了，这一病没拖多久，宣宗就与世长辞了，死时不过只有三十八岁。

此时，孙贵妃假怀孕生下的太子，不过只有九岁大，如何撑得起一个国家？整个朝廷都陷入一片哀愁当中，因此，外界纷纷传言，张太后准备让仁宗另一个儿子襄王继承皇位。

大学士杨士奇、杨荣忧心忡（chōng）忡去见太后。太后到了乾清宫，牵着九岁大、拖着两条小辫子的小皇帝，对大家说："这是新天子。"

于是，杨士奇等人，一块儿跪在地上，齐声呼喊："万岁，万岁，万万岁。"明英宗继位。

皇帝虽定，浮议虽息，但英宗只是一个毛孩子。所以有人跪请："希望太皇太后垂帘听政，安定天下。"（宣宗过世之后，皇太后被尊为太皇太后，蛇蝎美人孙皇后则被尊为孙太后。）

太皇太后不领这个情，她板起脸来训斥道：“毋破坏我祖宗家法。”

太皇太后极有威严，而且她的个性是表里如一，绝不会表面上拒绝，内心里欢喜，因此，她这一呵斥，也没人敢再提。不过，事实上，国家大政仍然取决于太皇太后，朝中公卿也还是宣宗时的一班元老，大体而言，仍然维持着旧有的局面。

不过，到底太皇太后年岁已高，到底老臣逐渐凋谢力不从心，更重要的是，毕竟换了新天子，新天子宠信一个叫王振的宦官，明朝的国运开始下滑。

王振是山西蔚（yù）州（今河北蔚县）人，小时候，曾经在家乡读过一点书，混不出什么名堂。后来看到皇帝颁布诏书，征求入宫服务者。王振心一横，自行阉割，进了宫廷当了小太监。

恰好，当时明宣宗设立了内书堂，选聪明伶俐的小太监，教他们读书识字。王振也进了内书堂，因为他头脑灵活，又原先就有些文化根底，基础比较好，没多久，就成为内书堂中的资优生，顺便教一些宫人识字，于是，上上下下都尊他一声“王先生”。

宫女称王振为王先生，没什么稀奇，王先生最大的本事是，连太子朱祁镇都尊称他一声王先生，并且对他又敬又爱。

朱祁镇是孙贵妃假怀孕，利用宫女得来的儿子，他含着金匙出生，又因为孙贵妃不放心，在他四个月大的时候，便被立为太子，但是朱祁镇也和历史上多数的太子一般，在成长的幼年岁月，没有爹娘的疼爱，没有兄弟姐妹的相伴，完全由宦官一手带大，因此，宦官成为太子心理上最亲近的人，这是可以理解的。

尤其是，九岁的小毛头，突然之间，一些个年纪可当他爷爷的长辈，全跪在地上喊万岁，需要他的领导，内心实在是害怕。

王振捏准了小皇帝欠缺安全感，开始一步步实行自己的扩权计划。

王振考前猜题

小皇帝明英宗刚登上皇帝的宝座，司礼太监金英立刻把位置让出来给王振，因为金英知道，以后是王振的天下了。

司礼监掌印太监是太监中的首席太监，负有批阅奏本、传宣旨意双重责任，并且经常可以假传圣旨，因此，有人把司礼监掌印太监视为明朝的“真宰相”。

金英原先也是炙手可热的一号人物，在宣德七年（1432 年），宣宗甚且赐金英免死诏，意思是不论金英犯了什么罪，都准他免死，免死诏中，对金英大大褒奖了一番。

有人劝金英：“你手上既然有先帝赐给的免死诏，又德高望重，何必放弃司礼监掌印太监这个肥缺？”

金英摇摇头道：“你不了解，王振狡狠毒辣，诡计又多，我自知不敌，还是趁早下台为好。”

金英说得不错，王振的确有一套。

九岁的英宗，根本还是一个小孩子。英宗倒不是调皮捣蛋型的，相反，英宗很内向，很胆小，很害羞，他自知任务艰巨，心里头真是害怕。

英宗披上了龙袍，戴上了龙冠，正式成为九五之尊的天子。英宗站在铜镜之前，左看看右瞧瞧，自己都觉得好笑，有点儿像小朋友演老生戏，嗓音稚嫩，毫无威严。

考前猜题

正当英宗为自己的娃娃模样发愁之时，王振在一旁安慰道："别担心，一切有我。"

于是，王振仔仔细细告诉英宗，临朝之时，会遇着哪些人，长相如何，个性如何，可能会说些什么，英宗该如何裁示等。

王振耳提面命，英宗敬谨受教。

就这样，英宗先背熟了模拟题目，接着，照"王先生"所教的，深深呼一口气，勇敢地接见文武百官。

照着王振的预先演练，英宗一下就认识了方脸是某某，粗眉是某某，果然，他们所上奏的，也正是王振事先猜的题。于是，英宗有条不紊地一一指示。可以看得出来，朝臣们的脸上都有惊奇的表情。英宗"考"得不坏，心中大乐。

一次两次下来，王振都是料事如神，英宗对这位"王先生"是十二万分地佩服，全心全意地依赖。

王振还会耍些小手段，让英宗又敬又畏。

有一天，英宗与一个小太监在玩球，玩得兴高采烈，脸上红扑扑的，兴奋地大呼小叫。他毕竟是个不满十岁的孩子嘛，本就应该是玩球的年纪。

忽地，英宗远远地看到王振走近了，脸色阴阴暗暗，英宗立刻把球一扔，趋前亲热地喊一声："王先生。"

王振故意板着脸，

明代宫廷早朝，想象图。

别过头，不理会英宗，英宗吓软了手脚。王振存心要建立起威严。因此，第二天一大早，英宗在内阁，王振突然下跪奏道：“先皇帝为一球子几乎误了天下，陛下又跟先皇一样喜欢玩球，江山社稷怎么办呢？”说着，声音都哽咽了。

英宗没料到王振有这一招，眼圈一红，差点儿当场哭了出来，难堪得恨不得有个地洞可钻进去。

杨士奇、杨荣、杨溥三位前朝老臣，一听之下，倒是非常欢喜，连呼：“不想宦官之中，竟然有这一等人。”对王振是另眼相看。

英宗回到宫里，闷闷不乐，他不明白王振为什么要当场给他难堪，觉得好委屈，可又不能去向孙太后诉苦。孙太后母以子贵，加上她这个母亲，本是抢夺宫女之子得来的，根本没有太多的母爱。英宗垂头丧气坐着发呆。

王振走过来，端来一盘热腾腾的点心，慈爱地说：“都是你最喜欢的，快吃了吧！”

英宗感激地望了王振一眼，觉得心里头暖烘烘的，心想：“还是王先生爱我。”而英宗别无选择，只有更依赖王先生，整个人被他捏在手掌心。

王振凶过英宗之后，又扮作好人样，郑重地对英宗说：“因为皇上年纪太小，想要树威，还真是挺不容易。”

英宗咽下点心，用力地点点头道：“这还得请王先生多多费心。”

王振皱着眉头道：“只有用重典，让他们知道皇上不是好欺负的。”

英宗道：“对，该让大家知道，不可以不把朕放在眼里。”

王振又说：“不如杀鸡儆（jǐng）猴，眼前就是一个现成的例子，王骥奉诏赴边界议事，已经过了五天还没上奏。”

英宗回答：“迟个几天是常有之事。”

王振摇摇头：“不然，该把他下狱。”

“嗯？”英宗不解。

“否则，以后圣旨就没人理了。”

“对！”英宗怕被人看不起，当下把王骥给关到大牢之中。

刘中敷举枷罚站十六天

明英宗九岁即位，心中惴（zhuì）惴，太监王振抓住明英宗的心理，怂恿英宗用重典以立威，明英宗立刻照办。

首先遭殃的是兵部尚书王骥，他奉诏赴边境议事，只不过是过了五天没有回奏，就不由分说被关入了大牢。由于实在找不出罪状，过了几天又被释放出来。

除了兵部尚书王骥，礼部尚书胡濙（yíng）、刑部尚书魏源、右都御史陈智，都出于不同的原因入牢，不过没有王骥幸运。

例如户部尚书刘中敷（fū），向来以公正廉明为人所称道，正统元年（1436 年），莫名其妙被逮捕入狱，由于张太皇太后的出面，才给放了出来。

正统六年（1441 年），刘中敷上了一个奏章，请求让民间来牧养御用牛马，其实这不是坏事。但是有言官参了一本，指责刘中敷变动既有的成法，刘中敷又被关了起来。

刘中敷这一回的牢饭可难吃了，除了饱受阶下囚的折磨，还多了一个“荷校”的新苦头。

所谓“荷校”，这是王振想出来整人的新花样。他打造了许多轻重不等的枷，称之为“校”，从一二十斤至一百斤不等。然后，命令犯人用双手扛起这种枷来，一动也不动，乖乖地罚站示众。

“荷校”不同于举重比赛。举重比赛举一回，不过一下子，而且一定是孔武有力的人才有资格参加。“荷校”这一荷，往往是十来天，许多人往往是活活地站死。

刘中敷当年曾经上过战场，多少还有些底子，但是双手高举实在挺累的，尤其让刘中敷难堪的，是他被罚站在长安门旁，许多民众围拢来看热闹。

不知情的小娃儿，还会问妈妈：“他为什么站在这儿？累不累？会不会尿裤子？”

刘中敷闭上眼睛，泪水在眼眶里打转，内心里有太多的不平与委屈，觉得受到强烈的侮辱。他被罚站了十六天，侥幸还没死。

这正是王振的意思，他存心把朝官的尊严狠狠地踩下去，让人家了解，现在是英宗，不，英宗背后的王振掌权。

王振的阴柔狠毒，张太皇太后早在正统二年（1437 年）就曾经发觉，并且准备铲除后患。

当时，英宗即位未久，军国大事多取决于“三杨”（就是杨士奇、杨溥、杨荣）。有一回，杨士奇的公文还没有批下来，王振等不及，就抢着做了，意思是不把杨士奇放在眼里。杨士奇心中不悦，在家里，整整生了三天的闷气。

张太皇太后知道了，派人把王振找了来，一进来，就着实鞭打一番，并且怒斥：“你还不赶快赴杨府请罪。”

王振绷着脸，似有不服之意。

太皇太后冷冷地丢下一句话：“再敢如此，必杀无赦。”

不久，太皇太后召集张辅、胡濙、杨荣、杨士奇、杨溥入朝，太皇太后左右女官，杂佩刀剑，侍卫凛然。太皇太后先问杨溥：“近来可好？”

杨溥曾经是明仁宗的老师。有一回，仁宗迎接明成祖，不小心迟到了，明成祖发脾气：“这是什么人教出来的？”于是，杨溥被锦衣卫抓入牢中，一关就是十年。杨溥是个夫子型的人物，不忧不惧，利用狱中时间把经史子集好好读了几遍。

太皇太后想起了前尘往事，对杨溥说：“先帝生前，时时惦记着你，屡次叹息，不意今日你我能相见也。”想起了仁宗，太皇太后与杨溥，同时沉入了思念。

于是，杨溥落泪，太皇太后也跟着掉眼泪。她对侍立在一旁的小皇帝说道：“这五个人是先朝留给你的，凡事你要与他们商量，他们不赞成，你就千万不能做，记住了吗？”

明英宗跪下来，认真地回答：“记住了。”

接着，太皇太后仿佛下了重大的决心似的，宣召王振。等到王振一跪下来，太皇太后立刻凛若秋霜：“你，侍奉皇帝，多有不法！”她断然说道：“赐死！”

“死”字一说出口，宫正司的女官，双双以白刃加其颈，王振吓得魂飞天外，频频用眼色向英宗求援。

小英宗见太皇太后要杀他最亲密、最相信的王先生，就差没当场哭了起来，他完全不知所措，只有双膝落地。皇帝这一跪，五大臣也跟着下跪。

太皇太后颇为不悦：“皇帝还小，哪里晓得这些人会为国家带来多大的祸害？”

可是，太皇太后又不能不卖皇上和五大臣的面子，因此，严正地训诫王振：“我是看在皇帝与大臣的分上，今天饶了你，以后，你不准干预国事。”

王振自然赶快跪下来谢恩。

李时勉钢炮性格

王振为了立威，用“荷校”（命人双手高举重枷罚站）的方式修理人。但是，当他给国子祭酒李时勉上枷刑之时，却踢到了铁板，差一点激起监生们变乱。

李时勉具有钢炮性格，他的一生极具戏剧化，值得介绍。

李时勉自幼择善固执，拗强起来，连父母亲都拿他没辙。他幼年时，非常非常用功，到了冬天夜晚，又冷又黑，他还是怎么也不肯早点休息。

为了御寒，李时勉想出一个怪方法：他先用厚布把双脚紧紧捆绑，然后把脚伸入木桶中，他就这么怪模怪样地，一个人大声朗读诗书。家里的人看了是又钦佩又想笑。

十载寒窗的苦读，李时勉终于在永乐二年（1404 年）考取进士，在文渊阁编修《太祖实录》,《太祖实录》完成以后，担任翰林侍读。

李时勉性情耿直，有话就非说不可，这种性格，让他吃了不少苦头。

当时，明成祖决意迁都北京，征求群臣的意见。谁都知道，成祖的意思，就是等着群臣夸他“英明”。偏偏李时勉不识相，上了一个奏章，条条列举不可行之理。

成祖批阅奏章，看了一半，肝火旺盛，气得把奏章揉成一团，“啪”的一下，扔到地上。

过了一会儿，成祖气消了大半，想起李时勉奏章之中，有些事情讲得还

明代官员石像，湖北钟祥。

挺有道理，又弯下腰，把奏章拿起来阅读，并且照着实行了一些。

不过，李时勉的话实在多了一点儿，没多久，又因事下狱，吃了一年的牢饭，由于杨荣的举荐，恢复原职。

复职没两天，李时勉就惹得明仁宗大大的不悦，恨透了李时勉，这是怎么一回事呢?

原来中国人一向认为“百善孝为先”，孝顺是最重要的事，所以，父母过世，守孝也是大事一件，非但不能结婚办喜事，就是结了婚的夫妻也要保持距离。万一在守孝期间，不巧生了一个小孩，这小孩长大会被人指指点点，仿佛是极不名誉的事。

明仁宗这个胖皇帝，虽然仁孝，却是非常好色，明成祖死了不久，他每晚都到妃嫔处寻欢作乐。

岂料，明仁宗夜夜春宵的事竟给传了出去，旁人听了顶多暗笑一番，偏偏让李时勉这个夫子听到了，他又爱君心切，惟恐君王名誉受损，因此，在奏章之中，带了一笔：“谅阴中不宜近妃嫔。”所谓“谅阴”，指的是帝王居丧。

明仁宗见到这一句话，整个人仿佛遭到了电击一般，又羞又恼又气，把李时勉叫来训话。

明仁宗的原意，是希望李时勉承认自己听错了，皇帝也就放他一马，不予深究。

但是，素来认真的李时勉竟然回答："此事不可能误传，内宫中应有记载，望陛下切勿文过饰非。"

明仁宗再也忍耐不住了，当场下令："武士们，给我用金瓜打呀！"

李时勉连挨三个金瓜，肋骨被打断了三根，人也昏厥过去，被关入锦衣卫的大牢之中。

说来也真是侥幸，有一位千户，曾经受过李时勉的恩，某日，千户赴锦衣卫参观，无巧不巧正遇着李时勉，不禁惊呼："这不是李恩人吗？怎么入了狱？"

李时勉把经过告诉千户，千户不敢批评皇上，只是说："我认识一位名医，对于治外伤最拿手。"

靠着千户的照料，李时勉断了三根肋骨，硬是没死，也算奇迹。

明仁宗想起李时勉，就忍不住牙痒痒的，他也担心，万一李时勉所提的那桩事，真给记入了实录，大大有损自己的清誉与形象。在仁宗看来，李时勉被武士用金瓜打成那个模样，应该撑不了多久就会归天了。

谁知道，仁宗打探的结果是李时勉竟然活得好好的，据说，比起入狱之时，还胖了一些哩。

倒是明仁宗，虽然正值四十八岁英年，身体却愈来愈不行，拖到最后，他耿耿于怀的，就是没杀李时勉。

仁宗对夏原吉说："时勉当廷侮辱我。"

夏原吉只好婉言相劝："陛下养病要紧，用不着把李时勉放在心上。"

仁宗却愈发光火："你不晓得他是如何侮辱我的。"讲着讲着，眼圈都红了，更加气喘不已。

当天晚上，仁宗崩逝，因为记恨李时勉，竟然死不瞑目。

李时勉捡回一命

明仁宗临终之时，拉着夏原吉的手，念念不忘道：“李时勉当众侮辱朕。”

宣宗即位不久，夏原吉便据实以告。

宣宗是个孝子，一听此言，怒火冲天，高声呵斥：“快，快把李时勉给绑来，朕要亲自审问，然后杀掉。”

皇帝的命令岂可耽误，于是，一批使者快马加鞭赴李时勉处所。

隔了没多久，宣宗又改变了主意，他对王指挥说：“此人当面侮辱先帝，我不要见他的面，你把他直接绑到西市给斩了。”

王指挥哪儿敢怠慢，马上也出发了。

李时勉这个人也真正是命大，当王指挥率领人马出端西旁门之时，前面的一批使者已绑着李时勉，从端东旁门进入，刚巧岔开了，否则，李时勉就在西市问斩了。

明宣宗见到有人押上殿来，不用介绍，准是李时勉无疑，他遥遥指骂道：“你这个小臣，好大的胆子，居然敢触怒先帝，你到底当时说了什么？赶快告诉朕。”

李时勉叩了一个头，不疾不徐道：“臣言，守孝期间不宜接近妃嫔，皇太子不宜远离左右。”

本来准备大发脾气的明宣宗，脸色渐趋和缓。其实，明仁宗做的这件事，宣宗比谁都清楚，而且不以为然，尤其仁宗为了掩人耳目，在守孝期

李时勉，选自《三才图会》。

间，命令宣宗远赴南京，也让宣宗心头不是滋味。

所以，明宣宗非但不想杀李时勉，反而认为他是难得一见的骨鲠之臣，宣宗态度立刻有了一百八十度的转变，亲切和缓地对李时勉说：“你的奏章之中，还提到一些什么？”

李时勉又讲了几件，然后诚惶诚恐道：“臣实在记不清楚了。”

明宣宗正听得有兴趣，失望地问：“你的疏草还在吗？”

“早在上疏时便烧了。”

原来，大臣上给皇帝的奏章，不许保留底稿，这是规矩。

宣宗益发觉得，这个李时勉真是不可多得的忠臣，对他大大夸奖了一番。

此时，奉命前往逮捕李时勉，却不巧扑了个空的王指挥赶回宫中，发现李时勉闲适从容，与宣宗有说有笑，宣宗更是满面愉快。王指挥不禁慨叹：“真是人生如戏。”

于是，李时勉被擢为侍读学士。有一回，明宣宗赴史馆，忽然之间，一时兴起，像散财童子一般，把手里的金钱给撒了满地，所有的臣子，个个兴奋地弯下腰来抢，独有李时勉昂然屹立，不肯玩这种没有格调的游戏。

宣宗很欣赏李时勉的傲骨，特别赐给他一些钱。

李时勉年纪大了，想要退休，但是，宣宗说什么也不肯，君臣二人相处甚欢。

宣宗在位十年去世，英宗小皇帝即位，王振掌权。以李时勉方正的个性，对王振这种奸恶的宦官，自然是没有什么好脸色的。王振过生日，百官道贺，李时勉是当然缺席。

有一回，李时勉奏请改建国学，英宗命令王振前往探视。

王振到任何地方都是张牙舞爪、横眉竖眼，李时勉看不过去，勉强把怒气给咽了下去。王振呢，他也嫌这个老头儿态度不够恭敬，非得想办法治一治。

但是，李时勉以清廉著名，鸡蛋里挑不出骨头，王振颇不甘心，有人献计："李时勉曾经在修彝（yí）伦堂时，为了除草，把大树给砍了。"

王振问："这算什么罪？"

"咦，擅自砍伐官树啊，而且，愈算不得罪，愈要治他，让他晓得厉害。"

因此，王振就以李时勉乱砍树木的荒诞理由，下令逮捕李时勉。

官役赴国学拿人时，李时勉正在东堂改考卷，他也不惊也不慌，沉稳地批完卷子，跟着去。

王振存心让李时勉过不去这道关，特别制了一个一百斤的枷，留给李时勉消受。李时勉既来之，则安之，他笑笑回答："老夫筋骨甚坚。"便乖乖地荷起一百斤重的枷，站立在国子监门口，汗流浃背地站了三天。

这三天之中，李时勉的众多门生陪着他站，眼看着士林望重的学者，因如此荒唐的理由受此酷刑，许多学生忍不住嘤嘤哭泣。

监生李贵率领了一千多名学生，直直跪在宫门口请愿，呼声响彻云霄。另有一个叫石大用的人，则上奏章，表示愿意代替李时勉受罚。

事情闹到后来，孙太后的父亲孙忠也知道了，趁着过生日，太后派人来送礼，孙忠悄悄要使者转奏太后："再闹下去，恐生变乱。"

太后急着找英宗。英宗根本被蒙在鼓里，于是立刻释放了李时勉，但是，英宗对王振王先生的信赖，却不因此而稍减。

王振自比周公

明英宗年幼无知，被宦官王振牢牢控制，张太皇太后警告王振“不准干预国事”。王振害怕太皇太后随时会取他的性命，一时之间，倒还不敢过于张狂。

但是，太皇太后毕竟年纪大了，到了正统六年（1441 年），她的身体大不如前，王振心头暗喜，准备大干他一场。

有一回，皇宫之中，三座新宫殿落成，英宗宴请文武百官。按照规矩，宦官即便得宠，也还没有资格赴宴。

当天早上，英宗循例派人去看看“王先生”。这不去还好，一去之下，王振勃然大怒：“周公辅成王，我还没资格赴宴吗？”

乖乖，王振竟然把自己当成周公了。周公是成王的叔叔，他不过只是皇帝身边的太监啊。

但是，英宗平时对王振，左一声王先生，右一声王先生，可能比周朝时，周成王对周公还要服帖顺从。

因此，当英宗听到王振动怒时，他竟然颇为自责，立刻派人把中门打开，让王振赴宴。

王振挑高眉毛问使者：“噢，现在又可以去了吗？”

于是，王振大摇大摆步入中门，趋炎附势的大臣们一起弯腰候拜，王振这下可乐了。

正统七年（1442 年），张太皇太后崩逝。王振咬牙切齿道：“终于等到这一天了。”

太皇太后的丧事还没有办完，王振就下令：“把宫门口那块铁碑给我扔掉!”

原来，宫门口竖立着一块“内臣不得干预政事”的铁碑。这是明太祖有鉴于前代宦官之祸，惟恐后代子孙不察，特别铸了这么一块铁碑，用以提醒后人。明太祖若是地下有知，看到王振如此嚣张，定要指着明英宗，痛斥“子孙不肖”。

张太皇太后归天，王振遂了心愿。但是，另外还有其他四大臣——张辅、胡濙、杨士奇、杨溥，也是王振的眼中钉，非一一拔除不可。

稍早之时，王振曾跑来找杨士奇与杨荣，极有深意地说：“国家大事，全靠公等，不过公等，也都高年倦勤了，以后该怎么办呢？”

“身为老臣，”杨士奇接口，“自当鞠躬尽瘁，死而后已。”

“不，老先生，你怎能如此说话？”杨荣顺着王振的意思道，“我辈已老，自当选择年富力强的人，以事人君，报答国家的厚恩。”

王振很高兴地拜别二杨。

王振走后，杨士奇不禁埋怨杨荣：“王振早就讨厌你我，方才的话，完全不怀好意，你难道听不出来？”

“老哥哥，”杨荣解释道，“王振讨厌我们，我们就算能撑下去，他能甘心吗？他大可以用阁中人少，阁臣年纪又大为名，向皇上说项。一旦夜半宫门抛出半片纸，命某某人入阁，我们能够抗旨吗？倒不如举荐贤能。”

杨士奇点点头：“还是吾兄看法高明。”第二天杨荣就举荐了曹鼐（nài）等四人入阁。

后来，杨荣请假回福建扫墓，病逝于回京途中，时年七十。

太皇太后去世后不久，杨士奇请假回籍，王振心想“机会来了”，立刻暗中指示言官动手陷害杨士奇。

原来，杨士奇是个标标准准的君子，但是，杨士奇的长子杨稷却是地方恶棍，曾经把人打死。

言官为此弹劾杨士奇，朝廷只把弹劾内容寄给杨士奇，表示不予追究。但是，言官又条条列举杨稷十多条罪状，遮都遮掩不住，只好把杨稷拘系大理寺，暂时不开庭审理，英宗且在王振的建议下，下诏安慰杨士奇。

杨士奇一生嵚崎磊落，见到英宗的诏书，老泪纵横，大叹养子不教父之过，他自觉无颜再上朝廷，一直不肯销假。过了不久，忧急攻心，一病不起，含恨逝世。

三杨之中，杨荣、杨士奇都走了，杨溥更觉势单力薄，起不了作用了。

此外，本来最为仗义敢言的张辅，也愈来愈沉默了。

原来，张辅只有一个儿子，很小就夭折了，中国人一向讲究不孝有三，无后为大，张辅为此耿耿于怀，总觉得自己对不起张家的列祖列宗。一直到他六十七岁时，他一个小妾帮他生了一个小男孩，全家人都乐疯了，张辅给儿子取名为张懋（mào），并且对人说："我年近古稀，去日无多，儿子还这么小，万一不小心得罪了王振，待我归天，懋儿可就惨了。"

张辅，选自《三才图会》。

所以，张辅也自动封口不言。

朝中正直大臣于谦，不禁慨然言之："唉，今日朝廷柱石，都因为家累而累国，诚我大明朝之不幸也。"

王振念佛

明英宗宠信宦官王振，王振气焰日益高涨，他自认为学问渊博，且以虔诚的佛教徒自居，经常念佛、拜忏与禅修。

王振手腕上总是挂着一串念珠，终日阿弥陀佛念个不停。王振又喜欢告诫别人："世间有因果，不造恶业就不堕地狱，行五戒十善就得人天福报。"

一般人看到王振一脸肃穆，动辄劝人的庄严法相，准会被他给蒙骗过去，误以为王振若是不做宦官，一定上山修行去了。

其实，王振岂是六根清净之人，又哪里是不做坏事的人？

关于这一点，王祐再清楚不过了。王祐外貌不俗，十分清丽，皮肤光嫩嫩柔滑滑，吹弹可破，仿佛是牛奶做的美男子。古代男子蓄长发，因此，王祐只要换上罗裙，就是一位娇滴滴的姑娘。

王祐了解王振，虽然时时口说佛法，内心却最为贪婪，因此，王祐不时地献上厚礼，王振内心里，实在乐得很。

有一次，王振接过王祐送来的一对雕工精细的玉狮子，忍不住对王祐说："假如多有几个像你这样的可人儿，那该有多好！"说着，王振的手，不断地抚摸温润的玉狮子。

王祐笑容满面地接口："这不是难事，包在我身上。"

原来，王振一向自我标榜，长年茹（rú）素，又经常劝人戒贪，如此一来，送礼的人自然却步，让王振好生着急，又不方便自己拉下脸来。王

明阿弥陀佛瓷像。

祐知道王振的心意，不断地送礼，让王振好生欢喜，如今王祐愿意把王振的心意传达出去，王振真是无比喜悦。

当天晚上，王祐在一个宴会上对在座的大臣们说：“我们常常相互以礼物馈（kuì）赠，可是各位有谁送过礼物给王先生？”

“送礼给王振王先生？”工部徐侍郎立刻接口道，“那怎么成？王先生吃斋念佛，常常告诫我们勿贪，他怎么会收礼啊？”

“对啊！送礼给王先生，一定会被王先生骂一顿，自讨没趣。”礼部张侍郎摇着头说。

“各位，你们错了！”王祐提高了嗓门。

“错了？”全桌的人都惊愕地嚷了起来。

“不错。”王祐清一清喉咙，用威肃的口吻说，“我常去看王先生，我知道王先生的看法，王先生认为送礼表示礼貌，不送礼就是没礼貌，看不起对方，这送礼的事和贪不贪没有关系。”

“真是高明，领教领教，大家敬你一杯！”全桌的人，一同举杯向王祐表示感谢。

官场中人大多懂得揣摩上意，经过王祐的宣传，有人试着送礼给王振，王振收了礼，而送礼的人不是升官就是得了别的好处。于是，送礼给王振成为京城里的一股风气，大家不但竞相送礼，而且比谁的礼送得厚，乐得王振心花怒放。

王祐办事，王振放心，王振自然对王祐多夸了几句，王祐精敏，立刻下跪，亲热无比地高喊："翁父。"

王祐以尊称"翁父"称呼王振，王振有说不出的欣喜。

由于王祐貌美，擅长修饰，又喜欢故作小儿女态，王振或是摸摸他的小白脸，或是玩弄他的头发，甚且把手搭在王祐的肩膀上，搂搂抱抱。王祐就依在王振怀里撒娇，也不觉得不好意思。

有一回，王振趁着酒兴，又开始装疯卖傻，眯着醉眼，对王祐说："你坐过来。"

王祐最听翁父的话，立刻依偎一旁。

王振对着王祐猛瞧，王祐粉脸低垂。王振赞叹道："你的皮肤真好，干干净净，宛若凝脂。"

王祐低低笑着："多谢翁父夸奖。"

王振盯着王祐看了半天，一只大手不老实地在王祐脸上随意乱摸，突然之间，摸到了王祐的唇边，又细又软，王振半开玩笑道："王祐啊，你怎么没长胡子？"

在中国古代人们看来，男人没长胡子，表示缺乏男子气概，是件丢脸的事。

王祐却笑嘻嘻回答："老爹无须，儿子岂敢有须？"

王振是宦官，不会长胡须，王祐不是宦官，却是标准的娘娘腔、小白脸，王祐把肉麻当有趣，王振听了，却十分受用。

从此以后，王祐更是身价百倍。

这件事传扬开了，许多人背地里，都把王祐无须当笑话讲。王祐知道了，却也不以为忤，显然王祐从外表看来，脸皮细薄，其实，脸皮厚得很哩。

刘睿向王振学佛

王祐为了巴结宦官王振，不但尊之为翁父，甚且以“老爹无须，儿子岂敢有须”的肉麻话，用来解释何以自己唇上无毛，不像是一个男人。许多人听了，都大呼：“受不了，太恶心了。”但是，也不乏暗中羡慕王祐者。

其中刘睿就是最为羡慕的一人。刘睿官拜吏科给事中，职位不算小，不过，人往高处爬，官位权势永远不嫌大。刘睿终日手捧《易经》，卜来算去，希望能够看出端倪（ní），何时可以升官。他的礼也送过了，也找人去说过情了，烧香烧了半天，就是没有动静。

刘睿听说了王祐的笑话，他可不认为是笑话，他时时端坐在铜镜子之前，抚摸着自己一张如风干橘子皮般的老脸，上面坑坑洼洼，高低不平，再往下看脖子，松松垮垮的一张皮，皱纹不但又多又深，像曲曲折折的黄河长江，甚且还有支流哩。

刘睿对着镜子，长叹一番之后，猛拍大腿：“也罢，看我刘睿也有刘睿的本领。”

第二天，刘睿算准了王振将经过某一条路，他就直挺挺地跪在路旁。人们喜欢看热闹，大家不约而同围拢过来，指指点点，不明白何以一位头顶乌纱帽的官员，竟然跪在道旁。

不一会儿，王振经过，刘睿不但跪着，并且不断地叩首，王振大惊，连忙停下来，找刘睿问话。

刘睿早准备了一番说辞："韩愈曾经说过，闻道有先后，术业有专攻，任何学问都应该求教于明师。在我看来，佛法是这般的美好，懂得的人却是如此之少，我希望能在公余之暇，弘扬佛法，普度众生。久闻先生在禅修方面的功夫，敬请王先生指教一二。"

刘睿当着众人面的一番马屁，把王振捧得五脏六腑有说不出的舒坦，尤其刘睿一脸恳挚，似乎字字句句发自肺腑。王振原本是有自卑感的宦官，因此，对刘睿的吹捧，格外有一层舒畅的感受。

所谓人之患，在于好为人师，刘睿一副执弟子礼的模样，使得王振立刻摆出道貌岸然的威仪，摸着念珠对刘睿道："信佛与民间崇拜鬼神不一样，信仰佛教必须皈依佛法僧三宝，有机会我向你解说一下。"

于是，刘睿到王振面前讨教佛法，如愿以偿，先升为户部左侍郎，又升为户部尚书。

既然有人跪在道旁，讨教佛法，王振更认为自己了不得了。

王振拜佛，除了以佛教作为幌子，让人家误以为他是一个慈悲心肠的人以外，还有一个更重要的理由，那就是王振与魏晋南北朝的人一样，担心作孽太多，死后下地狱，所以王振的"诵课"，倒是做得相当勤快。

王振家里，有一间大佛堂，佛堂前摆设着香、花、灯、果、净水与素食。佛堂里每日被小太监打扫得一尘不染，显得庄严肃穆。

有一天清晨，王振的侄儿王山，匆匆忙忙赶了进来，嚷着要见王振。

小太监"嘘"了一声："王先生在诵课，交代下来，任何人任何事不得打扰。"

王振诵课花的时间是很长的，烧香、献供及顶礼三拜以后，早上诵《大悲咒》三遍至七遍、《心经》一遍，三称摩诃般若波罗蜜。然后，念阿弥陀佛或观世音菩萨一百零八遍，再念普贤菩萨十大誓愿。接着是三皈依，唱回向偈。最后顶礼三拜，课诵完毕。

王山站在佛堂外面，着急地踱来踱去，远远望见王振一脸肃穆，没完没了，王山搓着手，不耐烦透顶。

智化寺的正殿智化殿。

王振课诵完毕，看到王山，立刻把王山拉入佛堂，对他说："我告诉你，《华严经》是《大方广佛华严经》的简称，东晋时，佛教东来，佛陀跋陀罗译六十卷的《华严经》……"

王山对佛经全无兴趣，心里又着急，王振的话，对他来说像是催眠曲，不觉眼皮下垂，昏昏欲睡，却又不敢真的睡着。

王振愈讲愈有劲，完全没想到王山竟"敢"不听。他发挥传教的精神，对王山说："你如果拜《华严经》，你就念……"

王山不停点点头，不知是因为王振的教导，还是打瞌睡，当然，王振以为是孺子可教，对王山说："你既然懂了，就不妨跟着我念。"

王山无可奈何，乱七八糟跟着咿唔（yī wú）一番。

念了几遍，王振停了下来，王山做了一个深呼吸，打起精神，王振一看王山的表情，问道："你有没有觉得，念了几遍后会开了悟，得了智慧，修行愈深，悟性日高？"

王山拼命点头："果然如此。"

匿名信风波

宦官王振，明明是个杀人不眨眼的厉害角色，却偏偏喜欢修禅拜佛，以虔诚的佛教徒自居。

一日，王振的侄儿王山有要事求见，王振正在拜佛，折腾了好一阵子。

好不容易，王振停止了传教，王山赶紧开口：“叔父，我有重要事求救。”

“不急。”王振慢条斯理道，“如今螃蟹正肥，昨天有人送来满满一大缸，正用鸡蛋白喂着，咱们先吃了螃蟹再说。”

王山一听，直咽口水，在王振家吃蟹，诚乃人生之一大享受。王振家里有特制的小木槌（chuí）、小木垫，用黄杨木做的，小巧可爱，用来敲打螃蟹，可以免去手剥牙咬之劳。

王振喜欢卖弄学问，他对王山说：“《晋书·毕卓传》中有这么几句，右手持酒杯，左手持蟹螯（áo），拍浮酒船中，便足了一生矣。”

王振虽然附庸风雅了一番，他活吃螃蟹的模样，却极为野蛮。

王振取来一只活蟹，两个指甲狠狠地掐住螃蟹盖子，任它双螯痛苦地乱舞，然后，轻轻地把脚掰开，“咔嚓”一声把螃蟹壳揭开，然后，扯得碎碎的，蘸了芥末、醋，放入口中大嚼，然后，端起酒杯，喝一口香醇扑鼻的美酒，不自觉地伸出舌头舔舔自己的嘴唇，仿佛滋味无穷。

王山在一旁，看得既惊心又恶心，他很想问王振：“叔叔，你贪恋美食，不论鱼虾螃蟹都喜欢活吃，尤其偏爱吃猴脑，又老说自己是慈悲为怀，这岂不是一大矛盾吗？”

当然，王山可没敢开这个口。

王振和王山吃完了螃蟹，喝了一碗鲍鱼粥，王振这才问王山：“你一早赶来，究竟是为了什么？”

王山不好意思地说：“我最近与华嵩为了一个妓女，闹得不甚痛快。”

王振挑起了眉毛，用太监特有的尖细嗓子追问：“就是那一个武功中尉指挥使吗？这小子打狗也不看主人面。”

“可不是吗？他欺负我，就是不把叔叔放在眼里。”王山赶紧火上加油。

“这还不容易吗？”王振阴险地笑一笑道，“看我把华嵩的头发剃个精光，涂上油漆，再让他在妓女户门前，举枷罚站，你看可好？”王振此时脸上，露出狰狞残忍的笑容，完全不是方才在佛堂里，开口闭口修行学禅的仁者了。

另外一方面，王振惟恐别人不晓得他信佛，于是，大量地发给度牒（dié），培养大批和尚。

原来，明朝做和尚是要领执照的，否则就不能够享受政府给予和尚的许多优待，这执照“度牒”是要经过考试才发的。从洪武二十六年（1393 年）起，每三年一次考试，只有熟通经典者才发给度牒，相当严格。王振当权以后，就从宽录取，在正统五年（1440 年），半年之间，竟然发出两万两千三百张的度牒。

正统十三年（1448 年），王振重修庆寿寺，花掉了几十万两的银子，改名为大兴隆寺，富丽又堂皇。王振满足了自己拜佛的心愿，对自己能够“做善事”而沾沾自喜。不过，京中却流行着一首歌谣讽刺王振：“竭民之膏，劳民之髓，不得遮风，不得避雨。”如此用民脂民膏来修庙，菩萨如果真的有知，不晓得还会不会保佑王振。

在锦衣卫里担任卫卒的王永，是个真正悲天悯人的佛教徒，对王振的所作所为是十二万分的不满。

王永时时向妻子抱怨道：“王振这般的小人，竟然到处自吹自擂，仿佛是一代之师，简直是玷辱了佛教，我身为佛门弟子，实在是看不下去，若是王振继续这般弘佛，谁还会再信仰佛教？”

王妻也是一个虔诚的佛教徒，虽然家境不丰，却不断地周济邻人，她长长叹一声道：“王司礼毕竟是王司礼，我们能有什么办法，不理会也就是了。”

王永一拍桌子道：“不成，我一定得想个办法治一治他。”

王振，明代石刻画像。

“你一个小小的卫卒，又能如何？”王妻婉言相劝。这一句话却伤了王永的自尊心，他摔下碗筷，愤愤地离开饭桌，丢给妻子一句话：“你等着瞧，王振的死期不远了。”

王妻急坏了：“你可别做傻事，别想行刺啊！”

王永笑道：“你想到哪儿去了？我上有高堂，下有妻小，岂会冲动。”说罢，王永神秘地一笑。

王永的神秘笑容，说穿了一点也不稀奇，他写了一封匿名信，呈给皇帝，检举王振种种不法恶行。在王永想来，皇帝英明，一定是毫不知情，才会这般纵容王振。

王永的检举信，还没有送到皇帝的面前，就先落到了王振的手里，王振勃然大怒，展开地毯式的全面搜查，并且一人一人核对笔迹。

最后，一心一意替天行道的王永被逮着了，在菜市上当场被磔死。

王振这一着，狠狠地把朝廷上下给吓坏了，从此以后，朝臣更是争相阿附，望风而拜，人人呼之为“翁父”。

王振诈取夜明珠

王振打着佛门弟子的名号，其目的是掩饰他小人本色，吴清就是没有摸清楚王振的性格而遭殃的。

吴清和吴澄两兄弟都在京师任官，吴清任吏部主事，吴澄任户部科给事中，兄弟俩都清廉耿直。

有一天，王振召集几位大臣到朝房议事。

“各位大人，”王振用缓慢的语调说，“宫里吃的白米，我想向北京的裕成米行采购，各位意下如何？”

宫里的米一向由官仓供给，王振突然提出要向民间采购，事情有些突然，大家都愣住了，没人答话。吴清却表示反对：“向民间采购白米恐怕会扰民，还是由官仓供应比较好。”

“官仓的米品质比较差，我是为皇上着想，想换好一点的米。”王振的脸色沉了下来。

官仓的米会差？这才怪哩！但是，谁也不明白王振的葫芦里到底在卖什么药。

“翁父忠于皇上，向裕成米行采购是好事。”户部李侍郎立刻接口。

“吴清不识大体，应该照翁父的意思办事。”礼部杨侍郎也附和着。

“很好！”王振点头道，“为了慎重起见，我明天会亲自到裕成米行走一趟。”

晚上，吴澄来看哥哥吴清，吴澄说："听说你今天反对王振向裕成米行采购白米。"

"是的。"吴清道，"老百姓最怕跟官府打交道，宫中如果向裕成米行买米，会付钱吗？纵使付钱，会付多少？什么时候付？米行的老板怎敢向王振要钱？我看裕成米行要破产了，我是替老百姓担忧啊！"

可是，王振是用皇上做大帽子。

吴澄说："你反对，岂不是你不爱护皇上？"

"唉，皇上恐怕根本不知道这一回事。"吴清道。

第二天，王振带了几个大臣准备到裕成米行去，其中当然没有吴清。

在王振出发之前，王祐已经先到达裕成米行。裕成米行的赵老板听说宫中要向他买米，吓得几乎昏倒。

"赵老板，"王祐喝了一口茶，轻声地说，"我知道你很害怕，所以我一早来到你店里，就是想要帮你的忙。"

"王大人，请你指教，我这小店实在不配做宫里的生意，如果能请宫中另找别家，我会感激不尽，我会好好谢谢你的。"赵老板拱着手，一脸焦虑的神情。

"我能体会你的心情。"王祐站起来，在客厅里踱着步，"听说你最近得到一颗夜明珠，乃是稀世的珍宝，如果你肯献给王振王先生，我想事情就好办了。"

"这个，"赵老板心头一惊，"夜明珠是我用一万两银子买来的。"

"当然，夜明珠是很宝贵的。"王祐对赵老板说，"可是，你整个店和夜明珠比一比，哪个更重要？"

赵老板沉思了一会儿，终于做了一个痛苦的决定："好吧，我把夜明珠拿出来。"

赵老板从内室里拿出一个锦盒，交给王祐说："王大人，一切仰仗你啦！"

"没问题。"王祐笑眯眯地接过锦盒，"你可以保住你的店，不过，等一会儿王先生会带十位大人一起来你这儿，那十位大人，你也不能不表示一点意思吧。”

“我只有一颗夜明珠啊！”赵老板瞪大了眼睛。

“当然不是夜明珠。”王祐附在赵老板耳边说，“十位大人，每人一锭金元宝就成了，你赶快到附近的金铺去吧。”

不久，王振带着十位大臣来到裕成米行，王祐和赵老板在门口恭迎，王振等人来到客厅，大模大样地坐了下来。

“翁父，赵老板孝敬的一点小意思。”王祐把锦盒捧给王振，笑眯眯地眨眨眼。

“嗯！”王振用手一指，要王祐把锦盒交给小太监。

“各位大人，”王祐又捧了一大堆小盒子，每个盒子里放了一个金元宝，送到各位大臣面前，“这是赵老板的一点小意思，请各位大人笑纳。”

“赵老板，”王振的语气充满权威，“宫中本来想向你买米，现在我自己来看一看，觉得你的店太小，供应不了宫中的需索，所以我决定作罢，不向你买米了。”

“谢谢，谢谢各位大人。”赵老板跪在地上叩头，泪水不知不觉夺眶而出，不知道是舍不得那颗

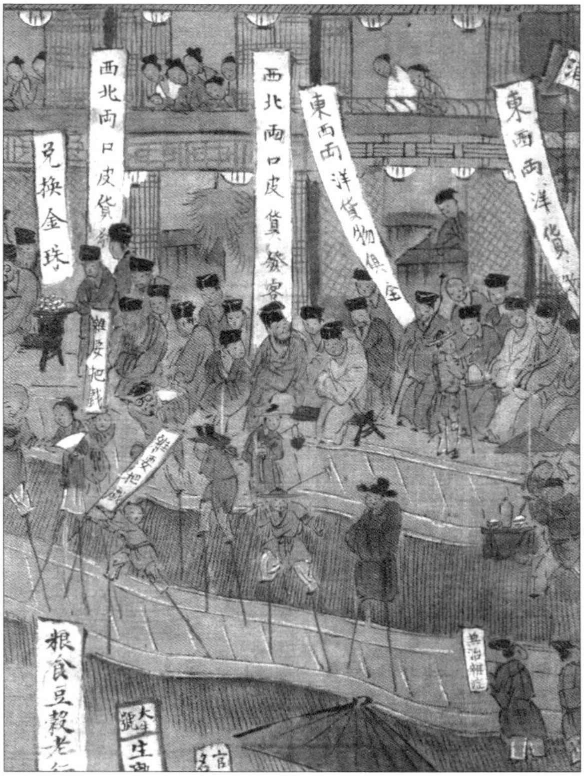

明代京城商铺，明人绘。

夜明珠和十锭金元宝，还是对王振的宽宏大量感激涕零。

王振和几位大臣回到朝房，在门口遇到吴清。

“吴大人，”王振诡谲地一笑，“我觉得你说得对，官府不要扰民，所以，宫中的白米不向裕成米行购买了。”

“王先生睿智。”吴清严肃地向王振一拜，“这才像王先生念佛济世的做法。”

王振回到家中，命人把马顺找来。

“吴清那家伙不通人情，处处跟我作对。”王振恨恨地说，“你设法加他一个罪名，把他除掉。”

第二天上午，吴清去上朝了，有人抱着一个大木盒来到吴清家中，把木盒交给吴清的妻子。

“我家老爷交代不能收任何人的礼物。”吴妻说。

“没关系，是吴大人的好朋友工部刘大人送的，吴大人回来就知道了。”来人放下盒子转身便走。

吴妻看着桌上的木盒，考虑是否要打开来时，马顺带着一批衙役闯了进来。

“把木盒打开。”马顺命令衙役。

木盒打开，赫然是一盒银子，一条一条整齐地排列着。

“这是赃物，把它带回去。”马顺高叫道。

于是，吴清被东厂收押，判了一个贪赃收贿的罪名，处以死刑。

吴澄得知吴清被东厂扣押，连夜写了一份辞职书，托朋友递呈上去，自己则催促妻儿，趁天未亮，扮成百姓模样，逃出京城。

王振看到吴澄的辞职书，立刻命马顺去捉拿吴澄。

“记住，”王振对马顺说，“吴澄和吴清一样，都不是好东西，斩草除根，把吴澄加一个共同贪污的罪名，一起干掉。”

马顺来到吴澄家，发现吴澄一家人已经逃跑了，没有人知道吴澄的去向。

刘球还魂

王振手段毒辣，人人畏惧，被称为“翁父”。翁父被捧在云霄，于是，一连发动了两次大规模的战争，一是征麓川之役，一是征瓦剌之役。

麓川是云南与缅甸（miǎn diàn）之间，伊洛瓦底江畔的一块小小的地方，当明太祖派傅友德平定云南的时候，曾经把这一块地方收复，建立了一个麓川平缅宣慰使司，以思伦法作为宣慰使。

所谓“思伦法”，法是王的意思，思伦为其名字。英宗即位之初，思伦法的儿子思任法即位，势力强大，侵扰云南边境，不愿意接受明朝政府的拘束。之后，麓川与明朝之间，断断续续有小规模的战役。

到了英宗正统五年（1440 年），思任法觉得长期作战，也实在是太累了，于是，遣使入朝，表示想要言和，王振却是极力主战。

翰林侍讲刘球看不下去，上书皇帝，坦率地表示，不能赞成出兵。

刘球是永乐十九年（1421 年）进士，曾经家居研究学问十年，跟着他求学的人很多。后来入朝，担任礼部主事、翰林侍讲，为官清廉，为人敬重。

刘球的弟弟刘玭（pín）在莆田为官，曾经送了一块当地土产的夏布给他，这夏布也不是什么名贵东西，说是土产，还真是颜色鲜艳土里土气。

但是，刘球就把它当成一件天大的事，不仅把夏布奉还，还写了一封好几页的长信，硬是把弟弟教训了一番。

刘球是坚决反对用兵的，他所持的理由是：“王师不可以轻易出动，麓川野蛮人的性格是不可能骤然改变的，南方水旱灾害频仍……凡此种种因素，都不宜在此时此刻出兵。”

此外，刘球另有一层很深的顾虑，他认为，瓦剌才是明朝最危险的边患，若是把甘肃的精兵调出去打麓川，导致北边防御空虚，万一北方“有警”，该如何是好？

可想而知，王振哪儿会肯听刘球的话？于是，正统六年（1441 年），明朝政府发动十五万人马，浩浩荡荡讨伐麓川，劳民伤财，骚动天下。

到了正统八年（1443 年），奉天殿遭到了雷击。在古人看来，这一定是皇上做了失德的事，所以老天才要处罚他。因此，英宗不得不做做样子，下诏要求大臣们上疏，直言时政。

既然是皇帝想听直言，刘球就老实不客气地参了一本，其中有一段：“政由己出，则权力不下移。过去，太祖太宗皆是如此。今皇上临朝九年，对于朝政已日渐熟悉，愿守太祖太宗成规，使事权归一。”明眼人都看得出来，刘球希望皇帝独立自主，别再事事让王振给牵着鼻子走。

刘球有一个小同乡，名叫彭德清，素行不端，刘球一向看不起彭德清，从来与他划清界限。

彭德清逮住了报仇的机会，他对王振说：“你仔细瞧瞧，这不是含沙射影，指责你揽权吗？”

王振本来就是揽权，但是，他却忌讳别人说他干政。于是王振找来心腹爪牙马顺。王振对马顺说：“你今晚替我把刘球除掉，务必要干净利落，不留痕迹，知道吗？”

“是，遵命。”马顺恭敬地回答。

王振满意地点点头，转身走向内室，踱进佛堂，对着几尊佛像拜了三拜，然后盘坐在锦垫上，一脸虔诚的样子。

这一天夜里，刘球好梦正酣（hān），突然，一条黑影从窗外一跃而入，刘球相当机警，立刻醒来，可是，一把冰冷雪亮的钢刀已经架在脖子上了。

“你要干什么？”刘球惊慌地坐了起来。

“你误国害民，罪大恶极。”黑影发出冷峻的声音，原来是马顺。

“我刘球忠君爱国，太祖太宗可鉴。”刘球激动地说。

“好吧，就让你去见太祖太宗吧！”马顺说着，手起刀落，刘球的脖子应声而断。

马顺拿起了床单，把刘球的尸体裹好，背在背上，飞跃而出，消失在黑暗之中。

第二天清晨，刘球的儿子发现父亲失踪了，床上留了一摊血，心知父亲一定是遇害了，连尸首也找不着，一家人跪在佛堂前抱头痛哭。

当然，有人暗地里猜测刘球是被王振派人刺杀的，却没人会猜到刽子手是马顺。

马顺有一个儿子已经生了很久的病，整天躺在床上，马顺遍请名医诊治，儿子的病也渐有起色。传说有一天，马顺来到儿子的床前，儿子猛然坐起身来，抓住马顺的头发拼命扯，跟着一拳对准马顺的鼻子挥过去，力量奇大，打得马顺口鼻喷血。

“你这老贼，我打死你。”马顺的儿子发疯似的叫着。

“儿子，你疯啦！”马顺惊慌地跌坐在地上。

“我不是你儿子，我是刘球，我要你偿命。”儿子的身体朝马顺扑过来，马顺本能地一滚，儿子的头撞到椅子角，鲜血直流，气绝身亡。

瓦剌使节团入贡

英宗听信王振的意见，劳师动众讨伐麓川，最后获得胜利，大将王骥终于得胜班师，并且在金沙江立石为誓：“石烂江枯，尔乃得渡。”

的确，明朝这一次用兵，虽然是威加绝域，可是，动兵十数万人，转战半个天下，人力物力的消耗极大，依然是得不偿失。同时，由于得胜麓川，引起了英宗与王振好大喜功的心理，促成了惊天动地的“土木堡之变”。

元朝灭亡之后，蒙古人被赶回旧居之地，居于东部一带的，被称为鞑靼，居于西部的则被称为瓦剌。瓦剌愈来愈强，尤其到了明英宗正统四年（1439 年），也先辅佐脱脱不花，也先是一个贪狠厉害的角色，自称为太师。不过，瓦剌初起之时，对于明朝，依然保持邦交，经常遣使入贡。

中国封建统治者一向是以天朝上国自居，看不起所谓“夷狄之邦”，瓦剌既然遣使入贡，明朝为了面子，总是请他们住最好的旅舍，搬出最为丰盛的食物招待。不但如此，贡使临走，明朝还一个人一个人给赏，幸而人数不多，只有区区五十人，开销不算大。

这五十名瓦剌使者又吃又住又拿，简直舍不得回去，轻轻松松走了一遭，竟然能够捞到这样的好处，个个心花怒放，下次还想来。

第二年，又到了入贡的时候，也先心想，反正明朝有的是钱，不拿白不拿。于是，代表团人数由五十人一下子增加了十倍，五百人浩浩荡荡自瓦剌到了北京城。

礼部接待的官员吓了一大跳，吃惊地问：“咦！怎么今年来了这么多人？”

瓦剌为首的代表，笑嘻嘻地说：“这表示对大明朝的敬重之意。”

礼部哑巴吃黄连，有苦说不出。可是，人数激增，招待吃力，而且处处仍得讲究排场，不能让瓦剌人看寒酸，临走，又是一人一个厚厚的大红包，只是礼部官员再三表示：“明年，派五十个人便可，用不着如此麻烦。”

到了第三年，瓦剌的贡使，竟然多达一千人，礼部相当相当不悦，又不方便发作，于是，在一行人吃饱喝足返回瓦剌之前，不得不拉下脸来，郑重表示：“贡使人数，维持五十个人，下一回，千万不许擅自增加。”

但是，说归说，瓦剌根本相应不理，到了正统十年（1445 年），人数增加到两三千人，明摆着年年敲竹杠，把明朝当呆子。

正统十四年（1449 年），瓦剌居然号称来了三千人之多，更过分的是，所谓三千人，不过是书面上的，其实，实到人数，仅仅是两千多人，瓦剌是虚报人数，实领赏赐。

同时，瓦剌入贡的马匹，也不再是精良的纯种马，其中混杂了不少劣等老马，这一切的一切，都让明朝实际当家的王振，气得是火冒三丈。

终于有一天，王振被惹火了，他把礼部的人叫来，先是臭骂一顿：“你们这样子办事，国库非给掏空不可。”

接着，王振脸一板：“这一回，瓦剌派了多少人来？”

“据说是三千人，当然，其实绝对没这么多，顶多来个八成左右。”

“好得很。”王振气歪了，“也先这个混球，还把我大明朝放在眼中吗？不但年年敲竹杠，甚且，他还鼓动蒙古其他部落，一起向明朝讨赏。也罢，你听好，今年的赏赐只有六百人的数量。”

礼部官员期期艾艾道：“这不是只有瓦剌报上来的五分之一吗？”

王振脸一朝天：“这不好吗？”

礼部的人，夹着尾巴回去，乖乖照办。可想而知，瓦剌的人拿到了赏赐，脸都绿了。

一行人回到瓦剌，也先又羞又恼，二话不说，就在正统十四年（1449

年），发动了塞外诸番，联兵入寇。

也先大举入寇的消息，传到了北京城，大家都十分震惊，独有王振，开心极了，他飞快地跑去报告明英宗："陛下露脸的机会终于来了，陛下当效法太祖、太宗御驾亲征，削平瓦刺，在我大明朝的历史上记下一笔。"

明英宗一向最听"王先生"的话，一听此言，也没有细想，马上就跟着兴奋起来："对，对，朕当效法祖宗，御驾亲征。"

英宗自幼生长于深宫，不明外界状况，在他看来，御驾亲征，驰骋于荒野大漠之间，想来与打猎一般有趣刺激，何况，一切有他最信赖的王先生调度安排，他是再放心不过了。

于是，英宗踌躇满志道："看吧，待朕亲征归来，朝廷里的大臣们，谁敢再瞧不起朕！"

英宗内心深处的自卑心理，也促成了这一场与瓦刺之间的大战。

王振衣锦还乡

英宗正统十四年（1449 年），也先大举入寇，朝廷震惊。宦官王振一向好大喜功，明英宗又是一个自幼生长于深宫，完全少不更事的君主，他欣然同意王振的建议，决定御驾亲征。

吏部尚书王直首先力谏："国家备边最为谨严……坚甲利兵，随处充满，且耕且守，是以久安……不必亲御六师，远离塞下……兵凶战危，臣以为不可。"

英宗才不管他的"臣以为不可"。除王直外，兵部尚书邝埜（kuàng yě）、侍郎于谦也纷纷表示："六师不宜轻出。"

王振悄悄地对明英宗洗脑："这些臣子都是在阻挠陛下立功，也先入侵，完全是预料中事，甚且是事先设计的，岂有不胜之理？陛下要不要在明朝历史上留下一笔，就看陛下是否要亲征。"

英宗望着王先生，眼神中有说不出的信赖与崇敬，当下把一切军事都交给了王振，让他全权处理。

王振是宦官，从来没接触过军事，骤然当起总司令，又兴奋又不知所措，他把兵部的人叫来，板起脸孔道："今天是七月十四日，我命令你们，在两天之内，调集五十万大军，不得有误。"

兵部的人一听，人都傻了，两天之内准备五十万兵马粮饷，简直是开玩笑，但是，又不敢开口解释，王振是个大外行，跟他说了也不懂，搞不好，王振一发怒，自己的脑袋先搬了家。

两天很快就过去了，到了七月十六日，果然自各地调来五十万人马，由于过分仓促，车辆马匹、戈矛弓矢、粮草器具，全部不齐，破破烂烂，真正是所谓乌合之众。

明英宗倒是异常地起劲，下诏亲征，命弟弟郕（chéng）王留守。英宗心想，带去的人马想必是愈多愈好，愈能显现威风，于是，自英国公张辅以下，包括六部尚书，连官带兵，声势惊人，从来也没听说出兵打仗是如此累赘（léi zhui）的，明太祖、成祖若是看到这种子孙不肖的行径，一定会气得再死一次。

七月二十日，大军出发。第二天，夜宿龙虎台，风横雨狂，军中夜惊，真正是不祥之兆，马上有人想到这次可能出师不利。二十七日抵达宣化府，连日风雨，人心惶惶，尤其是兵士缺乏粮草，沿途有不少士兵饿死病死。

兵部尚书邝埜实在看不下去了，直叩行宫，当面奏请停兵。

王振认为，邝埜是存心泼他冷水，气得七窍生烟，勃然大怒："你这个书呆子，懂得什么军事？"王振厉声呵斥："再乱说话，我就杀掉你！"

"我是为了社稷生灵，你用不着拿死来吓我。"邝埜亢声回答，"我不怕死。"

虽然他不怕死，王振却不理，大喝一声："把他给弄出去，罚他在野草之中长跪！"顿时，几名校尉向前，半扶半拖把他撵（niǎn）出行宫，跪在野地里。

如此一来，一方面更失军心，另一方面，王振的威势更大，许多人怕死了王振，一见到王振，不由自主地双膝落地，王振忍不住仰天长笑。

八月初一，明朝大军到达大同，和也先的部队发生了接触战。由于明军兵士缺粮，军心动摇，一战下来，明军横尸遍野，到处可见开膛破肚的伤兵死士。虽然此时，也先暂且退兵，但那种凄凄惨惨的景象，让王振首次体会到，战争似乎不太好玩。

王振召见郭敬之后，背脊一阵一阵地发凉，邝埜这些书呆子的话，王振是听不入耳的，可是，郭敬不一样，郭敬是王振派在大同的心腹。

郭敬忧心忡忡道：“太师成国公朱勇带领的前锋三万人，与也先交锋，大败而溃，也先实非等闲之辈也。”

郭敬并且正色地说：“也先为人诡计多端，目前虽然暂时退兵，其实是诱敌深入，绝非惧怕我军。”

王振这下子可有点儿发急了，他问：“依你之见，又该如何？”

郭敬回答：“三十六计，走为上策。再说，王先生不妨以也先退兵为理由，堂而皇之退兵，再晚可就来不及了。”

旁人的话，王振可以不听，郭敬的劝告，王振是非要考虑不可。第二天一大早，王振下令班师。

退兵也就罢了，谁知道王振突发奇想，他心忖，此去距离他老家蔚州不远，若是能把皇帝带到蔚州一趟，让乡里的人瞧一瞧，当初看不起他的成国公朱勇等人向他报告之时，竟然是膝行向前，那该有多威风，衣锦还乡，人生快慰莫过于此。

因此，王振打定主意，要借此机会风光一番，光宗耀祖，夸示乡里。

土木堡之变

宦官王振好大喜功，怂恿明英宗讨伐瓦剌也先，却出师不利，也先诱敌深入，暂且退兵，王振听从郭敬的话，决定回銮（luán）。

按理说来，车驾应入紫荆关，往东八十里，便是易州，就到了安全地带。但是，王振是山西蔚州人，他希望皇帝能够“顺便”临幸他的故乡，以便夸耀乡里，扬眉吐气，因此，原来应该往东南的行军路线，改为直指正东方向。

王振一心只想露脸，脑海中尽是乡人又羡又妒的眼光，他却忘了，时值秋收季节，几十万大军，把田里的收成，践踏得如一摊摊的烂泥巴。

王振一看景象惨不忍睹，心想，这一着棋走错了，真要回到蔚州，准被乡里的人咒骂死，不成，不成，又赶紧改弦更张，仍然取道宣化府，如此一耽搁，就被也先给追上来了。

八月十三日，明朝大军到了怀来以西的土木堡（bǎo），邝埜紧急上奏：“请陛下车驾疾驱入关，严兵为殿。”

王振又发脾气：“你这个腐儒，又来烦我，来人啊，拖他出去！”

原来，王振原先准备衣锦还乡，因此，带了一千多辆车子，里面装满了在京城里搜括来的宝贝，这一会儿，车辆未到，王振不放心，因而，需要等待。

邝埜知道原委，更加火大，他愤愤不平道：“此是何时，竟然不顾万乘（shèng）之尊，而重视千乘辎（zī）重？”

第二天，八月十四日，更恐怖的事竟然发生了，土木堡是一块高地，掘井掘到两丈深，尚不及泉，人马皆渴，而十五里外，惟一的一条河，已被也先所占，这该如何是好？莫非大家一块干渴而死？

正在一筹莫展之际，第二天正是中秋佳节，突然出现了转机，也先派了使者前来谈判。

英宗欣然同意，特召翰林学士曹鼐，写好谈和的敕书，另外派了两名通事，偕同也先的使者，一块儿回去复命。

也先派人求和的消息，一会儿工夫，立刻传遍了整个军营，兵士们可乐了，纷纷离开自己的营区，四处去寻找水源，一时之间，整个军营全乱了。

原来这是也先安排的毒计，他等的正是明军急急觅水的动作。于是，刹那之间，四处涌来瓦剌兵队，高声大呼：“凡是解甲投刃者不杀。”

话是这么说，怎可能不杀？明军却信以为真，一个个忙着抛下盔甲，脱下衣服，光溜溜的，更容易被瓦剌所杀，放眼望去，尽是赤裸裸的尸体，五十万大军，连同所有的装备，荡然无存，令人悲痛。

将相大臣遇难的，还真不少，其中包括入掌机务的学士曹鼐、张益，兵部尚书邝埜，户部尚书王佐，侍郎丁铉（xuàn）等等，五品以下的官员，更是不可胜数。

至于罪魁祸首王振，有人说，他在乱兵之中被活活打死，也有人说，王振是被明朝的大将军樊忠用长锤给锤死的，挥锤之际，樊忠还大呼：“我要为天下诛此奸贼！”

王振到底是如何死的，在兵荒马乱之际，谁也顾不了谁，又有谁知道王振到底是怎么见阎王爷的呢？

倒是明英宗，因为身旁有个得力的侍卫保护，侍卫身上所中的矢箭，加起来像一个刺猬，可是英宗倒是福大命大，丝毫未伤。

英宗虽然毫发无伤，内心的创伤却是无可比拟的，他原先听说亲征，

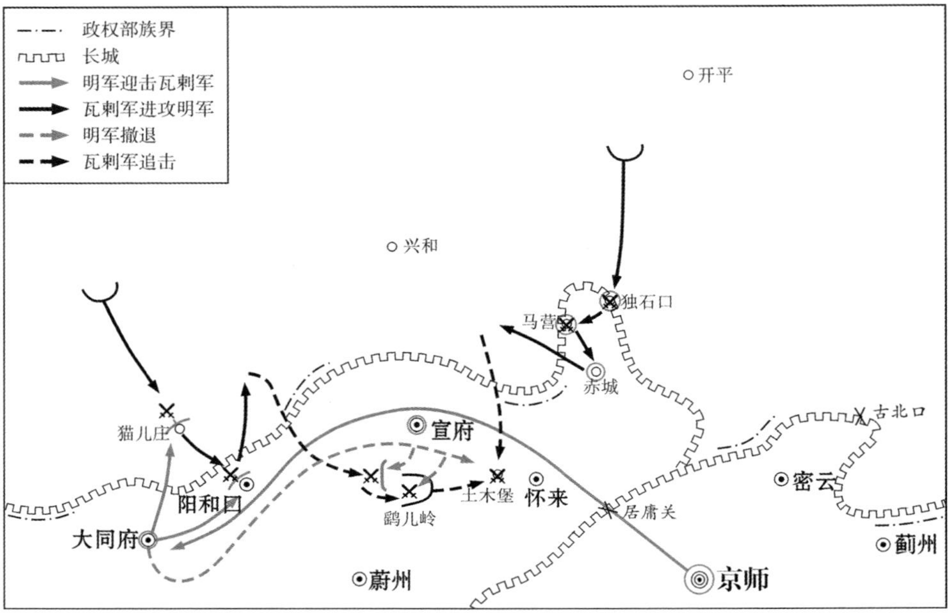

土木堡之战示意图。明英宗正统十四年（1449年），瓦剌四路进袭，也先率主力攻大同，另三路分攻赤城、辽东、甘肃。七月初，明军出大同迎敌，先败猫儿庄，再败阳和口，同时，瓦剌北路也自独石口南下，马营守备弃堡逃走，王振因之力主英宗亲征。七月十五日，明军出居庸关，进至大同，见瓦剌势大，仓促撤军，本拟经王振家乡蔚州，取道紫荆关回返，但王振临时改命由宣府回京，明军侧翼遂暴露于瓦剌攻击之下。也先闻讯，立即率军突入长城。先在宣府附近大败明军后卫，再在鹞儿岭伏兵败明援军。八月十四日，在距怀来城二十里的土木堡，明军未能及时入怀来城，被也先追上。也先先许言和，然后趁明军懈怠，骑兵分数路发动，明军大溃，英宗被俘，史称“土木堡之变”。

只觉得如打猎一般兴奋好玩，真上了战场，又可怕又惨烈，恨不得马上回宫。

英宗下了马，垂头丧气一个人坐在草地上，暗自嗟叹：“我这还算是堂堂大明朝之天子吗？”

这一场大战，对瓦剌的也先而言，真是出乎意料的顺利。原先，也先以为碰上的对手，了不起是区区一个边将，最多也不过是朝廷派出的一名将军。也先做梦也没有料到，他的对手竟然是大明朝的皇帝。坦白地说，也先起初听到英宗亲率五十万大军前来，心里还是挺怕的。因此，也先暂且退兵，探一探明朝的虚实。

等到也先发现明朝不过是纸老虎，尤其是堂堂大明朝，居然会为一个小小宦官更改行军路线，并且为了宦官贪污得来的金银珠宝，延误行程，也先情不自禁大呼：“这真是老天爷赐给咱们瓦剌的礼物。”

明英宗被掳

土木堡之役，明军大败，英宗失魂落魄，一个人下了马，颓然坐在草地上，仰望天空，若有所失。

此时，一个瓦剌兵跑来，对英宗说：“快快脱下你的盔甲，也许能饶你一命。”

英宗虽然已到了穷途末路，毕竟还是一国之君，他从小到大，从来没有人敢对他如此大呼小叫，毫无礼貌。所以，英宗抬起眼来，看了一眼瓦剌兵，脸上全无表情，继续两眼发直，仿佛天上写了字，他急于认出字来。

瓦剌兵见这个汉人架子挺大的，正准备一刀下去，结束这汉人的狗命。瓦剌兵的哥哥来了，见此汉人气质与常人不同，虽然处在危难之中，仍然顾全身份，有一种难以言喻的高贵。

所以，这哥哥忙阻止道：“住手，此人非比寻常，假如我猜得不错，他极可能是明朝天子。”

“天子？那不是更该杀了？”

“不，不可轻举妄动，赶快上报。”

到底是哥哥有见识。

果然。不一会儿，也先找来俘虏中见过英宗的人一相认，俘虏本能地双膝落地，高喊：“万岁爷！”

这一下，也先可乐坏了，立刻把英宗软禁在巴延的帐篷之中，日夜严密看管。

也先告诉部下："这一回，我们捞到一块大大的肥肉，可得善加利用才是。"

英宗人在屋檐下，不得不低头，因此，他命梁贵带了一封亲笔信交给怀来守臣。

梁贵把御书带到怀来守臣处，又带到了京城，交给了于谦。

明英宗坐像，台北"故宫博物院"藏。

于谦急急忙忙往下看："朕现居于也先之弟伯颜帖木儿营帐之中，尚能以礼相待。彼辈意在金帛，望尽全力筹措巨资，火速运送前来，满足他们的要求，朕才可以脱困，切切。正统十四年八月十五日，月初上时。"

消息传出，百官痛哭，哭声响彻云霄，整个宫中，一片哀凄。

皇帝落入瓦剌手中，能有什么办法？当然只有全力搭救。

因此，孙太后（就是当年那个诡计多端的孙贵妃。英宗也就是孙贵妃从宫女手中抢过来的儿子）哭得稀里哗啦，下令打开贮藏金银宝货的"内承运库"，拣选蒙古部落最为喜欢的金珠重宝，满满地装了八个大箱子。

另外，英宗的钱皇后也是罄（qìng）其所有，把她自娘家陪嫁来的首饰金银器皿，盛满了两个大箱子，一块儿作为赎金，由太常寺的提督，一路押运，一直送到大同。

也先看到十箱亮晶晶的宝贝，自然是心花怒放。不过，也先可不懂得“盗亦有道”的规矩，东西嘛，也先是不客气地全收下来了，人呢，也先可没轻易放走，白白地让肥羊回去，未免可惜，因此，也先押着明英宗，继续朝北走。

皇帝被瓦剌给掳走了，国不可一日无君，接下来该怎么办呢?

王直率领群臣，决定请皇太后下诏，立只有两岁的皇长子朱见深为皇太子，由英宗的弟弟郕王辅政。孙太后下诏：“神器不可无主……仍命郕王为辅，代总国政，抚安万姓，布告天下，咸使闻知。”明白表示，英宗依然是明朝的皇帝，且有归来的一天。

此时，从前线逃回来的败兵，满街乱走，个个衣衫不整，破破烂烂，真不像个样子，文武百官见了面，总是互相摇头叹息。不过，所有的人讲到最后，总会归结到同样的一个结论：“这一切的一切都是王振害的，也先既然没有本领打到京城，在边疆闹一闹也就是了，何必非要皇上亲征，闹出这么样一个大乱子。”

所以，郕王第一次听政，几乎所有的奏章，全部都是要灭王振的族以谢国人。

十数名言官联合上奏：“若不能奉王振灭族之明诏，臣等死不敢退。”

念奏章的通政使，读到这儿，哽咽不能出声，人人心中原本都有一腔悲痛，被如此一挑，个个痛哭失声，真正是男儿有泪不轻弹，只是未到伤心处。此时此刻，大明朝上上下下，都有说不出的伤心。

一时之间，朝廷之上大臣哭成一团，完全丧失了秩序，郕王皱着眉头，不想再待下去，急着往里走，百官却急着要答案，一拥而上，堵住了郕王的去路，整个场面，可以说已经失控了。

王振被抄家

土木堡之役，明朝大败，宦官王振死于乱兵之中，明英宗被俘，群臣情绪激动，个个嚷着：“王振倾危社稷，构陷圣上，今日不灭王振的族，死不甘心！”

这个时候，金英站在高处，做了一个请大家噤（jìn）声的手势，用宦官特有的尖细如猫的嗓音叫道：“大家不要吵，郕王命马顺前往王振住处抄家。”

“马顺是什么东西？马顺就是王振的狗腿子，找马顺去怎行？”立刻有人高声抗议。

给事中王竑（hóng）一向忠君爱国，嫉恶如仇，这一会儿，再也不能忍耐了，他一个箭步向前，抓住马顺的头发，左右开弓，猛甩马顺的巴掌，然后，又狠狠地咬了一口马顺的肉，怒不可遏道：“想平日，就是你们这些人，帮着王振作威作福，事到如今，还在神气，我倒要问问你，皇帝呢？皇帝被你们这群狐群狗党弄到哪儿去啦？”

王竑狠命地咬住马顺的耳朵。

其他人见王竑发了狠，也就趁势向前，又打又踢又踩，转眼之间，赫赫一时的马顺命归黄泉。

马顺死了，群臣怒气却未消，众人高呼：“还有那毛贵、王长随呢？躲到哪里去啦？”

于是，毛贵、王长随面如土色般被拖了出来，众人拳打脚踢，又一下子打死了两个人。

接下来，轮到了王振的侄儿王山，他也是绝对别想逃掉的。王山被拉了来，跪在朝廷上，郕王见闹得不成一个样子，忍不住想溜，偷偷回到宫里喘息。

于谦机警，急忙上前，拉住郕王的衣袖道："殿下，敬请留步，殿下一走，场面更加无法收拾，请立刻颁旨，以为安抚。"

郕王吓坏了，一心只想赶快脱身，他摆摆手道："你帮忙处理一下吧，代我宣谕，一切便宜行事。"

于是，于谦清一清喉咙，用极为嘹亮的声音宣布道："马顺等人罪该一死，既死不论。"群臣慢慢地安静了下来。

于谦又宣布："王山绑至市场立斩，王振家族无论长幼皆斩。当此国家危急存亡之秋，望人人共体时艰，共谋大计，大家先散了吧。"

于谦这个人，自小就是个领袖人才，他才七岁的时候，有位和尚见到于谦，听到于谦特别洪亮的声音，就忍不住夸奖道："这个小孩，他日是做宰相的人才也。"

于谦是永乐十九年（1421 年）的进士，宣宗时代，宣宗便特别赏识于谦，认为他磊磊大方，正词崭崭，不像一般朝臣尽是唯唯诺诺，忙着揣摩上意。

于谦快刀斩乱麻，顷刻之间，就把朝廷乱哄哄的局面给平定下来。接着，于谦请示郕王："不抄王振的家，恐怕仍难以使人心服，王振虽然号称佛教徒，但他的穷奢极欲也是人所共知的。"

郕王想了一下："这样吧，抄家不如就让右都御史陈镒（yì）去。"

陈镒接受了命令，先去找金英，他问金英："金公公，我奉旨抄王振的家，依你之见，我该带多少人去，你得派锦衣卫的人帮个忙。"

"这没有问题，你想要多少人？"金公公是个老好人，一向是比较好说话的。

“总得要个一百人吧。”

金英摇摇头：“一百人怎么够，最起码也得来个上千人。陈大人，你大概不明白，你可知道王振有多少住处多少仓库？”

“我的确不清楚，烦请金公公明告。”

“他有五处住宅，几十个仓库。”

陈镒张口结舌：“这么多！”

既然王振有如此多财产，陈镒可不敢懈怠，万一被王振身边的人抢先一步，那岂不糟了？因此，事不宜迟，赶紧带人前往各处，先贴上封条，再逐一清点。

隔了两天，陈镒初步提上来一个报告，王振共有大住宅五所，仓库六十四座，其中一座仓库之中，计有玉盘一百面，二十多株六尺高的珊瑚，其他珍玩无数。

由于王振当权七年，搜括的金银宝贝太多，一时之间，算也算不清楚，所以陈镒在奏章中加了一笔：“详细目录，必须要等两个月后才能复命。”

王振走了，家也被抄了，只剩下佛堂中的佛像，依旧法相庄严，冷冷地看着世间，或许这一切，早在菩萨的预料之中。

于谦临危受命

土木堡之变，英宗被俘，宦官王振死于乱军之中，朝臣悲愤异常。王振终于被抄了家，但是，问题重重，该如何解决呢?

郕王忧心忡忡道:“大敌当前，最重要的是团结一致，共御外侮，希望人人知无不言，言无不尽。”

此时，人群之中突然闪出一个小矮子，急急忙忙抢着要开口。

众人一齐望去，原来是徐珵(chéng)。徐珵是苏州人，担任翰林院侍讲，他自视甚高，的确也懂得不少，上通天文，下知地理。徐珵经常夜半时分，一个人对着天空发呆，对着满天星斗思考问题。

由于徐珵细细瘦瘦，古灵精怪，有人笑他是“矮子肚里疙瘩(gē da)多”，但也有人挺佩服徐珵的。

这年的秋天，徐珵发现“荧惑入南斗”，荧惑便是火星，《史记·天官书》中有载:“(荧惑)出则有兵，入则兵散。”徐珵发现，荧惑不但出现，而且直接侵入南斗，这的确是非同小可，因为南斗天星，代表着天子寿命。

所以，早在初秋，徐珵就命令妻小收拾细软，火速赶回苏州老家。徐妻颇不以为然，她娇嗲地说:“老爷子，现在是秋老虎当道，最热的时候，干吗非要这会儿赶路?真没有道理。”

徐珵吹胡子瞪眼睛:“不要多啰嗦，我还会害你不成，你不怕鞑子来?”

“真有鞑子会来？”徐妻张大了眼睛。

“你再不走，莫非想被鞑子掳到大漠去？”徐珵果真发了火，徐妻只有万般不情不愿，挥汗回老家。

这一会儿，也先入寇，徐珵更有自信：“果然不出本半仙之所料。”因此，徐珵一个箭步冲了出来，用极为果断的口吻，朗朗而言：“今臣验之星象，稽之天数，天命已去，惟有朝廷南迁，才可以纾（shū）难。”

徐珵的话还没有说完，于谦立刻高声喊道：“主张南迁者，可斩也，京师是天下的根本，一去则大势已去，莫非宋朝南渡的教训还不够吗？”

于谦一向极有威严，这几句话又批驳得厉害，一时之间，个个都噤口不言。

金英附和于谦，跟着来了一招，他指着徐珵道：“此人胡说八道，根本不配在这儿议事。”

徐珵接连被反驳两次，谁若是与他有相同的意见，此刻也不敢开口了。

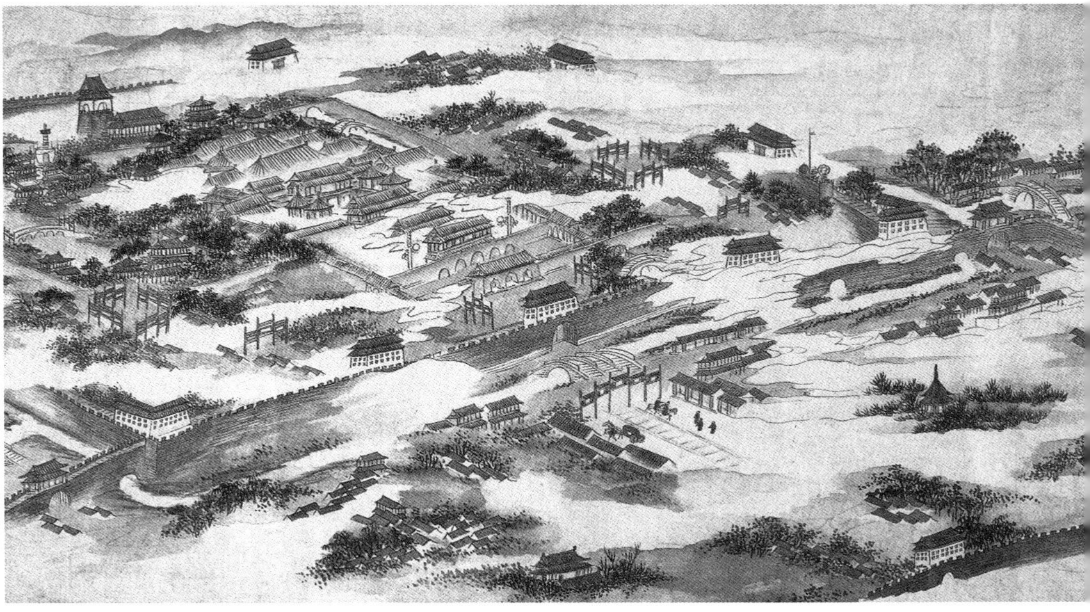

北京城，清人绘。

王直沉着地说道："今日之危急，臣以为宜升于谦为尚书，悉心筹划军事。"

郕王点点头道："好，现在于谦就是兵部尚书。"

于谦也不推辞，他诚恳道："受命于危难之际，臣实也不敢不尽心。"

郕王又问："于谦，你心目中有哪些武将可用？"

于谦稍微思索了一下："臣推荐石亨、杨洪、柳溥与孙镗（tāng）。"

"好，一切听你的。"

于谦虽然是一个文弱书生，却具有一流的军事头脑，在土木堡不幸丧生的邝埜便经常对人说："我的才能的确不及于大人。"

于谦是永乐十九年（1421 年）的进士，宣德年间，在江西担任巡按使，曾经昭雪冤囚数百人，博得了于青天的美名。

后来，由于杨士奇的举荐，升为兵部右侍郎，他每到一地，总是不辞辛劳，一个人骑着马，走遍穷乡僻壤（rǎng），尽全力为地方百姓造福。

英宗正统六年（1441 年），于谦曾经向朝廷提出一个建议："河南、山西一带，官府积存了数百万的谷子，可在每年三月借给缺粮的贫户，待秋收后再还。"

英宗采纳了于谦的建议。于谦在河南担任巡抚之时，亲率民众整治黄河，种树凿井，榆柳夹道。在山西，于谦不准军官私占民田。

总而言之，在三杨（杨士奇、杨荣、杨溥）辅政之时，对于谦是十二万分地器重，他所提出来的建议，多半都是一律照准。

然而，到了王振当权，一切都不一样了，王振喜欢人家巴结，盼望朝臣送礼。于谦两袖清风，哪儿有余钱去贿赂？再说，他个性刚直，根本不屑王振的所作所为，要于谦也跪在地上，肉麻兮兮地呼王振为"翁父"，那还不如要于谦去死。

于谦不肯低头，王振自然不悦，曾经巧立名目，把于谦关入大牢，坐了三个月的监，因为实在找不出理由，只好释放。再加上山西、河南的官民，纷纷上书朝廷，请求于谦留任，所以，于谦再度担任山西、河南的巡抚。

正统十三年（1448 年），于谦被调任兵部左侍郎，英宗亲征之前，于谦曾经极力谏止，但是，英宗睬都不睬。

这一会儿，土木堡失利，英宗被俘，于谦心中真有说不出的悲痛，事实比他当初预料的还要糟糕，作为一个对国家有责任感的知识分子，有时内心深沉的悲哀实是一言难尽啊！

于谦拥立明景帝

土木堡之变，发生在明英宗正统十四年（1449 年）八月十四日，正好是中秋节的前一天。中国人一向重视中秋团圆，每逢佳节倍思亲，对远在前方作战的亲人，更多了一层思念。

由于古代通信事业落后，中秋前夕的惨变，隔了好些天才传到京畿（jī），人人奔走相告，带着不可置信的神情："奇怪，五十万大军，不是小数目，怎么一下子的工夫全完了？"

有人义愤填膺（yīng）："不成，咱们非寻也先报仇不可。"

也有人忙着烧香拜佛，祈祷出征的人儿，能够顺利平安地归来。

更多人最最忧心的，该算是皇帝给掳了去，国不可一日无君。

明英宗的母亲——孙太后尤其心焦如焚，不过，她倒不是感情上担忧儿子，而是挂虑一己的身份地位。

孙太后就是当年那个貌若天仙、心如毒蝎的孙贵妃，孙贵妃为了夺取皇后的宝座，利用宫女，生下一子，就是明英宗，并且软硬兼施，挤走仁厚善良的胡皇后，终于母以子贵，当上了皇后，也才有今日孙太后的隆显地位。

孙太后心想，我这个太后，得来不易，既然不能母以子贵，无妨，还可以来个"奶奶以孙子贵"。

于是，孙太后快刀斩乱麻，在八月二十一日紧急下诏，立朱见深为太子，朱见深是明英宗的儿子，才只有两岁大，刚刚会走路，还不会讲话。孙太后的算盘是，万一英宗福大命大，脱险归来，皇位自然还是他的，若有不幸，没关系，皇位仍然平平稳稳是她孙子的。孙子年纪虽小，不能亲理政务，反正，暂时由郕王监国也就是了。

不过，人心惶惶，外头议论纷纷，都说国赖长君，两岁的奶娃娃，如何能够维系人心，尤其是，也先随时入寇，眼前的局势——危险啊！

孙太后不能对外界的纷扰完全置之不理，不得不勉为其难，召见胡濙、王直与于谦三位老臣，垂帘听取意见。

年纪最大的胡濙，最能明白孙太后的用心，首先发言："臣以为宜立太子为帝。"

于谦忍不住脱口而出："不可，立郕王则皇上归国有日，立太子，则皇上归国无期。"

"喔？"孙太后挑起了眉毛，"这是什么道理？"

于谦沉着地分析道："不论立太子，或者立郕王，均当尊皇上为太上皇。但是，若是立太子，太子只有两岁，太上皇归来，就是不复位，也必训政，也先见奇货可居，岂肯轻易放人？只有立郕王为帝，也先发现明朝换了皇帝，皇上的价值减低，挟持也没有什么用处，这才可能放人。"

于谦的话还没告一段落，王直立刻接口："臣以为立郕王远胜于立太子。"

孙太后心里怄得很，却又不能说自己可以不顾儿子的安危，只好满心不情愿道："我也认为于先生的话，的确相当有道理。"

于谦是个不放心的人，他又追问了一句："皇上回来，会不会复位？"

孙太后的脸色，益发难看，她原本漂亮的容颜，因为多年来，用了太多的心机，线条刚硬，竟有点儿满脸横肉的狰狞。孙太后隔着垂下来的湘帘，终于被逼着说了一句："太上皇归国，依旧是太上皇。"

于谦这才笑逐颜开，恭恭敬敬地拜了一拜："有此慈谕，相信皇上不久之后，当可以平安归国。"

郕王（郕王是宣宗的次子，英宗同父异母的弟弟）听到消息，内心暗喜，表面可不能露出一丝丝的喜悦，并且一让再让，坚持不肯接受。一直拉锯到了最后，于谦引用孟子所言“社稷为重，君为轻”，郕王这才“不得不”答应，是为明景帝。

孙太后是极不愿意看到这样的发展。但是，她是从大风大浪中走过来的人，表面不动声色，一心一意是想护卫着两岁的太子。

孙太后找了她一个心腹宫女万贞儿来商量。孙太后是山东人，万贞儿也是山东人，不过，孙太后是当年出了名的山东美女，万贞儿则是粗手大脚，有几分男人气息的山东壮妇。

孙太后对万贞儿说：“我不放心太子，害怕将有人会危害他的小命。”

万贞儿摇摇头：“不会的。”

“谁说不会？”孙太后抛了一个白眼。她心想，当初英宗的生母怀孕时，还不是欢天喜地，自以为怀了龙种，谁能料到孙太后会下毒手，不但抢了宫女的儿子，并且把宫女给杀掉。

孙太后正色告诉万贞儿：“我要你小心照料太子，等太子到了仁寿宫，你就好好帮我照料。”

于是，两岁的太子，就被送到仁寿宫来，由十九岁的万贞儿照料，谁也料想不到，后来，太子长大，成为明宪宗，竟然娶了大他十七岁的宫女万贞儿，这段奇异的故事，我们以后会慢慢道来。

也先挟持明英宗

土木堡之变，英宗被瓦剌的也先所俘，明朝上下，人心惶惶，幸赖大臣于谦在朝堂上主持正义，维护秩序，局面才稳定下来。

正统十四年（1449 年）九月，郕王即位称帝，以次年为景泰元年（1450 年），是为明景帝，遥尊英宗为太上皇。景帝即位做的第一件大事，就是用于谦为兵部尚书，主持大局。

也先把英宗俘来，当然要善加运用。英宗身边有个小太监，名叫喜宁，人很灵巧，但是不被英宗喜爱，英宗被俘之后，喜宁立刻表态，愿对也先效犬马之劳。

喜宁对也先献计："攻北京最迅捷的一条路线，就是先取大同，不妨把太上皇押在前面，就说是要把太上皇送还回去，让他回到北京去复位，如此一来，城门自开，明朝人总不能说，不要皇帝了吧。"

也先点点头："嗯，这个主意不坏。"

于是，也先派了人，挟持英宗到大同，假装说是要把英宗还给明朝。

大同的守将郭登，是条硬汉子，他须长过腹，相貌英伟，治军严格。郭登自己登上了城门，用他特有的大嗓门，大声地喊道："赖天地祖宗之灵，国家已有皇帝了。"并且下令，把城门关得紧紧的。

同时，郭登又亲自为伤兵用药，诚恳地对军士们说："我誓与此城共存亡。"

也先攻不进大同，又去找喜宁问计："郭登闭门不理，下一步又该如何?"

喜宁不慌不忙道："刚巧我对边关虚实颇知一二，大同既然进不去，就攻紫荆关吧。"

紫荆关的守将，在上回战役之中阵亡。新派来的孙祥，初来乍到，还没有摸清楚状况。孙祥只守了四天，城关就被也先攻破，孙祥也在巷战之中，不幸捐躯。

兵败的消息，传到了北京，人人震惊，景帝急忙找于谦等共谋对策。

大将石亨，长得方头大耳，十分威武，他首先站出来发言："也先来势汹汹，我们不妨把北京城九个门紧紧关闭，来一个坚壁清野，也先在城外骚扰一阵子，又攻不入城门，自然会退兵。"

于谦不赞成，他说："官军只采取守势，岂不是长他人志气，灭自己威风？"

因此，于谦先点齐人马，再分命大将驻守城门，下令鼓舞士气，随时出外迎击。于谦还做了一件事，就是在城内外到处贴了军令，上面写着："临阵，将若是不顾军士，先退者，斩其将；军士若是不顾将，先退者，后队斩前队。"

这道军令可不是闹着玩的，于谦也不是说话不算话的人，人人看到军令，都吓得吐舌头，也都知道非拼不可。

也先找人撕了一张军令，带回来与喜宁研究。

喜宁了解于谦的为人，他摇摇头说："于谦是准备不要命地来硬干，他可不是说着玩的，用不着与他对上，这么办吧，不如派个使者告诉他们，派大臣来见太上皇，谈个条件，多取些金帛。"

景帝接到消息，相当为难，英宗被也先捏在手里，也先说要明朝派大臣去接驾，于情于理，都不能不派个人去。可是，该派谁呢？若是也先把派去的大臣，又给扣了起来，岂不又多了一名人质？真是伤脑筋，于谦在前线，此刻也不能共谋对策。

最后，景帝说："这样吧，不如找两个小臣，升为大臣，这样，若是被扣押，损失也不大。"

于是，通政司参议王复，一下子成为右通政，内阁中书赵荣，也马上换了太常寺少卿的官服。景帝表示："回来之后，一定升官。"

王复、赵荣又开心又害怕，表面上仍然不动声色道："朝见太上皇，臣子应有之义，不敢邀恩。"话说得挺漂亮的。

此二人打扮得人模人样到了土城，觐见太上皇，只见太上皇脸色惨白，仿佛病得快要死了，憔悴得形容枯槁（gǎo），真是虎落平阳被犬欺，看起来好惨好惨。

太上皇身旁，十来个瓦剌兵，个个横眉竖眼，脸露凶光，杀气腾腾，王复、赵荣心中直打哆嗦。

喜宁在宫中待久了，一看便知这两个小臣不够分量，他马上咬着也先的耳朵，如此这般地说了半天。

接着，翻译传达了也先的意思："瓦剌国的太师淮王（这是也先自封的称号）说，他们两个小官，够不上谈判的资格，要谈，就要找王直、胡濙、于谦、石亨来。"

王复、赵荣赶紧向也先行了礼，出帐上马，赶回朝廷报告，景帝听完报告，皱眉道："此四人，都是军国重臣，岂可自投罗网。"

再说，景帝也不是真的希望太上皇归来。

谈判破裂，战事再起。

于谦炮攻也先

也先挟持明英宗，要求明景帝派于谦等四位大臣前来谈判，景帝既不可能派大臣自投罗网，又为了避免扰乱军心，相应不理。

也先等了三天，没有消息，决定大干一场。也先心中，其实是相当看不起明朝的，浩浩荡荡五十万明朝大军，还加上皇上亲征，三下两下就被打败了，尤其掳来明英宗之后，英宗那种懦弱胆小、窝窝囊囊、毫无英雄气概的小家子气，真让也先给看扁了。

虽然，喜宁劝告也先，于谦可不是好惹的，在也先看来，于谦或许比喜宁强，强在忠心爱国，但毕竟是永乐十九年（1421 年）的进士，百无一用是书生，文弱书生与也先作战，太自不量力了吧。

也先开始了大规模的猛攻。也先轻易地攻入德胜门，发现空无人迹，未加深思，继续前进。在土城关附近，也先军队发现明军藏在北极寺后头，也先大声呼叫道："看你们往哪儿躲？"也先快马加鞭，呼啸追过去，明军飞快往前奔，也先大队紧追不舍。

也先部队过了卧虎关，来到了西小关一带，忽然之间，仿佛是一声巨雷，也先部队可傻了眼，还没有弄清楚状况，最前面的一批人马，应声而倒，后面的人，吓得急急忙忙勒住马缰。

"糟了，明军在用九龙筒，"也先的弟弟孛（bó）罗解释道，"这是一种厉害的火器，杀人不眨眼。"

孛罗的话没说完，“轰隆，轰隆，轰隆”连着三声巨响，烟雾弥漫，空气中全是刺鼻的硝烟味，好多面旗帜倒下来了，瓦刺兵也纷纷摔下马来，哀号之声此起彼落，孛罗满身鲜血，也阵亡了。

这一仗也先虽败，但并未全军覆没，土城关一带，最少还有两万部队。

于谦想用火炮，直接攻他的大营，可又顾忌英宗在营中，忽然之间，却得到了密报，说英宗已经北移。

“真的吗？”于谦又惊又喜，“快，再查！”

再查之下，果然英宗被送走了。于谦一拍大腿：“天助我也！”于是，开始大规模地用炮。

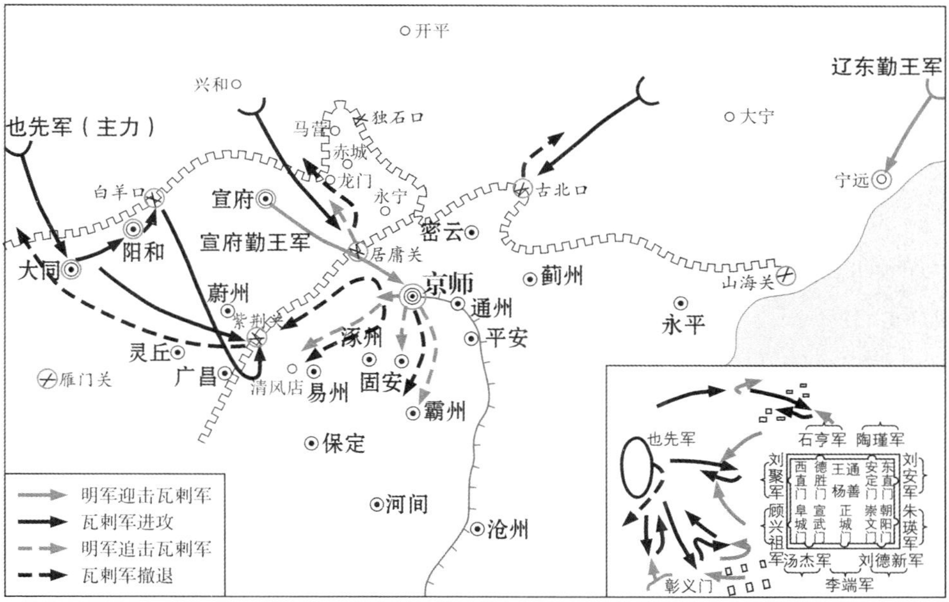

北京保卫战示意图。明英宗正统十四年（1449年），土木堡战后，也先企图以英宗为质，迫明廷投降，未果，遂三路进兵，东路进逼古北口，中路进攻居庸关，也先自率主力自大同东下，破白羊口、紫荆关，长驱进入京畿。随即环攻北京城门，均被明军击退。此时瓦剌中路攻打居庸关不克而退，明军追击，俘斩良多。也先见前有坚城，后有险关，生怕归路断绝，于十月十五日向紫荆关撤退。于谦发觉，纵军追击，于清风店、固安大破瓦剌。宣府派一部勤王，追歼瓦剌于霸州。十月十七日，也先狼狈撤出紫荆关，退往塞外。瓦剌东路军见中、西两军失利，未及古北口，即撤退。北京保卫战胜利结束。

火药是中国古代四大发明之一，火炮则是自元朝开始使用的。明成祖发动靖难，攻城略地，用得最多的，便是火炮。

守济南的铁铉，人如其名，有钢铁般的性格，成祖猛攻三个月，济南城始终攻不下，铁铉也守得很辛苦。最后，成祖开始用火炮轰，聪明的铁铉，急中生智，制作了许多木牌，到处悬挂，木牌上写的是“太祖高皇帝神牌”。中国人最注重孝道，成祖没这个胆子用火炮对付神牌，只好下令停止炮轰。

成祖正式得到天下以后，更积极改良火炮，尤其是平定交趾之后，有高人指点，制造了“神机枪炮”，其射程之远，威力之猛，又非以前的土炮所能及，成祖大喜，正式成立了“神机营”，是为炮兵部队。

于谦自从临危受命，担任兵部尚书之后，立刻要求工部，赶制炮架，架设在各个城门之上，现在是养兵千日，用于一时之际了。

当天晚上，于谦亲自指挥，点起了火炬，接着，城外官军，也一起点起了火炬，表示信号传到了，然后，刹那之间，大炮齐发，不但炮声震耳，炮火的红光更是耀眼，如果不是有人哀号，倒像是过新年放鞭炮般的热闹。不过，这当然不是新年喜庆，那一颗颗火炮爆炸开来，可是要命的。

也先部队可慌了，个个抱头鼠窜，而且，只敢往黑处闯，因为亮处有火炬，代表有官军，可是，黑处黑洞洞的，人挤人，挤死人，这么一夜炮声隆隆，也先的部队全跑光了，明朝大获全胜。

北京城外的居民可乐了，比过新年还兴奋，看到远远来的也先部队，纷纷用砖瓦石头抛击，倒也击中不少，如此一来，也先的部队更加紧脚步回老家，这一切，全在于谦的精心设计之中。

这一仗打下来，军心大振，论功行赏，于谦加官“少保”。于谦不肯：“国家多难，卿大夫之耻也，岂敢邀功行赏？”景帝不理会，非赏于谦不可。

这一会儿，也先明白，明朝毕竟还有人才，可不能太小看对手了。

也先与喜宁琢磨了半天，又想出一条新计。也先杀了一匹马，备了好酒，把英宗找来，笑里藏刀：“依我看，大明是不要你了，如果大明派使者来，我送你回去。”

英宗说：“要送就送，何必劳烦使者。”

“你回去，只是当太上皇，没意思，不如这样吧，我送你去南京。”

“去南京做什么？”

“还是当皇帝啊，现在你弟弟当皇帝，只不过是于谦几个人支持，你回南京，当然还是皇帝，我还送一个妃子，一路照料你。”

“妃子？”

“对啊，我妹妹，今年十九岁，有名的美人。”

又是回去当皇帝，又有美人相伴，明英宗不免心动了。

袁彬患难见真情

也先被于谦打败，落荒而逃，回到瓦剌，又想出一个新主意，他想把明英宗送回南京，当一个傀儡皇帝，并且送自己的妹妹给英宗为妃子，明英宗颇为心动。

英宗回答：“兹事体大，我回去想一想，明天再回答你。”

英宗回来，马上找袁彬、哈铭共商对策。

袁彬是锦衣卫校尉。哈铭是翻译官，他是蒙古人。此二人在北京时，根本连与英宗见面的机会都没有，但是，此番天子落难在外，若不是靠了袁彬与哈铭为英宗带来的浓浓温馨之情，英宗非死在塞外不可。

王振劝英宗出征，英宗视为一件有趣、好玩，又可以立功的赏心乐事。真正到了战场，一败涂地，满地伤兵，他恨不得马上回宫，奈何天不从人愿，英宗自小最敬爱最依赖的王振死了，自己又被也先活捉，简直是一场噩梦，却没有醒来的时候，英宗真是欲哭无泪了。

幸而此时，天上掉下一个袁彬。袁彬真好，忠心耿耿，细腻体贴，不论上下山坡，涉足溪涧，凡是有危险的地方，袁彬总是小心翼翼，在一旁尽心尽力保护英宗，好言好语安慰英宗。

天子落难，其他被俘的臣子自身难保，懒得多理英宗，而且明哲保身，远离英宗，免得被也先疑忌，招来不测。中官喜宁等干脆立刻改为投靠也先。相形之下，袁彬与哈铭真是傻。

这个傻傻的袁彬还真是周到。塞外寒冷，大家都没有御寒的衣服被褥。到了晚上，袁彬来到英宗的帐房，发现英宗正在啜（chuò）泣，偷偷哭得像个见不到妈妈的小孩。

袁彬悄悄躺下，把英宗冰冷的双脚，放到自己温暖的胸前，小声地询问："皇上暖些了吗？"

英宗用力地点点头："是的，刚才好冷啊。"

"那我以后，天天晚上都来。"

英宗感激地望了袁彬一眼，叹一口气道："人，真是一种最奇妙的动物。若不是被俘，我看不出喜宁是如此现实的小人，我也不会发现，你是如此不顾现实利害。朕现在不是皇帝，没法给你任何承诺与保证，你所为何来？"

"皇上不必多想，不用多说，能有机会为圣上效劳，这是我的福气。"袁彬诚诚恳恳地回答。英宗的眼中，泛出了感激的泪光。

从此以后，袁彬与英宗，两人形影不离，朝夕共处，仿佛是骨肉至亲一般，又似乎是患难兄弟，相扶相持。

有一回，袁彬太忙太累，加上塞外苦寒，水土不服，终于爬不起来了。

英宗一摸袁彬额头："糟了，好烫，一定是发烧了，怎么办？"

英宗急得在帐幕中绕来绕去，这儿不是皇宫，没有御医，没有药物，没有御寒的衣物，就是连生个火都困难，怎么办呢？

英宗好着急，最后，他只想到一个办法，就是脱掉上衣，用身体压着袁彬的背，用自己的体温为袁彬驱寒。

袁彬睁开眼睛，发现了，双手乱摇："不行，不行，这如何可以，折煞我了。"

"唉，到这般地步，还分个什么君臣之礼。"英宗温柔地回答。

这一句话，仿佛是一道暖流，流过了袁彬的心田，他心想，自古至今，大概也没有皇帝光裸着身子，为臣下御寒的吧，他与英宗之间，这份深情，若不是天子遇难，又哪能碰上？想到此，内心一激动，汗流浃背，不一会儿，袁彬烧退了，英宗大喜过望，拉着袁彬的手：“没有你，我怎么熬下去?”

如今，英宗有机会回国了，他急着找袁彬商量。

袁彬相当冷静，他分析道：“此路不通，天寒地冻，皇上又不大会骑马，从宁夏，下陕西，入湖北，再往长江，最后才到南京，路途遥远，不知会发生什么意外，一路守将未必会开门，大同的郭登，就是一个现成的例子。”

“至于献妹吗？那根本是监视皇上啊。”

英宗一听此言，好像是泄了气的皮球。其实，他还挺中意也先的妹妹，也先长得粗里粗气，外貌可怖，奇的是也先妹妹相当标致，秀秀气气，一双大眼睛，眼波流转，好让英宗心动。

袁彬看出了英宗的心意，他心想，食色，性也，皇帝在宫中，左拥右抱，到了塞外，见到送上门来的绝色，又怎舍得拒绝?

因此，袁彬又加了一句：“也先献妹，若是接纳，更没有逃出这个鬼地方的机会了。”

哈铭在旁，也表示同意袁彬的看法。英宗终于点点头：“还是你们考虑得周到。”

明英宗计诱喜宁

也先扣押明英宗为人质，他想把英宗带到南京，当傀儡皇帝，并且把妹妹嫁给英宗，随时监视英宗的一举一动。

英宗与袁彬、哈铭商量的结果是，此事不可行。

于是，英宗婉转地向喜宁解释：“我不擅长于骑马，一路风雪，恐怕支撑不住，不如等到明年，春暖花开时再远行不迟。”

“噢，”喜宁的眼珠子，滴滴溜溜转了一转，“那么，意思是暂缓？”

“是的。”

“那么，先娶妃吧，娶个老婆好过年。”

“你是指太师的妹妹？”

“没错。”喜宁扬着脸，“人家可是绝色啊。”

英宗其实是喜欢的，不过，权衡轻重，他仍然委婉地拒绝：“册妃可是大事一件，怎能委屈太师的妹妹，这一桩事，不如也等到我回南京时，再做考虑吧。”

喜宁用不可置信的眼光瞅着英宗：“皇上不是见过她，而且挺喜欢她吗？”

英宗不接话，只是再三地说：“此事不急在一时。”

英宗的确见过也先的小妹妹，由于从未料到塞外有如此的清秀佳人，眼睛定定地追着美人许久，喜宁曾经看在眼中，因此，对于英宗的拒绝，着实大感意外。

喜宁转过身来，看到袁彬，忽然之间，一切都了解了，他指着袁彬道："就是你这个混账作梗，不用说也猜得到。"

第二天，也先派人来，说要袁彬与哈铭去帐中。也先有请，袁彬与哈铭当然不得不去。

二人一走，英宗心里就嘀嘀咕咕，放心不下，英宗心想，也先找他们，准没有好事，是教训一顿，或是……想到这儿，英宗再也坐不住了，站起身来，就直往也先的营帐。

英宗一踏入，就发现袁彬、哈铭二人都被五花大绑，捆得牢牢的，不禁大惊失色："咦，你们要干什么？"

紧接着，英宗一个箭步向前，伸出手来，两只手紧紧抱着袁彬，哽咽地说："我知道你们要杀袁彬，不如先杀了我吧，没有他，我也不能活下去了。"

也先总不能把人质给杀掉，只好满心不情愿地放了袁彬、哈铭。

袁彬、哈铭捡回一条命，君臣三人楚囚对泣，唏嘘不已。光是叹气没用，非得面对现实不可。三个臭皮匠，胜过一个诸葛亮，三人研商了半天，终于想出了一条对付喜宁之计。

过了一段时日，也先又提起，要英宗写信给孙太后，要明朝早日遣使对送回英宗的事进行谈判。

"光是写信没用，得派一个人去才行。"

"派谁？派袁彬行不行？"

英宗摇摇头："不行，依照规矩，他不能入宫，也见不到太后。"

"这倒难了。"也先想了一想，"那么不如找喜宁，喜宁是太监，可以入宫。"

"没错，他是可以，就怕他一入宫，北京城中有人对他不满，就会先杀了他。"

"如果，有人证明，喜宁是钦差，就没人敢杀他。"

"对，"英宗简单地回答，"不如派高磐（pán）跟了去，高磐是锦衣卫百户，守将全认得，会让他入关。"

也先大喜："如此再好不过了。"

于是，英宗写了一封信，请求孙太后及早遣使赴瓦剌谈判，由喜宁、高磐转交。

喜宁和高磐到了宣化府，都督佥事右参将杨俊正在巡视。

喜宁高声喊道："我是太上皇帝钦差喜宁，快快开城，我要进京觐见太后。"

杨俊当然不会贸贸然开城，但是，也不能完全置之不理。杨俊思考了一会儿，自己出了城，带了一些点心，把喜宁、高磐带到小房间中，打开食盒，饮酒漫谈。

喜宁是小人得志，根本没把杨俊放在眼中，一个劲儿催："快点，我要早点见到孙太后，没工夫在这儿多耽搁。"

突然之间，高磐走到喜宁的背后，死命地搂紧喜宁，并且对杨俊说："请杨将军把我与喜宁一块儿绑起来。"

杨俊一下子呆住了，高磐又叫："快！拜托！"

杨俊立刻吩咐左右，把他二人给捆起来，却不晓得高磐葫芦里卖什么药。

高磐被捆起来，似乎安心了，他说："请解开我小腿上的裹腿，里面有皇上的亲笔信。"

杨俊一层一层解开高磐的裹腿布，里面果然有一封信，拿到油灯下一看，上面写的是：

"字谕边关守将，中官喜宁，怂恿也先入寇，并且不欲送朕回京，罪大恶极。兹派锦衣卫百户高磐诱使回国，凡是我守将，务必擒喜宁，送北京交法司诛之，切切勿误。"下面署一个"镇"字，明英宗的名字是朱祁镇。

杨俊一看，这件事假不了，他也办不了，马上连人带书信，火速送往北京。

明景帝的拖延战术

喜宁被俘，由于英宗有谕："务必抓住喜宁，送京交法司诛之，切切勿误。"因此，当喜宁到了京师，很快就被处决，并且把他的尸体公开暴露三天，让大家看看，背叛君主的下场就是这样。

喜宁是也先的新宠，喜宁替也先送信，竟然被杀了，也先当然光火，挥兵南下，大同、阳和、宣化一带都吃紧。

但是，也先毕竟人马不足，更重要的是，明朝军队有了于谦领导，加强了边疆与京师的防守力量，使得也先无隙可乘，反而白白损失了不少人马。

也先盘算了半天，觉得如此这般耗下去，实在不划算，因此，也先又派人到明朝，表示愿意议和，同时，还暗暗表示，中朝（指明朝）不妨派个人到瓦剌，探望一下太上皇。

土木堡之变，天子蒙难，全国上下深以为耻。中国人一向是忠君的，尤其明朝人深受儒家思想熏陶，更时时刻刻以君王为念，所以，朝廷中不断有人建议，应该派使者赴塞外，带些衣食，探望探望太上皇。

其中有个名袁敏者，曾经追随英宗北征，后来侥幸不死，逃了回来，心中始终牵挂英宗的安危。

袁敏上书给景帝："太上皇以前住在九重深宫，穿的是衮（gǔn）绣华服，吃的是珍馐（xiū）美食，住的是琼宫瑶室，如今圣驾陷在沙漠，服有衮绣乎？食有珍馐乎？居有宫室乎？臣曾听说，君主受到侮辱，臣子惟有一死，今天，太上皇受到这般的辱没，臣子何以为心，臣不惜碎首挖心，恳求派遣使者，带些衣物前往沙漠，以尽臣子之义，臣虽万死，心实甘愿。”

袁敏的一番话，说得既诚恳又坦直，朝廷中许多大臣，都有同样的看法，希望能想个办法，把太上皇给迎接回国。

当然，站在景帝的立场来看，他是一百个一千个不愿意英宗回来。

朝臣也不是傻瓜，自然也了解景帝的心理，所以，老臣王直干脆明言：“陛下天位已定，太上皇回来，不再莅（lì）天下事，不过仅是安慰祖宗之心。”

景帝听了，觉得不怎么悦耳，他答复王直：“你们说得有理，可是，我们遣使不止一次，每次都是也先使诈，若是也先又假借送还上皇为名，乘机攻打京师，岂不是百姓遭殃？”

皇帝既然这么表示，臣子也只好闭口了，这件事就这么拖了下来。可是，也先却不想再耗下去，也先真心想议和了，因为绑了一个英宗在手上，明朝又另外立了一个皇帝，这个人质显然不发生效力，不如使两国和好如初，至少每年朝贡，瓦刺还可以得到一笔丰厚的赏赐。

也先又派了五名大臣，到明朝来表示诚意。

景帝烦极，还是一个“拖”字。

这一回，王直仗着自己是四朝元老，老实不客气地开口顶撞了：“太上皇蒙尘，依情论理，本该奉迎归国，今日不遣使，他日必后悔。”

王直的话，讲得很重，简直是教训景帝。景帝也恼了，气呼呼地说：“朕本来就不想坐这个位子的，就是你们硬把朕推上来了，现在又啰啰嗦嗦，朕真搞不懂是什么道理。”

场面整个全僵住了。

这时，于谦又站出来了，于谦大公无私，任何事全是以国家整体为考量，他对景帝说：“天位已定，不会再有任何变化。现在应该尽快去迎接太上皇，万一，也先再使诈，那就不是朝廷的错了。”

明朝君臣在朝廷之上，出自《徐显卿宦迹图》，明人绘。

于谦这一句“天位已定，不会再有任何变化”听在景帝的耳朵里，分外受用，何况于谦一向讲话有信用，又有力量。于是，景帝脸色也立刻变为晴空万里，马上改口：“好，依你，依你。”

于是，一场僵局化解，全场一片“万岁”之声，声不绝耳，群臣脸上都露出了欢喜的笑容。

王直等人终于盼到了这一天，景帝终于答应去接英宗了，开始兴致勃勃地商讨细节。

此刻，景帝身边的兴安，怒气冲天地跑来，他一心护主，巴不得英宗永远留在大漠。兴安认为，王直等人是欺负景帝。

兴安跑进来，一脸等着吵架的阴暗神色，他挑衅道：“你们非要遣使不可，我倒要问问看，这儿有文天祥，还是有富弼？”

文天祥与元军谈判，富弼出使契丹，都要有不入虎穴、焉得虎子的胆识，所以兴安有此一问。

王直也火了，他回敬兴安：“皇上派谁去，谁就非去不可，若是实在找不到人，我去！这总可以了吧！”

说罢，王直袖子一甩，留下兴安在一旁发愣。

太监兴安护主心切

瓦剌也先劫持明英宗，由于明朝已另立明景帝，也先攻明又无法取胜，挟持着一个明朝前皇帝，毫无利用价值，于是，转变态度，积极与明朝展开和议，表示愿意将太上皇无条件送还。

景帝自然是不希望英宗归来，却又挡不住王直等大臣再三催促，终于被迫答应派个人赴瓦剌去谈谈看。

此时，礼科给事中李实毛遂自荐，愿意担任志愿之士前往瓦剌。李实是礼科之中，有名的辩论大王，为人不拘小节，颇有几分小聪明，自认为才高八斗，却未获重用。李实心想，或许办成这一桩外交之事，能够平步青云。

景帝为了奖励李实的胆识，同时，为了表示明朝派出的不是小官，特别在李实临走之前，升李实为礼部右侍郎。

李实兴高采烈地拿了国书，以及明朝赐给瓦剌脱脱不花国王的银子绸缎，准备出发。

李实接过玺书，顺手一抽，拿起来一看，大吃一惊："咦！怎么没写要奉迎太上皇回国的话，难道不小心忘了？"

李实急忙奔到内阁，由于太慌张了，在台阶上差一点被绊倒，李实一抬头，恰好遇到景帝最宠爱的太监兴安。

兴安见李实手上拿着玺书，心中知道是怎么一回事，把右脚一伸，挡着李实的去路："你急着往里面闯，到底要做什么？"

"玺书之中，怎么竟然没提到要奉迎太上皇之事，幸亏我发现了，否则岂不是闹笑话？"

"闹什么笑话？"兴安怒眼一瞪，仿佛想把李实吃下去似的。兴安火冒三丈："你啊，管这许多做什么？捧着黄封套去也就是了。"

李实心里明白，这是景帝使诈，玺书是有意不写奉迎太上皇，所以要求景帝改玺书是不可能的。李实只好黯（àn）然回家，准备起程到瓦剌去，一切随机应变了。

景帝景泰元年（1450 年）七月里，李实冒着毒辣的太阳，到达了瓦剌，放眼望去，光秃秃的沙漠，疏疏落落立着几个蒙古包，李实很难想象，养尊处优，自小生长在皇宫内院的英宗，怎么熬得住。

不一会儿，李实见到了英宗，更是百感交集，英宗穿着一件破破烂烂、已经泛黄的短衫，神情疲惫，脸色憔悴，头发披在肩上，呆若木鸡，所谓"虎落平阳"大概就是这个模样吧。

李实喉头哽咽，勉勉强强挤出一句："臣李实，恭请圣安。"规规矩矩叩了一个头。

"请起来吧。"

当李实站起来，与英宗双目一接触，双方都忍不住眼泪涟涟，不断用袖口抹眼泪。

"唉，终于有人来看朕了，太后、皇上还好吧？"

"都好。"李实回答。

"来，来喝奶茶。"英宗交代身旁的哈铭、袁彬。

袁彬取来一皮袋奶茶，倒在木碗里。奶茶是塞外人民的日常饮料，营养丰富，但是又膻（shān）又腥，李实喝了一大口，一阵反胃，几乎吐了出来。李实再看帐篷里，又小又热，脏乱无比，大头苍蝇嗡嗡地飞来飞去，有一只竟然不偏不倚，落点恰在太上皇的鼻尖上，奇怪的是，太上皇也不用手挥，仿佛十分习惯了。

中国人对天子都有一种说不出来的敬爱，李实也不例外，对于眼前天子蒙尘这一幕，他简直无法接受，忍不住开口批评："都怪王司礼，建议御驾亲征，否则，太上皇也不至于在此受苦。"

"你的话朕不能同意。"英宗非常不高兴道，"你不要随随便便批评朕身边的人，王司礼是忠心的，何况他还为国捐躯了，朕实在是十分思念王先生。"讲到这儿，英宗的眼圈都红了。

李实吓呆了，自然也不敢再开口。他心想，都说太上皇糊涂，放纵身边小人王振生事，看来一点也不错，太上皇到了今天这步田地，依然没有丝毫悔意，或许，"护短"也是人天生的劣根性吧。

英宗虽然落魄至此，见到了臣子，自然又摆出了皇帝的架子："你把朕的衣服带来了没有？"

李实这才发现，太上皇的衣衫，肘子上一个大洞，露出脏黄的皮肤，而且身上飘出许久未洗澡产生的酸酸的恶臭味，真是狼狈到了极点。

李实思索了一番，很得体地回答："此行原不料有机会遇到太上皇，因此也没携带太上皇的衣服，不过，臣自携带的衣服，可以敬献太上皇。"

最后，李实还是忍不住，又说了一些太上皇不爱听的话："土木堡事变，全由王司礼而起，希望太上皇归国之后，下诏罪己。"

所谓"下诏罪己"，就是皇帝颁下诏书，自己责备自己。这个话不入耳，英宗干脆闭嘴不回答。

杨善散财救主

明景帝派遣李实前往瓦剌，与也先展开和议，但是，李实带去的玺书之中，却没有提到想要接回太上皇，因此，也先再度派人前来明朝，表示愿意将太上皇无条件奉还。

明景帝为此愁眉深锁，他是一千个一万个不希望明英宗回来，虽然于谦在朝廷之上说过："天位已定，宁复有他。"可是，球是圆的，太上皇回来以后，到底球滚向何处，如何发展，谁有把握？却又不能不派人去接太上皇，否则，一定又有臣子啰啰嗦嗦地唠叨："太上皇对陛下有君之义，有兄之恩，安得而不迎？"

想来想去，最后，明景帝仍然是一个"拖"字，他又派了杨善去瓦剌谈判。不过呢，杨善带去的玺书之中，依旧没有奉迎太上皇归国的话，在景帝看来，最好太上皇熬不住餐风宿露之苦，病死在大漠，那就一了百了。

杨善是太学生出身，明成祖起兵时，守城有功，担任典仪所引礼舍人。在朝廷任官多年，始终是个小官，爬不上来。

明朝初年，明太祖重视太学生，常不次擢用，举凡中央要员、地方大吏，都派太学生担任，成为太学生的全盛时期。

明成祖以后，国家社会都不重视学校，极重进士，甚且有"身非进士，不能入阁"之语。所以，杨善这种非科举考试出身者，宦途是非常坎坷的。

杨善人长得很帅，声音又极为洪亮，他也知道自己这个优点，因此，每次在鸿胪寺当序班，引人入奏时，杨善清亮的嗓音，每每引起明成祖的注意。明成祖总是忍不住多看杨善这位英俊小生两眼。

不过，杨善为官四十多年，由帅哥进入了“帅公”，由英俊小生熬到白发已见的英俊老生，依然是个小官，实在是杨善内心颇为懊丧的事。

明英宗北征瓦剌那场战役，杨善也曾跟着浩浩荡荡的部队前去，到了土木堡，明兵溃不成军，杨善机警，溜得飞快，夹着尾巴逃回京师，回到家里，天天失眠，半夜醒来，总觉得自己还身陷土木堡之中。

由于这一份同病相怜，杨善对落入敌手的太上皇，有说不出的同情与不忍，他时时幻想，如果自己当时也被俘虏，现在不晓得是如何光景，想到这儿，杨善总不免打一个寒战。

景帝即位，朝廷臣子循依惯例，彼此在朝房相贺。杨善走了过来，冷冷地丢下一句话:“太上皇现在沦落到什么地方去了?你们还在彼此相贺?”

大伙惊诧地望着杨善，只见杨善因为过于激愤，满眼饱含泪水，大家都收起了笑声，个个脸色凝重地走开了。

后来，李实被派往瓦剌，与也先交涉，杨善着实欣喜了一阵子。接着，杨善听说，景帝其实不愿意太上皇归来，所以，玺书之中，没有奉迎的意思，杨善真是气恼万分。

这一回，景帝又要派人赴瓦剌，杨善于是当仁不让，毛遂自荐，他很够意思地对朋友说:“我决定用一片丹心，三寸不烂之舌，万贯不吝之财，全力把太上皇救回来。”

原来，杨善虽然官阶不高，但祖上颇留下一些家产，杨善这一回是铁了心，全力以赴，不达目的，绝不终止。

为了办这一桩外交之事，杨善找了一些志同道合的朋友，在家中进行沙盘演练。

王直首先发言:“与胡人交涉，出手不能太寒酸，偏偏朝廷只准备了脱脱不花与也先的赏赐，恐怕是不够的。”

“关于这一点，各位不必担心，你们随我来。”

杨善带领众人，来到隔壁一个小房间，里面塞满了布帛绸缎、茶叶药材，而且全是上等好货。

杨善说：“我打听过了，这些全是塞外罕见、胡人又最喜欢的关内名产。”

王直说：“佩服，佩服，杨兄花费不少。”

“岂止花费不少，我是散尽家财，一定想办法把太上皇给弄回来。”

胡濙道：“敢情杨善乃今之弦高。”

“岂敢，岂敢。”

弦高是春秋时代郑国的一名富商。秦穆公派兵偷袭郑国，弦高途中巧遇，心中发急，突生急智，他以郑国的名义，捐出十二头牛劳军，并且派人通知郑国。

秦国将领吓了一跳：“奇怪，我们这次出兵，事前防范严密，郑国怎么会知道？既然郑国都晓得了，事前一定有所防范，不如就此罢兵。”

由于弦高的慷慨解囊，让郑国躲过了一场浩劫，历代传颂不已，誉之为爱国商人。

杨善效法弦高，能否成功呢？杨善心中没有把握，他把桌上的一杯酒一饮而尽：“总该试试看吧。”

杨善的送礼攻势

杨善凭着“一片丹心，三寸不烂之舌，以及万贯不吝之财”，终于到达瓦剌，期望能够救回明英宗。

由于杨善带去的礼物太多了，一路之上，来往搬运，实在辛苦，幸亏杨善四个儿子，一个比一个高大壮硕，搬上扛下十分麻利。

杨善原是长袖善舞型的人物，人长得漂亮，虽然年纪大了，风度仍不减当年，加上出手阔绰，随手掏出的全是名贵货品，因此，他一到了瓦剌，马上成为焦点。他笑声不断，音调洪亮，似乎非常爽快的样子，瓦剌人很欣赏杨善的豪迈。

也先听说明朝又派了个使者前来，决定先派田民去探探底，弄清楚杨善的来意，在此方面，也先是深谙知己知彼的道理。

这个田民，原先也是明朝军人，土木堡之役以后，被瓦剌所俘，田民为了求生存，很快地投向也先这边。自从喜宁死后，田民就取而代之，成为也先身边第一红角。

杨善老谋深算，他自然明白田民扮演的角色。田民一来，杨善堆起满面笑容，先把带来的礼物，一一托田民转交。接着，掏出用红布包裹着的极为名贵的人参交给田民：“这是千年老参，我特别留给你的。”

田民不料杨善有此一招，大有被重视的愉悦，也故示大方地表示：“我是却之不恭，受之有愧，咱们闲话少说，先来喝个两盅，尝一尝全羊宴吧。”

酒过三巡之后，田民对杨善说："土木堡一役，明朝的军队好没用啊。"

杨善瞅了田民一眼，心想，你田民当时也正是没用中的一个。当然，他可不会将心事写在脸上。

"没错。"杨善抿了一口酒，笑道，"塞外的酒好烈。当时，凡是精壮有力的军队，全被调去南征。王司礼也不是存心去打仗，而是想邀圣驾去故乡露一露脸，要是换了现在，那情况可又不一样了。"

田民好奇地问："怎么说？"

"道理非常简单，"杨善闲闲地回答，"南征的军队全回来了，总共有二十万人之多。而且于谦于尚书为湔（jiān）雪前耻，又挑了三十万精兵，专门训练神枪、火器与毒药弩箭，远在百步之外，就可以置人于死地。这还是一般人看得到的，另外，于尚书另有秘密武器。"

"是什么？"田民瞪大了眼睛。

杨善张开嘴，想说，又咽回去。

"到底是什么？说来听听嘛。"田民忙着为杨善斟满了酒，好奇地追着问。

杨善装着考虑再三的模样，最后才说："于尚书手下，有一个厉害的策士，他建议将所有边界，全都埋设了铁桩，铁桩深可三尺，上头露出一个五寸长尖尖的矛头，马蹄踩上去，当场鲜血直喷。"

讲到这儿，杨善发现田民痛苦地闭了一下眼睛，仿佛他正骑坐马匹，踏在矛尖上。

杨善又接着说："另外，于尚书还请了少林寺功夫高的老和尚，训练一批刺客，像这样简陋的蒙古包，"杨善抬头望一望，"刺客一跃就上去了，一会儿，匕首就插在谁的脖子上了。"

田民不自觉地摸一摸脖子，又往上探视蒙古包，确定此刻没有刺客，方才又饮了一杯酒。

杨善又故意懊丧地说："可惜，这些好装备，现在全都用不着了，大家和议一成，欢好如兄弟，兄弟之间，何必兵刃相见？你说是不是？"

于谦的威名，田民是耳熟能详，因此，杨善的话，田民是全都听进去了。

酒过三巡，杨善突然摘下手上的玉镯子，热络万分地递给田民：“这是我们杨家的传家之宝，今日，你我投缘，我就送给你吧。”

“这怎么可以？”

“怎么不可以，只要你喜欢我喜欢，有什么不可以？”杨善一副非要送的姿态。田民也是识货的，既然杨善如此大方，他也是不拿白不拿。

第二天一大早，田民立刻求见也先，加油添酱把杨善的话，复述了一遍，并且盛赞杨善够体面，出手阔。

田民巴结地把杨善拜托转交的礼物奉上，并且一件一件地品评：“你瞧，这缎子多细。”“看，这可是中原最珍贵的药材。”“喏，这是武夷山的茶叶，香味不得了。”

也先原本贪婪，一件一件收下礼物，对杨善的好感，也就一层一层地增加。

也先欣赏完毕，田民这才分析道：“杨善之言，不免夸大，但是，于尚书的本事，也的确是有的。”

也先曾经是于谦手下的败将，他知道于谦果然是个出将入相的人才，因此，他不住地点头：“我了解。”

杨善伶牙俐齿

杨善携带厚礼，到了瓦刺，希望能够想办法把太上皇明英宗给救回来。

也先收下了田民转交的种种珍奇异品，当天晚上，整夜把玩，爱不释手。当下便决定，如无意外，就把这个累赘的人质给放了，再换一些宝物好享用享用。

另外一方面，杨善也在失眠，一个人在小小的蒙古包中，走过来，踱过去，仔细考虑明天双方会谈的细节。

表面上看来，杨善凭着万贯不吝之财和一片丹心，费尽心思，营救上皇，的确令人感动，其实，他有他的私心。

杨善家中颇有一些资产，奈何由于非进士出身，使尽了全身吃奶的力气，怎么也爬不高，他也曾巴结王振，逢年过节，不断地向高官奉上厚礼，却怎么也升不上去。

杨善同情英宗，但是，他更同情自己。杨善做出一副效法爱国商人弦高的模样，毫不心疼地尽散私财。其实，他是在赌，希望押对了宝，明英宗回到朝廷，再掌大权，那么，杨善就扶摇直上，成为头牌红人了。

第二天，杨善与也先一见面，杨善就笑声朗朗，又献上礼物。也先纳闷地说：“昨天不是送过了吗？”

杨善神秘地笑笑，透过翻译解释：“这个不一样啊。”

也先兴奋地拆出包裹内很漂亮的礼物，赫然发现是一个大银杯，上面刻了八个大字："太师淮王，加官晋爵。"

田民在一旁，谄媚地再三讲解，也先顿时面有喜色，真正是所谓"礼多人不怪"。于是，也先拉着杨善的手，亲亲热热地说："来，咱们坐下谈。"

杨善开门见山，单刀直入询问也先："有件事，我不明白，想要请教太师。太上皇帝正统年间，太师进贡，每次必派三千人，每次回去，都是金币载途，太师何以背弃盟约，进攻我朝？"

也先刚收了礼，对杨善的直言，并没有不开心，反而是满腹委屈地诉苦道："为什么削我的马价？为什么赐给我的衣帛，其中很多是剪断的？又为什么我派去的好多人都不放回来？另外，还减了每年固定的岁赐。"

也先愈讲愈激动，气咻（xiū）咻地说："这一口气，教人怎么能够忍得下去？"

杨善好言好语道："这不是削太师的马价，实在是负担太重，但是，太师的马既然运到了，又不忍心退回，只好稍微减少一点，太师自己估算看看，整个说来，是不是反而比以前增加？至于衣帛被剪，这是通事做的坏事，事发之后，已经问斩。"

杨善真是应变本领一流，哪有什么通事处斩，反正他信口胡编，也先也无从查证。杨善又加了一句："譬如说，太师送来的马，也有劣马，送来的貂皮，也有毛都光秃秃的，这又哪儿是太师的意思？"

其实，用劣马敝貂滥竽充数，正是也先的意思，但是，也先总不好承认，所以频频点头。

杨善又使起三寸不烂之舌道："再说，太师每年遣使，多至三四千人，其中难免有坏人在内，他们或者犯了法，或者偷了东西，害怕回来之后，遭到太师处罚，所以自己逃走了，明朝政府干吗把他们留下来？"

杨善的口才，把死的都说成活的了，因此，透过翻译马显的说明，也先不断点头，十分开心的样子。

杨善察言观色，认为是时候了，所以，正式提出要求："太师再三发动军事攻击，屠杀我军民数十万人，可是，太师部队也死伤不少，上天好生，太师好杀，何必逆天行事？如今，不如归还太上皇，两国和好如故，中原金子布帛源源不绝送上门来，两国俱乐，岂不是美事一桩？”

“金子布帛源源不绝”这句话，深深打动了也先。

不过，也先还是要端一端架子，也先问杨善：“奇怪，玺书之中，何以没有希望奉迎太上皇之语？”

关于这一点，实在是景帝根本不想要杨善把太上皇弄回来，却是杨善无法老实告诉也先的难言之处。

不过，杨善挺有本事，他堆起满面笑容，从容不迫道：“这是朝廷希望成全太师的美名，让太师自愿把太上皇送回来，如果说，明明白白写在玺书之上，倒反而显得强迫太师。我想，太师不是一个能被强迫的人。”

也先听了，所有毛孔齐放，有说不出的舒服。

旁边一个名叫昂克的瓦剌大臣，忍不住道：“你们要迎回太上皇，何以不用金银珠宝来交换？”

“唉，这当然不行。”杨善马上接口，“如果用金银珠宝交换，人家一定会说，太师太贪利。惟其如此，才能彰显太师仁义，名垂青史，颂扬万世。”

这番恭维，也先是飘飘欲仙，忙不迭地说：“好，我就把太上皇交给你。”

明景帝愁肠百结

经过杨善父子的一番努力，遭也先所挟持的明英宗终于可以回来了。

消息传到京师，有人欣喜若狂，大呼：“万岁，太上皇要回来啰！”也有人发愁，当然，最烦恼的人是明景帝。景帝心中暗暗骂道：“杨善简直就是违反圣旨。”

景帝挂着一张苦得不能再苦的苦瓜脸，忧心忡忡问身旁的太监兴安：“他回来以后，住在哪儿呢？总不能也住在大内吧。”

兴安回答：“当然，反正有唐朝唐明皇的例子。”

景帝冷冷道：“那可不是什么好的例子。”

唐朝天宝十四载（755 年），安禄山亲率十五万大军从范阳起兵，当时唐朝经过长期的太平，百姓未曾遭遇兵乱，突然听到消息，无不惊骇。天宝十五载（756 年），安禄山在洛阳称帝。唐玄宗在仓皇之中，逃难前往四川，半途之中，到达马嵬（wéi）驿，将士们又饿又疲，愤怒异常，把祸首杨国忠杀掉，肢解尸体，并且把他的头钩在长枪上，挂在驿门外。

杀了杨国忠，兵士们还不能息怒，非要杀杨贵妃，因为杨国忠若不是靠着杨贵妃的关系，岂能扶摇直上，当了宰相。最后，唐玄宗没可奈何，只好命令高力士把杨贵妃带到驿馆的佛堂，把贵妃缢（yì）死，正如同白居易在《长恨歌》中所描述的：“……六军不发无奈何，宛转蛾眉马前死……君王掩面救不得，回看血泪相和流。”

马嵬驿事变以后，唐玄宗失魂落魄继续西行，却有一群父老拦路请玄宗不要逃亡，父老们说：“宫阙、陛下家居、陵寝，全都在此，现在舍弃了这些要到哪儿去？”他们坚持不肯放行。

唐玄宗痛苦道：“天也。”于是，玄宗答应把太子留下来，玄宗与太子分道扬镳（biāo），太子北行，玄宗入蜀。其后，太子即位，尊玄宗为上皇天帝，改元至德，是为唐肃宗。

后来，安史之乱平定，肃宗即遣太子太师韦见素到成都，奉迎上皇，并且派出精骑三千人迎驾。当上皇到达南楼之时，肃宗脱下了黄袍，换上了紫袍，表示自己不再是天子，在楼下诚惶诚恐拜见上皇。

父子二人相见，抱头痛哭，呜呜咽咽，上皇拿了一件黄袍，亲自温柔地为肃宗换上。肃宗不肯，慌慌张张又要下跪，上皇说：“能让我安享余年，就是你的孝顺了。”肃宗不得已，只好答应。

当天晚上，准备了丰盛的筵席，每一样菜，肃宗都亲自尝过，再殷勤地为上皇布菜。第二天，肃宗亲自为上皇牵马。

上皇说：“不可如此。”于是，肃宗改为骑马前导，却不敢骑在马路正中央，而是歪歪地骑在道侧。上皇感叹万千道：“我当了近五十年天子，未足为贵。今天为天子之父，才真正是当得起一个贵字。”

接着，父子二人同拜太庙，肃宗再度表示避位，上皇不许，一推一让，闹了半天，最后，皇位始定，上皇移居在兴庆宫。

这一段历史故事，景帝熟悉，大臣们也熟悉。

胡濙便说：“肃宗所作所为，这才算得上是忠孝双全，情义两孚。”

拥景帝派者可不这么认为，在他们看来：“兄弟岂可与父子相提并论？”一位名叫王文的更说：“瓦剌要派五百人相送，谁知其中又暗藏什么阴谋。这一回来，我敢保证，不索土地，必索金帛，哪有这般便宜之事。”

王文这一嚷嚷，大伙面面相觑，低着头，谁也不敢吭气。

只有那脑袋清楚的于谦，淡淡地说了一句：“没那么严重，不过派五百兵士，又何足畏？”

接着，于谦转头问胡濙：“我们派出的使者，该到达宣化府了吧？”

“应该到了。”

胡濙提出奉迎上皇的仪节：“首先，派遣礼部官迎于龙虎台，接着由锦衣卫具全副銮驾，迎候于居庸关外，然后，文武百官迎接于土城外，到了教场门，诸将迎接，上皇自安定门入，进东安门，南面设座，陛下谒见，百官朝见，最后，迎入南内。”

所谓“南内”，当年唐玄宗以太上皇的身份，自西蜀回到长安以后，住在兴庆宫，此宫被称为“南内”。明朝也有南内，便是大内之东偏南、位置与兴庆宫相仿佛的崇质宫，不过，其规模无法与兴庆宫相比。“崇质”二字乃崇尚质朴之意，可见其简朴，民间称之为“黑瓦厂”。

胡濙提出的建议，景帝不但不接受，并且诘（jié）责：“居心安在？”在景帝看来，万一从土城到教场门这一段路上，文武百官一致拥护上皇复统大政，那该如何？

因此，景帝断然道：“我昨天接到上皇的手书，他希望奉迎之礼务必从简。”

这分明是景帝睁着眼说瞎话，群臣却只好乖乖闭口。

商辂迎接明英宗

经过杨善的一番努力，明英宗终于可以回来了。

明英宗回首前尘，想到这一年以来，被也先挟持当人质，起居不定，东奔西走，挨饿受冻，仿佛是一场噩梦，梦醒来，却不敢相信是真的，他用力捏自己的手指，好痛，果然是真的了。

瓦剌的伯颜帖木儿派了五百人将明英宗送到了宣化，明朝则派出许彬前往迎接，英宗从一场噩梦中醒来，由皇帝变成了太上皇，心里也颇不能适应。

英宗问许彬："你是两榜及第？"

"是的，臣是永乐十三年（1415年）进士。"

"好，那么，你替我写几篇文章。第一是罪己诏；第二是抚慰群臣的诏；第三是祭文，祭祀土木堡阵亡官军。"

上皇开出了作文题目，许彬不敢怠慢，仓促之间，手边全无参考资料，完全要靠肚子里的知识。幸而许彬是饱学之士，文笔优美，一篇祭文写得是悲壮凄凉，上皇看了频频点头，尤其许彬了解上皇护短，故意写了不少王振的好处，上皇更是不断地说："很好，你很用心。"

接着，上皇一行来到了居庸关，前往迎接的是商辂（lù）。上皇看到商辂，虽然高兴，却不自觉地低下头来，有点儿惭愧。

原来商辂是展书官，所谓"展书官"，是授课的业师，也就是上皇的老师。商辂是乡试第一名，会试第一名，殿试第一名，整个明朝，也只有商辂是第一名到底的，俗称为三元及第。商辂学问道德都是一时之选，所以曾经担任过上皇的老师。

商辂对唐史极有心得，因此，他曾经举出鱼朝恩等宦官的例子，殷殷劝诫上皇：“鱼朝恩曾经说过，天下事岂有不听他的吗？可见宦官为害之大。”

上皇不听商辂的话，仍然宠信王振。不过，上皇始终认为土木堡之役不能怪王振，何况王振还为国捐躯了，他每每想及王振王先生，依旧思念不已。

在上皇看来，最最可恶的，不是也先，而是于谦。若非于谦拥立景帝，明朝与也先早就谈和了，他也早就获释。当然，他也可能被也先杀害，明朝灭亡。“就算是死了我也甘心，反正是命嘛，最气不过的是，竟然被我弟弟白白捡了皇位。”

由于心中这股怨气难平，上皇一见商辂，马上提出疑问：“也先曾经告诉我，于谦坚持要我逊位，可有此事？”

“没错，于谦功在社稷，也功在上皇。”

“这话怎么说？”上皇眉毛一挑。

“因为也先准备挟天子以令诸侯，我朝才不得不换一个皇帝，也先发现手上人质无用，这才愿意归还上皇重修旧好。如今上皇平安归来，就是最好的说明。”商辂恳切地回答上皇。事实上，当初在朝廷激辩之时，商辂也是站在于谦这一边的。

商辂的回答既理性又有逻辑，奈何人不完全是理性的动物，尤其对于皇位之事很难看开，所以上皇耿耿于怀：“我听说，当时虽说是朝廷共识，但更多的是于谦一个人坚持。”

商辂发现，上皇眼中含有怨毒，心下一惊，连忙解释：“于谦坚持，无非也是希望上皇安全。”

这句话，上皇完全听不入耳，人都是得寸进尺的。上皇在大漠时，心想万一有朝一日回京师，能保住老命就是万幸；如今即将返国，又为了皇位气愤难消。

双方沉默了一会儿，上皇又忧心忡忡道：“依你之见，我弟弟将来会不会易储？”所谓“易储”就是换太子。

商辂立刻回答：“无储可易。”

上皇试探地问：“你是说，我弟弟还没有生儿子？”

“正是如此。”

一听此言，上皇比较心安，却又不放心道：“可是，我弟弟年纪还轻，不愁没儿子，等他有儿子以后，难保不易储。”

商辂不方便多说什么，只好说了一句：“天子圣哲。”

上皇叹了一口气道：“我知道，你是要我明哲保身。唉，一切都是命。”

商辂心想，明明是你宠用王振，以致天下骚动，偏偏要将一切委之于命，没办法。

钱皇后以泪洗面

由于景帝的坚持，明朝采用了最简陋的方式，以一轿二马迎接上皇于居庸关。

虽然景帝尽全力打压，但对于京师民众而言，于谦固守京城，瓦剌自知不敌，终于能把上皇放回来，总是一件大喜事。因此，几乎所有北京城的居民，在八月十五日那一天全都拥到了街上，争相一睹上皇的丰采。

上皇的车驾到了安定门，老太监金英掀开了轿帘，低低唤了一句："老奴接驾！"四目相接，都是满眶泪水。

接着小太监捧来了一个金盘，上面放着盘领窄袖黄袍，一条金镶玉带，一顶乌纱折角向上的翼善冠，伺候上皇更衣。上皇抚摸着黄袍上面绣的金龙，想到自己已不是皇帝，不免黯然。

上皇步上兵车，车驾缓缓前移，只见安定门内，一片旗海招摇，文武百官齐呼万岁。上皇进入东华门，下了车，拉着景帝的手，百感交集，流下两行清泪。

"大哥。"

"弟弟。"

兄弟二人相拥而哭，哭得肩膀不断地颤抖，心中各有委屈：上皇是丢了天子的宝座，景帝是悲伤上皇干什么回来搅局。

景帝虽然一肚皮不开心，表面上还是得虚伪地客套一番：“大哥既然平安归来，理当早日复位。”

“天位已定，岂能更改，这段时间，多亏你支撑大局。”

兄弟二人假来假去，很虚伪地互相推辞一番，然后，景帝依然当他的天子，上皇则心情灰暗前往南宫。

南宫位于太庙以西，以黑瓦盖成，古树参天，十分幽静，就是太幽静了，仿佛是一张没有颜色的黑白照片，相较于大内的五彩缤纷，上皇的情绪低落到了极点。

上皇咬一咬牙，勉强压抑住情绪，他心中暗暗安慰自己：“也罢，退一步海阔天空，总算可以见到皇后了。”

上皇与钱皇后伉俪情深，钱皇后是典型的中国贤淑妇女，温婉内向，最懂得为他人着想。正统七年（1442 年）被立为皇后之时，上皇怜悯她娘家卑微，曾经想为后族封侯，钱皇后推三推四，说什么也不肯答应。

土木堡之变，英宗被俘，宛如青天霹雳，钱皇后为了赎回上皇，二话不说，把从海州娘家带来陪嫁的首饰、金银、器皿满满地装了两大箱子，罄其所有，全捐了出来，有宫女劝她：“娘娘，总要留一些，孙太后都没拿什么。”

钱皇后哭得披头散发：“皇上若是回不来，我要那些身外之物又有何用?”

结果，也先收了宝物，上皇依旧困在塞外。

从接获消息那一刹那开始，钱皇后就日日夜夜泡在泪水里。白天哭，晚上也哭，哭得饿极、累极、困极，不自觉就和衣躺在冰冷的地板上，梦中惊醒，又开始哭天抢地，结果，一个不慎，跌坏了腿成了跛（bǒ）子。

这下子，钱皇后哭得更凶了，又担心皇上，又自艾自怜，眼泪仿佛决了堤，泛滥成灾，后来，一只眼睛就这么哭瞎了。

因此，当见到瘸了一条腿、瞎了一只眼，憔悴难看的妇人时，上皇怎么也不相信这会是他的钱皇后，钱皇后应该是如花似玉、灿烂活泼的小仙女啊，上皇又怜又痛，又恨又气。

“天啊，皇后怎么变成这个模样？”原本心情不佳的上皇，整个人都崩溃了，他趴在地上，用头撞地：“我再也受不了了。”

上皇哭，钱皇后更哭，她哭自己为何不保重身体，成为残疾之人，让上皇看着伤心。钱皇后抓着头发，哀哀切切道：“都是我，都是我不好。”

“好了，谁也不许再哭。”孙太后走了出来，严冷地下令，“今天是大喜日子，我们母子竟然还能相见，哭什么哭。”

明英宗钱后，明宫廷画师绘，台北“故宫博物院”藏。

孙太后又指着钱皇后：“你啊，已经哭瞎了一只眼睛，莫非还想再赔上一只眼睛？”

孙太后的话，毕竟有分量，皇后止住了泪水，上皇也擦干了眼泪。孙太后清一清喉咙道：“让我们庆祝团圆吧，不过，大家记着，南宫之内，处处小心，事事谨慎。”

原来，景帝在南宫内外，做了周密的布置，到处都有锦衣卫，表面上是保护上皇的安危，私下里，自然是监视上皇，外头的人，不准随便进去，里面的人，也不能自由出入。换句话说，上皇是被软禁在南宫，无怪上皇低泣：“我好比笼中鸟，有翅难飞啊！”

广西思明府的分尸案

杨善神通广大，竟然真的把太上皇自瓦剌迎了回来，举朝都认为，杨善建立了不世奇功，理当封爵加赏。

但是，景帝不做如是想，在他看来，杨善并未奉命去迎接上皇，他这个人自作主张，简直是违抗圣旨，不治杨善的罪，已经是够客气的了。所以，杨善的官职，只是由右都御史迁左都御史，二者都是正二品官职，算是平调，不升不降。

杨家倾家荡产，得此结果，十分扫兴，杨善四个儿子都郁郁寡欢。杨善本人倒是谈笑自若，他对儿子们说："无论如何，我们可是做了一件顶天立地了不起的大事，我们要沉得住气，等待东宫即位，就有享不尽的荣华富贵。"

杨家老大摇摇头，他原本想说："父亲未免过于天真。"沉思了一会儿道："这个希望何其渺茫，东宫才三岁，皇上也不过二十岁出头，谁晓得他会不会生一个儿子，把东宫给换掉。"

杨善说："人总是靠着希望过活的，未来的事，谁也不能预料。"

杨家老大猜得没错，不久以后，景帝的宠妃杭妃果然一举得男，生了一个白胖儿子，取名为朱见济。

朱见济满月之后，景帝就压抑不住兴奋地对汪皇后说："朕想废掉东宫，改立见济为太子。"

汪皇后不悦，冷冷嘲笑道：“万岁爷，你难道就不怕千秋万世之后，人家笑话你？”

“奇怪，父死子继，有什么可笑，这是天经地义。”

“噢？天经地义？那么，兄未亡弟即位，是否也算是天经地义？”

汪皇后性格刚烈，嘴巴也厉害，这话还没说完，景帝火大极了，拿起一个金杯，就往汪皇后的脸上砸过去。汪皇后头一偏，躲开了金杯，气鼓鼓一扭腰，不理皇帝了。

景帝恨恨地说：“怪来怪去，就怪你自己只生了两个女儿，莫名其妙乱吃醋。”

金杯落地，哐当一响，招来了太监宫女，只见景帝面色铁青，谁也不敢多开口，一个宫女默默把金杯捡起，深恐一个不小心，惹来横祸上身。

汪皇后的反对，更坚定了景帝的决心。可是年仅三岁的东宫，还是一个小娃娃，岂会有什么失德失职，非要罢之而后去的恶行？景帝思前想后，不由得慨叹：“难啊。”

转眼之间，见济已经满一岁了，景帝还是天天在愁这个难解的问题，他不断地反复思索，万一他要更换东宫，哪些人会反对。

景帝开出了一个假想名单，然后，在景帝景泰三年（1452年）正月里，他忽然传旨，赐大学士陈循、高谷白金一百两，侍

明代官吏接受宫廷赏赐，出自《徐显卿宦迹图》，明人绘。

郎江渊、王一宁、萧镃（zī）、商辂白金五十两。

这六个人迷迷糊糊地领了赏，却不明白为何受赏，所谓是无功不受禄，不过反正皇帝有赏，总是好事，也就欢欢喜喜地收下来了。

景帝心中的苦闷，挨到了三月底，终于有人帮忙解开了。

事情是这样的：广西思明府是一个边陲地区，居民大都是少数民族，政府无法派汉人官吏去治理，所以思明府的知府一职，惯例便由当地的黄家世袭。当时的知府名叫黄㺹（diāo），黄㺹年岁大了，上奏朝廷，希望以其子黄钧世袭。

黄㺹有个兄弟黄玹（hóng）见了眼红，起了歹心。在一个月黑风高的夜晚，黄玹父子二人化了装，摸黑进了知府衙门，快手利脚结束了黄㺹全家人的性命，并且把尸体肢解，装入了两个大坛之中，埋在后园里。

第二天，有人来报告噩耗，黄玹父子故作大吃一惊状，流着眼泪，办完丧事，并且高价悬赏捉贼。同时，黄玹上书巡抚，请求以其子黄震承袭思明知府。

黄玹父子自以为做得天衣无缝，不料，被黄㺹一个老仆人识破机关，向巡抚告了一状。

巡抚李棠查访的结果，果然是黄玹父子大逆不道，立刻逮捕入狱。

黄玹心想，人命关天，这下子可是死定了，又不甘愿去见阎王爷，于是，请了千户袁洪赴京师想办法。袁洪到了京城里，经过高人指点，以黄玹为名，上了一道奏折，请求景帝："早日密定大计，另建东宫，以统一中外之心，断绝他人觊觎之企图。"

景帝见到奏折，正中下怀，大喜过望道："想不到，真正想不到万里之外，有此忠臣。"于是，立刻下令，赦免黄玹的罪，在景帝眼中，忠诚度是顶顶重要的，杀个人，算什么！

明景帝怒废汪皇后

景帝拿着这一份奏折，命令胡濙召集廷议，与群臣商讨易储之事。

有一位名叫李侃的大臣向来以直说敢言出名，当场叫嚷起来："东宫又无失德，凭什么要废？"

另有一位大臣林聪，更是赤裸裸大吼："黄竑杀人，理该抵命。"

眼看着众人声讨黄竑，景帝身边的太监兴安急忙抢过话题："各位，兹事体大，非得马上有个决定不可。认为该行者，立刻签名，认为不当行者，不用签名，谁也不能首鼠两端。"

"首鼠两端"是一个成语，鼠性多疑，出穴之前，往往迟疑不决。因此用来形容瞻前顾后，迟疑不决。

兴安的说明，用意十分明显，现在主子是非换太子不可了，各位签不签名，直接关系到以后的前程。

于是，先前拿了一百两白金的陈循，率先签了名。

吏部尚书王直不想签，面有难色。陈循趋前，用毛笔沾了墨，把笔递给王直道："皇上膺天明命，中兴邦家，统绪之传，宜归皇子，黄竑所奏极是。"

在这种被监视的气氛下，许多大臣虽然心里不愿意，却不得不签了名。最后，轮到于谦，于谦实在是不想签名的。但是，于谦也知道，形势比人强，即使他不签，也不能挽回什么，于是，他缓缓向前，写下了"于谦"

二字。谁都看得出来，于谦不是心甘情愿的。

景帝知道众人都乖乖签了字，非常高兴，龙心大悦，人人有奖，再赐以黄金。前有白金，后有黄金，景帝可谓是用心良苦了。

王直捧着景帝赐的金元宝，窝囊地说："易储乃是何等大事，我们竟然被一个小小的广西土官，并且还是一个杀人犯牵着鼻子走，这算什么？我们这些读书人，全部加起来，还挡不过一个土官，真正气死人！"

黄玹这个杀人犯，被免了死罪。景帝为了感激黄玹的"忠诚"，同时，也希望黄玹的忠诚起一个示范作用，所以，他要升黄玹为都督，担任浔州总兵。

于谦大皱眉头，他勉强按捺（nà）住怒气询问兴安："黄玹是个杀人犯，杀的还是他自己的哥哥，竟然升官，这一定会影响士气的。"

兴安心想，于谦你也签了名，理当了解皇帝的意愿，谁能阻拦？兴安摊摊手道："没办法啊，皇上不是说过，万里之外，乃有忠臣，既然是忠臣，当然得予以奖励，不是吗？"

兴安的话，于谦自然是不以为然，不过，这几年官场的历练，也让于谦深刻地体会到，皇帝口里说是"以天下苍生为念"，事实上全是自私自利。于谦已经做了太多太多让皇帝不高兴的事，他如果再执意唱反调，把景帝给惹毛了，景帝大可以把他换掉，调一个听话的上来。于谦把个人的得失名利看得极淡，他实在是基于知识分子对天下的一份责任感，不然的话，于谦早辞官了。

于谦心中感叹："都说皇帝爱用奴才，不爱重用人才，这话是一点也不差啊。"最后，杀了人分了尸的黄玹，终于如愿以偿地升了官。

景帝把一切都摆平，障碍去除之后，积极地进行易储计划，准备把杭妃之子朱见济，正正式式立为太子。

为了易储这件事，景帝与汪皇后数度口角。

汪皇后性情刚烈，嘴巴又快又利，她嘲讽景帝道："假如你做了这件失德之事，不但为天下人耻笑，后世也会骂你。"

景帝心想：万一不换太子，我死以后，一定是我哥哥的儿子继承皇位。以后，我一定不能入太庙，这皇帝不是白做了吗？因此，景帝怒斥汪皇后道："你啊，全是因为自己肚皮不争气，一连生了两个女儿，心怀褊（biǎn）狭，不配为一国之母，太子若由你教养，想来也很危险，依朕看来，只有废后了。"

景帝下诏换太子，将原来太子朱见深废去，改封为沂（yí）王，立自己的儿子朱见济为太子。接着，景帝又下诏废汪皇后，立朱见济的生母杭妃为皇后。

钟同母亲的遗憾

明景帝如愿以偿，废掉太子朱见深（太上皇之子），改以自己的亲生儿子朱见济为太子，这是景泰三年（1452 年）的事。

不料，到了景泰四年（1453 年）十一月里，有一天，小太子突然半夜高烧不退，杭皇后着急万分，没多久，太子竟然呜呼哀哉，小小年纪就夭折了。

景帝耗尽心血，好容易才有了后，准备让其他日承继皇位，他实在受不住这个打击，杭皇后自觉对不起皇帝，又怨叹自己福薄，夫妻二人抱头痛哭，伤心到达了极点。

景帝的烦恼还不只此，太子朱见济甫一过世，马上有人想到，那不如再把废掉的太子重立，否则，国无储君，是一件危险的事。首先提出这个建议的是钟同与章纶（lún）。

钟同性情刚直，自小有志于建立功业，这与钟母的教育有关。

钟同的父亲钟复，是宣德年间的进士，学问道德一流，他与同乡刘球，都是江西吉安人，都有忧国忧民的情怀。

正统六年（1441 年），明英宗听从王振的意见，准备用兵麓川。刘球大不为然，他认为，瓦剌才是明朝最危险的外患，犯不着为麓川用兵，尤其不值得劳师动众十五万人，引起天下骚动，造成百姓不安。

刘球与钟复商讨，两人联名上书，钟复原先同意了，后来回家与妻子商量，钟妻立刻泪眼汪汪：“你也不是不知道，王振权势有多大，得罪了他，我们一家人全完了。”眼泪鼻涕流了一脸。钟复夫妻一向恩恩爱爱，钟复不忍妻子担忧，犹豫再三，难以下决定。

刘球久候不至，决心亲自前往钟家跑一趟。刘球刚一进门，一向笑脸迎人的钟大嫂便开骂了，隔着屏风尖锐地叫嚷：“你想当忠臣，自己去做便是了，何苦连累他人？”

刘球先是一愣，继而怒气冲天，甩着袖子冲出门，留下一句话：“这等重要大事，竟然跟老婆商量。”

钟复想追出去，钟妻一把扯住他的袖子瞋（chēn）怒道：“莫非老爷真正不顾我们母子？”

钟复无奈，垮着一张脸，从此，再也没有笑过，甚且，不再与妻子谈话，双方陷入了僵局。

后来，刘球上书，果然得罪了王振，果然遭锦衣卫逮捕下狱，最后，被王振的爪牙杀于狱中，并且肢解尸体。刘球的长子只找到一条血淋淋的手臂，裹着血衣而葬。

钟妻忍不住，一面擦眼泪，一面邀功似的对钟复说：“你瞧，幸亏我阻止你，否则，还不落得同样下场，你该庆幸自己有一个好老婆。”

钟复冷冷地回了一句：“我恨我没有随同刘球而去，刘球一定认为我是不守信用、贪生怕死的小人。”

刘球，选自《三才图会》。

“不是，老爷不是的。”钟妻着急了。

“我当然是。”钟复痛苦地闭上双眼。

自此而后，钟复茶不思，饭不想，终日长吁短叹，有时又喃喃自语：“当时，当时我该追出去的。”

钟复是一个不能担负不义骂名的君子，他日日夜夜自责。虽无一言一语责怪妻子，妻子却难过极了，一向恩爱的夫妻，成了陌路人，钟妻不晓得该如何挽回局面，只有盼望时间能够医治钟复心头的伤痕。

不幸的是，事与愿违，钟复病倒了，一病不起，钟复一心一意求死，仿佛急奔黄泉，想去找刘球解释清楚。在这样的情形之下，自然药石罔（wǎng）效，没多久，钟复只剩下最后一口气了，他死前仍有气无力地念着：“唉，这等重要事，我怎能与老婆商量呢？”

钟复咽下最后一口气，钟妻像发疯似的，抱着钟复的尸体痛哭，她不断地哀号：“早知命中注定，你非得离开我们母子，倒还不如当初让你追随刘球去。”

钟妻自觉对不起钟复，对不起钟家。因此，她含辛茹苦把钟复留下来的儿子钟同带大，一心一意希望钟同能够承继父志。

钟妻曾经牵着钟同的小手，前去瞻仰吉安忠节祠，一一为钟同解说：“这是先贤欧阳修，这是抗金而死的杨邦义。”

钟同说：“希望有一天，我也能入忠节祠。”

这正是钟妻的愿望。在母亲的熏陶下，钟同养成了正直不惧的性格，因此，钟同不顾安危……

钟同直言成烈士

明景帝为了一己的私心，把原先明英宗之子朱见深的太子名号废掉，改封为沂王，并且，以自己亲生儿子朱见济为太子。不幸朱见济却夭折了，于是，朝廷里没有太子。

朝廷上上下下一致认为，国不可一日无储君，应当让沂王复位。但是，谁也不敢开口，惟恐激怒景帝。只有钟同，一心一意继承父志，报答母教，不顾一切，写了一封奏章。

说来也奇怪，钟同有一匹宝马，仿佛通灵，当钟同准备上京时，它突然伏下身子，哀哀长鸣，似乎是在恳求主人别走。钟同又是感动又是生气地埋怨："我不怕死，但是你如此这般又为了什么？"

宝马不依，赖在地上，这是从来没有过的事情。最后，钟同拿起马鞭，硬着心肠，死命地抽了几鞭，宝马这才缓缓起身，马的眼睛中还有泪光哩。

钟同上书，他的奏章真是写得太不委婉，直指要害："父有天下，固当传之于子，太子薨（hōng）逝，遂知天命所在。"

景帝气得全身发抖，他心想："什么叫这才知天命所在，你是指我儿子福薄，本不合天命，本不该当太子吗？"

景帝再往下看，血压更直线上升："臣私心以为，上皇之子，其实也就是陛下之子，不必分彼此。尤其沂王天资聪颖，足以承担陛下之托，建复储位，实是祖宗无疆之休。"

钟同，选自《三才图会》。

看到这儿，景帝火大了，把奏章狠狠地揉成一团，希望这件事到此为止，再也没人提起让沂王复位之事。

谁知道，才过了三天，章纶又上奏了。章纶是正统四年（1439年）的进士，景泰初年，被任命为仪制郎中，他是一个典型的路见不平，立刻表达“我有话要说”的正义之士。

章纶上奏的第一句话是：“内官不可干外政，佞臣不可给他事权，后宫不可过分追求声色之娱。”这三个“不可”，让景帝好生反感，他可不喜欢被人教训。

再接下去，章纶的话就更尖锐了：“上皇君临天下十四年，是天下之父也，陛下是上皇的臣子也，希望陛下在初一十五，以及节庆之时，率群臣朝见上皇。同时，把废掉的汪皇后找回来复位，还沂王之储位，以定天下之大本。”

景帝气得头上一阵晕眩，从齿缝中迸出话来：“这个章纶，他眼睛里还有我这个皇帝吗？”

于是，景帝吩咐兴安：“听着，用你司礼监的名义，立刻传谕，就说，章纶目无君上，谋为不轨，着即拿交锦衣卫审明复奏。”

兴安小心地说：“宫门已闭，臣明天一早就去办。”

“你不会从后门缝中传出去吗？”景帝怒气冲天地质问。

“是的，是的。”兴安一步也不敢怠慢，慌慌张张往外走。

“等一下，”景帝又下令，“把钟同的名字一块加上去。”

当天晚上，钟同与章纶同时被捕。锦衣卫严刑逼供，非要强迫他二人供出如何暗通太上皇之事。他二人身受酷刑，却咬紧牙根，不说一句话——本来就没有暗通之事。

除了钟同、章纶，另有一廖（liào）庄，也是气节之士，他也上奏，谈道：“太子为天下之本，上皇之子也像陛下的儿子一样，应该多加教育，以待皇嗣之生。”意思就是说，先要对朱见深多加教育，一面等待景帝再生一个儿子，因为有这一句话，景帝饶过了廖庄，没把他逮捕入狱。

到了第二年，廖庄的母亲在南京病逝，廖庄赴宫门求见，报告丧事。景帝想起他去年的奏疏，时隔一年，“皇嗣”仍然毫无消息，又火又恼，把一肚子的怨气全发泄到廖庄身上，命令打廖庄八十大板，谪为兰州附近的定羌驿丞。

景帝处罚了廖庄，心中余怒未消，他恨恨地发牢骚：“这一切，全是钟同、章纶两个不知轻重的人惹出来的。”

于是，景帝命令锦衣卫狱卒，用头号宽的木板，好好让钟同、章纶消受一番。狱卒本来蛮横，皇帝有令，格外铆（mǎo）足了劲用力大打特打。可怜那钟同，原就文弱，当场死于杖下，不过三十二岁。

后来，在成化年间，钟同的牌位，被放在忠节祠，完成了他父亲钟复的愿望，与刘球的牌位摆在一块，只不过，为实现如此的志愿，代价实在太重太重了。

景帝春节卧病

景帝下令杖打章纶、钟同与廖庄三个建议景帝重立英宗之子朱见深为太子的大臣，钟同被活活打死，章纶、廖庄也奄奄一息。

有能力让人生、让人死的景帝却不能因此息怒。他烦恼，他抱怨，他恨老天爷，为什么不让他有子嗣，愈想愈自伤自怜，尤其是在杭皇后去世以后，景帝似乎已经忘记如何咧嘴笑了。

最后，景帝病倒了，还不满三十岁的青年，竟然孱弱得像个小老头，一天到晚召御医进宫，终日不断地灌药，整个内宫，弥漫着一股苦得不能再苦的药味。

景帝这一病，病得还真不轻，无法上朝，宫中传出的消息都不乐观。转眼之间，到了景帝景泰八年（1457 年）春节，虽说是过年，却没有欢乐的气氛。依照惯例，正月初一当天，应该百官朝贺，互相恭喜，热闹非凡。

景帝卧病，国家又没有储君，大臣们个个忧心不已。于是，百官全体都到左顺门前去问安，当然，不能见到皇帝，只是由太监兴安出来，向大家表示景帝的感谢。

从初一到初十，整整十天，每天都是兴安出现，用一成不变的老词儿对百官说："皇上安好，各位不用惦念。"

到了第十一天，兴安改变了"台词"，他皱着眉头说："你们全都是朝廷的重臣，不能为社稷定大计，一天到晚只是问安有什么用？"

兴安的话，让百官为之一愣。兴安一向最护着景帝，如今连他都讲出这样的话，可见景帝的病情非同小可，随时会有三长两短。

朝臣们一致认为，建储之事不能再拖，否则，景帝随时驾崩，国家立刻陷入混乱。中国人一向认为“国不可一日无君”。

于是，正月十二，内阁与都察院在朝房会议，并且一同起草一个奏章，请皇上赶紧立太子。

王文首先发言：“现在只消说请立东宫便可，谁知皇上属意何人。”

学士萧镃则表示：“沂王既退，不能再重新回来当太子。”

都御史萧维祯更懂得揣摩上意，他郑重地说：“奏稿中的‘早建元良’四个字，不如改为‘早择元良’。”这一字之差代表请景帝早日选择太子，既然是选择，绝不可选了沂王。萧维祯对自己这一改相当得意，他端起围腰的犀带，笑眯眯道：“我的带子也该换了。”中国古代官员的腰带，表示官位的大小，萧维祯的意思是说：“我处处为皇上设想，他一定会升我的官。”

不料，景帝的回复竟然是：“朕不过偶有寒疾，十七日当早朝，你们所请求的事，朕不允许。”不但如此，景帝还放出消息：“今年南郊大典，将躬亲行礼，自今日起宿于斋宫。”

所谓“南郊大典”，指的是古代帝王在郊外祭祀天地，冬至日到南郊外祭天，夏至日到北郊外祭地。古代认为，祭天地，关系到政权的吉凶，因此，从上古到清代的帝王都有郊祭。

景帝害怕人家知道他病情不轻，逼他重立沂王为太子，所以打肿了脸充胖子，愿意亲自举行郊祭。

不过，郊祭可是一件累死人的事。不断地“迎神、钦福受祚（zuò）、送神”，站起来又跪下去，每次且是四拜。就凭景帝这一副摇摇欲坠的身子，在正月刺骨寒风中几个时辰，怎么禁得起？如果郊祭刚刚开始，就支撑不住而被抬回宫去，这可是立刻传遍京城的笑话。

景帝了解自己的身子，受不了郊祭的劳累，皱着眉头问兴安道：“郊祭太辛苦了，朕想找陈循或者是王直，二人之中挑一个代朕行礼，依你看，谁比较适合？”

兴安一脸苦笑：“方才为了安定人心，说是要亲自行礼，这一会儿又改了，不太好吧。”

景帝嗫嚅道：“我也晓得，可是……”

兴安体贴回话：“老奴自然明白，这样吧，不如在护驾的武臣之中，找一个人代为行礼。但是，对外不必声张。反正，站在后头的大臣，只见前面黑压压的一片，看也看不清楚前面发生了什么事。”

“这个方法倒是挺不错的，不如就找太子太师、团营提督兼总兵官石亨吧，他的资望最为合适。”

兴安把石亨找了来，景帝对石亨说：“你在郊祭那一天，代朕行礼，不论事先事后对外都不得声张。”

“是！”石亨重重地磕了一个响头。

石亨抬起头来仰望天颜：脸色蜡黄，双眼无神，身子单薄得仿佛一张纸，讲一两句话便气喘如牛。石亨心忖，都说皇帝病得不轻，见了面才知道，皇帝真的病入膏肓，恐怕撑不了多久了。

石亨夜访徐有贞

明景帝病倒在床，为了安定天下人心，突发奇想，不但扬言将亲自举行南郊祭拜大典，并且住入南郊旁边大祀殿的斋宫，斋戒沐浴三天，表示慎重。

事实上，景帝头晕目眩，走起路来摇摇晃晃，说什么也不可能亲行每次四拜的大礼。但是，大话已经说出口了，总不能再回过头来找大臣代为行礼。于是，急中生智，决定让护驾武臣石亨代行，对外则不声张，希望能够蒙混过关。

石亨生得魁梧高大，四方脸，粗眉毛，大耳朵，美髯（rán）过腹。他的侄儿石彪与他仿佛一个模子铸造的，同样是长髯超过小腹。曾经有相士对着石亨、石彪叔侄二人道："奇怪，现在是太平盛世，为何二人乃有封侯的相貌。"

石亨听了，一手捻髯，哈哈哈大笑不已，从此以后，他舞大刀舞得更为起劲，屡次建立战功。景帝景泰元年（1450 年），石亨率领京军三万人大破也先的部队，升为提督，担任总兵官。

景帝卧病期间，对外一律谢绝探访，大臣们都不得谒见天颜，只能由太监兴安传话，石亨是近日惟一亲眼见到景帝的人。

石亨看到景帝虚弱的模样，非但没有一丝一毫的同情心，反而充满了幸灾乐祸的兴奋。他匆匆忙忙跑去找太监曹吉祥。曹吉祥原是王振手下的红人，也是偏向太上皇英宗的非当权派。

石亨以发现大好消息的口吻道："皇上不行了，拖不下去了，我刚刚见到了皇上，气色之差，简直让人难以置信。"

"莫非，拖不过十七日？"曹吉祥问道。十七日是景帝原先准备上朝的日子。

"我看是不成。"石亨神采飞扬地回答，继续口沫横飞发表高论，"假如重立不满十岁的沂王为太子，太子年纪小，一定还是太上皇做主，既然如此，不如干脆迎上皇复位。"

"好是好，不过兹事体大，我们还是得找太常寺卿许彬及杨善仔细商量一下。"

许彬是当年迎上皇于宣化府的老人，他听完石亨、曹吉祥的话之后，意味深长地说："这可是不世之功，但是，我垂垂老矣，不中用了，这样吧，徐元玉此人足智多谋，你们不妨与他谈谈看。"

徐元玉就是徐珵，也就是当年主张南迁，被于谦好好训了一顿的人，他改了一个名字，叫作徐有贞。

夜深人静，徐有贞十分惊讶于石亨和曹吉祥的来访，心想必有重大事情。一见石亨、曹吉祥两人躲躲藏藏、怕被人发现的样子，立刻悄悄对两人说："随我来。"

一行三人，绕过回廊，来到密室。徐有贞首先开口："两位深夜造访，必有要事。"

"是的。"石亨道，"最近听说一则谣言，大学士王文看穿皇上的心事，想要迎立襄王世子为皇储。"

"没那么容易。"徐有贞摇摇头，"王文别妄想建拥立之功，孙太后如今尚健在，她岂肯把自己孙子的储位让人？"

石亨接着把进宫见到皇帝以及想拥立太上皇复位的计划说了一遍。

徐有贞听后大感兴趣，可是脸上却装出一副凝重的神色道："此事非同小可，草率不得。"

曹吉祥巴结道："所以，才要找你商量。"

"上皇那儿，有没有接头？"

"正准备找人。"

"嗯！还有，孙太后那儿呢？"

曹吉祥拍拍胸："我自己去一趟。"

"好，我们随时密切保持联络，记住，人手不要多，风声如果泄露，你我身家都将不保。"徐有贞严肃地说。

正月十六日晚，石亨与张軏（yuè）来到徐家："上皇与孙太后都同意了，下一步该如何进行？"

"你们等一下。"徐有贞道。

"干什么？"

"观察天象啊。"

原来徐有贞擅于夜观天象，对此颇为自得，当他还是徐珵之时，曾经发现"火星侵入南斗星"，认为"天命已去，也先入侵，惟有迅速南迁"。

后来，被于谦狠狠训了一顿"主张南迁者，可斩也"，曾经晦暗过一阵子。但是，徐有贞始终对天象是深信不疑的。

他一下子爬到屋顶，徐有贞瘦瘦小小，古灵精怪，像只小老鼠。他登上平台，眯着眼睛，左瞧右瞧，看了大半天。然后，飞也似的窜下来。

"怎么样？"石亨关心地问。

"再好不过了，今夜天象显示，紫微星黯然无光，表示今上垂危，紫微星旁边的星座闪闪发光，真是你我不可多得的机会。"

接着，一行人焚香祷告，匆匆出发。

徐有贞对妻儿道："我现在要出门办一件大事，事情若是办成了，这是国家之福，若是今晚我回不来，我就成了鬼，你们自己小心料理。"

夺门之变

景帝景泰八年（1457 年）正月十六日，夜半三更，在宫门外的一个安静角落里，聚集了一群人，那是石亨一家三代、杨善和他五个儿子以及曹吉祥叔侄等人，加上徐有贞，人数不多，个个神情紧张，没有人敢大声讲话，大伙儿似乎在等待什么。

“你调了多少京营兵？快来了吧？”徐有贞轻声地问石亨。

“我只调了一百名京营兵，调多了会惊动别人。应该是快到了。”石亨轻声地回答，“我该先行动了，你们等着和京营兵一起进宫。”

石亨方面大耳，须长过腹，当年也先入寇时，明军阳和口大败，石亨单骑突围，返回京师，他是一名机警的武将。

石亨骑上马，来到宫门口，一位负责夜间守卫的坐更将军听到了马蹄声，便喝问道：“是谁在此深夜骑马？”

石亨在马上摸着长须，摆出一副威风凛凛的架势：“是我！”

坐更将军走近一看，发现是皇帝身边得宠的红人石亨，立刻毕恭毕敬地向石亨行了一个礼：“不知石大人深夜到此，有何贵干？”

“嗯。”石亨自鼻孔里喷了一股气，极有威严地说，“我奉命自今晚起，巡城查看，我想到皇宫内瞧瞧。”

“是！是！”坐更将军没有怀疑石亨使诈，他立刻打开皇宫的一扇门，请石亨进去。

石亨进得皇宫，正在左顾右盼，假装巡查，宫门外有“嘚嘚”的马蹄声，石亨转头向坐更将军道：“还不赶快去看一看？”

坐更将军过去看了一眼，回来向石亨报告：“没什么，不过是一队京营兵经过。”

“不是经过，他们是奉命进皇宫来的，赶快把宫门打开，让他们进来。”石亨用命令的语气说。

坐更将军觉得好奇怪，为什么京营兵要进皇宫，可是，石亨的官位高，又是皇上身边的红人，莫非皇上要石亨带兵入宫保驾？想查证却不知该如何查证，只好服从石亨的命令，把宫门打开。

宫门开了，张軏领了京营兵直入，后面跟随着徐有贞等一伙人。徐有贞是整个计划的策划者，心细如发，一进皇宫，立刻悄声地对石亨说：“门要赶快上锁。咱们夺了门，就不怕外兵来援。”

“快，快把宫门关上，加锁。”石亨指示坐更将军。

“加锁？”坐更将军露出了怀疑的眼光。

“别啰嗦，快加锁，否则，以抗命论罪。”石亨厉声道。

坐更将军被石亨一吼，吓得胆战心惊，赶快将宫门上了锁。

“把钥匙给我。”徐有贞也用命令的口吻说。

坐更将军乖乖地把钥匙交给徐有贞。

徐有贞将钥匙高高举起，当着众人的面，把钥匙丢进身旁的水沟之中，然后对大家说：“诸位！宫门的钥匙丢掉了，如果我们不能完成任务，就永远别想出宫了。”

徐有贞的话让大家悚然心惊，觉得今晚的行动只许成功，不许失败，每个人都情不自禁地握紧了拳头。

忽然，一阵狂风刮了起来，强大的风力吹得人几乎倒下去，刺骨的寒冷，也让人全身发抖。

“刚才还是明月高挂，怎么忽然变了天？”曹吉祥心头不禁发毛，“徐大人，这是怎么一回事？”

明代北京宫城，明人绘。

石亨也走到徐有贞身边，拉着徐有贞的袖子："徐大人，我好紧张，事情会不会成功？"

"当然会成功，大家要镇定。"徐有贞安慰着大家，其实他自己的心里也着实有些害怕，怎么在这个节骨眼吹来一阵怪风。

幸好怪风渐渐小了，徐有贞带领大家来到南宫，那是太上皇的住所，只见宫门紧闭，左右没一个人影。石亨举起手里的大刀，用刀背敲门，刀背撞在铜门上，发出清脆的金属声，可是却没见到宫内有人来开门。

"皇宫太大了，竟然没人听到敲门声。"徐有贞想了一想，说，"快找找看，有没有粗大的木头。"

不久，士兵找来一段又粗又大的木头，像是大树的主干。

"把宫门撞开。"徐有贞下令。

十几个士兵一齐抱着木头，向宫门猛撞，撞了十几下，大铁门似乎丝毫未受损。

"这门太坚固了，撞不开。"石亨对徐有贞说。

“门撞不开，试试看撞宫墙吧！也许内宫的墙不太厚，可能撞得破。”徐有贞指挥士兵们转移撞击的目标。

不知道是内宫的墙比较单薄，还是士兵们拼命使力，撞了几下，“哗啦”一声，竟把墙壁撞出一个大窟窿，一个士兵爬进窟窿，入内把里面的门闩拉开，打开大门，大伙儿在徐有贞领头下，鱼贯而入。

明英宗复位

明景帝病重，徐有贞、石亨等趁机夺了皇宫的门，没有一点阻拦，来到了太上皇的寝宫之前。

“石将军，快去抬辇来。”徐有贞对石亨说，石亨立刻指示石彪去办。

一会儿，石彪带着几个士兵抬了一个便轿进来。

“石将军，”徐有贞对石亨说，“你的嗓音洪亮，你到殿前去高声请上皇出来。”

石亨步上了台阶，朗声对内说道：“臣石亨，请上皇赐见。”

其实，上皇早就知道今晚将有重大事情要发生，石亨和徐有贞等人要他重新登上皇位。对于这次政变，他是既高兴又害怕：高兴的是自己又可以再过皇帝瘾，大权在握，好不快乐；害怕的是万一政变失败，自己的命运将十分凄惨。不过，做皇帝实在是人生最大的乐事之一，值得冒一次险，所以，上皇整夜未眠，身穿龙袍，在屋里等候。这时，听到石亨在门外高唤求见，心中大喜，知道事情接近成功，便吩咐小太监开门，召石亨等人入内。

“你们闯入皇宫，想做什么？”上皇假装疑惑道。

“恭请陛下到奉天殿登基！”徐有贞跪在地上回答。

接着，石亨和曹吉祥扶起上皇，步行到屋外，便轿已经等候在旁。

上皇上轿之前，对石亨、徐有贞、曹吉祥、杨善和都督张軏一一注视，带着感激的语气说：“你们五个人都是朕的股肱（gōng）之臣。”

眼见上皇登上便轿，徐有贞长长呼了一口气，抬头看天，发现风已止了，天上明月皎洁，忍不住双手合十，对天一拜：“感谢上天的恩助！”

一群人簇拥着上皇的便轿，离开南宫，来到东华门。东华门的坐更将军一见，大感疑惑，立刻拦住去路，怒斥道：“何人大胆，竟敢擅入禁地!”

“你瞎了眼，没看清楚就乱吼！”徐有贞的嗓门比坐更将军的还要高。

“闯入禁地，你就没命！”坐更将军被激怒了。

“大胆，太上皇在此，还不闪开！”石亨大喝一声，坐更将军呆住了，揉揉眼睛，才看清楚对面是石亨将军。

“朕是太上皇帝，快让开！”英宗的声音充满权威性。

“遵命！”坐更将军赶快闪过一旁，恭送这一群人过去。

来到奉天殿，大殿内的太监们见上皇驾到，无不恭恭敬敬伫（zhù）候两旁。徐有贞和曹吉祥扶上皇坐上皇帝御座，然后，带领护驾的一伙人跪下叩拜，高呼：“皇上复位，我朝之福，臣等叩贺。”

“万岁，万岁，万万岁！”一百名京营士兵也随着欢呼，在寂静的清晨，声音传出了宫外。

这时正是正月十七日的清晨，景帝早就宣布要在这一天视朝，文武百官一早就齐集在宫门外，等候入朝，忽然听到宫内传来一阵阵高呼“万岁”的声音，大家都感到有些奇怪，弄不清究竟是怎么回事。

宫门开了，徐有贞从里面出来，对群臣宣布：“太上皇复位，各位进宫朝贺！”

群臣个个心里暗吃一惊，在御座上的竟然是太上皇，在这情势下，群臣不得不匍匐叩拜，口呼：“万岁！”

上皇在御座上，听见群臣的“万岁”声，眼见群臣匍匐在地的恭顺状，心里的高兴真是无法形容，那失落了七八年的无上权威又再度回到手里，一种似梦似真的感觉，让上皇激动得全身颤抖。

“吉祥!”上皇抓住曹吉祥的手，轻声道，“这是真的吗?不是做梦吧?”

明代朝会，出自《徐显卿宦迹图》，明人绘。

“皇上，”曹吉祥沉稳地答道，“是真的，不是做梦，皇上请下圣谕安抚文武百官吧！”

上皇，不，应该说是复位的英宗——清了清喉咙，用缓慢的语调对群臣说：“诸臣以景泰帝有疾，迎朕复位，文武百官各守其职，谨慎行事，不得自相惊扰。”

群臣们听到英宗的口谕，虽然内心觉得奇怪，是谁迎他复位？可是也不能询问，反正英宗本来就是皇帝，只因被也先所俘，才失去皇位，现在复位，也不算是新皇帝，谁能不服？于是，大家只有再度高呼“万岁”了。

英宗由太上皇而复位为皇帝是一场政变，历史上称之为“夺门之变”。

于谦的善政

由石亨、徐有贞策划的夺门之变成功之后，明英宗复位。当英宗在奉天殿二度登上皇位时，首先遭殃的竟然是曾经挽救明朝于危亡的兵部尚书于谦，而陪着于谦一块受难的是大学士王文。英宗下诏将于谦、王文以“大逆不道”的罪名交由锦衣卫严审治罪。

于谦字廷益，浙江人，明成祖永乐十九年（1421年）进士，明宣宗时，官至御史。他身材挺拔，嗓音洪亮，吐字清晰，风度仪表俱佳，宣宗每次听于谦报告，总有一种舒畅的感觉，对他十分欣赏。

宣德元年（1426年），汉王朱高煦造反，宣宗亲征，高煦投降，宣宗命于谦口数其罪状。于谦站在高煦面前，神色庄严，面目冷峻，声调高亢，义正辞严。高煦听得匍匐在地，吓得不断磕头，频呼：“臣罪该万死！”宣宗看到于谦的表现，十分地赞赏。

不久，于谦以御史的身份，被派到江西去巡察，平反了数百件冤狱，一时“于青天大老爷”的名声响遍了江西。于谦的名声传到了宣宗耳里，宣宗大乐，更加认为于谦这个人值得重用。于是亲手写了“于谦”二字交到吏部（吏部是掌管人事命令的机关），特别提升于谦为兵部侍郎，担任巡抚河南、山西的工作。

大凡明朝官员无不讲究排场，官员出巡，必定是前呼后拥，鸣锣开道。于谦到河南、山西巡察，一反官员常态，不要大小官员陪同，只是自己骑着一匹马，带个小书童，到各地去探访，亲切地与地方父老闲谈，没一丝一毫的官味。这种深入民间探访的方式，既不扰民，又能真正了解民间疾苦。于是，于谦针对老百姓的需求，不断地上奏章给皇帝，请求改革。如果河南、山西两区有水旱现象，于谦会立刻报告朝廷，请求救济或是减免租税。

在中国古代，农村的穷人是很多很多的。这些穷人无衣缺食，境遇可怜。于谦基于人道，基于减少社会问题，下令将河南、山西的仓库打开，周济贫民。他又在黄河沿岸每隔若干里设立一亭。亭有亭长，负责河堤整修，并且在堤岸两旁植树，经过于谦的治理，黄河沿途风景秀美。

宣宗在位之时，三杨（杨士奇、杨荣、杨溥）在中央政府执政。三杨为人正直，非常敬重于谦，对于谦的各种措施都非常支持。等到明英宗即位，三杨先后去世，太监王振掌权，王振不喜欢于谦，把于谦调回京师，降为大理寺少卿。

山西、河南吏民听到消息，纷纷上书给皇帝，请求朝廷留任于谦，这种类似的奏章多到数以千计，甚且连皇室诸王也站出来为于谦讲话。英宗迫于舆情，重新任命于谦巡抚河南、山西。

当时山东、陕西一带地方政治不良，加上不断有灾荒，老百姓听说于谦治理河南十分清明，纷纷逃到河南。于谦对这些外地来的难民一律给予粮食救济，并且鼓励难民留在河南开垦荒土。于谦发给种子、土地与耕牛，使许多难民重新觅得一个安身立命之所。

英宗正统十二年（1447 年），朝廷任命于谦为兵部左侍郎，调入京师。第二年，也先大举入寇，宦官王振怂恿英宗亲征，发生不幸的“土木堡之变”，英宗被俘，京师（北京）震动。当时由英宗的弟弟郕王监国（监国就是代替皇帝执掌国政），郕王先要群臣商议如何应付危机。

有一个叫徐珵（后来改名为徐有贞）的侍讲主张迁都：“我观察到天象有变，朝廷应当迅速南移。”

“胡说！”于谦大声呵斥，“谁再说南迁就该斩首，京师是天下的根本，京师一动则大事去矣，难道我们忘记宋室南渡之后，就再也回不到北方的惨剧了吗？”

郕王同意了于谦坚守京师的建议，在于谦调兵遣将、苦心擘（bò）画之下，终于保住了京师。同时，于谦拥立郕王为皇帝，是为明景帝。

于谦，选自《历代名臣像解》。

于谦虽然是文人，对军事却相当精通，他担任兵部尚书，不但阻止了也先的入侵，又平定了福建、浙江、广东的乱事。

于谦为人正直，不肯自夸功劳。英宗能够回京，主要是因为也先惧怕于谦，不愿再与明朝交战。再说，景帝原本不想迎英宗回京，是在于谦的力争之下，景帝这才勉强应允迎回英宗。

等到英宗回到北京以后，于谦并没有把这一段经过向英宗报告，他一向不是邀功之人，当然也没有人向英宗报告于谦在景帝之前力争的事。所以英宗对于谦十分痛恨，英宗所知道的只有一件事，那就是于谦拥立景帝，使他自己失掉了皇位。明英宗站在自身的立场上看，于谦是景帝的功臣、忠臣，却是自己的逆臣、叛臣，这就导致了夺门之变成功以后，于谦立刻遭殃的结局。

于谦的《石灰吟》诗

于谦为人正直，为官清廉，自律甚严，谨守道德规范。他虽然贵为兵部尚书，为国家建立了大功劳，但从不自夸自傲。平日生活俭朴，所住的房屋狭小而破旧，只能遮风避雨而已。

有一次，景帝听说于谦的住屋如此破旧，便把北京西华门附近的一幢（zhuàng）房屋赐给于谦。不料于谦对景帝说："国家多难，臣子何敢自安。"坚持不肯接受。

于谦一心为公，他知道，世间龌龊（wò chuò）的小人不会放过他的。但是，于谦有自己的原则。于谦平日喜欢读史，尤其景仰岳飞，所以也先入寇，徐珵一提出南迁，他马上跳起来阻止，宋室南迁的历史给他的印象太深刻了。

宋朝人的笔记《坚瓠（hù）集》中有一段风波亭的故事，于谦每每喜欢与人讨论。

据说岳武穆班师过金山寺，遇到禅师道月。道月劝告岳飞："你切切不要赴京师，以免发生不测。"

岳飞不理会，他回答："朝廷连下十二道命令，我岂能置之不理。"

道月叹了一口气道："岳将军执意要走，贫僧也拦你不住，唉！"于是，道月濡（rú）笔挥毫，写了一首诗送给岳飞。

岳飞接过来一看，上面写的是："风波亭下水滔滔，千万坚心把舵牢。

只恐同行人意歹，将身推落在深涛。”

岳飞问道月：“高僧意所何指？”

“你慢慢就会明白。”道月不再多做解释。

后来，岳飞到了临安，被秦桧以“莫须有”的罪名，关入了大理狱。抬头一看，忽然望见亭上有一块匾，匾上题名为“风波亭”，这才了解道月的诗中含义。

秦桧也听说了这一件事，立刻派出狱卒何立前往逮捕道月。何立到了金山寺，发现道月正在聚众讲道。何立心想，公然逮捕高僧，恐怕会引起群众暴动，不如待道月讲完再动手抓人也不迟。

道月是何等聪明之人，他瞄了一眼何立，突然之间，话题一转，开始说：“我今年四十九岁了，是非日日有，不为自家身，只为多开口。何立从南来，我往西方走，不是佛力大，几乎落人手。”说着，竟然坐着就死了，走入西方极乐世界。

于谦经常对友人说：“岳飞求仁得仁，他明明知道，做一个忠臣，不一定有好的下场，但是，他依然勇往直前。人生百年，不过一个短短的过程，我愿意效法岳飞。”

于谦为了明志，还写了一首诗《石灰吟》，这首诗流传千古，为世人所传诵：

千锤万凿出深山，烈火焚烧若等闲。
粉骨碎身浑不怕，要留清白在人间。

他把自己比拟为石灰，不在乎千锤万凿，不惧怕烈火焚烧。于谦对国家有一份炽热的爱，这一份爱，凝成悲壮的美。他知道，任何绝美与苦难永远是并存的，因此，宁可跃入尘世的洪炉，为了留一点点清白在人间。

明英宗复位，立即下令逮捕兵部尚书于谦与大学士王文，将两人下到锦衣卫大狱。

于谦与王文都官高位重，尤其于谦，乃世所景仰的英雄人物。锦衣卫虽是皇帝的特务机关，平素滥用酷刑，但对此二人心存顾忌，怕天下人不服，于是，锦衣卫奏请，改由三法司来审理。

从唐、宋到明朝，三法司一向是中央政府审理司法案件的最高层级，三法司指的是三个机关——刑部、大理寺与都察院（唐宋二代称之为御史台），凡是重大案件，都由三个机关的首长共同来审理。

徐有贞与石亨暗中唆使一个御史上了一个奏章，弹劾于谦与王文，告于谦“谋迎外藩入继大统”，意思是说：于谦与王文计划迎接宣宗的侄儿襄王之子来继承皇位。

三法司主审是左都御史萧维祯。萧维祯为人奸诈而阴险，早就对于谦不满意，今日于谦落到他的手里，正可以发泄自己心中的积怨。

其实，不只是萧维祯，其他的御史也都反对于谦。他们看到于谦建立了大功，又受到皇帝的信任，便大肆攻击于谦。

当于谦打败也先之后，御史们就开始发酵（jiào）吃醋。都御史罗通首先弹劾于谦，说于谦开列的战争功劳簿不公平。接着御史顾曤（cuī）也弹劾于谦把持权柄，独裁专断。其实，御史们的弹劾主要是因为于谦处事认真，绝对不徇私，很不给御史们面子，妨碍到御史们的既得利益。

因此，当萧维祯开始办于谦的案子时，立刻有不少御史给萧维祯打气：“好好办，让大家看一看御史的威势。”

萧维祯则拊（fǔ）掌而笑：“哼，想不到一向自以为是的于谦也有今天。”

于谦对事不对人

于谦允文允武，打败也先，明英宗才得以安返明朝，但是，明英宗复位第一件事就是办于谦。事实上，于谦为人耿直，他平日得罪的人太多太多了。

景帝对于谦极为信任，凡是任用比较重要的官员一定先与于谦密谈。于谦就一定知无不言，言无不尽，把那人的优点缺点一一据实回答，丝毫不隐瞒，他完全是大公无私，既不庇护自己的亲朋好友，也不会伤害对自己不友善的敌人，纯粹就事论事。

可惜，一般人向来对人不对事。再加上宫廷之内原是很难保密的，景帝与于谦的谈话往往被外泄。于是，被于谦批评而不得任职者怨恨于谦，有些人虽被任用，但是能力不及于谦，同样嫉妒于谦。

于谦一心为国，却落得老是被弹劾，受批评，也不免会生气，他常手抚胸口，长长叹息：“我这一腔热血要洒到哪里去啊？”如果于谦遇到一个昏君，于谦恐怕早就血洒殿廷了，幸而明景帝头脑很清楚，也能够明辨是非，全力支持于谦，于谦感激景帝的知遇之恩，更加卖命努力。

无论徐有贞或是石亨，提起于谦，总是恨得牙痒痒的。但是，于谦完全不明白，也毫无感觉，因为于谦心思纯洁，对事不对人。

譬如徐有贞，他本名徐珵，土木堡之变时，主张南迁，于谦情急之下大吼：“主张南迁者，应当斩首。”

这件事让徐珵灰头土脸，但是，于谦仅就徐珵这一段发言有感而发，基本上，于谦还是认为徐珵博学多才，研究天文、地理、兵法、水利、阴阳，是个颇用功的人。

景帝即位以后，徐珵担任监察御史，急于想升官，但是，他的南迁主张一直被内廷的当权宦官当成笑谈资料，所以升不上去。

有一天，徐珵特别去拜访大学士陈循，并且将一条玉带送给陈循。

“陈大人，”徐珵满面笑容道，“我观测星象，发现陈大人即将高升，我预测陈大人就要配玉带了。”

陈循接过玉带，半信半疑。

过了几天，景帝下诏加陈循“少保”的官衔，陈循大喜，认为徐珵能够预知未来，屡次向景帝推荐徐珵可用。当时用人的决定权几乎全操在于谦手里。徐珵希望通过陈循从中活动，担任国子祭酒。国子祭酒是国子监（我国封建时代的教育管理机关和最高学府）的长官。

于谦知道徐珵博学，向景帝建议任命徐珵为国子祭酒。

“是那个主张南迁的徐珵吗？”景帝怀疑地问，“此人心术不正，他去主持国子监，岂不把国子监的学生全都带坏了吗？”

于是徐珵的升官计谋又中断了，他固执地认定，这必然又是于谦从中作梗，对于谦更加怨恨。

“升官不成，这是你的运气不佳。”陈循劝徐珵不必冒火，“不如改一个名字，也许可以换一个运气。”

“对啊，谢谢陈大人的高见。”徐珵连忙作揖。

徐珵从此改名为徐有贞。

景泰三年（1452 年），黄河在山东决口，于谦推举徐有贞去治水，景帝擢升徐有贞为左佥都御史，负责治水的工作。

徐有贞到了黄河边的要地张秋，观察黄河的水势，然后上了一个奏章，提出三个治水计划：一是置水门，就是设置水闸来调节水量；二是开支河，就是挖凿一些小河来疏导黄河的洪水；三是浚运河，就是把原有的南北大运河加以疏浚来容纳黄河的水量。

明朝政府利用大运河将南方的物资运到京师北京，称之为漕运。当时负责漕运的都御史王竑认为治水可不能影响漕运，便上奏章请求急塞黄河决口。

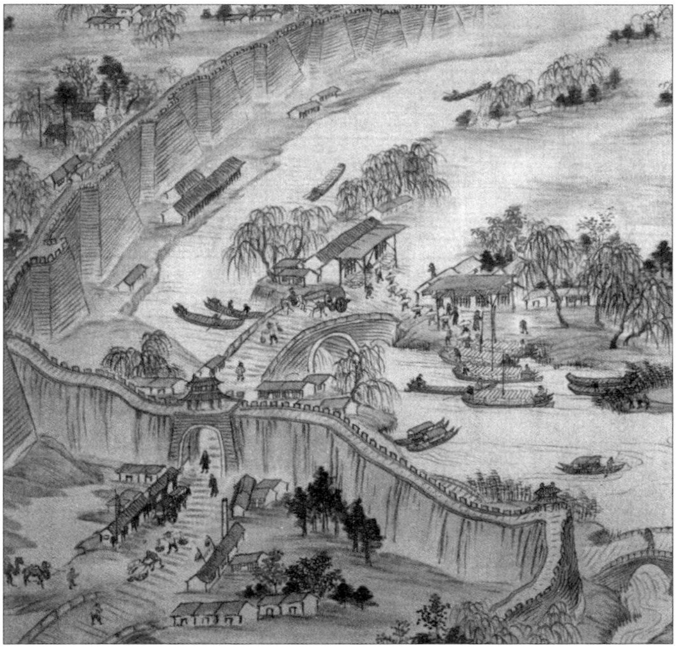
南方财货经漕运输往北京，清人绘。

景帝下诏，命令徐有贞照王竑的建议去做，徐有贞不肯，他上奏章道："运河水泄，由来久矣，并非因为黄河决口未堵塞之故，今天堵塞了，明年春天黄河水涨，还是会决口的。所以，堵塞决口，是一件徒劳无益的事。堵塞决口是马上可见功劳的事，但是，臣不愿意接受这一种功劳。"

景帝把两种意见告诉于谦，向他询问，于谦知道徐有贞在生他的气，但是，于谦认为徐有贞的主张是对的，全力为他解释，最后，景帝批准了徐有贞的计划。

徐有贞奉到诏令，征集民力费了五百五十天的工夫，开了一道"广渠"，又建立了一道"通源"闸，并且修筑了几处堤堰，疏浚了一些黄河支流，经过一番整理，黄河水患终于暂时解除了。

景帝对徐有贞的印象为之一变，擢升他为左副都御史。

徐有贞知道于谦帮了忙，但是，对于谦的怨恨未曾稍减，夺门之变成功，徐有贞迫不及待要报复了。

于谦得罪石亨

明英宗复位头一件事，就是接受徐有贞、石亨的建议，把于谦关入锦衣卫的大牢之中。

于谦得罪徐有贞还事出有因，他会得罪石亨则是比较奇怪的事。

石亨是一位彪形大汉型的武将，英宗正统年间，屡立战功，晋升到都督，在北方防边。也先入侵，英宗被俘，石亨领兵与也先大战于阳和口。

在这一场战役之中，石亨战败，亏得他机警过人，战场上单骑逃回。回来之后被削职。于谦知他是人才，向景帝请求赦免石亨，并且派石亨领兵十万以御敌。

石亨平日自恃为大将军，趾高气扬，谁也不放在眼中，现在受到于谦的提拔，可是心中对于谦并不服气，又畏惧于谦，所以心里对于谦是满怀讨厌。

不久，也先与明军在北京城德胜门外打了一仗，于谦担任明军总指挥，石亨受命领兵在德胜门外面，结果明军大胜。论功劳，当然于谦第一，但是于谦把首功让给了石亨，石亨因而被封为侯。

这下子，石亨十分惭愧，于谦对自己如此厚爱，自己竟然如此讨厌于谦。从此以后，石亨一改对于谦的态度，并且极力想要讨好于谦。

有一天，石亨身边的一个参谋出了一个主意，他建议石亨上一奏章给皇帝，推荐于谦的儿子于冕到京师来做官。石亨一听大喜，连忙拍着参谋的肩膀道：“你真聪明。”立刻依计而行。

第二天，景帝召见大臣，于谦和石亨也在内，景帝拿出石亨的奏章，对于谦说：“石将军上奏章推荐令郎到京任官，朕觉得很好，立刻宣于冕进京。”

于谦听到景帝的话，先是愣了一下，接着便向前一步，严肃地回答：“当前国家多事，臣子义不得顾私恩。石亨位列大将军，从没有听过他推举一位幽隐之士，也没听说他提拔过任何一个行伍之卒，可见石亨不想发掘人才，却独独推荐臣的儿子，大家会怎么想呢？臣主管军事，赏罚公平，有功则赏，有罪则罚，力求公正，杜绝侥幸，所以，臣绝不敢让自己的儿子滥冒功劳。”

于谦的话义正词严，讲得极有道理，但是也很不给石亨留面子。石亨在一旁听得直冒冷汗，脸上一阵青一阵白，石亨原是想要讨好于谦的，没想到反而被于谦在景帝面前骂得狗血淋头。

石亨气坏了，暗暗地紧握双拳，低着头，心里发着誓：“我一定要报仇，于谦，我要让你不得好死！”

于谦抬头望望景帝，只见景帝微微点头，似乎有赞许的意味。于谦觉得心里很坦然，对于石亨的恨意，于谦是浑然不知。

夺门之变成功，于谦被捕下狱，他仍然丝毫未察徐有贞、石亨等人的恨意。听说要下狱，于谦也没有神色慌乱，匆忙之中，他顺手拿了一两本书，也没考虑到牢中昏暗，如何能够阅读。他真是很喜欢看书，曾经写过一首诗，诗中有一句：“书卷多情似故人，晨昏忧乐每相亲。”现实人生之中，于谦不容易觅到知己，书本是他晨昏最佳良伴了。

在大审的公堂之上，同样嫉恨于谦的萧维祯十足威风，他对于谦、王文厉声道：“有人告你二人谋迎外藩入继大统，你们从实招来。”

于谦仍然一脸傲然，他摇摇头：“从无此事。”

王文则激动地说：“按照祖宗的成法，召亲王要用金牌、信符。如果派遣使者去迎接，必有马牌，兵部要发勘合，才能进行。这些程序十分清楚，你可以查啊！你不能没查证就随随便便诬赖我和于大人。"

"好，先查兵部。"萧维祯阴沉沉地冷笑，"传兵部主办官员到堂。"

兵部主管勘合的官员是车驾司主事沈敬。

沈敬被锦衣卫如押解囚人一般地带入公堂，萧维祯用威胁的口吻问道："于谦和王文召亲王来京，可是你勘合的？"

萧维祯的话，实际上是个极明显的"暗示"，告诉沈敬，你只要回答一个"是"就成了。

一般人把锦衣卫看得比虎狼还要可怕，加上公堂里一股让人喘不过气来的气氛，如果换了别人一定会顺着萧维祯的话回答"是"，可是，沈敬却是一条硬汉，他朗声回答："我从来没有发勘合给任何人去迎亲王入京。"

于谦跟着接口，"萧大人，"他大声道，"兵部既未发勘合，可见所谓迎亲王入京事，根本就是诬告，不然，你可以再追查召见亲王的金牌与信符。"

萧维祯狠狠瞪了一眼沈敬，心中怨他不合作。

朵儿的执着

于谦被捕下狱，萧维祯诬指他谋迎外藩入继大统，却又提不出任何证据。

召亲王的金牌与信符都存在孙太后手中，萧维祯当然知道此事无法向孙太后去查证，孙太后是何等精干的角色，她又怎会容许人去迎亲王当皇帝，让自己儿子英宗无法复位。

“不必追查金牌、信符了。”萧维祯霸道地宣布，“于谦召沈敬密谋，欲迎亲王入京，议定却来不及实行。”

“胡说！”王文举起右手，指着萧维祯，“什么叫议定而来不及实行，证据呢？拿证据来！”

“既是密谋，何来证据？”萧维祯狡辩。

“没有证据，怎么可以诬赖是密谋？”王文气得全身发抖。

“哼！不需要证据也可以定罪的例子多得很呀！”萧维祯沉下脸道。

萧维祯的话，立刻让人想到秦桧以“莫须有”罪名定了岳飞的死罪。

于谦看到王文愤怒的表情，苦笑着说：“王大人，这是石亨他们的意思，今天的罪名既是他们老早安排的，你又何必枉费口舌来辩解呢！”

“嗯，还是于谦识时务。”萧维祯说，“这事情的主意出自朝廷，你们承不承认没关系，结果都是一样的。”

于是，于谦、王文被安以谋逆的罪名处以死刑，沈敬被处以同谋的罪名，充军铁岭。

三法司的审判结果立刻被送进宫去，英宗看到于谦要被处死，突然之间，良心有点不安，他对身旁的徐有贞说："毕竟于谦对国家是有功的。"

"于谦有功于国家，负罪于陛下。"徐有贞说，"若是不杀于谦，陛下复位之事就找不到理由了。"

听徐有贞一说，英宗不再犹豫，提起朱笔，批准了三法司的判决。于谦的死罪一定，那些擅于观察风向的官员立刻群起而攻击于谦，甚且有人建议要诛族，有人又建议凡是于谦保举的文武大臣一律诛杀，这些过分的建议，英宗没有采纳，他心中何尝不知于谦之正直，无人能比拟。由此可见官场之中人心丑恶。

于谦被处死的那一天，行刑的菜市口挤满了人，人人痛哭流涕，如丧考妣（bǐ）。忽然之间，天地间乌云四合，一阵凄冷的北风刮得黄沙漫天，在刑场边的老百姓纷纷仰天，双手合十，泪水如同泉水般不断地流下来，他们心里有一个共同的感受："老天爷啊，你和我们一起哭吧！"

于谦被杀，于谦的家人被充军到了边疆。锦衣卫带着一群军士，如狼似虎地拥进了于谦家中。军士们推开了于家的大门，发现堂堂太子少保兼兵部尚书的家竟然是如此寒碜，除破旧的家具和一些书籍以外，几乎没有任何值钱的东西。

"于大人的家好像比我家还穷。"一个军士说。

"不可能的，一定把宝贝藏起来了。"另一个军士说。

"后面有一个房间上了锁，快来看。"突然，一个声音自房后响起。

于是，一个军士拿起佩刀，一刀砍断了锁，大伙儿蜂拥而入。只见里面是一个面积不大的房间，房间正中央挂着景帝赐给于谦的蟒袍和刀剑，似乎于谦从来没有使用过，只是供着当纪念品而已。

军士们呆住了，有点儿失望，却也有更多的尊敬。

于谦被杀，不但老百姓哀伤不已，朝廷里也有少数有良心的官吏痛哭失声。

譬如，太监曹吉祥的部下、担任锦衣卫指挥的朵儿（有些史书称之为“多喇”）。朵儿原是蒙古人，有塞外男儿的豪迈，他平日敬佩于谦的为人，于谦临刑的那一天，朵儿备了酒，备了菜，到刑场去哭拜。

曹吉祥知道了，把朵儿打了一顿军棍。到了第二天，朵儿负着伤，仍然到处斩于谦的地方去哭祭，似乎完全无惧于曹吉祥再来一顿毒打。

人们对于谦之死有无限的哀伤，但对和于谦一同处死的王文却少有同情之感，虽然王文与于谦一般，同样是以“莫须有”罪名含冤而死的。

王文原名王强，永乐十九年（1421 年）进士，王文是宣宗赐的名。王文为人深沉，景泰五年（1454 年），江淮大水，王文奉命巡视江南灾区，逮捕盗贼两百人，他为了夸大自己功劳，把两百名盗贼定为“谋逆大罪”，其实后来经过查证，两百名之中，只有十六人是因饥饿不得已做了强盗，其他人只是倒了霉，完全没有犯法，至于谋逆之罪，那根本连边都谈不上。

两相对照，更可见于谦一心为国，一心为民众，他不够圆滑，他用一颗热腾腾的心爱国家爱人民，最后竟然被冤而死，正应了他所写的《石灰吟》诗：“千锤万凿出深山，烈火焚烧若等闲。粉骨碎身浑不怕，要留清白在人间。”

好一个“要留清白在人间”。

于谦死了以后，徐有贞不准任何人收拾于谦的遗骸（hái）。有个都督同知陈逵（kuí）不顾禁令，还是把他的尸体给埋葬了。后来于谦的女婿朱骥把于谦的灵柩运回他的故乡杭州，埋葬在西子湖畔，与南宋的民族英雄，也是于谦最敬仰的岳飞葬在一起。

因此，后人便以“赖有岳于双少保，人间始觉重西湖”的诗句来称颂岳飞、于谦两位忠臣。

商辂连中三元

在夺门之变成功之后，还有一位因之而受害者，那便是商辂。

商辂在乡试时考了第一，当时称为解元，礼部会试又第一，称之为会元，殿试再第一，得到了状元，这连中三“元”的事极为难得，整个明朝两百多年之中，也只有商辂一个人是“三元及第”。

明代新科状元赴琼林宴会，出自《徐显卿宦迹图》，明人绘。

英宗复位之时，商辂担任兵部左侍郎兼春坊大学士，被召入文昭阁受命草拟复位诏书。商辂刚刚走出文昭阁就被石亨拦住。

“皇上命令商先生写复位诏，是吗？”石亨问。

“不错。”商辂好奇地盯住石亨。

“复位诏中只要大赦罪犯就好了，

商先生别再列其他的条款。”石亨用命令的语气说。

原来从明仁宗开始，皇帝登基要下即位诏书，诏书中除了宣布要大赦各类罪犯以外，还要对前朝的一些弊政加以革新或是废除。石亨怕的就是商辂把景帝时代的一些不良措施废除，会影响到石亨的利益。

景帝即位之初，瓦剌大军来犯，京师危急，为了保卫国家，一切以军事为优先，将领们握有大权，朝廷也很难约束他们，于是将领们便利用大权做出不少害民的事。譬如强占民房，强征老百姓服劳役等。后来虽然局势安定，但是将领们仍旧以军事所需为借口，继续做坏事，石亨便是最会做害民之事的将领，所以极怕商辂在诏书中加上革除将领们特权的条款，影响到既得的利益。

“我会遵照传统制度办理。”商辂说。

“商大人，请你多加考虑。”石亨威胁着说。

“我不必考虑。”商辂固执地说。

“好，你等着瞧。”石亨气得转身而去。

不久之后，有个御史上疏弹劾商辂和王文朋比为奸，主张迎立襄王之子做皇帝，于是商辂被捕，关入锦衣卫监狱。后来，亏得太监兴安说尽了好话，把商辂放了出来，不过，英宗仍旧下诏将商辂革职为民。

于谦、王文与商辂三人得罪的原因相同，全是欲迎襄王的儿子入京为太子。其实，襄王是一个本分、老实、谦让的人，对皇位从无觊觎之心。

土木堡之变，英宗被俘以后，襄王曾经上书朝廷，请求立英宗之子为天子，并且招募勇士赴瓦剌迎回英宗。后来，景帝即位，所以奏章就留在宫中的收发处，没有加以处理。

等到英宗被送回京师，被尊为太上皇。襄王又上了一个奏章，建议景帝早晚向英宗问安，每月的初一、十五，皇帝应率领群臣去朝见太上皇。

英宗复位不久，这两个奏章被找了出来，英宗看了大为感动，他心中明白所谓于谦、王文要迎襄王之子入京之事，全是石亨、徐有贞胡扯。不过，于谦、王文已死，皇帝又不便也不愿意自行认错，于是觉得应该对襄王表示心无芥蒂了。所以，英宗下诏召襄王入京。

襄王离开京师时是宣德四年（1429年），那时英宗还是一个三岁大的小孩。现在襄王回到京师，叔侄两人当然都不认识。不过，襄王天性淳厚，英宗内心里也有愧疚，在这种心情之下，两人见面倍加亲切。

英宗为了表示欢迎的热忱，亲自赴左顺门迎接，接风的盛筵设于崇仁殿，英宗要依家庭长幼礼仪，请襄王以叔叔的身份上座。襄王一再谦让表示不肯，两个人推来让去，最后采取一个折中的办法，在一张檀木大方桌的两边，东西相向而坐。

"王叔，"英宗高举酒杯，"请干了这一杯。"

"臣酒量太浅，不过这一杯不能不干。"襄王站了起来，举杯一饮而尽。

叔侄两人边吃边谈，谈到了英宗在塞外受苦的情形，两人不禁对哭了一阵。

英宗客气地说："我很想知道地方官吏的好坏，王叔如果知道有贤能之士，请一定告诉我。"

襄王在京师，英宗天天陪伴着，到处游玩，百官伺候，随从成群，成为京师里的新闻焦点。襄王自觉荣宠太过，有些儿不安，急急告辞。

英宗见襄王辞意甚坚，只得答应，特别下令兵部为襄王增加护卫，又命令工部为襄王建立寿藏（就是坟墓，中国古人往往在生前就建好自己的坟墓，毫无忌讳，而且觉得如此才放心）。

襄王临行之前，英宗亲自送到午门外，握手泣别。

夺门功臣的内斗

《论语·里仁》篇中有一句话：“君子喻于义，小人喻于利。”君子交结是基于公义，小人联合是汲汲于利。既然是因为利害相结合，很自然地，也会因为利益相左而冲突。

夺门功臣徐有贞、石亨、曹吉祥正是如此。

夺门之变成功，徐有贞立了大功，入阁为大学士，其他老阁臣如胡濙、高穀（gǔ）、王直等人相继离职，徐有贞在内阁大权独揽，内外群臣对徐有贞无不侧目。徐有贞一向自命不凡，如今更加意气飞扬，随时入宫觐见皇帝，成为中央政府中的第一号红人。

徐有贞春风得意，对曹吉祥、石亨二人愈加轻视，他自认为是徐才子，曹吉祥是个太监，石亨是个武人，岂能与他平起平坐，所以，一心一意与他二人“划清界线”。

再说，石亨与曹吉祥原本是粗线条的人，英宗对此二人也有点儿厌烦，徐有贞察觉到这一点，更加决心要排挤石亨与曹吉祥，逮住机会就让此二人难堪。

恰好，御史杨瑄（xuān）赴河南巡察，遇到一批老百姓拦路告状，说是曹吉祥、石亨夺他们的田。杨瑄回到京师，立刻上了一个奏章，把曹、石二人的劣迹恶行，一一开列出来。

徐有贞不断在旁边助阵：“杨瑄，真御史风骨也，佩服之至。”

曹吉祥听到消息，着急地跑到英宗面前哭诉喊冤，不停地为自己辩护。英宗面无表情，不过，吩咐了吏部，把杨瑄的名字登记下来，准备重用。

石亨与曹吉祥大为恐慌，愤愤不平地责骂徐有贞："想当初夺门之前，若不是你我援引，他有今天吗？竟然过河拆桥，太不够意思了。"

曹吉祥说："依我看来，杨瑄之事根本就是徐有贞幕后指使，咱们再不反击，就只有死路一条。"

石亨问："你可有妙计？"

曹吉祥眯着眼睛道："徐有贞看不起太监，就让他栽到太监手里吧！"

曹吉祥利用小太监拨弄一下，果然徐有贞就鸡飞狗跳了。

原来，明英宗经过夺门之变，颇为欣赏徐有贞的足智多谋。徐有贞又能说善道，把明英宗哄得乐陶陶。因此，英宗时时找徐有贞，两人密谈，往往一谈就是几个时辰，外人不知谈些什么，只知徐有贞威风八面走进来，莫测高深地走出去，当然，谈了一些什么内容，外人是不得而知的。

曹吉祥派了几个小太监，命令他们在窗外偷听皇帝与徐有贞的谈话。皇帝一向不把太监奴才当个人看，也没注意隔窗有耳。

小太监不敢得罪曹吉祥，立刻把听来的消息，一五一十回报曹吉祥。

曹吉祥拣了一个机会，觐见皇帝。然后，有意无意，闲闲谈及英宗最近想做的事。

英宗吃惊地问："你怎么会知道这件事？"

"这个是徐有贞说的。"

"这是朕单独和徐有贞一个人说的，他干吗对你讲？"英宗皱起了眉头，显然十分不悦。英宗转念一想，曹吉祥与徐有贞近日不和，恐怕是故意栽赃，因此，又淡淡地说："其实这件事，朕也和其他臣子谈过。"

曹吉祥不放松，又加了一句："万岁爷，老奴还听到了几件事。"曹吉祥把偷听到的事又说了几件，连每件事的日子都说了。

"哦！"英宗的眉毛打了结，他原先不相信曹吉祥的话，现在连日子都有了，不能不相信是徐有贞泄露的了。

“万岁爷，这些事不只是老奴知道，外面的人都晓得了。”曹吉祥火上加油又添了一句。

“嗯！”英宗勉强压下怒火，事实上气得想爆炸，他心忖，不料徐有贞如此不牢靠，敢情是个大嘴巴，以后，再也不能与徐有贞共商大计了，危险，危险。

徐有贞不知道英宗生了气，依然很兴奋地跑去见英宗。英宗十分恼怒，几乎想大骂他一顿：“你这般不当心，到处乱讲话，把自己的前程都给断送了。”

古代皇帝一向疑心病重，不敢相信人，英宗难得相信了徐有贞，内心十分后悔，表现在外的，则是脸色阴沉，闷闷不乐，一改往日说说笑笑的亲密。

徐有贞不明就里，弄不清楚发生了什么事，只是他很难过地发现，从此以后，皇帝明显地疏远了自己。

御史集体弹劾石亨

夺门之变的功臣徐有贞、石亨、曹吉祥彼此内斗，曹吉祥略施小计，使得英宗认定徐有贞是个守不住秘密的大嘴巴，逐渐地疏远了徐有贞。

从此，石亨、曹吉祥更加作威作福。都察院里的一些清流御史们，个个看不惯。

一天早上，御史张鹏说："昨晚天象有异，显然是石亨、曹吉祥二人坏事做多了，我们应该借机弹劾这两个人。"

"我赞成!"御史周斌接口，"一个人上奏章，人单力薄，不如大家联名。"

御史们都赞成，一块儿联名弹劾石亨、曹吉祥。

石亨在前一天方才西征还朝，听到这个消息，非同小可，马上去找曹吉祥商量对策。

曹吉祥倒是不慌不忙，赶紧安慰石亨："你别着急啊，别忘了，弹劾案中领衔的人是张鹏。"

"那又怎样？"石亨问道。

"张鹏不是别人，他是张永的侄儿。"

"张永不是先皇帝所宠信的太监？"

"正是！"

一听此话，石亨眼睛一亮。原来英宗最恨景帝，凡是景帝所重用过的太监如王诚、舒良、张永全被下令处死。即使人死了，英宗依然余怒未消，每次想起，仍旧气得牙齿咯咯作响。

当天晚上，晚餐过后，英宗一个人坐在大躺椅上休息，曹吉祥与石亨一同进来，行了跪叩礼，站在一旁。

“你们晚上来这儿，有急事吗？”英宗懒洋洋地闭起眼睛说。

“皇上，”石亨用急促的声音说，“河南道掌道御史张鹏是张永的侄子，张鹏为了替他叔叔报仇，结党诬陷臣与曹吉祥，请皇上做主。”

英宗睁开了眼睛：“张鹏是张永的侄子？”

“是的，老奴在宫中很久，知道张永有个侄儿，张鹏就因为有张永撑腰才能掌河南道。”曹吉祥想了一会儿，又把徐有贞拉下水，“不过，如果没有徐有贞建议张鹏报仇，张鹏恐怕也没那个胆子。”

曹吉祥煽风点火之下，明英宗耳根子软，果然怒气冲冲。

第二天，英宗果然看到张鹏领衔，众御史们连署的弹劾石亨、曹吉祥的奏章。由于英宗已先入为主，听了曹吉祥的话，怒由心生，看都不想看，顺手一掷，奏章飞落到地上。

御史周斌从地上捡起了奏章，朗声念道：“臣浙江道掌道御史周斌，谨陈奏……”

周斌拿着奏章逐条朗读，偶尔加以补充，对石亨、曹吉祥的罪状说得十分清楚，气定神闲，从容不迫。虽然英宗心里讨厌这批御史，但是奏章所说石亨、曹吉祥的罪状都有根有据，英宗只好耐着性子听下去。

当周斌念到“冒功滥赏”这一条，英宗挥一挥手，制止了周斌。

“石亨、曹吉祥等人率领将士迎驾，朝廷论功行赏，你们怎么说是冒滥？”英宗的语气显得很烦躁。

“当时迎驾只有数百人，光禄寺奉旨赏给酒食，当时领赏的名册都在。如今，借着迎驾之名而封爵升官者多至数千人，不是冒滥是什么？”周斌的语气理直气壮，像是在质问皇帝，英宗也答不上话来。

周斌念完奏章，英宗面色沉重，命御史们退出，到午门候旨。

御史们一退，曹吉祥、石亨立刻求见。

“万岁爷，”曹吉祥跪下来磕头，“想当初，我与石亨冒着灭族的危险到南宫迎驾，这一份忠心，万岁爷明察啊！”

说着，石亨与曹吉祥相对大哭。

石亨眼泪汪汪道：“若不是徐有贞想除掉臣等，哪会有这桩事？”

英宗被这二人悲伤的哭声感动了，离开了御座，挥手要石亨、曹吉祥站起来。

“朕会处理此案。”英宗说，“曹吉祥，朕想知道，言官里有没有反对徐有贞的？”

“有，有。”曹吉祥连声答应，“给事中王铉就不依附徐有贞。”

“好，你要言官上一个奏章，弹劾徐有贞、李贤。”英宗说完，步出了文华殿。

不久，候在午门的御史张鹏等人接到谕旨，所有在奏章上署名的人一律逮捕下狱，所有的人呆若木鸡，皇上竟然如此护短！

马士权的遗憾

夺门之变成功以后，徐有贞、石亨、曹吉祥内斗，石亨与曹吉祥说动了明英宗，以“图擅威权，排斥勋旧”的罪名，提出了弹劾案。

徐有贞还不知情，仍然在文渊阁吆来喝去东指挥西指挥，锦衣卫都指挥门达走了进来，作了一个揖：“请徐阁老委屈到我那儿走一趟。”

徐有贞明白“我那儿”是指锦衣卫，心里顿时一惊，但是，马上就镇定下来：“是有中旨吧！”

“中旨”就是宫中的谕旨，也就是皇帝的命令。

“是的，徐阁老请看。”门达拿出一张纸条。

这件案子最后送到三法司会审，张鹏、杨瑄被判了死罪，其他在奏章上联名的御史一律充军，徐有贞贬官为广东参政。

徐有贞没死，石亨大不放心，他太了解徐有贞的阴险为人，如果有机会报复，后果将不堪设想，所以无论如何一定要把徐有贞置于死地。于是，他指使人投了一封匿名信，信中大骂皇帝。

英宗本来器量最小，看到匿名信当然感到不悦，下令追查。石亨乘机向英宗报告说：“徐有贞被贬官以后，内心不服气，所以叫他的门客马士权写了这封匿名信来骂皇上，为的是想泄一泄愤。”

“传旨立刻逮捕徐有贞与马士权。”

徐有贞被贬到广东，从京师南下，才走到德州，就被锦衣卫的人马追上，打入锦衣卫大牢之中。马士权被打得几度晕死过去，却始终不肯承认写了信。

英宗天顺元年（1457年）七月，京师承天门发生火灾，这是一件很罕见又离奇的事，找不出任何失火的原因。大家都说，这是“天火”，是老天爷放的火，让皇帝有所警惕。

古人多半很迷信，英宗也不例外，“天火”烧承天门绝非好事，亦非好征兆，于是下诏书宣布大赦。

石亨担心徐有贞被赦，又想出一条毒计，说徐有贞图谋不轨，“窃弄国柄，罪当弃市”（弃市就是在街头执行死刑）。

明英宗却认为，徐有贞的犯罪行为是在大赦之前，所以也在赦免之列，于是免徐有贞死，充军到金齿，马士权则释放出狱。

徐有贞与马士权同时出了锦衣卫的大狱，徐有贞摸着马士权的背说：“你真正是一位义士，情愿一死也不愿意害我，我有一个女儿，将来会嫁给你。”

徐有贞充军到金齿，过了几年，遇到大赦，皇帝免了徐有贞的罪，徐有贞回到故乡江苏。马士权也赶到江苏，问候徐有贞。徐有贞表面很亲热，但是一看马士权还是一领白衫，连个一官半职也没弄到，便绝口不提婚事。马士权心里明白徐有贞赖婚，只得告辞而去。

徐有贞回到家乡，仍然念念不忘官场，仍然像只小老鼠，天天半夜爬到屋顶看星象，看看自己有没有东山再起的机会。

徐有贞被判罪，内阁大学士出缺，英宗以岳正为大学士。岳正是英宗正统十三年（1448年）会试第一名，殿试第三名，获得进士，英宗复位时，岳正官任翰林院修撰，工作是在宫中教小太监们读书，实在有点大材小用。

英宗在文华殿召见岳正，岳正个子瘦高，挂着漂亮的黑胡须，风度高雅，英宗一看便有好感。

“你年纪多大？”英宗问。

“臣年三十八岁。”岳正朗声回答。

“哪一年中的进士？”

“臣正统十三年（1448年）进士，侥幸得到会元。”

“很好，”英宗点点头，“你正年轻，又是朕在位时所录取的进士，朕用你为内阁学士，希望你尽力任职。”

“叩谢皇上，臣当竭尽绵薄，纵使肝脑涂地，在所不辞。”岳正跪在地上磕头。

岳正从文华殿出来，走到左顺门，正好遇到石亨进宫。石亨怀疑地望着岳正，心想：“这家伙干吗到文华殿来？”

石亨刚踏入文华殿，英宗就很高兴地说：“朕今天已选择了一位阁臣。”

“不知道是哪一位？”石亨问。

“岳正，你看如何？”

“皇上英明睿智，选择当然不错。”石亨嘴里在拍马屁，心里却不以为然。

“只是岳正现任修撰，官位太低，如果升他为吏部左侍郎兼内阁学士，是不是比较好？”英宗望着石亨。

“皇上既然拔擢人才，不如先让岳正做做学士看，如果称职，再让他升官也不迟。”石亨忍不住表示反对。

英宗不再说话，下诏岳正以翰林院修撰兼学士。

岳正得罪权贵

岳正以小官而被英宗拔擢兼任内阁学士，对英宗有一份强烈的知遇的感激，发誓要竭诚尽忠，以报答皇帝。于是，处事必公正守法，不肯敷衍塞责，也不肯附和权贵，所以得罪了不少达官贵人。

钦天监汤序是石亨的党羽，他报告英宗说近来观察天象，发觉常有灾异，请皇帝罢去奸臣，才能消弭（mǐ）灾异。

英宗问岳正该怎么办。岳正回答说："汤序未指名谁是奸臣，如果皇上据此便要罢黜（chù）一些官员，会造成人人自危的局面。何况臣觉得汤序不学无术，他哪里真的精通天象，他的话岂可相信。"

英宗觉得岳正的话有理，不再理会汤序，使得石亨大为不满。岳正并非不知晓，依然直道而行。

京师里有一个和尚，喜欢胡言乱语，不知什么缘故得罪了一个锦衣卫的逻卒，这名和尚及庙里其他和尚都被捕下狱。锦衣卫审判的结果是和尚谋反。有一个叫牛玉的太监，为那逮捕和尚的逻卒请赏，要求任官（逻卒不是"官"）。这一件案子经过岳正，岳正反对锦衣卫的判决。

"那和尚只是妖言惑众，怎能说是谋反，谋反是要处死刑的，这罪太重了。"岳正对英宗说。

"好，就算那和尚妖言惑众，牛玉请求给逻卒一个官职，又有何不可？"英宗说。

“逻卒的职责便是缉捕非法，有功劳给一些金钱赏物就行了，怎么随便给他官职？”岳正语调高亢。

“朕愿意赏他一个官位。”英宗面露不悦。

“任官有一定的体制，皇上怎能自己破坏体制？”岳正大声力争，口水竟然溅到英宗的衣服上。

“好啦，好啦，你这一个老顽固。”英宗挥挥手要岳正出去。

岳正出去以后，英宗冷静下来，觉得岳正的态度虽然不好，但却是据理力争，岳正是自己提拔的人，这种力争也表示岳正忠心耿耿。于是英宗下诏对和尚仅以妖言惑众论罪，其他和尚一律释放，逻卒只发给赏金。

岳正先是得罪了小太监牛玉，不久之后，他又得罪了大太监曹吉祥。

朝廷接到了一封匿名信，攻击司礼监曹吉祥，把曹吉祥的罪状一一列举出来。曹吉祥看到了匿名信大为震怒，请求皇帝出赏格捉拿写匿名信的人。英宗召见岳正，要岳正草拟悬赏的文告。岳正严肃地回答：“政府是有体制的，捉拿盗贼是兵部的职责，追查犯罪则是法司的职责。哪有天子出一个榜文悬赏捉拿人犯的事？何况这种事急不得，慢慢来也许那人就会自露形迹，如果急了，那人反而躲藏得更隐秘，这原本是人之常情啊。”

英宗一听，岳正所说的十分合理，便不再追究，当然曹吉祥恨得牙痒痒的。

再说，石亨的侄儿石彪领兵镇守大同，派使者前来京师献捷报，说是大败北方的敌军。内阁大学士们得到捷报感到十分突然，便召使者前来问话。

“石将军斩了多少首级？”岳正问使者。首级便是脑袋。

明朝为了赏军功，在正统年间曾经订了“赏功牌”的办法。“赏功牌”分为三种：凡是挺身突阵，斩将夺旗者，赏“奇功牌”；凡是生擒敌兵或是斩首一级者，赏“头功牌”；虽无功而受伤者，赏“齐刀牌”。军中以获“头功牌”最多，头功的计算并不是真正的拿人头来点数，而是以割左耳为凭，以左耳数目作为斩首的数目，清点发赏。

明代武骑，佚名绘。

“我们大败敌军，杀敌无数。”使者说道，“耳朵割不胜割，石将军下令将敌人的首级都挂在树林之中，好让敌人害怕，不再来侵犯。”

“嗯，你来看，石将军跟敌军是在这一带作战的吧？”岳正指着地图说。

“不错，正是。”使者看了地图点点头道。

“那么，这一带全都是沙漠，哪儿来的树林？”岳正严肃地问。

使者答不上话来，这一份假的捷报就被揭穿了。

于是，石彪也对岳正恨之入骨。

朱三千，龙八百

岳正勇事敢言，处事光明，从不违法，除了偶尔在皇帝面前会大声争执以外，几乎找不到任何缺点。石亨等人每天都想害岳正，却无从下手。

天顺元年（1457 年）七月，“天火”烧毁了京师承天门，英宗命令岳正草拟一份皇帝的“罪己诏”。英宗的意思是火烧承天门，乃是老天爷发怒，依照中国古代的传统，凡是遇到这般重大的“灾异”，皇帝都要下“罪己诏”，表示自责和认错，请老天爷息怒。这罪己诏不过是说一些空洞洞的话，让老百姓知道皇帝虚心自我反省，行为简直像尧、舜一样。

不料岳正竟然“假戏真做”，把英宗复位以来的弊政如“善恶不分、曲直不辨、贿赂公行、群吏弄法……”一一列举出来，并且说明这些弊政造成上天谴责，都是由于“朕有所失明”的关系，自今而后，要“洗心改过，无蹈前非”。

这一道诏书文情并茂，朝野传诵，言官们根据这一份诏书，纷纷上奏，弹劾石亨、陈汝言、曹吉祥等人。

石亨、曹吉祥一见情势不妙，立刻进宫觐见皇帝。

“皇上，”石亨说，“诏书中写了那么多的弊政，这岂非表示皇上败德无能吗？大家都在称赞岳正，这是给岳正一个沽名钓誉的机会啊！”

“是呀，诏书上写了那么多的坏事，那万岁爷岂不成了昏君吗？”曹吉祥火上加油又添了一句。

英宗的眉头皱得很紧，用手捶着桌面："朕原只要岳正写一篇官样文章，没想到岳正竟然这样写，看来岳正不适合做内阁大臣，还是让他回内书堂去教小太监读书吧！"

"万岁爷，"曹吉祥说，"岳正如果仍留在京，他还是可以借上奏章来诽谤朝廷。"

"好吧，传旨下去，岳正谪官，贬广西钦州。"英宗下了决断。

岳正任内阁学士仅有二十八天，不但免了职，还几乎送了命。

岳正出京南下，赴广西时经过通州，回家探望老母，在家住了十天，这在当时的规定是不可以的。陈汝言便命通州的官员提出检举，又说岳正侵夺公主的庄田。于是，岳正又被押解回京，打了一百大板，改为充军到甘肃肃州。

兵部派了解差押解岳正到肃州，出发之前，陈汝言交代一路上要让岳正多吃一些苦头，解差奉到这指示，便给岳正戴上一副叫作"拲（gǒng）"的手铐。这种手铐是用原木块制成，木块上挖两个洞，岳正的双手便套在洞里，木头硬，洞口小，双手动弹不得，连晚上睡觉也不能解下，这使得岳正痛苦不堪。

走到涿州，晚上住宿驿站，岳正感到胸口闷胀，喘不过气来，想要用手揉一揉胸口，但是双手被铐住，无法摸到胸前，岳正心想这样折磨下去，走不到肃州大概就会死。

也许岳正命不该绝，他在涿州有一个叫杨四的好朋友，听说他被解经过涿州，特来驿站探望。一看到这个情景，立刻和解差打招呼，买来酒菜，请解差大吃大喝一番。解差喝得酩酊（mǐng dǐng）大醉，杨四乘机打开手铐，让岳正得以自由活动。第二天早晨，解差醒来，杨四捧了五十两银子给解差，请求解差多多照顾。解差收下银子，自然对岳正就优待多了，岳正才能够平安地到达肃州。

其实，英宗心里也晓得岳正忠心，他曾经对人说："岳正倒好，只是大胆。"

可惜，历来君主多喜欢胆小的奴才，而不喜欢胆大的傲骨。

石亨等人扳倒了岳正，更加妄为。自从夺门成功之后，石亨以第一功被封为忠国公，得到英宗的宠信，趾高气扬，自傲自负，招权纳贿，公然贪污。

凡是贿赂石亨的人，石亨便向英宗推荐任官，官位的高低一般以送钱多少来决定。朱铨与龙文两人都送了钱，朱铨送了三千两银子，龙文送了八百两银子，两人都升到郎中，朱铨不满，便把事情张扬出来。

当时人就嘲讽他们是“朱三千，龙八百”。

明英宗斥退岳正，却重用石亨等人，国势当然会一天一天地衰败。

中国历史故事

珍藏版

吴姐姐◎著

⑬

明

1368—1644年

江西教育出版社
JIANGXI EDUCATION PUBLISHING HOUSE
·南昌·

明宪宗（1447—1487年），选自《乾隆年制历代帝王像真迹》。即朱见深，明英宗长子，明第八位皇帝。英宗时立为太子，土木堡事变后，景宗登位，废为沂王，英宗复辟后复立太子。英宗失势期间，宪宗由宫女万贞儿看顾，一切所需皆依赖万贞儿，万贞儿亦悉习以待，两人相濡以沫，感情极深。宪宗即位后，对万贞儿依赖之心不减，立为贵妃，待遇在皇后之上。万贞儿工心计、性嫉妒，宪宗宠妃、子女不能保全。成化二十三年（1487年）春，万贞儿去世，宪宗顿感了无生意，不久即崩逝。宪宗性优柔寡断，内操纵于万贞儿、外迷惑于奸佞，虽有诤臣，不能任用，在位期间，所建皇庄、传奉官、西厂，皆为弊政。

——见《两字尚书与万岁阁老》

明孝宗（1470—1505 年），选自《乾隆年制历代帝王像真迹》。即朱祐樘，宪宗长子，明代第九位皇帝。孝宗生母纪小娟为内库宫女，偶为宪宗所幸，孕有孝宗，时万贵妃跋扈，纪小娟赖宫中正直太监保护，于冷宫生孝宗。孝宗六岁时，方才出见天日，与宪宗相认，生母随即被万贵妃毒死，孝宗自己赖太后顾看，幸免于难。孝宗童年坎坷，九死一生，却心怀悲悯，登位后不事报复，只求报母族之恩，却不可得，一生遭际，殊为可伤。在位十八年，勤于政事，驱除奸佞，任用正臣，明朝再度中兴，治下称“弘治中兴”。

——见《明孝宗报恩》

王守仁（1472—1529 年），佚名绘。即王阳明，浙江余姚人，自幼聪慧，乡中称天才，入学后，以圣贤自励，勤习书剑，十五岁时单骑出塞，企意纵马万里，做一豪杰之士。二十八岁中进士，因上书声援正直之臣，遭刘瑾迫害，廷杖后谪徙贵州龙场驿，在边荒苦寂之地，觉出圣人之道的简易广大。后重新受到重用，任上打击盗匪、平定宁王之叛，机变无穷，为当世瞩目。王守仁学问渊深，一生谤誉，如影随形，但他不以为虑，只求成就学问，回报当世，嘉靖八年（1529 年），平定广西土人之乱后，逝于归途，临死时指着胸口，称："此心光明。"他的格物致知思想对后世影响极为深远。

——见《王守仁的金蝉脱壳计》

朱厚照（1491—1521 年），选自《乾隆年制历代帝王像真迹》。即明武宗，明代第十位皇帝，即位之时，尚不满十四岁，贪玩任性，受刘瑾等佞人蛊惑，愈发骄顽，流连荒昧，懒理政事。正德十四年（1519 年），朱辰濠反叛，本为王守仁平定，武宗仍率师南下，竟然命王守仁将朱辰濠放掉，好让自己再度捉回，视军国大事如同儿戏。返京途中，于镇江钓鱼游戏之时，落入水中，受到惊骇，回京后数月即逝。武宗一生，行为荒诞，淫乱无耻，人多以为昏暴之君，其实他只是生性急躁，贪玩爱逞能而已，且平易近人，心地善良，并非贪暴之君。

——见《马昂卖妹求荣》

居庸关，清张若澄绘。又称蠮螉（yē wēng）塞、军都关，京北长城沿线上著名关城，在今北京市区五十公里外昌平区境内，北京西北门户，是明朝极重要关口。

——见《张钦拦阻明武宗》

卢沟晓月，清张若澄绘。卢沟桥亦作芦沟桥，处北京市丰台区永定河上，因永定河又名卢沟河，故得名卢沟桥，是华北最长的古代石桥。最初为金人所建。金人入主中原以后，中都（北京）逐渐成为政治中心，但进出中都的门户——卢沟渡口，仍用临时木桥或浮桥，已然不能适应当时形势，于是，自金大定二十九年（1189 年）至明昌三年（1192 年），在卢沟渡口建造了一座永久性大石桥，名叫广利桥，即中外驰名的卢沟桥。正统九年（1444 年）及康熙三十七年（1698 年）两次重修，现下所见，为 1698 年重修后的景观。

——见《掉落在卢沟桥的玉簪子》

目　录

文华殿前的珠宝展览

夺门成功以后，石亨以第一功封为忠国公，趾高气扬，恃（shì）功而不逊（xùn），久而久之，连明英宗都受不了了。

石亨与曹吉祥的态度又不一样。曹吉祥是太监，伺候皇帝惯了，通常采用软磨的手段，一次不成，再试一次，慢慢地达到自己的要求。

石亨是个武人，他每天进宫，要求这，要求那，如果不准，石亨就吹胡子，瞪眼睛，诉说夺门之变的功劳。明英宗是个软弱的人，一看石亨的样子，心里一半是害怕，一半是念旧，最后也只好准了，不过心里颇不痛快。

有一回，明英宗忍不住对李贤说："此辈干政，四方向我奏事者，往往先走此辈门路，你说，这该怎么办？"

李贤回答："陛下只要独断，旁人自然少趋附他们。"

"可是，过去只要不依他们，脸上就马上怫（fú）然不悦。"

李贤温和地回答："慢慢制止吧！"

明英宗决定先向石亨的党羽陈汝言开刀。原来自从上次襄王入京，叔侄二人相谈甚为愉快，英宗下诏为襄王添设护卫，一共增添一千二百人，交给兵部办理。陈汝言是兵部尚书，乘机大敲竹杠。

由于护卫待遇厚，差使轻松，京师中活动这个位置者不乏其人。有人出银一千两，陈汝言答应了，后来有人出银一千五百两，一千两的人就落空了。因为价码不断攀高，人选也一再更迭（dié），所以再三拖延，始终没把事情办成。

最后，明英宗召见锦衣卫密令侦查，陈汝言被抄家，因为家财太多，用了几十辆大车载运进宫，英宗命令把这些个金银珍宝摆在文华殿外，要朝臣们前来参观。

朝臣们被召到文华殿，也不知何事，皇帝还没来，大内怎么出现了庙会，太监请朝臣们参观摆设得像展览会场般的家财，群臣们看到无数的珍珠美玉、金饰玛瑙，还有许多不知名的宝贝，个个瞠（chēng）目咋舌，及至细细欣赏，又有目迷五色之惑，有人大骂陈汝言心黑，有人则佩服陈汝言贪污的本领一流。

英宗驾临文华殿，群臣肃静下来，英宗对大家说："这些都是陈汝言的家财，也是他的赃物，还有十四万两银子摆不下，就没摆出来，你们都看到了吧？"

明代瓷器精品：五彩鱼藻纹盖罐。

"是。"群臣们回答，也都感觉到了皇帝的怒气。

"于谦当了八年的兵部尚书，抄家时竟没有一件值钱的东西，陈汝言才当了八个月的兵部尚书，贪赃所得竟如此之多，你们怎么说？"

英宗疾言厉色，眼睛则瞪着石亨，石亨心里一慌，赶紧低下头去。

其实，英宗最该责问的人是他自己，是谁下令杀了于谦，又是谁任命陈汝言的官位？不都是英宗吗？

吏部尚书王翱（áo）接口："请将陈汝言交三司依律治罪，兵部尚书一职由阁臣速遴（lín）选适当官员调任。"

"就依所奏。"英宗点点头，"不过，继任的人选要慎重。"

三司审判的结果，陈汝言被判死刑。

陈汝言的案子透露了一个讯息，石亨快要失宠了。

没多久，英宗又发了一次脾气，原来石亨几乎每天进宫，烦不胜烦，英宗对李贤说："阁臣们有事，自然当来，石亨是一个武臣，为何也频频入宫？"于是，英宗宣谕，命令左顺门的守卫，除非宫中宣召，否则不可以让总兵官随意入宫禁。如此一来，便阻断了石亨无故入宫之路。

再说，石亨又要求为他祖坟树碑，并且由翰林院撰（zhuàn）文。明英宗认为，自永乐以来，从未有为祖宗立碑之事，这简直是逾格，也让英宗极为不满。

总之，自从夺门之后，石亨仿佛认为，他有要求一切的权利，他所冒滥保荐的人已经多到不可胜数，京畿（jī）内外的武官，几乎个个拜在他的门下，这些人所带的队伍，已经有十万人之多。

凡此种种，都让英宗愈来愈不是滋味，颇有养虎为患之感。

石亨与石彪的豪赌

夺门之后，石亨目中无人，多所要求，连明英宗都觉得尾大不掉，仿佛身后长了一条烦人的大尾巴，甩也甩不掉，渐渐无法控制掌握。

有一天，明英宗与恭顺侯吴瑾（jǐn）一同登上皇宫内的凤翔楼，从楼上远眺宫外有一幢（zhuàng）豪华大宅。英宗指着大宅问吴瑾："你知道这幢漂亮的新宅是谁住的吗？"

吴瑾早就知道那是石亨的新居，石亨的新居以豪华闻名，京城中无人不知，但是吴瑾却故意回答："大概是哪一位王爷的府第吧！"

"哈哈！不是。"英宗笑着说。接着英宗立刻收敛了笑容，用严肃的语气说："石亨蛮横无道，难道没有人敢揭发他的奸谋吗？"英宗也不想一想，他自己如此宠信石亨，谁又敢揭发他的奸谋呢？

英宗终于决定，逐步削减石亨的势力。石亨的侄儿石彪长期镇守大同，石亨叔侄由大同起家，久视此地为禁脔（luán），英宗认为石彪手握重兵，坐镇京师西北方，虎视眈眈，充满了威胁感。

天顺三年（1459 年），英宗封石彪侯爵，命石彪返回京师。石彪不愿意离开大同，暗中命令千户杨斌等人联名上奏章，请求留住石彪。英宗觉得杨斌的奏章有疑问，命令锦衣卫逮捕杨斌，杨斌承认奏章是石彪所写的，自己不过是具名而已。

石彪的行为是违抗君命，锦衣卫以商议事情为名，把石彪请了来，一声令下，将他捆得结结实实，以囚车送入京师。

明代北京繁华，出自《皇都积胜图》（局部），明人绘。

锦衣卫大批人马又杀入石彪家中，查到石彪家中藏有绣了蟒（mǎng）龙的衣服以及雕了龙的椅子，这都是只有皇帝才能使用的。杨斌又供出，他曾经奉石彪之命，到苏州去采办天子才能使用的特大号红木床。这些全都是死罪。

石亨听说石彪被逮捕下狱，心中大为恐慌，立刻进宫向皇帝请罪，请求将自己亲戚的官职全部削去，自己也愿意告老还乡。

英宗知道石亨的请求不是出于真心，于是对石亨说：“你和你的亲戚都还是照旧任官，石彪的案子命三司重审，希望不要冤枉了石彪。只要与你无关，我不会冤枉你的。”

三司重审的结果，除了保留谋逆、贪污的罪名外，又加了一条凌侮亲王的死罪。

原来石彪镇守大同，代王也在大同，景泰年间，朝廷增加了代王的俸禄。石彪跑去找代王：“你能够增加俸禄，都是因为我立功的关系，还不谢谢我。”

代王懦（nuò）弱无能，虽然贵为王爷，生活享受不错，却不能过问政治，更没见过风险，身边侍卫尽是老弱之辈。今日一见石彪的凶相，就像见着恶魔一样，吓得双膝一软，跪了下来，口里不断地说："谢谢。"

从此以后，代王常常被逼宴请石彪，代王府中的歌妓也常出来陪伴石彪，石彪则大模大样接受招待，喝醉了酒便责骂代王，让代王吓得发抖。

朝臣们见到石彪案发，纷纷上奏章弹劾石亨，罪名是石亨"招权纳贿，肆行无忌，图谋篡位"。

英宗下诏将石彪暂时入狱，石亨则不许上朝，也不许过问政事，他还是不忍心办石亨。

英宗对着李贤叹气："石亨自恃有夺门之功，求索甚多，贪得无厌，真正是始料未及。"英宗有些气愤。

李贤有一肚子的话埋在心中，终于开了口："迎驾可以说得过去，但是'夺门'二字恐怕不妥，这皇位原本就是陛下的，哪里是夺到的，'夺'就暗示不是正正当当得来的，陛下该如何向后世子孙交代呢？"

"对啊，朕怎么没有想到？"英宗叫了起来。

"当时南宫迎驾幸好是成功了，万一事机败露，石亨等人死不足惜，可是不知道将置陛下于何地？"

"不错，石亨是把朕当作他们的赌博筹码。"英宗生气地说。

"其实，如果景泰帝真的一病不起，景泰帝又没有儿子，群臣必然会上表给太后，请求陛下复位，如果是那样，老臣耆（qí）旧，依然在职，何至于扰扰攘（rǎng）攘，杀戮大臣，触怒上天，那些人又有什么功劳要求升官厚赏呢？"李贤又引用了一句《易经》中的话，"开国承家，小人勿用"。他一口气分析下来，情词恳切。

"唉，我知道我错了。"英宗站了起来，"你立刻拟一个诏书，自今以后任何奏章不许再用'夺门'二字，以前那些冒功得官的人，要他们出来自首，否则一经查出，即予严惩。"

诏书颁下，那些冒功的人，不敢不自首，于是，四千多官员被罢黜（chù），石亨死于狱中，石彪等人分别处斩，一时之间，舆论称快。

火烧长安门

石亨之死对曹吉祥是一个沉重的打击，两人原本狼狈为奸，石亨死了，曹吉祥有兔死狐悲的感受，每天惴（zhuì）惴不安，提心吊胆，惟恐大祸临头。

曹吉祥家中藏有不少的兵甲武器，又养了许多的门客，培植成为死党。曹吉祥的嗣（sì）子（曹吉祥是太监，不能生子，嗣子是过继门下的儿子）曹钦被封昭武伯。

有一天，曹钦问门客冯益说："自古以来，有没有宦官子弟而做了皇帝的？"

"当然有。"冯益答道，"你们曹家的祖先魏武帝曹操便是。"按曹操之父曹嵩，为曹腾的养子，曹腾正是小黄门出身的宦官。曹钦一听大喜，与曹吉祥积极谋划夺取皇位一事。

曹钦的官职是都督，他蓄养了三千多名投降的鞑（dá）子，这些人冒着夺门之功而做了官，当时人称之为"达官"，达字乃一语双关，既是发达的达，又是鞑子的鞑。曹钦希望达官们能够出死力，因此将家中的仓库打开，金钱、布帛、米谷，随他们任意取用。利诱之外又予以威胁，如果曹家步上石家之后，他们的官位就会立刻取消。

曹钦找人算了吉日，择定天顺五年（1461 年）七月二日起事，计划由曹钦带兵攻入皇宫，废掉皇帝，曹吉祥以禁兵为内应。

曹钦手下有个达官完者秃亮，汉名叫马亮，认为曹钦造反形同儿戏，犯不着跟他一起蹚（tāng）浑水，在前一晚二更时，趁大伙儿提前庆功，酒兴正浓，借名如厕，悄悄地跑到皇城外的东朝房向吴瑾告密。

吴瑾吓了一跳，连忙唤醒孙镗（tāng）共同商议。这时宫中大门早已紧闭，无法面奏皇帝，此二人又是武将，识字不多，更不会写奏章，着急万分。

“事急了，你随随便便写两个字吧。”吴瑾催促着。

孙镗只得提起笔，在纸上歪歪斜斜写了“曹钦反，曹钦反”六个字，下面署名孙镗与吴瑾。

西长安门内值班的太监听到急促的敲门声，不敢开门，听到门外孙镗的声音，说是有十万火急的事要奏报皇上，又见门缝里塞进一张纸条，便立刻拿了纸条飞奔入宫报告皇帝。

英宗自睡梦中被叫醒，一见孙镗的纸条，立刻派人把在宫内的曹吉祥绑了起来，并且下令所有的皇宫门不许打开，准备应敌。

过了午夜，曹钦集合人马，发现马亮失踪，心想马亮一定是出去告密了，但事已至此，不能罢手。

由于曹吉祥已被逮捕，皇宫内毫无动静，宫门一扇都未开，此时东方已露出曙光，曹钦下令：“放火，把西长安门给烧了。”

西长安门是三寸厚的木板门，被火一烧便焦了，达官们拿刀七砍八砍去劈烧焦的大门，门被砍开了，却发觉门内的守宫卫士已经拆下御河岸的青砖，将门洞堵死，外人根本进不去。

趁着曹钦攻长安门，孙镗派他的两个儿子快跑出北京城，召集驻扎在城外的西征军。

西征军两千人来到东朝房，孙镗大声说：“你们看长安门烧了火，这是曹钦谋反，能杀贼者必有赏。”

曹钦攻不破西长安门，下令改攻东长安门，仍旧用火烧，不久，东长安门烧了一个洞，达官们正想爬进洞入宫，忽然发觉门内堆满了树枝，树

明代宫廷，出自《宪宗元宵行乐图卷》，明人绘。

枝正在燃烧，一阵一阵浓烟从门洞里吹出来，熏得达官们赶快往后退。

这时天色已亮，孙镗领着西征军和曹钦的人马展开了一场混战。这场战争一直打到下午，达官们死的死，降的降，曹钦带着满身伤痛逃回家中，天气忽然转变，为烈日晒得发烫的街道，让雨水淋起阵阵白气。

曹钦站在走廊上，仰望着天上的乌云，心乱如麻，激动得和堂弟曹铎（duó）抱头痛哭，忽然之间，听到门外军士的呐喊声，知道孙镗的军队已将这一座占地广阔的大宅包围了。

“嘭！”一声巨响，接着人声喧哗，显然官兵已冲了进来，曹钦见到大势已去，独自走到后院，投井而死。

官军进入曹家的大宅，见人就杀，曹家上上下下全部遭殃。

两天以后，曹吉祥也被处以死刑，曹钦和三个堂弟已死，仍要磔（zhé）尸，投降的达官则充军到海南岛。

英宗想吃头脑酒

明英宗重新登上帝位，再掌大权，失而复得，有恩报恩，有仇报仇，快慰之至。

任谁都知道“土木堡（bǎo）之变”是一大惨败，也是一场绝对不该挑起的战争，但是，英宗虽然下过罪己诏，心中却不肯认错，在他看来，胜负乃兵家常有之事，尤其主战的宦官王振，可是百分之百对他忠心。

因此，英宗找来著名的雕刻大师，为王振刻了一座木像，并且恢复官职，招魂以葬，放在智化寺中供奉，祭祀王振，最让人吐血的是，英宗竟然还为王振建了一所精忠祠。

学士钱溥（pǔ）看准了明英宗的心意，在为王振所写的墓志铭之中，竟然把王振吹捧成为“忠烈”，一直到万历年间，王振的像还供奉在智化寺中，香火不绝，真正是善恶不分。

办好了王振的后事，明英宗龙心大悦，下令交代：“多端些竹叶青来，烧几盘小菜，朕要小酌一番。”

既然是皇上吩咐，绝不可能只是几碟小菜，英宗讲究美食，一顿饭下来，细细品味，慢慢享受，真觉快乐胜神仙。

当英宗面对着满桌膏粱罗列，啜（chuò）饮着醇而不腻的美酒，在豪饮酒酣之际，突然想起，当他自瓦剌归来，困居南宫，时时馋得慌，又没事做，老觉得有无数只大大小小的馋虫，上上下下在喉咙之中抓挠，仿佛在哀求，给一点儿好酒好菜吧。

英宗还记得，南宫楼高而家具摆设少，冷冷清清，凄凄惨惨，尤其到了冬天夜晚，更有阴森恐怖之感。有一回，英宗想吃一点儿“头脑酒”，简直想得厉害。

所谓头脑酒，原是宫中规矩，自冬至到立春，把烤得香喷喷的肉放在一个大碗里，再加上热腾腾的烧酒，赐给殿前将军甲士，用以避风御寒，称为头脑酒。这个名称，看起来奇奇怪怪，其实主要是古人认为，头受不得风寒，否则容易伤风感冒，尤其中国北方，寒风凛冽，出门若是不戴上皮帽，连耳朵都会冻伤，假如来一碗头脑酒，周身温暖，头部就受到保护了。在《水浒传》《金瓶梅》等小说之中，都曾经出现过头脑酒的名称。

据说，在今天的山西，还有头脑酒出售，做法是把数块羊肉与藕根放入一个大碗之中，再以黄酒掺入，其味甚美。

头脑酒虽可以御寒，总算是粗食，英宗若不是身处冷宫，不见得会特别喜欢头脑酒。他考虑再三，终于对光禄寺官员开了口：“天气好冷，我想来一些头脑酒。”

光禄寺官员冷冷地望了英宗一眼，没好气道：“不错，冷是冷，不过嘛，头脑酒在景泰初年早就废了。”说着，把脸别了过去。

明英宗本来还想加一句：“不然，随便打些酒，弄一碟小菜也好。”看着光禄寺官员一脸不乐意的模样，勉勉强强把话又咽了回去，眼中却不禁闪烁着泪光，努力地不让泪珠滚落下来。

“光禄寺”三字起自北齐朝，置光禄卿与光禄少卿，兼掌膳食帐幕，唐朝以后的光禄寺专司皇帝祭品、膳食与招待饮酒。

光禄寺中一名小官，名叫张泽，看在眼中，对英宗有无比的同情。他心忖，这些人真是势利啊，假如英宗现在在位，这些个官员不晓得如何拍马奉承，这一会儿英宗时运不济，毕竟还是太上皇，如此这般对待，未免残忍了些。

于是，张泽自掏腰包，在宫外买了一只烧鹅，再到一家著名的熏肉铺，切了些其薄如纸、熏味扑鼻的烤肉，喷（pèn）香喷香的，又打了几两上好的竹叶青，买通了宫人，偷偷摸摸送了进来。

“上皇趁热吃了吧，也好御御寒。”张泽诚诚恳恳地把酒菜奉上。

英宗自小养尊处优，人人捧着长大，土木堡之变以后，被囚在瓦剌，仿佛一场噩梦，好不容易回到了国门，却还是尝尽白眼，不想竟然还有人为他张罗酒菜，明英宗非但是欣喜，简直是感动万分。

英宗语带哽咽道：“真是难为你，还有这一番忠心，你快告诉我，你叫什么名字？”

张泽心想，告诉你也没用，你困在宫中，也提拔不了我。不过，还是恭恭谨谨地回答了一句：“臣名张泽。”

“可是弓长张，光泽的泽？”英宗追问道。

“正是。”

张泽，张泽，英宗在心中默默记了又记。谁也没有料到，英宗竟然有朝一日真的复位。又当上皇帝后，英宗马上擢（zhuó）升张泽为光禄卿。

可想而知的，曾经对英宗恶言恶语、白眼相向的光禄寺官员，就够他们消受的了。

胡惟庸训练猴子供茶行酒

上一回，我们谈到，明英宗喜欢喝一点老酒，许多读者来信表示感兴趣，或许佳酿美酒本来是人之所好，不因时空而转变，也不论他是皇帝或是一般大众。

明朝的皇帝，打从朱元璋开始，个个都喜欢饮两盅（zhōng）助兴。

在明太祖栖身皇觉寺，当一个小和尚的时代，出家人当然不能喝酒，事实上，当时在庙里，穷得经常饿饭，哪里能够喝得到酒。

后来，朱元璋投奔郭子兴，入了军队，头一回尝到酒，就爱上了酒，他不但饭量特大，是个大胃王，而且以酒量好出名，带袍泽出生入死，没有点酒量，还不能当领导哩。

后来，朱元璋建立了明朝，当了皇帝，更能放开来大饮特饮，喝一个痛快。朱元璋毕竟起自民间，了解民间疾苦，因此，他得到天下以后，决定与民同乐，在洪武二十七年（1394年），命令工部在南京东门外，建立了十座酒楼，各取了一些很好听的名称如鹤鸣、醉仙、讴（ōu）歌等，楼成之日，朱元璋下诏文武百官宴于醉仙楼，不醉不归，同时且有歌妓献艺。另外，钱宰等文人又在新楼献诗，颇有太平盛世之气概。

这些酒楼无不是雕梁画栋，富丽堂皇，酒香四溢，菜色精美，凡是来过的人都想来下一回。

明朝的酒楼外，装有酒帘子，或是酒旗，迎风招展，吸引客人，考究的酒帘子，往往请著名的书法家题字，龙飞凤舞的书法在风中摇曳，也是特殊的一景。

明成祖最信赖的智多星姚广孝，曾经有一次奉诏去吴中一带赈（zhèn）济灾荒，忽然发现有一酒帘写的字相当奇伟，苍劲有力，愈看愈欣赏，忍不住开口问道："这是谁题的字？"

酒家的酒保得意地接口："写得不错吧，是个美少年写的哦，他从小书念得好，字写得好，人人都说是天降神童。"

"噢，那我倒想见见他。"姚广孝十分好奇。

酒保热心道："那还有什么问题。"

没多久，酒保果然找来一位少年郎，约莫十二三岁，怯生生，粉嫩嫩，又彬彬有礼，姚广孝看着好欢喜，当场表示："我带你走，带你去见见皇帝，让他也见识见识小朋友的书法。"

姚广孝是个和尚，释名道衍（yǎn）。靖难之后，明成祖即位，为了感谢姚广孝，多次劝他蓄发还俗，并且赐给他两名绝色的宫人，但是，姚广孝推拒了颜如玉、黄金屋，每天冠带而朝，退朝以后，仍然换回和尚袈裟，住在庙里。

姚广孝带着书法奇葩（pā）到了京师，见了永乐帝，明成祖也相当中意，当下决定："不如你就拜姚少师为义父，朕赐你一个名字，叫作姚继。"

从此，姚继成为姚广孝的义子，并且负有一个任务——留在文华殿中陪伴太子读书。这也算得上是因酒而产生的一段佳话吧。

说到了酒，还有一桩趣事。明朝初年，胡惟庸谋反，在塞外招集军马，并且勾结倭寇，最后，阴谋拆穿，被处死刑。

在胡惟庸结纳权贵、广收羽翼的阶段，他经常请各路英雄好汉到家里共商大计，除了上等的菜色之外，胡惟庸别出心裁，不知自哪儿弄来一批小猴子。

于是，宾客一进门，两旁站立的小猴子连忙打躬作揖，向宾客问安，礼貌周到，模样有趣，而且还穿上小衣服，戴上帽子，人模人样，真是标准的“衣冠禽兽”。

小猴子虽然装得一本正经，毕竟仍是猴子，抓抓耳，搔（sāo）搔腮，都显得非常调皮可爱，逗得宾客们乐不可支。

猴戏，选自《北京民间风俗百图》。

小猴子会跳舞，会吹笛子，这些已经不稀奇了，最让宾客感到有趣的是，小猴子会斟酒。

胡惟庸为了助兴，还帮小猴子们取了一个颇雅的名字——孙慧郎。孙是小猢狲也，慧乃慧黠（xiá）聪明也，郎则是男人的美称也。

于是，猜拳行令之时，往往有人故意输，然后就可以差遣猴：“孙慧郎，快拿酒来。”一蹦一跳的孙慧郎立刻趋前，小心翼翼把酒斟满，还露出“客人你还满意吗”的愉快笑容，让满座客人开心得拍手叫好。

猴子本来擅长模仿，见到客人开心，干脆也放下酒瓶，跟着拍手，咧开嘴，露出门牙，笑得好乐，众人见猴子同乐，更加开怀，边闹边玩边饮酒，气氛达到最高潮。

众人又高谈阔论，谓胡惟庸定远老家井中生石笋，传为符瑞，又说祖坟上夜有火光烛天，传为异兆，胡惟庸啜饮着美酒，吆喝着孙慧郎，恍惚之间，似乎自己已成为皇帝。

明英宗废除妃嫔殉葬制度

从石亨叔侄之狱，到曹吉祥父子之反，历史上称之为“曹石之变”。“曹石之变”是“夺门之变”的续曲，余波荡漾了五年，纷纷扰扰，是非不明，这一连串的发展主要归咎于英宗的私心太重，总是过分地宠信内监与近臣。

曹石之变过了两年，明英宗生了一场大病，临终之前，英宗倒是做了一件好事，那就是废除以妃嫔殉葬的陋习。

中国人认为皇帝是天子，除了生前享有三宫六院，死后也该有妃嫔殉葬才不寂寞，当然，并非每个朝代都是如此，不过，明朝自太祖、成祖、仁宗、宣宗、景泰帝身后皆有宫人殉葬，甚且受封在外的诸王也不例外。

明太祖是个勤俭的皇帝，相对的，他的后宫嫔妃在生活享受上比起前代逊色不少。洪武三年（1370年），他还命令工部打造一牌，悬于宫中，规定天子及亲王的后妃宫人必须是良家妇女，天子及亲王也不得接受大臣赠送宫人。不过，他并不反对以嫔妃殉葬。

到了明成祖，明成祖极有雄才大略，却也是个极端好色之君，尤其到了晚年格外荒淫，临死之前几个月，仍然要求高丽多送美女。

高丽接到命令，精挑细选了一位绝色佳丽韩氏到中国来，没过几个月，成祖死了，这位韩氏与另一位先进宫的高丽崔氏，也在殉葬之列，两位美人儿抱头痛哭。

根据朝鲜的《李朝实录》记载，这三十多位殉葬的嫔妃真是红颜薄命好可怜！

殉死的那一天，宫里准备了一顿丰盛的酒菜，嫔妃们谁也没有心情享用最后的一餐。随后，这三十多人被领入一间大堂，大堂之中罗列着许多小木床。

这些平日娇滴滴的美人儿一见小木床，以及一条一条悬挂的绳套，早已哭得不成人样，脚也软了，人也瘫了。一旁小太监冷酷地监视着，宫人们一个一个被迫走上小木床，把脑袋挂在绳套中。

韩氏殉葬时，从高丽跟来的奶妈金黑也在场，金黑早已眼泪都哭干了。韩氏颤巍巍走上木床，泪汪汪套上绳索，转过头对金黑哽咽地哭道：“娘，我去了。”话还没说完，小太监把木床撤走，脖子套在绳圈里，身子悬空吊着，挣扎了两下，韩氏便香消玉殒（yǔn）了。

虽然，殉葬者的家属被称为朝天女户，受到优恤，殉葬者也会得到一个好听的谥（shì）号，但是，这又怎能补偿她们被断送的青春岁月呢？

明英宗之所以会想要废除陋习，是因为在明宣宗过世时，他还不过是

宫中图，明杜堇绘。

十岁不到的小男孩，却目睹了这一幕殉葬的人间悲剧，实在是太可怕了。

由于英宗即位时年幼，所以，殉葬的人数，以及哪些人该殉葬都由孙太后决定。孙太后是貌如仙女、心似巫婆，正好趁机会把一干情敌们一网打尽，因此，宣宗殉葬的规模最大，人数最多，另外，陪葬的宫女更是不可胜计，举凡稍有姿色的，全都逃不过孙太后的魔掌。

孙太后表面的理由是不忍宣宗寂寞，其实，宣宗在世时，孙太后是宁可他寂寞，也尽量干预他去找这些嫔妃。

其中有一位郭嫔最为可怜，入宫才二十天，也在殉葬之列。郭嫔名叫郭爱，人长得秀丽，气质极佳，而且极有文才，孙太后一见之下就翻了醋坛子，先把郭爱升了一级，成为郭嫔，接着就要她殉葬。

这位“贤而有文”的美丽少女，既委屈又不甘愿，但是，又有什么办法呢？她在向鬼门关迈进之前，留下了一首哀歌，读来十分凄惨：

> 修短有数兮，不足较也，生而如梦兮，死则觉也。先吾亲而归兮，惭予之失孝也。心凄凄而不能已兮，是则可悼也。

明英宗就是看过了这幕悲剧，不忍心再在自己身后重演，因此，他临终之前，把李贤召来，对他说：“殉葬这一件事，太无谓了，从我开始，永远永远废止。”

李贤听到这一句话，对皇帝自心底泛起敬意，他站起身来，恭恭敬敬地跪下去，磕了个头：“皇上圣德如天，臣不胜钦服欢欣之至。”

英宗这一念之间，多少无辜的后宫嫔妃，得以存活，英宗也认为自己能够体念“上天有好生之德”，而十分得意。

李贤对太监裴当说：“皇上交代，万年以后，不用妃嫔宫女殉葬，你不妨先宣示圣德，让大家明白皇上天高地厚之恩。”

后宫妃嫔们原先惴惴不安，担心会跟着殉葬，一闻此言，个个笑逐颜开，有劫后余生的庆幸。

明宪宗爱上保姆

明英宗临死之前，废除殉葬制度，“人之将死，其言也善”，英宗对于自己做了这一件好事，觉得十分快慰。但是，他转念一想，大明江山将要由太子朱见深继位，又愁上心头。他对太子，实在是不满意的。

英宗皱着眉头，呼唤太监：“召太子。”

于是，太监裴当把皇帝勉勉强强扶下床来，设了一张靠背软垫，给英宗啜了一口提神的参汤。这时，守候在外的太子已经进来，跪在地上。

英宗无神的眼睛，瞄了一眼太子，吃力地说：“自从太祖、成祖以来，我大明朝立长子传位，就成了家法。你的资质各个方面都不如你几个弟弟，但是，我依然遵守家法，让你继承皇位。”

“是，是。”太子哭得泪眼婆娑，抱着英宗的脚，由于太子口吃，发音困难，英宗格外不悦，英宗曾经考虑更换太子，又恐发生政争，只好作罢。

英宗对太子的不满，非只一端，除了太子远不及弟弟们优秀以外，宫中盛传，太子爱上了比自己大十七岁的保姆万贞儿，言之凿凿，让英宗非常不悦。

明英宗曾经找周贵妃来问话，周贵妃也就是太子的生母。英宗怀疑地瞅着周贵妃：“我听说，太子与他的保姆，一个叫万贞儿的，十分要好，可有此事？”

“没错。”周贵妃答得挺爽快。

“这未免太不像话了，他为什么要迷恋一个可以当他妈妈的女子？”英宗的火气不自觉地往上冒，声音也十分急促。

周贵妃依然淡淡地说：“这也没有什么稀奇，像我们家乡昌平县，多的是六七岁的小男孩，娶一个比自己大个十来岁的媳妇，平日由媳妇照料，到孩子成年以后再圆房，不也蛮好的？”

“什么话！”明英宗急着打断贵妃的话，“那是贫家小户不得已的措施，我们是帝王之家，岂可相提并论？”

周贵妃所提的小丈夫习俗，确实是有的，所谓“十八大姐周岁郎”就是。一些个贫苦人家把女儿送去当童养媳，虽说是养女，其实是女婢，必须伺候一家老老少少，包括一个小不点的丈夫。

童养媳，近人绘。

最奇怪的是，有时小丈夫尚未出生，就先找个媳妇，理由是“以媳召子”，其实是利用廉价的劳动力。有时，女子嫁过来十多年，小丈夫才出生，她们若是盼来盼去盼不到，只好另嫁他人了。

无论是小丈夫、大新娘，都是一件人间悲惨之事，因此才有流传的民歌：“十八大姐周岁郎，每天每晚抱上床，睡到半夜要吃奶。”正说明旧时中国妇女受到无理压迫的哀怨。

另一方面，小丈夫是童养媳带大的，心理上依赖自深，很容易演变成为怕太太的性格。

明英宗再看一眼太子，一脸不成熟的怯（qiè）生生模样，实在担心他会成为惧怕保姆的小丈夫，忍不住长长地叹了一口气，用微弱的声音说："见深，我可是要把大明朝的天下交给你了。"

此时此刻，英宗真是百感交集，除了身体的难受，还有心理的委屈，思前想后这一生，历经土木堡之变种种，诸多不顺，连番打击。

每一个人的人生，其实都是坎坷崎岖，一般人总以为，当了皇帝可以呼风唤雨，要什么有什么，殊不知皇帝也有百般不如意啊！

明英宗无奈地摇摇头，太子一方面感激，另一方面感伤，抱着英宗的腿，哭得摇摇晃晃。

英宗对太子说："大明江山是祖宗传下来的，你可要好好守成啊。"

天顺八年（1464 年）正月，明英宗去世，十八岁的太子朱见深即位，是为明宪宗。

宪宗是胆小懦弱之君，再加上有口吃的毛病，愈着急愈说不出话，当宪宗害怕的时候，他第一个念头就是找"娣妈"，所谓娣妈，就是宪宗的保姆万贞儿。

因为宪宗过分依赖万贞儿，在他即位以后，牵扯出一串鲜为人知的宫闱秘辛，曲折离奇，几乎不像是真的，我们慢慢地从头道来。

万贞儿四岁入宫

明宪宗为何爱上比他大十七岁的保姆万贞儿？何况万贞儿无才无貌，以旁观者看来，这几乎是不可思议之事。

且让我们话说从头。

明英宗的母亲，虽说是孙太后（就是当年那貌美如花、心如蛇蝎的孙贵妃），其实，孙太后未曾生子，英宗是一个宫女所生，宫女早被孙太后设计害死，历史上并未记载姓名。

孙太后没有生儿子，她倒是生了一个女儿常德公主。依照规定，皇子育于别宫，公主则可以与母亲同住宫中。

宫中规制甚严，又都是尔虞（yú）我诈的成年人，孙太后想为常德公主找一位小姐姐当玩伴，这个小姐姐要比常德公主长两岁，并且要是山东人。

原来孙太后是山东人，口音甚重，除非山东籍的小女孩，否则听不懂她的话。

没多久，孙太后家乡的亲戚果然为她物色了一位小女孩入宫。

这位小女孩，长得水灵灵的，不过才四岁大，已经可以预料得到，将来准是一位大美人儿。

当小美女乖乖巧巧走了进来，小脸蛋白里透着粉红，亮眼睛一闪一闪的，谁看了都暗呼一声："这小女孩好可爱，仿佛上天特别打造的。"

小美女倒也不怕生，天真无邪地不断笑，这一笑更为逗人怜。

不知道谁冒出一句："咱们孙皇后当年入宫，也是一个小仙女。"

孙太后一听这话，脸马上放下来，在她看来，世界上最美最美的女人就是自己，即使是四岁大的小女孩，也绝对不能让她把自己给比了下去。

旁人一看孙太后变了脸，知道孙太后小器，这个小美女当然没被选中，原因在哪儿，大伙心中有数。

孙太后板着脸训道："我是要找一个吃苦耐劳、为公主解闷的，可不是要找个娇娇滴滴、等着被伺候的，你们会不会办事？"

下一回，乡亲们自然知道，应该循相反原则物色人选。这就找来了万贞儿。

山东老乡说万贞儿只有四岁，但是万贞儿粗手大脚，模样似乎有个六七岁，胖胖的，笨笨的，黑黑的，走起路来仿佛鸭子走路。最奇怪的是，她脸上还给抹了胭脂，格外显得土气，一看就是乡下的丑丫头，这就刚好对了孙太后的味。她在万贞儿笨拙的模样之中，汲取了充分的优越感。

万贞儿才不过四岁大，就懂得察言观色，挺会伺候人，常德公主并不喜欢万贞儿，倒是孙太后颇欣赏她。

万贞儿常常呆呆地凝视孙太后，然后摇摇头道："太美了，太美了！"孙太后就得意地伸长了脖子，一副实在美得自己也受不了的模样。所以，孙太后挺喜欢把万贞儿拉在身旁。

万贞儿四岁入宫，名义上是陪伴常德公主，却成为孙太后身边得力的宫女。她虽然年纪小，模样傻，看起来憨憨的，却挺会办事，孙太后的歪主意多，万贞儿就成为好帮手，孙太后在万贞儿之前也毫不掩饰。于是，万贞儿看到了孙太后如何在宣宗面前卖弄风骚，也见识到她欺负胡太后时如何凶狠，对万贞儿而言，这些都是很坏的教育。

土木堡之变，英宗被俘，景帝即位。此时，英宗之子朱见深已经被立为太子。孙太后想，这个两岁大的太子，可能小命会送掉，于是，找了万贞儿前来商量。此时，万贞儿已经十九岁，早经孙太后磨炼成为能干的心腹。

宫廷仕女，
清陈枚绘。

孙太后说："太子的母亲周贵妃，这个人糊里糊涂的，凡事粗心大意，我非常不放心，你不如到那儿，帮忙照料太子。"

万贞儿一听，心花怒放，赶紧回答："不过，我人到了那儿，若是周贵妃胡乱下命令，对太子不利，我听还是不听？"

"这话倒是没错，你看，该怎么办？"

"我倒有一个主意，不如说太后想亲自带太子，把太子送到仁寿宫来，这样，我也不必离开太后了。"万贞儿回答道。

"你的心思倒细密！"孙太后夸奖道。

于是，两岁的太子被送到了仁寿宫，万贞儿，就成为太子的保姆。

明宪宗坎坷童年

土木堡之变，英宗被俘，孙太后担忧两岁的太子的安危，把他交给十九岁的贴身宫女万贞儿照料。

万贞儿很高兴，紧紧地搂着太子，喃喃地说道："我万贞儿未来，全都指望小爷了。"

万贞儿四岁入宫，她心中最害怕的人是孙太后，最羡慕的人也是孙太后。孙太后的美艳是万贞儿可望而不可即的。孙太后的手段，包括她设计让宣宗废掉胡皇后，摇身一变，自孙贵妃而为孙皇后；包括她安排了一场假怀孕，自宫女手中夺来男婴，也就是明英宗……这一些卑鄙的作为，竟都成为万贞儿活生生的学习教材。

万贞儿颇有自知之明，她知道自己长相普通，而且愈长愈胖，外表条件不佳，不易讨人欢喜，因此她努力扮出老实害羞的模样，让人家以为她是憨憨傻傻，没有什么心眼的笨丫头。

有一天，万贞儿听到宫里头有人窃窃私语道："孙太后这个人实在手段太狠了，就算长得美又如何，倒不如万贞儿，虽然生得不怎么样，却有内在美，是个忠厚的好人。"

万贞儿听了，心中一喜，她正急于建立憨厚的形象。其实，知人知面不知心，外表的美丑与内心的善恶完全是两回事啊。

万贞儿的内在虽然与外表不一，平心而论，她对太子倒的确照顾得无微不至，或许正是因为太周到了，太子显得十分娇弱，并且有严重的口吃。

说起来太子也是命运坎坷。景帝景泰三年（1452年），景帝终于废太子为沂王，改立自己的儿子为太子。

依照规矩，被废的太子不能再住在宫中，因为此不但在礼节上有诸多不便，对皇位的安全隐隐然似乎也有威胁。因此，景帝在皇宫外头，为被废的太子——沂王盖了一座王府居住。

后来，明英宗自瓦剌脱险归来，住在孤寂的南宫，太子的母亲周贵妃也在南宫照顾英宗，大家都愁云惨雾，没有谁有闲情去管理太子。

自太子有记忆开始，万贞儿就是他的一切，饿了渴了找万贞儿，摔了跤膝盖疼也找万贞儿。万贞儿有时对太子很严厉，过了一会儿太子又破涕为笑，黏着万贞儿撒娇。万贞儿唤太子为“小爷”，太子则称万贞儿为“姊妈”。

宫廷仕女，清陈枚绘。

怎么会有“姊妈”这一个奇怪的称呼？原来太子口吃，话说不清楚。当英宗自瓦剌归来，万贞儿抱着太子去问安，英宗发现太子期期艾艾“姊姊……姊……”

个半天没完，不但太子自己发音困难，连一旁观看的人都觉得吃力，英宗便说："不如改为姊妈，说起来比较顺口一些。"

太子被废以后，人们改口称之为沂王，后来，夺门之变成功，英宗由太上皇又当了皇帝，太子又被称为太子，这一连串的荣辱升沉，他由于年纪太小，不甚明了，懵（měng）懵懂懂，怀抱着太子的万贞儿却为此萦绕于心，天天祈祷，巴望太子早日再复位为太子。

太子记得，景泰八年（1457 年）正月里，他刚玩过灯笼不久，有一天半夜里，忽然之间听到外头吵得不得了，没法子睡觉，他跑去问万贞儿："姊妈，怎么啦？"

"嘘，别吵！"万贞儿一个大手掌，盖住了太子的嘴巴，把太子搂入怀中，两只眼睛瞪得好大好大，耳朵竖起，仔仔细细聆听着。

万贞儿胖墩墩的，太子躺在她怀里，觉得好温暖，好舒服，好安全，又实在是困了，太子就糊糊涂涂地睡着了。

太子睡得十分香甜安稳，到了天刚鱼肚白，突然之间，外头钟声锣鼓，热闹非凡。万贞儿大力地摇晃太子，太子睡眼惺忪（xīng sōng）地睁开眼，万贞儿像发疯似的搂着他又亲又笑，连连说："老天爷保佑，万岁爷回宫了，你知道吗？你又是太子了。"

十岁左右的太子，不明白当太子有什么好处，见万贞儿乐成这副模样，也傻傻地跟着笑。一会儿，万贞儿竟然又哭了，哭得天崩地裂，仿佛伤心委屈到了极点，太子被搞糊涂了，他擦干万贞儿的眼泪，问道："姊妈，你怎么了？一下子哭一下子笑。"

万贞儿收住了泪水，正色地对太子说："等到你长大，你就会明白了。"

过了几年，太子十六岁了，他果然明白了，也对万贞儿油然而生感激之情，毕竟他们相依为命了十多年之久啊。这个太子就是日后的明宪宗。

吴皇后责打万贞儿

天顺八年（1464年）正月，明英宗去世，年仅十八岁的太子朱见深即位，是为明宪宗，改元成化，大赦天下。

办完丧事之后，宫中开始积极地筹划明宪宗的婚礼，由宪宗生母周太后挑中吴氏。

对于吴氏，明宪宗是不满意的，只是母命难违。更不满意的则是万贞儿，想宪宗自两岁时交入她手中，从来“小爷”都是她一个人的，如今小爷熬成了“万岁爷”，不再属于万贞儿一个人所有，万贞儿心里怎么样也不能平衡。

早在万贞儿担任姊妈的时代，就有宫女们暗中揣度（chuǎi duó）：“万贞儿如此宝贝小爷，待将来小爷娶了媳妇，万贞儿可要成为吃醋的婆婆了。”

谁也没想到，万贞儿决定不当婆婆，她要身兼媳妇。

明宪宗新婚不久，万贞儿就打翻了醋坛子，她屡次教训皇帝，不可贪恋吴皇后，免得耽误朝政。

这件事被吴皇后知道了，十分不悦，她想，一个小小宫女，岂能如此张狂，显然万贞儿不明白谁是皇后。于是，皇后把万贞儿找来坤宁宫，重重责骂万贞儿，问万贞儿道：“你知错吗？”

万贞儿倔强地把眼睛投向别处，一句话也不吭，脸上的肌肉绷得很紧，仿佛看不起吴皇后似的，并且嘴巴翘得半天高。

皇后也动了气："瞧你一副不以为然的表情，来人啊，给我用力打五十大板。"

接着，宫正司女官拿起紫檀戒尺用力地打了万贞儿五十大板。万贞儿痛极，却勉强忍耐，绝不让一颗眼泪滚落下来。

万贞儿挨了打，回到了长宁宫，刚好宪宗来看她，万贞儿立刻告状，哭得昏天黑地，她本来胖，手厚厚的，被打了以后，手更肿得半天高。

宪宗自小到大，从来没见姊妈哭得如此伤心，一时之间，六神无主，只有不断地说："万贞儿，你别哭，朕有办法。"

"你非帮我出气不可，否则下回我会被打死的。"万贞儿夸张地说。

宪宗立刻找来太监怀恩，对他说："你赶快把皇后找来，也狠狠打她五十大板。"

怀恩原是兵部侍郎戴纶的族弟，家世很好，宣宗宣德年间，戴纶被抄家，怀恩就被带入宫中，当了太监，他由于自小读过书，与一般太监不一样，极有是非观念与正义感。

怀恩不肯执行任务，他禀报宪宗："自古以来，皇后失德，未闻万岁爷体罚之理，何况，皇后掌管后宫，这是皇后的职责。"

"哼，既然不能责罚，不如废了皇后。"说着，皇帝气咻（xiū）咻地跑去找周太后。

周太后听了，吓了一大跳："你们大婚才刚满月，怎么就要废后，你去找李贤商量看看。"

"这是我自己的事，用不着问李先生。"宪宗赌气道，"皇后打万贞儿，不就等于打我？"

周太后摇头："那不一样。"

但是，周太后也拦宪宗不住，何况，宪宗自小只听万贞儿的，在宪宗心目之中，保姆比母亲可亲近得多了。

没多久，皇帝就颁下了诏书："册立礼成之后，朕见吴氏举动轻佻（tiāo），礼度率略，德不称位，不得已请命皇太后，废吴氏于别宫。"

明宪宗王后，明宫廷画师绘，台北“故宫博物院”藏。

倒霉的吴皇后，才当了一个月的皇后娘娘就被废了。皇帝改立王氏为皇后。

废掉了吴皇后，来了王皇后，万贞儿虽然报了仇，对于自己当不成皇后，仍然心中愤愤不平。

皇帝亲切地问万贞儿：“这下子，你该如意了吧？”

万贞儿默不作声，她心高气傲，野心很大的，只是皇帝不明白。

“万贞儿，除了柏贤妃已封为贤妃，你还有七个字淑、庄、敬、惠、顺、康、宁可以挑，朕有意封你为妃。”

“我不要这些，我要贵妃。”

“这……”

宪宗答不上话来了，因为贵妃位于众妃之上，仅仅次于皇后，万贞儿出身低，实在够不上格。

万贞儿笃定地说：“等我生下一个儿子再说。”

“好，只要你生下儿子，我就封你为贵妃。”

万贞儿更笃定地说：“我一定办得到的！”

万贵妃学习孙贵妃

明宪宗自幼由保姆万贞儿带大，后来，明宪宗爱上了万贞儿，并且答应她，只要生下一个儿子，就封她为贵妃。

万贞儿最羡慕孙太后，孙太后当年就是孙贵妃。她多方寻觅“求子秘方”，终于在成化二年（1466年）正月里，如愿以偿地生了一个儿子，明宪宗遵守诺言，封万贞儿为万贵妃，同时，派遣太监赴全国各地的名山大川祭祀，感谢天地的保佑与祖宗的恩德。

刚刚生下皇子的万贵妃神气万分，她头一抬，志得意满道：“谁能料到我万贞儿竟然有今天。”

万贵妃心想，只在宫中扬眉吐气还不成，最好能到宫外去显一显，露一露，于是她怂恿宪宗：“皇上好容易才熬出头来，天天闷在宫里多没意思，不如到外头巡幸巡幸，开开眼界。”

宪宗年纪轻，玩心重，立刻就答应：“好啊！”

就这样，胖墩墩的万贵妃，穿上了订制的戎装，威风凛凛地骑在马上当前导，宪宗则坐着轿子跟在后头，前后左右簇拥了一大群侍卫，无论走到哪儿，都惹来许多民众围观，万贵妃狠狠地出够了风头。

每一回巡幸归来，万贵妃总要绕个道，到安乐堂外打个转，原来，吴皇后被废之后，就被安排住在安乐堂之中。

所谓安乐堂，既不安也不乐，安乐堂旁边是羊房夹道，是皇家动物园，

明宪宗与宫中妃嫔元宵行乐图，明人绘。

里面有老虎等动物。安乐堂位于夹道的西侧，凡是年迈、生病或者犯了过的宫女都打发到这里来，从此以后，过着暗无天日的生活。

由于有前车之鉴，所以，吴皇后被废之后，宪宗再立的王皇后，从来小心谨慎，处处让着万贵妃，王皇后文雅娴静，自知绝非万贵妃的对手，在外人看来，倒仿佛万贵妃才是母仪天下的皇后娘娘了。

万贵妃快活的日子没过好久，因为她生下的皇长子没有福气，竟然不到一岁就夭折了。

就在此时，柏贤妃传出梦熊有兆怀孕了，明宪宗自然十分欣喜，万贵妃却愁上心头。

万贵妃找来太监梁芳，梁芳是万贵妃最宠爱的亲信，万贵妃对梁芳说：“你知道该如何办的。”

梁芳自然明白，万贵妃希望柏贤妃流产，他点点头：“此事不能急。”

“岂可不急，愈早解决愈好。”万贵妃气急败坏。

柏贤妃人很机警，她明白万贵妃的可怕，所以，御医送来的安胎药不敢吃，腰酸背痛，也不敢找宫女按摩，据说懂得指压者可以弄伤胎儿。

万贵妃希望自己能够再怀孕，再生下一个儿子。但是，她与她最崇拜的孙贵妃一般，从此不再怀孕。

愤怒的万贵妃心想，我不能有的，也不允许别人有。于是，她拟订了三套方略。第一，万贵妃尽可能死缠活缠粘紧宪宗。第二，万贵妃只要一听说皇帝在哪个宫中，她就立刻跑去撒泼吵闹，破坏宪宗的兴致。第三，假如防范不严，果真妃嫔传出了怀孕的喜讯，万贵妃就设法把那个胎儿打掉。

在这样的情况下，妃嫔们个个害怕，甚且暗中祈祷，但愿自己别让宪宗给看上，否则，“万胖子”准饶不过的。“万胖子”是宫中人为万贵妃取的绰号，万贵妃原本就胖，再加上中年发福，愈发壮伟。不仅妃嫔怕，宪宗对这个母老虎，其实也吃不消。

万贵妃具有强烈的占有欲，虽然极力阻止，但她总不能禁止宪宗往外发展，毕竟，皇帝的好色，不仅是权利还是义务，他具有传宗接代的重责大任啊，所以，万贵妃心情郁闷极了。

梁芳为了满足万贵妃的贪欲，报告万贵妃：“小的知道钱能、韦眷（juàn）、王敬极为能干，如果派他们出监大镇，定能为贵妃采办最好最美的珠宝。”

梁芳又进言：“假如把神仙李孜（zī）省、僧人继尧找来，可以帮贵妃不少忙。”

所谓神仙李孜省，其实是妖人李孜省，反正只要万贵妃开了口，宪宗无一不照办，万贵妃仗着脾气大，予取予求，宪宗样样依顺。

万安的登龙捷径

万贵妃牢牢地抓紧明宪宗，宪宗对这位昔日保姆是又爱又怕。万贵妃仍然有两件事引以为憾，一是幼子夭折之后，始终未再怀孕；二是她出身寒微，没有好的家世炫耀，而万贵妃又是个样样喜欢和人比的女人。

万贵妃的父亲名叫万贵，原是在县衙门里的小小差役，非常木讷老实，他做梦也想不到，他四岁送入宫的万贞儿，竟然有朝一日飞上枝头做凤凰，当了贵妃，万贵托女儿之福，做到了锦衣卫的指挥使。

万贵对于明宪宗娶了比他大十七岁的万贞儿，心中是颇不以为然的，但是，这件事可没有他说话的份儿。不过，每一次，当他收到皇帝颁赐的珍物，总是吩咐："不准用，不准用，把东西登记下来就收藏好。"

万贵接到厚礼，非但没有喜形于色，反而忧愁满面，即使将礼物原封未动收藏妥当，万贵仍然不停地唠唠叨叨："福气过去之后，就是灾祸降临的时候。"

万贵妃最气她父亲这么说，她的看法是："你老人家真是有福不会享。"

乡里的人也都嘲笑万贵迂腐，万贵自言自语道："迂腐就迂腐，等到哪一天，皇上发了脾气，想要索回以前赐给我们的赠物，我们却无法奉还，那才是罪上加罪了。"

万贵其实最想不通的是，万贞儿左看右看，实在不漂亮，据说还很像他这个老爸，万贵揽镜自照："像我，还称得上美吗？何况宫中还有三千粉黛啊。”再加上万贞儿脾气挺大的，既泼辣又蛮横，一点也不温柔，因此，在万贵的眼中，他的女儿是不可能长久得宠的。

万贵有三个儿子，其中老二万通，人如其名，自认为是个万事通，其实只是个没出息的小商人，由于有姐姐万贵妃这一层关系，也在锦衣卫中当指挥使，并且不时进献一些类似九层象牙球的小玩意儿，献给明宪宗赏玩。当然这个做姐夫的，不能太小器，总要自内库之中，搬出许多金子银子赏给万通。

对万贵妃而言，不论是父亲万贵，或者是兄弟万通，全都是不够看的小角色，让好强好胜的她非常难过。

万贵妃曾经请人画过一幅万贵的像，然后请老臣商辂（lù）写一篇赞。所谓赞，是一种文体，用以赞美和歌颂，多半有押韵。

商辂毫不考虑地一口回绝了。

万贵妃派来的使者仍不放弃道：“一篇赞，没几个字，却有相当丰厚的润笔。”所谓润笔，指的是请人作书画文字的酬金。

商辂笑笑：“老夫文采不佳，不敢应命。”

商辂的文章上下推重，而且他当年乡试第一、会试第一、殿试第一，是三元及第，很明显，商辂不愿意替万贵妃效劳，莫名其妙乱捧她一无是处的父亲。

商辂不屑做的事，自然有人抢着做，抢得最凶的便是万安。

万安是正统十三年（1448 年）的进士，人长得很漂亮，长身魁伟，眉目如画，虽为翰林，却不学无术，一心一意往上爬，首先他猛拍同年李泰的马屁。

什么叫同年？同年是科举制度同榜的人。那时的人喜欢拉关系，因此同年往往是用来拉拢人际的法宝。

万安刻意交结李泰，乃是因为李泰是宦官李永昌的养子。那时的人一向看不起太监，身为太监的养子，在社会上并没有什么地位，李泰年纪比万安小，同榜录取分数又比万安差，万安却口口声声李兄长、李兄短，李泰非常不安，总想找机会报答万安。

所以，凡是朝廷之中有任何升迁的机会，李泰总是设法推荐万安，有人看不过去，批评万安："万安这人太会利用李泰，万安不是眉州人吗？与苏东坡同乡，苏东坡怎么出了这么一个同乡？"

李泰的养父李永昌既是太监，李泰当然听到许多宫闱秘辛。有一回李泰就谈到万贵妃急于求子之事。

万安心想："万贵妃姓万，我也姓万，我们是本家啊。"

于是，万安找来一些"求子秘方"呈献给万贵妃，自称为"族侄"。出身寒微的万贵妃，突然自天上降下一个进士出身的侄子，简直是欣喜万分，立刻告诉明宪宗："我有一个侄子叫万安，请你多多提拔。"

万安终于找到了一条登龙捷径。

两字尚书与万岁阁老

万贵妃出身寒微，深以为憾，一直希望能够结托高门，抬高身价。正好有一名万安者，正统十三年（1448 年）进士，一心一意巴结权贵，自称“族侄”……

明宪宗向来习惯听命于万贵妃，因此，马上拔擢万安为礼部侍郎兼翰林学士，入内阁参机务。万安大喜，既然万安自称侄儿，那么，万贵妃三个兄弟万喜、万通、万达，万安一律亲切地唤一声“叔叔”。

在万安三个“叔叔”之中，他与最为狡猾的二叔万通最为投缘，两人凑在一块儿，总有说不完的话。

万通发达了，万通的太太也妻以夫贵抖了起来。万妻有一次与母亲回忆从前的苦日子，母女二人相对唏嘘了大半天。

“你还记得当时咱们家穷，把你妹妹给卖了？”

“怎么不记得呢？妹妹又吵又闹哭了半天。”万妻感慨万千。

“母亲可记得妹妹被卖到哪儿去了？”

“我只知道是一个姓万的四川人，人称他为万编修。”

四川人？万编修？万通的妻子迅速在脑中打转了一下，咦，万安不正是四川人，并且做过编修？

这一打听之下，无巧不成书，万通妻妹果然是万安的小妾，这个小妾貌不惊人，万安原本没有多大的兴趣，现在发现关系不同，加上万安元配正好过世，万安赶紧摆了一桌子酒，大张旗鼓，把小妾扶了正。

从此以后，万通万安由叔侄关系，变成了更亲密的连襟，万安的地位益发的牢固。

万安靠着裙带关系，一步一步往上爬，他自以为得意，当然也少不了有人背后批评。万安的同年，侍郎邢让、祭酒陈鉴就看不过去，他俩经常公开批评："万安靠着万贵妃发迹，真是辱没了我们这一批正统十三年（1448年）的同年。"

万安也是读过圣贤书的士人，内心深处也有矛盾与挣扎，只是利欲熏心，顾不了什么礼义廉耻，所以，愈发不能忍受邢、陈二人的批评。

万通为表示够义气，安慰万安："兄弟我现在锦衣卫中当红，谁不晓得我姐姐一言九鼎，随便弄个案子，他二人就惨了。"

没有多久，邢让、陈鉴先后下狱，同时也被除了官。古代司法普遍黑暗，因此人们始终向往包青天，惟有在一片黑漆漆之中，才格外显得青天耀眼，如果到处都是阳光，还需要什么青天呢？

万通的妻子与万通一般，琐琐碎碎，东家长西家短，属于标准的三姑六婆。她与万贵妃很谈得来，经常进宫聊天，一聊就是一整天，回家之后，宪宗的一举一动一言一行，全被告诉了万通，如此一来，万通真是万事通了。万通再一传话，万安更了解了宫中情形。

有一天，万通对万安说："皇上有严重的口吃，你是知道的，因此他不喜欢上朝，也尽量能不开口就不开口，最近施纯彦因为献了小计还升为尚书，你可曾听闻？"

"大伙都羡慕他的机智哩。"万安接口道，"也亏他想得出来。"

按明朝的规矩，皇帝答复朝臣上奏，只须挺威严的一声："是！"但是，换了口吃的宪宗可惨了，脸红脖子粗，憋了个半天，仍然发不出音，既可怜又可笑。

因此，施纯彦建议，不妨改口说"照例"，这两个字比较好发音，宪宗一试之下，果然如此，大为高兴，立刻升他的官为尚书，所以，有人背后批评施纯彦为“两字尚书”。

不过，天下之事岂能照例以“照例”二字打发过去呢?

明宪宗，选自《乾隆年制历代帝王像真迹》。

成化七年（1471年）冬天里，宪宗上朝，彭时、商辂准备了一大堆的问题，准备请求宪宗裁决，这些全都是要紧的军机大事。

宪宗本是草包，又结结巴巴不善言词，着实发窘，就在此时，万安突然石破天惊一句“万岁”，表示奏事已毕，接着在地上磕了一个响头，依理万安并不是奏事的头头，他没有资格带头跪安（跪安是跪下来请安，表示报告完毕，叩谢皇帝）。万安突如其来的即兴曲，弄得商辂、彭时二人不知所措，不得不跟着跪下唤“万岁”，然后，退了下去，当然宪宗就不必说话了。

宪宗很欣赏万安的解围，所以，人们称万安为“万岁阁老”。

不论“两字尚书”，或者“万岁阁老”，都代表着同一件事，那就是明宪宗无能无用。

明宪宗巧遇纪小娟

明宪宗爱上保姆万贞儿，封她为万贵妃，万贵妃自从幼子夭折，未曾生育，把明宪宗盯得很紧，无论宪宗去找任何妃嫔，万贵妃得到消息，必定前来吵闹，宪宗不胜其烦，却又无可奈何。

久而久之，明宪宗游兴大减，只要想到万贵妃一手叉腰的茶壶状，宪宗就觉得非常扫兴。

有一天，宪宗极其无聊，对太监说："朕想到内库房去走一走。"

所谓内库房，又称为内藏，此不属于国家的财政收支系统，而是皇帝的私人财产，称为金花银。明朝自英宗正统元年（1436 年）起，漕粮以每年一百万两为准，除掉发给武臣俸禄十多万两以外，其余均由御用，因此，天子的私人财产不少。

宪宗闲闲步入内库房，突然眼前一亮，原来他发现一名少女，而且是极美的少女。她的气质远远超过三千粉黛的浓妆艳抹。

宪宗的兴趣油然而生，他盯着少女问道："你叫什么名字，在这儿做什么？"

"婢子名纪小娟，受命掌理内库房账目。"

"噢，你读过书？"宪宗心忖，难怪谈吐应对不一样。

"是的，婢子之父，原是广西贺县土官，小时候，随着家父念过一些诗书。"

宪宗这才想起，大将韩雍，成化初年，曾经火烧藤甲兵，大破两广蛮寇，改大藤峡为断藤峡，并且俘虏了一批人入京，纪小娟大概就是这般入宫的。

“朕要考考你，目前库房存金银多少？”

“存金共十五窖（jiào），每一窖一万二千两，共计十八万两；银子约一千四百八十万两，细数则待婢子取账本。”说完，纪小娟捧来厚厚的账本。

宪宗接过来一看，纪小娟登载的账目收支出纳一清二楚，并且一手蝇头小楷极其娟秀，字如其人同样不俗。

“你做得很好。”宪宗夸奖道。

纪小娟嫣然一笑，眼波流转，宪宗心中怦然一动，情不自禁，把纪小娟揽入怀中，再加上此地没有万贵妃打扰，宪宗更为心醉。

以后，宪宗又悄悄来找过几回纪小娟，一次比一次着迷，没有多久，传出纪小娟怀孕的消息。

万贵妃气得发抖，牙齿咯咯作响，当下做了三个决定：第一，严密封锁消息，绝不能让皇帝知道。第二，设法让纪小娟流产。第三，把纪小娟赶到安乐堂中，让宪宗再也找不着。

明宪宗行乐图，明人绘。

安乐堂旁边的羊房夹道，内有虎城，有牲口房，是当时豢（huàn）养禽兽之地，可想而知，安乐堂必定环境不良，气味不佳。凡是宫女或老或病，就被发配到安乐堂，假如病久不愈，或是犯了更大的过错，则被赶到浣（huàn）衣局。所谓浣衣局，顾名思义，就是洗濯（zhuó）衣物的地方。这一大群活得没有希望、没有目标，年华老去的宫女，从早到晚洗洗搓搓，等待死亡，实在是人间一大悲惨之事。

司礼太监怀恩生性耿直忠诚，是太监中难得见到的好人，深受宫内太监们的敬畏，当怀恩知道纪小娟怀孕的事，心中大感欣慰，他对万贵妃派来的太监李同说："万岁爷还没有儿子，柏贤妃未来生男生女，现在还不知道。如今纪小娟怀了孕，这是天大的喜事，如果生个儿子，难保将来不会继承皇位，万一让万岁爷知道你准备把纪小娟怀中的胎儿打掉，你还要命不要？"

李同问怀恩："那么，依怀公公之见，我回去以后，如何向万娘娘交代?"

"你不会说，纪小娟肚子里是个肿块，不是害喜？"怀恩笃定地回答。

李同想想不妥："万一贵妃知道了，我还要不要命？"

怀恩道："凡事有我，你不用害怕。"

李同心中仍然害怕，不过，他同时也畏惧怀恩。怀恩是司礼太监，这是宫中太监最有权势的职位，怀恩又是宪宗宠信的人，怀恩出身良好，他的族兄戴纶在宣宗时曾任兵部侍郎，因事被杀，怀恩的父亲也被牵连而抄家，怀恩当时年纪尚小，被送入宫，阉割后做了小太监，到宪宗即位，升为司礼太监。

李同心想，怀恩早有防备，想让纪小娟打胎也不容易，只好回去谎报，骗一骗万贵妃，拖一阵子再说了。

吴废后保护纪小娟

明宪宗成化五年（1469年），宪宗偶尔赴内库，询问内藏收支出纳的情况，巧遇担任内藏典守的纪小娟，小娟年轻貌美，办事机灵，宪宗一见钟情。没多久，传出小娟怀孕的消息，万贵妃差人打胎，被太监怀恩阻止……

纪小娟哭哭啼啼找怀恩谢恩："怀公公，不晓得该如何报答你。"

怀恩长叹一口气："你未来的路还难走着哩，现在万贵妃以为你是长了肿块。但是一会儿肚子日渐隆起，得想法子避人耳目。"

纪小娟无限惆怅地摸一摸肚皮，不晓得该用什么障眼法，才能让别人看不见大肚皮，想到这儿，忍不住又泪涟涟。

怀恩警告道："这不是哭的时候，当心哭多了，动了胎气，对胎儿不好。"

这番话，把纪小娟的眼泪硬是收住了。

怀恩又继续说："你到了安乐堂，可以请吴娘娘帮忙。"

"吴娘娘？"纪小娟眼睛一亮。

吴娘娘就是吴废后，也就是与明宪宗结婚才一个月，立刻被万贵妃赶了下来，以"举动轻佻，礼度率略"为名，被送到安乐堂旁边的玉熙宫这个冷宫中的倒霉皇后。

吴废后青天霹雳，狠狠痛哭过一阵子。但是，没多久，她便想开了。吴废后本性善良，既热情又好助人，到了冷宫，因为人缘好，大家都尊敬她，喜欢找她聊聊天解解闷，日子过得倒也不寂寞。

吴废后一见纪小娟，清清秀秀、乖乖巧巧，忍不住就喜欢。同时，小娟是被万贵妃迫害，才被赶到安乐堂来，与吴废后遭遇相仿佛，如此一来，二人更有“同是天涯沦落人”的感受，因此，二人格外觉得亲近，似乎，保护纪小娟怀中的骨血，成为吴娘娘自己的责任。

在吴废后的登高一呼之下，安乐堂中人人都对纪小娟伸出同情之手。但是，当纪小娟怀胎足月，生下小婴儿，而且是个男孩子的消息，依然传到了万贵妃的耳中。

可想而知，万贵妃怒气冲天，她把李同找了来，一个大耳光甩下去，把李同打得踉踉跄跄。

“你这个狗奴才，居然敢骗我，纪小娟的肚子里是肿块。”说着，万贵妃又甩了一个巴掌过去，李同支持不住，跌倒在地。

“这个不能怪奴才，奴才上回去，遇到怀公公，怀公公告诉我，纪小娟面黄肌瘦，一脸有病的模样，准是肚子里长了肿块。”

万贵妃问道：“你就不会用用脑子，万一是怀孕怎么办？”

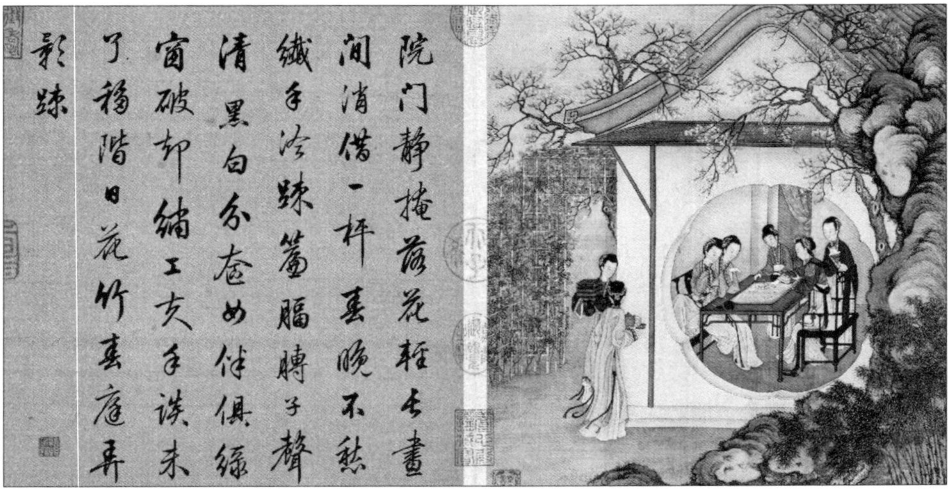

宫廷仕女，清陈枚绘。

李同回答：“奴才也问啦，谁知怀公公说，如果是皇子，有什么不好，奴才也不敢再开口。”

对啊，多一位皇子，对明朝，对皇帝有何不好？就独独对一个人不好，那就是万贵妃，万贵妃气得不想再说，又用脚狠狠在李同身上踹了两下：“你去把张敏给我找来。”

张敏是乾清宫总管太监，他是福建同安人，虽然是太监，却颇有几分正义感。

万贵妃拉长了脸责问张敏：“你倒是聪明，替万岁爷找了这么一个小贱人。”

张敏慌乱地猛摇手：“奴才不敢，奴才不敢。”

“那个纪小娟在安乐堂里生下一个小男孩，这件事你知道吗？”

“奴才不知道。”张敏赶紧回答。

“是吗？”万贵妃狐疑地望着张敏，然后一咬牙道，“反正，这件事我就交给你办了，随便你采用什么方式。”

“另外，你总该明白，万一万岁爷知道了，你该了解你的罪名。”

万贵妃的一字一句，传入张敏的耳朵之中，仿佛针扎一般，人人都说万胖子心狠手辣，最毒妇人心，这话一点儿也不错。

张敏离开昭德宫，立刻去找怀恩商量：“怀公公，依你看来，该怎么办?”

“你认为呢？”怀恩反问张敏一句。

“万岁爷就只有柏贤妃生的一个儿子，总得多留一个。”

“对啊，这才是。”怀恩开怀地笑道。

于是，张敏向万贵妃回话，就说纪小娟生下的儿子，已经被掐死了，万贵妃不疑有他，冷冷地对张敏说：“谅你也不敢撒谎。”

张敏心中忐忑不安，他做了一件他认为自己应该做的事，他也准备为这件事付出惨烈的代价。

冷宫里的婴儿

“哇！哇！”

成化六年（1470年）七月里，闷热的溽暑天，在安乐堂，这一个凄凄惨惨的冷宫里，竟然传出一阵阵小婴儿的啼哭声，真是历史上的千古奇闻。

纪小娟一面挥汗，一面哄着怀里的小宝宝，宝宝被逗弄笑了起来，显出两个可爱的小酒涡，围绕在一旁的宫女，个个伸长了脖子，七嘴八舌地讨论着：“小宝贝长得好漂亮！”“皮肤又白又嫩。”“真是一脸的聪明样儿。”

凡是女人，因为有先天俱来的母性，对小婴儿没有不感兴趣的，更何况这些在安乐堂中的女子，全是悲惨的苦命女子。自从她们被打入冷宫之后，只有孤孤单单终此一生，或者被发配到浣衣局中洗洗衣服。然而，自从纪小娟生了一个儿子，单调沉闷的生活之中，仿佛出现了希望与乐趣。

纪小娟把小婴儿取名为“阿孝”，阿孝挺乖的，听着妈妈哼唱的摇篮曲，一会儿头一歪便进入梦乡。纪小娟用食指在嘴唇上比了一个“嘘”的手势，意思是：“阿孝要睡了，大家不要吵。”宫女们全都轻声蹑脚地避开了，到了远处，又开始“阿孝今天睡得多”，“阿孝似乎瘦了一些”，谈论不休。

总而言之，阿孝长，阿孝短，阿孝永远是她们最感兴趣的话题，似乎在阿孝身上，大家充分过足了叨念妈妈经的干瘾。

每一回，当大家谈论得兴高采烈之时，只要有任何一人迸出一句：“如果万胖子知道了，不晓得会怎么样？”所有的人都陷入沉默与不安。

“不会的，不会的，我们之中谁也不会把天大的秘密泄露出去的。”

“柏贤妃的儿子，刚被万胖子害死，可怜的万岁爷，竟然无法庇（bì）护。”

这些被贬到安乐堂的，很多是长得漂亮，曾经被皇帝看上，惹恼了万贵妃，被她一脚踢入冷宫的，谈起万贵妃，又气又恨，格外地同情纪小娟母子。

虽然大家敌忾（kài）同仇，但毕竟人多嘴杂，太监宫女闲来无事，多喜欢搬弄是非，吱吱喳喳。因此，小皇子一事，竟然没有传到万贵妃耳中，实在是奇迹。这一方面是万贵妃人缘太坏，另一方面则是大家担心皇帝无后，大明朝后继无人，人人似乎都体认，保护小皇子，似乎是无上的光荣与责任。

不过，对一个小孩而言，长年累月生长在暗无天日的地窖之中，实在极不卫生，他曾经有几次发烧生病，把纪小娟给急坏了，幸而吉人天相转危为安。

因此，有人建议纪小娟：“不如早一点把阿孝带出去见万岁爷，安乐堂里养孩子太辛苦。”

纪小娟不知所措，转问吴废后：“吴娘娘，你看该怎么办？”

“万胖子心狠手辣，阿孝一出安乐堂，很容易被她害死，总得等他长大些，会走路，能说话，才能离开母亲。”吴娘娘平静地分析道。

纪小娟抽泣地说：“我知道，我生了一个儿子，万贵妃总饶不过我的。我死不足惜，可是，如果阿孝也死了，我是不甘心的。”说着，纪小娟抚摩阿孝的脸蛋，万分怜惜与不舍。

“所以啊，你得再熬些时日。”吴娘娘道。

“其实，对我而言，能在安乐堂中，母子多相聚一段时日，也没有什么不好，以前在宫里大家明争暗斗，过得好辛苦，倒不如现在，人人疼阿孝，充分表现人情味，觉得蛮温暖的。”纪小娟感慨万千。

吴娘娘轻轻叹了一口气：“你能这样想就好了。”

宫廷仕女，清陈枚绘。

如此，春去秋来，阿孝一天天地长大。由于终日不见阳光，活动范围有限，阿孝不是十分强壮，但是，纪小娟把他教得很好，极懂礼貌，又有教养，也开始认字，是个挺有气质的小皇子。

纪小娟时时在幻想，假如有一天，皇上知道自己有一个小儿子，不晓得该有多么兴奋，想到这一层，纪小娟就有马上跑出去报告的冲动。可是，一念及万贵妃胖胖凶凶的可怕模样，纪小娟又打了一个寒颤，甚且恨不得永远别让世人晓得这个秘密。

不论白天或是梦中，纪小娟脑中不断地盘旋此事，同时，她也不断地为阿孝裁制皇子的衣服，随时准备让阿孝亮相。

而对未来，纪小娟十分迷惘（wǎng），一切都太戏剧化了，冷宫中竟然养育了一个皇子，未来会如何呢？只有让命运来安排吧！

明宪宗父子相认

话分两头，纪小娟为明宪宗在安乐堂育有一子，但是，明宪宗并不知情，朝野也完全不得而知，只晓得宪宗无后，大明朝后继无人，这一切全是因为万贵妃之故。

因此，以太子太保兼文渊阁大学士彭时为首，率领商辂与万安，联合上了一则奏摺，彭时下笔相当厉害，毫不含蓄，他单刀直入地说：“俗话说‘子出多母’，今天嫔嫱（pín qiáng）甚多，维熊无兆，必陛下爱有所专，而专宠者已过生育之期故也。”

中国古人认为梦中见熊是生男孩的征兆，后人贺人生子称梦熊之喜。彭时直言，明宪宗专宠一个人，而这个人年岁已大，过了生育期了，那个人自然指的是万贵妃。

万安自称为万贵妃的侄子，他名列三阁臣之一，表面上不得不跟在彭时后面签了名，私底下立刻向万贵妃通风报信。

可想而知，万胖子可气坏了，对着宪宗又叫又吼：“听说外面的人怪我不识大体，禁止万岁爷去别的宫找嫔妃。”

“没没没，没的事。”宪宗一着急，原本口吃的他，更加期期艾艾。

“哼，还说没有，彭时不是说我已过生育期了吗？”

“本来就是。”宪宗叹了一口气。

“你说什么？”万贵妃叉着腰泼辣地一推宪宗，“好好，你为了大明朝，赶快去找嫔妃，赶快生儿子去。”

话虽这么说，从此以后，万贵妃把宪宗管得更严，仿佛猫捉老鼠似的，只要宪宗有一点风吹草动，她立刻追杀过去，非闹个惊天动地，才肯甘心。

明宪宗心里也很苦，中国人讲究不孝有三，无后为大，他总不能害大明朝断了后了。何况，任凭宪宗再无能，让朝廷内外、上上下下全知道他是惧内的君主，总是丢脸丢到家的倒霉事。

长期郁闷的心理压力，使得明宪宗未老先衰，他步履沉重、神情枯槁的模样，活像一个小老头，哪像二十九岁的青年人。成化十一年（1475年）春天里，一个风和日丽的清晨，张敏为宪宗梳理头发，宪宗懒洋洋地斜靠在座椅上，忽地发现张敏的梳子上有几根白头发。

宪宗长长吁一口气：“唉，这会儿，头发都白了，到现在还没一个儿子。”

张敏与怀恩二人，互相使了一个眼色，点一点头，双方都认为，这是打开天窗说亮话的时候了。

于是，张敏倒吸一口气，直直跪下，磕了一个响头道：“恭喜万岁爷，万岁爷已经有个好儿子了。”

“什么？”明宪宗以为自己昨晚没睡好，八成是想儿子想疯了，连忙追问，“你刚才说什么？我没有听清楚。”

张敏看看窗外无人，立刻叩头道：“奴才说了实话就死定了，请万岁爷做主。”

“你说，朕保证你的安全，快说！”宪宗站了起来，显得十分激动。

这时，怀恩也趴在地上，老泪纵横地说：“没错，万岁爷的的确确有个小皇子，养在玉熙宫，已经六岁大了，奴才一直不敢禀报皇上。”

明宪宗着急地问：“是谁生的？”

“纪小娟。”张敏回答。

宪宗当然记得纪小娟，记得内库房，纪小娟慧黠的大眼睛，温温柔柔的一举一动，实在让宪宗怀念不已。他曾经去内库房找过纪小娟，失落空返，不问也知，准是风声泄露，又被万贵妃给撵了，宪宗心中有数，颇为怅惘，怎么这一会儿，纪小娟又出现了，还为他生了一个儿子，天啊。

宪宗一着急，结巴更严重了："快，我们立刻前往西苑。"

怀恩先派了人通知纪小娟，纪小娟紧张得两手两脚不住地发抖，怎么也停不下来。

吴娘娘安慰纪小娟："别慌，我们盼了六年，不就盼望这一天吗？"

"对，对，阿孝一定表现得很好。"纪小娟花了好大的力气，才让自己安静下来。

纪小娟替阿孝换上一件小红袍子，白皙的脸蛋配上红色衣服，越发显得可爱。纪小娟看着孩子，一阵无名的辛酸涌上脑门，泪水像泉水般流了出来："儿啊，你这一去，娘怕再也见不到你了。"

"娘，那我不要去了，我不要离开你！"阿孝紧紧抱住妈妈。

"乖孩子……"小娟拍拍阿孝的头，"你还没见过你爹，等一下你见到一个穿黄袍、有胡须的人，那就是你爹。"

关于有朝一日，阿孝与皇帝相认，该如何表现，纪小娟教过了一回又一回，如今，正戏即将上演，纪小娟紧张得手心发汗，心脏仿佛随时要跳出口外。

纪小娟牵着阿孝，走出地窖，这是阿孝头一回见天，吴娘娘对怀恩说："真命天子交给你了，你要小心。"

"是。"怀恩答得响亮。

阿孝生长在冷宫，出生以来，还没有剪过头发，所以头发留得长长的，几乎到地，走起路来，长发飘逸，更显出一份纯真可爱。阿孝随着怀恩来到了殿上，阿孝不怕生，四下一看，端坐中央，嘴唇上有毛的人正对他笑，阿孝也笑嘻嘻奔上前，撒娇地开口："爹爹，爹爹。"

明宪宗简直乐坏了，一把抱起阿孝，仔细端详，见阿孝眉清目秀，细致可爱，连忙亲了又亲阿孝的小脸蛋："对，我是你爹爹，你叫什么名字？"

"我叫阿孝。"吐字极为清晰。"太好了。"宪宗笑得合不拢嘴。

从来没有见过天的小皇子，终于见到天日了。这个小皇子就是日后的明孝宗。

纪淑妃的遗恨

由于万贵妃的悍（hàn）妒，明宪宗一直为无后而烦忧，突然之间，冒出一个小男孩，身穿小红衣，乘着小车子，长发拖地，笑眯眯奔入宪宗怀中，欢欢喜喜对着宪宗喊“爹爹”，宪宗真是惊喜交迸。

他把小皇子抱在膝前，看了又看，忍不住哭了起来：“这是我的儿子，长得多么像我啊。”朝廷群臣听到消息，互相道贺：“大明朝终于后继有人了。”宪宗请商辂为皇子取名字，商辂翻了半天古书，写了“祐樘（yòu táng）”两个字呈给宪宗。

宪宗问：“这是什么意思？”

“樘乃柱子，一柱擎（qíng）天也。”商辂恭谨地回答。

“好一个一柱擎天。”宪宗十分满意。

接着，宪宗召见纪小娟。六年不见，纪小娟依然美丽，由于少见阳光，益发白皙细致，生活的磨练，也让她多了一分成熟与稳重。宪宗目光紧紧盯着纪小娟：“小娟，这几年苦了你。”

纪小娟用力咬住嘴唇道：“万岁爷，我们母子依然恐惧。”

明宪宗贵为皇帝，竟然不能保护心爱的女人与骨肉，这也是历史上罕见的事。宪宗心中不能说毫无愧意，他却只能在打结的眉头再打一个死结，长长地吁一口气：“朕实无能为力。”

自从纪小娟母子出现后，万贵妃就像发了疯似的又吵又闹，她把太监张敏找来拳打脚踢："你说，纪小娟这个小贱人的儿子不是早就死了吗？原来是你骗了我。"

万贵妃步步设防，自以为做得滴水不漏，竟然出现如此戏剧化的父子相认，她无论如何也不能接受。

明宪宗当了皇帝，万贞儿这个比宪宗大十七岁的保姆居然成了万娘娘，不知惹来多少艳羡。但是，她不快乐，她充满了仇恨，每一个年轻貌美的妃嫔都是她的死敌，她恨不得把她们全部消灭。由于心情烦闷，万贞儿只好用吃来泄愤，愈吃愈胖，她也晓得宫中人暗地里称她为万胖子，这使得她对其他婀娜多姿的妃嫔更加嫌恶到了极点。

纪小娟，纪小娟，当初就该杀了这个纪小娟。万贵妃仿佛成为咆哮的母狮子，谁也不敢亲近她，一向怕她的明宪宗更畏惧三分。

小皇子露脸以后，纪小娟被封为纪淑妃，从安乐堂中搬了出来，迁到永寿宫，她也一样不快乐。纪淑妃看到明宪宗以后，她心里很难过，她常常在心中呐喊："万岁爷啊，六年前，你不能保护我们母子，六年后你依然如此懦弱吗？"

王皇后找了纪淑妃问话："你搬到

宫廷仕女，清陈枚绘。

永寿宫两个月了，你知不知道，为什么迄今为止，小皇子还没有被立为太子？”

纪淑妃垂着头：“我也不晓得，天天在盼，天天不安心。”

王皇后道：“你想想看，万胖子气得快疯了，如果有一天，你母以子贵，当了太后，万胖子还得向你磕头，以她如此刚烈的性格，这一口气如何能够忍得下去？”

纪淑妃失魂落魄尖叫起来：“天呀，这该怎么办？”

王皇后怔怔地望着纪淑妃，只能叹气。

过了没有多久，纪淑妃暴毙。

关于她的死，有三种说法：

其一，有人说，万贵妃愈想愈怒，干脆找了一个杀手，把纪淑妃给杀了。

其二，也有人说，纪淑妃担心儿子的前程，趁着宫女不注意，悄悄上吊而死。

另有一说，纪淑妃因为压力太大，不支昏倒，万贵妃差遣了一位御医前来诊治，三两下便药到命除。

纪淑妃暴毙的同时，“骗”了万贵妃的张敏，因为不堪万贵妃无尽的折磨，在花园树丛之下吞金而死。

怀恩十分地难过，忍住眼泪向宪宗禀报：“纪娘娘死了。”

“怎……怎么一回事？”宪宗不胜诧异。

“外界有不同的说法。”怀恩哽咽道。

反正，无论是哪一种说法，都与万贵妃脱离不了关系，明宪宗也不想再追究，只是皱紧眉头道：“朕实无能为力。”

好一个无能为力。

万贵妃请吃点心

明宪宗无后，朝野忧心，因此，当纪小娟带着小儿子翩然出现，群臣相贺。可是，等了又等，始终没有传出册立太子的消息，外界不免议论纷纷，猜测原因。

“万岁爷想儿子都快要想疯了，为什么还不赶快册立？”

“因为万胖子会不开心。”

“事关国本，还管她的心情如何？”

“你可以不管，万岁爷不这么想。”

大臣们心中都有一句话，搁在心里不敢开口：“奇怪，天子乃一国之尊，万岁爷怎么这般无能？”

的确，宪宗优柔寡断，平庸无能，他只会锁紧双眉，沉痛地说：“朕实无能为力也。”

纪小娟离奇死亡，明宪宗自不免伤感。但是，想到这样也许可以消减万贵妃的醋意，反而有如释重负的轻松。再说，当初谎报纪小娟儿子已死的张敏也吞了金，宪宗这才鼓起勇气，向万贵妃试探立储一事。

“好啊，这是件好事，愈早办妥愈好。”万贵妃回答得异常爽快，倒让明宪宗十分意外。于是，小阿孝便顺利地被册封为太子。

万贵妃其实心中还有另一层用意，她自认为对带孩子有一套，毕竟是保姆起家的，小孩子懂什么，还不是有奶就是娘，只要她拿出当年对付宪宗的功夫，丧母的太子保管会服服帖帖，叫他往东他不敢往西。

不过，万贵妃忘记一件重要的事，当年，她还是万贞儿的时代，人人都误以为她只是个溺爱小孩、忠心尽职的好保姆。现在的万娘娘，狐狸尾巴早就露出来了。第一个对万贵妃起了戒惧之心的就是周太后。

周太后问宪宗："你说，现在纪淑妃死了，你准备让谁来抚养阿孝？"

"自然是王皇后。"宪宗回答。

"不成，王皇后一向是明哲保身，胆小怕事，她接不了这个担子。"太后心忖，以王皇后的性格，只要万胖子一吼，难保她不把太子双手呈上，送给万贵妃宰割。

"阿孝就由我来抚养吧，你要看他，也得来这儿。"

"是的。"明宪宗对这件事没太多意见，对于得来不易的太子，似乎也没有太多的珍惜。

从此，阿孝留在太后的仁寿宫，太后对于年幼失母、自小生长在地窖的乖孙，可是有说不尽的疼爱。

万贵妃开始进行拉拢太子的工作。有一天她派人面报太后，就说准备了精致的点心，请太子过来玩一玩，尝一尝。

宫廷仕女，清陈枚绘。

太后一听，脸都吓白了，又不能不让太子去，只是左一遍右一遍提醒太子："到了那儿，什么都不许沾、不许吃，否则就会中毒而死。"

万贵妃是北方人，擅长做面食，想明宪宗小时候，就对万贞儿保姆这身手艺迷恋万分。她力气大，揉出来的面韧性高，口感特别好，如今，贵为万娘娘，老早不下厨，这一回，为了刻意讨好七岁的太子，特别下厨指点一二。

太子一来，刚刚坐定，万贵妃堆着满脸笑容，亲自捧来一个热气腾腾的蒸笼，嘴里忙着说："你来得正巧，刚好蒸熟了包子。"

万贵妃一打开，哇，好香好热，她先示范说明："这包子皮薄，里面有一汪子汤，吃的时候要眼明手快。"

于是，万贵妃先用手抓住包子的皱褶（zhě）处，轻轻咬破包子皮，把其中滋味鲜美的汤吸饮下肚，然后再慢条斯理地吃空包子的皮。

阿孝张大眼睛，一眨也不眨地望着她把包子咬破，汤汁外溢。阿孝不断地咽口水，实在想用手抓一个来尝尝，却是犹犹豫豫不敢动手。

万贵妃惊讶地望着阿孝："你不喜欢吃包子？"

"嗯，刚刚吃饱了来。"阿孝故意拍拍肚子。

"那么，你吃一点炸小丸子，你父亲小时候最爱吃的。"万贵妃转身又捧了一碟小肉丸来。

小丸子看起来好漂亮啊，外面焦焦黄黄的，里面酥酥嫩嫩的，万贵妃把筷子递给阿孝："蘸（zhàn）一点儿花椒盐吃，又松又细。保准你还想来一盘。"

阿孝真是痛苦极了，仿佛所有的馋虫都到了喉咙，他用筷子夹起一个小丸子，正要放入口中，想一想，又把筷子搁下，拍拍肚子，故意说："真的饱了。"

万贵妃无奈，苦笑道："好吧，那我们就来一点杏仁酪（lào）吧，这可是熬了一个早上的。"

万贵妃捧了一个小锅，芳香扑鼻，阿孝狠狠地嗅了两口，那黏糊糊、甜滋滋的甜汤一定很好吃，他最爱甜食了，最好能吃两碗三碗。

可是，万一吃了肚子痛，死翘翘就不妙了，于是，他用力地摇摇头道：“不行，不行，我饱了。”

万贵妃火了，她拿起调羹（gēng）准备硬喂：“这小小杏仁酪，就是再饱也可以吃的。”

“不成，不成！”阿孝慌了，一手捂着嘴，“我怕里面有毒。”

“你说什么？”万贵妃气炸了，血盆大口张得好大，好像要吃人的样子。阿孝看着害怕，头也不回地往前逃命，一路奔回仁寿宫去找太后去了。

黑色怪物入袭皇宫

万贵妃请太子吃点心，周太后不好意思不答应，虽然千叮咛万嘱咐不能吃不能吃，但到底太子还只有七岁大，小小年纪怎有能力应付鸿门宴。

因此，太子一出门，太后就后悔了。她一个人搓着手，走过来又走过去，直懊恼不该答应阿孝去。“万一，阿孝中了毒，我怎么对得起纪小娟？万一，阿孝也被万胖子给害死了，大明朝无后人，我岂不成了大明朝的罪人了？”

想到这儿，太后的心扑通扑通跳个不停，跳得她眼冒金星，几乎昏厥。她在屋里坐不住了，干脆站到园子里等候爱孙。

正在发愁时，阿孝远远奔来，一路跑一路叫奶奶，叫得好悲切，好着急，太后张开手迎接，把阿孝搂在怀里：“不怕，不怕，回来就好了。”

回到仁寿宫，阿孝收干了眼泪，在太后安慰之下，又展开了笑颜，他仰着头得意道：“万娘娘请我吃点心，我一口也没吃。”似乎是个小英雄。

“后来，万娘娘好生气，样子好可怕。”

太后叹气道：“阿孝真乖，我们下次不去了。”

阿孝摸摸肚子：“现在，倒有点儿饿了。”

太后拉起阿孝的小手：“不如去吃甜蜜蜜的百果糕。”

阿孝叫了起来：“好噢！”

太后望着阿孝，一手抓一个糕，糖屑吃得满脸，忍不住笑了起来，心想，毕竟是个七岁的宝宝，难为他了，下一次再也不可冒险。

另一方面在昭德宫，万贵妃大发脾气，自从她贵为万贵妃，没人敢在她面前说一个不字，没料到今天竟栽在一个七岁毛头的手中。

万贵妃气得猛拍桌子，又甩了一个倒霉宫女的耳光。她喜欢戴戒指，五根手指上倒有七八个戒指，凸起的宝石把宫女的脸都刮破了，手腕上的玉镯金镯彼此相碰，更增加了惊心动魄的效果。

“你们说，他才这么小，心眼这么多，将来有一天若是当了皇帝，岂不把我给吃了？”万贵妃恨恨地咆哮着。假如这一刻阿孝还在她的面前，万贵妃很可能亲手把阿孝活活给掐死。

所向无敌的万贵妃，经过这一番折腾，竟然病倒了，而且病得不轻。偏偏这期间，宫里头不晓得打哪儿飞来一群小虫子，黑压压的一大片，螫（shì）起人来，人会肿一个大包，痒得要命，万贵妃火气旺，恨得大嚷：“好啊！连小虫子也来跟我过不去了。”打虫子打不着，她力气大，抓起痒来特别用力，身上、腿上到处一条条血痕，为此，万贵妃脾气更大，病情更恶。

小虫子咬起人来，可不管你是不是皇帝，因此，明宪宗也被咬得遍体鳞伤，夜夜不得安眠。

中国古人是相当迷信的，所以，马上有人禀报宪宗：“万娘娘的病，是由黑眚（shěng，灾难之意）所引起，宫中扰人的小虫，同样也是黑眚在作祟。假如不马上处理，可能还会有接二连三的灾祸。”

“那该怎么办？”宪宗一着急，说起话来又结结巴巴的。

“赶快请法师做个七天七夜的水陆道场。”

宪宗立刻吩咐下去，以后的七天七夜他天天数日子，期盼七天之后，一切恢复正常。不料，七天下来，小虫子愈来愈多，多到一张开口，几乎就可以吞入小虫。宪宗烦极，连连唉声叹气：“这个黑眚怎么法力无边，阴魂不散。”

就在此时，黑眚出现了！

民间盛传，有一种怪物出没，它有金色的眼睛，修长的尾巴，看起来像一条狗或是一只狐狸，背后笼着一股黑气，趁着夜晚袭入人家。黑眚一出现，全家人都会昏迷不醒。

谣言愈传愈烈，最后传到宫里，并且有人言之凿凿：“小黑虫就是黑眚的先遣部队，由此证明，黑眚即将出袭皇宫。”

宪宗听到消息，吓得手脚发软，出于本能地去找万贵妃，万贵妃气息奄奄，也说不出个主张来。

一天清晨，宪宗在朝天门接见文武百官，突然之间，一名侍卫像杀猪般呼喊：“不得了，黑眚出现了。”

众人惊成一团，急忙找网子、寻棍子，想要逮捕黑眚，却不见黑眚踪影，吓昏了的侍卫醒来之后却指天发誓，他果然看到民间传说的怪物。

一连串的离奇事件，让明宪宗伤透了脑筋。

天狗吃掉太阳

明宪宗成化十二年（1476年），宫里接二连三地出事，先是万贵妃病倒，而且病势不轻，继而不知自哪儿飞来一群群小虫，螫人肌肤，痒得难受，紧接着黑色怪物黑眚出现，把宪宗吓得死去活来。

无巧不巧，七月九日，北京出现日食，朝廷震惊。日食的原因是月亮走到太阳与地球之间，形成一条直线，因此，日光被月亮遮住。

中国古人不了解日食的道理，以为太阳是被天狗给吃掉了，北京城的居民个个惊惶失措，拿着炒菜锅子铲子就往屋外跑，大声地用力地敲击着，要把天狗赶跑。

过了一阵子，太阳出现了，大家很高兴天狗被赶走了，却也纷纷议论不休，既然日食代表上天的警告，显然是皇上的圣明受到了云翳（yì）的遮蔽，同时意味着皇上严重的失德。

明宪宗大惊失色，立刻在二十四日于内宫之中设案行祀，躬祷天地，并且以“用度不节，工役劳民，忠言不闻，仁政不施”自责。

大学士商辂一心为国，他心想，好不容易皇帝有个机会暂时沉潜，晓得检讨自己，因此上了一个奏章，提出了消弭灾祸的八件事，具体地指出皇帝日后应当：“一，不要再对番僧国师法王滥赐印章。二，除了四方例行的贡品外勿再接受呈进上来的珍奇奉献。三，准许诸臣直言。四，减少冤狱。五，停止不急着需要的营造工程。六，充实边境国防的军事储备。七，加强沿边关隘的工事设施。八，设置云南巡抚。”

商辂是明朝连中三元的内阁首辅，他所提的八件事多半是宪宗平日的作为，趁此机会把明宪宗所犯的错误，一股脑儿地全抖了出来。

宪宗岂是虚心纳谏的君主？他看了商辂的奏章，气得脸都白了。但是，宫中接二连三出事，如今连太阳都不见了，因此，不得不下令对商辂“优诏褒纳”，但愿老天爷能够息怒。

偏偏就在宪宗努力弥补过失之时，宫里又出事了。

事情是这样的，宫旁北海之中，有一座琼华岛，岛上有一座万岁山，风景优美，地势高亢，站在上面的广寒殿，整个大内尽入眼底，从辽金到元朝，向来是皇帝们最喜欢留驻之处。

到了明朝明成祖之时，他曾经再三告诫宣宗：“不许去广寒殿游玩，那儿相当于宋徽宗的艮（gěn）岳，宋徽宗迷恋花石纲，骚扰天下，北宋因而灭亡，尔等应当以此为戒。”

既然是成祖的警告，不论是宣宗、英宗、景帝都乖乖听话，谁也不敢去广寒殿玩耍，久而久之，那儿就逐渐荒废了。

可是这一段日子，有人远远发现万岁山上人影幢（chuáng）幢，仿佛又有鬼怪出现。

怀恩老太监不信邪，他跑去找锦衣卫都指挥使袁彬，要

万岁山图稿本，元房大年绘。

求他“务必查一个清楚”。

袁彬是明英宗流落在瓦剌时的恩人，办事十分谨慎踏实，当下就派了一批人马直登万岁山，果然现场逮到一名妖里妖气的道士李子龙。这道士正一手摇铃，一手舞剑，口中喃喃自语地做法事，另有三名太监鲍石、郑忠、韦寒也在旁边。

经过袁彬等人的彻底调查，发现这个李子龙原名侯得权，小时候出家当和尚，化缘到了河南，遇到一位道士，传授给他符术，所以，侯得权就蓄了头发，改行当了道士。侯得权人如其名，非常想要得到权力，他听说陕西一带，最近出现了一位奇异之士，天赋异禀，有不少神奇的传说，这位奇人名叫李子龙。于是侯得权脑筋一转，把脸一抹，从此改名换姓，成为冒充的李子龙，活动于真定一带，设坛卖符，妖言惑众，倒也招来了不少愚夫愚妇。

后来，这个李子龙到了京师，闯出了一点名堂，并且在杨道仙的家里认识了宦官鲍石等人。

李子龙装模作样对这几个迷信、无知又头脑简单的宦官说：“大明朝气数已尽，当今皇帝虽有一个儿子，迟早小命不保，我在睡梦之中，屡次得到神仙的指点，特来北京城内寻访真命天子。”

由于宪宗的无能、万贵妃的专权、太子的岌（jí）岌可危，旁人不知道，太监们可一清二楚，所以，鲍石、郑忠等人非但对李子龙深信不疑，并且尊李子龙为上师，希望借着上师的指点，早一些发现真命天子，以后也好借拥戴之功，多享受荣华富贵。

就是如此这般，宦官们才带领李子龙，鬼鬼祟祟到了万岁山，登临广寒殿，居高临下，观察大内，希望借着李子龙的无比法力，能在茫茫人海之中觅得真命天子。

汪直俊俏狡黠

中国古代的皇帝手握无限大权，威风八面，但是，内心都有一层挥不去的恐惧，那就是害怕有人会夺他的皇位。

明宪宗正为此而忐忑不安。

他先为日食而忧心，没多久，又有一个原名侯得权，后来改称李子龙的人，以妖术结交宦官，竟然私入广寒殿，图谋不轨。

明宪宗很着急，他追问锦衣卫都指挥使袁彬："你告诉朕，他们究竟准备如何图谋不轨？"

袁彬不敢据实回答，因为李子龙对外宣称，当今皇上失德无能，明朝气数已尽，该是寻访真命天子的时候了。袁彬心想，他若是诚实以告，器量狭小的宪宗必然恼羞成怒，就算袁彬是明英宗的恩人，宪宗依然会大发雷霆。

因此，袁彬只好淡淡地敷衍："没什么，反正事情过去了。"

宪宗不满意："他们想造反，策划了好久，怎么锦衣卫一无所知？"

"锦衣卫平日不宜过多扰民。"袁彬平静地解释。

宪宗几乎冲口而出："不扰民结果就成了扰君。"转念一想，袁彬到底是先帝的恩人，也就没开口。

关于李子龙等人，没有二话，自然是问斩。但是，去了一个李子龙，若是再来一个李子龙又该如何？宪宗真是忧心极了。

从小到大，宪宗碰到困难，直觉的反应就是找保姆万贞儿，所以，万贞儿成为万贵妃，依然是宪宗心中依赖的对象。

万贵妃躺在病床上，气息奄奄，但是，脑筋依然活络机灵，她对宪宗说：“万岁爷为何不自己派人出去打探消息，比锦衣卫管用得多。”

宪宗一拍大腿：“对啊！何不仿照东厂故事？”

东厂是明成祖设立的特务机关，负责侦缉与刑狱，上自官府，下至民间，都有他们的踪迹。亲信太监结合地方流氓，组成了东厂这个执行屠杀的人间地狱。

对民众而言，东厂是欺压善良、陷人入罪的恐怖机关。对君主而言，东厂可以打探外界消息，防范逆谋，造福朝廷，值得仿效。

宪宗兴致勃勃地追问：“构想虽好，得有得力的人去指挥才行。”

万贵妃立刻接口：“就找汪直吧，他挺能干的。”

“就是那个瑶人？”

“正是。”

提起了汪直，万贵妃就眉开眼笑，连病痛都忘记了。说真的，像万贵妃脾气这么坏，能够让她称心如意还真正不简单，但是汪直硬是有此能耐。

宪宗时明代后宫，出自《宪宗元宵行乐图卷》（局部），明人绘。

汪直
俊俏狡黠

汪直是大藤峡的瑶族人，与纪小娟一般，都是明朝军队平乱之后，被俘虏到了京师。

汪直生得非常俊俏，一双大眼睛水汪汪的，鼻子也相当英挺端正，很容易就被相中，阉割后送到了昭德宫，在万贵妃跟前当差。

万贵妃表面上是威风八面，其实内心里仍然是恐惧的，万一有一天，宪宗突然醒悟了，不再受她支使，或者，迷上其他的妃嫔，万贵妃手上是一张牌也没有，因此，她的情绪极端不稳，经常没头没脑发脾气。

有一回，一个被责骂的宫女私下里嘟嘟囔囔："老妖怪，万胖子。"冷不防，万贵妃突然出现，戴满了戒指的巴掌左右开弓，宫女的脸颊滴滴流血，跌倒在地，万贵妃胖胖的脚用力踹了又踹，宫女哀哀讨饶，众人相愕，不晓得该如何是好。

这时，汪直一个箭步向前，也踩了宫女一脚，大声地说："万娘娘哪儿是胖，她是丰腴，与唐朝杨贵妃一般雍容华贵。"

万贵妃臃（yōng）肿悍泼，从来没有人夸她美丽，而女人没有不喜欢别人称赞她美丽的，因此，她收起了怒气，开始打量眼前这个俊俏的美少年。

汪直献媚地对万贵妃说："宫女当然嫉妒娘娘，娘娘用不着与她们一般见识，娘娘若是戴上了昨天梁芳呈献的玉簪，必定更为艳丽大方。"

万贵妃满头珠翠，叮叮当当，若非她头大，怕早就撑不住了，汪直竟然劝她再戴饰物，她也开开心心再加一支玉簪，汪直频频称美，其他人心中暗骂"缺德"，却也不能不佩服汪直马屁功夫的确是高人一等。

汪直奉命探人隐私

明宪宗接受万贵妃的建议，决定让汪直到宫外刺探隐私。

汪直当时不过是个小小的“御马监太监”，但是，他所得到的命令是：“大政、小事、方言、巷语，悉探以闻。”也就是说，任何大大小小的事，全在汪直的探听范围之内。

这下子，汪直可精神抖擞了，他在锦衣卫之中挑了几位与他臭味相投、诡谲（jué）机灵、不安好心眼的年轻校尉，换上了布衣小帽，或骑驴或骑骡，开始在北京城内外闲逛。

汪直一行人在北京城里又吃又玩，快活极了，与在万贵妃跟前当差、伺候她阴晴不定的脾气相比，仿佛到了天堂。

既然是奉命出外打探消息，玩了一整天，汪直总不能空手而返。这可难不倒足智多谋的汪直，他把在烤鸭店里听来的消息，再加油添酱一番，就是一篇精彩绝伦的报告了。

譬如说汪直会禀告明宪宗：“报告万岁爷，奴才今天打探到一件消息，可离奇了，在京城近郊住着一位陈老，终日吟哦（é）诗书，时时教训人们要讲礼义廉耻。”

明宪宗不耐烦地打断汪直：“那岂不与商尚书一般，有什么意思？”

商尚书就是商辂，商辂乃国之栋梁，宪宗却顶讨厌他。嫉妒之心人皆有之，按理说来，当皇帝的，应该没有什么人值得他嫉妒了。但是不然，明宪宗嫉妒商辂的道德人品，看不惯商辂自以为是的神气，更难忍耐商辂的直言上谏。

汪直明白天子被人捧惯了，最恨有骨鲠（gěng）精神的忠臣，所以接口道：“对对，陈老貌似商尚书，连说话语气神态都相仿。陈老丧偶多年，一直未曾再娶，最近他儿子娶了媳妇，发生了一件奇怪的事。”

“怎么个奇怪法？”这下子明宪宗有兴趣了，大病初愈的万贵妃也坐直了身体。

汪直嘿嘿地冷笑道：“陈老的媳妇生得极美，尤其皮肤又白又细，就像嫩豆腐一般掐得出水来。这陈老经常捧着一本书作幌（huǎng）子，一双眼睛自书本下盯着媳妇打转。尤其是白天儿子外出时，他干脆把书扔在一旁，就这么魂不守舍直直地瞧着媳妇，害得媳妇困窘万分，躲都没有地方躲。”

“哈哈哈！”宪宗笑得前仰后合，“想不到商老也有这一天。”宪宗似乎忘记了商辂和陈老两人之间毫无关系。

万贵妃更乐了：“我早知道商辂不是好人。”

万贵妃与商辂还曾经有过一段过节哩。那是宪宗成化十一年（1475年）五月里，纪小娟戏剧化地翩然自安乐堂出现，手里还牵着万岁爷的儿子——六岁的阿孝，纪小娟被封为纪淑妃，万贵妃气得发疯。

过了一个月，纪淑妃暴毙，死因为何乃千古谜团，一般的看法是万贵妃准脱不了关系。

正直的商辂看不过去，他坚持根据孝顺的传统，刚被封为太子的阿孝应该探视亡母。于是司礼监带着阿孝前往。

阿孝自小与纪淑妃相依为命，当他发现妈妈不会亲他抱他，不会说话，不能动弹，着急伤心得又哭又闹。在旁的人都悄悄地用手背擦眼泪，万贵妃却为之厌恶万分。

后来，纪淑妃葬礼之时，商辂又坚持太子必须披麻戴孝地行礼，万贵妃更火大，她原希望太子年纪小，记不得母亲，将来她笼络笼络，太子就把她当妈妈。这个美梦被商辂破坏了，难怪后来她请太子吃点心，太子竟然说点心里有毒，气得她生了一场大病……

所以，万贵妃抢着说："明天，你再打听打听那个陈老怎么了，他与商辂一般坏。"

于是，第二天，明宪宗与万贵妃以等着看好戏的心情，期盼着汪直归来。

汪直为了不让听众失望，连忙编了一段："这陈老先生真是老不修，竟然搬来一张椅子，从窗户缝里偷看媳妇洗澡，一个不留神，陈老摔了下来，媳妇赶忙穿好衣服跑出来看，发觉竟然是公公在窥浴，真是羞愧难当，觉得活不下去了，只好投井而死。"

明宪宗叹了一口气："没有想到商辂是这种人。"

汪直接口："虽然不是真的商尚书，不过想来商大人私底下也是如此。"

明宪宗、万贵妃与汪直在假的商辂的败行之中得到了满足，宪宗虽然贵为皇帝，在道德上却到达不了高的层次，只好"以小人之心度（duó）君子之腹"，自我欺瞒，把那些有道德的君子"丑化"一下，来纾（shū）解自己的压力。

汪直成立西厂

太监汪直领到明宪宗的命令："大政、小事、方言、巷语，悉探以闻。"从此以后，他每天换上便衣小帽，骑着一匹小骡，带着几名小混混出外打探消息，吃喝玩乐，真是快活极了。

对于明宪宗而言，每天午睡醒来，听汪直报告一些某妻妾争风吃醋、大打出手，或者某公公偷看媳妇洗澡的丑闻，消遣解闷，深觉十分有趣。汪直非但人俊俏机警，同时口才也好，唱作俱佳，连比带演，总把明宪宗与万贵妃逗得呵呵笑。

由于汪直的表现极佳，宪宗在成化十三年（1477 年）一月正式成立了西厂。西厂和原来的东厂都是特务机关，替皇帝刺探外情，防止臣民谋反叛逆。西厂的权势超过东厂。不过，西厂到了明武宗正德五年（1510 年）被撤废，一共存在了三十四年，但是，东厂却始终存在，一直到明朝灭亡。

西厂正式成立以后，汪直认为，目前他所打探的消息，不过是一些三姑六婆的闲言闲语，不容易引起朝野的重视，换句话说，汪直的情报有如现代报纸的地方消息，他心目中却是想弄一个头版头条，让人人瞩目，个个震惊，然后，还可能借此敛财。

汪直把他的心意告诉了韦瑛，韦瑛笑嘻嘻道："我一定能把这件事办成。"

韦瑛是谁？韦瑛原是一个市井无赖，因为混不下去，就把自己卖给一个姓韦的宦官，成为韦姓的家人。

汪直与韦瑛年纪相仿佛，臭味相投，很快就成了亲昵的酒肉朋友，彼此称兄道弟，准备联手大干一场。

过了没有多久，机会上门了。

事情是这样的，有一个名叫杨瑎（xié）的人，原是杨荣的曾孙，他的父亲杨泰性情粗暴，因为细故杀了人，杨瑎也脱不了关系，吓得连夜逃到京师找姐姐帮忙，杨姐嫁给了董序，董序是礼部主事。

在古代，司法不独立，人们始终相信，有钱能使鬼推磨，总是设法打点关说，希望能够减刑甚且无罪释放，而果然也有不少人走这条路走通了。杨瑎来找姐夫，就是想要利用关系为杨泰脱罪。

杨瑎夜半急急敲门，把董家上上下下全都惊醒了。董序一见杨瑎大吃一惊，董序平日对这个小舅子从来没有好感，却没见过他如此狼狈，整张脸涨得像是腐败的猪肝，眼神里有畏惧有不安，一改平日凡事不在乎的调调儿。

“怎么啦？”杨姐急着探出头来询问。

杨瑎直喘气，好半天才压低声音说：“爹杀了人。”

“啊！”董序夫妇相对一望，也都呆住了。

问明原委之后，杨姐心中好不着急，却故作轻松道：“没关系的，船到桥头自然直，姐夫会想办法的。”

一听此话，杨瑎放了心，又恢复了调皮的本色，摸摸肚皮撒娇：“啊！一路赶来，还真是有点儿饿了。”

做姐姐的通常都爱护弟弟，杨姐道：“炉子上炖了一锅羊肉，早就烂了，原是你姐夫要消夜的。”

杨瑎鼻子用力一吸：“果然是好香，刚才吓怕了，没有嗅到。”杨姐见杨瑎好馋的模样，端来了羊肉，又煎了一条鱼端来，杨瑎连喝三碗粥，抹抹嘴巴，然后便去睡了，一会儿，发出了打鼾的声音，显然是放心地睡着了。

董序夫妇却是一夜未眠。董序说：“岳父杀人的事，要赶快压住，如果地方真的办起来，我们都会牵连在内。我明天一大早去找韦瑛想想办法吧！”

杨姐握着董序的手：“弟弟带来了一万两黄金，数目不小，应该是够了。”

第二天一大早，董序找到了韦瑛，并且献上金子，韦瑛笑眯眯道：“放心吧！一切交给我。”

董序也笑了：“真是谢谢了。”

董序心中放下一块巨石，回家补睡回笼觉。

可惜，董序高兴得还太早……

杨仕伟半夜惊魂

杨泰杀了人，他的儿子杨瑢跑到京师，找姐夫董序帮忙，希望能够设法脱罪。董序找到汪直身边的红人韦瑛，韦瑛收下了钱，也答应帮忙。

不料，韦瑛这个“司法黄牛”一转身，直奔西厂，向汪直报告：“杨瑢父子杀人畏罪，携带一万两黄金到京城来，藏在礼部主事董序的家里，准备用来行贿逃避刑罚。”

“黄金万两？发财的机会来了。”汪直兴奋地拍着大腿。

汪直立刻派人前往董宅，把正在呼呼大睡的董序、杨瑢逮捕入狱，并且逼着董序交出万两黄金，可怜的董序把所有的钱全给了韦瑛，哪里还有金子？西厂的爪牙搜遍董宅不见黄金，于是把董序和杨瑢押入西厂。

“董大人，”韦瑛在西厂的一个阴暗的房间中，神情严肃地对董序说，“你这件案子关系重大，我会设法保住你的性命，不过，你可千万不能说出来那一万两黄金送给了我，否则，嘿嘿……”

“是！是！”董序是个胆子极小的人，早已吓得魂不附体，连连应诺。

“你在牢里不许乱说话，问你任何事都回答不知道。”韦瑛用命令的语气说。

汪直在厅堂上逼问杨瑢那一万两黄金的下落，杨瑢是个公子哥儿，从没有见过这等凶恶的场面，吓得面无人色，跪在地上，两腿直打哆嗦。

“我把黄金全都交给姐夫了。”杨瑢结结巴巴地说。

“胡说！”韦瑛立刻大声斥责，“我刚才问过董序，他说他不知道有一万两黄金。”

“好，杨勰，你不肯说，我把董序找来对质。”汪直板着脸说，“来人啊，带董序。”

董序披头散发被押了进来。

“董序，杨勰可把一万两黄金交给你？”汪直厉声问道。

董序跪在地上全身发抖，听到汪直冷峻的声音，吓得几乎晕过去，脑海里立刻想到韦瑛刚才的嘱咐，便叩头道：“我不知道，我什么也不知道。”

“董序既然什么都不知道，就带下去吧！”韦瑛对汪直说。

“好，把董序押下去。”汪直挥挥手。

“姐夫！”杨勰回头望着蹒跚（pán shān）而行的董序，大感恐慌。

汪直一点都没有料到韦瑛的诡诈，他只以为杨勰舍不得把黄金拿出来，于是一拍桌子：“杨勰，不用刑谅你也不会招，来人啊，用琵琶刑！”

所谓琵琶刑是一种惨酷的刑具，它的形状像琵琶，夹住人的关节，犯人套上“琵琶”，狱卒用力一抽绳索，“琵琶”就收紧，牢牢地夹住犯人身上每一个关节，再抽一次，犯人的关节就会痛得像是脱臼一样，又抽一次，犯人就会痛得汗如雨下，全身骨头像是要散掉。

杨勰被上了三次琵琶刑，痛得死去活来，当要第四次抽绳时，杨勰赶快招供：“别再用刑了，黄金万两藏在我叔叔兵部主事杨仕伟家中。”

韦瑛立刻率领兵卒到杨仕伟家，当时已是深夜，把杨仕伟夫妇从床上拖了起来，然后就是一阵毒打。

杨仕伟夫妇冬天夜半，闭门家中睡，祸从天上来，迷迷糊糊被打得死去活来，呼天抢地，大哭大叫，夜深人静听来，显得格外地恐怖凄惨。

与杨仕伟比邻而居的翰林侍讲陈音被惊醒，急得爬墙过来一探究竟，他骑在墙壁上一看惨状，忍不住大叫：“你们擅自侮辱朝臣，难道不怕国法吗？”

那些锦衣卫的兵卒不甘示弱：“你是什么人，不怕西厂吗？”

陈音回答道："我是翰林陈音。"

"管你什么翰林，我们是奉旨来捉人的。"锦衣卫的兵卒向来是目空一切的。

杨仕伟被押解到西厂，汪直问案，杨仕伟一无所知，当然是问不出结果来。

"韦瑛，"汪直伸伸懒腰，"累死人了，这案子就交给你了。"

韦瑛回到囚房，叫狱卒把那已经被折磨得不成人形的杨勰押来，继续用刑，不久，杨勰便气绝身亡。

"杨勰，"韦瑛用脚踢了踢杨勰的尸体，轻声地说，"可不是我杀了你，是那一万两黄金要了你的命。"

这案子最后的结局是，杀人凶手杨泰处死刑，董序、杨仕伟因为亲戚关系连坐而被削去官职。

经过这次莫名其妙的案子，两位主事被削职，使得文武百官对于新设立的西厂刮目相看，东厂仍在，西厂又起，好像是原有一匹狼，又来了一只虎，空气里的血腥味似乎愈来愈浓了。

覃力朋贩卖私盐

汪直自从主掌西厂以后，气焰一天比一天高，更何况他依然身兼御马监太监。

我们平日称宦官为太监，事实上，宦官是一个通名，在明朝，宦官是有各种等级的，最高的一级才能称之为太监，一般人用太监通称宦官，那是以最高的一级来概括全体。

明朝设置在皇宫内的机关，主要是二十四个衙门，其中包括了十二监、四司、八局。御马监掌印太监在十二监之中，算是相当重要的职务，因为他掌管了羽林军中的骑兵，与司礼监一文一武相提并论。

御马监地方很大，约在今天北京大学一带，平日是用来遛马的旷地。然而到了每个月的四日、十四日、二十四日另有他用。

原来，每月逢四之时，宫门大开，清理垃圾，宦官们趁此机会偷点好东西出来卖，称之为“内市”。这一大片“摆地摊”的，统统归他管辖，因此，汪直对外接触广泛，大小宦官都得要让他三分。

其中有一个南京镇守太监覃（qín）力朋不买汪直的账，果然就吃到了苦头。

覃力朋入京进贡，办完了事，由运河南归，顺便携带了一百艘私盐船，浩浩荡荡，一路骚扰，从山东德州到达武成县，再往前走便是南北货运最大的一个税关——临清关。

武成县典吏素来以正直闻名，早就听说覃力朋沿途打劫，可恶已极。所以，他寒着脸，拦下盐船，冷冷地询问："请问，这批盐船，可有准予运销的凭证？"

"你要凭证？"覃力朋随手拿起一根短棍，对准典吏咧开的大嘴巴，"哐当"一声，敲断三颗门牙，典吏一嘴是血。

典吏身旁的人挺身而出，口里喊道："你怎么打人？"话还没有说完，覃力朋只一拳，打得他鲜血迸流，鼻子歪在一边，覃力朋举起短棍，又打又捶，把人给打死了。

汪直知道了这件事，把覃力朋逮捕下狱，宪宗颇为嘉许汪直正直。覃力朋当然是罪有应得，不过，明朝贩卖私盐图利的，绝不止于覃力朋一人。

自汉武帝以来，一直到民国初年，统治者都实施盐铁专卖制度。盐是民生必需品，虽低廉，也是最不可或缺。政府实施专卖，往往可以产生数十倍的利润，为历代政府重要的财政收入。

明朝开国之初，便建立了完整的盐务制度与组织，产盐的盐民被称为灶户，凡是灶户一律由政府发给盐田，以及制盐用的盘铁、草荡等用具，免除杂役，发给工资，并且严格规定"将余盐夹带出场以及私煎买卖者，处以绞刑"。

俗话说："赔钱的生意没人做，杀头的生意有人做。"贩卖私盐罪不轻，却有暴利可图，一些人缺乏公德心，对公家事马虎，因此，私盐应运而生。

灶户生产的私盐，大多售给"私枭"，"私枭"又被称为"盐匪"，或者"盐贼"，这些私枭拥有武器，形成一股黑社会的力量。若是遇上社会动乱，他们甚且揭竿起事，逐鹿中原，我们前面讲过的如唐朝的黄巢、五代的钱镠（liú）、元朝的方国珍都是以私枭起家的。

至于官兵，通常是抓不到强盗的，其中理由很多，包括抓不到，不敢抓，或者干脆包庇盐枭，担任耳目，狼狈为奸。

灶户与盐官也互相勾结，反正只要数量到达标准即可，因此，官盐之中有泥土、有黑灰，甚且故意拌入一些硝（xiāo）石，若不是官盐"沙土参半，味苦不佳"，如何衬出私盐"晶莹洁白，美味入口"？

此外，舟车不便的僻乡之地，商人不愿前往贩卖，自然成为私盐猖獗之地，私盐不用缴税，本轻利厚，又可以物易物，民众乐于购买，私盐生意愈做愈兴旺。

政府官员不但受贿、纵私，偶尔捉几个肩挑背负的小民顶罪，甚且有些人干脆自己下海，也兼差经营私盐买卖。

明成祖迁都北京，为了联络南北，重建漕运系统。漕运粮船回返，利用空船，夹带私盐，皇亲国戚与太监利益均沾。

覃力朋就是插了龙旗，沿途骚扰，他的案子到了刑部，刑部以为“坐以私盐拒捕，当斩”。但是明宪宗依然出面袒护，覃力朋很幸运地被免除刑责。

覃力朋贩卖私盐无罪，更加鼓舞了私盐盛行，盐利收入减少，使得财政危机加深。

韦瑛强取药材

西厂成立之后，汪直在锦衣卫之中，挑选了一百多个善于刺探消息的人加入，无论在规模上、在声势上，都远远地超过了以往的东厂与锦衣卫。

这一百多个小汪直，当然也要千方百计赚取外快，他们想出的方法之一，就是查禁妖书，求取官赏。

有一个通判曹鼎，罢职家居。宪宗成化十三年（1477 年）三月里，突然有一天，曹鼎一大早醒来，发现家中被西厂的爪牙团团包围。

曹鼎大惊失色，披衣而起，慌慌张张地问："发生了什么事？"

西厂爪牙不由分说，把曹鼎架了就走，曹鼎这才知道，原来他"匿（nì）藏康文秀带来的妖书"。

"康文秀是谁？我又把妖书藏在哪儿了？"曹鼎平白受冤，颇不甘心。

"康文秀是个瞎子，他把妖书透过你的同乡王凤交给了你。"

"那我怎么不知道？"曹鼎反问。

"哼，用刑之后你就清楚了。"

曹鼎是信佛的，一看到各式各样的刑具，仿佛想象中的地狱一般，整个人就吓傻了，他也不明白，一辈子行善，为何落此下场？佛教中提出关于十八层地狱的理论，原在告诫世人生前行善，以免死后受到地狱轮回之苦。不想酷吏竟然把地狱中各种残忍手段，如剥皮、炮烙、烹煮、剖腹移到人间现实，大肆作恶。

曹鼎受不住折磨，三两下便命丧黄泉。

曹鼎之后，知县薛方遭到同样的诬陷，一命呜呼。

曹薛两家同声喊冤，轰动朝廷，重新审案的结果，证明曹鼎、薛方的确是清白的。于是，左都御史李宾上奏，希望明宪宗能够“从此以后，明谕规定，凡是谎报妖言者，斩”。但是，一向懦弱怕事的明宪宗不肯，他只轻描淡写说了一句：“法律审判今后应该审慎，以免伤害无辜。”

根据明宪宗的裁示，很显然地，曹鼎、薛方死了就是死了，算他二人倒霉，也不必追究西厂误杀无辜，宪宗这种和稀泥的作风，让西厂得到极大的精神鼓舞。于是，虎狼鹰犬更加猖狂，西厂声势如日中天。

汪直身边的红人韦瑛尤其嚣（xiāo）张，到处强行勒索，谁也不敢不听。有一天，韦瑛遇到了一个硬是不信邪的人，那就是太医院方贤。

事情是这样的，韦瑛三番两次派人赴太医院索取药材，而且要的全是最名贵的药材，如长白山上的千年老参等等，方贤一概不理，并且对人说：“假如人人都如此，我们的药材岂不一扫而空？到时候谁能负责？”

韦瑛火大了，认为方贤看他不起，事实上，他心里也有数，没有几人会尊敬他。所以，韦瑛派了人便直冲方家搜寻，理由是，据人密报，方贤手脚不干净，必然偷偷把太医院的药材往家中搬运。

一群人东搜西寻闹了个半天，全无所得。忽然之间，有个爪牙大呼：“有了，有了，我找到一片沉香。”

所谓沉香，是一种常绿乔木，果实呈卵形，表面长有绒毛，它黑色芳香的脂膏，凝结为块，入水能沉，因此人们称之为沉香，可用为醒脑顺气之用，属于中等价位。

韦瑛取得沉香，如获至宝，一口咬定：“这片沉香必然是太医院公物，方贤私自取用。”其实，韦瑛并没有证据沉香出自太医院，但是，方贤就因为此事，非但丢了官，并且被关入西厂大狱。

最最荒唐的是，太医院居然由韦瑛接管，韦瑛等于家中开了药店，转卖出售，大赚特赚。

韦瑛尚且如此，汪直更是威风八面了。他每次出外，都有一大票随从，前呼后拥，凡是遇到汪直的，不论是官是民，总是乖乖下马，改为步行，表示尊重。

久而久之，即使是朝中大臣，远远遇到汪直，总是改道而行，避免麻烦，马路成为汪直一人天下，汪直为此十分自得，太监总是这样，自卑混杂着自傲，心理永远不能平衡。

兵部尚书项忠某日早朝时，遥见汪直，却未避道，堂堂兵部尚书，似乎也不用如此窝囊。汪直毫无教养，当场破口大骂："你瞎了眼啦？也不晓得让路？"

早朝完毕，汪直却余怒未消，又派了几个校卒上前侮辱项忠，又叫又跳，项忠只好报之以苦笑。

项忠乃正统七年（1442 年）进士出身，为朝廷立下汗马功劳，竟然受此侮辱，其他朝臣更不在话下了。

商辂检举汪直

自从西厂建立，汪直权势熏天，恣（zì）意刑杀，从成化十三年（1477年）正月到五月，整个京城成了恐怖世界，全国亦为之骚乱不安，人人自危。

大学士商辂终于忍耐不住了，他准备联络大臣，亲自起草，数一数汪直的罪状。

商辂的老乡老友张文前来劝阻，他说："商老啊，你老乡试第一、会试第一、殿试第一，三元及第，饱读诗书，难道不晓得忠臣总是头一个被杀害的？何必找自己麻烦？"

"唉，读圣贤书，所学何事？人人明哲保身，国家焉得不亡，告诉你，我不但要讲，而且要讲得明明白白，彻彻底底。"商辂依旧坚持。

张文摇摇头："万岁爷可不比唐太宗，户部主事周轸（zhěn）不就曾经批评今上是神仙、佛老、外戚、女色、货利、奇技、淫巧样样感兴趣，他旁边又有一个凶悍无比的万胖子，你说了也是白说。"

"总得有人一试。"商辂相当固执。

"再说，不了解商老的人，会误以为你好出风头，故意博取直声，求得美名，否则，没有人会做这种吃力不讨好的事。"

商辂泡了一壶茶，好整以暇道："不如，我说个故事给你听。"

有一段时间，苏东坡颇好佛道，常与佛印一块修行、打坐。某日，苏东坡精神愉快，自觉姿势正确，如入化境，笑问佛印说：“你看，我像什么？”

佛印不假思索道：“像一个佛陀。”

苏东坡大乐。

佛印又腆着大肚皮，反问苏东坡：“你看，我像什么？”

“你啊，你像是一块朽木。”说罢，苏东坡哈哈大笑。

晚上回到家，苏东坡把这番话告诉了苏小妹，原以为苏小妹会夸他机智俏皮，没想到苏小妹惊呼：“哥，你才是一块朽木，佛印心中有佛，见你是佛，他把自己的影像投射到你身上，你的境界比佛印差远了。”

张老笑道：“敢情商老骂我是块朽木，我只是希望你事缓则圆。”

商辂长叹一口气：“根据可靠史料，其实并无苏小妹，我只是有感而发。说到圆融，谁又愿意得罪小人，我实不忍见国事败在汪直一人手中。”

张老不再多言，沉默地走了，他担心商辂，却也嫉妒商辂，为什么始终坚持正义，绝不同流合污。

商辂果真在宪宗成化十三年（1477 年）五月，联合了刘珝（xǔ）、刘吉等联名上奏，奏稿由商辂亲自起草，条条列举汪直十二条大罪状，结论之中，毫不客气地指出：“陛下一切委之于汪直，汪直又寄耳目于群小，得专刑杀，擅作威福，残虐善良。自汪直用事，士大夫不安其职，商贾不安于途，庶民不安于业，若不早日离去，天下安危未可知也。”

奏章呈了上去，宪宗一看，火冒三丈，他不能忍受朝臣如此批评他身边的人，宪宗对怀恩说：“朕也不过是用了一个太监，何至于一下子就危及天下，你去内阁里查问一下，看看究竟是谁主稿，赶紧回报。”

怀恩到了内阁，转达了明宪宗的愤怒与不满。

“怀司礼，”商辂站出来平静地说，“汪直所有不法之事，样样有案可查，按照规定，朝臣不分大小，有罪皆请旨奉准，方可以逮捕。南京，祖宗根本之地，留守大臣，汪直擅自逮捕，宣府、大同，边城要害，守备不可一日或缺，汪直一天之中，拿问了五员武将，请问，汪直不去，国家如何不危？”

性情激烈、爱国至深的刘珝气得嚎啕大哭：“太过分了，昔日王振用事，尚不至于如此跋扈（hù），怀司礼，你一定要禀报皇上，如果皇上非用汪直不可，不如先罢阁臣。”说罢挺胸痛哭，情绪悲愤到达了极点。

对于汪直所作所为，怀恩知悉不多，见到商辂等人老泪纵横，素来有情有义的怀恩亦为之动容，因此，即刻禀报皇帝。

明宪宗正着急地等着回话，并且预备大发一场脾气。

岂料，怀恩回来，一脸的悲愤，一字不漏地转述了商辂的回话。

“汪直真的如此妄为？”宪宗依然不相信，对怀恩偏向商辂一边也明显地表示不满。

“当然是真的，刘珝的眼泪岂会是假的？这么厚厚一册卷宗，全是汪直不法的行为，岂会是假的？”

怀恩不自觉地愈说愈大声，明宪宗震惊了，愣住了……

西厂卷土重来

汪直作恶多端，朝野震撼，商辂等人以“近日伺察太繁，政令太急，刑网太密，人情疑畏，汹汹不安”为名，条条列举十二大项罪状，上奏宪宗，宪宗派了太监怀恩去调查，果然证据确凿。

明宪宗被逼得只好下令：“撤销西厂，东厂依旧。”汪直调回御马监，韦瑛则遣发到宣化府当苦差。消息传出，朝野欢声雷动，甚且有人放鞭炮大大庆祝一番。

可惜，鞭炮放得太早了。

明宪宗心中依然相信汪直，疼爱汪直，汪直回到御马监，仍旧担任侦缉的工作。

当然，汪直这次虽然失败，但他是不会善罢甘休的，身为太监天生的自卑，加上累积的仇恨，让他日夜思量如何报复，如何一举击垮商辂。汪直想了半天，终于想到“原来商辂拿了杨繐的贿款”。

当初杨泰杀了人，他的儿子杨繐跑到京师，找姐夫董序帮忙，董序把一万两黄金交给韦瑛，韦瑛私吞了黄金，却谎报汪直说贿款不见了，汪直虽然杀掉了杨繐，对于这一万两始终是耿耿于怀。

他主意已定，飞报明宪宗，宪宗恍然大悟：“朕还以为商辂真的大义凛然，不想竟然拿了杨繐的钱，难怪！”至于商辂拿取贿款的证据呢？明宪宗没有追问，他也不想追问。

明宪宗对于西厂恋恋难舍，尤其偏爱汪直来往市井之间，探听稀奇古怪的丑闻，明宪宗这种癖好，很快就被有心人加以利用。

有一个御史名叫戴缙（jìn），年年想升官，年年未进一阶，一共熬了九年，发现宪宗心理，于是，他揣摹上意，上了一个奏章："近年来灾变频繁，没有听说过大臣们追何贤人，退何不肖，只有汪直厘奸剔弊，允合公论，只因为韦瑛行事不轨，革去西厂，实为可惜。"

戴缙所说的，正是明宪宗心中所想的，自然龙心大悦，一扫多日来的阴霾（mái）。既然皇帝心意如此，马上又有那王亿附和，这一回说得更露骨了，他竟然表示："汪直所行，不独为今日法，且可以为万世法。"简直把汪直给捧上了天。

因此，宪宗顺从"民意"，在六月十五日，下诏恢复了西厂，距离西厂被废，仅仅三十四天，汪直卷土重来。

朝臣之中，第一个受惠的就是戴缙，他由九年不升的七品御史，一跃而为从五品的尚宝司少卿，让其他言官羡慕万分，纷纷效尤。

朝臣之中，首当其冲，注定会遭到汪直打击的，那就是史书中形容的"平粹（cuì）简重，宽厚有容，临大事，决大议，毅然莫能夺"的商辂了。

商辂起初听说宪宗罢西厂，倒还私心窃喜："今上毕竟良知未泯（mǐn）。"继而得到消息，汪直诬赖他拿了杨瞾的贿款，不免气极。等到一个月后，西厂竟然又重新设置，商辂彻彻底底地寒了心，从头到脚失望已极。商辂在西厂重设后的第七天，上了一个奏章，要求退休，告老还乡，这正中了宪宗的意思，立刻恩准。

商辂伤心、失望地离开了，刑部尚书董方颇为气馁（něi），跟着自陈去职。董方走了，都御史李宾大受打击，也接着提出辞呈，明宪宗一律恩准，于是，兵部尚书薛远、侍郎滕昭也一个接着一个走了。

一时之间，数十位骨鲠之臣相继离去，朝中好人一空，剩下的，或无奈，或懦弱，都争先恐后巴结汪直。

都御史王越素来与汪直走得近，是众人羡慕的对象，尚书尹旻（mín）

想要透过王越认识汪直，王越答应了，尹旻高兴得不得了，却又惶恐万分，尹旻问王越："请问，见到汪太监，是不是需要下跪？"

王越一脸不屑的神色，申斥道："堂堂六卿，岂可以随便下跪，甘居人下？男儿膝下有黄金。"

尹旻不相信王越的话，买通一个仆人在旁偷看，只见王越一见到汪直，两脚一软，膝盖扑通到地。

一会儿，王越叩头而出，轮到尹旻等人进入。尹旻一踏入门，立刻直挺挺趴在地下，尹旻一跪，其他人跟着一起跪，汪直见到这些年纪比他长，学问、地位比他高的一起矮了半截，真正是心花怒放，对尹旻起了带头作用，特别夸奖了几句。

王越知道了，心里不以为然，拉着尹旻道："你如此做，不嫌过分？"

尹旻甩甩衣袖道："吾不才，效法老兄。"

马文升平乱

西厂复建，商辂告老还乡，明宪宗对于这一位辅弼（bì）多年的老臣，没有丝毫的眷恋，其他正人君子看在眼中，觉得心寒，纷纷提出辞呈。

明宪宗对此喜不自禁，从外表看来，宪宗人高马大，其实内心相当软弱，尤其面对商辂之时。商辂年纪虽然不小，依旧保有翩翩风采，史书中形容为“丰姿瑰（guī）伟”。明宪宗亏心事做多了，总觉得商辂眼中含有怨怼（duì）的不满，这让明宪宗浑身不是滋味。

相形之下，明宪宗看到汪直可就乐了。汪直绝不像人们心目中奸邪小人的模样，他不但年轻俊俏，有白里透红的皮肤，而且笑起来健康又灿烂，仿佛全无心机，天真纯洁。所以明宪宗欢喜听他谈论市井传闻，汪直边说边比画，总能逗得宪宗十分开怀。

西厂恢复了，明宪宗又开始（其实从没中断过）午觉醒来，听汪直报告离奇古怪的新闻。明宪宗对此是乐而不疲，汪直可厌倦了，他到底年轻，急于想往外闯一闯，掌握更多的权力。

明宪宗成化十三年（1477年）冬天，辽东发生叛乱。原来，辽东地处北方，有许多边疆民族，辽东巡抚陈钺（yuè）为了冒功，曾经捕杀许多无辜的外族，这种残忍的行为，激起了辽东人的愤怒，遂起而叛乱。

这场叛乱断断续续一直不能平定，成化十四年（1478年），兵部侍郎马文升［景泰二年（1451年）进士出身］上了一个奏章，说陈钺在辽东贪渎虐民，激起变乱，并且一条一条列举了陈钺十五条罪状。

汪直听说了这件事，兴奋无比，闹着要去平抚这件事。

由于兹事体大，明宪宗命令司礼太监怀恩等人召开七人会议讨论，怀恩知道汪直这一去准没干好事，所以一开头便说："仍以派遣大臣前往平乱为妥当。"

宪宗立刻发布命令派马文升前往辽东，汪直好失望，跑去找马文升："我推荐王英与你一块儿去辽东。"

马文升严肃地回答："圣上的旨意要我即刻前往辽东平乱，这是国家大事，我岂可带私人前往？"

汪直碰了一个不小的钉子，却又无法反驳，只好恨恨地回来。

马文升对于兵部之事，如屯田、马政、边备、守御，样样不含糊，为人谦和又厚道，所以，当他疾驰到辽东，向作乱的徒众宣布皇帝的抚慰之意，那些叛乱者受到马文升的感召，个个都愿意归顺。

汪直听说马文升办妥了诸事，准备打道回朝廷了，他心想，我如果立刻赶过去，还可以开开眼界，沾沾功劳，所以，汪直又吵着要去辽东。

俗话说，会闹的孩子有糖吃，何况汪直一向是明宪宗最喜欢的开心果，万贵妃又在旁边为汪直美言，所以，宪宗最后还是答应了汪直，让他带着他的新心腹王英一块前往。

汪直初次出远门，真是开心极了，一天跑个几百里，享受飙（biāo）马的快感，沿途对地方官非打即骂，远近驿站为之骚然。

陈钺接到消息，也开始害怕了，他知道汪直是个面善心恶的小人，为了自保，他赶紧派人贿赂汪直身边的随从，并且下令，当汪直到达辽东地区之时，沿路的居民都要跪在路旁迎接，一直到汪直的队伍走远了，才可以起立。

哇，这一下子，汪直可是大大开了眼界，过足了瘾，看到道路两旁一排排跪倒的百姓，心里那种飘飘然的满足感，真是笔墨所形容不出来的。汪直忽然觉得自己是个皇帝。他以前遇到跪拜的百姓，那是在宪宗的身边，现在可不一样，汪直一路上笑得嘴都合不拢。

尤其让汪直感到开心的是，不但一般民众趴倒，连陈钺手下的将士也一律下跪。将士身披铠（kǎi）甲，下跪不易，有时连皇帝都会体恤将领免跪拜礼，如今，为了汪直，竟然将士集体匍倒吃够尘土，汪直简直就乐坏了。

等到汪直一行靠近了辽东，陈钺亲自前往郊外迎接，见到汪直的队伍，陈钺干脆自己也矮了半截，跪在道旁。

等到汪直住入行馆，陈钺换了便衣小帽，紧跟在汪直身旁，唯唯诺诺，膝盖打弯，小心伺候，不知情的人，一定以为汪直身旁新添了小跟班。

接着，陈钺搬出了上好的酒宴，除了燕窝、银耳、鱼翅、海参之外，还有驼峰、象筋、鹿尾、熊掌，全是难得一见的山珍海味，连用餐的器皿，也是选用当时最著名的哥窑出产的上好瓷器。

陈钺的殷勤，让汪直真正感动到极点，想他自幼在万贵妃身旁当差，受够了窝囊气，譬如伺候万贵妃吃顿饭，就是一大苦刑，除了要忍耐她随时爆发的坏脾气，而且对着佳肴（yáo）美食，非但吃不到，还得小心咽口水，别吞得太大声，真正是活受罪啊。

汪直瞅一眼陈钺，感受到前所未有的满足与得意，似乎也弥补了身为太监的遗憾。

陈钺盗墓

明宪宗成化十四年（1478 年），陈钺为了冒功邀赏，无故骚扰边部，惹起祸端，汪直很想前往讨平，立下边功。后来，朝廷派遣马文升到辽东慰抚，汪直大大不高兴，汪直请求派他的亲信王英跟着马文升一块去，马文升又婉言拒绝，惹得汪直更加不高兴。

马文升的任务很成功，汪直则念念不忘，朝思暮想，在宪宗面前再三请求，终于如愿以偿，到了关外，再一次招抚，明摆着是想抢马文升的功劳。

由于陈钺对汪直百般殷勤，同时，陈钺也派人分头贿赂汪直的随从左右，当汪直酒足饭饱之后，和随从聊天，随从们都因为拿了陈钺的红包，猛夸陈钺如何贤能。

第二天，汪直带着陈钺和随从来到开原，在开原见到了马文升。

“马大人，我奉皇上的圣旨前来安抚叛乱。”汪直向马文升拱拱手。

“汪公公一路辛苦。”马文升也拱手还礼，“我把汪公公带来的旨意再向大家宣布。”

其实，乱事前几天就平定了，马文升再度向叛乱者宣布皇上的赦免旨意，实在是重复的事。马文升再宣布一次圣旨，不过是给汪直一个面子而已。“汪公公，我已向大家宣布皇上圣旨，赦免他们，大家都很感激，高呼万岁。”马文升在宣布旨意后，回来对汪直说。

“那很好，皇上希望太平无事，所以既往不咎。”汪直装模作样地说。

“皇恩浩荡。”马文升说，“汪公公远道宣慰，才能服众，这一次平乱的首功应当归汪公公。”

“马大人，我怎敢居首功，哈哈。”汪直满意地笑着，谁都看得出来，他心里的谦虚是假的。

“汪公公，你该居首功，马大人说得对。”一位随从扮着一副笑脸向汪直拍马屁。

“你是谁？”马文升板着脸申斥马屁精，“这里没有你说话的份，还不滚下去！”

“他是我的随从。”汪直赶紧解释道。

“汪公公的随从按理也没有资格在这里讲话。”马文升不屑地说。

“你看不起我的随从，还看得起我吗？”

回到住处之后，汪直怒气未消，陈钺进来请安，知道马文升得罪了汪直，便立刻在汪直面前诉说马文升如何霸道、如何骄傲。

“好，我回京以后，好好收拾马文升。”汪直恶狠狠地说。

为了答谢陈钺的献媚，也为了治一治马文升的负才使气，对汪直手下不够恭敬，汪直把陈钺在辽东所犯的错误，一股脑全部栽到马文升的头上去，汪直上奏：“文升行事乖方，禁止边区互相买卖农器，因而酿成边患。”

事实上，马文升是禁止在边区出售军器，绝对不是农器，一字之差，差得远矣。总之，马文升得罪了汪直，明明有功于朝廷，却被关入锦衣卫的大牢之中，至于罪魁祸首的陈钺，反而是平步青云，一跃而为尚书。

面对如此不公平的裁决，对文武百官而言，产生一个启示：得罪了汪直，该死，巴结汪直，升官。于是朝廷大小官员无不对汪直百般取悦。当时人流行一句谚语：“都宪叩头如捣蒜，侍郎扯腿似烧葱。”都宪、侍郎指朝廷大臣，他们对汪直的恭敬就像对神明一样。

陈钺马屁功夫奏效，再接再厉，怂恿汪直发兵，讨伐东北的建州，那是女真族居住之地，明宪宗很快就答应了。于是汪直监军，陈钺参赞军务，大张旗鼓前往塞外。

汪直一路之上仿佛出了笼的小鸟，又叫又跳，兴奋极了，不住地嚷着：“我这一回得多立边功，一显身手。”

他们一行，来到了辽东塞外，恰巧遇到六十名贡使，汪直与陈钺互相挤一挤眼睛，突然下令，把这六十名贡使全给杀了。这些贡使面露笑容，携带厚礼，原本存心示好而来，竟然糊里糊涂被送上了西天，汪直给这六十名冤死鬼定下一个罪名：“窥（kuī）探边境，别有图谋。”

汪直终于立了一桩边功。

汪直算一算，贡使只有六十人，不过六十个骷髅，他觉得数目太少了，不够看，脑筋一转，他对陈钺说：“不如我们多掘一些坟墓，多砍几个脑袋。”

“汪公公你真是聪明绝顶，佩服佩服。”

陈钺眉开眼笑道：“这叫作不择手段争取边功。”不择手段原是骂人的话，陈钺却拿来当马屁话，汪直竟然也颇为受用。

既然是躺在坟墓里的死人，当然毫无反抗的能力。于是，汪直好整以暇，轻轻松松，掳获不少“敌人首级”，兴奋地“凯旋”。

这一场“东征战役”，明宪宗加汪直岁禄，陈钺晋升为户部尚书，随行的两千六百余人个个有赏，圆满地完成了“伟大”的任务。

王越与家妓

汪直是太监，对军事一窍不通，但是，他希望借着辉煌的战功，巩固一己的地位。成化十五年（1479 年）十月，陈钺怂恿汪直出兵建州的西女真，结果汪直等人先杀掉贡使，又挖掘坟墓盗取死人首级报功，凯旋还朝。

陈钺因此升为户部尚书，为了这件不公平的事，王越气得几天吃不下一粒饭，他愤愤地抱怨："就凭陈钺那个小子，偷了几个死人脑袋就立了大功。那么，我这种沙场老将，冒着生命危险，砍了一批活人首级，岂不是更应该加官封爵？"

王越原是能征善战的官员，却是进士出身。景帝景泰二年（1451 年）廷试之日，王越应试，写了一半，忽然吹起一阵怪风，把王越的卷子给吹走了，他重新领了一份，时间已经过了一半，可是，王越仍然在预定的考试时间之内答卷完毕，并且拿了最高分，由此可见，王越的确是肚子里很有墨水。

英宗天顺七年（1463 年），大同巡抚都御史韩雍被召还回京，英宗找不到可以替代韩雍的人，忍不住喟然而叹道："怎么样才能再找到一个韩雍？"

李贤推荐了王越，英宗在殿上召见王越，王越生得又高又帅，那天又特别伟服短袂（mèi）打扮，一举一动，干脆利落，英气勃发，漂亮得不得了。英宗相当满意，立刻拔擢他为副都御史，前往大同。

从此，王越走向了边防，王越很能打仗，也很会带兵。

有一回，他率领一万骑兵，出了榆林关，昼夜不停走了八百里。忽然之间，起了暴风，灰尘弥漫，军士们用手挡住眼睛，又饿又困，士气低落到达极点，甚且有一个初上战场的小兵，忍不住嘤嘤地哭了起来。

突然，一位老兵向前，对王越行了一个军礼："天赞我军也，去时顺风，敌军不觉，回返时，遇到追来的敌寇，处下风，乘风击之，战无不胜也。"

正在一筹莫展，准备找个地方挡风的王越，听到识途老兵这一番话，立刻下马，对老兵深深作揖："多谢指点，我现在升你为千户。"

老兵一听，以为自己的耳朵太背，听错了，等到确定无误，连连在地上叩头。

老兵提供了经验，王越的说赏就赏，立刻鼓舞了军队的士气。王越将部队分为十队前进，果然在暴风雨之下，大破敌营，获得大批驼马器械，从此以后，河套一带完全平靖。

王越的性情豪迈，表现于另一件事：

有一次，王越准备带兵西征，行前，面谒秦王，秦王大乐，不但摆出最好的筵席，并且请出家妓，奏乐助兴。

王越酒酣耳热，半醉半醒地对秦王说："下官为大王效犬马之劳久矣，不知大王该如何酬谢？"

"噢，那么你想要甚么？"秦王顺口问道。

"喏，"王越一指家妓，"这一群年轻貌美的女娃儿，我全想要。"

秦王有些儿舍不得，但是为了表示够意思，大腿一拍道："好，全给你。"甚至连依偎在秦王身边，秦王平日最宠爱的小艳，秦王也大手一挥，让王越全数给带走。

中国古代社会一直有奴婢，家妓是奴婢的一种，早在唐代，富贵之家就有蓄养家妓的习惯，这些家妓都是年轻貌美的女孩，能歌善舞，当主人宴请宾客之时，主人会命令家妓出来献歌献舞。客人看中某个家妓，主人如果大方的话，会把家妓当礼物般送给客人，这是古代不合人道的习俗。

明代皇帝身边的太监和武骑，佚名绘。

有一天晚上，大风大雪，天气酷寒，王越拥着诸妓们，正在享用涮羊肉，另有十来个家妓则在弹奏琵琶助兴，王越心血来潮，引吭（háng）高歌，痛快极了。

就在此时，一名小校刺探敌情归来，小校报告得很仔细，王越听得很乐。

王越一拍小校的肩膀道："真有你的。"接着，捧起金卮（zhī），咕噜咕噜喝个痛快。

然后，王越又斟满了酒，递给小校："喝啊！"

小校先是不好意思，继而一饮而尽。

王越再斟酒，小校仰起脖子猛灌，突然之间，小校呆住了。原来，他发现正在弹琵琶的小艳，小艳手里抚弄着琵琶，一对水汪汪的眼睛，斜着朝上看，嘴角似笑非笑的，似乎也正定定地望着小校。

小校被此绝色震慑住了，酒在唇边淌下而不觉，整个人仿佛失魂落魄。

王越大喝一声："这金卮赐给你。"

小校不料王越有此一着，手里捧着金卮，呆呆站住。

王越又用手指着小艳："你想得到这个小女子是吗？赏给你了，你要好好办事！”

小校一听，简直乐疯了，趴在地上连连磕响头，王越大笑，就这么让小艳跟着小校走了。

由于王越作风豪迈，慷慨大方，所以将士们都愿意为他效死力。但是，王越虽有汗马功劳，官运却不济，怎么也升不上去，王越急了，改走汪直路线，不但连续送厚礼，甚且不惜跪在地上伺候汪直。果然，马屁功夫管用，王越终于获得升官，他准备与陈钺一较长短。

阿丑上演模仿秀

成化十六年（1480年）三月，王越谎报亦思马因骚扰边疆，宪宗下令，王越领兵，汪直监军。他们到达边疆，虚晃一招，立刻凯旋班师。汪直春风得意马蹄疾，一路嚷嚷："这次回去，又该加禄米了。"

所谓禄米，指的是薪俸，中国古代官吏薪俸以米计算，所以称之为禄米。

果然，汪直因为边功，再加禄米，计算下来，汪直禄米每年已达到四百八十石（dàn），而明朝当时一个正一品的文武官禄米岁加，不过仅仅有七十石，也就是说，汪直一个人抵得上七位一品官。

汪直好神气，辉煌的军功，弥补了他身为太监的强烈自卑心理，但是，汪直忘记了他的边功全是假的，其他的人可没有忘记啊。

有一位巡按辽东御史强珍忍了又忍，实在忍不下去，他上了一则奏章，原原本本指出汪直作假，谎报军功，并且把实情一条一条详详细细地罗列出来。

汪直倒也不慌不忙，赶紧指使辽东巡抚王宗彝上书指摘强珍胡言乱语，强调汪直的的确确战功彪炳。

因为汪直是明宪宗身边的人，宪宗虽然心中有点疑问，依然恼怒强珍"打狗也不晓得看主人面"，于是，强珍被扣上"诬陷"的罪名，关入锦衣卫大狱。

强珍用强硬的手段对付汪直，汪直完全不在乎，倒是另一位宪宗身边的人——阿丑，上演了一出讽刺剧，结结实实正中了汪直的要害。

阿丑也是一位宦官，有一回，阿丑在宪宗与万贵妃面前表演模仿汪直，穿着汪直的衣服，学着汪直的走路姿态，以及夸张地一边走路，一边拍手，一边哈哈笑。

阿丑一出现，明宪宗与万贵妃就拍手鼓掌，阿丑笑眯眯地走上前，那个卑躬屈膝的模样，完全是汪直的翻版，万贵妃笑得受不了，满头珠翠不断发出碰撞的声音。

阿丑走到明宪宗跟前，竟然手里拿着两柄钺，钺是一种像斧头的兵器。旁边的小宦官问阿丑："你来到万岁爷驾前，干什么还带着两柄钺？"

"不带不成啊，我出外带兵，就靠着二钺。"

"什么二钺？"另一个小宦官问。

阿丑左右摇着脑袋，看着手上的武器道："当然就是王越与陈钺啊。"

语毕，全场哄堂大笑，明宪宗也莞（wǎn）尔一笑，其实，汪直哪里是带兵的将领，汪直只是用王越与陈钺做幌子来骗军功，明宪宗岂会不清楚？

阿丑的表演功夫让宪宗与万贵妃乐得心花怒放，命令阿丑以后要常表演。

这一回，阿丑表演的是酒鬼的故事。明宪宗与万贵妃半坐半躺在柔软的长椅上面，等待着阿丑的表演。

宪宗时明代宫中的杂耍表演，出自《宪宗元宵行乐图卷》（局部），明人绘。

阿丑一出场，立刻引起两旁看戏的宦官与宫女一阵哄笑，只见阿丑帽子是歪的，衣襟没有扣好，手执酒壶，口里念念有词，却没有人听得懂，他东倒西歪地走到台前，那种醉鬼的模样，看了真让人忍不住要笑。

醉鬼走着走着，忽然被一块石头绊倒，摔了一跤，醉鬼坐在地上，破口大骂："你知道我是谁？我是京城里的小霸王，谁敢惹我？你这小子竟敢不让路，你一定是活得不耐烦了，我要杀了你！"

醉鬼的舌头打卷，说起话来让人听了就好笑，接着醉鬼爬起身来，抡起拳头，准备去打石头。

这时，一个小宦官扮成市井小民的模样，急忙跑到醉鬼身边，拉住醉鬼的袖子道："大哥，你喝醉了，你父亲来了，赶快走吧！不然，你父亲要教训你。"

"什么父亲？"醉鬼高声嚷着，"天王老子我也不怕，快，切一盘猪头肉来下酒。"

醉鬼提着酒壶，不时用口吸着酒壶里的酒，摇摇晃晃在地上走着。

突然，一群路人急奔过来，经过醉鬼身旁，其中一人对醉鬼说："你别在路上东摇西晃，皇上御驾到了，你赶快让路回避啊。"

"皇上驾到，你还不回避，你不要命啦？"路人好心地说。

"皇上也不能管我喝酒。"醉鬼提着酒壶，又灌了一口酒，"我知道皇上是个好人，好人不会要我的命的。"

醉鬼说着，又咕噜咕噜喝了三口酒，身子一歪，竟然倒了下去，似乎是真醉了。

这时，一个路人过来，蹲下身来，在醉鬼的耳朵旁说了一句话，醉鬼突然一跃而起，提起酒壶直往前跑，口里一面大嚷："赶快跑啊，汪太监来了，我要是挡住他的路，我就死定了。"

看戏的人笑得前仰后合，明宪宗也在笑，但是，笑得可不太自然。阿丑的戏，很明白地指出，现在的人只知有汪太监，而不知有皇帝，也只怕汪太监，而不怕皇帝。

尚铭暗箭伤汪直

明宪宗看完阿丑模仿汪直的戏，一个晚上辗转难眠，他当然知道汪直在外面张牙舞爪。事实上，他也并不反对汪直狐假虎威，大家对他身边的人敬重三分，也就代表时时刻刻不忘他是皇帝。

可是，如果像阿丑所模仿的汪直，难道人们已经不怕皇帝，反而畏惧汪直？在狐假虎威的情况之下，老虎并不会讨厌狐狸，不过，若是狐狸误以为自己威势已成，不需要老虎在后面撑腰之时，老虎可就不能忍受了。

这种被汪直给比下去的感觉，让明宪宗相当不舒服。

当然，阿丑胆敢挑拨明宪宗和汪直的感情，也是吃了熊心豹子胆，阿丑的背后另有高人指点，那就是太监尚铭。

尚铭原是汪直的心腹，生得憨憨厚厚，傻头傻脑，似乎话也不会说，只晓得点头称是。由于汪直俊俏聪明，特别欢喜呆呆的尚铭，似乎可以凸显自己的机灵。

汪直近日醉心于建立边功，经常远走塞外，汪直就把伺候明宪宗与万贵妃的差事委托给尚铭。

汪直对尚铭说：“许多事你也办不来，你就老老实实谨慎当差，如果有甚么状况，随时通知我。”

尚铭点点头，又恭恭谨谨地再三点头，仿佛是个哑巴。

汪直拍拍尚铭的肩，有点嫌他蠢，又高兴他有点蠢。汪直可没那么笨，提拔一个聪慧的太监，万一与他抢风头，那还得了。

不过，汪直这一回可看走了眼，尚铭可不像外表一般愚鲁啊！

明宪宗万般不舍批准了汪直出兵塞外，原以为这段日子可沉闷了，汪直不在，谁来讲宫外的闲言闲语解闷？

明宪宗瞅了一眼尚铭，笨笨的模样，不禁叹了一口气，宪宗人胖，又贪吃，午觉醒来，揉揉肚子，好像又饿了，他问尚铭："有甚么点心，先端几碟子来。"

尚铭不出声，赶紧端来好几色点心，都是宪宗平日最喜欢的，宪宗夸奖道："看不出你这么细心。"

尚铭接口："万岁爷听奴才说一段最近京城里传得满天飞的怪事。""噢！你还会说话？朕以为你不开口的。"宪宗好意外。

等到尚铭一开讲，不但宪宗吓了一跳，连万贵妃都一脸不可置信的表情。原来，外表忠厚的尚铭，竟然一肚子的男盗女娼，言语低级，表情下流，简直是汪直没法比的。宪宗觉得好新鲜好刺激，他惊喜交迸（bèng）地指着尚铭说："看不出，看不出，你哪儿学来的？"

尚铭表演过一段，一抹脸，又回到原先憨厚的模样，并且绞了一把热毛巾让宪宗敷脸。

万贵妃一向说风是风，说雨是雨，可是看到尚铭变脸之快速比一流演员犹有过之，忍不住轻声说道："汪直一定没有看过你的本事。"

尚铭摸不清万贵妃的话是赞赏还是讽刺，只得向万贵妃叩头行了一个礼，又不讲话了。

老实说，汪直那一套公公偷看媳妇的戏，已经讲了太多回，宪宗有些腻了。因此，尚铭的新玩意，正好掌握了宪宗喜新厌旧的心理，于是，在宪宗的心目之中，尚铭的行情逐渐上涨。

正在此时，有一个盗贼潜入皇宫，被尚铭逮着，宪宗大为高兴，厚厚地奖赏尚铭。

汪直回到京城，听说尚铭逮住侵入皇宫的盗贼，皇上给予厚赏，心中大为不乐，立刻差人把尚铭找来，铁青着脸训斥尚铭：“你是我的人，大内发生这么大的事，你不先向我报告，居然直接当面禀报万岁爷，你还要不要命？”

尚铭知道汪直在怀恨自己抢了捕盗之功，这事如果让汪直去报告皇上，功劳当然归汪直所有。于是，尚铭赶紧低下头，装出一副无辜和茫然的样子。

尚铭知道背叛汪直的后果严重，不过，尚铭也早就学会了汪直的心狠手辣，他指使阿丑演戏，还搜集了汪直不法的证据，尤其是汪直在有意无意之中，不小心泄露的宫中隐秘，全部被报告给了宪宗，使得宪宗十分恼火。

汪直的噩运开始降临。

成化十七年（1481 年），汪直在北方巡边完毕后，请求班师还朝，意外地，宪宗不许汪直回北京。兵部尚书陈钺再度请求，宪宗还是不许。

明宪宗已经不再宠爱汪直，他也不愿意汪直回来，又噜哩噜苏前来抗争，干脆眼不见为净，就让汪直留在外头吧。

成化十八年（1482 年），在尚铭、万安一再请求之下，宪宗批准罢西厂，接着，陈钺被免职，王越被调至延绥（suí）镇守。

这时，朝廷都嗅到了汪直失势的气息，于是，言官上奏宪宗，弹劾汪直八大罪状：“一、负恩欺罔（wǎng），二、冒功滥杀，三、侵盗帑（tǎng）金，四、诬善奖奸，五、擅作威福，六、招纳无籍，七、朋邪乱政，八、妄开边衅（xìn）。”于是，明宪宗把汪直调为南京御马监，汪直的力量正式瓦解。

曾彦状元及第

阿丑上演模仿秀，让明宪宗清清楚楚看到了汪直的嘴脸，促成了汪直的下台。

这件事带给阿丑莫大的鼓舞，阿丑虽然是宦官，却是宦官中少见具有道德勇气的人，他决定逮着机会，好好点一点明宪宗，希望能把这个迷糊的皇帝点醒。

有一回，阿丑扮演一个儒生，他手里拿着一卷诗书，缓缓地走出来，阿丑那一本正经、煞有介事的模样，与他平日嘻嘻哈哈的调调儿完全不同，因此他一出场，大伙全笑开了。

阿丑伸长了脖子，高声吟哦："六千兵散楚歌声。"

西楚霸王项羽麾下有八千子弟兵，而不是六千，所以，立刻有人冲口而出："错了，是八千，而不是六千。"

"没错，原该是八千，不过，有两千兵在保国公家盖房子，正忙着哩。"阿丑笑眯眯地加以解释。

保国公乃朱永是也，朱永功绩不小，曾经前后八佩将军印，内总十二团营兼掌都督府，他当时掌军营，的确是调了不少兵，为他大修土木，盖一座豪华的宅第。

宪宗知道阿丑意有所指，第二天，派了一个小太监去调查，小太监认为这是赚外快的好机会，把阿丑上演的戏报告了朱永。朱永大吃一惊，赶快包了一个特大号的红包，打发了小太监。

小太监拿了朱永的好处，自然在宪宗面前美言几句："阿丑演戏归演戏，当不得真，保国公一心保国，万岁爷不必多虑。"

明宪宗反正是个昏君，保国公的事，他也懒得再追究下去。

阿丑觉得颇为遗憾，忍不住又上演了一出比较辛辣的新戏。这一回，阿丑扮成一个大官，威风赫赫地选派人员出差。

阿丑问头一个："你叫甚么名字？"

"公论。"

阿丑喝一句："公论于今无用。"

阿丑再问下一个："你什么名字？"

"公道。"

"公道于今亦不可行。"阿丑摇摇头。

下面，轮到第三个人，他说自己："名为糊涂。"

阿丑霍地自椅子弹起："糊涂好，糊涂正当道。"

明宪宗虽然胸无点墨，但也知道阿丑是在讽刺他。明宪宗倒也不生气，只是淡淡微笑，当作没这件事。

由于明宪宗凡事和稀泥，他手下的官员也乘机浑水摸鱼，譬如自称为万贵妃侄儿的万安，便是其中一例。

在《明史·万安传》中，记载万安在政二十年，每次遇到考试，他必令其门生为考官，上下其手，使得他子孙甥婿轮流登第，尤其荒唐的是，竟然连状元都出了问题。

嘉靖年间的陆粲（càn），曾经在笔记《庚己篇》中，记载这么一段故事。

有一个人名叫曾彦，从年轻时代开始考科举，屡试屡败，曾彦始终不曾气馁，一直考到六十岁那年，竟然夺得状元。

按明朝的科举制度是这样的：每三年举行一次，各地学生齐集所属的省份参加考试，谓之"乡试"，"乡试"考中的称为"举人"。第二年，各省举人集中在京师，参加礼部所举行的"会试"，考中的叫作"进士"。再由天子举行一次“殿试”，品定名次，分为一二三甲。一甲只取三人，第一名称“状元”，第二名称“榜眼”，第三名称“探花”，都赐“进士及第”。

这一会儿殿试时馆阁诸公看了半天卷子，没有一篇写得精彩，天气酷热，挥汗阅卷，大家都有点儿吃不消。

忽然之间，万安大呼：“这儿有一篇的确是超拔之作。”

于是，众人传观，人人赞好，有人说：“委婉流畅。”有人说：“持论正大，令人信服。”有人说：“文章简洁明确，深刻有力。”……说到后来，竟然有人说：“作者手笔不凡，可为一代宗师。”简直就给捧上了天。

这份卷子，就是曾彦所写。

依照惯例，皇帝赐进士的前一天，所有当选的进士都聚集在礼部阁老堂中，由阁老们观察一下进士的仪表。

明代状元赴鹿鸣宴，佚名绘。

万安见到了曾彦，出来向人夸口："曾彦面目英俊，脸如冠玉，斯文有礼，真正一表人才，庆幸朝廷得人。"

既然曾彦文采风流，人又长得体面，当然状元非他莫属了。

等到放榜以后，人们一见曾彦，吓了一大跳，怎么换了一个模样？满脸麻皮，圆睁怪眼，腮边的浓髯仿佛刺猬，真是又老又丑又枯又瘦。

万安也大吃一惊，再调原来写的卷子，也是平淡无奇。

于是，有人说，曾彦一定祖上有德，神仙显灵，其实呢，不过是曾彦年岁已大，急求功名，用钱打发了万安，方才演出这一幕剧。

古代等级社会，难求公平，唯有科举取才素来公正，如今连科举试场也舞弊，由此可见明宪宗成化年间风气如何了。

钱能敲诈槟榔王

太监汪直，原本深受明宪宗的喜爱，但是，他年少气盛，不甘寂寞，竟然想立边功。太监之得宠，无非靠巧言令色、低三下四、谄媚主子，可替代性相当高，所以，太监尚铭很快地取代了汪直的位置。

汪直垮台，太监梁芳少了一个劲敌，梁芳原本就是万贵妃面前的红人，梁芳的走红是靠一天到晚呈献珍珠玛瑙翡翠给万贵妃，万贵妃是个爱慕虚荣又俗气的女人，全身上下珠玉围绕，走起路来铮（zhēng）铮有声，万贵妃觉得这样才够气派。梁芳借着为万贵妃采集珠宝之名，分派党羽驻在全国各地。

明宪宗并非不知道梁芳在玩花样，只不过因为是万贵妃喜欢的，他也不便多说。另一方面，明宪宗认为自己胸襟宽广、包容力强。曾经有大臣含蓄地向宪宗报告梁芳的贪污行径，宪宗笑一笑说："梁芳是贵妃的听差，朕都包容他，你也就包容一些吧！"

梁芳党羽之中，有一个名叫钱能的最为贪婪，钱能总是自言自语："我姓钱名能，若是不能赚钱，岂不辜负了这个美名？"

钱能曾经奉派到云南，所到之处，他无不尽力搜括，连个小贩也不放过。云南有个小摊专门卖槟榔，生意不恶。于是，摊主找了个人把招牌挂起来，号称"槟榔王"。

钱能把槟榔王捉了起来，狠狠打一顿，斥责他道："你一个普普通通寻常百姓，如何能够称王，该当何罪？"

卖槟榔，选自《北京民间风俗百图》。

人们一向喜欢自称为王，西瓜大王、剪刀大王无奇不有，“槟榔王”的招牌不过是要噱（xué）头而已，哪里真的是朝廷封的王。所以，钱能的问话把小贩给弄呆了。

这时，旁边有个人，跑到小贩身旁，靠着小贩的耳朵，轻声地说：“你可知道我们老爷的姓名吗？”

“槟榔王”像是被菩萨一拍脑袋，灵光一闪，恍然大悟：“对啊，我怎么没有想到‘钱能通神’？”

小贩立刻叩头：“大人啊，小人的槟榔王不过只是一个噱头，请大人原谅小人的无知，马上把招牌拿下来，小人有一盒极为珍贵的槟榔，立刻呈献给大人。”

于是，钱能命人监视小贩回去取槟榔，不久，小贩带来一只木盒呈给钱能，钱能打开木盒一看，竟然是一木盒的黄金，钱能心中大乐，一拍公案上的惊堂木道：“无知小民，招牌既拿下，恕你无罪，还不快滚。”

梁芳等人的胆子愈来愈大，非但升斗小民“槟榔王”卖几颗槟榔他要揩油，甚且连明宪宗这个糊涂皇帝的钱，梁芳等人也是能捞就捞。

万贵妃坏事做尽，虽然自恃宪宗宠爱，不怕别人报复，到了夜深人静，却不免害怕起来，那些无辜受害者会不会到阎王爷前去告状？那可不是皇帝包庇得了的。如果老天有眼，菩萨也来找她算账，那该如何是好？

梁芳知道万贵妃的恐惧，其实，梁芳一身罪孽，自己又何尝不怕报应？因此，梁芳找来了继晓和尚。继晓和尚不是什么六根清净的方外人，他也想要借机敛财。

“你说，用甚么方法可以消灾积福？”万贵妃忧虑地问。

“最大的功德，莫过于建造伽（qié）蓝。”继晓和尚恭敬地回答。

所谓伽蓝，原为梵语僧伽蓝摩的简称，意思是众僧居住的园林，后来用为佛寺的别称。

继晓接着说：“贫僧知道，最大的伽蓝在南天竺，他们用一百头象，驮着大批黄金，铺在地面上，建筑成富丽堂皇的伽蓝。”

“黄金铺地不可能，但是我们建造的佛寺，可也不能够寒碜（chen）。”万贵妃道。

梁芳接口道：“那是当然，否则，如何显出贵妃娘娘的虔诚？”

在万贵妃的想法之中，佛寺用的黄金愈多，愈能够减少她的业障，反正，国库之中多的是黄澄澄的金块。

这一下子，继晓和尚可不得了，从包揽工程到采购木料，样样中饱，当然，万贵妃与梁芳等人拿得更多。

万贵妃终于建造了气派宏伟的大寺，她自认为功德圆满，却挖空了整个金窖，她一点儿也不后悔。

梁芳搬空金窖

太监梁芳等人，为了讨好万贵妃，不但千方百计搜集名珠首饰，并且建造寺庙，为万贵妃立功德消罪孽，用钱如泥沙。

有一天，明宪宗忽然兴起，对梁芳说：“朕想到后宫金库瞧瞧去。”

梁芳面有难色，搓着手道：“金库阴森森的，万岁爷还是别去了。”

“不碍事的。”明宪宗兴致盎（àng）然。

于是，由乾清宫总管太监韦兴引道，梁芳带路，一行人到达了后宫金库。明宪宗多年未来，记忆之中，历朝累积下来的黄金，一共有满满七个金窖。

可是，当明宪宗进入金库，惊奇地发现库内竟然是空空如也。“咦，怎么金子全搬空了？”宪宗望着空库房。

韦兴沉默地站在一旁，不敢开口，梁芳硬着头皮道：“没有办法，建立大永昌寺、显露宫，以及大大小小的祠庙，样样都需要花钱，可是，这也是贵妃娘娘为万岁爷祈福啊。”

假如明宪宗稍有一点气魄，他就该大吼一声：“盖几座庙也不至于把金窖搬空。”但是，宪宗是个软弱的人，凡是遇到了与万贵妃有关的事只会低头。

明宪宗转念一想，空了就是空了，补也补不回来，所以，故作潇洒道：“我是胸襟很宽广、很有包容力的人，怕只怕后人可不像我一般好说话。”

宪宗的意思是，等到太子即位，若是发现此事，恐怕就要找你们算账了。

梁芳一听，脸色发青，不再吭声，然后，梁芳飞快地通报万贵妃。

万贵妃怔怔地望着梁芳，半天说不出话来，过了半晌，又回复泼泼辣辣的气势：“我怕甚么，我这是在做功德，菩萨一定会保佑。”

没错，万贵妃对继晓和尚是有求必应，但是，慷公家之慨，修自己的功德，修到了搬空整个金窖，未免过分。更让万贵妃寝食难安的是，当今太子阿孝的生母纪小娟受到万贵妃的迫害，委委屈屈在安乐堂中生下阿孝，直到阿孝六岁，母子才见天日，纪小娟封妃不久，又被万贵妃害死。这是万贵妃心中的一根刺，时时刻刻刺得她心痛。

梁芳在一旁，悄悄提醒万贵妃：“娘娘，太子已经十六岁了，再不废立，恐怕就来不及了。”

“嗯！”万贵妃用力地咬一咬嘴唇，“对，这件事不能再拖下去了。”

于是，当天晚上，万贵妃就铁青着脸，一言不发地坐着叹气，明宪宗最怕万贵妃这一着，这叫作“山雨欲来风满楼”，表示万贵妃要开始发脾气了。

明宪宗怕怕地走到万贵妃的身旁，扯一扯她的衣袖：“怎么啦？”“还说怎么啦？”万贵妃“哗”的一下开始发作了，她指着明宪宗的鼻子破口大骂：“你两岁就是我抱大的，也不晓得为我想一想。现在的太子，七八岁就不肯吃我辛苦做的点心，担心我会害死他。现在，他已经十六岁了，哪一天当了皇帝，他一定会用毒药害死我，既然你眼睁睁地看着这一切发生，那我不如现在就去见阎王爷。”

说着，万贵妃掏出一包药粉，就要往嘴里送，明宪宗吓坏了，一个箭步向前，把万贵妃抱住，药粉撒了一地。

“你别怕。”宪宗用温柔的语调安慰万贵妃，“你放心，我一定去办，不如改皇四子祐杬为太子。”

“就是嘛。”万贵妃回嗔转喜，满意地笑了。

“那么，是不是明天一大早就废太子？”万贵妃逼问。

“这……”明宪宗婉言解释，“废太子是一件大事，要挑选适当的时机，朕既然答应你，又何必急在这一两天。”

万贵妃杏眼圆睁：“那，万一你明天就死了，我怎么办？”

这句话相当刺耳，也只有万贵妃才如此毫无忌惮。

“你今天不答应我，今晚不要睡觉了。”

万贵妃声音好大，吓坏了明宪宗。

“好，好，好。”明宪宗呵欠连连，疲倦到了极点，“你放心，我明天一大早就去办。”

万贵妃“哼”了一声，似乎不太相信。

这一夜，明宪宗辗转难眠。

怀恩力保太子

万贵妃逼着明宪宗非把太子祐樘（小名阿孝）废掉，改立皇四子祐杬。

祐杬的母亲邵宸（chén）妃，说起来是个幸运儿，竟然没有受到万贵妃的排挤与陷害。

事情是这样的，想当初，万贵妃只要听说宫中谁有了孕，不是逼着饮药堕胎，就是迫着跳楼自尽，反正，她自己既没有生儿子，宫中别的女人谁也别想顺利生子。

后来阿孝出现，阿孝生母纪淑妃被害死，阿孝受到周太后严密保护，居然对万贵妃说："害怕点心中有毒不敢吃。"万贵妃一气之下，发了重誓："我决意用尽一切力量，绝不让这个可恶的小鬼当上皇帝。"

既然万贵妃害不成阿孝，只好另谋他图，培植新人，换掉阿孝。

主意已定，万贵妃开始多方物色佳丽，充实后宫，希望宪宗能够多生几个儿子与阿孝较劲。

万贵妃对宪宗说："外界的人都批评我善妒，其实我的胸襟最宽广。"

"是的，是的。"宪宗言不由衷应着。

万贵妃接口："你何不去瞧瞧近来送入宫的美女？"

"此话当真？"明宪宗惊喜万分。

万贵妃看着宪宗一脸兴奋的表情，酸味直冲胸口，若在以往，她早就要发火了，若不是要除去阿孝，她怎能容许那些个"妖精"入宫？万贵妃强忍妒火，装出一副笑脸道："当然是真的。"

尽管万贵妃如此笃定，明宪宗还是半信半疑，心中也没有抱太大的希望，在他看来，准是找来一些丑八怪，否则，万贵妃岂能容忍。

没想到，明宪宗这一回竟然猜错了，送入宫的美女，个个容貌端正，尤其是一位姓邵的小美女，堪称人间绝色，她肤色胜雪，两颊微瘦，眉弯鼻挺，一笑两颊显出浅浅两个梨涡，宪宗看得发呆。

这个姓邵的小姑娘，是浙江昌化人，家中清贫，被父亲邵林卖给镇守太监，原来准备送给某贵人，后来听说宫中选美女，她实在是美中之美，大家都说："西施再世，怕也不过于此。"这就被送入了宫。

万贵妃见宪宗那痴痴迷迷的模样，心里好气，但是为了要铲除阿孝，便怂恿明宪宗"何不上前，看个清楚"。

宪宗走上前，邵美人毕竟只有十五岁，羞羞怯怯低下头，脸上两朵红晕。宪宗靠近，香泽微闻，心中甜甜的，不禁神魂飘荡，几乎醉倒，立刻将她封为邵宸妃，第二年，生下一子，名为祐杭，聪明乖巧，深得宪宗的疼爱。

这一切，全是万贵妃一手安排，现在，万贵妃逼迫宪宗，让祐杭正式取代阿孝为太子。

明宪宗被万贵妃吵了一晚上，头昏脑胀，精神不济，第二天一大早，宪宗把司礼监怀恩找来，命令他草拟废太子的手诏。

当今太子身世奇特，千古未有，由于明宪宗深惧贵妃河东狮吼，纪小娟在安乐堂中偷偷生下一子，幸得怀恩、吴废后之助，千辛万苦把孩子带到六岁，方才重见天日。

太子出现以后，纪小娟被封为淑妃，随即被万贵妃害死，怀恩每忆及此，总是老泪纵横，如今明宪宗要废太子，他十多年来忧心之事，终于要出现了，他不能依从。

因此，怀恩大胆地回覆明宪宗："奴才不能奉诏。"

"你，好大的胆子啊。"皇帝震怒了。

怀恩跪在地上说："万岁爷如果废立太子，恐将会动摇国本，造成朝野不安。"

"你，居然教训朕。"宪宗更生气了。

"奴才是担心言官们到时候纷纷上奏，毕竟太子谦恭好学，从无任何失德之处。"

"这……"明宪宗迟疑了。

"何况有钟同在前。"怀恩又补了一句。

原来，景泰六年（1455年）时，宪宗为太子，宪宗是明英宗之子，英宗因土木堡之变，流落瓦剌之手，景帝为了一己私心，把宪宗太子名号废掉，改为沂王，并且立亲生儿子为太子。

当时，有一个正直的朝臣钟同上书反对，景帝把钟同逮捕，杖死于锦衣卫。

后来，英宗复辟，宪宗又当了太子，宪宗即位以后，为了表扬钟同，把钟同的牌位放在忠节祠中，供人膜拜。

假如过去有如此忠烈的钟同，难保以后不会再有不怕死的"钟同"，再说，言官们若是举钟同的前例，宪宗该如何回答，还真是一个难题。

因此，宪宗一挥手道："再说吧，反正是非废太子不可。"

明宪宗扔砚台

明宪宗接受万贵妃的建议，想要废掉太子祐樘，改立邵宸妃之子祐杬，老太监怀恩为此惴惴不安。

怀恩的确是历史上少见的好宦官，他极有正义感，甚且敢于顶撞皇帝。例如员外郎林俊性情耿直，上书宪宗主张把梁芳与继晓和尚下狱，此二人皆为万贵妃身边一等一的红人，明宪宗气得要命，把正直的林俊逮捕入狱。

由于林俊的言词激烈，明宪宗愈想愈不是滋味，想把林俊处死泄愤，怀恩力争，明宪宗火了，顺手拿起砚台就往怀恩头上掷去，怀恩额头鲜血淋漓，满脸墨汁，狼狈万分，吓得跪在地上，嚎啕大哭不止。

宪宗心烦道："还不快滚！"

怀恩连滚带爬了出来，回到房间，敷好了伤口，洗干净脸上的墨汁，却难过得病倒了。

明宪宗事后回想，也觉得自己过分了些，怀恩毕竟是忠心耿耿的老宦官，于是，派了医生给怀恩看病，并且免了林俊的死罪。

但是，这一回，宪宗想要换太子，怀恩意图打消宪宗的心意恐怕不容易，到底这是万贵妃长久以来的坚定目标啊。

怀恩烦恼极了，他信步走到了玉熙宫，决定找吴废后商量商量。吴废后长得圆圆胖胖，一脸和气，心思却极为细密，当初，太子躲在安乐堂中长达六年之久，若不是吴废后与怀恩，一内一外严密保护，这孩子早被万贵妃给杀害了。

“吴娘娘别来可好！”怀恩向吴废后叩安。

“好得很，怎么不好，原以为被万胖子害了，就只能在安乐堂中待一辈子，不想还有今天，岂有不好之理？”吴废后依然一派乐天，不见老态，皮白肉细，风度更佳。

怀恩长长吁了一口气：“可是，太子危险了。”

“怎么啦？”吴废后惊怔。

怀恩详详细细说明原委，两手一摊道：“这下子，难办了。”

吴废后反而笑盈盈的：“怀恩，不是我说你，其实，谁当太子，对你来说，又有甚么差别，你已经做到了司礼监，在宦官之中该是最高的，干甚么去惹万岁爷与万胖子的不开心。小心别丢了司礼监，或者万岁爷再丢你一块砚台，头上肿一个大包！”

怀恩摸摸额头的伤痕，虽已结疤，用力压去，仍然会隐隐作痛，怀恩结结巴巴道：“可是，可是，废立太子，动摇国本，可怜那纪淑妃熬得多苦，死得多惨啊。”怀恩声已哽咽。

“我跟你开玩笑的。”吴废后笑着打断了怀恩的话，慢条斯理道，“其实，这事倒也不难办，只要邵宸妃坚决反对就好了。”

“邵娘娘干甚么要反对自己儿子当太子？”怀恩不解地望着吴废后，吴废后也不回答。随即，怀恩一拍脑袋：“对了，如果是我，我也不愿意母以子贵，还是吴娘娘智慧过人。”

接着，怀恩做了一番安排，见到了邵宸妃，他正色道：“有人要害邵娘娘，怂恿万岁爷更换太子，让皇四子继承大任。”

邵宸妃自然知道这件事，也暗自盼望这件事成功，谁不想自己的儿子做太子，将来继承皇位，自己就成了皇太后，这怎么能算害她呢？

邵宸妃用疑惑的大眼睛，不明白地瞅着怀恩。她的大眼睛黑白分明，长睫毛如一排扇子般眨上眨下，怀恩心想，如此美人儿，难怪万岁爷也想用更换太子来讨好了。

怀恩轻描淡写道："娘娘忘记了太子生母纪淑妃怎么死的吗？因为万娘娘不愿意日后向纪淑妃磕头，所以要把纪淑妃害死，那么，万娘娘是不是愿意向邵娘娘磕头，恭恭敬敬喊一声'皇太后'呢？"

邵宸妃一听此话，一股凉意自脚心窜到头顶，脸色惨白，她对怀恩说："谢谢怀公公的提醒，我们母子不敢有此痴心妄想。"

邵宸妃心忖，比起纪淑妃，自己实在是老天爷格外眷顾的幸运儿，快别不知足了。

因此，邵宸妃不断撒娇，千托万请，拜托宪宗千万别废太子。

就在此关键时刻，突然传来消息，山东泰山地震，宪宗大惊，朝廷不安。原来，明太祖朱元璋曾经在洪武三年（1370年）封泰山为东岳，象征太子东宫，所以，泰山地震表示东宫不稳，天地为之震撼。

《左传》中有一句话："国之将兴，神明降之，监其德也；将亡，神又降之，观其恶也。"古人都是很迷信的，明宪宗认为这是老天预警，吓得不敢再提废太子之事，可是，宪宗也知道怀恩在保护太子，为了撒气，他把怀恩派到了凤阳，担任镇守太监。

明孝宗放弃报仇

明宪宗原先准备接受万贵妃的建议，废掉太子祐樘，改立邵宸妃之子祐杬，突然之间，象征东宫的泰山发生了强烈的地震，吓得宪宗暂时不敢再轻举妄动。

明宪宗安抚万贵妃道："别急，事缓则圆，慢慢来，过一阵子，等到大家都忘掉这件事，再办也不迟。"

万贵妃绷紧着脸，不肯说话，眼中显露着无比的威光。明宪宗很害怕，不断地偷觑（qù）万贵妃的表情，心中在想，还是早点把此事办妥吧。

但是，过了没几天，忽然，泰山又传出灾变，这回地震更加严重，一千多间民宅倒塌，言官们纷纷上奏，要求皇帝自省。

泰山是关东最高的山，自古被认为天下第一高峰，距天最近，帝王登泰山祭天。同时，泰山也用以比喻社会中具有影响力的杰出人物，如《礼记·檀弓》中的"孔子……歌曰：泰山其颓乎？梁木其坏乎？哲人其萎乎？"

这么一座圣山，若是倒塌了，那么，明宪宗就成了千古罪人。明宪宗慌了手脚，他急得方寸大乱，不断自责：一定是老天爷知道我想更换太子，所以大发脾气，造成剧烈的地震。

于是，脸色发白的明宪宗，双腿发软地赶紧下了一道手诏："嗣后有言东宫是非者，立斩无赦，着司礼监通谕二十四衙门及京外各镇守太监知之。"

泰山图，明盛茂烨绘。

明宪宗这道手诏，最主要是希望能消除老天爷的怒气，拜拜天，千万别再来地震了。可是，万贵妃看到手诏，仿佛青天霹雳，一下子就病倒了。

以万贵妃的性格，她绝对不会容许邵宸妃这个妖精入宫，更无法忍受邵宸妃与宪宗亲热生子，宪宗是她一个人的，她非要霸占到底。若不是自己生不出儿子，非得靠邵宸妃之子，换掉她的眼中钉，她才不肯眼睁睁容忍十多年。如今，希望落空，万贵妃血压急遽（jù）升高，突然中风，来不及抢救，便在成化二十三年（1487 年）春天去世。

明宪宗打从有记忆开始，就在万贵妃的怀里长大，万贵妃是他的奶妈，是他的贵妃，是他的一切，纵然万贵妃脾气极坏，总是明宪宗心目之中唯一的亲人，唯一能够保护他、与他同站在一条线上的力量，如今万贵妃走了，明宪宗黯然伤神："万侍长去了，我也将要跟着去了。"

万贵妃过世之后，明宪宗辍（chuò）朝七日，七日以后，虽然恢复上朝，却了无生意，到了八月发病，短短十天之间，药石罔效，驾崩之时，不过只有四十一岁。

国不可一日无君，太子即位，是为明孝宗，以第二年为弘治元年（1488 年）。

孝宗登基时仅有十八岁，却是一位恭俭有制、勤政爱民的好皇帝，这是明朝中叶一段小康之世。

对于明孝宗而言，万贵妃既是他杀母仇人，又三番两次加害于他，还差一点让他继承不了皇位，想象之中，明孝宗一定恨她入骨，甚且明宪宗生前都说："怕后人不像我一般好说话。"因此，明孝宗一即位，立刻有人起哄道："该有好戏可看了。"

出人意外的，明孝宗竟然高抬贵手，放过万贵妃一马，他并没有削去万贵妃的谥号"恭肃端慎荣靖皇贵妃"，因为他不愿意因此暴露明宪宗失德，甚且，万贵妃的家人亦被免去一死，仅是把她三兄弟万喜、万通、万达革了职。

明孝宗身世特殊，自小在安乐堂中成长，他看到冷宫中的妃嫔烧香拜佛祈求来生。六岁以后，他重见天日，亲爱的母亲纪淑妃却遭迫害，不平凡的际遇与困难，促成孝宗的早熟，他也成了虔诚的佛教徒。

由于钻研佛法，久而久之，孝宗看万贵妃，逐渐泯除仇恨，只剩下悲悯，悲悯万贵妃是个在欲海之中沉浮的可怜虫，不值得与她计较，何况她已死了，就让一切仇恨随风而逝吧！

明孝宗虽然大度大量，可是朝廷赐给万家的宝物，却不能不收回。万贵妃的父亲万贵，原先是管五个小兵的小官，后来因为万贵妃，做到了锦衣卫指挥使，万贵原是个本分的老实人，每次收到朝廷送来贵重的礼物，总是忧形于色："福气过了，灾祸就要来了，不晓得以后会如何。"

所以，万贵不许子弟们使用赐物，只是登记下来放好，大家都笑万贵迂腐。

谁知竟如万贵所料，万家三代的诰（gào）封被褫（chǐ）夺，二十三年中所赐的内帑与珍物，奉旨归还。

不过，因为万家兄弟平日搜括过多，万家依然是个豪富之家，这不能不说是明孝宗的"厚道"了。

明孝宗报恩

明孝宗即位，朝廷内外预测，杀母之仇不可不报，明孝宗就算不对万贵妃予以鞭尸报复，她三个帮凶的兄弟万喜、万达、万通也难逃一死也。

岂料，明孝宗仅仅将他三人免职，大出众人意料之外，于是，朝臣七嘴八舌，提醒孝宗万贵妃是如何如何的阴险，明孝宗的童年是如何如何的悲惨，君子报仇，三年不晚，等等。

明孝宗淡淡一笑："果真是君子，何必非要报仇，万娘娘费尽心机，仍然阻止不了朕之即位，这就是老天爷对她做的最大惩罚。"顿了一会儿，明孝宗继续道："朕天天在想，假如朕的母亲还健在，知道朕终于即位，不晓得该有多么开心。"一提到母亲，明孝宗总要勉强忍住，否则泪水必然不断涌出。

明孝宗的童年奇特，中国历史上从来没有一个皇帝像他这样，诞生于安乐堂冷宫，养于秘室之中，直到六岁方才第一次见到阳光，见到天日。六岁虽小，却早有记忆，孝宗的童年，在旁人眼中坎坷辛酸，可是小时候的他，可不觉得有什么痛苦，纪淑妃对他爱护备至，一天到晚把他搂在怀里，摸摸他柔软的头发，吻他的脸颊，轻轻地唱着儿歌。躺在妈妈的怀里又温暖又舒适，明孝宗回想起来，觉得好甜蜜。

后来，他们母子终于得见宪宗，可是，两个月后，纪淑妃暴毙，死因成谜，明孝宗痛失母亲，他记得曾经嚎啕痛哭，他不要穿漂亮的衣服，他不要吃好吃的点心，他宁可母亲活回来，带着他再回到阴暗潮湿的安乐堂之中，过属于他们母子单调温馨的生活。

可叹人生无常，事与愿违，这一切都是万贵妃作孽，但是，明孝宗并不恨万贵妃，他脑中不停打转的是，该怎么报答母亲的娘家，让他们享受一些荣华富贵。

当然，明孝宗报恩的头件事，就是把因为反对宪宗废太子，被谪斥居凤阳的怀恩找回来，仍掌司礼监。想当初，若非怀恩拼死相助，他们母子大概就丧生于安乐堂之中了。

除了怀恩，吴废后亦功不可没。由于明宪宗废了吴皇后之后，又立了王皇后，王皇后仍然健在，孝宗不能废其名号，无法让吴废后再为正后，不过，一切膳食礼仪，吴废后完全与太后一般，每天早早晚晚，孝宗都前来问安。

明孝宗，选自《乾隆年制历代帝王像真迹》。

吴废后每次都唏嘘感叹道：“假如小娟（纪淑妃）还在，不晓得该怎么开心哪，想想看，安乐堂一段日子，小娟实在是既委屈又可怜。”

“可是，朕记忆之中，母亲很少哭，总是笑眯眯的。”孝宗也陷入了往事。

“这就是小娟了不起的地方，她觉得你已经够可怜的，也不晓未来命运如何，她永远尽可能地让你有个快乐的母亲，弥补种种的不幸。”吴废后说着，声音又哽咽了。

人死不能复生，明孝宗即使贵为皇帝也有诸般无奈，他下令追谥纪淑妃为“孝穆慈慧恭恪庄僖崇天承圣纯皇后”，一共用了十三个字尊崇母亲，并且迁葬茂陵，与父亲（宪宗）同穴，完成纪淑妃生前不可能达成的心愿。

同时，孝宗仿效宋仁宗，访求母家亲族，为母亲光耀门楣。

宋仁宗母亲李氏，原为刘妃之婢，生下一子，刘妃据为己有，李氏不敢吭声。

宋真宗去世之后，十三岁的仁宗即位，刘太后垂帘听政，英明果断，国势蒸蒸日上。

后来，李氏去世，刘太后接受宰相吕夷简的建议，以一品之礼埋葬李氏，不过，仁宗始终不晓另有亲娘。

一直到刘太后死了以后，才有人告诉宋仁宗他的身世，仁宗悲痛万分，不过，他接受范仲淹的意见“掩刘太后小过，全其大德”，尊刘太后为章献太后，尊生母为庄懿皇太后，并且访求母家亲戚，大施恩泽。

这一段史实，到了包公案之中就成了脍（kuài）炙人口的“狸猫换太子”——李妃先生下一男婴，刘妃为了害她，把婴儿换成狸猫，真宗皇帝发现李妃居然生下一妖怪，把李妃打入冷宫。

宫女寇珠不忍心把小婴淹死，请宦官陈琳悄悄抱出宫外抚养。

六年之后，刘妃生下的儿子夭折，真宗十分地痛心，王爷这才把李妃之子带回宫中，父子相见皆大欢喜。

后来，包公在陈州放粮之时，流落在外的李妃当街喊冤，经过包公一番巧妙的安排，宋仁宗方才母子团聚。

“狸猫换太子”的故事乃是小说家编出来的，我们前面也说过了，宋仁宗即位之时，他的生母实在已死了，宋仁宗怀念母亲，便发生了一些寻找母家亲戚的故事。

明孝宗之所以厚待万家，一方面是效法宋仁宗之宽大，他更想师法宋仁宗，访求母家亲族，在他们身上，追寻亲娘的音容笑貌。

真假太后家族

明孝宗即位，子欲养而亲不在，他对纪太后的思念与日俱增，时时幻想，假如人死而能复生，不晓得母子二人该有多少苦尽甘来的喜悦。

孝宗经常默不出声，泪流满面，每次遇到这种尴尬，总是他又在思念母亲了，皇帝如此重感情，这是宫廷里少有的现象，太监陆恺（kǎi）看在眼里，决定利用这个机会，冒一次险。

这个陆恺，与纪太后一般，原是广西贺县人，他本姓李，广西土话的发音，纪与李是相同的，因此，陆恺大胆地找了姐夫韦父成出面，冒充纪太后的哥哥。

韦父成觉得这个主意挺诱人的，他一向胆子大，嘴巴会说，于是兴冲冲地跑去求见贺县的县官，对县官说："小的韦父成，原本姓纪，只因为胞妹在成化年间俘入掖庭，授以女史，音信全无，后来听说胞妹为万贵妃所妒，惟恐惹祸上身，方才改姓韦。如今，万贵妃已死，这才斗胆呈报。"

贺县县官见韦父成讲得天花乱坠，他也知道朝廷在访查纪太后亲族，一点也不敢怠慢，立刻走下来，亲热地搀着韦父成，待以上宾之礼，并且上报广西巡抚。

广西巡抚心想，贺县偏僻小地，竟然知道宫闱秘辛，肯定是不会假的了，马上很巴结地视为皇亲国戚，甚且把韦父成所居的乡里改名为"迎恩里"。

如此一来，轰动了整个广西，人们个个眼红且不以为然。因此，李父贵、李祖旺叔侄二人便商量道："姓韦的尚且冒充姓李，何况咱们真的姓李。"一不做二不休，他俩便连夜伪造了一份"纪氏家谱"，根据家谱，不得了，纪父贵是太后的叔叔，纪祖旺则为太后的堂兄。

地方官不疑有他，连夜飞报喜讯。孝宗开心极了，命将他二人护送至京城，并且分别改名为纪贵与纪旺，授以锦衣卫指挥同知及锦衣卫指挥佥事，同时"赐予第宅、金帛、庄田、奴婢"，又派遣官员，前往广西贺县，根据纪贵、纪旺指出的地点，修缮纪氏祖坟，设置守坟户二十家，免除徭役，耕种祭田。

由于纪贵、纪旺闹得既贵且旺，把韦父成给比下去了，韦父成非常妒忌，上书检举他二人为冒牌货。明孝宗派了太监郭镛（yōng）侦察此案。

郭镛是个老太监，他记得纪太后当年长得端庄秀丽，笑起来甜甜的，也听她说过，只知道自己是贺县人，姓纪，因为被掳来时年纪太小，根本不记得还有甚么亲族。到底郭镛算是亲耳听过纪太后谈及身世，因此，现在就成为重要的角色了。

韦父成能言善道，郭镛几乎被他给唬过去了。后来，郭镛问韦父成："你听说妹妹封了妃子，是何时的事？为甚么不前来认亲。"

"噢。"韦父成掐着手指算了算，"那是成化十一年（1475 年）年底之事，因为来人说，万贵妃很凶，所以小的不敢前往京师。"

"你确定是年底？"郭镛反问。

"对，年底时一位公公回贺县扫墓之时，亲口对我说的。"

"大胆刁徒！"郭镛破口大骂，"来人既告诉你，你妹妹封妃，怎不告诉你，你妹妹封妃不久，六月就暴毙了。"

"这……"韦父成以手掩口，一下子答不上话来。

"你又凭什么说，纪贵与纪旺都是假冒的？"

韦父成自己难以圆谎，拆破他人的假面具倒容易，他立刻又精神抖擞道："郭公公你想，家谱是中原世家大族才有的玩意儿，咱们穷乡僻壤，哪来甚么家谱？"

由于明孝宗曾经说过："宁受百欺，冀获一是。"因此，韦父成虽被拆穿，郭镛仍准韦父成用公家的驿马回广西贺县，并且赐给他一百两银子。

消息传出以后，广西人民个个心动，原来假冒不成，亦有赏赐，于是不断有人前来攀龙附凤，孝宗派遣给事中孙珪（guī）、御史滕祐微服暗访，深入猺（yáo）僮深山查访。

一年之后，他二人回返，满脸憔悴，三分像人，七分像鬼，最糟糕的是，经过缜密调查，非但纪贵、纪旺是冒充的，纪太后亲属一个不存。

孝宗闻讯，伤心极了，他是明理之人，也不愿劳民伤财再继续被骗，于是，接受臣子的建议，赐予太后父母封号，在桂林立祠，并由大学士尹直撰写哀册，其中有一句："增宋室仁宗之痛。"明孝宗每次祭拜，每次念到这一句，觉得自己比仁宗还惨，连母亲亲戚都找不着，忍不住又哭得两眼通红。

王恕理直气壮

明孝宗即位以后头一件事，就是把远谪凤阳的怀恩召回京师，继续担任司礼监。

怀恩禀报明孝宗的头一件事，就是“赶快把王恕召回京师，先帝将王恕辞官一事，已在民间闹得沸沸腾腾，大家都把王恕视为偶像一般崇拜”。

明孝宗也素知王恕的美名，立刻从善如流，召用他为吏部尚书。

王恕是正统十三年（1448 年）的进士，性格方正，嫉恶如仇，一向敢作敢当。成化十二年（1476 年），号称“钱能通神”的太监钱能镇守云南，商辂建议找有威望的大臣担任巡抚，用以镇压钱能，这就派了王恕前往。

王恕与钱能，一个廉洁，一个爱钱，自然彼此严重不合。王恕上了一个奏章给明宪宗：“以前交趾地方因为所镇非人，以至于陷落，今日云南之事又甚于以往，陛下何必爱惜一个钱能，而不以安定边疆为重？”

钱能是梁芳的心腹，梁芳是万贵妃的心腹，万贵妃又控制着明宪宗的一举一动，因此，虽然王恕讲得头头是道，条条是理，明宪宗仍然把王恕调到南京都察院。

后来，到了成化二十年（1484 年），王恕改任南京兵部尚书，当时钱能也守备南京，冤家路窄，两人又对上了。

钱能心里有点儿发毛，他对旁人说：“王公（指王恕）天人也，我不过敬事而已。”

王恕一贯理直气壮，譬如说万贵妃为减轻罪孽，大规模建立佛寺，林俊反对，宪宗把林俊下狱，王恕声援林俊："每盖一座庙，必须移民数百家，耗费公帑数十万，林俊所言有理，不宜论罪。"

明宪宗看到奏章，相当不悦，王恕从来不管皇帝高不高兴，反正他认为该说的就一定非说个清楚不可，俨然成为当时的意见领袖，全天下都崇拜他的正直。

当时，朝廷里若有不合正义之事，必然有人问："王公为甚么还不开口？"十之八九得到的回答是："王公的上疏一定马上就会到。"果然，不久之后，王公的奏章就来了。所以，社会上流行一句谣歌："两京十二部，独有一王恕。"

明宪宗不是甚么奋发有为之君，忠言逆耳，对王恕十分头疼，又因为宪宗懦弱，也不方便对王恕发脾气，可是心中又十分厌烦王恕，嫌他意见太多。

有一天，明宪宗终于想出一个办法，当时南京兵部侍郎马显请求退休，明宪宗在这则奏章上，加批一句"准许王恕退休"，王恕就这般莫名其妙丢了官。

王恕本是洒脱之人，他倒是无所谓，回到了家乡。但是，人们怀念他，使他名气更大，尤其是凡有人弹劾刘吉，必然推荐王恕替代。

刘吉与王恕的作风恰恰相反，凡事专拣皇帝喜欢的才说，他在内阁十八年，因为营私舞弊，经常被言官弹劾，反正刘吉脸皮厚，加上宪宗支持，官位始终很稳，所以，刻薄的言官为刘吉取了一个难听的外号——"刘棉花"，意思是刘吉与棉花一般，禁得起弹，而且愈弹愈高。

明孝宗接受了怀恩的建议，把王恕找了回来，特召为吏部尚书，又听说前南京兵部尚书马文升贤正，也召为左都御史。

王恕既然又回到朝廷，并且担任吏部尚书，他可是要大干一场的。京剧中的大官，经常被称为"吏部天官"。本来，在明朝，吏部是最重要的一部，吏部尚书权位自然不小。

但是，刘棉花不满王恕，始终与他作对，王恕举荐不少贤才，刘吉便以阁臣的身份予以百般阻挠，例如陕西巡抚出缺，王恕推荐河南布政使萧祯，刘吉便反对，于是孝宗也接受了刘吉的意见。

王恕做不下去了，他上了一则奏章，内容大意："陛下不以臣不肖，任臣于诠（quán）部，假如臣推举的人才不佳，那是臣的罪过。今天陛下安知萧祯不才，竟然拒绝，这一定是左右近臣的意思。臣不是一个会承望风指、固守禄位的人，而且陛下既然认为萧祯不可用，这就表示臣不可用，那么臣请求告老还乡。"

王恕的奏章写得露骨而不客气。可是孝宗却能容忍，终于接受了王恕的意见，任命萧祯为陕西巡抚，忠言逆耳，孝宗却能纳谏，的确了不起。

明孝宗敬老尊贤

明孝宗在位期间，历史上称之为“恭俭有制，勤政爱民”“朝序清宁，民物康阜”，算是明朝中叶小康之世，史称为弘治之治，弘治是孝宗的年号。

明孝宗最大的长处，在于能任用贤臣，历史上每一个皇帝都认为自己用的是忠臣，可没有谁故意用奸臣，存心把国家搞垮。但是谁忠谁奸，没有刻在脸上，奸臣又往往甜言蜜语，巴结逢迎，让皇帝以为他们忠心。所以方正实在、不善拍马的真正忠臣，经常成为被排挤的对象。除非，皇帝特别英明，能够摒弃高帽子的诱惑。

明孝宗正是一位知人善任之君，王恕讲话不好听，但是字字句句都是为了国家，因此，孝宗能够重用他。

中国历史上，如王恕一般刚正清严、直说敢言的知识分子其实不少，但是如王恕一般幸运者却不多，若是换了明太祖，像王恕这样有话就说可危险了。

王恕总共任官四十多年，个性开朗，能吃能睡，他的食量惊人，超过平常人的两倍，素来健康，直到死的那天，方才食量略减，闭户独坐，突然有声若雷，他就这样归天了，高寿九十有三。

王恕不但自己有福气，他举荐的一些名臣，明孝宗也对他们礼遇备至，君臣之间，仿佛鱼水相合，传为千古美谈。

例如刘健，此人端庄严谨，明孝宗非常欣赏他，总是尊敬地称呼刘健一声“先生”。

每次刘健蒙孝宗召见，孝宗一定先对太监们说：“你们先下去。”

这些太监，平常无事，总爱传播是非。皇帝干什么要他们避开，莫非要谈甚么机密？因此，他们总是躲在屏风后面偷听，只听见孝宗不断说“好，好，好”，然后，孝宗会指示屯田、盐政、马政该如何兴革，想来，刘健提供了不少好的建议。

孝宗与能提供好建议的大臣特别投缘，经常一谈就是老半天，例如刘大夏，孝宗很喜欢与他商讨军国大事。

有一回，君臣之间聊得太愉快了，等到谈罢，糟了，刘大夏毕竟年纪大了，跪得太久，膝盖酸疼，根本站不起来，非常吃力地勉强撑着挣扎着，明孝宗好生不忍，连忙吩咐司礼太监李荣：“赶快搀扶刘尚书出宫。”

有了这一次经验，明孝宗格外体贴，随时注意大臣们是否身体不适。例如张元祯，明孝宗特别赞赏他在经学方面的成就，时时找他来开讲经学。

张元祯面貌清癯（qú），个子又瘦又小，还不到普通人一半身高，因此，虽然张元祯年岁不小，但坐在孝宗面前讲课，矮了半截，孝宗好像在听小朋友教课一般。

一连上了几堂课下来，孝宗觉得很不自在，他虽然贵为皇帝，仍然以为应该尊师重道，因此，孝宗下令：“帮朕准备一张特制的低几。”

皇帝有令，左右自然马上照办，却不知万岁爷要低几做甚么。等到下一次张元祯上课之时，孝宗与张元祯，目光可以平视，相差不至于过分悬殊，左右这才了解，明孝宗真正是用心良苦也。

明孝宗既尊师重道又敬老尊贤，除了王恕之外，刘大夏、戴珊此二位老臣谋国之士，也深深为孝宗所佩服。

有一次，孝宗召见刘大夏、戴珊面议朝政，孝宗忽然感慨万千道：“现在不少大臣关起门来，故意表示谢绝送礼，其实，如二位一般清廉正直，就是敞开大门，把客人请到家里，又有谁敢送礼呢？”说着，明孝宗从怀里掏出一锭白银，亲手交到刘大夏与戴珊手里。

刘大夏与戴珊面面相觑，不知该不该收，孝宗轻松道："这么一点小钱，不过是稍稍帮助你们的清廉罢了。"顿了一会儿，孝宗又加了一句："你们用不着廷谢，以免遭忌。"（所谓廷谢，指的是在朝廷殿堂之上向皇帝叩谢。）由此可见得孝宗之细腻体贴。

明孝宗还特别喜欢邀他二人出席造膝宴。所谓造膝宴，指的是膝盖相并、边吃边谈也。

有一回，刘大夏赴宴前，戴珊对大夏说："我又老又病，孩子又小，恐怕要比你先走一步，你待会儿见到皇上，为我美言美言，让我退休吧，你我是同年（指的是同一年中进士）好友，一定要帮忙。"

于是，刘大夏在造膝宴中，代为转达了戴珊想退休之意。孝宗不答应，他说："在宴席之中，主人坚决留客，客人还得勉强地留下，难道戴珊就不能勉强为朕留下来吗？而且朕以天下事付托爱卿们，如今天下未平，爱卿岂忍言归？"

刘大夏把这番话转给戴珊，戴珊哭泣道："我要死在任上了！"

明孝宗能够任用老人的圆融智慧，果然重新培养了明朝原已枯竭的元气。

明孝宗偷读佛书

明孝宗具有种种美德，历史上称其治世为弘治中兴，但是，人总难得十全十美，孝宗仍然不能完全免于传统的积习，譬如宠信宦官李广。

明孝宗不贪财，不好色，励精图治，按理说来，宦官不容易弄权，可是，李广利用孝宗拜佛从中弄权。

孝宗身世坎坷，自小与母亲纪淑妃藏身于安乐堂之中，纪淑妃为了解脱烦恼，排遣寂寞，经常烧香拜佛。

事实上，整个安乐堂中，总是青烟袅袅，因为这些被打入冷宫的可怜后妃宫女，人生毫无希望，只有虔诚拜佛，希冀来生。

孝宗在这种奇特的环境之中成长，自自然然模仿大人，也学着点香、跪拜、敲木鱼等等。

后来，孝宗与母亲好不容易得见天日，纪淑妃却被万贵妃害死，明孝宗躲在祖母周太后的仁寿宫，这种种的打击，在在让他幼小心灵发现人生无常，也就更容易接受佛经。

因此，当孝宗初学识字，他最感兴趣的，就是捧读佛经，非常渴望能够了解其中的含义。

孝宗的启蒙老师是覃吉，覃吉是个老太监，学问很好，清朝的袁枚曾经说过："孝宗的开口奶吃得好，难怪以后的学问好。"

当孝宗九岁之时，覃吉教他读《四书章句》与《古今政典》，孝宗读得津津有味，但是，对他最有吸引力的，仍然是佛经，不过，覃吉不准他读。

有一回，孝宗正在偷读佛经，突然之间，有个小太监通风报信：“老伴来啰！”老伴就是覃吉。孝宗赶紧把佛经藏在《孝经》之中。

覃吉眼尖，早就看到了，但是故意不说破，他问：“太子正在读什么书？”

“正在读《孝经》。”

“那就好，佛书荒诞，不可相信。”

“是的。”太子唯唯诺诺，心中不以为然。

孝宗自弘治八年（1495年）之后，渐有倦勤之感，一个很重要的因素，是他力不从心。虽然彼时孝宗只有二十五岁，但是，他自小生长于冷宫，体质不佳，营养不良，又受到身心种种折磨，身体日渐虚弱。孝宗又不爱动，成天闷在书房，久而久之，益发像一个小老头子，也就愈来愈迷佛。

太监李广看在眼里，经常介绍一些僧道，将他们引入宫中，用符录祷祀蛊（gǔ）惑孝宗，并且矫（jiǎo）旨（诈称皇帝的命令）任命这些人为传奉官。

既然李广有出卖官职的本事，当然四方争相贿赂，他又擅夺畿内民田，专营盐利，开始过着豪华享受的生活，李广造了一所极为考究的园林，起大第，引玉泉山的水，前后环绕。

李广造的桥，称李广桥，或称之为藜（lí）光桥，这座桥，迄今仍然保留，李广桥东边便是清朝著名的恭王府与醇王府，乃北京名胜也。

有关李广的奢侈，言官们纷纷上表，可是，孝宗颇满意李广在佛事上的用心，一切论劾置之不理。

弘治十一年（1498年），李广劝孝宗在万岁山建一个亭子，题名为“毓（yù）秀亭”，取钟灵毓秀之意，因为孝宗只有两个儿子，次子死后，只剩太子。不料，毓秀亭建好以后，皇子未生，倒死了一个小公主，大家都说，这是李广出的坏主意。

过了没有多久，清宁宫忽然烧起一场大火，有人借此攻击李广，说是“毓秀亭犯了太岁”。

孝宗的祖母周太后很生气，她对孝宗发牢骚：“今日李广，明日李广，果然祸事临头。”明孝宗一向极为孝顺老太后，因此，李广听说老太后震怒，害怕孝宗会治罪，畏罪自杀。

李广死了之后，明孝宗疑心他家中藏有什么异书，派人到他家中搜了半天，没找到任何异书，倒是查到一本账簿。

孝宗翻开账簿一看，全是某年某月某日，某大臣送黄米若干石（dàn），某大臣送白米若干石。孝宗不解，问道：“乖乖，李广一个人食量到底有多大，一个人吃得了这许多白米？”

“禀报皇上，此乃暗记，黄米黄金也，白米白金也。”左右的人加以解释。

孝宗大怒，下令追查。

李广虽然横行不法，比起王振以及刘瑾，其实只是小巫见大巫。

王华讽刺张皇后

明孝宗宠信宦官李广，后来，李广贪贿之事外泄，孝宗祖母周太后气得对孝宗说："今日李广，明日李广，果然祸事临头。"李广因而畏罪自杀。

此外，王华亦曾在文华殿为孝宗举行"小经筵"之时，巧妙地批评了张皇后与李广。

所谓"小经筵"就是日讲，这是皇帝进修的一种方式，明孝宗选择博雅耿介的儒臣，按日进讲圣贤之道、朝政得失，由此可见，孝宗始终好学不倦，努力求知。

至于王华，这个人不简单，他是著名思想家王阳明（王守仁）的父亲，字德辉，他是成化十七年（1481 年）的状元。王华十分孝顺，他的老妈妈活到一百多岁才归天，他当时已经七十多岁，日夜侍奉老母亲，有这样的身教，无怪乎能够教养出王阳明这般的好儿子。

王华进讲的时间很长，孝宗对他十分看重，有一回，王华讲《大学衍义》之时，就用了唐朝李辅国与张良娣（dì）表里用事的例子，提醒孝宗小心张皇后与李广。孝宗很有风度地请宦官赐食慰劳王华。

李辅国与张良娣是如何表里用事，其中有一段故事：

唐明皇（即唐玄宗）宠爱杨贵妃，怠忽国事，造成"安禄山叛变"，玄宗仓皇西逃，"西出都门百余里，六军不发无奈何，宛转蛾眉马前死"。

明代经筵，佚名绘。

杨贵妃被吊死于马嵬（wéi）坡。不久，玄宗之子肃宗在灵武即位，玄宗被迫由皇帝变为太上皇。

这整个事件由宦官李辅国与张良娣主导，因此，肃宗即位，立张良娣为皇后，张皇后与李辅国联手干预朝政。

唐玄宗对李辅国一向没什么好脸色，李辅国为了报仇，有一天便对肃宗说："太上皇住在兴庆宫，每日与外人交往，陈玄礼、高力士等人都在筹划，如何不利于陛下，奴才不能不禀报。"

肃宗不相信，他说："圣皇慈仁，哪里会容许此事发生？"

李辅国一不做二不休，假造肃宗的命令，把兴庆宫中原有的三百匹马，一下子缩减为只剩下了十匹。

玄宗好伤心，他对高力士说："吾儿为辅国所惑，不得终孝矣。"

到了七月里，李辅国又以一纸假圣旨，邀请唐玄宗赴"西内"一游。西内就是太极宫，荒凉而潮湿，不宜人居，所以太宗建大明宫，自高宗以后，皇帝都住在大明宫。

李辅国陪着玄宗进入西内睿武门，突然之间，把门给关上，并且派出五百骑兵露出兵刃遮挡道路，很不友善地对玄宗说："皇帝以兴庆宫过于狭隘，迎上皇迁居大内。"

玄宗一听，吓得差一点自马背坠下。

高力士护王殷切，斥责李辅国："李辅国你好大胆子，何得无礼！还不赶快下马赔罪。"

李辅国一脸不开心地下了马。

高力士转身对五百骑兵转达玄宗旨意："上皇向诸将士问安。"将士们收起了兵刃，齐声高呼："万岁！"

高力士为玄宗保住了老脸颜面，但是，玄宗被迫离开了风景秀美的兴庆宫，留在阴暗潮湿的西内甘露殿。

接着，李辅国率众而退，只留下数十个老弱侍卫伺候玄宗，甚且连玄宗最心爱的高力士，也被流放到巫州。

玄宗曾经说过："力士在旁，我睡觉才睡得稳。"如今杨贵妃被逼死，高力士遭流放，他一个人被迫移居西内，回想当年开元天宝年间，一呼百诺，何等威风，如今落得被人宰割，何等凄惨。再说，以诈骗手段逼迫玄宗移居大内，即或出于李辅国之意，显然肃宗也不反对，毕竟肃宗是皇帝啊。儿子如此不孝，如此不信任老子，玄宗愈想愈觉得人生无味，最后绝食致死。

这一段唐朝历史，深为后人所不满，认为肃宗不该信任张皇后、李辅国，让肃宗留下不孝之恶名。孝宗信李广，又爱张皇后，与肃宗的故事相像，因此，王华才有此一讽刺。

平心而论，孝宗的张皇后与孝宗一般，信奉佛教，信任李广，绝没有唐朝张皇后阴狠，他夫妻二人感情极佳，孝宗只有两个儿子，都是张皇后所生，次子三岁夭折，长子朱厚照就是武宗。孝宗三十六岁英年早逝，太子朱厚照即位，就是明武宗，也就是家喻户晓的正德皇帝。

梅龙镇上的李凤姐

明武宗即位，年号正德，民间通称他为正德皇帝。提起正德皇帝，马上就令人想起梅龙镇上的李凤姐。国剧里有一出戏叫《游龙戏凤》，也叫《梅龙镇》，讲的就是这一段正德皇帝的故事，后来又被人以黄梅调唱法改拍成电影《江山美人》，曾经轰动一时。

李凤姐的故事未见于正史，只是知名的民间传说，所以我们先从国剧里的正德皇帝说起，再介绍正史中的明武宗。

正德皇帝生性好动，经常溜出皇宫，微服私访于民间。

有一天，正德皇帝化装成一个军人，单身来到梅龙镇，夜幕低垂，他有些饥饿，举目张望，只见前面有一个“龙凤酒店”的市招迎风招展，他便轻步跨入酒店的大门。

“酒保！”奇怪，酒店内空无一人，他只得高声呼叫。

“来了！”从室内轻快地闪出一个女孩。

“你是酒保？”正德皇帝被这活泼纯真的小姑娘吸引住了。

“我哥哥去打更巡夜，只好我临时充当酒保了。”

那轻脆而甜美的声音，与皇宫里装模作样、严肃而规律的声音完全不一样。

“你店里有什么酒菜？”正德皇帝坐了下来。

“我们店里的酒菜分为三等。”小姑娘回答。

正德皇帝与李凤姐，砖雕。

“哪三等呢？”

“第一等是给达官贵人享用的，第二等是给来往客商享用的，第三等是……”小姑娘有些犹豫，顿了一会儿道，“第三等给你们军爷吃的。”

“哎呀，原来当兵的这等可怜！”说着正德皇帝从怀里掏出一锭十两的银子，对小姑娘说，“把第一等的酒菜摆上来。”

“哇，这么多啊！用不完。”小姑娘惊愕道。

“剩下来的，给大姐买花粉吧。”正德皇帝笑着说。

不一会儿，一桌上好的酒菜摆在桌上，正德皇帝问小姑娘道：“你叫什么名字？”

“李凤姐。”小姑娘有些害羞。

“李凤姐，好一个李——凤——姐啊！”正德皇帝竟把李凤姐的名字唱了起来，并且接过酒杯时，竟摸了一下李凤姐的手。

“咦，你这人怎么不老实，乱摸人家！”凤姐大声叫嚷。

“哦，想是我这些天未曾骑马射箭，指甲长了，搔了大姐姐一下也是有的。”

“我的指甲也长，怎么不搔你？”

“哦，大姐也要搔我，我出生以来，还未曾有人搔过我，请吧！”正德皇帝伸出了手掌。

“那我就不客气啦！”凤姐说着，真的用指甲戳了一下，正德皇帝看到凤姐娇憨的表情，乐得大笑起来。

“军爷，你家住在哪里？”凤姐用好奇的眼光望着客人。

“我住在天底下。”

“才怪，哪个人不住在天底下？”

“我这天底下与别人不同，北京城里有一个大圈圈，大圈圈里有一个黄圈圈，我嘛，就住在黄圈圈里。”

“你说什么啊？”凤姐迷惑地侧着头。

“凤姐，我告诉你吧，我是当今的正德天子。”

“天子？”凤姐大笑起来，“我看过戏里的唐明皇，一大把花白胡子，你一点都不像。”

“凤姐，来看。”正德皇帝脱去了外罩的军服，里面是皇帝的龙袍，“我若不是真皇帝的话，穿龙袍可是要杀头的啊。”

凤姐看到绣有五爪金龙的龙袍，一时呆住了，半晌才“扑通”一声，双膝跪下，不断叩头。

“哈哈，凤姐起来，不要害怕。”正德皇帝扶起了凤姐，“朕喜欢你的纯真可爱，今夜朕就住在这里了。”

“是，只是我的房间很小，怕委屈了皇上。”凤姐的话有些颤抖，不知是兴奋还是恐惧。

“没有关系，朕喜欢的是你的人啊！”

第二天清晨，正德皇帝离开了龙凤酒店，行前，告诉凤姐，回京后就派人来接凤姐进宫。

望着正德皇帝的背影远去，凤姐倚在店门口，泪眼蒙眬，心里的滋味真是说不出来。

时间一天天过去，皇帝不但没有派人来接凤姐进宫，连派个使者传信都没有，显然，皇帝忘记了梅龙镇上的一夜风流。凤姐终于病倒了，那是为相思的情意而病倒，还是受到左邻右舍的冷嘲热讽而病倒，没有人知道，最后李凤姐忧郁而卒。

这个故事只是传说，不过，和正史中明武宗的性格还真像。

明武宗从小被溺爱

《梅龙镇》一戏之中，正德皇帝与李凤姐的故事究竟是真是假，因为正史上没有记载，人们无法考证。不过，明武宗正德皇帝是历史有名的太保皇帝，荒唐好色的故事史不绝书。

俗话说："知子莫若父。"明孝宗非常清楚他儿子是怎样的德行。

孝宗弘治十八年（1505 年）五月，孝宗身体不适，他自知不久于人世，于是，孝宗派太监把刘健、李东阳、谢迁唤到乾清宫来。

孝宗换了便服，半躺在软榻之上，用极其微弱的声音说："朕承祖宗大统，在位十八年，到今天已三十六岁了，哪里晓得患了这个病，体力不支，所以与诸位先生最近相见的时候比较少，日后，也不再有机会了！"

刘健心中一酸，忙道："陛下万寿无疆，何必如此说话？"

孝宗摆摆手："朕自己知道，生死有命，不可强求也。"说着，他不断咳嗽，低声呼叫："倒水来。"

这时，掌药太监张愉捧了茶来，并且说："万岁爷该用药了。"

孝宗不理太监，继续说道："朕一直谨守祖宗法度，不敢怠忽政事，当然还是仰仗诸先生辅助之力。"讲到这儿孝宗吃力地伸出手，想要握刘健，刘健赶忙把手递上去，眼角渗出了点点泪珠。

孝宗拉着刘健的手，黯然道："朕蒙皇考（指明宪宗）厚恩，选立张氏为皇后，而幸有了太子，今年已经十五岁了，尚未完婚，社稷事重，可即令礼部举行。”

“臣遵旨。”刘健叩了一个头。

接着，孝宗忧心忡忡道：“东宫聪明，但是年纪轻，好逸乐，诸先生请辅之以正道，使成明主。”

三位大臣异口同声：“臣等敢不尽力。”

由此可见，明孝宗临终之前，最不放心的就是明武宗。

明孝宗是一个遵守礼法、励精图治、不近女色、钻研佛法、相当拘谨老成的人，怎么生下一个儿子，完完全全不像他，这是有道理的。

明孝宗与张皇后夫妻恩爱，生了两个儿子，幼子夭折之后，对武宗特别疼惜，明武宗生于孝宗弘治四年（1491 年）十月，第二年就被立为太子，由于他是明朝四代以来，唯一由正宫娘娘所生的太子（在他之前，英宗、宪宗、孝宗都是妃子所生），所以不但爸爸疼、妈妈疼，连大臣们都格外看重。

再说，明孝宗身世凄惨，直到六岁方才父子相认，就是认了之后，宪宗也从来没在他身上花心思，所以，感情浓厚的孝宗，想在武宗身上弥补童年的全部遗憾，当然对武宗宠爱异常。

此外，明武宗小时候虽然调皮，却也十分健壮活泼，孝宗自己身体弱，看到儿子雄壮有力，心中欢喜，武宗要什么都依，无形之中，让武宗愈来愈任性。

武宗小时候，的确有他可爱的一面，譬如说，他读书还算用功，对老师也有礼，还会拱手相送，跑来跑去，勇猛得像只小牛，挺好玩的。

由于武宗跳跳蹦蹦，与英宗、宪宗、孝宗体弱多病大不相同，所以有人说：“太子像太祖。”甚且有人说：“太子的相貌颇似太祖。”“太祖如果在世，一定庆幸大明朝后继有人。”

此话一说，这个太子的身价更加不得了。张皇后对武宗溺爱非常，有时孝宗嫌他过于淘气，张皇后总是说：“太子还小嘛，大了就好，万岁爷小时候不也这样？”孝宗小时候哪有如此好命，孝宗一想起安乐堂中的悲惨童年，既自伤又自怜，于是更舍不得剥夺太子的快乐，似乎在太子的放纵享乐之中，弥补了心头的一个缺憾。

太监们察言观色，发现明孝宗虽是一个呆板的小老头，却不反对太子尽情游乐。于是，个个使出浑身解（xiè）数，带太子到处乐一乐。

据说，有一天，一个太监带来一只猴儿和一只小狗，猴子骑在狗身上，猴子东瞧瞧，西看看，模样还挺神气的，太子一见就笑开了。

于是，太子用一根绳子，把狗牵到了奉先殿，看一猴一狗耍宝，有趣极了。

突然之间，外头有人放爆竹，猴子一惊，滚下狗身，用双手捣着耳朵，吓软了手脚，狗儿也怕了，着急的不晓得该往哪儿躲。

太子拍手笑道："原来，你们如此不中用。"

顷刻之间，电闪雷鸣，狂风豪雨，奉先殿原本阴暗，现在轮到太子自己害怕了，一面跑一面哭。

后来，张皇后晓得太子受惊，心疼万分，她不仅不告诫太子，奉先殿是敬天祭祖之地，不能狎（xiá）戏，反而吩咐太监，让他们多几个人为太子壮胆，让太子再去奉先殿逗猴玩狗。

张皇后的溺爱，让明武宗这个太子完全不知道自制与自律。

刘瑾物色杂耍高手

明弘治十八年（1505 年）五月十八日，十五岁的朱厚照登基为帝，下诏自明年开始，改年号为正德，是为明武宗。

武宗从小贪玩，太监刘瑾、马永成、高凤、罗祥、魏彬、邱聚、谷大用、张永最得他的宠爱，尤其是刘瑾，武宗恩宠异常，这八个人，号称“八虎”。

刘瑾，原为陕西兴平人，他本姓谈，景泰年间，由一个姓刘的太监带入宫中，改为姓刘，史书中形容刘瑾“性情狡猾狠毒，尤其羡慕宦官王振”。

明孝宗生活严谨，用不着刘瑾这般的人，刘瑾甚且因细故被判了死罪，撵到宪宗的茂陵去管点香。

后来，太子渐长，刘瑾被调回宫中，掌管钟鼓司。所谓钟鼓司，就是掌管朝参的鸣钟击鼓，以及宫内的休闲杂戏。于是，刘瑾就利用这一层机会，很快争取到太子的好感。

刘瑾不惜工本，自民间物色到各色各样杂耍高手，让太子大开眼界。

中国古代的杂技，充实而丰富，早在夏禹时期就已经萌芽，可惜许多杂耍今已失传，没人能表演，否则，即使以今日眼光，仍然叹为观止。

刘瑾恭谨地对太子说：“今天先上演自宋朝传下来的七宝之戏。”

太子拍手道：“好，一听名称就是好戏，由哪七个人主演啊？”

“禀报太子，七宝并非七人，而是七种鱼。”

这下太子更乐了，只见艺人端来好大好大一个水桶，然后依序把白鱼、墨鱼等七种鱼放入，这七种鱼群个个还给戴上了假面具，十分好玩。

接着，艺人敲着锣，高喊："墨鱼！"一群墨鱼就游到水面，戴着面具游来舞去，太子乐坏了。表演完后，墨鱼集体沉入水面，仿佛退到幕后。

此时，艺人又高喊："泥鳅！"奇怪，泥鳅就知道上场，戴着滑稽的小面具表演，完全训练有素的专业风范。

太子开心极了，太子是明孝宗与张皇后的心肝宝贝，太子一乐，张皇后吩咐刘瑾再献新花样。

没有多久时日，刘瑾再献上"蛤蟆（há ma）教学"。只见艺人带来九只蛤蟆，其中最肥胖最大只的，刘瑾说："这是老师蛤蟆。"太子联想到自己的胖老师，马上笑弯了腰。

老师蛤蟆很有威严，当他一蹦一跳在大木头上坐定，其他八只小蛤蟆也安静地各就各位。

艺人高喊："上课！"于是老师蛤蟆"嘎"一声，八只学生蛤蟆也"嘎"一声，老师蛤蟆"嘎嘎嘎"，小蛤蟆也乖乖"嘎嘎嘎"。

更不简单的是，接着，小蛤蟆一个个轮流走在讲台旁，老师蛤蟆教训一番之后，小蛤蟆还懂得一点头再转身爬走，颇有"尊师重道"的美德。

太子看呆了，命令艺人再来一回，这一回，他也学着小蛤蟆嘎嘎叫，接受老师蛤蟆的教导。

刘瑾手中的玩意还不少，从此太子深深被刘瑾给的玩意吸引住了，什么角力、举鼎、投壶、弄剑、凤凰衔书（长尾鸡上下飞翔，然后口中能掉出吉祥贺词表示皇恩浩荡），或是走绳（将绳子两端固定，悬空，美丽的女艺人在绳上凌波起舞，表演特技）、马戏、烟火表演等等，太子样样都有兴趣，一天见不到刘瑾，简直就要闹翻天。

当太子年龄渐大，青少年体力旺盛，倾向于喜欢较刺激的节目，尤其钟爱相扑。

所谓相扑，就是互相扑过来、摔过去，古代称之为角力、角抵。到了宋朝，普遍称之为相扑，岳飞曾把相扑作为训练士兵的必备课程之一。相扑后来传到日本，深受日本人喜爱。

太子最爱的是“乔相扑”，意思是假装表演相扑，用棉花、布帛、稻草制成两个偶像，表演者躲在衣服里头，乍看之下，两个人互相扭打，轮番摔跤，你推我拉，绊腿掐脖，正在难分难解，突然表演者翘起屁股，故意让观众发现真相，让观众笑翻了，揉着肚子喊疼。

太子胃口愈来愈大，刘瑾要多方物色，才能满足太子，否则太子会以不吃饭抗议。不过，刘瑾总是有办法让太子开怀大笑。

譬如“入马腹舞”，这是西域传来的幻术，一个人自马后钻入马腹，然后突然自马嘴之中钻出来，其他如钢刀砍身、卧箭上舞也是糅合了气功与幻术的精彩表演。

又譬如“续头法”更不简单，只见一个小毛头上了场，整个人卧在一张长凳子上，然后艺人手举钢刀，“哗”一下，把小孩的头给“割”了下来，然后，用布把小孩的头和身体盖住，一会儿头又接上了。

太子看了好兴奋，嚷着也要割头，吓得艺人讨饶：“不成，这是幻术，如果太子你这一砍，我小儿的头真要搬家了。”

刘瑾弄了这许多有趣的杂耍来，让明武宗在太子时代就离不开他。

焦芳耍无赖

明武宗生性贪玩，太监刘瑾投其所好，从民间找来了各式杂耍艺人，形形色色的把戏将武宗逗得乐不可支，简直不能一天见不到刘瑾。

事实上，刘瑾本人根本不喜欢任何杂耍，他自视颇高，看不起这类琐碎的东西。刘瑾读过几天书，经常怨叹命运不济，老天无眼，他自问比起含着金匙出身的武宗高明太多，因此，他暗暗以王振为师。明英宗对王振言听计从，刘瑾相信，自己也有这等能耐，让明武宗逃不了他的手掌心。

正德元年（1506 年）元月，刘瑾终于如愿以偿，掌管神机营下的五千营，京营里火力最强的是神机营，神机营中最精锐的部队在五千营，刘瑾手中有了这张王牌，大家都对他刮目相看。

当然，刘健之类有品格的老臣，谁也不愿搭理刘瑾，可是自有那焦芳之流，赶着上前巴结。

明朝中叶以前，士大夫讲求名节，附和宦官的无耻士大夫尚未能真正横行霸道，一直到焦芳出现，才改变了情势。焦芳以内阁大学士之尊，居然向刘瑾献媚，明代的"阉党"（宦官是被阉之人，依附宦官的人被称为阉党）才形成了气候。

焦芳是河南泌阳人，天顺八年（1464 年）进士。这位进士，走到哪里，人人侧目，因为他粗里粗气，坐没坐相，站没站相，大呼小叫，毫无半点文化气息，让人怀疑他是否受过教育。

明代太监与侍卫，佚名绘。

中国古人一向重视同乡关系，因此，当时的大学士李贤尽管见了焦芳就忍不住皱起眉头，但是看在焦芳是河南泌阳人，李贤自己是河南邓州人这一份同乡情谊上面，他仍选焦芳为庶吉士，授职为编修。

焦芳平时喜欢赌钱，他的牌品极坏，不论输赢全要骂人，如果赢了，焦芳就神气活现："你们如此笨，也想赢我？"如果输了，更是破口大骂："准是其中有诈，这一局不算不算。"

久而久之，没有人敢再与焦芳赌钱了。焦芳虽然不学无术，却自认满腹经纶，并且自己给自己取了一个"焦才子"的外号。

当焦芳做了九年的侍讲，依照考绩规定，应当升为侍讲学士，这时有人跑去对大学士万安说："像焦芳这样的人，也能当学士吗？"

焦芳听到这件事，勃然大怒，公开表示："这八成是彭华在讲我的坏话，假如我当上学士也就罢了，否则看我不杀了他！"

焦芳这种流氓作风简直是耍无赖。彭华可吓坏了，其实，他岂有胆子批评焦芳？听说了焦芳的威胁，他带着厚礼去求见万安："拜托，既然焦芳对我有误会，无论如何，他一定得当上学士，否则我的小命难保。"说着说着，竟然呜呜咽咽，两条腿不断颤抖。

于是，焦芳如愿以偿当了学士。

当时，彭华奉旨修《文华大训》，并且进讲东宫，焦芳十分嫉妒，因此到处批评彭华，每次彭华讲完，他就到处嘲讽，说彭华这儿说错了，那儿讲错了，其实，往往是焦芳自己错了。但是，因为焦芳有指着旁人鼻子破口大骂的习惯，谁也不敢惹恼他。他连老臣刘健也不放过。刘健根本不理会焦芳，他对旁人说："一个人在街上遇见恶犬，难道也学着恶犬吠回去吗？"刘健把焦芳比作恶犬，真是贴切得很。

马文升升为尚书，焦芳心中羡慕，也用侮辱马文升的方式，弥补心中之不快。

总之，焦芳这个人，人缘坏到了极点，朝廷上下，人人敬而远之，避之惟恐不及。不过，别看焦芳是个老粗，却也有粗中带细的时候，他透过刘宇的关系，结交了刘瑾，并且在武宗面前制造了一个好印象。

事情是这样的，武宗这个纨绔（wán kù）子弟，花钱如流水，他心中从没有节俭的念头，只有放任与挥霍。有一天，大臣们在会商国政，提到了财政问题，户部尚书韩文忍不住就感慨万千道："目前国库空虚，谈到理财二字，又不是西域幻术，唯有劝皇上节用才是。"

类似这样的会议，一定有多事的太监在外面偷听。焦芳站了起来，用力一拍桌子，故意气愤地大声嚷嚷："这话太不像句人话了，一般平民百姓之家，也都有些额外的用度，就是一个县老爷也不得了，何况是皇家？再说，俗话说得好，'无钱拣故纸'，如今天下积欠的钱粮、逃匿的税收，简直不计其数，我不明白，为什么韩尚书不知道加紧催讨，只晓得限制皇上的用钱。"

焦芳这一番话，透过太监的口，传到了武宗的耳朵里，武宗觉得贴心之至，再加上刘瑾的进言，不久之后，焦芳便由礼部右侍郎一跃而为六部之首——吏部尚书，让天下有识之士伤心不已。

焦芳拜倒刘瑾脚下

焦芳靠拢宦官刘瑾的消息，很快就传开来，虽然焦芳平日人缘奇坏，毫无修养，朝廷内外仍然大吃一惊，毕竟焦芳还是天顺八年（1464 年）的进士啊。

明朝中叶以前，士大夫注重名节，纵然有王振、汪直的专横，到底是一群太监用事，士大夫瞧不起宦官，平日也尽量少与往来。

焦芳是第一个拉下脸来，不顾尊严，公然依附宦官的。为了讨刘瑾喜悦，每次老远见了刘瑾，焦芳仿佛练了易容术，把一张紧绷着准备骂人的脸，刹那之间，转换为一张谦卑惶恐的面皮，他恭敬地尊刘瑾为“千岁”，自己则自称为“门生”。

非仅如此，等到刘瑾转身走远，焦芳仍然鞠着躬，哈着腰，撅着个屁股恭送刘瑾。刘瑾固然身后没有长眼睛，却晓得焦芳在巴结，有一次，刘瑾放了一个响屁，好臭好臭，焦芳依然恭敬地在背后弯腰吃屁。

因为刘瑾的势力太大了，焦芳的丑行反而引起了仿效，《明史》中谈到这一段，十分感慨：“焦芳以阁臣，首先与刘瑾阿比，于是列卿争相献媚。”

最奇怪的是，焦芳明明当众出丑，他却老是拍着胸口，笃（dǔ）定地说：“今朝廷之上，哪一个人有我焦芳正？”他说此话时一脸认真，没有丝毫的羞愧。

老臣刘健一听到焦芳，就觉得翻胃，恶心得想吐，他知道，没有刘瑾就不会有焦芳的丑行，没有武宗的信赖，刘瑾也出不了头，皇帝啊皇帝，你为什么不争气一点呢？

刘健不仅难过，并且强烈的自责，他眼前不断重映孝宗临终之前，紧紧握着他的手，以哀求的口吻拜托：“请先生辅之以正道，使成明主。”

倘若皇帝不是皇帝，而是普通十四五岁的青少年，既然是受托教育孤儿，他一定不客气地责骂，甚且狠狠打一顿。可是，皇帝终究与常人不同，在古代君臣伦理观念之下，老臣也是臣，怎敢教训小皇帝，更别说是责打了。

就以经筵一事而言，明孝宗重视经筵，亲自挑选博雅耿介的儒臣，按日进讲圣贤之道、朝政得失，明孝宗总是听得津津有味，因为他的兴趣就是把国家治理好，在旁的太子则频频打瞌睡，不耐烦极了。

因此，当太子即位，这位明武宗立刻以“冬天太冷”为理由取消经筵，他宁可赖在床上躲在温暖的被窝睡大觉。

刘健让武宗偷懒了两个月后，奏请恢复。恢复是恢复了，明武宗可没多大兴致，他喜欢的是击球走马、放鹰逐兔、俳（pái）优杂剧这些好玩逗趣的游戏，什么读书啦，朝政啦，听着便烦，干脆不理。

没多久，武宗又发现一件好玩的事，他经常挑选一匹快马，挟带弓矢，一溜烟地单骑跑出了宫门直奔郊外，射杀鸟雀。

麻雀飞得快，武宗的马也飙得飞快，他一心射中麻雀，完全不在乎安全，有一次跌下马来，幸无大碍，武宗立刻翻身上马，再冲再奔，过瘾之至。

刘健自从听说武宗出了宫门，不免提心吊胆，胃也抽痛，心脏也扑通扑通跳个不停，他勉强坐下，喝一口水，安慰自己：“放心放心，皇帝身手矫健，没问题的。”又不免害怕，万一有个闪失，如何了得？

因此，刘健上了一则紧急奏章给武宗：“以前汉文帝从霸陵准备西驰，袁盎劝谏汉文帝，若是马惊事败，如何对得起高庙太后？古人说家累千金，坐不垂堂，何况陛下负托之重也。”

明正德皇帝走马射箭，佚名绘。

所谓家累千金，坐不垂堂，垂堂指的是堂边近阶处屋檐下，担心檐瓦落下，可能伤人。意思是说，家有千金的人，身价很高，凡事宜小心，谨慎保身也。

武宗看到奏章，顺手一揉，不耐烦道：“好噜苏。”

不久，武宗在刘瑾的蛊惑煽动之下，把皇庄数量增加到三十多处，造成民众不安，武宗同时下令，每一个在外监军的镇守宦官，必须每年向皇帝上贡万金，才能保证自己不被召回。这无异是鼓励那些监军的宦官努力贪污，而那些镇守各地的宦官遵守诏示，也尽力向地方搜括，一方面是为皇帝而贪污，另一方面当然是为自己而贪污。

说也奇怪，明武宗许多恶德败行，似乎连老天爷也生气了，正德元年（1506年）天鼓鸣；二月陕西地震，白天见到星斗；到了六月十三日那一天，突然之间，风雨大作，“雷震郊坛兽瓦”；半个月以后，南京又遭到“雷震孝陵白土冈树”；七月十二日，紫微星座旁边，竟然出现了一颗奇奇怪怪、颜色苍白的新星。

中国古人一向是相当迷信的，何况，皇帝还真的做了不少坏事，因此朝廷上下有识之士，不免为之惴惴不安。

刘健老泪纵横

明武宗即位，年轻力壮，精力仿佛永远用不完，全部用在日夜嬉玩，放任刘瑾等号称“八虎”的宦官用事，朝廷上下忧心不已。

户部尚书韩文一想起来，就会老泪纵横，焦虑不安，夜夜失眠。韩文是宋朝名相韩琦的后人，据说他生下来的时候，他父亲梦到一个紫衣人抱着文彦博进门，文彦博是宋朝大儒，出将入相，因此韩文父亲为小婴儿取名为韩文。

有一回，韩文与李梦阳谈起来，愈说愈激动，忍不住双手蒙着脸，泪水自指缝中溢出，李梦阳突然噗哧一笑。

这一笑把韩文惹怒了，他问李梦阳：“你还笑得出来？”

“是啊，是很好笑，身为国家大臣，旁的不会，只会哭，怎么不好笑？”

原来，李梦阳用的是激将法。

韩文用手捋起胡须，用力向后一甩，下定决心道：“你骂得有理，我这把年纪死也够本了，不死也不足以报国，你赶快代拟一道奏疏，我来联络内阁大臣，非把‘八虎’除尽。”

当天晚上，李梦阳就连夜写了一道奏疏，一大早急着交给韩文。

韩文边看边摇头：“你是复古派，文章写得富丽堂皇，是篇精彩古文，可惜今上肚子里墨水有限，恐怕根本看不懂。”于是，他卷起衣袖，自己动笔，然后，联络六部九卿，个个都同意联名。

一场惊天动地的政争，如火如荼地展开了。

韩文的奏疏，写得相当厉害："近岁以来，太监马永成……置造巧伪，淫荡上心，或击毬（qiú）走马，或俳优杂剧……劳耗精神，亏损圣德，致使天道失序……请将永成等抓起来送到法司，以消祸萌。"

明武宗即位以来，从来没有看见这么措词严厉的奏章，到底他还是个十六岁的青少年，一吓之下，竟然"哇"的一声哭了起来。明武宗心想："如果'八虎'不在身边，日子怎么过下去？"因此司礼太监李荣、陈宽、王岳三人代表皇帝，与大臣们沟通协调。

李荣很会讲话，他先给大臣们戴一顶高帽子："各位大人忧君爱国，令人感动，不过，这八个奴才伺候皇帝非一日，自不忍心立刻处置，过一阵子，皇上自有处置。"

吏部侍郎王鏊（áo）回了一句："如果不处置怎办？"

李荣指一指脖子："全包在我身上，我脖子上又没有铁片，难道不怕砍脑袋？"

有了这番保证，韩文等人讲不下去了。

可是，六部九卿被安抚下来，三阁老可不肯让步，李荣提议将"八虎"送到南京去守明太祖的陵墓，刘健也不同意。

刘健说到愤慨之处，把桌子一推，哽咽着吼道："不行，非照原议，把'八虎'送入狱中，先帝临崩，紧紧捉住老臣的手，交付大事，今日陵土未干，国事败坏如此，臣死之后，拿什么面目去见先帝！"

这一番嘶吼，让被派去斡（wò）旋讲情的王岳也为之激愤，王岳原也是个有正义感的人，他被刘健一番肺腑之言所激励，大义凛然回禀皇帝："阁议有理。"

明武宗一时之间慌了手脚，只好答应："明日早朝降旨逮捕'八虎'。"

吏部尚书焦芳得到消息，不惜出卖同僚，黄昏时刻，暗访刘瑾。

"八虎"听到焦芳的报告，大为恐慌，连夜到武宗面前，一齐跪下，哀叫"万岁爷赶快救命啊……"

于是，“八虎”又是磕头，又是哭泣，又是捶胸顿足，仿佛马上就要去见阎王爷了。

“怎么回事？”武宗讶异道。

“不得了，我们快要被喂狗了。”

“谁欺负你们？”

“还不是王岳，胳膊往外弯，吃里扒外，勾结百官，除掉我等，存心让万岁爷难堪。”

武宗这话听入耳了，他问：“那怎么办？”

刘瑾一昂首：“万岁爷平日养咱们是干甚么的，当然由奴才来办此事。”

武宗正愁不知明早该怎么办，立刻高兴地说：“对，你们赶快想办法啊。”

刘瑾又挑拨道：“万岁爷不过玩些狗马鹰犬，所费无多，全是司礼监无能，外朝的文官才敢欺负皇上，如果找一个能干的人做司礼监，那些外朝的家伙怎敢乱来？”

武宗觉得有理，马上决定：“那么，刘瑾掌司礼监，马永成掌东厂，谷大用掌西厂，你们连夜把王岳等这几个不会办事的太监逮捕起来。”

刘瑾等“八虎”喜出望外，不断地叩头谢恩。

就这样，顷刻之间，整个局面为之改观。

明武宗逛内市

明朝大学士刘健、谢迁等人受了明孝宗的顾托之命，眼见明武宗日夜与号称“八虎”的八个宦官嬉玩，便奏请诛杀“八虎”，整饬（chì）纲纪。

武宗原已准备次日早朝降旨逮捕“八虎”，不料，焦芳告密，刘瑾先发制人，一夜之间，风云变色，刘瑾取代王岳，“八虎”重新抬头。

第二天一大早，刘健等人兴奋莫名，期待从此以后，国家步入新气象。

刘健接到圣旨，脸色惨白，白得像纸。

谢迁问：“怎么了？身体突然不舒服？”

刘健一言不发，把圣旨递给谢迁，谢迁迅速看完，咬一咬嘴唇：“该是辞官的时候了。”说着，缓缓摘下了乌纱帽。他并不恋惜官位，只是不甘心功败垂成，事情怎么会一夜生变。此时，焦芳倒也不讳言前往告密。老臣们相对无言，只觉得想大哭一场。此时此刻，明武宗正悠悠闲闲，换上便服，由小太监阿吉陪着，悄悄溜出宫去，到内市闲逛。

明朝北京的玄武门宫门外设有内市，每逢四、十四、二十四日开市，准许人民进入买卖。

内市之中，有几家特殊的店铺，不必遵守规定，可以天天做买卖，不用说，这一定是太监或者皇亲国戚开设的，这些店名分别是宝和、和远、顺宁、福德、福吉、宝延，共六家。

这一天，正值内市开市的日子，所以人潮汹涌，热闹非凡，各种店铺生意兴隆。

明武宗来到一家布店，只见店内挤了不少顾客，大家都在挑选布料，讨价还价，人声嘈杂。

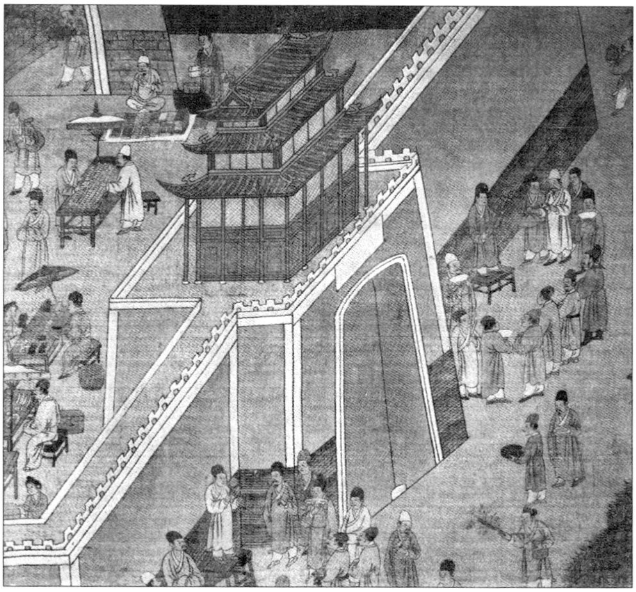
明代都市繁华，出自《皇都积胜图》(局部)，明人绘。

“老板，你这人做生意太不老实，这块布你卖我十文钱，我的邻居李二拐向你买，你只收他八文钱。”一个彪形大汉怒气冲冲拿着一块布料向老板责问。

“小店做生意一向童叟（sǒu）无欺。”店主堆着笑脸，向大汉解释道，“您老可别误会，一定是不同的料子。”

“胡说。”大汉仍然用高嗓门吼道，“李二拐的布料跟这块花色一样。”

“花色一样，质料可不一定相同，我拿两块布料给您看。”老板依旧和颜悦色。

“这……”大汉摸一下，果然不同，只好讷讷地说，“好吧，我再去和李二拐比一比布料。”

大汉低着头走了，像只斗败的公鸡。

明武宗看了很感兴趣，便走过去拿起那两块布料，笑着对老板说：“老板，你的脾气很好啊。”

“客官过奖，生意人讲究的是以和为贵，以理服人。”老板谦和地说，“客官是不是要选料子？”

“嗯，我想选几块布料。”武宗点点头。

“请，请，这里面有十几种新花色，请客官到里面挑选。”老板躬着腰请武宗进入店内，不经意回头瞟了一眼，发现小太监阿吉跟在客人身后，问道：“阿吉，你怎么有空跑到这儿来，不当差啦？”

“嘘!”阿吉附在老板耳朵边，轻声说，“这是皇上，你可得小心伺候。”

“皇上？”老板心下一惊，几乎叫了出来。

“看你紧张的样子，还不小心伺候！”阿吉摆出一副神气的姿态。

“是，是。”老板赶紧转身赶到武宗的身后，这时武宗正拿起一块花布。

“这块布多少钱？”武宗问。

“这……皇上喜欢，尽管取去，小民奉献给皇上。”老板边说边跪了下去，不断磕头。

这可不得了，顾客们一听皇上来了，全部惊奇地转过头来，发现老板跪在地下，一定假不了，大家也就立刻匍匐在地，高声叫道：“皇上万岁！”

看到一屋子的人全跪了下来，喧哗的声音消失了，武宗有些不高兴：“好啦，我是来买布的，这样还买得成吗？算了，阿吉，回宫吧。”

皇上驾到的消息立刻传了出去，当武宗走出了布店，发现街上安静得出奇，没有一个人在街上走动，原来大家都跪伏在地上，大气都不敢喘一下。

一队士兵快速地跑了过来，到武宗面前，全体跪下。

“你们这是干什么？”武宗皱着眉头道。

“保护皇上。”为首的军官高声回答。

“回宫吧。”武宗不耐烦地摆摆手。

回到宫里，刘瑾已在恭候。

“扫兴。”武宗一屁股坐到太师椅上，开始发脾气，“我想逛逛市场，看看热闹，谁想到大伙都跪在那儿，一点声音也没有，不像内市，倒像个鬼市。”

“皇上别生气。”刘瑾一脸谄媚的笑脸，“皇上到内市，老百姓一看到皇上驾临，哪敢随意乱动，这也表示皇上的权威啊！这样吧，皇上喜欢热闹，奴才来安排一下，让皇上开开心。”

“那你就去安排吧，可要快一点，别扫了我的兴头。”

明武宗卖布

刘瑾唯恐明武宗不贪玩，现在武宗既然喜欢市集买卖的玩意，刘瑾立刻着手安排。首先，在后宫冷僻之处，搭起一排竹棚，里面放些桌椅柜子，看起来又像简陋的店面，又像地摊，接着，召集一大群宫女和小太监。

“大家听着，”刘瑾用低沉而有威严的声音说，“皇上欢喜市集，现在在宫里架了一个临时市集，你们分派一下，有些人卖米，有些人卖杂货，要卖什么你们自己去想。另外剩下一半的人装成顾客，带点钱来买东西。你们都要脱掉宫里的衣服，换上老百姓的衣服，虽然这种买卖是做戏，可是要做得逼真，就像真的市场一样。”

“皇上要来看我们演戏吗？”一个太监问道。

“皇上不是来看戏，皇上自己也参加演戏。”刘瑾说，“记住，在市场上，你们不要把皇上当皇上，如果戏演得不热闹、不逼真，当心你们的脑袋。”

第二天，刘瑾拿了一套粗布衣裤请武宗换上。

“你要干什么？”武宗迟疑地问。

“今天请皇上到市场去，”刘瑾堆着满脸笑容，“请皇上扮一个布店的老板，皇上觉得可好？”

“好主意，朕可以好好乐一下了。”武宗跳了起来，用最快的速度，换上了黑绒毡（zhān）帽、灰蓝色衣裤，一副小生意人的打扮，来到后宫的市场。这时小太监和宫女早就装扮成商人和顾客，在市场来来往往，十分热闹。

小太监阿吉扮成小厮，挑着几匹布，来到一个预留的空竹棚前，武宗命令阿吉把布一匹一匹摊开来，原来武宗今天要扮一个小布店老板。

“来买布啊！”阿吉高声叫着。

“阿吉，你这像在发布命令，做生意哪有你这样吆喝的？来，看我的！”武宗指出阿吉的错误，然后卷起袖子，对着来来往往的路人大声叫道，“本小店有上好的布料，绫罗绸缎，棉布麻布，应有尽有，请来参观吧！”

卖布，选自《营业写真》。

于是有几个路人走了进来，东挑西选。

“这块绸子多少钱？”一个宫女问。

“这是上好的湖州绸子，二十文。”武宗把绸子用纸包起来，交给宫女，那宫女习惯地跪了下去：“谢谢皇上。”

“什么皇上！”武宗把脸板了起来，生气说道，“这里没有皇上，你还不快滚！”

宫女吓得拿起绸子赶快跑了出去，走了不远，被一个身着蓝布大褂的男子挡住去路。

“你违反了刘公公的规定，让皇上不高兴，你该死！”那宦官乔装的男子一把抓住宫女的衣领，不管宫女的哀求哭泣，一路拖走。那些“路人”都假装没有看到这一幕，继续热心地选购货物。

武宗正在接待一位顾客，这位顾客脾气不好，对布料不断地挑毛病，武宗耐心解释着。

“这块布多少钱？”客人问道。

“这是上好的羊毛料，只要三十文。”武宗赔笑着说。

“这块料子多长？”客人又问。

“八尺，尽够您做一件长袍。”武宗用手比划着。

“我做短袄，只要六尺，你给我剪开。”

“这块料子剪去六尺，剩下的二尺就没人要了，不能剪。”

“你事先没讲不能剪，一定要剪。”

“你耍无赖，阿吉，快叫市正来评理。”武宗气呼呼地说。市正就是市场管理员。

不久，阿吉带了太监扮的市正前来，在市正身后却跟随了刘瑾。

刘瑾手里捧了一叠公文，见到武宗，便抢前一步，轻声对武宗说：“这儿有几件奏章，请皇上批示。”

“混账，”武宗正要向市正说明顾客的无理，不料刘瑾夹在中间来捣乱，气得武宗怒目责备刘瑾，“一些小事难道不会处理，我用你干什么，蠢猪!”

“是，是，奴才处理。”刘瑾装成很惶恐的样子急急忙忙退下。

于是武宗和顾客在市正面前唇枪舌剑吵了起来。

刘瑾抱着公文走出临时市场，脸上露出狡猾的微笑。到了御书房，两个小太监在门口恭迎，刘瑾大摇大摆走到书桌前，小太监端来一把椅子，让刘瑾坐下。书桌旁边放置了皇上坐的龙椅，刘瑾不敢坐。

刘瑾打开公文，第一件就是刘健和谢迁等人的辞官奏章，刘瑾拿起笔，以皇帝的口气，批准刘、谢的辞职，另一个大学士李东阳因为比较温和，刘瑾觉得可以留下来，不会碍事，便又批示不准李东阳辞职。

刘瑾心中可乐透了，他可以堂堂正正地说，这是皇上亲自授权要他做的事。

王守仁的金蝉脱壳计

明武宗追求享乐，欢喜尝试新鲜，扮作商人，与太监宫女玩起买卖的游戏，并且假装与顾客起了严重的争执，找来市正调停。

这个市正当然也是太监扮演的，他指着明武宗道：“分明是你这个老板不对，应当受罚。”

明武宗自小没有被人指责过，市正的“应当受罚”反而逗得武宗开心。他赞许市正：“嗯，扮市正就该有这等威仪，好，今天到此为止，朕有赏。”

于是，市场散了，一群人包围着明武宗，前呼后拥，来到了“廊下家”酒家，廊下家位于玄武门西面，是太监开设的酒家，专供太监与宫女作乐。酒家中制造一种芳香味美、色泽殷红的酒，称之为“琥珀（hǔ pò）光”。

廊下家的教坊女子与宫女，一见万岁爷来了，又惊又喜，原本有些害怕，可是看到武宗放荡不羁（jī）的样子，也就肆无忌惮，尽情嬉笑。有人拉着武宗的手，有人扯武宗的衣服，有人紧挨着武宗说笑话。这种茶楼酒馆中高谈阔论、口沫横飞的情景是武宗喜欢的，尤其看到那些女人装腔作势的巴结神情，武宗直乐得咧嘴大笑。

宦官刘瑾偷偷看着武宗沉迷于酒色的狂态，心中万分高兴，他最喜欢看到武宗贪求享乐不理政事，如此一来，刘瑾才能够大权独揽啊。

自从刘瑾准了刘健、谢迁的告老还乡，朝廷内外正直大臣强烈不满，南京言官戴铣（xiǎn）便联合了十三道御史上疏，声援刘、谢二人，并且加罪于“八虎”。

刘瑾一不做二不休，立刻伪造诏书，逮捕戴铣下狱，同时在午门外面，公开打戴铣的屁股，足足打了四十大板，打得戴铣皮开肉绽。自从明孝宗以来，一直到明武宗时代还没有如此凌辱过官员，戴铣事件令全国震惊。

这个时候兵部主事，也就是鼎鼎大名的王守仁（王阳明），听说了这件事，气愤到达了极点，不顾一切，上疏救戴铣，希望皇帝收回成命，免得在历史上留下了污点。

刘瑾一看到王守仁的奏章，怒火上升，立刻把王守仁逮捕入锦衣卫，并且特别嘱咐，在锦衣卫中重重责打王守仁。王守仁一个文弱书生，为了坚持一点人间正义，竟然被打得死去活来，几度昏厥过去。

在肉体酷刑之后，王守仁被贬到贵州龙场驿，担任管理驿站的小官，贵州在当时被认为是一个恐怖的地方，天无三日晴，地无三里平，人无三两银。王守仁听说了这个噩耗，素来身体虚弱的他，实在支撑不住，一下子就病倒了。但是皇帝有命，不能不去啊，王守仁只得勉强上路。刘瑾对王守仁恨之入骨，不以将王守仁贬到贵州为满足，刘瑾派了刺客，一路尾随，准备半途杀掉王守仁。

王守仁知道刘瑾派刺客来谋杀自己，如果死在刺客手里，实在太不值得，于是，他急中生智，当走到钱塘江边时，悄悄留下了一顶帽子、一双鞋子，又留下一首遗诗：

王守仁，佚名绘。

"百年臣子悲何极，夜夜江涛泣子胥。"以伍子胥含冤之事相类比，让刺客以为他已投江自尽。果然，王守仁的安排让刺客误以为他已死，便回京去了。王守仁用金蝉脱壳（qiào）的方式，捡回了一条命。

王守仁死里逃生之后又如何，我们以后会继续讲。现在再回过头来看刘瑾，他一天比一天忙碌，既得忙着假造皇帝的命令，又得陪着武宗玩，武宗精力充沛，永远也不嫌累，刘瑾可是有点儿吃不消了。

于是，刘瑾想物色一个人来做武宗的玩伴，物色了许久，终于找到了，这人就是钱宁。钱宁身世不明，有人说他是镇安人，钱宁自小被卖到钱能（就是前面说过那个钱能通神的钱能）家中当奴隶，后来，钱能死了，钱宁就继承了他的锦衣百户的官职。

钱宁十分狡猾机警，人长得像是一个小猴儿，精得也像个小猴儿，一天到晚在刘瑾面前献殷勤拍马屁，把刘瑾逗得呵呵笑。

有一天，刘瑾把钱宁叫到跟前，对他说："小宁儿，我想把你推荐给万岁爷。"

钱宁心中狂喜，表面上却装作不乐意的样子，摇着头说："不好，我喜欢跟着刘公公。"

刘瑾一听，比较放心，拍着钱宁的肩膀道："听你这话，总算我没有白疼你。去服侍万岁爷是件好事，不过，你到了那儿，还是得听我的话。"

"不然，小宁儿该听谁的？"钱宁一脸毕恭毕敬的表情。

"嗯，你知道就好了。"刘瑾点点头。

钱宁年纪轻，与武宗相仿佛。初次见面，钱宁就露了一手，他左右开弓，打了一套花拳绣腿的本事，倒也虎虎生风。

武宗很满意，他指着刘瑾凸起的肚皮道："你看，你愈来愈胖，跑都跑不动了，还是小宁儿好。"

刘瑾也不生气，笑眯眯道："小宁儿，你以后要好好伺候万岁爷啊。"

都御史向刘瑾下跪

明武宗年少贪玩，刘瑾投其所好，介绍了一位与明武宗年龄相仿、会闹会玩的钱宁前去伺候明武宗。

小宁儿把武宗伺候得极佳，他年纪轻，又在外面花花世界混过，一天到晚出主意，带着武宗玩得昏天黑地。

有一天，武宗半开玩笑对钱宁说："小宁儿，你可真是孝顺，我要有你这样的儿子就好了。"

钱宁立刻趴在地上谄（chǎn）笑："万岁爷就把小宁儿当儿子嘛。"

"好啊，我就收你做义子吧，从现在起，你就改为国姓。"

从此之后，钱宁成为朱宁，朱宁还为自己制作了名片，在上面自称为"皇庶子"，身份立刻飞升了起来。

有一天，刘瑾在宫门口遇到钱宁，立刻带着一脸酸味说："你现在不得了，是干殿下了。"

钱宁一听刘瑾语气不对，吓得连忙跪了下来，装出一副惶恐的表情："这全是刘公公一手提拔，小宁儿没齿难忘。"

"你这是干什么嘛！"刘瑾又笑呵呵地扶起了小宁儿。

由于刘瑾的权力日益膨胀，武宗一天到晚却只顾着玩儿，所以当时人有一种说法："本朝有两个皇帝，一个是坐皇帝，一个是立皇帝。"坐皇帝是武宗，立皇帝是刘瑾，因为刘瑾经常站在武宗身边。坐皇帝的权威是明的，立皇帝的威严是暗的，暗的比明的更令人恐怖。

据说，凡是官员想要谒见刘瑾，拜帖上得恭恭敬敬书写：“官某某顿首拜禀见。”甚且有人写得更露骨：“门下小厮某某上恩主老公公。”

又有一个故事：有一天，著名的理学家邵二泉先生与同事一块儿去见刘瑾，不晓得因为什么细故，这位同事惹恼了刘瑾，刘瑾大怒，气得猛拍桌子。邵二泉情急之下，不自觉地蹲了下来，撒了一泡尿。

邵二泉与同事告别了刘瑾之后，苏州一位汤煎胶跟着来看望刘瑾，刘瑾与汤煎胶一向感情最好，称呼他为汤兄。刘瑾一见汤兄来了，急忙走下来，亲热地拉着汤煎胶的手走进来，刘瑾边走边对汤煎胶说：“你看看地下这滩水，这是你们无锡人邵二泉撒的尿。”

可想而知，邵二泉必然是窘极，因为理学家最讲究修身，邵二泉如果不是吓慌了手脚，绝对不会做出尿湿裤子的失礼之事。邵二泉当时实在是担心，刘瑾万一脾气上来了，把他二人一起关入内行厂那可就惨了。

内行厂始于何时，史书中并没有明确的记载，不过，史书中记载刘瑾“复立内行厂”，内行厂由刘瑾主持。

内行厂比东厂西厂还要残酷，甚至东西厂都在它的监视之列。凡是被抓入内行厂的，不论有罪无罪，或是戍边，或是戴上重枷，这其间造成的冤狱，真是血泪斑斑。

平心而论，明武宗只是贪玩，并非暴虐，他不清楚刘瑾究竟干了多少坏事，他只是交代刘瑾：“朕玩得正开心，你来问朕做什么，朕用你干什么？”既然是皇帝如此交办，刘瑾不能算是矫诏（假造皇帝的命令），他只是乖乖遵照皇帝的指示。

由于刘瑾权势极大，经常把群臣的奏章带回家中，和妹婿孙聪、华亭县的土豪张文冕一起商量批示。由于刘瑾、孙聪、张文冕读书甚少，所以批示的词句都很粗鄙，大学士焦芳是刘瑾的心腹，便替刘瑾加以润色。另一个大学士李东阳虽然不满意刘瑾和焦芳的行径，却没有勇气批评。

刘瑾既然手握大权，便以自己的好恶爱憎来裁决，凡是不附和刘瑾的官员都予以降级或是贬官。官员们上奏章，常常会先用一份红纸写的呈给刘瑾，称之为“红本”，然后再用白纸誊（téng）写一份，送给通政司（通政司类似朝廷的总收发处），称之为“白本”。在奏章上皆称刘瑾为“刘太监”，不敢直呼刘瑾的名字。有一次，都察院有一份奏章，写了刘瑾的名字，刘瑾看到以后，勃然大怒。

“这么大胆，竟敢直呼我的名字，哪一个家伙写的，简直是瞧不起我。”刘瑾高声怒骂，把公文往地上一摔。

都察院的长官是都御史，当时屠滽（yōng）担任都御史，听到刘瑾大发雷霆之事，赶紧率领都察院的御史们到刘瑾面前，长跪请罪。

“嗯，”刘瑾仰着头，向下瞄了眼跪在地下的几十名官员，用鼻子哼了一声，然后用冷峻的声调说，“我这个人是宽宏大量的，不会计较，不过，下次可要小心了。”

“是，是。”屠滽跪在地上直磕头，哪儿像是明朝当时最高的监察机关（都察院）的长官。

屠滽带着一批御史从宫中出来，冷汗早已湿透了衣领，不过心里却直呼好险，幸亏刘瑾没有追究，否则，都察院的大小官员都会遭殃，包括他自己。

但是，屠滽似乎高兴得太早了，第二天，刘瑾派出一大批爪牙，到全国各地检察有无违法失职的官员，结果，好多御史都以各种罪名被贬或者被逮捕。

刘瑾广收贿赂

刘瑾当权，大肆收受贿赂，官员觐（jìn）见皇帝是天经地义的事，皇帝接见官员也是分内当然之事，只因为明武宗喜欢享乐，懒得见官员，所以，除了上朝之外，官员便很难得见到皇帝。

于是，刘瑾就利用这一个机会，凡是想要觐见皇帝的官员，一律要备厚礼送给刘瑾，请刘瑾安排觐见的时间，如果不送厚礼给刘瑾而直接请求觐见，不但白等几个月见不到皇帝，甚至会被刘瑾扣上一个罪名，先成了囚犯。

有一个给事中，名叫周钥，奉命去调查案件，给事中在明朝是监察官，常会被派去查案子。周钥回到京师之后，因为没有收红包，所以也没有钱献给刘瑾。刘瑾身旁的人恐吓（hè）周钥，如果不“孝敬”刘公公，后果会很严重。周钥一听就吓得全身发软，当晚就自杀了。

周钥的自杀，引起了朝中一阵骚动，刘瑾的党羽张彩向刘瑾说：“今天文武百官给你送礼，其实都不是用他们自己的钱，尤其是那些要上任的地方官，他们往往在京里借钱来送礼给你，然后回到任所，大肆搜括，挪用公款，他们还说是为了要给你送礼而不得不贪污，你岂不成为全国怨恨的对象，你要小心啊！”

“这些家伙竟然如此，我自有办法对付。”刘瑾恨恨地捶着桌子。

这时，一个小太监捧着一个红盒子走进来，打开一看，里面是御史欧阳云等十几个人为了请刘瑾帮忙而送来的大红包。

“正好，我就拿这些家伙开刀。”刘瑾嘿嘿冷笑，“对外宣布，这些人送来红包，我刘瑾清廉无私，不接受贿赂，这些送红包的人一律逮捕下狱，依法论罪。”

欧阳云等人被逮捕，自己也不知道错在哪里，朝廷里议论纷纷。刘瑾是“清廉无私”的人？简直没有人会同意，许多人相信这是欧阳云等人的红包送得太少了。

其实，刘瑾仅是一时发顿脾气，偶尔来一次拒收贿赂，制造一下“清廉”的形象。对于收受贿赂，刘瑾可是坚持到底，贯彻始终的。所以，刘瑾一面要治一治欧阳云等人的罪，一面又把四面八方送来的红包立刻放进口袋。

举一个例子：刘瑾下令全国各地巡抚迅速回京，这是以前从来没有之事，主要的用意是要这些巡抚给自己送厚礼。延绥巡抚刘宇没有回京，刘瑾大怒，立刻命锦衣卫逮捕刘宇下狱。

宣府巡抚陆完过了期限才回到京师，立刻去见刘瑾的心腹内阁大学士焦芳。

“焦大人，我在路上生了病，所以耽误了几天，请焦大人代我向刘公公解释一下。”陆完一脸忧虑的表情。

“事情怕不好办，昨天延绥巡抚刘宇才被逮捕下狱。”焦芳故意皱起眉头，神情凝重地说。

“我这里有一份礼，送给刘公公，烦情焦大人代呈。”陆完从怀里掏出一个大红包。

“嗯，我可以效劳，但是刘公公可不容易见到。”焦芳露出一副为难的样子。

“焦大人，这份礼请收下，请焦大人多多帮忙。”陆完从怀里又拿出一个红包。

“哎呀，陆大人，这不好意思。”焦芳立刻眉开眼笑，接过了红包，“我一定尽力，陆大人请放心。”

过了两天，陆完接到了皇帝的诏书，没有任何责备，还夸奖陆完工作认真，仍旧担任巡抚。

刘瑾又颁布了一道奇怪的命令：所有在京城谋生的外地佣工，一律赶出城外。命令寡妇一律不许守寡，立即改嫁。他又下令，把城内没有下葬的尸体全部火化。这些命令弄得全城骚动。

由于刘瑾下令把佣工全部赶出城，害得远来京城讨生活的酒保、磨工、水工，个个狗急跳墙。在城外东边的朝阳门，聚集了一千多人，他们愤愤不平道："既然刘瑾让大家都活不了，我们也不能让刘瑾活着再来害人。"因此，这批人个个卷起袖子，准备与刘瑾拼命。

刘瑾知道自己犯了众怒，因此暗中命令内行厂的爪牙们不要严格执行他的这一命令，事态才逐渐缓和下去。

虎房变为豹房

明武宗即位之时，还是一个不满十四岁的青少年。武宗贪玩，刘瑾就想尽法子，让他玩个痛快。只有这样，刘瑾才能够一手遮天，玩弄权谋。

武宗即位的第二年，立夏氏为皇后。夏后呆呆板板，成天板着个脸，武宗没有多大兴趣。于是，武宗就往三宫六院到处乱闯，宫中妃嫔虽多，真正称得上美丽动人的却不多，武宗相当失望。

武宗尤其不悦的是，不论他人到了哪里，就有尚寝局的太监前来整理床铺，掌管灯烛，并且记录皇帝在哪一个妃嫔住所过夜。有一次，武宗发了脾气，对着手执笔簿的太监大肆咆哮：“你们管朕这么多，真是烦死人。”

执事的太监一本正经地回答：“启禀万岁爷，这是祖先订的规矩，将来皇后、妃嫔、宫女怀孕以后才能够校对日期，保持龙种的血统纯正。奴才只是依照规矩办事，请万岁爷息怒。”

既然这是祖宗传下来的规矩，武宗也就不能反抗，内心里却时时想挣脱。

钱宁自从当了武宗的干儿子，不断努力尽孝心。有一天，钱宁对武宗说：“小宁儿听说西域女子肤色雪白，轮廓深邃（suì），容貌艳丽，非一般中原女子可比得上。”

武宗一向色眯眯，兴奋极了，连忙吩咐：“还不赶快弄来让朕瞧一瞧。”

没过多久，钱宁果然找来几位西域女子，在武宗面前献舞，她们一个一个皮肤白、鼻梁挺、眼睛大、睫毛长，与武宗平日见的女子大不相同，而且能歌善舞、婀娜多姿、落落大方，回眸一笑，把武宗的魂都勾走了。

武宗下令："全都给我留下来。"可是，留下来又如何呢？宫里人多口杂，规矩又繁，武宗想和这些美女亲热一下都很困难。

就在此时，钱宁拿出一张草图，对武宗说："请万岁爷过目。"只见图中重楼叠阁、富丽堂皇。钱宁在一旁解释道："这是一幅新的宫室设计图，好处在于两厢的密室，隐秘曲折，就是藏几个人在里面，旁人若不晓其中奥妙，这几人十天半个月都不会被人知晓。"

武宗一听，眼睛都亮了："那还不赶快动工。"接着，他又一拍手道："记着，要为老虎盖个房间。"

明武宗是个老虎迷，隔个两三天，他就要去虎城看老虎，他养了两只白额虎，粗暴凶猛。武宗最爱丢个半只牛入虎穴，看两只老虎翻扑抱滚，扭打争夺。

新的宫室自正德二年（1507年）八月开工，到正德三年（1508年）春天完工。武宗不喜爱文绉绉的典雅名称，他管正殿叫"太素殿"，大池为"天鹅池"，至于密室——他最钟爱的地方，干脆就直接命名为"虎房"。

虎房造好了，武宗又有了新宠，原来是广西献来的金钱豹。金钱豹的颜色美丽，肚皮是雪白的，身体是金黄的，由于身体二侧有不相连接的环纹，有点像是铜钱，所以称之为金钱豹。

武宗前去参观之时，金钱豹正慵慵懒懒的用舌头舔自己的毛，舔得皮毛洁净发亮。相形之下，老虎就显得又脏又蠢。

武宗说："豹比虎漂亮，身材也好，朕欢喜豹子。"

此时左右抬来一大桶牛肉，从铁丝网旁边投入，豹子走过来，嗅也不嗅，闻也不闻，自顾自走开了。

"咦，怎么一回事，豹子不饿吗？"武宗十分诧异。

钱宁一拍脑袋："对了，小宁儿想起来了，押送豹子的工人曾经说过，豹性爱洁，食物若是沾了尘土，它就不肯吃了。"

武宗一听之下，简直是肃然起敬，不料豹子如此高洁，也罢，他立刻下令，虎房自此改名为豹房。

古人喜欢用伦理道德标准去评断野兽，这是很可笑的。豹性爱洁，古书之中确有记载。其实，仔细想一想，豹子果真是有此洁癖，在灰尘满天的森林之中，该要如何过活？

其实，豹子不贪吃，那是因为它吃的都是高蛋白质的食物，耐得起饿，不像一般草食性动物，一天到晚都在找吃的。

另外一方面，豹子是猎食高手，它不怕不能够喂饱肚皮。它体态修长，苗条好看，没有赘（zhuì）肉，行动远比狮子老虎敏捷。它能跑、能跳、能游泳、能上树，白天很少出来，多半窝在大树的空洞里，到了晚上，它开始瞄

豹，选自《吴友如画宝》。

准经过的猎物，一扑而下，先是咬断猎物的脖子，再叼回树上慢慢享用。它有力气叼起比它重三倍的猎物。

武宗爱煞了豹子，每天一定赴豹房察看。他总是亲自拿着钢叉，把一块一块的牛肉抛入笼中，豹子一窜而起，张开大口，接个正着，舌头一翻卷，牛肉咕噜下肚，一来一往，武宗玩得开心。

武宗听说，若是把豹子养得熟稔（rěn）了，它会舔你的手、你的脸，甚至还半躺着，露出白白的肚皮，撒娇让你摸。武宗没有这个胆子，只是远远看着豹子，丢一块牛肉喂食，已经让武宗过足了瘾。

武宗朝会迟到

自从豹房兴建完，明武宗兴奋异常。豹房里面除了豹子外，还有珍禽、异兽、美女、宝玩，再加上许多暗藏机关的密室，武宗乐得一头栽进去，干脆就不再回宫了。

武宗贪杯好酒，每每左拥右抱，酒到便干。钱宁等人还嫌武宗不够怠惰，一不做二不休，竟然在酒里掺“罂（yīng）粟”，把武宗弄得“终日酣酗（xù），颠倒迷乱”。

既然武宗天天喝得醉醺醺，第二天一早，哪儿起得了床上早朝。依照规定，皇帝每天早晨在奉天门会见文武百官。根据《明会典》的记载，会见前先是一阵阵地击鼓，奉天门大开以后，文武百官依序进入左掖门、右掖门，到达皇极门东西相向站立，静候皇帝的到来。

在明孝宗时代，孝宗总是很早上朝，各衙门依照次序奏事，然后，皇帝回宫，百官依次退朝。可是，武宗完全不一样，百官从黎明等到日上三竿，甚且到了黄昏时刻，武宗这才姗姗来迟。

百官等候上朝，本来就是一件苦差事，对于年老力衰的官员更是难挨。明朝的朝仪规定严格，朝班内若是有人言语喧哗、交头接耳、咳嗽吐痰，一律算是失仪。御史或是序班官员不但要即时纠察举报，并且得拿到皇帝面前请示处分，尤其到了后来，锦衣卫的校尉也管纠仪，要求更是严苛无比。

文武官员等候早朝之处是露天的，夏日酷热，冬日苦寒，毫无遮掩躲避之处，一天挨到中午，脚也酸了，肚子也饿了，望眼欲穿，武宗还是没有来。

不久，人们发现，若是钱宁出现，表示皇帝马上驾到。原来，武宗对这个干儿子宠爱异常，在豹房里喝得酩酊（mǐng dǐng）大醉，往往就枕在钱宁身上睡着了。钱宁的做法，在中国古代是大不敬的犯上，可以杀头的。不过，既然是出自明武宗的意思，谁也不敢多吭一句。

果然，官员只要远远见到了钱宁，揉着眼睛，打着呵欠，拖着疲乏的步子，懒洋洋地走过来，没过多久，皇帝就出现了。武宗的精力在豹房中早已用尽，因此，他出现在早朝（不，应该称之为晚朝）时，永远是垂着眼皮、无精打采，满脸不耐烦的疲累模样。

百官朝见排列，原是有一定顺序的，并且有序牌，写上品级，列在木栅上，文官在东，武官在西，公侯在前，次为驸马，再次为伯，接下来是

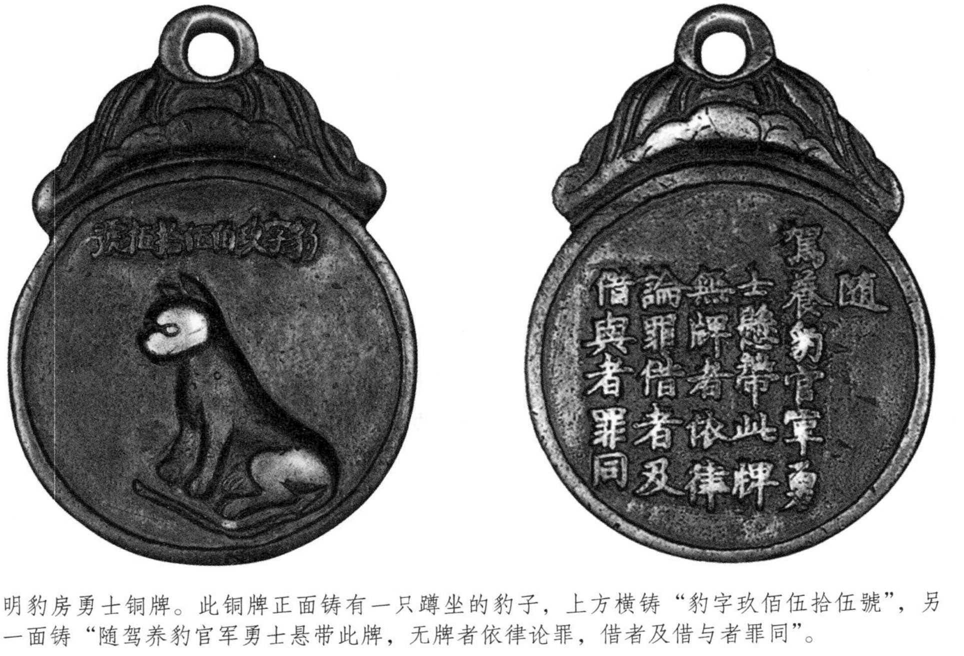

明豹房勇士铜牌。此铜牌正面铸有一只蹲坐的豹子，上方横铸“豹字玖佰伍拾伍號”，另一面铸“随驾养豹官军勇士悬带此牌，无牌者依律论罪，借者及借与者罪同”。

一品、二品的大小官员。由于大家全累得人仰马翻，所以，百官匆匆奏事，武宗虚应故事，然后，皇帝回宫，百官依次退朝。

有的时候，文武百官聚集以后，鸿胪寺官宣布，今日取消早朝，这是大半官员们最开心之事，省得一天呆立，活活受罪。

明武宗不但早朝迟到，就是元旦大典，他一样也不放在心上。

正德十一年（1516年）正月元旦，文武百官、四夷八蛮一大早就等着入贺，庆祝一年的开始。明武宗前一晚喝多了酒，根本爬不起来，也没人敢催他，一直到了晚上，他才睡眼惺忪，揉着眼睛赶来参加元旦大典。

这一天，飘着大雪，大伙在风雪里熬了一整天，一肚子的饿，一肚子的火，一肚子的气，好不容易礼成，众人急着回家，蜂拥而出，互相践踏，完全顾不得礼仪。将军赵朝看不过去，高声嚷道："别抢别挤。"不知是谁推了赵朝一把，赵朝倒在地上，众人未觉察，急急忙忙走过去，竟然把一个将军给踩成了肉饼。

这时，有人发现地上死了人，场面更加混乱。有人掉了簪笏，有人扯坏了冠裳。家里头急着来接人的，拥挤在午门外面，子呼其父，仆叫其主，又吵又乱，仿佛到了菜市场，更像是在逃难，乱成了一团，哪儿还像是国家庆典。

无论明武宗是取消早朝，或者姗姗来迟，总让一些忠心为国的臣子们痛心万分，他们不知道该怎么办，只觉得失望，只觉得无奈，却又一点儿也使不上力量。

吏部尚书杨一清曾经说过："臣等旦旦入朝，目不睹天颜，耳不闻天语，仿佛婴儿远离了父母，怅怅无所依靠。"

朝臣把皇帝当成天，当成父母，希望得到庇护。任性的武宗根本不理这一套，愉快地在豹房之中，接受宦官、俳优、喇嘛、异域术士的包围，他欢喜看豹子、看美女，而不喜欢看这些官员。至于那些国计民生的事，对这个十几岁的小皇帝来说，根本是很遥远的事。

文武百官集体罚跪

明武宗昏庸，宦官刘瑾当权。刘瑾为人贪暴，又充满了自卑感，他晓得文武百官不会对他心服，因此，想尽办法，羞辱官员，建立恐怖威势，例如，命令朝臣当众罚跪就是其中一招。

正德二年（1507 年），当刘健、谢迁二人告老还乡，戴铣、王守仁等人抗言之后，刘瑾就认为这些士大夫太麻烦。于是，他下了一道假命令，将韩文、杨守随、王守仁等五十三人列为奸党，把他们的名单贴在朝堂之上，并且命令这五十三个人一齐在金水桥南边下跪，听候宣读谕旨。

五十三位忠贞爱国之士，居然被列为奸党，这种朝廷实在已无任何正义是非可言。于是，其他“较为正直的朝臣”散的散、走的走，刘瑾乐得把遗留下来的空缺，一个一个填补了臭味相投的自己人。

不料，一年之后，正德三年（1508 年）六月二十六日，午朝刚罢，宫中御道之中，竟然不晓得是谁留下一封匿（nì）名信，信中一条一条列数刘瑾的罪状。其用意也许是希望明武宗路过之时，偶然发现，拾起来看，趁机了解刘瑾的真面目。可惜，武宗一向讨厌上朝，朝散之后，急着想赶回去玩儿，根本没注意到道上还有一封信。

这封匿名信落到刘瑾手中，他一面看，脸色也由青转白，他怒气冲天道：“不论是谁做的事，必须受到教训。”

于是，刘瑾大发神威，他假造了皇帝的命令，要求文武百官集体跪在奉天门下面，大家都心惊肉跳，不晓得又发生了什么事。

一会儿，刘瑾出现在奉天门左边，手里拿着匿名信，声色俱厉，把百官像儿子一般，狠狠骂了一顿，当然，他还是顶着武宗的招牌，气汹汹地说：“万岁爷对这件事十分生气，他说一定要查个一清二楚！”

御史宁杲（gǎo）素来胆小，他怯怯地表示：“我等素知法度，岂敢如此？这或者是新进士所为。”

刘瑾立刻抢白：“这与新进士有什么关系？你们败坏朝廷事，不能不整治，没听过太祖留下来的祖宗大法吗？”

明太祖是反对太监玩法弄权，若明太祖健在，绝不容许刘瑾张狂，但是，这话大家只能闷在肚子里，刘瑾要颠倒黑白，谁也不敢张口辩白。

六月下旬的北京城，天气酷热，文武百官个个身着厚重官服，跪在地上，大气也不敢喘，甚且，连姿势都不敢变换。众人头上顶着骄阳，汗水湿透了衣服，全身酸麻，膝盖抽痛，一个时辰过去了，又一个时辰过去了，刘瑾站累了，一个人去休息去了，文武官员却密密麻麻、毫无遮掩地跪在光天化日之下。

太监李荣看不过去。他悄悄切了几盘冰镇西瓜，趁着刘瑾休息，把西瓜搬来，让大家消消暑，解解渴。许多臣子，尤其是文弱的文臣，虚软得都快站不起来了。

明代君臣，佚名绘。

一位老臣颤巍巍站起身，接过西瓜，咬了一口，觉得甜美无比，含在嘴里仿佛品尝好酒，竟舍不得下咽，这辈子从来没发现西瓜是如此鲜美。老臣将瓜肉吃完了，舍不得丢，用西瓜皮擦擦脸，他实在是热惨了，累坏了，还不晓得何时才能回到家，痛痛快快冲个凉，摇摇扇子，睡个好觉。

奉天门下，有人伸懒腰，有人用手按摩发酸的小腿，有人不断地在擦汗，个个都快撑不住了。这时，李荣着急通报：“刘公公来了，赶快跪下。”

可是，已经来不及了，刘瑾看到了有人吃瓜，有人闭目养神，他用太监尖细的嗓子高喊：“是谁让你们站起来的？”一转身，刘瑾指着李荣破口大骂：“你好大的胆子。”

权力会让人疯狂，此时此刻的刘瑾真是半疯了，虐待人也不是这般虐待法，可怜那文武百官吓得趴在地上，头也不敢抬，哪儿还是威风凛凛的执法者，反而成为窝窝囊囊的可怜虫。

太监黄伟不晓得哪儿借来的胆子，突然之间，跳了出来，大声地说：“匿名书中所写的，其实全是为国为民的好事，是谁写的，为何不挺身站出来，男子汉大丈夫，何必拖累大家？”

刘瑾更火了，他嘿嘿冷笑道：“没错，写匿名书罪已当死，何况还摆在御道旁，不知是怎样的伟男子？”当下，刘瑾便把黄伟放逐南京，李荣则回家赋闲。

文武百官，罚跪一天，好不容易挨到日落西山，心想，终于可以回家了吧，不料，刘瑾宣布：“五品以下官员，全部关入锦衣卫。”于是，三百多人垂头丧气入了牢房。

第二天，大学士李东阳忍不住对刘瑾说：“匿名文字出自一人之阴谋，诸臣在朝，仓卒拜起，岂能知之？何况今日天气炎热，监狱通风不良，数日之间，人命不保也。”

此时，刘瑾也查出，这匿名信是出自宦官之手，因此气也消了，三百多名倒霉的官员也被放了出来。不过，经过这一番折腾，刑部主事何钺（yì）、顺天推官周臣、礼部进士陆伸已经不支而死，如此重大的冤狱，却没人敢置一词。

鹦鹉相天子

刘瑾罚跪文武百官一事，很快就传遍了全国。刘瑾之所以如此张狂骄横，原因只有一个，那就是明武宗的纵容。因此，有人想以此为名，夺取大明朝的江山，那人便是安化王朱寘𨱎（zhì fán）。

朱寘𨱎是明太祖第十六个儿子庆王的曾孙，封地在宁夏。安化王才识平平，却自命不凡。有两个穷秀才孙景文与孟彬，二人密谋，想要拱安化王出来造反，效法明成祖的先例，假如事情成功，他二人自是朝廷重臣。

孙景文与孟彬找到一位口若悬河的相士王九儿，安排了一个机会让王九儿见到安化王。王九儿一见到安化王，仿佛触了电一般，双膝垂直落地，喃喃道："龙腾虎跃，大吉大利，帝王之相，贵不可言。"

安化王心里很高兴，表面上却说："相命的还不是随口说说。"

王九儿接口："小的绝不敢以半仙铁嘴自命，不过，小的养了一只鹦鹉，堪称神鸟，能言祸福，灵验无比。"

"喔，这我倒希望有机会见识见识。"安化王非常好奇。

第二天，王九儿就把鹦鹉带来了。

这只鹦鹉的确与众不同，除了红、黄、绿、白掺杂的羽毛特别鲜艳夺目之外，一双眼睛炯炯有神，它灵活地转动小脑袋，似乎在到处搜寻，当安化王出现之时，鹦鹉突然兴奋起来，大声叫喊："天子，天子。"

这一声"天子"，把安化王叫得又惊又喜又害怕，不过，他也有点疑心，会不会是王九儿布置好的，这鹦鹉哪儿能看出谁有帝王之相？

王九儿也猜中安化王的心思，他轻声说：“王爷何妨避入布幔后面，看看鹦鹉准不准。”

于是，安化王隐入布幔之后。奇怪的是，王府中上上下下、男男女女出出入入，鹦鹉瞄了一眼，却不再发声。

鹦鹉戏蝶，明胡湄绘，上海博物馆藏。

安化王慢慢自布幔之中走出，鹦鹉一见到安化王，又开始啯啯（guō guō）地“天子，天子”叫个不停。

王九儿这一着戏法是怎么变的，史书中没有记载，不过，当天晚上安化王可睡不着了，他翻来覆去想着：原来我就是真命天子，此乃上天安排的命运，躲也躲不掉。安化王仿佛已经看到自己以皇帝身份出巡，前后簇拥着庞大的侍卫仪仗队伍，气势显赫，行人躲避唯恐不及的诱人画面。于是安化王心里不再安定，他准备逮着机会夺取天下。

过了没有多久，果然，机会来到了。刘瑾派遣大理寺少卿周东到宁夏去度量田亩，催征屯田的租税。周东这一丈量土地，原本戍卒只有一分地的，必然给丈量成为两分。周东的用意是虚增屯田的数目，以便加收税金，可以送给刘瑾一个“大红包”，可是，这样一来，戍卒凭空多出许多负担，自然怨声载道。

宁夏巡抚安惟学，平日便十分残忍暴虐，为了讨好刘瑾派来的使者，竟然想出一个怪方法：把将士们的妻子抓起来打屁股。这些官太太们平日耀武扬威、架子十足，几时受过如此侮辱，回到家之后，自然哭哭啼啼吵闹不休，将士们也义愤填膺（yīng），认为刘瑾太不是东西，完全没把他们放在眼里。

趁着众人正在气头之上，孙景文出面邀集重要军官，并且宣布：“安化王准备起事，大干一场，为各位报仇。”孙景文的火，一点就着，众人一起立誓：“非除掉害民的刘瑾不可。”孙景文拿出了老早准备好的檄（xí）文，轰轰烈烈展开行动。

所谓檄文，是古代用于罪责、讨伐、晓谕、征召等的文书，在发生军事行动之时，借以进行宣传，宣扬自己的盛德，声讨对方的罪恶，从天时、地利、人和各个方面，号召敌人投降或是动员其他方面接受命令。

孙景文这篇檄文，写得洋洋洒洒、内容丰富，因为刘瑾的罪状太多，所以檄文显得相当具体，最后，他号召大家：“凡我同心，并宜响应。”

由于巡抚安惟学一向残暴，而且才打了将士们妻子的屁股，边将们痛恨已极，所以，乱事一起，刘瑾派来的周东与安惟学立刻被杀，接着，火烧衙门，释放狱囚，关中大震。这是正德五年（1510年）四月里的事。

这道檄文辗转到了京师，刘瑾打开一看，檄文中列举的条条罪状，一样一样他心里都有数。不过，刘瑾可没有把此事放在心上，在他看来，远在天边，一个芝麻大的安化王能成什么气候？至于皇帝那边，不报告他也就没事，这些烦人的事，反正明武宗也没有兴趣知道。

张永监军西讨

由于刘瑾的用事，激起了安化王朱寘鐇之变，由孙景文作檄文，历数刘瑾的罪状，将举义兵清除君侧。

刘瑾看到檄文，从鼻孔里哼了一声，压根儿不把这件事放在眼里，刘瑾心想，反正一心爱玩的皇帝根本不会知道。

但是，明武宗马上就知道了。平常人没这个胆子惹恼刘瑾，报告皇帝的不是别人，而是张永。张永与刘瑾一般，是个太监，也是当初号称“八虎”之一。

正德初年，张永总管神机营，与刘瑾同为一党。张永这个太监，虽然也陪着武宗吃喝玩乐，倒依然天良未泯，他逐渐看不惯刘瑾的所作所为，也在平日的言谈之中，透露了对刘瑾的不满。

刘瑾当然也察觉到张永微妙的心理。于是，他编了一套说词报告明武宗，准备把张永罢黜到南京，离开天子脚下。张永气得跳脚，冲到武宗跟前喊冤。

武宗对于当初陪他玩的“八虎”，个个都有感情，他见到张永眼眶发红，气得不断发抖，同情之心油然而生。武宗把刘瑾叫了来，让他与张永当面对质。

刘瑾十分镇静，他用十分遗憾的口吻对张永说：“张永，不是我说你，你岂可强令寡妇再嫁，又把百姓的棺材给烧了，闹得人心不安？”

“什么，你说什么？”张永几乎怀疑自己的耳朵是不是听错了，这些坏事全是刘瑾做的，也是他最不敢苟同之处，不料，刘瑾竟然栽到他头上来。刘瑾数说了张永的罪状之后，并且转身对武宗说：“张永的做法，实有伤圣上之明。”

张永演戏演不过刘瑾，口才也没有刘瑾便给（jǐ），平白受侮，气得他抡起拳头就往刘瑾身上挥过去。刘瑾闪得快，这一拳没打着，张永整个人扑向刘瑾，被谷大用给拉开了，谷大用也是“八虎”之一的太监。

明武宗搞不清楚谁是谁非，他也没有兴趣厘清真相，于是武宗笑嘻嘻说：“别吵，别吵，大家都是好兄弟，谷大用，朕命令你摆一桌酒，劝劝他们两个。”

于是，谷大用拉着刘瑾、张永一块喝酒去。既然是皇帝劝架，刘瑾、张永不得不互相举杯，酒是一饮而尽，双方的眼神却喷出愤怒的火焰，恨不得把对方给活活吃下去。从此二人之间芥蒂更深。既然皇帝充当和事老，就表示他并未偏向任何一边，这件事，让刘瑾心里相当不痛快。

安化王之乱，刘瑾想只手遮天给压过去，张永逮住机会，向皇帝报告，明武宗当下决定：“那么，就以杨一清挂帅，你来监军吧。”

太监监军始于唐朝，在皇帝心理上，宦官较朝臣更为亲近。因此，在皇帝个人的感觉上，委派宦官监军比派御史监军更为可靠。到了明朝，监军的宦官，根本就成了主帅。

张永起程之时，明武宗特地换上了戎装，亲自到东华门去为张永送行，并且赐给关防、金瓜、铜斧，这些都是皇室卤（lǔ）簿中才有的仪仗。所谓卤簿，是古代帝王、后妃、太子、王公、大臣外出时在其前后的导护队。

刘瑾看在眼里，心中之不悦可想而知，却也只能闷在心里。张永瞅了刘瑾一眼，有说不出的得意，似乎在说，怎么样，皇帝到底念旧，皇帝也不是你一个人的。

张永浩浩荡荡率军出发，此时，杨一清已先赶到宁夏，却发现安化王朱寘鐇不堪一击，已经被杨一清的旧部属仇钺所平定。安化王的乱事，只有十八天便结束了。因此，当张永大军赶到之时，已经英雄无用武之地。不过，这样对张永来说，不费一兵一卒，却能班师凯旋，脸上很够面子，不由得心花怒放。

由于大敌已去，杨一清与张永一见面就摆庆功宴，彼此聊得很开心。

杨一清这个人长得极丑，脸上全是小坑小洞，眼睛细小得看不见，鼻子也是歪在一边，张永久闻其丑，初见面，张永倒抽一口气，心想："果然名不虚传。"

另外一方面，与杨一清的丑怪同样闻名的，该是杨一清不凡的才气。杨一清少有神童美誉，成化初年被保荐到京里，明宪宗让这饱学之士在翰林院教他读书，成化八年（1472 年）杨一清中了进士。

杨一清容貌丑陋，但是，肚子里的确大有学问，对边疆马政颇有一套，建立了极大的功劳。杨一清心高气傲，自然不肯依附刘瑾，刘瑾派他一个侵吞公款的莫须有罪名，逮捕至锦衣卫，幸赖李东阳援救，得以不死，但是革了职，罚米六百石。

张永与杨一清半个月相处下来，发现杨一清实在是不简单，听杨一清谈经济大略，边疆军防，都有独特的看法，尤其那一份感时忧国的情怀，让张永为之折服。张永觉得新鲜，觉得自己仿佛在成长，这份奇妙的感受，使得他对杨一清产生了崇拜。

杨一清的锦囊妙计

由于刘瑾的胡作非为，正德五年（1510 年），安化王朱寘镭起事。明武宗派遣“八虎”之一的张永监军，前总制三边都御史杨一清总制军务，他二人尚未到达，乱事已被杨一清旧日部属所平定，但是，张永与杨一清在半个多月的相处之中，成为谈得相当投契的好朋友。

有一天晚上，他二人促膝密谈，谈到此次平乱的顺利，互举一杯，一饮而尽，相视而笑。

杨一清突然长叹一声：“唉！”他放下了酒杯，左手握住右手的手腕道：“藩宗之乱赖张公公的力量容易平定，然而又该如何消除国家的内乱？”

一听此话，张永心中一跳，杨一清莫不是在骂刘瑾？因此，他小心翼翼地问：“杨大人指的是？”

杨一清见四下无人，拉住张永的手，在他的手掌心写了一个“瑾”字。

张永面有难色道：“此人日夜跟在皇帝身边，羽翼已成，枝干已壮，耳目甚广，如何能够动得了他？”

“不然。”杨一清慷慨激昂道，“皇上同样非常相信你，不然的话，为什么把讨贼重任交付给你？”

这话让张永听得十分舒服，微微点了点头。

杨一清继续说：“如今公公功成奏捷，胜利回京，找个机会，揭发刘瑾的阴谋，禀明皇帝，海内愁怨，寘镭虽平，大乱在后。如此一来，皇上英武，必然震怒，杀掉刘瑾。刘瑾一死，换由张公公当政，这是名垂千世的伟业。”

张永觉得有些心动，想一想，又觉得不妥，他迟疑道：“假如万岁爷听不进去，那又该怎么办？”

杨一清缓缓说道：“按理说来，公公的话，万岁爷应当听得进去，若是不听，那么，公公立刻跪在地上，痛哭流涕，表示与其死于刘瑾之手，不如死在皇上面前。只要皇帝一答应，立刻采取行动，否则事机一泄，大难临头。”

张永霍然站起：“好，就这么办，老奴何必爱惜剩下的余年，还不如尽节报主。”他决定进行不成功便成仁的冒险计划。

如此夏去秋来，宁夏变乱以后的事全妥当了，杨一清奉旨，仍为三边总制，张永班师回朝。这一次乱事全是因刘瑾而起，刘瑾却趁此机会邀功，把功劳全揽在自己身上，不但自己加了禄米，并且把他的哥哥刘景祥升为都督。

谁知道刘瑾的哥哥命薄，刚刚升了官，没过一天，暴卒。定在八月十六日下葬。

不知是否巧合，张永浩浩荡荡，率领大军，押解俘虏，班师回京，驻扎在京城门外，上奏请求入觐皇上，定的日子也是八月十六日。

张永不免心中嘀咕，刘瑾究竟葫芦里在卖什么药？莫不是想趁着文武百官前往送葬，城内空虚，下手暗算？于是，张永决定先下手为强。

由于张永是武宗宠信的太监，他仗了这层便宜，出其不意在八月十五日进了城，一直闯入了豹房，谒见皇帝。

武宗见了张永立功回来，十分开心，当天晚上在东华门为张永设宴接风，并且找了刘瑾、谷大用作陪。

刘瑾对张永这一着十分反感，当着面虽然举杯相贺，放下杯子，却不觉脸露杀机。没多久，刘瑾便起身告退，理由是：“明早要忙丧事。”

等到张永估计刘瑾应该早回到家里了，此时，张永拿出早就写好的奏疏交给武宗，并且详细说明，安化王之乱乃由刘瑾激起，刘瑾甚至私造真器，图谋不轨……在座其他人也附和张永。

明武宗却听不进去，一来刘瑾是他身边的人，他自然要护着，二来，他困了，想回豹房去睡觉，因此，武宗敷衍道："别谈这些扫兴的事，还是喝喝酒。"

张永此时想起杨一清的锦囊妙计，一个箭步，跪在皇帝脚前："去此一步，老奴再也见不着万岁爷了。"

"为什么？"明武宗不解。

"因为刘瑾已颁布宵禁，老奴一出宫，准会被杀。"

"喔，是这样吗？"武宗问，"刘瑾究竟想干什么呢？"

"他想夺取天下。"

"取天下？"糊涂皇帝居然回答，"那天下就让他去取嘛！"

张永可是呆住了，过了半天才问武宗："那样，又置万岁爷于何地？"

"这？"武宗这才酒醒，气呼呼道，"假如刘瑾是想造反，朕可是饶不过他。"

张永又想起了杨一清的锦囊妙计，当下深夜采取行动。

张永活捉刘瑾

太监张永接受杨一清的建议，趁着凯旋，武宗赐宴，从怀中掏出奏疏，条陈刘瑾的罪状，并且说明刘瑾准备夺取天下。武宗批准了奏章，张永奉旨，立刻调动禁兵，直入刘瑾私邸（dǐ）。

这天夜里，刘瑾早早入睡，因为第二天，他要忙兄长刘景祥的丧事，忽然听到人声杂沓，不晓得出了什么事，心知不妙，突然之间，卧房的门敲个不停。

刘瑾披衣坐起，打开房门，一见是禁兵，放下脸来问："你们要做什么？"

"不敢，万岁爷请公公见驾。"

万岁爷现在准在豹房里享乐，怎会临时派了禁兵来请，其中必有蹊跷。刘瑾一面暗中盘算，一面好整以暇披上他的青蟒衣，束手就缚，当天晚上，刘瑾被关入东华门的内狱之中。

刘瑾心中虽嘀咕，却有相当的把握，他认为自己绝不会完全被扳倒，一来是武宗的信赖，二来他在朝廷内外势可熏天，哪有说垮就垮的，所以，他依然睡了个好觉。

第二天，皇帝亲自降临刘瑾私邸，监视抄家行动。他对刘瑾的处分，只有八个大字，那就是："谪瑾奉御，凤阳闲住。"

对刘瑾而言，这是相当相当宽大的处分。所谓"奉御"，这是宦官中的五品闲职，不但小命保住，并且工作清闲，也不需要去打扫厕所。

刘瑾伸伸懒腰道："我也累了，早日退休养老也不坏啊。"再说，刘瑾财产太多，家中放不下，他到处东摆一点，西摆一点，他可不愁一辈子富富裕裕。

大学士李东阳是个敏锐机警的人，他十分担心道："万一有一天，皇帝又起用刘瑾，那该怎么办？"

张永笑笑："应该不会有这种荒唐事吧，光光抄他家，足足抄了二十多天还没抄完。"

李东阳缓缓道："万岁爷不在乎这些的。我是担心放虎归山，迟早老虎会下山。"

果然，过了没两天，刘瑾上了一道白帖给皇帝，说是被捕之时"赤身无衣，乞赐一两件蔽体之衣"。刘瑾被捕时，明明穿的是青蟒衣，对他也相当礼遇，但是，他要这么争取同情。

明武宗也就真的十分同情刘瑾，批了一个："送给故衣百件。"这一送便是百件，可见得明武宗心中还是喜欢刘瑾。张永心慌了，又再去找李东阳商量。

李东阳毅然决然道："六科十三道，哪一个不恨刘瑾入骨？"

于是，李东阳一发动，六科给事中、十三道监察御史人神共愤，纷纷上奏章弹劾，细数刘瑾三十多条罪状，明武宗只好降旨将刘瑾交付廷讯。

一直到这个关头，刘瑾依然自信满满，他昂着头，挺着胸，鼻孔冲天进入了午门，用不屑的眼光扫了六部尚书及一班朝臣，高声说道："满朝公卿，皆出自我门下，我倒要看看，什么人敢来审问我！"

刘瑾这一吼，倒让平日怕他的官员呆住了，过了半天，驸马都尉蔡震站了出来，蔡震娶了明英宗的三女淳安公主，算起辈分来，他应当是当今万岁爷的姑丈。

蔡震走到刘瑾前面，责问刘瑾："我是国戚，莫非也出自你的门下？"

刘瑾翻了一个白眼，轻蔑地对蔡震笑笑。蔡震早就看不惯刘瑾的狂妄自大，等这一天，已经等了很久很久了。

蔡震吩咐使者："给我重重掌嘴。"

使者向前，噼里啪啦好好赏了刘瑾几个嘴巴，直打得刘瑾嘴角渗出鲜血，看得许多官员内心叫好。

赏完了嘴，蔡震又问："公卿是朝廷所用，怎可说出自你门下？单凭这句话，足够定你死罪。"

刘瑾不答话，频频冷笑。

蔡震又问："我再问你，你为何养了卫士，又私下制造兵器，到底你是何用意？"

刘瑾一挑眉毛："唉，这你就不知道了，因为万岁爷偶尔来我私邸，为了保护皇上，不得不预做准备。"

刘瑾能言善道，狡猾刁钻，他相信他只是碰到小劫难，蔡震这些家伙，将来都会遭大殃的。

长柄团扇的秘密

太监刘瑾被捕之后，张永与李东阳密议，发动六科十三道弹劾刘瑾，数其大罪共三十余条。

张永赴豹房向明武宗报告：“刘瑾抄家，计得金二十四万锭又五万七千八百两，元宝五百万锭。”

明武宗头也不抬，继续用钢叉挑牛肉喂豹，只淡淡应了一声：“噢。”

“另外还有珍珠无数，还有衮（gǔn）袍、玉印、盔甲三千……”

“噢，朕知道了。”

明武宗依然不动声色。

张永发急了，不断叨叨絮絮列数刘瑾有多么跋扈嚣张，明武宗只回了一句：“不会啊，依朕看来，刘瑾在朕面前挺恭谨的。”

明武宗自小被溺爱，从来没有学会关心任何人，包括他的父母，他都没想过应当多体念。所以什么苍生啊，百姓啊，全都不在他的考虑之列。刘瑾在他面前，向来是谄媚的奴才模样，因此，武宗也毫不在乎刘瑾的其他作为。

后来，抄家抄出一件奇妙的东西，明武宗这才改变看法。

张永禀报武宗：“刘瑾确有造反之意，否则家中何必藏有大批武器，又是弓弩又是盔甲。”

“他是太监，造反干什么，又不能当皇帝。”武宗耸耸肩，不在乎地说。

“万岁爷请看，这是什么？”张永从身后拿出两把团扇。

武宗瞅了一眼：“这是朕冬天用的扇翣（shà）啊。”所谓扇翣是皇帝用的长柄团扇，交叉放在皇帝身后，用五彩鸡毛织成，一方面显示皇威，一方面遮蔽尘土之用。

张永把两把团扇一张开，指着貂皮后面对武宗说：“万岁爷请过目。”

武宗一看，吓得脚心发冷，原来貂皮后面竟是两把锋利的钢刀，若是这么轻轻一划，他的脖子就断了。

武宗大惊失色：“这小子果然想造反，太可恶了。”于是，审讯也不必了，武宗下了一道手谕：“毋覆奏，凌迟之。”

刘瑾何必造反呢？事情是这样的：

有一天，刘瑾突然心怀感伤，这些年来实在是坏事做尽，树敌太多，他真是担心，如果有一天地位不保，下场会很惨，因此，他对张彩诉苦：“想当年，皇上初即位，我们八人号称‘八虎’都被重用。张永、谷大用没胆子，公推我出来当头，为天下人牺牲，现在，他们几个倒好了，安安稳稳坐享富贵，我可是倒霉，天下怨气全集中在我一个人，若是出了事，我一个人扛，太不公平了。”说着，刘瑾竟然哭了起来。

张彩便献上一计：“如今皇上没有儿子，公公不妨在皇家宗室之中挑选一个幼童，养在宫中，将来长大，接了皇位，公公自然长保富贵。”

刘瑾点点头：“这个主意不错。”

不料，两天之后，刘瑾有了新的想法，原来刘瑾遇到一个算命的半仙，刘瑾信他信得不得了，这个半仙名叫俞日明。俞日明替刘瑾看了相，算了八字，然后，恭恭谨谨跪了下去：“公公之相，贵不可言，公公乃汉高祖之后，贵不可言。”

“噢！”刘瑾心中大乐，脑海之中念头一转：那还不如朱家天下换我刘家天下。

刘瑾把这个想法告诉了张彩，张彩连连摇手：“这不可以。”

“有什么不可以？”刘瑾拿了茶盘就往张彩的脑袋掷了过去。张彩不敢再多开口，刘瑾就积极打造兵器，开始做造反的准备。

正德五年（1510年）八月二十五日，刘瑾以谋反被诛。到了行刑那天，宣武门前西市挤得水泄不通，许多人捧着一只碗，抢着与刽（guì）子手打交道，希望买一块刘瑾的肉。

刽子手问道：“你们要肉干什么？”

“吃啊，刘瑾把我们害得太惨，我恨不得剥他的皮、吃他的肉。”

刘瑾被判的刑是凌迟。刽子手的助手把刘瑾的头发系在木桩的铁环之上，然后，抖开一张渔网，这么朝头一撒，抽紧绳子一勒，刘瑾光着上身的肉，就一块一块自渔网中凸了出来。

午炮一响，监斩官传令：“开刀！”刽子手就开始一片一片剐（guǎ）刘瑾的肉，仿佛削鱼鳞片一般。明朝规定，一共要割三千三百五十七刀，每一刀如指甲片般大小，自左胸膛割起，每割十刀休息一回，吆喝一声。

头一天，割了三百五十七刀，割完后送到宛平县监狱之中。刘瑾是个大凶大恶的人，为了表示豪气，回到监狱，还喝了两碗热粥，口中骂个不停。次日续割，到了第三天才完刑，然后锉（cuò）尸。过程残忍恐怖，古时酷刑之惨烈是后世人很难想象的。

刘瑾被杀了，许多民众的怨气也散了，甚且有人说：“皇帝毕竟是英明的。”封建社会永远很轻易就原谅了昏君。

双姣奇缘

太监刘瑾以谋反罪被处死，人心大快，刘瑾是大奸大恶之人，落得凌迟的下场，真是恶贯满盈。

在国剧《法门寺》(又名《双姣奇缘》)之中，刘瑾却是另外一副面貌，竟然平反了一个冤狱，故事是这样的——

明武宗正德年间，郿(méi)邬县有一个书生名叫傅朋，傅朋生性风流，有一天，傅朋外出闲逛，路过孙家庄孙寡妇家门口，适巧孙寡妇的女儿孙玉姣在门口绣花，傅朋迷恋玉姣的美色，便上前搭讪(shàn)："请问，这是孙妈妈家？"

"正是，家母不在家中。"玉姣低声回答。

"既称家母，想必就是孙姑娘了？"傅朋再作一揖。

"请问尊姓大名？"

"在下姓傅名朋，住在郿邬县内。"

"公子来到寒舍，所为何事？"

"想向孙妈妈买雄鸡。"

"昨天已经卖完了。"

"既然卖完，我再到别家去买。"傅朋含情微笑，从怀里掏出一只玉镯，"我有玉镯一只，奉送大姐。"

"奴家不要。"玉姣害羞地溜进门去，把门给阖(hé)上。

傅朋悄悄把玉镯放在门口，便离开了。不久，玉姣开了门，发现玉镯留在地上，大吃一惊，知道那是傅朋留给自己的定情物，碍于当时的礼教，不敢收下，但是脑海里忽然浮现刚才那位少年英俊潇洒的模样，不禁芳心大动，于是弯下腰来，拾起玉镯。

忽然之间，传来一声高亢的尖音："好呀，你这丫头，拿了这么漂亮的玉镯。"吓得玉姣几乎将玉镯摔掉。

"是，刘妈妈，这是我捡到的。"玉姣慌乱地对隔壁的刘媒婆加以解释。

"得了吧，我都看见了，那人叫傅朋，玉姣，你把玉镯交给我，我明天去他家，要他来提亲。"刘媒婆说。

"是。"玉姣羞得满脸通红，赶快把玉镯交给刘媒婆，"请刘妈妈帮忙。"

刘媒婆的儿子刘彪是个小流氓，专做诈骗害人的事，当天晚上，刘彪看到玉镯，好奇地问母亲是谁给的，刘媒婆便把傅朋和孙玉姣的事告诉了刘彪。

第二天，刘彪在街上找到了傅朋，指摘傅朋调戏良家妇女，要敲诈傅朋。于是，刘彪和傅朋在街上便打了起来。这时，当地的地保刘公道跑出来劝解，刘彪这才怒气冲冲走了。

晚上，刘彪手提钢刀到了孙家庄，看到一户人家，大门虚掩，便悄悄推门而入，听到内房中有一男一女的鼾声，手起刀落，砍下两个人头，取出一条布巾，将人头包起，一溜烟跑了出去。

"今天刘公道这个家伙破坏我的好事，我就嫁祸于他。"刘彪想着，便跑到刘公道家，在围墙外，一手便把人头抛进了刘公道的院子里。

第二天清晨，刘公道发现院子里有两个人头，吓慌了手脚，他不愿报告衙门，免得吃上官司。于是，捡起人头，抛到院内角落旁边的一个枯井之中。正巧这时家中一个不到十岁的小佣人宋兴儿在一旁看见，刘公道恐怕宋兴儿泄露秘密，便拿起了铁棒，朝宋兴儿脑袋砸下，宋兴儿立刻一命呜呼，刘公道把宋兴儿的尸体一起丢入井中。

孙家庄的双人命案由郿邬县知县赵廉审理，赵廉认为傅朋无缘无故到孙家庄闲逛，必有所图谋，判定傅朋就是杀人凶手，关入监狱。

傅朋的未婚妻宋巧姣是一个有智慧的女子，她暗中打听，知道傅朋是冤枉的，刘彪才是真凶。正巧皇太后到法门寺上香，刘瑾随侍在旁，宋巧姣便到法门寺去喊冤，惊动了太后，太后看到宋巧姣一副楚楚可怜的样子，决心过问这件命案，于是要刘瑾召赵廉前来问话。

赵廉来到法门寺，跪在佛殿下，刘瑾用严厉的语调说："郿邬知县，孙家庄一刀连伤二命，一无凶器，二无见证，你就把傅朋逮捕下狱，你的眼里还有皇上吗？"说着，刘瑾把宋巧姣的状子交给了赵廉，限定赵廉三天内把案子重新审理，再来报告。

赵廉回到衙门，传来刘公道、刘媒婆与刘彪，一一予以查问，刘彪终于供出实情。于是，赵廉带领衙役到刘公道院中的枯井打捞，不但捞起了人头，也捞上了宋兴儿的尸体。

赵廉带了一干人犯，向刘瑾覆命，刘瑾亲自审问，判了刘彪和刘公道死罪，并以太后旨意，将孙玉姣和宋巧姣一同许配给傅朋为妻。

"赵廉，你错判凶案，罚银二千两，你可愿意？"刘瑾在结案之前，诡谲地对赵廉说。

"臣愿意。"赵廉赶快下跪。

"赵廉，你这桩事赔了本，这样吧，青州府有缺，你去任青州知府，捞一捞本钱吧。"

这一出"法门寺"的故事是编造的，剧中的刘瑾似乎是平反冤狱的"青天"大人，不过，结局是糊涂知县赵廉不但未受到责罚，反而升了官，为什么反而升了官？如果不是刘瑾黑白不分，就是刘瑾把赵廉的二千两银子入了私囊之中。

江彬入虎槛

刘瑾恶贯满盈，终于被诛。明武宗信赖刘瑾，造成这种下场，他可是一点儿也不后悔。朝臣屡次上书，历数宦官的暴行，明武宗的答复是："天下事岂皆由内官（即宦官）所坏，朝臣坏事者占十之六七。"

刘瑾之后，明武宗最宠信的身边人，除了钱宁小宁儿之外，又添了一个人，那便是江彬。

江彬是宣武人，原为蔚州卫指挥佥事，此人骁（xiāo）勇善战，曾经在两淮战争之时，身中三箭，其中一箭由颊上射入，耳旁穿出，鲜血直流，旁人看得胆战心惊，江彬一声吆喝："哼！看我的！"说着，用手用力拔下箭，扔在地上，照样手持铁枪，接连搠（shuò）死数人，突围而出。从此，江彬耳旁留了一条疤痕，却也成为光荣胜利的英雄标帜。

正德七年（1512 年），贼乱渐平，军队返回边区，路途经过京师，这一过，就被明武宗给留下来了。

江彬逮住机会，送了钱宁一个大红包。钱宁一乐之下，安排江彬晋见武宗。武宗身体瘦弱，却最崇拜英雄好汉。京营附近的武将，养尊处优的日子过久了，白白胖胖，腆个大肚皮，实在没多少军人模样。江彬可不一样，他高头大马，虎体狼腰，豹头猿背，行走如风，身上每一块肉看起来硬邦邦的，真是一条汉子。

明武宗走上前，好奇地问江彬："朕听说你耳朵里插了箭，你依然奋战。"

“把箭拔出来就是了。”江彬一副不在乎的神气回答。

武宗凑上前，果然看到耳旁一道疤痕，油然而起了英雄崇拜之心，高兴地下令：“好，以后，你就在京里帮朕练兵。”

于是，武宗开始在豹房附近，每日操兵。江彬率领的四镇边兵为一营，武宗自己选用年轻力壮的小太监又成为一营，一早一晚鼓噪发炮。

这些部队的服装与众不同，鲜明的铠甲上，系上黄色的围巾，遮阳帽上插着鹅毛，刀光闪烁，旌（jīng）旗飘扬，士兵们显得威武飒（sà）爽，明武宗真是乐坏了。

皇太后成天被操兵吵得头昏脑胀，把武宗找来问：“天天不得安宁，此非吉祥之兆。”

明武宗一撒娇：“怎么会呢，我好高兴噢。”

太后一向溺爱武宗，看他一脸兴奋模样，也就任由他胡闹了。

明代武卫，佚名绘。

武宗操完了兵，时常拉着江彬的手，一块儿入豹房享乐，甚且共卧同起。江彬本是一个粗人，完全不懂礼仪，有一回，江彬陪武宗下棋，明明是输了，他竟然嚷了起来：“不行，不行，这局不算。”

千户周骐早就看不过去了，气得大声呵斥：“江彬，岂可在万岁爷前如此放肆，足可判个死罪。”

江彬不服气，狠狠回瞪周骐，江彬心想，皇帝都没开口，你管甚么闲事。过了没几天，江彬在武宗前说了几句周骐的坏话，周骐竟然就丢了官又丢了命，从此，众人就晓得江彬在皇帝心中的分量了。

江彬愈来愈走红，钱宁心里颇不是滋味，心中直后悔，当初不该贪图江彬的大红包，引狼入室，悔之晚矣。因此，他时常在武宗面前打江彬的小报告，说江彬如何如何“贪残凶狠”，武宗根本听不入耳。

有一天，明武宗来到豹房，突然心血来潮，吩咐看守豹房的小太监道：“快把虎槛（jiàn）打开，朕要进去喂食。”

左右的人都傻了眼，小太监苦苦哀求：“万岁爷要喂就在栅栏外面喂吧，进去太危险了。”

明武宗一向有个拗（niù）脾气，人家愈不让他做的事，他就愈要做。不料，武宗一进入栅栏，老虎对他一吼，武宗就慌了，大叫“小宁儿救命！”小宁儿也怕啊，吓得不敢向前。这时江彬迅速窜入，把武宗带出来。武宗又逞强道：“哪用得着你？”可是，武宗从此心中感激江彬，厌恶钱宁。

马昂卖妹求荣

自从江彬以身挡虎，救出虎槛里的明武宗，武宗就对江彬另眼相看。钱宁颇不是滋味，从此江彬与钱宁努力争宠，互别苗头。

明武宗好色又喜新厌旧，因此，江彬与钱宁忙着四处寻访美人儿。

有一回，江彬赴延绥总兵马昂家中小坐，突然之间，帘子外闪过一条身影，江彬一看，整个人怔住了。

马昂问："怎么了？"

"我、我是不是见到了仙女？"江彬期期艾艾道。

"噢，那是我的妹妹，长得不坏吧。"马昂摇着脑袋笑道，"我的妹婿不是别人，正是指挥使毕春。"

江彬告别了马昂，心里扑通扑通跳个不停，他想，万岁爷若是见到艳光照人的马氏，不晓得该如何兴奋。马氏一出，把豹房里那些美人全给比下去了。至于说，马氏已结了婚，嫁了人，没关系，当今皇帝与一般男子不同，他不在乎这些，只要人漂亮就好了。

明武宗一听说有此绝色，立刻吩咐："那还不赶快给接了来？"

马昂是利欲熏心的人，他非但不介意皇帝看上了大妹子，反而希望能借此平步青云。因此，接到了消息，立刻把妹妹打扮起来，马氏原本娇艳，再经过一番刻意修饰，实在是美得让人不敢逼视。

明武宗一看就中意了。马氏会唱歌，会跳舞，会骑马，会撒娇，与皇帝一般爱玩爱闹。于是，马昂升了官，全家皆赐蟒衣，太监们称呼马昂为“大舅子”，得以自由出入豹房。

过了没有几天，马氏突然不舒服，时时作呕，又爱吃酸梅，找了太医门诊，竟然是“怀孕三个月”。推算起来，这肚子里的孩子一定是毕春的，这还了得。

因此，朝臣建议武宗，立刻把马氏逐出宫外，武宗正在兴头上，当然不会答应。臣子们更加忧心了，当今天子膝下犹虚，万一将来封为太子，那么朱家天下岂不成为毕家天下？

因此，言官石天柱等上书给武宗，请求把已经怀孕的马氏逐出皇宫，否则，如果马氏生子继承皇位，则诸王宫室岂肯坐视把皇位让与非朱家的人，内外大臣又岂肯俯首听命，因此，请皇上速逐出孕妇，以清宫禁，以清天下人的疑虑。

明武宗一向最任性，他还是不理会。

过了几个月，马氏的肚子愈来愈大了，仿佛捧着一个球在走路，不能骑马，不适合跳舞，身材不再婀娜多姿，整个人仿佛是吹胀的气球，明武宗本来不是一个重感情的人，对着日渐变丑的马氏逐渐失去了兴趣。

有一天，明武宗与大舅子马昂在豹房里喝酒，武宗突然想起，曾经有人谈及马昂有一小妾，貌美如花，不输于马氏，所以，随口问

明武宗，明宫廷画家绘。

道："请你的小妾一块来喝酒。"

马昂的小妾是他的心上肉，马昂虽然不惜卖妹求荣，妹妹到底只是妹妹，马昂是无所谓的，但小妾可不一样，若是让好色的明武宗见到了，必然留在豹房，他实在舍不得，于是回答明武宗："对不起，小妾病了，不能作陪。"

武宗当然不相信马昂的话，他站了起来，一挥袖，气冲冲走了。马昂知道错了，急奔回家，将小妾之外，再加四名美女一块送入宫中，希望武宗能消消气，可是，武宗不领这个情，没多久，马昂丢了官，马氏也失宠，这桩孕妇事件也就告一个段落了。马氏的结局就没有人知道了。

这会儿，武宗又闲下来了，觉得日子过得挺无聊的。他因为长久处于亢奋状态之中，已经无法安安静静读点书，或者处理国家大事，只有寻求更刺激更疯狂的活动，才能提高兴致。武宗身边的人，也不断帮他想新花样，希望他耽于逸乐，也唯有如此，身边的人才有耍弄权势的机会啊。

江彬是宣化人，他一心一意把武宗诱到宣化去，一方面自己衣锦还乡，另一方面，则可甩脱钱宁的纠缠，到底宣化是属于他的地盘。

江彬再三蛊惑武宗："宣化多美女，多乐土，保证万岁爷大开眼界。"

"那么，把她们带到豹房里来也就是了。"

"那可不一样，塞外风光明媚，且可骑马打仗，何必老是郁郁闷闷关在大内，让烦人的群臣宰制。"

江彬说得口沫横飞，明武宗听得心中痒滋滋的，于是下令，仿效豹房，在宣化建造一座"镇国府"。明明是行宫，为甚么要自贬身份，降为甚么府呢？反正武宗是皇帝，他高兴怎么玩就怎么玩。

张钦拦阻明武宗

明武宗被江彬引诱，换上军服，自封为“镇国公朱寿”悄悄出京，准备出长城，亲征鞑靼（dá dá）小王子，当然真正的目的是到塞外去找乐子。

武宗只带了江彬、钱宁、少数太监与卫兵，来到京城北方的郊外，眼见一片原野，黄土与绿草相间，广阔无垠，武宗深深吸一口气，忽然觉得天是那么大，甚么阻隔也没有。他忘情地两只手在空中摇晃，快乐得不得了，好像是一只出笼的飞鸟，江彬凑上前去，谄媚地问武宗：“这岂不是比关在大内强多了？”

武宗长长舒了一口气，挺直腰板，低头欣赏自己的腰带弓矢，东摸摸、西弄弄，觉得威风极了，这种自由与放任令他亢奋。

明武宗乐疯了，宫里的朝臣却急坏了，天子失踪，万一消息外泄，那该有多危险。

朝臣梁储着急地搓着手：“万岁爷准是被江彬那个小子煽（shān）惑，出关亲征鞑靼去了，但愿不要重演土木堡事变。”

一听这话，大伙心全凉了。土木堡事变是明英宗之时，宦官王振建议亲征瓦剌，结果，明英宗在土木堡被俘，明朝元气大伤。这段故事，我们前面曾经详细说过。

蒋冕说：“我们还傻傻待在这儿干甚么？还不赶快去追！”于是梁储、蒋冕、毛纪三个人骑着快马，离开北京，向北急追而去，一直追到沙河，终于追上了武宗。这时，武宗正在享受马上之乐，所以，梁储三人如何死劝活劝，都没有用，三个人着急得哭了起来，武宗却依然无动于衷，反而兴匆匆说：“你们要不要看朕的马术，江彬说朕的马术是一流的。”梁储等人毫无办法，心中有说不出的沉重。

梁储等人铩（shā）羽而归，一路之上唉声叹气，只好以“总算是尽了力”，互相劝勉。却还有一人不肯放弃希望，仍然想试他一试，那人便是张钦。

张钦是正德六年（1511 年）进士，为人十分正直，担任巡视居庸关的御史。早在听说明武宗准备出关之时，张钦就连上两疏，力陈乘舆（皇帝坐的车子）不可以出关。他提出三个理由：一、人心摇动，御驾亲征耗费太大。二、远涉险阻，两宫（指太皇太后与皇太后）会挂念远征的皇上。三、北寇势力正强，大明军队恐难与之抗衡。当然，张钦的奏疏拂逆了武宗，武宗根本不予理会。

张钦听说明武宗的车驾已经到了昌平，张钦把居庸关的指挥孙玺找了来，用非常诚恳的语调对孙玺说：“听说皇上的车驾将要出关，你我的死期到了。”

“怎么说？”孙玺不解。

“假如关不开，这是违抗天子的命令，你我违抗圣旨，该当死罪。万一开了关，再造成土木堡之变，你我轻易放皇帝出关，也是死罪。可是，宁可不开关而死，死也死得不朽，你看如何？”

孙玺也是一个血性男儿，躬身作揖，朗声答道：“悉如尊命。”

孙玺把居庸关给上了锁，并且由张钦亲自保管钥匙。

武宗也听说了这件事，下令召孙玺前来问话，谁知孙玺好大的胆子，竟然以“御史在，臣不敢擅自离开”为理由，没到昌平来朝见武宗。

武宗没法子，改为召见守居庸关的监军太监刘嵩，刘嵩对张钦说：“奴才是皇帝的家奴，可不是朝臣，天子有命，奴才不能不去。”

张钦不回答，他不能阻止刘嵩去见皇上，但是心里却是不高兴。刘嵩

居庸关，清张若澄绘。

走后，张钦拿了一块黄布，把皇帝颁赐的关防，以及居庸关的钥匙小心包好，搬来一张椅子，捧着黄布包，坐在关下。刘嵩觐见武宗后，回到居庸关，立刻到关下见张钦，张钦不等刘嵩开口，立刻举起黄布包，高声说：“敢言开关者斩。”

刘嵩知道张钦的脾气，他犯不着与自己的脑袋开玩笑，因此，很识相地退了下去。

张钦当然也担心不开关的严重后果，连夜写了一道奏章，快马呈送给明武宗，奏章内说：“臣听说天子亲征，必先期下诏，召开廷臣会议。启行之时，六军翼卫，百官扈从，声势浩大，而且有车马之音、羽旌之美。如今居庸关前无声无息，只是不断听人传说，车驾将要出关，这必然是有人假传圣旨，请皇上捉拿此造谣之人，明正典刑。”在奏章的结尾，张钦甚至挑明了说：“如果陛下一定要出关，必然要有太皇太后与皇太后的书面同意，否则臣万死不奉诏。”

这个奏疏尚未送到武宗面前，武宗又派使者到居庸关要求开关。

专使到了关下，张钦明明知道这是皇帝的旨意，故意把剑一抽，对准了专使的喉头：“好小子，你竟然敢假传御旨前来诈骗。”

专使被张钦一吓，捣着喉头奔回昌平，气喘吁吁道：“张御史差一点就把我给杀了。”

明武宗大为扫兴，生气地对钱宁说：“你去把张御史给杀掉。”

钱宁可不想去送死，正在拖拖拉拉，张钦的奏疏已到，京里又赶来一批朝臣，七嘴八舌苦苦相劝。武宗没可奈何，满心不情愿地回到京城。

明武宗捉弄和尚

明武宗想要出关，结果被张钦在居庸关阻拦，只好扫兴地回到宫中。

明武宗着急，江彬更着急。他又出了一个鬼主意：“万岁爷下次出京，必须做得更隐秘，干脆先在百姓家中躲一夜，再神不知鬼不觉地跑出去。”

这个主意新鲜，武宗好兴奋。他为了表示改邪归正，绝口不提出关之事，也努力做出勤于朝政的模样。如此这般，熬了二十多天，有一天，武宗悄悄换了一件平民的衣服，在江彬的巧妙掩护之下，出了德胜门，在昌平州一间民舍之中住了一夜。第二天一早，天还没亮，武宗骑着一匹快马疾驰出关。

张钦得到消息，急急带兵追赶，却被谷大用在居庸关给挡下来，理由是，圣旨颁下，不准任何一人出关。张钦急得顿足捶胸，只能西向痛哭。

明武宗终于到达了宣化府，此时，“镇国公府”已落成。放着皇帝不当，自封为“威武大将军朱寿”，又自称为“镇国公”的明武宗望着写有“镇国公府”四个大字的匾额，有美梦成真的喜悦。

武宗大摇大摆进了镇国公府，很惊喜地发现，他许多心爱的家具、古玩、服饰用品与古董字画，全移到了镇国公府，甚且平日伺候他最周到的宫女，也由豹房移到了“镇国公府”，明武宗对江彬的细心体贴，实在是太满意了。

当然，美女是不嫌多的。既然目前是镇国公，就有镇国公的玩乐方式，当天晚上，明武宗就客串“山大（dài）王”，竟然自己带着兵，骑着马，听说哪家有美女，就这么直闯进去，把美女掳到马上，当一个“压寨夫人”。这哪儿是皇帝，根本是土匪嘛。

第二天，整个宣化全沸腾了，原来来了一个超级土匪万岁爷。家中有妇女的，个个提心吊胆。民间戏剧中的“正德皇帝与李凤姐”，把明武宗描写成风流多情，实在是美化了他，真实的明武宗是不折不扣的色鬼。

中国人有句话“天高皇帝远”，意思是远在天边外，皇帝可也管不着。其实，做皇帝的，比谁都受拘束，规矩都多。因此，武宗到了宣化，抛开一切束缚，快乐似神仙。他对江彬说：“豹房好，镇国公府更好。以后，朕就称镇国公府为‘家里’。”

明武宗在“家里”乐不思蜀。到了九月，武宗突然接到警报，说鞑靼小王子亲率五万雄兵而来，朝廷大惊，为了保护明武宗，调集大批人马分赴大同、阳和一带。结果，总算赶走了鞑靼，不过，官军阵亡了好几百人，鞑靼总共才死了十六人。明武宗就借这个题目，自我夸耀，“亲征大捷”。

明武宗在“家里”流连忘返。转眼之间，就马上要过年了。在古代过年是大事一件，尤其对于帝王之家而言，明武宗却执意不肯回家。

钱宁着急说：“太皇太后望眼欲穿，一心盼望万岁爷早日回京。”

“急甚么，鞑靼不是赶跑了吗？”明武宗毫不在乎，“朕舍不得家里，家里好玩，这样吧，朕过了年，再回京里看花灯。”

明武宗一向就是这个脾气，钱宁没辙，只好说：“万岁爷过了年可一定得要早一点回去，御驾亲征，胜利而归，多么威风，拖久了，就没有意思了。”

“不是万岁爷亲征，是镇国公朱寿班师凯旋。”

明武宗再一次纠正钱宁。在他心目之中，当镇国公比当皇上有意思多了。当然，他这个镇国公已不是真的镇国公，没有任何人可以管，又能甩开当皇帝的种种顾忌，他自然觉得有趣。

明武宗

捉弄和尚

有一天下午，明武宗带着一个小太监，信步走到宣化郊外一个庙里。庙中的老和尚，一见便知这位做将军打扮的，不是别人，正是当今声名狼藉的天子。老和尚虽然看破一切，成为方外之人，但对国家仍有一片忠心，忍不住就好好劝诫了武宗一番，希望武宗“收拾起贪玩之心，为明朝开创一番新气象”。

明武宗听了，脸上有些挂不住，尤其老和尚明指武宗“尤其不应该抢劫良家妇女”，让明武宗脸上讪讪的。忽然间，明武宗想到一个恶作剧，忍不住笑了起来。

在立春那一天，明武宗找来数十辆大车，车顶挂着许多内塞稻草的皮球，接着，下令和尚们分别上车，每一辆车都几乎塞满了和尚。

然后，明武宗又下令等数量的妇女分别上车，这一着把众人吓坏了，车子已经很挤，妇女上来后更挤了。有那比较害羞保守的女子，迟迟挨挨不肯上车。但是，士兵们持刀相胁，她们只好勉强上车，和尚努力腾出空隙，双方避免接触。

但是，车一前进，和尚妇女不可能不相碰触，有的和尚满脸尴尬，不断暗呼“阿弥陀佛”，也有那不老实的和尚，猛然跳入了脂粉堆中，从来没有机会如此接近女色，真是乐不可支。

不一会儿，车子速度快了，皮球不断打在和尚光头之上，和尚们东躲西逃，不免频频碰触车中妇女。比较害羞腼腆的妇女窘得满脸通红，也有那比较泼辣的，又笑又骂，还有拍着秃脑袋，大声娇叱：“你这个坏和尚，占我的便宜。”

至于明武宗，远远坐在高台上欣赏车中的奇景，为自己的天才构想，笑得前仰后合，直不起腰来。

镇国公朱寿胜利回京

明武宗在宣化的“镇国府”之中愈玩愈乐，毫无拘束，甚且把“镇国府”命名为“家里”，他觉得在“家里”远比在京城里有趣多了，没有那么多臣子唠唠叨叨。

终于，明武宗在宣化过完了年，决定要回去了。当他挥鞭经过居庸关之时，想起张钦拼死不肯开关，明武宗耍了一计，乔装百姓，蒙混出关，他非常得意自己的机智。武宗笑嘻嘻对左右说：“以前张御史拦阻我，现在我已经归来了，哈哈哈。”武宗虽是个太保皇帝，倒也不是残暴皇帝，他明白张钦是一片忠心，因此并没有降罪张钦。

明武宗当皇帝当腻了，他一心向往赳赳武夫。所以，此番出征，他自封为“镇国公朱寿”。早在武宗回京以前，钱宁已经回京部署，千交代万叮咛，这一回是“镇国公”胜利回京，而不是皇帝御驾亲征，臣子们务必体会上意，不要弄错了。

朝臣们一心巴望皇帝别再贪玩，早日回朝，当然依武宗之意，当作英雄胜利归来。

武宗一向爱漂亮、爱热闹、爱新鲜。他特别嘱咐钱宁，为了表现排场，赐文武臣大红纻（zhù）丝罗纱各一，其彩绣一品牛、二品飞鱼、三品蟒、四品麒麟、五六七品虎彪，完全不合惯例。依照规矩，文官用飞禽，武官用走兽，例如文官一品仙鹤，武官一品狮子。不过，反正武宗素来不守章法。

中国历史上，从来没有一个皇帝自贬身价，降为臣子，武宗却认为当朱寿比较有意思。因此，大臣们设计的彩旗，一律以“威武大将军”称呼，下款也不敢署名臣子（这些臣子的品秩可比大将军还高）。花花绿绿的彩旗上面，倒是绣了不少“威镇九边”“功高百世”。自德胜门外，百官一字排开，除了武宗最爱的鼓吹百戏外，羊酒、彩币等象征喜气洋洋的物品也全摆满了路旁。

一切准备就绪，不巧，天上飘起了大雪，朝臣们自一早守候，两条腿冻得像冰棍，望眼欲穿，直到夜半，烟火自远处点燃，明武宗回来了。他身着戎装，骑乘赤马，腰带宝剑，勒紧马缰，缓缓而行。武宗故意头抬得高高的，傲然走过，眼角却不断瞟着两旁的旗帜挥舞，内心亢奋到极点，他觉得自己是不折不扣的大英雄。

武宗过足了瘾，迎候的大臣却苦不堪言，大风大雪且不必说，武宗呼啸而过以后，大臣找不到马，找不到仆人，平日养尊处优的大臣们，一脚低一脚高踩在泥泞之中，好不容易走回城中，老命几乎去掉了半条，准备第二天一大早请医诊治。

第二天，明武宗配上二朵金花，神气地接受群臣祝贺。明武宗兴致高昂，朝臣们自然必须配合演出英雄凯旋的戏。但是皇帝自贬身价当将军的戏码，前所未有，臣子们也不晓得该如何开口，只好不断磕头。

大明武骑，佚名绘。

武宗大声一喊：“杨廷和！”

“臣在。”

“你知道吗？朕在阳和，亲自斩一首级。”武宗对于自己能杀死一个活人，认为是顶了不起、顶有英雄气概的大事。

杨廷和面有难色道：“臣是听说了，不过……”

武宗知道下面又是一篇大道理，赶快打断了杨廷和的话：“朕要与臣子们一块庆功。”

武宗喜欢新花样，所以他在左顺门，亲自为凯旋颁发银牌。一品官银牌重三十两，二、三品各重十两，银牌上面并且镂（lòu）刻“庆功”二字。四品、五品及给事中银牌四两，御史三两，各镂刻“赏功”。武宗一人一人颁发，颇有神采飞扬之感。

杨廷和忍不住上了一奏章，苦口婆心劝导武宗：“自古帝王虽以武功定天下，恒以文德致太平。希望陛下不要再劳师费财，应深入大内，颐养天和。”

明武宗见到奏章，揉揉眼睛，打个呵欠，直想睡觉。他想到明天一早还得早起上朝，冬天这么冷，连个暖被窝也不能多待一会儿，比较之下，“家里”多好玩，自由自在，毫无拘束。念头一来，武宗在二月又迫不及待赶到了宣化。

刚到了宣化，武宗接到噩耗，太皇太后驾崩。武宗觉得扫兴，却不得不赶回来奔丧，参加一连串繁文缛节的丧事。

好不容易熬到四月，太皇太后终于下葬。明武宗到了昌平县的天寿山，匆匆忙忙行了礼，急着前往密云游玩。

听说这位“花花太岁”来了，民间妇女藏的藏，躲的躲，到处惊慌一片。当时有个永平知府毛思义，是弘治十五年（1502 年）的进士，在他看来，此乃荒诞的谣言，家有丧事，尚且不宜外出，何况贵为天子，国丧期间，皇帝就是再不像话，也不至于在这个节骨眼出外寻欢。因此，他就下了一道命令：“大丧未举，车驾必不远出，非有文书，妄称圣驾扰民者，必治以法。”

镇守太监郭原一向与毛思义不合，把这道命令往上呈，倒霉的毛思义就给下了锦衣卫。

正德皇帝看烟火

明武宗是一个花花皇帝，太皇太后国丧期间，他勉强在宫里待了几天，马上又坐不住，急急想往外闯。

正德十四年（1519 年）春天，宁夏有警，武宗又蠢蠢欲动想要亲征，这一回他想出的名义是“威武大将军太师镇国公朱寿巡边”，以江彬为威武副将军扈从，命令内阁草制，让他以皇帝的身份封朱寿，朱寿是武宗自己取的新名字，他非常得意。

首席内阁大学士（俗称首辅）杨廷和不肯草拟这不伦不类的诏书，他觉得武宗未免闹得过火，假如喜欢乔装，偶尔在宫里扮演卖布商人也就是了，哪有皇帝自愿降格为将军的呢？

杨廷和不晓得该如何应付这困窘的局面，只好托病躲在家里。武宗找了次辅梁储，命令他来写巡边的制诰。

梁储正色道：“其他可以将就。”顿了一会儿，他深吸一口气说：“此制断断不可草。”

武宗暴跳如雷，“刷”的一下，抽出佩剑，指着梁储的脖子：“你敢不写，不写，吃朕一剑。”

梁储把乌纱帽取了下来，跪在地上，哽咽着说：“臣违命有罪，愿意就死，草制以臣名君，臣死不敢奉命。”

明武宗倒也能明白梁储的忠心，还不至于真的一剑捅入他的喉咙，于是，他负气把剑往地上一扔:“哼，你不写，莫非朕就当不成威武大将军?”

想到这里，明武宗不再命令草制，反正，他自封为“威武大将军朱寿巡边”也就是了,“威武大将军”这几个字武宗经常挂在嘴边，觉得十二万分的过瘾。

武宗不知天高地厚，一心寻乐，旁边的臣子却是一颗心提在半空中，为武宗担忧不已。大臣们的着急是有道理的，因为的的确确有一个宗室——宁王朱宸濠不怀好意窥视着天子宝座。

宁王宸濠被封在江西，他野心很大，早在正德二年（1507年），重金贿赂宦官刘瑾，得以扩充兵事，并且取得向过往的船只征税的权力。刘瑾被杀之后，宸濠就把目标对准了钱宁。另外，兵部尚书陆完也被宸濠收买，成为他安置在京城里的心腹。

陆完原先是江西按察使，宸濠颇看好他，时时夸奖:“陆先生他日必为公卿。”

“哪里，哪里。”陆完每次都谦虚地摇摇头，心中却非常欢喜。

过了不久，陆完果然当了兵部尚书，宸濠“投资”成功，心花怒放，并且借着这一条线，拓展出许多人脉，大学士费宏为此感慨万千:“假如一切依宸濠之意，我们江西将无人可活。”

宸濠听人说，武宗爱热闹，好新奇，每年元宵节，单单点灯用的黄蜡就得耗去几十万斤，他决定趁机使坏。

宸濠早在一年之前，找来老师傅，制造了几千盏花灯，这些灯上都用针孔密密地刺了人物故事，有的是嫦娥奔月，有的是张生惊艳，更有的用绢绸扎成花草虫鱼，中间点了油灯，设想精妙，穷极巧思。这批花灯在春节之前，由宸濠派人进贡入京，并且特派老师傅的徒弟随行布置。徒弟说:“普通一般的花灯是临空悬挂，这些花灯与众不同，要附着于墙壁之上，才显得特别好看。”

此外，他又把宫中的白石玉栏杆用彩色毡膜密密裹了起来，平添了许多鲜艳。

明人元宵赏花灯，明人绘。

正月十日开始点灯，墙壁上的花灯，一盏一盏前后亮起，在漆黑的星光之中，分外亮丽夺目。武宗不知见过多少花灯，但此时一片灿烂，不觉为之心醉。武宗贪看美景，简直舍不得入睡。

花灯兴兴旺旺连点了三天三夜，把门窗烤得极为干燥，突的，一阵风吹过，花灯的棉纸触到了灯中的蜡油，“噗嗤”一声，爆起了火花。假如是临空悬挂的还不打紧，但现在灯笼是黏在墙壁上，而古代房屋室内墙壁又都是木板的，灯笼一着火，火舌就把木板墙壁给烧着了，接着席卷了木制的门窗，火势便一发不可收拾。

不一会儿，火舌窜到栏杆，“轰”一声巨响，竟然爆炸了。原来，宸濠在毡膜之下埋藏了炸药，火势一发不可收拾。

宫内的人都惊慌万分，忙着提水桶救火。此时，明武宗却好整以暇，端着一杯酒，站在远远的豹房高处遥望，他特别“欣赏”栏杆的爆炸，仿佛一个个烟花流星射入天空，灿烂照耀，美不胜收，“嗤”的一声，此起彼落，武宗看得大悦，竟然不自觉鼓掌赞叹：“像一蓬大烟火！”

宸濠送“枣梨姜芥”四色礼

宁王宸濠不怀好心，进贡入京的元宵花灯暗藏玄机，他不但命人把花灯黏着于墙壁，甚且在包裹栏杆的五彩毡膜之中，偷偷放了火药。火势蔓延，乾清宫化为灰烬，明武宗却在豹房高处眺望欣赏。

当宸濠听说，武宗对此爆炸事件的反应是“好像一蓬大烟火！”，宸濠心中真是五味杂陈——又吃惊，又庆幸，又好笑，不过最强烈的感受是，“如此不堪的大明天子，那还不如换我来当”。

原先，宸濠的野心没这么大。由于武宗无子，宸濠希望儿子能够有一朝入承大统，自己以太上皇之尊，可以控制大局。钱宁愿意与宸濠勾结，理由也在建拥立之功，倒不是帮助宸濠造反。

宸濠的胃口随着武宗的任性胡为逐渐养大。他的势力，则在用心规划之下日益扩张。宸濠的计策可分为文武两方面。

先谈文的这部分，宸濠装出礼贤下士的模样，曾经延揽了不少人才，包括鼎鼎大名的唐伯虎。

提起“江南第一才子唐伯虎”，这是中国人再熟悉不过的历史人物，他的《十美图》，他的三笑姻缘，让人津津乐道。不过，真实的唐伯虎可没有那么幸运。他尝尽了人生坎坷辛苦，一辈子郁郁闷闷。关于唐伯虎的故事，我们以后会另辟篇章详细叙说。

言归正传，宸濠曾经在南昌设立了一座风景宜人的阳春书院，作为储备人才、笼络士林之地。唐伯虎因为遭受科场冤狱，沮丧烦忧，宸濠认为如此满腹牢骚的才子，正是他所要争取的对象。

因此，宸濠扮成刘备访求诸葛亮的模样，卑辞厚币，把他给请到了南昌。唐伯虎是个善良单纯的读书人，误以为遇上了如昭明太子般的贤王。

等到唐伯虎发现，宸濠并非善类，并且有意造反，吓得差点没昏过去。但是，该怎么脱身呢？想来想去，只有装疯，脱得一丝不挂地又叫又闹，宸濠大为失望，只好把“疯子”送回苏州，唐伯虎这才脱离魔掌。

至于武的方面，宸濠的方式非常原始，干脆就用抢劫增加财富。他家中养了一批强盗，有数百人之多，被称为“把势”。后来，一些豪门将自家武师称为“把势”，大约由此而来。

既然宸濠要当强盗，正直的地方官自然与他不合。曾经有江西按察副使胡世宁，在正德九年（1514 年）上疏，里面讲得非常赤裸裸：“宁府威势日张，不逞之徒群聚而导以非法。”

结果，糊涂的武宗，根本没看到胡世宁所上的书奏，钱宁把奏疏交给了宸濠，可怜的胡世宁，被宸濠一路追杀，最后且被关入锦衣狱中。

虽然有胡世宁的例子在前，江西左布政张嵿（dǐng）依然强硬不屈，宸濠想强占官地，

唐寅，明仇英绘，清朱鹤年摹，中央美术学院藏。

张嵿说:“不可。”宸濠想拓(tuò)宽王府，张嵿又说:“不可。”

有一天，宸濠派人送了四色礼给张嵿，张府的管家先是不收，使者说:“没甚么，不过是四样最便宜的果蔬。”

原来，宸濠送的礼是一盒枣子、一篮梨子、一包姜、一包芥。

张府的人觉得纳闷:“这枣、梨是名贵水果，倒不奇特，怎么有人送姜、送芥，莫非是江西特有的风俗?”

张嵿捋胡而笑:“宁王送来枣、梨、姜、芥，他是希望我‘早离疆界’，别留在这儿碍事。”

张嵿不把这个当一回事。但是，不久，他刚好被召为光禄卿，也就离开了是非圈。

张嵿之后的巡抚王哲没那么幸运，因为不肯依附宸濠，令宸濠怒由心生，居然派人下了毒，害得王哲病倒在床，虽然找来大夫急诊，拖了半年仍溘(kè)然而逝。

王哲死后，董杰代之，过了八个月，董杰也去见了阎王爷。大家心里都有数，董杰之死并非生病而死，是被人害死的，宸濠就是幕后看不见的黑手。

一件一件的案子，接二连三地发生，朝廷官员个个惴惴不安，谁都害怕奉派去南昌；南昌的人也都清楚，宸濠图谋不轨。事情愈闹愈凶，只有明武宗完全不知情，一心扮演朱寿，过骑马打仗耀武扬威的瘾。

宸濠以孙燧祭旗

明武宗任性胡为，外加没有子嗣。宁王宸濠在南昌作威作福，颇有夺位的野心。由于宸濠手段毒辣，地方官屡屡受害，朝廷官员个个担心被调到南昌。

就在此时，弘治六年（1493 年）的进士孙燧（suì）奉命巡抚江西。孙燧是个正直的官员，他知道此去如果不肯听命宸濠，恐怕是凶多吉少，他叹了一口气道："只好以赴死的精神前往。"因此，他把妻儿送回家乡，只带了二名书僮前往上任。

宸濠听说孙燧以义气闻名，一方面贿赂朝臣，想办法把孙燧调走，另一方面又遣人送了枣梨姜芥四色礼物，希望他知难而退"早离疆界"，孙燧看着礼物笑道："奇怪，他怎么不换一些新的把戏？"

孙燧曾经七次上疏，报告宸濠的阴谋，希望朝廷早日防范，很可惜的，却被宸濠收买的人暗中把奏疏给半途拦截，到不了皇帝手中。

孙燧没可奈何，却并不死心，他不断在动脑筋，思索能否用迂回的方式点醒皇帝。没过多久，机会来了。原来宸濠的父亲过世，宸濠想沽名钓誉，博一个孝子的美名，所以，收买了乡里之间一些无行的秀才，联名具禀，夸耀宸濠如何孝顺，希望官府予以保举。宸濠又不是普通老百姓，他是藩王，哪儿用得着百姓保举？

正因为这件事十分奇怪，孙燧故意具奏上闻，期望武宗能够稍微注意宸濠，又因为这是为宸濠美言的奏章，因此颇为顺利地送到了武宗的跟前。

武宗虽然贪玩，倒也不笨，他狐疑地问道：“为官如果孝行可风，朕该升他的官，朕不明白保举藩王干甚么，莫非是保举他来当皇帝？”

江彬趁机说：“他们称宁王孝顺，讽刺陛下不孝，称宁王勤劳，讥讽陛下不勤劳。”

明武宗大为光火，此时京中盛传，万岁爷准备惩罚宁王宸濠。宸濠派在京师的侦卒林华连夜赶回南昌报讯。这天六月十三日，刚好宸濠在过生日，席开数十桌，闹得一塌糊涂。

林华报告宸濠之后，宸濠吓得酒也醒了，他支支吾吾道：“快，快请刘先生。”

刘先生是刘养正，他是宸濠的谋士，宸濠一向最信任他。

深夜，宸濠与刘养正在书房内密谈。宸濠把京里的消息告诉刘养正。刘养正沉思片刻，面色凝重地说：“恐怕皇上已起疑心，如果皇上派重

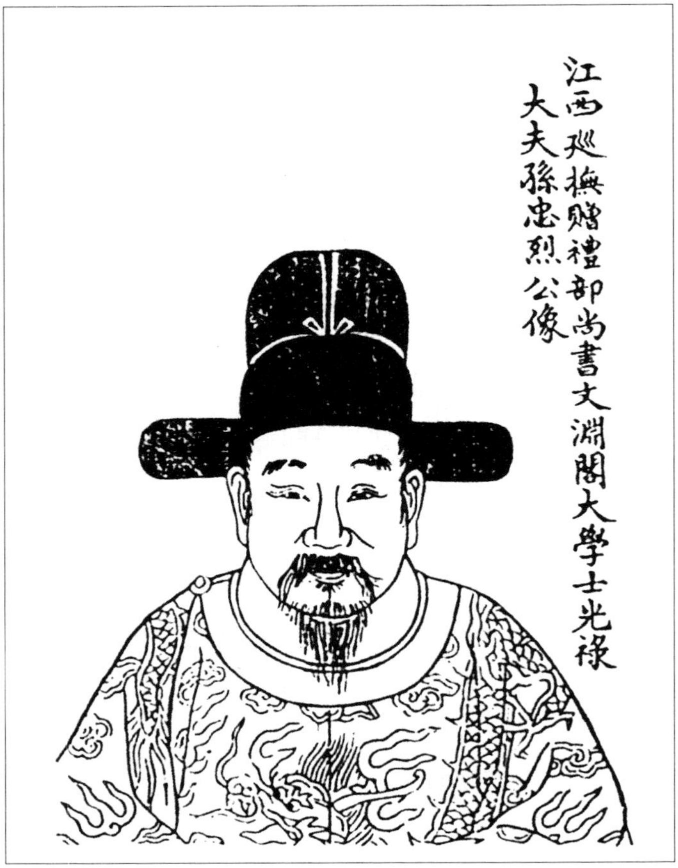

孙燧，选自《余姚孙境宗谱》，清人绘。

臣或心腹前来搜查，那就大事不妙了。如今之计，还是先下手为强，王爷可以先起事，不能坐以待毙。”

“我也害怕皇上派心腹前来。”宸濠点点头道，“不过，事情该如何进行？”

“明天，”刘养正说，“明天，南昌的百官都会前来王府道谢今天王爷的赐宴，利用这个机会宣布起事，把不依附的人统统抓起来。”

“好，就这么办！”宸濠手握拳头，用力一拍桌子，表示起事的决心。

第二天上午，南昌的百官到王府来拜谢王爷的盛宴。当官员都到齐了，孙燧来到大厅，站在大厅廊下与院子里的官员一齐向宸濠行礼致谢。

宸濠一挥手，会场立刻肃静下来，宸濠提高了嗓门说：“有一件惊天动地的大事，各位可曾知道？”

众人的眼光一起射向宸濠，宸濠道：“此乃大义所在，孝宗为太监李广所误，抱民间子为亲生儿子，我明朝列祖列宗不能享用血食，已达十四年之久。如今我奉太后密诏，命我起兵讨贼。”

这是闻所未闻的荒诞说法。大家都晓得宸濠早晚会起兵，却没料到是这样的方式。孙燧心想，该来的总要来的，他虽心系妻儿，尤其是三个聪明优秀人人夸赞的儿子，但是，当他赴南昌上任之时，就已经决定牺牲了。

因此，孙燧不客气地反问：“王爷为何出此言？果真如此，请王爷拿出太后的密诏来。”

宸濠不料孙燧有此一问，他恼羞成怒蛮不讲理道：“你不用多说，我现在赴南京，你来保驾。”

宸濠的狐狸尾巴终于露出来，孙燧大怒，说道：“你是自己找死，天无二日，地无二君，你想，我会跟着你造反吗？”

“快，替我把这个不识好歹的人捉了起来！”宸濠一声令下，孙燧立刻被五花大绑，谢宴的官员个个呆若木鸡，不晓得该如何应付这突发的场面。只有那按察副使许逵（kuí）叫了起来，攘臂向前，对着宸濠抗议：“孙巡抚是天子大臣，王爷怎能够随便侮辱？”

许逵是练过功夫的，三两个人还近不了他身，无奈寡不敌众，一群人蜂拥而上，打断了许逵的手臂，把他与孙燧一块扭了出去，架到惠民门外，砍下了二颗人头祭旗。宸濠就此起兵。

由于江西人民对孙燧十分钦佩，所以，在《明史·忠义传》中有一段记载：孙燧生有异质，两目烁烁，夜间也能炯炯发光，他死的那一天，突然天空阴惨，烈风骤起，城中人大为惊恐，后来发现他二人尸体，上面笼罩一片乌云，仿佛神明在暗中保佑。

许逵一门俊秀

宸濠在王府之中，公然宣布起兵，除了孙燧诘（jié）责之外，只有许逵一人采取行动，其他官员都只有惊愕失色，呆若木鸡。

许逵是正德三年（1508年）进士，允文允武，沉静而有谋略，虽然是文人出身，却会带兵打仗，对付盗贼也有一套。正德十二年（1517年），许逵担任江西副使，与孙燧十分相投，他俩同时收到宸濠送来的“枣、梨、姜、芥”四色礼，却没有接受暗示“早离疆界”。

许逵曾经对孙燧分析：“宁王之所以敢贪暴，主要是靠中央权臣的撑腰；中央权臣之所以一意护着宸濠，还不是贪图重贿；宸濠能够负担重贿，那是因为他养了一批盗贼，今天如果把盗贼翦（jiǎn）除干净，宸濠就不能为患了。”

因此，许逵就毫不客气地捉拿盗贼，宸濠发现他玩真的，自然十分不悦。

当宸濠一派胡言，公开宣称他接到太后密诏，出兵捉拿武宗，因为武宗是民间抱来的假子时，孙燧要求宸濠拿出密诏，宸濠恼羞成怒，下令捆绑孙燧，许逵立即站了出来，用身体护着孙燧，一双怒目狠狠瞪着宸濠。

宸濠被他看得不自在，大声嚷嚷：“你以为我就不敢杀你吗？”

许逵立刻回骂过去：“你能杀我，没错。但是，天子能杀你，你这个造反的贼子，你会被碎尸万段，到那时候，你要后悔就来不及了。”

宸濠简直气坏了，高声呵斥：“快，把许逵绑起来，拖出去，砍他的脖子。”许逵被几个壮汉拖曳出去，脖子上挨了一刀，鲜血直喷，可他就是不下跪，嘴里还骂个不停。众贼全力推许逵，他应声而倒，随即毙命，始终没下跪，死时才只有三十六岁。

原先，许逵刚调到江西不久，他寄了本《文天祥集》给他的好朋友给事中张汉卿。

张汉卿接到集子，十分奇怪，因为这本书他也有啊。张汉卿抖开信封，没有发现任何其他便笺，一页一页翻阅，也不见任何眉批。突然之间，张汉卿有一种不吉祥的预感直上心头，捧着书的手也微微颤抖。他忧形于色地对朋友说：“宸濠必反，许逵莫非是想效法不屈元人的文天祥，也想以死明志吗？”

从此之后，张汉卿心中始终悬着一颗巨石。他也没有去信奉劝许逵，他知道，劝了也是白劝，心中也颇以有如此知己为豪。

当宸濠终于造反，杀了一个御史、一个副使的消息传来，许逵的父亲，立刻换上了早就准备妥当的白衣素服，并且在家中设置灵堂。

邻居觉得好奇怪，跑过来劝阻：“许老伯，现在事情还没有明朗，副使又不止是许逵一人，一省有七八个之多，有兵备副使，有分巡副使，你怎见得一定是令郎遇害？”

许父平静上香，缓缓说道：“没错，既然是副使，一定就是逵儿。”

“这……”邻居安慰许父道，“等到确定不是许逵，咱们再来向你道贺，贺许逵逃过一劫。”

许父摇摇头：“不用了，这是逵儿的心愿，逃也逃不掉。”

邻人走出许宅，都认为许父不可思议，凡事干么尽往坏处想，甚且有人说：“没错，殉国是很光荣，但是，千古艰难唯一死，也不一定就刚好是许副使啊。”

等到噩耗传来，死的果然就是许逵。亲朋好友一齐涌向许宅，许父泪光莹然，他的表情十分复杂，有哀痛，有伤心，有不忍，也有以子为傲的欣慰。

许逵的长子许玚（chàng），一向聪敏好学，最为崇拜父亲，听说了许逵死的经过，既痛恨宸濠的残暴，又心怜父亲死得惨烈，悲伤得不能自已。

到了明世宗嘉靖元年（1522年），为了表彰许逵的忠烈，改赠礼部尚书。六年之后，许逵的儿子许玚因父荫（yìn）得官，有人打趣他“因父死而得官”，许玚悲从中来，嚎啕大哭，把开玩笑的人惊怔得说不出话来。

至于孙燧的后代更了不起，有子三人，人称“三孝子”，孙燧子孙有六人在《明史》中有传，其中一人还当了宰相。中国人常说“忠臣必出于孝子之门”，又说“积善之家，必有余庆”，的确有相当的道理。

王阳明推崇伯夷叔齐

宸濠造反的消息传到京师，朝廷议论纷纷，个个惊慌不已，只有兵部尚书王琼一派镇定，他胸有成竹道："诸君勿忧，我用王伯安守赣（gàn）州，正为今日，没多久，贼旦夕可就擒。"

王琼所说的王伯安，指的是王守仁，也就是大名鼎鼎的王阳明先生，关于王阳明的故事，我们以后会详细从头说起。现在先谈他与宸濠这一段。

王阳明在刘瑾死后，得到兵部尚书王琼的赏识，王琼把王阳明派到赣州（赣州在江西南部），目的就是暗中监视宸濠。事实上，王阳明也早就发现宸濠有造反的野心。

有一回，宸濠邀宴王阳明，并且找了退休的侍郎李士实相陪。酒过三巡之后，宸濠开始数说明武宗的种种不是，讲得愁眉苦脸，仿佛忧国忧民。

李士实旁敲侧击道："莫非世上就没有汤武了吗？"

"汤"是成汤，因为夏桀（jié）无道，成汤推翻夏朝，建立了商朝；"武"则是周武王，推翻商纣（zhòu），建立了周朝。李士实的意思，很明显的是把明武宗比喻为桀、纣，把宸濠比喻为拯救天下苍生百姓的汤、武。

王阳明立刻答以："汤武也还须要有伊吕。"

"伊"是伊尹（yǐn），辅助成汤的贤相；"吕"是吕尚，也就是姜子牙，乃辅助周武王的名臣。王阳明的意思是奉劝宸濠，你身旁既无伊吕之类的贤人，还是乖乖的，别动甚么歪脑筋吧，至于李士实这种三流角色，根本不用看也知道不行。

李士实不服气道：“有汤武就有伊吕。”

王阳明立刻攻回去：“有伊吕就有夷齐。”

“夷”是伯夷，“齐”是叔齐，伯夷、叔齐是商朝时孤竹君的两个儿子。孤竹君老了，想把王位让伯夷继承。可是，等到孤竹君死了，伯夷这个老大认为小弟叔齐比他贤德，因此，想由叔齐继承，叔齐不肯，他说：“父命不可违。”

为了表明决心，叔齐竟然出走。不料，叔齐出走之后，伯夷也逃了，最后，两人让来让去，就由中间的儿子继承王位。大家对于伯夷叔齐互相让贤的作风赞美不已。

后来，周武王起兵伐纣，伯夷叔齐忠于商朝，期期以为不可，所以叩马上谏：“父死不葬，马上动兵，你这样能称孝顺吗？以臣弑君，可谓仁吗？”

此时，周武王左右的人准备把伯夷叔齐捉起来，周武王立刻阻止：“此二人，义人也。”

等到周武王平定了天下，建立了周朝，伯夷叔齐以为，食周粟是件可耻之事，因此，隐居于首阳山，只吃一些叫作“薇”的野草，没多久，兄弟二人在首阳山活活饿死。

在春秋争权夺利的时代里，伯夷叔齐的作风是一股清流，因此，孔老夫子特别推崇这二人，除了颜回之外，就数伯夷叔齐得到孔子的夸赞最多。

例如《论语·公冶长篇》中，孔子说：“伯夷、叔齐二人，不念过去的夙怨，不想报复，于是，人们对他二人的怨恨自然就少了。”

例如《论语》的《述而篇》中，冉有问子贡：“不晓得我们的老师会不会帮助卫君？”

当时孔子正在卫国，卫国父子争夺君位。子贡对冉有说：“我也正好奇，我准备去问一问。”

伯夷、叔齐首阳采薇，宋李唐绘。

但是，子贡又不敢冒冒失失开口，于是旁敲侧击问孔子："伯夷叔齐是甚么人？"

"是古之贤人也。"

"他们殉国让位，后来不晓得会不会后悔。"子贡问。

"怎么会呢？"孔子回答，"他们求仁而得仁，有甚么悔恨的呢？"

子贡出来，对冉有说："老师是绝对不会帮助卫君的。"

另外，《论语·季氏篇》中，孔老夫子也赞扬伯夷叔齐道："齐景公有四千匹马，到他死的时候，人民对他没甚么可称赞的。伯夷叔齐饿死在首阳山，人民到现在仍然赞美不已。"

由于孔老夫子的大力宣传，在读书人心目之中，伯夷叔齐是忠孝德行的化身。

王阳明脱口而出："有伊吕就有夷齐。"言下之意，他就要效法伯夷、叔齐。不过，王阳明是个积极的人，他不会只饿死在首阳山。

在宸濠起事的前一个月，恰好福州兵变，兵部尚书王琼便以此为名，奏准皇帝，下了一道"便宜行事"的敕（chì）书给王阳明，也就是说，他具有调动兵马的权力。现在，宸濠果然造反了，王阳明也有意便宜行事了。

“王失机”与黄石矶

宸濠终于起兵造反。虽然兵部尚书王琼信心满满，不断安慰大家：“尽管放宽心，没多久便有王阳明的捷报传来。”朝廷依然个个惴惴不安，毕竟藩王起事非吉祥事也。

但是，独有一人乐不可支，那人便是正德皇帝。这个明武宗少不更事，他本非骁勇善战之人，却着迷于上战场耍威风，他不是真要打仗，而是想借机会离开京城，到处逛一逛玩一玩。当武宗听到宸濠造反的报告，立刻下令大将军“朱寿”领兵征讨宸濠，“朱寿”就是武宗自己，这一回明武宗为自己定的称号是“奉天征讨威武大将军镇国公”。

正德十四年（1519 年）七月里，明武宗浩浩荡荡出师。武宗亲征有一特色，衣服特别漂亮，旌旗耀日、铠甲鲜明，远远望去，仿佛端午节赛龙舟般光彩耀目。

另一方面，王阳明正积极设法平乱。临江知府戴得孺向王阳明报告：“根据密报，目前宸濠有三策，正在举棋不定。上策是直趋京师，中策是占领南京，下策则是盘踞南昌老巢伺机而动。”

王阳明虽是学问中人，但也是个军事长才。他分析道：“假如用上策，直捣京师，天下不安。如用中策，占据大江南北，同样动摇国本。唯有让他死守南昌，对我大明朝的伤害会减到最小。”

下一步，王阳明就要设法让宸濠愿意待在南昌。王阳明伪造了多起公文，以兵部的名义，命令两广巡抚、南赣巡抚、湖广巡抚分别派遣军队，全力直攻南昌。

此外，王阳明又亲笔写了信给刘养正、李士实，嘉勉他们里应外合，叮嘱他们早日劝宸濠离开南昌，以便活捉宸濠。信写好之后，放入蜡丸之中（古人每每用蜡制成圆形外壳，内放文件，以防泄漏或潮湿）。

王阳明的蜡丸制成后，他用巧妙方法，使之落入宸濠手中，宸濠一看大惊，心想那刘养正、李士实怎么也和王阳明勾结，准备把自己诱出南昌，在半路活捉，这计谋太可怕了。

王阳明，选自《历代名臣像解》。

宸濠正在惊慌之中，半信半疑，心中起伏不定，恰好谋士刘养正进来，宸濠忙把蜡丸藏好，刘养正恳切地对宸濠说："死守南昌不是个办法，应当早日攻取南京。"

宸濠一向对刘养正言听计从，如今却迟疑了。他定定望着刘养正，心中想的却是："假如你背叛我，这张脸装得倒挺像的。"

宸濠由于受到蜡丸书的影响，不敢照刘养正的计谋出兵攻取南京，而选择了暂时留守南昌，王阳明却利用了这个时机，完成了部署。

等到宸濠发现上了大当，怒不可遏，联合浙江镇守太监毕真，扑向安庆。

这时，王阳明已经调集了三十万兵马，问题是，这三十万大军，究竟应该先攻安庆？还是先攻南昌？大部分人主张先攻安庆，因为“南昌必然防守严密，宸濠打安庆，久攻不下，我军北上与守军联合，必胜无疑”。

王阳明的看法不一样，他说：“南昌乃宸濠之根本，如果南昌有警，宸濠必然回师来救。如此，安庆之围可解，我们可在南昌城内以逸待劳。当然，南昌必要一举拿下。”

由于王阳明对南昌内部早已掌握，留守的宸濠军队更没有料到这一着，王阳明又暗中通知南昌城内百姓内应，所以，一个晚上，王阳明就轻而易举光复了南昌，许多城门根本是未战便降。

消息传到安庆城外，宸濠急得一面抓头皮，一面嚷着要回去救南昌，李士实与刘养正异口同声：“反正南昌保不住了，不如留下来专心攻安庆。”

李士实、刘养正讲的是实情，可是宸濠听不进去，南昌是他的老巢，岂可被王阳明夺去？他又想起了王阳明写给李士实、刘养正的信，愈想愈怕，直怀疑莫非他二人果然是内奸，一气之下，调转马头，非全力夺回南昌不可。这一切，全在王阳明意料之中，他早算准了宸濠沉不住气，必然会回攻南昌。

宸濠把大军驻扎在鄱（pó）阳湖畔，准备全力攻南昌，这时，王阳明重用吉安知府伍文定猛烈来袭。

七月二十三日夜里，双方激战，伍文定假装败退。宸濠不知是计，又一心想报仇，穷追不舍，一会儿，伏兵出现，宸濠方寸大乱，一颗心仿佛要跳出口外。

到了黎明，宸濠下令：“退兵，快！”他举目望去，原本风景秀美的渡船口，似乎到处暗藏杀机。

宸濠不悦地问左右：“这个泊舟的地方叫甚么名称？”

“王失机。”

“哈，你竟然敢骂我丧失生机。”宸濠大怒。

“不是，是黄石矶。”

江西土音，王、黄原本难分，宸濠一肚子的气，没地方发泄，这个答话的倒霉人就这么给推出去斩了。此后，宸濠一路败北，终于就擒。

宸濠见到王阳明，依然不在乎道：“此乃我朱家家务。”王阳明冷冷回了一句：“有国法在！”

掉落在卢沟桥的玉簪子

在王阳明的运筹帷幄之下，宸濠之乱不到两个月全部平定，显然王阳明不但是思想家，更是不可多得的军事家。

宸濠就擒之后，骑马入南昌，见王阳明军队严整，敬谨肃穆，还故意装成不在乎的模样说：“这是我们朱家内部的家务事，何劳费心如此？”

造反在古代是最不得了的事，岂是轻轻一句“家务事”可以带过去？王阳明淡淡回答：“有国法在。”

宸濠不死心，继续追问：“王先生，假如我尽削护卫，请降为普通老百姓，可不可以呢？”

王阳明还是那一句话：“有国法在。”

宸濠自知难逃一死，失望地低下头来。

当初，宸濠准备起事造反之时，他的妻子娄妃屡次苦劝，宸濠总是不肯听。如今宸濠沮丧地被关入囚车之时，后悔哭泣道：“昔日，商纣用妇人言而亡天下，我以不用妇人言而亡其国，现在悔恨也来不及了。”

或许正应了曾子那一句话：“人之将死，其言也善。”宸濠死到临头，想起娄妃一次又一次流着眼泪苦劝，他总是粗暴地严厉呵斥，非常后悔，终于良心发现，哀求王阳明道：“娄妃乃贤妃也，自起事开始，她一直苦谏，只是我昏了头没有采纳，后来更投水自尽，希望能够好好埋葬她。”

王阳明当场答应了宸濠的请求。

王阳明派了一个使者前往，果然自水中打捞出来娄妃的尸体。她因为惧怕被人侮辱，全身且缠满了绳子。王阳明不禁赞佩道：“不愧是娄谅之女，家教谨严。”

接着，王阳明搜出了许多宸濠贿赂官员的证据，如果把这些信件全部上报，必兴大狱，造成朝廷不安。因此，王阳明很果断地一把火把信件烧个精光，若是换个心机深的小人，手中捏着证据，必可以好好敲诈一番。

当然，在这其中，特别案情重大的，自不可逍遥法外，例如小宁儿钱宁。钱宁不但后来被处死，并且被抄家，共得玉带二千五百条，黄金十余万两，白金三千箱，还有胡椒数千石，胡椒进口自南洋，在当时可相当的名贵。

王阳明平乱之后，曾经立刻上奏给明武宗，并且劝谏武宗切莫再亲征，他的理由十分婉转：“御驾亲征，万一沿途埋伏有奸党，效法荆轲刺秦王之谋，将会造成不可挽回的遗憾。”

明武宗接到捷报，只觉扫兴，决定不对外宣布，继续亲征大计。当一群人浩浩荡荡经过卢沟桥，明武宗突然之间大惊失色道：“不得了，不得了！”

正德皇帝一向吊儿郎当，天塌下来也不管，现在突然大呼小叫，究竟发生了甚么紧急事件？大家都非常讶异。

“糟了，刘美人的玉簪不见了。”武宗正色道。

原来是这么一回事，众人放宽了心，有人随口道：“掉了就掉了，再送她一支就是了。”

“不成！”武宗呼道，“这是我和刘美人之间的信物，丢了可不成，快快快，一定是掉在卢沟桥上，大家分批去找。”

一听此话，个个心都凉了。这该如何找法？没可奈何，只好派人跪在桥上，展开地毯式的搜索工作。

按卢沟桥位于北京市西南，跨永定河（又名卢沟河）上，初建于金章宗大定二十九年（1189 年），金章宗明昌三年（1192 年）完成，长二百余米，由十一孔石拱组成，桥旁石栏上精刻四百八十五头石狮子，姿态各异、生动雄伟，是京师交通要道，“卢沟晓月”为燕京八景之一。

然而大批人马，从早到晚，趴在桥上找寻玉簪，这简直是大海捞针，况且玉簪怕早落入河中。再说十几万军队呼啸而过之地，怎可能找到一根小小玉簪？

到了天黑，实在寻不着，太监只好硬着头皮向皇上回报：“到处都找遍了，就是没有。”

“那么，”明武宗下令，“明天再找。”

这一回，大家都明了了武宗的决心，硬是一寸一寸从头到尾，仔仔细细寻寻觅觅，不过，终究还是徒劳无功。

卢沟晓月，清张若澄绘。

如此这般，一连找了好多天，还是找不着，最后，明武宗自己不耐烦，只好继续前进。

到了临清，明武宗又非常想念刘美人，派人去迎接。

刘美人娇声询问："信物呢？"

使者不知此事，呆若木鸡。

刘美人一扭腰肢，气鼓鼓道："说好要拿信物来的，既然这样，我就不去了。"说着，刘美人还用力跺了跺脚。

使者愣住了，惊讶道："这……这是违抗圣旨。"

刘美人双手叉腰，摆出茶壶姿态："违抗又如何？"

刘美人终究没随着使者前去。

黑老婆殿的刘美人

明武宗号称亲征宸濠，大军初发，在卢沟桥上遗失了刘美人的一根玉簪子，这是武宗与刘美人之间的信物，武宗命大军搜寻数天，大海捞针寻不着，只好失望地继续前进。

留在通州的刘美人，果然也真是任性，没见到玉簪子，说甚么也不肯前来，明武宗索性自己骑了马去接美人。

根据《明通鉴》正德十四年（1519 年）九月戊戌的记载："姬以没有信物，不肯前往。于是皇上自临清北行，乘单船趁夜赶到张家湾，载得刘美人俱南下。"

堂堂皇帝，放着十多万大军置之不理，眼巴巴去追刘美人，这刘美人究竟是何方神圣，能让在女人堆中打滚的明武宗这般迷恋？

原来，正德十三年（1518 年），明武宗在太原时，曾经欣赏过一场歌舞表演，其中有一名歌妓，模样漂亮，歌声婉转，而且一双俏眼睛，瞟过来又瞟过去，直盯着武宗笑，武宗最喜欢这种诱人风情，当下就被吸引住了。

表演节目未完，明武宗已经急着打听："那一位漂亮的黑美人是谁？"

这位黑美人是晋王府中乐工杨腾的妻子。照理说，已婚妇人岂可入宫，但是，武宗向来不管这一套。这位皮肤奇黑，作风泼辣的美人儿，也乐得甩下没出息的丈夫，开开心心挽着明武宗回到京师。

武宗虽然爱胡闹，宫里到底有宫里的规矩，美人儿再美，到底是结过婚的，不能册封。武宗不在乎，唤她为刘美人，他说："美人一来是第四等宫眷名称，二来朕觉得你这么美，最适合美人的名称。"

刘美人媚眼一抛，用手指指着武宗的脑门："你这个人，最爱乱说话。"

刘美人被安置在豹房旁边腾禧（xǐ）殿，成为武宗的新宠。由于她长得黑，即使用厚厚的白粉涂了又涂，仍然黑得发亮，再加上她不是正式册封，所以，有好事者戏称腾禧殿为"黑老婆殿"。

这个黑老婆，出身歌妓，毫无教养，甚么粗话脏话都朗朗上口，当着臣子的面，都会挨上前去与武宗亲热，甚且一屁股坐在武宗身上撒娇。武宗向来讨厌规矩，对刘美人这鄙俗的新鲜着迷万分，经常两个人公开表演搂搂抱抱，将肉麻当成有趣，其大胆的程度，真让宫中人开了眼界。

刘美人是个厉害角色，她晓得自己出身低没身份，必须使些手腕才能确定地位。

没多久，机会来了，有个小宫女犯了错，武宗正在气头上，小宫女哭着向刘美人求救："请刘娘娘帮帮忙，万岁爷一定息怒。"

刘美人原是个黑市美人，被宫女一下子抬成了娘娘，心中欣喜不在话下，她笃定地回答："没问题，包在我身上。"

到了晚上，刘美人向武宗求情，武宗先是不肯。刘美人突然变了脸，用高八度的声音回过去："你让我没面子，我也不理你了。"说着，头一扭，自顾自走了！

想武宗自幼被捧在手中，从来还没有谁对他大声讲话，因此一下子呆住了，又怕美人万一不理他怎么办，忙不迭哀哀求饶，刘美人这才回嗔（chēn）转喜，用尖尖的长指甲，狠狠戳着武宗的眉心，半带威胁："看你以后还敢不敢。"

武宗的眉心被刺得好痛，这也是他这辈子没尝过的滋味，他并不喜欢被呵斥被责罚，但是因为缺乏被凶的经验，刘美人一发威，他就不由自主完全投降了。

江彬之流发现这种状况，立刻改口唤刘美人为刘娘娘，刘娘娘喊喊就罢了，江彬竟然自称为儿子，刘美人当然更乐了。

花蝶纹金簪图，北京定陵出土。

当武宗不在的时候，刘美人与“儿子”江彬打打闹闹，眉来眼去，她出身歌妓，惯常打情骂俏，江彬人又魁伟，刘美人喜欢贴着江彬的脸说悄悄话，江彬先是不敢吃娘娘的豆腐，后来发现刘美人喜欢投怀送抱，也就不吃白不吃了。

宸濠作乱，武宗决定亲征，又割舍不下刘美人在宫中，于是，武宗想了一个办法，他准备把刘美人安置在通州，然后再接到军队里，免得携美出征，大臣们又噜噜苏苏。

临行之前，刘美人拔下头上的玉簪，亲手藏入武宗的内衣里，娇声娇气道:“这是你我之间的信物，可别弄丢了啊。”

武宗仿佛尝到了小儿女私订终身的甜蜜，觉得十分新鲜。不过，等到快马加鞭一上路，却把玉簪忘得一干二净。因此，当武宗发现之时，急得满头大汗，逼得大军非在卢沟桥找到信物不可。

后来，玉簪找不着，太监去接刘美人，美人硬是不肯动身，太监恨得牙痒痒的，他心想，摆甚么臭架子，又不是真娘娘，气得就想甩刘美人两个巴掌。

但是，武宗就是吃刘美人这一套。为了弥补过失，备了一条小舟就亲自去接美人，除了随身侍从，内外官员一概不知，在中国历史上，如此勇于闯荡江湖的皇帝也是少见。

王阳明巧遇张永

明武宗遗失了刘美人的玉簪，这是他俩之间的信物，因此，武宗撇下军队，乘了一艘小船，赶到通州，把美人接上船。

刘美人好乐，皇帝果然乖乖就范。但是，她还是要故意大发娇嗔，用力掐着武宗的手臂："万岁爷怎么把信物真的弄丢了？"

明武宗一面嗯嗯啊啊应着，眼睛却盯着对面官船上一瞥而过的倩影。他高声大叫："快，快让官船停下来。"

对面官船上原来是湖广布政司参议林文缵（zuǎn），他发现当今天子竟然在对面小舟上，吓得在船头就跪下了。

明武宗问："方才朕看见一位美女在船头出现。"

"噢，"林文缵不敢隐瞒，"那是臣新娶的小妾。"

明武宗兴趣来了："把她叫出来给朕瞧一瞧。"

林文缵知道武宗是个花花皇帝，可是他也不敢不把小妾唤出。这小妾一副小家碧玉模样，清清秀秀，含羞带怯，十分生嫩，与刘美人的成熟艳丽大不相同，各有各的特色。武宗愈看愈喜欢，当下便对林文缵说："你这个小妾朕要了。"

林文缵好生不舍，直懊恼运气不佳，早知如此一定把小妾藏在船舱里，不让她出来露面的。事已至此，没有二话，只得把小妾送到明武宗的小舟上。

刘美人正在得意，不料自天而降一个情敌，醋意大发，气得哇啦哇啦乱叫。不过，明武宗不予以理会，到底他是皇帝，到底一切由他做主。

明武宗带着刘美人，以及新抢到手的小妾回到了临清。过了没两天，觉得一切索然无味。他是皇帝，要甚么就有甚么，正因为如此，所有一切都不珍惜，既然不珍惜，得来容易，也就不容易带来快乐与满足。

武宗无聊地走过来逛过去，没精打采，呵欠连连，他把这一切全都怪到王阳明身上去，大老远跑来亲征，结果王阳明已经把宸濠给俘虏了，扫兴之至。

明武宗踢着石头生闷气："从京师出征，就是要去活捉一个俘虏，那才好玩。"

江彬立刻顺着武宗的话："这才能显现大将军神威。"武宗欢喜人们称他为大将军。

江彬眼珠子一转，突然兴奋莫名："不如命令王阳明，把宸濠放回鄱阳湖。"

这种荒唐可笑的主意，亏得江彬想得出来，但是，明武宗认为这个主意挺不错的，于是下令张忠、许泰率领禁军前往江西，以大将军的"钧帖"通知王阳明，把宸濠放回鄱阳湖，静候皇帝亲征。

尽管王阳明是个修养深厚的思想家，听到如此荒诞的消息也不免气得胃痛，当今天子显然完完全全不以天下百姓为念，他说得轻松，先放了再捉嘛，这放虎归山，未必能够再捉得回来，更何况如此一来，又有多少苍生受罪。

王阳明决定，他不能接受如此荒唐的命令。于是，他带着宸濠，取道浙江，转往南京，在南京巧遇明武宗派来的先遣部队统领——太监张永。张永也就是当年与杨一清合谋除掉刘瑾的人。

王阳明认为，张永是个有良心的太监，因此诚恳地请求张永："张公公，江西的百姓全靠你了。"

"哪儿的百姓都苦。"张永叹一口气。

“假如放出宸濠，百姓活不下去，只好逃到深山作乱，天下从此不宁，再说放虎易擒虎难啊。”王阳明十分恳切地分析道，并且表示，“公公中流砥柱，人所钦佩。”

张永摇摇头：“王先生过奖了，张忠、许泰不到南昌一行，恐怕是不可能啊。”

王阳明也了解，南昌再次浩劫是免不了的。“不过，”王阳明试探道，“那么，宸濠可否交给公公，我这就赶回南昌。”

“这……”张永迟疑了，转念一想，王阳明把如此重要人犯交到自己手中，可见得王阳明对自己的信任。

张永与王阳明素昧平生，初次相见，王阳明如此推心置腹，张永不得不打心里感动，也挑起了心中一股正义之气，他很够意思地一拍胸脯：“好，我就答应王先生。”

就这样，王阳明把宸濠交给了张永，为国家免去一场大灾难，却也为自己带来了另一场危机。

小哑巴变小神童

王阳明平了宸濠之乱，明武宗非但不高兴，反而嫌王阳明坏了他御驾亲征的好兴致，命令王阳明把宸濠给放了。王阳明思前想后，不能放虎归山，因此，把宸濠交给了有良心的太监张永，让张永去处理。

王阳明深知，明武宗身边有一批小人，怂恿武宗亲抓宸濠，抓不抓得到没有关系，他们小人可以趁火打劫，在旁边捞一些好处。王阳明忤背皇上的意思，又得罪了皇上身边的权臣太监，前程坎坷不在话下，王阳明清清楚楚知道自己在做甚么，他也坦坦然然接受未来的灾难。

自小，王阳明就是胸怀大志、不同流俗的人。

王阳明是明朝了不起的思想家、军事家、教育家，立德、立功又立言，台湾的草山改名为阳明山，目的就是纪念王阳明。

王阳明，名守仁，字伯安，因为他曾经在浙江四明山的阳明洞筑室读书，自号为“阳明子”，所以世人尊称为阳明先生，他生于明宪宗成化八年（1472年），浙江余姚人。

王阳明的诞生，有一段奇异的传说：据说王阳明的母亲郑氏怀胎十个月，迟迟未临盆，家中都很着急，恐怕会难产。郑氏一直拖，拖到了十四个月，有一天晚上，王阳明的祖母做了个奇特的梦：一片雾茫茫的云海，忽然响起了冬冬的击鼓声，接着，云端走下了一位身穿红衣、白发苍苍的老神仙，神仙手中抱着白白胖胖的小男婴。

王阳明的祖母吓得一下惊醒过来，正准备把梦讲给身旁的祖父听，突然之间，小婴儿的哭声划破了黎明的清静，祖母不禁大呼："天啊！这是神仙交来的男婴啊！"

王阳明的祖父竹轩公赶过去一看，原来是媳妇生了一个小男孩，由于时间太凑巧，家中上上下下都深信，这个小男孩定是神仙送来的圣婴，不可以等闲视之。

竹轩公本名王天叙，他的先人是晋代光禄大夫王贤，晋元帝时的名相王导、大将军王敦都是王贤的孙子，大书法家王羲之则是王贤的曾孙。所谓"旧时王谢堂前燕，飞入寻常百姓家"。王谢两家，在晋朝可是响叮当的世家大族。以后，王家在仕途上虽然没落，却仍然是书香门第，在社会上享有清望。

竹轩公性情淡泊，最崇拜陶渊明，向往云淡风清、潇洒自然的人生观。他对这个新生的小孙子非常疼爱，取名为王云，纪念他是自云端神仙手中交付的婴儿，并且把小婴儿降生的楼命名为"瑞云楼"，竹轩公还亲自用漂亮的书法写了一个匾额，把"瑞云楼"三个字挂在门楣上面。

乡里好事之徒，经过"瑞云楼"，少不得指指点点，叙述一遍这一段奇异的神话。

小婴儿慢慢长大了，生得眉清目秀，非常可爱，非常乖巧。可是，说来也奇怪，他一张小嘴始终闭得紧紧的，通常小婴儿长到两三岁，开始牙牙学语，可是王阳明就是不开口。

王阳明的母亲郑氏十分着急，担心他是哑巴。竹轩公说："不会的，你们瞧小家伙一脸聪明模样，不可能不会讲话的。"竹轩公继续教王阳明说话，不过，始终没有任何效果。

王阳明长到五岁都没有开口讲话，所以大家都认为他是个小哑巴。

有一天，王阳明与一群小朋友在门前嬉戏，突然来了一个和尚。和尚见到王阳明，竟然呆住了，他问王阳明："小朋友，你叫甚么名字？"

王阳明依然不开口。

旁边的小朋友说："他叫王云，他不会讲话。"

和尚走过来，摸摸王阳明的头，"唉"地叹了一声："好一个小孩儿，可惜被说破了。"说完，和尚就走了。

竹轩公一听，仿佛当头棒喝："莫不是不该说出云儿来自云端？"于是，竹轩公当下把王云改名为王守仁。

说也奇怪，第二天，王阳明开始讲话，他不但会讲一般用语，竟然还朗声背诵："归去来兮，田园将芜，胡不归。"把家人都吓坏了，真是不鸣则已，一鸣惊人。

竹轩公又惊又喜："这是陶渊明的《归去来辞》，谁教你的？"

王阳明回答："咦，这不是爷爷你常常念的吗？"

竹轩公更讶异了："你都记住了？"

"对啊，爷爷读时，我就默默记着了。"

原来，竹轩公常把小王阳明抱在膝上，自己捧着一本书在念，不想这个小哑巴，居然是个小神童，竹轩公乐坏了，抱着王阳明的小脸猛亲，王阳明怕痒，一直在躲闪，大伙全笑开了。

王阳明扮小将军

王阳明出生以后，一直到五岁大，还不曾开口说话，家人都担心他是个小哑巴。不料，王阳明的祖父竹轩公将他改名为守仁之后，他不但能说会讲，甚且能够背诵祖父平日朗读的诗书，实为不可多得的小神童。

竹轩公常常拉着王阳明的小手，走到“瑞云楼”下面，对他叮咛：“你可是神仙从云里交给王家的小孩儿，你的命与一般人不一样喔。”

“是的。”王阳明点点头。从他还被人误以为是小哑巴的时候，他已经听了太多大人重复这一段奇事，因此，他自幼期许，长大以后一定要做番不寻常的事业。

竹轩公也认为，他不能辜负神仙的美意，所以，他不是含饴弄孙，而是非常认真地教导王阳明。王阳明极有慧根，祖孙二人一个教一个学，忙得不亦乐乎。

王阳明十一岁那一年，因为父亲王华在京师做官，把祖孙二人接过去，祖孙二人便开开心心上路了，经过镇江金山寺，竹轩公与路人对饮赋诗，竹轩公兴致极高，朋友便以金山寺为题吟了一首诗，请竹轩公和诗，竹轩公一时之间和不出来，正在皱眉苦思，小阳明一旁看了着急，竟然脱口而出：

金山一点大如拳，打破维阳水底天。
醉绮妙高台上月，玉箫吹彻洞龙眠。

中国人一向认为，小孩子有耳无嘴，事实上，王阳明这个小朋友原本也是静静地、乖乖地在一旁吃饭，谁也料不到他会突然开口作诗，吓得大家都停下了筷子，狐疑地望着他，其中有一位客人用力拍了一下脑袋，用不敢置信的口吻说："各位，我是不是多喝了酒，我怎么看到这个小孩对诗?"

竹轩公这下可露了脸，他摸摸王阳明的头道："没错，我的乖孙可解了爷爷的围了。"

旁边另一位大胡子用权威的口吻道："没甚么奇怪，不过是小朋友随便背了一首过去人家教他的诗，他才……"说着大胡子回头问王阳明："你几岁？"

"十一岁。"

大胡子笑道："我都五十一岁了，我都不会作诗，假如他行，就再来一首吧。"

"对，对！"众人七嘴八舌，非要王阳明出丑不可。

大胡子做主道："为了避免他又背诗，咱们不妨就以寺中的'蔽月山房'为题，各位看如何？"

这时，附近的人都围拢过来，看王阳明究竟有无能耐。王阳明闭起眼睛，稍稍沉思，立刻朗声道：

山近月远觉月小，便道此山大于月。
若人有眼大如天，还见山小月更阔。

王阳明的反应是如此迅捷，这首诗的境界是如此辽阔，众人皆目瞪口呆，不敢相信自己的眼睛，纷纷报以最响亮的掌声，并且竖起大拇指道："真是不简单啊，小娃儿长大必成大器。"

竹轩公听了是心花怒放，但是，他也立刻板着脸提醒王阳明："小时了了，大未必佳；为学读书，最怕骄傲。"

祖孙二人有说有笑到达了京师，王阳明正式入私塾读书，私塾老师是

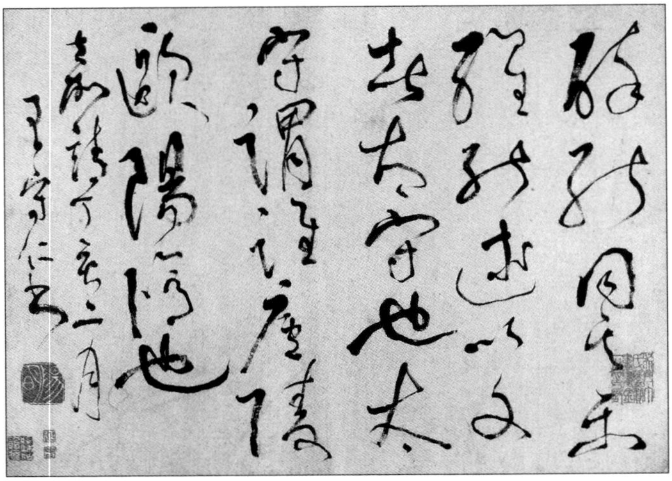
王阳明书法。

一位冬烘（hōng）先生，拿着一把戒尺，摇头晃脑在念："人之初，性本善……"

这些课文，王阳明老早念过了，读得实在没有意思。于是，他常趁着老师不注意，偷偷溜出去玩耍。

王阳明最喜欢扮将军，他找来许多五彩色纸，剪成大大小小的旗帜，上面插一根竹竿，交给街上的小朋友高举，这些都是他手下的部队。

然后，他再剪了一张最大的旗帜，上面写一个大大的"王"字，代表是王将军率的王家军。王阳明手舞大旗，发号施令，其他小朋友跟着左旋右转，前进后退，不时还假想敌军前来攻击，我方如何接应，忙得是煞有介事。

王阳明很有领导才能，他登高一呼，说也奇怪，小朋友就自动跟着他，即使是比他大的孩子，也乐于接受王阳明的统帅。王阳明对于孩子们的争执，也有一套排难解纷的办法，是个颇能服众的孩子王。

有一天，他又在指挥阵仗，突然，老师出现了，怒不可遏问他："你们家世代显达，难道你不希望成就天下第一等事？"

"甚么是天下第一等事？"王阳明不解地问老师。

老师立刻俗不可耐地回答："咦，就是读好书考状元，和你父亲一样嘛。"

王阳明不以为然地哼了哼鼻子："不对吧，考状元怎会是天下第一等事？学做圣贤才是天下第一等事。"

这一年，王阳明只有十二岁，他已经立志要做天下第一等事了。

中国历史故事

珍藏版

吴姐姐◎著

14

明

1368—1644 年

江西教育出版社
JIANGXI EDUCATION PUBLISHING HOUSE
·南昌·

唐寅（1470—1523年），选自《历代名臣像解》。字伯虎，江苏苏州人，自幼聪明，名闻乡里，十六岁秀才试第一名，二十九岁高中南京乡试解元，称“江南第一才子”。唐寅才气逼人，但性情张扬，口无遮拦，为士子所嫉，科考时，因主考官构陷，身陷冤狱，从此功名断绝。四十五岁时，为宁王朱宸濠罗致，窥破宁王反心后，装疯露丑才逃离虎口，五十四岁时，郁愤而终。唐寅才华横溢，诗文名显当世，与祝允明、文徵明、徐祯卿并称“江南四才子”；画名更著，与沈周、文徵明、仇英并称“明代四大画家”；堪称诗画双绝，是中国人心目当中极有名的风流才子。

——见《唐伯虎的冤狱》

文徵明（1470—1559年），选自《历代名臣像解》。江苏苏州人，出身世家，是唐寅好友，自幼老实木讷，父亲文林却以为："这孩子必大器晚成。"后来文徵明果然与唐寅一样负有才名，画名居"明代四大画家"之冠。文徵明科场却屡试不利，竟然九次落第，从此绝意科举。之后有短暂的翰林院待诏生涯，随即返归苏州，潜心诗画，不再求仕进，年近九十岁时，"端坐而逝"。文徵明诗文书画均有盛名，人称"四绝"全才，性情豁达开朗，重真才实学，停止科考后，反而更加用功，虽然两袖清风，却是一生快乐逍遥，不似唐寅半生苦闷。

——见《文徵明情深义重》

稻畦、竹田，明沈周绘。沈周（1427—1509 年），字启南，江苏苏州人，山水画圣手，和文徵明、唐寅、仇英并称“明代四大画家”。沈周性宽厚，有涵养，苏州知府新修郡院，误将他以工匠身份为郡院绘壁画，沈周也心平气和前往；沈周负有盛名，常常一大早，远来求画的船只，已然塞满苏州河，但即使是农夫小贩向他索求，他也大方之至，对模仿自己的画牟利的画师也是一概宽容。沈周是文徵明之师，对唐寅画风影响甚深，史传他“风神散朗，骨格清古，碧睛飘须，俨如神仙”。他的山水画，后人形容：墙上挂有沈周的山水，室内仿佛生出云雾，山川河流俨然在桌面上一般。

——见《沈周画墙壁》

黄山，刘海粟绘。黄山为中国一大奇山，灵秀脱俗冠绝天下，徐霞客曾云：『五岳归来不看山，黄山归来不看岳。』在中国人心目当中，黄山之美兼有泰山之雄伟、华山之险峭、衡山之烟云、庐山之飞瀑、峨眉之清秀，以奇松、怪石、云海、温泉四绝闻名于世，是中国的骄傲。黄山是唐寅科场案后壮游之地，和许多中国画家一样，唐寅自黄山获得了美的启示和心灵的解脱。

——见《唐伯虎徜徉黄山美景》

黛玉葬花，清费丹旭绘，北京故宫博物院藏。唐伯虎性情激烈，多愁善感，一天与朋友饮酒赏花，春雨不期而至，他见春花在雨中飘零，突然痛哭失声，一边哭，一边把花瓣一一捡起，小心翼翼装入锦囊之中，埋于土坑，又赋《花下酌酒歌》，歌中哀叹："花前人是去年身，去年人比今年老。"红学家俞平伯考证，曹雪芹从唐伯虎葬花当中得到灵感，安排了《红楼梦》中极重要一折——黛玉葬花，黛玉手握花锄，将一囊残红埋于坑中，一边低吟："试看春残花渐落，便是红颜老死时，一朝春尽红颜老，花落人亡两不知！"

——见《唐伯虎含泪葬花》

秋香三笑惊艳，朱梅邨绘。唐寅一生坎坷，但他生前才名动于天下，人们感喟他的才华风流，于是编织故事，将众多美好命运加在他身上，这些故事影响极广，以致后世真有以为唐寅多才多金，一生美满的。其中以“三笑姻缘”流传最广，故事当中唐寅年轻多才，偶见华太师家侍女秋香，惊艳莫名，遂卖身入华府当下人，最终得偿所愿。图为唐寅见到秋香后，雇舟尾随华府大船，一边高唱“秋香山歌”，秋香出船舱倒水，听到这勾人心弦的山歌，见到这般风流美少年，不禁芳心可可，慌乱中将水倒在唐寅身上，唐寅贪看秋香，全然未觉。

——见《九秋香满镜台前》

目　录

六岁小圣人的机智

明宪宗成化十八年（1482 年），王阳明十一岁，因为父亲王华在京师做官，迎养祖父竹轩公，于是祖孙二人相偕（xié）前往。

王阳明自小立志为圣贤，他的父亲王华小时候也是如此，下面是王华小时候的故事。

王华在六岁的时候，有一天，到家里附近的一条小河旁玩耍，他看到一个人手里提着一个布袋来到河边，在河岸上坐了下来，脱了鞋子洗脚。

这个陌生人满身酒臭，走起路来摇摇晃晃，显然是喝醉了。洗完了脚，陌生人穿好鞋子，拖着不稳的步伐，慢慢走远了，但是，那布袋依旧留在岸边。

王华心想，这布袋一定是陌生人丢弃的废弃物。等到陌生人走远了，王华忽然心生好奇，想看一看究竟是什么东西。于是，他走上前，把布袋打开，王华吓一大跳，布袋里竟然是十几两银子。

“那个人一定是喝醉了酒，洗完了脚便忘记把银子带走，他清醒以后，一定会回来找银子的。我该守在这里等他。”王华心里想着，但是，眼珠一转，发觉不对：“如果有别人经过这里，他要是来抢，我年纪小，个子矮，一定挡不住他，我不如把这布袋丢到水中，别人就不会看到，银子很重，也不会被水冲走，这样比较安全。”于是，王华捡起布袋，扔到小河里。

过了许久，那个陌生人慌慌张张跑了回来，见到王华，紧张地问：“小弟弟，你看到一个蓝布袋吗？”

“你洗完脚，就把布袋忘记在河边了，我把布袋沉到河里，你赶快去捡回来吧，喏，你看，就在那里。”王华指着河里，这河的水很浅很清澈，蓝色布袋很清楚地沉在河底。

那个陌生人赶快跨入小河，河水只到达膝盖，他轻易就把布袋捞了起来。

回到岸上，陌生人打开布袋，数了一数，发现银子丝毫未少，高兴得掉下了眼泪，拿出一锭银子送给王华，道：“小弟弟，真是感激你，这锭银子送给你，代表我的谢意。”

“我不能收。”王华摇摇手，“一袋银子我都不要，我怎会要你一锭银子？”

“小弟弟，你住在哪里，可不可以带我到你家？”那个陌生人收回银子，激动地拉着王华的手。

“我家就在那边，我带你去。”王华点点头。

到了王华的家，陌生人见到王华的母亲岑（cén）夫人，把事情的经过告诉岑夫人，并且再三拜谢。

从此，王华拾金不昧的事传遍乡里，王华成了乡亲口中机智的小圣人。

小圣人读书一向是最用功的，这可以从下列的一个故事之中看出来。

古代农村生活平静单调，最热闹的时候大概是春节过后的迎春会了。因此到了迎春会来临之际，人人都急着赶去看热闹。其中舞龙舞狮、唱野台戏、打拳卖艺等等，尤其受到欢迎。有时纵使节目不够精彩，对于辛辛苦苦在农田里耕作了一年的农人而言，也有莫大的吸引力。

当然，最开心的，要算是孩子了，他们可以抛开书本，跟在大人后头去凑热闹。

奇怪的是，尽管大伙儿都疯狂地挤向迎春会，王华却始终不为所动，安安静静坐在书桌前，这个十岁的小孩竟如老僧入定般沉着。

王华的母亲岑夫人爱怜道：“华儿，你也该休息一下，去看看热闹吧！”

王华不为所动道：“看迎春会哪儿比得上看书。”

迎春会，近人黄瑞鹄绘。

岑夫人先是一愣，接着笑道：“对，我儿子说得对。”做母亲的见儿子如此用功，既高兴又不免心疼。

十一岁那一年，王华拜浙江省余姚县的钱希宠先生为师，开始先学对联。王华悟性极高，又读过不少诗书，所以，反应特别敏捷。没过多久，老师才作了上联，王华立刻接口下联。

学完对联，王华接着学习写诗、写文章，每一样王华都极有兴趣，在他眼中，读书远比游戏有意思，因此，他成绩优异，把同学远远抛在后头，钱老师也叹息道：“我看，到了年底，我也没有多少东西好教王华了。”

有一天，余姚知县突然前来钱老师的私塾，小地方来了一个大人物，学生们都抛开了书本，簇拥到客厅去看知县大人。大家看到知县老爷一身官服，身旁跟着几个衙役，那副威风的神情，真是又好奇又羡慕。只有王华依然坐在书桌之前，继续高声朗读，仿佛不知道这件事一般。

钱老师送走了县太爷，回到教室，发现大伙儿全在七嘴八舌谈论县太爷有多么威风，只有王华依旧端坐书桌，便走了过去，笑着对王华说：“王华啊，就只有你一个人没到前面去，如果县太爷见到你，责备你这个小孩态度傲慢，你该怎么办？”

王华没被吓着，他平静地回答道：“县太爷也是人，两个眼睛一个鼻子，有什么好看？我正在读圣贤书，他没有什么理由可以责备我。”

钱老师不禁大为叹服。

龙泉山寺遇鬼记

王阳明自小立志为圣贤，王阳明的父亲王华也是如此。

王华十四岁那一年，由于龙泉山环境清幽，是个极好的自修场所，因此王华搬到龙泉山寺中读书。县城里有几个年龄比较大的孩子也不约而同搬入寺中。

这几个大孩子全是富家公子哥儿，到了庙里，经常欺负和尚，和尚很生气，正色对少年们说："各位小施主，本寺晚间经常有怪事发生，各位还是回家读书吧。"

"你是说有鬼？"一个少年尖声叫开来，"我们不怕鬼，倒想与鬼比一比谁的本事大。"

"阿弥陀佛。"和尚双手合十，低着头走开了。

这天晚上，少年们住的房间果然出事了，房里先是传来低沉的哭泣声，接着是刺耳的狂笑声。

"好像是女鬼。"一个瘦干的少年说。

"女鬼，太好了，我们去找女鬼。"一个高大的少年兴奋地说。忽然他尖叫起来："咦，怎么有水滴到我的脖子上，外头又没有下雨。"

"我看看。"另一个少年跑过来，用发抖的声音说，"不是水，是红色的血……"

"哇，可怕！"高大的少年一摸脖子，弄得一身红，吓得全身发抖。

突然之间，一阵强风吹进屋内，桌上的油灯被吹熄了，室内一片漆黑。

“哎呀，太恐怖了，一定是女鬼进入房间，我们赶快到屋外去。”不知是谁惊慌地大叫。

于是，几个少年又推又挤逃出了屋子。一到屋外，一片片小石子如雨点般自天而降，几个少年被打得头破血流，大叫救命。原来这都是和尚们的驱客之道。

第二天大清早，几个少年便急忙奔出龙泉山寺，剩下王华一个人仍然留在寺里。

半夜，一个小和尚爬上王华房间的屋顶，看到王华在灯下用功，便装出“呜……”的怪声，叫了半天，不见王华有所反应，只好停止。

第二天晚上，又有几个小和尚爬上了屋顶，不但装鬼叫，还用手扒开屋顶的瓦片，让瓦片掉落房内，发出可怕的声响，然而，王华依然端坐书桌前专心朗读，好像没有听见任何声响。

第三天夜晚，小和尚们决定变一变花样，等到王华睡着了，再悄悄钻到王华的床下，摇晃着床铺，奇怪的是，王华似乎没有感觉，依然熟睡。

第四天夜晚，雷电交加，风雨大作，王华照例坐在房间里，几个小和尚溜到窗户下，用力摇晃木窗，不时还装出狰狞的野狼嗥声。

“我手都摇酸了，王华怎么一点儿反应也没有？”一个小和尚悄悄说。

“可不是吗？我装狼叫，喉咙都叫痛了，王华都不怕。”另一个小和尚说，“算了，我们走吧。”

“慢一点，我蒙一条白布去吓一吓王华。”另一个小胖和尚说，他拿来一块白布，连头带身体包了起来，然后推开王华的房门。

“咿——呀——”房门的声音好难听，在深夜里特别显得可怕，一个白色的影子在门口晃动着。

王华瞄了房门一眼，嘴角微微一笑，目光又回到书本里。

白影在门口晃了一下就消失了。

“你回来了，扮鬼吓到王华没有？”几个小和尚问。

那个扮鬼的小和尚把白布脱下来，不断摇头道：“没吓到王华，我自己反而害怕起来，要是真的有鬼附到我身上，那该怎么办？我一边念佛，一边就跑回来了。”

如此这般折腾了一个多月，鬼戏夜夜上演，王华却神色自若，小和尚反而疲惫不堪。于是，小和尚们一起开会决议作罢，停止装鬼的游戏。但是大家想不通，为什么王华不怕鬼呢？于是大家决定一块儿前去问个明白。

王华，选自《三才图会》。

小和尚们到了王华的房间，看到他正在整理被褥，便开口问道：“你起床很早啊，这些时日以来，我们庙里不断闹鬼，难道你不怕吗？”

“怕什么？”王华装作不了解的样子。

“譬如说，你听到什么恐怖的声音没有？”

“我专心读书，什么也没听见。”

“那么你看到什么奇怪的东西吗？”

“什么是奇怪的东西？”

“那些鬼怪要来害你，总会显出一些可怕的样子，譬如床在摇晃，譬如白布女鬼。”

王华笑着说：“啊，我只不过看到几个小和尚在作怪罢了。”说着用眼睛横扫了小和尚一遍。

小和尚被王华看得羞红了脸，嗫嚅道:“你凭什么确定是我们在搞鬼?”

“你们想一想，如果不是你们干的，我一个人在房间里，你们怎会如此清楚？这是你们自己露了马脚。”

“哇，佩服，佩服！”小和尚们叫了起来。

王华长大中了状元之后，为了纪念这一段经过，自号为“龙山”。

凉亭中的艳遇

王华十七岁那一年，果然不负众望，考中了秀才，用功苦读毕竟是有报偿的。

当时的提学使张时敏十分欣赏王华的才学，逢人便夸王华与另一名秀才谢迁的文章有多好多好，将来有中状元的希望。

依照明代的考试制度，读书人先得在县里参加考试，录取者称为童生，俗称秀才；童生再到省城里去参加全省的会考，考取者称为举人；举人最后再到京师去参加全国性的会考，考取者称为贡生；贡生到宫中由皇帝亲自出题策问，即参加殿试，及格者称为进士，进士的第一名称为状元。状元是中国读书人梦寐（mèi）以求的最高荣衔，当然极为难得。

由于提学使张时敏不断夸赞，使得王华的名声大噪，远近的世家大族都争相聘请王华当他们的家庭教师。

当时的浙江巡抚姓宁，他透过张时敏的介绍，亲自到王华家拜访，礼聘王华到祁（qí）阳（今湖南祁阳）老家去教导子弟读书。

祈阳宁家藏书丰富，有书数千卷，王华正是个书迷，因此他每天除了教导宁家子弟之外，便是埋首于藏书室之中，三年的宁府家教生活，王华几乎是足不出户。

祈阳有许多读书人慕名前来拜访，并且邀王华出外饮酒作乐，王华总是婉谢。祈阳士子都有狎（xiá）妓饮酒的习惯，王华曾经远远见过一回，他对于这些读书人一面轻轻抚摸妓女的小手，一面饮酒赋诗的方式十分不能接受，他也非常不能适应公开打情骂俏的作风。所以，王华总是只在宁府与客人畅谈，却不肯答应出外游宴。

三年家教期满，王华告别宁府，准备回到家乡参加浙江省的会试。祈阳的许多文人都来探望王华，坚决邀请王华参加晚宴，以为送行。

王华一向不喜欢吃吃喝喝的应酬，但这些祈阳的文人态度诚恳，真是盛情难却，王华只得答应。

祈阳文士们把酒宴安排在一个湖中的亭子里，亭子很宽敞，隔为内外二间，外间是客厅，摆上一个圆桌和椅子，适合品茗、饮宴，内间布置成一个小房间，有洁净的床铺，以便喝醉了酒的客人休息。

文人雅聚，明崔子忠绘。

这亭子四周是湖水，客人与食物全用小船载运而来，王华虽在祈阳三年，却从未到过此处。祈阳文人们殷勤款待王华，王华也觉得此处风景甚好，于是心情欢畅，很豪爽地喝了几杯酒。

筵席完毕，已是子夜时分，王华也有几分酒意，做东的祈阳文士们强留王华在亭中的内间过夜，这些文人们则乘着小船离去。

王华虽有酒意，却并未喝醉，他觉得能在如此风景优美的湖中住上一夜，也可算是人生的一大享受。

送走了祈阳文士们之后，王华独自一人踱步进入房内，觉得有点困了。

“参见公子。”突然，娇娇滴滴的声音把王华吓得酒都醒来了，仔细一看，原来内间竟然藏了两个穿着华丽、满脸彩粉的女人，她们的高髻上各插着一支金步摇，随着笑声剧烈地晃动，使王华有眼花缭乱之感。

王华一身冷汗，比看到了鬼还紧张，他结结巴巴问道：“你们是干什么的？”

“哎呀，公子，周老爷要我们姐妹俩今晚好好服侍公子。”这两个女子说着，便上前拉住王华，一个帮王华解衣带，一个要帮王华脱鞋子。

“住手！”王华大喝一声，这时他才会过意来，这两个浓妆艳抹的女子是城中的妓女，是刚才酒宴主人之一的周老爷雇她们来的。

“公子，你别紧张，这儿又没有别人，你可以放心大胆寻欢作乐。”一个妓女撒娇地搂住王华的脖子。

“不许乱动，我不喜欢这样！”王华用力一推妓女，下命令道，“你们马上离开这个亭子。”

“我们怎么走？这亭子四周全是水，又没船，如何走得成？”另一个妓女又缠上来，噘着嘴，又凑过来要拉王华的手。

王华四下一望，果然四周全是水，他想了一想，灵光一闪，拍着手道：“我自有办法。”

王华找到一把小斧头，把房间的门板拆了下来，放入湖中。

“来，你们坐上去，用一块木片就可以摇到对岸了。”

“不要，我们怕，我们要留下来陪公子。”两个妓女又挨近了王华，一股浓烈的香味直喷向王华。

“也罢，你们不走，我走。”王华说着，一脚踏上门板，门板不小，像一般木筏，王华以一块木片为桨，缓缓离开了亭子。

两个妓女吃惊无比地互相对望，用诧异的眼光看着王华的“木筏”渐行渐远。

被窝里的猫头鹰

王阳明的父亲王华自小立志为圣贤，成化十七年（1481 年）中了状元以后，果然也谨守圣贤之道，在明孝宗即位后，曾经多次在文华殿为明孝宗讲课，深得明孝宗的信任。

王华虽然在公务上一帆风顺，对于治家却感到相当棘（jí）手。王华的元配郑氏是王阳明的生母，郑氏逝世后，王华又娶了继室赵氏。赵氏是个浅薄小器的妇女，话特别多，加上声音尖厉高亢，大声嚷嚷起来，让人听着心惊肉跳，王华每次遇到赵氏噜苏就躲到书房里避难。

赵氏进门没多久，相继生下两个儿子，取名守俭、守文。后母本来难当，必须要有充分的爱心、广大的包容力，才可能将前妻的儿子、自己的儿子一视同仁。赵氏心胸狭窄，当然不是一个好后母。当着王华的面，她偶尔还装模作样，虚情假意摸摸王阳明的头，背着王华的面，王阳明可就惨了。

有一回，赵氏为了一点点细故，没来由地发脾气，顺手对王阳明就是一个耳光，打得王阳明连连倒退，差一点摔倒。王阳明听人家说，挨多了耳光，耳朵会坏掉，他很想跑到王华面前去告状，想一想又不忍心增添父亲的烦恼，何况告了状也不能解决问题。

王阳明一心想当圣贤。于是，他努力思索，圣贤若是遇到这种问题，该如何处理?

王阳明想到了舜，舜的父亲是个瞎子，母亲早死，后母心狠手辣，常想害死舜。舜后母曾命舜修理仓库，然后她点火烧屋，舜拿着斗笠跳下来，居然没死。后母又命舜挖井，当舜在井底工作时，后母便往井里丢石头扔沙子，舜自井边挖了一个洞逃出来又没死。舜饱受欺凌，依然非常孝顺。

王阳明佩服舜的孝行，却认为舜的方式不足为法，舜若是运气不佳，果真被后母给害死，岂不可惜！王阳明少有大志，他可不希望白白牺牲，他暗暗下了一个决心，他一定要思考出一个办法，能够在不伤害后母的原则之下，让后母改变对他的态度。

当王阳明十二岁那一年，有一天，王阳明在路上，看到有位猎人在卖猫头鹰。猫头鹰是一种鸟类，头圆体肥，额两侧长出耳状角羽，眼睛锐利发亮，上嘴唇向下钩曲，被覆（fù）下唇，昼伏夜出，头可以转一百八十度，所以四面八方的声音它可以听得一清二楚，能够顺利地在漆黑的环境之中准确逮捕猎物，以蛇、鼠等小型哺乳类动物为食。

中国人一向认为，猫来穷狗来富，至于猫头鹰，此乃怪鸟，这是最不

猫头鹰，佚名绘。

吉祥的怪物。王阳明突然心生一计，决定用猫头鹰为道具，开个小玩笑。于是，他掏出身上所有的钱，用鸟笼装了一只大型的猫头鹰带回去。

到了中午，吃过了午饭，后母照例午睡，她不经意地掀开被子，猛然发现被窝里有只猫头鹰，正在用圆圆滚滚的眼睛瞪着她，吓得她差一点当场昏倒，紧接着，后母开始大声尖叫，她的声音本就聒（guō）噪刺耳，这么大声一吼，猫头鹰也受到了惊吓，猛拍翅膀，绕室而飞，发出嘎嘎的怪声。

后母忙打开窗户，拿起枕头朝猫头鹰身上猛打，猫头鹰在房间中飞来绕去，后母失魂落魄苦苦追逐，折腾了半天，终于把猫头鹰赶出屋外。虽然是寒冬，后母又吓又累，全身疲软，一身大汗。她回过神来，想到野鸟入室乃居家大忌，如今怪鸟竟然潜入被窝，不晓得代表何种凶兆，想到这儿，她忍不住一屁股坐在床上，开始大哭特哭起来。

这时，王阳明“刚好”进来，发现一向嚣（xiāo）张跋扈（hù）的后母披头散发、衣衫零乱，哭得一塌（tā）糊涂。于是，他故意装成不解的样子，走上前去询问究竟。

后母边哭边说了刚才发生的事，又用袖子抹了眼泪鼻涕，王阳明安慰后母道：“别急，我听说姜婆婆很通灵，不妨请她前来捉妖。”

“那好，你快跑一趟！”后母急急吩咐。

没多久，女巫姜婆婆来了，手里拿着一串铃，边摇铃边走入屋里，她用不以为然的口气批评：“这屋里不干净。”

“对，的确不干净。”后母点点头，并且哀声求道，“拜托，你快把屋中清扫干净。”

姜婆婆恭恭敬敬烧了香，口中念念有词，忽然之间，全身不住颤抖，疯狂摇摆，她没有开口，却有声音自姜婆婆的肚皮里传出来，这声音不很清楚，但是，仔细听，还是可以听出来。

“我是仁儿（王阳明名守仁）的妈妈，可怜，我走了以后，他受到恶毒女人的迫害，上天必不饶她。”后母一听此话，呆若木鸡，过了半天，“咚”的一声，跪倒在地，不断叩头：“大姐，我不敢了，我再也不敢了。”

姜婆婆仍在发抖，肚皮里又传出声音：“守俭守文的待遇可比守仁好太多了。”

后母更怕了，王阳明的生母连她这个后母生的儿子的名字都晓得，可见人虽死，魂未散，万一报复起来，那还了得。

“大姐，我以后一定对守仁比对守文守俭还好，请你原谅我。”后母跪在地上，不停讨饶。

过了一会儿，姜婆婆逐渐恢复原状，后母取了几文铜钱，送给姜婆婆，姜婆婆带着铜铃走了。

这本是王阳明买通姜婆婆演出的一场戏，此后，赵氏果然再也不敢虐待王阳明了。

新郎缺席的洞房花烛夜

王阳明自幼立志为圣贤，但是，圣贤这一条路到底应该怎么走，他还在苦思、还在摸索。在他看来，如果仅在书中寻找答案，充其量只能成为一个学者，而不是他所向往的圣贤。

十五岁那一年，他禀报父亲“出外访友”，却骑了一匹快马，驰出居庸关，纵览山川形势。这时，他觉得既然摸不到圣贤之路，不如纵马万里，做一个豪杰之士。

当时边境正值多事之秋，但边将知道这个少年郎乃状元王华之子，特别予以优待，王阳明就十分快乐地玩了一个多月，方才意犹未尽地回家。

回到家后，王华知道这个宝贝儿子竟然溜到塞外，心中隐隐不安，责备他道：“守仁，读书人不可太张狂，心性要定下来。”

“是的，我知道。”王阳明虽然口中答应，心中却不以为然。

塞上归来之后，王阳明天天想的是边境之事，晚上梦到自己带兵打仗，在大漠中追逐胡人，真正是好不威风。

有一天晚上，他做了一个梦，梦到拜谒马伏波的庙，醒来以后，依然兴奋得发抖。

马伏波名马援，乃东汉的英勇大将，协助汉光武帝建立中兴大业，我们在介绍东汉的故事时曾经详细介绍他。他有几句名言，至今仍然脍炙人口，例如“丈夫立志，穷当益坚，老当益壮”“男儿当死于边野，以马革裹尸而还”。

马援在国家太平之时，开荒畜牧、厚植国力；国家动乱之时，他效命沙场、保国卫民；到了八十多岁，他依然亲率大军讨伐蛮夷，最后果然光荣战死在沙场。

小王阳明以崇拜英雄的眼光钦慕马援，他希望自己能够成为明朝的马援。想着、想着，王阳明奔腾的一颗心再也按捺不住了，他悄悄上书皇帝明孝宗，贡献与胡人交战的谋略，并且毛遂自荐，希望能够带兵出征。

王华发现了儿子的举动，训斥了王阳明一顿："就凭你这一点粗浅的弓马知识，你就想平定边境吗？你也未免太狂妄了吧。"

王阳明有点惭愧，父亲说得没错，他的确是懂得太少了，不过，他倒不以为狂一点、狷（juàn）一点有什么不好，"狂者进取，狷者有所不为"。而且，最重要的，王阳明瞧不起一般庸俗的读书人，在他看来，这些儒生，只晓得一心求取功名富贵，等到国家危难之时，却束手无策，真所谓"百无一用是书生"。

十五岁的王阳明暗暗立志，他不但要追求圣贤之道，也要研究军事。不过，他可不敢把自己的心事告诉别人，因为没有人会了解圣贤和豪杰是能合在一起的。

王华颇有点儿担心王阳明，他思忖，也许早一点儿让王阳明成了亲，王阳明那一颗不羁（jī）的心就可以安定下来。于是，王阳明十七岁之时，王华命阳明前往洪都（今江西南昌）与诸氏成亲。诸氏是江西布政司参议诸养和的女儿，门当户对，双方家长又是世交，王阳明没有反对的理由，不过，他对结婚没多大兴趣，他还是满脑子的圣贤梦。

婚礼大典就在官署举行，一大早到处闹哄哄地布置着，王阳明插不上手，吃完中饭，他就信步走到附近的铁柱宫游览。

突然，他看见一个道士正闭目打坐，神态安祥，王阳明静坐一旁，以无限好奇的眼光盯着道士瞧。

王阳明想学马援，可是他身体实在不够强健，尤其肺部，他希望把身体练好。中国古代的读书人"半日静坐，半日读书"，例如唐朝的白居易体弱多病，就是靠着打坐，才能够延年益寿。王阳明也想学，只是不知其法，如今逮着了机会，非要一探究竟不可。

道士悠悠然睁开了眼，发现一个眉清目秀、气质不俗的小伙子在一旁观看，淡淡一笑："少年人有兴趣打坐？"

松下打坐，张大千绘。

"是的，我很想学，请问道长，这是养生之道吗？"

"没错，打坐可以达到天地与我并生，万物与我合一的境界。打坐是在养气，有些人把打坐看成是气功的一种，打坐可以使人血气调和，精神清朗，这对身体健康是有益处的。"

"可否请道长教教我？"王阳明兴奋地要求。

"那么我们就试试看吧。"道士说着，便指导王阳明打坐的姿势，"打坐的姿势有散盘、单盘与双盘，此外，记住要厚铺坐褥，宽解衣带，端身直脊（jǐ），唇齿相着，舌拄上腭，微开其目，常视鼻端。"

王阳明立刻学着盘起了脚，开始学习，道士也耐心指导。这一坐下来，他专心投入，就把晚上要当新郎倌之事，忘得一干二净，整个晚上都在和道士谈论养生之道，并且重复练习打坐。可怜那新娘独个儿枯守洞房花烛夜，新娘很贤慧，没发脾气，心中担心害怕的是王阳明发生什么意外，那珍珠般的眼泪不是因为怨恨，而是忧虑和恐惧。

第二天，诸家派人到处找寻王阳明，这才在铁柱宫找到了彻夜未眠却显然精神饱满的王阳明。

“新郎倌啊，你怎么不在洞房，却跑到这观里来过夜？”诸家的来人大叫起来。

“对呀，糟糕，我忘记了！”王阳明一拍脑袋，好像失忆症的病人又恢复了记忆。

“结婚是人生大事，你竟然忘了？”大伙儿叫嚷起来。

王阳明向道士作了揖，赶紧返身便跑，他要向新娘子请求原谅他的荒唐。

王阳明对竹沉思

明孝宗弘治元年（1488年），王阳明奉父亲之命，前往洪都，与诸养和的女儿成亲。洞房花烛夜王阳明却待在铁柱宫，向道士请教打坐养生之道，害得新娘子独守空闺，哭了一个晚上。

第二天，岳家的人找到王阳明，发现他正与道士对坐，真是又好气又好笑。不过，诸养和这个老丈人倒并没有责怪王阳明，对这位女婿，诸养和是十二万分的欣赏，他相信王阳明日后会有一番发展的。

诸养和慈蔼地对王阳明说："打坐当然是极好的养生之道，另外，书法同样是陶冶性情的良法，所谓静为躁君，意思就是说唯有内心宁静才能抵挡烦躁，书法正是把心平静下来的好方法。"

诸养和认为，王阳明什么都好，只是年轻不免气盛，有时难免毛毛躁躁，假如王阳明能把狂飙（biāo）的心沉静下来，那就更好了。

王阳明一向喜欢书法，听了岳父的话，立刻点头答应："好，我从今天开始勤练书法。"

王阳明有一种执着的特质，对任何事不做则已，一做一定是狂热地钻研，一丝不苟，力求完美。于是，王阳明早也写，晚也写，整个人都浸在书法之中，整整一年多，他大多数时间在写字，岳父家藏有数箧（qiè）上好的绵宣纸，竟然全被他用光。

这一年多的磨炼下来，王阳明果然书法大进。把一年前、一年后的作品互相参照，简直不像出自同一人之手。后来，王阳明曾经对朋友说：“我刚刚学写字之时，临摹古人的字帖，仅仅只学得字的外形，后来，我举起毛笔却不轻易落笔，而是先要凝思静虑，在心中凝形，然后再把字的精神表现出来。”

其后，王阳明读到宋儒程明道所说“写字要学习保持敬心”，更深深以为：“字要写得好，必须随时自心上去学习。”王阳明到晚年时，常欢喜对人提起他练字的经过和心得，他说自练字中得到一个启示，即凡事用心才能有成。所以，当时人称王阳明的学问叫“心学”。

王阳明行书书法。

王阳明在岳父家待了一年多，直到第二年大雪纷飞之时，他才带着新娘回到浙江余姚老家，路过广信府（今江西上饶），王阳明特地前去拜见大儒娄谅（娄谅的女儿后来嫁给了宸濠，娄妃曾经屡次劝宸濠不要造反，宸濠不听，最后，王阳明打败了宸濠，娄妃投水而死，宸濠悔之莫及，王阳明厚葬娄妃）。

娄谅见王阳明胸有大志，谈吐不俗，很亲切地告以宋儒格物致知的方法，并且告诉王阳明，圣贤的确是可以由力学而有所成就的。娄谅的这一番话，启发了王阳明追求圣贤的途径。

回到余姚之后，王阳明埋首苦读，讲求宋儒身心修养之道。弘治五年（1492年），王阳明二十一岁，在浙江考取了乡试，便到京师，跟随父亲，准备参加进士科的会试。父亲王华发现儿子的举止神态不同以往，仿佛原本脱缰的野马被驯服了，变得沉静、儒雅、斯文，忍不住笑眯眯地说："嗯，士别三日，刮目相看，我的儿子显然不一样了。"

王阳明不好意思地一笑："昔日放逸，现在知道错了。"

王阳明虽然外表上比较内敛，骨子里他还是相当狂傲的。他在乡试中了举人，接下来第二年便要参加礼部的会试，按理说来，他应当努力读书求取功名。但是，他自信满满，认为此乃探囊取物，不用太挂心，因此，他整个心思沉浸于朱子理学之中，他想要研究宋儒格物致知之学。

所谓格物致知，意思是说，穷究事物的道理，充分发挥心智的辨识能力。这番话听来是玄之又玄，凡事务求甚解的王阳明心想：既然宋儒说过，一草一木都有至高无上的道理，那么，我不如来做一个实验，看看格物如何致知。

于是，王阳明邀了一位与他一般好学的朋友，两个人来到院子里席地而坐，两眼盯着竹子，发愤做一次"格物"的功夫。

他们的实验是借观察竹子（格物），以求获得一些知识（致知）。

他们不说一句话，眼睛就注视着竹子，两个人愈坐愈困，愈看愈累，一天下来，腰酸背痛，头昏脑胀。

王阳明问朋友："你看出什么道理来了吗？"

"没有，我只想躺下来，明天再试吧！"那朋友打了一个大呵欠。

第二天，两个年轻人又对着竹子坐了一整天，努力看，努力看，但是，怎么也看不出其中道理。

第三天情形依旧如此，到了第三天晚上，这一位朋友病倒了。

二人相比较，王阳明的身体其实是比较虚弱的，可是，他一向意志力坚强，他告诉自己："我的才能好，坚持下去，一定能了解格物致知的道理。"

第四天、第五天……一天一天过去，王阳明不眠不休对着竹子发呆，他实在没自竹子中悟得任何道理。他是一个诚实的人，不愿意一拍大腿，自欺欺人宣布他找到了竹子的道理，所以，他就继续这么耗下去。

一直到了第七天晚上，王阳明发了高烧，“咚”的一声倒在竹子旁边，他终于累垮了，家人赶紧去为他找医生。

病好之后，王阳明对着竹子，叹了一口气：“唉，格了七天竹子，竹子仍是竹子，我仍是我，看来，我无法自竹中找寻圣贤之道了。”

王阳明实验失败，却让他领悟到如此格物，难成圣贤。王阳明只好放弃研究朱子的学说，把兴趣移到文章诗赋，他约同几位诗友，组织了一个诗社，每天沉醉在诗歌吟咏之中，他似乎变成一个诗人了。

王阳明二次落第

王阳明为了探究格物致知之理，对着竹子，格物格了七天，实在无法致知，于是，他又把兴趣转回词章之学。

由于王阳明自小便是乡里知名的天才儿童，众人对他的礼部会试寄予厚望，他自己也以为状元非他莫属，不料竟然名落孙山。

当时同在京师为官的浙江人，纷纷前来慰问王华、王阳明父子，宰相李东阳（号西涯）为了冲淡沉闷尴尬的气氛，半开玩笑道："小老弟，你今年不成，来年必为状元，不如先写一篇状元赋。"

"好啊！"自视甚高的王阳明就真的拿出纸笔，毫不犹豫写了一篇《状元赋》，文情并茂，仿佛认定了三年以后的状元一定是他，在座大老们传观之后，频频赞美："不得了，不得了，真正是天才，三年之后看你的了。"并且对王华说："三年之后，这杯状元酒我是讨定了。"

王阳明这篇《状元赋》写得好是真的，不过，大老们心中滋味却不见得真好。中国人一向认同"满招损，谦受益"的古训，王阳明年轻，不晓得人性中嫉妒心理的可怕，大老们的恭维只是面子上做戏，心里却像是打翻了醋罐子一般酸，当大老们出了王家，在路上就同时啐（cuì）了一口："这个张狂小子，若是三年后得魁（kuí），他眼睛里还有你我吗？"这份酸性酵素很快在京师大老之间蔓延开来，所以，三年之后，王阳明由于遭忌，再次名落孙山。

大老们再次前来慰问，假惺惺一番，语中却少不了带着奚（xī）落。

王阳明连遭两次打击，他逐渐了解现实中的残酷，原来世界上没有什么真正的公平，原来优秀的人不一定就能够出头。不过，虽然他满怀抑郁，表面上依然潇洒，并没有露出任何沮丧的神色。他有一个很要好的朋友，同样名落孙山。那朋友整个人瘦了一圈，同时深以为耻，难过得不肯出门见人。王阳明反过来安慰朋友："世人皆以不登第为耻，我独以不登第而动心为耻。"这一席话传了出去，许多人忍不住夸奖："王阳明毕竟是王阳明，气魄如此雄伟，却又如此狂傲。"

话虽如此说，功名无成，圣贤之途又不得其门而入，王阳明内心的挫折感好深好深，纷纷乱乱的心情，简直不知如何安定下来。于是，他又拿起了《朱熹文集》细细地读，有一天，他偶然读到朱熹上宋光宗的奏疏："居敬持志，为读书之本；循序致精，为读书之法。"王阳明突然悔悟：对了，读书还是应当按部就班循序以进。

因此，王阳明又开始乖乖重读《论语》《孟子》《大学》《中庸》，细心玩味孔子孟子的原意。

明孝宗弘治十二年（1499年），王阳明二十八岁，第三度参加礼部会试，终于荣登金榜，钦赐二甲进士出身第七名。从小到大，王阳明总是拿第一，人人都说，王华是状元，有其父必有其子，王阳明一定也是状元，经历了二次落榜，王阳明早就醒悟，考场之中难以论英雄。因此，虽然没有考上状元，他还是欢天喜地，到底他开始有机会参与实际政务了，他可要摩拳擦掌大干一番，他先是被安排在工部观政（所谓观政，就是见习）。不久，转为刑部主事。

这一时期，边疆接二连三出了事，王阳明一向关心军事，年少之时还曾经实地考察过边务。于是，他勇敢地上了一封《陈言边务疏》，十分坦率地指陈问题的症结所在，并且提出了八项非常具体的建议。他满腔热血，以国家兴亡为己任，结果不被朝廷采纳且不论，甚至于差一点直言惹祸，因为他一开头便老实不客气地批评："现在最大的问题在于一些大臣，外头享有老成持重之名望，其实，一天到晚想着如何保持禄位，如何博取上面的宠爱，对内互相攀结利益，对外招权纳贿，因循又苟且，最后终究会衰耗颓塌，不可支持。”

王阳明痛言中国官场的弊病，他讲的全是事实，可是，言词如此激烈，下笔如此不留情面，那些个身居高位的大官们感觉到王阳明简直就在骂他们，王阳明这个小子太可恶了，岂能容许这个小子得意？所以，这个忠心报国的奏疏，不但没有让王阳明施展抱负，反而严重影响了王阳明日后的仕途发展。

王阳明不适应官场文化

由于王阳明痛言官场弊病，朝廷里，王阳明成为被议论的人物，当然，讽刺的人多，赞赏的人少。

于是，有人建议："这个少年人勇于任事，想必是个负责之人，不如，派他去督造威宁伯王越之墓，这可是大事一件。"

王阳明一心匡正国事，希望成圣成贤，现在居然派他去当修坟墓的监工，乍听之下，他实在是咽不下这一口气，很想断然回绝，可他继而深思：一来，朝廷有令，不得拒绝；二来，他有这份自信，做什么事像什么事，而且会一本敬谨原则来完成任务。

于是，王阳明欣然前往修坟，他拿出统驭部队的办法指挥工匠，并且按时工作，按时休息，有奖有惩，完全是一套制度化的管理。

按说修坟，虽是小事，毕竟也是工程一件，监工也是一大肥缺——历来凡是与工程有关者，总得捞上一笔，这已是不成文的惯例了。但是，以王阳明刚正不阿的个性，他是不屑于贪捞油水的。

通常监工不把工匠当个人看，总是差遣工匠做自己私人的事，甚且暗中扣钱以饱私囊。工匠也有工匠玩花样的办法，他们通常是偷工减料，把挪出来的用料拿去变卖，至于说品质低劣，那就不是他们关心的事了。

工匠们从来没有见过王阳明这般的官员，他不摆架子，亲切又和善，但是，温和中又透着庄严，让人不敢侵犯。王阳明与工匠们一块儿吃大锅饭，用军事化方式带领大家。

在这种状况下，一座巍峨壮丽的墓园很快兴建完成了，比预定时间还提早了一个月，这可是从来没有过的事。

威宁伯的家人喜出望外，尤其在听说了王阳明廉洁的种种事后，更是感激莫名。古人一向认为，祖先的墓庇护后代，如今威宁伯的墓不但风水好，又修得极为坚实壮观，后代子孙兴旺可期，因此，他们家人执意送来大批金帛，王阳明自然是不收。

“那么，这一把宝剑乃是威宁伯生前佩带之物，您可否留下来当成纪念？”威宁伯的家人恳切地说道。

“好吧！”王阳明见那宝剑古旧，也就欣然留下来当纪念，工匠们报以热烈的掌声，他们从来没见过如此廉洁的官员。

修墓之后，王阳明又陆续接了一些细微繁琐的小差事。他见自己满腹经纶完全用不上，内心十分地郁闷。

有人建议王阳明，假如想往上爬，必须结交权贵，王阳明不想做大官，却希望有做大事的机会，在朝廷做官，如果不认识一些权贵，真的什么大事也落不到头上来。

在京师，王阳明有一个叫黄孚（fú）的同乡，虽然官位只是吏部郎中（郎中是官名，官阶为正五品），但是为人十分圆熟，有交际手腕，结识不少达官贵人。王阳明对这位同乡的长袖善舞，很不欣赏，所以平日甚少往来，虽然黄孚数次邀请王阳明饮宴，王阳明都推辞不去。有一次，黄孚又来邀约，王阳明觉得不能每次都推掉，于是答应赴约。

这一天晚上，黄孚请了一桌客人，多是浙江人，在京为官，官位不及黄孚。

在虚假的推让之后，客人入了座，王阳明被推为首席。

“黄大人为人豪爽，在京师广结人缘，真让我们佩服。”留着山羊胡子的邓启抢先拍马屁。

“嗯，好说，好说。”黄孚微笑点头。这时佣人端上鱼翅羹（gēng），为大家分好每人一碗。

“黄大人，鱼翅要加点醋，味道更美。”像猴子般的刘义手中拿着醋罐子，跑到黄孚身旁，殷勤为黄孚加醋。

“不错。”黄孚吃了一口，点头道，“原来你很懂美食。”

“岂敢，是黄大人府上的佳肴味美，我要谢谢黄大人的赐宴啊。”刘义谄媚地笑着。

接着端上来的是干烧明虾，大盘一端上桌，惯于弯腰的张丕立刻站到了黄孚身旁，低声说：“这虾带壳，我来替黄大人剥虾。”

黄孚也不客气，把张丕剥好的虾放入口里，慢慢品尝，张丕这才躬着身子回到自己的座位。

“黄大人，”像个小老头一般的赵木元站了起来，“我经常蒙黄大人照顾，心里万分感激，我干一杯表示敬意，还请黄大人以后多多提拔。”说完，他必恭必敬端起酒杯，一饮而尽。

明代官员，佚名绘。

一桌客人纷纷向黄孚敬酒，更有人抢着向黄孚献殷勤，只有王阳明仅仅同黄孚举杯一次，一句恭维的话也没说，黄孚有些不悦，当他见到佣人捧来了瓜果，故意点一下王阳明：“守仁，最近的瓜特别甜，可惜子是多了点。”他是在暗示王阳明可以为他剔除瓜子。

王阳明装着不懂，不过，干干瘦瘦的陈吾全一步向前抢过了瓜，非常仔细地挑干净每一粒瓜子，然后万分恭敬地呈献给黄孚，长长一作揖道：“请黄大人赏用。”

这一顿饭吃下来，王阳明真正是如坐针毡，他心想，小小一个郎中，不过与当朝权贵有点交情，这些读书人就如此费心巴结，如果真要来了一个大官，还不晓得这些人如何丑态百出，莫非明代官场素来只用奴才不用人才？

王阳明觉得自己一肚皮不合时宜。

王阳明声援戴铣

王阳明既忧心国事，又挑灯苦读，一向体质不好的他终于病倒了，并且患的是麻烦的肺病。弘治十五年（1502年），王阳明请假还乡养病，时年三十一岁。

回到浙江余姚，他筑室于阳明洞，很想脱离尘世，当一名道士。可是，他摆脱不掉家人的感情牵挂，只好打消当道士的念头，转往西湖养病，清心寡欲，打坐调息，经过了两年的静养，总算病情好转，他就又回到京师，担任兵部主事。

王阳明养病期间，每天面对湖光山色，自然心情开朗，反正一切眼不见心不烦，而当他回到了名疆利场的京城，看到官员们争宠的丑态，不免心情又变得灰暗。

幸而王阳明在这个时候，遇到了湛（zhàn）若水，两个人一见如故，结为知己。湛若水是当时有名的学者，他原无意于仕途，只因母命难违，他考取了进士，担任翰林院编修。

王阳明与湛若水有一个共识，那就是京师的士大夫只知词章记诵，仿佛在比赛记忆力，却忘记儒家的精神在圣贤之学。两人遂在京师召募学生讲学，因为他们二人学问好、口才佳，一时之间，吸引了不少有志青年前来拜师。

期间，王阳明尽管官场不如意，却在教导学生之中，得到相当大的满足。

可惜好景不长，明孝宗青壮之年突然崩逝，明武宗正德皇帝即位。明武宗是个风流顽童，旁的不会，只会声色犬马，民间故事中调戏李凤姐、在梅龙镇上喝酒的就是他。武宗在太子时期便重用刘瑾、马永成等八大太监，人称之为八虎，其中以刘瑾最为狡狯（kuài）。

刘瑾把少不更事的武宗玩弄于股掌之间，带着他玩杂耍、逛宫市、扮商人、逗虎豹，日日夜夜浸泡于醇酒美人之中。可想而知，关心国事的王阳明，每听到一件明武宗的荒唐事，就会感到一阵忧伤愤怒。

明孝宗很了解太子武宗的性情，曾经拉着刘健、谢迁的手，老泪纵横道："东宫年轻好逸乐，请辅以正道，使成明主。"刘健、谢迁虽然努力规劝武宗，奈何不听就是不听，王阳明几次按捺不住，想要上书，想了又想，还是对刘、谢寄予厚望，暂且忍耐。

刘瑾用各种杂耍，例如盘杆子、三上吊、耍猴戏等，拴住了明武宗的心。有一天，武宗正在欣赏"大锯活人"之时，刘瑾故意趁这个时候，搬来大批奏章，要求武宗马上批阅，武宗气得把奏章一推："又来扫兴，上次我在卖布时也是如此，不晓得用你们做什么，一而再再而三地烦朕。"

从此以后，刘瑾开始独断独行，大学士刘健、谢迁等也就这样被赶出了朝廷。南京六科给事中戴铣（xiǎn）上书为刘、谢说情，却被刘瑾假传圣

明代宫廷里的杂耍表演，出自《宪宗元宵行乐图卷》(局部)。

旨逮捕，关入锦衣卫镇抚司狱大刑伺候。

王阳明一向具有澎湃的正义感，戴铣做的事，正是他所想做的，因此，他不顾一切地写了一篇奏章，说明戴铣是“言官”（即监察官），纠举奸邪、维护正义乃是言官的责任，希望明武宗能够追回前道圣旨，让戴铣等仍然能够担任旧职，以表现皇上大公无私的仁心，也表示皇上知过能改的胸怀。

当然，这道奏疏明武宗既看不着，也没有兴趣看，刘瑾看到，气得头顶冒烟，阴险地笑道：“这个小子不怕死，也罢，捉来与戴铣一般受刑。”

就这样，弱不禁风、肺病缠身的王阳明被毒打了四十大板，这种刑罚，被称为“廷杖”，始于明太祖洪武八年（1375 年）。古代一向刑不上大夫，朱元璋得到天下以后，唯恐朝臣们不够忠实，便用廷杖来恐吓镇压、折辱士气，使得士大夫在血肉模糊之中，个个被训练得俯首帖耳。

戴铣因为被打得太重，没过多久一命呜呼，王阳明同样被打得遍体鳞伤，他一声也没哼，只是痛得数度昏厥（jué）。这一顿棍子挨下来，打得王阳明痛彻心扉，但仍保持头脑清醒，他知道自己是对的，就算这一回活活被打死，他也无怨无悔。

以王阳明一个肺病刚刚痊愈的虚弱身体，屁股被打得皮开肉绽，不时渗出血水，竟然还留了一口气在，实在像是奇迹一般。除了王阳明之外，李光翰、葛浩、任惠等二十一人，或独自上奏章，或联名上疏，全部被逮捕，各被打三十大板屁股，比王阳明少了十板。

王阳明“难缠”

明武宗时，太监刘瑾当道，朝廷之中正人君子纷纷上谏，刘瑾皆以廷杖伺候。

除了王阳明之外，遭遇最惨的人是蒋钦，蒋钦是弘治九年（1496年）进士，担任南京御史。正德元年（1506年），当刘瑾赶走大学士刘健、谢迁时，蒋钦当场直言上谏，明武宗反正无所谓，左耳进右耳出，刘瑾可受不了，以皇帝名义，逮捕蒋钦，结结实实打了三十大板，并且把蒋钦贬为平民百姓。

蒋钦捂着被打烂的屁股，居然又写了一道奏章，批评刘瑾“不过是一个小小的宦官，陛下居然视之为心腹，举国皆为之寒心”。

武宗没有看见蒋钦的奏章，刘瑾却看了，把蒋钦再抓来，又是一阵毒打，打得蒋钦血肉模糊，站都站不起来。没有料到，过了三天，蒋钦又上奏章。

那天深夜，当蒋钦在昏暗的油灯之下写奏章时，突然听到身后有类似哀叫的声音。他回头一看，黑暗之中什么也看不到，于是继续握笔，又听到那鬼哭神嚎的声音。他想，也许是蒋家的祖先在暗中显灵，劝他停笔。可是，蒋钦不为所动，他对空长长一揖道：“蒋钦我无法缄（jiān）默，死就死，这篇奏章可不许更动。”

第二天，他的奏章被递上去，可想而知，蒋钦第三次被打，打完之后三天死于狱中。

不论蒋钦、王阳明都是专制政治之下的牺牲品。

王阳明一向体质虚弱，由于他是刘瑾心目中头号敌人，因此，旁人只需挨三十大板，王阳明特别“优惠”，挨了整整四十大板，直被打得不成人形，不过，他居然没有死，人还活着。

王阳明不但挨了打，并且丢了官，兵部主事的官帽被摘了下来，谪为贵州龙场驿丞。所谓驿，明代各府州县均设有驿站，提供给洽公官员住宿与传递文书，当然，若是重要的交通枢纽，房舍考究，交通工具一应俱全。至于贵州龙场驿，连地图上都找不到的不毛之地，其残破荒凉可想而知。

听说王阳明被谪（zhé）为龙场驿丞，了解他忠直者，无不为他一哭，可是刘瑾依然不放过他，恨恨说道：“王守仁这个小子真是难缠，老是拿什么孔孟的道理来教训人，简直不通人情世故，瞧他那弱不禁风的模样，竟然挺过了四十大板，所以，龙场驿那一个鬼地方，不见得能够要了他的命，不如，派一个刺客，在半途之中，悄悄收拾了他，免得将来留下一个祸根。”

这四十大板下来，王阳明屁股全烂了，瘫在床上不能动弹。他的肺病又复发了，终日咳嗽、哮喘，不时咳出浓痰血丝，肺病最忌讳

明代邸驿，选自《三才图会》。

生气，他即使修养再好，又怎么可能不动气？他在床上躺了好一阵子，刘瑾不断地、不断地派人催促他离京赴任，最后，他只好在正德二年（1507年）被迫踏上旅途。

在此之前，王阳明的父亲王华，也因为不擅长奉承，被刘瑾勒令提早退休，回到浙江余姚。王阳明思家心切，在前往龙场驿之前，特地绕道回家乡，拜见家人。

父子相见，真正有恍如隔世之叹，王华定定地望着王阳明：“孩儿，你做得没错，此后，多多珍重。”说着，王华喉咙梗塞，讲不下去了。

王阳明离情依依，奈何皇命难违，不得不告别父亲。

刚出家门，王阳明立刻惊觉，有可疑的人跟踪，他猜想那必定是刘瑾派来的。他出了城门，来到郊外，突然，树林中窜出一个蒙面黑衣人，双手举剑，朝着王阳明脑袋劈下来，亏得王阳明早有准备，喀嚓一声，用长棍搠（shuò）倒黑衣人，黑衣人手一松，长剑落地，落荒而逃。若不是王阳明学过几手功夫，这一回早就丢了性命。

以后一路之上，王阳明靠得身手矫健，三番两次躲过了刺客的追击，他知道，刺客不达到目的绝不甘休，但他自幼以圣贤自许，若是没头没脑在半途之中遭到刺客杀害，那真是死得不明不白，这样死掉，实在太不值得。王阳明一向不轻易向恶势力低头，他要设法渡过被刺杀的难关，或许这正是刘瑾批评他难缠的道理。

王阳明急着赶路，刺客尾追不舍，来到了钱塘江边，王阳明心生一计，他一个箭步，窜入江边的丛林之中，刺客不敢轻易进入丛林，只好在森林边等候。到了夜晚，王阳明搬来一块大石头推入江中，扑通一声，假装投江自尽，并且把衣帽投入江中，衣帽很轻，当然会浮在水面上，同时衣袋中藏有遗诗：“百年臣子悲何极，夜夜江涛泣子胥（xū）。”

王阳明唬住老虎

王阳明被贬到贵州龙场驿，但是，刘瑾仍然不放过他，派出刺客在途中暗杀王阳明。机警的王阳明假装投江，同时留下遗诗：“百年臣子悲何极，夜夜江涛泣子胥。”

刺客在黑夜中只听到重物落水声，也不知发生什么事。第二天一大早，有人见到王阳明的衣帽，正漂浮在水面上，而且有遗诗，只是打捞不到尸首。附近的官员与百姓赶过来看，都以为王阳明效法屈原投江而死。

钱塘知县杨孟瑛特赴江边吊祭，悲哀得说不出话来，并且向大家解释：“王守仁这一首诗是以伍子胥自比。”

想当年伍子胥协助吴国打败越国，越王勾践请求和解，吴王夫差答应了，伍子胥坚决反对，许多小人进谗言，离间子胥与夫差，夫差果然信了谗言，赐宝剑命子胥自杀。

伍子胥一片忠心，落此下场，悲痛地对家人说：“请在我的坟墓上种植樟树，将来好作为吴王棺木之用，请把我的眼睛挖下来，悬挂在东门之上，我好亲自看到越国的军队前来灭吴。”说完，自刎而死。吴王听说了伍子胥的遗言，气得命人用一个皮囊装了伍子胥的尸体，投入江中，吴国的百姓很同情伍子胥，便在江边为子胥建立了祠堂。

杨孟瑛讲完了这一段典故，许多人都忍不住哭了，这时，王阳明的父亲也率领家人前来祭拜，场面十分哀戚。

王阳明可以想见父亲的悲痛，但是，他没法回家，他成为一个亡命之徒，天地之大，竟无他可以容身之处。

王阳明茫茫然往前走，来到一个江边码头，码头上停靠一艘商船，正准备开航，他就跳上船，也不问开往何处，只求随遇而安吧。

吴王夫差赐伍子胥属镂剑自裁，选自明刊本《新镌绣像列国志》。

王阳明在船舱里，闭上眼睛，准备好好休息一下，这些日子的奔波，一向孱（chán）弱的身子实在是吃不消了，也不晓得过了多久，船身忽然摇晃起来，而且晃动的情形愈来愈厉害了。船夫告诉王阳明，这是遇到了台风。

狂风暴雨如万马奔腾，实在让人害怕，巨浪翻滚，船在海面上忽而被卷上天，忽而被摔下地，王阳明在船中早已昏晕欲呕，他想，莫非老天爷也在帮刘瑾惩罚他，要结束他的生命吗？

老天爷终究是公正的，它不能让一个有智慧、有正义的人就此葬身鱼腹，经过了一天一夜，终于风停雨歇，这条船竟然完整无恙，又走了两天，船靠上了福建的海岸。

拖着疲惫的身子，王阳明登上了陆地，抬头望着远处的山峦，有一种茫然的感觉，迈开沉重的步履，竟不知身归何处。

王阳明又累又饿，身心俱疲，他觉得膝盖是软的，他不是在走路，而是勉强地拖着步伐往前行进。天色渐渐暗了下来，四周却杳无人烟，怎么办呢？幸而在前头发现了一古寺，王阳明兴奋地前去叩门。

“笃笃笃”，王阳明敲了半天门，终于寺门开了，出现一个干干瘦瘦、皱着眉头的老僧。

王阳明礼貌地一鞠躬：“拜见师父，可否借住一宿？”

“不可以。”

老和尚眉头皱得更紧，“哑”的一声，把门给关上了。

王阳明吃了闭门羹，叹了一口气，无可奈何继续走。终于让他找到一座破破烂烂的庙。他实在累到了极点，倚着香案就呼呼睡着了。

到了半夜，破庙中竟然进来了一只老虎。

老虎发现香案旁有个人，开始大吼，这一吼声闻数里。但是，王阳明真是累坏了，终于有个机会可以平平安安地阖眼，因此，老虎在旁，他竟然充耳不闻，继续睡觉，并且打呼。

王阳明的镇定，可把老虎给唬住了，老虎一定是猜想，此人不好惹，所以又吼了几声之后，就离开了破庙。王阳明浑然不觉，继续睡他的大头觉。

其实，这个破庙里有个和尚，他住在后厅，半夜里听到老虎在前殿的吼声，吓得不敢动，等到天亮了，才放大胆子到前殿，很惊讶地发现王阳明不但没被老虎吃掉，反而正在呼呼大睡，睡得还挺香的，不由得惊叹道：“此公必非常人，否则岂能安然无恙乎？”

于是，和尚等到王阳明醒来，好心地端了一碗热粥让他充饥，并且对他说：“寺中有位异人，也许他想见见你。”

王阳明一见异人，双方都惊呆了，原来这位异人不是别人，正是二十年前，当王阳明十七岁时，在江西铁柱宫教他打坐、让他忘了洞房花烛夜的那位道士，正是人生何处不相逢，一切是如此的戏剧化。

于是，王阳明娓娓道来别后种种，道士只是微微点头，不过，神色之中，似乎也洞悉一切。

最后，当王阳明表示，今后将“浪迹天涯，远离世俗，也当个道士”时，道士却摇摇头，不以为然道：“万一被刘瑾发现，必然牵累尊翁。”

一听此话，向来心软的王阳明立刻打消了逃亡的念头，决心即便是赴汤蹈火，也要免得连累家人。

道士留王阳明在庙里，好好休息了几天，帮他打点行囊，并且赠诗相送，其中一句：“二十年前曾见君，今来消息我先闻。”两人在这里的相遇，看来是命里注定的。

王阳明“复活”

刘瑾派出刺客，企图暗杀王阳明。王阳明假装投水，留下遗诗，原准备自此隐居山中，求仙求道，过宁静淡泊、不问世事的生活，但是，偶然又遇当初教他打坐的道士，道士提醒王阳明：“万一被刘瑾发现，必然牵累尊翁。”

一听此话，王阳明全身热腾腾、火辣辣，他晓得刘瑾手段之残酷，也明白刘瑾假如知道他尚在人间，那么必然迁怒他的父亲王华，因此，他立刻断了浪迹天涯的打算，准备还是乖乖赴龙场驿报到。

假如王阳明没有再遇老道士，他一定也成为一个道士，那么历史上也就没有王阳明这个人物的传奇故事流传至今，人生的遭遇实在是奇妙啊，冥冥之中似乎有天意。

王阳明拜别了老道士，执手相握，不胜依依，他问老道士：“下一回，我们何时再相见？”

老道士笑笑回答：“有缘千里来相会。”

王阳明心中对老道士有说不出的感激，他连遭打击，对人生几近失望，就在心情最灰恶的时候，他乡遇故知，又遇到老道士，他什么话都不必多说，老道士用诚恳的眼光一扫，似乎完全了解他的委屈、他的愤慨、他的善良，王阳明觉得整个人暖烘烘的，充满了爱的温情。王阳明再次确定，他的一切作为是正确的，虽然正确正义的事不见得会得到好的结果。

他回到故乡浙江余姚，此时钱塘江已结冰，大雪纷飞，他心里千百种思绪纠缠，写下一首诗：

危栈断我前，猛虎尾我后。
倒崖落我左，绝壑临我右。
我足复荆榛（zhēn），雨雪更纷骤。
……

王阳明回想这段日子的奇遇，自我解嘲道："什么奇怪的事全遇上了，竟然还能活到现在，大概是命不该绝吧。"

他回到家中，发现家人正摆着香案在祭奠他，王阳明的突然出现，他的父亲王华先是以为见了鬼，等到摸摸王阳明的脸是热热的，忍不住抱着他大哭特哭。

王阳明，佚名绘。

这一哭，哭得惊天动地，王阳明八十多岁的老祖母听到消息赶了过来，王阳明投入了祖母的怀中，祖孙二人激动万分。

祖母擦干了眼泪，不断说："回来就好，回来就好。"

王阳明回答："孙儿还是得赴龙场驿。"

老祖母哽咽道："前些时，听说你的死讯，我不断安慰自己，死了也好，死了就不要去龙场驿受活罪。现在你回来了，又得去那个鬼地方，我不晓得该哭还是该笑。"

王华说："当然该笑，人活着，就有希望，留得青山在，就是力量。"

老祖母依然心疼："我听说那是一个鸡不生蛋、鸟不拉屎的人间地狱，天无三日晴，地无三里平，人无三两银，我舍不得我的乖孙去受苦。"说着，老祖母又泪流不止。

王阳明心如刀割，但是扮着笑脸安慰祖母："奶奶，别担心，连老虎都被我唬住了。"

接着，他绘声绘影描述野庙遇虎的经历，并且告诉父亲，如何又巧遇白眉毛、白头发、白胡子的老道士。

王华长叹一声："我真该谢谢这位老道人，否则我将失去一个好儿子。"

王阳明在家中盘桓数日，充分享受了久违的天伦之乐，最后不得不走了。正德二年（1507 年）十月中旬，他取道江西、湖南，直往贵州，他不晓得命运之神会如何安排。

正德三年（1508 年）初夏，他终于到了贵州龙场驿。

贵州已经是穷乡僻壤不毛之地，龙场更可怕，位于一大片连绵的荒山之中，王阳明倒抽了一口冷气："这真是连峰际天，飞鸟不通。"到处都是蛊毒瘴（zhàng）疠，处处皆是蛇虺（huǐ）狐鼠。脚一踩下去，不知道会蹦出什么怪物。

王阳明不晓得龙场驿在哪儿，想问路，当地苗瑶咿咿哑哑，互相语言不通，鸡同鸭讲。

好不容易找到一个会讲汉语的，竟然告诉王阳明："这儿就是龙场，不过，没听说过什么龙场驿。"敢情刘瑾做得真绝，这不毛之地原先根本没有驿站，有心置王阳明于死地。

王阳明的眼泪在眼眶之中打转，真是"人生至此，天道宁论"。天底下哪还有什么公道可言。

他勉强平静下来，找了一块石头，闭目打坐，恢复精神，理清思绪，仿佛见到老道人在为他打气，他缓缓站了起来，展露微笑，刚复活的王阳明又开始了生死之搏斗。

王阳明“悟道”

王阳明得罪了宦官刘瑾，被贬到贵州龙场。他一路忍受风霜雨露，攀登悬崖峭壁，越过无数山顶，筋骨疲惫，饥饿晕眩，终于到达龙场，发现这是一个草长及肩、满地毒蛇的荒芜恐怖之地。

王阳明的仆从一路抱怨，长吁短叹，这会儿更紧张得大呼小叫：“奇怪，怎么空中有一股怪味。”

当地的翻译人员解释道：“喔，这是瘴气嘛，瘴气就是山林里湿热蒸郁的一股气，容易让人生病。”

“天啊！”仆役一听，整个人立刻崩溃，应声而倒，马上就病了，而且病得不轻。

王阳明的身体一向孱弱，又有肺病，又被刘瑾打伤了屁股，他却在此时发挥了潜力。他亲自打水，沾湿了毛巾，为仆役洗脸，并且温柔地坐在仆役旁边，轻轻哼起了家乡小调。

其他随从听着歌声，想起遥远的家乡，忍不住嘤嘤哭了起来，有人甚且嚷道：“我一定是在做梦，梦到来到这么一个可怕的原始世界。”

王阳明拍拍他的肩，淡淡一笑道：“别这样，既来之，则安之，快，我们一起来建一个草棚，不然，晚上睡觉都没地方。”说着，王阳明卷起了衣袖，抡起斧头伐木。

长期跟在王阳明身边的小厮忍不住霍的一下站了起来：“这不公平，不公平，太不公平了，老爷一向尽忠朝廷，什么过错也没犯，却被贬到这个鬼地方来，还得做粗活，我想，我们全都会死在这里。”他哽咽着哭着控诉，没多久，头晕、恶心、想吐，头一歪，也倒了下来。

王阳明轻轻叹了一口气，温和地拍着小厮的肩：“抱怨也没有用啊。”

众人七手八脚搭建了几个低矮的草棚，刚刚建好，天上刮起了风，顷刻之间，乌云笼罩，倾盆大雨，大伙躲在草棚里避雨，王阳明笑眯眯道：“幸亏我们早一步动手。”

一个随从哭丧着脸道：“老爷竟然还笑得出来。”

“不然，怎么办呢？总不能一直哭啊，我们还是来唱歌吧。”王阳明又哼起了家乡小调，他的声音充满了感情，又有磁性，大家都听得入神，暂时忘记了身处蛮荒世界的悲哀。

没多久，雨停了，大伙揉揉肚子，饥肠辘辘，已经太久没吃东西了，可是，在这个鬼地方吃什么？王阳明潇洒一笑：“总该有野生的瓜果蔬菜吧。”于是，他们分头去寻觅，不久，果然采集到好多种野菜瓜果，从此，大伙儿开始以这些异地风味来果腹了。

贵州苗人，选自《皇清职贡图》。

生活在这样恶劣的环境之中，正如同王阳明所形容的“人生至此，天道宁论”，既然不能谈天道，他就安安心心过着原始生活，平平静静接受残酷的考验，他猎鹿、种树、植五谷，并且透过翻译，教导当地土人基本礼仪，以及建造木屋的方法。

这些苗夷土人，虽然言语不通，受教育程度不高，倒是十分纯朴善良，他们能够体会王阳明的友善与好意，也会摘些果蔬回赠王阳明。

有一天，王阳明忙了一天，到土人家里教导医学常识，又开始教土人们识字，在每日例行的打坐调息之后，他安然睡觉。突然之间，他坐直了身体，高兴得大喊：“我悟出了，悟出了。”

旁人赶过来，不晓得发生了什么事，王阳明开心地说：“我曾经对着竹子格物，格了半天，格不出道理，现在我了解了，所谓圣人之道就是致良知，良知是我们每个人心中本来就有的，不假外求，所谓致，就是发挥之意。”

众人听了半天，仍然不太了解王阳明何以如此开心。王阳明一直苦苦追寻圣贤之道，终于他发现，只要在心中寻求本性就是格物。一个人要秉（bǐng）持良知，当然，秉持良知不一定有好的结果，譬如他就被贬到龙场，虽然如此，他心中十分快乐，他做了他该做的事，这大概就是孔夫子所说“君子坦荡荡，小人长戚戚（忧愁之意）”吧！突然之间，他觉得十分豁达，胸中洒脱，精神振奋。

王阳明继而又想，他因为得罪刘瑾而痛苦。倘若他与刘瑾合谋，自然不会陷于目前的痛苦，但是，与刘瑾狼狈为奸的本身，对王阳明而言，简直比死掉还痛苦，人生既然免不掉痛苦，他还是宁愿选择目前的痛苦，以求心之所安。

想通了这一层道理，王阳明把得失荣辱抛弃一旁，所有的苦闷完全一扫而空。

王阳明从七岁小圣人时代，开始苦苦追寻圣贤之道，直到三十七岁那一年，他终于找到了安身立命之道。

苗人放蛊

王阳明千里跋涉，来到了贵州龙场驿这个天然监狱，精神上的超脱，让他克服了环境的险阻，随从的人都受不了生理心理的双重侵袭而病倒，弱不禁风的王阳明反而浑身是劲地照顾他们。

其中一个名叫胡安的随从，病得最为厉害，他的肚子痛极，不断“哎哟”“哎哟”地大呼小叫，并且一口咬定：“完了，我一定是被苗人给放了蛊了。”

“哪有这种事，你不要胡乱猜想。”王阳明安慰道。

“怎么没有？昨天一个苗人来，眯着眼睛对我望，我就心知不妙。”

“他对你望一望，又没靠近你，你担心什么？”

“老爷，你不知道吗？放蛊只要把蛊放在指尖，远远一弹，你就中了蛊，就像我这样，一定活不久了。”

胡安悲悲切切地诉说，并且央求王阳明，一定把他的骨灰送回老家。

“别讲这些丧气话，自己吓自己，平白无故的，苗人何必放蛊？”王阳明再三劝慰胡安，胡安却死命闭着眼睛，仿佛在等死一般。

未来贵州之前，王阳明就听过蛊毒之说，到底什么是蛊，如今真有研究的必要。

于是，他找来通译，请他说明究竟什么是放蛊。

“没错，苗人的确有放蛊之说，会放蛊的男人，称为娘公，女的称为娘母。他们多半对外来的人放蛊，以保护自己家乡的人。”

“蛊到底是什么东西？”王阳明好奇地追问。

“老爷，我是汉人，在这儿住了两三代，所以会讲苗语。并不是每个苗人都会放蛊，据说蛊是用盆盂培养的毒虫，通常是养一些毒性强烈的癞蛤蟆（há ma）、蜈蚣、毒蛇，合起盖子，让它们互相咬食，斗到最后留下来的，正是把其他全吞食的胜利者，它乃毒中之毒，用以晒干，这就是蛊的基本材料。接着，他们还得去山里采一种无风自动草。”

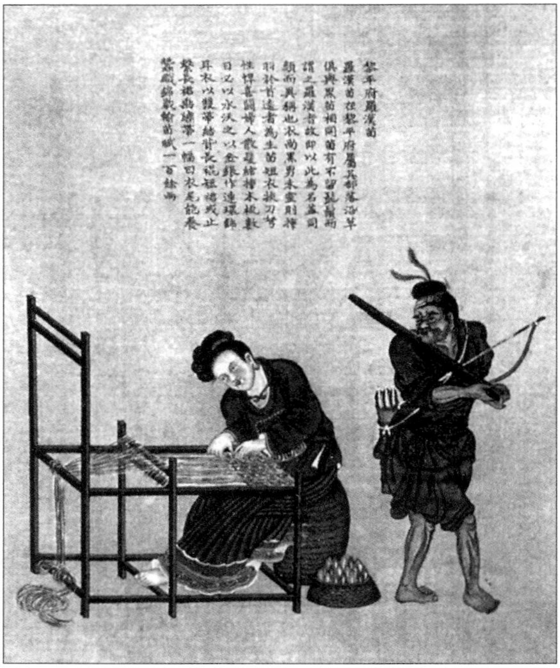

贵州苗人，选自《皇清职贡图》。

王阳明追问：“何谓无风自动草？”

“顾名思义，这种草无风却自动，因此，必须挑选一个没有一点风的日子，仔细去寻觅，由于它外形与一般草无二，所以不容易被发现，此草极毒。另外，还有一种‘无娘藤’，它是攀附大树的无根植物。材料齐备之后，娘公或娘母就准备一个大锅，把无风自动草、无娘藤，以及晒干的蜈蚣、癞蛤蟆、毒蛇一块儿烘焙（bèi），再捣成细粉，这细粉便能杀人，当然，还得加上咒语。”

通译这一番话，把众人吓得个个毛骨悚然，不自觉地发抖。

王阳明沉稳地说：“这个世界上充满了神秘不可知的事，我相信苗人会放蛊，但是我不相信他们会毫无道理地放蛊杀人。”

王阳明不理会旁人的警告，他不但没有远离苗人，反而比以前更加亲近当地的土人，虽然他不懂得苗瑶当地土语，但他用温和的眼神、诚恳的笑容，加上通译的帮助，不断传递种种的友善。

土人们对王阳明感到又新鲜又好奇，他们以前也见过中原来的官员，全都是神气活现，摆足了架子，完全不把土人看在眼中，与王阳明的态度完全不一样。

王阳明总是亲亲切切地拍着土人的肩，用刚学来的苗语问好，土人就用害羞的、腼腆的笑容回报，他们喜欢围绕着王阳明打转，露出憨憨的笑容，不断向通译打听王阳明的种种。

因此，王阳明干脆在草屋前席地而坐，正式开讲，通过通译，他教他们礼仪，教他们种树、植谷，教他们如何架屋。土人们瞪大了眼睛，聚精会神地听，觉得好新鲜。

没多久，真的有土人照着王阳明的方法，架木为屋，这木屋可比以前的草屋坚固多了，耐用多了，大家都十分兴奋，于是，一座一座的木屋造起来了，王阳明在土人们心中，也渐渐成了一尊神。

至于胡安，先是抱必死之心，过了几天，拉了几次肚子，似乎不药而愈，他拍拍胸脯道：“幸亏苗人没真的放蛊。”

胡安见到王阳明如此不怕死地接近苗人，他担心极了，可是，日子一天一天过去，王阳明身体健壮，土人似乎也被他收服了，胡安觉得眼眶湿热，心中一片感动。

天然监狱中的龙图书院

王阳明来到贵州龙场驿，到处瘴疠蛊毒，成堆蛇虺狐鼠，陷入天然原始监狱之中。但是，他不但没有被打倒，反而超越了痛苦。旁人警告王阳明，小心苗瑶土人放蛊，他却与土人交上了朋友，成为当地居民心目中神圣的老师。

每天下午，王阳明的草棚四周围满了土人。透过翻译，王阳明教他们种植五谷、医疗保健、利用树木造屋。土人们虽然言语不通，开化较迟，没有经过文明的洗礼，可是憨厚纯朴，王阳明愈来愈爱他们，相形之下，朝廷里那些天天忙着斗争的小人，显得多么可厌可鄙，王阳明感谢上天，让他有此机会重新发现人的良知本质。

王阳明对土人太好了，土人也想回报，他们透过翻译，向王阳明表示："希望帮老爷造一座大木屋。"

草棚原不适于人居，难得土人有此盛情，王阳明也兴匆匆地开始绘画设计图，他很有建筑学的概念，一会儿草图便完成了。

森林里旁的没有，全是高插入云的大树。土人们旁的本事没有，力气倒是不小。于是，在王阳明的指挥之下，大兴土木，加上他原有指挥工匠、修建威宁伯王越坟墓的经验，过了没几个月，一栋巍峨的楼房落成，取名为龙图书院。

王阳明身边的随从，曾经一个一个因不适应而病倒，准备就死在这个蛮荒世界。后来随从们发现王阳明非但没有被放蛊，反而收服了土人，又开始建楼，因此，也被感染了兴奋，心情好转，身体逐渐康复，这一会儿也忙里忙外，准备乔迁入新居。

王阳明写得一手好书法，他把起居室命名为“何陋轩”，意思是君子住的地方，哪儿会担忧简陋？轩前一座凉亭，花木扶疏，翠竹围绕，被命名为“君子亭”，王阳明取来一张琴，在凉亭中抚弄唱歌，神态优雅，歌声动人，土人们都看呆了，在他们心目中王阳明是神仙下凡。

不过，土人眼中的神仙，在思州太守眼里，王阳明不过是一个被贬的小小驿丞，岂可“大兴土木，聚众煽惑”，该当何罪？因此，太守差了人来调查究竟。

这个差人，不过是芝麻小官，却自命不凡，他大摇大摆到了龙场，大吃一惊：“乖乖，什么时候不毛之地中，竟然出现如此像样的楼房？”

差人摆足了官架子，把王阳明找来问话，第一句话就是呵斥王阳明：“你不懂规矩吗？还不赶快下跪？”

差人这种小人，王阳明看得多了，只是没想到在这儿还会遇见，他拱拱手道：“跪拜之礼，也是小官常分，算不得羞辱。不过也不该无故行之，无故行之，与当行不行，都是自取其辱。”

差人火了，他眼睛骨碌碌到处打转，接着，他目光停在龙图书院，冷冷言道：“你这个厅堂的式样不错。”

王阳明淡淡应道：“哪里！”

差人又提高了声音：“你不觉得僭（jiàn）越吗？”所谓僭越，超越也，意思是，超越其本身应有的地位。说着，差人就吩咐身边的小喽啰：“还不给我拆了。”

小喽啰正准备拆屋，屋外赶来了一群苗瑶土人，拿起木棒就往喽啰头上一敲，这些土人别的本事没有，论起打架，汉人哪是他们的对手，他们眼见芝麻小官欺负王阳明，自然立刻上前救援。

差人被打得鼻青眼肿，一拐一拐地逃了回去。思州太守大惊失色，一张脸气得肿成通红，他不解道：“奇怪，王守仁不晓得你是我派去的吗？”

差人无限委屈道：“怎会不知呢？”

“奇了，小小驿丞，如此嚣张？”

思州太守万分不解，正在思量该如何治一治王阳明，此时毛宪副来访。

毛宪副是王阳明的朋友，听说了这件事，曾经派人去找王阳明，劝他前往思州太守处赔罪。

不料，王阳明非但不赔罪，反而写了一封措辞极为激烈的信，表达心迹。

王阳明先是诚恳地谢谢毛宪副的美意，继而解释：“差人挟威势凌辱龙场，非太守之意，同样的，诸夷愤愤不平，上前救援也不是我王某人的意思。”

他又说：“我身陷瘴疠蛊毒之处，一天之中可以死三次，现在竟然可以处之泰然，那是因为我深深了解生死有命，假如太守准备加害，我也没什么遗憾，在我看来，也不过是因蛊毒而丧生罢了。”

思州太守看着信，背脊不断有凉意往上窜，他看出来王阳明视死如归，绝不会低头。他也看出来，苗瑶土人对王阳明心服口服，忠心耿耿，若是不小心触怒了土人，惹起什么乱事，他可担待不起。所以，思州太守识时务者为俊杰，立刻换了一张脸孔，对毛宪副打躬作揖：“素仰王先生学问，佩服佩服，还希望王先生大人大量不予计较。”

石棺中的王阳明

春去秋来，王阳明在龙场驿已经待了三年，这里被原始森林笼罩着，潮湿蒸郁，暗无天日，人烟稀少，瘴疫猖獗（jué），仿佛是一座天然监狱。王阳明以精神力量超越了生理心理的双重痛苦。

正德四年（1509年）秋天，王阳明听说京城里来了一个吏目，不晓得姓什么名什么，只知道他带着儿子仆人前往上任，经过龙场驿，借住在土苗家里。

王阳明刚好经过，从篱笆中遥遥望去，只见三个人都一脸苦相，他本来想去问问京城里的消息，可是当时天空墨黑，即将大雨倾盆，因此他打道回府，准备第二天再去问话。

第二天一大早，王阳明派人去看他们，说是已经出发了。到了中午，有人自蜈蚣坡来，神情惨淡地说："有一个老人死在坡下，旁边两个人哭得很伤心。"

王阳明十分难过，长长叹了一口气："这一定是吏目死了，唉！"

到了傍晚，又有一个人来说："坡下死了两个人，旁边一个人哭得死去活来。"

王阳明摇摇头："吏目的儿子死了。"

第二天一大早，又有人来说："蜈蚣坡下有三具尸首。"这一回，连仆人也死了。

王阳明哀怜他们无人收尸，命令两个差役拿着簸箕（bò ji）、铁锹（qiāo）去埋葬尸体。天气好热，秋老虎正在发威，两个差役面有难色，一脸不愿意的表情，又不敢埋怨王阳明多管闲事。王阳明幽幽道："唉，你我的处境与他们三人差不多。"

这些话重重打在差役心中，想起自己远离亲人，走到这孤寂荒凉的龙场，不晓得哪一天，这个异地他乡也会是自己的丧葬之地，忍不住嘤嘤哭了起来，也勾起了他们对吏目三人的同情。因此，差役擦干眼泪，跟着王阳明，来到了蜈蚣坡。

王阳明到了坡旁，指挥差役在山旁挖了三个坑，把吏目父子与仆人埋下去，并且准备了一只鸡、三碗白饭吊祭。

挖好埋好之后，王阳明流着眼泪祭拜他们："呜呼伤哉，呜呼伤哉，你们是什么人？你们是什么人？我是龙场驿丞余姚县王守仁，我与你们都是中原人，但是我不晓得你们姓名，也不知道你们家乡在哪里，你们为何来到这儿当鬼？古人是不轻易离开家乡的，就是出外做官，也不超过一千里以外，我是因为被贬斥，不得已来到这儿，你又是为了什么冤屈呢？"

说到这儿，王阳明已哽咽不成声，旁边两个差役也哭得窸（xī）窸窣（sū）窣，王阳明继续为吏目叫屈道："我听说你的官职，不过是一个小小的吏目，俸禄不超过五斗，你率领妻子种种田所得也不少于五斗米，何必为这区区五斗米换取你昂藏七尺之躯，还嫌不够，又赔上你的儿子、你的仆人。

"假如，你真是为五斗米而来，你就应该欣然前往，为什么昨天我见到你，你一脸愁苦，似乎不能承担忧虑。唉，一个人承受着风霜雨露，攀登悬崖峭壁，从无数山峰走过，饥渴劳顿，筋骨疲惫，再加上瘴（diān）疠侵其外，忧郁攻其内，怎么可能不死呢？我固然早就知道你会死，没想到你会死得这么快，也没有料到你的儿子和你的仆人，也会仓促之间死掉，这是你自己找来的，再说也没有用。

“我因为顾念你们三副尸骨无人收拾才来埋葬，使得我心中有无限的悲怆、呜咽，就是我不来收尸，深山之中的狐狸成群，暗沟里的蛇粗壮得像是车轮，它们也一定会把你们吞到肚皮里去，不至于让尸骨常常暴露在外，你们虽然人已死，没有知觉，我又怎么忍得下心？

“自从我离开父母，离开家园，来到这个龙场驿，转眼之间已经三年了，历经瘴疠还能苟且活命，因为我没有一天是忧忧戚戚的，今天我如此之悲伤，是为了你们，我不应该再为你们伤心了。我来为你们唱一首挽歌吧，请你们听着。

“连绵的山峰接近天际，连飞鸟都不容易通过。游子怀乡啊，却辨不清东西的方向，虽然分辨不清东西南北，却有相同的天空，无论如何遥远总还是在大明国土之上啊，达观一点，随遇而安吧，何必非守在自己的家乡，你们的灵魂啊，不要太过于悲伤啊！

“我再唱一首歌来安慰你，我与你都是离乡背井的人，在这个野蛮的地方，言语不通，不晓得什么时候就会死去，假如我也死在这儿，你率领你

棺椁

的儿子仆人与我一块玩耍，我们一块骑着神虎，登上高处眺望故乡互相唏嘘。如果我能活着回去，你的儿子仆人还跟随着你，你不必因为没有伴侣而感到哀伤。道旁一个一个的坟墓，大都是中原来的，你可以与他们一起呼啸徘徊，餐风饮露，朝与麋鹿相伴，暮与猿猴同宿，你安心住在你的墓穴中，可别在这儿当个厉鬼。”

葬完了父子仆三人，王阳明非常哀伤，他也发现要超脱生死一念，自己还有待努力，因此，他订了一口棺材，有事没事就躺在棺材里修身养性，棺是石头做的，冰冰凉凉十分舒服，偶尔他干脆在石棺中睡个午觉，久而久之，愈来愈豁达。

事实上，王阳明被扔到龙场驿，差不多就是一脚已踏入了棺材，他还是本着悲天悯人之心，同情与照顾陌生的三个旅人，这一分高贵的情操让人动容，他亲笔所写、记录这一段经过的《瘗（yì）旅文》（瘗乃掩埋之意）也就自明代流传至今。

席元山重修贵阳书院

王阳明在龙场驿凿了一具石棺，有事没事便躺在里面，希望能突破对生死一关的忧惧。

跟随王阳明前来的仆从，有的可以受到王阳明的潜移默化，逐渐变得豁达开朗，但是仍然有些熬不过环境的恶劣、心情的苦闷、水土不服的困窘，终于一病不起。面对这样的生离死别，王阳明依然十分哀痛，无法超脱。当然，人总是人，王阳明内心深处也不免担心，下一个向阎王爷报到的，该不会就是他自己。

因此之故，王阳明时时躺在石棺之中修身养性，在人生的大熔炉里千锤百炼。

有一天，王阳明又窝在石棺里做白日梦。他忽然念着一段庄子的话："生死修短，岂能强求？予恶乎知悦生之非惑邪？予恶乎知恶死之非弱丧而不知归者邪？予恶乎知夫死者不悔其始之蕲（qí，求也）生乎？"

这一段话十分深奥，王阳明过去读过，没有太多领悟，如今随时等待着死亡的召唤，他突然明白了庄子的意思："一个人的寿命长短岂能强求？我哪里知道，贪生是不是迷误？我哪里知道，人的怕死，并不是像幼年流落在外而不知归故乡？我哪里知道，已经死了的人不会懊悔他从前求生？"

王阳明潇潇洒洒自石棺中一跃而出，自言自语道："可不是吗？生未必乐，死未必苦，生死之间其实没有太大的分野，说不定哪一天死了之后，会懊恼从前活着的时候多么愚蠢，为何当初不早一点死了。”

这一次大彻大悟之后，王阳明整个心境豁然开朗，神采奕奕，每天讲课更是带劲。

当地苗瑶土人对于王阳明的学问能够理解的实在有限，他们是把王阳明当成活神仙在拜。倒是贵州的少数汉人，听说王阳明在开课，不辞劳苦远道赶来旁听，愈听愈有趣味，王阳明学问好、口才好且不说，身处困境，他依然慷慨豪爽，英风飒飒、谈笑风生，单单这一分修养就让人佩服不已。

贵州提督学政席元山听说了龙图学院开讲的盛况，亲自前来龙场驿向王阳明讨教。

王阳明针对当时学者知而不行，只晓得挂在嘴边说一说的毛病，特别提出了“知行合一”的学说。

王阳明认为，知是行的主意，行是知的功夫，知是行的开始，行是知的完成。譬如，看到美丽的颜色，闻到秽（huì）恶的臭气，这是属于知；当见到美丽的颜色心生欢喜，闻到秽恶的臭气心生厌恶，这是属于行。由此可见知与行的关系，牢牢不可分离。

王阳明真正想说的是，一个人在意念发动之时，就要彻彻底底扬善去恶，任何一个意念的发动，便是为善为恶的分别，也就是君子与小人的差别。

席元山一听之下，大为叹服，再三称谢：“圣人之学，重见于今日矣。”席元山回去之后，隔不了两三天又来了，又想听听王阳明讲学问。

又过了几天，席元山与毛宪副一块儿前来，后面还跟着一大批青年学生，一致要求王阳明赴贵阳书院讲课。

王阳明有些惶恐，他谦虚道：“野夫一向疏懒，旧学都抛弃了，我有这个威仪去讲学吗？”

“当然。”众人一再邀请，王阳明终于答应了。

贵阳书院位于贵阳城东的东山山麓，风景秀美，有云遮雾障的仙气，也有松石笔立的峥嵘（zhēng róng），王阳明一眼就爱上了这个地方，他面对着如茵绿草，开心地朝身后的学生们说：“不如，我们就在草地上互相讨论吧！”

“好啊！”席元山、毛宪副以及一群渴望求知的学生，全都围拢过来，席地而坐，聆听一代大师的精彩讲学。荒僻的贵阳县，也因为大师的来到，立刻变得斯文典雅、古风蕴藉（yùn jiè），从此之后，贵州学风大盛，甚且连土苗也大为开化，这不能不归功于王阳明。

就在王阳明逐渐适应龙场驿、也不对未来抱持任何希望之时，突然之间，时来运转，他被朝廷赦免，调升江西庐陵知县，庐陵位于赣（gàn）江中游，地虽偏僻，却以富饶著名。

回首三年不堪的谪居生涯，王阳明心中有无限的感触，他经历了心理生理双重的痛苦，却也因此“居夷三年，见得圣人之学，如此简易广大”。他在痛苦之中找到真理。

王阳明提倡务实哲学

正德四年（1509 年），王阳明终于否（pǐ）极泰来，升任为江西庐陵知县，他循着当年旧路东归，心情十分轻松愉快。

当王阳明经过渌水西头泗洲寺，遇到一位老僧，见到王阳明便惊喜地叫了出来："这不是王先生吗？"

"你还记得我？"

"怎不记得？王先生的气质与众不同，三年了吧，依然如此清癯（qú）。"

老僧笑着打量王阳明。

王阳明摸摸脸笑着回答："是啊，始终胖不起来。"他心中想说的是，能保住一条命已经不容易了。

王阳明到达任上之后，消弭盗贼，除暴安良，兴学校以教导子弟，辟防火巷以防火灾，对于才高八斗的王阳明而言，这小小的庐陵县不过是牛刀小试，没有多久，当地大治，甚且留下来的风气，历数百年而不衰。

不久之后，也就是正德五年（1510 年）八月二十五日，当年陷害王阳明的刘瑾被定罪，刘瑾被判磔（zhé，古代分尸的酷刑）于市，分三天处死，让他慢慢受折磨，最后，他的头颅又被砍下来示众，当时的人们竟然纷纷抢买一小块刘瑾的肉生食，用以发泄心中的愤恨。

这年十一月，王阳明奉召入京，觐（jìn）见明武宗。离京四年，景物依旧，人事已非，他开始受到朝廷重用，先后调升吏部主事、文选清吏司员外郎、考功清吏司郎中、太仆寺少卿等职务，不论担任任何职务，他永远全力以赴。

正德八年（1513 年），王阳明思乡情切，与弟子徐爱同行，畅论学问种种。徐爱是王阳明的妹婿，武宗正德二年（1507 年），当王阳明出狱之后，徐爱就跟着王阳明求学问，是王阳明最早的弟子，也是最疼爱的弟子。王阳明才气逼人，自然有时不免锐利，因此他曾自叹不如道："我不及徐爱的温和谦让。"

徐爱十分善良，尽力协助王阳明普及教育，在王阳明心目之中，常把他与孔子弟子颜渊相比，不幸的是，后来徐爱竟然与颜渊一样，三十一岁就早死，王阳明伤心极了，时时讲学到一半，想起徐爱，恸（tòng）哭失声，率弟子赴徐爱之墓祭吊。

徐爱的死是后话。当正德八年（1513 年）回乡之时，师徒二人沿途说说笑笑十分愉快，尤其此行徐爱晋升为南京工部员外郎，而王阳明省亲之后，也要接任南京太仆寺少卿，二人春风得意，谈兴极浓。

徐爱一路发问，王阳明娓娓回答，对于尧、舜、禹、文王、武王、周公、孔子、孟子一脉相传的儒学，王阳明都有独到的见解，徐爱牢牢默记在心，将它们整理成王阳明传世的经典《传习录》。

所谓传习，语出于《论语·学而篇》，曾子说："吾日三省吾身，为人谋而不忠乎？与朋友交而不信乎？传不习乎？"

这句话的意思是说："我每天反省三件事——我替人谋事，有不尽心尽力的吗？与朋友交往，有不信实的吗？老师教导我的，我有不熟习的吗？"

《传习录》一书的内容，多半是王阳明与弟子谈论学问，或者答复他们提出来的问题，由徐爱、钱德洪等人记录下来，与《论语》一书产生的方式差不多。

徐爱认为王阳明的学问是"孔门嫡传"，听了之后"欣喜如狂，不觉手舞足蹈"，因此徐爱忍不住记录下来，与其他人分享。

譬如其中有一段谈到务实的很有名，经常为后人拿来引用。

这是王阳明与门人薛侃（kǎn）的一段谈话。

有一天，王阳明讲到修养，他长长叹了一口气："为学的大毛病，你们说，在哪里？"

"哪里？"门人一起望向王阳明。

"在好名，太爱追求外在的虚名了。"

薛侃道："可不可以请老师深入解释，求名乃是一种人性啊。"

王阳明慢条斯理道："名与什么相对？"

"与实相对。"徐爱回答。

王阳明用嘉许的眼光望了一眼徐爱。

"正因为名与实相对，一个人务实的心多一分，那么，务名的心就轻一分，如果一个人全是务实的心，就全无务名之心，当务实的心像是饿的时候求食物、渴的时候求饮料（那样迫切），哪里还有工夫好名？"王阳明深刻地剖析着。

薛侃又问："不过，人们其实往往口中讲务实，内心却在务名。"

"正是，因此要致良知啊，当然，运用良知来评断事物，不能武断，不能全凭直觉，必须依赖智慧实事求是。如人走路一般，走得一段，便认得一段，走到歧路，有了疑问，问了再走，才能达到预定之地啊。"

徐爱薛侃望着王阳明，同时在想，老师的行事，就为"务实"二字下了一个最好的注脚啊。

王琼爱才

王阳明离开龙场驿之后，否极泰来，官运亨通，从文选清吏司员外郎，升为考功清吏司郎中，又跳到南京太仆寺少卿，顺利得让人咋（zé）舌。

从表面上看来，似乎花花大少明武宗偶尔也能知人善任，懂得王阳明的优秀。事实上明武宗沉醉于醇酒美人，脑子里全是他自封的“威武大将军”的英雄梦，他对王阳明实在没有太多的印象；王阳明之所以时来运转，自万丈谷底翻身，那是因为背后有贵人相助，这个重要的贵人就是王琼。

王琼是山西太原人，成化二十年（1484 年）进士，王阳明的父亲王华是成化十七年（1481 年）的进士。王琼与王华同姓王，是本家，王琼对王华十分佩服，王阳明生于成化八年（1472 年），算起来，王琼是王阳明的父执辈。

王琼是看着王阳明长大的，王阳明少有神童美誉，王琼十分欣赏看好他。但是，他也担心王阳明的硬骨头、臭脾气，王琼早就料到，这个狂小子迟早会出问题，因此，王阳明后来得罪刘瑾，被贬到龙场驿，全在王琼的预料之中。

王阳明高贵善良，正直纯洁，为了坚持原则，不惜牺牲生命。王琼却认为，身处乱世，应当“同流而不合污”，这才能在混乱的局面之中，设法为国家尽一分力量。

王琼喜怒不形于色，见人说人话，见鬼说鬼话，因此他与明武宗身边的小鬼，不论是小宁儿钱宁，或是勇将江彬，平时都能混在一块儿，嘻嘻哈哈打成一片，这才能有机会见到明武宗，不被武宗身边的小人所排挤。

另一方面，王琼则是深沉而厉害，他中进士不久，以工部主事的身份，曾经出来治理漕河三年，三年之中，他把一切治理得井井有条不说，还把一切经过，详细写在志书上，让接替他职务的人十分方便。所谓志书，指的是记载各地疆域沿革、古迹、险要、人物、物产、风俗习惯的书，例如记地方的叫县志、府志，记省的叫通志，记全国的叫一统志。

王琼自己重视留下纪录，他也懂得在档案之中寻查资料，譬如他担任户部尚书之时，边帅要求这、要求那，王琼如数家珍，某某仓库有多少粮草，某郡岁输多少，数目一清二楚，把大家都吓坏了。

王琼自己一肚子才学，因此他特别爱惜人才，他早就看准了王阳明是不可多得之才，他要好好爱护王阳明，培养王阳明。王阳明自龙场驿归来之后，历任要津，王琼就是希望他多历练，多养望，所谓养望乃培养声望也。

这一回，王阳明南下就任南京太仆寺少卿之时，提出要求，希望能够顺道回家探亲，恰好担任王阳明长官的王琼不但立刻答应，并且给了长达半年的长假，这不能不说是王琼的一番惜才。

正德八年（1513 年），王阳明终于回到了阔别多年的家乡浙江余姚，这一路行来，王阳明都在默念李白那一首著名的“床前明月光，疑是地上霜，举头望明月，低头思故乡”。当他躺在龙场驿的石棺之中悟道之时，真不敢想象这一辈子还有机会回到家乡。

余姚自古盛产杨梅，杨梅收获季节甚短，过不了几天就会烂掉，王阳明记得小时候杨梅成熟时，小朋友总是在树上边摘边吃，吃得口中发酸，肚皮鼓起，全身被杨梅汁染得又红又紫，好玩极了。

王阳明回到家，啜（chuò）一口酒浸杨梅，觉得幸福极了。他用家乡余姚方言与家人亲切聊天，余姚方言十分难懂，王阳明觉得讲土话当然有母语的温情，不过，实在不方便与外人沟通。经过了监狱之灾，挨过廷杖之痛，遭过贬谪的折磨，逃过刺客的暗算，王阳明丰富的阅历也让他对许多事，有了不同的看法。

他此番回到余姚，也算是衣锦还乡，亲友纷纷前来道贺。接着他与徐爱等门人赴会稽（kuài jī）山、兰亭、四明山游历，身心十分舒畅，他尤其欣赏四明山的雪窦寺，寺旁有一飞泉，状似雪花飘飘，所以人们称之为雪窦寺。王阳明徘徊流连，得诗一首，其中名句是："林间烟起知僧住，岩下云开见鸟飞。"

王阳明在与大自然交融时，每每会想起那位教他打坐、指引他勇敢面对人生的老道士，王阳明盘起腿来，就在飞瀑之下与弟子们传道、授业、解惑。

其后，他赴南京上任，任太仆寺少卿，再升为南京鸿胪寺卿，这些职务全是官高的闲职，王琼的意思是让王阳明轻闲一下，养一养虚弱的身体，以备他日大用。但是，这一切，王琼都没对王阳明说清楚。

王阳明想做事，不是一个贪图官位的人，他自龙场驿回来五年之后，闲散的职务愈做愈没趣，加上老祖母九十六岁高龄，想念孙儿，所以他二度上疏，请求归乡。

这回王琼可没答应他，因为国家多难，该是起用王阳明的时候了。

商船变舰队

提起王阳明三个字，中国人都知道他是明朝伟大的思想家，事实上，他还是了不起的军事家，能文又能武，只不过，军功为文化所遮掩。

正德十一年（1516年），因兵部尚书王琼力荐，王阳明被擢（zhuó）为右佥（qiān）都御史，巡抚江南。原来，当时广东、福建、湖南、江西四省出了不少的强盗，尤其江西与福建一带的匪寇剽悍异常，朝廷屡次派人围剿，官兵捉强盗，捉来捉去，总是扑空，有时反而被强盗打败，官兵面对山林，真是束手无策。

想王阳明从小沉醉于兵法武艺，崇拜汉朝马援老将，甚且在十五岁之时，偷偷跑到居庸关玩了一个多月，观察塞外山川形势，真有一番立军功的雄心壮志。

但是，事隔三十年，到了已经四十五岁的王阳明，面对这一项任务，实在不能抱持乐观，因为他身体虚弱，因为他了解世事艰困，更重要的是，因为他太清楚明武宗花花公子的调调儿，以及满朝几乎全是奸臣小人当道。

王阳明上疏请辞，皇帝不准，他只好硬着头皮上阵。

王阳明在上任途中，就小露了一手。当他舟过万安，听说沿途盗贼出没，商船吓得躲在岸边，不敢渡赣江。

王阳明亮出身份，把商船船主聚集在一起："你们应该团结在一起，人多势众，盗贼自然也会害怕。"

被王阳明这么一鼓动，商船船主们合拢起来，在王阳明的调度之下，摆开阵势，扬旗鸣鼓，破水前进，这江上的盗匪原本一向吃定落单的商船，从未想到，商船竟然连成一队，而且水手们卷起袖子，挺着胸膛，站在船头，船上还有战鼓声，这些商船怎么一会儿变成了舰队？

“怎么回事？羔羊变成了老虎啦？”强盗中的老大石破天在江边的空地上大声吼叫，显得又愤怒又畏惧。

“老大，我打听到消息。”一个小喽啰满头大汗跑来报告，“这些商船是被新上任的御史大人组织起来的。”

“哪一个御史大人？”石破天问道。

“这位御史大人名叫王守仁，奉旨到江西、福建来巡抚视察。”小喽啰高声回答，似乎是说给四周围的强盗们听的。

“这位王大人是有学问的人，心地善良，待人极好，又精通兵法，听说他在贵州做官的时候，贵州的土人把王大人当成了神。”

“老大，”强盗中的副首领丁成说，“我们这群人在江上打劫商船也不是干什么好事，我们弟兄们有的是没有饭吃才铤（tǐng）而走险，有些是被贪官污吏迫害而加入，干我们这种事的人，将来也没有脸到地下见祖先，不如趁此机会向王大人投诚，免得王大人带兵来剿，那我们就惨了。”

丁成的话立刻引起了强盗们纷纷议论，极大多数人都赞成向王大人投诚。

“大家听着，”石破天高声说，“既然大家都想向王大人投诚，那么，我就带领大家到江边去见王大人。”

于是，几百个江贼齐集江边，石破天与丁成则驾着一艘小船划向商船。

“我是石破天，我求见王御史大人。”石破天在小船上对着商船高唤。

“大人，这个石破天是这一批江贼的头头，你要不要见他？”一位船主对王阳明说。

“当然要，让他们到大船上来谈。”王阳明果断下令。

石破天和丁成上了商船，见到王阳明，立刻扑跪叩头。

“两位请起。”王阳明亲自拉起了石破天和丁成，“你们可是来和船主们谈判的？”

“不敢。”石破天低头抱拳道，“我们这几百人都不是自愿干强盗的，我们弟兄们有些是饥民，有些是被贪官污吏所迫害，不得已才干起劫船的勾当。听闻王大人清廉公正，爱民如子，所以我们才敢前来归顺，请大人赦免我们以前的罪过。我们愿意从此改过迁善，重做良民。”

“善哉，善哉！”王阳明不自觉双手合十，“人非圣贤，孰能无过，过而能改，善莫大焉。你们既知前罪，从此改邪归正，各自务农务商，做一些正当的生意，我保证朝廷不会为难你们，同时，只要有我在，这江西福建一带也不容许贪官污吏迫害良民，你去告诉你们的弟兄吧！”

石破天和丁成叩了三个响头，登上小舟，回到岸边。

商船上的人都涌到了船边，看到岸上那些原本穷凶极恶的江洋大盗竟然全跪在地上向王阳明遥遥叩头，大家心里有一个共同的感觉，王阳明的道德感召真是胜过千万雄兵。

象湖山的滚石

王阳明不但有学问，并且懂得用兵，这是一般人所常忽略的。

正德十二年（1517年）一月，王阳明抵达赣（gàn）州，当时赣州地方治安不好，土匪出没扰民，他推断土匪每次出动，必定有内应，才可能得心应手，满载而归。

因此，王阳明下了一个命令，实施“十字牌法”，集合十户人家为一“牌”，登记各户人口的姓名、年龄、相貌、职业等，每天由一家担任巡察，只要发现有可疑的陌生人，必须立刻报官处理，假如有所隐匿，十家都得连坐处罚。并且他要求百姓各安本业、互相尊重、守望相助，同时，又遍选民兵，勤加操练，更通令江西、福建、广东、湖南四省都加强民兵的组织与训练。

过了没有多久，福建漳州地方的盗匪发动猛烈攻击，准备给王阳明这个新官来一个下马威。

王阳明一点也不畏惧，他一方面用右佥（qiān）都御史的身份，命令福建、广东、湖南三省部队会同剿匪，一方面他又率领江西民兵亲自出征。

走到漳州附近，王阳明的官军便遇到漳州的盗贼，双方发生了激战，向来政府军队都是花拳绣腿，根本不能真正打仗。由于王阳明的部队经过训练，士气高昂，有旺盛的战斗力量，漳州盗贼屡战屡败，眼见情势不妙，赶紧前往老巢逃命去也。

王阳明是一个锲（qiè）而不舍的人，他一声令下："追！"精锐的部队尾随漳州土匪，奔向象湖山，一路之上黄尘滚滚，真正是惊天动地。

土匪们逃回象湖山。这象湖山山岭险峻，百丈悬崖，居高临下，易守难攻，当王阳明率领官军前来象湖山麓，大家眼望狭小山径，笔直而上，犹如天梯，心中不免有所恐惧。

"大家小心！"王阳明指着上山小径，高声对官兵们说，"现在我们要从这条路上山，这条路太陡峭了，要当心山上的土匪会扔下大石头来。所以，大家一边往上爬，一边得注意山上是否有东西滚下来，如果有东西滚下来，赶快藏身于小路边的大树下，或者巨石旁，躲过被击中的危险。现在，大家先高声叫三声'冲呀！'声音愈大愈好，但向山上走的时候，越慢越好，这叫虚张声势。"

于是山下的官兵大叫了十声"冲呀"，大家愈叫愈兴奋，好像在比赛嗓门，一时"冲呀"之声响彻云霄。

山上的盗贼们听到山下官兵的大叫声，感到事态严重，便将平日准备好的大石与大木头推下来，这些巨木与巨石沿着小径向前滚，"轰隆""轰隆"之声在山谷中传开来，颇为吓人。官兵们早就受到王阳明的警告，发现一路向下滚的巨木、巨石，赶快找躲藏之处保护自己，所以，无数的滚石、滚木，虽然惊险，实际上却没有伤到人，只不过，巨木巨石也产生了一点作用，那便是把上山的山径多处堵死，不能通行。

山上的土匪眼见官军上不了山，总算放下了心，大伙儿搬进巨木巨石，早已疲累不堪，于是纷纷寻觅荫凉之处，倒头便睡大觉。

"杀！"不知自哪儿传来一声大吼，接着从后山窜出成百上千的官军，手挥刀剑，直奔而来。象湖山上的土匪好梦正酣（hān），哪里想到王阳明早已暗中派了另外几支官军，从象湖山的后面与侧面攀登上山，前山的官军只不过是个诱敌的棋子罢了，土匪们张皇失措，不是被杀，就是投降，于是，困扰地方数十年的象湖山土匪完全被消灭。

朝廷为了表扬王阳明平定寇乱的事功，一再奖励升迁，但是王阳明实在是累了、倦了，他原本体质就差，长期的透支更疲累得只剩一把骨头。再加上祖母岑太夫人已经一百岁了，卧病在床，天天想念王阳明这个宝贝孙子，王阳明二度上疏，请求返归乡里，可是朝廷不准。

皇上不肯，他又曾上书恩公王琼，表示："群盗虽已剿灭，但是漏网尚多，将来之祸，不可胜言，固非我所能办也。"王阳明心中是担忧宁王宸濠，终必作乱，王琼也是同样为此操心，所以不准王阳明退休。

正德十四年（1519 年），王阳明正在福州处理叛逆，听说宁王宸濠造反，立刻赶回吉安，兴起义兵，讨伐叛乱，护卫王室，并且接出夫人与儿子正宪来到吉安，表明做好随时全家殉国的准备。

当宸濠造反的消息传到京师，朝廷个个着急，只有兵部尚书王琼气定神闲道："诸君勿忧，我用王守仁安赣州，正为今日，贼旦夕可就擒。"

王琼长期栽培王阳明，等的就是这一天。

王阳明比赛射箭

明朝正德十四年（1519年），王阳明在短短两个月之中，平定了宸濠之乱，关于这一段，前面讲得十分详细。

王阳明是个随时不忘读书研究的人，即使在军事危急之时，他也有这分定力，一面指挥作战，一面讨论学问。

有一回，他正与学生们谈论古书，谈到某一段十分起劲，颇有不凡的见解，突然接到前线失利的报告，他神态自若地走了出去，十分明快地下达命令："立斩阵前退却的士兵。"这一刻王阳明可是严厉的军事统帅。

一转身，他回到书桌前，又开始谈学问。学生们好奇问了方才发生的事，王阳明告诉大家，学生们个个目瞪口呆，大家心中牵挂着战争不知如何发展，难免有些紧张不安，实在没有读书的心思。

作为老师的王阳明却挥挥手，淡淡说："别放在心上，这是兵家常有之事，不足挂齿。"

后来，宸濠被擒，消息传来，所有的人都欣喜欲狂，甚且有人跳到桌上高声欢呼，王阳明依然面无表情，不动声色，他的学生们望着老师喜怒不形于色的表现，忍不住说："这不是谢安的再版吗？"

谢安是东晋的宰相，当时北方前秦君主苻（fú）坚率领大军南下伐晋，谢安的侄儿谢玄统领晋军抵抗，淝水一战，苻坚惨败，退回北方，东晋才得以保存。当晋军在淝水打仗的时候，谢玄从前线派了使者送来打胜仗的捷报，谢安看完了谢玄简单的捷报，默默不动声色，从从容容继续下他的围棋。

客人忍不住问道：“前线的军事胜负如何？你看的是什么信？”

谢安轻描淡写道：“小儿辈大破敌军，传来捷报。”讲这一句话之时，谢安的意态神色举动，与平日毫无不同处，客人们闻听捷报都雀跃不已，却深深佩服谢安的镇定功夫。

谢安下围棋的镇定，被传为千古美谈。其实，谢安心中怎么可能不牵挂不焦虑。只是，他要努力做到心平气和，尤其是作为一个领导人物，如果毛毛躁躁，神色张皇不安，那么，他的部下岂不更是如热锅上的蚂蚁？

王阳明在龙场驿的锻炼，让他学会安定，安定能带给自己和旁人最为深刻的力量。

王阳明大破宸濠，拯救了大明朝廷，却惹得明武宗不悦，原来，宸濠谋反之初，明武宗原准备要亲征，遭到群臣谏阻，正在郁闷不乐，听说宸濠正式叛变，武宗兴奋得下诏亲征，自封为“奉天征讨威武大将军镇国公朱寿”，一面把打仗当游戏，一面借机畅游江南。出发不久，王阳明的捷报传来，武宗把这一个扫兴的讯息摆在一边，不予以理会，继续南征。

这时，明武宗身边的江彬、张忠等人为了满足明武宗好大喜功的心理，竟然三番两次派人阻挡王阳明，甚且希望王阳明把宸濠放回鄱（pó）阳湖，让武宗亲自擒拿才过瘾。这真是天下再荒唐不过的事了，王阳明不假思索就加以拒绝，同时改道钱塘，把宸濠交给张永，张永是难得一见的好宦官。

把宸濠交给了张永之后，王阳明回到江西。这时，武宗身边的宠臣张忠、许泰已经等候多时，他们得不到宸濠，便开始借题发挥，无理取闹。他们指使追随他们来到江西的京军，成群上街谩骂王阳明，到处挑衅。王阳明修养深厚，不为所动。相反的，京军的将士们如果生了病，王阳明会派当地的医生来免费诊治医药，如果京军的将士死了，王阳明会赠送棺木，京军被感动了，个个都说：“王都堂如此爱我，我怎么忍心去侵犯他？”京军原本是前来找麻烦的，到了江西南昌，竟然见到王阳明张贴的告示：“北军离家远来，客中思乡，种种苦楚，应当格外体谅，居民务必要敦（dūn）主客之礼。”有一位小兵看了告示，感动得直掉眼泪，并且说：“除了我妈妈，我到了军队以后，没人这么体贴我。”

看到京军不肯闹事，张忠、许泰火大了，非得想办法挫（cuò）一挫王阳明的威风不可，在他们眼中，王阳明是一个文弱书生，手无缚鸡之力，虽然打败了宸濠，但他一定不懂弓矢，不如约他比武，让他当场出个丑。

王阳明知道张忠、许泰是故意找麻烦，自己想躲也躲不掉，只好答应。在大操场上，王阳明换上武装赴会，张忠、许泰得意万分，斜着眼望着王阳明，脸上充满了嘲笑的表情。

张忠轻蔑地问王阳明：“你知道怎样张弓吧？”

“大概知道。”王阳明谦虚回答。

王阳明缓缓走到武器架前，取出弓与箭，利落地扣箭搭弦，稍稍瞄准前方的箭靶，很轻松地，“飕（sōu）”的一声，箭如流星一般，射中红心。

这时，不论京军、地方军都暴喝一声：“好！”

张忠、许泰相对望一眼：“怎么会是这样？”

许泰小声说：“瞎猫碰上死耗子，第二箭就要出笑话了。”

张忠点点头：“对，看他射到哪里去了。”

没想到，王阳明不慌不忙，第二箭依然射中红心。

张忠见京军鼓掌喝采，大不以为然道：“弟兄们疯了，长他人志气，灭自己威风嘛。”

等到王阳明第三箭仍然正中红心，可不得了，满场骚动，人人如醉如痴如狂，拍手欢呼情绪的兴奋与激昂，真是无可比拟，人们的手掌拍痛了，喉咙喊哑了，还是久久不肯停止。

张忠发挥小人特质

张忠、许泰邀请王阳明比赛射箭，原是准备安排在大庭广众之中羞辱王阳明的，不料射箭场竟成为王阳明武艺的表演场，王阳明表演得太出色了，当然没有人敢来比武，这更让王阳明成为当地军民心目中的神明偶像。

张忠对王阳明格外愤恨，因为张忠与张永一般，同为明武宗亲信的大太监，王阳明把宸濠交给张永，而不交给他，显然就是看他不起，这个仇是非报不可。

张忠用挑衅的口气责问王阳明：“王巡抚箭术不凡，令人钦佩，不过，还有一件更让人钦佩之事，宁王宸濠富甲天下，人尽皆知，怎么破了宸濠，府中财物一空？”

张忠此话极不友善，言下之意，王阳明是饱入私囊了。

王阳明坦诚回答：“宸濠把财货都用来贿赂京师要人，他的送礼簿在我手中。”

王阳明说的是实话，却重重打了张忠、许泰一拳，因为他们二人都收过宸濠的厚礼，他们很担心王阳明把送礼簿当场摊开，那可就难看了，因此他们不敢再追问。不过，这一口气不能不出。

张忠眯缝着眼睛打量王阳明，他打心底讨厌王阳明的正直模样，忽然之间，张忠笑开了，因为他想到一条毒计。

他开始到处散播谣言，说王阳明原来是依附宸濠的，换句话说，王阳明和宸濠是一伙的，后来听说皇帝亲征，心中一害怕，赶紧擒住宸濠，实在是一个反覆无常、精于权谋的小人，像王阳明这种小人迟早必会造反，皇上应当早日加以除去。

张忠散播的谣言，简直是一派胡言，但是，这一套谎言还有不少人相信，有些嫉妒王阳明的人和一些好事之徒帮忙添了许多佐证，例如：

——王阳明被皇上贬到龙场驿，受了三年活罪，心怀怨恨，伺机报复。

——皇上修建豹房，沉迷享乐，多次爆发民变，王阳明是个有为的读书人，存心赶走昏君另立宁王宸濠。

这两个理由都编得合情入理，张忠另有一种说法更能打动人心："你们看王阳明肺病缠身，弱不禁风，凭他那文绉（zhōu）绉的模样，如何能在两个月之中消灭宸濠，可想而知，窝里反嘛！"张忠当然不会老实说出，别看王阳明一派斯文，骑马射箭还真有一套哩。

这一波一波的谣言，自然最后传入王阳明耳朵之中，任凭他修养再出色，也不免气恼异常，正好这时王阳明奉召前往晋见明武宗，他想，见面总是会说清楚。不料，张忠等人担心王阳明的口才一流，与武宗一碰面，极可能解释清楚，所以先下手为强，下了一道皇帝的假圣旨，命令王阳明到芜湖就回去，不用觐见皇帝了。

王阳明是个聪明人，马上就知道一定又是张忠从中作梗，这一时刻，王阳明知道自己不但见不到皇帝，还可能会遭到陷害，他一气之下，把乌纱帽一甩，脱下朝廷官服，换上野服芒鞋，避入九华山之中。这时王阳明的心情，真是恶劣到了极点。

王阳明在一个草庵里住下来，苦苦思索最近发生的事，他觉得自己太傻，太不懂得保护自己，皇帝要放掉宸濠，他便乖乖把宸濠放入鄱阳湖之中，不愁没有高官厚禄，但是，他能这样做吗？

王阳明记得他与张永说的每一个字："江西老百姓，长年以来遭到宸濠的暴政，早已困苦不堪，况且大乱之后，又逢旱灾，老百姓有衣无食，有食无衣，如果把宸濠放回鄱阳湖，宸濠和部下一定逃匿山谷，聚众为乱，以前帮助宸濠的土匪，也一定加入，一齐造反，实非国家百姓之福也。”

王阳明不能了解，堂堂一国之君，如何把捉放宸濠，看成是办家家酒的儿戏，这可不像皇帝玩卖布游戏，游戏结束之后，布匹一收就没事了，宸濠不是布匹，宸濠是老虎，放虎归山，这，像话吗？

王阳明的内心，实在是非常痛苦，当时除了如张忠般小人造谣，平日看起来颇为君子的朋友，也帮忙散播谣言。有些其实非常了解王阳明的为人，但是这几年王阳明的学问小有名气，不少人在暗暗嫉妒着，听到了王阳明出事，心中窃窃自喜，情不自禁开始兴奋，开始像小鸟一般，啄啄啄，到处吱吱喳喳，说王阳明的坏话，在诋毁王阳明之中，找到了内心的平衡。

饶是王阳明修养再好，境界再高，也难以承受这般冤屈。午夜梦回，他睡不着觉，干脆坐了起来，静听窗外的松涛盈耳，他抱着头，十分痛苦道：“我一身遭到谣言毁谤，不如死掉算了。”

后来，他又亲口对一个门人说：“当时如果地上有一个洞，可以让我背着我父亲逃走，我一定这么做。”假如不是顾念父亲，他真想一死了之。

可是，如果自己真的就此死去，就能还自己的清白吗？就对得起国家社会吗？王阳明迷惘（wǎng）了。

活捉宸濠的闹剧

王阳明由于得罪了太监张忠、许泰，虽然大败宸濠，却落得避入九华山。曾经入过监狱、挨过廷杖、遭过贬谪、逃过暗算、躲过瘴疠的王阳明，这次有撑不下去的感觉。

他掩面哽咽：“我到处遭到痛骂，一身谗谤，真想以死解脱。”

王阳明最疼惜的学生徐爱一步向前，跪在地上，轻轻抚着王阳明的手，缓缓劝说：“老师，这就是你常说的致良知啊！”

徐爱的话，触动了王阳明的灵魂，他抬起头来，与徐爱四目相望，两人眼中都泛着泪光，在辉映的泪水之中，师生间产生了难以言喻的共鸣。王阳明感激地拍拍徐爱的手，是的，任谁都有支持不下去的时候，都需要周围的关爱与鼓励，即使光辉夺目的王阳明也不例外。

王阳明又开始精神抖擞了，又拿出当年在龙场驿愈挫愈勇的劲儿，与门人高谈阔论致良知，尤其是在遭逢了如此大的冤屈之后，他更加体会到，想要致良知，真得付出不少的代价。

某日，他与门人于中道：“每个人胸中都有一个圣人，只是常因自信不足，而使圣人之行埋没不见，你瞧，你胸中就有一个圣人。”

他这话可把于中吓住了，于中连忙站起来，连连推谢：“不敢当，学生愧不敢当。”

王阳明笑道：“良知是每个人都有的，你不必过谦，良知在你，随便怎样，也不会泯灭，譬如盗贼，自己也知道行为不当，你唤他为盗贼，他还忸怩（niǔ ní）不安哩。”

于中说：“我懂了，譬如浮云蔽日，日何尝遗失了？”

王阳明夸奖道：“嗯，于中聪明，他人见不及此。”

另外一方面，张忠与许泰把王阳明逼到了九华山，却不满足，害人的人永远没有安全感，因此，他们又向明武宗进馋言：“王阳明这一个跋扈的臣子，心怀叵（pǒ）测，将来必造反。”

“哦？”明武宗问，“怎么证实呀？”

“很简单啊，召他来，他必不来。”张忠回答。

在张忠的想法里，现在朝廷上下都在盛传，王阳明与宸濠是一伙的，假如此时前来，岂不如当年岳飞一般前来送死？

不料，王阳明坦坦荡荡，武宗召他，他立刻前来，明武宗倒非一个残暴的皇帝，他笑眯眯说：“王守仁是道士嘛，召他来就马上来，哪儿会造反？”

武宗虽非暴君，实在是一个昏君，宸濠明明是王阳明活捉的，他偏要抢这个锋头，王阳明把宸濠交给了张永，张永在南京城外设了一个大广场，上演生擒宸濠的节目。

明武宗向往英雄，不耐烦当皇帝，自封“威武大将军朱寿”，因此众人投其所好，在广场前面，飘起威武大将军漂亮鲜艳的大旗，四周布满了军队，个个怒马鲜衣，神气漂亮，五色旌旗，刀光闪烁，明武宗最钟情这一套中看不中用的把戏。一会儿，男主角上场了，明武宗骑着一匹高大的白色骏马，顾盼自得驶入广场，他真以为自己是凯旋的大英雄。

按照张永原先安排的戏码，该是让宸濠脱去桎梏（zhì gù），奔跑于场中，明武宗像梁红玉一般亲自击鼓，再亲手抓住宸濠，然后江彬向前行礼：“恭请威武大将军，大奋神威，生擒叛逆。”这时掌声雷动，高奏凯歌，进入南京城。

可惜，男配角宸濠演出不佳，他原先被关在一个兽笼之中，上面盖着一块青布。

打开青布，把宸濠放了出来，他应当满场奔跑、撒野，让明武宗过一过官兵捉强盗的瘾。

不料，宸濠被兵士自笼中提出来后，蹲在地上，瑟瑟发抖，蒙着眼睛，仿佛要哭出来。

这时，伐鼓鸣金，声动天地，扮演威武大将军朱寿的明武宗正在起劲擂着大鼓。

宸濠自知死期已近，后悔莫及，干脆一屁股坐在地上，开始大哭特哭。

“快跑啊！”一个士兵发急了，站起来踹着宸濠的屁股，“别赖在这儿装死啊。”

明武宗，选自《乾隆年制历代帝王像真迹》。

宸濠也听说了，他应当满场奔跑，跑得上气不接下气，然后筋疲力竭，让皇帝活捉好过瘾，这场死刑前的游戏，也许正对明武宗的胃口。可他老兄是马上就要去阎王爷那儿报到的，实在打不起精神卖力演出。

小兵又踢了宸濠一脚，他还是瘫在那儿，一动也不动。

“真是扫兴！”明武宗觉得不好玩，一赌气，放下鼓槌（chuí）就走了，江彬无奈，只好把这个宸濠横拖直拽地弄到了明武宗跟前，结束了这一场闹剧。

据说，当时的南京城，流行着一首打油诗讽刺此事：

国事看同儿戏场，侈心太甚几成狂。

纵囚擂鼓夸威武，笑柄贻（yí）人足哄堂。

正德皇帝的钓鱼游戏

明武宗终于“擒获叛逆，活捉宸濠”，自南京回师北京。

到了镇江，已经退休的大学士杨一清接驾，武宗住了整整三天，招待得十分丰盛，根据《武宗外纪》记载：“是日一清有所献，上大悦。”

此一献，非金珠玉帛，乃是貌美女子。总之，大家都知道，当今万岁爷最欢喜这个调调儿，后世只晓得梅龙镇上的李凤姐，殊不知张凤姐、王凤姐不可胜数。但是，美人儿的皮相之美，乍看之下，惊艳异常，相处了一两天，这位正德皇帝又厌了、倦了、腻了。一个美女，若能宠三天，就算是难能可贵的纪录了。

于是，杨一清又赶紧绞尽脑汁，看看有什么新鲜事儿让皇帝解解闷。驰马、逐兔这一套老把戏玩得太多了，不如动极思静，何妨垂钓。

杨一清一提出这个建议，酷爱新鲜的明武宗立刻拍手叫好。既然是万岁爷想要享受垂钓之乐，可不能让他扫兴，因此，杨一清急忙派人在潭中放置了大量的锦鲤，锦鲤多得挤来挤去。

这天天气极热，武宗快马奔驰，急着赶去钓鱼，他的个性一向就是如此，急、急、急，毛躁、不耐烦，但是任何东西到手，没多久他马上就兴趣索然。这一会儿他急着享受垂钓之乐，一刻也不能忍耐，到了目的地，早已全身湿透，豆大的汗珠一颗颗迸（bèng）落地上，他气喘吁吁，两腿发软，简直站不住，左右的人前来搀扶，一个说：“今儿个天气太热了，万岁爷下回再来吧。”

另一个则劝说：“万岁爷今天骑马太累了。”

“谁说我累，我精神好得很。”武宗的性格最爱逞强，很容易被激怒，他气吁吁说，“待会儿，我要一个人划船，你们谁也不许跟。”

一听这话，众人都呆了，不过，谁也不敢再开口，因为说了也是白说。

杨一清叹口气道：“幸而今日风和日丽，积水潭平静无波。”

明武宗从小任性，谁也拦他不住，只好任着他一人划着小船，直往潭心。左右划的船稍一靠近，武宗便大喊：“离我远一些。”因此，谁也不敢再靠近武宗。

武宗第一次划小舟，而且自己一个人划，虽然好玩，但到底生疏，显得十分笨拙，事实上，他是一个笨手笨脚、极不灵光，却又凡事想要自己尝试的人。当然，皇帝当久了，任何事，包括穿衣吃饭，样样都有人伺候，也是一件烦人讨厌的事。

武宗觉得自己像是一个名角，众人在看他表演，就像他演卖布，或者扮演大将军朱寿一般，所以，他慢条斯理慢慢划，装着一副很熟练的样子，

松溪钓艇图，元赵雍绘。

并且故意转着脑袋，似乎在欣赏两岸风景。他缓缓打桨到了潭中心，停下船来，将钓竿往水中一沉，仰着头，静待鱼儿上钩，他想自己这神情，就像诗人李白所写的“闲来垂钓碧溪上”，一定看起来十分优闲惬（qiè）意，嗯，他欢喜。

为了迎接万岁爷驾到，积水潭中早已放满了锦鲤，而整个潭中，就只有明武宗这一个宝贝花花公子在垂钓，很自然的，一会儿工夫，钓丝上的浮标晃动，武宗好得意，将钓竿使劲朝上一提，哇，一尾一尺多长的金色鲤鱼，闪烁生辉，这下子可露脸了。明武宗想炫耀炫耀，又怕后头随从看不清楚，于是，边笑边喘，忘情地把钓着的鱼四下晃动着，没有料到，这鱼儿还相当沉重，跳跃不停，挣扎着想脱离钓钩。武宗缺乏控制鱼的经验，这一颠一簸（bǒ），小船摇晃得厉害。武宗慌了，努力想把船稳住，他又不晓得方法，愈扶愈摇，左摆右晃，最后，哇，不得了，皇帝扑通一声掉下水。

这可把众人给吓慌了，也不管自己是不是会游泳，一个一个跳入水中，并且惊慌地大叫：“快快，快救驾。”

没多久，这个宝贝皇帝给捞了上来，已经面无人色，太监把武宗按倒在地，轻压他的背部，咕噜咕噜吐出许多夹着泥沙的脏水，然后又是灌姜汤，又是嚼人参片，把武宗给救了回来。

武宗悠悠然睁开眼睛，却还嘴硬：“朕方才钓到一尾大鱼，你们看到了没有？”

武宗虽然嘴巴不服输，一张脸却像白纸一般，白得吓人。

过了三天，车驾回返京师。文武百官迎于正阳桥南，京军身着耀目的铠甲列于道路两旁。抓来的宸濠之乱的俘虏与家人，也跪在两旁，活人头顶上插着白纸标，写明姓名，死人则头颅挂在竹竿上，白色飘带迎风飞扬。武宗身着戎服立于正阳门下，一眼望去，举目皆白，白得恐怖、阴森、不祥，在场的人都有一种诡异的感受。

两天之后，大祀南郊，就在明武宗捧爵（举起酒杯）致敬时，突然之间，他口中喷血，昏倒在地，众人七手八脚将他抬入豹房，拖了几个月，武宗驾崩，不过只有三十一岁。

佛家讲因果报应，虽不可尽信，但是行善积德会使人内心轻松愉快，有利于健康，而享乐纵欲容易使人身心疲惫。明武宗纵情声色，造成了他自己的短命。

杨廷和的小心眼

正德皇帝钓鱼翻了船，元气大伤，没多久，一命呜呼，年仅三十一岁。在中国历史上，凡是放纵任性胡为的皇帝，几乎都是短命的，就像孔夫子所说的“自作孽不可活”。

正德皇帝没有子嗣，一旦驾崩，无人继任。大学士杨廷和与张太后商量，决定由皇帝嫡堂弟，湖北安陆兴献王之子，十五岁的朱厚熜（cōng）入承大统。

在这段过渡期间，杨廷和诛除江彬、张忠、许泰，人心大快。同时，明武宗正德皇帝生前一切荒诞不经的玩意儿如豹房之类，完全被革除。杨廷和在摄政的三十七天之中，将明武宗的乱朝来了一个彻底的收拾，处理得人心大快。

正德十六年（1521 年）四月，兴献王世子朱厚熜入京师，继承皇位，是为明世宗。以第二年为嘉靖元年。

世宗即位不久，立刻下诏王阳明入京受赏，这件事让杨廷和心中颇为不舒坦。

杨廷和是成化十四年（1478 年）进士，极有才气，人也长得漂亮，风度翩翩，办事能干，对于掌故、边境之事都有一套。或许是“文人相轻，自古皆然”，样样优秀的杨廷和，一听到王阳明，心中就涌出酸酸的味儿。

王阳明有一件事，得罪了杨廷和。但是，心中坦荡荡的王阳明一点儿也没有感觉。

杨廷和，选自《吴郡名贤图传赞》。

王阳明的崛（jué）起，不能不感谢王琼的栽培提拔。事实上也是兵部尚书王琼事先的安排布置，才使得王阳明能够顺利讨平宸濠之乱。所以，王阳明每次上疏，饮水思源，总是对王琼多加揄（yú）扬。

如此一来，身为宰辅的杨廷和就吃味了。尤其王琼在正德皇帝时代，每次都由皇帝直接交办命令，把内阁摆在一旁，明朝内阁大学士的权是很大的，因此之故，杨廷和对王琼早就不满，也把王阳明归为王琼的人，连带厌恶。再加上，王阳明声誉日隆，允文允武，杨廷和颇有不胜嫉妒之感。

这时，朝中议论纷纷，个个都说，王阳明此次前来必获重用，也有许多未见过王阳明者，急着想一见王阳明，瞻仰他出类拔萃的风采。

杨廷和对自己的才、自己的貌都有相当强烈的信心，不过，他也暗暗担心，王阳明恐将为世宗所重用。所以，杨廷和先下手为强，以国哀未毕，资费浩繁，不宜行宴赏之事为理由，说动了明世宗，让王阳明暂缓入京，并且将其升为南京兵部尚书，意思是王阳明不用到京城来了。

王阳明也不是头一遭碰到这样的事，反正，夺目的光辉让他四处受难，他上了一道“乞便道归省疏”，请求顺便道归乡省亲，明世宗答应了，这一年，王阳明五十岁。

杨廷和虽然阻止了王阳明入京，明世宗仍封王阳明为“新建伯”，表彰他的军事贡献，并且派人携带白金、羊酒，赐给王阳明的父亲王华。

当朝廷特使到来之时，恰好王阳明回到了家乡余姚，正在为父亲王华办寿宴，一时之间，欢乐高涨到了极点，亲朋把王氏父子给捧上了天。

但是，阅历多矣的王华却有顾虑，他语重心长道："宸濠之乱初起，大家都以为你一定会死，没想到你竟然不死。结果宸濠之乱很快被平定，没想到事情一直不得平，你受尽冤屈，如今，天开日月，遂显忠良，滥冒封赏，你我父子能相见一堂，但是我担心啊，盛者衰之始，福者祸之机。现在如此圆满，虽然我觉得幸福，可又充满了恐惧。"

王华的话，正是王阳明心中想说的话，人生之事，祸福相倚，他有无尽的感慨啊。

王阳明虽然受到应当有的封赏，但是，跟着他出生入死的官吏将士却没有得到奖赏，王阳明是个最为体恤（xù）下属的人，他争了又争，杨廷和硬是从中阻挠到底！

王阳明没有办法可想，王琼此时因与杨廷和结怨，被言官攻击，关在都察院，当然更帮不了王阳明。

最后，王阳明只好上疏，辞谢自己的封赏，他说："罪莫大于掩人之善。"他不能把底下人的功劳完全归到自己身上，因此，干脆都不要了。

这个杨廷和也妙，他看出来王阳明是一个为属下着想的人，他就偏偏不让王阳明如愿，所以，他把王阳明请辞的事解释为："王阳明对于朝廷的爵赏不满意。"于是，王阳明的曾祖槐里公、祖父竹轩公、父亲龙山公被统统封为新建伯，王阳明再辞，朝廷依然不为所动。

王阳明好难过，他从来不在乎自己的封赏，他在乎跟着他的部属的封赏，他也深深忧心："自今而后，虽有大难，忠义之士，谁肯舍身为国！"

杨廷和非但在公事上阻挠王阳明，同时用"伪学""标新立异"攻击王阳明的"致良知"。王阳明的学生陆澄看不下去，挺身要为师门辩护，被王阳明给劝阻了。

王阳明对陆澄说："古人说过，受到诽谤（fěi bàng），不用自辩，诽谤自然就会停止了，这正是我们学习动心忍性的好时光。"

王阳明始终没有站出来自辩，他也用不着站出来自辩。

阳明思想东传日本

在古代的官场上，一向都是“朝中有人好做官”，王琼被斗倒了，内阁大学士杨廷和把王阳明看成眼中钉，王阳明只好闲居在家乡余姚。

从明世宗嘉靖元年（1522 年）到嘉靖五年（1526 年），整整五年，王阳明没有被朝廷召用。但是，他也不得清闲，四方涌来的学生络绎不绝，门人于越城西郭门内建立了“阳明书院”，此处经常有三百多人围拢环坐，聆听王阳明教诲。

朝中以杨廷和为首的臣子，继续攻讦（jié）王阳明的“伪学”。王阳明也继续宣扬“致良知”，他并不是否定知识与才能，他只是特别在意“一颗善良的心”，特别强调“诚意与尽心”，他认为“一个君子侍奉双亲，以求尽吾心之孝，并不是要表现自己孝顺，一个君子对国家忠心，以求尽吾心之忠，并不是故意要显现自己有多忠心。尽心之后，也许富贵也许贫贱，君子都能怡然自得，一般人以为君子有多了不起，其实，他不过是求心安罢了。”

其实，王阳明的学说就是这么简简单单、诚诚恳恳，虽然如此平易，但真要做到，也不容易啊。

朝廷不愿起用王阳明，可是，当碰到棘手困难之时，又想用王阳明出面解决。所以，嘉靖五年（1526 年），广西田州的土官岑猛作乱，继而八寨、断藤峡蛮贼作乱，朝中束手无策之时，皇帝也不管王阳明肺病缠身、咳嗽气喘，照样赋予他重任。而王阳明这位“致良知”的忠臣，依然“不敢爱身”，拖着病体，漂漂亮亮地把乱事平定，他永远是英雄肝胆，菩萨心肠。

但是，乱事虽然平定，王阳明咯（kǎ）血的老毛病却犯了，每每喉咙一甜，接着吐出大量鲜血。王阳明自知病危，连番上疏请求归去，朝廷就是不允，最后，他只好不待朝廷批示，启程东归。

当他经过广西乌蛮滩的伏波庙，想起了年少时对东汉大将军马援（马伏波）的崇拜，他扶病入庙。

想王阳明十五岁之时，曾经瞒着父亲，一个人跑到居庸关外，在塞外骑马游历了一个多月。回来之后，他天天向往成为像马革裹尸、老当益壮的马援一样的人。有天夜晚，王阳明梦到赴伏波将军庙烧香，醒来之后，在枕头上写了一首诗纪念。

如今，他病颤颤站在伏波庙前，心中波涛汹涌，他想起少年时代如何崇拜马援，想起这一生颠沛流离，打过宸濠、打过叛军、打过山贼，打的都是大仗，虽然辛苦万状，但总归是理想的实践。王阳明思潮澎湃，写下一首诗：“四十年前梦里诗，此行天定岂人为？……”

隐隐之中，王阳明觉得壮志已酬，对他所崇拜的马援也有了一番交代，他又开始剧烈地咳嗽。到了赣南，南安府推官周积赶来问安。王阳明仍打起精神问周积：“近来学问可有进展？”

周积见老师病体消瘦，一双腿仿佛两截竹竿，忍不住背过身去拭眼泪，王阳明平静地说：“生死定数，无须悲戚。”

午后，小船继续前驶，到了晚上，停泊在一小镇，王阳明问：“这是什么地方？”

书僮回答：“青龙铺。”

第二天清晨，王阳明询问周积：“还有多久到南康？”话没说完，喘个不停，他气息微弱道：“我将去了。”

周积含着眼泪问：“老师有什么遗嘱？”王阳明指着心道：“此心光明，

亦复何言，只是平生学问方才见得几分，未能与同学们共成就，实在是相当大的遗恨。”

话没说完，瞑目而逝，享年不过五十七岁。他的棺柩所到之处，男女老幼，个个换上白衣相送。另一方面，当王阳明的死讯传到京师，还是有小人上书明世宗“追夺封爵，禁邪说以正人心”。

明世宗也就接纳了建议，下诏“不予恤典，禁讲伪学”，把王阳明所论斥为伪学，所谓“盖棺论定”，但盖棺往往不能论定。明世宗的举措，王阳明若是地下有知，也会见怪不怪地指着心道：“此心光明，亦复何言。”

次年，王阳明安葬于余姚，发引那天，远近前来的门人多达千人，同时，王阳明被各地人民奉为神明，早晚祭拜。

阳明学说影响晚明，影响清朝，一直到今天。

阳明学说尤其影响日本，早在明武宗正德六年（1511 年），日本八十七岁高僧了庵（ān）和尚出使明朝，阳明便曾接见，迄今日本仍保存阳明手写《送日本正使了庵和尚归国序》一文。

阳明学说正式传入日本，该是德川家康成立幕府之时，阳明著作风行日本书肆，不但对日本德川幕府三百年学术文化产生影响，且鼓舞了日后的明治维新，对伊藤博文启迪颇多。

甚且日本海军大将东乡平八郎，他随身携带一颗印章，上面刻着“一生低首拜阳明”，意思是说他一生崇拜王阳明。王阳明是伟大的思想家，也是杰出的军事家，他，是中国人的光荣！

与传说不一样的唐伯虎

说到唐伯虎，谈到他的“三笑姻缘”，中国人总要会心一笑。但是，事实永远与传说有一段相当的距离，让我们一起先来看一看真实的唐伯虎，如何颠沛流离、穷困潦（liáo）倒，甚且还得应付家中恶妻，这真是人们想象不到的事。

唐伯虎生于明宪宗成化六年（1470 年），由于这一年，恰好是庚寅（gēng yín）年，因此取名为唐寅，又因为他属虎，所以字伯虎。不过呢，老虎太可怕，因此他又号子畏。

唐伯虎的父亲名叫唐广德，母亲丘氏，古时女人很可怜，通常都是某某氏，连自己的名字都没有。

唐伯虎是苏州人，家里开了一个不小的酒食店，由于地理位置良好，唐广德又擅于经营，因此，生意兴隆。唐伯虎很少留在家里帮忙，他总是带着弟弟妹妹，以及一群小玩伴，四处玩耍，青少年时代的唐伯虎，的的确确是十分快乐的。

中国人有一句话：“上有天堂，下有苏杭。”苏州有“东方的威尼斯”之称，城内大大小小，共有二百多条小河弯弯，再加上别致的小桥、幽静的巷弄，形成了极为特殊的所谓“苏州园林”。

据说，苏州城的建造，乃出自伍子胥（xū）的策划，他不但亲自查勘地形，并且用舌头尝过水味咸淡，同时研究天上星象，这才着手建造。如

苏州繁华，清人绘。

此说来，伍子胥也是一位了不起的建筑大师。

伍子胥当年曾经苦劝吴王夫差，一定得要杀掉句践，夫差不理，伍子胥含恨自杀，后人在此建“胥定桥”怀念他，此桥为苏州名胜。唐伯虎最喜欢玩的地方则是“馆娃宫”。

“馆娃宫”位于灵岩山，乃当年吴王夫差为取悦西施所建造，吴人一向称美女为娃，故名“馆娃宫”。

唐伯虎有一个弟弟名申，字子重；一个妹妹，照例没有名字，只能称为唐氏。这兄妹三人，个个眉清目秀，斯文秀丽，走到哪儿，人们的目光便集中在哪儿。

馆娃宫中有一斜廊，据说这便是当年著名的“响屧（xiè）廊”，唐妹妹奔上逐下，扮演西施，由于她气质脱俗，唐伯虎常叹气：“西施再世，恐怕也比不上我家小妹。”

所谓响屧廊，又被称为鸣屐（jī）廊。据说它铺着一层由梓（zǐ）木制成的地板，人一走过，发出琮（cóng）琮之声，十分悦耳。美丽绝伦的西施常领着一批宫女，在响屧楼翩翩起舞，她们穿的是木屐，颈上又戴着珠玉，人已经够美了，再加上特殊的音响效果，西施眼波流转回眸一笑，夫差怎能不醉?

西施还嫌不够，她撒娇对夫差说：“大王不是说什么都依我吗？我现在想要把美丽的月亮拿在手上玩儿。”

“这……”夫差不晓得该怎么回答。可是，答应美人儿的话可不能不实践啊，夫差苦恼万分。

这时，有个最擅长于逢迎的臣子建议：“不如在山上挖一个池子，明月倒映在水中，这不就可以玩月了吗？”

夫差拍手叫好，于是，命人在山上日夜赶工挖地，接着，又命人一担担挑水上山灌池，池建好了，西施也可以在月明之时，以手扬水中明月，不过，夫差的吴国江山也就丢了。

唐小妹妹除了貌似西施，她同样也是苏绣高手。苏绣与湘绣、蜀绣、粤（yuè）绣合称为中国四大名绣，苏州妇女几乎个个会绣。

根据苏州自古流传，古代有一位漂亮聪明的女子，新婚前夜，自己用手裁制了一件好美的新衣，一不小心，衣服被剪了一个小洞。情急之下，她在小洞上绣了一朵小花，相当别出心裁，衬托得衣服更为美丽，以后，姑娘们纷纷效法，成为著名的苏绣。

苏绣还有一件有趣事儿，母女一起刺绣时，如果妈妈用左手绣，女儿一定用右手，反之亦然，原来这是怕挡到光线。

唐伯虎的小妹，不但人长得漂亮，会绣花，更知书达礼，可惜很早就病逝了，真可谓红颜薄命。

苏州除了苏绣著名，其他手工业也一向兴盛，尤其宋徽宗成立了“造作局”，雕刻金、银、玉、竹、牙、角、犀，带动了手工业蓬蓬勃勃的发展。

另外，自三国时代魏蜀吴中的吴国起，开始对外发展，曾经派出妇女到日本传授丝织与缝纫技术，有人说，日本的和服就是这么来的，一直到今天，日本到处可见“吴服店”。

手工业兴盛，商业兴盛，自然带动了饮食业——人民必须有闲有钱，才会懂得吃的艺术。苏州精美可口的茶食有椒盐桃片、玫瑰酥（sū）糖、雪花糕、核桃糕、山楂糕、桂花方糕、黑麻酥糖、米花糖、绿豆糕、桃酥、油枣、糖莲子、南枣糕、松子糕、芝麻酥、麻粩（lāo）、杏仁糕，此外还有各式干果蜜饯（jiàn），如核桃、杏仁、松子、瓜子、花生。

唐伯虎生长在如此人杰地灵的环境之中，难怪成为才华卓绝的不朽艺术大家。

唐广德望子成龙

唐伯虎的父亲唐广德在苏州开了一家酒食店，生意兴隆，不过，唐伯虎与弟弟妹妹从来不在店里帮忙，尤其是唐伯虎，唐广德总是催促他：“有空多读书，将来我们唐家就靠你光耀门楣。”

唐广德为爱儿重金礼聘名师教导，唐伯虎也自小流露非凡的才气，小小年纪，四书五经、《昭明文选》，全部都读完了，而且颇有心得。名师遇高足，心花怒放，到处夸耀唐伯虎有多么优异，将来必是状元。每听到这话，唐广德就开心极了，唐伯虎也一心巴望早日登第，满足父亲的愿望。

其实，唐广德并非胸无点墨的生意人，他读过不少书，气质优雅，平常讲起话来引经据典十分斯文，也结交了不少读书人。

但是，唐广德有一件事十分气闷，想起来就心情郁结。虽然酒食店高朋满座，但他永远没资格与官员同桌进餐，反之，即使是个连秀才也没有考上的“文童”，在餐桌上也有一个座位、一副筷子。

唐广德每遇此景，总是用“将来我的伯虎会上座”来安慰自己。

唐广德望子成龙的心情，我们一点也不陌生，“万般皆下品，唯有读书高”的观念，牢牢控制了那时的人心。不过，“唯有读书高”似乎应该改为“唯有做官高”更为贴切。

科举制度在古代实行了约一千三百年，它举拔了相当多的优秀人才，王维、柳公权、文天祥都是科举中的状元，科举的公平性，也让广大士人有了翻身的机会，所谓“十年寒窗无人问，一举成名天下知。”

但是，凡事有利有弊，全国读书人一股脑儿全投入科举的竞争，做官又成为唯一光宗耀祖的事，其中真是血泪斑斑——那时的小男孩，打从刚认字开始，全家就把考中科举的责任扣在他头上，因为，一旦家中有谁中了第、做了官，整个家族都会沾光，所以这些孩子值得把整个人生放在这上头。

考场中总有幸与不幸，有人金榜题名，也有人名落孙山。考中的进士，真是如孟郊诗中形容的“春风得意马蹄疾，一日看遍长安花”，不幸落第的可就悲惨了。

据说，如果能够取到新科进士的旧衣服，来年考试中穿着赴试，是十分吉利的，因此，新科进士不但人红，连破旧的衣服，也抖了起来。可以想象，落第考生听着外头一阵阵传来的鞭炮声，然后低声下气，央求旅舍中仆役设法购得进士旧衣，仆役扬着脸，摆出不屑的神情，落第考生心中滋味如何可想而知。

家中有一个考生入京考试，全家人的心都悬在半空之中，登第的幸运儿毕竟有限，绝大多数是痛苦与失望的。

曾经有一个姓杜的读书人，考了许多年，次次入京，次次落第，他总是用“五十少进士”安慰自己，意思是说，一个人到了五十岁考取进士，还算是年纪轻的。

这一回，姓杜的又落第了，他正准备收拾行囊回家，收到了妻子的一封信，这妻子也有几分文才，却是十分尖酸刻薄，她写了一首诗：“良人的的有奇才，何事年年被放回。如今妾面羞君面，君若来时近夜来。”

这首诗的大意是说：良人啊你的的确确有文才，可是为什么年年考不中，灰头土脸地回家来？如今我为你感到害羞，你若是回来，最好趁夜晚归来，免得被人看见了，不好意思。

这个可怜的杜秀才，看到妻子这封信，吓得连家都不敢回了，只好困守京师，一次一次考，一次一次忍受挫败的打击。他也许会是一个不凡的艺术家，或是擅长经营的商人，可是在中国古代一元化只崇拜做官的价值标准之下，落第秀才整个人生一片灰白。

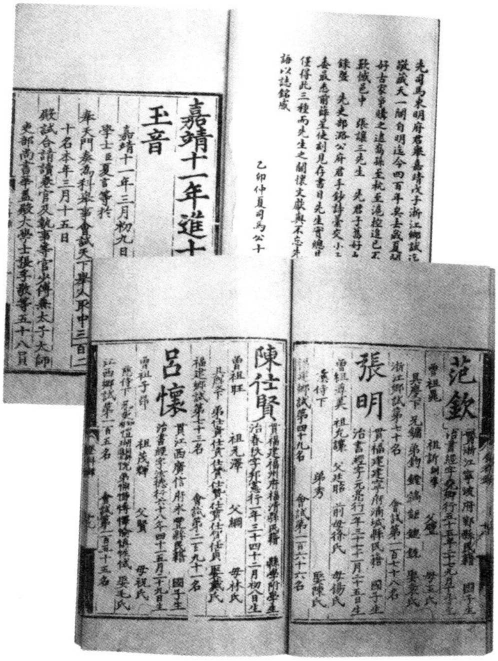

明代进士登科录，明嘉靖刻本，天一阁藏。

唐朝有一个叫公乘亿的人，因为没考中进士，无颜见江东父老，就这么待在京师，一年又一年，愈考愈心寒，愈考愈不中，就这么一待十几年。

有一回，放榜之后，公乘亿再一次落第，他实在承受不住，就在乡馆（京师中有各种同乡会馆）中病倒了，这一病，病得可不轻。有个同乡回到老家，就对公乘亿的妻子说：“你丈夫病死在京师，你赶紧去奔丧吧！”

公乘亿的妻子，一听之下，几乎昏倒，踉踉跄跄上路，到了京师，找不到会馆，忽然见到一个老头，好面熟，有点像公乘亿，可是怎么背也弯了，肚子也大了。

公乘亿病得是差不多了，却还没死，这一回上街，见一黑黑干干瘦瘦的老妇，也觉得似曾相识。

等到二人走近一看，再加上会馆的人的介绍，这才认出彼此，想当年，郎才女貌，偏偏新婚燕尔，公乘亿便赶来京师应试，一别十多年，惨啊！两人不禁抱头痛哭，不知分别如此长久所为何来。

唐伯虎不负父望，十六岁那年考中了秀才，至少，他可以与官员同桌吃饭了，唐广德十分欣慰。

张灵唐伯虎孔庙前打水仗

唐伯虎的父亲唐广德一心盼望儿子能做官，唐伯虎十六岁那一年，参加秀才考试，得到第一名，正式向官场迈向第一步，唐广德十分高兴，在自己开设的酒食馆大宴宾客。

从此之后，唐伯虎成为苏州府的生员。唐伯虎有才气，肯用功，自负得不得了，当他高中秀才，朋友们前来道贺，他一点也不谦虚，狂傲地说："奇了，如果我考不上秀才第一名，那该什么人考上？"

唐伯虎这番话给传了出去，惹得不少人反感。尤其是没考上的读书人，个个都批评，唐伯虎未免太不谦虚了。唐伯虎丝毫不在意，并且到处公开表示："八股取士，哪儿能够试得出真正才干？"

中国的考试制度，到了明朝变得非常僵硬，为了阅卷便利，改用八股文取士。所谓八股是一种文体，也就是一篇文章之中一定用破题、承题、起讲、提比、虚比、中比、后比、大结八个段落的格式。由于内容限定、格式相同，甚且连联结虚词也相同，实在发挥不了创意。

唐伯虎的见解是对的。不过，他如此放言高论，免不得又被人们指指点点，嫌他好发议论。

唐伯虎对天文地理音乐历算都有研究。此外，当他初学写字，老师就发现唐伯虎的书法好漂亮，当他随意画上几笔，老师又惊又喜地到处宣传，唐伯虎具有绘画天分。

唐伯虎自幼被父母宠爱，被老师夸赞，他晓得自己人长得美俊体面，肚子里也有真才实学，言语行动之间，不自觉流露出强烈的优越感。他知道邻里之中有人看不惯，问题是，那些凡夫俗子向来也不在他眼中，所以他完完全全不在意。

唐伯虎自视甚高，不容易交到朋友，他考取秀才之后，遇到了同为苏州府生员的张灵。张灵姿容俊逸，是个标准的美男子，能诗能画，性格豪放，他们二人一见面就投缘，彼此亲亲热热挽着手臂，仿佛从小就认识一般。

当他们二人互相交换诗文欣赏，旁人走过，忍不住又爱又怜注视这一对才子，他俩人漂亮、才高妙，仿佛人间的美好全部集中在他们二人身上。他们志气相投，惺惺相惜。

看泉听风图，唐寅绘。

每天放学，唐伯虎与张灵总是一块离开，把许多人生的理想和脑中打转的奇怪念头，互相交换。他们边走边谈，大笑出声，惹得行人注目，这更让他们得意了。

有一天，他们二人肩并肩，一起嘲笑只懂得念古书的腐儒，信步走到孔庙前，孔庙是读书人最敬重之地，古时学子路过时无不庄严肃穆，快步通过。

这两位青年故意要表现与众不同，旁若无人地继续大声交谈。

张灵说：“天气好热。”

“可不是嘛！”唐伯虎挥挥汗。

张灵慧黠（xiá）的大眼睛闪了闪：“假如有冰水擦擦脸一定很舒服。”说着，他双眼注视着泮（pàn）池，所谓泮池是孔庙前的池塘。

唐伯虎了解张灵的意思，他先有微微不安之感，继而在彼此间气氛感染之下，也用轻侮的语气道：“不如我们到泮池中玩玩水。”

于是，两位俊美的青年，脱下了鞋袜，自以为英雄好汉地跳入了泮池。泮池的水冰冰凉凉的，二人光着脚丫踩着水，好清凉好舒适，他们捧起了水，轻轻啜口，忍不住高声欢呼：“哇！太有意思了！”

既然下了水，索性玩一个痛快，张灵敞开衣领，唐伯虎则撩起衣袖，蹲下身来，双手捧起水，向张灵泼过去。张灵岂甘示弱，立刻也回敬过去。

他俩放浪形骸（hái）的举动，简直把路人吓坏了，纷纷围拢过来，指指点点。可愈是有人指摘，他俩愈要表现得藐（miǎo）视规范、横行无忌，他们继续打着水仗，亲热地嬉笑，把青年人压在心底想叛逆、想反抗、想摧毁一切礼教、想痛快发泄自我的种种心情，整个儿全抖了出来。

这时，有个路人忍不住走近喝斥：“两位年轻人，你们知道这是泮池，是孔庙庄严重地吗？”

张灵扮了一个鬼脸：“否则我们就不在这儿打水仗了。”

“什么？”路人简直不敢相信自己的耳朵，他惊骇得微微发抖，把孔庙的管理先生找来，结结实实训了张灵唐伯虎一顿。

张灵与唐伯虎有蓬勃的精力，有狂放的性格，他们自以为天才，藐视一切限制，对于脱轨的举动丝毫不以为意，反而沾沾自喜。

这件事被唐伯虎的老师知道了，十分忧心地教训唐伯虎：“老子有一句话，民之所畏，不可不畏，你们并无恶念，可是，行为轻率，你会遭受恶果，而这，实在是不必要的。”

张灵与唐伯虎耸耸肩不当一回事。

祝枝山多长一根小指头

自从唐伯虎考取秀才之后，他的父亲唐广德对这个天才儿子益发有信心。唐广德甚且时时在脑中打草稿，幻想着有一天，当唐伯虎果真高中状元时，他该如何在筵席中致答谢辞。

唐广德家中开酒楼食堂，他自己最偏爱状元糕，状元糕是用米磨成粉，中间包芝麻、枣泥之类，以大火蒸成的甜品，香糯可口，不过，唐广德喜欢状元糕，倒不是为了口腹之欲，而是讨个吉利。

唐广德递状元糕给唐伯虎之时，总会嘀嘀咕咕："我们苏州不但物产丰饶，工商繁荣，并且人文荟萃，例如晋人陆机、唐人陆龟蒙、宋人范仲淹，以后就看你的了。"

唐伯虎自己也喜欢做状元梦，尤其他生得玉树临风、英俊潇洒，可想而知，一旦夺魁必然被达官贵人选为乘龙快婿。新科状元娶媳妇，船上会高高举灯，写着"翰林院""状元及第"，那份荣耀和威风是少见的。

除船上张灯结彩之外，船头放着一顶簇新的花轿，这木制精雕（diāo）、金光灿烂的花轿，照例由八位壮汉扛抬。此外，楼船旁边且有小船相伴，呜哩呜喇吹着音乐助兴，沿途之中不知有多少民众观望鼓掌，这正是古时读书人最为艳羡的"洞房花烛夜，金榜题名时"。

每次想到这一幕，唐伯虎就心里热烘烘的，恨不得马上金榜题名，但是，他到底生性疏懒，虽有才气，却不耐烦啃无趣的八股文，一直没去参加乡试。

状元及第、连中三元，清代房门画。

十九岁那年，唐伯虎不待金榜题名时，就娶了一位徐姓妻子，第二年生了一个宝宝，这位妻子十分贤慧，夫妻感情也挺不错，当然，唐伯虎的老婆，容貌秀丽不在话下。

可惜，这位徐氏红颜薄命，唐伯虎二十五岁那年，她在一场大病之后香消玉殒，唐伯虎十分伤心，写了一首诗追悼亡妻："抚景念畴昔，肝裂魂飘扬。"

二十五岁这一年，对唐伯虎而言，真正是流年不利，父亲、母亲、妻子，外加出生不久的儿子，乃至刚刚出嫁的妹妹相继过世，他一口气办了五个丧事，生性多情的唐伯虎，被一次又一次的悲剧弄得肠断心碎。

唐家只剩下唐伯虎以及小弟唐子重。唐伯虎一向好面子、重排场，唐家在苏州也是有头有脸的人，丧事办得不能寒酸，殡葬铺的张老板看准唐伯虎公子哥儿的性格，素来又不会讨价还价，再加上唐伯虎此时心情沉重，便趁这个机会，狠狠敲了唐伯虎一大笔钱。

唐家的酒楼一连出了五起丧事，店门外老是张贴着白纸，客人远远走避，生怕沾了晦气。没有多久，手艺精良的大厨师另有高就，擅长招呼客人的店小二接着请辞。负责采办的小李一向油滑，平日只有唐广德的精明才能制住小李，这会儿老板走了，老板娘也死了，留下的唐伯虎对餐饮完全是个门外汉——唐伯虎一向是君子远庖（páo）厨，这辈子也没进过菜市场，向来只懂得品尝美味，他哪儿晓得一只鸡多少钱、一两油多少钱。小李也知道唐伯虎是个大外行，放心大胆能捞就捞，能揩（kāi）油就揩油。

一年下来，唐家的庞大家产几乎耗尽，唐伯虎是个胸怀大志的人，实在也不耐烦掌理酒楼琐（suǒ）事。

唐伯虎在心情最郁闷的时候，幸亏还有几个知己，如张灵、祝枝山、文徵明等可以与之谈谈心。在民间传说之中，所谓“唐祝文周”，唐伯虎、祝枝山、文徵明都是确实存在的历史人物，至于周文宾，则是虚构的小说人物。

祝枝山常常为唐伯虎打气道：“子畏，你的才气高，发个狠考取功名吧，这样的话，老伯也会含笑九泉。”

祝枝山，选自《绘图前笑中缘金如意全传》。

祝枝山名祝允明，字希哲，别人手有十指，他却多了一个小指，他也不自卑，开玩笑地自号为枝山，又号枝指生。

祝枝山与唐伯虎一般天才横溢，他五岁大的时候，就能写直径一尺长的大字。

当大人把绵纸摊开铺在地上，五岁大的祝枝山握着大毛笔，飞快地写了一个大大的“缘”字，大家都拍手叫好。有个亲友跑过来，摸了一把祝枝山的头道：“你这么小，字写得这么好，道理在哪儿？”

祝枝山伸出小手，神气地说：“我比别人多了一根枝丫。”

祝枝山的爸爸妈妈本来以此为羞，总认为他该把手藏起来，背在身后，不料，祝枝山竟然以此为荣，不以为是缺陷，父母也就放心了。

九岁的时候，祝枝山开始写诗。等他再长大一点，博览群籍，文章带有奇气，经常在筵席之中，朋友出一个题目，祝枝山拿起笔来，大笔一挥就是一篇绝妙的好文章。

可想而知的，祝枝山有才气，也相当自负，这一点与唐伯虎一样，难怪同类相聚，两人会结为莫逆。

方志打压唐伯虎

唐伯虎二十五岁那年，厄运接连不断发生，父亲、母亲、妻子、幼儿、妹妹相继谢世，五个丧事办下来，家产几乎耗光，唐伯虎身心俱创，几乎也活不下去了。

幸亏身旁几个好朋友不断安慰、鼓励、打气。祝枝山对唐伯虎说："马上就是科考了，你赶快准备一下，朋友之中，你的才气最高，我们都看好你，别让大家失望。"

唐伯虎嘴角渗出一丝苦笑："这两年来，我整个人浸在丧事之中，也该擦干眼泪，好好振作起来。"说着，唐伯虎拿起桌上新写好的一首《夜读》交给祝枝山。

祝枝山朗声念道：

夜来欹（qī）枕细思量，独卧残灯漏转长。
深虑鬓（bìn）毛随世白，不知腰带几时黄。
人言死后还三跳，我要生前做一场。
名不显时心不朽，再挑灯火看文章。

这首诗的意思是说，我半夜醒来偏倚靠着枕头心中细细思量，一个人睡在床上，倾听巡夜人敲更的梆子声，我深深忧虑于鬓角的白发已经出现，但不知何时能换上官服的黄腰带。有人说，人死后不甘愿辞世，还要跳上三跳，我要赶在生前，好好做一场事业，不到名声显扬不甘心，因此我又起身挑灯夜战准备考试。

祝枝山翘起大拇指赞道：“好，预祝你金榜题名。”

所谓“科考”，指的是乡试前一年，所有秀才必须参加的资格考试。孝宗弘治十年（1497年），朝廷派遣监察御史方志前来江南主持科考。

方志，人如其名，方方正正志向远大，他很喜欢自己的名字，认为这代表了自身的耿介。方志是标准的读书人，非常重视礼义廉耻，他看不起舞文弄墨的诗文，他常引用孔夫子的话：“弟子入则孝，出则悌（弟），谨而信，泛爱众，而亲仁，行有余力，则以学文。”

这句话的意思是说，弟子在家要孝顺父母，出门要恭敬长辈，言行当谨慎信实，广博地泛爱众人，亲近有仁德的人，如此修行后尚有余力，再向诗书六艺上用心。

当方志准备起身前往江南之时，有个不识趣的朋友张夏半开玩笑地说：“方兄，你可知为何古来皇帝总爱梦江南，不只是江南山明水秀，最重要的是江南佳丽太迷人了，多的是秀秀气气、削肩细腰、俊眼修眉的美人儿，远非北方姑娘所能比得上的。”

方志咳嗽一声，脸上露出不悦的表情，但是，张夏浑然不觉，继续往下说：“苏州妓女是天下一绝，她们见多识广，风度优雅，秀色可餐也，你一定得去享乐一番。”

方志终于忍不住了，他把脸一正道：“我生平最看不起的就是这种文人无行。”

张夏耸耸肩，两手无奈一摊：“好，算我没有说。”

方志到了苏州，他也发现张夏所言不虚，苏州城里的姑娘一个个容貌姣好，亭亭玉立，那一分斯文娴静，是其他地方看不到的。不过方志一向律己甚严，非礼勿视，顶多不经意看一眼画舫（fǎng）姑娘，当然，妓院他是绝不会去的。

方志打压唐伯虎

方志到了苏州，少不得入境问俗，打听当地知名人物，十个有九个都会提到唐伯虎。唐伯虎人长得俊俏，又有一身才气，还从不知收敛，最喜欢出风头。一般守旧又才智平庸的读书人早就看他不惯，因此，纷纷背后批评："这个人是成天泡在妓女院中的。""他自认为是天下最风流的人。""唐伯虎反对四书五经，最爱风花雪月的诗词。"

凡此种种，都让方志听着不悦耳，当他听到唐伯虎与张灵曾经光着脚丫子，跳到孔庙前的泮池中戏水，他真是受不了，霍然站起来宣布："如此纨袴子弟，管他卷子答得如何，我是绝不会让他录取的。"

这个消息传到唐伯虎的耳中，吓得手脚发软，全身冰凉，他虚软地倒在椅子上，喃喃道："完了，这下仕途不全都完了？"

文徵明不平道："卷子都还没看，就先下了定论，这未免太过分了。"过了一会儿，文徵明冷静下来，前前后后想了一遍道："苏州知府曹凤，算起来是我的父执辈，我找他帮忙去。"

曹凤平日就很欣赏唐伯虎的文采，立刻一口答应，第二天一大早，登门拜访方志。方志先是一副有理不能让的神态，曹凤也拉下脸来："就算唐伯虎科考不第，科考之后朝廷还有补救的录遗，到时候一定录取他，人们会不会说方兄私心太过？"

方志心里想，曹凤是苏州知府，犯不着得罪他，所以，勉强答应了。不过，心中有气不能不发泄，从此以后方志到处宣传唐伯虎作风荒唐。在方志看来，他自己是在替天行道。

唐伯虎家有恶妻

由于方志的打压，唐伯虎差一点在科考之中名落孙山。受到这个教训之后，唐伯虎摒（bǐng）弃一切，在家中闭门读书。第二年，唐伯虎二十九岁那一年，他终于如愿以偿，高中南京乡试第一名解（jiè）元。

这次的主考官是太子洗（xiǎn）马梁储。梁储发现唐伯虎的文章磅礴激健，雅洁深秀，不禁叹气道："真是想不到江南可出现这般奇特之士。"

梁储自己有才气，也欣赏有才气的唐伯虎。他命人把唐伯虎的试卷抄了一份，郑重其事对人说："我要把这份试卷带到京里让大家传阅。"

唐伯虎对自己一向自信满满，被梁储这么一夸更是整个人飘了起来，他写了一句诗："三策举场非古赋，上天何以得吹嘘。"

经过了这场乡试，唐伯虎对于明年进京会试胜券在握，苏州的乡亲也都如此盼望着。

既然唐伯虎颇具状元相，他的夫人又已经过世，自有媒人络绎不绝上门来，一扫他父母亲过世之后的冷落。没多久，唐伯虎娶了一位仕宦之家的大小姐何氏，她形体俊美，体态袅娜，与唐伯虎走在一块就是一对璧人。

新婚燕尔，小两口也快乐了一阵子，两人一块做梦，梦想一年之后，一个是新科状元郎，一个是人人羡慕的状元夫人。

有一天，唐伯虎啃八股文，实在啃得累了，顺手拿起笔来，画了一张仕女图，画中的美人儿栩栩如生，画的正是美丽可人的唐妻，唐伯虎得意万分，捧着这张画到夫人面前献殷勤，在他想来，唐妻不晓得该如何如何兴奋，一定会亲他一个，笑得乐呵呵。

不料，何氏两眼直瞪瞪瞅了他半天，气得说不出话来，用指头狠命在他额头上戳（chuō）了一下，“哼”了一声，把画往他怀里一摔，一张脸凶得像个母夜叉，嘟嘟囔囔道：“还剩几天就要进京了，你还有闲情作画？你有没有为我设想过？”

在这以后，两人冷战三天。唐伯虎觉得好委屈，何氏更是气坏了，从早到晚拿着帕子擦眼泪。

唐伯虎傻了眼，心想，假如明年高中也就罢了，否则，一定天天开战，他不晓得为什么运气这么背，讨到如此不可理喻的恶妻，唐伯虎想着自己如此俊俏风流，当初真是瞎了眼睛。

当天晚上，唐伯虎实在无心啃四书五经，随手拿起一本唐人所写的《因话录》，其中有一段真实的故事：

唐朝有一个人，名叫赵琮，他娶了一个妻子是钟陵守将的千金。新婚没多久，赵琮入京赶考，这一去就杳无音讯，赵琮年年名落孙山，也就只有一年熬过一年……

赵琮入京之后，赵妻搬回娘家住，钟陵守将家境丰裕，自然不愁多一个人吃饭。但是，这个女婿年年不第，久而久之，连家中的下人也对赵妻白眼相向。

唐朝人欢喜打扮，唐朝妇女都是珠光宝气，赵妻将发簪首饰都典当光了，换取一点小小的零花钱。嫁出去的女儿是泼出去的水，她也不好意思向父亲开口，因为父亲也不会答应的。

有一年元宵佳节，军队中有高官请来戏园子唱戏，并且在广场之中搭棚，凡是有头有脸的人家都搭起了帐篷，看戏之外，也是各家家眷争奇斗艳的时刻。

赵妻怯生生对父亲说：“我也想去看看热闹。”

“不行，你瞧你一身寒酸相。”守将一口拒绝。

清代进士匾额。

“那我躲在布帘后，和厨房的师傅在一起。”

“好，你就跟下人在一块，可不许出来丢人现眼。”

守将瞪了女儿一眼，快步走了出去，赵琮这个女婿不成材，害守将每次见到女儿就觉得心烦。

元宵节的戏唱了一半，忽然有节度使派人快马来找守将。

守将心惊肉跳，快马赶到节度使前。

节度使问守将：“赵琮是你什么人？”

守将心想，该死，一定是赵琮在京里惹了事，连连撇清：“赵琮是小婿，不过流落在外，久不通音讯。”

节度使笑答：“别急，赵琮进士及第。”说着，把手中的榜书交给守将，守将擦擦眼，仔细看看没错，谢过节度使之后，又飞奔折回广场。

守将骑着马一路高喊：“赵琮及第……”家中亲友连忙撤去帷（wéi）帐，把赵妻迎了出来，有人送披肩，有人急忙把发簪插在赵妻头上，还有人取出脂粉帮她上妆。

于是，本来被迫关在帷帐后面，跟着下人打杂的赵妻，立刻成为座中首席，父母向她敬酒。

看到这儿，唐伯虎原谅了妻子，整个社会大环境如此，他怎么能怨叹家有恶妻。

唐伯虎进京赶考

明朝弘治十二年（1499年），自信十足的唐伯虎入京赶考，他临走之前，搂着爱妻的腰肢道："等着当状元夫人吧。"

与唐伯虎结伴而行的是徐经，徐经肚子里也很有些墨水，同样是个翩翩美男子，他们二人是在游湖时认识的，彼此都仰慕对方的丰采，一见如故，结成深交。这一回二人同时参加科举，苏州地方人士都等着他们光耀门楣。

唐伯虎虽然表现得一脸不在乎，心头上的压力还是沉重无比，他对徐经说："到了京城里，咱们找一个地方安静下来，赶快再温习一下功课吧。"

徐经却摇摇脑袋，以权威的口吻说："一个人能否平步青云，仕途坦荡，重点不在于学问，而在于与权贵的交情，我们不妨利用考前的时间，多多拜会大老。尤其是阁下的才名远播，经过梁储的宣扬，多少人等着见你这位江南才子，怎能不露露脸？"

唐伯虎被徐经这么一吹捧，心里头乐滋滋，他这个人又一向爱热闹，喜欢交朋友，所以马上就改口："对对，是该去见见前辈，开开眼界。"

徐经笑道："这才对嘛，你看，我带了大批江南土产，为的是什么？"

唐伯虎看到徐经连礼物都打点好了，推了徐经一把："老兄真是策划周详，心思细密。"

徐经昂首一笑："可不是吗？"

二人到了京城，住进旅舍，到处都是前来赶考的举人，彼此表面热烈寒暄（xuān）着，暗地里互相打量，等着一决胜负。科举的优点是公平拔举人才，缺点是优秀青年的成败荣辱全部押在里面，成为你死我活的争夺战。

唐伯虎与徐经原本气质非凡，看起来与众不同，穿着打扮又特别讲究，他们二人各跨一匹鞍辔（pèi）鲜明的大白马，后面跟着六名家僮，手里捧着精美的江南名产，一路上行人指指点点，所谓“白马王子”当如是也。

他们二人到了太子洗马梁储的府宅，梁储原是唐伯虎参加乡试的主考官，对唐伯虎欣赏得不得了，他亲切地握着唐伯虎的手，由衷赞叹着：“这一战而霸，是一定的了。”

唐伯虎报以谦虚的微笑，心中禁不住得意，这“一战而霸”四个字用得妙，于是奉上了一座精致的小小的花梨屏座。

梁储一边把玩着，一边夸道：“果然细致，范仲淹曾言，天下之有学自吴郡始，苏州读书人的文玩也特别多。”

徐经接着说：“可不是吗？苏州象牙、紫檀、铜、瓷、玉器，无一不精，都是相当有特色的古玩。”

由于气味相投，三个人聊得好开心，最后，他们二人离座长揖：“末学后进，还要请老前辈多多指教。”

梁储也还了礼，笑嘻嘻送别两位年轻人，心中高兴地想着：“多俊的两个青年啊，这场大比就看他们的了。”

拜别梁储出来，唐伯虎感激地握着徐经的手道：“多谢兄台，这些礼物全是你破费的，不知何以为报？”徐经昂首大笑：“等你当了状元还愁不能报答吗？”然后感叹道：“这该谢谢我父亲，他为我准备如此华丽的行装，如此宽裕的费用，让我们能够在北京城大举结交，广通声气。”

离开了梁宅，他俩又去拜见李东阳。

李东阳，字宾之，湖南茶陵人，天顺年间进士。他也曾是个天才儿童，才四岁大时，就写得一手好书法。明景泰帝听说京城里出了一个小天才，特地召见验试。

小李东阳进来了，胖嘟嘟的，红彤彤的，穿戴整齐，一摇一摆往前走，因为才四岁，脚步不太稳，有点像个小鸭子。

小李东阳虽然是个小不点，却毫不惊慌，肥肥软软的手用力握着笔，绵纸铺在地上，他大笔一挥，写了一个直径一尺的“福”字，圆润、饱满、有力，真不像是四岁小宝宝写的。

景泰帝好喜欢李东阳，招招手，唤他过来。李东阳来了，景泰帝将他一下子抱在膝盖上，亲切地问道：“你是不是小胖子？”

李东阳，选自《历代名臣像解》。

“是！”李东阳嗓音轻脆，大家都笑了起来。

“小胖子几岁？”景泰帝又接着问。

“四岁。”

接着，景泰帝又问他还会写什么字，家里有些什么人，景泰帝逗着他玩了半天，才依依不舍放他走。

李东阳历任礼部尚书、文渊阁大学士，他工于古文，为文典雅华丽，朝廷大著作多出自其手，他又工篆隶书，多才多艺。

唐伯虎颇以才学自负，但是，想到马上要见到李东阳，他还真是又紧张又兴奋又不安。

明朝科举严防作弊

唐伯虎与徐经入京赶考，徐经主张应该多结交权贵，为日后仕途铺路，因此他们二人见过了梁储，又来到李东阳府第。

唐伯虎对徐经说："听说东阳先生原本饮酒有海量，初官翰林之时，常饮酒至深夜。有一回，他大醉而归，发现父亲在冬夜之中守候，心中不忍，当下决定滴酒不沾，可有此事？"

徐经道："确有此事，东阳先生尤爱提携后进，胸襟大度，让人佩服。"

他们二人递了名帖，李东阳亲自出迎，并且为家中其他客人一一引见："这位是唐伯虎，是今年的南元也。"

所谓"南元"，乡试第一，称为"解元"，江南乃人文荟萃之地，南闱向为人们所看重，因此称为"南元"。

李东阳又指着徐经介绍："徐家乃江阴著名富人之家，才具不凡。"

唐伯虎的大名，经过梁储的吹捧，座中客人早已耳熟能详。大家这一回见他本人丰神俊逸、吐属隽（juàn）妙，论诗文、谈文物，从容周旋，谈笑风生，厅内一片欢洽热闹。

拜见过李东阳，他们又挑了日子去见程敏政。

程敏政与李东阳一般，同样是少有神童美誉，他父亲程信原任南京兵部尚书，后来到四川为官，巡抚罗琦听说程敏政的文才，献宝似的将他推荐给明英宗。

明英宗当场给程敏政考了试，发现程敏政果然不同凡响，命令他以后在翰林院读书，还发给粮食。这一年他才十岁。

程敏政既然如此优秀，眼看前程无量，朝中人自然争相交结，程敏政十多岁时，学士李贤就把爱女嫁给了他，程敏政果然也不负众望，于成化二年（1466 年）进士及第。

程敏政家世优越，才情又高，走到哪里，头都抬得高高的，也不太瞧得起一般凡俗之辈，所以人缘奇差。但是，他的眼光是精确的，心肠是温热的，所以，他毫不犹疑地接见唐伯虎与徐经，并且极力赞美。

接连下来几天，他们二人又拜会了吴宽等苏州前辈，以及吏部尚书倪岳等人。

这时候的唐伯虎，耳朵里听到的，全是一片赞美之声，心里头感受到的，全是热烘烘的温暖。缺乏阅历的唐伯虎没有想到，举凡梁储、李东阳、程敏政都是才德兼备的谦谦君子。因为他们有才情，所以他们才懂得爱才、惜才、怜才；因为他们有道德，所以他们气度宽广，乐于见到青年才俊出头。不过，这并不是世间经常有的美事。

对于其他考生而言，徐经与唐伯虎的嚣（xiāo）张，不仅惹人反感，简直令人厌恶到了极点。任何两三个举子在一起，都可以把他们二人狠狠数落一番，偏偏他们二人浑然不觉，大声讲话，放纵狂笑，沾沾自喜。

这一回，朝廷点中的主考官正是程敏政与李东阳，难怪人们议论纷纷："唐伯虎当状元是囊中取物嘛。"

依照规定，会试一共考三场，每场连入闱（wéi）出闱各三天。

明代考场戒备森严，科举制度左右着考生全家族的荣辱，难免有人想作弊，因此，考场的作弊史那真是"洋洋大观"。

明代八股取士，最讲究引经据典，既然要引，就不能错一个字。因此，考生千方百计设计小抄，把四书五经抄在小纸条上，塞到鞋底和腰带、袜子、帽子中，甚且就写在衣服背面，趁着老师不注意，偷偷抄上一段。这种作弊的心情滋味，凡是学生当都能体会。

参加科举考试的人用以作弊的夹带，上面写满备考的内容。

明朝为了防止作弊，动用士兵搜查考生，士兵们一辈子没资格应考，也永远当不成大官，难得有这个机会，修理一下未来的大官，所以搜身十分严格。

唐伯虎虽然早听说了搜身这件事，但亲身经历的时候，仍然难以接受。一众考生进入考场之前，门外先站着两名凶神恶煞的搜检军，恶狠狠对着考生，考生一个个轮流接受检查。

这个检查可严格得很，先把头发整个摸过，确定里面没有藏纸条，然后，考生把衣服解开，从头到脚，仔细搜身，不论肚皮、膝盖，不论脚趾、肛门，都一一查遍。

唐伯虎被摸得浑身不自在，这简直是斯文扫地嘛，太羞辱人了。他想起明太祖朱元璋曾经说过："这些考生又不是强盗土匪，怎么如此搜身？"

不但是唐伯虎，其他考生一样被摸得全身起鸡皮疙瘩，但是，谁也不敢有所怨言，到底，这也是为了维护科举制度的公平，任何事都有利有弊啊。

程敏政涉嫌考场泄题

唐伯虎终于来到京城，参加科举考试，他自信十足，志得意满，甚且他的画上，已经盖上“南京解元”的图章。

明朝科举防弊甚严，唐朝时代，大诗人王维曾经向公主自荐诗文，成为头名状元，唐朝试卷是不弥封的，亮敞敞地让主考官看。到了宋代，把考生的名字给糊了起来，防止考官徇私。到了明朝，不但试卷弥封，试卷拆封之后，还让人整个抄过，再拿给主考官阅卷，免得主考官认出考生的笔迹，或是考生在试卷之中暗藏玄机，与考官互通声气。

这次考试的题目是由程敏政与华昶（chǎng）一块命题的，其中最难的是第三场考策论，一共五道题，其中有一道题“四子造诣（yì）”十分冷僻，一般考生都抓耳挠腮，不知该如何下笔。

唐伯虎倒是运气不错，他一眼就看出这道题的出处，洋洋洒洒写得十分尽兴。唐伯虎是个藏不住话的人，一出了场，忍不住眉飞色舞大大吹嘘。其他考生对着卷子发呆已经够难过的，再看唐伯虎满脸飞金的模样，他们心中当然更不是滋味了。

其中一个考生不免酸溜溜地说：“也许他早就知道题目了。”

这话一传开，其他考生也心有同感：就是嘛，你我都十载寒窗，日夜苦读，也未曾见过“四子造诣”，怎么唐伯虎这么一个不甚用功读书、派头十足的公子哥儿倒能破题，分明其中大有文章。

东篱赏菊图，明唐寅绘。

几天之后，程敏政阅卷之时，一面看卷子，一面大摇其头，口中连连不断地叹气："哎，功底太差了。"一直读到最后，有两份卷子，不但切题，而且文辞典雅，程敏政一拍大腿道："这一定是唐伯虎与徐经的卷子。"

此话一出口，大祸酿成，一旁的给事中华昶立刻连夜上书明孝宗，弹劾程敏政，控诉程接受贿赂，泄漏试题。

原来，程敏政与华昶分属于朝廷之中两派势力，这一回，朝廷派了李东阳、程敏政担任主考官，已经让华昶这一派不是味道，尤其唐伯虎与程敏政走得如此近，未来唐伯虎一定是程敏政这一派的要角，这一对座主门生的关系想必十分亲密。

所谓座主就是主考官，当时社会由于重视科举，重视状元及第，连带的，主考官在社会上地位崇高，无与伦比，及第的进士为了感谢主考官的青睐（lài），自称为门生，也希望考官日后多多提拔照顾。

当然，这一方面也是古时人饮水思源的报恩观念所致，唐朝大文学家柳宗元曾经说过："凡是自称为门生，而不知道报恩的人，简直不配被称为人。"

通常来说，门生对座主是一辈子效忠到底的，互相吹捧，你抬我，我抬你，汇合成为一股势力。

唐朝崔群有一次与夫人在花园之中闲聊。

夫人问崔群：“你何时为我们的儿子在各地置庄园？”

崔群笑一笑：“我早已在全国各地，置办了三十处美不胜收的庄园。”

夫人很生气，责问道：“奇怪，我怎么不知道？”

崔群哈哈大笑：“前年我当主考官，录取了各地三十名考生，这不就是三十处最美丽的庄园吗？也是我们子孙后代最可贵的资产啊！”

崔群的话，充分表露了座主与门生之间亲密的网络关系。

唐伯虎太优秀了，他的才气逼人，谁都看得出来。他的热情念旧，也是大家都能从旁观察到的。唐伯虎来到京城后，没有拜会华昶，华昶已经不开心了，华也私心盼望有这么一个露脸的门生，所以酸葡萄心理一发作，马上就向皇帝参了一本。

明孝宗早朝之时，看到了奏章，大吃一惊，科举是全国瞩目之事，出了泄题案，全国都会沸沸扬扬，孝宗又是最重视道德操守的人，当下决定，命令程敏政离开闱场，停止阅卷工作，改由李东阳阅卷。

同时，华昶一派的官员纷纷落井下石：“唐伯虎是梁储的得意门生，梁储一天到晚吹捧唐伯虎，大力向程敏政举荐。前些时日，梁储奉旨出使江南，唐伯虎出面摆酒饯行，席上彼此唱和题诗，唐伯虎还准备把这些诗印成集子，请程敏政作序，程敏政也答应了，可见这批人结为朋党。”

古代皇帝最怕官员结朋党，成为小圈圈、大力量，明孝宗一听，无名火起：“这是文人无行。”

于是明孝宗下令，把程敏政、唐伯虎、徐经一块逮捕入狱。

唐伯虎的冤狱

由于程敏政在阅卷之时，一时兴奋，脱口而出："这两份卷子答得如此之好，一定是唐伯虎与徐经的。"华昶据此向明孝宗参了一本，于是孝宗下令，命程敏政停止阅卷，将徐经与唐伯虎逮捕下狱。

程敏政的阅卷改由李东阳负责，事实上，人们后来发现，程敏政赞美的这二份卷子，根本不是徐经与唐伯虎的。按理说来，这件泄题案水落石出，应该可以告一个段落了。

华昶这一派，却紧咬不放，非把程敏政斗倒不可。再加上明孝宗个性严谨，素来痛恨文人无行，也认为该给唐伯虎这种轻薄读书人一点教训，因此程敏政、徐经、唐伯虎被一起留在牢里。

唐伯虎直直地躺在牢里，他心想，他一定是在做梦，在做一个最坏最糟的噩梦。可是牢房里的尿骚恶臭，一阵阵袭来，又是这般真实。天啊，唐伯虎心中呐喊着："我怎么没当状元，反而成了阶下囚呢？"

"吱呀"一声，狱卒来了，丢下一碗牢饭。黑黑的、脏脏的，还有一股腥味，不晓得是什么难吃的东西，唐伯虎端起来，只觉得恶心，因为实在饿极，他勉强塞入一口，"哇"一下，全部给吐了出来。

想唐伯虎自幼锦衣玉食，家里开酒楼，苏州人又一向特别讲究美食，即使后来家道中落，他在饮食上也绝对精细。谁能料到翩翩浊世佳公子，居然会沦落到吃牢饭，唐伯虎简直恨不得一头撞死自己。

第二天一大早，公堂开审，古人一向最爱看热闹，何况是公审南元，南元是江南地方选出来的解元，唐伯虎又是出了名的风流潇洒，自然格外轰动。

唐伯虎自幼俊美体面，从来最爱出风头，从来最爱人们紧盯着他不放。今天，头一回，他想用衣服盖住脸，或者，找个地洞钻进去。

他听到人群之中传来的刺耳批评："喏，原来那位白面书生就是唐伯虎，人长得不坏嘛，干什么作弊？年轻人真是不学好。"

唐伯虎委屈万分，他当下就想跑过去分辩："没有，我没有作弊，凭我唐伯虎也用不着作弊。"

唐伯虎，选自《历代名臣像解》。

唐伯虎觉得自己一颗心都碎了，他再也无法从从容容、潇潇洒洒，他觉得脑子里"嗡嗡嗡"响，仿佛有一窝蜜蜂。突然之间，"砰"的一声，惊堂木的声音吓住了唐伯虎。

公堂之上，面目阴森的主审官问唐伯虎："你就是举人唐寅？"

"是的。"

"现在你不是举人了，还不赶快跪下来？"主审官瞪着眼睛呵斥。

唐伯虎正在迟疑，立刻有两个衙役向前，将唐伯虎揿（qìn）翻在地。唐伯虎万般无奈，一抬头，发现徐经也正跪在一旁。

主审官用鄙夷的口吻训斥："你二人身为举人，竟然贿赂主考官，买通关节。"

"没有的事，"唐伯虎着急地抗议，"事实上，后来查出来，那两份卷子也不是我们的，应该可以案情大白。"

"哼！"主审官不以为然道，"你们不是到京师之后，忙着拜会程敏政吗。你们不是刻印了一本诗集，央请程敏政作序，他也答应了吗。"

"没错，"唐伯虎平静地解释，"这些全是正大光明的来往，并没有行贿泄题。"

"看来不用刑你们是不会招的。"主审官沉着脸道，"你二人存心抵赖，也怪不得本官无情，来人啊，先打四十板再说。"

主审官一声令下，两个衙役上前，用力脱下唐伯虎的下衣，另外两个行刑的差役，一左一右，用力拍打，并且数着"一啊一""二啊二"，听起来仿佛在拍猪肉一般，可怕极了。

唐伯虎是何等细皮嫩肉娇滴滴的美男子，才挨了十板，整个人就软趴趴地瘫了。

一看犯人昏厥，差役很有经验，马上取来一碗冷水，满满含了一口，"啐"的一声，喷在唐伯虎的脸上。

唐伯虎人醒了，脸上全是冰冷的臭口水。差役又开始毫不留情地开打，打得他直冒冷汗，牙齿不断打颤，额头上汗如豆大。

主审官再问："招不招，不招再打。"

唐伯虎知道，再打下去，他的命就完了，因此凄厉地喊道："学生愿招。"

唐伯虎痛彻心扉，昏昏沉沉，伸出虚软的手，在供词上画了押。

唐伯虎遭到妻子奚落

唐伯虎在屈打成招之下，被罚降为浙江小吏。徐经被革去功名，废为庶人。程敏政漏题失职，被罢去官位。这一场冤狱就这么草草定案了。

程敏政打从十岁被视为神童开始，一帆风顺，他自问没有做错任何一件事，在阅卷之时，他忍不住脱口而出叫好的两份卷子，根本不是唐伯虎、徐经二人所写的，案情应可大白，他不晓得为什么会下狱，也不晓得为什么被罢官。

出狱之后，程敏政从此不再有笑容，那苍白的脸色、深锁的眉宇、时时可以听到的长吁短叹，让家人十分发愁。

“你心里苦，不妨哭出来吧。”程夫人安慰道。

程敏政开始哭，大哭特哭，一面哭，一面用力捶胸：“我这就叫多言贾（gǔ）祸，我干什么如此多嘴，要是当时不讲那句夸奖的话，不就什么事也没有？”

程敏政不能原谅自己，也痛恨对手斗争手段的狠毒，他大声痛哭，哭得浑身发抖，哭得气促声断，没有多久，程敏政魂归西天，他受不住如此残酷的打击。其实，这件案子谁都清楚他是冤枉的，如果他沉得住气，潜沉几年，重新复出的可能性不是没有，可是程敏政自幼受皇帝赏识，师长爱护，以文章、德行名重一时，他闯不过这一关。

同样的，唐伯虎也受不住这沉重的一击。

此刻的唐伯虎眼光呆滞（zhì），神情落寞，早已看不出原先的玉树临风、顾盼自雄，他也是无限委屈，痛恨人心险恶。

唐伯虎在写给文徵明的信中，吐露了内心的懊悔："我当时如同基础不稳固的城墙，人人侧目，自己还得意，我从容微笑，不知道已身陷虎口，小人的谗（chán）舌遭了天子的震怒，监狱中身贯三木（三木是古代套在犯人头颈、手、足的刑具），狱吏如狼虎般凶暴，举头抢地，哭得我涕泗滂（pāng）沱。"

唐伯虎终于明白"满招损，谦受益"的古训，可惜，大错已经铸成。

至于被罚为小吏，担任官府之中管理簿书档案的小公务员，这件事，唐伯虎不肯干，他甩着衣袖道："我宁可卖画为生，也不屈就小吏。"他晚上睡在床上，心潮起伏，难以入睡，无边的悔恨交加，如利爪一般，撕裂着唐伯虎的心。

唐伯虎该回家了，他一想到回娘家等好消息的何氏，就恨不得自己可以赖在床上，永远永远不要起来。

自从唐伯虎入京赶考，何氏便回家守候，因为唐伯虎乃江南解元，颇具状元相，所以，何家人都用现成状元夫人的眼光看着何氏。

何氏对未来抱持无限信心，何父同样十分乐观。何父对女儿说："咱们可是官宦世家，唐伯虎不过是开酒楼的白衣秀才，如果不是他文才高，中了解元，马上即将取得功名，我们何家哪儿会与唐家联姻。"

何氏也笑眯眯地回答父亲："我相信，报喜的马上就会来了。"

"记着，准备一些赏银。"何父丢下一句话，也在盼着唐伯虎的好消息。

春试已经放榜，报喜的始终未来，何氏着急地在花园里转来转去，她一个人待在房间里，简直是坐不住。

何氏正在着急，张灵突然来了，一向玩世不恭的张灵，今天却是愁眉深锁："都元敬有信来，信中提到，唐兄因为牵涉到试场弊案，已被逮捕下狱。"

何氏一听，立刻昏厥，幽幽醒来之后，手脚冰凉，汗流浃（jiā）背，她心里空空的，拖着脚步向前，这个世界似乎与她无关。何家上上下下都知道了这件事，何氏十分惶恐，不晓得该怎么办，连一向最疼爱她的父亲也不客气地下逐客令：“你还是早点回到唐家吧。”

何氏回了家，满肚子的委屈与不满，她从小脾气就不好，这会儿更气得到处掼（guàn）东西，一面丢，一面骂，她不知道，为什么这般命苦，守了半年的空房，换来一个坐过牢的丈夫，这样窝囊、害她丢尽颜面的丈夫，真是不要也罢，她原先还指望妻以夫贵呢。

唐伯虎终于回来了，一脸的落寞呆滞，眼中闪烁着泪光，他受伤惨重，他此时此刻，多么需要妻子的安慰。

何氏一言不发，烫了一壶酒，用最不自然的声音数落：“官人一定记得，当初讲好的，待官人金榜题名归来，咱们夫妻同醉一场，共饮状元红，请官人喝了这一杯状元红吧！”

“不要再说了！”唐伯虎痛苦地喊了一声，用乞怜的眼光望着何氏，希望她住口，不要再说下去。

“你不喝，我喝。”何氏一饮而尽，“我真是好福气，嫁了这样一位坐过牢的才子，真是前世修来的福气。”

唐伯虎受不了，拿起酒杯往地下一扔，他悲哀地发现，没有功名之后，美丽娇艳的妻子变成了母夜叉。

文徵明情深义重

唐伯虎一心以为能够高中状元，衣锦荣归，不料遭到冤狱，带着创伤，回到苏州。

唐妻何氏天天哭个不停，唐伯虎忍耐不住，终于大吼道：“你可不可以不要哭！”

何氏被唐伯虎的怒气吓住了，她紧闭双目，张大嘴巴，强忍着不让自己哭出来，却不断不断地掉眼泪。

唐伯虎的心情沉重到了极点，他叹一口气说：“难道你一点都不能够了解，我现在需要的是安慰与谅解。”

“哼，”何氏一下叫了起来，“喂，你需要安慰与谅解，那么，谁又来安慰我呢？想我一个官府大小姐，迷迷糊糊嫁给了你，什么才子，专门舞弊的才子。”

唐伯虎不想再吵下去，他捂着耳朵，赶紧离开。

其实，在这个人生困难的时候，他们夫妻二人最需要互相安慰，彼此体谅，而不是像刺猬一般互戳。到底还是二人感情不够坚固深厚，他们抗拒不了外在险恶的环境。

唐伯虎甩甩头，冲了出去。家中的老黄狗竟然迎面扑了上来，仿佛逮着小偷一般，“汪汪”叫个不停，果真是“狗眼看人低”，看唐伯虎现在落魄了，连家中老狗也跟着欺负他。

唐伯虎正在叹气，低着头往前走，差一点与小厮兴儿撞一个满怀。

“对不起！”唐伯虎不自觉地往后缩了缩身体。

谁知兴儿竟然没好气地顶撞：“你走路不长眼睛吗?”眼神中尽是不屑。

唐伯虎好难过，他写了一封信给文徵明：“僮仆据案，夫妻反目，旧有狞狗，当门而噬（shì）。”

唐伯虎满心酸楚，一肚子的眼泪，他到哪儿去呢？想来想去，只有去勾栏人家买醉。有那唐伯虎旧日的老相好，倒是十分温柔体贴，可是妓女院中的老鸨，脸色可难看极了。事实上，他现在也没有心情偎红倚翠，耍什么风流。男人的事业失败，就是一切的失败。

一向高高傲傲的唐伯虎，失魂落魄地走到了伍子胥庙。这座庙，他自小常常来游玩，他也晓得伍子胥受冤的故事，可是这一回，由于唐伯虎自己遭到如此大的痛苦，他突然理解了伍子胥内心深处最沉重的痛。

唐伯虎望着伍子胥塑像，斑斑驳驳，腰间佩的宝刀，只剩下了半截，他突然心中有一股说不出的愤懑（mèn），拿出笔墨，在墙壁上题了四句诗：

白马曾骑踏海潮，
由来吴地说前朝。
眼前多少不平事，
愿与将军借宝刀。

唐伯虎此时真恨不得手上有一把刀，可以肆意挥砍，砍掉世间种种不公平！唐伯虎回到家里，文徵明等几个朋友已经在等他，文徵明看着唐伯虎一脸惨淡，叹口气道：“子畏，我明白你所受的委屈，旁人嘲笑你、议论你，我们几个好朋友却永远支持你。”

唐伯虎投以感激的一瞥（piē），大有患难见真情之慨。

“子畏，”文徵明又恳切地说，“虽然要你去浙江当一个小吏，的确是大材小用，委屈你了，可是，吏部的限期快要到了，你要是再不去上任，

文徵明，选自《历代名臣像解》。

又是一件祸事。”

“我不去，”唐伯虎霍然一下站了起来，恨恨地说，“我宁可死，宁可再被打四十大板，打死算了，也绝不去当个小吏。士可杀，不可辱。”

文徵明皱着眉头，思索了半天，缓缓道：“这样吧，我帮你写封信给吴宽老伯，托他找浙江巡抚，给你打一声招呼，替你除名算了。”

“好。”唐伯虎应了一声。

文徵明又拉着唐伯虎的手，殷殷劝道：“记得吗？立春之时，我们为你饯（jiàn）行，希哲兄（祝枝山）送了你一句话，‘人生岂有定，日月亦代明’。”

“人生岂有定，日月亦代明。”唐伯虎一个字一个字念着，是啊，人生的遭遇岂有定数，太阳、月亮也是互相交替映照人间，这个世界上，到底没有一帆风顺的事。

文徵明又说：“记得你当时离开后，希哲兄曾经说，你热情爽朗、胸无城府，把这个世界看得太简单、太容易，他很担心，你要是受了打击，恐怕会站不起来。哎，如今被他不幸而言中，我只好送你一句话——功名难求时，才名应远扬。你好自为之吧。”

唐伯虎握着文徵明的手，他心想，幸亏人生还有几个好朋友，人生，实在是要有几个好朋友互相支持才能走过去的啊！

徐素素红粉柔情

唐伯虎经历了一场莫须有的考场弊案，身心俱创，幸得好友文徵明殷殷相劝，心里头才比较舒坦。

文徵明一走，唐妻何氏又开始念经：“还不赶快读读八股，你不想去考功名了啊？”

唐伯虎听着便烦，懒得吵架，他铁青着脸往外走，何氏追上来，非常生气地问：“你又要去找妓女？”说着，呜呜哭了起来。

唐伯虎正不知该何去何从，被妻子这么一提醒，头也不回去找徐素素。

苏州美女是出了名的，也许是地理环境，也许是山川灵气使然。不过，中国文人偏爱苏州名妓，倒不全然是为了外表美貌，她们多半极有文学修养，风度优雅，谈吐不俗，在唐伯虎眼中，比起粗鲁不文、浅薄鄙俗的官场中人，这些妓女不晓得高明多少。

徐素素见着唐伯虎，忍不住握着他的手道：“你瘦了。”

唐伯虎呆呆地点点头。

徐素素心一酸，眼前这个唐伯虎神情落寞，两眼无神，哪儿是那玉树临风、潇潇洒洒、欢喜开玩笑逗趣的唐公子，由此可见他所受折磨之深。

徐素素人如其名，清清淡淡，素素雅雅，穿了一袭白衣，唐伯虎最欣赏素素这分静谧（mì），见到素素的安闲，他似乎也跟着平稳下来。

素素浅浅一笑，柔声劝道：“相公，不要如此颓（tuí）丧，你的才情，

吹箫仕女，明唐寅绘，南京博物院藏。

谁人不知，谁人不晓，历来状元有多少，又有几人能与你相比？”

屡受打击的唐伯虎心中为之一暖，他不明白，为什么家中的妻子就不能这么安慰一两句。唐伯虎抬起头来，发现素素那柔腻如羊脂玉般的颈子，几乎与一袭白衣分不出界线，伯虎笑曰：“素素，你真美，唱一曲吧。”

徐素素回头使一个眼色，一名青衣侍儿递来琵琶。素素低首拨弦。她发声轻柔，小曲轻唱，回肠荡气，听得唐伯虎如痴如醉。

“唱得好！”唐伯虎赞赏道，“再来一首。”

素素又半侧着脸，拨弄琵琶，吐出呖（lì）呖的轻声。

唐伯虎一面听，一面在想，假如不是这场冤狱，自己现在是状元，该有多么风光，甚且假如没去参加过考试，悠哉游哉继续当个“江南第一风流才子”也不坏。这“江南第一风流才子”可是他自封的，也自认为当之无愧。现在最惨了，颜面丧尽，仿佛成了一只过街老鼠，人人喊打，不，他不要。

想到这儿，唐伯虎猛烈甩头，他痛苦地闭上眼睛，泪水不自觉又不听话地往下奔窜。

面对如此光景，素素也声音哽咽，再也唱不下去了。

素素放下琵琶，绞了一把热毛巾，亲切温柔地为唐伯虎擦了一把脸，然后，奉上一杯热茶，恳切万分地望着唐伯虎道：“相公，千万不能自暴自弃，想想写《史记》的司马迁，他所受的痛苦，千百倍于你，假如不是那场腐刑，也许就没有《史记》一书。”

素素的一番话，竟然正是唐伯虎最近心里的话，他惊异地望着素素，没有料到，苏州娼家女，出言吐语，竟也如此隽妙深刻。

司马迁当年因为李陵投降匈奴，他为李陵讲了几句辩解的话，惹得汉武帝大怒，把司马迁给阉了，成为如太监一般不能生育的人。

古代读书人一向最看轻太监，司马迁陷于最大的悲痛与耻辱之中，发挥了史才文才，创作了不朽的《史记》。

这一段历史，唐伯虎太熟悉，但是直到他受到冤狱，受到杖刑，受到妻子嘲笑、恶狗咆哮、僮仆歧视，他才真正体会到司马迁的精神痛苦。

于是唐伯虎坐直身子，对素素道：“你懂音乐，司马迁受刑，对他个人而言，诚然是一个太大的不幸，但是，从此之后，他的文章仿佛一杯浓烈的苦酒，又仿佛音乐中破折、急骤的调子，那么地酣畅淋漓，痛快！”

“对，”徐素素接话道，“因此，相公这场冤狱，也会使你的文章、你的画风更上一层楼，更深刻。”

“不，我不要。”唐伯虎一摔酒杯，“我宁可画艺平凡，我不要与司马迁一般伟大，我不要！”

素素依然平静，她走过来，拍拍唐伯虎的头，好像在安慰一个小弟弟：“也许这次是上天选择了你，谁要你这么有才情。”

“是这样吗？”唐伯虎迟疑道，他讲话的口气，撒娇的方式，似乎也像一个小弟弟。

“是这样的。”徐素素肯定地回答。

走出徐素素处，唐伯虎心中好温暖，他不知道，该如何谢谢素素如此温柔的体恤。

徐素素情爱悠悠

身心俱创的唐伯虎，自徐素素处归来之后，整个人精神好多了。他一字一句回味素素的话，仿佛一股暖流传遍全身，素素的美，不只是外在的容颜，而是她的慈悲与温柔啊！

唐伯虎人在家中，只觉得疲倦无趣，心中空荡荡的，似乎世界与他毫无关系，他身上这个躯体，并不是属于他的，唐妻何氏仍在念念念，成天念个不停，唐伯虎把耳朵给关掉了，因此，他也听不见妻子的唠唠叨叨。

唐伯虎勉强又勉强地在家里熬了一天。他眼前全是徐素素的身影，耳边始终响着徐素素的声音。

到了第三天，唐伯虎心想，今天再不去会一会素素，他一定非发疯不可。

唐伯虎信步走到素素处，迎面遇到了朋友李信，李信劈头第一句话就是："素素死了。"

"怎么可能，别开玩笑。"唐伯虎推了李信一把，"玩笑也不是这样开的，前天我还与素素在一起。"

"没错，"李信正色道，"素素是昨天投水的。"

"投水，为什么？"唐伯虎手脚冰凉，又汗流浃背，他几乎一屁股坐到地上。

李信叹气道："你晓得郭六吧，仗着身上有几个钱，娼家的鸨（bǎo）母欣赏他，他喜欢为妓女赎身，买回家去又不好好疼惜，常把人打得全身青紫，这一回，郭六看上了素素，据说出了高价。”

“这是昨天发生的事？”唐伯虎追问。

“没有，谈了个把月了，素素也没说过不答应……”

李信的话，唐伯虎听不下去了，他耳旁“嗡嗡嗡”响个不停，原来，原来前天素素的活泼、开朗、善体人意、笑口常开全是为着他扮出来的，其实，素素的心中正滴着鲜血。

唐伯虎想哭，哭不出来，他捧着要炸开来的脑袋，失魂落魄回到家中。他真恨，恨老天爷为什么要把他唯一精神慰藉，这么可爱的素素给逼死了。

他跌坐在书桌之前，似乎眼前浮现素素投水前的倩影，素素身着白色披风，清冷有如冰雪，肃穆之中蕴藏无限的哀哀怨怨，她好像正以从容就义的心情叙说着：“素素不幸生于娼家，又何幸与公子相识，今生无缘再聚，不如早死，希望来生能相见。”

唐伯虎站了起来，素素却消失得无影无踪。

唐伯虎有些气恼，为什么前天晚上素素不把自己的困难告诉他？不过，即使诉说了又能如何？唐伯虎目前岂有为娼妓赎身的能力，就算是有，现在又哪是置妾的时机？难怪素素绝口不提，只是反过来尽力安慰唐伯虎。两相对照之下，唐伯虎惭愧极了，堂堂一个男子汉大丈夫，竟然比不上柔柔弱弱的青楼歌妓。

唐寅，南京夫子庙大成殿浮雕。

唐伯虎终于忍不住掩面痛哭，他含着眼泪，写了一首七言律诗：

清波双珮寂无踪，
情爱悠悠怨恨重；
残粉黄生银扑面，
故衣香寄玉关胸。
月明花向灯前落，
春尽人从梦里逢；
再托生来侬未老，
好教相见梦姿容。

幸而，唐伯虎只是写诗遣怀，没有真的殉情，因为所谓来生相聚，只是荒谬的幻想。

突然之间，他听到撕纸的声音，原来是何氏走进书房，见着律诗，醋劲大发，当场给撕了个两半，唐伯虎一看，急着去抢，何氏更气，把绵纸给撕得细细碎碎，揉了又揉。

“你要撕，尽管撕，反正诗在我脑子里，等下再写一张。”唐伯虎懒得再理。

“你倒好，”何氏气坏了，“你让我遭到的羞辱还不够吗？你如今不但没有发愤图强，反而一天到晚逛妓院、画画，再写这莫名其妙的诗，为无耻的歌妓写诗……”何氏愈说愈气，气得身体不断发抖，她希望唐伯虎能认错，能忏（chàn）悔，能安慰她，发誓再不做这些荒唐事。何氏实在是委屈万分，她心想，换了任何一个女人，遇到这样的丈夫，也一定会活活哭死的。

唐伯虎一点也没有前去安慰何氏的意愿，他心烦意乱，他看着哭得披头散发的何氏，真有说不出的讨厌，突然之间，唐伯虎了解了佛家所说的“怨憎（zēng）会，爱别离”，就是你怨恨憎怒的偏偏相会，你最爱的偏偏离别。唉，人生真是苦啊！

唐伯虎效法司马迁

徐素素自杀后，唐伯虎写了一首哀悼（dào）诗，被妻子何氏发现，双方大吵一架，两人进入了冷战期，虽然住在同一栋房子里，却像是两个哑巴，静悄悄的；哑巴还会彼此打手语，他们二人却尽量避免目光接触。

在如此沉重的气压之下，唐伯虎终于病倒了，发起高烧，面红如火，连嘴唇都烧焦了，同时口中呓（yì）语不断，十分吓人。

何氏找来医生，问了诊，把了脉，还好，只是长期劳累过度，抵抗力太差，引起了严重的风寒。

何氏送走了医生，忍不住嘀嘀咕咕抱怨："你一定是嫌我的麻烦还不够多，或者，你是想借机不碰书本，我就不晓得这样子你还想不想要功名！"何氏愈说愈气恼，泪珠不断地往下滚，她好希望唐伯虎能稍微安慰她两句，至少该有一声"你辛苦了"，或者"我也十分抱歉"。

但是何氏不明白，如此的"撒娇"是只会让人反感的，唐伯虎用力把棉被一扯，整个人钻到被窝里，恨不得用个耳塞子把耳朵给塞起来，偏偏耳旁又传来何氏刺耳的声音："你没有考中状元也就罢了，竟然还作了弊，坐了牢，害得我跟着你抬不起头来。"何氏捶胸顿足，狠狠又发泄了一番。

唐伯虎突然之间，非常理解司马迁，他也明白了何以徐素素临死之前，拿他与司马迁相提并论。司马迁在《报任安书》中形容自己："我因为说话不小心，遭遇到这样的灾祸，深为邻里乡党所耻笑，污辱了祖先，我又有什么面目再去父母的坟墓前呢？因此，愁肠一日九转，我一想到所受的耻辱，没有一次不是汗水沾满了背脊。”

唐伯虎一摸自己的后背，果然，被何氏这么一提醒，想起了耻辱，整件内衣都湿透了，黏糊糊地贴在身上，真是不舒服。

司马迁当时是怎么熬过来的？对了，司马迁用历史上的英雄豪杰来安慰自己，司马迁说：“古来富贵的人虽多半名声埋没，只有倜傥（tì tǎng）非常的人才被世所称颂。周文王被拘禁而后推演《周易》，孔子遭受困厄创作《春秋》，屈原被放逐，才撰写《离骚》，左丘明双目失明，这才编《国语》，孙膑（bìn）膝盖骨被剔掉，这才写《孙膑兵法》，吕不韦被放逐到四川，《吕氏春秋》流传后世，韩非子在秦被囚，著述了《说难》《孤愤》。这些人都是受了委屈，心中有抑郁，所以著书论述己见，发抒胸中愤慨。”

“对，我也要效法这些人，效法司马迁。”唐伯虎把被子一掀，站了起来，大声背诵着，“所以隐忍苟活，幽于粪土之中而不辞者，恨私心有所不尽，鄙陋没世，而文采不表于后世也。”

何氏着急地跑了过来，拿了一件衣服披在唐伯虎身上：“你怎么了？这样会着凉的。”何氏虽然嘴巴厉害，心里还是很关心唐伯虎的。

唐伯虎不理会何氏，又大声地再次朗诵：“所以隐忍苟活……”

“你在咕噜咕噜念些什么，我听不懂。”

“你当然不会懂。”唐伯虎白了何氏一眼。

司马迁这句话的意思是说：我之所以没有自杀，之所以隐忍苟活，情愿被幽禁在污泥粪土之中，是因为理想未能实现，庸碌无闻，终结一生，我的文采不能传于后世。出于这个原因，司马迁才发愤创作《史记》。

唐伯虎打定主意，他也要效法司马迁，虽然功名从此绝缘，但他要让后世知道他唐伯虎在艺术方面不凡的才情，他要效法司马迁写《史记》那般，“藏之名山，传之其人”，他不要再窝窝囊囊躺在病床之上，长期忍耐妻子讨人厌的唠唠叨叨。

主意既定，唐伯虎开始快速地整理行装。司马迁写《史记》之前，曾经在二十岁之时，展开大规模的壮游，呼吸前代文化的遗泽，才华始得尽情开拓。

唐伯虎是艺术家，不亲眼观赏名山大川，笔下怎能有生命？他早想壮游了，只是因为要考功名，不得不耽搁下来，现在，正是时候。唐伯虎恨不得立刻站在高山上狂啸，发抒自己的郁闷，又恨不得马上投身于鸟语花香之中，洗涤一身的郁闷，他轻快地哼着歌，心情顿时轻松不少，他回过头对何氏说：“明天一早我要出外旅行。”

西山渔隐图卷，明唐寅绘。

“你还有闲暇旅行？你不想考功名了吗？”何氏又气又恼，她不晓得这个丈夫何以如此“不成材”。

唐伯虎懒得多理论，他留下一封信，拜托好友文徵明代为照料家人，他在信中写道：“我现在如黄鹄（hú）般高飞，如骅骝（huá liú，骏马）般奋起，但是我弟弟子重弱小，无法撑起门户，他衣食空绝，必将流为难民，希望你能捐一些狗马食，免得唐家绝后。”这封信写得哀恻感人，唐伯虎的家境是如此困窘，恐怕不是一般人所能想象的。

文林留下“却金亭”

唐伯虎壮游去矣，临行之前，他把家交给文徵明，唐伯虎的弟弟子重，不事生产且好饮酒，唐伯虎真的十分担心，这个宝贝老弟会不会活活饿死。

不过，文徵明家中的景况，不见得比唐伯虎好多少，他同样是苦哈哈。

文徵明与唐伯虎同年，同为明朝最出色的书法家、大画家。他俩比祝枝山小十岁，唐伯虎、祝枝山、文徵明以及后辈的徐祯卿被共称为吴中四大才子。

中国姓氏之中，文不是大姓，提到文姓，大家马上会联想到文天祥，没错，文徵明正是文天祥的后裔，因此，骨子里有一分浩然正气。

文徵明的祖父文洪是举人，父亲文林是进士，书香门第。文徵明小时候十分老实，木木讷讷的，与唐伯虎、祝枝山、张灵的天才横溢简直没得比，但是文林一点也不担心。他常说：“这孩子大器晚成，不用担心。”

文林心胸宽广，他爱自己的儿子文徵明，也爱与儿子一般大的唐伯虎，一点也不担心唐伯虎的风头盖过了文徵明，文林的气度也让两个青少年更加契合，在他们之间，没有一点“文人相轻”的坏习性。

文徵明十六岁那一年，文林死于浙江温州知州（地方州长官，俗称太守）任内。由于文林十分清廉，死后家境萧条。在古代，一个官吏若是不贪污，肯定是日子过得相当凄惨的。

由于文林勤政爱民，地方百姓依依不舍，决定用厚厚的奠（diàn）仪代表内心的崇敬，尤其几个地方士绅，掏出的奠仪远远超过常情，其中不无周济文徵明的意思。

文徵明的骨气很硬，他干脆来一个拒收。

唐伯虎问文徵明："何必如此，办丧事送奠仪，原是一般规矩。"

文徵明坚决地摇头："不可以，我要是收了温州大老们的厚重奠仪，我一辈子走在路上碰到他们，都会抬不起头来，你希望我这样没骨气吗？"

唐伯虎晓得文徵明的脾气："那就只好原封不动退回了。"

"正是。"文徵明坚决地把奠仪全部退回。

这下子，温州士绅们可急坏了，他们着急地商量："如今，弄巧反拙，文林儿子不肯收奠仪，如何是好？"

"这个孩子真是，何必如此固执？"一位马姓老爷相当不以为然。

"我倒挺佩服这孩子的骨气。"另一位大老接口道。

这时，素为乡里敬重的王员外出来讲话："各位的奠仪已经出了手，没有拿回去的道理，拿回来也带有丧气，很不吉利，依我看，不如把这些钱拿来盖一座亭子，表彰文太守对温州的贡献。"

王员外的意见获得众人的支持，于是，乡亲们就用这笔钱搭建了一座秀雅的小亭子，

万壑争流图轴，明文徵明绘。

将这座亭子题名为“却金亭”，却是推却的意思。

“却金亭”落成之时，地方上的人都到齐了，知事何文渊写了一篇文情并茂的文章，记叙文林公的政绩，并且叙述由于文徵明坚持不收奠仪，大家合议盖此“却金亭”。

文徵明站在“却金亭”三个字下面，心中油然生起一分欣慰，仿佛对在天之灵的父亲说：“我这个做儿子的，总算没丢了你的颜面。”

唐伯虎见此光景，悄悄地用手握紧了文徵明的手，两个青年互相对望，一切尽在不言中，唐伯虎的眼神，充分表露了他对文徵明的一片敬爱，正如他常对文徵明所说的：“我佩服你，但是，我可做不到。”

文家原本就不宽裕，一场丧事办下来，剥了一层皮，能典能当的，几乎全被当光了，文徵明也不在意，一脸“人穷志不穷”的神气。

有位父执辈李伯伯看不过去了，每回见到文徵明，总忍不住问一声：“早晚准备的饭菜，够不够吃？”

文徵明总是回答：“够，绝对够，不虞缺乏。”

李伯伯还是不相信，对着文徵明看了半天，很想自他脸上看出实情。

有一回，巡抚俞谏也忍不住指着文徵明的蓝布衫叹气：“你这件上衣未免太破旧了吧？”

文徵明假装听不懂，潇潇洒洒说：“最近天气不佳，多淋了几场雨。”俞谏明白他在装傻，也知道再讲下去没有结果，只好识趣地走开了。

文徵明不近女色

文徵明与唐伯虎同年生，同为明朝著名的才子，同样考场失利。唐伯虎碎了状元梦，文徵明也好不到哪里去，自从考取了秀才之后，他曾经参加乡试，进省城赶考举人，前前后后竟然考了九次，考到最后，觉得自己人都考老了，再考下去也没什么意思，想来此生没有官运。于是，文徵明决定不再参加第十次的考试。

文徵明的功名之心，原本比唐伯虎淡泊，他也没有经过唐伯虎的一场冤狱，因此，虽然官场无望，文徵明豁达开朗，在他看来，真才实学比什么都重要。决定不再参加科举考试之后，文徵明比以前更用功，从此之后，读书是为自己读书，他钻研书本，研究书法画艺，虽然两袖清风，却是快乐逍遥。

文徵明与唐伯虎是互为知己，彼此欣赏，有一点却大不相同：唐伯虎风流倜傥，以江南第一风流才子自许，文徵明认真固执，一辈子对女色兴趣缺缺。

关于这一点，唐伯虎觉得十分纳闷，他不止一次偏着头对着文徵明细看："奇怪，男人岂有不好色、不贪腥的？我实在不了解。"

文徵明总是回答："世界上有趣的事挺多，我也不了解你为什么喜欢往妓女院中钻。"

"不对，不对，一定是你没遇到中意的，你这个人太封闭自己了。"

唐伯虎始终不相信，有人会不爱美色，在唐伯虎看来，环肥燕瘦，各有千秋，在不同的美女身上，可以找到不同的特色。文徵明竟然如此不解风情，这辈子真是白活了，所以，唐伯虎决定“解救”文徵明。

在唐伯虎意气风发的青年时期，他曾经为文徵明安排过一场“艳遇”。唐伯虎知道，如果邀请文徵明赴妓院，那真是打死这个老顽固也不成，所以有一天，唐伯虎对文徵明说：“今日春光明媚，你我不如前往竹堂寺一游，祝枝山也会来。”

“好啊！”文徵明不疑有他，开开心心前往。走到一半，忽然半途闪出两个等候多时的娼妓，一个肌肤细白，眉眼如画，一个黑黑亮亮，千娇百媚，两人一左一右，扭着身体，不顾光天化日，就要亲吻文徵明的两颊。

文徵明这个老实人，吓得直往前跑，两个娼妓没见过如此紧张好玩的男人，追上前去一左一右搂着文徵明的手不放，并且亲亲热热往文徵明身上挨过去。文徵明发了脾气，用力把两个娼妓的手甩开，涨红了脸，指着唐伯虎、祝枝山道：“你们两个人，顽皮之极。”然后，文徵明没命似的往前奔跑，好像后头有老虎追赶似的。

文徵明因为跑得太急，竟然还绊倒摔了一跤，他爬起来，拍拍膝盖上的灰尘，继续没命似的往前跑。他是一个文弱书生，平时不运动，跑起来的样子十分笨拙，唐伯虎、祝枝山、两个娼妓都笑翻了。

唐伯虎一面揉揉笑痛的肚皮，一面又起了新的念头，他转动眼睛道：“下次让他没路可逃。”过了两天，文徵明的气消了，唐伯虎又邀他前往石湖开怀畅饮，吟诗作乐。

文徵明正在剥花生，忽然之间，一只冰冰凉凉的手从背后伸过来，抚摸着文徵明的脸，文徵明大叫一声站了起来，似乎见到了鬼，唐伯虎非常不以为然道：“你这个人真是不解风情，瞧她这双玉手，丰若有余，柔若无骨，如玉笋，如青葱，这么美。”

文徵明急急逃开，免得被玉手捉住，突然，原先藏在舟中的七八个歌妓一起跑出来，莺莺燕燕笑个不停，团团围住了文徵明，文徵明一搔脑袋，

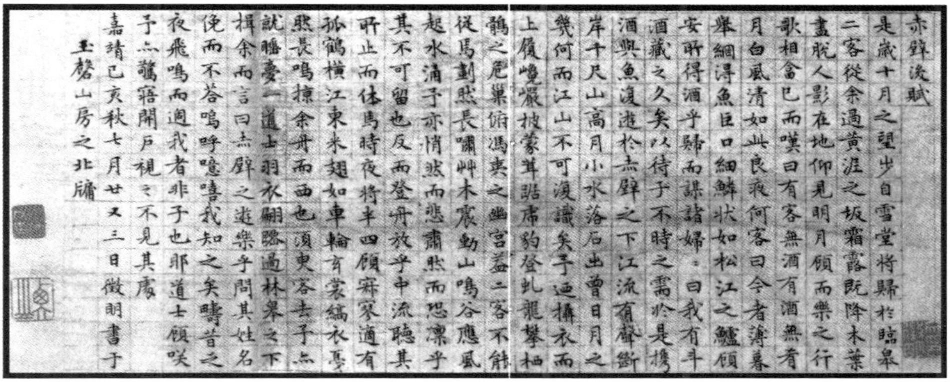

文徵明小楷书作《后赤壁赋》。

惊呼："我的天！"转身就要投湖，吓得唐伯虎一把捉住文徵明的衣襟："你又不会游泳，下去就没命了。"

"那么，想办法让我快快离开。"

"你别那般固执，学习享受人生吧。"文徵明站了起来，似乎又准备投湖，唐伯虎没可奈何，招手唤来一艘小船，让文徵明先行离去。

文徵明坐着小船走远了，唐伯虎继续左拥右抱，在他看来，眼前佳丽，各具丰采，他神魂俱醉，飘飘然然，他永远不能理解，文徵明是怎么回事，不过，经过这两次恶作剧不果，唐伯虎对文徵明更是佩服万分。

尤其要等到日后，当唐伯虎惨遭打击，穷困潦倒，无法日日醇酒美人之时，他更是景仰文徵明的为人，唐伯虎曾经写信给文徵明，信中坦诚以告："征仲（文徵明字征仲）对于酒宴、声色、花鸟均能淡泊忘怀，虽然万变在前亦无动于衷，以前项橐（tuó）七岁做孔子老师，我长你十个月，我愿以孔子为例，拜你为师，这不是口服，这是心服也。关于诗与画，我也许还能与你抗衡，至于学问品行，我见到你，更要惭愧得掩面疾走，我只求能与你共坐一角，消除我胸中渍滓（zì zǐ）污秽（huì），假如要让后生小子钦佩仰慕前辈的规矩丰采，非阁下莫属。"

唐伯虎与文徵明虽然性格不同，一个狂放、一个认真，却始终做到文人相重，着实不易。

沈周画墙壁

明朝四大画家文徵明、沈周、仇（qiú）英、唐伯虎，其中文徵明名列第一，可见他画艺非凡。不过，文徵明始终认为，他凭借的不是傲人的才气，而是持续不断的努力。

文徵明不近女色，做人认真，同样的个性也表现在他做事、做学问上面。从小，父亲文林为文徵明找了吴宽教他文章，沈周教他绘画，李应祯教他书法，这三个人均非等闲之辈，也都是文林的老朋友。文徵明学得勤勤恳恳，努力不懈，三位老师都赞不绝口。

其中吴宽会试、廷试均名列第一，乃有名的吴中才子。沈周更是诗书画三绝。

沈周影响唐伯虎甚深，据史书形容他是“风神散朗，骨格清古，碧睛飘须，俨如神仙”。这位神仙比唐伯虎、文徵明大四十多岁，三人经常一起饮酒赋诗，算得上是亦师亦友。

沈周家学渊源，一家都能画画，甚且家中的奴仆婢女，也能画上几笔。他最擅长画山水，后人形容，假如家中挂了一幅沈周的山水，那么仿佛屋中有云又有雾，山川河流就像在桌子上一般。

沈周性情宽厚，虽然享有盛名，却始终没有一点架子，当他隐居在相城有竹庄时，得罪了一个小人，那人竟然把沈周名字列入工匠。恰好新任苏州知府曹凤新修一座郡院，想找人去画墙壁，就把沈周也叫了去。

堂堂一代画坛大师竟然去画墙壁，而且是画红红绿绿、土里土气、俗不可耐的雕梁画栋，文徵明、唐伯虎等人都非常不以为然，沈周倒是不生气，只用食指在嘴唇上撮一撮:“别吓到了老母。”

从此，沈周就天天乖乖去郡院报到，与一般工匠一般，把五颜六色涂在墙壁上，沈周看得很开，他说:“这也是老百姓该尽的义务，假如找了权贵去关说拜托，那不是更屈辱吗？”

沈周心平气和做完了工作，又回到了隐居的优闲生活之中，过了没多久，曹凤到京里去，铨（quán）曹问他:“沈先生别来无恙？”

曹凤根本不知道沈先生是谁，又不敢承认自己孤陋寡闻，只好支支吾吾道:“很好，很不错啊。”

曹凤是个典型官僚，他想，回苏州之后得好好巴结一下这位沈先生了。

接着，曹凤又去拜会内阁大学士李东阳，李东阳劈头第一句话，竟然又是:“沈先生没有托你带书信来吗？”

“没有，没有。”

“沈先生近来可好？可有得意之作？”李东阳接着问。

“嗯，有有，有不少。”

曹凤结结巴巴，心中发慌，真害怕李东阳再往下追问，他又不胜懊恼，假如早知道苏州有这号人物，套个交情，顺便带个口信给铨曹或是李东阳，那可比他带来的象牙工艺品珍贵多了，曹凤真是有说不出来的悔恨。

告别李东阳之后，曹凤立刻前往吴宽处，吴宽是文徵明另一位老师，当时正在京里担任吏部右侍郎。

曹凤问吴宽:“不晓得李东阳口中所称的沈先生，究竟是哪一位沈先生?”

“知府连沈周都不知道？”吴宽不胜讶异。从曹凤的无知，也可以说明这位知府大人一定是养尊处优，对于地方陌生得很，吴宽对于家乡苏州来了如此一位地方官，内心十分沉重。

不过，曹凤既然虚心求教，吴宽也就坦诚以告:“这位沈先生乃一代大师也，才高志洁，他父亲过世之后，有人劝沈先生入朝为官，沈先生回答，

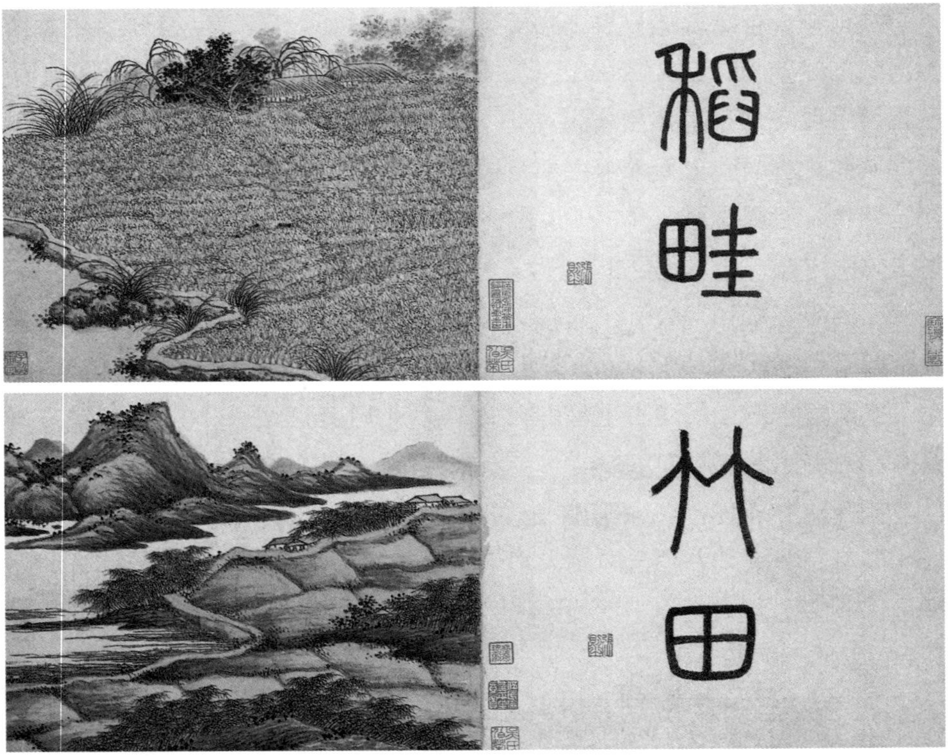

稻畦、竹田，明沈周绘。

‘你们不晓得我是我母亲的命根子吗？我怎能离开她膝下？’沈先生所居之处有水竹亭馆之胜，图书鼎彝（yí），充满室内，陈列四周，他又好客，结交天下名士，来访几无虚日。”

吴宽又说：“难道知府未曾闻知，沈先生每天一大早，大门未开，远方前来求画的船只，已经塞满了苏州河两岸，远自闽、川、浙、广的人络绎不绝。”

曹凤猛拍自己脑袋，心想江南果然藏龙卧虎，自己真是太疏忽了，再这样下去，恐怕乌纱帽不保，于是，曹凤赶快拜别吴宽，赶回苏州，准备亲自备了厚礼，上门拜见沈周。

曹凤回到任上，问问左右：“谁知道沈周？”

曹凤的左右与他一般浅陋，他问了半天，众人仍一问三不知，最后不知是谁冒出一句：“对了，最近画墙壁的一位工匠就叫沈周，模样挺斯文的，工做得也挺认真的。”

“我的天！”曹凤一听之下，差点没昏倒，他气坏了，大声骂人，“你们是存心害我死。”

“这下完了！”曹凤急得想哭，沈周用不着加油添酱，只要让京里的大官们晓得，曹凤有眼无珠，把当代大画家当成工匠使唤，单单因这个罪名，他就会成为众人的笑柄。

曹凤好在一向具有能屈能伸的官场本领，马上备了厚礼，直奔沈周处，曹凤原已准备接受沈周的奚落，然后，曹凤再摆一桌酒赔罪，希望能大事化小，保住官位。

不料，沈周完全不介意，轻松谈笑，曹凤却没法笑得自然，回来之后，有人告诉曹凤：“沈先生一向宽厚，有一回，邻家丢了东西，硬说沈先生家中的是他家的，沈先生就让邻居拿了去，没多久，邻居找回失物，这才惭愧地把东西送还，难得的是，沈先生一点也不计较。”曹凤这才安了心。

沈周大度大量，由于格局宽广，表现在画艺之上也是大开大阖（hé）。

沈周的假画

沈周是明朝首屈一指的大画家，苏州知府曹凤有眼不识泰山，把他当成工匠，吆喝他去画墙壁。沈周也不生气，笑嘻嘻地完成任务。

沈周的学生文徵明对老师的涵养十分佩服，文徵明说：“我终于了解孔子说‘人不知而不愠，不亦君子乎’的道理了。”愠是生气，人家不晓得他，不了解他，君子是不会生气动怒的。

沈周还有一点，让文徵明钦佩得五体投地。由于沈周大名鼎鼎，他的画十分抢手，农夫小贩向他要画，他总是能给就给，大方之至。

既然索画的人络绎不绝，把苏州河都塞满了，很自然地，许多人模仿沈周的画牟利，沈周的赝（yàn）品到处充斥，他一点也不在意。

曾有一个叫王六的最为过分，他模仿手法粗劣，尤其是书法奇糟无比。要知道中国人绘画，非常讲究落款，沈周画好，书法也是一流。这个王六的字歪歪扭扭，一个字大一个字小，像小孩子写的，当然旁人一看便知是假货，因此他的画销路不佳。

王六也妙，竟然突发奇想，跑到沈周面前，双膝落地，哭哭啼啼：“我家有老母，就等这几幅画换药钱，可是我的画又卖不出去，假如大人在上面题几个字，我的老母亲就有救了。”

这个王六一脸无赖样子，天下还有人拿了假画要求题字，沈周的家人气得火大，拿起扫把就要把王六给轰出去。

岂料沈周居然和颜悦色地说：“既然这样，你就把画都拿来吧。”

众人一听，就差眼珠没有掉出来，王六大喜过望，真的捧来一堆不堪入目、看着让人又好气又好笑的图画。沈周眉头也不皱一下，一一耐心题字落款，还给盖上鲜红的印章。

沈周的家人门生对此相当不以为然，这样岂不是助人作弊？再说，赝品大量流出，对于搜集沈周作品的爱好者也是一大伤害。沈周只是淡然地说：“或许，他的母亲真的生病也不一定，我一听到母亲，想到我的老母，心肠就软了。”

文徵明对此有比较深入的看法，他认为沈师的画，不论是早年的细密小景，还是中年以后的大幅山水都是风格健朗的艺林极品，他说：“古人论画贵气骨，这气骨二字只能意会无法模仿，明眼人一看便知，因此，沈师不辨不嗔，凤凰与山鸡本不相同。”

由于沈周个性随和，非但不处理赝品，反而变相鼓励假画，因此，他的作品大量传于后世，有真有假，后人对他有褒有贬，他反正不放在心上。

文徵明继承了沈周的风格，他门下许多学生偷偷仿冒他的画，以高价出售。文徵明知道了，睁一只眼，闭一只眼，未曾加以干涉，所以，文徵明的画在他生前已大量出现国内外，赝品多，真迹少。

同时文徵明一向坚守原则，固执到底，他对三种人看不顺眼，所以他有“三不”，就是有三种人他是不为他们作画的，即使捧来金山银山都没有用。第一，他不肯替王爷们作画；第二，他不肯替富贵人作画；第三，他不肯替外国商人作画。说不肯就是不肯，绝无任何通融的余地。

有一回，有某王爷想请文徵明画画，晓得文徵明有这个怪脾气，也不敢送上润笔银子，特别挑了古雅的古董送上，希望文徵明认为这个王爷还有些品味，或许能破例画一张。

此时的文徵明一贫如洗，门边阴沟污水弥漫，简直无法通行，有位父执辈忍不住开了口：“这简直乘船都过不了。”

文徵明耸耸肩：“是啊，而且疏浚（jùn）阴沟之后，污水势必淹没邻居。”

山水画，明文徵明绘。

但是文徵明又没钱搬新家。

文徵明收到了古董，他也知道这古董价钱不小，足可换一栋新居，不过嘛，因为违反三不原则，他连封条都没拆，就原物退回给王爷了。有些外国使者经过苏州，总想去拜望一下文徵明，文徵明也是不愿意随便让外人见的。

文徵明曾在正德末年，入朝为官，而且未经乡试、会试、廷试，直接进入翰林院，让人眼红不已。后来世宗即位，想找文徵明参与修实录的工作，朝臣冷嘲热讽，文徵明受不了，干脆辞官。

文徵明在翰林院时，杨一清被召为相，人人争相巴结，文徵明最懒得搞这一套，拖到最后才去道贺。

杨一清一见文徵明，脸一沉，马上打官腔："你难道不知道我与令尊是老朋友？"

文徵明立刻回了一句："先君弃不肖三十多年，从来未曾提及，我实在是不知道。"

杨一清十分生气，他不明白文徵明一向实话实说，认为文徵明一定是仗恃自己的家世才故意顶撞，于是千方百计除掉文徵明。

也因为文徵明始终天真且认真，他的作品构图谨严，画面周密，天真烂漫，非常清秀。正因为他是这种信得过的人，当唐伯虎远游之时，才放心把整个家交给文徵明。

唐伯虎畅游镇江三峡

唐伯虎终于决定，效法司马迁，展开大规模的千里壮游。

何氏阻止不成，气得发抖，恨恨地说：“你这个人一点也不能忍耐。”

唐伯虎看到何氏泼辣的模样，长叹一口气道：“我的确是修养不佳，欠缺忍耐功夫。”说着，拿起行李，迅速离开了家门。

“你为何不读一读墙上的百忍歌？”何氏的声音远远从耳后传来。

所谓百忍歌，指的是唐朝高宗时，有一人名叫张公艺，九代同居。有一天，高宗路过，亲自拜访张宅，询问他这是如何办到的，张公艺拿出纸笔，一口气写了一百个忍字，中国大家庭中，不忍还真不成啊。

唐伯虎不想再忍耐了，他自己也编了一首“百忍歌”，边走边吟：“百忍歌，百忍歌，人生不忍将奈何！我今与汝歌百忍，汝当拍手笑呵呵，朝也忍，暮也忍，耻也忍，辱也忍，苦也忍，痛也忍，饥也忍，寒也忍，欺也忍，怒也忍，是也忍，非也忍。”

唐伯虎觉得胸中一股激昂慷慨，他再也忍耐不下去了。他觉得他会发疯，他一定非疯不可。

突然之间，一阵扑鼻的浓郁花香迎面而来。他仰头一望，绿意深浓，一朵朵小白花掩映其间，如此可爱。干干净净的道路，在阳光照耀之下，亮得醒目。

他突然快乐起来，唐伯虎踢着一颗石头，心中想着“去他的冤狱，去他的考场失意。”现实生活中种种苦难，种种委屈，种种失意，在初秋的美景之中，就这样被他抛开了。

没一会儿，下雨了，唐伯虎一向潇洒，一向不习惯打伞，他干脆躺在田埂上，让细雨濡湿自己，柔柔、细细、轻轻、软软、斜斜的雨丝把稻叶染得更绿。他在斜风细雨之中，在稻浪摇曳之中，心上的尘埃逐渐洗净。

他灵光乍现，忽然之间领悟到人生不如意者十之八九，忍耐面对不如意的人和事是必要的。但是，只是强迫压抑不行，强制的忍耐一旦超过限度是会让人发狂的。疏导不如意的情绪最好的方法是走入大自然之中，看看山水灵秀，许多不如意的伤痕就会不自觉地被抚平了。

唐伯虎的第一站是镇江，镇江位于长江南岸，是大运河最后一段，风景秀丽，金山及固山、焦山合称“镇江三山”，吸引了无数寻幽访胜的游客。

金山海拔不高，却山壁陡立，层楼叠阁，古塔巉（chán）巍，金碧辉煌的寺庙宫殿，随着山势盘旋，从山脚一路延伸到山顶，因此有“金山寺裹山”之说。

金山有一口冷泉，号称为天下第一泉，唐伯虎游镇江时，恰好碰上迎神赛会，寺里寺外，摩肩接踵（zhǒng），全是进香的人。唐伯虎一向最爱

镇江金山寺，清宫廷画家绘。

热闹，十分兴奋地也从和尚手中接过了勺子，汲（jí）了一杯清凉甘冽的泉水，一口喝下去，冰冰凉凉的滋味自喉咙窜下，好舒服。

中午，唐伯虎就留在金山寺中吃斋。这一顿素食吃得清爽、简单、可口，尤其是用来凉拌的酱，美味极了，唐伯虎把筷子上剩余的一点都给舔得一干二净。

旁边一位游客对唐伯虎说：“何不买几瓶走，金山寺的酱可是天下第一啊！”

“我还要远游，不方便携带，谢谢你的好意。”

“那么，你要不要听一段有关金山寺酱的故事？”

“好啊。”唐伯虎兴趣极浓。

游客清一清喉咙，手里拿着一双筷子，学着说书先生的模样，说起故事来：“远在宋代（日本的镰仓幕府时代），日本一位高僧，法号觉心国师，听说了宋朝金山寺酱天下第一，恳求行政长官派他到宋朝来学习制酱方法。

“长官把觉心国师训了一顿，他认为出家人应该四大皆空，如此贪好美食，还修什么行。觉心国师拿不出理由反驳，只好天天哭着哀求，天天哭，天天求，长官被他烦死了，最后，终于答应觉心国师。于是，觉心国师来到了金山寺。

京口北固山，明宋懋晋绘。

“寺里的住持，见他是个日本和尚，懒得多理他。觉心国师又拿出缠磨的法宝，天天哭着哀求，最后住持答应让觉心国师到厨房帮忙。觉心国师在厨房中学习了几个月，细心观察，终于学得制酱方法，然后回到了日本，不但制成金山寺酱，并且用制酱的汁制成了美味可口的酱油。”

日式料理之中，酱占了重要的地位，原来制酱的技术是如此传至日本的，唐伯虎听了这段故事，不由感慨万千，“无论是制酱还是作画，想要有所成就，还真不是一件简单的事啊。”

接着，唐伯虎来到北固山，北固山在三山之中最低。三国故事中脍炙人口的刘备招亲就发生在北固山的甘露寺，唐伯虎仿佛目睹孙权的老母国太见到刘备有龙凤之姿、仪表非凡，丈母娘看女婿，愈看愈有趣，国太开心地说：“真吾婿也。”

唐伯虎又来到了焦山，他对焦山最感兴趣的是定慧寺的碑林。所谓碑林是镶嵌在回廊亭阁墙壁上的书法石板林立，石块共有二百多块，有正，有草，有隶，有篆，美不胜收。

唐伯虎的书法堪称一绝，他的朋友祝枝山、文徵明也是个中名家，因此，他站在定慧寺前，细细观赏碑林，觉得有说不出的舒畅。

焦山与焦先

唐伯虎优优闲闲畅游镇江，把一切烦恼都抛掷一边。尤其是许多三国故事都发生在镇江，他一面欣赏山川景色，一面随感吟诗，好不快乐。

走在镇江的大街小巷，唐伯虎发现到处都写着“鲥（shí）鱼上市”，不由得咽了口水。鲥鱼是镇江的名产，因定时于每年四月初从海洋洄（huí）游长江产卵而得名。

鲥鱼全身银光闪烁，漂亮极了，吃鲥鱼要吃鳞片下的油。唐伯虎是老饕（tāo），一向嘴馋，他用筷子夹起一片鳞，慢慢咀嚼、吸吮，再把鳞片吐掉，细细品尝独特的鲜美。

然后，他再把鱼的颧（quán）骨拿来咬，咬得是齿颊留芳。

这时，店小二跑来对唐伯虎说：“嗯，相公懂得吃，许多外地来的客人把鳞片、骨头都给丢弃了，真是可惜，这是香骨啊，旁处吃不到的。”

唐伯虎得意道：“我不但知道香骨，还知道一根香骨四两酒，可见香骨何等味美。”

店小二笑笑道：“那么，相公可知道鲥鱼是如何保持鲜嫩入京的吗？”

唐伯虎眉毛一挑，十分有兴趣道：“说来听听。”

“我来说给客官听。”店小二很得意地说着鲥鱼的故事。

“鲥鱼这种鱼，十分特殊，镇江上游的鲥鱼，肉质粗硬，口感干涩，唯有镇江这带，鲥鱼味最美。鲥鱼又被称为箭鱼，它肚皮下面细骨如小箭，味道最美之处在鳞与鱼肉交接处，因此不去鳞，不懂的客人还怪我们没把鳞片刮干净哩。

“鲥鱼有个特质，一出渔网就断了气，没法饲养，因此，这样的贡品要入京师可累人了，从镇江到北京的话，就得准备三千匹马，日夜兼送，否则，鲜味尽失。

“假如皇帝要在不产鲥鱼时想吃鲥鱼，那就更累人了。渔民在地下三尺挖一个地窟，建有一个天然冰房，这个冰房要在冬季严寒之时，把冰块捣碎，以粗盐搅拌，结成庞大的冰山，把冰山搬到冰房内，同时冰房外面用四五层棉布制成厚帘挡住，使冰房外面的热气透不进来，冰房内保持低温，这才得以保持鲥鱼的时鲜。”

唐伯虎摇摇头道：“为了供应皇家食用的鲥鱼，镇江渔民也够辛苦的，想想看，要维持一个冰房，天寒地冻，忙着搬运冰块就让人好生不忍。”

店小二叹了一口气：“大快朵颐的皇帝，哪儿想得到这一些？不过，皇帝吃的鲥鱼再鲜，也没有相公你吃的这一尾新鲜啊。”

“说的也是。”唐伯虎把最后一块鱼鳞含在嘴中吮吸，的确，就算是皇帝，除非亲自跑到镇江，否则怎样也吃不到刚刚捞起来的鲜嫩鲥鱼啊。

如此想来，此时此刻的自己，可比皇帝还要享福啊。

第二天，唐伯虎游焦山，焦山孤立在长江之中，和金山相隔十余里，两岛遥遥相对，焦山比金山略略高一些，巉岩峭壁，老树葱郁，风景优美，山巅被称为焦山岭，岭上有一“吸江亭”，站在亭中央，向下四望，觉得天高水阔，宇宙是多么伟大。

第二天，唐伯虎再游焦山，遇到了一位仙风道骨的和尚，言语不俗，两人谈得十分投机。

和尚对唐伯虎说：“相公可知道，焦山何以名为焦山？”

“不知道。”

和尚抿嘴一笑：“焦山又名樵（qiáo）山，又叫浮玉山，焦山是因为后汉隐士焦先隐居在此而得名。”

“哦，原来如此。”唐伯虎感慨道，“焦先我是知道的，他是东汉末年的隐士，避扬州之乱而隐居。这人怪得很，吃些草、喝些水，极有风骨，走路必走大道，不走捷径；极重礼节，见到妇女一定躲避。他自己造了一间小草屋，以木为床，把草盖在上面，天寒之时，生火取暖，也不与人多言，自称为草茅之人，与狐兔同群。后来，太守董经找他出来做官，他不肯，有一年冬天大雪，焦先直挺挺躺在那儿，人们搬他不动，以为他死了，他其实并没有死，一直活到八十九岁才过世。”

焦山胜境，清高其佩绘。

和尚惊讶道：“你知道这么多？”

唐伯虎道：“《三国志》中有记载，有时，我也爱慕这些高士，也想隐居啊。”

于是，唐伯虎在和尚指点之下，瞻仰了当年焦先结草之地，和尚指着石头道：“这是焦先砌灶所用。”

唐伯虎摸一摸石头，心中有无限感触。

唐伯虎徜徉黄山美景

离开镇江之后，唐伯虎过江到扬州，再赴芜湖、九江，登庐山，再入福建，重入安徽，探访他这一趟千里壮游最重要的一站——黄山。

黄山为中国一大奇山，许多中国画家自黄山获得了美感的启示，黄山的灵秀脱俗是全世界任何山所没有的，晚唐伯虎一百年的明朝徐霞客曾说："五岳归来不看山，黄山归来不看岳。"的确，看过黄山，其他任何名山也都不必看了。

中国人一向认为，黄山是中国的骄傲，黄山之美兼有泰山的雄伟、华山的险峭、衡山的烟云、庐山的飞瀑、峨眉山的清秀，并以奇松、怪石、云海、温泉四绝闻名于世。

唐伯虎找了一位向导带路，向导看了一眼唐伯虎弱不禁风的文人模样，冷冷说道："登黄山之路有前山、后山两条路，通常，体质比较弱的人都从后山上去，免得心脏受不了。"

"笑话，我当然从前山上去。"唐伯虎一拍胸脯道。

"好，不过，我先奉劝相公一句话，我们登黄山有一个规矩，凡是游客掉下去可是不救的，因为救也救不了。"向导再加了一句恐吓。

唐伯虎笑道："我现在最需要刺激。"

于是，唐伯虎自前山上山，首先吸引唐伯虎的就是满山青翠、石峰秀丽。唐伯虎与古时艺术家都有相同的爱石嗜（shì）好，赏玩石头的人讲究石头要瘦、皴（cūn）、漏、秀，一颗漂亮的小石头就可以让唐伯虎兴奋半天，唐伯虎看见许多有尖有方、或起或伏的山石，其间更穿插着姿态美丽的奇松，没有任何两棵是相同的，简直是宏伟壮观极了。

唐伯虎觉得自己似乎回到了孩提时代，他兴奋得大叫："你看，这石头像不像一只松鼠在跳跃？"

向导说："这石有个名，叫'松鼠跳天都'，小松鼠也想跳天都峰啊。"天都峰传说是天上的都会，为黄山三大峰中最险峭的山峰，高耸入云。

唐伯虎登不上去，他仰望天都峰的石阶，仿佛天梯，直达到神仙之地。忽然之间，一阵云海涌来，其他峻峭险奇的危岩奇峰全不见了，只剩下莲花峰、炼丹峰与天都峰依然挺立，洁白如雪的美丽云景，前拥后挤，往来腰峰之间，随风鼓荡，腰峰之上蔚蓝满天，腰峰之下万色千光，唐伯虎整个人为之陶醉。

唐伯虎走在云里，一向潇洒率性的他大呼："我多么想成为一片云。"云是这么优闲、自在、飘逸、神秘，不受一点拘束，黄山的云不是一朵朵的，而是如海浪，一波又一波、一重又一重，一层云海一层山，山外云海海外山，如此出尘、秀丽，惹人遐（xiá）思。

向导见唐伯虎好像醉了，他得意地说："人家说咱的黄山不叫黄山，该叫黄海，因为黄山自古云成海。"

唐伯虎说："我现在才真正明白，唐朝诗人王维所谓'行到水穷处，坐看云起时'的境界。"

黄山，刘海粟绘。

一会儿后，云散了，唐伯虎这才仔细观察黄山的松树，黄山的松真是奇特，全是自石缝中蹦跃而出，无峰不石，无石不松，无松不奇，而且万山皆松，松满千壑（hè）。

唐伯虎大呼道："这松好可爱，似乎在打躬作揖，欢迎在下登黄山。"

"没错，这棵青翠又好客的松树，我们称之为迎客松。"

唐伯虎发现黄山的松，千奇百怪，或屈伸，或俯仰，或盘挂，充满了不屈不挠的生命力。唐伯虎忽然兴起，他对向导说："我爱上了松树的苍翠美丽，我要带一点回去盆栽。"

"没用的。"向导摇摇头，"你把黄山松带回家，没过两天，它就长得笨笨的、呆呆的，与你家一般的松没两样。"

"为什么？"唐伯虎好生失望。

"因为松树长在咱们黄山，黄山又有暴风，又有湿气，又有雷电，又有大风雪，松树为了抵抗恶劣的环境，不服输，它才展现坚毅的性格，松树搬到了你家，风调雨顺，也就平淡无奇了。"

唐伯虎望着满山松树，它们所透露的强韧生命力，他终于了解"松柏后凋于岁寒"，他家破人亡、考场失利、妻子恶言相向，也许这些也在折磨他这一棵松树吧，想到这儿，唐伯虎挺起了腰杆。

黄山险峻陡峭，俗称"山中一夜雨，树杪百重泉"。飞泉的淙（cóng）淙流水声，为黄山增添了音响之美。黄山温泉，又名汤泉，又称灵泉，向导告诉唐伯虎："据说，黄帝服浮丘公的仙丹之后，全身皮肤打皱，后来浮丘公建议黄帝到汤泉浸七天，果然老皮一去，顺利换肤。"

唐伯虎一向爱漂亮，他舒舒服服洗了一个温泉澡，发现黄山泉没有硫黄臭味，有一股细腻的芬芳之香。浴罢，向导推荐道："黄山之泉，可浴可饮，能治病，能长寿，能酿酒，能沏茶，不愧为天下名泉。"

唐伯虎徜徉（cháng yáng）于黄山的怪石、奇松、云海、温泉之中，他有羽化登仙的出世之感。

唐伯虎饱啖西湖醋鱼

唐伯虎经历了长达九个月的千里壮游，各地的风景名胜为他提供了宝贵的艺术素材。盘缠用得差不多了，他也得返回苏州了，在返乡之前，唐伯虎特地再游杭州，除了苏州之外，杭州是唐伯虎的最爱。

中国文人没有不爱杭州的，爱她秀丽的山丘、森林、湖泊，热闹的市街，壮观的寺庙，尤其是最富有诗情画意的西湖。此外，西湖的美女也是古今一绝，唐伯虎既然以风流才子著名，自然不会放过欣赏美女的机会。

唐伯虎游遍各地，美人儿也见了不少，他总嫌人家过于粗率、大刺（là）刺的，感觉不舒服，尤其唐伯虎本人非常细腻文雅。

唐伯虎到了杭州就不一样，任何一个迎面走来的杭州女子，都是身材高挑、秀气柔婉、轻声细语、气质绝佳，让唐伯虎精神为之一振。

他趁着微雨，独个儿漫步于苏东坡当年筑的苏堤，长堤舒柳，细雨飞烟，杂花生树，心旷神怡，他想起苏东坡曾把西湖比喻为美人西施，浓妆也罢，淡妆也好，都有不同醉人的风韵："水光潋滟（liàn yàn）晴方好，山色空蒙雨亦奇，欲把西湖比西子，淡妆浓抹总相宜。"

以前人游西湖曾谓"堤上骏马，桥下画船"。唐伯虎对骑马没兴趣，对画舫则十分着迷，小船布满了湖心，船中的甜食、糕点也是唐伯虎百吃不厌的。

当然，来到了西湖，一定得去尝一尝著名的"西湖醋鱼"，相传西湖醋

西湖图，近人邵逸轩绘。

溜鱼是宋朝王嫂发明的烹调方法。唐伯虎坐在湖边小楼上，凭高就可见到一篓篓生蹦活跳的草鱼，鱼长不过尺，重不超过半斤。

大厨师把鱼清理干净之后，以沸汤烫熟，勾芡（qiàn）调计，略撒姜末，不浓不油，清清淡淡，微微透明，唐伯虎用筷子夹了一口，忍不住赞道："鲜啊！"现杀活鱼果然滋味不一样。

唐伯虎对杭州十分熟悉，吃完了活鱼，他沿着西湖水岸，到达著名的"灵隐寺"。灵隐寺面对冷泉，风景清幽，东晋咸和元年（326年），印度高僧慧理来到这儿，大叹"此地不俗，多为仙灵所隐之处"，遂建灵隐寺。吴越王钱镠（liú）笃信佛教，曾大予扩建，有九楼十八阁，七十二殿，僧徒曾多达三千人。

当然，唐伯虎去游玩之时，灵隐寺已不复当日盛况，唐伯虎一直念念不忘灵隐寺流传的一段故事：苏东坡身为杭州通判之时，灵隐寺中有一位和尚，名叫了然，了然动了凡心，爱上了一位名叫秀奴的少女，后来，秀奴不想再与和尚纠缠，一天晚上，了然喝了酒，失手把秀奴打死了。

苏东坡审问了然时，发现了然手臂上刺了两行诗："但愿生同极乐国，免教今世苦相思。"苏东坡叹了一口气："唉！这个秃奴，这回还了相思债。"

唐伯虎自己是个多情人，虽然了然行为不足取，他还是十分地同情了然。

接着，唐伯虎由南岸到了葛岭，在虎跑寺逗留一会儿，观赏名泉，啜一口著名的龙井茶。龙井村四面环山，遍山茶树，龙井茶名闻遐迩，早在唐朝陆羽的《茶经》一书中，曾经特别推荐龙井茶。龙井茶外观似兰花，十分秀雅，青翠嫩丽，开水一冲，由鲜绿而淡绿，甘醇芳香，后味无穷。

唐伯虎是懂得喝茶的人，轻轻呷上一口，滋味真好，旁边一位游客说："待会儿要去虎跑寺看一看。"

"那儿我刚去过，杜鹃盛开，十分壮观。"唐伯虎插了一句。

"那么，你知道为何称为虎跑寺吗？"游客问。

"这我就不知道了。"唐伯虎回答。

"好有趣，我也是刚才听来的，相传有人见到两只老虎跑来挖穴，地面竟然喷出泉水，因此称为虎跑泉，后来又盖了虎跑寺。"

唐伯虎笑一笑："也许，老虎当时也渴了，它晓得下面有甘冽的泉水，难怪这一带的龙井茶特别清香宜人。"

既然来到了杭州，唐伯虎自然得要去岳王墓与岳王庙。

唐伯虎先去看岳坟，岳坟前有四个铁像，面墓而跪，分别是陷害岳飞的秦桧、秦桧妻王氏、张俊与万俟卨（mò qí xiè），墓阙上刻着"青山有幸埋忠骨，白铁无辜铸佞（nìng）臣"。唐伯虎以前也来过岳坟，但这次是在自己身受冤狱之后再来重游，内心感触甚多，尤其当读到岳飞的手迹："饮酒读书四十年，乌纱帽上有青天，男儿欲到凌云阁，第一功名不爱钱。"的确，如果文官不爱钱，武官不怕死，历史该改写了。

他又去了岳王庙，站在岳飞草书"还我河山"四个字下良久良久。唐伯虎穿过门楼，看到正殿中悬挂的"心昭天日"，心中为之一动，他心想，岳飞遭到如此冤枉，仍然气概万千，我受到小小冤狱，马上就放出来了，不值得永远记挂这件事，回去后，把所有烦恼抛开，驰骋于书画之中吧！

唐伯虎休妻

唐伯虎的千里壮游终于告一个段落，盘缠快用完了，他也必须返回苏州了，想起家中的妻子何氏，他心中不免也有一丝赧（nǎn）然，唐伯虎不能不承认他害怕回家，害怕面对现实。

这时，已经是冬天了，冷风瑟瑟，唐伯虎缩起了脖子，竖起了衣领，他还没有踏进家门，就远远听到粗哑的女声传来："等哥哥回来，我看我们还是尽早分家吧。"

唐伯虎听声音就知道，这是弟弟子重的媳妇姚氏，一个相当粗鲁的女子，子重在桥头酒店记账时认识的。

姚氏的话还没说完，唐伯虎又听到何氏不甘示弱地回应："我也正想分家，我在娘家从来没受过这种罪。"接着，"嘭"的一声，何氏用力关上房门。

唐伯虎几乎不想进门。他先深呼吸三下，直鼓起勇气往前走，弟媳妇姚氏见到哥哥，丢给他一个白眼，连起码的招呼都懒得打。唐伯虎叹口气，推开了房门，何氏正躺在床上生闷气，看到唐伯虎回来了，霍的一下坐了起来，气嘟嘟地说："你这个死人终于回来了。"接下来又是一串串的连声抱怨。

唐伯虎没好气地回答："我是活人，不是死人。"

他用眼角瞄了一眼何氏，真是难看，头发乱七八糟，脸孔蜡黄，眼神呆呆滞滞，嘴唇全无血色，两边向下垮。世界上任何绝色佳人发起脾气时也会变得丑陋，更何况，何氏经过这些年的折磨，身心俱疲，面容憔悴，没有精神也没有财力装扮。唐伯虎几乎怀疑，这就是当年娇艳欲滴的何家大美女吗？

“你这个死人究竟听到了没有？”何氏愤怒地追问。

一句句的“死人”让唐伯虎心中反感到了极点，也把他原先对何氏的歉意一扫而光。没错，唐伯虎现在是潦倒不得意，他还是有才气啊，而且，他的俊俏潇洒，照样颠倒众家美女啊。

在刚自杭州归来的唐伯虎印象之中，杭州这个美人窝的美女，哪一个不是偷偷打量着他，经常，唐伯虎付了钱，买了东西，人都走了半天，猛一回头，看见卖东西的姑娘仍旧深情注视他的背影，发现唐伯虎转身，又害羞地忙这忙那。

类似的情形遇到太多回，唐伯虎对于自己的魅力信心十足。因此，他也索性脾气一发：“你既然嫌我是个死人，不如我们就此分开。”

何氏听了，当场呆住。没错，她是有一肚子的委屈与不满，但是，她并没有要与唐伯虎分开的打算。一来，她对唐伯虎还是有情的；二来，明朝是奖励贞节最大力的朝代，一部《二十四史》之中，节烈妇女最多的，莫如《明史》了，所以，何氏被休之后，她在社会上将无容身之地。

溪竹风柯图，明唐寅绘。

何氏又哭又闹，拿起枕头丢到唐伯虎身上，“你好狠的心！”摔完了枕头，又拿起盘盘碗碗朝地上砸，如此泼辣真不像何氏会做的事。

唐伯虎忽然想起“贫贱夫妻百事哀”这句老话，心中怅惘极了，一个富裕的千金大小姐嫁给他之后，沦落到这步邋遢（lā ta）的田地，何尝不也是丈夫的无能？因此，唐伯虎写了休妻书之后，大病一场，躺在床上嗯嗯啊啊，仿佛又回到了千里壮游之前的消沉。

如今，他家也分了，老婆也休了，天天赖在床上也不是办法，思前想后，无路可走，他扶着歪歪倒倒的身子，开始作画，经过了一趟名山大川的游历，他的画艺境界提升极快。

唐伯虎原先就下过临摹的苦功夫，从宋朝的李唐、李成到马远、夏圭，他都苦心研习。另外，他的书法奇美，他把写字的手法运用到绘画之中，所以工笔画如同楷书，写意画就像草书，用笔细密秀润。唐伯虎曾拜周臣为师，经过千里壮游之后，胸中奇丘异壑更增添了浑厚豪放。当然，唐伯虎学问好，更是艺术成就的基础。

周臣自己对人说：“我缺少唐生胸中数千卷书。”做老师的甘拜下风。山水之外，唐伯虎的人物画飘逸潇洒、风姿嫣然，他的花鸟画，用笔简单，灵活干净，紧密有致。

唐伯虎虽然画得好，卖画初期并不顺利，他懒得多做交际，也不善于谈价钱，只要有人要，唐伯虎从来也不计较酬劳。

有一天，唐伯虎正在睡觉，忽然觉得窗外有个人影窜来窜去，他原先以为是小偷，继而一想，这个破家也没什么可偷的，随便他拿吧。

过了一会儿，这小偷竟然走到了床前，惊醒了唐伯虎，唐伯虎一看这小偷，瘦小细弱一副搬不动任何东西的模样，好像没资格偷东西。唐伯虎好奇地问：“你来做什么？”

“我，我，我好喜欢你的诗与画。”这小偷结结巴巴道。

“那我作给你就是了，何必鬼头鬼脑吓我一跳。”

“可是，可是我没有钱。”这小偷低下了头。

唐伯虎自己也缺银子，特别同情没钱的人，他笑笑道："有没有打一壶酒的钱？"

"有，有。"这小偷急忙奔出去，带回一壶酒、几包酒菜花生来。于是唐伯虎与小偷对饮之后，铺纸作画，两人都是穷光蛋，不如画一个吕蒙正显贵之后赏雪的美景过个瘾，他还题上一首诗："冰雪风云事不同，今朝尊贵昨朝穷。穷时多少英雄伴，名字应留夹袋中。"

唐伯虎含泪葬花

唐伯虎迫不得已走上卖画一途，在他看来这是百般无奈，他心中其实是希望官运亨通的。然而，事实上，假如唐伯虎仕途得意，中国历史上就少了一位了不起的艺术家。

倘若唐伯虎做了官，也许，闲来无事偶尔也画上几笔，玩票消遣毕竟比不上专业，唐伯虎要等着卖画糊口，自然必须更加努力，凭他的才气加上他的钻研，没多久，唐伯虎的画就打开了市场，尤其是山水画与人物画。

唐伯虎这个人一向洒脱、慷慨，有人问他："为什么你的泼墨画画得这么好？"泼墨是中国山水画的一种，以水墨倾泻挥洒，仿佛作泼状而得名。

唐伯虎大大方方倾囊而授："作泼墨，不宜用井水，应当用温水，或者用河水也可以，先把砚台洗干净再磨墨。蘸（zhàn）墨之前，必须先把笔毛舒开，浸饱了水，然后蘸墨，那么，墨吸上笔很匀畅；如果是先蘸墨，然后再去蘸水，笔尖上的墨都被水冲散，就不能画了。"

当唐伯虎境况逐渐转好，有人开始劝他，应该再娶一房妻子。唐伯虎心中早有一个人选，那就是沈九娘。九娘是歌女出身，不过，美丽、温柔、多情，脾气柔顺。经过了何氏的暴躁，唐伯虎深知自己艺术家性格，易喜易怒，假如再遇上烈性女子，家中必然冲突不断，尤其他生性风流，模样潇洒，除非妻子度量宽广，否则定不能忍受他到处拈（niān）花惹草。

沈九娘敬爱唐伯虎的纵横才气，纵容唐伯虎的任性风流，夫妻之间感情十分浓郁，唐伯虎在九娘的体贴照顾之下，完成了许多不朽的创作，为此，唐伯虎写了一首感怀诗："不炼金丹不坐禅，饥来吃饭倦来眠。生涯画笔兼诗笔，踪迹花边与柳边。镜里形骸春共老，灯前夫妻月同圆。万场快乐千场醉，世上闲人地上仙。"

唐伯虎十分感激九娘的大度，他常常问九娘："你是不是九鲤仙子，可怜我的遭遇才来陪我的？"

"九鲤仙子是什么？"九娘不解地问道。

唐伯虎把九娘的手拉过来，凑在嘴边亲了一下，回忆道："我曾在闽北屏南县内，发现九鲤湖，湖面不宽，景色宜人，山中飞瀑轻纱缥缈，水花细溅，出尘秀逸，空灵悠远。有一位老渔翁说了一个故事，相传在很久很久以前，东海水母娘娘一共有九个女儿，一个比一个漂亮，尤其是最小的一个名叫九妹，聪明灵秀，秀丽动人，九妹在湖中一共修炼了九百年，功力深厚，成了九鲤仙子。

"有一年，一个秀才进京赶考，经过湖边，一个不当心失足落水，九鲤仙子见了，急忙把秀才救到岸上，两人一见钟情，有缘有爱，结为夫妻，相敬如宾。不幸的是，水母娘娘知道了，十分生气，派来黑鱼精，把秀才又一把推入湖中，并且把九鲤仙子收回了东海。人们怀念九鲤仙子，于是修了九鲤祠，供上九鲤仙，听说九鲤仙子常常回到湖中，为迷路的书生秀才指引道路。"

说着，唐伯虎双手抚着九娘的面颊："你会不会是九鲤仙子？"九娘笑道："幸亏不是，不然就得回到东海去了。"

唐伯虎卖画收入日丰，他又开始到处猎艳，九娘也不在意，她知道唐伯虎最爱她，其他只是逢场作戏不用太认真吃醋。唐伯虎的许多风流韵事就是这段期间传出来的。

虽然绘画生涯比较平顺，九娘也温柔可人，唐伯虎对于官场失意，始终是耿耿于怀，情绪也高高低低起起落落。他三十九岁那一年，侄儿长民突然过世，又勾起了唐伯虎的伤感。

他原本就是一个多愁善感的人，古往今来，有成就的文学家、艺术家、音乐家也多半是情绪不定的，他们的感情比别人丰沛，心思比旁人细腻，苦苦乐乐的感受比别人敏锐，这才能创造出不凡的作品。

唐伯虎邀来文徵明、祝枝山喝酒，突然飘雨了，他也开始眼中飘雨，蹲在花下大哭特哭。朋友怎么劝也劝不动，祝枝山问他："花开花落原是十分平常之事，何必为此落泪？"

唐伯虎不回答，弯起腰把地上的花瓣一一捡起来，小心翼翼装入锦囊之中，把泥土挖了一个坑，将花瓣埋入坑中，并且有感而发写了著名的《花下酌酒歌》，指出："花前人是去年身，去年人比今年老……人生不向花前醉，花笑人生也是呆。"

据专门研究《红楼梦》的红学专家俞平伯考证，曹雪芹就是在唐伯虎葬花一事之中得到灵感，因此在创造《红楼梦》中林黛玉一角之时，为多

黛玉葬花，清费丹旭绘，北京故宫博物院藏。

愁善感、性情孤高、弱柳扶风的林黛玉安排了一段黛玉葬花，而这也成为《红楼梦》之中最脍炙人口的一段。《红楼梦》中第二十七回和第二十八回描写黛玉葬花的情景是这样的，黛玉妹妹“勾起伤春愁思，因把些残花落瓣去掩埋，由不得感花伤己”，她对花兴叹：“尔（你）今死去侬（我）收葬，未卜侬身何日丧！侬今葬花人笑痴，他年葬侬知是谁？试看春残花渐落，便是红颜老死时。一朝春尽红颜老，花落人亡两不知！”

黛玉葬花赚尽了万千读者的眼泪，殊不知这葬花的雅事原本出自唐伯虎，曹雪芹让林黛玉再做一遍，美人配葬花，勾起了人们凄清之感，无怪脍（kuài）炙人口。

桃花坞中的小仙女

唐伯虎在桃花坞（wù）落成之后，分别在几间茅舍上题了学圃（pǔ）堂、梦墨堂与蛱蝶斋几个不俗的名字，前前后后种满了雅竹花卉，漫步在桃花坞中，唐伯虎心情幽静。

也在这一段期间之中，他为自己取了许多别号，诸如六如居士、桃花庵主、鲁国唐生、逃禅仙吏、江南第一风流才子等。其中唐伯虎自己最欣赏的是：江南第一风流才子。

文徵明指着这一方“江南第一风流才子”图章不以为然道：“你平日自命风流到处留情也就罢了，何苦在画上留下图章，贻（yí）笑大方。”

唐伯虎正一正脸，庄严无比地解释道：“所谓风流倜傥指的是举止潇洒、品格清高、才高志远、不受拘束之意，风流不是下流，多情并非滥情，我可不是见了女人就跟在后头流口水的登徒子。”

“你的眼光高着哪，这我还不清楚？只是你的多情，难免让人误解。”文徵明意味深长地看着唐伯虎。

“多情总比无情苦，没办法，唉！”唐伯虎感情丰富而且脆弱，这为他带来极大的快乐与无边的痛苦，可是，假如他没有如此充沛的情感，也就没有伟大的艺术创作了。

期间，苏州大雨倾盆，接连下了半个多月的雨，桃花坞都快要成为桃花池了。好容易终于天放晴了，唐伯虎踩着一脚湿泥到街上去，发现灾情惨重，满目疮痍。

忽然之间，唐伯虎听到窸窸窣窣的啜泣之声，他循着声音，发现一个十岁左右的小女孩，一个人跪在道旁，不住地揉眼睛，擦着永远擦不干的泪水。小女孩长得好清秀，模样好可怜，她衣领上插着一块木牌，上面写着“卖身葬母”四个字。

假如不是阮囊羞涩，唐伯虎口袋里空空如也，他一定会忍不住把小丫头买下来，他倒不是想多一个丫头使唤，完全是同情心使然。

松林扬鞭图，明唐寅绘。

回到家，唐伯虎脑中仍是小丫头无助的可怜模样，晚餐时，他告诉九娘：“那个小女孩一定没得吃，不晓得饿了多少天了。”

该睡觉了，唐伯虎翻来覆去睡不着，他翻身而起问九娘：“小女孩还跪在那边，我怎么睡得着？”

九娘了解唐伯虎心肠软，她也十分难过道：“一场豪雨，摧毁了多少家庭，难民这么多，救也救不完。”

唐伯虎满脑子全是灾后惨状，浓厚的同情心让他无法坐视，却也没有搭救的能力。于是，他干脆披衣而起，把白天亲眼所见一一画了下来，题名为“野望悯（mǐn）言图”，当他在画这幅画时，耳旁似乎听到小女孩的哀哀哭声，多情的唐伯虎柔肠寸断，因此，画笔格外传神。后人称赞这幅名画“真神笔也”，原因是唐伯虎动了真感情。

唐伯虎画得虽好，环境却没有改善，颠沛困厄（è）之中，终于有一样让唐伯虎开心的事——九娘生了一个女儿。中国人一向是重男轻女的，唐伯虎私心里也希望有个儿子，但是，他也同样欣喜迎接女儿的来到，何况这个小女孩是如此可爱。

唐伯虎生得俊美，九娘是人间绝色，唐伯虎的女儿同时继承了父母的优点，粉雕玉琢，美丽可爱到了极点。

九娘生产前一天晚上做了个梦，梦到天上一群仙女翩然起舞，并且吹着笙箫管笛。其中一个吹笙的仙女走过来，对九娘嫣然一笑，把怀中胖胖的小婴儿交到九娘手上，就在这一刹那，九娘开始阵痛，没多久，产婆来了，小女婴顺利产下。

唐伯虎得意地说："这毫无疑问，准是仙女下凡。"

为了纪念这段特殊经历，唐伯虎把女儿取名为桃笙，桃乃桃花坞之意，又是桃红柳绿之时，笙是吹笙仙女赐的小仙女啊。

从此之后，唐伯虎最大的消遣就是逗小桃笙，当他画画累了，就把小桃笙搂在怀中亲一个，小桃笙的粉颊白里透红，上面覆盖一层白白细细的绒毛，仿佛桃子般的鲜艳动人。

唐伯虎逗着小桃笙："你是一个小桃子，我把你吃掉好不好？"

小桃笙亮亮的眼睛紧紧盯着唐伯虎，难为情地抿抿嘴，仿佛在说"好嘛"，唐伯虎大笑，把小桃笙抱了起来，亲亲她的小脸蛋，觉得十分幸福。

女儿满月那天，唐伯虎画了一幅水墨牡丹，题名为"女儿娇"，唐伯虎对九娘解释道："女儿娇是一种名贵的牡丹，在苏州难得见到。此番是特别写生，为女儿满月志庆。"

九娘笑道："你真是最疼女儿的父亲了。"

唐伯虎的日本朋友

唐伯虎中年得女，桃笙的娇憨（hān），抚平了他一部分的失落，但是，官运断绝，对于一个古代读书人而言永远是心中无可弥补的创痛。唐伯虎把他怀才不遇的伤感，寄托于丹青之中，久而久之，他的画笔愈来愈生动巧妙。

小桃笙满月不久，桃花坞中来了一位稀客，那就是日本友人彦九郎。

从明朝初年开始沿海就有倭寇之乱，所以明朝和日本之间的关系极为不愉快。虽然如此，日本与明朝交通并未断绝，公家使节与私人的留学经商时有往还。正德年间，日本遣使了庵等人前来中国，彦九郎也是其中一名成员。

三年后，彦九郎再度来访，并且前往江南游览。他一到苏州之后，偶然见到了唐伯虎的画，彦九郎整个人呆住了。他对中国文化颇有点研究，能写汉字，也能画几画，并且写得一手端正的好书法，彦九郎对着唐伯虎画的花鸟赞美道："这真是既野逸又活泼，水墨淋漓，奔放自由。"他摇头晃脑，惊叹不已。

一旁陪同的明朝友人询问道："你想不想见一见唐伯虎？"

"可能吗？"彦九郎睁圆了眼睛。

就这样，彦九郎与唐伯虎相见于沧浪亭。唐伯虎丰神俊逸，举止潇洒，出口成章，谈吐不俗，由于学养深厚，自然气质不凡。

彦九郎脱口而出道："我听人家说，周臣曾经自叹弗（fú）如，说自己因为缺少唐生胸中数千卷书，所以无法画出如此雅致的作品，今日得以拜见大师，人如其画，风流潇洒，佩服，佩服！”

唐伯虎也颇为欣赏彦九郎的不俗，当下邀请他前往桃花坞一游，并且由周东村、祝枝山、张梦晋等人作陪，俱是风雅人士。九娘做了几色道地江南美食，大家谈谈笑笑，非常愉快。

奈何天下到底没有不散的筵席，临别之时，彦九郎突然起身，行了一个日本式九十度的弯腰大礼，非常恳切地说：“请唐先生题诗，以记录今日难忘的情谊。”

唐伯虎原也是个爽快人，当下答应：“好。”到底才气纵横，他举起酒杯，喝下一盅之后，立刻挥毫写道：

“萍踪两度到中华，归国凭将涉历夸。剑珮丁年朝帝扆（yǐ），星辰午夜拂仙槎（chá）。骊（lí）歌送别三年客，鲸海遄（chuán）征万里家。此行倘（tǎng）有重来便，烦折琅玕（láng gān）一朵花。”

诗前唐伯虎写了一句“彦九郎还日本，作诗饯之，座间走笔，甚不工也”。意思是说：彦九郎将回日本，我作诗饯别，因为是筵席之间匆匆忙忙写就，写得相当不工整。诗后，唐伯虎落款为“正德七年（1512 年）壬申仲夏望日姑苏唐寅书”。

彦九郎目不转睛注视着唐伯虎题诗，望着他笔下飞动。唐伯虎的书法是这般秀润生动，唐伯虎题诗的姿态是这般美妙专注。彦九郎头上轰的一声，觉得像在做梦，他不敢相信眼前是真实的景象。

唐伯虎旋过身来，把写好的条幅递给彦九郎，彦九郎再行九十度大礼，口中不断“阿里阿多”道谢。接着，彦九郎将条幅双手捧过来，待晾干后，交给侍从收藏，他真是如获至宝，满载而归。

后来，彦九郎回到日本，这幅字画成为他的传家之宝，一直到今天，唐伯虎送给彦九郎的字画，仍然被小心收藏在日本东京国立博物馆之中。

彦九郎的来访，让唐伯虎兴奋了好一阵子，作为一个艺术家，最需要的就是知音的欣赏。

彦九郎走了，唐伯虎又开始陷入忧郁之中，终其一生，他忘不了考场失意。苏州城内住了不少退休的官员，瞧他们模样，蠢头笨脑，听他们说话，粗俗不堪，可是，毕竟在京城里当过官，就算是芝麻点大的小官，卸下职务之后，依然神气活现，身边人依然巴结奉承，没办法，古时人就是最在乎做官。

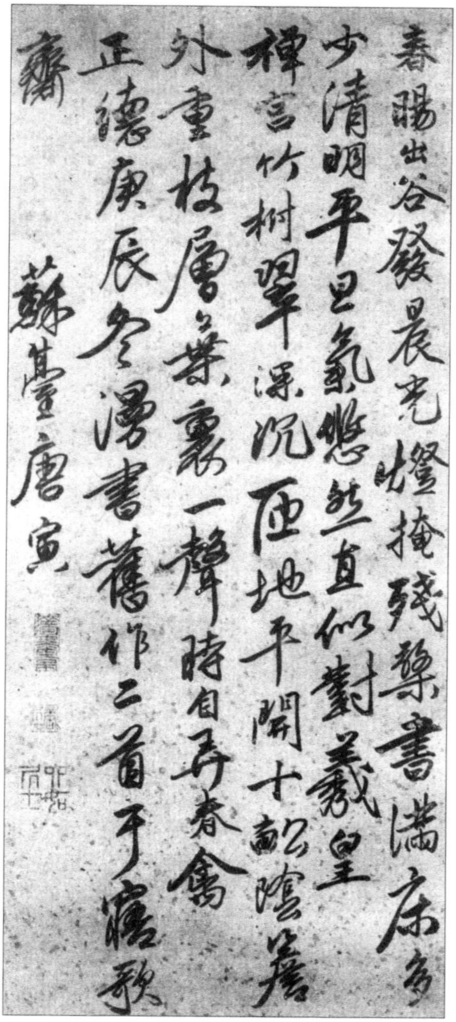
唐寅手书诗作。

唐伯虎喜欢人们称他为“解元”，表示他到底曾经在乡试之中高中第一名解元。但是他又最不喜欢人们称呼他为“解元”，因为他自认是状元的料，只是时运不济，遭人陷害，这一分委屈与失意，日日夜夜啃噬（shì）着他的身心，也害得他永远身体虚弱。

四十五岁那一年，有一位陌生人闯入了桃花坞，非常客气、非常礼貌地拿出一张聘（pìn）书，以及白花花的一百两银子。

这位使者温文儒雅，他说明来意道：“宁王十分钦佩仰慕阁下的才学，希望能够聘请你到宁王府中的阳春书院论诗作画。”

使者用非常仰慕的口气形容宁王：“你再也见不到如宁王一般爱才的王爷了。”“毕竟是家学渊源，宁王的高祖是不一样的人啊。”

第一代宁王名叫朱权，他是明太祖朱元璋儿子中最有学问的一个，他著有《通鉴博论》《史断》《诗谱》等书。

唐伯虎书读得多，读得广，这几本书他都曾经涉猎，一谈之下，非常有亲切感，他由衷地说：“宁王高祖的大作我都一一拜读过，十分钦佩他的见解。”

“那么，你还犹豫什么？”使者追问道。

唐伯虎心里头热热的，刚刚走了一个彦九郎，马上来了一个宁王，真是天可怜见。怀才不遇的人碰到知音，那个感觉美妙极了。

宁王香饵诱唐寅

落魄失意的唐伯虎，忽然之间收到宁王宸濠的聘书，邀请他到阳春书院作诗论画，唐伯虎有久旱逢甘霖之慨。

宁王宸濠的故事，我们曾经详细叙说过，他见正德皇帝荒淫，早有异志，后来起兵谋反，被王阳明活捉。此刻的宸濠，尚未谋反，凶象未露，装成一副礼贤下士的模样，各方招揽人才。宸濠在南昌设立阳春书院，多方笼络士林。

在宸濠眼中，科场失意的唐伯虎这种人，必然牢骚满腹，若能加以运用，协助造反，可取得天下。

可怜的唐伯虎完全没有料想到，白皙斯文，据说颇有文才的宸濠竟然准备拉他做诛灭九族的造反行为。

虽然人生连连受挫，但本性热情的唐伯虎始终不懂防人之心，他永远善于编织美梦，把人想得十分完美高贵。

唐伯虎兴匆匆地对九娘说："帝王之家能如宸濠者太少，宸濠让我想到梁武帝的儿子昭明太子。昭明太子乐善好施，心地善良，才气纵横，他曾经搜集了具有代表性的文章，编成《昭明文选》。"说着，唐伯虎走到书桌之前，把《昭明文选》递给了九娘。

九娘约略翻了一下，对九娘而言，这本书太深奥，她看不懂，但是，她非常高兴看到一天到晚自叹怀才不遇的唐伯虎，这一回终于遇到伯乐了。

九娘深深爱着唐伯虎，唐伯虎的一分快乐，可以让九娘十分快乐，唐伯虎的一分哀伤，也可以让九娘十分哀伤，九娘已经太久没有见到唐伯虎眼中发亮了，她握着唐伯虎的手，高兴得话都讲不清：“太好了，假如宁王能在皇帝面前美言几句，或许你能平反，从此开创一条新的宦途。”

九娘真是一位可人儿，一句话就恰好正中唐伯虎要害。中国古代皇帝的一念之间，绝对可以转变乾坤，既然宸濠如此欣赏唐伯虎，就近向皇帝推荐，这也是大有可能之事啊，这时的唐伯虎倘若知道，宸濠想杀掉皇帝，一定会吓得昏倒。

唐伯虎拍拍九娘的肩：“我倒不敢如此妄想，不过，能与当代的昭明太子一起谈诗论文，倒也是难得的经验，想必他也久闻我的才名。”讲到这儿，唐伯虎不自觉又流露了对艺术才能的自信。

竹枝图，明唐寅绘。

“只是，只是……”唐伯虎抱起一岁的小桃笙，十分舍不得道，“我舍不得我的宝贝小女儿。”他又亲一亲九娘的面颊，“我也舍不得你啊，我已经四十五岁了，身体不佳，又离乡背井，一个人孤零零的。”

“这……”九娘也为难了，当然，她也舍不得唐伯虎，她却也不敢耽误了夫婿的前程，九娘知道，男人心里仍然是“学成文武艺，货于帝王家”。能得到帝王之家的赏识，实在是莫大的诱惑。

“不如，你去找文徵明商量一下？”九娘建议道。

“对！”唐伯虎立刻穿鞋，深夜造

访文徵明。一路之上，他步履轻快，精神抖擞，自从科场倒了大霉之后，他第一回觉得人生又有了新希望，人，是靠着希望撑下去的啊！

唐伯虎见到了文徵明，兴奋得还没开口，文徵明立刻铁口直断：“瞧你乐得什么似的，一定是宁王府请你去当食客。”食客是富贵人家的宾客，或被称为门客。

唐伯虎大为吃惊：“怎么数日不见，兄台竟然练成了他心通。”所谓他心通，指的是学佛到一个程度，能够通晓他人的心念而没有障碍。

“我哪有这么大本事！”文徵明啐了唐伯虎一口，他从身后也拿出一张聘书道，“我嘛，碰巧也收到了一封。”

唐伯虎喜出望外，大声地说：“正好，我们结伴而行，这样也不寂寞了。”

文徵明看了唐伯虎一眼，不好意思地说：“实不相瞒，我虽然屡试不第，承蒙几位父执辈的大力推荐，已经把名字列在翰林院待诏名下，虽然诏书未到，但是却不宜前往宁王府。”

“恭喜，恭喜！”唐伯虎真心为朋友高兴。

文徵明坦诚地、专注地望着唐伯虎：“至于你，自从考场弊案，蒙不白之冤，这条仕途已断，不可能走我的路子，我听说宁王礼贤下士，十分敬慕读书人，你去试试看，总是一个机会，总也比卖画典当过日子来得强。”

唐伯虎一咬牙道：“我这就打定主意去了。”

此时此刻的宸濠，摩拳擦掌想要造反，他一方面重金贿赂刘瑾等宦官，请他们在正德皇帝之前当内线；一方面找来失意的李士实、刘养正等人当参谋，又豢（huàn）养了一堆亡命之徒。

宸濠久闻唐伯虎美名，听说他要来了，开心得自言自语：“又多一位人才，看来我离皇帝宝座更近了。”

不明就里的唐伯虎，哼着小调，愉快地一步步走入陷阱。

唐伯虎误上贼船

明朝正德九年（1514 年），唐伯虎载奔载欣前往南昌，准备开启人生崭新的一页。一路之上，他编织了许多梦想，他把宁王宸濠想象为昭明太子，两人饮酒作诗，一向爱朋友的唐伯虎开心极了，还没有见到宸濠，他已经把整个心掏给了宸濠。

宁王宸濠其实是个最为贪暴的人，不过外表白皙秀气，又喜欢有事没事背几首诗词，故意附庸风雅，把许多人都给骗了过去。

有一天，术士李自然、李日芳为他看面相，看得是大惊失色：“不得了，宁王生有异表，日后当为天子。”由于正德皇帝是个纨袴子弟，一心一意把家业败光，所以宸濠认为这是上天赐给他的机会，不可违忤天意也，他很高兴地把李自然、李日芳安置在宫中。

有一天，李自然仿佛见了鬼神般嚷嚷：“哇，城东南有天子气。”宸濠闻之大喜，立刻在东南角盖了一座富丽堂皇的宫殿，取名为“阳春书院”。

唐伯虎到了南昌宁王府，就被安置在阳春书院。唐伯虎漫步其中，走在曲折回廊之中，他觉得他的人生也是曲折离奇，感谢上天相佑，从此苦尽甘来，平步青云，他几乎要跳起来大声呼喊，不晓得该如何宣泄心中的热情。

唐伯虎终于见到心目中的宸濠了，宸濠也终于见到想望中的唐伯虎了。宸濠长相斯文，皮肤很白，可是缺乏王爷的稳重、读书人的气质，唐伯虎

事茗图，明唐寅绘。

有着些微的失望，不过，他马上安慰自己，人不可貌相也。

宸濠看到唐伯虎一表人才，十分满意，心中忖想，麾下又添加一名唐伯虎，看来李自然所言不虚，迟早自己将登上天子宝座。

宸濠为了表示自己博学，兴匆匆地说："我不但久仰唐先生大名，甚且我还知道文徵明是你的好朋友，不过，他晓得他不如你，还刻了一个图章示弱。"

"嘿，有这种事？"唐伯虎一头雾水。

"连你自己也不知道吗？"

宸濠十分得意，拍拍手道："快把我收藏的文徵明的画拿来。"小宦官取来一幅山水，没错，果然是文徵明的手笔，宸濠指着落款道："你瞧，这一方篆（zhuàn）印有几个字'惟庚寅吾以降'，这难道不是说，文徵明见到你就得投降吗？"

唐伯虎一听之下，又好气又好笑，原来，宸濠把"庚"字看成了"唐"，所谓庚寅是庚寅年，篆体字难识，宸濠竟然把庚看成了唐，再说"惟庚寅吾以降"是屈原名作《离骚》第四句话，意思是说：太岁在寅的那一年的正月，庚寅的那一天，我降生。由于屈原是庚寅年降生的，文徵明也是，文徵明这才引用这一句，刻了一方篆章。

唐伯虎本来想，立刻指正宸濠，转念一想，初次见面，不好意思立刻给宸濠一个难堪，也就把话硬忍下来，嘴中客客气气地说："王爷果然博学。"

宸濠很高兴，被唐伯虎这么一捧，开始说诗论画，讲得是口沫横飞，偏偏十句之中有八句是错误的，唐伯虎直冒冷汗，担心一不小心提出正确的诗词，不过，他转念一想，身为王爷，有此附庸风雅的乐趣已经难得，不用苛责。

接着，宸濠唤来两名歌妓，一左一右分坐两旁，宸濠喝了一口酒，把歌妓一把抱过来，把自己嘴里的酒用接吻的方式灌入歌妓口中，歌妓一脸痛苦，勉强把酒吞下，宸濠很得意，朗声大笑："她们没有酒杯，她们用的是我嘴巴的皮杯。"

接着，宸濠又用"皮杯"表演了几次，恶形恶状，粗鲁野蛮，让唐伯虎好不自在。

宸濠让歌妓坐在自己的大腿上面，仰着脸说："据说，你是江南第一风流才子，怎么样，我也不差吧？"

唐伯虎心想，风流指的是举止潇洒，他虽然也爱慕女人，其实相当拘谨，尤其不喜欢公开肉麻，他对宸濠真有点失望。

宸濠表演过了风流，一点也没察觉到唐伯虎的局促不安，他把歌妓支使走开，用十分惋惜的声调说："以唐先生如此奇才，当年竟然被金榜除名，天下不公平之事莫过于此，我想起来都为之愤慨不平。"

宸濠这一句话，不偏不倚正说中了唐伯虎的痛点，唐伯虎是何等失意，又何等迫切需要安慰与温暖啊。

宸濠又拍着胸脯道："你尽管放心在阳春书院住下来，有任何问题立刻来找我，你是我最重视的上宾。"

久经奚落的唐伯虎又有一阵晕眩，好久没有人这么礼遇他了，于是，他又开开心心与宸濠对饮，感觉还蛮舒服的。

唐伯虎的疑惑

唐伯虎以久旱逢甘霖的心情，终于拜见慕名已久的宁王宸濠，他有一种感觉，仿佛自云端给摔了下来，跌得好痛。

躺在床上，唐伯虎不断安慰自己，自古帝王将相有几个真正精通文史？哪一个王爷不沉迷酒色？比较起来，宸濠还是好的，至少他知道在下唐伯虎是个人才，至少他安排住宿的阳春书院宽敞舒适，至少这是一个翻身的大好机会……

虽然，唐伯虎尽量往好的一面设想，他心底却也有一个声音告诉他，宁王宸濠与传说中出入太大，他必须想办法了解真相。

这一夜，唐伯虎翻来覆去睡不着，他想到九娘，想到小女儿桃笙，有点儿后悔来到南昌。

第二天一大早，唐伯虎懒洋洋起了床，没事到处逛逛，发现远远走来李自然、李日芳两位方士，走起路来摇摇晃晃，东倒西歪，一副举止张狂的模样。昨晚在宁王宸濠的筵席上见过这二人，当下，唐伯虎就不禁奇怪，外界都说宸濠爱才惜才，这两个宝贝一看就是蠢才奴才，也不晓得宸濠看上他们哪一点。

在唐伯虎看来，所谓人不可以貌相，这句话指的是外表的美丑不足论，可是一个人的气质涵养依然可以自外表看出。这二位方士，一个痴肥臃肿，一个獐头鼠目，二人一搭一唱，俗不可耐，令人讨厌到了极点。

李日芳边走边说：“这阳春书院果然是有天子贵气。”

唐伯虎一听，呆住了，宁王到底是宁王，不是天子，乱讲这种造反的话可是要杀头的啊！

李自然看出唐伯虎的讶异，得意洋洋解释道：“你不相信，对不对？咱们两个是堂兄弟，自小入山练气，拜得名师，得自真传，学成之后，偶尔在山峰之上，发现一股天子贵气，一路寻访这才来到了这里。”

李日芳在旁边插嘴道：“所以，宁王才在这儿建立了阳春书院，你也才被聘到这儿来。”

唐伯虎心想，这才是鬼话连篇了。假如在苏州，类似李氏兄弟这种庸俗之人，唐伯虎是看都懒得多看眼，这会儿同在宸濠帐下，不得不敷衍一二句。

唐伯虎想不出接口的话，故意讽刺道：“原来，遇到两位高人，十分荣幸。”

李氏兄弟一点也没听出唐伯虎的揶揄（yē yú）。李自然笑着挖挖鼻孔，李日芳则一腿抖个不停，唐伯虎心忖：这两位高人还真够瞧的。

李自然说：“听王爷说起，唐先生是一位有名的画家，那你一定什么都会画啊，我家门口以前有位老先生也很会画画，还会捏泥人，泥人五颜六色，好漂亮。”

唐伯虎气坏了，那种俗气的玩偶，怎能与他的画相提并论？他觉得自己好像吞下一只苍蝇般难受。

李日芳没有发现唐伯虎的不耐烦，他突然问道：“唐先生对炼金术有没有兴趣？”

所谓炼金术，又名炼丹术，远在汉武帝之时，有人财迷心窍，希望把廉价的金属炼成贵重的黄金，或希望把普通的药剂炼成长生不老的奇药，这一类方术被称为炼金术，从事这些工作的人被称为方士，又被称为丹家。

这些人虽然没有办法从廉价金属炼出黄金，也始终没有找到长生不老的奇药，但是他们发现了许多化学现象，超过了同时代别的国家，因此对古代化学发展有所贡献。

不过，李氏兄弟的水平，显然对古代化学不可能有贡献。

李自然说：“我们二人的炼丹术可不是一般的，不是我自夸，天下就我们最行。”

李日芳接口：“这是旁人学也学不来的。”

唐伯虎快忍耐不住了，他讽刺道：“既然二位仙人擅长炼金，那真是再好不过了，何不待在家中日夜炼金，炼成一堆金子，吃穿不尽，何必留在宁王府中，太辛苦了。”

李日芳一点也不觉得唐伯虎在拐弯骂人，他推了唐伯虎一把，笑呵呵道：“唐先生你不了解，这个炼金术，不但要有我们兄弟的法术，还得有福气，依我看来，唐先生挺有福气的，我们可以合作。”

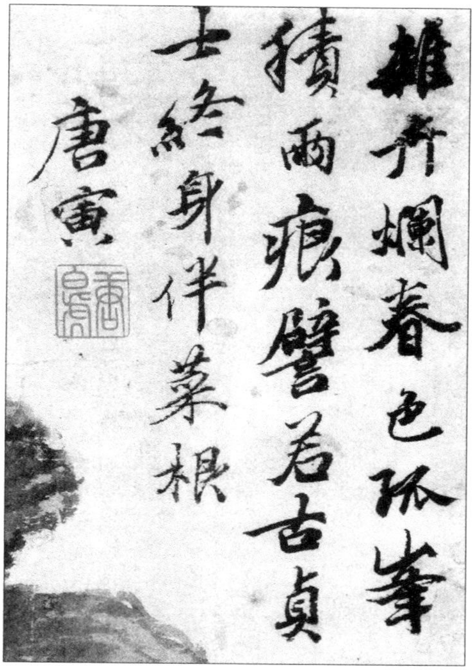

唐寅画作题款。

唐伯虎又好气又好笑，赶快结束谈话：“好，我回苏州之后，一定找一间房子，与兄弟二人一块炼金，炼一屋子的黄金。”

李日芳拍手道：“好，一言为定，你先为我们题一首诗吧！”

唐伯虎走回房间，拿起笔来，气得发抖，一挥而就：“破布衫巾破布裙，逢人便说会烧银。君何不自烧些用，担水河头卖与人。”

这两个活宝似乎看不出唐伯虎在骂人，捧着诗，摇头晃脑走了。唐伯虎不明白，宁王怎会看上这种草包，并且听任草包胡扯天子气，宁王宸濠难道不知道，造反的话传出去还了得。

唐伯虎为此，又失眠了一夜。

唐伯虎追念王勃

唐伯虎好不容易才摆脱了李自然、李日芳的纠缠，他的感觉像一张口不小心吞下一只活苍蝇，又恶心，又想吐，掏也掏不出来，只是肠胃难受，全身不干不净。

宸濠左一声“才子”、右一声“天才”夸奖唐伯虎，唐伯虎的确也是挺受用的。不过，既然李自然、李日芳也是宸濠心目之中不可多得的稀世之才，那么，唐伯虎的才气岂非一文不值。

唐伯虎是个浪漫多情、缺乏防人之心的人，他总是把人看得很高贵，把事情设想得很完美，所以，真相渐渐浮现之时，唐伯虎实在受不了，他万分懊恼，只得无奈地在阳春书院混碗饭吃，总不能马上打道回府啊。

干耗在阳春书院也是挺无聊的，偶尔，宁王宸濠府中有宾客前来求画，唐伯虎也都随和地画了送人。不过，这些宾客几乎都是俗不可耐，没有什么文化水准。唐伯虎可以确定，宸濠确实是没有任何品味可言，看一个人交的朋友、读的书本，几乎就能够断言，他是哪一种层次的人，尽管唐伯虎满怀憧憬（chōng jǐng）而来，他终于发现宸濠庸庸碌碌，与昭明太子没得比。

待在阳春书院衣食不愁，却没半个人可以说话，唐伯虎精神上苦闷极了。有一天，他信步逛到赣江边上，来到滕王阁遗址，江水茫茫，山色苍苍，他想起了初唐诗人王勃的故事。

唐伯虎追念王勃

王勃是初唐文坛四杰之首，与唐伯虎一样，从小是个天才儿童。王勃六岁能诗，九岁时开始读《汉书》，他认为颜师古的注解有许多错误，就把错误一一列了出来，写成《指瑕》，瑕就是瑕疵（xiá cī）、过失之意，把许多大人都给吓了一大跳。

十四岁那一年，王勃上书，推荐自己的才学，朝廷举行对策，他考得极佳，被朝廷授为朝散郎，真是最年轻优秀的官员。王勃到处受人称赞，自己也顾盼自雄，颇为得意，许多人看他不惯，王勃一点也没有察觉。

王勃为人正直，很有正义感，当时，宫中的王爷们闲来无事，喜欢斗鸡，顺便赌个输赢。王勃不以为然，写了一篇《檄英王鸡文》，恰好被唐高宗见到了，唐高宗认为，斗斗鸡、赌赌钱本是小事，何必大惊小怪，挑拨王爷们的感情？因此，高宗把王勃给逐出朝廷。

一向平步青云、恃才傲物的王勃这下慌了。惨遭打击，何去何从？他自认为做得没错，不晓得何以遭来横祸。感慨之下，他想起古人经常说的“不为良相，便为良医”。

既然与朝廷不相合，当一个救世济人的医生也不坏，因此，他前往虢（guó）州，研习医药，担任参军职务。

王勃受到挫折，没有受到教训，他脾气不改，依然心直口快，同事都嫌他讨厌，他也有格格不入之苦。

王勃虽有满肚子文才，却不会处理行政事务，时时被搅得焦头烂额。有一回，一个叫曹达的，犯了大罪，逃到了王勃处避难，王勃不想收留，又不好意思不留，慌慌张张把曹达给藏匿起来。

后来，王勃愈想愈心中发毛，万一被官府知道，窝藏犯人可不是闹着玩的，于是，他派人悄悄把曹达杀掉。这下子更糟糕，案子被人揭发，若非遇上大赦，王勃就是死罪。王勃万念俱灰，不慎溺水，救上来之后，惊恐而死，不过才二十八岁。

唐伯虎与王勃一般，怀才不遇，一路坎坷，英雄惜英雄，内心感触甚多，唐伯虎心想，幸亏王勃还留下几首诗，还有《滕王阁序》一文传世。

滕王阁图，近人爱新觉罗·溥心畬绘。

这序之中还有一段故事：

据说有一次，王勃省亲，路过南昌，恰好阎公阎伯屿在滕王阁宴客，王勃小有文名，也在被邀请之列。

阎公宴客的用意是出风头，他有一个女婿，文才极佳，阎公希望女婿为滕王阁写一篇序，让众人夸赞，他这个做老丈人的，顺便也露一露脸。

因此，酒过三巡之后，阎公就站了起来，清清喉咙道：“今日群贤毕至，何不效法王羲之作《兰亭集序》，也来一篇《滕王阁序》呢？”说着，阎公捧着纸笔，来到张老面前，客客气气道：“张公，请。”

张公当然明白阎公的用意，连连推辞，其后，一个一个也摇手摇头，敬谢不敏，大家都明白，这是阎公为女婿请的客。等到阎公拿着纸笔，请教王勃之时，没想到这个二十多岁、嘴上无毛的小伙子推也不推，让也不让，一把接过来，提起笔就真的写了起来。

阎公气坏了，吹胡子瞪眼睛，恶狠狠地瞪着王勃，眼露凶光，王勃不会察言观色，继续磨墨。阎公气得顾不得风度，跑到后面生闷气，留下一个小吏，伺候王勃写序。

这个小吏站在旁边，王勃一面写“南昌故郡，洪都新府……”小吏一面念出声音来，等到小吏念到“落霞与孤鹜（wù）齐飞，秋水共长天一色”，意思是，暮霭渐低，孤鹜上飞，秋水含翠，长天空蓝，水天交会，天地合一。

阎公自后面奔了出来，握紧王勃的手道：“这是天才之作，你可永垂不朽。”整篇序以华丽的词藻、酣畅的笔调，描绘滕王阁的景色与宴会盛况，以及王勃怀才不遇的落魄心情。

唐伯虎回到阳春书院，以自己与王勃相同的心情，创作了一幅流传千古的《落霞孤鹜图》。

唐伯虎直说敢言

唐伯虎参观南昌的名胜古迹滕王阁，想起了初唐诗人王勃的名句“落霞与孤鹜齐飞，秋水共长天一色”，回到阳春书院，画了流传千古的名画“落霞孤鹜图”。

落霞孤鹜图，明唐寅绘。

唐伯虎一面画图，一面私忖，所谓神交古人应该就是这种心情吧，他幻想着，假如王勃坐在对面，二人说说笑笑，在阳春书院的生活就不至于如此单调、无趣、苦闷了。

据说，王勃当年写文章有一个怪习惯，他先磨墨，磨了好几桶备用，然后，喝酒，狠狠喝一个痛快，喝醉之后，蒙头大睡，睡醒之后，立刻挥毫，不假思索，不改一字，一篇妙文即成。当时人称之为“腹稿”。

唐伯虎写诗、绘图也都是先有腹稿，一挥而就。他在《落霞孤鹜图》旁写下了一首诗："画栋珠帘烟水中，落霞孤鹜渺无踪。千年想见王南海，曾借龙王一阵风。"

唐伯虎见不着王勃王南海，整日待在阳春书院又无聊，有天他闲来无事，信步逛到江西巡抚辕门外，见到附近围着一群人，他很好奇，走过去一看究竟。

人群当中围着一位少妇，面容清秀憔悴，一面哀哀哭泣，一面指着身上伤痕道："大家都说，苍天有眼，我不晓得苍天的眼睛在哪里，我也不晓得我作了什么孽，会遭到这样的报应。我家在乡下，虽然贫穷，勉强可以过日子。去年，来了一群人霸占田地，抢走财产，把我丈夫也杀害了。"讲到这儿，妇人悲从中来，泣不成声。

她抹干眼泪，眼泪又不断涌出，啜啜泣泣道："我气不过，从知县告到知府，又从知府告到巡抚，没有一个地方肯受理，我刚自巡抚辕门出来，被打成这个模样。"妇人卷起衣袖，白皙的皮肤上一条一条血痕，简直惨不忍睹。

围观的人听了，个个低下头，为妇人不平，却也没敢出声。

一向斯文秀气的唐伯虎看不过去，他高声嚷道："这太不像话了嘛，朝廷官吏，食人俸禄，不替人民伸冤，那还留着这江西巡抚衙门做什么？这妇人是否诬告，也该先彻底调查，岂可平白无故把人打一顿……"

唐伯虎气愤填膺，愈说愈激动莫名，旁人吃惊地望着他，也有人悄悄掩鼻走远，仿佛怕惹祸上身，唐伯虎不以为意，继续发表言论。

此时，一位慈祥的老人走了过来，拉一拉唐伯虎的衣袖，小声说："小兄弟，别讲了，跟我走。"

唐伯虎见老人目光诚挚，又显得十分着急，于是，他停止抨击，随着老人，走到一条幽静的小巷。

老人打量着唐伯虎半晌，沉缓地说："小兄弟，听你口音，该是外乡人吧?"

"是的，我是苏州人。"

"嗯，刚来南昌不久吧。"

“没错。”

“难怪你不了解。你晓得何以衙门不受理这些案子吗？因为这些抢占民田、杀人放火的勾当全是宁王宸濠手下干的，谁也惹不起，刚才那妇人只不过其中之一，她还算好的，还有更惨的哩。”老人沉痛地说给唐伯虎听。

唐伯虎不解道：“宁王手下打着宁王旗号胡作非为，官府就该一五一十禀报宁王啊！”

老人一听此言，努一努嘴，示意唐伯虎别出声，把唐伯虎带到一个四下无人的荒凉地带，压低声音道：“只有你这个外乡人才会讲这样的外来话，最坏的人就是宁王了，前几年，倒有几个地方官比较正直，宁王就送给他们一盒枣子、一篮梨子、一包姜、一包芥。”

唐伯虎耸耸肩：“那不是挺礼遇吗？”

老人叹口气：“枣梨姜芥是早早离开疆界的意思啊，没有会过意来的王哲就被下了毒，提早见了阎王爷。从此地方官就纷纷请调，调不成的，只好乖乖就范啊。”

“朝廷不知道吗？”唐伯虎追问。

“唉，当今的正德皇帝如何胡闹，莫非你没有听说？”

老人拍了一拍唐伯虎的肩膀：“小兄弟，我佩服你的见义勇为，不过我劝你也早离疆界，至少，少开尊口。”

唐伯虎长长一揖，谢过老人。

他呆立在路口，脑袋中轰轰作响，天啊，他投靠的“昭明太子”，竟然是个豺狼虎豹，真是可怕！忽然之间，他又想到李自然、李日芳所说的“阳春书院有天子之气”，难道，宁王有意谋反？一股凉气自唐伯虎的背脊往上窜，他全身血液凝固了，他晕头转向，他要昏倒了。天啊，唐伯虎恨恨地握紧拳头，命运之神何以如此残忍？

张灵思慕崔莹

唐伯虎听说宸濠原来是个欺压善良的恶霸，整个脑子轰隆轰隆，仿佛在打雷。他失魂落魄回到阳春书院，觉得自己是受骗上当，又恼怒、又生气、又愤慨、又失望，五味杂陈，有说不出的懊恼。

唐伯虎第一个念头，就是恨不得马上收拾行李，趁着夜晚赶回苏州，离开这个鬼地方，继而一想，不可，不可，不可轻举妄动。假如宁王宸濠果真有谋反意图，那么，他这不告而别，宸濠一定起了怀疑，非但他与九娘性命不保，连小宝贝小桃笙也会遭到危险。想到粉扑扑的小桃笙，唐伯虎觉得心上被狠狠咬了一口。

他勉强镇定下来，深深吸了一口气调匀呼吸，唐伯虎告诉自己，要沉着、冷静，小心应付眼前危机。突然之间，唐伯虎想起他的好朋友张灵交付的重任尚未完成，受人之托，忠人之事，唐伯虎原本也还不能离开南昌。

唐伯虎有一个好朋友——张灵，在青少年时代，他们两人曾经脱下鞋袜，在孔庙前面的泮池戏水为乐，惹来路人指指点点，他们两人出尽风头，得意之至。这一段故事，我们曾经介绍过。

张灵心目中有位佳人，名叫崔莹，乃南昌才女兼美女，张灵日夜想念，因此，唐伯虎此番前来南昌，张灵重重拜托。

张灵与崔莹这一对才子佳人相遇在十年之前……

张灵与唐伯虎一般，有才有貌，风流倜傥，颇为自负，只是家境贫穷。张灵最钦佩之人乃竹林七贤中的刘伶。刘伶的故事，我们曾经详细介绍过，刘伶喜欢乘坐一辆鹿车，悠哉游哉到处逛一逛。刘伶有一句名言：“随时随地，死便埋我，死在哪儿，葬在哪儿。”张灵对这句话简直崇拜得五体投地。

有一回，张灵听说唐伯虎、祝枝山一群人到虎丘喝酒去了，竟然没约他，有点不悦。他心生一计，换上一件破衫，腰上绑一根稻草，头上顶了一个破方巾，再用泥巴抹抹脸，左手持木杖，右手捧着《刘伶传》，一颠一跛也到了虎丘，果然发现了唐伯虎一行。

张灵举起《刘伶传》，大声说：“刘伶告饮。”

唐伯虎老远便认出张灵，他也不拆穿，一块玩着道：“原来是酒祖宗大驾光临，快请。”

张灵很开心，闹也闹够了，酒也喝足了，又拄着拐杖，一颠一跛下山去。当时在座的尚有崔文博老先生，他望着张灵的背影道：“这个乞丐生得如此清逸，如此不凡。”

唐伯虎笑笑道：“他是张灵。”说着，唐伯虎就在凉亭小几上，把张灵方才扮乞儿的模样给画了下来，画得传神之至，尤其张灵那灵秀聪慧的眼神非常吸引人。崔文博赞道：“原来他是曾经得过童子试第一名的神童张灵，果然俊秀，这幅画送我吧，我想带给爱女崔莹看一看。”

虎丘图，明谢时臣绘。

这崔文博是南昌人氏，护送亡妻灵柩回乡，途中遇上唐伯虎，由于俱是脱俗之人，相谈之下，一见如故，唐伯虎等方才正谈到，崔文博有一个宝贝女儿崔莹，才华极高，容貌极美，所以一听说崔文博要把画带给才女看，祝枝山也凑兴道：“我就不揣浅陋，题个款吧。”

于是，祝枝山题了“张灵行乞图”几个劲秀的字，交给崔文博。唐伯虎、祝枝山都想在才女面前显一显才华，崔文博大喜过望，连声谢谢。

这时，张灵一副乞丐打扮，正经过一条小河，看到河岸旁靠着艘小船，小船上有个混混正在戏弄小丫头，张灵平素是斯文的书生，这一回，仗着自己是乞丐打扮，拿起手里的打狗棍，就往小混混头上敲去，小混混发现是比他还混的乞丐，吓得闪身便逃走了。

小丫头十分感激，船上的小姐也出来答谢。这小姐秀秀气气、白白净净、落落大方，她侃侃而谈：“奇怪，你这乞丐，手里拿着《刘伶传》，莫非效法刘伶一饮非一斛（hú）不可，要五斗才能尽兴？”

张灵抬头见到佳人，如此秀丽脱俗，魂已去了一大半，听到她又谈起刘伶，并且对刘伶十分熟悉，简直一团慌乱，情急之下，脱下头上的方巾，深深作了一个揖，必恭必敬道：“小生张灵，字梦晋，姑苏人氏，年方三十有余，尚未娶妻也。”

崔莹哈哈大笑，也不忸怩作态如一般女子以手掩嘴，她笑得十分开心，一句话就戳过去：“这不是《西厢记》中张生的台词吗？”

张灵有点不好意思，也跟着大笑，这一笑化解了彼此的尴尬。张灵发现眼前这个崔莹，与崔莺莺一般“颜色艳异，光辉动人”，但是没有崔莺莺的多愁善感，自怨自苦，反而有点儿男儿侠义作风，快人快语，非常有趣。张灵心想：“我现在了解《西厢记》中形容张生‘飘飘然，自疑神仙之徒’的感觉了。”

于是，张灵留在船中喝茶，与崔莹谈诗论画，棋逢对手，快乐极了，直到傍晚，张灵才万分不舍地告辞。

这时，崔文博回来，欣喜地拿出画来献宝，崔莹笑盈盈道：“这位乞儿刚刚走。”崔文博大喜，可惜乐极生悲，当天晚上，崔文博腹痛如绞，担心自己得了重病，连夜开船赶回南昌。

张灵一片痴心

张灵与崔莹一见钟情，互相爱慕。张灵告别崔莹，相约明早再见之后，张灵立刻奔向唐伯虎处，手舞足蹈，大叹崔莹是如何亭亭玉立、人品清秀、才思敏捷、风度雅致……

唐伯虎笑道：“瞧你二人含情脉脉，你姓张，崔莹又姓崔，岂不像是《西厢记》中的张生与崔莺莺，但愿没有棒打鸳鸯的老夫人。”

张灵脸色一暗：“我的确家贫。”

唐伯虎推了张灵一把：“可是，你未来的老丈人夸你风流潇洒、斯文俊秀，我还送了他一张你的画。”

“什么？”张灵张大了眼睛，又惊喜又诧异。

于是，唐伯虎一五一十告诉张灵，小亭中的老先生是崔文博，也就是崔莹的父亲，唐伯虎画的《张灵行乞图》被他给要了去，祝枝山还在上面题了款。

“该死，我还一身乞丐打扮。”说着，张灵立刻打水梳洗。他原本仪容英俊，人逢喜事精神爽，益发显得风度翩翩、魅力不凡，唐伯虎举起大拇指道：“果然一表人才。”

这一天晚上，唐伯虎与张灵就谈个通宵，因为张灵兴奋得没法入睡，隔不了多久就探头看看窗外。“怎么还不天亮，奇怪，今天的夜特别长。”

唐伯虎浅笑不语，回身抽出一本《西厢记》，翻开其中一段，描写莺莺寄给张生“明月三五夜”的诗之后，张生巴不得立刻去会见莺莺，只恨天色不晚，王实甫描写张生的心情是，大叹“天啊，你拥有万物，何苦争此一日，快下山吧”。好容易挨到中午，自己劝自己，“再等一等”，看着太阳，又大叹“今天太阳怎么如此难下山”。到了后来，恨不得“手上有一把后羿弓，想把太阳给射下来”。

张灵点点头：“对，我一刻也熬不下去了。”他又跑到门外看天色，终于天空露出了鱼肚白，快到黎明了。

张灵拉着唐伯虎的手叫道：“快，我们快去。”

唐伯虎甩开张灵的手：“你的梦中人还没有起床。”

禁不起张灵再三催促，唐伯虎一大早就被张灵拉到岸边，奇怪的是，崔家的船不翼而飞，张灵失魂落魄，四下打听，终于附近的渔船主人道：“昨晚已划走了。”

一听此话，张灵如遭电击，几乎支撑不住，他一个劲儿埋怨自己：“早知如此，就该整个晚上守在岸边。”

唐伯虎眼见好友如此失望，心生不忍，又不晓得该如何安慰。

张灵什么话也不说，两脚一分，坐在岸边，他不明白何以有这么大的变化，当然他也不晓得当晚崔文博得了急病，不得不连夜赶路。张灵闷坐一旁，郁郁寡欢，任凭唐伯虎怎么说笑逗趣，总不能引得他稍开笑脸。

唐伯虎与张灵从早到晚，守在岸边，崔家的船当然没有出现，张灵怏怏回到家中，茶饭不进，眼神呆滞，张母十分着急，忙问：“哪里不舒服?”

张灵指指心：“我这儿不舒服。”从此，张灵得了严重的相思病。

日子一天一天过去，张灵口中不再提起崔莹，心中却时时刻刻忘不了崔莹。他感情丰沛，心中郁结无法排遣，只有寄情于绘画之中。张灵的人物画、山水画都十分出色，其中每一笔每一画都有他对崔莹的刻骨铭心之爱。

唐伯虎、祝枝山、张灵三位不同凡响的才子，在人生中都遭遇不如意，也许这是老天的磨练——所有伟大的作品背后都有痛苦，痛苦带来深度。他三人自觉怀才不遇，只好苦中作乐。他们曾经在冰天雪地，打扮成叫化

招仙图，明张灵绘

子，唱着莲花落，向路人行乞，沽酒买肉，躲到野庙中痛饮，大声夸耀："连李白也没咱们这般痛快！"其实，他们看不开、丢不下，心中盛满了眼泪。

当然，他们偶尔也有真正开心的时候，那就是有人仰慕他们的艺术才华之时。

有一回，三人结伴，前往酒楼买醉，喝得歪歪倒倒，这才发现，谁身上也没带钱，付不了账。

祝枝山灵机一动，挥着手中的扇子，对唐伯虎说："这一面有我写的字，你在另一面画点东西，请酒保拿到当铺里去典当。"

唐伯虎顺手画了花鸟，简简单单，意趣不凡。

酒保取过扇子，正待出门，一位客人走过来，拦住酒保："你不用去当铺了，假如这幅画中有张灵的人物，我愿意多出二十两银子买下。"

张灵欣然同意，在唐伯虎的花鸟旁边，添画了一位袅袅婷婷的美人儿，不用说，又是在画崔莹。

张灵的相思病，一害就是十年整，把张母给急坏了，只要提到相亲、娶妻，张灵就发脾气。无论介绍谁家小姐，张灵不是嫌人家"丑如无盐"，就是批评对方"没读过书"，张母经常问唐伯虎："我该如何找寻崔家小姐？"唐伯虎确实也爱莫能助啊。

十美图的残酷真相

张灵与崔莹一见钟情，崔莹不告而别之后，张灵的相思病一发就是十年，张伯母忧心如焚，由于崔莹是南方人氏，因此唐伯虎此番前来南方投到宁王宸濠门下，张伯母重重相托，希望能觅到崔家小姐。

唐伯虎在阳春书院四下闲逛，表面平静无波，内心波涛汹涌，人海茫茫，他要到哪儿寻访崔莹；再说眼前危机四伏，万一宸濠果真怀有异态，想要起兵造反，他被牵涉其中，那可是诛九族的死罪啊。

不可能吧，就凭宸濠那一点能耐，怎有胆量造反？唐伯虎一遍又一遍安慰自己。不过，万一宸濠自不量力，鲁莽起兵又该如何？

翻过来，想过去，唐伯虎终于决定，面对现实，找寻真相。他第一件该做的事，就是找李自然、李日芳探听消息。

一想到这两个宝贝，唐伯虎就一阵翻胃，好像一张口不小心活吞两只苍蝇。唐伯虎虽然考场失利，但平日往来的都是文徵明、张灵等清逸脱俗的人，对没品没格的庸俗之辈，素来懒得理会。

现在，为了保命，他必须开始学习演戏。

唐伯虎用力调匀呼吸，挤出微笑，故作轻松地与李氏兄弟攀谈：“我也注意到了，这阳春书院果然不凡。”

“噢，你也注意到了！”李自然咯咯笑道。

“此地具有天子之气。”唐伯虎干脆挑明了说。

李日芳推了唐伯虎一把："有你的！"

唐伯虎更露骨地表示："宁王怎不早做打算？"

李自然道："怎么没有？"接着，他口无遮拦谈起，宸濠是如何如何有计划地收买宦官刘瑾等等。李自然讲得眉飞色舞，唐伯虎听得毛骨悚然。但是，他还得故作高兴状，努力夸赞宁王："才华盖世无双，具有天子之相。"

回到房间，唐伯虎忍不住哭了起来，人生怎么会这么悲惨呢？他想到李白，想到唐朝时永王李璘（lín）起兵，李白被召入幕，后来永王失败了，李白本该被处以死刑，幸亏遇到郭子仪搭救，流放于夜郎。唐伯虎一面背着自小熟悉的《静夜思》："床前明月光，疑是地上霜。举头望明月，低头思故乡。"想到故乡苏州，想到九娘与小宝贝桃笙，他的泪水汩（gǔ）汩而下……他不晓得该怎么办。

唐伯虎流了一夜的眼泪，第二天一大早，宁王宸濠派人把唐伯虎给找了去，对他说："我久仰于唐先生的仕女图，今日选了十位美女供先生画图。"

"不过，你得注意，"宸濠把笑容一收，正色以告，"你画好之后，把每位佳人的名字、籍贯写在一旁，不许弄错。"

唐伯虎昨日听李日芳提及，宸濠要送美女入京，供荒淫的正德皇帝享用，他怎么也没想到，他得为这件丑恶之事当帮凶。

在民间传说之中，有所谓"八美图"，或者"十美图"的故事，说的是

十美图（局部），明仇英绘。

唐伯虎富贵多金，除了琴棋书画之外，最为注意美貌佳人，他向祝枝山、文徵明、周文宾三位解元夸下海口，一定要在三个月之内，觅得八位佳人先后完婚，一夫八妇，度一辈子甜甜蜜蜜。后来，他果然觅得八位绝色，情情愿愿与他先后完婚。唐伯虎的寻芳猎艳、偎红倚翠让中国男人羡慕到了极点。

不过，传说毕竟是传说，以后我们会讲传说故事。真实的唐伯虎面对十位美女，他只有一个念头——痛哭流涕。这些美女年纪都很小，也不了解未来人生路程，只听说要画画，个个嘻嘻哈哈，十分开心。唐伯虎久闻正德皇帝的胡闹任性，白天击毬走马、放鹰逐兔，到了夜晚灯火通明，俳优登场，不分美丑，无论老少，遇到醉后的皇帝，个个都有机会。在唐伯虎看来，正德皇帝不是风流，而是十足的下流。

唐伯虎一连忙了一个月，终于完成了九幅图画。最后一位美女走了进来，袅袅娜娜，半低着头，似乎万分不情不愿。

李日芳在一旁介绍道："这一位美人叫崔莹，字素琼，擅长于诗。"

崔莹，崔莹不是张灵朝思暮想、梦牵魂萦的心上人吗？怎么会在这儿相见？再说，张灵崔莹一别十年，崔莹年龄已经不小，还会以美女入选吗？

待崔莹缓缓走近，那丰采、那气度、那绰约的天然风韵，唐伯虎确定，她果然是张灵的梦中佳人。她脸上为泪水浸润过的皮肤，透出素净的光泽，哭肿了的眼睛，仿佛熟透的杏儿，唐伯虎心想，原来好看的女人，连哭起来都这么迷人。

李日芳走了，崔莹冷笑一声，讥讽道："好一个江南才子，原来不过是宁王的帮凶。"

唐伯虎连忙解释道："我也是被骗来阳春书院，同时，为张灵寻访小姐啊。"

"张灵！"崔莹惊呼。这两个字重重打入心坎，于是，她又呜呜咽咽，抽噎（yē）不止。

唐伯虎发疯

唐伯虎终于为张灵找到了崔莹，但是，天公作弄人，竟然是在帮宸濠画“十美图”之时遇见崔莹。

崔莹果然是璀璨（cuǐ càn）晶莹，与众不同。唐伯虎号称“江南第一风流才子”，这辈子见过多少美女，像崔莹这般才貌双全、风度高华的，倒还是第一回遇见，难怪张灵害了整整十年的相思病。

“噢，张灵！”崔莹轻呼着，她激动得发狂，眼光直视，嘴唇一点血色也没有，胸脯剧烈地起伏不定，整个人摇摇欲坠，唐伯虎想上去扶，却又不敢，崔莹身上透着不许侵犯的神色。

崔莹清清冷冷，如冰如雪的风姿，让唐伯虎打心眼里尊敬与怜惜，他忽然兴起一股强烈的、英雄救美的念头：“我要救你出去，让你与张灵相见。”

“不可能的。”崔莹摇摇头，宛然一笑，“不过，谢谢你的好意。”说着，崔莹自袖中掏出一幅图画，原来是当年唐伯虎画的“张灵行乞图”。

崔莹转身坐了下来，拿起毛笔，在画上题了一首小诗：“身陷囹圄（líng yǔ）心未休，欲往姑苏不自由。此身纵然泉下去，也有芳魂到虎丘。”崔莹的字，娟秀美丽，一如其人，唐伯虎一时之间鼻酸眼酸，更是心酸。

“解元公，赶快画画吧。”崔莹神色肃穆，从容地坐在一旁。

唐伯虎把画笔一摔，愤愤然道：“我怎么画得下去？”

“你若不画，宸濠怎肯饶你？”崔莹反倒过来劝唐伯虎：“你不画，自有人画，你救不了我，我希望你能逃出宁王府，告诉张灵，我是欲往姑苏不自由。”

“崔小姐，我画不下去！”唐伯虎痛苦地哭喊着，他的手索索发抖，握不住笔，“我岂能为宸濠夺我朋友之爱。”

尽管满心酸楚，唐伯虎仍然必须完成这一幅画，他每一次抬头望崔莹，他的心就在滴血，他不敢想象，张灵有多么伤心。画到一半，唐伯虎想到多日来累积的痛苦，他再也忍受不住，“叭”一下，他把画笔给摔成二段，一脚踢翻了画纸，他大声狂叫：“天呀，我画不下去啦！”

秋风纨扇图，明唐寅绘。

李日芳走了进来，只见唐伯虎披头散发，满地狼藉（jí），又哭又笑，李日芳惊讶道：“你发疯啦？”

“对，疯了。”唐伯虎再也积压不住，干脆当个疯子吧，疯子至少可以不必再忍耐，疯子可以对讨厌到了极点的李日芳大吼，他老早就想对这班人扯破脸了。

唐伯虎想起当年，他与张灵赤身露体在孔庙前的泮池戏水为乐，多么逍遥，真是“少年不识愁滋味”。现在，他自己被骗不说，宸濠还夺了张灵的心上人，唐伯虎好恨！他把上衣撕裂，又把下衣撕破，旁人吓得退后窃窃私语：“这么一位体面斯文的才子，怎么不顾羞耻，莫非真是疯了。”

唐伯虎干脆疯到底，拿起酒壶自头顶浇下，然后开始破口大骂，且歌且舞，着实闹了个够。

宸濠听说唐伯虎疯了，赶过来一瞧究竟，他带了美酒美食，又带来一盆猪食。唐伯虎知道这是在试验他。他深吸一口气，发挥精湛的演技，一脚踢翻了美食，抓起猪食就开始大嚼，自小吃惯美食的他，胃中一阵阵恶心，不过唐伯虎仍然“津津有味”吃完了猪食。

宸濠眼睛不眨地望着唐伯虎，他不相信，他怀疑唐伯虎在作戏，于是下令“天天试试看”。

可怜的唐伯虎从此天天以疯子的姿态，食猪食，打赤膊，过着猪狗一般的非人生活。

到了晚上，监视他的人睡觉去了，唐伯虎经常忍不住痛哭流涕，一向最爱漂亮的他，在镜中望着自己狼狈的模样，多少次想一死了之，可是桃笙，小桃笙不能没有父亲啊，唐伯虎只好第二天继续作戏。

唐伯虎继续当疯子，可是，宸濠似乎也没有放他走的意思。唐伯虎得想出一些新方法。

有一天，宸濠与宫女正在调笑，唐伯虎疯疯癫癫走过去，当场小便，把宫女吓得捏着鼻子逃之夭夭。

又一回，唐伯虎把酒壶里的酒倒光，以尿盛满，一路追着李自然、李日芳，非要他们喝下去不可，他讨厌死了这两个宝贝，还真希望他们喝一口。

唐伯虎一路追，两兄弟一路逃，唐伯虎口中不断嚷嚷：“来来来，长生不老神仙酒，两位师兄干一杯。”

这两位“仙人”见了唐伯虎就怕。

又过了两天，宸濠新砌的白墙，竟然被唐伯虎题了一首诗：“碧桃花树下，大脚黑婆娘……何时归故里，和她笑一场。”

李自然因为不肯喝神仙酒，被唐伯虎远远用神仙酒在空中挥洒，搞得李自然一身尿骚味，他实在受不了，跑去对宸濠说：“送唐伯虎回苏州吧，这个疯子留着麻烦。”宸濠冷静地望着李自然：“你确信他是真疯吗？”李自然点点头。

沈九娘的怨叹

唐伯虎为了逃离宁王宸濠的魔掌，装疯卖傻，又哭又闹，把宁王府搅得鸡犬不宁，终于，宸濠忍耐不住了。

宸濠的第一个想法，那就是把唐伯虎给杀掉，以免唐伯虎万一知道他有谋反的意图。继而一想，万万不可，唐伯虎大名鼎鼎，他的好朋友文徵明等人都晓得他来了阳春书院，如果不明不白地死去，有损宁王的威名。

最后，宸濠把李日芳找来，正色以告："人家都说唐伯虎是才子，是贤士，依我之见，他不过是虚有其表的狂生，既然他想念碧桃树下的黑婆娘，那就打发他回去吧，由你一路护送到家，看清楚他究竟是真疯还是假疯。"

唐伯虎听说自己终于要被撵走了，好高兴，但是表面不动声色。一路上大雪纷飞，他为了表现疯子本色，不时赤身露体，精神抖擞地努力表演。

李日芳一路照料疯子十分辛苦。回到苏州时，已经是腊月里，唐伯虎就是靠着思念九娘、小女儿桃笙这一股精神力量，才能撑到家，如今到家了，他多么想一把抱住母女二人，叙一叙离别的思念。

但是，他不可以。李日芳在一旁虎视眈（dān）眈，睁大眼睛准备看唐伯虎的表现。

唐伯虎暗暗一咬牙，这场戏再难演，也非演下去不可，否则，一家大小的命都没了。

九娘听到敲门声，兴奋地赶了出来，因为思念唐伯虎，她一天不晓得

山路松声图，明唐寅绘。

跑到门口探几回，虽然每次落空，她总是安慰自己，唐伯虎在宁王府一定春风得意，只是，怎么一去半年，连一封信都没有捎回来。

“吱”的一声，门一打开，九娘吓坏了，唐伯虎蓬头垢（gòu）面，全身污秽，臭不可闻，像个监狱里的囚犯，哪里是那白净斯文、英俊潇洒的唐小生呢?

九娘心慌意乱，摇着唐伯虎的肩膀道:“你怎么了？”

唐伯虎明知九娘着急，却不能不狠着心道:“你是谁? 我不认识你。”

“我，我，我是九娘啊。”九娘急得快要哭出来了。

李日芳一旁解释道:“唐先生画着美女图，画到一半，突然疯了。”

“什么，疯了?!”九娘不相信，把桃笙抱了出来，吩咐桃笙，“快叫爹爹!”

小桃笙从来没见过爹爹这个可怕的模样，但是，毕竟父女情深，小桃笙依然亲亲热热地用小手抱着唐伯虎的脸道:“爹爹，抱抱。”

以前小桃笙每次一下“命令”，做爹爹的唐伯虎就把女儿搂在怀里，又亲又吻，口里不断叫着“小宝贝”。这一会儿，唐伯虎不得不装出凶狠模样，冷冷道:“这个小孩是谁？快抱走！”

小桃笙吓得大哭，哭得又伤心又失望，胖胖的小手仍然不死心地拍着唐伯虎的手:“爹爹，抱抱！”

这一刹那，唐伯虎几乎要崩溃了，他几乎就要把小桃笙抱紧怀中，他大叫道：“快拿酒菜来！”小桃笙又是哭，唐伯虎的心一揪，不断对自己说：“沉住气，我非保护妻女不可。”

惊惶失措的九娘，胡乱之中草草端出菜饭，一盘青菜，一盘豆干，着实寒酸得很，所幸，尚有唐伯虎喜爱的一小壶酒。

唐伯虎把酒壶中的酒倒在地上，然后，拿起酒壶盖子，对准酒壶撒了一泡尿，这种疯狂的举动，把九娘给吓哭了。这还不打紧，唐伯虎自己喝了一口尿，又把尿递给李日芳，大力推荐道：“神仙酒，好喝！”

李日芳怕死了神仙酒，站起来，敬谢不敏道：“谢了，你留着慢慢用，我明天再来看你。”李日芳落荒而逃。

李日芳走了，唐伯虎闹够了，四仰八叉躺在床上睡觉。

九娘抱着小桃笙，母女二人哭成一团。唐伯虎想上前安慰，想一一解释，但是，他不敢。他知道，万一解释清楚，明天李日芳再来，九娘一定无法配合演戏。

第二天，李日芳来了，九娘抓着他问东问西，问不出唐伯虎何以变成这副模样，李日芳被问烦了，又害怕再喝“神仙酒”，匆匆告辞，第三天再来。

如此一连十天下来，九娘病了，躺在床上高烧不退，小桃笙哭个不停，唐伯虎还是疯疯癫癫，抱着神仙酒不放，李日芳心想，唐伯虎当然是疯了，于是提前离开了苏州。

唐伯虎确定李日芳的船已开走，这才逐渐恢复正常，照料九娘。九娘忍不住嘴上埋怨：“你真把人给吓死了！”忍不住心里埋怨：“这个夫君真没用，好容易有个出头机会，怎么又弄砸了。”

唐伯虎是一向自认“君子坦荡荡”，事无不可告人者的爽快作风，他终于学到，人生有些事情不能大嘴巴到处讲，在他有生之年，如果不小心泄露宸濠造反的事，他一家三口都会没命，所以他不得不瞒住九娘。

望着九娘怨叹的神情，唐伯虎在心中说：“你永远不会了解，我多么爱你们母女！”

梅花梦媲美梁祝情史

唐伯虎装疯奏效，终于骗得了宁王宸濠的相信，让他回到了苏州。

为了他的发疯，九娘急得生了一场重病，唐伯虎难过在心里，却无法明言。甚且当唐伯虎“恢复正常”，他告诉自己，这一个天大秘密必须一辈子藏在心里，否则会带来杀身之祸。

唐伯虎一闭上眼睛，无论白天夜晚，脑中全是崔莹的倩影，以及张灵急灼灼的眼神，他懊恼自己无法英雄救美，把崔莹带出魔掌。受人之托，忠人之事，他必须硬着头皮，把崔莹的实况告诉张灵。

才气纵横，却是贫病交迫的张灵正卧病在床。唐伯虎走过去，坐到床边，握着张灵的手，将崔莹题的诗递了过去。

张灵挣扎着坐了起来，一字一句念着：“身陷囹圄心未休，欲往姑苏不自由。此身纵然泉下去，也有芳魂到虎丘。”

张灵的手瑟瑟发抖，他着急地问：“你见着崔莹了？”

“是的，她正被宁王宸濠准备送入宫中。”

“伺候那个无赖的正德皇帝吗？”张灵追问。

唐伯虎痛苦地、用力地点点头，他安慰张灵道：“她没有忘记你，只是无可奈何。”

张灵脑中轰然一声，昏厥过去，原本虚弱的他，折腾了半天才勉强睁开眼睛。他费力地问唐伯虎：“崔莹美吗？”

“比你形容的还要美，艳绝人寰（huán），才貌双全。”唐伯虎由衷地赞美着。

张灵苦笑道：“我没有说错、夸大吧？”

唐伯虎长叹：“好可惜，原是一对璧人啊。”

张灵大哭起来：“告诉我，老天爷为什么这般残忍？”十年来张灵一直郁郁不得志，如今，最后的一丝希望也被斩断了，他对人生感到万分疲倦，他想要永远躺下来了。

当天晚上，由于气恼、伤心、愤懑，张灵陷入昏迷，呓语不绝，拖了不到一个月，张灵挥手道别人间。

唐伯虎难过极了，他也十分后悔，假如，他没有告诉张灵真相，让张灵永远心中怀着一个希望，也许张灵还活在世上。转念一想，或许冥冥之中，上天就是安排他的南昌之行，让他为崔莹带个口信，他觉得惘然，不晓得自己做得对不对。

唐伯虎含着眼泪，将张灵葬在苏州郊外。

五年之后，宸濠果然作乱，被王阳明活捉之后问斩。由于十美乃是叛王行献，因此被发还原籍。

崔莹满怀希望，带着一名老仆人，兴匆匆地赶到了苏州，找到了唐伯虎。

唐伯虎惊讶得说不出话来，他内心涌现无比的悔恨，假如当初他没有告诉张灵关于崔莹被选入宫的消息，该有多好。他嗫嚅道：“张灵看到你的诗，伤心过度，不久便死了。”

崔莹顷刻之间，从云端跌到了地底，她心里空荡荡的，失魂落魄地随唐伯虎来到坟前，放声大哭，哭自己的委屈，哭见不到张灵的不甘心，她一声一声地呼喊：“张灵，我来了！”听得唐伯虎心碎，唐伯虎实在受不了，一个人走远了。

待唐伯虎回到墓前，发现崔莹已经上吊在墓前的大树上。

“天啊！我不该走开的！”唐伯虎悔恨极了。他把崔莹与张灵合葬在一起，并且在墓碑上题着“明才子张灵与崔莹之墓”。

第二年，唐伯虎扫墓时，忽然发现张灵笑盈盈挽着崔莹走过来，他二

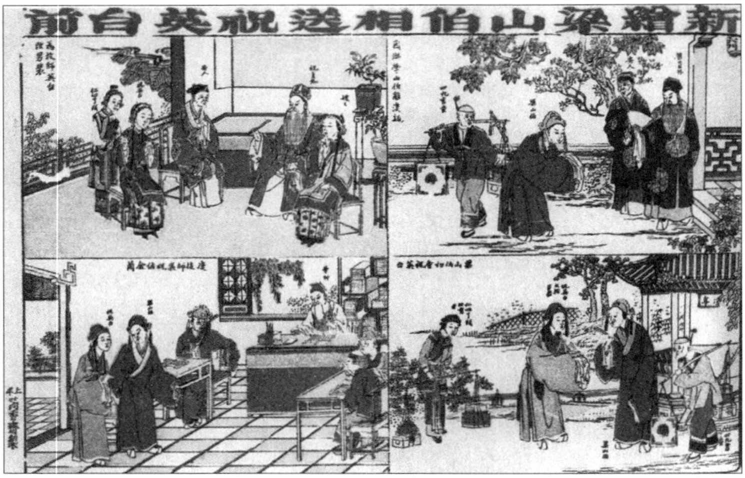

梁祝，清代上海彩绘申报插图。

人深深一作揖，拜谢唐伯虎合葬之恩。万株梅花丛中，似乎有人朗诵：“花满山中高士卧，月明林下美人来。”

这就是脍炙人口的“梅花梦”的故事。

有人说梅花梦的故事足以媲美梁祝情史。

“梁山伯与祝英台”不只是民间传说，而是确实在《宁波府志》中有记载。所谓府志，指的是记载地方沿革、古迹、险要、人物、物产、风俗习惯的书。

祝英台是东晋时，浙江上虞的一位好学女子，乔扮男装去读书，与梁山伯半途相遇，同去求学。三年朝夕笔墨相处，梁山伯从未怀疑斯文秀雅的祝英台是女儿身。

其后，祝英台返家，梁山伯访祝英台时，方才发现英台原是美娇娘，双方情投意合，相知相爱，奈何祝父已将她许配马氏。

梁山伯遭此打击，一病不起。祝英台花轿经过梁山伯的墓前，突然起了大风，祝英台前往墓前祭拜，悲痛不能自已，突然之间，坟墓裂开，英台迅速投入墓中。马氏把这件怪事上报朝廷，丞相谢安奏封祝英台为义妇，并且为之立庙，因此宁波有一句俗谚：“若要夫妻同到老，梁山伯的坟绕一绕。”

祝英台与崔莹俱为美丽的才女，唐伯虎思前想后，不觉又泪如雨下，大叹造化弄人。

六如居士唐伯虎

唐伯虎自南昌归来五年之后，宸濠果然起兵作乱，被王阳明敉（mǐ）平，朝廷捕捉乱党，幸亏唐伯虎及早脱身，否则后果真是不堪设想。

关于这一段“装疯佯狂”的经过，九娘不知道，唐伯虎的好朋友文徵明等人也不知道，他一个字也不敢多透露，所写的诗文之中更从未提及，唐伯虎尽管是个率性的人，他也明白，万一大嘴巴，全家很可能招来杀身之祸。

但是“露丑”（史书上用“露丑”——赤身露体，不顾颜面，打人骂人）的残酷经验，到底仍在唐伯虎身上留下了不可磨灭的伤痕，时时刻刻刺痛他的身心。

有一天，唐伯虎觉得无聊无趣复无奈，偶尔抽出一本《金刚经》，看到上面一句话:“一切有为法，如梦幻泡影，如露亦如电，应作如是观。”他突然之间有遭到电击的震撼，可不是吗? 人生的一切如梦如影，如朝露亦如闪电，一切是这么的平常。于是，唐伯虎为自己取了一个号——六如居士。

所谓“六如”，乃佛家用语，又叫“六喻”，用以比喻世间诸法的空幻无常。所谓居士，指的是在家信佛的人。

从此，唐伯虎早晚拜佛，并且勤读《金刚经》，他对金刚经的译者鸠（jiū）摩罗什也十分感兴趣，并且发现了一段故事：

鸠摩罗什是天竺人（天竺乃古印度名）。他的祖父达多为天竺宰相，深受国人的信赖。

达多年纪大了，有意把宰相的职位传给儿子鸠摩罗炎。

鸠摩罗炎正值二十七岁英年，有学问，有朝气。但是，他对宰相没有兴趣，一再推辞："儿子没有任何行政经验，实在难以承担如此重责大任。"

达多笑一笑："别担心，我在旁边协助你啊。"

鸠摩罗炎一心想出家，当天晚上痛下决心，剃光头发，离家出走，前往东边的龟兹国。

龟兹国王白纯热烈地欢迎鸠摩罗炎，国王的妹妹，漂亮的耆（qí）婆公主更是热烈地接待鸠摩罗炎，并且当下爱上了这位青年。

国王白纯开心极了，他问鸠摩罗炎："你娶过妻子吗？"

"没有。"鸠摩罗炎摸摸自己的光脑袋。

鸠摩罗什塑像，陕西户县草堂寺。

白纯一下子站了起来，用力地摇撼着鸠摩罗炎的手道："我把妹妹嫁给你了。"

鸠摩罗炎哭笑不得，无处可再逃，心不甘情不愿娶了耆婆公主。幸亏公主多情美丽，温柔善良，二人婚后倒是非常平静快乐。没多久，耆婆怀孕了，奇怪的是，怀孕五个月之后，她突然能说流利的天竺语言，并且能够了解佛教教义。

有一位高僧跑过来，对鸠摩罗炎说："夫人一定怀了大智大慧的儿子，当年释迦牟尼佛的大弟子舍利佛的母亲，也是在怀孕之时，智慧大增，舍利佛出生之后，母亲又恢复原样。"

果然，耆婆生下鸠摩罗什之后，一句天竺语言也听不懂了。鸠摩罗什是个天才儿童，很快就学会天竺语言，五年后，耆婆又生下儿子弗沙提婆。

产后不久，耆婆赴郊外踏青，玩得极开心，突然见到一些骨头，她问侍女：“这是什么？”

“这是人的骨头啊。”侍女老实回答。

耆婆当下一愣，突然体会到人生无常，回到家后，冷冷地对鸠摩罗炎道：“我要出家。”

“出家？”鸠摩罗炎十分生气，他心想，当年我要出家，你非嫁给我不可，这一会儿你竟然自己要出家。鸠摩罗炎怒气冲天：“那么，这两个儿子怎么办？”

耆婆不说话，默默躺在床上，不开口，不说话，不进食，不喝水。到了最后，奄奄一息，逼得鸠摩罗炎乖乖让步，万般无奈道：“我答应了，你先喝了这杯水好吗？”

听到鸠摩罗炎松口了，耆婆精神一振，跳下床来，大声地说：“先剃发再喝水。”

鸠摩罗炎完全投降，立刻请人为妻子剃光发丝，头发剃完了，耆婆又说：“我抚养罗什，你教育弗沙提婆。”这时，鸠摩罗什才七岁，随着母亲出家。

鸠摩罗什自此出家，从师受经，修习大乘佛法，于五十多岁时到达长安，被后秦皇帝姚兴奉为国师。他翻译了《金刚经》《妙法莲花经》《维摩诘经》等三百多卷佛经，是中国佛经的播种者。

鸠摩罗什提倡的是大乘佛法，唐伯虎也欣赏大乘。所谓大乘主要是有别于小乘：所谓小乘，是注重渡己的佛法，以求自我解脱为目的，大乘则是要救济大众的佛法。

唐伯虎很喜欢中国人所说的“不俗即仙骨，多情乃佛心”。以唐伯虎的多情，本来就具备了学佛的条件，但是，学佛最困难的，是把心中的思虑、情绪、妄想停住，唐伯虎做不到，他的心始终住在烦恼里，他忘不掉科场耻辱，忘不掉装疯的耻辱，他无法超脱。

唐伯虎贫病交迫

唐伯虎虽然一心向佛，一颗心却始终停留在科场弊案之中，终生挥之不去，成为他最大的梦魇（yǎn）。

有一天晚上，他又梦到了参加科举考试，吓得一身冷汗，醒来之后，翻来覆去，再也睡不着觉，干脆披衣坐了起来，得诗一首，所谓是："二十余年别帝乡，夜来忽梦下科场……"

九娘走了过来，看着诗，眼泪不断不断往下流，她恳切地请求唐伯虎："事情都过去二十多年了，别去想了，可以吗？为什么要这般折磨自己？你天天念心经，心经中说，心无挂碍（ài），你心中何以永远挂着这件事？"

唐伯虎苦笑道："你不了解，哪一个读书人十载寒窗，为的不是中科举？假如我唐某人平平庸庸我也就认了，我明明有才有学，我不甘心啊。"说着，唐伯虎痛苦地抱着脑袋，眼角渗出了泪水。

"不甘心又能如何？"九娘不知从何安慰唐伯虎的失意。

当然，批评唐伯虎羡慕荣华富贵也是不公平的，中国古代的读书人若是没考中科举，景况本来就是悲惨的。除了心理的挫折之外，现实的窘迫也逼得他要发疯。

初春的一场大雨把苏州淹成了水乡泽国，唐伯虎家里一点钱也没有了，他带着几幅图画到街上去找买主，转了半天徒劳往返，他觉得十分难堪。卖鱼生怕到城门，何况一位艺术家到处兜售，唐伯虎心中一酸，回家去了。

九娘向隔壁借了一点米，勉强熬了一锅稀饭，一家人凄凄惨惨胡乱吃了晚饭。第二天，唐伯虎又带着几幅得意的画出门，同样的，又意兴阑珊回到家中。九娘对着锅子发呆，唐伯虎问九娘："天快黑了，你怎么还不洗米做饭？"口气颇为不悦。

九娘也没好气地回答："若是家里还有米，我什么时候让你等了？"

这句话伤了唐伯虎的心，他手一松，画掉了下来，九娘不忍，把画拾起，摊开来，是一幅清秀的墨竹，雅致极了。九娘轻叹："这么好的竹子竟然没有人要。"

唐伯虎不说话，默默地走到书桌前面，提笔写了一首诗："荒村风雨杂鸡鸣，䃶釜（liáo fǔ）朝厨愧老妻。谋写一枝新竹卖，市中笋价贱如泥。"

唐伯虎的竹子价钱贱如泥，同样的，他两位好友的景况也不妙，长于史学的祝枝山，竟然落魄到每次外出，总有讨债的跟在后面追打的窘境。

这期间最能给他带来安慰的只有王宠，王宠比唐伯虎小二十四岁，他也是明朝著名的书法家，两人十分投缘。王宠同样是仕途失利，不过家境原本不坏，所以时时还能带些钱，买些酒，过来与唐伯虎聊聊天。

王宠一直相当崇拜唐伯虎，每次都由衷地赞佩："古来官场多少人都藉藉无名，唯有诗文及艺术作品才是真正名山事业，你的书法、你的绘画一定能永垂不朽的。"

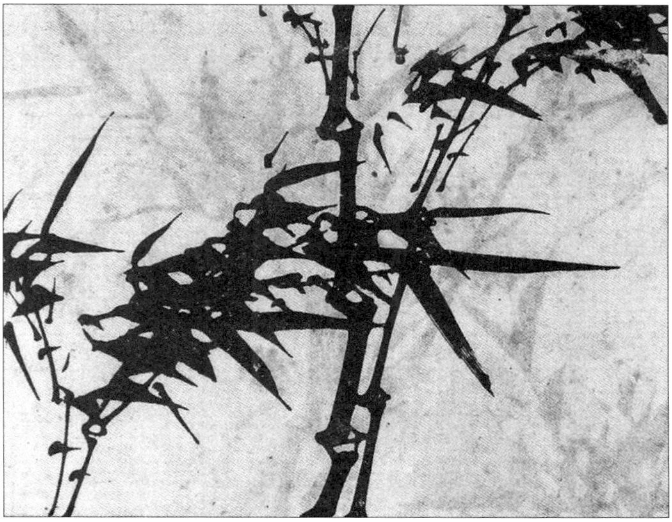
唐寅竹谱。

"谢谢你的安慰，谢谢你如此看重，我现在穷困潦倒，最担心的是小女桃笙，总希望她日后能许配到一个好人家。假如你不嫌弃，希望她能嫁到你府上。”

“这是我们王家的荣幸。”王宠一口答应。

既然唐伯虎与王宠结为亲家，王宠更三不五时周济唐伯虎。王宠虽然改善了唐伯虎的环境，却始终改变不了唐伯虎抑郁的心境，当然也没法帮助唐伯虎的健康，毕竟身心是一体的。

唐伯虎另一位老朋友王鏊（áo）十分想念他，力邀唐伯虎前往东山一游。王鏊已经七十三岁了，健步如飞，笑声爽朗，唐伯虎却脚下无力，长吁短叹。王鏊努力讲笑话，费劲逗唐伯虎开心，唐伯虎始终眉头打结，一脸苦笑，王鏊灵机一动：“我这儿有一幅苏东坡的真迹，你瞧瞧。”

唐伯虎是书法名家，见到好字，望着出神，当他念到：“百年强半，来日苦无多……”之时，想到自己年过半百，身体不行，恐怕也来日无多，脸色一变，颓然坐了下来。

王鏊安慰唐伯虎：“你别这样，苏东坡这首《满庭芳》是在黄州时写的，他后来又做到礼部尚书。”

“我永远不会有这么一天的。”唐伯虎冷冷道。

王鏊没法子，唐伯虎如此多愁善感，身子怎会强健？王鏊派人把唐伯虎送回家去。

回到家中，唐伯虎就病倒了。明世宗嘉靖二年（1523年）十二月初二，唐伯虎写下绝笔诗：“生在阳间有散场，死归地府又何妨。阳间地府俱相似，只当飘流在异乡。”带着满腔悲郁，一代才子离开人间，死时不过五十四岁，死得好惨。这就是真实的唐伯虎的故事，和传说中大不相同的唐伯虎。

唐伯虎并未点秋香

真实的唐伯虎究竟如何，我们已经详详细细地介绍过了。

许多读者不免纳闷，唐伯虎最为脍炙人口的“三笑姻缘”“唐伯虎点秋香”怎么到现在还没有叙述呢?

很让人扫兴的是，这一段千古风流美谈，完全是子虚乌有的故事。根据传说，秋香乃是华太师府中俏丽的小丫头，回眸一笑，把唐伯虎的魂给勾住了，因而发展出一段美丽的情史。

唐伯虎与秋香，1980年日历卡。

事实上，华太师这个人是有的，他名叫华察，当他中进士之时，唐伯虎已经去世三年，当华太师被称为太师之时，唐伯虎墓已成拱。这两个人既然扯不到一起，唐伯虎自不可能卖身为奴混入华府，亲近意中美人秋香姑娘。

最早记载这一段故事的，该是明朝嘉靖年间的项元汴，他在《蕉窗九录》之中，简单地记载了唐伯虎在画舫之中，偶见一“姣好姿媚”的女子，即秋香，一路尾随，化身为佣，最后得到秋香的故事。显然，唐伯虎去世之后五六十年间，民间就普遍流传“三笑姻缘”。

以唐伯虎这么一位才气纵横、风流倜傥的艺术家，却不幸有如此坎坷悲惨的人生遭遇，许多人都心生同情，因此为他制造许多艳福，唐伯虎假如死后有知，也当含笑九泉吧。

当然，年少的唐伯虎，的确也是率性不羁，人们才会以他为主人翁，编织许多浪漫动人的情节。

青少年时代的唐伯虎，时时流连于妓女院中，苏州妓女艳冠群芳，名噪一时，除了容貌秀丽、软语柔情之外，她们的文化素养不凡，让唐伯虎颇有面对知己之享受。

其中一位名妓湘英，与唐伯虎十分投缘。

一日，湘英谈及十分仰慕唐伯虎的才情与书法，希望他能为自己题个字，唐伯虎毫不考虑就答应了，当场挥笔，写下“風月无边”四个字。

名家手笔，毕竟不凡，湘英十分得意，把它悬挂起来，许多朋友也啧啧称赞。

有一天，祝枝山看见了，笑得前仰后合，止都止不住地大笑不已。

湘英不解，祝枝山又笑了半天，方才忍住，他对湘英说：“赶快拿下来吧，他是在开玩笑骂人啊。”

“骂什么？”湘英一头雾水。

“你看，風去掉‘几’，不成了虫，月去掉了‘冂’，不成了二，不是成了虫二吗？”

原来，虫二是当时的流行用语，意思是形容低贱。

湘英也不生气，她叹一口气道：“真聪明。”

因此，“風月无边”仍然被湘英当作宝贝，安安稳稳挂在墙上。

唐伯虎脑筋灵活，一向不愿意墨守成规，有位商人来找唐伯虎，对他说：“人人都写些什么‘招财进宝’，或是‘利似春潮带水来’，我希望与众不同，来一点特别的。”

唐伯虎不假思索一挥而就：

“门前顾客，好似夏月蚊虫，队进队出。

柜里铜钱，要似冬天虱（shī）子，越捉越多。”

商人一见大喜，而且，自此以后，他夏天被蚊虫咬，冬天被虱子叮，依然乐得笑呵呵，觉得唐伯虎不愧为唐伯虎，确实有一套。

唐伯虎是一绝，他的朋友祝枝山也是一绝，互相斗智，互不相让。

某日，祝枝山看到一个农夫，非常吃力地在用水车车水，当下出了一个上对：“水车车水，水随车，车停水止。”

唐伯虎一面摇着扇子，一面脱口而出：“风扇扇风，风出扇，扇动风生。”

祝枝山也忍不住拍手道：“接得妙。”

唐伯虎的朋友张灵，曾经扮演乞儿。唐伯虎也玩过这个游戏。

有一回，他作叫化子打扮，来到山上，看到几个文人饮酒赋诗，也跑上前去凑个热闹。

这几个文人，自命不凡，撇撇嘴道：“你来干什么？”

“我来作诗。”

“你会作诗？”“好笑！”“这个乞丐读过诗吗？”众人七嘴八舌。

唐伯虎拿着笔就写了一个“一”字。

文人大笑：“写一个‘一’字，就能写诗了？”

唐伯虎又写了一个“上”字，众人哄堂大笑，捉弄他道：“还认识几个字?”

唐伯虎在“一上”下面，又写了“一上”二字，众人笑得更乐了。

其中一人打趣道：“你把诗写完，我们送你酒喝。”

“真的？”唐伯虎询问。

又一文人笑道：“可不能只写几个笔画简单的大字喔。”

唐伯虎拿起笔来，立成一绝：“一上一上又一上，一上直到高山上。举头红日白云低，四海五湖皆一空。”

唐伯虎把登山的景象，刻画得如此鲜活，众人大惊，唐伯虎这才表明身份。

唐伯虎是这么风趣可爱，难怪中国人打心眼里喜爱他。

传说中的唐才子

真实的唐伯虎在科场弊案之后，日益哀怨，表现于诗歌中的是："人生七十古来少，前除幼年后除老；中间光景不多时，又有炎霜与烦恼。……请君细点眼前人，一年一度埋芳草；草里高低多少坟，一年一半无人扫。"

真实的唐伯虎阮囊（náng）羞涩，岂有余钱拥有九位娇妻美妾，他自己形容是："风雨浃旬，厨烟不继，涤（dí）砚吮笔，萧条若僧。"意思是说："一连下了十多天的大雨，我家厨房里的烟囱都停止冒烟了，我把砚台洗干净，嘴中吮着毛笔，萧条落魄得像一个和尚。"

一个穷得没饭吃的唐伯虎，怎么也不可能风流豪放，但是世人太同情、太喜爱这么一位性情中人的艺术大师，因此编成了许多脍炙人口的故事。

传说中幸福美满的唐伯虎（为了让读者辨清，传说中的唐伯虎行文称为"唐寅"）是这样的：

唐寅也，天生惊才惊艳，才如子建，貌比潘安，十八岁时，考中了弘治戊（wù）午科的南直隶解元，擅长诗赋文章，又长于丹青，当时人称之为唐画。

由于他的绘画，不但得自宋元名家的真传，并且超越古人，所以洛阳纸贵，许多王公贵人，花了重金，也不能如愿以偿，因此他的身价更高，绘画所得收入惊人。

这时，江西宁王宸濠，野心勃勃，想要夺取大明朝的一统江山。唐寅年少登第，大名鼎鼎。宸濠礼贤下士，殷勤优渥（wò），奉若上宾。唐寅发现了真相，急于脱身，开始装疯卖傻，对着王府的丫鬟仆妇任意调笑，遇到王府的妃嫔坐着轿子，竟然当街小便，还笑嘻嘻道：“浇其妻妾。”

宸濠知道消息，十分愤怒，恰好，一些平日嫉妒唐寅多才多艺的狐群狗党，乘此机会攻击唐寅：“这个小白脸，自以为才高学广，平日目中无人，风流自命，仗着一张姣美的脸庞，专门在娘儿们身上用功夫，索性把他了结性命，免得日后成为祸根。”

宸濠心想：“如今唐寅颠颠倒倒成了疯狂，不如放开胆量，由他去害桃花痴，最好是痴死了。万一他回到家有一点形迹可疑，我要取他首级易如反掌，犯不着先担上一个害贤之名。”

山水画，明唐寅绘。

唐寅脱离了虎口，回到故乡安身，心中有说不出的舒泰，他为了要证明自己依然害着桃花痴，对祝枝山、文徵明、周文宾三人夸下海口：“我要在三个月之内，觅得八位佳人先后完婚，一夫八妇，度那一辈子甜蜜光阴。”

大家忍不住呵呵大笑：“唐寅呀唐寅，绝世佳人，谈何容易？自古一箭双雕，足以自豪，已使人羡煞妒煞，何况三个月内八位佳人，这岂不是疯话吗？”

唐寅胸有成竹，自信定能出奇制胜，从那粉红堆中赢取美人芳心。

他带着书僮唐庆到达了南京，暗暗进行访艳工作，留下不少风流佳话。第一位是陆昭容小姐。

陆昭容乃是南京太史公陆瑾的掌上明珠，陆翰林就这么一位宝贝女儿，长得芙蓉如面，秋水为神，不但美丽绝顶，更兼天性聪颖过人。陆翰林因为无人继承书香，自幼把昭容小姐当儿子一般亲自教读。因而这一位昭容小姐不但姿色绝代，并且胸罗锦绣，腹满诗书，琴棋书画件件精通。这年她已是十八岁，只因陆老夫妻爱女心切，择婿甚苛，所以至今待字闺中。

八月十五中秋佳节，陆昭容随着老夫人出来烧香还愿，另外带着一名婢女春桃。

春桃面庞俊俏，身材伶俐，那班油头公子、浮滑少年见她惊若天人，仿佛蚊子见血；等到昭容小姐出轿，那就更不用说，一个个竟是三魂渺渺、六魄悠悠，有的说她是嫦娥下界，有的说她是玉女临凡，有的说她比天上的仙女还要可爱，有的说她比座上的观音还要美丽，一个个馋涎欲滴，神魂飞越，恨不得上前去，靠近她。

由于有人认识陆老太太，料到那位天仙似的美女一定是陆翰林的掌珠，知道陆翰林在南京城里有些势力，不敢轻举妄动，只得远远跟随，窃窃私议。

话说唐寅到了南京，正抱着寻芳猎艳的目的，东走西撞，像猎人一般每日在外边游弋。这天恰好打从紫竹庵前面经过，听到三三两两传说，紫竹庵中有一位天仙佳人在里面进香，许多公子哥馋涎欲滴，在里面围观。

唐寅挤入人丛，挤进了观音殿中，顿觉眼前一亮，心旌不由自主一阵摇曳，暗说一声："妙啊！这一位小姐真称得起一声天仙化人，我如果与她成就良缘，一定把她列为八美班首。"

正想到这儿，陆氏母女已由几个尼僧伴着退出前殿，唐寅少不得又在人丛之中，屏息凝神把陆小姐饱看一番，方始满怀愉快回到悦来客栈。

唐寅混入陆府

传说中的唐寅风流倜傥，一帆风顺，他夸下海口，要在三个月之中，觅得绝世佳人八位，一个个情情愿愿与他先后完婚。

唐寅第一位相中的是陆昭容小姐。唐寅打算混入陆府，再设法接近佳人。他吩咐小厮唐庆去估衣店，买一套半新不旧的妇人衣服。没多久，唐庆找来了一套条纹花布的夹袄裤，一条黑色锦绸的裙子。由于唐寅本来俊俏，打扮起来，简直比人家千金小姐还要标致，只是一双尊足实在大了一点。

唐寅乔装完毕，自己对着镜子照了一会儿，只见全身上下没有破绽，这才扭动“娇躯”，扭扭捏捏，装模作样学着女子走路，还没走几步，唐庆忍不住哈哈大笑，笑到后来，几乎腰也要笑断了。

唐寅急急摇手，阻止唐庆继续大笑，他正色道：“记着，你我兄妹称呼，不许再叫我相公。”

唐庆还想笑，硬把气给憋住，连声抱歉：“我这马上改口，叫你妹妹好吗?”

“这儿没关系，到了有人看见时，你得千万小心。”

于是，“兄妹”二人来到了陆翰林的府第，只见门前高耸着两株合抱的大槐树，正中央两扇红漆大门，门上矗立着一方红地金字的匾额，上面写着“金马玉堂”四个大字。

唐寅在石阶上拂拭了一下灰尘，开始掩脸啜泣，继而呜呜咽咽大哭特哭。主人一哭，唐庆想到自己从小卖入唐府，身世不知，孤独无依，心中一阵悲酸，也抽抽噎噎痛哭起来。

左右街坊早有好管闲事的人过来观看，指指点点，观众来了，唐伯虎益发哭得凄楚悲哀。

有一个慈悲心肠的老妈妈走过来，好心询问：“为什么哭得这般伤心啊？”

唐伯虎装着惊惶的神色道：“我本是姑苏人氏，身旁的是哥哥田三早，只因为父母双亡，兄妹二人上南京投亲，不料亲戚全家搬迁，于是与哥哥商议，把奴家卖给人家当奴婢，哥哥好弄一点小钱做生意，但是跑了几天，找不到人家，因此……”说着，唐伯虎又开始痛哭起来。

由于唐伯虎面目清秀，说话伶俐，楚楚可怜，一个个路人都点头嗟叹，更有一人赶紧去买了几个烧饼来。

正在此时，陆府一个门房陆科回家，自然有嘴快的叙说了一遍。

陆科也是一个善心人，他一拍脑袋道：“老爷太太正在物色一名使女，昨天杨妈妈带了一个来，太太嫌她长得粗俗难看。”这个女子，陆科瞄了一眼，暗惊真是漂亮，所以，陆科就把唐寅主仆二人引入。

他等一行来到了陆翰林的书房，陆翰林看了一眼，吓了一跳，心想：“世间竟有这等美貌女子，论其姿色，比女儿还胜三分，偏偏落难，老天爷真是不公平啊！”

陆翰林正痴痴呆想，老夫人与昭容小姐也进来了，母女二人对乔装的唐寅，比陆翰林看得还要中意。

陆翰林给了唐庆三十两银子，打一张契（qì）约，唐才子就留在陆府当奴婢。昭容小姐看到唐寅的打扮，自叹弗如，又欣赏唐寅举止温柔，当下就要了去，唤名“秋月”。

唐寅满心欢喜，来到了昭容小姐闺房，发现完全不似玉人绣房，倒如潇洒公子的书斋，架上琴棋书画，壁间笙箫管乐，明窗净几，香烟袅袅。

一转身，唐寅发现，墙上竟然挂了一幅自己的画，唐寅暗笑：“没想到，我的画比我的人还有福气，早一步走进香闺，陪伴玉人。”

昭容小姐不疑有他，一面抹眼泪，一面同情“秋月”的身世，唐寅见此大小姐如此单纯可欺，开始卖弄才情：“秋月自小也读了几年书，后来又投拜名师，学习丹青，就是琴棋方面，也略知一二，就是父母钟爱，不舍得缠足，所以至今仍是天然足。不过，幸而如此，否则连奴婢也当不成。”

这一番话，不但掩饰了一双大脚，也让陆昭容更加同情，昭容问“秋月”：“你真懂画？你的名师又是谁？”

秋月故意一皱眉头，非常惭愧道：“小姐，我拜的是江南才子唐六如居士，小姐房中还悬挂他的画哩！”

山水画，明唐寅绘。

不待他说完，昭容小姐叫了起来：“就是那一位吴门才子唐解元吗？他的名望可大了，别说我知道，就是大江南北，哪一个对他的名声不是如雷贯耳！他的画是稀世珍贵，不过他平日惜墨如金，人家出了重金还求不到他的真迹，他怎会来教你？”

秋月道：“因为我们沾着一点旧亲。”

“真的？”昭容小姐眼中一片羡慕，唐寅心想，昭容小姐对我如此崇拜，只要我一露脸，让她认清唐才子就是我，说不定她就要来求我了。

唐寅寻访八美图

传说中的唐寅男扮女装，改名为秋月，混入陆翰林府中充当使婢，目的是亲近陆昭容小姐。

昭容小姐极为欣赏秋月，她对秋月说："既然你说唐寅是你的师傅，名师出高徒，你的手笔自然不会差到哪里，我这里有现成的纸笔，你就随意绘一幅给我看一看。"

唐寅立刻精神奕奕，当下画了一幅松鹤遐（xiá）龄图，并且表演了一手琴棋书画，昭容小姐呆住了，她想，这样一位才女，怎么老天忌才，使她沦落到如此境遇。

当天晚上唐寅假扮的秋月，奉命与另一女婢春桃同床而睡，唐寅累了一天，很快睡去，上黑甜香中寻找好梦。春桃仔细一瞧，自然很容易发现秋月是个年富力强的男子。

春桃燃着灯火，推醒唐寅，怒容满面，双眉倒竖准备审唐寅。

唐寅急急忙忙从被窝里一跃而起，跪倒床边打躬作揖，逼低喉咙连叫救命。

春桃指着纤纤玉手责问："你是何人，竟敢这样大胆，混入小姐绣阁？"

唐寅先是表明身份，继而恳求春桃："但求姐姐鉴怜我一番苦衷，帮助小生，玉成了小姐这头姻事，小生一定将姐姐收作二房，同回姑苏永偕白首。"

春桃早知唐寅是多才多艺、少年高第的风流才子，惊喜不已，但是又不相信道：“你说你是吴门才子，又有何凭证？你若是信口胡说，我是不饶你的。”

唐寅从贴身汗衫上摘下一小颗玉印送到春桃面前道：“姐姐，请瞧，这是小生的书画印章，你总可以相信了吧？”

春桃高兴极了，答应大力帮忙。

第二天，昭容小姐拜见老夫人，大加夸赞秋月：“这新使婢秋月，举止端庄，言语温雅，不似乡村女子，简直似一位大家闺秀。”

陆老夫人出身诗礼之家，且见多识广，对名书名画也鉴赏不少，见了秋月的《松鹤遐龄图》，惊讶万分道：“啊，这简直是大家手笔，哪里是什么女子的写作。你去把秋月叫来，我倒要当面试她一试。”

唐寅抖擞精神，立刻又画了一幅《瑶池献瑞图》。

老夫人赞不绝口道：“这比你老师唐寅画得还好，不如与昭容结义成了姐妹，可以切磋学问。”

陆翰林也马上同意，摆下丰富酒菜，行了结拜仪式，这一来，秋月身份提高，晚上不能再与婢女春桃同睡。

果然，昭容小姐饭后上楼，焚上一炉清香，要她新结义的妹妹操琴一曲，唐寅心想，机会来了，立刻调和丝弦，施展生平绝技，对着美人弹一曲《凤求凰》，接着又聚精会神，操上一曲《红豆相思》，把昭容小姐听得如痴如醉，目不转睛，连赞美的话都说不出来。唐寅则饱餐秀色，也不知不觉怔怔地呆住了。

唐寅故意转弯道：“我那师父唐寅，自从逃出宁王府，逃避奸佞，如今不知身在何方，否则师父与小姐真是珠联璧合，天造地设。妹子不才，倒想拉拢这一条红线。”

奇怪，昭容小姐只要一听到唐解元，马上粉颈低垂、双颊微红，春桃见机不可失，把小姐拉入房内，凑上耳边道：“这位二小姐十分怪异，喉间有结，胸部平坦，又有一双大脚，小姐，你可得调查清楚啊。”

昭容小姐点点头，出了房门，春桃送来一杯香茗，让两位小姐润润喉，果然，秋月的喉结一上一下。

昭容小姐又羞又愤，一手扶着春桃的肩头，支撑自己，一手指着唐寅，颤颤抖抖道："你……到底是谁？"

昭容小姐只问了这一句话，一口气便噎住了，手足冰冷，浑身战栗不已。

唐寅胸有成竹，抱起双拳深深一揖，满面笑容，放低了声音道："小姐勿惊，小生便是姑苏唐寅，罪该万死，祈求小姐开恩宽容，容小生一一见告。"

春桃故作声威道："哎哟，这还了得，你当真是一位男子？怎么乔装改扮，混入人家深闺？"

昭容小姐喘定了一口气，回手向唐寅一指道："难道你不知道有王法吗？"

昭容小姐虽然嘴上如此说，其实，她听到唐寅二字，一腔怒气已去大半。唐寅何等机警，两道目光，早已窥进了美人心坎，又深深向前一作揖。

昭容小姐虽然两片桃腮鼓得紧紧腾腾，然而从那冷静的目光里，那张吹弹可破的白嫩皮肤里，隐隐看出脉脉含情的笑容，似乎在告诉人家："对方果真是唐才子，那我有什么不愿意……"

果然，没多久，陆翰林府中一主一婢二位美人，首先成为八美图中二位佳丽。传说中的唐寅，轻而易举掳获神圣不可侵犯的官家小姐芳心。可惜真实的唐伯虎无此艳福。

唐寅一箭三雕

传说中的唐寅与祝枝山、文徵明、周文宾三位解元打赌，夸下海口，要在三个月之内，觅得八位绝世佳人，情情愿愿与他先后完婚。

唐寅到了南京，没多久，赢得了陆翰林府中千金陆昭容小姐，以及婢女春桃的芳心，八美图中已有二美在列。

祝枝山不以为然道：“陆翰林府中一主一婢，照理只能算一个，好，就算两个吧，其他六位美女顶多只能在一个月中一齐到手，而且得由我审定，当得起美女二字的名号。”

唐寅一笑：“情人眼里出西施，审美观点各自不同。”

祝枝山是个大近视，他不甘示弱道：“我祝枝山虽然眼睛有一点毛病，可不见得连人的美丑都定不出。我不明白，为什么时常要在你这个小白脸身上费心思。”

唐寅又重施故伎，扮作女儿身，前往罗府，向罗家家丁哀求：“我也姓罗，闺名叫翠姑，同哥哥一起看花灯，不小心失散，深更黑夜，怕遇歹人，希望能借宿一晚。”

家丁是一个好心人，带着唐寅入内，唐寅看到了罗家小姐罗秀英，以及秀英的表妹——谢大人千金天香。两位小姐都是如花似玉，美丽绝伦。

当天晚上，唐寅在罗秀英闺中一张湘妃榻上歇宿了一夜，第二天，谢家派人到来，说是谢老夫人旧疾复发，迎接谢天香小姐回去侍奉母亲。唐寅暗暗欢喜，预备先钓上了罗秀英，再去钓谢天香。

当天晚上，唐寅就放大胆子，单刀直入向罗秀英说明来历，苦苦哀求，要她面许终身。

秀英当然也先是惊惶失措，可是，看一看唐寅那英俊迷人的仪表，江南才子的声名，又必然对自己万分垂爱，才乔扮女儿身猛下功夫，可见这是天赐良缘。

闲舟图，明唐寅绘。

秀英虽然心中答应，到底是有身份的大小姐，脸色一变，立刻摆出一副端庄凝重的态度，向唐寅提出了三个条件：一、留下一丹青为信物；二、天一亮立刻离开罗府；三、找一位德高望重的人，依照正当仪式求婚。

唐寅当然一一答应。离开罗府之后，走到大街，备上几色礼物，专程前往谢府，拜望谢天香小姐，顺便问候谢夫人身体状况。

同样的，在唐寅半硬半软、连说带哄的苦苦相求下，谢美人也含羞带愧允许了他的要求。

唐寅与谢天香话别之时，忽然之间，莲花庵内的九空尼姑带着一位小沙弥走了进来，说是“因为老夫人以前在大士座前许下心愿，今想在庵内诵经礼忏，请夫人小姐拈香拜佛”。

唐寅发现九空尼姑年纪很轻，艳丽非凡，一头长长青丝飘逸，原来尚未正式落发，唐寅不免心头一阵荡漾。

九空尼姑也暗暗称奇：谢府之中从来不曾见到如此美貌姑娘。

两位“美女”一见如故，唐寅握住九空尼姑的手，十分殷勤地说道：“我在这里等你，你去见了老夫人出来，我也趁机去宝庵，烧一炷香，磕几个头。”

唐寅跟着九空尼姑来到莲花庵，先在观音大士面前礼拜，接着又到各处菩萨面前，一一点过香烛。

九空尼姑拉着唐寅来到房内，喝茶谈心。

九空一脸素净，正准备择期正式落发，皈（guī）依佛门。她看起来好美，秀丽端庄，法相庄严，唐寅望着她那一头如云如锦的黑发，忍不住道：“绝不可落发，这么美的青丝。”

九空尼姑拢一拢秀发，万般无奈道：“我遁迹空门，也是出于无奈，人生好苦。”说着，九空尼姑想起身世坎坷，家道中落，心中一酸，热泪滚滚，又怕外边女尼听见，极力想要忍住，但是视线已经模糊，只忍住哭声，却堵不住泪水。

“我现在只想修修来世。”九空尼姑哽咽道。

“出家也不是一件容易的事。”唐寅说。

“前世因，今生果，我也常在想，莫非前世作了孽，今生承受这样的苦。”

“可是，你也不能说，要撒手就撒手。譬如，你与唐寅的一段姻缘，该如何了结？”

“唐寅？你指的是江南第一才子唐寅？我父母双亡，孤苦零丁，哪有福气见到唐寅？妹妹说笑。”

“在下正是唐寅，仰慕佳人，乔扮女装，尚请原谅。”唐寅深深一作揖。风度翩翩，果然是美男子。

机灵的唐寅发现，就在这么一刹那之间，九空尼姑眼中神色大不相同：

原来是静穆多于一切，完全是洞彻大千世界，心如止水，现在不一样了，翦水双瞳之中，流露出一种似乎期待已久的渴望，双颊隐然透出霞光。她本是多情种子，遁入佛门，也是无路可走，如今既然遇到了名闻四海、貌若潘安、才如子建的堂堂解元，怎不生敬爱钦慕之念。

于是，唐寅一箭三雕，八美图中再加三人。

连这位与青灯古佛相伴的小尼也被唐寅拥有，不过，真实的唐伯虎无此一段风流韵事。

八美完婚嫁唐寅

传说中的唐寅继续猎艳，向八美图的目标迈进。他男扮女装，吸引了宁辅之子马文彬。唐寅将计就计，混入马府，与马文彬的胞妹马凤鸣一见钟情，定下终身，当晚，睡在凤鸣外房。

第二天早上，唐寅知道，马文彬发现真相之后一定恼羞成怒，因此，他先发制人，把脸儿一摆，教训马文彬道："我乃吴门才子唐寅，只因江宁府大老爷听说你平日沉湎于酒色，作恶多端，命我假装女子来探访，果然你是坏蛋，又在酒楼上题淫词，又把我这密探哄到家中，心存不轨，该当何罪？现在我与你没有别的话说，咱们一起去见府尊老爷。"说着，声势汹汹，扭着马文彬就要走路。

可怜的马文彬青天霹雳，他一直不曾合眼，计画如何成婚，做梦也没想到竟然带回一个男子，还让这男子在妹妹房内睡了一晚。事情如果传开，堂堂相府的颜面何在？

马文彬又羞惭又气愤，又没可奈何，只得哀哀求饶："放我一马，咱们有话慢慢商量吧。"

另外，马文彬又到外面找了人向唐寅说情，"请求高抬贵手，顾全相府颜面，千万别把这事宣扬开来，马文彬日后一定改过，并且愿意把妹子嫁给唐寅"。

唐寅听了，满心欢喜，却又装腔作势作戏一番，教训了马文彬几句。

马文彬赶快设筵款待，并且商定了约聘迎婚的一切手续，唐寅这才告别，心中有说不出的甜蜜欢欣。

以上六位美女都是唐寅费尽了心机才得手，第七位佳人却是无意之中遇到。

有一天，唐寅郊外散心，突然瞥见篱笆内一位少女在灌溉园蔬，这少女清秀绝伦，动作轻缓，只见她认认真真，安安静静在浇菜，脸上庄严肃穆，仿佛在完成一件艺术作品，唐寅看呆了，少女却浑然不觉。

唐寅向附近邻居打听之下，知道这位小家碧玉，名叫蒋月琴，耕读传家，门第虽不甚高，家世却很清白。唐寅找了祝枝山，请他直接上门提亲。蒋月琴的父兄，一听是吴门才子唐寅，田舍之女能如此高攀，岂有不答应的理由？这档婚姻就顺利完成了。

只差最后一位了，唐寅灵机一动，跑到妓院中探访，果然找到一位二八佳人李传红。

这李传红原是官宦后裔（yì），只是家道中落，举目无亲，不得已落入勾栏。她不但如花似玉，并且满腹诗书，在妓院中不卖笑不卖身，守身如玉，不苟言笑，怀着一肚子隐痛。可是因为她太美了，又是才女，许多寻芳客还是忍不住挨近她，李传红却看不起这些俗物。这番被唐寅看上了，唐寅顺利把八美迎娶回家，有大家闺秀，有小家碧玉，有尼有妓，充分满足男人占有心理。

他把八位美女带回苏州，将桃花坞当成了藏娇金屋，又因为四娘娘九空皈依佛教，欢喜清静，特别造了一座桃花庵，让四娘娘诵经拜佛。

于是，唐寅整日看花饮酒，赋诗下棋。桃花坞中芳草鲜美，落英缤纷，让人回肠荡气，俗虑尽涤，唐寅便在志得意满之余，写了一首“桃花庵歌”，形容自己是“但愿老死花酒间，不愿鞠躬车马前”，潇洒自在的心境。

此时正是金粟飘香的秋季，有一回，祝枝山、文徵明、周文宾三人前来相聚，祝枝山看到八美其乐融融，顺口念道：“再来一个八变九，九秋香满镜台前。”

八美图，景德镇硕丰堂传统瓷板画。

周文宾一旁打趣："唐兄既然八美团圆，再来一个八变九，自然也不是难事，但是，恐怕八美含酸吃醋，小唐也没有这一股勇气能够打通这一条路。"

唐寅被这么一激，真的就想再觅得一位绝世佳人。

中秋夜晚，唐寅与八美赏月之时，罗秀英突然间开口："恐怕大爷之后还有九美之喜呢！"

春桃接口："那可好极了，我可以添上一个妹妹了。"春桃又看看七位姐姐，抿嘴一笑："但恐八美易得，九美难觅。"

唐寅听她说完，由不得鼓掌大笑："哼，你也太小觑我了，你既然这样说，我非再找一位九美给你瞧一瞧。我娶了八位美女，宛如一座九级浮屠，再有一级，便是塔顶。但是就怕后来居上，其他八级不肯答应。"

陆昭容生性十分豪爽，她"哼"的冷笑一声："你啊，是躲在门缝中瞧人，把人给看扁了。我既然允许你娶这七位妹妹，难道容不下再来一个？我是担心你找不到美女，只找来俗粉庸脂。"

唐寅见计得逞，把眼光向其他七位美女一溜，呵呵大笑："你一人答应，又有何用，一只碗不响，七只碗依然响叮当。”

一言未了，七位美女同声娇嗔：“只要大娘答应，我们都和大娘一般态度，就怕你没那个能耐，娶一位九房妹妹进来，胜过我们是意料中事，胜过大娘，想也休想。”

唐寅十分得意，笑笑道：“一个月之内，让你们瞧瞧手段。”

八位美女都以为丈夫是一时游戏之谈，不料，第二天早餐过后，唐寅便改换服装，独自一人，飘然出门。走到了虎丘山门，但见两旁陈列了许多摊贩，举凡糖果糕饼、绫罗手帕、胭脂花粉、香烛银锭，以及生发油一切都有，唐寅半点兴趣都没有，他的目的是要再访一位绝世佳人。

九秋香满镜台前

传说中的唐寅，带了八位娇滴滴的美女回到苏州，仍然意犹未尽，在祝枝山的怂恿之下，他又兴匆匆地出外访美。

唐寅来到了苏州的虎丘，发现许多人在进香，这正是大好良机。由于家中八位娇妻，个个花容月貌，绝代容华；所以普普通通、三分姿色七分化妆的平常女子，实在难以让他看得入眼。

他到处浏览，十分失望，别说怎样艳丽，就是稍微看得过去的，也不曾见到几个。正待败兴下山，突然听到一阵吆喝，接着就有几名健壮的仆人，扬起手势，大声叫道："闲人站开！"唐寅向人丛中一挤，随着众人闪立一旁，踮起脚尖留神一看，只见大轿之中，端坐着一位老太太，后面有四乘小轿，原来里面坐的是四名年轻侍女。

其中第一二位不怎么起眼，第三名侍女一出现，唐寅猛地觉得眼前一亮，惊呼一声："妙啊！"还暗暗地恨着两只眼睛不争气，为什么过了一会儿便要这么眨上一眨，耽误了欣赏美人。忽然一阵风吹来，唐寅眼尖，发现美人儿的纤纤三寸金莲，仿佛刚自泥里透出来的新笋一般尖瘦，不由得心中怦怦乱跳。

唐寅心想，天下竟有这般美女，而这个美人又是生在侍婢堆中，真是兰桂生幽谷，照她的姿色，非但压倒家中八美，简直是举世无双。

正在此当儿，绝世佳丽扶着太夫人走进了大殿，唐寅连忙紧紧随入，但听得太夫人对着美貌侍女说道：

“秋香，你瞧这一座佛殿，多么庄严。”

那侍女答道：“是的，太太，与杭州灵隐寺相去不远。”

唐寅闻之大喜，原来这位俊俏的婢女芳名秋香，他猛然想起祝枝山喝酒行令时所说的那一句“九秋香满镜台前”，禁不住连呼奇怪，这分明是天授良缘。

太夫人回头吩咐道：“你们四个，春香、夏香在前面两个蒲团上拜，后面两个让秋香、冬香去拜，拜完了到方丈这里来伺候我。”

太夫人说完径自走了，四名侍女遵照嘱咐，分别盈盈下拜。唐寅逮着机会，把身旁的一个蒲团轻轻一踢，踢近秋香身边，双膝一屈，也就轻轻跪下来。

唐寅发现秋香之美，就是自己擅长的一笔丹青也不易表达，尤其是她一双灵动秀媚的美目，说不尽的艳丽，话不尽的娇美！简直是疯魔了这位唐解元。

唐寅有意无意地跪住了秋香的一只裙角，秋香合掌，他也合掌，秋香磕头，他也磕头，秋香伏地祷告，他也喃喃自语：“佛天在上，但愿翰墨林中的才子，配一个青衣队中的佳人。”秋香听着尴尬，这位眉清目秀的男子，分明是故意打趣；她粉颈低垂，微含娇羞，发现裙子被那青年跪住，轻轻说一声：“请先生偏过一点。”唐寅装着没听到。

秋香站不起来，轻轻地再说一声：“请先生偏过一点。”唐寅还是装作没听见，反而自言自语向菩萨祷告：“但愿丫鬟嫁一个美少年，佳人才子，成就三世良缘。”

秋香恼了，柳眉含怒，斜过脸来对唐寅说：“你这个男子，怎么这等无礼？”

这时，春夏冬三香已站了起来，不问情由，开口便骂：“天杀的，你这个人不长眼珠。”夏香尤其凶悍，不分青红皂白，将唐寅猛地一推，唐寅冷不防身子向左一侧，右膝一松，秋香才乘势抽出裙角，脸上深深映上两朵羞赧（nǎn）的红云。

其他三姐妹仍然骂不绝口，秋香阻止道："别睬他，我们伺候太太去吧。"唐寅见秋香分明在回护自己，觉得秋香愈发可爱，刚才一幕闹剧，实在快活有趣。

一会儿，华太夫人出来了，唐寅感到秋香正溜过两道俏皮眼波在看他，并且张开樱唇在呼唤他，情不自禁直闯过来，家丁赶过来连声吆喝。华太夫人阻止道："人家也来烧香，不得无礼。"

秋香原本目不斜视，经太夫人一说，眼光向前一溜，原来正是方才跪住自己裙角、满口胡言的少年，一时忍不住，抿着樱唇微微一笑，这一笑不打紧，唐寅神魂飘忽，这便是"三笑姻缘"中的第一笑。

华太夫人一行乘着轿子，来到河边，上了大船。唐寅不死心，也雇了一条小舟追赶过去。小舟的渔夫十分噜苏，唐寅就捉弄他一番，唐寅对渔夫说："你父亲是打米种田的，我如今为你取一个文雅的姓名，让你处处顾到，你不如就叫米田共吧。"

渔夫原本目不识丁，哪知唐寅恶作剧，反而拱手相谢："相公为我定下这个好名字，从此我一辈子就叫米田共。"他不晓得米田共就是"粪"（繁体形式为"糞"）字啊。

唐寅支使米田共靠近大船，并且高唱"秋香山歌"——"桂花开在月宫里，月里嫦娥爱秋香，秋香不独仙人爱，小生君子思念秋香。"

大船中的秋香十分讶异：这个唱山歌的是在和我开玩笑吧，怎么左一个秋香，右一个秋香。秋香趁着为夫人倒洗脸水，推开纱窗向下一望，再也没有想到，小船上坐着一人就是跪住自己衣角的少年，她又惊又慌，芳心乱跳，此刻水盆中的水正泼在唐寅身上，唐寅正目不转睛望着秋香，迷迷糊糊完全失去知觉，衣襟淋湿也不晓得，两道目光只顾钉在秋香身上。

秋香见唐寅，衣着被人淋湿，似乎完全不知，心眼仿佛被喜气完全笼罩住了，迷迷糊糊两道呆滞目光射定在自己脸上。秋香心想，世界上怎么有这样的痴人，忍不住又是微微一笑，立即扭转娇躯，回到船舱中去了。

唐寅如梦方醒，伸着两个指头一比道：“不用说，这自然是二笑留情了，由此可知白天一笑，毕竟不是无意。”

唐寅得意扬扬地摇着脑袋，后面的米田共听见了，他问：“相公你在说什么？”

唐寅急忙掩饰道：“我在这里吟诗。”

秋香三笑惊艳，今人朱梅邨绘。

米田共笑道：“原来相公在迎湿，果然衣服湿了大半件。”

晚上，唐寅怎么也睡不着，一直想入非非，接着又自问自答起来：“秋香姐姐，她此刻已是安睡了吗？只看我辗转反侧，可知她一定不能成眠。秋香姐，她是有情于我吗？一定是的。只看她在虎丘拜佛，我跪住了她的衣角，她并不恼怒，只不过浅嗔薄怒，分明是万分爱惜。等到春夏冬香辱骂我，她又唤着她们入内伺候老夫人，这分明是替我解围。后来，上轿之前，她又对我微微一笑，这是崔莺莺的临去秋波，尤其显得万分情重。后来，船舱会面，她又对我微微一笑，这更是千娇百媚杨贵妃的回眸一笑，还能说她无情于我吗？”

这时的唐寅，心头觉得无限甜蜜，说不出的愉快，听到米田共齁齁（hōu）的鼻息，不觉起了幻想，仿佛自己爬起身来，按着大船的船舷，隔着窗儿，见到秋香倦眼惺忪坐在榻边，一阵阵沁人心脾的幽香，从小圆孔直透过来。

秋香发现唐寅，凑到窗口低低说：“解元爷千万小心，别把开船人惊醒，快快跨过窗来。”

一面说，一面放下两条雪藕似的玉臂，唐寅紧紧握着两只纤纤玉手，正要跨上船来，忽然有人大喊“捉贼”，唐寅大吃一惊，连连呼喊：“姑娘救我！”

“相公放手！”原来，唐寅在做梦，他相思成痴，把米田共两条又粗又黑的毛腿，当成秋香的玉手。

第二天，大船小船靠了岸，唐寅看到看管行李的秋香，抱起双拳一拱到地，口称：“昨晚蒙王母洒了小生甘露，小生感激难言，今天特来道谢。”

秋香一看是昨天痴人，起先有点娇嗔，后来听了唐寅的话，忍俊不禁，不由得抿起樱唇又是微微一笑，笑得唐寅心花怒放。她的桃腮上仍留着一层尚未完全收尽的笑意，唐寅在秋香三笑后，简直失魂落魄。

华安书僮

传说中的唐寅，在秋香嫣然三笑之后，神魂颠倒，意乱情迷，因此，当秋香上轿，返回华府之际，唐寅眼看着秋香上轿，着急得几乎要叫起来，两眼望着太师府大门，呆呆怔怔地出神。

唐寅心想，非得想一个方法，混入太师府才能够再会玉人。他准备降低身份，装着穷途落魄的模样，好进入华府当下人。

唐寅慢慢踱到华府门前，往石阶上一坐，开始哀哀哭泣，他想起奸佞当道，自已却因才高遭嫉，受人中伤，不能在朝堂上大展经世之才，只落得隐在花酒丛中，借着酒色二字保命，一时悲从中来，弄假成真放声大哭。

华府里的门公王锦跑出来问原由，唐寅哭哭啼啼道："出门经商，半途碰到了骗子，回家不得。"

王锦听着心烦，吆喝道："这得怪你自己不小心，你爱哭，上别处哭，这儿容不得你哭哭啼啼。"

唐寅捶胸长叹，摇首顿足："我到这一步田地，还要听这一番言语，不如一死了之。"说着，放开大步，摇头垂泪直往河埠（bù）奔去，王锦一个箭步向前，把唐寅的衣襟扭住，大声道："好死不如恶活，有话尽可以商量，我自有方法救你。"

王锦心生一计，原来这时太师府之中正开革了一名书僮华安，还没有人补缺，如今唐寅年纪又轻，相貌又好，岂不正妙。

王锦禀过华太师，就把唐寅带入太师府之中。华鸿山华太师生平见识的人也不晓得有多少，目光何等厉害，见唐寅一走进来，不像一个贫贱之辈，华太师一时情不自禁，撚（niǎn）起长髯（rán）说了声："奇啊。"

原来这时的唐寅，虽然打扮成平民模样，到底"腹有诗书气自华"，他满腹珠玑（jī），清秀之气流露眉宇，让华太师好生狐疑，华太师挑着眉毛问唐寅："老夫瞧你是个文人，不知你为何要降低身份，上门投靠？"

唐寅恭恭敬敬答道："只因小人读了几句死书，不能在田亩工作，以致落得这样狼狈，久仰大师驭下有恩，人人悦服，因此，情愿登门投靠，以供驱策。"

华太师见唐寅出言不俗，又被唐寅戴了一顶高帽子，立刻命人端来文房四宝，让唐寅写一张卖身契。唐寅取了一个假名康宣，写道：

"我"康宣，现年一十八，原籍姑苏，家世清白，向无过犯，只"为"家境清寒，自愿卖身太师府，充当书僮，身价银五十两，自"秋"季始，暂存账房，待三年后支取。今后承值书房，专司焚"香"、扫地、磨墨、洗砚等事，听候使唤，决不懈怠。

这张卖身契，其实把"我为秋香"四个字嵌在里面，华太师看不出来，只不住地想，这小子的书法真好。

唐寅因为思念婢女秋香，冒险混入华太师府上，心中也忐忑不安。

华太师倒是十分欣赏唐寅，他捋着飘拂过胸的长髯问道："你是姑苏人氏，那么，你认识杜翰林吗？"

唐寅一听暗叹糟了，杜颂尧是我的好朋友，怎么不认识？要是一相见之下，机关破露，岂不前功尽弃？

于是，唐寅谦让道："杜太史是何等人物，小的是蓬门贱子，相隔天壤，素不相识。"

不料，华太师兴奋地接道："那位杜太史也是爱才如命的人，你去见他，一定会特别赏识，随我去客厅吧。"

这句话可把风流才子急得怔住了半晌，好容易才想出了一个脱身之计，连忙屈着一膝，向华太师请罪道："小的卖身投靠，原是出于无奈，若让故乡人知道了，一则玷辱祖宗，二则也实在惭愧。"

华太师听了，十分赞许道："羞恶之心，人皆有之，好，你不必随我去了，你改了华安名字之后，就换换衣服，小心伺候小主人。"

所谓小主人，指的是华太师的两个儿子，长子华文、次子华武，两个都是呆头呆脑，胸中没有半点文墨，不过，到底是堂堂太师府，因此两兄弟的媳妇都是四德兼备的名门闺秀。

唐寅一一拜见华府家人，他人漂亮，又玲珑剔透，懂得交际，到处大受欢迎。他所担心的是，二公子夫人正是自己的表妹，姿容艳丽，才胜于貌，非常能干。

二娘娘与秋香十分投缘，秋香所认识的文字，一大半还是她教导出来的。秋香回府之后，曾经把一路上遭到书呆子跟踪之事告诉二娘娘，二娘娘当时就怀疑此人就是表兄唐寅。

"华安"与秋香，1951 年戏剧《三笑》剧照。

这一会儿，来了一个书僮康宣，分明就是唐寅的乔装扮相，万一事情败露，自己少不得也受到翁姑的责备，因此，二娘娘命新书僮上楼叩见。

唐寅真不想对表妹屈膝，没可奈何进了来，头低低的，脑袋缩得差不多要陷入肩窝，远远地一跪，尊一声"二娘娘在上，新来僮儿华安叩见。"扑通扑通磕了两下响头，起身就要走。

一旁仆儿素月喝住："奴才见主母，没吩咐起立，岂敢站起？"

二娘娘不以为然道："年纪轻轻，为什么来当奴才，何不向亲戚求助?"

唐寅知道二娘娘一眼认出他来，恼恨道："亲戚死光了。"

二娘娘又好气又好笑，指着他道："你的来意，我很明白。一定是为了叶下洞庭，荷开水殿。"

唐寅暗想，不愧才女，骆宾王有名句"叶下洞庭秋"，徐陵有名句"荷开水殿香"，二娘娘分明了解用意。

唐寅叩了一个头："二娘娘既知肺肝，但求成全。"

二娘娘叹口气劝道："堂堂太师府，礼法森严，万一闹出笑话，非但你不能存身，我们苏州人面皮，也要被你丢尽。"

唐寅自然不会死心。

石榴十八铲刀生炒肉丝

传说中的唐寅因为爱慕秋香，混入华府，成为名叫华安的小厮。他无法亲近秋香，却让华府上上下下的奴婢为他疯狂，尤其是掌管小厨房的石榴。

石榴满面含笑地问唐寅：“华安兄弟，听你的口音，不像本地人氏，府上是哪里？”

唐寅正正经经回答：“小弟是苏州人氏。”

石榴道：“巧极了，我也是苏州人，请问是苏州哪一边？”

“苏州城外野猫弄。”

石榴道：“我也是野猫弄，世上竟有这等巧事？”

唐寅几乎快要笑出来了，苏州哪有什么野猫弄，他胡诌（zhōu）一个野猫弄，意思是自己是一只小野猫想要偷吃腥。

石榴和唐寅坐在一条长板凳上，石榴说着说着，又把身子挪近些，两人的距离愈来愈短，唐寅不觉暗暗好笑，心想，若是秋香这般热烈迁就，那该多么快活。

唐寅打量了一下石榴，虽然也有几分姿色，但是这女孩入太师府几年来，心中郁郁不乐，成为一张憔悴的削骨脸。就算现在满面含笑，眉宇之间也有肃杀之色，很难亲近。

石榴又问：“华安兄弟，今年多少青春？”

唐寅望着自己的足尖道：“小弟今年一十八岁。”

石榴道："不信会巧到如此地步，我也是一十八岁啊。"说着又挪近一点。唐寅见石榴一步步挨近，自然退缩，凳脚一个倾斜，两人同时扑翻在地，石榴装腔作势道："小兄弟，快来扶我一扶。"

唐寅怔住半晌，没可奈何将她扶起，石榴紧握着手，娇喘吁吁道："这就叫作倒（到）成双啊！"

唐寅吓坏了，连忙脱身道："好姊姊，来日方长，我们有机会再谈就是了。"这一句好姊姊，把石榴叫得筋骨一寸一节地融化，灵魂不知道飞到了哪里，沉醉了好半晌，方才恢复原状。

自此以后，石榴魂不守舍，有一回，春香伺候太夫人点心，一碟子甜的是桂花松子泥枣软糖粒，一碟子咸的是鸡丝油酥（sū）饭，结果甜的里面有枣子核，咸的全是油腻气，完全不似往日爽口。

春香趁机告状："向来石榴擅长刀铲，尤其十八铲刀生炒肉丝，以前她拿了铲刀，全副精神就在刀铲上面，旁边就是出现一只活狮子，她头也不回，所以她炒的菜又鲜又嫩，点心也全是细磨功夫。如今手里炒一下，眼睛瞄一下窗外，看个不停。有一天正在起油锅，正好华安兄弟经过，她夹七夹八非缠住华安不可，忘了锅里的油，差一点引起了火灾。"

太夫人大吃一惊道："这个小贱人，竟然这般无法无天。"

春香听到石榴挨骂，心中暗喜，因为她也喜欢华安。

太夫人不以为然道："难怪肉丝变得这样老，我一点也咬不动，听说还差点酿成火灾。这石榴太不像话了。"

于是，太夫人把石榴找来，劈头盖脸一场痛骂。石榴从来不曾如此被教训，不得不分辩几句，她抹着眼泪道："丫鬟与华安兄弟同是苏州人，他新来乍到，不明白太师府规矩，我看在同乡份上，事事指点，那是有的；若说天天叫他到小厨房说说笑笑，那是没有的，丫鬟绝不肯这般自轻自贱。讲到油锅起火，那是老妈子不小心，丫鬟随手就把锅盖盖上，岂有几乎烧掉厨房之事？"

太夫人说："不过，你这几天烧的菜，不是太咸，便是太淡，你要不是为了旁的事分心，怎么会这样？这可与老妈子不相干了吧。”

石榴低着头不能不承认，没精打采走了。唐寅同样没精打采，整天伺候华文、华武两个傻瓜读书，却始终见不着秋香。

有一天，唐寅为华文、华武端饭盘，遇到石榴，见石榴清瘦许多，向她点了一下头，石榴因为被太夫人训斥一番，也不敢再招呼华安，在长板凳上谈心了。

唐寅耳朵很灵，远远听到一阵弓鞋踏步之声，急忙躲入墙角，原来走来的不是别人，正是时时刻刻、心中念念不忘的秋香姊姊，唐寅急忙走出两步，恭恭敬敬，轻唤一声：“秋香姊姊，今日相遇，可谓三生有幸，只是小生饭盘在手，不能举揖，敬请原谅。”

唐伯虎与秋香华府相会，1980 年日历卡。

秋香几乎失声笑了出来，小说戏剧之中，经常有人说：“小将甲胄在身，不能下拜。”人家是身披盔甲，不能下拜，如今却是听到“饭盘在手”，太好笑了！秋香问：“你是谁，为何拦住我的去路？”

唐寅道：“姊姊啊，难道你不认识小生吗？若非姊姊多情，给我小生三笑，我唐寅岂是低三下四之人，甘愿抛了一榜解元，到太师府之中当书僮。你是小生的勾魂者，我是你姊姊的心目人，你用三笑三条绳索，将我套住了，束缚得不能自由，要解去绳索，非姊姊不可。”

秋香道：“这弄堂之中，不是讲话之地，被人撞见，岂不有愧，我有一个秘密之所，你且跟我来。”

唐寅一听，好不欣喜。秋香领路，来到一间柴房。秋香突然一声“不好，有人来了”，一伸手把柴门闩上，顺手用铁扭拽上，一个人走远了。

唐寅坐在石凳上等候，原以为过一会儿，秋香就会进来，谁知道等了半天，全无消息。他走到门边，用手推拉，休想推动半毫，这才知道，上了秋香的当，不由暗暗叫苦：秋香啊，你太无情了，我只求你千金一诺，交换了信物，我便可以返回苏州，你却如此作弄我，我是发乎情止乎礼的人，你难道怕我对你无礼吗？唐寅自言自语，懊恼万分。

唐寅一心巴望接近秋香，却被秋香给关入柴房之中，让唐寅十分伤心，不过，他是个愈挫愈勇的人，经过这一激，更加强了斗志。

一次，华太夫人命华安（就是唐寅）绘一幅观音大士图。唐寅见机会来了，便向太夫人禀明道：“小人绘写观音慈容，非是寻常画件可比，必须凝神默想，请派一名使女，帮同小人，焚香磨墨摊纸，方能专心绘成。”

这一下春香、夏香、冬香个个争先：“小婢愿意焚香磨墨。”惟有秋香，并不讨差。可是华安的眼光，正盯住秋香脸上，分明是看中了秋香。唐寅的表妹正是华府的二娘娘，这一回有心帮助表兄，因此启禀婆婆道：“媳妇看来，惟有秋香，心细如发，而且个性娴静，最为合宜。”

太夫人点头称是。秋香心中，甚是不愿，但主人吩咐，未便拗违，只好跟了唐寅，来到东轩，伸出了嫩藕一般的手腕，挪动着春葱一般的指尖，拿着一锭古墨，轻轻细磨。

东轩之中香烟缭绕，窗外画帘掀动，唐寅细细对着秋香看着，但是秋香眼对鼻，鼻对心，一语不发，只管磨墨。

唐寅耐不住轻轻唤道：“秋香姊姊，今天有劳你了。那天你在柴房，做了好过分的事，我差一点饿死在里面。”

秋香故意把脸儿朝向外面。唐寅突生一计，他指着秋香背后的香炉道：“奇怪，怎么烟中出来了一个仙人？”

秋香一扭头，唐寅趁着这个机会，低头在秋香的手腕之上，偷吻了一下道：“好香啊！”

秋香上了当，不由得脸上微红，轻轻道："你是绘佛像的，怎么这般轻狂，难道不怕菩萨责罚你吗？"

由于唐寅这一声"好香啊"声音太大，太夫人便问二媳妇："二贤媳，你可知华安为何喊出'好香啊'三字来？"

二娘娘心想，这还能说吗？只有推说："媳妇不知。"

太夫人笑道："观音大士原是一位灵感广大的菩萨，华安凝神绘像，所以就在空中显灵了。"说着太夫人也把鼻子朝空中嗅一嗅道："果然有一阵香气啊。"

二娘娘暗暗好笑，只好随着婆婆的样儿，也嗅嗅道："好香啊。"秋香有点急了，催促道："请华安哥哥快快绘佛像吧。"

唐寅摇摇头："我不叫华安，我乃江南第一才子，唐寅唐伯虎。你唤我华安哥哥，还不如唤我一声唐郎。"

秋香笑了起来，用手帕掩嘴道："你是螳螂，岂不可怕？是要螫（shì）人的，我还是站远一点好。"

唐寅笑了一笑，开始专心描绘观音大士。

唐寅描绘观音，指定秋香磨墨，唐寅落笔真快，不多时，已经绘成一幅法相庄严的观音大士，确是名家手笔。秋香是个聪明人，从前疑心华安是冒牌的唐寅，现在知道他果然是苏州鼎鼎大名的唐寅了。

唐寅离家半年，音讯全无，家中八美十分着急，托了祝枝山出外寻访。祝枝山辗转打听，闻说华鸿山老太师家中来了一名出色书僮，料想准是唐寅无疑。

祝枝山邀了文徵明一块前往华府，果然见到了唐寅，无奈当着华太师面，不便指责："你身在他乡，把家中八美全部忍心抛下不成？"

后来，华太师要唐寅送客，这才把话给说了清楚。

唐寅回到了华府，太师问道："为何去了好久？"

唐寅说："因为祝大爷唤我到船上，询问小人年岁，又问可曾成亲。祝大爷便令小人同往苏州，他要从他府上全体丫鬟中，给小人选一个。"

华太师一听，勃然大怒：“他家中有丫鬟，难道我堂堂太师府之中比不上吗？”华太师一向爱才，舍不得唐寅走，他拍一拍华安的肩膀道：“你自己擦亮眼睛，我把所有婢女排立厅上，任你选择。”

华太师走入内堂，对太夫人道：“我已面许华安挑选丫鬟，包括四香在内。”

话还未毕，秋香跪倒在太夫人面前：“小婢宁愿一辈子侍奉老人家，不愿意到大厅上听点。”

太夫人笑道：“你既然不愿意，不去便是了。”

于是，三十六名丫鬟，穿红着绿，涂脂抹粉，齐集大厅，让唐寅挑选。只听到太师吩咐：“你们要知道，人生的姻缘，要有五百年的缘分，才能成为夫妻，少了几年，仍然不会配对为夫妇。被华安点中的，不要过分欣喜，乃系五百年前注定的；落选的人，也不用悲伤，这是自己没有姻缘，不能怪罪华安。”

唐寅见不到秋香，不得已，把三十六个丫鬟一个一个批评。华太师不愿在仆人面前失去信用，又到上房去对太夫人说：“华安个个不满意，只怕他会耽误华文华武的功课，你快让秋香出去吧。”

秋香又跪下不肯出去。太夫人安慰道：“好秋香，你若是被华安点中，我立刻将你除去奴籍，与华安结婚之后，我邀集亲朋，将你收为义女，从此以后，你便是太师府千金了。”

秋香岂有不愿嫁给江南第一才子之理，只是担心婚后，唐寅一定逃回苏州，不免有忘恩负义之嫌。秋香来到大厅，唐寅大喜过望道：“秋香姊姊，小弟点中你了，承蒙三笑留情，今天方如心愿。”

于是，唐寅带着俏秋香回到苏州，与其他八美过着幸福美满的生活。

不过，这是传说中的唐寅，与真实的唐伯虎相去太远。

杨廷和主政

宸濠作乱，王阳明捉到了宸濠。正德皇帝觉得不过瘾，身披铠甲手执武器，将宸濠卸去枷锁，放入场中，再演一遍。可惜，宸濠自知死期将近，没有兴致陪同演出，惨白着一张脸，无奈地被正德皇帝再逮一遍。

无论如何，明武宗正德皇帝总算凯旋还朝了，一路之上捕鱼射雁，跳跳蹦蹦，十分快活。九月到了清江浦，皇帝不肯听人劝阻，非要划着小船捕鱼，结果技术太差，又不谙水性，一个扑通落入水中，左右保驾七手八脚把他捞起来，咕噜咕噜冒出脏水。他原本沉溺酒色，健康状况不佳，溺水之后，元气大伤，精神不济。

武宗佞幸江彬一向身强力壮，他是在战场上耳朵连中三箭，把箭拔出来照样冲上前的壮士。他不明白一次落水有什么大惊小怪的，因此极力怂恿明武宗“别回京师，京师不好玩，还不如再回到宣化府去静养”。

一向好玩成性的明武宗却累了，他经过一番折腾，颇为吃不消，所以，没听江彬的话。江彬怏怏，又想了一个新办法来安慰自己，假造了一个皇帝的命令，改团练营为威武团练营，自己担任军马提督。

后来，明武宗回到京师，在床上躺了几个月，终于小命不保，死时仅有三十一岁。这时大学士杨廷和发动了一连串的改革，罢去威武团练营，江彬坏事做多了，心中七上八下，对外宣称生了病，躲在家中，不敢外出，并且派出儿子江泰出外打听消息。

杨廷和温言软语安慰了江泰一番。于是，江彬胆子又大了起来，病也“好转”了，这时，杨廷和与太后密谋设法除去江彬及其党羽，以正朝廷。

太后想了一个办法。这时，坤宁宫安置“兽吻”，特请江彬入宫商量。所谓“兽吻”，指的是门环上的装饰物品，其形状像一头狮子，用以辟邪。江彬与工部尚书李鐩（suì）一入坤宁宫，太后立刻下诏，收押江彬。

江彬发觉不对，急急走到西安门，可是大门紧闭。他又奔到北安门，看守的卫士说：“有旨，留下提督。”

江彬不服：“哪儿来的旨？”守卫一向看不惯江彬的嚣（xiāo）张，当下拔下一根江彬的胡须，并且问他：“痛不痛？”

江彬理也不理，吭了一声，守卫这次一连拔了四五根，又问江彬：“痛不痛？”

江彬为表示英雄，又吭了一声：“一点痒罢了。”

守卫干脆握了一把江彬的胡子，连皮带毛扯了下来，渗出点点鲜血，扯完一把，又是一把，同时指责江彬：“都是你带坏皇帝。”等到其他兵士前来逮捕江彬时，发现江彬一向引以为傲的胡须，已经一根也不剩。

当杨廷和逮捕江彬之后，发现江彬家中有黄金七十柜、白金二千二百柜，其他珍珠宝贝不计其数，此外，杨廷和把武宗豹房里成千上万的番僧、少林僧、戏子唱妓、南京“快马船”的船夫，以及从全国各地搜罗来的美女一概遣散放回，天下称颂不已。

杨廷和是怎样的人？他为什么有权做这样重大的改革？

杨廷和是四川新都人，少年得志，十二岁中了乡试，成化十四年（1479年）中了进士，这一年他才不过十九岁，英俊潇洒，顾盼生姿，做官一帆风顺，为人沉静安稳，相当有能力，也相当自负。

明武宗时，杨廷和经常上奏章，恳请皇帝勤政，不过，明武宗一概不理，当明武宗凯旋，命令群臣各自制作锦旗迎接，杨廷和也以“天子至尊，不敢渎（dú）献”为名，坚持不肯。好在明武宗贪玩好动，却不是什么暴君，因此，杨廷和的规谏，也没有为杨廷和惹来太多的麻烦。

后来，明武宗崩逝，又没有留下子嗣，后继无人，张太后找了杨廷和来商量，杨廷和胸有成竹回答："兴献王长子朱厚熜（cōng）乃宪宗之孙、孝宗之侄，先帝的堂兄弟，兄终弟及，再合适也不过了。"张太后也同意了。这个朱厚熜，就是明世宗。

在明武宗过世、明世宗即位之间，一共有三十七天的空档，这一段时间发生的事，可以说是武宗一朝乱政的正本清源。

杨廷和与一般大臣相同，最为痛恨宦官，在起草世宗登基诏时，他就排除了来自太监的种种阻力，坚持自己的主张，有一回，杨廷和就毛笔一摔，气呼呼道："以前发生任何龃龉（jǔ yǔ）之事，总是推说这是皇帝的意思，现在难道是新天子之意吗？"杨廷和义正词严，把大家都吓住了。

但是，杨廷和也有他的私心：譬如王阳明，本是平定宸濠之乱的英雄，明世宗即位之后，下诏王阳明入京受赏，杨廷和担心王阳明被世宗所重用，就以"国哀未毕，资费浩繁，不宜行宴赏之事"，硬是从中阻挠，让王阳明见不着皇帝，也不许王阳明手下的将士得到应有的封赏。

由于杨廷和自认为是正道之士，又拥立世宗有功，言语之间，不免咄咄逼人，连世宗都受不了。例如世宗一度打算恢复皇室庄田，朝臣一致反对，世宗屈服。可是世宗不同意惩办主张此事的太监，杨廷和马上跳了出来，严厉地慷慨陈词："（皇庄和勋贵庄田侵占民田）最为先朝（先朝指的是前面的皇帝）之累，侵占民田几万顷，毁坏人民住宅坟墓无数，岂可不罪太监？"一番话，将明世宗逼得哑口无言。

总之，在杨廷和掌政近三年之中，为明朝带来一番新气象，不过也由于他的专断，有人批评杨廷和"终日想，想出一张杀人榜"，也种下了世宗与杨廷和不和的种子。

明世宗与大礼议

明武宗过世之后，没有子嗣。武宗的母亲张太后与大学士杨廷和商量，迎接兴献王朱厚熜入承大统，是为明世宗。兴献王是明孝宗的侄子，明武宗的堂弟，他们的关系是：

明宪宗朱见深——孝宗朱祐樘——武宗朱厚照

兴献王朱祐杬（yuán）——兴献王朱厚熜（世宗）

在杨廷和想来，他促成了朱厚熜当皇帝，朱厚熜应该十分感激他的迎立之功，君臣和睦愉快。再说，明世宗只有十五岁，什么都不太懂，应该能尊重杨廷和老臣谋国的意见，大家一起把国家治理好。

不料，明世宗虽然只有十五岁，个性却既固执又小气，非常难缠。明世宗的亲生母亲兴献王妃，同样也是一个处处不吃亏的厉害角色，因此爆发了所谓“大礼议事件”。

朝臣们以为，由于明世宗是明孝宗的侄儿，他应过继到孝宗的名下，以孝宗儿子的身份，入奉宗祧（tiāo，指的是祖先的庙）。

明世宗却完全不是这个想法，他乐意当皇帝，但是，他不是要来当明孝宗的儿子的，他是以兴献王的资格来承继大统的。

明世宗即位之后，第一件急着办的事，就是派人到湖北，接他的亲妈

兴献王朱祐杬，明宫廷画家绘。

妈兴献王妃入宫。这时，明世宗的生父兴献王已经过世，因此，他还要求群臣讨论如何追尊兴献王。

杨廷和很是不悦，在他看来，这一个毛孩子实在是太不懂事了。自古以来，中国就有一套传统的过继制度，以侄子的身份继承伯父遗留下来的皇位，理所当然要承继为伯父之子。所以，朱厚熜当然是孝宗之子，他的生父兴献王朱祐杬（yuán）在制度上只能被称为叔父，生母只能被称叔母。明世宗大为恼怒："天下竟然有这样的事，父母还可以这样调来换去的吗？"他把杨廷和的奏章用力一摔，要求群臣们再讨论。于是群臣们展开一场漫长的讨论，历史上称此一事件为"大礼议"。

就在这么吵吵闹闹不可开交之际，明世宗的生母兴献王妃的坐船到达了北京附近的通州。儿子居然当了天子，兴献王妃乐得合不拢嘴，可是，她一听说世宗要称明孝宗为皇考，当场就发了大脾气："皇考不是王父的尊称吗？我儿子岂可以给别人当儿子，开玩笑！"她一怒之下，干脆连京城都不去了，一路咕噜骂儿子不孝。

明世宗的母亲没来，他的祖母倒是来了，祖母年纪大了，眼睛也瞎掉了，她用一双枯干的手，把明世宗自头顶摸到了脚底，嘴里不停地说："我的乖孙，没想到你当了皇帝。”过了几个月，祖母死了，明世宗准备把祖母葬到茂陵（宪宗的陵墓），杨廷和又以不合礼教制度反对到底。

明世宗与朝臣的大礼议之争，最后当然还是明世宗大获全胜。明世宗原是杨廷和迎立的，世宗一点也不感激他，杨廷和的儿子杨慎，曾经在左顺门撼门大哭，世宗更不原谅，把杨慎充军发配到云南永昌。

杨廷和是个天才儿童，十九岁中了进士；杨慎也是个天才儿童，后来二十四岁中了进士。杨慎崇拜他的父亲，他的父亲也以这个儿子为荣。

杨慎十一岁时，就能提笔为文，写《古战场文》《过秦论》一类拟古的文章，是个少年老成的孩子。每次有人夸他聪敏，他还摇头晃脑，老声老气道：“一个人资质好不足恃，应当日新德业，努力从学问中得来。”让夸赞杨慎的大人们肃然起敬。

杨廷和、杨慎父子虽然在大礼议事件中失败了，但他们自认为是正义之士，胸中坦然。明世宗最气他们的自以为是，明世宗将杨慎充军发配之后，一口闷气依然咽不下去，常常问人：“杨慎这个人现在怎么样啦？”

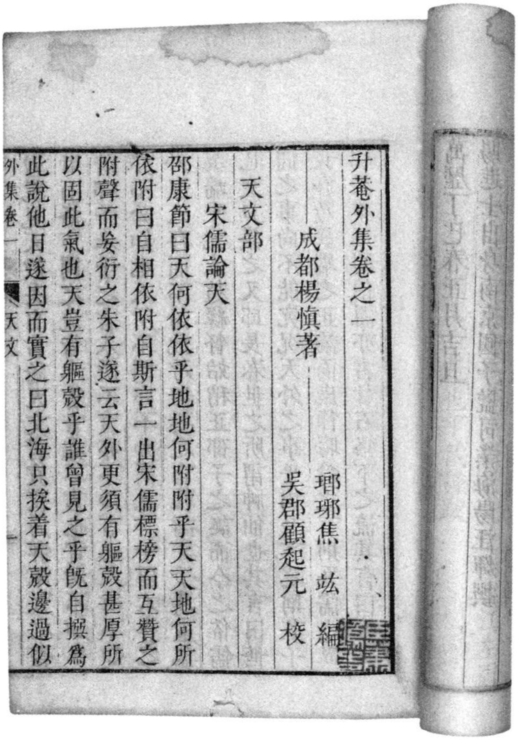

杨慎著作《升庵外集》，清刻本。

幸亏阁臣们对杨慎印象不坏，每次都帮他忙，长叹一口气道：“杨慎现在又老又病，惨透了。”明世宗这才比较宽慰。如果阁臣照实说来，杨慎“著述甚丰，写了八十一卷《升庵集》，又写了《二十一史弹词》”，那么，器量狭小、怀恨在心的明世宗非得再把杨慎剥一次皮不可。

至于杨廷和，世宗想起来就恨，他认为杨廷和应该“僇（lù）市”（受刑而死并且当街展示），不过姑且高抬贵手，将杨廷和削去职务贬为一般平民。

一直到杨廷和去世之后，有一天，明世宗问大学士李时：“现在太仓剩下多少银两？”李时回答：“还可以支出数年，这是由于陛下当年下诏书裁汰（tài）冗（rǒng）员的结果。”明世宗不好意思道：“此乃杨廷和之功也。”方才追赠杨廷和太保，谥文忠。

杨廷和系一代名臣，初上任三十七天之中，就建立了赫赫功绩。假如他不为大礼仪与明世宗对立，稍微忍耐一下，可以为天下百姓做多少事啊。

明世宗终于如愿以偿将他父亲兴献帝的牌位，放到了太庙之中，并且为此大兴土木，把一座新的观德殿乒乒乓乓拆了下来，另外建一座新的。落成之后，世宗生母兴献后兴冲冲地说：“我急着去看一看。”大臣又傻眼了，因为明朝到了永乐帝时代，皇后就只能拜谒（yè）奉先殿，不能去太庙。

大学士石瑶上奏章：“祖宗家法，后妃入宫，未有无故出入者，再说，太庙尊严，天子均非时出时入，何况后妃？女祸时常发生，不可不考虑。”言下之意，提醒世宗，小心别出了第二个武则天。

明世宗当然又大发脾气，臣下愈反对他偏愈要做，于是一向不安分的兴献后由明世宗陪着入太庙行礼，君臣之间，关系持续不断恶化。

明世宗想要当神仙

明世宗统治明朝四十五年，这是明朝由中兴到逐渐衰落的阶段。明世宗是出了名的迷恋道教的皇帝，因此，明朝的吴承恩在他写的名著《西游记》一书之中，特别创造了一个“车迟国国王”，以及“虎力大仙”“鹿力大仙”“羊力大仙”三大仙，最后把车迟国国王丢到滚油锅里，炸得皮焦肉烂。这车迟国国王就是在暗讽崇道灭佛的明世宗。

明世宗的父亲兴献王信奉道教十分虔诚。根据民间传说，明世宗出生的当天中午，兴献王正趴在书桌上打瞌睡，迷迷糊糊中，仿佛见到玄妙观中的纯一道士。兴献王一向敬佩纯一道士，急忙站起身来打招呼，方才发现是南柯一梦。正在此刻，宫人慌慌张张奔了进来，大声报喜：“恭喜王爷，王妃刚刚生下一麟儿。”

兴献王乐坏了，他自顾自地嘟嘟囔囔：“我知道，这一定是纯一道士点化的。”因此，明世宗似乎是自娘胎里就信奉道教。明世宗从小瘦弱，多灾多难，小病大病不断，他的母亲蒋妃带得很辛苦。每一次明世宗生了病，蒋妃就找道士画符，求神祷鬼，保住明世宗一条小命。

明世宗前面一个皇帝是明武宗，也就是人们所熟悉、梅龙镇上游龙戏凤的正德皇帝。正德皇帝最贪玩，钓鱼的时候翻了船，连冻带吓，没有多久便一命呜呼。正德皇帝没留下儿子，明世宗捡到便宜，以堂弟的身份继承了明朝的皇位，是为明世宗，年号嘉靖。这一年，明世宗只有十五岁。

嘉靖二年（1523年），一向体弱的明世宗生了一场大病，几乎死去，他愈发向往道家的长生不老之术。有一天，太监崔文问明世宗："万岁爷可知先皇帝升天时几岁？"

"不过是三十一岁。"明世宗叹口气说。

崔文又问："那么，再往上推呢？"

明世宗一个一个算上去："孝宗活了三十六岁，宪宗四十一岁，景泰帝三十岁，英宗三十八岁，宣宗三十七岁。"直算得明世宗心惊肉跳，富有天下的皇帝，居然撑不到中年，那么，以他这个薄得如一张纸的衰弱身子，究竟能拖几天呢？

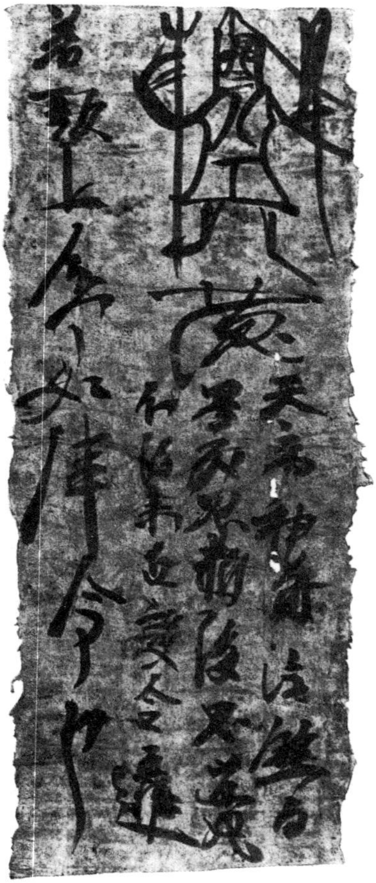

道士符录，新疆维吾尔自治区吐鲁番市出土。

崔文见世宗难过的模样，大力宣传祷祀的好处，从此明世宗开始全心信奉道教。明世宗第一个最相信的道士是邵元节。邵元节长相清秀，风度翩翩，明世宗一看就欢喜，让他住在显灵宫。没有几天，邵元节果然显灵。有几次雨雪过期不至，邵元节祷告后雨雪降临，甚至明世宗的嫔妃也前后生了两个儿子，明世宗很高兴，加恩封赏，任命邵元节为礼部尚书，并且赐给一品朝服。

后来，也许是邵元节年纪大了，祈祷渐渐不灵，他推荐陶仲文给明世宗。陶仲文一来，牛刀小试，庄敬太子的水痘（dòu）不药而愈，明世宗非常满意。

嘉靖六年（1527年），宫中出现了黑眚（shěng），黑眚又名黑青，传说中是一种水中妖怪，形状长得像人，全身黑漆漆的，专门在半夜出现，或抢小孩或吃小孩。陶仲文先烧了符，符上写的是“降黑眚”，把符泡入水中，以剑抹之，然后，他举起剑，对着空中劈斩，口中大声吆喝，宫中竟然从此安宁，陶仲文成为宫中的红人。

嘉靖十八年（1539年），明世宗南巡，经过卫辉地方，奇怪的是，突然自天而降一个大旋风，绕着明世宗的车驾打转，挥也挥不去，躲也躲不开。这时是八月，秋高气爽，万里无云，怎么会有此怪风？明世宗心中忐忑不安，转头问陶仲文：“到底怎么回事？”

陶仲文说：“此风不祥，风之火也。”

明世宗心一紧，忙说：“快！快祈祷行法术避灾。”

陶仲文神神秘秘一笑，“火灾不可免，但是对皇上无碍。”

明世宗无奈，三令五申小心防火，怪的是当天晚上行宫里果然起了一场火，火舌愈搧愈大，一会儿就烧掉了梁柱，烧光了屋顶，火势猛烈可怕极了！但是皇帝在哪里？因为明世宗一向小心谨慎，很难确知世宗睡在行宫哪一个房间中，因此，整个行宫乱成一团，死了许多宫女、侍卫。

幸亏锦衣卫指挥陆炳一向机智，在熊熊大火中，找到了吓得不成人形的明世宗，把他背出来，捡回一条命。

有人说，这是陶仲文自己勾结宦官放的火，原先只准备放一场小火，意思一下，不料水火无情，火势一发不可收拾。无论如何，明世宗对陶仲文更加深信不疑，封陶为高人、真人，连他的儿子女婿也授了官职。

段朝用炼银

明世宗迷信道教，除了拜神仙、祈求长生不老之药以外，他还特别相信箕（jī）仙扶乩（jī）以及祥瑞之事，甚且国家大事也由乩语决定。最荒唐的是，假如哪一个将军打了大胜仗，他不但不会慰劳将士，反而感谢鬼神保佑。

嘉靖三十九年（1560 年），浙江总督胡宗宪用计诱捕了海盗汪直，明世宗立刻的反应就是："鬼神帮了忙。"胡宗宪发现，想要升官，就应投其所好，在祥瑞一事上下功夫。

胡宗宪千方百计，找来两只白龟呈现给明世宗，世宗果然欢喜。乌龟，顾名思义当然应该是乌黑色的，难得见到一只白乌龟，照现代人科学的说法是基因突变，古代则认为是祥瑞。

这两只白龟放在地上，跑得好快，让世宗开了眼界，大为叹服。其实，乌龟是可以跑得很快的，龟兔赛跑可能有的乌龟还会赢，只是平常乌龟总是懒懒地在地上慢慢爬行，让人误以为乌龟永远动作迟缓。

胡宗宪对明世宗说："史记中记载一则故事，江淮（huái）地区有个人小时候用四个乌龟顶住床的四个角，到这人死了以后，家人把床挪开，很惊讶地发现，四只乌龟不饮不食，不吃不喝，居然还活着，活了五六十年。如此说来，人们说有千年老龟，应该不假。"

明世宗睁大了眼睛，望着两只白龟，眼中充满了崇拜的神情，从此，明世宗每天都要抽空去看望白龟，打声招呼。

但是，不晓得是否水土不服，过了没有多久，两只白龟相继死了，朝廷里上上下下十分惶恐，不知道明世宗会如何大发雷霆。不料，明世宗不是生气，而是叹气。他叹了一口气，又长长地再叹一口气，整天叹个没完，口中不断地说：“天降灵物，竟然归天，朕大概也将撒手人寰（huán）了。”

明世宗居然把自己与白龟相提并论，朝臣睁圆了眼睛，不敢相信。为了投其所好，个个努力找寻吉祥物，希望借此获得明世宗的宠爱。

嘉靖四十三年（1564年）五月，明世宗房中突然出现了一个大桃子，太监们大呼小叫，一起跪在地上喊：“万岁！万岁！这一定是天上降下给万岁爷的桃子。”事实上，这是太监自己放的，因为明世宗最近心情不佳，太监怕遭殃。

明世宗不疑有他，马上下了命令：“举行迎恩大典。”

第二天，宫中又出现另一个桃子，世宗更乐了；当天晚上，宫中的白兔生了两只小白兔，世宗愈发高兴；又过了几天，宫中的鹿生下两只小鹿。会拍马屁的朝臣纷纷上表庆贺，说是“奇祥三赐”，明世宗兴奋之下，自己亲自写了手诏谢谢臣子。

由于人人都抢着巴结皇帝，想出奇制胜，那么要抢在人们前面，就是一件不容易的事。

有个名叫郭勋的武定侯，他的祖先是明朝开国功臣郭英。郭勋找来方士段朝用，对他说：“你既然擅长于黄白术，我把你推荐给皇上。”所谓黄白术，是方士用朱砂炼出黄金白银，这根本是一件不可能的事。

段朝用嗫嗫嚅嚅：“可是，我的法术偶尔会失灵。”

郭勋当然知道这是骗人的把戏，他只是要找一个搭档一起骗皇帝，因此，他拍拍段朝用的肩膀：“放心，我先供给你银器。”既然银是现成的，段朝用就放心大胆，精神抖擞，跟在郭勋后面，到了皇宫，呈献出一百多件亮亮闪闪的各式各样银器，说是段朝用“化”出来的。

明世宗凑上前去，一件一件拿起来啧啧称奇：“哇！这与朕平常用的银器一模一样。”

“怎么会一样呢？”段朝用神气地抬头：“皇上用了上天降下来的银器，可以长生不老，但是必须深居简出，少与外界接触，以免污染。”

明世宗好开心，终于求得长生不老之术。他封段朝用为“紫府宣忠高士”，每天用段朝用“化”出来的银匙、银碗、银杯、银梳，想象自己正在一天一天变神仙的路上，同时对群臣说：“朕想让太子监国，治理国事，朕静摄一两年，如果朕没有飞升上天，朕再亲政。”

群臣吓呆了，太子才四岁，万岁爷真是拿国家事开玩笑，太仆寺卿杨最上书反对：“古代尧舜从来不学求仙这一套，难道他们不聪明吗？只要诚心为民，不想长寿也会长寿，不想成仙也会成仙。”这话不入耳，明世宗杀了杨最，但也没让太子监国。段朝用的银子是郭勋供给的，郭勋的银子是他利用职权在京城中开了一万多家店赚来的。后来有人检举段朝用作假，明世宗派人监督，果然段朝用没有法术，于是段朝用、郭勋一块儿死于狱中，明世宗继续找寻真正懂法术的方士。

蓝道行表演扶乩

明世宗不仅笃信道教，而且十分迷信灵异古怪的事，小太监们摸透皇帝的心理，四处打听一些神仙鬼怪的故事来报告世宗。

有一天，一个小太监向世宗报告，京城里有一个叫蓝道行的人，善于扶乩，能够知道过去与未来之事。

扶乩又名扶鸾（luán），是中国一种古老的占卜之术，方法很简单，先准备一个大盘子，盘内平铺细沙，再准备一枝乩笔，乩笔是两根木条，钉成T形而制成，由两个人分持T形乩笔的横木两端，一个人只握着横木不动，另一个则接受神明附体，然后移动横木，让下垂的木条在沙上写字或作画，这沙上的字代表神明的指示。

小太监把蓝道行带入宫中，叩见明世宗。

世宗坐在高高的龙椅上，望望蓝道行，说："朕听说你善于扶乩，不晓得灵不灵？"

蓝道行跪下来，必恭必敬地回答："请万岁爷赐下问题，小民会请大神回答。"

"好！"世宗点点头，"朕有个问题，写在纸上，用袋子密封起来，朕差人送到你的神坛去。"

当天晚上，明世宗派太监郭兴送来一个密封的信封，蓝道行在神坛前面烧了香，磕了头，把密封的信封在神坛之前焚化，然后和一个徒弟各自手握横木的一端，微闭双眼。不久，蓝道行的身体开始颤抖，手也开始推移横木，乩笔在沙上写了字："张真人降坛揭示，红花绿叶遍地锦，青天白日满室光。"

扶乩，选自《廛间之艺》。

郭兴与蓝道行回到宫中向明世宗报告，世宗看完大怒道："朕的问题是，朕昨天头痛，是什么原因？你的乩文简直是牛头不对马嘴。"

"万岁爷，"蓝道行赶快跪下来磕头："这是大神弄错了，原因是送万岁爷圣旨的人不洁净，有了邪气，所以大神才胡乱揭示。"

"郭兴，"世宗怒目盯着身旁的太监，"你身上沾了邪气，拉下去打十大板，好好洗一个澡，下次不许再沾邪气。"

第二天晚上，郭兴手捧着世宗的信封又来到蓝道行的神坛，郭兴走路一拐一拐，看起来屁股被打得很痛。

"蓝师父，求你帮帮忙，再不灵就要害死我了。"郭兴的声音像在哭一样。

"可以，只要你把信封打开来，让我看一看。"蓝道行眯着眼睛望着太监郭兴。

"私拆万岁爷的信封是死罪啊。"郭兴害怕地说。

"那你就不必给我看了，拿去烧吧。"蓝道行懒懒地打了一个呵欠。郭兴揉一揉被打疼的屁股，他心想：打十板勉强可以忍受，要是打一百板呢？要是打死了呢？想着想着，他就委屈地哭了起来。

“傻瓜，只有你知、我知，这封信我们看一遍就烧了，谁又会知道？”蓝道行又说，“同时，你还得告诉我宫里的情形、万岁爷的生活习惯，我扶乩灵验了，保证你也有好处。”

于是，郭兴拆开了信封，只见明世宗在上面写着：“朕佩的玉是何形？昨夜读何书？”

“郭公公，”蓝道行在郭兴耳旁轻声地说，“你一定知道这两个问题的答案，快告诉我，我的扶乩才灵，不然你就遭殃了。”

郭兴只得在蓝道行的耳朵旁说了几句话。

蓝道行点点头，便用火把信烧掉，开始扶乩。不久，沙盘中写出字来：“翠玉配龙凤，烛光照《孝经》。”

郭兴为蓝道行把乩文送给世宗，世宗看后大为惊奇道：“没错，朕身上的翠绿佩玉果然是雕着一龙一凤，昨夜朕也确实在看《孝经》，你真是神仙，竟然知道朕的心事，朕相信你的法力，朕以后遇有疑难之事，会召你入宫，朕会给你厚赏。”

明世宗一向小气，不过对于这类事一向大方。为了修玄炼丹，明世宗大兴土木，建了许多道教的斋宫秘殿，每年得花三百万两银子。宫殿修好之后，得用泥金书写门坛匾（biǎn）对，又要耗费几千两黄金。明世宗为了炼丹，修道成仙，又派许多人到全国各地去采集大木、珠玉、宝石、油漆，真正是劳民又伤财呀。

明世宗肚皮里的怪药

明世宗信奉道教非常虔诚，最主要的原因是他身体不好。特别是在嘉靖元年（1522 年）完婚之后，经常气弱、易喘、咳嗽。因为有病，一直到嘉靖九年（1530 年），还没有生孩子。

明世宗可能是肺不好，经常咳嗽，一咳就是一整天，尤其到了夜晚，咳得上气不接下气。世宗的母亲蒋太后每次听到世宗咳嗽，就像是心上被重重捣了一拳头，她常常握着世宗发烫的手说："唉，为什么不能让我代替你害病？"

蒋太后经常忧虑世宗生病，没多久，她自己也生了病，不过，并没有如她所愿，她无法代替世宗生病，世宗仍然气喘吁吁。嘉靖十三年（1534 年），世宗的咳嗽一拖就是半年，他两只脚像踩在棉花上一般，脸色雪白，经常"哇"的一声，一口血就喷了出来。他身边都是一流御医，世宗自己也在读医书，却是一筹莫展。

明世宗的体质弱，依常理看，他应当注重营养，锻炼身体，并且保持心平气和。明世宗一样也做不到。世宗偏食，懒得运动，道家的养生之道是强调静坐调息，他嫌麻烦，再加上心眼小，每次与臣子怄气，一个晚上翻来覆去睡不着，性情暴烈，抑郁愁闷，身体怎么会好？

但是，明世宗是个执拗（niù）的人，他非把身体弄好不可，因此，他相信方士，求长生不老之术。另外，他盲目相信医药，只要听说什么药有用，他就以大无畏的勇气，把药吞到肚子里。

第一项要吃的当然是灵芝。在两千年以前《神农本草经》上便说，灵芝排在人参之上，是能够延年益寿、防止衰老的上品圣药。

一个叫李佳的御医对明世宗说："秦始皇梦寐以求的长生药，《白蛇传》故事中的仙草不就是灵芝吗？它能益肺气，疗虚劳。"

道士陶仲文更告诉明世宗："常服灵芝能够升仙，飞行长生。"

明世宗一天到晚想当神仙，听着十分兴奋，下令到处采集。野生灵芝十分稀罕，采集不易，既然是天子想要，地方风闻，争先恐后呈献上来，今天有人送，明天有人送，堆放在宫中，像个小山似的，太监们偷偷拿去卖掉。有一个叫王全的地方官，买了一万朵灵芝，堆成一座"万岁之山"，又把一个乌龟涂上了颜色，一起献给明世宗，题了一个好听的名称"天降灵瑞"，明世宗龙心大悦。

不过，明世宗始终身体不舒服。一方面，他当然是有病，另一方面，他全副注意力都在自己的身上，当然今天这里痛，明天那里痛。

一位道士建议明世宗："何不服用'秋石'？"

"什么是秋石？"明世宗问。

"秋石是用童男童女的小便在秋天炼成的药。"

明世宗眉头一皱："小便不是又脏又臭吗，让朕吃小便？"

灵芝，中医图谱。

道士微微一笑："这叫以毒攻毒。在秋天里，取童男童女的小便，熬炼成细末，如盐巴一般，加以食用；用久了，能够滋肾、降火、消痰、明目，功效很大。"

从此，明世宗用秋石代替盐巴，无论炒什么菜都用秋石，虽然有时也觉得恶心想吐，但是为了身体健康，也就忍了。事实上，明朝大医学家李时珍曾说，秋石太咸，多吃有害无益。

在《西游记》中，作者吴承恩为讽刺明世宗吃童男童女的小便，曾经安排了有趣的一段：

话说唐僧、猪八戒、沙和尚与孙悟空来到了崇道灭佛的车迟国。半夜里饿了醒来，孙悟空说："我知道，城里有一座三清观，三清殿上有许多好吃的供品。"猪八戒睡梦里听说有好吃的东西，马上醒了，他着急地说："哥哥，怎不带我去？"

孙悟空捂住猪八戒的嘴："兄弟，要吃东西，别大呼小叫，惊醒师父。"他们一行三人来到三清殿，孙悟空把八戒变成太上老君，沙和尚变作灵宝道君，孙悟空自己变作元始天尊，把原像推了下去，然后三个人开始大吃大喝，不论馒头、点心、烧饼，他们都风卷残云，吃得好开心。

这时虎力大仙、鹿力大仙、羊力大仙来了，发现东西被吃得精光，以为是天尊降临，一起跪下，恳求赐给圣水金丹。

孙悟空就撒了一花瓶尿，猪八戒也花刺（lā）刺溺了一盆，沙和尚也撒了半缸，然后孙悟空在上面说："小仙领圣水。"

这几个道士，磕了头、谢了恩，为了尊师重道，先舀出一盅献给老道士，老道士兴奋得一口喝下，抹唇咂嘴，鹿力大仙问："好吃吗？"老道士努着嘴说："不好吃，有点腥。"羊力大仙也喝了一口道："有些猪尿味。"这才发现上了当了。

人的身体健康要靠平日的维护，若是只靠吃一堆药，那只会愈吃愈糟糕。

明世宗灭佛

明世宗信奉道教，在他看来，大力打击佛教，正足以代表他对道教的虔诚。其实，所有的宗教，哲理不一、目标相同，都强调爱心、慈悲心，尊重他人与分担他人的痛苦，用不着彼此攻击批评。

在《西游记》一书之中，作者吴承恩创造了一个车迟国国王，用来讽刺明世宗的崇道灭佛。话说唐三藏、孙悟空、猪八戒、沙和尚来到了车迟国，忽然听到一声吆喝，好像千万人一齐呐喊的声音，唐三藏害怕，兜住马不敢前进，孙悟空笑道：“大家别怕，待我老孙看一看是怎么回事。”

孙悟空纵身一跳，跃起半空之中，只见一块沙滩空地，聚集许多和尚，正在吃力地把一辆车子扯上悬崖，口中齐喊：“大力王菩萨。”这些和尚个个衣衫破烂，看起来好可怜。

一会儿，出现两个青年道士，头戴星光、身披锦绣，腰上还系着一条条丝带。和尚见道士来了，个个胆战心惊，加倍痛苦地拽着车子。

孙悟空把自己也变成一个道士，和两位小道士招呼。小道士很热心地介绍道：“我们这个城中，文武官员都好道，大小男女见到道士都得拜，头一个就是万岁君王好道爱贤。”小道士又得意地说：“万岁爷说和尚没用，拆了他山门，毁了他佛像，我家里烧火的、扫地的、搬砖瓦、盖房子的仆役全是和尚。”

这个仇视和尚的车迟国国王就是暗指明世宗。

明世宗痛恨佛教，还有一层道理，因为张太后信佛。正德皇帝去世之后，没有留下儿子，张太后做主，使明世宗以堂弟的身份继承皇位，按理说来，明世宗应该改称张太后为母亲，自己的亲生母亲改称婶婶。

明世宗不肯，闹到最后，他获得胜利，风光地把母亲蒋太后迎到宫中，会见张太后。张太后心目中仍然认为蒋太后只是个妃子，因此非常神气地高高坐着。

蒋太后自己也有点心虚，很自然地膝盖一软，就跪了下去。张太后也很自然地挥一挥手表示答礼。

两位太后没什么不愉快，明世宗却气得发抖，他认为自己亲生母亲遭到了侮辱，他非报仇不可。

明世宗迷恋道教，痛恨佛教；明世宗孝顺蒋太后，气恼张太后。两件事他一块儿算账。

朝臣上下都明白明世宗的心理，努力投其所好。

有位工部侍郎上奏："推倒玄明宫的佛像，把佛像身上的金屑刮下来。"

明世宗是个小气又残忍的皇帝，他笑眯眯地说："嗯，这个主意不错。"于是，玄明宫的佛像，身上被刀片刮下了一千多两的金屑。既然皇帝有毁佛寺的兴趣，凡是正德年间新增或扩建的佛寺，全都难逃被毁的命运。

在风景秀雅的西山，有一座皇姑寺，许多皇亲国戚以及有权势的太监，经常前往烧香拜佛，张太后也时常前往布施，明世宗决定把佛寺拆了，以泄心头之恨。

这个消息很快传开，张太后十分着急，派人对明世宗说："皇姑寺是孝宗朝所建，不可拆毁。我听说了这一件事，心中十分不安，皇帝应该遵照我的话。"

事实上，明世宗这个皇位，算起来还是张太后给的，明世宗一点也不感恩，张太后愈是来说情，愈促使他非拆不可。

过了不久，明世宗的母亲蒋太后也来劝阻。蒋太后虽然信奉道教，偶尔也去庙里拜一拜菩萨。

蒋太后对明世宗说:“我正想建一座寺院，就把皇姑寺算到我的名下好了。”

明世宗不为所动，他撇撇嘴道:“建寺院干什么，不用了。”

蒋太后急了，她摇着明世宗的肩膀道:“儿啊，毁佛寺、砸菩萨，你可要遭到恶报的啊。”说着说着，蒋太后呜呜咽咽哭了起来，又是眼泪，又是鼻涕。

明世宗仍然不理，他说:“别理小人流言。”

蒋太后知道儿子的脾气，也就不再吭声。

明世宗把这件事交给杨一清办，杨一清比较圆融，上奏明世宗说可留寺房给无家可归的尼姑暂住。拆皇姑寺就不了了之。后来，明世宗又要拆宫内的大善佛殿，礼部尚书建议把佛像等埋到荒野外，明世宗不肯，他认为这些是邪恶污秽的东西，埋在土中，还是会有人窃盗，因此，他下令当众烧毁了“金银佛像一百六十九座，头牙骨共一万三千多斤”，由此可见明世宗仇恨佛教的心理。

宗帽帽讲歷史故事

中国历史故事

珍藏版

吴姐姐◎著

15

明

1368—1644 年

江西教育出版社
JIANGXI EDUCATION PUBLISHING HOUSE
·南昌·

杨继盛（1516—1555 年），选自《历代名臣像解》。字仲芳，保定容城（今属河北）人，自幼苦读，三十二岁中进士，娶张氏，两人闲暇时，男吹箫，女低唱，美满和乐。时俺答侵边，明廷开马市，以羁縻俺答，杨继盛上书反对，贬逐甘肃。到任后，杨继盛夫妇典卖首饰车马，助贫困孩童上学，当地人尊他为“杨父”。严嵩见杨继盛有官声、有才华，有心罗致，数月之间，升官四次，杨继盛虽蒙拔擢，仍毅然上书言严嵩大罪，严嵩恼羞成怒，将他下狱杀害。杨继盛刑前留有绝笔：“浩气还太虚，丹心照千古，生平未报恩，留作忠魂补。”

——见《杨继盛争取读书机会》

海瑞（1514—1587 年），选自《历代名臣像解》。号刚峰，广东琼山（今海南省海口市琼山区）人，自幼丧父，受教于母，自小钦慕包公，立志成为清官。嘉靖举人，历任地方、中央官职，一生清贫，致力于安抚穷困，打击豪强，极有政声。为地方官时，为维系公道人心、民众利益，数次顶撞上官，百姓依为父母，称“海青天”。时世宗昏愦多暴，政治紊乱，百姓困苦，海瑞为警醒世宗，冒死直言，由于用笔极为锐利，世宗先是大怒，继而痛苦反省，最后终将海瑞下狱。世宗临死之际，念及海瑞忠贞，将其释放。

——见《海瑞顶撞御史》

朱厚熜（1507—1567年），明宫廷画家绘。即明世宗，明代第十一位皇帝，十五岁时以武宗堂弟身份入继大统，初时杨廷和执政，政治颇有一番新气象，之后因“大议礼”事件，杨廷和被削职，贞干之臣多有贬逐，再加上明世宗迷信道教，奸佞夤缘而入，政治日非。他在位的四十五年是明朝由中兴到逐渐衰落的阶段，至晚年，海瑞上奏时，称“嘉靖嘉靖，家家干净”。极言天下穷困，世宗有所悔悟，但为时已晚。

——见《海瑞无罪释放》

戚继光（1528—1588年），选自《历代名臣像解》。字元敬，山东登州（治今蓬莱）人，出身军人家庭，袭父职入伍，初任指挥佥事，以保卫国家自许，只顾练兵读书，利害得失，全不予计较。嘉靖三十四年（1555年），戚继光调任浙江，见倭寇横行，官军怯弱，乃着意搜选，组建起一支勇猛善战的军队，亲自教以器械阵法，与倭寇战于浙、闽、粤沿海诸地，历十余年，大小八十余战，终于扫清倭寇之患，被后世誉为民族英雄，称其所领军队为“戚家军”。

——见《戚家的教养》

三娘子（1550—1612 年），清康涛绘。明代晚期维系蒙汉关系的重要人物。史传她浓眉大目，笑靥如花，是瓦剌出众的美女，为俺答汗之孙把汉那吉所得，后归俺答汗，把汉那吉愤然投奔明廷，差一点引起两国兵争。这一事件当中，三娘子力主与明廷和谈，又助俺答汗履行协议，开展互市。俺答汗死后，三娘子一直掌握大权，交通明廷，蒙汉因之和平安宁三十余年，明廷封她为一品“忠顺夫人”，蒙汉人民对她深有怀念。

——见《美女三娘子》

朱翊钧（1563—1620年），选自《乾隆年制历代帝王像真迹》。即明神宗，穆宗子，明朝第十三位皇帝，在位四十八年，是明朝在位时间最长的皇帝。十岁时登基，一切政事决于名相张居正，政治颇有起色，二十岁时亲理政事，一度励精图治，后期因与文官集团发生矛盾而罢朝近三十年，晚年社会矛盾加剧，东北女真兴起，因而种下明代灭亡之因。

——见《明神宗调制辣面》

目　录

说真话与打屁股

明世宗经年累月地求仙问道，迷信扶乩（jī）与祥瑞之事，每天过着昏昏沉沉、自我陶醉的生活，自然没有心情处理国家大事。如果哪一个臣子胆敢出来表示反对的意见，明世宗一定大大地发威。

可是，中国历史上，就是有那么多读过书、热爱国家的知识分子，明明晓得说出来的话皇帝不爱听，而且后果严重，却还是不顾一切地说真话。

嘉靖二十一年（1542 年）秋天，明世宗听信方士陶仲文的话，建一个“祐国康民雷殿”在太液池西边。工部员外郎刘魁（kuí）认为，这又是劳民伤财的事，他决心站出来劝阻。

明世宗是个很专断的皇帝，他两只眼睛仿佛站立起来，眼中喷着火道：“这个小子莫非不要命！”

旁边的太监说：“似乎是的，刘魁已经先买好了一口棺材准备放尸体。”

明世宗更生气了：“没这么容易让他死掉，先廷杖再说。”所谓的廷杖，廷是朝廷，杖是用杖打人，意思是说在朝廷之上打屁股。在明朝之前的皇帝偶尔脾气一发，会当场打人屁股。到了明朝开国帝王朱元璋，因为他有强烈的自卑感，生怕别人嘲笑他是和尚出身，经常使用廷杖。无论多大的官员，只要皇帝一不高兴，立刻拖下去毒打，打死也是常有的事。

通常的情形是，司礼太监掌刑，拿棍子行刑的则是锦衣卫的校尉，例如艾穆曾经被打八十棍，记忆深刻，他曾写下亲身经历。

明世宗，选自《乾隆年制历代帝王像真迹》。

司礼太监大声喝道：“带上犯人来！”底下千百人大声呼应：“带上犯人来！”声震屋瓦。艾穆被带上来，太监大声宣布：“着着实实打八十棍，每五棍换人。”也就是说一共换了十六个人打艾穆的屁股。打的时候，一个人抓着艾穆两只脚，不得动弹；艾穆头朝地，吃了满嘴灰尘。

明太祖朱元璋火气很大，常常在朝廷上打人屁股，当场把人打死。当时官员每天上朝前，都与妻子儿女话别，交代遗言；谁也料不准，今天上朝，皇帝老爷会不会大发雷霆，当场打人，甚且打死人。到了晚上，官员若是侥幸回到家，又与妻子儿女抱着头痛哭流涕：“唉，又多活了一天，该庆祝庆祝。”谁也料不准第二天的事。

在明宪宗以前，除了明太祖朱元璋下手特别重外，其他皇帝下令执行廷杖时，多半会用厚厚的棉布盖在受刑者的屁股上，然后再打。被打的人，多半也事先知道，就会先服一些药。即使如此，这几十棍，结结实实打下来，也得在床上躺几个月。

有一个叫姜埰（cǎi）的被打惨了，整个人昏厥过去，怎么也醒不过来，姜家的人十分着急。

有人说：“听说喝童子尿可以醒过来。”

姜埰的弟弟姜垓（gāi）救兄心切，口含童子尿，喂给姜埰。

也许是尿臊味太恶心了，姜埰喝完，人就醒过来了。

家人好开心，找了姓吕的名医来看诊。“嗯，还好，受伤的淤（yū）青痕迹没超过膝盖，应该可以救活。我先用刀把打烂的肉割掉，你忍耐一下。”说着，吕医生就动手割伤。后来，姜埰人是治好了，却也成为一拐一拐的残障人士了。

被打的人是死是活，就得看锦衣卫下手是轻是重；锦衣卫手下是否留情，就看司礼太监的指示。

司礼太监与锦衣卫之间有个默契（qì），据明朝《万忠贞传》中的记载，例如司礼太监的两只靴尖成外八字，锦衣卫下手就轻一些；假如两只靴尖向内一收，那么，休想活命了。

不过，碰到明世宗，就算司礼太监想网开一面做做好事也办不到。明世宗经常自己问案，自己监刑，锦衣卫不得不努力执行任务，因此杨言的手指少了一根；张选更惨，锦衣卫为了讨皇帝欢心，竟然打断了三根木杖，张选被打得皮开肉绽，活活被打死。

尽管明世宗如此凶狠，照样有不怕死的朝臣批评朝政，御史杨爵就不止一次上书，劝谏皇上不要迷信扶乩之事。世宗下令逮捕，打得血肉横飞。在牢中关了七年，最后杨爵仍然心平气和地说：“这是我该做的事。”

因为说真话，反而挨了打，甚且送了命，这些知识分子总是在想：也许我的真话可以让皇帝良心发现，改正缺失。因此，他们甘愿冒着生命危险站出来说话。他们是可敬可佩的，代表着中国历史上高贵的灵魂。

陈皇后吃醋

明世宗非常孝顺母亲，这一辈子，他把所有的爱给了母亲，对于其他女人，明世宗是相当冷酷的。他前后立了三个皇后，三个皇后的故事都很凄惨。第一个皇后姓陈，她是明世宗嘉靖元年（1522年）立的皇后，进宫之时只有十六岁。

明世宗是以明武宗堂弟的身份继承皇位的，这件婚事是由武宗的母亲张太后一手策划办成的。由于世宗讨厌张太后，他心目中只有亲生母亲蒋太后。因此，连带的对于陈皇后，他也极其反感，东挑西嫌。

所以，两人结婚了七年，陈皇后才传出怀孕的消息。嘉靖七年（1528年）九月里，明世宗与陈皇后坐在乾清宫中，明世宗板着一张死鱼脸，嘴巴闭得紧紧的，突然之间，他开始朗声大笑，原来是张妃与方妃捧着茶进来了。

张妃生得十分圆润，长长睫毛之下盖着一双大眼睛，真是又美又媚。方妃脸蛋秀丽，窄窄细细的腰肢袅袅婷婷。明世宗为了气陈皇后，故意换个地方坐，让两位美人儿一左一右坐在身边。

明世宗常常奚落陈皇后："瞧你的手，又黑又粗还长毛，好难看。"他总在陈皇后的手上做文章。这一会儿，他捧着张妃的手，笑眯眯道："嗯，又柔又香又滑，让朕亲一个。"

一会儿，明世宗又拿起方妃的手仔细端详，在脸上摩来摩去，并且一双眼睛不断瞟向陈皇后，似乎想把她气死。

陈皇后被冷落一旁，望着三个人，纠纠缠缠笑作一团，她知道，明世宗也不爱张妃、方妃，他就是存心让自己难堪，他用整自己来报复张太后。

陈皇后眼泪一直在眼眶里打转，七年来累积的委屈涌上了心头，她心想："毕竟我才是母仪天下的正宫娘娘啊。"她决心为自己讨回公道。

明世宗陈皇后，明宫廷画师绘，台北"故宫博物院"藏。

陈皇后用力地"咳"了一声，没人理睬，于是她一下子站了起来，把茶杯往茶几上重重一放，表示抗议。

明世宗天性严苛，他也重重地把茶杯一搁，指着陈皇后，恨恨地说："朕问你，七出是哪七出？"

所谓七出是古人休妻，也就是离弃妻子的七种原因，只有男人可以休妻，女人只能被休。

陈皇后吓傻了，一面抹眼泪，一面抽抽泣泣道："第一是没有生子，第二是犯了淫乱罪，第三是不侍奉公婆，第四是长舌搬弄是非，第五是盗窃，第六是妒忌，第七是生恶疾。"

"嗯，背得不错，朕问你，你是犯了什么罪?"明世宗眼中冒着熊熊火焰。

"我，我妒忌。"说着，陈皇后放声大哭，哭明世宗的无情，哭自己让张妃、方妃看笑话，更哭自己的皇后位子恐怕不保，又惊又吓又恼又怒的心情激荡之下，陈皇后瘫倒在地上，流了一地的鲜血，原来陈皇后血崩了。

御医赶来了，叹了一口气：“没办法，孩子保不住了。”

陈皇后喃喃道：“完了，又犯了七出第一条：无子。”她好不容易才怀孕，现在，整个人生还有任何指望吗？接下来，恐怕只有打入冷宫了。一刹那之间，陈皇后完全丧失了人生的希望，她不吃、不喝、不睡，只是哭。她不晓得自己到底做错了什么，上天要她如此地受折（zhé）磨。

陈皇后的父亲陈万言听说女儿病危，心中着急万分。陈老夫人更是吵着非要进宫见女儿一面。

明世宗却不答应，他的理由是：“外戚怎能随便入后宫？假如今天以探病为理由，其实却窥伺（kuī sì）朝廷，朕可不能中计。再说，皇宫之中岂会没有良医妙药，还需要什么亲人探视，朕绝对不能放纵外戚入宫，否则，朕将如何向后世交代？”

明世宗的话，简直不近人情，皇后病重，女眷（juàn）探视，这是常有之事，怎么会是“窥伺朝廷”？陈皇后在病榻上，听到这个消息，想到自己身为皇后，连亲妈妈都见不到一面，明世宗自己晓得爱妈妈，为何不能想到别人也想妈妈？她痛苦又难过，一个月不到就撒手人寰（huán），才只有二十三岁。

明世宗一滴眼泪也没掉，用不合乎皇后下葬的礼仪葬了陈皇后，他还对大学士张璁（cōng）说：“君子所配，必求淑女，何况国君。上次婚姻，是宫中久恶之妇作主。”这个久恶之妇指的是张太后，他因为不满意张太后，赔上陈皇后一条小命，实在是很残忍。

张皇后与蚕宝宝

明世宗孝顺亲生母亲蒋太后，讨厌武宗的母亲张太后，因此，张太后挑中的陈皇后，等于是死在明世宗的手中。

陈皇后死了不到一个月，就由蒋太后挑选了一位张皇后。张皇后实在长得不漂亮。蒋太后有婆媳争宠的心理，她可不愿意找一位美丽的媳妇，蒋太后的理由是“这位姓张的性情柔顺，举止大方”。

明世宗是一个听话的儿子，妈妈这么说，他就照办，他先是有点遗憾地说：“宫中这么多美人儿，怎么挑了如此不起眼、平平凡凡的普通女子做皇后。”一会儿，他又自我吹捧起来：“由此也可以向天下人证明朕是爱德不是爱色，可见前面的陈皇后是因为失德而死。”

张皇后战战兢（jīng）兢，小心害怕地当起皇后。她尽量不开口，不说话，不管明世宗说什么，她一律点头称是，眼神中充满了畏惧，一点也不像一个皇后娘娘，倒像是一个可怜的小媳妇。

但是，不管小可怜如何委曲求全，她还是命运悲惨。

明世宗的花样很多，他器量小，喜欢钻牛角尖，愈钻愈深。他对于祭典有兴趣，不论是郊祭、祭孔夫子、祭祖先，都要与大臣再三研究讨论细节。

嘉靖九年（1530 年），爱拍马屁的夏言，揣摩上意后，建议在皇宫中养蚕宝宝。明世宗觉得有趣，下令礼部：“古代天子亲自种田，皇后亲自养蚕，劝导天下勤劳，朕与皇后也准备自今年开始做。”

农家务蚕桑，选自清《耕织图册》。

许多小朋友摘过桑叶，养过蚕宝宝。明世宗是个不嫌麻烦的人，他养起蚕来，规定一大堆。例如要建立蚕坛，设计特别采桑叶的器皿，皇后得先吃三天素；到了桑坛，得先“迎神四拜，赐福二拜，送神四拜”，拜得头昏脑涨；采桑叶时，得注意方位，不能弄错。整个仪式竟然需要调集一万军卫，全程不能出一丝一毫差错。

张皇后每次亲蚕礼之后，总是汗流浃（jiā）背，即使冬天也是一样。因为她流的是害怕的冷汗，整个过程之中，她一直提心吊胆，万一出了什么差错，谁知道明世宗会发如何的脾气。亲蚕礼之后，明世宗又弄了一个治茧礼出来，张皇后又得赴织堂监制祭服，又是一堆麻烦仪式。

张皇后知道明世宗厌恶张太后，前一位陈皇后由于是张太后挑选的，这才倒了大霉。可是，张太后是一个善良、老实、可怜的人，她忍不住同情张太后。

张太后本来就惹明世宗嫌，加上她有两个不成材的弟弟张延龄与张鹤龄，贪赃枉法，不停地出状况。嘉靖十二年（1533年），明世宗把张氏兄弟抓到刑部，拷打问案，掌握了张氏兄弟犯下的“违法建造园林、杀婢女”等一连串罪行。明世宗逮住机会，下诏把张延龄处死，革去张鹤龄的爵号。

明世宗是存心报复，让张太后难过。

刑部尚书聂贤站出来讲话，他说：“希望看在张太后面子上宽免。”明世宗就是因为张太后才定罪的啊，所以他下令：“聂贤不奉公守法，罚俸半年。”

明世宗又准备以张延龄谋反的罪名，把张氏家族一起灭掉，大学士张璁出来讲话：“张太后年事已高，不要这般打击老人家。”明世宗更生气了。

张太后急哭了，她想向蒋太后求情，但又怕被拒绝，这时恰好明世宗的第一个儿子出生，整个朝廷欣喜若狂，张太后请求入贺，世宗不准。

张太后贵为太后，丝毫没有受到尊重，想当初，还是她做主让世宗入继皇位的啊！她心中难过极了，拉下了老脸，跑去求见张皇后。张太后拉着张皇后的手，没法子开口说话，只是一直哭，边哭边咳嗽，张皇后好生不忍。

哭了半天，张太后终于止住了，她对张皇后说：“你一向知书达礼，现在张家就靠你了。皇帝大概也只可能听你的话。”

“我，我岂有办法？”张皇后着急地摇手，她看到世宗，真像老鼠碰到猫，她从来也不敢向他开口请求任何事。

张太后又开始哭，吓得张皇后说：“好，我想个办法。”

不料，张皇后婉转地一开口，明世宗立刻下令：“将皇后的冠服脱掉。”内臣把张皇后的冠服脱掉之后，明世宗竟然拿着鞭子抽打张皇后：“你是蒋太后挑的皇后，居然帮张太后说情！”打完之后，贬入冷宫，两天之后被废，三年之后死于后宫。明世宗爱亲生母亲，却仇视其他女人，这样的爱好可怕啊。

方皇后报告学习心得

明世宗相信，世界上只有他的亲生母亲蒋太后才真正爱他，其他人都是冲着皇帝这个位子利用他。

明世宗第三个皇后方皇后，貌美多才，方皇后看到前面两个皇后的下场，几乎想对明世宗说：“算了，我还是当我的皇妃，安安稳稳过日子。”

方皇后谨记前面两个皇后的教训，一天到晚闭紧嘴巴，与张太后保持远远的距离。方皇后够美了，但是明世宗很贪心，不停地找来更多美女。他是明朝后宫妃嫔最多的皇帝，方皇后当然不开心，表面上却表示多多益善，美女愈多愈好。

明世宗身边全是美人儿，他却一个也不爱，而且全部不相信，他只相信他的母亲，他要尽一切力量报答母亲，同时打压张太后，明世宗的爱与恨同样炽（chì）烈。

嘉靖七年（1528 年），明世宗为蒋太后上了一个尊号“章圣慈仁皇太后”，并在九年（1530 年），大张旗鼓把蒋太后所写的《女训》刻印出书。所谓女训，不过是女人应该三从四德，以夫为天的老掉牙训话。明世宗把它当成宝贝，自己亲自写了一篇序文，同时下令，把《女训》《明太祖马皇后传》，以及明成祖徐皇后的《内训》三者一起颁行天下，他希望蒋太后能因此流芳后世。可惜，蒋太后毕竟没多少学问，内容空洞的《女训》一书在后代没有得到重视。

不过，在当时，蒋太后可是过足了瘾，三不五时，方皇后就得率领妃嫔，一块儿到蒋太后跟前听讲。

蒋太后年纪大了，乡音又重，讲起话来，反反覆覆、再三啰嗦，反正说来说去，永远是那一套："男人是天，天是高高在上的；女人是地，地应该是卑屈在下的。"蒋太后也不忘再三告诫："自古以来，国家的兴衰，就在于皇帝背后的女人是否贤德。"说这些话的时候，蒋太后总是狠狠地盯着方皇后看。蒋太后喜欢之前那个外貌平凡的张皇后，眼前的方皇后太美了，美得让这个婆婆打心眼里讨厌。

方皇后心中不以为然，她心想：皇帝不上朝与我等无关。这话她可不敢开口，只是眼睛呆呆望着蒋太后，蒋太后讲一句，方皇后就点一下头，装成一副心领神会、非常赞赏的模样。

课上完了，方皇后还得率领妃嫔在坤宁宫报告学习心得，这也是一件苦差事，方皇后总是第一个带头说："太后讲得太精彩了，我十分佩服。"

接下来张妃说："我了解三从是女子未出嫁之前听父亲的，出嫁之后听丈夫的，丈夫死了之后听儿子的。"

李妃又接着发言："四德就是妇德、妇言、妇容、妇功，妇人应该要有德行，有美貌，慎言语，会操作家事。"

方皇后对此十分不耐烦，只好逆来顺受，没多久，翰林院一些拍马屁的官员上奏，建议把蒋太后的《女训》编成诗歌，又编为乐曲，讨明世宗的欢喜。

明世宗立刻答应，于是，方皇后与妃嫔，日日夜夜泡在蒋太后的《女训》之中，觉得整个人快要窒（zhì）息了。

嘉靖十五年（1536年），明世宗担心母亲长住宫中，十分愁闷，决定搀着蒋太后去散散心。谒（yè）陵之时，明世宗跪在母亲大人的左边，方皇后率领妃嫔，跪在蒋太后的背后，蒋太后威风凛凛，十分神气。

回到宫中，蒋太后仍讲个不停，显然游兴不浅，意犹未尽。

明世宗突生一念："不如我们去游西湖。"

“好哇！”蒋太后一口答应。

西湖好美，群山环绕，云雾缥缈，明世宗扶着蒋太后沿着北岸，到了著名的灵隐寺，又在虎跑寺逗留了一会儿，观赏名泉，喝喝好茶，蒋太后对于精美小食、丝绸、香扇、刺绣赞不绝口。

《西湖柳艇图》，宋夏圭绘。

接着，明世宗陪着母亲大人泛舟西湖，欣赏岸边柔草，湖面风光。明世宗说：“苏东坡曾有名句，‘欲把西湖比西子，淡妆浓抹总相宜’。意思是说，把西湖比喻为中国古代的美女西施，不论浓妆淡妆，永远是那般美丽。儿也写了几首诗，不比苏东坡差。”

于是，明世宗就一首接着一首念。他的诗实在不高明，反正蒋太后也不懂，儿子写的当然是最好的，呵呵呵笑个不停。

方皇后也想泛舟，但是接触到明世宗冰冷无情的眼光，她吓得直打哆嗦，完全不敢吭声。

蒋太后与张太后

在明世宗心目中，“世上只有妈妈好”，唯有母亲对他的爱是真情，其他人全是虚情假意。除了母亲以外，他不相信任何人，也绝对不愿意对任何人付出感情。

明世宗的母亲蒋太后每次母子同乐之时，总是长长叹一口气：“要是你父亲还健在，看到儿子当了皇帝，不晓得该有多么高兴啊！”

明世宗的父亲兴献王过世得早，四十四岁就撒手人寰，这是明世宗心中最沉痛的创伤，他老是自责，没有尽到人子的责任，世宗哀叹之余，只有安慰老母道：“现在宫里有这许多方士，炼制各种长生不老的丹药，但求老天保佑，我们母子两人可以天长地久、永永远远相爱相守在一块儿。”

话虽如此说，蒋太后大病小病没有断过。嘉靖十六年（1537 年）春天，孝顺的明世宗陪着母亲游过西湖之后，蒋太后的身体愈发不对，明世宗一天到晚捧着各种丹药服侍母亲，似乎不见起色。

有一天，明世宗突生一念，也许让母亲回湖北安陆老家去住一段日子，心情开朗身体就健康了。明世宗把这个意思告诉朝臣，朝臣都晓得明世宗是个孝子，老母亲要是回到湖北不想回来，皇帝大概也就不回京了。因此不得不好言相劝：“太后目前正在养病之中，恐怕禁不起长途的颠簸（bǒ）。”

明世宗想想有理，也就不再坚持。他每天捧了一堆丹药服侍母亲，说实话，蒋太后每次看到这许多乌黑的丸子就恶心，但是又不忍辜负儿子的美意，勉强装出笑脸一颗一颗吞下去。

有一天，明世宗喂完药，回到寝宫，忽然太监来报，蒋太后在平静中过世了。明世宗脑中仿佛有无数个金苍蝇在飞转，他不但惊慌，并且愤怒，拍着桌几，大声咆哮：“不可能的，绝不可能的。”牙齿吱吱发出可怕的声音。

明世宗飞奔到蒋太后床前，果然太后闭上了眼睛，安详地走了。明世宗“哇”的一声，扑倒在母亲的怀里，又哭又吐，整个人昏厥过去。

御医七手八脚，让明世宗清醒过来，他睁开眼睛第一句话是“朕要报仇!”

众人面面相觑（qù），蒋太后病危久矣，迟早会走的，明世宗要报什么仇，莫非要与阎王爷去理论？明世宗怒火中烧道：“这一定是老巫婆张太后下的毒手，否则母亲怎么会服了长生不老之药后，反而莫名其妙走了？”

明孝宗皇后，明宫廷画师绘，台北“故宫博物院”藏。

说着，明世宗马上就要颁诏旨，为蒋太后报仇，明世宗的脸色不但难看，并且可怕。内阁大学士李时奋不顾身向前劝阻：“没有任何证据显示张太后下毒，皇上颁诏旨治罪张太后，恐怕引起天下人的非议，有伤圣上的声誉。”

明世宗一向是个人人为我，我为自己的人，他勉强收回诏旨，这一口气却非出不可。

明世宗一口咬定是张太后害死了蒋太后，事实上，张太后只是一个可怜的老妇人，丈夫死了，儿子死了，她主张立的明世宗视她为眼中钉，她有什么能耐可以去害蒋太后呢?

明世宗对付不了张太后，他怒火一阵一阵烧，念头一个一个转，脸上阴晴不定，那个模样似乎想要吃人。他问左右："张太后的弟弟张延龄现在在哪里？姓张的一家人没有一个好东西。"

"张延龄因强夺民宅的罪行，仍关在狱中。"左右回答。

"嗯，很好，把刀架在张延龄脖子上，暂时不砍。"明世宗为自己这一条毒计十分得意。

张太后两个弟弟张延龄、张鹤龄都不成材，张太后屡次劝说，两兄弟全听不入耳，张太后一点办法也没有，弟弟再坏，总是自己的亲弟弟，也是她亲近的亲人；她听说张延龄刀加颈上，危在旦夕，急得跑到明世宗前面求情。

明世宗理也不理，睬也不睬，他其实心知肚明，张太后没有本领加害蒋太后，但是他满肚子不如意，非找一个出口不可。

张太后求情无效，只好上演苦肉计。她穿上一件破衣服，睡在一张草席上面，早也哭，晚也哭。那种模样，就像是一个小孩子没做错事却被大人责备，脸上全是惶恐委屈，让人看了好不忍。

朝臣个个不安，纷纷为张太后请命。明世宗仍然狠心让张延龄关在狱中。张延龄死在狱中，张太后终于也走了。明世宗一天到晚对付人，他也以己度人，以为张太后在对付他。明世宗身为天子，但他不快乐：算计人是得不到快乐的。

明世宗思念母亲

明世宗醉心于长生不老之术，他相信方士炼制的丹药有用，对他有用，对他最爱的母亲蒋太后也有用，然而，嘉靖十七年（1538 年）十二月，蒋太后竟然在服药之后突然去世，对明世宗而言，真是沉痛的打击。

明世宗时常晚上躲在被子里偷哭，从他十四五岁入宫继承帝位开始，他就晓得身为天子，绝对不能在任何人面前示弱，然而他的内心无比软弱，唯一支撑他的，只有亲爱的母亲，其他人全是豺狼虎豹，不安好心。

蒋太后突然过世，明世宗完全没有办法接受这个事实。贵为天子，应该没有任何办不到的事，明世宗心中却经常沮（jǔ）丧寂寞，充满了挫折感。

虽然母亲死了，明世宗整个注意力仍然黏在母亲身上，他决心将父亲兴献王的灵柩（jiù）迎接到北京，与母亲葬在一起。但是他亲自查看了大峪山陵墓之后，觉得不妥，他又要把母亲送到承天府与父亲合葬。

明世宗一天到晚为这件事焦躁不安，他决定自己跑一趟承天府，再决定安葬事宜。由于世宗不理朝政，蒙古蠢蠢欲动，当时河套一带情况危急，大臣们听说世宗要离开北京，个个忧心如焚。

于是，吏部尚书许赞、都察院左都御史王廷相等人宁可冒着触怒世宗的危险，也要纷纷上书，劝谏皇上不要远行。

明世宗正是一肚子火，没地方出气，看到上书，脾气来了，瞪着眼睛骂道："你们是做什么？朕是要为母亲尽孝道，又不是出去玩儿，真是！"

臣子们不敢开口，私底下议论纷纷，皇帝要查看墓地，派个得力的人去就是了，现在国家情况危急，帮蒋太后办后事不该是最优先处理的大事。

明世宗非去不可，又有不识相的大臣站出来说："万一路上皇上发生不测，国不可一日无君，请皇上先立皇太子。"

这话更不中听，意思是说，万岁爷你非去不可，谁也料不准，一路上你会不会死掉，会不会被蒙古人俘虏，那么国家就惨了，不如先立一个皇太子，以防不测。

明世宗脸都气白了，他冷笑道："这岂不是诅咒朕？"

最后，明世宗还是册立了太子，在嘉靖十八年（1539 年）二月出发。担心一路上有危险，明世宗总是随身带着道士一块儿走，无论如何，明世宗对于道士的法术总是深信不疑的。

三月里，明世宗到了承天府，这是他出生之地，也是他日日夜夜思念的地方，景物依旧，人事已非，父亲走了，母亲也跟着走了，留下他一个人孤孤单单。

虽然明世宗贵为天子，但他觉得自己是家破人亡，好凄凉，好可怜，好无助，身边一个可以说话的人都没有。想想人生真没什么意思，连当这个皇帝，有时也是又累又倦。

明世宗自怨自艾，悲从中来，他恍忽间觉得自己还是十三岁的小孩子，被迫离开妈妈，要到北京当皇帝，他记得当时，扯着妈妈的裙子，他不想去，想哭，他怕。

蒋太后当时安慰他："别怕，拿出勇气来，我们母子马上会相见的。"明世宗一直记得当时生离的无奈，毕竟生离还有相聚的希望，如今却是死别啊。这一别，来生能否相见都难说，明世宗忍不住了，他开始放声痛哭，哭得肠子都要断了，他哭得如此伤心，同行的人也跟着鼻酸。

为母亲办后事，该是他最后能尽的孝道了。明世宗不厌其烦亲自指挥，这里那里啰啰嗦嗦，工部的官员不敢怠慢，小心伺候着。

终于，明世宗交代完毕，启程回家。经过庆都县，县内有尧母庙，明世宗又转变想法，他说：“原来依古礼，父母不必在一个陵墓，那么太后就不必葬在承天府了。”

他这一开口，所有人几乎昏倒，劳师动众折腾半天完全浪费。可是，明世宗回到京师，又发觉大峪山风水不太理想，最后，又将蒋太后移往承天府安葬。他的反反覆覆其实都反映了他的孝思。

蒋太后安葬了，明世宗的心仍在哭泣，一直到第二年中秋夜，他望月思母，泪下两行，写了一首《中秋思母亲》：“怆（chuàng）怆然，悲把饼咽下心痛苦，心何痛苦兮……”

失去母亲的确是人生憾事，如果明世宗能够收起哀痛，用老吾老以及人之老的精神，照顾体贴其他人的母亲，也许他就不会如此痛苦了。

曹端妃采朝露

明世宗怕老，怕病，更怕死。事实上，这些事是没有一个人不害怕的，但是，明世宗是皇帝，当他决心不理会朝政，专心一意照料自己的身体时，他动员的力量可是相当惊人的。

明世宗的母亲蒋太后去世之后，明世宗不免怀疑母子一起服用的长生不老丹药究竟有没有效果。他日日夜夜为此愁烦，老觉得身体到处不舒服。

有一天，他远远瞥见道士蓝道行走路，世宗惊奇地发现，蓝道行虽然八十多岁了，却腰板挺直，红光满面，精神健旺，行走如飞。世宗问蓝道行："你身体这么好，秘诀在哪里，可以告诉朕吗？"

蓝道行微微一笑："我饮用朝露。早上一杯新鲜的朝露喝下去，可以清洗肠胃，用朝露服用丹药，更能效果显著，达到长生不老。"

明世宗只要听到"长生不老"四个字，就立刻着了魔，他兴奋地传令："明天一早采集朝露。"明世宗是个急性子，他恨不得马上就到了第二天黎明，他可以畅饮一杯新鲜的朝露。

他下令："采露之事不必由方皇后负责，由曹端妃负责。"

曹端妃是明世宗新宠的妃子，她不是十分漂亮，只是普通姿色，但是非常会撒娇，一看到明世宗，就亲亲热热握着他的手，往他怀中钻，还会非常凶悍地手叉着腰，不许其他妃嫔靠近皇帝。明世宗从来没有见过如此泼辣精明的女子，觉得十分新鲜有趣。

曹端妃凡事喜欢抢在前面，耀武扬威发号施令，因此，明世宗一吩咐，她立刻笑开了，马上挺直腰板，摆出长官的架势，东挑西拣的，选了四十多位宫女，并且下达命令：“明天，天一亮，你们就排成队伍，左手拿着玉杯，右手拿着银簪，把树叶上的露水拨入杯中，再送到御膳房中，调制成万岁爷饮用的甘露。”

明代宫女生活图，佚名绘。

所谓露水，就是近地面的水气，夜间附着于草木等容易散热的物体上面，因为遇冷而凝结成珍珠似的水滴，一般称之为露水、露珠。

宫女们一听，天没亮就得起床做苦差事，心中老大不愿意，个个不自觉地嘟起了嘴。

眼光锐利的曹端妃看到了，又叉着腰作茶壶状道：“嘿，不对，你们还得先用布把树叶一片片擦洗干净。”众宫女一听，委屈得眼眶都湿了。

第二天一大早，曹端妃兴奋地开始指挥。有几位宫女好可怜，因为害怕早上醒不来，一定会被处罚，干脆整夜没有睡，抱着枕头等到集合的时辰。

一名宫女想到家乡的爹娘，想到进宫之后的凄凉，想到自己一个人在宫里，没有家庭的温暖，没有兄弟姊妹，展望未来，看不到一线希望，最后反正是死在宫中，无人闻问，心中一酸，忍不住嚎啕大哭起来。

一名宫女哭，其他宫女跟着哭。曹端妃集合排队时，仍有宫女止不住哭泣，曹端妃呵斥道："能帮万岁爷做事，这是修都修不来的福气，你们还哭什么？"

宫女们暗暗想："你当然乐于邀功，我们简直不晓得在忙什么。"但是谁也不敢开口，只能乖乖洗净树叶，把一颗颗露珠拨入杯中。

这一天，明世宗特地早起，参观采露珠。在天蒙蒙亮中，只见一群身材曼妙的少女，体态轻盈地来往忙碌穿梭于树丛中，真是一幅美好的画面，明世宗长叹一声："好美！"旁边的宦官连忙说："早上湿气重，天气寒，万岁爷小心着凉了。"

"说得也是。"一向最爱护身子的明世宗回到宫中，没有多久，御膳房中蒸制的甘露端来了，蓝道行也来了。蓝道行建议道："嗯，可以再加一些人参，更能补身子。"

明世宗啜饮了一口，大声赞美道："嗯，好喝！"同时，他日常服用丹药也改用朝露吞服，他竖起大拇指对蓝道行说："朕果然觉得精神焕发，心情舒畅，长期饮用这种甘露，朕相信，总有一天，朕会升天。"

明世宗觉得甘露十分美好，采露的宫女却一个一个苦不堪言。冬天的清晨，根本看不清楚，一不小心，踩到石头，跌了一大跤的大有人在。由于气候严寒，宫女一个一个、接二连三地伤风感冒，有几个宫女躺在床上，发起高烧，甚至得了肺炎。曹端妃毫不留情地指责："这么娇滴滴，不必装了，赶快起来吧。"这些宫女只得一个一个含着眼泪起床。

王宁嫔擦拭树叶

明世宗不问朝政，专心一意照顾身体，他接受道士蓝道行的建议，每天饮朝露养生。不晓得是否心理因素，明世宗用朝露服丹药、泡人参、炖燕窝都觉得滋味大不相同。

采集朝露的事是由曹端妃负责的，曹端妃借着这个机会，一方面讨好明世宗，一方面欺压平日与她不合的宫女，忙得十分兴奋。这四十多位宫女每天一大早，天还没亮，就一手拿玉杯，一手持银簪拨露水，久而久之，相继病倒在床。

起先，曹端妃会发脾气，斥责她们：“别太娇惯！”可是宫女接二连三躺在床上不省人事，曹端妃不得不要求添加人手。

她忽然心生一计，笑眯眯地建议明世宗：“万岁爷，许多采露的宫女病倒了，可不可以请一些妃嫔加入？”

“当然可以。”明世宗一心只想着自己的健康，至于谁去采朝露，他根本没有兴趣过问。

“那么，王宁嫔能加入吗？”曹端妃又追紧问了一句。

“一切由你做主。”明世宗懒得再多说了。

王宁嫔曾经也被明世宗宠爱过，她长得一点也不漂亮，尤其有一两颗龅（bāo）牙，但是王宁嫔读过一些书，肚子里颇有学问，又发明过一种紫檀香饼，配以九孔香炉，供明世宗祭祀之用。明世宗曾经因此对王宁嫔大大夸奖过一番。虽然王宁嫔现在失宠了，但曹端妃想起来，仍然心里嫉妒得要命，因此，她要借采露之事报仇。

曹端妃叉着腰，对王宁嫔说："我奉了皇上的御旨，命令你明天起和宫女们一起采露。为了确保朝露新鲜干净，万岁爷说以后傍晚先用湿布把树叶擦一遍。"

曹端妃又想出整人的新点子，宫女们采露已经是苦事一件，还得应付曹端妃的阴狠，才真正是最难受的事。大家都晓得，万岁爷没出擦拭树叶的主意，这一定是曹端妃的意见。

于是，一些倒霉的妃嫔、宫女，不得不在傍晚时，一片一片擦拭树叶，擦完了，曹端妃还得检查。

曹端妃因为不满王宁嫔，她手心中悄悄抓了一把沙子，王宁嫔刚刚擦完树叶，曹端妃就把沙土又撒在树叶上面，然后朝王宁嫔哗啦哗啦叫了起来："你看，这么脏！如此混浊的露水能让万岁爷喝吗？"

曹端妃欺负王宁嫔不是一天两天，她对其他宫女也一样没有好脸色，有一个年纪较大的宫女杨金英忍不住嘀咕了一句："狐狸精太厉害了。"

曹端妃耳朵尖，一把揪出杨金英，狠狠地问："你说什么？"

杨金英低下头："我没说什么！"

"哼！我晓得这一定是某人的意思。"曹端妃逮住机会，一溜烟奔到明世宗怀里，边哭边告状，"臣妾因为负责采朝露之事，被王宁嫔等人欺负，她们还骂我是狐狸精，希望取消采集朝露。"

"这怎么可以？"明世宗啜了一口朝露泡的参茶，说，"把王宁嫔找来重重打一顿！"

于是，王宁嫔被打得死去活来，身上一块青、一块紫，众家宫女与失宠妃嫔个个看了不忍，王宁嫔哭得已经没有声音了。明世宗不爱后宫中任何一个女人，但是，他是万岁爷，又是宫中唯一的男性，所有女人仍然渴望得到他的恩宠。

老宫女杨金英首先发难："万岁爷最近丹药服多了，脾气愈来愈坏，动不动找我们宫女出气，没有道理！”

另一个最近也挨了打的邢翠莲接着说：“万岁爷讲起话来，脑袋转个不停，又不断翻白眼，教人看着不顺眼。”

杨金英又说：“他那讨厌的样子，我恨不得勒死他！”

“对，勒死他!”“勒死他!”“他死了我们就用不着起早摸黑去采朝露了。”

身痛心更痛的王宁嫔下了决心道：“对，我们一起勒死他！”这群女人决定十月二十日晚上下手，她们要亲手勒死可恶的明世宗。

明朝的皇帝十分小心，一般人不容易知道他晚上住在何处，众多妃嫔由皇帝临时召唤，但是这一阵子，明世宗专宠曹端妃，晚上多半是在曹端妃那儿。既然曹端妃每天一大早就得张罗采集朝露之事，等到寝宫之中只有明世宗一人，那时下手最好。

中国自古以来没有后宫谋害皇帝的前例，宫女们有些害怕，但是王宁嫔因爱生恨，她决心办这一件惊天动地的大事，她豁出去了，在心中对明世宗说：“我对你这么好，你竟忍心几乎把我活活打死，我也准备一报还一报……”即使是皇帝，原也不该如此不把人当人啊。

宫女大反扑

明世宗接受道士蓝道行的建议，每天饮用新鲜朝露。这份工作，由世宗宠爱的曹端妃负责。曹端妃逮住机会，欺负王宁嫔等失宠妃嫔与宫女，于是大家决心把讨厌的明世宗在半夜三更勒死。

研究明史的史学家对这一段历史十分迷惑。勒死皇帝该当何罪！难道这些宫女不要命了吗？若说有政治阴谋，其中又没有任何男性参加，在中国古代，女人在政治上是没有权力的；也有的史家在猜测，会不会是王宁嫔想当太后才出此下策？但王宁嫔主谋勒死皇帝，她怎么可能有资格当太后？

王宁嫔及一干宫女的想法十分单纯直接，她们活不下去了，采露本是件辛苦事，万岁爷非但不体谅恤（xù）勉，反而动辄（zhé）鞭打，人生毫无希望可言，不如一死了之。不过，要死得拉一个垫背的，这个人就是明世宗。

这次计划参加的共有十多名宫女，带头的是王宁嫔，宫女中有自愿参加的，也有迫于情势，不能不参加的。

嘉靖二十一年（1542 年）十月二十日傍晚，众宫女清洗完树叶回来，个个累得不能动。杨金英说：“今晚，我们就做一个了结吧。”

“好！”众人一致叫好，她们心情很激动，她们要合起来做一件惊天动地的大事，她们虽然害怕，却没有退缩，反正豁出去了。

明世宗的心事多，一向失眠，翻过来翻过去的，总得折腾到天亮前才能真正进入梦乡。这时，曹端妃已经兴致勃勃，精神抖擞地出去指挥采露了。

十多名宫女悄悄溜入端妃寝宫中，明世宗正歪着脑袋睡得正香。他唇边还流着长长的口水。杨金英拿着一条绳子，往世宗脖子上一套，姚淑翠用一块黄巾蒙住世宗的脸，世宗突然眼前一黑，正想开口喊，杨金英等宫女一块儿用力拉绳子，有人帮忙拉绳，有人用力压腿。

明世宗用力挣扎，两腿猛踢。女人的力气小，合起来却不弱，但怎么勒了半天，明世宗还没有断气？原来杨金英太慌张了，本该把绳子打成活结，却结成一个死结，难怪再用力拉也没用。

于是，杨金英把绳子一端拴在床柜上，大伙儿再用力扯。这一勒之下，明世宗两只眼睛像青蛙般突出来，满脸通红，人也快断气了……

就在杨金英发现活结打成死结之时，一个名叫张金莲的宫女慌了，她趁众人不注意，跑去找方皇后，拉着她的手道："皇后，不好了！宫女们快把万岁爷给勒死了。"

"什么？！"方皇后大惊，披着衣服带着人飞奔过来。宫女们听到了脚步声，吓得一哄而散。有情急之下藏在树丛里的，有躲在床下的，还有钻入衣柜中的，反正没有一个躲得掉。

方皇后赶紧将明世宗松绑，这时的明世宗两眼圆睁，吓得不能开口，仿佛成了一个傻子；气倒还是有，但显然是内伤很重，御医们都呆住了，不晓得该怎么办。

这时，精通医理的太医许绅一步向前道："于辰时服下我调配的药，等万岁爷吐出紫血数升，便可言语。"

于是，方皇后喂明世宗药，明世宗乖乖张开口，让方皇后一匙一匙将药送入口中，然后倒头便睡。众人站在床边，心中不断祈祷着，几个时辰过去了，明世宗霍地坐了起来，口中咕噜一声，一下子吐出数升血，吐干净了，明世宗果然能开口了。他气喘吁吁道："什么人敢向朕下毒手？"

方皇后负责审问宫女，杨金英、邢翠莲等都被打得不成人形，很快地供出主谋王宁嫔。

关梅秀、姚淑翠突然道：“还有曹端妃。”

“对，还有曹端妃！”宫女一致叫道。

曹端妃是万岁爷目前最宠的妃子，三千宠爱在一身，她何必加入这一场阴谋？谁都明白这是不可能的。但是，方皇后也嫉恨曹端妃，于是把曹端妃也抓了来。

曹端妃又哭又喊，闹着要去见明世宗，方皇后不理会，把口供拿去给明世宗看，明世宗看也不看，气嘟嘟道：“一起给朕杀了。”

宫女们后悔了，曹端妃也后悔了，采露就采露嘛，用不着借机会欺负人；这下子全体都完了。十月二十一日，曹端妃、王宁嫔及十六名宫女一起被处死；这是中国历史上从没有过的怪事，宫女们当然不该如此做，但明世宗也有该检讨之处。

方皇后的下场

明世宗每天饮用朝露养生，负责采露的曹端妃借机会欺负宫女，宫女们不堪世宗长期凌虐（nüè），于是集体合作，想要勒死明世宗，结果慌乱之中，把活结打成死结，方皇后及时赶过来，明世宗逃过一劫。

这是中国历史上从来没有发生过的怪事，朝野极为震惊，内阁大学士严嵩等上奏请告谢天地、宗庙与神明以安定人心。其实，凡事有因有果，若不是明世宗过于暴虐，曾经在盛怒之下，打死两百多名宦官宫女，宫女们也不至于出此下策。

说起来，明世宗这一条命是方皇后捡回来的，但是方皇后并没有因此得到好报。

宫女们因为痛恨曹端妃平时欺人太甚，因此，招供之时把曹端妃也拉下水。方皇后也讨厌这个狐狸精，所以将计就计，把曹端妃也一起处死。

明世宗悠悠然清醒过来，第一句话就是问："曹端妃呢？她怎么不来伺候朕？"

这时，方皇后垂着头，战战兢兢道："当时，万岁爷就批准不分主犯、从犯一律处死的。"

明世宗瞪着方皇后，眼光似乎要吃人，他从鼻孔里哼了一声，道："一定是你搞鬼，她为何要杀害朕！"

方皇后头垂得更低，声音小到不能再小："我也不晓得她为何参与此事，没有道理嘛。"

明世宗非常不悦，说着，他拇指与食指弹了一弹，方皇后不知道他要干什么，瞪大了眼睛望着明世宗。原来这是明世宗与曹端妃之间的暗语，意思是说，他口干了，想要喝参茶。

方皇后怎么会知道这些暗语，她呆站在一旁。明世宗又弹一弹手指，见方皇后仍然没有动静，忍不住破口大骂："朕要喝茶，你连这个都不懂，笨得像一头猪一般！"

方皇后听了，眼泪在眼眶里打转，她心中后悔，早知道不该把曹端妃拖下水，伺候皇帝这苦差事不做也罢。

明世宗又用手指一指鼻子，方皇后当然还是不懂。明世宗又火了，他气哼哼道："朕要吐痰，你为什么这么笨？"

方皇后不敢反驳，万岁爷当着众人的面这般辱骂她，这个皇后做得太没有尊严了，她拼命忍住，让泪水不至于滚下来。

明世宗又追问方皇后："当初谁参与了问案？"

方皇后答道："张佐。"

张佐是当初随着明世宗进宫的老人，明世宗信得过他。张佐被喊来问话，一五一十报告得很详细，他说："的确，曹端妃又哭又闹，吵着要见万岁爷，一直哭诉自己是冤枉的，不过十六名宫女一致指出她牵涉其中。"

明世宗不满意地指责张佐："你为什么不让她来见朕？"

"因为皇后娘娘说，万岁爷刚刚吐了几升紫血，太医吩咐不得打扰。"张佐解释道。

明世宗一听就清楚了，这准是方皇后借刀杀人，可恶！明世宗立刻下令："朕今晚就搬到西苑的燕王旧宫去住！"方皇后虽然也搬到了西苑，却等于被打入冷宫，明世宗见都不见方皇后的面，表示对她的处罚。

方皇后哭得好伤心，她几乎后悔，当初根本不该救皇帝，这个可恨的天子，就该让他死了算了。

嘉靖二十六年（1547年）十一月，宫中突然起了莫名大火，大火熊熊，方皇后所住的宫殿，很快地燃烧起来。宦官们十分着急，明世宗却相当无情地下令："不许救，让火烧！"

后来，大伙七手八脚把火给灭了，方皇后却严重烧伤，躺在床上奄奄一息。明世宗也没有前去探望。方皇后身上痛，心中更痛，她心想：到底我救了万岁爷的命，他却一点也不爱惜我的命！没多久，方皇后也终于撒手人寰。

方皇后死了，宫中却开始闹鬼，整个宫中四下弥漫了一股黑气，花草树木之间，经常有窸窸窣窣的声音，采露的宫女个个不安。明世宗有一天做梦，梦到方皇后披头散发对他说："我打的是活结，我要你的命！"

明世宗到底还记得，方皇后曾经救他一命。于是，他下令为方皇后好好办一次丧礼，这是前面两个陈皇后、张皇后没有过的哀荣。明世宗一连死了三个皇后，这在历史上也是绝无仅有的。明世宗认为皇后麻烦，因此从此以后，他都不再册封皇后。

热血青年严嵩

明世宗一共立了三个皇后：陈皇后、张皇后与方皇后。三个皇后都因他而死，他也觉得皇后带来麻烦，因此，自从方皇后去世以后，他二十年不再册立皇后。经常绕在明世宗身边转来转去的是他最宠信的严嵩（sōng）。

说起严嵩，人们可不陌生，他与秦桧一样，都是中国历史上最著名的奸臣，巧的是，早年的严嵩与秦桧一般，都曾是爱国的热血青年。

严嵩，字惟中，江西人，生于明宪宗成化十六年（1480 年）。严嵩个子高高瘦瘦，眉毛稀稀疏疏，外表颇为清秀，讲话的音量特别大，有个外号叫“大声公”。

严嵩幼年，家中十分清贫，他的父亲是一个读书人，考了一辈子科举，没有考取功名，所以他把希望完全寄托在严嵩身上，日夜督促他用功。严父常抓着严嵩的手，指着门户上的横梁道：“我们严家光耀门楣就指望你了。”

所谓门楣，就是门户上的横梁。若是中了举，皇帝或地方官常会赐给匾额，上面写着“状元及第”之类的话语，高挂在门楣上，这是中国古人认为的最为光宗耀祖的事情之一。

严嵩每次读书读累了，他就站在门楣下面，幻想着匾额高挂，乡里之人纷纷前来道贺的盛况，然后用冷水揉揉眼睛，继续把自己黏在书桌之前，一遍一遍地苦读经书。

明孝宗弘治十八年（1505 年），严嵩二十六岁之时，高中进士。严嵩真是乐坏了，他终于达成父亲的愿望，从此当可平步青云，一展抱负了。

不幸的是，严嵩乐极生悲，他因为长期的苦读，身体十分亏损，骤然兴奋，情绪亢奋，突然病垮了，而且病得不轻，根本无法上朝。他挣扎了一段时日，最后不得不忍痛辞职，回到家乡，住在钤（qián）山中，一面养病，一面调养身心，这一待就是整整十年。

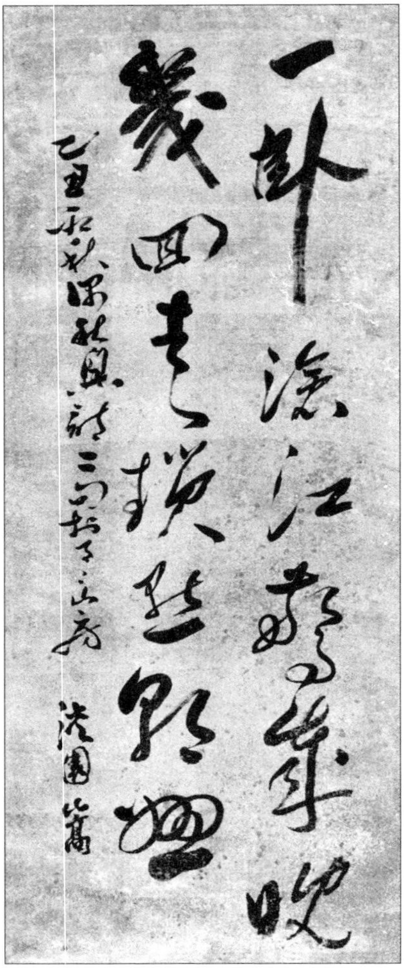
严嵩书法。

回到家乡调养后，严嵩的身体慢慢强健起来，反正进士已经到了手，用不着再天天开夜车，脸色也逐渐红润起来。

严嵩的文笔很好，而且写得一手好书法，这一段期间，他就悠闲地读读书，写写字，作作文章。另外一方面，这时的严嵩，心怀大志，他充满了正义感，希望能为国家多尽一份力量。

此刻正是明武宗在位，宦官刘瑾当道之际。明武宗干了许多荒唐事，例如在宫中卖布，沉湎于酒色，找来许多老虎、豹子，设立了豹房，让文武百官集体罚跪，好好的皇帝不干，自封为“威武大将军”出兵讨伐；把政事交给刘瑾，还告诫刘瑾“朕在玩时别来打扰；奏章不会处理，我用你干什么……”明武宗也就是在梅龙镇酒家之中，戏弄李凤姐的那个正德皇帝。

严嵩对明武宗的荒唐满心愤慨，尤其对于明武宗这个花花皇帝，每一次出游不但妇女害怕，民众走避，连官员也吓得开溜最是不满，写了许多诗文抒发，例如“定数难移岂信然，但修人事可回天”，他相信这不是国家定数，认为一定能回转天意。这些作品，收录在《钤山堂集》之中。

到了正德十一年（1516 年），严嵩已经在家等了十年，刘瑾已经处死，严嵩开始不耐烦了，他想出来做事，心中想着：“十年寒窗，好不容易才考中进士，总不能这么无声无息过一辈子啊。”

因此，严嵩怀着一颗热烘烘的心，北上复官。但是朝廷里好的位置都被人给占了，他只能在一些小官职中转来转去，这一转又是十年过去，严嵩暗自心惊，人生已经浪费了二十年，不能再虚耗了。

这时，严嵩发现了一条门路。他有一个同乡夏言很受明世宗器重，夏言是正德十二年（1517 年）的进士，比严嵩晚了十多年，该是后生晚辈，严嵩顾不到这一层，急着与夏言攀关系。夏言架子挺大的，严嵩摆下宴席，夏言拒绝前往做客。

严嵩急了，亲自拿着请柬到了夏言家，请求一见，夏言依然不理。严嵩想到这一拒绝，可能得再等十年，心中一酸，膝下一软，竟然就直直地跪在夏家门口，大声念起请柬。

严嵩是个大声公，嗓门奇大，且声音十分悦耳，夏言想不听见也难。众人又围拢过来，指指点点，“既然是同乡，这关系怎可不理？”

夏言自己也十分感动，觉得严嵩太诚恳了，所以，亲自走过来，把他扶起，并且欢欢喜喜赴严嵩家中吃饭。两人好好喝了几杯。严嵩心中十分欢喜，但是他也疑惑，这种当街下跪拍马屁的丑态，换了十年前、二十年前他做得出来吗？这时的严嵩已经逐渐走上人生的岔路了。

马屁严的挣扎

一代奸臣严嵩原先是个热血青年，忠直爱国，他高中进士之后，先后隐居了十年，不得志了十年。二十年后，严嵩遇到同乡夏言，他希望得到夏言提拔，因此，夏言不肯赴严嵩的宴，严嵩就直直跪在夏言门前，哭哭啼啼地大声念请柬，夏言十分感动，把严嵩搀扶起来，一块儿赴严府。

严嵩的人，以及严嵩请来的客人，发现严嵩与夏言有说有笑地走进来，众人一致拍手欢迎。严嵩口中不断说："贵客驾到！"

席间严嵩不停地站起来，恭恭敬敬地敬酒，希望"兄长多帮忙，多照顾！"

夏言被严嵩的诚恳深深感动，严嵩又把自己作的诗文搬出来，客客气气请夏言指正。说实在话，严嵩的文笔优美，的确是个才子，他的书法尤其漂亮。据说中国传了六百年的"鹤年堂"的招牌三个字就出自他手笔。

夏言也是很有眼光的人，他大概翻阅了一下诗文，惊讶地说："你的文笔古典，现在没有几个人能写得这么好。"

严嵩又诚惶诚恐地讲了一堆谦虚的话，最后，两人殷殷话别，似乎成了好朋友一般。

严嵩送走夏言，严夫人喜滋滋地说："太好了，我就知道你有出息。"

严嵩白了夫人一眼，没好气地说："你不是一向怪我没有出息的吗？"

严夫人娇娇媚媚献殷勤："那是以前，今晚夏大人来了之后就不一样了。"

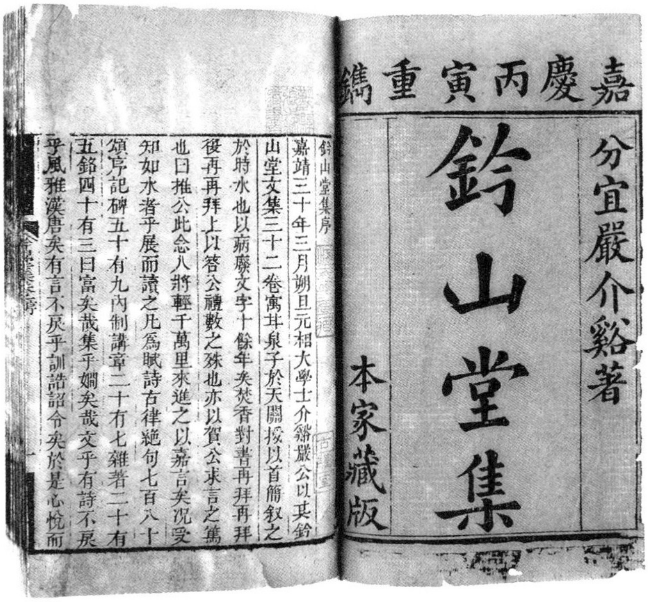

严嵩文集《铃山堂集》，清刻本。

晚上，严嵩躺在床上，翻来覆去睡不着，他一直在思索“有出息”三个字。没错，夏言答应帮忙，凭夏言在明世宗面前的分量，应该没有问题，但是这可是严嵩跪在夏言门前，哭哭啼啼念请柬，用这种没出息的丢脸事换来的。

严嵩仿佛听到有人在背后嘲笑他“马屁严”“马屁严”。当他在铃山隐居之时，他最看不起拍马屁的臣子，多次写文章批评这类人，与朋友谈天时，也大骂刘瑾等小人“厚颜无耻”。

天哪，严嵩心想，他过去的朋友们，若是知道他今天当街下跪念请柬，不晓得该如何耻笑他。而这件轰动的事一定瞒不住，马上就会传开来，他摸一摸膝盖，男儿膝下有黄金，他真羞愧。

严嵩站起来，拿了湿毛巾擦拭膝盖，擦得膝盖都磨破了，擦不掉心中的羞愤，严嵩最后的结论是：“全是夏言害的，假如他答应来赴宴，我就用不着当街出丑了。”“这个夏言也真是好命，他不用向谁下跪，运气来了，就得到皇帝青睐（lài），哼！”

没多久，夏言果然实践诺言，嘉靖七年（1528 年）严嵩升任礼部右侍郎，职务虽不太高，却能够直接为皇帝办事。夏言以为严嵩心中一定对他十分感激，然而严嵩的想法是：“为什么我才高八斗，还得对你低头，才能谋取一官半职？”

无论如何，严嵩挤近明世宗的身边了，他还是真心想为大明朝，为明世宗尽一分忠心。明世宗口口声声道：“朕最不喜欢人逢迎拍马，朕想要听直言。”严嵩但愿自己能成为另一个魏徵，帮助明世宗成为第二个唐太宗，以洗刷“马屁严”的耻辱。

明世宗是以兴献王之子入承大统的，按照中国古代的惯例，既然如此，明世宗就必须改称自己亲生父母为叔叔婶婶，而称孝宗为父，张太后为母。明世宗不答应，而且愤怒地说：“自己生身父母怎么可以改称叔父叔母？”后来，明世宗又要把父亲兴献王的牌位移入太庙，兴献王没当过皇帝，依照规矩是不可以的。

严嵩跟着一些礼部的人一起反对，明世宗大怒，额上青筋毕露，眼露凶光，一颗脑袋气得转来转去，口中依然强硬地说：“朕要听忠臣直言，朕最不喜逢迎拍马屁。”

聪明的严嵩看懂了明世宗口中叫着不喜逢迎，事实上谁违反他的意思，谁就倒大霉，因此严嵩赶紧见风转舵，讨好明世宗道：“本来就应当将皇考兴献皇帝供奉太庙。”

“嗯，极有见地。”明世宗深深看了严嵩一眼，表示嘉许之意，同时说，“朕就是要听直言，朕最不喜欢逢迎。”

严嵩回到家中，拿起屈原写的《卜居》，其中有一段：“我是要廉洁正直保持自身的清白呢？还是油滑没有骨气地求媚于人呢？”

严嵩看着书，他的脸一层一层变得青白，忍不住放声嚎哭，他得到了官位却失去了尊严，鱼与熊掌难以得兼哪！

严世蕃吃月饼

严嵩得到夏言的提拔，果然如愿以偿当上了礼部右侍郎，官位虽然不高，却能为皇帝直接办事，严嵩觉得很满意。

但是，做了没几天，严嵩就发现，滋味不如想象中好。明世宗性格阴暗，突然一下子就会发脾气，其他长官个个不好伺候，尤其是夏言，严嵩每次见到他，马上就想起自己跪在地上请他赴宴的丑态，再加上夏言本来严肃，不苟言笑，严嵩更是觉得屈辱。

有一天，回到家，严嵩终于忍耐不住，他气吼吼道："算了，当官这件事不适合我，我应该辞官专心文词，这才是我的拿手本领。"严嵩对自己的古文功底一向十分自负。

严夫人摇摇头道："你疯了吗！"她把严嵩拉到屋角，指着地上各式各样堆积如山的礼盒，原来是中秋节快到了，虽然严嵩的官位不算高，巴结送礼的人倒不少。

严嵩的儿子严世蕃（fán）正在拆礼盒，吃月饼。他吃月饼的方式很奇怪，每一个月饼，他咬一口就扔在一旁。严世蕃长得又胖又矮，显得没有脖子，皮肤奇黑，又瞎了一只眼，与高瘦白净的严嵩完全不像父子。

严嵩拿起一个被咬了一口的月饼端详，原来是五仁月饼，里面的馅可不只五样，有核桃、枣仁、松子……芳香无比。他吃惊地问世蕃："这五仁月饼不好吃吗？"

“当然好吃。”世蕃一面回答，一面又把咬了一口的莲蓉月饼丢弃。

“那你为什么只咬一口就扔掉，太浪费了。”严嵩气得想揍人，“儿子啊，你爸爸小时候，全家能分食一个里面包白糖的月饼就偷笑了。”说着，严嵩就去找棍子，虽然世蕃已经成年了。

“可是我这样才不浪费！”严世蕃抗议，“这许多月饼怎么吃得完，到时候发霉了才可惜，上一回过端午，好多粽子长了丝不能吃。”

严夫人疼爱儿子，一旁帮腔：“对，世蕃自小就比别的孩子聪明，他每种口味的月饼尝一口，才是懂得珍惜食物。”严夫人也学着拿起一个枣泥月饼咬一口再扔掉，并且批评：“太甜了，不好吃。”

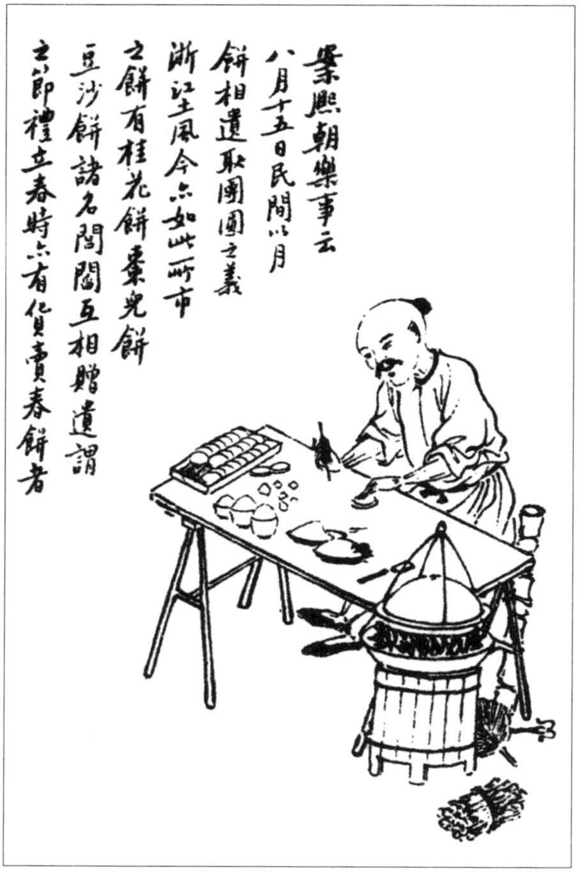

卖月饼，选自《太平欢乐图》。

严夫人顺手拿起一个豆沙蛋黄月饼递给严嵩：“记得吗，你隐居在钤山之时，我们连吃一个蛋都得考虑半天，天天喝西北风，逢年过节都不能加菜，谁还会送礼给你，今天竟然说要辞官，我可不干。”

严世蕃也暂时停止吃月饼，一旁吵着说：“我也不要回钤山。”

严嵩想起幼年之时，家境清寒，中秋节难得见到月饼，若能分食到一小片就乐坏了，他从来没有想过能够像今天这样，月饼堆积如山。

因此，严嵩赞许地摸一摸世蕃的头："多吃一点，把爸爸小时候的遗憾弥补过来。"

严世蕃终于吃撑了，停了下来，他本来就是长得黑乎乎又大块头的人，不断进食的结果，是一条大腿就挤满一张凳子。严夫人笑眯眯地说："看看世蕃，就知道严家发达了。"

严嵩叹了一口气，下定决心，正式向升官发财路上迈进，不过心情并不如外人想象的舒坦。自秦汉以来，中国读书人受到了先秦诸子的影响，特别是儒家思想的熏陶，对于政治常抱有一种崇高理想，例如《礼记》的"大同"，孔子的"德治"，孟子的"仁政"，墨子的"兼爱"，荀子的"礼教"，都印在读书人脑海中，因此，读书人做官之后，内心深处对拍马逢迎、卖国虐民的行为，仍有罪恶感。这与宦官不一样，宦官没读过书，做坏事的时候不会受到良心责备。

严嵩终于横了心，管他好不好，让皇帝开心最重要。

恰好这时候明世宗派严嵩到湖广去祭告先兴献王的陵墓，回来之后，明世宗询问一路上的情形。

严嵩拿出编故事的本领，大吹特吹："臣在陵墓前恭上皇上宝册，突然下起一阵神雨，更奇怪的是，石头里长出一颗颗红枣，不一会儿群鹤集绕，河流骤涨，种种祥瑞，不只一端哪！这皆是因为皇上圣明，感动天地，这一定得撰（zhuàn）文刻在石头上，说明上天的恩宠。"

明世宗最喜欢人家给他戴高帽子，脸上还故意装着淡然的样子："那么就由你代笔吧。"

严嵩恰好借这一个机会，大大卖弄文笔。他喜欢用一般人看不懂的字，表示自己有学问，更喜欢用一大堆形容词大大夸张。恰恰明世宗也自认为肚子里有墨水，能够写诗词，所以对严嵩不断嘉许："你文学修养不坏，朕一定要好好重用你。"

总之，明世宗脾气古怪，君威难测，严嵩陶醉在官场的美梦之中，把心中残存的正义感完全扫光了，成为一个十足的"马屁严"。

严嵩写青词

严嵩经过一番内心挣扎，终于成为一个“马屁严”。

严嵩能够得到明世宗的信赖，除了他善于察言观色之外，还有一个重要的原因，那就是他的文学修养深厚，曾经被明朝的文人雅士奉为精神领袖。他们推崇的文体是浓艳的、华丽的、工巧的。

嘉靖十八年（1539年），严嵩以天上出现祥云为理由，写了一篇《庆云赋》献给明世宗，他谄媚地说：“臣绞尽脑汁，以平生所学，完成此篇，恳请皇上指正。皇上的文学修养无人能比，臣实在惶恐之至。”

明世宗拿过来一看，嗯，字字典雅，对仗工整，显然是花了心思写的。明世宗一个字一个字往下念，念到一半，发现一个字“叆”，左边是云右边是爱，他没看过这个字，不晓得如何读（这个字应该读爱，意思是云起的样子）。明世宗是个绝不愿意承认自己也有不懂之处的皇帝，他念到这儿，就不念了。明世宗迅速地往下看，然后满意道：“朕一目十行，你确实写得好，大有进步。”

明世宗又指着“叆”字道：“你瞧，这个字，一般人不会用，你竟然也认识，不错，这样吧，以后你多写一些青词。”

严嵩又叩了一个头说：“臣惶恐。”

所谓青词是什么呢？明世宗信奉道教，最重视祷祀，每有祷祀，一定要写一篇文章，烧了焚告天帝。这种写给天帝的奏章，通常用红笔写在青藤纸上面，因此称之为“青词”。

青词既然是写给天帝看的，天帝究竟看得到看不到，看到以后欣赏不欣赏，这真是只有天知道了。明世宗很笃（dǔ）定地以为“朕喜欢，天帝一定也喜欢”，并且认为自己可以与天帝直接沟通，有一天，他也会飞到天上当神仙去也。

明世宗个性急躁，有时候，三更半夜，他突然之间心血来潮，不得了，非立刻禀报天帝不可，于是下了一张“条谕”，命令值宿的臣子拟写，因此，伺候明世宗写青词是一件辛苦差事。

严嵩捞到这件差事，却是兴奋异常，因为这一项重任，以前都是夏言在办的。严嵩靠着夏言的关系平步青云，但是，他最恼火的人正是夏言，在夏言面前，他永远抬不起头来。

有一次，严嵩为皇帝草拟诏书，用的也是写青词的文体，措辞华美，讲究对仗，装了一堆典故，显得极有学问，其实语意模糊。夏言看了，十分不悦。

夏言把严嵩找来，直白不客气地说：“你怎么愈来愈退步了？啰啰嗦嗦写了一堆，完全抓不住要点，重写！”说着，把草稿还给严嵩。

夏言这一番话，又直又硬，让严嵩无地自容，却又一肚子的不服气。所谓文章是自己的好，严嵩对自己的文笔信心十足，连皇帝都夸赞不已，严嵩心中想：“你这个没有眼光的人，你根本看不懂。”表面上严嵩却堆起笑脸，一言不发拾回文章回去再写。

从此以后，严嵩下定决心，非把夏言扳（bān）倒不可。严嵩暗暗比较自己与夏言的种种条件。

首先是外表，严嵩高高瘦瘦，清清秀秀，虽然年纪不小，但依然健朗，这是明世宗非常在意的一点。明世宗因为自己身体虚弱，虽然肚子里一堆仙丹药丸，依然干干瘦瘦，像个小老头，实在是难看，因此他特别羡慕身体健康、外貌俊美的人，并且用这个标准来挑选臣子。

严嵩看准了明世宗这一层心理，曾经一而再、再而三地特别对明世宗

严嵩，选自《中国全记录》。

讲述一段故事："臣在正德十三年（1518年），与一些朋友一起去游衡山，山势十分险峻，似乎一不小心，就会翻落万丈深渊，同伴们都倒抽一口气，心脏跳个不停，只有臣跳上爬下，完全不当一回事。这时一个衡山修行多年的老和尚走了过来，对臣说：'依贫僧看来，你这气定神闲的样子，就是长寿之相。'"

明世宗望着严嵩清朗的面貌，总是忍不住夸道："嗯，仙风道骨，果然是长寿之相。"

严嵩虽然以外貌自得，但是人比人气死人，他与夏言一比，立刻被比了下去，严嵩只是清秀，夏言真正是英俊，高大英挺，相貌堂堂，眼睛、鼻子、嘴巴，没有一个地方长得不好，肌肤白里透红，神采奕奕，留着一把漂亮的美髯须，声音洪亮，而且一点乡音也没有，中气十足。

夏言不但笔下能写，而且口才一流，讲起话来，简明扼要，一句是一句，谁也辩不过他，因为他刚正、无私，透露在脸上就是正气凛然，威风赫（hè）赫，有气质也有气概。

夏言不拍马屁，就靠这一分特质吸引了明世宗。严嵩条件不如夏言，他得另外想办法。

夏言拒换道士袍

嘉靖十五年（1536 年），严嵩接替夏言，做到了礼部尚书，但是野心极大的严嵩并不满足，他的目标是进入内阁，把夏言内阁首辅的官位抢到手中。

严嵩知道，夏言极有才华，明世宗非常欣赏他，一下子不可能除掉，他可不急，他沉住气慢慢来。

严嵩发现，夏言最吸引人的特质就是一股浩然正气。他的脸上有一种沉毅冷静、正直、善良的气质，眉目之间明白地表示，夏言是一个有尊严，讲真话的人，任何人都不能随意侵犯他，包括皇帝在内。

严嵩深深被这一种气势慑服。夏言像是一面镜子，照出了严嵩的马屁嘴脸，常让严嵩一股寒意直往背脊蹿上来。他最不服气夏言凭什么可以挺起腰板，他却得哈腰当小狗。

严嵩相信，优点正是缺点，夏言的正直，迟早会触怒器小量浅的明世宗。

明世宗迷信道教，一心希望当神仙，他还不断地自己封自己道号，先后自封“灵霄上清统雷元阳妙一飞玄真君”“九天弘教普济生灵掌阴阳功过大道思仁紫极仙翁一阳真人元虚玄应开化伏魔忠孝帝君”“太上大罗天仙紫极长生圣智昭灵统元证应玉虚总掌五雷大真人玄都境万寿帝君”。从这三个道号，啰啰嗦嗦一长串，就可以知道他的贪心贪多，以及一心希望飞上天，后来民间给了他一个外号——“紫极仙翁”。

因此，明世宗最在意祷祀天帝与写青词。原先，这工作多半是夏言在负责，后来，夏言弄烦了，他认为皇帝岂可将国家大事摆一边，天天沉湎于此。夏言曾经劝谏明世宗，可想而知，明世宗不接受。

有一天，明世宗突发异想，他换上道士袍，让妃嫔也换上道士袍，并且戴上了道士用的香叶冠。明世宗在镜子前面，左顾右盼，非常喜爱。

因此，他下令特制了五顶沉水香叶冠，分别赐给夏言、严嵩等人，要他们在入宫西苑时先得换上，并且与道士一般，只准骑马不能坐轿子。

当时夏言、严嵩都得在西苑值宿，晚上当班，以备皇帝随时差遣。明世宗经常半夜三更下“条谕”，命令值宿大臣写青词，与天上天帝沟通。

这一天，轮到夏言值宿，明世宗自己先换上道士服，一边幻想，以夏言的高大英挺，换上了飘逸的道士袍，骑在一匹骏马上，那真是如神仙中人，帅极了。

道士服饰，清人绘。

可是，等了半天，却进来一顶轿子，拉开布幔，夏言走出来，依然是朝服打扮。

明世宗好失望，一张脸马上垮了下来，问他：“你是不是没有领到香叶冠、道士服？”

“臣领到了，但是臣乃大明朝的臣子，岂能不以正式朝服上朝？臣且以为，皇上也不宜道士打扮。”夏言不卑不亢地顶了回去。

明世宗不死心，继续说：“那么，现在换上。”

“不，臣无法遵旨。”夏言还是不肯，同时跪在地上进言，“臣以为，皇帝应该换回翼善冠，不宜戴道士的香叶冠。”

明世宗厌恶地瞪着夏言，一颗脑袋转来转去，不断地翻白眼。旁边的人都捏一把汗，也在替夏言担忧，夏言这人也奇怪，难道没有眼睛，不懂得察言观色吗？

夏言当然知道明世宗不开心，不过他认为自己是忠于皇帝，忠于朝廷，忠于大明朝，岂可以因为皇帝不悦就住口？

明世宗气呼呼地走开了。

第二天，轮到严嵩值宿，他可是可人多了，不但换上了白色的道士袍，并且骑了一匹同色的白马，严嵩本来人就长得清瘦，远远走来，还真是仙风道骨呢。

明世宗喜滋滋地迎了上去。严嵩翻身下马，身手利落，他大惊小怪地嚷道：“万岁爷这身打扮仙风道骨，我在马上远远望见，觉得你会升天。”

其实明世宗外貌丑陋，换上道士袍，一点也没有潇洒之姿，倒像是乡下地方殡葬仪式时摇铃的道士。

严嵩的道士扮相清秀且不说，他还别出心裁，在香叶冠外面，笼上一层黑色的轻纱，明世宗大喜：“更出色了。”

严嵩赶紧下拜：“此乃表示对皇上、对香叶冠的虔诚恭敬。”

明世宗被他捧得好乐啊，心想：严嵩比夏言可爱了几百倍呀。

夏言值宿

严嵩因为夏言的提拔，成为明世宗身边的红人。夏言的正直不阿（ē）与严嵩的拍马逢迎恰恰是鲜明的对比。严嵩一心想除掉夏言。

严嵩值宿的时候，不但换上明世宗喜欢的道士服，并且在香叶道冠之外，笼上一层黑色轻纱表示尊重。夏言则拒绝换穿，同时劝明世宗放弃不伦不类的打扮，皇帝该有皇帝的样子。

夏言想起值宿就一个头两个大。所谓值宿是官员夜晚在西苑当差，随时等候皇帝的差遣，应付突发状况，这是历朝都有的规矩。不过，明世宗对国家大事没有兴趣，他是三更半夜不睡觉，心血来潮就要用青纸写红字，与天上天帝沟通。这一份青词的差事，就落在值宿官员身上了。

这一天，夏言没换上道士袍，明世宗颇为不乐，眼露凶光，仿佛想张开口，对着夏言一口咔嚓咬下去。

夏言并非不懂察言观色，他只是察了言，观了色，仍然认为自己身为大明官员，不得不直言，他岂会想要得罪皇帝?

他意兴阑珊地坐在桌子前，拿起墨来慢慢在砚台中来回磨着，思绪回到十多年前，明世宗初嗣（sì）位之时，还是一个十五岁的小皇帝。夏言上疏，建议淘汰冗（rǒng）员。少年天子颇为嘉许，下诏由夏言等人做主，一下子淘汰三千两百多个冗员。夏言想到这里，一拍桌子道:“那才是过瘾哪！”

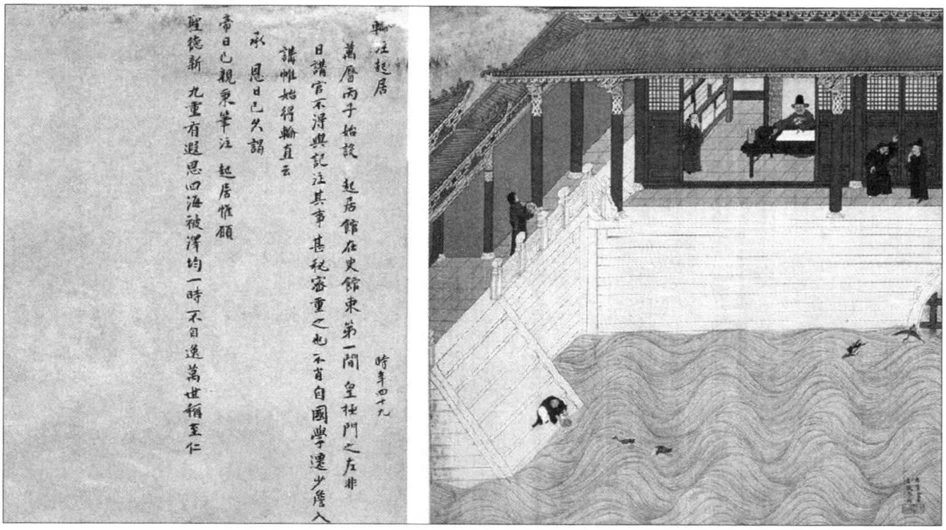

明代官员宫中当值，佚名绘。

后来，明世宗就注意到这一位相貌堂堂、文采风流的夏言了。夏言又建议明世宗清理皇庄与庄田。明太祖朱元璋立国之初，为了表彰与激励和自己出生入死的勋臣，经常颁赐田地，称之为“庄田”，对于封为亲王的皇子则赐庄田更多，一般在千顷之上。

于是皇亲国戚佞臣太监都打庄田的主意，严重侵害百姓的利益。夏言对京畿（jī）地的皇庄做了一次彻底的调查，历时一年三个月，写成了《勘（kān）报皇庄疏》，详细罗列各地皇庄，对皇家而言，利益不过十之一二，其他八九成入私人荷包，“把皇这个字，加于帝后之上，让皇帝扛责任，事实上一些奸佞之徒侵夺民田，称之为皇庄，用来开店称之为皇店，又占夺盐田，称之为皇盐，这真是让天下人看笑话，后代也会讥诮（qiào）”。

明世宗大大嘉许，夏言正准备大刀阔斧改革，但是，且慢！嘉靖三年（1524 年）九月，明世宗颁旨给亲生母亲蒋太后的弟弟蒋轮庄田九十顷，又给了另一位舅舅蒋寿庄田四十三顷……皇帝带头不守法，还能改革得下去吗？

夏言想到这儿，长叹了一口气，像现在，万岁爷沉迷于道教，把国家大事置之不理，这真是“不问苍生问鬼神”。

以前汉朝的贾谊，一心想为朝廷做事，却一再被贬官，好不容易汉文帝召见他，旁的不问，净问一些鬼啊神啊的事，唐朝李商隐同情贾谊，写了一首诗“可怜夜半虚前席，不问苍生问鬼神”。

夏言觉得自己与贾谊一般委屈，半夜三更在喂蚊子，明世宗对苍生不关心，一天到晚与天帝沟通，希望飞到天上当神仙。夏言就拿起笔一遍又一遍写着“不问苍生问鬼神”。

突然间夏言听到了窸窸窣窣之声，他大呼：“谁！”

这时一旁窜出一个小太监，原来明世宗生性多疑，他派小太监出来探一探夏言在做什么。

夏言大吼：“你鬼头鬼脑在干什么？”

“没没没，没事。”太监吓得舌头打了结。

夏言身材魁梧，声如洪钟，他发起脾气来很可怕。他与中国古代传统的读书人一般，对太监没有半点好感，因此太监们见了他就双腿发抖。

严嵩可完全不一样，他知道，明世宗别的事不在意，就在意值宿大臣写青词，因此万分小心伺候着。

小太监来了，严嵩远远打着招呼，客客气气请了进来，小心翼翼伺候着，打探皇帝的饮食，打探皇帝的身体。严嵩最厉害的一招是，他一面讲话一面笑盈盈地把黄金塞入小太监手中，笑眯眯道：“不成敬意。”

小太监每次来，每次都不会空手而返，因此小太监离开严嵩之时，总是边跑边笑，把手上的黄金玩来玩去，心中好乐。

可想而知，当明世宗问起夏言的情况，小太监总是说：“夏大人在睡觉。”

“哼，”明世宗不满意道，“难怪青词愈写愈差，再三重复。”

至于严嵩呢？小太监拿了黄金，大大吹捧，明世宗也再三夸奖：“写得又多又好，真是十分用心啊。”久而久之，明世宗专宠严嵩。

严嵩的道士冠

严嵩因为夏言的美言，得以位居高位，亲近明世宗。但是严嵩并不以此为满足，他希望能够除掉夏言。夏言值宿之时，对小太监如同奴仆一般，严嵩却待若上宾，并且不时塞一锭小黄金放入太监的衣袖里。

当然，拿人的手短，小太监得到了严嵩的好处，总是不忘吹嘘："严大人对写青词十分认真，头都抬不起来，让人看了真是好感动。"

明世宗也点头了，他的确写得又好又多，文字古奥，一般人还真看不懂哩。

至于夏言，小太监则长长叹一口气："还不是又在打瞌睡。"

"嗯，难怪许多文章都是重复的，他还以为朕不知道哩。"明世宗很不满意。

"听说这根本不是夏大人所写，而是他家中的门客代笔的。"小太监又加上了一句。（所谓门客，即古代豪贵之家养的食客。）

明世宗更生气了："他竟然胆敢这样敷衍朕！"

严嵩对夏言表面恭顺，背后却不断找麻烦拆他的台。夏言身边的朋友觉得不妙，纷纷警告夏言："你要小心严嵩，这人一肚子鬼。"

"不会的，他是我的同乡，我们是江西人，他的位子还是我力保的。"夏言一点也不以为意，并且神气地说，"昨天他邀我今天去他家喝酒，说是新来的厨子擅长烹制鱼翅，我懒得去。"

“那么，不如去看看，仔细观察一番也好。”朋友仍好言相劝。

“好！”夏言就坐上轿子直往严府。门房见了他都恭谨下拜，夏言挥一挥手道：“不必通报。”

事实上，当夏言轿子还没有抵达严府，早有严嵩安排在夏言旁边的眼线通报严嵩，因此夏言直闯而入，“正巧”发现严嵩跪在原本夏言该坐的首位之下敬酒，只听见严嵩这位大声公的嗓门，一次次地重复：“感谢夏大人的提拔，我严嵩肝脑涂地，无以为报。”

夏言走到严嵩身后，用力一拍严嵩的肩膀，严嵩这才装成刚刚发现似的，惊喜地叫了出来：“您终于还是来了，感谢！感谢！感谢不尽！”严嵩用力地在地上磕头。

夏言回忆道：“当初若不是你跪在我家门口又哭又喊，我也没机会认识你这个同乡。”

“可不是吗？”严嵩又讲了一堆“恩同再造”之类的马屁话。严嵩跪在夏言门前的往事，乃是严嵩心中一大伤痕，夏言竟然一提再提，完全不在意严嵩的颜面。严嵩恨死了夏言，他一面叩头一面盘算着该如何彻底击垮夏言。

夏言完全没有感觉，回到家，他对朋友说：“你们过虑了，严嵩见了我，就成了一只小狗般，他完全听我的。”

隔了几天，明世宗在西苑召见五位大臣，包括首辅夏言、成国公朱希忠、京山侯崔元、大学士崔銮以及礼部尚书严嵩。明世宗自己爱穿道士袍，就也制了五件道袍，以及五顶用沉香木制的道士冠送给五位臣子。

这一回，除夏言外，其他四位都乖乖换上道士衣冠。夏言这人真不识趣，自己不换也就罢了，竟然还上书明世宗，劝明世宗别穿戴这不伦不类的衣冠。

明世宗见夏言仍穿朝服就火大，再看严嵩不但换了道士衣冠，另外还用一层黑纱笼在冠上，表示敬意。明世宗一双眼睛就朝这冠瞄了又瞄，显然十分欣赏，严嵩知道机会来了。

果然，明世宗把严嵩单独留了下来，夸他道：“你戴上这一顶道士冠有神仙之姿也。”

严嵩突然跪了下来，放声大哭：“臣因为戴这顶冠，被夏大人再三斥责。”

“哦？”明世宗眉毛挑了起来，“对，他连朕换道袍都有意见。”

“还有，臣劝他别老往东宫跑，他竟然……唉……”严嵩益发泣不成声，他知道这一着稳稳地打中了明世宗的心。

古代皇帝手握大权，因此连自己亲生儿子也不相信，就怕儿子夺权。明世宗自己身体弱，又不理朝政，老是担心会有臣子拥太子与他对抗。蒋太后、张太后过世之后，慈庆宫、慈宁宫都空了出来，因此夏言主张，国家财政困难，太子东宫兴建新宫需用一大笔经费，不如改慈庆宫为东宫府。

这本来是一件小事，但是严嵩抓住明世宗对太子的疑心，并且加油添醋地说夏言与太子走得挺近的。明世宗怒火中烧，对严嵩说：“朕自会处置的。”这一晚，明世宗又失眠了，他幻想着太子不轨，气得吃了两倍的安神丸依然无法安神。

掏心掏肺与吃心吃肺

严嵩是夏言一心一意栽培的同乡，夏言也是严嵩一心一意去除的对手。严嵩擅长逢迎，夏言刚正不阿，明世宗愈来愈不满意夏言。

严嵩挑拨离间，说夏言与太子走得很近，明世宗一听这还了得，莫非夏言想要拥立新君，把他挤下皇帝宝座？严嵩看到明世宗脸色发绿，难看到极点，心中暗喜。

第二天，严嵩又跑去见明世宗，这一回派给夏言的罪名更大了，京师一带暴雨成灾，都是因为夏言违反了天意。明世宗也就听进去，下谕旨痛斥："今日神鬼皆怒，大雨伤了禾苗……"他甚至怪罪言官没有早日弹劾（hé）夏言，简直是"连一条狗都不如"。

夏言遭到当头闷棍，不晓得自己犯了什么过错，上疏自请退职，明世宗也就把他革了职，并且怪夏言"深深辜负了朕一片恩遇之礼"。

夏言莫名其妙被革职，回到家乡江西，严嵩替代了夏言的职务，以本官兼武英殿大学士入阁，仍兼掌礼部事，集大权于一手。

夏言真是难过极了，他觉得自己的心，似乎被小鸟的尖嘴，一口一口咬下嫩肉，流下鲜血。夏言在前往家乡的路途上，一路喃喃叹着："我掏心掏肺，他吃心吃肺。"他不明白，为何他一片诚心，极力帮助严嵩出头，严嵩却要恩将仇报，他不明白。

夏言问他一个门客道："我对严嵩这般栽培，甚且为他改奏章，我是这般爱才，他为何要算计我？”

门客摇摇头道：“严嵩自认为才高八斗，天下文章是自己的好，他受不了别人对他一点点批评。再说，严嵩的野心极大，他老早视你为假想敌，我们早就看出来了，唉！”

“可是，他对我是如此恭谨小心，看起来也十分诚恳。”夏言伤心极了。

门客道：“这正是严嵩的厉害之处哇。”

夏言不再多说，回到家中，任何时候，只要想到严嵩，他就觉得小鸟又咬了一口他的心，严嵩真是吃心吃肺呀。

夏言在家待了两年，他每逢节日与皇上生日，一定奉表为贺，自己署名为“草土臣”。明世宗很欣赏“草土臣”这三个字，让他觉得，“嗯，很好，果然低头了”。于是，世宗又把夏言找了回来，担任首辅。严嵩碰到夏言，永远矮一级，又降为阁僚（liáo）了。

这一回，夏言咸鱼翻身，重新获得重用，他当然已经认清了严嵩的面目。可是严嵩的确演技精湛，完全没这回事一般，又扮着笑脸，走上去想握夏言的手。

夏言火了，头一甩，理都不理。

严嵩依然不动怒，不生气，照样前去拉椅子，小心伺候夏言坐下来。

夏言勉强忍住火气，他很想抓起严嵩的衣领，问一个明白：“我掏心掏肺，你为何吃心吃肺？”

回到家，夏言自己讶然发现，他一见到严嵩，居然还有一种亲切感；因为严嵩的笑容太诚恳了，眼中又有一线羞赧（nǎn）；就像当年初识时一般，夏言拿起一颗骰（tóu）子，望着上面写的“东”“西”两个字，他暗暗立誓：“严嵩不是个东西，我得小心！”

因为时时刻刻自我提醒“严嵩不是个东西”，所以，他每天自带饭菜，拒绝与严嵩一般食用内膳房为内阁大臣准备的酒菜。

他们两人吃饭的情形很妙，严嵩坐这一头，夏言在另一头，夏言的眼睛绝对不看严嵩一下，免得玷（diàn）污了自己的眼睛，一个人低着头，默然进食，严嵩仍然堆起满面笑容，企图把菜放到夏言碗中，夏言站起来，大喝一声：“你干什么？”严嵩吓得不敢再理夏言。

夏言本来严肃，本来高傲，此番回来，他对严嵩是完全不假辞色，他心中受伤过重，一看到严嵩，想起他无情无义，马上就想起一个字“喙（huì）”——鸟的尖嘴，为了避免鸟的尖嘴再啄心，于是，所有大权，夏言一人独揽，也不与严嵩说一句话。

夏言每次见到严嵩，那种嫌恶的表情，仿佛就在昭告全天下人，“我夏言瞧不起严嵩”。严嵩恨死了，表面上却不动声色。夏言手上有一堆严嵩贪赃枉法的证据，正想举发。

严嵩知道了此事，他带着儿子严世蕃来找夏言，夏言不见。严嵩又重施故技，拉着儿子长跪大哭，哭得惊天动地，并且哀嚎：“世蕃本来只有一只眼睛，干脆另一只眼睛也哭瞎吧。”

夏言心肠一软，又出来拉起了严嵩父子，他想起了那两颗骰子，他心想：“我又理严嵩了，看来，我才不是一个东西啊！”

曾铣的壮志

夏言提拔了严嵩，严嵩却整垮了夏言，害得夏言回到家乡，待了三年。后来，明世宗想念夏言，又把他找回来，担任内阁首辅。夏言决心不再理会严嵩，但是，当严嵩和他的儿子严世蕃跪在地上求情之时，夏言又心软了。

夏言回到书房，把玩着骰子，直直地看着“东”“西”两字，他自嘲道：“我又理会严嵩了，我真不是个东西。”

这次回到朝廷，夏言心痛无比，他看到严嵩是如何一手遮天，到处伸手要红包，他真是后悔提拔了严嵩。但是，就算现在夏言手上掌握了证据，皇帝却是一个极其护短的皇帝，明世宗会办严嵩吗？他颇为迟疑。

过了几天，都督陆炳被指贪污，金额数目极大。夏言准备整治，陆炳学着严嵩的样儿，也两腿一屈，跪在夏言门前苦苦哀求。

夏言觉得好伤心，又好为难，严嵩、陆炳都是他重用的人，如今却做了如此对不起国家的事，夏言摸一摸胸口，又仿佛有一只小鸟用尖嘴啄他的肉，流出了汩（gǔ）汩鲜血。

夏言捣着胸口沉思；陆炳跪在地上，心中却十分恼火，在他看来，都是自己人，何必这般不通融？

最后，夏言一挥手道：“算了，你起来吧！”

陆炳不断地叩头谢恩，内心却不以为然，做官本来就是这么一回事，谁不拿点外快？

离开了夏府，陆炳直奔严府，找到不久前才下过跪，膝盖还是热着的严嵩，两人一起大骂夏言："又不是拿他夏家的钱，摆什么难看脸色，不通人情之至。"

严嵩沉吟道："我担心的是议复河套之事啊。"

陆炳回答："万一做成就糟了。"

所谓河套，指的是今天的内蒙古和宁夏地区，贺兰山以东，狼山与大青山以南的黄河沿岸地区，因为黄河在这儿，形成一个仿佛套子一般的大弯曲，所以称之为河套。河套地带三面临黄河，土地丰饶，水草茂美，因此有粮仓之称，嘉靖年间，被蒙古占领。

兵部侍郎曾铣（xiǎn），曾经平定辽阳，有本领，有大志，他上疏请求出兵，恢复河套。夏言是一个一心想为国家做事的人，看到曾铣的奏章十分兴奋，大力支持曾铣的计划。此外，夏言的岳父苏纲与曾铣是扬州同乡，对曾铣的为人十分佩服，更加强了夏言的信念。

曾铣要求朝廷拨数十万军饷与调山东、河南之兵增援。明世宗虽然支持曾铣的计划，但是他一向小气，便以财政困难为理由，此事缓议，以后再说。

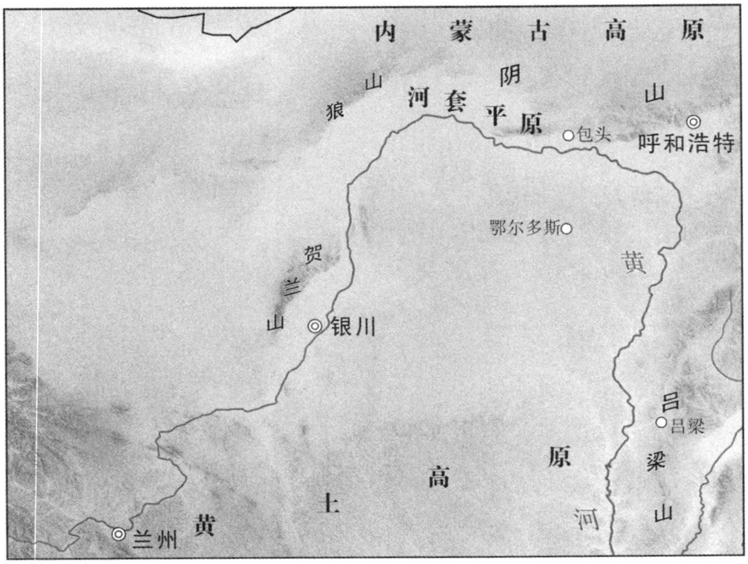

河套地形图。

但是，曾铣是一个急性子，报国心强烈。嘉靖二十六年（1547 年），蒙古兵侵扰，居民吓得不敢外出，曾铣亲自挑选了一些锐卒，亲自出马应战，竟然把蒙古军击溃，过了几个月又出征一次，又是大获全胜。

捷报传到了京师，明世宗当然十分高兴，也就接受了曾铣建议的恢复河套之举。曾铣办事仔细，他又画了八张布阵图，包括“骑兵迎战”“步兵搏战”等，明世宗颇为赞赏。

曾铣受到明世宗的鼓励，夏言又从旁加油，曾铣更是兴奋，积极准备恢复河套。但是，曾铣锋芒毕露，表现良好，却让其他文臣武将喝了一杯醋，酸得发呕（ǒu）。

陆炳对严嵩说：“以曾铣之才干，以及不要命向前冲的作风，很可能真的一举恢复河套，那么，夏言建此边功，不但可以稳保相位，甚至能够名留青史。”

严嵩笑一笑道：“别担心，没这么容易的。”

严嵩先找来明世宗身边的小太监，对他说：“夏大人建议恢复河套，这可危险了。”

“为什么危险呢？”小太监不懂，“收复失地总是好事啊。”

“这你就不懂了，想以前英宗皇帝之时，也是王振好战，主张英宗亲征，结果英宗被俘！称之为‘土木堡（bǎo）之变’。万一开战，蒙古大军南下，万岁爷岂不可虑？”

“说得也是。”小太监点点头，表示赞同。严嵩说着，悄悄在小太监手中，塞了一小锭黄金，小太监心中高兴，嘴中客气地说：“不好意思。”严嵩笑一笑，又递上一小锭黄金。

小太监最喜欢赴严府，每次都不落空，最害怕去夏府，夏言从来不客气，更别想要有赏金。既然拿了严嵩的好处，不能不帮他说话，因此，小太监把两锭黄金藏好后，就开始在明世宗耳朵旁一遍一遍地说：“打仗多危险啊，蒙古军又厉害，谁有把握呢？”明世宗果然心中毛毛的。

夏言的遗憾

明朝大将曾铣建议恢复河套，夏言很支持他的计划，明世宗也非常高兴，严嵩担心夏言立了大边功，因此极力破坏。

严嵩见明世宗一脸兴冲冲，知道是曾铣又打了两次大胜仗，于是他不敢贸然开口，怕扫了世宗的兴。但是严嵩知道，明世宗迷信道士，凡事总得问过道士才放得下心。

因此严嵩对明世宗说："恢复河套自是美事，何不让乩仙卜一卜？"

"对呀！"明世宗赶紧找来道士，严嵩原已"指示"过道士该如何作答。只见道士摆上沙盘，竖起乩架，焚香祷告了半天，最后拿起乩笔，巍巍颤颤写下了六个字"主兵火、有边警"。

明世宗看到脸色大变，呆呆地坐了下来。

严嵩一见明世宗变脸，立刻落井下石："大明朝有家法，不能把整个兵权给臣下，夏大人上奏，请求誓剑，统制各路将帅，这个……"

明世宗最怕臣下揽权，心中更不痛快了，所以原先是他自己支持曾铣的计划的，一会儿工夫，口风完全变了，他下谕指责道："以征逐为名，出师有名吗？再说就算国家有余兵，仓库有余粮，可以预见成功吗？曾铣一个人的话可信吗？老百姓的安危谁又顾到了呢？"

一见到明世宗发了脾气，严嵩马上上疏，指责曾铣"好大喜功，穷兵黩（dú）武"，并且赞美明世宗"救了陕甘百万生灵"。至于他自己，"虽然身在内阁，但是大小事都无法参与，不能阻止，请求予以处分”。

严嵩这一招真狠，似乎他最考虑圣上安危，夏言完全不顾皇帝生命，明明恢复河套是明世宗自己大力支持的啊，不过，做皇帝的岂会讲道理？明世宗一怒之下，曾铣被押解来京，夏言第二次被赶回家乡。

夏言、曾铣一心为国消除边患，竟然遭此下场，当时的人都为他们两人抱不平。

严嵩、陆炳见计得逞，十分开心。严嵩说：“上一次夏大人回到家乡，过了两年，万岁爷想念他，又把他从家乡找了回来，这一次难保不会旧戏重演。”

陆炳说：“得想一个方法断了此路。”

“我有办法。”严嵩笑得阴险。严嵩聪明，聪明的人做起坏事来格外厉害。

严嵩找到了刚刚被捕下狱的仇鸾（qiú luán），代他拟了一份奏疏：“曾铣曾经吃了败仗，没有上报朝廷；曾经克扣大笔军饷；曾经拜托苏纲向夏言行贿。”

明世宗看了，气得跳脚：“幸亏朕阻止了恢复河套计划，不过这是真的吗？夏言真的受贿吗？”

“怎么不是真的呢？苏纲是夏言的老丈人，他与曾铣是同乡，都是扬州人。”严嵩赶快补了一句话。

“朕还不知道他们有这一层关系，难怪夏言帮曾铣说话。”明世宗愤愤不平，觉得自己受了骗。其实，他真是脑筋不清楚，苏纲与夏言是岳婿关系，并不代表夏言就一定受“贿赂”啊。反正世宗容易动气，一气起来就乱下决定，他还认为自己是最公正明理的皇帝哩。

因此，明世宗大怒，把苏纲捉来审问，由陆炳主审。陆炳用尽了各种刑具，把苏纲打得体无完肤，最后承认自己曾经“拿了五千两曾铣的贿赂款，并且替曾铣转了两万两银子给夏言”。

明世宗更生气，派人把夏言自家乡押解到京，夏言简直不知道自己犯了什么错。

严嵩知道，明世宗一见到夏言，想起他种种好处，一定还舍不得杀夏

夏言，选自《历代名臣像解》。

言，因此他又塞了一些黄金给太监，拜托他们到明世宗身边吹风。

于是，小太监对明世宗说："夏言出京时，一路之上都在嘟嘟哝哝地埋怨，说是明明万岁爷自己赞成出兵河套，又为什么出尔反尔！"

明世宗这个皇帝最为小器，尤其不能忍受臣下埋怨，他一听夏言曾经抱怨过他，立刻血往脑门上冲，下谕责备夏言："朕把夏言当心腹，夏言又怎么待君王的？曾铣之事，自己不知道认错，以前朕赐道士冠，夏言非但不戴，并有怨言。"

最后，夏言以六十七岁高龄，被斩于市。临死之前，夏言当然知道是严嵩一步步严密设计出来的毒计害了自己。

夏言被五花大绑押向刑场之时，他喃喃自语："我是冤枉的。"走了几步，他摇摇头："不对，我提拔了严嵩，祸国殃民，我是罪有应得啊。我只看到严嵩的才气，没看到严嵩的败德，看到了也未曾力阻，我是恶有恶报哇！"

丁汝夔上当

明嘉靖十三年（1534年）之后，鞑靼时时入侵，嘉靖二十五年（1546年），兵部侍郎兼总督三边军务曾铣向朝廷建议，应当收复河套之地“以壮中国之形势，此中兴之大业也”。明世宗原先欣然同意，后来，严嵩挑拨，加上扶乩的结果不利，他又打了退堂鼓，并且迷迷糊糊将夏言与曾铣处死。

曾铣是一个慷慨热情的大将军，富于谋略，擅长用兵，一心报国，却被严嵩害死，当时的人都为他感到惋惜。他一死，谁也不敢再开口提起“恢复河套”，当然，鞑靼仍然不断入寇。

这时候，担任宣化、大同总兵的人是仇鸾。他原来是甘肃总兵，因为贪污被捕下狱，在监牢里，他找人拎了一大袋“白米”送到严府。

严嵩的管家把“白米”扛进来，发现名片上写的是“敬奉白米”，下款是“干儿子仇鸾”。严嵩当时收了不晓得多少个干儿子。

他嘿嘿冷笑道：“我还没有答应当他的干爸爸哩。”

说着，严嵩打开袋子，原来不是什么白米，而是亮闪闪的三千两黄金，他笑眯眯地说：“嗯，这一个干儿子倒是挺孝顺的。”于是，仇鸾出了监狱，获得重用。

仇鸾这个人没有半点本事，是一个大草包，他笃信一句话“有钱能使鬼推磨”，果然他咸鱼翻身，又成了大将军。

嘉靖二十九年（1550 年），俺答入寇，朝廷派遣仇鸾为宣大总兵，他退敌的方式仍然是“有钱能使鬼推磨”，仇鸾派人送一大袋黄金给俺答：“拜托，拜托，你们攻打哪里都好，就是不要出兵攻打大同。”

俺答轻蔑（miè）地嘲笑：“哎，你们这些明朝军队啊，没胆子！”看在黄金的分上，俺答改攻古北口，一路势如破竹，攻到通州。

这时兵部尚书丁汝夔（kuí）十分着急，跑来找严嵩想办法。

严嵩慢条斯理地说：“在边界上打仗，败了可以掩饰，还可以假报胜仗，谁也弄不清楚，但是在京师附近，败了可没法掩饰。”

“对呀！”丁汝夔头顶上的汗珠，一颗一颗往下掉，“北京城中的官军，加起来不到五万人，而且一半是老弱残兵，如何能打仗？”

“很简单，关上门，不打就是了，让俺答部队尽量劫掠。反正捞够了，他们自然就会走。”严嵩一副老神在在的模样。

“对呀！这是个好办法。”丁汝夔千恩万谢地走了。回去下令“切勿轻战”。

蒙古俺答汗像，佚名绘。俺答汗原为土默特万户领主，1542 年成为蒙古右翼三万户领袖，1550 年率军进逼北京城下，迫明朝开互市，1571 年被明朝封为顺义王。

这晚军队原本听到鞑靼俺答入侵，已经两只脚发软，走起路来摇摇摆摆，如今接到命令不开战，个个乐得跷起二郎腿歇息歇息。

由于明朝军队缺席，俺答部队如入无人之境，通州以下，密云、三河、昌平等处以及北京城外的人民就遭了殃，又焚又杀，又抢又夺，老百姓苦不堪言，听说是丁汝夔下令“切勿轻战”，因此个个破口大骂：“丁尚书是混蛋。”

此时，各路援军赶到，仇鸾被任命为大将军，他听说丁汝夔不迎战，他当然也不开战。更过分的是，他纵容大同兵队脱下军服，跟着鞑靼兵趁火打劫，纪律比流氓土匪还坏。

八天后，俺答部队洗劫一空之后，扬长而去。这时候，仇鸾找了八十多具老百姓的尸体，谎报军功，说是自己击败俺答。这真是开玩笑，明世宗竟然优诏褒奖。相形之下，丁汝夔完全采取守势，明世宗大为不悦，下令逮捕审问。

这时严嵩慌了，因为丁汝夔是照他的话闭门不应战，若是他原原本本招了出来，严嵩岂不也被牵累？因此，他先派人给丁汝夔一颗定心丸：“你放心去受审，有我在，包你无罪。”

丁汝夔见到明世宗，发现万岁爷一脸铁青，他什么话也不敢说，只心中一遍遍安慰自己：“没关系，没关系，有严嵩在，不用怕。”

丁汝夔应讯时，兵部职方司郎中王尚学也被牵涉其中。丁汝夔够义气地说：“罪在我一人，与王郎中没关系。”

应讯完毕，丁汝夔回到牢中，心中一片平静。他心想，仇鸾也曾入狱，由于严嵩的关系，后来也安然无恙出来了，既然有了严嵩的保证，他大可以高枕无忧。

一直到有一天，狱卒来了，他高兴地站起来迎接，以为可以回家，洗澡换衣服驱霉气，结果竟然是“前往菜市口”，也就是带赴刑场。丁汝夔大叫：“严嵩误我！”到了刑场，发现王尚学的儿子王化。王化赶过来谢丁汝夔：“谢谢你的大恩，家父得以免死。”丁汝夔道：“哎，你父亲劝我开战，我不理，误听了严嵩的话，我自己没有长眼睛，死了也没有遗恨。”

严世蕃闹酒

俺答入寇，明军采用严嵩的方式，放手任凭俺答劫掠。俺答军抢了太多金银牛羊妇女，实在载不动了，于是大军出关。明朝仇鸾借此机会找了一些老百姓的尸首，假冒俺答军队的首级，竟然向朝廷报功，迷糊的明世宗竟然论功行赏，真是“兵不如匪”。

明世宗对仇鸾的“英勇”大为嘉许，并且加升其为太保。仇鸾十分得意，向世宗谢恩，拍着胸脯道：“臣将于冬日出塞击败虏敌，以报入侵大仇，扬我大明朝之威风。”

“好！”明世宗大乐，立刻又宣布，仇鸾入掌三大营，统摄京营，“朕就是需要你这样勇于任事的人才。”

仇鸾又叩了一个响头：“臣请求驻扎于宣化大同之间，整顿兵甲，待冬月大举出塞，以扬国威！”

“好，一切如你所议！”明世宗精神抖擞，龙心大悦。这时候，兵部侍郎史道、户部尚书孙应奎、工部尚书胡松一起磕头：“愿意协助仇大将军筹备兵事。”

明世宗更乐，一时之间，仿佛消灭俺答的美好愿景就在眼前。其实，除了明世宗，朝廷内外都知道，仇鸾胆小如鼠，根本没有驱敌的能力，他最大的本事就是讲大话，现在牛皮吹足了，下一步不知道该怎么走，至于兵部侍郎史道等人，都是随着明世宗的情绪起伏演演戏，否则，谁扫了明世宗的兴，谁就要大祸临头了。

仇鸾志得意满地走出大殿，嘴角浮着微笑，偏偏一出门，就遇到他最不喜欢遇到的人——他的义父严嵩。严嵩摸一摸仇鸾的头道：“儿啊，恭喜你，想你当初蹲在狱中吃牢饭的时候，没料到会有这么风光的一天吧？”

仇鸾很讨厌严嵩摸他的脑袋，他又不是小孩子，他是堂堂大将军哪，他最不愿意提及在狱中不光彩的一段。他原为甘肃总兵，因为贪污下狱，后来以三千两黄金贿赂严嵩，拜严嵩为干爹，这才出了牢狱，继续做官。

仇鸾心中不乐，脸上却漾起夸张的笑容：“这全是拜义父再造之恩。”

“嘿嘿，”严嵩干笑两声，故意表示亲热地拉着仇鸾的手，“今晚我要值宿西苑，万岁爷要写青词，非找我不可，你可以到我家，让东楼为你贺一贺。”

一听东楼，仇鸾心就凉了。东楼是严嵩儿子严世蕃的号，严嵩不称“小儿”“犬子”，反而称东楼，这绝对不合中国人的规矩的，不过也可以显现，东楼的地位不凡。

仇鸾没有不答应的权利与自由，他忙不迭地说“不敢当”，心中却叫苦连天，他不想待在京里，与东楼大有关系。

严嵩的外貌是高高瘦瘦，白白净净，非常斯文有礼，带有几分不食人间烟火的韵味，因此，明世宗才特别欣赏他的道士打扮；严世蕃的外貌与父亲完全不一样，黑黑粗粗、矮矮胖胖，颈子与脑袋黏在一起，还瞎了一只眼睛。

严嵩与严世蕃在一起是可笑的对比，尤其严嵩脖子特长，仿佛是一只昂首的天鹅，严世蕃却没有脖子，好像是青蛙，但是父子两人个性一般，《明史》中用“剽悍阴贼”形容严世蕃。

严世蕃并没有参加过科举考试，却凭着严嵩的关系当到了工部侍郎。事实上，严世蕃的外号是“小宰相”，他比父亲这个大宰相还要厉害三分，没有人不怕他。严世蕃自认是“天才”，自夸“颇通国典，晓畅时务”。他也的确是个鬼才，明世宗时常在御札中夹一张写有字谜般只言片语的小纸条，严嵩总是猜不透，严世蕃却一下便猜中世宗的心事。

严世蕃最大的本事就是收红包，哪个地方油水如何，肥缺如何，他一清二楚，谁也别想瞒他。严世蕃还有一项本事——闹酒，不管来者是达官贵人，或者是长辈，他都非把人家灌到受不了为止。

仇鸾一听晚上严世蕃要请客，他就心中烦闷，每次都被灌得痛苦万分。其实，仇鸾也不是没酒量的人，但是，谁能像严世蕃一般，把酒当水喝?

果然，因为仇鸾升了官，这晚，严世蕃可不饶他，仇鸾先自己喝了三杯，又罚了三杯。

严世蕃突然大叫:“唉，你们看，仇大将军长得像青竹蛇，头尖尖的，又黑黑的，正好喝竹叶青嘛！”

客人回头一看仇鸾，嘿，果然脸长得像蛇，一副奸相，谁也不敢笑，严世蕃对自己的妙语十分兴奋，拿着筷子敲桌子道:“来，青竹蛇喝竹叶青。”

仇鸾左一杯右一杯地喝下去，一直喝得大呕大吐，歪倒在地，不省人事，严世蕃这才让人把醉倒的仇鸾抬了回去。仇鸾醒来之后大叹:“这个官还真不好做，难怪有人说只见小偷吃肉，不见小偷挨打，做官的苦谁知道哇！”

赵文华得罪干爸

明朝嘉靖年间，俺答入侵，大将军仇鸾不敢迎敌，待俺答劫掠一空、呼啸而去之时，竟然割下许多老百姓的脑袋去邀功。明世宗这个昏庸的皇帝论功行赏，令仇鸾入掌三大营。仇鸾大喜，自称将整顿兵甲，到冬天大举出塞，以扬国威。

仇鸾一向好说大话，也一向靠招摇撞骗赢得荣华富贵，但是这个牛皮吹得太大了，当他回到大同，左思右想，一筹莫展。第一，仇鸾根本不会带兵打仗，他哪有本事击退俺答，真是开玩笑；第二，严嵩等着他这个干儿子孝敬大红包，严嵩的儿子严世蕃要得更凶，这笔钱不晓得该从哪里获取。

仇鸾一急之下，背上长了脓包，这是他的老毛病，压力一大就会发作，他一面请医生看诊，一面叹息："这个官还真不好做。"

正在此时，俺答提出要求，希望开马市，就是让明朝购买俺答的蒙古马。仇鸾大乐，他的如意算盘是俺答既然互市，就暂时不会进兵，仇鸾自己也能在马市贸易之中抽取油水。明世宗也批准了开马市。

嘉靖二十六年（1547 年），杨继盛上书，反对开马市，认为与俺答做生意不可靠。果然没过多久，俺答送来的马又瘦又小又弱，连小孩子都不能骑，却要求极高价格，双方闹得不开心，俺答再次入侵。

仇鸾更急得团团转，一惊一吓，他背上的脓包又发了，痛得辗转难眠，他不晓得该如何应付眼前的危急，也缺乏了求生的斗志，因此，原本是小病，居然一命呜呼。

狡狯（kuài）的严嵩担心会受到干儿子仇鸾的牵连，他先发制人，秘密上疏，揭发仇鸾通敌。明世宗提了仇鸾的亲信审问，发现仇鸾果然曾经贿赂俺答。虽然仇鸾已经死了，明世宗可不饶他，下令敲开棺木，割掉脑袋，仇鸾的牛皮终于还是被戳破了。

仇鸾是严嵩的干儿子，但显然，严嵩一向不顾念此类父子之情，这在其他干儿子们看来，自然十分心寒，其中一个干儿子赵文华决心自找门路，自求发展。

赵文华是嘉靖八年（1529 年）进士，个性奸滑，拜严嵩为义父，严嵩保他升为工部尚书。他想要入阁拜相，越过严嵩，直接去拍明世宗的马屁。赵文华进了一种药酒的方子，他夸大道：“这是神仙传授的，喝了这种药酒，可保不死。”赵文华怕明世宗不相信，他还特别加了一句话：“这神仙之方只有严嵩与臣子知道。”

不料明世宗的反应是：“严嵩有这样的方子，为什么不赶忙进呈给朕？”明世宗喝完药酒，觉得十分甘醇，就下了条子责问严嵩。

严嵩吓坏了，立刻婉言解释：“臣生平不喝药酒。”然后转身痛责赵文华；赵文华跪在地上，哭哭啼啼，坚称没这回事。严嵩把赵文华进药酒的方子往地上一扔，气呼呼地走了。

赵文华心想，这下子糟了，得罪干爸爸岂是好玩的事？立刻赶到严府道歉。门房见到赵文华，不准他进入，赵文华连忙摸出几锭黄金，门房才放他进来。

这一天，严嵩与儿子严世蕃，孙子严鸿、严鹄（hú）及一批干儿子正在开怀畅饮，赵文华不敢进来，躲在窗子外面。

欧阳夫人陪着老爷喝着酒，突然问：“文华怎么没来？”

“哼！这个负心的奴才，哪得在此？”严嵩冷笑道。

欧阳夫人平日接受了不少赵文华的孝敬，少不得为他讲讲情，说一说好话。这时躲在窗外的赵文华，推开了门，一路膝行跪到了严嵩跟前，哭个不休。严嵩不耐烦，勉强把他扶起一块儿入座，但是心中仍然不谅解。

除了严嵩之外，严世蕃也在心中怪赵文华不够意思；因为赵文华这一回自浙江回来，送给干爹干妈的礼颇为厚重，但是给严世蕃的礼，世蕃嫌不够。

赵文华送严世蕃一顶“金丝幕”。严世蕃认为漂亮是漂亮，顶多值几十两黄金。另外，赵文华送严世蕃二十七个姨太太一人一个“宝髻（jì）”，就是头上戴的点翠镀金玉簪髻，二十七个应该也花了不少银子，可是姨太太们不满意，严世蕃也嫌赵文华小气。

于是父子两人，决心给赵文华教训。

正好过了两天，明世宗在宫中散步，远远见到宫外新街起了一座雄伟的大宅，就问侍从：“这是谁的宅第？”

“赵尚书新宅也，工部的大木头都拿来盖这个大宅了，难怪西苑新阁至今未完工。”明世宗不悦。严嵩知道消息，建议赵文华上疏请求休病假一个月。而明世宗早就规定在他斋祀期间，谁也不准上疏奏事，因此赵文华上疏，不但被罢官，并且削职为民。赵文华被干爸爸捅了一刀，愈想愈伤心，竟然在船中肚皮裂开，五脏流出来，当场毙命。严嵩与干儿子们，彼此以利益结交，岂有什么真情真义呀？

沈炼放炮

严嵩、严世蕃父子两人狼狈为奸，朝廷人人自危，尤其是严嵩义子赵文华，因为给严世蕃二十七个姨太太的礼送得轻了，就遭严嵩父子联手陷害，将赵文华送上了西天。

消息传出之后，人人自危，赶紧纷纷送礼到严府。严氏父子不只是逢年过节收礼，他们是天天等着官员送礼。严世蕃兴趣广泛，不论古董、奇器、书画、黄金、珠宝都喜欢，送礼者尤其不能忘记，他有二十七个姨太太，每个都不能少收一份礼。

因此，严府门前，日日夜夜水泄不通，远远望去，一排一排送礼的箱子，真是非常壮观，整个街道全被塞住了，大家都敢怒不敢言。

有一天，来了一个叫沈炼的，相貌英挺，一脸正气，他侧着身子走过送礼行列，用手敲一敲木箱道："这又是送给严世蕃的古董吧，想必价值不凡。"

挑夫挡住沈炼的手："你小心点儿，弄坏了你可赔不起。"

沈炼道："实在不像话，这样大规模地收礼，送礼的人又要贪污多少才能孝敬严世蕃？"

挑夫撮（cuō）起嘴唇道："小声点。"

"我偏要说，这会败坏整个国家的根基。"沈炼嗓门更提高了。

挑夫不以为然地回答："你别尽对我们这些下人说，有本事你就直接对严府的人开炮。”

“你以为我不敢吗？”沈炼扬长而去。

沈炼走远了，一些挑礼物来的家丁挑夫们聚在一起讨论：“这个小子口气不小，他是什么人，最近是不是吃了老虎胆？”

一名陆炳家的家丁说：“我晓得他，我家老爷很欣赏他，这人叫沈炼，嘉靖十七年（1538 年）进士，官职很小，不过是锦衣卫经历，志气却不小，敢讲话，很有正义感。”

沈炼一路走，一路愤愤不平地自言自语：“严嵩、严世蕃目无法纪，陷害忠良，就是因为没人教训他们，我若逮到机会，绝不放过。”

过了两天，严世蕃请客，请了锦衣卫首领陆炳。陆炳因为爱才，喜欢沈炼，就把沈炼给带了去。沈炼见严世蕃就讨厌，这倒不是因为严世蕃黑黑胖胖，没有脖子。一个人的五官长相不是重点，重要的是气质谈吐，严世蕃满脸横肉，妄自尊大，俗不可耐到了极点，偏偏还要附庸风雅，表示自己有艺术品位。

严世蕃一向爱闹酒，这天晚上相中了林公。林公正准备退休了，人长得瘦瘦小小，十分畏缩恐惧，他已经被命令喝了五杯酒，整个人摇摇晃晃的。

终于林公“哇！”的一声，吐了出来，又害怕又惊恐，拉着衣袖子擦拭嘴角。

严世蕃不放过林公，他又递过一杯酒道：“嗯，再来五杯吧。”

沈炼看不下去，他一把夺过严世蕃的酒杯，不客气地指责道：“世蕃兄，你也是读过书的人哪，一点也不懂得敬老尊贤吗？”

严世蕃从来没有被人指责过，脸上一阵青一阵白，讪（shàn）讪不敢开口。

沈炼出了严府，一位朋友周久拍着他的肩道：“算你行，不过，你敢向皇帝报告严氏父子的罪行吗？”

沈炼拍着胸脯道：“哎，天下事，大臣不言，故小吏言之。”

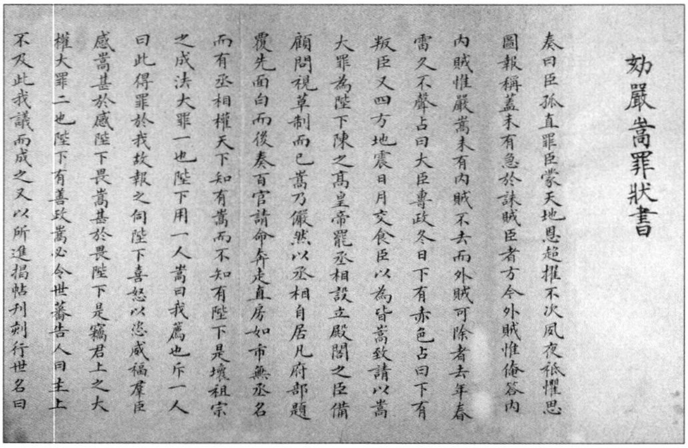
劾嚴嵩罪狀書
奏曰臣孫直罪臣蒙天地恩超擢不次夙夜祗懼思
圖報稱蓋未有急於誅賊臣者方今外賊惟俺荅內
賊惟嚴嵩未有內賊不去而外賊可除者去年春
雷久不聲占曰大臣專政冬日下有赤色占曰下有
叛臣又四方地震日月交食臣以為皆嵩致請以嵩
大罪為陛下陳之高皇帝罷丞相設立殿閣之臣備
顧問視草制而已嵩乃儼然以丞相自居凡府部題
覆先面白而後奏百官請命奔走直房如市無丞名
而有丞相權天下知有嵩而不知有陛下是壞祖宗
之成法大罪一也陛下用一人嵩曰我薦也斥一人
曰此得罪於我故報之伺陛下喜怒以恣威福群臣
感嵩甚於感陛下畏嵩甚於畏陛下是竊君上之大
權大罪二也陛下有善政嵩必令世蕃告人曰主上
不及此我議而成之又以所進揭帖刊刻行世名曰

明代大臣向明世宗上《劾严嵩罪状书》。

当天晚上，沈炼喝了几杯酒，想起严嵩父子祸国殃民，愈想愈气，流泪不已，铺开纸笔，一条一条写下严嵩的罪状，一共洋洋洒洒写了十条之多，最后请求皇帝诛戮（lù）奸臣，以谢天下。

明世宗正重用严嵩，看了奏疏，勃然大怒，给沈炼安一个“诋（dǐ）诬大臣”的罪名，打了一顿之后，贬到保安（今陕西志丹县）。

沈炼求仁得仁，到了保安，当地居民听说这人是英雄，因为痛骂严嵩被贬官，个个钦佩，马上有人领自家的孩子来，请沈炼当老师，教育乡中子弟。

沈炼走到哪儿，都有人议论：“这人就是有忠义大节的沈老师。”沿途不断有人对他鞠躬，眼神中全是崇敬。

沈炼教学生讲经书，也教学生练武功。他用稻草捆成三个稻草人，分别挂上三个牌子，写着“李林甫”“秦桧”与“严嵩”。李林甫是唐朝的奸臣，造成安史之乱，杨贵妃因此死于马嵬（wéi）驿。秦桧是宋朝的奸臣，岳飞死在他手上。每天一大早，乡里子弟就习射箭，常常听到：“哇，我射中严嵩了！”“哇，我射中秦桧了！”话音此起彼落，兴奋异常。

沈炼既炮轰严氏父子，又射了命名为“严嵩”的稻草人，最后被严嵩以“白莲教徒”的罪名问斩，不过，后来严嵩失败之后，沈炼也得以平反，追赠光禄少卿。沈炼知道自己一定会牺牲，他只是希望弘扬正气，死而无悔。

杨继盛争取读书机会

明朝严嵩、严世蕃父子祸国殃民，明世宗却一意护短，夸奖严嵩“忠心、诚恳、敏捷、通达”。继沈炼之后，另一反对严嵩的主要人物是杨继盛，他也是中国历史上赫赫有名的大人物。

杨继盛有原则，有担当，择善固执，他的这个特质从小时候起就表露无遗。杨继盛七岁的时候，母亲过世，父亲新娶的后母看他不顺眼，时时找麻烦，并且派他去牧牛。

杨继盛每天牧牛时，经过私塾，看到其他小朋友在读书，在摇头晃脑念《三字经》：“人之初，性本善——”他就也跟着念，一边牵着牛走，一边恋恋不舍地回头望了又望，眼神之中充满羡慕。邻里看见了，拍着家中小孩的头道：“要你念书，你一脸不开心，看看杨家的小孩想读书却不能读，多可怜哪！”

于是，有好心的叔伯告诉杨继盛的哥哥，杨大哥对继盛说：“你这么小，能学到什么？”

“因为年纪小，就应该去牧牛，不应该去读书吗？”杨继盛不以为然地抢白道。

杨大哥被杨继盛一脸庄严给吓愣了。他回去禀报父亲，父亲不希望邻里说闲话，勉强答应，后母在旁边插嘴道：“可是，牛还是得归他放。”

就这样，杨继盛每天起得更早，先带着牛去山上吃草，再到私塾，把牛系在树干旁，跟着其他小朋友一块儿读书。每天在私塾中的一两个时辰是杨继盛最快乐的时光。由于读书的机会是他费心争取到的，所以他格外用心学习。

回到家，后母总是派给他一堆工作，唠唠叨叨骂个不完，父亲不闻不问，仿佛没生过这一个儿子，整个家中没有一丝丝温暖；但是杨继盛不以为意，他总是表面沉默，心中一遍一遍背书。

嘉靖二十六年（1547 年），杨继盛考中进士，被授为南京吏部主事，这时他与尚书韩邦奇感情极佳，两人都是无书不读，同时又爱好音乐。杨继盛的音感很好，曾经自己制造箫管，送给韩邦奇，韩邦奇试吹之后，大惊道：“这是我吹过最准的音调，你哪儿学来的功夫哇？”由于韩邦奇是当时的乐理权威，写了许多音乐方面的专论，他的肯定让许多人对杨继盛刮目相看。

这时候的杨继盛也结了婚，夫人张氏十分贤惠，文雅美丽，知书达理。继盛吹箫，张氏歌唱，夫妻之间相敬如宾，杨继盛的家庭生活美满和乐。

杨继盛其实大可以吹吹箫，写写诗，与张氏过着快乐的神仙眷侣生活；但是，他办不到，他每次想到严嵩父子，就忍不住勃然动怒，张氏总是好言好语劝他：“生气又有什么用，天下谁不知严嵩为恶？”

“话不能这么说，”杨继盛不以为然道，“我身为读书人，身为朝廷官员，我不能坐视，必须尽我一分力量。”

没多久，杨继盛调升为兵部车驾司郎中。这时仇鸾打不过俺答，想出一个馊主意，希望俺答卖马给明朝，这样，双方有生意往来，俺答就不会出兵攻打，仇鸾也就能安保大将军的位子了。

杨继盛脑筋清楚，思路明畅，他提起笔来就写了“十大不可，五大荒谬”的上疏分析这件事不可能成功的理由，例如：

——如果俺答违约不来，或者是来了，却带来阴谋伏兵该如何？

——或今天做了买卖，明天又发动战争，或以老瘦马要求奇高的价格又怎么办？

——或边镇将帅因此懈怠兵事，如何是好？

杨继盛，选自《历代名臣像解》。

总之，杨继盛一气呵成写得头头是道，强烈坚持堂堂大明断断不能答应互市。但是，明世宗在这件事上却相信仇鸾的话，把杨继盛贬到甘肃临洮（táo）以西的狄道县担任典史。杨继盛虽然失望，他还是觉得说了自己该说的话，坦坦荡荡前往甘肃。

杨继盛到了甘肃，他想起小时候自己想读书却没法读书之苦。于是，他把自己的车马卖了，张氏也把首饰卖了，请来老师，挑选一百多个优秀的小朋友办起学校。这些番民看多了耍威风的地方官，没见过杨继盛这种好人，暗地称他为“杨父”。

狄道县有一座煤山，长久以来被番民占据，县民买不到煤，总得到两百里外去买煤，非常不方便，所以，杨继盛把番民找来商量。番民说：“不要说是煤山，既然杨父开了口，我们把自己的房子送上，也心甘情愿，我们一直以来都不知道该如何感谢杨父教育我们的子女。”

杨继盛浅浅笑道：“没什么，我童年时争取读书机会不容易，想上进的孩子总该有人帮忙啊！”

杨继盛弹劾严嵩

明朝严嵩父子祸国殃民，明世宗却始终宠信严嵩以及严嵩的干儿子们，他其中一个干儿子仇鸾因为打不过俺答，想出一个向俺答买马的主意，杨继盛反对，因此被贬到了甘肃。

但是，过了一两年，杨继盛当初担心的种种不幸被言中，俺答经常借着送货大举入侵，甚至直入城中，奸辱妇女，仇鸾一点办法也拿不出，发了背疾，没多久就呜呼哀哉了。

这个时候，明世宗想起了当初反对仇鸾的杨继盛，把他调升为山东诸城知县。严嵩也看出来杨继盛是个人才，也想把他收过来，成为另外一个干儿子。

严嵩的效率是很高的，杨继盛新官上任，一个多月之后，调为南京户部主事；过了三天，升为刑部员外；马上又改为兵部武选司郎中，这是国家专门管国防军事的人事主管，不但权力极大，而且是个肥缺，多少人想都想不到的美差事。

严嵩对严世蕃说："现在，就等着他登门道谢了，一年之中连升四级官，我对他不算不厚，就看他会如何报答了。"

严嵩这一回却是看走了眼。杨继盛痛恨仇鸾，他更痛恨严嵩，他天天在家骂严嵩，只是严嵩不知道，就算是严嵩一年之中升他四次官，杨继盛也不会因为个人的恩惠忘掉严嵩的大奸大恶。

杨妻张氏十分担心丈夫的安危，她总是说："不如我们辞了官，归隐田园，过神仙生活去吧。"

"我办不到。"杨继盛痛苦地闭上眼睛道，"天下百姓受严嵩之苦太久了，我连做梦都在写奏章弹劾这个大奸臣，就算归隐，我脑中也全是严嵩啊。"

张氏不再多言，她的情绪十分复杂，她钦佩丈夫的勇敢，她也担心他的安危，谁能斗得过严嵩呢？

杨继盛为表慎重，斋戒三天，然后写成了传诵千古的《请诛贼臣疏》，列举了严嵩十大罪：一、破坏祖宗的成法，无丞相之名，而有丞相的权力；二、窃取君上的大权，群臣畏惧严嵩甚于皇上；三、掩盖君上的功业；四、放纵儿子严世蕃作恶，代拟奏章，所以京师有"大丞相、小丞相"之歌谣，严世蕃凭什么当小丞相；五、严嵩孙子严效忠、严鹄都是乳臭未干的小子，没上过一天战场，竟然冒领军功；六、严嵩联合仇鸾勾结俺答，后来又与仇鸾故意划清界限；七、延误国家军机，使得兵部尚书丁汝夔不敢出兵；八、官员升迁完全由严嵩一人掌控，内外大臣被严嵩中伤的无法计算；九、文武官的迁擢（zhuó），取决于奉送严嵩红包的多寡。

最后第十点，杨继盛更是语重心长："自从严嵩用事以来，风俗大变，守法者似乎是笨蛋，擅长钻营被认为是才能，从古到今，风俗之败坏没有比现在更恶劣的了。就因为严嵩好利，天下人都好贪；就因为严嵩爱拍马屁，天下人都争先恐后拍马屁。假如源头不干净，河流又如何能够清澈呢？"

另外，杨继盛又具体列出了严嵩五大奸，甚至不客气地批评自己恩师徐阶："平日受陛下信任，碰到事情，依然照着严嵩的意思，不敢主持正义，简直是负国……陛下如果不信臣言，也可以问一问裕（yù）王、景王，或其他阁臣。"他的结论是："陛下为何爱惜一个贼臣，忍心让百万苍生陷于生灵涂炭之中？"

杨继盛写完了，把奏疏交给张氏看，只见她一面阅读，一面频（pín）频点头，显然是赞同杨继盛的观点。

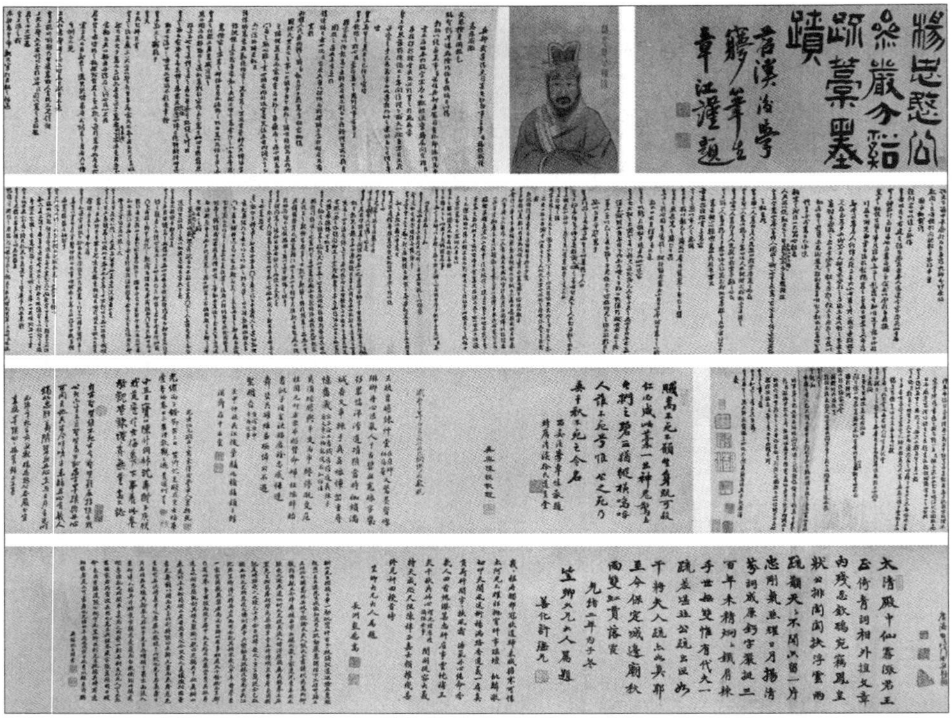

杨继盛弹劾严嵩疏稿墨迹。

张氏看完了，由衷赞美：“痛快淋漓，正气磅礴（páng bó），绝非一时冲动，写得冷静透彻。”

“但是，”张氏念头一转，滴下两行清泪，转身抱紧了杨继盛，哽咽道，“这样的奏疏一上去，我怕……我怕我们就永诀了。”

杨继盛也哭了，他难过地说：“但愿陛下能够清醒，虽然希望不大，但至少让严嵩知道，仍然有人敢讲真话；至少让天下人知道，大明朝的臣子不全为严嵩的鹰犬。”他看着张氏，用手指擦去她脸上的泪痕，满怀抱歉地说：“不要伤心，我们这么恩爱，下辈子一定再结夫妻缘，到那时，你唱歌，我吹箫，我一定对你很好，弥补我今生对你的愧疚。”

“不，不要，我不要与你分别，我不要你下狱受苦，你这篇奏疏这么厉害，不晓得他会用什么方法对付你。”张氏抱紧杨继盛，着急地喊着，仿佛已看到了杨继盛悲惨的未来。

“哎，我写奏疏之前，焚香沉思三天，在这三天之中，我什么都想过了。”杨继盛抚着张氏的肩，“你不用为我担心，我只是对不起你。”

“你非要名留青史，流芳万世吗？那比我们在一起重要吗？”张氏仰头问。

“我一点也不在乎身后名，我只是不能抛弃我的责任感。”杨继盛的表情是那么庄严、平静、坦然、安定，他选择了他的道路。

忠魂杨继盛为自己动手术

明世宗宠信严嵩，朝政大坏，杨继盛为了国家安危，弹劾严嵩，人心大快。

明世宗原本是个小器自私的皇帝，否则他也不会重用严嵩。他看了杨继盛的奏疏，愈看愈生气，觉得自尊心受到了侮辱。他一点也不以为大权旁落，在他看来，严嵩只是皇帝身边的跟班跑腿，杨继盛竟然用近乎指责的口气写奏疏，实在太可恶！

明世宗把杨继盛找来问话，由于杨继盛条条列举十大奸五大恶全是有名、有姓、有时间、有地点的具体罪证，明世宗心中晓得，不好责问。因此故意挑剔："你奏疏之中要朕问裕王、景王，你是想导引皇子过问国家大事吗？"裕王、景王都是明世宗亲生儿子，当皇帝的人不相信任何人，连自己的儿子都成了假想敌。

杨继盛的回答是："除了裕王、景王，谁不怕严嵩？"

杨继盛的话顶得明世宗不敢开口。明世宗瞄一眼杨继盛，他不喜欢杨继盛，他讨厌杨继盛身上那一股正义不屈、自以为是、凛然不可侵犯的味道。他喜欢严嵩那种小心谨慎，唯恐不小心触怒皇帝的狗奴才气息。明世宗微微冷笑，把杨继盛关入了狱中。

这一回，杨继盛来北京之前，他的亲朋好友都知道此去不祥也。其中一位朋友热心地提来一副大锦蛇的胆，据说此胆乃为最佳止痛剂，杨继盛的夫人张氏千恩万谢。

杨继盛却不肯接受，他说：“椒（jiāo）山自有胆，何用蛇胆？”椒山是杨继盛的号。

朋友走了，张氏温柔地对杨继盛说：“你受刑前还是吃了它吧，就算为我吃了不行吗？”

杨继盛轻轻抚摸着张氏的头发说：“未来的刑杖有多少？该有多少副蛇胆才够用？”

一听此言，张氏又别过身去擦眼泪。

杨继盛被提审之时，外面人山人海，争先恐后想一睹大英雄，只见他意态从容，举止潇洒，红光满面，没有一点失意、惶恐不安。一位老婆婆见他手上的刑具，悄悄对孙儿说：“这刑具该戴在另外一个人手上。”

孙儿接近了奶奶身边，小声说道：“该戴在严嵩手上。”

没多久，杨继盛开始挨打了，由于严嵩交代过，打得特别重，一声一声的落杖声，也打在每一个人的心坎上。明世宗以为这可以表示他的权威，严嵩以为这可以让人们晓得他的厉害，其实，这只会让人们更钦佩杨继盛的精神。到底天地之间有正气啊。

杨继盛意态从容地走进去，却是整个人昏厥过去被抬了出来！有人想他死定了，人群之中开始有人嘤嘤哭泣，

杨继盛在狱中，选自《清刻历代画像传》。

一人哭，两人哭，接着，整个哭声一片，其中哭得最伤心的，当然是他的爱妻张氏。

杨继盛被抬入狱中，狱卒知道他是杨继盛，恭敬地深深一揖，此时杨继盛仍是昏厥不醒，狱卒暗呼：“可怜。”

到了半夜，杨继盛痛醒过来，发现自己大腿打烂的肌肉，发炎溃烂流着黄脓，他皱了一下眉头，决心为自己动手术。杨继盛环顾四周，看一看有没有尖锐的用品，看到了一碗白饭，那是他的牢饭，他没有任何胃口，把饭给先倒了，“哐！”的一声，打碎了瓷碗。

狱卒听到声音，赶快提着灯来看。只见杨继盛拿起碎片，正在刮腐肉，狱卒看着可怕，大呼：“这太痛了！”杨继盛不慌不忙，把腐肉刮干净了，剩下的筋膜刮不干净，干脆用手拉断。

狱卒见到此景，吓得瑟瑟发抖，手上的灯几乎也打翻了，他又对杨继盛深深一揖：“你真是汉子！”

第二天，狱卒到处逢人就说，人人称奇，都说：“这比《三国演义》中关公刮骨疗伤还要伟大，他是自己操作的，他真是中国的英雄。”

杨继盛入狱三年，明世宗已忘掉了这个人。严嵩也懒得理睬，但是百姓忘不了他，这时有人同情杨继盛，跑到严嵩那儿说情，严嵩的党羽提醒严嵩：“当心养虎为患，杨继盛的民间声望不小哇。”于是严嵩动了杀机。

杨继盛入狱三年，张氏也伤心痛苦了三年，不过，到底人还活着，就留着一线希望。她听说了严嵩的命令，上书严嵩，希望“斩臣妾的首，以代替夫死”，当然，严嵩不会答应她。杨继盛夫妻真正是伉俪（kàng lì）情深。

最终，杨继盛于嘉靖三十四年（1555年）被斩，年仅四十岁。天下哀泣，然而公道自在人心，杨继盛身后显名，古今言官之中无人能比，据说北京松筠（yún）庵中，至今仍保存着刻有他弹劾严嵩的千古奏疏的石碑，以及他临死的绝笔：“浩气还太虚，丹心照千古。生平未报恩，留作忠魂补。”

好一个中国忠魂啊！

徐阶沉得住气

杨继盛因为弹劾严嵩，同时惹恼了明世宗与严嵩，在嘉靖三十四年（1555 年）十月里被斩首。

当天，菜市场挤得水泄不通，杨继盛的英勇声名远播，人人心中为他喊冤，也钦佩他敢于反抗严嵩，想一睹英雄人物的庐山真面目。由于个个希望看个清楚，前挤后推，秩序大乱，直到差役舞起皮鞭，往人丛中砸了过去，这才安静下来。

杨继盛的爱妻张氏原也在人群之中，她是等不到正式问斩，就悄悄地离开了人群，回到家中，她在心中对杨继盛说："这么多人哀悼你，钦佩你，如今赴死，也是一种解脱了。"可是一想到当时杨继盛吹箫，她轻声低唱的往日恩爱，张氏的眼泪仍然不争气地一颗一颗往下滴。

这时，杨继盛的朋友周冕走了进来，安慰张氏："别再伤心了，继盛真了不起，你看他的遗诗：浩气还太虚，丹心照千古。生平未报恩，留作忠魂补。万岁爷糊里糊涂杀了他，还有什么未报之恩？他这个读书人，未免傻得可爱。"

张氏苦笑，没有回答，她想说的是："你们不明白继盛的想法，他是忠于国，不是忠于君，严嵩才是只忠于君。他所谓的恩是指对妻子、对朋友、对国家的未报之恩啊！"

张氏闭上眼睛，长叹一口气，嘴角却漾起了微笑："无论如何，继盛所写的《请诛贼臣疏》将流芳百世，虽然他只想尽一份责任，他不在乎任何名声。”

周冕也同意，他说：“每想起这事，我都热血沸腾，杨兄不愧为一汉子也。”周冕话题一转道：“想不到他连徐老师徐阶也批评了。”

张氏说道：“继盛一向不满意他明哲保身，缺乏正义感。”

周冕又说：“继盛批评徐师是负国之臣，话未免太重了吧！”

“我也有同感。”张氏轻轻摇一摇头。

杨继盛被杀一事，其实，身为老师的徐阶比谁都难过，但是他不敢伸出援手，因为杨继盛的脾气太烈了，皇帝与严嵩绝饶不过他的。徐阶一样也痛恨严嵩，但是他知道，如果硬碰硬，准死无疑，小不忍则乱大谋也。

徐阶，选自《历代名臣像解》。

这一夜，徐阶整晚无法阖（hé）眼，脑中翻来覆去全是杨继盛在写给皇上的奏疏中说的“大学士徐阶蒙陛下的拔擢，仍然不敢主持正义，每件事都依严嵩之意，不能不说他是负国。”

徐阶觉得好冤，他其实不是负国之臣，只是时候未到，还扳不倒严嵩。

徐阶想起他的老师夏言，夏言脸上仿佛写着“我瞧不起严嵩”，果然被严嵩给害死了。徐阶又想起杨继盛，这个他最欣赏疼爱的学生，杨继盛脸上好像写着“我与严嵩不共戴天”，没多久，严嵩又害死了杨继盛。

想到这里，徐阶赶紧下床，对着镜子，扮一个笑脸，自言自语道：“我可不能让严嵩察觉到我对他的厌恶啊。”

徐阶开始打坐调息，他需要独处，需要安静，需要力量，他一遍一遍对自己说：“要做大事，要沉得住气。”

徐阶从小就知道，必先保护自己，才能成就大事，否则，一切全是空谈。他一岁的时候，不小心掉到井里去，被打捞上来之后，大人都以为他没救了，死马当活马医，过了三天，他竟然又醒来了，大人都说：“这个小孩命大。”

徐阶五岁的时候，跟着父亲去爬山，一不小心，踩了个空，直往悬崖下坠落，他父亲蒙着眼睛不敢看，不料，徐阶居然衣服被树枝勾到，因此捡回一条小命，家人都说：“两次大难两次不死，必有后福也。”

嘉靖二年（1523 年），徐阶中进士，被任命为翰林院编修，这期间，他与王阳明的门人走得很近，徐阶十分钦佩王阳明，他尤其赞佩王阳明的“致良知”——凡事先问一问良心。

有一次，明世宗采纳张璁（cōng）的建议，打算删去孔子王号，并且修改祭祀的礼仪。徐阶站出来严厉反对。

张璁火冒三丈，把徐阶找来臭骂：“你竟然背叛我。”

“我又没有依附你，怎能称之为背叛？”徐阶立刻还以颜色。

因为这个，徐阶被降了官，但是不久又先后赴黄州、浙江、江西任职，政绩很好。

徐阶长得白白净净，瘦瘦小小，十分斯文有礼，脸上永远挂着微笑。自从与张璁起了冲突之后，徐阶自己反省，逞一时之快无济于事，必须沉得住气。

徐阶以王阳明的致良知自勉，他对自己说：日久见人心，他会用事实证明自己绝非负国之臣。

王世贞换穿囚衣

杨继盛因为弹劾严嵩被杀，在朝廷之中，人们普遍同情杨继盛。刑部两个官员审理这件案子时，忍不住为杨继盛讲了一两句公道话，结果一个被贬官，一个下了监牢。

因为侍郎王忬同情杨继盛，严嵩怀恨在心，找了借口，将他逮入监狱，钦定为斩刑。王忬的儿子王世贞是明朝有名的文学家，被列为明代复古派“后七子”的领袖之一，又是明朝文艺青年心目中四大偶像之首，他与弟弟王世懋（mào）日日夜夜守在严嵩家门口。严嵩跑出来，假意安慰他们一番，又加紧陷害王忬。

王世贞兄弟急了，跑来找徐阶。徐阶两手一摊，非常抱歉地说：“对不起，我也爱莫能助，你们节哀顺变吧！”

王世贞好伤心，走出来对弟弟世懋说：“难怪杨继盛批评徐伯伯是负国之臣。”

王世贞不甘心，和弟弟换上了囚衣，跪在道路旁边向大臣们叩头请教：“请问有什么办法可以营救我父亲？”

大臣们都怕死了，纷纷走避，或绕道而行。凡是忤逆严嵩的，只有死路一条，谁敢仗义执言呢？

王世贞跪在道路旁边，用力捶着地面，哀声哭泣道：“难道现在就没有包青天了吗？”

第二年冬天，王忬被斩于西市。

这些情景，徐阶看在眼里，痛在心里，但是他连多安慰王世贞兄弟两句都不敢。徐阶非常明白当前环境恶劣，明世宗器量狭小，自私糊涂，严嵩一手遮天，阴险歹毒，他只有放低姿态，顺其自然，能为国家做多少算多少。

徐阶原是夏言推荐给严嵩的。严嵩是何等聪明之人，他当然能察觉，徐阶跟他是不一样的人。不过徐阶总是面带微笑，小心诚恳。所谓“伸手不打笑脸人”，严嵩一下子还找不到徐阶的差错。

有一回，严嵩请徐阶吃饭，地点是严府的“听雨楼”。听雨楼这三个字十分古雅，这是严嵩的宝贝儿子严世蕃鉴赏书画古董的东楼，严世蕃自己取了一个别号就叫东楼。

严嵩在京城里新建一府第，面积之大，连接三四个坊。明朝的京师，地名分为坊、牌、铺。一坊的面积十分广阔，严府占地约有四十间房舍。另外，严嵩还在府第前，修了一座大花园，并且动工开凿出一片数十亩的人工湖。花园中珍禽奇树应有尽有，走入门内，只见雕梁画栋，峻宇高墙，巍峨壮丽，连皇宫都给比了下去。

严世蕃站在“听雨楼”前，拍着肚皮笑呵呵道：“朝廷也不如我富有，就是我家仆人严年，小老头徐阶你也赶不上啊！”

徐阶因为个子比较矮小，严世蕃就叫他小老头，严世蕃因为自己瞎了一只眼睛，心里不平衡，所以专在人家外表上讽刺，不论是长辈或是臣僚，人人逃不过他的愚弄。

严世蕃对父亲严嵩也是没大没小，毫无礼貌，他对徐阶说：“我老爸不能一天没有我。”

这句话倒是真的，严世蕃的确是一个鬼才，很有小聪明。明世宗的御札，其中有不少隐语，这些隐语谁都看不懂，奇怪的是严世蕃都能一眼看穿隐语背后的深意。

严世蕃搂着徐阶的肩膀道：“小老头，今晚多喝几杯吧！”

严嵩心中也不喜欢徐阶，很高兴看到儿子整一整徐阶，也一拍徐阶道：“今晚不醉不归。”

徐阶文雅地笑一笑：“当然，当然。”他有度量、有本事把一切不满放在心中。

徐阶知道，一时之间扳倒严嵩不容易，但是他相信因果，也相信“多行不义必自毙”的道理。严嵩父子坏事做多了，总会遭报应的。

徐阶曾经历经十年的外省漂泊，回到中央，担任国子监祭酒、礼部右侍郎，又改任吏部侍郎，官运亨通。他和一般高官有一点很不一样，他不要部下送礼，也不会高高在上，好官我自为之。

徐阶很喜欢和部下聊天，彼此和朋友一般，尤其是边疆官吏或是地方官吏前来聊天，总是一聊一个晚上。他殷殷询问各地的情形，并且鼓励大家：“好好努力啊！多为国家尽一分力量啊！”

朝廷官员在受到明世宗、严嵩压迫之时，竟然能得到徐阶的正面鼓励，心中十分温暖，都希望能追随在徐阶身旁。当然，徐阶记取了夏言的教训，夏言为皇帝写给上天的青词不用心，明世宗认为妨碍了他追求长生不老之道，因此徐阶小心地在青藤纸上写青词，措辞华美，对仗讲究，装满了虚渺飘忽的学问，让明世宗大为满意。他这才能够暗暗为朝臣们做一点事，并且等待时机，打击严嵩。

严嵩妻子的悔恨

严嵩父子祸国殃民，也充分享受了权力的滋味。严嵩的妻子欧阳氏原先也陶醉在官夫人的瘾头里。但是，毕竟严嵩坏事做多了。久而久之，欧阳氏开始害怕起来，于是开始吃斋拜佛，希望能消除罪孽（niè）。

欧阳氏开始接触佛法之后，心中愈发不得安宁，只要一想到“善有善报，恶有恶报，不是不报，时候未到”，她就会全身打寒战，也逐渐后悔。她的确把严世蕃这个宝贝儿子宠坏了，将来不堪设想。

因为日夜忧愁，欧阳氏病倒了，严嵩找了所有名医诊治，只是谁又能医得了她的心病呢?

欧阳氏临终前，语重心长地对严嵩说：“我生病以来，世蕃从来没来看过我，我并不在意他是不是孝顺，只是我担心，他再不收敛，恐怕大祸临头，你得好好管教他才是啊！”

一向精明厉害的严嵩，面对妻子的死亡，也有撑不下去的无力感，严嵩对着奄奄一息的欧阳氏道：“你放心，我会好好教导世蕃的。”

“那我就放心了。”欧阳氏阖了眼睛，安详地走了。

严嵩放声大哭，突然觉得自己是多么的孤单无依，他虽然手握无限大权，但是没有一个朋友，举目全是敌人。谁敢相信他，他又怎敢相信任何一个人？老妻走了，他也八十出头了，精力不比当年，他只能依赖独子严世蕃。

依照中国古人的规矩，欧阳氏死了，严世蕃必须服丧三年。服丧又称为“丁忧”“丁艰”或是“守孝”。守丧三年内，为人子的不仅不能够出外做官应酬，也不能居住在家中，要在父母坟前搭起一座小棚子，睡草席，枕砖块，粗茶淡饭，不吃肉，不喝酒，不听音乐，不洗澡，不剃头，不更衣。如果丁忧期间出来做官，不仅官做不成，还会遭受朋友耻笑。

所以古代官员，最怕碰到父母死亡。这一守孝就是三年，三年后能不能顺利回到原本的官职，就得凭运气了。严世蕃如果守孝三年，严嵩就惨了。因为严嵩往往猜不透明世宗御札中的意思，只有鬼脑筋的严世蕃能摸得透皇帝的心思。

所以严嵩以“独子”为理由，请求皇帝恩准严世蕃可以不必守孝，留在身边照顾老父亲。

明世宗答应了。严嵩改派孙子严鹄护送欧阳氏的灵柩回到江西老家安葬。严世蕃虽然留在京师，到底是丧服在身，不能入宫当严嵩的枪手。这下子严嵩可傻了眼。

每一回，当明世宗交下御札，严嵩看不懂，只得请人赶快把御札送回家，请世蕃帮忙。严世蕃却在守孝期间大肆饮酒作乐，经常找不到人，有时找到了，严世蕃也只是随随便便乱答一通。

严嵩在宫内急得跳脚，皇帝又催得急，只好自己上阵。明世宗发现严嵩答得文不对题，牛头不对马嘴，不免光火。有时候，严嵩原已覆奏，一会儿严世蕃的回信到了，又赶紧把覆奏追了回来。弄得章法大乱，一塌糊涂。

明世宗发现情况不对，气得吹胡子瞪眼睛，小太监借机落井下石，看见严嵩似乎恩宠渐衰，猛讲他的坏话，尤其把严世蕃在守丧期间饮酒作乐这一段，添油加醋地叙述一番。

明世宗一向最孝顺母亲的，一听这些话，几乎跳了起来，拍着茶几道：“这还像个人吗？”

严嵩回到家里，千拜托，万拜托，希望儿子帮帮忙，别害了老父亲。严世蕃已经被宠惯了，捧坏了。他口中说：“是，是。”却依然故我。严嵩聪明一世，却无可奈何。

严嵩老了，聪明机智也仿佛用尽了。徐阶知道，机会逐渐靠近，但是得慢慢来，到底严嵩是老狐狸，姜是老的辣，严嵩不是轻易能打倒的。

徐阶知道，皇帝最信乩仙，所以他借机扶乩慢慢攻入明世宗的心防。

一回，明世宗问蓝道行："天下为什么治理不好？"

蓝道行假借扶乩，大大数落了严嵩父子的罪状。

明世宗又问："果真如此，为什么不会遭到天谴（qiǎn）？"

明世宗这话问得有理，如果没有天理，似乎也不必敬奉天了。

蓝道行答得妙，这是上天要让陛下去诛他。

明世宗一听飘飘然。显然上天很看重他，他却忘记了，是谁当初重用了严嵩，那个人是不是也该受到天谴？

明世宗乔迁之喜

奸臣严嵩八十多岁，垂垂老矣，妻子欧阳氏的去世，给严嵩带来沉痛的打击。欧阳氏临死前，再三恳切拜托严嵩，必须好好管教儿子严世蕃。但是，只有严世蕃这个鬼灵精能够猜透皇帝的心思，除了严世蕃，谁也解不开谜，严嵩又怎么管训儿子呢？他依赖儿子都来不及啊！

严嵩的专长是察言观色，马屁功夫一流。不过，拍马屁是一件非常辛苦的事，必须全神贯注，努力迎合，尤其明世宗器量狭小，脾气古怪，稍微一点儿不顺心，马上大吼大叫。

有一回，明世宗居住的永寿宫突然间起了大火。虽然明世宗没有受到伤害，但是被吓了一大跳。世宗一向是个迷信的人，看到烧焦枯黑的梁柱，心中很不舒服，所以就迁到玉熙殿，但又嫌那儿太狭隘（ài）。

明世宗把严嵩找来问话："你看看，这个样子还能住得下去吗？"

严嵩不假思索道："请陛下暂时居住南城。"

"什么？你说什么？你要朕住到南城？"明世宗真是火大了。

所谓南城，明成祖永乐时称为东苑，后来又改名为崇质殿，俗称南城或是南宫。南宫有一段令皇帝不愉快的往事。

明朝英宗正统十四年（1449 年），瓦剌入寇，英宗当时是一个少不更事的年轻皇帝，接受宦官王振的建议，效法明成祖的威武精神御驾亲征，偏偏又没有明成祖的本事，带了五十万大军，不到一个月工夫一败涂地，明英宗在土木堡灰头土脸被俘。这一段历史被称为“土木堡之变”。

国不可一日无君，明朝在于谦的指挥下，立了明景帝，遥尊英宗为太上皇，这个可怜的太上皇就被瓦剌挟持着随军进攻大同等地，但是于谦不上当，他主张“社稷为重君为轻”。后来瓦剌觉得挟持一个明朝皇帝，没有利用价值，又把明英宗给送了回来。

明英宗回来了。但是明朝这时已经有了新君明景帝，明英宗只好言不由衷地对弟弟景帝道：“我能回来，已经是万幸了，你做天子，比我做得好，我从此退隐南宫吧！”

南宫位在太庙西边，粉墙黑瓦，树木蓊郁，如果是爱清静的人，在这儿绝对可以得到安歇。明英宗可不是，他当了一年俘虏，坐在草席上，捧着破木碗，住在帐篷里，几乎快要崩溃了，好不容易回到了皇宫，原想重新过上锦衣玉食的生活，怎堪被安置在南宫？

南宫改名为“崇质”宫，顾名思义，就是崇尚质朴；明英宗可不喜欢质朴，他喜欢金碧辉煌，光彩亮丽。明英宗被俘一年之中，他的钱皇后因为哀伤过度，哭瞎了一只眼睛，瘸（qué）了一条腿，明英宗看了更是一肚子不高兴，哀哀叹气道：“难怪人们称南宫为黑瓦殿，真是一片漆黑。”

这一段历史，明世宗非常清楚，他每次走过南宫，就把眼睛朝别处望，唯恐看了一眼，就会带来霉运。今天严嵩竟然要他搬到黑瓦殿去，他真是生气了。

明世宗扬起眉毛问：“你难道忘记这是英宗当太上皇时候所住的地方，不嫌忌讳吗？”

严嵩赶紧改口：“那么，请万岁爷还大内。”这就是说，请皇帝住回乾清宫。这下子，明世宗更气得喉咙呼噜呼噜作响了。乾清宫比起南宫，更是明世宗所嫌恶的地方。由于明世宗平日虐待后妃宫女，嘉靖二十一年（1542 年），杨金英等宫女联合预谋勒死皇帝，若不是明世宗命不该绝，杨金英的绳子应该打个活结，竟然错打成了死结，明世宗早就见了阎王爷。

因此，明世宗再也不肯住在大内，他晚上睡觉时常梦到有人勒他的脖子。这一回，严嵩竟然要他搬回大内，明世宗摇摇头道："我看你真是昏了头，你忘了杨金英想勒死朕吗？听说那儿还闹鬼的。"

"亏你想得出这么好的建议。"明世宗龙袍一甩，气呼呼地走开了。

明世宗又把徐阶找来问话，徐阶稍微思索一下道："据我所知，目前三殿剩下的木材可以建造一座新的宫殿。"

明世宗一向小器，听说有现成的木料，龙心大悦，他追着问："那么要多久可以完工？"

"赶一赶的话，大概几个月吧！"徐阶小心地回答。

"太好了，交给你办！"明世宗十分兴奋。

于是，明世宗命徐阶的儿子徐瑛担任工部主事。徐阶父子日夜赶工，终于在三个月之内，大功告成，明世宗开开心心迁入，命名为"万寿宫"。

邹应龙的妙计

明世宗的永寿宫失火，徐阶利用过去剩下的木材，在一百天之内建造了万寿宫，于是严嵩失欢，徐阶受宠，朝中正直之士大受鼓舞。

有一天，御史邹应龙下朝，正遇着黄梅天下大雨，他没有带伞具，信步走到一个太监家避雨，太监捧出热茶，笑哈哈地对邹应龙说："最近蓝道行假乩仙之口，说了不少严嵩的坏话。"

"嗯，那万岁爷怎么表示？"邹应龙眉毛一挑，极有兴趣地追问。

太监眉开眼笑道："万岁爷没说什么，不过显然心动了。"

邹应龙心想，机会来了，所以雨歇之后，他直奔老师徐阶家密谈，邹应龙想写一篇奏疏，弹劾严嵩父子。

徐阶缓缓道："以前杨继盛牺牲了，后来吴时来在前两年上疏弹劾也没有效果。不过依我观察，现在时候到了，我赞成你写，但是注意，重点放在严世蕃身上，而不是严嵩。"

邹应龙站了起来，长长作一个揖道："这一着高，到底老师见识不凡，严世蕃垮了，就等于一座倾颓的楼房，只要砍掉一根柱子，自然应声而倒。"

"没错！"徐阶进一步分析道，"万岁爷最注重外表，严世蕃其貌不扬，动作粗鲁，又瞎了一只眼睛，因此他只能幕后操刀，不能上得台面。万岁爷最重视孝道，严世蕃母丧期间吃喝玩乐，万岁爷每次提起来就骂个不休，你要掌握这个要点，也顺便保护自己，免得又被严嵩给害了。”

邹应龙由衷地说道：“谢谢老师的教诲，学生也深深钦佩老师的用心与细密。”

徐阶语重心长道：“我读史书常常慨叹，为什么老是小人得逞，君子遭殃。后来我领悟出一个道理，原来君子总是坦坦荡荡，认为自己在做好事，难免许多地方疏忽。小人则不然，小人知道自己做的事见不得人，因此小心仔细周密。事实上，要成就一件好事比做一件坏事，更需要一颗细腻的心，才能为国家为社会尽一分力量。”

这一番话说得邹应龙为之动容，因此他下笔时考虑再三，把重点全放在严世蕃身上，批评他：“凭着父亲的关系，广收贿赂，造成风气败坏，例如刑部主事项治元送了一万三千两黄金转任吏部稽勋主事，又有举人潘鸿业用两千两百两黄金得到知州职位，严氏在南京、扬州大肆购买良田美宅数十所，尤其是严世蕃在为母守孝期间，竟然饮酒作乐通宵达旦。”

最后，邹应龙听了徐阶老师的话，建议：“请斩严世蕃，悬挂于市场，让世人有所戒惕。”至于严嵩，其实是罪魁祸首，邹应龙却建议：“严嵩溺爱恶子，管教无方，应放归田里。”

这时候，正当嘉靖四十一年（1562年）五月，正是明世宗厌恶严世蕃，却又怜惜严嵩的时期，所以明世宗下令严嵩退休，严世蕃则下大理寺狱。

徐阶心思细密，他知道，百足之虫死而不僵，严嵩父子没有那么轻易就会被扳倒的，邹应龙的奏疏呈上去以后，徐阶反而亲自前往严府慰问。

严嵩一见徐阶来了，老泪纵横，并且拉着严世蕃，叫出所有家人，四面围住徐阶，一块下跪，同声哭泣：“以后我们严家全靠徐老你搭救了。”

徐阶急忙扶起了严嵩，口中不断地说：“言重了，言重了，能效劳的地方，我一定帮忙。”

走出了严宅，徐阶心想：“历史是不断重演的，想当初夏言夏老师曾经弹劾严嵩，严嵩知道以后，带着儿子严世蕃跑到夏言家中，父子两人跪在夏言面前痛哭哀求，夏言心软，答应不再弹劾，结果严嵩父子不但没有改过，反而设计害死了夏言。”有了前车之鉴，徐阶格外地小心谨慎。

徐阶回到家中，他儿子徐瑛奔了出来，非常兴奋地说：“这下好了，父亲受够了严嵩父子的窝囊气，尤其是严世蕃，老是捉弄你，欺负你，这叫天理报应，活该！”

徐阶立刻板起脸来，推了儿子徐瑛一把：“你懂什么，我是靠严家才有今天，你不许再乱说话！”

徐瑛听了，觉得万分委屈，低着头走开了，他不明白，父亲为什么这么胆小怕事，缺乏担当。

徐阶望着儿子的背影，他明白儿子的想法，但是他更知道，朝政时局恶劣，想要彻底铲除严嵩父子，为民除害，自己还有一段辛苦的路程要走。

二龙不相见

由于邹应龙提出弹劾，坏事做尽的严嵩，被明世宗下旨夺去一切官职，赶回江西老家，把严世蕃发配雷州。朝野人心大快，个个都说："终于老天有眼。"

唯有心思细密的徐阶不以为然，他告诉自己："好事多磨，这件事没那么简单，不过时候快到了。"

果然不出徐阶所料，严嵩一离开，明世宗就开始闷闷不乐闹情绪。虽然明世宗知道严嵩做了不少非法的事，到底严嵩在他面前永远甜言蜜语，小心周到，百般巴结，把他伺候得相当舒服。

明世宗气恼地说："朕不如退位，去寻求长生不老之术算了。"

明世宗讲的是气话，也是笑话。他不上朝，可也把皇帝宝座坐得牢牢的。别说是退位，连立太子都是明世宗最不愿意的，这其中还有一段故事。

古代天子的宝座是神圣不可侵犯的，所以皇帝和太子之间存在一种敌意，不容易像一般父子亲密。明世宗特别小器，自然这种排斥心理格外强烈。

道士陶仲文看出明世宗的心思，所以他提出"二龙不相见"的说法，劝明世宗不要早立太子。到了嘉靖二十八年（1549 年），明世宗拗不过母亲蒋太后的意思，终于举行太子加冠礼。不料过了两天，太子就死了。

陶仲文早就说过："太子有仙气，不是一般常人。"譬如太子一见到明世宗就会下跪道："儿不敢。"又常常举起手来，非常认真地说："天在上。"

太子不喜荤食，总是吃素，也不喜爱华丽衣着。他临死时的情形也很奇怪，他突然从床上爬了起来，向北边拜了一拜说："儿去了。"一会儿就坐着死掉了，似乎真是羽化登仙。

太子英年早逝，似乎印证了"二龙不相见"的预言不假，明世宗不愿意再失掉儿子。这一回明世宗比儿子命硬，儿子被克死了，但下一回如果是儿子克死了自己，这更是明世宗所不愿意的。所以，自此以后，明世宗不许任何人再提立太子之事。可是立太子是国本所在，直接影响到朝政的稳定，朝廷内外都十分关切。

嘉靖三十九年（1560 年），郭希颜上书，请求立裕王为太子，明世宗大怒，以"妖言"的罪名处死郭希颜。明世宗心病太重。因为"二龙不相见"，他和裕王极少见面，甚至裕王生了儿子，也没人敢报告世宗；他要是知道"三龙出现"，更要气得跳脚，像明世宗这么嫌恶儿孙的人还真少见。

因此，这一回，明世宗吵着要退位，根本是演戏。徐阶说尽了好话，明世宗才答应继续当皇帝。不过，他愤愤地丢下了一句话："如今严嵩已经退休，他儿子严世蕃也已经获罪。谁要敢再多言，与邹应龙一般的，那朕就一起斩了他。"

明世宗身旁的太监，其中有不少是严嵩的耳目。严嵩很快就得到情报。他认为，翻身的机会来了，于是派人揭发道士蓝道行的罪状，说蓝道行的法力是骗人的，说他收了不少红包。明世宗大怒，派人逮捕蓝道行。

这时，蓝道行正在阅读道教的经典《太上感应篇》，这是北宋末年的道教典籍。蓝道行其实没有什么法力，他全靠勾结宦官，探听明世宗身边琐事，才能假装有法力。

《太上感应篇》书中文字很短，主要就是说，祸福无门，都是一个人自己找来的，善报恶报，如影随形，不能不小心，种瓜得瓜，种豆得豆，世界上的人不晓得，以为某人善得恶报，恶得善报，其实有时是报在子孙。

一个人要求成为天仙，得立一千三百个善，一个人要求成为地仙，长生不老，得行三百个善。

这一天，蓝道行正在读“是以天地有司过之神，依人所犯轻重，以夺人算”。意思是说，一个人一生之中，日夜时刻，上下四旁，都有鬼神在一旁观察，依据这人犯的罪的轻重，决定他的寿命与衣食享受。蓝道行正担心，他做了不少亏心事，该不会被鬼神知道吧！年纪大了，想到这一层就心中发毛。

突然，“砰砰砰”有人敲门，蓝道行有一个直觉：“糟了，鬼神晓得我做的坏事了。”果然，差役把蓝道行抓走了，蓝道行闭上眼睛笑道：“善恶之报，如影随形。唉，应该来的就是会来的。”

蓝道行到了狱中，严嵩派人来说：“只要你把所有过错推到徐阶身上，一切无事。”蓝道行可不敢相信严嵩的保证，再说徐阶是个好人，也是朝廷中唯一可以和严嵩相抗的人，他还是积点阴德吧！所以，蓝道行应讯时，大声地说：“去除贪官自是皇上本意，纠举贪罪，自是御史本职，与徐阁老一点关系也没有。”徐阶一心为国，果然到处有人暗中协助啊！

严世蕃开溜

嘉靖四十一年（1562年），明世宗终于下令，命严嵩退休，回到江西老家，他的逆子严世蕃也发遣雷州，看起来这一对父子总算下台了，朝廷内外都一片欢欣鼓舞。

唯有徐阶，自从严嵩离去，就非常勤快地与严嵩通信往返，徐阶的儿子徐瑛看不过去，忍不住抗议道："严嵩是个奸臣，又三番两次加害爹爹，根本用不着写信给这个混蛋。"

徐阶不说话，把严嵩回信的信封递给了徐瑛。

徐瑛翻来瞧去，没看出任何名堂，他撇撇嘴道："字倒是写得很美，不过心肠太丑陋了！"

徐阶微微一笑，对着一脸正气的儿子说："你发现没有？他现在住在南昌，而不是他老家分宜。"

"这有什么关系？"徐瑛完全不懂。

"这关系可大了，分宜是乡下地方，不如南昌驰驿往来频繁，交通方便，可见他还是积极与京城保持联络，希望东山再起啊！"徐阶缓缓分析道。

"有这种可能吗？"徐瑛不相信，一会儿后徐瑛自己抓抓脑袋，"嗯，当年夏言夏伯伯回乡两年，后来万岁爷又把夏伯伯找了来。"

徐瑛睁大了眼睛瞪着徐阶道："难道严嵩可能再回到朝廷？太可怕了吧！"

徐阶痛苦地闭上眼睛道："难以预言，不能不防。"

"难道就没有办法一举铲除严嵩父子二人吗？"徐瑛非常不服气。

徐阶轻轻说了一句："顺其自然吧！我还要写信，你先去睡吧。"

徐瑛望着烛下的父亲，他第一次了解父亲的细密。但是他还是觉得父亲多虑了，太操心了。他对徐阶说："爹，我有时候觉得，你想得太多啦！"

徐阶回报儿子一个温暖的浅笑，没有搭腔。

徐阶猜得不错，严嵩不死心，又玩了一个新花样。

严嵩到了南昌，赴铁柱观（又名万寿宫）游玩，发现了一个道士蓝田玉很不错，蓝田玉自吹自擂，他有一项特殊本领，他写了一个符之后，天上就飞来一只鹤。

"有这种事？"严嵩十分好奇。"试试看吧！"

结果，蓝田玉不是吹牛。严嵩试写同样符录，果然天上也飞来一只鹤。

明世宗一向喜爱吉祥神秘的东西。严嵩大喜过望，把符录寄去给明世宗，并且可怜地哀求说："臣今年八十四岁了，只有一个儿子世蕃。哪一天我两腿一伸上西天，谁为我办理后事？希望放我回京城。"严嵩相信，他一定能如愿。

不料，明世宗见到蓝田玉的名字，马上就想到刚刚处死的蓝道行，心中一股嫌恶之气油然而生。因此，他没答应严嵩，并且提醒他："你身边还有一个孙子严鸿可以照料你，朕对你已经十分宽大了。"

严嵩悻（xìng）悻然，但是他不会死心，他仍然会想办法，他还有一线希望，就是宝贝儿子严世蕃。

严世蕃被发配到了雷州，那是广东极南边的地方。他走到了一半，竟然折回江西，既不到老家分宜，也不到父亲住的南昌，就在袁州住了下来，也不与父亲联络，严嵩也不清楚这个儿子意图何在。

严世蕃有一个心腹罗龙文，也被充军，并在半途开溜，胆大包天地回到了徽州。

罗龙文一次醉后大叫大嚷："我总有一天要取徐阶、邹应龙两个人的脑袋，才消这口气。"

罗龙文的话，传到了京师。徐阶听到以后出入小心，警备森严，随时当心有人行刺。

严世蕃要杀徐阶的事，传到了严嵩耳中，这真是非同小可的震惊。

严嵩对孙子严鸿道："你父亲真要害死我，天下哪有报仇到处嚷嚷的呢？想唐朝时，唐宪宗的宰相武元衡全力对付跋扈（hù）的节度使，于是节度使派出刺客，一大早掳掠武元衡，拉到暗处，把他给杀了，还砍下头颅。节度使原以为这样做可以威胁朝廷。结果，唐宪宗生了气，认为自古没有宰相横尸路边，这是国家的耻辱，果然逮捕到了刺客。"

严鸿一听，背脊也一阵发凉："徐阶要是真有三长两短，我们全惨了。"

严嵩点点头，祖孙二人陷于深长的悲哀之中。

严世蕃建新宅

奸臣严嵩被迫告老还乡，严嵩儿子严世蕃发配雷州。严世蕃胆大包天，竟然中途开溜，跑到了江西袁州，并且扬言要杀徐阶。

徐阶知道严世蕃不是说着玩的，因此日夜小心谨慎。徐阶的儿子徐瑛对此并没有不以为然，他也跟着提心吊胆。所谓父债子还，搞不好严世蕃拿他开刀泄愤。

徐瑛不断地问徐阶：“爹，严世蕃以前就欺负你，他被发配雷州，自己却溜到江西！这个人简直是目无王法，为什么你不下令捉拿严世蕃？”

徐阶只回答了两个字：“随时。”

“‘随时’是什么意思？”徐瑛不满意。

徐阶不再回答，依旧按时写信给严嵩。

徐瑛对父亲的态度深以为羞。他心想：“难怪杨继盛批评父亲是负国之臣。”

为了激发徐阶的胆量，徐瑛找了父亲徐阶一向敬重的李老伯来相劝。李老伯没读过什么书，但是深明大义，平素就最痛恨严嵩父子胆大妄为。

李老伯再三对徐阶强调：“徐老，你得拿出勇气和决心来啊！长痛不如短痛，这件事非解决不可。今天你捉拿严世蕃，理在你这一边，全天下的人都支持你。我不明白，你这样拖拖拉拉，究竟要等到什么时候？”

徐阶望了李老伯一眼，平静地回答：“顺其自然。”

“顺其自然？”李老伯火了，霍然自椅子上站了起来，指着徐阶骂道：“过去人家批评你没胆，我还替你辩护。现在严世蕃找人来杀你，你还盖着被子装死！算我李某人不认识你这个胆小鬼，拿不起放不下，哼！”说着李老伯就怒气冲天地走了。

徐瑛对父亲真是失望透顶，他甚至猜想：“莫非就像人们私下议论的那样，父亲有把柄在严嵩手中，所以不敢对付这对父子？”

徐瑛不死心，见了父亲就要重复再三，不能再拖了，赶快采取行动吧！

徐阶总是不吭声。为了避免父子反目，徐阶开始避着儿子，或是不痛不痒讲一些家常，每当徐瑛要开口提到严嵩父子，徐阶便把话岔开。

徐瑛真是郁闷死了，连睡觉都不安稳，他恨不得代替父亲，亲自前往袁州捉拿严世蕃。

另外一边，严世蕃正乐着，他得意洋洋道：“看吧！万岁爷当然知道我在江西，没在雷州。他还是恋旧，幸亏我没那么傻。雷州是个鬼地方，宋朝时，苏东坡的弟弟苏辙就被贬到雷州，受到当地老百姓欺负，我才不去！”

严世蕃又开心地说：“徐阶徐老头心肠不如我毒，换了我是他，我早下手了。这个小老头没胆，当年我灌他酒，他吓得屁滚尿流，我就看不起他。”

由于严世蕃这样张狂，他手下的人也学着主人样儿，把当初在京城里那一套又给搬了出来。严世蕃过去搜括太多民脂民膏，因此手上金银财宝仍有一堆，他一向喜爱奢华，注意排场，到了袁州，住的虽然仍然是豪宅，却觉得不够气派。

严世蕃决心造一座新宅。他一向性子急，最好今天上午想要，到了晚上就盖好了。事实上这是不可能的，唯一的办法就是多增添人手。严世蕃仗着自己有钱，竟然用了四千多人造房子。

有一天，掌理袁州司法的推官郭谏臣经过工地。严家仆人不认识他，再说就是认识，他们大概也不会把小小推官放在眼里，照样蹲在一旁嘻嘻哈哈。

一个正在造园的工匠突然兴起，拿起一颗小石头扔向郭谏臣，郭谏臣机警地一闪，躲过小石子。

另一个工匠觉得好玩，也顺手拿起一颗小石子，扔向郭谏臣，不偏不倚投中鼻子。郭谏臣十分恼怒，大声喝道："无礼！"

这时，严府的恶仆站了起来，双手叉腰道："无礼又怎样？"并且弯下腰来，抓了一把土，撒向郭谏臣。郭谏臣整个人变得灰扑扑的，脸上、身上都沾满了尘土，模样十分狼狈，工匠、仆人笑成一团。

这时有路人上前，对仆人轻声说："这是袁州推官郭大人。"

严府恶仆头一扬道："郭大人又怎样？京里多少响叮当的大官，等在我家主人门口，动也不敢动。这个郭小人，他想怎样？"郭谏臣一语不发掉头就走，背后严府恶仆、工匠笑个不停。

林润敢作敢为

奸臣严嵩之子严世蕃，被朝廷发配雷州，他竟然中途开小差，溜到了江西，一面扬言要杀害徐阶，一面大起豪宅，严世蕃的仆人还打伤了袁州推官郭谏臣。

郭谏臣灰头土脸回到家中，气得发抖，他身为推官，谁看了都吓得手心出汗，今天竟被严府恶仆侮辱，那个瘦括括、黄渍渍，嘴边几根老鼠须的家丁竟然说："哼，郭大人又如何，郭小人又如何？"郭谏臣心想：这口气我如果咽了下去，我在袁州也没法儿混了。

因此，郭谏臣连夜写信，向南京御史林润告状。林润是个铁铮铮的汉子，一向敢作敢为，长得一副清贵的相貌，气度高华，尤其是那一双眼睛，不怒而威，任何人见到他，就会自然浮起信赖的感觉。

林润接到密报，加上平日巡访所得，上了一个报告给明世宗："臣巡视上江，遍访江洋大盗，发现全逃入了严世蕃、罗龙文家，两人日夜诽谤（fěi bàng）朝政，谣惑人心，并且以造宅为名，聚集四千勇士，凡经过道路的人无不心生恐惧，恐怕未来会发生不测，应当早日处理，免得生祸。"

明世宗一向不喜欢严世蕃，于是立刻下诏，命令林润逮捕他。这时严世蕃还有一个儿子严绍庭在京中，得到消息，派人通知严世蕃，劝他赶快到雷州去。但是迟了一步，郭谏臣领兵来到，"喀哒"一声，双手加铐，并且上了锁，又五花大绑捆了绳子，押到狱中。

郭谏臣对严世蕃说：“我早料到你会赶往雷州，早派人等候着。”严世蕃不理会，依然神气地大摇大摆。

同时，林润又上了一道奏章，细数严世蕃的罪状：“家产超过亿万不说，严世蕃经常说，朝廷不如我富，朝廷不如我乐。”世宗看了七窍生烟。

不过，严世蕃到底是不一样的人，他虽成了囚犯，靠着手边有钱，买通了狱卒，拿掉了手铐，一路上仿佛贵公子。每晚照样吃酒席，就是到了京师，他还是回到家中听雨楼，似乎一切法令到了他身上全部不管用，他吃得下，睡得着，每天笑口常开。

他的心腹罗龙文就没这么坦然，天天唉声叹气。严世蕃却笑道：“不怕不怕，就算有大火燎原，我也有海水浇熄。”

他对罗龙文说：“天下就只有三个人最聪明，哪三个呀？”

这一句话，罗龙文已经听过了千百遍，现在实在没心情，懒懒答道：“你、陆炳、杨博。”

“对。”严世蕃头一昂，很有把握地说，“现在陆炳已死，杨博自己焦头烂额，就剩下我一个天才，你怕什么？”

罗龙文不耐烦问：“究竟用什么方法脱险？”

“嘿，我有妙计，林润告我贿赂，这件事万岁爷不在乎，但是通倭（wō）寇，得想办法删掉。另外，得加上严家杀害杨继盛、沈炼两项罪名。”严世蕃笑嘻嘻说道。

罗龙文叫了起来：“你还嫌罪名不够多吗？”

严世蕃脸一板道：“照我的话去做没错。”

于是罗龙文找人放话，刑部尚书黄光升、左都御史张永明、大理寺少卿张守直都认为：“对啊！杨继盛、沈炼是严家害的，该把这一罪状列为第一条。”

他们三人拟好奏稿，前往徐阶府第，请徐阶过目。

徐阶看了奏稿，连连点头赞美：“写得美。”但是吃完了饭，他又把三人请到了内室，压低了声音道：“各位，你们认为严公子当死，还是当生？”

三个人异口同声道：“严世蕃作恶多端，这个人死有余辜，虽杀之不足以赎其罪。”

“嗯，很好。我们的看法是一致的。”徐阶眼光对大家一扫，“那么，各位立案是希望他死，还是希望他活？”

“当然是死啊！”

“林润的奏章中，并没有提出杨继盛、沈炼两个案子，何必画蛇添足？”徐阶提出疑问。

张永明马上抢着说：“这两位忠臣都是被严嵩害死的，谁不知道？我们提出这两案，就是希望定严世蕃死罪。”

徐阶笑了一笑，摇摇头道：“恐怕不是这样，严嵩害了杨继盛、沈炼，虽然引起天下人共愤，但是这两人终究是万岁爷下诏处死的，你们认为万岁爷看到这一段会怎么想？”

张守直说：“万岁爷会以为我们讽刺他，处分林润，放严公子一马。”说着三人起立，向徐阶一作揖：“到底是徐大人老谋深算，佩服佩服。”

徐瑛的顿悟

严嵩之子严世蕃恶贯满盈，终于被林润揭发罪状。但是严世蕃不以为意，反而对外宣扬，应该加上严家杀害杨继盛、沈炼两位功臣的罪行。原来，严世蕃了解明世宗绝不认错的心理，杨、沈二人的被杀，到底是皇上批准的。只要明世宗看到奏章一动怒，严世蕃就可以脱险了。

然而，强中更有强中手，严世蕃这一层用心被徐阶看出来了。刑部尚书黄光升等三人大为佩服，却又十分伤脑筋道：“那么究竟应当如何下笔，才能定小严的死罪呢？”

徐阶清楚地分析：“贿赂一事，皇帝早知道，也不会在意。皇帝最容易动怒的，应当是勾结倭寇这一点。”说着，徐阶自袖中掏出一叠奏稿说：“我老早就写好的，你们看看是否合适。”

刑部尚书黄光升、左都御史张永明、大理寺少卿张守直三人看后钦佩不已，随即抄写一份，盖上三个人的印章，火速呈入宫内。

严世蕃经由渠道，也看到了三人原先的第一份奏疏，他乐得哈哈大笑，搂着罗龙文的肩膀不断地摇晃：“外面都说我该为杨继盛、沈炼偿命对不对？”

罗龙文愁眉不展，懒得开口。

严世蕃猛推了罗龙文一把：“你别这么忧愁，放心！十天之内一切没事，你说，谁还会比我更聪明，更有才情？”

徐阶到底长期研究观察明世宗，对于明世宗的脾气性格摸得一清二楚。所以，明世宗一见到奏章中提及严世蕃勾结倭寇，立刻御笔亲批：“斩严世蕃、罗龙文。”

按照规定，皇帝御批过后，还得审问，方才定罪。但是，如此一来，狡猾的严世蕃一定会消灭证据，狡辩脱罪。同时，明世宗若是一下子又心软，念头一转，也许又放严世蕃一条生路。所以，徐阶只跟三法司说了一下经过，再回报世宗说是：“已经审问过了，证据确凿，请求立刻正典刑，以泄人神之愤。”

平常看来温文内向，反应略显迟缓的徐阶，在紧要关头，才表现出积极勇敢、为国除奸的气魄。为了这一刻，徐阶已经忍、忍、忍，忍了二十年，终于逮住了时机。

由于徐阶行事机密迅速，虽然京师之中到处都是严世蕃的耳目，竟处理得滴水不漏。当严世蕃、罗龙文被提往西市，严世蕃整个人呆住了，不明白差错出在哪里！

罗龙文整个人瘫得蹲了下去，一向横来横去，恶行恶状的严家公子仿佛成了呆子。他抓着罗龙文的手，“哇”一声哭了出来，罗龙文也放声大哭。

严家的仆人拿来纸笔，哭丧着脸道：“总该写几个字留给老爷吧！”一向自认为最聪明，最有才气，最有气概的严世蕃接过了笔，整个人瑟瑟发抖，连笔也没法子握紧，一下子松在地上。

严世蕃问斩的消息，一时之间，轰动了整个京师，人人兴奋万状，走在大街小巷，个个咧开嘴笑个不停，互相询问道：“你也听说了吧？”许多人还特地去打了酒，带到西市来看热闹。

明世宗下令抄家，严家的金玉珍玩、良田甲第，不计其数，光是扇子就有两万七千多把，其他可想而知。其中最为名贵的是书画，也就是后代收藏家最为津津乐道的《钤山堂书画记》，其中许多珍品，至今仍保留在故宫博物院之中。

严嵩曾经收藏的隋朝展子虔《游春图》，北京故宫博物院藏。

严嵩门下的走狗鄢（yān）懋卿也被抄家，抄出的东西人人称奇。例如，他家的壶是银子打造的，马桶上铺的文锦套子，是用最上好的绣缎织成的，而这原是用来装裱书画的。

严世蕃在嘉靖四十四年（1565年）就刑，严嵩又迟了两年才死。这时的严嵩又老又病又穷，一个人寄居古墓舍旁边，天天希望早死早好，一个人佝偻（gōu lóu）着背走来走去。有人知道他是严嵩，投以不屑的目光，严嵩默默地咀嚼寂寞与悔恨。他常希望如果自己还是当初的热血青年，能够重新再来一遍该有多好。

徐阶的儿子徐瑛，这才了解父亲多年来用心良苦。徐阶不是懦弱逃避，他是在等待时机。徐瑛觉得有这样的父亲好光荣。有一天，徐瑛回家又生气了，说道："我气坏了！今天竟然听到有人说全是因为严嵩杀了夏言，父亲才设计杀严世蕃报仇。"

徐阶一点儿也没光火，他指一指徐瑛的心口道："问自己的良心，别管任何人的闲话。"

徐瑛懂了。

打严嵩

徐阶费尽了千辛万苦，终于除掉了严嵩，扳倒了明朝的大奸臣。不过，一般民间都认为是邹应龙的功劳，这是因为戏剧之中有一出脍炙人口的“打严嵩”。

“打严嵩”这出戏的大意是这样的：

明朝嘉靖年间，严嵩父子在朝当权，欺瞒朝廷，残害忠良，连续杀害杨继盛等忠臣。御史邹应龙看不过去，于是假意投拜在严嵩门下，被引为心腹。

有一天，邹应龙急急走来，到了严府的门口。

门官一叉腰道：“你哪里来的？”

邹应龙回答：“小官是外帘御史邹应龙。”

门官白了邹应龙一眼，冷冷道：“拿来。”

“拿什么来？”

门官不高兴了：“难道严府规矩都不知道吗？”

邹应龙摸一摸脑袋，说：“还有什么规矩？”

门官说：“红包。”

这下子邹应龙懂了。“要多少钱？”

门官回答：“大礼三百，小礼二百四，没礼免见。”

邹应龙不好意思，讪讪地说：“下官今日来得慌忙，没带银钱，改日多多奉上。”

门官一副绝不可能通融的表情道：“嗯，你就改日再见吧。”

邹应龙心想：早听说严嵩这个老贼霸道，就是没想到连他手下门官也都这么厉害。于是，他想要设计一个方法，整一整严嵩，出一出气。

邹应龙报告严嵩：“小官前日巡查皇城，路过开山王府，遇到了开山王府的王爷常宝童，发现他窝藏了邱将军、马将军，并且用皮鞭拷打。”

严嵩很是愤怒：“常言道，打狗还看主人，我这就去开山府捉拿小儿曹。”

邹应龙原先与常宝童约好，只能让严嵩一个人进入开山王府。严嵩不知有诈，进了殿，入了座，常宝童就叫了起来：“严嵩，你可知罪？”

严嵩扬着脸问：“臣知何罪？”

常宝童道：“你抬头看看。”

严嵩这才发现，中堂之上挂着明世宗的御相，大臣见君不拜自是有罪。

常宝童就借机开骂：“你这个老贼，今日在朝害文，明日害武，害来害去，竟然害到了我小王头上了。今天我如果不打你几下，岂不是便宜了你？来人哪！把他的袍子给脱了。”

严嵩吓得双手乱摇，直说：“不可以，千岁！老臣打不得。”

常宝童大呼：“来呀，给我乱棍打！”

严嵩被打得遍体鳞伤，落荒而逃。混乱中，邹应龙也偷偷地踹上两脚，严嵩没发觉。

浑身是伤、狼狈不堪的严嵩出了开山王府，“恰好”遇上邹应龙。

邹应龙故意问道：“太师何以这副模样？”

严嵩叹了一口气：“唉！被常宝童打成这样，我要上殿禀报万岁爷。”

邹应龙摇摇头说：“太师错了，倘若圣上问道，你的伤痕在哪里？”

严嵩气恼道：“浑身是伤。”

“怎么验法？”

“脱袍验伤。”

邹应龙道：“按规矩，大臣脱袍见君就是一项大罪，应当交部议处。”

严嵩想起来的确有这些规矩，他反问邹应龙：“依你的看法该怎么办？”

“找一个心腹，在你脸上抓几道伤痕，就当是给常宝童打的。”

严嵩望着邹应龙，说：“看来，你倒是最适合的人了。”

“哎呀！”邹应龙嚷嚷起来，“小的升官的恩惠还没报答，哪里还敢打太师？”

严嵩说：“不妨不妨。”

邹应龙就捡起一块砖头说：“来，这儿有一块砖，你就自己打自己，打重一点儿。”

严嵩自己打不下去，最后还是邹应龙代劳，打得严嵩极惨。

这一出戏毫无根据。严嵩是何等狡猾的老狐狸，他要真这么愚笨，被邹应龙骗得团团转，他也不叫“严嵩”了。不过，这一出戏历久不衰，一直到今天仍然大受欢迎。历朝历代都不免有作恶的奸臣，观众见到了常宝童、邹应龙责打严嵩，仿佛是为他们伸张了正义，因此大声鼓掌叫好。中国人忠孝节义的美德，也就随着戏剧代代相传，深植人心。

嘉靖皇帝乱花钱

严嵩离开了朝廷，明世宗觉得十分落寞。严嵩不是一个好人，明世宗心中比谁都清楚，因此他才指责严嵩“畏子欺君”。尽管明世宗知道严嵩时时撒谎，但是有个人时时伺候在身旁，甜言蜜语，小心巴结，也是一件十分爽快的事。所以，离了严嵩，明世宗郁郁闷闷，无聊极了。

偏偏就在这个时候，宫里头闹鬼，就是大白天也有人看到鬼影子，或是在草丛中发现身影，一走近又消失了。明世宗一向最迷信，心中忐忑不安。

嘉靖四十三年（1564年）五月里，一天晚上，明世宗心烦意乱，睡不着觉，起来踱方步，转了一圈又一圈，长吁短叹回到卧房。忽然间，他发现：“咦，怎么椅子上面多了一颗桃子？”

宫女们都摇摇头，不可置信地表示：“奇怪，刚刚还是空椅子啊！”

明世宗立刻召见胡大顺。胡大顺是道士陶仲文的徒弟，伶牙俐齿，很得明世宗的欢喜。胡大顺捧着桃子，装模作样看了老半天，然后“扑通”一声跪倒在地：“这是西王母娘娘的蟠（pán）桃啊！一千年才熟一次的，怎么这样巧，恰恰就落在龙椅上面啊！”

“哦？真的？”明世宗心动了，他大声欢呼，“感谢上天恩赐啊！”

第二天，龙椅上又出现一颗桃子。当天晚上白兔生了两只小白兔。没多久，寿鹿又生了两只小鹿，群臣都来表示祝贺。这时胡大顺又慌慌张张地奔来禀报明世宗："这只兔子可不是普普通通的兔子，这是月宫里捣药的仙兔，看起来离万岁爷成仙的日子不远了。"

明世宗始终相信，他这样虔诚祈求长生不老，总有一天，他会羽化登仙。到了第二年，明世宗过生日，似乎还没有成仙的迹象，他有点儿不耐烦。幸而宦官又偷偷放了两颗药丸在明世宗的龙椅上面，明世宗这才又转嗔为喜，到处嚷嚷："这是天赐啊！要赶快举行大典，告谢诸神哪！"

明世宗每一次举行大典，不晓得要耗费多少金钱，反正他是天子，脑子里也没一本账，从来不把钱当钱用。单单祭祀用的黄蜡、白蜡，每年要用三十多万斤。当时最为珍贵的香是"龙涎香"。凡是进呈这种香的人，都能够得到高官厚禄。龙涎香是抹香鲸的分泌物，为了寻找龙涎香，不知有多少人死于非命。凡是采得龙涎香的人，转卖给高官大吏，从中就能赚取不少好处。

明世宗喜欢修殿，无论建大享殿、建大高玄殿、筑祭坛，都是用钱如流水，这不但造成了政府的财政困难，更为人民增添了数不尽的痛苦。

因为要修殿，处处要用大木头，皇帝要用的，当然得用最好的。一根大木头，从勘寻、发现、拖曳、出山、装船，不晓得要耗费多少人力财力，往往要一千个壮丁花上一整年的功夫，才能把一些大木头运到北京，真是劳民伤财。

明世宗还喜欢一样东西——珠宝。他大量采购各种珠宝，不论是猫儿眼、祖母绿、石绿、金刚钻、朱蓝石、甘黄玉，统统有兴趣。他还中意珍珠，尤其是又大又圆、粉红色的珍珠。为了得到珍珠，明世宗派遣了太监前往广东采取。

太监到了广东，为了达成任务，命令老百姓一次一次入海采取。有一次一下子就死了五十多人，只得到八十颗珍珠。因此有人讥讽："这是以人换珠。"

太监完全不理会，昂着头说："人命算什么？珍珠是万岁爷要的，这才稀罕！"

宫殿建筑，故宫拍摄。

此外，明世宗又在北京设置砖厂，在苏州织制御用绸缎，在江西烧制瓷器。当然，这些御用品，原来也是历朝皇帝享用的，但是明世宗要的特别多，特别精美，特别奢侈。就连以荒谬著称的正德皇帝明武宗，在乱用钱这一件事上面，也得对明世宗甘拜下风。

这就是明世宗晚年的明朝概况。当严嵩健在当权时，天下人把矛头全对准了严嵩，把一口怨气全发泄在严嵩身上。中国人一向不作兴骂皇帝的。

可是，等到严嵩离开了朝廷，贤相徐阶当政，人们这才发现，顶多朝廷是回到没有严嵩的时代，政治腐败，人民负担也重，到处剜（wān）肉补疮，一塌糊涂。

所以，当时人私下议论："嘉靖皇帝，就是让我们'家'家户户，穷得干干'净'净。"真是好一个嘉靖皇帝啊！

海瑞顶撞御史

严嵩虽然被徐阶赶走了，明朝依然一步一步走向衰败。明世宗仍然不上朝，追求长生不老，胡乱用钱，天下有志之士都忧心忡忡，却又一筹莫展。

朝廷中有一位臣子最按捺（nà）不住，他就是历史上赫赫有名的海瑞。这个人在古今谏臣当中，是讲话最无所顾忌的一个。海瑞姓海，是海南岛人。当时的海南岛穷困落后，海瑞的父亲海瀚，在海瑞四岁时过世，海家的日子过得更为凄凉。

古代许多伟人都是幼年丧父，由寡母一手带大。也许是因为孤儿寡母，缺乏可以依靠的大树，所以格外坚强努力吧！海瑞的母亲谢氏也是一个韧性极强的奇女子，她织布、纺纱，靠自己一双手带大海瑞，她也教导海瑞阅读《孝经》《论语》《春秋》等书。闲暇之时，谢氏常为海瑞讲历史故事，海瑞最喜欢听包公判案与杨家将的故事。

海瑞最崇拜包公，最钦佩包青天的正直，他每次都会仰起脸对妈妈说："以后我也要像包公一样。"

"当然。"谢氏对孩子很有信心，她摸摸海瑞的头说，"你就是海青天。"

海瑞从小决定，长大以后他一定要当海青天。

嘉靖二十八年（1549 年），海瑞参加乡试并中举，他要求下乡服务。在大家都一心往高处跑的时候，海瑞的决定让人们大吃一惊。反正，海瑞一辈子的所作所为都让人吓一跳。

海瑞如愿以偿，被分配到福建担任南平教谕。他是一个急性子的人，当天就急着去县学视察。由于明太祖重视学校教育，所以开国之初，他就下令各地的府、州、县普遍设立学校。明朝的学校，一般说来，比唐宋元朝都完备。

训导带领着海瑞参观县学，走过明伦堂，风景清幽，一片宁静，海瑞由衷地说："这真是进德修业的好地方。"

训导也是一个直爽的人，他叹一口气道："没办法，现在教员在混，生员也在混，个个想办法巴结长官，希望将来有一条好出路，没有谁是真正在用功读书的。"

海瑞，选自《历代名臣像解》。

"这不可以，"海瑞板起了脸，"非改不可。"

第二天，海瑞召集教员、生员训话："我们这一所县学，设立在洪武三年（1370年），现在是延平府中最大的学府，各位有幸前来求学，一定要认真努力，把自己造就为人才，该赏该罚都得切实做到。"

海瑞是一个很严格的人，对教员严，对生员严。在他的敦促之下，整个县学立刻改观，海瑞自己带头，比谁都用功。这一件事很快传遍了延平府，人人都听说，“来了一个海教谕，谁都吃他不消”，并且“海教谕下了命令，以后官员来了，不许行跪”。

延平府的御史听说了这件事，心里非常不舒服：“这个姓海的小子，新官上任三把火，我不去瞧瞧，那还真是老虎不发威，给人当病猫呢！”

御史立刻前往南平县学，准备找麻烦，他一向认为官大学问大，若是不东挑挑、西削削，这些教员、生员可能连孝敬送礼的规矩都不懂了。御史寒着脸，手背在腰后，缓缓踏入了明伦堂，两位训导与其他教员自然而然跪倒在地，只有站在两位训导中间的海瑞动也不动，只是作一作揖。

御史鼻子里“哼”了一声，凌厉的眼光往海瑞一扫，海瑞依然站得笔直。

御史火了，嘲讽道：“奇怪，怎么突出一座山，一点儿也不懂得规矩？”

海瑞马上更不规矩地回敬：“对不起，督学大人！这是县学，明伦堂是教导学生的地方，一定得保持师长的尊严。如果我到贵府求见，自当跪拜，这里是教学重地，请尊重《会典》中所言：‘官员前来，师生出大门迎接，行礼完毕，赴明伦堂，师生作揖，教官侍坐，生员东西序立读书。’”

御史气得脸上一阵青，一阵白，道理在海瑞那一边，他无法辩驳（bó）。回去以后，他三天两头找麻烦，把海瑞整得死去活来，完全做不下去，最后只有递上辞呈。

但是知府不让海瑞离开，并且公开推崇海瑞有骨气。这时福建提学副使朱衡听说这件“奇谭”，很欣赏海瑞，调他到福建正学书院教书。

海瑞一点儿也不后悔，他干脆自号“刚峰”，表示他就是这般刚直。

胡公子踢铁板

海瑞坚持不肯在学校向督学下跪，并且搬出了明太祖的遗训，证明他的做法合理。因此，他得到了一个“海疯子”的外号。但是海瑞不认为自己有错，他甚至自号“刚峰”，为自己加油鼓掌。

嘉靖三十七年（1558年），海瑞被调为淳安县知县。淳安县在浙江省，景色如画。海瑞兴冲冲前往当地就任新职。

然而等海瑞到达淳安，却发现淳安县破败荒凉，人烟稀少，而且走在路上看到的，几乎全是老人，海瑞觉得奇怪，找来一位老婆婆问话。

老婆婆又瘦又驼又黑又矮，脸上全是层层叠叠苦涩的皱纹，仿佛一颗干瘪的枣子，她不耐烦地回答说：“哪个年轻人愿意留下来呢？天灾人祸，一片荒凉，尤其这儿是浙江安徽间的要道，一天到晚有官吏经过。”说着，老婆婆白了海瑞一眼：“反正当官的全是一个样，总是骗吃骗喝，害苦百姓。”

海瑞几乎当场叫了出来：“我不是这样的！”

转念一想，不必多说，说干了嘴，老婆婆也不会相信的，他会用事实证明，他这个芝麻小官和一般官员不一样。

第二天，海瑞就一身短衫装扮，与家人仆役一起开荒种菜，绝不骚扰百姓。有一天，海瑞利用假日垦田，仆人递过来一个西瓜，天气炎热，海瑞吃得满手满脸全是西瓜汁，十分过瘾。他问仆人：“这瓜好甜，哪儿买来的？”

仆人邀功似的回答："这哪需要买，前面瓜田里全是，我再去摘几个来就是。"仆人兴奋地往前跑去，被海瑞一把揪住，火大地骂道："原来是偷来的，赶快去赔钱道歉，一个瓜多少钱？"

仆人十分委屈地说："知县大爷吃了个瓜算什么？而且又没人知道。"

海瑞不说话，一双眼睛瞪着仆人。

"大概三文钱吧！"仆人小声地说。

"嗯。"海瑞数了六文钱，放在空空的瓜瓢里，对着仆人说："三文是瓜钱，三文是罚金。你赶快放回瓜田。"

当仆人捧着瓜瓢回到瓜田，一大堆乡人围拢来看，个个啧啧称奇："吃个瓜算什么，知县大爷太认真了！"

"也太不一样了。"曾经数落过海瑞的老婆婆，咧开嘴大笑，"我老太婆活到现在，第一回看到这样的官员，也算是没有白活了。"

在这之后，海瑞又平了几件冤狱，地方人士更送上"海青天"的美名。海瑞不大欢喜地说："我从小最怕听到'青天'二字，如果到处风和日丽，谁看得出来哪一块是青天？就是现在几乎官场全是黑压压的一片，偶尔遇上比较清正的官吏，老百姓就高兴得以为遇上了青天。这'青天'二字，背后有多少辛酸与黑暗哪！"

海青天作风果然不一样，例如他为母亲做寿，并没有宴客，不过只买了两斤肉添菜。这般的俭朴，连浙江总督胡宗宪都知道了，并且用这当作话题，教训浪费成习的儿子："你看看，人家当了知县还这般节省，你该学习学习。"

胡宗宪的宝贝儿子一向不学好，从来不肯安安静静读一会儿书，他的理由十分奇怪："我屁股上长了一根针，坐久了会疼。"因此，他整天到处东逛逛西走走，仗着自己是总督的儿子，到处找人麻烦。

胡公子最羡慕严嵩的儿子严世蕃，他总是想："假如我老爸有严嵩那般威风，我也就不可一世了。"胡公子听说了海瑞的海疯子作风，非常不以为然，胡公子对手下说："这种人自命清高，不教训他一下，那是不可以的。

他为老母亲祝寿，只买两斤肉，太小器了，至少得宰一只鸡才行。”

于是，胡公子跑到了淳安县驿站，嚷着要他们招待酒菜，并且准备一只鸡，清炖或是红烧都可以。

驿卒可怜兮兮回答：“小地方只有粗茶淡饭，没有鸡。”

胡公子一个巴掌就挥过去，把驿卒打得鼻青眼肿，嘿嘿冷笑：“没有鸡是不是？那就把你像鸡一般倒悬在屋梁上面。”

海瑞一向最痛恨官员横行霸道，欺负百姓，他久闻胡公子蛮横，这下子逮到了机会，把胡公子五花大绑押到了衙门，结结实实打了一顿，众人拍手叫好。

胡公子细皮嫩肉，一面挨打，一面呀呀申辩：“我是堂堂胡总督的儿子啊，怎么敢打我？”

海瑞故意说：“竟然敢冒充胡公子，再打！”衙役又劈里啪啦打了一顿。胡公子捂着屁股，狼狈回到总督府。胡宗宪又恼又气：“想吃鸡，家里多的是，偏要自己去受辱。”

胡宗宪也不满意海瑞不近人情，但是自己理亏，只好闷在心里。

鄢懋卿摆阔

明朝嘉靖年间，浙江总督胡宗宪之子胡公子骚扰乡里，把驿卒像市场待售的鸡一般，倒悬在屋梁上面，清官海瑞逮住了胡公子，让衙役好好痛打一顿，然后以“胡公子是冒充的，不然不至于胡作非为”为理由，交还给胡宗宪。胡宗宪气得牙痒痒的，却拿海瑞无可奈何。

从此，“海疯子”的盛名，响遍整个浙江，甚至传到了北京。胡公子仗着父亲撑腰，不晓得欺负过多少女孩子，总认为自己英俊潇洒、风流倜傥，老是扬着眉毛道：“本公子看得起你家女儿，才找上她。”这一会儿，胡公子挨了揍，人人争相走告：“哎，你没瞧见胡公子一拐一拐的狼狈模样，真正是大快人心哪！”

海瑞清楚，自己这样的作风，前途难测。但是他决定继续惩恶扬善，至少可以帮老百姓吐一吐长久以来的怨气。

没多久，海瑞收到一件公文，指示海瑞郑重接待巡盐都御史鄢懋卿。鄢懋卿是严嵩面前一等一的红人，严嵩十分欣赏他，所以把两浙、两淮、长芦、河东的盐政全交给了他。

在中国古代，盐几乎都是国家专卖。明朝也是这样，并且规定了极为严格的“盐法”，凡是贩卖私盐的就判死罪。“盐”是人维持生命的必需品，也是炒菜不可或缺的调味品，鄢懋卿一人掌理四大盐区，肥水多多，不在话下。

鄢懋卿生活奢侈豪华，不亚于严嵩。因为钱实在多得用不完，他竟然用白金打造尿壶。马桶也围上了文锦织成的软套子。许多百姓听说之后，忿忿不平地说：“我穿的衣服东一个洞，西一块补丁，还不如鄢府的马桶穿得体面！”

鄢懋卿一点儿也不在乎人们的批评，他非常疼爱老婆。鄢夫人长得十分漂亮，可是化妆品多，粉擦得特别厚，因此好事者私下为她取了一个“石灰墙”的外号，讽刺他夫妇两人脸皮厚。

鄢懋卿喜欢带着夫人到处游玩，他们乘坐的轿子是十六人抬的特大号轿子。此外，轿前还一定有十二个美女，花枝招展，载歌载舞地拉着彩带开路。这样的花车游行排场，世上罕见。所以，只要他一出门，到处有人围观看热闹。

这一回，鄢懋卿从扬州到杭州，沿途拉船的纤夫，起码五百名。海瑞接到公文，怒由心生，严嵩和严嵩的手下，全是他厌恶的，他看不惯这些人欺压百姓。

因此，海瑞当下写了一封信，简单表示：淳安县是个小地方，招待不起，请绕道而行吧！

鄢懋卿一向神气惯了，也一向霸道惯了，他一路上看到的全是低声下气、满脸恐惧的官员，从来没有人敢在他面前反抗。鄢懋卿气得满脸通红，说：“我从来没有见过这样不礼貌的事，也从来没有见过这样不礼貌的人。”

鄢懋卿气呼呼把海瑞找来，指着海瑞的鼻子，说：“我是你长官，我可以让你担任知县，我也随时可以让你不当知县。”

海瑞不吭声，双方僵持了一阵子，海瑞才开口说：“百姓正在农忙。”

鄢懋卿自鼻孔中哼了一声：“纤夫不可以免。”

第二天，海瑞很难过地带了五百纤夫前来报到，他对自己不能解决这件事深感抱歉。因此，他也腰系麻带，光着脚丫，准备下江拉船。

知县老爷当纤夫，这是千古未有的奇闻。鄢懋卿看到了，气得浑身发抖，怒声指责：“海瑞，你真是丢尽了当官人的脸。”海瑞心中却有另一个声音：“鄢懋卿，你才是丢尽了当官人的脸哪！”

鄢懋卿觉得受到了侮辱，一路上念个不停：“我从来没受过这样的气！”回到京中，鄢懋卿一弹手指，果然就罢免了海瑞的官。海瑞原可升为嘉兴通判，一下子被贬为兴国县知县。

淳安县的百姓都哭了，人人低着头，心中充满了不平。正义在哪里？公道在哪里？海瑞脾气是直了一点儿，但是他在地方上的建树，没人比得上。

由于海瑞正直，他不肯接受任何礼品馈（kuì）赠，当地百姓想了一个办法，人人家门口摆放清水一杯，铜镜一面，代表海青天：“清如水，明如镜。”

海瑞离开了衙门，挨家挨户道别。淳安县民哭，海瑞哭。海瑞走到哪儿，鞭炮响到哪儿，个个脸上哭，不舍海瑞。人们心中都有另一种哭声：“管你朝廷怎么不公平，我们淳安县民生生世世敬爱海瑞。”一直到今天，淳安县仍传诵着有关海瑞的歌谣。

海瑞感动了淳安县民，淳安县民也感动了海瑞。海瑞抹干了泪水，大踏步继续奋斗。

海瑞重视环保

海瑞因为得罪严嵩手下的红人鄢懋卿，被贬为兴国县知县。由于淳安百姓的含泪相送，原本灰心失望的海瑞，又精神抖擞准备大干一场。

海瑞到了江西兴国县，还是拿出在淳安的拼命精神，人一到就到处跑，到处问，没有多久就推出了一套“兴国八议”，包括丈量土地、平均赋役等八种施政方针，并且说做就做。

海瑞先平定了盗匪，驱逐了地头蛇，一切井井有条。然后他着手治理旱灾。在当时，兴国是很奇怪的一个地方，一年到头闹旱灾，三天不下雨，地上就仿佛在喷火。有个老人家说：“没办法，二十多年前，烧了一场大火，把所有树都烧得干干净净。”

海瑞当下决定：“治山治旱先栽树。”他是一个急性子，从邻县调来了十几万株树苗，并且贴出告示：

凡是兴国百姓，不论官民，三天之内每人插杉苗三十株。逾期不插者，一律强制执行，加倍补插。插完之后还得保护存活，凡是毁树或是故意违抗的人，罚银二十两，并且补栽五倍。

告示贴出来了，却没几人看得懂，因为兴国县民大半是文盲，海瑞只好耐心地一遍一遍念。念完了，一个年轻人瞪大了眼睛，问：“奇怪，为什么毁树要‘发’银子二十两？”

海瑞一听，差点儿昏倒，他急着摇手，说：“我是说‘罚’不是‘发’，毁树拿钱，这还了得吗？”

众人哄堂大笑，海瑞可笑不出来。所以，当树苗栽下，蓄水池造好以后，海瑞开始积极兴办学校。十年树木，百年树人，海瑞两件事都做得顶呱呱。不久，海瑞被升为户部主事，回到京城。

这时候严嵩、鄢懋卿都已经垮台。海瑞的好朋友广西人何以尚笑着对海瑞说：“你看，整你的人先垮了，这就是老天有眼。”

海瑞不觉得高兴，他寒着脸道：“没错，徐阶了不起，终于把严嵩扳倒了。但是我从地方一直到中央，看到的是民穷财尽。老百姓都说，什么嘉靖皇帝，就是家家户户穷得干干净净。”

何以尚赶紧站了起来，用手捂着海瑞的嘴，说：“你小心点，这是天子脚下，当心有人听到，你就惨了。”

“万岁爷为什么这样笨，二十多年没上朝，道士自己都不能长生不老，他搬弄的仙桃仙兔怎可相信？万岁爷在全国修寺院道观，胡乱花钱，非把国家搞垮不可。”海瑞谈起来就一肚子不满。

何以尚望着海瑞一脸正气，非常担心地说：“你小心点吧！记得苏东坡曾经说过一个故事：艾子带着一群学生外出，遇到一个老公公，请老公公给他们一点水喝。老公公说：‘好，你们若是认字，我就给你们水喝。’

“学生说：‘认字，谁不会？’

“老公公写了一个字，学生当场叫了起来：‘真。’老公公转头就走。

“艾子立刻叫：‘直八。’

“老公公这才笑嘻嘻，把水端出来，请学生们喝。

“艾子长叹：‘这个世界原是不得认真的。’”

海瑞笑道：“不过，我和苏东坡一样，一肚皮的不合时宜，我就是认真人。”

何以尚很忧心，他非救海瑞不可，免得海瑞直言惹祸。于是，他翻出许多佛经，捧来送给海瑞，同时苦口婆心劝道：“照佛家来说，一切都是空的，人死了不过一堆白骨，因此不用太烦恼。”

海瑞道："正因为人不过是臭皮囊，我现在死，或以后死不都一样？再说，就像地藏王菩萨所说的，地狱还没净空以前，誓不成佛。我也是同样的心情。"

何以尚说："了不起再当一个杨继盛，于事无补。"

"不是这样的，杨继盛的壮烈，鼓舞了多少人心，我在淳安，虽然吃了亏，但是百姓也看到了真正的中国读书人。杨继盛临刑诗中说：'生平未报恩，留作忠魂补。'我要补这一个位置。"

何以尚问："你能说得动万岁爷吗？"

"总得有人试一试。试不成，了不起牺牲我命一条，万一中的万一，万岁爷听进去了，我大明朝就有希望了。"

"不只牺牲你一个人，还有老母妻小啊！"

"这……这……"一向硬汉的海瑞开始掉眼泪，他擤（xǐng）一擤鼻子，说，"我不忍，我爱天下百姓，我不忍看他们受苦，我不忍心。"

何以尚呆住了。他喃喃道："大家都说海瑞刚直，他对国家对天下人的爱，其实是最纯洁柔美的。我终于明白无欲则刚的道理！"

海瑞的奇迹

严嵩垮台，明朝依然国势不振，其中的关键，当然是出在明世宗身上。刚直的海瑞决定上疏劝谏皇帝，他的好友何以尚十分担忧。

何以尚回到家中，在书架上找到《贞观政要》一书交给海瑞，诚恳地对海瑞说：“唐太宗是最能接纳劝谏的皇帝，但是臣子也该尽量委婉，理直气和。”

何以尚翻开其中一页，说：“你看，以汉元帝的故事为例，他要去祭宗庙，宗庙前有一条河，汉元帝突然心血来潮，他想乘船，不想坐轿子。御史大夫薛广德突然摘下了乌纱帽，大声地吼说：‘非得坐轿子不可，乘船太危险，陛下今天如果不听我的话，我就在这儿自刎，让车轮上沾满鲜血！’

“汉元帝非常不高兴，幸亏光禄卿张猛站出来打圆场，说：‘乘船的确危险，还是坐轿子过桥安全，陛下多珍重。’汉元帝白了薛广德一眼，气嘟嘟地说：‘话不能这么说。’最后还是乘轿子。

“我再讲另一个故事，这是唐朝大诗人杜牧所写的一段故事：某甲好心劝告某乙，要某乙不要吃某一种食物。某甲说：‘你如果吃了，必死无疑。’某乙大大不以为然地说：‘我就是喜欢吃这玩意儿，而且吃了许多次了。你说我会死，我就加倍吃。’某甲如果委婉劝他少吃一点儿，也许某乙就听进去了。”

海瑞睁大了眼睛，眨也不眨地听完了何以尚的忠告后，说："你的好意，我心领了。但是，一来我性格使然；二来万岁爷到底不是唐太宗；三来别忘了徐阶可是最委婉小心的了，想来他劝了不下千百回，有用吗？"

何以尚无法回答，他难过地点点头，正色问海瑞："有没有我可为你效劳的地方？"

"有的。请为我准备一口棺材，请把遗书交给我母亲。"海瑞平静地交代后事。何以尚已经泣不成声，海瑞反而安慰他说："我求仁得仁，这是我心甘情愿，无怨无悔的。自从决定做这件事，反而有一种说不出的坦然和解脱，好痛快！"

果然，海瑞写下了历史上最直接、最激烈，也最痛快的奏章，在嘉靖四十五年（1566 年）二月呈献给明世宗。

这篇奏章是千古奇文。海瑞开始还稍稍捧了明世宗几句，然后他就不客气地批评："陛下聪明反被聪明误，迷信长生不老之术，二十多年不上朝，官吏贪横，民不聊生，水旱灾不断，盗贼遍地。最近严嵩罢相，严世蕃处死刑，国家却一点儿也不清明，天下人看不起陛下，不齿陛下的作为已经很久很久了。"

明世宗看到这儿，怒火攻心，从来没有一个人敢这样骂他的，气得把奏章揉成一团，扔在地上，整个人瘫在软椅上，似乎快断气了。他用手一遍一遍摸着胸口，勉强平静下来，恨恨地说："快快快，快把这个胆大包天的海瑞捉来，千万不能让他给溜了。"

"不会溜的。"一旁的宦官安慰明世宗说，"万岁爷请息怒，据奴才所知，这个海瑞，外号叫'海疯子'，他在上疏以前，已经买好了一口棺材，遣散了家仆，一心一意等死。"

"嘿，世界上还有这种不怕死的人？"明世宗不以为然，他巍巍颤颤站了起来，捡起揉成一团的奏章，把奏章摊平，说，"我倒要看一看，这个海疯子要怎么羞辱朕。"

明世宗继续看海瑞的上疏。奏疏写着："陛下的错误太多了，最主要是求长生不老。古代的方士今天没谁存活，陛下拜陶仲文为师，现在陶仲文自己也死了，陛下还相信？至于仙桃仙药，全是左右奸人用来欺骗陛下的，陛下竟然信以为真。

“陛下如果悔悟，恢复上朝，也许能置身于尧舜禹汤等圣君之间，使臣子们也一雪数十年来拍马屁的耻辱。今天大臣们因为贪图俸禄喜欢阿谀，小臣害怕得罪把舌头也打了个结。臣海瑞心中不胜愤恨；因此冒着一死，不能不尽区区的心意。”

这真是最犀（xī）利的奏章了。明世宗看完，只觉得眼前一黑，头脑轰轰作响，尤其是最后一句：“嘉靖，家家穷得干干净净。”仿佛一把尖刀，不偏不倚直中心脏。天天听惯了歌功颂德的明世宗，完全无法招架。

最为体贴、最懂得保全忠臣的徐阶，附在明世宗耳边说：“陛下，您现在如果杀掉海瑞，反而成全了‘海疯子’。”

“对！”明世宗从焦黄的牙齿中迸出一句，“朕不能成全海瑞！”这时的海瑞，心中坦然，端坐在家中，等待被捕。

海瑞无罪释放

海瑞上疏明世宗，用最直接、最激烈的言语，指责明世宗不该迷信长生不老之术，害得国家民穷财尽。

明世宗一向是个小器的皇帝，从来听不得任何忤逆的话，皇后稍微皱个眉头，他又打又骂；大臣上疏，在朝堂上当场被活活打死。世宗一直深信，没有任何人敢触犯他的权威。

直到他碰上海瑞，海瑞的一句："天下人看不起你已经很久了。"这一句话让他从腰凉到了整片背脊，脑袋轰隆轰隆作响。明世宗一辈子没受过这样大的打击，他一遍一遍自问："难道国家真的民穷财尽了吗？"

凭良心说，明世宗不是一个好皇帝，但也不是暴虐的君王。他对于海瑞的指控觉得委屈，却也第一次对懈怠朝政自责。明世宗喃喃道："海瑞这个人的忠心耿直可以和商朝的比干互相比较，但朕绝对不是商纣哇！"

徐阶在一旁赶紧安慰道："陛下当然不是商纣。"

商纣是商朝时代荒淫的皇帝，最爱摆阔，衣服上面缀满了珠宝，走起路来叮叮当当的。皇宫大门用黄金打造，柱子用宝石雕砌。他还造了一座酒池肉林，酒池大到可以在里面划船，酒池旁边竖了许多木柱，木柱上排着各种香喷喷的烤肉，以便纣王在酒池旁饮酒，一伸脖子就能吃到烤肉。

纣王宠爱妲（dá）己。妲己和纣王一般，生性残忍，两人商量出许多害人的办法。例如炮烙之刑，就是用炭火把铜柱子烧得火热，再让犯人在铜柱上爬行，犯人一旦摔下来就会被火烧死。

纣王的叔叔比干看不过去，向前劝谏纣王，纣王冷笑道：“我曾经听说圣人的心有七个孔窍，我倒要看一看你比干的心有几个窟窿。”纣王居然真的杀掉叔叔比干，剖开肚子，把比干的心拿出来研究。

明世宗本来身体就不好，他又一向认为自己身体不好，这一下子整个人虚脱了，时而清醒，时而昏迷，一连几个月，手上都拿着海瑞的奏章。

商纣王与妲己在瑶台上尽情享受骄奢淫逸的生活，哪知民间疾苦、诸侯离心。

海瑞的奏章，海瑞的冒死进谏，终于拨动了明世宗的心弦。他对徐阶说：“海瑞奏章里讲的都是对的，朕实在也是病久了，怎能处理朝政？”

过了几天，明世宗想想，身为皇帝，竟然被一个小臣骂得狗血淋头，这口气难以忍受。他又理不直气不壮地为自己辩解：“假如不是朕不晓得爱惜身体，遭到疾病的困扰，假如朕能走出宫门，朕哪里会受到这个人的诟骂？”

于是，明世宗考虑了几个月之后，终于还是把海瑞逮捕入狱，并且大刑伺候，要海瑞供出：“究竟是谁主使的？”

明世宗，明宫廷画家绘。

刑部问了案，立刻揣摩皇上的意思，奏请将海瑞处死。偏偏明世宗又不忍心杀了海瑞，迟迟不肯批下。

海瑞的好朋友何以尚一旁观察，他直觉认为，明世宗良心发现，不想杀海瑞，不然以明世宗的脾气，老早就拖来砍了，哪里还留到今日？

因此，担任户部司务的何以尚，上了一个奏章，请皇帝释放海瑞。明世宗大怒，他觉得内心的秘密被何以尚看出来了。一肚子的火正没有地方发泄，刚好把何以尚当出气筒，抓了来，打了一百大板，交付锦衣卫审理。

嘉靖四十五年（1566 年）冬天，明世宗灯尽油枯，与世长辞。崩逝之前，明世宗找了徐阶，留下遗诏："朕奉宗庙四十五年，享国长久，是历朝没有的。朕一心一意想服务人民，奈何体弱多病，过分追求长生之术，以至于被奸人欺骗诱惑，凡是因为建言获罪的臣子，一律释放重新任用。"这也就是说海瑞、何以尚都无罪释放。

监狱的长官得到了消息，他想，得赶紧巴结海瑞了。所以，准备了上好的酒菜，恭恭敬敬送到了牢房里面。海瑞以为是行刑前最后的晚餐，他和何以尚两人，坦坦然然地大吃大喝，大声唱歌。酒醉饭饱之后，海瑞笑着对监狱官说："好了，该上西市问斩了。"

监狱官这才公布了好消息，神秘地说："恭喜海大人，皇帝已经登天了，大人不久将见天日，卑职是设宴饯行。"

狱官原以为海瑞一定乐疯了。不料，海瑞突然跪倒，面向北方，呼天抢地，大哭特哭，把刚才吃的酒菜全给吐了出来。原来海瑞骂嘉靖皇帝最严厉，其实他最爱嘉靖皇帝。真是爱之深责之切呀！

明世宗显然也察觉，海瑞刚直的背后，其实是对国家君王最纯洁的爱。所以，海瑞是古今谏臣当中，出言最无顾忌的，竟没有被明世宗杀害，也算是奇迹美谈了。

戚景通父子相传

明朝将军戚景通正直不阿，他一心一意培植儿子戚继光，希望他长大以后，“继”承祖先的“光”耀，负起保国卫民的责任。

戚景通为了鼓励儿子研读兵法，特别封他为“小光将军”，小光将军得到这个封号以后，白天带着邻居小孩子，堆城堡，挖战壕，骑马打仗非常过瘾，晚上就坐在爸爸腿上，听他讲解《孙子兵法》。

小光八九岁时，已经将《孙子兵法》念了大半了，对他的年纪来说，这本书是深奥了一些，但是他兴趣浓，戚景通兴趣更浓。小光不单单会背诵，甚至每一段都能解释得清清楚楚，因为戚景通会考问。

“小光，你说说看，‘用兵之法，无恃（shì）其不来，恃吾有以待之’，这是什么意思？”

“‘恃’是依靠。这句话是说，用兵的方法，不能依靠敌人不来侵略，最重要的是依靠自己有所准备。”

“很好，小光聪明。”

“那我们今天晚上可不可以吃馄饨（hún tun）？”小光乘机要求。

戚景通住的巷子里，晚上经常有一个老伯伯敲着梆子卖馄饨，他做的馄饨小而薄，里面包一点点肉，撒些葱花，淋点麻油，香得不得了。小光每次都用舌头把碗舔得干干净净。可是因为家里穷，父亲俭省，吃到的机会不多。

“好，今天我们就吃馄饨。”戚景通答应了。小光拍手叫好。在冬天的夜晚，父子两人对坐吃馄饨。小光很开心，戚景通摸着儿子的脑袋，说：“爸爸想为你制造一点回忆。”

戚景通对儿子的爱，那是没话说的，但是这位父亲的严厉可也是少见的。

有一天，戚家的门坏了，请了工匠来修理，戚景通对工匠说：“两根楹（yíng）柱之间，就装四扇雕花门户。”

工匠开始敲敲打打，小光将军和一些小孩子好奇地在一旁观看，工匠对小光说：“你父亲是将军吗？”

“对。”小光最崇拜父亲，挺着胸膛回答，并且加了一句，“我将来也要当将军。”

“你知道吗？按照规定，将门之家可以装十二扇雕花门户的。”

“真的呀？”小朋友们一致叫了起来。

“我赶快告诉父亲去！”小光一溜烟冲去找戚景通。

戚景通听了小光上气不接下气的报告，慢条斯理地说：“这规定我早就知道了，不过用不着讲排场，四扇雕花门户就够了。”

“可是，可是……”小光嗫嚅道，“其他人都知道我们应该有十二扇雕花门户哇！这样多没有面子啊！”

“小光将军，”戚景通表情严肃地说，“我不希望你养成虚荣的习惯。”

“是。”小光低着头默默走开，心中十分不快乐。

过了两天，又发生一件事。小光的外公送来一双漂亮的丝绸鞋子，上面还绣着两只小狮子。小狮子两只发亮的眼睛凸出来，一走起路来就会晃来晃去，既抢眼又有趣。

小光试了试鞋，刚刚好，他穿着新鞋，一蹦一跳，急着跑出去让同伴瞧一瞧。

戚景通刚好从外面回家，一眼看到小光穿新鞋，马上下命令道：“快，快脱下。”

“我不要，这是外公送给我的。”

戚景通火大了，把声音提高："还不赶快脱下来。"

小光委屈地哭了起来，用手擦着眼泪，抽泣着回答："妈妈要我穿的，又不是偷来的鞋。"

戚景通也觉得自己太凶了，换了和缓的口气："乖小光，你小小年纪，穿这么好的丝鞋，将来当了军官，非扣大兵的军饷不可，这样怎能和士兵同甘共苦呢？"

"好嘛。"小光万般不情愿，勉强脱下了鞋子。

戚景通为官清正，有朋友看不过去，对他说："看你将来有什么东西留给子孙后代。"

戚景通当着朋友的面，找来小光，严正地说："小光，我留给你国家土地，好好保卫。"

小光将军行了一个军礼，恭敬回答："孩儿誓死保卫。"

朋友摇摇头，说："这一对父子，一模一样。"

戚家的教养

明朝将军戚景通教子有方，戚继光在父亲的教导下，勤读兵书，努力向学，一天一天地茁壮成长。

但是，因为戚景通坚持清廉，戚家的经济情况始终不佳，戚继光十岁那一年，他亲爱的母亲过世了。这一件事对父子两人来说，都是莫大的打击，却也使得他们父子的感情更加亲密。

戚继光十七岁那一年，父亲七十三岁了，染上重病，无法下床。戚继光日夜照顾，口中喃喃说："该让我来生病比较好。"

"胡说！"戚景通呵斥儿子，"国家还要靠你保护。"说着，戚景通咳个不停，吓得戚继光赶紧跑过来拍拍父亲的背。

戚景通也发觉自己太过严厉了，于是语带抱歉地说："小光将军，你实在很乖，别怪爸爸总是对你很凶。我五十六岁才得到你这个儿子，不知道能陪伴你几年，总急切想把一切教给你，你要原谅爸爸。"

"爹，别这么说嘛。"戚继光听了心酸酸的。

"另外一方面，我认为，你一定得有好的教养，戚家的子孙必须谨言慎行，非礼勿言，非礼勿行。你将来领导的戚家军也一定得有纪律有教养，就像岳飞当年领导的岳家军一般。"戚景通一口气说到这里，已经气喘如牛。

这时窗外传来卖馄饨的梆子声，这是他们父子最爱吃的点心。戚景通忽然兴致来了，吩咐儿子："赶快去买两碗。"

因为经济不宽裕，他们通常只买一碗分着吃。难得父亲有这个胃口，戚继光赶紧飞也似的冲了出去。不一会儿，端来两碗香喷喷、上面直冒着热气的馄饨，戚继光坐在床边，准备喂戚景通。

戚景通摇摇头，说："我不想吃，我想看你吃，两碗吃得光光的，我也任务完成，可以放心走了，人的生老病死就是这么一回事。"

戚继光一向听父亲的话，他乖乖坐在床边，就着碗，半点食欲也没有，眼泪再也忍不住，大颗大颗落在碗里。好不容易忍住了泪，用汤匙舀了一个馄饨，却怎么也吞不下去，喉头仿佛卡住了，他这一辈子没吃过这么难吃的馄饨。戚继光端起碗来喝口汤，因为汤中全是泪水，咸得不能入口。

当天晚上，戚景通过世了。戚继光整个人呆住了。他知道父亲迟早会走，却不相信父亲此时真的已经离开人间，他的嘴张得大大的，泪水不断奔涌而出，心中一遍一遍默背着《孙子兵法》："兵者，国之大事，死生之地，存亡之道，不可不察也。"

戚继光一面办理丧事，一面暗暗提醒自己："我一定要继承家业，光大家业，把戚家的教养带到军队中。"

戚继光子承父业，担任登州卫指挥佥（qiān）事。由于这个职务并不繁忙，他就练兵读书，并且期许自己做一个好官，勇猛进取，其他一切利害得失，全部不屑计较。

不久，戚继光被调到山东。初上任，他就碰到一件棘手的事，他的亲舅舅是低阶军官，正好受他指挥。舅舅一见到戚继光，亲亲热热走过来，摸一摸戚继光的脑袋，叹一口气道："小光都长这么高了，你妈妈如果还活着，不晓得有多开心。"

戚继光觉得好窘，所有士兵都朝着他看。一方面，他不想对舅舅搬出长官的架子，可是舅舅又不识相，真是为难极了；另外一方面，戚继光看到舅舅，马上想到去世近十年的母亲。母亲和舅舅长得好像，都有圆圆的下巴。因此，戚继光对舅舅又有一种说不出的亲切。

过了两天，舅舅搞出了事。戚继光三令五申，军人得严守纪律。舅舅却犯了规，带了几个兵出去玩了两天才回营。大家都等着看戚继光怎么处置。

经过一番内心挣扎，戚继光决定照规定办事，给予舅舅该有的责罚。舅舅脸孔涨得通红，非常不以为然。不过，部队里人人称赞戚继光坚持原则，不偏袒（tǎn）亲人。

戚继光，选自《历代名臣像解》。

到了晚上，戚继光把舅舅找来，“砰”的一声跪倒在地上，说：“对不起，请舅舅原谅外甥的无礼。”

舅舅原来是要发脾气的，戚继光这么一跪，他反而傻了，连忙把戚继光扶了起来，连连道歉说：“是我的不对。”

从此以后，舅舅成为最守规矩的军官，他对戚继光说：“我一定体现戚家的教养，严守军队的纪律。”

戚继光的诚恳，让他化解了危机。

倭寇侵扰中国

戚继光继承父志，一心保国卫土，“继”承“光”大祖宗的志业。他忧国忧民，始终担心“倭寇”会为中国带来祸害。因此，写了一首诗：

封侯非我意，
但愿海波平。

所谓海波，指的就是海中的波浪，喻指倭寇的猖狂。

倭寇的祸患从元末明初开始，到了嘉靖年间最为猖獗。在十四世纪末叶，日本北朝的足利氏征服了南朝，结束了长期以来南北朝分裂局面。

南朝失败以后，有一些武士，勾结了一些商人、农民出海掠劫，形成严重的倭寇之害。嘉靖二年（1523 年），日本足利氏的首领细川氏和西国诸侯大内氏各派遣贡使到宁波。

按照规定，货物入关的手续办理，是依货物到岸入港先后为次序。可是，后到的细川氏手下，却因为花钱买通了管理市舶司的太监，竟然先办理入关手续。

这时，大内氏的手下火了，和细川氏的手下大声互骂，双方哗啦哗啦用日本话吵来吵去，没人听懂，也没人理睬。大内氏手下有通汉文的，前往市舶司抗议，市舶司的人翻一翻白眼，不当一回事地说：“谁先入港还不一样？”

到了晚上宴会时，细川氏船上的人又高坐首位。这时，大内氏船上的人咽不下这一口气，端了一杯酒泼过去，洒在细川氏手下的脸上。于是，双方搬出武器，饭也不吃了，大打出手。细川氏手下开溜，大内氏手下追杀，竟然从宁波一路追到了绍兴。一路上，细川氏、大内氏的人马又烧又抢，这就是当时轰动一时的“争贡之役”。

按照道理来讲，这是宁波市舶司官员接受贿赂造成的，应该处罚。但是，明世宗认为，日本人讨厌，干脆断绝和日本的贸易，禁止通商，裁撤“市舶司”。

过去有“市舶司”的时候，虽然有黑幕，但到底是公家办理，多少还有些规矩。等到没有市舶司，倭寇就勾结明朝失业流民，从事走私、抢劫的勾当，酿成大规模的倭寇祸患。

到了嘉靖二十五年（1546 年），明世宗见事态扩大，派遣右副都御史朱纨（wán）到浙江福建担任巡抚。朱纨发现，有许多退休的官员在背后替倭寇撑腰。他拿出铁腕作风，训练士兵，严格纠察，并且毫不客气地把倭患背后主使的豪门一一列出，上报朝廷。朱纨在调查报告中明白指出：

去外盗易，去国盗难；去群盗易，去衣冠盗难。

（衣冠盗，指的是读书做官却暗中为盗的人。）

朱纨展现了“去衣冠盗”的魄力，一口气就处决了九十多个“通番（勾结番人）”的豪门。这一下子，豪门大哗，群起攻击朱纨。明世宗本来就是一个只担心自己身体的皇帝，事情没弄清楚就把朱纨关到牢里。朱纨一心为国，却落得这样的下场，心一酸，就在牢中自杀了。

戚继光看在眼中，心中十分感慨，他既愤恨倭寇欺负自己的国家，更气恼国内豪门自己不争气。他牢牢记着父亲的遗言，他要彻底消灭倭寇。所谓“知己知彼，百战百胜”，戚继光冷静地观察彼方——倭寇。他发现，倭寇最厉害的一招在“狠”，他们往往赤身裸体，拿起刀来，乱挥乱砍。双方还未接触，单单看倭寇那一股狠劲，明朝军队就吓傻了眼。自从朱纨死了，倭寇越来越嚣（xiāo）张，从上海、嘉定、杭州到无锡，一路上攻城略

凶恶的日本武士，日本浮世绘。

地，杀人放火，可怕极了。

戚继光再观察己方——明朝这一方，不免让人摇头叹气。嘉靖三十五年（1556年），戚继光奉命调防浙江，他发现军队纪律松散败坏，毫无斗志。

他刚到任就发生一件荒唐事。有个士兵得意洋洋，手中拎着一个血淋淋的人头撞了进来，直嚷嚷：“这是我杀的倭寇，我要求奖赏！”

话还没说完，外头又冲进来一个士兵，对着血淋淋的人头哭喊：“阿弟，你死得好惨！”他哭哭啼啼痛诉：“我弟弟打仗，负了伤，这个老林不救也就罢了，竟然把阿弟的头割下来报功。”

这个喊冤的哥哥，长了一个特大号的鼻子，那一个被割下来的人头，也有一个特大号的鼻子，像莲雾一般，显然两人是兄弟没错。戚继光不满意地说：“难怪人们说，遇到倭寇犹可逃，遇到官军不得生还，军中纪律非整顿不可！”他下了重大决心。

成立戚家军

戚继光来到浙江以后，他深深体会到，如果想要对抗倭寇，非得训练出一支强劲的部队不可。因此，他向总督胡宗宪提出建议。

胡宗宪只觉得好笑，他从鼻孔里哼一口气，道：“我过去也不是没练过兵，假如文弱的浙江人可练，我早就练了，还要等你来吗？不过，既然你小子想吃苦头，我也不便阻拦你。”

胡宗宪说得没错。一般而言，江南人总是比较文雅秀气，似乎不适合当兵。但是，没过多久，一场大规模的械斗，为戚继光带来了希望。

嘉靖三十七年（1558 年），义乌发生大规模的流血冲突。事情是这样的，处州有一批矿工因为兵荒，跑到义乌开矿。义乌人不满地说：“这是我们祖宗留下来的宝贝，虽然我们现在不开采，也轮不到外乡人打劫。”

处州矿工却抗辩说：“采矿是一件十分辛苦的事，我们除了会挖矿，什么也不会，又没有田地可种，不让我们采矿，岂不是要我们白白饿死？”

于是，义乌乡民组成乡团保卫银矿，和扛着挖矿铲子的处州矿工打了起来。只见一个矿工把铲子用力挥向一名农民，这个农民身子一闪，抢过铲子，矿工跌倒在地上，农人拖着矿工的脚，使起平生力量，把矿工甩来甩去。众家农民一致拍手叫好，并且高声齐唱：“处州矿工滚回去！”这个被丢来扔去的矿工，应声而倒，农民拿起锄头一阵乱打。矿工也火了，个个拼死杀来，横冲直撞，场面完全不可收拾。

地方官派出军队镇压，看矿工和农民都这么剽悍，这么疯狂，官军傻了眼，退站一旁。冲突越演越烈，地方官一筹莫展，而且抱怨：“反了！反了！这些疯子。”

戚继光却另有想法，他长叹一口气说：“所谓一人拼命，万夫莫敌。这些矿工和农民真要发起狠来，可不比倭寇弱呀！”

于是，戚继光一颗黯淡的心，仿佛重新点亮，他亲手写告示，张贴在义乌的大街小巷招募新兵。

告示贴了出来，地方父老大不以为然：“这些人是罪犯哪！戚继光真是昏了头哇！”

甚至有人当面指责戚继光：“难道你想当牢头？”

戚继光修养好，一点也不生气，他笑着说：“当个牢头也不坏，只要能把倭寇消灭，也算犯人的功劳哇！”

难堪的是，告示贴出来了许多天，没一个人前来报名。戚继光也不气馁，他把矿工头目王如龙和乡团首领陈大成找来吃饭，诚诚恳恳地对他们说：“各位都是保乡卫土的勇士，我由衷钦佩。”

两个头目脸都红了，有点不好意思，但是转念一想，自己的确是为乡土奋战，于是又坐直了身体，很高兴戚继光这么夸奖。毕竟谁都喜欢听好话，何况戚继光又是这么真心诚意。

戚继光又接着说：“现在倭寇侵扰中国，这是我民族的奇耻大辱，我希望两方面尽释前嫌，一起保卫浙江，保卫明朝。”讲到这儿，戚继光声音哽咽。两名头目本来也是有情有义的男子汉，当场拍了胸脯，说：“没问题，我们愿意保乡卫土。”

在戚继光的巧妙安排下，一些原该入狱的农民矿工竟然携手入伍，成为戚家军的基本干部。由于原本是乌合之众，双方之前又有嫌隙，刚入伍时，双方互相看不顺眼，你踩我一脚我打你一拳的事，时有发生。幸好人人信服戚继光，受训两个月下来，逐渐有了规矩，许多矿工和农民反而成了好朋友，真是不打不相识。

戚继光用来教练士卒的辛酉刀法。

明朝人重文轻武，所谓好男不当兵，好铁不打钉。因此，农夫矿工虽然入了伍，也感佩戚继光，但是仍然不改散漫本性，拖拖拉拉混日子。

戚继光也清楚，有些农民是嫌种田辛苦，有些矿工是无矿可采，并不是人人都有杀敌保国的理想，而是无路可走，迫不得已，勉强入了军营拿军饷。

戚继光也一针见血地提醒大家："在公家做事，如果要混日子，马马虎虎也就混过去了，反正公家事就这么回事。但是要上战场，如果你武艺不高，倭寇就一定杀了你，你们说，该不该学武艺？"

众人高声喊："该学！"戚继光不说教，只用浅显的道理，真挚的感情，让士兵心悦诚服，戚家军一天天茁壮。

喝姜汤吃光饼

嘉靖三十七年（1558 年），浙江省义乌县发生矿工和农民械斗事件，地方官员头痛不已。聪明的戚继光却看上了他们的彪悍，组织成为“戚家军”。

戚继光研究地形，发现江南一带江河湖港纵横交错，唯一能够行军的地方只有小小的田埂。因此，北方马队驰骋的作战方法不适用在浙江。戚继光发明了一套特殊的鸳鸯阵式。

鸳鸯阵式基本上以十一个人编为一队，最前面一个人是队长，队长背后分左右两行，每行五个人。第一人左手持牌，右手执短刀；第二人用狼筅（xiǎn），所谓狼筅是用毛竹做长杆，截去细弱枝梢，削成尖锋利刃，尖端上再加上刺刀；第三四人用加长的长枪；第五人用钯钗（pá chāi）。交战时，以筅救牌，长枪救短筅，短兵救长枪，两牌更要互救，如同鸳鸯一般牢不可分。

戚继光还规定，作战的时候，队长在前，士兵跟进，如果队长未退士兵先退，或是队长前进士兵不进，全队士兵一律斩首，这叫作“连坐法”。

戚继光自己做示范，教导大家正确认识鸳鸯阵法。当戚继光起劲地讲到一半，忽然间乌云密布，雨水倾盆而下，哗哗哗直冲下来，戚继光仿佛没发觉下雨似的，继续往下讲，所有的人都湿透了。虽然是江南地带，毕竟春节刚过没多久，又冷又湿，实在不是滋味，不时传出打喷嚏声，个个在打哆嗦。

有人小声说："下雨了，戚将军下回再练兵吧？"戚继光听到了，平和地回答："我也不忍心弟兄淋雨，但是倭寇来犯会不会特别挑一个太阳普照的日子呢？"说着，他就拿起了长牌短刀，朗声道："现在我示范第一个人的动作。"

戚继光教练鸳鸯阵，选自《马骀画宝》。

士兵见戚继光不畏风雨，觉得这个长官傻傻的，但是认真得可怕，没有第二种选择，也就一个口令一个动作，练习鸳鸯阵式。

一个时辰，两个时辰，三个时辰过去了。天上的大雨下个不停，戚家军依然精神抖擞铆（mǎo）足全劲训练武艺。一直到了天黑，戚继光才下令停止操练。

这时，厨房里端来大桶大桶的姜汤，这是戚继光原先预备的，他亲自舀了一碗又一碗给士兵喝，亲切温暖地一直叮咛："小心，别受寒了。"士兵像孩子一般，乖乖点头，乖乖喝姜汤，大家都小声谈论："这位戚将军，凶起来可真凶，半点含糊不得，但是照顾起人来，简直像妈妈。"

当天晚饭不但加菜，慰问士兵的辛劳，大伙还发现多了一种新鲜食物，一种圆圆的饼，闻起来挺香，一口咬下去极有韧性，愈嚼愈香，即使单单吃饼也别有滋味，假如掰开来中间夹肉夹菜，更是好吃得不得了。

戚继光高声问大家："这种饼好吃不好吃？"

“好吃！好吃！”众人一致叫好。

戚继光得意地说：“这是我发明的‘光饼’。各位看，光饼中间有一个洞，可以用绳子串起来带在身上。打仗时，万一没地方埋锅煮饭，大家也不会挨饿了。”这是军中口粮的由来。

话还没说完，一个年纪比较大的士兵竟然“哇”的一声哭了起来。他站起来说：“自从我妈妈死后，还没有人对我这么好。这个世界上对我最好的人除了我妈妈，就是戚将军，我活这么大，除了我妈妈，谁也不关心我是不是饿肚子。”

这话一说，大家都笑了，可是也有同感。另一名士兵站起来说：“我是处州矿工，因为活不下去只好当兵，我对官军一向没有好感，今天将军陪我们淋雨，练鸳鸯阵，煮姜汤给我们喝，又发明光饼慰劳我们。将军，你真是一个好人哪！当官的没这样的好人的。”

戚继光自己也被这场面弄得十分感动，他慷慨激昂道：“做将领的，本来就应当和士兵同甘共苦，现在一般当将领的，就知道使唤士兵抬轿子，当断役，死了也不管，伤了也不晓得慰问，甚至削减士兵的月粮，收入自己荷包，士兵睡在大街上没吃没喝。这样的将领，士兵怎会好好打仗？”

戚继光这一番话，说得大家面面相觑，有人悄声道：“原来戚将军也知道一般将领的情形，他却不屑那么做，他真是个不一样的好人哪！”

不一样的戚继光，终于训练了一支不一样的“戚家军”。美味的光饼也一直流传到今天，代表着一位民族英雄的体贴与慈爱。

明代的南丁格尔戚夫人

戚继光治军严格，但是对待士兵却又仁慈宽厚。他发明光饼，中间穿一个洞，用绳子串起来，如此军中有了口粮，士兵不致挨饿。

光饼试吃的结果皆大欢喜，人人赞美。戚继光好开心，三步并为两步，急着告诉戚夫人这一个好消息。事实上，光饼的构想来自戚继光，但是多少面粉和（huò）多少水，怎么烤出香喷喷、韧性十足、口感适中的光饼，却是戚夫人一次一次研究后做出来的。难怪光饼能够一直流传到今天，即使不在军中，光饼依旧受人欢迎。

“大家都夸好吃，这全是夫人的功劳。”戚继光由衷地感谢夫人。

戚夫人自己也拿了一个饼，在口中咀嚼道：“我自己也觉得挺香的。将军对士兵这一份关爱，的确令人感动。”

戚继光说：“小时候，父亲教我读《孙子兵法》，其中有一句话说，你把士兵当婴儿，他可以和你共赴危难；你把士兵当爱子，他可以和你一块儿死。我现在深深体会到这一句话的涵义。”

“我陪你一块儿照料婴儿爱子吧！”戚夫人笑着说。

戚继光是中国历史上了不起的民族英雄，他的夫人也和韩世忠妻子梁红玉一般，是军中的灵魂人物。戚夫人虽然没有上疆场，却是军中的保姆护士，士兵都爱戴她。

通常行军时，携带军眷是最大忌讳，因为有了后顾之忧，军士就不敢奋勇杀敌。但是戚继光走到哪儿，戚夫人就跟到哪儿，她的出现反而鼓舞了戚继光，让他更加勇敢。

戚夫人不是来享福的，戚继光个人的饮食照料衣物洗濯（zhuó），固然是戚夫人包办了，最重要的是戚夫人还负起了军中护理的责任。只要有伤患，戚夫人不但亲自慰问，更调制汤药，成为随军医护人员。

有时戚继光不忍心，他会对夫人说："倭寇猖獗（jué），百姓纷纷走避，你还是回去比较安全，我是身在沙场，准备死在沙场。"

戚夫人看了戚继光一眼，道："你可以为国死，我就不能为你死吗？从古到今，就没有听说过不死的人，倭寇欺负中国，我也要尽一份力量。"

戚继光拗不过夫人，只好由她去了。他夫妻两人慷慨为国，豪气干云，也带动了整个戚家军士气如虹。不论浙东台州战役或福州战役，都打得精彩漂亮。

在台州城下，倭寇情急，竟然把抢来的金银财宝沿路撒，希望引诱戚家军捡拾，然后再来一个回马枪。不料，原先为争银矿大打出手的矿工和农民，经过戚继光的人格训练，竟然纪律井然，个个路不拾遗，任何人不在战斗中抢掠财物，总是在战斗后，由戚继光决定，平分战利品。因此，戚家军越战越强。

戚夫人知书达礼，所以戚继光许多军国大事都和夫人商量。例如每次击破倭寇，总会找到许多被倭寇掳掠来的妇女，这些妇女该如何安置是一大问题。

"不妨先把最漂亮的收来做妾。"戚夫人半开玩笑地说。事实上，这也是绝大多数将领的处理方式。

"戚家子弟不做乘人之危的事。"戚继光眼睛直视正前方，"我想把她们一一送回家中。"

"送回去当然好，只怕回去以后不能得到乡里亲人谅解，认为她们是被倭寇强占过的败德妇女。"戚夫人紧皱眉头道。

"即使曾经被倭寇强占，也不是她们的错。"戚继光大声抗议。

戚继光抗倭图，
选自《中国历史长卷》。

“对！但乡里认为她们该殉节。”戚夫人接着说，“我小时候，长辈就一再提起，五代时某女子护送丈夫的棺木回家，半途投宿旅舍，老板嫌晦气扯着她的手臂要她快走，这女子拿起刀来，便把自己的手臂给砍断了。理由是被男子玷污了，大家都夸她贞节。再说，明太祖的妻子马皇后，乳房生疮，坚持不能让御医诊治，怕不好意思，最后因此而死，还被传为美谈。贞节二字的背后真是残忍。”

戚继光一拍大腿，道：“我半夜送她们回去，就不怕乡里闲话。”

“官军出现，乡里怎会不知？”戚夫人又提出疑问。

“那么，就雇轿夫用轿子把她们抬入门，并且嘱咐她们，千万别提曾被倭寇捉住。”

于是，就这样戚继光夫妇暗中救了无数妇女，保住了她们的名节。戚继光横扫倭寇，是了不起的民族英雄，他对士兵的仁爱、对妇女的慈悲，再次表现了戚家的教养。他始终是他父亲戚景通的好儿子。

戚继光写兵书

戚继光为了打败倭寇，保国卫民，着实花了不少心血，胜利的背后，更有许多辛酸的故事。

倭寇入侵中国之初，所到之处，几乎大获全胜。戚继光曾经躲在草丛里，暗中观察倭寇出兵的招式。他发现，每一个士兵都双手握刀，刀长五尺，雪白锋利。首领手上拿着一把折扇，当折扇向空中一挥，所有士兵刀锋一律向上，人们被这整齐划一的动作吸引的时候，刀锋一转，许多中国士兵的脑袋就活生生落地，手法利落、划一、干净、恐怖！

一场战争，就在首领折扇的巧妙指挥下，一片刀光闪耀，仿佛变魔术一般。

戚继光缓缓从草丛中爬出，望着明朝士兵阵亡的尸体。戚继光心想，明朝士兵平时自由散漫，天高皇帝远，自由自在惯了，要跟倭寇拼斗，还真是不容易啊！

没多久，戚继光又见识了另一场倭寇作战。首领用折扇指挥，这是小股兵队的作战法，当倭寇遇到大批部队时，他们更有一套恐怖的战法。

倭寇白天不作战，就固守营地。明朝军队习惯白天打仗，白等一天十分无聊，到了黄昏，天色暗下来，也是明朝士兵习惯回去休息用餐的时间了，大家的心情都懒散下来。

突然，倭寇大叫一声冲了出来，盔甲上全是金银牛角，又绑了五颜六

抗倭图卷（局部），明人绘。图中倭寇为明军所获，绑于船头，情状颇为狼狈。

色的垂带。朦胧暮色中，中国士兵冷不防见到，吓得大叫：“妈啊！”又看到倭寇狰狞凶狠的脸孔，直觉见了鬼。因此，这些“鬼”在短短的时间内，就砍杀了许多明朝兵。

倭寇一手执刀，一手拿明镜，光光闪闪，照来射去，更增添了鬼魅的效果，明朝士兵几时见识过这种怪物，个个背脊发凉，手脚瘫软，完全无法抵抗。

戚继光看在眼里，他认为明朝军队是败在“恐惧”两个字。恐惧让明兵怯敌，他也要利用人性中的“恐惧”，逼使明兵杀敌。戚继光不得不采用连坐法——一个人退却，一个人斩首；全队退却，队长斩首。队长殉职而全队退却，就全队斩首。

戚继光严格执行这一项命令，每一次执行的时候，他的心都一阵一阵地抽痛。但是，如果不这么做，要怎么打败倭寇？岂不是有更多百姓遭殃？戚继光只要脑中浮起倭寇烧杀掳掠百姓的惨状，他就对自己说：“非消灭敌人不可。”

戚继光自小便跟着父亲学兵法，看地图。他不但会看地图，自己还会画地图，他用黑色代表倭寇所在的地理位置，用红色代表明军的所在地。

另外，他用七百四十个珠子计时，根据标准步伐计时，每走一步，就挪动一个珠子，以便于他精准地计算时间。

戚继光善用地图，辅助念珠计时，再加上训练有素、比倭寇更吃苦耐劳的士兵，从而获得一场一场胜仗。他擅长速战速决，大家痛快。有时候，出击时，伙食兵正开始做饭，等到全队收兵，饭才刚刚蒸熟。

当然，也有没法子及时回来吃饭的时候，这时的戚家军比倭寇更沉得住气。有一回，戚继光料准了倭寇一定进攻浙江处州。他派了一支军队埋伏，为了避免倭寇事先察觉，每人头顶手执一束松枝，作松树状，就这么挨了一天一夜。果然倭寇来了，首领先登上山峰视察。倭寇一向认真小心，这时只要任何一个士兵大声喘气，倭寇首领就发现了。但是，首领在山上，欣赏了半天苍松，又深深呼吸，不疑有诈，于是下令过夜。等到倭寇军队过了一半，炮声“轰隆”一响，戚家军丢掉手上的松枝，大声杀出，震撼山谷。戚家军大获全胜。

戚继光自小跟着父亲唱军歌，他从嘹亮的军歌中，得到不少雄壮威武的力量。因此，他自己也喜欢唱军歌，甚且自己作了一首军歌教大家唱：

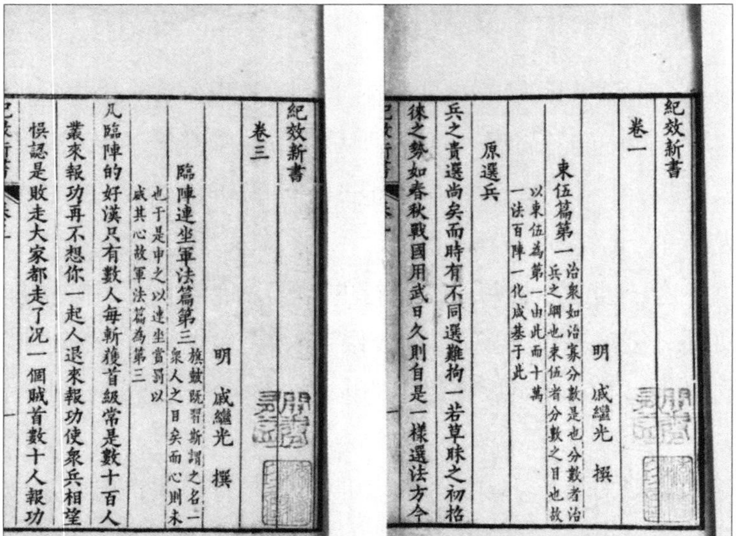
紀效新書

卷一

明 戚繼光 撰

束伍篇第一 治衆如治寡分數是也分數者治兵之綱也束伍者分數之目也故以束伍為第一由此而十萬一法百陣一化咸基于此

原選兵

兵之貴選尚矣而時有不同選難拘一若草昧之初招徠之勢如春秋戰國用武日久則自是一樣選法方今

紀效新書

卷三

明 戚繼光 撰

臨陣連坐軍法篇第三 旗鼓既習斯謂之名一衆人之目矣而心則未也于是申之以連坐賞罰以咸其心故軍法篇為第三

凡臨陣的好漢只有數人每斬獲首級常是數十百人叢來報功再不想你一起人退來報功使衆兵相望悞認是敗走大家都走了況一個賊首數十人報功

戚继光所撰《纪效新书》，清刊本。

万人一心兮，泰山可撼，
唯忠与义兮，气冲牛斗！
主将亲我兮，胜如父母；
干犯军法兮，身不自由。
号令明兮，赏罚信，
赴水火兮，敢迟留！
上报天子兮，下救黔首（百姓），
杀尽倭奴兮，觅个封侯。

此外，他还写了一本《纪效新书》，这是戚继光带兵以来的经验总论。“纪”是记载，“效”是实际效果，表示绝不是空泛的理论，是他从父亲那儿确实学到的孙子兵法。《纪效新书》，是一代儒将亲身总结的战斗经验，他把这本书献给了父亲，表示他的确“继”承“光”大祖业。

天才儿童张居正

戚继光平定倭寇，功业彪炳，是了不起的民族英雄。戚继光成功的背后，是他本身的卓越才能，更是张居正的大力支持。张居正是明朝的改革家，也是真正的政治家。

张居正的先祖可以远溯到元朝末年的张关保。张关保原来是明太祖朱元璋麾（huī）下的小兵，也算得上是芝麻绿豆点大的开国功臣。张关保的曾孙名叫张诚，是一个有趣的性情中人，家境不富裕，却是穷大方，最爱帮助人，热心又热情。他讲起话来结结巴巴，又最爱到处找人说话，让人听了替他着急。

张诚时时挂在嘴边的一句话是：“就是把我的身体给人家当席子，让人家在上面睡觉、拉屎都没关系。”张诚的乐观开朗，使他在乡里间得到最好的人缘。

张诚有三个儿子，其中张镇最为放荡，张诚却又最疼张镇，也许做父母的，往往对不成材的子女，情不自禁有一份怜爱。当然怜爱归怜爱，张镇一事无成，总让张诚心中遗憾。

当张镇生下张文明时，张诚对自己说：“我这一辈子帮无数人的忙，老天一定会赐给我好儿孙，也许就是这个孩子吧！”张文明不负众望，果然聪慧灵敏，可惜长大之后，个性懒散，读书不认真，做事不仔细，并没有多大作为，让祖父张诚再一次失望。

皇天不负苦心人，到了嘉靖四年（1525 年）五月初三，张诚终于盼到了一个杰出的曾孙——张居正。张居正生下来的那一天，张诚、张镇、张文明都在，张文明当时是二十三岁，全家兴奋异常。

张居正出生的前一天晚上，祖父张镇梦到满地全是洪水，水愈来愈汹涌，排山倒海流入屋内。张镇吓得大声叫：“哪儿来这么多水？”张镇大声嚷嚷后，自己坐了起来。

就在同一时刻，张诚也做了一个怪梦。他梦到江水上涨，一只好大好胖的白龟载沉载浮游入了张家。中国人一向认为乌龟代表福气，白龟更是吉中之吉，张诚大呼：“快看、快看，月光照在白龟之上，是多么的神奇啊!”

张诚、张镇同时做怪梦的第二天，迟迟没有临盆的张文明妻子赵氏，突然肚子痛了。没多久，一个漂亮小男孩呱呱坠地。小婴儿头大大的，眼睛圆圆的，肤色白里透红，可爱极了！刚刚生下来，就一脸聪明样儿。

张诚把小娃娃抱在怀里，无限疼爱地对他说：“原来，你就是观音菩萨送来的小白龟啊！”

小娃娃竟然点一点脑袋，众人“哗”的一下笑开了。张诚说：“我就给你取名为白圭（guī）。”他转身对赵氏解释：“圭就是玉的意思。”一直到了嘉靖十五年（1536 年），荆州知府李士翱（áo）才将张白圭改名为张居正。

张居正生下来就是方头大耳，相貌堂堂。他似乎听得懂大人的话，一双亮眼睛溜来转去，好玩极了。张居正长到六七个月时，保姆带他出去玩，一路上，都有乡人前来打量这个“小流口水”，胖胖小脸，嘴角挂着一串口水，虽然不会开口，但脸上表情丰富，真是人见人爱。

张居正两岁时，叔父张龙湫（jiǎo）正在读书，看到张居正屁股上裹着尿布，像个不倒翁一般跌跌撞撞走过来。叔父一把将张居正抱到膝盖上，笑嘻嘻对他说：“人人都夸你聪明，你要是认识‘王曰’这两个字才聪明。”说着，叔叔用手指了“王曰”二字。

过了一段时间，有一天，保姆抱着张居正走来走去，叔叔正在念《孟子》，又念到另一段中有“王曰”二字，张居正就着急地挣脱保姆，用胖胖

张居正，明人绘。

小手指着书上“王曰”二字。

“你竟然认得？”叔叔十分惊讶。

张居正用力地点点头，笑得好开心。

叔叔大乐，把张居正抱过来，举得好高，又像荡秋千般，一下子快要降落到地上。张居正显然很喜欢这个游戏，笑得好乐。他是整个张家的开心果，每一个人都喜欢他，称赞他，这让他从小建立了自信心。

五岁时，张居正开始读书，六岁时读五经，领悟力高，小小年纪，就有神童美誉，在荆州府一带小有名气。

嘉靖十五年（1536 年），不满十二岁的张居正参加了荆州府的童子试。荆州知府李士翱，前一天晚上做了一个梦，梦到一个可爱纯洁的小男孩对着他笑。第二天，李士翱见到张居正眉清目秀，气质不凡。他心想，他得好好栽培这个小天才。

毛妃的刺激

张居正自幼聪明好学，很得家人的疼惜。十二岁时，他到荆州投考秀才，荆州知府李士翱前一晚做了个梦，梦到观音菩萨送给他一方玉印，请他转交给一位童生。第二天，他一眼见到张居正，便充满了亲切感。他知道，这就是冥冥之中该出现的小孩。

李士翱当晚翻阅试卷，更惊异于张居正的文采不凡。这时候的张居正还是叫张白圭，李士翱后来在召见入闱秀才时，特别将他改名为张居正，并且拉着张居正的手，仔细看着，定定地对他说："孩子，好好珍惜你的才华，我有一个奇怪的预感，有一天你会成为皇帝的老师，千万自爱自重。"

张居正觉得心中热烘烘的，仿佛有一股暖流。李士翱的爱才，让张居正更坚定决心，非好好努力不可。后来，张居正果然当了皇帝的老师，也许是李士翱的预言准确，也许是张居正用这一番话鞭策自己，不愿辜负李士翱殷切的期望。

李士翱发现了这个人才之后，心中无限欢喜，见人就说，逢人便夸，并且对湖广学政田顼（xū）大力推荐。

"这孩子真有像你说的这么好？"田顼颇为怀疑。

"他不但文采好，人也长得体面，秀秀气气，大大方方，却一点儿也不骄傲，态度自然谦和，反正他是那种一走进屋子里，整个屋子会大放光明的人。”李士翱只要提到张居正，就神采飞扬，掩不住兴奋。

田顼说：“我得当面考一考他。”

过了两天，田顼把张居正找了来，出了一个“南郡奇童赋”的题目，张居正不慌不忙，气定神闲，提起笔来，不假思索就开始写，洋洋洒洒写了一大篇，双手捧上交给田顼。

李士翱凑在一旁，跟着田顼一口气看完文章，李士翱叹了一口气：“我看，贾谊也没有他厉害。”

贾谊是汉文帝时代的人，从小有天才儿童的美誉，十八岁时写的文章，已经是远近驰名了。

田顼坐下来，把张居正的文章从头到尾，再读了一遍，他叹了一口气道：“我也认为张居正比贾谊更出色。”说着，田顼回过头来，对张居正说：“小朋友，你比孔北海还高明呵！”

“孔北海”指的是孔融，“孔融让梨”的故事是大家所熟悉的，孔融也是历史上著名的天才儿童。

张居正同时被李士翱和田顼欣赏，并且吹捧，名气日渐响亮。一方面张居正因为有才气，得到爱护；另外一方面，也因为有才气，遭到不必要的困扰。

辽王朱致格是一个多病的人，辽王府中大大小小事务全由妻子毛妃掌理。毛妃漂亮、精明、能干，样样领先。她唯一的遗憾是儿子朱宪炜（jié）不懂事。宪炜十二岁，恰好与张居正同年，比张居正大几个月，非常调皮任性，毛妃头痛极了。每次听到张居正的聪明伶俐，她就十分羡慕，然后自言自语：“我这么优秀的母亲，应当教出比张居正更聪明的儿子。”

嘉靖十六年（1537 年），辽王过世，宪炜暂时还不能袭封，但依然是未来的辽王。这时，张居正已经是荆州小秀才，宪炜却连《三字经》都背不熟。毛妃心中着急，一天到晚以张居正为例，提醒宪炜奋发上进。这是天下父母最常用的办法，却也是最让小孩反感的教育方式。

宪炜嘟着嘴巴道：“一天到晚张居正，我又不是他，他到底有多好？”

“你不相信是不是？我把他请到家里来玩。”

毛妃说到做到，立刻邀请张居正到辽王府做客。张居正举止大方，斯文有礼，毛妃一见便喜欢，回头看看宪㸅更是不满意。宪㸅发现母亲的一喜一怨，心中不是滋味。

两个十二岁的少年倒是挺投缘的，一块儿骑马，一块儿下象棋。两人棋下了一半，宪㸅突然站了起来，撒赖说：“我的车（jū）不见了，不玩了。”

毛妃走过去，用力把宪㸅的小拳头张开，果然宪㸅把一颗棋子握在手中，毛妃气坏了：“真是没出息的东西！输了还赖，快洗洗手吃饭了。”

大伙刚上饭桌，毛妃忍不住又嘀咕：“你呀！这样不长进，以后让张居正牵着鼻子走。”

宪㸅受了责备，想哭又不敢哭，没胃口吃饭，放下筷子，用不满意的眼神瞅着张居正，仿佛在埋怨：“你看，都是你害的。”

毛妃在张居正走后，继续不断用张居正刺激宪㸅。毛妃以为这么做是鼓励，却徒然让宪㸅反感透顶。

少年张居正

张居正自幼以天才儿童、好学不倦闻名乡里。辽王王妃毛氏为了激励儿子宪㸅，总是以张居正为榜样，刺激宪㸅：“你这样不晓得上进，将来一定会被张居正牵着鼻子走。”

十二岁的张居正不喜欢王妃这样的说法。

十二岁的宪㸅更是一肚子的火。

这两个年纪相同的少年之后仍然玩在一起，可是，张居正偶尔抬起头来，接触到宪㸅那怨恨、嫉妒、酸溜溜，似乎会冒出火花的眼神，张居正的背脊就会一阵一阵发冷。

当张居正还是个流口水的小婴儿时，大人的夸奖，虽然他不懂，但是从大人愉快的表情，他知道大人喜爱他，张居正自然也乐得呵呵笑。

可是，等到他长到五六岁了，发现大人老要用他激励其他小朋友，惹得小朋友不开心，这就让张居正十分尴尬。他一点儿也不喜欢把人比下去，他只是凡事认真，不论做游戏、下象棋，或者读书，张居正总是非常专注用心，他认为不认真就不好玩。天才儿童的背后，张居正其实是极为用功的，他不明白，为什么旁人没发现这一点，老觉得他读书不必花功夫。

非但其他人不谅解，其他小朋友嫉妒，张居正敏感地发现，就连他的父亲张文明都有些吃味儿。

张文明人很聪明，这是乡里人人公认的，他也有文才，拿起笔来，不假思索就是一篇好文章；张文明更是机智，往往口吐妙言，让人们拍案叫绝，他也知道自己脑袋灵光。

但是张文明太聪明了，不喜欢下苦功念书，每一篇文章总是背一半。所以一连参加了六次乡试，没有一次录取。

这一回，张居正小小年纪，十二岁就中了秀才，使得张文明这个当爸爸的，心里头又是高兴又是难过，五味杂陈，说不出是什么滋味，他只好自嘲：“也罢，我没这个命吧！”

为了不让儿子给比下去，张文明又拿起了书本，准备参加第七次乡试。他和张居正分坐书桌两头，张居正读书专心，张文明却心不在焉，一面剥着花生米，一面哼着小调，看不到两页，便站起来走一走，一会儿有朋友邀他去喝酒，张文明就把书一丢，欢天喜地喝酒去了。

张文明总是喝到第二天才回家，倒头便睡。过了中午，揉揉眼睛才起床，吃完中饭午睡后，才又回到书桌前，摸一摸张居正的脑袋，自怨自叹：“我从小读书，自己看看，也没什么不如人，就是没这个命，我不像你这样好命，一考就中。”

张居正真是啼笑皆非，他很想对父亲张文明说：“这不是命，是我下了功夫。”当然，这句话张居正不敢开口，张居正也从父亲身上学到，不管你天资再高，不努力是不成的，一分耕耘一分收获。

总之，张居正逐渐了解到，凡事一体两面，就像阴阳，他的优秀，会给旁人带来压力，也为自己带来困扰，这也是无可奈何的。

张居正十三岁时，到武昌应试。这一试如果成功，他就是举人了。张居正果然出类拔萃（cuì），湖广按察司佥事陈东欣赏不已。但是时任湖广巡抚的顾璘（lín）反对，他对监试的冯御史说：“张居正才十三岁，太小了，一定得挫他一挫，冷他一冷，免得他自满，也免得他招嫉。”

顾璘是当时的名士，也是才子，他和陈沂（yí）、王韦三人，人称“金陵三俊”，他自己也是个天才，也因此招嫉，他非常了解人性。另外，他深深担心，张居正成名太早，人又英俊潇洒，当心成为第二个唐伯虎，聪明反被聪明误。

顾璘把张居正找了来，恭恭敬敬称他为“国士”“我的小友”，弄得张居正怪不好意思的。顾璘还对朋友说：“这个孩子，我敢保证，将来是一个将相之才。”

顾璘甚至当着朋友的面，把自己的小儿子顾峻叫来，对他说：“这是荆州张秀才，以后他发达了，你可以去找他，他一定想到今日，会对你很好。”

顾峻很天真，不断点头，和宪炜完全不一样，张居正好感动。

又过了三年，张居正十六岁，参加乡试，成为举人。这时顾璘正在安陆监工，张居正去看他，顾璘第一句话就是：“你应该再晚三年。”说着顾璘把自己身上的犀带解下来送给他，诚恳地说：“对不起，我耽误你三年，古人说大器晚成，这是指中才，你该是像伊尹、颜渊一般的人才。”

张居正听了只有一个想法，他感谢顾璘，为顾璘去死他都愿意。

张镇赴宴

张居正十三岁赴武昌乡试，结果顾璘认为他年纪太轻，坚持让他尝一尝挫折，使他更能奋发。所以，张居正晚了三年中举，张居正理解顾璘爱才的心意，对顾璘有十二万分的感激。

顾璘更是打心底喜欢这个小朋友。张居正虽然只有十六岁，相貌堂堂，气度非凡，顾璘不单是爱他且敬他。

顾璘是当代才子，这样不拘身份，倾心结交，张居正真是受宠若惊。

“告诉我，你的人生志愿是什么？”顾璘关心地问。

“学生的曾祖父最爱救人急难，慷慨好施，他曾经说过，就是把自己当成席子，让别人睡在上面，拉屎在上面也不在意。我和曾祖父有同样的想法。甚至有人要割我的耳朵、我的鼻子，我也欢欢喜喜地答应。”张居正谦恭地一作揖道，“大人是学生的再生父母，你要我死，我都心甘情愿。”

顾璘笑了起来，走过来摸一摸张居正的耳朵，说：“你的耳朵长得又大又好，而且耳朵的颜色比脸孔白。按照相书上的说法，一个人如果耳朵比脸孔白，注定会成名。这么好的耳朵，别轻易割掉了，如果要割，也该是为全体人民而割，我不希望看到你太早牺牲。”

张居正摸一摸自己的耳朵，似乎有所领悟。

“不过，我希望你的耳朵做一件事。”顾璘正色说。

“学生的耳朵一定听命。”

“记着，你的耳朵不要介意旁人的诽谤。谤随名至，一个人要勇敢追求人生目标，就要不怕诽谤。”

“学生谨记在心。”张居正一辈子没有忘记顾璘的教诲。

任何一个人要承受诽谤都不是一件容易的事。没多久，上天给了张居正一次考验。

张居正考中举人，乡里一片欢腾，毛妃也听说了喜讯，忍不住又唠唠叨叨念个没完，对儿子宪㸅说：“你看看，你十六岁，张居正也十六岁，你还比人家大几个月，一点儿也不上进，没出息。”

人比人，气死人。宪㸅用手蒙住了耳朵，气呼呼地说：“我要出去。”

“咦，又想出去玩？”毛妃气炸了，斩钉截铁道，“从今天起，你就不许出辽王府，乖乖在家给我念书。”说着，毛妃又换了一种口气，和缓地说：“你父亲过世得早，我不得不负责教育你，我都是为你好，也许，也许有一天，你比张居正更强。”

毛妃眼中迸出光芒，她下定了决心，非逼宪㸅读书不可。

每一个人的才华不同，宪㸅不适合读书，当他一肚子委屈时，更是一点儿也无法接近书本。他认定：“这一切全是张居正害的。一会儿中了秀才，一会儿中举人，有什么了不起，呸！”

毛妃意志坚定，她干脆就搬了一张椅子，坐在宪㸅身旁，盯着他读书。

宪㸅受到了侮辱，突然间，起了一个报复的念头。他对毛妃说：“张家有喜事，我和张居正又是好朋友，现在居正不在家，不如我们把张爷爷请到辽王府来贺一贺。”

毛妃心想，这一个主意倒不坏，至少张镇张爷爷可以告诉宪㸅，他的乖孙子是怎么用功读书的。再说张居正这个孩子前途无量，也该拉拢拉拢。

当天晚上，张镇欣然赴宴，毛妃是女眷，又是寡妇，依明朝规定，不方便和张镇同桌共食，于是宪㸅做主人，端出了山珍海味。

“张爷爷，你今天得好好喝几杯。”

“当然。”张镇一口气先喝了三大杯，又一连喝了几回三大杯，最后两颊涨得通红，直摇手，“不行，我不能再喝。”

“张爷爷，这儿是辽王府，你非喝不可。”宪㸅拿着酒杯就往张镇口中灌。张镇一个不小心，踉跄跌倒在地。

宪㸅不放过他，拿着酒壶照样往张镇口中猛倒，张镇捂着心脏“哇”地叫了一声。宪㸅哼一声：“想装死！”继续灌酒。

突然，张镇头一歪；宪㸅觉得不妙，一颗心悬了起来，伸出一只手在张镇口鼻之间一探，糟了，没气了！张爷爷死了！

张家接到消息，大吃一惊，好好的人请去喝酒，怎么成了死尸？

张居正奔丧回家，听说爷爷浑身是酒，衣服被酒湿透了。他想起毛妃一再对宪㸅说：“你以后会被张居正牵着鼻子走。”他心中好难过，他体会到嫉妒的可怕、人生的艰难，而这些困厄（è）将是他成长中的营养。

张居正初入朝廷

嘉靖十九年（1540 年），张居正十六岁，考中举人，全家欢腾。辽王府的毛妃总是用张居正激励儿子宪㸅，宪㸅非常反感，邀请张居正的祖父张镇到辽王府喝酒，拼命灌酒灌到张镇醉倒。张镇受不了，心脏麻痹（bì）而一命呜呼。

张家的人心中当然不开心，但是毛妃是好意相邀，事出意外，也怪不得谁。毛妃还是不死心，继续找张居正到辽王府陪宪㸅，张居正深以为苦，总是能躲就躲。

张镇的死，给了张居正很大的打击，他总觉得爷爷是因他而死的。虽说“不招人嫉是庸才”，但是招人嫉是多么可怕的事，类似宪㸅这样的小人，又是多么让人难以应付哇！

嘉靖二十三年（1544 年），张居正赴京会试，一向在考场顺利的他，竟然落榜了。失败之后，张居正自我检讨：“应该败的，这几年我放弃了本业，专心于古典，果然栽了跟头。”

所谓本业，指的是科举时代考试的范围，一律以四书为题材，以八股为格式，必须用古人的语言风格写作，既呆板又无趣。

古典呢？凡是四书外，一切经史子集全是。才高八斗的张居正很自然地醉心古典书籍，排斥本业。

张居正平静下来，自己虚心检讨。他想，如果想驰骋在古典当中，以后有的是时间，现在既然要参加考试，就得乖乖地攻读应考的科目，不容许挥洒性格，每一个考生都是这样。

想通了这一层道理，张居正很快地恢复平静，全面进入备战状态，日夜勤读，并且丝毫不以为苦。三年以后，张居正再度北上参加会试。会试及格后，又参加殿试，中了二甲进士，授翰林院庶吉士。这一年，张居正只有二十三岁，不愧是青年才俊。

和他同年的还有王世贞、杨继盛等人，都是一时俊彦。（“同年”，指的是参加科举同年上榜的人。）张居正好兴奋，他等着为国家轰轰烈烈做一番大事业。

嘉靖二十六年（1547 年），张居正被授为庶吉士，开始了他的政治生涯。所谓庶吉士是翰林院中最低的职务，等于是见习官员，但是加以训练之后，可能外放担任基层官员，也可能留在京中做官，更可能是储备的宰相人选。因此，人们对庶吉士不敢轻视，张居正自己更是乐观期待。

很不幸，兴冲冲的张居正马上被浇冷水。他发现，正值四十一岁英年的明世宗，竟然像一个暮气沉沉的老头子，除了担心身体健康外，便是一心一意修禅练道，皇帝对当道士的兴趣，似乎远超过治理国家大事。

这时的内阁大学士只有夏言和严嵩两人；夏言正直，严嵩奸诈。夏言不屑于穿戴道士的香叶冠；严嵩不但换了道士衣冠，并且用黑纱罩在冠上，表示慎重。夏言把小太监当奴才看待；严嵩却将满把金钱偷偷塞入小太监手中，最后夏言被严嵩害死。

明朝的衰弱，引来了嘉靖二十九年（1550 年）俺答入侵。大同总兵仇鸾的官位是向严嵩买来的，只好重施故技，用重金收买俺答，请俺答不要进攻自己的防区。明世宗奖励仇鸾“英勇”，封他为平虏大将军。

俺答直逼北京城，严嵩对兵部尚书丁汝夔说：“边疆战败了，还可以瞒住皇上，到了京城就瞒不住了，反正俺答掳掠完了就会离开，用不着开战。”因此，百姓遭殃，世宗愤怒，严嵩害怕丁汝夔吐露真相，拍着胸脯道：“有我在，一切放心。”结果丁汝夔也被严嵩害死了。

处在这样恶劣的环境中，张居正心情郁闷到了极点，他知道不能得罪严嵩，却又时时想跳出来说话。嘉靖二十八年（1549年），张居正升任翰林院编修时，曾经上书论政，指出明朝有宗室骄纵、庶官失职、吏治因循、边备疏忽、财用大亏等五种臃（yōng）肿痿（wěi）痹的毛病，但是不受重视。

不久，他的同年杨继盛按捺不住，以牺牲的心情，正正式式弹劾严嵩十大罪状。张居正心中暗暗叫好，这些话也都是他心中想讲的话。结果，杨继盛被打了一百板，关入大牢。

从杨继盛入大牢那一天开始，张居正也生病了。他头昏想吐，查不出原因。是现实的黑暗让张居正气闷，殊不知，这也是上天对他的磨练哪。

张居正归田

明世宗时，严嵩当道。满怀热情的张居正实在看不过去，却一点儿办法也没有，心中有无限的愁苦。

张居正唯一的安慰来自徐阶。徐阶曾为翰林学士，担任庶吉士的老师，他对张居正十分欣赏，张居正也对徐老师相当钦佩。

徐阶曾对张居正说："好好努力，张君他日定为国家重臣。"徐阶虽然也入内阁，却处处受到严嵩的掣（chè）肘，不能发挥功用。后来严嵩是被徐阶扳倒的，在当时徐阶表面上与严嵩十分要好。

徐阶就如同一块橡皮，摸起来是软的，压下去会屈服；实际上他是硬的，充满了韧性，大丈夫能屈能伸。只是在"屈"的时候，别人以为他是缩头乌龟。

杨继盛也是徐阶极为疼爱的学生，他看不惯徐阶的温吞作风，在上疏中批评徐阶："每件事都违背本意，不敢主持正义，不能不说是负国之臣。"

徐阶对杨继盛的批评，只是笑一笑，不为自己解释。张居正的内心，对徐阶也不无失望。

就在这时，张居正的妻子顾氏突然去世了。顾氏年轻漂亮、温柔多情，而且知书达礼，张居正好爱好爱顾氏，他们共同度过一段甜美的岁月。老天爷怎么可以剥夺一切？张居正还三十岁不到，妻子走了，事业未成，朝廷一片腐败，杨继盛仍在牢中挣扎，他差一点儿也做了杨继盛。

张居正左思右想，觉得人生没有意思。辛辛苦苦读书，好不容易中了科举，却碰上一个昏庸皇帝，天天都在想怎么炼金当神仙，他为什么这样倒霉，生不逢辰？

如果张居正有勇气，他可能自杀了。但是他不能对不起家乡父老，所以他不能死。不过，这个严嵩当权的腐败朝廷，他是一天也待不下去了，再待下去，张居正非发疯不可。

张居正觉得自己全身不舒服，一定病得不轻，其实他只是心中郁闷。告假回家临走之前，他写了封长信留给老师徐阶，感谢老师几年来的栽培。不过，信中免不了牢骚，而且不满意徐阶对于国事“不敢说一句话，就是为了官位”。并且讽刺性地暗示：“如果不是眷恋权位，既然无法施展抱负，就该一走了之。”

这时的张居正三十岁，他一刻也不能再忍耐了。

这时的徐阶五十二岁，徐阶忍耐再忍耐，一切非得慢慢来。

从嘉靖三十三年（1554 年）的春天开始，张居正告假回乡养病，这一养就是整整六年。在这六年之中，他隐居、养病、读书、学农、旅游。他回老家之后，一个人居住在小湖山中，种了半亩竹子，养了一只白鹤，终月闭门不说话，只是阅读大量书籍，包括佛经，深刻体会到人生无常，一切是虚无的。

有一件令张居正困扰的事，就是毛妃的不肖子宪㶉三番两次相邀。宪㶉迷上了写诗，诗要写得好，第一得大量读书，宪㶉不耐烦读书却爱表现，自以为了不起，还要与张居正比个高下。因为这事，张居正苦不堪言，只有出外旅游。

江陵就是荆州，三国时代留下不少古迹、庙宇。许多乡人看到张居正前来，往往拿出文房四宝请他留墨，他也十分慷慨地写了一张又一张。

张居正还远到武昌，遍访江汉名胜，对于民间疾苦，感触良多。有一回，他看到一个好可爱的卖菱角的小男孩，当小男孩怯生生伸出小手，向差役要买菱角的“两文钱”时，差役不但把篓子里的菱角扔入江中，还顺手掴（guāi）了小男孩一巴掌，打得小男孩嘴角渗血。

张居正等到差役走远了，拿出一方手巾帮小男孩拭血水，小男孩一直嘀咕：“怎么办？家里缴不出欠租。”

张居正一路看多了，地方官课征的杂税，逼得人民透不过气来。他想起他最喜欢的《金刚经》中有一句话：“凡所有相，皆是虚妄。”意思是说，世界上一切的外表形相都是虚妄、不是实有的，一切都只不过是因缘聚合显现出来的，所以人不要执着。

这一阵子，张居正靠着佛经平静了下来，但是小男孩血迹斑斑的脸，对张居正而言，却是真实的。他可以躲入庙中说一切是虚妄的，可是一拳打下去绝对是痛苦的。忽然之间，他想回到朝廷，只有从朝政改革下手，他才有机会救小男孩等普罗大众。

张居正重回政坛

原本在佛经中找回平静的张居正，内心开始翻涌。他想起在春秋时代，孔子到处求官做，一路碰钉子。有一天，孔子遇到隐士长沮、桀（jié）溺正在耕田，桀溺就讽刺孔子是个官迷，一心想求名利。

孔子对子路说：“我这个做老师的，不是一心求官，如果天下有道，我也愿意和长沮、桀溺一般逍遥种田哪！”

张居正突然醒悟，他批评徐阶贪恋官位是不对的。有人做官是手段，目的是为国为民，例如孔子。也有更多人做官是有目的的，为的是权位名利。两者之间完全不同，但是表面看不出来。

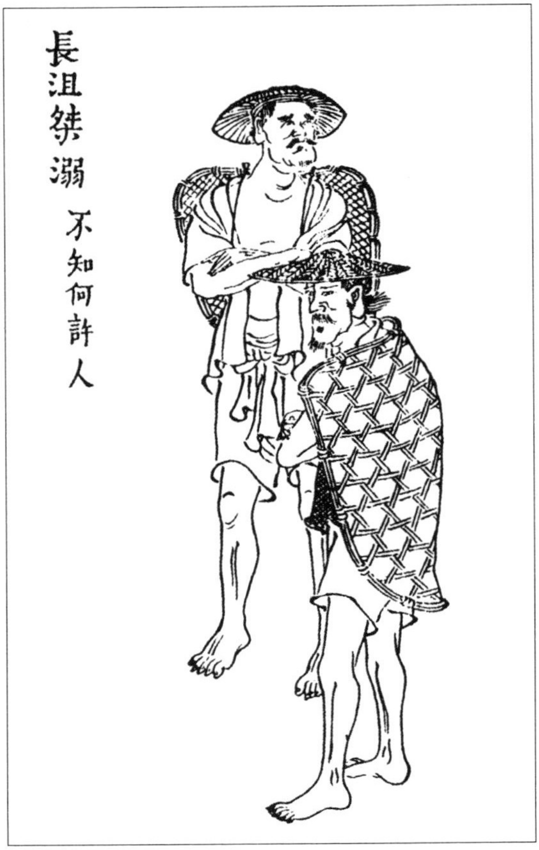

长沮、桀溺，清任熊版画。

张居正又想起了《金刚经》中那一句："凡所有相，皆是虚妄。"对呀！既然一切都是虚妄，旁人的冷言冷语也是虚妄，一个人只要自己知道自己在做什么，管人家怎么批评？

想通了这一层道理，张居正突然间解脱了，哼着小调，像一只快乐的小鸟。

张居正还写了一首《割股行》，说明自己的志向：

割股，割股，儿心何急，
捐躯代亲尚可为，一寸之肤安足惜；
肤裂尚可全，父命难再延……
我愿移此心，事君如事亲，
临危忧困不爱死，忠孝万古多芳声。

中国古人相信，人肉可以治疗疾病，所以割大腿肉来为父母治疗，被当成一种孝顺的表现。另外，介之推曾经割下自己的大腿肉，熬了一碗热汤给晋文公充饥。所以，"割股"又是忠心的象征。

张居正这一首诗的意思是：割股吧！割股吧！我这个做儿子的，心里多么焦急呀！只要能代替父母受苦，就是要我把身躯捐出来都可以，区区的一寸肌肤有什么可惜的呢？皮肤绽开了还能活，却难延长父亲的寿命……我愿意把对父亲的孝心，移转为对国家的忠心，侍奉君王如同侍奉父亲，碰到危险忧愁困难全不怕，只要留下一个忠孝的芳名。

张居正辞官回家，他的父亲张文明深表不满。张文明是个很普通的世俗中人，他认为读书为的就是做大官、赚大钱。张文明气冲冲地责骂张居正："我不晓得你在想什么？我前前后后考了七次乡试，就是没你的运气好。你点了翰林之后，张家总算有了希望，我这才决定不考了。你这副样子，难道是要逼我再去考乡试？"

张居正原先厌弃严嵩的想法，是张文明没有办法理解的。张文明不觉得严嵩贪污有什么不对，做官本来就是这样，难不成还要两袖清风？这一回张居正已经想通了，也就顺着父亲与亲友的意思，决心回朝。

张居正又去亡妻顾氏的墓前祭拜。顾氏死后，他很快又娶了王氏，但是仍对顾氏不能忘情。他曾经写了一首诗，怨叹老天爷为何让他“中途弃所欢”，人生走到一半，失去了最喜欢的另一半。顾氏去世，让张居正感念人生无常，而弃官归田。也因为参悟人生无常，必须把握每一刹那，他又回到了朝廷，以积极的态度，勇敢地卷入政治旋涡。

嘉靖三十六年（1557 年）的秋天，张居正回到了京城，朝中依然一片乌烟瘴气，明世宗仍然一心想当神仙，严嵩还是大权在握，而且还多了一个宝贝儿子严世蕃帮助作恶，徐阶仍然是一副不动声色的模样。

不同的，应该是张居正的心态不同了。他学会了忍耐，知道好事多磨，人生的不容易。他对自己说：“严嵩快八十了，我才三十出头，不急、不急，耗下去！”

徐阶也看出张居正长大了，成熟了。张居正是徐阶最疼爱的学生，他不希望张居正成为杨继盛第二，白白牺牲生命。后来邹应龙听说，明世宗开始不满意严嵩父子，于是想上疏弹劾。徐阶也舍不得让张居正参与，他知道张居正是大才，必须留着日后为国家做大事。

张居正乖乖地沉住气，不发一言，照样听话写《贺灵雨表》《贺瑞雪表》《贺元旦表》一些不痛不痒的应酬文字，严嵩根本没把这个小子看在眼里。

张居正在等待机会。

徐阶立遗诏

嘉靖三十九年（1560 年），张居正再度入朝，他写了一首诗："欲报君恩，岂怕人言？"他既然一心准备报答君王，旁人的说长论短他再也不怕了。张居正所说的"君"，其实是整个国家。

徐阶一向显得很惧怕严嵩，但是在关键时刻，他干脆利落，一举除掉了严嵩、严世蕃父子二人，看得张居正暗暗拍手大叫痛快。

张居正向徐阶深深一鞠躬道："我一直误以为老师太过温文。"

"加上没有魄力，对不对？"徐阶自己把话接上，"你会射箭吗？"

"会一点儿。"

"箭要射得好，必须学习适度的等待与忍耐。当弓的张力到达极致时，箭会自动弹出去，就如同在大雪纷飞中的竹叶，被雪压得低低的，突然之间，积雪自动滑落地面，叶没有动。"

"是的，叶没有动。"张居正若有所悟。

"如果你不能保护自己，如何为国家做事？"徐阶又反问一句。

之后的一段时间，徐阶安排张居正担任国子监司业。按照明代的制度，南北两京都有国子监。国子监的祭酒是高拱，相当于今日的大学校长，张居正是司业，等于是教务长或是副校长。

高拱也是徐阶引进来的人才。徐阶爱才，这一回却看走了眼。高拱是嘉靖二十年（1541 年）的进士，学问是有的，但是心眼甚小，平步青云之后，开始变得神气活现，就是见到徐阶也摆着一张脸。徐阶一向修养极佳，也不与他计较。

嘉靖四十五年（1566 年），明世宗的病更沉重了，世宗迁居西苑，阁臣们也都住在西苑，不敢回家。高拱把家眷搬到城门外，常常抽空回家看一看，有一个给事中胡应嘉向皇上参了一本。由于胡应嘉是徐阶的同乡，高拱就认定，必然是徐阶指使的。

这一年冬天，服过无数仙丹的世宗终于逝世了。皇帝过世之后，头一件大事就是发表遗诏，也就是皇帝的遗书。事实上在这个当儿，皇帝早就昏迷不醒了，因此，遗诏往往是出自大臣的手笔。

徐阶知道为国家尽忠的时刻到了，他屏退了阁臣高拱、李春芳与郭朴，单独留下张居正密谈。在此之前，谁也不晓得，张居正有这等分量。

“让我们一扫嘉靖朝的弊政，斋醮（jiào）是一件，大兴土木是一件。”徐阶一一数来。

张居正接着说：“还有广求珠宝，大兴织造。”

“另外大礼议、大狱案中受到牵累的官员，一律复官。”徐阶、张居正异口同声说道。

他两人相视而笑，这一笑之中有多少欣慰，多少煎熬过来的辛酸！他们终于得到机会了。这天晚上，师生两人完成了明世宗的遗诏：“朕以藩王入继大统，获奉宗庙四十五年……只因为多病，过分求取长生不老，因此引入奸人……每次想起，深感愧疚。从朕即位到今天，凡是提出建言的大臣，活着的重新任用，死了的列入抚恤纪录，一些方士则按照情节论罪，凡是斋醮、土木、珠宝、织作等一律作罢……”

这道遗诏一公布，朝野上下乐翻了天，个个叫好，都说明世宗的一生终于有了一个光明的结论，太好了，太好了！

这样的遗诏，如果明世宗地下有知，一定会跳起来抗议。他是从不后悔反省的人，怎么肯这般认错？事实上，徐阶、张居正的作为，才真正对明世宗最好。

另外有一个人在生暗气，这个人就是高拱。他气愤徐阶没找他一起立遗诏，气得吃不下饭、睡不着觉。

高拱虽然是徐阶引入朝廷的，但他很快就认为自己比徐阶还能干，也看不起徐阶的小心谨慎。高拱自我检讨：“嗯，一定是徐阶发现了我的心思。”

高拱又继续琢磨，徐阶貌似恭顺，却有本领扳倒严嵩；现在他表面笑嘻嘻的，谁晓得哪天会不会对我也下毒手？高拱真正是应了那一句话：“以小人之心，度（duó）君子之腹。”

徐阶一向审慎小心，但是无意之中得罪了高拱。徐阶事后回想有些后悔，但立遗诏这样重大的事，他实在担心会出差池。毕竟是为国家、为世宗完成大事，高拱如果想报复，徐阶也只能坦然接受了。

明穆宗不开口

明世宗去世，明穆宗即位。明穆宗即位的时候，年三十岁。

明穆宗是一位宽厚的君主。他最奇怪的地方，在于不开口说话，每次上朝，总是不发一言，而这么一憋就是整整三年。

三年之后，明穆宗偶尔开尊口，也只讲一句“朕知道了”。知道了以后又怎么样，明穆宗依然把嘴巴闭得紧紧的，不说就是不说。

当然，明穆宗并不是哑巴，他只是不喜欢政事。回到后宫，见到美人太监，他一样有说有笑，喜爱游山玩水、喜爱荡秋千，一切有趣好玩的，明穆宗都愿意试一试。他最怕上朝，最讨厌批阅公文；在明穆宗看来，反正徐阶、高拱、张居正都挺能干，李春芳、陈以勤、郭朴也颇忠诚，实在用不着他多操心。

然而，内阁之中并不平静，凡是有人的地方，似乎就免不掉是非和斗争。

高拱有才干、爱国家，但是心胸狭窄、有仇必报。对于徐阶立遗诏的时候，单独找了张居正，却没有找他商量，高拱时时刻刻不能忘怀。

徐阶一向最会做人，这一点的确是他疏忽了，情势急迫之时，总是很难面面俱到。不过，高拱不原谅徐阶，主要还是因为胡应嘉事件。

胡应嘉是吏科给事中。给事中是言官，责任是对皇帝的失职提出意见。不过，自宋朝以后，言官多半只对文武百官提出纠举。明朝给事中官位虽低，权力却很大，甚至可以不必根据事实，只要“风闻”怎么样怎么样，就可以弹劾官员。即使后来查无其事，也不用受到责罚，因此往往可以到处找麻烦，为反对而反对。

胡应嘉自号敢言，正是一位喜欢出风头的言官。他一上任，就接连提出弹劾，让黄养蒙、李登云、李磐摘了官位。其中李登云是高拱的姻亲，胡应嘉晓得高拱的脾气，是逮住机会一定要报仇的。所以他先下手为强，弹劾高拱“在嘉靖皇帝病危时，常常偷偷溜回家中”。

高拱知道了，吓得要命，幸而当时明世宗已经陷入昏迷之中，没法管这件事。但是高拱怀恨在心，认为一定是徐阶指使的，因为胡应嘉是徐阶的同乡。

这件事真是冤枉了徐阶。徐阶一向最能容忍，连严嵩的恶行，他都能忍得下，这样区区小事，根本不会放在心上。当时的确有小太监报告：“高阁老从值班的西苑直庐搬出去了。”

徐阶只是微笑，并且为高拱解围：“高阁老一向很顾家的。”

高拱打定主意，非报仇不可。机会来了！胡应嘉又弹劾吏部尚书杨博，理由是杨博偏袒同乡山西人。由于胡应嘉在事先没有提出，而在事情发生之后，临时又要弹劾。

郭朴首先发难：“胡应嘉出尔反尔，应当革职。”

“对！”高拱马上加入，“该革职为民。”

徐阶也答应了，而且吁了一口气，胡应嘉这件事，总算告一个段落。

不料，高拱不满意。他要求：“应该廷杖！”廷杖就是在朝廷上杖打大臣的屁股，打得皮开肉绽。徐阶一向是心地宽大的人，他摇摇头，表示不赞同。

高拱不罢休，非打胡应嘉的屁股不可；这样一来，言官群情激昂，一起对高拱开炮，高拱只好在隆庆元年（1567 年）五月暂时去职。

高拱回到了家乡，依然找机会利用宦官，向徐阶放冷箭，恰好穆宗正为徐阶的劝谏而心烦。穆宗虽然在朝廷上不开口，像个呆瓜，私底下却爱疯爱玩，太监李芳引导穆宗夜游，小宦官又在午门外殴打御史。徐阶忍不住上言劝谏，忠言逆耳，穆宗听不进去。

另外一方面，徐阶的儿子在家乡，有点作威作福，徐阶心灰意冷，决心退休，穆宗马上就批准了。

张居正好难过、好伤心，也好失望。他发现，自己对于年长二十多岁的徐阶，有一份对父亲般的亲爱，他从徐阶身上学了好多，也曾并肩奋斗过。张居正舍不得，徐阶坚持："该走了。"

徐阶刚回到家，立刻收到张居正的来信，信中说："不肖受到老师知遇之恩，天下莫不闻……今日都门一别，泪簌（sù）簌不能止，大丈夫既然以身许国家、许知己，只有鞠躬尽瘁。"

从此，张居正勇敢地、孤独地踏上了报国之路。

李春芳的做作

徐阶受到宦官的排挤和高拱的中伤，终于告老还乡。张居正失去了“亦师亦友”的长者，心中空荡荡的，有说不出的愁闷。不过，他还是打起精神为国家做事。

在张居正的理想之中，一个人应该大公无私、全心奉献，他实在看不惯争来斗去，偏偏朝廷之中就是这样。张居正也不喜欢见到宦官为一点芝麻小事，吵得满城风雨。他心想，总有一天，我要卷起衣袖，大开大阖闯出一番大局面。

眼前，张居正还在探索着人生道路。

徐阶走了，他的首辅（首席内阁大学士）位置由李春芳继任。这时内阁之中只有李春芳、陈以勤、张居正三个人。

李春芳、陈以勤都是标准的好人，却也是没多大本领的人。李春芳尤其小心谨慎，他时时挂在嘴边的一句话是：“我是一个本分的人。”他当然是个老实本分的人，走起路来都是一小步一小步，生怕踏错一步，常常讲一句话讲到一半，马上用手遮住嘴巴，生怕讲错了，会得罪人。

事实上，李春芳永远不会讲错话。他说出来的话，永远在肚皮里打过十次草稿。所以他一开口，必定重复十次，直讲到听的人想睡觉。

李春芳对于接任徐阶的位置，战战兢兢、手脚发软。果然有人等着看他笑话。因此，李春芳天天嘀嘀咕咕：“你看看，以徐公（指徐阶）的贤能，尚且因为别人的闲言闲语而离去，我还能长久待在这儿吗？不如早早退休算了。”

这一番话，李春芳天天念，讲到激动时，还要拍着桌子表示：“不想干了！”谁都晓得，李春芳很想做官的，他只是撒撒娇，希望换来旁人的安抚：“不行，李阁老，朝廷少不了你。”

有一回，磨了半天，李春芳仍然难以抉择，又搬出那一句老词：“唉，以徐公之贤，都以人言而去，我还能久在吗？不如早早退休。”

张居正实在烦透了，一不小心脱口而出：“没错，只有这样子，才能保全美好的名声。”

李春芳一听，气得满脸羞红，马上就要上奏章退休。

张居正懊恼自己太冲，想想李春芳虽然没有多大才干，却是廉洁正派的好人，赶紧道歉。

李春芳不理，连续上了三次奏章，明穆宗不答应，这才留在内阁。不过，张居正的恃才傲物、言语锐利也遭人再三批评。

其实，张居正并非完全讽刺李春芳，他的确有感而发。如果想躲避闲言闲语，最好窝在家中；想要做事，施展理想，就要不怕挨骂。

果然，没多久，张居正受到了猛烈的炮轰。

还记得毛妃的儿子宪㸅吗？宪㸅和张居正同年，老是不学好，毛妃总是拿张居正来刺激宪㸅。当张居正成为小秀才时，到辽王府做客，毛妃对宪㸅说：“你呀！这般不上进，总有一天被张居正牵着鼻子走。”

宪㸅十分火大。后来，张居正中了举人，毛妃邀张居正的祖父张镇前来庆贺，宪㸅借机报仇，灌醉张镇。张镇最后竟然喝死了，一命呜呼。

宪㸅从小不学好，嘉靖年间，因为信奉道教，获得赐号“清微教真人”，还拿了一玺金印。

隆庆二年（1568年）时，巡按御史弹劾了宪㸅洋洋洒洒十三条大罪。穆宗派刑部侍郎洪朝选前往查办，发现宪㸅在辽王府竖了面白旗，写着“讼冤之纛（dào）”四个大字，地方官认为他想造反。其实宪㸅天天酗（xù）酒，根本没有造反的本事，只是暴虐贪财。

在中国古代，造反是罪不可赦的事，非杀头不可。穆宗本来准备将宪炜处死，后来又念在宗亲分上，免他一死，废为庶人。庶人就是百姓。

人们正愁找不到话题来攻击张居正，这下子可好了，有人说这是张居正公报私仇，有人说是张居正觊觎（jì yú）辽王府房舍壮丽，还有人说张居正恼怒洪朝选不肯诬指宪炜造反。

这一切全是胡说八道，但是仍然有人相信，并且到处传播。张居正也在一次一次的流言之中，长大、成熟，慢慢学会把闲言闲语当成耳边风。

姜丝炒驴肠

明世宗去世之后，明穆宗即位，他是一个宽厚平和的皇帝，缺乏果断的气魄，对于政事没有多大的兴趣。从一件小事，就可以看出穆宗的为人作风。

他在做裕王时期，还没有当上皇帝的时候，最喜欢吃一道名菜——姜丝炒驴肠。这一道菜，看起来挺简单，不过是驴肠和嫩姜一炒，淋一些酱油麻油。但是肠子要洗得干净，口感要脆爽，还是得考验厨师的功力火候。

穆宗爱死了这一道菜，每次一定吃得精光。尤其是在炎炎夏日没有胃口的时候，只要端上姜丝炒驴肠，穆宗马上为之精神大振，胃口大开。

后来，他当了皇帝，换了厨师，想吃这道菜，形容了半天，竟然不知道自己吃的是什么。最后原来的厨子告诉他："万岁爷吃的是驴肠。"

"驴肠？那不就是驴子的肠子吗？"穆宗大吃一惊。

"没错呀！"厨子回应。

"就因为朕爱吃驴肠，每天要杀掉一只驴吗？"穆宗大为不忍。

厨子心想，每天何止杀一只驴？杀的鸡鸭鱼可多着呢！皇帝怎会有此一"怪问"？毕竟皇帝生长在深宫，对外界事知道得太少了。厨子只得老老实实回答："回万岁爷的话，每日杀一只驴，才能保证材料新鲜。"

"这怎么行？"穆宗说着，立刻下令光禄寺从此以后停做这道菜。光禄寺专门负责皇室的祭品、膳食和招待饮酒等事务。

明穆宗，选自《乾隆年制历代帝王像真迹》。

光禄寺的官员接到了穆宗这一道命令，并不感到意外。因为，每次准备节日膳食，事前把菜单呈上去，穆宗总是挑选最经济、简单的方案。

另外一方面，穆宗和古代许多皇帝一般，沉溺声色，不过他不暴虐。穆宗和陈皇后感情不和睦，十分冷淡。母仪天下的皇后遭到不平的待遇，朝廷的大臣向来是要说话的。

于是，御史詹仰庇写了一道奏疏，犯颜直谏：“最近听说皇后搬离坤宁宫，住在别宫，左右都没有服侍的人，以致抑郁成疾，朝廷内外都十分忧心，万一皇后一病不起，将会伤害天下圣德。”詹仰庇也晓得议论宫闱的事，很容易触怒皇上。因此，他是抱着“不惜一死”的态度上奏章。

穆宗看了，心中虽然不大痛快，但也只是淡淡地回答：“皇后无子多病，近来移居别宫，心情或许会比较舒畅，你不晓得内廷的事，就不用多言。”倒也没有处罚詹仰庇。

中国古代的女子是很可怜的，没有身份、没有地位。最重要的人生责任就是生孩子，而且要生男孩子，即使是皇后，也摆脱不了悲惨的命运。

当时穆宗最宠爱的是李贵妃。李贵妃出身寒门，父亲李伟原是个农人，因为躲避盗贼逃到京城，后来又因为贫穷，把女儿送入宫中当宫女。

李贵妃容貌秀美，站在一群美女中就数她最出色。穆宗在当裕王的时候，一下子就看中了她，疼爱异常。而且说来奇怪，宫内嫔妃生下的孩子大都没多久就夭折（zhé），只有李贵妃顺利养了两个男孩，身价自然不同。

李贵妃的长子朱翊（yì）钧（就是后来的明神宗），长得非常可爱，聪明活泼，是个圆脸、长睫毛，不怕生、爱讲话的孩子。

翊钧五岁时，有一天见到穆宗在宫中快马奔驰，他挥着小手，着急地说："骑这么快，不怕摔下来吗？"

穆宗听了这话，觉得好贴心，这个胖儿子这么小就懂得关心父亲。穆宗心中一乐，马也不骑了，索性下了马，一把抱起朱翊钧，亲一亲他的圆脸："你开始读书了吗？背一段给我听。"

朱翊钧就开始背诵："人之初，性本善……"他有板有眼地背起《三字经》。他从两岁半牙牙学语开始，就经常表演背诵《三字经》。

朱翊钧这个开心果，不但穆宗喜爱，李贵妃喜爱，连陈皇后也疼他。由于翊钧逗人开心，陈皇后的身体逐渐康复。

李贵妃每天带翊钧到陈皇后那儿请安。一听到贵妃和太子的脚步声，陈皇后就乐了，赶快拿出准备好的点心，逗一逗这个小男生。久而久之，竟然拉近了陈皇后和李贵妃之间的感情，穆宗心里就更疼爱这个儿子了。

高拱有仇必报

明穆宗隆庆三年（1569 年），高拱回到朝廷担任大学士兼掌吏部事。他在家乡憋了三年的闷气，此番重来，他要施展才干，也要报仇。

高拱回来了，稳坐内阁第一把交椅。原先的首辅李春芳，原本就是一个恭谨小心、不爱管事的好好先生。既然高拱喜欢揽权，他也就乐得让手。

想当初明世宗过世之时，徐阶只找了张居正商量遗诏，没有找高拱商量。对于这件事，高拱做梦都不肯忘记，又恰好徐阶三个儿子不学好，让高拱逮到理由，他非要报仇不可。

李春芳与徐阶关系不错。事实上，徐阶一辈子谨慎小心，公忠体国，就是一个不小心得罪了高拱。李春芳忍不住劝高拱：“犯不着穷追到底，算了吧！”

李春芳一连挡了几次，阻止高拱报仇。

高拱火大了，竟然转而攻击李春芳。

李春芳觉得没意思，想要退休，而且他挺有福气的，虽然七十高龄，但父母亲还健在，都快当人瑞了，与其受高拱的气，不如回家陪伴老爹老娘。

李春芳上了几次奏章，要求告老还乡，明穆宗都不答应。高拱急了，拜托南京给事中王祯对李春芳提出弹劾，李春芳觉得好没有面子，再也不肯做下去，就这样，李春芳离开了朝廷。

陈以勤是内阁第二个被高拱给拱走的人，他走得很冤枉，只不过是上奏章时，提到了一些因循的毛病，强调应该惩治贪官污吏等等，穆宗十分嘉奖，交代下去办理。

高拱小心眼，看到奏章不开心，鼻孔哼了一声："你是在侵犯我吏部的职权。"因此决心报仇。

陈以勤一向忠谨小心，明世宗曾亲自书写"忠贞"二字送给陈以勤。他了解高拱的脾气，懒得与他斗争，于是自称生病，离开了朝廷。

第三位被赶走的是赵贞吉。

赵贞吉学问品德都高人一等，脾气也比旁人大一等，动不动火气就上来，声音就高起来了。他自认为是老资格，对谁都是指名道姓，背后惹来不少怨言，然而赵贞吉仪表堂堂，上朝论政，侃侃而谈，连明穆宗都不敢小觑。

赵贞吉与高拱在考察科道官时起了冲突。高拱把他所厌恶的二十七人完全斥退。赵贞吉受不了，请求退休，并且上了奏章批评高拱："臣自从掌管都察院以来，只有考察一件事与高拱意见相左，臣噤（jìn）口不能发一言，高拱是真正的专横。"

紧接着，高拱要直接对付张居正了。

隆庆五年（1571 年），徐阶三个不成材的儿子同时被捕，田产充公，其中两个儿子充军。徐阶是张居正的恩师，又是铲除严嵩的大功臣，张居正认为儿子的过错由儿子承担，不必再波及徐阶。

偏偏高拱正是要找徐阶报仇。有一天，高拱听说张居正收了徐阶三个儿子三万两银子，他立刻找张居正理论。

"没有的事就是没有的事。"张居正极力否认。

高拱不相信地瞅着张居正："那你敢不敢发毒誓？"

张居正知道拗不过高拱，因此，他跪在地上，指天发誓："如果我拿了三万两银子，天打雷劈。"

高拱这才饶过了张居正。

这时，殷士儋（dān）准备入内阁补缺。高拱不喜欢他，认为他不是自己人，所以高拱就要韩楫提出弹劾。

没多久，在一次给事中与内阁大学士见面的场合，快人快语的殷士儋突然之间，一个箭步冲到了韩楫身旁，大声说："听说你对我不满意，这倒是无所谓，可是犯不着被人利用。"

韩楫呆住了，不晓得该如何回答，人人都知道，这番话是冲着高拱而来的。高拱恼羞成怒，一甩袖子道："这成什么体统？"

殷士儋火了，挽着袖子大声说："不成体统的事多着呢，驱逐李春芳阁老的是你，驱逐陈以勤阁老的是你，驱逐赵贞吉阁老的还是你，连回到老家的徐阶阁老你都不放过，内阁就是你一个人的。"说着，抡起拳头迎上去。张居正一面劝架，一面心想，高拱有仇必报，真是让人头痛啊。

美女三娘子

穆宗隆庆元年（1567 年），高拱因为得罪言官，不得不离开朝廷，回到家乡。经过了三年不断努力，靠着宦官的帮忙，以及穆宗在当裕王之时，高拱曾经担任其九年的老师，穆宗顾念旧情，高拱又回到了内阁。

高拱初回来之时，张居正十分高兴，毕竟高拱学问极佳，头脑清晰，办事能力强，他二人携手合作，对付鞑靼的事件即为一例。

鞑靼的问题，长期以来，一直困扰着明朝。鞑靼首领俺答战斗力强悍，行踪飘忽，屡次大规模进犯，明朝完全不能抵抗，地方官兵不敢迎战。每次都是鞑靼劫掠一番，呼啸而走之后，这才调出队伍，到处走一回、装装样子，表示也出了兵，做个交代。老百姓饱受蹂躏，苦不堪言。

俺答不是个粗人，他有勇有谋，会带兵打仗，也懂得重用投降的汉人赵全等人，发展组织，自辟水田，建筑城堡，声势一天比一天壮大。

不料，此时出现了一位美女三娘子，扭转了局势。

俺答第三个儿子铁背很早就去世了，铁背留下了一个小男孩把汉那吉，由俺答的妻子伊克哈屯一手带大。

把汉那吉长大了，也娶了妻子，但是他又看上了姑妈的女儿三娘子。三娘子真是个美人坯子，浓眉大眼、轮廓深邃（suì），明朗活泼又特别爱笑，一笑起来灿烂如花，任谁都舍不得把视线自她脸上移开。三娘子骑术一流，快速如风，当三娘子骑在马背上，回眸一笑，那真是迷死人了。

把汉那吉自从看到了三娘子，就成了一个呆子，他本来就木讷，现在是成了哑巴。

伊克哈屯觉得奇怪，把汉那吉害羞地告诉了祖母，他在暗恋三娘子。

“这有什么问题？”伊克哈屯慈祥地说。没多久，三娘子成为把汉那吉第二任妻子。

没隔多久，发生了不幸。俺答这位当祖父的，竟然也爱上了三娘子，显然，三娘子也爱慕老英雄，甜甜地对着他笑，并且骑着快马，与俺答一块打猎去了。

把汉那吉气疯了，他又妒又恨地去找伊克哈屯。

伊克哈屯早就习惯俺答的风流，她轻松地说：“你祖父就是这个脾气，没关系，你再去找一位美女也就是了。”

把汉那吉一张脸涨得通红，他愤愤地说：“我就是爱三娘子，不要别人。”

伊克哈屯没理会他，耸一耸肩道：“回去睡一个觉就没事了。”

把汉那吉自小被俺答、伊克哈屯捧在手心看着长大，要什么有什么，不料这一回，祖父成为情敌，这一口气他咽不下去，又没法子平复。

当天晚上，失恋的把汉那吉带着十多个人投奔明朝，来到了大同，

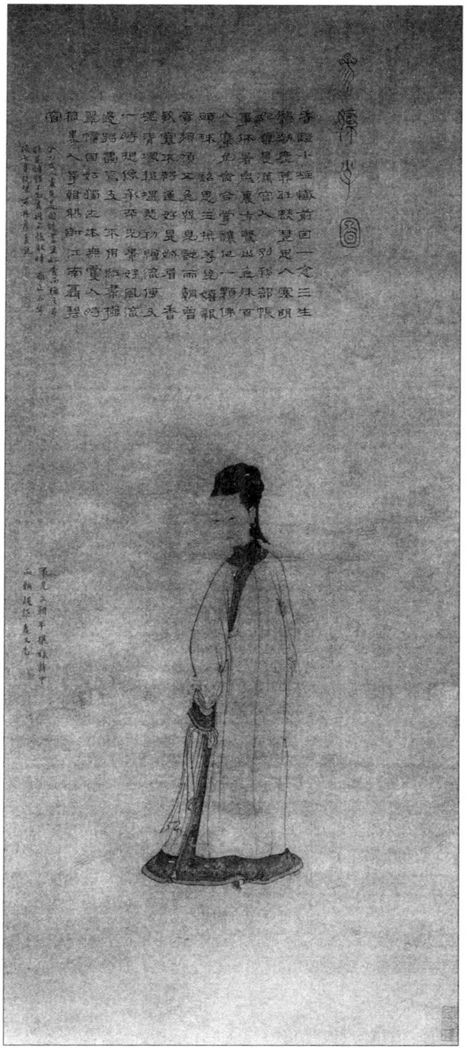

三娘子，清康涛绘。

总督王崇古十分高兴，频呼："太好了，太好了，奇货可居！"并且上报朝廷。

朝廷里许多大臣反对，认为"切切不可收留亡命之徒，以免惹怒了鞑靼"，独有张居正坚持收留，高拱也站在这一边。张居正的理由是："这并非明朝诱惑俺答孙子来降，而是他自己仰慕明朝文化，岂有不收之理？"明穆宗接受了张居正的意见，封把汉那吉为指挥使，并且予以优厚的赏赐。

另外一方面，伊克哈屯丢了孙子，天天敲着俺答的头骂他："你这个爷爷气走了我的乖孙，你得把他给找回来，否则我让你日夜不得安宁。"

俺答自己也晓得闯了祸，带着大军来到了平虏城。张居正心中有准备，谭纶、戚继光练军有成，俺答不一定打得过。更重要的是，把把汉那吉捏在明朝手中。

明朝派出鲍崇德前来谈判。

"待我的大军来到，你们全部死定了。"俺答气愤地咆哮。

"没错，但是我们的将领，到底比不上你的爱孙，朝廷对他宽厚极了，但是战事一开，他也就完了。"鲍崇德不慌不忙回答，鲍崇德见俺答没作声，又继续道，"其实，只要交还赵全等汉奸，你的孙儿就可以回去了。"

就这样，把汉那吉穿着大红袍，回到了俺答的身边，俺答很感激，从此晚年好佛，与明朝议和。三娘子在鞑靼掌握大权，坚决主张与明朝和平相处，明朝还特别颁给她一个"忠顺夫人"的称号，从此西北一带安宁。

明神宗即位

高拱回到朝廷之后，气焰高涨，一口气赶走了四位大学士。他之所以想做什么就做什么，当然是因为高拱确实能干，更因为穆宗对高拱的信任与支持。

穆宗隆庆六年（1572年）一月下旬，穆宗突然患了重病，而且全身长满热疮，御医调理了一个多月，总算比较有起色。高拱在穆宗还是裕王之时，就是他的老师，双方关系融洽，高拱很关心穆宗的健康。

有一天，穆宗上朝以后，悄悄拉着高拱说话，他伸出手臂，露出腕上的疮，埋怨地说着："还没有落痂，真是烦死人。"接着恨恨道："唉，祖宗二百年的天下，以至今日。国有长君，社稷之福，奈何东宫年纪还小着呢。"这番话，穆宗翻来覆去说了几回。

高拱一愣，抬头一望，穆宗果然脸色如枯叶，难看得可怕，心中掠过不祥的阴影，但是嘴上仍说："皇上万寿无疆，何必这么说话。"

穆宗神色黯然，苦笑着不再说话。

到了五月里，穆宗在上朝的时候，突然之间，口歪眼斜，站也站不住，原来是中风了，大伙赶紧上去扶持。一会儿，穆宗在乾清宫，紧急召见高拱、张居正、高仪三位大学士。穆宗吃力地说："朕嗣统六年，如今病重不起，有负先帝付托；太子还小，一切委托卿等，辅佐嗣君，遵守祖制，才是对国家的大功劳。"

这是在托孤了。十岁大的皇太子站在御榻边，一脸稚气，还不晓得发生了什么大事。三位大学士眼中饱含泪水，穆宗不过三十六岁，如此年轻，怎么就要离开人世，这一幕真是让人鼻酸啊。三位大学士不断地不断地叩头，表示他们一定不辱使命，请穆宗放心。

第二天，穆宗果然放心地走了，立刻，整个宫中换上白色孝服。

大臣们在内阁之中痛哭流涕，其中高拱与穆宗感情最深，他一向又是情绪特别容易激动；他拍打着桌子，激动地哭喊着："天啊！十岁的太子该怎样治理天下？"

后宫之中更是一片哽咽凄厉的哭声，陈皇后与李贵妃抱头痛哭，陈皇后拍着李贵妃的背，连连劝慰："不要再哭了。"但是口头这样劝别人，自己也是眼圈通红。

李贵妃是穆宗最宠爱的女人，她当然最最伤心，皇太子才十岁，她又怎能不担心？"皇后你想想看，"贵妃抽抽搭搭地说，"皇上走了，以后咱们孤儿寡母的日子能过吗？"

明穆宗，明宫廷画家绘，台北"故宫博物院"藏。

贵妃自己拭一拭眼泪、擤一擤鼻涕，努力让自己振作起来，拉着皇太子的手，严肃地对他说："你得争气。"

皇太子翊钧赶紧点点头，连声称是。

太子最怕他母亲李贵妃，贵妃十分严肃，一丝不苟；骂起人来，言语锋利，太子看着就打哆嗦。

幸亏太子身旁还有冯保陪伴着。冯保是太监，太子昵称他为"大伴"或是"大伴伴"，在太子的感觉之中，冯保像他的哥哥，可以保护他、教导他，太子心中依赖着冯保。尤其是在这突然之间，父皇去世，自己马上要登基当皇帝了，心中着实慌乱不安。这位十岁的小皇帝，就是明神宗。

冯保自幼入宫，并且以优异的成绩从培养太监的“内书堂”毕业，由于他天生聪明，文笔优美，琴棋书画样样精通，嘉靖皇帝在世之时，他就是秉笔太监了。隆庆三年（1569年），掌印太监出了缺，他原本以为一定轮到他，不料，高拱竟然推荐了样样不如他的陈洪，冯保心中难平。

高拱不喜欢冯保，因为冯保不是他的人。

冯保也不喜欢高拱，认为高拱没有度量。

风水轮流转，支持高拱的穆宗去世了，太子信任的冯保机会来了。

这时，双眼泪涟涟的皇后、贵妃准备找得力大臣视察穆宗葬地。冯保立刻建议：“张大学士居正十分合适。”

张居正学问好，修养、气质也好，皇后与贵妃都十分赞成。

大热天里，张居正赶到大峪岭视察葬地，十分辛苦。一路上，他想到未来的朝政，高拱与冯保的不合，这更加令他忧心。假如高拱器量大些，该有多好呢！

冯保反攻

隆庆六年（1572年），明穆宗过世，太子朱翊钧即位，是为明神宗，年号万历。这一年，明神宗只有十岁。

张居正奉派去视察大峪岭的葬地。太阳好烈好毒，他被晒得全身汗淋淋，一会儿又被太阳烤得毛焦火辣，一热一冷交逼之下，张居正大吐特吐，吓坏了随行人员。但是皇帝的丧事非同小可，张居正还是打起精神来，一件一件吩咐妥当。

张居正突发奇想，假如是去郊游，心情不一样，可能就不会生病了。这一趟，他实在心情恶劣到了极点，穆宗才三十六岁就走了，固然让人难过，更让张居正忐忑不安的是高拱。高拱绝对是尽忠负责的好长官，但是他太不能容人，一连"拱"走了四位大学士。如今，高拱一定会全心对付皇帝身边的太监冯保，问题是冯保岂是轻易会被击败的？

想到这儿，张居正一阵昏眩，几乎要跌倒在山路上。

张居正猜得丝毫不差，高拱正磨刀霍霍，发动大臣们弹劾冯保"四逆""六罪""三大奸"。

张居正回到京城，果然病倒了，又泻又吐，一塌糊涂，不得已请了病假，没有去内阁上班。另一方面，张居正的确也有意借着这一场病，躲过高拱，他知道劝高拱，高拱准不听，还会哗啦哗啦发脾气，干脆避开吧。

高拱一向自信十足，眼看张居正与另一位大学士高仪病倒，暗暗冷笑一句“你们真没用”，没关系，一切责任高拱自己来扛。

高拱像大炮般发射出第一道奏疏攻击冯保：“冯保不过是一个小小侍从奴仆，竟然胆敢站在天子宝座旁边，接受文武大臣的朝拜，这完全是欺负天子年幼。”

高拱自认为这一炮，可把冯保轰得体无完肤。可高拱忘记了，冯保是小皇帝最亲信的人，冯保之所以时时刻刻站在明神宗旁边，这是因为十岁的明神宗会怕，得要冯保保护。

冯保知道高拱在对付他，心中万分委屈，一个人躲在树下掉眼泪，连小皇帝来了都没答理。

万历帝好着急，穿着小龙袍，踩着云靴，上气不接下气，慌慌张张禀报李太妃说：“不得了，大伴不知为什么，一个人在树下哭个不停。”

“喔，有这种事，我去看看。”李太妃说着，拉着小皇帝就走，陈太后也跟着一块走。自从穆宗过世，陈太后、李太妃、小皇帝真正是相依为命，三位一体，到哪儿都走在一起。

一行人走到树下，发现冯保果然是在哭，哭得眼睛比红桃子还要红，“怎么啦？”李太妃讶异道。

冯保收住眼泪，磕一个响头道：“奴才不能再侍候太后与皇上了，因为高阁老要赶奴才走。”

“有这种事？”李太妃一扬眉道。

小皇帝连声嚷嚷：“不要不要，我要大伴。”

陈太后则不满道：“这件事，高拱能做主吗？”

冯保用手擦一擦眼泪，抓紧机会告状：“高阁老的跋扈，谁人不知？他一口气赶走了四位大学士，前些时日先皇驾崩，他到处说：十岁的小孩，怎能当皇帝？”

这话是高拱说的，一点也没错，他当时的用意是担忧国家未来，倒没有不敬的意思。

但是，冯保这么一转述，陈皇后、李太妃、小皇帝全呆住了，而且背脊发凉。

尤其是李太妃，最担心孤儿寡妇遭人欺侮，现在先皇尸骨未寒，高拱就出言不逊，这还了得吗？李太妃用力咬一咬嘴唇，吩咐冯保："你起来吧，我知道了。"

李太妃决定要给大家一个下马威，让新登基的小皇帝拿出气派来。于是，在明神宗即位的第六天，六月十六日，天还未明，神宗召集大臣到会极门。高拱好乐，等着"拱"掉冯保，心中哼着小调，精神抖擞前往。

到了朝廷，众官员一如平常，趴在地上行大礼。高拱悄悄一瞄眼，咦，冯保怎么又是大模大样站在小皇帝身边？他心知不妙。这时，太监高喝："张老先生接旨。"高拱心中一凉，他是首辅，为何不说"高老先生接旨"？显然事情大有蹊跷。

果然，王太监念道："大行皇帝升天前一日，召集大臣在御前，同我母子三人亲受遗嘱，说东宫年小，要你们辅佐。今大学士高拱专权擅政，不许皇帝主管，不知他要何为，我母子三人惊惧不宁，着令高拱立刻回到原籍居住，不许停留。"

高拱一听，全身冷汗，瘫软在地上，不能动弹。

高拱乘骡车

高拱一心想要除掉明神宗身边的太监冯保，结果冯保一记回攻，高拱落得“即日出京，不许停留，遣返原籍”的下场。所谓遣返原籍，就是指从此以后，在原籍贯地方官的监视之下，不得乱跑，终生不得离境。

张居正眼看高拱在进行一件不可能的事，他无法劝阻，但是高拱落此下场，张居正也非常同情。因此，他与高仪联名上书，恳请收回成命，挽留高拱，张居正说：“臣不胜战惧，不胜惶忧。高拱经过三个朝代三十多年，虽然议论侃直、外貌威严，毕竟并未犯过大错，如果遭到罢斥，恐怕这也不是先帝负托之意也……如果是因为内阁之事，张居正与高仪愿意与高拱一块罢斥。”

但是皇上批的是“卿等不可以护同党而辜负国家”，显然不同意高拱继续留任，也不同意张居正一块辞职。

事实上，朝廷对高拱的处分是相当严厉的，不但命令他立刻出京，并且斥责高拱“受到国家的厚恩，竟然蔑视幼主，从今之后，应该洗心革面，忠心报国。如果敢再重蹈覆辙，就该大刑伺候”。

高拱当然记得他曾经抱头痛哭，说过“十岁的小孩该如何治理天下？”这一句话，但是高拱的意思是，正因为天子年幼，他等该尽力，没有一丝一毫的恶意啊。

可是言者无心、听者有意。明神宗虽然只有十岁，到底是登基当了皇帝，对于年纪大得可以当父亲的文武大臣，本来就害怕心虚。高拱这句话，正中明神宗的心脏，也恰好击中李太妃的痛处，高拱自己害了自己，自不量力想要赶走明神宗最相信、最亲爱的冯保，难怪倒大霉。

可是，高拱完全不懂得反省，他把所有怨气完全归到张居正身上，不断嘟嘟囔囔骂道："还不是奸臣张居正与奸人冯保联手害我。"

高拱被贬的消息传来，高家的奴婢一哄而散，平日高阁老待下人就不宽厚，现在他垮了，也没人再跟着他了。

通常，明朝大臣解除职务，回到乡里之时，一律有"给驿"，所谓给驿，就是给予驿站里的车马人手等便利条件。但是这一次，高拱卸任，限定立刻回籍，不许逗留，只得自己雇（gù）用骡车，十分狼狈。

张居正不忍心，赶着帮助他"请求驰驿行"。也就是说为高拱争取仍然使用公家驿站的权利，好让他体面、舒服一些。

高拱却不肯领这个情，昂着头说："走就走了，滚就滚了，何必弄什么驰驿？用不着了。"

张居正一片好心，满面尴尬，十分难堪，高拱仍不放过张居正，拍一拍他的肩膀，挖苦他说："你不怕再背一个庇护同党、辜负国家的罪名吗？"

张居正好窘，忍不住说："哎，到了这步田地，高阁老仍然是这个脾气。"

"对，我就是本领大、脾气臭。"说着，高拱就真的上了骡车。

一旁送行的亲友看不过去，纷纷相劝，高拱不理。

张居正知道高拱嘴硬，事实上吃不了苦。从北京到河南，长达一千五百里，一路折腾下来，恐怕老命也丢了。因此，又去求神宗，"请皇上垂念高拱旧日功劳，特赐驰驿回籍"。张居正拿到了神宗的命令，派遣何文书赶去交给高拱。

高拱平日享受惯了，几时坐过骡车？一路颠簸，屁股都痛了。他一路开骂，走了二十多里，来到了良乡的真空寺，一些亲朋前来送行，这时，何文书也赶到，双手捧上报告道："这是张老爷办的驰驿勘合。"所谓勘合，古代用竹木作为契符，上面盖了印信，剖为两半，一半交给前往调遣的人，一半交给被调遣的人，两半相合，骑缝相同就假不了。

何文书带了驰驿勘合，也带来了驿车人马，就等高拱上驿车了。

高拱仍然尖嘴刻薄地说：“你们张爷真会演戏，这正是我们河南家乡土话说的：又做巫师又做鬼，一人演两角。我活该被张爷玩弄。”

旁边亲友再三规劝，高拱自己也坐怕了骡车，于是以“我也不敢违背圣旨”为理由，终于上了驿车。

王大臣行刺

高拱因为得罪了明神宗，以及明神宗身边的太监冯保，因此被赶出朝廷，回到家乡。

明神宗却余怒未消，他只有十岁，最怕人家看不起他。他心想，既然自己是一国之君，每一个人都应该对自己服服帖帖的。所以，高拱虽然受到了处罚，明神宗依然气嘟嘟，时常愤愤地说：“高拱不忠，欺负朕躬。”

朕躬就是自身的意思。在秦朝以前，不论尊卑，人人都可以自称为朕。到了秦始皇，他说：“我当天子，我才能称朕。”从此以后，只有天子能自称朕。

非但明神宗不开心，冯保也不乐。冯保和高拱一直是死对头，这一回，冯保胜利了，但是心里却不踏实，因为以前高拱曾经下台，没多久又东山再起。最好找个机会把高拱彻底除掉才是。

就这样，发生了一件“王大臣事件”。

明神宗万历三年（1575 年）正月十九日，小皇帝明神宗照例上朝，在乾清宫门口，突然有一个无须男子，穿着太监衣服，神色匆促，一直闯到明神宗身旁。

“咦，你是什么人，竟敢犯驾？”

左右的人一拥而上，拿下无赖，将他掀翻在地，发现他身上竟然藏了两把利刃，这还了得？宫廷之中，侍卫谨严，他如何有通天本领闯了进来？意图安在？众人七手八脚，把这位陌生男子押到了东厂。

冯保亲自审问：“你叫什么名字？”

“王大臣。”

冯保噗哧笑了出来：“噢，你真会开玩笑，真会占便宜，竟然取了一个名字叫大臣。”

“小的真的就叫王大臣。”

冯保收住了笑容：“好，就算你叫王大臣吧，你打哪儿来？何以入宫行刺？”

王大臣回答：“小的自蓟（jì）州逃来，当兵太苦了。有位同乡在宫里当差，小的就跑来了。”

冯保见王大臣畏畏缩缩的模样，没有江洋大盗的狠劲；他确定，只不过是一个糊里糊涂开小差的逃兵，没有啥了不得的。

突然之间，冯保灵光一现，何不把此事与高拱扯在一块，借此拖他下水，一了百了。

冯保突然变了笑脸，亲密地拉着王大臣的手道：“你呢，只要说是高阁老高拱派你来朝廷行刺，我保证给你官做，永享富贵，真正当一个王大臣，你看可好？”

王大臣当然只有点头的份了。

紧接着，冯保派出心腹辛儒，塞给了王大臣二十两银子，教唆他指导王大臣“供出”高拱老家的人高宝、高本、高来同谋行刺。

一会儿东厂派出五名小校，飞奔河南，捉拿高宝等人。

不久，消息传遍了宫廷内外。大家都说，这不像高拱高阁老会做的事，风险太大，而且高拱只是脾气臭，对朝廷对皇上其实是挺忠心的。

问题是，冯保讨厌高拱不重要，连皇帝也恨不得找个理由除掉高拱。同时，王大臣也招了，凶器也在，目击证人也有。张居正为此真是伤透了脑筋，踱着方步走过来走过去，不晓得如何为高拱脱罪。

另外一方面，东厂派出的五名小校到了河南省新郑县，县官发兵围住高拱的住宅。高拱家人听说主人派人行刺皇帝，纷纷各自偷了一些金银财宝逃窜。

高拱被贬回家，已经心中老大不痛快，满腹牢骚，现在又莫名其妙扯上行刺皇帝，他实在也不想活了，准备上吊自杀。

这时走进来一名骑兵，悄悄告诉高拱："我是张阁老派来的，不是要逮捕高阁老，唯恐惊动阁老，敬请千万放心。"

原来，张居正非常了解高拱的脾气，唯恐经过这一下刺激，马上自己寻死，所以好心地先派人安慰高拱。但是高拱的家人却已被押往朝廷，张居正一时之间，还拿不出半点办法。

"一个人活着一天，就永远有困难要解决。"张居正只好这么自我安慰着。

张居正痛苦无力

高拱得罪了明神宗，以及明神宗身边的太监冯保，被赶出了朝廷。但是，事情还没有了结。后来，有一个名叫王大臣的逃兵入宫行刺，冯保设计，唆使王大臣诬赖高拱主谋。

原本朝廷之中有三位内阁大臣：高拱、张居正，以及高拱引进的高仪。经历了一连串的事故，高仪承受不住压力，直嚷“政治太可怕了”，病倒在床。

等到高仪听说高拱被逐回家乡，他担心会牵连到自己，突然觉得喉咙甜甜的，一张开口，整整吐了一脸盆的鲜血。连吐了三天之后，高仪就死了。

三位顾命大臣，只剩下张居正一个人，少不得遭人嫉妒，这一会儿又出了王大臣的案子，许多人暗中批评：“驱逐高拱已经很过分了，现在又要杀高拱，张阁老未免手段太狠了。”

这些闲言闲语传到了张居正耳朵里，他心里十分难过。高拱被赶回乡时，他好心好意为高拱张罗驿车，还被骂成“猫哭耗子假慈悲”，做人真不容易。大热天里，张居正去视察穆宗陵墓，中了暑，没精打采在家中休养。

此时，吏部尚书杨博，以及都察院左都御史葛守礼一块去拜访张居正。

杨博一进门，拉着张居正就说：“高公是冤枉的。”

葛守礼更着急地为高拱辩解：“我可以以身家性命担保，这件事绝对是东厂有私心。”

张居正无奈地摇摇头：“二位以为我不明白吗？”

“不是的，”杨博连忙解释，“只有相公才有回天之力。”

“难矣。”张居正叹一口气。李太妃、明神宗、冯保三人都希望除掉高拱，张居正的确难办。

送走了杨博与葛守礼之后，太仆寺卿李幼滋也来了。李幼滋是张居正的同乡，近年来脚软无力，已经很少出门，这时撑着拐杖，一颠一跛摇摇晃晃走了进来：“你为什么做这样的臭事？”

李幼滋当头这一棒，打得张居正莫名反感：“凭什么说是我做的？”

“你在追查主使人，东厂又一口咬定主使人是高拱。千秋万代之后，人们一定把恶名推到你身上。”李幼滋一副得理不让人的架势。

张居正痛苦地闭上眼睛：“我为这事日夜忧烦，我都不想活了你知道吗？竟然还说是我主使诬赖高拱。”

“哼，反正你不设法解决，就代表是你的阴谋。”李幼滋气呼呼地撑起拐杖走了，拐杖在地上“笃笃笃”的声音，重重地敲在张居正的心上，敲得他好痛，眼泪也悄悄滑了下来。

张居正说自己想自杀，不是一时气话；虽然他位高权重，但此时面对的却是重重困难、层层误解，无法为自己洗清冤屈。

李幼滋一番重话，迫使张居正重新面对困难，忽然之间，他想出一个办法。张居正向神宗上奏，兹事体大，东厂的讯问只是初审，复审请交成国公之子朱希孝，以及葛守礼与冯保共同审讯。

朱希孝是开国功臣朱能的后代，平日是个游手好闲的公子哥儿，接到烫手山芋，整个人傻了，他着急地去找葛守礼，葛守礼安慰他：“这不过是借你都督的威风压一压王大臣。”朱希孝才定了定神。

王大臣在黑牢之中，等着欢天喜地出狱。在他看来，既然已经按照冯保的主意，诬赖高拱主使，自己应该可以安享荣华富贵。不料，来了一名朱希孝手下的校尉，冷冷警告他，“马上就要三堂会审，若有人欺你无知，你得小心。”

王大臣一听此言，心凉了半截，看来冯保这小子说话不算话，存心诓（kuāng）骗他。

因此，王大臣上了堂，眼睛直直盯着冯保，冯保被他看得手心冒汗。按照法司会审的规定，犯人上堂，有理没理，先打一顿，称之为“杂治”。几名校尉上前来，剥开王大臣的衣服就打，王大臣高声反抗：“既然许了我富贵，为何打我？”

冯保着急了，指着王大臣道：“快说，谁主使你来的？”他恨不得加上一句：“赶快说出是高拱，我就判你无罪。”此时的王大臣已经气疯了，指着冯保大叫：“就是你主使的！”朱希孝连忙喝止：“休得乱言，押下去！”张居正用智慧化解了一场灾难，王大臣案告一段落。

张居正走过情绪低潮

因为高拱涉嫌唆使王大臣行刺之事，人们怀疑张居正暗中陷害高拱，张居正觉得十分冤枉，难过得几乎想自杀明志。

张居正回想人生行路，步步艰难。当年饱受奸臣严嵩的窝囊气，爱妻顾氏又突然因病去世，长期以来，他身体一直不健康。如今他虽然手握大权，却步步坎坷、满地泥泞，精神压力极大；有时想想，人生好没有意思，甚且不想活下去了。

张居正静下心来，把不如意的事搁在一边，忽然之间，张居正回忆起十二岁投考秀才时，荆州知府李士翱曾经摸着他的脑袋，无限爱怜道："孩子，你是一个了不起的人才，我有一种说不出来的直觉，有一天，你一定会成为皇帝的老师，你要为国珍重啊。"

谁也料想不到，张居正今天果然要成为明神宗的老师了。张居正猛拍一下脑袋，自言自语："我怎可因为一些小人嫉妒就自暴自弃呢？这样的话我对得起李荆州吗？"可不是吗？不招人嫉是庸才，虽然一路上打击不断，但仍有许多热心鼓励的啦啦队啊。

就在这一刹那间，张居正走出了人生的低潮。他把一切名利、地位、荣誉全部抛开了，他对自己说："从今天起，什么都不必管，我把我整个生命完全贡献给大明朝。"

张居正第一件要做的事，就是要得到明神宗、李太妃，以及小皇帝明神宗身边红人冯保的完全信任。

明神宗即位不久，有一天，这个小皇帝召见张居正，对他说：“朕希望为母亲加徽号。”

明神宗的亲生母亲是李贵妃，按照明朝的规矩，她应该只是李太妃，当不成李太后，更不能加徽号。所谓徽号，乃是中国古代在帝后的尊号之上再加上一些褒扬的名词。

张居正记得明世宗即位时，曾经希望让亲生父亲兴献王入太庙，闹得天下大乱。在张居正务实的观点看来，名称不重要，如何把国家治理妥当，让人民安居乐业才是重点。

因此，他爽快地答应了明神宗的要求，加陈皇后为仁圣皇太后，李贵妃为慈圣皇太后，仁圣、慈圣地位并尊，无形之中，大大提高了李贵妃的地位。李太妃——不，现在是李太后了，心中大为高兴。

李太后高兴了，却惹得一些读书人不开心，认为张居正不守礼法，并且批评他：“害了高拱还不够，为了权位，竟然让出身不佳的李贵妃也加了徽号，没有见过这么会拍马屁的，不晓得书都读到哪里去了。”

一次又一次的诋毁，让张居正放下了捂住耳朵的双手，任凭各种谩骂传进耳朵中，他在学习、习惯被中伤。

李太后本来也是出身寒微。她的父亲李伟，由于嫌乡间盗匪甚多，颇不安靖，所以避难北京。后来生活熬不下去，不得已之下，将女儿送到宫中当宫女。李太后自幼聪慧美丽，而且落落大方，身上自有一股强烈的安定力量，很快得到了明穆宗的宠爱，并且生下了明穆宗的太子，这才平步青云，当上了太后。当年她哭哭啼啼，挥别父母、踏入宫中之时，做梦也料想不到有这一天。

中国人有一句话：“穷算命，富烧香。”李太后发达了，总相信这一定是菩萨保佑，一来还愿，二来积德，她开始到处建庙修桥。

张居正总是写文章，推崇李太后，毕竟这是做好事啊，信不信佛倒不是重点。所以他写了《皇上祝圣母诗》《恭颂母德诗》……自然也是为了博得太后的好感，有利于他的执政。

张居正推崇李太后，自然有人看不顺眼，有人在背后攻击，是是非非的闲话多得不得了。渐渐地，张居正了悟了，如果要完成人生的使命，必须承担所有毁谤。他一步一步爬出了泥淖（nào），走过了情绪低潮，他决心“愿以深心奉尘刹，不予自身求利益”。

明神宗喜爱元宵灯火

明神宗幼年即位，由宰相张居正辅政。张居正大权独揽，励精图治，前前后后共计十年。这十年之中，可以说是明朝的黄金时代，也可以说是张居正的时代。

张居正当国的时候，他一共有三个最重要的人物要应付——李太后、明神宗，以及神宗最相信的太监冯保。

明神宗亲昵地称呼冯保为“大伴”或是“大伴伴”，十岁的小皇帝一天也离不开大伴。张居正一方面要拉拢冯保，一方面牢牢记着过去王振、刘瑾宦官为恶的历史。张居正用的是围堵的方法，把冯保关在一个小圈圈之中，即使冯保偶尔做一点小小坏事，有越轨的举动，只要不干政，张居正就睁一只眼、闭一只眼，装作没有看到。

基本上，冯保和一般宦官相同，都是不安分的人。平心而论，比起魏忠贤、刘瑾，冯保算是乖乖牌了，甚且称得上忠实谨慎。因此，后来冯保要过瘾，要预先修自己的墓穴，张居正都帮他忙，他只希望冯保自寻快乐，少插手政治。这一点，张居正拿捏得恰到好处，在张居正当政的年代，内阁与司礼监之间，竟然没有发生过任何冲突，真是相当不容易。因此，张居正曾经用“仁智忠远”四个字赞美冯保。

张居正安抚了李太后，拉拢了冯保，接下来他要做人生中最重要的两件事——教育明神宗，带领国家富国强兵。

张居正正如其名，永远站在“正”的一边，他眉目轩昂、高大英俊、长须垂胸，非常威严、非常神气；笑起来很灿烂，不笑的时候实在有点严肃，谁都有点怕他。张居正重视仪表，每天上朝的袍服都是整整齐齐，褶痕分明，就像是新衣服一样。他头脑清楚，讲话一针见血，绝不是传统中模棱两可的官僚。

张居正认为，小孩子的教育非常重要，他永远记得与他同年龄的宪炜从小不学好，惹得母亲毛妃天天生气。张居正也害怕，明朝可别再出现第二个像明武宗般荒唐透顶的皇帝，所以他决心要把明神宗带上一条正路。

小皇帝起初对张居正是全心依赖。他到底只有十岁，初掌朝政，完全陌生，开口闭口都是“元辅张先生”。李太后管教儿子一向严格，而且她要训练儿子对张居正的畏惧与服从，每次明神宗犯了过失，李太后就会板起脸来教训他说：“如果这件事让张先生知道了，该怎么办？”小皇帝就吓得不敢开口了。

在小皇帝心目之中，最亲近的是冯保、李太后与张居正。同样的，这三个人也是他害怕的，张先生当选他害怕的第一名。

明神宗的父亲明穆宗在隆庆六年（1572 年）五月去世，十五天以后，明神宗即位。到了农历十二月，接近春节了，张居正在讲课之后，严肃地向皇上启奏：“先帝丧期未过，春节期间，宫中请勿设宴，禁止元宵节玩灯火。”

明穆宗过世未满一年，一切娱乐停止，原也是应当之事。所以小皇帝乖乖点头：“烟火灯架，昨天已下谕免办。”想了一想，他又加了一句：“其实，宫里面一向节俭，母后经常吃素，遇到节庆，也不过加上一些甜食果品。”

张居正十分欣慰道：“如此一来，不但显现陛下追思先帝的孝顺，同时节财俭用，自是人主的美德。”

于是，神宗下谕光禄寺“春节期间，宫中一律免办酒菜”。据说单单这个措施，足足节省了七万多两银子。

当然，明神宗毕竟是个孩子，心中向往玩乐；其实成人又何尝不然？他对元宵灯火一直有兴趣，记得小时候，他最爱看鳌（áo）山灯，这是顶热闹的元宵灯景，把亮灿灿的灯堆成一座山，就像传说中的巨鳌一般（鳌是海中的大乌龟），称之为鳌山灯，在黑夜之中一闪一闪的，既光彩夺目又热闹非凡。

元宵龙灯，清人绘。

到了万历二年（1574 年），明穆宗已经过世三年了。明神宗在春节之前，小心翼翼地请教张先生：“今年元宵，可以恢复鳌山烟火了吗？这是祖宗传下来的制度。”

张居正早就料到小皇帝会有此一问，他不疾不徐地回答：“这可不是祖制，鳌山烟火始于成化初，是为了让两宫皇太后高兴才设置的，当时的翰林就反对，之后嘉靖用以奉神，而隆庆以来年年举行，每年为供应元夕之娱，太浪费了。”

明神宗被浇了一盆冷水，只好讪讪地说：“把灯挂在殿上也一样，朕知道民间穷困，一切就听张先生的。”

张居正讲历史故事

明朝宰相张居正在还是小孩子的时期，就曾经有高人预测他“将来必为皇帝的老师”。果然，他成为十岁小皇帝明神宗的老师。他秉承《三字经》中所谓的“教不严，师之惰”，非常严格地教育明神宗，这下子明神宗的日子可不轻松了。

张居正对于明神宗课程的安排，很费一番心思，这也是李太后再三嘱咐要求的。小皇帝有两位教书法的老师，五位主讲经文的老师，全是张居正一手任命的，有时候他还亲自讲授。张老师十分威严，明神宗心里很怕。

明朝的皇帝教育，分为两种，一是经筵、专题讲座；一是日讲，这是普通课程。经筵是极为隆重的大事，每逢二日、十二日、二十二日举行。举行经筵的时候，凡是勋臣、大学士、六部尚书、左右都御史、翰林学士全部到齐，由翰林春坊官与国子监祭酒讲授经史。

经筵通常在早朝以后举行，皇帝在文华殿接见百官之后，鸿胪寺卿搬一张桌子在御座之前，另外一张在数步之外，为讲官所设，其他听讲的官员，分别坐在书案左右。

讲官个个都很有学问，不过，通常也非常枯燥，但是从皇帝开始，个个聚精会神，谁也不敢打瞌睡。平常的日讲，则没有其他官员，皇帝的课程沉重，负担可不轻。

每学完一段课程之后，授课老师可以到休息室小憩（qì）。小皇帝却是不得清闲，这时候，大伴冯保与其他宦官，就会赶紧把当天大臣上奏的本章送上来，这些本章已由大臣们看过，用黑色的墨笔写上意见，由小皇帝用红色的朱笔批示。

上午的功课终于完毕。在文华殿用餐之后，下半天的时间虽说是“自由活动”，事实上都要用来复习功课、练习书法以及背诵经文。

其中，背书是明神宗最头痛的一件事，却绝对不敢偷懒。因为张居正第二天要抽背，若是背书背不来，李太后就命小皇帝罚跪，这一跪，三四个小时是常有的事。

张居正本质上是一个认真、严肃的人，他又一心一意希望把明神宗教导为明君，明神宗很是吃不消。张居正学富五车，每一段经文都背得滚瓜烂熟，因此当他瞪着比平常还大还亮的眼睛，直直地盯着小皇帝，考他的背书，小皇帝常常整个背都湿透了。

有一次，明神宗在背《论语·乡党》篇中的一段“君召使摈，色勃如也”，意思是说，国君让孔子做接待宾客的傧相，他一定变得容颜庄敬。小皇帝一个不小心，竟然将“色勃如也”背成了“色背如也”。

张居正立刻毫不留情地厉声指责：“应该读勃。”

明神宗望着张居正凛凛然不可侵犯的神色，突然之间大生反感。再怎么说，皇帝总归是皇帝，张居正岂可以用这种态度对待皇帝？

明神宗的脸涨得通红，内心羞愧无比。他用力咬住嘴唇，不让眼泪流出来。他幼小心灵中的愤慨，慢慢滋长着。但是一心为着大明朝的张居正，丝毫没有察觉到。

张居正为了教育明神宗，真是煞费苦心。他请人编了一套《历代帝鉴图说》，将“尧舜以来天下君主，值得效法的八十一件善事，值得警惕的三十六件恶事记载下来”，并且每一件事都配了一张图，张居正开始了“张先生讲历史故事”。

明神宗背多了“子曰”，看到这一套历史故事，开心得拍起手来，没有人不爱听故事的。

其中，明神宗对于建文帝的一段最有兴趣。建文帝就是明惠帝，他被明成祖赶下台之后下落不明，明成祖后来派遣郑和远征南洋，原因之一，就是当时谣传，明惠帝逃到了南洋一带。

明神宗问张居正："建文帝真的逃走了吗？"

张居正回答："国史对于这一段没有记载，先朝故老相传，建文帝后来是削了头发，化装成和尚逃了出去，到了正德年间，有人在云南庙中发现一首诗，上面写着：'沦落江湖数十秋，归来白发已盈头，乾坤有恨家何在，江汉无情水自流。'有一个御史看着奇怪，召来老和尚一问，这才发现老和尚竟是建文帝。"

明神宗对这一段极有所感，特别将这首诗抄在墙壁上，张居正反对："这是亡国之事，不足为取。"他又努力把小皇帝的注意力引到明太祖身上去。

明神宗调制辣面

张居正为了教导小皇帝明神宗，特别请人编了一套《历代帝鉴图说》，一共一百一十七则，每一则还附上生动的插图，开始了张居正讲历史故事。

小皇帝听得津津有味，平时也常常捧着这一套书，仔仔细细地研究。

有一天，他正在等张先生来讲故事，等了半天，张居正竟然没来，这是从来没有过的事。一会儿，小太监跑来说："张先生胃肠不舒服，躺在直庐休息。"

张居正太紧张了，长期以来，忧虑国事、教育皇帝，压力大得承受不住。每当季节变化，他就肚子不舒服，常常会拉肚子。

明神宗拍手道："朕听说肚子不适，吃辣面最好，这叫'以毒攻毒'。"

于是，明神宗兴冲冲奔到御膳房，吩咐道："给朕一碗干面条。"然后，他就在白煮面里搁了大量的胡椒、辣椒，快乐地捧着去找张先生。

"朕听说吃辣面对肚子最好。"明神宗恭敬地把面捧了上去。辣面如果对消化有帮助，那一定是对体质强健的肠胃，张居正素来消化器官虚弱，凡是辣椒、胡椒，一向敬谢不敏，碰都不敢碰。如今小皇帝亲手调制辣面，这一份心意不能不领受。

因此，张居正双手接过辣面，大口大口地吃着。辣面一下肚，他的胃就像着了火一般烧痛，但是他脸上还得装着一副好吃的模样。

明神宗瞪大了眼睛望着张先生："好不好吃？"

“好吃，好吃。”

“这是朕第一次调制辣面，不晓得味道如何？”

“能够尝到万岁爷亲调的辣面，这是臣子的福气。”张居正由衷地感谢小皇帝。

说起来，明神宗的确表现不坏，每天天一亮就赶到文华殿听讲经书，无论隆冬盛夏，不分寒暑，坚持苦读，长达十年。他读书极为认真，有心得的地方，还用黄纸剪了眉批，插在书中间。

有一次，小太监捧着明神宗学习用的《尚书》，拿去给大臣们观看。大臣看到了长短不一、插于书中的黄纸。小太监说：“皇上背书，非到精熟，不会将黄纸取下。”臣子们都十分佩服，啧啧称奇道：“没想到皇上如此好学，比一般儒生还要用功。”

明朝的皇帝读书多半马马虎虎、敷衍敷衍，像明神宗这般用功的，倒还真不多见。他对于张先生也十分体贴，除了曾经亲手调制辣面，在天气炎热之时，看到张居正不断挥汗，便命令太监：“还不赶快为张先生打扇。”到了冬天天气严寒，他也会命令太监：“地板太冷，先铺上毛毯，张先生就不会受冻。”

明神宗，选自《乾隆年制历代帝王像真迹》。

张居正所受到的待遇，平心而论，明朝任何一个辅导皇帝讲读经史的大学士，没一个人比得上。张居正十分欣慰，他发誓，一定要更严格地督促明神宗，唯有如此，才对得起李太后，也才对得起小皇帝明神宗。他忽略了应该多鼓励学生，忘掉了明神宗毕竟也是个人，还是个小孩子。

明神宗书法写得奇好，简直可以称得上天才二字，他才十岁，就能写浑厚的大字，看到的人都连声赞美。据说文华殿匾额上的“学二帝三王治天下大经大法”就是他的御笔。

明神宗有这一方面的才能，当然不时要显一显、露一露。他在读经之后，往往当场提笔，写下几个大字送给臣子，例如送给张居正的是“元辅”，送给吕调阳的是“辅政”，张居正也上疏赞美神宗写得是“墨宝淋漓”。

接着，明神宗为了表示亲笔撰写，特别召集臣子，旁观他当场挥毫，即兴演出。短短时间，他就写了二十多张，精彩极了，明神宗也兴奋极了。

从此以后，明神宗花了更多心思在书法上面，甚且走在路上也对空书写，整个人沉醉其中，每天总要写上好几大张才过瘾。

一心期盼明神宗成为明君的张居正，又开始担心了。在他看来，当皇帝的，字写得差不多就可以了，用不着成为艺术家。他在万历二年（1574年）十二月中，忍不住直率地上疏皇帝，“帝王之学，应当注重大事，汉成帝擅长吹箫，六朝梁元帝、陈后主、隋炀帝、宋徽宗都擅长文章书画，却都成了亡国之君。”

张居正冒着失去官位的危险，逼迫自己讲真话，因为谏诤不是为了标新立异，制造名声，而是为了推行仁政。

事实上，庙堂的骨鲠忠臣，市井的耿实小民，他们才是中国历史美丽的重现，他们相信天日昭昭，公义长存。

愿天佑中国。